梅新林　俞樟华　主编

中國學術編年

宋代卷

俞樟华　撰

华东师范大学出版社

华东师范大学出版社六点分社　策划

全国高等院校古籍整理研究工作委员会重点项目
浙江省人文社科基地浙江师大江南文化研究中心重点项目

顾　问（按姓氏笔画）
甘　阳　朱杰人　朱维铮　刘小枫　刘跃进　安平秋　李学勤　杨　忠
束景南　张涌泉　黄灵庚　常元敬　崔富章　章培恒　詹福瑞

主　编
梅新林　俞樟华

总策划
倪为国

编　委（按姓氏笔画）
王德华　毛　策　叶志衡　包礼祥　宋清秀　邱江宁　陈玉兰　陈年福
陈国灿　林家骊　胡吉省　姚成荣　倪为国　曾礼军

前　言

自1985年率先启动《清代学术编年》研究项目以来，经过诸位同仁持续不懈的努力，由清代依次上溯而贯通历代的《中国学术编年》(以下简称《编年》)终于告竣。这是迄今为止学术界首次以编年的形式对中国通代学术发展史的系统梳理，是一部力图站在21世纪新的学术制高点上全面综合与总结以往学术成果的集成性之作，同时也是一部兼具研究与检索双重功能的大型工具书。衷心希望《中国学术编年》的出版，能对21世纪国学的研究与复兴起到积极的推动作用。

从《清代学术编年》项目启动到《中国学术编年》告竣的20余年间，恰与世纪之交以"重写学术史"为主旨的"学术史热"相始终。因此，当我们有幸以编撰《中国学术编年》的方式，积极参与"重写学术史"这一世纪学术大厦的奠基与建设工程之际，在对《中国学术编年》的编纂进行艰苦探索的同时，始终伴随着对"重写学术史"的密切关注以及对如何"重写学术史"的学理思考，值此《中国学术编年》即将出版之际，我们愿意将期间的探索、思考成果撰为《前言》冠于书前，期与学界同仁共享。

一、世纪之交"学术史热"的勃兴与启示

一代有一代之学术，一代亦有一代之学术史，这是因为每个时代都有对学术理念、路向、范式的不同理解，都需要对特定时代的主要学术论题作出新的回答。从这个意义上说，"重写文学史"既是一种即时性学术思潮的反映，又是一项永无止境的学术创新活动。不同时代"重写文学史"的依次链接与推进，即是最终汇合成为学术通史的必要前提。

世纪之交，以"重写文学史"为主旨的"学术史热"再次兴起于中国学术界，这与上个世纪之交的"学术史热"同中有异：同者，都是集中于世纪之交对源远流长的中国学术史进行反思与总结。异者，一是旨在推进中国学术实现从传统向现代的转型；一是旨在通过推进中国现代学术的世界化而建构新的学术体系，因而彼此并非世纪轮回，而应视为世纪跨越。

本次"学术史热"以北京、上海为两大中心，兴起于20世纪80年代，发端于"重写文学史"，然后逐步推向"重写学术史"。诚然，重写历史，本是学术发展与创新的内在要求，然而在20世纪80年代，"重写"成为一种学术时尚，普遍被学者所关注与谈论，几乎成为一个世纪性话题，却缘于特定的时代背景。诚如葛兆光先生所言，80年代以来有一些话题至今仍在不断被提起，其中一个就是"重写"，重写文学史，重写文化史，重写哲学史，当然也有重写思想史。重写是"相当诱人的事情，更是必然的事情"(《连续性：思路、章节及其他——思想史的

写法之四》,《读书》1998年第6期)。其中的"必然",是从最初对一大批遭受不公正对待和评价的作家文人的"学术平反",到对整个中国学术文化的意义重释与价值重估,实际上是伴随改革开放进程的思想解放运动的重要组成部分,故有广泛"重写"之必要与可能。

从"重写文学史"到"重写学术史"之间,本有内在的逻辑关联。"重写文学史"作为"重写学术史"的一个重要组成部分与开路先锋,向思想史、哲学史、文化史等各个层面的不断推进,必然会归结于"重写学术史"。在从"重写文学史"走向"重写学术史"的过程中,同样以北京大学为前沿阵地。早在80年代初,北京大学王瑶先生率先发起了有关文学史的讨论。至1985年,陈平原先生在北京万寿寺召开的中国现代文学创新座谈会上宣读了他与钱理群、黄子平先生酝酿已久的"20世纪中国文学"的基本构想(后发表于《读书》1985年第10期),给重写文学史以重要启发。同年,著名学者唐弢与晓诸先生等就是否可以重写文学史问题开展激烈的争论,由此形成"重写文学史"讨论的第一次高潮。然后至90年代初,陈平原先生率先由"重写文学史"转向"重写学术史"的实践探索,从1991年开始启动《中国现代学术之建立》的写作,主编《学人》杂志,筹划"学术史丛书",到1995年"学术史丛书"由北京大学出版社出版,这是世纪之交"重写学术史"取得阶段性成果的重要标志。而在另一个学术中心上海,先于1988年在《上海文坛》专门开辟"重写文学史"专栏,邀请著名学者陈思和、王晓明先生主持,他们在开栏"宣言"中开宗明义地提出"重写文学史"的学术宗旨,并给予这样的历史定位:"我们现在提出'重写文学史',实际上正是在文学史研究的性质发生改变的时期,是现代文学史作为一门独立的学科逐步走向成熟的时期。"王晓明先生还特意将"重写文学史"溯源于1985年万寿寺座谈会上陈平原等关于"20世纪中国文学的构想","重写文学史"不过是将三年前"郑重拉开的序幕"再一次拉开,这是旨在强调从1985年到1988年"重写文学史"讨论两次高潮的延续性以及京沪两大学术中心的连动性。1996年,在章培恒、陈思和先生的主持下,《复旦学报》也继《上海文坛》之后开辟了"重写文学史"专栏,由此促成了贯通中国古代文学与现代文学的"中国文学古今演变研究"的交叉学科的创立。然后至1997年、1998年连续于上海召开"20世纪的中国学术"、"重写学术史"两次专题学术研讨会,尤其是后一次会议,在全国学术界第一次明确打出"重写学术史"旗号,具有时代标志性意义。此后,以京沪为两大中心,广泛影响全国的"学术史热"迅速升温。除了各种学术会议之外,各地重要刊物也都相继开辟学术史研究专栏,或邀请著名学者举行座谈。当然,最重要的学术成果还是主要体现在学术史著作方面,从分科到综合,从断代到通代,从历时到共时,从个体到群体,以及各种专题性的学术史研究领域,都有广泛涉及,这是来自不同专业领域学者在"重写学术史"旗帜下的新的聚集、新的合作、新的交融,共同创造了世纪之交学术史研究的兴盛局面。期间的代表性学术成果,主要体现在理论反思与实践探索两个层面。

在理论反思方面,集中体现于各种学术会议与专栏讨论文章,比如1997年在上海召开的"20世纪的中国学术"讨论会上,与会学者就"20世纪中国学术"的历史起点与逻辑起点、学术史观与研究方法等发表了各自的意见,并就20世纪中国学术在中西文化与学术的碰撞和融合的背景之下的现代品性与总体特点,以及存在的问题与教训、部分具体学科在20世纪的发展脉络等展开了热烈的讨论(晋荣东《"20世纪的中国学术"讨论会综述》,《学术月刊》1997年第6期)。1998年在上海召开的"重写学术史"研讨会,与会学者重点围绕近年来出版的学术史著质量、现今条件下重写学术史的必要与可能、重写中遇到的问题与难点、学术史著各种写法的得失等进行了广泛的交流与深入的研讨。当然,"重写学术史"的关键是能否建构新的学术史观,其中包括两大核心内容:一是对学术与学术史的重新认知;二是新型学术范式的建立。这在世纪之交的"重写学术史"讨论中也得到了热烈的回应。前者主要围绕"学术史是什么"的问题而展开。陈平原先生主张一种相对开放的泛学术史观,认可中国古代"辨章学术,考镜源流"的传统,更多强调学术史与思想史、文化史的关联(《"学术史丛书"总序》)。李学勤先生则提出把文科和理科、科学与人文放在一起,统一考察的大学术史观,认为"现在通常把自然科学称作'科学',人文社会科学叫做'学术',其实不妥,因为人类的知识本来是一个整体,文理尽管不同,仍有很多交叉贯通之处。尤其是在学术史上,不少人物对科学、人文都有贡献,他们的思想受到两方面的影响;还有一些团体,其活动兼及文理,成员也包括双方的学者。如果生加割裂,就难以窥见种种思潮和动向的全体面貌。"(《研究二十世纪学术文化的一些意见》,《中国文化研究》2000年第1期)

与此同时,也有一些学者着眼于学术史之所以为学术史的学术定位提出自己的思考。1997年在上海召开的"20世纪的中国学术"研讨会上,有学者认为必须明确将其与文化史、思想史以及哲学史等区分开来,把"学术"定位在知识形态上,即学术史主要是客观地研究知识的分类、构成、积累等问题,对知识的结构演变、体系的发展脉络予以发生学意义上的追寻,作出分析、说明、描述、勾勒,以此与文化史、思想史作出分殊,给学术史留出独立的位置,树立自觉的意识与确定的立场(晋荣东《"20世纪的中国学术"讨论会综述》,前揭)。2004年,张立文先生在《中国学术的界说、演替和创新——兼论中国学术史与思想史、哲学史的分殊》一文(《中国人民大学学报》2004年第1期)中,对"学术史是什么"作了如下辨思与界定:

> 学术在传统意义上是指学说和方法,在现代意义上一般是指人文社会科学领域内诸多知识系统和方法系统,以及自然科学领域中的科学学说和方法论。中国学术史面对的不是人对宇宙、社会、人生之道的体贴和名字体系或人对宇宙、社会、人生的事件、生活、行为所思所想的解释体系,而是直面已有的中国哲学家、思想家、学问家、科学家、宗教家、文学家、史学家、经学家等的学说和方法系统,并藉其文本和成果,通过考镜源流、分源别派,历史地呈现其学术延续的血脉和趋势。这便是中国学术史。

这一界定既为学术史确立了相对独立的立场与地位,又贯通了与哲学史、思想史以及人文社会科学与自然科学的关系,富有启示意义。

关于如何建构新的学术范式的问题,李学勤先生陆续发表了系列论文展开探索,然后结集并题为《重写学术史》出版,书中"内容提要"这样写道:"'重写学术史'意味着中国各历史阶段学术思想的演变新加解释和总结。这与我过去说的'重新估价中国古代文明'和'走出疑古时代',其实是相承的。晚清以来的疑古之风,很大程度上是对学术史的怀疑否定,而这种学风本身又是学术史上的现象。只有摆脱疑古的局限,才能对古代文明作出更好的估价。"李学勤先生特别强调20世纪考古发现之于"重写学术史"的重要性,提出要由改写中国文明史、学术史到走出疑古时代,由"二重证据法"到多学科组合。作为国家夏商周断代工程首席科学家、著名考古学家,李学勤先生的以上见解,显然与其考古专业立场密切相关。陈平原先生鉴于近代之前的中国学术史研究多以"人"为中心,以"人"统"学",近代之后一变为以"学"为中心,以"学"统"人",于是倡导建构以"问题"为中心的新的学术范式,他在《中国现代学术之建立》一书的《导论》中指出:"集中讨论'中国现代学术之建立',目的是凸显论者的问题意识。表面上只是接过章、梁的话题往下说,实则颇具自家面目。选择清末民初三十年间的社会与文化,讨论学术转型期诸面相,揭示已实现或被压抑的各种可能性,为重新出发寻找动力乃至途径。这就决定了本书不同于通史的面面俱到,而是以问题为中心展开论述。"后来,陈平原先生在《"当代学术"如何成"史"》一文中更加鲜明地表达了他的学术史观:"谈论学术史研究,我倾向于以问题为中心,而不是编写各种通史。"(《云梦学刊》2005年第4期)从以"人"为中心,到以"学"为中心,再到以"问题"为中心,显示了中国学术史研究学术范式的重要进展,体现了新的时代内涵与学术价值。当然,"人"、"学"、"问题"三者本是互为一体,密不可分的,若能将以"问题"为中心与以"人"、"学"为中心的三种范式相互交融,会更为完善。

在实践探索方面,则以李学勤、张立文先生分别主编的《中国学术史》、《中国学术通史》最为引人注目。两书皆为贯通历代、规模宏大的多卷本中国学术通史研究著作。《中国学术史》凡11卷,依次为《先秦卷》(上、下)、《两汉卷》、《三国两晋南北朝卷》(上、下)、《隋唐五代卷》、《宋元卷》(上、下)、《明代卷》、《清代卷》(上、下),自2001年起由江西教育出版社陆续出版。《中国学术通史》凡6卷,依次为《先秦卷》、《秦汉卷》、《魏晋南北朝卷》、《隋唐卷》、《宋元明卷》、《清代卷》,于2005年由人民出版社整体推出。两书的相继出版,一同填补了中国学术史上长期缺少通史研究巨著的空白,代表了世纪之交"重写学术史"的最新进展。至于断代方面,当推陈平原先生《中国现代学术之建立》影响最著,作者在《导论》中这样写道:"晚清那代学者之所以热衷于梳理学术史,从开天辟地一直说到眼皮底下,大概是意识到学术嬗变的契机,希望借'辨章学术,考镜源流'来获得方向感。同样道理,20世纪末的中国学界,重提'学术史研究',很大程度上也是为了解决自身的困惑。因此,首先进入视野的,必然是与其息息相关的'20世纪中国学术'。"要之,从离我们最近的20世纪中国学术入手,更具重点突破、带动全局的重要意义,可以为重新审视、重构中国学术史提供新的逻辑基点。

对于世纪之交"重写文学史"在理论反思与实践探索两个层面的意义与启示,可以引录左鹏军先生在《90年代"学术史热"的人文意义》(《华南师范大学学报》1998年第3期)一文的概括:

第一,它是对长久以来中国传统学术尤其是对近现代以来中国学术道路、学术建树的全面总结,是对鸦片战争以来尤其是新文化运动以来中国文化命运、学术走势的冷静反省,它实际上蕴含着在世纪末对新世纪的新学术状况、新学术高峰的企盼与期待。

第二,它透露出中国人文知识分子在几十年的风风雨雨中走过了曲曲折折的学术道路之后,对自己社会角色、社会地位的重新确认,对自己所从事的学术工作的再次估价,对学术本身的地位、价值,对学术本质的进一步思考和确认,表明一种可贵的学术自觉。

第三,它反映出在整个世界学术走向一体化,中国学术与世界学术的交流日趋频繁的历史背景下,中国人文学者建立起完备系统的学术规范,迅速走上学术规范化、正常化之路的要求,表现出中国学者对中国学术尽快与世界学术潮流全方位接触,确立中国学术在世界学术中的应有地位,与世界学术进展接轨、促进世界学术发展的迫切愿望与文化自信。

第四,它体现出人文科学某些相关学科发展的综合趋势,以避免学科分类过细过专、流于琐碎的局限;在方法论上,要吸收和运用古今中外的一切行之有效的研究方法、现代灵活多样的研究手段,深入开展中国学术的研究,使中国学术史的研究从研究方法、学科划分,到操作规程、科研成果,都达到一个崭新的水平。

第五,近年的学术史研究,对近现代学术史之"另一半",即过去由于种种非学术原因而有意无意被忽略了的、或在一定的政治背景下不准研究的一大批对中国学术作出巨大贡献的学者,给予了必要的关注,这表明在世纪末到来的时候,中国学术界开始对本世纪的学术历史进行整体全面的反思,试图写出尽可能贴近学术史原貌的学术史著作。

应该说,这一概括是比较周全而精辟的。

今天,当我们站在21世纪新的学术制高点上,以比较理性的立场与态度来审视世纪之交的"学术史热"时,那么,就不能仅仅停留于客观的历史追述,而应在进程中发现意义,在成绩中找出局限,然后努力寻求新的突破。无可讳言,"学术史热"既然已从学术崇尚衍为一种社会风潮,那么它必然夹杂着许多非学术化的因素,甚至难免出现学术泡沫。相比之下,"重写学术史"的工作显然艰苦得多,更需要沉思,需要积淀,需要创新。其中最重要的莫过于先进的学术史观与扎实的文献基础的双重支撑。以此衡之,世纪之交的"学术史热"显然还存在着诸多局限。学术既由"学"与"术"所组成,学者,学说也,学理也,因此学术史研究不仅离不开思想,相反,更需要深刻思想的导引与熔铸。学术史观,从某种意义上说即是学术思想的体现和升华,平庸的思想不可能产生深刻的学术史观。李泽厚先生尝论20世纪90年代是一个"思想淡出,学术凸显"的时代,扼要点中了中国学界八、九十年代的整体学术转向。

"重写学术史",实质上是对原有学术史的历史重建,而历史重建的成效,则有赖于历史还原的进展。从历史与逻辑辩证统一的要求衡量,"重写学术史"的历史还原与重建,特别需要在中国学术、中国学术史、中国学术史研究三个具有内在逻辑关联的关键环节上作出新的探索,并取得新的突破。

二、中国"学术":文字考释与意义探源

学术史,顾名思义,是学术发展演变的历史。因此,对中国学术史的历史还原,首先要对"学术"的语言合成与原生意义及其历史流变进行一番考释与探源工作。

何谓"学术"?《辞源》释之为"学问、道术";《辞海》释之为"较为专门、有系统的学问";《汉语大词典》梳理从先秦至清代有关"学术"的不同用法,释为七义:(1)学习治国之术;(2)治国之术;(3)教化;(4)学问、学识;(5)观点、主张、学说;(6)学风;(7)法术、本领。其中(3)(4)(5)(6)(7)皆关乎当今所言"学术"之意义。

从语源学上追溯,"学"与"术"先是分别独立出现,各具不同的语义。然后由分而合,并称为"学术"之名。至近代以来,又逐渐被赋予新的时代意义。略略考察其间的演变历程,有助于更深切、准确地理解"学术"本义及其与现代学术意涵的内在关系。

(一)"学"之释义

许慎《说文解字》曰:"斆,觉悟也。从教、冂。冂,尚矇也。臼声。學,篆文斆省。"许氏以"斆"、"學"为一字,本义为"觉悟"。段玉裁注云:"详古之制字作'斆',从教,主于觉人。秦以来去'攵'作'學',主于自觉。"以此上溯并对照于甲骨文和金文,则"學"字已见于甲骨文而金文中则"學"、"斆"并存:

前三字为甲骨文,后二字为金文。甲骨文"學"字或从乂,或从爻,与上古占卜的爻数有

关。占卜术数是一门高深学问，需要有师教诲，故由"學"字引申，凡一切"教之觉人"皆为"學"，不一定是专指占卜之事。如：

> 丙子卜贞：多子其延學疾（治病），不冓（遘）大雨？（《甲骨文合集》3250）
> 丁酉卜今旦万其學？/于来丁廼學？（《小屯南地甲骨》662）

然后从学习行为引申为学习场所，意指学校。如："于大學拜？"（《小屯》60）大学，应为学官名，即是原始的太学，《礼制·王制》曰："小学在公宫南之右，太学在郊。"

以甲骨文为基础，金文又增加了意为小孩的形符"子"，意指蒙童学习之义更加显豁。儿童学习须人教育，因此本表学习义的"學"兼具并引申为教学之义，故金文再增加"攴"符，成为繁形的"斅"字，由此學、斅分指学、教二义。检金文中"學"字，仍承甲骨文之义，意指学习或学校。如：

> 小子令學。（令鼎）
> 小子眔服眔小臣眔尸仆學射。（静簋）
> 余隹（惟）即朕小學，女（汝）勿刲余乃辟一人。（盂鼎）
> 王命静嗣射學宫。（静簋）

前二例意指学习行为，后二例意指学习场所。

然"斅"之不同于"學"，明显意指"教"之义。如：

> 克又井斅懿父迺□子。（沈子它簋盖）
> 昔者，吴人并越，越人修斅備恁（信），五年覆吴。（中山王鼎）

《静殷》："静斅无。"郭沫若《西周金文辞大系》考释："斅当读为教……，无即无斁。"这个"斅"字还保留"觉人"、"自觉"的双向语义，即是说"觉人"为"教"，"自觉"为"学"，不必破通假字。传世文献则已分化为二字二义。如《尚书·兑命》曰："惟斅學半，今始终典于學，厥德修罔觉。"孔安国《传》云："斅，教也。"《礼记·学记》由此引出"教学相长"之说。曰："學然后知不足，教然后知困。知不足然后能自反也，知困然后能自强也。故曰教学相长也。《兑命》曰：'斅學半'，其此之谓乎？"段玉裁尽管曾从词义加以辨析，说："按《兑命》上斅之谓教，言教人乃益己之半，教人谓之學者。學所以自觉，下之效也；教人所以觉人，上之施也。故古统谓之學也。"其"古统谓之学"，说明"学"是双向的表意，在语源上是没有区别的。

"斅"为教义，征之于先秦文献，也不乏其例：

> 《礼记·文王世子》："凡斅世子及學士，必时。"陆德明释文："斅，户孝反，教也。"
> 《国语·晋语九》："顺德以斅子，择言以教子，择师保以相子。"韦昭注："斅，教也。"
> 《墨子·鲁问》："鲁人有因子墨子而學其子者。"于省吾《双剑誃诸子新证·墨子三》："學，应读作斅。"

要之，由学习至学校，由教学至学习，"学"字在上古包含"觉人"（教）与"自觉"（学）的双向语义。

春秋战国时代，在百家争鸣、学术繁荣的特定背景下，"学"之词日益盛行于世，仅《论语》

一书出现"学"者,凡46处之多。而且,还出现了如《礼记》之《大学》、《学记》,《荀子》之《劝学》,《韩非子》之《显学》等论学专篇。"学"之通行意义仍指学习行为,然后向以下诸方面引申:

1. 由学习行为,引申为学习场所——学校

《礼记·学记》曰:"古之教者,家有塾,党有庠,术(遂)有序,国有学。"《礼记·大学》谓"大学之道,在明明德,在亲民,在止于至善"。此"国之学"、"大学"即指最高学府——太学。

2. 由学习行为引申为学习主体——学士、学人、学者

《荀子·修身》曰:"故学曰:迟,彼止而待我,我行而就之,则亦或迟、或速、或先、或后,胡为乎其不可以同至也。"此"学"意指学习者,或衍为"学士"、"学人"、"学者"。《周礼·春官·乐师》曰:"及彻,帅学士而歌彻。"《左传·昭公九年》曰:"辰在子卯,谓之疾日,君彻宴乐,学人舍业,为疾故也。"《论语·宪问》曰:"子曰:古之学者为己,今之学者为人。"《礼记·学记》曰:"学者有四失,教者必知之。"此"学士"、"学人"、"学者"皆指求学者。

由求学者进一步引申,又可指称有学问之人。《庄子·刻意》曰:"语仁义忠信,恭俭推让,为修己而已矣,此平世之士,教诲之人,游居学者之所好也。"成玄英疏:"斯乃子夏之在西河,宣尼之居洙泗,或游行而议论,或安居而讲说,盖是学人之所好。"而《庄子·盗跖》曰:"摇唇鼓舌,擅生是非,以迷天下之主,使天下学士,不反其本,妄作孝弟,而徼倖于封侯富贵者也。"此"学士"则泛指一般学者、文人。

3. 由学习行为引申为学习成果——学问、学识

《论语·为政》曰:"子曰:吾十有五而志于学。"《论语·述而》曰:"子曰:德之不修,学之不讲,闻义不能徙,不善不能改,是吾忧也。"《论语·子罕》曰:"大哉孔子,博学而无所成名。"《墨子·修身》曰:"士虽有学,而行为本焉。"此中"学"字,皆为学问、学识、知识之义,后又进而衍为"学问"之词。按"学问",本指学习与询问知识、技能等。例如《易·乾》曰:"君子学以聚之,问以辩之。"《礼记·中庸》曰:"博学之,审问之,慎思之,明辨之,笃行之。"而合"学"与"问"于"学问"一词,即逐步由动词向名词转化。《孟子·滕文公上》曰:"吾他日未尝学问,好驰马试剑。"仍用为动词。《荀子·劝学》曰:"不闻先生之遗言,不知学问之大也。"则转化为名词,意指知识、学识。《荀子·大略》曰:"诗曰:'如切如磋,如琢如磨'。谓学问也。"两者兼而有之。

4. 由学习行为引申为学术主张与学术流派——学说、学派

《庄子·天下篇》曾提出"百家之学"、"后世之学"的概念,曰:"古之所谓道术者,果恶乎在?……其明而在数度者,旧法世传之史尚多有之。其在于《诗》、《书》、《礼》、《乐》者,邹鲁之士缙绅先生多能明之。《诗》以道志,《书》以道事,《礼》以道行,《乐》以道和,《易》以道阴阳,《春秋》以道名分。其数散于天下而设于中国者,百家之学时或称而道之。……悲夫,百家往而不反,必不合矣!后世之学者,不幸不见天地之纯,古人之大体,道术将为天下裂。"此"百家之学"、"后世之学",主要是指学说。而《韩非子·显学》也同样具有《庄子·天下篇》的学术批评性质,其谓"世之显学,儒墨也"。此"学"则意指学派。

由先秦"学"之意涵演变历程观之,当"学"从学习的基本语义,逐步引申为学校、学者乃至学问、学识、学说、学派时,即已意指甚至包含了"学术"的整体意义。

(二) "术"之释义

术,古作術。许慎《说文解字》曰:"術,邑中道也。从行,术声。"段玉裁注:"邑,国也。"術字本义是"道路",这个字比较晚起,最早见睡虎地秦墓竹简,写作:

術

《法律答问》曰:"有贼杀伤人(于)冲術。"银雀山汉墓竹简《孙膑兵法·擒庞涓》曰:"齐城、高唐当術而大败。"冲術,即大道、大街;当術,在路上。

然術字虽是晚出,而表示"道路"的意义则存之于先秦文献。如《墨子·号令》曰:"环守宫之術衢,置屯道,各垣其两旁,高丈为堞倪。"術衢,指道路,衢也是道路。《庄子·大宗师》曰:"鱼相忘乎江湖,人相忘乎道術。"道術,即道路。词义早就存在了,而表示该词义的字却迟迟未出,滞于其后。这在汉语中是常见的现象。

与"術"关系十分密切的还有一个"述"字,见于西周金文。《说文》曰:"述,循也。从辵,术声。"段玉裁注:"述,或叚术为之。"其实,術为"述"字的分化。述为循行,由动词演变为名词,则为行走的"道路",于是才造出一个"術"字。至少可以说,術、述同属一个语源。

"術"(术)又由道路引申为方法、手段、技能、技艺、谋略、权术、学问、学术等义,则与其道之本义逐渐分离。兹引先秦典籍文献,分述于下:

1. 由道路引申为方法、手段

《礼记·祭统》曰:"惠术也,可以观政矣。"郑玄注:"术犹法也。"《孟子·告子下》曰:"教亦多术矣,予不屑之教诲也者,是亦教诲之而已矣。"此"术"指教育方法。

2. 由方法引申为技能、技艺

《礼记·乡饮酒义》曰:"古之学术道者,将以得身也,是故圣人务焉。"郑玄注:"术,犹艺也。"《孟子·公孙丑上》曰:"矢人惟恐不伤人,函人惟恐伤人,巫匠亦然,故术不可不慎也。"又《孟子·尽心上》曰:"人之有德慧术知者,恒存乎疢疾。"赵歧注:"人所以有德行智慧道术才智者,以其在于有疢疾之人;疢疾之人,又力学,故能成德。"此"术"与德、慧、知(智)并行,赵歧释之为"道术",实乃指一种技能、技艺。

古代与"术"构为复合词者,如法术、方术、数术(或称术数)等,多指具有某种神秘性、专门性的技能或技艺。《韩非子·人主》曰:"且法术之士,与当途之臣,不相容也。"此法术犹同方术。《荀子·尧问》曰:"德若尧禹,世少知之,方术不用,为人所疑。"《吕氏春秋·赞能》曰:"说义以听,方术信行,能令人主上至于王,下至于霸,我不若子也。"后方术泛指天文、医学、神仙术、房中术、占卜、相术、遁甲、堪舆、谶纬等。《后汉书》首设《方术传》。术数,多指以种种方术,观察自然界可注意的现象,来推测人的气数与命运,也称"数术"。《汉书·艺文志》谓:"数术者,皆明堂羲和史卜之职也。"其下列天文、历谱、五行、蓍龟、杂占、形法六种,大体与方术相近。

3. 由方法引申为谋略、权术

《吕氏春秋·先己》曰:"当今之世,巧谋并行,诈术递用。"此"术"意指一种权谋。先秦典籍文献中"术"常与"数"连称"术数",特指谋略、权术,与上文所指技能、技艺之"术数"同中有异。《管子·形势》曰:"人主务学术数,务行正理,则变化日进,至于大功。"《韩非子·奸劫弑臣》曰:"夫奸臣得乘信幸之势以毁誉进退群臣者,人主所有术数以御之也。"《鹖冠子·天则》曰:"临利而后可以见信,临财而后可以见仁,临难而后可以见勇,临事而后可以见术数之士。"皆指治国用人的谋略、权术。

4. 由技能、技艺引申为学问、学术

以《庄子·天下篇》所言"道术"、"方术"最具代表性。《天下篇》曰:

> 天下之治方术者多矣,皆以其有为不可加矣。古之所谓道术者,果恶乎在?曰:"无乎不在。"曰:"神何由降?明何由出?""圣有所生,王有所成,皆原于一。"不离于宗,谓之天人;不离于精,谓之神人;不离于真,谓之至人。以天为宗,以德为本,以道为门,兆于变化,谓之圣人;以仁为恩,以义为理,以礼为行,以乐为和,熏然慈仁,谓之君子;以法为分,以名为表,以参为验,以稽为决,其数一二三四是也,百官以此相齿;以事相常,以衣食为主,蕃息畜藏,老弱孤寡为意,皆有以养,民之理也。古之人其备乎!配神明,醇天地,育万物,和天下,泽及百姓,明于本数,系于末度,六通四辟,小大精粗,其运无乎不在。
>
> 天下大乱,贤圣不明,道德不一。天下多得一察焉以自好。譬如耳目鼻口,皆有所明,不能相通。犹百家众技也,皆有所长,时有所用。虽然,不该不遍,一曲之士也。判天地之美,析万物之理,察古人之全。寡能备于天地之美,称神明之容。是故内圣外王之道,暗而不明,郁而不发,天下之人各为其所欲焉以自为方。悲夫,百家往而不反,必不合矣!后世之学者,不幸不见天地之纯,古人之大体。道术将为天下裂。

"道术"与"方术"一样,在先秦典籍文献中本有多种含义。前引《庄子·大宗师》曰:"鱼相忘于江湖,人相忘于道术。"此"道"与"术"同指道路。《吕氏春秋·任数》曰:"桓公得管子,事犹大易,又况於得道术乎?"此"道术"意指治国之术。《墨子·非命下》曰:"今贤良之人,尊贤而好功道术,故上得其王公大人之赏,下得其万民之誉。"此"道"与"术"分别意指道德、学问。而《庄子·天下篇》所言"道术"与"方术"皆意指学术。陈鼓应《庄子今注今译》释"道术":"指洞悉宇宙人生本原的学问",释"方术":"指特定的学问,为道术的一部分"。"道术"合成为一词,意指一种统而未分、天然合一的学问,一种整体的学问,普遍的学问,接近于道之本体的学问,也是一种合乎于道的最高的学术。而"方术"作为与"道术"相对应的特定概念,也与上引意指某种特定技能、技艺之"方术"、"术数"不同,《庄子今注今译》引"林希逸说:'方术,学术也。'蒋锡昌说:'方术者,乃庄子指曲士一察之道而言,如墨翟、宋钘、惠施、公孙龙等所治之道是也。'"则此"方术"意指百家兴起之后分裂"道术"、"以自为方"的特定学说或技艺,是一种由统一走向分化、普遍走向特殊、整体走向局部的学问,一种离异了形而上之"道"趋于形而下之"术"的学问。

要之,"道术"之与"方术"相通者,皆意指学术,所不同者,只是彼此在学术阶段、层次、境界上的差异。鉴于《天下篇》具有首开学术史批评的性质与意义,则以文中"道术"与"方术"之分、之变及其与百家之学、后世之学的对应合观之,显然已超越于"学术"之"术"而具有包含学术之"术"与"学"的整体意义。这标志着春秋战国时代以"百家争鸣"繁荣为基础的"学术"意识的独立、"学术"意涵的明晰,以及学术史批评的自觉。

(三)"学术"之释义

尽管先秦典籍文献中的"学"与"术"在相互包容对应中已具有"学术"的整体性意义,但"学"与"术"组合为并列结构的"学术"一词,却经历了相当长的演变过程,概而言之,大致经历了以下四个阶段。

1. 先秦两汉时期"术学"先行于"学术"

略检先秦典籍文献,早期以"学术"连称者见于《韩非子》等。《韩非子·奸劫弑臣第十四》曰:"世之学术者说人主,不曰'乘威严之势以困奸邪之臣',而皆曰'仁义惠爱而已矣'。"但此"学术"皆为动宾结构而非并列结构,与当今所称"学术"之义不同。

两汉时期,学术作为并列结构且与当今"学术"之义相当者,仍不多见。《后汉书》卷五八《盖勋传》曰:"(宋)枭患多寇叛,谓(盖)勋曰:'凉州寡于学术,故屡致反暴。今欲多写《孝经》,令家家习之,庶或使人知义。'勋谏曰:'昔太公封齐,崔杼杀君;伯禽侯鲁,庆父篡位。此二国岂乏学者? 今不急静难之术,遽为非常之事,既足结怨一州,又当取笑朝廷,勋不知其可也。'枭不从,遂奏行之。果被诏书诘责,坐以虚慢征。"此"学术"大体已与当今"学术"之义相近,但尚偏重于教化之意。

再看"术学"一词,《墨子·非儒下》已将"道术学业"连称,其曰:"夫一道术学业仁义也,皆大以治人,小以任官,远施周偏,近以修身,不义不处,非理不行,务兴天下之利,曲直周旋,利则止,此君子之道也。以所闻孔丘之行,则本与此相反谬也!"道术学业并列,含有"学术"之意,但仅并列而已,而非"术学"连称。

秦汉以降,"术学"一词合成为并列结构者行世渐多。例如:

《史记》卷九十六《张丞相列传》:"太史公曰:'张苍文学律历,为汉名相,而绌贾生、公孙臣等言正朔服色事而不遵,明用秦之颛顼历,何哉? 周昌,木强人也。任敖以旧德用。申屠嘉可谓刚毅守节矣,然无术学,殆与萧、曹、陈平异矣'。"

《汉书》卷四十五《蒯伍江息夫传》:"伍被,楚人也。或言其先伍子胥后也。被以材能称,为淮南中郎。是时淮南王刘安好术学,折节下士,招致英隽以百数,被为冠首。"

《后汉书》卷四十上《班彪列传》:"其论术学,则崇黄老而薄《五经》;序货殖,则轻仁义而羞贫穷;道游侠,则贱守节而贵俗功,此其大敝伤道,所以遇极刑之咎也。然善述序事理,辩而不华,质而不俚,文质相称,盖良史之才也。诚令迁依《五经》之法言,同圣人之是非,意亦庶几矣。"

《后汉书》卷五十九《张衡列传》:"安帝雅闻衡善术学,公车特征拜郎中,再迁为太史令。遂乃研核阴阳,妙尽璇机之正,作浑天仪,著《灵宪》、《算罔论》,言甚详明。"

以上"术学"皆为并列结构,其义与今之"学术"一词相当。

2. 魏晋至唐宋时期"术学"与"学术"同时并行

"学术"之与"术学"同时并行,可以证之于魏晋至唐宋时期的相关史书,试举数例:

《晋书》卷六十四《武十三王传》:"晞无学术而有武干,为桓温所忌。"卷七十二《郭璞传》:"臣术学庸近,不练内事,卦理所及,敢不尽言。"

《梁书》卷二十二《太祖五王传》:"(秀)精意术学,搜集经记,招学士平原刘孝标,使撰《类苑》,书未及毕,而已行于世。"又卷三十八《贺琛传》:"琛始出郡,高祖闻其学术,召见文德殿,与语悦之,谓仆射徐勉曰:'琛殊有世业'。"

《旧唐书》卷四十三《职官志二》:"集贤学士之职,掌刊缉古今之经籍,以辩明邦国之大典。凡天下图书之遗逸,贤才之隐滞,则承旨而征求焉。其有筹策之可施于时,著述之可行于代者,较其才艺而考其学术,而申表之。凡承旨撰集文章,校理经籍,月终则进课于内,岁终则考最于外。"又卷一百二十六《卢鹭传》:"(鹭)无术学,善事权要,为政苛躁。"

《新唐书》卷一百四十《裴冕传》:"冕少学术,然明锐,果于事,众号称职,(王)鉷雅任之。"又卷一百一《萧嵩传》:"时崔琳、正丘、齐澣皆有名,以嵩少术学,不以辈行许也,独姚崇称其远到。历宋州刺史,迁尚书左丞。"

以上皆为同一史书中"学术"、"术学"同时并行之例。但观其发展趋势,是"学术"盛而"术学"衰。

3. 宋元以降"学术"逐步替代"术学"而独行于世

唐宋之际,"术学"隐而"学术"显,实已预示这一变化趋势。从《宋史》到《金史》、《元史》、《明史》、《清史稿》,"术学"一词几乎销声匿迹,其义乃合于"学术"一词。而就"学术"本身的内涵而言,则更具包容性与明确性,与今天所称"学术"之义更为接近。例如:

《宋史》卷二十三《钦宗本纪》:"壬寅,追封范仲淹魏国公,赠司马光太师,张商英太保,除元祐党籍学术之禁。"

《宋史》卷三百七十六《陈渊传》:"渊面对,因论程颐、王安石学术同异,上曰:'杨时之学能宗孔、孟,其《三经义辨》甚当理。'渊曰:'杨时始宗安石,后得程颢师之,乃悟其非。'上曰:'以《三经义解》观之,具见安石穿凿。'渊曰:'穿凿之过尚小,至于道之大原,安石无一不差。推行其学,遂为大害。'上曰:'差者何谓?'渊曰:'圣学所传止有《论》、《孟》、《中庸》,《论语》主仁,《中庸》主诚,《孟子》主性,安石皆暗其原。仁道至大,《论语》随问随答,惟樊迟问,始对曰:爱人。爱特仁之一端,而安石遂以爱为仁。其言《中庸》,则谓《中庸》所以接人,高明所以处己。《孟子》七篇,专发明性善,而安石取扬雄善恶混之言,至于无善无恶,又溺于佛,其失性远矣。'"

《元史》卷一百四十《铁木儿塔识传》:铁木儿塔识"天性忠亮,学术正大,伊、洛诸儒之书,深所研究"。

《明史》卷二百八十二《儒林传一》:"原夫明初诸儒,皆朱子门人之支流余裔,师承有自,矩矱秩然。曹端、胡居仁笃践履,谨绳墨,守儒先之正传,无敢改错。学术之分,则自陈献章、王守仁始。宗献章者曰江门之学,孤行独诣,其传不远。宗守仁者曰姚江之学,别立宗旨,显与朱子背驰,门徒遍天下,流传逾百年,其教大行,其弊滋甚。嘉、隆而后,笃信程、朱,不迁异说者,无复几人矣。要之,有明诸儒,衍伊、洛之绪言,探性命之奥旨,锱铢或爽,遂启歧趋,袭谬承讹,指归弥远。"

《清史稿》卷一百四十五《艺文志一》:"当是时,四库写书至十六万八千册,诏钞四分,分度京师文渊、京西圆明园文源、奉天文溯、热河文津四阁,复简选精要,命武英殿刊版颁行。四十七年,诏再写三分,分贮扬州大观堂之文汇阁、镇江金山寺之文宗阁、杭州圣因寺玉兰堂之文澜阁,令好古之士欲读中秘书者,任其入览。用是海内从风,人文炳蔚,学术昌盛,方驾汉、唐。"

《清史稿》卷一百七《选举志二》:"先是百熙招致海内名流,任大学堂各职。吴汝纶为总教习,赴日本参观学校。适留日学生迭起风潮,诼谣繁兴,党争日甚。二十九年正月,命荣庆会同百熙管理大学堂事宜。二人学术思想,既各不同,用人行政,意见尤多歧异。"

《清史稿》卷四百七十三《康有为传》:"有为天资瑰异,古今学术无所不通,坚于自信,每有创论,常开风气之先。"

《清史稿》卷四百八十六《林纾传》:"纾讲学不分门户,尝谓清代学术之盛,超越今古,义理、考据,合而为一,而精博过之。实于汉学、宋学以外别创清学一派。"

《清史稿》卷四百八十六《辜汤生传》:"辜汤生,字鸿铭,同安人。幼学于英国,为博士。遍游德、法、意、奥诸邦,通其政艺。年三十始返而求中国学术,穷四子、五经之奥,兼涉群籍。爽然曰:'道在是矣!'乃译四子书,述《春秋》大义及礼制诸书。西人见之,始叹中国学理之精,争起传译。"

此外,明代学者章懋在其《枫山语录》中有《学术》专文,周琦所著《东溪日谈录》卷六有《学术谈》一文,《清史稿》卷二百六十五《陆陇其传》还有载陆氏所著《学术辨》一书,曰:"其为学专宗朱子,撰《学术辨》。大指谓王守仁以禅而托于儒,高攀龙、顾宪成知辟守仁,而以静坐为主,本原之地不出守仁范围,诋斥之甚力。"从以上所举案例可知,宋元以来取代"术学"而独行于世的"学术"一词,因其更具包容性与明确性而在名实两个方面渐趋定型。

4. 晚清以来"学术"的新旧转型与中西接轨

晚清以来,在西学东渐的背景下,随着中国"学术"从传统向现代的转型,学界对"学术"的内涵也进行了新的审视与界说。1901年,严复在所译《原富》按语中这样界定"学术"中"学"与"术"的区别:"盖学与术异,学者考自然之理,立必然之例。术者据既已知之理,求可成之功。学主知,术主行。"10年后,梁启超又作《学与术》一文,其曰:

> 近世泰西学问大盛,学者始将学与术之分野,厘然画出,各勤厥职以前民用。试语其概要,则学也者,观察事物而发明其真理者也;术也者,取所发明之真理而致诸用者也。例如以石投水则沉,投以木则浮。观察此事实,以证明水之有浮力,此物理学也;应用此真理以驾驶船舶,则航海术也。研究人体之组织,辨别各器官之机能,此生物学也。应用此真理以治疗疾病,则医术也。学与术之区分及其相互关系,凡百皆准此。善夫生计学大家倭儿格之言,曰:科学(英 Science,德 Wissenschaft)也者,以研索事物原因结果之关系为职志者也。事物之是非良否非所问,彼其所务者,则就一结果以探索所由来,就一原因以推理其所究极而已。术(英 Art,德 Kunst)则反是。或有所欲焉者而欲致之,或有所恶焉者而欲避之,乃研究致之避之之策以何为适当,而利用科学上所发明之原理原则以施之于实际者也。由此言之,学者术之体,术者学之用。二者如辅车相依而不可离,学而不足以应用于术者,无益之学也。术而不以科学上之真理为基础者,欺世误人之术也。(初刊1911年6月26日《国风报》第2册第15期。后载梁启超《饮冰室文集》之二十五下,云南教育出版社,2001年8月第1版)

梁启超以西学为参照系的对"学术"的古语新释,集中表现了当时西学东渐、西学中用的时代风气以及梁氏本人欲以西学为参照,推动中国学术从综合走向分科、从古典走向现代并以此重建中国学术的良苦用心。但取自西学的科学、技术与中国传统"学术"仅具某种对应关系而非对等关系,难免有以今释古、以西释中之局限。由此可见,对于中国学术尤其需要西方与本土、传统与现代学术概念的互观与对接,需要从渊源到流变的学术通观。

三、中国学术史:形态辨析与规律探寻

中国学术史源远流长,而对中国学术史的形态辨析与规律探寻始终没有停息。《庄子·

《天下篇》之于"道术"与"方术"两种形态与两个阶段的划分,可以视为中国学术史上最先对"古"、"今"学术流变的总结,实乃反映了作者"后世之学者,不幸见天地之纯,古人之大体,道术将为天下裂"的学术史观,以及由今之"方术"还原古之"道术"的学术崇尚,与同时代其他诸子大相径庭。此后,类似的学术史的总结工作代代相续,随时而进,而不断由"今"鉴"古"所揭示的中国学术史发展轨迹与形态,也多呈现为不同的面貌。比如,司马谈《论六家要旨》所论,凡阴阳、儒、墨、法、名、道六家,而《汉书·艺文志·诸子略》则增为儒、道、阴阳、法、名、墨、纵横、杂、农、小说十家,然后归纳为"诸子出于王官"之说,皆与《庄子·天下篇》不同。再如,唐代韩愈《原道》率先提出"尧—舜—禹—汤—文—武—周公—孔—孟"的"道统"说,继由宋代朱熹《中庸章句》推向两宋当代,完成经典性的归纳:"尧—舜—禹—汤—文—武—周公—孔子—颜回、曾参—子思—孟子—二程",在似乎非常有序的学术史链接中,完成了以儒家为正统的序次定位。但这仅是反映韩愈、朱熹等复兴儒学倡导者的学术史观以及文化史观,不能不以排斥乃至牺牲中国学术史的多元性、丰富性为代价,显然是一种以偏概全的概括。由"道统"而"学统",清代学者熊赐履进而在直接标示为《学统》之书中,以孔子、颜子(回)、曾子(参)、子思、孟子、周子(敦颐)、二程子(程颐、程颢)、朱子(熹)9人为"正统",以闵子(骞)以下至罗钦顺23人为"翼统",由冉伯牛以下至高攀龙178人为"附统",以荀卿、扬雄、王通、苏轼、陆九渊、陈献章、王守仁等7人为"杂统",以老、庄、杨、墨、告子及释、道二氏之流为"异统"(参见《四库全书·总目·史部·传记类存目五》《学统》五十六卷提要)。虽然对韩愈、朱熹"道统"的纯粹性作了弥补,但以儒家为正统、以纯儒为正统的观念未有根本的改变。

近代以来,梁启超以西方学术为参照系,由清代上溯中国学术,先在《论中国学术思想变迁之大势》(《饮冰室合集》文集之七)一文中将中国学术史划分为八个时代:"一胚胎时代,春秋以前也;二全盛时代,春秋及战国是也;三儒学统一时代,两汉是也;四老学时代,魏晋是也;五佛学时代,南北朝隋唐是也;六儒佛混合时代,宋元明是也;七衰落时代,近二百五十年是也;八复兴时代,今日是也。"继之在《清代学术概论》中提出"自秦以后,确能成为时代思潮者,则汉之经学,隋唐之佛学,宋及明之理学,清之考据学,四者而已"。基于时代与个人的双重原因,梁氏抛弃了长期以来以儒家为正统、以纯儒为正统的"道统"说与"学统"说,力图以融通古今、中西的崭新的学术史观,还原于中国学术原生状态与内在逻辑,这的确是一个重大突破,标志着中国学术史研究已实现从传统向现代转型并与世界接轨,具有划时代意义。可以说,此后的中国学术史构架几乎都是以此为蓝本而不断加以调整和完善,当"先秦诸子学——两汉经学——魏晋玄学——隋唐佛学——宋明理学——清代朴学——近代新学"已成为后来概括中国学术史流变的通行公式时,尤其不能遗忘梁氏的创辟之功。

世纪之交,受惠于"重写学术史"的激励和启示,我们应该以更加广阔的视野、更加多元的维度以及更加深入的思考,对中国学术史的形态辨析与规律探寻作出新的建树,实现新的超越。

中国学术孕育于中国文化之母体,受到多元民族与区域文化的滋养而走向独立与兴盛,并在不同时期呈现为不同的主流形态与演变轨迹。而中国学术之所以生生不息,与时俱进,也就在于其同时兼具自我更新与吸纳异质学术文化资源的双重能力,在纵横交汇、融合中吐故纳新,衰而复盛。因此,从"文化—学术"、"传统—现代"、"本土—世界"这样三个维度,重新审视中国学术史的历史进程与演变规律,则大致可以重新划分为华夏之融合、东方之融合与世界之融合三个历史时段,这三个历史时段中的中国学术主导形态及其与世界的关系依次发生了变化,分别从华夏之中国到东方之中国,再到世界之中国。

(一) 华夏文化融合中的中国学术史

从炎黄传说时代到秦汉时期,中国文化发展形态主要表现为华夏各民族文化的融合,然后逐步形成以儒家为主流的文化共同体。与此相契合,中国学术史的发展也完成了从萌芽到独立、繁荣直至确立儒学一统地位的历程。

1. 远古华夏多元文化的融合对学术的孕育

徐旭生在《中国古史的传说时代》(广西师范大学出版社 2003 年版)中同时证之于古籍文献与考古发现,提出华夏、东夷、苗蛮三大族团说,高度概括地揭示了炎黄时代民族与文化版图跨越黄河、长江两岸流域的三分天下格局。然后通过东征、南伐,炎黄族团文化逐步统一了三大部族,而炎黄部族本身的相争相融,终以炎黄并称共同塑铸为中华民族的祖先,这是从炎黄到五帝时代部族联盟文化共同体初步形成的主要标志。夏商周三代,既是三个进入国家形态的不同政权的依次轮替,又是三大民族在黄河流域中的不同分布。因此,夏商周的三代更替,亦即意味着中华民族文化中心在黄河流域轴线上的由中部向东西不同方向的轮动。

以上不同阶段、区域与形态的文化之发展,都不同程度地给予本时段学术的孕育以滋养。《庄子·天下篇》归之为中国学术的"道术"时代,是以所谓天人、神人、至人、圣人、君子等为主导,接近于道之本体的原始学术阶段,与梁启超在《论中国学术思想变迁之大势》所溯源的"天人相与"的学术胚胎时代相仿。

2. 春秋战国"轴心时代"学术的独立与繁荣

东周以降的春秋战国时代,迎来了具有世界性意义的第一个文化繁荣期,大体相当于西方学者所称的"轴心时代"(公元前 800—200 年)(见德国卡尔·雅斯贝尔斯著《历史的起源与目标》,魏楚雄、俞新天译,华夏出版社 1989 年版)。王权衰落、诸侯争霸、士人崛起、诸子立派、百家争鸣,一同促进了中国学术的走向独立与空前繁荣。梁启超《论中国学术思想变迁之大势》称之为"全盛时代",并有四期、两派、三宗、六家的划分。春秋战国诸子百家争鸣的学术之盛,既见普世规律,又有特殊因由。其中一个十分重要的转折点就是发生于春秋后期的"天子失官,学在四夷"的文化学术扩散运动,由于东周王朝逐步失去继续吸纳聚集各诸侯国文化学术精英、引领和主导全国文化学术主流的机制与能力,其结果便是诸子在远离京都中心的诸侯国之间大规模、高频率地自由流动。从诸子的流向、聚集与影响而论,当以齐鲁为中心,以儒、道、墨为主干,然后向全国各诸侯国流动与辐射。

诸子百家争鸣局面的形成,既是本时期中国学术高峰的标志,同时也促进了诸子对于自身学术反思的初步自觉,从《庄子·天下篇》到《荀子·非十二子》、《韩非子·显学》等,都具有学术批判与自我批判的自觉意义,其中也蕴含着诸子整合、百家归一的学术趋势。

3. 秦汉主流文化的选择与儒学正统地位的确立

进入秦汉之后,在国家走向大一统的过程中,通过对法家(秦代)、道家(汉代前期)、儒家(汉代中期)的依次选择,最后确立了儒家的官方主流文化与学术的地位。

汉武帝元光元年(前134)五月,武帝亲策贤良方正直言极谏之士,董仲舒连上三策,请黜刑名、崇儒术、兴太学,史称《天人三策》(或《贤良对策》)。董仲舒以儒家经典《春秋》为参照,在倡导与建构"大一统"的文化传统中,主张独尊儒学而摈绝诸子,后人归纳为"罢黜百家,独尊儒术",梁启超称之为"儒学统一时代",后世所谓"道统"说与"学统"说即发源于此。这不仅标志着汉代儒学作为正统学术文化主流地位的确立,同时意味着中国学术史的第一时段——华夏融合时期的结束。

(二) 东方文化融合中的中国学术史

本时段以东汉明帝"永平求法"为起点,以印度高僧译经传教于洛阳白马寺为中心,以儒学危机与道教兴起为背景,来自西域的佛教的传入及其与中国文化的融合,为中国学术的重建提供了一种新的异质资源与重要契机,然后逐步形成三教合流之局面。这是中国学术基于此前的华夏文化之融合转入东方文化之融合的重要标志。此后,由论争而融合,由表层而内质,由局部而整体,"三教合一"对本时段中国学术的重建与演变产生了巨大而深远的影响。

1. 东汉至南北朝佛教传入与学术格局的变化

儒学衰微、佛教传入与道教兴起,三者终于相遇于东汉后期,一同改变了西汉以来儒学独盛的整体学术格局。其中最引人注目的是兴起于魏、盛行于晋的新道学——玄学。其中大致可以划分为四个阶段:一是王弼、何晏的正始之音;二是嵇康、阮籍的纵达之情;三是向秀、郭象综合诸说而倡自然各教合一论;四是东晋玄学的佛学化(参见冯天瑜、邓捷华、彭池《中国学术流变》,华东师范大学出版社2003年版,第2页)。玄学的主要贡献,是将当时的士林风尚从学究引向思辨,从社会引向自然,从神学引向审美,从群体引向个体,从外在引向内在,从而促使人的发现与人的自觉,具有划时代意义。此后,发生于西晋末年的"永嘉之乱",直接促成了东晋建都建康(今南京),大批北方士人渡江南下,不仅彻底改变了南方尤其是处于长江下游的江南经济、文化的落后面貌,而且也彻底改变了原来江南土著民族的强悍之风,代之为一种由武而文、由刚而柔、由质而华的新江南文化精神,江南文化圈的地位因此而迅速上升,这是中国文化与学术中心第一次从黄河流域转向长江流域。在此过程中,本兴起于北方的玄学也随之南迁于江南,并鲜明地打上了江南山水审美文化与人文精神的烙印。

以玄学为主潮,儒佛道三教开始了漫长的相争相合之进程。在三国两晋南北朝时代,集中表现为由儒玄之争与佛道冲突中走向初步的调和与融合,范文澜先生扼要而精彩地概括为:儒家对佛教,排斥多于调和,佛教对儒家,调和多于排斥;佛教和道教互相排斥,不相调和(道教徒也有主张调和的);儒家对道教不排斥也不调和,道教对儒家有调和无排斥(范文澜《中国通史》第二册,人民出版社1994年版,第554页)。

2. 隋唐佛学的成熟与三教合流趋势

经历三国两晋南北朝的分裂,至隋唐又重新归于统一。唐代国势强盛、政治开明、文化繁荣,当朝同时倡导尊道、礼佛、崇儒,甚至发展为在宫廷公开论辩"三教合一"问题(有关唐代三教论争可参见胡小伟《三教论衡与唐代俗讲》,《周绍良先生欣开九秩庆寿文集》,中华书局1997年版),这就在文化、宗教政策上为三教合流铺平了道路。与此相契合,在学术上呈现为综合化的总体趋势。

一方面是儒道佛各自本身的融合南北的综合化,另一方面则是融合儒、道、佛三者的综合化。当然,儒、道、佛三者的综合化,在取向上尚有内外之别,儒与道的综合化,除了自身传统的综合化之外,还充分吸纳了外来佛教的诸多元素,这是由"内"而"外"的综合化;而就佛教而言,同样除了自身传统的综合外,主要是吸纳本土儒道的诸多元素,是由"外"而"内"的综合化,这种综合化的过程,实质上就是佛教的本土化过程。唐代的佛学之盛,最重要的成果是逐步形成了天台宗、三论宗、华严宗、法相宗、律宗、净土宗、密宗、禅宗等八大宗派体系,由此奠定了中国佛教史上的鼎盛时代,标志着作为外来宗教的佛教本土化进程的完成。

儒道佛的三教合流,既促成了唐代多元化的学术自由发展之时代,同时也对儒学正统地位产生严重的挑战与冲击。早在初唐时期,唐太宗鉴于三国两晋南北朝儒学的衰落与纷争,为适应国家文化大一统的需要,命国子监祭酒孔颖达等撰写《五经正义》,作为钦定的官方儒学经典文本,以此奠定了唐代新的儒学传统。然而到了中唐,韩愈等人深刻地意识到了儒学的内在危机,力图恢复儒学的正宗地位与纯儒传统,所以在《原道》中提出了"尧—舜—禹—汤—文—武—周公—孔—孟"的"道统"说,不仅排斥佛道,而且排斥孔孟之后的非正统儒学,以一种激进的方式进行新的儒学重建,实已开宋代理学之先声,彼此在排斥佛道中"援佛入儒"、"援道入儒",亦颇有相通之处。

3. 宋代理学的兴盛与三教合流的深化

宋代理学是宋代学者致力于儒学重建的最重要成果,也是魏晋以来儒道佛三教合流深化的结果。较之前代学者,宋儒对于佛道二教的修养更深,其所臻于的"三教合一"境界也更趋于内在与深化。宋代理学的产生主要基于两大动因:一是儒学自身的新危机。朱熹在《中庸章句》中上承中唐韩愈的"道统"说而加以调整,代表了宋代理学家基于与韩愈"道统"说的同一立场,即主张在同时排斥释道与非正统儒学中恢复儒学的正统地位与纯儒传统;二是市井文化的新挑战。宋代商业经济相当发达,市井文化高度繁荣,既为中国文化带来了新的生机与活力,同时也对传统文化产生严重的冲击,于是有部分文人学士以强烈的历史使命感发起重建儒学运动,以此重建儒学传统,导正市井文化。宋儒的义利之辩、天理人欲之辩以及以"理"制"欲"的主张,即主要缘于此并应对于此。当然,宋代学术的高度繁荣虽以理学为代表,但并非仅为理学所笼罩。比如在北宋,除理学之外,尚有王安石的新学、三苏的蜀学。饶有趣味的是,无论是王安石还是三苏,也都经历了由儒而道、释的三教融合过程,体现了某种新的时代精神。

尤为重要的是,基于与西晋末年"永嘉之乱"同样的缘由,发生于北宋末年的"靖康之难"促使朝廷从开封迁都临安(今杭州),随后也同样是大批文人纷纷从北方迁居江南。南宋建都临安以及大批北方文人南迁的结果,就是中国文化中心再次发生了南北转移。在南宋学术界,要以朱熹理学、陆九渊心学以及浙东学派陈亮、叶适、吕祖谦的事功之学为代表,三者都产生于南方,汇集于江南,北方的文化地位明显下降。如果说由陆九渊到王阳明,由心学一路发展为伦理变革与解放,那么由陈亮、叶适、吕祖谦的倡导义利兼顾,甚至直接为商业、商人辩护,则开启了经世致用的另一儒学新传统,而且更具近世意义与活力,两者都具解构理学的潜在功能。

4. 元明理学的衰变与三教合流的异动

元蒙入主中原,不仅打乱了宋代以来的文化进程,而且改变了宋代之后的学术方向。一是元代建都大都,全国文化中心再次由南北迁,其直接结果是兴盛于宋代的新儒学——理学北传,成为官方新的主流文化;二是率先开通了北起大都、南至杭州的京杭大运河,为南北学术文化交流创造了更好的交通条件,同时也为元代后期学术文化中心再次南移奠定了基础;三是随着地理版图向四周的空前推进,元代在更为广阔的空间上不断融入了包括回回教(伊斯兰教)、景教(基督教)在内的更为丰富的多元文化,但其主体仍是东方文化的融合;四是元蒙本为草原民族,文化积累不厚,反倒容易实施文化学术开放政策,比如对于道教、佛教以及其他宗教的兼容,对于商业文化的重视,士商互动的频繁、密切,都较之前代有新的进展;五是元代教育的高度发达,远远超出人们的想象。这主要得益于两个方面:一者,汉族文人基于"华夷之辨",多不愿出仕元朝,但为了文化传承与生计需要,往往选择出仕书院山长或教席;二者,元朝长期中止科举制度,汉族文人在无奈中也不得不倾心于教育;六是就元代主流文化与学术而言,还是儒释道的"三教合一",其中理学在北传中经历了先衰后兴的命运。元代延祐年间,仁宗钦准中书省条陈,恢复科举,明经试士以《四书》、《五经》程子、朱熹注释为立论依据,程朱理学一跃成为官学。此对元代学术产生重要影响,并为其后的明代所效法。与此同时,道教与佛教也都在与儒学的相争相融中有新的发展,乃至出现新的宗教流派。

  明灭元后,先建都南京,后迁都北京,但仍以南京为陪都,元代开通的京杭大运河通过南京、北京"双都"连接,成为明代学术文化的南北两大轴心。为了适应高度集权的专制主义统治需要,从明初开国皇帝朱元璋开始,毫不犹豫地选择程朱理学为官方主流文化,又毫不手软地以文武两手彻底清理儒学传统,从而加速了官方主流文化与学术的衰微。然而,从社会历史进程的纵向坐标上看,明代已进入近世时代,日趋僵化的程朱理学已经无法适应基于商品经济发展的新的文化生态与文化精神的需要,而宋元两代以来日益高涨的市民思想意识,则在不断地通过士商互动而向上层渗透,这是推动中国社会与文化转型的重要基础;而在横向坐标上,与明代同时的西方已进入文艺复兴时代,彼此出现了诸多值得令人玩味的现象。在西方,文艺复兴、思想启蒙、宗教改革等此呼彼应,成为摧毁封建专制主义、开创资本主义文明、实现社会转型的主体力量,并逐步形成一种张扬人性、肯定人欲的初具近代启蒙性质的新文化思潮。而在明代,尤其是从明中叶开始,由王阳明心学对官方禁锢人性的理学的变革,再经王学左派直到李贽"童心说"的提出与传播,实已开启了一条以禁锢人性、人欲始,而以弘扬人性、人欲终的启蒙之路,王学之伦理改革的意义正可与西方马丁·路德的宗教改革相并观。与思想界相呼应,在文艺界,从三袁之诗文到汤显祖、徐渭之戏曲,再到冯梦龙、凌濛初之小说;在科学界,从李时珍《本草纲目》到徐宏祖《徐霞客游记》、宋应星《天工开物》,再到徐光启《农政全书》,都已初步显现了与西方文艺复兴思想启蒙相类似并具有近代转型意义的现象与态势,这说明基于思想启蒙与商业经济的双向刺激的推动,理学的衰落与启蒙思潮的兴起势不可挡,而起于南宋的一主两翼之两翼——陆九渊心学与陈亮、叶适、吕祖谦等事功之学的后续影响,便通过从王学到王学左派再到李贽等,由思想界而文艺界、科学界得到了更为激烈的演绎。另一方面,当援引佛道改造或消解理学已成为知识界,尤其是思想界与文艺界一种普遍取向与趋势时,那么,"三教合一"的发展便更具某种张扬佛道的反传统的意义,这是本时段"三教合一"的最终归结。

(三) 世界文化融合中的中国学术史

  晚明之际,西方正处于文艺复兴极盛时期,所以中西方都出现了相近的文化启蒙思潮,一同预示着一种近代化态势。理学的禁锢与衰落,意味着中国文化需要再次借助和吸纳一种新的异质文化资源进行艰难的重建工作,而在中国文化或东方文化内部,已无提供新的文化资源的可能,这在客观上为中西文化的遇合与交融、学术重建与转型创造了条件。此后,以十六世纪中叶西方传教士陆续进入中国进行"知识传教"、"学术传教"为始点,在"西学东渐"的背景下,在与西方文化融合的过程中,中国学术的世界化与现代化先后经历了三次运动,即明清之际的传统学术转型初潮、清末民初时期现代学术的建立以及二十世纪后期的学术复兴之路。

1. 明清之际"西学东渐"与传统学术转型初潮

大约从十六世纪中叶起,西方传教士陆续进入中国南部传教,通过他们的传教活动,开始了中国与西方文化第一次较有广度与深度的交流,率先揭开了中国学术最终走向世界文化之融合的序幕,可以称之为"西学东渐"之第一波。据法国学者荣振华(Joseph Dehergne)统计,在1552—1800的二百五十年间中国境内的传教士达975人(参见[法]荣振华著,耿昇译《在华耶稣会士列传及书目补编》,中华书局1995年版,第4页)。作为"知识传教"、"学术传教"的成功奠基者,意大利传教士利玛窦的成功之举是说服明朝大臣兼科学家徐光启、李之藻、杨廷筠3人先后入基督教,成为晚明天主教三大柱石,3人与利玛窦密切合作,一同翻译了大量科学著作,由此奠定了明清之际西方传教士来华知识传教、学术传教之基础。据统计,明末清初西方传教士共译书籍达378种之多,其中的宗教主导性与学科倾向性至为明显。此外,汉学著作达到49种,表明西方传教士在西学东渐之学术输出的同时,也逐步重视中学西传之学术输入,至清初达于高潮。

在晚明的中西学术文化初会中,徐、李、杨等人以极大的热情研习西学著作,会通中西学术,其主要工作包括:合译、研习、反思、会通、创新等,尤其是徐光启提出"翻译—会通—超胜"的学术思路是相当先进的。以上五个方面是明末清初科技界对于西学输入的总体反应及其所取得的主要成绩,也是当时科技界初显近代科技之曙光、初具近代新型学者之因素的集中表现。

2. 清代"西学东渐"的中止与传统学术的复归

公元1644年,满族入关,建立清朝,建都北京,历史似乎神奇地重现元蒙入主中原的路径与命运。由此导致的结果,不仅打乱了晚明以来中国走向近代的历史进程,而且改变甚至中止了中西文化学术交流与融合的前行方向。由于满清入关之前在汉化方面经过长时期的充分准备,所以在入关建国之后,不仅较之元代统治时间更长,而且还创造了康乾盛世,尤其是对传统学术的发展与总结结出了空前辉煌的成果。也许这是汉、满异质文明通过杂交优育而产生的一个文化奇迹,实质上也是中国古代文化学术回光返照的最后辉煌。

梁启超在其名著《清代学术概论》中,曾将清代学术分为四期,第一期为启蒙期,以顾炎武、胡渭、阎若璩等为代表;第二期为全盛期,以惠栋、戴震、段玉裁、王念孙、王引之等为代表;第三期为蜕分期,以康有为、梁启超为代表;第四期为衰落期,以俞樾、章炳麟、胡适等为代表。其中最能代表清代朴学成果的是第二期即全盛期。四期纵贯于明清之交至清末民初,经此辨析之后,清代学术脉络已比较清晰。但梁氏将"清代思潮"类比于欧洲文艺复兴,却并不妥当。他在《清代学术概论》中说:"'清代思潮'果何物耶?简单言之:则对于宋、明理学之一大反动,而以'复古'为其职志者也。其动机及其内容,皆与欧洲之'文艺复兴'绝相类。而欧洲当'文艺复兴期'经过以后所发生之新影响,则我国今日正见端焉。"又说:"综观二百余年之学史,其影响及于全思想界者,一言蔽之,曰:'以复古为解放'。第一步,复宋之古,对于王学而得解放;第二步,复汉、唐之古,对于程、朱而得解放;第三步,复西汉之古,对于许、郑而得解放;第四步,复先秦之古,对于一切传注而得解放。夫既已复先秦之古,则非至对于孔孟而得解放焉不止矣。然其所以能着着奏解放之效者,则科学的研究精神实启之。"将清代学术发展归结为"以复古为解放",的确非常精辟,然以此比之于西方同时期的文艺复兴,却忽略了彼此的异质性,未免类比失当。

3. 晚清"西学东渐"的重启与现代学术的建立

关于自1840年至民国间"西学东渐"的重启与现代学术的建立,是一个相当专业而又复杂的问题,前人已有不少论著加以描述与总结。这里再着重从以下三个层面略加申说:

(1) 新型学者群体的快速成长,是中国学术完成现代转型并与世界接轨的主导力量。

这一新型学者群体主要有以下三类人所组成:一是开明官员知识群体。如林则徐、曾国藩、李鸿章、丁日昌、左宗棠、薛福成、刘坤一、张之洞等朝廷重臣、地方要员,除了大兴工厂之外,还开设书局,组织人力翻译西书;创办学校,培养新型人才;又与西方传教士、外交官员及其他人士广泛交往,成为推动中国走向近代化的主导力量。二是"新职业"知识群体。如李善兰、华蘅芳、徐寿、蒋敦复、蒋剑人等,他们主要在书局、报社、刊物等从事于翻译、写作、编辑等新兴职业,是旧式文人通过"新职业"转型为新型知识群体的杰出代表。三是"新教育"知识群体。包括海外留学、国内传教士创办的教会学校与中国人仿照西方创办的新式学校培养的学生群体,但以留学生为主体,这些留学生后来大都成长为政治家、军事家、思想家、科学家以及著名学者,成为现代学科的开创者与现代学术的奠基者。以上三类新型知识群体的成长以及代际交替,即为现代学术的建立奠定了十分重要的主体条件。

(2) 新型学者群体的心路历程,是中国学术完成现代转型并与世界接轨的精神坐标。

1922年,梁启超曾在《五十年中国进化概论》中以自己的切身感受扼要揭示了半个世纪以来中国知识分子伴随近代化进程的心路历程变化:

> 近五十年来,中国人渐渐知道自己的不足了。这点子觉悟,一面算是学问进步的原因,一面也算是学问进步的结果。第一期,先从器物上感觉不足。这种感觉,从鸦片战争后渐渐发动,到同治年间借了外国兵来平内乱,于是曾国藩、李鸿章一班人,很觉得外国的船坚炮利,确是我们所不及,对于这方面的事项,觉得有舍己从人的必要,于是福建船政学堂、上海制造局等等渐次设立起来。但这一期内,思想界受的影响很少,其中最可纪念的,是制造局里头译出几部科学书。……实在是替那第二期"不懂外国话的西学家"开出一条血路了。第二期,是从制度上感觉不足。自从和日本打了一个败仗下来,国内有心人,真像睡梦中着了一个霹雳,因想到堂堂中国为什么衰败到这田地,都为的是政制不良,所以拿"变法维新"做一面大旗,在社会上开始运动,那急先锋就是康有为、梁启超一班人。这班人中国学问是有底子的,外国文却一字不懂。他们不能告诉人"外国学问是什么,应该怎么学法",只会日日大声疾呼,说:"中国旧东西是不够的,外国人许多好处是要学的。"这些话虽然像是囫囵,在当时却发生很大的效力。他们的政治运动,是完全失败,只剩下前文说的废科举那件事,算是成功了。这件事的确能够替后来打开一个新局面,国内许多学堂,国外许多留学生,在这期内蓬蓬勃勃发生。第三期新运动的种子,也可以说是从这一期播殖下来。这一期学问上最有价值的出品,要推严复翻译的几部书,算是把十九

世纪主要思潮的一部分介绍进来,可惜国里的人能够领略的太少了。第三期,便是从文化根本上感觉不足。第二期所经过时间,比较的很长——从甲午战役起到民国六七年间止。约二十年的中间,政治界虽变迁很大,思想界只能算同一个色彩。简单说,这二十年间,都是觉得我们政治法律等等,远不如人,恨不得把人家的组织形式,一件件搬进来,以为但能够这样,万事都有办法了。革命成功将近十年,所希望的件件都落空,渐渐有点废然思返,觉得社会文化是整套的,要拿旧心理运用新制度,决计不可能,渐渐要求全人格的觉悟。恰值欧洲大战告终,全世界思潮都添许多活气,新近回国的留学生,又很出了几位人物,鼓起勇气做全部解放的运动。所以最近两三年间,算是划出一个新时期来了。(《梁启超史学论著四种》,岳麓书社1985年版)

五十年间的三个历史阶段,是晚清以来从物质到制度再到文化变革渐进过程与知识分子精神觉醒进程内外互动与复合的结果。当然,这种代际快速转换与思想剧变的文化现象只是当时特定历史条件的产物,有利于快速推进中国学术的现代化进程,但由此造成的后遗症还是相当严重的。

(3)新型学者群体的现代学术体系建构,是中国学术完成现代转型并与世界接轨的核心成果。

表面看来,中西比较观主要缘于"本土—西方"关系,标示着中国学术从本土走向世界的共时性维度,但在中西比较的视境中,以西学为参照、为武器而改造中国传统学术,即由"本土—西方"关系转换为"传统—现代"关系,以及从传统走向现代的历时性维度。可见中国学术的现代化与世界化本是相互依存、相互促进,并可以相互转换的。根据晚清以来新型学者群体在急切向西方学习过程中而形成的中西观的历史演进与内在逻辑,曾先后经历了中西比附、中体西用、中西体用、中西会通、激进西化观的剧烈演变,从而为"五四"新文化运动的兴起与现代学术体系的建构铺平了道路。

经过"五四"新文化运动的精神洗礼,通过从文化启蒙向学术研究的转移,从全盘西化走向吸取西学滋养,从全面批判走向对传统学术的意义重释与价值重估,由梁启超、王国维、章炳麟、刘师培、胡适等一批拥有留学经验、学贯中西学者承担了开创现代学科、建立现代学术以及复兴中国学术的历史使命,终于在与世界的接轨中完成了中国学术从传统向现代的转型。陈平原先生在《中国现代学术的建立——以章太炎、胡适为中心》(北京大学出版社1998年版)一书中借用库恩(Thomas S. Kuhn)的"范式"(Paradigm)理论衡量中国现代学术转型与两代人的贡献,认定1927年的中国现代学术建立的"关键时刻",其标志性的核心要素在于:一是新的学术范式的建立。通过戊戌、五四两代学人的学术接力,创建了现代新的学术范式,包括走出经学时代、颠覆儒学中心、标举启蒙主义、提供科学方法、学术分途发展、中西融会贯通,等等。二是现代学科体系的建立。此实与现代教育制度逐步按西学知识体系实施分科专业教育密切相关,其中"西化"最为彻底的,也最为成功的,当推大学教育。三是现代大学者群体的登场。如康有为、梁启超、章炳麟、罗振玉、王国维、严复、刘师培、蔡元培、黄侃、吴梅、鲁迅、胡适、陈寅恪、赵元任、梁漱溟、欧阳竟无、马一浮、柳诒徵、陈垣、熊十力、郑振铎、俞平伯、钱穆、汤用彤、冯友兰、金岳霖、张君劢等。这是一个需要巨人而又创造了巨人的时代,他们既是推动中国现代学术转型的主导力量,也是中国现代学术建立的重要成果。

4. 世纪之交中国学术的复兴之路

在当今世纪之交的"重写学术史"为主旨的"学术史热"中,对20世纪中国学术道路的回顾与总结已成为学界的热点论题。刘克敌先生在《学人·学术与学术史》(《北方论丛》1999年第3期)一文中的扼要概括具有一定的代表性,此文将20世纪中国学术划分为四个阶段:

(1) 现代学术的创建期(从世纪初到"五四"前后)。这一时期的主要特点是许多后来成为学术大师级人物的学者,出于重建中国文化体系、振奋民族精神的愿望,在借鉴西方学术体系的基础上,在对传统治学方式进行批判的基础上,开始有意识地建立新的学术体系。不过,由于在他们周围始终有一个处于动荡之中的社会现实,迫使他们的研究不能不带有几分仓促与无奈,缺乏从容与潇洒的风度,而那体系的建立,不是半途而废,就是缺砖少瓦。

(2) 现代学术的成长期(从20年代至40年代)。这一时期的主要特点是一方面真正有价值的学术成果不断出现,并在不少领域填补了空白和引起国际学术界的重视和肯定,如鲁迅和胡适对中国小说史的研究,王国维、郭沫若对甲骨文的研究,陈寅恪、陈垣等人的古代史研究和赵元任的语言研究,以及考古界的一系列重大发现等等。另一方面则是迫于社会动荡和急剧变革的影响,学术研究往往陷于停顿,实用主义和功利主义倾向也越来越明显。

(3) 现代学术的迷失期(从50年代直到80年代末)。所谓"迷失"有两层含义:一是这一时期的学术研究除极少数例外,基本上都偏离了为学术而学术的轨道,甚至成为纯粹为所谓政治服务的工具;二是这一时期的治学者除极少数人外,基本上都不能坚持自己的学术立场,而那些坚持自己立场者,则毫无例外地受到种种迫害。

(4) 现代学术的回归期(从90年代初至世纪末)。这一时期的学术研究才真正开始意识到其独立的存在价值,把研究的目的不是定位于某些切近的利益,而是为了全人类的根本利益,是中华民族文化在未来的振兴,是真正的为学术而学术。可惜这一时期过于短暂,且没有结束,为其做出评价为时过早。

若从20世纪首尾现代学术颇多相似之处以及彼此在中国学术的现代化与世界化进程中的呼应与延续来看,本世纪之交可称为回归期。然而假如再往后回溯至明清之际,往前面向21世纪,那么,这应是继明清之际、近现代之后,中国学术走向世界与现代运动的第三波浪潮,初步显示了中国学术的复兴之势。三次浪潮都是在从封闭走向开放的过程中由西学的冲击而起,但彼此的内涵与意义并不相同。明清之交的第一次浪潮仅是一个先锋而已,并未从根本上改变中国学术传统以及中西双方的学术地位。近现代的第二次浪潮兴起之际,中西双方的学术地位发生了根本改变,这是在特定条件下,通过激进的西化推进中国学术的现代化与世界化,而完成中国现代学术体系的建立的,因此,其中诸多学术本身的问题未能得以比较从容而完善的解决,这就为第三次浪潮的兴起预留了学术空间与任务。毫无疑问,改革开放以来第三次浪潮的再度兴起,本有"历史补课"的意义。当经过20世纪中下叶近30年的封闭而重新开启国门之后,我们又一次经历了不该经历的"西学东渐"苦涩体验,而且再次发现我们又付出了不该付出的沉重代价。然而30年来改革开放的成功,终于初步改变了前两次"西学东渐"单向传输的路径与命运,而逐步走向中西的平等交流和相互融合。诚然,学术交流本质上是一种势能的较量,当我们既放眼于丰富多彩的世界学术舞台,又通观已经历三次文化融合的中国学术之路,应更多地思考如何实现复兴中国学术而跻身于世界民族之林的战略目标与神圣使命,勃然兴起于世纪之交、以"重写学术史"为主旨的"学术史热",应该不仅仅是新起点,更应是助推器。

四、中国学术史研究：体式演进与成果总结

以源远流长的中国学术史为对象，有关中国学术史的研究率先肇始于先秦诸子，直至当今世纪之交"重写学术史"讨论与实践，已有两千多年的历史。期间，学人代代相继，屡屡更新，要以"辨章学术，考镜源流"为主导，堪称劳绩卓著，著述宏富。于是，中国学术史研究之成果不仅演为中国学术史本身的一大支脉，而且反过来对学术发展起到重要的推动作用。

关于中国学术史研究的源起，一般都远溯至先秦诸子——《庄子·天下篇》《荀子·非十二子》《韩非子·显学》等，其中，《庄子·天下篇》发其端，《荀子·非十二子》《韩非子·显学》等踵其后，一同揭开了中国学术史研究的序幕。先秦以降，中国学术史研究的论著日趋丰富，体式日趋多样。以《庄子·天下篇》为发端的序跋体，以《史记·儒林列传》为发端的传记体，以刘向《七略》为发端的目录体，以及以程颐《河南程氏遗书》、朱熹《朱子语类》等为发端的笔记体等学术史之作相继产生。至朱熹《伊洛渊源录》，又创为道录体（又称"渊源录体"），率先熔铸为学术史研究专著体制，并以此推动着中国学术史研究走向成熟。再至黄宗羲《宋元学案》，另创学案体，代表了传统学术史研究的最高成就。清末民初，由梁启超、刘师培等引入西学理念与著述体例，章节体成为学术史研究著作之主流，标志着中国学术史及其研究的走向现代并与世界接轨。此外，民国期间刘汝霖所著《汉晋学术编年》《东晋南北朝学术编年》等学术编年之作，也是学术史研究的重要类型。对于以上这些学术史成果的研究，前人已有不少相关论著问世，现以此为基础，重点结合内涵与体式两个方面，通过"辨章学术，考镜源流"作进一步的系统梳理与评述。

（一）序跋体学术史研究

就名称而观之，序先出于汉，跋后出于宋；就格式而言，序本置于正文之后，后来前移于正文之前，而以跋列于正文之后。前文所述《庄子·天下篇》在格式上相当于今天的跋。但置序于正文之后的通则，虽无序之名，而有序之实。由此可见，序跋中的"序"是与学术史研究同时起步，并最先用于学术史研究的一种重要文体。

《天下篇》在内容上不同于《庄子》其余各篇，乃在其为一篇相对独立的学术史论之作。而在体例上，则相当于一篇自序。《天下篇》可分总论与分论两大部分。总论部分主要提出"道术"与"方术"两个重要的学术概念，综论先秦从统一走向分裂、从一元走向多元的学术之变。由"道术"而"方术"，既意指先秦学术的两种形态，也意指先秦学术的两个阶段。分论部分依次评述了由古之"道术"分裂为今之"方术"的相关学派。从行文格式而言，又可分为以下两类：一种格式是大略概括各派学术宗旨，然后加以褒贬不同的评析。另一种格式，主要是针对惠施、桓团、公孙龙一派，即所谓"辨者之徒"进行直接的批评。

学术史研究的使命、功能与特点就是"辨章学术，考镜源流"，而作为中国学术史研究的开山之作，《庄子·天下篇》已具其雏形。

汉代犹承先秦遗风，仍以序置于正文之后。比如西汉刘安《淮南子》最后一篇《要略》，重点论述了孔子、墨子、管子、申子、商鞅及纵横家等先秦诸子学说赖以产生的原因与条件，然后追溯诸子学说的起源，辨析各家学说的衍变，无论在内容还是体式上都与《庄子·天下

篇》等一脉相承。除此之外,西汉直接以序为名的著名序文还有佚名《毛诗序》、司马迁《史记·太史公自序》、刘向《战国策序》、扬雄《法言序》、班固《汉书·叙传》、王逸《楚辞章句序》、王充《论衡·自纪》篇等等,仍皆置于正文之后。司马迁的《太史公自序》详细记叙了作者发愤著书的前因后果与艰难历程,并论述了《史记》的规模、结构、篇目、要旨等,相当于一篇以序写成,重点叙述《史记》之所以作以及如何作的自传。《太史公自序》的另一重要贡献是序中记载了乃父司马谈所作的《论六家要旨》,使后人了解汉代著名史家的诸子学术史观是一种相对开放的学术史观。由于《太史公自序》载入了《论六家要旨》这样的内容,使它不仅在体式上能融记叙与议论于一体,而且在内容上更具学术史批评之内涵。

跋,又称跋尾、题跋。徐师曾《文体明辨》云:"按'题跋'者,简编之后语也。"可见,序文经历了从置于正文之后到冠于正文之前的变化;而跋文,自欧阳修为《集古录》作跋之后,则始终居于正文之后而不变。但在此前,未名"跋"之跋已经出现。

秦汉以来,历代序跋文体为数繁多,如果再纳入赠序、宴序、寿序等等,更是不计其数。至清代,中国学术史研究进入了一个全面总结的时代,无论是综合的还是分代、分类的学术史研究,序跋都是一种相当普遍使用的重要体式。

在当今学术界,序跋仍是载录学术史研究成果的一种重要载体,那些为学术著作而作的序跋尤其如此。而在名称上则分别有"序"、"总序"、"自序"、"前言"与"跋"、"后记"等不同称谓,但已无"后序"之名。

(二) 传记体学术史研究

传记可分为史传与杂传(或称散传)两大类。以史传为学术史研究之载体,始于司马迁《史记》率先创设的《儒林列传》。在《史记》卷一百二十一《儒林列传》卷首,冠有一篇洋洋洒洒的总序,作者主要记载了自先秦儒学演变为汉代经学以及汉代前期道儒主流地位的变化轨迹,凸显了在"罢黜百家,独尊儒术"文化政策导控下的儒学之盛,同时也反映了司马迁本人崇儒抑道的学术史观,与乃父司马谈《论六家要旨》的崇道抑儒形成鲜明的对比,彼此学术史观的变化正是时代学术主潮变故使然。《儒林列传》的体例是以被朝廷立为官学的经学大师为主体,以经学大师的学行为主线,重点突出各家经说的传承关系,再配之以功过得失的评价,可以视之为各经学大师的个体学术简史。合而观之,便是一部传记体的汉代经学简史。

《史记》开创的这一体例为历代正史所继承,并向其他领域拓展。以后《汉书》、《后汉书》、《晋书》、《梁书》、《陈书》、《魏书》、《北齐书》、《周书》、《隋书》、《南史》、《北史》、《宋史》、《明史》、《新元史》、《清史稿》都有《儒林传》;《旧唐书》、《新唐书》、《元史》都有《儒学传》;《宋史》有《道学传》;《后汉书》、《晋书》、《魏书》、《北齐书》、《北史》、《旧唐书》、《宋史》、《新元史》、《清史稿》都有《文苑传》;《南齐书》、《梁书》、《陈书》、《隋书》、《南史》、《辽史》都有《文学传》;《周书》、《隋书》、《北史》、《清史稿》都有《艺术传》;《新唐书》、《金史》都有《文艺传》;《后汉书》有《方术传》;《旧唐书》、《新唐书》、《宋史》、《辽史》、《元史》、《明史》、《新元史》都有《方技传》;《元史》有《释老传》;《清史稿》有《畴人传》。它们从不同的方面概述了儒学、文学、艺术、科技等的发展变化,从一个侧面反映了学术思想的演进历史。

杂传,泛指正史以外的人物传记,始兴于西汉,盛于魏晋,尔后衍为与史传相对应的两大传记主脉之一。《隋书·经籍志》始专列《杂传》一门。据《隋书·经籍志》所录,各类杂传凡217部,1286卷。内容甚为广泛,又以重史与重文为主要特色而分为两大类型。而在体例上,《隋志》仅录由系列传记合成的著作,即学界通常所称的"类传",却于单篇散传一概未录。就与学术史关系而言,尤以乡贤传、世家传、名士传、僧侣传等最有价值。隋唐以降,杂传由先前的重史与重文两种不同倾向逐步向史学化与文学化方向发展。前者因渐渐与正史列传趋于合流之势,而较之后者更多地承担了学术史研究之职。其中也有系列类传与单篇散传两大支脉,后者包括行状、碑志、自传等,作者更多,体式更丰富,学术史研究特点也更为突出。

在单篇散传日趋丰富与繁荣的同时,系列性的类传著作也在不断向前发展。其中颇有特色与价值的是专题性类传,可以阮元《畴人传》、罗士琳《畴人传续编》、诸可宝《畴人传三编》、黄钟骏《畴人传四编》、支伟成《清代朴学大师列传》等为代表。支伟成所撰《清代朴学大师列传》,以时代先后为序,然后依一定的学科、流派分门别类,每一门类前均有作者撰写的叙目,"略疏学派之原委得失",传中除介绍生平事迹外,更着重于"各人授受源流,擅长何学,以及治学方法",比较完整地体现了学术的历史继承性,可以视为一部传记体清代朴学史。

在分别论述史传与杂传之后,还应该提及引自西方、兴起于近代的评传。评传之体从西方引入本土,是由梁启超率先完成的。1901年,梁启超作《李鸿章传》,分为12章,约14万字,以分章加上标题的形式依次叙述李鸿章的一生事迹,为第一部章节体传记之作。此后,梁启超先后撰写了《管子传》、《王荆公传》、《戴东原先生传》和《南海康先生传》等,皆为以评传体式所著的学术传记。评传于近代的引进和兴起,为中国传记从传统向现代转型并与西方现代传记接轨开辟了道路。在梁氏之后,评传一体广为流行,日益兴盛。

(三) 目录体学术史研究

所谓"目录",是篇目与叙录的合称。目录既是记载图书的工具,即唐代魏征《隋书·经籍志》所谓"古者史官既司典籍,盖有目录以为纲纪",同时又具有学术史研究的功能。清代章学诚在《校雠通义序》中总结为"辨章学术,考镜源流",这既是对目录体本身,也是对所有中国学术史研究的最高要求。从西汉刘向、刘歆父子整理群书、编纂目录开始,即已确立了"辨章学术,考镜源流"的学术宗旨与功能。因而目录之为学,且以目录为学术史研究之载体,当始于西汉刘向、刘歆父子,而目录之体所独具的学术史研究价值,亦非一般文献载体可比。就学术史研究要素而言,一在于学者,一在于著述。史传重在记载前者,而目录则重在记载后者,两者相辅相成,即构成了学术史研究的主干。

关于目录的分类,学术界多有分歧,但多以史志目录、官修目录、私家目录为主体,同时还包括专科目录、特种目录等。从《别录》、《七略》的初创来看,目录之于学术史的研究价值主要体现在三个方面:一是分类。图书分类是学术发展的风向标,包括分类、类目、类序以及数量的确定与变化及至各类图书的升降变化,都是学术发展变化的反映。同样,刘氏父子的六分法及其类目、类序的确立,各类图书的比例,皆是汉代学术的集中反映。二是著录。刘氏父子校勘群书,"条其篇目,撮其指意,录而奏之",即成"书目提要"。内容包括书名、篇数、作者、版本等,也涉及对作者生卒、学说的考证与辨析。三是序。包括大类之序与小类之序,重在辨章学术,考镜源流,为目录体学术史研究的精华所在。以上三个方面由刘氏父子《别录》、《七略》所开创,为历代目录学所继承和发扬。

东汉班固在著述《汉书》时，又据《七略》略加删改，著为《艺文志》，率先将目录之学引入正史，创立正史《艺文志》之体，亦即史志目录系统。由《汉书·艺文志》图书六分法中所确立的尊经、尊儒传统、每略典籍的具体著述方式以及每略总序与每类类序等等，都为正史《艺文志》的史志目录系统创建了新的学术范式，同时又具有反映先秦至东汉学术总貌的独特价值。尤其是总序与类序，具有更高的学术史研究容量。在二十六史中，沿《汉书》之体设立《艺文志》或《经籍志》的有《隋书·经籍志》、《旧唐书·经籍志》、《新唐书·艺文志》、《宋史·艺文志》、《明史·艺文志》、《清史稿·艺文志》五种，其中以《隋书·经籍志》最具学术价值，堪与《汉书·艺文志》相并观。此二志及其余二十二史中无志或后人认为虽有志而不全者，皆有补编之作问世。

自西汉刘向、刘歆父子分别以《别录》、《七略》奠定官修目录之体后，历代以国家藏书为基础的官修目录之作相继问世。至清代《四库全书总目》达于高潮。《四库全书总目》是编撰《四库全书》的重要成果，就学术史研究角度而言，《四库全书总目》的主要价值有三点：一是图书分类。可见分科学术史之演进。二是书目提要。每书之提要即相当于每书的一份"学术简历"，而如此众多之书汇合为一个整体，即构成一部简明扼要的著述史。三是总序与小序。于经、史、子、集四部每部皆有总序，每类下皆有小序，子目之后还有按语，最具学术史研究之功能与价值。

与史志目录、官修目录不同，私家目录更多地反映了民间藏书情况、学者的目录学思想以及蕴含于其中的学术史观，所以它的产生是以民间藏书的兴起与丰富为前提的，可以为学界提供有别于史志目录与官修目录的独特内涵与价值。

（四）笔记体学术史研究

与其他文体相比，笔记是一个大杂烩。据现存文献可知，正式以《笔记》作为书名始于北宋初宋祁所撰之《笔记》，但其渊源却十分古老。刘叶秋先生认为笔记的主要特点一是杂，二是散。大体可以分为三类：一是小说故事类；二是历史琐闻类；三是考据辨证类。与学术史研究相关或者说被用于学术史研究的笔记主要是第三类。

大致从北宋开始，一些笔记已开始涉足学术史研究，这是受宋代学术高度繁荣直接影响的重要成果。首先进入我们视野的是北宋大理学家程颐的《河南程氏遗书》，书中纵论历代学术内容较多。其次是《朱子语类》，所论学术史内容较之《河南程氏遗书》更为丰富，也更为系统。此外，宋代的重要学术笔记尚有沈括的《梦溪笔谈》、洪迈的《容斋随笔》等。

经过宋元的发展，笔记至明清时期臻于高度繁荣，出现了大量主论学术的笔记之作，其学术性也明显增强。明代一些学者已屡屡在笔记中直接谈及"学术"这一概念，比如周琦《东溪日谈录》卷六有"学术谈"，章懋《枫山语录》有"学术"篇，等等。清代为学术笔记高度繁荣的鼎盛时期，学术笔记总量至少有500余种，实乃学术史研究之一大宝库，其价值远未得到有效开掘。

民国以后，学术笔记盛势不再，但仍有如钱锺书先生《管锥篇》之类的佳作问世。

在当代，学人撰写学术随笔、笔谈蔚然为风气，虽质量参差不一，但毕竟延续着学术笔记这一传统文体，且于学术史研究亦有一定的价值。

（五）道录体学术史研究

道录体是指首创于南宋朱熹《伊洛渊源录》而重在追溯理学渊源的学术史研究之作。因其以"道统"说为理论宗旨，是"道"与"统"即逻辑层面与历史层面的两相结合，同时直接移植禅宗"灯录"而成，故而可以命名为"道录"体，也有学者称之为"渊源录"体。

道录体的理论渊源同时也是理论支柱是"道统"说。道统说最初出自唐代古文家韩愈的《原道》，此文的要旨：一是确立了道统的核心内涵；二是确立了道统的传授谱系。然而，从"道统"概念而言，韩愈尚未明确将"道统"二字合为一体，因此虽有"道统"说之实，却无"道统"说之名。至南宋，朱熹始将"道"与"统"合为一体，明确提出了"道统"之说；同时又以"道统"说为主旨，应用于理学渊源研究，著成《伊洛渊源录》一书，首创"道录"之体。在著述体例上，"道录"体融会了多种文体之长，但尤与初创于北宋的禅宗"灯录"体最为接近。所谓"灯录"体，意为佛法传世，如灯相传，延绵不绝。该体深受魏晋以来《高僧传》、《释老志》之类宗教史研究著作的影响，而重在禅宗传授谱系的追溯与辨析。

朱熹所撰《伊洛渊源录》14卷，成于宋孝宗乾道九年，由二程伊洛之说上溯周敦颐，既在宏观上重视理学渊源的辨析，又在微观上重视理学家师承关系的考证，具有总结宋代理学史与确立理学正统地位的双重意义。在体式上，此书于承继禅宗灯录体之际，又兼取传记体之长，并有许多创新。《伊洛渊源录》除了率先开创了"道录"体学术史研究之外，还有标志中国学术史研究专著问世的意义。在此之前，从序跋、传记、目录、笔记体等来看，虽皆包含学术史研究内容，却又非学术史研究专著。此外，一些学术著作如刘勰《文心雕龙》、刘知几《史通》等等，也只是部分篇章含有学术史研究内容，而非如《伊洛渊源录》之类的学术史研究专著。可以说，中国学术史研究专著始自朱熹的《伊洛渊源录》。

在《伊洛渊源录》影响下，南宋以来不断有类似的著作问世。如南宋李心传的《道命录》，王力行的《朱氏传授支派图》，季文的《紫阳正传校》，薛疑之的《伊洛渊源》等。明代则有谢锋的《伊洛渊源续录》，宋端仪的《考亭渊源录》，程曈的《新安学系录》，朱衡的《道南源委》，魏显国的《儒林全传》，金贲亨的《台学源流》，杨应诏的《闽学源流》，刘鳞长的《浙学宗传》，周汝登的《圣学宗传》，冯从吾的《元儒考略》、《吴学编》，辛全的《理学名臣录》，赵仲全的《道学正宗》，刘宗周的《圣学宗要》等。至清初更形成了一个高潮，著作多达20余种，如孙奇逢《理学宗传》，魏裔介《圣学知统录》、《圣学知统翼录》，魏一鳌《北学篇》，汤斌《洛学篇》，范鄗鼎《理学备考》、《广理学备考》，张夏《洛闽渊源录》，熊赐履《学统》，范鄗鼎《国朝理学备考》，窦克勤《理学正宗》，钱肃润《道南正学编》，朱睪《尊道集》，汪佑《明儒通考》，万斯同《儒林宗派》，王维戊《关学续编本传》，王心敬《关学编》，朱显祖《希贤录》，耿介《中州道学编》，王植《道学渊源录》，张恒《明儒林录》，张伯行《伊洛渊源续录》、《道统录》，等等。

"道录"体学术史研究之作既以"道统"说为要旨，本乃为学说史，实则往往以史倡学，因而具有强烈的正统意识与门户之见。

（六）学案体学术史研究

学案体与朱熹《伊洛渊源录》一样，同样受到了禅宗灯录体的影响。所以，在确定这两者的归属时截然分为两大阵营,一些学者认为学案体应包括上文所论道录体之作,一些学者则认为彼此不相归属。其实,大体可以用广义与狭义的学案体来解决这一论争。此处将学案体独立出来加以论述,所取的是狭义的学案体的概念。

何谓"学案"?"学"即学者、学派、学术;"案"即按语,包括考订、评论等等,可能与禅宗公案也有某种渊源关系。有学者认为学案体应具备三大要素:一是设学案以明"学脉"。即每一个学案记述一个学派(若干独立而又有内在逻辑联系的学案群),使之足以展示一代学术思想史的全貌与发展线索;二是写案语以示宗旨。即每一学派均有一个小序,对这一学派作简明的介绍,对学者的生平、师承、宗旨、思想演变也都有一段简要说明,最突出的是对各学派、学者宗旨的揭示;三是选精粹以明原著。即撷取最能体现学派或学者个性的著作中的精粹,摘编而成,以见原著之精华。这三个要素互为犄角,使学案体构成了为实现特定目标而组成的有机整体,既能展示历史上各学派、学者的独特个性,又能显示不同学派、学者之间的因革损益情况,更有展现一代学术思想史发展线索的功能。可见学案体有其独特的学术宗旨及组织形式,与学术史"辨章学术,考镜源流"的内在要求较之其他体式更为契合。以此衡量,尽管在黄宗羲编纂《明儒学案》之前已有耿定向《陆杨二先生学案》、刘元卿《诸儒学案》;但真正的开山之作应是黄宗羲的《明儒学案》。

黄宗羲旨在通过设立学案,全面反映一朝学者、学派与学术的发展演变之势,并以序、传略、语录为三位一体,构建一种崭新的学术史研究著作新体式——学案体。与此新体式相契合,黄宗羲特于《明儒学案·凡例》掂出"宗旨"二字作为学术史研究的核心与灵魂:"宗旨"犹如学问之纲,亦是学术与学术史研究之纲,纲举才能目张,所以"宗旨"对于学术史研究而言的确是关键所在,具有核心与灵魂的意义与作用。

黄宗羲在完成《明儒学案》后,又由明而至宋元继续编纂《宋元学案》。全书凡100卷,分立91个学案。黄宗羲本人完成了67卷,59个学案,未竟而逝。然后由其子黄百家、私淑弟子全祖望续修,又经同郡王梓材、冯云濠校定,至道光十八年(1838)出版。此书在非黄宗羲所作部分学术功力有所逊色,但也有更为完善之处:一是在每一学案之前先立"学案表",备述该学派的师友弟子;二是所立学案超越了理学范围,如《水心学案》、《龙川学案》、《荆公学案》、《苏氏蜀学略》皆为非理学家立案,旨在反映宋元学术全貌;三是注重重大学术争论问题,且注意收录各家之说,不主一家之言;四是增设"附录",载录学者的逸闻轶事和当时及后人的评论。王梓材还撰有《宋元学案补遗》42卷,所补内容一是新增传主,二是增补《学案》已有传主的言行资料,三是补充标目。《补遗》所增大多是名不见经传的士人,这就大大扩展了《宋元学案》的收录范围。就史料而言,如果说《宋元学案》取其"精",则《宋元学案补遗》求其"全",这或许就是该书最大的特色和价值所在。

《明儒学案》、《宋元学案》开创了学案体学术史研究新体式,后来学人代有继作。先是清代唐鉴所撰《国朝学案小识》15卷,于道光二十五年(1845)刊行。至1914年,唐晏撰成《两汉三国学案》11卷,首次以学案体对两汉三国经学学派的传承演变进行历史性总结。再至1928年,曾任民国大总统的徐世昌网罗一批前清翰林,于天津发起和主持《清儒学案》的编纂工作,历时10年,至1939年出版。此书体例严整,内容丰富,取材广泛,少有门户之见,大体能反映有清一代的学术史,值得充分肯定。

晚清民初之交,致力于学术史研究的梁启超对学案体情有独钟,并以此应用于西方学术研究,相继撰写了《霍布士学案》、《斯片挪落学案》、《卢梭学案》等"泰西学案"。至1921

年,所著《墨子学案》又由商务印书馆出版。此外,钱穆曾于四川时受政府委托著成《清儒学案》,但未及出版就因船回南京途中沉于长江,今仅存其目,至为憾焉。

20世纪80年代之后,学案再次受到学界重视。在个体性学案方面,除了钱穆《朱子新学案》、陆复初《王船山学案》相继于1985、1987年由巴蜀书社、湖北人民出版社出版外,值得学术界重点关注的还有杨向奎主编的《新编清儒学案》,以及由张岂之先生等主编的《民国学案》,方克立、李锦全两人一同主编《现代新儒家学案》,舒大纲等人策划的《历代儒学学案》等。

(七) 章节体学术史研究

章节体学术史研究著作是近代之后引入西方新史观与新体式的产物。就传统的学术史研究著作体式而论,由道录体发展至学案体而臻于极化,在晚清西学东渐的背景下,中国学术由传统走向现代以及与西方学术接轨的过程中,学案体学术史研究日益暴露其固有的局限。概而言之,一是学术史观的问题。学案体既以儒学为对象,亦以儒学为中心,因此近代之前的学案体学术史,实质上即是儒学史。但至近代以后,在西方进化论等新史学理论的影响下,许多学者纷纷以此为武器对儒学道统展开了激烈的批判。二是学术史著述体例的问题。学案体记载的儒学史,以学者、学派为主流,大体比较单纯,因此由叙论、传略、文献摘要三段式构成的著述体式大体能满足其内在需要,但对晚清以来中西、新旧交替的纷繁复杂的学术现象,尤其是众多学术门类的多向联系、交互影响以及蕴含于其间的学术规律的探讨与总结,的确已力不从心。所以,如何突破学案体的局限,寻找一种适应新的时代需要的学术史著述体例显然已迫在眉睫,引自西方的章节体即是在这样的背景下适时登场的。

在早期章节体学术史研究的著作过程中,梁启超、刘师培贡献尤著。1902年,梁启超所著《中国学术思想变迁之大势》这一长篇学术论文发表于《新民丛报》第3、4、5、7号上。梁启超以西方学术史为参照,以进化论为武器,对几千年来中国学术思想的发展进程进行了崭新的宏观审察。其创新之处有三:一是提出了新的中国学术史分期法。将数千年中国学术思想分为老学时代、佛学时代、儒佛混合时代、衰落时代,打破了宋明以来以儒学为中心的学术史模式;二是提出关于学术思想发展的新解释。以往的学术史,或以道统为先验性学术构架,或虽突破道统论的束缚,但也多停留于论其然而不求其所以然,梁氏则能透过现象深入到学术发展过程的内部探索其发展变化的因果关系;三是首创章节体的中国学术编纂新体裁。即以章节为纲,以"论"说"史",以"史"证"论",史论结合,既"述"且"作"。综观以上三点,这篇长文无论对梁启超本人还是20世纪章节体新学术史研究而言都是拓荒、奠基之作,是中国学术史研究实现从传统向现代转型并与世界接轨的重要标志,具有划时代意义,对近现代学术史研究的影响巨大而深远。

晚清以来,各种报刊纷纷创办。当时,一些充满新意的学术史研究论文往往首先发表于报刊这一新兴媒体,而其中一些长文更以连载的形式陆续与读者见面,然后经过一定的组合或修改,即可由此衍变为章节体著作。所以这些"报章体"的学术史论文连载,实已见章节体著作之雏形。三年之后刘师培所著《周末学术史序》也是如此。此文先连载于1905年2月至11月《国粹月报》(1—5期),由总序、心理学史序、伦理学史序、论理学史序、社会学史序、宗教学史序、政法学史序、计学史序、兵学史序、教育学史序、理科学史序、哲理学史序、术数学史序、文字学史序、工艺学史序、法律学史序、文章学史序十七篇组成,实为以序的形式撰写的《周末学术史》一书的提要。这是中国学术史上首次以"学术史"命名并首次按照西学现代学科分类法为著述体例的学术史研究论著。

20世纪前期,章节体学术史研究趋于成熟且影响巨大的著作,当推梁启超、钱穆分别出版于1924年、1937年的同名巨著《中国近三百年学术史》。两书虽然同名,但在学术渊源、宗旨、内容、体例等方面迥然有异。大体而言,梁著以西学为参照,以"学"为中心,钱著承续学案体,以"人"为中心;梁著以朴学传统论清学,认为清学是对宋明理学的全面反动,钱著从宋学精神论清学,认为清学是对宋明理学的继承;梁著更偏于知识论层面的学术史,钱著更偏于思想论层面的学术史;梁著更具现代学术之品性,钱著更受传统学术之影响。两书代表了20世纪前期章节体学术史研究的最佳成果。

(八) 编年体学术史研究

编年体史书源远流长,导源于《春秋》,由《资治通鉴》集其大成,这是编年体学术史的主体渊源。另一个渊源是学者年谱。北宋元丰七年(1084)吕大防著成《韩吏部文公集年谱》与《杜工部年谱》,是可据现存文献证实的中国古代年谱之体的发轫之作。这一崭新体例,对于编年体学术史研究具有重要启示与借鉴意义,因为从文学年谱到学术年谱,本有相通之处。如宋代李子愿所纂《象山先生年谱》据《象山先生行状》、《语录》及谱主诗文编纂而成,内容多涉学术。如论陆九渊讲学贵溪之象山,颇为详细;而记淳熙八年与朱熹会于南康,登白鹿洞书院讲席,以及与朱熹往复论学,乃多录原文,因而可以视之为学术年谱。

宋代以降,与文人学者化的普遍趋势相契合,文人年谱中学术方面内容的比重日益加重,显示了年谱由"文"而"学"的重心转移之势。而从个体学术年谱到群体性的学术编年,以及一代乃至通代的学术编年,实为前者的不断放大而已。然而由于种种原因,超越个体的编年体学术史著作晚至民国时期才得以开花结果。早期的重要成果以钱穆的《先秦诸子系年》、刘汝霖的《汉晋学术编年》、《东晋南北朝学术编年》等为代表。尤其是后二书,已是成熟的编年体学术史研究著作,更具开创性意义。

刘汝霖先生所著《汉晋学术编年》、《东晋南北朝学术编年》,在著述体例上,主要以编年体史书代表作《资治通鉴》为参照,同时吸取纪传体与纪事本末体之长,加以融会贯通。作者在自序中重点强调以下五点:一曰标明时代。即有意打破前代史家卷帙之分,恒依君主生卒朝代兴亡史料之多寡为断,充分尊重学术本身的发展。比如两晋之间地域既殊,情势迥异,倘以两晋合为一谈,则失实殊途,故有分卷之必要。二曰注明出处。即将直引转引之书注明版本卷页篇章,使读者得之,欲参校原书,可收事半功倍之效;而欲考究史实,少有因袭致误之弊。三曰附录考语。中国旧史多重政治,集其事迹,考其年代,尚属易易。学术记载向少专书,学者身世多属渺茫,既须多方钩稽,又须慎其去取。故标出"考证"一格,将诸种证据罗列于后,以备读者之参考。四曰附录图表。有关学术之渊源,各派之异同,往往为体例所限,分志各处,以致读者寻检不易,故有图表之设,以济其穷。包括学术传播表、学术著述表、学术系统表、学术说明表、学术异同表。五曰附录索引。包括问题索引与人名索引。刘汝霖先生率先启动编纂《中国学术编年》如此宏大工程,的确是一个空前的学术创举,但以一人之力贯通历代,毕竟力不从心,所憾最终仅完成《汉晋学术编年》与《东晋南北朝学术编年》二集,而且此二集中也存在着收录不够广泛、内容不够丰富等缺陷。

1930年,姜亮夫先生曾撰有《近百年学术年表》,时贯晚清与民国,也是问世于民国早期的学术编年之作。若与刘汝霖的《中国学术编年》衔接,则不仅可以弥补其他四卷的阙如,而且还可以形成首尾呼应之势。但这一编年之作终因内容单薄而价值不高,影响不大。

进入21世纪之后,又有两部重要的编年体学术史研究著作问世。一是陈祖武、朱彤窗所著的《乾嘉学术编年》。此书是对作为清代学术的核心内容——乾嘉学派的首次学术编年,既是一项开创性工作,又有独立研究之价值。另一重要著作是张岂之主编的《中国学术思想编年》。此书之价值,一在以"学术思想"为内容与主线,二在贯通历代。著者力图将上自先秦下迄清代有关学术思想上的代表人物、著作、活动、影响等联系起来,力求使学术思想的历史演进、学派关系、学术影响、学术传承等方面展现于读者面前,实乃一部按时间顺序编年的编年体学术思想史。但因其内容的取舍与限定,与刘汝霖《汉晋学术编年》《东晋南北朝学术编年》等综合性的编年之作有所不同,则其所长亦其所短也。

除了以上八体外,尚有始终未尝中断的经传注疏体系以及频繁往来于学者之间的书信——可以称之为注疏体与书信体,也不时涉及学术史研究内容,值得认真梳理总结。而较之这两体更为重要的,是除著作之外散布于各种文集之中的大量论文,或长或短,或独立成文,或组合于著作之中,从《庄子·天下篇》(兼具序文性质)、《韩非子·显学》、《吕氏春秋·不二》直到清末民初大量报章体论文,可谓源远流长,灿若星河,对学术史研究而言尤具重要价值。

五、《中国学术编年》的学术宗旨与体例创新

在世纪之交的"学术史热"中,学术史观与文献基础作为"重写学术史"的双重支撑,同时存在着明显缺陷。前者的主要缺失在于未能对中国学术、中国学术史、中国学术史研究三个关键环节展开系统梳理与辨析,从而未能从历史与逻辑辩证统一的高度完成新型学术史观的建构以及对学术史的历史还原与重建。另一方面,学术史研究的进展还取决于扎实的文献基础,其中学术编年显得特别重要。然而在世纪之交的"重写学术史"的讨论与实践中,学术编年的重要性普遍受到忽视,甚至尚未进入相关重要话语体系之中,这不能不说是一个严重局限。

(一)《中国学术编年》的重要意义

关于学术编年之于学术史研究的重要意义,常元敬先生在撰于1991年3月6日的《清代学术编年·前言》中曾有这样的论述:

> 要写出一部符合实际的清代学术史专著,就有必要先完成一部清代学术史年表,以便使事实不因某人的主观而随意取舍,真相得由材料的排比而灼然自见,然后发展的脉络,变化的契机,中心的迁徙,风气的转移,均可自然呈露,一望可知。可惜内容完备的清代学术史年表,至今未见。我们所接触到的几部内容不同的清代学术或著作年表,或失之简,或失之偏,或失之杂,均不能全面地反映清代学术之全貌,以满足今人之需要。

这既代表了我们当时对编纂《清代学术编年》学术价值的自我确认,也是对学术编年之于学术史研究重要意义的基本认知。

刘志琴在《近代中国社会文化变迁录》(浙江人民出版社1998年版)序言《青史有待垦天荒》中提出"借助编年,走进历史场景"的学术理念,颇有启示意义。她说:历史是发生在过去的事情,它与哲学追求合理、科学注重实验不同的是,历史的基础是时间。没有时间的界定就不成其为历史,凡是属于历史的必定是已经过去的现象,再也不可能有重现的时刻。所以说时间是历史的灵魂,历史是时间的科学。在史学著作中突出时间意识,无疑是以编年体为首选的体裁。考其源流,详其始末,按其问题的起点、高峰或终点,分别列入相应的年度。按年查索,同一问题在此年和彼年反复出现,可能处于不同的发展阶段,从而有不同的风貌。这在连年动荡、风云迭起的时代,便于真切地把握年年不同的社会景象,清晰地再现事态发展的本来面目。至于同一年度,政治、经济、文化、生活,万象齐发,又形成特定年代的社会氛围,方便读者走进历史的场景。编年体具有明显的时序性、精确性和无所不包的容量。以此类推,借助学术编年,同样可以让人们走进学术史的历史场景,这既有必要也有可能。当然,更准确地说,历史场景,首先是时间维度,同时也是空间维度,是特定时空的两相交融。正如一切物质都是时间与空间的同时存在一样,学术的发展也离不开时间与空间的两种形态,而学术史的研究也同样离不开时间与空间这两个维度。学术史,只有当其还原为时空并置交融的立体图景时,才有可能重现其相对完整的总体风貌。做一个不甚恰当的比喻,学术史就如一条曲折向前不断越过峡谷与平原、最终流向大海的河流,从发源开始,何时汇为主流,何时分为支流,何时越过峡谷,何时流经平原,何时波涛汹涌,何时风平浪静,以及河流周边的环境生态,等等,一部学术史如何让其立体地呈现在读者面前,即取决于能否以及如何走进时空合一的历史场景,这也是能否以及如何从历史与逻辑辩证统一的高度完成对学术史的历史还原与重建的关键所在。

正是由于学术编年对"重写学术史"的重要意义,也由于世纪之交"学术史热"对学术编年的普遍忽视,我们所编纂的贯通历代、包罗各科规模宏大的《中国学术编年》的问世,作为有幸以见证者、参与者、推动者奉献于世纪学术盛会的重要成果,深感别具意义。相信《编年》的出版,可以为中国学术史研究尤其是中国学术通史编写提供详尽而坚实的学术支撑,并对处于世纪之交的中国学术、文化乃至文明研究的深入开展起到重要的推动作用。

(二)《中国学术编年》的编纂历程

自1985年启动《清代学术编年》研究项目,到2012年《中国学术编年》的最终告竣,期间经历了异常艰难曲折的过程。

早在1985年10月,由浙江师范大学常元敬先生主持,姚成荣、梅新林、俞樟华参与的《清代学术编年》作为古籍整理项目,由教育部全国高校古籍整理委员会委托浙江省教育厅予以资助和立项。项目研究团队的具体分工是:常先生负责发凡起例,姚成荣、俞樟华、梅新林分段负责清代前期、中期和近代的学术编年工作,最后由常先生统稿。经过三年多的共同努力,至1988年,共计50余万字的《清代学术编年》基本完成。

《清代学术编年》虽然在学术价值上得到多方肯定,但因当时正值由计划经济向商品经济的转轨过程之中,付诸出版却遇到了种种困难。后几经延搁,终于有幸为上海书店所接纳。在付梓之前，我们又根据责任编辑的修改要求，由姚、梅、俞三人奔赴上海图书馆集中时间查阅资料，对书稿进行充实与修订，最后由常元敬先生统稿、审订，并于1991年3月撰写了1500余字的《前言》冠于书前。然又因种种原因，上海书店最终决定放弃出版。次年，常元敬先生退休后离开学校。在欢送他离职之际，我们总不免说一些感谢师恩之类的话，但书稿未能及时出版的遗憾，却总是郁积于心而久久难以排遣。

1998年，上海三联书店资深出版人倪为国先生得知《清代学术编年》的遭遇后，以其特有的文化情怀与学术眼光，建议由清代往上追溯，打通各代，编纂一套集大成的《中国学术编年》，这比限于一代的《清代学术编年》更有意义。他说，正如国家的发展，既需要尖端科技，也需要基础建设，《中国学术编年》就是一项重大基础建设工程，具有填补空白的学术价值与盛世修典的标志性意义，可以说是一项"世纪学术工程"。他进而建议由我校重新组织校内外有关专家，分工负责，整体推进，积数年之功，尽快落实《中国学术编年》这一"世纪学术工程"。

根据倪为国先生的建议，我们决定以本校中国古典文献专业的学术骨干为主，适当邀请其他高校一些学有专长的专家参与，共同编纂一部贯通历代的《中国学术编年》。参编人员有（以姓氏笔画为序）：王德华、王逍、毛策、尹浩冰、叶志衡、包礼祥、冯春生、宋清秀、陈玉兰、陈年福、陈国灿、邱江宁、林家骊、张继定、杨建华、胡吉省、俞樟华、梅新林等。经过反复商讨、斟酌，初步拟定"编纂计划"，决定将《编年》分为6卷，规模为600万字左右。至此，由倪为国先生建议的贯通历代、包罗各科规模宏大的《中国学术编年》的编纂工作终于全面开始启动。

1999年底，经倪为国先生的努力，上海三联书店将《编年》列为出版计划，当时书名初定为《中国学术年表长编》。受此鼓舞，全体编写人员大为振奋，编写进程明显加快。期间，倪为国先生还就《编年》的价值与体例问题专门咨询著名学者朱维铮、刘小枫等人。刘小枫先生在予以充分肯定的同时，建议在当今中西交融的宏观背景下，应增加外国学术板块，以裨中外相互参照。根据这一建议，我们又先后约请就读于上海师范大学的秦治国、陆怡清、方勇、杜英、王延庆、陈允欣等负责这项工作。至2001年底，经过全体同仁的不懈努力，《中国学术编年》初稿终于基本形成，陆续交付专家、编辑初审。次年5月10日，梅新林、俞樟华决定将《编年》申请全国高校古籍整理研究工作委员会重点研究项目，承蒙安平秋先生、章培恒先生、裘锡圭先生、杨忠先生、张涌泉先生等的热忱支持，经全国高校古籍整理研究工作委员会项目专家评议小组评议，并经古委会主任批准，《编年》被列为2003年度高校古委会直接资助项目。对于《编年》而言，这无疑是一个锦上添花的喜讯。

2003年底，由于《编年》体量大幅扩张等原因，在出版环节上却再次出现了问题。就在我们深感失望而又无奈之际，幸赖倪为国先生再次伸出援手，基于对《编年》学术价值的认同感与出版此书的责任感，他毅然决定改由他创办的上海六点文化传播有限公司负责出版事宜，并得到时任华东师范大学出版社社长朱杰人先生首肯和支持。

为了保证和提高《编年》的质量，我们与倪为国先生商定，决定对《中国学术编年》初稿进行全面的充实和修订。2006年7月19日，倪为国先生率编辑一行10人，前来浙江师范大学召开编纂工作会议，共商《编年》修改方案。会议的中心主题是：加快进程，提高质量。会上，我们简要总结了《清代学术编年》20余年以及《编年》整体启动8年来的学术历程，介绍了目前各卷的进展以及存在的问题。接着由倪为国先生向各卷作者反馈了相关专家的审稿意见,并提出了具体的修改要求。在经过双方热烈细致讨论的基础上,最后形成整体修改方案。会议决定,每卷定稿后将再次聘请专家集中审阅,以确保《编年》的学术质量。会上对分卷与作者也作了相应的调整,即由原先的6卷本扩展为9卷本。2007年6月30日,《中国学术编年》第二次编纂工作会议在浙江师范大学召开,倪为国先生一行4人再次来到师大与各卷作者继续会商修改与定稿等问题。会议决定以由俞樟华编纂的宋代卷为范本,各卷根据实际情况做适当调整。此后,各卷的责任编辑的审稿与《编年》各卷作者的修改一直在频繁交替进行。目前,《编年》各卷署名作者依次为:(1) 先秦卷:陈年福、叶志衡;(2) 汉代卷:宋清秀、曾礼军、包礼祥;(3) 三国两晋卷:王德华;(4) 南北朝卷:林家骊;(5) 隋唐五代卷:陈国灿;(6) 宋代卷:俞樟华;(7) 元代卷:邱江宁;(8) 明代卷(上、下册):陈玉兰、胡吉省;(9) 清代卷(上、中、下册):俞樟华、毛策、姚成荣。

此外,由秦治国、陆怡清、方勇、杜英、王延庆、陈允欣等编纂的作为参照的外国学术部分,则另请责任编辑万骏统一修改压缩,使内容更为精要。

《编年》经过长时期的磨砺而最终得以问世,可以说是各方人士共同努力的结果,郁积砥砺于我们心中的感悟也同样经历了一个不断变化、超越与升华的过程:从《清代学术编年》到《中国学术编年》,从反映有清一代学术到总结中国通代学术,集中体现了中国学术在走向现代与世界的过程中需要进行全面、系统、深入总结的内在要求与趋势,这是世纪之交中国学界与学者的历史使命,实与世纪之交的"学术史热"殊途而同归。与此同时,正是由于中国学术自身发展赋予《编年》的必要性与可能性,所以尽管历经种种曲折,甚至因先后被退稿和毁约而几乎中途夭折,但最终还是走出了困境,如愿以偿。从50余万字的《清代学术编年》,到1000余万字的《中国学术编年》,不仅仅意味着其规模的急遽扩大,更为重要的在于其学术质量的全面提高。在此,挫折本身已不断转化为一种催人不断前行的动力。

(三)《中国学术编年》的学术追求

尽管编年体史书源远流长,但编年体学术史著作晚至民国时期才得问世,而贯通历代的集成性的《中国学术编年》之作则一直阙如。20世纪20年代,刘汝霖先生曾以一人之力启动《中国学术编年》的编纂工程,先于1929年完成《周秦诸子考》,继之编纂《汉晋学术编年》、《东晋南北朝学术编年》,分别1932年、1935年由商务印书馆出版。

根据刘汝霖先生拟定《总目》,《中国学术编年》分为六集:

第一集,汉至晋:汉高祖元年(前206)至晋愍帝建兴四年(316)。

第二集,东晋南北朝:东晋元帝建武元年(317)至陈后主祯明二年(588)。

第三集,隋唐五代:隋文帝开皇九年(589)至周世宗显德六年(959)。

第四集,宋:宋太祖建隆元年(960)至恭帝德祐二年(1276)。

第五集,元明:元世祖至元十四年(1277)至明思宗崇祯十六年(1643)。

第六集,清民国:清世祖顺治元年(1644)至民国七年(1918)。

然而由于种种原因,刘汝霖先生雄心勃勃编纂《中国学术编年》大型工程只完成第一集《汉晋学术编年》、第二集《东晋南北朝学术编年》即戛然而止,实在令人遗憾。在此后相当长的时期内,尽管在断代、专门性的学术编年方面成果渐丰,但贯通历代之作依然未能取得重大突破。2005年,张岂之先生主编的《中国学术思想编年》由陕西师范大学出版,率先在贯通历代方面取得了重要进展,但因此书以"学术思想"为主旨,实乃一部按时间顺序编年的编年体学术思想史,所以在学术宗旨与内容取舍方面,与刘汝霖先生当年设计的综合型的中国通代学术编年不同。有鉴于此,的确需要编纂一部贯通历代、综合型、集大成的《中国学术编年》,以为"重写学术史"提供更加全面、系统而坚实的文献支持。

我们所编纂的《中国学术编年》,仍承刘汝霖先生当年所取之名,但非续作,而是另行编纂的一部独立著作。《编年》上起先秦,下迄清末,分为9卷、12册,依次为:先秦卷、汉代卷、三国两晋卷、南北朝卷、隋唐五代卷、宋代卷、元代卷、明代卷(上、下册)、清代卷(上、中、下册),共计1000余万字。《编年》具有自己独特而鲜明的学术追求,重在揭示以下四大规律:

(1) **注重中国学术史的宏观发展演变历程,以见各代学术盛衰规律**。每个时代都有自己的学术主潮,但彼此之间的嬗变与衔接及其外部动因与内在分合,却需要加以全面、系统、深入的省察,除了重点关注标志性人物、事件、成果等以外,更需要见微知著,由著溯微。唯此,才能在通观中国学术史的发展演变历程中把握各代学术盛衰规律。

(2) **注重学术流派的源起、形成、鼎盛及至解体历程,以见学术流派的兴替规律**。学术流派既是学术发展的主体力量,又是学术繁荣的根本标志。因此,通观学术流派的源起、形成、鼎盛及至解体历程并把握其兴替规律,显然是学术史研究的核心所在。然后,从学术流派的个案研究走向群体研究,即进而可见各种学术流派与各代学术盛衰规律的内在关联与宏观趋势。

(3) **注重学术群体的区域流向、位移、承变历程,以见学术中心的迁移规律**。不同的学术流派由不同的学术群体所构成,由各不同学术群体的区域流向、移位、承变历程可见学术中心的迁移规律,其中学术领袖所扮演的主导角色、所发挥的核心作用尤为重要,从一定意义上说,学术领袖的区域流向与一代学术的中心迁移常常具有同趋性。诚然,促使学术中心的迁移具有更广泛、更多元、更复杂的内外动力与动因,其与经济、政治、文化中心的迁移也常常存在着时空差。概而言之,以与经济中心迁移的关系最为持久,以与文化中心迁移的关系最为密切,而与政治中心尤其是都城迁移的关系则最为直接。

(4) **注重中外学术的冲突、交流与融合历程,以见跨文化的学术传通规律**。文化者,文而化之、化而文之也,跨文化的学术传通规律正与此相通。因此,由中外学术的冲突、交流与融合历程,探索跨文化的学术传通规律,不仅可以进一步拓展中国学术史的研究范围,而且可以借此重新审视中国学术史的发展轨迹与演变规律。

(四)《中国学术编年》的体例创新

《编年》综合吸取历代史书与各种学术编年之长而加以融通之,首创了一种新的编纂体例,主要由学术背景、学术活动、学术成果、学者生卒四大栏目构成,同时在各栏目适当处加按语,另外再在每年右边重点记载外国重大学术事件,以裨中外相互参照,合之为六大版块:

(1) **学术背景**。着重反映深刻影响中国学术史发展进程的重大文化政策以及政治、经济、军事、外交诸方面的重大事件,以考察学术演变的特定时代背景及其对学术思潮、治学风尚的影响。学术背景著录以时间为序。

(2) **学术活动**。着重记述学者治学经历、师承关系和学术交流活动,包括从师问学、科举仕进、讲学授业、交游访问、会盟结社、创办书院、学校、报刊等学术机构等,以明学术渊源之所自、学术创见之所成、学术流派之脉络以及不同流派之间的争鸣、兴替轨迹。学术活动著录以人物的重要性为序。

（3）**学术成果**。着重记述具有代表性的学术论著，以著作为主，兼收重要的单篇文献，如论文序跋、书信、奏疏等，兼录纂辑、校勘、评点、注释、考证、译著等。内容包括成书过程、内容特色、价值影响、版本流传情况等，以见各代学术研究之盛况。学术成果著录以论著类别为序，大致按经史子集顺序排列。

（4）**学者生卒**。又分卒年、生年两小栏。其中卒年栏著录学者姓名、生年、字号、籍贯以及难以系年的重要著述，并概述其一生主要成就、贡献与地位及后人的简单评价。学者生卒著录以卒年、生年为序。

（5）**编者按语**。在学术背景、学术活动、学术成果、学者生卒四栏重要处再加编者按语，内容包括补充说明、原委概述、异说考辨、新见论证、价值评判等。"按语"犹如揭示各代学术发展的"纲目"，若将各卷"按语"组合起来，即相当于一部简明学术史。

（6）**外国学术**。撷取同时期外国重要学术人物、活动、事件、成果等加以简要著录，以资在更广阔的比较视境中对中外学术的冲突交融历程以及跨文化的学术传通规律获得新的感悟与启示。

以上编纂体例的创体，最初是受《史记》的启发。《史记》分本纪、表、书、世家、列传，最后有"太史公曰"，为六大板块。"本纪"为帝王列传，《编年》之"学术背景"栏与此相对应；"世家"、"列传"为传记，以"人"为纲，重在纪行，《编年》之"学术活动"栏与此相对应；"书"为典章制度等学术成果介绍，《编年》之"学术成果"栏与之相对应；"表"按时间先后记录历史大事和历史人物，《编年》之"学者生卒"栏与之相对应；"太史公曰"为史家评论，《编年》之"按语"与之相对应。以上综合《史记》之体而熔铸为一种学术编年的新体例，是一种旨在学术创新的尝试与探索。此外，"外国学术"栏，主要参照一些中西历史合编的年表而运用于《编年》之中。

中国史书编纂源远流长、成果丰硕，但要以纪传体、编年体、纪事本末体为三大主干。三体各有利弊，纪传体创始于《史记》，长于纪人，短于纪事，常常同为一事，分在数篇，断续相离，故《史记》以互见法弥补之；编年体创始于《春秋》，长于纪时，短于纪事，常常同为一事，分在数年，亦是断续相离；纪事本末体创始于《通鉴纪事本末》，长于纪事，短于纪人，往往见事不见人，见个体不见整体。《中国学术编年》在体例上显然属于编年体，但同时又努力融合纪传体、纪事本末体之长，以弥补编年体之不足。一部学术发展史，归根到底是由若干巨星以及围绕着这些巨星的光度不同的群星所形成的历史。既然学术活动与成果的主体是学人，这就决定了年表不能不以学人为纲来排比材料。而取舍人物，做到既不漏也不滥，确实能反映出一代学术的本质面貌，则是编好《编年》的关键，这也决定了《编年》与以人为纲的纪传体的密切关系。何况上文所述借鉴《史记》而创立《编年》新的编纂体例，更是直接吸取了纪传体之长。而在"按语"中，常于分隔数年的学术活动、学术成果加以系统勾勒或考证，说明之，以明渊源所自，演化所终，也是充分吸取了纪事本末传的长处。

在《编年》的编写过程中，我们非常注意第一手材料，同时也注意吸收学术界的新成果，包括尽可能地参考港台学者出版的同类或相关的书籍，力求详而不芜，全而有要。其中重点采纳的文献资料主要有：历代正史、私史、实录、会要、起居注、方志、档案、文集、专著、类书、谱牒、笔记等，同时博采当代学者的研究成果。按语所录文献，随文标注所出，以示征信。或遇尚存异说之文献，则择善而从，或略加考释。

《编年》收录学者多达四万余人，论著多达四万五千篇（部），数量与规模超过了以往任何学术编年著作。为便于使用，《编年》于每卷后都编有详细的学者、论著索引，以充分发挥

《编年》学术著作兼工具书的双重功能。

自1985年开始启动以来，《编年》这一浩大工程经过20余年的艰难曲折历程至今终于划上了句号，期间所经历的艰难曲折，的确非一般著书之可比；其中所蕴含的学术景遇与世事沧桑，更不时引发我们的种种感慨。于今，这一独特经历已伴随《编年》的告竣而成为融会其间的一个重要组成部分，并已积淀为一种挥之不去、值得回味的文化记忆与学术反思。毋庸置疑，晚清以来中国学术的西化改造与现代转型是以传统学术的边缘化与断层化为沉重代价的，这是基于西学东渐与"中"学"西"化的必然结果。如果说传统学术的边缘化是对中国学术史之"昨天"的遗忘或否定，那么，传统学术的断层化则是中国学术史之"昨天"与"今天"之间的断裂。显然，两者既不利于对中国传统学术内在价值的理性认知，也不利于对中国学术未来发展方向的战略建构。我们编纂《中国学术编年》的根本宗旨：**即是期望通过对中国学术史的历史还原与重构，不仅重新体认其固有的学术价值，而且藉以反思其未来的学术取向，从而为弥补晚清以来传统学术边缘化与断层化的双重缺陷，重建一种基于传统内蕴与本土特色而又富有世界与现代意义的中国学术话语体系提供重要的思想资源与学术参照**。因此，《编年》的编纂与出版，并非缘于思古之幽情，而是出于现实之需要。当然，随着《编年》的规模扩张与内涵深化，我们对此的认知也大体经历了一个由表及里、由浅入深、与时俱进的演化过程。

值此《编年》即将出版之际，我们惟以虔敬之心，感铭这一变革时代的风云砥砺，感铭来自学界内外各方人士的鼎力相助！

一是衷心感谢李学勤、安平秋、章培恒、裘锡圭、朱维铮、葛兆光、刘小枫、赵逵夫、吴熊和、杨忠、束景南、崔富章、张涌泉、常元敬、黄灵庚诸位先生的热情鼓励和精心指导，朱维铮、刘小枫、束景南、崔富章、黄灵庚先生还拨冗审阅了部分书稿，并提出了修改意见，使《编年》质量不断提高，体例更趋完善。常元敬先生在退休之后仍一直关心《编年》的进展，时时勉励我们一定要高质量的完成这一大型学术工程，以早日了却他当年未曾了却的心愿。二是衷心感谢华东师范大学出版社的热忱相助。华东师范大学出版社朱杰人先生始终坚守学术的职业精神，给人留下了深刻的印象。与此同时，我们也不能忘记曾为此书付出劳动的上海书店、上海三联书店的有关人士。三是衷心感谢《编年》所有作者长期持续不懈的努力。鉴于人文社会科学研究个性化的特点与当今科研评价功利化趋势，组织大型集体攻关项目诚为不易，而长时期地坚持不懈更是难上加难，这意味着对其他科研机会与成果的舍弃与牺牲。在此，对于所有关心支持并为《编年》的编纂、出版作出贡献的前辈、同仁，一并致以诚挚的谢忱！

学无止境，学术编年更是一项永无止境的学术活动。由于《编年》是首次全面贯通中国各代学术的集成性之作，历时久长，涉面广泛，规模宏大，限于我们自身的精力与水平，其中不足或错误之处在所难免，衷心希望得到学者与读者的批评指正。

梅新林　俞樟华
2008年春初稿
2009年秋改稿
2013年春终稿

凡　例

一、《中国学术编年》(以下简称《编年》)为中国学术史编年体著作,兼具工具书的检索功能。

二、《编年》上起先秦时代,下迄清末。按时代分为九卷,即先秦卷、汉代卷、三国两晋卷、南北朝卷、隋唐五代卷、宋代卷、元代卷、明代卷、清代卷。

三、《编年》所取材,主要依据历代正史、私史、实录、会要、起居注、方志、档案、文集、专著、类书、谱牒、笔记等,同时博采当代学者的研究成果。所录文献,引文标注所出,以示征信;其他材料,限于体例,未能一一注明所出,可参见统一列于每卷之末的参考文献。或遇尚存异说之文献,则择善而从,或略加考释。

四、《编年》具有自己独特而鲜明的学术追求,重点关注各卷本时段学术主流特色与学术发展趋势两个方面,重在揭示以下四大规律:

1. 注重中国学术史的宏观发展演变历程,以见各代学术盛衰规律;
2. 注重学术流派的源起、形成、鼎盛及至解体历程,以见学术流派的兴替规律;
3. 注重学术群体的区域流向、移位、承变历程,以见学术中心的迁移规律;
4. 注重中外学术的冲突、交流与融合历程,以见跨文化的学术传通规律。

五、《编年》采用一种新的编撰体例,由学术背景、学术活动、学术成果、学者生卒四大栏目构成,同时在各栏目适当处加编者按语。若遇跨类,则以"互见法"于相应栏目分录之。

六、《编年》中的"学术背景"栏目,着重反映深刻影响中国学术史发展进程的重大文化政策以及政治、经济、军事、外交诸方面的重大事件,以考察学术演变的特定时代背景及其对学术思潮、治学风尚的影响。

1. 学术背景著录,先录时间,后录事件。
2. 同月不同日者,只标日,不标月。
3. 知月而不知日者,于此月最后以"是月,……"另起。
4. 只知季节而不知月者,则分别于三月、六月、九月、十二月后标以"是春,……"、"是夏……"、"是秋,……"、"是冬,……"另起。
5. 只知年而不知季、月、日者,列于本年最后,以"是年,……"另起。

七、《编年》中的"学术活动"栏目,着重记述学者治学经历、师承关系和学术交流活动,以明学术渊源之所自、学术创见之所成、学术流派之脉络以及不同流派之间的争鸣、兴替轨迹,包括从师问学、科举仕进、讲学授业、交游访问、会盟结社、创办书院、学校、报刊等学术机构,等等。其中学者仕历与学术思想和学术活动之演变关系密切,故多予著录。

1. 学术活动著录，先录人物，后录时间。
2. 人物大致以学术贡献与地位之重要排次，使读者对当时学界总貌有一目了然之感。相关师友、弟子、家人附列之。
3. 有诸人同时从事某一学术活动者，则系于同一条，以主次列出，不再分条著录。
4. 学者人名一般标其名而不标其字、号。科举择其最高者录之。
5. 少数民族学者一般用汉译名，不用本名。
6. 僧人通常以"僧××"或"释××"标示之，若习惯上以法号称之，则去"僧"或"释"字。方外人名只标僧名、法名，不标本名。
7. 外国来华传教士及其他人员统一标出国别，如"美国传教士×××"。外国来华学者人名一般用汉名，若无汉名则用译名。其来华前、离华后若与中国学术无涉，则不予著录。
8. 中国学者在国外传播、研究中国学术者，予以著录。

八、《编年》中的"学术成果"栏目，着重记述具有代表性的学术论著，以著作为主，兼收重要的单篇文献，如论文序跋、书信、奏疏以及纂辑、校勘、评点、注释、考证、译著等等，以见各代学术研究之盛况。

1. 学术成果著录，先录作者，后录论著。
2. 论著排列依据传统"经史子集"之序而又略作变通，依次为经学（含理学）、史学、诸子学、语言文字学、文艺学、宗教学、自然科学、图书文献学、综合。
3. 论著通常分别以"作"、"著"标之，众人所作或非专论专著一般以"纂"标之。
4. 著录论著撰写与刊行过程，包括始撰、成稿、修订、续撰、增补、重著以及刊行出版等，并著录书名、卷数及一书异名情况。
5. 对重要论著作出简要评价，如特色、价值、版本、影响等。对重要论著的序跋，或录原文，或节录原文。

九、《编年》中的"学者生卒"栏目，分卒年、生年两小栏。卒年栏著录学者姓名、生年（公元××年）、字号（包括谥号）、籍贯以及难以系年的重要著述，凡特别重要人物，略述其一生主要成就、贡献与地位、传记资料及后人的简单评价。

1. 学者生卒著录，先学者卒年，后学者生年。
2. 在卒年栏中对重要学者的学术成就与贡献作出概要评价。
3. 年月难考之论著系于卒年之下，以此对无法系年的重要学术论著略作弥补。

十、《编年》在以上四大栏目下都加有"按语"。主要内容为：
1. 价值评判。即对学术价值以及重要影响进行简要评价。
2. 原委概述。即对事件缘起、过程、流变、结果、影响诸方面作一概要论述。
3. 补充说明。即对相关内容及背景材料再作扼要说明。
4. 史料存真。即采录比较珍贵的史料或略为可取的异说，裨人参考
5. 考辨断论。即对异说或有争论者，略加考辨并尽量作出断论，或择取其中一说。

十一、《编年》在注录中国学术之外，又取同时期外国重要学术人物、活动、事件、成果等加以简要著录，以资中外参照。

十二、《编年》纪年依次为帝王年号、干支年号、公年纪年，三者具备。遇二个以上王朝并立，则标出全部王朝帝王年号。凡因农历与公历差异产生年份出入问题，以农历为准。

无法确切考定年份者,用"约于是年前后"标之。凡在系年上有分歧而难以断定者,取一通行说法著录之,另以按语录以他说。

十三、《编年》纪年所涉及的古地名(包括学者卒年所标之籍贯),一般不注今地名。

十四、《编年》每卷后列有征引及参考文献,包括著作与论文两个方面。征引及参考文献的著录顺序:先古代,后现代;先著作,后论文。

十五、《编年》每卷后编有索引,以强化其检索功能。其中包括"人物索引"与"论著索引"。人物索引按笔画顺序编排,每卷人物索引只列本朝代的人物,跨代人物不出索引;人物的字号,加括号附录在正名之后;论著索引按拼音顺序编排。唐以前称"篇目索引",即重要论文亦出索引;隋唐五代称"论著索引";此后各代称"著作索引",即文章不出索引。同书名而不同作者的,在书名后面加括号,注明作者,以示区别;一书异名的,在通行书名后面加括号,注明异称。

十六、全书根据一以贯之的统一要求与体例格式进行编写,各卷(尤其是先秦卷)基于不同时代学术发展演变的实际情况再作变通处理,力求达到规范与变通的有机结合。

目　录

宋太祖建隆元年（辽穆宗应历十年　后蜀广政二十三年　南汉大宝三年　北汉天会四年）　庚申
　960年 ………………………………………………………………………………………（1）

宋建隆二年（辽应历十一年　后蜀广政二十四年　南汉大宝四年　北汉天会五年）　辛酉　961年
　 …………………………………………………………………………………………………（3）

宋建隆三年（辽应历十二年　后蜀广政二十五年　南汉大宝五年　北汉天会六年）　壬戌　962年
　 …………………………………………………………………………………………………（7）

宋建隆四年　乾德元年（辽应历十三年　后蜀广政二十六年　南汉大宝六年　北汉天会七年）　癸
　亥　963年 ……………………………………………………………………………………（8）

宋乾德二年（辽应历十四年　后蜀广政二十七年　南汉大宝七年　北汉天会八年）　甲子　964年
　 ………………………………………………………………………………………………（10）

宋乾德三年（辽应历十五年　后蜀广政二十八年　南汉大宝八年　北汉天会九年）　乙丑　965年
　 ………………………………………………………………………………………………（12）

宋乾德四年（辽应历十六年　南汉大宝九年　北汉天会十年）　丙寅　966年 ………………（13）

宋乾德五年（辽应历十七年　南汉大宝十年　北汉天会十一年）　丁卯　967年 …………（14）

宋乾德六年　开宝元年（辽应历十八年　南汉大宝十一年　北汉天会十二年）　戊辰　968年
　 ………………………………………………………………………………………………（15）

宋开宝二年（辽应历十九年　景宗保宁元年　南汉大宝十二年　北汉天会十三年）　己巳　969年
　 ………………………………………………………………………………………………（16）

宋开宝三年（辽保宁二年　南汉大宝十三年　北汉天会十四年）　庚午　970年 …………（17）

宋开宝四年（辽保宁三年　南汉大宝十四年　北汉天会十五年）　辛未　971年 …………（19）

宋开宝五年（辽保宁四年　北汉天会十六年）　壬申　972年 ………………………………（20）

宋开宝六年（辽保宁五年　北汉天会十七年）　癸酉　973年 ………………………………（22）

宋开宝七年（辽保宁六年　北汉广运元年）　甲戌　974年 …………………………………（24）

宋开宝八年（辽保宁七年　北汉广运二年）　乙亥　975年 …………………………………（25）

宋开宝九年　太宗太平兴国元年（辽保宁八年　北汉广运三年）　丙子　976年 …………（27）

宋太平兴国二年（辽保宁九年　北汉广运四年）　丁丑　977年 ……………………………（28）

宋太平兴国三年（辽保宁十年　北汉广运五年）　戊寅　978年 ……………………………（30）

宋太平兴国四年（辽保宁十一年　乾亨元年　北汉广运六年）　己卯　979年 ……………（32）

宋太平兴国五年（辽乾亨二年）　庚辰　980年 ………………………………………………（33）

宋太平兴国六年（辽乾亨三年）　辛巳　981年 ………………………………………………（34）

宋太平兴国七年（辽乾亨四年） 壬午 982年 …………………………………………（35）
宋太平兴国八年（辽乾亨五年 契丹圣宗统和元年） 癸未 983年 ……………………（37）
宋太平兴国九年 雍熙元年（契丹统和二年） 甲申 984年 ………………………………（39）
宋雍熙二年（契丹统和三年） 乙酉 985年 …………………………………………………（41）
宋雍熙三年（契丹统和四年） 丙戌 986年 …………………………………………………（42）
宋雍熙四年（契丹统和五年） 丁亥 987年 …………………………………………………（44）
宋太宗端拱元年（契丹统和六年） 戊子 988年 ……………………………………………（46）
宋端拱二年（契丹统和七年） 己丑 989年 …………………………………………………（48）
宋太宗淳化元年（契丹统和八年） 庚寅 990年 ……………………………………………（50）
宋淳化二年（契丹统和九年） 辛卯 991年 …………………………………………………（51）
宋淳化三年（契丹统和十年） 壬辰 992年 …………………………………………………（53）
宋淳化四年（契丹统和十一年） 癸巳 993年 ………………………………………………（55）
宋淳化五年（契丹统和十二年） 甲午 994年 ………………………………………………（57）
宋太宗至道元年（契丹统和十三年） 乙未 995年 …………………………………………（61）
宋至道二年（契丹统和十四年） 丙申 996年 ………………………………………………（63）
宋至道三年（契丹统和十五年） 丁酉 997年 ………………………………………………（64）
宋真宗咸平元年（契丹统和十六年） 戊戌 998年 …………………………………………（67）
宋咸平二年（契丹统和十七年） 己亥 999年 ………………………………………………（69）
宋咸平三年（契丹统和十八年） 庚子 1000年………………………………………………（71）
宋咸平四年（契丹统和十九年） 辛丑 1001年………………………………………………（73）
宋咸平五年（契丹统和二十年） 壬寅 1002年………………………………………………（76）
宋咸平六年（契丹统和二十一年） 癸卯 1003年……………………………………………（78）
宋真宗景德元年（契丹统和二十二年） 甲辰 1004年………………………………………（79）
宋景德二年（契丹统和二十三年） 乙巳 1005年……………………………………………（82）
宋景德三年（契丹统和二十四年） 丙午 1006年……………………………………………（85）
宋景德四年（契丹统和二十五年） 丁未 1007年……………………………………………（87）
宋真宗大中祥符元年（契丹统和二十六年） 戊申 1008年…………………………………（90）
宋大中祥符二年（契丹统和二十七年） 己酉 1009年………………………………………（92）
宋大中祥符三年（契丹统和二十八年） 庚戌 1010年………………………………………（95）
宋大中祥符四年（契丹统和二十九年） 辛亥 1011年………………………………………（97）
宋大中祥符五年（契丹统和三十年 开泰元年） 壬子 1012年………………………………（99）
宋大中祥符六年（契丹开泰二年） 癸丑 1013年……………………………………………（102）
宋大中祥符七年（契丹开泰三年） 甲寅 1014年……………………………………………（104）
宋大中祥符八年（契丹开泰四年） 乙卯 1015年……………………………………………（106）
宋大中祥符九年（契丹开泰五年） 丙辰 1016年……………………………………………（108）
宋真宗天禧元年（契丹开泰六年） 丁巳 1017年……………………………………………（109）
宋天禧二年（契丹开泰七年） 戊午 1018年…………………………………………………（111）
宋天禧三年（契丹开泰八年） 己未 1019年…………………………………………………（112）
宋天禧四年（契丹开泰九年） 庚申 1020年…………………………………………………（114）

宋天禧五年（契丹开泰十年　太平元年）　辛酉　1021年……………………………………（116）
宋真宗乾兴元年（契丹太平二年）　壬戌　1022年………………………………………（117）
宋仁宗天圣元年（契丹太平三年）　癸亥　1023年………………………………………（119）
宋天圣二年（契丹太平四年）　甲子　1024年……………………………………………（121）
宋天圣三年（契丹太平五年）　乙丑　1025年……………………………………………（123）
宋天圣四年（契丹太平六年）　丙寅　1026年……………………………………………（124）
宋天圣五年（契丹太平七年）　丁卯　1027年……………………………………………（126）
宋天圣六年（契丹太平八年）　戊辰　1028年……………………………………………（129）
宋天圣七年（契丹太平九年）　己巳　1029年……………………………………………（130）
宋天圣八年（契丹太平十年）　庚午　1030年……………………………………………（132）
宋天圣九年（契丹太平十一年　兴宗景福元年）　辛未　1031年………………………（134）
宋天圣十年　明道元年（契丹景福二年　重熙元年）　壬申　1032年…………………（136）
宋明道二年（契丹重熙二年）　癸酉　1033年……………………………………………（137）
宋仁宗景祐元年（契丹重熙三年　夏景宗开运元年　赵元昊广运元年）　甲戌　1034年
　……………………………………………………………………………………………（140）
宋景祐二年（契丹重熙四年　赵元昊广运二年）　乙亥　1035年………………………（144）
宋景祐三年（契丹重熙五年　赵元昊广运三年　大庆元年）　丙子　1036年…………（147）
宋景祐四年（契丹重熙六年　赵元昊大庆二年）　丁丑　1037年………………………（151）
宋景祐五年　宝元元年（契丹重熙七年　夏赵元昊大庆三年　天授礼法延祚元年）　戊寅　1038
　年……………………………………………………………………………………………（154）
宋宝元二年（契丹重熙八年　夏天授礼法延祚二年）　己卯　1039年…………………（157）
宋宝元三年　康定元年（契丹重熙九年　夏天授礼法延祚三年）　庚辰　1040年……（160）
宋康定二年　庆历元年（契丹重熙十年　夏天授礼法延祚四年）　辛巳　1041年……（164）
宋庆历二年（契丹重熙十一年　夏天授礼法延祚五年）　壬午　1042年………………（167）
宋庆历三年（契丹重熙十二年　夏天授礼法延祚六年）　癸未　1043年………………（170）
宋庆历四年（契丹重熙十三年　夏天授礼法延祚七年）　甲申　1044年………………（174）
宋庆历五年（契丹重熙十四年　夏天授礼法延祚八年）　乙酉　1045年………………（179）
宋庆历六年（契丹重熙十五年　夏天授礼法延祚九年）　丙戌　1046年………………（183）
宋庆历七年（契丹重熙十六年　夏天授礼法延祚十年）　丁亥　1047年………………（186）
宋庆历八年（契丹重熙十七年　夏天授礼法延祚十一年）　戊子　1048年……………（188）
宋仁宗皇祐元年（契丹重熙十八年　夏毅宗谅祚延嗣宁国元年）　己丑　1049年……（190）
宋皇祐二年（契丹重熙十九年　夏天祐垂圣元年）　庚寅　1050年……………………（193）
宋皇祐三年（契丹重熙二十年　夏天祐垂圣二年）　辛卯　1051年……………………（195）
宋皇祐四年（契丹重熙二十一年　夏天祐垂圣三年）　壬辰　1052年…………………（197）
宋皇祐五年（契丹重熙二十二年　夏福圣承道元年）　癸巳　1053年…………………（200）
宋皇祐六年　至和元年（契丹重熙二十三年　夏福圣承道二年）　甲午　1054年……（202）
宋至和二年（契丹重熙二十四年　道宗清宁元年　夏福圣承道三年）　乙未　1055年…（205）
宋至和三年　嘉祐元年（契丹清宁二年　夏福圣承道四年）　丙申　1056年…………（208）
宋嘉祐二年（契丹清宁三年　夏奲都元年）　丁酉　1057年……………………………（211）

宋嘉祐三年（契丹清宁四年　夏奲都二年）　戊戌　1058年	(217)
宋嘉祐四年（契丹清宁五年　夏奲都三年）　己亥　1059年	(220)
宋嘉祐五年（契丹清宁六年　夏奲都四年）　庚子　1060年	(225)
宋嘉祐六年（契丹清宁七年　夏奲都五年）　辛丑　1061年	(230)
宋嘉祐七年（契丹清宁八年　夏奲都六年）　壬寅　1062年	(234)
宋嘉祐八年（契丹清宁九年　夏拱化元年）　癸卯　1063年	(236)
宋英宗治平元年（契丹清宁十年　夏拱化二年）　甲辰　1064年	(238)
宋治平二年（契丹道宗咸雍元年　夏拱化三年）　乙巳　1065年	(241)
宋治平三年（辽咸雍二年　夏拱化四年）　丙午　1066年	(244)
宋治平四年（辽咸雍三年　夏拱化五年）　丁未　1067年	(248)
宋神宗熙宁元年（辽咸雍四年　夏惠宗乾道元年）　戊申　1068年	(252)
宋熙宁二年（辽咸雍五年　夏乾道二年）　己酉　1069年	(255)
宋熙宁三年（辽咸雍六年　夏天赐礼盛国庆元年）　庚戌　1070年	(261)
宋熙宁四年（辽咸雍七年　夏天赐礼盛国庆二年）　辛亥　1071年	(267)
宋熙宁五年（辽咸雍八年　夏天赐礼盛国庆三年）　壬子　1072年	(271)
宋熙宁六年（辽咸雍九年　夏天赐礼盛国庆四年）　癸丑　1073年	(274)
宋熙宁七年（辽咸雍十年　夏天赐礼盛国庆五年）　甲寅　1074年	(278)
宋熙宁八年（辽道宗太康元年　夏大安元年）　乙卯　1075年	(280)
宋熙宁九年（辽太康二年　夏大安二年）　丙辰　1076年	(287)
宋熙宁十年（辽太康三年　夏大安三年）　丁巳　1077年	(290)
宋神宗元丰元年（辽太康四年　夏大安四年）　戊午　1078年	(294)
宋元丰二年（辽太康五年　夏大安五年）　己未　1079年	(297)
宋元丰三年（辽太康六年　夏大安六年）　庚申　1080年	(301)
宋元丰四年（辽太康七年　夏大安七年）　辛酉　1081年	(304)
宋元丰五年（辽太康八年　夏大安八年）　壬戌　1082年	(306)
宋元丰六年（辽太康九年　夏大安十年）　癸亥　1083年	(309)
宋元丰七年（辽太康十年　夏大安十年）　甲子　1084年	(311)
宋元丰八年（辽道宗大安元年　夏大安十一年）　乙丑　1085年	(314)
宋哲宗元祐元年（辽大安二年　夏崇宗天安礼定元年　天仪治平元年）　丙寅　1086年	(320)
宋元祐二年（辽大安三年　夏天仪治平二年）　丁卯　1087年	(331)
宋元祐三年（辽大安四年　夏天仪治平三年）　戊辰　1088年	(335)
宋元祐四年（辽大安五年　夏天仪治平四年）　己巳　1089年	(340)
宋元祐五年（辽大安六年　夏天祐民安元年）　庚午　1090年	(343)
宋元祐六年（辽大安七年　夏天祐民安二年）　辛未　1091年	(347)
宋元祐七年（辽大安八年　夏天祐民安三年）　壬申　1092年	(350)
宋元祐八年（辽大安九年　夏天祐民安四年）　癸酉　1093年	(353)
宋元祐九年　绍圣元年（辽大安十年　夏天祐民安五年）　甲戌　1094年	(356)
宋绍圣二年（辽寿昌元年　夏天祐民安六年）　乙亥　1095年	(362)

宋绍圣三年(辽寿昌二年　夏天祐民安七年)　丙子　1096年……………………………(365)
宋绍圣四年(辽寿昌三年　夏天祐民安八年)　丁丑　1097年……………………………(367)
宋绍圣五年　元符元年(辽寿昌四年　夏永安元年)　戊寅　1098年……………………(371)
宋元符二年(辽寿昌五年　夏永安二年)　己卯　1099年…………………………………(375)
宋元符三年(辽寿昌六年　夏永安三年)　庚辰　1100年…………………………………(377)
宋徽宗建中靖国元年(辽寿昌七年　天祚帝乾统元年　夏崇宗贞观元年)　辛巳　1101年
　……………………………………………………………………………………………(382)
宋徽宗崇宁元年(辽乾统二年　夏贞观二年)　壬午　1102年……………………………(385)
宋崇宁二年(辽乾统三年　夏贞观三年)　癸未　1103年…………………………………(389)
宋崇宁三年(辽乾统四年　夏贞观四年)　甲申　1104年…………………………………(393)
宋崇宁四年(辽乾统五年　夏贞观五年)　乙酉　1105年…………………………………(396)
宋崇宁五年(辽乾统六年　夏贞观六年)　丙戌　1106年…………………………………(398)
宋徽宗大观元年(辽乾统七年　夏贞观七年)　丁亥　1107年……………………………(400)
宋大观二年(辽乾统八年　夏贞观八年)　戊子　1108年…………………………………(403)
宋大观三年(辽乾统九年　夏贞观九年)　己丑　1109年…………………………………(404)
宋大观四年(辽乾统十年　夏贞观十年)　庚寅　1110年…………………………………(406)
宋徽宗政和元年(辽天祚帝天庆元年　夏贞观十一年)　辛卯　1111年…………………(408)
宋政和二年(辽天庆二年　夏贞观十二年)　壬辰　1112年………………………………(411)
宋政和三年(辽天庆三年　夏贞观十三年)　癸巳　1113年………………………………(413)
宋政和四年(辽天庆四年　夏雍宁元年)　甲午　1114年…………………………………(415)
宋政和五年(辽天庆五年　金太祖完颜阿骨打收国元年　夏雍宁二年)　乙未　1115年…(417)
宋政和六年(辽天庆六年　金收国二年　夏雍宁三年)　丙申　1116年…………………(419)
宋政和七年(辽天庆七年　金太祖天辅元年　夏雍宁四年)　丁酉　1117年……………(421)
宋政和八年　重和元年(辽天庆八年　金天辅二年　夏雍宁五年)　戊戌　1118年……(423)
宋徽宗宣和元年(辽天庆九年　金天辅三年　夏元德元年)　己亥　1119年……………(426)
宋宣和二年(辽天庆十年　金天辅四年　夏元德二年)　庚子　1120年…………………(428)
宋宣和三年(辽天祚帝保大元年　金天辅五年　夏元德三年)　辛丑　1121年…………(430)
宋宣和四年(辽保大二年　金天辅六年　夏元德四年)　壬寅　1122年…………………(432)
宋宣和五年(辽保大三年　金天辅七年　太宗天会元年　夏元德五年)　癸卯　1123年…(433)
宋宣和六年(辽保大四年　金天会二年　夏元德六年)　甲辰　1124年…………………(435)
宋宣和七年(辽保大五年　金天会三年　夏元德七年　西辽德宗耶律大石延庆元年)　乙巳
　1125年……………………………………………………………………………………(438)
宋钦宗靖康元年(金天会四年　夏元德八年　西辽延庆二年)　丙午　1126年…………(441)
宋靖康二年　高宗建炎元年(金天会五年　夏正德元年　西辽延庆三年)　丁未　1127年
　……………………………………………………………………………………………(445)
宋建炎二年(金天会六年　夏正德二年　西辽延庆四年)　戊申　1128年………………(447)
宋建炎三年(金天会七年　夏正德三年　西辽延庆五年)　己酉　1129年………………(450)
宋建炎四年(金天会八年　夏正德四年　西辽延庆六年　伪齐刘豫阜昌元年)　庚戌　1130年
　……………………………………………………………………………………………(453)

宋高宗绍兴元年（金天会九年　夏正德五年　西辽延庆七年　伪齐阜昌二年）　辛亥　1131年 …………………………………………………………………………………………（456）
宋绍兴二年（金天会十年　夏正德六年　西辽延庆八年　伪齐阜昌三年）　壬子　1132年 …………………………………………………………………………………………（458）
宋绍兴三年（金天会十一年　夏正德七年　西辽延庆九年　伪齐阜昌四年）　癸丑　1133年 …………………………………………………………………………………………（461）
宋绍兴四年（金天会十二年　夏正德八年　西辽延庆十年　伪齐阜昌五年）　甲寅　1134年 …………………………………………………………………………………………（464）
宋绍兴五年（金熙宗天会十三年　夏大德元年　西辽康国元年　伪齐阜昌六年）　乙卯　1135年 …………………………………………………………………………………………（470）
宋绍兴六年（金天会十四年　夏大德二年　西辽康国二年　伪齐阜昌七年）　丙辰　1136年 …………………………………………………………………………………………（474）
宋绍兴七年（金天会十五年　夏大德三年　西辽康国三年　伪齐阜昌八年）　丁巳　1137年 …………………………………………………………………………………………（477）
宋绍兴八年（金熙宗天眷元年　夏大德四年　西辽康国四年）　戊午　1138年 …………（479）
宋绍兴九年（金天眷二年　夏大德五年　西辽康国五年）　己未　1139年 ………………（487）
宋绍兴十年（金天眷三年　夏李仁孝大庆元年　西辽康国六年）　庚申　1140年 ………（490）
宋绍兴十一年（金熙宗皇统元年　夏大庆二年　西辽康国七年）　辛酉　1141年 ………（493）
宋绍兴十二年（金皇统二年　夏大庆三年　西辽康国八年）　壬戌　1142年 ……………（496）
宋绍兴十三年（金皇统三年　夏大庆四年　西辽康国九年）　癸亥　1143年 ……………（500）
宋绍兴十四年（金皇统四年　夏人庆元年　西辽咸清元年）　甲子　1144年 ……………（504）
宋绍兴十五年（金皇统五年　夏人庆二年　西辽咸清二年）　乙丑　1145年 ……………（506）
宋绍兴十六年（金皇统六年　夏人庆三年　西辽咸清三年）　丙寅　1146年 ……………（510）
宋绍兴十七年（金皇统七年　夏人庆四年　西辽咸清四年）　丁卯　1147年 ……………（512）
宋绍兴十八年（金皇统八年　夏人庆五年　西辽咸清五年）　戊辰　1148年 ……………（515）
宋绍兴十九年（金皇统九年　海陵炀王完颜亮天德元年　夏天盛元年　西辽咸清六年）　己巳　1149年 …………………………………………………………………………………（517）
宋绍兴二十年（金天德二年　夏天盛二年　西辽咸清七年）　庚午　1150年 ……………（519）
宋绍兴二十一年（金天德三年　夏天盛三年　西辽绍兴元年）　辛未　1151年 …………（522）
宋绍兴二十二年（金天德四年　夏天盛四年　西辽绍兴二年）　壬申　1152年 …………（524）
宋绍兴二十三年（金天德五年　贞元元年　夏天盛五年　西辽绍兴三年）　癸酉　1153年 …………………………………………………………………………………………（526）
宋绍兴二十四年（金贞元二年　夏天盛六年　西辽绍兴四年）　甲戌　1154年 …………（529）
宋绍兴二十五年（金贞元三年　夏天盛七年　西辽绍兴五年）　乙亥　1155年 …………（532）
宋绍兴二十六年（金贞元四年　正隆元年　夏天盛八年　西辽绍兴六年）　丙子　1156年 …………………………………………………………………………………………（534）
宋绍兴二十七年（金正隆二年　夏天盛九年　西辽绍兴七年）　丁丑　1157年 …………（538）
宋绍兴二十八年（金正隆三年　夏天盛十年　西辽绍兴八年）　戊寅　1158年 …………（541）
宋绍兴二十九年（金正隆四年　夏天盛十一年　西辽绍兴九年）　己卯　1159年 …………………………………………………………………………………………（543）
宋绍兴三十年（金正隆五年　夏天盛十二年　西辽绍兴十年）　庚辰　1160年 …………（546）

宋绍兴三十一年（金正隆六年　世宗大定元年　夏天盛十三年　西辽绍兴十一年）　辛巳
　　1161 年 …………………………………………………………………………………（549）
宋绍兴三十二年（金大定二年　夏天盛十四年　西辽绍兴十二年）　壬午　1162 年 ………（553）
宋孝宗隆兴元年（金大定三年　夏天盛十五年　西辽绍兴十三年）　癸未　1163 年 ………（556）
宋隆兴二年（金大定四年　夏天盛十六年　西辽崇福元年）　甲申　1164 年 ………………（561）
宋孝宗乾道元年（金大定五年　夏天盛十七年　西辽崇福二年）　乙酉　1165 年 …………（564）
宋乾道二年（金大定六年　夏天盛十八年　西辽崇福三年）　丙戌　1166 年 ………………（566）
宋乾道三年（金大定七年　夏天盛十九年　西辽崇福四年）　丁亥　1167 年 ………………（571）
宋乾道四年（金大定八年　夏天盛二十年　西辽崇福五年）　戊子　1168 年 ………………（574）
宋乾道五年（金大定九年　夏天盛二十一年　西辽崇福六年）　己丑　1169 年 ……………（578）
宋乾道六年（金大定十年　夏乾祐元年　西辽崇福七年）　庚寅　1170 年 …………………（582）
宋乾道七年（金大定十一年　夏乾祐二年　西辽崇福八年）　辛卯　1171 年 ………………（586）
宋乾道八年（金大定十二年　夏乾祐三年　西辽崇福九年）　壬辰　1172 年 ………………（589）
宋乾道九年（金大定十三年　夏乾祐四年　西辽崇福十年）　癸巳　1173 年 ………………（593）
宋孝宗淳熙元年（金大定十四年　夏乾祐五年　西辽崇福十一年）　甲午　1174 年 ………（598）
宋淳熙二年（金大定十五年　夏乾祐六年　西辽崇福十二年）　乙未　1175 年 ……………（602）
宋淳熙三年（金大定十六年　夏乾祐七年　西辽崇福十三年）　丙申　1176 年 ……………（608）
宋淳熙四年（金大定十七年　夏乾祐八年　西辽崇福十四年）　丁酉　1177 年 ……………（612）
宋淳熙五年（金大定十八年　夏乾祐九年　西辽末主直鲁古天禧元年）　戊戌　1178 年 …（616）
宋淳熙六年（金大定十九年　夏乾祐十年　西辽天禧二年）　己亥　1179 年 ………………（622）
宋淳熙七年（金大定二十年　夏乾祐十一年　西辽天禧三年）　庚子　1180 年 ……………（626）
宋淳熙八年（金大定二十一年　夏乾祐十二年　西辽天禧四年）　辛丑　1181 年 …………（631）
宋淳熙九年（金大定二十二年　夏乾祐十三年　西辽天禧五年）　壬寅　1182 年 …………（636）
宋淳熙十年（金大定二十三年　夏乾祐十四年　西辽天禧六年）　癸卯　1183 年 …………（641）
宋淳熙十一年（金大定二十四年　夏乾祐十五年　西辽天禧七年）　甲辰　1184 年 ………（645）
宋淳熙十二年（金大定二十五年　夏乾祐十六年　西辽天禧八年）　乙巳　1185 年 ………（650）
宋淳熙十三年（金大定二十六年　夏乾祐十七年　西辽天禧九年）　丙午　1186 年 ………（654）
宋淳熙十四年（金大定二十七年　夏乾祐十八年　西辽天禧十年）　丁未　1187 年 ………（657）
宋淳熙十五年（金大定二十八年　夏乾祐十九年　西辽天禧十一年）　戊申　1188 年 ……（662）
宋淳熙十六年（金大定二十九年　夏乾祐二十年　西辽天禧十二年）　己酉　1189 年 ……（667）
宋光宗绍熙元年（金章宗明昌元年　夏乾祐二十一年　西辽天禧十三年）　庚戌　1190 年
　　……………………………………………………………………………………………（672）
宋绍熙二年（金明昌二年　夏乾祐二十二年　西辽天禧十四年）　辛亥　1191 年 …………（676）
宋绍熙三年（金明昌三年　夏乾祐二十三年　西辽天禧十五年）　壬子　1192 年 …………（680）
宋绍熙四年（金明昌四年　夏乾祐二十四年　西辽天禧十六年）　癸丑　1193 年 …………（683）
宋绍熙五年（金明昌五年　夏天庆元年　西辽天禧十七年）　甲寅　1194 年 ………………（688）
宋宁宗庆元元年（金明昌六年　夏天庆二年　西辽天禧十八年）　乙卯　1195 年 …………（696）
宋庆元二年（金章宗承安元年　夏天庆三年　西辽天禧十九年）　丙辰　1196 年 …………（701）
宋庆元三年（金承安二年　夏天庆四年　西辽天禧二十年）　丁巳　1197 年 ………………（706）
宋庆元四年（金承安三年　夏天庆五年　西辽天禧二十一年）　戊午　1198 年 ……………（710）

宋庆元五年（金承安四年　夏天庆六年　西辽天禧二十二年）　己未　1199年 …………（713）
宋庆元六年（金承安五年　夏天庆七年　西辽天禧二十三年）　庚申　1200年 …………（718）
宋宁宗嘉泰元年（金章宗泰和元年　夏天庆八年　西辽天禧二十四年）　辛酉　1201年 ……………………………………………………………………………………………………（723）
宋嘉泰二年（金泰和二年　夏天庆九年　西辽天禧二十五年）　壬戌　1202年 …………（725）
宋嘉泰三年（金泰和三年　夏天庆十年　西辽天禧二十六年）　癸亥　1203年 …………（728）
宋嘉泰四年（金泰和四年　夏天庆十一年　西辽天禧二十七年）　甲子　1204年 ………（731）
宋宁宗开禧元年（金泰和五年　夏天庆十二年　西辽天禧二十八年）　乙丑　1205年 …（736）
宋开禧二年（金泰和六年　夏李安全应天元年　西辽天禧二十九年　蒙古成吉思汗元年）　丙寅　1206年 ……………………………………………………………………………（738）
宋开禧三年（金泰和七年　夏应天二年　西辽天禧三十年　蒙古成吉思汗二年）　丁卯　1207年 ……………………………………………………………………………………（742）
宋嘉定元年（金泰和八年　夏应天三年　西辽天禧三十一年　蒙古成吉思汗三年）　戊辰　1208年 …………………………………………………………………………………（745）
宋嘉定二年（金卫绍王大安元年　夏应天四年　西辽天禧三十二年　蒙古成吉思汗四年）　己巳　1209年 …………………………………………………………………………（750）
宋嘉定三年（金大安二年　夏皇建元年　西辽天禧三十三年　蒙古成吉思汗五年）　庚午　1210年 ……………………………………………………………………………………（752）
宋嘉定四年（金大安三年　夏李遵顼光定元年　西辽天禧三十四年　蒙古成吉思汗六年）　辛未　1211年 …………………………………………………………………………（754）
宋嘉定五年（金卫绍王崇庆元年　夏光定二年　蒙古成吉思汗七年）　壬申　1212年 ……（756）
宋嘉定六年（金崇庆二年　至宁元年　宣宗贞祐元年　夏光定三年　蒙古成吉思汗八年）　癸酉　1213年 ………………………………………………………………………………（758）
宋嘉定七年（金贞祐二年　夏光定四年　蒙古成吉思汗九年）　甲戌　1214年 …………（762）
宋嘉定八年（金贞祐三年　夏光定五年　蒙古成吉思汗十年）　乙亥　1215年 …………（764）
宋嘉定九年（金贞祐四年　夏光定六年　蒙古成吉思汗十一年）　丙子　1216年 ………（767）
宋嘉定十年（金贞祐五年　兴定元年　夏光定七年　蒙古成吉思汗十二年）　丁丑　1217年 ……………………………………………………………………………………………（770）
宋嘉定十一年（金兴定二年　夏光定八年　蒙古成吉思汗十三年）　戊寅　1218年 ……（773）
宋嘉定十二年（金兴定三年　夏光定九年　蒙古成吉思汗十四年）　己卯　1219年 ……（774）
宋嘉定十三年（金兴定四年　夏光定十年　蒙古成吉思汗十五年）　庚辰　1220年 ……（776）
宋嘉定十四年（金兴定五年　夏光定十一年　蒙古成吉思汗十六年）　辛巳　1221年 …（779）
宋嘉定十五年（金兴定六年　元光元年　夏光定十二年　蒙古成吉思汗十七年）　壬午　1222年 ……………………………………………………………………………………（781）
宋嘉定十六年（金元光二年　夏光定十三年　蒙古成吉思汗十八年）　癸未　1223年 …（784）
宋嘉定十七年（金哀宗正大元年　夏乾定二年　蒙古成吉思汗十九年）　甲申　1224年 …（788）
宋理宗宝庆元年（金正大二年　夏乾定三年　蒙古成吉思汗二十年）　乙酉　1225年 ……（792）
宋宝庆二年（金正大三年　夏乾定四年　宝义元年　蒙古成吉思汗二十一年）　丙戌　1226年 ……………………………………………………………………………………（794）
宋宝庆三年（金正大四年　夏宝义二年　蒙古成吉思汗二十二年）　丁亥　1227年 ………（799）

年号	干支	公元	页码
宋理宗绍定元年（金正大五年　蒙古拖雷监国）	戊子	1228年	(802)
宋绍定二年（金正大六年　蒙古窝阔台汗元年）	己丑	1229年	(805)
宋绍定三年（金正大七年　蒙古窝阔台汗二年）	庚寅	1230年	(808)
宋绍定四年（金正大八年　蒙古窝阔台汗三年）	辛卯	1231年	(811)
宋绍定五年（金开兴元年　天兴元年　蒙古窝阔台汗四年）	壬辰	1232年	(813)
宋绍定六年（金天兴二年　蒙古窝阔台汗五年）	癸巳	1233年	(815)
宋理宗端平元年（金天兴三年　蒙古窝阔台汗六年）	甲午	1234年	(818)
宋端平二年（蒙古窝阔台汗七年）	乙未	1235年	(821)
宋端平三年（蒙古窝阔台汗八年）	丙申	1236年	(823)
宋理宗嘉熙元年（蒙古窝阔台汗九年）	丁酉	1237年	(825)
宋嘉熙二年（蒙古窝阔台汗十年）	戊戌	1238年	(829)
宋嘉熙三年（蒙古窝阔台汗十一年）	己亥	1239年	(832)
宋嘉熙四年（蒙古窝阔台汗十二年）	庚子	1240年	(833)
宋理宗淳祐元年（蒙古窝阔台汗十三年）	辛丑	1241年	(834)
宋淳祐二年（蒙古乃马真皇后称制元年）	壬寅	1242年	(836)
宋淳祐三年（蒙古乃马真皇后称制二年）	癸卯	1243年	(839)
宋淳祐四年（蒙古乃马真皇后称制三年）	甲辰	1244年	(841)
宋淳祐五年（蒙古乃马真皇后称制四年）	乙巳	1245年	(844)
宋淳祐六年（蒙古乃马真皇后称制五年　贵由汗元年）	丙午	1246年	(846)
宋淳祐七年（蒙古贵由汗二年）	丁未	1247年	(848)
宋淳祐八年（蒙古贵由汗三年）	戊申	1248年	(851)
宋淳祐九年（蒙古海迷失后元年）	己酉	1249年	(852)
宋淳祐十年（蒙古海迷失后二年）	庚戌	1250年	(854)
宋淳祐十一年（蒙古蒙哥汗元年）	辛亥	1251年	(856)
宋淳祐十二年（蒙古蒙哥汗二年）	壬子	1252年	(859)
宋理宗宝祐元年（蒙古蒙哥汗三年）	癸丑	1253年	(861)
宋宝祐二年（蒙古蒙哥汗四年）	甲寅	1254年	(863)
宋宝祐三年（蒙古蒙哥汗五年）	乙卯	1255年	(864)
宋宝祐四年（蒙古蒙哥汗六年）	丙辰	1256年	(866)
宋宝祐五年（蒙古蒙哥汗七年）	丁巳	1257年	(868)
宋宝祐六年（蒙古蒙哥汗八年）	戊午	1258年	(870)
宋理宗开庆元年（蒙古蒙哥汗九年）	己未	1259年	(871)
宋理宗景定元年（蒙古世祖中统元年）	庚申	1260年	(873)
宋景定二年（蒙古中统二年）	辛酉	1261年	(875)
宋景定三年（蒙古中统三年）	壬戌	1262年	(877)
宋景定四年（蒙古中统四年）	癸亥	1263年	(879)
宋景定五年（蒙古中统五年　至元元年）	甲子	1264年	(881)
宋度宗咸淳元年（蒙古至元二年）	乙丑	1265年	(883)
宋咸淳二年（蒙古至元三年）	丙寅	1266年	(887)
宋咸淳三年（蒙古至元四年）	丁卯	1267年	(888)

宋咸淳四年（蒙古至元五年）　戊辰　1268年 …………………………………………（889）
宋咸淳五年（蒙古至元六年）　己巳　1269年 …………………………………………（891）
宋咸淳六年（蒙古至元七年）　庚午　1270年 …………………………………………（894）
宋咸淳七年（元至元八年）　辛未　1271年 ……………………………………………（896）
宋咸淳八年（元至元九年）　壬申　1272年 ……………………………………………（898）
宋咸淳九年（元至元十年）　癸酉　1273年 ……………………………………………（899）
宋咸淳十年（元至元十一年）　甲戌　1274年 …………………………………………（902）
宋恭帝德祐元年（元至元十二年）　乙亥　1275年 ……………………………………（905）
宋德祐二年　端宗景炎元年（元至元十三年）　丙子　1276年 ………………………（909）
宋景炎二年（元至元十四年）　丁丑　1277年 …………………………………………（912）
宋景炎三年　帝赵昺祥兴元年（元至元十五年）　戊寅　1278年 ……………………（913）
宋祥兴二年（元世祖至元十六年）　己卯　1279年 ……………………………………（914）

征引及主要参考文献 ……………………………………………………………………（919）
人物索引 …………………………………………………………………………………（943）
著作索引 …………………………………………………………………………………（1003）
后记 ………………………………………………………………………………………（1035）

宋太祖建隆元年　辽穆宗应历十年　后蜀广政二十三年
南汉大宝三年　北汉天会四年　庚申　960年

正月，镇、定二州奏辽与北汉兵南下入侵，后周帝命殿前都点检赵匡胤出兵抵御，至陈桥（今河南开封东北），发动兵变，还京师，推翻后周，称帝，定都开封，改国号为宋。

按：华山隐士陈抟闻宋太祖代周，曰："天下自此定矣！"（《宋史纪事本末》卷一）

丁巳，命周宗正少卿郭玘祀周庙及嵩、庆二陵，因著令，以时朝拜。

是月，有司请立宗庙，诏百官集议尚书省。己巳，定宗庙之制。

按：兵部尚书濮阳张昭等奏曰："尧、舜、禹皆立五庙，盖二昭二穆与其始祖也。有商改国，始立六庙，盖昭穆之外祀契与汤也。周立七庙，盖亲庙之外，祀太祖及文王、武王也。汉初立庙，悉不如礼。魏、晋始复七庙之制，江左相承不改；然七庙之中，犹虚太祖之室。隋文但立高、曾、祖、祢四庙而已。唐因隋制，立四亲庙，梁氏而下，不易其法，稽古之道，斯为折衷。伏请追尊高、曾、祖、祢四代号谥，崇建庙室。"制可。于是定宗庙之制，岁以四孟月及季冬凡五享、朔、望荐食、荐新。三年一祫，以孟冬；五年一禘，以孟夏。皆兵部侍郎渔阳窦仪所定也（《续资治通鉴》卷一）。

二月，因避宣祖弘殷讳，诏将弘文馆易名昭文馆。又废宰相坐议之礼。

按：旧制，凡大政事，必命宰臣坐议，常从容赐茶乃退。唐及五代，犹遵此制。及范质等为相，自以周室旧臣，内存形迹，又惮皇帝英睿，乃请每事具札子进呈取旨，皇帝从之。由是坐论之礼遂废。

庚寅，中书舍人、权知贡举扈蒙奏进士合格者杨砺等19人，赐及第、出身有差。自此岁以为常。

按：宋之科目，有进士，有诸科，有武举。常选之外，又有制科，有童子科，而以进士得人为盛。宋神宗始罢诸科，而分经义、诗赋以取士，其后遵行，未之有改。《宋史·选举志一》曰："宋初承唐制，贡举虽广，而莫重于进士、制科，其次则三学选补。铨法虽多，而莫重于举削改官、磨勘转秩。考课虽密，而莫重于官给历纸，验考批书。其他教官、武举、童子等试，以及遗逸奏荐、贵戚公卿任子亲属与远州流外诸选，委曲琐细，咸有品式。其间变更不常，沿革迭见，而三百余年元臣硕辅，鸿博之儒，清强之吏，皆自此出，得人为最盛焉。"

三月乙巳，改天下郡县之犯御名、庙讳者。

六月，诏诸路州府寺院，经显德二年（955）停废者勿复置，当废未毁者存之。

按：佛教自汉代传入中国以后，经魏晋南北朝至隋唐，有很大发展。但经过唐武宗"会昌灭佛"和后周世宗"显德反佛"，佛教遭到沉重打击。宋初，太祖针对上述两次

高丽定开京为王都，西京为西都。制百官公服。

德王奥托一世征服西斯拉夫人。

"法难"的后果,为安定社会,稳固政权,遂下诏保存未经后周毁废的天下寺院,停止反佛,并对佛教采取扶植、利用和管理的宗教政策。宋太祖以后诸帝,基本上延续着这一国策。

七月,选诸道兵入补禁卫。为纠正唐以来藩镇专权之弊,立更戍法,分遣禁旅戍边城,使往来道路,以习勤苦,均劳逸。

按:自是将不得专其兵,而士卒不至于骄惰,皆赵普之谋也。这是造成宋代积弱积贫的重要原因之一。

八月丙戌,作新权衡,颁行天下,禁止私造。

吴越王钱俶特邀延寿禅师来杭州主持修复灵隐寺。

按:扩建后的灵隐寺有僧徒三千多人,盛极一时。

十月,因吴越王钱俶遣使高丽、日本求经,佛教天台宗获高丽经卷。

按:僧志磐《佛祖统纪》卷四三载:"建隆元年……十月。……吴越王钱俶天性敬佛,慕阿育王造塔之事,用金铜精钢造八万四千塔,中藏宝箧印心咒经,布散部内。凡十年而讫功。初天台教卷经五代之乱,残毁不全,吴越王俶遣使之高丽、日本以求之。至是,高丽遣使沙门谛观持论疏诸文,至螺溪谒寂法师,一宗教文复还中国。螺溪以授宝云,云以授法智。法智大肆讲说,遂专中兴教观之名。"

是年,范质、王溥仍为宰相。

按:两宋先后任宰相职者共121人。在北宋前期,任宰相职者多为北人,而至南宋,随着政治、文化中心的南移,南人为宰相者则占绝对优势。根据程民生《宋代地域文化》一书的统计,两宋时期南北方宰相数量及百分比与两宋政治、文化、学术中心的逐步南移是一致的。《宋代地域文化》又有《两宋宰相地域分布表》,此表表明至北宋后期即已充分显示这一演进之势。

王溥为后周宰相,率群臣迎宋太祖赵匡胤,加司空,仍为宰相。

李昉是年丁忧居家,入宋,累迁宰执。

张昭仕后周为兵部尚书,入宋,拜吏部尚书,进封陈国公。

赵普以从平李筠功,迁兵部侍郎,充枢密副使。是冬,与太祖定先南后北的统一战略。

韩熙载为南唐中书舍人,二月以废大钱事与宰臣争于朝堂,遂左迁秘书监。

杨徽之为后周右拾遗,尝预纂礼乐书。是年复仕宋。

僧延寿在杭州,是年吴越王钱俶重建灵隐寺,请延寿居之,赐号"智觉禅师"。

窦仪迁工部尚书,兼判大理寺。

窦俨二月上言请修新乐,诏命其专其事;窦俨乃改周乐文舞《崇德》之舞为《文德》之舞,武舞《象成》之舞为《武功》之舞;改乐章十二顺为十二安,盖取"治世之音安以乐"之义。从之(《宋史·乐志一》)。

梁周翰为秘书郎,直史馆。

和岘授太常博士。

崔颂校《礼记释文》。

赵普著《建隆龙飞日历》。

> 按：此后编修日历成为制度。

高越约是年前著成《舍利塔记》1卷。

> 按：该书已佚。高越，生卒年不详，字冲远（一作仲远），幽州人。一生好学不倦，善词赋，与江文蔚齐名，时人称"江高"。性淡泊，与隐士陈曙为知交。好释氏。少年登进士第，后晋时南奔吴，南唐时累迁左谏议大夫、户部侍郎，修国史。卒谥穆。《全唐诗》卷七四一存录其诗1首。越侄高远，字攸远，有文名，精通史学。历南唐礼部员外郎、枢密判官、侍御史知杂、史馆修撰等职。尝参修《烈祖实录》20卷，又与徐铉、乔匡舜、潘佑等合纂《吴录》20卷。另自著《元宗实录》10卷，未及上，会有疾，遂取史稿及所著悉燔之。

冯吉著《明宪皇太后谥议》。

冯延巳卒（903— ）。延巳又名延嗣，字正中，广陵人。五代南唐中主李璟时，历任驾部郎中、翰林学士承旨、中书侍郎等职，官至宰相、太子少傅。卒谥忠肃。以工词名于当世，著有《阳春集》。事迹见陆游《南唐书》卷二一《冯延巳传》。

> 按：冯延巳系五代最著名的词人之一，对后世颇具影响。清陈廷焯《白雨斋词话》谓其词"极沉郁之致，穷顿挫之妙，缠绵忠厚，与温韦相伯仲"；冯煦《唐五代词选序》称其词"鼓吹南唐，上翼二主，下启晏欧，实正变之枢纽，短长之流别"。《阳春集》由宋陈世修编辑，收录词凡120首，内混入温庭筠、韦庄、欧阳修、李煜等人之作。后清人王鹏运辑补7首，合为四印斋刊本。另《全唐诗》卷八九八存录其词78首，《全唐文》卷八七六、《唐文拾遗》存录其文2篇。今人夏承焘有《冯正中年谱》。

罗处约（ —992）、钱若水（ —1003）、魏野（ —1019）、僧知礼（ —1028）生。

土耳其君士坦丁·凯法洛斯约于是年前后编写希腊《格言集》。

法国沙特尔派创始人伏尔伯特生（ —1028）。

宋建隆二年　辽应历十一年　后蜀广政二十四年　南汉大宝四年　北汉天会五年　辛酉　961年

二月癸酉，工部尚书、窦仪奏进士合格者张去华等11人。

> 按：《宋史·选举志一》曰："初，礼部贡举，设进士、《九经》、《五经》、《开元礼》、《三史》、《三礼》、《三传》、学究、明经、明法等科，皆秋取解，冬集礼部，春考试。合格及第者，列名放榜于尚书省。凡进士，试诗、赋、论各一首，策五道，帖《论语》十帖，对《春秋》或《礼记》墨义十条。凡《九经》，帖书一百二十帖，对墨义六十条。凡《五经》，帖书八十帖，对墨义五十条。凡《三礼》，对墨义九十条。凡《三传》，一百一十条，凡《开元礼》，凡《三史》，各对三百条。凡学究，《毛诗》对墨义五十条，《论语》十条，《尔雅》、《孝经》共十条，《周易》、《尚书》各二十五条。凡明法，对律令四十条，兼经并同《毛诗》之制。各间经引试，通六为合格，仍抽卷问律，本科则否。诸州判官试进士，

拜占廷大将尼斯福鲁斯·福卡斯率军夺回克里特岛，从阿拉伯人手中重获东地中海控制权，这是帝国几个世纪以来最伟大的胜利。

录事参军试诸科,不通经义,则别选官考校,而判官监之。试纸,长官印署面给之。试中格者,第其甲乙,具所试经义,朱书通、否,监官、试官署名其下。进士文卷,诸科义卷、帖由,并随解牒上之礼部。有笃废疾者不得贡。贡不应法及校试不以实者,监官、试官停任。受赂,则论以枉法,长官奏裁。"

是月,赐僧道10人紫衣、师号。

南唐主李璟定计迁都南昌,立吴王从嘉为太子,留金陵监国。

按:李璟由金陵迁都南昌时,曾视察庐山国学。庐山国学亦称白鹿洞国庠、白鹿洞国学、庐山国子监等,南唐升元四年(940)建立,是南唐重要的文化学术中心之一。以后宋朝在此建有白鹿洞书院。

四月壬寅,诏先代帝王陵寝,令所属州府遣近户守视;前贤家墓有毁坏者,即加以修葺。

五月乙丑,诏司天少监王处讷等重新核定《钦天历》。

乙亥,辽司天王白、李正等进历。此历即后晋马重绩所制《乙未元历》,号《调元历》。

按:辽原无历,灭晋入汴,收百司僚属、技术、历象,迁于中京,始有历。王白,蓟州人,明天文,善卜筮,曾撰有相书《百中歌》。

六月己亥,南唐主李璟卒,子李煜嗣位,是为后主。

七月,宋太祖设宴,谕禁军大将石守信、王审琦、高怀德、张令铎等罢兵权。史称"杯酒释兵权"。

按:《宋史纪事本末》卷二引胡一桂曰:"太祖深思天下唐末以来,生民涂炭,知所以处藩镇收兵权之道。既以从容杯酒之间,解石守信等兵权,复以后苑之宴,罢王彦超等节镇,于是宿卫、藩镇不可除之痼疾,一朝而解矣!"

宋太祖令贡举人至国子监谒孔子,并著为定例,永远执行。

十月,命知制诰卢多逊看详进策献书人文字,升降以闻。

十一月己巳,太祖幸相国寺,遂幸国子监。

赵普七月与太祖讨论国家长久之策,建议削夺方镇的三大纲领,朝廷遂有"杯酒释兵权"之举。

欧阳炯为门下侍郎兼户部尚书、平章事。

尹拙奉诏集儒学三五人,参议聂崇义所修《三礼图集注》;针对尹拙的驳正,聂崇义复引经加以解释,最后由工部尚书窦仪裁定。

按:聂崇义,洛阳人,少举《三礼》,精于《礼》学。后汉乾祐中,官至国子《礼记》博士,曾校定《公羊春秋》,刊于国学。后周显德中,累迁国子司业兼太常博士。窦仪奏曰:"伏以圣人制礼,垂之无穷,儒者据经,所传或异,年祀浸远,图绘缺然,踳驳弥深,丹青靡据。聂崇义研求师说,耽味《礼经》,较于旧图,良有新意。尹拙爰承制旨,能罄所闻。尹拙驳议及聂崇义答义各四卷,臣再加详阅,随而裁置,率用增损,列于注释,共分为十五卷,以闻。"诏颁行之(《宋史·聂崇义传》)。

尹拙、聂崇义复陈"祭玉、鼎釜异同"之说,诏下中书省集议。

按:吏部尚书张昭等奏议曰:"按聂崇义称:祭天苍璧九寸圆好,祭地黄琮八寸无好,圭、璋、琥并长九寸。自言周显德三年与田敏等按《周官》玉人之职及阮谌、郑玄旧图,载其制度。臣等按《周礼》玉人之职,只有'璧琮九寸'、'瑑琮八寸'

宋建隆二年　辽应历十一年　后蜀广政二十四年　南汉大宝四年　北汉天会五年　辛酉　961年

及'璧羡度尺、好三寸以为度'之文，即无苍璧、黄琮之制。兼引注有《尔雅》'肉倍好'之说，此即是注'璧羡度'之文，又非苍璧之制。又详郑玄自注《周礼》，不载尺寸，岂复别作画图，违经立异？……臣等参详自周公制礼之后，叔孙通重定以来，礼有纬书，汉代诸儒颇多著述，讨寻祭玉，并无尺寸之说。魏、晋之后，郑玄、王肃之学各有生徒，《三礼》、《六经》无不论说，检其书，亦不言祭玉尺寸。臣等参验画图本书，周公所说正经不言尺寸，设使后人谬为之说，安得便入周图？知崇义等以诸侯入朝献天子夫人之琮璧以为祭玉，又配合'羡度'、'肉好'之言，强为尺寸，古今大礼，顺非改非，于理未通。又据尹拙所述礼神之六玉，称取梁桂州刺史崔灵恩所撰《三礼义宗》内'昊天及五精帝圭、璧、琮、璜皆长尺二寸，以法十二时；祭地之琮长十寸，以效地之数'。又引《白虎通》云：'方中圆外曰璧，圆中方外曰琮。'崇义非之，以为灵恩非周公之才，无周公之位，一朝撰述，便补六玉阙文，尤不合礼。……自唐贞观之后，凡三次大修五礼，并因隋朝典故，或节奏繁简之间稍有厘革，亦无改祭玉之说。伏望依《白虎通》、《义宗》、唐礼之制，以为定式。"（《宋史·聂崇义传》）

张去华举进士甲科，拜秘书郎，直史馆。

宋白二月登进士第。

柳开15岁，始学章句。

按：张景《柳公行状》曰："初，唐末构乱，朱、李扼河相持，魏为干戈之地，文儒荡然，学者名为儒，不知为儒之谓。公凡诵经籍，不从讲学，不由疏义，悉晓其大旨，注解之流，多为其指摘，是从百家之说。汉、魏迄隋、唐间文史，悉能阅之。"（《河东集》附录）此遂开宋代疑传注、重义说之风气。

师颃举进士，起家耀州军事推官。

郭忠恕时为国子《周易》博士，被酒争于朝堂，贬为乾州司户参军。秩满遂不仕。

太常寺博士聂崇义上所修《三礼图集注》100卷。

按：《宋史·聂崇义传》载：初，周世宗命国子监司业兼太常博士聂崇义详定郊庙器玉，聂崇义因取《三礼》旧图，考证同异，别为新图20卷，至是书成，表而上之。宋太祖下诏嘉奖，并令太子詹事尹拙集儒臣商榷，以求更为精详。《四库全书总目提要》曰："考礼图始于后汉侍中阮谌。其后有梁正者，题谌图云：'陈留阮士信受学于颍川綦母君，取其说为图三卷，多不案礼文，而引汉事与郑君之文违错。'正称《隋书·经籍志》列郑玄及阮谌等《三礼图》九卷。《唐书·艺文志》有夏侯伏朗《三礼图》十二卷，张镒《三礼图》九卷。《崇文总目》有梁正《三礼图》九卷。《宋史》载吏部尚书张昭等奏云：'《四部书目》内有《三礼图》十二卷，是开皇中敕礼部修撰，其图第一、第二题云梁氏、第十后题云郑氏。今书府有《三礼图》，亦题梁氏、郑氏。'则所谓六本者，郑玄一，阮谌二，夏侯伏朗三，张镒四，梁正五，开皇所撰六也。然勘验郑志，玄实未尝为图，殆习郑氏学者作图，归之郑氏欤？今考书中宫室车服等图，与郑《注》多相违异。……沈括《梦溪笔谈》，讥其牺象尊、黄目尊之误；欧阳修《集古录》，讥其簋图与刘原甫所得真古簋不同；赵彦卫《云麓漫钞》，讥其爵为雀背承一器，牺象尊作一器绘牛象。林光朝亦讥之曰：'聂氏《三礼图》全无来历，谷璧则画谷，蒲璧则画蒲，皆以意为之，不知谷璧止如今腰带銙上粟文耳。'是宋代诸儒亦不以所图为然。然其书钞撮诸家，亦颇承旧式，不尽出于杜撰。淳熙

英格兰《王家条例》编成。

中陈伯广尝为重刻，题其后云：'其图度未必尽如古昔，苟得而考之，不犹愈于求诸野乎！'斯言允矣。今姑仍其旧帙录之，以备一家之学。此书世所行者，为通志堂刊本或一页一图，或一页数图，而以说附载图四隙。行款参差，寻览未便。惟内府所藏钱曾也是园影宋钞本，每页自为一图，而说附于后。较为清整易观，今依仿缮录焉。"

崔颂献上新校《礼记释文》。

王溥、扈蒙等上《周世宗实录》40卷。

王溥等正月甲子上《唐会要》100卷，诏藏史馆。

按：《四库全书总目提要》曰："初，唐苏冕尝次高祖至德宗九朝之事为《会要》四十卷，宣宗大中七年，又诏杨绍复等次德宗以来事为《续会要》四十卷，以崔铉监修。段公路《北户录》所称《会要》，即冕等之书也。惟宣宗以后，记载尚阙，溥因复采宣宗至唐末事续之，为新编《唐会要》一百卷。建隆二年正月奏御，诏藏史馆。书凡分目五百十有四，于唐代沿革损益之制，极其详核。官号内有识量、忠谏、举贤、委任、崇奖诸条，亦颇载事迹。其细琐典故，不能概以定目者，则别为杂录，附于各条之后。又间载苏冕驳议，义例该备，有裨考证。今仅传抄本，脱误颇多。八卷题曰《郊仪》，而所载乃南唐事；九卷题曰《杂郊仪》，而所载乃唐初奏疏，皆与目录不相应。七卷、十卷亦多错入他文。盖原书残阙，而后人妄撺窜入，以盈卷帙。又一别本所阙四卷亦同，而有补亡四卷。采撺诸书所载唐事，依原目编类，虽未必合溥之旧本，而宏纲细目，约略粗具，犹可以见其大凡。今据以录入，仍各注补字于标目之下，以示区别焉。"《唐会要》是我国现存最早的会要体史书，专述有唐一代的典章制度。原本残缺，清徐松从《永乐大典》辑出，形成目前刊本。以后通行本以武英殿聚真本为善，现有1955年中华书局重印本等。

顾闳中作《韩熙载夜宴图》。

沈彬卒（约864—　）。彬字子文，高安人。唐末应举不第，遂隐居云阳山。后归乡里，访名山洞府，学神仙虚无之道。受南唐召辟，授秘书郎，以吏部郎中致仕，卒于宋初。交游颇广，与诗僧虚中、齐己、贯休等皆为诗友，与韦庄、杜光庭等亦有唱和。所作《再过金陵》、《都门送客》等诗盛传士人间。《郡斋读书志》著录《沈彬集》1卷，《宋史·艺文志》著录其《闲居集》10卷，明杨慎《升庵诗话》谓其有诗2卷，今皆佚。

李涛卒（898—　）。涛字信臣，小字社公，京兆万年人。后梁时随家避地湖南，仕楚为衡阳令。后历仕后梁、后唐、后晋、后汉、后周，尝为后汉宰相，后周时封莒国公。入宋，拜兵部尚书，寻卒。其作品多散佚，《全唐诗》卷七三七存录其诗3首，《全宋文》卷一存录其诗9首，《全唐文》卷八六一存录其文1篇。事迹见《宋史》卷二六二本传。

李璟卒（916—　）。璟本名景通，改名瑶，后名璟，字伯玉，徐州人。五代南唐中主，善作词，今仅存4首。后人将他及其子李煜的作品，合刻为《南唐二主词》。事迹见《宋史》卷四七八本传。

孙何（　—1004）、刘师道（　—1014）、陈彭年（　—1017）、陈尧叟（　—1017）、寇準（　—1023）、李维（　—1031）、燕肃（　—1040）生。

宋建隆三年　辽应历十二年　后蜀广政二十五年　南汉大宝五年　北汉天会六年　壬戌　962年

正月癸未,宋太祖幸国子监。

三月丙子,翰林学士、权知贡举单父、王著奏进士合格者马适等15人。

六月,命增葺国子监祠宇,塑绘先圣、先贤、先师之像,太祖亲自撰文赞孔子、颜渊,命大臣分撰余赞,并屡次临视。以崔颂判监事,始聚生徒讲学,以应荫子孙肄学受业。寻又诏用一品礼祭祀孔子,立十六戟于文宣王庙内。

按：宋太祖尝谓侍臣曰："朕欲武臣尽令读书,知为治之道。"于是臣庶始贵文学(《续资治通鉴》卷二)。

八月乙未,诏：注授法官及职官,各宜问书法十条,以代试判。

九月,诏及第举人不得呼知举官为恩门、师门及自称门生。

壬申,诏左谏议大夫崔颂与中使卢德岳等同修武成王庙。

癸未,复置书判拔萃科。

十月癸巳,颁行《循资格》及《长定格》、《编敕格》各1卷。

十一月丁巳,令诸州属县各置敕书库。

十二月,重修开封太清观,更名建隆,祀太上老君。

是年,宋太祖秘密刻有一誓碑立于寝殿之夹室,内容为：一、柴氏(周世宗)子孙有罪不得加刑；二、不得杀士大夫及上书言事人；三、要求子孙遵守(叶梦得《避暑漫抄》)。

按：宋太祖此誓碑,传说誓词文句虽略有出入,但主旨基本相同。清王夫之曰："自太祖勒不杀士大夫之誓以诏子孙,终宋之世,文臣无殴刀之辟。张邦昌躬篡,而止于自裁；蔡京、贾似道陷国危亡,皆保首领于贬所。"(《宋论》卷一《太祖》)

宋命资格未至的选人试判三道,从律中出题,合格者分成五等,特予放选授官或超资授官。

宋平南平和湖南,南平高氏、湖南周氏及其他上层人物被迁入开封。

赵普十月为检校太保、充枢密使。

薛居正入为枢密直学士,权知贡举。

李昉罢为给事中。

柳开始习韩愈文章。此后因羡慕韩、柳为文,自名为肩愈,字绍先。

按：《东郊野夫传》曰："年始十五六,学为章句。越明年,赵先生指以韩文,野夫(自号)遂家得而诵读之。当是时,天下无言古者。野夫复以其幼而莫有与同其好者焉。先大夫见其酷嗜此书,任其所为,亦不责可不可于时矣。"(《河东集》卷三)《答梁

罗马教皇约翰十二于罗马加冕奥托一世,德意志民族的神圣罗马帝国始。

圣伯纳德医院建立。

拾遗(周翰)改名书》曰:"年十六七时,得赵先生言指以韩文,遂酷而学之。"(《河东集》卷五)

印度僧法天来到宋朝,与中国僧法进共同译经,译有《无量寿尊胜》、《七佛赞》等。

窦俨为聂崇义《三礼图集注》作序。

赵普著《建隆龙飞日历》1卷刊行。

意大利宗教改革家奥廷洛(—1048)生。

董源约卒于本年,生年不详。源字叔达,钟陵人。任南唐北苑副使,人称董北苑,工水墨山水。开创平淡天真的江南画派风格,后世将其与巨然并称"董巨",成为南方山水画派之祖;又与李成、范宽并称为"北宋三大家";与荆浩、巨然、关仝并称"五代、北宋间四大山水画家"。存世作品有《夏景山口待渡图》、《潇湘图》、《夏山图》、《溪山行旅图》、《龙宿郊民图》等。事迹见《十国春秋》卷三一。

卢稹(—988)、王钦若(—1025)、孙奭(—1033)、王曙(—1034)生。

宋建隆四年　乾德元年　辽应历十三年　后蜀广政二十六年　南汉大宝六年　北汉天会七年　癸亥　963年

太祖册封高丽,赐命高丽主王昭为高丽国王。

拜占廷帝罗曼努斯二世暴卒,大将尼斯福鲁斯·福卡斯娶孀后塞奥发诺,称帝。

德意志奥托一世帝废罗马教皇约翰十二,立利奥第八。

希腊阿索斯山上出现了第一座隐修院,成为其后几个世纪基督教文化的重要园地。

正月,初命文臣知州事。

二月,枢密直学士、权知贡举薛居正奏进士合格者苏德祥等8人。

是月,命工部尚书、判大理寺窦仪奉诏重定《刑统》。

按:先是,颇有上书言《大周刑统》条目之不便者,窦仪因建议请别加详定,乃命窦仪主持其事,苏晓、奚屿、张希让、陈光义、冯叔向等参与重修。

三月癸酉,吏部尚书张昭等详定五刑之制,凡流刑四,徒、杖、笞刑各五。

四月乙酉,初置诸州通判,以分节度使、刺史之权;或节度、刺史有缺,则以文臣权知诸州。

辛卯,王处讷上《新定建隆应天历》,宋太祖制序,颁行全国。

六月,诏吏部尚书张昭、工部尚书窦仪、左拾遗知制诰高锡裁定武成王庙配飨将领。张昭等建议升西汉灌婴,东汉耿纯、王霸、祭遵、班超,晋王浑、周访,宋沈庆之,后魏李崇、傅永,北齐段韶,后周李弼,唐秦叔宝、张公谨、唐休璟、浑瑊、裴度、李光颜、李愬、郑畋,梁葛从周,后唐周德威、符存审23人;退魏吴起,齐孙膑,赵廉颇,汉韩信、彭越、周亚夫,后汉段纪明,魏邓艾,晋陶侃,蜀关羽、张飞,晋杜元凯,北齐慕容绍宗,梁王僧辩,陈吴名彻,隋杨素、贺若弼、史万岁,唐李光弼、王孝杰、张齐丘、郭元振22人。诏塑齐管仲像于堂,画魏西河太守吴起于庑下,余如张昭等议。

按：宋太祖幸武成王庙,遍观两廊所画历代名将,以为白起杀俘虏过多,不宜在配飨之列,于是命张昭等将所有画像重新裁定。名单公布以后,秘书郎直史馆梁周翰曾上言表示反对,认为"凡名将悉皆人雄,苟欲指瑕,谁当无累?一旦除去神位,吹毛求异代之非,投袂忿古人之恶,似非允当"。但朝廷未加理睬(《续资治通鉴》卷三)。

丙申,令有司三岁一举先代帝王祀典,各以功臣配飨。

按：高辛、尧、舜、禹、汤、文、武、汉高祖,皆因其故庙。又别建汉世祖庙于南阳,唐太宗庙于醴泉;汉世祖庙以邓禹、吴汉、贾复、耿弇配飨,唐太宗庙以长孙无忌、房玄龄、杜如晦、魏徵、李靖配飨,并画像庙壁。

宋平荆南,诏有司尽收高氏图籍,以实三馆。

八月壬辰,诏所试《九经》举人落第者,宜依诸科举人例,许令再试。

按：《宋史·选举志一》曰："自唐以来,所谓明经,不过帖书、墨义,观其记诵而已,故贱其科,而'不通'者其罚特重。乾德元年,诏曰：'旧制,《九经》一举不第而止,非所以启迪仕进之路也;自今依诸科许再试。'是年,诸州所荐士数益多,乃约周显德之制,定诸州贡举条法及殿罚之式：进士'文理纰缪'者殿五举,诸科初场十'不'殿五举,第二、第三场十'不'殿三举,第一至第三场九'不'并殿一举。殿举之数,朱书于试卷,送中书门下。"

九月丙子,诏礼部知贡举人,自今朝臣不得更发公荐,违者重置其罪。又诏"诸州府长吏禁用仆从人干预政事"。

按：旧例,每岁知贡举官将赴贡院,台阁近臣得保荐有才艺之人,号曰公荐,然去取不能无所偏私,故诏禁止(《续资治通鉴》卷三)。

十月庚辰,诏诸州版籍、户帖、户钞,委本州判官、录事掌之,旧无者创造。

十一月甲子,改元乾德。

闰十二月己酉朔,命太常寺考翰林医官艺术,黜其不精者凡22人。

赵普拜门下侍郎、集贤殿大学士。

薛居正四月以枢密直学士、户部侍郎权知朗州。

李昉参加平湖湘,受诏祀南岳,就命知衡州。

扈蒙由翰林学士、中书舍人黜为左赞善大夫。

李煜十二月上表于宋,乞呼名,罢诏书不名之礼,诏不从。

陶穀为翰林学士承旨,奉命撰定祀感生帝之乐章曲名：降神用《大安》,太尉行用《保安》,奠玉币用《庆安》,司徒奉俎用《咸安》,酌献用《崇安》,饮福用《广安》,亚献用《文安》,送神用《普安》。

按：五代以来乐工未具,是岁秋行郊享之礼,诏选开封府乐工830人,权隶太常,习鼓吹(《宋史·乐志一》)。

宋白献文百轴,试拔萃高等,解褐授著作佐郎。

柳开17岁,继续研读韩愈文章。

按：欧阳修曾自言,发现并提倡韩文是他的首功。洪迈《容斋续笔》详辨以后认为,首先发现并提倡韩文的应是柳开,最主要的证据是《张景集》中的《柳公行状》,其曰："天水赵生,老儒也,持韩文仅百篇授公曰：'质而不丽,意若难晓,子详之何如?'

公一览不能舍,叹曰:'唐有斯文哉?'因为文直以韩为宗尚。时韩之道独行于公,遂名肩愈,字绍先。韩之道大行于今,自公始也。"《张景集》已佚,所作《柳公行状》,今存柳开《河东集》中。

王溥七月上新修《五代会要》30卷,诏藏史馆。

按:是书一说成书于建隆二年。记后梁、后唐、后晋、后汉、后周五代的典章制度,可补正史之缺。《四库全书总目提要》曰:"五代干戈俶扰,百度凌夷。故府遗规,多未暇修举。然五十年间法制典章,尚略具于累朝《实录》。溥因检寻旧史,条分件系,类辑成编。于建隆二年与《唐会要》并进,诏藏史馆。后欧阳修作《五代史》,仅列《司天》、《职方》二考,其他均未之及。如晋段容、刘昫等之议庙制,周王朴之议乐,皆事关钜典,亦略而不详。又如经籍镂版,昉自长兴。千古官书,肇端于是,崇文善政,岂宜削而不书?乃一概刊除,尤为漏略。赖溥是编,得以收放失之旧闻,厥功甚伟。至于《租税类》中载周世宗读《长庆集》,见元微之所上《均田表》,因令制素成图,颁赐诸道。而欧史乃云世宗见元微之《均田图》,是直以图为元微之作,乖舛尤甚。微溥是编,亦无由订欧史之谬也。盖欧史务谈褒贬,为《春秋》之遗法;是编务核典章,为《周官》之旧例。各明一义,相辅而行,读《五代史》者又何可无此一书哉?"

张昭十月癸未著《名臣事迹》5卷,诏藏史馆。

窦仪等七月己卯上重定《大周刑统》,名曰《重详定刑统》(即《宋刑统》)30卷、《建隆编敕》4卷。诏刊板模印颁天下。

按:《宋刑统》以《大周刑统》为蓝本,共502条,分213门,以门统律,是宋代第一部律典,其形式和内容对中国律法的承前启后起了很好的接力作用,在中国法制史上有重要地位。窦仪等又将格令宣敕106条编为《建隆编敕》4卷,作为《刑统》之补充法条,一并印制发行。是为北宋官方刻书之始,亦是我国第一部朝廷模板刻印、发行全国的刑事法典。宋以后又有修改。时人傅霖以窦仪此书不便记诵,遂以韵文形式撮举其中要点,作《刑统赋》4卷,并自作注解。此书少有流传,《四库全书》未加收录。目前可见两个版本:一是民国七年由当时国务院法制局依据天一阁本印行之本,简称局本;二是民国十一年吴兴刘承干据天一阁校刻之本,简称嘉业堂本。后者1984年由中华书局校点出版。

梁颢(　—1004)、陈尧佐(　—1044)生。

宋乾德二年　辽应历十四年　后蜀广政二十七年
南汉大宝七年　北汉天会八年　甲子　964年

正月壬辰,诏:"先所置贤良方正能直言极谏、经学优深可为师法、详娴吏理达于教化等三科,并委州府解送吏部,试论三道,限三千字以上。而自曩及今未有应者,得非抱倜傥者耻肩于常调,怀谠直者难效于有司,

宋乾德二年 辽应历十四年 后蜀广政二十七年 南汉大宝七年 北汉天会八年 甲子 964年

必欲兴自朕躬乎？继今不限内外职官、前资见任、布衣黄衣，并许诣阁门投牒自荐，朕当亲试焉。"(《续资治通鉴》卷三)

二月戊申朔，翰林学士窦仪上新定《四时参选条件》。

三月乙酉，翰林学士承旨、礼部尚书、权知贡举陶穀奏进士合格者李景阳等8人。

是月，南唐开进士科考试，韩熙载知贡举，取进士9人。

四月乙丑，宋始设参知政事，以枢密直学士、兵部侍郎薛居正、吕余庆并本官参知政事。

丁未，策贤良方正直言极谏科，取博州判官颖贽。

按：宋初应制科者自颖贽始。

六月己酉，宋以开封尹、同平章事赵光义兼中书令。

七月庚寅，中书门下上重详定翰林学士承旨陶穀所议《少尹幕职官参选条件》。从之。

是年，宋僧继业和沙门300人赴天竺取经，回国后献佛舍利和经典。

赵普正月以枢密使为门下侍郎、平章事、集贤院大学士，奉命监修国史。

按：宋朝因唐代及五代之故，命宰相分领三馆，首相为昭文馆大学士，次相为监修国史，再次为集贤院大学士。

范质、王溥正月罢相，以范质为太子太傅，王溥为太子太保。

徐铉为中书舍人。南唐铸铁钱大小如"开元通宝"，徐铉篆其文。

韩熙载知贡举，取王崇古等9人及第。徐铉奉诏复试舒雅等5人，皆不就试。后主李煜御殿命题亲试，5人皆被黜。

柳开侍父赴京，其父柳承翰拜监察御史。

奚屿责乾州司户参军，王贻孙责赞善大夫，陶穀夺二月俸。

按：初，库部员外郎王贻孙、《周易》博士奚屿同考试品官子弟，翰林学士承旨陶穀属其子陶戬于奚屿，陶戬诵书不通，奚屿以合格闻，补殿中省进马。旋为人所发，下御史府按之。故有此处分(《宋史·陶穀传》)。

范质卒(911—)。质字文素，大名宗城人。后唐长兴四年进士。历仕后唐、后晋、后汉，官至中书舍人、户部侍郎。后周时，官至枢密院。宋初为宰相。著有《五代通录》65卷、《邕管记》。原有文集30卷，今佚。事迹见《宋史》卷二四九本传。

按：《宋史》本传曰："质力学强记，性明悟。举进士时，和凝以翰林学士典贡部，鉴质所试文字，重之，自以登第名在十三，亦以其数处之。贡闱中谓之'传衣钵'。其后质登相位，为太子太傅，封鲁国公，皆与凝同云。初，质既登朝，犹手不释卷，人或劳之，质曰：'有善相者，谓我异日位宰辅。诚如其言，不学何术以处之。'后从世宗征淮南，诏令多出其手，吴中文士莫不惊伏。质每下制敕，未尝破律，命刺史县令，必以户口版籍为急。朝廷遣使视民田，按狱讼，皆延见，为述天子

阿拉伯天文学家苏菲编成《恒星图象》。

日本书法家小野道风卒(891—)。书有《玉泉帖》等。其体改进日本古风，渐离中土影响。

忧勤之意,然后遣之。"

李宗谔(—1012)、僧遵式(—1032)、梅询(—1041)、张士逊(—1049)生。

宋乾德三年　辽应历十五年　后蜀广政二十八年
南汉大宝八年　北汉天会九年　乙丑　965年

德意志奥托一世帝立罗马教皇约翰十三。

古代冰岛共和政体形成。

正月,宋兵攻入成都,后蜀后主孟昶投降,后蜀灭亡。三月,孟昶与其官属皆携族人归宋。国中贵族、官员以及一些将士、文人和富人均举族北迁开封等地。

二月丁巳,知制诰、权知贡举卢多逊奏进士合格者刘察等7人。

三月,宋初置诸路转运使,掌财政,方镇之权日削。

八月,命地方官吏选择壮勇之兵补充禁军。

按:《续资治通鉴长编》卷六曰:"令天下长吏,择本道兵骁勇者,籍其名送都下,以补禁旅之阙。又选强壮卒定为兵样,分送诸道。其后又以木梃为高下之等,给散诸州军,委长吏、都监等召募教习,俟其精练,即送都下,上每御便殿亲临试之,用赵普之谋也。"

闰八月,诏将献书人送学士院,试州吏理,堪任职官者,具以名闻。

九月,命右拾遗孙逢吉往西川取后蜀法物、图书经籍,得书3000余卷送史馆。

欧阳炯八月以左散骑常侍为翰林学士。

画家黄筌偕其子居宝、居寀、居实归宋至汴京,后同入翰林图画院。

和岘二月为夔州通判。

柳承翰年初拜泗州通判,柳开随父至泗州,其父五月卒,遂护送灵柩归京返魏。是年柳开始作古文,颇遭好事者所讥,而志意益坚。

按:柳开《东郊野夫传》曰:"迨年几冠,先大夫以讳称。野夫深得其韩文之要妙,下笔将学其为文。诸父有于故里浮屠复浴室者,令野夫为记以记之。野夫时卧疾中,授其言期望矣,一旦征笺墨于病榻,出辞以作之,文无点窜而成,家人以为异事,遂腾闻于外之好事者,咸曰:'不可当矣!'复有怒而笑之者曰:'疵妄儿!将我独复其古,家何慫容乎?'聒聒然大遍于人口矣。诸父兄闻之,惧其实不誉于时野,诚以从俗为急务。野夫略不动意,益坚古心,惟谈孔、孟、荀、扬以为企迹,咸以为得狂疾矣。后日有制作出,于时众或有下之者。"(《河东集》卷二)

石恪由成都至汴京,被旨画相国寺壁,授以画院之职,不就,坚请还蜀,许之。

僧道园(圆)赴天竺取经,历18年后于是年回汴京,带回佛舍利和贝叶梵经。

宋命校定《毛诗释文》。

唐陆德明所著《经典释文》30卷由国子监刊刻颁行。

黄筌卒(约875—　)。一说其生于唐天复三年(903)。筌字要叔,成都人。长于花鸟画名,色彩富丽,对宋院体画形成极具影响。与南唐花鸟画家徐熙并称"徐黄"。现存作品有《写生珍禽图》、《竹鹤图》。《竹鹤图》有宋徽宗亲笔题字:"黄筌《竹鹤图》,描写如生,渲染甚妙,神品上上。"事迹见黄休复《益州名画录》卷上。

朱台符(　—1013)、杨大雅(　—1033)生。

德国科维的威金杜德编成《萨克森史》。

阿拉伯诗人穆太奈比卒(915—　)。

阿拉伯物理学家本·阿尔·哈桑生(　—1038)。

宋乾德四年　辽应历十六年　南汉大宝九年　北汉天会十年　丙寅　966年

二月,礼部员外郎、权知贡举王祐奏进士合格者李肃等6人,诸科合格者9人。太祖恐有遗才,辛酉,又令于下第选人内取其优长者,试而升之。

三月,僧行勤等157人请游西域求佛法,诏许之,各赐钱三万遣行。

五月,宋太祖谓近臣,"宰相须用读书人"。自是益重儒臣,以达文治(《续资治通鉴》卷四)。

按:蔡襄《国纶要目》曰:"今世用人,大率以文词进。大臣,文士也;近侍之臣,文士也;钱谷之司,文士也;边防大帅,文士也;天下转运使,文士也;知州,文士也。"又曰:"择官在于取士,今之取士,所谓制科者,博学强记者也;进士者,能诗赋、有文词者也;明经者,诵史经而对题义者也。是三者,得善官至宰辅皆由此也。"

是月,命将从西蜀取来之法物毁掉,图书付史馆。

闰八月,诏向民间访求遗书。

按:凡吏民有以书籍来献者,先令史馆点检,如是三馆所阙,即与收纳;献书人经翰林学士院考试后,赐以官职科名。是岁,《三礼》涉弼、《三传》彭干、学究朱载皆应诏献书,总1228卷,命分置书府,被赐与科名(《续资治通鉴》卷四)。

十月癸亥,诏诸郡立古帝王陵庙,置户有差。

是年,吴越在会稽(今浙江绍兴)立禹庙。

孙逢吉五月奉命至成都收集蜀图书。

毕士安举进士。

和岘为判太常寺,六月上言请造乐器。许之。又奉太祖命依古法校准王朴律以订律吕。

按:先是晋开运末,礼乐之器沦陷,至是始令有司复二舞、十二案之制。

孔子四十四世孙孔宜举进士不中,因上书述其家世,六月,特命为曲

保加利亚人、马扎尔人入寇拜占廷。

奥托一世远征意大利。

罗马天主教传入波兰。

阜县主簿。

冯瓒时任枢密直学士，八月与绫锦副使李美、殿中侍御史李楫以宰相赵普诬以赃罪论死，会赦，徙沙门岛。

柳开自号东郊野夫。

> 按：柳开《上符兴州书》曰："予性甚僻，气甚古，不以细行累其心，直四海间求与知者，竟无一人。归来乡里，日益时病，常卧草堂下，自称曰野夫。仆实非野夫，盖不能苟与流俗辈拘，以自荡其志，故是言耳。"（《河东集》卷六）

李蔼是河南府进士，四月以不信释氏，著书数千言，名《灭邪集》，又辑佛书缀为衾裯，为僧所诉，被决杖，流放沙门岛。

右街应制沙门文胜奉命编《大藏经随函索引》660卷。

法国编年史学家弗洛多德卒。撰有《编年史》《兰斯教会史》。

李昊卒（892— ）。昊字穹佐，自称李绅之后。生于关中，遇乱避地奉天。后梁末帝时投入泾州节度使刘知俊门下，后随知俊归前蜀，累迁中书舍人、翰林学士。后蜀开国，累拜门下侍郎、兼户部尚书、同平章事，执掌相位十七年，爵封赵国公。入宋，为工部尚书。有文藻，长于史学，尝编五代后蜀主孟知祥所作文书为《经纬略》100卷，领衔纂修除《后主实录》外，又有《高祖实录》20卷、《前蜀书》40卷。另有文集《枢机应用集》20卷。诸书皆佚。

窦仪卒（914— ）。仪字可象，蓟州渔阳人。五代后晋时进士，历任后汉、后周官职。宋太祖时任工部尚书，判大理寺事，曾主持修订《宋刑统》30卷、《建隆编敕》4卷。后官至翰林学士。事迹见《宋史》卷二六三本传。

> 按：《宋史》本传曰："仪学问优博，风度峻整。弟俨、侃、偁、僖，皆相继登科。冯道与禹钧有旧，尝赠诗，有'灵椿一株老，丹桂五枝芳'之句，缙绅多讽诵之，当时号为窦氏五龙。"《宋史·天文志》曰："宋之初兴，近臣如楚昭辅，文臣如窦仪，号知天文。太宗之世，召天下伎术有能明天文者，试隶司天台；匿不以闻者，罪论死。既而张思训、韩显符辈以推步进。其后学士大夫如沈括之议，苏颂之作，亦皆底于幼眇。靖康之变，测验之器尽归金人。高宗南渡，至绍兴十三年，始因秘书丞严抑之请，命太史局重创浑仪。自是厥后，窥测占候盖不废焉尔。"

鲁宗道（ —1029）、陈从易（ —1031）、丁谓（ —1037）生。

宋乾德五年　辽应历十七年　南汉大宝十年
北汉天会十一年　丁卯　967年

罗马教皇约翰十三为德意志奥托一世帝之子奥托二世加冕。父子并称"神圣罗马皇帝"。

二月壬申，知制诰、权知贡举卢多逊奏进士合格者刘蒙叟等10人。寻复诏参知政事薛居正于中书复试，皆合格，乃赐及第。

三月甲辰，诏翰林学士及常参官于宾幕、州县及京官内各举任常参官者1人。

乙巳，诏诸道节度使、留后、观察使各举部内才识优长、德行尤异者2人，防御、团练使、刺史各1人。

七月丁酉，诏诸道勿送铜铸佛像至京师禁毁，令所在存奉，但毋更铸。

是年，禁民间赛神、竞渡及作祭青天白衣会。

赵普三月丙午由门下侍郎、平章事加左仆射，充昭文馆大学士。

王溥五月加太子太傅。

薛居正二月加吏部侍郎。

赵元振时为虞部郎中，与国子监丞高延绪考试斋郎，诵书失实，被责为仓部员外郎，高延绪责为国子监主簿。

柳开约在是年作《昌黎集后序》，谓："余读先生之文，自年十七至于今，凡七年，日夜不离于手，始得其一二者哉。"（《河东集》卷一）

右街道录何自守因事流配，莱州道士李若拙被宋太祖召为左街道录。

韩熙载上书李煜，极陈时政，论古今得失。

李成卒（919—　）。成字咸熙，北海营丘人，人称李营丘。善画山水，属荆浩一派，后自成一家，与关仝、范宽为北方山水画三大家。现存《读碑窠石图》，乃李成与王晓合作，系宋人摹本。另有《寒林平野图》《晴峦萧寺图》《茂林远岫图》等传世。以后许道宁、李宗成、翟院深、郭熙、王诜等皆师承其画，对北宋山水画发展影响甚大。

薛奎（　—1034）、燕文贵（　—1044）生。

阿拉伯学者阿布尔·法拉治·伊斯巴哈尼卒。

宋乾德六年　开宝元年　辽应历十八年　南汉大宝十一年
北汉天会十二年　戊辰　968年

三月庚寅，权知贡举王祐奏进士合格者柴成务等11人。

按：翰林学士承旨、礼部尚书陶穀知贡举，其子陶邴被擢为上第，宋太祖以"（陶）穀不能训子，邴安得登第"为由，命中书复试，因下诏曰："造士之选，匪树私恩，世禄之家，宜敦素业。如闻党与，颇容窃吹，文衡公器，岂宜私滥！自今举人，凡关食禄之家，委礼部具析以闻，当令复试。"复试后，陶邴仍登第（《续资治通鉴》卷五）。

四月己巳，辽主诏："左右从班有材器干局者，不次擢用；老耄者，增俸以休于家。"（《辽史·穆宗本纪下》）

五月，帝谓侍御史冯柄曰："朕每读《汉书》，张释之、于定国治狱，天下无冤民，此所望于卿也。"（《续资治通鉴》卷五）

七月戊申，北汉睿宗刘钧卒，养子继恩遣使告终称嗣于辽，辽许之，然

奥托一世于腊万纳会议时定策改变斯拉夫人宗教信仰，并政治征服之。

西班牙科尔多瓦大学创立。

后即位,上谥曰孝和皇帝,庙号睿宗。继恩九月遇刺死,弟继元代立。时宋兵已入其境。

十一月癸卯,改元开宝。

梁周翰四月坐通判眉州日决人至死,夺所任两官。

卢多逊四月丙子以户部员外郎、知制诰充史馆修撰,判馆事。

韩熙载三月为中书侍郎、百胜军节度使,兼中书令。

李煜以小周后为国后,徐铉、徐游、潘佑、陈致雍等奉命与礼官参定婚礼。

和岘迁司勋员外郎,权知泗州,判吏部南曹。

尹拙以判大理寺致仕。

刘元亨讲学于庐山国学。

马应仿元结《中兴颂》作《勃兴颂》,述太祖下荆、湖之功,县令恶其夸诞,不以闻。

孙光宪卒(约900—)。光宪字孟文,号葆光子,陵州贵平人。五代词人,归宋后官至黄州刺史。博通经史,聚书校雠,工诗词,好著书。其词大部分收入《花间集》,著有《荆台集》40卷、《巩湖编玩》3卷、《笔佣集》3卷、《橘斋集》2卷、《北梦琐言》12卷、《蚕书》3卷、《续通历》10卷等。事迹见《宋史》卷四八三《世家六》荆南高氏附传。

崔颂卒(919—)。颂字敦美,河南偃师人。崔协子。以荫补河南府巡官,历开封主簿、邓州录事参军。宋初,判国子监。会重修国学及武成王庙,受命总领其事。事迹见《宋史》卷四三一本传。

按:《宋史》本传曰:"颂好诙谐,善笔札,受命书世宗谥册文,当时称其遒丽。笃信释氏,睹佛像必拜。"

姚铉(—1020)、钱易(—1026)、林逋(—1028)、盛度(—1041)生。

德国威金杜德编成《萨克森人纪事》(模仿萨鲁斯特编写历史的方法)。

宋开宝二年 辽应历十九年 景宗保宁元年
南汉大宝十二年 北汉天会十三年 己巳 969年

二月戊午,宋太祖率兵亲攻北汉太原。

丁卯,枢密直学士、权知贡举赵逢奏进士合格者安德裕等7人。

是月,近侍奴隶小哥等起义,杀死辽穆宗,其侄耶律贤嗣,是为景宗,改元保宁。

是年,定品官子弟应举复试制。

拜占廷将领约翰·基米斯基弑福卡斯,称帝。基米斯基被认为是帝国历史上最伟大和卓越的统治者之一。

李昉十一月戊辰复拜中书舍人,未几,与兵部员外郎、知制诰卢多逊分直学士院。

> 按:直学士院自李昉、卢多逊始。

王溥迁太子太师。

冯继昇、岳义方发明"火药箭"。

卢多逊知太原行府事。

徐铉二月拜尚书左丞,三月罢左丞,为工部侍郎,仍知制诰、翰林学士。

安德裕擢进士甲科,历大理寺丞,著作佐郎。

朱弼举明经第一,授国子助教,知庐山国学。

> 按:《南唐书·朱弼传》载,南唐庐山国学"其徒不下数百",其中比较知名者有李中、刘钧、杨徽之、孟贯、刘式、江为、伍乔、刘洞、卢绛、蒯鳌、诸葛涛、魏羽、李寅、李续、孟归唐、何昼、王俨、夏宝松、许坚、黄载、彭会、罗颖、殷鹄等。

宋廷校定《毛诗释文》完毕,由参知政事吕余庆、薛居正,宰相赵普等进呈。

窦俨卒(918—)。俨字望之,蓟州渔阳人。窦仪弟。后晋高祖天福六年进士。授著作郎、集贤校理,拜左拾遗。后周太祖广顺初,迁右补阙,与贾纬、王伸同修晋高祖、少帝、汉祖实录。宋初,转礼部侍郎,知贡举,撰定祠祀乐章、宗庙谥号。著有《周正乐》120卷、《大周通礼》若干卷,文集70卷,皆佚。事迹见《宋史》卷二六三《窦仪传》附传。

> 按:《宋史》本传曰:"时世宗方切于治道,俨上疏曰:'历代致理,六纲为首:一曰明礼,礼不明则彝伦不叙。二曰崇乐,乐不崇则二仪不和。三曰熙政,政不熙则群务不整。四曰正刑,刑不正则巨奸不慑。五曰劝农,农不劝则资泽不流。六曰经武,武不经则军功不盛。故礼有纪,若人之衣冠;乐有章,若人之喉舌;政有统,若人之情性;刑有制,若人之呼吸;农为本,若人之饮食;武为用,若人之手足。斯六者,不可斯须而去身也。陛下思服帝猷,寤寐献纳,亟下方正之诏,廓开艺能之路。士有一技,必得自效。故小臣不揆,辄陈礼、乐、刑、政、劝农、经武之言。'世宗多见听纳。……俨性夷旷,好贤乐善,优游策府凡十余年。所撰《周正乐》成一百二十卷,诏藏于史阁;其《通礼》未及编纂而卒。有文集七十卷。俨与仪尤为才俊,对景览古,皆形讽咏,更迭倡和至二百篇,多以道义相敦励,并著集。"

孙仅(—1017)生。

宋开宝三年　辽保宁二年　南汉大宝十三年
北汉天会十四年　庚午　970年

正月辛酉,诏诸州官吏审察民有孝悌彰闻、德行纯茂者,满五千户听举一人;或有奇材异行,不限此数。所举如实加赏,不如诏者罪之。

开罗建城。

法国圣米歇尔山顶本笃隐修院始建。

阿拉伯诗人哈玛达尼生。

二月，改封禅寺为开宝寺，诏增葺之。

三月壬寅朔，诏礼部贡院检阅进士、诸科十五举以上曾经终场者以名闻。甲辰，得司马浦等63人。庚戌，复取十五举未经终场者43人，并赐本科出身。并诏今后勿得为例。知制诰、权知贡举扈蒙奏进士合格者张拱等8人。

> 按：《宋史·选举志一》曰："开宝三年，诏礼部阅贡士及十五举尝终场者，得一百六人，赐本科出身。特奏名恩例，盖自此始。"

诏礼部贡院疏特赐出身人姓名各下所属州县，令官吏察其行实以闻，隐蔽者罪之。

九月甲辰，诏西京、凤翔、雄、耀等州，周文王、周成王、周康王，秦始皇，汉高祖、汉文帝、汉景帝、汉武帝、汉元帝、汉成帝、汉哀帝，后魏孝文帝，西魏文帝，后周太祖，唐高祖、唐太宗、唐中宗、唐肃宗、唐代宗、唐德宗、唐顺宗、唐文宗、唐宣宗、唐懿宗、唐僖宗、唐昭宗等陵寝尝被发掘者，令有司备法服、常服各一袭，具棺椁重葬，所在长吏致祭。

十月癸酉，诏前代功臣烈士孙膑、元积等31人各置守冢户，禁樵采。

是年，诏修四渎庙。

阿拉伯天文学家阿布·瓦法于巴格达建象限仪台，测定黄赤角和分至点。

李昉知贡举。

梁周翰以太子左赞善大夫迁右拾遗，监绫锦院，改左补阙兼知大理正事。

李煜命崇修佛寺，又于禁中广署僧尼精舍。

韩熙载七月卒，徐铉为撰墓志铭并致祭。

柳开因补诸经亡篇，自号补亡先生。改名开，字仲途。

> 按：柳开《补亡先生传》曰："补亡先生旧号东郊野夫者，既著《野史》后，大探六经之旨，已而有包括扬、孟之心，乐为文中子王仲淹齐其述作，遂易名曰开，字仲途。其意谓将开古圣贤之道于时也，将开今人之耳目使聪且明也；必欲开之为其途矣，使古今由于吾也，故以仲途字之，表其德焉。"（《河东集》卷二）

钱俶请延寿禅师主持建造杭州六和塔。

辛文悦受命知房州。

> 按：辛文悦曾为《五经》教授，宋太祖赵匡胤幼时尝从其肄业。及即位，召见，授太子中允、判大府事。是年，后周郑王出居房州，帝以文悦长者，遂命其知房州以保全之。后官至员外郎。

伊朗什叶派十二伊玛目支派发言人伊本·巴巴瓦伊作《四圣书》。

冯继升进献火箭制造法。

韩溥由静难军掌书记，召为监察御史。

> 按：韩溥又作韩浦，京兆长安人。博学善持论，熟悉台阁故事，多知唐朝氏族事迹，人称"近世肉谱"。

德国女诗人罗丝维塔编成拉丁文的《特奥菲卢斯和普罗特里乌斯》等基督教戏剧。

柳开著《野史》、《名解》成。

陶穀卒（903— ）。穀字秀实，新平人。本姓唐，避石敬瑭讳改。后晋时任知制诰，兼掌内外制，参预机要，又拜中书舍人。仕后汉，授给事中。后周世宗朝为翰林学士。入宋，历兵部侍郎、吏部侍郎。陈桥兵变，预拟周恭帝禅位制书，以为赵匡胤受禅之用。官至翰林学士承旨。博学多识，当时制度，多其所定。著有《清异录》。事迹见《宋史》卷二六九本传。

按：《宋史》本传曰："穀强记嗜学，博通经史，诸子佛老，咸所总览；多蓄法书名画，善隶书。为人隽辨宏博，然奔竞务进，见后学有文采者，必极言以誉之；闻达官有闻望者，则巧诋以排之，其多忌好名类此。"

韩熙载卒（902— ）。熙载字叔言，祖籍南阳，后徙为潍州北海人。五代后唐同光进士，后亡归南唐，官至中书侍郎、光政殿学士承旨等。善为文，工书画，与徐铉齐名，时称"韩徐"。卒后，唐后主命徐锴编集其诗文，藏之书殿。作品颇多，有《格言》5 卷、《格言后述》3 卷、《拟议集》15 卷、《定居集》2 卷，皆佚。事迹见《宋史》卷四七八本传。

张景（ —1018）生。

西班牙诗人、犹太词典编撰家，迈纳赫姆·本·萨鲁克卒（910— ）。撰有第一部希伯来语《圣经用语词典》。

宋开宝四年　辽保宁三年　南汉大宝十四年
北汉天会十五年　辛未　971 年

正月戊午，命知制诰卢多逊、扈蒙重修天下图经，即《开宝诸道图经》。

二月，宋兵攻入广州，南汉后主刘鋹投降。南汉亡。后主和宗室、大臣及将士举族北迁河南。

辛卯，知制诰、权知贡举卢多逊奏进士合格者刘寅等 10 人。

是月，令前代祠宇各兴崇修。

三月，诏前代帝王当给民奉陵者各增二户。

戊子，令诸州访名医转送赴阙。

五月，命学士院试广南伪官，取书判稍优者，授上佐、令录、簿尉。

六月丙子，诏御史中丞刘温叟、中书舍人李昉重定《开元礼》。

十一月癸巳朔，南唐主李煜遣其弟郑王从善至宋，于是始去唐号，改印文为"江南国主印"，赐诏乞呼名，从之。

十二月辛未，召《九经》李符于内殿问经义，赐本科出身。

命内侍张从信等赴益州监刻大藏经 13 万板，凡 6620 卷，称《开宝藏》或蜀版。至太平兴国八年（982）才全部完成。

按：是为我国历史上第一部木板雕印的佛经总集，它的印本成为后来中国一切官私刻藏以及高丽、日本刻藏的共同准据。

是年，吴越在杭州建成六和塔。

《段氏与三十七部会盟碑》在大理石城（今云南曲靖）勒石。

宋朝在广州、泉州等地设立蕃坊，允许外国侨民集中居住，同时在蕃

大瞿越（丁朝）定文武僧道品阶。

坊中设立蕃学。

梁周翰为太子中允。

阎丕、王洞荐宋白之才宜预朝列，宋白以亲老，祈外任，连知蒲城、卫南二县。

沙门建盛自西天竺携带贝叶梵文佛经回到宋朝。

田敏卒（880—　）。淄州邹平人。少通《春秋》之学。后梁贞明中登科，调补淄州主簿，留为国子四门博士。后唐天成初，改《尚书》博士。曾奉诏与刘岳、段颙、路航、李居浣、陈观等删定唐郑余庆《书仪》，又与马镐等同校《九经》。清泰初，迁国子司业。后以太子太保致仕。《全唐文》卷八六五存录其文3篇，《全唐诗补编·续补遗》卷一〇存录其诗1首。事迹见《宋史》卷四三一本传。

尹拙卒（891—　）。颍州汝阴人。梁贞明五年举《三史》，调补下邑主簿。后唐长兴中，召为著作佐郎、直史馆，迁左拾遗。晋天福时，与张昭、吕琦等同修《唐史》。后周显德初，拜检校右散骑常侍、国子祭酒、通判太常礼院事，与张昭同修唐《应顺》、《清泰》及《周祖实录》，又与张昭、田敏详定《经典释文》。入宋，官检校工部尚书、太子詹事，判大理寺。事迹见《宋史》卷四三一本传。

按：《宋史》本传曰："拙性纯谨，博通经史。周世宗北征，命翰林学士为文祭白马祠，学士不知所出，遂访于拙，拙历举郡国祠白马者以十数，当时伏其该博。"

欧阳炯卒（896—　）。益州华阳人。欧阳珪子。仕后蜀，为翰林学士，门下侍郎、平章事，监修国史。降宋后，官翰林学士转左散骑常侍。工诗词，《花间集》录其词17首。所作《花间集序》代表了花间派词人对词的看法。

刘筠（　—1031）、龙昌期（　—1059）生。

宋开宝五年　辽保宁四年　北汉天会十六年
壬申　972年

拜占廷进兵东方，与阿拉伯人战。德意志奥托二世帝与拜占廷帝基米斯基的女亲眷特奥法诺联姻，但这位公主并非出生于帝国

正月丁酉，禁民用铁铸浮图、佛像及无用人物像，防民毁农器以徼福。

二月己卯，令僧尼各不相统摄，当受戒者，各于本寺置坛。

闰二月壬辰，知制诰、权知贡举扈蒙奏进士合格者安守亮等11人，诸科17人。宋太祖召对于讲武殿，始下诏放榜，是为新制。

戊午，禁道士寄褐及私度人为道士。

宋开宝五年　辽保宁四年　北汉天会十六年　壬申　972年

九月，宋禁私藏玄像法器、天文、图谶、七曜历、太一、雷公、六壬遁甲等，有上项书籍者送官。

十月，令功德使与左街道录集京师道士，考试学业，低劣者皆斥之。

十一月癸亥，禁僧道私习天文、地理。

己巳，诏诸道举人，自今并于本贯州府取解，不得更称寄应。如从化外至者，先投牒开封府，奏请得旨，方许就试。其国学亦不得妄署监生，参预荐选。

是年，定僧道位次，朝集僧先道后，殿庭僧东道西并立，郊天道左僧右。

薛居正十一月以参知政事兼淮南、湖南、岭南等道都提举三司水陆发运使事，又兼判门下侍郎，监修国史。

李昉及宗正丞赵孚奉命等分撰岳渎并历代帝王庙碑，遣使刻石庙中，凡52首。

李昉知贡举，其乡人武济川预选，奏对失次，李昉坐左迁太常少卿，俄判国子监。

柳开闰二月作《上窦僖察判》二书，求发解以应进士试。夏至京师，贽文翰林学士卢多逊，求于开封府发解。十一月，又上书卢多逊，再乞援引。

李若拙为功德使与左街道录，集京师道士考试，其学业未至者皆斥之。

鞠常擢为著作佐郎，时与杨徽之、李若拙、赵邻几4人皆有名翰苑。

西天竺沙门多人来到宋朝，携带佛经以及其他法器来献。

姜融、陈鄂等4人校《孝经释文》、《论语释文》、《尔雅释文》；李昉、李穆、扈蒙等校定《尚书释文》，周惟简、陈鄂又加以重修，更名为《开宝新定尚书释文》。

柳开著《东郊野夫传》、《补亡先生传》约成于本年。

钱俨著《吴越备史遗事》5卷。

僧德韶卒(891—　)。德韶俗姓陈，处州龙泉人。五代高僧。年十七于本州龙归寺出家，年十八受戒于信州开元寺。历参投子大同、龙牙居遁等，终嗣法眼文益。从学者甚众，以弟子延寿最为著名。

张昭卒(894—　)。昭本名昭远，避后汉高祖讳改，字潜夫，濮州范县人。历仕唐、晋、汉、周诸朝。入宋为吏部尚书，封郑国公，改封陈国公。博通学艺，无书不览。曾预修《同光实录》、《庄宗实录》、《周祖实录》、《五朝实录》、《唐书》等。著有《纪年录》20卷、《武皇以来功臣列传》30卷、《唐朝君臣正论》25卷、《制旨兵法》10卷、《名臣事迹》5卷、《太康

的紫色寝宫。

爱资哈尔清真寺建成，是为伊斯兰教伊斯玛仪派的宗教和教学中心。

罗马天主教传入马扎尔(匈牙利)。

意大利编年史家、外交家利乌特普兰德卒(920—　)。著有《奥托王朝史》等。

平吴录》2卷、《补注庄子》10卷、《嘉善集》50卷。事迹见《宋史》卷二六三本传。

按：《宋史》本传曰："昭博通学术，书无不览，兼善天文、风角、太一、卜相、兵法、释老之说，藏书数万卷。尤好纂述，自唐、晋至宋，专笔削典章之任。"

乔匡舜卒（898—　）。匡舜字亚元，广陵高邮人。仕官南唐，历任大理评事、屯田员外郎，出为江西、浙西掌书记。后主时，历殿中丞，修国史，拜给事中，权知贡举，迁刑部侍郎。与徐铉、徐锴兄弟为忘年交。著有《拟谣》10卷，今佚。事迹见陆游《南唐书》卷八、徐铉《乔公墓志铭》（《全宋文》卷二九）。

赵元杰（　—1003）、乐黄目（　—1027）生；许洞（　—约1016）约生。

宋开宝六年　辽保宁五年　北汉天会十七年
癸酉　973年

大瞿越（丁朝）主丁部领受封于宋，称交趾郡王。

德意志奥托一世帝卒。奥托二世亲政。

阿拉伯数字约于是年前后传入西欧。

印度婆罗门教于是年斥佛。

二月，翰林学士、权知贡举李昉奏进士合格者宋准等11人。

三月辛酉，新及第进士宋准等11人、诸科28人诣讲武殿谢。宋太祖以进士武济川、《三传》刘睿材质最陋，应对失次，黜去之。时下第举子徐士廉等击鼓鸣冤，以为李昉取舍不当。太祖乃令贡院籍终场下第者姓名，得360人。癸酉，皆召见，择其195人，命殿中侍御史李莹、左司员外郎侯陟为考官，别试诗赋，得进士26人，《五经》4人，《开元礼》7人，《三礼》38人，《三传》26人，《三史》3人，学究18人，明法5人，皆赐及第。

按：《宋史·选举志一》曰："翰林学士李昉知贡举，取宋准以下十一人，而进士武济川、《三传》刘睿材质最陋，对问失次，上黜之。济川，昉乡人也。会有诉昉用情取舍，帝乃籍终场下第人姓名，得三百六十人，皆召见，择其一百九十五人，并准以下，乃御殿给纸笔，别试诗赋。命殿中侍御史李莹等为考官，得进士二十六人，《五经》四人，《开元礼》七人，《三礼》三十八人，《三传》二十六人，《三史》三人，学究十八人，明法五人，皆赐及第，又赐钱二十万以张宴会。昉等寻皆坐责。殿试遂为常制。"

四月甲申朔，限诸州度僧额。僧帐及百人者，每岁度一人，仍度有经业者。

乙酉，诏诸州考试官，令长吏精选僚属有才学公正者充。知贡举与考试官同阅试卷，定其通否，否即驳放，不得优假，虚至终场。申禁私荐属举人；募告者，其赏有差；举人勒还本贯重役，永不得入科场。

丁酉，禁灌顶水陆道场。

戊申，诏修《五代史》，薛居正监修。

七月壬子朔，诏改马步院为司寇院，以新及第进士、《九经》、《五经》及选人资叙相当者为司寇参军。

九月己巳，宋太祖封其弟赵光义为晋王，班宰相上。

十一月癸丑,令常参官进士及第者,各举有文学官一人。

十二月,命参知政事卢多逊、知制诰扈蒙、张澹等对现行《长定》、《循资格》及有关制书,重新修改,削去重复,补其缺漏,编为《长定格》3卷、《循资格》1卷、《制敕》1卷、《起请条》1卷;书成,颁为永式。

赵普八月甲辰罢左仆射兼门下侍郎、平章事,为河阳三城节度使、同平章事。卢多逊为参知政事。

赵普时为卢多逊所构冤,太祖问李昉是非,李昉对曰:"臣职司书诏,普之所为,非臣所知。"(《宋史·李昉传》)寻赵普出镇,卢多逊九月为参知政事。

薛居正时为参知政事,四月戊申奉命监修梁、后唐、晋、汉、周《五代史》。扈蒙、李穆等预修。

薛居正、沈义伦九月为平章事。

李昉五月复拜中书舍人、翰林学士。

卢多逊四月辛丑出使南唐,派人谓国主李煜:"朝廷重修天下图经,史馆独缺江东诸州,愿各求一本以归。"李煜命徐锴通夕雠对与之(《续资治通鉴长编》卷一四)。

按:于是江南十九州之形势,屯戍远近,户口多寡,卢多逊尽得之。归宋,即言江南衰弱可取,宋太祖嘉其谋,始有意取江南。

柳开举进士,此年补宋州司寇参军。

陈彭年著《皇纲论》万余言,李煜闻之,召入宫,令幼子仲寓与之游。

翰林学士卢多逊等于四月辛丑上所修《开宝通礼》200卷,《义纂》100卷,并付有司施行。诏改开元礼科为开宝通礼科,以新书考试。

按:《宋史·礼志一》曰:"五代之衰乱甚矣,其礼文仪注往往多草创,不能备一代之典。宋太祖兴兵间,受周禅,收揽权纲,一以法度振起故弊。即位之明年,因太常博士聂崇义上《重集三礼图》,诏太子詹事尹拙集儒学之士详定之。开宝中,四方渐平,民稍休息,乃命御史中丞刘温叟、中书舍人李昉、兵部员外郎、知制诰卢多逊、左司员外郎、知制诰扈蒙、太子詹事杨昭俭、左补阙贾黄中、司勋员外郎和岘、太子中舍陈鄂撰《开宝通礼》二百卷,本唐《开元礼》而损益之。"

扈蒙、王祐等上重定《神农本草》20卷成书,定名为《开宝新详定本草》。

按:李经纬、林昭庚说:"开宝六年,宋太祖即诏令修纂本草。由尚药奉御刘翰、道士马志、翰林医官翟煦、张素、王从蕴、吴复生、王光宪、陈昭遇、安自良等9人,取《新修本草》为蓝本进行修订,并采摭陈藏器《本草拾遗》等书相互参证,订正错讹,补充遗漏,再由马志统一作出注解。最后由左司员外郎知制诰扈蒙、翰林学士卢多逊等详加刊定成书20卷,命名为《开宝新详定本草》。宋太祖为之作序,由国子监镂板刊行,这是宋代第一部官修的药典性本草著作,也是我国乃至世界上第一部板刻印刷的药物学书籍。由于《开宝新详定本草》修纂仓促,质量不能尽如人意。次年,宋太祖再次诏命刘翰、马志等人重新修订。这次修订对原书'颇有增损'。最后由翰林学士李昉、知制诰王祐、扈蒙等重加校勘,成书后全书合目录共21卷,命名为《开宝重定之本草》又简称《开宝本草》(《开宝本草》实际上包括《开宝本草》和《开宝重定本草》二书，现多指后者）。全书共收载药物 984 种，其中新增药 134 种，它对时过 300 余年的唐《新修本草》在编纂和传抄中出现的谬误进行了修订。"（《中国医学通史》古代卷第七章《两宋时期医学》）

阿拉伯诗人麦阿里生。

印度数学家、天文学家、历史学家阿尔·比鲁尼生。

潘佑卒（938— ）。佑幽州人。南唐中主时任秘书省正字。后主即位，迁虞部员外郎、史馆修撰。后为张洎所谮，遂自刭。著有《荥阳集》10 卷，今佚。事迹见马令《南唐书》卷一九、陆游《南唐书》卷一三、《宋史》卷四七八。

陈越（ —1012）、王随（ —1039）生。

宋开宝七年　辽保宁六年　北汉广运元年
甲戌　974 年

拜占廷东征。
奥托二世毁丹麦边墙。

正月，北汉改元广运。

二月癸卯，诏学究举人所习《诗》、《书》并《易》为一科，及第选叙与《三礼》、《三传》同例。

三月，诏权停贡举。

九月，宋太祖命曹彬、潘美等人领兵十万进攻南唐。

是年，辽命沙门昭敏为三京诸道僧尼都总管，加兼侍中。

扈蒙闰十月庚申建议设立起居注，诏命参知政事卢多逊将"经圣断，可书简策者"，录送史馆。但未成书。

按：知制诰、史馆修撰扈蒙上言："昔唐文宗每开延英召大臣论事，必命起居郎、舍人执笔螭坳以纪时政，故《文宗实录》最为详备。至后唐明宗，亦命端明殿学士及枢密直学士轮修《日历》送史馆。近朝以来，此事都废，每季虽有内殿《日历》，枢密院录送史馆，然所记者，不过臣下对见辞谢而已，帝王言动，莫得而书。缘宰相以漏泄为虞，无因肯说，史官以疏远自隔，何由得闻！望自今，凡有裁制之事，优恤之恩，发自宸衷，可书简策者，并委宰臣及参知政事每月轮知抄录，以备史官撰集。"诏从之，命卢多逊专其职（《续资治通鉴》卷八）。

刘祺时任左拾遗，十二月以受贿，黥面，杖配沙门岛。

日本藤原兼家之妻道纲母撰成《蜻蛉日记》。

薛居正等修《五代史》（后称《旧五代史》）150 卷成书。

按：是书同修者有卢多逊、扈蒙、张澹、李昉、刘兼、李穆、李九龄等 7 人，皆当时著名史官，熟悉五代史事，他们以建隆年间昭文馆大学士范质的《五代通录》为稿本，故费时一年半便成书。其后欧阳修别撰《五代史记》（《新五代史》），学者始不专习薛史，然二书犹并行于世。《四库全书总目提要》曰："至金章宗泰和七年，诏学官止用欧阳修史，于是薛史遂微。元、明以来，罕有援引其书者，传本亦渐就湮没。……欧阳修文章远出居正等上，其笔削体例，亦特谨严，然自宋时论二史者即互有所主。司马光作《通鉴》、胡三省作《通鉴注》，皆专据薛史，而不取欧史。沈括、洪迈、王应麟辈为一代博洽之士，其所著述，于薛、欧二史亦多兼采，而未尝有所轩轾。盖修所作皆刊削旧史之文，意主断制，不肯以纪载丛碎，自贬其体。故其词极工，而于情事或不能详备。至居正等奉诏撰述，本在宋初，其时秉笔之臣，尚多逮事五代，见闻较近，纪传皆首尾完具，可以征信。故异同所在，较核事迹，往往以此书为证。虽其文体平弱，不免叙次烦冗之病。而遗闻琐事，反藉以获传，实足为考古者参稽之助。又欧史止述《司天》、《职方》二考，而诸志俱阙。凡礼乐职官之制度，选举刑法之沿革，上承唐典，下开宋制者，一概无征，亦不及薛史诸志为有裨于文献。盖二书繁简，各有体裁，学识兼资，难于偏废。"

刘翰、马志、李昉等奉命重新详定《开宝新详定本草》，更名为《开宝重定本草》，颁行天下。

按：《宋史·刘翰传》曰："尝被诏详定《唐本草》，翰与道士马志、医官翟煦、张素、吴复珪、王光祐、陈昭遇同议，凡《神农本经》三百六十种，《名医录》一百八十二种，唐本先附一百一十四种，有名无用一百九十四种，翰等又参定新附一百三十三种。既成，诏翰林学士中书舍人李昉、户部员外郎知制诰王祐、左司员外郎知制诰扈蒙详覆毕上之。"

徐锴卒（920— ）。锴字楚金，扬州广陵人。徐铉弟，兄弟均精小学，名重江南，人称"二徐"或"大小徐"。仕于南唐，历官屯田郎中、集贤殿学士、秘书省正字、内史舍人等职。著有《说文解字系传》40卷、《说文解字篆韵谱》10卷、《说文解字通释》40卷、《赋苑》200卷、《岁时广记》120卷、《方舆记》130卷、《古今国典》100卷、《广类赋》25卷、《赋选》5卷等。事迹见《宋史》卷四四一本传。

按：徐锴是《说文解字》研究史上最早对《说文》进行全面而系统地传注的学者，其研究方法对后代影响颇大。

杨亿（ —1020）生。

宋开宝八年　辽保宁七年　北汉广运二年
乙亥　975年

二月丁卯，以知制诰王祐权知贡举，知制诰扈蒙、左补缺梁周翰、秘书丞雷德骧并权同知贡举。

按：命权同知贡举，始于此。

戊辰，太祖御讲武殿，复试王祐等所奏合格举人王式等，因诏之曰："向者登科名级，多为势家所取，致塞孤贫之路，甚无谓也。今朕躬亲临试，以可否进退，尽革畴昔之弊矣。"（《续资治通鉴长编》卷一六）于是内出诗赋题试之，得进士王嗣宗等31人，诸科纪自成等34人，并赐及第。

大瞿越（丁朝）定文武冠服。

德国魏玛城始见记载。

算术计数法由阿拉伯人传入西欧。

按：王式省试为第一，殿试降为第四，王嗣宗殿试被擢为第一，从此省试与殿试之名次遂有区别，故有"省元"与"状元"之不同称呼。

是月，江南知贡举、户部员外郎伍乔放进士孙确等30人及第。

按：自保大十年（952）开贡举，迄于是年，凡17榜，放进士及第者93人，《九经》1人。

九月乙酉，除名人宋惟忠弃市，坐私习天文、妖言利害，为其弟惟吉所告故也（《续资治通鉴长编》卷一六）。

十月辛亥，诏地方官荐举孝悌力田、奇才异行和文武干才之人。

按：有70人被推荐应试，均不合格。

十一月，曹彬等攻入金陵，后主李煜投降，南唐灭亡。后主李煜并宗室、大臣、将士、文士及家属万余人北迁开封。

是年，诏国子学中其未入于籍而听习者，或有冠裳之族不居乡里，令补监生之阙。

按：国子监上言："生徒旧数七十人，奉诏分习《五经》，然系籍者或久不至，而在京进士、诸科，常赴讲席肄业，请以补监生之阙。"诏从之（《宋史·选举志三》）。

贾黄中判太常礼院，每详定礼文，损益得中，号为称职。

赵普在孟州，上表贺平江南。

林松、雷说皆江南人，试进士不中格，以其间道来归，并赐《三传》出身。

宋準充贺契丹正旦使。

徐铉为吏部尚书，八月为左仆射、同参左右内史事，为正使，周惟简为副使，入宋军乞缓师，不报。十一月朝见宋太祖，抗论江南无罪，论辩久之，太祖大怒曰："江南亦有何罪？但天下一家，卧榻之侧岂容他人酣睡耶？"（《新五代史》卷六二《南唐世家》）

王道真画相国寺壁。

王嗣宗登进士第一，补秦州司寇参军侍御史。

吕龟年时为太子洗马，十二月奉命诣金陵，籍李煜所藏图书送阙下。

宋準著《受诏修定诸道图经》。

僧延寿卒（904— ）。延寿字仲玄，俗姓王，原籍润州丹阳，迁居余杭。自幼信佛，尝为余杭库吏、华亭镇将。二十八岁入龙册寺出家，从令参习禅，又赴天台山从法眼宗德韶习《法华经》三年。广顺二年住明州雪窦寺，后为吴越忠懿王钱俶所请，返杭州住灵隐新寺、永明寺，赐号智觉大师，从学者达两千多人。宋开宝三年奉诏建六和塔；七年至天台山，度戒达万余人。延寿系五代著名佛教学者，禅宗高僧，主张参学以心为宗，以悟为则，强调"万法惟心"；又认为主张佛学诸派殊途同归，应调和融合。著有《宗镜录》100卷，高丽国王见是书派遣僧人来学法，遂使法眼宗盛行其国。另著《万善同归集》3卷、《唯心诀》1卷等，皆存，收入《大正藏》。又

阿拉伯天文学家阿布·瓦法著《天文全书》，列出正切正弦表，发展了三角学。

《埃克塞特诗集》（著者不详）约于是年抄成，为现存最详尽的古英语著作。

善诗文,多为宣扬禅理之作。事迹见僧赞宁《宋高僧传》卷二八。

刘洞卒,生年不详。庐陵(一作建阳)人。少入庐山,居二十年,学诗于处士陈贶。南唐后主李煜立,赴金陵,献诗百篇,不为所用,遂南还庐陵,布衣而终。与同门夏宝松为友,俱显名于时。尤长于五言诗,自号"五言金城"。有诗1卷,已佚。事迹见马令《南唐书》卷一四、陆游《南唐书》卷一五、尤袤《江南野史》卷九。

冯元(　—1037)、萧韩家奴(　—1046)生。

宋开宝九年　太宗太平兴国元年　辽保宁八年北汉广运三年　丙子　976 年

正月辛未,曹彬以江南国主李煜及其子弟、官属等 45 人来献;以李煜为右千牛卫上将军,封违命侯,子姓从官皆录用之。

癸未,命翰林学士李昉阅诸道所送孝悌力田及有文武才干者 478 人于礼部贡院,所业皆无可采。乃悉罢之,劾官司滥举之罪。

三月,诏权停贡举。

庚午,吴越国王钱俶朝宋,命钱俶剑履上殿,诏书不名。旋被遣南还。

十月癸丑,宋太祖赵匡胤死,其弟赵光义即位,是为太宗。

十二月,改元为太平兴国,大赦天下。罢攻北汉之兵。

辽复南京礼部贡院。

高丽人金行成始入学于国子监。

令诸州索明知天文术数者传送阙下,敢藏匿者弃市,募告者赏钱三十万。诸道所送知天文、相术等 351 人,诏以六十有八者隶司天台,余悉黥面流海岛。

是年,宋太祖诏令免江西德安东佳书院徭役。

薛居正四月加光禄大夫,十月加左仆射、昭文馆大学士。

邢昺奉命升殿讲《师》、《比》二卦,又问以群经发题,太宗嘉其精博,擢《九经》及第,授大理评事、知泰州盐城监。

按:《宋史》本传曰:"昺在东宫及内庭,侍上讲《孝经》、《礼记》、《论语》、《书》、《易》、《诗》、《左氏传》。据传疏敷引之外,多引时事为喻,深被嘉奖。"

卢多逊二月为吏部侍郎,仍参知政事。

李煜眷恋江南,是春作《望江南》(多少恨)、《望江梅》(闲梦远)、《乌夜啼》(林花谢了春红);十一月封陇西郡公。

赵普与节度使向拱、张永德、高怀德、冯继业、张美、刘廷让等人来京师朝见太宗。

高丽始行田柴科,分文武百官 79 品,依次授与田柴。

拜占廷帝基米斯基卒,君士坦丁八世立,与兄巴西尔二世共治。在巴西尔二世的统治下,帝国权力臻至顶峰。

王溥封为祁国公。

杨砺诣阙献书,召试学士院,授陇州防御推官。

贾黄中时为翰林学士,奉命集《神医普救方》,李宗讷、刘锡、吴淑、吕文仲、杜镐、舒雅等参与。

朱洞时为潭州太守,于湖南长沙岳麓山下创建岳麓书院。

王怀隐为尚药奉御,升至翰林医官使。

徐铉随李后主至汴京,十一月奉命为李汉超撰功德碑,与汤悦并直学士院。

吕龟年奉命收江南图籍,四月得二万余卷,悉送史馆。

王道真授画院祗侯。

柳开迁宋州录事参军。

刁衎出知睦州桐庐县。

宋準出知南平军,会改军为太平州,依前知州事,就加著作佐郎。

马应举进士,授大理评事。

吕祐之举进士,授大理评事。

夏侯峤举进士甲科,授大理评事。

刘熙古卒(903—)。熙古字义淳,宋州宁陵人。后唐明宗长兴间进士。入宋召为谏议大夫、知青州。开宝五年拜参知政事,以户部尚书致仕。著有《历代纪要》、《切韵拾玉》等。事迹见《宋史》卷二六三本传。

按:《宋史》本传曰:"熙古年十五,通《易》、《诗》、《书》;十九,通《春秋》、子、史。避祖讳,不举进士。后唐长兴中,以《三传》举。时翰林学士和凝掌贡举,熙古献《春秋极论》二篇、《演论》三篇,凝甚加赏,召与进士试,擢第,遂馆于门下。……熙古兼通阴阳象纬之术,作《续聿斯歌》一卷、《六壬释卦序例》一卷。性淳谨,虽显贵不改寒素。历官十八,登朝三十余年,未尝有过。尝集古今事迹为《历代纪要》十五卷。颇精小学,作《切韵拾玉》二篇,摹刻以献,诏付国子监颁行之。"

僧智圆(—1022)生。

宋太平兴国二年　辽保宁九年　北汉广运四年
丁丑　977年

高丽颁行世袭"功荫田柴"制。

正月,宋太宗初即位,欲于科场博求俊才,以为治国之具。于是诸道发贡士5302人,命太子中允、直舍人院张洎、右补阙石熙载试进士;左赞善大夫游陶等试诸科,户部郎中侯陟监之。

戊辰,太宗亲至讲武殿,出诗题复试进士,命翰林学士李昉、扈蒙定其优劣为三第,得河南吕蒙正以下109人;庚午,复试诸科得207人,赐及

第。又诏礼部阅贡籍,得十五举以上进士及诸科184人,并赐出身。《九经》7人不中格,因其老,特赐同《三传》出身。进士第一等四人授将作监丞,第二等并《九经》为大理评事,并通判诸州;同出身进士及诸科并送吏部免选,优等注拟,授初等职事及判、司、簿、尉。

宋太宗幸三馆(即昭文馆、史馆、集贤馆),诏命有司扩建。

乙亥,赐乡贡进士孔士基同本科出身,褒先圣孔子之后。

二月,辽遣使者贺宋太宗即位及正旦。

庚子,宋太宗改名炅。诏除已改州县、职官及人名外,旧名二字不须回避。

三月戊寅,命翰林学士李昉、扈蒙等10余人编纂《太平总类》、《太平广记》。

按：《太平总类》书成后更名为《太平御览》,参与修撰者尚有知制诰李穆、太子少詹事汤锐、太子率更令徐铉、太子中允张洎、左补阙李克勤、右拾遗宋白、太子中允陈鄂、光禄寺丞徐用宾、太府寺丞吴淑、国子监丞舒雅、少府监丞吕文仲、阮思道等,共14人。后李克勤、徐用宾、阮思道改任他官,再任命太子中允王克贞、董淳、直史馆赵邻几补其缺。历时六载始成书。

庚寅,以知江州周述言,诏国子监给庐山白鹿洞《九经》。

按：白鹿洞原为南唐国学,宋改为书院,是宋代四大书院之一。

五月,诏太子中舍陈鄂等同详定《玉篇》、《切韵》。

七月,诏诸州搜访先贤笔迹图画以献。

十二月丁巳朔,试诸州所送天文术士,隶司天台,无取者黥配海岛。

邢昺召为国子监丞,专讲学之任。

薛居正等正月言是科进士取人太多,用人太骤,太宗方欲兴文教,抑制武事,不听。

按：叶梦得《石林燕语》卷五曰:"国初取进士,循唐故事,每岁多不过三十人。太宗即位,天下已定,有意于修文,尝语宰相薛文惠公治道长久之术,因曰:'莫若参用文武之士'。是岁御试题以训兵练将为赋,主圣臣贤为诗,盖示以参用之意。特取一百九人,自唐以来,未之有也。"

李昉加户部侍郎。

赵普三月朝见,罢为太子少保留京师。

李煜是春作《虞美人》(春花秋月何时了);是秋作《浪淘沙》(往事只堪哀)、《子夜歌》(人生愁恨何能免)。

吕蒙正中进士第一。

张齐贤赐进士及第。

按：初,宋太祖幸洛阳,张齐贤以布衣献策,条陈十事,内四说称旨,齐贤坚执其余策皆善,太祖怒而出之。及还,语太宗曰:"我幸西都,惟得一张齐贤耳!我不欲爵之以官,异时可使辅尔为相也。"至是,齐贤亦在选中,有司将其置于下第,太宗特予拔之,故一榜尽赐进士及第(《续资治通鉴》卷九)。

张宏举进士,为将作监丞,通判宣州。

阿拉伯伊本·优努斯于开罗天文台实测日食2次,并予首次科学记载。

李至登进士第。

徐铉三月奉命与修《太平总类》、《太平广记》。

句中正献八体书,入受著作佐郎、直史馆。

　　按:《宋史·句中正传》曰:"中正精于字学,古文、篆、隶、行、草无不工。太平兴国二年,献八体书。太宗素闻其名,召入,授著作佐郎、直史馆,被诏详定《篇》《韵》。"

周述时为江州知州,将白鹿洞书院办学状况汇报朝廷,宋太宗命将国子监刻印之《九经》等书赐给书院。

华山隐士陈抟得宋太宗召见。

西天竺沙门吉祥来宋,献贝叶梵经。

郑文宝著《南唐近事》3卷成书。

波斯诗人达其斯卒。

郭忠恕卒,生年不详。忠恕字恕先,又字国宝,洛阳人。初仕后周,曾为《周易》博士。宋太宗时,召授国子监主簿,令刊定历代字书和石经。工书善画,亦精篆籀。著有《汗简》3卷、《目录叙略》1卷、《佩觿》3卷。又定《古文尚书》,并撰《古文尚书释文》。存世作品有《雪霁江行图》。事迹见《宋史》卷四四二本传。

　　按:《宋史》本传曰:"尤善画,所图屋室重复之状,颇极精妙。多游王侯公卿家,或待以美酝,豫张纨素倚于壁,乘兴即画之,苟意不欲而固请之,必怒而去,得者藏以为宝。"所著《汗简》为我国古代集战国文字大成之专著,当时王俅《啸堂集古录》、吕大临《考古图》、薛尚功《历代钟鼎彝器款识法帖》等书皆未出,故钟鼎文资料甚缺,此书曾为"谈古文者辗转援据",作为古文字研究的依据。最早有北宋李建中手录之"秘阁新本",后有北宋真宗年间李直方转抄本,还有明代弘光元年冯舒转抄本。《四部丛刊》本据冯舒本影印。1983年中华书局又据《四部丛刊》本影印。清郑珍著有《汗简笺证》一书,可资参考。

钱惟演(　—1034)生。

宋太平兴国三年　辽保宁十年　北汉广运五年
戊寅　978年

正月己酉,命翰林学士李昉、扈蒙及李穆、郭贽、宋白、董淳、赵邻幾同修《太祖实录》;直学士院汤悦及徐铉、王克贞、张洎同修《江表事迹》。

二月丙辰朔,三馆建成,赐名崇文院,以东廊为昭文馆书库,南廊为集贤院书库,西廊分经、史、子、集四部,为史馆书库,藏书凡八万卷。

四月己卯,平海军节度使陈洪进上表献所管漳、泉二州,共县十四,有户十五万一千九百七十八。以陈洪进为武宁节度使、同平章事。

按：至此，南方割据势力全部消灭。

五月，吴越王钱俶纳土归宋。凡州十三、军一、县八十六，有户五十五万六百八。丁亥，徙封钱俶为淮海国王。

按：吴越国最终以杭、越、福、苏等十三州纳土归宋，维护了国家统一。

八月，诏诸州去年已得解者，除《三礼》、《三传》、学究外，余并以秋集礼部。

九月甲申朔，宋太宗于讲武殿复试礼部合格人，进士加论一首，自是以三题为准。取胡旦等74人为进士；乙酉，得诸科70人，并赐及第。始赐宴于迎春苑，授官如二年之制。故事，礼部惟春放榜，至是秋试，非常例。

按：依据《宋史·选举志》言，是年试进士始加论一首，然考《登科记》所载，建隆以来，逐科试士，皆是一赋一诗一论，凡三题，非始于是年。

十月辛酉，命孔子后裔袭封文宣公，免孔氏后裔租税。

按：历代对孔子世嗣皆以圣人之后不预庸调，后周显德中遣使均田，将孔子后裔抑为编户，故有是复封。

十二月，时诸州贡举人并集，会宋太宗将亲征河东，罢之。自是每间一年或二年乃行贡举。

郭贽、刘兼、张泊、王克贞同知贡举。

胡旦举进士第一。

田锡、赵昌言、董俨、张鉴、李昌龄、冯拯、韩丕等同中进士。

徐铉为通奉大夫、行太子率更令，仍直学士院。七月奉命为李煜撰墓志铭。

王怀隐为翰林医官，奉命整理前代方书。参与其事者尚有王祐、郑奇、陈昭遇等人。

僧赞宁是吴越名僧，是年入朝，宋太宗赐佛号曰"通慧"，敕住左街天寿寺。

僧归晓被太宗赐号"传法惠广大师"。

开宝寺僧继从等自西天回京，献所得梵夹经等，诏赐紫衣。

藏王智幢遣卢梅慧戒等往丹底（今青海循化）从公巴饶萨学佛法，后返藏建僧团，是为西藏后弘期佛教之始。

李昉等八月编成《太平广记》500卷、《目录》10卷。

按：全书广收汉代至宋初之小说、野史、笔记中的故事，按题材分为92类，附以150余个小类。每小类的故事都有标题，照抄原书一段或数段，下面注明出处。《四库全书总目》曰："《太平广记》五百卷，宋李昉奉敕监修。同修者扈蒙、李穆、汤悦、徐铉、宋白、王克贞、张泊、董淳、赵邻几、陈鄂、吕文仲、吴淑十二人也。以太平兴国二年三月奉诏，三年八月表进（此据《宋会要》之文，《玉海》则作二年三月戊寅所集，八年二月庚子书成。未详孰是）。六年正月，敕雕版印行。凡分五十五部，所采书三百四十五种。古来轶闻琐事，僻笈遗文咸在焉。卷帙轻者，往往全部收入，盖小说家之渊海也。《玉海》称《广记》镂本颁天下，后以言者谓非后学所急，收版贮之太清楼，故北宋人多未之睹。郑樵号为博洽，而《通志·校雠略》中，乃谓《太平广记》为《太平御览》中别出《广记》一书，专记异事。误合两书而一之，是樵亦未尝见矣。其书虽多谈神怪，而采摭繁富，名物典故，错出其间，词章家恒所采用，考证家亦多所取资。又唐以前书，世所不传者，断简残编，尚间存其什一，尤足贵也。

日本紫式部约于是年生。

李煜卒(937—　)。煜字重光，初名从嘉，号钟隐，世称南唐李后主。能诗文、音乐、书画，尤以词名。卒后追封吴王。后人把他及其父李璟的作品，合刻为《南唐二主词》。事迹见《宋史》卷四七八本传。

王曾（　—1038）、章得象（　—1048）、杜衍（　—1057）生。

宋太平兴国四年　辽保宁十一年　乾亨元年
北汉广运六年　己卯　979年

五月，宋太宗领兵进攻北汉，包围太原城。北汉主刘继元投降。凡得州十，军一，县四十一，户三万五千二百二十，兵三万。以刘继元为右卫上将军，封彭城郡公。

命雷德源入太原城点检书籍图画。

九月丁亥，初置皇子侍读，以左赞善大夫杨可法为之。

十一月辛丑，辽改元乾亨。

十二月，命有司取国初以来敕条纂为《太平兴国编敕》15卷，行于世。

辽景宗命室昉监修国史。

薛居正十月以平北汉功，加司空。

郭贽、宋白并授中书舍人。

宋准迁著作郎，通判梓州，转左拾遗，归朝预修诸书。

邓晏在江西新建主讲易南精舍，郡学诸生随之前往，以精舍狭小，遂请官绅扩建，改名秀溪书院。

张洎时为太子中允，正月丁亥奉命与著作佐郎句中正使高丽，告以北伐。

徐铉随太宗征太原，军中诏令文书多由其视草；九月，以扈驾功迁给事中，直学士院如故。

句中正迁左赞善大夫，改著作郎。

柳开三月擢赞善大夫，从驾平北汉，督运楚、泗八州粮草。归，与潘阆、寇准、宋白等游，潘阆有诗。命知常州，迁殿中丞。

司天监学生张思训正月创新浑仪成，置文明殿东南之钟鼓楼，命为浑仪丞。

王沔授著作郎、直史馆。

俞皓奉命承造东京开宝寺塔。

乐史开始编著《太平寰宇记》。

穆修（ —1032）、吕夷简（ —1044）生。

宋太平兴国五年　辽乾亨二年　庚辰　980年

正月丙子朔，辽封皇子隆绪为梁王，欲以为嗣。

是月，以文明殿学士程羽权知贡举，御史中丞侯陟，中书舍人郭贽、宋白，殿中丞陈鄂、《尚书》博士邢昺等权同知贡举。

　　按：《宋史·宋白传》曰："白凡三掌贡士，颇致讥议，然所得士如苏易简、王禹偁、胡宿、李宗谔辈，皆其人也。"

三月甲寅，宋太宗御讲武殿复试进士，得苏易简以下119人，又得诸科533人，并分第甲乙，赐宴，始有直史馆陪坐之制。进士第一等授将作监丞，通判藩郡；次授大理评事，诸令、录事；诸科授初等职事及判、司、簿、尉事。刘昌言、颜明远、张观、乐史等4人，皆以见任官举进士，太宗惜科第不与，特授近藩掌书记。

六月己亥，以江州白鹿洞主明起为蔡州褒信县主簿，明起建议将白鹿洞书院田数十入官，书院由是渐废。

九月甲辰，史馆上《太祖实录》50卷。

　　按：太平兴国三年，诏李昉、扈蒙、李穆、郭贽、宋白、董淳、赵邻幾同修《太祖实录》，沈伦总其事，历二年书成。后又加以重修。

十一月，北天竺迦湿弥罗国僧天息灾、乌填国僧施护至京师，献香药和梵文佛经，诏赐紫衣，并令在太平兴国寺内设置译经院，组织人力翻译佛经。

是年，宋太祖召见王昭素，问以《易经》及治世养生之术。

峨嵋山圣寿万年寺白象普贤铸像铸成。

王禹偁省试登甲科，试题为《三杰佐汉孰优论》，殿试落选。

李沆、向敏中、张咏、寇準、王旦、宋湜、晁迥、夏侯嘉正等同中进士。

　　按：据《宋史·张咏传》载，时郡举进士，议以张咏首荐。有凤儒张覃者未第，咏与寇準致书郡将，荐张覃为首，众许其能让。寇準中乙科，列名第三十五。

宋白充史馆修撰，判馆事。

张巨源因五世同居，内无异爨，又尝习刑名书，特赐明法及第。

乐史赐进士及第。

董俨授左拾遗,直史馆。
柳开是冬移知润州,拜监察御史。
张廷训奉命往代州五台山造金铜文殊菩萨像,奉安于真容院。
张仁赞奉命往成都铸金铜普贤像,奉安于嘉州峨嵋山之白水普贤寺。
田锡除左拾遗,直史馆。
李觉举《九经》进士,起家将作监丞。
刁衎上《谏刑书》,授大理寺丞。

乡贡进士孟瑜八月著《野史》30卷成,石熙载荐之于朝,特命为固始县主簿。
田锡上所著《乐府新解》10卷、《升平诗》30篇。

阿拉伯哲学家、医学家、自然科学家、文学家阿维森纳(即伊本·西拿)生(—1037)。

顾闳中约卒于本年,生年不详。江南人。初事南唐,为中主、后主画院待诏。入宋,为图画院祗侯。善画人物,今存《韩熙载夜宴图》一幅,是传世名作。
僧重显(　—1052)、蒋堂(　—1054)生。

宋太平兴国六年　辽乾亨三年　辛巳　981年

奥托二世败拜占廷于南意塔兰托。

罗马教皇本尼迪克特第七颁令禁止买卖圣职。

正月丁卯,令诸道转运使察访部内官吏,有履行著闻、政术尤最及文学茂异者,各举2人。
三月,诏权停贡举。
十月,命翰林学士贾黄中与诸医工等于崇文院编录历代医方,每一科毕,即以进御。
是月,太宗诏作苏州太乙宫成。
十二月,诏诸州士庶,家有藏医书者,许送官。视卷数多少,优赐钱帛,及而百卷以上者与出身,已仕官者增其秩。
是年,辽以汉人韩德让为南院枢密使,标志汉化的加深。

赵普九月为司徒兼侍中、昭文馆大学士。
郭贽奉命考校课绩。
徐州民张成象以献医书,补翰林学士。

《太平广记》正月雕印板颁行。后因"言者以为非学者所急,收墨板藏太清楼",故当时未能广泛流传(《玉海》卷五四)。

按：太清楼是专供皇帝阅览的内府藏书机构。《太平广记》最早的著录见于北宋仁宗庆历元年(1041)编成的《崇文总目》，大致在这以后，此书开始在士大夫间有所流传。钱钟书《管锥编》第二册《太平广记二一五则》对该书在北宋的流传有论述。

薛居正卒(912—　)。居正字子平，开封浚仪人。五代后唐进士，后晋、后汉时累任官职，后周时官至刑部侍郎。入宋后，初任户部侍郎，又加兵部及吏部侍郎，参知政事。开宝年间拜平章事，太平兴国初位至司空。卒谥文惠。监修《旧五代史》，著有《文惠集》30卷，今已佚。事迹见《宋史》卷二六四本传、《隆平集》卷四、《东都事略》卷三一。

按：《宋史》本传曰："居正好读书，为文落笔不能自休。子惟吉集为三十卷上之，赐名《文惠集》。咸平二年，诏以居正配飨太祖庙庭。"

范雍(　—1046)生。

宋太平兴国七年　辽乾亨四年　壬午　982年

正月壬寅，诏翰林学士承旨李昉等详定士庶车服丧葬制度，付有司颁行，违者论其罪。

宋太宗谓近臣曰："朕每读《老子》至'佳兵者不祥之器，圣人不得已而用之'，未尝不三复以为规戒。王者虽以武功克定，终须用文德致治。朕每退朝，不废观书，意欲酌前代成败而行之，以尽损益也。"(《续资治通鉴》卷一一)

宋太宗因诸家文集其数至繁，各擅所长，蓁芜相间，诏李昉、扈蒙等续萧统《文选》之后，续修南朝梁末至唐五代诸家文集。先后参与其事者，另有吕蒙正、苏易简、王祐、王旦等20余人，阅前代文集，摄其精要，以类分之为千卷，历时四年而书成，号曰《文苑英华》。

按：《文苑英华》所录作品的时间，宋初比较模糊，只曰"前代"，没有明确上限，至明代重刻该书时，界定为"肇梁陈"，清代《四库全书总目》编定为"起于梁末"，学界至今沿用此观点而未加深究，其实该书卷二〇二节选了魏"建安七子"之一徐干的《室思诗》六章之三，题为《自君之出矣》；卷一五七收录了魏人程晓的《嘲热客》，题为《伏日作》，还收录了晋人的作品，故其收录作品的上限，应推至魏晋时期。

三月，宋太祖弟赵廷美以"欲乘间窃发"获罪，被罢开封尹，授西京留守。五月，再贬涪陵县公，安置房州。宰相卢多逊等遭株连贬逐至崖州。

按：《宋史·赵廷美传》曰："太宗尝以传国之意访之赵普，普曰：'太祖以误，陛下岂容再误邪？'于是廷美遂得罪。凡廷美所以遂得罪，普之为也。"

五月，诏禁投匿名书告人罪，及作妖言诽谤惑众者，严捕之置于法，其书所在焚之。

拜占廷及其同盟者阿拉伯人于南意卡拉布里亚之役大败奥托二世。

巴格达建立爱杜迪医院。

挪威人红发埃里克首次自冰岛航抵北美格陵兰岛，定居于南部海岸。

六月,太平兴国寺大殿西建成译经院。诏天息灾等各译一经以献,择梵学僧常谨、清诏与法进等笔受缀文,光禄卿汤悦、兵部员外郎张洎等参详润色,内侍刘素为都监。

> **按**:佛经翻译自唐元和六年(811)以来已中断一百多年,至此得以恢复,是宋太宗兴佛的一大举措。译经工作继续到天圣五年(1027),译出五百余卷。后因缺乏新经梵本,译事时断时续,维持到政和元年(1111)为止,总计译出758卷,其中大多为密教的典籍。

七月癸卯,宋太宗视察译经院,尽取禁中所藏梵夹,令天息灾等视藏录所未载者翻译之。十月,再视察译经院。

九月壬子,辽景宗死,谥孝成皇帝,其子隆绪嗣,是为圣宗。因年幼,国政由萧太后决断。

是月,宋太宗以诸道进士鄙陋,或挟书假手,侥幸得官,所至多触宪章,遂诏:"所在贡举等州,自今长吏择官,考试合格,许荐送。仍令礼部,自今解贡举人,依吏部选入例,每十人为保,有行止不正,他人所告者,同保连坐,不得赴举。"(《续资治通鉴》卷一一)

十月癸卯,颁行吴昭素所上《乾元历》,太宗亲制序。

卢多逊下狱,王溥领衔与74人上奏:"多逊及廷美顾望咒诅,大逆不道,宜行诛灭。"(《宋史·宗室传一》)

郭贽四月为参知政事,时曹彬为弭德超所诬,郭贽极言救解,深为宰相赵普所重。

波斯文地理著作《世界境域志》(著者不详)撰成。	徐铉九月奉命与扈蒙、宋白等同编修《文苑英华》。 僧赞宁等奉命编著《大宋高僧传》,后成30卷。 王禹偁著《龙兴寺记》、《龙兴寺新修三门记》。

王昭素卒(894—)。昭素开封酸枣人。少笃学不仕,有至行,为乡里所称。以聚徒教学自给,李穆、李肃、李恽等师事之。开宝三年,李穆荐于朝,太祖令讲《易》,赐国子博士致仕。事迹见《宋史》卷四三一本传。

> **按**:《宋史》本传曰:"昭素博通《九经》,兼究《庄》、《老》,尤精《诗》、《易》,以为王、韩注《易》及孔、马疏义或未尽是,乃著《易论》二十三篇。"

王溥卒(922—)。溥字齐物,并州祁县人。后汉乾祐进士,后周太祖时官至中书侍郎、平章事,世宗时为参知枢密院事。宋初进位司空,加太子太师,封祁国公。熟悉唐末五代的典章制度,又博学,有藏书万卷。所著除《唐会要》100卷、《五代会要》30卷外,尚有《周世宗实录》40卷,文集20卷。事迹见《宋史》卷二四九本传。

> **按**:《宋史》本传曰:"溥好学,手不释卷,尝集苏冕《会要》及崔弦《续会要》,补其阙漏,为百卷,曰《唐会要》。又采朱梁至周为三十卷,曰《五代会要》。有集二十卷。"

赵邻几卒（924—　）。邻几字亚之，郓州须城人。后周显德二年进士，解褐秘书省校书郎，历许州、宋州从事。太宗初，直史馆，改宗正丞。著有《会昌以来日录》26卷、《鲻子》1卷、《六帝年略》1卷、《史氏懋官志》5卷及文集34卷，皆佚。事迹见《宋史》卷四三九本传。

按：《宋史》本传曰："邻几体貌尪弱，如不胜衣。为文浩博，慕徐、庾及王、杨、卢、骆之体，每构思，必敛衽危坐，成千言始下笔。属对精切，致意缜密，时辈咸推服之。及掌诰命，颇繁富冗长，不达体要，无称职之誉。"

胥偃（　—1039）、僧本如（　—1051）生；陈翥（　—1061）约生。

宋太平兴国八年　辽乾亨五年　契丹圣宗统和元年　癸未　983年

正月，命中书舍人宋白权知贡举，知制诰贾黄中、吕蒙正、李至，直史馆王沔、韩丕、宋准，司封员外郎李穆，监察御史李范，秘书丞杨砺等9人权同知贡举。

三月己巳，诸王及皇子府初置谘仪、翊善、侍讲等官，以户部员外郎王遹、著作佐郎姚坦、国子监博士邢昺等10人为之。

丙子，宋太宗至讲武殿，复试礼部贡举人，取王世则以下175人，诸科516人，并赐及第；进士54人，诸科117人，同出身。

按：《宋史·选举志一》曰："（太平兴国）八年，进士、诸科始试律义十道，进士免帖经。明年，惟诸科试律，进士复帖经。进士始分三甲。自是锡宴就琼林苑。上因谓近臣曰：'朕亲选多士，殆忘饥渴，召见临问，观其才技而用之，庶使田野无遗逸，而朝廷多君子尔。'"

四月，辽北府司徒耶律德译南京奏律文，以便用汉法治民。

六月甲午，辽圣宗率群臣上萧太后尊号曰承天皇太后；大赦，改元统和，更国号为大契丹。

七月乙卯，契丹萧太后废"契丹人殴汉人死者偿以牛马"之法，改行汉法。

八月辛亥，诏增《周公谥法》55字。

诏："自今军国政要，并委参知政事李昉撰录，枢密院令副使一人纂集，每季送史馆。"李昉因请以所修《时政记》，每月先奏御，后付有司，从之。《时政记》奏御自此始（《续资治通鉴长编》卷二四）。

按：初，宋太祖诏卢多逊录时政，月送史馆，卢多逊讫不能成书。于是右补阙、直史馆胡旦言："自唐以来，中书、枢密院皆置《时政记》，每月编修送史馆。周显德中，宰相李谷又奏枢密院置内庭日历。自后因循废阙，史臣无凭撰集。望令枢密院依旧置内庭日历，委文臣任副使者与学士轮次纪录送史馆。"太宗从之，故有此诏（《续资治通鉴》卷一一）。

十月，宋太宗谓宰臣曰："浮屠氏之教，有裨政治"；"虽方外之说，亦有

高丽颁行"公廨田柴"。置牧12区。

德意志奥托二世帝卒，子奥托三世继任德王，母后特奥法诺摄政。

可观者,卿等试读之;盖存其教,非溺于释氏也。"令两街选童子 50 人,就译经院习梵学、梵字。又改译经院为传法院,另置印经院(《续资治通鉴长编》卷二四)。

按:陆游说:"自浮屠氏之说盛于天下,其学者尤喜治宗室,穷极侈靡,儒者或病焉。"(《渭南文集》卷一七《黄龙山崇恩祥院三门记》)

十一月庚辰,置侍读官。诏史馆所修《太平总类》,"日进三卷,朕当亲览"。宰相宋琪等劝曰:"穷岁短晷,日阅三卷,恐圣躬疲倦。"太宗曰:"朕性喜读书,开卷有益,不为劳也。此书千卷,朕欲一年读遍,因思学者读万卷书亦不为劳耳。"(《续资治通鉴》卷一二)

十二月丁亥,淮海国王钱俶三上表乞解兵马大元帅、国王、尚书令、太师等官,诏罢元帅名,余不许。

是月,史馆先前新纂的《太平总类》更名为《太平御览》,凡 1000 卷。

是年,颁行《乾元历》。

赵普十月罢相为邓州刺史、武胜军节度使。

吕蒙正、李穆、李至并为参知政事。

徐铉罢学士院职,出为右散骑常侍,迁左常侍。

宋琪时为参知政事,十一月与李昉同平章事。

贾黄中知贡举,迁司封郎中,充翰林学士。

郭贽罢参知政事,为秘书少监。

张齐贤以枢密直学士同签署枢密院事。

胡旦十二月丙午进献《河平颂》,内有"逆逊(即卢多逊)远投,奸普(即赵普)屏外"等语,太宗以为"词意悖戾",责为殿中丞、商州团练副使(《宋史·胡旦传》)。

宋白复典贡举,改集贤殿直学士,判院事,未几,召入翰林学士。

宋準同知贡举,出为河北转运使。

王禹偁省试第一,试题为《四科取士何先论》。殿试中乙科进士,试题为《六合为家赋》、《文武双兴论》、《鹦鹉上林诗》。七月,任成武县主簿。

姚铉、罗处约、李巽、朱九龄、吴铉、曾致尧、戚纶、郑文宝、李虚己、梁鼎、崔遵度、李建中等是年同中进士。

僧惟净以童子入选译经院,学习梵文及佛经义理。

史馆纂《太平总类》十一月成书,凡 1000 卷,太宗按日阅览,寻更名为《太平御览》。

按:洪迈《容斋随笔·五笔》卷七曰:"国初承五季乱离之后,所在书籍印板至少,宜其焚炀荡析,了无孑遗,然太平兴国中编次《御览》,引用一千六百九十种,其纲目并载于首卷。而杂书古诗赋,又不及具录。以今考之,无传者十之七八矣,则是承平百七十年,翻不若极乱之世。"是书为现存类书中,保存五代以前文献最多的一部,是后人辑录佚书的重要宝库。

《宋开宝刊蜀本大藏经》480帙、1076部、5048卷全部刊刻完毕。

按：是书从开宝四年(971)始刻,简称开宝藏或蜀本藏。亦称《北宋官版大藏经》。这是中国第一部刻本大藏,现在无全本,流传的零卷也极少。《佛祖统记》卷四三宋太祖开宝四年(971)记云:"敕高品、张从信往益州雕大藏经板。"又太宗太平兴国八年(983)记云:"成都先奉太祖敕造大藏经,板成进上。"《佛祖统记》卷四五真宗天禧三年(1019)记:"十一年东女真国人贡,乞赐大藏经,诏给与之。"又卷四六仁宗嘉祐三年(1058)记:"西夏国奏国内新建伽蓝,乞赐大藏经,诏许之。"可知此藏在当时流布区域颇广。大藏经的刊印,开创了中国大型典籍汇编的先河。在汉文《大藏经》的影响下,后来又有藏文、蒙文、满文版的《大藏经》的刊印。

刘载卒(913—)。载字德舆,涿州范阳人。后唐清泰进士,历仕后汉、后周,官至知制诰、右谏议大夫。入宋,官至工部侍郎。信佛教,尚名节。著有《五论》等。事迹见《宋史》卷二六二本传。

按：《宋史》本传曰:"尝著《五论》,曰《为君》、《为相》、《为将》、《去谗》、《纳谏》,颇为文士所称。……载尤好学,博通史传,善属文。尝受诏撰明宪皇后谥册文,又作《吊战国赋》万余言行于世。雅信释典,敦尚名节。"

高锡卒,生年不详。锡字天福,河中府虞乡人。后汉乾祐中举进士。宋初为左拾遗、知制诰,加屯田员外郎。与梁周翰、柳开、范杲等齐名,为宋初古文改革的先驱之一。著有《簪履编》7卷,已佚。事迹见《宋史》卷二六九本传。

宋太平兴国九年　雍熙元年　契丹统和二年　甲申　984年

正月壬戌,宋太宗谓近臣曰:"夫教化之本,治乱之源,苟无书籍,何以取法?"乃诏三馆以《开元四库书目》阅馆中所缺者,具列其名,募中外有以书来上,及三百卷,当议甄录酬奖,余第卷帙之数等级优赐,不愿送官者,借书写毕还之(《宋史全文》卷三)。

按：自是四方之书往往间出矣。

三月丙午,宋太宗曰:"刺史之任,最为亲民,苟非其人,则民受其祸。"(《续资治通鉴长编》卷二五)于是选秘书丞杨延庆等10余人分知诸州。

己丑,召宰相近臣赏花于后苑,令侍从词臣各赋诗。

按：赏花赋诗自此始。

四月丙申,诏扈蒙、贾黄中、徐铉等同详定封禅仪制。

己亥,命南作坊副使李神佑等4人修自京抵泰山道路。庚子,以宰相宋琪为封禅大礼使,翰林学士宋白为卤簿使,贾黄中为仪仗使。

十月甲申,诏华山隐士陈抟入见,赐号希夷先生。

十一月丁卯,大赦天下,改元雍熙。

十二月庚辰,淮海国王钱俶徙封汉南国王。

诏自今新译经论,并刊板摹印,以广流布。

宋于皇城苑东门里设立翰林图画院。

是年,日本沙门奝然来宋,求谒五台山,返国时请赐印本《大藏经》,宋太宗从之。

按:是为《大藏经》流传国外之始。《宋史·外国传》曰:"雍熙元年,日本国僧奝然与其徒五六人浮海而至,献铜器十余事,并本国《职员今》、《王年代纪》各一卷。奝然衣绿,自云姓藤原氏,父为真连;真连,其国五品品官也。奝然善隶书,而不通华言,问其风土,但书以对云:'国中有《五经》书及佛经、《白居易集》七十卷,并得自中国。'……太宗召见奝然,存抚之甚厚,赐紫衣,馆于太平兴国寺。上闻其国王一姓传继,臣下皆世官,因叹息谓宰相曰:'此岛夷耳,乃世祚遐久,其臣亦继袭不绝,此盖古之道也。中国自唐季之乱,宇县分裂,梁、周五代享历尤促,大臣世胄,鲜能嗣续。朕虽德惭往圣,常夙夜寅畏,讲求治本,不敢暇逸。建无穷之业,垂可久之范,亦以为子孙之计,使大臣之后世袭禄位,此朕之心焉。'其国多有中国典籍,奝然之来,复得《孝经》一卷、越王《孝经新义》第十五一卷,皆金缕红罗标,水晶为轴。《孝经》即郑氏注者。越王者,乃唐太宗子越王贞;《新义》者,记室参军任希古等撰也。奝然复求诣五台,许之,令所过续食;又求印本《大藏经》,诏亦给之。"

李昉与宋琪并为左右仆射,李昉固辞,乃加中书侍郎。

王禹偁以大理评事,知苏州长洲县。王禹偁同年进士罗处约知吴县,两人日赋五题,互有唱和。两人又与居故苏的谢涛往来论学。

右补阙、知睦州田锡八月上疏,谓宋太宗"自缵大位,于今九年,四方虽宁,万国虽静,然刑罚未甚措,水旱未甚调,陛下谓之太平,谁敢不谓之太平;陛下谓之至理,谁敢不谓之至理"(《续资治通鉴》卷一二)。

建州进士杨亿十一月被任为秘书省正字,时年11岁。

按:杨亿七岁能属文,宋太宗闻其名,诏江南转运使张去华就试词艺,遣赴阙。连三日得对,试赋五篇,皆援笔立成,太宗叹赏,故有是命(《续资治通鉴》卷一二)。

日本医学家丹波康赖写医学专著《医心方》30卷。

姚铉为直史馆。

柳开由润州诏归,出知贝州。

李穆卒(928—)。穆字孟雍,开封阳武人。后周显德初进士。曾从王昭素受《易》及《老》、《庄》。宋初,预修《五代史》。太平兴国间为史馆修撰,擢中书舍人,预修《太宗实录》。官至参知政事,卒谥文恭。事迹见《宋史》卷二六三本传。

按:《宋史》本传曰:"穆善篆隶,又工画,常晦其事。质厚忠恪,谨言慎行,所为纯至,无有矫饰。深信释典,善谈名理,接引后进,多所荐达。尤宽厚,家人未尝见其喜愠。所著文章,随即毁之,多不留稿。"

宋雍熙二年　契丹统和三年　乙酉　985 年

正月癸亥，宋太宗谓宰相曰："设科取士，最为捷要。近年籍满万余，恐有滥进。"己巳，诏："自今诸科并令量定人数，相参引试，分科隔坐，命官巡察监门，谨视出入。有以文字往复与吏为奸者，置之法；私以经义相教者，斥出科场；伍保预知亦连坐。进士倍加研覆。贡举人勿以曾经御试，不考而荐。"（《续资治通鉴》卷一二）以翰林学士贾黄中权知贡举，右散骑常侍徐铉，知制诰赵昌言、韩丕、苏易简、宋準，礼部郎中张洎，直史馆范杲、宋湜、战贻庆等 9 人权同知贡举。始令试官亲戚别试者凡 98 人；又罢进士试律，复帖经。

二月，禁止增加寺观。

三月己未，复试礼部贡举人，得进士梁颢等 179 人，诸科 318 人，并唱名赐及第。

按：进士考试录取唱名始于此。又，宰相李昉之子李宗谔、参知政事吕蒙正之从弟吕蒙亨、盐铁使王明之子王扶、度支使许仲宣之子许待问，举进士第皆入等，太宗曰："此并势家，与孤寒竞进，纵以艺升，人亦谓朕为有私也。"因皆罢去（《续资治通鉴》卷一二）。

壬戌，复试，又得进士洪湛等 76 人，诸科 300 人，并赐及第。

四月丙子，宋太宗召辅臣，三司使，翰林、枢密直学士，尚书省四品、两省五品以上，三馆学士，宴于后苑，赏花钓鱼，赋诗唱和，自是每岁皆然。

是月，复置明法科。分《周易》、《尚书》各为一科，附以《论语》、《孝经》、《尔雅》三小经；《毛诗》专为一科。

是年，两街供奉僧在内殿建道场为民祈福，自此岁为惯例。

吕蒙正、李至、张齐贤、王沔荐张宏行，改主客郎中、史馆修撰。

苏易简知贡举，其妻弟崔范违反"亲属就举者，籍名别试"的规定，匿父丧充贡，奏名在上第，苏易简被罢知制诰，以本官奉朝请。未几，又复知制诰（《宋史·苏易简传》）。

梁颢中状元，年二十三。先前曾与王禹偁同举乡贡，互相切磋学问，大受王禹偁器赏。是年中进士的尚有钱若水、赵安仁、陈彭年、刘师道、刘综、鞠仲谋、陈世卿、陶岳等。

柳开正月坐与兵马都监纷争，追削朝籍，被贬为上蔡令。

赵安仁登进士第，补梓州榷盐院判官，以亲老未果往。会国子监刻《五经正义》版本，以安仁善楷隶，遂奏留书之。

塞尔柱突厥人约于是年皈依伊斯兰教逊尼派。

奥地利伯爵立奥波德·冯·巴本贝格一世建立美尔克修道院（1089 年改成本尼狄克隐修院）。

阿拉伯学者阿·马克迪西的《国家知识大全》出版。

按：《五经》印版自后唐宰相冯道始。沈括曰："版印书籍，唐人尚未盛为之。自冯瀛王始印《五经》，已后典籍皆为版本。"（《梦溪笔谈》卷一八）宋代国子监刻印书籍，很注重选择优秀底本，校勘审慎，保证内容和文字的准确，对于经书读本的统一标准定本，要求更为严格。刻印之书，多由名人手书上版，具有较为浓厚的书法气息。据王国维《五代两宋监本考》："宋初《五经正义》赵安仁所书最多，赵氏字体在欧、柳之间。在刊本中，李（李鹗，五代监本《九经》书写人之一）、赵最为精劲。"如现今所见影宋蜀刻大字本《尔雅》，每叶八行，行十六字，卷末题有"将仕宋四门国子博士臣李鹗书"一行。又据宋王明清《挥麈录》："后唐平蜀，明宗命太学博士李鹗书《五经》，仿其制作，刊行于国子监。"可知宋代国子监刻印经书，其行款格式，为沿袭五代之遗风，也是后人翻刻、翻印古代典籍的标准范本。

王从善应《五经》举，年始逾冠，自言通诵《五经》文注，太宗历举本经试之，其诵如流，特赐《九经》及第（《续资治通鉴》卷一二）。

陈彭年举进士，调江宁府司理参军。后命直史馆，代修起居注。

刘师道举进士，为和州防御推官。

卢多逊卒（934— ）。多逊怀州河内人。后周显德初进士，授秘书郎、集贤校理，迁左拾遗、集贤修撰。宋初，官知制诰，加史馆修撰。开宝时参与编撰《五代史》。太宗时为中书侍郎、平章事。因赵廷美事牵连被贬而死。事迹见《宋史》卷二六四本传。

按：《宋史》本传曰："多逊博涉经史，聪明强力，文辞敏给，好任数，有谋略，发多奇中。太祖好读书，每取书书馆，多逊预戒吏令白己，知所取书，必通夕阅览，及太祖问书中事，多逊应答无滞，同列皆伏焉。"

彭乘（ —1049）、夏竦（ —1051）、代渊（ —1057）生。

宋雍熙三年　契丹统和四年　丙戌　986年

挪威人红发埃里克自格陵兰返冰岛，旋又组织移民迁居格陵兰，在美洲首建北欧人殖民地。

三月，诏权停贡举。

十月，诏两制词臣优给俸禄。

戊午，太宗亲撰《新译三藏圣教序》，以冠经首。

诏校定汉代许慎《说文解字》，指定精于小学的徐铉、句中正、葛湍等商榷是非，补正阙漏。十一月乙丑朔，右散骑常侍徐铉等上新定《说文》30卷，令模印颁行。

按：东汉许慎的《说文解字》，是我国古代第一部系统分析字形和考证字源的字书，简称《说文》。徐铉的校定本，与原书出入很大，徐氏本的篇目很多，每篇又分成了上下两卷，总共30卷，收入九千四百三十一字，重文一千二百七十九字，解说十二万二千六百九十九字。

赵普四月在邓州上《雍熙三年请班师表》，痛陈北伐之弊，力主严惩怂恿伐辽之人。

苏易简充翰林学士。

李至罢参知政事，为礼部侍郎。

赵昌言在大名上书言伐辽主帅曹彬违反太宗战略而致败北，请斩曹彬等败将，以振军心，得太宗意，召为御史中丞。

宋湜以右补阙知制诰，与王化基、李沆并命。

王禹偁正月著《长洲县令厅记》。

张齐贤七月以签署枢密院事为给事中，知代州。

柳开复授殿中侍御史，知宁边军，后徙全州。

李觉与李若拙同使交州，还，迁国子博士。

乐史正月献所著书，太宗嘉其功，迁著作郎、直史馆。

户部郎中张去华于九月戊辰将所著《大政要录》30篇进呈朝廷，太宗降书褒美。

乐史先后著成《贡举事》20卷、《登科记》30卷、《题解》20卷、《唐登科文选》50卷、《唐孝悌录》20卷、《续卓异记》3卷。

苏易简著《文房四谱》5卷成书。

按：《四库全书总目提要》曰："是编集古今笔砚纸墨原委本末及其故实，继以辞赋诗文，合为一书。前载徐铉序，末有雍熙三年九月自序。谓因阅书秘府，集成此谱。盖亦类书之体也。其搜采颇为详博，如梁元帝《忠臣传》、顾野王《舆地志》等书，今皆久亡，惟藉此以获见其略。其他征引亦多宋以前旧籍，足以广典据而资博闻。凡《笔谱》二卷，《砚》、《纸》、《墨谱》各一卷，而以笔格水滴附焉。当时甚重其书，至藏于秘阁。尤袤《遂初堂书目》作《文房四宝谱》，又有《续文房四宝谱》。此止题《文房四谱》，与《宋史》本传相同。盖后人嫌其不雅，删去一字也。"

徐铉上新定《说文》30卷，诏摹印颁行。

按：徐铉等校勘《说文解字》，为宋代私家校勘之始。叶德辉《书林清话》卷二曰："雍熙三年敕准雕印许慎《说文解字》，末附中书门下牒文云：'中书门下（以下空四格）牒，徐铉等（以下别为一行，低三格再起）新校定《说文解字》（以下别起提行）牒。奉（以下别起提行）敕，许慎《说文》起于东汉，历代传写，讹谬实多。六书之踪，无所取法。若不重加刊正，渐恐失其原流。爰命儒学之臣，共详篆籀之迹。右散骑常侍徐铉等，深明旧史，多识前言，果能商榷是非，补正阙漏。书成上奏，克副朕心，宜遣雕镂，用广流布。自我朝之垂范，俾永世以作程。其书宜付史馆，仍令国子监雕为印版。依《九经》书例，许人纳纸墨价钱收赎。兼委徐铉等点检书写雕造，无令差错，致误后人。牒至准（以下别起提行）敕。故牒。（以下元号年月日一行）雍熙三年十一月（以下空二格）日牒。（以下官衔人名列三行）给事中参知政事辛仲甫、给事中参知政事吕蒙正、中书侍郎兼工部尚书平章事李昉。'"

翰林学士李昉、宋白等于十二月壬寅修《文苑英华》成，凡1000卷。上起魏晋，下至五代，以续《文选》。选录作家2200人，作品两万余篇。

> 按：参与是书编纂者尚有扈蒙、徐铉、贾黄中、吕蒙正、李至、李穆、杨徽之、李范、杨砺、吴淑、吕文仲、胡汀、战贻庆、杜镐、舒雅、苏易简、王祐、范杲、宋湜、王旦、赵昌言等。《四库全书总目》称此书"实为著作之渊海"，"考唐文者，惟赖此书之存"。

王延德著《西州使程记》1卷成书。

> 按：王延德与殿前承旨白勋等人于太平兴国六年（981）奉宋太宗之命出使高昌，是年归国后撰写此书，记载了10世纪高昌回鹘王国的地理、物产、政治、宗教、习俗等方面的情况，是人们了解回鹘王国的重要文献。该书又称《西州程记》、《王延德使高昌记》，时人也将此书叫做《高昌行记》。

扈蒙卒（915—　）。蒙字日用，幽州安次人。后晋天福中进士。仕后周为右拾遗、直史馆、知制诰。入宋，由中书舍人迁翰林学士。开宝中，奉诏与李穆等同修《五代史》，又参与编修《文苑英华》，并详定《古今本草》。太宗即位，预修《太祖实录》。著有《鳌山集》20卷，今佚。事迹见《宋史》卷二六九本传。

> 按：《宋史》本传曰："自张昭、窦仪卒，典章仪注，多蒙所刊定。"

孔宜卒（941—　）。宜字不疑，兖州曲阜人。孔子四十四代孙，孔仁玉长子。举进士不第。太祖乾德中，诣阙上书，述其家世，诏以为曲阜主簿。太宗时，诏为太子右赞善大夫，袭封文宣公。事迹见《宋史》卷四三一本传。

宋雍熙四年　契丹统和五年　丁亥　987年

高丽定科举考试诗赋及时务策论。以庆州为东京。

丹麦人、斯拉夫人入寇德意志的神圣罗马帝国。

法国加洛林王朝法兰西支系终。法兰西公爵于格·卡佩当选为法王，开创卡佩王朝。

二月丙申，以汉南国王钱俶为武胜军节度使，徙封南阳国王；甲寅，复改封许王。

八月，宋太宗闻王禹偁、罗处约名，召赴阙。

九月，直史馆胡旦言，建隆至今，《日历》不备。诏于史馆西庑修之。

> 按：陈傅良曰："本朝国书有日历，有实录，有正史，有会要，有敕令，有御集，又有百司专行指挥、典故之类，三朝以上又有宝训；而百家小说、私史与大夫行状、志铭之类，不可胜纪。"（《文献通考》卷一九三）

辛巳，命翰林学士宋白、贾黄中、苏易简同详定籍田仪注。

十一月，诏应百官俸钱，给他物以八分为十者，自今给以实数。

命编修太祖朝正史。

赵普十二月从襄阳来朝，陈王赵元僖上表请复其为相，表文有若赵普为相，"当使结朋党以驰骛声者气索，纵巧佞以援引侪类者道消"之语（《宋史·赵普传》）。

王禹偁在长洲任内与潘阆交好甚密，有《寄潘阆处士》诗。四月，苏州知府柴成务任期满，将赴阙任职，旋改任两浙转运使，王禹偁又著《送柴侍御赴阙序》和《送柴转运使赴职序》两文赠之。其重要政论文《待漏院记》也著于本年冬。

赵昌言四月为枢密副使，其同年田锡、胡旦为知制诰。

田锡以起居舍人守本官，知制诰。

柳开等并换武阶官。

按：是年，宋太宗因攻辽失败，欲并用文武，诏文臣有武略知兵事者许换秩，因此，一些文官换为武秩。

徐铉为李从善作墓志。

邢昺撰《分门礼选》20 卷。

按：《宋史》本传曰："雍熙中，昺撰《礼选》二十卷献之，太宗探其帙，得《文王世子篇》，观之甚悦，因问卫绍钦曰：'昺为诸王讲说，曾及此乎？'绍钦曰：'诸王常时访昺经义，昺每至发明君臣父子之道，必重复陈之。'太宗益喜。上尝因内阁曝书，览而称善，召昺同观，作《礼选赞》赐之。昺言：'家无遗稿，愿得副本。'上许之。缮录未毕而昺卒，亟诏写二本，一本赐其家，一本俾置冢中。"

龚颖著《运历图》6 卷成书。

按：欧阳修曾依据此书考证《集古目录》，称其精博。

沙门希麟撰成《续一切经音义》10 卷，有自序。

按：希麟为燕京崇仁寺沙门，生平不详。是书又简称《希麟音义》，乃为补唐僧慧琳《一切经音义》而作。此书在我国一度失传，但高丽有海宁寺印本。今有《大正藏》本。

和𡸷与乃父和凝所著《疑狱集》3 卷约于是年进呈朝廷。

按：本书是我国现存最早的案例选编，开后世案例故事编纂的先例。其后相继问世的《折狱龟鉴》、《棠阴比事》等，都以本书为基础。此书本为 3 卷本，现存刻本亦有 4 卷本和 79 条规模，如清咸丰元年桐乡金氏校刊本、咸丰三年岭南徐氏校刊本，《四库全书》所采浙江范氏天一阁藏本等都是如此。据研究，末卷当为后人所增。1988 年复旦大学出版社出版的《疑狱集折狱龟鉴校释》恢复了原书 3 卷本面目，可称善本。

乐史著《太平寰宇记》200 卷成于本年前后。

按：《四库全书总目提要》曰："后来方志必列人物、艺文者，其体例皆始于史。盖地理之书，记载至是书而始详，体例亦自是而大变。"

翰林学士贾黄中等十月上《神医普救方》1000 卷，诏颁行之。

王祐卒（924— ）。祐字景叔，一作叔子，大名莘人。宋太祖建国，拜监察御史，移知光州，迁殿中侍御史。尝为史馆修撰。官至兵部侍郎。著有《王祐集》20 卷，今佚。事迹见《宋史》卷二六九本传。

梁固（ —1019）、祖士衡（ —1025）、苏耆（ —1035）、张伯端（ —

1082)生;柳永(—约 1050)、王惟一(—1067)约生。

宋太宗端拱元年　契丹统和六年　戊子　988 年

汉文《大藏经》传入高丽。

埃及开罗爱哈资尔大学（初为伊斯兰教学院）创建。

正月初二,宋太宗御制《喜雪》五言二十韵,赐宰相李昉等,令属和。

二月乙未,宋太宗以补阙、拾遗多循默不修职业,乃改左、右补阙为左、右司谏,左、右拾遗为左、右正言。

是月,以山南东道节度使赵普为守太保兼侍中、昭文馆大学士;参知政事吕蒙正为中书侍郎兼户部尚书、同中书门下平章事、监修国史。王沔为参知政事,张宏为枢密副使。

三月,宋太宗申儆官吏,诏求直言。

五月辛酉,诏置秘阁于崇文院,择三馆之书万余卷及内出古画墨迹藏其中。命吏部侍郎李至兼秘书监。

　　按：宋太宗曾谓李至曰:"朕无他好,但喜读书,多见古今成败,善者从之,不善者改之,如斯而已。"以后李至每与同官观书阁下,太宗必遣使赐宴,且命三馆学士皆预焉(《续资治通鉴》卷一四)。

是月下旬,翰林学士、礼部侍郎、权知贡举宋白,知制诰李沆等言准敕放进士程宿以下 28 人,诸科 100 人。榜既出,谤议蜂起,要求别试者甚多。

闰五月丙申,赐诸道高年 127 人爵为公士。秦、汉以后,不复赐民爵,自籍田礼成,始复赐焉。

壬寅,太宗召下第人复试于崇政殿,得进士马国祥以下及诸科凡 700 余人。

宋太宗既擢进士马国祥等,犹恐遗材,复命右正言王世则等召下第进士及诸科于武成王庙重试,得合格者数百人。六月丁丑,太宗复试诗赋,又拔进士叶齐以下 31 人,诸科 89 人,并赐及第。

八月庚辰,宋太宗幸国子监谒文宣王,适博士李觉正聚徒讲书。太宗命李觉讲《周易》之《泰卦》,从臣皆列坐。

　　按：宋初,统治者就重视《周易》的研读,这对促进对《周易》的研究有积极作用。宋代是研究易学的一个重要时期,有大批研究《周易》的书涌现于世,除朱熹的《周易本义》之外(该书为宋以前《周易》研究之集大成),还有程颐的《易传》、司马光的《温公易说》、赵善举的《易说》、林栗的《周易经传集解》、李杞的《周易详解》、邵伯温的《易学辨惑》、吴沆的《易璇玑》、项世安的《周易玩辞》、周以夫的《易通》、蔡渊的《易象意言》、魏了翁的《周易要义》、董楷的《周易博义》、丁易东的《周易象义》等。

九月,诏命收回开封府、国子监之发解权,别敕差官主之。

是年,契丹初置贡举,放高第 1 人。

邢昺、陈谔、姜融、李穆、扈蒙、孔维、李说、王炳、邵世隆、李觉、毕道升、胡迪、李至、杜镐、孙奭、崔颐正、李沆、吴淑、舒雅、李慕清、王涣、刘士元等奉命分校唐孔颖达《五经正义》。

按：宋代对《五经正义》的校勘，以后淳化五年（994）、至道二年（996）、咸平元年（998）和咸平二年（999），又进行过几次，可见校勘之精细认真。

赵普三月得晋封为许王的赵元僖助，获得胡旦、赵昌言等结党及种种"不法"罪证。赵昌言贬为崇信军节度行军司马，陈象舆、董俨、胡旦分别贬为复州、海州、坊州团练副使。梁颢责为虢州司户参军；翟颖被决杖流海岛。

李昉之子李宗谔中进士，年纪最小，王禹偁贺诗有"秘省官清住帝乡，春风原是状元郎"之句（《小畜集》卷七《贺李宗谔先辈除校书郎》）。

胡旦正月指使翟颖击登闻鼓，讼告宰相李昉失职，谓辽兵入寇时，不忧边事，饮酒作乐。李昉二月罢中书门下平章事，为尚书右仆射。

王禹偁、罗处约应中书试，奏篇称旨，王禹偁为右拾遗，罗处约为著作郎，并直史馆，赐绯衣。王禹偁即日献《端拱箴》，以寓规讽。是年同直史馆等职者尚有柴成务、冯起、王世则、安德裕、温仲舒、夏侯嘉正、杜镐、宋泌、牛冕等人。

王禹偁修成端拱元年春季《日历》。

贾黄中加中书舍人。

董俨二月为度支副使，陈象舆为盐铁副使。

按：胡旦、赵昌言、董俨、陈象舆是同科进士，加上赵昌言的门生梁颢5人，时常在京师赵昌言家作"夜半之会"。他们以清议自命，抨击朝政，公然结为"同年党"。

僧赞宁由杭州被征归京师，住天寿寺。

查道举进士，授馆陶尉。

谢炎举进士，调补昭应主簿。

按：《宋史·谢炎传》曰："炎慕韩、柳为文，与卢稹齐名，时谓之'卢、谢'。"

卢稹登进士第，补调真定主簿。

李觉是冬以本官直史馆，王禹偁言其"但能通经，不当辄居史职"，李觉仿韩愈《毛颖传》作《竹颖传》以献，太宗嘉之，故寝王禹偁之奏（《宋史·李觉传》）。

宋白至本年以三掌贡举，颇致讥议，然所得士如苏易简、王禹偁、胡宿、李宗谔等，皆其人也。

柳开知广西全州，重视兴教宏文，转变社会风气。尝于郡北得泉石之胜，筑堂山椒，率士人讲读其间。

按：南宋嘉定八年（1215），全州郡守林岊在原柳开读书讲学旧址，增置讲堂、斋舍，创建清湘书院。清代蒋英元任清湘书院山长时，曾有《初入清湘书院作示及门诸子》诗曰："吾州有书院，实自柳山始。岿然读书堂，仲涂所辟启。"

《周易正义》14卷由国子监刊印成。

按：叶德辉《书林清话》卷二曰："今世刻书字体，有一种横轻直重者，谓之为宋字；一种楷书圆美者，谓之为元字。世皆不得其缘起。吾谓北宋蜀刻经史及官刻监本诸书,其字皆颜、柳体,其人皆能书之人。其时家塾书坊,虽不能一致,大都笔法整齐,气味古朴。如《瞿目》影钞宋本《古文苑》九卷,孙岷自手跋曰:'赵凡夫藏宋刻《古文苑》一部,纸墨鲜明,字画端楷。灵均钩摹一本,友人叶林宗见而异之,亦录成一册,藏之家塾。辛巳夏同陆敕先假归,分诸童子,三日夜钞毕。但存其款式耳,其宋字形体,叶本已失之也。'又《黄记》残宋刻本《礼记》二十卷所云'字画整齐,楮墨精雅'。又宋刻本《史载之方》二卷所云'字画斩方,神气肃穆'。又校宋钞本《春秋繁露》十七卷所云'钞本为影宋,字画斩方,一笔不苟'。又残宋刻本《图画见闻志》六卷所云'字画方板,南宋书棚本如许丁卯、罗昭谏唐人诸集,字画方板皆如是'是也,则南宋时已开今日宋体之风。"

僧赞宁编《大宋高僧传》30卷成书奏上。

按:此书初名《大宋高僧传》,又名《有宋高僧传》,简称《高僧传》。后通用《宋高僧传》一名。是书记载禅宗甚详,是研究唐代禅宗史的重要参考文献。

法国编年史家阿代马尔生(—1034)。

卢积卒(962—)。积字叔微,一字淑微,杭州人。通五经大义,尤嗜《周易》《孟子》。端拱元年,游京师,徐铉览其文而奇之,为延誉于朝。是年登进士第,调补真定束鹿主簿,未赴卒。著有《五帝皇极志》《孺子问》、《翼圣书》等。事迹见《宋史》卷四四一本传。

按:《宋史》本传曰:"幼颖悟,七岁能诗,十二学属文。及长,晓《五经》大义,酷嗜《周易》《孟子》。端拱初,游京师,时徐铉以宿儒为士子所宗,览积文,甚奇之,为延誉于朝。"

聂冠卿(—1042)、程琳(—1056)、庞籍(—1063)生。

宋端拱二年　契丹统和七年　己丑　989年

罗斯大公弗拉基米尔一世与拜占廷帝巴西尔二世之妹、生于帝国紫色寝宫的公主联姻。东正教于是年立为罗斯国教,其臣民被强令皈依,罗斯逐渐基督教化。

二月丙寅,契丹禁举人匿名飞书谤讪朝政。

戊辰,以国子监为国子学,取京朝七品以上子弟入学。

三月,宋太宗御崇政殿试合格举人,得进士陈尧叟、曾会、姚揆等186人,并赐及第;诸科孙奭等450人,亦赐及第;73人同出身。考官为知制诰苏易简、宋準。

八月庚午,契丹放进士高正等2人。

九月,命枢密副使张齐贤等录皇帝"宣谕圣语,裁制嘉言"(《续资治通鉴长编》卷三〇)送中书。后枢密院事皆送中书省,修为一本送史馆。《枢密院时政记》盖始于此。

十二月,诏县镇场务诸色公人(吏)并庶人、商贾、伎术、不系官伶人,只许服皂白衣,铁角带,不得服紫。

是年,高丽遣僧如可来宋,请《大藏经》,诏赐之。

王禹偁上《御戎十策》。

按：文中指出："以臣计之，外任其人，内修其德之道，各有五焉，外有五者"，大略是：一曰兵势患在不合，将臣患在无权。二曰侦骆边事，罢用小臣。三曰行间谍以离之，因衅隙以取之。四曰以夷狄伐夷狄，中国之利也。五曰下哀痛之诏以感激边民。内有五者：一曰并省官吏，惜经费也。二曰艰难选举，抑儒臣而激武臣也。三曰信用大臣，参决机务。四曰不贵虚名，戒无益也。五曰禁止游惰，厚民力也(《续资治通鉴长编》卷三〇)。是年上御戎备边之策者，尚有吏部尚书宋琪，右正言、直史馆温仲舒，户部郎中张洎，知制诰田锡等人。

王禹偁、夏侯嘉正、罗处约、杜镐表请同校《三史》书。

王禹偁十二月奉敕为开宝皇后之父宋偓撰神道碑。

李沆三月自知制诰拜翰林学士。

李至七月任秘书监，温仲舒为枢密直学士，陈恕为给事中、盐铁使，张齐贤复为枢密副使，王化基九月为权御史中丞，五人均为吕蒙正同年。

寇準七月为枢密直学士。

贾黄中兼史馆修撰。

梅询举进士，为利丰监判官。

田锡十月上言触怒宰相，罢免知制诰，出知陈州。

建筑家喻皓在京师筑开宝寺舍利塔，历时八年，至本年八月始成。巨丽精巧，近代所无。知制诰田锡曾上疏直谏，有"众以为金碧荧煌，臣以为涂膏衅血"之语(《续资治通鉴》卷一五)。

句中正、吴铉、杨文举五月修订《雍熙广韵》100卷成书。

王著卒(928—)。著字成象，单州单父人。后汉乾祐间进士。宋初，加中书舍人，知贡举。乾德二年，加史馆修撰，判馆事。六年，复为翰林学士，再知贡举。事迹见《宋史》卷二六九本传。

按：《宋史》本传曰："著善攻书，笔迹甚媚，颇有家法。太宗以字书讹舛，欲令学士删定，少通习者。太平兴国三年，转运使侯陟以著名闻，改卫寺丞、史馆祗候，委以详定篇韵。"

宋準卒(938—)。準字子平，开封雍丘人。开宝六年进士，授秘书省校书郎，直史馆。八年，奉诏修定诸道图经。历著作佐郎、左拾遗、河北转运使、金部郎中等，莅官所至，皆有治声。事迹见《宋史》卷四四〇本传。

陈抟卒，生年不详。抟字图南，自号扶摇子，亳州真源人(一说普州崇悉人)。后唐长兴间举进士不第，遂不求禄仕，隐居武当山，移居华山云台观、少华石室。周显德三年被召入宫，赐号"白云先生"。太平兴国中，太宗赐号希夷先生。精《易》学，著有《无极图》、《先天图》、《指玄篇》等，其学说为周敦颐、邵雍等人所推衍。今存题陈抟所作之《阳真君还丹歌注》收入《道藏》。事迹见《宋史》卷四五七本传。

按：《宋史》本传曰："抟好读《易》，手不释卷。常自号扶摇子，著《指玄篇》八十一章,言导养及还丹之事。宰相王溥亦著八十一章以笺其指。抟又有《三峰寓言》及《高阳集》、《钓潭集》,诗六百余首。"

曾易占(　—1047)、范仲淹(　—1052)生。

宋太宗淳化元年　契丹统和八年　庚寅　990 年

高丽西京(平壤)设修书院。

罗马天主教会首倡实行"上帝的和平",以制止私斗和暴力,渐为定制。

正月戊寅朔,宋太宗御朝元殿受册尊号,曲赦京城系囚,改元淳化。

二月,赐诸路印本《九经》,令长吏与众官共阅之。

五月,铸"淳化元宝"钱,宋太宗亲书其文,作真、行、草三体。

按:从此凡改元必铸钱,以年号元宝为文。

七月丁酉,以御制诗文藏于秘阁。

八月癸卯朔,秘书监李至与右仆射李昉、吏部尚书宋琪、左散骑常侍徐铉及翰林学士、诸曹侍郎、给事、谏议、舍人等秘阁观书。太宗闻之,遣使就赐宴,大陈图籍,令纵观。又诏曰:"朕肇兴秘府,典掌群官,仍选名儒,入直于内。文籍大备,粲然可观,处中禁以宏开,非外司之为比,自今秘阁,宜次三馆,其秘书省,依旧属京百司。"(《麟台故事》卷一)

十二月,左正言、直史馆歙人谢泌请自今凡政事送中书,机事送枢密院,财货送三司,复奏而后行。诏从之。遂著为定制。

诏翰林学士苏易简撰《三教圣贤事迹》,令通慧大师赞宁、太一宫道士韩德纯分领其事。

是年,契丹放进士郑云从等 2 人。

宋太宗赐高丽使节韩彦恭《大藏经》一部。

埃及伊·尤努斯编撰的《哈基姆历数书》成书,用正交投影的方法解决了许多球面三角学问题。

日本《落洼物语》(著者不详)成书。

日本《伊势物语》(著者不详)问世。

赵普正月因病罢相,授太保兼中书令、行河南尹兼功德使、充西京留守。三月赴任时,王禹偁著《送赵令公西京留守》诗送行。

寇準为枢密直学士,荐同州观察推官钱若水及王扶、程肃、陈充、钱熙 5 人文学高第,太宗命学士院召试,钱若水最优,被任命为秘书丞、直史馆。

冯拯为度支判官。

句中正八月以虞部员外郎、直史馆,并直昭文馆。

柳开由全州移知桂州,十二月罢任归京,作《新堂铭》。

李觉与孔维奉命详定经书。

散骑常侍徐铉、知制诰王禹偁奉宋太宗命校正道经 7000 卷,道士张契真参与其事,编纂《道藏》成 3737 卷。

丁度（ —1053）、张先（ —1078）、掌禹锡（ —1066）生。

宋淳化二年　契丹统和九年　辛卯　991年

正月，契丹禁止私度僧尼。

按：先是晋国公主建佛寺于南京，辽主许赐额，室昉奏曰："诏书悉罢无名寺院，今以公主请赐额，不惟违前诏，恐此风愈炽。"辽主从之（《续资治通鉴》卷一五）。

闰二月，命翰林学士贾黄中、苏易简领差遣院，李沆同判吏部流内铨。

按：学士领外司，自此始。

十月辛巳，翰林学士承旨苏易简续唐代李肇《翰林志》撰成《续翰林志》2卷以献，宋太宗特赐诗二章，苏易简请以所赐诗刻石，昭示无穷。太宗复以真、草、行三体书其诗，刻以遍赐近臣。又飞白书"玉堂之署"四大字，令中书召苏易简付之，榜于厅额。

十一月庚戌，左谏议大夫史馆修撰杨徽之上言："方今文士虽多，通经者甚少，愿精选《五经》博士，增其员，各专业以教胄子。此风化之本。"（《续资治通鉴》卷一六）

十二月辛卯，翰林学士承旨苏易简会韩丕、毕士安、李至、杨徽之、梁周翰、柴成务、钱若水、吕文仲等观御飞白书"玉堂之署"四字并三体诗书石。宰相李昉、张齐贤，参知政事贾黄中、李沆赋诗颂美。

是年，高丽遣使来宋入贡，求印佛经，诏以《藏经》及御制《秘藏诠》、《逍遥咏》、《莲华心轮》赐之。

契丹放进士石用中1人。

李昉复以本官兼中书侍郎、平章事，监修国史。

王禹偁三月向知扬州薛惟吉推荐丁谓，称丁谓是"今之巨儒"，"其文类韩、柳，其诗类杜甫"（《小畜集》卷一八《荐丁谓与薛太保书》）。

王禹偁九月解知制诰职，贬为商州团练副使。

寇準三月揭发同年王淮之罪，藉以打击王淮兄长——时任参知政事的王沔。

王沔四月与初任参知政事的同年张齐贤、陈恕互相攻击。

温仲舒为枢密副使，九月藉吕蒙正妻舅宋沆上书请立元僖为太子事，攻击吕蒙正。吕蒙正九月罢相。

殿中丞郭延泽、右赞善大夫董元亨因召问经史大义称旨，十月丁卯特命为史馆检讨。

徐铉被庐州尼道安诬告奸私事，道安坐不实抵罪，徐铉也贬静难行军司马。

丹麦人入寇英格兰，英国始纳"丹麦金"。

按：道安告发徐铉与道安之嫂姜氏通奸，王禹偁执法为徐铉雪冤，抗疏论道安告奸不实罪。知制诰、判刑部宋湜亦坐道安事，免所居官，降均州团练副使。

王化基时为御史中丞，九月献《澄清略》，建议"惩贪吏"、"省冗官"等五事（《宋史·王化基传》）。

宋白贬为鄜州行军司马。

吕祐之、钱若水、王旦十一月新任知制诰，王禹偁著《贺三舍人新入西掖》诗。

毕士安为翰林学士。

李觉改水部员外郎、判国子监。

僧赞宁充任史馆编修。

李觉、孔维详校《春秋正义》成。

辽枢密使室昉和翰林学士承旨邢抱朴主修《实录》成，称《统和实录》20卷。

翰林学士宋白等三月上《新定淳化编敕》30卷，是为宋代修敕之始。

波斯伊斯兰教义学家伊本·巴巴瓦伊卒（923— ）。参与撰著什叶派十二伊玛目支派经籍《四圣书》，另有《什叶派信条》。

徐铉卒（916— ）。铉字鼎臣，原籍会稽，家广陵。历仕吴、南唐，尝数度遭贬，累迁吏部尚书。南唐亡，入宋为太子更率令，历给事中、左散骑常侍等职，贬静难军行军司刀，卒。博学多才，以文章冠绝一时，与弟锴号为"二徐"；又与韩熙载齐名江南，时称"韩徐"。工书，尤精小篆，好李斯小篆与八分，人称"自阳冰之后，续篆法者惟铉而已"（《宣和书谱》卷二）。著述颇丰，有《徐常侍集》（一作《徐铉集》）30卷、《三家老子音义》1卷、《棋经图义例》1卷、《棋势》3卷、《射书》5卷、小说《稽神录》10卷，与汤悦合著《江南录》10卷，与高远、潘祐等合著《吴录》20卷等。今存《骑省集》（一作《徐公文集》）30卷。事迹见《宋史》卷四四一本传。今人李文泽编有《徐铉行年事迹考》。

按：《宋史》本传曰："铉性简淡寡欲，质直无矫饰，不喜释氏而好神怪，有以此献者，所求必如其请。铉精小学，好李斯小篆，臻其妙，隶书亦工。尝受诏与句中正、葛湍、王惟恭等同校《说文》，《序》曰：'许慎《说文》十四篇，并《序目》一篇，凡万六百余字，圣人之旨盖云备矣。夫八卦既画，万象既分，则文字为之大辂，载籍为之六辔，先王教化所以行于百代，及物之功与造化均不可忽也。虽王帝之后改易殊体，六国之世文字异形，然犹存篆籀之迹，不失形类之本。及暴秦苛政，散隶聿兴，便于末俗，人竞师法。古文既变，巧伪日滋。至汉宣帝时，始命诸儒修仓颉之法，亦不能复。至光武时，马援上疏论文字之讹谬，其言详矣。及和帝时，申命贾逵修理旧文，于是许慎采史籀、李斯、扬雄之书，博访通人，考之于逵，作《说文解字》，至安帝十五年始奏上之。而隶书之行已久，加以行、草、八分纷然间出，反以篆籀为奇怪之迹，不复经心。至于六籍旧文，相承传写，多求便俗，渐失本原。《尔雅》所载草、木、鱼、鸟之名，肆志增益，不可观矣。诸儒传释，亦非精究小学之徒，莫能矫正。唐大历中，李阳冰篆迹殊绝，独冠古今，于是刊定《说文》，修正笔法，学者师慕，篆籀中兴。然颇排斥许氏，自为臆说。夫以师心之独见，破先儒之祖述，岂圣人之意乎？今之为字学者，亦多阳冰之新义，所谓贵耳而贱目也。自唐末丧乱，经籍道息。有宋膺运，人文国典，粲然复兴，以为文字者六艺之本，当由古法,乃诏取许慎《说文解字》,精加详校,垂宪百代。臣等敢竭愚陋,备加详考。有许慎注义、序例中所载而诸部不见者,审知漏落,悉从补录。复有经典相承传写及时俗要用而《说文》不载者,皆附益之,以广篆籀之路。亦皆形声相从、不违六书之义者。其间《说文》具有正体而时俗讹变者,则具于注中。其有义理乖舛、违戾六书者,并列序于后,俾夫学者无或致疑。大抵此书务援古以正今,不徇今而违古。若乃高文大册,则宜以篆籀著之金石,至于常行简牍,则草隶足矣。又许慎注解,词简义奥,不可周知。阳冰之后,诸儒笺述有可取者,亦从附益;犹有未尽,则臣等粗为训释,以成一家之书。《说文》之时,未有反切,后人附益,互有异同。孙愐《唐韵》行之已久,今并以孙愐音切为定,庶几学者有所适从焉。'"

孔维卒(928—)。维字为则,开封雍丘人。乾德四年《九经》及第,解褐东明、鄢陵二主簿。太宗即位,擢授太子左赞善大夫,知河南县,通判滑、梓二州。太平兴国中,就拜国子《周易》博士,迁《礼记》博士。曾受诏参与校定《五经疏义》,功未毕而卒。事迹见《宋史》卷四三一本传。

按:《宋史》本传曰:"维通经术。准旧制,举《九经》,一上不中第即改科。开宝中,维论其事非便,诏礼部,自今《九经》同诸科许再赴举。"

宋绶(—1040)、滕宗谅(—1047)、晏殊(—1055)、孙锡(—1068)生。

宋淳化三年　契丹统和十年　壬辰　992年

正月,诸道贡举人17300,皆集阙下。辛丑,命翰林学士承旨苏易简权知贡举,翰林学士毕士安,知制诰吕祐之、钱若水、王旦同权知贡举。宋太宗命其"受诏即赴贡院,不更至私第,以防请托"(《元丰类稿·贡举》)。

高丽于开京设国子监。

按:后遂为常制。清皮锡瑞曰:"经学自唐以至宋初,已陵夷衰微矣。然笃守古义,无取新奇;各承师传,不凭胸臆,犹汉、唐注疏之遗也。宋王旦作试官,题为'当仁不让于师',不取贾边解师为众之新说,可见宋初笃实之风。"(《经学历史·经学变古时代》)

三月戊戌,宋太宗御崇政殿,复试合格进士,从将作监丞陈靖请,始用糊名考校之法,得孙何、朱台符、路振以下302人,并赐及第;51人同出身。辛丑,又复试诸科,擢784人,并赐及第;180人出身。戊午,又诏赐高丽宾贡进士王彬、崔罕等40人及第,并授秘书省秘书郎,遣还本国。

按:先是,宋进士分三等,是年始分五等,第一至第三等赐及第,第四、五等赐出身。至天圣五年(1027),改"等"为"甲"。以后礼部正奏名分"甲",特奏名分"等",成为制度。又,胡旦、苏易简、王世则、梁灏、陈尧叟先前皆以所试先成,擢为上第,由是士争浮华,尚敏速,或一刻数诗,或一日十赋。于是陈靖上疏,请糊名考校,以革其弊,太宗嘉纳之。遂召两省、三馆文学之士,始令糊名考校,第其优劣,以分等级。所谓"糊名",不仅要糊住举人试卷上之姓名、乡贯,也要糊住考官所定之等第,以免作弊。

是月,诏刻《礼记·儒行篇》赐近臣及京官受任于外者,并以赐孙何等新科进士,令为座右之戒。

按:初,内殿策士,例赐御诗以宠之。至陈尧叟始易以箴,用敦勉励。暨孙何,则诗、箴并赐,时论荣之。

五月,宋太宗复命医官王怀隐等集《太平圣惠方》100卷,己亥,以印本颁天下,每州择明医术者一人补医博士,令掌之,听吏民传写。

甲寅,诏增修秘阁,八月阁成,太宗作赞赐之。

九月己未,宋太宗幸新修秘阁,谓侍臣曰:"丧乱以来,经籍散失,周孔之教,将坠于地。朕即位之后,多方收拾,抄写购募,今方及数万卷,千古治乱之道,并在其中矣。"(《麟台故事》卷一)

按:端拱元年置秘阁于崇文院,是年秘阁建成,与三馆同为国家藏书处,馆阁帖职制度自此形成。

十月,诏工商杂类人内有奇才异行,卓然不群者,亦许解送。

按:此规定为贫寒子弟进入仕途提供了方便,以"浪子宰相"闻名的李邦彦,就是由"上舍魁"进入仕途的,其父是银匠。

癸亥,秘书监李至言愿以帝草书《千字文》勒石。帝谓近臣曰:"《千字文》盖梁得钟繇破碑千余字,周兴嗣次韵而成,理亡可取。《孝经》乃百行之本,朕当自为书之,令勒于碑阴。"因赐至诏谕旨(《续资治通鉴》卷一六)。

赵普是春病重,累表乞致仕,乃册拜守太师,进封魏国公。
李昉与张齐贤、贾黄中、李沆同居宰辅,以燮理非材,上表待罪。
梁周翰、安德裕并为考官。
赵昌言从贬所还朝为右谏议大夫。
李昌龄为度支使,旋升御史中丞。
孙何省试、殿试皆第一,授将作监丞。
丁谓、王钦若、张士逊、谢涛、王陟、路振、吴敏、钱昆、乐黄目等同中进士。
朱台符登进士甲科,授将作监丞。
赵湘举进士,授庐州庐江尉。

按:赵湘字叔灵,衢州西安人。赵抃之祖。著有《南阳集》12卷,今存6卷。

田锡由知陈州责授海州团练副使,王禹偁著《寄海州副使田舍人》诗寄之。
柳开三月责授复州团练副使;四月移知滁州。
李畋举进士,授怀宁主簿。

按:李畋字渭卿,自号谷子,华阳人。著有《孔子弟子传赞》60卷、《道德经疏》20卷、《谷子》30卷、《张乖崖语录》2卷等,今存《该闻录》1卷。

王怀隐、郑奇、陈昭遇等五月修成《太平圣惠方》100卷,载方凡6834首。太宗制序,颁行天下。

按：是书为官修古医方总集。吴玉缙《四库未收书目提要续编》曰："初，太宗在藩邸，留意医术，藏名方千余首。至是，诏翰林、医官院各上家传经验方，又万余首，命怀隐与副使王祐、郑奇，医官陈昭遇参校编类。淳化三年书成，太宗御制序。凡为类六百七十，方六千八百有四，每类以隋太医博士巢元方《诸病源候论》冠其首，而方药次之，盖巢书但论病源，不载方药，是书则随病立方，方药必详其分两，亦可云证治之津梁矣。"

王著编次《淳化阁帖》刻版。

按：是年，宋太宗令出内府所藏历代墨迹，命翰林侍书王著编次，摹勒于枣木板上，用翕州贡墨精拓墨本，名《淳化阁帖》，又名《淳化秘阁法帖》，简称《阁帖》，系汇帖，共10卷，103人，400多篇。第一卷为历代帝王书，二、三、四卷为历代名臣书，第五卷是诸家古法帖，六、七、八卷为王羲之书，九、十卷为王献之书。元赵孟頫《松雪斋文集·阁帖跋》曰："宋太宗……淳化中，诏翰林侍书王著，以所购书，由三代至唐，厘为十卷，摹刻秘阁。赐宗室、大臣人一本，遇大臣进二府辄墨本赐焉。后乃止不赐，故世尤贵之。"《淳化阁帖》是我国最早的一部丛帖，由于王著识鉴不精，致使法帖真伪杂糅，错乱失序，但摹勒逼真，先人书法赖以流传。此帖有"法帖之祖"之誉，对后世影响深远。宋陈思《宝刻丛编》、清王澍《淳化秘阁法帖考》、今人容庚《丛帖目》等书皆有著录。《淳化阁帖》翻刻自北宋仁宗年间就已开始，经历元、明、清代至今，坊间流传的翻刻本不计其数，以至形成了"淳化阁帖"谱系。宋代著名丛帖如《大观帖》、《潭帖》、《绛帖》、《鼎帖》、《戏鱼堂帖》等，均源出于《淳化阁帖》。

赵普卒（922— ）。普字则平，洛阳人。后周时为赵匡胤幕僚，策划陈桥兵变，帮助夺取政权。宋初官至宰相，封魏国公。卒谥忠献。所作以章疏著名，并有"半部《论语》治天下"之说（《东溪日谈录》卷一一）。有遗稿10卷。事迹见《宋史》卷二五六本传。今人张其凡编有《赵普年表简编》。

罗处约卒（960— ）。处约字思纯，益州华阳人。太平兴国八年进士，为临潼主簿。官至荆湖路巡抚。卒后，王禹偁、苏易简集其诗文，题曰《东观集》，王禹偁为之序。事迹见《宋史》卷四四〇本传。

孙复（ —1057）生。

宋淳化四年　契丹统和十一年　癸巳　993年

二月丙戌，置审官院。

按：初，太宗虑中外官吏，清浊混淆，命官考课，号磨勘院。至是，因梁鼎建议而改，审官院掌审京朝官，其幕职、州县官，别置考课院主之。

三月，诏权停贡举。又诏大理寺所详决案牍，即以送审刑院，勿复经刑部详复。

五月甲午，诏诸道转运副使、知州、通判、知军监等，各于所部见任募

大瞿越（前黎朝）主黎恒受封于宋，为交趾郡王。

罗马教会始谥圣徒。

职、州县官内,举吏道通明及儒术优茂者各一人。

八月丙辰朔,太宗草书宋玉《大言赋》赐翰林学士承旨苏易简,苏易简因拟作《大言赋》以献,太宗览赋嘉赏,手诏褒之。

十月,始分全国州县为十道,曰:河南,河东,关西,剑南,淮南,江南东、西,两浙东、西,广南,以京东为左计,京西为右计。左右计分管十道财政。

是年,宋规定各州郡每五年向朝廷绘送地图一次。又诏画工集诸州图,以绢百匹制成大型地图《淳祐天下图》(又称《淳化天下图》),系综合各地所贡四百余幅地方图绘制而成,藏于秘阁。

按:宋朝统治者很重视地图绘制,积极组织人力绘制新图。《淳化天下图》后,大中祥符初,宋真宗命学士王曾修《九域图》3卷。熙宁九年(1076),宋神宗又命沈括编制《天下州县图》(即《守令图》),经12年完成。宋仁宗天圣元年(1023),晏殊绘成《十八路州军图》。除了《十八路图》外,还有《十七路图》、工艺装饰品性质的《殿御屏风华夷图》。关于地方行政、山川、河渠水利的地图,单篇的较少,一般都与图经、地方志等放在一起。就地区来说,有《契丹地图》、《幽燕地图》、《河西陇右图》、《西州图》、《西域图》、《交广图》、《大辽国对境图》、《大金国按境图》等。外域地图有《海外诸域图》、《海外诸蕃地理图》。专用地图有《鱼鳞图》、《导河形胜图》、《制置沿边浚陂塘筑堤道条式图》等。此外,还有城市地图,如《长安图》,各种宫殿图,《平江图》,《静江府城图》等。石刻地图有《九域守令图》、《禹迹图》、《华夷图》、《地理图》、《平江图》、《静江府城图》等。在石刻地图中,以保存在西安碑林中的《禹迹图》和《华夷图》的制作年代最早(约1081—1094)。淳祐七年(1247)据王致远所得黄裳图上石的苏州《地理图》也很著名。约在绍兴二十五年(1155)前后杨甲编绘的《六经图》,则是我国现存最早的印刷地图(《中国通史》第七卷第九十二章地理学)。

宋太宗诏令,凡西来梵僧和中国僧侣西游而还者,所持梵文佛经须题奏上交。

契丹放进士石熙载等2人。

埃及白益王朝文化大臣沙布尔·伊本·阿达希尔创办巴格达图书馆,藏书万册。

李昉十月罢相,吕蒙正复为相。

李昉、贾黄中、李沆、温仲舒等执政大臣因河北、河南水灾而免官。

寇准由左谏议大夫出知青州。王禹偁赠诗《送寇谏议赴青州》。

王禹偁四月自商州量移解州团练副使,领全家赴任。八月回京任左正言。十一月,兼直昭文馆,上《陈情表》。

向敏中由广南转运使召为工部郎中,七月与张咏并为枢密直学士。

张洎五月丙午为翰林学士,宋太宗因谓近臣曰:"学士之职,清切贵重,非他官可比,朕常恨不得为之。"(《续资治通鉴》卷一六)

赵昌言在大名治河有功,召为参知政事,太宗诫之曰:"半夜之会,不复有之。"(《玉壶野史》卷五)其女婿、知制诰王旦"表请辞离",太宗从之。

苏易简十一月以翰林学士承旨为参知政事,奏请"自今御楼肆赦,望令与枢密使侍立御榻之侧"(《续资治通鉴长编》卷三四)。宋太宗从之。

按:唐制,皇帝御楼肆赦,学士得升丹凤楼之西南隅侍立。五代以后,此礼逐渐废弛,故苏易简有此建议。

宋湜召入朝廷,为礼部员外郎、直昭文馆。

宋白为卫尉寺卿。

李觉迁司门员外郎。

柳开复得崇仪使,出知环州。

乐史知黄州。

王禹偁约在本年前后著成《五代史阙文》1卷。

按:《四库全书总目提要》曰:"王士祯《香祖笔记》曰:王元之《五代史阙文》仅一卷,而辨正精严,足正史官之谬。如辨'司空图清真大节'一段,尤万古公论,所系非眇小也。如叙'庄宗三矢告庙'一段,文字淋漓慷慨,足为武皇父子写生。欧阳《五代史·伶官传》全用之,遂成绝调。惟以张全义为乱世贼臣,深合《春秋》之义。而欧阳不取,于《全义传》略无贬词,盖即旧史以成文耳。终当以元之为定论也'云云。其推挹颇深。今考《五代史》,于朱全昱、张承业、王淑妃、许王从益、周世宗符皇后诸条,亦多采此书。而《新唐书·司空图传》即全据禹偁之说,则虽篇帙寥寥,当时固以信史视之矣。"

乐史献所著《广孝传》50卷、《总仙记》141卷;诏秘阁写本进内。

僧赞宁著成《鹫岭圣贤录》;又集《圣贤事迹》,共100卷。

李昉录与李至唱和诗为《二李唱和集》,著《二李唱和集序》。

李觉约卒,生年不详。觉字仲明,青州益都人,祖籍京兆长安。李成子。太平兴国五年举《九经》,授将作监丞,通判建州。迁左赞善大夫、知泗州,转秘书丞。曾奉命与孔维等校定《五经正义》。官终司门员外郎。事迹见《宋史》卷四三一本传。

按:《宋史》本传曰:"淳化初,上以经书板本有田敏辄删去者数字,命觉与孔维详定。二年,详校《春秋正义》成,改水部员外郎、判国子监。"

王益(—1038)、胡瑗(—1059)生。

意大利埃格伯特卒。

宋淳化五年　契丹统和十二年　甲午　994年

正月,李顺攻破成都,称大蜀王,年号应运。

三月,高丽始用契丹年号,丁巳,遣使告行正朔,乞还俘虏。

戊辰,从判学李至之请,复以国子学为国子监,改讲书为直讲。

按:李至还建言:"国子监旧有印书钱物所,名为近俗,乞改为国子监书库官。"(《宋史·职官志五》)国子监始置书库和专职管理人员。国子监除了担任最高学府的出版、管理机构以外,还兼任国家图书出版的发行任务。国子监雕印的经史图书,

阿拉伯人摧毁意大利蒙特卡西诺修道院。

拜占廷公主特奥法诺之子,胸怀复兴罗马帝国理想的德王奥托三世于

是年亲政。　都是我国古代时的重要读本,这些书印好之后,先送给诸王辅臣一本,然后公开售卖,而且允许读者纳款赎印,对促进图书事业的发展有积极意义。

四月癸未,以吏部侍郎兼秘书监李至、翰林学士中书舍人张洎、右谏议大夫史馆修撰张佖、范杲同修国史。

按：先是,宋太宗谓宰相曰:"太祖朝事,耳目相接,今实录中颇有漏略,可集史官重撰。"苏易简对曰:"近代委学士扈蒙修史,蒙性畏怯,逼于权势,多所回避,甚非直笔。"太宗曰:"史臣之职,固在善恶必书,无所隐耳。昔唐玄宗欲焚武后史,左右以为不可,使后代闻之,足为鉴戒。"因言:"太祖受命之际,固非谋虑所及。昔曹操、司马仲达,皆数十年窥伺神器,先邀九锡,至于易世,方有传禅之事。太祖尽力周室,中外所知,及登大宝,非有意也。当时本末,史官所记,殊为阙然,宜令至等别加缀缉。"故有是命(《续资治通鉴》卷一七)。

丙戌,史馆修撰张佖言:"圣朝编年,谓之日历,惟纪报状,略叙敕文。至于圣政嘉言,皇猷美事,群臣之忠邪善恶,庶务之沿革弛张,汗简无闻,国经曷纪!请置起居院,修左右史之职,以纪录为起居注,与《时政记》逐月终送史馆,以备修日历。"帝览而嘉之,乃置起居院于禁中,命梁周翰掌起居郎事,李宗谔掌起居舍人事(《续资治通鉴》卷一七)。

丁酉,掌起居郎事梁周翰请以所撰每月先进御,后降付史馆,从之。

按：起居注进御,自梁周翰始。

太宗曾谓近臣曰:"大凡帝王举动,贵其自然。朕览唐史,见太宗所为,盖好虚名者也。每为一事,必预张声势,然后行之,贵传简策,此岂自然乎!且史才甚难,务摭实而去爱憎,乃为良史也。"(《续资治通鉴》卷一七)

六月,契丹颁行贾俊《大明历》。

是月,高丽遣使乞师于宋,请攻契丹,未许。自是高丽遂附于契丹,对宋不复朝贡。

七月,诏选官分校《史记》、《汉书》、《后汉书》。秘阁校理杜镐、舒雅、吴淑,直秘阁潘慎修负责校《史记》,朱昂再校。直昭文馆陈充、史馆检讨阮思道、直昭文馆尹少连、直史馆赵况、直集贤院赵安仁、直史馆孙何负责校《汉书》和《后汉书》。既毕,遣内侍裴愈赍本就杭州镂板。

按：史书之有刻本始于此。真宗以这次校勘不够精细,故于咸平间,又命陈尧佐、周起、丁逊、任随等复校《史记》,刁衎、晁迥、丁逊等复校《汉书》和《后汉书》。叶德辉《书林清话》卷二引:"杭世骏《欣托斋藏书记》云:'宋刻两汉书,板缩而行密,字画活脱,注有遗落,可以补入。此真所谓宋字也,汪文盛犹得其遗意。元大德板,幅广而行疏。钟人杰、陈明卿稍缩小,今人错呼为宋字,拘板不灵,而纸墨之神气薄矣。'钱泳《履园丛话·艺能类》刻书一则云:'刻书以宋刻为上,至元时翻宋,尚有佳者。有明中叶,写书匠改为方笔,非颜非欧,已不成字。近时则愈恶劣,无笔画可寻矣。'"

八月甲午,诏:"自今京朝、幕职、州县官等,不得辄献诗赋、杂文。若指陈时政阙失、民间利害及直言极谏书,即许通进。其有宏才奥学,为人所称者,令投献于中书,宰相第其臧否上之。"(《续资治通鉴》卷一八)

九月壬申，宋太宗以第三子襄王元侃为开封尹，进封寿王。

> 按：初，冯拯等上言建储之事，太宗怒，斥之岭南，中外无敢言者。至是，寇準自青州召为左谏议大夫，太宗与之商议可以付神器者，始定元侃。

十一月丙辰，宋太宗赐近臣御飞白书各一轴，别赐参知政事寇準飞白草书十八轴。

> 按：先是，宰相吕蒙正等已受赐，寇準出使在外，至是始及焉。太宗因谓吕蒙正曰："书札者，六艺之一也，固非帝王之事，朕听政之暇，聊以自娱尔。"(《玉海》卷三三《淳化赐近臣飞白书》)

丙寅，宋太宗幸国子监，赐直讲孙奭五品服，命讲《尚书·说命》三篇。

是年，宋太宗以所译《大乘秘藏经》有多处文义不正，令焚弃。

契丹命郡县贡明经、茂材异等。

契丹放进士吕德懋等2人。

李昉五月为司空，致仕。

吕蒙正等建言王继恩有平贼功，应授宣徽使。宋太宗曰："朕读前代史书多矣，不欲令宦官干预政事。宣徽使，执政之渐也，止可授以他官。"(《历代名臣奏议》卷七〇)遂授王继恩为昭宣使。

王禹偁正月奉命赴曹州决狱；三月又奉命就差知单州军州事；四月召还京师为礼部员外郎，再知制诰。

李至兼判国子监，四月与张洎、张咏、范杲同修国史；又请继续校正《周礼》、《礼仪》、《公羊传》、《谷梁传》、《孝经》、《论语》、《尔雅》等七经的义疏。

> 按：《宋史·李至传》曰："淳化五年，兼判国子监。至上言：'《五经》书疏已板行，惟二《传》、二《礼》、《孝经》、《论语》、《尔雅》七经疏未备，岂副仁君垂训之意。今直讲崔颐正、孙奭、崔偓佺皆励精强学，博通经义，望令重加雠校，以备刊刻。'从之。后又引吴淑、舒雅、杜镐检正讹谬，至与李沆总领而裁处之。"

姚坦二月为益王府翊善，因规劝益王之过而遭谗，宋太宗查明真相，慰问道："卿居王宫，能以正为群小所嫉，大为不易。卿但如是，勿虑谗间，朕必不听。"(《宋史·姚坦传》)

张佖时为史馆修撰，四月上疏请置起居院，复左右史之职，宋太宗览而嘉之。

> 按：张佖曰："史官之职，掌修国史，不虚美，不隐恶。凡天地日月之祥，山川封域之分，昭穆继世之序，礼乐师旅之政，本于起居注以为实录，然后立编年，示褒贬。伏睹圣朝编年，谓之日历，惟纪报状，略叙敕文。至于圣政嘉言，皇猷美事，群臣之忠邪善恶，庶务之沿革弛张，汗简无闻，国经曷纪。谨案《六典》故事，起居郎掌修记事之史。凡记事，以事系日，以日系月，以月系时，以时系年，必书其朔日甲乙以纪历数，典礼文物以考制度，迁拜旌赏以劝善，诛罚黜免以惩恶，季终则授之国史。起居舍人掌修记言之史，录天子制诏德音，如记事之制。臣欲请置起居院，修左右史之职，以记录为起居注，与时政记逐月终送史馆，以备修日历。如此，则圣朝稽古，必焕发于典坟，信史成文，固度越于周、汉矣。"(《宋名臣奏议》卷六〇《上太宗乞复左右史之职》)太宗览而嘉之，故有是命。

梁周翰掌起居郎事，李宗谔掌起居舍人事。梁周翰等制定起居注体式，拟订修注制度，起居院正式开始修注之事。

寇準九月奉命自青州回京，任左谏议大夫，与太宗商议立储事宜，因有"定策之功"而始任参知政事。

苏易简时为参知政事，上言："故知制诰赵邻幾尝追补唐武宗以来实录，其家今寓睢阳。"（《续资治通鉴长编》卷三五）诏遣殿中丞、直史馆钱熙乘传往取其书。钱熙得赵邻幾所著《会昌以来日历》26卷及他书，凡百卷来上，实录未成。诏赐其家钱十万。

孙何七月奉命入直史馆。

李宗谔以秘书丞、直昭文馆掌起居舍人。

杨亿直集贤院，表求归乡省亲，许之。僧觊劝其学佛，辞以不能。

按：陆九渊曰："佛老之徒遍天下，其说足以动人，士大夫鲜不溺焉。"（《象山集》卷三《与曹立之书二》）

赵昌言为西川、峡路招安马步军都部署；未到任，人言其有"反相"，"不宜委以蜀事"，太宗遂罢其职，"以策安全"，改知凤翔府（《续资治通鉴长编》卷三六）。

按：司马光《涑水纪闻》曾载中伤赵昌言者为当时在青州的寇準，这似是寇準仇家所诬的传闻，李焘《续资治通鉴长编》已辨其非。

宋湜以职方员外郎再知制诰、判集贤院，知银台、通进、封驳司。

柳开是春由环州移知邠州。

饶洞天创立天心教派。

按：是年八月，饶洞天自称梦神人指引，在华盖山顶掘地得"玉篆仙经，题曰《天心经正法》"，不识。遇南唐道士谭紫霄于南丰。谭授其道，遂知仙经之妙。由是立教授徒，建立天心教派。

唐孔颖达《五经正义》180卷校勘完毕，孔维等上校定《五经正义》表文。

左谏议大夫、知审刑院许骧等于八月上《重删定淳化编敕》30卷，诏颁行之。

翰林学士张洎等于十月丙午献重修《太祖纪》1卷，以朱墨杂书。

按：凡躬承圣问及史官采摭之事，即朱以别之。史未及成，张洎迁参知政事，宋白独领史职。历数岁，史卒不就，张洎等所上《太祖纪》，亦不列于史馆。宋代官修史书或私修史书，均在史著正文下以注文的形式附录签帖考异，以明示去取之意，这种传统早在官修《宋太祖实录》开始以朱墨杂书时已见萌芽。

西班牙穆斯林文学家、史学家、法学家、神学家伊本·哈兹姆生（—1064）。

室昉卒（920—　）。昉字梦奇，南京人。契丹族。会同进士。迁工部尚书，寻改枢密副使、参知政事。顷之，拜枢密使，兼北府宰相，加同政事门下平章事。乾亨初，监修国史。官至枢密使兼北府宰相，加尚父。曾主修《统和实录》20卷。事迹见《辽史》卷七九。

石延年（　—1041）、王贽（　—1069）生。

宋太宗至道元年　契丹统和十三年　乙未　995年

正月,改元至道。

是月,始命司门员外郎开封孙蠙为皇侄、皇孙教授。

三月,诏权停贡举。

四月癸未,吏部尚书、平章事吕蒙正罢为右仆射,以参知政事吕端为户部侍郎、平章事。戊子,从吕端请,诏自今参知政事宜与宰相分日知印、押正衙班,其位轶先异位,宜合而为一,遇宰相、使相视事及议军国大政,并得升都堂。

按:宋太宗此举,目的是让资望不足拜相的寇準可以合法地当权。参知政事可以与宰相分权的制度,在寇準罢参知政事以后,即被取消。

丙申,赐布衣潘阆进士第;未几,又以潘阆狂妄追还诏书。

五月,宋太宗召三司孔目官李溥等27人入对崇政殿,问以计司钱谷之务。

六月己卯,诏重造州县二税版籍,颁其式于天下。

乙酉,诏命内侍裴愈乘传使江南两浙诸州寻访民间遗书,如愿进纳入官,优给价值;如不愿进纳者,就所在差能书吏借本抄写,仍以旧本归还。

按:宋太宗曾草书经史三十纸,召翰林侍读吕文仲一一读之,列秘阁官属名位,刻石模印,装饰百轴。于是付裴愈赍诣名山福地,道宫佛寺,各藏数本;或邱园养素好古博雅之士,为乡里所称者,亦赐之。

八月壬辰,立开封尹寿王赵元侃为皇太子,更名赵恒。以尚书左丞李至、礼部侍郎李沆并兼太子宾客,见太子如师傅之仪。

按:自唐天祐以来,中国多故,立储之礼,废及百年,至是始举而行之。

契丹命修山泽祠宇、先哲庙貌,以时祀之。

按:于是诸州孔子庙及奉圣之黄帝祠、儒州之舜祠,并得修缮。

癸卯,诏禁西北缘边诸州民与内属戎人婚娶。

九月戊午,契丹以南京太学生员日多,特赐水碾庄田一区。

十一月,高丽连岁贡于契丹,册王治为高丽国王,治遣其童子10人往习契丹语。

十二月庚辰,诏司天监筑台置铜浑仪、候仪。

是年,许士庶工商服紫。

契丹放进士王用极等2人。

李昉年71致仕,与原吏部尚书宋琪年79,左谏议大夫杨徽之年75,郓州刺史魏丕年76,太常少卿致仕李运年80,水部郎中直秘阁朱昂年71,

高丽郡县全国,划10道,确立中央集权的地方统治体系。

拜占廷帝巴西尔二世将叙利亚并入帝国。

埃及法蒂玛王朝于开罗设科学院。

德意志人征服波希米亚最后一个独立的斯拉夫人尼西部落。

庐州节度副使武允成年79，太子中允致仕张好问年85，吴僧赞宁年78，于汴京举行九老会，以声诗流咏播于无穷。

苏易简四月由参知政事罢为礼部侍郎，以翰林学士张洎为给事中、参知政事。

  按：张洎与苏易简尝同在翰林，尤不协。及苏易简迁中书，张洎多攻其失，苏易简去位，张洎因代之。

王禹偁正月自西掖召拜翰林学士。五月初九日，坐轻肆谤讪，罢为工部郎中、知滁州军州事。临行时，翰林学士承旨宋白为之送行。王禹偁著《东门送郎吏行寄承旨宋侍郎》。

王禹偁在滁州著《答张扶书》，首倡文以传道而明心之说，主张文句必须通俗易懂，"句易道，义易晓"（《小畜集》卷一八）。

  按：王禹偁有鉴于唐末五代以来颓靡纤俪之文风，早具改革之志。淳化元年冬撰《送孙何序》曾曰："咸通以来，斯文不竞，革弊复古，宜其有闻。"（《小畜集》卷一九）淳化三年，在《五哀诗》中又曰："文自咸通后，流散不复雅。因仍历五代，秉笔多艳冶。"（《小畜集》卷四）王禹偁的文学理论主张和创作实践，可谓是欧阳修等古文之先导。《四库全书总目提要·小畜集提要》曰："宋承五代之后，文体纤丽，禹偁始为古雅简淡之作。"

宋白为翰林学士承旨。

宋湜为翰林学士，知审官院、三班，又兼修国史、判昭文史馆事，加兵部郎中。

舒雅为秘阁校理，校勘《淳化编敕》。

柳开出知曹州，秋八月，移邢州。

刁衎等上《前后汉书版本刊正》6卷。

和岘卒（940—　）。岘字晦仁，开封浚仪人。后晋宰相和凝次子。以荫为左千牛备身，迁著作佐郎。建隆初，授太常博士，官终判太常寺兼礼仪院事。精通音乐，亦善诗词。著有《奉常集》5卷、《秘阁集》20卷、《注释武成王庙赞》5卷，今佚。事迹见《宋史》卷四三九本传。

  按：《宋史》本传曰："先是，王朴、窦俨洞晓音乐，前代不协律吕者多所考正。朴、俨既没，未有继其职者。会太祖以雅乐声高，诏岘讲求其理，以均节之，自是八音和畅，上甚嘉之。语具《律志》。乐器中有叉手笛者，上意欲增入雅乐，岘即令乐工调品，以谐律吕，其执持之状如拱揖然，请目曰'拱辰管'，诏备于乐府。"

和嵘卒（951—　）。嵘字显仁，开封浚仪人。和凝子，和岘弟。太平兴国八年进士，授霍邱县主簿。淳化初，官至右正言。曾增益其父所著《疑狱集》，补注其父所著《古今孝悌集成》10卷，并将两书进献朝廷。所著诗文多佚。事迹见《宋史》卷四三九本传。

谢绛（　—1039）、周尧卿（　—1045）、梅挚（　—1059）、胡宿（　—1067）生。

宋至道二年　契丹统和十四年　丙申　996年

四月,契丹铸太平钱,新旧钱可同时并用,货币流通量大增。

是月,平民韩拱辰上书,谓王继恩"有平贼大功,当乘机务,今止得防御使,赏甚薄,无以慰中外之望"(《宋史·宦者传一》)。宋太宗以其妖言惑众,杖背黥面配隶崖州禁锢。

乙未,诏自今五品以上官任子,并赐同学究出身,依例赴选集,不得滥授摄官。

六月甲戌,太宗遣中使赍飞白书20轴赐宰相吕端等,人5轴;又以40轴藏秘府,字皆方圆经尺。

按:宋太宗谓吕端等曰:"飞白依小草书体,与隶书不同。朕君临天下,复何事于笔砚乎!中心好之,不忍轻弃,岁月既久,遂尽其法。"(《书录》卷上)

八月,史馆以《史记》雕版成,上之。

诏赐嵩山书院《九经》书疏。

是年,开封府十七县皆以岁旱放税,有人告发开封尹赵元侃放税过实,收揽民心。宋太宗命京东、西两路诸州选官覆按。亳州判官王钦若覆按后以为放税不仅不多,还嫌不够,主张完全豁免所欠之税。

按:赵元侃即以后的宋真宗,时王继恩等另有所图,元侃的地位不甚巩固,所告放税过实,其实是打击元侃的一个借口。王钦若的报告帮了元侃的忙,所以真宗即位以后十分宠信王钦若。真宗后来曾对辅臣曰:"当此之时,朕亦自畏惧,钦若小官,敢独为百姓伸理,此大臣节也。"(《资治通鉴后编》卷一八)

契丹放进士张俭等3人。

王禹偁撰《有伤》诗,哀悼贾黄中、李昉去世。又撰《司空相公挽歌三首》悼念李昉。

王禹偁十一月奉命移知扬州军州,兼管内堤堰桥道事。

高弁以文谒王禹偁,禹偁奇之。

按:《宋史·高弁传》曰:"高弁字公仪,濮州雷泽人。弱冠,徒步从种放学于终南山,又学古文于柳开,与张景齐名。至道中,以文谒王禹偁,禹偁奇之。……弁性孝友。所为文章多祖《六经》及《孟子》,喜言仁义。有《帝则》三篇,为世所传。与李迪、贾同、陆参、朱顿、伊淳相友善。石延年、刘潜皆其门人也。"

杨亿三月迁著作佐郎,公卿表疏多假手于亿,东宫书疏多亿草定。

寇準七月罢参知政事,知邓州。

吴淑以水部员外郎兼掌起居舍人事,预修《太宗实录》。

宋白迁户部侍郎,寻兼秘书监。

拜占廷帝巴西尔二世颁行土地法,收大贵族土地分与农民。这位伟大君主以其坚强决心粉碎了贵族强大的势力,而其先人则经常在反对贵族的斗争中无果而终。

德王奥托三世立其堂弟格列高里第五为首任德籍罗马教皇,并由格列高里第五加冕称帝。

蔗糖由埃及的亚历山大里亚传入欧洲的威尼斯。

梁周翰迁工部郎中。

冯拯调广州通判，与其上司广南转运使康戬上书指斥寇準专权，谓吕端、李昌龄、张洎等执政大臣完全听命于寇準一人。宋太宗怒罢寇準。

僧赞宁知西京教门事。

僧赞宁于本年前著《笋谱》1卷。

李昉卒(925—)。昉字明远，深州饶阳人，后居真定。五代后汉进士，历仕后汉、后周两朝。入宋官至右仆射、中书侍郎平章事。卒谥文正。著有文集50卷，已失传。曾同修《太祖实录》、《五代史》，主编《太平御览》、《太平广记》、《文苑英华》。事迹见《宋史》卷二六五本传。

按：李乐民说："李昉一生中做的最有价值的贡献，就是主持编纂了享誉古今的北宋四大部类书《太平御览》、《太平广记》、《文苑英华》与《册府元龟》中的前三部，在中国文化史上占有十分重要的地位，而官修《宋史》为李昉作传时，对此事只字不提。""李昉在类书编纂方面的成就，与他的循吏生涯相比，更值得我们重视。"(《李昉的类书编纂思想及成就》，《河南大学学报》2002年第5期)

贾黄中卒(941—)。黄中字娲民，沧州南皮人。六岁举童子科，十五岁举后周进士。累迁著作郎、直史馆。宋太祖建隆三年，为左拾遗。开宝八年，判太常礼院，评定礼文，损益称职。官至参知政事。长于医学，曾编辑《神医普济方》1000卷。著有文集30卷，今佚。事迹见《宋史》卷二六五本传。

宋庠(—1066)生。

宋至道三年　契丹统和十五年　丁酉　997年

大瞿越（前黎朝）主黎恒受宋进封为南平王。

三月己卯，契丹封夏国王李继迁为西平王。

癸巳，宋太宗死，太子赵恒即位，是为真宗。

按：宣政使王继恩忌太子英明，阴与参知政事李昌龄、知制诰胡旦等谋立宋太宗长子楚王赵元佐，被宰相吕端发现并制止，真宗才顺利即位。

四月甲辰，以太子宾客李至为工部尚书，李沆为户部侍郎，并参知政事。

五月丁卯，宋真宗诏求直言。

六月乙未，诏以太宗御书墨迹赐天下名山胜境。

九月戊寅，以长葛县令孔延世为曲阜县令，袭封文宣公，并赐《九经》及太宗御书、祭器，加银帛而遣之，诏本道转运使、本州长吏待以宾礼。

按：孔延世为孔子第四十五世孙。

十一月己巳，诏工部侍郎、集贤院学士钱若水监修《太宗实录》。钱若水即引柴成务、宗度、吴淑、杨亿同修。

按：钱若水尝举李昉之子李宗谔参与其事，真宗说："自太平兴国八年以后，皆李昉在中书日事。史策本凭直笔，若子为父隐，何以传信于后代乎！"遂不许李宗谔参修（《续资治通鉴》卷一九）。

十二月甲午，钱若水等言："修《太宗实录》，请降诏旨，许臣等于前任、见任宰相、参知政事、枢密院使、三司使等处移牒求访，以备阙文。"许之（《续资治通鉴》卷一九）。

是年，始分天下为十五路，即京东路、京西路、河北路、河东路、陕西路、淮南路、江南路、荆湖南路、荆湖北路、两浙路、福建路、西川路、峡路、广南东路、广南西路。

宋真宗召王禹偁论文，王禹偁奏曰："夫进贤黜不肖，辟谏诤之路，彰为诰命，施之四方，延利万世，此王者之文也。至于雕纤之言，岂足轸虑思、较轻重于琐琐之儒哉！愿弃末务大以成宗社之计。"真宗顾曰："卿爱朕之深矣。"（《说郛》卷四三上）

宋太宗熙陵及陵园雕塑落成。

原五代太乙书院更名为太室书院，藏《九经》其中。

契丹放进士陈鼎等2人。

邢昺四月改司勋郎中，俄知审刑院。

王禹偁正月服父丧满，起复前授尚书工部郎中，知扬州军州军；四月特授尚书刑部郎中。五月著《应诏言事疏》，言：谨边防，通盟好，使辇运之民有所休息；减冗兵，并冗吏，使山泽之饶稍流于下；艰难选举，使入官不滥；沙汰僧尼，使疲民无耗；亲大臣，远小人，使忠良謇谔之士知进而不疑，奸憸倾巧之徒知退而有惧，以及进士取人太多等弊（《宋史·王禹偁传》）。疏上达后，真宗即召王禹偁还朝。

按：此疏为王禹偁生平最重要之政论，足以代表其政治思想。文集未收，吕祖谦《宋文鉴》卷四二载其全文，题作《应诏言事疏》。以后范仲淹所上之《时务书》、《上相府书》、《十事疏》，乃王禹偁此文内容之继承与发展。王禹偁可谓是北宋政治改革派之先驱。

王禹偁十月请修《太宗实录》，并要求参与编修。

寇準迁工部尚书。

王继恩五月降为右监门卫将军，均州安置；李昌龄贬为忠武行军司马；胡旦除名，长流浔州。

李士真于湖南衡阳石鼓山回雁峰下重建石鼓书院。

南康军建昌县民洪文抚，六世同居，就所居雷湖北创书院，招来学者，诏旌表其门闾。

钱若水六月由工部侍郎、同知枢密院事罢为集贤院学士，判院事。

李至四月为参知政事。

宋白改吏部侍郎，判昭文馆。

梁周翰以工部郎中、史馆修撰为驾部郎中、知制诰。

向敏中八月为枢密副使。

田锡时为吏部郎中、直集贤院，应诏上疏，言陕西数十州苦于灵、夏之役，生民重困（《宋史·田锡传》）。

王济时任监察御史，上疏陈十事，言择左右，分贤愚，正名品，去冗食，加俸禄，谨政教，选良将，分兵戎，修民事，开仕进（《宋史·王济传》）。

孙何时任左正言，上表献五议：一参用儒将，二申明太学，三厘革迁转，四议复制科，五举行乡饮。真宗称善（《宋史·孙何传》）。

刁衎迁比部员外郎，上疏论进善去恶。

晁迥自监徐州税擢右正言，直史馆。

李维献《圣德诗》，召试中书，擢直集贤院。

杨亿超拜左正言，与修《太宗实录》。

西天竺沙门罗护罗来宋朝进献梵文佛经。

波斯夸里兹米编成百科全书《科学之钥》。

辽僧行均著《龙龛手镜》4卷成书于本年前。

按：是为通俗汉字字书，收字26430余。书名原为《龙龛手镜》，宋人重刻时，因"镜"字同宋太祖赵匡胤之祖父赵敬的"敬"音同，为避讳，故改为《龙龛手鉴》。有毛氏汲古阁旧藏宋刊本、江安傅氏双鉴楼藏宋刊本，以及以此为底本的影印本，如续古逸丛书本、四部丛刊续编本等。

王怀隐卒（约925—　）。睢阳人，初为道士，善于医学。宋太宗命其还俗，为尚药奉御，三迁至翰林医官使。参与编撰《太平圣惠方》。事迹见《宋史》卷四六一本传。

按：《宋史》本传曰："初，太宗在藩邸，暇日多留意医术，藏名方千余首，皆尝有验者。至是，诏翰林医官院各具家传经验方以献，又万余首，命怀隐与副使王祐、郑奇、医官陈昭遇参对编类。每部以隋太医令巢元方《病源候论》冠其首，而方药次之，成一百卷。太宗御制序，赐名曰《太平圣惠方》，仍令镂板颁行天下，诸州各置医博士掌之。"

张洎卒（934—　）。洎字师黯，一字偕仁，滁州全椒人。南唐时举进士，初为上元尉，累迁礼部员外郎、知制诰、中书舍人、清辉殿学士。归宋，累官给事中、参知政事。著有文集50卷，今佚。事迹见《宋史》卷二六七本传。

按：《宋史》本传曰："洎风仪洒落，文采清丽，博览道释书，兼通禅寂虚无之理。终日清谈，亹亹可听。尤险诐，好攻人之短。李煜既归朝，贫甚，洎犹巧索之。煜以白金颒面器与洎，洎尚未满意。时潘慎修掌煜记室，洎疑慎修教煜，素与慎修善，自是亦稍疏之。煜子仲寓雅好蒱博饮宴，洎因切谏之，仲寓谢过。后数月，人有言仲寓蒱博如故，洎遂与之绝。及仲寓死郢州，葬京师，洎亦不赴吊。与张佖议事不协，遂为仇隙，始以从父礼事佖，既而不拜。尤善事内官，在翰林日，引唐故事，奏内供奉官蓝敏政为学士使，内侍裴愈副之。上览奏，谓曰：'此唐室弊政，朕安可蹈此覆辙，卿言过也。'洎惭而退。性鄙吝，虽亲戚无所沾，及江表故旧，亦罕登其门。素与徐铉厚善，后因议事相忤,遂绝交。然手写铉文章,访求其笔札,藏箧笥,甚于珍玩。洎有文集五十卷行于世。"

苏易简卒(959—)。易简字太简,梓州铜山人。太平兴国五年进士第一,为将作监丞,通判升州。淳化中累迁翰林学士承旨,多言时政阙失。官至参知政事。卒谥文宪。著有《续翰林志》2卷、《苏易简表章》10卷、《文房四谱》5卷及文集20卷。文集已佚。事迹见《宋史》卷二六六本传。

按:《宋史》本传曰:"易简常居雅善笔札,尤善谈笑,旁通释典,所著《文房四谱》《续翰林志》及文集二十卷,藏于秘阁。"

高若讷(—1055)、王洙(—1057)生。

宋真宗咸平元年　契丹统和十六年　戊戌　998年

正月辛酉朔,改元咸平。

丙寅,命翰林学士杨砺权知贡举,李若拙、梁颢、朱台符权同知贡举。

按:杨砺受诏知贡举,请对,真宗谓之曰:"贡举重任,当务选擢寒俊,精求艺实,以副朕心。"(《资治通鉴后编》卷一九)

二月壬辰,诏:"礼部贡院考试毕日,录合格人姓名以闻,当议降敕放榜赐及第。如覆试有缪滥,知举官重行朝典。"(《太平治迹统类》卷二七)

戊戌,诏以久停贡举,颇滞时才,令礼部据合格人内进士放50人,高丽宾贡进士金成绩1人,诸科150人。来岁不得为例。

三月壬申,赐进士孙仅、黄宗旦、朱严等宴琼林。

改原由两司互相考校对方与主试官有亲者之法,另选官主持考试。

按:是为开封府、国子监别试之始。

七月,赐诸王及辅臣新版《三史》。王禹偁有《为宰臣谢新雕三史表》。

九月己巳,钱若水、吕端奉命重修《太祖实录》,王禹偁、李宗谔、梁颢、赵安世同修。

按:先是,太宗命张洎重修《太祖实录》,其书未成,会张洎死。至是诏宰相吕端、集贤院学士钱若水同领其事。钱若水恳辞,真宗曰:"卿新修《太宗实录》,甚为周备,太祖时多缺漏,故再命卿,毋多让也。"(《续资治通鉴》卷二〇)

十月癸丑,命钱若水、宋白、冯拯等复考开封府得解进士试卷。

按:故事,京府解十人以上,谓之等甲,非文业优赡有名称者不取。时以高辅尧为首,钱易次之。钱易不服,遂上书指陈发解官所试《朽索驭六马赋》及诗、论、策题,意涉讥讪。又进士数百人诣府讼荐送不当。高辅尧亦投牒逊避,请以钱易为首。开封府以闻,真宗故命钱若水等复试。时翰林学士承旨宋白赞赏钱易,考官度支员外

德意志奥托三世帝入罗马,重立罗马教皇格列高里第五。

郎冯拯遂奏钱易与宋白互相交结状,真宗大怒,遣中使下冯拯御史狱。冯拯力言钱易无行,不可擢为第一,真宗亦以士流纷竞,不可启其端,且欲镇压浮俗,乃释放冯拯,罢两制议及复考官,只令钱若水等擢文行兼著者一人为首,于是以孙暨为第一,高辅尧第二,钱易第三,余并如旧(《续资治通鉴》卷二〇)。

十一月甲子,诏修葺历代帝王陵庙。

契丹遣使册王诵为高丽国王。

十二月丙午,给事中柴成务奏上《新定编敕》856条,请镂板颁下,与《律令格式》、《刑统》同行。优诏褒答。

是年,宋真宗著《崇释论》。

契丹放进士杨文立等2人。

邢昺正月改国子祭酒。

王禹偁预修《太祖实录》,直书其事,与宰相张齐贤、李沆不协,于十二月落知制诰,出知黄州。

崔颐正正月为宋真宗讲《尚书·大禹谟》,赐五品服。

按:初,李至判国子监,负责校订诸经音疏,于是荐举"国子博士杜镐、直讲孙奭、崔颐正,皆苦心强学,博贯《九经》,问义质疑,有所依据。望令重加刊正,除去舛误"。太宗从之。是年正月丁丑,蔡州学究刘可名又上言诸经板本多误,真宗令择官详校,因访群臣通经义者,李至复以崔颐正对,故有是命(《续资治通鉴》卷二〇)。

向敏中以枢密副使、户部侍郎为兵部侍郎,参知政事。

柳开知代州,十二月上疏,言"国家创业将四十年,陛下绍二圣之祚,精求至治,若守旧规,斯未尽善;能立新法,乃显神机"(《宋史·柳开传》),主张改革。后徙忻州刺史。

杨亿修《太宗实录》成,乞外补以便养亲,命知处州,王禹偁著《送正言杨学士亿之任缙云》。

杨砺迁工部侍郎、枢密副使。

孙仅连中省元、状元,授舒州团练推官。王禹偁著《赠状元先辈孙仅》诗。

宋湜改给事中,与杨砺同充枢密副使。

舒雅时为秘阁校理,请谥真宗生母李贤妃为元德皇后。

朱昂判史馆,受诏编次三馆秘阁书籍,既毕,加吏部。

刘筠进士及第,为馆陶尉。

乐史迁职方。是年增编《李白别集》。

孙冕九月七日于舍人院试杂文,诏直史馆。主持试文者为王禹偁。

赵安仁拜右正言,预重修《太祖实录》。

僧赞宁充东京右街僧录,旋即升左街僧录,主管教门公事。

西天竺、中天竺僧侣来宋朝进献梵文佛经。

昭宣使王延德正月壬申上《太宗皇帝南宫事迹》3卷,命送实录院。

工部侍郎、集贤院学士钱若水等于八月乙巳上《太宗实录》80卷。

按：《太宗实录》的监修官为吕端，但未尝莅局，故书成没有署吕端之名，李至因此指责钱若水"以为专美"，钱若水则称诏旨专修，不隶史局，又援唐朝故事以折之，时议不能夺（《续资治通鉴》卷二〇）。《太宗实录》是仅存的宋代实录。

乐史献所著《广孝新书》50卷、《上清文苑》40卷。

孙甫（ —1057）、宋祁（ —1061）、贾昌朝（ —1065）、赵概（ —1083）生。

天文学家、数学家波斯阿布·瓦法卒（940— ）。

法国经院哲学家贝伦伽（ —1088）生。

宋咸平二年　契丹统和十七年　己亥　999年

正月乙丑，命礼部尚书温仲舒知贡举，御史中丞张咏、知制诰师颃同知贡举，刑部员外郎董龟玉、太常寺博士王涉同考试及封印卷首，仍当日入院。

按：礼部贡院封印卷首自此始。

二月己酉，真宗谓宰相曰："闻朝廷中有结交朋党、互扇虚誉、速求进用者。人之善否，朝廷具悉，但患行己不至耳。浮薄之风，诚不可长。"（《续资治通鉴》卷二〇）乃命降诏申警，御史台纠察之。

三月癸亥，诏："今岁举人颇众，若依去年人数取合格者，虑有所遗落。进士可增及七十人，诸科增及一百八十人。"礼部寻以孙暨、高辅尧、钱易等250人名闻，内诸科一举者6人，特黜去之，余并赐及第（《续资治通鉴》卷二〇）。

闰三月，诏三馆将所藏四部书各写二本，一置禁中之龙图阁，一置后苑之太清楼，以便观览。

命宰臣"差官校勘"藏书，并对借书不还问题"严行约束"（《宋史·刘综传》）。

五月丙戌，诏："天下贡举人应三举者，今岁并免取解，自余依例举送。"（《续资治通鉴》卷二〇）

六月，令秘书省正字邵焕于秘阁读书，从其请也。

按：秘阁读书自邵焕始。邵焕尝以童子召对，赐帛遣归。是春，复至京师，真宗令赋《春雨诗》，援笔立成，遂命以官。时年十二，睦州人。

七月甲辰，真宗幸国子监，召学官崔偓佺讲《尚书·大禹谟》。还幸崇文院，登秘阁，观太宗圣制墨迹，赐秘书监、祭酒以下器币。

丙午，置翰林侍读学士，以兵部侍郎杨徽之、户部侍郎夏侯峤、工部郎中李文仲为之；置翰林侍讲学士，以国子监祭酒邢昺为之。

按：初，宋太宗命李文仲为翰林侍读，寓直禁中，以备顾问，然名秩未崇。

喀喇汗王朝攻入河中，萨曼王朝亡，中亚伊朗语族国家到此告终，突厥化时代开始。

格列高里第五卒。德意志奥托三世帝立格尔伯特为罗马教皇，称西尔维斯特第二。奥托三世力图以罗马为中心建立一个庞大的基督教帝国。

阿拉伯人首次在北非西侧大西洋加那利群岛之大加那利岛登陆并经商。

真宗建此职,择老儒旧德以充选,班秩次翰林学士,禄赐如之(《续资治通鉴》卷二一)。

八月乙亥,以枢密使、赠中书令、追封济阳郡王、武惠公曹彬配飨太祖庙庭;司空、平章事、赠太尉、中书令文惠公薛居正,忠武军节度使、同平章事、赠中书令、武惠公潘美,右仆射、赠侍中、元懿公石熙载,配飨太宗庙庭。

丙子,以司封郎中、知制诰朱昂为传法院译经润文官。

按:始,太宗作《圣教序》,帝亦继作。又尝著《释氏论》,以为释氏戒律之书,与周、孔、荀、孟迹异道同。盐铁使陈恕尝建议,以为传法院费国家供亿,力请罢之,言甚恳,帝不许(《续资治通鉴》卷二一)。

是年,契丹放进士初锡等4人。

法国经院哲学家、数学家格尔伯特即位罗马教皇,称西尔维斯特第二,他致力于数学、天文和音乐研究。

邢昺七月以国子祭酒为翰林侍讲学士。

按:《宋史》本传曰:"二年,始置翰林侍讲学士,以昺为之。

王禹偁闰三月出守黄州,行至光州加禄驿。

戚纶三月因秘书监杨徽之荐,任秘阁校理。

张咏四月为工部侍郎,知杭州。

朱昂为翰林学士。

毕士安四月罢翰林学士,出知潞州。

刘鹗召试舍人院,命直集贤院,被命考试开封举人。

李宗谔时为起居舍人,直史馆,上疏论择将帅。

邵焕时为秘书省正字,六月请于秘阁读书,许之。

朱台符因朝廷诏求直言,上疏请重农积谷,任将选兵,慎择守令,考课黜陟,轻徭节用;奏入,优诏褒答。

陈恕时为盐铁使,言译经传法院费国家经费,力请罢之,未果。

索湘坐责为将作少监,王扶为监丞。

按:索湘时为户部使、右谏议大夫,受诏详定《三司编敕》,与河北转运使、刑部员外郎王扶交相请托,擅易版籍,故有是责。

李允则时为潭州太守,扩建岳麓书院规模,祀孔子,得田产,招60余人肄业其中。后王禹偁为之记。

杨侃著《职林》20卷,自为序。

僧赞宁著《大宋僧史略》3卷成书。

杨砺卒(931—)。砺字汝砺,京兆鄠人。建隆进士。起家凤州团练推官。咸平初,知贡举,俄拜工部侍郎、枢密副使。著有文集20卷。事迹见《宋史》卷二八七本传。

吕公绰(—1055)、包拯(—1062)、周沆(—1067)、曾公亮(—1078)生。

宋咸平三年　契丹统和十八年　庚子　1000年

二月辛卯，命翰林学士王旦权知贡举，知制诰王钦若、直集贤院赵安仁权同知贡举。

壬子，翰林侍读学士吕文上新编《太宗御集》30卷。

诏曰："孔门四科，德行为贵，言念近岁偷薄成风，务扇朋游，以图进取，潜相诟病，指摘瑕疵，有玷士伦，颇伤俗化。自今两京诸路所解举人，宜先廉访行实，或艺文可采，而操履有亏，投书匿名，饰词讪上之类，并严加惩断，勒归乡县课役，永不得就举。如辄敢解送，所由官吏必当论罪，仍领御史台觉察之。"（《文献通考》卷三○）

三月甲午，真宗御崇政殿亲试礼部所上合格举人，命翰林学士承旨宋白等21人于殿后西阁考复，国子博士雷说、著作佐郎梅询封印卷首。赐陈尧咨以下271人进士及第，143人同本科及《三传》、学究出身。又命翰林侍读学士邢昺等15人考校诸科，得432人，赐及第、同出身。又试进士五举、诸科八举及尝经廷试或年逾五十者论一篇，得进士260人，诸科697人，赐同出身及试校书郎、将作监主簿。

按：是科取士之多，为有宋一代所未有。

是月，又诏贡院所试及格举人内有权要亲族者，具名以闻。

四月壬戌，赐应制举人林陶同进士出身。

按：林陶就试学士院，不及格，真宗方欲求俊茂，故特奖之。

乙丑，命两制、馆阁详定武举、武选人入官资序故事，既而未尝施行。

八月癸丑，翰林学士承旨宋白等上重定内外官称呼，请下御史台、宣徽院等严行告谕，俾其遵守，违者论如违律，从之。

十月，诏选官校勘《三国志》、《晋书》、《唐书》。

按：以直秘阁杜镐、黄夷简、钱惟演，直史馆刘蒙叟，直集贤院宋皋，秘阁校理戚纶校《三国志》；又命杜镐、戚纶与史馆检讨董元亨、直史馆刘锴详校。以直昭文馆许兖、陈充等校《晋书》，黄夷简续预焉；而杜镐、戚纶、刘锴详校如前。以直昭文馆安德裕、句中正，直集贤院范贻孙，直史馆王希逸校《唐书》。

是月，监修国史李沆请命官续修通典。诏翰林学士承旨宋白、知制诰李宗谔编修。宋白又请命舒雅、杨亿、李维、石中立、任随同编修，杜镐检讨。

是年，契丹放进士南承保等3人。

邢昺时任翰林侍讲学士、判国子监，受命代替李至主持校订《周礼》、《仪礼》、《春秋公羊传》、《春秋谷梁传》、《孝经》、《论语》、《尔雅》七经疏义。

按：参与这次校勘的有杜镐、李维、孙奭、李慕清、王涣、崔偓佺、刘士元，次年校勘完

威尼斯控制亚德里亚海。

英格兰人约自此后逐渐采用姓氏。

玛雅文明进入鼎盛期。印加国家逐渐形成。

欧洲各地基督教徒普遍迷信是年为世界末日天国实现之年，赴罗马朝圣者络绎于途。

匈牙利、冰岛确立基督教为国教。

印度数学家斯里德哈已清楚懂得零在数学中的意义。

毕,参与者皆得到提升。宋代学者治经,开始主要集中在《易》、《周礼》、《春秋》"三经"上。

寇准与赵昌言、吕蒙正同被召还朝,途中被劾而改知凤翔府。

田锡应举贤良方正,上《御览》、《御屏风》,以尽规劝。

张景进士及第,授大名馆陶县主簿。

赵安仁同知贡举,未几,知制诰,副夏侯峤巡抚江南,还,知审刑院。

向敏中六月为河北、河东安抚大使。

梁灏、李宗谔并命知制诰。

杨亿罢知处州,拜左司谏,同编修《续通典》。

柳开二月受命由忻州移知沧州,三月卒于任所。

师顽召为翰林学士。

舒雅为进士考官,与修《续通典》。

刁衎自知庐州还,献《本说》10卷,以本官充秘阁校理,出知颍州。

任随以著作佐郎直集贤院。

句中正用十五年之力,以大小篆、八分三体书写《孝经》摹石,表而上之。

潭州知州李允则于岳麓山下建湘西书院。

按: 太学三舍法推行地方时,湘西书院与岳麓书院、潭州州学联"潭州三学"。州学生月试积分高等,升为湘西书院生,又积分高等,升为岳麓书院生,时称"三学生"。

唐福将火箭、火毬等新发明之火药武器进献朝廷,受到奖赏。

许洞举进士,授雄武军推官。

项绾献海战船式,为最早的船样。

石待问举进士。

阿拉伯阿维森纳所著《医典》问世。

阿拉伯阿尔·穆卡达著书全面描述阿拉伯帝国。

崇文院刊刻《吴志》30卷。

王禹偁编成《小畜集》30卷。

按: 王禹偁出守黄州后,即着手编次平生所为文,是年十二月成书。《四库全书总目提要》曰:"宋承五代之后,文体纤俪,禹偁始为古雅简淡之作。其奏疏尤极剀切,《宋史》采入本传者,皆英伟可观。在词垣时所作为应制骈偶之文,亦多宏丽典赡,不愧一时作手。"

王禹偁著《潭州岳麓山书院记》。

王禹偁为僧赞宁著《左街僧录通惠大师文集序》。

阿拉伯旅行家、地理学家迈格迪西约于是年卒(946—)。著有《国家知识大全》。

杨徽之卒(921—)。徽之字仲猷,建州浦城人。后周显德二年进士。入宋,除著作佐郎,知全州。后参与编修《文苑英华》。官至翰林侍读学士。卒赠兵部尚书。著有文集20卷。事迹见《宋史》卷二九六本传。

按:《宋史》本传曰:"徽之寡谐于俗,唯李昉、王祐深所推服,与石熙载、李穆、贾黄中为文义友。自为郎官、御史,朝廷即待以旧德。善谈论,多识典故,唐室以来士族人物,悉能详记。酷好吟咏,每对客论诗,终日忘倦。既没,有集二十卷留于家,上令夏侯峤取之以进。"

崔颐正卒(922—)。颐正开封封丘人。与弟崔偓佺并举进士,明经术。雍熙中为高密尉,秩满,国子祭酒孔维荐之,以为国学直讲,迁殿中丞。又被李至荐校经书。事迹见《宋史》卷四三一本传。

按：《宋史》本传载：判国子监李至上言："本监先校定诸经音疏，其间文字讹谬尚多，深虑未副仁君好古诲人之意也。盖前所遣官多专经之士，或通《春秋》者未习《礼记》，或习《周易》者不通《尚书》，至于旁引经史，皆非素所传习，以是之故，未得周详。伏见国子博士杜镐、直讲崔颐正、孙奭皆苦心强学，博贯《九经》，问义质疑，有所依据。望令重加刊正，冀除舛谬。"从之。

吕端卒（935—　）。端字易直，幽州安次人。宋太宗时继吕蒙正为相，持重识大体，太宗称其"小事糊涂，大事不糊涂"。未几，让相位于寇准，自任参知政事。太宗死，太监王继恩等谋立废太子，被他发觉，乃与群臣拥立真宗为帝，加官仆射。事迹见《宋史》卷二八一本传。

柳开卒（947—　）。开初名肩愈，字绍先，号东郊野夫，后更名开，字仲涂，号补亡先生，大名人。开宝六年进士，官至殿中御史。主张作文应宣扬封建道德，辅助教化，反对宋初的华靡文风。著有《河东先生集》15卷。事迹见《宋史》卷四四〇本传、张景《柳公行状》。今人祝尚书编有《柳开年谱》。

按：范仲淹尝推宋朝古文自柳开始。《宋史》本传曰："既就学，喜讨论经义。五代文格浅弱，慕韩愈、柳宗元为文，因名肩愈，字绍先。既而改名字，以为能开圣道之涂也。著书自号东郊野夫，又号补亡先生，作二传以见意。尚气自任，不顾小节，所交皆一时豪俊。范杲好古学，尤重开文，世称为'柳、范'。王祐知大名，开以文贽，大蒙赏激。杨昭俭、卢多逊并加延奖。"

宋湜卒（950—　）。湜字持正，京兆长安人。太平兴国五年进士，释褐将作监丞、通判梓州榷盐院，就迁右赞善大夫。宋準荐其文，拜著作郎、直史馆。雍熙三年，以右补阙知制诰，与王化基、李沆并命。加户部员外郎，与苏易简同知贡举，俄判刑部。官至枢密副使。卒谥忠定。著有文集20卷。事迹见《宋史》卷二八七本传。

按：《宋史》本传曰："湜风貌秀整，有酝藉，器识冲远，好学，美文词，善谈论饮谑，晓音律，妙于奕棋。笔法遒媚，书帖之出，人多传效。喜引重后进有名者，又好趋人之急，当世士流，翕然宗仰之。有文集二十卷。"

钱熙卒（953—　）。熙字太雅，泉州南安人。雍熙二年进士。淳化中为参知政事。坐事削职，通判衡州。真宗即位，迁右司谏，寻通判杭州。著有文集10卷，已佚。事迹见《宋史》卷四四〇本传。

王质（　—1045）、叶清臣（　—1049）、余靖（　—1064）生。

宋咸平四年　契丹统和十九年　辛丑　1001年

二月壬戌，枢密直学士冯拯、陈尧叟等上言："请令群臣子弟奏补京官或出身者，并试读一经，写家状，以精熟为合格。"从之（《续资治通鉴》卷二二）。

丙寅，诏："学士、两省、御史台五品，尚书省诸司四品以上，于内外京

日本定车马衣服之制。

挪威人红发埃

| 里克之子列夫埃里克森约于是年发现北美大陆东北诸岛。

朝、幕职、州县官及草泽中，举贤良方正能直言极谏各一人，不得以见任转运使及馆阁职事人应诏。"(《续资治通鉴》卷二二)

三月辛巳，宋分川、峡为益、利、梓、夔四路，后遂称四川。

是月，诏三馆所少书，有进纳者，卷给千钱，三百卷以上，量材录用。

从潭州知州李允则请，以国子监经籍赐岳麓书院。

按：袁燮《四明教授厅续壁记》曰："由建隆以来，迄于康定，独有所谓书院者，若白鹿洞、岳麓、嵩阳、茅山之类是也。其卓然为师表者，若南都之戚氏、泰山之孙氏、海陵之胡氏、徂徕之石氏。集一时俊秀相与讲学，涵养作成之功亦既深矣。而问其乡校，惟兖、颖二州有之，余无闻矣。"(《絜斋集》卷一〇)

四月辛未，真宗御崇政殿试制举人，命翰林学士承旨宋白等充考官，得秘书丞查道、进士陈越入第四等，定国军节度推官王曙入次等。以查道为左正言、直史馆，陈越为将作监丞，王曙为著作佐郎。

六月丁卯，诏诸路州县有学校及聚徒讲诵之所，并赐《九经》。

按：此为宋代书院之始。

八月己酉，复亲试制举人，得成安县主簿丁逊、舒州团练推官孙仅入第四等，并为光禄寺丞、直集贤院；秘书丞何亮、怀州防御推官孙暨入第四次等，以何亮为太常博士，孙暨为光禄寺丞。

十月，宋真宗阅太清楼群书书目，见缺者尚多，遂诏天下购馆阁逸书，每卷给千钱，及三百卷者，当量材录用。

按：宋真宗曾诏王钦若等将秘阁及太清宫道书系统校定，汇集为4359卷，赐名《宝文统录》。

是年，颁行《仪天历》。

令转运使每十年各上本路图。

日本宫廷女官紫式部于是年始撰《源氏物语》。

吕蒙正三月以左仆射同中书门下平章事，充昭文馆大学士。

按：是为第三次拜相。

王禹偁四月奉命移知蕲州。六月，赠礼部尚书。

王钦若为参知政事。

向敏中为平章事。

陈彭年奏请置谏官、择法吏、简格令、省冗员、行公举。

李允则请赐诸经释文、义疏及《史记》、《玉篇》、《唐韵》与岳麓书院。

按：自此形成书院讲学、藏书、祭祀的基本规制。

任随被命重校《史记》。

晁迥献《咸平新书》、《理书》，召试，除右司谏、知制诰。

张齐贤使关右安抚，以梁颢为之副。

戚纶著《王禹偁诔词》，谓王禹偁"事上不回邪，居下不谄佞；见善若己有，疾恶过仇雠"(《宋名臣言行录》前集卷九)。

潘慎修为两浙巡抚副使，预修《起居注》。

陈越举贤良方正科，策入第四等，授将作监丞，通判舒州。

邢昺等疏校《周礼》、《仪礼》、《公羊传》、《谷梁传》、《孝经》、《论语》、《尔雅》七经正义毕，共165卷，中书省奉旨下杭州模印颁行。

按：其中《孝经》、《论语》、《尔雅》三经正义为国子祭酒邢昺亲撰。自此，十二经皆有官方颁行之法定正义。洪业《尔雅注疏引书引得序》曰："《尔雅》自汉迄唐，注音释义者，无虑二十家，但除郭注外，存者盖寡。宋以还，致力于《尔雅》者亦夥，邢昺导之前，郝氏承之后。"以后陆佃有《埤雅》20卷、《尔雅新义》20卷，郑樵有《尔雅注》3卷，罗愿有《尔雅翼》32卷等。

宋白等于九月上新修《续通典》200卷，诏付秘阁。

宗正卿赵安易、翰林学士梁周翰正月上新修《属籍》33卷。

朱昂进所著《资理论》。

僧赞宁卒(919—)。赞宁俗姓高，祖籍渤海，生于吴兴德清。称高圆大师。出家于杭州祥符寺，后住灵隐寺，精研律学，时称律虎。吴越王钱镠邀其出任两浙僧统，并赐号"明义宗文大师"。宋太祖闻其名，召至京师，优礼厚待。宋太宗时迎入大内问法，赐号"通慧大师"，命掌京洛宗教诸事。兼通佛儒，工于诗文，驰誉宋初。奉命撰《大宋僧史略》3卷、《大宋高僧传》30卷、《三教圣贤事迹》100卷、《内典集》150卷、《外学集》49卷等。

按：宋人吴处厚《青箱杂记》卷六曰："近世释子多务吟咏，惟国初赞宁独以著书立说、尊崇儒术为事。故所著(《通论》)驳董仲舒《繁露》二篇、难王充《论衡》三篇、证蔡邕《独断》四篇、斥颜师古《正俗》七篇、非《史通》六篇、答《杂斥诸史》五篇、折《海潮论》、《兼明录》二篇，抑《春秋无贤臣论》一篇，极为王禹偁所激赏。"

张宏卒(939—)。宏字巨卿，青州益都人。太平兴国二年进士。累迁著作郎，预修《太平御览》。知遂州，以勤干闻。雍熙中，吕蒙正等荐其文行，授主客郎中、史馆修撰。咸平二年，累官知登闻鼓院。事迹见《宋史》卷二六七本传。

李至卒(947—)。至字言几，真定人。太平兴国初进士。起家将作监丞，通判鄂州。太宗时为右谏议大夫、参知政事。寻判国子监，曾引吴淑等校正二《传》、二《礼》、《孝经》、《论语》等伪谬。尝师事徐铉。著有文集40卷，今佚。事迹见《宋史》卷二六六本传。

按：《宋史》本传曰："会建秘阁，命兼秘书监，选三馆书置阁中，俾至总之。至每与李昉、王化基等观书阁下，上必遣使赐宴，且命三馆学士皆与焉。至是升秘阁，次于三馆，从至请也。上尝临幸秘阁，出草书《千字文》为赐，至勒石，上曰：'《千文》乃梁武得破碑钟繇书，命周兴嗣次韵而成，理无足取。若有资于教化，莫《孝经》若也。'乃书以赐至。荐潘慎修、舒雅、杜镐、吴淑等入充直馆校理。请购亡书，间以新书奏御，必便坐延见，恩礼甚厚。……至尝师徐铉，手写铉及其弟锴集，置于几案。又赋《五君咏》，为铉及李昉、石熙载、王祐、李穆作也。"

王禹偁卒(954—)。禹偁字元之，济州巨野人。太平兴国八年进士。历任右拾遗、翰林学士、知制诰。屡以事贬官。反对五代宋初浮靡文风，主张文以传道明心，于诗推崇杜甫、白居易，于文推崇韩愈、柳宗元。著有《五代史阙文》1卷、《王黄州小畜集》30卷、《王黄州小畜外集》20卷、《奏议》3卷、《承明集》10卷、《制诰集》12卷、《四六》1卷、《后集诗》3卷

西班牙阿布卡西姆医生的综合性教科书《方法论》出版，书中设计了多种外科手术程序，附有200多种医疗器械插图。

等。事迹见《宋史》卷二九三本传。今人徐规有《王禹偁事迹著作编年》。

　　按：《宋史》本传曰："禹偁词学敏赡，遇事敢言，喜臧否人物，以直躬行道为己任。尝云：'吾若生元和时，从事于李绛、崔群间，斯无愧矣。'其为文著书，多涉规讽，以是颇为流俗所不容，故屡见摈斥。所与游必儒雅，后进有词艺者，极意称扬之。如孙何、丁谓辈，多游其门。有《小畜集》二十卷、《承明集》十卷、《集议》十卷、诗三卷。"

　　尹洙（　—1047）、僧净源（　—1088）生。

宋咸平五年　契丹统和二十年　壬寅　1002年

大瞿越（前黎朝）定律令，改10道为路、州、府。

德意志奥托三世帝卒，亨利二世继德王位。

　　正月甲辰，以右仆射张齐贤为邠、宁、环、庆、泾、原、仪、渭、镇戎军经略使，判邠州。

　　按：专为经略使自此始。

　　丙辰，翰林侍讲学士邢昺讲《左氏春秋》毕，召宗室、侍读侍讲学士、王府官宴于崇政殿，加邢昺工部侍郎。真宗谓辅臣曰："南北宅将军而下，可各选纯儒，授以经义，庶其知三纲五常之道也。"（《续资治通鉴长编》卷五一）

　　三月己未，亲试礼部举人，得进士王曾、陈知微、李天锡以下38人，《九经》、诸科181人，并赐及第。以王曾等5人为将作监丞通判诸州，余及《九经》为大理评事知大县，诸科判、司、簿、尉。

　　按：是科考官为吏部侍郎陈恕、翰林学士师颃以及谢泌等。先是，贡举人集阙下者14562人，命陈恕知贡举，陈恕所取士甚少，以王曾为首。及是，糊名考校，王曾复得甲科，时议称之。旧制，试经科复旧场第，始议进退。陈恕初试一场，即按通不去留之。以是诸州举送官吏，皆被黜责，谴累者甚众。江南，陈恕乡里，所斥尤多。人用怨谤，竟为谣咏讥刺。或刻木像其首，涂血掷于庭。又缚苇为人，题陈恕姓名，列置衢路，过辄鞭之（《群书考索》后集卷三六）。

　　四月，诏三司自今收掌籍书，无使亡失。其天下钱谷大数，每年比较，于次年条奏。

　　五月丙申朔，诏文武官年七十以上求退者许致仕，因疾及历任有赃犯者听从便。

　　十二月，宋真宗以龙图阁及后苑所藏书籍尚多舛误，欲重加雠对。甲申，诏流内铨于常选人内择历任无过、知书者15人以闻，命吏部侍郎陈恕、知制诰杨亿试使，于是得馆陶尉刘筠等7人，就崇文院校之，逾年而毕，并授大理评事，秘阁校理。

　　是年，契丹放进士邢祥等6人。

　　宋整修白鹿洞书院，塑孔子及其弟子像。

　　吕蒙正十一月加司空。

宋咸平五年 契丹统和二十年 壬寅 1002年

寇準五月还朝,任开封府知府,即开始打击王钦若等"小人"。

杜镐、戚纶、刘锴等校勘《三国志》、《晋书》毕,送国子监镂板。《唐书》浅谬疏略,将命官别修,故不令刊板。

按：或言《三国志》乃奸雄角立之事,不当传布。真宗曰："君臣善恶,足为鉴戒,仲尼《春秋》岂非列国争斗之书乎?"(《群书考索》后集卷二六)又或有言两晋事多鄙恶,不可流行者。真宗以语宰相毕士安,毕士安曰："恶以诫世,善以劝后,善恶之事,《春秋》备载。"(《历代名臣奏议》卷二七六)真宗以为然,故命刊刻。

向敏中十月以平章事罢为户部侍郎。

赵昌言劾奏王钦若两年前知贡举时受贿,欲逮其下狱；真宗命翰林侍读学士邢昺与阎承翰、边肃、毋宾古等审理此案。邢昺等迎合真宗意,为王钦若开脱,而赵昌言以"诬陷"罪责授安远行军司马。

按：赵昌言与王钦若之争,是真宗朝所谓"君子与小人之争"的序幕。以后赵昌言的女婿王旦以及寇準等,被人目为"贤臣君子",而王钦若则是宋仁宗金口定的"奸邪小人",两者之间的长期党争,正肇始于此。后来王旦一直不肯原谅其同年边肃,而王钦若也专门对付与王旦亲近的大臣,皆因此案而起。

石普制成火毬、火箭,真宗亲临观看试验。

乐史十一月以职方员外郎直史馆。

按：乐史年七十余,真宗召见,嘉其筋力不衰,且笃学,好著书,故授以旧职,悉取所著书藏秘府。乐史与其子乐黄目俱直史馆,时人荣之。

王曾状元及第,人谓"状元一生吃著不尽",王曾正色答曰："平生之志,不在温饱。"(《续资治通鉴》卷二三)

张知白在河阳节度判官任上上疏言事,召赴阙,试舍人院,除左正言。

按：张知白上疏中,言科举考试曰："今为进士之学者,经、史、子、集也。有司之所取者,诗、赋、策、论也。五常六艺之意,不遑探讨,其所习泛滥而无著,非徒不得专一,又使害生其中。若明行制令,大立程式,每至命题考试,主典籍而参以正史,至于诸子之书,必须辅以经、合于道者取之,过此并斥而不用,然后先策论,后诗赋,责治道之大体,舍声病之小疵。如是,则进士所习之书简,所学之文正,而成化之治兴矣。"(《续资治通鉴》卷二三)

种放被召见,九月授左司谏、直昭文馆。

杨亿奉命试选人,得刘筠等。

陈知微举进士甲科,授将作监丞。

句中正卒(929—)。中正字坦然,益州华阳人。后蜀时举进士及第。入宋,官至屯田郎中。精于字学,古文、篆、隶、行、草无不工。曾与徐铉校定《说文》,与吴铉、杨文举等撰定《雍熙广韵》。尝以大小篆、八分三体书《孝经》摹石,表上朝廷。著有《有声无字》1卷。事迹见《宋史》卷四四一本传。

按：《宋史》本传曰："中正精于字学,古文、篆、隶、行、草无不工。太平兴国二年,献八体书。太宗素闻其名,召入,授著作佐郎、直史馆,被诏详定《篇》、《韵》。……淳化元年,改直昭文馆,三迁屯田郎中,杜门守道,以文翰为乐。太宗神主及谥宝篆文,皆诏中正书之。尝以大小篆、八分三体书《孝经》摹石,咸平三年表上之。真宗召见便殿,赐坐,问所书几许时,中正曰：'臣写此书,十五年方成。'上嘉叹良久,赐金紫,命藏于秘阁。时乾州献古铜鼎,状方而四足,上有古文二十一字,人莫能晓,命中正与杜镐详验以闻,援据甚悉。"

阿拉伯历史学家阿布·海退布(—1071)生。

吴淑卒(947—)。淑字正仪，润州丹阳人。宋初，授大理评事，官至职方员外郎。先后预修《太平御览》、《太平广记》、《文苑英华》、《太宗实录》。著有《说文五义》3卷、《江淮异人录》3卷、《秘阁闲谈》5卷、《事类赋》30卷等，已佚。事迹见《宋史》卷四四一本传。

按：《宋史》本传曰："淑性纯静好古，词学典雅。初，王师围建业，城中乏食。里闬有与淑同宗者，举家皆死，惟存二女孩，淑即收养如所生，及长，嫁之。时论多其义。有集十卷。善笔札，好篆籀，取《说文》有字义者千八百余条，撰《说文五义》三卷。又著《江淮异人录》三卷、《秘阁闲谈》五卷。"

李淑（ —1059）、梅尧臣（ —1060）、僧慧南（ —1069）生。

宋咸平六年　契丹统和二十一年　癸卯　1003年

意大利比萨与卢卡交兵，中世纪意大利城市战争始此。

三月壬辰，契丹诏修日历官无书细事。

四月癸酉，诏有盗主财物者，五贯以上，杖脊、黥面、配牢城；十贯以上奏裁，而不得私黥之。

五月，李继迁围攻西凉府，中流矢死。其子李德明遣使告于契丹。

癸巳，诏权停贡举。

六月，契丹赠李继迁尚书令，并遣使吊慰。

十二月甲子，诏求直言。

吕蒙正时为司空、平章事，九月凡七上表求退，罢为太子太师，封莱国公。

寇準六月为三司使。

田锡升为左谏议大夫，十二月去世。

种放时为左司谏、直昭文馆，三月再表乞暂还山，许之。

按：种放还山前，特授起居舍人，将行，宴饯于龙图阁，又诏三馆、秘阁官宴饯于琼林苑，帝赐七言诗三章，在座皆赋。

盛梁时任屯田员外郎，二月受贿枉法，流崖州。

日本僧寂照入宋。

杜镐、戚纶、刘锴等校定《道德经》，送国子监刊印。

按：宋代国子监大量校书、刻书，取得显著成绩。在它的影响下，推动了中央其他部门的刻书、印书活动。崇文院、司天监、太史局、秘书监、校正医书局等政府部门，也都开始刻书，并刻印了一批与其专职相关的书籍。由于国子监刻书下地方镂版，因此又带动了地方刻书事业的发展繁荣。地方上各级政府部门，州郡县学，各级公使库、转运司、茶盐司、安抚司，以及各地书院，相继刻书印书。官方刻书系统日臻完善。私家刻书和坊间刻书在原有基础上和官方刻书的巨大影响下，继续向前发展，彼此互相影响、促进、制约,将五代开始形成的三大刻书系统,推向深入发展的道路(参见张秀民《中华印刷史》第七章《宋代刻书事业的发展》)。

张君房著《乘异记》成书,自为序。

钱俨卒(937—)。俨字诚允,本名信,号贵溪叟,钱塘人。五代吴越国君钱俶异母弟。俶袭国封,命为镇东军安抚副使。入宋,历官随、金等州观察使,出判和州。著有《吴越备史》15 卷、《备史遗事》5 卷、《忠懿王勋业》3 卷、《贵溪叟自叙传》1 卷及诗文前集 50 卷、后集 24 卷,皆佚。事迹见《宋史》卷四八〇《吴越钱氏世家》。

田锡卒(940—)。锡字表圣,嘉州洪雅人。太平兴国三年进士,除将作监丞、通判宣城。召还,改著作郎,拜右拾遗、直史馆。官终右谏议大夫、史馆修撰。慕魏徵为人,以谏诤为己任,屡上书直言时政得失。卒赠工部侍郎,以其子庆远、庆余并为大理评事。著有《御屏风》10 卷及《咸平集》50 卷,今存 30 卷。事迹见《宋史》卷二九三本传、范仲淹《田公墓志铭》(《范文正公集》卷一二)。

按:田锡卒后,范仲淹为他写了墓志铭,称为"天下之正人"。司马光应田锡曾孙田衍之请,在田锡碑阴上说田锡在真宗即位之初,"稽古以鉴今,日有献,月有纳,以赞成咸平盛隆之治"(《咸平集·田司徒神道碑阴》)。苏轼为田锡奏议作《田表圣奏议叙》,称之为"古之遗直"(《东坡全集》卷三四)。朱熹在田锡同年进士中,惟独选他入五朝名臣之列。

钱若水卒(960—)。若水字澹成,一字长卿,河南新安人。雍熙二年进士。起家同州观察推官。累迁谏议大夫,同知枢密院事。卒谥宣靖。曾预修《太宗实录》,重修《太祖实录》。著有文集 20 卷,今佚。事迹见《宋史》卷二六六本传。

赵元杰卒(972—)。元杰初名德和,字明哲,宋太宗第五子。太平兴国八年改今名。真宗时历官武宁、泰宁等军节度使,累封兖王。工草隶飞白,建楼贮书二万卷。卒谥文惠。事迹见《宋史》卷二四五本传。

王尧臣(—1058)生。

法国格尔伯特卒(940—)。经院哲学家、数学家,999 年时立为罗马教皇西尔维斯特第二。著有《论主的肉与血》。

西班牙阿拉伯文文学家、诗人伊本·宰敦(—1071)生。

宋真宗景德元年　契丹统和二十二年
甲辰　1004 年

正月丙戌朔,宋改元景德。

辛丑,诏:图纬、推步之书,旧章所禁,私习尚多,其申严之。自今民间应有天象器物、谶候禁书,并令首纳,所在焚毁,匿而不言者论以死,募告者赏钱十万,星算技术人并送阙下。

壬寅,诏:司天监、翰林天文院职官学士诸色人,自今毋得出入臣庶

阿拉伯人征意大利比萨。

冰岛人自格陵兰抵北美大陆东北地区。

家,占课休咎,传写文书,违者罪之。

三月丁酉,直秘阁黄夷简等上校勘新写御书,凡24162卷。

四月,宋沿边屯田,顺安、静戎军上《营田河道图》。

七月,诏以崇文院所校《晋书》新本,分赐辅臣、宗室。

八月己未,以参知政事毕士安、三司使寇準并拜同中书门下平章事。

> **按**:初,毕士安既拜参知政事,入谢,真宗曰:"未也,行且相卿。"因问:"谁可与卿同进者?"对曰:"寇準兼资忠义,善断大事,臣所不如。"帝曰:"闻其好刚使气。"对曰:"準忘身殉国,秉道嫉邪,故不为流俗所喜。今中国之民虽蒙休德涵养,而北戎跳梁,为边境患,若準者正宜用。"帝曰:"然。"故有是命(《宋史纪事本末》卷三)。

闰九月,契丹萧太后、圣宗大举南下进攻宋朝。十一月,辽兵进入澶州,真宗亲征。十二月,宋辽定"澶渊之盟"。

> **按**:时以契丹入侵,中外震骇,召群臣问方略,宰相寇準极力主张真宗亲征,反对王钦若、陈尧叟的南迁之议。真宗到达澶州后,派曹利用赴辽营议和,许给契丹岁币银绢三十万,十二月始定议。并约契丹师北归,宋沿边军勿袭击。宋真宗亦自澶州回东京。史称"澶渊之盟"。

九月,令御史台谕馆阁台省官,"有以简札贡举人姓名嘱请者,即密以闻,当加严断;其隐匿不言,因事彰露,亦当重行朝典"(《续资治通鉴长编》卷五七)。

> **按**:乾德三年、开宝六年及本年,先后三次诏令不准"公荐",进士考试中的荐举制被彻底取消。大官僚垄断取士大权的现象以后不再出现,取士权集中于皇帝手中。

是年,契丹放进士张可封等3人。

寇準八月为平章事。

毕士安应诏陈选将、纳兵、理财之法,真宗嘉纳,进吏部侍郎,八月拜平章事。

陈尧佐、任随等复校《史记》毕,并录《刊误文字》5卷同进,诏赐帛有差。

> **按**:《刊误文字》就是专门的校记。

刁衎自颍州召还,充崇文院检讨,奉命复校《汉书》、《后汉书》等史籍,"正三千余字,录为六卷以进"(《玉海》卷四三《淳化校三史》)。

路振、崔遵度并为《两朝国史》编修官。

戚纶、杜镐十月同为龙图阁待制。

杜镐、刁衎荐陈彭年该博,命直史馆兼崇文院检讨,预修《历代君臣事迹》(即《册府元龟》);陈彭年又代潘慎修修《起居注》。

朱自英任茅山第二十三代宗师。

西天竺三藏法护、北天竺僧戒贤分别携带梵文佛经来到宋朝。

宋真宗景德元年　契丹统和二十二年　甲辰　1004年

许洞著《虎钤经》20卷成书。

按：此书是当时一部先进的军事著作，具有重要的军事学术价值和军事史料价值。此书在明清两代辗转翻刻，版本甚多，今存较早的版本为明代覆宋刻本。清代诸刻大都出自嘉庆十八年曾刊校订本，流传甚广。

僧道原著《景德传灯录》成书，七月诣阙奉进，真宗诏翰林学士杨亿、知制诰李维、太常丞王曙刊定，昭宣使刘承圭领护其事。

按：是书为禅宗第一部以"灯录"命名的灯录体著作，开创了宋代灯录体学术史的先例。灯录是按禅宗师资的传承世系编排、以记言记事为主的一种文体。全书编定了禅宗1701人的师承法系。以后北宋李遵勖的《天圣广灯录》、僧惟白的《建中靖国续灯录》，南宋僧悟明的《联灯会要》、僧正受的《嘉泰普灯录》、僧普济的《五灯会元》，明代居顶的《续传灯录》、文琇的《增集续传灯录》，清代元贤的《继灯录》、通向的《续灯存稿》、性统的《续灯正统》、超永的《五灯全书》等，都是在《景德传灯录》的直接影响下问世的，灯录体著作也因此而蔚为大观。自灯录盛行，影响及于儒家，朱熹之《伊洛渊源录》、黄宗羲之《明儒学案》、万斯同之《儒林宗派》等，皆仿此体而作。

柴成务卒（934—　）。成务字宝臣，曹州济阴人。乾德六年进士。官至给事中。与钱若水等同修《太宗实录》。著有《咸平编敕》12卷、《柴成务集》20卷，今佚。事迹见《宋史》卷三〇六本传。

按：《宋史》本传曰："成务有词学，博闻稽古，善谈论，好谐笑，士人重其文雅。然为郡乏廉称，时论惜之。文集二十卷。"

李沆卒（947—　）。沆字太初，洺州肥乡人。李炳子。太平兴国五年进士。累除右补阙、知制诰。淳化二年拜参知政事。罢知河南府，迁礼部侍郎兼太子宾客。真宗即位，复参知政事。官至尚书右仆射。时称"圣相"。卒赠太尉、中书令，谥文靖。著有文集20卷，今佚。事迹见《宋史》卷二八二本传、杨亿《文靖李公墓志铭》（《武夷新集》卷一〇）。

按：《宋史》本传载：沆为相，常读《论语》。或问之，沆曰："沆为宰相，如《论语》中'节用而爱人，使民以时'，尚未能行。圣人之言，终身诵之可也。"

孙何卒（961—　）。何字汉公，蔡州汝阳人。淳化三年进士。起家将作监丞，通判陕州。擢直史馆，迁秘书丞、京西转运使。为右正言，改右司谏。官至知制诰。著有《驳史通》十余篇及文集40卷。事迹见《宋史》卷三〇六本传。

按：《宋史》本传曰："何十岁识音韵，十五能属文，笃学嗜古，为文必本经义，在贡籍中甚有声。与丁谓齐名友善，时辈号为'孙丁'。王禹偁尤推重之。尝作《两晋名臣赞》、《宋诗》二十篇、《春秋意》、《尊儒教仪》，闻于时。"

梁颢卒（963—　）。颢字太素，郓州须城人。早从学于王禹偁。雍熙二年进士。历殿中丞、右司谏。官至翰林学士、权知开封府。参与修《太祖实录》，又同修《起居注》。著有文集15卷，今已佚。事迹见《宋史》卷二九六本传。

吴育（　—1058）、富弼（　—1083）生。

阿拉伯诗人、伊斯兰教义学家、旅行家纳塞尔·库斯鲁（　—约1072/1077)生。

宋景德二年　契丹统和二十三年　乙巳　1005年

正月癸亥，命翰林学士赵安仁、工部尚书晁迥、殿中丞陈充、工部侍郎朱巽、右正言戚纶等5人权同知贡举。

按：《宋史·戚纶传》曰："（戚）纶上言取士之法，多所规制，并纳用焉。"

二月，宋命开封府推官、太子中允、直集贤院孙仅为契丹国母生辰使。

按：宋、辽从本年起互贺君主生辰及元旦，交聘百余年。

三月甲寅，真宗御崇政殿，亲试礼部奏名举人，得进士李迪、夏侯麟、李诨以下246人，第为五等，第一、第二、第三等赐及第，第四、第五等同出身。又得特奏名五举以上110人，第为三等，并赐同进士、《三传》、学究出身。次日，试诸科，得《九经》以下570人，第为三等，并赐本科及第、出身、同出身。又得特奏名诸科《三礼》以下75人，第为三等，赐同学究出身，授试衔官。

按：先是，李迪与贾边皆有声名，及礼部奏名，两人皆不与。考官取其文观之，李迪赋落韵，贾边论"当仁不让于师"，以"师"为"众"，与注疏不同，特奏，令就御试。参知政事王旦以为"落韵者，失于不详审耳。舍注疏而立异论，辄不可许。恐士子从今放荡，无所准的"，于是取李迪而黜贾边（《资治通鉴后编》卷二四）。

五月戊申朔，宋真宗阅国子监书库，问国子监祭酒邢昺书版几何？邢昺谓国初书版不及四千，至此已达十余万，经、传、正义皆备，且士庶家皆有书籍收藏。先是，馆阁精校而未印板之经史，皆令刊刻。

按：《宋史·邢昺传》曰："是夏，上幸国子监阅库书，问昺经版几何，昺曰：'国初不及四千，今十余万，经、传、正义皆具。臣少从师业儒时，经具有疏者百无一二，盖力不能传写。今板本大备，士庶家皆有之，斯乃儒者逢辰之幸也。'上喜曰：'国家虽尚儒术，非四方无事，何以及此！'上又访以学馆故事，有未振举者，昺不能有所建明。先是，印书所裁余纸，鬻以供监中杂用，昺请归之三司，以裨国用。自是监学公费不给，讲官亦厌其寥落。上方兴起道术，又令昺与张雍、杜镐、孙奭举经术该博、德行端良者，以广学员。"

庚申，真宗御崇政殿亲试，得进士范昭等51人赐及第，45人出身，诸科赐及第、同出身并试秩署州助教者698人，特奏名进士、诸科，赐及第、出身至摄助教隶殿侍者662人。

按：先是以用兵不及试期，诏礼部贡院别试河北贡举人，其曾援城者，进士虽不合格者，特许奏名。诸科例，进二场至三场者，许终场。五举及经御试并年五十者，并以名闻。虽不更城守，应七举、年六十及瀛州有效劳者，亦如之。

六月丁丑朔，诏应进士、诸科同出身试将作监主簿者，并令守选。

按：故事，登科皆有选限。近制，及第即命以官，咸平三年，初复廷试，赐出身者，亦免选。至是，策名之士尤众，多设等级以振淹滞，虽艺不及格，悉赐同出身，试秩解褐，故令有司循用常调，以示甄别。又下诏劝学，劝停贡举二年。时命两制各撰《劝学诏》，赵安仁所作最切科试之病，特俾用之(《群书考索》后集卷三六)。

壬寅，令司天监始置监生，选历算精熟者为之。

七月，应盛度之建议，诏科举科目增加为贤良方正能直言极谏、博通坟典达于教化、才识兼茂明于体用、武足安边洞明韬略、运筹决胜军谋宏远材任边寄、详明吏理达于从政六科。

按：大中祥符年间，六科全被废。

丙寅，诏庐山太平兴国、乾明寺田税十之三充葺寺宇经像，令江州置籍检校，选名僧主之。

八月丁丑朔，以翰林学士李宗谔、左谏议大夫张秉同判太常寺，仍命内臣监修乐器。

按：李宗谔素晓音律，因编录律吕法度，乐物名数，目曰《乐纂》。

九月，诏重校《汉书》。

二十二日，命资政殿学士王钦若、知制诰杨亿等纂修《历代君臣事迹》。

十一月戊申，命翰林侍读学士邢昺、户部侍郎张雍、龙图阁待制杜镐、诸王府侍讲孙奭，于京朝、幕府、州县官中，荐儒术该博，士行端良，堪充学官者10人以闻。

是年始，殿试采用誊录法，即将举人之试卷由他人重新誊写，以免认出字迹作弊。

孙奭、杜镐等校勘《庄子释文》，又校定《尔雅释文》。

寇準十月加中书侍郎，兼工部尚书。

王钦若十二月为兵部侍郎、资政殿大学士。

宋白拜刑部尚书、集贤院学士、判院事。

向敏中九月为鄜延路都部署。

张知白安抚江南，以神童荐晏殊，召试廷中，赐同进士出身；晏殊时年才14岁。

按：《宋史·晏殊传》曰：晏殊"七岁能属文，景德初，张知白安抚江南，以神童荐之。帝召殊与进士千余人并试廷中，殊神气不慑，援笔立成。帝嘉赏，赐同进士出身。宰相寇準曰：'殊江外人。'帝顾曰：'张九龄非江外人邪？'后二日，复试诗、赋、论，殊奏：'臣尝私习此赋，请试他题。'帝爱其不欺，既成，数称善"。

孙仅为太子中允，二月奉命如契丹，贺其太后生辰，致书自称南朝，以契丹为北朝。

按：直史馆王曾上言："《春秋》外夷狄，爵不过子，今从其国号，足矣，何用对称两朝！"不听(《宋史纪事本末》卷三)。

陈尧咨、刘师道同坐考试不公，贬单州团练副使。

李迪进士及第。

高琼为殿前都指挥使,六月受赐《九经》。

杨亿、王钦若受命负责修《册府元龟》。

  按：杨亿等于是年九月受诏修《册府元龟》,西昆酬唱起于是年冬,以后编有《西昆酬唱集》。

刁衎等第三次校勘《汉书》,有《复校汉书表》。又预修《册府元龟》。

晁迥进翰林学士。

李维、钱惟演、陈越与修《册府元龟》。

刘筠与修《图经》及《册府元龟》。

余庆为朝乡进士,升知翁源县。

梅鼎臣应试不第。

张君房进士及第,知江宁县。

许洞献所撰《虎钤经》20卷,应洞识韬略运筹决胜科,以负谴报罢。

西天竺僧达磨来到宋朝,进献梵文佛经。宋真宗向交趾国王黎桓赠送《大藏经》1部。

司天少监史序等于五月丁巳上编次《乾坤宝典》417卷,宋真宗作序,藏于秘阁。

  按：先是,真宗以天文、地理、阴阳、术数之书,率多舛误,乃命史序等同加编次,掇其精要,以类分之,至是书成。

权三司使丁谓等于九月癸亥上《三司新编敕》15卷,诏雕印颁行。

丁谓十月庚辰上《景德农田敕》5卷,令雕印颁行。

  按：先是,诏权三司使丁谓取户税条目及臣民所陈农田利害,编为书。丁谓乃与户部副使崔端、盐铁判官张若谷、度支判官崔曙、乐黄目、户部判官王曾,参议删定,至是书成上之。

张齐贤著《洛阳缙绅旧闻记》5卷成书。

王曙上所著《群牧故事》6卷。

王钦若上所著《卤簿记》3卷,诏付史馆。

直鲁古卒(915—)。吐谷浑人。辽名医,曾学医于汉人,长于针灸。著有《脉诀》、《针灸书》等,今佚。事迹见《辽史》卷一○八本传。

毕士安卒(938—)。士安一名士元,字仁叟,又字舜举,代州云中人。乾德四年进士。历济州团练推官、殿中丞、翰林学士、给事中、参知政事、平章政事,监修国史。谥文简。喜收藏古书,亲自缮写校雠。著有文集30卷,今佚。事迹见《宋史》卷二八一本传。

石介(—1045)、苏舜元(—1054)、江休复(—1060)、田况(—1063)、王逢(—1063)、唐询(—1064)生。

宋景德三年　契丹统和二十四年　丙午　1006年

二月庚辰，诏贡举人因事殿举及永不得入科场，非被杖者，并许复应举。

辛巳，命知制诰朱巽、直史馆张复取太祖、太宗两朝史馆《日历》、《时政记》、《起居注》、《行状》，编次以闻，令资政殿大学士王钦若总之。

三月丙寅，命翰林学士晁迥、知制诰朱巽、宫苑使刘承珪及戚纶，校品秩之差，定为制度施行之。

四月丙子，宋真宗幸崇文院观四库图籍及所修《君臣事迹》，遍阅门类，询其次序，王钦若、杨亿悉以条对，有伦理未当者，立命改之。

按：宋真宗谓近臣曰："今编此书（《历代君臣事迹》），欲为将来典法，使开卷者有资益也。"（《玉海》卷二七）

申严私藏天文、兵法之禁，星算术数人，所在悉部送赴阙。

五月丙午，命王钦若、陈尧叟同修《时政记》，每次月十五日送中书。

癸丑，诏国子监学官月俸，自今并给现钱。

七月壬子，赐广南《圣惠方》，岁给钱五万市药疗病者。

己巳，以应制举人所纳文卷付中书详较。

按：初，命翰林学士晁迥等考定，又命侍读学士吕文仲、吕祐之、龙图阁待制戚纶、陈彭年重考。真宗犹虑遗才，故复委辅臣裁择。寻诏赵宗古、陈高、陈绛、令狐颂、陈渐、陈贯等就试中书。

八月，真宗阅太常新集雅乐。

诏三馆分校《文苑英华》，以前所编次未尽允惬，遂令文臣择前贤文章重加编录，芟繁补缺换易之。

九月丙辰，真宗亲试贤良方正直言极谏，光禄寺丞钱易、广德军判官石待问并入第四等，以钱易为秘书丞，石待问为殿中丞。

十一月丁未，诏应以历代帝王画像列街衢以聚人者，并禁止之。

宋真宗谓："道释之门，有助世教"，倡三教一贯（《续资治通鉴长编》卷六三）。

诏"非《九经》书疏"之外，不准将其他书籍贩至边境市场买卖（《宋史·食货志下八》）。

契丹放进士杨佶等33人。又诏禁杀奴隶。

邢昺加刑部侍郎。

寇準二月罢平章事，出知陕州。

按：王钦若深嫉寇準，谓寇準劝真宗亲征澶州是以皇帝为"孤注一掷"，寇準因此罢相，知陕州。以冯拯、王钦若、陈尧叟并知枢密院事。

大瞿越（前黎朝）从宋制，改文武僧道官制朝服。

拜占庭得比萨之助，破阿拉伯海军，遂授比萨以帝国内贸易特权。

王钦若谗毁寇準,知枢密院事。

王旦以左丞、参知政事为工部尚书平章事,奉命监修《两朝国史》。

赵安仁以右谏议大夫参知政事,俄修国史。

陈彭年迁右正言,充龙图阁待制。

晏殊迁太常寺奉礼郎。

张景为房州参军。

杨亿召为翰林学士,又同修国史。在书局,与李维、路振、刁衎、陈越、刘筠辈相善。

张元吉二月诣阙献唐明皇墨迹及张九龄真图、告身,录为韶州文学。

按:张元吉乃唐代张九龄九世孙。

僧省常与向敏中、丁谓等士大夫在西湖结白莲社,丁谓有《西湖结社诗序》。

按:参与白莲诗社之人,丁谓序中言之未详,根据孙何《白莲社记》,参与者尚有贰卿长城钱公、参政太原王公、夕拜东平吕公、密谏颍川陈公、度支安定梁公、尚书琅琊王公、夕拜清河张公、侍读学士东平吕公、工部侍郎致仕沛国朱公、大谏始平冯公、紫微郎赵郡李公、弘农梁公、故邓帅陇西李公、故副枢秘广平宋公、故阁老太原王公等。

曾令文以《五臣注文选》、文集及宋窑名瓷赠送日本左大臣藤原道长。

按:曾令文为当时海商,海外交通是宋朝与外国进行文化交流的主要途径,前往高丽和日本的海商,常常把书籍作为重要商品输入到上述两国。

黄休复著《益州名画录》3卷成,李畋作序。

按:李氏《序》曰:"江夏黄氏休复,字归本,通《春秋》学,校《左氏》、《公》、《谷》书,暨摭百家之说,鬻丹养亲,行达于世,恬如也。加以游心顾、陆之艺,深得厥趣。……迨淳化甲午岁,盗发二川,焚劫略尽,则墙壁之绘,甚乎剥庐;家秘之宝,散如决水。今可亲者,十二三焉。噫!好事者为之几郁矣。黄氏心郁久之,又能笔之书,存录之也。故自李唐乾元初至皇宋乾德岁,其间图画之尤精,取其目所击者五十八人,品以四格,离为三卷,命曰《益州名画录》。书来,谓余有陶隐居之好,恨无画之癖,首觊读之,序以见托。且曰:画之神妙功格,往躅前范,黄氏录之详矣。至如蜀都名画之存亡,系后学之明昧,斯黄氏之志也。故其书婉而当,博而有伦,体而不乱。信夫学者得意忘象,观前贤之逸轨,然后考黄氏之四格,则思过半矣,非独鸣图画之誉于坤维者哉!时景德三年五月二十日序。"黄休复另著有《茅亭客话》10卷,被《四库全书总目提要》誉为"小说中最为近理者。"

意大利经院哲学家彼得·达米阿尼(—1072)生。

梁鼎卒(955—)。鼎字凝正,益州华阳人。太平兴国八年进士。历仕大理评事、秭归县知县、凤翔知府等。著有《隐书》3卷、《史论》20篇、《学古诗》50篇,今皆佚。事迹见《宋史》卷三〇四本传。

按:《宋史》本传曰:"鼎伟姿貌,磊落尚气,有介节,居官峻厉,名称甚茂。好学,工篆、籀、八分。尝著《隐书》三卷,《史论》二十篇,《学古诗》五十篇。"

僧允堪(—1061)、章友直(—1062)、文彦博(—1097)生。

宋景德四年　契丹统和二十五年　丁未　1007年

二月癸酉，就西京建太祖神御殿，又置国子监、武成王庙。

丙子，诏加号列子为"冲虚至德真人"。

己卯，真宗览西京图经，颇多疏漏。庚辰，令诸道州、府、军、监选文学官校正图经，补其阙略来上，命知制诰孙仅等总校之。孙仅等因诸州所上体例不一，请创例重修。于是命李宗谔、王曾领其事。

三月，太清楼藏宋太宗御制及墨迹石本934卷、轴，四部群书33725卷。

四月丁丑，真宗命所修《君臣事迹》书中宜区别善恶，有前代褒贬不当如此者，宜析理论之，以资世教。

按：《册府元龟》因此特设《谏诤部·强谏门》。

五月戊申，诏以鼓司为登闻鼓院，登闻院为登闻检院，检院亦置鼓。诸人诉事，先诣鼓院。如不受，诣检院，又不受，即判状付之，许邀车驾。如不给判状，听诣御史台自陈。

闰五月，御试特科举人。

六月，赐交州黎龙廷《九经》及佛氏书，赐龙廷名至忠。

七月，诏翰林遣画工分至诸路，图上山川形势、地理远近，付枢密院，每发兵屯戍，移徙租赋，以备检阅。

八月壬寅，真宗幸崇文院观新编《君臣事迹》，王钦若、杨亿等以草本进御。又入四库阅视图籍，谓宰臣曰："著书难事，议者称先朝实录尚有漏落。"杨亿进曰："史臣记事，诚合详备，臣预修《太宗实录》，凡事有依据可载简册者，方得记录。"真宗然之（《麟台故事》卷二）。

宋真宗因《文苑英华》以前所编次未精，诏三馆、秘阁、直馆校理分校《文苑英华》，于原书基础上删繁补缺，卷数仍为1000卷，令模印颁行。又诏校定李善所注《文选》。

辛亥，赐孔子四十六世孙孔圣佑同学究出身。

丁巳，诏修太祖、太宗正史，命王旦监修，王钦若、陈尧叟、赵安仁、晁迥、杨亿同修。

九月五日，真宗谓辅臣，所编《君臣事迹》，盖欲垂为典法，异端小说咸所不取。

己卯，诏：群臣家有藏太祖旧《实录》者，悉上史馆，无得隐匿。

壬辰，令中书、枢密院检阅建隆以来行事可书简册者，送修史院。

十月癸亥，宋真宗阅读《历代君臣事迹》稿本，谓辅臣曰："朕每因暇日

大瞿越（前黎朝）主黎龙铤受封于宋，为交趾郡王、静海军节度使。

拜占廷帝巴西尔二世收复马其顿。

阅《君臣事迹》草本,遇事简,则从容省览;事多,或至夜漏二鼓乃终卷。"时"日进草三卷,帝亲览之,摘其舛误,多出手诏诘问,或召对指示商略"(《玉海》卷五四)。

翰林学士晁迥等上《考试进士新格》,诏颁行之。殿试誊录正式成为制度。

按：其考第之制凡五等：学识优长、词理精绝为第一；才思该通、文理周率为第二；文理俱通为第三；文理中平为第四；文理疏浅为第五。然后临轩唱第,上二等曰及第,三等曰出身,四等、五等曰同出身。王旦谓真宗曰："昨颁《考较新格》,周行中颇有议论,且言中书不能守科场大体,但疑春官有私。及诏榜出,天下士乃知陛下务尽至公,恐多遗才,故更此条贯也。"(《群书考索》后集卷三六)给事中梁周翰尝请将试进士先试诗二十首,取可采者再试。真宗曰："如此,则工诗者乃能中选,长于文者无以自见矣。"(《续资治通鉴长编》卷六七)《宋史·选举志一》曰："寻又定《亲试进士条制》。凡策士,即殿两庑张帟,列几席,标姓名其上。先一日表其次序,揭示阙外,翌旦拜阙下,仍入就席。试卷,内臣收之,付编排官,去其卷首乡贯状,别以字号第之；付封弥官誊写校勘,用御书院印,付考官定等毕,复封弥送覆考官再定等。编排官阅其同异,未同者再考之；如复不同,即以相附近者为定。始取乡贯状字号合之,即第其姓名、差次,并试卷以闻。其考第之制凡五等：学识优长、词理精绝为第一；才思该通、文理周率为第二；文理俱通为第三；文理中平为第四；文理疏浅为第五。然后临轩唱第,上二等曰及第,三等曰出身,四等、五等曰同出身。余如贡院旧制。"

十一月癸酉,真宗谓王钦若,《君臣事迹·崇释教门》,有布发于地,令僧践之,及自剃僧头以徼福利,此乃失道惑溺之甚者,可并刊之(《续资治通鉴长编》卷六七)。

按：今《册府元龟·崇释氏》已无此条。

是月,宋真宗听信王钦若,造作天书,准备封禅等事,号为"大功业"。又遣使命朱自英设醮祈嗣,越年赐号"国师"。

按：《宋史·王钦若传》曰："真宗封泰山、祀汾阴,而天下争言符瑞,皆钦若与丁谓倡之。"

十二月乙未,真宗手札赐王钦若曰："编修《君臣事迹》官,皆出遴选。朕于此书,匪独听政之暇,资于披览,亦乃区别善恶,垂之后世,俾君臣父子有所鉴戒。自初修官至杨亿,各依新式,递相检视,内有脱误,门目不类,年代、帝号失次者,并署历,仍书逐人名下,随卷奏知。异时比较功程,等第酬奖,庶分勤惰。委刘承珪专差置历。"(《续资治通鉴长编》卷六七)

命翰林晁迥、知制诰朱巽、王曾、龙图阁待制陈彭年同知贡举。始命礼部封印卷首。

按：陈彭年请令有司详定考试条式。真宗因命陈彭年与戚纶参定,多革旧制,专务防闲。《宋史·陈彭年传》谓"其所取者,不复拣择文行,止较一日之艺,虽杜绝请托,然置甲等者,或非宿名之士"。

诏"分内藏西库地广秘阁"(《麟台故事》卷一)。

邢昺加工部尚书。

杨亿、刘筠、钱惟演等人自景德二年(1005)至大中祥符六年(1013)在秘阁参与编撰《历代君臣事迹》，闲暇多互有唱和，后杨亿将其编为《西昆酬唱集》。西昆诗派由此而来。

按：魏泰《临汉隐居诗话》曰："杨亿、刘筠作诗务积故实而语意轻浅，一时慕之，号'西昆体'。识者病之。"欧阳修《六一诗话》卷八曰："自杨、刘唱和，《西昆集》行，后进学者争效之，风雅一变，谓之'昆体'，由是唐贤诸诗集几废而不行。"可见西昆诗派在当时的影响之大。

丁谓时权三司使，上疏请将户部户口数目定期抄送史馆，以便编纂国史与会要之用。

王旦、杨亿等奉命修《太祖史》、《太宗史》。

孙仅时为知制诰，与龙图待制戚纶奉命重修《十道图》，未竟业；又命校定隋陆法言《切韵》。

张齐贤时为吏部尚书，二月奉命祭周六庙。

晁迥五月为明德、章穆二陵礼仪使，撰《章穆皇后谥册文》；八月被命同修国史，十月上《考试进士新格》，十二月被命同知次年贡举。

崔遵度五月参与议定贡院考较格式，八月为《两朝国史》编修官。

刘鹭被命考试国子监举人。

夏竦举贤良方正。

白居易后裔白利用被录为河南府助教。

陈彭年迁右正言，充龙图阁待制。

欧阳观官于绵州，是年生子欧阳修。

杨亿著《武夷新集》20卷成书。

陈彭年、丘雍、晁迥、戚纶等校勘《韵略》。

朱昂卒(925—)。昂字举之，其先京兆人，后徙南阳，又寓居潭州。历官太子洗马、殿中侍御史、翰林学士等。以工部侍郎致仕。真宗时曾受诏编次三馆、秘阁书籍。著有《资理论》3卷、文集30卷等，今佚。事迹见《宋史》卷四三九本传、夏竦《朱公行状》(《文庄集》卷二八)。

乐史卒(930—)。史字子正，抚州宜黄人。初仕南唐，为秘书郎，入宋，赐进士及第，擢著作佐郎，官至水部员外郎。著有小说《杨太真外传》、《绿珠传》，地理书《太平寰宇记》200卷以及《诸仙传》25卷、《总记传》130卷、《坐知天下记》40卷、《宋齐丘文传》13卷、《杏园集》10卷、《李白别集》10卷、《商颜杂录》20卷、《广卓异记》20卷等。事迹见《宋史》卷三○六《乐黄目传》附传。

吕文仲卒，生年不详。文仲字子藏，歙州新安人。南唐进士，历任南唐临川尉、大理评事。入宋，授太常寺太祝，迁少府监丞。与修《太平御览》、《太平广记》、《文苑英华》，改著作郎。太平兴国中，曾与舒雅、杜镐、吴淑等人常为太宗读古碑刻。后历任刑部侍郎，充集贤院学士。著有文

阿拉伯诗人哈玛达尼卒(969—)。

意大利红衣大主教彼得·达米安(—1072)生。

集 10 卷。事迹见《宋史》卷二九六本传。

按：《宋史》本传曰："文仲富词学，器韵淹雅。其使高丽也，善于应对，清净无所求，远俗悦之。后有使高丽者，必询其出处。然性颇龌龊，不为时论所许。有集十卷。"

欧阳修（　—1072）、僧契嵩（　—1072）、吕公弼（　—1073）、王素（　—1073）、沈立（　—1078）、张方平（　—1091）生。

宋真宗大中祥符元年　契丹统和二十六年
戊申　1008 年

正月戊辰，宋真宗诈称"天书"下降，庆贺改元。真宗自制道教乐章，特命王钦若定《罗天大醮仪》，遂崇道教。

按：《宋史·孙奭传》曰："奭对曰：'臣愚，所闻"天何言哉"，岂有书也？'帝既奉迎天书，大赦改元，布告其事于天下，筑玉清昭应宫。是岁，天书复降泰山，帝以亲受符命，遂议封禅，作礼乐。王钦若、陈尧叟、丁谓、杜镐、陈彭年皆以经义左右附和，由是天下争言符瑞矣。"

司天监奏三日、五日有瑞云覆宫殿，乞付史馆，从之。

癸未，诏礼部贡院，诸科举人虽初举而材艺可取者，与进场第。

按：真宗谓宰相王旦曰："今兹举人，颇以糊名考较为惧，然有材艺者，皆喜于尽公。"王旦对曰："诸路发解拘限程制，虑遗俊秀，当稍宽之。"冯拯曰："比来省试，但以诗赋进退，不考文论。江、浙士人，专业诗赋，以取科第。望令于诗赋内兼考策论。"真宗然之（《职官分纪》卷一〇）。

三月己卯，兖州并诸路进士孔谓等 840 人诣阙请封禅。

壬午，宰相王旦等率文武百官、诸军将校、州县官吏、蕃夷、僧道、耆寿 24370 人诣东上阁门，凡五上表，请封禅。

庚辰，晁迥等上合格进士、诸科 891 人，免解 186 人。又学究 22 人得四通，《三史》5 人一通，并准格落下，诏特奏名。命给事中张秉等 7 人锁宿于御书院，复考试卷，遣中使监视，考讫又送中书看详。

四月甲午，诏以今年十月有事于泰山；乙未，以知枢密院王钦若、参知政事赵安仁并为封禅经度制置使，准备封禅。晁迥、李宗谔、杨亿、杜镐、陈彭年等详定仪注。丙申，命王旦为封禅大礼使，王钦若为礼仪使，冯拯为仪仗使，陈尧叟为卤簿使，赵安仁为桥道顿递使。

壬寅，真宗御崇政殿，亲试进士，仍录解题，摹印以示之。命翰林学士李宗谔等 8 人为考官，直史馆张复等 8 人为复考官，侍御史周师望等 2 人糊名，给事中张秉、知制诰周起详定等第。赐姚晔、祖士衡、郑何等 106 人及第，3 人同出身，15 人同《三礼》出身，83 人学究出身，《九经》以下及第、出身试衔助教者 652 人。

按：时南省下第举人周叔良等 120 人讼知举朋附权要，抑塞孤寒，列上势家子弟40余人文学浅近,不合奏名。真宗曰:"举贡谤议,前代不免。朕今召所谓势家子弟者,别坐就试。"既而周叔良所陈皆妄,令配隶许州(《群书考索》后集卷三七)。

丙午,诏:于皇城西北天波门外作昭应宫以奉天书,命刘承珪、蓝继宗典其役。

是月,诏:自今举人与试官有亲嫌者,皆移试别头。

五月丙寅,命王旦、冯拯、赵安仁等分撰玉牒、玉册文。

六月壬辰,详定所上封禅仪注。

十月,宋真宗自京师至泰山封禅,过曲阜,祀孔子,加谥玄圣文宣王。又命翰林学士晁迥祭奠孔子父母。追封叔梁纥为鲁国公,颜氏为鲁国太夫人,伯鱼母并官氏为浑国太夫人。又追封齐太公望曰昭烈武成王,令青州立庙;周文公旦曰文宪王,曲阜县立庙。寻复追封孔子庙配飨从祀者,颜回为兖国公,闵损、曾参及汉儒、左丘明以下为郡公、侯、伯。

丁卯,赐曲阜县玄圣文宣王庙《九经》、《三史》,令兖州选儒生讲说。又赐太宗御制、御书,又以经史赐兖州。

十二月,以陈彭年请,命丁谓、李宗谔、戚纶、陈彭年等编修《封禅记》,成书50卷,御制序冠之于首。

是年,诏试镶者,州长吏先校试合格,始听取解;至礼部不及格,停其官,而考试及举送者,皆重置罪。省试糊名亦始于本年。

按:镶厅试,即现任官无出身者应进士试的制度。

是年,契丹放进士史克忠等13人。

邢昺、郭贽并为礼部尚书。

寇準为户部尚书。

向敏中九月权东京留守。

杨亿加兵部员外郎、户部郎中。

晏殊十月迁光禄寺丞。

梁周翰迁工部侍郎。

陈彭年、丘雍等奉命修订《切韵》。

梁固举服勤词学科,擢甲第,授将作监丞,通判密州。

钱惟演时为太仆少卿,正月献《祥符颂》,擢司封郎中,知制诰。

晁迥时为翰林学士,与知制诰朱巽、王曾、龙图阁待制陈彭年同知贡举。

宋绶复试学士院,为集贤校理,与父宋皋同职。

查道直史馆,迁刑部员外郎,预修《册府元龟》。

戚纶掌吏部选事;是冬,因封泰山礼成,迁户部郎中、直昭文馆,待制如故。

王曾为知制诰,张旻为都虞侯,皆上书谏修玉清昭应宫,不听。

孙冕时为直史馆,请以白鹿洞为归隐养老之所,真宗许之,未及而卒。

按:皇祐五年,孙冕之子、礼部郎中孙琛在白鹿洞建房十间,取名"白鹿洞之书堂",以便子弟居住、读书,同时接待各地前来求学之士。当时任南康知军的郭祥正为此写有《白鹿洞书堂记》,是白鹿洞书院历史上第一篇记文。

崔遵度受命同修《起居注》,进博士。

梅鼎臣、王式参加礼部贡举人御试，又未及第。

邢昺等上所著《景德朝陵地里记》60卷。

路振使契丹，著《乘轺录》以献。

陈彭年、丘雍等上校定成书的《切韵》5卷，改名为《大宋重修广韵》。

按：宋景德四年，因旧本《切韵》偏旁差讹、传写漏落、注解未备等原因，朝廷命加以重修。同年崇文院上校定《切韵》5卷，依例颁行。至大中祥符元年，改名为《大宋重修广韵》（简称《广韵》）。因前此有句中正、吴铉、杨文举等奉命编纂的《雍熙广韵》100卷修订在先，故陈彭年此次修订名曰"重修"。后宋真宗命将此书定为科举考试和学校教育应用之标准本。《广韵》是我国古代最重要的韵书，是研究汉语语音史最重要的材料。现存的《广韵》有繁、简两种本子。繁本常见的本子有张氏泽存堂本、《古逸丛书》覆宋本等。简本常见的本子有覆元泰定本、明内府本等。经今人校刊的本子有周祖谟的《广韵校本》和余迺永的《互注校正宋本广韵》。

杨亿编《西昆酬唱集》成书，自为序。

按：是书所收之诗，大都是景德二年官修大型类书《册府元龟》开始编纂后诸臣的唱和之作。当时参加唱和者，除杨亿、刘筠、钱惟演3人外，尚有李宗谔、陈越、李维、刘骘、丁谓、刁衎、任随、张咏、钱惟济、舒雅、晁迥、崔遵度、薛映、刘秉等人。序曰："予景德中忝佐修书之任，得接群公之游，时今紫微钱君希圣、秘阁刘君子仪，并负懿文，尤精雅道，雕章丽句，脍炙人口。"

苏舜钦（　—1048）、韩琦（　—1075）、赵抃（　—1084）、刘几（　—1088）生。

日本紫式部《源氏物语》约于是年成书。

宋大中祥符二年　契丹统和二十七年　己酉　1009年

正月丁巳朔，宋真宗召辅臣至内殿朝拜天书。

按：自是岁以为常。

诏：禁读非圣之书，及属辞浮靡者。

按：御史中丞王嗣宗言："翰林学士杨亿、知制诰钱惟演、秘阁校理刘筠唱和《宣曲》诗，述前代掖庭事，词涉浮靡。"真宗曰："词臣，学者宗师也，安可不戒其流宕！"乃下诏风厉学者："自今有属词浮靡、不遵典式者，当加严谴。其雕印文集，令转运司择部内官看详，以可者录奏。"（《续资治通鉴》卷二八）

二月，诏立曲阜孔子庙学舍，选儒生讲学，以重振孔子故乡之学风。又赐应天府书院额，令戚同文之孙戚舜宾主之，仍令本府募职官提举，以曹诚为府助教。

按：宋初，地方州县不能随便立学，是年诏许曲阜先圣庙立学，可谓州县立学之始。但大规模的州县立学，要到"庆历新政"之时。

法蒂玛王朝哈里发哈基姆毁耶路撒冷圣陵教堂。

德意志美因茨圣马丁大教堂落成。

德国提特马尔为梅泽堡主教，开始促进主教教堂议事会制度的发展。

宋大中祥符二年　契丹统和二十七年　己酉　1009年

是月，罢制举诸科。

三月丁卯，诏：《君臣事迹》或有增改事，标记，复阅之。

四月癸卯，诏：自今公私文字中有言及玉皇者，并须平阙。

庚戌，令太常礼院详定天庆道场斋醮仪式，颁行诸州。

壬子，诏：应以门资授京官年二十五已上求差使者，当令于国学听习经书，以二年为限，仍令审官院与判监官考试讫，以名闻。是秋当引对者9人，大理评事钱象中、奉礼郎陈宗纪以学业未精，令且习读，俟次年引对。

五月乙卯朔，诏追封孔子弟子七十二人，兖公颜回为国公，费侯闵损等9人为郡公，成伯曾参等62人为列侯。令中书门下及两制馆阁分撰"赞"文。真宗亲撰《文宣王赞》，称孔子为"人伦之表"，儒学是"帝道之纲"。

辛酉，诏权罢今年贡举。

六月庚戌，真宗御崇政殿亲试进士、诸科，赐进士梁固、宋程、麻温舒等26人及第，同出身者3人，同《三礼》出身者2人，《九经》、《五经》、《三礼》、学究、明法及第者48人，同出身者6人。

按：先是，工部侍郎张秉、知制诰周起以所试服勤词学、经明行修合格人名闻。肇工部侍郎冯起、给事中薛映、龙图阁待制陈彭年、戚纶复考定之。真宗亲试时，仍别录本考较，取《玉篇》中字为号，始令第进士程试为五等，曰"上次"，曰"中上"，曰"中次"，曰"下上"，曰"下次"。取考官、复考官所定试卷参较等第，有不同者，命再考之。考讫，又付由仆射张齐贤等详审，仍以高第十卷付宰相重定（《群书考索》后集卷三七）。

七月戊寅，诏孔子庙配享鲁史左丘明等19人爵为伯，赠兰亭侯王肃司空，当阳侯杜预司徒，命近臣各撰赞文。

十月，宋修昭应宫，供奉天书等物，以丁谓为修昭应宫使。诏诸路、州、府、军、监、关、县官择地建道观，并以"天庆"为额。又命左右街选道士10人校定《道藏》典籍。

按：至是，天下始遍有道像，道教大盛。

是月，命太常博士石待问校勘《文苑英华》。

十一月，诏：诸路官吏有蠹政害民，辨鞫得实，本路转运使、提点刑狱官不能举察者，论其罪。

十二月，又命张秉、薛映、戚伦、陈彭年复校《文苑英华》。

按：是书校勘后，欲与李善所注《文选》一起"摹印颁行"，会"宫城大火，二书皆烬"。南宋孝宗时，周必大言"秘阁有藏本，然舛误不可读"，于是命人"御前校正书籍"。由于校勘者往往妄加"涂注"，质量低劣，故周必大卸官后，与胡柯、彭叔夏等又重加校订，并雕版印行（详见《文苑英华·事始》），此为现今世间传本之始。

是年，契丹始御前引试进士，放刘三宜等3人。

晏殊四月献《大醮赋》，召试学士院，为集贤校理。

应天府民曹诚在五代名儒戚同文隐居讲学旧址河南商丘创建应天府书院，增建学舍150间，聚书1500余卷，广收生徒，讲学甚盛。是年曹诚愿以学舍入官,并请令戚同文之孙戚舜宾主院,真宗帝"面可其奏",赐"应天府书院"额,命曹诚为助教,太常博士王渎掌教事。

> 按:应天府书院是宋代较早的一所地方官学,时人称"州郡置学始于此",天下学校"视此而兴"。

陈彭年预详定封禅仪注,上言辨正包茅之用。礼成,进秩工部郎中,加集贤典修撰。

丁谓二月为三司使,四月为修昭应宫使,十二月上《泰山封禅朝觐祥瑞图》,示百官于朝堂。

> 按:自封禅之后,士大夫争奏符瑞,献赞颂,独崔立反对,但意见未被采纳。

刁衎知湖州任满,复预修《历代君臣事迹》。

薛映十二月复校《文苑英华》。

> 按:薛映字景阳,唐中书令元超八世孙,后家于蜀。《宋史·薛映传》曰:"映好学有文,该览强记,善笔札,章奏尺牍,下笔立成。为治严明,吏不能欺。"

穆修进士及第。

方士王中正二月为左武卫将军。

阿拉伯商人在泉州东南建伊斯兰教清真寺——艾苏哈卜寺和涂门街清真寺。

唐韩愈《韩昌黎集》由杭州明教寺刻成。

杨亿等正月上僧道原《景德传灯录》30卷,命刻板宣布。

林特、刘承圭、李溥上编成《茶法条贯》23册。

阿拉伯伊本·尤努斯卒(950—)。天文学家,开罗学派代表之一,编撰有《哈基姆历数书》,载有在开罗所作日食、月食观测记录。

梁周翰卒(929—)。周翰字元褒,郑州管城人。后周广顺二年进士,授虞城主簿,辞疾不赴,改开封府户曹参军。宋初,范质、王溥为相,引为秘书郎,直史馆。官至工部侍郎。与柳开等力矫宋初卑弱文体,开宋代古文运动先声。著有《翰苑制草集》20卷及《续因话录》,今不传。事迹见《宋史》卷四三九本传。

> 按:《宋史》本传曰:"五代以来,文体卑弱,周翰与高锡、柳开、范杲习尚惇古,齐名友善,当时有高、梁、柳、范之称。"

潘阆卒,生年不详。阆字逍遥,自号逍遥子,大名人。至道元年赐进士及第,授国子四门助教。以事得罪,变姓名,潜匿多年。著有诗集1卷,已佚,四库馆臣自《永乐大典》辑出佚文,编为《逍遥集》1卷。事迹见沈括《梦溪笔谈》卷一五、《郡斋读书志》卷一九、《咸淳临安志》卷六五。

舒雅卒,生年不详。雅字子正,歙县人。南唐时,受知于韩熙载,以状元及第。入宋,为将作监丞、秘书阁校理,累迁职方员外郎,知舒州。后加主客郎中,改直昭文馆,转刑部。与吴淑齐名。为西昆体诗人之一,诗存《西昆酬唱集》中。著有《山海经图》、《十九代史目》等。事迹见《宋史》卷四四一本传、《南唐书》卷二二《舒雅传》。

李觏(—1059)、苏洵(—1066)、元绛(—1084)、范镇(—1088)、高赋(—1092)生。

宋大中祥符三年　契丹统和二十八年　庚戌　1010年

宋真宗赐王钦若手札四道,言《历代君臣事迹》编纂中之错误以及改正之法。

闰二月壬子,迁左右街僧官。

> 按:旧例,僧职迁补,只委开封而滥选者众。至是,命知制诰李维等宿中书,出经题考试,而后序迁。道官寻亦用此例。

四月辛酉,赐泰山隐居秦辨号贞素先生,放还山。

六月丙辰,颁诸州《释奠玄圣文宣王庙仪注》并《祭器图》。

七月,置龙图阁学士,以直学士杜镐充任,待制陈彭年为直学士。

己亥,诏:南宫、北宅大将军以下,各赴书院静读经史。诸子十岁以上,并须入学,每日授经书,至午后乃罢。仍委侍教教授、伴读官诱劝,无令废惰。

八月戊申,以知枢密院事陈尧叟为祀汾阴经度制置使,翰林学士李宗谔副之。庚戌,命翰林学士晁迥、杨亿,龙图阁学士杜镐,直学士陈彭年,知制诰王曾等与太常礼院详定祀汾阴仪注。以王旦为大礼使,王钦若为礼仪使。

> 按:河中进士薛南及父老、僧道1200人六月请祀后土于汾阴,故有是命。

甲寅,诏近臣观书龙图阁。

十一月壬辰,宋真宗谓向敏中,今学者易得书籍。敏中言"国初惟张昭家有三史,太祖克定四方,太宗崇尚儒学,继以陛下稽古好文,今三史、《三国志》《晋书》皆镂板,士大夫不劳力而家有旧典,此实千龄之盛也"(《续资治通鉴长编》卷七四)。

十二月,陕西黄河再清,集贤校理晏殊向朝廷献《河清颂》。真宗作《奉天庇民述》,示宰相。

是年,宋真宗令崇文院集馆阁本详校道书,宰臣王钦若总领其事。历六年乃成《宝文统录》4359卷。

邢昺时为翰林侍读学士,得病,诏太医院诊视,上亲临问,赐名药。

> 按:《宋史·邢昺传》曰:"国朝故事,非宗戚将相,无省疾临丧之礼,特有加于昺与郭贽者,以恩旧故也。"

郭贽时为翰林学士,六月丙辰卒,"故事,无临丧之制,上以旧学,故亲往哭之,废朝二日"(《续资治通鉴长编》卷七三)。

孙奭应诏陈朝廷得失,上纳谏、恕直、轻徭、薄赋四事。

查道、张知白、孙奭、王曙并为龙图阁待制。

法国迫害犹太人。

非洲桑海帝国伊斯兰化。

戚纶擢枢密直学士,旋出知杭州。

晏殊自集贤校理迁著作佐郎。

陈彭年改兵部郎中、龙图阁直学士;迁右谏议大夫兼秘书监,奉命编次《太宗御集》。

杜镐为龙图阁学士。

苏耆时为大理评事,八月赐进士及第。

按:苏耆是苏易简之子,宰相王旦之女婿。苏耆先举进士,及唱第,格在诸科,知枢密院陈尧叟言之于真宗,真宗问王旦,王旦却立不对。至是,苏耆献所为文,召试学士院,而有是命。

欧阳修之父欧阳观卒于泰州军事判官任所,郑氏守节居穷,画荻教子。

按:韩琦《欧阳公墓志铭》曰:"公四岁而孤,母韩国太夫人郑氏,守节不夺。家虽贫,力自营赡,教公为学。"(《安阳集》卷五〇)《宋史·欧阳修传》曰:"母郑守节,亲诲之学,家贫,至以荻画地学书,幼敏悟过人,读书辄成诵。"

石待问以太常博士上时务策,得罪责授滁州团练副使。

中天竺僧觉称法戒、觉戒、西天竺沙门众德来宋朝进献梵本佛经。

韩显符闰二月造铜候仪成,并上所著经10卷。

丁谓等十月庚申上《大中祥符封禅记》50卷,真宗亲为序,藏秘阁。

翰林学士李宗谔等于十二月丁巳上《祥符州县图经》1566卷。

郑文宝著《江表志》3卷成书。

陈彭年上奉诏纂《历代帝王集》25卷,真宗作序,名《宸章集》。

英国埃尔弗里克卒(约955—)。文学家,撰有《罗马天主教布道文集》、《圣徒传》。

德国神学家、诗人、历史学家奥特罗(—1070)生。

意大利经院哲学家郎法兰克(—1089)生。

邢昺卒(932—)。昺字叔明,曹州济阴人。太平兴国初《九经》及第。历国子博士、右谏议大夫、国子祭酒。真宗咸平二年,始置翰林侍讲学士,擢为首任。官终礼部尚书。受诏与杜镐、孙奭、舒雅、李慕清、崔偓佺等校定《周礼》、《仪礼》、《公羊传》、《谷梁传》诸经义疏。又在东宫及内庭侍讲《孝经》、《礼记》、《论语》、《尚书》、《周易》、《诗经》等。著有《论语正义》、《孝经正义》、《尔雅义疏》等。事迹见《宋史》卷四三一本传。

按:《四库全书总目提要》评论其学曰:"今观其书,大抵剪皇氏之枝蔓而稍傅以义理。汉学、宋学,兹其转关。是疏(指《论语正义》)出而皇疏微,迨伊洛之说出而是疏又微。"《中兴书目》曰:"其书于章句训诂名物之际详矣,盖微言其未造精微也。然先有是疏而后讲学诸儒得沿溯以窥其奥,祭先河而后海,亦何可以后来居上,遂尽废其功乎。"《宋史》本传曰:"昺在东宫及内庭,侍上讲《孝经》、《礼记》、《论语》、《书》、《易》、《诗》、《左氏传》。据传疏敷引之外,多引时事为喻,深被嘉奖。上尝问:'管仲、召忽皆事公子纠,小白之入,召忽死之,管仲乃归齐相桓公。岂非召忽以忠死,而管仲不能固其节,为臣之道当若是乎?又郑注《礼记·世子篇》云:'文王以勤忧损寿,武王以安乐延年。"朕以为本经旨意必不然也。且夏禹焦劳,有玄圭之赐,而享国永年。若文王能忧人之心,不自暇逸,纵无感应,岂至亏损寿命耶?'各随其事理以对。"

郭贽卒(935—)。贽字仲仪,一作少仪,开封襄邑人。乾德进士。太平兴国初,擢著作佐郎,兼皇子侍讲。迁中书舍人,屡同知贡举。官至礼部尚书、翰林侍读学士。著有《文懿集》30卷。事迹见《宋史》卷二六六本传。

史序卒(935—)。序字正伦,京兆人。善推步历算。太平兴国中补司天学生。累擢知司天监事。曾修《仪天历》上之,又纂天文历书以献。事迹见《宋史》卷四六一本传。

丁宝臣(—1067)、唐介(—1069)、王说(—1085)、祖无择(—1085)、龚鼎臣(—1086)生。

宋大中祥符四年　契丹统和二十九年　辛亥　1011年

正月,宋真宗奉天书发京师,西祀汾阴。

二月,宋真宗赴宝鼎县祀汾阴后土,并作《汾阴配享铭》、《河渎四海赞》。

四月,真宗谓宰相曰:"朕阅《唐六典》,起居郎、舍人、司谏、正言凡十二员,近者此官多阙,可因覃庆,选有才望、为中外所知者补之。"(《续资治通鉴长编》卷七五)于是直史馆陈尧佐、乐黄目、盛玄、王随、路振、崔遵度、陈知微、李咨、陈越等9人,悉授两省官。

五月癸巳,诏诸州城置孔子庙。

是月,诏赵安仁、杨亿等编撰新的经录。

以黄金三千两赐峨嵋山普贤寺供增修之用。

七月癸酉,历代帝王陵寝申禁樵采,犯者,所在官司并论其罪。

诏丁谓、李宗谔与礼官详定五岳衣冠制度及崇饰神像之礼。

国史院进所修《太祖纪》,真宗录《纪》中义例未当者20余条,因诏曰:每卷自今先奏草本,编修官及同修史官,其初修或再看详,皆具载其名。如有改正、增益事件字数,亦各于名下题出,以考其勤惰焉(《续资治通鉴长编》卷七六)。

八月乙丑,刻御制《大中祥符颂》于左承天祥符门。

是月,《祥符州县图经》誊写542本颁行。

九月辛卯,以向敏中等为五岳奉册使,加上五岳帝号。

丙子,秘书监向敏中等请集御制藏于馆阁,从之。仍诏不得与《太宗

阿拉伯人破比萨。

丹麦人袭英国坎特伯雷大教堂。

御集》同处。

十一月庚午朔,诏:闻河朔诸州解送举人,艰于考核,颇多黜落。令转运使于落解举人至多处,遣官别加考试,合格人送礼部。

甲戌,诏:河中府进士五举、诸州诸科终场七举以上,特许礼部奏名。

丙子,真宗御崇政殿亲试进士,赐张师德、丁度、陈宽等31人及第、出身有差。

按:先是,汾阴赦书,举服勤词学、经明行修之士,如东封例,惟不复考。丙子,真宗御崇政殿亲试,进士扣槛请谕诗赋题所出,真宗令录示之,始令赋论中不得用小臣儒生字。又以冬昼景短,罢常务不决。即令引试,内出新定条制:举人纳试卷,内臣收之,先付编排官去其卷首乡贯状,以字号第之,付弥封官誊写校勘,用御书院印,始付考官,定等讫,复弥封送复考官,再定等。编排官阅其同异,未同者再考之;如复不同,即以相附近者为定。始取乡贯状字号合之,乃第其姓名差次并试卷以闻,遂临轩唱第。其考第之制,学识优长、词理精绝为第一等,才思该通、文理周密为第二等,文理俱通为第三等,文理中平为第四等,文理疏浅为第五等,自余率如贡院旧制(《群书考索》后集卷三七)。

十二月,诏《三礼》《三传》科自今各减一场,仍以五通为合格。

是年,契丹御试进士,放高承颜等2人。

孙奭为龙图阁待制,上疏谏祀汾阴后土。不听。
范仲淹入应天府书院求学。
王钦若加吏部尚书。
向敏中九月为五岳奉册使。
薛映九月为南岳奉册使。
晁迥等所修《太祖纪》,未当真宗意,王钦若委过晁迥、杨亿。晁迥九月为西岳奉册使。
钱惟演九月为南岳奉册副使。
李宗谔五月被命详定崇奉五岳仪注。
刘筠正月被命修祀汾阴所经之地图经。
陈越受命参与修撰祀汾阴车驾所过之图经,擢左正言。
王旦加右仆射。
张齐贤为左仆射。
许洞献《三盛礼赋》,召试中书,改乌江县主簿。
般尼国沙门寂贤来宋朝进献梵文佛经。

李宗谔上所著《翰林杂记》。
姚铉纂唐代诗文为《文粹》(今称《唐文粹》)100卷。

按:《四库全书总目提要》曰:"是编文赋惟取古体,而四六之文不录;诗歌亦惟取古体,而五七言近体不录。……盖诗文俪偶,皆莫盛于唐。盛极而衰,流为俗体,亦莫杂于唐。铉欲力挽其末流,故其体例如是。于欧、梅未出以前,毅然矫五代之弊,与穆修、柳开相应者,实自铉始。……然论唐文者,终以是书为总汇,不以一二小疵,掩其全美也。"

僧道原《景德传灯录》30卷诏编入大藏流通。

按:赵安仁、杨亿等编《大中祥符法宝录》卷二〇载:"景德中,有东吴僧道原采摭成编,诣阙献上。乃诏翰林学士、左司谏知制诰杨亿,兵部员外郎知制诰李维,太常丞王曙同加刊定,勒成三十卷。大中祥符四年,诏编入藏。"

黄夷简卒(935—)。夷简字明举,福州人。初事吴越,为光禄卿。后随钱俶归宋,授检校秘书少监,官终平江军节度副使。善属文,尤工诗。事迹见《宋史》卷四四一本传。

按:《宋史》本传曰:"夷简喜谈论,善属文,尤工诗咏,老而不辍。"

吕蒙正卒(944—)。蒙正字圣功,河南洛阳人。太平兴国二年进士第一。历著作郎、翰林学士,参知政事。太宗、真宗时三次任宰相。封蔡国公,后改封许国公。卒谥文穆。著有《吕文穆集》10卷,今佚。事迹见《宋史》卷二六五本传。

刘牧(—1064)、邵雍(—1077)、僧元净(—1091)生。

宋大中祥符五年　契丹统和三十年　开泰元年
壬子　1012年

正月癸酉,命翰林学士晁迥、枢密直学士刘综、知制诰李维、龙图阁待制孙奭同知贡举。

诏:文武百官薨卒,当定谥者,自今本家申请,即准故事施行,不须奏入俟报。

二月,诏:贡举人犯公罪,听赎受罚,并令礼部取前后诏令经久可行者,编为条例制度,以方圆考试取士之规矩。

壬戌,令礼部贡院录诸州发解试题进内,真宗将亲试贡士,以免重复。自是为例。

三月己丑,真宗亲试礼部合格贡举人,始摹印诗赋论题以赐,官给纸起草。赐进士徐奭等126人及第、出身有差。

按:宋贡举考试时,刻印试题、题解,分发应试举人,称作"印题"。是年以后,逐渐推广至省试及各类解试,成为制度。

四月癸卯,令礼部贡院取前后诏敕经久可行者,编为条例。

五月戊辰朔,诏礼部权停今年贡举。

契丹命裴元感、邢祥知礼部贡举,放进士19人及第。

六月壬戌,因枢密使、同平章事王钦若及陈尧叟之请,枢密院所修《时政记》,不送中书,每月径送史馆。

英国继续交纳"丹麦金"。

西欧基督教"异端"派别清洁派约于是年最早出现,通称阿尔比派。

德意志首次迫害非基督教徒。

七月,契丹进士康文昭等坐论知贡举裴元感、邢祥取士私曲,秘书省正字李万以上书词涉怨讪,皆杖而遣之。

八月,真宗作《祥瑞论》、《勤政论》、《俗吏辨》,赐辅臣人一本。

龙图阁直学士陈彭年上所编录《太宗圣制》共240卷,诏中书门下详校,奉安于太清楼、资政殿、崇文院、秘阁、西京三馆各一本。

九月辛巳,国子监请建阁藏太宗御书,从之。

十月辛酉,真宗以《崇儒术论》、《为君难为臣不易论》示王旦、陈彭年等,王旦、陈彭年等请刻石国子监。

按:先是,龙图阁直学士陈彭年因奏对,真宗谓之曰:"儒术污隆,其应实大,国家崇替,何莫由斯。故秦衰则经籍道息,汉盛则学校兴行。其后命历迭改,而风教一揆。有唐文物最盛,朱梁而下,王风浸微。太祖、太宗丕变弊俗,崇尚斯文。朕获绍先业,谨遵圣训,礼乐交举,儒术化成,实二后垂裕之所致也。为君之难,由乎听受;臣之不易,在乎忠直。其或君以宽大接下,臣以诚明奉上,君臣之心,皆归于正。直道而行,至公相遇,此天下之达理,先王之成宪,犹指诸掌,孰谓难哉?"(《历代名臣奏议》卷二七四)陈彭年因请真宗著之于篇,故作此两文。

闰十月丁卯,命王旦为躬谢太庙大礼使,向敏中为礼仪使,王钦若为仪仗使,陈尧叟为卤簿使,马知节为桥道顿递使。

宋真宗称九天司命上卿保生天尊降于延恩殿,称梦景德中所见神人传玉皇之命:"先令汝祖赵某授汝天书,将见汝,如唐朝恭奉玄元皇帝。"己巳,遂上天尊号:"圣祖上灵高道九天司命保生天尊大帝。"(《续资治通鉴》卷三〇)

癸酉,诏天下州、府、军、监,天庆观并增置圣祖殿。

十一月,契丹改元开泰,改幽州府为析津府。

丙辰,内出《太宗御集》并《法帖》360卷示辅臣。

按:王旦曰:"以文章化人成俗,实自太宗始也。五代以来,笔札无体,钟王之法几绝。太宗留意翰墨,断行片简传之于外,则争求之,自是学者书体丕变,圣教之至也。"(《玉海》卷三三)

十二月壬申,以玄字犯圣祖讳,改谥玄圣文宣王为至圣文宣王。

王钦若与刘承圭、陈彭年、林特、丁谓等交通,踪迹诡异,时论谓之"五鬼"。

王钦若、陈尧叟并为枢密使,丁谓为参知政事,马知节为枢密副使。

按:王钦若、丁谓导帝以封祀,眷遇日隆,故有是命。

张咏抗论请斩丁谓以谢天下。

赵安仁九月以兵部侍郎奉命监修国史。

向敏中四月为平章事。

林逋隐居西湖,声名上闻朝廷,真宗下诏赐以帛、粟,并诏杭州地方官岁时劳问。

张君房为著作佐郎,奉命专修校正秘阁《道藏》及苏州、越州、台州旧存《道藏》，与道士依三洞纲条，四部录略，品详科格，商较异同，以铨次之，编成《大宋天宫宝藏》4565卷（已佚）。

欧阳修六月为曾致尧作《曾公神道碑》。

姚铉遇赦，由连州移岳州。

穆修约于本年得赐进士出身。

周式以学行兼善任岳麓书院山长，教授数百人，请太守刘师道扩建书院。

按：陈傅良《潭州重修岳麓书院记》曰："方大中祥符间，天子使使召见山长周氏式，拜国子主簿，诏留讲诸王宫，式固谢，不应诏，卒还山，肄习如初。至赐对衣鞍马府书。而宋有戚氏，吴有胡氏，鲁有孙、石二氏，各以道德为人师，不苟合于世著名。余以是益叹国初士风之孕本之师道尊，而书院为不可废。"（《止斋集》卷三九）

马龟符、王勉、冯崇超等校勘《孟子直讲》。

李垂为著作佐郎，上《导河形胜书》三篇并图，枢密直学士任中正、龙图阁直学士陈彭年、知制诰王曾奉命详定。

西天竺沙门知贤、满贤等先后来宋朝进献梵文佛经。

陶岳著《五代史补》5卷成书。

按：《四库全书总目提要》曰："宋初，薛居正等《五代史》成，岳嫌其尚多阙略，因取诸国窃据、累朝事迹，编次成书，以补所未及。……此书虽颇近小说，然叙事首尾详具，率得其实，故欧阳修《新五代史》、司马光《通鉴》多采用之。……当薛史既出之后，能网罗散失，裨益阙遗，于史学要不为无助也。"

刘承圭上所著《内藏库须知》5卷。

宋白卒（936— ）。白字太素，一作素臣，河北大名人。建隆二年进士。官至刑部尚书。聚书数万卷，学问渊博，太宗时预修《太祖实录》；雍熙中，与李昉共同主持编纂《文苑英华》。谥文宪，后改谥文安。著有文集100卷，今不传。事迹见《宋史》卷四三九本传。

按：《宋史》本传曰："白学问宏博，属文敏赡，然辞意放荡，少法度。……聚书数万卷，图画亦多奇古者。尝类故事千余门，号《建章集》。唐贤编集遗落者，白多缀缀之。后进之有文艺者，必极意称奖，时彦多宗之，如胡旦、田锡，皆出其门下。"

曾致尧卒（947— ）。致尧字正屋，抚州南丰人。曾巩祖父。太平兴国八年进士。官至户部郎中。著有《四声韵》5卷、《仙凫羽翼》30卷、《广中台志》80卷、《清边前要》30卷、《西陲要纪》10卷、《为臣要纪》3卷、《直言集》10卷等，今不传。事迹见《宋史》卷四四一本传、欧阳修《曾公神道碑》（《文忠集》卷二〇）。

冯文智卒（953— ）。文智并州人，世以医药方技为业。太平兴国中，诣京自陈，召试，补医学，加乐源主簿。真宗咸平三年，医愈太后，加尚药奉御。六年，直翰林医官院，转医官副使。事迹见《宋史》卷四六一本传。

李宗谔卒（964— ）。宗谔字昌武，深州饶阳人。李昉之子。端拱二年进士。曾官校书郎、秘书郎、集贤校理、同修《起居注》、右谏议大夫等。

藏书万卷，工隶书，为西昆体诗人之一。曾编《乐纂》，整顿乐府制度。又预修《太宗实录》、《续通典》、《大中祥符封禅汾阴记》，著有《翰林杂记》、《谈录》及文集60卷、《内外制》30卷、《家传》、《谈录》等，皆佚。事迹见《宋史》卷二六五《李昉传》附传。

> 按：《宋史》本传曰："宗谔究心典礼，凡创制损益，靡不与闻。修定皇亲故事、武举武选入官资叙、阁门仪制、臣僚导从、贡院条贯，余多裁正。"

陈越卒(973—　)。越字损之，开封尉氏人。咸平元年进士，释褐将作监丞，通判舒州，徙知端州，又知袁州。历任著作佐郎、直史馆，预修《册府元龟》。擢右正言。为西昆体诗人，作品见《西昆酬唱集》。事迹见《宋史》卷四四一本传。

蔡襄(　—1067)、王拱辰(　—1085)、韩绛(　—1088)生。

宋大中祥符六年　契丹开泰二年　癸丑　1013年

大瞿越(李朝)定税例。

德王亨利二世征意大利。

丹麦国王须斯旺一世被推举为英王，建英国丹麦人王朝。

正月庚戌，诸州胜境曾赐先朝御制书者，并降真宗所作《太宗圣文神笔颂》刻石。

辛酉，从赵世长请，诏：宗正寺以皇属籍为《皇宋玉牒》，仍别录本藏秘阁，备检讨。

二月，向敏中、陈尧叟、马知节、丁谓等言，自今圣制歌诗，望各赐一本，从之。

三月乙卯，建安军铸圣祖、太祖、太宗等像成，丁谓为迎奉使，李宗谔副之。

四月己卯，出太宗《游艺集》并亲制乐曲、九弦琴五弦阮谱，付史官及太乐署。

六月，翰林学士陈彭年等奉诏删定《三司编敕》。

八月庚申，诏来春亲谒太清宫；庚午，诏加上真元皇帝老子尊号为"太上老君混元上德皇帝"。

丙戌，真宗作《法宝录序》。

> 按：先是，赵安仁准诏编修藏经，表乞赐名制序，诏从其请，赐名《大中祥符法宝录》。

是月，改起居院详定所为礼仪院，以兵部侍郎赵安仁、翰林学士陈彭年同知院事。

九月乙卯，以翰林学士晁迥等为契丹主生辰使。

十月，真宗作《步虚词》付道门。

十一月，真宗赐御史台《九经》、诸史。

是年，契丹放进士鲜于茂昭等6人。

孙奭上疏反对祠太清宫,真宗作《解疑论》以示群臣,未斥孙奭。

陈彭年召入翰林,充学士兼龙图阁学士,同修国史。

陈越曾参修《册府元龟》,书未成而死,是年书成,同列奏其事,真宗赐其兄陈咸同《三传》出身。

> 按:《宋史·陈越传》曰:"越兄(陈)咸,尝举进士未第,杨亿、杜镐、陈彭年列奏为言,真宗悯之。及《册府元龟》奏御,特赐咸同《三传》出身。"

寇準十二月丙寅以兵部尚书权东京留守。

赵安仁等十二月己巳奉献天书。

刘筠进左正言、直史馆、修起居注。

陈尧咨八月为工部郎中、龙图阁直学士。

蒋至进所著《经解》,授将仕郎、临海教授。

王曾修《祥符九域图》3卷,以供朝廷确定赋役之用。

陈彭年、丘雍等奉命校定梁顾野王《玉篇》30卷完毕。

赵安仁、杨亿等编经录成,赐名《大中祥符法宝录》,载翻译佛经222部,413卷。

丁谓上所著《新修祠汾阴记》50卷。

枢密使王钦若等八月上新修《历代君臣事迹》成,真宗亲制序,赐名为《册府元龟》,凡1000卷,分1104门。

> 按:宋真宗《御制册府元龟序》曰:"因太宗皇帝始则编小说而成《广记》,纂百氏而著《御览》,集章句而制《文苑》,聚方书而搜《神医》;次复刊广疏于《九经》,校阙疑于《三史》,修古学于篆籀,总妙言于释老。"于是亦"命群儒,共司缀辑",凡"君臣善迹,邦家美政,礼乐沿革,法命宽猛,官师议论,多士言行,靡不具载,用存典刑"。此书可谓关于历代政事的百科全书。据《玉海》所载,先后受命参与修书者共20人,后王钦若、杨亿总其事。开始有钱惟演、习衎、杜镐、戚伦、李维、王希逸、陈彭年、姜屿、陈越、宋贻序;又令刘承圭、刘崇超典其事。其后又增加陈从易、刘筠、查道、王曙、夏竦、孙奭等人。孙奭注撰音义。

日本藤原公任撰《和汉朗咏集》。

朝鲜崔洼、金审言等修《历代实录》。

杜镐卒(938—)。镐字文周,无锡人。南唐时,举明经,释褐集贤校理。太宗即位,改国子监丞、崇文院检讨。尝与朱昂、刘承圭编次馆阁书籍,又预修《太祖实录》、《册府元龟》。官终礼部侍郎。著有《君臣赓载集》30卷、《铸钱故事》2卷,皆佚。事迹见《宋史》卷二九六本传。

> 按:《宋史》本传曰:"镐博闻强记,凡所检阅,必戒书吏云:'某事、某书在某卷、几行。'覆之,一无差误。每得异书,多召问之,镐必手疏本末以闻,顾遇甚厚。士大夫有所著撰,多访以古事,虽晚辈、卑品请益,应答无倦。年逾五十,犹日治经史数十卷,或寓直馆中,四鼓则起诵《春秋》。"

李建中卒(945—)。建中字得中,号岩夫民伯,京兆人。太平兴国八年进士。官工部郎中等。工书法,传世书迹有《土母帖》、《同年帖》等。原有文集30卷,已佚。事迹见《宋史》卷四四一本传。

西班牙医学家阿布卡西姆卒(936—)。撰写了综合性医学教科书《方法论》。

摩洛哥犹太教学者阿尔法西(—1103)生。

德国历史学家、赖歇瑙隐修院修士赫尔曼·拉莫(—1054)生。

按：《宋史》本传曰："建中善书札，行笔尤工，多构新体，草、隶、篆、籀、八分亦妙，人多摹习，争取以为楷法。尝手写郭忠恕《汗简集》以献，皆科斗文字，有诏嘉奖。好古勤学，多藏古器名画。有集三十卷。"

刁衎卒（945— ）。衎字元宾，升州人。刁彦能子。南唐时以父荫为秘书郎、集贤校理。宋太平兴国初，李昉、扈蒙在翰林，勉其出仕，因撰《圣德颂》献之。诏复本官，出知睦州桐庐县。官至兵部郎中。曾预修《册府元龟》。著有《本说》10卷等。事迹见《宋史》卷四四一本传。

郑文宝卒（953— ）。文宝字仲贤，汀州宁化人。太平兴国八年进士。初师事徐铉，仕南唐为校书郎。历官陕西转运使、兵部员外郎。能为诗，善篆书，工鼓琴。著有《江表志》3卷、《南唐近事》1卷、《谈苑》20卷及文集20卷。今存《江表志》3卷。事迹见《宋史》卷二七七本传。

朱台符卒（965— ）。台符字拱正，眉州眉山人。淳化三年进士，授青州通判。召入直史馆，迁秘书丞、知浚仪县。咸平元年，同知贡举，擢太常博士，出为京西转运副使。著有文集30卷，今佚。事迹见《宋史》卷三〇六本传。

陈洙（ —1061）生。

宋大中祥符七年　契丹开泰三年　甲寅　1014年

德王亨利二世入罗马，罗马教皇本尼狄克特第八为其加冕。

英丹共王斯旺一世卒，长子拉哈尔德二世嗣丹麦王位。

罗马教会与君士坦丁堡教会"和子句纠纷"重起。

正月，真宗亲临亳州，祀太清宫，谒老子，命王旦兼大礼使，丁谓兼奉祀经度制置使，陈彭年副之；并升亳州为集庆军节度，升应天府为南京。

庚子，赐辅臣新印《孟子》。

五月乙未，诏：模刻天书，奉安于玉清昭应宫，命王旦为天书刻玉使，王钦若为同刻玉使，丁谓为副使，赵安仁、陈彭年为同刻玉副使。

六月乙卯朔，诏：内外文字不得斥用黄帝名号、故事，其经典旧文不可避者阙之。

是月至次年六月，宋真宗读完《周礼》、《仪礼》、《公羊传》、《谷梁传》、《孝经》、《论语》、《尔雅》、《周易》、《尚书》、《春秋左氏传》、《诗经》等十一经。

八月丙子，诏：自今差发解、知举等，授敕讫，即令阁门祗候一人引送锁宿，无得与僚友交言，违者阁门弹奏。

九月戊戌，真宗御景福殿，试亳州、南京路服勤词学、经明行修举人，得进士张观等21人，诸科21人，赐及第，除官如东封西祀例。

丁未，诏：自今举人，如本贯显无户籍，及离乡已久，许召官保明，于开封府投牒取解。

十月甲子，玉清昭应宫修成，总3610区，费时七年。

乙亥，诏：诸州解送举人，内黜落多处，宜令本州选官复试，取艺业优长者送礼部，以二月一日为限。进士、诸科其曾经殿试，并河北、陕西诸科曾经终场，及他州两经终场下第者，悉免取解。

是年，宋真宗上玉皇大帝"太上开天执符御历含真体道玉皇大帝"号。

契丹放进士张用行等31人及第、出身。

晏殊正月从宋真宗祀亳州太清宫，同判太常礼院。

王钦若由枢密使罢为吏部尚书，寇准复为枢密使，同平章事。

杨亿病愈，起知汝州。

王旦上《混元上穗皇帝册宝》。十一月加司空、修宫使。

张复时为同修起居注，与崔遵度因误书恭谢天地坛飨献事，受落修起居注及降官处分。

陈尧叟六月为户部尚书。

王曾荐雍丘隐士邢惇以学术称，召对，除邢惇为许州助教。

冯起以户部侍郎致仕。

陈尧叟上所著《汾阴奉祀记》3卷。

晁迥上所著《玉清昭应宫颂》。

张齐贤卒（943— ）。齐贤字师亮，曹州冤句人，徙居洛阳。太平兴国二年进士，以大理评通判衢州。官至兵部尚书，同中书门下平章事。谥文定。著有《洛阳缙绅旧闻记》5卷。又有文集、表疏数十卷，今佚。事迹见《宋史》卷二六五本传。

钱惟治卒（949— ）。惟治字和世，杭州临安人，吴越忠逊王钱弘倧长子。累授吴越奉国军节度使，入宋，领镇国军节度，改定军府兼兵马都部署，以病废居家，以左骁卫上将军、左神武统军卒。平生嗜学，聚书至万卷。善诗，慕皮日休、陆龟蒙风格。又工书，尤擅草隶，学二王笔锋，为时人所珍重。有集10卷，已佚。事迹见《宋史》卷四八○。

路振卒（957— ）。振字子发，永州祁阳人。淳化三年举进士，授大理评事，通判邠州，徙徐州。召直史馆，复出知滨州。真宗时为《两朝国史》编修官。官至知制诰、同修起居注。著有《乘轺录》1卷、《九国志》51卷及文集20卷等。事迹见《宋史》卷四四一本传。

按：《宋史》本传曰："振文词温丽，屡奏赋颂，为名辈所称，尤长诗咏，多警句。及居文翰之职，深惬物议，自是弥加精厉。从祀谯、亳，时同职分局掌事，振独直行在，专典纶翰，笺奏填委，应用无滞，时推其敏赡。七年，同修起居注，张复、崔遵度以书事误失降秩，择振与夏竦代之。"

刘师道卒（961— ）。师道字损之，一字宗圣，开封东明人。雍熙二年进士。官至枢密直学士。诗与杨亿等唱和。事迹见《宋史》卷三○四本传。

吕诲（　—1071）生。

宋大中祥符八年　契丹开泰四年　乙卯　1015 年

丹麦斯旺一世次子克努特入英格兰。

挪威的奥拉夫二世哈拉尔德即位称王，此人曾强行推广基督教。

正月壬午朔，诣玉清昭应宫太初殿，奉表上玉皇大天帝圣号；遂奉安刻玉天书于宝符阁，塑御像冠服立侍。

丁亥，赐玉清昭应宫、国子监印本经书各 1 部。

甲午，命兵部侍郎、修国史赵安仁、翰林学士李维、知制诰盛度、刘筠等知贡举。为严密考试制度，始置誊录院，令封印官封所试卷付之，集书吏录本，诸司供帐，内侍二人监督。命京官校对，用两京奉使印讫，复送封印院，始送知举官考校。

二月丙子，诏礼部贡院，进士六举、诸科九举以上，虽不合格，并许奏名。

三月癸卯，真宗御崇政殿复试礼部所上合格人，多所黜落；又恐所黜抹者或未当，命宰相阅视之。于是赐进士蔡齐、萧贯以下 197 人及第、6 人同出身。又赐六举以上特奏名进士 78 人同《三礼》出身，赐诸科 363 人及第、同出身，试将作监主簿，除官如元年之制。

是月，召崇文馆检讨冯元讲《周易·泰卦》。元因言："君道至尊，臣道至卑，必以诚相感，乃能辅相财成。"真宗悦，特赐五品服（《续资治通鉴》卷三二）。

诏赐献书者 19 人出身及补三班。

四月壬申，荣王元俨宫火，烧及内藏左藏库、朝元门、崇文院、秘阁。王旦等请对，真宗曰："两朝所积，一朝殆尽，诚可惜也！"（《续资治通鉴》卷三二）

按：王宫失火，延及崇文、秘阁，五代以来聚集的书籍，基本毁于一旦，赖有龙图阁、太清楼等内府藏书，成为以后朝廷补辑、校勘整理馆阁图书的重要底本，大量书籍得以保存和流传。

乙卯，令翰林学士陈彭年以赵安仁等知贡举起请事件著于式。

辛酉，赐宰相御制《良臣》、《正臣》、《忠臣》、《奸臣》、《权臣论》。

是月，宋真宗召见岳麓书院山长周式，拜国子主簿，使归教授，因旧名赐额，使书院名闻天下，学者众推为宋初"天下大书院"之首。

五月壬辰，诏于右掖门外创崇文外院，别置三馆书库。时宫城申严火禁，真宗命翰林学士陈彭年检唐故事而修复之（《续资治通鉴》卷三二）。

甲申，命寇準知河南府兼西京留守司事。

闰六月甲辰，诏编《太宗妙觉集》入佛经藏。

七月至天禧元年（1017），宋真宗读完《史记》、《汉书》、《后汉书》、《三国志》等十九部宋以前编撰之正史。

七月丙辰，王钦若准诏讨阅《道藏》赵氏神仙事迹，凡得 40 人，诏画于景灵宫之廊庑。

十月，契丹南京试举人，以"一箭贯三鹿"为题。

十二月甲辰，命枢密使、同平章事王钦若都大提举抄写校勘馆阁书籍，翰林学士陈彭年为副。乃出太清楼书，又募人以书籍卖于官者。

诏赐信州道士张正随为虚静先生，王钦若为之奏立授箓院和上清观，免其田租。

按：张正随，字宝神，张道陵第二十四代孙，据《汉天书世家》载，为二十四代天师。年八十七而卒。自此，"天师"世受朝廷赐号。

寇準罢相，为武胜军节度使、同平章事；王钦若、陈尧叟同相。

晏殊上《皇子冠礼赋》。

范仲淹进士及第，任广德军司理参军。

按：司理参军乃掌讼狱、断案之官，但范仲淹重视办学，到任不久，即在治所北面建立州学，是其举办地方学校之始。

赵安仁"三典春闱，择士平允，是故独无讥诮，上再赐诗嘉之"（《宋史·赵安仁传》）。

张咏九月死，临终上疏，言不该广建宫观，并乞斩丁谓以谢天下，"然后斩咏头置丁氏之门以谢谓"（《续资治通鉴长编》卷八五）。

张复九月上书建议纂集大中祥符八年以后朝贡诸国，绘画其冠服，悉录其风俗，为《大宋四夷述职图》。

王安石之父王益中进士，授建安主簿。

谢绛、张升同中进士。

赵安仁、杨亿编成《大中祥符法宝总录》22卷，历时四年。

盛度上所著《圣祖天源录》5卷。

王钦若闰六月上准诏编修后妃事迹70卷，赐名《彤管懿范》。

王钦若十月乙巳上《圣祖事迹》12卷，真宗制序，赐名《先天记》。王钦若又续成32卷上之。

张咏卒（946— ）。咏字复之，自号乖崖，濮州鄄城人。太平兴国五年进士。历官枢密直学士，出知益州。真宗初，入为御史中丞，出知杭州，再知益州，进礼部尚书。卒赠左仆射，谥忠定。著有《乖崖集》12卷。事迹见《宋史》卷二九三本传。今人张其凡编有《张咏年谱》。

按："初，蜀士知问学，而不乐仕宦。"张咏在太宗淳化年间入蜀，推荐张及、李畋、张逵三人赴京应考，"三人者悉登科，士由是知劝"，改变了先前学者多读书少应举的局面，对蜀学的发展有促进作用。南宋蜀人阮昌龄曰："蜀秀无闻，公（指张咏）荐其三，翩然凌云，企慕承化，儒风大振。"（《成都文类》卷四九）

种放卒（955— ）。放字名逸（一作明逸），自号云溪醉侯，洛阳人。隐居终南山，讲学授徒，凡30年。咸平中被召入京，累拜给事中，迁工部侍郎。后为左司谏。晚年移居嵩山。及卒，真宗亲制文，赠工部尚书。著

日本紫式部卒（978— ）。作家，撰有长篇小说《源氏物语》等。

有《蒙书》、《嗣禹说》、《表孟子》、《太乙祠录》、《种放集》10卷、《江南小集》2卷。事迹见《宋史》卷四五七本传。

王安仁（ —1051）、陶弼（ —1078）、石牧之（ —1093）生。

宋大中祥符九年　契丹开泰五年　丙辰　1016年

塞尔柱突厥人入河中。

热那亚一比萨联军入撒丁岛，逐阿拉伯人。

丹麦克努特王子入主英格兰，在位时征服英全境，订立《克努特法典》。

正月丙辰，置会灵观使，以参知政事丁谓为之。

辛酉，同玉清昭应宫副使林特上《会计录》，诏付秘阁。

庚午，诏传法院以太宗《妙觉集》为《妙觉秘诠》，御制《法音集》为《法音指要》，摹印颁行。

二月丁亥，监修国史王旦等上《两朝国史》120卷。

按：修史官王旦、赵安仁、晁迥、陈彭年、夏竦、崔度并进秩，赐物有差。王钦若、陈尧叟、杨亿曾预修史，亦赐之。以后历朝多有续修或重修。

己丑，修国史院言《两朝实录》，事有未备，望降赴本院增修，从之。

甲午，诏筑堂于元符观南，为皇子就学之所，赐名曰资善，真宗作记，刻石堂中。

三月癸亥，宗正卿赵安仁言："唐朝玉牒首载混元皇帝，今请以御制《圣祖降监记》冠列圣玉牒，及别修皇朝新谱，仍别制美名。又请以知制诰刘筠、夏辣并为宗正寺修玉牒官。"从之，名新谱曰《仙源积庆图》（《续资治通鉴》卷三二）。

十一月辛丑朔，辽以参知政事马保忠同知枢密院事、监修国史。

是年，命赵安仁、晁迥等增续《太宗实录》，逾年书成，卷帙如旧。

宋真宗赠高丽王诏书、经史、历日、《太平圣惠方》等，由高丽使者携归。

契丹放进士孙杰等48人。

晏殊五月献《景灵宫赋》和《会灵观赋》，迁太常寺丞。

杨亿、吕夷简等十一月癸亥陪真宗观书于龙图阁。

王曾、陈彭年、张知白并为参知政事。

向敏中五月为宫观庆成使。

丁谓九月为平江军节度使。

欧阳修在随州，家境贫困，借书抄读。

赵昌在大中祥符中画名益盛。

高清时任著作郎，二月以赃贿杖脊，徙沙门岛。

北天竺沙门天觉、师子国沙门妙德、西天竺沙门、中天竺沙门童寿、东天竺沙门普及等人先后来到宋朝,各进舍利和梵文经书。

王钦若三月上《新校道藏经》4359卷,赐目录名《宝文统录》,并制序。
按:大中祥符二年(1009)东封后,令两街集有行业道士斋醮科仪,命王钦若详定,(大中祥符八年正月)成《罗天醮仪》10卷。(二年八月)又选道士10人校定《道藏经》。明年,于崇文院集官详校,王钦若总领,铸印给之。旧藏3737卷,太宗尝命散骑常侍徐铉、知制诰王禹偁、太常少卿孔承恭校正写本,送大宫观,王钦若增622卷(《续资治通鉴长编》卷八六)。

王钦若十月己卯表上《翊圣保德真君传》3卷,真宗制序。

燕肃著《海潮图》成。

僧智圆著《闲居编》成,有自序。
按:其序曰:"于讲佛教外,好读周、孔、杨、孟书,往往学为古文以宗其道,又爱吟五七言诗以乐其性。"钱穆说:"盖自唐李翱以来,宋人尊《中庸》,似无先于智圆。"(《中国学术思想史论丛·读智圆闲居编》)

许洞约卒(约972—)。洞字洞天,一作渊天,苏州吴县人。咸平三年进士。官乌江县主簿等。景德二年,献所著军事理论著作《虎钤经》(又称《虎钤兵经》)20卷。大中祥符四年,献《三盛礼赋》。另有《春秋释幽》5卷、《演玄》10卷、《训俗书》1卷及文集100卷,皆佚。事迹见《宋史》卷四四一本传。

孙固(—1090)生。

宋真宗天禧元年　契丹开泰六年　丁巳　1017年

正月丙午,诏以是月十五日行宣读天书之礼。

乙卯,真宗与群臣读天书于天安殿。
按:据《玉海》载,宋真宗著有《春秋要言》3卷,是年遍示辅臣并赐给皇太子,可惜原书已佚,内容不得而知。

二月辛卯,召太子中允、直龙图阁冯元讲《易》于宣和门之北阁,待制查道、李虚己、李行简预焉。
按:自是听政之暇,率以为常。

四月,宋以密教经典有违佛教传统,禁止新译《频那夜伽经》流行,并禁续译此类经本。

五月辛丑,诏礼部权停今年贡举。

六月甲戌,有司上条贯《在京及三司编敕》12卷。

伊斯兰教伊斯玛仪派支派德鲁兹派约于是年在埃及形成,后传播于西亚。

英王克努特分英格兰为4伯爵领地。

九月甲寅,诏自今特旨召试者,并问时务策一道,仍别试赋、论或杂文一首。

癸亥,上封者言国子监售书价太低,奏请增价,真宗不许,以为售书并非为利,而欲文籍流布。

王钦若三月为会灵观使;八月任左仆射兼中书侍郎、平章事。

按:先是真宗欲想钦若为宰相,王旦曰:"钦若遭逢陛下,恩礼已隆,乞令在枢密院,两府任用亦均。臣风祖宗朝未尝使南人当国,虽古称立贤无方,然必贤士方可。"帝遂止。及旦罢,卒相钦若。钦若尝语人曰:"为王子明,迟我十年作宰相"(《续资治通鉴》卷三三)。

向敏中加右仆射兼门下侍郎。

李迪为参知政事。

王旦二月加太保、中书侍郎、平章事;五月为太尉、侍中,七月以疾罢相,力荐寇準继其任。

王曾因不受会灵观使,罢参知政事。

陈彭年为天书仪卫副使,又为参详仪制奉宝册使。

杨伟四月赐进士及第,贾昌朝赐同出身。

彭乘以寇準推荐,为馆阁校勘,改天平军节度推官。预校正《南北史》、《隋书》,改秘书省著作佐郎。

鲁宗道时为右正言,九月上言"进士所试诗赋,不近治道;诸科对义,但以念诵为工,罔究大义"。真宗谓辅臣曰:"前已降诏,进士兼取策论,诸科有能明经者,别与考校。可申明之。"(《续资治通鉴》卷三三)

王曾、邵焕、晏殊等编成《景德重修十道图》。

李维等十一月辛亥上新修《大中祥符降圣记》50卷,《迎奉圣像记》20卷,《奉祀记》50卷。

徐铉《徐骑省文集》由胡克顺首次刊刻,胡氏有《进徐骑省文集表》。

日本源信卒(942—)。净土宗僧人,他解释的教义认为,凡临终前口头表示信佛者均可获得解脱。

印度哲学家罗摩奴涉(—1137)生。

王旦卒(957—)。旦字子明,大名莘县人。太平兴国五年进士,为大理评事、知平江县。官至宰相,对真宗、王钦若大搞"天书"、封禅等事,不表异议,卒谥文正。曾参与编撰《文苑英华》,监修《两朝国史》。著有文集20卷,今佚。事迹见《宋史》卷二八二本传、欧阳修《太尉文正王公神道碑铭》(《文忠集》卷二二)。

按:王旦自祥符以来,每有大礼,辄奉天书以行,常悒悒不乐。临终,语其子曰:"我别无过,惟不谏天书一事,为过莫赎。我死之后,当削发披缁以敛。"议者谓王旦得君,言听计从,而不能以正自终,或比之冯道云(《宋史纪事本末》卷四)。

陈彭年卒(961—)。彭年字永年,建昌军南城人。雍熙二年举进士。景德初,杜镐、刁衎荐其该博,命直史馆兼崇文院检讨。又代潘慎修《起居注》。官至兵部侍郎、参知政事。师事徐铉,深得其传,曾与丘雍等修订《切韵》,成《广韵》5卷;又重订南朝陈顾野王《玉篇》,预修《册府元龟》。奉诏同编《景德朝陵地里》、《封禅》、《汾阴》三记,《阁门仪制》、《客省仪制》、《御史台仪制》,又受诏编御集及宸章,集历代妇人文集。所著文集100卷,另著有《唐纪》40卷及《江南别录》、《贡举叙略》等。事迹见《宋史》卷二八七本传。

按:《宋史》本传谓陈彭年于"朝廷典礼,无不参预,其仪制沿革、刑名之学,皆所详练,若前世所未有,必推引依据以成就之"。

陈尧叟卒(961—)。尧叟字唐夫,阆州阆中人。端拱二年进士,授光禄寺丞、直史馆,迁秘书丞。官至枢密使。曾著《集验方》,推广医术于岭南少数民族中。又有《请盟录》三集20卷,已佚。事迹见《宋史》卷二八四本传。

孙仅卒(969—)。仅字邻几,蔡州汝阳人。孙何弟。真宗咸平元年进士,释褐调舒州团练推官。复试贤良方正科入等,擢光禄寺丞、直集贤院,知浚仪县。官至给事中。著有《甘棠文集》50卷,今佚。事迹见《宋史》卷三〇六《孙何传》附传。

僧惠崇卒,生年不详。淮南人,或作建阳人。宋初九僧之一,工诗善画。著有《惠崇集》10卷,已佚。事迹见《图画见闻志》、《宋诗纪事》卷九一。

刘羲叟(—1060)、周敦颐(—1073)、陈襄(—1080)、韩维(—1098)生。

宋天禧二年　　契丹开泰七年　　戊午　　1018年

正月,真宗赐寿春郡王《恤民歌》。

二月丁卯,以升州(今南京)为江宁府,置军曰建康;命寿春郡王为节度使,封升王。

按:升王即以后的宋神宗赵祯。

六月壬申,诏:自今锁厅应举人,所在长吏先考艺业,合格即听取解;如至礼部不及格,当停见任;其前后考试官、举送长吏,并重寘其罪。

八月甲辰,立升王受益为太子,改名祯。

十一月丁亥,命翰林学士承旨晁迥、知制诰陈尧咨于秘阁再考国子监及太常寺别试进士文卷,上其名。诏国子监从上解20人、太常寺6人。开封府、国子监、太常寺发解官皆坐荐举不实,责监诸州酒税屯田员外郎、判度支勾院任布,知邓州;著作郎、直集贤院徐奭,知洪州;太子中允、直集贤院麻温其,知池州;度支判官、太子中允、直集贤院杨侃,知汝州;太子中允、直集贤院丁度,知齐州。

五溪蛮首领向通汉上《五溪地理图》。

是年,契丹放进士张克恭等37人。

大瞿越(李朝)遣使于宋求《三藏经》。

拜占廷帝国收复巴尔干半岛全境。得胜的巴西尔二世在雅典帕特农神殿举行隆重的朝拜感恩。当时,这个神殿被改做"圣母教堂"。

苏格兰南北统一。苏格兰—英格兰边界确定。

晏殊八月以户部员外郎，充太子舍人，除知制诰，判集贤院。

杨亿拜工部侍郎。

吕夷简九月为契丹国主生辰使，曹琮副之。

赵安仁正月请修《国朝六典》，从之；居数月而卒，其书不及成。

钱惟演拜翰林学士。

晁迥十一月为翰林学士承旨。

王钦若等于正月戊午上《天禧大礼记》40卷。

陈宽时为著作佐郎，上《高丽女真风土朝贡事仪》2卷。

德国提特马尔卒（975— ）。梅泽堡主教，著有八部编年体著作，其中有梅泽堡城志、德国历史以及从908年至1018年的斯拉夫人战争史。

拜占廷哲学家、神学家米歇尔·塞罗斯（ —1078）生。他是君士坦丁堡的柏拉图主义者。

查道卒（955— ）。道字湛然，歙州休宁人。端拱初进士，初为馆陶尉。寇準荐其才，授著作佐郎。大中祥符元年，直史馆，迁刑部员外郎等。预修《册府元龟》。著有文集20卷，今佚。事迹见《宋史》卷二九六本传。

赵安仁卒（958— ）。安仁字乐道，洛阳人。雍熙二年进士。时国子监刊刻《五经正义》，以安仁善楷隶，遂奏留书之。真宗即位，拜右正言，预重修《太祖实录》。累官工部员外郎、翰林学士。卒谥文定。著《戴斗怀柔录》3卷、文集50卷，今不存。事迹见《宋史》卷二八七本传。

按：《宋史》本传曰："安仁生而颖悟，幼时执笔能大字，十三通经传大旨，早以文艺称。赵普、沈伦、李昉、石熙载咸推奖之。……善训诸子，各授一经。尤嗜读书，所得禄赐，多以购书。虽至显宠，简俭若平素。时阅典籍，手自雠校。三馆旧阙虞世南《北堂书钞》，惟安仁家有本，真宗命内侍取之，嘉其好古，手诏褒美。尤知典故，凡近世典章人物之盛，悉能记之。喜诲诱后进，成其声名，当世推重之。有集五十卷。"

张景卒（970— ）。景字晦之，江陵府公安人。少从柳开游。真宗诏有司征天下士，其名列第四。咸平元年进士，调大名馆陶县主簿。坐事贬全州。官至大理评事。著有《张晦之集》22卷，已佚。事迹见宋祁《故大理评事张公墓志铭》(《景文集》卷五九)。

文同（ —1079）、吕公著（ —1089）生。

宋天禧三年　契丹开泰八年　己未　1019年

罗斯国家最早的《雅罗斯拉夫法典》立，罗斯国势全盛。

英王克努特夺取丹麦王位，为英

正月丁卯，礼部考试进士，翰林学士钱惟演等4人权同知贡举。

三月壬戌，诏南省下第举人，内曾经御试及诸科七举终场者，特以名闻。

丙寅，真宗御崇政殿，亲试礼部奏名贡举人，得进士王整以下63人，赐及第，86人同出身，又赐学究出身者13人，诸科及第者102人，同出身者47人。

六月，左仆射、平章事王钦若罢为太子太保，以寇準为中书侍郎兼吏部尚书、平章事，丁谓为吏部尚书、参知政事。

八月，宋大会道、释于天安殿，建道场，凡13086人。

九月乙丑，赐大理寺丞王质进士及第。

十一月，中书言"诸道租赋欺隐至多，官私土田侵冒亦甚，欲条贯画一，专委逐处提点刑狱管勾"。从之（《续资治通鉴长编》卷九四）。

丹共王。

杨亿权同知贡举，坐考校差谬，降授秘书监。旋又起复工部侍郎。

钱惟演时为翰林学士、工部尚书，因主持考试失实降官一级；知制诰李咨、直史馆陈从易并降一官。

按：初，陈损、黄异等5人率众两伐登闻鼓，诉钱惟演等考校不公。真宗命龙图阁直学士陈尧咨、左谏议大夫朱巽、起居舍人吕夷简于尚书省召陈损、黄异等，令具析所陈事，及阅视试卷以闻。陈尧咨等言钱惟演等贡院所送进士内5人文理稍次，陈从易别头所送进士内3人文理荒谬，自余合格，而陈损、黄异等所讼有虚妄，于是钱惟演、杨亿、李咨、陈从易受责降官，陈损、黄异等5人亦决杖配隶诸州（《续资治通鉴长编》卷九三）。

向敏中加左仆射、中书侍郎兼礼部尚书、平章事。旋卒。

戚纶五月以左谏议大夫坐讪上，贬岳州副使。

王钦若六月因罪免相，寇準上"天书"得召用，同平章事。

丁谓为吏部尚书，参知政事。

欧阳修以孔子庙堂碑学书法。

朱能献《乾祐天书》，孙奭上疏批驳，谓朱能"奸憸小人，妄言祥瑞"，陛下崇信，有失"至尊"。

按：《宋史·孙奭传》曰："朱能者，奸憸小人，妄言祥瑞，而陛下崇信之，屈至尊以迎拜，归秘殿以奉安，上自朝廷，下及闾巷，靡不痛心疾首，反唇腹非，而无敢言者。"

石待旦举进士。

按：石待旦字季平，越州新昌人。隐居石溪山水之间，首创义塾三区，以上中下为别，身自督教，四方来学者甚众。范仲淹治越，聘为稽山书院山长，称石城先生而不名。

王钦若二月上《会灵志》100卷，真宗作序，名《五岳广闻记》。

张君房等历时七年编纂成《大宋天宫宝藏》，总466函，4565卷。又撮其精要，编成《云笈七签》120卷。

按：本书是现存道教规模最大的类书，它大致包括了北宋时期的道教经籍的主要内容，奠定了后来《道藏》的编纂体例，故人称"小道藏"。《四库全书总目提要》称此书："类例即明，指归略备，纲条科格，无不兼赅。道藏菁华，亦大略具于是矣。"而且它还保存了不少已佚的典籍篇章，是研究道教的重要资料。

僧道诚著《释氏要览》3卷成书。

按：是书是一部分门别类地介绍佛教名物制度和修行生活方面的名词术语及事项的著作。它与南宋法云的《翻译名义集》、明代圆瀞的《教乘法数》被后人合称为

"佛学三书",广为初学者所用。收录于《大正藏》第五十四册。

魏野卒(960—)。野字仲先,号草堂居士,陕州人。隐居不仕。卒赠秘书省著作郎。工诗。原有《草堂集》2卷,后其子魏闲重编为《巨鹿东观集》10卷。事迹见《宋史》卷四五七本传。

梁固卒(987—)。固字仲坚,郓州须城人。梁颢子。初以父荫赐进士出身。历官著作佐郎、直史馆、三司户部判官等。著有《是芳集》10卷,今佚。事迹见《宋史》卷二九六《梁颢传》附传、张方平《梁君墓志铭》(《乐全集》卷三九)。

刘敞(—1068)、常秩(—1077)、宋敏求(—1079)、曾巩(—1083)、王珪(—1085)、司马光(—1086)、鲜于侁(—1087)、赵瞻(—1090)生。

宋天禧四年　契丹开泰九年　庚申　1020年

正月庚辰,诏:三京诸州取进士、诸科三举以上,曾经御试无罪犯者,量试艺业,拣材质书札解送赴阙,当议于班行录用。如经御试者数少,许即选五举以上,南省终场下第人充。

二月戊子,右街讲僧秘演等表请以圣制述释典文章,命僧笺注附于《大藏》。许之。

三月癸酉,诏:川峡、广南诸州自今依先定条制解合格举人外,更有艺业可取者,悉取荐送。

四月癸卯,利州路转运使李防请雕印《四时纂要》及《齐民要术》,付诸道劝农司提举劝课。诏令馆阁校勘镂板颁行。

六月,诏从翰林学士杨亿等所请,选官笺注《御制文集》,仍令宰相等参详。

壬寅,御试礼部奏名举人,命官考复如常,授三班奉职者92人、借职者13人。其不合格者,补诸州上佐文学。

十月甲午,赐天下宫观《大中祥符降圣记》各1本。

十一月戊午,宋真宗召近臣于龙图阁御制文词,云:"朕听览之暇,以翰墨自娱,虽不足垂范,亦平生游心于此。"(《宋史·真宗本纪三》)

庚申,内出圣制722卷示辅臣;壬戌,宰臣丁谓等请镂板宣布,仍命禁中别创殿阁缄藏,诏可。寻于龙图阁后修筑,是为天章阁。又请令中书、枢密院取《时政记》中盛美之事,别为《圣政录》,从之,仍命钱惟演、王曾编次,丁谓等参详。

十二月丁亥,契丹禁止僧人燃身炼指。

闰十二月癸丑,赐辅臣《册府元龟》各1部,板本初成也。

宋真宗特赐天台僧四明知礼号"法智大师"。四明知礼后被尊为天台宗第十七祖。

是年，契丹放进士张仲举等45人。

宋诏馆阁校勘《牛经》、《禾谱》、《农器谱》、《茶录》等书。

晏殊以户部员外郎知制诰，八月拜翰林学士，十一月为太子左庶子。

杨亿复为翰林学士，受诏注释《御集》，又兼史馆修撰、判馆事，权景灵宫副使。

寇準六月罢为太子太傅、莱国公。七月，降授太常卿、知相州。八月徙知安州，后为丁谓所谮，再贬道州司马。

丁谓七月以枢密使、吏部尚书为平章事。

任中正、王曾八月并为参知政事，钱惟演以翰林学士除枢密副使。

王钦若十月为资政殿大学士，十一月加司空。

李迪七月丙寅为吏部侍郎兼太子少傅、平章事，冯拯为枢密使、吏部尚书、同平章事。庚午，以丁谓、冯拯并同平章事。

李迪十一月罢相，以户部侍郎知郓州。

戚纶改保静军副使，是冬，以疾求归故里，改太常少卿，分司南京。

魏野正月被赠著作郎，赐其家粟帛。

北魏贾思勰所著《齐民要术》10卷由崇文院刊刻。

辛怡显著《至道云南录》3卷，有自序。

参知政事李迪等二月上《一州一县新编敕》、《删定一司一务编敕》各30卷。

晏殊、杨怀玉上所编《新编赐东宫御制》50卷。

向敏中卒（949— ）。敏中字常之，开封人。太平兴国五年进士，为将作监丞、通判吉州。官至左仆射、中书侍郎、平章事。谥文简。著有文集15卷，今佚。事迹见《宋史》卷二八二本传。

崔遵度卒（954— ）。遵度字坚白，淄州淄川人。太平天国八年进士。卒后追赠工部侍郎。著有《琴笺》1卷，文集20卷，今佚。事迹见《宋史》四四一本传。

姚铉卒（968— ）。铉字宝之，庐州合肥人。太平兴国八年进士。起家大理评事，知潭州湘乡县。淳化五年，直史馆。后授舒州团练副使。北宋古文运动倡导者之一。所编纂《文粹》（《唐文粹》）100卷，为萧统《文选》后又一部重要总集。原有《姚铉文集》20卷，已散佚。事迹见《宋史》卷四四一本传。

按：《宋史》本传曰："铉文辞敏丽，善笔札，藏书至多，颇有异本，两浙课吏写书，亦薛映所掎之一事。虽被窜斥，犹佣夫荷担以自随。有集二十卷。又采唐人文章纂为百卷，目曰《文粹》。卒后，子嗣复以其书上献，诏藏内府。"

杨亿卒（974— ）。亿字大年，建州浦城人。淳化三年赐进士及第，直集

波斯菲尔多西卒（920— ）。诗人，著有长篇史诗《沙赫·那梅》、《列王史传》。

英国埃尔弗里克卒（955— ）。曾任本笃会修道院院长，著有《圣徒生平》。

阿拉伯宗教诗人、哲学家阿维克布伦（ —1069）生。

北非迦太基的医学家康斯坦丁（ —1087）生。

贤院。真宗时任翰林学士兼史馆修撰。曾预修《太宗实录》、《册府元龟》。诗学李商隐，辞藻华丽，与刘筠、钱惟演等17人诗歌唱和，号"西昆体"。编有《西昆酬唱集》，著有《武夷新集》、《杨文公谈苑》。事迹见《宋史》卷三〇五本传。

按：石介对以杨亿为代表的骈俪文体有严厉的批评，其《怪说》中曰："今杨亿穷妍极态，缀风月，弄花草，淫巧侈丽，浮华纂组，刓镂圣人之经，破碎圣人之言，离析圣人之意，蠹伤圣人之道，使天下不为《书》之典、谟，《禹贡》、《洪范》，《诗》之雅、颂，《春秋》之经，《易》之繇、爻、十翼，而为杨亿之穷妍极态，缀风月，弄花草，淫巧侈丽，浮华纂组，其为怪大矣。"《宋史》本传曰："亿天性颖悟，自幼及终，不离翰墨。文格雄健，才思敏捷，略不凝滞，对客谈笑，挥翰不辍。精密有规裁，善细字起草，一幅数千言，不加点窜，当时学者，翕然宗之。而博览强记，尤长典章制度，时多取正。喜诲诱后进，以成名者甚众。人有片辞可纪，必为讽诵。手集当世之述作，为《笔苑时文录》数十篇。重交游，性耿介，尚名节。多周给亲友，故廪禄亦随而尽。留心释典禅观之学，所著《括苍》、《武夷》、《颍阴》、《韩城》、《退居》、《汝阳》、《蓬山》、《冠鳌》等集，《内外制》、《刀笔》，共一百九十四卷。"

张载（ —1077）、王陶（ —1080）、谢景初（ —1084）、苏颂（ —1101）生；郭熙（ —约1100）约生。

宋天禧五年　契丹开泰十年　太平元年
辛酉　1021年

二月庚午，以孔子四十七世孙孔圣佑袭封文宣公，知仙源县事。

三月戊戌，天章阁建成；庚子，奉安御集、御书于天章阁。

五月丁丑，诏礼部权停今年贡举。

癸未，诏皇太子读《春秋》。

辛丑，令国子监重刻经书印板，以本监言其岁久磨损。

六月己未，国子监请以御制《至圣文宣王赞》及近臣所撰《十哲赞》、《七十二贤赞》镂板。诏可。

七月，内殿承制兼管国子监刘崇超建议重新校定、刊刻李善注《文选》及《初学记》、《六帖》、《韵对》、《尔雅释文》等书籍。

八月庚午，赐近臣《御集》，并赐天下名山寺观。

十一月癸未，契丹改元太平。辽圣宗先铸"统和元宝"钱，十二月又铸"太平元宝"钱。

乙未，诏僧尼、道士、女冠、文武七品以上者，有罪许减赎，当还俗者，自从本法。

按：是年有僧徒39.7万余人，尼6.1万余人，是为有宋一代僧徒最多的时期。

范仲淹监泰州西溪盐仓，建西溪书院。

晏殊为翰林学士。

丁谓三月加司空，冯拯加左仆射，曹利用加右仆射。

王钦若十一月以山南东道节度使坐擅赴阙，降司农卿，分司南京。

李迪得罪丁谓，罢知亳州。

王安石父王益时为临江军判官。

丁谓等九月丙戌上《笺注释教御集》30卷。

王嗣宗卒(944—)。嗣宗字希阮，汾州人。开宝八年进士第一。累官至静难军节度。以左屯卫上将军检校太尉致仕。卒赠侍中，谥景庄。著有《周易王氏义》及《中陵子》30卷。事迹见《宋史》卷二八七本传。

戚纶卒(954—)。纶字仲言，应天楚丘人。戚同文子。太平兴国八年进士。历官大理评事、秘阁校理、右正言、龙图阁待制。曾预修《册府元龟》，著有《论思集》20卷，已佚。事迹见《宋史》卷三〇六本传。

钱公辅(—1072)、吴充(—1080)、王安石(—1086)、陈绎(—1088)、冯京(—1094)生。

西班牙犹太诗人、哲学家伊本·盖比鲁勒(—1070)生。

宋真宗乾兴元年　契丹太平二年　壬戌　1022年

正月辛未朔，诏改元乾兴。

二月戊午，宋真宗卒，子赵祯即位，是为仁宗，年十三岁。皇太后听政。罢天庆、天祯、天赐、先天、降圣诸节宫观燃灯。

五月辛未，诏权停贡举。

丁丑，诏亟修先朝《日历》、《起居注》。

是月，龟兹国僧华严自西天以佛骨舍利、梵书献于宋。

十一月癸酉，命翰林学士承旨李维、翰林学士晏殊修《真宗实录》。寻复命翰林侍讲学士孙奭、知制诰宋绶、度支副使陈尧佐同修，仍令内侍谕以一朝大典，当谨笔削之意。

庚辰，以判国子监孙奭言，给兖州学田十顷。

　　按：《资治通鉴后编》卷三五曰："诸州给学田，始此。"

辛巳，命翰林侍讲学士孙奭、龙图阁直学士兼侍讲冯元讲《论语》，侍读学士李维、晏殊与焉。

　　按：初，诏双日御经筵。自是，虽单日亦召侍臣讲读。王曾以仁宗新即位，宜近师儒，故令孙奭等入侍。张国刚等说："北宋初年承五代十国分裂时期南方的学风，解经方法一度趋向烦琐。但在赵匡胤兄弟时期即讲求文治，办学校，扩大科举，到宋仁宗时期学术活跃起来，学风也明显改变了，形成了与汉学不同的解释经典的方法，

高丽雕《大藏经》(《高丽藏》)。

法国对摩尼教徒13人处以火刑，是为中古西欧以酷刑惩治"异端"之始。

即所谓'宋学'。宋学解经的主要特征,是不纠缠于章句训诂的细枝末叶,注重领会经典的要旨,探求经典的义理,所以又被称为与汉学的章句之学相对的义理之学。"(《中国学术史》第五章)

十二月甲辰,诏辅臣崇政殿西庑观侍讲学士孙奭讲《论语》,既而仁宗亲书唐贤诗以分赐焉。

按:自是,每召辅臣至经筵,多以御书赐之。

辛丑,高丽王询卒,契丹遣使册其子钦为高丽国王。高丽使团归国,宋真宗赠以《大藏经》、《圣惠方》和阴阳地理书。

是年,契丹放进士张渐等 47 人。

阿拉伯阿维森那著《知识之书》,创新模态三段论,影响西欧中世纪逻辑思想发展。

孙奭十一月上言,刘昭《补注后汉志》30 卷乞令校勘,雕印颁行。从之。命国子监直讲马龟符、王式、贾昌朝、黄鉴、张维翰、公孙觉,崇文院检讨王宗道为校勘,孙奭洎龙图阁直学士冯元详校。

按:叶德辉《书林清话》卷二曰:"乾兴元年补刻《后汉志》,中书门下牒文云:'中书门下牒,国子监翰林侍讲学士尚书工部侍郎知审官院事兼判国子监孙奭奏:臣忝膺朝命,获次近班,思有补于化文,辄干尘于睿览。窃以先王典训,在述作以惟明;历代宪章,微简册而何见。铺观载籍,博考前闻,制礼作乐之功,世存沿袭;天文地理之说,率有异同,马迁八书,于焉咸在;班固十志,得以备详。光武嗣西汉而兴,范晔继东观之作。成当世之茂典,列三史以并行。克由圣朝,刊布天下。虽纪传之类,与迁、固以皆同;书志之间,在简编而或阙。臣窃见刘昭注《补后汉志》三十卷,盖范晔作之于前,刘昭述之于后。始因亡逸,终遂补全。缀以遗文,申之奥义。至于舆服之品,具载规程;职官之宜,各存制度。倘加铅椠,仍俾雕锓。庶成一家之书,以备前史之阙。伏□晋、《宋书》等,例各有志,独《前后汉》有所未全。其《后汉志》三十卷,欲望圣慈,许令校勘雕印。如允臣所奏,乞差臣与各官同共校勘,兼乞差刘崇超都大管勾,伏候敕旨。牒。奉敕。宜令国子监依孙奭所奏施行,牒至准敕。故牒。乾兴元年十一月十四日牒。右谏议大夫参知政事鲁、给事中参知政事吕、中书侍郎兼礼部尚书平章事王,守司徒兼侍中……'(蒋光煦《东湖丛记》载此牒。案李焘《资治通鉴长编》:真宗乾兴元年秋七月辛未,王曾加中书侍郎平章事,吕夷简为给事中,鲁宗道为右谏议大夫并参知政事。据此,则牒尾鲁为宗道,吕为夷简,王为曾。惟守司徒兼侍中以下有缺,不能详为何人。又是年十二月乙巳,以内殿崇班皇甫继明同勾管三馆秘阁公事。咸平中,初命刘崇超监三馆秘阁图籍,其后因循与判馆联署掌事,时论非之。崇超素与王钦若厚善,丁谓为相,恶之。用继明以分其权,更号监图籍曰勾当公事)。"

晏殊因建言太后垂帘听政,加给事中,迁礼部侍郎,拜枢秘副使。

晏殊奉命撰《天和殿御览》和《真宗实录》。

寇準二月戊辰由道州司马贬为雷州司户参军,户部侍郎、知郓州李迪为衡州团练使,仍播其罪于中外。

按:先是,先帝临崩,惟言寇準、李迪可托,丁谓怨寇準,而太后憾李迪尝谏立己,遂诬以朋党,贬之,连坐者甚众。

欧阳修始读韩愈文。

按:《神宗旧史·欧阳修传》曰:"国朝接唐、五代末流,文章专以声病对偶为工,剽剥故事,雕刻破碎,甚者若俳优之辞。如杨亿、刘筠辈,其学博矣,然其文亦不能自拔于流俗,反吹波扬澜,助其气势。一时慕效,谓其文为西昆体。时韩愈文,人尚未知读也。修始年十五六,于邻家壁角破篾中得本学之,后独能摆弃时俗故步,与刘向、班固、韩愈、柳宗元争驰逐。是时,尹洙与修亦皆以古文倡率学者,然洙材下,人莫之与。至修文一出,天下士皆向慕,为之犹恐不及。一时文章大变,庶几乎西汉之盛者,由修发之。"欧阳修《记旧本韩文后》亦曰:"予少家汉东,汉东僻陋无学者,吾家又贫无藏书。州南有大姓李氏者,其子彦辅颇好学。予为儿童时多游其家,见其弊筐储故书在壁间,发而视之,得唐昌黎先生文集六卷,脱落颠倒无次序,因乞李氏以归,读之,见其言深厚而雄博。然予犹少,未能悉究其义,徒见其浩然无涯若可爱。是时天下学者杨、刘之作,号为时文,能者取科第,擅名声,以夸荣当世,未尝有道韩文者,予亦方举进士,以礼部诗赋为事。年十有七,试于州,为有司所黜,因取所藏韩氏之文复阅之,则喟然叹曰:学者当至于是而止尔。因怪时人之不道,而顾己亦未遑学,徒时时独念于予心,以谓方从进士干禄以养亲,苟得禄矣,当尽力于斯文以偿其素志。后七年举进士及第,官于洛阳,而尹师鲁之徒皆在,遂相与作为古文,因出所藏昌黎集而补缀之,求人家所有旧本而校定之。其后天下学者亦渐趋于古,而韩文遂行于世,至于今盖三十余年矣。"(《文忠集》卷七三)《宋史·欧阳修传》曰:"宋兴且百年,而文章体裁,犹仍五季余习。锼刻骈偶,渰涊弗振,士因陋守旧,论卑气弱。苏舜元、舜钦、柳开、穆修辈,咸有意作而张之,而力不足。修游随,得唐韩愈遗稿于废书簏中,读而心慕焉。苦志探赜,至忘寝食,必欲并辔绝驰而追与之并。"

吕夷简七月为给事中,鲁宗道为右谏议大夫,并参知政事。

钱惟演七月为枢密使,十一月罢知河阳府。

刘筠八月拜翰林学士,十一月除御史中丞。

丁谓二月封为晋国公,六月罢为太子少保,中和留沙门岛;七月被贬崖州司户参军,道经雷州,寇準家僮欲往报仇,寇準不许。

王曾七月为中书侍郎、同中书门下平章事、集贤殿大学士。

僧智圆卒(976—)。智圆俗姓徐,字无外,自号中庸子,或名潜夫,钱塘人。八岁出家受具。佛教天台宗山外派名僧,谥法慧大师。长期隐居西湖孤山,与处士林逋为友。学识宏富,著有《般若心经疏》、《涅槃玄义发源机要》、《维摩垂裕记》、《金光明文句索隐记》、《金光明玄义表征记》、《观经刊正记》、《十不二门正义》等。《闲居编》收其杂著诗文51卷。事迹见《补续高僧传》卷二。

贾黯(—1065)、郑獬(—1072)、强至(—1076)、刘元宾(—1086)、刘彝(—1091)生。

阿拉伯伊本·拜瓦卜卒,生年不详。书法家,曾设计阿拉伯文草书拉伊哈尼手写体和穆哈加手写体。

德国纳德克尔·拉伯奥卒(—1022)。圣加尔修道院僧,著有《论逻辑的部门》等,始以古高地德语译希腊罗马著作。

宋仁宗天圣元年 契丹太平三年
癸亥 1023 年

正月丙寅朔,改元天圣。

二月丙申,铸"天圣元宝"钱。

大食商人至高丽交易。

三月，司天监上张奎、楚衍等所造新历，赐名《崇天历》。

> 按：《宋史·楚衍传》曰："楚衍，开封胙城人。少通四声字母，里人柳曜师事衍，里中以先生目之。衍于《九章》、《缉古》、《缀术》、《海岛》诸算经尤得其妙。明相法及《聿斯经》，善推步、阴阳、星历之数，间语休咎无不中。自陈试《宣明历》，补司天监学生，迁保章正。天圣初，造新历，众推衍明历数，授灵台郎，与掌历官宋行古等九人制《崇天历》。进司天监丞，入隶翰林天文。皇祐中，同造《司辰星漏历》十二卷。久之，与周琮同管勾司天监。"

五月庚午，诏礼部贡举。

七月，诏礼部贡院，举人有期亲卑幼及大功以下服者，并听应举。

八月，命翰林学士晏殊为《崇天历序》。

十一月，令禁止两浙、江南、荆湖、福建、广南等路的巫觋挟邪术害人。

注辇国遣使赠金叶梵文佛经于宋朝，宋仁宗诏法护翻译成汉文。

孙奭召为翰林侍讲。

欧阳修在随州参加科举考试，试题为"左氏失之诬论"，未中选。

> 按：魏泰《东轩笔录》卷一二曰："欧阳文忠公年十七，随州取解，以落官韵不收。天圣以后，文章多尚四六。是时随州试《左氏失之诬论》，文忠论之，条列左氏之诬甚悉，……虽被黜落，而奇警之句，大传于时。今集中无此论，顷见连庠诵之耳。"

刘筠迁给事中，复召为翰林学士。又拜御史中丞。

王钦若九月守司徒兼门下侍郎、同中书门下平章事，昭文馆大学士。

余靖第进士，起家为赣县尉。

尹洙从穆修学《春秋》，为古文。

> 按：范仲淹《尹师鲁河南集序》曰："洛阳尹师鲁，少有高识，不逐时辈，与穆伯长游，力为古文。"（《范文正集》卷六）

苏舜钦以父荫补太庙斋郎。

富弼在海陵始识范仲淹，范仲淹时监泰州西溪镇盐仓。

贾同上书言寇準无罪。

> 按：《宋史·贾同传》曰："贾同字希得，青州临淄人。同初名罔，字公疏，笃学好古，有时名，著《山东野录》七篇。年四十余，同进士出身，真宗命改今名。"

冯元天圣初为侍讲，取刘颜所撰《辅弼名对》40卷上之于朝廷。刘颜曾为令，坐事免，至是诏复其官。

> 按：刘颜字子望，徐州彭城人。师事高弁。登进士第。知龙兴县，坐事免。后授徐州文学，居乡里，教授学生数十百人。著有《儒术通要》、《经济枢言》。他与郓城士建中等人创立的士刘学派，是宋初继安定、泰山、古灵学派之后的又一学术流派。其弟子有赵狩、李缊、刘庠、曹起、张洞、丁宽夫、吴师礼、杨说、王说、周师厚、丰稷、汪大猷、楼钥、罗适、舒亶等。此派为泰山学派所推重，石介见到刘颜所著书籍，曾感叹说："恨不在弟子之列。"（《宋史·刘颜传》）清代全祖望亦认为士刘诸儒"是真伊洛以前躬行君子"（《宋元学案》卷六《士刘诸儒学案》）。此派数传弟子袁燮别创"絜斋学派"。

晏殊制成《十八路州军图》。

按：该图以军事要素为主，与后来的《熙宁十八路图》以行政要素为主不同。

寇準卒(961—)。準字平仲，华州下邽人。太平兴国五年进士，官至宰相，封莱国公。辽兵入侵，力主抵抗，劝帝亲征，与辽订有"澶州之盟"。后因王钦若、丁谓先后构陷，两度罢相。卒谥忠愍。著有《巴东集》、《寇忠愍公诗集》。事迹见《宋史》卷二八一本传。今人王晓波编有《寇準年谱》。

按：孙抃《寇忠愍公準旌忠之碑》曰："平生著述，于章疏尤工，国政民事无巨细，钩校利害，为上悉陈之，其旨粹，其言简，故多所开益，余稿即焚灭弃去，虽至戚不得见。"（杜大珪《名臣碑传琬琰集》上卷二）

王回（ —1065）、侯叔献（ —1076）、刘攽（ —1089）、王存（ —1101）生。

宋天圣二年　契丹太平四年　甲子　1024年

二月二十日，书放交子。禁止私造，限在川蜀流通。

按：是为我国历史上政府发行纸币之始。

三月戊子朔，诏礼部，诸科举人不能对策者，未得退落。

按：先是，上封者言经学不究经旨，乞于本科问策一道。至是，对者多纰缪，仁宗以执经肄业，不善为文，特令取其所长，用广仕路。《宋史·选举志一》曰："天圣初，宋兴六十有二载，天下乂安。时取才唯进士、诸科为最广，名卿钜公，皆繇此选，而仁宗亦向用之，登上第者不数年，辄赫然显贵矣。其贡礼部而数诎者，得特奏名，或因循不学，乃诏曰：'学犹殖也，不学将落，逊志务时敏，厥修乃来。朕虑天下之士或有遗也，既已临轩较得失，而忧其屡不中科，则衰迈而无所成，退不能返其里闾，而进不得预于禄仕。故常数之外，特为之甄采。而狃于宽恩，遂隳素业，苟简成风，甚可耻也。自今宜笃进厥学，无习侥幸焉。'时晏殊言：'唐明经并试策问，参其所习，以取材识短长。今诸科专记诵，非取士之意，请终场试策一篇。'诏近臣议之，咸谓诸科非所习，议遂寝。旧制，锁厅试落辄停官，至是始诏免罪。"

乙巳，仁宗御崇政殿，赐进士宋郊、叶清臣、郑戬等154人及第，46人同出身。不中格者6人，以尝经真宗御试，特赐同《三礼》出身。丙午，又赐诸科196人及第，81人同出身。考官为御史中丞刘筠、知制诰宋绶、陈尧佐等。

按：宋郊与其弟宋祁，均以词赋得名，礼部奏宋祁第三，太后不欲以弟先兄，乃擢宋郊第一，而置宋祁第十。人呼为"二宋"，以大、小别之。刘筠得叶清臣所对策，奇之，故擢为第二。宋进士以策擢高第，自叶清臣始。

四月庚辰，以特奏名进士李道宗等43人、诸科王播等77人为将作监主簿及诸州长史、文学、司士参军。

按：李道宗等皆年过五十，尝应六举；王播等皆年过六十，尝应八举，仁宗谓辅臣曰："此虽举业非工，然闵其白首无成，故悉甄录之。"（《太平治迹统类》卷二七）

德意志亨利二世帝卒，无嗣，萨克森王朝终。康拉德二世继德王位，创法兰克尼亚王朝。

挪威基督教会始建。

六月,诏校勘《南史》、《北史》、《隋书》。

按:以直史馆张观,集贤校理王质、晁宗悫、李淑,秘阁校理陈诂,馆阁校勘彭乘,国子监直讲公孙觉校正;命知制诰宋绶、龙图阁待制刘烨提举。国子监直讲亦预其事。费时四年始竣。

八月己卯,仁宗幸国子监,谒先圣文宣王。召从臣升讲堂,令直讲马龟符讲《论语》。已而观《七十二贤赞述》,阅《三礼图》,问侍讲冯元三代制度。又幸昭烈武成王庙。

十月辛巳,宋判刑部燕肃言旧制诏书由书吏抄写颁布,字多舛误,奏请自今诏书刻板摹印颁行,诏自今诏书,令刑部摹印颁行。

按:此为朝廷公文印刷颁行之始。

十二月丙寅,权判都省马亮言:"天下僧以数十万计,间或为盗,民颇苦之。请除岁合度人外,非时更不度人;仍令自今勿得收曾犯真刑及文身者系籍。"诏可(《续资治通鉴》卷三六)。

是年,知江宁府王随奏请于三茅斋粮庄田内拨给三顷,供茅山书院膏火之费。

孙奭、李维、陈尧佐、李绶等参与修撰《真宗实录》。

晏殊三月因预修《真宗实录》成,迁礼部侍郎知审官院。

王钦若因修《真宗实录》成,加司徒。

宋庠举进士,擢大理评事,同判襄州。

叶清臣举进士,知贡举刘筠奇其所对策,擢第二。

曾公亮进士及第。

宋绶提举校勘《南史》、《北史》、《隋书》。四月,拜翰林学士。

尹洙登进士第,授绛州正平县主簿。

刘筠进尚书礼部侍郎、枢密直学士、知颍州。

苏洵兄苏涣进士及第。

周尧卿举进士,历知高安、宁化二县。

梅鼎臣、王式、宋咸、胡宿、吴感、张先、高若讷、王洙、余靖、江休复、苏涣进士及第。

西天竺僧爱贤、僧智信护等进献梵文佛经于宋朝。

刘昭《补注后汉志》30卷校勘毕,送国子监镂板。

王钦若等三月上《真宗实录》150卷。

按:先是,冯拯监修,冯拯死后,由王钦若代之,李维、晏殊、孙奭、宋绶、陈尧佐、王举正、李淑等参与其时,书成,均有赏。

宋廷校勘《天和殿御览》40卷毕,下秘阁镂板。

按:乾兴初,于《册府元龟》中撷其善美之事,得其要者40卷,名曰《天和殿御览》。宋仁宗曾命校定模本加以刊行。新纂之书即进行校勘,值得注意。

王无咎(—1069)、马随(—1076)、傅尧俞(—1091)生。

宋天圣三年　　契丹太平五年　　乙丑　　1025 年

二月乙巳，宗正寺请以皇后事迹编入玉牒，从之。

二月癸酉，诏国子监，现刊印《初学记》、《六帖》、《韵对》等书，皆钞集小说，无益学者，罢之。

三月己酉，诏辅臣于崇政殿西庑观孙奭讲《曲礼》，仍赐御书古诗各一章。

四月丁丑，诏三馆所缮书 17600 卷藏于太清楼。

按：初，大中祥符中，火焚馆阁书，乃借太清楼书补写，既而本多损蠹者，因命别写还之。

五月癸未，礼部言今年贡举，乞赐指挥。仁宗谓辅臣曰："去岁放及第人数不少，然而览其程试，多未尽善，今宜权罢贡举，各令励志修学。"王曾对曰："前来远方下第举人，方到乡里，今若复许随计，何暇温习事业？"即降诏权罢贡举一年（《群书考索》后集卷三七）。

十一月庚子，契丹圣宗求进士得 72 人，命赋诗，评其工拙，以张昱等 14 人为太子校书郎，韩栾等 58 人为崇文馆校书郎。

是年，宋廷准应天府书院增科举名额 3 人。

范仲淹上《奏上时务书》，提出改革文风主张。

按：其文谓："国之文章，应于风化；风化厚薄，见乎文章。是故观虞夏之书，足以明帝王之道；览南朝之文，足以知衰靡之化。"时文之弊在于"不追三代之高，而尚六朝之细"。"可敦谕词臣，兴复古道，更延博雅之士，布于台阁，也救斯文之薄，而厚其风化也。"（《范文正集》卷七）

晏殊十月自翰林学士、礼部侍郎迁枢密副使。十二月上疏论张耆不可为枢密使，由是忤章献太后旨。

王钦若十月庚午为译经使。

按：唐代的译经使以宰相明佛学者兼领之，宋代翻译经论，初令朝官润文，及丁谓为相，始置使。王钦若因系译经僧法护等请为使，议者非之。

孙奭十一月己卯朔建言罢"贴射茶法"。

陈从易六月由直昭文馆降为直史馆，集贤校理聂冠卿和李昭遘并落职。

按：先是，陈从易等校太清楼所藏《十代兴亡论》，字非舛误而妄涂窜，以为日课。上因禁中览之，故及于责。

钱易十月以左司郎中知制诰拜翰林学士。

王曾为门下侍郎，昭文馆大学士。

张知白为同中书门下平章事、集贤殿大学士。

高丽复刻《开宝藏》完工，是为《高丽藏》初雕本。

拜占廷帝巴西尔二世卒。他是帝国历史上最伟大的皇帝，与之齐名的，惟有伊拉克略一世，他们的名字象征着帝国的英雄时代。巴西尔二世死后，其弟君士坦丁八世单独执政，拜占廷开始衰亡。

| 用拉丁文写成的六音步诗、传奇式骑士故事《鲁渥德利卜》成书。

"浩然子"刘从善充景灵宫住持，进《咒食文》，咒食之科自此始。

林逋因两浙转运司言其有节行，居西湖 20 余年未尝入城，于是朝廷赐其粟帛。

夏竦、僧惟净等著《新译经音义》(《国朝译经音义》)70 卷。

宋廷十月校勘《隋书》毕，令刊行。

燕肃著《海潮论》2 篇。

按：燕肃知明州时，绘《海潮图》(已佚)，著《海潮论》，对潮汐成因做了研究。

王钦若卒(962—)。钦若字定国，临江军新喻人。淳化三年进士。累官至左谏议大夫、参知政事、枢密使、同平章事等。曾迎合真宗意旨，造作"天书"，献符瑞，劝帝封泰山，祀汾阴，号为"大功业"。卒赠太师，谥文穆。曾奉命校道书，编成《宝文统录》。领修《册府元龟》，编有《天书仪制》、《五岳广闻记》、《翊圣真君传》等。事迹见《宋史》卷二八三本传、夏竦《文穆王公墓志铭》(《文庄集》卷二九)。

按：《宋史》本传曰："所著书有《卤簿记》、《彤管懿范》、《天书仪制》、《圣祖事迹》、《翊圣真君传》、《五岳广闻记》、《列宿万灵朝真图》、《罗天大醮仪》。钦若自以深达道教，多所建明，领校道书，凡增六百余卷。……钦若状貌短小，项有附疣，时人目为'瘿相'。然智数过人，每朝廷有所兴造，委曲迁就，以中帝意。又性倾巧，敢为矫诞。马知节尝斥其奸状，帝亦不之罪。其后仁宗尝谓辅臣曰：'钦若久在政府，观其所为，真奸邪也。'王曾对曰：'钦若与丁谓、林特、陈彭年、刘承珪，时谓之五鬼。奸邪险伪，诚如圣谕。'"

祖士衡卒(987—)。士衡字平叔，蔡州上蔡人。大中祥符元年进士，除大理评事。历中书、右正言、同修起居注、史馆修撰。天圣初，以附丁谓落职，出知吉州，再降监江州商税。著有《起居院记》7 卷、《西斋话记》1 卷、《敝帚》20 卷、《西掖》12 卷、《乾兴》7 卷等。事迹见《宋史》卷二九九本传。

沈遘(—1067)、蔡天球(—1069)、章衡(—1099)生。

宋天圣四年　契丹太平六年　丙寅　1026 年

| 诺曼底公爵理查三世继位。

二月庚戌，玉清昭应宫使王曾请下三馆校《道藏》，从之。

五月己卯，诏礼部贡举，进士实应三举、诸科五举，并免取解。

辛卯，诏：馆阁校勘自今毋得增员。

按：时枢密副使张士逊请以其子张友直为史馆校勘，宋仁宗谓："馆职所以待英俊，可以恩请乎？"因诏："友直且于馆阁读书。自今馆阁校勘，更不得添置。"(《麟台故事》卷三)

闰五月甲子，诏辅臣于崇政殿西庑观侍读学士宋绶等讲《唐书》。

按：仁宗曰："朕览旧史，每见功臣罕能保始终者，若裴寂、刘文静俱佐命元功，不免诛辱。"王曾对曰："寂等之祸，良由功成而不知退也。"时皇太后命择前代文字可资孝养、补政治者，以备帝览，遂录进唐谢偃《惟皇诫德赋》，又录《孝经》、《论语》要言，及唐太宗所撰《帝范》2卷、明皇朝臣僚所献《圣典》3卷、《君臣政理论》2卷上之（《续资治通鉴》卷三七）。

六月乙未，诏臣僚因南郊或乾元节奏荐亲属，自今毋得乞进士及第并出身。

七月壬申，诏诸路转运司举所部幕职、令录京朝官有通经术、长于讲说者，以名闻。

八月戊子，命官考试开封府、国子监举人。

九月乙卯，诏曰："讲学久废，士不知经，岂上之教导不至耶？其令孙奭、冯元举京朝官通经术者三五人以闻。"（《续资治通鉴长编》卷一〇四）

庚申，诏礼部贡院举人有能通《三经》者，量试讲说，特以名闻，当议甄擢之。

壬申，命翰林学士夏竦、蔡齐、知制诰程琳等重删定《编敕》。

按：时有司言编敕自大中祥符七年至今复增及6783条，请加删定，故有是命。

十月乙酉，诏进士诸科尝经先朝御试而不预荐者，许就省试。

十二日，翰林医官副官赵拱等上准诏校定《黄帝内经素问》、《巢氏诸病源候论》、《难经》，诏差集贤校理晁宗悫、王举正、石居简、李淑、李昭遘依校勘在馆书籍例，均分看详校勘。

十一月辛亥，国子监摹印律文并疏颁行。

按：翰林侍读学士、判国子监孙奭言："诸科举人，惟明法一科律文及疏未有印本。"于是命国子监直讲杨安国、赵希言、王圭、公孙觉、宋祁、杨中和校勘，判国子监孙奭、冯元详校。至天圣七年（1029）十二月毕事（《玉海》卷六六）。

孙奭、冯元奉诏举京朝官通经术者。

范仲淹受发运副使张纶之命，知兴化县，负责筑海堰之事。

按：范仲淹在兴化任县令才一年时间，一面主持修复大型捍海堤，一面又在南津里沧浪亭旁修建学宫。自此以后，兴化县"学重于天下，而士得师矣"。

范仲淹作《唐异诗序》，对风靡一时的西昆体有所批评。

孙复就学于范仲淹。

胡旦以秘书监致仕，是年撰成《演圣通论》73卷，因家贫不能缮写进呈，朝廷赐胡旦钱十万，米百斛。

按：胡旦以《易》、《诗》、《书》、《论语》，先儒传注得失参糅，故作《演圣通论》而辩正之。晁公武《郡斋读书志》卷四评论《演圣通论》曰："论《六经》传注得失。《易》十六卷，《书》七卷，《诗》十卷，《礼记》十六卷，而《春秋论》别行。天圣中，尝献于朝，博辨精详，学者宗焉。"

宋绶兼翰林侍读学士。

欧阳修自随州荐名于礼部。是冬，赴汴京，道出湖阳，获读东汉樊安碑。

按：欧阳修曰："余少家汉东，天圣四年举进士，赴尚书礼部，道出湖阳，见此碑

立道左。下马读之,徘徊碑下者久之。"(《集古录跋尾》卷一三六《后汉樊常侍碑》)

苏洵初举进士不中。

宋廷校勘《南史》、《北史》、《隋书》完毕。
夏竦等十二月上《国朝译经音义》70卷。
钱惟演著《飞白书叙录》1卷。

钱易卒(968—)。易字希白,钱塘人。钱惟演从弟。咸平二年进士。历任光禄寺丞、秘书丞、太常博士,累迁翰林学士。著有《青云总录》100卷、《西垣制集》30卷、《金闺集》60卷、《瀛州集》50卷、《内制集》20卷等,今存《南部新书》10卷。事迹见《宋史》卷三一七《钱惟演传》附传。

按:《宋史·钱易传》曰:"易才学赡敏过人,数千百言,援笔立就。又善寻尺大书行草,及喜观佛书,尝校《道藏经》,著《杀生戒》,有《金闺》、《瀛州》、《西垣制集》一百五十卷,《青云总录》、《青云新录》、《南部新书》、《洞微志》一百三十卷。"

宋天圣五年　契丹太平七年　丁卯　1027年

罗马教皇约翰十九于罗马加冕德王康拉德二世。

诺曼底公爵理查三世卒,弟罗贝尔一世继位。

克努特远征苏格兰。

罗马天主教埃尔讷宗教会议首次命令实行"上帝的休战"。

正月癸丑,命枢密直学士、礼部侍郎刘筠权知贡举。

己未,诏礼部贡院比进士以诗赋定去留,学者或病声律而不得骋其才,其以策论兼考之,诸科毋得离摘经注以为问。又诏进士奏名,勿过五百人,诸科勿过千人。

二月癸酉,命参知政事吕夷简、枢密副使夏竦撰修《真宗国史》,宰臣王曾为提举,翰林学士宋绶,枢密直学士刘筠、陈尧佐同修。

乙亥,诏民间摹印文字,并上有司,候委官详阅,方定镂板。

按:初,上封者言契丹通和,河北缘边榷场商人往来,多以本朝臣僚文集传鬻境外,其间载朝廷得失,或经制边事,深为未便。故禁止之。

丙申,知宁州杨及上所修《五代史》,仁宗谓辅臣曰:"五代乱离,事不足法。"王曾曰:"安危之迹,亦可为鉴也。"(《资治通鉴后编》卷三七)

三月癸丑,令僧道毋得出入司天监,私习天文。

辛酉,御崇政殿,试礼部奏名进士,仍命翰林学士宋绶以下26人为殿后弥封、誊录、考覆、详定、编排官,如先朝旧制。壬戌,试诸科。甲子,诏进士五举年五十,诸科七举及六举终场年六十,淳化以前尝应举及经先朝御试者,不以举数,令贡院别具名以闻。乙丑,赐进士王尧臣等197人及第,82人同出身,71人同学究出身,28人试衔;丙寅,赐诸科及第并出身者又698人。考官为枢密直学士刘筠、龙图阁直学士冯元和、知制诰石中立、龙图阁待制韩亿。

四月癸酉,试特奏名进士及诸科;甲戌,赐同出身及试衔者凡342人。寻下诏戒谕诸道举人,宜奋励词学,毋坐视岁月,冀望恩泽。

辛卯,赐新及第人闻喜宴于琼林苑,遣中使赐御诗及《中庸篇》一轴。仁宗先命中书录《中庸》篇,令张知白进读。

是月,再命医官院校定《黄帝内经素问》及《难经》、《病源》等,下馆阁详阅。乙未,诏国子监摹印颁行,并诏宋绶撰《病源序》。

五月庚子朔,诏武臣子孙习文艺者,听奏文资,以示鼓励。

辛酉,命吕夷简等详定编敕。

八月甲戌,禁民间结社、祠岳、渎神,私置刀楯旗旛之属。

九月庚戌,召辅臣至崇政殿西庑观孙奭讲书,各赐织成御飞白字图。

十月乙酉,监修国史王曾言:"唐史官吴兢于《实录》、正史外,录太宗与群臣对问之语为《贞观政要》。今欲采太祖、太宗、真宗《实录》《日历》、《时政记》《起居注》,其间事迹不入正史者,别为一书,与正史并行。"从之(《资治通鉴后编》卷三七)。

壬辰,医学家王惟一受命铸针灸穴位模型铜人,供学习考核之用。诏一置医官院,一置相国寺。

按:先是,仁宗以针砭之法,传述不同,腧穴稍差,或害人命。遂令医官王惟一考明堂气穴经络之会,铸铜人式。又纂集旧闻,订正讹谬,为《铜人针灸图经》。至是,上之。因命翰林学士夏竦撰序,摹印颁行(《资治通鉴后编》卷三七)王惟一的《铜人腧穴针灸图经》3卷为针灸学专著,对历代针灸脉络学说的考订多有发明之功,其图经、铜人的问世,不仅使针灸经脉腧穴有了统一规范,而且开创了世界上最早的生理模型,学术价值甚高。

十一月壬寅,工部郎中、直昭文馆燕肃请造以齿轮传动的指南车,内侍卢道隆又上所创记里鼓车,诏皆以其法下有司制之。

是月,李善所注《文选》校勘毕,板成,又命直讲黄鉴、公孙觉校对。

按:天圣中,监三馆书籍刘荣超建言校勘李善《文选》注,至是始成。真宗时曾校过《文选》,后因"宫城火,《文选》和《文苑英华》皆烬",故有本次之校。

是年,契丹涿州知州韩绍芳奏请续刻涿州房山云居寺石经,圣宗准奏拨款,命瑜珈大师可玄主持其事。

按:云居寺石经刻造始于隋代,唐末中断,是年开始续刻。

孙奭为翰林侍讲学士,十月建言有司考议郊、庙二舞。

范仲淹五月上《上执政书》,言"今春诏下礼闱,凡修词之人,许存策论;明经之士,特与旌别。天下之望,翕然称是。其间所存策论,不闻其谁。激劝未明,人将安信?"指出宋仁宗正月所下的诏令,并没有真正得到贯彻执行。他建议,"倘使呈试之日,先策论以观其大要,次诗赋以观其全才,升其等级,有讲贯者别加考试;人必强学,副其精华。"(《范文正集》卷八)

按:范仲淹这一主张,到庆历改革时变得更为具体。

晏殊正月因弹劾张耆忤太后,罢枢密副使,以刑部侍郎知宋州;数月,改知应天府,大兴学校,延范仲淹以教生徒。

按：《宋史·晏殊传》曰："殊平居好贤，当世知名之士，如范仲淹、孔道辅皆出其门。及为相，益务进贤材，而仲淹与韩琦、富弼皆进用，至于台阁，多一时之贤。"

范仲淹因母丧寓居南京应天府，应知府晏殊之邀，执掌府学，遂"日于府学之中观书肄业，敦劝徒众，讲习艺文，不出户庭"。

按：《宋史·晏殊传》曰："自五代以来，天下学校废，兴学自（晏）殊始。"范仲淹在应天府前后约两年时间，亲自培养了大批人才，后人赞曰："宋人以文学有声名于场屋、朝廷者，多其所教也。"（《涑水纪闻》卷一〇）

孙复是年至南京，上谒范仲淹；范仲淹因其穷困，赠钱一千。

王洙因晏殊荐，为府学教授。召为国子监说书，改直讲。

夏竦自翰林学士、龙图阁学士，除右谏议大夫、枢密副使，代替晏殊。

吕夷简、夏竦奉命修《真宗国史》，王曾提举。

包拯三月中进士甲第，命为大理评事，出知建昌县。因养亲解官归，此后十年不仕。

王尧臣中进士第一，授将作监丞，通判湖州。

韩琦中进士，名列第二，授将作监丞，通判淄州。

文彦博进士及第。

欧阳修再试礼部，又未中选。

按：欧阳修曰："仆少从进士举于有司，学为诗赋，以备程试，凡三举而得第。"（《文忠集》卷四七《荆南乐秀才书》）

宋绶奉诏同修《真宗国史》。

阮逸举进士，调镇江军节度推官。

丘璿举进士，精于《易》，官至殿中丞。

燕肃、卢道隆分别创制指南东与记里鼓车。

天竺僧法吉祥献梵文佛经于宋朝。

日本《和泉式部集》成。

胡旦复上其所著《演圣通论》73卷、《唐乘》70卷、《五代史略》43卷、《将帅要略》53卷。

按：胡旦字周父，滨州渤海人。累官左拾遗、直史馆。后失明，以秘书少监致仕。卒年八十。另著有《汉春秋》等。事迹见《宋史》卷四三二本传。

太常博士、直集贤院、同知礼院王皞十月上所撰《礼阁新编》60卷。

按：初，天禧中，同判太常礼院陈宽请编次本院所承诏敕，其后不能成，王皞因取国初至乾兴所下诏敕，删去重复，类以五礼之目，成书上之。

僧惟净、惠方等译《天圣释教录》3卷成书。

《黄帝内经素问》、《难经》、《巢氏病源候论》由国子监摹印颁行。

波斯诗人、数学家、物理学家和天文学家莪默·伽亚谟（—1123）生。

乐黄目卒（972—　）。黄目字公礼，抚州宜黄人。乐史之子。淳化三年进士。累官右谏议大夫，知亳州。著有《圣朝郡国志》20卷、《学海搜奇录》40卷及文集50卷。事迹见《宋史》卷三〇六本传。

杨绘（　—1088）、李常（　—1090）、吕大防（　—1097）、范纯仁（　—1101）、吕陶（　—1103）生。

宋天圣六年　契丹太平八年　戊辰　1028年

二月辛未，同知礼院王皞建言不准私拟谥号，令有司拟定。从之。

按：王皞曰："谥者，行之表也。近日臣僚薨卒，虽官品合该拟谥，其子弟自知父祖别无善状，虑定谥之际，斥其谬戾，皆不请谥。窃以谥法自周公以来，垂为不刊之典，盖以彰善瘅恶，身殁之后，是非较然，用为惩劝。今若任其迁避，则为恶者肆志而不悛。欲乞今后凡有臣僚薨谢，不必候本家请谥，并令有司举行。如此，则隐慝无行之人有所沮劝矣。"（《续资治通鉴》卷三七）

三月壬寅，召辅臣于崇政殿西庑观侍讲孙奭讲《尚书》。

五月丁未，诏权停贡举。

八月，录唐张九龄后。

九月十五日，命陈从易、杨大雅并知制诰，欲矫文章之弊。

按：《续资治通鉴长编》卷一〇六曰："自景德后，文字以雕靡相尚，一时学者向之。……朝廷欲矫文章之弊，故并进从易及大雅，以风天下。"

十二月丁卯，赐故杭州处士林逋谥曰和靖先生，仍赙其家。

是年，契丹放进士张宥等57人。

范仲淹十二月至京师，上宰相书，言朝政得失，民间利病，凡万余言。王曾见而伟之。晏殊荐其为秘阁校理。是年撰《南京书院题名记》，概述书院经验和成就。

按：《宋史·范仲淹传》曰："服除，以殊荐，为秘阁校理。仲淹泛通《六经》，长于《易》，学者多从质问，为执经讲解，亡所倦。尝推其奉以食四方游士，诸子至易衣而出，仲淹晏如也。每感激论天下事，奋不顾身，一时士大夫矫厉尚风节，自仲淹倡之。"

孙复再至南京谒范仲淹，范仲淹再赠钱十千，并为其谋一月薪三千钱的学职，使其能安于学，授之以《春秋》。

按：魏泰《东轩笔录》载："范文正在睢阳掌学，有孙秀才者，索游，上谒文正，赠钱一千。明年，孙生复过睢阳，谒文正，又赠钱十千。因问何为汲汲于道路，生戚然动色，曰：'母老无以为养，若日得百钱，甘旨足矣。'文正曰：'吾观子辞气，非乞客也，二年仆仆，所得几何，而废学多矣。吾今补子学职，月可得三千以供养，子能安于学乎？'孙生大喜。于是，授以《春秋》。而孙生笃学不舍昼夜，行复修谨，文正甚爱之。明年，文正去睢阳，孙生亦辞归。后十年，闻泰山有孙明复先生以《春秋》教授学者，道德高迈，朝廷召至，乃昔日索游孙秀才也。"其实孙复与范仲淹分手后，仍有书信往来，孙复的出仕亦与范仲淹的推荐有关，故文中所谓"后十年"，似乎记载有误。

晏殊召还，为御史中丞，改兵部侍郎，兼秘书监、资政殿学士、翰林侍读学士。

欧阳修携文去汉阳拜谒翰林学士胥偃，极受器重；后成为胥偃之女

拜占廷君士坦丁八世帝卒，女佐伊继位，与其夫罗曼努斯三世·阿尔吉鲁斯共治。巴西尔二世的政策被全面废弃，大土地贵族开始获得对帝国的支配权。

塞尔柱突厥人征服中亚木鹿、内沙布尔。

克努特兼任挪威国王，势及丹麦、挪威、英格兰，形成"北海帝国"。

婿。是冬,胥偃携欧阳修至京师,为之称誉于诸公间。欧阳修在京结苏舜钦、苏舜元、穆修、尹洙等。

> 按:欧阳修《胥氏夫人墓志铭》曰:"修年二十余,以其所为文,见胥公于汉阳。公一见而奇之,曰:'子当有名于世。'因留置门下。"(《文忠集》卷六二)

王洙任应天书院说书。

张先以乡贡进士的身份,著《归安县县令戴公生祠记》;戴公即戴颙,曾任归安县令。

李淑五月赐进士及第。

> 按:时李淑预修史,同修史官刘筠等列奏李淑夙负词学,时称俊敏。召试学士院,策论甚优,而有是命。

宋绶等十一月癸卯上所撰《天圣卤簿记》10卷。

> 按:陈振孙《直斋书录解题》卷六曰:《卤簿记》"始太祖朝,卤簿以绣易画,号绣衣卤簿。真宗时,王钦若为记二卷,阙于绘事,弗可详识。绶与冯元、孙奭受诏质正古义,傅以新制,车骑人物器服之品,皆绘其首者,名同饰异,亦别出焉。其考订援证,详洽可稽"。

法国伏尔伯特卒(960—)。沙特尔派创始人,著有《书简集》。

林逋卒(968—)。逋字君复,钱塘人。工诗,善书法,隐居西湖,赏梅养鹤,终身不仕,亦不婚娶,人称"梅妻鹤子"。卒谥和靖先生。与钱易、范仲淹、梅尧臣、陈尧佐等均有诗相酬答。著有《和靖集》3卷、《西湖纪逸》1卷。今存《林和靖先生诗集》4卷、附录1卷。事迹见《宋史》卷四五七本传。

僧知礼卒(960—)。知礼俗姓金,字约言,四明人。天台宗第十七祖。世称"四明尊者"。学徒遍于东南,其佛学思想经过弟子们的发扬,逐渐形成一派,称山家派,被视为天台宗的正统。著有《问目二十条答释》、《扶宗释难》、《金光明经文句记》、《观音别行玄义记》、《四明十义书》、《观心二百问》等。事迹见宋释宗晓编《尊者年谱》。

王安国(—1074)、邓绾(—1086)、孙觉(—1090)、徐积(—1103)生。

宋天圣七年　契丹太平九年　己巳　1029年

大瞿越(李朝)主佛玛受封于宋,为交趾郡王。

正月,诏戒浮华文风。

> 按:诏曰:"设科取士,务求时俊,以助化源。而褒博之流,习尚为弊,观其著撰,多涉浮华,或磔裂陈言,或会粹小说。好奇者,遂成于谲怪;矜巧者,专事于雕镌。流宕若兹,雅正何在?属方开于贡部,宜申儆于词场。当念文章所宗,必以理实为要,探典经之旨趣,究作者之楷模,用复温纯,无陷偷薄,庶有裨于国教,期增阐于儒风。"(《宋会要辑稿·选举三》)

闰二月,应夏竦之请,诏复置贤良方正能直言极谏科、博通坟典明于教化、才识兼茂明于体用科、详明吏理可使从政科、洞识韬略运筹决胜科、军谋宏远材任边寄科等六科。又置书判拔萃科;又置高蹈丘园、沉沦草泽、茂才异等三科。又置武举。

三月庚辰,诏自今召试举人,令学士、舍人院试诗赋如旧制。

按:因近岁所试论策,其文汗漫难考,故有是命。

五月己未朔,诏礼部贡举,重申整饬浮靡文风之意。

按:诏曰:"朕试天下之士,以言观其趣向。而比来流风之敝,至于会萃小说,割裂前言,竞为浮夸靡蔓之文,无益治道,非所以望于诸生也。礼部其申饬学者,务明先圣之道,以称朕意焉。"(《资治通鉴后编》卷三八)欧阳修《与荆南乐秀才书》曰:"天圣中,天子下诏书,敕学者去浮华,其后风俗大变。今时之士大夫所为,彬彬有两汉之风矣。"(《文忠集》卷四七)

六月丁未,玉清昭应宫失火,毁坏严重,太后有再建之意,大臣范雍、王曾、吕夷简等上疏反对。

七月,诏殿直以上毋得换文资。

八月甲午,诏国子监,进士自今以50人为解额。

契丹东京舍利军详稳大延琳起兵反辽,占据东京,国曰兴辽,年号天庆。

是年,宋重定试法:应试选人录所撰判词三十道,送流内铨,词理优长者赴京考试判十道,合格者准予参加殿试。

范仲淹十一月上疏论上太后寿,并请太后还政,不报。

按:《宋史·范仲淹传》曰:"天圣七年,章献太后将以冬至受朝,天子率百官上寿。仲淹极言之,且曰:'奉亲于内,自有家人礼,顾与百官同列,南面而朝之,不可为后世法。'且上疏请太后还政,不报。"

孙奭时为判国子监,四月上言,将奉诏校定之律文及疏下崇文院雕印。

按:孙奭言:"准诏校定律文及疏,其《刑统》内衍文者减省,阙文者添益,要以遵用旧书,与《刑统》兼行。又旧本多用俗字,浸为讹谬,亦已详改。至于前代国讳,并复旧字;圣朝庙讳,则空缺如式。又虑字从正体,读者未详,乃著《律文音义》一卷,其文义不同,即加训解。乞下崇文院雕印,与律文并行。"(《玉海》卷六六)于此可见宋人校勘的步骤和方法。

吕夷简二月为中书门下平章事、集贤殿大学士。夏竦、薛奎为参知政事,陈尧佐为枢密副使。

宋祁时为国子监直讲。

晏殊改兵部侍郎兼秘书监、资政殿学士、翰林侍读学士。

晏殊以女妻富弼。

欧阳修是春从胥偃在京师,与国子监试为第一,补广文馆生。结识石延年、僧秘演、僧惟俨。

按:周必大《跋欧阳文忠公诲学帖》曰:"欧阳文忠公年二十有三,以《玉不琢不成器》赋,魁国子监。"(《文忠集》卷四七)

夏竦为参知政事。

陈尧佐为枢密副使。

王曾六月罢相。

苏舜钦时为太庙斋郎，上疏言真宗造玉清昭应宫致使海内空虚，如今若再修建此宫，必将劳民伤财，国将不国。疏入，调任荥阳尉。

王安石父王益为殿中丞。王安石随父入京。

蔡襄偕弟高从兴化军赴京都参加开封府进士考试。榜发，蔡襄得第一名，蔡高未得举。因凌景阳介绍，蔡高寄寓江阴悟空院读书，以备明年再赴开封参加尚书省礼部会试。

江阴军学刊刻《国语韦昭注》21卷。

孙奭著《律文音义》1卷由崇文院雕印初刊。

按：孙奭奉命校订《唐律》、《律疏》和《宋刑统》，因撰此书，对律文有关用语的音、义进行诠释。书中对古音古义多有保存，对部分典章制度的沿革有提纲挈领的叙述，于研究《唐律》有一定价值，也是古音韵学研究的参考资料。

李遵勖著《天圣广灯录》成书。

王惟一所著《铜人腧穴针灸图经》3卷摹印颁行。

按：此书不仅刊刻颁行，而且刻石保存，对宋代针灸学发展影响甚大。宋代著名针灸著作尚有许希的《神应针经要诀》、王执中的《针灸资生经》、闻人耆年的《备急灸法》。

鲁宗道卒（966— ）。宗道字贯之，亳州谯人。第进士，初为濠州定远尉，后改任歙州军事判官。官至参知政事。卒谥简肃。工书法，刘克庄《跋鲁简肃帖》曰："鲁公以强谏直节名，而诗律笔法，精妙如此，世所未知也。"事迹见《宋史》卷二八六本传。

张唐英（ —1071）生。

阿拉伯阿尔·卡克希卒（约971— ）。数学家，著有《印度的计算原理》，论述十进位值制记数法、整数和分数的算术运算及开平方。

西班牙科尔多瓦天文学家查尔卡利（ —1087）生。

宋天圣八年　契丹太平十年　庚午　1030年

正月丙寅，命资政殿学士晏殊、御史中丞王随、知制诰徐奭、张观知礼部贡举。张存、张旨、李宥、王琪、宋祁、凌景阳充点检试卷，马寻、王宗道、王奎、刘随、杨安期、杨中和充诸科考试官。葛昂、王浞充封印复考官，范讽、崔暨封印卷首。

三月甲子，御崇政殿试礼部奏名进士；丙寅，试诸科。丁卯，赐进士王拱寿、刘沆、孙抃等200人及第，49人同出身；己巳，赐诸科及第、同出身者又573人。诏王拱寿更名为王拱辰。

五月甲寅，赐信州龙虎山张道陵二十五世孙张乾曜号虚靖先生，以其孙见素为试将作监主簿，仍令世袭先生号，蠲其租课。

大瞿越（李朝）定文武冠服。

阿拉伯人攻叙利亚，败拜占廷。

伊斯兰教贤者比鲁尼抵马尔代夫群岛，自是伊斯兰教渐行于马尔代夫。

六月乙巳，仁宗亲试书判拔萃科及武举人。

按：武举法，先阅骑射，而试之以策为去留，弓马为高下，每遇制举则试焉。

诏礼部贡院，治《尚书》、《周易》二经者，自今皆分场考试，明法以七同以上为合格。

按：时言者谓《尚书》、《周易》本两科，先朝并为一科，每经各问义五道，举人或偏习一经，对及五同已为合格。又明法科所对，只取六同，书少而易习，请益以一经。故更定之。

七月丁巳，诏史官修《庆历国朝会要》。

乙亥，命翰林学士宋绶、冯元为初考制策官，翰林学士章得象、御史中丞王随复考，知制诰石中立、盐铁副使鞠咏编排。

按：自是，御试制科人，率如此例。

丙子，策制举人，御崇政殿，策试贤良方正能直言极谏太常博士何咏、茂才异等富弼。

按：何咏、富弼对策，并及第四等。丁丑，以何咏为祠部员外郎、同判永兴军，赐五品服；富弼为将作监丞、知长水县。

壬午，契丹诏来年行贡举法。

八月，辽诏"汉儿公事，皆须体问南朝法度，行事不得造次"（《辽史拾遗》卷八）。

范仲淹著《上资政晏侍郎书》，对晏殊自白道："某天不赋智，昧于几微，而但信圣人之书，师古人之行，上诚于君，下诚于民，韩愈自谓有忧天下之心。"（《范文正集》卷八）

按：范仲淹"先天下之忧而忧，后天下之乐而乐"的名言虽为晚年所发，其实在早年就已有此壮志雄心。

范仲淹著《上时相议制举书》，强调教育的重要性。

欧阳修省试第一，殿试为甲科第十四名。五月授将仕郎，试秘书省校书郎，充西京留守推官。

按：韩琦《文忠欧公阳公墓志铭》曰："逮崇政殿试，虽中甲科，人犹以不魁多士为恨。"（《文忠集》附录卷三）《宋史·欧阳修传》曰："举进士，试南宫第一，擢甲科，调西京推官。始从尹洙游，为古文，议论当世事，迭相师友，与梅尧臣游，为歌诗相倡和，遂以文章名冠天下。"

石介进士及第，曾任郓州观察推官、南京应天府学官等职，因评论朝廷赦书，降职为镇南掌书记。

尹洙以书判拔萃人为武胜军节度掌书记、知河阳县。

苏舜钦中进士，授光禄寺主簿，知蒙城。

余靖以书判拔萃人为将作监丞、知海阳县。

张先举进士，后被晏殊辟为通判。

苏绅母丧服除，入京赴调，又知广德县，苏颂皆随行。

王益知韶州，改太常博士、尚书屯田员外郎。

钱惟演留守西京洛阳，欧阳修、尹洙、梅圣俞从之游。

蔡襄登进士甲科第十名,授漳州军事判官。

王益以殿中丞知韶州,王安石随行。

刁约、李之才、王素、田况、元绛、孙甫、刘涣、唐介举甲科进士。

监修国史吕夷简等于六月癸巳上《新修国史》150卷。

按：是书又称《三朝国史》,包括宋太祖、太宗、真宗三朝。初,景德四年诏王旦、晁迥、杨亿等9人撰太祖、太宗两朝史。至天圣五年,诏吕夷简、宋绶、刘筠、陈尧佐、王举正、李淑、黄鉴、谢绛、冯元加入修真宗朝史,王曾监修。后王曾罢,由吕夷简监修。是年书成。故事,史成,由监修而下皆进秩,而吕夷简固辞之。甲午,修国史夏竦,同修国史宋绶、冯元,编修官王举正、谢绛、李淑、黄鉴,管勾内臣韩守英,承受蓝元用、罗崇勋,供书皇甫继明并迁官职。晁公武《郡斋读书志》卷五谓此书"比之三朝《实录》,增者大半,事核文赡,褒贬得宜,百世之所考信云"。

周越著《书苑》15卷成书。

王韶(—1081)、范百禄(—1094)、刘挚(—1097)生。

波斯伊本·米斯凯韦卒（约930— ）。科学家、哲学家、历史学家,著作颇丰,有伦理学著作《性格修养论》,史学著作《各国经验》等,认为各民族历史都能提供道德教训,不应把神话当作史料看待。其著作成为后代伊斯兰思想的典范。

宋天圣九年　契丹太平十一年　兴宗景福元年
辛未　1031年

三月戊午,诏馆阁增募写书吏50人。

癸亥,因王曾请,赐青州州学《九经》。

按：自是州郡当立学者皆得赐书。

诏权停贡举。

五月己未,诏长宁节度僧道,旧制三百人放一人者,今增至四百人；一百人放一人者,增至二百人。

六月乙卯,契丹圣宗耶律隆绪卒,太子宗真即位,是为兴宗,改元景福。皇太后摄政。

闰十月壬戌,司天监上重修《崇天历》。

孙奭为工部尚书,知兖州。

欧阳修三月至西京,补留守推官,钱惟演为留守。是年迎娶胥偃女于东武。

按：洪迈《容斋续笔》曰："师鲁与穆伯长力为古文,欧阳永叔从而振之,由是天下之文一变而古。"

晏殊为三司使。

钱惟演先除陈州,迁延未赴任,是年正月改判河南府,辟尹洙为僚属。

按：欧阳修《河南府司录张君墓表》曰："初,天圣、明道之间,钱文僖公（钱惟演

高丽设国子监。

谥文僖)守河南。公,王家子,特以文学仕至贵显,所至多招集文士,而河南吏属,适皆当世贤材知名士,故其幕府号为天下之盛。"(《文忠集》卷二四)

宋绶为龙图阁学士、知应天府。

梅尧臣调任河南县主簿,欧阳修三月为西京留守推官,两人结为朋友。

张先为宿州掾。

苏绅知无锡县,于县厅西圃开学舍,华直温、闵从先等皆来就学,与苏颂同结课业。

燕肃发明莲花漏法,创漏壶漫流系统,提高计时精确度。

蔡襄授漳州军事判官。

李觏著《潜书》15篇。

宋绶六月上新编《皇太后仪制》5卷,诏名曰《内东门仪制》。

李维卒(961—　)。维字仲方,洺州肥乡人。李沆弟。雍熙二年进士,为保信军节度推官。仁宗初,为尚书左丞兼侍读学士,预修《真宗实录》。后知亳州,改河阳,徙陈州。又尝预修《续通典》《册府元龟》。著有《李仲方集》20卷、《大中祥符降圣记》50卷,今佚。现存《邦计汇编》1卷、《崧坪小稿》1卷。事迹见《宋史》卷二八二《李沆传》附传。

耶律隆绪卒(961—　)。辽圣宗。好汉文化,曾以契丹大字译白居易《讽谏集》,自作诗五百余首。

陈从易卒(966—　)。从易字简夫,泉州晋江人。太宗端拱二年进士。由德州军事推官召为秘书省著作郎,预修《册府元龟》。官终知杭州。著有《泉山集》20卷、《西清奏议》3卷、《中书制稿》5卷,皆佚。事迹见《宋史》卷三〇〇本传。

按:《宋史》本传曰:"初,景德后,文士以雕靡相尚,一时学者乡之,而从易独守不变。与杨大雅相厚善,皆好古笃行,时朝廷矫文章之弊,故并进二人,以风天下。"

刘筠卒(971—　)。筠字子仪,大名人。咸平元年进士,为馆陶县尉。官至翰林学士承旨兼龙图阁直学士。曾预修《册府元龟》和《诸道图经》等。诗与杨亿、钱惟演齐名,是西昆体代表诗人之一。著有《中山刀笔集》3卷、《肥川集》4卷、《册府应言集》10卷、《荣遇集》10卷、《禁林集》12卷、《三入玉堂》、《刑法叙略》等。事迹见《宋史》卷三〇五本传。今人郑再时编《西昆唱和诗人年谱》有《刘筠年谱》。

按:《宋史》本传曰:"筠,景德以来,居文翰之选,其文辞善对偶,尤工为诗。初为杨亿所识拔,后遂与齐名,时号杨刘。凡三入禁林,又三典贡部,以策论升降天下士,自筠始。性不苟合,遇事明达,而其治尚简严。然晚为阳翟同姓富人奏求恩泽,清议少之。著《册府应言》、《荣遇》、《禁林》、《肥川》、《中司》、《汝阴》、《三入玉堂》凡七集。"

黄鉴卒,生年不详。鉴字唐卿,建州浦城人。大中祥符八年进士,补桂阳监判官,为国子监直讲、国史院编修官。又尝与修《三朝宝训》。少得杨亿赏识，曾集平时听闻杨亿所言事为《杨文公谈苑》8卷。事迹见《宋史》卷四四二本传。

孙洙（　—1079）、吕大钧（　—1082）、沈括（　—1095）、郑雍（　—1098）、蒋之奇（　—1104）、单锷（　—1110）生。

宋天圣十年　明道元年　契丹景福二年　重熙元年　壬申　1032年

威尼斯始设政务院、元老院。

二月癸卯，监修国史吕夷简上《三朝宝训》30卷。

按：参与编修的王举正赐三品服，李淑赐五品服。

三月己卯，诏永兴军勿纵畜牧蹂践秦始皇陵庙。

戊子，颁布《天圣编敕》。

戊戌，诏权停贡举。

七月甲戌，许寿州立学，仍赐《九经》。

辛卯，以门下省为谏院。

按：先朝虽除谏官而未尝置院，及陈执中为谏官，屡请之，故有是命。置谏院自此始。

丁酉，诏天下举人，依大中祥符八年额解五分外，其人多额少处，许计就试人数解十之二。

八月戊午，诏国子监重修七十二贤堂，其左丘明而下二十一，并以本品衣冠图之。

十一月，宋改元明道。

是年，契丹放进士刘师贞等57人。

契丹于重熙初开始刊刻《大藏经》。

范仲淹为右司谏，上疏请销冗兵，削冗吏，省京师用度，减江淮馈运。

晏殊八月辛丑以三司使、兵部侍郎为枢密副使，旋改任参知政事。

韩琦是冬服阕，迁太子中允，改太常丞直集贤院。

王安石始力于学。

按：王安石《与祖择之书》曰："某生十二年而学。"（《临川文集》卷七七）《宋史》本传谓"安石少好读书，一过目，终生不忘"。《宋元学案》卷九八《荆公新学略》引吕荥阳曰："王介甫解经，皆随文生义，更无含蓄。学者读之，更无可以消详处，更无可以致思量处。"

吕夷简八月为修内使。

宋祁为殿中丞。

谢绛、尹洙、欧阳修、梅尧臣等同贺钱惟演建成双桂楼，各作一篇《修楼记》。

谢绛九月奉诏至嵩山祭神，欧阳修、尹洙等随同前往。

李觏著《礼论》7篇。

按：李觏《礼论序》："予幼而好古，诵味经籍，窥测教意，然卒未能语其纲条。至于今兹年二十四，思之熟矣。比因多病，退伏庐下，身无他役，得近纸笔，故作《礼论》七篇，推其本以见其末，正其名以责其实。崇先圣之遗制，攻后世之乖缺。邦国之龟筮，生民之耳目，在乎此矣。"（《李觏集》卷二）

梅尧臣《梅圣俞诗稿》写本成，欧阳修著《书梅圣俞诗稿后》。

僧遵式卒（964—　）。遵式俗姓叶，字知白，台州宁海人。年二十受具戒，钻研律学。真宗大中祥符中，敷席杭州昭庆寺，讲扬所学。真宗赐号"慈云大师"。著有《忏仪》多种，世称"百本忏主"、"慈云忏主"。又有《天竺灵苑集》3卷。现存别集《金园集》3卷、《天竺别集》3卷。事迹见《补续高僧传》卷三。

穆修卒（979—　）。修字伯长，郓州汶阳人。曾从陈抟学《易》。大中祥符进士。曾任泰州司理参军，后为颖州、蔡州文学参军。宋初古文家，不满五代以来及西昆体的靡丽文风，继柳开以后，力主恢复韩、柳散文传统，至镂板刊行韩柳集，亲自鬻书于开封相国寺。对尹洙、苏舜钦、欧阳修等颇有影响。又精于《易》，思想影响及于邵雍、周敦颐、二程等。著有《穆参军集》3卷。事迹见《宋史》卷四四二本传、苏舜钦《哀穆先生文》（《穆参军集》附录）。

按：《宋史》本传曰："自五代文敝，国初，柳开始为古文。其后，杨亿、刘筠尚声偶之辞，天下学者靡然从之；修于是时独以古文称，苏舜钦兄弟多从之游。修虽穷死，然一时士大夫称能文者必曰穆参军。"《四库全书总目提要》曰："修受数学于陈，《先天图》之窜入儒家，自修始。其文章则莫考所师承，而欧阳修《论尹洙墓志书》谓其学古文在洙前。朱子《名臣言行录》亦称洙学古文于修，而邵伯温《辨惑》称修家有唐本韩柳集，募工镂版，今《柳宗元集》尚有修后序。盖天资高迈，沿溯于韩、柳而自得之。宋之古文，实柳开与修为倡。然开之学，及身而止。修则一传为尹洙，再传为欧阳修，而宋之文章于斯极盛。则其功亦不鲜矣。"

王令（　—1059）、谢景平（　—1064）、刘恕（　—1078）、程颢（　—1085）、沈辽（　—1085）、李清臣（　—1102）、邢恕（　—1102）、邓御夫（　—1107）、吕惠卿（　—1111）生。

宋明道二年　契丹重熙二年　癸酉　1033年

正月癸未，诏三司铸"明道元宝"钱。

三月甲午，宋刘太后卒，仁宗开始亲政。

诺曼底公爵罗贝尔一世侵英格兰，无功。

四月己未，宋仁宗裁抑侥幸，罢吕夷简、张耆、夏竦、陈尧佐、范雍、赵稹、晏殊等人，出知州府。张士逊、李迪为平章事，王随为参知政事。

按：先是，吕夷简手疏陈八事，曰正朝纲，塞邪径，禁贿赂，辨佞壬，绝女谒，疏近习，罢力役，节冗费，劝帝语甚切。仁宗因与吕夷简谋，以张耆等皆依附太后，欲悉罢之，吕夷简以为然。帝退，语于皇后郭氏，皇后曰："夷简独不附太后邪？但多机巧，善应变耳。"(《宋史·吕夷简传》)由是吕夷简亦被罢官。

是月，罢修建寺观。

五月戊辰，诏礼部贡举。

丙子，命张士逊撰《籍田记》及《恭谢太庙记》，以翰林学士冯元为编修官，直史馆宋祁为检讨官。既而宋祁言皇太后谒庙非后世法，乃命止撰《籍田记》。

六月壬寅，录周世宗及高季兴、李煜、孟昶、刘继元后。

七月乙亥，诏诸州自今考试举人，并封弥卷首，仍委转运司于所部选词学并公勤者为考试监门封弥官。

八月辛酉，命翰林学士章得象、知制诰郑向编定《一司一务敕》。

十月乙未，置应天府书院讲授官一员。

辛亥，仁宗谓辅臣曰："近岁进士试诗赋多浮华，宜令有司兼取策论。"(《续资治通鉴》卷三九)

十二月丁巳，诏改明年元曰景祐。

夏扩建宫殿，建立官制，规定服制。

范仲淹七月奉命至江淮地区开仓赈灾。又上疏言："天之生物有时，而国家用之无度，天下安得不困！""今宜销冗兵，削冗吏，禁游惰，减工作，既省京师用度，可罢高价入籴。"(《续资治通鉴》卷三九)

郭皇后十二月被废，右谏议大夫、权御史中丞孔道辅率谏官孙祖德、范仲淹、宋庠、刘涣，御史蒋堂、郭劝、杨偕、马绛、段少连10人，诣垂拱殿上奏劝谏。孔道辅出知泰州，范仲淹被贬睦州为官。

范仲淹在睦州撰写《桐庐郡严先生祠堂记》，梅尧臣读后，著《读范桐庐述严先生祠堂碑》，赞扬范仲淹。

欧阳修著《上范司谏书》，切盼范仲淹有所作为。是年胥夫人卒。

按：欧阳修《胥氏夫人墓志铭》曰："修年二十余，以其所为文，见胥公于汉阳。公一见而奇之，曰：'子当有名于世。'因留置门下，与之偕至京师，为之称誉于诸公之间。又明年，胥公遂妻以女。""修既感胥公之知己，又哀其妻之不幸短命。顾二十年间，存亡忧患，无不可悲者。"(《文忠集》卷六二)

欧阳修与尹洙同校《韩昌黎集》。

按：欧阳修《记旧本韩文后》曰："举进士及第，官于洛阳，而尹师鲁之徒皆在，遂相与作为古文，因出所藏《昌黎集》而补缀之，求人家所有旧本而校定之。"(《文忠集》卷七三)陈寅恪《寒柳堂集·赠蒋秉南序》说："欧阳永叔少学韩昌黎之文，晚撰《五代史记》，作《义儿》、《冯道》诸传，贬斥势利，尊崇气节，遂一匡五代之浇漓，返之淳正。故天水一朝之文化,竟为我民族遗留之瑰宝。孰谓空文于治道学术无裨益耶?"

吕夷简四月罢相,判澶渊;十月戊午为门下侍郎、同中书门下平章事、昭文馆大学士,王曙为枢密使,王德用为枢密副使,蔡齐为枢密副使。

富弼上疏论郭后不当废,范仲淹不当贬。

晏殊罢参知政事,以礼部尚书知亳州。

苏洵年二十五岁,始知读书。

夏竦、陈尧佐皆罢。

寇準十一月赠中书令。

许申在刑部任职,向参知政事薛奎举荐余靖之才,暨呈余靖《撰修三史奏议》。

余靖七月迁秘书丞,掌管典籍,常向馆阁校勘李柬之、集贤校理吕公绰请教。

盛度十一月请命官刊修《唐书》。

宋绶八月为端明殿学士,十月为参知政事,十二月奉命看详修纂《国朝会要》。

钱惟演被御史中丞范讽弹劾,奉诏贬调随州崇德军节度使本任。

王曙代钱惟演为西京留守,寻拜枢密使。

梅尧臣是秋除德兴令。

李淑正月上《耕籍类事》5卷,及《王后仪范》3卷。

孙奭卒(962—)。奭字宗古,博州博平人。《九经》及第。官至工部尚书,以太子少傅致仕。卒赠左仆射,谥宣。曾预修《真宗实录》,与杜镐等校定诸经正义,《庄子》、《尔雅》释文,考正《尚书》、《论语》、《孝经》、《尔雅》谬误及律音义。著有《经典徽言》50卷、《五经节解》、《孟子音义》2卷、《孟子正义疏》14卷、《尔雅释文》1卷、《五服制度》、《崇祀录》、《乐记图》等。事迹见《宋史》卷四三一本传。

按:《宋史》本传曰:"奭性方重,事亲笃孝。父亡,舐其面以代额。常撮《五经》切于治道者,为《经典徽言》五十卷。又撰《崇祀录》、《乐记图》、《五经节解》、《五服制度》。尝奉诏与邢昺、杜镐校定诸经正义,《庄子》、《尔雅》释文,考正《尚书》、《论语》、《孝经》、《尔雅》谬误及律音义。"

杨大雅卒(965—)。大雅本名侃,字子正,杭州钱塘人。端拱二年进士。历光禄寺丞,知新昌。迁太常博士,擢集贤院。官至知制诰。著有《两汉博闻》12卷、《职林》20卷、《大隐集》30卷、《西垣集》5卷等,皆佚。事迹见《宋史》卷三〇〇本传、欧阳修《谏议大夫杨公墓志铭》(《文忠集》卷六一)。

乔执中(—1095)、程颐(—1107)生。

意大利早期经院哲学家、欧洲中世纪基督教思想家安瑟伦(—1109)生。

宋仁宗景祐元年　契丹重熙三年　夏景宗开运元年
赵元昊广运元年　甲戌　1034 年

<small>拜占廷帝罗曼努斯三世被弑，佐伊立其情夫米哈伊尔四世为帝。

诺曼人败阿拉伯人。</small>

正月甲子，许京兆府立学，赐《九经》，仍给田五顷。

戊辰，诏三司铸"景祐元宝"钱。

丁丑，命翰林学士章得象、知制诰郑向、直史馆宋庠等5人权知贡举。

癸未，宋廷决定放宽取士名额和应举年限。

按：诏曰："朕念天下士向学益蕃，而取人之路尚狭，或栖迟田里，白首而不得进。其令南省就试进士、诸科，十取其二。凡年五十，进士五举、诸科六举；年六十，尝经殿试，进士三举，诸科五举；及尝预先朝御试者，虽试文不合格，毋辄黜，皆以名闻。"自此率以为常（《资治通鉴后编》卷四一）。

丁亥，始置崇政殿说书，命都官员外郎贾昌朝、屯田员外郎赵希言、太常博士王宗道、国子博士杨安国为之，日以二人入侍讲说。

按：《宋史·杨安国传》曰："安国讲说，一以注疏为主，无他发明，引喻鄙俚，世或传以为笑。尤喜纬书及注疏所引纬书，则尊之与经等。在经筵二十七年，仁宗称其行义淳质，以比先朝崔遵度。"

二月乙未，诏罢书判拔萃科，更不御试。自今幕职、州县官经三考以上，非入缘边及川、广、福建者，许应贤良方正能直言极谏等六科；其京朝官至太常博士，及进士、诸科取解而被黜落者，毋得复应茂才异等三科及武举。用知制诰李淑之建议。

诏殿试举人，考官日迫，多不精审。自今初考复考详定，以十日为限。

辛丑，诏礼部贡院，诸科举人，应七举者，更不限年，并许特奏名。

三月丙子，诏御试进士题目书所出，摹印给之，更不许上请。

戊寅，御崇政殿，试礼部奏名进士。己卯，试诸科。辛巳，试特奏名。已而得进士张唐卿、杨寀、徐绶等501人，诸科282人，特奏名857人，赐及第、出身、同出身及补诸州长史、文学如旧制，惟授官特优于前后岁。

四月壬辰，诏：锁厅举人所试不合格者，除其罪。

按：天禧二年（1018），宰相王钦若请锁厅举人试不合格者，并坐私罪。至此始废除。

丁巳，诏直史馆宋祁、郑戬、国子监直讲王洙等同修《广韵韵略》，仍命知制诰丁度、李淑详定。

按：时宋祁等言《广韵韵略》多疑混字，举人程试间或误用，有司论难，互执异同，乃致上烦亲决，故请加撰定。

五月壬申，以河南府学为国子监。

六月己丑朔，赐陈州、扬州学田三顷。

按：以后各州立学多赐学田，并赐《九经》。

己酉，策试贤良方正能直言极谏太常博士苏绅、才识兼茂明于体用大理寺丞吴育、茂才异等张方平及武举人于崇政殿。

按：吴育所对策入第三等，授著作佐郎、直集贤院、通判湖州；苏绅、张方平并第四等次，苏绅为祠部员外郎、通判洪州，张方平为校书郎、知昆山县。

闰六月戊午朔，赐杭州学田五顷。

辛酉，命翰林学士张观、知制诰李淑、宋祁编三馆、秘阁书籍。仍命判馆阁盛度、章得象、石中立、李仲容复视之。

按：以三馆秘阁所藏，有谬滥不全之书，辛酉，命翰林学士张观、知制诰李淑、宋祁将馆阁正副本书看详，定其存废，伪谬重复并从删去；内有差漏者，令补写校对。仿《开元四部录》，约《国史艺文志》，著为目录，仍令翰林学士盛度等看详（《玉海》卷五二）。

乙亥，毁天下无名额寺院。

七月辛卯，翰林学士承旨盛度等上所定学士、舍人院召试人等第，以文理俱高为第一；文理俱通为第二；文通理粗或文粗理通为第三，分上下；文理俱粗为第四，分上下；纰缪为第五，凡七等。

按：先是，考校旧规有优、稍优、堪、稍堪、平、稍低、次低七等，而品第高下未明，至是，盛度等约礼部式更定之。

乙未，御崇政殿，召近臣观《景祐乾象新书》。

九月癸卯，诏选官校正《史记》、《前汉书》、《后汉书》、《三国志》、《晋书》。

按：参加校勘的有余靖、王洙、张观、李淑、宋祁等。

十月，夏赵元昊私改元曰广运。

辛巳，赐舒州学田五顷。

李氏越南遣使献角兽与驯象，宋赠以《大藏经》。

范仲淹在睦州建严子陵祠，后扩建为钓台书院。六月，改知苏州。

欧阳修因枢密使王曙荐，闰六月由西京留守推官任馆阁校勘，预修《崇文总目》。是年再娶谏议大夫杨大雅之女。

按：欧阳修《谢校勘启》谓"校勘之职，是正为难"（《文忠集》卷九五）。

孙复第四次应举失败，因进士士建中的引见，赴南京谒学官石介。石介欲在泰山筑室，邀请孙复去客居讲学。

按：胡瑗曾孙胡涤尝谓胡瑗布衣时，曾与孙复、石介同在泰山苦读十年，此说长期为学界所接受。但据石介《徂徕集》卷三《寄明复、熙道》诗和卷十六《与士熙道书》等资料，石介在景祐元年之前并不认识孙复，故石介与孙复"同学"之说不攻自破。又胡瑗、孙复、石介三人的墓志或墓表，同出于欧阳修之手，但欧阳修只字未提"同学"之事，恐非疏忽。

王尧臣受命与欧阳修等整理校正昭文馆、史馆、集贤馆以及秘阁藏书，八年后成《崇文总目》。

韩琦九月为开封府推官。

张方平举茂材异等科，知昆山县。

应宋庠请,令制科与武举分日殿试。

张观时为翰林学士,奉命与知制诰李淑、宋祁将馆阁正副本书看详,定其存废,伪谬重复,并从删去;内有差漏者,立补写校对。

宋祁时为直史馆,奉命与秘阁校理张环、张宗古复校《南史》、《北史》。

梅尧臣赴东京开封应进士试,不中。是冬有《僧可真东归因谒范苏州》诗,把范仲淹比作唐代诗人韦应物。八月知建德县。

苏舜钦进士及第,授光禄寺主簿,知亳州蒙城县。

苏绅进京应贤良方正科,通判洪州,又徙扬州,苏颂随侍。苏颂在洪州与李觏结识。

燕肃判太常寺,八月上言,谓大乐制器岁久,金石不调,建议以周王朴所造律准,考按修治理,于是直史馆宋祁、内侍李随奉命与燕肃等典其事,集贤校理李照参与其事。

柳永中进士,为睦州掾官。

滕宗谅正月以太常博士为左正言。

高若讷七月由太常博士、监察御史里行为主客员外郎、殿中侍御史里行。

按:殿中侍御史里行始于此。

龚鼎臣第进士,为平阴尉。

王曾为枢密使,同平章事。

富弼为绛州通判。

赵抃进士及第。

吴秘举进士。

按:吴秘字君谟,瓯宁人。历侍御史、知谏院,以言事出知濠州,提点京东路刑狱。著有《周易通神》1卷。

杨察举进士甲科,除将作监丞,通判宿州。

方龟年举进士。

吴可几举进士,仕至太常少卿,博学好古,与弟吴知几时称"二吴",共著《千姓编》。

石介著《怪说·中》成。

按:石介指出,"杨亿穷妍极态,缀风月,弄花草,淫巧侈丽,浮华纂组,刓锼圣人之经,破碎圣人之言,离析圣人之意,蠹伤圣人之道。"其结果是使天下不为圣人之经、之道,"而为杨亿之穷妍极态,其为怪大矣"。此文可谓是一篇向西昆体宣战的檄文。此外,石介在《与君贶学士书》、《上赵先生书》、《上蔡副枢书》等文中,对西昆体的弊病与不良影响有进一步揭露与批评。朱熹引《吕氏家塾读书记》曰:"守道深嫉之(指西昆体),以为孔门之大害,著《怪说》二篇,上篇排佛、老,下篇排杨亿。于是新进后学不敢为杨、刘体,亦不敢谈佛老。"(《宋名臣言行录》前集卷一〇)

王随将《景德传灯录》删为15卷,取名《传灯玉英集》。

胡旦妻盛氏上胡旦所著《续演圣论》。

杨惟德等上《景祐乾象新书》30卷。

宋仁宗景祐元年　契丹重熙三年　夏景宗开运元年　赵元昊广运元年　甲戌　1034年

欧阳修著《洛阳牡丹记》1卷。

晁迥卒（951— ）。迥字明远，世为澶州清丰人，后徙彭门。太平兴国五年进士。累官右正言、直史馆，判刑部尚书。卒谥文元。著有《翰林集》3卷、《随因纪述》3卷、《耄智余书》3卷，已佚；今存《道院集》15卷、《法藏碎金录》10卷、《昭德新编》3卷、《咸平新书》等。事迹见《宋史》卷三〇五本传。

按：《宋史》本传曰："迥善吐纳养生之术，通释老书，以经传傅致，为一家之说。性乐易宽简，服道履正，虽贵势无所屈，历官临事，未尝挟情害物。真宗数称其好学长者。杨亿尝谓迥所作书命无过褒，得代言之体。喜质正经史疑义，摽括字类。"漆侠说："晁迥于周世宗灭佛之后，继承唐代士大夫向释道学习的遗风，给宋代士大夫开创了和树立了向释道百家学习的新学风，从而使宋代士大夫的视野大为开阔，使宋学在其形成伊始，即具有与此前大不相同的新风貌。当然，在宋代士大夫也有的继承了反佛老的传统，但不少的宋代士大夫突破了儒学的藩篱，开阔视野，面向释道百家，摄取了丰富的营养资料，推动了宋学的发展，远远超过了汉唐的规模。因此，开创这一学术的新风气，提出儒释道三家相通相补的晁迥，其功劳是不可泯灭的。"（《宋学的发展和演变》第五章）

又按：《四库全书总目提要》曰："《法藏碎金录》十卷，宋晁迥撰。迥有《昭德新编》，已著录。迥受学于王禹偁，以文章典赡擅名，而性耽禅悦，喜究心于内典。是编乃天圣五年退居昭德里所作。皆融会佛理，随笔记载，盖亦宗门语录之类。其曰《碎金》，取《世说新语》安石碎金义也。孙规谓其宗向佛乘，以庄、老、儒书汇而为一。盖嘉祐治平以前，濂、洛之说未盛，儒者沿唐代余风，大抵归心释教。以范仲淹之贤，而手制疏文，请道古开坛说法，其它可知。迥作是书，盖不足异。南宋初年，迥五世孙公武作《郡斋读书志》，乃附载迥《道院集》后，列之别集门中，殊为不类。殆二程以后，诸儒之辨渐明，公武既不敢削其祖宗之书，不著于录；又不肯列之释氏，贻论者口实；进退维谷，故姑以附载回护之。观其条下所列，仅叙迥仕履始末、行谊文章，而无一字及本书，其微意盖可见矣。然自阮孝绪《七录》以后，释氏之书，久已自为一类；历朝史志，著录并同，不必曲为推崇，亦不必巧为隐讳。今从陈振孙《书录解题》入之释氏类中，存其实也。其书传本颇稀。明嘉靖乙巳，迥裔孙翰林院检讨瑮，始从内阁录出，锓版以行。改其名曰《迦谈》，殊为无谓。今仍从迥原名著于录焉。"

王曙卒（962— ）。曙字晦叔，绛州龙门人。淳化三年进士，又策贤良方正科，迁秘书省著作佐郎，官至同中书门下平章事，卒赠太保、中书令，谥文康。著有《周书音训》12卷、《庄子旨归》3篇、《列子旨归》1篇、《两汉诏议》40卷、《唐音备问》2卷、《群牧故事》6卷及文集40卷等，皆佚。事迹见《宋史》卷二八六本传、尹洙《文康王公神道碑铭》（《河南集》卷一二）。

薛奎卒（967— ）。奎字宿艺，绛州正平人。淳化三年进士，授秘书省校书郎。明道元年，拜参知政事。卒赠兵部尚书，谥简肃。所著诗文未结集，卒后三十年始编次为40卷，今已佚。事迹见《宋史》卷二八六本传、欧阳修《资政殿学士尚书户部侍郎简肃薛公墓志铭》（《文忠集》卷二六）。

钱惟演卒（977— ）。惟演字希圣，临安人。吴越王钱俶之子。历官

法国阿代马尔卒（988— ）。编年史家，著有《阿奎丹和法兰克编年史》。

右神武将军、翰林学士、工部尚书、枢密使。曾预修《册府元龟》。常与杨亿、刘筠等 17 人相唱和，为西昆体重要诗人。著有《家王故事》、《金坡遗事录》、《典懿集》、《枢廷集》、《伊川集》、《汉上集》、《飞白书叙录》、《奉藩书事》、《钱文僖集》等，大多已失传。事迹见《宋史》卷三一七本传。

梁焘（ —1097）、黄履（ —1101）、钱乙（ —1115）生；张舜民（ —1110）约生。

宋景祐二年　契丹重熙四年　赵元昊广运二年 乙亥　1035 年

诺曼底公爵罗贝尔一世卒，子征服者威廉继位，治下诺曼底公国兴盛。

克努特大王卒。

正月癸丑，仁宗御延义阁，召辅臣观盛度进读《唐书》，贾昌朝讲《春秋》。

三月乙未，赐亳、秀、濮、郑四州学田各五顷。

戊申，诏权停贡举。

四月己未，诏翰林学士承旨章得象、天章阁待制燕肃与翰林侍读学士冯元详定刻漏。

戊寅，命翰林侍讲学士兼龙图学士冯元、度支判官集贤校理聂冠卿、直史馆知太常礼院宋祁同修《乐书》。

按：宋集贤校理李照以和岘乐音高二律，请改定雅乐。李照旋制成新乐，仁宗命聂冠卿等纂《景祐大乐图》20 篇，记述熔金镂石之法，历代八音诸器异同，及新旧律管之差。此后，宫廷祭祀悉用新乐，然不久非议即起。

宋仁宗应集贤校理刘沆建议，赐衡阳石鼓书院匾额及学田。

敕西京重修太室书院，次年更名为嵩山书院。宰相王曾奏置山长，给田一顷。

按：嵩山书院以后成为宋代四大书院之一，影响甚巨。

七月甲申，诏特赐寇準谥曰忠愍。

八月己巳，命李照同修《乐书》。

丁丑，内出《景祐乐髓新经》6 篇赐群臣。

九月壬辰，诏翰林学士张观等刊定《前汉书》，下国子监颁行。

按：《麟台故事》卷二："议者以为前代经史，皆以纸素传写，虽有舛误，然尚可参雠。至五代，官始用墨版摹印《六经》，诚欲一其文字，使学者不惑。宋太宗朝又摹印司马迁、班固、范蔚宗诸史，与《六经》皆传，于是世之写本悉不用。然墨版讹驳，初不是正，而后学者更无它本可以刊验。会秘书丞余靖进言，《前汉书》官本谬误，请行刊正。诏靖及国子监王洙进取秘阁古本对校。逾年乃上《汉书刊误》三十卷，至是，改旧摹本以从新校，然犹有未尽。而司马迁、范蔚宗等史尤脱乱，惜其后不复有古本可是正也。"

是月，诏司天监制百刻水秤，以测候昼夜。

十月，都大提举馆阁书籍所上校勘两库经史凡8435卷。《孟子》校定完毕。

己巳，许苏州立学，仍给田五顷。

十一月辛巳朔，以应天府书院为府学，给学田十顷。

命太子中允集贤校理嵇颖、大理寺丞馆阁胡宿重校地理书。

十二月乙丑，许孟州立学，仍给学田五顷。

辛未，诏以北海县尉孔宗愿为国子监主簿，袭封文宣公。

是年，录五代及诸国后。

范仲淹时知苏州，立郡学，延胡瑗为教授。十月，因在苏州兴修水利有功，被召回朝升为尚书礼部员外郎、天章阁待制，判国子监。十二月又任吏部员外郎，权知开封府。

按：胡瑗先前曾因家贫无以供学，便北往泰山苦学。十年苦读，学问大长，遂"以经术教授吴中"，"从之游者常百余人"，于是被苏州知事范仲淹破格聘为教授，并令儿子范纯祐、范纯仁拜胡瑗为师，一时英才俊彦，慕名负笈而来，学风初变。胡瑗讲学苏州，是宋代学术北学南渐之始，表明东南地区的学术开始崛起，意义非同一般。

范纯祐入苏学拜胡瑗为师。

按：《宋史·范纯祐传》曰："纯祐字天成，性英悟自得，尚节行。方十岁，能读诸书；为文章，籍籍有称。父仲淹守苏州，首建郡学，聘胡瑗为师。瑗立学规良密，生徒数百，多不率教，仲淹患之。纯祐尚未冠，辄白入学，齿诸生之末，尽行其规，诸生随之，遂不敢犯。自是苏学为诸郡倡。"

胡瑗四月因范仲淹荐，召对崇政殿。

欧阳修著《与石推官第一书》，谓石介批评西昆体之言论"诋时太过，其论若未深究其源者"，劝其适可而止。当收到石介《答欧阳永叔书》后，又著《与石推官第二书》，谓"雕刻文章，薄者之所为，足下安知世无明诚质厚之君子不为乎？"（《文忠集》卷六六）

按：欧阳修与石介都反对西昆流弊，但欧阳修不赞成石介以激烈的言语去抨击西昆体。而且当时朝廷政事激烈，欧阳修因支持范仲淹，被执政的吕夷简一派目为"党人"，他之所以劝阻石介，既是为石介担忧，也是不想因石介的"诋时"给同道诸人招祸。以后发生的事实证明，欧阳修的担心是有道理的。

欧阳修夫人杨氏九月病故，欧阳修有《杨氏夫人墓志铭》。

欧阳修自号"无仙子"，删改、注释《黄庭经》，有《删正黄庭经序》。

石介在泰山筑室完毕，请孙复来泰山授徒讲学；石介亲率张洞、李缊等拜孙复为师，孙复主持泰山书院长达八年，人称"泰山先生"。

按：石介为弘扬师道，屈尊拜尚未中进士的孙复为师，使"学者始知有师弟子之礼"。朱熹曰："本朝孙（复）、石（介）辈忽然出来，发明一个平正底道理自好，前代亦无此等人。如韩退之已自五分来，只是说文章。若非后来关、洛诸公出来，孙、石便是第一等人。"（《朱子语类》卷一二九）

孙复是年致信新任判国子监范仲淹，推荐石介、士建中，称赞二人"能知舜、禹、文、武、周公、孔子之道者也；非止知之，又能揭而行之者也"（《孙明复小集·寄范天章书一》）；欲范仲淹用其为学官。

孙复著《寄范天章书二》，对传统的章句注疏之学提出批评。

石介辟御史台主簿，未至，论不当求诸伪国后，坐罢。

按：欧阳修贻书责杜衍曰："主簿于台中，非言事官，然大抵居台中者，必以正直刚明不畏避为称职。介足未履台门之阈，已用言事见罢，真可谓正直刚明不畏避矣。度介之才，不止为主簿，直可为御史也。"杜衍卒不能用（《资治通鉴后编》卷四二）。

韩琦八月为右司谏，十二月为度支判官，授太常博士。

晏殊二月自亳州徙知陈州。太常博士宋祁有《上陈州晏尚书书》。

张观、李淑、宋祁、王洙、余靖奉命校勘《史记》、《汉书》。

王曾二月戊辰由枢密使为右仆射兼门下侍郎、同中书门下平章事、集贤殿大学士，参知政事王随、枢密副使李谘并知枢密院事，参知政事宋绶为枢密副使，给事中蔡齐、翰林学士承旨盛度为参知政事，枢密副使王德用、御史中丞韩亿并知枢密院事。

宋祁等奉命修《乐书》。

丁度等七月奉命校正《素问》。

苏洵年二十七岁，始大发愤。谢其素所往来少年，闭门读书，不知其他。

王安石随父居临川，是时少壮自负。

按：王安石《忆昨诗示诸弟》曰："此时少壮自负恃，意气与日争光辉。"（《临川文集》卷一三）

苏舜钦自蒙城至长安奔父丧。

盛度为参知政事。

李迪以刑部尚书知亳州。

郑向上阮逸所撰《乐论》并律管，命与胡瑗等校定钟律。

按：《宋史·郑向传》曰："五代乱亡，史册多漏失，向著《开皇纪》三十卷，撷拾遗事，颇有补焉。"

李照二月奉命重定雅乐。

梅尧臣是春由德兴令知建德县。

余靖时为秘书丞，上言国子监所印两《汉书》，文字舛讹，恐误后学。于是诏余靖与国子监直讲王洙尽取馆阁诸本参校，逾年校毕，上《汉书刊误》30卷，乃下国子监刊行。

知州刘沆奏请宋仁宗赐石鼓书院学田及"石鼓书院"额，遂为天下四大书院之一。

阮逸上所著《乐论》及律管十三。

赵桢撰《景祐乐髓新经》成书。

太常博士、直史馆宋祁二月上《大乐图义》2卷。

参知政事宋授九月上所修《中书总例》419册。

王随十月上《传灯玉英集》，许摹印颁行。

章得象六月上所修《一司一务及在京编敕》4卷。

印度僧人法护与宋朝沙门惟净合著《天竺字源》7卷。

苏耆卒(987—　)。耆字国老，铜山人。苏易简子。淳化四年，以父荫为宣节校尉。历秘书省正字、奉礼郎、知开封县、太常博士等，官终工部郎中。著有《续文房四谱》、《计录》、《闲谈录》5卷、《次续翰林志》及文集20卷。文集已佚，今有《闲谈录》1卷、《次续翰林志》1卷。事迹见苏舜钦《先公墓志铭》(《苏学士集》卷一四)。

蔡承禧(　—1084)、陈景元(　—1094)、王安礼(　—1096)、林希(　—1101)、章惇(　—1105)、吕希哲(　—1113)生。

宋景祐三年　契丹重熙五年　赵元昊广运三年　大庆元年　丙子　1036年

正月己酉，许洪州、密州立学，仍给田各五顷。

二月丙辰，诏翰林学士冯元、礼宾副使邓保信与镇江节度推官阮逸、湖州乡贡进士胡瑗校定旧钟律。

按：范仲淹前知苏州，荐胡瑗知音，遂白衣召对崇政殿，与阮逸同时受命。

以校勘《史记》、《汉书》官秘书丞余靖为集贤校理，大理评事、国子监直讲王洙为史馆检讨，赐详定官翰林学士张观、知制诰李淑、宋郊器币有差。

甲子，命崇政殿说书贾昌朝、王宗道同编次太宗尹京日押字。

按：时范仲淹权知开封府，上太宗所判案牍，故令贾昌朝等编次。次年成书，凡710卷。

三月癸巳，许潞州、常州立学。

诏权停贡举。

四月丁卯，契丹颁布《新定条制》。

按：辽圣宗继位后，即着手改革契丹法律。是年，诏令北院枢密副使萧德、枢密直学士耶律庶成等纂修太祖以来诸朝法令，参照唐代法制编成《重熙新定条例》，共547条，简称《重熙条例》，颁行诸道，成为辽代的正式成文法典。

乙亥，许衡州立学。

五月庚辰，诏购求馆阁逸书。

戊子，许许州立学。

辛卯，许润州立学。

戊戌，许真州立学，仍给田五顷。

六月戊申朔，许越州立学，仍给田五顷。

己酉，翰林学士承旨章得象等上《科场发解条制》，下所司颁行。

德意志康德拉二世帝入意大利。

命官重校阴阳、地理书。

壬子,许阶州立学,仍给田五顷。

甲子,许真定府、博州、鄄州立学,仍各给田五顷。

七月己亥,诏翰林学士丁度、知制诰胥偃、直史馆高若讷、直集贤院韩琦取邓保信、阮逸、胡瑗等钟律,详定得失以闻。

按:阮逸九月曾言:"臣等所造钟磬,皆本于冯元、宋祁。其分方定律,又出于胡瑗算术。"(《宋史·乐志二》)

八月甲寅,许并州立学。

九月庚辰,许绛州立学。

己丑,赐河南府新修太室书院名曰嵩山书院。

十月,契丹兴宗试进士于廷,赐冯立、赵徽等49人及第。

按:契丹御试进士始于此。

甲寅,命知制诰王举正看详、编排三馆、秘阁书籍。

按:自是常于内外制中选官充是职,并诏求逸书,复以书有谬滥不全,使命定其存废。

乙丑,御崇政殿,观三馆、秘阁新校两库子集书,凡一万二千余卷。赐校勘官并管勾使臣、书写吏器币有差。

辛未,许合州立学。

十一月乙亥,许江州立学。

十二月,赵元昊占据河西,改元大庆,使人翻译《孝经》、《尔雅》等书,颁行野利仁荣等创制的西夏文字。

按:西夏文共六千余字,多仿汉字,形体方正,笔画繁杂,当时应用甚广。元仍使用,称河西字;明初尚印过西夏文经卷,后渐废。

是年,契丹兴宗命耶律庶成翻译方脉书行之,从此辽医开始通晓切脉审药。

范仲淹五月为天章阁待制、权知开封府,上《百官图》,指责宰相吕夷简用人多出私心;吕夷简谓"仲淹迂阔,务名无实"。范仲淹又献《帝王好尚》、《选贤任能》、《近名》、《推委臣下》四论,讥切时政。吕夷简遂以"越职言事,离间君臣,引用朋党"之罪名将范仲淹贬为饶州知州(《宋史纪事本末》卷五)。御史韩缜迎合吕夷简,请以范仲淹朋党榜朝堂,戒百官越职言事者。叶清臣又上书为范仲淹诉冤。吕夷简不久也罢相。

按:宋初,"士君子务以恭谨静慎为贤","人人因循,不复奋励"(《范文正奏议》卷上《答手诏条陈十事》),至范仲淹对国家大事面折廷争,天下议论相因而起,宋代士风为之一变,五季陋习因之被一扫而光。陈傅良评论说:"宋兴,士大夫之学,亡虑三变,起建隆,至天圣、明道间,一洗五季之陋,知乡方矣,而守故蹈常之习未化。范子始与徒抗之以名节,天下靡然从之,人人耻无以自见也。"(《止斋集》卷三九《温州淹补学田记》)朱熹也说:"祖宗以来,名相如李文靖(沆)、王文正(旦)诸公,只凭地善亦不得。至范文正时,便大厉名节,振作士气。故振作士大夫之功居多";"宋朝忠义之风,都是自范文正作成起来也。"(《朱子语类》卷一二九)北宋朋党之争自此始。

宋景祐三年　契丹重熙五年　赵元昊广运三年　大庆元年　丙子　1036年

范仲淹离开朝廷时，百官畏惧吕夷简，不敢前往送行，唯天章阁待制李纮、集贤校理王质载酒为之饯行。人或劝王质，王质以"得为朋党，幸矣"作答（《宋史纪事本末》卷五）。

余靖夏初呈校正《史记》与《三史刊误》。擢天章阁待制。范仲淹遭贬，余靖越班上疏《论范仲淹不当以言获罪》，谓朝廷"屡逐言事者，恐箝天下口"（《宋史纪事本末》卷五），次日贬余靖监筠州酒税。自此，余靖名声大振朝野。

尹洙时为馆阁校勘，五月初八日上疏论范仲淹之直，自承义兼师友，请以范仲淹之党从坐，触犯越职言事诏令，贬为监郢州酒税，寻改唐州。欧阳修有《与尹师鲁第一书》。

范仲淹等被贬，唯谏官、御史可以上言，但无一人敢言，右司谏高若讷还在余靖家指斥范仲淹，于是欧阳修著《与高司谏书》，责备高若讷："昨日安道（余靖字）贬官，师鲁（尹洙字）待罪，足下犹能以面目见士大夫，出入朝中称谏官，是足下不复知人间有羞耻事尔！"（《文忠集》卷六七）高若讷将此书交给皇帝，五月二十一日，欧阳修由馆阁校勘坐贬夷陵令。

按：《宋史·高若讷传》曰："时范仲淹坐言事夺职知睦州，余靖、尹洙论救仲淹，相继贬斥。欧阳修乃移书责若讷曰：'仲淹刚正，通古今，班行中无比。以非辜逐，君为谏官不能辨，犹以面目见士大夫，出入朝廷，是不复知人间有羞耻事耶！今而后，决知足下非君子。'若讷愈，以其书奏，贬修夷陵令。"《续资治通鉴长编》卷一一八曰："贬镇南节度掌书记、馆阁校勘欧阳修为夷陵县令。初，右司谏高若讷言：'范仲淹贬职之后，臣诸处察访端由，参验所闻，与敕榜中意颇同，因不敢妄有营救。今欧阳修移书诋臣，言仲淹平生刚直，通古今，班行中无与比者。责臣不能辨仲淹非辜，犹能以面目而见士大夫，出入朝中称谏官，及谓臣不复知如间有羞耻事。仍言今日天子与宰臣以忤意逐之，臣合谏；宰臣以忤意逐之，臣合争。臣愚以为范仲淹顷以论事切直，急加进用，今兹狂言，自取谴辱，岂得谓之非辜？恐中外闻之，谓天子以忤意逐贤人，所损不细。请令有司召修戒谕，免惑众听。'因缴进修书，修坐是贬。"

胥偃数纠范仲淹狱事，欧阳修因此与胥偃生嫌隙。

按：《续资治通鉴长编》卷一一八曰："纠察刑狱胥偃言：权知开封府范仲淹判异阿朱刑名不当，乞下法寺详定。……初，偃爱欧阳修有文名，置门下，妻以女。及偃数纠仲淹立异不循法，修乃善仲淹，因与偃有隙。"

欧阳修著《与尹师鲁书第二》，与尹洙商讨合作编撰五代史事宜，信中有言："今欲将梁纪并汉、周，修且试撰。次唐、晋，师鲁为之，如前岁之议。"（《文忠集》卷六七）

按：欧阳修原欲与尹洙分工撰写，然后合为一书，后尹洙去世，欧阳修遂独立完稿。

蔡襄时为西京留守推官，闻京城大治朋党之事，遂著《四贤一不肖》讽喻诗，誉范仲淹、余靖、尹洙、欧阳修为四贤，刺高若讷为"一不肖"。其诗一时广为流传，影响甚巨。泗州通判陈恢，寻上章乞根究作诗者罪，左司谏韩琦劾陈恢越职希恩，宜加重贬，不报。

按：《宋史·蔡襄传》："都人士争相传写，鬻书者市之，得厚利。契丹使适至，买以归,张于幽州馆。"

苏舜钦时为光禄寺主簿,致信安慰范仲淹、欧阳修,又上《乞纳谏书》,言孔道辅、范仲淹刚直不挠,不该因此致罪,同时揭露吕夷简等"蔽君自任",结党营私。不报。

梅尧臣著《闻欧阳永叔谪夷陵》、《闻尹师鲁谪富水》及《寄饶州范待制》诗,对欧阳修、尹洙、范仲淹表示赞赏。

文彦博荐王安石、韩维任馆职,朝廷因召二人赴阙应试,二人卒不就试。

周敦颐试将作监主簿。

胡瑗九月以布衣试秘书省校书郎,与阮逸等人考校钟律。

王安石在京师始与曾巩定交。

冯元七月己丑为户部侍郎,聂冠卿为刑部郎中、直集贤院,宋祁为工部郎中。

韩琦除右司谏。

李谘、蔡齐、程琳、杜衍、丁度正月戊子奉命同议茶法。

李觏入京师,赞见宋庠、李淑、聂冠卿、叶清臣;会贡举罢,遂归。

吕夷简、宋绶奉命编撰《景祐新修法宝录》。

曾巩年十八,在抚州代父作《南丰县学记》。

王令五岁丧父,母亦早逝,成孤儿,寄养于扬州叔祖王乙之家,直至成人。

王宗道、杨中和九月并为睦亲宅讲书,仍兼国子监讲说。

按:睦亲宅讲书始于此。

天竺僧善称等5人献梵文佛经于宋朝。

孙奭所著《崇祀录》20卷由其子孙瑜进呈,诏送史馆。

李觏著《明堂定制图序》、《平土书》。

王轸上所著《五朝春秋》25卷。

冯元、聂冠卿、宋祁等七月上《景祐广乐记》81卷。

孙冲七月上所撰《五代纪》77卷,降诏褒答。

张观等上《新校史记前后汉书》。

余靖著《三史刊误》45卷。

按:《崇文总目》卷三曰:"初,秘书丞余靖上言,国子监所收《史记》、《汉书》误,请行校正。诏翰林学士张观、知制诰李淑、宋祁与靖、洎直讲王洙于崇文院雠对。靖等悉取三馆诸本及先儒注解训传、六经、小说、《字林》、《说文》之类数百家之书,以相参校,凡是正增损数千言,尤为精备。逾年而上之。靖等又自录其雠校之说,别为《刊误》四十五卷。"

周越十月上所著《书苑》29卷。

李遵勖十月上所著《天圣广灯录》3卷。

苏舜钦辑《杜子美别集》,并作《题杜子美别集后》。

按:唐代诸贤的诗文集,宋初大都不传。随着古文运动的兴起和西昆体的逐渐衰落,搜辑校录唐人别集的工作开始得到重视。宋初最早以"醇儒古学见称,其诗多类白乐天"(欧阳修《六一诗话》)的陈从易,曾偶得杜甫诗集旧本,但文多脱误。接着郑文宝序《少陵集》20卷,孙仅辑有《杜工部集》1卷,以后从事搜辑者甚多。王琪《杜工部集后记》有"近世学者,争言杜诗"之说。

潘鲠(　—1098)、苏轼(　—1101)、曾布(　—1107)、王得臣(　—1116)生。

宋景祐四年　契丹重熙六年　赵元昊大庆二年　丁丑　1037年

正月戊寅,赐蔡州学田十顷。

壬午,诏礼部贡院,诸州军贡举人数多不均,宜约旧额,增损以闻。

庚子,赐龟兹国佛经一藏。

二月乙丑,诏礼部贡院,自今三月一日申请贡举,其举人到省,以十一月二十五日为限。

甲子,赐御史台《册府元龟》、《天下图经》各1部。

丙寅,赐常州学田五顷。

三月戊寅,诏礼部贡举天下进士。

同知礼院吴育言旧藏礼文故事,类例不一,请择儒臣与本院官,约古今制度参定,为一代之法。从之。

四月乙巳,赐宣州学田五顷。

丁未,诏学士院,自今制策登科人,并试策论各一道。

按:时将作监丞富弼献所为文,命试馆职,富弼以不能为诗赋辞,宋仁宗特令试策论,故有此诏。富弼寻授太子中允、直集贤院。

六月戊子,宋仁宗作《神武秘略》10卷赐沿边军将。

丙申,诏除殿试外,所有贡举考试均置别试。开封府、国子监及别头试,自今封弥、誊录如礼部。

是月,诏颁行《礼部韵略》。

按:是书由丁度、李淑等奉诏以唐诸家韵书刊定,作为科举韵书。

九月丁卯,仁宗御迩英阁读《唐书》,因诏《唐书》列传只取事义切于规戒者读之。

按:以后读真宗所撰《正说》及进讲《春秋》,俱于迩英阁。

十月十七日,翰林学士李淑言:"《国语》、《荀子》、《文中子》,欲望取上件三书差官校勘、刻板,撰定《音义》,付国子监施行。"诏可(《宋会要辑稿·崇儒四》)。

十二月壬申,给真定府、潞州学田各五顷。仍诏自今须藩镇乃许立学,他州勿听。

塞尔柱突厥人侵呼罗珊。

基辅圣索菲亚大教堂始建,以拜占廷人为首的基辅大主教区成立。

按：《宋史·职官志七》载："景祐四年，诏藩镇始立学，他州勿听。庆历四年，诏诸路州、军、监各立学。学者二百人以上，许更置县学。自是州郡无不有学。"

是月，给徐州学田五顷。

按：在官学兴办之前与同时，北宋兴办私学也蔚然成风。吕祖谦《白鹿洞书院记》曰："国初，斯民新脱五季锋镝之厄，学者尚寡，海内向平，文风日起，儒先往往依山林、即闲旷以讲授，大师多至数十百人，嵩阳、岳麓、睢阳及是洞为尤著，今所谓四书院者也。"（《东莱集》卷六）

石介创办泰山书院前身信道堂。

胡瑗南归，继续在苏州郡学执教。

按：胡瑗在苏州、湖州两地州学先后执教长达20年，弟子数以千计，遍及天下。黄震《黄氏日钞》卷五〇曰："先生明体达用之学，师道之立，自先生始。然其始读书泰山，十年不归，及既教授，夙夜勤瘁，二十余年，人始信服，立己立人之难如此。"程颐《回礼部取问状》曰："往年胡博士瑗讲《易》，常有外来请听者，多或至千数人。孙殿丞复说《春秋》，初讲旬日间，来者莫知其数，堂上不容，然后谢之，立听户外者甚众。当时《春秋》之学为之一盛，至今数十年传为美事。"（《二程文集》卷七）

李觏往鄱阳访范仲淹。

吕夷简与王曾不和，朝廷形成吕、王两派势力，争论不休。宋仁宗遂将两派主要人物全部罢免，吕夷简罢为镇安节度使、同平章事，判许州；王曾罢为左仆射、资政殿大学士，判郓州；宋绶罢为尚书左丞、资政殿学士；蔡齐罢为吏部侍郎，归班。任命王随为门下侍郎、同中书门下平章事、昭文馆大学士，陈尧佐同中书门下平章事、集贤殿大学士，盛度知枢密院事，韩亿、程琳、石中立为参知政事，王枢同知枢密院事。

叶清臣时为直史馆，上疏论范仲淹、余靖以言事被黜事，"天下之人咋舌，不敢议朝政者二年，愿陛下深自咎责，详延忠直敢言之士"（《宋史纪事本末》卷五），为仁宗所采纳，范仲淹近徙知润州，监筠州税余靖监泰州税，夷陵县令欧阳修为光化军乾德县令。

按：范仲淹徙润州以后，谗者恐其被复用，遽诬以事。宋仁宗怒，亟命置之岭南。参知政事程琳辩其不然，范仲淹才得免。自从范仲淹被贬以后，朝廷朋党之论大兴，朝士牵连而出，凡是语及范仲淹者，皆被指为党人。程琳独为仁宗开说，仁宗意解，乃已。

萧定谟、韩琦、吴育、王拱辰同为开封府进士考试官，因录取宰相陈尧佐之子陈博古为解元，参知政事韩亿子孙4人，引起群愤，查无所私，肇事者被遣归。

欧阳修三月至许昌，娶资政殿学士薛奎女为继室。九月还夷陵，十二月移光化军乾德令。

尹洙在郢州贬所，新年，欧阳修致书问讯，并评其所撰部分《十国志》稿"大好"（《文忠集》卷六七《与尹师鲁第二书》）。

按：《邵氏闻见录》卷一五曰："本朝古文，柳开仲途、穆修伯长首为之唱，尹洙师鲁兄弟继其后。欧阳文忠公早工偶俪之文，故试于国学、南省，皆为天下第一；既擢甲科，官河南，始得师鲁，乃出韩退之文学之，公之自叙云尔。盖公与师鲁于文虽不同,公为古文则居师鲁后也。如《五代史》,公尝与师鲁约分撰,故公谪夷陵日,贻师鲁书曰:'开正以来始似无事,始旧更前岁所作《十国志》,盖是进本,务要卷多,今若便为正史,尽合删削,存其大者。细小之事虽有可纪,非干大体,自可存之小说,不足以累正史。数日检旧本,因尽删去矣,十亦去其三四。师鲁所撰,在京师时不曾细看,路中细读,乃大好。师鲁素以史笔自负,果然,《河东》一传大妙。修本所取法于此传,亦有繁简未中者,愿师鲁删之,则尽善也。正史更不分五史,通为纪传。今欲将梁纪并汉、周,修且自撰,以唐、晋师鲁为之。如前岁之议。……'其后师鲁死,无子。今欧阳公《五代史》颁之学官,盛行于世,内果有师鲁之文乎?抑欧阳公尽为之也?欧阳公志师鲁墓,论其文曰'简而有法'。公曰:'在孔子六经中,惟《春秋》可当。'则欧阳于师鲁不薄矣。崇宁间,改修《神宗正史》,《欧阳公传》乃云:'同时有尹洙者,亦为古文。然洙之才不足以望修'云。盖史官皆晚学小生,不知前辈文字渊源自有次第也。"

韩琦奉命同详定阮逸、胡瑗所定钟律。

苏洵赴京师礼部考进士,未录取。

苏颂得开封府解,以博学识题见奖于吴育。

苏舜钦服丧期满,从长安回开封,等候任用。

包拯出知扬州天长县,任上曾审清盗割牛舌一案。

余靖先前在集贤校理任期间,审乐律未了,至此在筠州上《议李照所定乐》,转呈有司。

祖无择投书请教欧阳修,欧阳修有《答祖择之书》。

王益通判江宁府,王安石随之。

欧阳修著《易或问三首》,谓《系辞》非孔子所作。

按:欧阳修是宋代疑传、疑经最具代表性的人物,曾对《周易》、《周礼》、《礼记·中庸》、《尚书》、《论语》、《孟子》、《春秋》等儒家经典提出许多疑问,独创新见,开一代学风之先。苏轼《六一居士集叙》说:"自欧阳子出,天下争自濯磨,以通经学古为高,以救时行道为贤,以犯颜纳说为忠,长育成就,至嘉祐末号称多士。欧阳子之功为多。"(《东坡全集》卷三四)

丁度著《国朝时令》1卷。

按:后贾昌朝注为《国朝时令集解》12卷,奏上颁行。

吕夷简等四月编成《景祐新修法宝录》21卷,以续《大中祥符法宝录》。

按:据该书,从祥符四年至景祐三年译出各种佛经,计21部,161卷,另收有东土著撰16部,190余卷。

白居易所著《白氏文集》72卷官刻本成。

丁度、李淑等修《礼部韵略》5卷印造颁行。

按:《四库全书总目提要·九经补韵提要》曰:"宋《礼部韵略》自景祐中丁度修定颁行,与《九经》同列学官,莫敢出入。其有增加之字,必奏请详定而后入。然所载续降六十三字,补遗六十一字,犹各于字下注明。其音义弗顺及丧制所出者,仍不得奏请入韵。故校以《广韵》、《集韵》,所遗之字颇多。(杨)伯岩是书(《九经补韵》),盖因官韵漏略,拟摭《九经》之字以补之。"

丁谓卒(966—)。谓字谓之,后更字公言,苏州长洲人。淳化三年进士。为大理评事、通判饶州,迁尚书工部员外郎、三司使。官至同中书门下平章事,封晋国公。喜为诗,通晓图画、音律、博弈。真宗朝营建宫观,伪造祥异,多发于谓与王钦若。后被贬为崖州司户参军,卒于光州。著有《丁谓集》8卷、《虎丘录》50卷等,今存《丁普公谈录》1卷。事迹见《宋史》卷二八三本传。日本人池泽滋子编有《丁谓年谱》。

按:《宋史》本传曰:"谓机敏有智谋,憸狡过人,文字累数千百言,一览辄诵。在三司,案牍繁委,吏久难解者,一言判之,众皆释然。善谈笑,尤喜为诗,至于图画、博奕、音律,无不洞晓。每休沐会宾客,尽陈之,听人人自便,而谓从容应接于其间,莫能出其意者。真宗朝营造宫观,奏祥异之事,多谓与王钦若发之。"

冯元卒(975—)。元字道宗,南海人。幼从崔颐正、孙奭为《五经》大义,与乐安孙质、吴陆参、谯夏侯圭善,群居讲学,号"四友"。进士及第。真宗诏讲《易》,悦其说。天禧初,数与查道、李虚己、李行简入讲《易》于宣和门北阁。预修《三朝正史》、《景祐广乐记》。官至户部侍郎。谥章清。事迹见《宋史》卷二九四本传。

按:《宋史》本传曰:"元性简厚,不治声名……多识古今台阁品式之事,尤精《易》。"

蔡确(—1093)、朱光庭(—1094)生。

阿拉伯医学家、哲学家阿维森纳卒(980—)。他被誉为"医中之王",著有《医典》5大卷,曾为西方医学指南,另有《治疗论》等。

宋景祐五年　宝元元年　契丹重熙七年　夏赵元昊大庆三年天授礼法延祚元年　戊寅　1038年

正月丙午,以灾异屡见,下诏求直言,限半月内实封进纳。

庚戌,命翰林学士丁度、胥偃,侍读学士李仲容,知制诰王尧臣等权知礼部贡举。

二月戊辰朔,诏天下贡举人,自今只令逐州解头入见。

甲戌,赐郓州学田五顷。

契丹以翰林都林牙萧韩家奴兼修国史。

按:萧韩家奴精通契丹文与汉文。

三月己酉,许颍州立学。

按:颍州非藩镇,按当时规定不当立学,知州蔡齐有请,特从之。

甲寅,御崇政殿,试礼部奏名进士。乙卯,试诸科。丙辰,试特奏名。庚申,赐吕溱、李绚、祖无择等进士、诸科及第出身724人,其特奏名被恩赐者又984人。并以《大学》赐及第进士。

按:先是,宋仁宗以开封府所解锁厅进士陈博古等,嘲谤籍籍,密诏陈博古及韩亿子孙四人并两家门下士范镇试卷皆勿考。考官奏范镇静实有文,非附两家之势而得者,乃听考而降其等级。范镇,礼部奏名为第一。故事,礼部第一人赐第,未有第二甲者。虽近下犹申之,吴育、欧阳修殿庭唱第过三人,苏抗声自陈。范镇独默然,

大瞿越(李朝)主佛玛受封于宋,为南平王。

至第七十九人,乃出拜,退就列,无一言。礼部第一人在第二甲自范镇始。

四月丁亥,赐河南府嵩山书院田十顷。

乙未,因翰林侍读学士李淑请,诏:自今试举人,非国子监见行经书,毋得出题。

按:《宋史·选举志一》曰:"宝元中,李淑侍经筵,上访以进士诗、赋、策、论先后,俾以故事对。淑对曰:'唐调露二年,刘思立为考功员外郎,以进士试策灭裂,请帖经以观其学,试杂文以观其才。自此沿以为常。至永隆二年,进士试杂文二篇,通文律者,始试策。天宝十一年,进士试一经,能通者试文赋,又通而后试策,五条皆通,中第。建中二年,赵赞请试以时务策五篇,箴、论、表、赞各一篇,以代诗、赋。大和三年,试帖经,略问大义,取精通者,次试论、议各一篇。八年,礼部试以帖经□义,次试策五篇,问经义者三,问时务者二。厥后变易,遂以诗赋为第一场,论第二场,策第三场,帖经第四场。今陛下欲求理道而不以雕琢为贵,得取士之实矣。然考官以所试分考,不能通加评校,而每场辄退落,士之中否,殆系于幸不幸。愿约旧制,先策,次论,次赋及诗,次帖经、墨义,而敕有司并试四场,通较工拙,毋以一场得失为去留。'诏有司议,稍施行焉。"

六月乙亥,契丹主御清凉殿试进士,赐邢彭年以下55人及第。

戊寅,罢天下举念书童子。

七月癸丑,赐襄州学田五顷。

壬戌,御崇政殿,策试贤良方正能直言极谏著作郎田况、大理评事张方平、茂才异等邵亢。田况所对入第四等,张方平四等次,邵亢与宰相张士逊联姻,报罢。

癸亥,策试武举人。

八月丙寅,试武举人骑射。

十月丙寅,诏戒百官朋党。

按:初,吕夷简逐范仲淹等,既逾年,吕夷简亦罢相,由是朋党之论兴。士大夫为范仲淹言者不已,于是内降札子曰:"向贬范仲淹,盖以密请建立皇太弟侄,非但诋毁大臣。今中外臣僚屡有称荐仲淹者,事涉朋党,宜戒谕之。"故复下此诏。参知政事李若谷建言:"近岁风俗恶薄,专以朋党污善良。盖君子小人各有类,今一以朋党目之,恐正臣无以自立。"仁宗然之(《续资治通鉴》卷四一)。

甲戌,赵元昊号大夏,称皇帝,改元天授礼法延祚。遣使奉表告于宋。

十一月戊申,宋改元宝元。

范仲淹三月为越州知州,写信邀请李觏来越州讲学;又拜访"庆历五先生"之一的杨适。十月被贬岭南。

按:"庆历五先生"指明州(宁波)的五位学者:杨适、杜醇、王致、王说、楼郁,均潜心于教育事业,对浙东学术文化的发展有很大影响。全祖望曰:"庆历之际,学统四起,齐鲁则有士建中、刘颜夹辅泰山而兴,浙东则有明州杨杜五子,永嘉之儒志、经行二子,浙西则有杭之吴师仁,皆与安定湖学相应。""而一时牧守来浙者,如范文正公、孙威敏公,皆抠衣请见,惟恐失之。最亲近者,则王文公。乃若陈(执中)、贾(昌朝)二相,非能推贤下士者也,而亦知五先生之为重。"(《宋元学案》卷六《士刘诸儒学案》)

司马光进士及第,以奉礼郎为华州判官。时其父司马池知杭州,遂请改签书苏州判官事,以便省亲。

韩琦五月上言李照所造乐不依古法,祀南郊不可用违古之乐,请复用太常所存旧乐。诏资政殿大学士宋绶、三司使晏殊同两制官详定以闻,既而宋绶等建议用韩琦之议,从之。

韩琦上《丞弼之任未得其人奏》,宰相王随、陈尧佐,参知正事韩亿、石中立同日罢职。

夏竦知永兴军,范雍知延州,以御西夏。

晏殊自陈州召还,为御史中丞三司使,与宋绶详定李照新乐。

欧阳修三月赴乾德任县令,始与刘敞等人鉴别金石真伪,研究古碑文字及其所反映的史事。

按：欧阳修曰："景祐中,余自夷陵贬所再迁乾德令,按图求碑,而(娄)寿有墓在谷城界中。余率县学生亲拜其墓,见此碑在墓侧,遂据图经,迁碑还县,立于敕书楼下。"(《集古录跋尾》卷一三六《后汉玄儒娄先生碑》)"余为乾德令时,尝以公事过谷城,见数荒冢在草间,旁有古碑倾倒,半埋土中,问其村人为何人家,皆不能道,而碑文磨灭,不暇读而去。后数年,在河北始集录古文,……又数年乃获。"(《集古录跋尾》卷一三七《魏刘熹学生冢碑》)

曾巩游太学,"欧阳公一见其文而奇之"(《元丰类稿》附录《墓志》)。

宋祁正月癸卯上疏,言灾异频发,可诏群臣进言献策。

王安石居江宁,闭门苦学,以稷、契自许。

按：王安石《忆昨诗示诸外弟》曰："男儿少壮不树立,挟此穷老将安归？吟哦图书谢庆吊,坐室寂寞生伊威。材疏命贱不自揣,欲与稷契遐相希。"(《临川文集》卷一三)

苏舜钦正月乙卯上《诣匦疏》,言宋仁宗"燕乐逾节,赐予过度","政事不亲,用度不足,诚国大忧",建议正心、择贤；又批评宰相王随、石中立皆"虚庸邪谄,非辅相之器"(《宋史·苏舜钦传》)。三月,王随、石中立罢相。四月,苏舜钦任京兆长垣县令。

苏颂预省试,以犯声病被黜,遂刻意音训之学。

叶清臣时为直史馆,正月上疏,言朝廷用人当出自陛下,而不当出自宰相。

张方平时为校书郎,正月上疏言七事,即密机事,用威断,广言路,重图任,正有司,信命令,示戒惧。

张观时为御史中丞,正月上疏言四事,即知人、严禁、尚质、节用。

李淑时为知制诰,上言谓："切见近日发解进士,多取别书、小说、古人文集,或移合经注,以为题目,竞务新奥。……自今应考试进士,须只于国子监有印本内出题,所贵取士得体,习业有方,稍益时风,不失淳正。"(《宋会要辑稿·选举三》)

苏洵又举茂才异等不中,乃将原作几百篇时文付之一焚,"遂绝意于功名,而自托于学术"(《嘉祐集》卷一三《上韩丞相书》),闭门刻苦攻读《论语》、《孟子》和韩愈等人的文章。

韩维考中省试,因乃父韩亿正值辅政而不参加殿试,后以"受荫入官"。

高若讷、谢绛等正月奉遣使辽贺正旦及永寿节。

苏绅时为直史馆,正月上疏言朝廷用人不当。

夏竦十二月以知永兴军兼泾原秦凤路安抚使。

梅尧臣建德知县任期满解职归京师。

梅尧臣着手注释《孙子兵法》，为《孙子注》。后欧阳修为作《孙子后序》。

余靖正月作《筠州洞山普利禅院传法记》，凿之于壁。二月改监泰州酒税。七月为王式作《宋故大理寺丞知梅州王君墓碣铭》。赴泰州途中，曾到湖州书院探望胡瑗。

吴世延举进士，累官屯田员外郎，知梧州。

按：吴世延字延之，一字季叟，兴化军莆田人。极为周敦颐所亲重，常相唱和。有诗集行世。事迹见《宋诗纪事补遗》卷一〇。

李觏著《广潜书》15篇及《命箴》、《野记》。

宋绶上《景祐卤簿图记》10卷。

韩琦著《谏垣存稿》3卷。

王博文卒（973—　）。博文字仲明，曹州济阴人。年十六，善属文，举进士开封府，以回文诗百篇为公卷，人谓之"王回文"。后赐进士第，擢知濠州，历真州。天禧中，朱能、王先在长安伪为《乾祐天书》，事觉，诏博文乘驿按劾。博文唯治首恶，胁从者七人，得以减论。曾出知大名府，迁给事中。召权三司使，遂同知枢密院事，卒赠尚书吏部侍郎。著有《王博文集》20卷。事迹见《宋史》卷二九一本传。

王曾卒（978—　）。曾字孝先，青州益都人。咸平五年，由乡贡试礼部廷对皆第一。官至中书侍郎、同中书门下平章事，封沂国公。卒谥文正。著有《笔录遗逸》1卷、《两制杂著》50卷、《大任后集》7卷、《王文正公集》50卷，今存《王文正笔录》1卷。事迹见《宋史》卷三一〇本传、宋祁《王文正公墓志铭》（《景文集》卷五八）。

王益卒（993—　）。益字损之，改字舜良，抚州临川人。王安石父。真宗大中祥符八年进士。历知新淦、庐陵、新繁县。官终都官员外郎。著有诗文集，今佚。事迹见王安石《先大夫述》（《临川文集》卷七一）。

孔文仲（　—1088）、游师雄（　—1097）、郏亶（　—1103）、晏幾道（　—1110）、上官均（　—1115）生。

阿拉伯哲学家、天文学家、物理学家本·阿尔·哈桑卒（965—　）。其著作逾百，以《光学书》而闻名，对日后欧洲光学理论影响至深。

宋宝元二年　契丹重熙八年　夏天授礼法延祚二年
己卯　1039年

正月丙午，诏司天监、学士院详定禁书。

按：先是，三司军将耿从古告发进士高肃私藏《六壬玉钤》，事下开封府治。开

德意志康拉德二世帝卒，子黑汉

| 亨利三世继德王位。 | 封府言高肃所藏《六壬玉铃》，首尾不具，罪当末减。仁宗虑民或多抵冒，因召司天监定合禁书名揭示之。复召学士院详定，请除《孙子》、历代史《天文》、《律历》、《五行志》，并《续通典》所引诸家兵法外，余悉为禁书，奏可。

二月庚午，许明州立学，仍给田五顷。

三月丙辰，许泉州立学，仍给田五顷。

丁巳，铸"皇宋通宝"钱。

戊午，诏权停贡举。

六月壬午，诏削赵元昊官爵，除属籍，揭榜于边，募人擒元昊，若斩首献者，即以为定难节度使。

  按：宋夏进入战争状态。

十月丙寅，仁宗御迩英殿观讲《左氏春秋》及读《正说》终，仁宗曰："《春秋》所述前世治乱之事，敢不监戒。《正说》先帝训言，敢不遵奉。"仁宗又问丁度《洪范》、《酒诰》二篇大义，丁度悉以对，因诏丁度讲《周易》，李淑读《三朝宝训》，丁度、李仲容读所编《经史规鉴事迹》（《帝学》卷四）。

十一月壬辰，诏："礼部贡院，自今省试举人，设帘都堂中间，而施帷幕两边，令内外不相窥见。点检试卷官及吏人，非给使毋得辄至堂上。其诗、赋、论题，并以注疏所解揭示之，不许上请。或题义有疑当请者，仍不得附近帘前。御试考校，并分上中下三等，初考用墨，其点抹于卷后通计之，若涂注脱误四十字以上为不谨，亦依礼部格少字数退黜之。"（《续资治通鉴》卷四二）

戊戌，契丹主命皇子梁王召僧论佛法。兴宗崇尚佛教，僧有正拜三公、三师兼政事令者凡20人。

辛丑，许建州立学，仍给田五顷。

是年，夏建立蕃学，由野利仁荣主其事，以西夏文《孝经》、《尔雅》、《四言杂字》教授学生。学成后视考试成绩授官。 |

韩琦正月奉遣使辽贺新年，赵元昊反，受命为陕西安抚使。

范仲淹三月知越州。

王安石从二兄入学为诸生。

欧阳修著《答李淑内翰书》，信中言所修《五代史》已"粗若有成"，但"虽编撷甫就，而首尾颠倒，未有卷第，当更资指授，终而成之，庶几可就也"（《文忠集》卷六九）。

欧阳修六月权武成军节度判官。

宋敏求召试学士院，赐进士第。为馆阁校勘，因参加苏舜钦进奏院集会，出签书集庆军判官。

贾昌朝时为天章阁侍讲，六月丁卯与直史馆宋祁同修纂礼书。

宋祁十一月上疏论时政，谓："有定员，无限员，一冗也；厢军不任战而耗衣食，二冗也；僧、道日益多而不定数，三冗也。道场斋醮，无日不有，宜取其一二不可罢者，使略依本教以奉薰修，则一费节矣。京师寺观多设徒卒，请一切罢之，则二费节矣。使相、节度不隶藩要，取公用以济私家；请自今地非边要,州无师屯者,不得建节度,已带节度不得留近藩及京师,则三费节矣。"(《续资治通鉴》卷四二)。

余靖六月由泰州徙知英州,尹洙徙知长水县。

苏舜钦以祠部郎中通判洪州,途中曾到泰州探望余靖,余靖作七律送之。

夏竦七月知泾州兼泾原秦凤路沿边经略安抚使、泾原路马步军都总管。

李若谷、任中师、韩琦五月癸卯奉命与三司详定减省浮费。

尹洙是年从军。

梅尧臣进呈《孙子注》,未获重用;调知汝州襄城县。

谢绛二月出知邓州。

宋绶接任西京留守,常与西京留守推官蔡襄切磋书法。

滕宗谅知湖州,力兴学校。

按:《宋史》本传谓滕宗谅"所莅州喜建学,而湖州最盛,学者倾江、淮间"。

苏绅时为直史馆,陈便宜八事,曰重爵赏,遴选择,明荐举,异章服,适才宜,择将帅,辨忠邪,修备豫。除史馆修撰。

盛度、程琳十一月罢官。

按:初,张士逊恶程琳而疾孔道辅不附己,欲并去之。会开封府吏冯士元以赃败,知府郑戬穷治之,辞连盛度、程琳及天章阁待制庞籍、直集贤院吕公绰、太常博士吕公弼等十余人。于是盛度罢知扬州,程琳知颍州,庞籍等皆被黜罚,冯士元流海岛,孔道辅亦出知郓州。

王皥著《唐余录》60卷。

按:陈振孙《直斋书录解题》卷四曰:"是时,惟有薛居正《五代旧史》,欧阳修书未出。此书(《唐余录》)有纪、有志、有传,又博采诸家小说,仿裴松之《三国志注》,附其下方,盖五代别史也。《馆阁书目》以入杂传类,非是。"

宗正寺修玉牒官李淑十月上所修《皇帝玉牒》2卷、《皇子籍》1卷。

姚铉所编《唐文粹》100卷由临安孟琪摹印成。

詹庠上所著《君臣龟鉴》60卷。

李觏著《富国策》、《强兵策》、《安民策》各10篇;又著《易论》。

按:《富国策》是作者论述增强国家经济实力的著作,其经济思想有许多值得重视之处。尤其是"富国策"一词,在中国近代成为经济学的最早中译名。从中可见此书在中国经济思想中的深刻影响。1981年中华书局出版的《李觏集》中收有此书。

王洙编成《杜工部集》20卷,有后记。

按:此书后经王琪、丁修重新编订,于1059年在苏州镂板刊行,成为杜集最早的定本。后人注杜,大率以此为祖本。宋有《集千家注杜诗》20卷,不著编辑人名字,前有王洙、王安石、胡宗愈、蔡梦弼四序。《四库全书总目提要》曰:"宋以来注杜诸家,鲜有专本传世,遗文绪论,颇赖此书以存,其筚路蓝缕之功,亦未可尽废也。"

丁度等编《集韵》10卷成书,共收53525字。

按:景祐四年,太常博士直史馆宋祁、太常丞知史馆郑戬认为陈彭年、邱雍所编《广韵》"多用旧文,繁略失当"(《玉海》卷四五),于是仁宗帝诏宋祁、郑戬与国子监直讲贾昌朝、王洙同加修定,刑部郎中知制诰丁度、礼部员外郎知制诰李淑典领,两年后成书,名为《集韵》。今存有两种影抄北宋原刻本,两种南宋重刻本。钱氏述古堂的影抄宋本,1985年由上海古籍出版社影印出版。

王随卒(973—)。随字子正,河南人。举进士甲科,为将作监丞,通判同州。迁秘书省著作郎,直史馆。景祐四年,拜门下侍郎、同中书门下平章事、昭文馆大学士、监修国史。宝元元年罢相,判河阳。谥章惠,改谥文惠。著有《王随集》20卷,今佚。事迹见《宋史》卷三三一本传。

胥偃卒(982—)。偃字安道,长沙人。举进士甲科,授大理评事、通判湖、舒二州,直集贤院、同判吏部南曹、知太常礼院,再迁太常丞、知开封县。累迁尚书刑部员外郎,遂知制诰,迁工部郎中,入翰林为学士,权知开封府。事迹见《宋史》卷二九四本传。

按:欧阳修《与刁景纯学士书》曰:"近自罢乾德,遂居南阳,始见谢舍人,知丈(胥偃)内翰凶讣,闻问惊恒,不能已已。某自束发为学,初未有一人知者,及首登门,便被怜奖。""自念不欲效世俗子,反趋走门下,以卑昵自亲。然虽胥公,亦未必谅某此心也。自前岁得罪夷陵,迹日益疏,而遂为幽明之隔。"(《文忠集》卷六八)欧阳修的发迹,实得力于胥偃;然胥偃恶范仲淹,而欧阳修则善范仲淹,翁婿因此有隙。《宋史》本传曰:"欧阳修始见偃,偃爱其文,召置门下,妻以女。偃纠察刑狱,范仲淹尹京,偃数纠其立异不循法者。修方善仲淹,因与偃有隙。"

谢绛卒(995—)。绛字希深,浙江富阳人。以父涛荫试秘书省校书郎,登进士甲科。仁宗时参与修撰国史,史成,迁祠部员外郎、直集贤院。累迁知制诰,判吏部太常礼院。著有文集50卷。事迹见《宋史》卷二九五本传、欧阳修《尚书兵部员外郎知制诰谢公墓志铭》(《文忠集》卷二六)、王安石《尚书兵部员外郎知制诰谢公行状》(《临川文集》卷九〇)

朱长文(—1098)、苏辙(—1112)生。

宋宝元三年　康定元年　契丹重熙九年　夏天授礼法延祚三年　庚辰　1040年

高丽颁令统一度量衡,同年大食商人至高丽。

塞尔柱人定都呼罗珊内沙布尔,是年远征拜占廷安纳托利亚。

法国公布《神命休战》,即在某些

正月壬戌,赐国子监学田五十顷。

二月丙午,改元康定。除越职言事之禁,许中外臣庶上封章议朝政得失。

按:自范仲淹贬,禁中外越职言事。知谏院富弼因论日食,谓应天变莫若通下情,愿降诏求直言,尽除越职之禁。仁宗嘉纳,故有此命。

三月,诏权停贡举。

四月己亥,命知枢密院事宋绶同提举编修《国朝会要》。

庚子,重修《祖宗玉牒》成。既而修玉牒所言,请自今每岁一贴修,十岁一编录,仍以其副留中。奏可。

五月,诏:访闻在京无图之辈,及书肆之家,多将诸邑人所进边机文字,镂板鬻卖,流布于外,委开封府密切根捉,许人陈告,勘鞫闻奏。

六月,翰林学士丁度上《备边要览》,以谨亭障、远斥候,控扼要害,为制御之全策。

闰六月,命翰林学士张观、知制诰李淑、宋祁编校三馆书,判馆阁盛度、章得象、石中立、李仲容复校。

八月戊戌,罢天下寺观用金箔装饰佛像。

十月己丑,命翰林学士王居正、知制诰王拱辰、天章阁待制高若讷于国子监考试方略举人,侍御史张禹锡弥封卷首。

范仲淹三月知永兴军,改陕西都运使;七月除龙图阁直学士,与韩琦并为陕西经略安抚副使;八月兼知延州,创建嘉岭书院。

范仲淹荐举胡瑗为陕西丹州军事推官,胡瑗上任伊始,即提出更陈法、治兵器、开废地为营田、招募当地兵丁等建议。不久,调任密州观察推官,旋因父丧而去职。

范仲淹欲征召欧阳修为陕西经略安抚司掌书记,欧阳修力辞不就。

按:范仲淹《举欧阳修充经略掌书记状》谓"臣访于士大夫,皆言非欧阳修不可,文学才识为众所伏"云云(《范文正集》卷一八),对欧阳修赞誉不已。

张载上书主持西北军务的范仲淹,拟组织力量攻取被西夏占领的洮西之地,以博取功名;范仲淹则鼓励张载读《中庸》,学儒家之学。

按:《宋史·张载传》谓张载"年二十一,以书谒范仲淹,一见知其远器,乃警之曰:'儒者自有名教可乐,何事于兵。'因劝读《中庸》。载读其书,犹以为未足,又访诸释、老,累年究极其说,知无所得,反而求之《六经》"。黄宗羲曰:"先生少喜谈兵,本跅弛豪纵之士也。初受裁于范文正,遂翻知性命之求,又出入于佛、老者累年。继切磋于二程子,得归吾道之正。"(《宋元学案》卷一七《横渠学案》)全祖望曰:"高平一生粹然无疵,而导横渠以入圣人之室,尤为有功。"(《宋元学案》卷三《高平学案》)

周敦颐调洪州分宁县主簿。尝聚徒讲学,其讲学处后名景濂书院,改名濂山书院。

石介为泰山书院建成作记,始称泰山书院。姜潜、刘牧、张洞、李蕴、祖无择、张续、李常、李堂、徐遁等先后肄业其中。

按:在石介弟子中,尝有孟宗儒,原为道士,从石介学《春秋》,遂弃其巾服,乞为儒,石介为之更名为宗儒。因其生卒不详,故系于此。在《宋元学案》卷二《泰山学案》中,黄百家在其人条下有如下按语,曰:"百家谨案:《十七史》以来,止有《儒林》。至《宋史》别立《道学》一门,在《儒林》之前,以处周、程、张、邵、朱、张及程、朱门人数人,以示隆也。于是世之谈学者动云周、程、张、朱,而诸儒在所渺忽矣。先遗献曰:'以邹、鲁之盛,司马迁但言《孔子世家》、《孔子弟子列传》、《孟子列传》而已,未尝加《道学》之名也。《儒林》亦为传经而设,以处夫不及为弟子者,犹之传孔子之弟子也。历代因之,亦是此意。周、程诸子道德虽盛,以视孔子,则犹然在弟子之列,入之儒林,正为允当。今无故而出之为《道学》,在周、程未必加重,而于大一统之义乖乖矣。通天地人曰儒。以鲁国而止儒一人,儒之名目原自不轻。儒者,成

特定的日子里禁止家族间私战的思想自此开始传播。

德之名,犹之曰贤也,圣也。道学者,以道为学,未成乎名也,犹之曰志于道。志道,可以为名乎?欲重而反轻,称名而背义,此元人之陋也。且此传以周、程、张、朱而设,以门人附之。程氏门人,朱子最取吕与叔,以为高于诸公;朱氏门人,以蔡西山为第一;皆不与焉。其错乱乖缪,无识如此。逮后性理诸书,俱宗《宋史》。言宋儒者必冠濂溪,不复思夫有安定、泰山之在前也。'百家案:先文洁曰:'本朝理学,实自胡安定、孙泰山、石徂徕三先生始。'朱文公亦云伊川有不忘三先生之语。即考诸先儒,亦不谬也。"

欧阳修六月返京继续担任馆阁校勘,仍修《崇文总目》,曾访得王彦章之孙王睿所录家传,颇多于旧史。

吕夷简再起为门下侍郎、同门下平章事、昭文馆大学士。

郫县隐士张俞来眉山会苏洵,结为挚友,并一同游学于峨眉山。

孙甫始撰《唐史论断》。

狄青十一月以战功自指挥使升为泾州都监,韩琦、范仲淹称其有良将才。

按:据《宋史·狄青传》载,尹洙为经略判官,与狄青谈兵,善而荐之于经略使韩琦、范仲淹;二人一见奇之,待遇甚厚。范仲淹以《左氏春秋》授之狄青,曰:"将不知古今,匹夫勇尔。"狄青折节读书,悉通秦、汉以来将帅兵法,由是益知名。

苏舜钦迁大理评事;上《论西事状》、《乞用刘、石子弟》二疏,又致信范仲淹,陈述御敌之策,得范仲淹采纳。

蔡襄迁调入都,任秘书省著作佐郎,九月充馆阁校勘。

张先以秘书丞知吴江县。

晏殊三月自三司使刑部尚书除枢密院事,九月加检校太尉枢密使。

尹洙三月癸酉以太子中允、知长水县权署泾原、秦凤经略安抚司判官事。

梅尧臣著《谕乌》诗,指责范仲淹"咸用所附己,欲同助翱翔"(《宛陵集》卷二四),后又作《灵乌赋》和《灵乌后赋》,两人始有嫌隙。

按:梅尧臣原先非常赞赏范仲淹,至是突然交恶,而且矛盾愈演愈深,个中原因,邵博《邵氏闻见后录》卷一六曰:"圣俞早接诸公,名声相上下,独穷老不振,中不能无躁。"叶梦得《石林燕语》卷九亦曰:"范文正公始以献《百官图》讥切吕许公,坐贬饶州。梅圣俞时官旁郡,作《灵乌赋》以寄。及公秉政,圣俞久困,意公必援己,而漠然无意,所荐乃孙明复、李泰伯。圣俞有违言,遂作《灵乌后赋》以责之。世颇以圣俞为隘。"范仲淹执政后,曾推荐狄青、种世衡、田况、张亢、许元、尹洙、石介、孙复、胡瑗、李觏等人,用人大致是公正的,但却始终没有推荐梅尧臣,而梅尧臣仕途坎坷,渴望得到提拔,可能因此怨恨范仲淹,邵、叶二人之论,有一定之理。

富弼八月为契丹主正旦使。

宋绶四月奉命同提举编修《国朝会要》,九月参知政事。

叶清臣权三司使,奏编前后诏敕,使吏不能欺。

苏洵与眉山学者史经臣、史沆兄弟结为书友。

苏绅知制诰,乾元节该当任子,欲奏荐苏颂,苏颂力辞之。

印度高僧阿底峡来吐蕃弘传佛教,对西藏地区与印度之间的文化交流起到促进作用。

孙复《易说》64篇,约成于是年前后。

石介《易解口义》10卷,约成于是年前后。

欧阳修著《正统论》成。

按：苏轼曰："正统之论,起于欧阳子;而霸统之论,起于章子(章望之)。二子之论,吾与欧阳子,故不得不与章子辨,以全欧阳子之说。"(《经进东坡文集事略》卷一一)章望之字表民,建州浦城人。《宋史》有传,曰："望之喜议论,宗孟轲言性善,排荀卿、扬雄、韩愈、李翱之说,著《救性》七篇。欧阳修论魏、梁为正统,望之以为非,著《明统》三篇。江南人李觏著《礼论》,谓仁、义、智、信、乐、刑、政皆出于礼,望之订其说,著《礼论》一篇。其议论多有过人者。尝北游齐、赵,南泛湖、湘,西至汧、陇,东极吴会,山水胜处,无所不历。有歌诗、杂文数百篇,集为三十卷。"

景泰上《边臣要略》20卷、《平戎策》15篇。

阮逸为太子中允,上《钟律制议》等书。

李淑等上所修《阁门仪制》12卷、《客省条例》7卷、《四方馆条例》1卷。

李昭遘上《太宗藩邸圣制》3卷、《永熙政范》1卷。

梅尧臣所著《宛陵先生文集》60卷本刊行。

曾公亮、丁度奉敕著《武经总要》,历五年乃成书。

按：这是第一部官修兵书,它记载了北宋前期军事制度和历代兵谋得失,首次记载了制造火药的三个详细配方及火箭、火球、烟球等火器的功用和制作、用法。首次刊行于北宋庆历四年,后于南宋绍定四年重新刊刻,两宋本今均不存。现存较早的版本是明弘治、正德年间据南宋绍定本重刊印本,1959年中华书局曾影印此本前集。

石介著《泰山书院记》。

按：《宋元学案》卷二《泰山学案》曰："百家谨案:石徂徕《泰山书院记》:'自周以上观之,贤人之达者,皋陶、傅说、伊尹、吕望、召公、毕公是也。自周以下观之,贤人之穷者,孟子、杨子、文中子、韩吏部是也。然较其功业德行,穷不易达。吏部后三百年,贤人之穷者又有泰山先生。孟子、杨子、文中子、吏部皆以其道授弟子;既授弟子,复传之于书;其书大行,其道大耀。先生亦以其道授弟子;既授弟子,亦将传之于书;将使其书大行,其道大耀。乃于泰山之阳起学舍讲堂,聚先圣之书满屋,与群弟子而居之。当时从游之贵者,孟子则有梁惠王、齐宣王、滕文公之属,杨则有刘歆、桓谭之属,文中子则有越公之属,吏部则有裴晋公、郑相国、张仆射之属。门人之高第者,孟则有万章、公孙丑、乐正克之徒,杨则有侯芭、刘棻之徒,文中子则有董常、程元、薛收、李靖、杜如晦、房、魏之徒,吏部则有李观、李翱、李汉、张籍、皇甫湜之徒。今先生从游之贵者,故王沂公、蔡贰卿、李泰州、孔中丞,今李丞相、范经略、明子京、张安道、士熙道、祖择之;门人之高第者,石介、刘牧、姜潜、张洞、李缊。足以相望于千百年之间矣,孰谓先生穷乎!大哉,圣贤之道无屯泰。孟子、杨子、文中子、吏部,皆屯于无位与小官,而孟子泰于七篇,杨子泰于《法言》、《太玄》,文中子泰于《续经》、《中说》,吏部泰于《原道》、《论佛骨表》十余万言。先生尝以为尽孔子之心者《大易》,尽孔子之用者《春秋》,是二大经,圣人之极笔也,治世之大法也,故作《易说》六十四篇,《春秋尊王发微》十二篇。疑四凶之不去,十六相之不举,故作《尧权》。防后世之篡夺,诸侯之僭逼,故作《舜制》。辨注家之误,正世子之名,故作《正名解》。美出处之得,明传嗣之嫡,故作《四皓论》。先生述作,上宗周、孔,下拟韩、孟,是亦为泰,先生孰少之哉!介乐先生之道,大先生之为,请以此说刊之石,陷于讲堂之西壁。'又祖徕与祖择之书云：'自周以上观之，圣人之穷者惟孔子；自周以下观之，贤人之穷者惟泰山明复先生。'今先生之书不可尽见，但以祖徕之学问而为其尊戴如此，即可以知先生矣。嗟乎，师道之难言也！视学问重，则其视师也必尊；视学问轻，则其视师也自忽。故庐陵之志先生墓曰：'鲁多学者，其尤贤而道者石介。自介而下，皆以弟子事之。孔给事道辅闻先生之风，就见之，介执杖履侍左右，先生坐则立，升降拜则扶之。及其往谢也，亦然。鲁人既素高此两人，由是始识师弟子之礼，莫不嗟叹之。'呜呼，观于祖徕事师之严，虽不见先生之书，不可以知先生之道之尊哉？"

阿拉伯伊斯兰教教义学家伊本·阿齐尔（ —1119）生。

燕肃卒（961— ）。肃字穆之，一作仲穆，祖籍青州益都人，后徙曹州。举进士，补凤翔府观察推官。官至礼部侍郎，致仕。工诗善画，曾造指南车，发明莲花漏法，著有《海潮论》，说明潮汐形成原理。著有《燕肃集》2卷，今不存。事迹见《宋史》卷二九八本传、《东都事略》卷六〇。

按：《宋史·燕肃传》曰："肃喜为诗，其多至数千篇。性精巧，能画，入妙品，图山水罨布浓淡，意象微远，尤善为古木折竹。尝造指南、记里鼓二车及欹器以献，又上《莲花漏法》。诏司天台考于钟鼓楼下，云不与《崇天历》合。然肃所至，皆刻石以记其法，州郡用之以候昏晓，世推其精密。在明州，为《海潮图》，著《海潮论》二篇。"

宋绶卒（991— ）。绶字公垂，赵州平棘人。大中祥符元年，复试学士院，为集贤校理，后赐同进士出身。累迁户部郎中、权直学士院，卒赠司徒兼侍中，谥宣献。同修《真宗实录》。家藏书万余卷，亲自校雠，博通经史百家，其笔札尤精妙。著有《文馆集》50卷、《宣献公诏敕》5卷、《常山秘殿集》3卷、《常山道札》3卷、《托居集》5卷、《卤簿图记》10卷，皆佚。事迹见《宋史》卷二九一本传。

按：沈括《梦溪笔谈》卷二五曰："宋宣献（绶）博学，喜藏异书，皆手自校雠。常谓：校书如扫尘，一面扫，一面生；故有一书每三四校，犹有脱误。"由于宋绶校书精细，陆游《渭南文集》卷二八《跋京本家语》曰："本朝藏书之家，独称李邯郸公（淑）、宋常公（绶），所蓄皆不减三万卷，而宋校雠尤精。"

杨景略（ —1086）、吕大临（ —1092）、范祖禹（ —1098）、刘奉世（ —1113）生；唐慎微（ —1120）约生。

宋康定二年　庆历元年　契丹重熙十年
夏天授礼法延祚四年　辛巳　1041年

拜占廷帝米哈伊尔四世卒，佐伊立其侄，是为米哈伊尔五世。

正月，西夏赵元昊不断侵扰宋边境，范仲淹请春暖出师，诏从所请。韩琦、范仲淹大举进攻西夏，后兵败被贬官。韩琦知秦州，范仲淹知庆州。

颁行《服纪亲疏在官回避条制》，规定本族缌麻以上亲及有服外亲、无服外亲并令回避，其余勿拘。

三月丙辰，诏礼部贡举，自今举人毋得以进献边机及军国大事为名，妄希恩泽。

六月癸卯，命翰林学士王尧臣、聂冠卿，知制诰郭稹看定三馆、秘阁书籍。

按：《宋史·郭稹传》曰："稹性和易，文思敏赡，尤刻意于赋，好用经语对，颇近于谐。聚古书画，不计其赀购求之。"

八月丁亥，以权知开封府贾昌朝言，诏罢天下举人纳公卷。

按：初，贡士踵唐制，犹用公卷，然多假他人文字，或佣人书之。景德中，尝限举人于试纸前亲书家状，如公卷及后所试书体不同，并驳放；其假手文字，辨之得实，即斥去，永不得赴举。贾昌朝言："自唐以来，礼部采名誉，观素学，故预投公卷；今有封弥、誊录法，一切考诸试篇，则公卷可罢。"自是不复有公卷（《宋史·选举志一》）。

戊子，命集贤校理曾公亮、直史馆梁适考试锁厅举人。举人有试官亲戚者，并互送，别差官试。

按：锁厅举人自此始用宝元二年闰十二月庚寅诏书。

九月戊申，诏：锁厅举人，自今文臣许应三举、武臣两举。

十一月丙寅，改元庆历。

十二月丁丑，司天监上所修《崇天万年历》。

癸未，诏三司铸"庆历元宝"钱。

己丑，翰林学士王尧臣等上新修《崇文总目》66卷。

按：景祐元年，以三馆、秘阁所藏书，其间亦有谬滥及不完者，命官定其存废，综合校勘四部书籍，因仿《开元四部》录为《崇文总目》，至是上之所藏书凡30669卷，然或相重，亦有可取而误弃不录者。

庚寅，以提举修《崇文总目》官：资政殿学士、礼部侍郎张观，右谏议大夫宋庠，翰林学士兼龙图阁学士、兵部员外郎、知制诰、判集贤院王尧臣，翰林学士兼侍读学士、起复兵部郎中、知制诰、判昭文馆聂冠卿，兵部员外郎、知制诰郭稹，并加阶及食邑有差；编修官：太常博士、直集贤院吕公绰为工部员外郎，殿中丞、天章阁侍讲、史馆检讨王洙为太常博士；馆阁校勘：殿中丞刁约，太子中允欧阳修，著作佐郎杨仪，大理评事陆经，并为集贤院校理；管勾三馆、秘阁：内殿承制王从礼为供备库副使，入内供奉官裴滋候御药院满日优与改官，高班杨安显为高品。张观、宋庠虽在外，以尝典领之，亦豫之。

是年，"北宋石经"开始刊刻。

按：石经是中国古代刻于石碑、摩崖上的儒家经籍和佛道经典。北宋用楷体、篆体刻《易》、《书》、《诗》等经典于汴梁，又称《汴学石经》或《二体石经》。

范仲淹五月徙知庆州，兼管勾环庆路部署司事。

欧阳修五月被起用，权同知太常礼院，主持编纂《崇文总目》。十二月，加授为骑都尉。《崇文总目》修成，改任集贤校理。

按：欧阳修当时地位不高，故书成只获升官，未能署名。

晏殊与陆经、欧阳修等西园宴雪咏诗，以此与欧阳修不协。

按：吴曾《能改斋漫录》卷一一载："晏元献为枢密使时，西师未解严。会天雪，陆子履与欧公同谒之。晏置酒西园，欧即席赋诗，有'主人与国同休戚，不惟喜悦将丰登。须怜铁甲冷彻骨，四十余万屯边兵'。晏由是衔之。"

孙复娶宰相李迪侄女为妻。

王安石入京师应礼部试，与游太学的曾巩相识定交。

叶清臣五月知江宁府，吴遵路知宣州，贾昌朝权知开封，宋庠知扬州，郑戬知杭州。

按：叶清臣与吴遵路雅相厚，而宋庠、郑戬皆同年进士，4人并据要地，锐于做事，宰相以为朋党，请俱出之，故有是命。

贾昌朝十二月为右谏议大夫、权御史中丞。

李觏被郡举应茂才异等科，有旨召试，遂入京，曾给朝臣吴肃、王尧臣、富弼、刘敞等上书。落第后，遂不求仕进。返乡途中，拜访南康郡守祖无择。

孙沔时为左正言，五月上书荐田况、欧阳修、张方平、曾公亮、蔡襄、王素可任谏官自代。甲子，罢左正言，为工部员外郎、提点两浙路刑狱。

王尧臣七月由翰林学士兼龙图阁学士。

梅尧臣奉命由襄城赴湖州任监税。

张先任嘉禾判官，梅尧臣有诗相送；张先名作《天仙子》词就作于嘉禾任上。

曾巩有《上欧阳学士第一书》。

余靖六七月抵惠州，作《惠州开元寺记》；秋至广州，九月应宝林禅院圆祐禅师之请，作《乐昌县宝林禅院记》；十月应学正谭伯顾之请，为作《惠州海丰县新修文宣王庙记》；十二月应邀作《韶州曹溪宝林山南华禅寺重修法堂记》。

王拱辰为翰林学士。

意大利萨莱诺医科学校医生阿尔法努斯用拉丁文撰写《论四种体液》和《脉搏学概论》，并把主教内梅西奥的著述译成拉丁文。

贾昌朝撰《群经音辨》7卷。

按：其《自序》曰，天禧初年，作者任国子监说书，"尝患近世字书摩灭，惟唐陆德明《经典释文》备载诸家音训，先儒之学传授异同，大抵古字不繁，率多假借，故一字之文，音诂殊别者众，当为辨析"。于是对经传中的多音多义字，"每讲一经，随而录之"，历时二十余年，遂成此书。这是我国古代第一部专门解释多音多义字的辞书。《四库全书总目提要》曰："然《释文》散见各经，颇难检核。昌朝会集其音义，丝牵绳贯，同异粲然，俾学者易于寻省，不为无益。小学家至今不废，亦有以也。"

王尧臣等撰《崇文总目》66卷成书，按四部分类，计著录图书3445部，30669卷。

按：是书为宋代第一部官修书目，亦是现存最早的国家书目，它著录了庆历以前三馆秘阁的现实藏书，这对后世补缺图书、辨别书之真伪起了很大作用。《四库全书总目提要》评价此书曰："今观其书，载籍浩繁，抵牾诚所难保。然数千年著作之目，总汇于斯，百世而下，藉以验存佚，辨真赝，核同异，固不失为册府之骊渊，艺林之玉圃也。"此书在宋末元初就已无完本，明清仅有简目流传。清修《四库全书》时，四库馆臣根据朱彝尊传抄明天一阁藏南宋绍兴改定抄本，又辑录《永乐大典》中所引《崇文总目》内容进行校补，厘为12卷。嘉庆四年，嘉定钱东垣、钱侗兄弟又从《欧阳文忠公文集》、《玉海》、《文献通考》中辑其内容为5卷，并附补遗1卷、附录1卷，尽有12卷内容而超出之。今有《汗筠斋丛书》本、《粤雅堂丛书》本、《后知不足斋丛书》本、《丛书集成初编》本、1987年北京现代出版社版《中国历代书目丛刊》本等。

赵珣撰《陕西聚米图经》5卷。

梅询卒（964— ）。询字昌言，安徽宣城人。端拱二年进士，为利丰监判官。历任著作佐郎、三司户部判官、翰林侍读学士、给事中等。谥文肃。著有《许昌集》20卷，已佚。事迹见《宋史》卷三〇一本传、欧阳修《梅公墓志铭》（《文忠集》卷二七）。宋陈天麟编有《许昌梅公年谱》。

盛度卒（968— ）。度字公量，余杭人。举进士第，累官尚书屯田员外郎，入为翰林学士。曾与李宗谔、杨亿、王曾、李维、舒雅等同编《通典》、《文苑英华》。景祐中，以礼部侍郎参知政事，迁知枢密院事。卒谥文肃。著有《愚谷集》、《银台集》、《中书集》、《枢中集》等，皆佚。事迹见《宋史》卷二九二本传。

按：《宋史》本传曰："度好学，家居列图书，每归，未尝释手。敏于为文，而泛滥不精。尝奉诏同编《续通典》、《文苑英华》，注释御集。真宗祀汾阴，仁宗在藩邸，诏掌起居笺奏及留司章奏。有《愚谷》、《银台》、《中书》、《枢中》四集，又有《中书》、《翰林》二制集。"

石延年卒（994— ）。延年字曼卿，一字安仁，宋城人。累举进士不第，真宗录三举进士，补为三班奉职。历官太常寺太祝、馆阁校勘、大理寺丞、秘阁校理等。能诗文，其诗甚得欧阳修等推重，文受柳开影响，宗法韩柳。著有《石曼卿诗集》1卷。事迹见《宋史》卷四四二本传、欧阳修《石曼卿墓表》（《文忠集》卷二四）。

何涉活动于本年前后，生卒不详。涉字济川，南充人。好读书，上自六经、诸子百家，旁及山经、地志、医卜之术，无所不学。得范仲淹、文彦博、庞籍的赏识和推荐，官至尚书司封员外郎。著有《治道中术》、《春秋本旨》、《庐江集》70卷。事迹见《宋史》卷四三二本传。

郑侠（ —1119）生。

宋庆历二年　契丹重熙十一年
夏天授礼法延祚五年　壬午　1042年

正月丁巳，命翰林学士聂冠卿、王拱辰，知制诰吴育、天章阁待制高若讷权知贡举。

按：初，端明殿学士李淑侍经筵，宋仁宗访以进士诗、赋、策、论先后，李淑奏请先策，次论，次赋，次贴经、墨义，而敕有司并试四场，通校工拙，毋以一场得失为去留。

丁卯，贾昌朝请罢举人试院所写策题，从之。

二十八日，杭州上言："知仁和县、太子中舍翟昭应将《刑统律疏》正本改为《金科正义》镂板印买。"诏转运使鞫罪，毁其书板（《宋会要辑稿·刑法二》）。

大瞿越（李朝）颁《刑书》，是为越南第一部成文法。

拜占廷帝米哈伊尔五世被废，佐伊立其第三任丈夫为帝，是为君士坦丁九世。

英国丹麦人王朝终。英格兰威塞

克斯王室后裔"忏悔者"爱德华以母系血统继英王位。

意大利始于是年重建威尼斯圣马可大教堂。

二月辛巳，因知制诰富弼请，诏罢殿试。而翰林学士王尧臣、同修起居注梁适，皆以为祖宗故事，不可遽废。癸未，诏复殿试如旧。

按：《宋史·选举志一》曰："既而知制诰富弼言曰：'国家沿隋、唐设进士科，自咸平、景德以来，为法尤密，而得人之道，或有未至。且历代取士，悉委有司，未闻天子亲试也。至唐武后始有殿试，何足取哉？使礼部次高下以奏，而引诸殿廷，唱名赐第，则与殿试无以异矣。'遂诏罢殿试。而议者多言其轻上恩，黩故事，复如旧。"

丁丑，诏权御史中丞贾昌朝侍讲迩英阁。

按：故事，台丞无在经筵者，帝以昌朝长于讲说，特召之（《续资治通鉴》卷四四）。

三月乙丑，御试进士，赐杨寘、王珪、韩绛等237人及第、122人出身、73人同出身。丙寅，赐诸科及第并同出身者407人。又赐特奏名、进士、诸科364人同出身及补诸州长史、文学。

五月戊午，建大名府为北京。

六月壬午，契丹放进士王寔等64人。

七月，诏"与系亲之家"，"虽三代不尽食禄，但非工商技术及恶逆之族，有朝臣委保者，听之"（《续资治通鉴长编》卷一三七）。

八月丁丑，御崇政殿，策试才识兼茂明于体用科。殿中丞钱明逸所对策入第四等次，以为太常博士、通判庐州。

戊寅，策试武举人。

闰九月甲午，诏国子监生自今须听读满五百日，乃得解荐，从天章阁侍讲王洙之请。

十二月壬寅，诏两制举文武官各一员为武学教授，从御史中丞贾昌朝之言。

是年，西夏建都灵州，后又迁都兴庆府（治所在今银川市），灵州和兴庆府成为西夏移民的迁入中心。

高丽王朝刊印《汉书》、《后汉书》、《唐书》。

胡瑗服阕，迁任保宁军节度推官；是年，应范仲淹同年好友滕宗谅之邀，出掌湖州府学教授。四方之士，云集受业。

按：胡瑗在"湖学"九年，教学声名日显，时从学者甚众。《吕氏家塾记》曰："安定先生自庆历中教学于苏湖间二十余年，束修弟子前后以数千计。是时，方尚辞赋，独湖学以经义及时务。学中故有经义斋、治事斋。经义斋者，择疏通有器局者居之。治事斋者，人各治一事，又兼一事，如边防、水利之类。故天下谓湖学多秀彦，其出而筮仕，往往取高第。及为政，多适于世用，若老于吏事者，由讲习有素也。"（《宋名臣言行录》卷一〇之二引）欧阳修《赠太子太傅胡公墓志铭》曰："大兴学校，学者盛于东南，自湖学始。"（《文忠集》卷三五）清代颜元《存学编》曰："秦汉以降，则著述讲论之功多，而实学实教之力少"，胡瑗"独知救弊之道在实学，不在空言，其主教太学也，立经义、治事斋，可谓深契孔子之心也"。

孙复、石介先后离开泰山书院，后书院主持乏人，遂告停办。石介为国子监直讲；孙复十一月由布衣超拜秘书省校书郎、国子监直讲。

按：范仲淹、富弼皆言孙复有经术，宜在朝廷，故召用之。石介亦作《明隐篇》，谓"孙明复先生学周公、孔子之道而明之者也。……若先生者,有贤人之志,遭尧舜之盛,未得进用,故盘桓山谷以待时者也,非隐者也"(《徂徕集》卷九)。

欧阳修三月复差同知礼院,五月应诏言事上书,极陈时弊;八月请求补外,次月为滑州通判。

韩琦四月为秦州观察使,范仲淹为邠州观察使,五月复为龙图阁直学士、左司郎中;十月授右谏议大夫、枢密直学士;十一月与范仲淹同充陕西四路沿边都总管经略招讨安抚等使,并驻泾州。

韩琦、范仲淹、庞籍十一月分任都部署兼招讨使。

王安石、吕公著、王珪、韩绛、苏颂、黄庶、石象之中进士。王安石是秋签书淮南判官,八月赴任。

> 按：叶梦得《石林燕语》卷三曰："本朝以科举取士,得人为最盛。宰相同在第一甲者,惟杨寘审贤榜、王君玉珪,韩子华绛,王荆公安石,三人皆又连名,前世未有也。"

王安石与孙正之定交,有《送孙正之序》。

吕夷简七月兼判枢密院事,章得象兼枢密使。

晏殊七月自枢密使加同平章事。

尹洙闰九月以通判秦州为直集贤院。

余靖三月由太常博士复为集贤校理。

富弼出使契丹议和,未成;十月以右正言知制诰,拜翰林学士。

孙甫因枢密副使杜衍荐,九月由太常博士为秘阁校理。

张方平闰九月上《论四鲁将帅追兵不赴事》奏章,弹劾韩琦、王沿、范仲淹、庞籍四帅。

> 按：李焘《续资治通鉴长编》卷一三七论此事曰：张方平"劾四帅咨慢,疑方平实吕夷简党人,私作好恶,赖仁宗弗听也,不然岂不坏国事乎?"清代毕沅《续资治通鉴》庆历二年癸亥条"考异"曰：张方平此奏,"盖为仲淹、籍而发。李仁甫谓方平实夷简党人,其言甚当"。

李觏七月举茂才异等不第,遂归。

苏颂是年贡举,为别试第一,遂中进士乙科。

> 按：是年苏颂之父苏绅权同知贡举,故苏颂预别试。

曾巩落进士第,返回南丰,欧阳修作《送曾巩秀才序》。

吕夏卿举进士,为江宁尉。

僧本如在天台结白莲社。

聂冠卿卒(988—)。冠卿字长孺,歙州新安人。大中祥符五年进士,授连州军事推官。后充馆阁校勘,预修《景祐广乐记》,特迁刑部郎中、直集贤院。累官昭文馆,兼侍读学士。著有《景祐大乐图》20卷、《蕲春集》10卷、《河东集》30卷,今佚。事迹见《宋史》卷二九四本传、王珪《聂内翰冠卿传》(《新安文献志》卷九四)。

> 按：《宋史》本传曰："冠卿嗜学好古,手未尝释卷,尤工诗,有《蕲春集》十卷。"

野利仁荣卒,生年不详。西夏大臣,党项族野利部人。曾创制西夏文字，主持蕃学，并参与西夏建国初典章制度的创制。卒赠富平侯、广惠王。事迹见《宋史·夏国传》。

孔武仲（ —1098）、庞安时（ —1100）、陆佃（ —1102）生。

宋庆历三年　契丹重熙十二年
夏天授礼法延祚六年　癸未　1043年

塞尔柱突厥人灭花剌子模第二王朝。

德王亨利三世宣布"大赦日"，宽恕其全部敌人。同年进兵匈牙利。

哥本哈根初次见载于史籍。

正月，契丹遣使谕夏国与宋和。西夏元昊自名曩，号称夏国。

辛卯，用安抚使王尧臣之议，诏陕西沿边招讨使韩琦、范仲淹、庞籍，凡军期申复不及者，皆便宜从事。

二月辛酉，因王洙建议，整顿国子监，设立四门学，其入学资格与太学同，"自八品至庶人子弟充学生"。考试不合格，允许在学听读，下次再试；三试不合格，取消听读资格（《宋史·选举志三》）。

按：此举改变了七品以下寒门子弟不能入国子监读书的旧规。后太学立，四门学即废。

三月戊辰朔，诏刑部、大理寺，以前后所断狱及定夺公事编为例。

增置谏官，以欧阳修、王素、蔡襄知谏院，余靖为右正言。

诏权停贡举。

五月丁亥，诏置武学于武成王庙，以太常丞阮逸为武学教授。

按：武学是我国历史上第一所军事专业学校，在宋代几经兴废。

八月，《天圣编敕》既施行，自景祐二年至今，所增又4700余条，丁酉，复命官删定。翰林学士吴育、侍御史知杂事鱼周询、权判大理寺杜曾、知谏院王素、欧阳修并为详定官。宰臣晏殊、参知政事贾昌朝提举。

戊午，罢武学。改武学教授、太常丞阮逸兼国子监丞，其有愿习兵书者，许于国子监听读。

按：既立武学，议者以为古名将如诸葛亮、羊祜、杜预、裴度等，岂尝专学孙、吴？立学无谓，故亟罢之（《续资治通鉴长编》卷一四二）。熙宁五年六月复置。

九月丙寅，诏天下选善医者赴阙，当较试方术，以补太医。

宋仁宗既擢范仲淹、韩琦、富弼等，每进见，必以太平责之，数令条奏当世务。于是范仲淹作《答手诏条陈十事疏》建议十事，即明黜陟、抑侥幸、精贡举、择官长、均公田、厚农桑、修武备、减徭役、推恩信、重命令，以谋革新。仁宗悉用其说，当著为令者，皆以诏书画一，次第颁行。史称"庆历新政"。

按：范仲淹提出的十项改革方案中，其中最重要的一项就是兴学育才，改革不重学校教育只重科举考试的做法，史称"庆历兴学"，是为宋代第一次学校改革运动。主要内容有三项：一是通过兴办学校培养人才，下令州县立学，并改进太学与国子学，主张参加科举考试者须先接受一定时间的学校教育，一般为300天以上；二是通过改革科举制度来整顿吏治,规定科举考试先考策,次考论,再考诗赋,不考帖经、墨义;三是创建太学并改革太学教学制度,推广胡瑗所创立的"苏湖教法"。元代李祁高度评价范仲淹兴学的贡献说:"当是时天下郡县未尝皆置学也,而学校之遍天下,自公始。若其察泰山孙氏于贫窭中,使得以究其业;延安定胡公入太学,为学者师。卒之泰山以经术大鸣于时,安定之门,人才辈出。而河南程叔子,尤遇赏拔,公之造就人才已如此。其后横渠张子,以盛气自负,公复折之以儒者名教,且授之以《中庸》,卒之关陕之教,与伊洛相表里。盖自六经晦蚀,圣人之道不传,为治者不知所尊向,寥寥以至于公,而后开学校,隆师儒,诱掖劝奖,以成就天下之士,且以开万世道统之传,则公之有功名教,夫岂少哉!"(《云阳集·范文正公书院记》)

赐知谏院王素三品服,余靖、欧阳修、蔡襄五品服,面谕曰:"卿等皆朕所自择,数论事无所避,故有是赐。"(《续资治通鉴长编》卷一四三)

己巳,命天章阁侍讲史馆检讨王洙、集贤校理同知谏院欧阳修同详定国朝勋臣名次,用元年敕书将录其后也。

丙戌,命王洙、余靖、孙甫、欧阳修等同编修《祖宗故事》。

按:先是富弼请选官置局,将三朝典故及诸司所行可用文字,类聚编成一书,置在两府,俾为模范。宋仁宗纳其言,故命余靖等编修,富弼总领其事。次年九月,书成,分别事类,凡96门,20卷。

十月壬寅,以玉清昭应宫田二十二顷赐国子监。

乙卯,诏修兵书,翰林学士承旨丁度提举,集贤校理曾公亮等为检阅官。

丁巳,史馆修撰王质,集贤校理、天章阁侍讲曾公亮同详定编敕。

壬戌,诏二府新定磨勘式。

按:"自是法密于旧矣。此即范仲淹所上十事其一曰明黜陟也。"(《资治通鉴后编》卷五四)

十一月丁亥,诏更定荫补法:长子不限年,余子孙不过十五,弟侄年过二十乃得荫。

按:从此任子之恩稍减。

辛卯,同修起居注欧阳修请自今后,上殿臣僚退,令少留殿门,俟修注官出,面录圣语。从之。

十二月戊午,改应天府学为南京国子监。

庚申,许广州立学。

按:庆历兴学诏令体现了范仲淹的教育改革思想,有力促进了各地兴学热潮。据欧阳修《吉州学记》载:兴学诏颁布之后,"臣民喜幸而奔走,就事者以后为羞";"海隅徼塞四方万里之外,莫不皆有学。宋兴,盖八十有四年,而天下之学,始克大立。"(《文忠集》卷三九)

夏各州县始设立学校;又于皇宫中设立小学,宗室子孙七至十五岁皆可入学。

石介时为国子监直讲,三月著《庆历圣德诗》。

按:石介笃学尚志,乐善疾恶,会吕夷简罢相,章得象、晏殊、贾昌朝、韩琦、范仲淹、富弼同时执政,而欧阳修、蔡襄、王素、余靖并为谏官。因大喜曰:"此盛事,歌颂吾职,其可已乎!"诗所称多一时名臣,又言夏竦为大奸。诗且出,孙复闻之曰:"介祸

始于此矣。"(《续资治通鉴》卷四五)范仲淹亦谓韩琦曰："为此鬼怪辈坏事也。"(《宋史纪事本末》卷五)

王举正八月丙子由参知政事罢为礼部侍郎、知许州；丁丑，以枢密副使范仲淹为参知政事，资政殿学士富弼为枢密副使。

按：初，谏官欧阳修、余靖、蔡襄皆言王举正懦默不任职，请以范仲淹代之，王举正亦自求罢，故有是命。范仲淹以为执政不可因谏官之言而得，遂固辞不拜。

夏竦四月初七日被任命为枢密使，谏官欧阳修、余靖及御史王拱辰等交章进言，极论夏竦于边防战争中畏懦苟且，无功而还，置之两府，何以厉世？前后入奏者凡十八疏。次日，改命枢密副使杜衍为枢密使。夏竦徙知亳州，因上万言书自辩，乃徙判并州。

按：杜衍是范仲淹、韩琦的支持者，对庆历新政的实施颇为有利。

吕夷简因病辞职，晏殊为同中书门下平章事、集贤殿大学士，兼枢密使，贾昌朝、范仲淹为参知政事，杜衍为枢密使，富弼、韩琦为副枢密使，欧阳修、余靖、王素、蔡襄同为谏官。

韩琦七月上疏言事，一清政本，二念边事，三擢材贤，四备河北，五固河东，六收民心，七营洛邑。

韩琦荐国子监直讲石介、青州千乘县主簿孙复宜置之文馆，复请改京官，从之。

范仲淹八月以枢密副使为参知政事，九月建议十事，以谋革新。

按：漆侠说："宋学的发展和演变可以划分为如下三个阶段：即：宋仁宗统治期间（庆历前后）为宋学发展的形成阶段，其代表人物为宋初三先生的胡瑗、孙复、石介和李觏、欧阳修，而以范仲淹为核心人物。宋仁宗晚年（嘉祐）到宋神宗初是宋学的大发展阶段，形成为各具特色的荆公学派、温公学派、苏蜀学派和以洛（二程）关（张载）为代表的理学派等四大学派。其中荆公学派影响最大，在学术上居主导地位达60年之久，即使到南宋初横遭压制，但与二程、三苏之学依然鼎立而三，足见其影响的深远。到南宋，经过杨时、胡安国、胡宏父子的积极努力，特别宋高宗对荆公学派不遗余力地打击，到乾道、淳熙年间（1165—1189）形成了在社会上拥有一定势力的道学（即理学）。至此，形成二程理学派独领风骚的局面，而继承二程之学的为陆九渊的心学和朱熹的理学。整个南宋学术思想界是以朱熹为代表的理学居统治地位，而与之对立的则是以吕祖谦、陈亮、薛季宣、陈傅良和叶适为代表的浙东事功派。宋学处于演变阶段，而从宋学演变来的理学虽然处于鼎盛阶段，但在其内部也隐伏了衰落的因素。"(《宋学的发展和演变·总论》)

欧阳修三月从滑州通判任上召还，任太常丞，知谏院；十月又以右正言知制诰。

欧阳修详定"国朝勋臣名次"，修撰《三朝典故》、《起居注》。

欧阳修约在本年前后上《论删去九经正义中谶纬札子》。

按：欧阳修曰："至唐太宗时，始诏名儒，撰定九经之疏，号为正义，凡数百篇。自尔以来，著为定论，凡不本正义者，谓之异端，则学者之宗师，百世之取信也。然其所载既博，所择不精，多引谶纬之书，以相杂乱，怪奇诡僻，所谓非圣之书，异乎正义之名也。臣欲乞特诏名儒学官，悉取九经之疏，删去谶纬之文，使学者不为怪异之言惑乱，然后经义纯一，无所驳杂，其用功至少，其为益则多。臣愚以为欲使士子学古励行,而不本六经;欲学六经,而不去其诡异驳杂,欲望功化之成,不可得也。"(《文忠集》卷一一二)此论可谓宋学诞生的宣言,《四库全书总目提要》曰:"宋欧阳修乞校正五经札子,欲于注疏中全删其文,而说不果用。魏了翁作《九经正义》,始尽削除。""陆游曰:'唐及国初,学者不敢议孔安国、郑康成,况圣人乎! 自庆历后,诸儒发明经旨,非前人所及;然排《系辞》,毁《周礼》,疑《孟子》,讥《书》之《胤征》、《顾命》,黜《诗》之序,不难于议经,况传注乎!'"(皮锡瑞《经学历史·经学变古时代》)吕希哲《吕氏杂记》卷下曰:"欧阳公在翰林日,建言谶纬之书浅俗诬怪,悖经妨道,凡诸书及传疏所引,请一切削去之,以无诬后学。仁宗命国子学官取诸经及正义所引谶纬之说,逐条写录奏上。时执政者不甚主张之,事竟不行。"

  欧阳修上《论更改贡举事件札子》,建议首场试策,次场试论,终场试诗赋。

  王尧臣四月为户部郎中,权三司使事。

  吕公绰四月为史馆修撰。

  晏殊加同中书门下平章事,集贤殿学士,兼枢密使。

  苏轼入天庆观北极院小学读书,以道士张易简为师。

  包拯迁殿中丞,旋改监察御史。

  宋庠为参知政事,其弟宋祁先后为天章阁待制,判太常礼院、国子监,改判太常寺。

  富弼三月改为资政殿学士,兼翰林侍读学士。

  尹洙正月为太常丞、知泾州。

  蔡襄四月由著作佐郎、馆阁校勘为秘书丞、知谏院。三月上《论范仲淹韩琦辞让状》,五月上《乞用韩琦范仲淹奏》、《乞罢王举正用范仲淹奏》,八月上疏乞早遣范仲淹巡边。

  按:初,王素、余靖、欧阳修除谏官,蔡襄作诗贺之,辞多激劝。三人以其诗荐于上,寻有是命。

  王安石五月回家省亲,期间曾至南丰谒曾巩。其散文名作《伤仲永》约作于七月。

  王安石作《张刑部诗序》,批评西昆体。

  按:王安石曰:"杨(亿)、刘(筠)以其文词染当世,学者述其端原,靡靡然穷日力以摹之,粉墨青朱,颠错丛庞,无文章黼黻之序,其属情藉事,不可考据也。"(《临川文集》卷八四)

  凌景阳、魏廷坚、夏有章因晏殊、夏竦、吕夷简荐,五月召试学士院,谏官王素、欧阳修言凌景阳给婚非类,夏有章尝坐赃,而魏廷坚亦有逾滥之罪,于是皆罢之。

  李淑九月为翰林学士,欧阳修奏事延和殿,面论李淑奸邪,请罢之。壬辰,李淑罢翰林学士,为给事中,出知郑州。

  滕宗谅时知庆州,以在泾州时"枉费公用钱"等事遭到弹劾,株连边臣多人。范仲淹力为申辩,欧阳修、尹洙等请勿株连,以免边臣解体。滕宗谅九月由知庆州徙权知凤翔府。

  孙甫十月由太常博士、秘阁校理为右正言,谏院供职。

  余靖同判太常礼院事,入春又为右正言,正月呈《论皇子服罢开宴用乐》，二月呈《论元昊请和当令权在我》、《请定献官冕服》，三月呈《论河北榷盐》诸疏，四月呈《请毋使夏竦入见》，五月呈《请罢王球》，六月呈《乞严定捕贼赏罚奏》，七月呈《请考正祀典》、《请罢王举之》、《请裁损待遇西使》，八月呈《审裁边事》，九月呈《论赎刑》，十月呈《论御盗之策莫先安民》，是月丁未为契丹国母正旦使；十一月呈《乞韩琦兼领大帅镇秦州》、《乞侍从与闻边事》，十二月呈《论两税折纳见钱》。

阮逸为武学教授，改国子监丞。

苏舜钦因范仲淹荐举，经召试，授集贤校理、监进奏院。

黄通以韩琦、范仲淹荐，召试舍人院，试大理评事。

苏颂移知江宁县。

李觏著《周礼致太平论》，共51篇；又著《庆历民言》30篇和《退居类稿》12卷，后三年复出百余篇，被人所盗印，题名《外集》。

按：此为宋代较早出现的盗版案例。到北宋后期，盗印现象愈演愈烈。苏轼曾在《与陈传道五首》(之三)中说："某方病市人逐利，好刊某拙文，欲毁其板，况欲更令人刊耶。当俟稍暇，尽取旧诗文，存其不甚恶者为一集。今所示者，不唯有脱误，其间亦有他人文也。"(《东坡全集》卷七七)

余靖著《庆历正旦国信语录》1卷。

《集韵》10卷雕印成。

《契丹大藏经》500余卷全部刻竣，在南京印刷刊行。

石介《徂莱先生集》20卷约成于本年前后。

按：此书是一部诗文集，也是反映北宋中期理学思潮兴起之初学术状况的一部重要著作，具有重要的思想史价值。

刘敞著《张氏杂义》1卷。

僧道潜（ —1102）、李撰（ —1109）、张商英（ —1121）、僧清觉（ —1121）生；刘泾（ —约1100）约生。

宋庆历四年　契丹重熙十三年
夏天授礼法延祚七年　甲申　1044年

正月辛卯，太常礼院上新修《太常新礼》40卷、《庆历祀仪》63卷。

按：两书提举为参知政事贾昌朝，编修为龙图阁直学士孙祖德、知制诰李宥、张方平；同编修为直集贤院吕公绰、天章阁侍讲曾公亮、王洙、崇文院检讨孙瑜、集贤校理余靖、刁约，赐器币有差。

是月，赐德顺军《太平圣济方》及诸医书各一部。

二月丙辰，御迎阳门，召辅臣观画，其画皆前代帝王美恶之迹，可为规戒者。因命天章阁侍讲曾公亮讲《毛诗》，王洙读《祖宗圣政录》，翰林侍读学士丁度读范晔《后汉书》。

三月乙亥，诏天下州县立学，行科举新法。

按：时范仲淹等意欲复古劝学，数言兴学校，本行实，诏近臣议。于是翰林学士宋祁，御史中丞王拱辰，知制诰张方平、欧阳修，殿中侍御史梅挚，天章阁侍讲曾公亮、王洙，右正言孙甫，监察御史刘湜等上《详定贡举条状》，从其议，诏：天下州县皆设立学校，本道使者选部属官为教授，三年而代；选于吏员不足，取于乡里宿学有道业者，三年无私谴，以名闻。士须在学习业三百日，乃听预秋试；旧尝充试者，百日而止。亲老无兼侍，取保任，听学于家。进士三场，先策，次论，次诗赋，通考为去取，而罢贴经墨义。又以旧制用词赋，声病偶切，立为考式，一字违忤，已在黜落，使博识之士，临文拘忌，俯就规检，美文善意，郁而不伸。士子通经术，愿对大义者，试十道，以晓析意义为通，五通为中格；三史科取其明史意，而文理可采者；明法科试断案，假立甲乙罪，合律令，知法意，文理优者为上等。

又按：《详定贡举条状》由欧阳修执笔，《条状》指出："教不本于学校，事不察于乡里，则不能核名实。有司束于声病，学者专于记诵，则不足以尽人材。臣等参考众说，择其便于今者，莫若使士皆土著而教之于学校，然后州县察其履行，则学者自皆修饬矣。故为学制合保荐送之法。夫上之所好，下之所趋也。今先策论，则文辞者留心于治乱矣。简其程式，则闳博者得以驰骋矣。故为先策论，过落，简诗赋考式，问诸科大义之法，此数者其大要也。其诗赋之未能自肆者，杂用今体；经术之未能亟通者，尚依旧科；则中常之人皆可勉及矣。此所谓尽人之材者也。"欧阳修庆历年间曾上《论更改贡举事件札子》，论旧行科举法之弊，在举子方面为："先诗赋而后策论，使学者不根经术，不本道理，但能诵诗赋、节抄《六帖》、《初学记》之类者，便可剽窃偶俪，以应试格。而童年新学，全不晓事之人，往往幸而中选。"有司之弊方面："患在诗赋、策、论，通同杂考，人数既多，而文卷又多，使考者心识劳而愈昏，是非纷而益惑，故于取舍，往往失之。"范仲淹这项科举改革方案的主旨，虽在于改变士风，也为了使考官便于遴选。

令太学从国子学三馆中分出，单独建校，其入学资格"以八品以下子弟若庶人之俊异者为之"(《宋史·选举志三》)，并用胡瑗的"苏湖教法"为太学法。

按：唐代太学为中级官僚子弟之特殊学校，宋则为士庶子弟混杂之普通学校，此是宋代学校制度的重大变化。时胡瑗任湖州府学教授，创设分斋教学制度，在学校内分设经义斋和治事斋，既学儒家经义，亦学治兵、治民、水利、算术等实用才能，教学方法大为改革。中央建太学，有司请下湖州，取胡瑗之法以为太学法，胡瑗的教学方法得到大力推广。清初教育家颜元《四存编·存学编》曰："秦汉以降，则著述讲论之功多，而实学实教之力少，宋儒惟胡子立经义、治事斋，虽分析已差，而其事颇实矣。"

乙酉，仁宗问辅臣《春秋三传》异同之义，贾昌朝对曰："《左氏》多记时事，《公羊》、《谷梁》专解经旨，大抵皆以尊王室、正赏罚为意，然三传异同，考之亦各有得失也。"仁宗然之(《帝学》卷四)。

诏权停贡举。

四月己酉，监修国史章得象上新修《庆历国朝会要》。

壬子，判国子监王拱辰、田况、王洙、余靖等言："汉太学二百四十房，千八百室，生徒三万人。唐学舍亦千二百间。今取才养士之法盛矣，而国子监才二百楹,制度狭小,不足以容学者,请以锡庆院为太学,葺讲殿,备临幸,以潞王宫为锡庆院。"从之(《资治通鉴后编》卷五五)。

五月丙戌,宋夏和议成,元昊始向宋称臣,宋册封元昊为夏国主,岁"赐"银绢茶采二十五万五千,恢复互市。

壬申,帝至太学,谒孔子,赐直讲孙复五品服。

六月丙申,契丹命翰林都林牙萧韩家奴、耶律庶成编撰上世以来事迹。

八月癸卯,以右正言、知制诰欧阳修为河北都转运按察使。谏官蔡襄、孙甫奏留欧阳修,不许。以余靖知制诰,仍知谏院;以知谏院蔡襄直史馆,同修起居注。

十一月戊午朔,应判国子监余靖言,诏罢天下学生员听读日限。

十二日,宋仁宗下诏再戒百官朋党,"并戒按察恣为苛刻及文人肆言行怪者"(《宋史纪事本末》卷五)。

按:所谓"怪",即指批评朝政,特别是越职批评朝臣朝政。

范仲淹六月壬子以参知政事为陕西、河东路宣抚使,先留京师。十月提举三馆秘阁,缮校书籍,得到奖谕。

按:庆历新政虽在次年二月才被废,但是年六月,随着范仲淹出知陕西宣抚使,新法之废实际上已成定局。李焘《续资治通鉴长编》卷一五〇回顾范仲淹改革从发起到失败的全过程说:"始,仲淹以忤吕夷简,放逐者数年,士大夫持二人曲直,交指为朋党。及陕西用兵,天子以仲淹士望所属,拔用护边。及夷简罢,召还,倚以为治,中外想望其功业,而仲淹亦感激眷遇,以天下为己任,遂与富弼日夜谋虑,兴致太平。然规模阔大,论者以为难行,及按察使多所举劾,人心不自安;任子恩薄,磨勘法密,侥幸者不便。于是谤毁浸盛,而朋党之论滋不可解。"范仲淹外任,还与夏竦诬陷有关。先是石介奏记于富弼,责以行伊、周之事,夏竦欲因此倾富弼等,乃使女奴暗中模仿石介笔迹,久之,习成,遂改伊、周为伊、霍,而伪作石介为富弼撰废立诏草,飞语上闻。仁宗虽不深信,但范仲淹、富弼还是十分恐惧,不敢自安于朝,皆请出按西北边。初未许,适有边奏,范仲淹固请行,乃使宣抚陕西、河东。

范仲淹三月上言乞召尹洙迁职,未果。

石介三月以国子监直讲为直集贤院,仍兼国子监直讲。八月,因富弼、范仲淹已离朝廷,心不自安,亦请外,十月得濮州通判。

按:富弼等出使,谗谤者益多,人多指目石介,石介不自安,遂求出。

胡瑗上书请兴武学,并进所撰《武学规矩》1卷。时议难之。

按:朱熹曰:"今之学规,非胡安定所撰者。仁宗置州县学,取蹠学规矩颁行之。湖学之规,必有义理,不如是其陋也。如第一条'谤讪朝政'之类,其出于蔡京行舍法之时有所改易乎!当时如徐节孝为楚州教官,乃罢之,而易以其党。大抵本朝经王氏及蔡京用事后,旧章荡然,可胜叹哉!"(《朱子语类》卷一二八)

胡瑗因其教法被取为太学法,朝廷欲召其为诸王宫教授,称疾不行,为太子中舍,以殿中丞致仕。

孙复被召至迩英阁说《诗》,宋仁宗欲提升其为迩英阁祗候说书,遭到侍讲杨安国等人反对,言孙复"讲说多异先儒"(《宋史·孙复传》),其事遂罢。以后,张方平曾荐举孙复充馆阁任职,亦未果。

周敦颐为南安军司理参军,掾南安时,大理寺寺丞、知虔州兴国县程珦来倅南安,因与为友。

按：后人在周敦颐讲学处创立周程书院。

欧阳修四月著《朋党论》,言"小人所好者利禄,所贪者财货;君子所守者道义,所行者忠信,所惜者名节",认为"同道"与"同利"是君子与小人各自为党的"自然之理",尚"道"与尚"利"便是君子与小人之党的根本区别所在(《宋史·欧阳修传》)。

按：初,吕夷简罢相,夏竦为枢密使,复被杜衍所取代,心衔之,因与其党造为党论,目杜衍、范仲淹、欧阳修为党人。欧阳修故作是文上之。于是为党论者颇恨欧阳修,摘语其情状,至使内侍蓝元震上疏言:"范仲淹、欧阳修、尹洙、余靖,前日蔡襄谓之四贤。斥去未几,复还京师。四人得时,遂引蔡襄以为同列。以国家爵禄为私惠,胶固朋党,递相提挈,不过二三年,布满要路,则误朝迷国,谁敢有言?挟恨报仇,何施不可?九重至深,万机至重,何由察知?"仁宗不信(《续资治通鉴》卷四六)。

欧阳修出为河北都转运按察使,又权真定府事。

按：欧阳修在出使河东时,在绛州得到郑玄《诗谱》,但"首尾残缺","颠倒错乱,不可复考",经过悉力补苴,使"郑氏之谱复完",其《诗谱补亡后序》对此事有详细记述。漆侠说:"欧阳修对郑玄诗谱的补苴,是对《诗》学的再一贡献。"(《宋学的发展和演变》第六章)

欧阳修开始著《新唐书》。

李觏上书富弼,献《庆历民言》及言国事;又作《寄上范参政书》,鼓励范仲淹进行变法改革。

夏竦诬富弼使石介撰诏草,谋废立。富弼、范仲淹因自请出按边。遂以范仲淹为陕西、河东路宣抚使,富弼为河北宣抚使。

蔡襄八月仍知谏院,进直史馆,同修起居注;欧阳修罢知谏院,调为河北都转运按察使,蔡襄与孙甫上奏挽留,帝不许;九月与孙甫上疏请罢晏殊宰相之职,从之;十月己酉授右正言知福州,宰相杜衍疏请挽留,未果。

按：闽人多好学,但专用赋以应科举,而不重学术,蔡襄知福州时,延聘儒者,专用经术教授,多者尝至数百人,于是经学开始得到普及和发展。

富弼八月自枢密副使出为河北宣抚使。

晏殊九月为孙甫、蔡襄所论,罢相,以工部尚书知颍州。

杜衍九月同平章事兼枢密使,贾昌朝为枢密使,陈执中为参知政事。

苏舜钦以范仲淹荐,三月授集贤殿校理,监进奏院;五月著《上范公参政书》,指出范仲淹有七个方面做得不够妥当,并告知攻击新政的种种言论。

苏舜钦十月七日,因举办祠神娱宾的年节例会被新任宰相兼枢密使贾昌朝等构陷,坐盗卖进奏院故纸被勒除名,同时被逐者有刘巽、王洙、刁约、江休复、王益柔、周延隽、章岷、吕溱、周延让、宋敏求、徐绶等10余人,皆一时知名之士。御史中丞王拱辰谓此举乃"一网打尽"。"奏邸之狱"事起,韩琦曾上言反对,而宋祁、张方平则助王拱辰弹劾,章得象无所可否。

按：《宋史纪事本末·庆历党议》载:"(杜)衍好荐引贤士,而抑侥幸,群小咸怨,衍婿苏舜钦,易简孙也,能文章,论议稍侵权贵,时监进奏院,循例祀神,以伎娱宾。集贤校理王益柔,曙之子也,于席上戏作《傲歌》。御史中丞王拱辰闻之,以二人皆仲淹所荐，而舜钦又衍婿，欲因是倾衍及仲淹，乃讽御史鱼周询、刘元瑜，举劾其事，拱辰及张方平列状请诛益柔，盖欲因益柔以累仲淹也。"经过这次打击，庆历新政的支持者已被排斥殆尽。

尹洙八月由知晋州为起居舍人、直龙图阁，十一月在潞州上《论朋党疏》，对皇帝凭主观意向决定公论、朋党的做法，表示不满。为营救苏舜钦等，又上《论朝政宜务大体》。

按：尹洙《论朋党疏》言："去年朝廷擢欧阳修、余靖、蔡襄、孙甫相次为谏官，臣甚庆之，所虑者任之而不能终耳。夫今世所谓朋党，甚易辨也。陛下试以意所进用者姓名询于左右曰：某人为某人称誉，必有对者曰：此至公之论。异日其人或以事见疏，又询于左右曰：某人为某人营救，必有对者曰：此朋党之言。昔之见用，此一臣也；今之见疏，亦此一臣也，其所称誉与营救一也。然或谓之公，或谓之朋党，是则公论之与朋党，常系于上意，不系于忠邪也。"（《续资治通鉴长编》卷一五三）

滕宗谅案结束，滕宗谅得免下狱，正月降为祠部员外郎、改知虢州。二月因御史中丞王拱辰荐，徙知岳州。

曾巩著《上欧阳舍人书》，荐王安石于欧阳修。

包拯上书反对宋夏议和，未果。

余靖判集贤院、礼院事，又判国子监、管勾太学及州县立学之事。

贾昌朝时为枢密使，建议重修《唐书》，"始令在馆学士人供《唐书》外故事二件，积累既多，乃请曾鲁公、张侍郎、唐卿分厘附于本传"（《春明退朝录》卷下）。

富弼著《三朝政要》20卷成。

按：陈振孙《直斋书录解题》卷五曰："庆历三年，弼为枢副，上言选官置局，以三朝典故分门类聚，编成一书，以为模范。命王洙、余靖、孙甫、欧阳修共同编纂，四年书成，名《太平故事》，凡九十六门，每事之后各释其意。至绍兴八年，右朝议大夫吕源得旧印本，刊正增广，名《政要释明策备》上之于朝。"

曾公亮、丁度主编《武经总要》40卷成书初刊。

按：本书为宋代官修的兵书，《四库全书总目提要》称"前集备一朝之制度，后集具历代之得失，亦有足资考证者。宋一代朝廷讲武备之书，存者惟此编而已，固互存与史志相参也"。

苏洵著《苏氏族谱》及《六国论》。

夏竦著《古文四声韵》5卷，有自序。

陈尧佐卒（963——　）。尧佐字希元，号知余子，阆州阆中人。陈尧叟弟。端拱元年进士，为魏县尉。累官参知政事、同中书门下平章事、集贤殿大学士，以太子太师致仕。著有《陈文惠愚丘集》、《遣兴集》、《野庐编》、《潮阳编》等，皆佚。事迹见《宋史》卷二八四本传、欧阳修《文惠陈公神道碑铭》（《文忠集》卷二○）。

按：《宋史》本传曰："尧佐少好学，父授诸子经，其兄未卒业，尧佐窃听已成诵。初肄业锦屏山，后从种放于终南山，及贵，读书不辍。善古隶八分，为方丈字，笔力端劲，老犹不衰。尤工诗。"

燕文贵卒(967—)。文贵名或作文季,吴兴人。初隶军中。曾师郝惠,善画山水人物及舟船盘车。后因待诏高益荐,画相国寺壁,遂入图画院。所画山水自成一家,富于变化,人称"燕家景致"。传世作品有《溪山楼观》、《烟岚水殿》等。

吕夷简卒(979—)。夷简字坦夫,寿州人。吕蒙正从子。咸平三年进士,补绛州军事推官,迁大理寺丞。官至宰相,以太尉致仕,封申国公,徙许国公。卒谥文靖。著有文集20卷,今佚。事迹见《宋史》卷三一一本传、张方平《文靖吕公神道碑铭》(《乐全集》卷三六)。

按:《宋史》本传曰:"夷简当国柄最久,虽数为言者所诋,帝眷倚不衰。然所斥士,旋复收用,亦不终废。其于天下事,屈伸舒卷,动有操术。后配食仁宗庙,为世名相。"又论曰:"吕夷简、张士逊皆以儒学起家,列位辅弼。仁宗之世,天下承平,因时制宜,济以宽厚,相臣预有力焉。"

王雱(—1076)、王岩叟(—1094)、黄裳(—1130)生。

宋庆历五年　契丹重熙十四年
夏天授礼法延祚八年　乙酉　1045年

二月辛卯,诏:"比京朝官因人保任,始得叙迁。朕念廉士或不能自进,其罢之。"(《续资治通鉴长编》卷一五四)又罢磨勘、荫子新法。

按:时监察御史刘元瑜言:"近年考课之法,自朝官至员外郎、郎中、少卿监,须清望官五人保任,方许磨勘,适长奔竞,非所以养士廉耻也。望酌祖宗旧规,别定可行之制。"(《续资治通鉴》卷四七)故有此诏。范仲淹所推行之磨勘保任之法自此遂废。

三月癸亥,诏礼部贡举。

丙子,诏礼部贡院增天下解额。

按:贡院请以景祐四年、庆历元年科场取解进士人数内,择一年多者令解及二分为率。就试人虽多,所增人数各不过元额之半。其陕西路惟永兴、凤翔两处就试人多,解额尚少,用庆历四年敕恩已增分数,自余州军所增未宽,今欲每州各增一名,保安、镇戎、德顺三军本无解额,今各许解一名。其河东缘边州军,自来少人取解,解额已宽,难议复增。总诸州军,凡增359人。诏遂为定额。

己卯,诏礼部贡院进士所试诗赋,诸科所对经义,并如旧制考校,罢范仲淹贡举新法。

按:范仲淹既去,执政以新定科举入学预试为不便,且曰:"诗赋声病易考,而策论汗漫难知,祖宗以来,莫之有改,且得人尝多矣。"乃诏曰:"科举旧条,皆先朝所定,宜一切如故。前所更令,宜罢之。"(《续资治通鉴》卷四七)

五月,诏开局修《唐书》,以贾昌朝为提举,王尧臣、宋祁、杨察、赵概为判馆,张方平、余靖为修撰,曾公亮、赵师民、何中立、范镇、邵必、宋敏求为编修。赵概、余靖、曾公亮、赵师民、何中立、邵必未到职;王尧臣、杨察、张

高丽自宋引进新刊《礼记》、《毛诗正义》。

罗马教皇本尼狄克特第九转售教皇职位与格拉齐亚诺,称格列高里第六。

意大利米兰建自治政体。

方平任职未满；始终其事者只有宋祁、范镇、宋敏求。

癸未，诏吏部流内铨："自今试初入官选人，其习文词者试省题诗或赋论一首，习经者试墨义十道，并注合入官；如所试纰谬，试墨义凡九不中，令守选，候放选再试；又不中，与远地判司。其年四十以上，依旧格读律，通，即与注官。仍命两制一员同考试之。"（《续资治通鉴》卷四七）

九月癸未朔，翰林学士王尧臣等言："奉诏详定选任馆阁官。欲请自今遇馆阁阙人，许带职大两省以上举官有文学行实者二人，在外举一人，更从中书采择召试，其进士及第三人以上，自如旧例。"（《麟台故事》卷三）诏凡有臣僚奏举，并临时取旨。

癸巳，诏近臣考先朝正史、实录为《景德御戎图》。

十月辛未，始颁历于夏国。

十一月辛丑，命翰林学士张方平、侍读学士宋祁再修《景祐广乐记》。

范仲淹正月乙酉以右谏议大夫、参知政事为资政殿学士、知邠州、兼陕西四路沿边安抚使，枢密副使、右谏议大夫富弼为资政殿学士、京东西路安抚使、知郓州。以贾昌朝同平章事兼枢密使，宋庠参知政事，王贻永为枢密使，吴育、庞籍为副使。

按：范仲淹、富弼既出使，谗者益甚，两人在朝所施为亦稍沮止，独杜衍左右之。仁宗为谗言所惑，范仲淹愈不自安，因疏乞罢政事。仁宗欲从其请，章得象谓范仲淹素有虚名，一请就罢，恐天下人会说轻黜贤臣，不如先赐诏不许，等范仲淹再有谢表才罢免。范仲淹果上谢表，仁宗更信章得象，遂罢范仲淹。右正言钱明逸附和章得象等意，谓富弼凡所推荐，多挟朋党，所爱者尽意主张，不附者力加排斥，倾朝共畏，与范仲淹同。遂降诏罢仲淹、弼。"庆历新政"宣告失败。

夏竦诬告富弼阴遣石介入契丹谋起兵，时石介已死，富弼、范仲淹因此解所兼安抚使。

按：时滁州孔直温因谋反伏诛，搜其家，得石介书，并所遗孙复诗。时石介已死，宣徽南院使夏竦深怨石介前以诗讥己，常欲报之，因言石介诈死，乃富弼遣石介结契丹起兵期以一路兵马内应，请发石介棺验之。诏下兖州，访石介存亡。杜衍知兖州，以语官属，众不敢答。掌书记龚鼎臣愿以合族保石介必死，提刑吕居简亦言："无故发棺，何以示后！"具状上之，始获免。遂罢富弼安抚使，贬孙复监虔州税，石介子孙羁管池州（《宋史纪事本末》卷五）。

杜衍、范仲淹、富弼既罢，韩琦三月上疏，言范仲淹抗击西夏有功，富弼出使契丹不辱使命，如果朝廷以北事专委富弼，以西事专委范仲淹，使朝夕经营，以防二边之变，朝廷实有所倚。疏入，不报。辛酉，罢韩琦枢密副使，加资政殿学士，知扬州。

欧阳修闻范仲淹罢官，先于二月间上书"自劾乞罢转运使"；一月后又作《论杜衍范仲淹等罢政事状》，言："杜衍、韩琦、范仲淹、富弼等，皆陛下素所委任之臣，一旦相继而罢，天下士皆素知其可用之贤，不闻其可罢之罪"（《续资治通鉴长编》卷一五五），表示要放言直谏，将个人安危置之度外，遭到保守派的忌恨。谏官钱明逸乃弹劾欧阳修与其甥女张氏有暧昧关系,蓄意侵吞张家财产,欧阳修百口莫辩,被下到开封府审讯,最后以"券既弗明,辩无所验"结案。欧阳修因此被革去现职,贬为滁州太守。

按：司马光曰："赵概与欧阳修同在史馆,及同修起居注,概性重厚寡言,修意轻之。及修除知制诰,是时,韩、范在中书,以概为不文,乃除天章阁待制,概淡然不以屑意。及韩、范出,乃复除知制诰。会修甥嫁为修从子晟妻,与人淫乱,事觉,语连及修。……疾韩、范者皆欲文致修罪,云与甥乱。上怒,狱急,群臣无敢言者。赵乃上书言：'修以文学为近臣,不可以闺房暧昧之事,轻加污蔑。臣与修踪迹素疏,修之待臣亦薄,所惜者朝廷大体耳。'书奏,上不悦,人皆为之惧,概亦淡然如平日。"(《涑水纪闻》卷三)《宋史·赵概传》曰："欧阳修遇概素薄,又躐知制诰,及修有狱,概独抗章明其罪,言为仇者所中伤,不可以天下法为人报怨。修得解,始服其长者。"

欧阳修著《与尹师鲁第三书》,言："列传人名便请师鲁录取一本,分定寄来。不必以人死年月断于一代,但著功一代多者,随代分之,所贵作传与纪相应,千万递中却告一信,要知尊意。"(《文忠集》卷六七)

曾公亮时任度支员外郎、集贤校理兼天章阁侍讲、史馆检讨,闰五月庚子与宗正丞、崇文院检讨兼天章阁侍讲赵师民,殿中丞、集贤校理何中立,校书郎宋敏求,大理寺丞、馆阁校勘范镇,大理寺丞、国子监直讲邵必,并为编修《唐书》官。邵必以为史出众手非是,卒辞之。

孙复十一月责监虔州税。

司马光服丧期满,任武成军判官。

王安石任大理评事;在京师与王回、王向定交。

王安石从弟王沆中进士。

宋庠正月为参知政事。

孙甫正月为右司谏,知邓州。

章得象正月奉命著《御制传法院译经碑后记》。

宋祁二月为侍读学士、兼龙图阁学士。

尹洙被贬为监均州酒税。

刘羲叟六月因欧阳修荐,为试大理评事。

按：刘羲叟是泽州进士,精算术,兼通《大衍》诸历,尝注《天官书》及著《洪范灾异论》,欧阳修荐之,召试学士院,而有是命。

曾巩著《再上欧阳舍人书》,向欧阳修推荐王安石。

宋敏求九月为馆阁校勘。

包拯三月上言荫选之弊,请推行对荫选人年满二十五岁进行考试授官制度;八月初三日与何中立等考试开封府举人;是月又为贺契丹正旦使。

苏洵再次被举进京,参与次年朝廷举行的制策举人考试。在京与颜太初等卿士大夫交游。

按：颜太初字醇之,号凫绎先生,彭城人。苏轼《凫绎先生文集序》曰："昔吾先君适京师,与卿士大夫游,归以语轼曰：'自今以往,文章其日工,而道将散矣。士慕远而忽近,贵华而贱实,吾已见其兆矣。'以鲁人凫绎先生之诗文十余篇示轼曰：'小子识之;后数十年,天下无复为斯文者也。'"(《东坡全集》卷三四)

苏洵夫人程氏于家中亲自教授苏轼、苏辙学诗书。尝读《后汉书·范滂传》，慨然太息。苏轼侍侧，曰："轼若为滂，夫人亦许之否？"太夫人曰："汝能为滂，吾顾不能为滂母耶？"苏轼奋厉有当世之志，太夫人喜曰"吾有子矣！"（苏辙《东坡先生墓志铭》）

毕昇是年前后创造胶泥活字印刷术。

李觏正月来函问讯，余靖作《致李觏简柬》，并向朝廷推荐李觏，谓其"博学通识，包括古今，潜心著书，研极治乱，江南儒士，共所师法"（《盱江集·李直讲年谱》）。闽中名士黄通亦以书与范仲淹，谓李觏"其德行文学，其智识材术，疑三代英灵复生于今，大江而南，皆呼曰先生"（《盱江集·李直讲年谱》）。李觏被荐入国子监，初为助教，后为说书，人称直讲先生。

余靖五月罢知制诰出知吉州，坐出使契丹时为番语诗，失使者体。余靖连上《免知制诰状》、《免判铨状》、《免知谏院状》、《免史馆修撰状》、《谢知吉州启》。弹劾余靖者为御史王平等。

梅尧臣因王举正荐，六月出任签署许昌忠武军节度判官。

丁度为枢密副使。

苏舜元任福建监丞，时与蔡襄切磋书法。

何群师石介于太学，石介使弟子推其为学长。

王尧臣编辑《续唐录》100卷成书。

苏舜钦著《沧浪亭记》成。

按：苏舜钦被革职后，举家南迁于苏州，购得城南一处废园，筑园名"沧浪亭"，并自撰此文。是文保存关于苏州名园沧浪亭营构之初的宝贵资料，是中国园林文化艺术史上的一篇重要文献。

《区希范五脏图》绘成。

周尧卿卒（995—　）。尧卿字子俞，道州永明人。天圣二年进士，历仕连州、衡州司理参军、桂州司录。官至太常博士。范仲淹曾荐其经行可为师表，未及用即卒。为学长于郑、毛《诗》及《左氏春秋》。著有《诗说》30卷、《春秋说》30卷、文集20卷。事迹见《宋史》卷四三二本传、欧阳修《太常博士周君墓表》（《文忠集》卷二五）。

按：《宋史》本传载：(周尧卿)为学不专于传注，问辨思索，以通为期。长于毛、郑《诗》及《左氏春秋》。其学《诗》，以孔子所谓"《诗》三百，一言以蔽之曰：'思无邪'"，孟子所谓"说《诗》者以意逆志，是为得之"，考经指归，而见毛、郑之得失。曰："毛之传欲简，或寡于义理，非一言以蔽之也。郑之笺欲详，或远于性情，非以意逆志也。是可以无去取乎？"其学《春秋》，由左氏记之详，得经之所以书者，至《三传》之异同，均有所不取。曰："圣人之意岂二致耶？"读庄周、孟子之书，曰："周善言理，未至于穷理。穷理，则好恶不缪于圣人，孟轲是已。孟善言性，未至于尽己之性。能尽己之性，则能尽物之性，而可与天地参，其唯圣人乎。天何言哉？性与天道，子贡所以不可得而闻也。昔宰我、子贡善为说辞，冉牛、闵子、颜渊善言德行，孔子曰：'我于辞命，则不能也。'惟不言，故曰不能而已，盖言生于不足者也。"其讲解议论皆若是。

石介卒(1005—　)。介字守道，一字公操，学者称"徂徕先生"，兖州奉符人。天圣八年进士，历郓州、南京推官、国子监直讲、太子中允、直集贤院等。与孙复、胡瑗并称"宋初三先生"。与柳开、孙复、穆修、尹洙等同为北宋古文运动先驱。著有《易群》5卷、《易解口义》10卷、《唐鉴》6卷、《政范》1卷及《徂徕先生集》20卷。《宋元学案》列其入《泰山学案》。事迹见《宋史》卷四三二本传、欧阳修《徂徕石先生墓志铭》(《文忠集》卷三四)。今人许毓峰编有《石徂徕年谱》。

按：欧阳修《徂徕石先生墓志铭》曰：石介"遇事发愤，作为文章，极陈古今治乱成败，以指切当世。贤愚善恶，是是非非，无所讳忌。世俗颇骇其言，由是谤议喧然。而小人尤嫉恶之，相与出力，必挤之死。先生安然，不惑不变，曰：'吾道固如是，吾勇过孟轲矣'"(《文忠集》卷三四)。黄震《黄氏日钞》卷四五曰："徂徕先生学正识卓，辟邪说，卫正道，上继韩子以达于孟子，真百世之师也。杨亿不过文词浮靡，其害本不至与佛老等，而亦辟之，峻如此。盖宋兴八十年，浮靡之习方开，为所怪也。使先生生乎今之世，见托儒者之名，售佛老之说者，辟之又当何如哉！"《四库全书总目提要》曰："介深恶五季以后文格卑靡，故集中极推柳开之功，而复作《怪说》以排杨亿。其文章宗旨，可以想见。虽主持太过，抑扬皆不得其平，要亦戛然自为者。王士禛《池北偶谈》称其倔强劲质，有唐人风。较胜柳、穆二家，而终未脱草昧之气，亦笃论也。"

李之才卒，生年不详。之才字挺之，山东青社人。天圣八年同进士出身。官至殿中丞。师事穆修，得其《易》学。又在为卫州获嘉主簿、权共城令时，传《易》学于邵雍。为泽州签署判官时，刘羲叟曾从其学历法，创"羲叟历法"。事迹见《宋史》卷四三一本传。

按：李之才是《易》象数学一派先后传递的关键人物。宋代学者治《易》，成就最大的是邵雍、程颐和朱熹。邵雍尝表其墓，有曰："求于天下，得闻道之君子李公以师焉。"(《宋史》本传)

刘绚(　—1087)、黄庭坚(　—1105)生。

宋庆历六年　契丹重熙十五年
夏天授礼法延祚九年　丙戌　1046年

正月甲午，命翰林学士孙抃、御史中丞张方平、龙图阁直学士高若讷权知贡举。

按：《宋史·选举志一》曰："会张方平知贡举，言：'文章之变与政通。今设科选才，专取辞艺，士惟道义积于中，英华发于外，然则以文取士，所以叩诸外而质其中之蕴也。言而不度，则何观焉。迩来文格日失其旧，各出新意，相胜为奇。朝廷恶其然，屡下诏书戒饬，而学者乐于放逸，罕能自还。今赋或八百字，论或千余字，策或置所问而妄肆胸臆，漫陈他事，驱扇浮薄，重亏雅俗，岂取贤敛才备治具之意邪？其踵习新体，澶漫不合程式，悉已考落，请申前诏，揭而示之。'"

癸卯，礼部贡院请自今试进士并如诸科例，印所出经义题，从之。

德王亨利三世废黜争位之罗马教皇本尼狄克特第九、西尔维斯特第三、格列高里第六，另立德籍罗马教皇克莱门第二。

罗马教皇克莱门第二于罗马加冕亨利三世。

三月壬寅,御崇政殿,赐进士贾黯、刘敞、谢仲弓等320人及第、190人出身、117人同出身有差。癸卯,赐诸科及第并出身者415人。甲辰,赐特奏名诸科702人同出身及诸州长史、司马、文学。

六月丙子,诏自今制科随礼部贡举,其著为令,仍须近臣论荐,毋得自举。

八月癸亥,策试贤良方正能直言极谏之士,太常博士钱彦远策入第四等,擢祠部员外郎、知润州。

是月,高丽国王钦卒,子徽嗣。

范仲淹为邓州知州,重修百花洲,以及春风阁、览秀亭诸名胜。并讲学其中之春风堂。邓人因建春风书院(又称百花洲书院)。

范仲淹九月十五日在贬所应滕子京之请,著《岳阳楼记》,提出"先天下之忧而忧,后天下之乐而乐"的主张。

按：滕子京庆历四年春谪守岳州,是年六月命人重修岳阳楼,并在楼上刻唐宋名贤诗赋,使唐代张说始建的这座名楼焕然一新。楼将落成之时,他致信范仲淹,并附有《洞庭秋晚图》,请为之作记。范仲淹欣然命笔,写了这篇千古名作。

程颢、程颐受父命师事周敦颐于南安。

按：程珦与周敦颐相识,得知其为"知道者",遂令二子程颢、程颐拜周敦颐为师。程颐在《明道先生行状》中曰："先生为学,自十五六时,闻汝南周茂叔论道,遂厌科举之业,慨然有求道之志。"(《二程文集》卷一二)

周敦颐是冬因王逵荐,移任郴州郴县令,首修学校以教人。

王尧臣正月罢三司使,为翰林学士承旨、兼端明殿学士、群牧使。

欧阳修被贬为滁州太守后,自号"醉翁",有《醉翁亭记》;又著《重读徂徕集》五言长诗,表示宁肯触犯众怒,亦要记下石介的冤屈。

按：石介是庆历新政的积极拥护者,遭到夏竦等人的迫害,病死家中,但保守派仍不放过,谣传石介诈死,欲开棺验尸,以图借端株连,把革新派一网打尽。欧阳修为此愤愤不平,作此诗表达了自己的鲜明观点。

张方平时权同知礼部贡举,二月己卯上《贡院请诫励天下举人文章》,建议废除进士考试所用之新文体,诏从其请。

王安石数致书曾巩称道王回、王向。是秋为大理评事,曾出京师,视察汴河。

司马光改大理评事为国子直讲,迁本寺丞。

刘敞登进士第,通判蔡州。

刘攽、杨蟠、袁陟进士及第。

曾巩是夏请欧阳修为其祖父曾致尧作《神道碑》。欧阳修是秋撰成《曾公致尧神道碑》及《与曾巩论氏族书》。

曾巩著《再与欧阳舍人书》,谓王安石"文甚古,行称其文,虽已得科名,然居今知安石者尚少",但"此人古今不常有,如今时所急,虽无常人千万,不害也,顾如安石,此不可失也"(《元丰类稿》卷一五)。欧阳修有《与王介甫第一书》。

苏洵以布衣应举,参加茂材异等科考试,但不中。

王拱辰时为三司使,七月上疏言冗兵不堪重负。

蔡襄三月罢知福州，改授福建路转运使。

苏颂知江宁县满秩，即奔父苏绅丧。

余靖是春应知饶州张清河之请，作《饶州新建州学记》；是冬又应知康州李定函请，作《康州重修文宣王庙记》。

陈舜俞第进士，又举制科第一。

尹洙在随州贬所，八月作《岳州学记》；十二月徙监均州酒税。

马寻为湖州太守，与年77岁的工部侍郎郎简、年86岁的司封员外范锐、年90岁的张维、年92岁的刘馀庆、年90岁的大理寺丞周守中、年72岁的大理寺丞吴琰在郡之南园举行六老会，湖学教授胡瑗为之序。

包拯使契丹还，上奏契丹之军事部署，要求加强边备。六月以三司户部判官，出为京东路转运使。

吴育八月为枢密副使。

丁谓八月为参知政事。

文彦博请刊刻王溥《五代会要》30卷于蜀。

按：是为《五代会要》首次刊刻。南宋时施元之复刊于徽州。

京台岳氏刻钟嵘《诗品》3卷。

宋庠七月上所撰《纪年通谱》12卷。诏送史馆。

谢景初为梅尧臣编《梅圣俞诗集》10卷；欧阳修著《梅圣俞诗集序》，提出"诗穷而后工"的著名观点。

按：其《序》曰："予闻世谓诗人少达而多穷，夫岂然哉？盖世所传诗者，多出于古穷人之辞也。凡士之蕴其所有而不得施于世者，多喜自放于山巅水涯，外见虫鱼草木风云鸟兽之状，类往往探其奇怪，内有忧思感愤之郁积，其兴于怨刺以道羁臣寡妇之所叹，而写人情之难言，盖愈穷则愈工，然则非诗之能穷人，殆穷者而后工也。"（《文忠集》卷四三）

萧韩家奴卒（976— ）。其名或译萧罕家努，字休坚，契丹涅剌部人。少好学，弱冠入南山读书，博览经史，通契丹文、汉文，统和十四年始仕。重熙初，同知三司使事。四年，迁天成军节度使，徙彰愍宫使。曾预修《辽实录》、《礼书》，节译《贞观政要》、《五代史》等为契丹文，著有《六义集》12卷。事迹见《辽史》卷一○三本传。

按：《辽史》本传曰："少好学，弱冠入南山读书，博览经史，通辽、汉文字。……诏与耶律庶成录遥辇可汗至重熙以来事迹，集为二十卷，进之。十五年，复诏曰：'古之治天下者，明礼义，正法度。我朝之兴，世有明德，虽中外向化，然礼书未作，无以示后世。卿可与庶成酌古准今，制为礼典。事或有疑，与北、南院同议。'韩家奴既被诏，博考经籍，自天子达于庶人，情文制度可行于世，不缪于古者，撰成三卷，进之。又诏译诸书，韩家奴欲帝知古今成败，译《通历》、《贞观政要》、《五代史》。时帝以其老，不任朝谒，拜归德军节度使。以善治闻。帝遣使问劳，韩家奴表谢。召修国史，卒，年七十二。有《六义集》十二卷行于世。"

范雍卒（981— ）。雍字伯纯，河南人。咸平初进士，补洛阳县主簿。累官殿中丞、知端州。迁太常博士。寇準辟为河南通判。召还，判三司开拆司。为京东转运副使,历河北、陕西转运使。迁尚书礼部侍郎。又迁礼部尚书。卒赠太子太师,谥忠献。著有《明道集》30卷、后集10卷、《弥纶集》10卷,今佚。事迹见《宋史》卷二八八本传、范仲淹《范公墓志铭》(《范文正集》卷一三)。

晁端礼(—1113)生。

宋庆历七年　契丹重熙十六年
夏天授礼法延祚十年　丁亥　1047年

正月己亥,《庆历编敕》12卷成。详定官张方平、宋祁、曾公亮并加勋及赐器币有差。

辛丑,命权御史中丞高若讷、同判太常寺吕公绰管勾修郊庙祭器。

三月癸卯,诏权停贡举。

六月庚午,命参知政事丁度提举编修《唐书》。

十二月庚午,诏自今策试武举人毋得问《阴符》诸禁书。

是年,因避宋真宗谥号讳,文明殿学士改为紫宸殿学士。

夏于兴庆府建高台寺,藏宋赐《大藏经》。

按：曹刚华说："宋朝是一个内强外弱的国家,西夏等邻国虽然不时纳贡与宋王朝,但战争也是不断发生的。所以宋王朝多是出于求和平的心态,把《大藏经》作为一种外交礼物赏赐与邻国,意图佛法感化,消弭战乱。正如欧阳修在《赐夏国主赎〈大藏经〉诏》中曰:'嘉祐四年,正旦使次附进至时乞给赐藏经,事具悉封,奏事来秘文为请,惟绝雄之演说,推善利于无穷,嘉乃纯诚,果于笃信,所宜允当。'认为佛教的教义可以'推善利于无穷',避免战乱,赐予西夏《大藏经》以求西夏受到教化,实属'允当'。"(《宋代佛教史籍研究》第二章第三节)

孙复因徐州举子孔直温利用宗教图谋兵变一案牵连,坐贬监虔州商税。

按：初,徐州人告直温等挟妖法诱军士为变,而转运使不受,巫谙提点刑狱吕居简。居简令无言有不受者,复与转运使合谋捕直温等。既就诛,濮州复有谋叛者,民相摇惊溃。居简驰往,得其首恶,诛之,阅兵享士,奸不得发。居简,蒙正之子也。时亦有诏下兖州核介死虚实,知州杜衍会官属语之,众莫敢对。泰宁节度掌书记高苑龚鼎臣独曰："介平生直谅,宁有是邪！愿以合族保其必死。"衍悚然,探怀中奏稿示之,曰："老夫既保介矣,君年少,见义必为,安可量哉！"国子监直讲孙复责监虔州税。孔直温败,索其家,得遗复诗故也(《续资治通鉴》卷四八)。

韩琦五月徙知郓州,十二月除知真定府。

夏竦三月同中书门下平章事,集贤殿大学士,旋为枢密使;欲陷害富弼,言石介未死时,曾为富弼通契丹未成,接着往来登、莱结众谋叛,欲兴大狱。中使至奉符,提点刑狱吕居简力为辨明,始得无事。

文彦博为枢密副使,旋为参知政事。

欧阳修加授上车都尉,追封开国伯,加食邑三百户。

王安石调任鄞县知县,大兴水利,贷谷与民,邑人便之。又在鄞县得杜甫遗诗二百余篇。十一月,作《鄞县经游记》。

按:《宋史·王安石传》对王安石多诋毁之词,然而对王安石任鄞县知县的政绩,仍作了肯定:"旧制,秩满许献文求试馆职,安石独否。再调知鄞县,起堤堰,决陂塘,为水陆之利;贷谷与民,立息以偿,俾新陈相易,邑人便之。"邵伯温《邵氏闻见录》卷一一亦同此说,并曰:"故熙宁初为执政所行之法,皆本于此。"

曾巩与王安石书,云:"欧公更欲足下少开廓其文,勿用造语及模拟前人,孟韩文虽高,不必似之也,取其自然耳。"(《元丰类稿》卷一六《与王介甫第一书》)

司马光改大理评事,补国子直讲,迁本寺丞。

晏殊在颍州,与梅尧臣有唱和。

宋庠罢参知政事,改任右谏议大夫,其弟宋祁亦出知寿州,徙陈州。

陈执中自工部侍郎、平章事加昭文馆大学士、监修国史兼译《经润文》使。

苏洵游学京师,与友人史经臣等同举制策,未中。归途中,于庐山结识太守雷简夫,成为至交。八月返蜀守父丧,从此将近十年未出蜀远游。

按:欧阳修《故霸州文安县主簿苏君墓志铭》继"举茂才异等不中"后云:"(苏洵)退而叹曰:'此不足为学也。'悉取所为文数百篇焚之。益闭户读书,绝笔不为文辞者五六年,乃大究六经百家之说,以考质古今治乱成败,圣贤穷达出处之际,得其精粹,涵蓄充溢,抑而不发久之。"(《文忠集》卷三四)

苏洵著《名二子说》,勉励儿子苏轼、苏辙。

高若讷为枢密副使。

宋庠、丁度以旱灾,降官一等。

尹洙四月去世,梅尧臣作《哭尹洙师鲁》诗,苏舜钦作《哭师鲁》诗,欧阳修著《尹师鲁墓志铭》,韩琦著《故崇信军节度副使尹公墓表》,孙甫为作行状,范仲淹辑其文为《河南先生集》27卷,并作序。

按:范仲淹在《尹师鲁河南集序》中,肯定宋初古文运动,对以杨亿为代表的西昆体提出批评,其曰:"唐贞元、元和之间,韩退之主盟于文而古道最盛。懿、僖以降,浸及五代,其体薄弱。皇朝柳仲涂起而麾之,髦俊率从焉。仲涂门人能师经探道,有文于天下者多矣。洎杨大年以应用之才,独步当世,学者刻辞镂意,有稀仿佛,未暇及于古也。其间甚者,专事藻饰,破碎大雅,反谓古道不适于用,废而弗学者久之。洛阳尹师鲁少有高议,不逐时辈,从穆伯长游,力为古文。而师鲁深于《春秋》,故其文谨严,辞约而理精,章奏疏议,大见风采,士林方耸慕焉。遽得欧阳永叔,从而大振之,由是天下之文一变,而其深有功于道欤。"(《范文正集》卷六)

叶清臣是夏自青州移永兴军。

余靖十月为四川雅州刺史,辞不就;十一月改授寿州兵马铃辖,仍力辞不就。

包拯四月改任工部员外郎、直集贤院、陕府西路转运使。

孙觉从胡瑗游,入经社。

李觏著《礼论后语》、《删定易图序论》。

张揆著《太玄集解》成。

王衮著《王氏博济方医方书》5卷成书。

按：《四库全书总目提要》曰："其中方药，多他书所未备，今虽不尽可施用，而当时实著有奇效，足为医家触类旁通之助。"

曾易占卒（989— ）。易占字不疑，建昌军南丰人。曾巩父。少以父荫补太庙斋郎。天圣二年进士。历太子中允、太常丞、太常博士等。后为信州知州钱仙芝所诬，罢职闲居十二年。著有《时议》10卷，今已佚。事迹见王安石《太常博士曾公墓志铭》（《临川文集》卷九三）、陈师道《光禄曾公神道碑》（《后山集》卷二〇）。

滕宗谅卒（991— ）。宗谅字子京，河南府人。与范仲淹同年举进士，其后仲淹称其才，乃以泰州军事推官召试学士院。改大理寺丞，知当涂、邵武二县，迁殿中丞。知湖州时，广建学校；知岳州时，又修岳阳楼。事迹见《宋史》卷三〇三本传。

按：《宋史》本传曰："所莅州喜建学，而湖州最盛，学者倾江、淮间。有谏疏二十余篇。"

尹洙卒（1001— ）。洙字师鲁，河南人。天圣二年进士，授绛州正平县主簿。官至起居舍人直龙图阁。为文风格简古，摆脱宋初华靡的文风，与穆修倡导古文。著有《五代春秋》、《河南先生文集》27卷。事迹见《宋史》卷二九五本传、欧阳修《尹师鲁墓志铭》（《文忠集》卷二八）。今人祝尚书编有《尹洙年谱》。

按：《宋史》本传曰："自唐末历五代，文格卑弱。至宋初，柳开始为古文，洙与穆修复振起之。"韩琦《尹公墓表》称宋代文章"逾唐汉而蹑三代者，公之功为最多"（《安阳集》卷四七）。

曾肇（ —1107）、欧阳棐（ —1113）、任伯雨（ —1119）、毕仲游（ —1121）、蔡京（ —1126）生。

宋庆历八年　契丹重熙十七年
夏天授礼法延祚十一年　戊子　1048年

佩彻涅格人寇拜占廷。

正月辛未，夏国主赵元昊为其子宁令格所杀，遗腹子谅祚嗣位。

三月甲辰，诏礼部贡举。

四月己巳朔，宋册封谅祚为夏国主。

丙子，诏科场旧条，皆先朝所定，宜一切无易。

按：时礼部贡院言："（庆历）四年，宋祁等定贡举新制，会明年诏下，且听须后举施行。今秋赋有期，缘新制，诸州军发解，但令本处官属保明行实，其弥封、誊录，一切罢之。窃见外州解送举人，自未弥封、誊录以前，多采虚誉，苟试官别无请托，亦只取本州曾经荐送旧人，其新人百不取一。弥封以后，考官不见姓名，即须实考文艺，稍合至公。

又,新制进士先试策三道,次试论,次试诗赋。先考策论定去留,然后与诗赋通定高下。然举人每至尚书省,不下五七千人,及临轩复较,只及数百人。盖诗赋以声病杂犯,易为去留,若专取策论,必难升黜。盖诗赋虽名小巧,且须指题命事。若记闻该富,则辞理自精。策论虽有问目,其间敷对,多挟他说。若对不及五通尽黜之,即与元定解额不符。若精粗毕收,则滥进殊广。所以自祖宗以来,未能猝更其制。兼闻举人举经史疑义可以出策论题目凡数千条,谓之《经史质疑》;至于时务,亦钞撮其要,浮伪滋甚,难为考较。又旧制以词赋声病偶切之类,立为考式,今特许仿唐人赋体及赋不限联数、不限字数。且古今文章,务先体要,古未必悉是,今未必悉非。尝观唐人程试诗赋,与本朝所取名人辞艺,实亦工拙相半。俗儒是古非今,不为通论。自二年以来,国子监生,诗赋即以汗漫无体为高,策论即以激讦肆意为工,中外相传,愈远愈滥,非惟渐误后学,实恐后来省试,其合格能几何人!伏惟祖宗以来,得人不少,考较文艺,固有规程,不须变更,以长浮薄,并请如旧制。"故降是诏(《续资治通鉴》卷五〇)。

十二月乙丑朔,改明年元曰皇祐。

是年,以紫宸不可为官称,乃改延恩殿为观文殿,改紫宸殿学士为观文殿学士。

范仲淹正月自邓州移知杭州,道过陈州,曾往谒晏殊,有《献百花洲图上陈州晏相公》诗一首;是年撰《十六罗汉因果识见颂序》。王安石曾借公务之便,至杭州谒范仲淹。

按:范仲淹不仅在士林中奖誉王安石,而且还曾向朝廷推荐过王安石。《朱子语类》卷一二九曰:"正献(即吕公著,谥正献)通判颍州时,欧阳公为守。范公知青州,过颍,谒之。因语正献曰:'太傅近朱者赤。欧阳永叔在此,宜频近笔砚。'异时同荐三人:则王荆公、司马温公及正献公也。其知人如此。"

韩琦四月除定州路安抚使都总管,知定州。

晏殊自颍州移知陈州,范仲淹过陈来谒。

欧阳修转起为起居舍人,依旧知制诰,徙知扬州。孙觉谒欧阳修。

欧阳修曾为尹洙作《尹师鲁墓志铭》,尹洙之妻对墓志铭过于简略不满,进士孔嗣宗为此与欧阳修辩论半月。

王安石在鄞县建立县学,聘当地学者杜醇为师。又上《上运使孙司谏书》,言朝廷"令吏民出钱购人捕盐,窃以为过"(《临川文集》卷七六)。

按:杜醇为"庆历五先生"之一,寻慈溪令林肇立学校,亦请其为师。王安石《慈溪县学记》载,慈溪县民曾聚资作孔子庙,"为学舍讲堂其中"(《临川文集》卷八三)。浙东县民集资办学,可见当时学校之盛。

苏洵送苏轼、苏辙去西社读书,由成都教授刘巨为师。从刘巨学习者,尚有家定国、家安国、家勤国兄弟。

宋庠除尚书工部侍郎,充枢密使,其弟宋祁亦改龙图学士、史馆修撰,修《唐书》;十月由翰林学士、知制诰落职知许州。

蔡襄为福建转运使,创制小片龙凤茶,茶品绝精,时称"小龙团"。

文彦博因平王则乱有功,由参知政事进礼部侍郎、平章事、集贤殿大学士。

梅尧臣为国子博士。是春辞职赴陈州做晏殊幕僚,途经扬州,得观欧阳修《集古录》。

按：梅尧臣《观永叔集古录》曰："古碑手集一千卷，河北关西得最多。"（《宛陵集》卷三三）

苏舜钦谪姑苏。

包拯五月为河北转运使、刑部员外郎、直集贤院；六月为三司户部副使。

范祥提点陕西刑狱兼制置解盐，奏请实行通商法。

余靖是春应知浔州杜应之函请，作《浔州新成州学记》。

曾巩著《墨池记》。

孙觉自高邮往谒欧阳修。

孙觉著《春秋经社要义》6卷成。

意大利奥廷洛卒（962— ）。克吕尼修道院院长，他及其继承人反对教会世俗化。

印度数学家、天文学家阿尔·比鲁尼卒（973— ）。主张太阳中心说，探讨地球自转运动，并测定其经纬度。著有《马苏迪天文学和占星学原理》等。

章得象卒（978— ）。得象字希贤（一作希言），建州浦城人。咸平五年进士，授大理丞、知玉山县。历知台、南雄、洪州。入为翰林学士。官同中书门下平章事。封郇国公。庆历中，于范仲淹等推行新政持缄默态度，遂以久居相位无所建树遭劾。卒谥文宪，改文简。尝编《国朝会要》150卷，已佚。事迹见《宋史》卷三一一本传、宋祁《章丞相得象墓志铭》（《名臣碑传琬琰集》中卷四）。

苏舜钦卒（1008— ）。舜钦字子美，开封人。景祐二年进士，历任蒙城、长垣令和大理评事、集贤殿校理等职。诗与梅尧臣齐名，风格豪健，甚为欧阳修所重。著有《苏学士文集》16卷、《闻见杂录》。事迹见《宋史》卷四四二本传、欧阳修《湖州长史苏君墓志铭》（《文忠集》卷三一）。今人傅平骧、胡问涛编有《苏舜钦年谱简编》。

按：欧阳修《苏氏文集序》曰："子美之齿少于予，而予学古文反在其后。天圣之间，予举进士于有司，见时学者务以言语声偶摘裂，号为时文，以相夸尚。而子美独与其兄才翁及穆参军伯长，作为古歌诗杂文，时人颇共非笑之，而子美不顾也。其后天子患时文之弊，下诏书讽勉学者以近古，由是其风渐息，而学者稍趋于古焉。"（《文忠集》卷四一）

刘弇（ —1102）、僧元照（ —1116）、刘安世（ —1125）生。

宋仁宗皇祐元年　契丹重熙十八年
夏毅宗谅祚延嗣宁国元年　己丑　1049年

佩彻涅格人破拜占廷，色雷斯一带遭洗劫。

德意志亨利三世帝立法籍教皇利奥第九。

正月辛丑，命翰林学士赵概、侍读学士张锡、天章阁待制王贽、张揆权知贡举。

癸亥，铸"皇祐元宝"钱。

三月癸丑，赐进士冯京、沈遘、钱公辅等174人及第，106人出身，209人同出身于崇政殿。甲寅，赐诸科及第并出身550人于观文殿。

六月壬午，改命同刊修《唐书》、翰林侍读学士宋祁为刊修官。

八月甲申，御崇政殿，策试贤良方正能直言极谏，殿中丞吴奎所对入第四等，以吴奎为太常博士、通判陈州。

九月，广源州蛮侬智高袭据安德州，称南天国，改元景瑞，从此始扰宋。

己未，罢止武举令。

补刻《蜀石经》中增刻《孟子》，"十三经"之名成立。

是年，夏主谅祚改元延嗣宁国。

范仲淹在吴县购买良田千亩，号"义田"，以养济族众。又办义学，教育宗族子弟。

> 按：范仲淹创办义学的举措，一时为士大夫广为效法，促进了地方教育的发展。

范仲淹正月徙知杭州，过浙江桐庐，建严子陵祠，又撰《桐庐郡严先生祠堂记》；李觏读之，改"先生之德"为"先生之风"（《范文正集》卷七）。范仲淹向朝廷推荐李觏。

> 按：范仲淹《荐李觏并录进礼论等状》谓"李觏著书立言，有孟轲、扬雄之风义。臣今取到本人所业《礼论》七篇，《明堂定制图序》一篇，《平土书》三篇，《易论》十三篇，共二十四篇，编为十卷，缮写上进，乞赐御览，则知斯人之才学非常儒也。其人以母老不愿仕，乞就除一官，许令便养"（《范文正集》卷一九）。

韩琦七月除资政殿大学士，仍在定州。

欧阳修正月自滁州移知颍州，爱西湖之胜，遂筑室于西湖之南，名西湖书院；四月转为礼部郎中，八月复任龙图阁直学士。

> 按：欧阳修筑此室之初衷，是与僚属玉尘高谈、吟哦为乐之所，与校书、读书讲学之书院不同，以后才设教授徒。其知颍州《谢转礼部郎中表》曰："臣自小无能，惟知嗜学，常慕古人而笃行，不知今世之难行。"（《文忠集》卷九〇）

文彦博为相，监修国史。

王安石兄王安仁进士及第，安石著《寄伯兄》诗致贺。

王安石为曾巩父曾易占著《太常博士曾公墓志铭》。

刘恕参加礼部考试，时司马光为贡院属官，赵师民为考官，问《春秋》、《礼记》，刘恕答之精详，被擢为第一。

> 按：《宋史·刘恕传》曰："未冠，举进士，时有诏，能讲经义者别奏名，应诏者才数十人，恕以《春秋》、《礼记》对，先列注疏，次引先儒异说，末乃断以己意，凡二十问，所对皆然，主司异之，擢为第一。他文亦入高等，而廷试不中格，更下国子试讲经，复第一，遂赐第。"

司马光因枢密使庞籍荐，召试馆阁校勘，同知太常礼院。八月受诏与范镇雠校贤良方正及武举进士策卷。

程颐初读《论语》，已晓文义。

> 按：程颐自谓："某自十七八岁读《论语》，当时已晓文义，读之愈久，但觉意味深长。《论语》有读了后全无事者，有读了后其中得一两句喜者，有读了后知好之者，有读了后不知手之舞之足之蹈之者。"（《二程遗书》卷一九）

吕夏卿调充《新唐书》局编修官。

按：吕夏卿长于史学，广采传记杂说数百家，排比考订；又擅长谱学，创为世系诸表，于《新唐书》出力甚多。有《唐书直笔》传世。《四库全书总目提要》曰："夏卿字缙叔，泉州晋江人。举进士，为江宁尉，历官宣德郎，守秘书丞。以预修《唐书》告成，擢直秘阁，同知礼院，后出知颍州，卒于官。事迹具《宋史》本传。案，曾公亮《进唐书表》所列预纂修者七人，夏卿居其第六，本传亦称夏卿学长于史，贯穿唐事，博采传记杂说数百家，折衷整比。又通谱学，创为世系诸表，于《新唐书》最有功。是其位虽出欧阳修、宋祁下，而编摩之力，实不在修、祁下也。据晁公武《读书志》，是书乃其在书局时所建明，前二卷论记传志，第三卷论旧史繁文阙误，第四卷为《新例须知》，即所拟发凡也。惟晁氏作《唐书直笔》四卷、《新例须知》一卷。而此本共为四卷，或后来合并欤？晁氏称夏卿此书，欧、宋间有取焉。所有未符，乃欧、宋所未取者。然是丹者非素，论甘者忌辛。著述之家，各行所见，其取者未必皆是，其不取者未必皆非。观晁氏别载夏卿《兵志》三卷，称得于宇文虚中季蒙。题其后曰，'夏卿修唐史，别著《兵志》三篇，自秘之。戒其子弟勿妄传。鲍钦止吏部好藏书，苦求得之。其子无为太守恭孙偶言及，因恳借抄，录于吴兴之山斋'云云。然则夏卿之于《唐书》，盖别有所见，而志不得行者。特其器识较深，不肯如吴缜之显攻耳，今《兵志》已不可见。兼存是书，以资互考，亦未始非参订异同之助矣。"

晏殊八月自陈州徙知许州，乃代张观。宋祁有《寄献许昌晏相公诗》。

宋庠以枢密使为兵部侍郎、平章事。

包拯三月往河北提举措置军粮；十月至陕西，与陕西转运司议改革盐法，支持范祥的解盐通商法。曾上《论冗官财用等》，谓四十年间，官员已增加一倍多。

何郯时为侍御史，请求恢复榷盐法。

高若讷为参知政事。

王举正拜御史中丞。

赵抃以太常博士移知江原县。

沈遘殿试第一，因此前已以荫为郊社斋郎，仁宗不欲以世胄先天下塞俊，遂以冯京为第一，改沈遘为第二。

文同、吕大防、范纯仁及晏殊第四子晏崇让同登进士第。吕大防调冯翊主簿。

张观五月代宋祁知许州。

孙觉举进士，为河南县主簿。

司马光上《古文孝经指解》，诏送秘阁。

按：《孝经》的今文、古文之争，自《隋书·经籍志》所载王劭、刘炫以来，各家聚讼纷纭；至唐刘知几主古文，司马贞主今文，彼此批驳，争端不下。唐玄宗御注《孝经》，使今文行而古文废。入宋，诸儒又起而发难，掀起一场尊古文而废今文的学风。司马光此书既行，改变了自唐以来传今文而废古文的局面，而驳今文、崇古文的学风亦自此书开始。

李淑、杨伟等修著《三朝训鉴图》10卷成。

欧阳修著《论尹师鲁墓志》。

按：是文专门为《尹师鲁墓志铭》的写法辩护，提出了墓志铭写作的一些理论。又著《答孔嗣宗》，回答其对《尹师鲁墓志铭》的责难。

陈翥著《桐谱》1卷成书。

按：书前有是年作者序。全书内分十目，即叙源、类属、种植、所宜、所出、采斫、器用、杂说、记志、诗赋等。此书系统而又全面地总结了北宋及其以前有关桐树种植和利用的经验，是中国，也是世界上最早专门论述桐树的著作。本书还是古农书中现存惟一的一本桐树专著。据王毓瑚《中国农学书录》的记载，南宋丁黼也曾有《桐谱》1卷，但该书不见于历来各家书目，只有乾隆《江南通志·艺文志·农圃类》加以著录，今已不传。

张士逊卒(964—)。士逊字顺之，阴城人。淳化初进士，授郧乡主簿，调射洪县令。官至同中书门下平章事，封郧国公，改邓国公。卒赠太师、中书令，谥文懿。著有《应制集》、《春坊集》、《旧寻集》、《许洛集》、《江岭集》、《归政集》等多种，今已佚。事迹见《宋史》卷三一一本传、胡宿《太傅致仕邓国公张公行状》(《文恭集》卷四○)。

彭乘卒(985—)。乘字利建，益州华阳人。真宗大中祥符五年进士。天禧年间以寇準荐，授馆阁校勘，改天平军节度推官。预校《南史》、《北史》、《隋书》。迁集贤校理。知普州，兴学教士。官至翰林学士。家藏书万余卷，皆手自刊校，蜀中善本多出其家。事迹见《宋史》卷二九八本传。

按：《宋史》本传曰："乘质重寡言，性纯孝，不喜事生业。聚书万余卷，皆手自刊校，蜀中所传书，多出于乘。晚岁，历典赞命，而文辞少工云。"

叶清臣卒(1000—)。清臣字道卿，苏州长洲人。天圣二年进士。历官翰林学士、权三司使等。罢为侍读学士，知河阳。著有文集160卷，已佚，今存《述煮茶小品》。事迹见《宋史》卷二九五本传。

秦观(—1100)、李公麟(—1106)、李唐(—1130)生。

叙利亚埃利亚斯·巴尔·席纳雅卒，生年不详。历史学家。

宋皇祐二年　契丹重熙十九年
夏天祐垂圣元年　庚寅　1050年

五月甲午，礼院上《明堂五室制度图》。

六月壬申，契丹诏医卜、屠贩、奴隶及背父母或犯事逃亡者，不得举进士。

九月，祀明堂。

十月辛未，诏文彦博、宋庠、高若讷、王洙编修《大享明堂记》。

闰十一月，诏中书门下省、两制及太常官详定太乐。

十二月甲申朔，诏班三品以上家庙之制。

佐伊卒，拜占廷帝君士坦丁九世单独执政。

夏改元天祐垂圣。

范仲淹推荐胡瑗、李觏充学官。

胡瑗十一月被召赴大乐所,同定钟磬制度。司马光、范镇参与考正,司马光有《与范景仁论乐书》。

按：朝廷欲更铸太常寺钟磬,有司荐胡瑗通晓音律,以公车召至秘阁。十一月,皇帝下诏重定国乐,又命胡瑗典作乐事。授大理评事,兼太常寺主簿,胡瑗固辞不就。

司马光奏乞印行《荀子》、扬雄《法言》。

按：司马光奏曰:"战国以降,百家蜂起,先王之道,荒塞不通。独荀卿、扬雄排攘众流,张大正术,使后世学者坦知去从。今国家博采艺文,扶翼圣化,凡庄、列异端,医方异技,靡不摹刻,以广其传。顾兹二书,犹有所阙。诚恐贤达之言,浸成废坠。伏乞下崇文院将《荀子》、扬子《法言》本精加考校,雕板送国子监,依诸书例印卖。"(《传家集》卷一八)

李觏所撰《明堂图议》由范仲淹八月奏进朝廷,诏送两制看详,称其学业优,议论正,有立言之体,授试太学助教。不久,又升为直讲。

韩琦授礼部侍郎。

欧阳修六月与王回论世谱,认为士大夫世谱,自五代迄今,家家亡之,由士不自重礼俗苟简之使然。虽使人人自求其家,犹不可得(《文忠集》卷六九《与王深甫论世谱帖》)。

欧阳修七月从知颍州改知应天府,兼南京留守司事;十月转为吏部郎中,加授轻车都尉。是年约梅尧臣买田于颍州。

周敦颐调郴州桂阳令。

程颐上书劝仁宗以王道为心,生灵为念,黜世俗之论,期非常之功,并乞召对,面陈所学。不报(《二程遗书》附录《伊川先生年谱》)。

王安石知鄞县满秩,文彦博荐其为殿中丞,未赴阙,居于高邮。

文彦博、宋庠为相。

王尧臣推荐天章阁待制赵师民参与详定太乐。

晏殊是秋迁户部尚书,以观文殿大学士知永兴军,辟张先为通判,张洞为推官。

宋祁、田况荐益州乡贡进士房庶晓音律,宋祁上其所著《乐书补亡》3卷,召诣阙。时胡瑗等制乐已定,故授房庶校书郎而遣之。

苏颂父丧服除,授南京留守推官。

按：时杜衍闲居南京(睢阳),欧阳修为南京留守,二人对苏颂极为器重。

包拯为天章阁待制、知谏院,上《请罢天下科率》奏章。六月与谏官吴奎、陈旭等上言,弹劾仁宗张贵妃之伯父三司使张尧佐(《包孝肃奏议》卷六《中书札子第二道》)。

吴育为集贤院学士、判西京留守御史台。

苏洵拜益州知州田况。

何郯时为侍御史知杂事,进《上仁宗乞官僚奏荫亲属以年月远近为限》,反对滥施恩荫。

文同赴邛州军事判官。

孙沔由知秦州改为湖南、江西安抚使。

赵抃在江原,有《示江原诸生劝学》诗。

贾宪发明"开方作法本源图"。

郑叔豹上所著《宗祀书》3卷,述明堂制度及配享冕服之义。

李觏著《明堂图议》成。

宋祁三月上《明堂通议》2篇。

柳永约卒(约987—)。永原名三变,字耆卿,排行第七,世称柳七。崇安人。景祐进士,官屯田员外郎,故世又号"柳屯田"。为人放荡不羁,终身潦倒。其词长于抒写羁旅行役之情,亦多描绘歌妓生活和城市风光之作。创作慢词独多,对宋代慢词的发展颇有贡献。诗仅存《煮海歌》1首。著有《乐章集》9卷,后人汇为1卷。《宋史》无传,事迹散见宋人笔记小说,今人唐圭璋有《柳永事迹新证》。

司马康(—1090)、谢良佐(—1103)、朱肱(—1125)生。

德国诺克尔用拉丁文所著诗歌《记住,你是要死的!》问世。

意大利音乐理论家圭多·达雷佐卒(约990—)。创制四线记谱法,著有《音乐理论剖析》。

意大利伽里奥蓬图斯卒,生年不详。萨莱诺医科学校早期的医生。

法国经院哲学家洛色林(—1112)生。

宋皇祐三年　契丹重熙二十年
夏天祐垂圣二年　辛卯　1051年

二月丙戌,文彦博等进《大享明堂记》20卷及《纪要》2卷,仁宗作序,刻版以赐近臣。

按:《大享明堂记》又作《明堂大享记》,参与编撰者还有宋庠、高若讷等。书成,文彦博以其简牍繁多,乃别为《纪要》2卷。

三月乙卯,命知亳州宋祁就州修撰《唐书》,易史馆修撰为集贤殿修撰。

五月乙亥,颁行《简要济众方》5卷,命州县长吏按方剂以救民疾。

七月壬子,诏太学生旧制二百人,如不能充数,止以百人为限。

丙辰,诏兖州仙源县复以孔氏子孙知县事。

十月甲申,丁度等上《汉书》、《后汉书》节义,赐名曰《前史精要》。

十二月庚辰,翰林天文院新作浑仪成,御撰《浑仪总要》10卷,论前代得失。

韩琦八月除观文殿学士。

王安石通判舒州。

夏竦卒谥文正,司马光七月上言,谥之美者极于文正,夏竦何人,可以

塞尔柱突厥人迁都伊斯法罕。

北非进一步阿拉伯化。

阿拉伯人将数字十进位制传入西班牙。

圣安东尼创建罗斯基辅彼舍拉修道院。

当此？书再上，改谥文庄（《续资治通鉴长编》卷一七一）。

司马光十二月论张尧佐不当除宣徽使。

王尧臣充枢密副使，裁抑侥幸，得仁宗信任。

文彦博四月称王安石恬退自守，乞特赐甄擢，寻诏召王安石赴阙，俟试毕别取旨。安石不就，上《乞免就试状》。

唐介弹劾文彦博"专权任私"，"阴结贵妃"，"知益州日作间金奇锦，因中人入献宫掖，缘此擢为执政"，仁宗不听，贬其为春州别驾，改英州别驾（《续资治通鉴长编》卷一七一）。梅尧臣、王令等有诗赞其耿介。文彦博十二月亦罢为观文殿大学士知许州。

刘敞官大理评事。

梅尧臣服丧期满，回京师，九月奉命到学士院面试，赐同进士出身，由国子博士改太常博士。

包拯二月与吴奎、陈旭等弹劾工部尚书平章事宋庠"不戢子弟，在政府无所建明"等事（《宋史·宋庠传》）。六月上《请录用杨纮等》奏章，为庆历新政受诬官员申辩，仁宗遂让杨纮、王鼎、王绰等先后迁官任用。

宋庠三月罢相知河南府。

宋祁奉命在亳州修撰《唐书》。

黄庭坚7岁，著《牧童诗》，云"多少长安名利客，机关用尽不如君"（《山谷别集诗注》卷上）。

张先以屯田员外郎知渝州，梅尧臣赠以《送张子野屯田知渝州》诗。

陈襄著《与两浙安抚陈舍人荐士书》，称王安石"才性贤明，笃于古学。文辞政事，已著闻于时"（《古灵集》卷一四）。

赵抃改知青城县。

僧契嵩约于本年前后入京师，两作万言书上之，仁宗赐号"明教大师"。

知制诰王洙、直集贤院掌禹锡等七月上《皇祐方域图志》50卷。

范仲淹著《续家谱序》。

欧阳修撰《苏氏文集序》。

余靖著《武溪集》成书。

蔡襄著《茶录》2篇。

按：是书上篇论茶，下篇论茶器，为中国茶史名著，而其手书又为书法名作。

僧本如卒（982— ）。本如俗姓林，明州人。师事法智大师。真宗大中祥符四年，主东山承天寺，居三十年。庆历二年，赐号神照大师，创白莲社。著有《仁王忏法》《普贤行法经疏》。

夏竦卒（985— ）。竦字子乔，江州德安人。自幼好学，经史百家、阴阳律历，无不通晓，故召为国史编修官、同修起居注。官至枢密使，封英国公。谥文正，改谥文庄。著有《古文四声韵》5卷、《声韵图》1卷、《夏文庄集》36卷。事迹见《宋史》卷二八三本传、王珪《夏文庄公神道碑》（《华阳集》

卷三五）。

> 按：晁公武《郡斋读书志》卷一九曰：夏竦"天资好学，自经史、百氏、阴阳、律历之书，无所不通。善为文章，尤长偶俪之语，朝廷大典策，屡以属之"。

王安仁卒（1015—　）。安仁字常甫，抚州临川人。王安石兄。庆历中以《五经》授弟子于江淮间，被教成材者甚众。皇祐中进士，补宣州司户，官终监江宁府盐院。著有文集15卷，今佚。事迹见王安石《亡兄王常甫墓志铭》（《临川文集》卷九六）。

毕昇卒，生年不详。湖北黄冈英山县草盘人。活字版印刷术发明者。毕昇发明在胶泥片上刻字，一字一印，用火烧硬后，便成活字。排版前，先在置有铁框的铁板上敷一层搀和纸灰的松脂蜡，活字依次排在上面，加热，至蜡稍熔化，以平板压平字面，泥字即固着在铁板上，可以像雕版一样印刷。此外，他还研究过木活字排版。

> 按：毕昇生平记载简略不详，沈括《梦溪笔谈》三〇七条说"庆历中，有布衣毕昇，又为活板"。他发明的活字印刷术，比15世纪中叶德国戈登堡发明的活字印刷早了400年。1990年，毕昇墓碑在英山草盘地五桂村家坳发现，其碑于皇祐四年（1052）二月初七日由其子毕嘉、毕文、毕成、毕荣，其孙文显、文斌、文忠所立。

米芾（　—1107）生。

宋皇祐四年　契丹重熙二十一年
夏天祐重圣三年　壬辰　1052年

二月，诏开封府："比闻浮薄之徒，作无名诗，玩侮大臣，毁骂朝士，及注释臣僚诗句，以为戏笑。其严行捕察，有告者优与恩赏。"（《续资治通鉴长编》卷一七二）

甲申，右屯卫大将军赵克继上夏竦所集《古文韵》6卷。仁宗谓辅臣曰："宗室中向学者鲜，独克继孜孜于字学，宜降诏奖谕。"仍以其书送秘阁（《续资治通鉴长编》卷一七二）。

三月己酉，诏礼部贡举。

五月庚戌，诏国子监直讲，自今选通经有行实、年四十以上者为之。

> 按：朝廷规定，国子监直讲，一是必须老成持重，年龄在四十岁以上；二是必须是科举进士或《九经》出身；但是不重视他们的实际能力。

十一月甲辰，诏司天监、翰林天文院以唐《戊寅》、《麟德》、《大衍》、《五纪》、《正元》、《观象》、《宣明》、《崇真》八历及皇朝《应天》、《乾元》、《仪天》、《崇天》四历算此月太阴真食及时辰分野，各具两本以闻。仍命知制诰王洙及编修《唐书》官刘羲叟参定。

十二月乙未，录颜真卿后。

塞尔柱突厥人入拜占廷东境。

范仲淹以疾求颍州，诏自青州徙行，至徐州而卒。

按：陈傅良《温州淹补学田记》曰："宋兴，士大夫之学亡虑三变：起建隆至天圣、明道间，一洗五季之陋，知乡方矣，而守故蹈常之习未化；范子始与其徒抗之以名节，天下靡然从之，人人耻无以自见也。欧阳子出，而议论、文章，粹然尔雅，轶乎魏晋之上。久而周子出，又落其华，一本于六艺，学者经术遂庶几于三代。何其盛哉！"（《止斋集》卷三九）陈氏认为，范仲淹和欧阳修是宋代学术真正创辟新境的代表人物。清代汪之昌在陈氏的基础上，作有《宋兴士大夫之学名节自范文正公议论文章自欧阳子道学自周子论》。

王安石时为舒州通判，闻范仲淹去世的噩耗，著《祭范颍州仲淹文》，对范仲淹的功业和德行给予了全面的评价。

按：《四库全书总目提要》曰："仲淹人品事业，卓绝一时，本不借文章以传。而贯通经术，明达政体，凡所论著，一一皆有本之言。固非虚饰词藻者所能，亦非高谈心性者所及。苏轼称其天圣中所上《执政万言书》，天下传诵。考其生平所为，无出此者。盖行求无愧于圣贤，学求有济于天下。古之所谓大儒者，有体有用，不过如此。"

欧阳修三月回颍州守母丧，四月改复旧职，固辞；五月作《祭资政范公文》，悼念范仲淹；次年八月护母丧归葬吉州。

胡瑗落致仕，十月授为光禄寺丞、国子监直讲，继续参与议乐。

按：《宋史·选举志三》载："时太学之法宽简，而上之人必求天下贤士，使专教导规矩之事。安定胡瑗设教苏、湖间二十余年，世方尚词赋，湖学独立经义治事斋，以敦实学。皇祐末，召瑗为国子监直讲，数年，进天章阁侍讲，犹兼学正。其初人未信服，谤议蜂起，瑗强力不倦，卒以有立。每公私试罢，掌仪率诸生会于首善，雅乐歌诗，乙夜乃散。士或不远数千里来就师之，皆中心悦服。有司请下湖学，取其法教太学。"朱熹《学校贡举私议》亦曰："仁宗之时，太学之法宽简，国子先生遍求天下贤士，真可为人师者就其中，又择其尤贤者，如胡翼之徒，使专教导规矩之事。故当是时，天下之士，不远万里，来就师之。"钱穆谓："自朝廷之有高平（范仲淹），学校之有安定（胡瑗），而宋学规模遂建。"又曰："治近代学术者当何自始？曰：必始于宋。何以为始于宋？曰：近世揭橥汉学之名以与宋学敌，不知宋学，则无以评汉宋之是非。且言汉学渊源者，必溯诸晚明诸遗老。然其时如夏峰、梨洲、二曲、船山、桴亭、亭林、蒿庵、习斋，一世魁儒耆硕，靡不寝馈于宋学。继此而降，如恕谷、望溪、穆堂、谢山乃至慎修，皆于宋学有甚深契诣。而于时已及乾嘉，汉学之名，始稍稍起。而汉学诸家之高下浅深，亦往往视其所得于宋学之高下浅深以为判。道咸以下，则汉宋兼采之说渐盛，抑且多尊宋贬汉，对乾嘉为平反者。故不识宋学，即无以识近代也。"（《中国近三百年学术史·引论》）

文彦博十月罢相，以宋庠、庞籍为相。

司马光迁殿中丞，除史馆检讨，修日历，改集贤校书。

余靖六月起复为秘书监、湖南安抚使，知潭州。旋改为广西安抚使，知桂州。九月二十四日，朝廷命余靖提举广南两路兵甲，经制贼盗事；侬智高是冬兵围广州，余靖率两路兵马前往救援。

范镇为户部员外郎，五月上言论制乐，自谓得古法，司马光终不以为然。

包拯年初上《天章阁对策》，建言择边将，汰冗兵，储粮草，有备无患；

三月为龙图阁直学士、河北都转运使。

张先以屯田员外郎知渝州,梅尧臣有诗送行。

贾黯同修起居注,徙判盐铁勾院,迁左司谏。

蔡襄九月迁朝奉郎、起居舍人、知制诰;十二月奉敕书《孝经》,翰林学士承旨王拱辰为《二图序》。

按:先是,迩英阁讲《尚书·无逸》。帝曰:"朕深知享国之君宜戒逸豫。"杨安国言:"旧有《无逸图》,请列于屏间。"帝曰:"朕不欲坐席背圣人之言,当别书置之左方。"因命丁度取《孝经》之"天子孝治圣治广要道"四章对,为右图;乃令王洙书《无逸》,知制诰蔡襄书《孝经》。又命翰林学士承旨王拱辰为《二图序》。而襄书之甲午,洙、襄皆以所书来上(《续资治通鉴长编》卷一七三)。

梅尧臣闻范仲淹谢世,著《闻高平公殂谢述哀感旧以助挽歌三首》,诗中对范仲淹仍有微词。

赵抃以屯田员外郎通判泗州。

赵概时为翰林学士,荐苏颂"文学才行,宜在朝廷"(邹浩《道乡集》卷三九《故观文殿大学士苏公行状》),召试学士院。

李觏辑《皇祐续稿》8卷,有序;刊行《周礼致太平论》10卷。

按:宋代学者很重视研究《周礼》,其中贡献最大的是欧阳修、李觏和王安石等。

王安石辑《杜工部诗后集》,并著《老杜诗集后序》。

按:王安石所编的集子中,有杜甫《洗兵马》等世所不传者二百余篇。

僧重显卒(980—)。重显俗姓李,字隐之,遂宁人。自幼出家,依普安院僧仁铣落发。后至灵隐翠峰,晚住明州雪窦。为禅宗云门宗第三代名僧。著有《颂古百则》、《雪窦开堂录》、《祖英集》等。事迹见《补续高僧传》卷七。

范仲淹卒(989—)。仲淹字希文,苏州吴县人。大中祥符八年进士。庆历三年为参知政事,与富弼、欧阳修等推行新政,兴修水利,为夏竦等中伤,罢政,出任陕西四路宣抚使。卒谥文正。著有《范文正公集》20卷等。《宋元学案》为列《高平学案》。事迹见《宋史》卷三一四本传、欧阳修《资政殿学士户部侍郎文正范公神道碑铭并序》(《文忠集》卷二〇)。今人申时方编有《范仲淹先生年谱初稿》。

按:范仲淹不仅是"庆历新政"的领袖,而且是当时学术思想界的核心人物,实为宋学之开创者。黄宗羲在《宋元学案》卷三《高平学案》中,列富弼、张方平、张载、石介、李觏、刘牧、吕希哲等为范仲淹门人,胡瑗、孙复、周敦颐为其"讲友",韩琦、欧阳修为其"同调"。这些都是名重一时的儒士学者、军国名臣,他们或受到过范仲淹的教导、帮助,或受到过其思想的影响,范仲淹所处的核心地位,由此可见。此外,范仲淹还是倡导"先天下之忧而忧,后天下之乐而乐"之一代士风的第一人。

贺铸(—1125)生。

宋皇祐五年　契丹重熙二十二年
夏福圣承道元年　癸巳　1053年

<small>拜占廷被迫与佩彻涅格人订立30年和约，允其居留于巴尔干北部所占地区。

罗马教皇利奥第九在南意大利行使统治权，旋败于诺曼人。</small>

正月癸丑，翰林学士承旨、兼侍读学士王拱辰权知贡举。

是月，命知制诰王洙修纂地理书。

二月，诏贡举人免上礼部，其不预奏名者，亦以名闻。

乙未，诏大宗正司，宗室有能习诗赋词者以名闻。后二日，又诏通经者差官试验，虑其专尚华藻，不留意典籍。

三月壬子，御崇政殿试礼部奏名进士。癸丑，试诸科。乙卯，试特奏名进士及广南进士，又试诸科特奏名。辛酉，御崇政殿，赐礼部奏名进士郑獬、杨绘、滕甫等200人及第，150人出身，170人同出身。壬戌，赐诸科522人及第、出身。丙寅，赐特奏名进士75人、诸科430人、广南特奏名691人出身及试衔文学、长史。

按：是科考官为翰林学士承旨王拱辰、翰林学士曾公亮、侍读学士胡宿、知制诰蔡襄、王珪。

四月，陕西转运使李参令民自估谷麦之入，预借官钱，谷麦熟才偿还，谓之青苗钱。

按：以后王安石实行青苗法，盖取于此。

甲午，命参知政事刘沆、梁适监议大乐。

五月甲子，诏谏官、御史上章论事，毋或朋比以中伤善良。

六月乙亥，御紫宸殿，奏太常寺新定《大安》之乐，召辅臣至省府、馆阁学官预观之。

七月戊午，诏太常比定诸臣谥，只据行状，而多文过溢功，殊失惩劝之典。自今并须直述事实，毋得虚美。

乙丑，诏臣僚行状本家自撰及为人撰者，并须撼实，不得虚美，如检勘失实者，坐其罪。

按：此建议为侍御史吴祕所提。

闰七月戊子，诏礼部贡院："自今诸科举人，终场问大义十道，每道举科首一两句为问，能以本经注疏对而加以文词润色发明之者为上；或不指明义理而但引注疏备者次之，并为通；若引注疏及六分者为粗；不识本义或连引他经而文意乖戾、章句断绝者为不通。并以四通为合格。《九经》止问大义，不须注疏全备；其《九经》场数并各减二场，仍不问兼经。"又诏："开封府、国子监进士，自今每一百人解十五人，其试官亲嫌，令府、监互相送；若两处俱有亲嫌，即送别头。"（《续资治通鉴》卷五三）

八月辛酉，策试贤良方正能直言极谏太常寺太祝赵彦若。

按：赵彦若所对疏阔，下有司考，不中等而罢之。先是，制举就秘阁试者凡18

人,有司独取赵彦若。于是,又被黜去,议者谓宰相陈执中不由科第以进,故阴讽有司专抑儒士,非赵彦若实不能也。

乙丑,武举51人,授官有差。

> 按:前诏罢武举,今所擢,皆秘阁旧经试者。

十月,宋仁宗召辅臣观看指南车。

十二月,夏改元福圣承道。

胡瑗九月因制钟律成,由光禄寺丞、国子监直讲迁大理寺丞,赐绯衣银鱼。

韩琦三月拜武康军节度使、河东路经略安抚使,知并州。

欧阳修著《与梅圣俞》书第二十三首,告知《五代史》初稿已成74卷,但"不敢多令人知,深思吾兄一看,如何可得极有义类,须要好人商量。此书不可使俗人见,不可使好人不见"。并要求梅圣俞阅后即将"小简立焚,勿漏史成之语,惟道意于君谟同此也"(《文忠集》卷一四九)。

晏殊是秋自永兴军徙知河南,兼西京留守,迁兵部尚书,封临淄公。

吕公绰十月由知徐州复为侍读学士。

张方平十二月加翰林侍读学士、知秦州。

苏颂试馆职,试题为《兴王赏谏臣赋》及《吹邠迎寒诗》等,与冯京同入最优等,除馆阁校勘,同知太常礼院。

曾巩派人请王安石为其祖父曾致尧著墓志铭。王安石著《户部郎中赠谏议大夫曾公墓志铭》。

徐无党省试第一,欧阳修有《与渑池徐宰无党》贺书。

楼郁登进士第,调庐江主簿。

> 按:楼郁为"庆历五先生"之一,曾掌教鄞县县学数年,又教授郡学,前后三十余年,知名弟子有丰敏清、袁毂、罗公适等。王安石《与楼郁教授书》说他"学行笃美,信于士友,穷居海濒,自乐于屡空之内"(《临川文集》卷七八)。

阮逸九月因制钟律成,特迁屯田员外郎。

王开祖、晁端友同中进士。

郑獬举进士第一,通判陈州。

刘沆、梁适四月奉命监议大乐。

梅尧臣因嫡母束氏卒,回宣州丁忧。因刘敞等共同资助帮忙,使灵柩得以靠粮船运回宣城。

高若讷五月罢枢密使。

包拯以丧子乞便郡,得知扬州;旋又改知庐州,迁刑部郎中。

狄青正月大破侬智高,收复邕州;智高逃往大理,不知所终。余靖有《代狄宣抚贺捷表》。

> 按:宋仁宗欲以狄青为枢密使、同平章事,因庞籍反对,乃授枢密使。

余靖因协助狄青破侬智高有功,迁给事中,留守桂州。

孙忭闰七月奏请以文彦博代晏殊知永兴。

西天竺沙门智吉祥等人来宋朝进献梵文佛经。

贾昌朝上《春秋节解》80卷。

阮逸、胡瑗著《皇祐新乐图记》3卷。

按：此书是现存最早、最为完备的乐类著作之一，对研究我国古代音乐理论有很高的参考价值。

李觏著《常语》上中下三卷。

田况上所著《扬雄太玄经发隐》3篇，章察录之。

右武卫大将军赵宗谔六月上《治原》15卷，降诏奖谕。

周琮上所著《军中占》3卷，诏送秘阁。

欧阳修整理苏舜钦文集，编成15卷。

范仲淹遗稿由其次子范纯仁编辑成书，韩琦为作《文正范公奏议集序》。

张拟在皇祐年间著成《棋经十三篇》，是为现存最早的围棋论著。

日本画家鸟羽僧正（—1140）生。

丁度卒（990— ）。度字公雅，开封祥符人。大中祥符间，应服勤词学科试，中第，为大理评事，通判通州。历任太子中允、太常博士、翰林学士、中书舍人、参知政事。与夏竦不合，改观文殿学士。晚年奉诏编纂《武经总要》。其与李淑等刊修的《礼部韵略》，是礼部科试的专用书。自著有《龟鉴精义》3卷及《迩英圣览》10卷、《编年总录》8卷、《大唐史略》100卷、《庆历兵录》5卷等。今存《武经总要》和《集韵》。事迹见《宋史》卷二九二本传。

按：《宋史》本传曰："父逢吉，以医术事真宗藩邸，然好聚书，与儒者游。度强力学问，好读《尚书》，尚拟为《书命》十余篇。大中祥符中，登服勤词学科，为大理评事、通判通州，改太子中允、直集贤院。……度著《迩英圣览》十卷、《龟鉴精义》三卷、《编年总录》八卷，奉诏领诸儒集《武经总要》四十卷。"

陈师道（ —1101）、晁补之（ —1110）、何执中（ —1116）、游酢（ —1123）、杨时（ —1135）生。

宋皇祐六年　至和元年　契丹重熙二十三年
夏福圣承道二年　甲午　1054年

大瞿越（李朝）改国号为大越。

塞尔柱突厥人征服阿塞拜疆。

东西方基督教教会分裂。

二月戊午，诏乾元节度僧尼，自今两浙、江南、福建、淮南、益、梓、利、夔等路，率限僧百人度一人，尼五十人度一人，京师及他路僧尼率五十人；道士及女冠不以路分，率二十人度一人。

三月庚辰，改元至和。

四月戊戌，诏三司铸"至和元宝"钱。

七月甲子，诏刊修《唐书》官宋祁、编修范镇等速上所修《新唐书》。

按：宋祁在《唐书》局六年，主撰列传，后出知亳州。"朝廷许将史草自随，悉力编纂。"(《景文集·让转左丞札子》)因"编纂迟延",纪传俱未有草卷,故有是诏。

八月丁酉,诏前代帝王后,尝仕本朝为八品以下官,其祖父母、父母、妻子犯流以下罪听赎,未仕而尝受朝廷赐者,身所犯非凶恶亦听以赎论。

癸卯,赐信州贵溪县龙虎山上清观汉天师26代孙张嗣宗为冲靖先生。

九月丙寅,翰林学士王洙上《周礼礼器图》。

按:先是,王洙读《周礼》,仁宗命画车服、冠冕、笾豆、簠簋之制,及是图成,上之。

十月壬辰,诏士庶之家尝更佣雇之人,自今毋得与主人同居亲为婚;违者离之。

十二月丙午,诏司天监天文算术官,自今毋得出入臣僚之家。

是年,司天监在世界上首次观测并记录了超新星爆炸。

韩琦著《五贤赞》,赞扬孟子、荀子、扬雄、文中子、韩愈。

欧阳修母丧服满入京,先为礼部流内铨,未几,被排挤去职,七月戊子,知同州。八月,仁宗命其刊修《唐书》,编撰本纪、志、表。九月迁翰林学士,兼史馆修撰。

按:欧阳修外放知同州,由于吴充、范镇、刘沆等上疏为之辩白,仁宗遂命欧阳修留京师修《唐书》。

欧阳修著《与渑池徐宰无党》第二首,谓已与曾巩讨论过《五代史》,对全书注文作了系统修改。内有"重头改换,未有了期"之语。

欧阳修荐举王安石、吕公著充谏官,留中不出。

按:欧阳修在推荐时谓王安石"德行文章,为众所推,守道安贫,刚而不屈,久更吏事,兼有时才,曾召试馆职,固辞不就。往年陛下增置台谏四员,今尚有虚位,伏乞用安石与吕公著补之,足四员之数,必能规正得失,裨益聪明"(《文忠集》卷一一〇《荐王安石吕公著札子》)。

王安石舒州任满赴阙,三月除集贤校理,不就,上书四辞。七月与萧君圭、王回、王安国、王安上同游褒禅山,著《游褒禅山记》;九月除群牧司判官,犹力辞,欧阳修谕之,方就职。时司马光亦同为群牧司判官。

按:先是,王安石力辞召试,有诏与在京差遣。及除群牧判官,王安石犹力辞,欧阳修谕之,乃就职。馆阁校勘沈康,诣宰相陈执中,自言屡求为群牧判官而不得,王安石不带职,又历任比沈康浅,王安石既不肯为,愿得为之。陈执中曰:"王安石辞让召试,故朝廷优与差遣,岂复屑屑计较资任。且朝廷设馆阁以待天下贤才,亦当爵位相先,而乃争夺如此,公视安石,颜何厚也。"沈康惭沮而去(《续资治通鉴》卷五四)。

韩琦审定欧阳修所撰《资政殿学士户部侍郎文正范公神道碑铭并序》,富弼、范纯仁表示不满。

按:邵博《邵氏闻见后录》卷二一曰:"范文正公尹天府,坐论吕申公降饶州。欧阳公为馆职,以书责谏官不言,亦贬夷陵。未几,申公亦罢。后欧阳公作《文正神道碑》云:'吕公复相,公亦再起被用,于是二公欢然相约,共力国事,天下之人皆以此多之。'文正之子尧夫以为不然,从欧阳公辨,不可,则自削去'欢然'、'共力'等语。欧阳公殊不乐,为苏明允云:'《范公碑》为其子弟擅于石本改动文字,令人恨之。'《文正墓志》则富公之文也。先是,富公自欧阳公平章,其书略曰:……初,宝元、庆历间,范公、富公、欧阳公,天下正论所自出。范公薨,富公、欧阳公相约书其事矣。欧阳公后复不然,何也?予读富公之书至汗出,尚以《春秋》之诛为未快。呜呼,可畏哉!"

周敦颐改大理寺丞,知洪州南昌县。

吕溱、王洙九月并为翰林学士。

按:故事,翰林学士六员,时杨察、赵概、杨伟、胡宿、欧阳修并为学士,加吕溱、王洙,超员一人,于是杨察加翰林学士承旨。

晏殊六月以疾返回京师,八月侍讲迩英阁。

沈括正月终父丧,借父荫初出仕,任海州沭阳县主簿。

苏颂十一月同知太常礼院。

苏轼十九岁,娶眉州神县乡贡进士王方之女王弗为妻。

庞籍以户部侍郎知郓州事,辟司马光典学。

张方平由礼部侍郎改任户部侍郎,移知成都府路。

王令由长水至高邮军教私塾;王安石因欧阳修推荐奉召入京,路经高邮,与王令一见如故,结为忘年之交。

王开祖试秘书省校书郎。

余靖十一月受命主持邕州南郊享赦仪式。是冬,应庐山归宗禅院之请,撰《庐山归宗禅院妙圆大师塔铭》。

刘敞上《论吴充不当以谴责礼生被逐疏》、《论大臣不当排言者疏》。

徐无党归婺州,欧阳修为作《送徐无党南归序》;及赴官渑池,又有《送徐生之渑池》。

赵抃九月擢守殿中侍御史,举屯田员外郎方任自代。

按:赵抃曾四任台谏,劾奏不避权贵,人目为"铁面御史"。

王洙上《周礼礼器图》。

司马光十二月上《古文孝经》,诏送秘阁。

王洙、掌禹锡十二月上所修《皇祐方域续图志》50卷。

赵宗谔十二月上所著《太平盘维录》,降敕褒谕。

德国历史学家赫尔曼·拉莫修士卒(1013—)。著有《从城市形成到1054年》。

阿拉伯诗人哈哈里(—1122)生。

蒋堂卒(980—)。堂字希鲁,号遂翁,常州宜兴人。大中祥符五年进士。历任知县、通判、知州。召为监察御史,迁侍御史。以礼部侍郎致仕。著有《吴门集》20卷,久佚。今存《春卿遗稿》1卷、《春卿遗稿续编》1卷。事迹见《宋史》卷二九八本传、胡宿《蒋公神道碑》(《文恭集》卷三九)。

苏舜元卒(1005—)。舜元字叔才,后改字才翁,梓州铜山人。苏易简之孙。苏舜钦之兄。天圣八年赐进士出身。官至尚书度支员外郎、三司度支判官。能诗,善作草书。著有《塞垣近事》2卷、《苏舜元奏议》3卷、《奏御集》10卷及文集10卷,皆佚。事迹见《宋史》卷四四二《苏舜钦传》附传。

陈祥道（ —1093）、张耒（ —1114）生。

宋至和二年　契丹重熙二十四年　道宗清宁元年
夏福圣承道三年　乙未　1055年

三月丁卯，诏修起居注自今每御迩英阁，立于讲读官之次。

丙子，封孔子四十七世孙孔宗愿为衍圣公。衍圣公始此。

按：初，太常博士祖无择言："文宣王四十七代孙孔宗愿袭封文宣公。按前史，孔子之后袭封者，在汉、魏曰褒成、宗圣，在晋、宋曰奉圣，后魏曰崇圣，北齐曰恭圣，后周及隋并封以邹国公，唐初曰褒圣，开元初，始追谥孔子为文宣王，又以其后为文宣公。然祖谥不可加后嗣，乞诏有司更定美号。"乃下两制定议，更封孔宗愿而令世袭衍圣公（《续资治通鉴》卷五五）。刘敞亦有《论孔宗愿袭文宣公疏》。

癸未，以权知开封府蔡襄为枢密直学士、知泉州。

四月庚子，赐西夏国《大藏经》。

五月甲申，翰林学士欧阳修言京师近有雕布《宋贤文集》，其间或议论时政得失，恐传之四夷不便，乞焚毁，从之。

按：欧阳修《论雕印文字札子》言："臣窃见京城有雕印文集二十卷名《宋文》者，多是当今议论时政之言，其首篇是富弼往年《让官表》，其间陈北房事宜甚多，详其语言，不可流布。雕印之人不知事体，窃恐流布渐广，传入房中，大于朝廷不便。"请求朝廷明令杜绝："下开封府访求版本焚毁，及止绝书铺，今后如有不经官司详定，妄行雕行文集，并不得货卖。许书铺及诸色人陈告，支与赏钱二百贯文，以犯事人家财充。其雕版及货卖之人并行严断。"（《文忠集》卷一〇八）

八月己丑，契丹兴宗卒，子耶律洪基即位，是为道宗，改元清宁。

九月癸亥，诏学士、舍人院自今召试，未有科名人，复试三题。

戊辰，诏提举医官院：自今试医官，并问所出病源，令引医经本草，药之州土、主疗及性味畏恶、修制次第、君臣佐使、轻重奇偶条对之。每试十道，以六通为合格。

十月乙巳，礼部贡院上《删定贡举条例》12卷。

庚戌，翰林学士、刊修《唐书》欧阳修言："自武宗以下，并无《实录》，以传记、别说考正虚实，尚虑阙略。闻西京内中省寺、留司御史台及銮和诸库，有唐朝至五代以来奏牍、案簿尚存，欲差编修官吕夏卿诣彼检讨。"从之（《续资治通鉴长编》卷一〇一）。

十一月丙寅，御迩英阁读《太史公传》，仁宗谓李淑曰："太史公欲行其道而不果，身未免于祸，深可悲也。顾其是非不谬于圣人，真良史之才矣。"（《续资治通鉴长编》卷一八一）

十二月戊戌，契丹主命设学养士，颁行《五经》传、疏，置博士、助教各一员。

大越（李朝）主日尊受封于宋，为交趾郡王。

塞尔柱突厥人入巴格达，灭什叶派白益王朝。阿拔斯王朝哈里发凯姆封其首领图格里尔为苏丹，号"东方与西方之王"。自此，哈里发失去一切世俗权力，仅保留宗教领袖地位。是年，突厥苏丹图格里尔率师攻拜占廷卡帕多西亚、弗里吉亚。

拜占廷帝君士坦丁九世卒，君士坦丁八世之女、拜占廷公主塞奥多拉执政。

是年，契丹策进士张孝杰等44人。

宋仁宗召第二十六代天师张嗣宗赴阙，为国祈祷。

孙复先因徐州孔直温谋反案受累，贬官泗州、长水，是年因翰林学士赵概等十余人联名上书，言其"行为世法，经为人师，不宜弃之远方"（《春秋尊王发微》附录《孙先生墓志铭》），于是恢复国子监直讲之职。

欧阳修三月同孙抃考试诸司寺监人吏；六月为翰林侍读学士，上《论台谏官言事未蒙听允书》，乞罢陈执中政事，不报，自请出知蔡州，刘敞上《论邪正疏》留欧阳修；七月复为翰林学士，八月辛丑假右谏议大夫充任贺契丹国母生辰使，及契丹王登位使。

欧阳修作《答宋咸书》，阐述经学思想。

王安石任群牧司判官、太常博士；八月因高若讷卒，为著《祭高枢密若讷文》、《群牧司祭高司谏文》；九月为余靖撰《桂州新城记》。

庞籍由郓州徙知并州，辟司马光为判官。

李觏寄富弼书并《长江赋》一首，皆论东南利害。

文彦博六月同中书门下平章事、昭文馆大学士。

富弼二月由知河阳为宣徽南院使、判并州；六月同中书门下平章事、集贤殿大学士。

曾公亮参知政事，韩琦除枢密使。

赵抃为殿中御史，正月弹劾宰相陈执中不学无术、措置颠倒、引用邪佞、招延卜祝、私仇嫌隙、排斥良善、很愎任情、家声狼藉八事；奏留欧阳修、贾黯，从之。

苏洵携文至成都谒见镇守成都的张方平，张方平以国士之礼相待，盛赞其文为"王国之珍"，"此太史公笔回千钧"（《东坡全集》卷九一），并向朝廷推荐苏洵为成都学官，未果。

  按：张方平《文安先生墓表》曰："久之，苏君果至。即之，穆如也。听其言，知其博物洽闻矣。既而得其所著《权书》、《衡论》。阅之，如大山之云出于山，忽布无方，倏散无余；如大川之滔滔，东至于海源也。因谓苏君：'左丘明《国语》、司马迁善叙事，贾谊之明王道，君兼之矣。'"（《乐全集》卷三九）杨时在为苏轼门人钱世雄文集作《冰华先生文集序》时说，"东坡文妙天下，为时儒宗，士有得其一者皆足以名世"，但对苏洵的代表作《权书》、《衡论》等，却说"观其著书之名，已非。岂有山林逸民立言垂世，乃汲汲于用兵？如此所见，安得不为荆公所薄！"（《龟山集》卷二五）朱熹曰："老苏之出，当时甚敬重之，惟荆公不以为然，故其父子皆切齿之。"（《朱子语类》卷一三〇）

苏洵送吴照邻赴阙，托其携文交欧阳修。

苏洵又赴雅安谒见雷简夫，雷简夫赞扬他为"西南之秀"、"天下之奇才"（《闻见后条》卷一五），并分别给张方平、欧阳修、韩琦等人写信推荐苏洵。

  按：邵博《邵氏闻见后录》载雷简夫《上张文定书》曰："简夫近见眉州苏洵著述文字，其间如《洪范论》，真正佐才也，《史论》，真良史才也。……愿明公荐洵之状，至于再,至于三,俟得其请而后已,庶为洵进用之权也。"

晏殊卒谥元献,苏颂为谥议。王安石有《晏元献公挽词三首》。欧阳修著神道碑,欧阳修、宋庠、韩维、梅尧臣等皆有挽晏殊诗文。

包拯十二月因任陕西转运使时举荐凤翔监税卢士安不当,以"坐失保任",乃以兵部员外郎知池州。

韩维为史馆检讨,从欧阳修等所荐。

王令被高邮军知军邵必聘为高邮学官,旋即辞职回长水束家教书。

苏辙娶眉山史瞿之女为妻。

刘敞等是年看详王沿《春秋通义》。

按:洪迈《容斋三笔·侍从两制》曰:"予家藏王沿《春秋通义》一书,至和元年,邓州缴进,二年有旨送两制看详,于是具奏者十二人皆列名衔:学士七人,曰学士承旨、礼部侍郎杨察,翰林学士、中书舍人赵概、杨伟,刑部郎中胡宿,吏部郎中欧阳修,起居舍人吕溱,礼部郎中王洙;知制诰五人,曰起居舍人王珪,右司谏贾黯,兵部员外郎韩绛,起居舍人吴奎,右正言刘敞。"

沈括摄东海县令。

李柬之时为右谏议大夫,上言科举取人滥而难精。

蔡襄以权知开封府为枢密直学士,知泉州。

王开祖辞官回永嘉,在华盖山设立东山书院,授徒讲学,从者常数百人,开永嘉学派之先声。

按:王开祖字景山,学者称儒志先生。有《儒志编》1卷传世。南宋许及之《儒志编序》曰:"永嘉之学,言宗师者,首推王贤良(即王开祖)。"陈谦《儒志先生学业传》亦曰:"当庆历、皇祐年间,宋兴未百年,经术道微,伊洛先生未作,景山独能研精覃思,发明经蕴,倡鸣道学二字,著之话言,此永嘉理学开山祖也。"《儒志编》对研究北宋时期儒学发展情况和永嘉学派的渊源都有较高的参考价值。《四库全书总目提要》曰:"是编乃其讲学之语,旧无刊本。据其原序,乃明王循守永嘉时,始为搜访遗佚,编辑成秩。因当时有儒志先生之称,故题曰《儒志编》。……当时濂、洛之说犹未大盛,讲学者各尊所闻。孙复号为名儒,而尊扬雄为模范。司马光三朝耆宿,亦疑孟子而重扬雄。开祖独不涉岐趋,相与讲明孔孟之道。虽其说辗转流传,未必无所附益,而风微人往,越数百年,官是土者犹为撷拾其残帙,要必有所受之,固异乎王通《中说》出于子孙之夸饰者矣。"有《四库全书》本、冒广生《永嘉诗人祠堂丛刻》本等。

余靖应衡山景德寺住持之请,撰《南岳云峰山景德寺记》。

王晳著《春秋皇纲论》5卷约成于本年前后。

按:王晳,太原人。天禧中曾官翰林学士。于至和年间著有《春秋通义》12卷、《春秋通义异义》12卷及《春秋皇纲论》5卷,前二书已失传,惟存后一种。全书共分22论,主旨在于发明孔子修《春秋》的笔削之意,并间考辨《春秋》"三传"及唐代啖助、赵匡为论之得失。王氏是古代较早持科学态度对《春秋》及"三传"进行深入研究的学者之一,其所持观点,较之同时代及前代学者,颇具客观性与公正性。

刘放著《九华拾遗》1卷。

赵肃正月上所著《兵民总论》10卷。

苏洵九月著《族谱后录》上下篇。

苏轼著《正统论》。

法国法学家伊内留斯（—1125）生。

晏殊卒（991— ）。殊字同叔，抚州临川人。景德中赐同进士出身。庆历中官至集贤殿学士、同中书门下平章事兼枢密使。卒谥元献。史称他"平居好贤，当世知名之士，如范仲淹、孔道辅皆出其门；及为相，益务进贤材，而仲淹与韩琦、富弼皆进用，至于台阁，多一时之贤"。北宋婉约派重要词人。著有《珠玉词》及辑本《晏元献遗文》。事迹见《宋史》卷三一一本传、欧阳修《观文殿大学士行兵部尚书西京留守赠司空兼侍中晏公神道碑铭》（《文忠集》卷二二）。今人夏承焘编有《晏同叔年谱》、柏寒编有《二晏行年简谱》。

按：欧阳修所撰《神道碑》，对晏殊一生作了评价。《宋史》本传曰："殊性刚简，奉养清俭。累典州，吏民颇畏其悁急。善知人，富弼、杨察，皆其婿也。殊为宰相兼枢密使，而弼为副使，辞所兼，诏不许，其信遇如此。文章赡丽，应用不穷，尤工诗，闲雅有情思，晚岁笃学不倦。文集二百四十卷，及删次梁、陈以后名臣述作，为《集选》一百卷。"

高若讷卒（997— ）。若讷字敏之，并州榆次人，后徙家卫州。天圣初举进士，累官起居舍人、知谏院。范仲淹坐言事夺职知睦州，余靖、尹洙论救，欧阳修遗书责若讷，若讷以其书上奏，欧阳修因此被贬为夷陵令。后官参知政事、枢密使。卒谥文庄。著有文集20卷，今已佚。事迹见《宋史》卷二八八本传。

按：《宋史》本传曰："若讷强学善记，自秦、汉以来诸传记无不该通，尤喜申、韩、管子之书，颇明历学。因母病，遂兼通医书，虽国医皆屈伏。张仲景《伤寒论诀》、孙思邈《方书》及《外台秘要》久不传，悉考校讹谬行之，世始知有是书。名医多出卫州，皆本高氏学焉。"

吕公绰卒（999— ）。公绰字仲裕，寿州人。吕夷简子。以荫补将作监丞。累迁太常博士、同判太常寺兼提举修祭器。尝以郊庙祭器制度多违礼，请悉更造，又编集《郊祀总仪》进上。天圣中为馆阁侍读。迁翰林侍读学士。官至右司郎中，未拜卒。赠左谏议大夫。事迹见《宋史》卷三一一本传。

宋至和三年　嘉祐元年　契丹清宁二年
夏福圣承道四年　丙申　1056年

高丽命印行《九经》，汉、晋、唐书，《论语》、《孝经》，子史，文集，医卜，地理，律算诸籍赐与学院。

三月丁巳，诏礼部贡举。

四月，裁定补荫选举法。

六月，契丹旧制，史官得与闻朝议；辛未，契丹主命罢之，俾史官问宰相而后书。

宋至和三年　嘉祐元年　契丹清宁二年　夏福圣承道四年　丙申　1056年

七月癸巳，以范师道、王畴、胡俛、韩彦、王瑾、宋敏求等考试开封举人。

八月癸丑，诏大臣自今无得乞子弟及亲旧赐进士出身。

九月辛卯，改元嘉祐。

甲辰，诏三司置司编禄令，以知制诰吴奎、右司谏马遵、殿中侍御史吕景初为编定官。

胡瑗迁太子中允、充天章阁侍讲，十二月管勾太学。

按：欧阳修《举留胡瑗管勾太学状》曰："自瑗管勾太学以来，遵守规矩，日闻讲诵，进德修业。昨来国学开封府并锱厅进士得解人中三百余人，是瑗所教。然则学业有成，非止生徒之幸，庠序之盛，亦自是朝廷之美事。今瑗既升讲筵，遂去太学，窃恐生徒无依，渐以分散。……臣等欲望圣慈特令胡瑗同勾当国子监，或专管勾太学。"（《文忠集》卷一一〇）初，胡瑗陈乞外任，赵抃上《奏状乞留胡瑗》曰："臣窃见国子监直讲胡瑗，文学德行，足为人师。在太学诲导诸生，循循不倦，渐剧道艺，有益风化。去年，御史中丞孙抃曾奏举瑗堪经筵任用，如闻已得指挥。今知瑗陈乞外任，若遂得请，恐非朝廷惜贤尊道，兴学育才之意也。臣愚望陛下特赐圣旨，留瑗太学供职，或乞检会前降指挥，用孙抃经筵之举，庶可上补圣主聪明，下使善人知劝也。"（《清献集》卷八）仁宗故有是命。

程颢、程颐兄弟因父程珦升任国子监博士，随父至京师。程颐入太学读书，受到主管太学的胡瑗赏识。

周敦颐改太子中舍签书，署合州判官事。

韩琦知枢密使，十月建议追复已故崇信节度副使尹洙为起居舍人、直龙图阁，已故湖州长史苏舜钦为大理评事、集贤校理。

欧阳修二月甲辰出使还，进《北使语录》；三月丁亥，判太常寺兼礼仪事；五月癸未，知通进银台司兼门下封事驳事；九月进封乐安郡开国侯。

欧阳修再荐王安石充馆职；又于《论水灾疏》中称赞王安石"学问文章，知名当世，守道不苟，自重其身，论议通明，兼有时才之用，所谓无施不可者"（《文忠集》卷一一〇）。

欧阳修上《议学状》，论当今建学取士之六弊，主张立三舍，恢复五经，创立新学。

按：全祖望《庆历五先生书院记》曰："有宋真、仁二宗之际，儒林之草昧也。当时濂洛之徒，方萌芽而未出；而睢阳戚氏（即戚同文）在宋，泰山孙氏（即孙复）在齐，安定胡氏（即胡瑗）在吴，相与讲明正学，自拔于尘俗之中。亦会值贤者在朝，安阳韩忠献公（即韩琦），高平范文正（即范仲淹），乐安欧阳文忠公（即欧阳修），皆卓然有见于道之大概。左提右挈，于是学校遍于四方，师儒之道以立。"（《宋元学案》卷三）

欧阳修与梅尧臣、王洙、范镇在《唐书》局会餐，作《吴学士石屏歌》；设宴送裴如晦知吴江，王安石、梅尧臣、杨褒、王安国、苏洵、焦千之等人在座，均分韵作诗。

欧阳修等联名上《举梅尧臣充直讲状》，梅尧臣得补授国子监直讲。

拜占廷帝国马其顿王朝塞奥多拉公主卒。米哈伊尔六世继位。

德意志亨利三世帝卒，子亨利四世继任德王。

按：欧阳修在状中曰："太常博士梅尧臣，性纯行方，乐道守节，辞学优赡，经术通明，长于歌诗，得风雅之正，望依孙复例，以补直讲之员。"（《文忠集》卷一一〇）

王安石上书执政，乞东南一郡，十二月提点开封府界诸县公事。

苏洵携苏轼、苏辙二子离家赴京师参加礼部举行的秋试。途经成都，拜访张方平，张为苏洵给韩琦、欧阳修修书一封，加以引荐；欧阳修已从吴照邻处得知苏洵，见苏洵之文，大加赞赏，即著《荐布衣苏洵状》，向朝廷推荐。

苏洵为子苏轼所画张方平像而著《张益州画像记》。又著《上张侍郎第一书》。

苏洵上书文彦博、田况、余靖等。

张方平为三司使，自益州抵京师。苏洵访张方平，方平询其学业。

苏洵于欧阳修席上初见王安石，并拒绝与王安石交游。

按：张方平《文安先生墓表》曰："嘉祐初，王安石名始盛，党友倾一时。……欧阳修亦善之，劝先生与之游，而安石亦愿交于先生。先生曰：'吾知其人也，是不近人情者，鲜不为天下患。'"（《乐全集》卷三九）

苏轼九月考中举人。

雷简夫是春著《上欧阳内翰书》、《上韩忠献书》，向欧阳修、韩琦推荐苏洵。

曾巩与弟曾宰、曾牟、曾布及妹婿王无咎、王彦深，一门六人，俱被列为乡荐，赴京应试。

司马光著《越州张察推字序》，论君子与小人之分。

范镇为谏官，首建议立太子；司马光时通判并州，闻而继之，六月连续三次上疏建议早立太子。

宋祁八月为益州知州。

石昌言出使契丹，苏洵著《送石昌言北使引》，勉励其坚持斗争，不为所屈。

刘敞知扬州。

王尧臣拜参知政事，刘敞以亲嫌，求知扬州。

赵抃六月与文彦博、富弼、韩琦、司马光、欧阳修、包拯、范镇、吕诲等先后上疏请建储；又奏留国子监直讲胡瑗；九月出知睦州。

贾昌朝十一月为枢密使。

包拯八月因吴中复、文彦博保奏，复刑部郎中知江宁府；十二月以龙图阁学士为开封知府。

梅尧臣服丧期满，回汴京，因欧阳修推荐，任国子监直讲，不拜。

陈烈因欧阳修荐为国子监直讲。

狄青以得军心，引起流言，罢枢密使，出判陈州。

孙甫著《唐史论断》3卷成。

按：陈振孙《直斋书录解题》卷四曰："甫以《唐书》烦冗遗略，多失体法，乃修为《唐史》，用编年体。自康定元年逮嘉祐元年，成七十五卷，为论九十二首。甫殁，朝廷取其书留禁中,其从子察录以遗温公,而世亦罕见。闻蜀有刻本,偶未得之,今惟诸论存焉。"

石汝砺著《乾生归一图》10卷成书。

李上交著《近事会元》5卷成书。

按:《四库书目总录提要》曰:"上交,赞皇人。始末未详。是书成于嘉祐元年。前有上交自序。陈振孙《书录解题》曰,《近事会元》五卷,李上交撰。自唐武德至周显德,杂事细务皆纪之。钱曾《读书敏求记》曰:上交退寓钟陵,寻近史及小说、杂记之类凡五百事,厘为五卷,目曰《近事会元》。《唐史》所失记者,此多载焉。此本末题万历壬午元素斋录副本,犹明人旧钞,卷数与二家所记合。其纪事起讫年月与振孙所言合,条数及自序之文亦与曾所言合,盖即原本。惟振孙以为皆记杂事细务。今观其书,自一卷至三卷首载宫殿之制,次载舆服之制,次载官制、军制,其次亦皆六曹之掌故。四卷为乐曲,为州郡沿革。惟五卷颇载琐闻,……亦皆有关于典制。大抵体例在崔豹《古今注》、《高承事物纪原》之间,其中如《霓裳羽衣曲》考证,亦极精核,不可徒以杂事细务目之。"

僧契嵩著《辅教篇》3卷约成书于本年。

按:是书为宋代著名的佛教护法论著。

王钦臣校定韦应物诗集,并著《宋嘉祐校定韦苏州集序》。

按:《宋史·王钦臣传》曰:"钦臣平生为文至多,所交尽名士,惟嗜古,藏书数万卷,手自雠正,世称善本。"

程琳卒(988—)。琳字天球,中山博野人。大中祥符四年,举服勤词学科,为泰宁军节度推官。仁宗时,为太常博士,预修《真宗实录》。历任枢密直学士、开封知府、吏部侍郎、尚书左丞、北京留守等。卒赠中书令,谥文简。著有文集、奏议凡60卷,皆佚。事迹见《宋史》卷二八八本传、欧阳修《文简程公墓志铭》(《文忠集》卷三一)。

周邦彦(—1121)生。

宋嘉祐二年　契丹清宁三年　夏𧰼都元年　丁酉　1057年

正月癸未,命礼部侍郎兼翰林侍读学士欧阳修知贡举,龙图阁学士梅挚,翰林学士王珪,起居舍人、知谏院范镇,知制诰韩绛同知礼部贡举。并以梅尧臣为小试官。

按:先是,进士益相习于奇僻,钩章棘句,寖失浑淳。欧阳修深疾此弊,遂借知贡举的机会痛加裁抑;严禁挟书者。及试放榜时,时论所推誉者皆落选。嚚薄之士,候欧阳修早朝时,群聚诋斥,以致街司逻吏不能止;或为祭欧阳修文投其家中。但"场屋之习,从是遂变"(《宋史·欧阳修传》)。

二月己酉,诏乞试武艺人自今毋得直遣赴阙。

缅甸蒲甘朝国王阿奴律陀立上座部(小乘)佛教为国教。

米哈伊尔六世退位,拜占廷马其顿王朝终。大将依沙克·科穆宁入君士坦丁堡,加冕,称帝，为伊沙克一世·科穆宁，建科穆宁王朝。

三月丁亥，仁宗于崇政殿以"民监赋"、"鸾刀诗"、"巽命论"考试礼部奏名进士，苏轼、苏辙均中乙科。十八日，朝廷放榜进士及第名单，章衡第一名，苏轼第二名，曾巩第三名，苏辙第五名。

按：是年进士及第者凡877人，凡与殿试者始免黜落。欧阳发等《先公事迹》："嘉祐二年，先公知贡举。时学者为文，以新奇相尚，文体大坏。公深革其弊，一时以怪僻知名在高等者，黜落几尽。"周必大《葛敏修圣功文集后序》曰："欧阳文忠公知嘉祐贡举，所放进士，二三十年间多为名卿才大夫。"（《省斋文稿》卷二〇）

时以科举既数，而高第之人骤显，欲稍裁抑。遂诏曰："朕惟国之取士，与士之待举，不可旷而冗也。故立间岁之期，以励其勤；约贡举之数，以精其选。著为定式，申敕有司，而高第之人，尝不次而用。若循旧比，终至滥官，甚无谓也。自今制科入第三等，与进士第一，除大理评事、签书两使幕职官；代还，升通判；再任满，试馆职。制科入第四等，与进士第二、第三，除两使幕职官；代还，改次等京官。制科入第五等，与进士第四、第五，除试衔知县；代还，迁两使职官。锁厅人视此。若有高才异行，施于有政而功状较然者，当以异恩擢焉。"（《宋史·选举志一》）

六月丁巳，诏："朝廷设制科以取天下美异之士，尝以推恩过厚而难其选，故所取不过三二人，甚非所以广详延之路也。其令两制以上同议之。"既而赵抃等言："太常博士以下至选人、草泽人应制科者，并听待制以上奏举，无得自陈，内草泽人亦许本路转运使奏举。其试文浅陋及履行不如所举，并坐举者。其进用差次，不得引旧例超擢。"从之（《续资治通鉴》卷五六）。

八月初二日，因韩琦建议，诏所有《神农本草》、《灵枢》、《太素》、《甲乙经》、《素问》之类，及《广济千金》、《外台秘要》等方，仍差太常少卿、直集贤院掌禹锡，职方员外郎，秘阁校理林亿，殿中丞、秘阁校理张洞，殿中丞、集贤校理苏颂共同校正奏闻。

按：掌禹锡等寻奏置局刊校，并乞差医官三两人共同详定。于是在编修院置校正医书局，是年十月，差医官秦宗古、朱有章赴局祗应。后又命孙奇、高保衡、孙兆同校正，枢密使韩琦提举。至嘉祐五年（1060）八月，补注《本草》成书，先上之。

是月，从枢密使韩琦言，催诏编集枢密院机要文字，枢密副使程戡提举。丁未，琦又言："天下见行《编敕》，自庆历四年以后，距今十五年，续降四千三百余件，前后多抵牾，请加删定。"乃诏富弼等及参知政事曾公亮同提点详定《编敕》（《续资治通鉴》卷五七）。

十二月戊申，诏："自今间岁贡举，进士、诸科，悉解旧额之半。又别置明经科；旧置说书举，今罢之。其不还乡里而寓户它州以应选者，严其法。每秋试，自县令、佐察行义，保任之，上于州；州长、贰复审查得实，然后上本道使者类试。已保任而后有缺行，则州、县皆坐罪；若省试而文纰谬，坐元考官。"（《续资治通鉴》卷五七）

癸丑，从知谏官陈旭言，诏：大臣所举馆职，自今令中书籍记姓名，候在官员数稍少，即选文行为众所推者与试，其考校无得假借等第。

是年，夏改元奲都。

孙复时为殿中丞、国子监直讲,以治《春秋》著闻于时。既病,韩琦言:"请选书吏给纸札,命其门人祖无择即家录之。"(《续资治通鉴长编》卷一八六)书藏秘阁,特官其子。孙复卒,朝廷又赐钱十万。十二月二十七日葬于郓州须城庐泉乡北扈原,欧阳修为撰《孙明复先生墓志铭》。

按：朱熹曰："近时言《春秋》,皆计较利害,大义却不曾见,如唐之陆淳、本朝孙明复之徒,虽未能深于圣经,然观其推言治道,凛凛可畏,终得圣人意思。"(《文献通考》卷一八三)或曰孙复与胡瑗不和,在太学常相回避。黄百家认为胡瑗之学实与孙复开伊洛之先,且同学始终友善。其云胡瑗在太学与孙复避不相见,此乃《邵氏闻见后录》记载所谬,不足为训(《宋元学家》卷一《安定学案》)。

欧阳修因知贡举,得仁宗御书"文儒"二字;正月上《条约举人怀挟文字札子》,竣立科条,以革弊源。

欧阳修正月乙巳由磨勘转右谏议大夫;三月癸卯为狄青发哀苑中,摄太常卿;七月壬午摄礼部侍郎;九月己卯兼判秘阁秘书省;十一月辛巳权判史馆;十二月辛亥权判三班院。

欧阳修著《南省试进士策问》,批评"谓周用此以致太平"的"说者"(《文忠集》卷四八),对《周礼》提出质疑,冲破了官修《五经正义》的思想束缚。

欧阳修与梅尧臣、范镇等在试院,为《唱和诗集》3卷。

欧阳修有书荐吕惠卿于王安石,谓"吕惠卿学者罕能及,更与切磨之,无所不至也"(《文忠集》卷一四五)。

张载中进士,任祁州司法参军,迁云岩令。

张载在京师坐虎皮说《易》,听者甚众;与程颢、程颐兄弟在京师首次相遇,"共语道学之要",撤虎皮以示敬畏。

按：《宋史·张载传》谓张载"尝坐虎皮讲《易》京师,听从者甚众。一夕,二程至,与论《易》,次日语人曰：'比见二程,深明《易》道,吾所弗及,汝辈可师之。'撤坐辍讲。与二程语道学之要,涣然自信曰：'吾道自足,何事旁求。'于是尽弃异学,淳如也"。《宋史·道学传一》曰："'道学'之名,古无是也。……千有余载,至宋中叶,周敦颐出于舂陵,乃得圣贤不传之学,作《太极图说》、《通书》,推明阴阳五行之理,命于天而性于人者,了若指掌。张载作《西铭》,又极言理一分殊之旨,然后道之大原出于天者,灼然而无疑焉。仁宗明道初年,程颢及弟颐实生,及长,受业周氏,已乃扩大其所闻,表章《大学》、《中庸》二篇,与《语》、《孟》并行,于是上自帝王传心之奥,下至初学入德之门。融会贯通,无复余蕴。迨宋南渡,新安朱熹得程氏正传,其学加亲切焉。大抵以格物致知为先,明善诚身为要,凡《诗》、《书》,六艺之文,与夫孔、孟之遗言,颠错于秦火,支离于汉儒,幽沉于魏、晋六朝者,至是皆焕然而大明,秩然而各得其所。此宋儒之学所以度越诸子,而上接孟氏者欤。其于世代之污隆,气化之荣悴,有所关系也甚大。道学盛于宋,宋弗究于用,甚至有厉禁焉。后之时君世主,欲复天德王道之治,必来此取法矣。"沈仲固曰："道学之名,起于元祐,盛于淳熙,其徒有假其名以欺世者,真可以嘘枯吹生。凡治财赋者,则目为聚敛;开阃捍边者,则目为粗材;读书作文者,则目为玩物丧志;留心政事者,则目为俗吏。其所读者止《四书》、《近思录》、《通书》、《东西铭》、《语录》之类。"(周密《癸未杂识》续集下)

程颢进士及第,自请去京兆鄠县任主簿。

王安石七月由群牧判官知常州军州事,调遣诸县农夫,开凿运河。

> **按**:《宋史·司马旦传》曰:"时王安石守常州,开运河,调夫诸县。旦言役大而亟,民有不胜,则其患非徒不可就而已,请令诸县岁递一役,虽缓必成。王安石不听。秋大霖雨,民苦之,多自到死,役竟罢。"司马旦乃司马光之胞兄。王安石有《与刘原父书》解释这次罢开河役之事。

王安石在《答王深甫书》提出"古者一道德以同天下之俗,士之有为于世也,人无异论"的主张(《临川文集》卷七二)。梅尧臣有《送介甫知毗陵》诗。

王安石是秋于常州有《上欧阳永叔书》,感怀知遇之恩。

苏轼、苏辙预礼部进士试。苏轼以《刑赏忠厚之至论》"欲冠多士,屈居第二",苏辙亦中第。礼部复试,苏轼又以"春秋对义"获第一。

> **按**:梅尧臣初读苏轼《刑赏忠厚之至论》文,觉得"有孟轲之风",把它推荐给欧阳修(梅尧臣《宛陵集》附苏轼《上梅直讲书》)。杨万里《诚斋诗话》曰:"欧阳作省试知举,得东坡之文惊喜,欲取为第一人。又疑为门人曾子固之文,恐招物议,抑为第二。坡来谢,……欧退而大惊曰:'此人可谓善读书,善用书,他日文章必独步天下。'"欧阳修《故霸州文安县主簿苏君墓志铭》:"当至和、嘉祐之间,(苏洵)与其二子轼、辙偕至京师,翰林学士欧阳修得其书献诸朝。书既出而公卿士大夫争传之。其二子举进士皆在高等,亦以文章称于世。眉山在西南数千里外,一日父子隐然名动京师,而苏氏之文章遂擅天下。……自来京师,一时后生学者皆尊其贤,学其文,以为师法。"(《文忠集》卷三四)苏轼同年并在以后有交往者有章衡、曾巩、林希、朱光庭、蒋之奇、胡琥、郑雍、章惇、叶温叟、林旦、晁端彦、邵迎、刁璹、苏舜举、程筠、傅才元、邓绾、萧世京、家定国、吴子上、王琦、陈侗、莫君陈、蔡元导、蔡承禧、黄好谦、单锡、李惇、丁骘等。

苏轼著《谢欧阳内翰书》及《谢梅龙图书》、《谢范舍人书》。

> **按**:欧阳修读苏轼《谢欧阳内翰书》,惊喜异常,声称放苏轼出一头地。其《与梅圣俞》三十一曰:"读苏书,不觉汗出。快哉!快哉!老夫当避路,放他出一头地也。可喜!可喜!"(《文忠集》卷一四九)又遣门生晁端彦登门向苏轼问学。

苏洵之妻程夫人四月初八日病故,苏洵携子苏轼、苏辙离开京城回家奔丧。

苏轼论宋人书法以蔡襄为第一,本年始遇蔡襄于都门。

曾巩、曾牟、曾布兄弟同科进士及第。曾巩为太平州司法参军,调宣州司户参军、怀仁令。梅尧臣作诗赠勉曾巩与苏轼。

司马光六月离并州,改太常博士,祠部员外郎,直秘阁,判吏部南曹。

李觏由太学助教充太学说书,"南方士流,皆宗师之"(《盱江集》外集卷一)。

苏颂改集贤校理,又任校正医书官。

富弼八月奉命详定《编敕》。

王令在江阴暨阳聚徒教授,生活艰难,时至常州依附知州王安石,王安石将妻子的从妹介绍给王令为妻。

赵抃正月二十四日到睦州任,有《勉郡学诸生》诗。

余靖三月以集贤学士、户部侍郎知潭州。是月初十日为狄青撰《宋故狄令公墓铭》。

李实省试第一；朱光庭、王回、吕惠卿进士及第。

张巨中进士，荐授国子监直讲。

按：张巨字微之，曾从胡瑗游，又与蒋之奇、胡宗愈、丁隙为四友，并同学《易》于欧阳修。王安石推行新法，即弃官。著有《易解》10卷。《宋元学案》卷一《安定学案》曰："百家谨案：安定先生初教苏、湖，后为直讲，朝命专主太学之政。先生推诚教育，甄别人物，有好尚经术者，好谈兵战者，好文艺者，好尚节义者，使之以类群居讲习。先生时时召之，使论其所学，为定其理。或自出一义，使人人各对，为可否之。或就当时政事，俾之折衷。故人皆乐从而有成效。欧阳庐陵诗曰：'吴兴先生富道德，诜诜子弟皆贤才。'王临川云：'先取先生作梁栋，以次收拾楠与㮋。'盖就先生之教法，穷经以博古，治事以通今，成就人才，最为的当。自后濂、洛之学兴，立宗旨以为学的，而庸庸之徒反易躲闪，是语录之学行而经术荒矣。当时安定学者满天下，今广为搜索，仅得三十四人。"

吕大钧登进士乙科，调秦州右司理参军。

杜衍、毕世长、冯平、王涣、朱贯在睢阳举行五老会，有诗互相唱和。

王无咎举进士，为天台令。

蔡承禧举进士，为太平州司理。

时宗道与苏轼同年登第，相厚善。

按：时宗道，秀州崇德人。以后苏轼谪岭南，宗道竭囊以赠，时人高其义。

孙复著《春秋尊王发微》12卷。

按：《春秋尊王发微》是宋代《春秋》学破除传统的"家法"、"师法"，舍传求经，变专门为通学的首出著作。但是评价颇有分歧，欧阳修在《孙明复先生墓志铭》中说："先生治《春秋》，不惑传注，不为曲说以乱经。其言简易，明于诸侯大夫功罪，以考时之盛衰，而推见王道之治乱，得于经之本义为多。"（《文忠集》卷二七）王得臣《麈史》卷二曰：《春秋尊王发微》"大得圣人之微旨，学者多宗之"。叶梦得却批评说："孙明复《春秋》专废传从经，然不尽达经例，又不深于礼学，故其言多自抵牾，有甚害于经者。虽概以礼论当时之过，而不能尽礼之制，尤为肤浅。"（《经义考》卷一七九）孙复的再传弟子胡安国也认为其"过于深求，如商鞅之法"。《四库全书总目提要》也谓其"过于深求，而反失《春秋》之本旨者，实自复始"。孙氏此书开后世说《春秋》者深文锻炼之学的先河。继孙复的《春秋尊王发微》之后，涌现出大量的研究《春秋》的著作，夷夏之辨、内外之分、尊王攘夷大一统之旨，成为宋儒讨论的重点。其代表著作有王晳的《春秋皇纲论》5卷，刘敞的《春秋权衡》17卷、《春秋传》15卷、《春秋意林》2卷、《春秋传说例》1卷，孙觉的《春秋经解》15卷，苏辙的《春秋集传》72卷，肖楚的《春秋辨疑》4卷，崔子方的《春秋本例》20卷、《春秋经解》12卷，张大亨的《春秋五礼例宗》7卷、《春秋通训》6卷，叶梦得的《春秋传》20卷、《春秋考》16卷，吕本中的《春秋集解》30卷，胡安国的《春秋传》30卷，高闶的《春秋集注》40卷，陈傅良的《春秋后传》12卷，吕祖谦的《春秋左氏传说》20卷、《详注东莱左氏传义疏》25卷，魏了翁的《春秋左传要义》31卷，程公说的《春秋分记》90卷、李明复的《春秋集义》50卷，张洽的《春秋集注》71卷，赵鹏飞的《春秋经筌》16卷，陈则通的《春秋提纲》70卷，黄仲炎的《春秋通说》13卷，吕大圭的《春秋五论》1卷等。《春秋尊王发微》有《通志堂经解》本、《四库全书》本等。

王令著《论语解》10卷、《孟子讲义》5卷。

宋咸上所注《论语》。

契丹房山云寺《大般若经》、《大宝积经》、《大涅槃》、《华严经》"四大部经"刻成。

王氏世采堂刻《史记索隐》30卷。

苏轼著《上枢密韩太尉书》,提出文气说,强调阅历对作文的作用。

李上交著《豫章西山记》1卷。

按:余嘉锡《四库提要辨证》卷一五引劳格《读书杂识》卷一一"李上交"条云:"《直斋书录题解》卷八:《豫章西山记》一卷,赞皇李上交撰,嘉佑丁酉岁(原注云:'交'误'文')。"

通判黄州赵至忠四月上《辽地图》及《杂记》10卷。

张方平等十月上《新编禄令》10卷,名曰《嘉佑禄令》,诏颁行。

吴秘上所注《玄经》及《音义》。

何涉上所著《治道中术》30篇。

阿拉伯诗人麦阿里卒(973—)。有诗集《燧火》等。

杜衍卒(978—)。衍字世昌,越州山阴人。大中祥符元年进士。庆历三年为枢密使,次年拜同平章事,支持范仲淹、富弼所施新政。后以太子少师致仕。封祁国公。卒谥正献。欧阳修尝集其手书简牍等为10卷,今佚。事迹见《宋史》卷三一〇本传、欧阳修《杜祁公墓志铭》(《文忠集》卷三一)。

代渊卒(985—)。渊字仲颜,一字蕴之,晚号虚一子,代州人。天圣二年进士。尝受学于李畋、张达。为清水主簿,弃官归家讲学。后因知州杨日严荐,以太子中允致仕。著有《周易旨要》、《老佛杂说》。事迹见《宋史》卷四五八本传。

孙复卒(992—)。复字明复,晋州平阳人。四举进士不第,遂隐居泰山,人称泰山先生。庆历二年,范仲淹、富弼荐其有经术,除秘书省校书郎,官至殿中丞。与胡瑗、石介合称"宋初三先生"。著有《春秋尊王发微》12卷,《易说》64篇及《春秋总论》、《尧权议》、《文王论》、《董仲舒论》等。《宋元学案》列其入《泰山学案》。事迹见《宋史》卷四三二本传、欧阳修《孙明复先生墓志铭》(《文忠集》卷二七)。

按:宋学开始于兴学育才,而"宋初三先生"胡瑗、孙复、石介在教育方面的活动,是开宋学风气之始。全祖望在《安定学案序录》中说:"宋世学术之盛,安定(指胡瑗)、泰山(指孙复)为之先河,程、朱二先生皆以为然。安定沉潜,泰山高明;安定笃实,泰山刚健,各得其性禀之所近。要其力肩斯道之传,则一也。"孙复为泰山学派的开创者,此派学者尚有石介、文彦博、姜潜、刘牧、祖无择、张洞、刘挚、郑史、梁焘、晁说之、胡安国、李昻、莫说、范纯仁、朱光庭、莫表深等。此派对于宋代理学的产生影响很大,黄震《黄氏日钞》卷四五说:"师道之废,正学之不明久矣!宋兴八十年,安定胡先生(胡瑗)、泰山孙先生(孙复)、徂徕石先生(石介)始以其学教授,而安定之徒最盛,继而伊洛之学兴矣。故本朝理学虽至伊洛而精,实自三先生而始。故晦庵(朱熹)有伊川(程颐)不敢忘三先生之语。"此派在发展过程中,其弟子吕希哲另创"荥阳学派",晁说之创"景迂学派",胡安国创"武夷学派"。

王洙卒(997——　)。洙字原叔,应天宋城人。天圣二年进士,为庐州舒城尉。调贺州富川县主簿,晏殊荐其才,为应天府学教授。历官至侍读学士兼侍讲学士。曾校定《史记》、《汉书》,预修《崇文总目》、《国朝会要》、《三朝经武圣略》、《集韵》、《祖宗故事》、《乡兵制度》等书。仁宗朝参与制定明堂礼仪、雅乐制度。著有《易传》10卷及《王氏谈录》,杂文千余篇。文集今不存。事迹见《宋史》卷二九四本传、欧阳修《翰林侍读学士王公墓志铭》(《文忠集》卷三一)。

按:《宋史》本传曰:"洙泛览传记,至图纬、方技、阴阳、五行、算数、音律、诂训、篆隶之学,无所不通。及卒赐谥曰文,御史吴中复言官不应得谥,乃止。预修《集韵》、《祖宗故事》、《三朝经武圣略》、《乡兵制度》,著《易传》十卷、杂文千有余篇。"

孙甫卒(998——　)。甫字之翰,许州阳翟人。天圣八年进士,为华州推官。迁大理寺丞。杜衍辟为永兴军司录参军,后又复荐为秘阁校理。累官刑部郎中、天章阁待制。著有《唐史记》75卷等,今存《唐史论断》3卷。事迹见《宋史》卷二九五本传、曾巩《孙公行状》(《元丰类稿》卷四七)。

按:《宋史》本传曰:"甫性劲果,善持论,有文集七卷,著《唐史记》七十五卷。每言唐君臣行事,以推见当时治乱,若身履其间,而听者晓然,如目见之。时人言:'终日读史,不如一日听孙论也。'《唐史》藏秘阁。"

黄晞卒,生年不详。晞字景微,自号聱隅子,建安人。少通经,聚书数千卷,学者多从之游。石介在太学,遣诸生以礼聘召,晞走匿邻家不出。枢密使韩琦表荐之,以为太学助教致仕。受命一夕卒。著《扬庭新论》、《太常寺卿论》、《九州刺史论》等,今存《聱隅子歔欷琐微论》2卷。事迹见《宋史》卷四五八本传、苏颂《杨子寺聱隅先生祠堂记》(《苏魏公文集》卷六四)。

龚夬(　——1111)、邓洵武(　——1121)、陈瓘(　——1124)、陈师锡(　——1125)、邵伯温(　——1134)生。

宋嘉祐三年　契丹清宁四年　夏奲都二年
戊戌　1058年

三月辛未朔,命翰林学士欧阳修兼侍读学士,欧阳修以侍读多冗员,固辞不拜。

甲戌,诏礼部贡举。

辛巳,礼部贡院言:"奉诏再详定科举条制,应天下进士、诸科解额各减半。明经别试而系诸科解名,无诸科处许解一人。开封府进士二百一十人,诸科一百六十人;国子监进士一百人,诸科十五人;明经各一

缅甸约于是年起采用孟文字母创制缅文。

米兰市民结成帕塔里亚会,抨击教廷之腐败与插手俗权。

十人，并为定额。礼部奏名进士二百人，诸科、明经不得过进士之数。别头试每路百人解一十五人，五人以上解一人，不及五人送邻路试。凡户贯及七年者，若无田舍而有祖、父坟者，并听之。"（《续资治通鉴长编》卷一八七）

丙申，应枢密使韩琦之请，诏三司编《天下驿券则例》。

五月壬申，管勾国子监吴中复言："旧制，每遇科场，即补试广文馆监生。近诏间岁贡举，须前一年补试。比至科场，多就京师私买监牒，易名就试，及旋冒畿内户贯，以图进取，非所以待远方孤寒之意。请自今遇科场，补试监生如故，仍以四百五十人为额。"从之（《群书考索》后集卷二六）。

六月甲寅，诏学士院编录国初以来所撰制诰，从欧阳修所请。

八月甲辰，诏礼部贡院，宗室婿不许锁厅应举。

十二月，宋定制科等第授官之法，从此骤然显贵者减少，而所得人才亦相应减少。

夏遣使于宋请购《大藏经》，宋允之。

韩琦六月拜同中书门下平章事、集贤殿大学士。

欧阳修三月辛未兼侍读学士，以员多固辞不拜；癸未充宗正寺同修玉牒官，同陈旭考试在京百官等人；六月庚戌加授龙图阁学士，代包拯为开封知府。

王安石二月自知常州调任提点江南东路刑狱，赴饶州；十月除三司度支判官，著《上仁宗皇帝言事书》，谓财力日以困穷，风俗日以衰败，教者毁坏人才，主张变法。

按：吕祖谦曰："安石变法之蕴，亦略见于此书。特其学不用于嘉祐，而尽用于熙宁，世道升降之机，盖有在也。"（《宋史纪事本末》卷八）

司马光迁开封府推官，三次上状乞虢州或庆成军，庶得近便洒扫先茔。

文彦博、贾昌朝六月罢相，以富弼为礼部尚书、昭文馆大学士，韩琦同中书门下平章事、集贤殿大学士。

苏洵六月接到诏命，前往朝廷舍人院单独试策论，拟被擢用，藉病未成行，撰有《上仁宗皇帝书》，陈述改革主张；半年后，朝廷仍然下诏催试，雷简夫、梅尧臣等皆劝苏洵应诏，苏洵仍执意婉辞拒绝。十月，苏洵父子离家赴京。

李觏除通州海门主簿，太学说书如故。

宋祁上所修《唐书》列传草稿。

曾公亮为参知政事，王安石有《上曾参政书》。

曾巩为太平州司法参军；途经洪州，著《洪州新建县厅壁记》。

曾布调宣州司户参军，后改怀仁令。

包拯知开封府任至六月，断狱清明，执法严峻，然蒙受不明之事亦时有之；六月为右谏议大夫权御史中丞，与三司使张方平请朝廷复用范祥制置解盐法。

> 按：欧阳发等《先公事迹》曰："仁宗嘉祐中，先公在翰林，富郑公在中书，胡侍讲在太学，包孝肃公为中丞。士大夫相语曰：富公（弼）真宰相，呼先公字曰真翰林学士，胡先生（瑗）真先生，包公（拯）真中丞。时人谓之四真。"（《文忠集》附录卷五）

梅尧臣著《次韵答黄介夫七十韵》诗，继续攻击范仲淹是"贵势"，后悔先前把范仲淹比作灵乌。

> 按：梅尧臣又有《碧云騢》一书，诋毁范仲淹及吕夷简、张士逊、盛度、王博文、萧定基、赵稹、任布、郑戬、贾昌朝、文彦博、高若讷、夏竦、庞籍、孙沔、刘沆、张观、梁适、苏绅等19人，其中只有范仲淹是革新派。王铚、叶梦得、李焘及《四库全书总目提要》谓此书乃魏泰伪作，据当代孙云清等考证，此说不确，当属梅尧臣作无疑。

梅尧臣是秋因欧阳修推荐，入《唐书》局修书。

宋庠、田况六月为枢密使。

余靖十月改知青州，充京东东路安抚使。

赵抃移充梓州路转运使，七月十七日到任。

宋敏求知太平州，欧阳修、梅尧臣有诗送行。

刘敞十二月受诏与胡宿详定官制。

吴育卒于河南府任，欧阳修为作《祭吴尚书文》。

苏辙始著《诗传》。

杨绘献《春秋辨要》10卷。

陈世修辑冯延巳词为《阳春集》。

王尧臣卒（1003— ）。尧臣字伯庸，河南应天府虞城人。天圣五年进士第一，为将作监丞，通判湖州。累擢知制诰、翰林学士、参知政事。卒谥文安，后改谥文忠。与欧阳修同修《崇文总目》66卷，著有文集50卷，今佚。事迹见《宋史》卷二九二本传、欧阳修《王公墓志铭》（《文忠集》卷三二）。

> 按：《宋史》本传曰："尧臣以文学进，典内外制十余年，其为文辞温丽。执政时，尝与宰相文彦博、富弼、刘沆劝帝早立嗣，且言英宗尝养宫中，宜为后，为诏草挟以进，未果立。"

吴育卒（1004— ）。育字春卿，建州浦城人。天圣五年进士，除大理评事。庆历中，拜参知政事。后以资政殿大学士、尚书左丞知河中府。卒谥正肃。著有文集50卷，今佚。事迹见《宋史》卷二九一本传、欧阳修《资政殿大学士尚书左丞赠吏部尚书正肃吴公墓志铭》（《文忠集》卷三二）。

黄庶卒（1081— ）。庶字亚父，江西分宁人。黄庭坚父。庆历二年进士。先后入宋祁、晏殊幕府。受知于文彦博，为青州通判。至和中，摄知康州，卒于任所。著有《黄庶集》6卷。事迹见《黄氏金安牒谱》。

蔡卞（ —1117）生。

宋嘉祐四年　契丹清宁五年　夏奲都三年
己亥　1059 年

塞尔柱突厥人攻掠小亚锡尔斯。

拜占廷帝伊沙克一世·科穆宁退位,君士坦丁十世·杜卡斯立,杜卡斯王朝建。君士坦丁堡的官僚贵族与东正教会掌握了帝国的控制权,自此,国内外政治开始崩溃。

罗马天主教拉特兰宗教会议召开,规定教皇由红衣主教团选举,以强调独立性。

正月甲辰,命翰林学士胡宿、侍读学士吕溱、知制诰刘敞权知贡举。

二月癸酉,诏吏部流内铨,嘉祐二年同进士出身及诸科同出身并放选。

丁丑,置馆阁编定书籍官,以秘阁校理蔡抗、陈襄,集贤校理苏颂、馆阁校勘陈绎等分昭文、史馆、集贤院、秘阁书而编定之。别用黄纸印写元本,以防蠹败。

按：初,秘阁校理吴及言:"祖宗更五代之弊,设文馆以待四方之士,而卿相率由此进,故号令风采,不减汉、唐。近年用内臣监馆阁书库,借出书籍,亡失已多。又简编脱略,书吏补写不精,非国家崇尚儒学之意。请选馆职三两人,分馆阁人吏编写书籍。其私借出与借之者,并以法坐之,仍请求访所遗之书。"(《玉海》卷五二)故有此命。至嘉祐六年(1061)十二月,三馆秘阁上写黄本书 6496 卷,补白本书 2954 卷。

庚寅,诏礼部贡院:进士曾经御试五举、诸科六举,进士省试六举、诸科七举,年五十以上者,具名以闻。癸巳,御崇政殿,试礼部奏名进士及明经诸科,及特奏名进士、诸科。

三月丁未,御崇政殿,赐进士刘辉、胡宗愈、安焘等 131 人及第,32 人同出身;诸科 176 人及第、同出身;特奏名进士、诸科 65 人同出身,及诸州文学长史授官如三年闰十二月丁丑诏书。

六月己巳,以太子中允王陶、大理评事赵彦若、国子博士傅卞、于潜县令孙洙并为馆阁编校书籍官。

按：王陶、赵彦若编校昭文馆书籍,傅卞编校集贤院书籍,孙洙编校秘阁书籍。馆阁编校书籍自此始。

八月,命编校书籍孟恂、丁宝臣、郑穆、赵彦若、钱藻、孙觉、曾巩编校宋、齐、梁、陈、后魏、北齐、后周七史。

是月,朝廷赏赐龙昌期。欧阳修等劾奏龙昌期异端害道,不宜推奖,从之。

按：《宋会要辑稿·崇儒五》:"八月,殿中丞致仕龙昌期上所注《周易》、《论语》、《孝经》、《道德》、《阴符经》,诏赐五品服,绢百匹。既而翰林学士欧阳修等以为异端害道,不可以推奖,乃夺所赐服而罢遣之。"刘敞亦有《论龙昌期学术怪僻疏》。

九月甲寅,史馆修撰欧阳修言:"史之为书,以纪朝廷政事得失及臣下善恶功过,宜藏之有司。往时李淑以本朝正史进入禁中而焚其草,今史院但守空司而已。乞诏龙图阁别写一本下编修院,备检阅故事。"从之(《续资治通鉴长编》卷一九〇)。

是年，契丹放进士梁援等115人。

胡瑗时为太子中允、天章阁侍讲、管勾太学，正月病不能朝，戊申，授太常博士，致仕。胡瑗归海陵，诸生与朝士祖饯东门外，时以为荣。

胡瑗以病告假，李觏权管勾太学，暂代其职；是夏，亦因病请归，八月卒于家。

张载与程颢互致信函，讨论"定性"问题。程颢作有《定性书》。

按："百家谨案：横渠张子问于先生曰：'定性未能不动，犹累于外物，何如？'先生因作是篇。"（《宋元学案》卷一三《明道学案》）《定性书》曰："所谓定者，动亦定，静亦定，无将迎，无内外。苟以外物为外，牵己而从之，是以己性为有内外也。且以己性为随物于外，则当其在外时，何者为在内？是有意于绝外诱，而不知性之无内外也。既以内外为二本，则又乌可遽语定哉！夫天地之常，以其心普万物而无心；圣人之常，以其情顺万物而无情。故君子之学，莫若廓然而大公，物来而顺应。《易》曰：'贞吉，悔亡。憧憧往来，朋从尔思。'苟规规于外诱之除，将见灭于东而生于西也，非惟日之不足，顾其端无穷，不可得而除也。人之情各有所蔽，故不能适道，大率患在于自私而用智。自私，则不能以有为为应（然）；用智，则不能以明觉为自然。今以恶外物之心，而求照无物之地，是反鉴而索照也。《易》曰：'艮其背，不获其身。行其庭，不见其人。'孟氏亦曰：'所恶于智者，为其凿也。'与其非外而是内，不若内外之两忘也。两忘，则澄然无事矣。无事则定，定则明，明则尚何应物之为累哉！圣人之喜，以物之当喜；圣人之怒，以物之当怒。是圣人之喜怒，不系于心而系于物也。是则圣人岂不应于物哉？乌得以从外者为非，而更求在内者为是也？今以自私用智之喜怒，而视圣人喜怒之正，为何如哉？夫人之情易发而难制者，唯怒为甚。第能于怒时遽忘其怒，而观理之是非，亦可见外诱之不足恶，而于道亦思过半矣。"（同上）叶适《习学记言》曰："案程氏答张氏论定性，'动亦定，静亦定，无将迎，无内外'，'当在外时，何者为内'，天地'普万物而无心'，圣人'顺万天而无情'，'扩然而大公，物来而顺应'，'有为为应，明觉为自然'，'内外两忘，无事则定，定则明'，'喜怒不系于心而系于物'，皆老、佛语也。程、张攻斥老、佛至深，然尽用其学而不知者，以《易大传》误之，而又自于《易》误解也。子思虽渐失古人体统，然犹未至此；孟子稍萌芽，其后儒者则无不然矣。老、佛之学，所以不可入周、孔之道者，周、孔以建德为本，以劳谦为用，故其所立，能与天地相终始，而吾身之区区不豫焉。老、佛则处身过高，而以德业为应世，其偶可为者则为之，所立未毫发，而自夸甚于丘山，至于坏败丧失，使中国胥为夷狄，沦亡而不能救，而不以为己责也。嗟夫！未有自坐老、佛病处而辩老、佛，以明圣人之道者也。"（同上）《定性书》是程颢论理性的重要文献，它是程颢回答张载关于"定性"问题的复信，后世弟子将它整理出来，称《答横渠先生定性书》或《答横渠张子厚先生书》，南宋张栻编订《河南程氏粹言》，还把这篇文章编在第二卷《心性篇》中，足见理学家们对这篇文章的重视。程颢的这种定性理论，对陆王心学的"致良知"说的形成和发展，产生了极为重要的影响。王守仁在《书陆九渊集序》中说："儒至宋周、程二子，始复追寻孔孟之宗，而无极而太极，定之仁义中正而主静之说，动亦定，静亦定，无内外，无将迎之论。庶几精一之旨矣。"可见其影响，这也是程颢开启陆王心学的一个明证。

程颐廷试不中，遂不复参加科举考试。

欧阳修二月免权知开封府，转给事中、同提举在京诸司库务；三月与翰林学士、集贤校理江休复同为御试进士详定官,仁宗亲书"善经"二字赐欧阳修;四月摄太尉行事兼充群牧使;六月甲申删定《景祐广乐记》。

欧阳修著《与刘侍读原父》第二首,言已编成《集古录目》八九十篇,"又因得与史传相参验证,见史家缺失甚多"(《文忠集》卷一四八)。

按:刘侍读即刘敞。

欧阳修为吴育作《资政殿大学士尚书左丞赠吏部尚书正肃吴公墓志铭》。

欧阳修上《论史馆日历状》,请革史馆修史之弊,保存当代史料。从之。

按:欧阳修奏曰:近年史馆撰述简略,遗漏百不存一,弊在修撰之官惟据诸司供报,而不敢书所见闻。又自古人君不自阅史,今撰述既成,必录副本进呈,则事有讳避。又承前积滞相因,纂录者追修累年,前事岁月既远,遗失莫存,若不革其弊,史官永无举职时矣。乞特诏修时政记、起居注之臣,并以德音宣谕臣下,奏对之语,书之编次,除目并须考验事实,其除某官者以某功,贬某职者坐某罪,使圣朝赏罚之典,可以劝善惩恶,昭示后世。若大臣用情,朝廷赏罚不者,亦得以书为警戒。岁终命监修宰相亲至史院检点,有不勤其事,堕官失职者,奏行责罚。其时政记、起居注、日历等,并乞更不进本,所贵少修史职(《文忠集》卷一一一)。

王安石直学士院。著《明妃曲》二首,欧阳修、司马光、曾巩皆有唱和之作。

司马光为度支员外郎判句院。

宋祁四月移知郑州;吕夏卿前往商较《唐书》同异。

张方平三月为三司使,包拯劾其"身主大计,而乘势贱买富民邸舍,无廉耻,不可处以大位"。宋廷于是再命宋祁为三司使,包拯又劾其"在定州不治","在蜀奢侈过度"等。宋廷乃以包拯为枢密直学士、权三司使。欧阳修上书指责包拯"素少学问"、"蹊田夺牛"等,包拯避家数日乃出(《续资治通鉴长编》卷一八九)。

吕公著正月为天章阁侍讲,以疾辞,乞改命直秘阁司马光、度支判官王安石,不报。

苏颂二月任编定集贤院书籍官,三月充殿试复考官。

宋祁四月知郑州。

刘敞四月自扬州调知郓州兼京东西路安抚使;未几,召还,纠察在京刑狱。

黄庭坚15岁,随舅父李常至淮南游学。

段纬得司空图诗一卷,以示宋祁。

张先出知虢州,次年离任。梅尧臣有《送张子野知虢州先归湖州》诗。

梅尧臣为屯田员外郎,继续在《唐书》局修书。

余靖在青州接受辽使所赠《切脉要略》、《礼书》二套,回赠所编著的《三史刊误》和自著自书《从政三箴》。十二月,应明悟禅师之请,作《东京左街永兴华严禅院记》。

文同召试馆职,判尚书职方兼编校史馆书籍。

王得臣、刘挚擢进士甲科。

曾庠中进士第。

欧阳修著《毛诗本义》16卷成。

按：其论诗曰："察其美刺，知其善恶，以为劝戒，所谓圣人之志者本也，因其失传而妄自为之说者，经师之末也。学者得其本而通其末，斯尽善矣；得其本而不通其末，阙其所疑可也。"（《毛诗本义》卷一四《本末论》）又曰："先儒于经不能无失，而所得固已多矣。正其失可也，力诋之不可也。尽其说而理有不通，然后得以论正，予非好为异论也。"（《文忠集》附录卷五《事迹》）是书对《诗经》之一部分的《小序》真伪提出怀疑，专攻毛、郑之失，提出自己的见解。朱熹评论此书时指出："理义大本复明于世，固自周、程，然先此诸儒，亦多有助。旧来儒者不越注疏而已，至永叔、原父（刘敞）、孙明复（孙复）诸公，始自出议论，如李泰伯（李觏）文字亦自好。此是运数将开，理义渐欲复明于世故也。"（《朱子语类》卷八〇）《四库全书总目提要》曰："自唐以来，说《诗》者莫敢议毛、郑，虽老师宿儒，亦谨守《小序》。至宋而新义日增，旧说几废。推原所始，实发于修。"清皮锡瑞曰："自汉以后，说《诗》皆宗毛、郑。宋欧阳修《本义》始辨毛、郑之失，而断以己意。苏辙《诗传》始以毛《序》不可尽信，止存其首句，而删去其余。南宋郑樵《诗传辨妄》始专攻毛、郑，而极诋《小序》。当时周孚已反攻郑樵。朱子早年说《诗》，亦主毛、郑；吕祖谦《读诗记》引朱氏曰，即朱子早年之说也。后见郑樵之书，乃将《大小序》别为一编而辨之，名《诗序辨说》。其《集传》亦不主毛、郑，以《郑》、《卫》为淫诗，且为淫人自言。同时陈傅良已疑之，谓：以城阙为偷期之所，彤管为淫奔之具，窃所未安。"（《经学历史·经学变古时代》）

三司使张方平于正月壬寅上所编《天下驿券则例》3卷，赐名曰《嘉祐驿令》，颁行天下。

按：初，内外文武官，下至吏卒，所给券皆未定，又或多少不同。遂下枢密院，取旧例下三司掌券司，会萃多少而纂集之，并取宣敕、令文专为驿券立文者，附益删改凡74条，上中下三卷，以颁行天下。

王琪四月就王洙本重定《杜工部集》20卷，由姑苏郡斋刊刻。

按：此为宋代所刻第一部完整的《杜工部集》，亦为北宋唯一官刻本。

苏轼集其父、弟文百篇，为《南行集》。

刘道醇著《五代名画补遗》1卷成书。

按：刘道醇生卒不详，生平无考，所著尚有《宋朝名画评》3卷，是北宋时期重要的画品著作，《四库全书总目提要》称其评论平允，言之有据。

蔡襄著《荔枝谱》1卷成书。

按：宋代动、植物志和谱录很多，以植物志为主，约50多种，动物志仅2种。其中植物志较有价值的还有陈翥《桐谱》、韩彦直《橘录》、欧阳修《洛阳牡丹记》、王观《扬州芍药谱》、刘蒙《菊谱》、宋子安《东溪试茶录》。

傅肱著《蟹谱》2卷成书。

按：是书有作者《自序》，其曰："蟹之为物，虽非登俎之贵，然见于经，引于传，著于子史，志于隐逸，歌咏于诗人，杂出于小说，皆有意谓焉。故因益以今之所见闻，次而谱之。"为此类著作的创始之作。有《百川学海》、《说郛》、《山居杂志》、《丛书集成初编》等本。

法国编年史学家沙特尔的菲尔谢(—约1127)约于是年生。

波斯神学家、哲学家安萨里(—1111)生。

胡瑗卒(993—)。瑗字翼之,泰州海陵人。世居陕西路的安定堡,学者称安定先生。讲学分经义、治事两斋,学规严格,时称胡学。庆历中兴太学,诏下湖州取其法著为令。与孙复、石介并称为"宋初三先生"。官至太子中允、天章阁侍讲,以太常博士致仕。谥文昭。著有《周易口义》12卷、《春秋要义》30卷、《春秋口义》5卷、《论语说》、《中庸义》1卷、《尚书全解》28卷、《乐府奏议》1卷、《武学规矩》1卷、《洪范口义》2卷、《学政条约》1卷、《资圣集》15卷等。《宋元学案》为其列《安定学案》。事迹见《宋史》卷四三二本传、欧阳修《胡先生墓表》(《文忠集》卷二五)。今人胡鸣盛编有《安定先生年谱》。

按：胡瑗、孙复、石介合称宋初三先生,是宋代理学的先行者,开宋代理学先河。宋神宗为胡瑗题词曰:"先生之道,得孔孟之宗；先生之教,行苏、湖之中。师任而尊,如泰山屹峙于诸峰；法严而信,如四时迭运于无穷。辟居太学,动四方欣慕,不远千里翕从；召入天章,辅先帝日侍,启沃万言而纳忠。经义治事,以适士用；议礼定乐,以迪朕躬。敦尚本实,还隆古之谆风；倡明正道,开来学之颛蒙。载瞻载仰,谁不恩公；诚弟文之模范,为后世之钦崇!"(《宋元学案·安定学案》)胡瑗毕生致力于教育事业,在苏州、湖州和太学执教30多年,培养了大批博古通今、明体达用的学者。欧阳修《胡先生墓表》曰:"先生为人师,言行而身化之,使诚明者达,昏愚者励,而顽傲者革。故其为法严而信,为道久而尊。师道废久矣,自景祐以来,学者有师惟先生暨泰山孙明复、石守道三人,而先生之徒最盛,其在湖州之学,弟子去来常数百人,各以其经,转相传授,其教学之法最备,行之数年,东南之士莫不以仁义礼乐为学。庆历四年,天子开天章阁与大臣讲天下事,始慨然诏州县皆立学,于是建太学于京师,而有司请下湖州,取先生之法,以为太学法,至今著为令。后十余年,先生始来居太学,学者自远而至,太学不能容,取旁官署以为学舍。礼部贡举,岁所得士,先生弟子十常居四五,其高第者,知名当时,或取甲科居显仕,其余散在四方,随其人贤愚,皆循循雅饬,其言谈举止,遇之不问可知为先生弟子。"(《文忠集》卷二五)柳诒徵《中国文化史》说:"自汉以后,学校教育,皆利禄之途,无所谓人格教育也。宋仁宗时,胡瑗倡教于苏州、湖州及太学,以经义、治事分斋,而以身教人之风始盛。周、张、二程,皆于私家讲学,而师道大兴。"胡瑗为安定学派的创立者,同派学者尚有程颐、刘彝、钱藻、孙觉、范纯仁、钱公辅、吕希哲、吕希纯、徐中行、欧阳发、徐积、傅楫、刘淮夫、郑伯熊等。

龙昌期卒(971—)。昌期字起之,号竹轩,陵州人。世称武陵先生。大中祥符中,注《易》、《诗》、《书》、《论语》、《老子》等,携书游京师,时称其说诡诞穿凿。以荐补国子四门助教,其弟子文彦博奏改秘书省校书郎。官至殿中丞致仕。著书百余卷。仁宗嘉祐中诏取其书,刘敞、欧阳修言其异端害道,不当推奖,遂夺所赐服罢归。著有《天保正名论》8卷、《龙昌期集》8卷,皆佚。事迹见《宋史》卷二九九《胡则传》附传。

梅挚卒(995—)。挚字公仪,成都新繁人。天圣五年进士,为大理评事,知蓝田上元县。历任开封府推官、户部副使、度支副使、杭州知府、河中知府等。所著今存《梅谏议集》1卷。事迹见《宋史》卷二九八本传。

李淑卒(1002—)。淑字献臣,号邯郸,徐州丰县人。试秘书省校书郎,寇準举荐,授校书郎、馆阁校勘。乾兴初,与修《真宗实录》,书成,改光禄寺丞、集贤校理，为国史院编修官。召试，赐进士及第，授秘书郎。累迁龙图阁学士。曾修《国朝会要》、《三朝训鉴图》、《阁门仪制》、《康定行军赏罚阁》。著有《邯郸集》10卷、《书殿集》20卷、《颍皋集》5卷、《平棘集》10卷、《内制集》3卷等，皆佚。事迹见《宋史》卷二九一《李若谷传》附传。

李觏卒（1009— ）。觏字泰伯，建昌军南城人。少时家贫，两次应试不中，晚年由范仲淹等人荐为太学助教，后为直讲，一生以教授为业，创建盱江书院，世称盱江先生。著有《退居类稿》12卷、《皇祐续稿》8卷、《周礼致太平论》10卷等，今存《直讲李先生文集》37卷、《外集》3卷。《宋元学案》列其入《高平学案》，附入范仲淹学派之中。事迹见《宋史》卷四三二本传。宋魏峙编有《直讲李先生年谱》。1981年中华书局出版有《李觏集》。

按：清光绪时谢甘棠重刻《盱江全集·序》中说："予尝谓传道学者孟子而后推昌黎，昌黎以后推泰伯，泰伯以后，名贤继起，代不乏人。"其主要门人有：陈次公、傅野、邓润甫、李山甫、陈光道、廖平、陈汝器、黄曦、傅翼、余畴若、傅代言、陈璎、邓立、陈君平、廖廷玉、饶景先、杜万、王几、陈世南、陈公燮、张宏武、张延之、汤延祖、彭昱、夏旦、黄铣、廖说、周伯达、上官直、吴著等。

王令卒（1032— ）。令初字钟美，改字逢原，原籍元城，徙广陵。以教书为生。王安石颇推重其人品，妻以夫人吴氏之妹。后主高邮州学，未几辞去。著有《十七史蒙求》、《广陵先生文集》。又有《论语解》、《孟子讲义》，今不传。事迹见王安石《王逢原墓志铭》（《临川文集》卷九七）、刘发《广陵先生传》、《广陵先生行实》（《广陵集》附）。

按：王令诗文由其外孙吴说编为《广陵集》，未刊行，近代始有嘉业堂刻本。上海古籍出版社1980年出版《王令集》，即据嘉业堂本校点，另附有《拾遗》、《附录》、《年谱》等。

李廌（ —1109）、郑居中（ —1123）、宗泽（ —1128）、晁说之（ —1129）生。

宋嘉祐五年　契丹清宁六年　夏奲都四年　庚子　1060年

二月丙寅，礼部贡院请增江、浙、福建、川、广诸州军解额凡135人。从之。

三月壬辰，诏礼部贡举。

丙午，诏流内铨：自今归明人（指辽人来归）年二十五以上听任注官。

六月，契丹中京置国子监，命以时祭先圣、先师。

壬申，诏礼部贡院：内外锁厅并亲戚举人，并同引试，解十分之一；如不及十人，亦许解一名；四人以下送邻路聚试。

塞尔柱突厥人收复巴格达。前二年（1058），法蒂玛王朝大将巴沙希里率军占据巴格达。

七月戊戌，翰林学士欧阳修等上所修《唐书》（即《新唐书》）225卷。

按：晁公武《郡斋读书志》卷二上曰："皇朝嘉祐中，曾公亮等被诏删定，欧阳修撰纪、志，宋祁撰列传。《旧书》约一百九十卷，《新书》约一百七十四卷，而其中增表。故书成上于朝，自言曰：'其事则增于前，其文则省于旧也'。而议者颇谓永叔学《春秋》，每务褒贬，子京通小学，唯刻意文章，采杂说既多，往往抵牾，有失实之叹焉。"陈振孙《直斋书录解题》卷四曰："初，庆历中，诏王尧臣、张方平等别修，久而未就。至和初，乃命修为纪、志，祁为列传，范镇、王畴、宋敏求、吕夏卿、刘羲叟同编修。嘉祐五年上之，凡废传六十一，增传三百三十一、志三、表四。故其进书上表曰：'其事则增于前，其文则省于旧。'第赏增秩训词，刘敞原父所行最为古雅。曰：'古之为国者法后王，为其近于己，制度文物可观故也。唐有天下且三百年，明君贤臣相与经营扶持之，其盛德显功，美政善谋，固已多矣。而史官非其人，记述失序，使兴败成坏之迹晦而不章，朕甚恨之。肆择廷臣，笔削《旧书》，勒成一家。具官欧阳修、宋祁，创立纪统，裁成大体；范镇等网罗遗逸，厥协异同。凡十有七年，大典乃立。闳富精核，度越诸子矣。校雠有功。朕将据古鉴今，以立时治，为朕得法，其劳不可忘也。皆增秩一等，布书于天下，使学者咸观焉。'旧例修书止著官高一人名衔，欧公曰：'宋公于我为前辈，且于此书要力久且深，何可没也。'遂于纪传各著之，宋公感其退逊。今按《旧书》成于五代文气卑陋之时，纪次无法，详略失中，论赞多用俪语，固不足传世。而《新书》不出一手，亦未得为全善。本纪用《春秋》法，削去诏令，虽大略，犹不失简古；至列传用字多奇涩，殆类虬户铣溪体，识者病之，欧公尝卧听《藩镇传序》，曰：'使笔力皆如此，亦未易及也。'然其序全用杜牧罪言，实无宋公一语。然则欧公殆不满于宋名衔之著，固恶夫争名，抑亦以自表异邪？温公《通鉴》多据旧史，而唐庚子西直谓《新唐书》'敢乱道而不好，虽过甚，亦不为亡谓也。'刘元城亦谓'事增文省，正《新书》之失处'云。"

八月壬申，诏访求民间遗书。

按：诏曰："国初承五代之后，简编散落，三馆聚书才万卷。其后平定列国，先收图籍，亦尝分遣使人，屡下诏令，访募异本，校定篇目，听政之暇，无废览观。然比开元，遗逸尚众，宜加购赏，以广献书。中外士庶，并许上馆阁阙书，每卷支绢一匹，五百卷与文资官。"（《续资治通鉴》卷五九）

十一月辛丑，诏：自今臣僚之家，毋得陈乞御篆神道碑额。

辛亥，以直秘阁、判度支勾院司马光、度支判官、直集贤院王安石同修起居注。

十二月癸酉，太常礼院言："自今文武臣僚薨卒，法当谥者，考功于未葬前取索行状，移礼官考定。如其家葬速，集议不及，则许赐之。其有勋德，既葬而未尝请谥者，亦听取旨。"诏可（《续资治通鉴长编》卷一九二）。

是年，宋太医局办医药学校，招收120名学员。

胡瑗葬于湖州乌程何山，蔡襄和欧阳修分别为其撰写《墓志》和《墓表》。

按：胡瑗卒后，声名历久不衰。宋神宗曾经亲自题词于其画像上；宋高宗绍兴八年（1138），下诏录用胡瑗后人，其曾孙胡涤补下湖文学；宋宁宗嘉定十一年（1218），追赐胡瑗谥号"文昭"；明世宗嘉靖九年（1530），下诏胡瑗从祀孔庙，称"先儒胡子"。

周敦颐六月离合州还京师,在蜀凡五年,开启蜀中理学一派。

  按：魏了翁认为,周敦颐入蜀,是蜀中理学发展之始。费广《养心亭记》也谓"当时乡贡之士,闻先生学问,多来求见",从学者甚众。其中遂宁傅耆"从周子游而接其议论",造诣较高,《宋元学案》谓"蜀中学派,当首先生(傅耆)"。傅耆字伯成,一字伯寿,遂宁人。后入元祐党籍。著有《长庆集》,已佚。

欧阳修七月因修《新唐书》成,推赏转礼部侍郎；九月丁亥兼翰林侍读学士；十一月又拜枢密副使；苏洵著《贺欧阳枢密启》,苏辙著《贺欧阳副枢启》。

欧阳修举荐布衣苏洵,举章望之、曾巩、王回等充任馆职,举苏轼应制科。

  按：欧阳修《荐布衣苏洵状》曰："眉州布衣苏洵履行纯固,性识明达,亦尝一举有司不中,遂退而力学,其论议精于物理,而善识变权,文章不为空言,而期于有用。"(《文忠集》卷一一〇)其《举章望之曾巩王回等充馆职状》曰："秘书省校书郎章望之学问通博,文辞敏丽,不急仕进,行义自修,东南士子以为师范；太平州司法参军曾巩自为进士已有时名,所为文章流布远迩,志节高爽,自守不回；前亳州卫真县主簿王回学行纯固,论议精明,尤通史传姓氏之书,可备顾问。"又《举苏轼应制科状》曰："新授河南福昌县主簿苏轼学问通博,资识明敏,文采烂然,论议蜂出,行业修饬,名声甚远。臣今保举堪应材识兼茂明于体用科。"(《文忠集》卷一一二)

欧阳修本年以后,大量搜集碑刻。冯京自江宁府寄赠碑刻给欧阳修,欧阳修有书致谢。

  按：欧阳修《与冯章靖公当世》其六曰："前承惠碑,多佳者,甚济编录。感幸,感幸！"其七亦曰："承惠碑刻,既博而精,多所未见。寡陋蒙益,而私藏顿富矣。"(《文忠集》卷一四六)《宋史·欧阳修传》曰："好古嗜学,凡周、汉以降金石遗文、断编残简,一切掇拾,研稽异同,立说于左,的的可表证,谓之《集古录》。奉诏修《唐书》纪、志、表,自撰《五代史记》,法严词约,多取《春秋》遗旨。苏轼叙其文曰：'论大道似韩愈,论事似陆贽,记事似司马迁,诗赋似李白。'识者以为知言。"

王安石仍为三司度支判官,四月命为同修起居注,固辞不受；八月为契丹正旦使,王安石辞行,改命王绎代。

苏洵到达京师,馆阁校勘苏颂前来叙宗盟之好；苏洵八月被任命为秘书省试校书郎。苏轼授河南府福昌县主簿,苏辙授河南府渑池县主簿,苏氏兄弟均未赴任,经欧阳修等推荐,准备参加秘阁的制科考试。

苏洵研究《周易》,始作《易传》。

  按：苏洵《上韩丞相书》："自去岁以来,始复读《易》,作《易传》百余篇。此书若成,则自有《易》以来,未始有也。"(《嘉祐集》卷一三)

苏轼以策论五十篇献宰相富弼,提出变革要求。

杨畋举苏辙应才识兼茂明于体用科,以文五十篇荐之。

曾公亮为枢密使。

刘敞九月为翰林侍读学士、知永兴军。

包拯四月与谏议大夫吕居简、户部副使吴中复同详定均税。

宋祁因《新唐书》修成,迁左丞。

吕夏卿因参与修《新唐书》成,进直秘阁、同知礼院。

曾巩因欧阳修举荐，十月召编校史馆书籍，为馆阁校勘。

赵抃八月召为右司谏，举尚书度支员外郎苏寀自代；十月奏举邱与权充国子监直讲。

梅尧臣三月调都官员外郎，欧阳修、刘敞等登门庆贺。

张先离虢州任去杭州，雷简夫知虢州，梅尧臣著《送雷太简知虢》诗。

蔡襄五月知开封，苏轼尝与襄论书。

按：苏轼有评论蔡襄之书文多篇，称他的书法为当世第一。《东坡全集》附录有《题蔡君谟帖》、《跋蔡君谟书海会寺记》、《论君谟书》、《跋君谟飞白》、《跋君谟书赋》。其《论君谟书》曰："欧阳文忠公论书云：'蔡君谟独步当世。'此为至论。言君谟行书第一，小楷第二，草书第三。就其所长而求其所短，大字为小疏也。天资既高，辅以笃学，其独步当世，宜哉？近岁论君谟书者，颇有异论，故特明之。"其《跋君谟书赋》曰："余评近岁书，以君谟为第一，而论者或不然，殆未易与不知者言也。书法当自小楷出，岂有正未能而以行、草称也？君谟年二十九而楷法如此，知其本末矣。"其《跋君谟书》曰："仆论书以君谟为当世第一，多以为不然，然仆终守此说也。"君谟是蔡襄的字。

梅尧臣四月二十五日卒，欧阳修著长诗《哭圣俞》，六月又著《梅圣俞墓志铭》；王安石、司马光、刘敞等亦有哭诗。

周敦颐著《太极图说》约在此时成。

按：是文仅250字，阐发了周敦颐的宇宙生成论、人与自然发关系、修养的方法等，提出了一系列理学的概念范畴，最集中地表现了周敦颐的思想体系。以后程颢、程颐以"理"为本体所建构的体系与周敦颐的思想有密切的渊源关系。朱熹曰："盖先生之学，其妙具于太极一图，《通书》之言，皆发此图之蕴。"（《晦庵集·周子太极通书后序》）

欧阳修、宋祁等修《唐书》（《新唐书》）225卷成。中书省奉旨下杭州镂刻。

按：庆历初，宋仁宗曾诏王尧臣、张方平等重修《唐书》未成。庆历四年，仁宗复命欧阳修、宋祁续其事，参加者有范镇、王畴、宋敏求、吕夏卿等人，曾公亮负责监修。宋祁先写成列传，后由范镇、吕夏卿等人编写志、表，最后由欧阳修续写本纪，改定志，并审定全书。前后十多年方告完成。书成，仁宗下诏称：欧阳修、宋祁"创立统纪，裁成大体"；范镇、王畴、宋敏求"网罗遗逸，厥协异同，凡十有七年，大典乃立，宏富精核，度越诸子矣。"（《文忠集》附录《二十六任转礼部侍郎制词》）以后吴缜著《新唐书纠谬》一书，对《新唐书》的谬误加以批评纠正；清汪应辰亦著有《唐书列传辨证》20卷，专就列传部分缺点加以辨证，对阅读《新唐书》很有参考价值。

范镇等奏请朝廷取欧阳修所著《五代史》草本付唐书局缮写上进，欧阳修著《免进五代史状》，言书尚须"精加考定，方敢投进"（《文忠集》卷一一二）。

按：《新五代史》是年应该已经完成，否则唐书局官员不敢奏请朝廷加以缮写。只是欧阳修态度审慎，不肯轻易进上。直到熙宁五年（1072）死后，其家人才将此书上进。

王安石编《唐百家诗选》成书。

契丹耶律良五月奏请编御制诗文，曰《清宁集》。

掌禹锡、苏颂等编《嘉祐补注神农本草》20卷成书。

僧延一著《广清凉传》3卷成书于本年之前。

> 按：是书是一部五台山佛教史，对研究我国佛教史和五台山佛教发展史，有重大的参考价值。

梅尧臣卒（1002— ）。尧臣字圣俞，宣城人。学者称宛陵先生。少时应进士不第，皇祐三年同赐进士出身，官至尚书都官员外郎。与欧阳修同为北宋前期诗文革新运动领袖。著有《毛诗小传》20卷、《唐载记》26卷、《梅尧臣集》60卷、《宛陵先生文集》40卷，又曾注释《孙子十三篇》。《宋元学案》将其列入《庐陵学案》。事迹见《宋史》卷四四三本传、欧阳修《梅圣俞墓志铭》（《文忠集》卷三三）。元人张师曾有《宛陵先生年谱》，近人夏敬观编有《梅宛陵年谱》，今人刘守宜编有《梅尧臣诗之研究及其年谱》。

> 按：刘克庄《后村诗话》前集卷二曰："本朝诗惟宛陵为开山祖师。宛陵出，然后桑濮之淫哇稍息，风雅之气脉复续，其功不在欧（阳修）、尹（洙）下。"

江休复卒（1005— ）。休复字邻幾，开封陈留人。天圣中，从尹洙、苏舜卿游。后举进士，起家为桂阳监蓝山尉，改大理寺丞，迁殿中丞。献所著书，召试，为集贤校理。官至尚书刑部郎中。参与修起居注。精书法。著有《春秋世论》30卷、《唐宜鉴》15卷、文集20卷，皆佚。事迹见《宋史》卷四四三本传、欧阳修《江邻幾墓志铭》（《文忠集》卷三三）。

> 按：《宋史》本传曰："少强学博览，为文淳雅，尤善于诗。喜琴、弈、饮酒，不以声利为意。……为政简易。尝著《神告》一篇，言皇嗣未立，假神告祖宗之意，冀以感悟。又尝言昭宪太后子孙多流落民间，宜甄录之。著《唐宜鉴》十五卷、《春秋世论》三十卷、文集二十卷。"

刘羲叟卒（1017— ）。羲叟字仲更，泽州晋城人。欧阳修使河东，荐其学术。试大理评事，权赵州军事判官。精星历术数，预修《唐书》，专撰《律历》、《天文》、《五行志》，书成，迁崇文院检讨。著有《十三代史志》、《刘氏辑历》、《春秋灾异》等，皆佚。事迹见《宋史》卷四三二本传。

> 按：《宋史》本传曰："欧阳修使河东，荐其学术。试大理评事，权赵州军事判官。精算术，兼通《大衍》诸历。及修唐史，令专修《律历》、《天文》、《五行志》。寻为编修官，改秘书省著作佐郎。以母丧去，诏令家居编修。书成，擢崇文院检讨，未入谢，疽发背卒。羲叟强记多识，尤长于星历、术数。皇祐五年，日食心，时胡瑗铸钟弇而直，声郁不发。又陕西铸大钱，羲叟曰：'此所谓害金再兴，与周景王同占，上将感心腹之疾。'其后仁宗果不豫。又月入太微，曰：'后宫当有丧。'已而张贵妃薨。至和元年，日食正阳，客星出于昴，曰：'契丹宗真其死乎？'事皆验。羲叟未病，尝曰：'吾及秋必死。'自择地于父冢旁，占庚穴，以语其妻，如其言葬之。著《十三代史志》、《刘氏辑历》、《春秋灾异》诸书。"

邹浩（ —1111）生；李诫（ —1110）、杨介（ —1130）约生。

英国历史学家埃德默（ —1128）约于是年生。

西班牙诗人、评论家摩西·伊本·埃兹拉（ —1139）约于是年生。

宋嘉祐六年　契丹清宁七年　夏奲都五年
辛丑　1061年

正月癸丑，诏开封府：自今有摹刻御书字而鬻卖者，重坐之。

按：南宋亦有"雕印御书，杖八十，并许人告"的规定。

二月辛未，御崇政殿试礼部进士、诸科及特奏名进士、诸科。

三月癸巳，赐礼部进士王俊民、陈睦、王陟臣等139人及第，54人同出身；诸科102人及第并同出身；特奏名进士、诸科43人同出身及诸州文学、长史。

按：是科考官为翰林学士王珪、范镇、御史中丞王畴。

四月丙子，命大理寺丞郭固编校秘阁所藏兵书。。

按：先是，四馆置官编校书籍，而兵书与天文为秘书，独不预，大臣或言郭固知兵法，即以命之。然兵书残缺者多，已经无法遍补。治平四年（1067）六月，以编书毕，迁内藏库副使、路分都监。

六月，开献书之路，诏诸道搜访。

按：《中兴书目》有《嘉祐搜访阙书目》1卷，首载是年求遗书诏书。为整理政府藏书而特别编制搜访书目的做法，在北魏就已开始，当时有《阙书目录》1卷，唐代亦有《唐四库搜访图书目》1卷，北宋继承和发扬了这一传统。

七月戊子，诏中书、枢密院：累年未修《时政记》，自今须随月撰进。

八月，因国子监缺《宋书》、《南齐书》、《梁书》、《陈书》、《后魏书》、《北齐书》、《北周书》印本，诏命三馆秘阁编校书籍官员精加校勘，同典管勾使臣选择楷书，如法书写板样，依《新唐书》例，送杭州雕印。

按：当时曾巩等人恐秘阁藏书多有错误，不足为凭，遂请朝廷下诏征集天下异本，次年版本齐集后，下诏崇文院校定。

丁卯，命翰林学士吴奎、龙图阁直学士杨畋、御史中丞王畴、知制诰王安石考试制科举人于秘阁。奎等上王介、苏轼、苏辙论各六首，合格。其科号贤良方正能直言极谏。

乙亥，仁宗御崇政殿，策试贤良方正能直言极谏者，苏轼所对入第三等，王介第四等，苏辙入第四等次。以苏轼为大理评事、签书凤翔府判官事；苏辙为商州军事推官；王介为秘书丞、知静海县。考官为胡宿、沈遘、范镇、司马光、蔡襄。

十月，诏太常礼院修《谥法》。

按：初，太常礼院言："今所用《谥法》，乃雍熙年中所定，其间字数，比贺琛、沈约、王彦威所录多舛误，请别编修。"从之（《续资治通鉴》卷六〇）。

十一月己巳，夏国主谅祚言："本国窃慕汉衣冠，今国人皆不用蕃礼，明年欲以汉仪迎待朝廷使人。"许之（《续资治通鉴长编》卷一九五）。

辛未，于潜县令、编校秘阁书籍孙洙为馆阁校勘，从新制也。

按：编校书籍二年得补校勘，从孙洙始。

乙亥，枢密院上所编《机要文字》1161册。

按：自初纂集讫成书，凡四年余。

十二月，命秘书丞陈绎第三次校勘《汉书》，又诏参政欧阳修看详。

辛丑，三馆、秘阁上所写黄本书6496卷，补白本书2954卷。仍诏两制（即中书舍人和翰林学士）详阅所献遗书，择可取者，令编校官复校，写充定本。编校官常以一员专管勾定本。

是年，北宋石经（又称嘉祐石经）全部刊刻完毕。所刻有《周易》、《诗经》、《尚书》、《周礼》、《礼记》、《春秋》、《孝经》、《论语》、《孟子》九种儒家经典。由当时书法家赵克继、杨南仲、张次立、胡恢等人书写。因石经用楷、篆二体刻成，故也称"二体石经"，以别于汉熹平的"一字石经"和魏正始的"三体石经"。

按：北宋石经久已毁佚，今只存部分拓本和少数石经的残石。

韩琦、欧阳修建议宋仁宗早定皇储，遂以赵曙为皇太子。

韩琦七月为昭文馆大学士，闰八月授刑部尚书同中书门下平章事、昭文馆大学士，监修国史，封仪国公。

周敦颐十二月为国子博士、通判虔州。道出江州，爱庐山之胜，因筑濂溪书堂于其麓。

欧阳修四月荐举刘攽、吕惠卿充馆职。

按：其《举刘攽吕惠卿充馆职札子》曰："前庐州观察推官刘攽辞学优赡，履行修谨，记问该博，可备朝廷询访；前真州军事推官吕惠卿材识明敏，文艺优通，好古饬躬，可谓端雅之士，并宜置之馆阁。"（《文忠集》卷一一三）《宋史·欧阳修传》曰："（欧阳修）为文天才自然，丰约中度。其言简而明，信而通，引物连类，折之于至理，以服人心。超然独骛，众莫能及，故天下翕然师尊之。奖引后进，如恐不及，赏识之下，率为闻人。曾巩、王安石、苏洵、洵子轼、辙，布衣屏处，未为人知，修即游其声誉，谓必显于世。笃于朋友，生则振掖之，死则调护其家。"

欧阳修八月辛丑转户部侍郎、参知政事，进封开国公，辞转官，许之；九月庚申同修中书《时政记》；十月与韩琦、曾公亮共请立皇子；十二月丙戌腊享太庙，摄太尉行事。

欧阳修上《论台谏官唐介等宜早牵复札子》。

按：唐介、赵抃、范师道、吕诲、王陶等谏官、台官皆以言事被黜，欧阳修认为唐介等久在言职，其人立朝各有本末，前后补益甚多；况斥逐谏臣，非朝廷美事，阻塞言路，不为国家之利，望特赐召还，以劝守节敢言之士。其后唐介等并复进用。

欧阳修作《廖氏文集序》，批评"学者知守经以笃信，而不知伪说之乱经也"（《文忠集》卷四三）。

司马光擢修起居注，五辞而后受命，同判尚书礼部。六月迁起居舍人、同知谏院，改天章阁待制兼侍读、知谏院；七月以三札子上殿，一论君德，二论御臣，三论拣军；八月作《上仁宗乞举孝廉及更立明经格式》，谓

"取士之道,当以德行为先,其次经术,其次政事,其次艺能。……乞以《周易》、《尚书》、《毛诗》为一科,《三礼》为一科,《春秋》三传为一科,皆习《孝经》、《论语》为帖经"(《宋名臣奏议》卷八〇)。

司马光、范镇、沈遘为贤良方正能直言极谏科考官,试题为"六论",即王者不治夷狄论、刘恺丁鸿孰贤论、礼义信足以成德论、形势不如德论、礼以养人为本论、既醉备五福论。

司马光进《论财利疏》,提出改进理财机构,革除三司原有理财之弊的主张,同时批评朝廷养官务多,使"俸禄有增无损";养兵务多,"则力用寡而衣粮费,衣粮费则府库耗"的弊政,认为"凡此数事,皆以竭民财者,陛下安得熟视而无所变更耶?"(《历代名臣奏议》卷二六四)

按:朱熹在总结王安石熙宁变法的原因时指出:"只是当时非独荆公要如此,诸贤都有变更意。"又曰:"熙宁更法,亦是势当如此。凡荆公所变更者,初时东坡亦欲为之,及见荆公做得纷扰狼狈,遂不复言,却去攻他。如荆公初上底书,所言皆是,至后来却做得不是。自荆公以改法致天下之乱,人遂以因循为当然,天下之弊所以未知所终也。"(《朱子语类》卷一三〇)

司马光十一月十四日论张方平不宜任秦凤路经略安抚使。

曾公亮为同中书门下平章事、集贤殿大学士,张升为枢密使。

王安石二月为进士详定官主考进士;六月以三司度支判官知制诰,纠察在京刑狱;八月策贤良方正能直言极谏之士,王介、苏轼、苏辙皆在举中,王安石不肯为苏辙撰词,乃改命沈遘为之词。

按:宋人认为王安石对苏学不甚欣赏,邵博《邵氏闻见后录》卷一四载,王安石斥苏洵"有战国纵横之学",又谓苏轼制策"全类战国文章,若安石为考官,必黜之";朱熹也曰:"学中策问,苏程之学,二家常时自相排斥,苏氏以程氏为奸,程氏以苏氏为纵横。以某观之,只有荆公(王安石)修《仁宗实录》,言老苏之书大抵皆纵横者流,程子未尝言也。"(《朱子语类》卷一三〇)

苏轼、苏辙兄弟八月二十五日赴崇政殿,受仁宗殿试所举贤良方正能直言极谏策问。苏轼为第三等,苏辙为第四等。苏氏父子一时名声大盛。苏轼授大理评事、签书凤翔府签判,十一月离京赴任,苏辙送至郑州;苏辙以秘书省校书郎充商州军事推官,因其父苏洵奉命在京修礼书,遂奏请留京侍奉父亲。

按:第三等为上考,整个北宋只有苏轼、吴育、范百禄、孔文仲4人获此殊荣。

苏轼参加制科考试献《进策》、《进论》各25篇,系统提出革新主张。

苏洵著《上韩丞相书》,向韩琦诉说心中的不满,可韩琦对苏洵"知其才而不能用",经欧阳修劝说,苏洵七月被任命为秘书省试校书郎、霸州文安县主簿,与陈州项城县令姚辟同修《太常礼书》。

富弼三月因母丧去相位,六月起复礼部尚书、平章事、昭文馆大学士、监修国史,富弼固辞不拜。

苏颂是春出知颍州。

沈括为宁国县令,力排众议,参与修治圩田;上书欧阳修,并献《乐说》一通。

宋嘉祐六年　契丹清宁七年　夏奲都五年　辛丑　1061年

包拯四月为给事中、三司使；再除枢密副使。

王岩叟举明经科第一，为栾城主簿。

赵抃奏乞举人年限俾廷试；奏乞留王陶在院供职；四月出知虔州。

余靖五月为尚书左丞、广南东路经略安抚使、知广州。

王安礼、曾宰、孔文仲同登进士第。

黄庭坚年十七，在淮南从舅氏李常学，与孙觉相识；孙觉推崇杜甫，认为杜甫《北征》诗胜过韩愈《南山》诗，王平甫不同意，两人在扬州反复争论，黄庭坚时在场，谓"若论工巧，则《北征》不及《南山》；若书一代之事，以与《国风》、《雅》、《颂》相为表里，则《北征》不可无，而《南山》虽不作未害也"（《余师录》卷四）。两人皆服，争论结束。孙觉因赏识黄庭坚，遂将女儿兰溪许其为妻。

陈舜俞上书欧阳修，致门生之礼。

覃庆元举进士，得杨亿赏识。

欧阳修据谢景初所编梅尧臣《梅圣俞诗集》10卷本，增补为15卷本，并著诗集序。

苏颂、掌禹锡等编《图经本草》20卷、目录1卷成书。

按：是书又名《本草图经》，是我国药学史上第一部由政府编绘成的刻版药物图谱。特别是该书所附的木刻药物标本图在中国医药史上，具有特殊的重要地位。

辽武珪所撰记载辽朝风俗制度的《燕北杂记》由宋知雄州赵滋进呈。

欧阳修著《集古录》10卷成。

按：是书收集历代石刻跋尾四百余篇，使我国从隋唐开始的对古物私刻辞的研究，进一步向独立学科发展，成为我国学术史上正式出现金石学的端绪。《四库全书总目提要》曰："古人法书惟重真迹，自梁元帝始集录碑刻之文为《碑英》一百二十卷，见所撰《金楼子》，是为金石文字之祖。今其书不传。曾巩欲作《金石录》而未就，仅制一序存《元丰类稿》中。修始采掇佚遗，积至千卷。撮其大要，各为之说。至嘉祐治平间，修在政府，又各书其卷尾。于是文或小异，盖随时有所窜定也。修自书其后，题嘉祐癸卯。"

陈倩著《茅山记》1卷。

陈翥卒（约982—　）。翥字凤翔，一作子翔，号虚斋、咸聱子，因喜好种植桐、竹，自称桐竹君，安徽铜陵人。隐居读书著述，未出仕。曾植桐树于故里西山之南，因撰《桐谱》1卷，论述桐的种类、土宜、种植、采伐和用途。

宋祁卒（998—　）。祁字子京，安州安陆人，徙开封雍丘。宋庠弟。天圣二年进士。释褐复州军事推官。以孙奭荐，改大理寺丞、国子监直讲。官至翰林学士承旨，谥景文。曾预修《广业记》，任史馆修撰，修《新唐书》列传。又助丁度修《集韵》。今存辑本《宋景文集》62卷、《益部方物略记》、《宋景文笔记》3卷、《宋景文杂说》1卷。事迹见《宋

德国埃克哈特四世卒（—1061）。美因茨的僧侣，著有《德语讲道集》。

史》卷二八四《宋庠传》附传、范镇《宋景文公祁神道碑》(《名臣碑传琬琰集》上卷七)。

按：《四库全书总目提要》曰："盖文章至五季而极弊。北宋诸家，各奋起振作，以追复唐贤之旧。穆修、柳开以至尹洙、欧阳修，则沿洄韩、柳之波。庠兄弟则方驾燕、许之轨。譬诸贾、董、枚、马，体制各殊，而同为汉京之极盛。固不必论甘而忌辛，是丹而非素矣。陈振孙称'景文清约庄重，不逮其兄，以此不至公辅。'今观其集，庠有沈博之气，而祁多新警之思，其气象亦复小殊。所谓文章关乎器识者欤。"

僧允堪卒(1006—　)。允堪钱塘人。依天台崇教大师慧思出家。仁宗庆历中赐号真悟大师。著有《会正记》、《律宗十二部经解经传》、《法门赞序》等。

陈洙卒(1013—　)。洙字师道，一字思道，建州建阳人。庆历二年进士。历殿中侍御史。嘉祐六年上疏助司马光乞早建储嗣，疏方上，即饮药以卒，以明无异图。精于《春秋》之学，与孙复齐名。著有《春秋索隐论》5卷、《御史奏疏》2卷、《陈殿院集》15卷，皆佚。事迹见陈襄《殿中侍御史陈君墓志铭》(《古灵集》卷二〇)。

张根(　—1120)、赵令畤(　—1134)生。

宋嘉祐七年　契丹清宁八年　夏奲都六年
壬寅　1062年

德国科隆大主教安诺劫持幼王亨利四世，僭政。

比萨人于西西里破阿拉伯人。

意大利佛罗伦萨圣米尼亚托大教堂建成。

三月辛亥，诏礼部贡举。

辛酉，命参知政事欧阳修提举三馆、秘阁，撰写《校书籍》，同译《经润文》。仍诏两制看详天下所献遗书。

四月己丑，夏国主谅祚上表求宋太宗御制诗草、隶书石本，欲建书阁宝藏之。又进马50匹，求《九经》、《唐史》、《册府元龟》及宋正(正旦)至(冬至)朝贺仪。诏赐《九经》，还其马。夏又请《大藏经》，宋允给一部。

六月丁亥，秘阁上补写御览书籍。

按：先是，欧阳修言："秘阁初为太宗藏书之府，并以黄绫装潢，号曰太清本。后因宣取入内，多留禁中，而书颇不完。请降旧本，令补写之。"遂诏龙图、天章、宝文阁、太清楼管勾内臣，检所阙书录上，于门下省补写。至是上之，赐判秘阁范镇及管勾补写官银绢有差(《续资治通鉴》卷六〇)。

是月，契丹放进士王鼎等93人。

八月，诏立宗实为皇太子，赐名曙，大赦天下。

十二月庚子，幸龙图、天章阁，召辅臣、近侍、三司副使、台谏官、皇子、宗室、驸马都尉、主兵观祖宗御书。又幸宝文阁，为飞白书，分赐从臣，下逮馆阁。作《观书诗》，韩琦等属和。遂宴群玉殿。传诏学士王珪撰诗序，刊石于阁（《续资治通鉴》卷六〇）。

是月，诏以《宋书》等七史板本 464 卷送国子监，镂板颁行。

诏以所写黄本 10659 卷、黄本印书 4734 卷，悉送昭文馆。

辽朝遣使送《大藏经》（《契丹藏》）至高丽。

欧阳修三月奉命提举三馆、秘阁写《校书籍》，同译《经润文》；七月庚戌差充明堂卤簿使。

欧阳修五月致书刘敞，谢惠寄古器铭文。

按：欧阳修《与刘侍读原父》二十六曰："蒙惠以《韩城鼎铭》及汉《博山盘记》，二者实为奇物。某集录前古遗文，往往得人之难得，自三代以来莫不皆有，然独无前汉字，每以为恨。今遽获斯铭，遂大赏其素愿，其为感幸，自宜如何。"（《文忠集》卷一四八）

司马光五月改天章阁待制兼侍讲，仍知谏院。有《论诸科试官》。

按：其曰："臣伏见朝廷取勘诸处发解考试诸科官，以所解诸人到省十有九不中者。臣窃唯国家本设六科以求通经之士，窃唯去岁贡院出题曲为奇巧，或离合句读，故相迷误，或取卷末经注字数以为问目，虽有善记诵之人，亦不能对。其去设科本意甚远，是罪在贡院出义题官，不在诸处发解官也。今举人被黜，又并发解之官亦坐停替。臣恐学者从此益弃本原，殆非崇经术之道。伏望朝廷委官覆考，仍敕贡院将来科场依条出义，毋得更如今来诡僻苛细，至时仍有十有九不中之人，然后将诸处考试官行罚，则彼皆无辞，而人亦不以为冤矣。"（《传家集》卷二三）

王安石十月同勾当三班院。

苏轼二月十三日至十九日到凤翔各县"减决囚犯"，并著《奉诏减决囚犯，记所经历》寄苏辙。

苏辙在京侍父，研读《周易》。

吕公著为天章阁待制。

邵雍时居洛阳天津桥。

沈括任宛丘县令，秋季参加苏州发解试，名列第一。

赵抃七月被召还台，以礼部员外郎兼侍御史知杂事。

韩琦等四月上所修《嘉祐编敕》12 卷、《续附令敕》5 卷，诏颁行。

按：《嘉祐编敕》起庆历四年，迄嘉祐三年。其元降敕但行约束而不立刑名者，又析为《续附令敕》5 卷。

欧阳棐著《集古录目》20 卷。

按：张淏《云谷杂纪》卷三曰："秦汉以前，字画多见于钟鼎彝间，至东汉时，石刻方盛。本朝欧阳公始酷嗜之，所藏至千卷，既自为跋尾，又命其子棐撮其大要而为之说，曰《集古录目》。晚年自号'六一居士'，集录盖其一也。"是书原有 20 卷，现仅存辑佚 10 卷。系欧阳棐据其父欧阳修所集古代碑刻资料撰写而成，是我国现存较早的碑刻目录著作。

《契丹藏》（简称《丹藏》，亦称《辽藏》）579 帙全部刻成。

按：是书印刷分精制、普及两种本子，精制本在造纸、印刷、装帧等方面都已超过唐和五代水平,但久已失传,1974年在山西应县木塔寺发现残本12卷。

包拯卒(999—)。拯字希仁,合肥人。天圣五年进士。仁宗时任监察御史,后任天章阁待制、龙图阁直学士。官至枢密副使。知开封时,以断讼明敏、正直廉洁著称,人称"包青天"。谥孝肃。著有《包孝肃奏议》15卷,今存10卷。事迹见《宋史》卷三一六本传,今人齐涛编有《包拯年谱》。

章友直卒(1006—)。友直字伯羁,建州建安人。游于江淮间,交游甚广。善相术,知音律,精弈棋,工篆书。嘉祐初,奉召与杨南仲篆《石经》于国子监。《宣和书谱》谓"友直工玉箸字学,自李斯篆法亡而得一阳冰,阳冰后得一徐铉,友直在铉之门,其犹游、夏欤!"北宋朱长文《续书断》将其书列为能品,谓其"以玉箸字学宗当世"。其家人子女,皆能传其笔法。

耿南仲(—1129)生。

宋嘉祐八年　契丹清宁九年　夏拱化元年
癸卯　1063年

塞尔柱突厥帝国苏丹图格里尔卒,侄阿尔普·阿尔斯兰继立。

意大利普利亚大区城镇和大主教区实行《海洋法》,是为地中海地区第一部中世纪海洋法规。

威尼斯成立480人议事会。

法国诺曼底公爵征服曼恩。

正月己酉,命翰林学士范镇、知制诰王安石、天章阁待制司马光知贡举。

三月丁未,诏进士七举、诸科八举曾经御试年四十以上,进士五举、诸科六举曾经御试及进士六举、诸科七举曾经御试年五十以上,河东、河北、陕西举人,递减一举,令礼部贡院特以名闻。

壬戌,封神应侯扁鹊为神应公。

甲子,赐进士许将、陈轩、左仲通等127人及第,67人同出身,诸科147人及第、同出身,又赐特奏名进士、诸科100人及第、同出身、诸州文学、长史。

辛未,宋仁宗卒,嗣子赵曙即位,是为英宗。尊仁宗皇后为皇太后,诏请皇太后同听政。

四月丙戌,以国子监所印《九经正义》、《孟子》、医书赐夏国,从其所乞。

七月,契丹皇太叔耶律重元发动政变,为南院枢密使耶律仁先所平;耶律重元自杀,预谋者萧革等被杀。

十月,诏令尚书兵部与两制重新议定武举制度。

十二月己巳,开经筵,翰林学士刘敞进读《史记》。

按:欧阳修《集贤院学士刘公墓志铭》曰:"及侍英宗讲读,不专章句解诂,而指事据经因以讽谏,每见听纳,故尤奇其材。"(《文忠集》卷三五)

乙亥,诏以仁宗御书藏宝文阁,命翰林学士王珪撰记立石。

庚辰，命翰林学士王珪、贾黯、范镇撰《仁宗实录》，集贤校理宋敏求、直秘阁吕夏卿、秘阁校理韩维兼充检讨官，入内都知任守忠管勾。

按：宋敏求时知亳州，召用之。

是年，夏改元拱化。

韩琦因宋仁宗去世，为山陵使，苏洵著《上韩昭文论山陵书》，力主薄葬；苏轼为应付山陵所需木材花费数月时间。

欧阳修四月壬申因英宗即位，奉敕书大行皇帝哀册谥宝；甲申覃恩转户部侍郎，进阶金光紫禄大夫。

欧阳修长期搜集金石刻辞，至是年已积至千卷，开始编写《集古录跋尾》。

周敦颐迁虞部员外郎，仍通判虔州，著《爱莲说》。

王安石四月著《仁宗皇帝挽词四首》，八月丁母忧，解官归江宁。曾巩为王安石母著《仁寿县太君吴氏墓志铭》。

按：王安石丁忧期间，潜心学术，撰有《淮南杂说》、《洪范传》及《性情》、《五霸》、《兴贤》、《委任》等文。全祖望曰："荆公《淮南杂说》初出，见者以为孟子。"(《宋元学案》卷九八《荆公新学略》)王氏学说流行以后，对北宋学风的转变颇有影响。在此之前，"士习卑陋，不知道德性命之理"，"自王氏之学兴，士大夫非道德性命不谈"(赵秉文《滏水集》卷一《性道教说》)。

苏洵作《辨奸论》，以刺王安石。

按：张方平《文安先生墓表》："安石之母死，士大夫皆吊之，先生独不往，作《辨奸论》一篇。……当时见者多谓不然，曰：'嘻，其甚矣！'先生既殁三年，而王安石用事，其言乃信。"(《乐全集》卷三九)

苏轼在凤翔任上著《思治论》，提出"一课百官，二安万民，三厚货财，四训兵旅"的改革方案(《东坡全集》卷四四)。

刘恕至宋敏求家观书，又与司马光论撰编年史事。

沈括进士及第，任扬州司理参军。

富弼五月为枢密使、礼部尚书、同平章事。

范祖禹、孔武仲同登进士第。

黄庭坚以乡贡进士入京，省试落第。

苏颂迁度支员外郎，召为开封府界提点诸县镇公事。

范镇时为翰林学士，正月丙寅提举校正医书。

贾黯迁中书舍人，受诏撰《仁宗实录》，权知审刑院，为群牧使。

赵抃是春改度支副使；英宗即位，进天章阁待制，为河北都转运使。

陈公弼接替宋选为凤翔太守，待下甚严，僚吏不敢仰视，但苏轼却敢于坚持己见。

孙兆三月为殿中丞，单骧为中都令，仍奉命校正医书。

龚原举进士。

刘牧著《易数钩隐图》3卷约成书于本年前。

按：汉儒治《易》，多主象数，至北宋初，《易》学渐融入释、道之说，由象数一派又歧出图书一派，首倡者即为刘牧。有《四库全书》本。

曾巩在馆阁先后著有《新序目录序》、《梁书目录序》、《烈女传目录序》、《礼阁新义目录序》、《战国策目录序》、《陈书目录序》、《南齐书目录序》、《唐令目录序》、《说苑目录序》。

庞籍卒（988— ）。籍字醇之，单州成武人。大中祥符八年进士。历地方官。景祐三年为侍御史，进天章阁待制。西夏元昊反，为陕西安抚使。又以龙图阁直学士知延州。宋夏和议，任枢密使、参知政事。官至宰相，以太子太保致仕，封颍国公。谥庄敏。著有《清风集》50卷，今佚。事迹见《宋史》卷三一一本传、司马光《太子太保庞公墓志铭》(《传家集》卷七六)。

王逢卒（1005— ）。逢字会之，太平州当涂人。少举进士不第，教授苏州，学者甚多。晚始登第，补南雄州军事推官。曾为国子监直讲，后以太常博士通判徐州，未至卒。与胡瑗友善。著有《易传》10卷、《乾德指说》1卷、《复书》10卷等，皆佚。事迹见《宋史》卷四四三本传、王安石《王会之墓志铭》(《临川文集》卷九二)。

田况卒（1005— ）。况字元钧，其先京兆人，后徙信都。天圣八年进士，补江宁府观察推官。夏竦、范仲淹经略陕西，为其判官。又与韩琦宣抚陕西。以太子少傅致仕。谥宣简。著有《金岩集》2卷、奏议30卷，今佚。事迹见《宋史》卷二九二本传、王安石《田公墓志铭》(《临川文集》卷九一)。

僧克勤（ —1135)生；成无己（ —1156)约生。

意大利哲学家安瑟伦约于是年撰《论信仰》，驳斥洛色林的唯名论。

宋英宗治平元年　契丹清宁十年　夏拱化二年
甲辰　1064年

正月丁酉朔，改元治平。

二月戊辰，命韩琦提举修撰《仁宗实录》。

四月辛未，知审官院王珪奏新编本院敕15卷，诏行之。

五月丁未，命天章阁待制吕公著，集贤校理、同修起居注邵必编集仁宗御制。

戊申，宋皇太后还政，英宗始亲政。

六月己亥，增置宗室学官。诏大宗正：教授有不职者，辄举以闻。

癸卯，贡院奏："准皇祐四年诏，娶宗室女补官者，不得应举。按贡举条例，进纳及工商杂类有奇才异行者，亦听取解。今宗室婿皆三世食禄，有人保任乃得充选，比工商杂类纳财受官流品为胜，岂可以姻连皇

塞尔柱突厥人征服亚美尼亚。

西班牙巴塞罗那伯爵拉蒙·贝伦格尔一世约于是年颁布了著名的法典：《巴塞罗那习惯法》，该法典是他授权地方议会审议经过选择的适用于加泰罗尼亚的罗马中世纪法律。

族,遂同赃私罪戾之人?乞许其应举,以广求贤之路。"从之(《续资治通鉴》卷六二)。

七月庚午,从京东提点刑狱王刚请,诏自今勿以孔氏子弟知仙源县。

辛巳,契丹禁止僧尼私诣行在,妄述祸福,诱取财物。

九月丁卯,诏复置武举。

十月戊午,契丹禁止民间私刊印文字。

按:先是契丹书禁甚严,有以书传入宋地者,罪至死。至是复行此禁。

十一月甲子,翰林学士贾黯奏仁宗旧名应当回避,于是诏中外文字不得用"受益"二字。

丁丑,契丹因乾文阁经籍多缺,诏求图书,命儒臣校雠。

欧阳修撰《唐田弘正家庙碑跋尾》,云自天圣以来,古学渐盛,学者多读韩愈文,而患集本讹舛。又为余靖撰《余襄公神道碑铭》。

欧阳修五月戊辰特转吏部侍郎,固辞,不允。

司马光与欧阳修争逐路取人,是为南北之争。

按:司马光《贡院乞逐路取人状》略曰:"勘会嘉祐三年、五年、七年三次科场内,开封府国子监并约四人五人中取一人及第,而西北河东陕西及近边夔利等路,至有全无人及第者。盖缘每次所差试官皆两制三馆之人,其所好尚即成风俗,渊源渐染,文采自工,而使僻远孤陋之人混同封弥,考校长短,势不侔矣。孔子曰:十室之邑,必有忠信。岂可大段不均如此!国家用人之法,非进士及第不得美官,非善为赋诗论策不得及第,而非游学京师者,不善为赋诗论策,致使四方学士老于京师,自间岁开科以来,远方举人惮于往还,只在京师寄应,妄冒户贯,比旧尤多。朝廷虽重为科禁,然以美官厚利诱人于前,而以苛法空文禁之于后,必不行矣。今柳村所请,遂名黏名,与在京各以分数裁定,委得均平允当,或谓诸路自以文艺疏拙,理宜黜退,是大不然。国家设官以待贤能,岂宜专取文艺,四方之人,虽于文艺或有所短,而其余有益于公家之用者,盖亦多矣。岂可尽加弃斥耶?乞随其文理善恶,每十人中取一人,其不满十者,六人以上亦取一人,五人以下更不取,如允所奏,乞下贡院施行。"(《传家集》卷三二)参知政事欧阳修《论逐路取人札子》力言其不可者有六:"言事之人但见每次科场东南进士得多而西北进士得少,故欲改法。殊不知四方风俗异,宜东南好文,故进士多而经学少;西北尚质,故进士少而经学多。今以进士经学合而较之,则其数多矣。若必论进士则多少不等,此臣所谓偏见之一端,不可一也。国家方以官滥为患,取士数必难增。若欲多取西北,却须多减东南。今东南进士取解者二三千人处只解二三十人,是百人取一人,盖已裁抑之矣。西北至多处不过百人,而解至十余人,是十人取一人,已十倍假借之矣。若至南省又减东南,而增西北,则是裁抑者复裁抑,假借者又假借,不可二也。东南初选已精,故至南省合格者多;西北初选已滥,故至南省合格者少。今若一例十人取一人,则东南必多屈抑,而西北必多谬滥。至于他路,理不可齐,偶有一路合格者多,亦限以十一落之;偶有一路合格人少,亦须充足十一之数,使合落者得,合得者落,取合颠倒,不可三也。且朝廷专以较艺取人,而使有艺者屈落,无艺者滥得,不问谬滥,只要诸路数停,不可四也。且言事者本欲多取诸路土著之人,若此法一行,则寄应者必争趋而往。今开封府寄应之弊可验矣。法出而奸生,不可五也。广南东西路自知无艺,只来一就省试而归,冀作摄官,朝廷以北人不便,岭外烟瘴,因亦许之。今若一例与诸路十人取一,其谬滥又非西北之比,不可六也。臣谓宜且遵旧制,不问东西南北,混合为一,唯才是择,又黏名誊录而考之,其无情如造化,其至公如权衡,此乃当今可行之法尔。若谓士习浮华,当先考行就如新议,亦须只考程艺耳,安能必取行实之人哉!"(《文忠集》卷一一三)《宋会要辑稿·选举三》载马端临《文献通考》:"分路取人之说,司马、欧阳二公之论不同。司马公之意,主于均额,以息奔竞之风;欧阳公之意,主于核实,以免谬滥之弊。要之朝廷既以文艺取士,则欧阳之说为是。"

司马光四月论贡院科场不用诗赋。

按:司马光《贡院定夺科场不用诗赋状》曰:"近世取人专用诗赋,其为弊法,有识共知,今来吕公著欲乞科场更不用诗赋,委得允当。然进士只试论策,又似太简。欲乞今后省试除论策外,更试《周易》、《尚书》、《毛诗》、《周礼》、《仪礼》、《春秋》、《论语》大义。共十道为一场,其策只问时务,所有进士帖经墨义,从来不曾考校,显是虚设,乞今更不试。御前除试论外,更试时务策一道,如此则举人皆习经术,不尚浮华。"(《传家集》卷三〇)

周敦颐移永州通判。

吕公著四月以天章阁待制兼侍讲为同修起居注,建议科举考试不用诗赋,专以论策升黜,司马光著《贡院定夺科场不用诗赋状》,附和其说。

吕公著判太学,请程颐为太学正,程颐固辞不就。

刘敞九月知卫州,未行,改知汝州。

蔡襄为三司使,上《国论要目十二事疏》(《蔡忠惠集》卷二二),以及《论兵十事疏》,谓"一岁所用,养兵之费常居六七,国用无几矣"(《蔡忠惠集》卷一八)。

黄庭坚三月赴试礼部,留京师。

知制诰祖无择十二月献《皇极箴》,赐诏奖之。

易元吉应召入宫画屏风。

钱公辅陈治平十议。

按:钱公辅字君倚,武进人。少从学胡瑗。

驾部郎中路纶六月献其父路振所撰《九国志》50卷,诏以付史馆。

按:路振在真宗时知制诰,所谓九国者,即吴杨行密、南唐李昇、闽王潮、北汉刘崇、南汉刘隐、楚马殷、西楚高季兴、吴越钱镠、蜀王建、后蜀孟知祥。晁公武《郡斋读书志》、《宋史·艺文志》记51卷;现通行本为12卷,附张唐英补《拾遗》1卷,有1937年上海商务印书馆《万有文库》本、1985年中华书局《丛书集成初编》本。

司马光著《历年图》5卷。

按:是书将周威烈王二十三年至周世宗显德六年历史编成年表进呈。宋英宗令于崇文院设局专心编撰。

苏洵编定《谥法》4卷。

按:《四库全书总目提要》曰:"自《周公谥法》以后,历代言谥者有刘熙、来奥、沈约、贺琛、王彦威、苏冕、扈蒙之书,然皆杂糅附益,不为典要。至洵奉诏编定六家谥法,乃取《周公春秋广谥》及诸家之本删订考证,以成是书。凡所取一百六十八谥,三百十一条。新改者二十三条,新补者十七条,别有七去、八类,于旧文所有者刊削甚多。其间如尧、舜、禹、汤、桀、纣乃古帝王之名,并非谥号。而沿袭前讹,概行载入,亦不免疏失。然较之诸家义例,要为严整。后郑樵《通志·谥略》,大都因此书而增补之,且称其'断然有所去取,善恶有一定之论,实前人所不及'。盖其斟酌损益,审定字义,皆确有根据,故为礼家所宗。虽其中间收僻字,今或不能尽见诸施行,而历代相传之旧典,犹可以备参考焉。曾巩作洵墓志,载此书作三卷。而此本实四卷,殆后人所分析欤?"

裴煜补刻《杜工部集》遗文9篇于苏州。

包拯所著《包孝肃奏议》10卷由其门人张田编辑成书。

蔡襄所著《茶录》2卷被刻石。

按:是书专论福建建安茶烹试,是研究茶史的重要资料。

余靖卒(1000—　)。靖字安道,韶州曲江人。天圣二年进士。知新建县,迁秘书丞。受命与王洙并校司马迁《史记》和范晔《后汉书》,擢集贤校理。范仲淹被贬,他上书反对,与尹洙、欧阳修同被贬逐。后官至工部尚书。卒,特赠刑部尚书,谥襄。著有《武溪集》20卷、《三史刊误》40卷、《余襄公奏议》5卷。事迹见《宋史》卷三二〇本传、欧阳修《余襄公神道碑铭》(《文忠集》卷二三)。今人易行广编有《余靖年谱简编》。

唐询卒(1005—　)。询字彦猷,杭州钱塘人。唐肃子。以父荫为将作监主簿。仁宗天圣中赐进士及第。以吴育荐为御史。官至给事中。好收藏各地名砚,著有《砚录》3卷,今存1卷。另有文集30卷,已佚。事迹见《宋史》卷三〇三《唐肃传》附传。

刘牧卒(1011—　)。牧字先之,一作牧之,号长民,衢州西安人。举进士。尝从孙复学《春秋》,又以范仲淹为师。因范仲淹荐,为兖州观察推官。官至太常博士。著有《新注周易》11卷、《卦德通论》1卷等。今存《易数钩隐图》3卷及《遗论九事》。《宋元学案》列其入《泰山学案》。事迹见《宋史翼》卷二三、王安石《刘君墓志铭》(《临川文集》卷九七)。

谢景平卒(1032—　)。景平字师宰,富阳人。谢绛子。初以父荫试秘书省校书郎。累官至秘书丞。著有《诗》、《书》传说数十篇。事迹见《宋史》卷二九五《谢绛传》、王安石《秘书丞谢师宰墓志铭》(《临川文集》卷九六)。

萧楚(　—1130)、吕好问(　—1131)生。

西班牙穆斯林文学家、史学家、法学家、神学家伊本·哈兹姆卒(994—　)。

宋治平二年　契丹道宗咸雍元年　夏拱化三年 乙巳　1065年

正月辛酉朔,契丹改元咸雍,册立梁王睿为皇太子。

二月丙午,赐礼部奏合格进士、明经、诸科彭汝砺、薛向等361人及

尼罗河停止有规律的每年泛滥,

导致农业歉收,大饥。这场灾荒一直持续到1072年。

德国赴耶路撒冷朝圣者是年达1.1万人,为中世纪朝圣人数最多的一次。

英王忏悔者爱德华重建伦敦威斯敏斯特大教堂。

第、出身。

按:是科考官为翰林学士冯京、侍读学士范镇、知制诰邵必。彭汝砺等3人授初幕职官,如咸平元年例,余授判、司、簿、尉,出身人守选。

三月丁卯,诏贡院:"经殿试进士五举,诸科六举,经省试进士六举、诸科七举,今不合格而年五十以上者,第其所试为三等以闻。"乃以进士孙京等7人为试将作监主簿,余38人为州长史、司马、文学(《续资治通鉴》卷六三)。

宋修新历,三年乃成,赐名《明天历》,并诏翰林学士王珪作序。

按:《崇天历》行之至于嘉祐之末,英宗即位,命殿中丞、判司天监周琮及司天冬官正王炳、丞王栋、主簿周应祥、周安世、马杰、灵台郎杨得言作新历,三年乃成。既而司天中官正舒易简与监生石道、李遘更陈家学。于是诏翰林学士范镇、诸王府侍讲孙思恭、国子监直讲刘攽考定是非,遂赐名《明天历》。诏翰林学士王珪序之,而周琮亦为义略冠其首。

四月戊戌,诏礼官及待制以上,详议崇奉濮安懿王典礼以闻。"濮议之争"由此始。

按:宋廷议英宗生父濮安懿王称号,大起争议,史称"濮议"。宰相韩琦、参知政事欧阳修等赞成追尊为皇,天章阁待制司马光、御史吕诲、范纯仁、吕大防等以为不可。

六月壬寅,提举在京诸司库务王珪等奏:都官郎中许遵编《在京诸司库务条式》130册,诏行之。

八月,命知制诰宋敏求、韩维同修撰《仁宗实录》。

九月己巳,以灾异风俗策制举人。甲戌,以制科入等著作佐郎范百禄为秘书丞,前和川县令李清臣为著作佐郎。

十月庚寅,以天章阁待制吕公著、司马光为龙图阁直学士兼侍读。

王安石十月甲午复为工部郎中、知制诰。

韩琦差兼枢密院公事,十一月封魏国公。

欧阳修是春"上表乞外",英宗不允;八月又请避位,又不允;九月辛酉提举编纂《太常礼书》100卷成,诏名《太常因革礼》;十一月加上柱国。

欧阳修为石介著《徂徕石先生墓志铭》。

王安石服除,七月召赴阙,上状三辞,不赴;十月复为知制诰。

王安石为王回撰墓志铭。

周敦颐十一月迁比部员外郎。

程颐在磁州代其父应诏上英宗皇帝书,陈纲纪、选官、安业、政肃、民和、武备等"治安六事"和立志、责任、求贤等"世务三端"。又代彭中丞论濮王称亲疏。

司马光上《言濮王典礼札子》。七月除依前尚书吏部郎中充龙图阁直学士,判流内铨,改右谏议大夫。八月十七日又论濮安懿王典礼。

按:宋英宗以濮王子入承大统,诏议崇奉濮王典礼,欧阳修主张称为皇,夫人为后;司马光主张视为皇伯,两派遂致交哄。

司马光十二月十七日乞令选人试经义。

按:司马光《乞令选人试经义上殿札子》曰:"国家旧制,资荫出身人初授差遣者,并令审官院流内铨试,省格诗或赋或论,或五经墨义十道,各从其便。其赋、论、墨义,徒有其名,无人原试。大率皆乞试诗,其间甚有假手于人,真伪难辨,就使自能作诗,词采高妙,施于治民亦无所用,不可以此便为殿最。臣欲乞今后应资荫出身人,初授差遣者,并委审官院流内铨试《孝经》、《论语》大义共三道,仍令主判臣僚更将所对义面加询问,使之口说。若义理精通者,特为一等,……择公卿大夫子弟,皆向学知道。"(《传家集》卷三七)

苏洵与姚辟合修《太常礼书》成,由参知政事欧阳修上奏朝廷。

苏轼正月还朝,授判登闻鼓院。其原配夫人王弗五月二十八日卒于京师,苏轼著有《亡妻王氏墓志铭》。

苏辙三月为大名府留守推官,四月差管勾大名府路安抚总管司机宜文字,著《北京谢韩丞相启》谢韩琦。

蔡襄二月罢三司使,为端明殿学士、礼部侍郎、知杭州。

苏颂迁三司度支判官。

吕公弼七月为枢密副使。

张升七月罢相,文彦博为枢密使。

富弼在立英宗、催太后还政、主"濮议"等问题上与韩琦、欧阳修不睦,七月罢枢密使,以使相郑国公判河阳。未几,徙判汝州。

李清臣试秘阁策入等,授秘书郎签书。

赵抃是春加龙图阁直学士,以吏部员外郎知成都。

晁补之从学于常州学官王安国,深受赏识。

张舜民中进士,授襄乐令。

彭汝砺、孔平仲、舒亶、曾觉同登进士第。

欧阳修九月编纂《太常礼书》成 100 卷,诏以《太常因革礼》为名。

按:嘉祐中,欧阳修同判太常寺,言礼院文字多放轶,请差礼官编修。时朝廷重置局,止以命礼官,而礼官祠祭斋宿,又兼校馆阁书籍,或别领他局。嘉祐六年,秘阁校理张洞奏请择用幕职、州县官文学该赡者三两人置局,命判寺一员总领其事。七月,用项城县令姚辟、文安县主簿苏洵编撰,令判寺官督趣之。及欧阳修为参知政事,因命其提举。是年书成,由欧阳修进呈。

吕公著进所编《仁宗御集》100 卷,欧阳修代英宗作《仁宗御集序》。

苏轼、苏辙汇集近数年所著诗为《岐梁唱和诗集》。

贾昌朝卒(998—)。昌朝字子明,祖籍南皮人,后徙开封。天禧元年召试,因献颂赐同进士出身,授晋陵主簿。官至枢密使,封魏国公,卒谥文元。精通小学,所著除《群经音辨》10 卷今存外,尚有《春秋要论》10 卷、《通纪》80 卷、《本朝时令》20 卷、奏议 30 卷、文集 30 卷,皆佚。事迹见《宋史》卷二八五本传、王珪《贾文元公昌朝墓志铭》(《华阳集》卷三七)。

贾黯卒(1022—)。黯字直儒,邓州穰县人。庆历六年进士第一,累官给事中。权御史中丞。尝合议以濮王为皇伯。以翰林侍读学士知陈州。尝修《仁宗实录》。著有文集30卷,今佚。事迹见《宋史》卷三〇二本传、王珪《贾黯墓志铭》(《华阳集》卷五四)。

王回卒(1023—)。回字深父,一作深甫,福州侯官人,后徙汝阴。嘉祐二年进士,为亳州卫真县主簿,称病自免。治平中,以为忠武军节度推官、知南顿县,命下而卒。著有文集20卷,今佚。《宋元学案》列其入《庐陵学案》。事迹见《宋史》卷四三二本传、王安石《王深父墓志铭》(《临川文集》卷九三)。

王畴卒,生年不详。畴字景彝,济阴人。以父荫补将作监主簿。中进士第,累迁太常博士。翰林学士宋祁提举诸司库务,荐畴勾当公事。官至枢密副使。以贾昌朝荐,编修《唐书》,在书局十余年,编写志草,探讨唐事甚详。事迹见《宋史》卷二九一《王博文传》附传。

苏庠(—1147)生。

宋治平三年　辽咸雍二年　夏拱化四年
丙午　1066年

英王爱德华卒,哈罗德二世继位。

诺曼底公爵威廉征服英格兰,开创诺曼王朝,史称"诺曼征服"。

英国学校教育形成。最初,学校设在大教堂或寺院内,无专门校舍和专职教师,由主教本人或其他教士对各种年龄的受教者进行教育。其后学校逐渐分为文法学校和歌咏学校。

正月癸酉,契丹复改国号为大辽。

辛巳,命翰林学士冯京修撰《仁宗实录》。

壬午,诏罢尚书省集议濮安懿王典礼。尊濮安懿王为皇,吕诲、傅尧俞、范纯仁、吕大防、赵鼎、赵瞻等力争不得,均被黜。司马光、吕公著上疏为之申辩,未果。

按:濮安懿王是宋英宗之生父,英宗即位,追崇濮王,命有司定其称谓。欧阳修引经据典,建议称"父"、称"皇考";而御史吕诲等却诋此为"邪议",认为英宗既已过继给仁宗,就只能以"皇伯"称濮王。当时朝廷有许多官员卷入这场辩论之中,其结果,吕诲等固然失利,欧阳修也遭到人身攻击。《续资治通鉴长编》卷二〇七治平三年正月:"是月壬戌,(吕诲)即与侍御史范纯仁、太常博士监察御史里行吕大防合奏曰:'伏见参知政事欧阳修首开邪议,妄引经据,以枉道悦人主,以近利负先帝,欲累濮王以不正之号,将陷陛下于过举之讥。'"

六月,诏令后国子监卖书钱,尽纳左藏库,所合支用钱,并令三司勘会出给历子,下左藏库支。

九月乙卯,命知制诰宋敏求题濮安懿王及三夫人庙主于园。

丙辰,幸天章、宝文阁,命两府观翰林学士兼侍读学士王珪所书仁宗御诗石刻。

十月丁亥,诏令礼部三岁一贡举。礼部奏名进士,以三百人为额;明经诸科,不得过进士之数。

按：宋代科举,太宗时定为四年一次,仁宗时改为隔年一次,至英宗改为三年一次,成为永制。

甲午,诏宰臣、参知政事举才行士可试馆职者各5人。

按：于是韩琦、曾公亮、欧阳修、赵概等所举蔡延庆、夏倚、王汾、叶均、刘攽、章惇、胡宗愈、王存、李常、张公裕、王介、苏棁、安焘、蒲宗孟、陈侗、陈睦、李清臣、朱初平、黄履、刘挚,凡20人,皆令召试。

十二月壬寅,立皇子颍王赵顼为皇太子。

是年,辽放进士张臻等101人。

欧阳修三月以言者指"濮议"为邪说,第三次请求辞去参知政事,仍不允。

按：吕诲、范纯仁、吕大防等人在是年正月七日、十三日、十八日,先后三次上疏弹劾欧阳修。面对台谏派的凌厉攻势,欧阳修代表中书上疏还击,并得到曹太后的支持。二月十四日,吕诲、范纯仁、吕大防等被贬官出京,"濮议"止息。

欧阳修是年有《又论馆阁取士札子》。

欧阳修著《苏主簿挽歌》,曾巩著《苏明允哀词》,悼念苏洵。

按：欧阳修又著有《故霸州文安县主簿苏君墓志铭并序》,谓苏洵"晚而好《易》,曰:'《易》之道深矣,汩而不明者,诸儒以附会之说乱之也。去之,则圣人之旨见矣。'作《易传》,未成而卒"(《文忠集》卷三四)。

司马光正月十三日论追尊濮安懿王为安懿皇,谓今以非礼之虚名加于濮王,于濮王无益。

司马光正月上《进通志表》,谓"少好史学,病其烦冗,常欲删去其要,说编一书。力薄道悠,久而未就。伏遇皇帝陛下留意艺文,讲求古训。臣有先述《通志》八卷,起周威烈二十三年,尽秦二世三年,《史记》之外,参以他书,于七国兴亡之迹,大略可见。不敢自匿,谨缮写随表上进"(《传家集》卷一七)。四月辛丑奉命编《历代君臣事迹》,先进所编史书战国部分八卷,英宗命继续编纂。于崇文院内设置书局,许借阅龙图阁、天章阁、三馆、秘阁图书。

按：司马光上《奏召同修书札子》奏言:"臣自少以来,略涉群史。窃见纪传之体,文字繁多,虽以衡门专学之士,往往读之不能周浃,况于帝王日有万几,必欲遍知前世得失,诚为未易。窃不自揆,常欲上自战国,下至五代,正史之外,旁采它书,凡关国家之盛衰,系生民之休戚,善可为法,恶可为戒,帝王所宜知者,略依《左氏春秋传》体,为编年一书,名曰《通志》,其余浮冗之文,悉删去不载,庶几听览不劳而闻见甚博。私家区区力不能办,徒有其志而无所成。项臣曾以战国时八卷上进,幸蒙赐览。今所奉诏旨,未审令臣续成此书,或别有编集。若续此书,乞亦以《通志》为名。其书上下贯串千余载,固非愚臣所能独修。伏见翁源县令、广南西路经略安抚司句当公事刘恕,将作监主簿赵君锡,皆以史学为众所推,欲望特差二人与臣同修,庶使得早成书,不至疏略。"(《续资治通鉴》卷六四)诏从之,而令接所进八卷编集,俟书成,取旨赐名。其后赵君锡以父丧不赴,命太常博士、国子监直讲刘攽代之。是为《资治通鉴》编撰之始。

司马光二月初八日论吕诲、范纯仁、吕大防不宜出外；又以龙图阁直学士奉敕修纂《类篇》。三月初二日论傅尧俞、赵鼎、赵瞻不宜外出，十一日又乞与傅尧俞等同责降。

司马光五月往吊苏洵，苏轼、苏辙求其为母著墓志铭，后司马光著有《程夫人墓志铭》。

刘恕由和川县令调至京城做司马光助手，协助编纂《历代君臣事迹》。

按：《宋史·刘恕传》曰：刘恕"笃好史学，自太史公所记，下至周显德末，纪传之外至私记杂说，无所不览，上下数千载间，巨微之事，如指诸掌。司马光编次《资治通鉴》，英宗命自择馆阁英才共修之。光对曰：'馆阁文章之士诚多，至于专精史学，臣得而知者，唯刘恕耳。'即召为属僚，遇史事纷错难治者，辄以诿恕。恕于魏、晋以后事，考证差谬，最为精详"。张耒《张右史文集·冰玉堂记》、晁说之《嵩山文集·九学论》均对刘恕的史才有赞语。

吕公著九月出知蔡州，离京前曾赞扬程颐"洞明经术，通古今治乱之要，实有经世济物之才，非同拘士曲儒，徒有偏长，使任朝廷，必为国器。望特以不次旌用"（《宋名臣言行录》外集卷三）。

苏轼时为殿中丞，二月乙酉朔奉命直史馆。

按：英宗在藩邸已闻苏轼名，即位后欲以唐故事召苏轼入翰林，便授知制诰。韩琦曰："苏轼，远大之器也，他日自当为天下用，在朝廷培养之，使天下之士莫不畏慕降伏，然后取而用之，则人人无复异词。今骤用之，恐天下之士未必皆以为然，适足累之也。"英宗曰："知制诰既未可与，修起居注可乎？"韩琦曰："记注与制诰为邻，未可遽授，不若于馆阁中择近上帖职与之，且近例当召试。"英宗曰："未知其能否，故试。如苏轼有不能耶？"韩琦言"不可"，乃试而命之。他日，欧阳修具以告诉苏轼，苏轼曰："韩公待轼之意，乃古所谓君子爱人以德者也。"（《资治通鉴后编》卷七四）

苏洵是春病重，命其子苏轼完成未成稿《易传》。

按：苏辙《亡兄子瞻端明墓志铭》："先君晚岁读《易》，玩其爻象，得其刚柔、远近、喜怒、逆顺之情，以观其词，皆迎刃而解。作《易传》未完，疾革，命公述其志。公泣受命。"（《栾城集》后集卷二二）

苏洵临终前，所著书上奏朝廷，未报而卒；苏洵卒后，韩琦赠银三百两，欧阳修赠银二百两，苏轼均婉言谢绝，只求赠官。于是朝廷赠苏洵光禄寺丞，并敕官府备船载苏洵之丧回川。苏轼、苏辙兄弟护丧入蜀。

按：苏洵去世后，为之作哀词铭诔者甚多。张方平《文安先生墓表》谓"朝野之士为诔者百三十有三人"，像欧阳修、韩琦、王珪、刘敞、陈襄、曾公亮、赵概、王拱辰、郑獬、苏颂、张商英、姚辟等都有哀词或挽辞。

范镇正月为翰林侍读学士、集贤殿修撰、知陈州。

张方平时为端明殿学士兼龙图阁学士、知徐州，正月为翰林学士承旨。

沈括入京当编校昭文馆书籍，奉命参与详定浑天仪。

吕诲罢御史，出知蕲州；范纯仁通判安州，吕大防知休宁县。

按：时赵鼎、赵瞻、傅尧俞使契丹还，以尝与吕诲言濮王事，即上疏乞同贬，乃出赵鼎通判淄州,赵瞻通判汾州,傅尧俞知和州。知制诰韩维及司马光皆上疏乞留吕诲等,不报,遂请与俱贬,亦不许。吕诲等既出,濮议亦寝。

黄庭坚再次参加省试,试题为《野无遗贤》,主考李询读其试卷,谓"此人不特诗冠场,他日当有诗名满天下"(明曹安《谰言长语》),遂取为第一。

陆佃师从王安石,为弟子。

刘攽四月校勘《后汉书》毕,撰《东汉刊误》1卷奏进。

吏部流内铨五月庚午,进编修《铨曹格敕》14卷,诏行之。

王安石著《洪范传》1卷约成书于本年。

按:王安石在江宁讲学期间,发表了《淮南杂说》和《洪范传》等著作,影响颇大。从学王安石最久的弟子陆佃说:"淮之南,学士大夫宗安定(胡瑗)先生之学,予独疑焉。及得荆公《淮南杂说》与其《洪范传》,心独谓然。于是愿埽临差先生之门。后余见公,亦骤见称奖,语器言道,朝虚而往,暮实而归,觉平日就师十年,不如从公之一日也。"(《陶山集》卷一五《傅府君墓志》)《洪范传》收入《临川文集》,有嘉靖刊本、万历刊本、影印宋刻本等。

建安蔡子文东塾之敬堂刻邵雍《击壤集》。

唐积著《歙州砚谱》1卷。

按:《四库全书总目提要》曰:"不著撰人名氏,惟卷末题有'大宋治平丙午岁重九日'十字。考之陈振孙《书录解题》载有《歙砚图谱》一卷,称'太子中舍知婺源县唐积撰,治平丙午岁'云云,其年月与此相合,然则此即积书矣。"南宋另有无名氏所著《砚谱》1卷。《四库全书总目提要》曰:"不著撰人名氏,旧载左圭《百川学海》中,亦无序跋年月,皆杂录砚之出产与其故实,中间载有欧阳修、苏轼、唐询、郑樵诸人之说,则南宋人所为。"

掌禹锡卒(990—)。禹锡字唐卿,许州郾城人。天禧三年进士,为道州司理参军。官至尚书工部侍郎。曾预修《皇祐方域图志》、《地理新书》,又校正《类篇》、《神农本草》;著《周易集解》10卷、《郡国手鉴》1卷。另有文集20卷。其著述大多已佚。事迹见《宋史》卷二九四本传、苏颂《掌公墓志铭》(《苏魏公文集》卷五六)。

按:《宋史》本传曰:"禹锡矜慎畏法,居家勤俭,至自举几案。尝预修《皇祐方域图志》、《地理新书》,奏对帝前,王洙推其稽考有劳,赐三品服。及校正《类篇》、《神农本草》,载药石之名状为《图经》。喜命术,自推直生日,年庚寅,日乙酉,时壬午,当《易》之《归妹》、《困》、《震》初中末三卦。以世应飞伏纳五甲行轨析数推之,卦得二十五少分,三卦合七十五年约半,禄秩算数,尽于此矣。著《郡国手鉴》一卷,《周易集解》十卷。好储书,所记极博,然迂漫不能达其要。"

宋庠卒(996—)。庠初名郊,字伯庠,后改字公序,安州安陆人。宋祁之兄。天圣二年进士。官至枢密使,封郑国公。卒谥元宪。精于考据,善正讹谬。曾校《国语》,并取陆德明《经典释文》补前人音注,成《国语补音》3卷。又著有《宋元宪集》40卷等。事迹见《宋史》卷二八四本传、王珪《宋元宪公神道碑铭》(《华阳集》卷四八)。

按：欧阳修《宋司空挽辞》曰："文章天下无双誉，伯仲人间第一流。出入两朝推旧德，周旋三事著嘉谋。从容进退身名泰，宠锡哀荣礼数优。棠棣从来敦友爱，九原相望接松楸。"（《文忠集》卷一四）

苏洵卒（1009— ）。洵字明允，号老泉，眉州眉山人。北宋散文家，与子苏轼、苏辙合称"三苏"，洵为老苏。应进士及茂材异等试，皆不中，遂绝意功名。韩琦荐为秘书省校书郎，后以霸州文安县主簿参与修《太常因革礼》。赠光禄寺丞。著有《嘉祐集》20卷及《谥法》3卷。《宋元学案》列其入《苏氏蜀学略》。事迹见《宋史》四四三本传、欧阳修《故霸州文安县主簿苏君墓志铭》（《文忠集》卷三五）。今人曾枣庄编有《苏洵年谱》。

按：苏氏父子以文名动天下，但秦观则认为他们在学术上的贡献更为重要，其《答傅彬老简》曰："苏氏之道最深于性命自得之际，其次则器足以任重，识足以致远，至于议论文章，乃其与世周旋，至粗者也。阁下论苏氏而其说止于文章，意欲尊苏氏，适卑之耳！"（《淮海集》卷三〇）张立文说："苏氏'蜀学'有自己独特的学术风格。在核心话题上，'蜀学'极少谈论心性义理，而是急切地关注成败得失。苏辙在评述其父兄的学术时说：'父兄之学，皆以古今成败得失为议论之要。'这就是说，'蜀学'的主要学术兴趣，是想通过总结历史的成败经验来解决现实政治问题，而不是通过探究心性的善恶意欲来解决伦理道德问题。在价值取向上，'蜀学'没有强烈的'道统'意识，对佛老思想采取有所肯定和积极吸取的开放态度，不像主流理学那样视佛、老为异端邪说。……轻视道统与门户，面对实事与问题，这是苏氏'蜀学'最大的学术特征，也是其激怒理学主流派的重要原因。"（《中国学术通史》宋元明卷第七章）

宋治平四年　辽咸雍三年　夏拱化五年
丁未　1067年

高丽建成兴王寺。

拜占廷帝君士坦丁十世·杜卡斯卒，其妻尤多西亚摄政。

意大利蒙特卡西诺修道院重建。

正月丁巳，宋英宗卒。太子赵顼即位，是为神宗。

三月，命天章阁待制陈荐同修撰《仁宗实录》。

权知贡举司马光、韩维、邵元等上言，所考试合格进士许安世、何洵直、郭仪以下305人，分四等；明经、诸科211人，分三等。诏进士第一、第二、第三等赐及第，第四等赐同出身。明经诸科第一、第二等并赐及第，第三等赐同出身。敕下贡院放榜，安世及第三等三人并为防御、团练推官，其余注官守选如例。

闰三月己丑，因御史吴申之请，诏自今馆职试论一首，策一道。

按：吴申言："所试止于诗赋，非经国治民之急。欲乞兼用两制荐举，仍罢诗赋。试策三道，问经史时务，每道问十事，以通否定高下去留。其先召试人，亦乞用新法考试，明诏两制详定以闻。"其后翰林学士承旨王珪等言，宜罢诗赋如吴申之言，故有是诏（《续资治通鉴》卷六五）。

六月辛未，诏：天下官吏有能知差役利害，可以宽减者，实封条析以闻。

七月乙未，以三司检法官吕惠卿编校集贤书籍。

按：吕惠卿与王安石交好，王安石推荐给曾公亮，遂举馆职。

十月甲寅，宋神宗召侍臣讲读经史，并将司马光所编之书赐名为《资治通鉴》，有御制序文，令候书成写入，又赐颍邸旧书2402卷。

按：御序略曰："博而得其要，简而周于事，是亦典刑之总会，册牍之渊林矣。"

十一月壬辰，夏遣使进回鹘僧、金佛及《梵觉经》于辽。

十二月，西夏毅宗谅祚卒，子秉常即位，是为惠宗，时年七岁，梁太后摄政。

韩琦、吴奎、陈升之九月辛丑并罢，以吕公弼为枢密使，张方平、赵抃并参知政事。

按：时宰相韩琦执政三朝，或言其专，曾公亮因力荐王安石，觊以间韩琦。韩琦求去益力，遂以司徒兼侍中，判相州。韩琦辞行，英宗问："然卿去谁可属国者？王安石何如？"韩琦对曰："王安石为翰林学士则有余，处辅弼之地则不可。"帝不答（《宋史·韩琦传》）。

欧阳修正月因神宗即位，覃恩转尚书左丞，仍参知政事；其第三子欧阳棐二月登进士第，御史蒋之奇、中丞彭思永等突然指责欧阳修与其长媳吴氏有暧昧关系，欧阳修九上奏札，要求辨明事实，朝廷接连下诏诘问，蒋之奇、彭思永等人理屈词穷，皆被放逐；欧阳修声誉受损，三月壬申除观文殿学士，转刑部尚书，亳州知府；五月甲辰至亳，六月戊申视事。

按：司马光《涑水纪闻》卷一六曰："士大夫以濮议不正，咸疾欧阳修，有谤其私从子妇者。御史中丞彭思永、殿中侍御史蒋之奇，承流言劾奏之。之奇仍伏于上前，不肯起。诏二人具析语所从来，皆无以对。治平四年三月五日，惧坐谪官，仍敕榜朝堂。"《宋史·蒋之奇传》曰："初，之奇为欧阳修所厚，制科既黜，乃诣修盛言濮议之善，以得御史。复惧不为众所容，因修妻弟薛良孺得罪怨修，诬修及妇吴氏事，遂劾修。神宗批付中书，问状无实，贬监道州酒税，仍榜朝堂。至州，上表哀谢，神宗怜其有母，改监宣州税。"

欧阳修时为参知政事，正月有《荐司马光札子》，谓司马光"德性淳正，学术通明，自列侍从，久司谏诤，谠言嘉谋，著在两朝"，"可谓社稷之臣"（《文忠集》卷一一四）。

按：司马光因濮王之议与欧阳修发生龃龉，但欧阳修仍不遗余力地推荐司马光，受到后人称赞。未几，欧阳修罢参知政事，而司马光得到大用。

欧阳修为余靖著《赠刑部尚书余襄公神道碑铭》，为石延年著《祭石曼卿文》。

司马光二月知贡举，闰三月擢翰林学士；四月除御史中丞，上疏论修身之要有三，曰仁，曰明，曰武；治国之要三，曰官人，曰信赏，曰必罚（见《资治通鉴后编》卷七五）。九月以权御史中丞为翰林学士兼侍读学士，十月赴经筵进读所编《通志》，赐名《资治通鉴》，神宗亲撰《资治通鉴序》，令候书成日写入；又赐颍邸旧书 2402 卷。

司马光上《衙前札子》，重论差役之害，谓"若因循不改，日益久，则患愈深矣"，要求"别立条法"（《传家集》卷四一）。

周敦颐迁朝奉郎、尚书驾部员外郎，摄邵州事。

程颐在汉州代其父上神宗皇帝论薄葬书，建议建造先帝陵墓。

王安石既除丧，诏令赴阙。闰三月癸卯，诏王安石以知制诰出知江宁府。王安石诏到即诣府视事，不复辞谢；九月除翰林学士。

王安石子王雱二月登进士，调宣州旌德尉，不赴。

吕公著、司马光闰三月并为翰林学士。

苏颂七月为淮南转运使，年末召还修起居注，兼同判礼部祠部。

苏轼、苏辙四月护父丧到家。欧阳修在苏洵会葬时著《苏主簿挽词》及《故霸州文安县主簿苏君墓志铭》。

黄庭坚中第三甲进士，授汝州叶县县尉。

洪迈时为国史院实录院同修撰，上疏就修《钦宗实录》之材料搜集问题提出建议。

文彦博正月行尚书左仆射，检校司徒兼中书令。九月为司空。

富弼正月改武宁军节度使，进封郑国公。十月罢判河阳。

张方平进《上神宗论国计》。

赵抃以龙图阁学士召知谏院；六月入谢，奏陈任道德、拣辅弼、别邪正、去侈心、信号令、平赏罚、谨机密、备不虞、勿数赦、容谏诤十事；又论宫室、官滥、兵冗、土妖、木灾五费；又奏乞复吕诲、傅尧俞、范纯仁、吕大防、赵瞻、赵鼎、马默诸人之职，从之；七月任尚书户部右司郎，九月迁右谏议大夫，与张方平并除参知政事。

钱明逸三月丙寅罢翰林学士，为端明殿学士兼龙图阁学士。

按：先是御史蒋之奇言："明逸倾险憸薄，在仁宗朝，附贾昌朝、夏竦、王拱辰、张方平之党，陷杜衍、范仲淹、尹洙、石介之徒，朝廷一空，天下同疾。况文辞纰缪，政术乖疏，岂可冒居禁苑！"而同知谏院傅卞亦有言。故改命之（《续资治通鉴》卷六五）。

马默以论欧阳修事，通判怀州。

按：马默以张方平荐，为监察御史里行，敢直言，主张皇帝应独揽官人之权，以实绩进退官吏。

刘攽、王存闰三月为馆阁校勘；张公裕、李常为秘阁校勘；胡宗愈为集贤校理，并以召试学士院诗赋入等。

郑獬拜翰林学士。

祖无择以谏议大夫加龙图阁学士、知杭州。

曾肇、李之仪举进士。

意大利彼得·达米安尼著《论修复破旧，恢复不完全时的神的全能》。

刘恕等上所校《后魏书》。

欧阳修著《归田录》2 卷成书。

司马光、王洙等编《类篇》45 卷成书进献朝廷。

按：宝元二年（1039）十一月，翰林学士丁度等奏，今修《集韵》添字既多，与顾野王《玉篇》不相参协，欲乞委修韵官将新韵添入，别为《类篇》，与《集韵》相副施行。时修韵官独有史馆检讨王洙在职，诏洙修纂，久之，王洙卒。嘉祐二年九月，以翰林学士胡宿代之，三年四月，胡宿奏乞光禄卿直秘阁掌禹锡、大理寺丞张次立同加校正。六年九月，胡宿迁枢密副使，又以翰林学士范镇代之。治平三年二月，范镇出知陈州，又以司马光代之，负责进一步整理缮写，次年全书才完成。此书共收三万一千三百一十九字，其中重文二万一千八百四十六字。《四库全书总目提要》评价道："其所编录，虽不及《说文》、《玉篇》之谨严，然字者，孳也，辗转相生，有非九千旧数所能尽者。《玉篇》已增于《说文》，此书又增于《玉篇》。时会所趋，久则为律，有不知其然而然者，固难以一格拘矣。"常见版本有明万历四十三年序刊本、清康熙十年西泠堂主人刊本等。1984年中华书局据光绪二年姚觐元丛刻本影印重版，1988年上海古籍出版社据上海图书馆汲古阁影宋钞本影印并附四角号码检字索引，十分方便。

王惟一卒（约987— ）。惟一或名惟德，精医学，尤擅长针灸。历任太医局翰林医官、朝散大夫、殿中省尚药奉御等职，并在太医局教授医学。所著尚有《集注黄帝八十一难经》，另《宋史·艺文志》载有王氏《明堂经》3卷，惜未传世。

胡宿卒（995— ）。宿字武平，常州晋陵人。天圣二年举进士，为真州扬子尉，调庐州合肥主簿。召试学士院，为馆阁校勘，与修《北史》。知湖州，大兴学校，使湖学为东南之最。累官枢密副使。以太子少师致仕。卒赠太子太傅，谥文恭。著有《胡宿集》70卷，已佚，四库馆臣自《永乐大典》辑出佚诗文，编为《文恭集》50卷、补遗1卷，后删去其中青词乐语10卷，定为40卷。《宋元学案》列其入《濂溪学案》。事迹见《宋史》卷三一八本传、欧阳修《赠太子太傅胡公墓志铭》(《文忠集》卷三四)。

按：胡宿曾为湖州太守，继承前太守滕宗谅大兴学校之风，当时湖学为东南之最，以胡宿之力为多。《四库全书总目提要》曰："宿立朝以廉直著，而学问亦极该博。当时文格未变，尚沿四六骈偶之习，而宿于是体尤工。所为朝廷大制作，典重赡丽，追踪六朝。其五七言律诗，波澜壮阔，声律铿訇，亦可仿佛盛唐遗响。"

周沆卒（999— ）。沆字子真，青州益都人。天圣二年进士。历开封府推官。英宗时进枢密直学士。知成德军。以户部侍郎致仕。著有文集21卷、奏议15卷，已佚。事迹见郑獬《户部侍郎致仕周公墓志铭》(《郧溪集》卷二〇)。

丁宝臣卒（1010— ）。宝臣字元珍，常州晋陵人。与兄丁宗臣俱以文知名，时号二丁。景祐元年进士。以太子中允知剡县。官至秘阁校理、同知太常礼院。与欧阳修友善。著有文集40卷，今佚。事迹见欧阳修《集贤校理丁君墓表》(《文忠集》卷二五)、王安石《丁君墓志铭》(《临川文集》卷九一)。

蔡襄卒（1012— ）。襄字君谟，兴化仙游人。天圣八年进士。累官知谏院，直史馆，兼修《起居注》。后以端明殿学士移守杭州。卒谥忠惠。其主持建造之万安桥在我国桥梁建筑史上有重要地位。书法与苏轼、黄庭坚、米芾并称宋四家。著有《蔡忠惠集》、《荔枝谱》、《茶录》等。《宋元学案》列其入《古灵四先生学案》。事迹见《宋史》卷三二○本传、欧阳修《蔡公墓志铭》(《文忠集》卷三五)。

  按：晁公武《郡斋读书志》卷一九曰：蔡襄"文章清道粹美，工书，为本朝第一"。

  沈遘卒(1025—)。遘字文通，钱塘人。皇祐元年进士，除大理评事，通判江宁府。除集贤校理，修《起居注》，加知制诰。官终翰林学士。著有《西溪集》10卷。事迹见《宋史》卷三三一本传、王安石《内翰沈公墓志铭》(《临川文集》卷九三)。

  慕容彦逢(—1117)、周行己(—约1124)、范冲(—1141)生。

宋神宗熙宁元年　辽咸雍四年　夏惠宗乾道元年
戊申　1068年

拜占廷大将罗曼努斯·迪奥格尼斯娶孀后尤多西亚，加冕，称帝，是为罗曼努斯四世·迪奥格尼斯。这一年，罗曼努斯四世抵挡住了塞尔柱突厥帝国对拜占建安纳托利亚的强大攻势。

  正月甲戌朔，改元熙宁。
  丁酉，诏修《英宗实录》。
  按：曾公亮为提举，吕公著、韩维为修撰，孙觉、曾巩为检讨。三月又以钱藻为检讨，四月又以王安石、吴充为修撰。次年七月书成。
  壬寅，诏太学增置外舍生百员。
  二月，司马光进读《资治通鉴》。
  是月，辽道宗颁行《御制华严经赞》。
  四月乙巳，又诏翰林学士王安石越次入对，王安石上书主张变法。
  五月，国子监言补试国子监生以九百人为额，从之。
  六月癸卯，从韩琦请，录唐魏徵、狄仁杰后。
  七月，有司奏《明天历》不效，当改；诏司天更造新历。
  八月乙丑，复行《崇天历》。
  是月，诏：自今试馆职，并用策论，罢诗赋。
  按：刘安世《元城语录》曰："熙宁殿试改用策，谓比诗赋有用。不知士人计较得失，岂敢极言时政，自取黜落？是初入仕，已教人之谄也。况登科之初，未见人材，及后仕宦，则材智声名君子小人贵贱分矣。不须试策以别人材。人主燕闲时，于其等辈广访备问，然后博记而审察之，天下自无遗才。"
  十月壬寅，诏讲筵权罢讲《礼记》，自今讲《尚书》。
  十一月，河朔旱伤，国用不足，宋神宗诏翰林学士议政，王安石以为国用不足乃不善于理财所致，司马光大加反对；王安石谓"善理财者，不加赋而国用足"；司马光以为"天下安有此理"！争论不已(《续资治通鉴》卷六六)。
  宋令河北、河东、陕西三路臣僚奏荐应武举人须是本路土著，不得以游士寄贯人罔冒充数。

十二月，宋赐夏国主秉常诏，岁赐依旧例。夏改元乾道。

宋朝向回鹘可汗赠送《大般若经》。

周敦颐在邵州建州学，教授生徒。是年，因吕公著力荐，擢授广南东路转运判官。

程颐在汉州代其父撰《为家君请宇文中允典汉州学书》和《再书》，敦请以太子中允致仕的宇文之邵主管州学。又著《试汉州学策问》。

程颢因吕公著荐，为太子中允。是年上《请修学校尊师儒取士札子》，提出"治天下以正风俗、得贤才为本"的观点（《二程文集》卷二）。

韩琦除判大名府，充河北四路安抚使。

欧阳修接连上表乞致仕，不允；八月乙巳转兵部尚书，改知青州、充京东东路安抚使。是年筑第于颍州。

吕公著、王安石、孙觉、曾巩奉命修《英宗实录》。

张载因吕公著荐，得召见，以为崇文院校书。

王安石四月奉诏入京，越次入对，据神宗所问，退而上《本朝百年无事札子》，谓当时亟待解决的问题之一是："以诗赋、记诵求天下之士，而无学校养成之法"。

按：司马光本来很推重王安石，其《与王介甫书》曰："窃见介甫独负天下大名三十余年，才高而学富，难进而易退。远近上下，识与不识，咸谓介甫不起则已，起则太平可立致，生民咸被其泽矣。"（《传家集》卷六〇）后因新法问题发生激烈冲突。

王安石七月自知江宁府调任翰林学士，王雱随侍乃父之汴京。

王安石因断狱事与司马光发生争议。

按：《宋史·王安石传》曰："登州妇人恶其夫寝陋，夜以刃斲之，伤而不死。狱上，朝议皆当之死。安石独援律辨证之，为合从谋杀伤，减二等论。帝从安石说，且著为令。"时司马光参加朝议，与王安石观点相左，宰相文彦博以下诸人也都支持司马光，但终因神宗赞成王安石的观点而使王安石获胜。

司马光任翰林学士兼侍读学士、权知审官院兼史馆修撰。

富弼因宋神宗问治道与边事，四月劝神宗"临御未久，当先布德泽，愿二十年口不言兵，亦不宜重赏边功。干戈一起，所系祸福不细"（《资治通鉴后编》卷七六）。神宗默然良久。

沈括编校书籍供职期满，补昭文馆校勘，又奉命考订郊礼沿革，完成《南郊式》编修。

苏颂拜知制诰，俄充贺辽太后生辰使。

苏颂上《驳坐讲议》，反对王安石改"立讲"为"坐讲"之议。

按：王安石拜翰林学士兼侍讲，为神宗讲解儒经，他与另两位侍讲官吕公著、吴充一起要求按照天禧以前的成规坐着讲经，判太常寺韩维、刁约以及礼官胡宗愈等赞同，苏颂、龚鼎臣、周孟阳、王汾、刘敞、韩忠彦等人极力反对，故苏颂有是上疏。

韩绛等荐举王安国有材行，七月赐进士及第，除西京国子监教授，旋授崇文院校书，改著作佐郎、秘阁校理。

按：王安国为王安石弟，举茂材异等。有司考其所献《序言》为第一，以母丧不试，守孝三年。韩绛荐其材行，召试，赐及第，除西京国子教授。

苏轼是春自蜀寄书至京师，请曾巩为其伯父苏序著墓志铭，曾巩著有《赠职方员外郎苏君墓志铭》。

苏轼七月服丧期满，与前妻王弗的堂妹王闰之结婚；十二月与苏辙离蜀还京。

黄庭坚到汝州任，与江西老禅慧南交。

陈师道至襄州谒见曾巩；曾巩留其在家受业。

杨绘奉命修《起居注》，知谏院。

孔文仲以制举对策，力论王安石理财训兵之法为非，遂罢官。

王韶上《平戎策》，建议招抚西北各族部落，制服河湟，进逼西夏。

陈昉撰《庹庭须知》1卷，胡穆为之序。

按：陈昉字叔方，号节斋，浙江平阳人。另著有《颍川小语》2卷。

高丽崔冲卒（984— ）。儒学者，首创私学，开学堂。有"海东孔子"之誉。

孙锡卒（991— ）。锡字昌龄，真州人。孙洙父。天圣二年进士，为历阳主簿，移巢县主簿。迁国子监直讲，预校《史记》、《汉书》、《后汉书》及《南史》、《北史》，修《集韵》。官至司封郎中，以老致仕。著有文集20卷，今佚。事迹见王安石《尚书司封郎中孙公墓志铭》（《临川文集》卷九七）。

刘敞卒（1019— ）。敞字原父，号公是先生，临江军新喻人。庆历六年进士，以大理评事通判蔡州，召试学士院，迁太子中允、直集贤院，判登闻鼓院、吏部南曹。累官集贤院学士。学问渊博，自佛老、卜筮、天文、方药、地理、历史，皆究知大略。尤长于《春秋》学，不拘传注，开宋人评议汉学的先声。著有《春秋权衡》17卷、《春秋传》15卷、《春秋意林》5卷、《春秋文权》2卷、《春秋传说例》2卷、《七经小传》3卷、《公是集》75卷等。文集已佚，今存54卷。《宋元学案》列其入《庐陵学案》。事迹见《宋史》卷三一九本传、刘攽《刘公行状》（《彭城集》卷三四）、欧阳修《刘公墓志铭》（《文忠集》卷三五）。今人张尚英编有《刘敞年谱》。

按：晁公武《郡斋读书志》卷四评论《七经小传》曰："其所谓《七经》者，《毛诗》、《尚书》、《公羊》、《周礼》、《仪礼》、《礼记》、《论语》也。元祐史官谓：'庆历前学者尚文辞，多守章句注疏之学，至敞始异诸儒之说，后王安石修《经义》，盖本于敞。'公武观原父说'伊尹相汤伐桀，升自陑'之类，《经义》多剿取之，史官之言，良不诬也。"王应麟《困学纪闻》卷八经说曰："自汉儒至于庆历间，谈经者守故训而不凿。《七经小传》出而稍尚新奇矣。"《四库全书总目提要》亦认为"盖好以己意改经，变先儒淳实之风者，实自敞始"，但"其说亦往往穿凿，与（王）安石相同"，"开南宋臆断之弊"。可见刘敞是北宋以来出新意解《春秋》最有成就的开创者。《七经小传》有《通志堂经解》本、《四库全书》本、《正谊斋丛书》本等。

宋熙宁二年　辽咸雍五年　夏乾道二年
己酉　1069 年

二月己亥，以富弼为宰相；庚子，以王安石为参知政事，议行新法。

按：初，宋神宗欲用王安石为相，以问曾公亮，曾公亮力荐，唐介则言王安石不可大用，谓王安石"好学而泥古，议论迂阔，若使为政，恐多变更"。神宗又问侍读孙固，孙固说："安石文行甚高，处侍从献纳之职可矣。宰相自有度，安石狷狭少容。必欲求贤相，吕公著、司马光、韩维其人也。"神宗不以为然，竟用王安石（《续资治通鉴》卷六六）。

庚子，命翰林学士吕公著修《英宗实录》。

甲子，设制置三司条例司，掌经画邦计，议变旧法，以通天下之利，命陈升之、王安石主其事，准备变法。王安石又推荐吕惠卿为条例司检详文字，章惇为三司条例官，曾布检正中书五房公事。

按：初，吕惠卿自真州推官秩满入都，与王安石论经义多合，遂定交。至是遂荐其任检详文字，事无大小，王安石必与吕惠卿谋之。凡所建请章奏，皆吕惠卿之笔。时人号安石为孔子，惠卿为颜子。

是月，宋遣使册封李秉常为夏国王。

四月丁巳，从三司条例司之请，遣刘彝、谢卿材、侯叔献、程颢、卢秉、王汝翼、曾伉、王广廉等 8 人视察各路农田、水利、赋役。

五月癸巳，枢密院言："欲检寻本院诸文书，凡关祖宗以来法制所宜施于边者，并删取大旨，编次成册。"从之，赐名《经武要略》（《资治通鉴后编》卷七六）。

是月，群臣准诏议学校贡举之法，多欲变更旧法。

按：《宋史·选举志一》曰："神宗笃意经学，深悯贡举之弊，且以西北人材多不在选，遂议更法。王安石谓：'古之取士俱本于学，请兴建学校以复古。其明经、诸科欲行废罢，取明经人数增进士额。'乃诏曰：'化民成俗，必自庠序；进贤兴能，抑由贡举。而四方执经艺者专于诵数，趋乡举者狃于文辞，与古所谓三物宾兴，九年大成，亦已盭矣。今下郡国招徕隽贤，其教育之方，课试之格，令两制、两省、待制以上、御史、三司、三馆杂议以闻。'议者多谓变法便。"

七月辛巳，立淮、浙、江、湖六路均输法，凡籴买、税敛上供之物，就近、就贱收购，使商人不得擅轻重敛散之权。时刘琦、钱顗、苏辙上书反对。

己丑，韩琦等上《仁宗实录》，曾公亮等上《英宗实录》。

八月庚戌，条例司检详文字苏辙罢官。

按：苏辙与吕惠卿论事多不合，会遣八使于四方求遗利，中外知其必迎合生事而不敢言，苏辙以书抵王安石力陈其不可。于是贬苏辙为河南府推官。

九月，行青苗法，以钱贷民，利息二分。

日本禁新置庄园。

按：时保守派反对青苗法者更多，攻击甚烈。曾是革新派人物的欧阳修也有"请止散青苗钱"之论（《宋史·欧阳修传》）。

十一月乙丑，命韩绛制置三司条例。丙子，颁布农田水利条约。

丁卯，辽诏："四方馆副使，止以契丹人充。"（《续资治通鉴》卷六七）

王安石拜参知政事后，曾与神宗论儒学，表达自己的独立见解。

按：上谓曰："人皆不能知卿，以为卿但知经术，不晓世务。"安石对曰："经术正所以经世务。但后世所谓儒者，大抵皆庸人，故世俗皆以为经术不可施于世务尔。"上问："然则卿所施设以何先？"安石曰："变风俗，立法度，最方今之所急也。"（《宋史·王安石传》）

王安石邀刘恕参与三司条例司工作，刘恕以不懂理财拒之；刘恕劝王安石停止新法中"不合众心"部分，王安石不听，刘恕遂与之绝交。

按：《宋史·刘恕传》载："王安石与之有旧，欲引置三司条例。恕以不习金谷为辞，因言天子方属公大政，宜恢张尧、舜之道以佐明主，不应以利为先。又条陈所更法令不合众心者，劝使复旧，至面刺其过，安石怒，变色如铁，恕不少屈；或稠人广坐，抗言其失无所避，遂与之绝。"

王安石以为古之取士皆本于学，五月请兴建学校以复古，其诗赋、明经诸科悉罢，专以经义、论、策试进士。宋神宗诏议学校贡举之法，令两制、两省、待制以上、御史台、三馆臣僚各限一月内具议状闻奏。

按：宋代第二次学校改革运动发生在熙宁年间，史称"熙宁兴学"，主持者为王安石。主要内容有四项：一是改革太学，创立"三舍法"；二是恢复和发展州县地方学校；三是恢复与创立武学、律学、医学等专科学校；四是编撰《三经新义》，对儒嘉经典《诗经》、《尚书》、《周礼》三经重新训释，书成后颁发太学与诸州府学作为统一教材，并作为科举考试的基本内容和标准答案。

王安石九月推荐吕惠卿为太子中允、崇政殿说书，司马光力谏不可。

吕诲时为御史中丞，五月疏论王安石十大罪，王安石乞辞位，神宗封还其奏，令视事如故；吕诲六月以论王安石罢知邓州，以翰林学士吕公著为御史中丞。

按：王安石既执政，士大夫多以为得人，吕诲独言其不通时事，大用之则非所宜。疏奏，帝方眷注王安石，还其章疏，吕诲遂求去，王安石亦求去。帝谓曾公亮曰："若出诲，恐安石不自安。"王安石曰："臣以身许国，陛下处之有义，臣何敢以形迹自嫌，苟为去就。"于是乃出吕诲（《宋史·吕诲传》）。

欧阳修受赐新校定《汉书》，有《谢赐汉书表》。

欧阳修改知青州。

张载由吕公著举荐，得宋神宗召见，闰十一月除崇文院校书，与执政王安石谈新法，语多不合，托病辞归。

按：《宋史·张载传》曰："熙宁初，御史中丞吕公著言其有古学，神宗方一新百度，思得才哲士谋之，召见问治道，对曰：'为政不法三代者，终苟道也。'帝悦，以为崇文院校书。他日见王安石，安石问以新政，载曰：'公与人为善，则人以善归公；如教玉人琢玉，则宜有不受命者矣。'"

张载与程颢在京师再度相见，讨论学术，议而未合。

程颢时为秘书省著作佐郎,因御史中丞吕公著荐举,八月辛酉与王子韶并为太子中允、权监察御史里行。是年上《论王霸札子》。

司马光、吕公著、韩维、苏颂等五月就是否改行贡举之法奏上议状,"多欲变改旧法",惟独苏轼认为不必要改革,其《议学校贡举状》曰:"贡举之法,行之百年,治乱盛衰,初不由此。……自文章而言之,则策论为有用,诗赋为无益;自政事言之,则诗赋、策论均为无用矣。虽知其无用,然自祖宗以来莫之废者,以为设法取士不过如此也。自唐至今,以诗赋为名臣者不可胜数,何负于天下而必欲废之?"(《宋史·选举志一》)

按:苏轼认为人才的选拔与贡举考试内容无关,王安石对苏轼此论有针锋相对的批驳:"若谓此科尝多得人,自缘仕进别无他路,其间不容无贤;若谓科法已善,则未也。今以少壮时,正当讲求天下正理,乃闭门学作诗赋,及其入官,世事皆所不习,此乃科法败坏人才,致不如古。"(《宋史·选举志一》)以为以诗赋取进士,以帖经、墨义取诸科,使举人学非所用,用非所学,这种科法非但不足以选拔人才,反而会"败坏人才",因此必须改革。王安石改革贡举的目的,除了为了造就和选拔有用于天下国家的人才之外,还有一个目的就是"一道德",即统一思想。他在批驳苏轼关于贡举之法不需改革的议状时还指出:"今人材乏少,且其学术不一,一人一义,十人十义,朝廷欲有所为,异论纷然,莫肯承听。此朝廷不能一道德故也。故一道德则修学校,欲修学校则贡举法不可不变。"(《文献通考》卷三一)

司马光十月荐龙图阁直学士陈荐忠厚质直,直史馆苏轼文学富赡,劲直敢言,职方员外郎王元规志操坚正,集贤校理赵彦若强学懿行,遇事刚劲,可备谏职。

司马光十一月向宋神宗进读《通鉴》中汉代"萧规曹随"一节,强调"参不变何法,得守成之道,故孝惠、高后时,天下晏然,衣食滋殖",以反对王安石变法。

按:神宗问:"汉常守萧何之法,不变可乎?"司马光曰:"何独汉也,使三代之君常守禹汤文武之法,虽至今存可也。汉武帝用张汤言,取高帝法纷更之,盗贼半天下;元帝改宣帝之政,而汉始衰。由此言之,祖宗之法,不可变也。"(《东坡全集》卷九〇《司马温公行状》)

吕惠卿在司马光进讲的次日,以崇政殿说书之身份,针对司马光的言论加以批驳,认为"先王之法,有一岁一变者","有数年一变"者,"有一世一变者",亦"有虽百世不变者,尊尊、亲亲、贵贵、长长、贤贤、使能是也。"且"(萧)何虽约法三章,其后乃为九章,萧何已不能自守其法。惠帝除挟书律、三族令,文帝除诽谤、妖言等法,皆萧何法之所有,而惠帝、文帝皆除之,景帝又从而因之,则非守萧何之法而治也。"批驳司马光"祖宗之法不可变"的观点(《续资治通鉴》卷六七)。

按:吕惠卿从古代历法、刑罚、礼乐、赋税、教育等方面说明任何东西都在不断发生变化的,没有一成不变的东西。对于吕惠卿的批驳,司马光无法全面反驳,至于汉初法制的变化,不能不默然认输。司马光辩论失败后,即退出北宋中央政治舞台,跑到洛阳编书,"不豫国论",但后世为守旧派辩护的一些历史著作,如《东都事略》等,却说面对司马光的反驳,"惠卿不能对,以他语诋光"(《续资治通鉴》卷六七),这是不确切的。

范纯仁八月罢判国子监,以程颢权监察御史里行。

按:范纯仁奏曰:"王安石变祖宗法度,掊克财利,民心不宁。愿陛下图不见之怨。"(《宋史·范纯仁传》)未几,罢知谏院,改判国子监。范纯仁求去,命知河中府,寻徙成都转运使。以新法不便,戒州县未得遽行。王安石怒其沮格,以事左迁,知和州。

富弼二月同中书门下平章事,三月进京入见宋神宗,言"中外之事渐有更张,此必由小人献说于陛下也"(《资治通鉴后编》卷七六)。

按:富弼著《上神宗论内外大小臣不和由君子小人并处》,指责王安石等人为"不耻不仁,不畏不义,不见利不动,不威不惩"的小人(《公是集》卷三一)。

富弼十月丙申罢相,出判亳州,以陈升之行礼部尚书、同平章事。

按:时王安石用事,不与富弼合,富弼度不能争,多称疾求退,章数十上。帝问:"卿既去,谁可代卿者?"富弼荐文彦博,帝默然,良久曰:"王安石何如?"富弼亦默然(《宋史·富弼传》)。

苏辙三月上书神宗,提出去冗吏、冗兵、冗费以丰财的主张,神宗即日召对延和殿,授制置三司条例司检详文字。八月上《制置三司条例司论事状》,全面批评王安石新法,并上《条例司乞外任状》,请求外任,遂罢条例司检详文字,出为河南府推官。

苏轼二月回京师,任殿中丞直史馆差判官告院。五月上《议学校贡举状》,反对王安石罢诗赋及明经诸科,专以经义、论、策试士。神宗然之,欲用轼修中书条例,王安石言试以别事,乃命权开封府推官。八月十四日为国子监举人考试官,发策为王安石所怒。十月初七日,司马光举苏轼等为谏官,未行。十一月初六日,蔡延庆、孙觉并同修起居注,神宗初欲用苏轼,王安石沮之;十二月,苏轼又著《上神宗皇帝书》,论新法不便。

按:科举考试的目的乃是为了选拔统治阶级所需要的官员,而进士科考诗赋,以文字声病对偶定优劣;明经科考贴经、墨义,以死背辞句为能事。这样就难以选拔出真正的人才,却容易造成尚辞藻、专记诵的不良学风和文风。王安石深知其弊,故建议罢诗赋、帖经、墨义。苏轼站在保守派的立场上,不以实事求是的态度去分析王安石此举的利弊,衡量得失,而是采取一概否定的态度,是不对的。以后保守派曾多次请求恢复诗赋与经义兼行的考试方法。到元祐四年(1089),终于又立经义、诗赋两科。

吕公著十月著《上神宗乞罢制置三司条例司》,谓制置三司条例司"名分不正","尤非制世御下之术"(《宋名臣奏议》卷一一○)。

刘琦时为侍御史,八月以反对新法被贬监处州盐酒务。

钱顗时为御史里行,八月以反对新法贬监衢州盐税。

孙昌龄时为殿中侍御,八月以反对新法贬蕲州通判。

刘述时为刑部长官,八月率刑部诸人及侍御史刘琦等上疏弹劾王安石事事更张,奸诈专权,扰乱国纪;刘述等6人被贬官。

曾布以王安石荐,上书言"为政之术有二,曰厉风俗,择人才。其要有八,曰劝农桑,理财赋,兴学校,审选举,责吏课,叙宗室,修武备,制远人"(《续通志》卷六一四)。

曾巩十一月为《英宗实录》检讨官，未逾月，出为越州通判。

苏颂兼提举兵吏司封官诰院，详定天下印文，判司农寺。

陈升之十月拜相。

按：陈升之为福建建阳人，拜相后，宋神宗曾问陕西人司马光："近相升之，外议云何？"司马光答曰："闽人狡险，楚人轻易。今二相皆闽人，二参政皆楚人，必将援引乡党之士，充塞朝廷。风俗何以更得淳厚？"（《续资治通鉴》卷六七）当时在相位者，尚有福建泉州人曾公亮；任参知政事者，一是江西抚州人王安石，另一人似是指当年四月刚去世的湖北江陵人唐介。司马光以地域论之品性，既有地域偏见，也有政治偏见。宋代的学派和党派地域色彩颇强，所以学派和党派之争中，也多少掺杂着地域意识。

陈襄时知谏院，有《论冗兵札子》，谓"六分之财，兵占其五"（《古灵集》卷八）。

赵抃时为参知政事，议政每与王安石不协；八月初六日进新校《汉书》印本50册及陈绎所著《是正文字》7卷（《玉海》卷四九）。

胡瑗弟子刘彝因宋神宗问胡瑗与王安石孰优，答曰："胡瑗以道德仁义教东南诸生，时王安石方在场屋修进士业。臣闻圣人之道，有体、有用、有文。君臣父子，仁义礼乐，历世不可变者，其体也。《诗》《书》、史传，垂法后世者，其文也。举而措之天下，能润泽斯民，归于皇极者，其用也。国家累朝取士，不以体用为本，而尚其声律浮华之词，是以风俗偷薄。臣师瑗当宝元、明道之间，尤病其失，遂以明体用之学以授诸生。夙夜勤瘁，二十余年，专切学校。始于苏、湖，终于太学，出于门者无虑二千余人。故今学者明夫圣人体用，以为政教之本，皆臣师之功也。"（《闽中理学渊源考》卷一〇《光禄刘执中先生彝》）。

按：刘彝褒扬胡瑗，贬低王安石，言辞过于偏颇，是典型的派别之见，但认为胡瑗之学是明体达用之学，却是事实。

陈师锡为欧阳修《五代史》作序，苏轼有微词。先是，曾巩、苏轼就作序事相推未决，于是师锡为之。

按：苏轼尝与欧阳修论《五代史》。《野老纪闻》载："子瞻问欧阳公曰：'《五代史》可传后也乎？'公曰：'修于此，窃有善善恶恶之志。'苏公曰：'韩通无传，恶得无善善恶恶？'公默然。通，周臣也。陈桥兵变，归戴永昌，通摄甲誓师，出抗而死。"

郑獬以翰林学士罢知杭州。

王拱辰以宣徽北院使罢判应天府。

邢恕为崇文院校书。

孙觉诏知谏院，同修起居注。因条奏青苗法病民，出知广德军。

张先、祖无择、元居中、沈振等七月三十日同游杭州定山慈严院。

祖无择十二月以事下秀州狱。

按："百家谨案：史载无择与王安石同知制诰，安石尝辞润笔，置诸院梁上。安石忧去，无择用为公费，安石闻而恶之。及无择知杭州，安石得政，乃讽监司求无择罪。知明州苗振以贪闻，御史王子韶使两浙廉其状，事连无择。子韶，小人也，请内侍逮赴秀州狱。狱成，无贪状，但得其贷官钱，接部民坐及乘船过制而已，遂谪忠正军节度副使。案《邵氏闻见录》：'择之知杭州，王介甫以前事恨之，密谕监司求择之罪。监司承风旨,以赃滥闻于朝廷,遣御史王子韶按治,摄择之下狱,锻炼无所得,坐送宾客酒三百小瓶,责节度副使安置。同时有知明州光禄卿苗振,监司亦因观望,发其赃罪,朝廷遣崇文院校书张载按治。载字子厚,所谓横渠先生者,悉平反之,罪止罚金。其幸不幸有若此也。'先生所坐与史既异,而苗振之事与先生初不相涉,乃以按治苗振俱属之王子韶,皆非实也。先遗献曰:'择之学文于穆伯长,为有宋古文之始。今所传虽少,亦可以见其师法也。'"(《宋元学案》卷二《泰山学案》)

张伯端入成都,遇师授内丹药物火候之诀,始撰《悟真篇》。

王雱著《佛经义解》成。

欧阳修著《欧阳氏族谱》,又命子欧阳棐编《集古录目》10卷。

按:王得臣《麈史》卷下《姓氏》:"谱牒不修也久矣,晋东渡,五胡乱中原,衣冠流离,而致然也。……欧阳文忠公、苏洵明允,各为世谱。文忠依汉《年表》,明允仿《礼》,以大宗、小宗为次,虽列不同,皆足以考究其世次也。"

杭州开板摹印《外台秘要方》。

林亿、孔奇、高保衡校定《新校正黄帝针灸甲乙经》成书。

王素甫·哈斯·哈吉甫著《福乐智慧》成。

阿拉伯阿维克布伦卒(1020/1021—)。著有《生命之泉》,已佚,现存拉丁译本。

王贽卒(994—)。贽字至之,庐陵太和人。天禧三年进士,释褐邵州防御推官,历衡、连、柳三州军事判官。迁著作佐郎,改秘书丞。治平元年,进给事中,知陈州。家藏书万余卷。著有《奏议集》20卷、《别集》20卷,今佚。事迹见张方平《王公墓志铭》(《乐全集》卷三九)。

僧慧南卒(1002—)。慧南俗姓章,信州玉山人。年十一出家,十九落发受戒,住隆兴黄龙寺,因称"黄龙慧南"。为临济宗黄龙派创始人。卒谥普觉。其禅要人称"黄龙三关"。其派后有祖心、克文、常总三系,其中祖心一派经日本僧人明庵荣西传承而在其国内开立。有《黄龙慧南禅师语录》(又称《普觉禅师语录》)、《黄龙慧南禅师语录续补》等行世。事迹见《禅林僧宝传》卷二二。

唐介卒(1010—)。介字子方,江陵人。仁宗天圣八年进士。为武陵尉,调平江令。神宗时,累迁参知政事。反对重用王安石,及王安石执政,数与争论。谥质肃。著有文集、奏议20卷,皆佚。事迹见《宋史》卷三一六本传、刘挚《唐质肃神道碑》(《忠肃集》卷一一)。

按:《宋史·忠义传》曰:"士大夫忠义之气,至于五季,变化殆尽。宋之初兴,范质、王溥,犹有余憾,况其他哉! 艺祖首褒韩通,次表卫融,足示意向。厥后西北疆场之臣,勇于死敌,往往无惧。真、仁之世,田锡、王禹偁、范仲淹、欧阳修、唐介诸贤,以直言谠论倡于朝,于是中外搢绅知以名节相高,廉耻相尚,尽去五季之陋矣。"

王无咎卒(1024—)。无咎字补之,建昌南城人。嘉祐进士。为江都尉、卫真主簿、天台令,弃而从王安石游。好书力学,所在学者归之。王安石荐以为国子直讲,命未下而卒。著有《论语解》、《王无咎集》15卷,今佚。《宋元学案》列其入《荆公新学略》。事迹见《宋史》卷四四四本传、王安石《王补之墓志铭》(《临川文集》卷九一)。

按：《宋史》本传曰："第进士，为江都尉、卫真主簿、天台令，弃而从王安石学，久之，无以衣食其妻子，复调南康主簿，已又弃去。好书力学，寒暑行役不暂释，所在学者归之，去来常数百人。王安石为政，无咎至京师，士大夫多从之游，有卜邻以考经质疑者。然与人寡合，常闭门治书，惟安石言论莫逆也。"

蔡天球卒（1025— ）。天球字粹夫，宋城人。庆历六年进士。历宿州观察推官、秘书省著作佐郎、尚书屯田员外郎等。著有《易论》10 卷、《孝经》2 卷等，今已佚。事迹见刘挚《屯田员外郎蔡君墓志铭》（《忠肃集》卷一三）。

王直方（ —1109）、刘安上（ —1128）、汪伯彦（ —1141）、米友仁（ —1151）生。

宋熙宁三年　辽咸雍六年　夏天赐礼盛国庆元年　庚戌　1070 年

正月乙卯，诏诸路常平、广惠仓给散青苗钱，本为惠恤贫乏，今虑官吏不体此意，均配抑勒，反成骚扰。其令诸路提点刑狱官体量觉察，违者立以名闻，敢沮遏者亦如之。

按：因范镇、李常、孙觉等大臣交章攻击青苗法，朝廷不得已，乃降是诏。

三月己亥，神宗御集英殿策试进士，罢诗赋论三题，始专以策，定著限以千字。

按：《宋史·选举志一》曰："熙宁三年，亲试进士，始专以策，定著限以千字。旧特奏名人试论一道，至是亦制策焉。帝谓执政曰：'对策亦何足以实尽人材，然愈于以诗赋取人尔。'旧制，进士入谢，进谢恩银百两，至是罢。"

壬子，御集英殿，赐进士、明经、诸科叶祖洽以下及第、出身、同出身，总 829 人。

按：考官吕惠卿将赞成新法者取为高等，反对新法者黜为下等；刘攽复试，悉反之。李大临、苏轼编排上官均为第一，叶祖洽第二，陆佃第五。神宗又命陈升之面读上官均等策，擢叶祖洽为第一。苏轼谓叶祖洽诋毁祖宗以媚时君，而魁多士，无以正风化，乃拟进士策一篇献之。神宗以示王安石，王安石说苏轼"才亦高，但所学不正，又以不得逞之故，其言遂跌荡至此"（《续资治通鉴》卷六七）。数请罢黜苏轼。

丙辰，立刑法科，许有官无赃罪者试律令、《刑统》大义、断案，取其通晓者，补刑法官。

四月乙丑，命宋敏求、王庭筠、刘瑾、宋温其、钱长卿、曾布、杜纯并为编敕删定官。

丁卯，以新及第进士叶祖洽为大理评事，上官均、陆佃为两使职官，张中、程尧佐为初等职官，第六人以下为判、司、主簿或尉，第三甲并诸

大越塑孔子、周公像，于升龙始建文庙。

英王征服者威廉一世在全国逐渐推行法国式庄园农奴制。

科同出身并守选,仍命翰林学士范镇、龙图阁直学士张掞同吏部流内铨注拟。

五月庚子,著作佐郎俞充、大理寺丞李承之编修中书条例。

甲辰,诏罢制置三司条例,归中书,以吕惠卿兼判司农寺。

是月,辽设贤良科。诏应是科者,先以所业十万言进。

六月,辽放进士赵廷睦等138人。

九月乙巳,御崇政殿,策贤良方正,又策试武举人。

按:《宋史·吕陶传》曰:"时王安石从政,改新法,陶对策枚数其过,大略谓:'贤良之旨,贵犯不贵隐。臣愚,敢忘斯义?陛下初即位,愿不惑理财之说,不间老成之谋,不兴疆场之事。陛下措意立法,自谓庶几尧、舜,然陛下之心如此,天下之论如彼,独不反而思之乎?'及奏第,神宗顾安石取卷读,读未半,神色颇沮。神宗觉之,使冯京竟读,谓其言有理。司马光、范镇见陶,皆曰:'自安石用事,吾辈言不复效,不意君及此,平生闻望,在兹一举矣。'"会范镇所荐台州司户参军孔文仲对策,力论王安石所建理财、训兵之法非是,宋敏求第为异等。王安石怒,启帝御批,罢孔文仲还故官。齐恢、孙固封还御批,韩维、陈荐、孙永皆力论孔文仲不当黜,帝不听。范镇上疏谏,亦不听。吕陶亦只授通判蜀州。

十月丙戌,著作佐郎馆阁校勘王存、大理寺丞馆阁校勘顾临、著作佐郎钱长卿、大理寺丞刘奉世,同编修《经武要略》兼删定诸房例册,仍令都、副承旨提举编定。

十一月,命诸道议更役法。

十二月乙丑,立保甲法,编组保丁,加以训练,使之防盗。

按:王安石言:"先王以农为兵,今欲公私财用不匮,为宗社长久计,当罢募兵,用民兵。"(《续资治通鉴》卷六八)乃立是法。后争议颇多。

丁卯,以王安石、韩绛并同中书门下平章事。

戊寅,行免役法,许民出钱募人充役。

庚辰,命王安石提举编修《三司令式》并《敕》及《诸司库务岁计条例》。

按:翰林学士元绛、权三司使李肃之、权发遣盐铁副使傅尧俞、权户部副使张景宪、度支副使王靖、同修起居注李燾朋、集贤校理陈绎,并同详定。太子右赞善大夫吕嘉问、光禄寺丞杨蟠、崇文院校书唐坰、权许州观察推官王觌、三司推勘公事乔执中、检法官李深、勾当公事张端、著作佐郎赵蕴、周直孺、均州军事判官孙亶,并为删定官。

是年,夏改元天赐礼盛国庆。

宋诏:"景祐五年以前,礼部试下进士一举,诸科二举,年六十五,若递加一举则不限年,州县以名闻,特与推恩。府监举人以京朝官二人保识,进士七举,诸科八举,年四十礼部尝奏名者,并特赴殿试。惟河北、河东、陕西三路,各减一举,以优之。"(《文献通考》卷三一)

王安石三月遭流言诽谤,宋神宗问王安石是否有"天变不足惧,人言不足恤,祖宗之法不足守"之言,王安石谓并无此说(《资治通鉴后编》卷七八)。

王安石弟子陆佃八月报告王安石:"(新法)推行不能如初意,还为扰民。"于是派李承之赴淮南调查,李承之调查之后,言并无不便。佃说遂不行。

> 按:《宋史·陆佃传》曰:"熙宁三年,应举入京。适安石当国,首问新政,佃曰:'法非不善,但推行不能如初意,还为扰民,如青苗是也。'安石惊曰:'何为乃尔?吾与吕惠卿议之,又访外议。'佃曰:'公乐闻善,古所未有,然外间颇以为拒谏。'安石笑曰:'吾岂拒谏者?但邪说营营,顾无足听。'佃曰:'是乃所以致人言也。'明日,安石召谓之曰:'惠卿云:"私家取债,亦须一鸡半豚。"已遣李承之使淮南质究矣。'既而承之还,诡言于民无不便,佃说不行。"

司马光二月初六日再乞资荫人试经义;十二日以翰林学士拜枢密副使,固辞不受。

> 按:司马光在辞职书中曰:"陛下诚能罢制置条例司,追还提举官,不行青苗、助役等法,虽不用臣,臣受赐多矣。不然,终不敢受命。"(《宋史·司马光传》)

司马光二月二十日上《乞罢除条例司常平使疏》;二十七日著《与王介甫书》,反对新法;三月初三日又著《与王介甫第二书》,不久又著《第三书》,请罢条例司及常平使者,反对新法。书凡三返,王安石乃著《答司马谏议书》,逐条批驳谏议大夫司马光对推行新法的责难,表示将坚定不移推行新法。

> 按:初,司马光写了一封长达三千余字的信给王安石,谓王安石推行新法有四大罪状:新法名目繁多,是为"生事";不把财政工作交给三司,而另立三司条例司理财,是为"侵官";广置使者,行新法于四方,是为"征利";拒绝接受保守派的意见,是为"拒谏"。要求停罢新法,恢复旧制。王安石当时只写了封简单的回信,未作实质性的答复。《答司马谏议书》是王安石收到司马光的第二封来信后所写。

司马光五月进《奏弹王安石表》,谓王安石"首倡邪术,欲生乱阶,违法易常,轻革朝典","臣之与安石,犹冰炭之不可共器,若寒暑之不可同时"(《传家集》卷一七)。九月,罢翰林学士,以端明殿学士出知永兴军。十一月上《乞免永兴军路青苗役钱札子》,谓若行免役法,"其为害必又甚于青苗钱"(《传家集》卷四四)。

司马光六月乞差试校书郎、前知龙水县范祖禹同修《资治通鉴》,许之。

司马光出永兴军,刘恕亦以养亲为由,请调监南康军酒税。苏轼著《送刘道原归觐南康》长句送行。苏辙也有《送刘道原学士归南康》诗。

韩琦时任河北安抚使,二月壬戌朔上疏请罢青苗法,不见听,上疏请解河北安抚使,只领大名府路。从之。时文彦博、曾公亮、程颢、吕公著、范缜、孙觉、张戬、李常等也都言青苗法有害。

> 按:宋神宗以韩琦所言为信,王安石遂称疾不出。帝谕执政罢青苗法,赵抃请俟王安石出。王安石求去,帝命司马光草答诏,有"士夫沸腾,黎民骚动"之语。王安石抗章自辩,帝为巽辞谢之,且命吕惠卿谕旨。韩绛又劝帝留王安石,王安石入谢,因言:"中外大臣、从官、台谏朋比,欲败先王正道,以沮陛下,此所以纷纷也。"(《宋史·王安石传》)帝以为然。王安石乃起视事,持新法益坚。诏以韩琦奏付制置条例司,令曾布疏驳刊石,颁之天下。韩琦申辩愈切,且论王安石妄引《周礼》以惑上听,

皆不报。

冯京除枢密副使，寻拜参知政事。数与王安石辩论于帝前，非议新法；又荐举苏轼、刘攽可掌外制，劾王韶募人耕秦州旷土为欺罔生事。

张载还朝，其弟张戬时为监察御史里行，因屡次上书反对王安石新法，得罪执政，被贬为司竹监；张载深感不安，于是辞职还乡，居陕西凤翔县横渠镇，著述讲学。

周敦颐转虞部郎中，擢提点广南东路刑狱。

程颢时为太子中允、权监察御史里行，三月初四日上《谏新法疏》，请罢青苗法，不报；四月十七日，又再上疏神宗，要求停止新法，否则请求辞职。于是为佥书镇宁军节度判官事。

按：程颢任权监察御史里行前后才八九个月，为反对王安石新法，竟写了十多道奏章。史称程颢"新法之初，首为异论"(《宋史·程颢传》)。其《陈治法十事》一疏，比较集中表现了他与新法对立的政治主张。

欧阳修四月壬申除检校太保、宣徽南院使，判太原府，因上《言青苗钱第一札子》和《第二札子》，论青苗法不便，又移书责王安石，七月辛卯改知蔡州。

按：先是，欧阳修病，数辞宣徽南院使，因论青苗法，又移书责王安石，王安石不答而奏从其请。

欧阳修更号六一居士，作《六一居士传》，苏轼尝书其后。

按：欧阳修《六一居士传》曰："吾集古录一千卷，藏书一万卷，有琴一张，有棋一局，而常置酒一壶，以吾一翁老于其间，是为六一。"

吕惠卿五月兼判司农寺；九月以父丧去位，以曾布代之。

宋敏求四月以"文字荒疏，旷其职业，不能者止，于义可从"而罢知制诰(《续资治通鉴长编》卷二〇〇)。

吕公弼因反对王安石变法，七月由枢密使、刑部侍郎罢为吏部侍郎、观文殿学士、知太原府。

王钦臣七月赐进士及第。

李清臣四月由秘书郎为集贤校理，刘挚由江宁府推官为馆阁校勘。

邵雍时屏居洛阳，其门人故旧仕宦中外者，因不满新法，皆欲投劾而归，以书问邵雍；邵雍曰："正贤者所当尽力之时。新法固严，能宽一分则民受一分之赐矣，投劾何益邪！"(《资治通鉴后编》卷七九)

赵瞻为开封府推官，言青苗法不便。

苏轼二月著《再上皇帝书》，论新法不可行；七月跋文同墨竹。

按：蜚卿问荆公与坡公之学。朱熹曰："二公之学皆不正。但东坡之德行那里得似荆公！东坡初年若得用，未必其患不甚于荆公。但东坡后来见得荆公狼狈，所以都自改了。初年论甚生财，后来见青苗之法行得狼狈，便不言生财。初年论甚用兵，如曰'用臣之言，虽北取契丹可也'。后来见荆公用兵用得狼狈，更不复言兵。他分明有两截底议论。"(《朱子语类》卷一三〇)

苏辙正月初九日差充省试点检试卷官。张方平正月二十六日以判尚书省罢知陈州,辟苏辙为陈州教授。

孙觉三月著《上神宗论条例司画一申明青苗事》,谓"新法将以振乏绝,抑兼并,诚为天下所虑",故"老臣疏外而不见听,辅臣迁延而不就职,门下执奏而不肯行,谏官请罪而求去"(《宋代名臣奏议》卷一一二),对立情绪十分严重。寻由知审官院贬知广德军。

赵抃三月奏乞罢制置条例司及诸路提举官,四月以资政殿学士贬知杭州,八月到任;十二月徙知青州。

郑樵祖父郑宰进士及第。

韩绛为参知政事,侍御史陈襄上疏反对,不报。

李定四月为监察御史里行,罢知制诰宋敏求、苏颂、李大临。

按：李定少受学于王安石,举进士,为秀州判官,孙觉荐之于朝,召至京师。李常见之,问曰："君从南方来,民谓青苗法如何？"李定曰："民便之,无不喜者。"李常曰："举朝方共争是事,君勿为此言。"李定即往白王安石,王安石大喜,即荐封。帝问青苗事,李定曰："民甚便之。"于是诸言新法不便者,帝皆不听(《宋史·李定传》)。命李定知谏院,宰相言前无选人除谏官之例,遂拜监察御史里行。宋敏求、苏颂、李大临因反对此项任命而落职。时天下谓之"熙宁三舍人"。

李常时为右正言,因反对新法被贬官,通判滑州。

张戬时为监察御史里行,与台官王子韶论新法不便,乞召还孙觉、吕公著;又上疏论"王安石乱法,曾公亮、陈升之依违不能救正,韩绛左右徇从,李定以邪谄窃台谏,吕惠卿刻薄辩给,假经术以文奸言,岂宜劝讲君侧"！(《宋史纪事本末》卷八)出知公安县。王子韶出知上元县。

按：吕本中《杂说》曰："正叔(程颐)尝说新法之行,正缘吾党之士攻之太力,遂至各成党与,牢不可破。且如青苗一事,放过何害？伯淳(程颢)作谏官,论新法,上令至中书议。伯淳见介甫(王安石),与之剖析道理,气色甚和,且曰：'天下自有顺人心底道理,参政何必须如此做？'介甫连声谢伯淳曰：'此则极感贤诚意！此则极感贤诚意！'此时介甫亦无固执之意矣。却缘此日张天祺(张戬)至中书力争,介甫不堪,自此彼此遂分。"

谢景温为御史,以在丁忧期间贩卖私盐等事弹劾苏轼,但查无实据,并未问罪,苏轼请求出朝外任。

曾布九月为崇政殿说书、同判司农寺。

按：吕惠卿遭父丧去职,王安石遂荐曾布代之。曾布资序浅,人尤不服,寻罢。

刘庠上疏极言新法非是,出知开封府。

曾公亮九月罢相,拜司空、侍中、集禧观使。

苏颂权同知贡举。

孔平仲应制举贤良方正科,对策九千余言,指责变法,被考官宋敏求第为异等,王安石闻之,将孔平仲发赴本任,不予甄拔。苏颂对王安石的做法提出反对意见。

范镇时为翰林学士,上疏论青苗之害,十月以户部侍郎致仕,苏轼往贺。

张先著《天仙子》词送郑獬移知青州。

陈襄以侍御史知杂事罢为同修起居注。

孙洙时为秘书丞、集贤校理，四月兼史馆检讨。

陈舜俞以屯田员外郎知山阴县。

陈舜俞、刘涣游白鹿洞，陈舜俞作《庐山记》，述白鹿洞事。

司马康以明经登上第，与王珪、范镇、宋敏求之子同时登科。

上官均举进士第二，除监察御史里行。

吕陶九月中贤良方正科，苏辙代张方平答陶启。

克什米尔梵文作家苏摩提婆于是年始撰《故事海》。

意大利哲学家安瑟伦约于是年著《上帝存在论》。

王珦以布衣上篆书《证宗要略》3卷，命为御书院祇候。

王雱著《老子注》成，有自序。

按：此书又名《老子训传》或《道德真经注》。梁迥在宋哲宗元符年间作《道德真经集注》后序称："近世王雱深于道德性命之学，而老氏之书复训厥旨，明微烛隐，自成一家之说。"王雱的道德性命之学来源于其父王安石。王安石最先在《虔州学记》中解释道德性命之学说："余闻之也，先王所谓道德者，性命之理而已，其度数在乎俎豆钟鼓管弦之间，而常患乎难知，故为之官师，为之学，以聚天下之士，期命辩说，诵歌弦舞，使之深知其意。"（《临川文集》卷八二）道德性命之学，是王安石、王雱父子对宋学的一个重要贡献。漆侠说："据《道藏》中所收录南宋彭耜的《道德真经集注》所开列的十九家注释者，除司马光、苏辙外，变法派中的有王安石、王雱、陆佃、刘概、刘泾等五家。这十九家中，陈景元注释较早，其余十七家大都是在王安石注释老子的风气推动下出现的。熙宁时代是历史上著名的变法革新时代，同时也是老庄哲学复活，辩证法流行、发展的时代。因此叶梦得说：'自熙宁以来，学者争言老庄。'（《避暑录话》卷上）学术思想领域里的这一新局面，开风气之先的王安石起了重大作用，变法派进一步推动这一学风，同样起了重要作用。"（《宋学的发展和演变》第十章）

德国哲学家奥特罗卒(1010—)。著有《论我与从来的论据》等。

西班牙犹太诗人、新柏拉图主义哲学家伊本·盖比鲁勒卒(1021—)。他的哲学代表作《生命泉》对犹太教神秘主义和基督教经院哲学颇具影响。

法国罗马天主教神学家、经院哲学家和逻辑学家、唯实论代表人物之一尚波的威廉(—1121)生。

宋绶、宋敏求编《唐大诏令集》130卷成书。

按：是书为有系统的政治、法律史料汇编，在当时为宋代统治者施政求治提供借鉴，并为后世保留了珍贵的历史资料，在中国政治、法律制度史的研究上有重要的意义。《四库全书总目提要》曰："唐朝实录，今既无存，其诏诰命令之得以考见者，亦藉有是书，亦可称典故之渊海矣。"此书长期以抄本流传，并有缺失。直到清光绪年间，才由南浔人张钧衡根据明抄本雕版印行于世。1959年商务印书馆根据旧抄本与刊本等校勘出版。

宋敏求著《春明退朝录》3卷成书。

欧阳修始著《六一诗话》。

按：《四库全书总目提要》曰："诗话莫盛于宋，其传于世者，以（欧阳）修此编为最古。其书以论文为主，而兼记本事。诸家诗话之体例，亦创于是编。"司马光师法欧阳修，著《温公续诗话》，并自题曰："诗话尚有遗者，欧阳公文章名声虽不可及，然记事一也，故敢续书也。"

廖刚(—1143)生。

宋熙宁四年　辽咸雍七年　夏天赐礼盛国庆二年　辛亥　1071 年

正月壬辰，应王安石请，诏鬻天下广惠仓田为三路及京东常平本，其当赈济，即以广惠、常平等仓所贮粟麦给之。

按：曾公亮以为不可，司马光有《奏为乞不将米折青苗钱状》。

二月丁巳朔，更定科举法，从王安石议，罢诗赋及明经诸科，专以经义、论、策试进士。

按：先是议重定贡举法，神宗以苏轼之言为是，他日，以问王安石，王安石曰："不然，今人材乏少，且学术不一，异论纷然，此盖不能一道德故也。欲一道德，则必修学校；欲修学校，则贡举法不可不变。"赵抃亦是苏轼之议。王安石说："若谓此科常多得人，自缘仕进别无它路，其间不容无贤，以为科法已善则未也。今以少壮时当讲求天下正理，乃闭门学作诗赋，及其入官，世事皆所不习。此乃科法败坏人材，致不如古。"神宗以为然。已而中书言："古之取士皆本于学校，故道德一于上，习俗成于下，其人材皆足以有为于世。自先王之泽竭，教养之法无所本，士虽有美材而无学校师友以成就之，此议者之所患也。今欲追复古制以革其弊，则患于无渐。宜先除去声病、偶对之文，使学者得以专意经义，以俟朝廷兴建学校，然后讲求三代所以教育、选举之法，施之天下，则庶几可复古矣。"于是罢明经及诸科、进士试诗赋、帖经、墨义，各专治《诗》、《书》、《易》、《周礼》、《礼记》一经，兼以《论语》、《孟子》。每试四场：初本经；次兼经，并大义十道，务通义理，不须尽用注疏；次论一首；次时务策三道，礼部五道。中书撰大义式颁行。试义者须通经有文采，乃为中格，不但如明经墨义粗解章句而已。取诸科解名十分之三，增进士名额。其殿试则专以策，限千字以上。分五等：第一等、二等赐进士及第，第三等赐进士出身，第四等赐同进士出身，第五等赐同学究出身。又置京东、京西、陕西、河东、河北路学官，使之教导(《续资治通鉴》卷六八)。

自本年罢帖经、墨义以后，以大义试经术遂成为定制。但后来有人谓王安石以经义代替帖经、墨义，开创了八股文的先例，如清代秦蕙田《五礼通考》卷一七四说："熙宁之经义，即八股文所由昉也。"也有不同意这种观点的，如胡鸣玉《订讹杂录》卷七说："今之八股，或谓始于王荆公，或谓始于明太祖，皆非也。"其实熙宁经义的内容不拘泥于经文和注疏，而强调阐明经旨、自陈己见；其文体为散文，没有什么严格的格式，更不要求对偶，与八股文的写作要求相去甚远，不可混为一谈。

二十三日，诏民间毋得私印造历日，令司天监选官，官自印卖；其所得之息，均给在监官属。

三月庚寅，诏诸路置学官，每州给田十顷以养士，原有学田不及者益之，多者听如故；仍置小学教授，凡在学有职事，以学粮优定请给。

五月壬寅，诏自今朝省及都水监、司农寺等处，凡下条贯，并令进奏院摹印，颁降诸路，岁给钱千缗为镂板纸墨之费。

八月庚申，恢复《春秋》三传明经取士。

塞尔柱突厥帝国苏丹阿尔斯兰率军全歼拜占廷军，帝罗曼努斯四世被俘。自是拜占廷在小亚细亚的势力被摧毁。君士坦丁十世之子米哈伊尔立，是为米哈伊尔七世·杜卡斯。

英王威廉一世攻占伊利岛赫里沃德之据点，摧毁盎格鲁—撒克逊人的最后抵抗。

意大利威尼斯圣马可大教堂重建落成。

十月戊辰，太学立三舍法。

按：宋初，国子生以京朝七品以上子孙应荫者为之，太学生以八品以下子孙及庶人子孙俊异者为之，试论、策、经义如进士法。及神宗即位，垂意儒学，以天下郡县既皆有学，岁、时、月各有试，程其艺能，以次差升舍，始入太学为外舍生，人数不限，后定额700人，春、秋考试两次；自外舍升内舍，内舍升上舍。内舍生以200人为限，上舍生以100人为限。各执一经，从所讲官受学，月考试其业，优等以次升舍，上舍免发解及礼部试，召试赐第（《续资治通鉴》卷六八）。史称"熙宁兴学"。

是年，罢印经院。

按：印经院专掌刻印佛经。据统计，北宋时期前后译经达280多部，750多卷。宋诏四川制司行下所属州军，并仰临安府、婺州、建宁府照见年条法指挥严行禁止，其书坊见刊板及已印者，并日下追取，当官焚毁，具以焚毁名件申枢密院。今后雕印文书，须经本州委官看定，然后刊行，仍委各州通判专切觉察，如或违戾，取旨责罚。

王安石四月奉命提举修编敕。

程颐随其父自汉州归洛阳。

司马光正月有《奏为乞不将米折青苗钱状》；二月进《上神宗论王安石》，谓自己"先见不如吕诲，公直不如范纯仁、程颢，敢言不如苏轼、孔文仲，勇决不如范镇"，攻击王安石和新法；四月调判西京御史台留司，奏迁书局于洛阳，许刘恕在南康军遥隶书局，继续修书工作。

按：先是，司马光在永兴，以言不用，乞判西京留台，不报。又上疏曰："臣不才，最出群臣之下，先见不如吕诲，公直不如范纯仁、程颢，敢言不如苏轼、孔文仲，勇决不如范镇。此数人者，睹安石所为，抗章、对策，极言其害，而镇因乞致仕。臣闻居其位者必忧其事，食其禄者必任其患，苟或不然，是为盗窃；臣虽无似，不敢为盗窃之行。今陛下惟安石是信，安石以为贤则贤，以为愚则愚，以为是则是，以为非则非，谄附安石者谓之忠良，攻难安石者谓之谗慝。臣才识固安石之所愚，议论固安石之所非，今日所言，亦安石之所谓谗慝者也。若臣罪与范镇同，则乞依镇例致仕；若罪重于镇，或窜或诛，唯陛下裁处！"久之，乃从其请（《续资治通鉴》卷六八）。时旧党人物除司马光外，他如吕公著、富弼、文彦博等皆集中在洛阳，俨然成为在野内阁，而司马光亦被人称为山中宰相。

周敦颐领提点刑狱职事，八月，移知南康军；十二月上南康印，分司南京而归。

文彦博三月戊子与神宗论新法，谓："祖宗法制具在，不须更张以失人心。"神宗曰："更张法制，于士大夫诚多不悦，然于百姓何所不便？"文彦博曰："与士大夫治天下，非与百姓治天下也。"（《续资治通鉴长编》卷二二一）

富弼六月因阻挠青苗法而贬官，移判汝州。

欧阳修六月以观文殿学士太子少师致仕，七月回到颍州西湖之滨。苏辙有《贺欧阳少师致仕启》。苏轼、苏辙九月同赴颍州谒欧阳修。

欧阳修是秋致书王益柔，乞指正《毛诗本义》。

王雱八月得神宗召见，由旌德尉升为太子中允、崇政殿说书。王安石有《辞男雱说书札子》《除雱中允崇政殿说书谢表》。

按：王雱为王安石子，因邓绾、曾布力荐之，故有是命。

苏轼十一月贬为杭州通判,赴任途中曾去颍州拜见欧阳修。

按:《宋史·赵君锡传》曰:"苏轼出知杭州,君锡言:'轼之文,追攀《六经》,蹈藉班、马,知无不言。壬人畏惮,为之消缩;公论倚重,隐如长城。今飘然去国,邪党必谓朝廷稍厌直臣,且将乘隙复进,实系消长之机。不若留之在朝,用其善言则天下蒙福,听其说论则圣心开益,行其诏令则四方风动,而利博矣。'"

沈括十一月迁太子中允、检正中书刑房公事。

苏颂出知婺州,年底取道杭州赴任,时苏轼通判杭州,邀同游西湖。

苏颂之子苏嘉、苏驹在太学对策中借题非议新法,时苏颂尚在东京。

宋敏求奏言,谓如今三馆秘阁各有四部书,虽累加校正,而尚无善本。

刘挚上《论助役十害疏》,反对免役法,七月由监察御史里行罢监衡州盐仓。

韩琦二月改永兴军节度使,判大名府。

杨绘上言,请令学者以《三传》解经。

按:《宋史·杨绘传》曰:"时安石用事,贤士多谢去。绘言:'老成之人,不可不惜。当今旧臣多引疾求去:范镇年六十有三、吕诲五十有八、欧阳修六十有五而致仕;富弼六十有八而引疾;司马光、王陶皆五十而求散地,陛下可不思其故乎?'又言:'方今以经术取士,独不用《春秋》,宜令学者以《三传》解经。'免役法行,绘陈十害。安石使曾布疏其说。诏绘分析,固执前议,遂罢为侍读学士、知亳州。"

杨绘进《上神宗论王安石之文有异志》,攻击王安石所著《淮南杂说》。王安石请求"杨绘不宜在言职",于是神宗罢其御史中丞,贬知郑州。

按:王安石《淮南杂说》著于嘉祐年间,曾得到程颐、尹焞、陆佃等学者的肯定,杨绘为阻止变法,却深文周纳,穿凿发挥,称王安石有异志,欲使之背上诛灭九族的谋反篡位之罪。

刘恕欲刻七史,苏轼有《答刘道原书》。

按:邵博《闻见后录》卷二〇曰:"东坡倅钱塘日《答刘道原书》云:'道原要刻印七史固善,方新学经解纷然,日夜摹刻不暇,何力及此?近见京师经义题:国异政,家殊俗。国何以言异?家何以言殊?又有其善,丧厥善,其,厥不同,何也?又说《易·观》卦本是老鹳,《诗》大小雅本是老鸦。似此类甚众,大可痛骇。'"刘恕刻七史之议,有否印成,已难考见。

吕诲五月卒,司马光著墓志铭;八月又著《祭吕献可文》。

余焘上书请改洪范经文,为台谏所弹,不果行。

黄庭坚送陈恺过洛阳。

王安国十月以西京国子监教授为崇文院校书,王安石著《谢弟安国得馆职表》。

孙觉十二月移知湖州。

吕陶为成都府学著《府学经史阁落成记》,谓"蜀学之盈冠天下而垂无穷者,其具有三:一曰文翁之石室,二曰周公之礼殿,三曰石壁之九经"(《浮德集》卷一四)。

按:蜀学在宋代影响甚大,南宋李石任成都府学教授时,自谓"典蜀学",并谓"蜀学之盛,古今鲜俪也"(《蜀中广记》卷一〇八);李心传有感于"郡国之学,最盛于成都"(《建炎以来朝野杂记》甲集卷一三),故在《建炎以来朝野杂记》中专门设立"蜀学"一条，叙述当时成都府学的情况。《宋元学案》卷九九《苏氏蜀学略表》所列蜀学代表人物有苏洵、苏轼、苏辙、苏迈、苏迨、苏过、苏元老、张浚、黄庭坚、晁补之、李植、秦观、张耒、李廌、王巩、李之仪、孙勰、孙剧、蔡肇、李格非、苏迟、苏适、苏逊、苏友龙、钟棐、钟概、李纯甫、家勤国、家愿、家安国、家定国、吕陶、李之纯、任孜、任伯雨、任象先、任尽言、任申先、任汲等。

赵彦若时为集贤校理，四月戊寅兼崇文院检讨，编修会要。

晁补之在杭州谒见苏轼，有《上苏公书》。

孙觉著《春秋经解》成，有自序。

按：陈直孙《直斋书录解题》卷三曰："王荆公初欲释《春秋》，以行于天下。而莘老之书已出，一见而忌之，自知不复能出其右，遂诋圣经而废之曰：'此断烂朝报也。'不列于学宫，不用于贡举云。"清皮锡瑞曰："《春秋公羊》、《谷梁》，汉后已成绝学。《左氏》传事不传义，后人专习《左氏》，于《春秋》一经，多不得其解。王安石以《春秋》为断烂朝报而废之，后世以此诟病安石。安石答韩求仁问《春秋》曰：'此经比他经尤难，盖《三传》不足信也。'尹和靖云：'介甫不解《春秋》，以其难之也，废《春秋》非其意。'据尹氏说，安石本不欲废《春秋》者，然不信《三传》，则《春秋》已废矣。若以《春秋》为断烂朝报，则非特安石有是言，专执《左氏》为《春秋》者皆不免有此意。信《左氏》家经承旧史、史承赴告之说，是《春秋》如朝报矣；不信《公》、《谷》家日月褒贬之例，而概以为阙文，是《春秋》如朝报之断烂者矣。宋人治《春秋》者多，而不治颛门，皆沿唐人啖、赵、陆一派。如孙复、孙觉、刘敞、崔子方、叶梦得、吕本中、胡安国、高闶、吕祖谦、程公说、张洽、吕大圭、家铉翁，皆其著者，以刘敞为最优，胡安国为最显。"（《经学历史·经学变古时代》）

张载始著《正蒙》。

按：清王夫之《张子正蒙注》曰："张子之学，上承孔孟之志，下救来兹之失，如皎日丽天，无幽不烛，圣人复起，未有能易焉者也。"以后朱熹著有《西铭解》。《正蒙》为张载一生最重要的著作，原书洋洋数万言，卒后由其弟子苏昞"辄就其编，会归义例，略效《论语》、《孟子》篇次章句以类相从，为十七篇"。今存最早刻本是宋端平年间闽川黄壮猷补刊《诸儒鸣道》本，为8卷，书名作《横渠正蒙》。王夫之的《张子正蒙注》为注解本中最善者，有1975年中华书局本。李光地亦有《注解正蒙》2卷。《四库全书总目提要》曰："《正蒙》一书，张子以精思而成，故义博词奥，注者多不得其涯涘。又章句既繁，不免偶有出入。或与程、朱之说相抵牾，注者亦莫知所从，不敢置议。光地是书，疏通证明，多阐张子未发之意。又于先儒互异之处……皆一一别白是非，使读者晓然不疑。于明以来诸家注释之中可谓善本矣。"此外，清王植有《正蒙初义》17卷。

王雱所著《南华真经新传》20卷约成书于本年。

按：此书又称《庄子注》。叶梦得《避暑录话》谓"自熙宁以来，学者争言老庄"。这种学术局面的出现，与荆公学派颇有关系。王安石早在嘉祐年间就开始注释老子，起着倡导作用。以后吕惠卿、陆佃、王雱等与其他变法派学士大夫，对老庄继续探索。王雱的研究虽未超过乃父，但确系一代之翘楚，对两宋及明清产生了不可磨灭的影响。此书有宋刊本、《正统道藏》本。

欧阳修写成《集古录跋尾》10卷。

欧阳修著《六一诗话》1卷成。

按：《六一诗话》专门评论北宋诗人的作品，是最早以"诗话"命名的论诗著作，其后司马光著有《温公续诗话》，刘攽著有《中山诗话》，诗话著作开始兴盛起来。《四库全书总目提要》曰："北宋诗话惟欧阳修、司马光及攽三家号无最古。此编（指《中山诗话》）较欧阳、司马二家虽以不及，然攽在元祐诸人之中，学问最有根底。其考证论议，可取者多，究非江湖末派钩棘字句以空谈说诗者比也。"

吕诲卒（1014—　）。诲字献可，幽州安次人，寓居开封。吕端孙。进士登第，由屯田员外郎为殿中御史，因劾枢密使宋庠、副使陈升之，出知江州。治平年间，又劾韩琦、欧阳修等，不成，出知蕲州。神宗时拜御史中丞，竭力反对王安石变法，出知邓州。著有《吕献可章奏》20卷、《吕诲集》15卷，今佚。《宋元学案》列其入《涑水学案》。事迹见《宋史》卷三二一本传、司马光《右谏议大夫吕府君墓志铭》（《传家集》卷七七）。

张唐英卒（1029—　）。唐英字次功，一作次公，自号黄松子，蜀州新津人。张商英兄。庆历三年进士，调渝州掾。官至殿中侍御史。著有《唐史发潜》6卷、《仁宗政要》43卷、《宋名臣传》5卷、《蜀梼杌》10卷等。今存《蜀梼杌》1卷。事迹见《宋史》卷三五一《张商英传》附传。

张绎（　—1108）、唐庚（　—1121）、僧惠洪（　—1128）、吕颐浩（　—1139）、尹焞（　—1142）、洪拟（　—1145）生。

西班牙伊本·宰敦卒（　—1071）。阿拉伯文学家、诗人，传世作品有散文《庄书》、《谐书》等。

阿拉伯阿布·海退布卒（1002—　）。历史学家，著述达50余种，以地方志《巴格达志》最为重要。

宋熙宁五年　辽咸雍八年　夏天赐礼盛国庆三年　壬子　1072年

正月，命皇城司卒七千余人巡察京城，收罪谤议时政者。

二月，大宗正司上《编修条例》6卷。

按：先是，嘉祐六年（1061）正月，诏魏王宫教授李田编次本司先降宣敕，成6卷，以李田辄删改原旨，仍改命大宗正丞张稚圭、李德刍，馆阁校勘朱初平、陈侗、林希同编修，至是上之。

三月，辽有司奏：春、泰、宁江三州三千余人愿为僧尼，受具足戒。许之。

按：辽主信佛，僧有拜司徒、司空者，故一时习尚如此。

四月，命河北民立弓箭社。

五月，诏：宗室非祖免亲许应举者，试策三道，论一道，或大经义十道。初试黜其不成文理者，余令复试。所取以五分为限，人数虽多，不得过五十人。累复试不中，年长者当议量材录用。

六月癸亥，知制诰王益柔兼判礼部贡院。试法分经义、论、策为四场，除第三、第四场策论如旧，其第一场试本经五道，第二场《论语》、《孟子》各三道。试官每一人试卷各分一场考校，考毕众官参定高下去留，仍许同差官三两员点检杂犯。其诸路州军举人如五百人以上，亦许差官一员点检。

乙亥，诏于武成王庙复置武学，选文武官知兵者为教授。凡使臣未参

日本定物价。

塞尔柱突厥帝国征中亚河中。苏丹阿尔斯兰途中遇刺身亡，子马利克沙一世继位，定都伊斯法罕。

班并门荫、草泽之人，许召京朝官两员保任，先试验人材弓马，应武举格者方许入学，给常膳，习诸家兵法。

七月壬子，诏武学生员以百人为额。以尚书兵部郎中韩缜判学，内藏库副使郭固同判，赐食本钱万缗。

八月辛卯，宋廷规定，外舍生月发津贴 850 文，内舍生和上舍生月发津贴 1090 文。

九月辛酉，从御史刘孝孙之请，诏武学生试大义十道，分两场。

是年，宋廷增神仙封号，初"真人"，次"真君"。

王安石五月甲午与冯京辩论贡举改革。

王安石著《祭欧阳文忠公文》，悼念欧阳修去世，盛赞其道德文章。

程颢因反对新法而遭贬以后，直至本年因郊祀霈恩，方才涤罪，求监局养亲，罢归，居住洛阳。于是二程开始设馆授徒，四方之士，从游者甚众。在洛阳期间，与旧党人物司马光、吕公著等过从甚密，并互相品题。二程曾在嵩山讲学。

按：邵雍《四贤吟》曰："彦国之言铺陈，晦叔之言简当，君实之言优游，伯淳之言条畅。四贤洛阳之望，是以在人之上，有宋熙宁之间，大为一时之壮。"（《邵氏闻见录》卷一五）程颢也有"君实笃实，晦叔谨严，尧夫放旷"之品题应和（《二程遗书》卷六）。朱熹《伊洛渊源录》对程颢在野的活动与影响描述道："（程颢）既不用于朝廷，居洛几十年，在仕者皆慕化之，从之质疑解惑。闾里大夫皆高仰之，乐从之游。学士皆宗师之，讲道劝义。于是先生身益退，位益卑，而名益高于天下。"

周敦颐定居庐山所筑书堂，榜其书堂曰"濂溪"。

欧阳修八月赠太子太师。

按：制词曰："欧阳某以文章革浮靡之风，以道德镇流竞之俗，挺节强毅而不挠，当官明辨而莫夺。……可特赠太子太师。"（《欧阳修年谱》附录一）

富弼三月以司空致仕，进封韩国公，归居洛阳。

沈括三月提举司天监，奏请卫朴主持造新历（即《奉元历》）；七月加史馆检讨；九月疏浚汴河水道，测量汴道地形，创分层筑堰测量地形法。

曾公亮六月以太傅致仕。

苏轼到官三日，即遵欧阳修所嘱，拜访名僧惠勤；欧阳修闰七月病逝，苏轼因公务在身，不能赴丧，曾与惠勤共哭于惠勤僧舍。八月著《祭欧阳文忠公文》。

按：苏轼曾在《六一居士集序》中对欧阳修的学术成就有个总体评价，其曰："自汉以来，道术不出于孔氏，而乱天下者多矣。晋以老庄亡，梁以佛亡，莫或正之。五百余年而后得韩愈。学者以愈配孟子，盖庶几焉。愈之后三百有余年，而后得欧阳子。其学推韩愈、孟子，以达于孔氏，著礼乐仁义之实，以合于大道。其言简而明，信而通，引物连类，折之于至理，以服人心，故天下翕然师尊之。自欧阳子之存，世之不说者，哗而攻之，能折困其身，而不能屈其言。士无贤不肖，不谋而同曰：'欧阳子今之韩愈也。'宋兴七十余年，民不知兵，富而教之，至天圣、景祐极矣，而斯文终有愧于古。士亦固陋守旧，论卑而气弱，自欧阳子出，天下争自濯磨，以通经学古为高，以救时行道为贤，以犯颜纳说为忠。长育成就，至嘉祐末，号称多士，欧阳子之功为多。"

（《宋文鉴》卷八九）

苏辙著《祭欧阳少师文》及《欧阳少师挽词》,悼念欧阳修。

苏颂作《欧阳文忠公挽辞》,哀悼欧阳修。

按：挽辞曰："道济三千子,文高二百年。朝廷得王佐,经术有师传。笔削书才就,弥纶志未宣。平生思颍事,倏忽启新阡。"（《苏魏公文集》卷一四）

黄庭坚试中学官,为北京国子监教授,受文彦博赏识。又与张耒、晁补之、秦观并游苏轼门,称苏门四学士。

陈襄接替沈立为杭州太守,苏轼秋天参加考选进士后,曾为陈襄的《送进士诗》作序。

章惇七月奉命察访荆湖北路农田、水利、常平等事。

游酢在京师初与程颐相遇,程颐"谓其资可与适道"（《伊洛渊源录》卷九《游察院》）。

王安礼正月由试校书郎为著作佐郎,崇文院校书。

赵抃七月以资政殿学士复知成都。

司马康迁大理评事。

郭熙奉旨画《关山春雪图》。

曾巩由越州改知齐州。

日本僧成寻与其弟子赖缘、快宗、惟观、心贤、善久等7人携带天台真言经书六百余卷至宋。

王愉、徐先等医官奉命到高丽传授医术。

欧阳修家人进呈《五代史》。其子欧阳发七月编定《欧阳文忠公集》153卷。

按：晁公武《郡斋读书志》卷二上曰："欧阳永叔以薛居正史繁猥失实,重加修定,藏于家。永叔没后,朝廷闻之,取以付国子监刊行。国史称其可继班固、刘向,人不以为过,特恨其《晋出帝论》,以为因濮园议而发也。"李方叔《师友谈记》曰："欧阳公《五代史》最得《春秋》之法。盖文忠公学《春秋》于胡瑗、孙复,故褒贬谨严,虽司马子长无以复加。"

沈立等上《审官西院敕》10卷。

司马光著《投壶新格》成。

孙觉辑《吴兴诗集》,为张先著《十咏图序》。

陈景元著《道德真经藏室纂微篇》10卷成书。

欧阳修卒（1007— ）。修字永叔,号醉翁、六一居士。庐陵人。天圣进士。历官至枢密副使、参知政事。卒赠太子太师,谥文忠。为宋代古文运动领袖,亦为著名史学家。以他为代表的庐陵学派,是宋初重要的学术流派。其主要弟子有刘敞、刘攽、陈舜俞、王安石、曾巩、曾肇、苏轼、苏辙、陈师道、吕希哲、吕希纯等。所著尚有《毛诗本义》16卷、《左传节义》15卷及《欧阳文忠公集》153卷、《六一词》1卷等。《宋元学案》为列《庐陵学案》。事迹见《宋史》卷三一九本传、韩琦《欧阳公墓志铭》（《安阳集》卷五〇）、苏辙《欧阳文忠公神道碑》（《栾城后集》卷二三）。宋胡柯编有《庐陵欧阳文忠公年谱》,今人刘德清编有《欧阳修年谱》。

意大利哲学家安瑟伦著《独白篇》。

德国历史学家亚当于是年始著《汉堡—不来梅大主教史》4卷,对罗斯、波罗的海地区、斯堪的纳维亚、冰岛、格陵兰及文兰都有描述。

按：欧阳修曾著《易童子问》3卷，怀疑《易》之《文言》、《系辞》非孔子所作，以《河图》、《洛书》为怪妄诸说，宋元疑古惑经之风，实由兹启。在欧阳修的启导下，宋代一大批学者走上了疑传疑经的道路，疑辨之风成为宋代学术的主导倾向，借助对先秦经典的重新诠释，构筑新的思想体系，导致义理学派的诞生。《宋史·文苑传一》对欧阳修的古文作了高度评价，其曰："国初，杨亿、刘筠犹袭唐人声律之体，柳开、穆修志欲变古而力弗逮。庐陵欧阳修出，以古文倡，临川王安石、眉山苏轼、南丰曾巩起而和之，宋文日趋于古矣。"苏轼曰："欧阳子论大道似韩愈，论事似陆贽，记事似司马迁，诗赋似李白，此非余言也，天下之言也。"(《六一居士集序》)程颢认为，欧阳修以后，宋代学术文章分为三大派："今之学者歧而为三，能文者谓之文士，谈经者泥为讲师，惟知道者乃儒也。"又曰："古之学者一，今之学者三，异端不与焉：一曰文章之学，二曰训诂之学，三曰儒者之学。欲趋道，舍儒者之学不可。"(《二程遗书》卷一八)

僧契嵩卒(1007—)。契嵩字仲灵，自号潜子，俗姓李，藤州镡津人。七岁出家，为云门宗僧人。后居杭州灵隐永安兰若。赐号明教大师。著作见存的尚有《传法正宗记》9卷及《传法正宗定祖图》、《传法正宗论》、《镡津文集》等。事迹见陈舜俞《镡津明教大师行业记》(《都官集》卷八)。

按：张立文说："契嵩在宋初儒学复兴、佛教式微之际，提出'明儒释之道一贯'的会通宗旨，用佛教思想诠释儒家学说，以其卓然睿智发明儒家学说的精义，深契佛教哲学的本质，用雄辩的议论回应了各种排佛主张，这对于中国学术思想的后期发展，影响甚大。他以'辅教'立论，紧紧抓住了儒、释二教的道德教化本质，为会通儒释开拓了健康的发展道路。因此，契嵩受到了皇帝、名臣、高僧和硕儒的大力推崇，在中国佛教学术思想史上具有重要地位。"(《中国学术通史》宋元明卷第十章)

钱公辅卒(1021—)。公辅字君倚，常州武进人。少从胡翼之学，有名吴中。第进士甲科。通判越州，为集贤校理、同判吏部南曹。历开封府推官、户部判官、知明州。英宗即位，陈《治平十议》，大要言采民政，分吏课，择守宰，置二府官属。又作《帝问》一篇上之。神宗立，拜天章阁待制、知邓州，复知制诰。与王安石政见不合，罢谏职，旋出知江宁府。《宋元学案》列其入《安定学案》。事迹见《宋史》卷三二一本传。

郑獬卒(1022—)。獬字毅夫，安州安陆人。皇祐五年举进士第一，通判陈州。神宗初拜翰林学士，因反对王安石变法和种谔取绥州，出知杭州。能诗文，著有《郧溪集》50卷，今存30卷。事迹见《宋史》卷三二一本传。

苏过(—1123)、许景衡(—1128)、罗从彦(—1135)、朱震(—1138)、葛胜仲(—1144)生。

宋熙宁六年　辽咸雍九年　夏天赐礼盛国庆四年
癸丑　1073年

大越(李朝)主乾德受封于宋，为交趾郡王。

正月，翰林学士曾布权知贡举，知制诰吕惠卿、天章阁待制邓绾、直舍人院邓润甫并权同知贡举。

三月庚戌,诏置经义局,修撰《诗》、《书》、《周礼》三经义,命王安石提举,吕惠卿、王雱同修撰。神宗欲召程颢参与其事,王安石反对,乃止。

> 按:《三经新义》被称为"荆公新学"。其书要言不烦,颇多精当之处;其发明圣贤义理,讲道德性命,实开理学先河。程颐指导学生读《易》时曾说:"《易》有百余家,难为遍观。如素未读,不晓文义,且须看王弼、胡先生、荆公三家。理会得文义,且要熟读,然后却有用心处。"(《二程遗书》卷一九)朱熹指导学生读《尚书》,推荐四家,其中即有王安石的《尚书新义》。所以,新学经义与濂、洛、关、闽学都在理学范畴之内,后来新学经义被禁止,实属党争意气所致。故《四库全书总目提要》有"安石解经之说,则与所立新法各为一事"之说。《宋元学案》卷九八《荆公新学略表》所列王安石新学的代表人物有王雱、龚原、邹浩、沈躬行、王无咎、晏防、陆佃、陆宰、陆游、吕希哲、汪澥、郑侠、蔡肇、陈祥道、许允成、吕惠卿、蔡京、蔡卞、林希、寒序辰、周辅、马希孟、方悫、孟厚、王昭禹、郑宗颜、耿南仲、王安中、王安礼、王安国、曾巩、孙侔、宋保国等。

辛亥,试奏名、特奏名明经诸科。

己未,置诸路学官,更新学制。

> 按:有司立为约束,过于烦密,刘挚上疏请罢其制,遂有是命。

壬戌,御集英殿,赐正奏名进士、明经诸科余中以下及第、出身、同出身、同学究出身,总596人。

癸亥,御集英殿,赐特奏名进士、明经诸科同学究出身试将作监主簿、州长史、文学助教,总691人。

丁卯,诏自今进士、诸科同出身及授试监簿人,并令试律令、大义或断案,与注官。如累试不中或不能就试,候二年注官。曾应明法举人,遇科场,愿试断案、大义者听,如中格,排于本科本等人之上。

四月乙亥,国子监设律学。

> 按:诏曰:"士之莅官,以法从事,今所习非所学,宜置律学。设教授四员,命官、举人皆得入学习律令。"(《宋史纪事本末》卷九)律学是宋代教习法律的专科学校。

六月甲午,翰林学士陈绎等言,奉旨编修《道场斋醮式》28卷,乞赐颁行,及下僧道录司,以本教科参酌逐等道场名目、位号,立法遵守,从之。

八月乙亥,编修令敕所言,修成《支赐式》12卷,已经看详,可以通行,从之。

九月辛亥,初策武举之士。

> 按:先是,武举试义策于秘阁,武艺于殿前司;及殿试则又试骑射及策于廷。策、武艺俱优为右班殿直,武艺次优为三班奉职,又次借职,末等三班差役。初,枢密院修武举法,不能答策者,答兵书墨义。王安石曰:"武举而试墨义,何异学究诵书不晓理者,无补于事。先王收勇力之士皆属于车右者,欲以备御侮之用,则记诵何所施!"帝从之。至是,始策武举之士(《续资治通鉴》卷六九)。

十月辛未,英宗女婿、驸马都尉、光州刺史张敦礼上疏乞立《春秋》于学官,不许;又要求在政堂与王安石见面辩论。王安石以未奉圣旨为由拒绝。

> 按:王安石之所以不把《春秋》用于科举,一是自《鲁史》亡,《春秋》之义不可考,士不能通;二是认为"《春秋》非造士之书"(陆佃《陶山集》卷一二《答崔子方秀才书》)。反对变法者遂以此为口实,与王安石一派反复争论,自熙宁以迄靖康,成为党争的焦点之一。张敦礼之上疏,是争论的起始。苏辙在《春秋集解序》中说:"近岁王介甫以宰相解经行之于世,至《春秋》漫不能通,则诋以为'断烂朝报',使天下士不得

萨克森贵族和农民暴动,德王亨利四世逃亡沃尔姆斯。

意大利教士希尔德布兰德当选为教皇,称格列高里第七。其人倡行教会改革,反对君王干预。

复学。"周麟之《孙氏春秋经解后跋》也说："先君为余言：初，荆公欲释《春秋》以行于天下，而莘老之传已出，一见而有忝心，自知不能复出其右，遂诋圣经而废之，曰：'此断烂朝报也。'不列于学官，不用于贡举者，积有年矣。"按反对派的意见，王安石不把《春秋》用于科举考试，是由于《春秋》是"断烂朝报"。而且此说一直流传数百年，人皆信以为真。其实并非如此。尹焞说："介甫未尝废《春秋》；废《春秋》以为断朝烂报，皆后来无忌惮者托介甫之言也。"（《经义考》卷一八一）李绂《书周麟之孙氏春秋传后序》说："'断烂朝报'之说，尝闻之先达，谓见之《临汝闲书》。荆公尝自为《春秋左氏解》十卷，言言精核。辨左氏为战国时人，其明验十有一事，自来治经者未之能及。其高第弟子陆农师佃、龚深甫（父）原并治《春秋》，陆著《春秋后传》，龚著《春秋解》，遇疑难者辄目为阙文。荆公笑谓：'阙文若此之多，则《春秋》乃断烂朝报矣。'"所以李绂认为，王安石此论，"盖病治经者不得经说，不当以阙文置之。意实尊经，非诋经也。"林希逸在《竹溪鬳斋续集·学记》中也说："和靖曰：'介甫未尝废《春秋》。废《春秋》以为断烂朝报，皆后来无忌惮者托介甫之言也。'……和靖去介甫未远，其言如此，甚公。今人皆以'断烂朝报'之语为荆公之罪，亦冤甚矣！"

十二月，夏国主秉常进马赎《大藏经》，诏特赐之，而还其马。

文彦博四月因反对新法而罢枢密使，以守司徒兼侍中判河阳。辟苏辙为学官，苏辙有《贺河阳文侍中启》及《谢文公启》。

沈括三月迁集贤院校理，五月奉命详定三司令敕，六月奉命相度两浙路农田、水利、差役等事并兼察访。

曾布、吕惠卿、郑绾权知贡举。

苏轼巡行属县，会见新城令晁端友，其子晁补之得以袖文谒见，从此受知于苏轼；苏轼又访孙觉于西湖，并与张先相交。

韩琦二月移判相州。

孙觉三月由湖州移知庐州。

苏颂三月移知亳州，路经杭州时，与知州陈襄、通判苏轼等同游。

苏辙九月改任齐州掌书记。

王雱为经义局修撰，奉命著《诗经新义》、《尚书新义》。

按：晁公武《郡斋读书志》卷一曰："熙宁六年，命吕惠卿兼修撰国子监经义，王雱兼同修撰，王安石提举而雱董是经，颁于学官。用以取士，或少违异，辄不中程，由是独行于世者六十年，而天下学者喜攻其短。自开党禁，世人鲜称焉。"

杨时礼部试下第，补太学生，归乡讲学于镛州含云寺。

韩维出知襄州，改许州。

余中状元及第；王任为第二名；邵刚为省试第一。

张耒进士及第，授临淮主簿。

曾巩由齐州移知襄州。

吴充七月上《欧阳公行状》，为欧阳修请谥。

王安礼十一月为著作佐郎秘阁校理。

傅翼举进士。

按：傅翼字翼之，号甘圃，江西南城人。从学于李觏。著有《甘圃集》。

朱服举进士，授淮南节度推官。

宋熙宁六年　辽咸雍九年　夏天赐礼盛国庆四年　癸丑　1073年

按：朱服字行中，湖州乌程人。尝坐与苏轼游，贬海州团练副使，蕲州安置，改兴国军以卒。著有文集13卷，今佚。

方通以明经登第。

日本僧赖缘因故回国，带回宋朝新译佛经278卷以及《莲花心轮回文偈颂》、《秘藏诠》、《逍遥咏》、《缘识》、《景德传灯录》、《胎藏教》、《天竺字源》、《天圣广德录》等书。

赵彦若受命编制《熙宁十八路图》成，历时二年。

田概编杜牧遗诗为《樊川别集》。

刘镬著《芍药谱》1卷成书。

吕公弼卒（1007—　）。公弼字宝臣，寿州人。吕夷简之子。仁宗时擢都转运使，英宗初拜枢密副使。因反对王安石新法，罢为观文殿学士，知太原府。事迹见《宋史》卷三一一本传。

王素卒（1007—　）。素字仲仪，大名莘县人。王旦之子。赐进士出身。历知鄂州。仁宗擢知谏院。官终工部尚书。卒谥懿敏。事迹见《宋史》卷三二〇本传。

周敦颐卒（1017—　）。敦颐字茂叔，人称濂溪先生，道州营道人。为分宁主簿，南安军司理参军，移桂阳令、知南康军。南宋嘉定时赐谥元公，淳祐元年封汝南伯，从祀孔子庙庭。后人尊为宋代理学的奠基者，程颢、程颐曾从其受业，形成濂溪学派。著有《太极图说》卷、《易通》（即《通书》）等。后人编有《周濂溪集》。《宋元学案》为列《濂溪学案》。事迹见《宋史》卷四二七本传、潘兴嗣《濂溪先生墓志铭》、朱熹《濂溪先生行实》（《周元公集》卷四）。宋度正编有《濂溪先生周元公年表》，近人许毓峰编有《周濂溪年谱》。

按：周敦颐的理学思想，对以后七百年的学术发生了广泛而深刻的影响。《太极图说》和《易通》成为理学的不刊经典，甚至被比作《论语》、《孟子》。对于周敦颐在经学史上承前启后的历史地位，黄百家有个很公允的评价："孔孟而后，汉儒止有经传之学。性道微言之绝久矣。元公崛起，二程嗣之，又复横渠诸大儒辈出，圣学大昌。故安定、徂徕卓乎有儒者之矩范，然仅可谓有开之必先。若论阐发心性义理之精微，端数元公之破暗也。"（《宋元学案》卷一一《濂溪学案》上）明太祖朱元璋即位之初，尊立太学，"令学者非五经、孔孟之书不读，非濂、洛、关、闽之学不讲"，从此濂溪学派一直盛行不衰。张立文说："在理学主流派中，'濂学'标志着理学的真正开创。周敦颐也因此被推崇为宋明理学的开山鼻祖。周敦颐之所以能成为理学的开创者，原因有三：一是在回应外来佛教文化的挑战中，不再采用唐代韩愈和宋初孙复、李觏等人的简单批判和断然拒斥方式，而是援佛、道入儒，积极吸收佛教的思辨哲学理论和道教的宇宙生成模式，为理学家出入佛、道二教开辟了新的学术路径。二是周敦颐融会'五经'、《中庸》以及佛、道思想，首先提出了一系列为理学家不断阐释的新话题和新范畴，特别是孔门弟子所'不可得而闻'的心性与天道话题，经由'濂学'的发明，成为宋明理学奥秘无穷的重要论题。三是提出了'立人极'的道德理想和成圣标准，对'圣人之道'的价值内涵和修养功夫进行了原则规范，从而成为'道学宗主'。"（《中国学术通史》宋元明卷第七章）

黄伯思（　—1112)生。

宋熙宁七年　辽咸雍十年　夏天赐礼盛国庆五年
甲寅　1074 年

德王亨利四世向沃尔姆斯市民颁发敕书,以换取其支持。

罗马教皇格列高里第七提出 27 条关于罗马教皇权力的《罗马教皇敕令》。

意大利帕尔马大教堂建成。

二月庚寅,诏国子监许卖《九经》、子、史、诸书与高丽使人。

三月乙巳,王安石言,提举编修《三司敕式》成 400 卷,乞缮写付三司等处。从之。

四月,宋太皇太后、皇太后谓神宗,言"安石乱天下";神宗不得已"权罢新法"(《宋史纪事本末》卷八)。

丙戌,王安石六上《乞解机务札子》,请罢相,神宗方允之,以吏部尚书、观文殿大学士出知江宁府。以韩绛为同中书门下平章事,吕惠卿为参知政事,继续推行新法。

按:王安石被罢相,乞韩绛代己而吕惠卿佐之,帝从其请。二人守王安石成规不少失,时号韩绛为"传法沙门",吕惠卿为"护法善神"。吕惠卿担心新法无法继续推行,乃从容白帝下诏,宋神宗于是降诏曰:"朕度时之宜,造为法令,已行之效,固亦可见。吏有不能奉承,然朕终不以吏或违法之故辄为之废法,要当博谋广听,按违法而深治之。"故新法仍可实行,王安石所建之法,无所更复(《续资治通鉴》卷七〇)。

五月辛亥,中书门下言,策试、制举并以经术时务,今进士已罢辞赋,所试事业即与制举无异。至于时政阙失,即士庶各许上封言事。其贤良方正等科目,欲乞并行停罢。从之。

按:是为第二次废除制科。

六月戊辰,辽主亲出题试进士,放进士刘霄等如额。

辛卯,诏以司天监新制浑仪、浮漏于翰林天文院安置。

二十三日,监三馆、秘阁建议校勘求访所得之书,从之。

十月丁丑,辽命有司颁布《史记》、《汉书》。

十二月辛巳,辽改明年为太康元年。

王安石四月六上《乞解机务札子》,请罢相,神宗方允之,并命吕惠卿传谕留京师备顾问。安石固辞而去,以吏部尚书、观文殿大学士出知江宁府。诏令安石依旧提举详定国子监修撰经义。吕惠卿同提举。

郑侠三月因久旱不雨,绘《流民图》上神宗,请罢新法。王安石罢相出知江宁后,又绘《正直君子邪曲小人事业图迹》,指责吕惠卿等。吕惠卿奏为谤讪,编管英州。

司马光四月自洛阳上《应诏言朝政阙失状》,言青苗、免役、市易及四夷用兵不便,请废除新法,停止用兵西北。

按：朱熹曰："温公忠直，而于事不甚通晓。如争役法，七八年间直是争此一事。他只说不合令民出钱，其实不知民自便之。此是有甚大事？却如何舍命争！"(《朱子语类》卷一三〇)

程颐与朱光廷访邵雍论道。

欧阳修八月谥"文忠"。

按：枢密副使吴充为欧阳修撰行状以牒太常，太常初谥曰文，常秩言欧阳修有两朝定策之功，请加以"忠"，从之。同知太常礼院李清臣撰《谥议》。

沈括游历雁荡山和太行山、华北平原等，首次正确指出了流水侵蚀、沧桑变化、泥沙淤积对地貌形成的作用。

沈括三月迁太常丞、同修起居注；七月迁右正言、司天秋官正；八月为河北西路察访使，九月兼判军器监，研究城防、阵法等军事学知识。

沈括主持司天监，新制浑仪、浮漏成功。

吕惠卿七月创手实法，设五等丁、产簿，令民申报财产，据以纳税。

王安礼二月为馆阁校勘。

王雱为右正言、天章阁待制兼侍读，以疾从王安石之江宁。

苏轼五月奉命以太常博士权知密州军事。九月初八日离杭州通判任，赴密州任，道经扬州，与秦观结交。十一月初三日至密州。在密州曾向神宗上《论河北京东盗贼状》，是为其在密州的施政纲领。

苏轼与张先、杨绘、陈舜俞、李常、刘述等同游湖州、松江，张先著《六客词》，自谓"老人星"。

按：苏轼十五年后重过湖州，五位友人皆下世，遂著《后六客词》以示怀念。

苏轼与钱塘令周邠同岁又同僚，泛湖游山，诗酒唱酬，友情甚笃。

陈师道以文谒曾巩，曾巩时知襄州，劝其熟读《史记》，然后为文。

苏颂十二月复为集贤院学士。

曾布五月罢三司使，出知饶州。

吕嘉问五月罢提举市易司，出知常州。

章惇为三司使。

赵抃七月由成都移知越州。

韩维为翰林学士承旨，力言青苗等新法之弊。

李承之十一月为河北西路察访使，替代沈括。

郭若虚出使辽国。

马世安等8名宋朝医师前往高丽传授医术。

杨时著《礼记解义》成书。

宋敏求先后上编修《阁门仪制》10册、《蕃夷朝贡录》21卷。

章衡著《编年通载》15卷成书。

赵抃著《成都古今记》30卷。

陈舜俞著《庐山记》3卷约成书于本年。

郭若虚著《图画见闻志》6卷。

喀喇汗王朝东支的马赫穆德·喀什噶里以阿拉伯文注释的《突厥语大词典》成书。

王安国卒(1028—)。安国字平甫,临川人。王安石弟。熙宁元年赐进士及第。历官至秘阁校理。屡以新法力谏王安石,尤恶吕惠卿。后被吕惠卿放归田里。著有文集 100 卷,今存《王校理集》1 卷。《宋元学案》列其入《荆公新学略》。事迹见《宋史》卷三二七本传、王安石《王平甫墓志》(《临川文集》卷九一)。

胡俛卒,生年不详。俛字公谨,共城人。举进士高第,授试校书郎。历任常州团练判官、著作佐郎、集贤校理等。神宗即位,知淮阳军,徙知和州、南安军。著有《历代年系谱》、《五音会元图》、《天集宗派图》、《佛书义》、《医经纂义》等,今已佚。事迹见晁补之《尚书司封员外郎胡公墓志铭》(《鸡肋集》卷六六)。

胡安国(—1138)生。

宋熙宁八年　辽道宗太康元年　夏大安元年
乙卯　1075 年

波斯伊斯法罕大清真寺始建。

罗马教皇格列高里第七就主教叙任权与德王亨利四世争。

二月癸酉,观文殿大学士、吏部尚书、知江宁府王安石复以本官同平章事。

己丑,看详编修中书条例李承之等上《礼房条例》13 卷并目录 19 册,诏行之。

三月戊戌,知河州鲜于师中乞置蕃学于熙、河两州,教蕃酋子弟,赐地十顷,岁给钱千缗,增解进士为五人额。从之。

己酉,军器监上所编《敌楼马面团敌法式》及申明条约并《修城女墙法式》,诏行之。

闰四月壬寅,知制诰沈括上《奉元历》,颁行之。

五月癸酉,中书礼房言:欲令诸科举人试断案、大义者,以六场通考定去留、高下,不与其余诸科比量分数,据合格人尽数解发。从之。

乙酉,诏诸路州学教授不称职者,委国子监奏劾。

丁亥,命王安石提举国子监。次日,诏罢之。神宗曰:"立学校,变贡举法,将以造士。今判国子监,亦自相乖异,士人不务为忠厚,则他时风俗复何所望?"顾王安石曰:"卿与提举,则士人自然化服。"王安石固辞,神宗固令为之。翌日,又固辞,乃寝其命(《续资治通鉴长编》卷二六四)。

戊子,罢修《经武要略》。

六月辛丑,都官员外郎刘师旦建议重修《九域图》,从之。

按：刘师旦言:"《九域图》,自大中祥符六年修定,至今六十余年,州县有废置,名号有改易,等第有升降,且所载古迹,或俚俗不经,乞选有地理学者重修。"乃命馆阁校勘曾肇、光禄丞李德刍删定。既而言旧书不绘地形,难以称图,更赐名《九域志》

(《续资治通鉴》卷七一)。

丁未,同修经义吕升卿言:《周礼义》、《诗义》已奏尚书,有王雱所进议,乞不更删改。从之。

按:时吕升卿删改王安石、王雱《诗义》,王安石、王雱皆不悦,故吕升卿有是言,然亦不能解也。

己酉,王安石进所撰《诗义》、《书义》、《周礼义》。神宗谓王安石曰:"今谈经者言人人殊,何以一道德?卿所撰经义,其以颁行,使学者归一。"遂颁行于学官,号《三经新义》,令天下士非从三经者,不预选举之列(《续资治通鉴》卷七一)。

按:王安石改革贡举法,以《三经新义》取士,其前提是士子的德行必须合格。可实践的结果,却给一些幸进之徒打开了政治投机的门路。魏泰《东轩笔录》卷六曰:"王荆公在中书,作新经义以授学者。而人间传以为凡试而中上舍者,朝廷将以不次升擢。于是轻薄书生矫饰言行,坐作虚誉,奔走公卿之门者若市矣。"这种情况发生在王安石执政期间,后来他退居金陵,这种现象仍在继续,《宋史·吕公著传》曰:"时科举罢词赋,专用王安石经义,且杂以释氏之说。凡士子自一语上,非新义不得用,学者至不诵正经,唯窃安石之书以干进,精熟者转上第,故科举益弊。"倖幸干进之徒如此,一般士子的情况也不理想。叶梦得《石林燕语》卷八指出:"熙宁以前以诗赋取士,学者无不先遍读《五经》,余见先辈,虽无科名人亦多能杂举《五经》,盖自幼学(而)时习之尔,故终老不忘。自改经术,人之教子者往往便以一经授之,他经纵读,亦不能精;其教之者,亦未必能皆读《五经》,故虽经书正文,亦率多贻误。"司马光等人则认为王安石不当将《三经新义》颁于学官,用于取士,司马光《起请科场札子》曰:"王安石不当以一家私学,欲盖掩先儒;令天下学官讲解,及科场程试,同己者取,异己者黜;使圣人坦明之言,转而陷入奇僻,先王中正之道,流而入于异端。"晁公武《郡斋读书志》卷四下则说:"近时议者谓自绍圣以来,学术、政事败坏残酷,贻祸社稷,实出于安石云。"《三经新义》有缺陷,也造成了一些弊病,但并不一无是处,连最反对王安石贡举改革的刘挚也认为"王安石训经旨,视诸儒义说,得圣人之意为多。"(《续资治通鉴长编》卷三九〇)

中书言,《诗义》、《书义》、《周礼义》欲以副本送国子监镂板颁行。从之。

辛亥,因《三经新义》成,吏部尚书、平章事、昭文馆大学士王安石加左仆射兼门下侍郎,右谏议大夫、参知政事吕惠卿加给事中,右正言、天章阁待制王雱加龙图阁直学士,太子中允、馆阁校勘吕升卿直集贤院。

按:《续资治通鉴》卷七一曰:"辛亥,加安石尚书左仆射兼门下侍郎,吕惠卿给事中,王雱龙图阁直学士。雱辞新命,惠卿劝帝许之,由是王、吕之怨益深。安石《新义》行,士子以经试于有司,必宗其说,少异,辄不中程。晚岁又为《字说》二十四卷,多穿凿傅会,其流入于佛、老,天下争传习之,而先儒之传注悉废,士亦无复自得之学。故当时议者,谓王氏之患,在好使人同己。"

甲寅,王安石上《诗义序》、《书义序》、《周礼义序》,诏付国子监置之《三经新义》之首。

按:晁公武《郡斋读书志》说,王安石的《三经新义》颁于学官后,"独行于世者六十年,而天下学者喜攻其短,自开党禁,世人鲜称焉"。其书今已不传,但是王安石有关《周易》、《尚书》、《诗经》、《周礼》之说,却为南宋朱熹所采纳。朱熹《学校贡举私议》有曰:"今欲正之,莫若讨论诸经之说,各立家法,而皆以注疏为主。《易》则兼取胡瑗、石介、欧阳修、王安石、邵雍、程颐、张载、吕大临、杨时,《书》则兼取刘敞、王安石、苏轼、程颐、杨时、晁说之、叶梦得、吴棫、薛季宣、吕祖谦,《诗》则兼取欧阳修、苏轼、程颐、张载、王安石、吕大临、杨时、吕祖谦,《周礼》则刘敞、王安石、杨时,《仪礼》则刘敞,《大戴礼记》则刘敞、程颐、张载、吕大临,《春秋》则啖助、赵正、陆淳、孙明复、刘敞、程颐、胡安国,《大学》、《论语》、《中庸》、《孟子》则集解等书,而苏轼、王雱、吴棫、胡寅等说,亦可采。令应举人各占两家以上,答义则以本说为主,而旁通他说,以辨其是非,则治经者不敢妄牵己意,而有据依矣。"(《晦庵集》卷六九)

七月癸酉,诏以新修《三经新义》赐宗室、太学及诸州府学。

按:清皮锡瑞曰:"元、明之经义,本于宋熙宁中王安石所立墨义之法,命吕惠卿、王雱等为之,而安石自撰《周礼义》,使雱撰《诗》、《书义》,名为《三经新义》,颁行天下。夫既名为《新义》,则明教人弃古说,以从其新说。陈后山《谈丛》言:荆公《新义》行,举子专诵王氏章句而不解义。荆公悔之曰:'本欲变学究为秀才,不谓变秀才为学究。'是安石立法不善,当时已自悔其失;而其书至南宋始废。赵鼎谓安石'设虚无之学,败坏人才';陈公辅谓安石使学者习其所为《三经新义》;皆穿凿破碎无用之空言也。南宋虽废《新义》,而仍用其墨义之法。朱子谓经义甚害事,分明是侮圣人之言,诗赋却无害。朱子岂不知经义取士优于诗赋,而其言如是,则当时经义为经之蠹可知。元人因之,而制为四书五经疑。明初用四书疑,后乃改四书五经义。其破承原起之法,本于元王充耘《书义矜式》,又本于吕惠卿、王雱之墨义。名为明经取士,实为荒经蔑古之最。明时所谓经学,不过蒙存浅达之流;即自成一书者,亦如顾炎武云:明人之书,无非盗窃。弘治以后,经解皆隐没古人名字,将为己说而已。其见于《四库存目》者,新奇谬戾,不可究诘。《五经》扫地,至此而极。"(《经学历史·经学积衰时代》)

辛巳,诏以新修《三经新义》付杭州、成都府路转运司镂板,所入钱封椿库半年一上中书。禁止私印及鬻之者,违者杖一百,许人告发,赏钱二百千。

按:《宋元学案》卷九八《荆公新学略》曰:"晁景迂上封事曰:三经之学,义理必为一说,辞章必为一体,以为一道德,道德如是其多忌乎?古人谓宁道孔圣误,讳言郑服非。正今日之患也。援释老诞慢之说以为高,挟申韩刻核之说以为理,使斯士浮伪惨薄,古人谓王衍清谈之害,甚于桀纣,致今日之害者,其罪又甚于王衍也。"汪藻曰:"熙宁以来,学者非王氏不宗。"(《浮溪集·胡先生言行录序》)刘一止曰:"自熙宁、元丰以来,士皆宗安石之学,沉溺其说。"(《苕溪集·知枢密院沈公行状》)周必大《附鸿庆居士集序》曰:"当大观、政和间,士唯王氏《三经义》、《字说》是习。"

丁亥,诏武举人先试《孙子》、《吴起》、《六韬》大义共十道,为两场,次问时务边防策一道,与锁厅人同考试,马军司试弓马,差官监试。

按:初,武举试格前后参错,至是始加裁定。

八月壬辰,诏州学教授自今先召赴舍人院,试大义五道,取优通者选差,在职有不法事,委州郡监司体量以闻。

丁酉,别试所言:武举人试《孙》、《吴》、《六韬》大义。《六韬》本非完书,辞理讹舛,无所考据,欲止于《孙》、《吴》书出义题。从之。

戊申,诏内外宫观、寺院主首及僧、道正,旧降宣敕差补者,自今尚书祠部给帖。

九月庚申朔,命王安石兼监修国史。又立武举绝伦法。凡武举人射两石弓,马射九斗,谓之绝伦,虽程文不合格,并赐第。

丙寅,别试所言,武举进士宋升等6人弓弩绝伦,而策义在下等,未敢黜落。诏候殿试武举人弓马引呈。

按:自是弓弩绝伦者,虽策义不合格,皆以名闻,著为法。

十二月庚寅,诏:诸路举人集京师,并令国子监觉察,有违进士检者,依学规行罚,或申中书量轻重殿举,及勒出科场,违法重者送开封府施行。

辛亥,王安石上再撰《诗关雎义解》。诏并前改定诸《诗序解》付国子监镂板施行。

是年,夏改元大安。

司马光以端明殿学士兼翰林侍读学士,提举崇福宫。

王安石二月以观文殿大学士、吏部尚书知江宁府,依前官加同平章事、昭文馆大学士。安石有《辞免除平章事昭文馆大学士表二道》、《谢除昭文表》。

王安石反对议疆界向辽退让,派知制诰沈括赴辽谈判。

王安石六月因修《三经新义》成,加尚书左仆射兼门下侍郎。安石有《辞仆射札子三道》、《辞左仆射表二道》、《上执政辞仆射启》及《谢除左仆射表》。

按:全祖望《荆公周礼新义题词》曰:"《三经新义》,尽出于荆公子元泽所述,而荆公门人辈皆分纂之。独《周礼》则亲出于荆公之笔,盖荆公生平用功此书最深,所自负以为致君尧、舜者俱出于此,是固熙、丰新法之渊源也,故郑重而为之。蔡绦以为政和秘阁所藏,其书法如斜风细雨,定为荆公手迹;其后国学颁行之板,为国子司业莆田黄隐所毁,世间流传遂少,仅见王氏《订义》所引而已。荆公解经,最有孔、郑诸公家法,言简意该。惟其牵缠于《字说》者,不无穿凿。是固荆公一生学术之秘,不自知其为累也。""又《记荆公三经新义事》曰:荆公《三经新义》,至南渡而废弃。元祐时不过曰经义兼用注疏及诸家,不得专主王氏之解,所禁者,《字说》耳。独莆田黄隐作司业,竟焚其书。当时在庭诸公,不以为然,弹章屡上。案《山堂考索》所载,元祐元年十月癸丑,刘挚言:'国子司业黄隐,学不足以教人,行不足以服众。故相王安石经训,视诸儒义说,得圣贤之意为多,故先帝立之于学,程式多士。而安石晚年《字说》,溺于释典,是以近制禁学者无习而已。至其经义,盖与先儒之说并存,未尝禁也。隐猥见安石政事多已更改,妄意迎合,欲废其学,每见生员试卷引用,辄加排斥,何以劝率学校!'同时吕陶亦言:'经义之说,盖无古今新旧,惟贵其当。先儒之传注,未必尽是。王氏之解,未必尽非。隐之诵记王氏《新义》,推尊久矣,一旦闻朝廷议科举,则语太学诸生,不可复从王氏。或引用者,类多黜降。诸生有闻安石之死,而欲设斋致奠,以伸师资之报者,隐辄忿怒,欲绳以法,尤可鄙也。'于是上官均等皆乞罢隐慰公论。由此观之,元祐诸贤平心,亦已至矣。嗟乎,蔡京之欲毁《通鉴》,盖隐有以启之,韩忠献所云'鬼怪辈坏事'也。"(《宋元学案》卷九八《荆公新学略》)

王安石六月著《韩忠献挽词二首》挽韩琦。

王安石九月辛未上《论改诗义札子》："臣子雱奉圣旨撰进《诗义》,臣以当备圣览,故一一经臣手,乃敢奏御。及设官置局有所改定,臣以文辞义理当与人共,故不敢专守己见为是,既承诏颁行,学者颇谓有所未安。窃惟陛下欲以经术造成人才,而臣职业其事,在臣所见小有未尽,义难自默。所有经局改定诸篇,谨依圣旨具录新旧本进呈。内虽旧本,今亦小有删改处,并略具所以删复之意,如合圣旨,即乞封降检讨指挥吕升卿所解《诗义》,依旧本颁行。"(《临川文集》卷四三)诏王安石并删定吕升卿所解《诗序》以闻。

程颢因朝廷诏求直言,上书论朝政极切,差知扶沟县事。

按：帝之初即位也,程颢知扶沟县,以檄至河南府,留守韩宗师问："朝事如何?"颢曰："司马君实、吕晦叔作相矣。"又问："果作相,当如何?"曰："当与元丰大臣同。若先分党与,它日可忧。"宗师曰："何忧?"曰："元丰大臣皆嗜利者,使自变其已甚害民之法,则善矣。不然,衣冠之祸未艾也。"至是(绍圣元年)其言乃验。宗师,韩绛之子也(《续资治通鉴》卷八三)。

欧阳修九月二十六日葬开封府新郑县旌贤乡。

按：欧阳修墓志铭由韩琦撰,朝散大夫宋敏求书;其神道碑,诸子以属苏轼,苏轼郑重迟回,久而未就,苏轼殁后三载,其弟苏辙始续成之。

胡安国任西京国子教授,秩满至京师,神宗以王安石故,特召对,授崇文院校书,寻改秘阁校理。

沈括三月奉命出使辽国,力斥辽夺地之谋,并将出使途中所经历山川绘成地图模型,回开封再将山川形势用木头雕刻进献朝廷,受到神宗奖赏,因令北方各政区皆制造木图,藏于内府。

按：宋代这种木制地形图,比欧洲最早的地形模型早700年。

蔡承禧为御史,十月上疏弹劾吕惠卿"欺君玩法,立党肆奸"(《宋史纪事本末》卷八);吕惠卿出知陈州。

按：蔡承禧在奏章中揭露了吕惠卿排挤沈括之事,沈括先前参与王安石变法,深受重用,因吕惠卿挑拨,王安石开始对沈括不满。

苏轼于密州修超然台,嘱刘攽邀请张耒撰文,张耒因写《超然台赋》。

苏轼是冬著《江城子·密州出猎》,抒发自己渴望驰骋疆场,为国立功的豪情,开豪放词风。

苏颂出知应天府兼南京留守司事。

陈襄时直学士院,应诏推荐司马光等33人,谓司马光素有实行,忠亮正直,博通史学,可备顾问;王安石恶之,出知陈州。

王雱因撰《诗义》、《书义》成书,迁龙图阁直学士,以病辞。王安石有《辞男雱授龙图札子三》。

苏辙就王安石撰《三经新义》事,著《东方书生行》以刺之。

邓绾论三司使章惇协济吕惠卿之奸,出知湖州。

张方平闰四月以宣徽北院使判永兴军。

林希时为馆阁校勘、梁焘时为集贤校理,二月因编校四馆书籍毕而受赐银绢各 30 匹两。

吴充为同中书门下平章事、监修国史；乞召还司马光、吕公著、韩维、苏颂，又荐孙觉、李常、程颢等数十人。

按：吴充虽与王安石联姻，却不赞成王安石变法，数为神宗言政事不便；故一代替王安石执政，即欲召还反对新法的保守派。

吕惠卿以郑侠多言事，指为谤讪，正月遣送至英州编管。

按：郑侠上疏，论吕惠卿朋奸壅蔽，仍取唐魏徵、姚崇、宋璟及李林甫、卢杞传为两轴，题曰《正直君子邪曲小人事业图迹》。吕惠卿奏为谤讪，令中丞邓绾、知制诰邓润甫治之，遂编管郑侠于汀州。郑侠已行，吕惠卿又令舒亶捕之道，搜其箧，得所录《名臣谏疏》，有言新法事及亲友书尺，悉按姓名治之。狱成，郑侠徙英州。

冯京坐与郑侠交通，罢知亳州。

王安石著《三经新义》成书，又著《诗义序》、《书义序》、《周礼义序》及《改撰诗义序札子》。

按：《宋史·王安石传》曰："初，安石训释《诗》、《书》、《周礼》，既成，颁之学官，天下号曰'新义'。晚居金陵，又作《字说》，多穿凿傅会。其流入于佛、老。一时学者，无敢不传习，主司纯用以取士，士莫得自名一说，先儒传注，一切废不用。黜《春秋》之书，不使列于学官，至戏目为'断烂朝报'。"

杭州奉旨刊印《尚书新义》13 卷、《诗经新义》30 卷、《周礼新义》22 卷。

按：苏轼曾著《书传》13 卷，专门批驳《尚书新义》。王安石门人王昭禹曾著《周礼详解》40 卷，用王安石之说而敷衍之。全祖望《题王昭禹周礼详解跋》曰："荆公《三经》，当时以之取士，而祖述其说以成书者，耿南仲、龚深父之《易》，方性夫、陆农师之《礼》，于今皆无完书，其散见诸书中，皆其醇者也。独王光远（昭禹）《周礼》，至今无恙，因得备见荆公以《字说》解经之略。荆公《周礼》存于今者五官，缺地、夏二种，得光远之书，足以补之。"(《宋元学案》卷九八《荆公新学略》)

冯正符所著《春秋得法志例论》30 卷由何郯进奏朝廷。

按：冯正符字信道，遂宁人。长于《春秋》之学。《宋元学案》卷二《泰山学案》曰："其父尧民，字希元，蜀中老儒也。先生从何群学，三上礼部不第，以经学教授梓、遂间。闭户十年，于诸经多解说，而最著名者《春秋得法志例论》三十卷。熙宁中，太守何郯上之，久而不报。意以为荆公不喜《春秋》，故见绌。已而中丞邓绾荐之，得召试舍人院，赐同进士出身。荆公亦待之厚，授晋原主簿。先生《春秋》务通经旨，不事浮辞。其辩杜氏三体五例、何氏三科九旨之穿凿怪妄，最为详悉。邓绾责守虢略，先生与陈亨甫皆坐附会罢。李巽岩辩之曰：'信道之学，得之安逸处士何群。安逸学甚高，国史有传。信道之师友渊源如此，则谓其附会进取者，或以好恶言之耳。且荆公废《春秋》，而信道之学顾于《春秋》特详。邓绾，严事荆公者也，而能以是书言于朝，初不曰宰相所不喜也。此亦可见当时风俗犹醇厚，士各行其志，不以利禄故辍作，而邓绾亦加于人一等矣。然则信道要当与安逸牵连书国史，而邓绾者，偶相知而适相累者也。信道无子孙，其书为估人擅易其姓名，属诸李陶字唐父者。唐父学于温公，最贤而通经，然是书则非其所论也，不知者妄托之耳。'予观于巽岩之言，而惜先生之书之不传，又叹《宋史》竟不能牵连书之安逸传后，今著之《学案》中，使得祖徂徕而宗泰山，以见安逸之学盖有传者，巽岩其可以无憾矣。"

窦卞著《熙宁正旦国信录》1 卷。

张伯端著《悟真篇》5卷成。

按：是书为道教内丹丹法主要经典，用诗词形式总结了北宋以前内丹方术，在道教史上是一部承前启后的重要著作。《四库全书总目》曰："是书专明金丹之要，与魏伯阳《参同契》，道家并推为正宗。"张伯端四传弟子白玉蟾于南宋嘉定年间创金丹派南宗，奉之为祖经。该书广泛流布后，注家蜂起。据元工部尚书张士弘称："前后注释可见三十余家。"直至明清，此风不衰，蔚然成为一家之学。传世注本甚多。收入《正统道藏》或《道藏辑要》的有宋翁葆光的《悟真篇注释》《悟真篇直指详说三乘秘要》，宋夏元鼎的《悟真篇讲义》以及翁葆光注、元戴起宗疏的《悟真篇注疏》和元陈致虚的《悟真篇三注》、清朱元育的《悟真篇阐幽》等。

沈立上所集《都水记》200卷、《名山记》100卷。

沈括、苏轼著《苏沈良方》15卷刊行。

按：是为沈括《良方》（又名《得效方》、《沈氏良方》、《沈存中良方》）与苏轼《苏学士方》（又名《医药杂说》）的合编本，又名《内翰良方》或《苏沈内翰良方》。书中关于我国在11世纪前就通晓从人尿中制备秋石（性激素结晶制剂）的记载，为世界医学化学之重大成就。此本已佚，清四库馆臣据《永乐大典》所载，厘为8卷，1956年人民卫生出版社有影印本出版。

沈括上《使契丹图抄》。

按：《使契丹图抄》为沈括于是年出使辽国时所作的沿途考察报告，从书中可知辽的生产生活、气候、习俗、"捺钵体"的建筑等情况，还记有沿途驿道的迂曲、方位和里程。此书是研究辽历史地理的第一手资料，有很高的学术价值。

黄儒著《品茶要录》1卷。

韩琦卒（1008— ）。琦字稚圭，号赣叟，相州安阳人。天圣五年进士。官至同中书门下平章事、昭文馆大学士，封魏国公。卒谥忠献。支持"庆历新政"。但王安石变法时，又与司马光、富弼等屡次上疏反对。著有《陕西奏议》50卷、《河北奏议》30卷、《杂奏议》30卷、《安阳集》50卷。《宋元学案》列其入《高平学案》。事迹见《宋史》卷三一二本传。清杨希闵编有《韩忠献公年谱》。

按：《宋史》本传曰："琦天资朴忠，折节下士，无贱贵，礼之如一。尤以奖拔人才为急，傥公论所与，虽意所不悦，亦收用之，故得人为多。选饬群司，皆使奉法循理。其所建请，第顾义所在，无适莫心。在相位时，王安石有盛名，或以为可用，琦独不然之。及守相，陛辞，神宗曰：'卿去，谁可属国者，王安石何如？'琦曰：'安石为翰林学士则有余，处辅弼之地则不可。'上不答。"

陈舜俞卒，生年不详。舜俞字令举，自号白牛居士，湖州乌程人。少时学于胡瑗，及长师欧阳修，又与司马光、苏轼等为友。庆历六年进士，又举制科第一，授著作佐郎。熙宁三年，以屯田员外郎知三阴县。王安石实行青苗法，舜俞不奉令。后被贬死。著有《都官集》30卷，今存14卷。《宋元学案》列其入《安定学案》。事迹见《宋史》卷三三一《张问传》附传。

徐俯（ —1141）生。

宋熙宁九年　辽太康二年　夏大安二年
丙辰　1076年

正月乙丑，翰林学士、权御史中丞郑绾权知贡举；知制诰邓润甫，集贤校理、同修起居注、直舍人院蒲宗孟并权同知贡举。

二月壬寅，诏：天下举人，庆历六年以前礼部试下进士两举、诸科三举，不限年进士一举、诸科两举，年六十以上进士五举、诸科六举，曾经殿试下六举、诸科七举，礼部试下年五十以上进士七举、诸科十举，礼部试下年四十以上，内河北、河东、陕西进士诸科各减一举，并委本贯保明，当职官审实。其开封府国子监，令各召保官二员当议推恩。

三月甲戌，御集英殿赐进士徐铎以下并明经、诸科及第、出身、同出身、同学究出身总596人。

乙亥，赐特奏名进士、明经、诸科同学究出身，试监作主簿，守州军府长史、助教总593人。

己卯，诏自今礼部奏名第一、第十人以上，放榜日至第四甲未唱名者，取旨。

四月戊子，命权御史中丞邓绾同流内铨官，注拟新赐及第进士第三甲以上官。

十二月甲辰，诏自今颁降条贯，并付刑部雕印行下。

是年，浙江鄞县建书院，宋神宗御书"桃源书院"。

按：清全祖望有《宋神宗桃源书院御笔记》叙其事。

王安石十月罢为镇南军节度使、同平章事、判江宁府，领经局。安石有《罢相出镇回谢表》。以吴充、王珪为同中书门下平章事。

张载因吕大防推荐，带病入京，授太常礼院。

苏轼于中秋节怀念分别七年之久的弟弟苏辙，著《水调歌头·丙辰中秋欢饮达旦大醉作此篇兼怀子由》，此词是作者豪放词的代表作。

苏轼迁祠部员外郎，十二月罢密州任，改知河中府，途经陈桥驿，又改知徐州。

苏辙十月罢齐州掌书记，回京师，上书言事。

沈括八月奉旨主持绘制《天下州县图》，至元祐四年（1089）完工；十二月拜翰林学士、权三司使，详定重修编敕。

刘恕于熙宁八、九年间，奏请朝廷，亲往洛阳与司马光商议《资治通鉴》编撰事宜。

高丽改官制，定班次秩禄。

塞尔柱突厥帝国夺取叙利亚。

伊斯兰教自此流布西非。

德王亨利四世废罗马教皇格列高里第七。

罗马教皇格列高里第七绝罚德王亨利四世。

杨时进士及第，调官不赴，师从程颢。

按：《宋史·杨时传》载："时河南程颢与弟颐讲孔、孟绝学于熙、丰之际，河、洛之士翕然师之。（杨）时调官不赴，以师礼见颢于颍昌，相得甚欢。其归也，颢目送之曰：'吾道南矣。'"黄百家曰："二程得孟子不传之秘于遗经，以倡天下，而升堂睹奥，号称高第者，游、杨、尹、谢、吕其最也。顾诸子各有所传，而独龟山之后，三传而有朱子，使此道大光，衣被天下，则大程'道南'目送之语，不可谓非前谶也。"（《宋元学案》卷五八《龟山学案》）元代虞集《延平路新修宣圣庙学记》论及洛学入闽的历程云："程子送其门人龟山杨时之归，已有'吾道南矣'之叹，程子之叹，非私叹也。程子没，而宋亦亡。道学余绪，不复有闻于中州。当时之人，亦有知人心之不可收，天命之不可复者……其南渡也，间关自存，社稷之臣，多君子间于小人，不得一日安其身于朝廷之上，亦何以为国哉！杨氏与其同门，倡道学于闽中，一传而为罗氏，再传而为李氏，三传而朱氏出焉。端绪渊源，正大光明，所谓百世以俟圣人而不惑者也，名教实赖之，故虽绵延微弱，遂至于亡，然而犹足以为礼义之国，卜之万世而不可诬者，则四君子有以续道脉之正传，起民彝于周坠固也。"

周邠改为温州乐清县令，曾寄《雁荡山图》与在密州的苏轼，苏轼有诗作答谢。

秦观、孙觉、参寥子访漳南老人于历阳之惠济院，游龙洞，谒项羽祠，得诗30首，并赋《汤泉赋》1篇，以记所踪。

文彦博八月守太保兼侍中，行太原尹。

邓绾罢知虢州。

曾巩由襄州移知洪州。

苏颂知杭州。

曾布由饶州徙知江陵，未赴，改知潭州。

冯正符因御史中丞邓绾荐，召试舍人院，赐同进士出身，授晋原主簿。

冯京知枢密院事。

按：《宋史纪事本末》卷三七《王安石变法》曰："时吕惠卿告安石罪，发其私书，有'无使上知'及'勿令齐年知'之语。京与安石同年生，故云。帝以安石为欺而贤京，故召用之。"

李格非举进士，有文名，与廖正一、李禧、董荣号"后四学士"，以继黄庭坚、秦观、晁补之、张耒四学士。

李深第进士，为敕令所详检役法文字。

王雱著《孟子解》14卷成书。

按：陆游《跋王元泽论语孟子解》曰："元泽之殁，诏求遗书。荆公视箧中，得《论语·孟子解》，皆细字书于策之四旁，遂以上之。然非成书也。"（《渭南文集》卷三一）

吕大钧著《吕氏乡约》1卷。

按：吕大钧在蓝田制定的这个乡约，内容包括"德业相劝"、"过失相规"、"礼俗相交"、"患难相恤"四个方面，以后朱熹曾对它加以增删而成《朱子增损吕氏乡约》，成为道德教育读物。明代王守仁又仿《吕氏乡约》颁行《南赣乡约》，在内容和形式上都有所发展。《吕氏乡约》对于规范乡民的思想言行，移风易俗，维护和巩固封建国

宋熙宁九年　辽太康二年　夏大安二年　丙辰，1076年

家在乡里的统治具有很大的作用。在封建统治者和理学家的倡导下，宋代以后乡约逐渐成为乡里的政治性较强的组织，成为一种特殊的社会控制形式。《吕氏乡约》收入《四朝学案·宋元学案》卷三一及《说郛》。

沈季长著《接伴送语录》1卷。

宋敏求著《长安志》20卷。

按：《长安志》是中国文化史上最系统完整地记录并保存下来的关于长安城坊的专著，不仅对于研究中国古代的都城建筑，而且对于研究中国古代文学、历史、艺术等，都有重要的参考价值。《四全书总目提要》曰："是编考订长安古迹，以唐韦述《两京新记》疏略不备，因更博采群籍，参校成书。凡城郭、官府、山川、道里、津梁、邮驿，以至风俗、物产、宫室、寺院，纤悉毕具，其坊市曲折，及唐盛时士大夫第宅所在，皆一一能举其处，粲然如指诸掌。"

强至卒（1022—　）。至字幾圣，钱塘人。庆历六年进士，选得泗州掾。历浦江、东阳、元城三县令。官至尚书祠部郎中。曾佐韩琦幕府，琦出镇时，上奏及其他文章，皆其所作。著有《韩忠献遗事》、《祠部集》36卷等。事迹见曾巩《强幾圣文集序》（《元丰类稿》卷一二）。

侯叔献卒（1023—　）。叔献字景仁，抚州宜黄人。庆历间进士。曾任权都水监丞，防治汴水水患，主持引汴入蔡溉田工程。

马随卒（1024—　）。随字持正，濮州甄城人。少有学行，曾受《春秋》于孙复，受《易》于石介，尤长于诗赋。皇祐中举试春官，因一字触禁而罢归，遂不复应举，以所学教授乡里。后官贵溪县丞。

王雱卒（1044—　）。雱字元泽，临川人。王安石子。治平四年进士。历官旌德尉、太子中允、崇政殿说书、龙图阁直学士。博学多识，参加修撰《三经新义》。著有《元泽先生文集》36卷、《南华真经新传》（《庄子注》）10卷、《孟子解》14卷等。今仅存《老子注》和《南华真经新传》。《宋元学案》列其入《荆公新学略》。事迹见《宋史》卷三二七《王安石传》附传。

按：陆佃《祭王元泽待制墓文》曰："公才豪气杰，超群绝类，据依六经，驰骋百氏，金版六韬，坚白同异，老聃瞿昙，外域所记，并包渟蓄，迥无涯涘。形于谈辩，雄健俊伟，每令作人，伏首抑气。"（《陶山集》卷一三）明代孙应鳌评论王雱《南华真经新传》曰："元泽之为人，世多訾点，其解《庄子》，顾翘楚诸家，而雅训若此！此《宋史》称元泽性敏气豪，睥睨一世，要亦不诬。""缘诸家各持己意解《庄子》，是以有合有不合；元泽持《庄子》解《庄子》，是以无不合。"（《南华真经新传》原序）《四库全书总目提要》亦谓王雱解《庄子》"往往能得其微旨"，并引王宏之言，称"注《道德南华》者无虑百家，而吕惠卿、王雱所作颇称善，雱之才尤异"。

王安中（　—1134）、翟汝义（　—1141）生；陈勇（　—1156）约生。

法国经院哲学家、神学家拉·波勒的吉尔伯特（　—1154）生。沙特尔学派的代表之一。

宋熙宁十年　辽太康三年　夏大安三年
丁巳　1077年

二月，详定编修诸司敕式所上《诸司敕令格式》12卷，诏颁行之。

三月戊午，诏著作佐郎、前崇文院校书张载归馆供职。

按：张载前以寻医去，秦凤路经略使吕大防请召还，故有是诏。

四月癸未，中书门下言：新科明法及第出身人，当年秋以本业试中明法，至有循两资者，推恩太优，况进士及第不许试经义，武举不许更试武艺。今欲应明法及第人试中明法，除入第一等合差充刑法官与依例推恩外，余只免试，更不推恩。铨试经义入等者，自依等第推恩。从之。

丁酉，诏：礼部进士依旧试策五道。又祖宗袒免亲已授官者，听锁应；及非袒免亲许应举。国子监及礼部别为一甲，试两场，五分为额，发解所取不得过五十人。殿试与正奏名进士试策别作一项考校。累举不中，年四十者，申中书奏裁，量材录用。

五月戊午，诏修仁宗、英宗两朝正史，命宰臣吴充提举，以龙图阁直学士宋敏求为修史，集贤院学士苏颂同修史，集贤校理王存、黄履、林希并为编修官。李舜举管勾兼受奏事。

庚申，诏颁布欧阳修《新五代史》，与薛居正《旧五代史》并行。

按：吴缜以后著《五代史记纂误》3卷，以纠欧史之失。《四库全书总目提要》曰："是书（《五代史记纂误》）南渡后尝与《新唐书纠谬》合刻于吴兴，附《唐书》、《五代史》末。今《纠谬》尚有椠本流传，而是书久佚。惟《永乐大典》颇载其文，采撷裒集，犹能得其次序。晁公武称所列二百余事，今检验仅一百十二事，约存原书十之五六，然梗概已略具矣。欧阳修《五代史》，义存褒贬，而考证则往往疏舛。如司马光《通鉴考异》所辨晋王三矢付庄宗等事，洪迈《容斋三笔》所摘失载朱梁轻赋等事，皆讹漏之甚者。至徐无党注，不知参核事迹，寥寥数语，尤属简陋。缜一一抉其阙误，无不疏通剖析，切中症结，故宋代颇推重之。章如愚《山堂考索》亦具列纪传不同各条，以明此书之不可以不作。未可遽以轻议前修，斥其浮薄。"

六月，辽废太子濬，穷治太子之党，臣僚牵连被杀者多人。

丁亥，诏武学教授传授以四员为额。

七月辛未，神宗御资政殿，监修国史吴充率修国史宋敏求、编修官王存、黄履、林希以《仁宗英宗纪草》进呈。

丙子，诏太常礼院续修《礼阁新编》。

九月，诏诸路州县修缮城隍。

十月甲申，修国史院奏："近编修官黄履言：'《国史》不须立《符瑞》、《道释志》及乞修表。窃惟太史公书封禅，班固志郊祀，范蔚宗志祭祀，而

塞尔柱突厥帝国苏丹阿尔斯兰堂弟苏莱曼·伊本·库特卢米什于拜占廷小亚细亚领土建罗姆苏丹国（即罗马人的苏丹国家），定都于尼西亚。拜占廷帝国亚洲各省区之有效防务和管理机构均告瓦解。

塞尔柱突厥人进占阿颇勒、麦加、麦地那。

德王亨利四世请罪于罗马教皇格列高里第七，史称"卡诺莎晋见"。

法国康布雷城市民反抗封建领主，首获城市自治权。

卡斯蒂利亚王和莱昂王阿方索六世自称全西班牙皇帝。

历代之史又有方技列传。然则符瑞、道、释亦可以分附于志、传之间,不须特立其名。又纪、传虽备,而未有表,今既修之,恐不可无也。'本院看详《齐书》有《祥瑞志》,天圣中,史官以真宗朝崇建宫观,符瑞屡臻,遂著二志,以载其事。今撰仁宗、英宗《正史》,若与旧《三朝史》别为书,则不须著此二志,若通为一书,则恐真宗朝事无所统系,况未奉明旨通修。所乞立表,欲依履所请。"诏:"立表不行,余俟通修《国史》日别取旨。"(《续资治通鉴长编》卷二八五)

十一月辛亥,详定编修诸司敕式所上修《敕令格式》30卷,诏颁行之。

十二月壬午,诏改明年为元丰。

戊子,编修院言:"奉诏编修官王存、林希编修《会要》。存等日讨论《国史》,难以专修。乞差光禄寺丞李德刍、试校书郎陈知彦修《会要》。"从之,仍于崇文院置局(《续资治通鉴长编》卷二八六)。

甲辰,诏铸钱司并以"元丰通宝"为文。

王安石三月初二日接提举江南路太常丞朱炎传圣旨,令视府事。安石有《谢朱炎传圣旨令视事表》。是春还江宁,辞判府事,表凡三上。六月以使相为集禧观使居金陵。

张载遇疾复辞归,途经洛阳,与程颢、程颐会晤,相与论学,要点是实行"井田制"问题、穷理尽性问题、关于礼教问题,弟子张晫记录为《洛阳议论》,共35条,是二程最早的语录。

程颢改官太常丞。

司马光四月与吴充书,劝罢新法,吴充不听。

按:司马光曰:"自新法之行,中外汹汹。民困于烦苛,迫于诛敛,愁怨流离,转死沟壑。日夜引领,冀朝廷觉悟,一变敝法,几年于兹矣。今日救天下之急,苟不罢青苗、免役、保甲、市易,息征伐之谋,而欲求成效,犹恶汤之沸,而益薪鼓橐也。欲去此五者,必先别利害,以悟人主之心。欲悟人主之心,必先开言路。今病虽已深,犹未至膏肓,失今不治,遂为痼疾矣。"充不能用(《宋史·吴充传》)。

沈括二月改革陕西盐钞法;六月上言河北不宜铸钱,请于陕西增铸折二铁钱;七月因请免两浙下户役钱被御史蔡确所诬劾,罢权三司使,以集贤院学士出知宣州。

宋敏求、苏颂、王存、黄履等奉命修撰仁宗、英宗正史,吴充提举。

刘恕瘫痪病突发,无法执笔,遂口述《通鉴外纪》,由儿子刘羲仲记录。

杨时授汀州司户参军,但"屏居不仕",闭门读书数年。

苏轼四月与苏辙过南都(河南商丘)访张方平,然后同赴徐州;苏辙在徐州百余日,才至张方平幕府任南京签书判官。

曾巩加直龙图阁、知福州。以母老多病,弟曾布以移知广州为由,请改任。未允。

苏颂五月召还同修仁宗、英宗正史;八月再为贺辽主生辰使。

吴充五月甲子上言:"史院旧用中书、枢密院《时政记》及《起居注》诸司文字纂类《日历》。《时政记》才送至熙宁六年,《起居注》至熙宁二年,恐由此事实遗废,乞责近限修进。"从之(《续资治通鉴长编》卷二八二)。

刘攽、李清臣八月并为国史院编修官。

按:《宋史·李清臣传》曰:"作《韩琦行状》,神宗读之曰:'良史才也。'召为两朝国史编修官,撰《河渠》、《律历》、《选举》诸志,文直事详,人以为不减《史》、《汉》。"

赵抃五月复知杭州。

邹浩入太学。

杨时著《列子解》成书。

张诚一上删定《义勇保甲制敕》5卷、《总例》1卷。

范镗编修《贡举敕式》成书。

西班牙巴塞罗那伯爵拉蒙·贝伦格尔一世卒(约1023—)。他颁布了《巴塞罗那习惯法》。

邵雍卒(1011—)。雍字尧夫,自号安乐先生、伊川翁等,范阳人。幼从父迁徙共城,居城西北苏门山百源之上,后人称为百源先生,其所创学派称百源学派。与富弼、司马光、吕公著等守旧派相好。嘉祐中,诏求天下遗逸,授将作监主簿。隐居洛阳近三十年。卒赠秘书省著作郎,谥康节。与周敦颐、张载、程颢、程颐并称"北宋五子"。著有《皇极经世》12卷、《伊川击壤集》、《观物内外篇》、《渔樵问对》等。《宋元学案》为列《百源学案》。事迹见《宋史》卷四二七本传、程颢《邵康节先生墓志铭》(《明道集》卷四)。

按:朱震《汉上易传》言邵雍之学术源流曰:"陈抟以《先天图》传种放,种放传穆修,穆修传李之才,之才传邵雍。放以《河图》、《洛书》传李溉,李溉传许坚,许坚传范谔昌,谔昌传刘牧。修以《太极图》传周敦颐,敦颐传程颢、程颐。是时,张载讲学于程邵之间,故雍著《皇极经世》书。"魏了翁《邵氏击壤集序》曰:"邵子平生之书,其心术之精微,在《皇极经世》;其宣寄情意在《击壤集》。"《皇极经世》是北宋象数学派的代表作,被象数派奉为经典,流传颇广,影响甚大。此书注解较著名的有宋张行成的《皇极经世索隐》、明代黄畿的《皇极经世书传》和清代王植的《皇极经世直解》。主要版本有民国间上海商务印书馆据明正统刻万历续刻本影印《道藏》本,通行本为《四部备要》本。此派著名弟子有邵睦、邵伯温、邵溥、赵鼎、王豫、张崏、吕希纯、李籲、周纯明、张云卿、晁说之、陈瓘、蔡发、王湜、张成行、祝泌、钟过等。此派提出的天地运化、道在物先等自然观和宇宙论,为其他理学家所推崇,对后世影响甚大。明清时仍有传人,如明朝的朱隐老、黄畿,清朝的王植、何梦瑶等,都是象数学家。

又按:邵雍弟子王豫、张崏,《宋元学案》列为《王张诸儒学案》,但是他们的生平事历不详,现将该学案所载材料附录如下:"祖望谨案:百源弟子承密授者,曰王豫,曰张崏,皆早死,故不传。伯温虽受辟咡负剑之教,然所得似浅。东发谓《渔樵问答》乃伯温作,其中亦有名言,所惜者《闻见录》之溺于轮回也。予又为旁搜,得杨、周等数人。述《王张诸儒学案》。(梓材案:王、张诸先生传,原附《康节学案》,谢山别为《康节弟子学案》,后又定为《王张诸儒学案》。伯温为邵子家学,已见《百源学案》。)""王豫,字悦之,又字天悦,大名人,瑰伟博达之士也,精于《易》。闻康节之笃志,爱而欲教之,与语三百日,得所未闻,始大惊服,卒舍其学而学焉。""宗羲案:康节之学,子文之外,所传止天悦,此外无闻焉。盖康节深自秘惜,非人勿传。章惇作商州令,时从先生游,欲传数学,先生语惇须十年不仕宦乃可学,盖故难之也。而邢恕援引古今,亦欲受业,先生曰'姑置是。此先天之学,未有许多言语。'谢上蔡曰:'尧夫之数,邢七要学,尧夫不肯曰:徒长奸雄。'天悦无所授,以先生之书殉葬枕中。未百年而吴曦叛,盗发其冢,有《皇极经世体要》一篇,《内外观物》数十篇。道士杜可大赇得之,以传廖应淮,应淮传彭复,(梓材案:彭复一作彭复之,亦作复初。)彭复传傅立,皆能前知云。""张峪,字子望,荥阳人也。登进士弟,官至太常寺簿。《观物外篇》二卷乃其所述。子文曰:'先君《易》学,独以授之天悦与子望,皆早世,故世不得其传。'陈直斋曰:'其记康节之言,十才一二而已,足以发明成书。'"

常秩卒(1019—　)。秩字夷甫,颍州汝阴人。举进士不第,乃屏居故里,专心研究经学。熙宁三年,神宗诏令"以礼敦遣,毋听秩辞"(《宋史》本传),遂进京朝见。历任天章阁侍讲、太常侍、西京留司御史台等职。其学识曾得欧阳修、王安石、吕公著等人赏识。事迹见《宋史》卷三二九本传。

按:《宋史》本传曰:"秩平居为学求自得。王回,里中名士也,每见秩与语,辄欲然自以为不及。欧阳修、胡宿、吕公著、王陶、沈遘、王安石皆称荐之,翕然名重一时。……秩长于《春秋》,至斥孙复所学为不近人情。著讲解数十篇,自谓'圣人之道,皆在于是'。及安石废《春秋》,遂尽讳其学。"

张载卒(1020—　)。载字子厚,世称横渠先生,凤翔眉县横渠镇人。嘉祐二年进士,为祁州司法参军,调丹州云岩县令,迁著作佐郎。官至同知太常礼院。谥明公。北宋理学重要代表人物,讲学关中,其学派称为"关学"。其主要门生有吕大忠、吕大钧、吕大临、苏昞、范育、薛昌朝等,受学于张载的还有种师道、游师雄、潘拯、李复、田腴、邵彦明、张舜民等。所著尚有《经学理窟》、《易说》等数十种,后人编有《张子全书》15卷。1978年中华书局整理出版《张载集》。《宋元学案》为列《横渠学案》。事迹见《宋史》卷四二七本传、吕大临《横渠先生行状》(《张子全书》卷一五附)。清武澄编有《张子年谱》,归曾祁编有《横渠先生年谱》。

按:张载为宋代理学创始人之一,与周敦颐、程颢、程颐、朱熹并称为"周程张朱",对后代影响甚大。其《张子全书》是研究早期理学教育思想的重要材料,对宋代二程、朱熹等理学家,明代王廷相、罗钦顺,清代王夫之、颜元等思想家的教育实践和教育思想,都有影响。《四库全书总目提要》曰:"张子之学,主于深思自得,本不以著作繁富为长。此本所录,虽卷帙无多,而去取谨严,横渠之奥论微言,其精英业已备采矣。"张立文说:"张载对理学的奠基作用,不是通过'关学'学派的壮大和师徒的传承直接实现的。事实上,在南宋时期,包括关中和洛阳在内的整个北方地区沦陷,学术中心南移。湖湘学派、福建学派、浙东永康、永嘉学派以及江西学派,分别占据了理学展开和集成时期的学术舞台。因此,在宋明理学发展史上,张载'太虚即气'和'心统性情'等思想主张,首先被朱熹的'闽学'所吸收,为理学的展开和集成铺平了逻辑道路。其后,张载的'太虚'思想经陆九渊的'心学'发挥,为王阳明所吸收;其气化思想经王廷相的'气学'辩证,为王夫之所继承。"(《中国学术通史》宋元明卷第七章)

陈公辅(　—1142)、**何去非**(　—1145)、**叶梦得**(　—1148)生。

宋神宗元丰元年　辽太康四年　夏大安四年
戊午　1078年

塞尔柱突厥人攻陷耶路撒冷。

拜占廷帝米哈伊尔七世·杜卡斯退位。大将尼基弗鲁斯·伯塔奈亚迪斯进入君士坦丁堡，加冕，称帝，是为尼基弗鲁斯三世·伯塔奈亚迪斯。

西班牙圣地亚哥大教堂始建。

正月乙卯，以王安石为尚书左仆射、观文殿大学士、舒国公、集禧观使。

戊午，始命太常寺置局，以枢密直学士陈襄等为详定官，太常博士杨完等为检讨官。

癸亥，从知永兴军吕公孺请，诏自今学官非公筵不得豫妓乐会。

三月乙亥朔，诏礼部贡举。

庚辰，太子中允王子韶知礼院，仍于资善堂置局，修定《说文》。

丁亥，诏编修诸司式所重详定宗室、外臣葬式以闻。

四月庚申，命除《九经》外，余书不得出界，违者判刑三年。

五月庚寅，光禄寺丞陆佃修定《说文》。

七月，辽诸路饭僧尼36万人。

丁酉，诏自今在京发解并南京考试，《诗》、《易》各取三分，《周礼》、《礼记》通取二分。

十一月己丑，龙图阁直学士宋敏求上《朝会仪》2篇，《令式》40篇，诏颁行之。

十二月初七日，命崇文院校勘四馆书籍。

二十三日，提举司天监言：先被旨应馆阁所藏及私家所有阴阳之书，并录本校定，置库收掌。今编成719卷，乞上殿进呈。从之。

按：此为北宋首次校勘阴阳之书。

是年，诏命诸路州府学官共53人。

王安石正月为尚书左仆射、观文殿大学士、舒国公、集禧观使。有《乞致仕表》。

程颐知扶沟县，设庠序，聚邑人子以教之。

谢良佐往扶沟见程颢问学，亦师事程颐。

游酢受二程之召，至扶沟，一面担任学职，一面受业于二程，从此放弃词章之学而专攻理学，并以"灵利高才"见称于二程。

苏轼为张先作祭文；十月在徐州上书朝廷，提出治理徐州的种种措施。

黄庭坚作古风二首，投书给徐州太守苏轼，以表仰慕之意；苏轼即回信鼓励，并次韵和诗二首。

按：苏轼此前已在孙觉处见过黄庭坚的诗文，孙觉希望苏轼对黄庭坚加以称

扬,苏轼《答黄鲁直书》曰:"此人如精金美玉,不即人而人即之,将逃名而不可得,何以我称扬为?"(《东坡全集》卷七三)

秦观举进士,报罢,退居高邮;谒苏轼于彭城,赠之诗。

曾巩由福州改知明州。

司马光时为端明殿学士兼翰林侍读学士、提举崇福宫,十月乞子司马康充编修《资治通鉴》所检阅文字。从之(《续资治通鉴长编》卷二九三)。

沈括八月复知制诰、知潭州,被蔡确所论,以为不应复官太速,诏罢知制诰,仍旧知宣州。

苏颂正月权知开封府,十一月因牵涉孙纯案罢职。

按:苏颂权知开封府时,会有人告一僧犯法,事情牵连到祥符原县令孙纯,而所告法不当治,苏颂却"杖告者遣之"。有人遂弹劾苏颂"纵(李)纯罪"。宋神宗下诏推鞫此案,苏颂因"坐失出杖罪"而被贬官,出知濠州。事见《名臣碑传琬琰集》中卷三〇。

吕公著以翰林侍读学士、宝文阁学士、提点中太乙宫兼端明殿学士。

元绛时为参知政事,奉命参定传法院新编《法宝录》。

陈襄、黄履、李清臣、王存正月同详定郊庙奉祀礼文,杨完、何洵直、孙谔为检讨官。

曾布以龙图阁待制知桂州。

龚鼎臣五月为右谏议大夫,知青州。

陈与义知应天府,苏辙代为作《谢表》。

孔文仲充国子监直讲,因反对王安石经义之学,授三班院主簿。

孔武仲罢江州推官任,改扬州州学教授。

虞蕃上书言太学讲官不公,校试诸生,升补有私验。

章岵以朝散大夫尚书司封郎中知苏州,期间与徐师闵、元绛、程师孟、闾丘孝终、王琥、苏涅、方子通诸老在广化寺赋诗唱和,时为吴门盛事。

刘恕《通鉴外纪》10卷、《通鉴外纪目录》5卷成书,有自序。

按:《四库全书总目提要》曰:"此书乃其临没时所成也。盖修《资治通鉴》时,恕欲与司马光采宋一祖四宗实录国史为《后纪》,而撮周威烈王以前事迹为《前纪》。会遭忧遘疾,右肢痹废,知远方不可得国书,《后纪》必不能就,乃口授其子义仲,以成此书,改名曰《外纪》。"此为《外纪》最早的刻本,已佚。清胡克家曾为之作《补注》。

吴璋注《司马穰苴兵法》3卷成。

福州东禅寺觉院住持冲真等始刻《崇宁万寿大藏》。

王安国《王平甫文集》编成,曾巩作序。

自是年后近百年间,《盘珠集》、《走盘集》、《通微集》、《通杭集》四部珠算著作相继问世,珠算逐渐普遍。

拜占廷哲学家、神学家米歇尔·塞罗斯卒(1018—)。著《有关柏拉图论灵魂起源的学说的评注》、《编年纪事》、《卡尔达伊亚人的语言释义》、《万物便览》、《自然探索便览》及其他柏拉图、亚里士多德、波菲利解说书。

张先卒(990—)。先字子野，湖州乌程人。天圣八年进士，历官都官郎中。晚年退居乡间。以"云破月来花弄影"等词句善于使用"影"字，故称"张三影"。是北宋前期承先启后的重要词人。著有《安陆集》、《张子野词》。事迹见《宋史翼》卷二六。今人夏承焘编有《张子野年谱》。

曾公亮卒(999—)。公亮字明仲，泉州晋江人。天圣二年进士。尝荐王安石可大用，及王安石除参知政事，又暗助其变法。为宰辅十五年，历三朝，号称老成持重。仁宗时，曾与丁度纂修《武经总要》。谥宣靖。著有文集30卷，今已佚。事迹见《宋史》卷三一二本传、曾肇《曾太师公行状》(《名臣碑传琬琰集》中卷五二)。

沈立卒(1007—)。立字立之，和州历阳人。天圣进士。为益州签判。迁淮南转运副使。历户部判官、京西北路转运使、知沧州。喜藏书，以所藏书目及所集《名山记》、《地水记》上神宗。著有《河防通议》、《茶法易览》、《香谱》、《锦谱》、《贤牧传稽正辨讹》等，已佚。事迹见《宋史》卷三三三本传、杨杰《故右谏议大夫赠工部侍郎沈公神道碑》(《无为集》卷一二)。

陶弼卒(1015—)。弼字商翁，永州祁阳人。仁宗庆历中，佐杨畋平湖南瑶，得任阳朔主簿，升县令。历知宾、容、钦、邕等州，颇多善政。神宗熙宁九年郭逵南征交趾，转康州团练使，再知邕州。著有诗文书奏18卷，大多已佚，今存《陶邕州小集》1卷。事迹见《宋史》卷三三四本传、黄庭坚《东上阁门使康州团练使知顺州陶君墓志铭》(《豫章先生文集》卷二二)。

刘恕卒(1032—)。恕字道原，筠州高安人。刘涣子。皇祐元年进士，初授巨鹿主簿，寻迁知和州、翁源二县，后官至著作郎、秘书丞。曾参与编修《资治通鉴》，长于考订史事。所著尚有《十国纪年》42卷、《疑年谱》1卷、《通鉴问疑》1卷。《宋元学案》列其入《涑水学案》。事迹见《宋史》卷四四四本传、黄庭坚《刘道原墓志铭》(《豫章先生文集》卷二三)。今人李裕民编有《刘恕年谱》。

按：刘恕临终曾嘱咐其子，请司马光撰墓志铭和为其《十国纪年》作序，司马光过于悲痛，仅写成《十国纪年序》，叙述刘恕的生平美德，以此代替墓志铭。范祖禹写有《秘书丞刘君墓碣》，称刘恕"终身不治他事，独以史学高一时"。黄庭坚应刘恕之子刘羲仲之请，撰写了墓志铭。《宋史》本传曰："恕为学，自历数、地里、官职、族姓至前代公府案牍，皆取以审证。求书不远数百里，身就之读且抄，殆忘寝食。偕司马光游万安山，道旁有碑，读之，乃五代列将，人所不知名者，恕能言其行事始终，归验旧史，信然。宋次道知亳州，家多书，恕枉道借览。次道日具馔为主人礼，恕曰：'此非吾所为来也，殊废吾事。'悉去之。独闭阁，昼夜口诵手抄，留旬日，尽其书而去，目为之臀。著《五代十国纪年》以拟《十六国春秋》，又采太古以来至周威烈王时事，《史记》、《左氏传》所不载者，为《通鉴外纪》。"

又按：《通鉴问疑》1卷，或说是刘恕子刘羲仲所著。《四库全书总目提要》曰："《通鉴问疑》一卷，宋刘羲仲撰。羲仲，筠州人。秘书丞恕之长子，《宋史》附见恕传末。但称恕死后七年，《通鉴》成，追录其劳，官其子义仲(案，《宋史》原本作义仲，《癸辛杂识》亦作义仲，均传写之误，今改正。)为郊社斋郎，其始末则未详也。史称司马光编次《资治通鉴》，英宗命自择馆阁英才共修之。光对曰：'馆阁文学之士诚多，至于精史学，臣得而知者惟刘恕耳。'即召为局僚，遇史事纷杂难治者，辄以诿恕。恕于魏晋以后事考证差谬,最为精详。羲仲此书即裒录恕与光往还论难之词。据书末称,'方今《春秋》尚废,况此书乎'云云。盖成于熙宁以后。邵伯温《闻见录》称,《通鉴》以《史记》前后《汉》属刘攽,以唐迄五代属范祖禹,以三国历九朝至隋属恕,故此书所论皆三国至南北朝事也。凡所辨论,皆极精核。史所称笃好史学,自大史公所记,下至周显德末,私记杂说,无所不览。上下数千载间,钜细之事,如指诸掌者,殆非虚语。《通鉴》帝魏,朱子修《纲目》改帝蜀。讲学家以为申明大义,上继《春秋》。今观是书,则恕尝以蜀比东晋,拟绍正统,与光力争而不从。是不但习凿齿、刘知几先有此说,即修《通鉴》时亦未尝无人议及矣。末附羲仲与范祖禹书一篇,称其父在书局,止类事迹,勒成《长编》。其是非予夺之际,一出君实笔削,而羲仲不及见君实,不备知凡例中是非予夺所以然之故。范淳父亦尝预修《通鉴》,乃书所疑问焉。所举凡八事,复载得祖禹答书,具为剖析,乃深悔其诘难之误。且自言恐复有小言破言,小道害道,如己之所云者,故载之使后世有考焉。其能显先人之善,而又不自讳其所失。尤足见涑水之徒,犹有先儒质直之遗也。"

苏元老(—1124)、刘钰(—1132)、程俱(—1144)、李光(—1159)、刘一止(—1160)、薛道光(—1191)生。

宋元丰二年　辽太康五年　夏大安五年
己未　1079 年

正月己卯,命翰林学士、权知开封府许将权知礼部贡举,知制诰蒲宗孟、天章阁侍讲兼直舍人院沈季长权同知贡举。

丁亥,诏:宗室大将军以下愿试者,本经及《论语》《孟子》大义共六道,论一首;大义以五通,论以辞理通为合格。

甲午,京兆府学教授蒋夔乞以十哲从祀孔子,从之。

二月辛亥,诏:礼部下第进士七举、诸科八举、曾经殿试,进士九举、诸科十举、曾经礼部试,年四十以上;进士五举、诸科六举、曾经殿试,进士六举、诸科其举、曾经礼部试,年五十以上者,听就殿试。内三路人第减一举。皇祐元年以前礼部进士两举、诸科三举准此,仍不限年。其进士一举,诸科二举,年六十以上者,特推恩。又诏:开封府、国子监间岁考场以前到礼部,进士五举、诸科六举,年五十以上者,许就殿试。

三月庚辰,亲试礼部进士。

辛巳,诏:今岁特奏名明法改应新科明法人,试大义三道。

癸巳,神宗御集英殿,赐进士、明经诸科时彦、陈文莹以下及第、出身、同出身、同学究出身,总 602 人。

甲午,神宗御集英殿,赐特奏名进士、明经诸科同学究出身、试将作监主簿、国子、四门助教、长史、文学、助教,总 778 人。

五月,诏进士、诸科新及第人免试刑法。

诺曼法语逐渐成为英格兰官方语言。

六月，左谏议大夫安焘等上《诸司敕式》。

是月，辽放进士刘瓘等13人。

七月，诏应新科明法举人试断案，许以律令敕自随。

八月，宋颁布《学令》，立太学三舍法，增补太学生名额，并立补试、私试、公试、舍试方法和升舍之法。上舍生中之中、上等生，可不经礼部考试而特别赐第、命官。太学发展为80斋，每斋30人，生员总数达2400人。

按：朱熹曰："熙宁三舍法，李定所定。崇观三舍法，蔡京所定。胡德辉埕尝作记。学者，所以学为忠与孝也。今欲训天下士以忠孝，而学校之制乃出于不忠不孝之人，不亦难乎！"（《朱子语类》卷一二八）

庚申，辽命有司撰《太宗神功碑》，立于南京。

九月己卯，辽命诸道勿禁僧道开坛。

司农寺上《元丰司农敕令式》15卷，诏行之。

十二月戊戌，诏自今解发进士，太学以500人，开封府以100人为额。

按：旧制，开封335人，国子监160人，熙宁八年合为一，以解额通取。至是复分，而太学生数多，故损开封额以益之。

乙巳，李定等上《国子监敕式令》并《学令》，总共143条。诏行之。

按：初，太学生檀宗益上书言太学教养之策有七：一尊讲官，二重正禄，三正三舍，四择长谕，五增小学，六严责罚，七崇司业。神宗览其言，以为可行，于是命李定与毕仲衍、蔡京、范镗、张璪同立法，至是上之。

是月，"乌台诗案"结案，知湖州苏轼以诗文"谤讪"，被责受黄州团练副使，本州安置。

按：《宋史·隐逸传》曰："苏轼谪黄州，与（巢）谷同乡，幼而识之，因与之游。乃轼与弟辙在朝，谷浮沉里中，未尝一来相见。绍圣初，轼、辙谪岭海，平生亲旧无复相闻者，谷独慨然自眉山诵言欲徒步访两苏，闻者皆笑其狂。"

王安石仍以观文殿大学士、集禧观使、左仆射、舒国公居钟山，营建半山园。

苏轼三月自徐州徙知湖州，秦观亦欲至越省大父承议公及叔父秦定于会稽，于是两人遂同行。过无锡，游惠山，有诗唱和，端午始分别。

舒亶时为权监察御史里行，与何正臣、国子博士李宜、权御史中丞李定等人七月先后四次上章弹劾苏轼，诬以"讥切时政"，讥讽神宗新法。如以《秋日牡丹》"化工只欲呈新巧，不放闲花得少休"为讥执政（《东坡全集》卷五《和述古冬日牡丹》），以"化工"比执政，"闲花"比小民，意为执政出新意，小民不得休息。七月二十八日，御史皇甫遵奉命至湖州将苏轼逮捕入狱。

按：苏轼入狱后，张方平、范镇等元老重臣纷纷上书营救，张方平以苏轼但以文辞为罪，非大过罪。王安礼言于神宗曰："自古大度之主，不以语言罪人。轼本以才自奋，今一旦致于法，恐后世谓不能容才。"（《续资治通鉴》卷七四）变法派章惇亦为之说情，王安石谓"岂有圣世而杀才士者乎"？（周紫芝《太仓稊类集》卷四九《读诗之献》）正在病中的曹太后亦出面干预，于是才从轻发落。

苏轼三月罢徐州，以祠部员外郎、直史馆知湖州军州事；七月因"乌台诗案"下狱；十二月出狱责授检校水部员外郎、黄州团练副使。其妻王氏将御史台抄家后残存的苏轼诗文,付之一焚。

> 按:初,御史台既以苏轼具狱上法寺,当徒二年,会赦当原。于是御史中丞李定言:"苏轼之奸慝,今已具服,不屏之远方则乱俗,载之从政则坏法,伏乞特行废绝。"御史舒亶也言驸马都尉王诜等人罪不容诛。疏奏,王诜等皆特责(《续资治通鉴》卷七四)。

舒亶十二月弹劾王诜收受苏轼讥讽朝政文字及遗苏轼钱物,苏轼等皆特责。

> 按:御史舒亶言:"驸马都尉王诜,收受轼讥讽朝政文字及遗轼钱物,并与王巩往还,漏泄禁中语。窃以轼之怨望、诋讪君父,盖虽行路犹所讳闻,而诜恬有轼言,不以上报,既乃阴通货赂,密与燕游。至若巩者,向连逆党,已坐废停。诜于此时同里论议,而不自省惧,尚相关通。案诜受国厚恩,列在近戚,而朋比匪人,志趣如此,原情议罪,实不容诛,乞不以赦论。"又言:"收受轼讥讽朝政文字人,除王诜、王巩、李清臣外,张方平而下凡二十二人,如盛侨、周邠辈固无足论,乃若方平与司马光、范镇、钱藻、陈襄、曾巩、孙觉、李常、刘攽、刘挚等,盖皆略能诵说先王之言,辱在公卿、士大夫之列,而陛下所尝以君臣之义望之者,所怀如此,顾可置而不诛乎!"疏入,苏轼等皆特责。是为"乌台诗案"的进一步扩大化,遭受责罚的达二十余人(《续资治通鉴》卷七四)。

因"乌台诗案"牵连,黄庭坚为卫尉寺丞,王安上贬乐清县令。

苏辙上书朝廷,"乞纳在身官以赎兄(苏轼)罪"(《栾城集》卷三五《为兄轼下狱上书》),坐谪监筠州酒税。

司马光等数十人因与苏轼关系密切,各罚铜20斤。

> 按:司马光在洛阳修筑独乐园时,苏轼曾作诗寄之,言四海望光执政,陶冶天下,被认为是讥讽现任执政不得其人。苏轼既得罪被贬,司马光亦受牵连被罚铜。

司马光二月因同编修《资治通鉴》范祖禹已改京官罢任,乞留在局编修,从之。

程颢二月判武学,因言者上疏反对,诏罢复旧任。

程颐代富弼著《上神宗论永昭陵疏》。

苏颂正月降授秘书监、知濠州,又因牵涉陈世儒一案,自濠州赴御史台对狱,时苏轼亦因"乌台诗案"系于狱中,两人所居才一墙之隔。

周邠受"乌台诗案"牵连,被罚金。

王诜坐"乌台诗案"罪落驸马都尉,责授昭化军节度行军司马,均州安置,移颍州安置。

孙觉坐苏轼诗狱,自苏州徙知福州。

吕大防原为张载高足弟子,张载死后,于本年投奔程颢、程颐,成为"程门四先生"之一。

吕大忠、吕大临、吕大钧兄弟及苏昞入洛阳见二程受学。关于二程教诲之语,吕大临整理成《东见录》。

沈括七月复龙图阁待制。

张方平七月以太子少师致仕,苏辙著《代张方平乞致仕表》、《代张公谢致仕表》。苏轼入狱,张方平亦愤然上书营救。

> 按:《续资治通鉴》卷七四曰:"方平书曰:'传闻有使者追苏轼过南京,当属吏。

日本《三十六人集》、《能因歌枕》、《玄玄集》成书。

臣不详轼之所坐,而早尝识其为人,其文学实天下奇才,向举制策高等,而犹碌碌无以导于流辈。陛下振拔,特加眷奖,轼自谓见知明主,亦慨然有报上之心。但其性资疏率,阙于审重,出位多言,以速尤悔。顷年以来,闻轼屡有封章,特为陛下优容,四方闻之,莫不感叹圣明宽大之德。今其得罪,必缘故态。但陛下于四海生灵,如天覆地载,无不化育,于一苏轼,岂所好恶!自夫子删诗,取诸讽刺,以为言之者足以戒;故诗人之作,其甚者以至指斥当世之事,语涉谤讟不恭,亦未闻见收而下狱也。今轼但以文辞为罪,非大过恶,臣恐付之狴牢,罪有不测。惟陛下圣度,免其禁系,以全始终之赐,虽重加谴谪,敢不甘心!'"

李清臣八月奉遣贺辽主生辰、正旦。

曾巩正月权知明州,五月迁知亳州;七月因"乌台诗案"牵连,知河中府。

张耒任寿安县尉。

王安礼以直集贤院兼直舍人院。

按:苏轼既下狱,众莫敢正言者。直舍人院王安礼乘间进曰:"自古大度之君,不以语言罪人。轼本以才自奋,今一旦致于法,恐后世谓不能容才。愿陛下无庸竟其狱。"帝曰:"朕固不深谴,特欲申言者路耳,行为卿贳之。"既而戒安礼曰:"第去,勿泄言。轼前贾怨于众,恐言者缘轼以害卿也。"始,安礼在殿庐,见李定,问轼安否状,定曰:"轼与金陵丞相论事不合,公幸毋营解,人将以为党。"至是归舍人院,遇谏官张璪忿然作色曰:"公果救苏轼邪?何为诏趣其狱?"安礼不答。其后狱果缓,卒薄其罪(《续资治通鉴》卷七四)。

赵彦若除国史院编修官,撰《百官公卿表》、《宗室世系表》。

按:初命司马光、宋敏求同修,宋敏求卒,司马光请以赵彦若继成之,故有是命。

赵抃二月以太子少保致仕;曾巩有诗送行。

蔡确五月以御史中丞为参知政事。宰相吴充欲变新法,蔡确以"萧规曹随"为劝,乃止。

晁补之赴汴京应试,考官"谓其文辞近世未有",神宗称其"可革浮薄",于是"名重一时",遂中进士(《郡斋读书志》卷四下)。

李定时判国子监,二月上言直讲以传授经术为主,乞不令管规矩事,从之。

刘弇、陈瓘、黄裳、蔡肇同登进士第。

周邦彦入太学为外舍生。

邢恕由崇文院校书为馆阁校勘。

王子韶入为集贤校理,与陆佃修定《说文》。

华镇举进士,调高邮尉。

按:华镇字安仁,号云溪,会稽人。官至朝奉大夫,知漳州军事。平生好读书,工诗文。著有《扬子法言训解》10卷、《书说》3卷、《云溪居士集》100卷、《会稽录》1卷等。

文同卒(1018—)。同字与可,自号笑笑先生、石室先生、锦江道人,梓州永泰人。苏轼表兄。皇祐元年进士。历官邛州、洋州等知州。元丰初,以尚书司封员外郎充秘阁校理知湖州,未上任而卒。工诗文,善篆、隶、行、草、飞白,擅长画竹,苏轼画竹亦受其影响,其后"湖州竹派"多效其

法国经院哲学家、唯名论者、洛色林弟子彼德·阿伯拉尔(—1142)生。

画竹之法。著有《丹渊集》40卷。事迹见《宋史》卷四四三本传、范百禄《文公墓志铭》(《丹渊集》附)。宋家诚之编有《石室先生年谱》。

宋敏求卒(1019—)。敏求字次道,赵州平棘人。宋绶子。宝元二年赐进士及第。官至史馆修撰、龙图阁直学士。曾为《仁宗实录》检讨官,又预修《新唐书》、《两朝国史》,编有《唐大诏令集》130卷,著有《宝刻丛章》、《韵次宗室名》、《讳行后录》、《东观绝笔》、《书闱前后集》、《西垣制词》、《东京记》、《春明退朝录》等十余种,尝为《史记集注》,裒集《李北海集》、《刘宾客外集》、《李卫公别集》、《孟东野集》等唐人文集凡85卷。事迹见《宋史》卷二九一本传、范镇《宋谏议敏求墓志铭》(《名臣碑传琬琰集》中卷一六)、苏颂《龙图阁直学士修国史宋公神道碑》(《苏魏公文集》卷五一)。今人张保见编有《宋敏求事迹简录》、宋育文编有《宋敏求年谱》。

按:《宋史》本传曰:宋敏求"著书甚多,学者多咨之。尝建言:'河北、陕西、河东举子,性朴茂,而辞藻不工,故登第者少。请令转运使择荐有行艺材武者,特官之,使人材参用,而士有可进之路。又州郡有学舍而无学官,故士轻去乡里以求师,请置学官。'后颇施行之"。

孙洙卒(1031—)。洙字巨源,广陵人。年十九举进士,补秀州司法参军。元丰中官至翰林学士。在当时颇有文名,著有《三史刊误》40卷、《褒题集》30卷、《褒恤杂录》3卷、文集20卷,已佚。事迹见《宋史》卷三二一本传、李清臣《孙学士洙墓志铭》(《名臣碑传琬琰集》中卷二五)。

按:《宋史》本传曰:"羁卯能文,未冠擢进士。包拯、欧阳修、吴奎举应制科,进策五十篇,指陈政体,明白剀切。韩琦读之,太息曰:'恸哭流涕,极论天下事,今之贾谊也。'……洙博闻强识,明练典故,道古今事甚有条理。出语皆成章,虽对亲狎者,未尝发一鄙语。文词典丽,有西汉之风。士大夫共以丞辅期之,不幸早世,一时悯伤焉。"

翁彦深(—1141)、宇文虚中(—1146)、汪藻(—1154)、王庭珪(—1172)生。

宋元丰三年　辽太康六年　夏大安六年
庚申　1080年

正月辛巳,诏改国子监直讲为太学博士,每经2人。

二月,诏国子监罢书库官,复置主簿,增监厨、使臣各一员;增岁赐公使钱,并旧为千缗;太学正、录三年为任,通计六考,听改官,三考与循资;并增巡宿剩员,并旧为200人。并从看详学制所请。

三月庚寅,辽道宗出皇侄淳于外,立皇孙延禧为梁王(即后之天祚帝),时年六岁。

四月辛酉,太学外舍、内舍、上舍生月津贴均增至1100文。

罗马教皇格列高里第七再次绝罚德王亨利四世。

亨利四世再废罗马教皇格列高里第七,另立拉文那主教吉伯特为教皇,称克莱门第三。

是月，诏校定《孙子》、《吴子》、《六韬》、《司马法》、《三略》、《尉缭子》、《李靖问对》等武经七书，镂板行之。

按："武经七书"是古代兵书的精华，它的颁定，确立了兵书在我国古代社会的正统地位，奠定了古代军事学的基础，推动了古代军事理论的进一步发展，意义颇大。注释"武经七书"的，主要有宋施子美《七书讲义》，明代刘寅《武经七书直解》，清代宋瑭《武经七书汇解》、夏振翼《增补武经三字休注》、鲁经《武经大全标题会解》等。

诏杭州禁民毋以言涉边机文字鬻高丽人。

十月，诏太学生上等以官，中等免礼部试，下等免解。

诏自今岁，降大小历本付川、广、福建、江浙、荆湖路转运司印卖，不得抑配。其前岁终，市轻赍物付纲送历日所，余路听商人指定路分卖。

王安石八月上改定《三经新义》误字，并《乞改三经义误字札子》，诏录送国子监修正；九月改封荆国公。

程颐由扶沟县罢归，赴关中讲学，时张载已死，关中士人失去领袖，故关西学者多有相从于程颐者。

按：此行程颐所讲之学，关中学者记述有《入关语录》；程颐亦作《雍行录》（又名《遗金散志》）以记。

杨时调官京师，获闻程颢之"绪言"，倾心向慕。

欧阳修被朝廷赠太尉。

沈括五月除审官西院，御史满中行论不应召用沈括，遂改知青州；六月改知延州，接替吕惠卿为鄜延路经略使，负责抵御西夏入侵陕西。

苏轼二月到达黄州，初住定惠院，后迁临皋亭，友人马正卿为他请得城东废地数十亩，让他开垦耕种，这就是著名的东坡。遂用东坡为号。

苏轼赴黄州途中，友人陈慥专门前往迎接。以后苏轼曾三次去访陈慥，陈慥则七次来黄州看望苏轼。

苏轼在黄州"闲废无所用心，专治经书，一二年间，欲了却《论语》、《书》、《易》，舍弟亦了却《春秋》"（《东坡全集》卷七七《与滕达道二十四首》）。

按：苏轼被贬黄州前，家人惊怖之中，将其著作悉取焚烧，"比事定，重复寻理，十亡七八矣"（《东坡全集》卷七三《上文潞公书》）。他在黄州专治经书的参考资料及经书原著主要借自陈季常等人。陈季常之父陈公弼善著书，尤长于《易》，有集10卷，制《器尚象论》12篇、《辨钩隐图》54篇。因陈家所藏《易》解相关之书颇丰，为苏轼著《东坡易传》提供了条件。苏轼《答陈季常书》其四有云："欲借《易》象文字，及《史记索引》、《正义》，如许告季常带来"。其五又云："《易》义须更半年功夫练之，乃可出。想秋末相见，必得拜呈也。"（《东坡全集》卷七五）

苏辙将赴高安，过高邮，与秦观相聚两日，著有《高邮别秦观三首》诗。

黄庭坚为吉州太和县知县。是秋过高邮，为秦观书《龙井》、《雪斋》两记，寄杭州勒石。十月游山谷寺，始号山谷道人。

曾巩由亳州移知沧州，未上任，过阙，留判三班院；十一月上书言户口与垦田，提出"节用为理财之要"（《元丰类稿》卷三一《再议经费》）。

章惇二月丙午由翰林学士为参知政事。王安石有《贺章参政启》、《与章参政书》。

文彦博判河南,与范镇、张宗益、张问、史炤在洛阳举行五老会,有诗唱和。

张璪正月奉命详定郊庙礼文,二月管勾国子监。

蔡京正月以检正中书房公事兼编修诸路学制。

范镗二月同蔡京编修诸路学制。

王安礼七月进翰林学士知开封府。

王珪三月提举修《两朝国史》。

蒲宗孟、李清臣九月奉命兼详定官制。

米芾为长沙掾,尽焚所为诗文。

吕公著九月为枢密副使。

苏颂二月罢知濠州,十二月以中大夫、集贤院学士出知沧州。

曾布进直学士,徙知秦州。

晁补之为澶州司户参军。

杨杰知礼院,条上旧乐之失,遂召致仕秘书监刘几、侍郎范镇与杨杰参议。

苏轼五月始著《东坡易传》和《论语说》。

> 按:苏辙《论语拾遗并序》曰:"予少年为《论语略解》。子瞻谪居黄州,为《论语说》,尽取以往,今见于书者十二三者也。大观丁亥,闲居颍川,为孙籀、简、筠讲《论语》。子瞻之说,竟有所未安,时为籀等言之,凡二十有七章,谓之《论语拾遗》。恨不得质之子瞻也。"《论语拾遗》1卷,传本有《两苏经解》本、《四库全书》本及《指海》本等。

王安石著《进字说札子》、《进字说表》、《熙宁字说序》、《进字说》。

> 按:王辟之曰:"荆国王文公,以多闻博学为世宗师,当世学者得出其门下者,自以为荣,一被称誉,往往名重天下。公之治经,尤尚解字,末流务多新奇,浸成穿凿。朝廷患之,诏学者兼用旧传注,不专治新经,禁援引《字解》。于是学者皆变所学,至有著书以诋公之学者,且讳称公门人。故芸叟为挽词云:'今日江湖从学者,人人讳道是门生。'传士林。及后诏公配享神庙,赠官并谥,俾学者复治新经,用《字解》。昔从学者,稍稍复称公门人,有无名子改芸叟词云:'人人却道是门生'。"(《渑水燕谈录》卷一〇)

宋校勘《孙子》、《吴子》、《六韬》、《司马法》、《三略》、《尉缭子》、《李靖问对》武经七书毕,诏颁行。

王存、曾肇、李德刍等重修《九域图》10卷成书,更名《元丰九域志》。

> 按:是书为宋代全国性地方总志。

李德刍上所著《元丰郡县志》30卷、图3卷。

黄廉上《编修南郊增损式》。

毕仲衍上所著《中书备对》10卷。

刘益《论古根源》约成书于本年,提出了二次方程式的求根法。

僧净源著《金师子章云间类解》1卷。

沈括知延州和鄜延路经略使期间,绘有《禹迹图》一幅。

意大利哲学家安瑟伦约于是年撰文《论道篇》、《关于上帝存在谈话》,利用逻辑为神学服务,创立上帝存在的本体论。

按：是图为元丰初年的国内古今山水地名图。它所反映的地理知识与绘制地图技术对后世有所影响，其水平大大超过同时代的欧洲。它是研究北宋政区、地学成就、制图技术的重要文献。

法国哲学家、实在论者康舒的基云（—1145）生。

法国神秘主义经院哲学家、克勒窝的伯尔拿友人梯利的基云（—1148）约生。

陈襄卒（1017—　）。襄字述古，学者称古灵先生，福州侯官古灵人。庆历二年进士，知河阳、常州，入为三司判官，知谏院，管勾国子监。以反对王安石新法，论青苗法不便而出知陈州，徙杭州，后迁枢密直学士判太常。卒赠给事中，后累赠少师，谥忠文。与同里陈烈、周希孟、郑穆倡明"知天尽性"之说于闽海间，人称古灵四先生。著有《易义》、《中庸义》、《古灵先生文集》25卷、《州县提纲》4卷等。《宋元学案》为列《古灵四先生学案》。事迹见《宋史》卷三二一本传、叶祖洽《陈先生行状》、孙觉《陈先生墓志铭》（《古灵先生文集》附）。宋陈晔编有《古灵先生年谱》。

按：北宋庆历之际，宋学勃兴，学派四起，其中闽学之兴，可以溯源到"古灵四先生"。全祖望指出："安定（胡瑗）、泰山（孙复）并起之时，闽中四先生亦讲学海上，其所得虽未能底于粹深，然而略见大体矣，是固安定、泰山之流亚也。宋人溯导源之功，独不及四先生，似有阙焉。"（《宋元学案》卷五《古灵四先生学案》）陈襄的弟子多达一千余人，郑穆门人也达千数，周希孟弟子七百余人，从陈烈学习者亦常数百人。其中著名的有孙觉、吴道、章衡、傅楫、陈贻范、管师复、管师常、陈砥、刘淮夫、刘康夫、潘鲠、沈躬行、曾伉等。

王陶卒（1020—　）。陶字乐道，京兆万年人。庆历二年进士，调岳州军事判官。尝编校史馆书籍，直史馆，修起居注。历礼部郎中、谏议大夫、御史中丞、给事中等。元丰三年，特迁观文殿学士，移知汝州。谥文恪。著有《诗说》3卷、文集15卷、奏议15卷等，皆佚。事迹见《宋史》卷三二九本传。

吴充卒（1021—　）。充字冲卿，建州浦城人。吴育之弟。景祐五年进士，调谷熟县主簿，入为国子监直讲、吴王宫教授。熙宁中，代王安石为同中书门下平章事，因乞召还司马光、吕公著、韩维、苏颂等十余人，反对新法。蔡确预政，罢为观文殿大学士。谥正宪。与韩绛编《枢密院时政记》15卷，今佚。事迹见《宋史》卷三一二本传。

韩驹（—1135）、许叔微（—1154）生。

宋元丰四年　辽太康七年　夏大安七年
辛酉　1081年

拜占廷帝尼基弗鲁斯三世·伯塔奈亚迪斯退位，杜卡斯王朝终。依沙克一世·科穆宁之

正月庚子，中书礼房请令进士试本经、《论语》、《孟子》大义，论、策之外，加律义一道，省试二道；武举只试《孙子》、《吴起》大义及策。从之。

七月戊申，命集贤院学士苏颂同详定官制。

己酉，命曾巩充史馆修撰，专典史事。

宋元丰四年　辽太康七年　夏大安七年　辛酉　1081年

按：神宗曰："修史最难，如《鲁史》亦止备录《国史》，待孔子然后笔削。司马迁材足以开物，犹止记君臣善恶之迹，为实录而已。"王珪曰："近修《唐书》，褒贬亦甚无法。"神宗曰："唐太宗治僭乱以一天下，如房、魏之徒，宋祁、欧阳修辈尚不能窥其浅深，及所以成就功业之实。为史官者，材不足以过一代之人，不若实录事迹，以待贤人去取褒贬尔。"（《资治通鉴后编》卷八四）

八月，命集贤院学士苏颂类编宋辽通好故事、仪式等。

十一月，宋大改官制，议者欲废枢密院，神宗不许。日历所原属门下省编修院，是年废编修院归史馆，隶秘书省。

苏轼正月二十日去岐亭访陈慥，潘大临、郭遘、古道耕为之送行。

按：苏轼贬黄州时，潘大临与之游从，称为"清润潘郎"。潘大临又与张耒、徐俯、吕本中等人过从甚密。著有《柯山集》2卷，已佚。

苏轼作《黄州上文潞公书》，自言"到黄州无所用心，辄复覃思于《易》、《论语》。端居深念，若有所得。遂因先子之学，作《易传》九卷。"（《东坡全集》卷七三）

按：杨时对苏轼的《论语说》有所批评，朱熹曾将其言论录入《论语精义》中，并称赞说："杨氏所以辨苏氏者，善矣。"（《四书或问》卷七）李侗也以为苏轼的《论语说》、苏辙的《论语拾遗》、《孟子解》等书"尽有好处"，也"尽有商议者"（《延平答问》）；朱熹与门人论及苏轼《论语说》也曰："东坡天资高明，其议论、文词自有人不到处。如《论语说》亦煞有好处，但中间须有些漏绽出来。"（《朱子语类》卷一三〇）

苏辙贬江西筠州，与在吉州的黄庭坚时有往来，亦多与寺僧交游。

杨时授徐州司法。

文彦博、张方平上疏谏用兵。

苏颂五月召还权判吏部，八月奉诏编类南北通和以来国信文字。

按：《续资治通鉴》卷七六曰："丙辰，诏：'自南北通和以来，国信文字，差集贤院学士苏颂编类。'颂因进对，帝曰：'朝廷与契丹通好岁久，故事、仪式，遗散者多，每使人生事，无以折正。朕欲集国朝以来至昨代州定地界文案，以类编次为书，使后来得以稽据，非卿不可成。'因令置局于枢密后厅，仍辟官检阅文字。"

曾巩七月奉诏主持修《五朝国史》，且准许自选属员，遂举陈师道，因是布衣，未成；晁补之、张耒等又联名推荐陈师道任太学录，亦未成。

曾巩十月乞收采名臣高士事迹遗文，诏从之。是年为史馆修撰，判太常寺兼礼仪事。

曾布过阙，留为判将作监，未几，复出知陈州。

王安礼三月为翰林学士。

秦观是秋西行入京，应试。

吕公著正月同知枢密院事。

冯京罢知河阳。

孙固知枢密院，龙图阁直学士韩缜同知枢密院事。

周邦彦约于本年献《汴都赋》，召为大乐正。

章惇时为宰相，托人致意陈师道，只要陈师道去谒见他，便可推荐为官，陈师道不肯。

侄、大将阿克塞·科穆宁进入君士坦丁堡，加冕，称帝，是为阿克塞一世·科穆宁。科穆宁王朝继建，在他的治下，帝国得以重建。

张舜民应环庆帅高遵裕之辟,掌管机宜文字。

苏辙著《诗传》成书,又成《春秋集传》。

司马光、赵彦若八月上所修《百官公卿年表》10卷、《宗室世表》3卷。

王珪九月上《国朝会要》。

按:晁公武《郡斋读书志》卷一四曰:"神宗朝以《会要》止于庆历,命王珪续之。起于建隆之元,迄于熙宁十年,通旧增损成是书。总二十一类,八百五十五门。其间礼乐政令之大纲,仪物事为之细目,有关讨论,顾无不载,文简事详,一代之典备矣。"

司马光著《法言集注》和《书仪》10卷成。

梁焘上编录《安南献议文字》5册。

曾巩著《晏殊传》、《史馆申请三道札子》、《英宗实录院申请札子》、《进太祖皇帝总序状》、《太祖皇帝总序》、《拟辞免修五朝国史状》。

王韶卒(1030—)。韶字子纯,江州德安人。嘉祐二年进士,调新安主簿、建昌军司理参军。熙宁元年,献《平戎策》三篇,为秘阁校理。七年,拜礼部侍郎,擢枢密副使。与王安石政见不合,罢职出知洪州,徙鄂州。卒谥襄敏。著有《熙河阵法》1卷、《敷阳子》7卷、奏议6卷,皆佚。事迹见《宋史》卷三二八本传。

赵明诚(—1129)、僧法宁(—1156)、朱敦儒(—1159)、孙觌(—1169)生。

宋元丰五年　辽太康八年　夏大安八年
壬戌　1082年

威尼斯享有拜占庭帝国全境的商业特权,帝国之海上霸权自此拱手相让于意大利航海共和国,西方兴起。

北非特累姆森大清真寺建立。

正月乙巳,详定浑仪官欧阳发进新造浑仪、浮漏,命集其说为《元丰浑仪法要》。

按:《宋史·欧阳修传》曰:"子发字伯和,少好学,师事安定胡瑗,得古乐钟律之说,不治科举文词,独探古始立论议。自书契以来,君臣世系,制度文物,旁及天文、地理,靡不悉究。"

二月癸丑朔,颁行《三省、枢密、六曹条制》。

三月乙巳,赐进士、明经诸科黄裳以下及第、出身、同出身1428人。

按:是科考官为翰林学士李清臣、知制诰舒亶、侍御史满中行。黄裳初为等下,神宗亲擢为第一,于是御试初考官苏颂、王子韶、王陟臣、刘奉世、杨杰、蔡京,复考官安焘、王存、陈睦、曾巩、赵彦若、张崇,详定官蒲宗孟、何正臣、陆佃,各罚铜30斤。

四月,宋改官制成,设中书、门下、尚书三省,皆不置长官。宰相官名改为尚书左仆射兼门下侍郎、尚书右仆射兼中书侍郎。此制以后曾几经改易。

诏改崇文院为秘书省。秘书省掌凡邦国经籍图书、常祭祝版之事。不置昭文、集贤，以史馆入著作局。

是月，罢修《五朝史》。

六月甲寅，监修国史王珪上仁宗、英宗《两朝正史》120卷。

按：是书比《实录》事迹颇多，但非寇准而是丁谓托仁宗诏旨，时以为讥。史官蒲宗孟、李清臣、王存、赵彦若、曾肇，赐银绢有差；苏颂、黄履、林希、蔡卞、刘奉世以他职罢去，吴充、宋敏求已死，也都有锡赉。

戊午，诏编录《仁宗英宗两朝宝训》。

是年，高丽王徽卒，子勋嗣。

吕惠卿除太原知府，王安石著《再答吕吉甫书》，双方的误会已冰消云释。

按：王安石与吕惠卿曾有矛盾，或云吕惠卿借李逢、李士宁狱案"阻止"王安石第二次复相，又有所谓吕惠卿缴王安石私信而使王安石第二次被罢相之说。其实并不确切。李焘《续资治通鉴长编》曾曰："魏泰、邵伯温、吴开等记录皆云，吕惠卿起李逢狱，捕李士宁以撼安石，考其日月似不然，今不取。"关于吕惠卿向宋神宗递缴王安石私书之事，在哲宗时，编写《神宗实录》的陆佃曾为此写过一封《乞降出吕惠卿缴进王安石私书札子》，后来降出的王安石书信，其中并无"毋使上知"等语，可见王安石的第二次罢相，原因不在此。

文彦博赠程颐鸣皋镇（今河南洛阳伊川县）庄园一处，作为其著书讲学之所，并赠粮田一千亩，以养生徒。程颐乃建伊皋书院，在此讲学二十余年。

富弼与文彦博、席汝言、王尚恭、赵丙、刘几、冯行己、楚建中、王谨言、张问、张焘、司马光在洛阳举行耆英会，命闽人郑奂绘像其中。司马光有《洛阳耆英会序》详记其事。

按：参加耆英会的潞国公文彦博时年77岁，韩国公富弼79岁，司封郎中致仕席汝言77岁，太常少卿致仕王尚恭76岁，太常少卿致仕赵丙75岁，秘书监致仕刘几75岁，卫州防御使致仕冯行己75岁，太中大夫充天章阁待制楚建中73岁，司农少卿致仕王谨言73岁，太中大夫张问71岁，龙图阁直学士通议大夫张焘70岁，端明殿学士兼翰林侍读学士提举崇福宫司马光64岁。

司马光再与范景仁论乐。六月为扬雄《太玄经》作序。

苏轼偶患左手肿，庞安时为之扎一针即治愈。

苏轼在黄州常至赤壁矶头游览，是年著有《念奴娇·赤壁怀古》词；七月十六日和十月十五日又先后两次泛舟赤壁之下的长江，写有《前赤壁赋》和《后赤壁赋》。

曾巩四月擢中书舍人，罢史馆编修。前后在史馆从事编纂仅八个月。九月丧母离京。

秦观应礼部试，罢归，著《画堂春》词，写落第心情。

沈括因攻夏兵败，责授均州团练副使，随州安置。

苏颂年初为辽贺正馆伴使，三月为御试初考官，四月改通议大夫守吏部侍郎。

王安礼以翰林学士为尚书右丞。

吕公著由知枢密院罢知定州。

贺铸为徐州宝丰监钱官,著《登黄楼有怀苏眉山》,怀念曾任徐州知州的苏轼。

高遵裕因对西夏作战失利,被贬为郢州团练副使;张舜民因在西征途中的灵武作诗两首而获罪。

按:张舜民诗曰:"灵州城下千株柳,总被官军斫作薪。他日玉关归去路,将何攀折赠行人?"又曰:"青铜峡里韦州路,十去从军九不回。白骨似沙沙似雪,将军休上望乡台。"(《东坡全集·补遗·书张芸叟诗》)转运判官李察见之,遂上书弹劾,张舜民被贬监邕州盐米仓,旋改贬监郴州酒税。

晁补之召试学官,除北京国子监教授。

邹浩、晁说之成进士。

何去非以特奏名身份参加廷试,因对策论获神宗赏识,授右班殿直、武学教授。

司马光著《疑孟》。

王珪上《两朝正史》120卷。

蔡确四月上《元丰法宝录》。

杨完编著《元丰以来详定郊庙礼文》30卷。

按:晁公武曰《郡斋读书志》卷二曰:"元丰初,以郊庙礼文讹舛,诏陈襄、李清臣、王存、黄履、何洵直、孙谔、杨完就太常寺检讨历代沿革,以诏考其得失,又命陆佃、张璪详定,后以前后尝进《礼文》,独令完编类,五年,成书奏御。其书虽援据广博,而杂出众手,前后屡见,繁猥为甚云。"

冯宗道上《景灵宫供奉敕令格式》60卷。

《高丽大藏经》5924卷雕刻完毕。

田概著《京兆金石录》6卷,王钦臣为序。

王安石进所著《字说》24卷。

按:王安石《字说》一出,"学者成风",随之有唐耜撰的《唐氏字说解》100卷和无名氏撰的《字说偏旁音释》1卷等书问世。"元祐中,言者指其糅杂释老,穿凿破碎,聋瞽学者,特禁绝之。"(《郡斋读书志》卷一下)《字说》遂不传。北宋末张有曾著《复古编》2卷,匡正《字说》之误。

陆佃、王子韶上《重修说文》。

陈应行著《杜诗六帖》18卷。

唐慎微编著《经史证类备急本草》初稿成于本年。

按:是书载药1746种,单方3000余首。

周师厚著《洛阳花木记》1卷刻行。

按:是书最早较全面地记述了花木的繁殖与种植技术,对后世有深远的影响。

张伯端卒(987—)。伯端字平叔,一名用成,号紫阳山人,天台人。自少学儒,又好异端,博通儒道佛三教典籍,于天文、地理、星算、医药、兵法、书数、刑律、卜筮之学，无不详加探究。后为道教南宗思想的创立者，被奉为南宗第一祖，称紫阳真人。所著尚有《玉清金笥青华秘文金室内炼丹诀》、《金丹四百字》、《参同契》。事迹见《直指详说·张真人始末》(《悟真篇注疏》附)。

按：张伯端的弟子有马默、张履、陆师闵、刘永年、翁葆光等，相传石泰、薛道光、陈楠、白玉蟾等一系得其正宗，并称"南五祖"，以区别于北方全真派。其道派又称"紫阳派"、"清修派"。其门人以为张氏与钟汉离、吕洞宾、刘海蟾等有师承关系，故又称此派为"钟吕金丹派"。元统一后，此派逐渐融合于全真教之中。

吕大钧卒(1031—)。大钧字和叔，京兆蓝田人。与兄吕大忠、吕大防、弟吕大临齐名，世称"四吕"。学于张载、程颢、程颐，能守其师说。嘉祐二年进士，调秦州右司理参军，改知三原县，移巴西、侯官、泾阳。著有《诚德集》30卷、《吕氏乡约》1卷等，今佚。《宋元学案》列其入《伊川学案》。事迹见《宋史》卷三四〇本传。

按：《宋元学案》卷三一《吕范诸儒学案》载："横渠倡道于关中，寂寥无有和者。先生于横渠为同年友，心悦而好之，遂执弟子礼。于是学者靡然知所趋向。横渠之教，以礼为先。先生条为《乡约》，关中风俗为之一变。"晁公武《郡斋读书志》卷一九曰：吕大钧"师张厚之。赡学博文，无所不该，其文章非义理不发"。

韩昉(—1149)、王蘋(—1153)、周紫芝(—1155)生。

宋元丰六年　辽太康九年　夏大安十年
癸亥　1083年

正月丙午，封楚三闾大夫屈原为忠洁侯。

五月，编修天文书所上所修天文书16卷，乞本监收掌外，仍颁降翰林天文院、测验浑仪刻漏所。从之。

诏以永兴军广教禅院没官田三十余顷赐府学养士。

十月癸酉朔，夏国主秉常遣使上表，请复修职贡，请还旧疆。

戊子，宋封孟子为邹国公。

十一月，辽进封梁王延禧为燕国王。

是年，国子司业朱服建议，命官在学，如公试律义、断案俱优，准吏部试法授官。

宗室赵令铄请建宗学，诏从之。

宋神宗将熙宁修订本《开宝藏》一部赠送给高丽使节。

辽放进士李君裕等51人。

程颢监汝州酒税。

司马光与范纯仁等人在洛阳举行真率会，脱粟一饭，酒数行，洛中以

诺曼人入拜占廷之马其顿。

为胜事。

文彦博以太师致仕,与程珦、司马旦、席汝言在洛阳举行同甲会。

王安礼以尚书右丞为尚书左丞,李清臣为尚书右丞。

苏轼著《曾子固舍人挽词》悼念曾巩。

苏辙辞筠州学官,苏轼有诗《闻子由为郡僚所捃,恐当去官》。

黄庭坚十二月调任德州德平镇监镇官;德州通判为属于新党的赵挺之,正在推行市易法,黄庭坚因反对新政,与赵挺之多有争论,为以后遭贬埋下祸根。

黄庭坚《后山集》始于本年。

富弼闰六月卒,文彦博、程颢、范纯仁有祭文、哀词;程颐有唁富弼书。

苏颂迁光禄大夫。

张舜民赴郴州贬所,九月行至黄州,见先前已贬在黄州的苏轼,从此建立深厚友谊。

米芾过金陵,访王安石于钟山,题安石定林所居曰"昭文斋"。

周行己补太学生。

陈师道因曾巩卒,写《妾薄命》两首,以寄托哀思。

秦观为曾巩死著《哀词》。

司马光著《致知在格物论》。

蔡卞进《周礼》。

宋敏求著《河南志》20卷,司马光作序。

林希上所编《两朝宝训》20卷。

《九域志》刻板。

苏颂编著《华戎鲁卫信录》229卷成书。

杨时著《庄子解》成书。

秦观辑《精骑集》成书,作序以自励。

唐慎微著《经史证类备急本草》31卷成书。

秦观著《蚕书》1卷。

按:是书记述了北宋时期高邮地区关于养蚕、缫丝的技术和方法,是世界上现存最早的养蚕专著。

赵概卒(998—)。概初名禋,后改今名,字叔平,宋州虞城人。天圣五年进士。历任著作郎、开封府推官、知滁州,召修起居注,同修玉牒,官至参知政事,以太子少师致仕。著有《谏林》120卷、《应制集》30卷、别集50卷,又注释《老子》《维摩经》等,皆佚。事迹见《宋史》卷三一八本传、王珪《康靖赵公墓志铭》(《华阳集》卷三八)。

富弼卒(1004—)。弼字彦国,河南洛阳人。天圣八年中茂才异等,官至宰相,封郑国公。先与范仲淹建议改革朝政,后王安石变法,他在亳州又拒不执行,退居洛阳以后,曾上疏要求废除新法。卒赠太尉,谥文忠。

著有《富文忠公集》27卷、《富文忠公札子》16卷等,今存《富郑公集》1卷。《宋元学案》列其入《高平学案》。事迹见《宋史》卷三一三本传、范纯仁《富郑公行状》(《范忠宣集》卷一七)、韩维《富文忠公墓志铭》(《南阳集》卷二九)。今人曹清华编有《富弼年谱》。

曾巩卒(1019—)。巩字子固,建昌南丰人。尝奉命编校史馆书籍,官至中书舍人。曾从欧阳修学古文,为王安石所推许。散文为"唐宋八大家"之一。谥文定。曾整理《战国策》、《说苑》。著有《元丰类稿》50卷和《续元丰类稿》。《宋元学案》列其入《庐陵学案》。事迹见《宋史》卷三一九本传、曾肇《子固先生行状》(《曲阜集》卷三)、韩维《曾公神道碑》(《南阳集》卷二九)。清姚范编有《南丰年谱》、今人王琦珍编有《曾巩年谱》。

按:《宋史》本传说曾巩"为文章上下驰骋,愈出而愈工,本源《六经》,斟酌于司马迁、韩愈。一时工作文词者,鲜能过也"。《宋史·文苑传一》曰:"国初,杨亿、刘筠犹袭唐人声律之体,柳开、穆修志欲变古而力弗逮。庐陵欧阳修出,以古文倡,临川王安石、眉山苏轼、南丰曾巩起而和之,宋文日趋于古矣。"《续资治通鉴》卷七七曰:"巩为文自成一家。少与王安石游,安石声誉未振,巩导之于欧阳修;及安石得志,遂与之异。帝尝问:'安石何如人?'对曰:'安石文学行义不减扬雄,以吝,故不及。'帝曰:'安石轻富贵,何吝也?'曰:'臣所谓吝者,谓其勇于有为,吝于改过耳。'吕公著尝言于帝曰:'巩行义不如政事,政事不如文章。'故不至大用。"

李纲(—1140)、勾涛(—1141)、綦崇礼(—1142)、胡舜陟(—1143)生。

西班牙犹太诗人和哲学家哈列维(—1140)生。

拜占廷公主、历史学家安娜·科穆宁娜(—1148)生。

宋元丰七年 辽太康十年 夏大安十年
甲子 1084年

三月壬戌,诏以太学外舍生周邦彦为试太学正。

按:周邦彦献《汴都赋》,文采可取,故擢之。

诏诸路知州选在任官可为州学教授者,送国子监审察,令兼管。

四月丁丑,赐饶州童子朱天锡《五经》出身。

五月壬戌,诏:自今春秋释奠,以邹国公孟轲配食文宣王,设位于兖国公之次。又追封荀子为兰陵伯,扬雄为成都伯,韩愈为昌黎伯,以世次从祀于二十一贤之间。

按:朱熹曰:"孟子配享,乃荆公请之。"(《朱子语类》卷九〇)《四库全书总目提要·湛渊静语提要》曰:"唐以前《孟子》皆入儒学,至宋乃尊为经。元丰末,遂追封邹国公,建庙邹县,亦安石所为。"王安石推尊孟子,其功甚大。

六月甲戌,礼部言:"欧阳修等编《太常因革礼》,始自建隆,迄于嘉祐,为百卷。嘉祐之后,阙而不录。熙宁以来,礼文制作,足以垂法万世,乞下太常,委博士接续编纂,以备讨阅。"从之(《续资治通鉴》卷七七)。

德王亨利四世入罗马,罗马教皇克莱门第三为其加冕。

八月，权国子监朱服建言："乞应举人到京，或有显过亏损行义，若博奕、斗讼、酗酒、不检、造为飞语、谤讪朝政，委本监检察闻奏，比附学规殿举。"从之（《续资治通鉴长编》卷三四八）。

十月庚辰，饶州童子朱天申对于睿思殿，赐《五经》出身。

按：自宝元初罢童子科，至是始置，前后赐出身者5人。

十一月，诏自今后诸司关报文字并称秘书省国史案，时政记、日历事非编修官不与。

诏应武举及试出身，并依进士试大义一场，第一等取四通，第二等取三通，第三等取二通，并为中格。从司业翟思、朱服所定。

礼部乞诸州不置学官处，委转运司选官，及生员多可置教授，申本部下国子监审察。从之。

十二月戊辰，因修《资治通鉴》书成，以端明殿学士兼翰林侍读学士司马光为资政殿学士，校书郎、前知泷水县范祖禹为秘书省正字。

按：神宗谕辅臣曰："前代未尝有此书，过荀悦《汉纪》远矣。"（《续资治通鉴》卷七八）司马光荐范祖禹"知识明敏而性行温良，好学能文而谦晦不伐，操守坚正而圭角不露。臣于熙宁三年奏祖禹同修《资治通鉴》，至今一十五年，由臣顽固，编集此书，久而不成，致祖禹淹回沉沦，不早闻达。今所修书已毕，伏望特赐采拔，或使之供职秘省，观其述作；或使之入侍经筵，察其学行，自余进用，系自圣衷"（《历代名臣奏议》卷一三五）。

辽诏改明年元曰大安。

王安石是春有病，诏蔡卞赴江宁府省视王安石疾病。

王安石六月请以江宁府上元县园屋为僧寺，又以田割入蒋山。乞神宗赐僧寺名额；从之，以"保宁禅院"为额。王安石有《谢诏以所居园屋为僧寺及赐寺额表》。

苏轼四月由黄州改授汝州团练副使，本州安置；六月与长子苏迈游览鄱阳湖口的石钟山，著《石钟山记》；七月过金陵，谒王安石，两人同游蒋山，多有唱和，王安石请苏轼重修《三国志》；苏轼至仪真，又致书王安石，推荐秦观，王安石有书答之。

按：辛酉，诏黄州团练副使苏轼移汝州。帝每怜轼才，尝语辅臣曰："国史大事，朕意欲俾苏轼成之。"辅臣有难色，帝曰："非轼则用曾巩。"其后巩亦不副上意，帝复有旨起轼，以本官知江州。蔡确、张璪受命，王珪独以为不可。明日，改江州太平观，又明日，命格不下。于是辛出手札，徙汝州，有"苏轼黜居思咎，阅岁滋深，人才实难，不忍终弃"之语。轼上表谢，且言有田在常州，愿得居之。帝从其请，改常州团练副使（《续资治通鉴》卷七七）。

苏辙九月为绩溪令。

陈师道于颍昌与黄庭坚相见。

王安礼七月罢知江宁府。

贺铸在徐州领宝丰监钱官，与张仲连、寇昌朝、陈师中、王适、王文举等人结彭城诗社。刘元真、张天骥、董初尝、王有元、王逼、寇定等人亦与贺铸偶有唱和。

宋元丰七年　辽太康十年　夏大安十年　甲子　1084年

周邦彦为试太学正。

邹浩为扬州州学教授。

郭茂倩为河南府法曹参军。

按：郭茂倩字德粲，郓州须城人。生卒不详。通音律，善汉隶。尝编有《乐府诗集》100卷。《四库全书总目提要》曰："是集总括历代乐府，上起陶唐，下迄五代……其解题征引浩博，援据精审，宋以来考乐府者，无能出其范围。"

李公麟著《马性图》，犹未举进士。

司马光等十二月修撰《资治通鉴》294卷成，前后历时19年。同时进呈的尚有《资治通鉴目录》30卷、《资治通鉴考异》30卷。

按：司马光完成《资治通鉴》后，又著《通鉴举要历》80卷，作为《通鉴》之节本，因是未定稿，无刻本流传。《四库全书总目提要》评《资治通鉴考异》曰："光既择可信者从之，复参考同异，别为此书。辨正谬误以袪将来之惑。昔陈寿作《三国志》，裴松之注之，详引诸书错互之文，折衷以归一是，其例最善。而修史之家未有自撰一书明所以去取之故者。有之，实自光始。其后李焘《续通鉴长编》、李心传《建炎以来系年要录》，皆沿其义。虽散附各条之下，为例小殊，而考订得失则一也。"

吕大防编《杜工部年谱》、《韩文公年谱》成书。

按：《杜工部年谱》为现存最早之杜甫年谱，亦为中国年谱之体的开创之作。今载《四部丛刊》本《分门集注杜工部诗》卷首。吕氏是年十一月十三日曾撰《杜韩年谱后记》。年谱是史籍中的一种人物传记，所谓叙一人之道德、学问、事业，纤悉无遗而系以年月者，谓之年谱。年谱作为一种专用体裁，肇始于宋代，也可视为确论。清代章学诚《韩柳二先生年谱书后》曰："文人之有年谱，前此所无，宋人为之，颇觉有补于知人论世之学。"（《文史通义》外篇一）

朱长文著《吴郡图经续记》3卷成书。又著《琴史》6卷成书。

按：《吴郡图经续记自序》云："方志之学，先儒所重。……吴为古郡，其图志相传固久。自大中祥符中诏修图经，每州命官编辑而上，其详略盖系乎人，而诸公刊修者立类例据所录而删撮之也。……于是参考载籍，探摭旧闻，作《图经续记》三卷。"该书尚有明嘉靖、万历、清乾隆等年间刻本。

又按：《琴史》为现存最早的琴史专著，也是北宋以前材料最为丰富、流传最为久远的一部琴史著作，它甚至可以说是中国器乐乃至整个中国音乐的第一部专史，具有极高的史料价值。是书至南宋绍定六年（1233）才由其从孙朱正大刊行。清康熙四十五年（1706）曹寅将其刻入《楝亭藏书十二种》。近人汪孟舒据曹本校勘，成《乐圃琴史校》，1959年油印线装出版；周庆云著有《琴史补》、《琴史续》。宋代研究琴史的著作，尚有刘籍《琴议》1卷、成玉磵《琴论》、崔遵度《琴笺》1卷等。

吕惠卿著《庄子义》10卷。

按：是年先表进《庄子·内篇》，其余陆续成之。

秦观著《淮海闲居集》10卷成书。

窦苹著《酒谱》1卷。

宋秘书省刻行《算经十书》。

按：参与校定的有孙觉、叶祖洽、王仲修、钱长卿、韩宗古、赵彦若等。《算经十书》是我国汉唐千余年间陆续出现的十部数学著作。唐代国子监内设立算学馆，置博士、助教指导学生学习数学，规定《周髀算经》、《九章算术》、《孙子算经》、《五曹算

西班牙查尔卡利编制《托来多天文表》，阐述了天文仪器的结构和用法，提出以一个椭圆形的均轮代替水星的本轮，并对托勒密体系进行修正，从此兴起了反托勒密的思潮。

经》、《夏侯阳算经》、《张丘建算经》、《海岛算经》、《五经算术》、《缀术》、《缉古算经》十部算经为课本,用以进行数学教育和考试,后世通称为《算经十书》。是年,宋将此书刊刻发行,这是世界上最早的印刷本数学书。清乾隆三十八年(1773),孔继涵以《四库全书》中戴震的校订本为主,将十部算经刻入《微波榭丛书》之中,题名为《算经十书》,这是算经十书名称的首次出现。

英国历史学家亨廷登的亨利(—1155)生。

赵抃卒(1008—)。抃字阅道,号知非子,衢州西安人。景祐元年进士。神宗即位,除参知政事。因反对王安石变法,出知杭州。卒赠太子少师,谥清献。著有《南台谏垣集》2卷、《清献尽言集》2卷、《充御试官日记》1卷等,今存《赵清献公文集》10卷。《宋元学案》列其入《濂溪学案》。事迹见《宋史》卷三一六本传、苏轼《赵清献公神道碑》(《东坡全集》卷三八)。清罗以智编有《赵清献公年谱》。

元绛卒(1009—)。绛字厚之,钱塘人。天圣八年进士,调楚州淮阴县主簿,授江陵府观察推官。熙宁八年,拜参知政事。以太子少保致仕。谥章简。著有《谳狱集》13卷、《玉堂集》20卷、《玉堂诗》10卷、文集40卷,皆佚。事迹见《宋史》卷三四三本传、苏颂《太子少保元章简公神道碑》(《苏魏公文集》卷五二)。

谢景初卒(1020—)。景初字师厚,自号今是翁,富阳人。谢绛子。庆历六年进士,知余姚县。官至朝散大夫。著有《宛陵集》,今已佚。事迹见范纯仁《朝散大夫谢公墓志铭》(《范忠宣集》卷一三)。

蔡承禧卒(1035—)。承禧字景繁,临川人。嘉祐二年进士,历河南府军巡判官、太子中允、开封府推官、太常博士等。著有《论语指归》10卷、奏议集10卷、文集15卷,今已佚。事迹见苏颂《承议郎集贤校理蔡公墓志铭》(《苏魏公文集》卷五七)。

吕本中(—1145)、李清照(—约1155)、曾幾(—1166)生。

宋元丰八年　辽道宗大安元年　夏大安十一年
乙丑　1085年

塞尔柱突厥人占领安条克。

拜占廷—威尼斯联合舰队大败诺曼人。

德意志亨利四世帝在美因兹公布《神命休战》,主张在某些特定的日子

二月丁亥,命礼部锁试别所。

三月戊戌,宋神宗卒,子赵煦即位,是为哲宗。年十岁,太皇太后高氏临朝听政,熙宁新法逐渐被废除,史称"元祐更化"。

四月,诏再试进士及诸科武举人,罢今年御试。

五月丙申,诏百官言朝政阙失,榜于朝堂。

丙辰,以蔡确、韩缜为尚书左、右仆射兼门下、中书侍郎,章惇知枢密院事。诏起司马光知陈州,司马光过阙入见,留为门下侍郎,主国政。司马光起用刘挚、范纯仁等人。熙宁新法遭到废除。

宋元丰八年　辽道宗大安元年　夏大安十一年　乙丑　1085年

按：太皇太后高氏是个守旧派，一贯反对新法。她掌权后立即起用保守派领袖司马光，王安石等所施行的新法遭到激烈攻击和被废。司马光执政后曾上疏请革除新法，谓"搢绅士大夫望风承流，竞献策画，作青苗、免役、市易、赊贷等法。又有边鄙之臣，行险侥幸，轻动干戈，深入敌境，使兵夫数十万暴骸于旷野。又有生事之臣，建议置保甲、户马以资武备，变茶盐、铁冶等法，增家业侵街商税钱以供军需，非先帝之本志也"（《续资治通鉴》卷七八）。这几句话对王安石变法的基本内容都作了否定。接着又言："若王安石、吕惠卿等所建，为天下害，非先帝本意者，当改之，犹恐不及。"吕公著为尚书左丞后，也上奏十事：畏天、爱民、修身、讲学、任贤、纳谏、薄敛、省刑、去奢、无逸，皆攻击新法，宣扬守旧之辞，并直陈王安石变法之非。

丁亥，诏中外臣庶，许直言朝政得失，民间疾苦。

赐礼部奏名进士焦蹈等及诸科及第、出身、同出身461人。考官为兵部侍郎许将、给事中陆佃、秘书少监孙觉。

六月甲子，诏给度牒百道，修相国寺塔。

十一月辛亥，辽史臣进太祖以下《七帝实录》；己未，禁僧尼不得无故赴阙。

十二月壬戌，诏今月十五日开经筵，讲《论语》，读《三朝宝训》，讲读官日赴资善堂，以双日讲读，仍轮一员宿直。初讲及更旬，宰相执政并赴。

丙子，朱光庭奏言：蔡确、章惇、韩缜，宜令解机务；司马光、范纯仁，宜进之宰辅；韩维宜置之宥密。退三奸于外以清百辟，进三贤于内以赞万几，太平之风，自兹始矣。

是年，诏颁行《元丰九域志》。

司天监在元丰年间观测1464颗恒星位置，绘成星图，其成果收入苏颂所著《新仪象法要》。

高丽国进奉使人乞收买《大藏经》一藏，《华严经》一部，从之。又乞买刑法文书，不许。

程颢改官承议郎，召为宗正寺丞，未行，以疾终。程颐撰有《明道先生行状》，并为程颢求作墓志铭、题墓表，旨在弘扬程颢倡明道学的功绩，扩大洛学之影响。文彦博表其墓曰"明道先生"。

按：丁丑，宗正寺丞程颢卒。颢十五六时，与弟颐闻周敦颐论学，遂厌科举，慨然有求道之志，泛滥于诸家，出入于释、老者几十年，反求诸《六经》而后得之。其言曰："道之不明，异端害之也。昔之害近而易知，今之害深而难辨；昔之惑人也乘其迷暗，今之惑人也因其高明。是皆正路之榛芜，圣门之蔽塞，辟之而后可以入道。"颢卒，文彦博表其墓曰"明道先生"。弟颐序之曰："孟轲死，圣人之学不传，先生生于千四百年之后，得不传之学于遗经，自孟子之后，一人而已。"（《续资治通鉴》卷七八）

程颢时在洛阳，劝司马光赴阙奔神宗丧。

司马光四月奔丧至京，议复旧法。上《乞罢免役钱状》，言"自行免役法以来，富室差得自宽，而贫者穷困日甚"（《传家集》卷四七）。五月为门下侍郎，司马光受命，乞速罢一切新法，并请起用刘挚、范纯仁等。

曾布为翰林学士、户部尚书。司马光命其将免役法修改为差役法，曾布拒绝道："免役一事，法令纤悉皆出己手，若令遽自改易，义不可为。"

里禁止家族间的私战。

高丽佛僧义天赴宋求法取经。

(《宋史·曾布传》)于是被贬谪。

苏轼正月得旨准其放归常州居住,五月复朝奉郎知登州,到任仅五天,因司马光推荐,又奉调赴京,任礼部郎中,半月后转起居舍人,三个月后又升中书舍人,接着再升翰林学士。

司马康四月擢秘书省正字。

司马光与吕公著联名推荐程颐,程颐十一月授汝州团练推官,充西京国子监教授。

按:司马光《与吕申公同荐札子》曰:"河南处士程颐,力学好古,安贫守节,言必忠信,动遵礼义,年逾五十,不求仕进,真儒者之高蹈,圣世之逸民,伏望特加召命,擢以不次,足以矜式士类,禆以风化。"(《击壤集》卷一九)

司马光上言刘挚公忠刚正,赵彦若博学有父风,傅尧俞清立安恬,范纯仁临事明敏,唐淑问行己有耻,范祖禹温良端厚,此6人者,若使之或处台谏,或侍讲读,必有裨益。

按:《续资治通鉴》卷七八曰:"光又奏言:'陛下推心于臣,俾择多士。窃见刘挚公忠刚正,始终不变;赵彦若博学有父风,内行修饬;傅尧俞清立安恬,滞淹岁久;范纯仁临事明敏,不畏强御;唐淑问行己有耻,难进易退;范祖禹温良端厚,修身无缺。此六人者,皆素所熟知,若使之或处台谏,或侍讲读,必有裨益。余如吕大防、王存、李常、孙觉、胡宗愈、韩宗道、梁焘、赵君锡、王岩叟、晏知止、范纯礼、苏轼、苏辙、朱光庭,或以行义,或以文学,皆为众所推,伏望陛下纪其名姓,各随器能,临时任使。至文彦博、吕公著、冯京、孙固、韩维等,皆国之老成,可以倚信,亦令各举所知,庶几可以参考异同,无所遗逸。'"

司马光上言新法之弊,谓不可泥三年不改于父道之说,且太皇太后以母改子,非子改父,众议乃定。

王安石三月特进为司空,依前观文殿大学士、集禧观使、加食邑四百户、食实封一百户,余如故。

按:王安石晚年息影金陵,潜心于佛学,且在《答曾子固书》中以为"方今乱俗不在于佛,乃在于学士大夫沉没利欲,以言相尚,不知自治而已"(《临川文集》卷七三)。

欧阳修十一月被赠太师,追封康国公。

苏辙十月召还京师,改秘书省校书郎为右司谏,迁中书舍人,改户部侍郎。秦观有启致贺。

沈括改授秀州团练副使、本州安置。

黄庭坚三月至京师,以秘书省校书郎召入馆,开始六年的馆阁生活。

秦观进士及第,慕马少游之为人,改字少游;除定海主簿,未赴任;授蔡州教授。

吕公著三月由知扬州召还,五月以资政殿大学士兼侍读,提举中太乙宫兼集禧观。六月进《上哲宗乞选置台谏罢御史察案》,要求恢复台谏旧制;并谓孙觉"可充谏议大夫或给事中",范纯仁"可充谏议大夫或户部右曹侍郎",李常"可备御史中丞",刘挚"可充侍御史",苏辙、王岩叟"可充谏官或言事御史"。司马光即日上疏表示支持。于是,王岩叟本月出任监察御史,刘挚九月为侍御史。十月,吕公著又与高氏相谋,以"中旨"除范祖禹、范纯仁、唐淑问、苏辙、朱光庭5人为谏官,但遭到章惇的反对。范纯仁改除天章阁待制,范祖禹为著作郎。

吕公著上疏反对王安石新法。

按:吕公著既上十事,太皇太后遣中使谕公著曰:"览卿所奏,深有开益。当此拯民疾苦,更张何者为先?"庚寅,公著复上奏曰:"自王安石秉政,变易旧法,群臣有论其非便者,指以为沮坏法度,必加废斥。是以青苗、免役之法行而取民之财尽,保甲、保马之法行而用民之力竭,市易、茶盐之法行而夺民之利悉,若此之类甚众。更张须有术,不在仓卒。且如青苗之法,但罢逐年比校,则官司既不邀功,百姓自免抑勒之患。免役之法,当少取宽剩之数,度其差雇所宜,无令下户虚有输纳。保甲之法,止令就冬月农隙教习,仍委本路监司提案,既不至妨农害民,则众庶稍得安业。至于保马之法,先朝已知有司奉行之缪;市易之法,先帝尤觉其有害而无利;及福建、江南等路配卖茶盐过多,彼方之民殆不聊生,恐当一切罢去,而南方盐法,三路保甲,尤宜先革者也。陛下必欲更修庶政,使不惊物听而实利及民,莫若任人为急。"(《续资治通鉴》卷七八)朱熹曰:"吕氏家传载:荆公当时与申公极相好,新法亦皆商量来,故行新法时,甚望申公相助。又用明道作条例司,皆是望诸贤之助,是时想见其意好。后来尽背了初意,所以诸贤尽不从。明道行状不载条例司事,此却好分明载其始末。"(《朱子语类》卷一三〇)

范纯仁上疏言新法之弊。

按:知庆州范纯仁言:"郡邑之弊,守令知之;一路之弊,盐司知之;茶盐、利局、民兵、刑法、差役之弊,提其局及受其寄者知之;军政之弊,三帅与将领者知之;边防之弊,守边者知之。伏望特下明诏,各使条陈本职,限一月内闻奏。亦可因其所陈,略知其人之才识,然后审择而行之。"(《续资治通鉴》卷七八)

王岩叟上疏言新法之弊。

按:戊午,监察御史王岩叟上疏曰:"今民之大害,不过三五事,如青苗实困民之本,须尽罢之;而近日指挥,但令减宽剩而已。保甲之害,盖由提举一司上下官吏逼之使然,而近日指挥,虽止令冬教,然官司尚存。此皆奸邪遂非饰过,将至深之弊略示更张,以应陛下圣意。愿令讲究而力除之。"(《续资治通鉴》卷七八)

文彦博三月以太师、潞国公为司徒。

孙觉三月为监察御史,七月为右谏议大夫、兼侍讲。

刘挚、张汝贤三月为吏部郎中。

梁焘三月为工部郎中。

吕惠卿为资政殿大学士,王安礼为资政殿学士。

孔文仲十月为校书郎。

谢良佐、游酢、阮阅中进士。

周行己、许景衡、沈躬行、刘安节、刘安上、戴述、赵霄、张辉、蒋元中合称"永嘉九先生",元丰年间曾同游太学。

按:周行己《赵彦昭墓志铭》曰:"元丰作新太学,四方游士,岁常数千人。温海群去京师阻远,居太学不满十人,然而学行修明,颇为学官先生称道。一时士大夫,语其弟子,以为矜式。四方学者,皆所从服而师友焉。"(《浮沚集》卷七)全祖望云永嘉学术又与关学有联系,曰:"世知永嘉诸子之传洛学,不知其兼传关学。考所谓九先生者,其六人及程门,其三则私淑也。而周浮沚(行己)、沈彬老(躬行)又尝从蓝田吕氏(大临)游,非横渠(张载)之再传乎?"(《宋元学案》卷三二《周许诸儒学案》)楼钥《宝谟阁待制赠通议大夫陈公神道碑》曰:"伊洛之学,东南之士自龟山杨公时,建安游公酢之外,惟永嘉许公景衡、周公行己数公亲见伊川先生,得其传以归。中兴以来言理性之学者宗永嘉。"(《攻媿集》卷九五)

晁补之以李清臣荐举,经学士院考试,除授秘书省正字,又迁校书郎,与毕仲游、黄庭坚、张耒等同入馆阁。

吕嘉问贬知淮阳军。

上官恢、上官憕同举进士。

按:上官恢字阆中,邵武人。上官均从子。授潮州司户。崇宁五年知深州,改南剑州,政尚宽和。晚奉祠里居,胡安国以恢与杨时并荐,官至中大夫。上官憕字正平,邵武人。授溧阳尉,改新息县,迁豪州录事参军,调永城县丞。居官十余年,恬淡自守,虽不见知而自信不改。事迹皆见《万姓统谱》卷一三四、《光绪邵武府志》卷二〇。

汪澥举进士,调鼎州司理参军,知黟县。

按:汪澥字仲容,宣州旌德人。少从胡瑗学《易》,又从学于王安石,并首传其说。王安石著《三经新义》,澥与其议。著有《孟子句解》14卷、文集30卷,今佚。

张大亨登进士乙科。

按:张大亨字嘉父,湖州人。生卒不详。官至直秘阁。尝从苏轼学《春秋》。著有《春秋五礼例宗》10卷,今存7卷。全书取《春秋》事迹,分吉、凶、军、宾、嘉五礼,按类别记,并各为总论,义例赅贯,而无前儒诸家拘例之失,书成以后,多受好评,陈振孙《直斋书录解题》称其"考究详洽"。元代吴澄所著《春秋纂言》,曾受到此书的影响。又著有《春秋通训》16卷,今存6卷。

高丽僧义天入宋,上表请传华严宗教义,朝廷令其至钱塘慧因寺受法于净源。华严宗因此复兴。

法国经院哲学家洛色林约于是年著《致阿拉伯尔》,奠定了中世纪新逻辑的基础。

意大利伊内留斯始注释《查士丁尼民法大全》等罗马法文献。

辽完成太祖以下七帝实录,称《七帝实录》。

庞元英著《文昌杂录》6卷成书于本年。

司马光著《潜虚》1卷约成书于本年前。

按:本书是反映司马光哲学思想的主要著作。

陈直著《养老奉亲书》1卷成书于本年前。

按:是书元代邹铉续增为4卷,大德十一年(1307)成书,书名为《寿亲养老新书》,是一部老年养生之作。

王震为曾巩编《南丰先生文集》,并作序。

祖无择卒(1010—)。无择字择之,蔡州上蔡人。少从孙复学经术,又从穆修为文章。宝元元年进士。出知袁州,首建学官,置生徒,学校始盛。历迁入集贤院。熙宁初,入知通进、银台使,被王安石谪忠正军节度副使。后知信阳军。与文彦博、司马光、富弼等为真率会,洛人谓之"九老"。著有《洛阳九老祖龙学文集》16卷。《宋元学案》列其入《泰山学案》。事迹见《宋史》卷三三一本传。

按:《四库全书总目提要》曰:"无择受经于孙复,而文章则传自穆修。……无择为文峭厉劲折,当风气初变之时,足与尹洙相上下。虽流传者少,而掇拾散亡,菁华犹未尽佚。"

宋元丰八年　辽道宗大安元年　夏大安十一年　乙丑　1085年

王说卒(1010—　)。说字应求,号桃源,明州鄞县人。受学从父王致,又师杨适。庆历间进士。建桃源书院,教授乡里三十余年。熙宁九年以特恩补将仕郎,为州长史。卒后,其讲学之地被敕建桃源书院。著有《五经发源》50卷,今佚。《宋元学案》列其入《士刘诸儒学案》。事迹见《光绪鄞县志》卷二六。

王拱辰卒(1012—　)。拱辰字君贶,开原咸平人。天圣八年进士第一。庆历间,累官翰林学士,知开封府,迁御史中丞。反对庆历新政。罢出任外官多年。神宗熙宁元年召还,王安石言其旧过,复出知应天府。元丰间上书反对保甲法。官终彰德军节度使。卒谥懿恪。著有《治平改鉴》及文集70卷,皆佚。《宋元学案》列其入《濂溪学案》。事迹见《宋史》卷三一八本传。

王珪卒(1019—　)。珪字禹玉,成都华阳人。庆历二年进士,通判扬州。召直集贤院,为盐铁判官、修起居注。官至宰相。封岐国公。善文章,朝廷大典策,多出其手。卒赠太师,谥文。曾监修《两朝国史》,著有《华阳集》100卷,今存60卷。事迹见《宋史》卷三一二本传。

程颢卒(1032—　)。颢字伯淳,人称明道先生,洛阳人。嘉祐二年进士。熙宁初,由吕公著荐为太子中允、监察御史里行。王安石变法,他退居洛阳十年,参与司马光、文彦博、吕公著等反对新法活动。与弟程颐合称二程,均讲学于洛阳,故其学派号洛学。著有《二程全书》。今有中华书局1981年校点本《二程集》。《宋元学案》为列《明道学案》。事迹见《宋史》卷四二七本传、韩维《程伯纯墓志铭》(《名臣碑传琬琰集》下卷二一)。清池春生编有《明道先生年谱》、杨希闵编有《宋程纯公年谱》。

按:《宋史》本传曰:"颢之死,士大夫识与不识,莫不哀伤焉。文彦博采众论,题其墓曰明道先生。其弟颐《序》之曰:'周公没,圣人之道不行;孟轲死,圣人之学不传。道不行,百世无善治;学不传,千载无真儒。无善治,士犹得以明夫善治之道,以淑诸人,以传诸后;无真儒,则贸贸焉莫知所之,人欲肆而天理灭矣。先生生于千四百年之后,得不传之学于遗经,以兴起斯文为己任,辨异端,辟邪说,使圣人之道焕然复明于世,盖自孟子之后,一人而已。然学者于道不知所向,则孰知斯人之为功;不知所至,则孰之斯名之称情也哉。'"二程长期讲学,宣传自己的学术主张,门徒日益增多,成为北宋时期最大的学术派别。以后其弟子谢良佐创"上蔡学派",杨时创"龟山学派",游酢创"鹰山学派",吕大忠、吕大钧、吕大临等创"吕范诸儒学派",吕希哲创"荥阳学派",尹焞创"和靖学派",郭忠孝创"兼山学派",王蘋创"震泽学派",刘绚、李籲创"刘李诸儒学派",陈瓘、邹浩创"陈邹诸儒学派",周行己、许景衡创"周许诸儒学派",陈渊创"默堂学派",罗从彦创"豫章学派",胡安国创"武夷学派"等。南宋朱熹直接继承伊洛之学,并发展成完整的理学体系,形成"程朱学派"。

沈辽卒(1032—　)。辽字睿达,钱塘人。沈遘之弟。熙宁初为西院主簿,后以太常寺奉礼郎,使摄华亭县。工诗文,善书法。著有《云巢编》20卷。事迹见《宋史》卷三三一本传、黄庭坚《沈睿达墓志铭》(《云巢编》附)。

滕康(　—1132)、江琦(　—1142)、朱弁(　—1144)、赵鼎(　—1147)、向子諲(　—1152)生。

宋哲宗元祐元年　辽大安二年　夏崇宗天安礼定元年天仪治平元年　丙寅　1086年

高丽遣使于宋，请购刑法书及《太平御览》、《开宝通礼》、《文苑英华》等。

大越（李朝）设翰林院。

日本白河让位掘河，称"上皇"，院政时代开始。

英王威廉一世派人赴全国实地调查土地、人口、赋役状况，编制成册，是为《末日审判书》。

正月庚寅朔，诏改元元祐。

戊戌，宗正寺言玉牒官黄履奏：自神宗皇帝登位以来，玉牒属籍类谱，并未修。欲乞将合编年分，自熙宁十年至元丰八年三月初五日终，准式编修。从之。

辽主诏权翰林学士赵孝岩、知制诰王师儒等讲《五经》大义。

二月，高丽遣使乞购刑法之书及《开宝通礼》、《文苑英华》、《太平御览》，诏许赐《文苑英华》。

闰二月，命司马光提举编修《神宗实录》，著作佐郎范祖禹为实录院检讨官，校书郎孔文仲为礼部员外郎。黄庭坚等同修撰。

按：神宗时王安石变法，引起变法与反变法两派官僚斗争，新法失败后，党争却贯穿整个北宋后期。《神宗实录》前后修了四次，都与党争有关。此次修撰中范祖禹为旧党首领之一，曾协助司马光编《资治通鉴》，一贯反对新法，黄庭坚亦是反对新法的代表人物；而陆佃则在国子监讲王安石经学，对新法多有肯定。修史中，双方颇有争执，陆佃"大要多是安石"，黄庭坚指出："如公言，盖佞史也。"陆佃则答："尽用君意，岂非谤书乎？"（《宋史·陆佃传》）因旧党执政，陆佃被贬知颍州，《实录》按旧党之意修成。

三月，诏：诸路除衙前外，诸色役人只依现用人数定差，官户、僧道、寺观、单丁、女户勿出助役钱。

按：司马光指责免役法有使"上户""出钱比旧费特多"等五大罪状，苏轼对此发表了不同意见，认为"差役、免役各有利害：免役之害，掊敛民财，十室九空，钱聚于上而下有钱荒之患；差役之害，民常在官，不得专力于农，而贪吏猾胥得缘为奸。此二害轻重，盖略相等"（《宋史·苏轼传》）。苏轼与司马光在政事堂争论不休，司马光坚持要废除免役法，此法被废后，王安石曾叹道："此法终不可罢也。"（《续资治通鉴》卷七九）

壬戌，司马光言："取士之道，当以德行为先，文学为后；就文学之中，又当以经术为先，辞采为后。为今日计，莫若依先朝成法，合明经、进士为一科，立《周易》、《尚书》、《毛诗》、《周礼》、《仪礼》、《礼记》、《春秋》、《孝经》、《论语》为九经，令天下学官依注疏讲说，学者博观诸家，自择短长，各从所好。《春秋》止用《左氏传》，其《公羊》、《谷梁》、陆淳等说，并为诸家。《孟子》止为诸子，更不试大义，应举者听自占。习三经以上，多少随意，皆须习《孝经》、《论语》。"（《续资治通鉴》卷七九）

命太学官试，司业、博士主之，如春秋补试法。

四月，诏议更改熙宁、元丰科举之制，即是否恢复诗赋考试科目。司马光请设经明行修科。

按：诏曰："自今凡遇科举，令升朝官各举经明行修之士一人，俟登第日，与升甲。罢谒禁之制。"（《续资治通鉴》卷七九）

五月，罢诸路重禄，复熙宁前旧制。

按：所谓"重禄"，即"重禄法"，又称"仓法"。熙宁三年（1070），为了加强吏治，打击利用职务之便贪污盗窃的行为，特制定仓法。仓吏给厚禄，违法者严惩不贷，谓之"重禄法"。此后不久，朝廷百司和地方监司、州军皆仿仓法，胥吏给厚禄，称"重禄公人"。是年，罢此法。元祐五年，稍加修改后，又颁布施行。

戊辰，命程颐等修定《国子监太学生条例》。

按：《宋史·职官志五》曰："诏国子监立法。又诏给事中孙觉、秘书少监顾临、崇政殿说书程颐、国子监长贰看详修立国子监条例。"

是月，辽放进士张毂等26人。

六月戊戌，从殿中侍御史林旦言，诏："自今科场程试，勿引用《字说》。"（《续资治通鉴长编》卷三七九）

按：王安石"新学"遭到攻击，首先是从废除其《字说》开始的。二程以"新学"为儒学之最大患，其弟子杨时专门著有《三经义辨》、《字说辨》批判王安石之学说。宰相吕公著则以行政手段来禁止王安石之学说。《宋史·吕公著传》曰："（司马）光薨，独当国，除吏皆一时之选。时科举罢词赋，专用王安石经义，且杂以释氏之说。凡士子自一语上，非新义不得用，学者至不诵正经，唯窃安石之书以干进，精熟者转上第，故科举益弊。公著始令禁主司不得出题老庄书，举子不得以申、韩、佛书为学，经义参用古今诸儒说，毋得专取王氏。复贤良方正科。"当时唯有黄庭坚在给张耒的《奉和文潜赠无咎，篇末多以见及，以既见君子云胡不喜为韵》第七首对王安石的经义作了肯定。其曰："荆公六艺学，妙处端不朽。诸生用其短，颇复凿户牖。譬如学捧心，初不悟己丑。玉石恐俱焚，公为区别否？"（《山谷集》卷二）

甲辰，诏太学置《春秋》博士一员，令本监长贰奏举。

按：《宋史·选举志一》曰："时方改更先朝之政，礼部请置《春秋》博士，专为一经。尚书省请复诗赋，与经义兼行，解经通用先儒传注及己说。""左仆射司马光曰：'取士之道，当先德行，后文学；就文学言之，经术又当先于词采。神宗专用经义、论策取士，此乃复先王令典，百王不易之法。但王安石不当以一家私学，今天下学官讲解。至于律令，皆当官所须，使为士者果能知道义，自与法律冥合；何必置明法一科，习为刻薄，非所以长育人材、敦厚风俗也。'"

七月丙辰朔，诏罢试补学官法，令尚书、侍郎、左右司郎中、学士、待制、两省、御史台官、国子司业各举2人。

辛酉，设立十科举士法。

按：十科举士法为司马光所奏，一曰行义纯固可为师表科，有官无官人皆可举；二曰节操方正可备献纳科，举有官人；三曰智勇过人可备将帅科，举文武有官人；四曰公正聪明可备监司科，举知州以上资序；五曰经术精通可备讲读科，有官无官人皆可举；六曰学问该博可备顾问科，同经术举人；七曰文章典丽可备著述科，同经术举人；八曰善听狱讼尽公得实科，举有官人；九曰善治财赋公私俱便科，举有官人；十曰练习法令能断请谳科，举有官人。使官员以此作为标准，各举所知。

乙丑，西夏惠宗秉常卒，子乾顺立，是为崇宗。改元天安礼定。

八月辛卯，诏复常平旧法，罢青苗钱。

是月，夏改元天仪治平。

十月丙戌，孔子后裔由衍圣公改封为奉圣公。

> 按：《宋史·孔道辅传》附《孔宗翰传》曰："元祐初，（孔宗翰）召为司农少卿，迁鸿胪卿。言：'孔子之后，自汉以来有褒成、奉圣、宗圣之号，皆赐实封或缣帛，以奉先祀。至于国朝，益加崇礼。真宗东封临幸，赐子孙世袭公爵，然兼领他官，不在故郡，于名为不正。请自今袭封之人，使终身在乡里。'诏改衍圣公为奉圣公，不领他职，给庙学田万亩，赐国子监书，立学官以诲其子弟。"

壬辰，右仆射吕公著提举修《神宗皇帝实录》。

> 按：晁公武《郡斋读书志》卷六曰："皇朝元祐元年，诏修《神宗实录》，邓温伯、陆佃修撰，林希、曾肇检讨，蔡确提举。确罢，司马光代。光薨，吕公著代。公著薨，大防代。六年奏御。赵彦若、范祖禹、黄庭坚后亦与编修，书成赏劳，皆迁官一等。绍圣中，谏官翟思言：'元祐间，吕大防提举《实录》，祖禹、庭坚等编修，刊落事迹，变乱美实，外应奸人诋诬之辞。'宣和中，或得其本于禁中，遂传于民间，号《朱墨史》云。"

己酉，宗正寺丞王巩奏："神宗玉牒，至今未修，《仙源类谱》，自庆历八年张方平进书之后，仅五十年，并无成书。请更立法，玉牒二年一具草缴进，《类谱》亦如之，候及十年，类聚修纂。"从之（《续资治通鉴》卷八〇）。

十一月，应刘挚之请，命设立经义、诗赋两科。

司马光正月得疾，时青苗、免役、将官之法犹在，而西戎之议未决，司马光遂叹息曰："四患未除，死不瞑目矣。"于是折简与吕公著，曰："光以身付医，以家事付愚子，惟国事未有所托，今以属公。"（《宋史·司马光传》）

> 按：罗从彦《尊尧录》曰："光之相也，天子幼冲，太皇太后临朝，天下之事听其所为，其所改法令，无不当于人心者，惟去熙、丰间人与罢免役二者失之。天下之士未有甘自为小人者，御之得其道，则谁不可使者？今皆指为党人，使不得自新，人情天理，岂其然乎？故浇风一扇，名实大乱，世所谓善人君子者，特贾祸耳，可胜叹哉！"司马光在尽废新法的同时，大肆排斥熙宁、元丰小人之党，使原先的不同政见之争开始全面向意气化倾向转化，致使"浇风一扇，名实大乱"。

司马光二月上《乞罢免役钱依旧差役札子》，集中阐述反对免役法之理由。

> 按：司马光阐述的五条理由是：一是上户年年纳役钱，无得休息；二是下户原不充役，如今一例出钱；三是召募浮浪之人充役，无宗族田产之累不可靠；四是农民无钱，只好"拆屋伐桑，杀牛卖肉"，无以为生；五是贪吏图功，横征暴敛。对此，曾布"条奏辩诘之"，章惇则"取光所奏疏略未尽者驳奏之"（《宋史·食货志上五》）。

司马光二月为尚书左仆射兼门下侍郎，并奉命提举编修《神宗实录》。

司马光、吕公著更改新法，蔡确、章惇尚在位，与司马光等在垂帘听政的太皇太后前争论新法是非，章惇遂罢。

司马光荐奉议郎张舜民读书能文，刚直敢言，通直郎孙准学问优博，行义无阙，河南府左军巡判官刘安世才而自晦，愿而有立，其人并堪充馆阁之选。

> 按：司马光门下最著名的"涑水弟子"有三人，即范祖禹、刘安世和晁说之。

司马光三月著《起请科场札子》，谓"取士之道当以德行为先，文学为后;就文学之中,又当以经术为先,辞采为后。"但反对王安石专以《三经新义》一家之言取士,言"王安石不当以一家私学,欲盖掩先儒,又黜《春秋》而进《孟子》,废六艺而尊百家,但考核文学,不励德行,此其失也"(《传家集》卷五四)。

刘挚时为侍御史,上言请恢复诗赋与经义兼行,诸科明法兼经大义,减少名额,进士罢试律义。其言:"诗赋、经义,均之以言取人,贤否邪正,未可遽判,第有司去取较之。诗赋有声律法度,故工拙易见;所以命题者广,故寡重复。经义命题不出此书(指《字说》),既可凤具,稍更数试,题多重出,既格律不严,难以一见判其高下,或窃他人之文,以为己作。于此取弃难易之间,科第当否,由之以分。愿复诗赋,与经义兼行。"(《文献通考》卷三一)。

按:刘挚等人提出恢复诗赋考试,一方面是因为"经义取士以来学者争尚虚浮,文字只用一律,程试之日工拙无辨";另一方面是因为废止诗赋考试以后,中试之人"所学文词不施于用"(《文献通考》卷三一),非恶意攻击王安石。

司马光三月初九日言秘书省校书郎黄庭坚好学有文,欲令与范祖禹及男司马康同校定《资治通鉴》。并从之。

司马光三月请罢免役法,复行差役法。苏轼、范纯仁、范百禄、李常等持异议,司马光不听。

按:侍御史刘挚乞并用祖宗差法,监察御史王岩叟请立诸役相助法。中书舍人苏轼请行熙宁给田募役法,因列其五利,王岩叟曰:"五利难信,而有十弊。"(《宋史·食货志上五》)苏轼之议遂格。

司马光恢复差役法令初下,知开封府蔡京即用五日限期,施行之,以媚司马光,深受司马光赞赏,苏轼则言蔡京扰民,应治罪。

按:初,差役之复,为期五日,同列病其太迫,蔡京独如约悉改畿县雇役,无一违者。司马光喜曰:"使人人奉法如君,何不可行之有!"(《宋史·蔡京传》)

司马光罢青苗法,又上《乞罢保甲状》,反对王安石所推行之"保甲法"。

司马光荐举朱光庭为左正言。朱光庭正月请罢提举常平司及青苗、保甲等法,又劾新党蔡确、章惇、韩缜"不忠,不耻",建议罢免蔡确,"司马光补其阙";罢韩缜,"范纯仁补其阙";罢章惇,"韩维补其阙"(《续资治通鉴长编》卷三六五)。

司马光六月在太学立《春秋》博士,二程门生刘绚任此职。

按:谢良佐曰:"诸君留意《春秋》之学,甚善。向见程先生,言须要广见诸家之说。其门人惟刘质夫(绚)得先生旨意为多。"(《宋名臣言行录》外集卷六)

司马光执政,凡王安石、吕惠卿所建新法划革略尽,军器卫尉丞毕仲游与书劝谏,司马光不听。

司马光七月乞设十科举士法;八月荐郓州处士王大临除太学录。

王安石临终前,悔所著《日录》,命子王防焚之,王防以他书代之。

按:《宋史·王安石传》论曰:"朱熹尝论安石'以文章节行高一世,而尤以道德经济为己任。被遇神宗,致位宰相,世方仰其有为,庶几复见二帝三王之盛。而安石乃汲汲以财利兵革为先务,引用凶邪,排摈忠直,躁迫强戾,使天下之人,嚣然丧其乐生之心。卒之群奸嗣虐，流毒四海，至于崇宁、宣和之际，而祸乱极矣'。此天下之公言也。"

司马光时已病重，闻王安石四月卒，折简与吕公著，建议厚加赠恤，故赠王安石太傅。

按：司马光在《与吕晦叔第二简》中曰："介甫文章节义过人处甚多，但性不晓事而喜遂非，致忠直疏远，谗佞辐辏，败坏百度，以至于此。今方矫其失，革其弊，不幸介甫谢世，反复之徒又诋毁百端。光意以为，朝廷宜优加厚礼，以振起浮薄之风。苟有所得，辄以上闻。不识晦叔以为如何？"（《传家集》卷六三）苏轼所撰《王安石赠太傅》制辞云：王安石"名高一时，学贯千载，智足以达其道，辨足以行其言，瑰玮之文足以藻饰万物，卓绝之行足以风动四方。用能于期岁之间，靡然变天下之俗。具官王安石，少学孔孟，晚师瞿聃，网罗六艺之遗文，断以己意；糠秕百家之陈迹，作新斯人。"（《东坡全集》卷一〇六）

司马光上疏《乞官刘恕一子》，言："故秘书丞刘恕同编修《资治通鉴》，功力最多，比及书成，编修官皆蒙甄录，惟恕身亡，其家独未沾恩，门户单露，子孙并无人食禄，乞依黄鉴、梅尧臣例，官其一子！臣往岁初受敕编修《资治通鉴》，首先奏举恕同修。恕博闻强记，尤精史学，举世少及。臣修上件书，其讨论编次，多出于恕。至于十国五代之际，群雄竞逐，九土分裂，传记讹谬，简编缺落，岁月交互，事迹差舛，非恕精博，它人莫能整治。所以（刘）攽等以众共推先，以为功力最多。""除一子官，使其平生苦心竭力，不为虚设。"（《传家集》卷五三）

按：司马光此奏，充分肯定了刘恕参与编撰《资治通鉴》所作的巨大贡献。《资治通鉴》共294卷，其中魏、晋、宋、齐、梁、陈、隋七纪116卷，以及五代梁、唐、晋、汉、周五纪29卷，共计145卷的长编，均出自刘恕之手。

司马光废除新法，贬逐新党；苏轼著《辩试馆职策问札子》，主张"兼行二帝忠厚励精之政"，认为新法"不可尽废"，可以"参用所长"（《东坡全集》卷五三）。

程颐因司马光、吕公著、韩绛等共同上疏推荐，二月至京师除宣德郎、秘书省校书郎，辞不许；三月以校书郎为崇政殿说书。五月奉命同修立《国子监太学生条例》，六月上疏论辅养君德，八月差登闻鼓院，再辞。

按：司马光等疏曰："伏见河南处士程颐，力学好古，安贫守节，言必忠信，动遵礼度。年逾五十，不求仕进，真儒者之高蹈，圣世之逸民。望擢以不次，使士类有所矜式。"（《宋史·程颐传》）诏以为西京国子监教授。力辞，寻召为秘书省校书郎。及入对，改崇政殿说书。崇政殿说书的任务，就是教幼帝哲宗读书，程颐"得以讲学侍人主，苟能致人主得尧、舜、禹、文、武之道，则天下享唐、虞、夏、商、周之治，儒者逢时，孰过于此？"（《二程文集》卷七《再辞免表》）心里非常兴奋，同时也有所担忧，遂连上三道札子以卜去就。任职期间，由于比较讲究经筵官的礼遇，对哲宗过于严肃，又得罪了皇太后，于是遭到了苏轼等蜀党的攻击。

程颐至京师，王岩叟上奏予以推荐。

按：王岩叟奏曰："伏见程颐学极圣人之精微，行全君子之纯粹，早与其兄颢俱以德名显于时。陛下复起颐而用之，颐趋召以来待诏阙下，四方俊乂莫不翘首向风，以观朝廷所以待之者如何，处之者当否，而将议焉。则陛下此举系天下之心。臣愿陛下加所以待之之礼，择所以处之之方，而使高贤得为陛下尽其用，则所得不独颐一

人而已。四海潜光隐德之士，皆将相招而为朝廷出矣。"(《宋名臣言行录》外集卷三)

司马光九月卒，程颐奉命主持丧事，议礼与苏轼不合，两人遂有矛盾，其党迭相攻击，形成政治上的"洛蜀党争"。

按：司马光卒后，当时及后来的学者对其学术都有评论。明代马峦所编《温公年谱》载："张氏无垢曰：司马温公与王介甫清俭廉耻，孝友文章为天下学士大夫所宗仰，然二公所趣则大有不同。其一以正进，其一以术进，介甫所学者申韩，而文之以六经；温公所学者周孔，亦文之以六经。故介甫之门多小人，而温公之门多君子。温公一传而得刘器之，再传而得陈莹中；介甫一传而得吕太尉，再传而得蔡新州，三传而得章丞相，四传而得蔡太师，五传而得王太傅。"

苏轼正月除中书舍人，三月著《缴进沈起词头状》，其中对王安石多有指责；四月著《王安石赠太傅》制文；九月为司马光作祭文、行状，十月除翰林学士、知制诰，十一月除侍读。

按：南宋李石谓首攻王安石新学的是苏轼，其《苏文忠集御叙跋》曰："王安石以新说行，学者尚同，如圣门一贯之说僭也。先正文忠公苏轼首辟其说，是为元祐学人谓之蜀学云。时又有洛学，本程颐；朔学，本刘挚，皆曰元祐学，以攻新说。"钱穆说："宋儒之学，有偏于经者如王荆公，有偏于史者如司马温公。荆公、温公新旧之争，不仅争在政，亦争在其所学。荆公论政，必上追三代，偏于重理想；温公论政，则移循汉唐近效，偏于重现实。现实与理想之分，即史学与经学之分也。苏氏蜀学近温公，程氏洛学近荆公。蔡京擅权，其时则尊荆公，抑温公。南渡易辙，其时则尊洛学，抑新学。要而论之，有宋一代之学，经胜于史，是其大趋。故唐人科举考诗赋，而宋自荆公以下，易之以经义，此虽温公不能违，可以觇时代之向往焉。"(《孔子与论语》)

苏轼在翰林，颇以言语文章规切时政，毕仲游以书戒之，苏轼不能从。

苏轼、黄庭坚、孙觉、张耒、秦观、陈师道、晁补之等人在京师时常饮酒聚会，赏书评画，赋诗论文。

朱光庭时为左正言，二月奏乞以程颐为讲官。

按：朱光庭谓程颐"道德纯备，学问渊博，材资致正，有中立不倚之风，识虑明彻，若用斯人，俾当劝讲，必能辅养圣德，启迪天聪，一正君心，为天下福"；又谓程颐"究先王之蕴，达当世之务，乃天民之先觉，圣代之真儒，俾之日侍经筵，足以发扬圣训，兼掌学校，足以丕变斯文"(《宋名臣言行录》外集卷三)。

朱光庭十二月弹劾苏轼所拟策题文字不识大体，苏轼闻而自辩，吕陶谓台谏应出于公心，"不可假借事权以报私隙。议者皆谓苏轼尝戏薄程颐，朱光庭乃其门人，故为报怨。夫欲加苏轼罪，何所不可？必指其策问以为讪谤，恐朋党之弊，自此起矣"(《宋史·吕陶传》)。

按：时议者以朱光庭因苏轼与其师程颐有隙而发，而吕陶与苏轼皆蜀人，遂起洛、蜀二党之争，于是王觌在次年正月上疏，说"朱光庭讦苏轼策问，吕陶力辨。臣谓苏轼之辞不过失轻重之体耳。若悉考同异，深究嫌疑，则两岐遂分，党论滋炽。夫学士命词失指，其事尚小；使士大夫有朋党之名，此大患也"(《资治通鉴后编》卷八八)。可惜的是，洛党与蜀党之争，以后日趋严重。

苏辙二月初至京师，就任右司谏。先后上《论台谏封事留中不行状》、《久旱乞放民间积欠状》、《论罢免役钱行差役法状》等。四月初三日上《言科场事状》，反对司马光骤变科举法。九月闻司马光卒，著《司马温公挽词》《代三省祭司马丞相文》。十一月为中书舍人。

按：朱熹曰："范蜀公作温公墓志,乃是全用东坡行状,而后面所作铭,多记当时奸党事。东坡令改之,蜀公因令东坡自作,因皆出蜀公名,其后却无事。若范所作,恐不免被小人掘了。"(《朱子语类》卷一三〇)

苏辙、刘挚、王岩叟四月相继论吕惠卿之罪,吕惠卿降职为中散大夫、光禄卿、分司南京,苏州居住。六月,王岩叟、朱光庭、苏辙、王觌又言吕惠卿分司南京,仍不足以蔽其罪。于是吕惠卿责授建宁军节度副使,建州安置,不得签书公事。

按：苏轼草其制曰："惠卿以斗筲之才,穿窬之智,谄事宰辅,同升庙堂。乐祸贪功,好兵喜杀,以聚敛为仁义,以法律为《诗》《书》。首建青苗,次行助役,均输之政,自同商贾,手实之祸,下及鸡豚,苟可蠹国害民,率皆攘臂称首。先皇帝求贤如不及,从善若转圜,始以帝尧之仁,姑试伯鲧,终焉孔子之圣,不信宰予。尚宽两观之诛,薄示三苗之窜。"(《资治通鉴后编》卷八七)时吕惠卿、章惇、吕嘉问、邓绾、李定、蒲宗孟、范子渊等皆已斥外,言者论之不已。范纯仁建言,"录人之过,不宜太深"(《宋史纪事本末》卷一〇),太后然之,乃诏前朝希合附会之人一无所问,言者勿复弹劾。

苏辙二月弹劾蔡确"险佞刻深";韩缜"识性暴,才疏行污";张璪、李清臣、安焘等皆"斗筲之人,持禄固位",请予罢黜,"以弹压四海奸雄之心"(《续资治通鉴长编》卷三六七)。

蔡确二月乙丑奉命提举修《神宗实录》,以翰林学士兼侍讲邓润甫、吏部侍郎陆佃并为修撰官,左司郎中兼著作郎林希、右司郎中兼著作郎曾肇并为检讨官。闰二月,蔡确罢尚书左仆射官,出知陈州;以门下侍郎司马光为尚书左仆射兼门下侍郎。

苏辙、刘挚、王岩叟相继论章惇罪恶。章惇被罢官,出知汝州。

按：王明清《挥麈录·余话》曰："元丰末,章子厚为门下侍郎,以本官知汝州。时钱穆父(勰)为中书舍人,行告词云:'鞅鞅非少主之臣,悻悻无大臣之操。'子厚固怨之矣。元祐间,穆父在翰苑,诏书中有'不容群枉,规欲动摇'以指子厚,尤以切齿。绍圣初,子厚入相,例遭斥逐。穆父既出国门,蔡元度(卞)饯别,因诵其前联云:'公知子厚不可撩拨,何故诋之如是?'穆父愀然曰:'鬼劈口矣。'元度曰:'后来代言之际,何故又及之?'穆父笑曰:'那鬼又来劈一劈了去。'"

秦观因苏轼荐举,入京任太学博士,迁秘书省正字兼国史院编修官。

按：朱熹曰："东坡只管骂王介甫。介甫固不是,但教东坡作宰相时,引得秦少游、黄鲁直一队进来,坏得更猛。"(《朱子语类》卷一三〇)

黄庭坚十月除《神宗实录》院检讨官,集贤校理。迁奉议郎。

杨时是年有与吴国华往复书论王氏之学。

按：《程氏遗书》尝言："杨某于新学极精,今日一有所问,能尽知其短而持之。介父之学大抵支离,伯淳尝与杨某读了数篇,其后尽能推类以通之。"

苏颂母丧服除,进刑部尚书。奉命检验太史局所使用的各架浑仪。

按：《宋史·苏颂传》曰："既又请别制浑仪,因命颂提举。颂既邃于律历,以吏部令史韩公廉晓算术,有巧思,奏用之。授以古法,为台三层,上设浑仪,中设浑象,下设司辰,贯以一机,激水转轮,不假人力。时至刻临,则司辰出告。星辰缠度所次,占候则验,不差晷刻,昼夜晦明,皆可推见,前此未有也。"

文彦博入京，特授太师、平章军国重事，致仕。

韩维、吕大防、范纯仁二月奉诏详定役法。

吕公著二月为门下侍郎，三月为尚书右仆射兼中书侍郎。

李清臣二月以守尚书右丞为尚书左丞，四月罢尚书左丞，知河阳。

范纯仁二月以吏部尚书同知枢密院事。

吕大防二月以试吏部尚书为尚书右丞。十一月为中书侍郎，刘挚为尚书右丞。十二月封汲郡公，拜尚书左仆射，兼门下侍郎，与范纯仁共同辅政。

韩维五月以资政殿大学士为门下侍郎。

王岩叟正月借旱灾奏指蔡确、章惇为大奸。又上书谓"不可以小利失民心"（《宋史·王岩叟传》），请复差役旧法。

赵君锡擢给事中，上言蔡确、章惇有罪不宜复职。

陈师道在京师，与苏轼交游，著《赠二苏公诗》，又著《南丰先生挽词》二首，并与晁补之、张耒来往。

司马康除校书郎，后为著作佐郎兼侍讲。

刘挚十月弹劾国子监司业黄隐。

按：司马光、刘挚虽为"旧党"，但对王安石专以《三经新义》的批评还是实事求是的，并不存有门户派系之见。可当时有些见风使舵的人，一见时势有变，遂竭力攻击王安石。如国子监司业黄隐原本极为推尊《三经新义》，闻朝廷议科举，遂将《三经新义》投之于火，并"语太学诸生，不可复从王氏；或引用者，类多黜降。诸生有闻安石之死而欲设斋致奠，以伸师资之报者，隐辄愤怒，欲绳以法"（《宋元学案》卷九八《荆公新学略》）。刘挚对黄隐此举不以为然，正言弹劾道："故相王安石训经旨，视诸儒义说得圣人之意为多，故先帝以其书立之于学，以启迪多士。而安石晚年溺于《字说》、《释典》，是以近制禁学者毋习此二者而已。至其所颁经义，盖与先儒之说并行而兼存，未尝禁也。（黄）隐微见安石政事多已更改，辄尔妄意迎合傅会，因欲废安石之学，每见生员试卷引用，隐辄排斥其说，此学者所以疑惑而怨之深也。夫安石相业虽有间然，至于经术、学谊，有天下公论所在，岂隐之所能知也？朝廷既立其书，又禁学者之习，此何理哉！伏望速赐罢隐，以允清议，而正风俗。"（《群书考索》后集卷二七）殿中侍御史吕陶亦曰："臣伏见国子监司业黄隐素寡问学，薄于操行，久任言责，殊无献告，惟附会当时执政，苟安其位。及迁庠序，则又无以训导诸生，注措语言，皆逐势利。且经义之说，盖无古今新旧，惟贵其当。先儒之传注既未全是，王氏之解亦未必尽非，善学者审择而已，何必是古非今，贱彼贵我，务求合于世哉？方安石之用事，其书立于学官，布于天下，则肤浅之士莫不推尊信向，以为介于孔、孟；及去位而死，则遂从而诋毁之，以为无足可考，盖未尝闻道，而烛理不明故也。隐亦能诵记安石新义，推尊而信向之久矣，一旦闻朝廷欲议科举，以救学者浮薄不根之弊，则讽喻太学诸生，凡程试文字不可复从王氏新说，或引用者，类多出降，何取舍之不一哉？诸生有闻安石之死而欲设斋致奠，以伸师资之报者，隐辄形愤怒，将绳以率敛之法，此尤可鄙也。"（《群书考索》后集卷二七）监察御史上官均也乞罢黄隐之职。

富弼是年配享神宗庙庭。

按：当时上疏者有苏轼、孙永、孔文仲、李常、韩忠彦、王存、邓润甫、刘挚、陆佃、傅尧俞、赵瞻、赵彦若、崔台符、王克臣、谢景温、胡宗愈、孙觉、范百禄、鲜于侁、梁焘、顾临、何洵直、范祖禹、辛公祐、吕希纯、周秩、颜复、江公望等。

曾布以龙图阁学士知太原府。

张舜民遇赦北归，司马光荐其刚直敢言，授为馆阁校勘。

赵彦若迁兵部侍郎、礼部侍郎，充国史院修撰兼知院事，参加修撰《神宗实录》。

晁补之由北京国子监教授入京为太学正。

张耒由咸平丞入京为太学录。因范纯仁荐举，先后在三馆任职，在秘书省校阅《资治通鉴》。

吕陶任殿中侍御史，论福建、江西、湖南等路盐法之弊，又论差除法之弊端；三月与刘挚、孙升论安焘知枢密院不当，四月劾范子奇、李南公，又劾张诚一、李定；五月论劾张璪、李琮、王子韶；十一月论劾蒲宗闵、曾肇。

按：孙升字君孚，高邮人。《宋元学案》卷九六《元祐党案》曰："其在元祐初，尝言王安石擅名世之学，为一代文宗。及进居大位，出其私智，以盖天下之聪明，遂为大害。今苏轼文章学问，中外所服，然德业器识，有所不足。为翰林学士，极其任矣。若使辅佐经纶，愿以安石为戒。世讥其失言。"

王觌时为右司谏，闰二月上疏言"国家安危治乱系于大臣，今执政八人而奸邪居半，使一二元老何以行其志哉"！（《宋史·王觌传》）因极论蔡确、章惇、韩缜、张璪朋邪害正，章数十上。会右谏议大夫孙觉、侍御史刘挚、右司谏苏辙、御史王岩叟、朱光庭、上官均等连章论蔡确罪，于是蔡确罢政，出知陈州。

周邦彦出任庐州教授。

范祖禹上《乞赐故修书官资治通鉴札子》，提请"下国子监印造《资治通鉴》并《目录》、《考异》二部，赐其家子孙"（《范太史集》卷二四）。

孙觉奏请刊定元丰编敕；与胡宗愈、苏轼、范百禄疏留以疾求去的刘攽；与范祖禹、胡宗愈交章荐张举；作诔文祭王安石。

刘绚因韩维荐其经明行修，为京兆府教授。后王岩叟、朱光庭又荐为太学博士。

杨绘以天章阁待制知杭州。

王诜复登州刺史、驸马都尉。

杜纯时擢河北转运判官，因大臣荐，改任谏诤。

日本藤原通俊撰《后拾遗和歌集》。

孙觉著《尚书解义》成。

杭州奉旨镂印《资治通鉴》294卷、《目录》30卷、《考异》30卷。

司马光著《稽古录》20卷成书进呈。

范祖禹著《唐鉴》12卷成书。后吕祖谦为作注，析为24卷。

按：该书择取有唐一代的重大史实，"折以义理"（《唐鉴》原表），即以理学思想为指导，阐发儒家纲常伦理，成为宋代义理史学的典范之作。《四库全书总目提要》曰："初，治平中司马光奉诏修《通鉴》，祖禹为编修官，分掌唐史。以其所自得者，著成此书。上自高祖，下迄昭宣，撮取大纲，系以论断，为卷十二，元祐初表上于朝。结衔称著作佐郎，盖进书时所居官也。后祖谦为作注，乃分为二十四卷。蔡绦《铁围山丛谈》曰：'祖禹子温，游大相国寺，诸贵珰见之，皆指目曰，此《唐鉴》之子。'盖不知祖禹为谁,独习闻有《唐鉴》也。则是书为当世所重可知矣。张端义《贵耳集》,亦记高宗与讲官言,读《资治通鉴》,知司马光有宰相度量;读《唐鉴》,知范祖禹有台谏手段。惟《朱子语录》谓其议论弱,又有不相应处。然《通鉴》以武后纪年,祖禹独用沈既济之说,取武后临朝二十一年系之中宗。自谓比《春秋》'公在乾侯'之义。且曰虽得罪君子,亦所不辞。后朱子作《通鉴纲目》,书帝在房州,实仍其例。王懋竑《白田杂著》亦曰:'范淳父《唐鉴》,言有治人无治法。朱子尝鄙其论,以为苟简。而晚年作《社仓记》,则亟称之,以为不易之论,而自述前言之误。盖其经历既多,故前后所言有不同者。读者宜详考焉,未可执一说以为定也。'然则《朱子语录》之所载,未可据以断此书矣。"

王存等所修《元丰九域志》经过再次修订,改名为《元祐九域志》正式刊刻颁行。

董汲著《旅舍备要方》1卷。

韩祗和著《伤寒微旨论》2卷成书。

米芾著《宝章待访录》成书。

龚鼎臣卒(1010—)。鼎臣字辅之,郓州须城人。景祐元年进士。历官同知谏院、史部郎中、礼部郎中。曾被召入编校史馆书籍,官至太中大夫。以正议大夫致仕。著有《周易补注》6卷、《中说注》10卷、《东原录》1卷、《官制图》1卷、《东原集》50卷、《谏草》3卷等。今存《东原集》1卷。事迹见《宋史》卷三四七本传、刘挚《正议大夫致仕龚公墓志铭》(《忠肃集》卷一三)。

司马光卒(1019—)。光字君实,陕州夏县涑水人,世称涑水先生。宝元元年进士。历官天章阁待制、知谏院、右谏议大夫、翰林学士。以反对王安石新法,出知永兴军。在洛阳修《资治通鉴》294卷。宋哲宗即位后主持朝政,尽废王安石新法。卒后追赠太师、封温国公,谥文正。所著尚有《易说》3卷、《古文孝经注》1卷、《大学中庸义》1卷、《太玄经注》8卷、《扬子注》13卷、《老子道德论注》2卷、《稽古录》20卷、《翰林词章》3卷及《涑水纪闻》、《传家集》80卷等。《宋元学案》为列《涑水学案》。事迹见《宋史》卷三三六本传、苏轼《司马温公行状》(《东坡全集》卷九〇)、范镇《司马文正公墓志铭》(《传家集》附)。清顾栋高编有《司马温公年谱》。

按:朱熹曾著《六先生画像赞》,把司马光与周敦颐、程颢、程颐、邵雍、张载并列为"道学"六先生。《宋史》本传论曰:"熙宁新法病民,海内骚动,忠言谠论沮抑不行,端人正士摈弃不用,聚敛之臣日进,民被其虐者将二十年。方时是,光退居于洛,若将终身焉。而世之贤人君子以及庸夫愚妇,日夕引领望其为相。至或号呼道路,愿其毋去朝廷。是岂以区区材智所能得此于人人哉!德之盛而诚之著也。一旦起而为政,毅然以天下自任,开言路,进贤才,凡新法之为民害者,次第取而更张之。不数月之间,划革略尽,海内之民如寒极而春,旱极而雨,如解倒悬,如脱桎梏,如出之水火之中也。相与咨嗟叹息,欢欣鼓舞,甚若更生,一变而为嘉祐治平之治,君子称其有旋乾转坤之功,而光于是亦老且病矣。天若祚宋,憗遗一老,则奸邪之势未遽张,绍述之说未遽行。元祐之臣固无恙也。人众能胜天,靖康之变,或者其可少缓乎?借曰有之当不至如是其酷也。诗曰:哲人云亡,邦国殄瘁,呜呼悲夫!"司马光所创立的学派,称涑水学派,其一传再传弟子甚多,著名的有刘安世、范祖禹、晁说之、欧阳中立、田述古、尹焞、张云卿、李陶、邢居实、牛德师、陈瓘、唐广仁、黄隐、刘尧夫、陆九渊、朱松、李素、李埴等。以后刘安世在此基础上创元城学派，范祖禹创华阳学派，尹焞创和靖学派，陈瓘创陈邹学派，晁说之创景迁学派，陆九渊创象山学派，陆九韶和陆九龄创梭山复斋学派。张立文说："'涑学'是处于'道统'边缘上的非主流学派。这从其核心话题、诠释文本与主流学派的重大差异中可见一斑。司马光一生最关心的话题是国计民生、治乱得失和以史致用，而不是天命义理与道德心性。他对理学思潮的新诠释文本《大学》、《中庸》虽有所阐释，但比起他对《太玄》和《道德经》的独到研究，显然没有自家发明。特别是他的《温公疑孟》，受到了朱熹的公开批评。他在《潜虚》中提出的气质思想，也被提倡'太虚即气'的张载批评为不免'诸子之陋'。最能体现其价值理想的'中和之道'，被程颐说成是为'中'字系缚。'涑学'在理学'道统'中的边缘地位，使后继者'涑水弟子'多数无法传承其学统，更别说发扬光大了。"（《中国学术通史》宋元明卷第七章）

  王安石卒（1021— ）。安石字介甫，号半山，临川人。庆历二年进士。官至同中书门下平章事。于神宗朝主持变法，对宋代历史影响甚巨，为著名的政治革新家。由于保守派的反对，曾两次被迫罢相。晚年退居金陵，封荆国公。卒谥文，赠太傅。善诗文，为"唐宋八大家"之一。著有《新经周礼义》20卷、《论语解》10卷、《老子注》2卷、《洪范传》1卷、《字说》24卷、《王氏日录》80卷，与子雱合著《诗经新义》30卷，编有《唐百家诗选》20卷，大多已佚。又有《王临川集》130卷。《宋元学案》为列《荆公新学略》。事迹见《宋史》三二七本传。清顾栋高编有《王荆公年谱》，蔡上翔编有《王荆公年谱考略》，今人沈卓然编有《王安石年谱》。

  按：王安石所创立的学派，称荆公新学，或荆公学派、临川学派，因其在执政时颁布《三经新义》，所以此派又称新学学派。此派弟子众多，主要有王雱、龚原、陆佃、吕希哲、陈祥道、许允成、蔡京、蔡卞、林希、寒序辰、马希孟、孟厚、王昭禹、郑宗颜、耿南仲、王安中、刘仲平、唐耜、林之奇、方悫、邹浩、沈躬行等。张立文说："王安石的'新学'因《三经新义》得名，因倡导变法而震惊一时，并与'洛学'、'涑学'和'蜀学'发生过激烈的思想交锋。撇开当时错综复杂的政治因素不谈，'新学'在北宋学术界具有革命意义。首先，《三经新义》属于义理解经，是对以《五经正义》为代表的汉唐章句训诂的诠释学革命。它在经典文本的诠释上，对理学思潮影响甚巨。其次，'新学'重视'洪范五行'，论辩'性情善恶'，讲究'理财之道'，探索'取士之道'，具有经世致用的功利取向，这不仅超越了抽象的'道德性命之说'，而且也是南宋浙东'功利之学'的思想先导。最后，《三经新义》和《字说》均颁布学官，通行场屋，是士子科举的必修书目。'新学'作为北宋官学左右学术思想前后达60年，对当时的政治经济和文化教育，都产生过广泛的历史影响。从核心话题来看，'新学'比'涑学'、'蜀学'更接近主流理学，因此全祖望对荆公'新学'的评语是'荆公欲明圣学而杂于禅'。"（《中国学术通史》宋元明卷第七章）

  刘元宾卒（1022— ）。元宾字子仪，庐陵人。通阴阳、医药、术数，宋真宗赐名通真子。著有《补注王叔和脉诀》3卷、《脉诀机要》3卷、《续注脉赋》1卷、《神巧万全方》12卷、《伤寒括要》2卷、《脉书训解》3卷等。

  邓绾卒（1028— ）。绾字文约，成都双流人。登进士第。熙宁三年，通判宁州，条上时政数十事，颂王安石新法。累迁侍御史知杂事，判司农寺。王安石罢相，颇附吕惠卿；及王安石复相，即劾吕惠卿。后被斥知虢州，终知邓州。著有《治平文集》30卷、《翰林制集》10卷、《西垣制集》3卷、奏议20卷等，皆佚。事迹见《宋史》卷三二九本传。

杨景略卒（1040— ）。景略字康功，华阴人。治平二年进士，知寿州安县。元丰六年，拜尚书右司郎。迁起居郎。改龙图阁待制，知扬州。藏书万余卷，皆手自校雠缮写。尝集周秦以来金石刻文至7000卷，用以考验史籍。著有《西掖草》2卷、《执政年表》1卷、奏议3卷、《奉使句丽丛抄》12卷、《少林居士闻见录》10卷、文集15卷，皆佚。事迹见苏颂《龙图阁待制知扬州杨公墓志铭》(《苏魏公文集》卷五六)。

徐无党卒，生年不详。婺州永康人。从欧阳修学古文词。皇祐五年以南省第一人登进士第，为渑池县令，官至州学教授。尝著有《五代史记注》74卷。《宋元学案》列其入《庐陵学案》。事迹见《金华先民传》卷七。

陈东（ —1127）、沈与求（ —1138）、僧道询（ —1142）、张俊（ —1154）、胡宪（ —1162）生。

宋元祐二年　辽大安三年　夏天仪治平二年
丁卯　1087年

正月乙丑，宋封李乾顺为夏国王。

戊辰，诏："自今举人程试，并许用古今诸儒之说，或出己见，勿引申、韩、释氏书；考试官以经义、论、策通定去留，勿于《老》、《列》、《庄子》出题。"(《资治通鉴后编》卷八八)。

按：时科举罢词赋，专用王安石《三经新义》，且杂以释氏之说，凡士子自一语以上，非王安石新义不得用。学者至不诵正经，唯窃王安石之书以干进，精熟者辄上第，故科举益敝。吕公著当国，始请禁主司不得以《老》《庄》之书命题，举子不得以申、韩、佛书为学，经义参用古今诸儒之说，毋得专取王安石之学。寻又禁毋得引用王安石《字说》(《宋史纪事本末》卷九)。

更科场法，进士分四场。

按：第一场试本经义二道，《论语》、《孟子》义各一道；第二场赋及律诗各一首；第三场论一道；第四场子史、时务策二道。经义进士不兼诗赋人，许增治一经。诗赋人兼一经，以《诗》、《礼记》、《周礼》、《左氏春秋》为大经，《书》、《易》、《公羊》、《谷梁》、《仪礼》为中经，愿习二大经者听。不得偏占两中经(《文献通考》卷三一)。

辛未，傅尧俞、王岩叟入对，论苏轼策题不当，太皇太后曰："此朱光庭私意，卿等党光庭耳。"两人遂同奏曰："臣等蒙宣谕，谓党附光庭弹苏轼，上幸任使，更不敢诣台供职，伏俟谴斥。"(《资治通鉴后编》卷八八)

丙子，从吕公著请，诏："苏轼所撰策题，即无讥讽祖宗之意，然自来官司试人，亦无将祖宗治体评议者。盖一时失于检会，札付学士院知。令傅尧俞、王岩叟、朱光庭速依旧供职。"(《资治通鉴后编》卷八八)

高丽刻成木版《大藏经》，共6000余卷。

大越(李朝)主乾德受封于宋，为南平王。

塞尔柱突厥人占领埃德萨。

德意志亨利四世帝立长子康拉德为国王。

英王征服者威廉一世卒。

热那亚—比萨联军渡海侵入北非，占领马赫迪亚，自阿拉伯人夺获西地中海控制权。

辛巳，诏苏辙、刘攽编次《神宗御制》。

三月辛酉，诏礼部贡举。

四月丁未，从吕公著请，诏复置贤良方正能直言极谏科。

按：诏曰："祖宗设六科之选，策三道之要，以网罗天下贤俊，百余年间，号称得人。先皇帝兴学校，崇经术，以作新人材，变天下之俗，故科目之设，有所未遑。今天下之士，多通于经术而知所学矣，宜复制策之科，以求拔俗之才，裨于治道。盖乃帝王之道，损益趋时，不必尽同，同归于治而已。今复置贤良方正能直言极谏科，自今年为始。"（《宋史纪事本末》卷九）

六月初八日，秘书省建议校勘秘阁所藏黄本书，从之。

按：此次校勘延续多年，至徽宗崇宁二年（1103）大致结束，校书2000余部。

七月辛亥，诏户部修《会计录》。

九月庚午，宋哲宗览吕公著于《尚书》、《论语》、《孝经》中所节取之要语。

十二月丙午，赵挺之奏："苏轼轻薄虚诞，有如市井俳优，学术本出《战国策》纵横揣摩之说。近日学士院策试廖正一馆职，乃以王莽、袁绍、董卓、曹操篡汉之术为问。使轼得志，将无所不为矣。"（《资治通鉴后编》卷八八）

苏轼擢翰林学士兼侍读。高太后召见苏轼，谓其起用，乃神宗遗意。

苏轼、傅尧俞、孙觉等人联名向朝廷推荐陈师道，陈师道四月被任命为徐州教授。

苏轼、鲜于侁以"贤良方正"举荐秦观，秦观被召至京师。

苏轼以策题事为台谏官所言，而言者多与程颐善。苏轼与程颐既交恶，其党迭相攻击。十月，右司谏贾易建议并逐苏轼和程颐，又言吕陶党苏轼兄弟，而文彦博实主之，语侵文彦博和范纯仁。太皇太后怒，欲重加罪贾易，吕公著以为贾易所言颇切直，唯诋大臣太甚，乃只罢其右司谏职，出知怀州。宋廷大臣形成洛、蜀、朔三党。洛党以程颐为首，朱光庭、贾易为辅；蜀党以苏轼为首，吕陶等为辅；朔党以刘挚、梁焘、王岩叟、刘安世为首，而辅之者尤众。互相攻讦，颇多宗派意气之争。

按：程颐在经筵多用古礼，苏轼谓其不近人情，深嫉之，每加玩侮，二人遂成嫌隙。司马光死，朝廷官员在参加明堂庆典之后前往吊唁，程颐认为一天之内又歌又哭，与"古礼"不合，苏轼嘲笑他"此乃枉死市叔孙通所制礼也"，于是"众皆大笑，结怨之端，盖自此始"（《宋名臣言行录》外集卷三）。元祐元年十一月，苏轼尝为试馆职而出一道试题，有曰："今朝廷欲师仁宗之忠厚，而患百官有司不举其职，或至于偷；欲法神宗之励精，恐监司守令不识其意，流入于刻。"（《宋史纪事本末》卷一〇）于是程颐门人右司谏贾易、左正言朱光庭等劾苏轼之策谤讪先朝，苏轼因请外出补郡。殿中侍御史吕陶言："台谏当徇至公，不可假借事权以报私隙。"（同上）右司谏王觌言："轼命是不过失轻重之体，若深究嫌疑，则使士大夫有朋党之名，大患也。"（同上）高太后以为然。程颐见宰相吕公著曰："二圣临朝，帝不至殿，太后不当独坐。"（同上）于是御史中丞胡宗愈等连章力言程颐不应在经筵。乃罢程颐出管勾西京国子监。时吕公著独当国，旧党分歧争论，遂有洛党、蜀党、朔党之语。

王觌时为侍御史，九月庚申奏曰："苏轼、程颐，向缘小恶，浸结仇怨，于是颐、轼素所亲善之人，亦为之更相诋讦以求胜，势若决不两立者。乃至台谏官一年之内,章疏纷纭,多缘颐、轼之故也。前者,颐败而言者及轼,故轼乞补外;既降诏不允,寻复进职经筵,而又适当执政大臣有阙,士大夫岂得不忧?轼自立朝以来,咎怨不少,臣不复言,但庙堂之上,若使量狭识暗,喜怒任情如轼者,预闻政事,则岂不为圣政之累耶?然轼之文采,后进少及,陛下若欲保全轼,则且勿大用,庶几使轼不遽及于大悔吝。"(《太平治迹统类》卷二三)。

按:王岩叟曰:洛、蜀"二党道不同,互相非毁"(《太平治迹统类》卷二五)。其实元祐时代出现的洛学与蜀学之争,是洛蜀党争的反映。

胡宗愈五月为御史中丞,帝问朋党之说,其对曰:"君子谓小人为奸邪,则小人必指君子为朋党。陛下择中立不倚者用之。"(《资治通鉴后编》卷八八)因进《君子无党论》。

王觌以胡宗愈进《君子无党论》,恶之,因疏胡宗愈不可执政,太后大怒。范纯仁与文彦博、吕公著辩于帘前,极言前世朋党之祸,并录欧阳修《朋党论》上之,然王觌仍出知润州,胡宗愈居位如故。

程颐八月罢崇政殿说书,权管勾西京国子监,十一月初六日上奏乞归田里,谓"臣本布衣,因说书得朝官,今以罪罢,则所授官不当得"(《伊洛渊源录》卷四),不许;十二月十八日又上第二状,再次乞归田里,仍不许。

孔文仲时为谏议大夫,八月初二日上《劾程颐疏》,全面奏劾程颐,要求将其放归田里,以示典刑。

按:孔文仲曰:"谨按通直郎崇政殿说书程颐,人物纤污,天资憸巧。贪黩请求,元无乡曲之升行;奔走交结,常在公卿之门;不独交口褒美,又至连章论奏;一见而除朝籍,再见而升经筵。观颐陈说,凡经义所在,全无发明,必因籍一事,泛滥援引,借无根之语,以摇撼圣听,推难考之迹,以眩惑渊虑。上德未有嗜好,而常启以无近酒色;上意未有信向,而常开以勿用小人。岂惟劝导以所不为,实亦矫欺以所无有。每至讲罢,必曲为卑侍附合之语。借如曰:虽使孔子复生,为陛下陈说,不过如此。又如曰:伏望陛下燕闲之余,深思臣之说,无望臣之论。又如曰:臣不敢子细敷奏,虑烦圣听,恐有所疑,伏乞非时,特赐宣问,容臣一一开陈。当陛下三年不言之际,颐无日无此语以感切上听,陛下亦必黾勉为之应答。又如陛下因咳嗽罢讲,及御迩英,学士以下侍讲读者六七人,颐官最小,乃越次独候问圣体,横僭过甚,并无职分,如唐之王伾、王叔文、李训、郑注是也。"(《二程外书》卷一二)于是程颐罢经筵,权管勾西京国子监。

周行己八月赴洛阳师事程颐。

吕公著执政,命士子习经义须参用古今诸儒说,不准专用王安石《三经新义》,并请求禁止士子引用王安石《字说》。

吕公著十一月与吕大防、刘挚、王存同上《朱光庭除太常少卿事奏》,反驳孔文仲弹劾朱光庭之事。

苏辙十一月改户部侍郎。

黄庭坚正月除著作佐郎。

文彦博四月乞致仕,诏十日一至都堂议事。

苏颂正月迁吏部尚书,八月兼侍读,又充实录院修撰。

苏颂建议试制新天文仪器,诏如所请,置详定制造水运浑仪所,命韩公廉、周日严、于太古、张仲宣、袁惟几、苗景、张端、刘仲景、侯永和、于汤臣、尹清等参与，苏颂提举。

刘安业八月攻击程颐与欧阳棐、毕仲游、杨国定、孙朴交结执政子弟，号为"五鬼"。

邵伯温以经行荐，授大名府助教，调长子县尉。

蔡确贬知安州，夏日曾游安州的车盖亭，著《夏日登车盖亭》10首绝句。后被知汉阳军吴处厚告发。

刘挚五月为尚书左丞。

张舜民以馆阁校勘为监察御史，上疏论西夏强臣争权，不宜加以爵命，得罪宰相文彦博，四月被罢御史；六月通判虢州。

吕陶正月再论劾黄隐，欲罢其国子司业官；三月劾奏吕和卿，四月论劾童政，六月论劾谢景温等，七月论劾沈季长、韩维，又上《论杜纯等朋党奏》。

傅尧俞、梁焘、王岩叟等以张舜民事劾吕陶。

韩维七月罢门下侍郎，诏除资政殿学士知邓州。

孙觉四月与邓润甫、苏轼、李常、王存、胡宗愈疏留顾临于朝，不报；又与苏轼、傅尧俞疏荐陈师道为徐州州学教授。

周邦彦因与司马光等旧党执政者不合，被废黜外放，转徙庐州、荆州教授。

孔平仲因吕公著荐，为秘书丞集贤校理。

按：当时被召试学士院的尚有黄庭坚、毕仲游、廖正一、晁补之、张耒等9人。

顾临擢给事中。

按：顾临字子敦，会稽人。学于胡瑗，通经学，长于训诂。皇祐中举说书科，为国子监直讲，迁馆阁校勘，同知礼院。神宗时参与修撰《武经要略》。

宋朝商人徐戬向高丽献《新注华严经》版。

沈括绘成《守令图》（又名《天下州县图》）20幅，次年获准进呈朝廷。
苏颂等十二月编成《元祐详定编敕令式》50卷，下诏颁行。

西班牙天文学家科尔多瓦的查尔卡利卒（1029— ）。他编制《托莱多天文表》，对托勒密体系作以修正。

北非医学家康斯坦丁卒（1020— ）。他致力于将阿拉伯文及伊斯兰世界掌握之古希腊医著译成拉丁文，介绍于西欧。著有《总艺》。

鲜于侁卒（1019— ）。侁字子骏，阆州人。景祐五年进士，调京兆府栎阳县主簿，历任江陵右司理参军、黔令、绵州通判、永兴军判官、利州路转运判官。曾荐刘挚、李常、苏轼、苏辙、范祖禹等人于朝。元丰二年召对，命知扬州。后除集贤殿修撰、知陈州。著有《诗传》20卷、《周易圣断》7卷、《典说》1卷、《治世谠言》7卷、《谏垣奏稿》2卷、《刀笔集》3卷，均佚。事迹见《宋史》卷三四四本传、范镇《鲜于谏议侁墓志铭》（《名臣碑传琬琰集》中卷二四）、秦观《鲜于子骏行状》（《淮海集》卷三六）。

按：《宋史》本传曰："侁刻意经术，著《诗传》、《易断》，为范镇、孙甫推许。孙复与论《春秋》，谓今学者不能如之。作诗平淡渊粹，尤长于《楚辞》，苏轼读《九诵》，谓近屈原、宋玉，自以为不可及也。"

邢居实卒（1068— ）。居实字惇夫，郑州原武人，邢恕子。幼以奇童称。八岁作《明妃引》，知名于世。元丰中，游孙觉、李常门。尝宗师于司马光、吕光著等。擅文章,得黄庭坚、晁补之、张耒、秦观、陈师道等赏识。卒,王直方编其遗草为《呻吟集》1卷。事迹见《宋元学案》卷一。

倪涛(—1125)、胡松年(—1146)、僧祖觉(—1150)、王居正(—1151)、程瑀(—1152)生。

宋元祐三年　辽大安四年　夏天仪治平三年 戊辰　1088年

正月乙丑,命翰林学士苏轼权知礼部贡举,吏部侍郎孙觉、中书舍人孔文仲同知贡举。

二月癸巳,从赵挺之请,诏殿试经义、辞赋人,并试策一道。

己巳,因知贡举苏轼及孙觉、孔文仲奏,诏定特奏名,考取进士入四等以上、诸科入三等以上,通在试者计之,毋得取过全额之半,后遂著为令。

三月戊申朔,诏《编敕》及《春秋颁降条具》,勿印卖。

癸丑,诏经明行修人如省试不应格,听依特奏名进士例,就殿试。

丁巳,御集英殿试进士。

戊午,试特奏名及武举进士。

庚申,试诸科及特奏名人。

癸亥,试武举进士射艺于崇政殿,推恩补官者15人。又诏罢别考校祖宗袒免亲试法。

己巳,赐进士李常宁、吕益柔、龚史等24人及第,296人出身,188人同出身,诸科明经73人,各赐本科及第、出身、同出身有差。

庚午,赐特奏名进士、武举诸科举人进士、经明行修王邻臣等同《五经》、《三礼》学究出身,假承务郎、京府助教、诸州文学助教,凡533人。

四月戊午,分经义、诗赋为两科试士,罢明法科。

按:尚书省请复诗赋,与经义兼行,解经通用先儒传、注及己说。又言:"旧明法最为下科,今中者即除司法,叙名反在及第进士上,非是。"故有是命。凡诗赋进士,于《易》、《书》、《诗》、《周礼》、《礼记》、《春秋左传》内,听习一经。初试本经义一道,《论语》、《孟子》义各一道,次试赋及律诗各一首,次试论一首,末试子史、时务策二道,凡四场。其经义进士,须习两经,以《诗》、《礼记》、《周礼》、《春秋》为大经,《书》、《易》、《公羊传》、《谷梁传》、《仪礼》为中经,愿习二大经者听,不得偏占两中经。初试本经义三道,《论语》义一道,《孟子》义一道,次试论、策,亦四场。两科通定高下,而取解额中分之,各占其半。专经者以经义定取舍,兼诗赋者以诗赋为去留,其名次高下,则于策、论参之。自复诗赋,士多向习,而专经者十无二三矣(《宋史纪事本末》卷九)。

是月,辽道宗召枢密直学士耶律俨讲《尚书·洪范》。

罗马教皇乌尔班第二登位。

意大利博洛尼亚大学创建,是为欧洲第一所大学。

五月辛亥,辽道宗命燕国王耶律延禧写《尚书·五子歌》。

七月丙辰,辽遣使册李乾顺为夏国王。

九月甲寅,诏问《神宗实录》何日成书。修撰官言,若并功修撰,约来年冬可毕。

是月,诏苏辙、彭汝砺、张绩、孙觉考试应贤良方正能直言极谏科举人。

闰十二月癸卯朔,颁行《元祐敕令格式》。

程颐正月乞归田里,不报;二月乞致仕,又不报。

苏轼上疏言天下人不便差役法,请命宰相比较差役法与雇募法之利弊。

苏轼、孙觉知贡举,晁补之、张耒、黄庭坚皆被辟为属官,同入试院,晁补之曾有《锁试呈同舍》诗。

苏轼奉命为司马光撰写神道碑。范镇为司马光作墓志铭。

苏轼十二月上《论周穜擅议配享自劾札子二首》,对王安石指责颇厉。

按:《论周穜擅议配享自劾札子二首》有曰:"窃以安石平生所为,是非邪正,中外具知,难逃圣鉴。先帝盖亦知之,故置之闲散,终不复用。今已改青苗等法,而废退安石党人吕惠卿、李定之徒,至于学校贡举,亦已罢斥佛老,禁止字学。"又曰:"臣观二圣嗣位以来,斥逐小人,如吕惠卿、李定、蔡确、张诚一、吴居厚……或首开边隙,使兵连祸结,或渔利榷财,为国敛怨,或倡起大狱,以倾陷善良,其为奸恶,未易悉数,而王安石实为之首。今其人死亡之外,虽已退处闲散,而其腹心羽翼,布在中外,怀其私恩,冀其复用,为之经营游说者甚终。皆矫情匿迹,有同鬼蜮,其党甚坚,其心甚一。"(《东坡全集》卷五五)

刘安世时为右正言,十二月甲午上言:"郓州州学教授周穜上书,乞以故相王安石配享神宗皇帝庙庭,中外喧传,颇骇群听。穜以疏远微贱之臣,怀奸邪观望之志,陵蔑公议,妄论典礼,伏望陛下以《春秋》之法,诛其始意,重行窜殛,以明好恶。"苏轼言:"臣忝备侍从,谬于知人,至引穜以污学校,谨自劾待罪。"(《资治通鉴后编》卷八九)罢周穜教授,归吏部。

王觌正月丁卯奏曰:"苏轼去冬学士院试馆职策题,自谓借汉以喻今也。其借而喻今者,乃是王莽、曹操等篡国之难易,缙绅见之,莫不惊骇。轼习为轻浮,贪好权利,不通先王性命道德之意,专慕战国纵横捭阖之术。是故见于行事者,多非理义之中,发为文章者,多出法度之外。此前日策题所以亏损国体而震骇群听者,非偶然之失也,轼之意自以为当如此尔。臣见轼胸中颇僻,学术不正,长于辞华而暗于义理。若使久在朝廷,则必立异妄作,以为进取之资;巧谋害物,以快喜怒之气。朝廷或未欲深罪轼,即宜且与一郡,稍为轻浮躁竞之戒。"(《太平治迹统类》卷二三)

按:王觌将苏学视为"邪学",并触及性命义理的层面。以后朱熹激烈批评苏学的性命之说、批评苏文害道,并斥为"邪学",正是王觌观点的延伸。

宋元祐三年　辽大安四年　夏天仪治平三年　戊辰　1088年

黄庭坚在秘书省兼史局，有跋自书枯木道士赋后，云闲居当熟读《左传》、《国语》、《楚辞》、《庄子》。

秦观在京为忌者所中，复引疾归蔡州。

胡安国游学信州。

吕公著因年老拜司空、同平章军国事。

吕大防、范纯仁四月为尚书左、右仆射兼门下、中书侍郎。

赵挺之时为监察御史，二月己卯上言："贡举用《三经新义》取人近二十年。今闻外议，以为苏轼主文，意在矫革，若见引用《新义》，决欲黜落。请礼部贡院将举人引用新经与注疏文理通行考校。"诏送贡院照会（《太平治迹统类》卷二七）。

刘挚四月为中书侍郎。

沈括因进献《守令图》有功，得哲宗赏赐，并准许任便居住，恢复自由，于是由秀州迁居润州，将所筑之园取名为梦溪园。开始编撰《梦溪笔谈》和《忘怀录》等书。又竭力搜藏名家书画，所得数量甚多。

苏颂、韩公廉主持造水运仪象台（天文钟）成。

刘安世八月辛丑上言："臣伏见祖宗以来，执政大臣亲戚子弟，未尝敢授内外华要之职。自王安石秉政以后，尽废列圣之制，专用亲党，务快私意，二十年间，廉耻扫地。今在位之臣，犹袭故态，子弟亲戚，布满要津，此最当今大患也。愿出此章，遍示三省，俾不废祖宗之法。"（《资治通鉴后编》卷八九）

范镇十二月定钟律诸乐器以进，令礼官太常参定。

孙觉三月与苏轼、孔文仲疏，乞去冗官之害，五月擢御史中丞，疏举欧阳棐自代。

晁说之在兖州，始为《京氏易学》。

杨时调虔州司法；七月还自京师，著《求仁斋记》。

孔文仲任中书舍人，孔武仲为校书郎，孔平仲为秘书丞。

邹浩知安州孝感县事。

朱肱、李亮工、李公麟、李冲元、许翰同中进士。李公麟在试院画马。

贺铸改任和州管界巡检。

马存举进士，得考官苏轼赏识。

按： 马存字子才，饶州乐平人。马廷鸾先祖。官至镇南节度推官。曾从徐积学，以诗文豪于熙宁、元祐间。早卒。著有《子才集》11卷。《宋史·艺文志》又著录其《经济集》13卷，今佚。

丁昌期举明经行修科未中，归隐于永嘉城东郊，筑醉经堂讲学，自作记。

按： 丁昌期字逢辰，号经行，温州永嘉人，学者称经行先生。以明经笃行，为后进师表。永嘉学术始于王开祖，继之者为林石，而丁氏参与其间，为"皇祐三先生"之一。刘安节曾向他学习。卒后，林石为他作墓志铭。

关治举进士。

按： 关治字止叔，杭州人。尝为馆职。学于杨时，尝语吕本中曰："杨先生有力量。"本中因亦学于龟山(《宋元学案》卷三五《陈邹诸儒学集》)。全祖望案:"私淑洛学而未纯者,陈了斋(陈瓘)、邹道乡(邹浩)也。唐充之(唐广仁)、关止叔,又其次也。"(同上)

单锷著《吴中水利书》1卷成书。

按：是书是一部全面论述太湖流域水利的专著,元祐六年(1091)由苏轼进呈朝廷。

苏颂著《天象法要》2卷。

按：苏颂主持新造浑天成,遂记其法要而图其形象进之。

法贝伽伦卒(1000—)。经验哲学家、神学家、郎法兰克的论敌,反对基督教变体论。著有《驳郎法兰克论圣者》。

阿拉伯纳塞尔·库斯鲁卒(1004—)。诗人、伊斯兰教义学家、旅行家。撰有《旅行纪事》、哲理诗《光明颂》、学术著作《两种智慧的结合》等。

德国兰伯特卒,生年不详。历史学家,著有《编年史》,记述当代政教之争。

僧净源卒(1001—)。俗姓杨,先世泉州晋水人。会昌灭法后,华严宗衰落。宋初,子璇起而复兴,净源继振华严宗风,时称"中兴教主"。著有《仁王经疏》、《华严原人论发微录》、《华严普贤行愿修证仪》等。

刘几卒(1008—)。几字伯寿,洛阳人。登进士第,范仲淹辟通判邠州。孙沔荐其才堪将帅,换如京使、知宁州。历为太原、泾原、鄜州总管。元丰三年,以知晓音律,召至太常定雅乐。事迹见《宋史》卷二六二《刘漫叟传》附传。

范镇卒(1009—)。镇字景仁,成都华阳人。宝元元年进士。神宗时为翰林学士兼侍读,因反对王安石变法,以户部侍郎致仕。平生与司马光相好,议论如出一口。卒赠金紫光禄大夫,谥忠文。其学本《六经》,口不言佛、老、申、韩之说,尤精于乐。预修《唐书》、《仁宗实录》、《玉牒》、《日历》、《类篇》等。著有《国朝韵对》3卷及《范蜀公集》、《东斋记事》10卷。《宋元学案》为列《范吕诸儒学案》。事迹见《宋史》卷三三七本传、司马光《范景仁传》(《传家集》卷六七)。

按：邵伯温《邵氏闻见录》卷一二曰:"或曰:司马温公、范蜀公同以清德闻天下,其初论新法不便,若出于一人之言,而晚乃出处不同何也？伯温曰:熙宁初,温公、蜀公坐言新法,蜀公致其仕,温公不拜枢密副使,请宫祠者十五年。元丰末,神宗升遐,哲宗、宣太后首用温公为宰相;蜀公既致政于熙宁之初,义不为元祐起也。此二公出处之不同,其道则同也。"宋仁宗以来,讲学之风大盛,文人学士纷纷著书立说,建立学派。涑水、洛学、横渠学派相继创立,十分活跃。范镇、吕公著、李常、韩维、王畋、吕大防、丰稷、李潜、龚夬、上官均、杜纯、常安民、李深等亦乘时而起,纷纷聚众讲学或建立家学,形成"范吕学派",也称"范吕诸儒学派"。著名弟子有范百禄、范祖述、范祖禹、吕希哲、吕希纯、邢居实、黄庭坚、王庭秀、韩元吉、韩瓘、韩璜、丰安常、陈瓘、李朴、张庭坚、吕好问、龚大壮、杜纮、晁补之、常同、李郁等。

韩绛卒(1012—)。绛字子华,开封雍丘人,其先真定灵寿人。韩亿子。庆历二年进士。神宗时曾代王安石为相,与吕惠卿不合,请神宗复王安石为相;及王安石再相,又不合,出知许州。哲宗立,封康国公,为北京留守。卒谥献肃。著有《韩绛文集》50卷、《内外制集》13卷、《韩绛奏议》30卷,今皆佚。《宋元学案》列其人《荆公新学略》。事迹见《宋史》卷三一五本传、范纯仁《司空康国韩公墓志铭》(《范忠宣公集》卷一五)。

宋元祐三年　辽大安四年　夏天仪治平三年　戊辰　1088年

陈绎卒（1021—　）。绎字和叔，洛阳人。仁宗庆历二年进士。曾为馆阁校勘、集贤校理，刊定《前汉书》。英宗时同判刑部，又为实录检讨官，参加修撰《仁宗实录》。神宗时官至翰林学士，检阅二府除罢官职事，撰《拜罢录》。著有文集30卷，今佚。事迹见《宋史》卷三二九本传、苏颂《太中大夫陈公墓志铭》(《苏魏公文集》卷六〇)。

杨绘卒（1027—　）。绘字元素，自号无为子，绵竹人。皇祐五年进士，通判荆南。以集贤校理为开封推官。神宗时召修《起居注》，知谏院。累官翰林学士。时以经术取士，独不用《春秋》，遂上言"宜令学者以《三传》解经"(《宋史》本传)；王安石行免役法，又上书论十害。遂罢为侍读学士、知亳州。著有《群经索蕴》30卷、《无为编》30卷、《西垣集》3卷、《台章》7卷、《翰林词稿》7卷、《谏疏》7卷等，皆佚。事迹见《宋史》卷三二二本传。

孔文仲卒（1038—　）。文仲字经父，临江新喻人。与其弟武仲、平仲皆以文名，合称"清江三孔"。嘉祐六年进士。官至中书舍人。后入党籍。著有《舍人集》50卷。《宋元学案》列其入《濂溪学案》。事迹见《宋史》卷三四四本传、苏颂《中书舍人孔公墓志铭》(《苏魏公文集》卷五九)。

按：孔武仲著有《宗伯集》；孔平仲著有《续世说》、《孔氏杂说》、《谈苑》、《朝散集》、《释稗》、《良史事证》、《诗戏》等，今存《珩璜新论》1卷、《续世说》12卷、《谈苑》5卷。

刘绚卒（1045—　）。绚字质夫，浙江常山人。少时受学于程颢、程颐，治《春秋》。以祖荫补为寿安县主簿，移任长子县令。元祐初，经侍郎韩维等举荐，以精通经术，品行端正，任京兆府教授，又授太学博士。程颐谓倡明道学，使之为学者视效而信从者，刘绚与李籲出力为多。《宋元学案》为列《刘李诸儒学案》中。事迹见《宋史》卷四二八本传。

按：程颐《祭刘质夫文》曰："圣学不传久矣。吾生百世之后，志将明斯道，兴斯文于既绝，力小任重，而不惧其难者，盖亦有冀矣。"以谓"苟能使知之者广，则用力者众，何难之不易也？游吾门者众矣，而信之笃、得之多、行之果、守之固，若子者几希！方赖子致力以相辅，而不幸遽亡，使吾悲传学之难，则所以惜子者，岂止游从之情哉？"程颢曾对人言："他人之学，敏则有矣，未易保也，若绚者，吾无疑焉。"(《宋史》本传)

李籲约卒，生年不详。籲字端伯，河南偃师缑氏人，一作洛阳人。世称缑山先生。元祐中登进士第，为秘书省校书郎。师从程颢、程颐，曾记二程语编为《师说》。英年早逝。《宋元学案》为列《刘李诸儒学案》中。事迹见《宋史》卷四二八本传。

按：《宋史》本传曰："程颐谓其才器可以大受，及亡也，祭之以文曰：'自予兄弟倡明道学，能使学者视仿而信从者，籲与刘绚有焉。'"程颐《祭李端伯文》曰："自予兄弟倡明道学，世方惊疑，能使学者视效而信从，子与刘质夫为有力矣。质夫与子为外兄弟，同邑而居，同门而学，才器相类，志尚如一。予谓二子可以大受，期之远到，而半年之间，相继以亡，使予忧事道者鲜，悲传学之难。"(《二程文集》卷一二)

梁观国（　—1146）、何铸（　—1152）、郑刚中（　—1154）、洪皓（　—1155）、僧法云（　—1158）生。

宋元祐四年　辽大安五年　夏天仪治平四年
己巳　1089年

塞尔柱突厥帝国苏丹马利克沙一世攻河中，执喀喇汗朝大可汗阿赫马德。

二月癸丑，尚书左仆射兼门下侍郎吕大防提举修《神宗皇帝实录》。

三月癸酉，辽道宗命析津、大定二府精选举人以闻。

按：辽自清宁以后，五京、诸州各建孔子庙，颁《五经》传疏，至是复下诏谕学者当穷经明道。

四月戊申，诏：应进士不兼试诗赋人，许依旧法取，应于本经外增治一经，增试一场，《论语》、《孟子》分两场试。合格人将解额与兼试诗赋人各解五分，令礼部立法以闻。

五月辛巳，"车盖亭诗案"结案，知邓州、观文殿学士蔡确责授左中散大夫、守光禄卿、分司南京。

八月己未，诏自今考校特奏名举人，进士入第四等中以上，诸科入第三等以上，各不得过就试人数之半。

十月癸丑，帝御迩英殿，讲官进讲《三朝宝训》。

十二月庚申，礼部言："诸路申请贡举，敕经义兼试诗赋进士及经义进士解额各取五分。窃虑两科应者不齐，拘定五分，则似未尽，乞行均取。看详进士两科，试法不一，举人互有轻重难易之论；兼就试人数不定，则解额难以均当，终非通法，似不可久行。"诏："来年科场，以试毕举人分数均取。后一次科场，其不兼诗赋人解额，依元祐三年六月五日所降朝旨，如有未习诗赋举人，许依旧法取应解发合格人，不得过解额三分之一。已后并依元祐二年十一月十二日敕命。考试进士分为四场：第一场本经义二道，《论语》或《孟子》一道；第二场律赋一首，律诗一首；第三场试论一首；第四场问子、史、时务策三道。以四场通定去留高下，内仍减时务策一道。"（《太平治迹统类》卷二七）

癸亥，中书省言：提举《实录》宰臣吕大防奏所修《神宗皇帝实录》，今来已成草卷，缘未经编摩点对重复，功力不少，所有修撰已下官吏添给等，欲依修《仁宗皇帝实录》例，今依旧支破，候写进册了当，即往住支。从之。

梁焘五月曾密具蔡确及王安石之亲党姓名以进。范纯仁反对，吕大防、刘挚赞成。

按：梁焘其曰："臣等窃谓确本出王安石之门，相继秉政，垂二十年，群小趋附，深根固蒂，谨以两人亲党开具于后。确亲党：安焘、章惇、蒲宗孟、曾布、曾肇、蔡京、蔡卞、黄履、吴居厚、舒亶、王觌、邢恕等四十七人；安石亲党：蔡确、章惇、吕惠卿、张璪、安焘、蒲宗孟、王安礼、曾布、曾肇、彭汝砺、陆佃、谢景温、黄履、吕嘉问、沈括、舒亶、叶祖洽、赵挺之、张商英等三十人。"于是太皇太后宣谕宰执曰："确党多在朝。"范纯仁进曰:"确无党。"吕大防进曰:"确党甚盛,纯仁言非是。"刘挚亦助吕大防(《宋宰辅编年录》卷九)。

吴安诗、梁焘、刘安世五月丙戌言蔡确罪重而责轻,傅尧俞、朱光庭相继论列,范祖禹亦助之。独范纯仁、王存以为不可。

刘安世、梁焘六月交章论范纯仁党附蔡确,范纯仁罢知颍昌府。吴安诗因言王存尝助范纯仁救蔡确,范纯仁当罢,王存不可独留。王存罢知蔡州。

苏轼正月在京任翰林学士,知制诰,兼侍读,连上《乞郡札子》,请求外调。

苏轼因言时事遭赵挺之、王觌等人攻击,三月被罢为龙图阁学士、杭州知府。

按:苏轼尝读《祖宗宝训》,因及时事,历言:"今功罪不明,善恶无所劝沮;又黄河势方北流而强之东;夏人寇镇戎,杀掠几万人,帅臣掩蔽不以闻,朝廷亦不问。恐浸成衰乱之渐。"当轴者恨之,赵挺之、王觌攻之尤甚。苏轼知不见容,遂请外,故有是命(《东都事略》卷九三上)。

苏轼七月就任杭州知府,十一月在杭州救助饥荒,又疏浚西湖,以工代赈,修筑长堤,人称苏公堤,简称苏堤。

陈师道五月擅自离境至南京为苏轼送行,两人同舟东下,至宿州才告别;七月为太学博士,有人告发他越境送苏轼事,遂留任徐州。

苏轼知杭州,和单锷研讨治水方略,对其《吴中水利书》大为赞赏,遂具疏代奏于朝。后苏轼遭人诬陷,单锷的治水建议亦被废。

苏辙闻吕公著卒,二月著《吕司空挽词》;六月为吏部侍郎,旋改翰林学士,知制诰;八月又著《祭范蜀公景仁文》,悼念范镇。

苏辙八月为贺辽生辰使,使辽回,上书言因雕版印刷流行,"朝廷得失、军国利害、臣僚奏章及士子策论,若使得流传北界,则泄露机密。"(《栾城集》卷四二)

蔡确在安州写的《夏日登车盖亭诗》十绝,是年被知汉阳军吴处厚以私憾告发,坐以诗歌谤讪朝廷,贬为光禄卿,旋再贬英州别驾,新州安置,两年后死于新州贬所。

按:据《尧山堂外纪》载,吴处厚的笺注是:"五篇涉讥讽:'何处机心惊白鸟,谁人怒剑逐青蝇',以讥谗谮之人;'叶底出巢黄口闹,波间逐队小鱼忙',讥新进用事之人;'睡起莞然成独笑',方今朝廷清明,不知确笑何事?'矫矫名臣郝甑山,忠臣直节上元间',按郝处俊,封甑山公,唐高宗欲逊位天后,处俊上疏谏,此事正在上元三年,今皇太后垂帘,遵用章宪明肃故事,确指武后以比太后;'沉沉沧海会扬尘',谓人寿几何,尤非佳语。"时谏议大夫梁焘、范祖禹、右正言刘安世等亦上章弹劾,蔡确之罪始定。宋宣仁太后曾谓大臣曰:"元丰之末,确自谓有定策大功,妄扇事端","吾不忍明言,始托讪上为名逐之耳。"(《古今列女传》卷一)车盖亭诗案是元祐党人案的先声,即元祐党人之祸,自此而起。北宋的文字狱日趋高潮。

蔡确诗祸起时,旧党梁焘、刘安世、范祖禹、王岩叟等交章乞正其罪;右仆射兼中书侍郎范纯仁表示反对,谓不可以语言文字之间暧昧不明之过诛窜大臣,不可重开岭峤贬谪之路,吕大防不听。

按：元祐台谏希风承旨，曲解附会，炮制"车盖亭诗案"，迫害蔡确，全面根除熙丰新党势力，主要出于意气之争。朱熹曰："后治元祐诸公，皆为蔡（确）报怨也。"（《朱子语类》卷一三〇）

　　苏轼对蔡确为人深为不满，此时也上《论行遣蔡确札子》，认为以诗言涉谤而行贬谪，"所系国体至重"，建言一方面由哲宗下诏，令有司置狱根查是否诽谤高太皇太后，以明皇帝对祖母的孝道；另一方面由高后内出手诏，言明"今所缴进，未必真是确诗，其一切勿问"，以顾全大局（《东坡全集》卷五五）。

　　黄庭坚七月除集贤校理。

　　李常与中书舍人彭汝砺、侍御史盛陶皆言："以诗罪确，非所以厚风俗"（《宋史·李常传》），李常因坐贬知邓州；彭汝砺曰："此罗织之渐也。"封还词头，亦坐贬知徐州（《宋史·彭汝砺传》）；盛陶因言"注释诗语，近于捃摭，不可以长告讦之风"，亦坐贬知汝州（《宋史·盛陶传》）。

　　文彦博劝苏轼少作诗。

　　苏颂五月为翰林学士承旨。

　　范纯仁是年进《上哲宗论不宜分辨党人有伤仁化疏》。

　　范纯仁六月罢相，出知许州，特荐秦观堪备著述之科，檄至，秦观作书以谢。

　　按：吕大防言："蔡确党盛，不可不治。"范纯仁言："朋党难辨，恐误及善人。"司谏吴安诗、正言刘安世，因论范纯仁党蔡确，范纯仁亦力求罢政，于是乃出知颖昌府。时傅尧俞亦言于太后曰："蔡确之党，其尤者固宜逐，余可一切置之。以陛下盛德，何所不容？确词纵涉谤讪，愿听之，如蚊虻过耳，无使有纤芥之忤，以奸太和之气。事至，以无心应之，圣人所以养至诚而御遐福也。"（《宋史纪事本末》卷一〇）

　　刘安世时为右正言，二月上奏谓蔡确之朋党，"大半在朝，夙夕引领，以俟复用，若使渐得亲近，广为歧路，异日盗权乱政，无不由此"（《历代名臣奏议》卷一七八）。

　　胡宗愈因刘安世弹劾，被罢为资政殿学士、知陈州。

　　刘挚时为中书侍郎，三月上奏乞将新党"宰草除根"，使"其不复生"（《续资治通鉴长编》卷四二三）。

　　吕本中6岁，因曾祖吕公著去世，恩荫为承务郎。

　　司马康正月由著作佐郎兼侍讲充修《神宗皇帝实录》检讨官。

　　蔡湮在江西宜丰古创建义方书院，集有志于学者教之，四方来学者甚众。

　　邹浩改除颖昌府学教授，与苏京、崔鸥、裴仲孺、胥述之等结颖川诗社，又与陈恬、鲜于绰、鲜于群、王实、乐文仲、胡适道、崔遐绍等人互有唱和。

　　范百禄著《诗传补注》20卷成书。

　　苏颂等奏撰进《汉唐故事分门增修》，诏以《迩英要览》为名。

　　苏辙上《神宗御制集》90卷，诏于宝文阁收藏。

苏轼著《范文正公文集序》。

王鼎著《焚椒录》1卷成书。

朱肱著《类证活人书》初稿完成。

吕公著卒(1018—　)。公著字晦叔,寿州人。吕夷简子。登进士第,通判颍州。神宗时为御史中丞,反对王安石变法,称吕惠卿奸邪不可用。哲宗时,与司马光同被召用,任尚书右仆射兼中书侍郎,致力于废除新法,恢复旧制。官至司空、同平章军国事。赠申国公,谥正献。著有《正献公集》20卷,今佚。《宋元学案》为列《范吕诸儒学案》。事迹见《宋史》卷三三六本传。

按：《宋元学案》卷一九《范吕诸儒学案》引《谢山札记》曰：吕氏一家自吕公著起,"登学案者七世十七人","考正献之子吕希哲、希纯,为安定门人。而希哲自为荥阳学案,荥阳子切问,亦见学案。又和问、广问及从子稽中、坚中、弸中,别见和靖学案。荥阳孙本中及从子大器、大伦、大猷、大同,为紫微学案。紫微之从孙祖谦、祖俭、祖泰,又别为东莱学案。共十七人,凡七世"。吕氏家学深厚,以后出现像吕祖谦这样的一代宗师,自有其道理。

刘攽卒(1023—　)。攽字贡父,号公非,临江新喻人。刘敞弟。庆历六年进士。仕州县二十年,始为国子监直讲。官至中书舍人。协助司马光编撰《资治通鉴》,负责汉代部分。著有《经史新义》、《诗语录》、《五代春秋》、《内传国语》、《汉书刊误》、《汉官仪》、《彭城集》、《公非先生集》、《文选类林》、《中山诗话》等。又与兄刘敞、侄刘奉世合著《三刘汉书标注》。《宋元学案》列其入《庐陵学案》。事迹见《宋史》卷三一九本传。

按：前人注《汉书》,多重串讲大意、注解字音,对于历史事件所记是否真实,关注不够。三刘所著《汉书刊误》,不仅注重校勘史书,同时对《汉书》中的一些误记、颜师古注释中的一些错误,也进行了纠正。陈振孙《直斋书录解题》卷四曰："《汉书》自颜监之后,举世守之,未有异其说者,至刘氏兄弟,始为此书,多所辨正发明。"

赵子昼(　—1142)、韩世忠(　—1151)、李弥逊(　—1153)、王大宝(　—1165)、宗杲(　—1163)生。

宋元祐五年　辽大安六年　夏天祐民安元年
庚午　1090年

正月戊子,从知枢密院事孙固、门下侍郎刘挚、尚书左丞韩忠彦之请,录石介之子石师中为郊斋郎。

五月壬申,诏："差役法内有未备事,令中书舍人王岩叟、枢密都承旨韩川、谏议大夫刘安世同看详,具利害以闻。"(《宋史纪事本末》卷一〇)

六月,宰相吕大防、中书侍郎刘挚建言,欲引用元丰旧党,以平宿怨,谓之"调停",御史中丞苏辙上疏反对,以为君子小人不可并处,得太皇太

哈桑·伊本·沙巴始创伊斯兰教伊斯玛仪派支派阿萨辛派,因专事恐怖活动,有"暗杀派"之称。

后支持,调停之说遂止。

七月乙亥,礼部言:开封府解进士一百人,而就试二千余人。请依元祐二年例,于诸科解额内拨五十人,添解进士。从之。

戊子,礼部言:凡议时政得失、边事军机文字,不得写录传布;本朝《会要》、《国史》、《实录》,不得雕印。违者徒二年,许人告,赏钱一百贯。内《国史》、《实录》仍不得传写,即其他书籍欲雕印者,纳所属申转运使、开封府,牒国子监选官详定,有益于学者方许镂板。候印讫,以所印书一本,具详定官姓名,申送秘书省。如详定不当,取勘施行。诸戏亵之文,不得雕印,违者杖一百。凡不当雕印者,委州县、监司、国子监觉察。从之。

按:以翰林学士苏辙言,奉使北界,见本朝民间印行文字多已流传在彼,请立法故也(《续资治通鉴长编》卷四四五)。

九月丁丑,诏恢复集贤院学士。

十月癸卯,三省言:旧置编修院,专掌国史、实录,修纂日历。元丰四年,废罢本院入史馆。奉行官制,隶属秘书省国史院。缘史事最为机密,付之秘书省未便。诏移国史案就见今置局处,专掌国史、实录,编修日历,以国史院为名,隶门下省,更不隶秘书省。

癸丑,诏:近制府监发解省试举人,经义每道不得过五百字,策不得过七百字,如过七百,虽合格并降。

丁巳,枢密院言修《将官敕书》成,编修官刘奉世、韩川、王岩叟、李绥赐银绢有差。

宋以《大学》为经筵讲读之书。

是年,辽放进士文充等72人。

西夏屡次侵扰宋朝边境。又改元天祐民安。

程颐被贬官后,曾连续三状乞归田里,又连续二状乞致仕,皆不许;是年遭父丧辞官。

程颐守丧去朝,台谏复论贾易诒事程颐,再贬贾易知广德军。

胡安国入太学,受朱长文之影响,接受《春秋》之学。又师事靳裁之,崇信二程洛学。

按:胡寅《先公行状》曰:"(先公)遂入太学修懋德业,不舍昼夜。是时元祐盛际,师儒多贤彦,公所从游者,伊川程先生之友朱长文及颍川靳裁之。裁之才识高迈,最奇重公,与论经史大义。"(《斐然集》卷二五)

范祖禹正月乙酉上札子四道。

按:其一曰:"经筵阙官,宜得老成之人。韩维风节素高,若召以经筵之职,物论必以为惬。"其二曰:"苏颂近乞致仕。颂博闻强识,详练典故,陛下左右,宜得殚见洽闻之士以备顾问。"其三曰:"苏轼文章,为时所宗,忠义许国,遇事敢言,岂可使之久去朝廷?"其四曰:"赵君锡孝行,书于《英宗实录》,辅导人君,宜莫如孝;给事中郑穆,馆阁耆儒,操守纯正;中书舍人郑雍,谨静端洁,言行不妄。此三人者,皆宜置左右,备讲读之职。"(《历代名臣奏议》卷一三九)

陈师道常陪苏轼泛舟西湖,赋诗唱和。

宋元祐五年　辽大安六年　夏天祐民安元年　庚午　1090年

苏辙五月为龙图阁学士、御史中丞。六月上《论执政生事札子》，要求分别邪正，反对执政生事。

> 按：时熙宁、元丰旧臣"争起邪说以撼在位"，吕大防、刘挚患之，欲稍引用以平宿怨，谓之"调停"。太后犹豫不决，苏辙上疏反对，于是"调停"之说遂已（《宋史纪事本末》卷一〇）。

苏辙等交章弹劾守尚书右丞、福建福州人许将；殿中侍御史福建人上官均、监察御史江南人徐君平则为许将申冤，上章救护。苏辙等人遂指责上官均与许将有"乡曲之好，素相结托"，互为表里，一并弹劾（《续资治通鉴长编》卷四五二）。

苏辙六月推荐吕陶、吴安诗为谏官。

贾易八月劾苏辙、苏轼结吕陶等为党与。

秦观五月被召至京师，应制科，进策论。除太学博士，校正秘书省书籍。

苏颂三月以翰林学士承旨为右光禄大夫、守尚书左丞。

文彦博二月复以太师充护国军、山南西道节度等使致仕。苏辙为文彦博致仕撰制文，并赠诗《送文彦博致仕还洛》。

陈师道移颍州教授。

岑象求时为殿中侍御史，上言："近岁太学诸生无叩问师资之益，学官不以训导为己任，秘书省则多务燕间，少亲雠校。请立训导之法，定校雠之课。及闻太学补试，伺察不严，有假手之弊。"诏令礼部、秘书省长贰详定以闻（《宋史·职官志五》）。

孙谔等太学博士七月壬申上言："贡举条诗赋格式有所未尽，如韵有一字一义而两音者，若'廷'字、'防'字、'寿'字之类，不敢辄指一声押用；字有合用而私相传为当避者，如'分寸尺丈引'之'引'、'杼柚其空'之'杼'之类；又有韵合押而礼部韵或不收者，如传说之'说'及'皥'字、'橫'字之类，并自合收用。"从之（《续资治通鉴长编》卷四四五）。

陆佃六月以礼部侍郎权礼部尚书。

孔武仲三月与李周、盛侨、王钦臣、杜常、崔公度、陈蔡、盛次仲、林旦、李德刍、宋匡躬、黄裳、刘唐老、李昭玘、徐铎、晁补之、张耒、韩治等人集会于信安之园亭，孔武仲作《信安公园亭题名记》。是月底，孔武仲自著作佐郎、集贤校理除国子司业，具状辞免，九月兼侍讲。

王涤时为潮州知州，于潮州城西南建昌黎伯庙，祀韩愈。后为韩山书院。

方勺应试不第，遂无意仕进，后寓居乌程泊宅村，故自号泊宅翁，所著书为《泊宅编》。

范祖禹著《帝学》8篇成。

> 按：《四库全书总目提要》曰："是书元祐初祖禹在经筵时所进，皆纂辑自古贤君迄宋祖宗典学事迹。由伏羲迄宋神宗，每条后间附论断。自上古至汉、唐二卷，自宋太祖至神宗六卷。于宋诸帝叙述独详，盖亦本法祖之意以为启迪也。祖禹初侍哲宗

经幄，因夏暑罢讲，即上书论今日之学与不学，系他日治乱，而力陈宜以进学为急。又历举人主正心修身之要，言甚切至。史称其在迩英时守经据正，献纳尤多。又称其长于劝讲，平生论谏数十万言，其开陈治道，区别邪正，辨释事宜，平易明白，洞见底蕴，虽贾谊、陆贽不是过。今观此书，言简义明，敷陈剀切，实不愧史臣所言。虽哲宗惑于党论，不能尽用祖禹之说，终致更张初政，国是混淆。而祖禹忠爱之忱，惓惓以防微杜渐为念，观于是书，千载犹将见之矣。"

胡宗愈刻《杜工部诗集》于成都杜甫草堂。

英国史学家马姆斯伯利之威廉（—1142）生。

法国罗马天主教西多会修士圣伯尔纳（—1153）生。

西班牙穆斯林思想家、医学家伊本·祖尔（—1162）约生。

孙固卒（1016— ）。固字和父，郑州管城人。幼有立志。九岁读《论语》，曰："吾能行此。"石介一见，以公辅期之。擢进士第，调磁州司户参军。转霍邑令，迁秘书丞，为审刑详议官。宰相韩琦知其贤，引为编修中书诸房文字。治平中，神宗为颍王，以孙固为侍讲；及为皇太子，又为侍读。至即位，擢工部郎中、天章阁待制、知通进银台司。累官右光禄大夫。卒赠开府仪同三司，谥温靖。《宋元学案》列其入《涑水学案》。事迹见《宋史》卷三四一本传。

按：《宋史》卷三四一论曰："（王）存、（孙）固、（赵）瞻、（傅）尧俞，初皆善王安石；及其秉政，未尝受所诱饵，与论新法，终不诡随。及元祐区别正邪，其论蔡确诗谤之罪恐为已甚，将启朋党之祸，岂非先知之明乎？他有更张，随事谏止，不少循默。然无矫枉过中之失，故能不亟不徐，进退有道，在元祐诸臣中，身名俱全，亦难矣哉。"

赵瞻卒（1019— ）。瞻字大观，其先亳州永城人，后徙凤翔之盩厔。举进士第，调孟州司户参军，移万泉令。官至同知枢密院事。绍圣中，被列入元祐党籍。著有《春秋论》30卷、《史记抵牾论》5卷、《唐春秋》50卷、《奏议》10卷、《文集》20卷、《西山别录》1卷，皆佚。《宋元学案》列其入《涑水学案》。事迹见《宋史》卷三四一本传、范祖禹《同知枢密院赵公神道碑》（《范太史集》卷四一）。

李常卒（1027— ）。常字公择，南康建昌人。皇祐元年进士，调江州判官。熙宁中为右正言，知谏院。与王安石友善，但反对新法。哲宗时累官御史中丞，加龙图阁直学士。曾建议分诗赋、经义为两科取士。因上书论蔡确事，出知邓州。著有文集、奏议60卷、《诗传》10卷、《元祐会计录》30卷等，皆佚。《宋元学案》列其入《范吕诸儒学案》。事迹见《宋史》卷三四四本传、苏颂《龙图阁直学士知成都府李公墓志铭》（《苏魏公文集》卷五五）。

孙觉卒（1028— ）。觉字莘老，江苏高邮人。少从胡瑗学。皇祐元年进士，调合肥主簿。后进馆阁校勘，擢右正言，历知谏院、同修起居注、知审官院。初与王安石友善，为王安石荐用，后因政见不同，出知广德军。徙湖州、庐州等。精于《春秋》，著有《春秋经解》15卷、《春秋经社要义》6卷、《春秋学纂》12卷、《奏议》12卷、《外集》10卷、文集40卷。今存《春秋经解》15卷、《孙莘老先生奏议事略》1卷、补遗1卷。《宋元学案》列其入《安定学案》。事迹见《宋史》卷三四四本传。清茆泮林编有《宋孙莘老先生年谱》。

按：孙觉得胡瑗《春秋》之学，两人都以抑霸尊王为主。胡瑗的《春秋口义》5卷今已失传，其有关《春秋》学的思想观点，唯赖孙觉《春秋经解》以存大概。黄百家曰："先生之《春秋经解》，多主《谷梁》之说，而参以《左氏》、《公羊》及汉唐诸家之说，义有未安者，则补以所闻于安定，及己之独悟。晁公武称其议论最精，诚哉斯言。"（《宋元学案》卷一《安定学案》）此书有《四库全书》本、通志堂单刻本及汪刻丛书本传世。

司马康卒（1050— ）。康字公休，陕州夏县人。司马光之子。熙宁三年进士。曾协助司马光编修《资治通鉴》。官至著作佐郎兼侍讲。卒赠右谏议大夫。著有文集10卷，今佚。《宋元学案》列其入《涑水学案》。事迹见《宋史》卷三三六《司马光传》附传、范祖禹《直集贤院提举西京嵩山崇福宫司马君墓铭》（《范太史集》卷四一）。

陈与义（ —1138）、吴激（ —1142）、常同（ —1149）、洪兴祖（ —1155）生。

宋元祐六年　辽大安七年　夏天祐民安二年　辛未　1091年

正月己巳，命翰林学士兼侍郎范百禄权知贡举。天章阁待制、吏部侍郎兼侍读顾临，国子司业兼侍讲孔武仲同权知贡举。

诏五路进士及诸科明法人就试终场，零分不满十人许解一人，仍取文理优长者。

三月己巳，御集英殿，策试礼部奏名进士。

庚午，策试特奏名进士及武举。

壬申，试明经诸科、经律科，并诸科特奏名人。

癸酉，史官范祖禹、赵彦若、黄庭坚等上《神宗皇帝实录》，迁官有差。

按：因修《神宗实录》成，朝廷诏右正议大夫、端明殿学士、礼部尚书邓润甫，朝请大夫、翰林学士、知制诰赵彦若，左朝奉郎、给事中范祖禹，左朝请郎、宝文阁待制、知应天府曾肇，左朝奉大夫、天章阁待制、知杭州林希各迁一官。龙图阁待制、知颍州陆佃为龙图阁直学士，著作佐郎黄庭坚为起居舍人。

壬午，赐进士诸科马涓、朱谔、张庭坚以下及第、出身、同出身，假承务郎、文学总602人。

癸未，赐特奏名进士诸科刘必以下同出身，假承务郎、京府助教、文学323人，武举进士贾君文等23人。

四月乙未，诏复置通礼科，其解额分数及考校格式等，令礼部立法以闻。仍令太常寺将《开宝通礼》重行校定，送国子监颁行。

按：《宋史·选举志一》曰："六年，诏复通礼科。初，开宝中，改乡贡《开元礼》为《通礼》，熙宁尝罢，至是始复。凡礼部试，添知举官为四员，罢差参详官，而置点检官二十人，分属四知举，使协力通考；诸州点检官专校杂犯，亦预考试。"

五月丙寅，国子监言：乞今后补中、外舍生，榜出三日内不入学者，并落籍。从之。

六月甲辰,诏:国史院置修撰官二员,内长官兼知院事,检讨官一员。遂以翰林学士赵彦若、给事中范祖禹兼国史修撰,内赵彦若兼知院事。

丙午,诏苏轼撰《上清储祥宫碑》。

八月己酉,诏修《神宗宝训》。

是月,改宗正属籍曰《宗藩庆系录》。

九月癸巳,策贤良方正能直言极谏科。

十月癸酉,御史中丞郑雍、侍御史杨畏上言刘挚党人姓名。

按:其开列的刘挚党人有:王岩叟、刘安世、韩川、朱光庭、赵君锡、梁焘、孙升、王觌、曾肇、贾易、杨康国、安鼎、张舜民、田子谅、叶仲、赵挺之、盛陶、龚原、刘概、杨国宝、杜纯、杜纮、詹适、孙谔、朱京、马传庆、钱世荣、孙路、王子韶、吴立礼,凡30人。

十月,辽命燕国王耶律延禧为天下兵马大元帅,总北南院枢密使事。

十一月,宋颁行《元祐观天历》。

是年,宋诏定校勘书籍官员之工作定量。雠校旧本者,有注错多者,长功日十纸,中功日九纸,短功日八纸;错少加二纸;无注又加二纸;再校各加初校三纸。其正字刊正,各校三纸。

按:当时对校书改字的方法、勘改错误和句读的格式,也有详细规定。据《南宋馆阁录》卷三《储藏》记载:"诸字有误者,以雌黄涂讫,别书。或多字,以雌黄圈之;少者,于字旁添入;或字侧不容注者,即用朱圈,仍于本行上下空纸上标写。例置,于两字间书乙字。诸点语断处,以侧为正;其有人名、地点、物名等合细分者,即于中间细点。"宋代规定的校勘方法和格式,曾长期为官方和士大夫所沿用。

宋朝向高丽寻求在国内已佚的中国古籍,求书目录达128种,共计4913卷。

苏轼正月由杭州知府内调为翰林学士承旨,为洛党贾易、朱光庭等所攻,八月除龙图阁学士,出知颍州。

按:苏轼自杭州召还,未几,侍御史贾易复弹劾苏轼元丰末在扬州,闻先帝厌代作诗,及草吕惠卿制,皆"谤怨先帝,无人臣礼"。御史中丞赵君锡亦继演之。太后怒,罢贾易知宣州,赵君锡知郑州。吕大防请并苏轼两罢,乃出苏轼知颍州,寻改知扬州。

贾易八月戊子朔上疏言:"苏轼顷在扬州题诗,以奉先帝遗诏为'闻好语',草吕大防制云'民亦劳止',引用厉王诗,以比熙宁、元丰之政。弟辙早应制科,试文缪不及格,幸而滥进,与轼皆谤怨先帝,无人臣礼。"(《资治通鉴后编》卷九〇)壬辰,诏苏轼以龙图阁学士知颍州。

吕惠卿五月庚辰除中散大夫、光禄卿、分司南京,翰林学士承旨苏轼兼侍读。

苏辙二月为尚书右丞。十一月罢知绛州。

按:苏辙除命既下,右司谏杨康国奏曰:"辙之兄弟,谓其无文学则非也,蹈道则非也。其学乃学为仪、秦者也,其文率务驰骋,好作为纵横捭阖,无安静理。陛下若悦苏辙文学而用之不疑,是又用一王安石也。辙以文学自负而刚很好胜,则与安石无异。"(《宋史纪事本末》卷一〇)不报。

宋元祐六年　辽大安七年　夏天祐民安二年　辛未　1091年

苏辙闻张方平卒，十二月作《赠司空张公安道挽词》、《祭张宫保文》，并作《乞赐张宣徽谥札子》，为张方平请谥。

李清臣、苏轼、范百禄联名推荐贺铸"老于文学，泛观古今，词章议论，迥出流辈"（《中吴纪闻》卷三），使贺铸由武官改为文官。

黄庭坚因修《神宗实录》成，擢为起居舍人；六月母亲去世，护柩还乡，在家守孝。

张耒六月罢著作郎，除秘书丞；十一月除著作郎兼国史院检讨官。

秦观七月由博士迁正字，八月因贾易诋其"不检"罢正字，依旧校对黄本书籍。

刘挚二月为尚书右仆射兼中书侍郎，十一月乙酉朔罢为观文殿大学士、知郓州；给事中朱光庭谓刘挚有功大臣，一旦以疑而罢，天下不见其过，言者以朱光庭为刘挚党，亦罢知亳州。

按：先是，蔡确之贬，邢恕亦谪监永州酒税，以书抵刘挚。刘挚故与邢恕善，答其书，内有"永州佳处，第往以俟休复"之语。排岸官茹东济曾有求于刘挚而不得，见其书，阴录之以示中丞郑雍和殿中侍御史杨畏。二人因笺释其语，上之，曰："'休复'者，语出《周易》。'以俟休复'者，俟他日太皇太后复子明辟也。"又章惇诸子故与刘挚子游，刘挚亦间与之接。郑雍、杨畏遂谓刘挚延见接纳，为牢笼之计，以冀后福，且论王岩叟、梁焘、刘安世、朱光庭等30人皆其死友。于是太后面斥刘挚，刘挚遂罢知郓州。给事中朱光庭上书为刘挚申辩，被目为一党，亦罢知亳州（《宋史·刘挚传》）。

王安礼正月由知蔡州改知舒州。

王岩叟二月除签书枢密院事。

吕大防三谒特授右正议大夫。

吕大防三月欲任命福建人陈轩为起居舍人，刘挚则认为江西人黄庭坚、孔武仲更合适，双方发生争执。

韩川时为中书舍人，四月辛亥上言："奉诏从薛绍彭请，赐薛向两字碑石，送臣撰者。窃以国朝褒异大臣，赐以碑名，必有勋业德义，非应子孙之求也。向虽曾任执政，止是财利之臣，无取于清议，乞罢赐碑名，并自今臣僚之家不许陈乞碑额。其勋德显著者，从朝廷特赐；或委三省考其可赐者，具奏取旨。"从之（《续资治通鉴长编》卷四五七）。

张方平七月复宣徽南院使致仕。

孔平仲四月充秘阁校理、提点江浙铸钱。

宗泽登进士第，廷对极陈时弊，考官恶其直，寘末甲，调大名馆陶尉。

晁补之以秘阁校理通判扬州。

周行己登进士第，后官至秘书省正字。

苏迨、苏过应礼部试落第。

杭州路刊刻《资治通鉴》294卷。

李诫编修《营造法式》34卷、《看详》1卷。

按：是书为北宋官方颁布的一部有关建筑设计和施工的规范书，也是中国文化古籍中论述和保存最完整的一部建筑技术专书。晁公武《郡斋读书志》卷七曰："熙

阿拉伯A·M·格扎里于是年始著《关于哲学家、……》。

宁中,敕将作监编修营造法式。诚以为未备,乃考究经史,询访匠工,以成此书,颁于列郡。世谓喻皓《木经》极为精详,此书盖过之。"

<blockquote>法国罗马天主教徒、伯尔拿派创始人克勒窝的伯尔拿(—1153)生。</blockquote>

张方平卒(1007—)。方平字安道,号乐全居士,应天宋城人。景祐元年,举茂才异等,为校书郎,知昆山县;又中贤良方正,迁著作佐郎,通判睦州。后累官参知政事、御史中丞。卒谥文定。著有《乐全集》40卷、《玉堂集》20卷。今存《乐全先生文集》40卷、附录1卷。《宋元学案》列其入《高平学案》。事迹见《宋史》卷三一八本传、苏轼《张文定公墓志铭》(《东坡后集》卷一七)。

僧元净卒(1011—)。元净俗姓徐,字无象,于潜人。曾主持杭州上下二天竺,学徒甚众。神宗元丰中,赐紫衣及辨才大师之号。苏轼、秦观等皆与之唱和。

刘彝卒(1022—)。彝字执中,福州闽县人。师从胡瑗。庆历六年进士,为邵武尉,调高邮簿。神宗时除都水丞,为两浙转运判官,虔、桂二州知州等职。著有《周易注》、《七经中义》170卷、《明善集》30卷、《居阳集》30卷等,皆佚。《宋元学案》列其入《安定学案》。事迹见《宋史》卷三三四本传。

傅尧俞卒(1024—)。尧俞字钦之,郓州须城人,后徙孟州济源。历任新息知县、太常博士、监察御史、起居舍人、江宁知府、御史中丞、中书侍郎等。绍圣中,入党籍,后除籍。谥献简。著有《傅献简集》7卷、《奏议》4卷,已佚。清傅以礼辑为《傅献简公奏议》4卷、《草堂集》1卷。《宋元学案》列其入《涑水学案》。事迹见《宋史》卷三四一本传。

邓肃(—1132)、刘勉之(—1149)、徐兢(—1153)、石泰(—1158)、张元幹(—1161)、张遵(—约1175)、郭雍(—1187)生。

宋元祐七年　辽大安八年　夏天祐民安三年
壬申　1092年

<blockquote>塞尔柱突厥帝国苏丹马利克沙一世卒,诸子分立,帝国分裂。

法国经院哲学家洛色林的唯名论三神观在宗教会议上被作为异端加以排斥。</blockquote>

二月乙丑,诏编修枢密院条例官就编《经武要略》。

按:初,熙宁中,枢密使文彦博等言,请置局编修《经武要略》,至熙宁八年,功未毕而罢。至是,复命官编修,俾终其事。

三月己丑,诏秘书省校对黄本书籍官,承务郎以上到任三年为一任,与除正字;选人并依太学博士条改官。

诏将作监编修《营造法式》共251册,内净条116册,许令颁降。

四月甲寅,诏尚书左丞苏颂撰《浑天仪象铭》。

五月癸巳,诏秘阁试制科论题,于《九经》兼正史、《孟子》、《扬子》、《荀子》、《国语》并注内出,其正义内毋得出题。

宋元祐七年　辽大安八年　夏天祐民安三年　壬申　1092年

十九日，秘书省言高丽所献书多异本，馆阁所无，诏降付秘书省，仍令本省誊写、校正二本，送中书省、尚书省；及别誊写、校正二本，送太清楼、天章阁收藏。

按：校勘域外所献之书，是北宋百余年间仅见的一次。

六月甲子，置广文馆解额，以待四方游士之试京师者。

戊辰，浑天仪象成，诏三省枢密院官阅之。

七月癸巳，命翰林学士范祖禹、枢密直学士赵彦若修《神宗皇帝正史》。宰相吕大防提举，著作佐郎张耒编修，限一年毕。

己酉，诏诸路安抚、钤辖司，并西京、南京，各赐《资治通鉴》一部。

是年，辽放进士寇尊文等53人。

程颐服丧期满，朝廷原拟命其为馆职判检院，因苏轼、苏辙兄弟反对，遂于三月除左通直郎直秘阁，权判西京国子监。程颐辞不受。五月管勾崇福宫，八月申河南府，乞寻医。

按：初，程颐表请归田里，言："道大则难容，节孤者易踬。入朝见嫉，世俗之常态；名高毁甚，史册之明言。如臣至愚，岂免众口！"又曰："前日朝廷不知其不肖，使之劝学。人主不用，则亦已矣，若复无耻以苟禄位，孟子所谓是为垄断也，儒者进退，当如是乎！"（《资治通鉴后编》卷九〇）及崇福命下，程颐即承领敕牒，但称疾不拜。假满百日，亟寻医，讫不就职。

游酢、杨时是冬以师礼见程颐于洛阳，"一日先生坐而瞑目，二子侍立不敢去。久之，先生乃顾曰：'二子犹在此乎？日暮矣，姑就舍。'二子者退则门外雪深尺余矣"（《宋名臣言行录》外集卷三）。

按：此即著名的"程门立雪"的故事。

程颐上表辞直秘阁，御史董敦逸摭其有怨望语，程颐因改授管勾崇福宫。

范祖禹四月己卯言："程颐经术、行义，天下共知，司马光、吕公著与颐相知二十余年，然后举之。此二人者，非为欺罔，以误圣聪也。颐在经筵，切于皇帝陛下进学，故其讲说语常繁多，草茅之人，一旦入朝，与人相接，不为关防，未习朝廷事体，迂疏则固有之，而言者谓颐大佞大邪，贪黩请求，奔走交结；又谓颐欲以故旧倾大臣，以意气役台谏，其言皆诬罔非实也。盖当时台谏官王岩叟、朱光庭、贾易皆素推服颐之经术，故不知者指以为颐党。陛下慎择经筵之官，如颐之贤，乃足以辅导圣学。至如臣辈，叨备讲职，实非敢望颐也。臣久欲为颐一言，怀之累年，犹豫不果，使颐受诬罔之谤于公正之朝，臣每思之不无愧也。今臣已乞去职，若复召颐劝讲，必有补圣明。臣虽终老在外，亦无憾矣。"（《历代名臣奏议》卷一三九）

按：初，程颐在经筵，苏轼在翰林，二人互相非毁，程颐竟罢去。至是程颐服阕，三省言宜除馆职，判检院苏辙进曰："颐入朝，恐不肯静。"太皇太后从其言，故程颐不复召，于是范祖禹有是言（《太平治迹统类》卷二五）。

苏轼二月以龙图阁学士由颍州改知扬州，与通判晁补之共理邑政，相互唱和；八月以兵部尚书召还汴京，引荐晁补之还朝任著作佐郎。苏轼至京参与郊祀大典，进官端明殿学士、翰林侍读学士、礼部尚书，此为苏轼一生中最高的官位。

苏辙六月为太中大夫、守门下侍郎。八月张方平安葬，再著《再祭张宫保文》。

顾临、范祖禹、范纯礼、彭汝砺、曾肇、孔仲武等九月参与议郊祀典礼。

王岩叟四月被劾为刘挚一党，罢知郑州。

吕大防四月奉命为皇后六礼使，六月为右光禄大夫。

苏颂六月为尚书右仆射兼中书侍郎。

范百禄六月自翰林学士除中书侍郎。

王存时为吏部尚书，因朝廷朋党之说甚盛，遂为帝言："人臣朋党，诚不可长，然或不察，则滥及善人，东汉党锢是也。庆历中，或指韩琦、富弼、范仲淹、欧阳修为朋党，赖仁宗圣明，不为所惑。今复有进此说者，愿陛下察之。"（《资治通鉴后编》卷九〇）由是与用事者不合，诏王存出知大名府，辞之，改杭州。

梁焘、郑雍六月为尚书左、右丞。

范祖禹荐孔武仲进讲读，孔武仲十月以中书舍人兼直学士院。

韩忠彦六月知枢密院事。

刘奉世六月签书枢密院事。

邹浩七月除太学博士。

陈师道有诗寄王直方。

贺铸由苏轼等荐，为承事郎，监北岳庙。

吕陶十月为起居舍人，苏轼来其家，见文同画，有赞。

米芾知雍丘。

王子韶为秘书少监，迎伴辽使。

佛徒清觉周游四方，是年至杭州，初住灵隐寺，后移居灵隐寺后的白云庵，始创白云宗。

吕大临著《考古图》10卷成书。
  按：是书为我国现存最早而系统的古器物图录专著。

孙逢吉著《职官分纪》50卷，秦观为序。

西班牙犹太诗人、旅行家、新柏拉图派哲学家、天文学家、犹太圣经注疏家亚伯拉罕·伊本·埃斯拉（—1167）生。

高赋卒（1009— ）。赋字正臣，中山人。景祐元年进士，四迁为太常博士，历知庆成、衢、唐、沧、潞、蔡、郓七州军。累迁集贤院学士，在朝多所建明。以通议大夫致仕，居襄阳。著有《事类书钞》100卷、《刀笔》20卷、《高赋奏议》5卷、《白云集》10卷、《杂文》10卷等，皆佚。事迹见《宋史》卷四二六本传、范祖禹《集贤院学士致仕高公墓志铭》（《范太史集》卷四三）。

郑穆卒（1018— ）。穆字闳中，福州侯官人。与陈襄、陈烈、周希孟友，号"古灵四先生"。皇祐五年进士，为寿安主簿。召为国子监直讲，除编校集贤院书籍。元祐初为国子监祭酒。著述不传。《宋元学案》列其入《古灵四先生学案》。事迹见《宋史》三四七本传。

按：《宋史·陈襄传》曰："少孤，能自立，出游乡校，与陈烈、周希孟、郑穆为友。时学者沉溺于雕琢之文，所谓知天尽性之说，皆指为迂阔而莫之讲。四人者始相与倡道于海滨，闻者皆笑以惊，守之不为变，卒从而化，谓之'四先生'。"

吕大临卒（1040— ）。大临字与叔，号芸阁，京兆蓝田人。吕大防弟。初学于张载，后从程颐等游，与谢良佐、游酢、杨时号称"程门四先生"。通六经，精于《礼记》。元祐中为太学博士，迁秘书省正字，得范祖禹推荐，未及用而卒。所著尚有《易章句》1卷、《论语解》10卷、《孟子讲义》14卷、《礼记传》16卷、《考古图释文》10卷、《西铭集解》1卷、《老子注》2卷、《大学解》1卷、《中庸解》1卷、《玉溪集》28卷、《玉溪别集》10卷等。《宋元学案》列其入《吕范诸儒学案》。今人陈俊民将吕大临与其他吕氏（大忠、大钧、大防等）遗作，共同辑成《蓝田吕氏遗著辑校》，有中华书局1993年铅印本。事迹见《宋史》卷三四〇《吕大防传》附传。

按：朱熹认为，程门高弟，不止谢良佐、游酢、杨时、尹焞、侯仲良、郭忠孝等人，"如刘质夫（绚）、李端伯（籥）、吕与叔（大临）诸公，所造尤深，所得尤粹"（《晦庵集》卷六四《答或人》）。

张九成（ —1159）、葛立方（ —1164）、僧可观（ —1182）生。

宋元祐八年　辽大安九年　夏天祐民安四年　癸酉　1093年

正月庚子，颁高丽所献《黄帝针经》9卷于天下。

按：是书原为《黄帝内经》的一部分，与《素问》9卷合成18卷，在中国已经失传。哲宗得书后即下旨："令秘书省选奏通晓医书官两三员校对，及令本省详定讫，依所申施行。"（《事实类苑》卷三一）

二月，高丽遣使买历代史及《册府元龟》等书，礼部尚书苏轼言宜却其请。省臣许之，苏轼又疏陈五害，极论其不可。诏书籍曾经买者听。

三月庚子，中书省因士子多已改习诗赋，太学生员总二千一百余人，而不兼诗赋者才八十二人，请科举恢复"祖宗法"，进士试诗赋、论、策三题。诏：来年御试，将诗赋举人复试三题；经义举人且令试策。此后全试三题。

按：《宋史·选举志一》曰："八年，中书请御试复用祖宗法，试诗赋、论、策三题。且言：'士子多已改习诗赋，太学生员总二千一百余人，而不兼诗赋者才八十二人。'于是诏：'来年御试，习诗赋人复试三题，专经人且令试策。'自后概试三题。帝既亲政，群臣多言元祐所更学校、科举制度非是，帝念宣仁保佑之功，不许改。绍圣初，议者益多，乃诏进士罢诗赋，专习经义，廷对仍试策。初，神宗念字学废缺，诏儒臣探

德意志亨利四世帝长子、共治德王康拉德叛乱。

讨，而王安石乃进其说，学者习焉。元祐禁勿用。至是，除其禁。四年，诏礼部，凡内外试题悉集以为籍，遇试，颁付考官，以防复出。罢《春秋》科，凡试，优取二《礼》，两经许占全额之半，而以其半及他经。既而复立《春秋》博士，崇宁又罢之。"

诏皇弟诸郡王、国公出就外学，各赐《九经》及《孟子》、《荀子》、《扬子》各一部，令国子监印给。

九月，太皇太后高氏卒，哲宗于十月亲政。

十二月，仿《唐六典》修官制。

杨时四月知浏阳县，五月以师礼见程颐于洛阳，留十日，往访游酢。

董敦逸、黄庆基时为御史，五月辛卯弹劾苏轼、苏辙兄弟不当，于是被罢为湖北、福建转运判官。中丞李之纯，御史杨畏，来之邵言二人诬陷忠良，其责太轻。诏各与知军差遣，董敦逸知临江军，黄庆基知南康军。

按：御史董敦逸、黄庆基言："苏轼为中书舍人时，草吕惠卿制词，指斥先帝。其弟苏辙相为表里，以紊朝政。"（《宋史纪事本末》卷一〇）苏辙上书为苏轼辩解，谓无诽谤先帝之意。于是罢董敦逸、黄庆基为湖北、福建路转运判官。

苏轼五月癸未同吕希哲、吴安诗、丰稷、赵彦若、范祖禹、顾临请以唐宰相陆贽《奏议》校正缮写进呈。

苏轼时为礼部尚书，六月甲寅乞知越州，诏不允。九月出知定州，十二月到任。李之仪入其幕府。

黄庭坚因吕大防推荐，七月为国史编修官，上表辞职，未赴任。

秦观迁国史院编修，授左宣德郎。与黄庭坚、张耒、晁无咎并列史馆，时人称"苏门四学士"。

陈师道刻意学佛。

苏颂为御史杨畏、来之邵、黄庆基等所论，三月罢右相，为观文殿大学士、集禧观使，九月出知扬州。

范祖禹时为翰林侍讲学士、国史院修撰，正月上《荐陈祥道仪礼解札子》言："太常博士陈祥道《注解仪礼》三十二卷，精详博洽，非诸儒所及。乞下两制看详，并所进《礼图》付太常，以备礼官讨论。"（《范太史集》卷二四）从之。四月奉命依先朝故事止兼侍讲。

按：陈祥道另著有《礼书》150卷，《四库全书总目提要》曰："李廌《师友纪谈》称其许少张榜登科，又称其元祐七年进《礼图》、《仪礼注》，除馆阁校勘。明年用为太常博士，赐绯衣，不旬余而卒。又称其仕宦二十七年，止于宣郎。《宋史》则作官至秘书省正字。然晁公武《读书志》载是书，亦称'左宣义郎太常博士陈祥道撰'，与廌所记同。廌又称'尝为《礼图》一百五十卷，《仪礼说》六十余卷，内相范公为进之，乞送秘阁及太常寺'，陈振孙《书录解题》则称'元祐中表上之'，晁公武则称'朝廷闻之，给札缮写奏御'。《宋史·陈旸传》则称礼部侍郎赵挺之上言：'旸所著《乐书》二十卷（案《乐书》实二百卷，《宋史》字误），贯穿明备，乞援其兄祥道进《礼书》故事给札'。则廌、振孙所记为确，公武'朝廷闻之'之说非其实也。其中多掊击郑学，如论庙制，引《周官》、《家语》、《荀子》、《谷梁传》谓天子皆七庙，与康成天子五庙之说异；论禘祫谓圜丘自圜丘，禘自禘，力破康成禘即圜丘之说；论禘大于祫并祭及亲庙，攻康成禘小祫大，祭不及亲庙之说；辨上帝及五帝，引《掌次》文，辟康成上帝即五帝之说。盖祥道与陆佃皆王安石客（案祥道为王安石之徒，见晁公武《读书志》祥道《论语解》条下）。安石说经，既创造新义，务异先儒，故祥道与陆佃，亦皆排斥旧说。佃《礼象》今不传，惟神宗时详定郊庙礼文诸议，今尚载《陶山集》中，大抵多生别解，与祥道驳郑略同。盖一时风气所趋，无庸深诘。然综其大致，则贯通经传，缕析条分，前说后图，考订详悉。陈振孙称其论辨精博，间以绘画，唐代诸儒之论，近世聂崇义之图，或正其失，或补其阙。晁公武，元祐党家，李廌，苏门宾客，皆与王氏之学异趣，公武则称其书甚精博，廌亦称其礼学通博，一时少及，则是书固甚为当时所重，不以安石之故废之矣。"

范祖禹十一月庚寅上言："熙宁之初，王安石、吕惠卿造立三新法，悉变祖宗之政，多引小人以误国，勋旧之臣屏弃不用，忠正之士相继远引。又用兵开边，结怨外夷，天下愁苦，百姓流徙。赖先帝觉悟，罢逐两人；而所引群小已布满中外，不可复去。蔡确连起大狱，王韶创取熙河，章惇开五溪，沈起扰交管，沈括、徐禧、俞允、种谔兴造西事，兵民死伤皆不下二十万。先帝临朝悼悔，谓朝廷不得不任其咎。"（《资治通鉴后编》卷九〇）

范纯仁正月复太中大夫，七月以观文殿大学士为尚书右仆射兼中书侍郎。

李清臣三月被任为吏部尚书，苏辙论其不可。

杨畏欲使苏辙为相，因与来之邵上疏论范纯仁暗猥，不可复相，不报。

杨畏时为礼部侍郎，十二月密奏万言，具陈神宗建法之意及王安石学术之美，并以为章惇、安焘、吕惠卿、邓润甫、李清臣等可用。哲宗召章惇为资政殿学士，吕惠卿为中大夫，王中正复遥授团练使。

按：给事中吴安诗不书章惇录黄，中书舍人姚勔不草吕惠卿、王中正诰词，皆不听。刘安世极谏章惇等不可用，贬出知成德军。

米芾时为雍丘县令，在苏轼赴定州时，曾请苏轼赴宴，两人喝酒写字，"俱自以为平日书莫及也"（《六艺之一录》卷三四四）。

范百禄引用吕陶等川人，黄庆基三月劾之。

邹浩四月出为襄州州学教授。

辽僧通理大师与弟子善定在云居寺发起授戒大法会，募集民间资财，再次续刻房山石经。

范祖禹著《仁皇训典》6卷成。
钱乙著《小儿药证直诀》成。
董汲编成《斑疹备急方论》1卷，钱乙为之改序。
吴炎校刻《东莱标注老泉先生文集》12卷由建阳书坊刻印成书。

石牧之卒（1015— ）。牧之字圣咨，新昌人。庆历二年进士，试校书郎，移天台令，时与王安石、陈襄号"江东三贤宰"。后知温州。著有《易论》、《解经训传》等，皆佚。事迹见苏颂《朝议大夫致仕石君墓碣铭》（《苏魏公文集》卷五五）。

蔡确卒（1037—）。确字持正，泉州晋江人。嘉祐四年进士。初附王

阿拉伯神学家安萨里约于是年始著《哲学家的矛盾》，促进命题逻辑的发展。

安石，擢监察御史里行。及王安石罢相，即疏其过失。元丰五年，拜尚书右仆射，屡兴罗织之狱。哲宗立，升左仆射。御史刘挚、王岩叟连劾其罪，罢相出知陈州，又夺职徙安州。因游车盖亭赋诗涉谤讪太后，贬为英州别驾，新州安置，卒于贬所。《宋元学案》列其入《元祐党案》。事迹见《宋史》卷四七一《奸臣传》。

陈祥道卒（1054— ）。祥道字用之，一字祐之，福州闽清人。陈旸兄。治平四年进士。除国子监直讲，迁馆阁校勘，兼太常博士，官至秘书省正字。贯通经传，尤稽于《礼》。著有《论语全解》10卷、《礼书》150卷。《宋元学案》列其入《荆公新学略》。事迹见《宋史》卷四三二《陈旸传》附。

按：全祖望《陈用之论语解序》曰："荆公六艺之学，各有传者，考之诸家著录中，耿南仲、龚深父之《易》，陆佃之《尚书》、《尔雅》，蔡卞之《诗》，王昭禹、郑宗颜之《周礼》，马希孟、方悫、陆佃之《礼记》，许允成之《孟子》，其渊源具在，而陈祥道之《论语》，鲜有知之者，但见于昭德《晁氏读书志》而已。荆公尝自解《论语》，其子雱又衍之，而成于祥道。长乐陈氏兄弟深于礼乐，至今推之，乃其得荆公之传，则独在《论语》。昭德谓'绍圣以后，场屋皆遵此书'，则固尝颁之学官矣。诸家为荆公之学者，多牵于《字说》，祥道疏类独寡，为可喜也。况荆公父子之《论语》不传，而是书独存，亦已幸矣。"（《宋元学案》卷九八《荆公新学略》）《论语全解》有振绮堂抄本、《四库全书》本。

李若水（ —1127）、王文卿（ —1153）、李侗（ —1163）、王之道（ —1169）生。

宋元祐九年　绍圣元年　辽大安十年
夏天祐民安五年　甲戌　1094年

罗马教皇乌尔班第二因法王腓力一世离婚案而绝罚之。

三月乙酉，御集英殿，试进士，李清臣发策曰："今复词赋之选而士不知劝，罢常平之官而农不加富，可差可募之说纷而役法病，或东或北之论异而河患滋，赐土以柔远也而羌夷之患未弭，弛利以便民也而商贾之路不通。夫可则因，否则革，惟当之为贵，圣人亦何有必焉！"（《续资治通鉴》卷八三）

按：其意盖绌元祐之政，策言悟其指，于是绍述之论大兴，国是遂变。

丁酉，赐礼部奏名进士、诸科975人及第、出身。

按：时考官邓润甫、范祖禹、王觌取进士答策者，多主元祐。及杨畏复考，乃悉下之，而以主熙宁、元丰者置前列，拔毕渐为第一，赵谂第二，岑穰第三。

四月癸丑，李清臣、邓润甫倡议"绍述"。诏改元绍圣。渐复熙宁新法，召用新党被贬诸人，黜降元祐旧党，史称"绍圣绍述"。

甲辰，命中书舍人蔡卞同修国史，以国子司业翟思为左司谏，左朝奉郎上官均为左正言，右朝散郎周秩、左朝散郎刘拯并为监察御史。

宋元祐九年　绍圣元年　辽大安十年　夏天祐民安五年　甲戌　1094年

是月，诏王安石配享神宗庙庭。

命翰林学士承旨曾布修《神宗正史》。

闰四月癸酉，以井亮采言，罢十科取士法。

乙未，章惇提举修《神宗实录》、《国史》。

五月甲辰，宋罢诗赋取士，专用经义取士。仍除《字说》之禁。

己酉，诏以王安石《日录》参定《神宗实录》、《神宗正史》。

癸丑，诏中外学官，非制科、进士、上舍生入官者，并罢。

编类元祐群臣章疏及更改事条。

六月，因台谏交章论列，知永兴军吕大防降授右正议大夫、知随州；知青州刘挚落职，降授左朝议大夫、知黄州；知汝州苏辙降授左朝议大夫、知袁州。

甲申，礼部言太学博士詹文奏乞除去王安石《字说》之禁。从之。

七月丁巳，三省言："范纯仁、韩维朋附司马光，毁讪先帝，变乱法度，纯仁复首建弃地之议，滋养边患。"（《续资治通鉴》卷八三）诏范纯仁特降一官。是日，追夺司马光、吕公著等赠谥，贬吕大防、刘挚、苏辙、梁焘等官，诏谕天下。

　　按：元丰末，神宗尝谓辅臣曰："明年建储，当以司马光、吕公著为师保。"及公著卒，吕大防奉敕撰《神道碑》，首载神宗语，帝又亲题其额。及章惇、蔡卞欲起史祸，先于《日历》、《时政记》删去"以司马光、吕公著为师保"语，又请发光、公著冢，斫棺暴尸。三省同进呈，许将独不言。惇等退，帝留将问曰："卿不言，何也？"将曰："发冢斫棺，恐非盛德事。"帝曰："朕亦以为无益公家。"遂寝其奏。会黄履、张商英、周秩、上官均、来之邵、翟思、刘拯、井亮采，交章言光等畔道逆理，未正典刑，大防等罪大罚轻，未厌公论，凡十九疏。章惇悉以进呈，遂诏追光、公著赠谥，毁所立碑，夺王岩叟赠官，贬大防郢州居住，挚蕲州，辙筠州。曾布密疏请罢毁碑事，不报（《续资治通鉴》卷八三）。

九月丙午，策贤良方正能直言极谏科。三省同进呈张咸、吴俦、陈旸3人中第五等，推恩，帝曰："进士策文理有过于此者。"因诏罢制科（《资治通鉴学编》卷九一）。

十月丁亥，国子司业龚原奏："王安石在先朝时，尝进所撰《字说》二十二卷。乞差人就其家缮写定本，降付国子监雕印，以便学者传习。"诏可。学校举子之文，靡然从之，其弊自原始（《续资治通鉴》卷八四）。

　　按：龚原字深之，一作深父，处州遂昌人。少时尝与陆佃同从王安石学，以经术尊王安石，始终不易。著有《易传》10卷、《续解易义》17卷、《周礼图》10卷、《论语解》10卷、《孟子解》10卷、《颍川唱和诗》3卷、文集70卷。今存《周易新讲义》10卷，其余皆佚。

十一月壬子，特追复蔡确观文殿大学士。

十二月乙酉，辽改明年元曰寿昌。

甲午，三省同进呈台谏官前后章疏，言："实录院所修先帝《实录》，类多附会奸言，诋斥熙宁以来政事，乞重行罢黜。"帝曰："史官敢如此诞谩不恭，须各与安置。"诏："范祖禹安置永州，赵彦若澧州，黄庭坚黔州。"（《续资治通鉴》卷八四）

按：元祐间所修《神宗实录》被新党诬为"多诬"失实，参与修撰者多人遭贬。

是年，宋罢广文馆。

苏轼正月与李之仪论陶诗。四月御史虞策、殿中侍御史来之邵指责苏轼先前行吕惠卿制词时，"语涉讥讪"（《宋史·哲宗本纪二》），壬子，苏轼落两职（取消端明殿学士、翰林侍读学士），追一官（取消定州知州之任），以左朝奉郎知英州。诰命初下，虞策以为"罪罚未当"，又将苏轼降为充左承议郎（《太平治迹统类》卷二四）。六月在赴贬所途中，又被贬为建昌军司马，惠州安置。八月行至江西庐陵，又改贬为宁远军节度副使，仍惠州安置。苏过为苏轼幼子，时陪其父至惠州。

李清臣二月为门下侍郎，三月进士考试时出题指责元祐初年废除新法；苏辙上疏反驳，哲宗大怒，贬苏辙知汝州，再谪知袁州，未至，降秩贬居筠州。

按：苏辙谏曰："伏见策题力诋近岁行事，有绍复熙宁、元丰之意。""陛下若轻变九年已行之事，擢任累岁不用之人，怀私忿而以先帝为词，大事去矣！"帝览大怒，范纯仁从容为苏辙申辩，尚书右丞邓润甫越次进曰："先帝法度，为司马光、苏辙坏尽。"范纯仁亦加以驳斥。苏辙竟落职，知汝州（《宋史纪事本末》卷一〇）。

章惇四月为尚书左仆射兼门下侍郎。

按：时帝有绍复熙宁、元丰之志，首起章惇为相，于是专以绍述为国是，遂引蔡卞、林希、黄履、来之邵、张商英、周秩、翟思、上官均等居要职。

章惇请复行免役法，蔡京极力支持。

章惇既贬司马光等，又籍文彦博以下30人，将悉窜岭表，叶清臣反对，帝乃下诏曰："大臣朋党，司马光以下各以轻重议罚，其布告天下。"（《宋史纪事本末》卷一〇）因此苏颂获免，而梁焘只谪提举舒州灵仙观。

章惇以宰相召，道过山阳，与陈瓘适相遇。惇素闻瓘名，独请登舟，共载而行，访以当世之务，陈瓘问章惇，谁为君子？谁为小人？章惇以为当世急务，乃辨司马光为"奸邪"，即以打击司马光等元祐党人为急务（《续资治通鉴长编》卷四八五）。

周秩时为御史，首论司马光诬谤先帝，尽废其法，章惇、蔡卞请发冢斫棺，门下侍郎许将以为发人之墓，非盛德之事，哲宗乃不从，只令夺赠谥，扑所立碑。

司马光、吕公著七月夺所赠谥。

范纯仁因章惇为相，请去益力，乃以观文殿大学士出知颍昌府。

邓润甫二月为尚书右丞。

按：邓润甫首陈武王能广文王之声，成王能嗣文、武之道，以开绍述，故有是命。

张商英四月由淮南转运副使召为右正言，上疏攻击司马光、吕公著、刘挚、吕大防"援引朋俦，敢行讥议"，又指吕大防、梁焘、范祖禹为奸邪，以司马光、文彦博为负国（《资治通鉴后编》卷九一）。

按：张商英在元祐时，曾著《嘉禾颂》，以文彦博、吕公著比周公，又著文祭司马光，极其称美，至是乃追论其罪。

来之邵三月奏乞先逐宰相吕大防，"以破大臣朋党"（《资治通鉴后编》卷九一），哲宗从之。吕大防六月由知永兴军降授右正议大夫、知随州，七月降为行秘书监、分司南京、郢州居住。

范祖禹四月罢翰林学士，责授武安军节度副使。

> 按：时帝欲相章惇，范祖禹力言章惇不可用，遂罢。《宋史·邵伯温传》曰："绍圣初，章惇为相。惇尝事康节，欲用伯温，伯温不往。会法当赴吏部铨，程颐为伯温曰：'吾危子之行也。'伯温曰：'岂不欲见先公于地下耶？'至则先就部拟官，而后见宰相。惇论及康节之学，曰：'嗟乎，吾于先生不能卒业也。'伯温曰：'先君先天之学，论天地万物未有不尽者。其信也，则人之仇怨反覆者可忘矣。'时惇方兴党狱，故以是动之。惇悚然。犹荐之于朝，而伯温愿补郡县吏，惇不悦，遂得监永兴军铸钱监。时元祐诸贤方南迁，士鲜访之者。伯温见范祖禹于咸平，见范纯仁于颍昌，或为之恐，不顾也。"

蔡卞四月同修国史，戊辰上疏言："先帝盛德大业，卓然出千古之上，而《实录》所纪，类多疑似不根，乞验索审订，重行刊定，使后世无所迷惑。"（《宋史·蔡卞传》）诏从之，以蔡卞兼国史修撰。

> 按：蔡卞乃王安石女婿。其重修《神宗实录》时，曾从王安石从子王防所求王安石旧作《日录》，尽改正史。《宋史·蔡卞传》曰："初，安石且死，悔其所作《日录》，命从子防焚之，防诡以他书代。至是，卞即防家取以上，因芟落事实，文饰奸伪，尽改所修实录、正史，于是吕大防、范祖禹、赵彦若、黄庭坚皆获深谴。"

郭知章二月殿中侍御史，五月上疏弹劾司马光等人弃安疆、葭芦、浮图、米脂四寨与西夏，"外示以弱，突生戎心"，乞"列其名氏，显行黜责"。章惇随后开列司马光、文彦博以下11人主张放弃四寨的"挟奸罔上"的"奸党"名单，请予以"深治，帝以为然"（《资治通鉴后编》卷九一）。

刘挚六月降授左朝议大夫、知黄州；七月降为试光禄卿、分司南京、蕲州居住。

苏辙六月降授左朝议大夫，知袁州；七月降为试少府监、分司南京、筠州居住。

方天若建言将元祐大臣一切诛杀，子弟当禁锢，资产当籍没。

曾布原以户部尚书出知太原府，至是徙江宁，三月过京，留为翰林学士承旨；四月奉命修《神宗正史》；五月，请以王安石《日录》参定《神宗实录》、《神宗正史》；六月同知枢密院事。

吕惠卿闰四月癸巳由苏州知府改为江宁知府，十月为大名知府。

黄庭坚知宜州，又除知郑州，十二月因修《神宗实录》"多诬"而谪贬涪州别驾，黔州安置。

秦观坐元祐党籍，出通判杭州；闰四月又被刘拯劾以"影附苏轼，增损《实录》"（《资治通鉴后编》卷九一），贬监处州酒税。

陈师道罢颍州教授，三月为江州彭泽令，因母忧未赴任。

晁补之六月出知齐州，因二十一年前曾巩知齐州时多有惠政，遂访其遗文故事，重修北渚亭，著《北渚亭赋》。

吕本中随祖父吕希哲、父亲吕好问谪居和州，前后近七年。

张耒权知宣州。

吕陶三月除集贤院学士知陈州，五月改知河阳。

翟思闰四月上疏谓元祐间"吕大防提举《实录》，祖禹、庭坚等编修，刊落事迹，变乱美恶，外应奸人诋诬之说"（《文献通考》卷一九四），首起"神宗实录案"而劾之，元祐史官皆待罪陈留，逐一受审。

黄履五月为御史中丞。

按：元丰中，黄履为中丞，与蔡确、章惇、邢恕被时人谓之"四凶"，后被刘安世所论而出。至是，章惇复引用，打击元祐旧臣甚力。

林希四月为中书舍人。

按：以后凡元祐大臣贬黜之制，皆林希为之。《宋史》本传曰："自司马光、吕公著、大防、刘挚、苏轼、辙等数十人之制，皆希为之，词极其丑诋，至于'老奸擅国'之语，阴斥宣仁，读者无不愤叹。一日，希草制罢，掷笔于地曰：'坏了名节矣。'"

刘拯复为御史，言"元祐修先帝实录，以司马光、苏轼之门人范祖禹、黄庭坚、秦观为之，窜易增减，诬诋先烈，愿明正国典"。又言"苏轼贪鄙狂悖，无事君之义，尝议罪抵死，先帝赦之，敢以怨忿形于诏诰，丑诋厚诬。策试馆职，至及王莽、曹操之事，方异意之臣，分据要路，而轼问及此，传之四方，忠义之士，为之寒心扼腕。愿正其罪，以示天下。"时范祖禹等已被贬，苏轼亦谪英州（《宋史·刘拯传》）。

常安民十月为监察御史。

按：先是安民因召对言："元祐中进言者，以熙宁、元丰之政为非而当时为是；今日进言者，以元祐之政为非而熙宁、元丰为是；皆偏论也。愿陛下公听并观，无问新旧，惟归于当。"帝谓辅臣曰："安民议论公正，无所阿附。"（《续资治通鉴》卷八四）

周邦彦任溧水知县。

高茂华应博学宏词科试，为第一。与吕本中、韩驹、颜岐、饶节等为十友。

吕颐浩、李朴、洪刍、许景衡等同登进士第。

按：洪刍字驹父，南昌人。绍圣元年进士，靖康中官至谏议大夫，谪沙门岛以卒。著有《香谱》2卷。《四库全书总目提要》曰：是书"旧本不著撰人名氏。左圭《百川学海》题为宋洪刍撰。……所作《香谱》，《宋史·艺文志》著录。周紫芝《太仓稊米集》有《题洪驹父香谱后》曰：'历阳沈谏议家，昔号藏书最多者。今世所传《香谱》盖谏议公所自集也，以为尽得诸家所载香事矣。以今洪驹父所集观之，十分未得其一二也。余在富川作妙香察，永兴郭元寿赋长篇，其后贵池丞刘君颖与余凡五赓其韵，往返十篇，所用香事颇多，犹有一二事驹父谱中不录者'云云。则当时推重刍谱在沈立谱之上。然晁公武《读书志》称刍谱'集古今香法，有郑康成汉宫香、南史小宗香、真诰婴香、咸夫人迫驾香、唐员半千香。所记甚该博，然《通典》载历代祀天用水沉香，独遗之'云云。此本有'水沉香'一条，而所称'郑康成'诸条，乃俱不载，卷数比《通考》所载刍谱亦多一卷，似非刍作。沈立谱久无传本，《书录解题》有侯氏《萱堂香谱》二卷，不知何代人，或即此书耶？其书凡分四类：曰香之品，香之异，香之事，香之法，亦颇赅备，足以资考证也"。

邹括举进士，知宁化县。

郑侠约于是年再徙英州。

孔三传在熙宁至元祐间在东京瓦肆创演诸宫调。

宋元祐九年　绍圣元年　辽大安十年　夏天祐民安五年　甲戌　1094年

程颐著《礼序》。

蔡卞十二月进重修《神宗实录》。

吴缜著《新唐书纠谬》20卷成书，表进于朝。

按：吴缜字廷珍，成都人。英宗治平进士。以朝散郎知蜀州事。仁宗嘉祐中，欧阳修《新唐书》成，甚负时誉，缜独指摘其中讹误，著《新唐书纠谬》20卷。《四库全书总目提要》曰："其著此书，专以驳正《新唐书》之讹误，凡二十门，四百余事。初名《纠谬》，后改为《辨证》。而绍兴闲长乐吴元美刊行于湖州，仍题曰《纠谬》，故至今尚沿其旧名。王明清《挥麈录》称：欧阳修重修《唐书》时，缜尝因范镇请预官属之末。修以其年少轻佻拒之，缜怏怏而去。及新书成，乃指摘瑕疵，为此书。晁公武尝引张九龄为相事，谓其误有诋词。今观其书，实不免有意掊击。如第二十门'字书非是'一条，至历指偏旁点画之讹，以讥切修等。大都近于吹毛索瘢。然欧、宋之作新书，意主文章，而疏于考证，抵牾踳驳，本自不少。缜《自序》中所举八失，原亦深中其病，不可谓无裨史学也。今世所行刊本，第二十卷《柳宗元传》至《苏定方传》凡六条，皆全脱，而错入第六卷郭潜曜姓不同以下四条之文，重复舛误，已非完本。独两淮所进本尚属南宋旧椠，其《柳宗元传》六条，原文具在，谨据以订正焉。"另著有《五代史纂误》3卷等。宋代史部考证之学特别发达，出现了一批订讹纠谬的考史之作，《新唐书纠谬》是其代表作。

魏泰著《东轩笔录》15卷成书。

张舜民著《张浮休使辽录》2卷。

意大利神学家、哲学家安瑟伦始著《神为何化身为人》、《关于文法家的对话》、《寄给神的语言》、《真理论》、《驳希腊人论圣灵的发展》、《论三位一体的信仰》。

冯京卒（1021—　）。京字当世，鄂州江夏人。皇祐元年进士第一，授将作监丞，通判荆南军府事。历官翰林学士，知开封府。神宗时进参知政事，反对王安石新法。哲宗时以太子少师致仕。谥文简。著有文集1卷，今佚。事迹见《宋史》卷三一七本传。

邓润甫卒（1027—　）。润甫字温伯，别字圣求，建昌人。皇祐元年进士。熙宁中历编修中书条例、知制诰、御史中丞、翰林学士。哲宗时进翰林学士承旨，撰《神宗实录》。为梁焘所劾，出知亳州。哲宗亲政，首建"绍述"之说，拜尚书左丞。谥安惠。《宋元学案》列其入《高平学案》。事迹见《宋史》卷三四三本传。

范百禄卒（1030—　）。百禄字子功，成都华阳人。范镇从子。皇祐初进士，释褐应天府楚丘县主簿，为怀州武德令。历任秘书省著作佐郎、吏部郎中、中书舍人、翰林学士等官。著有《诗传》20卷，另有《荣国集》50卷、《奏议》6卷、《内制》5卷、《外制》5卷，今已佚。事迹见《宋史》卷三三七本传、范祖禹《资政殿学士范公墓志铭》（《范太史集》卷四四）。

道士陈景元卒（1035—　）。景元字太初，自称碧虚子，建昌军南城人。神宗时任右街副道录，著述甚多，有《上清大洞真经玉诀音义》、《西升经集注》、《南华真宗章句音义》、《冲虚至德真宗释文》、《元始无量度人上品妙经》、《碧虚子亲传直指》、《续高士传》等，均收藏于《正统道藏》中。其思想在宋代道家中颇有影响。

朱光庭卒（1037—　）。光庭字公掞，河南偃师人。朱景子。少从学于胡瑗、孙复,后师事程颐。嘉祐二年进士,调万年主簿。历左正言、左司谏右谏议、给事中,出知亳州。官至集贤殿学士。后入元祐党籍,追贬柳州别驾。著有《河南集》、《闻见录》、《皇极系述辩》、《皇极经世序》和《诬辩惑》等。《宋元学案》列其入《刘李诸儒学案》。事迹见《宋史》卷三三三《朱景传》附传、范祖禹《集贤院学士知潞州朱公墓志铭》(《范太史集》卷四三)。

按:程颐撰《祭朱公掞文》曰:"自予兄弟倡学之初,众方惊异。君时甚少,独信不疑。非夫豪杰特立之士,能如是乎?笃学力行,至于没齿,志不渝于金石,行可质于神明。在邦在家,临民临事,造次动静,一由至诚。上论古人,岂易其比。寨寨王臣之节,凛凛循吏之风,著见事为,皆可纪述。谓当大施于时,必得其寿。天胡难忱,遽止于此。七八年间,同志共学之人,相继而逝(原注:刘质夫、李端伯、吕与叔、范巽之、杨应之,相继而逝也)。今君复往,使予踽踽于世,忧道学之寡助,则予之哭君,岂特交朋之情而已。"(《二程文集》卷一二)

王岩叟卒(1044—)。岩叟字彦霖,大名清平人。嘉祐五年进士第一,调栾城主簿、泾州推官。官至枢密直学士、签书院事。与刘挚同为朔党领袖,反对新法。卒赠左正议大夫。绍圣初,追贬雷州别驾。著有《易传》、《诗传》、《春秋传》及《大名集》40卷,今佚。《宋元学案》列其入《范吕诸儒学案》。事迹见《宋史》卷三四二本传。

按:《宋史》本传曰:"司马康讲《洪范》,至'乂用三德',哲宗曰:'止此三德,为更有德。'盖哲宗自临御,渊默不言,岩叟喜闻之,因欲风谏,退而上疏曰:'三德者,人君之大本,得之则治,失之则乱,不可须臾去者也。臣请别而言之。夫明是非于朝廷之上,判忠邪于多士之间,不以顺己而忘其恶,不以逆己而遗其善,私求不徇于所爱,公议不迁于所憎。竭诚尽节者,任之当勿贰;罔上盗宠者,弃之当勿疑。惜纪纲,谨法度,重典刑,戒姑息,此人主之正直也。远声色之好,绝盘游之乐,勇于救天下之弊,果于断天下之疑,邪说不能移,非道不能说,此人主之刚德也。居万乘之尊而不骄,享四海之富而不溢,聪明有余而处之若不足,俊杰并用而求之如不及,虚心以访道,屈己以从谏,惧若临渊,怯若履薄,此人主之柔德也。三者足以尽天下之要,在陛下力行何如耳。'岩叟因侍讲,奏曰:'陛下退朝无事,不知何以消日?'哲宗曰:'看文字。'对曰:'陛下以读书为乐,天下幸甚。圣贤之学,非造次可成,须在积累。积累之要,在专与勤。屏绝它好,始可谓之专;久而不倦,始可谓之勤。愿陛下特留圣意。'哲宗然之。"

潘良贵(—1150)、周执羔(—1170)、金安节(—1170)生。

宋绍圣二年　辽寿昌元年　夏天祐民安六年
乙亥　1095年

十字军东征。
洛林歉收,大饥。

正月丙午,三省上言:"今进士既纯用经术,如诏诰、章表、赦敕、檄书、露布、戒谕之类,皆朝廷官守日用不可缺者,若不悉不习试,何以兼收文学博异之士。"于是别设宏词科,许进士登科者乞试。试者虽多,所取无过五人;词格超异者,特奏命官(《续资治通鉴》卷八四)。

二十一日，从刑部建议，学习法律者所需之书，必须有官吏担保方可出钱购买，冒领者按盗印法论罪。

按：《庆元条法事类》规定："诸雕或盗印律、敕令、格式、续降条制、历日者，各杖一百。许人告。"

是月，诏国史院增补先帝御集。

四月丁亥，诏依元丰条制置律学博士二员。

五月乙巳，命蔡卞详定国子监三学及外州州学制。

六月，元祐初减定除授正任以下俸禄递损，物数不多，哲宗命现行条令，皆罢去，并依元丰旧制。

应户部尚书蔡京之请，恢复青苗法。并命汇集熙宁、元丰青苗条约以示天下。

七月，诏以元丰例，添置官属。

九月，宋命府界诸路常平，并依元丰七年现行条制。

十一月，宋复置监察御史三人，分领六察（察户部、礼部、吏部、工部、刑部、兵部），不言事。

是月，日历所由门下省国史院还秘书省。

是年，辽放进士陈衡有等130人。

王安石被追谥文公，配享神宗庙庭。

蔡确追赠为太师。

苏轼正月为徐彦和画黄庭坚跋三画图后，三月和陶渊明《归园田居》六首，十月复著《重九和陶己酉九日诗》等。十一月有诏赦元祐臣僚，苏轼独不赦，且终身不徙。

苏辙是春开始复理旧学，从事著述，有《古史后序》。

吕大防二月以监修《神宗实录》"多诬"贬秩，追夺两官，分司南京，安州居住。

按：先是中丞黄履言赵彦若等修纂先帝《实录》，厚加诬毁，皆以窜逐，唯监修吕大防幸免，故有是命。

吕大忠加宝文阁直学士，知渭州。

韩维坐元祐党，安置均州。

曾布十二月乙酉言文彦博、刘挚、王存、王岩叟辈皆诋訾先朝，去年施行元祐之人多漏网者，章惇曰："三省已得旨，编类元祐以来臣僚章疏及申请文字，密院亦合编类。"帝以为然（《续资治通鉴》卷八四）。

龚原等三月甲辰言王安石尝进其子雱所撰《论语子义》、《孟子子义》，乞下国子监雕印颁行。

黄庭坚正月离陈留，前往黔州贬所。

陈师道三月丁母忧，归徐州安葬父母，遂寄居曹州。

晁补之二月贬为应天府通判，九月再改贬为亳州通判。

蔡京十月为翰林学士兼侍读。

常安民十月罢监察御史，出为滁州监酒税。

按：常安民论蔡京交结中官裴彦臣，排挤异己，若不早察，他日羽翼成就，悔之必晚。又论："今大臣为绍述之说，皆借此名报复私怨。张商英在元祐时，上吕公著诗求进，谀佞无耻，近乃乞毁司马光、吕公著神道碑。周秩为博士，亲定司马光谥为文正，近乃乞斫棺鞭尸。陛下察此辈之言，果出于公论乎！"又论章惇"颛国植党，乞收主柄而抑其权"。至是，御史董敦逸论常安民党于苏轼兄弟，遂出为滁州监酒税（《资治通鉴后编》卷九一）。

章惇言安焘与常安民相表里，安焘出知郑州。

章惇欲使吕大防等终身勿徙，范纯仁闻之上疏力谏，触怒章惇，遂落观文殿大学士，徙知随州。

苏颂拜中太乙宫使。

罗畸三月试博学宏词，著《高丽修贡表》、《欹器铭》，获第二名，授华州教授，召为太学录。

贺铸九月官江夏宝泉监。

阿拉伯 A·M·格扎里于1091年始著的《关于哲学家，……》成，提出领导者应具备公正、智慧、耐心、谦虚等品质才能受到人们的拥戴，并提出了管理者的品质和标准。

阿拉伯神学家、哲学家安萨里约于是年著《宗教科学的复兴》，阐述伊斯兰教的教义和实践。

邹浩著《论语解义》10卷、《孟子解义》14卷成。

苏辙著《古史》成，有《古史后序》。

苏过著《金光明经》成，苏轼作跋。

王辟之著《渑水燕谈录》10卷刊行。

李孝美著《墨谱》3卷，马涓、李元膺作序。

按：是书又称《墨苑》、《墨谱法式》，为研究古代制墨工艺的重要书。

李格非著《洛阳名园记》1卷。

按：是书记载作者亲历的洛中名园19所，详述各园林所在方位、景物特色及园主变迁等，反映了北宋园林的艺术水平及其特点、时代风尚。南宋邵博《邵氏闻见后录》载其全文。

陈贻范编《范公鄱阳遗事录》1卷。

沈括卒（1031—　）。括字存中，杭州钱塘人。嘉祐八年进士。神宗时累官太子中允，参与王安石变法。提举司天监时，观测天象，绘图多幅，改造仪器，撰浑仪、浮漏、景表三议；又在数学、物理学等科学领域里有贡献。著有《梦溪笔谈》30卷、《孟子解》1卷、《图书歌》1卷、《长兴集》41卷、《苏沈良方》10卷、《易解》2卷、《乐器图》1卷、《乐律》1卷、《春秋机括》1卷、《左氏记传》50卷、《字训》等。事迹见《宋史》卷三三一本传。今人胡道静编有《沈括事迹年表》、张家驹编有《沈括事迹编年》。

按：《宋史》本传称沈括"博学善文，于天文、方志、律历、音乐、医药、卜算无所不通，皆有所论著"。《四库全书总目提要》称他在北宋，"学问最为博洽，于当代掌故及天文、算法、钟律，尤所究心"。世界著名科学史家李约瑟称赞沈括为"中国整部科学史中最卓越的人物"，称他的《梦溪笔谈》为"中国科学史上的座标"。为了纪念沈括，1979年7月1日，中国科学院紫金山天文台将该台1964年发现的一颗小行星2027命名为沈括（《中国科学技术史》）。

乔执中卒（1033—　）。执中字希圣，高邮人。入太学，补为五经讲书。进士及第，调须城主簿。熙宁中，王安石引入编修《熙宁条例》，迁提举湖南常平。历任秘阁校理、中书舍人、给事中、刑部侍郎,出知郓州。著有《易说》10卷、《中庸义》1卷、《讲义》10卷等,今佚。事迹见《宋史》卷三四七本传。

宋绍圣三年　辽寿昌二年　夏天祐民安七年
丙子　1096年

四月丙戌,三省同奏事。

按:曾布曰:"司马光之内怀怨望,每事志于必改,背负先帝,情最可诛。"李清臣、许将曰:"文彦博教光云:'须尽易人,乃可举事'。"曾布曰:"臣元丰末在朝廷,见光进用,自六月秉政至岁终,一无所为。及阴引苏轼、苏辙、朱光庭、王岩叟辈,布满要路,至元祐元年二月,乃奏罢役法,尽逐旧人,然后于先朝政事无所不改。以此知大臣阴引党类,置之言路,蔽塞人主耳目,则所为无不如欲,此最为大患。"又曰:"誉光者乃闾巷小人耳。如王安石、臣兄巩,皆有学识之士,臣自少时,已闻两人者议论,以为光不通经术,迂僻不知义理,其它士大夫有识者,亦皆知之。"帝忻然听纳(《续资治通鉴》卷八四)。

七月庚戌,命依元丰职事官以行、守、试三等定禄秩。

乙卯,国子司业龚原言:"将来科场止令依旧专治一经。"从之(《资治通鉴后编》卷九一)。

十一月丁酉,监察御史兼殿中侍御史蔡蹈言:"近朝廷取太傅王安石所进《字说》付国子监雕板,以便学者传习;又以池州石𬤊、刘发尝受安石学,时令校正。乃有太学录叶承辄肆论列,自谓亲闻安石训释,令校对疑误,请同看详。按承身为学官,宜知分守,而乃离次侵官,干预本监之事。望赐睿旨,正其侵越之罪。"诏特属罚金六觔(《续资治通鉴长编拾补》卷一三)。

十二月甲戌,蔡京上《新修太学敕令式》。

苏轼二月《书柳子厚南涧诗》。七月侍妾王朝云病卒,为著《朝云墓志铭》、《悼朝云诗》,以抒发悲痛之情。

苏迈时为韶州仁化令,曾领诸孙来惠州看望苏轼。

苏轼在惠州时,"子由(苏辙)及诸相识皆有书,痛戒作诗";苏轼亦在《与程正辅书》中深感"其言切至,当焚砚弃笔,不但作而不出也。不忍违其忧爱之意,遂不作一字"(《东坡全集》卷八四)。

詹范时为惠州太守,对苏轼较为友好,曾携酒拜访苏轼。

欧阳修五月被追封为兖国公。

杨时是年再予程颐书,论《西铭》;又寄所著《史论》。

秦观坐"谒告写佛书",被削去官秩,由处州徙郴州(《宋史》本传)。

第一次十字军东侵。

范祖禹八月以在元祐中构造"诬谤"责授昭州别驾,贺州安置。

刘安世八月以在元祐中构造"诬谤"被贬为新州别驾,英州安置。

陈次升时为殿中侍御史,正月戊申上言:"臣闻差官编排元祐间臣僚章疏,仍厚赏以购藏匿,采之舆议,实有未安。"奏请"所有编排章疏指挥,乞行寝罢"(《资治通鉴后编》卷九一)。

按:《宋元学案》卷九六《元祐党案》曰:陈次升"三居言责,建议不苟合。刘元城安世称其有功于元祐人,谓能遏吕升卿之行也"。

孙谔时为右正言,正月上言:"知河中府杨畏,在元丰时,其议论皆与朝廷合;及元祐之末,吕大防、苏辙等用事,则尽变其趋而从之。绍圣之初,陛下躬亲总揽,则又欲变其趋而偷合苟容。天下谓之'杨三变'。"诏落杨畏职,依旧知河中(《续资治通鉴》卷八四)。

蔡京七月壬辰为翰林学士承旨。

邓洵武十月为《神宗正史》编修官。

杨时著《论西铭》、《史论》。

章惇上重修《神宗实录》。

贺铸编《庆湖遗老前集》9卷。

《千金翼方》、《金匮要略方》、《王氏脉经》、《补注本草》、《图经本草》刊刻。

按:叶德辉《书林清话》卷二曰:"绍圣三年开雕《千金翼方》、《金匮要略方》、《王氏脉经》、《补注本草》、《图经本草》等五件医书,末附国子监牒文云:'国子监(以下提行。)准(以下空一格。)监关准尚书礼部符,准绍圣元年六月二十五日(以下提行。)敕。中书省尚书省送到礼部状,据国子监状,据翰林医学本监三学看治任仲言状。伏睹本监先准(以下提行。)朝旨,开雕小字《圣惠方》等共五部出卖,并每节镇各十部,余州各五部,本处出卖。今有《千金翼方》、《金匮要略方》、《王氏脉经》、《补注本草》、《图经本草》等五件医书,日用而不可阙。本监虽见印卖,皆是大字,医人往往无钱请买,兼外州军尤不可得。欲乞开作小字,重行校对出卖,及降外州军施行。本部看详。欲依国子监申请事理施行,伏候指挥。六月二十三日奉(以下提行。)圣旨,依。奉敕如右。牒到奉行。都省前批六月二十六日未时付礼部施行。仍关合属去处主者。一依(以下提行。)敕命指挥施行。(以下元号年月日一行。)绍圣三年六月(以下空二格。)日雕。(以下列官衔人名八行。)集庆军节度推官监国子监书库向(宗恕)、承务郎监国子监书库曾(缲)、延安府临真县令监国子监书库邓(平)、颍川万寿县令监国子监书库郭(直卿)、宣义郎国子监主簿王(仲蘷)、通直郎国子监丞武骑尉檀(宗益)、朝散郎守国子监司业上轻车都尉赐绯鱼袋赵(挺之)、朝奉郎守国子司业兼侍讲云骑尉龚(原)。'"

德国圣维克多学派经院哲学家、神秘主义者圣维克多的嚣俄(—1141)生。

法国巴黎经院哲学家、神秘主义神学家雨格(—1141)生。

王安礼卒(1035—)。安礼字和甫,抚州临川人。王安石弟。嘉祐六年进士。以荐为著作佐郎、崇文院校书。历直舍人院,同修起居注。元祐中,加资政殿学士,历知扬、青、蔡州。与兄王安石政见不一。著有《王魏公集》20卷,今存8卷。《宋元学案》列其入《荆公新学略》。事迹见《宋史》卷三二七本传。

黄中(—1180)生。

宋绍圣四年　辽寿昌三年　夏天祐民安八年
丁丑　1097年

正月丙戌朔，宋颁行内外学制。

丙午，诏："绍圣二年十二月十五日类定姓名责降人之子孙弟侄，各不得住本州；其邻州内子孙，仍并与次远路分合入差遣，已授未赴并见任人并罢。"（《续资治通鉴》卷八五）

二月己未，追贬司马光、吕公著等官。又追夺赵瞻、傅尧俞谥号。

按：三省言："司马光、吕公著诋毁先帝，变更法度，罪恶至深，及当时同恶相济、首尾附会之人，偶缘身死，不及明正典刑，而亡没之后，尚且优以恩数及其子孙亲属，与见存者罪罚未称，轻重不伦。至于告老之人，虽已谢事，亦宜少示惩沮。"于是下制，追贬吕公著为建武军节度副使，司马光为清远军节度副使，王岩叟为雷州别驾，夺赵瞻、傅尧俞赠谥，追韩维子孙亲属所得荫补恩例，孙固、范百禄、胡宗愈各与恩例两人，余悉追夺（《续资治通鉴》卷八五）。

庚辰，诏罢春秋科。

癸未，流吕大防、刘挚等于岭南，贬韩维等31人官。

按：三省言："近降指挥，以司马光等各加追贬，其首尾附会之人，亦稍夺其所得恩数。谨按吕大防、刘挚、苏辙、梁焘等，为臣不忠，罪与光等无异，顷者朝廷虽尝惩责，而罚不称愆；内范纯仁又自因别过落职，于本罪未尝略正典刑。轻重失当，生死异罚，无以垂示臣子万世之戒。其余同恶相济、幸免失刑者尚多，亦当量罪示惩。"二月癸未制："吕大防责授舒州团练副使，循州安置；刘挚责授鼎州团练副使，新州安置；苏辙责授化州别驾，雷州安置；梁焘责授雷州别驾，化州安置；范纯仁责授武安军节度副使，永州安置。刘奉世、韩维、王觌、韩川、孙升、吕陶、范纯礼、赵君锡、马默、顾临、范纯粹、孔武仲、王汾、王钦臣、张耒、吕希哲、吕希纯、吕希绩、姚勔、吴安诗、晁补之、贾易、程颐、钱勰、杨畏、朱光庭、孙觉、赵高、李之纯、杜纯、李周等三十余人，或贬官夺恩，或居住安置，轻重有差。其郴州编管秦观，移送横州。"吕大防等责词，皆叶涛所草也（《续资治通鉴》卷八五）。

闰二月，诏：上清储祥宫御篆碑文，苏轼所撰，已令毁弃，宜使蔡京撰文并书。

壬辰，诏：通州居住王觌，改送袁州；孔文仲、鲜于侁、吴处厚，亦各追贬。

三月癸亥，赐礼部奏名进士何昌言等及诸科及第、出身共609人。考官为翰林学士林希、刑部侍郎徐铎、起居郎沈铢。

壬午，中书舍人、同修国史蹇序辰言："前日追正司马光等罪恶，实状具明，乞选官将奸臣所言所行事状，并取会编类，人为一本，分置三省、枢密院，以示天下后世之大戒。"从之（《续资治通鉴》卷八五）。由是旧党无一得脱。

按：时章惇议遣吕升卿、董必察访岭南，将尽杀流人。帝曰："朕遵祖宗遗志，未尝杀戮大臣，其释勿治。"（《宋史·刑法志二》）章惇不快，于是中书舍人蹇序辰上有

十字军攻尼西亚，罗姆苏丹国降，又进围安条克。

是疏。章惇、蔡卞请即命蹇序辰及直学士院徐铎编类。凡司马光等一时施行文书，据拾附著，纤细不遗，凡113帙，上之。由是缙绅之士无得脱祸者矣。

四月丁酉，进编臣僚章疏143帙。

丁亥，翰林学士承旨蔡京言："三学补试外舍法，春以三月，秋以八月。今来太学公试亦是同月，窃虑参杂。"诏补试外舍生，春用正月，秋以七月（《续资治通鉴长编》卷四八五）。

丙申，翰林学士权知贡举林希等言：应试举人止试策一道大略，欲乞依进士试策三道。诏自今发解省试，添试策一道。

五月丁丑，三省言："降授左朝议大夫致仕韩维，本以先帝东宫旧臣，在元丰末朋附司马光，最为尽力。"（《续资治通鉴长编》卷四八八）诏韩维责授崇信军节度副使致仕，筠州居住。

六月，诏修国史院录欧阳修所撰《濮庙议》一本进入。

九月丁卯，三省言："兵部侍郎黄裳言，今《九域志》所载甚略，愿诏职方取四方州郡山川、风俗、民事、地物、古迹之类，讲求其详，集为一书，以备《九域志》之阙。"诏秘书省录《山海经》等，送职方收藏，以备检阅（《续资治通鉴长编》卷四九一）。

十一月丁丑，诏放归田里人程颐送涪州编管。

> 按：先是宋哲宗与辅臣语及元祐事，曰："程颐妄自尊大，至欲于延和讲说，令太母同听。在经筵多不逊。虽已放归田里，可与编管。"故有是命（《续资治通鉴》卷八五）。

十二月辛丑，监察御史蔡蹈言："请下礼部，裒聚近年科场及国子监公试所出题目，编类成策，藏在礼部，每遇科场或国子监锁试，牒送考官照用。"从之（《续资治通鉴长编》卷四九三）。

是年，宋哲宗敕江宁府句容县三茅山经箓宝坛与信州龙虎山、临江军阁皂山，三山鼎峙，辅化皇图。

程颐二月追毁出身以来文字，放归田里；十一月被送至四川涪州编管，期间从事《伊川易传》的撰写。

> 按：其在涪州所著《伊川易传》，系统地论述了程颐的理学思想，是程朱学派的理学经典著作之一，其地位与朱熹的《四书集注》同样重要。程门大弟子尹焞说："先生平生用意，惟在《易传》。求先生之学，观此足矣。"（《经义考》卷二〇）杨时跋曰："伊川先生著《易传》，方草具未及成书，而先生得疾，将启手足以其书授门人张绎，未几，绎卒，故其书散亡，学者所传，无善本。政和之初，予友谢显道得其书于京师，示予，错乱重复，几不可读。东归待次毘陵，乃始校定，去其重复，逾年而始完。先生道学足为世师，而于《易》尤尽心焉。其微辞妙旨，盖有书不能传者，恨得其书晚，不及亲受旨训，其谬误有疑而未达者，姑存之以俟知者，不敢辄加损也。然学者得其书，得其意忘言可尔。"（《经义考》卷二〇）

谯定从学于程颐，得闻《易》学精义。

> 按：谯定字天授，涪州乐温县人，自号涪陵处士，长期隐居不仕。钦宗靖康初，以布衣召为崇政殿说书，川记不合，辞不就。学兼儒佛，长于《易》理，著有《易传》。《宋史》本传称其"《易》学得之程颐，授之胡宪、刘勉之，而冯时行、张行成则得定之余意者也"。朱熹谓张浚亦曾向谯定问学。《宋元学案》称谯定为"程门一大宗"。

宋绍圣四年　辽寿昌三年　夏天祐民安八年　丁丑　1097年

苏轼闰二月甲辰责授琼州别驾，移送昌化军（今海南儋县）安置，与子苏过在儋州住有三年。

> 按：昌化，故儋耳地。苏轼初至，僦官屋以居，有司犹谓不可，苏轼遂买地筑室，儋人运甓畚土以助之。苏轼独与幼子苏过相处，著书为乐，若将终身焉。

苏轼在惠州著《纵笔》诗，谓"白发萧散满霜风，小阁藤床寄病容。报道先生春睡美，道人轻打五更钟。"（《东坡诗集注》卷六）诗传至京师，章惇以为苏轼太快活，于是在四月将苏轼再贬至琼州。十二月检所和陶诗，得109篇，苏辙为之序。

司马光二月被追贬为清远军节度副使，四月又追贬为朱崖军司户。

薛昂、林自三月乞毁司马光《资治通鉴》板，太学博士陈瓘因策士引神宗所制序文以问，薛昂、林自议沮。

> 按：陈瓘时为太学博士。薛昂、林自之徒为正、录，皆蔡卞之党也，竟推尊安石而挤元祐，禁戒士人不得习元祐学术。下方议毁《资治通鉴》板，瓘闻之，用策士题，特引序文（指《资治通鉴》神宗序），以明神考有训。于是林自骇异，而谓瓘曰："此岂神考亲制耶？"瓘曰："谁言其非也？"又曰："神考少年之文尔。"瓘曰："圣人之学，根于天性，有始有卒。岂有少长之异乎？"林自辞屈愧歉，遽以告卞。乃密令学中置版高阁，不复敢议毁矣。瓘又尝为别试主文，林自复谓，蔡卞曰："闻陈瓘欲尽取史学，而黜通经之士，意欲沮坏国事而动摇荆公之学。"卞既积怒，谋将因此害瓘而遂禁史学（《宋名臣言行录》后集卷一三）。

吕公著二月被追贬为建武军节度副使，吕大防追贬为舒州团练副使，刘挚为鼎州团练副使，苏辙为化州别驾，范纯仁为武安军节度副使，安置于循、新、化、永四州。

胡安国登进士第，除荆南教授。

> 按：胡寅《先公行状》载，初，殿试考官定公策为第一，将唱名，宰执以无诋元祐语，遂以何昌言为首，选方天若次之，又欲以宰相章惇子次天若。时策问大要，崇复熙丰。公推明《大学》格物、致知、正心、诚意、修身、齐家、治国、平天下，以渐复三代为对。哲宗皇帝命左右再读之，谛听逾时，称善者数四，亲擢公为第三。

曾布闰二月知枢密院事。

苏颂以太子少师、观文殿大学士致仕。

黄庭坚有与杨惠明叔诗，云"文章者道之器也，言者行之枝叶也"，又云"以俗为雅，以故为新，诗人之奇也"（《山谷集》卷二六《山谷年谱》）。十二月甲辰移戎州。

秦观在郴州写有《踏莎行》（雾失楼台）词，是其代表作之一。是年又被编管广西横州。

> 按：秦观在横州时，虽被编管，仍设馆课徒，讲学传道，宋人刘受祖《海棠桥记》曰：士人"凡经指授，作文皆有法度可观"。秦观所作《宁浦（横州古称）书事》诗曰："挥汗读书不已，人皆怪我何求？我岂更求闻达，日长聊以消忧。"（《宋元诗会》卷二五）

叶梦得登进士第，任丹徒县尉。

文彦博二月由太师致仕贬为太子太保。

崔子方绍圣间三上疏乞置《春秋》博士，不报，乃隐居真州六和县，杜门著书三十余年，凡成《春秋经解》12卷、《春秋例要》、《春秋本例》20卷等数种。

按：崔子方字彦直，一字伯直，号西畴居士，涪州涪陵人。陈振孙《直斋书录解题》谓《春秋本例》"辨正三传之是非，而专以日月为例，则正蹈其失而不悟"。《四库全书总目提要》评《春秋本例》曰："考《宋史·艺文志》，子方《春秋经解》十二卷、《本例》、《例要》二十卷，知子方所著原本，此书与《本例》合并矣。朱彝尊《经义考》称《本例》、《例要》十卷，并存。而今通志堂刊之，《本例》则析目录别为一卷，以足二十卷之数，而《例要》阙焉。盖误以《本例》目录为《例要》，而不知其别有一篇。恐彝尊所见即为此本。故曰'并存'，亦误注也。今考《永乐大典》所载，虽分析为数十百条，系于各字之下，而衷辑其文，尚可相属。较通志堂本所载目录，一字不同，灼知为刊刻之误。谨编缀前后，略依《本例》次序，排纂成编，以还子方所著三书之旧焉。"

陈师道归徐州。

李清臣正月罢知河南府。

范祖禹闰二月自贺州徙宾州安置。

刘安世闰二月由英州移高州安置。

马默坐附司马光，落职致仕。

王珪四月被追贬为万安军司户参军。

刘奉世十一月被贬至柳州安置。

邢恕十月为御史中丞。

刘安上中进士。

朱辂中进士。时诏令开鼓铸，潭州使者欲改岳麓书院为之。辂抗言乡校不可毁，使者困之，辂不为惧，书院故不废。

李希绩入元祐党籍，贬光州居住。

葛次仲、葛胜仲兄弟同举进士。

马伸举进士。

按：马伸字时中，东平人。历西京法曹，因张绎求见程颐。时学禁方兴，程颐固辞，马伸毅然对曰："使伸得闻道，死何憾，况未必死乎！"遂受《中庸》以归(《宋史》本传)。

吴安诗坐附会元祐党人，责守濮州团练副使、连州安置。

法国经院哲学家洛色林著《致阿拉贝尔书》。

李诫奉敕重修《营造法式》。

文彦博卒(1006—)。彦博字宽夫，汾州介休人。天圣五年进士。历仕四朝，任将相五十年，封潞国公。卒谥忠烈。著有《尚书解》1卷、《尚书二典义》1卷及《潞公集》14卷。事迹见《宋史》卷三一三本传。

吕大防卒(1027—)。大防字微仲，京兆蓝田人。吕大忠之弟。皇祐九年进士。英宗时任监察御史。哲宗时官至尚书左仆射，封汲郡公，与文彦博、范纯仁、刘挚等同时执政，废除王安石新法。绍圣四年，贬舒州团练副使，循州安置。所著尚有《子美诗年谱》和《韩文年谱》等。《宋元学案》列其入《范吕诸儒学案》。事迹见《宋史》卷三四〇本传。

按：周采泉曰：《子美诗年谱》"原称《杜诗年月》，盖当日年谱之文体尚属创例也。杭世骏以为年谱始于宋代，其考证当可信。今世所存北宋人所著年谱，恐以汲公杜、韩两谱为滥觞，此不仅为杜甫年谱之第一种，亦为我国所有年谱之第一种"(《杜集书录》下卷)。

刘挚卒（1030—　）。挚字莘老，永静军东光人。嘉祐四年进士。任冀州南宫令，有政绩，为王安石所擢用；后与吕大防共同执政，废除新法。绍圣年间，屡被贬。精于《三礼》、《春秋》。著有《忠肃集》40卷，今存20卷。《宋元学案》列其入《泰山学案》。事迹见《宋史》卷三四〇本传、刘安世《忠肃集序》(《忠肃集》卷首)。

按：《宋史》本传曰："挚嗜书，自幼至老，未尝释卷。家藏书多自雠校，得善本或手抄录，孜孜无倦。少好《礼》学，其究《三礼》，视诸经尤粹。晚好《春秋》，考诸儒异同，辨其得失，通圣人经意为多。"

梁焘卒（1034—　）。焘字况之，郓州须城人。举进士第，编校秘阁书籍。迁集贤校理、通判明州，检详枢密五房文字。后以司马光党黜知鄂州，再贬少府监，分司南京；三贬雷州别驾，化州安置。著有《安南献议文字》5卷，又与顾临合著《总戎集》10卷，今皆佚。《宋元学案》列其入《泰山学案》。事迹见《宋史》卷三四二本传。

游师雄卒（1038—　）。师雄字景叔，武功人。从张载学。治平元年进士。历任德顺军判官、颍州团练推官、忠武军节度推官、军器监丞、权陕西转运副使、马步军都总管等。著有文集10卷、奏议20卷，今已佚。《宋元学案》列其入《吕范诸儒学案》。事迹见《宋史》卷三三二本传。

欧阳澈（　—1127）、朱松（—1143）、刘子羽（　—1146）、张浚（　—1164）、陈康伯（　—1165）、杨补之（　—1169）、姚孝锡（　—1179）生。

宋绍圣五年　元符元年　辽寿昌四年　夏永安元年　戊寅　1098年

二月丙申，诏：河北路转运副使吕升卿，提举荆湖南路常平等事董必，并为广南东、西路察访。

按：蔡京等究治同文馆狱，卒不得其要领，乃更遣吕升卿、董必二人至岭南，谋尽杀元祐流人。时朝廷犹未知刘挚、梁焘已死。已而知之，二人并罢。

四月丙戌，修国史提举官、尚书左仆射兼门下侍郎章惇等进《神宗皇帝正史纪》2册。

丙申，诏建显谟阁，藏《神宗皇帝御集》。

癸卯，诏学官增习两经。

丁未，《详定删修军马司敕例》成书，赐诏奖谕知枢密院事曾布、知定州韩忠彦。

五月辛亥，蔡京治同文馆狱毕，言刘挚等有司马昭之心，为同时之人所发，乞正典刑以及其子孙。诏："刘挚、梁焘，据文及甫等所供语言，偶逐人皆亡，不及考验，明正典刑。挚、焘诸子并勒停，永不收叙，仍各令于原指定处居住。"（《宋史·刑法志二》）

十字军陷埃德萨，又攻占安条克。十字军首领博希蒙德建安条克公国，另一位首领鲍德温建埃德萨伯国。

法国罗马天主教修士罗贝尔退出本笃会，创立西多修道院，主张严守教规，厉行祈祷、神工、垦荒，形成西多修会。

六月戊寅朔，改元元符。

甲午，翰林学士承旨蔡京等上《常平、免役敕令格式》。

七月庚午，诏：范祖禹移化州安置，刘安世梅州安置，王岩叟、朱光庭诸子并勒停，永不收叙。

九月己酉，吏部尚书叶祖洽言："王珪罪恶，比刘挚等最为暴著，今罪罚轻重不侔，何以慰天下公议！"诏："珪诸子并勒停，永不收叙。"(《续资治通鉴》卷八五)

丙辰，朝奉大夫充秘阁校理孔平仲，特落职，送吏部与合入差遣，坐党附元祐用事者非毁先朝所建立也。

壬戌，看详诉理所言："郑侠上书谤讪朝政并王安国非毁安石等罪名，元祐初除雪不当。"诏："郑侠除名勒停，依旧送英州编管，永不量移。"(《续资治通鉴》卷八五)

十月癸巳，太学录邓言，乞选官刊正《五经》、《论语》、《孟子音义》。诏《三经新义》与旧音不同者，令本经讲官编纂音义。

按：孙奭著有《孟子音义》2卷。《四库全书总目提要》曰："唐陆德明《经典释文》于群经皆有《音义》，独阙《孟子》。奭奉敕校定赵岐《注》，因刊正唐张镒《孟子音义》及丁公著《孟子手音》二书，兼引陆善经《孟子注》以成此书。……因是书可以证岐《注》之旧，并可以证奭《疏》之伪，则其有功典籍，亦不细矣。(案：宋《礼部韵略》所附条式，自元祐中即以《论语》、《孟子》试士。是当时已尊为经。而晁氏《读书志》，《孟子》仍列儒家。至陈氏《书录解题》，始与《论语》同入经部。盖宋尊《孟子》，始王安石。……考赵岐《孟子题词》，汉文帝时已以《论语》、《孝经》、《孟子》同置博士。而孙奭是编，实大中祥符间奉敕校刊《孟子》所修。然则表章之功，在汉为文帝，在宋为真宗。训释之功，在汉为赵岐，在宋为孙奭，固不始于王安石，亦不始于程子。纷纷门户之爱憎，皆逐其末也)。"

乙未，诏武官试换文资，吏部依元丰试法重修以闻。

癸卯，驸马都尉张敦礼坐元祐初上疏誉司马光，夺留后，授环卫官。

是月，有请以王安石《三经新义》发题试举人者，右正言邹浩上书止之，言："《三经义》者，所以训经，而其书非经也。以经造士，而以非经之题试之，甚非先帝专任经术之义。"乃止(《续资治通鉴》卷八五)。

按：邹浩言："伏闻臣僚上言，乞于《诗》、《书》、《周礼》《三经经义》中出题试举人，蒙指挥下合属去处勘当，以为可行。臣窃谓三经之旨，久为注疏所汨。自王安石父子奉诏训释以示天下，而学者知所适从，盖二十余年矣，其有功于名教岂小哉！然而谓之义，则止是训三经而已，非所谓经也。夫以经造士，而以非所谓经者杂试之，甚失先帝专用经术之意，其不可一也。不拘注疏，一概出题，乃试诗赋时事引以为比，又非先帝所以改科之意，其不可二也。若谓试题有限，当以此救其弊，则《诗》、《书》、《周礼》固各有义矣，不知《易》与《礼记》何以待之？五经同试而事体不均，其不可三也。学者既见《三经经义》文字繁多，必择用力少者而习焉。岁月之间，将尽改《易》与《礼记》，而《诗》、《书》、《周礼》有时而为弃物矣，其不可四也。抑恐自此以后，又有建言，谓《易》与《礼记》可废，而专以有义三经出题考试者，势亦无以夺之，其不可五也。国体所系，尤当详慎。伏望圣慈，特降指挥，只令依旧遵奉先朝条制出题施行。"(《宋元学案》卷九八《荆公新学略》)

十一月甲子，除元祐余党及特旨行遣者，并与量移。

是年，诏天下州郡学校仿太学行三舍法。

宋绍圣五年　元符元年　辽寿昌四年　夏永安元年　戊寅　1098年

夏改元永安。

苏轼父子被广西察访使董必所遣小使逐出官舍，在城南买地筑屋，以避风雨。

苏辙六月奉诏复迁循州。

黄庭坚三月离黔州赴戎州。

秦观自郴州徙至横州，九月移雷州编管。

文及甫下同文馆狱。

按：文及甫为文彦博子。初，刘挚尝论列文及甫，又尝论文彦博不可为三省长官，故只为平章事。文彦博既致仕，文及甫自权侍郎以修撰补外。父母丧将除，刘挚与吕大防犹当国，文及甫恐不得京官，抵书邢恕曰："改月遂除，入朝之计未可必。当涂猜忌于鹰扬者益深，其徒实繁。司马昭之心，路人所知也，又济之以粉昆，朋类错立，必欲以眇躬为甘心快意之地，可为寒心。"其谓司马昭者，指吕大防；粉昆者，指韩嘉彦之兄韩忠彦。邢恕以书示蔡确之弟蔡硕。至是，邢恕令蔡确之子蔡渭上书，讼刘挚等陷害其父阴图不轨，谋危宗社，引文及甫书为证。章惇、蔡卞因是欲杀刘挚及梁焘、王岩叟等，以为刘挚有废立意，遂置狱同文馆，令蔡京、安惇杂治，逮问文及甫。文及甫诡言其父文彦博称刘挚为司马昭，粉则以王岩叟面白，昆则梁焘字况之，况犹兄也。蔡京、章惇因奏刘挚等大逆不道，死有余责，不治无以示天下。会刘挚、梁焘已贬死，蔡京等奏上，不及考验，乃下诏禁锢刘挚、梁焘子孙于岭南，勒停王岩叟、朱光庭诸子官职（《资治通鉴后编》卷九二）。

刘安世七月由高州徙梅州安置。

范祖禹七月自宾州徙化州安置，卒于化州。

晁说之从邵伯温得邵雍遗编。

邹浩因吕嘉问荐举，九月为右正言。

葛胜仲入律学，试为第一。

苏昞坐元符上书入党籍，编管饶州。

按：苏昞字季明，武功人。始学于张载，而事二程卒业。元祐末，吕大中荐之，起布衣为太常博士。

杨时七月著《周易解义》成书。

游酢著《论孟杂解》、《中庸义》成书。

苏辙著《春秋集解》12卷。

按：苏辙《自序》谓其编撰之意在于矫正宋儒舍《传》求《经》，标新立异的学风，以求改变"《经》《传》并荒"之局面，使古说不被渐废，而实际上却是借此书表明自己与王安石在政治思想、学术观点上的严重分歧。《四库全书总目提要》曰："先是刘敞作《春秋意林》，多出新意。孙复作《春秋尊王发微》，更舍《传》以求《经》。古说于是渐废。后王安石诋《春秋》为'断烂朝报'，废之不列于学官。辙以其时《经》《传》并荒，乃作此书以矫之。"是书有明刊本，清《四库全书》本，《两苏经解》本，《经苑》本及《丛书集成》本传世。

苏辙再贬循州，杜门追思平昔，始著《龙川略志》、《龙川别志》。

唐慎微增订《经史证类备急本草》30卷成书。

阿拉伯图尔的尼古拉·普雷沃约于是年著《药方》。

意大利神学家、哲学家安瑟伦于1094年始著的《神为何化身为人》、《关于文法家的对话》、《寄给神的语言》、《真理论》、《驳希腊人论圣灵的发展》、《论三位一体的信仰》于是年成书。

按：是书为宋代最著名的药物学著作，它集宋以前药物学之大成，在《本草纲目》问世前的五百年间，于本草学领域中产生着极大的影响，并远传至朝鲜、日本。

李廌著《德隅斋画品》1卷。

按：是书又称《德隅堂画品》、《李廌画品》、《画品》。

韩维卒（1017— ）。维字持国，雍丘人。韩绛之弟。因门荫入仕。欧阳修荐为检讨，知太常礼院，出判泾州。除同修起居注，进知制诰。以太子少傅致仕。绍圣中入元祐党籍，谪崇信军节度副使，均州安置。徽宗初，追复旧官。著有《南阳集》30卷。《宋元学案》列其入《范吕诸儒学案》。事迹见《宋史》卷三一五本传。

按：程颐《上先生求撰明道墓志》曰："家兄（指程颢）学术才行，为世所重。自朝廷至于草野，相知何啻千数。然念相知者虽多也，能知其道者，则鲜矣；有文者亦众也，而其文足以发明其志意，形容其德义者，则鲜矣；能言者非少也，而名尊德重，足以取信于人者，则鲜矣。颐窃谓智足以知其道义，文足以彰其才德，言足以取信后世，莫如阁下（指韩维）。"（《二程文集》卷一〇）

郑雍卒（1031— ）。雍字公肃，开封襄邑人。嘉祐二年进士，授兖州推官。哲宗立，擢起居郎、中书舍人，累官御史中丞。与殿中侍御史杨畏弹劾宰相刘挚威福自恣，又论王岩叟、朱光庭等30人皆挚党，刘、王、朱皆罢黜。拜尚书右丞，进左丞。后坐元祐党夺职知郑州，改成都府。《宋元学案》列其入《元祐党案》。事迹见《宋史》卷三四二本传。

潘鲠卒（1036— ）。鲠字昌言，齐安人。元丰二年进士。授蕲水尉，以奉议郎致仕。尝从周希孟学。著有《春秋断义》12卷、《春秋讲义》15卷、《周易要义》3卷。

范祖禹卒（1040— ）。祖禹字梦得，一字淳甫，成都华阳人。学者称华阳先生，所创学派称华阳学派。嘉祐八年进士。从司马光修《资治通鉴》，在洛阳十五年，不事进取。被司马光荐为秘书省正字。哲宗时，除著作佐郎、修《神宗实录》检讨，迁著作郎兼侍讲。后被贬官。著有《唐鉴》12卷、《帝学》8卷、《仁皇政典》6卷、《范太史文集》55卷。《宋元学案》为列《华阳学案》。事迹见《宋史》卷三三七本传。

按：《宋史》本传谓其"《唐鉴》深明唐三百年治乱，学者尊之，目为'唐鉴公'"。范祖禹与吕希哲、刘恕等为友，谈论经书，相得益彰，因形成华阳学派。一传再传弟子及子孙有范冲、司马康、黄庭坚、范仲黼、范子长、范子该等。

朱长文卒（1039— ）。长文字伯原，号乐圃，苏州吴县人。少时尝从孙复听讲《春秋》之学。嘉祐四年进士。元祐中，除秘书省校书郎、许州司户参军，充苏州教授。召为太学博士、宣教郎，官终秘书省正字。一生著述甚多，有《春秋通志》20卷，今佚。现存《易经解》1卷、《吴郡图经续记》3卷、《琴史》6卷、《墨池编》6卷等。又有《乐圃文集》100卷，今存《乐圃余稿》10卷。《宋元学案》列其入《泰山学案》。事迹见《宋史》卷四四四本传、张景修《朱公墓志铭》（《乐圃余稿》附）。

德国第一位女医生、女修院院长、学者希尔得佳·冯·宾根（ —1179）生。

孔武仲卒(1042—)。武仲字常父,临江新喻人。孔文仲之弟。皇祐八年进士。调谷城主簿。历官国子司业、礼部侍郎,以宝文阁待制知洪州。坐元祐党夺职。尝论科举之弊,反对王安石学说,请恢复诗赋考试;又欲罢大义而益以诸经策。著有《诗说》、《书说》、《论语说》、《金华讲义》等百余卷。今存《清江三孔集》40卷,其中孔武仲之作17卷。《宋元学案》列其入《濂溪学案》。事迹见《宋史》卷三四四《孔文仲传》附传。

吕大忠约卒,生年不详。大忠字晋伯,京兆蓝田人。吕大防兄。皇祐五年进士,为华阴尉。熙宁中反对王安石新法。元丰中为河北转运判官。绍圣中知渭州,徙知同州。寻降待制致仕。著有《辋川集》5卷及奏议10卷,今佚。《宋元学案》列其入《吕范诸儒学案》。事迹见《宋史》卷三四〇本传。

按:全祖望曰:"关学之盛,不下洛学,而再传何其寥寥也。亦由完颜之乱,儒术并为之中绝乎?《伊洛渊源录》略于关学,三吕(吕大忠、吕大钧、吕大临)之与苏氏,以其曾及程门而进之,余皆亡矣。予自范侍郎育而外,于《宋史》得游师雄、种师道;于胡文定公《语录》得潘拯;于《楼宣献公集》得李复;于《童蒙训》得田腴;于《闽书》得邵清,及读《晁景迂集》,又得张舜民;又于《伊洛渊源录注》中得薛昌朝,稍为关学补亡。"(《宋元学案》卷三一《吕范诸儒学案》)吕大忠、吕大钧、吕大临、范育、苏昞、游师雄、种师道、潘拯、李复、田腴、邵靖、张舜民、薛昌朝等均为高平学派范仲淹的再传弟子、横渠学派张载的门人,惟吕大忠、吕大钧、吕大临、苏昞于张载卒后,改师事二程,成为程门重要弟子,其中吕大临与谢良佐、杨时、游酢并称"程门四大弟子"。他们既从二程学习"性理学",又信奉张载之学,形成一个融关学与洛学于一体而偏向关学的学术派别,因此派以三吕和范育领衔,故称"吕范学派"或"吕范诸儒学派"。其著名弟子有马涓、张瞻、周行己、许景衡、沈躬行、谢天申、吕好问、吕切问、邵整、邵景之、苏大璋等。

胡寅(—1157)、朱翌(—1167)、王葆(—1167)、曹勋(—1174)、周葵(—1174)生。

宋元符二年　辽寿昌五年　夏永安二年
己卯　1099年

正月辛未,诏张舜民、毕仲游、孙朴、赵睿、梅灏、陈察、李昭玘并罢馆职。

二月己卯,诏许高丽国王遣士宾贡。

按:宋邻边各民族及邻国士人申请参加宋朝科举考试,经批准,可参与考试,称宾贡。

丁酉,礼部言:"高丽人使乞收买《册府元龟》、《资治通鉴》。看详《册府元龟》元祐年曾卖外。其《资治通鉴》难令收买。"从之(《续资治通鉴长编》卷五〇六)。

德意志诸侯废德王康拉德,立其弟亨利五世为德王。

十字军陷阿拉伯人领有之耶路撒冷,大肆屠掠后建耶路撒冷王国。

比萨、热那亚获十字军所占东地中海之商业特权。

三月戊午,诏礼部贡举。

壬戌,礼部言,尚药奉御判太医局孔元状,乞将《神医普救方》差官校正,付国子监镂板颁行。从之。

八月癸酉,章惇等进《新修敕令式》。

九月戊午,通判潭州毕渐言:"应元祐中诸路所立碑刻纪述等,并令碎毁。"从之(《续资治通鉴长编》卷五一五)。

癸卯,命御史点检三省、枢密院,并依元丰旧制。

闰九月癸酉,置律学博士员。又详议庙制。

置看详诉理局,命中书舍人蹇序辰及安惇看详。

按:由是重得罪者830家,士大夫或千里会逮,天下怨疾,有"二蔡、二惇"之谣(《宋史纪事本末》卷一〇)。

十一月乙未,诏诸州置教授者,依太学三舍法考选生徒,升补悉如太学三舍法。州许补上舍一人,内舍二人,岁贡之。其上舍附太学外舍,试中补内舍生,三试不升舍,遣还其州。其内舍免试,至则补为外舍生。诸路选监同一员提举学校,守贰董干其事。遇补试上、内舍生,选有出身官一人,同教授考选,须弥封、誊录。

是年,辽道宗遣使至高丽,赠送辽版《大藏经》一部。

苏轼继续修改《易传》、《论语说》,又著《书传》13传,《东坡志林》未完稿。

姜唐佐九月自琼州来儋州向苏轼求学,次年三月才离去。

吴子野与苏轼交游20余年,时追随苏轼到儋州贬所,以后在送苏轼北还途中去世。

邹浩时为右正言,九月上章露劾章惇专权用事,被诬为"狂妄"而除名,新州羁管。

杨时授无为军判官,十一月归家。

晁补之九月贬监信州盐酒税。

秦观自横州徙雷州。与被贬在儋州的苏轼有书信往来。

安惇时为御史中丞,三月己未上言:"元祐初,奸臣置诉理所将熙宁、元丰以来断过刑名辄行奏雪,曲陈事理,讪谤先朝,归怨君父。陛下委官考阅案牍凡千余人,其元断重轻一一当罪,已具闻奏,节次得旨,改正施行。所有原看详官刘挚、孙觉、胡宗愈、傅尧俞,管勾文字叶伸、苏嘉、朱光裔、吴俦、陈郛等罪迹显著,义不可容,望诏有司具逐人到所月日,审察情犯,特赐施行。"(《太平治迹统类》卷二四)诏朝奉大夫致仕叶伸特降三官,陈郛、吴俦、苏嘉、朱光裔并特勒停。

曾布二月上言:"章惇、蔡卞施行元祐人,众论皆谓过当。然此岂为诋訾先朝,大抵多报私怨耳。"(《续资治通鉴》卷八六)

盛陶八月壬申以知河南府改知和州,以言者论其元祐中诋诬先烈,协比权臣,排毁旧弼也。

张商英为太常少卿,荐前信州司法参军吴良辅知音乐,遂命其按协音律,改造琴瑟,教习登歌。

按:初,吴良辅在元丰中,上《乐书》5卷,颇益于乐理。

毛滂知武康县。

范柔中上书忤蔡京意,入党籍,贬谪雷州羁管。

按:范柔中字元翼,南城人。元丰八年进士。累官太学博士。其学长于《春秋》,著有《春秋发微》10卷,得经传深意,今已佚。

高丽僧义天施银二千两于慧因院建华严阁,奉安《华严经疏》。

程颐完成《易传》,并有自序。

按:是书又称《周易程氏传》、《伊川易传》、《程氏易传》、《周易传》。程颐少年时受《易》学于周敦颐,到晚年成《易传》,五六十年之中,始终研究《易》学,从未间断。他在书中系统地论述了自己的理学思想,是程朱学派的理学经典著作之一。自元代始被列为科举必读书,故对以后的中国社会文化产生过重大影响。此书在宋时已有单行本刻印,于程颐去世后又有不同传本,此后虽经杨时编次,但书之编卷仍不一致。清康熙间吕留良定为4卷,汇入《二程全书》;后涂宗瀛又作校订,形成今之定本。1981年中华书局的《二程集》收入有此书4卷。

苏辙元符初成《春秋集传》12卷。又著《龙川略志》10卷和《龙川别志》2卷成书。

按:晁公武《郡斋读书志》卷一下曰:"大意以世人多师孙复,不复信史,故尽弃二传,全以《左氏》为本,至其不能通者,始取二传、啖、赵。自熙宁谪居高安,至元符初,十数年矣,暇日辄有改定,卜居龙川而书始成。"

宋绩臣辑成《梅圣俞外集》10卷。

章衡卒(1025—)。衡字子平,福建浦城人。嘉祐二年进士,通判湖州。先后知汝州、颍州、郑州、秀州、苏州、扬州等。编有《编年通载》,得神宗称赞。《宋元学案》列其入《古灵四先生学案》。事迹见《宋史》卷三四七本传。

陈鹏飞(—1148)、鲁訔(—1175)生。

阿拉伯阿里·伊本·爱萨约于是年撰成《眼科医学宝典》3卷,记述有眼的解剖等内容。

意大利哲学家安瑟伦撰书《上帝为何降世为人》,创立苦行赎罪理论。

宋元符三年　辽寿昌六年　夏永安三年
庚辰　1100年

正月己卯,哲宗卒,弟赵佶嗣,是为徽宗,向太后听政。于是元祐旧党,稍见收用。

二月戊午,以新除吏部尚书韩忠彦为门下侍郎;韩忠彦入对,陈四事,曰广仁恩,开言路,去疑似,戒用兵。向太后纳之。自是忠直敢言知名之

德国汉诺威首见记载。

威尼斯舰队袭比萨舰队于罗得岛。

热亚那建立市议会。

士,稍见收用,时号小元祐。

四月戊戌,诏知太原府蔡京,依前翰林学士承旨。

甲辰,以门下侍郎韩忠彦为尚书右仆射兼中书侍郎,礼部尚书李清臣为门下侍郎,翰林学士蒋之奇同知枢密院事。

丁巳,诏:范纯仁等复官宫观,苏轼等徙内郡。

是月,礼部奏名进士及第、出身558人,黄伯思、刘安节、王安中等同登进士第。

五月己丑,追复文彦博、王珪、司马光、吕公著、吕大防、刘挚等33人官。

辛卯,还司马光等致仕遗表恩。

七月丙寅朔,奉皇太后诏,罢同听政。

九月甲子朔,诏修《哲宗实录》;丁丑,诏修《神宗正史》。

十月己未,诏禁曲学偏见、妄意改作,以害国事者。

十一月丁卯,诏修《六朝宝训》。

时议以为元祐、绍圣均有所失,欲以大公至正消除朋党嫌怨,故宣布明年改元建中靖国。

按:《宋史·邵伯温传》曰:"伯温尝论元祐、绍圣之政曰:'公卿大夫,当知国体,以蔡确奸邪,投之死地,何足惜!然尝为宰相,当以宰相待之。范忠宣有文正余风,知国体者也,故欲薄确之罪,言既不用,退而行确词命,然后求去,君子长者仁人用心也。确死南荒,岂独有伤国体哉!刘挚、梁焘、王岩叟、刘安世忠直有余,然疾恶已甚,不知国体,以贻后日缙绅之祸,不能无过也。'"

己丑,于太学又置《春秋》博士。

十二月甲辰,诏修《国朝会要》。

程颐由涪州移至峡州,四月,以赦复宣德郎,"任便居住"。遂回洛阳,居住寿安。十月复通直郎,权判西京国子监。张绎、孟厚、罗从彦等人先后来就学。

范纯仁、苏轼等分别复官、内移。苏轼量移廉州,六月渡海至雷州,与秦观相会。

苏轼五月由儋州徙廉州,六月与秦观相会于海康,道经遂溪县西南八都之双村,宿于净行院,称此地景胜,当有文明之祥。苏轼去后,诸儒遂建书院,以"文明"名之。八月,苏轼改舒州团练副使,永州安置。十一月途经英州时又得旨,复朝奉郎,提举成都玉局观,在外州军任便居住。

苏轼著《答谢民师书》,系统总结自己一生的文学革新主张。

苏辙四月移居岳州,有谢表。

曾布六月上言正确对待元祐、绍圣之人,十月为尚书右仆射兼中书侍郎。

邹浩二月复宣德郎,添监袁州酒税。

陈瓘、邹浩因韩忠彦等荐,三月为左、右正言。

按:御史中丞安惇曾反对任用邹浩,帝不听。

陈瓘时为左正言，六月乙巳上言："龙图阁待制、知荆南邢恕，昨以北齐宣训语诬司马光，而光及范祖禹等贬窜，以文及甫私书证刘挚、梁焘、王岩叟皆有奸谋，而挚等家族几至覆灭。今朝廷矜恤之恩，遍及存殁，则是恕前日之所行，不为陛下之所信也。恕反复诡诈，得罪先朝，公议不容久矣。今宠以华职，付以大藩，中外沸腾，不以为允。伏望原情定罪，以协公议。"丁未，诏邢恕以少府少监分司西京，均州居住（《续资治通鉴》卷八六）。

陈瓘九月因请正蔡京之罪而改知无为军。

李清臣四月为门下侍郎。

蒋之奇四月以翰林学士同知枢密院事。

龚夬三月为殿中侍御史。

龚夬论章惇、蔡卞之恶，未报；台谏陈师锡、陈次升、陈瓘、任伯雨、张庭坚等极论蔡卞罪大于章惇，乞正典刑，以谢天下，于是蔡卞出知江宁。台谏犹论之不已，遂以秘书少监，分司池州。

按：《四库全书总目提要》评论陈次升《谠论集》时曰："次升字当时，兴化仙游人。熙宁六年第进士，知安邱县，以荐为监察御史，提点淮南、河东刑狱，入为殿中侍御史，进左司谏，贬南安军监酒税。徽宗立，召还，为左谏议大夫，复除名，编管循州，政和中复旧职，卒。事迹具《宋史》本传。次升为太学诸生时，即斥王安石《字说》为秦学，坐是屏弃，通籍后三居言责，建议鲠切，为时所惮。其最大者在止吕惠卿之使岭南，刘安世谓其大有功于元祐诸臣。至其弹劾章惇、蔡京、蔡卞、曾布诸疏，尤为明白痛切，耸动耳目。虽其根株不能尽拔，卒为所中，以致垂老投荒，而刚直之气，凛然犹可想见。本传载所陈前后凡十余事，皆有关于贤奸消长，政治得失之故，为他人所不敢发。而谓其它所言曾肇、王觌、黄庭坚、贾易、李昭玘、吕希哲、范纯礼、苏轼等公议或不谓然。今即集中所存诸疏观之，其论王觌也，以曾布所善；其论曾肇也，以布之至亲；其论吕希哲也，亦以韩忠彦之亲；其论范纯礼也，以对辽使误犯御名，事各有因，与曲加指摘者不同。且是是非非，虽当代清流亦不肯稍存假借，此正其破除成见，毫无党同伐异之私。作史者乃以门户之局为次升之病，谬之甚矣。是集为次升兄子南安丞安国所编，取哲宗顾问之语以名之。所录奏疏凡二百七篇，久佚不传，惟《永乐大典》中颇散见其篇题。采撷编次，共得八十六篇。又于《历代名臣奏议》中增补三十篇，较诸原本所存，仅什之五六。然昌言伟论，为史册所未载者，尚可考见其梗概。谨考证时事，次第先后，厘为五卷。而以行实一篇，附于卷末，庶读史者得以参证焉。"

丰稷等弹劾章惇，章惇九月罢知越州。

安惇、蹇序辰十月被除名，放归田里；而贬章惇武昌节度副使，居潭州。

黄庭坚五月复宣德郎，监鄂州盐税，上表请辞；十月改任奉议郎，签书宁国军节度判官。曾书杜甫两川夔峡诸诗，刻于杨素翁所建大雅堂。

陈师锡、龚夬、丰稷、陈瓘、江公望等上疏论蔡京与蔡卞同恶，乃出蔡京知永兴军；言者不已，乃夺职居杭州，提举杭州洞霄宫。

陈师道七月被除为棣州教授，十一月为秘书省正字。

晁补之七月遇赦北归，移监信州酒税。

张耒因元祐党籍先降宣州，继贬黄州，又谪复州，是年由复州起为黄州通判，七月知兖州。

秦观六月复命为宣德郎，由雷州放还，赋《和陶渊明归去来辞》。八月行至藤州卒。

陈祐时为右司谏，论林希绍圣初党附权要词命丑诋之罪，乃削端明殿学士，徙知扬州。

徐铎、赵挺之、何执中、吴伯举权知贡举。

李釜状元及第。

刘安节中进士，后官至起居郎，擢太常少卿，出知饶州，迁至知宣州，卒于官。

邵伯温上书请复旧制，解元祐党禁，大忤时论。出监华州西岳庙。

按：《宋史》本传曰："徽宗即位，以日食求言。伯温上书累数千言，大要欲复祖宗制度，辨宣仁诬谤，解元祐党锢，分君子小人，戒劳民用兵，语极恳至。宣仁太后之谤，伯温既辨之，又著书名《辨诬》。后崇宁、大观间，以元符上书人分邪正等，伯温在邪等中，以此书也。"

韩忠彦、曾布十月为尚书左、右仆射，兼门下、中书侍郎。

王觌时为御史中丞，十一月以为改元"建中靖国"不妥，当国者忿其言，遂改为翰林学士。

李公麟病，隐栖龙眠山，号龙眠道人。

葛胜仲试学宫和宏词科，俱第一，迁河中府知录事参军，充兖州州学教授。

黄伯思举进士，调磁州司法参军。

向子諲补假承奉郎，三迁知开封府咸平县。

向子韶举进士，累官至知淮宁府。

崔鶠时为筠州推官，三月应诏上书言政事，谓司马光"左右以为奸，而天下皆曰忠；今宰相章惇，左右以为忠，而天下皆曰奸"（《宋史》本传）。帝览而善之，以为相州教授。

陈禾举进士。

按：陈禾字秀实，明州鄞县人。著有《易传》9卷、《春秋传》12卷、《论语解》10卷、《孟子解》10卷。

方适举进士，以特奏对策乞复元祐皇后，又上书议时政。后于崇宁元年入党籍。

苏轼著《东坡易传》13卷成书。

按：《四库全书总目提要》认为此书并非苏轼一人独撰。初有其父苏洵著《易传》，未成而卒，生前乃命子苏轼、苏辙承述其志。苏轼先成此书，苏辙则将自己所写的《易解》交付苏轼，今书中的《蒙卦》部分即为苏辙所作。故此书实际上是苏氏父子三人通力合作的成果。陆游评价此书说："易道广大，非一人所能尽。坚守一家之说，未为得也。元晦尊程氏至矣，然其为说亦已大异，读者当自知之。"（《渭南文集》卷二九《跋朱氏易传》）。《四库全书总目提要》认为苏氏易学"推阐理势，言简易明"，其与王弼易学的比较则是"弼之说惟畅玄风，轼之说多切人事"。因苏轼在书中多用释、老二氏思想解释《周易》，故以后朱熹曾著《杂学辨》驳之，认为苏氏所解近于粗疏，其实并不尽然。以后李衡著《周易义海撮要》、丁易东著《周易象义》、董真卿著《周易会通》，都采纳苏氏之说。

法国诺曼底诗人杜洛尔德约于是年撰成古法语英雄史诗《罗马之歌》。

刘鹏著《县务纲目》20卷。

李诫重修《营造法式》34卷成书。

按：此书是宋代中原地区官式建筑的规范，具有法令性质，标志着宋代建筑技术已向标准化、定型化方向发展。它不仅对我国建筑事业的发展产生了重要的作用，而且也是研究中国古代建筑和修复古建筑的重要著述，其影响力不止于我国，就是在当时世界上也是屈指可数的建筑学专著。崇宁二年(1103)颁行。

庞安时著《伤寒总病论》6卷成书。

陆佃著《埤雅》20卷成书于本年前。

按：是书专以训释动植物及天文气象名词为主，实为一部专科性辞典，是宋代一部较有特色的训诂学著作。《四库全书总目提要》卷四〇曰："《埤雅》，言为《尔雅》之辅也。其说诸物，大抵略于形状而详尽名义。寻究偏旁，比附形声，务求其得名之所以然。又推而通贯诸经，曲证旁稽，假物理以明其义，中多引王安石《字说》。盖佃以不附安石行新法，故后入元祐党籍。其学问渊源则实出安石。晁公武《读书志》谓其说不专主王氏，亦似特立。殆未详检是编，误以论其人者论其书欤？观其开卷《说龙》一条，至于谓曾公亮得龙之脊，王安石得龙之睛，是岂不尊安石者耶？然其诠释诸经，颇据古义。其所援引，多今所未见之书。其推阐名理，亦往往精凿。谓之驳杂则可，要不能不谓之博奥也。"是书有《格致丛书》本，《五雅》本，嘉靖元年刻本，乾隆间铜活字本，萧山陆氏刻本及《四库全书》本等。

郭熙约卒(约1020—)。熙字淳夫，河阳温县人。工山水，师法李成，后人并称"李郭"。曾任御画院待诏、艺学等，是北宋中期一位重要的山水画家。著有画论《林泉高致》，为其子郭思纂集。

庞安时卒(1042—)。安时字安常，蕲州蕲水人。家世医，父授以脉诀，读《灵枢》、《太素》、《甲乙》诸书，精通医学。所著《伤寒总病论》6卷，对张仲景《伤寒论》多有补充。又有《难经解义》、《主对集》、《本草补遗》。事迹见《宋史》卷四六二本传。

刘泾约卒(约1043—)。泾字巨济，一字济震，号前溪，简州阳安人。熙宁六年进士。王安石荐其才，为经义所检讨。历知处州、虢州、真州和坊州。除职方郎中。善书画，与米芾为画友。著有《前溪集》5卷，今佚。《宋元学案》列其入《九峰学案》。事迹见《宋史》卷四四三本传。

秦观卒(1049—)。观字少游、太虚，号淮海居士，高邮人。元丰进士。曾任秘书省正字，兼国史院编修官等职。被目为元祐党而屡遭贬谪。文辞为苏轼所赏识，与黄庭坚、晁补之、张耒合称"苏门四学士"。工词，为北宋婉约派重要词人。著有《淮海集》1卷。《宋元学案》列其入《苏氏蜀学略》。事迹见《宋史》卷四四四本传。清秦瀛编有《重编淮海先生年谱》。

按：《宋史》本传曰："少豪隽，慷慨溢于文词，举进士不中。强志盛气，好大而见奇，读兵家书与己意合。见苏轼于徐，为赋黄楼，轼以为有屈、宋才。又介其诗于王安石，安石亦谓清新似鲍、谢。……观长于议论，文丽而思深。及死，轼闻之叹曰：'少游不幸死道路，哀哉！世岂复有斯人乎！'"

李衡(—1178)生；吴栻(—1154)约生。

法国神学家、思想家、实在论者沙特尔的梯利(—1150)约生。

法国经院哲学家孔什的威廉(—1154)生。

阿拉伯地理学家艾尔·伊德列西(—1166)生。

西班牙的阿拉伯作家、哲学家、医学家伊本·图菲勒(—1185)约生。

宋徽宗建中靖国元年　辽寿昌七年　天祚帝乾统元年　夏崇宗贞观元年　辛巳　1101年

正月甲戌,辽道宗卒,孙耶律延禧即位,是为天祚帝。

二月,辽改元乾统。

丁巳,因任伯雨、陈瓘、陈次升等相继论劾,诏:"潭州安置章惇,责授雷州司户参军。"(《宋宰辅编年录》卷一一)

是月,宋徽宗听政。

六月,诏修订《神宗实录》。

按：此次删修的《神宗实录》修成未进,故李焘《续资治通鉴长编》称其为"秘书省国史院本"。初,陈瓘曾言:"王安石《日录》七十余卷,具载熙宁奏对议论之语。绍圣再修《神宗实录》,史官请以此书付史院,专据此书追议刑赏,遂使裕陵之美,皆为私史所攘。所有《实录》,愿诏史臣别行删修。"(元陈宣子《陈了翁年谱》)

六月己未,宋颁行《斗杀情理轻重格》。

十一月,改明年元曰崇宁。

是年,以修奉景灵西宫,命宦官童贯至吴中访书画奇巧。

西夏始立国学,设置教授,收学员300人,建养贤务,以供生活。并改元贞观。

宋朝向高丽使节赠送《神医普救方》。

苏轼正月北归至虔州,拟在常州居住。因病重,六月请老归田,朝廷允准其以本官致仕。七月北上,卒于常州。

李公麟在苏轼去世前两个月,为苏轼画像,苏轼自题诗曰:"心似已灰之木,身如不系之舟。问汝平生功业？黄州惠州儋州。"(《宋稗类钞》卷二八)

苏辙闻范纯仁卒,著《范丞相尧夫挽词》。

苏辙九月初五日著《祭亡兄端明文》,并遣幼子苏远专程前往祭奠苏轼。

李之仪为范纯仁作遗表、行状。

张耒召为太常少卿,夏,知颍州,闻苏轼身亡,出己俸在荐福禅寺祭奠。

杨时除荆州府学教授。

章惇被贬为雷州司户参军。

按：初,苏轼谪雷州,章惇命不许占官舍,遂僦民屋。章惇又以为强夺民居,下州追民究治,以僦券甚明,乃止。至是,章惇问舍于民,民曰:"前苏公来,为章丞相几破我家,今不可也。"(《宋史·章惇传》)后徙睦州,死于该地。

宋徽宗建中靖国元年　辽寿昌七年　天祚帝乾统元年　夏崇宗贞观元年　辛巳　1101 年

曾布七月壬戌上言，元祐、绍圣两党，皆不可偏用，左不可用苏轼、苏辙，右不可用蔡京、蔡卞，为其怀私挟怨，互相仇害也。

蔡京与童贯结交，十二月由提举洞霄宫复龙图阁直学士，知定州。蔡京复相后，又罢《春秋》博士。

按：韩忠彦与曾布不协，曾布遂谋引蔡京自助，故召蔡京。

黄庭坚三月为权知舒州，四月召为吏部员外郎，均上表请辞。

晁补之任尚书吏部员外郎、礼部郎中兼国史编修、实录检讨官。

蒋之奇七月知枢密院事。

陈师道十一月为秘书省正字。

吕本中随祖父吕希哲返回京师。

任伯雨三月罢权给事中。

范纯礼六月罢尚书，出知颍昌府。

安焘七月自枢密院出知河阳府。

陈瓘八月复召除著作郎兼实录院检讨官，辞，以右司员外郎出知泰州。

邹浩除通直郎，试中书舍人。

陆佃十月召为礼部侍郎，命修《哲宗实录》，迁吏部尚书，拜尚书左丞。

邢恕、吕嘉问、路昌衡、安惇、蹇序辰、蔡卞十二月并复宫观，寻与郡。又召张商英赴阙。

张舜民以吏部侍郎出知定州。

贺铸为泗州通判。

李清照与赵明诚结婚。

陈旸著《乐书》200 卷成书。

按：是书全面展示了我国古代音乐的风貌，是研究古代音乐必不可少的珍贵史料。庆元六年（1200）由其后人陈侯岐首刻，其后有元至正七年（1347）福州路儒学赵宗吉刻本、明递修本、清光绪二年（1876）方睿重刻本。《四库全书总目提要》谓此书"引据浩博，辨论亦极精审。视其兄祥道《礼书》，殆相伯仲"。

米芾著《画史》1 卷约成于是年。

僧惟白著成《建中靖国续灯录》，续《景德传灯录》。

苏颂卒（1020—　）。颂字子容，泉州同安人，徙居润州丹阳。苏绅子。庆历二年进士。累官右仆射兼中书门下侍郎。以太子少师致仕。善谈《易》，晚年喜《庄子》，精通礼学。北宋科学家，所著尚有《苏魏公文集》72 卷、《新仪象法要》3 卷《华戎鲁卫信录》250 卷、《迩英要览》、《浑天仪象铭》1 卷、《嘉祐补注神农本草》20 卷、《本草图经》20 卷、《元祐详定编敕令式》56 卷，均亡佚等。事迹见《宋史》卷三四〇本传、曾肇《赠司空苏公墓志铭》（《曲阜集》卷三）。今人颜中其编有《苏颂年表》。

按：《宋史》本传曰："颂器局闳远，不与人校短长，以礼法自持。虽贵，奉养如寒士。自书契以来，经史、九流、百家之说，至于图纬、律吕、星官、算法、山经、本草，无所不通。尤明典故,喜为人言,亹亹不绝。朝廷有所制作,必就而正焉。尝议学校,欲博士分经;课试诸生,以行艺为升俊之路。议贡举,欲先行实而后文艺,去封弥、誊录之法,使有司参考其素,行之自州县始,庶几复乡贡里选之遗范。论者题之。"

王存卒(1023—　)。存字正仲,丹阳人。庆历六年进士,历官秘书省著作佐郎、馆阁校勘、集贤校理、史馆检讨等。元丰初以右正言知制诰、同修国史兼判太常寺,主持编修《元丰九域志》。《宋元学案》列其入《元祐党案》。事迹见《宋史》卷三四一本传。

范纯仁卒(1027—　)。纯仁字尧夫,苏州吴县人。范仲淹次子。皇祐元年进士。尝从胡瑗、孙复学。官至尚书右仆射兼中书侍郎。反对王安石新法,但以前世朋党之祸为戒,主张对变法派处理从宽,哲宗时被章惇贬至永州。卒谥忠宣。著有《边防奏议》20卷、《台谏论事》5卷、文集20卷,今存《范忠宣公集》20卷。《宋元学案》列其入《高平学案》。事迹见《宋史》卷三一四本传、李之仪《范忠宣公行状》(《范忠宣公集》附)、曾肇《范忠宣公墓志铭》(《曲阜集》卷三)。

按:《宋元学案》卷三《高平学案》曰:"百家谨案:先生既承文正公之家学,而又得安定、泰山之传。其学以忠信为体,《六经》为功。至其事君,一以正心诚意格其非心,劝其仁爱万民,毋开边衅。百家尝想:先生父子间,古今来粹然纯白,学问中不易多觏之人也。先生疾革,精识不乱,诸子侍侧,口占遗表,略云:'盖尝先天下而忧,期不负圣人之学。此先臣所以教子,而微臣资以事君。'又曰:'若宣仁之诬谤未明,致保佑之忧勤不显。本权臣务快其私忿,非泰陵实谓之当然。'以至'未究流人之往愆,悉以圣恩而特叙,尚使存殁犹污瑕疵',又'未解疆场之严,几空帑藏之积,有城必守,得地难耕',凡八事,命门人李之仪次第之。先生之至死尽忠如此。"

黄履卒(1034—　)。履字安中,邵武人。嘉祐二年进士。历任馆阁校勘、崇政殿说书兼知谏院、同修起居注、同修国史、御史中丞等。绍圣初,攻击司马光、吕大防、刘挚等,乞正其罪。《宋元学案》列其入《元祐党案》。事迹见《宋史》卷三二八本传。

林希卒(1035—　)。希字子中,号醒老,福州福清人。嘉祐二年进士,调泾县主簿,为馆阁校勘、集贤校理。元丰中,与修《两朝宝训》。哲宗时,为中书舍人,修《神宗实录》。时斥逐元祐党人,制词多由其执笔,竭尽丑诋之辞。徽宗立,追究其前撰制词之罪,贬知扬州,徙舒州。著有文集16卷,今佚。《宋元学案》列其入《元祐党案》。事迹见《宋史》卷三四三本传。

苏轼卒(1037—　)。轼字子瞻,号东坡居士,眉山人。苏洵长子。嘉祐二年进士。历河南福昌主簿、大理评事、殿中丞、直史馆,通判杭州,移知密州,改知湖州,因"乌台诗案",责授黄州团练副使。元祐元年,由起居舍人迁中书舍人,再迁翰林学士、知制诰。绍圣元年,贬知英州,又责贬惠州,再贬儋州。既反对王安石新法,亦不赞成司马光尽废新法的主张,故迭遭贬逐。诗、词、文、书、画均有名,散文为"唐宋八大家"之一,诗与黄庭坚并称"苏黄",词开豪放一派,书法与蔡襄、黄庭坚、米芾并称宋四家。著有《东坡七集》、《东坡易传》、《东坡书传》、《东坡乐府》等。《宋元学案》为列《苏氏蜀学略》。事迹见《宋史》卷三三八本传、苏辙《亡兄端明子瞻墓志铭》(《栾城后集》卷二二)。宋施宿编有《东坡先生年谱》、傅藻编有《东坡纪年录》、王宗稷有《东坡先生年谱》,今人孔凡礼编有《苏轼年谱》。

  按：北宋后期的文坛上,占主要地位的是出于苏轼门下的一批作家。进入南宋,高宗爱好苏文,学者翕然从之。元代虞集谓北宋既亡,"中州隔绝,困于戎马,风声气息,多有得于苏氏之遗,其为文亦曼衍而浩博矣"(《桂隐文集原序》)。袁桷亦曰："方南北分裂,两帝所尚,唯眉山苏氏学。"(《清容居士集·乐侍郎诗集序》)苏洵、苏轼、苏辙皆为蜀人,故其学派称为蜀学,其主要弟子有黄庭坚、晁补之、秦观、张耒、李廌、王巩、李之仪、孙鼛、蔡肇、李格非、钟棐、家勤国、吕陶、张浚、李植、苏友龙等。张立文说："'洛学'南渡后成为理学大宗,而'蜀学'留守中原,继续北传,对北方辽国、西夏和金朝接受中原文化和儒学精神,起到了重要的历史作用。"(《中国学术通史》宋元明卷第七章)

  陈师道卒(1053—)。师道字履常、无己,号后山居士,彭城人。元祐二年因苏轼推荐,为徐州教授。后任太学博士、秘书省正字等职。其诗受黄庭坚影响,为江西诗派的代表作家。著有《后山先生集》14卷、《后山谈丛》6卷、《后山诗话》1卷等。《宋元学案》列其入《庐陵学案》。事迹见《宋史》卷四四四本传。宋任渊编有《后山诗注目录年谱》、近人陈兆鼎编有《陈后山年谱》。

  按：《宋史》本传曰："师道高介有节,安贫乐道。于诸经尤邃《诗》、《礼》,为文精深雅奥。喜作诗,自云学黄庭坚,至其高处,或谓过之,然小不中意,辄焚去,今存者才十一。世徒喜诵其诗文,至若奥学至行,或莫之闻也。尝铭黄楼,曾子固谓如秦石。"

  刘子翚(—1147)、王竞(—1164)生。

宋徽宗崇宁元年　辽乾统二年　夏贞观二年
壬午　1102年

  二月,追封孔鲤为泗水侯,孔伋为沂水侯。

  三月,以知大名府蔡京为翰林学士承旨,兼修国史。

  五月乙亥,诏："故追复太子太保司马光、吕公著,太师文彦博,光禄大夫吕大防,太中大夫刘挚,右中散大夫梁焘,朝奉郎王岩叟、苏轼,各从裁减,追复一官,其原追复官告并缴纳。王存、郑雍、傅尧俞、赵瞻、赵卨、孙升、孔文仲、朱光庭、秦观、张茂则、范纯仁、韩维、苏辙、范纯粹、吴安诗、范纯礼、陈次升、韩川、张耒、吕希哲、刘唐老、欧阳棐、孔平仲、毕仲游、徐常、黄庭坚、晁补之、韩跂、王巩、刘当时、常安民、王隐、张源、汪衍、余爽、汤戫、郑侠、常立、程颐、张巽等四十人,行遣轻重有差。唯孙固虽神考潜邸人,已复职名及赠官,免追夺。任伯雨、陈祐、张庭坚、商倚等,并送吏部,

威尼斯在东地中海西顿港获商业特权。

令在外指射差遣。陈瓘、龚夬并予祠。"(《资治通鉴后编》卷九四)

时朝议欲更惩元祐余党,尚书左丞陆佃言不宜穷治,或言陆佃名在党籍,不欲穷治,正恐自及耳,遂出知亳州;韩忠彦因变易神宗法度被罢相。

六月癸丑,诏仿《唐六典》修神宗所定官制。

闰六月己未,辽策试贤良。礼部郎中刘辉对策,多中时弊,擢史馆修撰。

戊寅,知江宁府邓祐甫乞以府学所建王安石祠堂著祀典,从之。

七月己丑,诏元祐《详定编敕令式》并行毁弃。

庚戌,臣僚上言:"管勾明道宫张耒,在颍州闻苏轼身亡,出己俸于荐福禅院为轼饭僧,缟素而哭。"诏:"张耒责授房州别驾,黄州安置。"(《续资治通鉴》卷八八)

是月,复罢《春秋》博士。

八月甲戌,诏天下兴学贡士,建外学于国南。

按:宰相蔡京建议:天下州县皆置学,郡小或应书人少,即合二、三州共置一学,学悉置教授二员。县皆置小学,推三舍法,遍行天下。自县选考升诸州为州学生,每三年贡入太学为太学生。考分三等,分别入上舍、内舍、外舍。奏入,诏悉如其法施行(《文献通考》卷四六)。京又请外学以待州县学之贡士,乃诏于京师南郊营建外学,赐名辟雍,专处外舍生,太学则专处内舍、上舍生。

丙子,诏:司马光、吕公著、王岩叟、朱光庭、孔平仲、孔文仲、吕大防、刘安世、刘挚、苏轼、梁焘、李周、范纯仁、范祖禹、汪衍、汤戫、李清臣、丰稷、邹浩、张舜民子弟,并毋得官京师。

九月乙未,诏中书籍元符三年臣僚章疏姓名,分正邪,各为三等。

按:中书奏曰:"正上,钟世美、乔世材、何彦正、黄克俊、邓洵武、李积中六人;正中,耿毅等十三人;正下,许奉世等二十二人。邪上尤甚,范柔中等三十九人;邪上,梁宽、曹兴宗等四十一人;邪中,赵越、吕陶、陈师道、张耒等一百五十人;邪下,王革、周邠、徐俯、朱行中等三百十二人。"(《资治通鉴后编》卷九五)《宋史·强渊明传》曰:"(渊明)与兄浚明及叶梦得缔蔡京为死交,立元祐籍,分三等定罪,皆三人所建,遂济成党祸。"

己亥,御批付中书省:"应元祐责籍并元符末叙复过当之人,各具元祐籍定姓名进入。"御书党籍,刻石端礼门。

按:于是蔡京开列文彦博、吕公著、司马光、吕公亮、吕大防、刘挚、范纯仁、韩忠彦、王珪、梁焘、王岩叟、王存、郑雍、傅尧俞、赵瞻、韩维、孙固、范百禄、胡宗愈、李清臣、苏轼、苏辙、刘奉世、范纯礼、安焘、陆佃、范祖禹、王钦臣、姚勔、顾临、赵君锡、马默、王岩、孔文仲、孔武仲、朱光庭、孙觉、钱勰、李之纯、赵彦若、赵高、孙升、李周、韩川、吕希纯、曾肇、王觌、范纯粹、王畏、吕陶、王古、陈次升、丰稷、谢文瓘、鲜于侁、贾易、邹浩、秦观、黄庭坚、刘安世、张舜民、张耒、晁补之、郑侠、张士良、王献可、程颐、谢良佐、吕希哲、吕希绩、毕仲游、常安民、孔平仲、司马康、吴安诗、欧阳棐、陈瓘、徐常、汤戫、杜纯、宋保国、刘唐老、黄隐、王巩、张保源、汪衍、余爽、常立、唐义问、余卞、李格非、商倚、张庭坚、李祉、陈佑、任伯雨、李光裔、陈郭、苏嘉、龚夬、欧阳中立、吴俦、吕仲甫、刘当时、马琮、陈彦、刘昱、鲁君贶、韩跂、鲁焘、赵约、谭扆、王俦、陈询、张琳、裴彦臣、张巽、李备、胡田等120人姓名,称奸党,请御书刻石于端礼门示禁。明杨慎《党籍碑》曰："宋元祐党籍碑，成于蔡氏父子，其意则王安石启之也。……慎按：安石之恶，流祸后世有如此，安石为罪之魁。……安石以文济奸，党恶又众，至于后世，是非犹舛。朱晦庵《宋名臣言行录》，以王安石为名臣，与司马光并列。夫司马光与王安石所争者，新法也。新法之行是，则谏沮新法者非；安石为名臣，则司马光不得为名臣也。……而光与安石并列，则是石碏与州吁皆为忠臣，崔杼与晏婴皆为义士，而孔子可与少正卯同列，孟子可与仪、秦同班乎？或曰：(司马光)公之取安石憎而知其善也，为其护细行，有经学文章也。噫！是又不通之甚矣。憎而知其善者，小恶而可改者也。若夫引群邪，害众正，误人主，亡社稷，此元恶大憝，虽有小善，不足言矣。王夷甫、褚彦回未曾不护细行，孔光、张禹未尝无经学，李斯、曹操岂不能文章，史固未尝假借之也。予又见他书载，金兵入汴，见铸鼎之象而叹曰：宋之君臣用舍如此，焉得久长！遂怒而击碎之。金人皆知恶安石，而大儒朱子反尊崇之何故？安得起公九原而一问之邪？"(《升庵集》卷四九)

十月丙子，追贬元符党人。

按：臣僚上言："元祐党人，朝廷近已施行。所有元符之末，共成党与，变更法度复为元祐者，伏望详酌施行。"于是诏周常、龚原、刘奉世、吕希纯、王觌、王古、谢文瓘、陈师锡、欧阳棐、吕希哲、刘唐老、晁补之、黄庭坚、黄隐、毕仲游、常安民、孔平仲、王巩、张保源、陈郭、朱光裔、苏嘉、余卞、郑侠、胡田并罢祠禄，各于外州军居住，仍依陈乞宫观新格，不得同在一州(《续资治通鉴》卷八八)。

十二月庚申，臣僚上言范纯仁谥忠宣未当，诏："定议、复议官各罚铜，其神道碑如已镌，立令颖昌府毁磨。"(《资治通鉴后编》卷九五)

丙寅，诏：应责降安置及编管、羁管人，令所在州军依元符令常觉察，不得放出境。

丁丑，诏：诸邪说陂行，非先圣之书，并元祐学术政事，不得教授学生，犯者屏出。

戊寅，蔡京等上《州县学敕令格式》，乞镂板颁降，从之。

是年，诸王宫皆设大、小学，置教授。宗室子弟10岁以上入小学，20岁以上入大学。

宋廷规定，凡州县学生曾经公、私试者复其身，内舍免户役，上舍仍免借，借如官户法。县学生三岁不赴升试者除其籍。

瓦舍始盛。"说话"已成专门职业。

程颐因被列为元祐"余党"之首，所恢复的官职全部撤销。

苏辙遵苏轼遗嘱，写有《东坡先生墓志铭》，并在六月将苏轼与嫂嫂王闰之合葬于汝州郏城县钓台乡上瑞里嵩阳峨眉山。著有《再祭亡嫂王氏文》、《再祭亡兄端明文》。

苏辙六月被降为朝议大夫。

黄庭坚六月初九日为太平知州，任职才九天，即被免职，任管勾洪州玉隆观。九月初从武昌至黄州与张耒会见，两人同游当年苏轼生活之处，颇多感慨。

曾布六月因"力援元祐之奸党，分列要途，阴挤绍圣之忠贤，远投散地"而罢知润州(《资治通鉴后编》卷九四)。

李清臣闰六月被追贬为武安军节度副使,九月被追贬为雷州司户参军。

杨时赴荆州教授任。

邹浩官试尚书兵部侍郎,六月责授衡州别驾,永州安置。

陆佃因言不宜穷治元祐余党,被罢尚书左丞。

章甫上书言元祐臣僚皆因国事获罪,不应著籍刻石、禁锢子孙。坐降官知泰州。

朱肱因日蚀上书言灾异,指摘执政章惇过失,忤旨罢官,侨居杭州大隐坊,专心著书。

吴材等论韩忠彦变神考之法度,逐神考之人材,五月罢相,出知大名府。

许将、温益五月为门下、中书侍郎,蔡京、赵挺之为尚书左、右丞。

吕本中随祖父吕希哲谪居宿州。

叶梦得除婺州教授。

陈瓘送袁州编管。

李之仪以曾草范纯仁遗表被逮入京,继贬当涂。

按:《宋史·范纯仁传》曰:"及(蔡京)当国,乃言(范)正平矫撰父遗表。又谓李之仪所述《纯仁行状》,妄载中使蔡克明传二圣虚伫之意,遂以正平逮之仪、克明同诣御史府。"《宋史·李之仪传》曰:"徽宗初,提举河东常平。坐为范纯仁遗表,作行状,编管太平,遂居姑熟。"

贺铸与郭祥正、李之仪定交于当涂。

张舜民正月改知同州,六月又谪楚州团练副使,商州安置。

李格非入元祐党籍,赵挺之时为尚书左丞,排挤元祐党人甚力,李清照上诗赵挺之救其父。

石豫请削去景灵宫绘像臣僚,自文彦博、司马光、吕公著、吕大防、范纯仁、刘挚、范百禄、梁焘、王岩叟以下。

李清臣卒(1032—)。清臣字邦直,安阳人。皇祐五年进士。神宗时召为《两朝国史》编修官,撰《河渠》、《律历》、《选举》诸志。后官至门下侍郎,寻被曾布所黜,出知大名府。其文为欧阳修所赏识。著有策论、记序、古律诗、制诰、册文、铭志100卷,奏议30卷、《平南事鉴》20卷,皆佚。《宋元学案》列其入《元祐党案》。事迹见《宋史》卷三二八本传、晁补之《资政殿大学士李公行状》(《鸡肋集》卷六二)。

邢恕卒(1032—)。恕字和叔,河南阳武人。早从程颢学,出入于司马光、吕公著之门。登进士第,补永安县主簿,任崇文院校书。因反对王安石变法,被贬为延陵知县。后又因事贬知随州和汝州。《宋元学案》列其入《刘李诸儒学案》。事迹见《宋史》卷四七一本传。

陆佃卒(1042—)。佃字农师,号陶山,越州山阴人。熙宁进士。召为国子监直讲。徽宗时为尚书右丞,罢为中大夫,知亳州。少学于王安石,后反对新法。曾与王子韶校定《说文》,精研《礼》学。预修《神宗实录》、《哲宗实录》，所著尚有《礼象》、《春秋后传》、《诗讲义》、《尔雅新义》30卷及《陶山集》30卷等。《宋元学案》列其入《荆公新学略》。事迹见《宋史》卷三四三本传。

按：《宋史》本传曰："安石以佃不附己，专付之经术，不复咨以政。安石子雱用事，好进者坌集其门，至崇以师礼，佃待之如常。同王子韶修定《说文》。入见，神宗问大裘袭衮，佃考礼以对。神宗悦，用为详定郊庙礼文官。时同列皆侍从，佃独以光禄丞居其间。每有所议，神宗辄曰：'自王、郑以来，言礼未有如佃者。'加集贤校理、崇政殿说书，进讲《周官》，神宗称善，始命先一夕进稿。同修起居注。元丰定官制，擢中书舍人、给事中。哲宗立，太常请复太庙牙盘食。博士吕希纯、少卿赵令铄皆以为当复。佃言：'太庙，用先王之礼，于用俎豆为称；景灵宫、原庙，用时王之礼，于用牙盘为称，不可易也。'卒从佃议。是时，更先朝法度，去安石之党，士多讳变所从。安石卒，佃率诸生供佛，哭而祭之，识者嘉其无向背。迁吏部侍郎，以修撰《神宗实录》徙礼部。数与史官范祖禹、黄庭坚争辩，大要多是安石，为之晦隐。庭坚曰：'如公言，盖佞史也。'佃曰：'尽用君意，岂非谤书乎！'……佃著书二百四十二卷，于礼家、名数之说尤精，如《埤雅》、《礼象》、《春秋后传》皆传于世。"

僧道潜卒（1043—　）。道潜本名昙潜，字参军，俗姓何，于潜人。幼为僧，能诗文，与苏轼、秦观为方外友。建中靖国初，赐号妙总大师。著有《参寥集》12卷。事迹见《补续高僧传》卷二三。

刘弇卒（1048—　）。弇字伟明，吉州安福人。元丰二年进士，继中博学宏词科。历知嘉州峨眉县，改太学博士。除秘书省正字，改著作佐郎，实录院检讨官。著有《龙云集》32卷。事迹《宋史》卷四四四本传、李彦弼《刘伟明先生墓志铭》（《龙云集》附）。

按：《宋史》本传曰："弇少嗜酒，不事拘检。为文辞铲剔瑕颣，卓诡不凡。有《龙云集》三十卷，周必大序其文，谓'庐陵自欧阳文忠公以文章续韩文公正传，遂为一代儒宗，继之者弇也'。其相推重如此云。"

范如圭（　—1160）、胡铨（　—1180）生。

宋崇宁二年　辽乾统三年　夏贞观三年
癸未　1103年

正月乙酉，贬窜元符末台谏官于远州。

按：蔡京、蔡卞怨元符末台谏之论己，悉陷于党事。同日贬窜任伯雨昌化军，陈瓘廉州，龚夬化州，陈师锡郴州，马涓吉州，陈祐澧州，李深复州，张庭坚象州，常安民温州，并除名勒停，编管。江公望责授衡州司马，永州安置；邹浩除名勒停，昭州居住。以上并永不得收叙。王觌临江军居住，丰稷建州，陈次升建昌军，谢文瓘邵武军，张舜民房州，亦皆除名勒停。

己酉，诏许茅山道士刘混康修建道观，仍令直奏灾福，无得隐匿。

丁未，以蔡京为尚书左仆射兼门下侍郎。

十字军首领、安条克公爵博希蒙德一世拒绝承认拜占廷宗主权，与之构兵。

三月乙酉,诏党人亲子弟毋得擅至阙下;其应缘趋附党人罢任,在外指射差遣,及得罪停替臣僚亦如之。寻又诏:元符末上书进士充三舍生者罢归。以元祐学术聚徒教授者,监司觉察,必罚无赦。

辛卯,管勾玉龙观黄庭坚,除名勒停,送宜州编管,以湖北转运判官陈举奏其撰《荆南承天院碑》,语涉谤讪。

癸卯,赐礼部奏名进士、诸科及第、出身霍端友等538人。考官为兵部尚书安惇、尚书吏部侍郎刘拯、邓询、尚书兵部侍郎范致虚。

按:李阶为李深之子,陈瓘之甥,时举礼部第一,安忱对策言:"使党人之子阶魁南宫多士,无以示天下。"遂夺李阶出身而赐安忱及第。又黄定等18人皆上书邪等,上临轩谓之曰:"若等攻朕短可也,神宗、哲宗何负于若!"又并黜之(《宋史纪事本末》卷一一)。

四月丁巳,诏焚毁苏轼《东坡集》并《后集》印板。

庚午,诏国子监印书赐诸州县学。

按:宋代第三次学校改革运动,发生于崇宁年间,史称"崇宁兴学",主持者为蔡京。主要内容有五:一是在全国普遍设立地方学校;二是建立县学、州学、太学三级相联系的学制系统,规定县学生考选升州学,州学生每三年根据考试成绩升入太学不同的斋舍。成绩上等者升上舍,中等者升下等上舍,下等者升内舍,其余升外舍;三是新建辟雍,发展太学;四是恢复医学,创设算学、书学和画学;五是罢科举考试,改由学校取士。

乙亥诏:三苏集及苏门学士黄庭坚、张耒、晁补之、秦观及马涓文集,范祖禹《唐鉴》、范镇《东斋记事》、刘攽《诗话》、僧文莹《湘山野录》等印板,悉行焚毁。

五月甲午,诏颁梁安国等22人昨上书谤讪节文,降责有差。

六月庚申,诏元符末上书进士,类多诋讪,令州郡遣入新学,依太学自讼斋法,候及一年能革心自新者,许将来应举;其不变者,当屏之远方。

七月辛卯,诏上书进士见充三舍生者罢归。

庚子,赐茅山道士刘混康号"葆真观妙先生"。

乙巳,吏部言程颐子程端彦,见任鄢陵县尉,即系在京府界差遣,宜放罢,从之。

八月,宋廷为禁苏轼诗流传,出赏钱至达八十万以奖告密。

按:苏轼除诗歌遭禁外,宣和年间其文也遭到禁止,其石刻文辞大多被破坏。但禁愈严而传愈多,文人士大夫甚至以藏有苏诗多寡相较胜,时有"士大夫不能诵坡诗,便自觉气象萧索,而人或谓之不韵"之论(《风月堂诗话》卷上)。

九月壬午,诏:宗室不得与元祐奸党子孙及有服亲为婚姻,内已定未过礼者并改正。

壬辰,置医学,隶国子监,学制依太学,分上、内、外三舍,学生共300人,分方脉、针、疡三科教授。学成后,依考试成绩授各级医官。

癸巳,令全国郡皆建崇宁寺。

辛丑,令天下各路州军于监司长吏厅立石刻元祐党籍姓名。

十一月,辽诏监修国史耶律俨纂太祖诸帝实录。

庚辰，诏以元祐学术政事聚徒传授者，委监司举察，必罚无赦。

辛巳，诏：元祐系籍人，通判资序以上，依新条与管勾宫观；知县以下资序，与注监岳庙，并令在外投状指射差注。

十二月丁巳，诏：臣僚姓名有与奸党人同者，并令改名。时改名者有朱绂、李积中、王公彦、江潮、张铎 5 人。

是年，宋置提举学事司，掌一路州县学政，岁巡所部，以察师儒之优劣，生员之勤惰，而专举刺之事。宣和三年（1121）罢。

宋徽宗派遣医官牟介等人前往高丽，对该国医师进行培训。

辽放进士马恭回等 103 人。

程颐四月被除名，出身以来文字被追毁，其入山所著书，令本路监司觉察。

按：臣僚上言："程颐学术颇僻，素行谲怪，劝讲经筵，有轻视人主之意，议法太学，则纂以变乱成宪章为事。"故有是诏。范致虚又言："程颐以邪说诐行，惑乱众听，而尹焞、张绎为之羽翼，乞下河南，尽逐学徒。"程颐于是迁居龙门之南，止四方学者，曰："尊所闻，行所知，可矣，不必及吾门也。"（《续资治通鉴》卷八八）

苏洵、苏轼、苏辙、黄庭坚、秦观、张耒、晁补之、马涓等人文集，范祖禹《唐鉴》、范镇《东斋记事》、刘攽《诗话》、僧文莹《湘山野录》等著作四月被勒令销毁。

按：洪迈《容斋四笔》卷一四载当时诗、史之禁曰："自崇宁以来，时相不许士大夫读史作诗，何清源至于修入令式，本意但欲崇尚经学，痛沮诗赋耳。于是庠序之间，以诗为讳。政和后稍复为之，而陈去非遂以《墨梅》绝句擢置馆阁。"叶梦得《石林燕语》卷九亦载："政和末，李彦章为御史，言士大夫多作诗，有害经术，自陶渊明至李、杜，皆遭诋斥，诏送敕局立法。何丞相执中为提举官，遂定命官传习诗赋，杖一百。是岁莫俦榜，上不赐诗而赐箴。未几，知枢密院吴居厚喜雪，御筵进诗称'口号'。自是上圣作屡出，士大夫亦不复守禁。"

吕公著、司马光、吕大防、范纯仁、刘挚、范百禄、梁焘、郑雍、赵瞻、王岩叟 10 人景灵西宫绘像四月丁卯被销毁。

赵挺之为副宰相，暗中指使下属罗织黄庭坚罪状，湖北转运判官陈举遂摘取黄庭坚两年前所写《荆南承天院碑》中"天下财力屈竭"等语句，诬告黄庭坚"幸灾谤国"（《九朝编年备要》卷二六），于是黄庭坚三月除名勒停，送宜州编管。

张商英、吴居厚四月为尚书左、右丞，安惇同知枢密院事。

张商英因元祐所作《嘉禾颂》及《司马光祭文》，八月被斥"议论反复"，诏入元祐党籍，改知蕲州；寻罢职，提举灵仙观。

按：八月戊申，御史中丞石豫、殿中侍御史朱绂、余深奏："尚书左丞张商英，于元祐丁卯尝为河东守臣李昭叙作《嘉禾篇》，谓：'成王冲幼，周公居摄，诛伐谗慝，卒以天下听于周公，时则唐叔得嘉禾。推古验今，迹虽不同，理或胥近。'方是时，文彦博、司马光等来自洛郊，方掌机务，比之周公，可乎？逮元符之末，起邹浩于新州，商英草词曰：'思得瑞士，司直在庭。'又曰：'浩径行直情，无所顾避。'所谓浩之直情径行，果先帝之所取乎？先帝不取而商英取之，可乎？"诏："张商英秉国机政，议论反复,台宪交章,岂容在列!可落职,知亳州。"臣僚因言商英作为谤书,肆行诬诋,宜更加诛责,置之元祐籍中(《续资治通鉴》卷八八)。

蔡京自书奸党为大碑,颁于郡县,令监司长吏厅皆刻石。

按:长安石工安民当镌字,辞曰:"民,愚人,固不知立碑之意。但如司马相公者,海内称其正直,今谓之奸邪,民不忍刻也。"府官怒,欲加之罪。安民泣曰:"被役不敢辞,乞免镌安民二字于石末,恐得罪后世。"闻者愧之(《宋史·司马光传》)。

张舜民正月被除名,房州安置。

陈瓘、邹浩正月被窜于岭南。

曾肇七月责授濮州团练副使。

叶梦得在京为检点试卷官。

孟元老至汴京,居于金梁桥西夹道之南。

米芾官太常博士。

葛胜仲入京为太学正。

汪藻进士及第。

程颐自序《春秋传》2卷。

陈瓘著《合浦尊尧集》。

福州东禅寺觉院住持冲真等发起募款刻印的《福州东禅寺大藏》(简称《福藏》,又称《崇宁万寿大藏》)5800余卷,历时25年,于本年完工。

按:《福藏》版式为梵夹式,以后的折装形式或即始此。

陈旸上所著《乐书》200卷,命吏部尚书何执中看详。

李诫所著《营造法式》镂板颁行。

摩洛哥犹太教塔木德学者阿尔法西卒(1013—)。他著有《律法之书》,后至西班牙创办塔木德学院。

吕陶卒(1027—)。陶字元钧,号静德,成都人。皇祐四年进士,调铜梁令。荐应熙宁制科,因反对王安石新法,谪通判蜀州。哲宗立,除殿中侍御史,上疏论蔡确、韩缜、章惇之奸。进给事中。后坐元祐党籍夺职。著有《净德集》60卷,今存38卷。《宋元学案》列其入《苏氏蜀学略》。事迹见《宋史》卷三四六本传。今人王智勇编有《吕陶年谱》。

徐积卒(1028—)。积字仲车,楚州山阳人。初从胡瑗学。治平二年进士,以耳聋不能仕。元祐初以扬州司户参军为楚州教授,历和州防御推官,改宣德郎。赐谥节孝处士。著有《节孝集》30卷及《节孝语录》1卷等。《宋元学案》列其入《安定学案》。事迹见《宋史》卷四五九本传。清段朝端编有《宋徐节孝先生年谱》。

按:《四库全书总目提要》曰:"然积笃于躬行,粹于儒术,所言皆中正和平,无宋代刻核古人之习,大致皆论事论人,无空谈性命之说,盖犹近于古之儒家焉。"

郏亶卒(1038—)。亶字正夫,苏州太仓人。嘉祐二年进士。熙宁三年,上书建议治理苏州水田。五年,任司农寺丞,提举兴修两浙水利。旋被保守派攻击去职。后复任司农寺丞,升江东转运判官。知温州时病死。著有《吴门水利书》。事迹见《吴中纪闻》卷三、《吴中人物志》卷五。

谢良佐卒(1050—)。良佐字显道,上蔡人。二程弟子。元丰八年进士。曾任河南渑池知县、湖北应城知县。建中靖国初曾官京师,因召对忤旨,令监西京竹木场,又坐口语系狱,废为民。与游酢、吕大临、杨时称程门四先生。著有《论语说》10卷,门人曾恬、胡安国所录《上蔡先生语录》,经朱熹编辑为3卷。《宋元学案》为列《上蔡学案》。事迹见《宋史》卷四二八本传。

按：谢良佐在二程门人中以见识卓越著称,是一位很有影响的人物。但是,谢良佐对于洛学是继承、发扬,还是标新立异,却有不同评价。朱熹既认为谢良佐学于程门,"笃志力行,于从游诸公间,所见最为超越"(《晦庵集·谢上蔡语录后序》),又认为游酢、杨时、谢良佐诸人,"当时已与其师不相似,却似别立一家。谢氏发明得较精彩,然多不稳帖"(《朱子语类》卷一○一)。清代黄宗羲则认为,谢良佐与二程"其言语小有出入,则或有之。至谓不得其师之说,不敢信也",并列举朱熹评论谢良佐的三条主要见解,逐一加以驳斥,他还认为,"程门高弟,予窃以上蔡为第一,《语录》尝累手录之,语者谓'道南'一派,三传而出朱子,集诸儒之大成,当等龟山于上蔡之上。不知一堂功力,岂因后人为轩轾！且朱子之言曰：'某少时忘志于学,颇藉先生之言,以发其趣。'则上蔡固朱子之先河也。"全祖望补充说："洛学之魁,皆推上蔡,晦翁谓其英特过于杨、游,盖上蔡之才高也。"(《宋元学案》卷二四《上蔡学案》)上蔡学派一传再传弟子有朱震、曾恬、詹勉、郑毂、朱巽、谢袭、康渊、毛友诚、李雄、李杞等。此派为学的最大特点,是"以禅证儒",以禅学解释《论语》,开"三教合一"之先河。其学说以后分别为朱熹与陆九渊所继承和发展。门人朱震另创"汉上学派"。

岳飞（ —1141）、王刚中（ —1165）生。

宋崇宁三年　辽乾统四年　夏贞观四年
甲申　1104年

正月辛巳,诏:上书邪等人毋得至京师。

壬辰,增县学弟子员,大县50人,中县40人,小县30人。

甲辰,命魏汉津定乐,铸九鼎。

二月己酉,诏:王珪、章惇别为一籍,如元祐党。

是月,诏翰林学士张康国编类元祐臣僚章疏。

三月辛巳,置文绣院。

四月甲辰朔,尚书省勘会党人子弟,不问在官与否,并令在外居住,一律不准入京。因具逐路责降安置、编管等臣僚姓名以进,凡144人。

是月,官员缴到无图之辈捏造《佛说末劫经》,政府令荆湖南、北路提典刑司根究印撰之人。

六月丙午,诏:诸路州军未曾立学者并增置。

戊申,诏以荆国公王安石配享孔子。

壬子,置书、画、算三学。书学隶国子监,置博士1员。学生习篆、隶、

德意志亨利四世帝子亨利五世与巴伐利亚贵族结盟,反。亨利四世奔科隆。

十字军占领东地中海沿岸阿克城。

安条克公爵博希蒙德一世攻拜占廷,自意大利进兵埃皮鲁斯。

草三体及《说文》、《字说》、《尔雅》等五书,兼通《论语》、《孟子》。考校法分上中下三等。算学生员以 210 人为限,许命官及庶人为之。其生皆帖经以试,其取士法略如太学上舍。

按:宋代画学内分六科,有入学考试条规,可谓世界上最早的绘画专科学校。画学的设立,与宋徽宗长于绘画有关,他甚至亲任画学教授;以画取士,对促进北宋艺术教育的发展亦有积极意义。

戊午,诏重定元祐、元符党人及上书邪等者,合为一籍,凡 309 人,以司马光为首,苏轼、秦观、张巽、梁惟简以及属于新党已被贬逐的曾布、章惇等人均在其内,刻石庙堂,余并出籍,自今毋得弹奏。史称"元祐党人碑"。

按:列入元祐党人碑中的有:文臣曾任宰臣、执政官者 27 人:司马光、文彦博、吕公著、吕大防、刘挚、范纯仁、韩忠彦、曾布、梁焘、王岩叟、苏辙、王存、郑雍、傅尧俞、赵瞻、韩维、孙固、范百禄、胡宗愈、李清臣、刘奉世、范纯礼、安焘、陆佃、黄履、张商英、蒋之奇;待制以上官 49 人:苏轼、刘安世、范祖禹、朱光庭、姚勔、赵君锡、马默、孔武仲、孔文仲、吴安持、钱勰、李之纯、孙觉、鲜于侁、赵彦若、赵卨、王钦臣、孙升、李周、王汾、韩川、顾临、贾易、吕希纯、曾肇、王觌、范纯粹、吕陶、王古、丰稷、张舜民、张问、杨畏、邹浩、陈次升、谢文瓘、常象求、周鼎、徐勣、路昌衡、董敦逸、上官均、叶涛、郭知章、杨康国、龚原、朱绂、叶祖洽、朱师服;余官 176 人:秦观、黄庭坚、晁补之、张耒、吴安诗、欧阳棐、刘唐老、王巩、吕希哲、杜纯、司马康、宋保国、张保源、孔平仲、汤馘、黄隐、毕仲游、常安民、汪衍、佘爽、郑侠、常立、程颐、唐义问、余卞、李格非、陈瓘、任伯雨、张庭坚、马涓、孙谔、陈祐、朱光裔、苏嘉、龚夬、王回、吕希绩、欧阳仲文、吴俦、尹材、叶伸、李茂直、吴处厚、李积中、商倚、陈祐、虞防、李祉、李深、李之议、范正平、曹盖、杨绘、苏昞、葛茂宗、周谊、孙宗、范柔中、邓孝甫、王察、赵珣、封觉民、胡端修、李杰、赵令畤、郭执中、石芳、李实、金极、高公应、安信之、张集、黄策、吴安逊、周永徽、高渐、张凤、鲜于绰、吕谅卿、王贯、朱纮、吴朋、梁安国、王古、苏迥、檀固、何大受、王箴、鹿敏求、江公望、曾纡、高士育、邓忠臣、种师极、韩治、都贶、秦希甫、钱景祥、周绰、何大正、吕彦祖、梁宽、沈千、曹兴宗、罗鼎臣、刘勃、王极、黄安期、陈师锡、于肇、黄迁、黄挟正、许尧辅、杨朏、胡良、梅君俞、寇宗颜、张居、李修、逢纯熙、高遵裕、黄才、曹盉、侯顾道、林膚、葛辉、宋寿岳、王公彦、王交、张溥、许安修、刘吉甫、吴潜、董祥、杨環宝、倪在儒、蒋津、王守、邓允中、梁浚民、王阳、张裕、陆表民、叶世英、谢潜、陈唐、刘经国、扈允、张恕、萧刓、赵越、滕友、江海、方括、陈井、洪刍、周谔、许端卿、李昭玘、向训、陈察、钟正甫、高茂华、杨彦璋、廖正一、李夷行、彭醇、梁士能;武臣 25 人:张巽、李备、王献可、胡田、王履、赵希夷、任睿、郭子奇、钱盛、赵希德、王长民、李永、王庭臣、吉师雄、李愚、吴休复、崔吕符、潘滋、高士权、李嘉亮、王琬、刘延肇、姚雄、李基等;内臣 29 人:梁惟亮、陈衍、张士良、梁知新、李偁、谭扆、窦钺、赵约、王卿、冯说、曾焘、苏舜民、杨称、梁弼、陈恂、张茂则、张琳、裴彦臣、李偁、阎守勤、王绂、李穆、蔡克明、王化基、王道、邓世昌、郑居简、张祐、王化臣等。《梁溪漫志》曰:"元祐党籍初仅七十八人,皆一时忠贤可指而数者也。其后凡得罪于章、蔡者,骎骎附益入籍,至崇宁间,京悉举不附己者籍为元祐奸党,至三百九人之多。于是邪正混淆其非正人而入元祐党者盖十之六七。建炎、绍兴间例加褒赠、推恩,其后而议者,谓其间多奸邪,而今日子孙又从而侥幸恩典矣。"

乙丑,诏:内外官毋得越职论事。

七月辛卯,蔡京请检会《熙宁方田敕》,推广神宗法意,删去重复,取其应行者,为《崇宁方田敕令格式》,乞付三省颁降施行。从之。

八月甲辰,蔡京等上《神宗正史》。

九月壬辰,诏诸路州学别置斋舍,以养材武之士。

十一月丁亥,诏尽罢科举,全面实行"舍选"。

按:时虽设辟雍、太学以待士之升贡者,然州县犹以科举贡士。蔡京以为言,遂诏天下取士悉由学校升贡,其州郡发解、凡试部法皆罢,而每岁试上舍生,则差知举如礼部法。

设大司成、司业各一员,掌管辟雍,训导学生。

命太学外舍生月津贴增至1240文,内舍、上舍生增至1300文。

十二月,宋复封孔子后裔为衍圣公。

欧阳修被追封为秦国公。

叶梦得为议礼武选编修官,并由蔡京推荐向徽宗进言,被任为祠部郎官。

刘拯时为户部尚书,因反对蔡京立党人碑而出知蕲州。

按:刘拯言:"汉、唐失政,皆自朋党始。今日指前日之人为党,焉知后日不以今日为党乎!大抵人之过恶自有公论,何必悉拘于籍而禁锢之哉!"(《宋史纪事本末》卷一一)

黄庭坚自潭州历衡州、永州、金州、静江,以趋宜州贬所。

朱谔时为中丞,以许将旧谢章表有谤讪语,加以弹劾,又谓许将在元祐则尽更元丰之所守,在绍述则阴匿元祐之所为,遂罢许将知河南府。

赵挺之、吴居厚九月为门下、中书侍郎,张康国、邓洵武为尚书左、右丞。

米芾除书画学博士。

邹浩著《易解》成,又著《易系词序》。

陈瓘著《易说》。

刘蒙著《菊谱》1卷成书。

按:是书为我国古代保存至今的第一部菊花专著。

米芾将所藏王羲之《王略帖》、王献之《十二月帖》、谢安《八月五日帖》在无为军摹刻上石,是为《宝晋斋法帖》之始刻。

蒋之奇卒(1031—)。之奇字颖叔,常州宜兴人。嘉祐二年进士,中《春秋》三传科,官至太常博士。著有《华严经解》30篇、《荆溪前集》、《荆溪后集》89卷、《西枢集》4卷、《北扉集》9卷等,皆佚。《宋元学案》列其入《庐陵学案》。事迹见《宋史》卷三四三本传。

僧法演卒,生年不详。俗姓邓,绵州巴西人。自幼出家,游方十五年。嗣白云端禅师。晚年居住太平寺,移蕲州五祖山东山寺开堂说法,因称"五祖法演"。著有《黄梅东山演和尚语录》、《舒州白云山海会演和尚语录》等。

李格非约本年前后在世,生卒不详。格非字文叔,济南人。李清照父。熙宁九年进士,调冀州司户参军,试学官,为郓州教授。入补太学录,再转博士,以文章受知于苏轼。绍圣立局编元祐章奏,以为检讨,不就,通判广信军。后因入元祐党籍而罢官。卒年61岁。工词章,论文主"诚"。著有《洛阳名园记》及文集45卷。《宋元学案》列其入《苏氏蜀学略》。事迹见《宋史》卷四四四本传。

按:《宋史》本传曰:"有司方以诗赋取士,格非独用意经学,著《礼记说》至数十万言,遂登进士第。……格非苦心工于词章,陵轹直前,无难易可否,笔力不少滞。尝言:'文不可以苟作,诚不著焉,则不能工。且晋人能文者多矣,至刘伯伦《酒德颂》、陶渊明《归去来辞》,字字如肺肝出,遂高步晋人之上,其诚著也。'"

郑樵(—1162)、程揆(—1164)生。

宋崇宁四年　辽乾统五年　夏贞观五年
乙酉　1105年

正月,宋立武学法。

丁酉,以童贯为熙河兰湟秦凤路经略安抚制置使。

二月庚申,诏西边用兵,法能招羌人者,与斩级同赏。

闰二月壬申,恢复元丰铨试断案法。

三月戊午,宋铸九鼎成。

乙丑,诏州县属乡聚徒教授者,非经书子史毋习。

五月戊申,除党人父兄子弟之禁。

壬子,宋徽宗赐信州龙虎山道士张继元号"虚靖先生"。

按:从此张氏世袭为山主,传授法箓者,即度为道士。

七月丙申朔,罢三京国子监官,各置司业一员。

甲寅,诏夺元祐奸恶吕大防等19人所坟寺,并改赐敕额为寿宁禅院,别召僧居之。

八月庚辰,崇政殿奏新乐,诏赐名《大晟》,其旧乐勿用。

壬辰,诏应上书编管进士,已放归乡里责亲戚保任者,若犯流以上罪,或擅出州界,或不改革,辄有谤讪,其保任与同。

九月己亥,诏:元祐奸党,久责遐裔;用示至仁,稍从内徙,应岭南移荆湖,荆湖移江淮,江淮移近地,唯不得至四辅畿甸。

乙卯,赐上舍生35人及第。

十月甲申,以左右司所编绍圣、元符以来申明断例颁天下,刊名例班刑部。

十一月戊戌,辽禁商贾之家应进士。

穆罕默德为塞尔柱突厥苏丹。

德意志亨利四世帝为其子俘获,逊位,奔列日。

意大利北部诸城形成米兰、帕维亚为首的两大城市同盟。是年帕维亚成立城市公社。

宋崇宁四年　辽乾统五年　夏贞观五年　乙酉　1105年

是月，设应奉局于苏州，命朱勔领"花石纲"事，收罗奇花异石。

十二月乙亥，尚书省言："诸路学校各已就绪，其所贡人，今来中选，多旧日科举遗落老成之士。乡举里选之效，已见于此。士之在学，月书、季考，苟有成材，理当不俟岁月，便合入贡。今仿《周官》每岁考德行道艺、三年大比之意，为岁贡之制，俟满三岁，则赴殿试，第其高下推恩，庶使士益加勉。"诏大司成薛昂等看详增损，修立条约以闻（《续资治通鉴》卷八九）。

是年，改辟雍大司成为太学大司成，总管国子监和内外学校，凡有关学校事宜，皆可专奏朝廷，位在各部侍郎之上。

胡安国除湖北路提举学事官，始治《春秋》，以后三十年间，从未间断。

按：自王安石废弃《春秋》，不列学官，至崇宁年间，不仅没有改变，而且"防禁益甚"。胡安国于此时"潜心刻意"于《春秋》，立意著《春秋传》，表明他以继绝学为己任，意义十分重要。《宋史·胡安国传》曰："安国所与游者，游酢、谢良佐、杨时皆程门高弟。良佐尝语人曰：'胡康侯如大冬严雪，百草萎死，而松柏挺然独秀者也。'安国之使湖北也，时方为府教授，良佐为应城宰，安国质疑访道，礼之甚恭，每来谒而去，必端笏正立目送之。"

秦观之子扶父丧往扬州，路经黄州，张耒撰祭文临江哭吊。

周邦彦提举大晟府，参与制定《大晟乐》，前后历时凡五年余。

邹浩自昭州移汉阳军居住。

蔡卞因反对童贯主持西北军事，被其兄蔡京排挤，正月丙申罢知枢密院，出知河南府。

赵挺之三月自门下侍郎授右银青光禄大夫、尚书右仆射兼中书侍郎；李清照献诗。六月戊子，因与蔡京争权，并陈蔡京奸恶，被罢相。

赵明诚十月授鸿胪少卿。

胡宪约在此时至湖北，从学于胡安国。

按：朱熹《籍溪先生胡公行状》曰："稍长，从文定公学，始闻河南程氏之说。"（《晦庵集》卷九七）

罗畸在秘书少监任上著《蓬山志》5卷。

按：罗畸字畴老，南剑州沙县人。熙宁进士。另著有《文海》百余卷及讲义5卷、《道山集》30卷、《秘阁秘录》40卷、《洞霄录》10卷，大多已散佚。

章惇卒（1035— ）。惇字子厚，建州浦城人，徙居苏州。哲宗即位，高太后听政，知枢密院事，与司马光力辩免役法不可废罢，为刘挚、苏辙等所劾，黜知汝州。哲宗亲政，起为尚书左仆射兼门下侍郎，引用蔡京、蔡卞等，倡"绍述"之说，恢复青苗、免役等法，力排元祐党人，报复仇怨，株连甚众，甚至请发司马光、吕公著墓，劈其棺。后被徽宗所逐。《宋元学案》列其入《元祐党案》。事迹见《宋史》卷四七一《奸臣传》。

黄庭坚卒（1045— ）。庭坚字鲁直，号山谷道人、涪翁，洪州分宁

阿拉伯历史学家伊本·尔撒基耳（ —1176）生。

人。治平四年进士。初知太和县。哲宗立，召为校书郎、《神宗实录》检讨官，迁著作佐郎。绍圣中，为章惇、蔡卞所恶，以《实录》不实罪名，贬为涪州别驾，黔州安置。是江西诗派的创始人，早年受知于苏轼，与张耒、晁补之、秦观并称苏门四学士。又善书法，与苏轼、米芾、蔡襄并称宋四家。著有《山谷集》。自选其诗文名《山谷精华录》，词集名《山谷琴趣外篇》，收入《四部丛刊》、《四部备要》等丛书中。《宋元学案》列其入《范吕诸儒学案》中。事迹见《宋史》卷四四四本传。明陈以志编有《重刻山谷先生年谱》。

按：《宋史》本传曰："庭坚学问文章，天成性得，陈师道谓其诗得法杜甫，学甫而不为者。善行、草书，楷法亦自成一家。与张耒、晁补之、秦观俱游苏轼门，天下称为四学士，而庭坚于文章尤长于诗，蜀、江西君子以庭坚配轼，故称'苏黄'。轼为侍从时，举以自代，其此有'瑰伟之文，妙绝当世，孝友之行，追配古人'之语，其重之也如此。"

胡宏（ —1161）、姚宽（ —1162）、晁公武（ —1180）生。

宋崇宁五年　辽乾统六年　夏贞观六年
丙戌　1106 年

德意志亨利四世帝卒。新任罗马教皇帕斯卡尔第二下令不得为亨利四世举行葬礼，但列日的百姓蔑视教皇的命令，隆重地安葬了他们的皇帝。亨利四世一生致力于在帝国境内加强皇权。

亨利五世继德王位。

罗马教皇帕斯卡尔第二于瓜斯塔拉宗教会议恢复关于世俗官员不得授圣职之禁令。

正月乙巳，宋因星象变异，诏毁元祐党人碑，又诏："应元祐及元符末系籍人等，迁谪累年，已定惩戒，可复仕籍，许其自新。朝堂石刻，已令除毁，如外处有奸党石刻，亦令除毁。今后更不许以前事弹纠，常令御史台觉察，违者劾奏。"（《续资治通鉴》卷八九）

丁未，大赦天下，除党人一切之禁。

庚戌，三省同奉旨叙复元祐党籍曾任宰臣、执政官刘挚、曾布等 11 人，待制以上官苏轼等 19 人，文臣余官任伯雨等 55 人，选人吕谅卿等 67 人。

丁巳，诏罢书、画、算、医四学。

二月庚午，诏：翰林学士、两省官及馆阁自今并除进士出身人。

三月丁未，罢诸州武学。

己未，赐礼部奏名进士蔡薿及第、出身 671 人。考官为兵部尚书朱谔、御史中丞侯蒙、吏部侍郎白时中、大司成薛升。

四月，诏东宫讲读官罢读史。

五月丁未，宋颁刘羲叟所造《纪元历》。

乙卯，罢辟举，尽复元丰选法。

六月癸亥，立诸路监司互察法，庇匿而不举者罪之，仍令御史台纠劾。

丁卯，诏辅臣条具东南守备策。

七月壬寅，改明年元曰大观。

宋崇宁五年　辽乾统六年　夏贞观六年　丙戌　1106年

八月,辽要求宋将元符和议以后收复之地还给西夏,宋答应归还崇宁时所取之地。宋夏通好。

十一月乙巳,宋立武士贡法。

宋行太学三舍法,始入太学者为外舍,外舍升内舍,内舍升上舍。定期考试其业,优等以次升舍。一岁一试,上内舍;隔年一试,升上舍。本年始,每年一试上舍生,成绩优等则免于礼部试,即赐及第。

是年,宋徽宗诏访求道教遗书,令道士校定,至是《道藏》增至5387卷,称《崇宁重修道藏》。

朱彧所著《萍洲可谈》论及北宋元祐至崇宁年间的航海活动时说:"舟师识地理,夜则观星,昼则观日,阴晦观指南针。"

按:这是目前所见到的明确记述指南针用于航海的最早记录。《萍洲可谈》成书于宣和元年(1119),略晚于《梦溪笔谈》。

程颐因元祐党禁稍解,三月得复宣义郎致仕。

刘挚、曾布、苏轼等152人解党人之禁。

曾布徙舒州,复大中大夫,提举崇福宫。

蔡京二月丙寅罢尚书左仆射,以赵挺之为尚书右仆射兼中书侍郎。

杨时授余杭县知县。

赵鼎登进士第,对策斥章惇误国。

李光登进士第,调开化令。

罗畸与词臣奉命作诗颂辟雍成,获第一,任朝奉郎。

张舜民因诏许自便,得以北归长安。

姚舜辅等于崇宁间进行大规模恒星观测,其结果反映于《纪元历》。

廖刚尝从陈了翁游,又受学于杨时,是年举进士。

龚况举进士,再迁入馆。在馆八年,以学术文章与苏过齐名,时号"龚苏"。

茅山道士刘混康七月甲寅加号"葆真观妙冲和先生"。

陈瓘著《四明尊尧集》。

按:《四库全书总目提要》曰:"是书《书录解题》著录止一卷。此本十一卷乃后人并其原表、序、跋合而编之者也。瓘以绍圣史官专据王安石《日录》改修《神宗实录》,变乱是非,不可传信,因作是书以辨其妄,其初窜廉州时所著,名《合浦尊尧集》,但著十论,犹未直攻安石。及北归后,乃改作此书,分为八门,曰圣训、论道、献替、理财、边机、论兵、处己、寓言,始力斥王安石之诬,皆摘《实录》原文,而各著驳论其下,共六十五条。坐此羁管台州。其总论中所云'安石退居钟山,著此讪书,以授蔡卞,卞当元祐之时,增损润色,九年笔削'云云,大抵主于掊击卞。故史称京、卞兄弟,最所忌恨,得祸最酷。然朱子尚病其有所避就,未能直中安石隐微云。"

李公麟卒(1049—   )。公麟字伯时,号龙眠居士,舒州舒城人。熙宁三年进士。官至朝议郎。工人物,善白描,所画鞍马、人物,超越前代名

波斯诗人哈加尼(—约1190)约生。

家,时推为宋画中第一。存世作品有《五马图》、《临韦偃牧放图》等。又长于考古,对夏、商以来铜器和印玺颇有研究。事迹见《宋史》卷四四四本传。

按:《宋史》本传曰:"好古博学,长于诗,多识奇字,自夏、商以来钟、鼎、尊、彝,皆能考定世次,辨测款识,闻一妙品,虽捐千金不惜。绍圣末,朝廷得玉玺,下礼官诸儒议,言人人殊。公麟曰:'秦玺用蓝田玉,今玉色正青,以龙蚓鸟鱼为文,著帝王受命之符,玉质坚甚,非昆吾刀、蟾肪不可治,雕法中绝,此真秦李斯所为不疑。'议由是定。……雅善画,自作《山庄图》,为世宝。传写人物尤精,识者以为顾恺之、张僧繇之亚。襟度超轶,名士交誉之,黄庭坚谓其风流不减古人,然因画为累,故世但以艺传云。"

王鼎卒,生年不详。鼎字虚中,涿州人。辽道宗清宁五年进士。累迁翰林学士,当时典章,多出其手。著有《焚椒录》。事迹见《辽史》卷一〇四本传。

杜莘老(—1164)、何逢原(—1168)、王伯庠(—1173)、史浩(—1194)生。

宋徽宗大观元年　辽乾统七年　夏贞观七年
丁亥　1107年

哈桑·穆罕默德于东非桑给巴尔岛建大清真寺。

罗马教皇帕斯卡尔第二就主教叙任权先后与英王亨利一世、法王腓力一世达成协议,承认王权可以册封世俗领地主教,结束了英国和法国出现的主教叙任权之争。

二月己未,诏令道士序位在僧之上,女冠在尼之上。命张继先醮于龙虎山中,召赴阙,命祛宫中妖。因问道要,乃著《大道歌》。

乙亥,恢复医学。

三月甲辰,诏以孝、悌、睦、姻、任、恤、忠、和八行取士。又制为不忠、不孝、不悌、不和、不姻、不睦、不任、不恤八刑。诸犯八刑者,县令佐、州知通以其事自书于籍,报学。

按:所谓"八行",就是"士有善父母为孝,善兄弟为悌,善内亲为睦,善外亲为姻,信于朋友为为任,仁于州里为恤,知君臣之义为忠,达义利之分为和"。凡有上述"八行""实状"者可奏保入太学,免试补为上舍生。不能全备者,为州学上舍上等,余以此类推(《宋史·选举志三》)。

五月癸卯,诏自今凡总一路及监司之任,勿以元祐学术及异议人充选。

甲子,诏颁新乐于天下。

六月庚午,令诸州学以御制八行、八刑刻石。

癸酉,赐上舍生29人及第。

十月己未,诏:士有才武绝伦者,岁贡,准文士上舍上等法。

十一月,宋徽宗作受命宝,文曰"承天福,延万亿,永无极"(《资治通鉴后编》卷九七)。

十二月丁酉,置开封府府学。

朝廷创置九域图志局,命所在州郡编纂图经。

是年,画学隶属于国子监。又设立议礼局,掌议定礼制。

辽放进士李石等百余人。

程颐卒,尹焞、张绎、范棫、孟厚4人为师治丧,其余弟子畏入党籍,不敢送葬。

  按:《河南程氏遗书·附录》载:"先生之葬,洛人畏入党,无敢送者,故祭文惟张绎、范棫、孟厚及焞四人。乙夜,有素衣白马至者,视之,邵溥也,乃附名焉。盖溥亦有所畏而薄暮出城,是以后。又按《语录》云:先生以《易传》授门人曰,只说得七分,学者更须自体究,故祭文有七分之语云。"

蔡京正月甲午复为尚书左仆射兼门下侍郎。其长子蔡攸为龙图阁学士兼侍读。

蔡京利用"妖人"张怀素谋反状,陷害吕惠卿子,贬谪吕惠卿。

叶梦得劝蔡京稍弛元祐党禁,三月癸丑为起居郎。

赵挺之三月罢右仆射,授特进,观文殿大学士、佑神观使。

赵明诚、李清照屏居乡里青州。

何执中、邓洵三月为门下、中书侍郎,梁子美、朱谔为尚书左、右丞。

郑居中三月同知枢密院事。

宋书法家薛绍彭约活动于此时,其书法与米芾齐名,时并称"米薛"。

葛胜仲五月充提举议历所检讨官。

陈与义入太学。

苏迈出任嘉禾令。

宇文虚中登进士第。

华镇辑《杜工部诗》,并著《题杜工部诗后》。

  按:华镇此选,当为宋代之早期选本,韵编杜诗恐亦以此为第一。

僧惠洪著《林间录》2卷约成书于本年。

邓御夫卒(1032—)。御夫字从义,号海山子,济州巨野人。尝试太学入异等。农学家,著有《农书》120卷,是古代篇幅最大的农书,南宋时失传。事迹见晁补之《邓先生墓表》(《鸡肋集》卷六三)。

程颐卒(1033—)。颐字正叔,人称伊川先生,洛阳人。程颢弟。兄弟同受业于周敦颐。曾为崇政殿说书。其弟子甚多,以谢良佐、游酢、吕大临、尹焞、杨时尤著。其著作被后人辑录为《河南二程全书》。《宋元学案》为列《伊川学案》。事迹见《宋史》卷四二七本传。朱熹编有《伊川先生年谱》,清池生春、诸星杓编有《二程子年谱》。

  按:二程的著作和学说经过朱熹的提倡和发扬,形成了颇具特色的理学宗派,世称"程朱学派"。但二程在世时,其学术未得到官方认可,死后则被逐渐抬高。自宋理宗公开称赞程朱理学为孔孟道统正脉之后,程朱理学遂成为历代统治者的官方哲学,统治中国思想界长达数百年之久,影响之大,无与伦比。张立文说:"二程及其所创立的'洛学',经谢良佐、杨时、游酢、尹焞'四大弟子'的继承、发扬和传播,到南宋时蔚然大观。特别是俗称'道南学派'的杨时,被《宋元学案》推崇为'南渡洛学大宗,晦翁、南轩、东莱皆其所自出'。经过'湖湘学'张栻、'闽学'朱熹等南宋理学家的逻辑展开与系统集成,'洛学'既是宋明时期理学发展的主流汇集,也是后期宗法社会的官方学术。"(《中国学术通史》宋元明卷第七章)

曾布卒(1036—)。布字子宣,建昌军南丰人。曾巩弟。为韩维、王安石所任用,参与制定青苗、助役、保甲、农田水利等法,任翰林学士兼三司使,后见神宗怀疑新法,即否定市易法,引起变法派的分裂。徽宗时任尚书右仆射,主张调和新旧两派,被蔡京排挤,放逐在外。卒赠观文殿大学士,谥文肃。著有《曾布集》30卷、《三朝正论》2卷、《绍圣甲戌日录》1卷、《元符庚辰日录》1卷,均已佚。《宋元学案》列其入《元祐党案》。事迹见《宋史》卷四七一本传。近人周明泰编有《曾子宣年谱稿》。

曾肇卒(1047—)。肇字子开,建昌军南丰人。曾巩弟。治平四年进士。元祐中,官中书舍人、吏部侍郎。徽宗即位,累迁翰林学士兼侍读。曾删定《九域志》,修仁宗、英宗两朝正史,为国史院编修官。预修《两朝宝训》,又为《神宗实录》检讨。崇宁初入党籍,谪知和州,徙岳州,继贬濮州团练副使,汀州安置。谥文昭。著有《尚书讲义》8卷、《曲阜集》40卷、《外集》10卷、《奏议》12卷、《迩英进故事》1卷、《元祐外制集》12卷、《庚辰外制集》3卷、《内制集》5卷等,大多不传。明万历时其裔孙曾思孔编《曾文昭公奏议集》2卷,清康熙时增补为《曾文昭公集》(或称《曲阜集》)4卷。《宋元学案》列其入《庐陵学案》。事迹见《宋史》卷三一九本传、杨时《曾文昭公行述》(《曲阜集》附),近人周明泰编有《曾子开年谱稿》。

按:《宋史》本传曰:"肇字子开,举进士,调黄岩簿,用荐为郑州教授,擢崇文校书、馆阁校勘兼国子监直讲、同知太常礼院。太常自秦以来,礼文残缺,先儒各以臆说,无所稽据。肇在职,多所厘正。亲祠皇地祇于北郊,盖自肇发之,异论莫能夺其议。……肇天资仁厚,而容貌端严。自少力学,博览经传,为文温润有法。更十一州,类多善政。"

米芾卒(1051—)。芾初名黻,字元章,号鹿门居士、无碍居士、襄阳漫士、海岳外史、家居道士等,世居太原,迁襄阳,再迁居吴,晚年定居润州。徽宗时召为书画学博士,官至礼部员外郎,人称"米南宫"。后以言事罢知淮阳军。好蓄奇石,善行书,精鉴别。与苏轼、蔡襄、黄庭坚合称"宋四家"。著有《画史》1卷、《书史》、《宝章待访录》及《山林集》100卷等书,皆佚。南宋岳珂辑有《宝晋英光集》8卷;其孙米宪辑有《宝晋山林集拾遗》8卷。事迹见《宋史》卷四四四本传。清翁方纲编有《米海岳年谱》。

按:《宋史》本传曰:"芾为文奇险,不蹈袭前人轨辙。特妙于翰墨,沈著飞翥,得王献之笔意。画山水人物,自成一家,尤工临移,至乱真不可辨。精于鉴裁,遇古器物书画则极力求取,必得乃已。王安石尝摘其诗句书扇上,苏轼亦喜誉之。"

蔡松年(—1159)、胡沂(—1174)生。

宋大观二年　辽乾统八年　夏贞观八年
戊子　1108年

二月甲午,诏建徽猷阁,藏《哲宗御集》,置学士、直学士、待制官。

三月庚申,颁《金箓灵宝道场仪范》于天下。

戊寅,赐上舍生13人及第。

十三日,诏令不经看验校定文书,擅行印卖,告捕条例颁降,其沿边州军仍严行禁止。凡贩卖、藏匿、出界者,并依铜钱出界法罪赏。

> 按:宋初铜钱出界法极严,二贯者徒一年,三贯以上者弃市。

宋以情轻法重,或非身自犯,因人得罪等原因,将一些党籍人出籍。韩维等143人的"党籍"被分批解除,官爵分批得到恢复。

六月戊申,诏又出籍元祐党人95人。

七月,命访求天下遗书。

九月乙丑,诏:诸路州学有阁藏书,皆以经史为名。今尊《六经》以黜百家,史何足言。应置阁处赐名曰稽古。

是年,三国蜀汉将领关羽被封为武安王。

> 按:关羽封王始于此。

诏大司成分委国子监、太学、辟雍等官校本监书籍。候毕,令礼部复校。

叶梦得时任翰林学士,反对蔡京用宦官童贯"宣抚陕西,取青唐"。又极论士大夫朋党之弊(《宋史·叶梦得传》)。

蔡京正月己未进为太师,童贯加节度使,仍宣抚。

杨时迁南京敦宗院宗子博士,三月转为奉议郎。

苏辙正月复官,有《谢复官表二首》。

罗畸四月以集贤殿修撰出知庐州。

刘安上时为殿中侍御史,上疏弹劾蔡京十大罪,欲徽宗斩蔡京头以谢天下,斩自己之头以谢蔡京。

> 按:刘安上连上奏《论蔡京》、《再论蔡京》,列数其"纳叛启仇"、"谋动边衅"、"陷及无辜"、"株连旁逮"、"邀功生事"、"煽惑国本"等十大罪状,并义愤而言:"虽斩臣头以谢蔡京,斩京头以谢天下,臣死之日,犹生之年!"(《给事集》卷一)

石公弼拜御史中丞,连上章劾蔡京,建议省冗官,又论刘逵废绍述之法而用元祐学术。

葛胜仲三月除秘书省校书郎。

苏籀从祖父苏辙学《春秋》,颇通义理。

> 按:苏籀《上朱仆射书》曰:"籀之不肖,为天下安用?自幼窃好《春秋左氏》之

拜占廷与博希蒙德一世媾和,安条克公国承认拜占廷宗主权。

学,以为周孔之常道也。盖《春秋》,天子之权也。……施于后世王者,不可一日无也。"

艾晟整理校正唐慎微所编《经史证类备急本草》,并逐条补入陈承《重庆补注神农本草并图经》的文字,改名为《大观经史证类备急本草》(简称《大观本草》)。

朱肱用力近二十年,约是年前后撰成《伤寒百问》;又将《南阳活人书》20卷修改定稿。

黄伯思著《法帖刊误》1篇成,自为序。

按:是书分别考订前世留传的历代帝王书迹,汉、魏、吴、晋、宋、齐等历代法帖,以及王羲之、王献之父子书迹。其中纠正旧说甚多,尤其对米芾跋语,作了许多纠正和补充。南宋楼钥在嘉定三年(1210)作《跋黄长睿东观余论》时说:"本朝始自欧阳公《集古录》千卷,赵德父《金石录》至二千卷,考订甚工,然犹未免差误。惟云林(即黄伯思)之书为尽善。"

张绎卒(1071—)。绎字思叔,河南寿安人。佣力于市,后发愤力学,遂以文名。年三十始受业于程颐,记程颐言行,编为《师说》。程颐尝谓晚年得二士,即张绎和尹焞。未及仕而卒。《宋元学案》列其入《和靖学案》。事迹见《宋史》卷四二八本传。

按:施氏《北窗炙輠》曰:"张思叔,伊川高弟也。……其后伊川之学,最得其传者惟思叔。今伊川祭文十许首,惟思叔之文,理极精微,卓乎在诸公之上也。"

陈长方(—1148)生。

宋大观三年　辽乾统九年　夏贞观九年
己丑　1109年

十字军首领图卢兹的雷蒙德创建的黎波里伯国,作为耶路撒冷王国附庸。

英国经院哲学家、旅行家阿德拉尔于是年前后传授阿拉伯数学和天文学。

三月乙丑,赐礼部奏名进士及第、出身贾安宅等685人。

按:是科考官为兵部尚书薛昂、吏部侍郎慕容彦逢、礼部侍郎李图南、给事中霍端友。

五月,诏辟雍宴用雅乐。

六月,诏修乐书。

七月丁未,诏:谪籍人除元祐奸党及得罪宗庙外,余并录用。

十一月丁未,诏:算学以黄帝为先师,风后等8人配享,巫咸等70人从祀。

是年,宋徽宗以《淳化阁帖》刻板断裂,命蔡京厘订内府所藏墨迹,汇刻为《大观帖》,拓本流传。

辽放进士刘桢等90人。

宋大观三年 辽乾统九年 夏贞观九年 己丑 1109年

高丽王朝在国学中设立七斋,分别讲授《周易》、《尚书》、《毛诗》、《周礼》、《戴礼》、《春秋》等儒学经典。

周行己因师事程颐是年被劾,罢官归家,主讲于永嘉浮沚书院。

李焘之父李中是年中进士。

按:李中历任州县官,通习本朝典故,家富藏书。

蔡京五月罢相,十一月封楚国公,致仕,仍提举编修《哲宗实录》。

石公弼时为中丞,六月丁丑与殿中侍御史张克公劾蔡京罪恶,章数十上,蔡京乃罢相。

太学生陈朝老六月庚寅诣阙上书曰:"陛下知蔡京之奸,解其相印,天下之人鼓舞,有若更生。及相何执中,中外黯然失望。执中虽不敢肆为非法,若蔡京之蠹国害民,然碌碌常质,初无过人。天下败坏至此,如人一身脏肺受沴已深,岂庸庸之医所能起乎!"疏奏,不省(《宋史·何执中传》)。

何执中六月辛巳为特进、尚书左仆射兼门下侍郎。

陈与义在太学,学诗于崔鶠。

刘安上迁右谏议大夫,又劾给事中蔡薿以道家吐纳之说,妄自尊大。寻除中书舍人。

贺铸以承议郎致仕,卜居苏州、常州。

李弥逊以上舍登进士第,调单州司户,再调阳谷簿。

倪涛登进士第,调庐陵尉、信阳教授。

梁师成为宦官,名字被列入新科进士籍中。

孙觌、王玠、吴表臣进士及第。

陈禾时为右正言,三月上疏劾童贯等恃宠弄权之罪,并言他日当受危亡之祸;被贬谪监信州酒税。

马大年举进士,授永城主簿,时刘安世谪亳州,寓居永城县之回车院,遂从问学达26年。

林虑编《西汉诏令》12卷成书于本年前。

李撰卒(1043—)。撰字子约,福州连江人,徙居苏州吴县。熙宁六年进士。官至袁州通判,所至以兴学校为先务。曾从曾巩受业。著有《毛诗训解》20卷、《孟子讲义》14卷等。《宋元学案》列其入《庐陵学案》。

李廌卒(1059—)。廌字方叔,号济南先生、太华逸民,华州人。少以文学谒苏轼,甚得赏识,为"苏门六君子"之一。喜论古今治乱,哲宗元祐中尝上《忠谏书》、《忠厚论》、《兵鉴》于朝。元祐三年试礼部,不意落第,遂绝意仕进,寓居长社,以布衣终。著有《济南集》20卷、《师友谈纪》1卷、《德隅斋画品》等。《宋元学案》列其入《苏氏蜀学略》。事迹见《宋史》卷四

法国罗马天主教修士罗贝尔卒(约1022—)。西多会创立者。

意大利安瑟伦卒(1033—)。

四四本传。

王直方卒（1069— ）。直方字立之，号归叟，汴州人。以荫补承奉郎。尝监怀州酒税。与苏轼、黄庭坚、陈师道等友善。平生无他嗜好，唯昼夜读书，手自传录。著有《归叟集》1卷、《归叟诗话》6卷，今佚。事迹见晁说之《王立之墓志铭》（《景迂生集》卷一九）。

黄公度（ —1156）、汪澈（ —1171）、曾觌（ —1180）生。

宋大观四年　辽乾统十年　夏贞观十年
庚寅　1110年

塞尔柱突厥人攻拜占廷，进抵博斯普斯海峡。

德王亨利五世重新确立对波希米亚的宗主权。

正月辛酉，诏削除释氏之教，士庶拜僧者，论以大不恭。

二月戊寅，议礼局奏："修成《大观礼书》二百三十一卷，《祭服制度》十六卷，《制服图》一册，据经稽古，酌今之宜，以正沿袭之误。又别为《看详》十二卷，《祭服看详》二册。"诏行之（《续资治通鉴》卷九〇）。

三月庚子，诏以医学生并入太医局，以算学生归太史局。书学改隶于翰林书艺局。画学改隶于翰林图画局，按太学三舍法取士。

丙寅，赐上舍生15人及第。

癸亥，诏罪废人稍加甄叙，能安分守者，不俟满岁各与叙进，以责来效。

四月癸未，蔡京上所修《哲宗实录》。丁酉，又命修《哲宗正史》。

五月壬寅，宋停止度僧牒三年。

甲寅，宋立词学兼茂科，罢宏词科。

按：宋徽宗以宏词科不足以致文学之士，改立此科，岁附贡士院试，去檄书而增制诰，中格则授馆职，岁不过五人。

是月，臣僚言："场屋之文，专尚偶丽，题虽无两意，必欲厘而为二，以就对偶。其超诣理趣者，反指以为澹泊。请择考官而戒饬之，取其有理致，而黜其强为对偶者，庶几稍救文弊。"（《五礼通考》卷一七四）

七月，秘书监何志同奏请校勘《崇文总目》之外的异书，上之策府，从之。

辛丑，诏权罢方田法。

八月丁亥，宋行内外学官选试法。

辛酉，诏戒朋党。

十二月己酉，辽诏明年改元天庆。

杨时四月授越州萧山县知县。

胡安国先前提举湖南学事，荐举遗逸王绘、邓璋，被蔡京借机革职，至是年始复职。

张克公时为御史,言蔡京"擅作威福,权震中外",蔡京五月被贬为太子少保,仍致仕(《资治通鉴后编》卷九七)。

张商英六月为尚书右仆射兼中书侍郎;十二月请编熙宁、元丰事,号《皇宋政典》,诏就尚书省置局。

郑久中时为修撰,上言建议命地方官为修史搜集材料,并访求私家著作。

吕惠卿为大名知府。

刘安上除给事中,寻以徽猷阁待制知寿州。

晁补之在金乡闲居近八年,是秋被起用为泗州知州,旋卒于任上。

晁说之谪居甬上船场。

按:晁说之所著经书,大多成于此时。全祖望曰:"当是时,甬上经学尚未盛,先生首以正学之传,博闻精诣,倡教于此。于是陈文介公有诸经说,而王茂刚以处士喜说《易》,彬彬兴起,其有功于吾乡甚伟。"(《宋元学案》卷二二《景迂学案》)

白时中、姚祐、汪澥、蔡薿、宇文粹中、贾详、周邦彦、胡伸、张邦光、孙元宾、李邦彦、王俣、张淙、丁彬、郭昭、段处信、赵彦通参与修撰《礼书》完毕。

吴执中时为中丞,正月上言行八行贡之弊,"望下之太学,俾长贰博士考以道义,别白是非,澄其冒滥。"从之(《宋史全文》卷一四)。

陈承、裴宗元、陈师文等医学家校正《和剂局方》5卷。

王灼于大观年间著《糖霜谱》。

按:此书是我国第一部关于蔗糖的专著。

僧惠洪著《冷斋夜话》10卷于崇宁、大观年间。

单锷卒(1031—)。锷字季隐,常州宜兴人。嘉祐四年进士,一生未仕。专意探究吴中水利,尽得苏、常、湖三州沟渎源流和治理方法,经过三十年的努力,以自己所见所闻所历著成《吴中水利书》。所著尚有《诗》、《易》、《春秋》诸经义解,今佚。事迹见慕容彦逢《单季隐墓志铭》(《摛文堂集》卷一五)。

张舜民约卒(约1034—)。舜民字芸叟,自号浮休居士,邠州人。治平二年进士,为襄乐令。司马光荐其才,召为监察御史。擢吏部侍郎。坐元祐党,谪楚州团练副使,商州安置。著有《画墁集》8卷等。《宋元学案》列其入《吕范诸儒学案》。事迹见《宋史》卷三四七本传。

晏幾道卒(约1038—)。幾道字叔原,号小山,抚州临川人。晏殊第七子。曾任颍昌府许田镇监。熙宁间,郑侠因反对新法入狱,幾道坐与郑侠交往而受牵连。后为开封府判官。著有《小山词》1卷。事迹见欧阳修《晏公神道碑铭》(《文忠集》卷二二)。今人夏承焘编有《晏叔原年谱》、柏寒编有《二晏行年简谱》。

英国经院哲学家、旅行家阿德拉尔始著《论同和异》、《自然问题》等。他曾游历小亚、叙利亚、希腊、西西里、意大利或西班牙,将古希腊、阿拉伯作品译介至西欧,有欧几里得《几何原理》、阿拉伯代数学著述和天文表。

俄国基辅彼舍拉修道院修士涅斯托尔始撰罗斯第一部编年史《往年纪事》(亦译为《涅斯托尔编年史》),记载了第聂伯河地区850年至1110年的历史。

晁补之卒(1053—)。补之字无咎，号归来子，济州巨野人。元丰二年进士，曾任吏部员外郎、礼部郎中、兼国史编修、实录检讨官等职。十余岁即受苏轼赏识，为"苏门四学士"之一。又为江西诗派作家。著有《鸡肋集》70卷、《晁氏琴趣外篇》6卷。所著《广象谱》，表明中国象棋至宋已定型。《宋元学案》列其入《苏氏蜀学略》。事迹见《宋史》卷四四四本传、张耒《晁无咎墓志铭》(《柯山集》卷一二)。

按：《宋史》本传曰："补之才气飘逸，嗜学不知倦，文章温润典缛，其凌丽奇卓出于天成。尤精《楚词》，论集屈、宋以来赋咏为《变离骚》等三书。安南用兵，著《罪言》一篇，大意欲择仁厚勇略吏为五管郡守，及修海上诸郡武备，议者以为通达世务。"

李诫卒(约1060—)。诫字明仲，郑州管城人。曾在将作监任职十余年，参与修建城门、宫殿、官舍等工程，为北宋建筑家。《营造法式》外，所著尚有《续山海经》10卷、《续同姓名录》2卷、《古篆文说》10卷、《琵琶录》3卷、《马经》3卷、《六博经》3卷等，均不传。事迹见傅冲益《墓志铭》(程俱《北山小集》)、梁思成《〈营造法式〉注释序》(《营造法式注释》)。

虞允文(—1174)、刘完素(—1200)生。

宋徽宗政和元年　辽天祚帝天庆元年　夏贞观十一年　辛卯　1111年

罗马教皇帕斯卡尔第二与德王亨利五世于苏特里会谈，政教之争愈烈。亨利五世拘帕斯卡尔第二，迫之为其加冕，称帝。

正月辛未，诏：诸路州、军学生不及八十人处，不置教授；若熙、丰曾置教授者，虽人少，自合存留。

壬申，毁京师淫祠1038处。

壬辰，诏百官励名节。

三月癸亥朔，宋徽宗书《政和五礼新仪序》，议礼局请刻石于太常寺，许之。

四月丙辰，宋立守令劝农升降法。

九月辛巳，诏陈瓘自撰《尊尧集》，语言无绪，并系诋诬，合行毁弃，仍勒停，送台州羁管。令本州当职官常切觉察，不得放出州城。

十一月壬戌，诏：上书邪等及曾经入籍人，并不许试学官。

丙子，臣僚言迩英讲经，其音释意义，当并以王安石等所进经义为准。从之。

是年，宋廷命编《九域图志》。

胡安国因宰相张商英荐，任提举成都府路学事，以父母年高为由辞职，潜心学术。

蔡京八月乙未恢复太子太师。张商英罢尚书右仆射，十月被贬为崇信军节度副使,入元祐党籍。

陈瓘尝谓绍圣史官专据王安石《日录》改修神宗史,变乱是非,不可传信,乃著《尊尧集》,深明诬妄,以正君臣之义。张商英奏请下明州取其书,送编修政典局。

> 按:十二月乙卯,臣僚言:"陈瓘《尊尧集》十卷,大纲取《日录》之事,解释成文,有论及王安石事。臣虽不见其全文,但瓘在建中靖国间,尝以安石《日录》为不然。昨来大臣领政典局,知瓘素有异论,欲助成非谋,故下家取索。望特旨严赐禁约,不得传习;如有已曾传录之家,并乞立限缴纳。仍下瓘家取索稿本,一切焚毁。"诏依奏(《续资治通鉴》卷九一)。

唐庚因上一年著《内前行》诗,颂扬张商英为相,至是受牵连,被贬惠州。

吕本中自崇宁至政和年间,创作成《江西宗派图》,列黄庭坚为祖,下列陈师道等25人"为法嗣",江西诗派从此得名。

> 按:吴曾《能改斋漫录》卷一〇曰:"居仁已而出自岭外,寄居临川,乃绍兴癸丑之夏,因取近世以诗知名者二十五人,谓皆本于山谷,图为江西宗派。"吕本中的原书久佚,诸家传述,名号或有异同,或称"江西宗派图",或称"江西诗社宗派图";所谓25人的姓名,王应麟《小学绀珠》卷四、胡仔《苕溪渔隐丛话》、赵彦卫《云麓漫钞》及刘克庄《江西诗派小序》所载也各不相同,所涉及的人物有:陈师道、潘大临、谢逸、洪朋、洪刍、饶节、祖可、徐俯、林敏修、洪炎、汪革、李錞、韩驹、李彭、晁冲之、江端本、杨符、谢薖、夏倪、林敏功、潘大观、王直方、善权、高荷、吕本中、何觊、何颙、曾纮、曾思、江端友。

蔡嶷、慕容彦逢、宇文粹中等三月奏言,望今后时务策问,并随意参以汉唐历代史实。获诏准。旋又以李彦章言,诏止学史。

> 按:北宋崇宁年间禁元祐学术时,只禁止士子学史,至是年,连士大夫也禁止学史。李彦章言:"学乎诗书礼者,先王之学也。习秦汉隋唐之史者,流俗之学也。纪事之史,士所当学,非上之所以教也。况诗赋之家在乎史,今罢黜诗赋,而使士兼习,则士不得专心先王之学,流于俗好,恐非先帝以经术造士之志。"(《文献通考》卷三一)其实,所谓禁诗、禁史,都与党争、党禁有关,《文献通考》卷九曰:"史与诗之所以遭斥者,以有涑水之《唐鉴》,苏、黄之酬唱也。"后蔡卞甚至欲毁掉《资治通鉴》板,只因宋神宗写过肯定《通鉴》的御序,才幸免于难。

张元幹向徐俯问句法,并与洪刍、洪炎、苏坚、苏庠、潘淳、吕本中、汪藻、向子諲等人结社唱和,史称豫章诗社。参与者尚有洪朋、谢逸、李彭等。

林震时为京畿提举学事,十一月乙酉乞自今应以八行延入县学者,并以州学外舍生例给食。从之。

胡宪约在此时以乡贡入太学学习。又与刘勉之从二程弟子谯定学《易》。

> 按:朱熹《籍溪先生胡公行状》曰:"既又学《易》于涪州谯处士定于京师逆旅中而问学焉。"(《晦庵集》卷九七)朱熹《聘士刘公先生墓表》曰:"闻涪陵谯公天授尝从程夫子游,兼遂《易》学,适以事至京师,即往扣焉。"(《晦庵集》卷九〇)谯定的《易》学,是胡宪思想学术的来源之一。《宋史·刘勉之传》曰:"逾冠,以乡举诣太学。时蔡京用事,禁止毋得挟元祐书,自是伊、洛之学不行。勉之求得其书,每深夜,同舍生皆寐,乃潜抄而默诵之。谯定至京师,勉之闻其从程颐游,遂《易》学,遂师事之。"

郑居中、白时中、慕容彦逢、强渊明等著《政和五礼新仪》240卷、《目录》5卷。

按：叶梦得曰："国朝典礼，初循用唐《开元礼》旧书一百五十卷。太祖开宝初，始命刘温叟、卢多逊、扈蒙三人补缉遗逸，通以今事，为《开宝通礼》二百卷，又《义纂》一百卷，以发明其旨。且依《开元礼》设科取士。嘉祐初，欧阳文忠公知太常礼院，复请续编，以姚辟、苏洵掌其事，为《太常因革礼》一百卷，议者病其太简。元丰中，苏子容复议以《开宝通礼》及近岁详定礼文，分有司、仪注、沿革三门，为《元丰新礼》，不及行。至大观中，始修之，郑达夫主其事，然时无知礼旧人，书成，颇多抵牾，后亦废。"（《石林燕语》卷一）

朱肱遣子朱遗直将所著《南阳活人书》进献朝廷，蔡京命国子监刊印颁行。

伊朗安萨里卒（1059— ）。哲学家、神学家，著有《宗教家的宗旨》、《哲学家的矛盾》、《哲学家的破坏》、《哲学家的目标》、《宗教科学的复兴》等书。

吕惠卿卒（1032— ）。惠卿字吉甫，泉州晋江人。嘉祐二年进士，为真州推官。熙宁初，编校集贤院书籍，为王安石所信任，参加制定新法，官至参知政事。后与王安石有分歧。司马光恢复旧法时被贬谪。谥文敏。著有《东平公集》100卷、《奏议》170卷，今佚。现存《庄子解》10卷。《宋元学案》列其入《荆公新学略》。事迹见《宋史》卷四七一本传。

龚夬卒（1057— ）。夬字彦和，瀛州人。举进士第三，签书河阳判官。从曾布于瀛。绍圣初，擢监察御史，以亲老，求通判相州，知洺州。徽宗立，召拜殿中侍御史，上疏请辨忠邪，平反元祐诸臣。时章惇、蔡卞用事，夬首论其恶，又劾蔡京为奸臣，由是三人皆罢。又上疏乞正元祐后册位号，及元符后不当并立。已而元祐后册再废，言者论夬首尾建言，诏削籍，编管房州。继徙象州，又徙化州。后逢赦得归。绍兴中，累赠右谏议大夫。《宋元学案》列其入《范吕诸儒学案》。事迹见《宋史》卷三四六本传。

邹浩卒（1060— ）。浩字志完，自号道乡居士，常州晋陵人。尝受学于程颐，又笃信禅学。元丰五年进士，调扬州教授，移颖昌府。元祐七年，苏颂荐为太常博士，御史来之邵论罢之，出为襄州州学教授。官至吏部侍郎。高宗即位，追赠宝文阁直学士，赐谥忠。著有《论语解义》、《孟子解义》、《道乡集》40卷等。《宋元学案》为列《陈邹诸儒学案》。事迹见《宋史》卷三四五本传、陈瓘《邹公墓志》（《道乡集》附）。元谢应芳编有《道乡先生年谱》，清李兆洛编有《道乡年谱》。

按：全祖望曰："南轩尝言道乡晚与程子论道，以予考之，似未及过从也。特道乡早岁与刘斯立田明之固尝讲学，而受业于龚深父之门。虽未承濂洛之统，固非绝无渊源者。晚乃游于杨文靖公、胡文定公之间，得伊川之传。尝曰：吾虽未见先生之面，然识先生之心矣。故伊川私淑弟子，先生与了翁其最也。特二公皆未能不染于佛老之学，是则闻知之，所以终不逮见知也。然当时见知者之多所陷溺也，亦十九矣。"（《宋元学案》卷三五《陈邹诸儒学案》）陈瓘和邹浩都是司马光的私淑弟子，他们与唐广仁、关治、陈正、夏侯旄、唐恕、胡宗伋、刘若川、邓名世等，倾向"涑水"之学，反对王安石"新学"，重视二程"洛学"，形成一个新的学派，因以陈、邹领衔，故称"陈邹学派"或"陈邹诸儒学派"。其弟子有陈渊、吕本中、曾恬、詹勉、林宗卿、李郁、孙介、周必大、周必刚、胡珙、孙应时、邹斌等。此派学徒较盛，南宋以后多归杨时为代表的龟山学派，陈渊则另创"默堂学派"，吕本中创"紫微学派"等。

宋政和二年　辽天庆二年　夏贞观十二年
壬辰　1112年

正月癸未，诏释教修设水陆及祈禳道场，辄将道教神位相参者，僧尼以违制论；主者知而不举，与同罪。著为令。

三月己卯，赐礼部奏名进士及第、出身莫俦等730人。

按：是科考官为翰林学士蔡薿、尚书吏部侍郎慕容彦逢、给事中宇文粹中、起居舍人张藻。

五月，臣僚上言，以科举废罢县学岁升之法非便，诏自今并依大观三年四月以前指挥，其后降指挥，更不施行。

七月壬申，宋访民间遗书。

诏罢进士赐诗改为赐箴。

八月，焚元祐制词。

九月癸未，宋改定官名，尚书左仆射为太宰兼门下侍郎，右仆射为少宰兼门下侍郎；罢尚书令及文武勋官，以太尉为武阶之首。

按：由是官名紊杂，元丰之制大坏。

辽放进士韩昉等77人。

杨时知萧山，罗从彦自延平来受学。

按：《宋史·罗从彦传》谓罗从彦"闻同郡杨时得河南程氏学，慨然慕之，及时为萧山令，遂徒步往学焉。时熟察之，乃喜曰：'惟从彦可与言道。'于是日益以亲，时弟子千余人，无及从彦者。从彦初见时三日，即惊汗夹背，曰：'不至是，几虚过一生矣！'尝与时讲《易》，至《乾》九四爻，云：'伊川说甚善。'从彦即鬻田走洛，见颐问之，颐反复以告，从彦谢曰：'闻之龟山具是矣。'乃归卒业"。

李纲登进士第，积官至监察御史兼权殿中侍御史。

蔡京五月己巳恢复楚国公，奉命以太师身份三日一至朝堂议事，以尚书省令厅为治所，仍押敕札。十一月辛巳进封为鲁国公。

苏辙九月由中大夫转大中大夫致仕。十一月追复端明殿学士，特赐宣奉大夫。

苏过十月奔丧，著《祭叔父黄门文》，悼念苏辙。

王巩闻苏辙卒，著《苏黄门挽诗三首》。

张元幹入太学上舍，有声名。

夏御史大夫谋宁克任上疏，反对汉化，主张整饬武备，保存旧俗，未果。

王庭秀举进士，历御史台检法官。

罗马教皇帕斯卡尔第二召开拉特兰宗教会议，宣布撤销与亨利五世达成之苏特里协议。维埃纳大主教古伊多宣布绝罚亨利五世。

法国琅城市民起义，杀主教高德里。法王路易六世遣兵镇压，强行取消城市公社。

按：王庭秀字颖彦，一作彦颖，慈溪人。官至检正中书门下省诸房公事。与黄潜善不合，引疾奉祠归。从学于杨时。著有《磨衲集》、《阅世录》，今佚。

上官愔举进士。

按：上官愔字仲雍，邵武人。上官均季子。官至吏部员外郎，出知南剑州。著有《尚书小传》、《论语孟子略解》等。

方悫著《礼记解》20卷。

按：陈振孙《直斋书录解题》卷二曰：方悫"以王氏父子独无解义，乃取其所撰《三经义》及《字说》，申而明之，著为此解，由是得上舍出身。其所解，文义亦明白"。

晁说之著《儒言》1卷约成于本年。

按：《四库全书总目提要》曰："（晁）公武以是书为辨王安石学术违僻而作。今观所论，大抵《新经义》及《字说》居多，而托始于安石之废春秋，公武所言良信。然序称作于元默执徐，实徽宗政和二年壬辰，在崇宁二年安石配享孔子后。故其中孔、孟一条，名圣一条，祀圣一条，皆直斥其事。则实与绍述之徒辨，非但与安石辨也。又不夺一条，心迹一条，及流品以下凡数条，并兼斥安石之居心行事，亦非但为学术辨也。当绍述之说盛行，而侃侃不挠，诚不愧儒者之言。至于因安石附会《周礼》而诋《周礼》，因安石尊崇孟子而抑孟子，则有激之谈，务与相反。惟以恩怨为是非，殊不足为训。盖元祐诸人，实有负气求胜，攻讦太甚，以酿党锢之祸者。贤智之过，亦不必曲为讳也，取其大旨之正可矣。"

福州开元寺僧本悟、本明、行崇等发起募刻《毗卢藏》。

法国洛色林卒（1050— ）。他是中世纪法国唯名论者、哲学家，其所提出的"三神论"，曾被基督教教会宣布为"异端"而加以谴责，著作现仅存《致阿伯拉尔书》。

苏辙卒（1039— ）。辙字子由，一字同叔，号颍滨遗老，眉山人。苏洵子，苏轼弟。嘉祐二年进士。神宗时，反对王安石新法，出为陈州教授，谪监筠州盐酒税。元祐时官至尚书右丞、门下侍郎。绍圣初，因事落职，贬知汝州、雷州、循州。其文为唐宋八大家之一。著有《论语拾遗》1卷、《孟子解》1卷、《道德经解》2卷、《春秋集解》（即《春秋集传》）12卷、《诗集传》20卷、《古史》60卷、《老子解》及《栾城集》等。《宋元学案》列其入《苏氏蜀学略》。事迹见《宋史》卷三三九本传。今人曾枣庄、孔凡礼各自编有《苏辙年谱》。

按：苏辙的《诗集传》与欧阳修的《毛诗本义》几乎同时而出，首先向汉学发难，其思想和观点对后世，特别是宋儒有相当大的影响，王得臣、程大昌、李樗即均以苏辙之说为祖。

黄伯思卒（1073— ）。伯思字长睿，别字霄宾，号云林子，邵武人。元符三年进士。曾除详定《九域图志》所编修官兼《六典》检阅文字，改京秩。官至秘书郎。工于诗文，书画均佳。著有《东观余论》3卷、《法帖刊误》2卷、《翼骚》1卷。又校定《杜工部集》22卷，改变王洙以来古近体分编之法，一以编年为主。事迹见《宋史》卷四四三本传、李纲《故秘书省秘书郎黄公墓志铭》（《梁溪集》卷一六八）。

按：《宋史》本传曰："伯思好古文奇字，洛下公卿家商、周、秦、汉彝器款识，研究字画体制，悉能辨正是非，道其本末，遂以古文名家，凡字书讨论备尽。初，淳化中博求古法书，命待诏王著续正法帖，伯思病其乖伪庞杂，考引载籍，咸有依据，作《刊误》二卷。由是篆、隶、正、行、草、章草、飞白皆至妙绝,得其尺牍者,多藏弆。……纵观册府藏书,至忘寝食,自《六经》及历代史书,诸子百家、天官地理、律历卜筮之说无不精诣。凡诏讲明前世典章文物,集古器考定真赝,以素学与闻,议论发明居多,馆阁诸公自以为不及也。"

王哲(—1170)、王十朋(—1171)、林之奇(—1176)、刘德仁(—1180)生。

宋政和三年　辽天庆三年　夏贞观十三年　癸巳　1113年

正月癸酉,宋追封王安石为舒王,其子王雱为临川伯。仲春释奠,以兖国、邹国公及舒王配享文宣王庙。

甲戌,辽禁僧尼破戒。

庚辰,宋议礼局因修《政和五礼新仪》成,遂罢议礼局。

三月癸酉,赐上舍生19人及第。又复置算学。

四月戊子,宋作保和殿,左置经史典籍,右藏三代彝器,东西两序分收古今书画、琴阮、笔砚。

闰四月甲寅,从奉议郎王愈奏请,诏八行许添差诸州教授。

戊午,宋复置医学。

是月,作玉清和阳宫于福宁殿东,奉安道像,是帝所生之地。

五月己酉,诏颁《大晟乐》于天下,旧乐遂废。

六月丁巳,诏武学,州县外舍生称武选士,内舍生称武俊士。

七月甲申,追复韩忠彦、曾布、安焘、李清臣、黄履等官职。

己亥,诏:"于编类御笔所置礼制局,讨论古今沿革,具画来上,朕将亲览,参酌其宜蔽,自朕志期在必行,革千古之陋,成一代之典,庶几先王垂法后世。"(《宋朝事实》卷三)

九月,诏《大晟乐》颁于太学辟雍,诸生学习。

是月,赐方士王老志号洞微生生,王仔昔号通妙先生。

十一月乙酉,宋徽宗以天神降,作《天真降灵示现记》颁行全国。

按:道教之盛自此始。

十二月癸丑,诏天下访求道教仙经,设经局,集道士多人,从事修校,成《政和万寿道藏》5481卷,送福州闽县雕版印行。

欧阳修被追封为楚国公。

吴居厚正月自知枢密院事以武康军节度使知洪州,旋卒。

陈与义三月以太学上舍释褐,名列第三,第一名为陈公辅,第二名为胡松年;八月授开德府教授。

贺铸居苏州,与程俱、叶梦得时相往来。

法国亚眠、苏瓦松获城市自治权。

黄冠时为宣义郎，四月甲申上言："欲令天下士自乡而升之县学，自县学而升之州学，通谓之选士，其自称则曰外舍生。才之向成，升于内舍，则谓之俊士，自称内舍生。又其才之已成而贡之辟雍，然后谓之贡士，其自称亦以是。"从之（《续资治通鉴》九一）。

翁谷举进士，权知崇安县。

按：翁谷字子静，南剑人。杨时高弟。宣和中，聚练乡兵，扼守要险，以御方腊。后远谪循州，道卒。《宋元学案》列其入《龟山学案》。

王希孟绘成《千里江山图》，时年十八，不久病卒。

陆宰上其父陆佃所著《礼记新义》。

王彦辅以二王为底本，著《增注杜工部诗》46卷。

俄国基辅彼舍拉修道院修士涅斯托尔约于是年撰成罗斯第一部编年史《往年纪事》。

吕希哲卒（1035—　）。希哲字原明，学者称荥阳先生，寿州人。吕公著之子。少从焦千之、孙复、石介、胡瑗学，复从程颢、程颐、张载、石介、李觏、孙觉、李常游。以荫补官，曾为崇政殿说书、光禄少卿、以直秘阁知曹州。遭崇宁党祸，夺职知相州，罢为宫祠。著有《吕氏杂记》2卷及《发明义理》、《传讲杂记》。《宋元学案》为列《荥阳学案》。事迹见《宋史》卷三三六本传。

按：《宋元学案》卷二三《荥阳学案》论及吕希哲学风曰："荥阳少年，不名一师，初学于焦千之，庐陵之再传也。已而学于安定，学于泰山，学于邵雍，亦尝学于王介甫，而归宿于程氏。集益之功，至广且大。然晚年又学佛，则申公家学未醇之害也。"吕希哲所创的荥阳学派，从学子孙及弟子甚多，著名者有吕好问、吕切问、吕本中、汪革、汪莘、黎确、谢逸、赵演、饶节、颜岐、汪大经等。此派为学"不主一门，不私一说"，成为吕氏家学传统，对后世影响颇大。

刘奉世卒（1041—　）。奉世字仲冯，临江军新喻人。刘敞子。举进士。神宗时历官集贤校理、国史院编修官。哲宗元祐中，官至签书枢密院事。后入元祐党，责郴州居住。徽宗立，复职。崇宁初再夺职，贬居沂、兖州。著有《自省集》。《宋元学案》列其入《庐陵学案》。事迹见《宋史》卷三一九本传。

晁端礼卒（1046—　）。端礼字次膺，钜野人。熙宁六年进士。曾以承事郎为大晟府协律。著有《闲适集》10卷等。事迹见晁说之《宋故平恩府君晁公墓表》（《景迂生集》卷一四）、李昭玘《晁次膺墓志铭》（《乐静集》卷二八）。

欧阳棐卒（1047—　）。棐字叔弼，庐陵人。欧阳修子。以荫为秘书省正字。治平四年登进士乙科，调陈州判官。欧阳修卒，代草遗表。累迁职方员外郎知襄州。后坐元祐党籍，被废十余年。著有《历代年表》10卷、《三十国年纪》7卷、《尧历》3卷、《合朔图》1卷、《九朝史略》3卷、《食货策》5卷、《集古录目》20卷、《襄录》2卷、文集20卷，皆佚。《宋元学案》列其入《庐陵学案》。事迹见《宋史》卷三一九本传、毕仲游《欧阳叔弼传》（《西台集》卷六）。

谢逸卒，生年不详。逸字无逸，学者称溪堂先生，江西临川人。以布衣终其身。从吕希哲学。工诗，为江西诗派中人。尝作胡蝶诗三百余首，人称谢胡蝶。著有《春秋广微》、《樵谈》、《溪堂词》、《溪堂师友尺牍》6卷及《溪堂集》20卷，已佚。清四库馆臣自《永乐大典》辑出诗文，编为《溪堂集》10卷。《宋元学案》列其入《荥阳学案》。事迹见《宋史翼》卷二六。

耶律俨卒，生年不详。本姓李，字若思，析津人。辽咸雍进士。历官著作郎、大理卿。大安三年，为御史中丞。寿昌初，拜参知政事。道宗末年，任知枢密院事，封越国公。曾编修《皇朝实录》。事迹见《辽史》卷九八本传。

陈俊卿（ —1186）生。

宋政和四年　辽天庆四年　夏雍宁元年
甲午　1114年

正月戊寅朔，宋置道阶以叙道士。

按：时王老志、王仔昔、徐知常等得幸，遂赐号先生、处士等名，秩比中大夫至将仕郎，凡二十六级。

二月丁巳，赐上舍生17人及第。

三月丁丑，诏诸路应小学生及百人处，并增差教谕一员。

辛卯，诏诸路监司，每路通选宫观道士10人，遣发上京，赴左右街道录院讲习科道声赞科仪，候习熟遣还本处。

诏求方书药法，差曾孝忠提举入内医官所，编类御前所降方书；差文臣米肱、刘植充检阅官，候逐路进到奇方善术，并送本部编集，俟书成进呈，仍以《政和圣济经》为名，下国子监刊印颁行。

六月庚午，诏小学仿太学，立三舍法。

八月辛亥，诏诸路学校及三百人以上者，三分增一分，百人以上者，增一分之半。

十三日，徽宗以河北州县传习妖教甚多，虽加之重辟，终不悛革，闻别有经文互相传习，鼓惑致此，遂令虽非天下图谶之书，亦宜立法禁戢。仰所收之家，经州县投纳，守令类聚，缴尚书省，或有印版石刻，并行追取，当官弃毁。

九月辛卯，诏以辟雍大成殿名颁诸路州学。

是年，宋赠高丽使者《大晟燕乐》及礼器。

按：从此，高丽在太庙祭祀、郊祀和朝会仪式等活动中使用《大晟乐》。

夏改元雍宁。

胡安国经过十年"遍览诸家"《春秋》学著作，于本年开始撰写《春秋传》。

德意志神圣罗马帝国萨克森公爵、美因茨和科隆大主教、洛林叛乱，帝国南部仍效忠德意志亨利五世帝。

比萨舰队远征西地中海巴利阿里群岛阿拉伯人。

按：《宋史·胡安国传》曰："自王安石废《春秋》不列于学官，安国谓：'先圣手所笔削之书，乃使人主不得闻讲说，学士不得相传习，乱伦灭理，用夏变夷，殆由乎此。'故潜心是书二十余年，以为天下事物无不备于此。每叹曰：'此传心要典也。'"清皮锡瑞曰："元、明用胡《传》取士，推之太高；近人又诋之太过，而胡《传》卒废。平心而论，胡氏《春秋》大义本孟子，一字褒贬本《公》、《榖》，皆不得谓其非。而求之过深，务出《公》、《榖》两家之外；锻炼太刻，多存讬讽时事之心。其书奏御经筵，原可藉以纳约。但尊王攘夷，虽《春秋》大义；而王非唯诺趋伏之可尊，夷非一身两臂之可攘。胡《传》首戒权臣，习艺祖惩艾黄袍之非，启高宗猜疑诸将之意。王夫之谓岳侯之死，其说先中于庸主之心。此其立言之大失，由解经之不明也。"（《经学历史·经学变古时代》）

杨时四月磨勘转朝奉郎，六月提点均州明道观，十一月由余杭县敕徙居毗陵。

杨时十月为贺铸《庆湖遗老集》作序，又为贺铸《庆湖集》作跋。

朱肱召为医学博士。

孙觌举词学兼茂科。

石公弼以先前曾论蔡京之罪，被再度为相的蔡京罗织其罪，责为秀州团练副使，台州安置。

李弥逊除国朝会要所检阅文字。引见，特迁校书郎，充编修六典校阅，累官起居郎。

葛胜仲擢国子司业。

按：章倧《葛公行状》曰："四年，擢国子司业。时兴学久，成均之士为文，转相模仿，率一律。公恐其渐入卑陋，每考试，必取卓然不群者，置之上列，文格翕然大变。士相庆以为得师，质经扣疑者屡满户外，几无食息之间。其为当世推重如此。"（《丹阳集》卷二四附录）

赵明诚是秋题《易安居士画像》。

王老志正月辛丑加号"观妙明真洞微先生"。

法国经验哲学家、实在论者尚波的威廉著《论圣体》、《教说集》、《论精神的起源》等。

英国始编《亨利一世法典》。

杨时著《中庸解义》、《中庸义序》、《庆湖遗老集序》。又校正《伊川易传》，并著《校正伊川易传后序》。

按：杨时《校正伊川易传后序》曰："伊川先生著《易传》，方草具未及成书，而先生得疾，将启手足，以其书授门人张绎，未几而绎卒，故其书散亡，学者所传无善本。政和之初，予友谢显道得其书于京师示予，而错乱重复，几不可读。东归待次毗陵，乃始校定，去其重复，逾年而始完。先生道学足为世师，而于《易》尤尽心焉。其微辞妙旨，盖有书不能传者，恨得其书晚，不及亲受旨训。其谬误有疑而未达者，姑存之以俟知者，不敢辄加损也。然学者读其书，得其意忘言可也。"又《中庸义序》曰："伊川先生有言曰，不偏之谓中，不易之谓庸。中者天下之正道，庸者天下之定理。《中庸》之书，盖圣学之渊源，入德之大方也。孔子殁，群弟子离散，分处诸侯之国，虽各以其所闻授弟子，然得其传者盖寡。故子夏之后，有田子方，子方之后为庄周，则其去本浸远矣。独曾子之后，子思、孟子之传得其宗。子思之学，《中庸》是也。孟子之书，其源盖出于此，则道学之传有是书而已。世儒知尊孟氏，而于《中庸》之书，未有能尽心者，则其源流可知矣。予昔在元丰中尝受学明道先生之门，得其绪言一二，未及卒业，而先生殁。继又从伊川先生，未几先生复以罪流窜涪陵。其立言垂训，为世大禁。学者胶口无敢复道。政和四年夏六月，予得请祠馆，退居余杭，杜门却扫，因得温寻旧学，悼斯文之将坠。于是追述先生之遗训，著为此书。以其所闻，推其所未闻者，虽未足尽传先生之奥，亦妄意其庶几焉。学者因吾言而求之，于圣学之门墙庶乎可窥而入也。"(《龟山集》卷二五)

葛胜仲著《政和续因革礼》300卷。

知福州事黄裳请于福州闽县九仙山巅天宁万寿观建飞天法藏，庋天下道书，总540函，赐名为《万寿道藏》，镂板进京。

按：至此，《道藏》始有印本，成为金元各藏之蓝本。

沈晦编校《柳河东集》。

按：柳宗元的集子，五代以来散佚殆尽，经宋初穆修多年访求，晚年始获唐写旧本，参读编校，于天圣元年(1023)写成后序，为宋代柳集之祖本。沈本即以穆修45卷本为主，而以诸本所录为外集，重新补正，号四明新本。

张耒卒(1054—　)。耒字文潜，号柯山，人称宛丘先生，楚州淮阴人。尝从苏轼游。熙宁六年进士，授临淮主簿。曾任秘书省正字、著作郎、史馆检讨、起居舍人、太常少卿等职。绍圣元年，出知润州，入党籍，徙宣州。再贬为房州别驾，黄州安置。为"苏门四学士"之一。著有《明道杂志》、《张右史文集》。《宋元学案》列其入《苏氏蜀学略》。事迹见《宋史》卷四四四本传。近人邵祖寿编有《张文潜先生年谱》。

按：《宋史》本传曰："耒仪观甚伟，有雄才，笔力绝健，于骚词尤长。时二苏及黄庭坚、晁补之辈相继没，耒独存，士人就学者众，分日载酒肴饮食之。诲人作文以理为主，尝著论云：'自《六经》以下，至于诸子百氏骚人辩士论述，大抵皆将以为寓理之具也。故学文之端，急于明理，如知文而不务理，求文之工，世未尝有也。夫决水于江、河、淮、海也，顺道而行，滔滔汩汩，日夜不止，冲砥柱，绝吕梁，放于江湖而纳之海，其舒为沦涟，鼓为波涛，激之为风飙，怒之为雷霆，蛟龙鱼鳖，喷薄出没，是水之奇变也。水之初，岂若是哉！顺道而决之，因其所遇而变生焉。沟渎东决而西竭，下满而上虚，日夜激之，欲见其奇，彼其所至者，蛙蛭之玩耳。江、河、淮、海之水，理达之文也，不求奇而奇至矣。激沟渎而求水之奇，此无见于理，而欲以言语句读为奇，反覆咀嚼，卒亦无有，文之陋也。'学者以为至言。作诗晚岁益务平淡，效白居易体，而乐府效张籍。"

任续(　—1170)、林光朝(　—1178)生。

奥地利史学家、历史哲学家奥托·冯·法莱辛格(　—1158)生。

印度数学家跋斯伽罗(　—1185)生。

宋政和五年　辽天庆五年　金太祖完颜阿骨打收国元年　夏雍宁二年　乙未　1115年

正月壬申朔，完颜阿骨打称皇帝，改名旻，国号大金，年号收国，定都会宁，是为金太祖。

己丑，宋令各州县置医学，立贡额。

二月乙巳，立定王赵桓为皇太子。

三月甲申，追论至和、嘉祐定策功，封韩琦为魏郡王，复文彦博官。

丁亥，诏以立皇太子，见责降文武臣僚，并与牵复甄叙，凡1500百人。

癸巳，赐礼部奏名进士及第、出身何栗、潘良贵、郭孝友等670人。

按：是科考官为户部尚书兼侍读王甫、刑部尚书兼侍读慕容彦逢、给事中翟汝义等。

癸亥，诏东宫讲读官罢读史。

八月己酉，诏秘书省移于它所，以其地为明堂。命蔡京为明堂使，开局兴工，日役万人。

十一月庚寅，高丽遣子弟入宋太学。

是年，抽毁《大藏经》中《辩正论》、《佛道论衡》等诋道著作。

叶梦得起知蔡州。

陈瓘与李纲在故苏相遇，为忘年之交，相知甚深。

何栗中进士第一，擢秘书省校书郎。

朱肱因直言时事，与缮写苏轼诗句，违反党禁，被贬为达州茶场；同时被贬者有陈弁、余应求、李升、韩均等4人。

吕本中被补为济阴主簿。

沈与求、王观国进士及第。

刘昺迁吏部尚书，荐周邦彦自代大司乐，不允。

宇文虚中入为起居舍人、国史院编修。

宋道教南五祖之第四代祖陈楠于政和中被擢为道院录事。

按：陈楠字南木，号翠虚，惠州博罗人。常捻土治病，人称"陈泥丸"。著有《翠虚篇》。

温州道士林灵素觐见宋徽宗，进"神霄说"，谓陛下本是上帝之长子，天上最高处神霄府的神霄玉清真王，号"长生大帝君"，主南方。受上帝之命，率仙府卿吏下降主人事，建立赵宋朝廷。徽宗信以为真，大肆崇道。（《宋史纪事本末》卷一一）

嵩山道人王仔昔十月癸卯为冲隐处士。

道士元妙宗、程若清、王道坚等奉命校定道经。

辽耶律大石登进士第。

按：辽制不许契丹人参加科举，但到辽末，契丹人也能参加，耶律大石即其例。

晁说之著《中庸传》。

王得臣著《麈史》3卷成书。

马永锡著《唐职林》30卷，左誉为序。

朱肱所著《北山酒经》成书于政和年间。

按：该书所述造曲和酿酒分法甚详，其中加热杀菌以保存酒液的方法，比欧洲早数百年。

法国经院哲学家、唯名论者彼德·阿伯拉尔写《辩证法》等逻辑著作。严格区分论证形式的妥当与论证内容的真实，将判断分为"主词—联词—谓词"的模式等，开创许多中世纪逻辑的课题和方法。著《伦理学》，认为理性是信仰的基础，强调动机、意向对人的行为和品性的决定作用，认为行为、善恶、价值不在于后果，而在于动机，对后世的动机伦理学发展具有影响。

钱乙卒(1034—)。乙字仲阳，钱塘人。为吴越王钱氏宗属。曾授翰林医学，为方博达，不名一师，各科皆通，尤擅长儿科，又精本草之学。所著尚有《小儿药证直诀》3卷、《钱氏小儿方》8卷、《伤寒指微》5卷、《婴孺论》100篇等。事迹见《宋史》卷四六二本传。

按：《郡斋读书志》卷一五载《钱氏小儿方》8卷，曰："皇朝钱乙仲阳撰。神宗时，擢太医丞。于书无所不窥，它人靳靳守古，独度越纵舍，卒与法合。尤邃《本草》，多识物理，辨正阙误，最工疗婴孺病。年八十二而终。阎季忠方附于后。"《四库全书总目提要》曰："小儿经方，于古罕见，自（钱）乙始别为专门，而其书亦为幼科之鼻祖。后人得其诸论，往往有回生之功。"

上官均卒(1038—)。均字彦衡，邵武人。熙宁三年进士。任北京留守推官，迁监察御史里行。哲宗元祐初为监察御史，遇事敢言，论罢青苗法，裁冗官，劾去蔡确、李清臣，罢诗赋取士。崇宁初入元祐党籍夺职。政和中复龙图阁待制致仕。著有《曲礼讲义》、《广陵文集》等，今佚。《宋元学案》列其入《范吕诸儒学案》。事迹见《宋史》卷三五五本传。

李焘(—1184)生。

意大利罗马法和教会法学家瓦卡里乌斯（约 1115/1120— ）约生。

宋政和六年　辽天庆六年　金收国二年
夏雍宁三年　丙申　1116年

正月，辽将渤海高永昌占据辽阳，国号大元，建元隆基。

庚申，太府寺丞王鼎奏："《五礼新仪》既已成书，欲乞依仿新乐颁行之。仍许令州县召募礼生肄业于官，使之推行民间，专以新仪从事。"辛酉，开封府尹王革奏："乞下国子监，委学官将新仪内冠、昏、丧、祭民间所当通知者，别编类作一帙，镂板付诸路学事司，劝谕学生，务令通知节文之意。"并从之（《续资治通鉴》卷九二）。

是月，以刑部尚书慕容彦逢知贡举，尚书礼部侍郎张溁、起居舍人宇文虚中同知贡举。

二月壬申，宋令道教改隶秘书省。

丁亥，诏增广天下学舍。

三月癸丑，赐上舍生11人及第。

四月乙丑，道士林灵素言宋徽宗是上帝长子，主南方，号长生大君；又言蔡京、王黼、蔡攸等亦在"天府"有名，故宋徽宗在上清宝箓宫大会道士。

按：道教从此更盛。

六月丙寅，宋颁布《中书官制格》。

九月辛卯朔，徽宗奉玉册玉宝诣玉清和阳宫，上玉皇尊号曰"太上开天执符御历含真体道昊天玉皇上帝"。

丙申，宋令洞天福地修建宫观，塑造圣像。又禁中外不许以龙、天、

拜占廷败塞尔柱突厥人于安纳托利亚菲洛梅利昂。

马尔代夫君主达鲁马范塔宣布皈依伊斯兰教，以为国教，取代佛教。

君、玉、帝、上、圣、皇等为名字。

十一月，诏今后廉访使者不得与本路在任官为婚姻，违者依统属为婚姻法。

按：所谓统属为婚姻法，即"诸州县官人在任之日，不得共部下百姓交婚，违者虽会赦，仍离之"，且受"杖一百"之惩罚（《唐会要》卷八三）。此规定在唐代就有，此为重申之。

十二月，金谙班勃极烈吴乞买及群臣上阿骨打尊号曰大圣皇帝；改明年为天辅元年。

是年，高丽王朝正式采用经筵制度，安排儒臣前往王宫为国王讲授中国经史著作。

李侗闻郡人罗从彦师事杨时，得二程洛学之真精神，遂慕名前往求学。

按：罗从彦认为李侗"向道甚锐"，"趋向大抵近正"（《闽中理学渊源考》卷四），便有意启导他，作《勉李愿中五首》以致勉励。李侗师事罗从彦后，"从之累年，受《春秋》、《中庸》、《语》、《孟》之说"。罗从彦"令静中看喜怒哀乐未发之谓中，未发时作何气象，此意不唯于进学有力，兼亦是养心之要"。李侗遂"默坐澄心，体验未发气象"（《闽中理学渊源学》卷五）。朱熹《李延平行状》谓李侗学问大致有四：一是默坐澄心，二是洒然融释，三是体验未发，四是理一分殊。

朱松始从罗从彦学。

陈与义在澶渊任期满，解开德府教授而归东京洛阳。是冬，谪监陈留酒税。

朱肱以朝奉郎提点洞霄宫从达州召还朝廷。

王鼎时为太府寺丞，正月庚申奏："《五礼新仪》既以成书，欲乞仿新乐颁行之。仍许令州县召募礼生肄业于官，使之推行民间，专以新仪从事。"（《续资治通鉴》卷九二）

王革时为开封府尹，正月辛酉奏曰："乞下国子监，委学官将新仪内冠、昏、丧、祭民间所当通知者，别编类作一帙，镂板付诸路学事司，劝谕学生，务令通知节文之意。"从之（《续资治通鉴》卷九二）。

方士林灵素受赐为"通真达灵先生"。

周邦彦召为秘书监。

苏过二月出知郾城县。

宇文虚中四月除通直郎中书舍人。

徐积赐谥节孝。

僧清觉因所著《证宗论》有忤朝廷文句，被流放。

阿拉伯巴塔尼的天文著作《论恒星的运动》（又译《论星的科学》）被翻译成拉丁文出版，书中论述了他的天文观测成果及新的天文计算方法。在欧洲影响很大。

曹孝忠奉命校正《大观本草》，改名《政和新修经史证类备用本草》（简称《政和本草》）。

按：曹孝忠在校勘时，诸有援引误谬，则断以经传；字画鄙俚，则正以《字说》；余或讹庆淆互、缮录不当者，又复随笔刊正，无虑数千，遂完然成书，凡六千余万言。

寇宗奭著《本草衍义》成书。

按：书中首次记载了豆腐的制作方法。

王得臣卒(1036—　)。得臣字彦辅，号凤台子，安州安陆人。曾受学于胡瑗、郑獬。嘉祐四年进士。官至司农少卿。著有《江夏辨疑》1卷、《江夏古今纪咏集》5卷、《凤台子和杜诗》3卷，今存《麈史》3卷。事迹见王得臣《麈史序》、《湖北通志》卷一五一。

僧元照卒(1049—　)。元照俗姓唐，字湛然，号安忍子，余杭人。年十八得度，从禅悟禅师讲学天台教观。元丰中移灵芝寺，居三十年，世称灵芝尊者。赐谥大智律师。世称其为律宗中兴大师。著有《南山律宗祖承图录》、《资持记》，遂成律学资持派。事迹见《咸淳临安志》卷七〇。

何执中卒(1053—　)。执中字伯通，处州龙泉人。举进士高第，调台、亳二州判官。崇宁四年，拜尚书右丞。大观初，进中书、门下侍郎。一意谨事蔡京，三年，遂代为尚书左丞，加特进。历官吏部尚书，特进尚书左仆射，改太宰，进少师，封荣国公。著有《周易解》。事迹见《宋史》卷三五一本传。

按：《宋史》本传曰："执中与蔡京并相，凡营立皆预议，略无所建明。及张商英任事，执中恶其出己上，与郑居中合挤之。陈瓘在台州，执中起迁人石悈知州事，使胁取《尊尧集》，谋必死瓘，瓘不死，执中怒罢悈。"

罗博文(　—1168)、魏掞之(　—1173)生。

宋政和七年　辽天庆七年　金太祖天辅元年
夏雍宁四年　丁酉　1117年

正月乙未，宋令天下道士，可免阶墀迎接衙府，郡官、监司相见，依长老法。又划天下道教为五派，神霄教居五派之首，为"上清通真达灵神化之道"，立为永式，令道录院颁行全国。

二月辛未，宋徽宗改天下天宁万寿观为神霄玉清万寿宫，无观者，以僧寺充之，并设长生大帝、东华大帝像。大会道士2000余人于上清宝箓宫，亲率吏民万众，听林灵素讲道经。自是每设大斋，费缗钱数万，谓之千道会。

三月庚寅，高丽进士权适等4人，赐上舍及第。

四月庚申，宋徽宗自称教主道君皇帝，林灵素讲"清华帝君"夜降宣和殿事。

五月辛卯，命蔡攸提举秘书省，并左右街道录院。

丁未，诏应监司兼领措置起发花石。

金禁止同姓为婚者，违者杖而离之。

六月壬午，诏禁巫觋。

拜占廷迫塞尔柱突厥人退出了帝国的小亚细亚西北部及沿海地带。

是月，定天下道场：三京每年31次，州军31处，每年每处11次，每次7昼夜。

七月丁亥朔，令僧徒如有归心道门，愿改作披戴为道士者，许赴辅正亭陈诉，立赐度牒、紫衣。

十二月辛未，宋徽宗改老子《道德经》为《太上混元上德皇帝道德真经》。徽宗有注曰《御注道德经》。

是月，户部侍郎孟揆奉命于上清宝箓宫之东筑山建万岁山。

杨时在毗陵，罗从彦曾往受学，前后"俇衣侍席二十余载，尽得不传之秘"（《豫章文集》卷一四附录上）。

按：罗从彦《春秋指归序》自谓"受学经年，尽襄其书以归"。朱熹亦曰："龟山倡道东南，士之游其门者甚众，然潜思力行，任重诣极，惟仲素一人而已。"（《御定渊鉴类函》卷二六九）

蔡攸时为宣和殿大学士，八月丙辰朔奏："庄、列、亢桑、文子，皆著书以传后世。今庄、列之书已入国子学，《亢桑子》、《文子》未闻颁行。乞取其书，精加雠定，列于国子学之籍，与《庄》、《列》并行。"从之（《资治通鉴后编》卷九九）。

陈与义春末入汴京，送张元幹归闽。

方士王仔昔十二月下狱死。

方士林灵素加号通真达灵元妙先生，张虚白通元冲妙先生，视中大夫，出入诃引，至与诸王争道，都人称曰"道家两府"。

王永从资助在湖州思溪圆觉禅院刻《大藏经》约始于此时。此版依据福州版，世称湖州思溪圆觉禅院版。

僧法云住持松江大觉寺，曾开讲《法华》、《金光明》、《涅槃》、《维摩》等经，前后8年，培育僧才甚多。帝赐紫衣，赠号"普润大师"。

辽僧通理大师弟子善定、善锐，继承师志，依靠民间资助，继续刻经。

孙觌时为校书郎，上言建议增补《崇文总目》，诏命孙觌、倪涛、汪藻、刘彦通等撰次，名曰《秘书总目》，比《崇文总目》增书25254卷，总卷数达55923卷。

按：从《秘书总目》可知，当时国家藏书已达最高峰。旋遭"靖康之难"，所藏图书，毁于一旦。《宋史·艺文志》曰："徽宗时，更《崇文总目》之号为《秘书总目》。诏购求士民藏书，其有所秘未见之书足备观采者，仍命以官。且以三馆书多逸遗，命建局以补全校正为名，设官总理，募工缮写。一置宣和殿，一置太清楼，一置秘阁。自熙宁以来，搜访补辑，至是为盛矣。"

欧阳忞著《舆地广记》38卷约成书于本年。

按：《四库全书总目提要》说，虽当时版图不广，不足括舆地之全，但它记叙详明，便于寻鉴，"亦舆地中之佳本"。

宋医药巨著《圣济总录》200卷成书，载方二万余首，历时八年才编成。

按：是书又名《政和圣济总录》，宋徽宗敕纂，为宋代一部医学百科全书式的巨著，以其内容丰富，便于翻检而颇受后世医家重视。吴玉缙《四库未收书目提要续编》曰："其书探天人之赜，原性命之理，明营卫之清浊，究七八之盛衰，辨逆顺，鉴盈虚，凡四十二章，于养生立命之道，颇多阐发。前有自序，称'可以跻一世之民于仁寿之域，用广黄帝氏之传'，后又于《圣济总录序》称是书'发明《内经》之妙，其意精微，其旨迈远'。虽未免自诩，而以视南宋以后诸医家，实足以包扫一切。盖是书犹张机之《伤寒论》、孙思邈之《千金方》，《总录》则犹机之次以方，思邈之继以翼也。"书成不久，金兵南下，将书稿北运，故南宋鲜见此书。金元都曾刊此书，后传至日本。

李元弼著《作邑自箴》10卷。

郭熙著、郭思续补《林泉高致》6篇首刻。

按：是书的出现，标志着中国山水画理论和山水美学思想走向成熟，在山水画的创作与古典美学思想的发展中，有着重要的意义。

蔡卞约卒（1058— ）。卞字元度，兴化仙游人。蔡京弟，王安石女婿。熙宁三年进士，官至观文殿学士，卒赠太傅，谥文正。著有《毛诗名物解》20卷。《宋元学案》列其入《荆公新学略》。事迹见《宋史》卷四七二本传、《东都事略》卷一〇一。

按：《四库全书总目提要》评《毛诗名物解》曰："自王安石《新义》及《字说》行，而宋之士风一变。其为名物训诂之学者，仅卞与陆佃二家。佃，安石客；卞，安石婿也。故佃作《埤雅》，卞作此书，大旨皆以《字说》为宗。陈振孙称卞书议论穿凿，征引琐碎，无裨于《经》义，诋之甚力。盖佃虽学术本安石，而力沮新法，断断异议，君子犹或取之。卞则倾邪奸憸，犯天下之公恶，因其人以及其书，群相排斥，亦自取也。然其书虽王氏之学，而征引发明，亦有出于孔颖达《正义》、陆玑《草木虫鱼疏》外者。寸有所长，不以人废言也。"

慕容彦逢卒（1067— ）。彦逢字淑遇，宜兴人。元祐三进士，调铜陵主簿。官终刑部侍郎。与郑居中、白时中、强渊明等撰《政和五礼新仪》240卷。著有《摛文堂集》30卷。事迹见《宋史翼》卷二七、蒋楷《慕容彦逢墓志铭》（《摛文堂集》附录）。

王逨（ —1178）、洪适（ —1184）、李缯（ —1193）生。

法国神学家、早期经院哲学家拉昂的安瑟伦卒，生年不详。著有为拉丁文《圣经》作注释的《行间注释》。

宋政和八年　重和元年　辽天庆八年　金天辅二年　夏雍宁五年　戊戌　1118年

正月，宋徽宗手诏"老子升《史记》列传之首"（《资治通鉴后编》卷一〇〇）。

三月戊申，赐礼部奏名进士及第、出身王昂、赵楷等783人。

按：是科考官为御史中丞陆德先、给事中赵野、起居郎李纲。

拜占廷帝阿克塞一世·科穆宁卒，长子约翰二世继位。阿克塞一世在位期间重建了帝国的权力,而约翰二世将成为科穆宁王朝最伟大的君主。

四月辛巳,道录院上看详释经6000余卷,内诋谤道、儒二教恶谈毁词,分为9卷,乞其索焚弃,仍存此本,永作证验。林灵素又上《释经诋诬道教议》1卷,乞颁降施行。并从之。

五月壬辰,诏颁行御制《圣济经》10卷于天下学校。

是月,命校勘《黄帝内经》。

按:诏太医学司业刘植、李庶,通元冲妙先生张虚白充参校官;大素处士赵壬,明堂颁朔皇甫自牧、黄次公,迪功郎龚璧,从事郎王尚充检讨官;上舍及第宋乔年、助教宋炳充检阅官。后又诏刑部尚书薛嗣昌充同详定官。

六月壬申,门下侍郎薛昂奏:"承诏编集王安石遗文,乞差验阅文字官三员。"从之(《资治通鉴后编》卷一〇〇)。

八月庚午,诏:"自今学道之士,许入州县学教养;所习经以《黄帝内经》、《道德经》为大经,《庄子》、《列子》为小经外,兼通儒书,俾合为一道,大经《周易》、小经《孟子》。其在学中选人,增置士名,分入官品。元士、高士、上士、良士、方士、居士、隐士、逸士、志士,每岁试经拨放。州县学道之士,初入学为道徒,试中升贡,同称贡士。到京,入辟雍,试中上舍,并依贡士法。三岁大比,许襕鞹就殿试,当别降策问,庶得有道之士以称招延。"(《续资治通鉴》卷九三)

辛未,资政殿大学士、知陈州邓洵仁奏乞选择《道德经》数十部,先次镂板,颁行州郡,道录院看详,取旨施行,又乞禁士庶妇女辄入僧寺。诏令吏部申明行下。

九月丙戌,诏太学、辟雍各置《黄帝内经》、《道德经》、《庄子》、《列子》博士二员。

庚寅,颁《御注道德经》,刻石神霄宫。

戊子,金太祖诏"国书诏会,宜选善属文者为之,令所在访求博学雄才之士,敦遣赴阙"(《金史·太祖纪二》)。

按:是为金代科举之滥觞。

十月甲辰,宋置道官二十六等、道职八等,有诸殿侍宸、校籍、授经,以拟待制、修撰、直阁之名。

十一月己酉朔,诏改明年元曰宣和,大赦天下。

丙子,提举成都府路学事翟栖筠奏请重修《新定五经字样》,颁行学校,诏太学官集众修定。

按:翟栖筠奏:"字形书画,咸有不易之体,学者略而不讲,从俗就简,转易偏旁,渐失本真。如期、朔之类从月,股、肱之类从月,胜、服之类从舟,丹、青之类从丹,靡有不辨,而今书者乃一之。故幼学之士,终年诵书,徒识字之近似而不知字之正形。愿诏儒臣重加修定,去其讹谬,一以王安石《字说》为正,分次部类,号为《新定五经字样》,颁之庠序。"诏太学官集众修定(《续资治通鉴》卷九三)。

宋徽宗派遣翰林医官杨宗立等前往高丽行医和教学2年。

胡安国除提举江南东路学事,复召对,仍以服侍年高病重的父亲胡渊为由辞绝。

按：胡安国此后还相继辞掉朝廷任命的尚书屯田员外郎、太常少卿、起居郎等职，立志"以圣人为标的"。《宋史》本传载，钦宗曾问中丞许翰识胡安国否，许翰说："自蔡京得政，士大夫无不受其笼络，超然远迹不为所污如安国者实鲜。"

叶梦得为颍昌府知府，期间与韩璹、韩宗质、韩宗武、王实、曾诚、苏迨、苏过、岑穰、许亢宗、晁将之、晁说之等结许昌诗社，互相唱和，有《许昌唱和集》，韩元吉书后。

罗从彦筑室罗浮山（一说罗坊山）中，绝意仕进，潜心讲学著述。

罗宏重修江西泰和匡山书院。

陈与义十一月除辟雍录。

贺铸迁承议郎，以后族恩迁朝奉郎。

朱翌同上舍出身，除政和县尉。

朱松同上舍出身。

吴棫举进士，召试馆职，不就，除太常丞。

王庭珪、方渐、方悫、尹躬举进士。

綦崇礼举进士，调淄县主簿。

蔡京、郑居中、余深、童贯七月癸未并兼充神霄玉清万寿宫使，邓洵武、薛昂、白时中、王黼、蔡攸并兼充副使。

王纯时知兖州，八月戊午奏乞令学者治《御注道德经》，间于其中出论题。从之。

赵野时为给事中，九月乙亥奏乞诸州添置道学博士，择本州官兼充，从之。

宋用蔡京言，七月集古今道教事为纪、志，赐名《道史》。

按：其体制仿照《史记》、《汉书》分为纪、志、传三部分。据《混元圣纪》卷九记载："道纪断自天地始分，以三清为首，三皇而下，帝王之得道者，以世次先后列于纪。以天地、宫府、品秩、舆服、符箓、仪范、禁律、修炼、丹石、灵文、宝书等为十二志。男真自风后、力牧而下，女真自九灵元君而下，及臣庶之得道者，各以世次先后为传。"又谓《道史》起自龙汉（道教年号），止于五代，宋代部分则称为《道典》。这是我国历史上官修的第一部全面叙述道教历史的通史巨著，它的出现，标志着中国道教的发展进入了一个新的阶段。今已失传。

宋修《政和重修国朝会要》成书。

朱肱重新校定《类证活人书》，修改百余处，在杭州达隐坊镂板印行。

寇约刻寇宗奭所著《本草衍义》20卷。

曾敏行（　—1175）、汪应辰（　—1176）、吴交如（　—1178）、韩元吉（　—1187）生。

英国编成《亨利一世法典》。

宋徽宗宣和元年　辽天庆九年　金天辅三年
夏元德元年　己亥　1119年

正月乙卯，诏更寺院为宫观。

按：宋徽宗听信林灵素之言，诏："佛改号大觉金仙，余为仙人、大士之号。僧为德士，尼为女德士，易服饰，称姓氏。寺为宫，院为观。"又诏德士并许入道学，依道士之法（《宋史·徽宗本纪四》）。

三月己未，诏："天下知宫观道士，与监司、郡、县官以客礼相见。"（《资治通鉴后编》卷一〇〇）

辛未，赐上舍生54人及第。

是月，辽册封金太祖为东怀国皇帝。金帝不受。

五月丁未，诏："德士许入道学，依道士法。"（《续资治通鉴》卷九三）

壬申，颁行御制《九星二十八宿朝元冠服图》。

六月甲申，宋封庄周为微妙元通真君，列御寇为致虚观妙真君，仍用册命，配享混元皇帝。

八月丙戌，御制御笔《神霄玉清万寿宫记》，令京师神霄宫刻记于碑，以碑本赐天下，摹勒立石。

己丑，金太祖命完颜希尹与叶鲁依仿汉文楷书，因契丹文字制度，创造女真字（后称女真大字），当年颁行。

十月，天下禁诵苏轼文，其尺牍在人间者，皆毁去。

甲戌，以《绍述熙丰政事书》布告天下。

十一月，京城大水，林灵素登坛作法，民夫怒欲击之；林灵素遇太子不让路，于是被宋徽宗斥逐回温州老家。

是年，夏改元元德。

杨时召为秘书郎。

按：杨时的被起用，并非为了肯定洛学，而是蔡京一党为自己用作收拾残局，或为自己日后遭到变故而预留后路的一着棋而已。《宋史·道学传二》载："时天下多故，有言于蔡京者，以为事至此必败，宜引旧德老成置诸左右，庶几犹可及，时宰是之。"

胡安国提举江南东路学事。

李纲因言事被贬为监南剑州沙县税务。

王安中十一月以翰林学士为尚书右丞。

太学生邓肃十一月戊辰以朱勔花石纲害民，进诗讽谏，诏放归田。

张元幹离京赴闽公干，曾谒元祐党人郑侠；结识闽中高僧西禅隆老。

十字军骑士、法国人休·德·帕扬约于是年在耶路撒冷组建圣殿骑士团。

波洛尼亚大学成立，重点研究罗马法。

罗马教皇加里斯斯第二召开兰斯宗教会议，重申反对圣职买卖、教士结婚和世俗授职权，并绝罚亨利五世。

宋徽宗宣和元年　辽天庆九年　金天辅三年　夏元德元年　己亥　1119年

郑樵遭父郑侠丧，从此谢绝人事，不应科举，与堂兄郑厚在夹漈山读书。

蔡攸九月丁卯为开府仪同三司。

吕本中改任泰州士曹掾。

汴京名姬李师师之婿武功郎贾奕宣和间作《南乡子》词，暴露徽宗与李师师事，被贬琼州。

赵子樗宣和年间著《杜工部草堂诗年谱》、《韩文年谱》。

按：此二谱均为诗文年谱，创后来诗文专类年谱之例。

钱乙所著《小儿药证直诀》3卷经阎季忠整理编次刊行，载医方120个。

按：是书又名《小儿药证真诀》、《钱氏小儿药证直诀》，是儿科学著作，对我国儿科医学的发展具有深远的影响，被誉为"幼科之鼻祖"（《四库全书总目提要》），对整个中医辨证论治体系亦有很大贡献。现有多种版本，如明代薛已注本，清代康熙年间起秀堂仿宋刻本、乾隆年间武英殿聚珍本、光绪年间周学海重校刊本和丛书集成本等。1955年人民卫生出版社影印出版周学海重校刊本。

朱彧著《萍洲可谈》3卷。

按：《四库全书总目提要》曰："彧字无惑，乌程人。是书《文献通考》著录三卷，而左圭刻入《百川学海》、陈继儒刻入《秘籍》者，均止五十余条，不盈一卷，陶宗仪《说郛》所录，更属寥寥，盖其本久佚，圭等特于诸书所引，掇拾残文，以存其概，皆未及睹三卷之本也。惟《永乐大典》征引颇繁，裒而辑之，尚可复得三卷。……彧之父服，元丰中直龙图阁，历知莱、润诸州，绍圣中，尝奉命使辽，后又为广州帅，故彧是书多述其父所见闻。而于广州蕃坊、市舶，言之尤详。考之《宋史》，服虽坐与苏轼交游贬官，然实非元祐之党。尝有隙于苏辙，而比附于舒亶、吕惠卿，故彧作是书，于二苏颇有微词。而于亶与惠卿，则往往曲为解释。甚至元祐垂帘，有'政由帷箔'之语，盖欲回护其父，不得不回护其父党，既回护其父党，遂不得不尊绍圣之政，而薄元祐之人。与蔡绦《铁围山丛谈》同一用意，殊乖是非之公！然自此数条以外，所记土俗、民风、朝章、国典，皆颇足以资考证。即轶闻、琐事，亦往往有裨劝戒，较他小说之侈神怪、肆诙嘲、徒供谈噱之用者，犹有取焉。"

僧法云始编《翻译名义集》。

郑侠卒（1041— ）。侠字介夫，号大庆居士，又号一拂居士、西塘先生，福州福清人。早年受知于王安石，后见赏于苏轼。治平四年进士。调光州司法参军，因反对新法而屡遭贬谪。著有《西塘先生文集》20卷，今存10卷。《宋元学案》列其入《荆公新学略》。事迹见《宋史》卷三二一本传。

任伯雨卒（1047— ）。伯雨字德翁，号得得居士，眉州眉山人。元丰五年进士。累官左正言，上章弹劾章惇、蔡卞。建中靖国初，反对调和元祐、绍圣两党，主君子、小人不能并进。崇宁间，编管通州，移昌化。卒谥忠敏。著有《春秋绎圣新传》12卷、《乘桴集》3卷等，皆佚。《宋元学案》列其入《苏氏蜀学略》。事迹见《宋史》卷三四五

法国沙特尔教堂学校校长贝尔纳撰文《论对于波菲利的解释》。认为上帝、理念和物质构成现实的三个无形的、永远不变的原则，在哲学思想史上产生一定作用。

菲利普·德塔翁编制盎格鲁—诺曼人历书。

阿拉伯伊斯兰教义学家、罕百里派学者伊本·阿齐尔卒（1040— ）。著有百科全书《科学之书》。

波斯诗人菲里德艾丁·阿塔尔（ —1229）生。

本传。

蔡肇卒，生年不详。肇字天启，润州丹阳人，蔡渊子。初师事王安石。元丰二年进士，为明州司户参军、江陵推官。元祐中，从苏轼游，声名益显。徽宗时，为户部员外郎，徙吏部，兼编修国史。言者劾其学术反覆，出提举两浙刑狱。著有《丹阳集》30卷，今不存。《宋元学案》列其入《荆公新学略》。事迹见《宋史》卷四四四本传、《东都事略》卷一一六。

按：《宋史》本传曰："能为文，最长歌诗。初事王安石，见器重。又从苏轼游，声誉益显。"

纥石烈良弼（ —1178）、钱俣（ —1178）、孙不二（ —1182）生。

宋宣和二年　辽天庆十年　金天辅四年
夏元德二年　庚子　1120年

医院骑士团建立。

正月甲子，宋以儒道已经合而为一，罢道学。

二月甲午，诏别修《哲宗正史》。

三月壬寅，赐上舍生21人及第。

五月戊辰，诏宗室有文行才术者，令大宗正司以闻。

六月辛巳，诏自今动改元丰法制，论以大不恭。

丁亥，复寺院额，寻又复德士为僧。

甲午，罢礼制局并修书58所。

七月己未，宋罢医学、算学。

十月己巳，尚书省言：州县武学已罢，内外愿入京武学人，乞依元丰法试补入学举试；其考选升补推恩，并依大观武学法。从之。

宣和初，提举秘书省官建言，置补完御前书籍所于秘书省，稍访天下之书以资校对。从之。以侍从官10人为参详官，余官为校勘官。

叶梦得因揭发并按治李彦括公田之事，落职提举南京鸿庆宫，从此或起或废，仕途不顺。

张元幹陪陈瓘游庐山，逗留累月，经常互相商榷古今治乱成败之事。又曾拜访游酢。时游酢罢知濠州，寓居历阳（今安徽和县）。

按：陈瓘曾力论蔡京奸邪，遭到排挤，虽颠沛流离，终不肯屈服。其立身行事，张元幹终生以为楷模。年70岁时尚有《上平江陈侍郎十绝》诗云："前贤一节皆名世，此道终身公独行。每见遗编须掩泣，晚生期不负先生。"（《芦川归来集》卷四）明毛晋称张元幹以后"终不屑与奸佞同朝"，41岁就毅然挂冠致仕，的确"未负先生"。（《芦川词》附毛晋《芦川词跋》）

宋宣和二年　辽天庆十年　金天辅四年　夏元德二年　庚子　1120年

程俱除将作监丞,迁秘书省著作佐郎,赐上舍出身。

林灵素放归田里。

周邦彦进徽猷阁待制。

梁师成欲结交苏元老,元老不为所动,罢为提点明道宫。

四川恭州状元冯时行不愿师事蔡京,贬知丹棱,始建栅头书院。

范寥以刊苏轼诗集获罪,罢颍昌兵马钤辖。

按:《宋史·李彦传》曰:"颍昌兵马钤辖范寥不为取竹,诬刊苏轼诗文于石为十恶,朝廷察其捃摭,亦令勒停。……靖康初,诏追(杨)戬所赠官爵,彦削官赐死,籍其家;刘寄以下十人皆停废;复范寥官。"

宣和敕撰《宣和画谱》20卷约成书。

按:《四库全书总目提要》曰:"不著撰人名氏,记宋徽宗朝内府所藏诸画。前有宣和庚子御制序,然序中称'今天子'云云,乃类臣子之颂词,疑标题误也。所载共二百三十一人,计六千三百九十六轴,分为十门:一道释,二人物,三宫室,四蕃族,五龙鱼,六山水,七鸟兽,八花木,九墨竹,十蔬菜。考赵彦卫《云麓漫钞》,载宣和画学分六科:一曰佛道,二曰人物,三曰山川,四曰鸟兽,五曰竹花,六曰屋木,与此大同小异,盖后又更定其条目也。蔡绦《铁围山丛谈》曰:'崇宁初,命宋乔年值御前书画所,乔年后罢去,继以米芾辈,迨至末年,上方所藏率至千计,吾以宣和癸卯岁尝得见其目'云云。癸卯在庚子后三年,当时书、画二《谱》,盖即就其目排比成书欤?徽宗绘事本工,米芾又称精鉴,故其所录,收藏家据以为征,非王黼等所辑《博古图》动辄舛谬者比。"

董逌著《广川画跋》6卷约成书。

唐慎微卒(约1040——　)。慎微字审元,成都华阳人。精通医学,所著《经史证类备急本草》32卷,为有本草以来最完备的药物学著作。

按:唐慎微在我国本草发展史上作出了很大贡献,明代李时珍评价他的功绩说:"使诸本草及各药单方,垂之千古,不致沦没者,皆其功也。"《明史·李时珍传》曰:"好读医书,医家《本草》,自神农所传止三百六十五种,梁陶弘景所增亦如之,唐苏恭增一百一十四种,宋刘翰又增一百二十种,至掌禹锡、唐慎微辈,先后增补合一千五百五十八种,时称大备。然品类既繁,名称多杂,或一物而析为二三,或二物而混为一品,时珍病之。乃穷搜博采,芟繁补阙,历三十年,阅书八百余家,稿三易而成书,曰《本草纲目》。"

张根卒(1061——　)。根字知常,号吴园,饶州德兴人。少入太学,举元丰进士。调临江司理参军、遂昌令。屏处十年,曾布、曾肇、邹浩及本道使者上其行义,徽宗召诣阙。通判杭州,提举江西常平。官至淮南转运史。以朝散大夫终于家。著有《吴园易解》9卷、《春秋指南》10卷。事迹见《宋史》卷三五六本传。

洪遵(　——1174)、汪大猷(　——1200)生。

西班牙伊本·祖尔撰《治疗及饮食实用手册》,描述了重症心包炎及纵膈脓肿,概述了气管切开术,白内障摘除术及肾结石取出术的手术程序,讨论了缩瞳及散瞳的问题,建议用麻醉性植物馒德拉草治疗眼病,是中世纪伊斯兰医学经典著作。

德国历史学家赫尔莫尔德(　——约1177)约于是年生。

英国历史学家、经院哲学家、沙特尔主教约翰·索尔兹伯里(　——1180)生。

宋宣和三年　辽天祚帝保大元年　金天辅五年
夏元德三年　辛丑　1121 年

伊斯兰穆瓦西德运动始。

苏瓦松宗教会议指斥法国经院哲学家阿伯拉尔关于三位一体论之观点，判其著作《论神的唯一性与三位一体性》为"异端"而予焚毁。

德国诺贝特任马格德大主教，建立普赖蒙特莱修会，实行奥古斯丁修会的会规，活动中心是马格德的玛利亚教堂。

二月乙酉，宋诏罢天下州县学三舍法及宗学、辟雍、诸路提举学官事；唯太学用之课试，开封府及诸路并以科举取士。

按：《宋史·选举志一》曰："宣和三年，诏罢天下三舍法，开封府及诸路并以科举取士；惟太学仍存三舍，以甄序课试，遇科举仍自发解。"

三月庚申，赐礼部奏名进士及第、出身何涣等 630 人。

按：是科考官为翰林学士赵野、尚书兵部侍郎黄齐、给事中郭三益。

七月庚午，应蔡攸奏请，令三京置女道录、副道录各一员，节镇置道正、副各一员，余州置道正一员。

八月二十五日，因明教徒刊刻杜撰的经文及绘画图像，令除《二宗经》外，并焚毁。

按：明教之书虽遭禁止，但仍在设法出版。陆游曾说，当时福建"伪经妖像至于刻版流布"，又说："闽中亦有明教经甚多。刻版摹印妄取《道藏》中校定官名衔赘其后。"因此陆游建议："其经文印版，令州县根寻，日下焚毁。仍立法凡为人图画妖像，及传写刊印明教等妖妄经文者，并从徒一年论罪，庶可阴消异时窃发之患。"（《渭南文集·条对状》）

十一月甲子，宋徽宗御笔："提举道录院见修《道史》，《表》不须设，《纪》断自天地始分，以三清为首。三皇而下，帝王之得道者，以世次先后列于《纪》、《志》，为十二篇，《传》分十类。"又诏："自汉至五代为《道史》，本朝为《道典》。"（《续资治通鉴》卷九四）

十二月，宋进封广平郡王赵构为康王。

诏恢复科举，科举与舍选并行，但舍选状元名望高于科举状元。

叶梦得自许昌回故里乌程，经营"石林别墅"，作为退居游憩之所。

孔端友十二月袭封衍圣公。

赵明诚守莱州。

王安中十一月为尚书左丞。

陈与义在汝州，时与僧觉心往来，屡有赠答。

计有功成进士。

苏过卜居颍昌城西，慕陶渊明之为人，号小斜川，自号斜川居士。

黄祖舜举进士，累迁军器监丞。

按：黄祖舜字继道，福清人。官至知枢密院。曾进所著《论语讲义》，因词义明粹，下国子监梓行，朱熹亦多引用之。另有《易说》、《诗国风小雅说》、《礼记说》、《列代史议》及《黄壮定集》15 卷。

宋宣和三年　辽天祚帝保大元年　金天辅五年　夏元德三年　辛丑　1121年

江琦举进士,授高安主簿。

按:江琦字全叔,建阳人。历任邵武军永州教授,主管台州崇道观以卒。曾游杨时之门,又学于胡安国。深于《春秋》,尝以所学就正于杨时,杨时抚书而叹曰:"百年绝学,留心者稀,吾老矣,之子勉旃。"(《斐然集》卷二六《左宣教郎江君墓志铭》)著有《春秋经解》30卷、《辨疑》1卷、《论语说》5卷、《孟子说》5卷。

宋代《九域守令图》是年在四川荣县刻石。

熊蕃著《宣和北苑贡茶录》1卷约成书本年以后。

韩拙著《山水纯全集》1卷。

按:是书又名《韩氏山水纯全集》、《纯全集》。韩拙字纯全,号琴堂,南阳人。善画山水窠石,为徽宗时画院中人。

僧清觉卒(1043—)。清觉俗姓孔,为孔子第五十二世孙,河南登封人。弃儒从佛,于杭州创"白云宗"。著有《证宗论》、《三教编》、《十地歌》、《正行集》、《初学记》等。

按:白云宗又称云宗,为华严宗之一派。宋徽宗大观年间,西京(今洛阳)宝应寺僧清觉所创。因其居杭州白云庵,取其所居名,故称白云宗。其信徒素食,被称为"吃菜"之道民,又称白云菜、十地菜。宋代以后流行于江南一带。白云宗在当时被禅徒视为邪党,颇受排斥。清觉因其所著《证宗论》被指为忤逆朝政,而于政和六年(1116)谪流广南恩州。至宣和二年(1120)遇赦,次年九月即示寂,归葬于余杭南山,建白云塔,筑普安院(即后之大普宁寺)。以后该寺住持道安等人开版雕刻的《大藏经》,即世称之《元藏》,又称《大普宁寺本》。

张商英卒(1043—)。商英字天觉,号无尽居士,蜀州新津人。治平二年进士,调达州通川县主簿,知南川县。绍圣初,召为右正言、左司谏,力攻元祐诸臣。崇宁初,拜尚书右丞,转左丞。先与蔡京善,为相后又攻蔡京,罢职,知亳、蕲二州。入元祐党籍,削职,起复知鄂州。官终观文殿大学士。谥文忠。著有《三才定位图》1卷、《神正典》6卷、文集100卷,今佚。《宋元学案》列其入《元祐党案》。事迹见《宋史》卷三五一本传。

毕仲游卒(1047—)。仲游字公叔,祖籍代郡,后徙郑州管城。熙宁三年进士,调寿州霍邱主簿。哲宗即位,改卫尉寺丞,召试学士院,苏轼异其才,擢为第一,除集贤校理,权太常博士。后坐苏轼党,谪知阆州。又入元祐党籍,知海州。著有《西台集》50卷,今存20卷。事迹见《宋史》卷二八一《毕士安传》附传。

周邦彦卒(1056—)。邦彦字美成,钱塘人。精音律,徽宗时提举大晟府,专事谱制乐曲。工词,为婉约派大家,被奉为"词家之冠"。著有《清真居士集》,已佚,今存《片玉词》。事迹见《宋史》卷四四四本传、王国维《清真先生遗事》。

按:《宋史》本传曰:"邦彦好音乐,能自度曲,制乐府长短句,词韵清蔚,传于世。"

邓洵武卒(1057—)。洵武字子常,成都双流人。邓绾子。熙宁进

法国经院哲学家、唯名论者彼德·阿伯拉尔著成《论神的唯一性与三位一体性》,又于是年始著《是与否》。

法国尚波的威廉卒(1070—)。罗马天主教神学家、经院哲学家和逻辑学家,唯实论代表人物之一,认为共相是真实存在的。著作现仅存其所提出的神学问题四十七条。

士。绍圣中为国史院编修官，撰《神宗史》。徽宗初，力荐蔡京为相。进中书舍人、给事中兼侍讲，修《哲宗实录》。官至知枢密院事。事迹见《宋史》卷三二九《邓绾传》附传。

按：《宋史·邓洵武传》曰："绍圣中，哲宗召对，为秘书省正字、校书郎、国史院编修官，撰《神宗史》，议论专右蔡下，诋诬宣仁后尤切，史祸之作，其力居多。……徽宗初，改秘书少监，既而用蔡京荐，复史职，御史陈次升、陈师锡言：'洵武父绾在熙宁时以曲媚王安石，神宗数其邪僻奸回，今置洵武太史，岂能公心直笔，发扬神考之盛德，而不掩其父之恶乎？且其人材凡近，学问荒缪，不足以污此选。'不听。……邓氏自绾以来，世济其奸，而洵武阿二蔡尤力。京之败乱天下，祸源自洵武起焉。"

唐庚卒（1071— ）。庚字子西，眉州丹棱人。绍圣间进士出身，宰相张商英荐其才，除提举京畿常平。后为蔡京所贬，遇赦，复官承议郎，提举上清太平宫。与苏轼相善，常交谈创作体会，有"小东坡"之称。著有《三国杂事》、《唐子西集》10卷、《唐眉山先生文集》30卷等。事迹见《宋史》卷四四三本传。今人马德富编有《唐庚年谱》。

按：《四库全书总目提要》评《三国杂事》曰："是书杂论三国之事，凡三十六条，并《自序》一篇，后人皆编入庚《文集》。考《宋志》载庚《集》二十二卷，与今本同，似此书原在集内。然晁氏、陈氏《书目》皆载庚《集》十卷，知今本析其一卷为两卷，又益以此书二卷为二十二卷，实非原本。故《永乐大典》载此书，亦别为一编，不著文集之目。今仍别为二卷，以还其旧。陈振孙《书录解题》称，庚之文长于议论，今观其论诸葛亮宽待法正，及不逾年改元事。论荀彧争曹操九锡事，皆故与前人相反。至亮之和吴，本为权计，而以为王道之正。亮拔西县千余家，本以招安，而以为扰累无辜，皆不中理。又谓商无建丑之说，谓张掖石图即河洛之文，而惜无伏羲、神农以识之，尤为纰缪。然其他议论可采者颇多。醇驳并存，瑕瑜不掩，固亦尚论者之所节取耳。"

赵彦端（ —1175）、谢谔（ —1194）、郑丙（ —1194）生。

宋宣和四年　辽保大二年　金天辅六年
夏元德四年　壬寅　1122年

高丽仿宋制，置官编修《睿宗实录》。

亨利五世同意放弃主教叙任权。

正月，金陷辽中京，辽天祚帝出走西京（今山西大同）。

三月，辽燕王耶律淳在燕京称天锡皇帝，改元建福，是为北辽。

四月，宋令郡县访求遗书。

十八日，诏以"补完校正文籍"名建局，设官综理，募工缮写。一置宣和殿，一置太清楼，一置秘阁。仍俾提举秘书省官兼领其事，庶成一代之典。

六月，辽天锡帝死，妃萧氏称制，立天祚子秦王定，改元德兴。

八月庚子，赐新除太仆寺少卿王棣进士出身。

按：王棣乃王安石孙，此举是为了表彰王安石。

九月戊午，诏熙、丰政事，悉自王安石建明，今其家沦替，理宜褒恤，可赐第一区,孙王棣除显谟阁待制、提举万寿观,曾孙王玮、王钰,并转宣义郎,孙女、曾孙女亦各加封号。

是年,宋徽宗遣使延聘建昌军南丰道士王文卿至京,奏对玄化无为之道,筑雷坛驱治皇宫妖祟。

万岁山竣工,改名艮岳、寿岳,或连称寿山艮岳,亦号华阳宫。徽宗制《艮岳记》以纪其胜。

周行己宣和中除秘书省正字。

陈与义除服归洛阳,葛胜仲以其所赋《墨梅诗》缴进,七月擢太学博士。

岳飞应募,旋隶留守宗泽,战开、德、曹州,皆有功。

洪皓为秀州司录。

宋昭时为朝散郎,九月上书,极言辽不可攻,金不可邻,异时金必败盟,为中国患,乞诛王黼、童贯、赵良嗣等。王黼大恶之,宋昭除名,编管广南。

胡寅著《上蔡论语解后序》。

吉州公使库刊刻《欧阳文忠六一居士集》50卷。

按:《四库全书总目提要》曰:"《居士集》五十卷,宋欧阳修撰。前列苏轼《序》及《年谱》。旧本每卷有'熙宁五年子发等编次'数字,而轼《序》谓得于其子棐,乃次而论之。盖《序》作于元祐六年,时发已卒,故《序》中不及耳。庆元中,周必大编次修集,自《居士集》外有外集等九种,通一百五十三卷。此编仅三之一,然出自修所手辑。《文献通考》引叶梦得之言曰:'欧阳文忠公晚年取平生所为文,自为编次。今所谓《居士集》者往往一篇阅至数十过,有累日去取未决者。'则其选择为最审矣。此本又取淳熙间孙益谦所校重镌,卷末列诸本字句异同,极为详核。又一本为明代朝鲜所刊,校正亦精审。以周必大所编《文忠集》已全部收入,无庸复录,今惟存其目焉。"

刘玶(—1178)、陈从古(—1182)、王师愈(—1190)生。

法国经院哲学家、唯名论者彼德·阿伯拉尔著成《是与否》。

波斯诗人、数学家、天文学家奥马尔·海亚斯卒(1048—)。他曾于伊斯法罕建立观象台,修订波斯历法,制成《哲拉里历》。著有无神论四行诗集《鲁拜集》。

宋宣和五年　辽保大三年　金天辅七年　太宗天会元年　夏元德五年　癸卯　1123年

正月丁巳,辽知北院枢密事奚王萧斡自立为奚国皇帝,改元天复。辽天祚帝讨之。

二月,秘书省奉旨搜访士民家藏书籍,悉上送官,参校有无,募工缮写。

拜占廷帝约翰二世败塞尔维亚人。

英国伦敦圣巴托罗谬大教堂建成。

五月，夏国主李乾顺被封为夏国皇帝。

七月，诏禁元祐学术。

按：全祖望曰："元祐之学，二蔡二惇禁之，中兴而丰国赵公弛之。和议起，秦桧又禁之。绍兴之末，又弛之。郑丙、陈贾忌晦翁，又启之。而一变为庆元之锢籍矣。此两宋治乱存亡之所关。嘉定而后，阳崇之而阴摧之，而儒术亦渐衰矣。"（《宋元学案》卷九六《元祐党案》）

八月戊申，金太祖卒。弟吴乞买即位，是为太宗。

九月，完颜晟（吴乞买）即皇帝位，改天辅七年为天会元年。

十一月癸亥，应祭酒蒋在诚等奏请，诏国子监刊印御注《冲虚至德真经》，颁之学者。

是年，中书省言福建等路近印造苏轼、司马光文集等，建议诏今后举人传习元祐学术，以违制论；印造及出卖者同罪。著为令。见印卖文集，在京令开封府、四川路、福建诸州军毁板。

张元幹与陈与义、吕本中、苏庠等游京师，以诗唱和。

陈与义被宋徽宗召对，除秘书省著作郎。

荥阳助教张颐进书504卷，内三馆秘阁所缺者221卷，赐进士出身。

开封府进士李东进书600卷，内三馆秘阁所缺者162卷，补迪功郎。

苏过权通判中山府。

曹勋赐同进士出身。

朱松任南剑州尤溪县尉。

法国经院哲学家、唯名论者彼德·阿伯拉尔始著《基督教神学》。

阮阅编成《诗话总龟》（原名《诗总》）98卷。

按：是为宋代重要的诗歌评论著作。

王黼著《宣和博古图》30卷约成书于本年后。

按：是书简称《博古图》。宋徽宗敕撰，旧题为王黼等奉敕编纂，一说王楚纂。《四库全书总目提要》曰：是书"晁公武《读书志》称为王楚撰，而钱曾《读书敏求记》称元至大中重刻《博古图》，凡臣王黼撰云云，都为削去，殆以废书，则是书实王黼撰，楚字为传写之讹矣。又称《博古图》成于宣和年间，而谓之重修者，盖以采取黄长睿《博古图说》在前也。考陈振孙《书录解题》曰：《博古图说》十二卷，秘书郎昭武黄伯思长睿撰，凡诸器五十九品，其数五百二十七；印章十七品，其数四十五。长睿殁于政和八年，其后修《博古图》颇采用之，而亦有删改云云。钱曾所说良信。然考蔡绦《铁围山丛谈》曰：李公麟字伯时，最善画，性喜古，取生平所得及闻睹者作为图状，而名之曰《考古图》。及大观初乃仿公麟之《考古》作《宣和殿博古图》。则此书踵李公麟而作，非踵黄伯思作。且作于大观初，不作于宣和中。绦，蔡京之子，所记皆其目睹，当必不误。陈氏盖考之未审其时未有宣和年号，而曰《宣和博古图》者，盖徽宗禁中有宣和殿以藏古器书画，后政和八年改元重和，左丞范致虚言犯辽国号，徽宗不乐，遂以常所处殿名其耳。且自号曰宣和，人亦见《铁围山丛谈》，则是书实以殿名，不以年号名。自洪迈《容斋随笔》始误称政和、宣和间朝廷置书局以数十计，其荒陋而可笑，莫若《博古图》云云。钱曾遂沿以立说，亦失考也。""其书考证虽疏，而形模未失；音释虽谬，而字画俱存。读者尚可因其所绘，以识三代鼎彝之制、款识之文，以重为之核订。当时裒集之功亦不可没。"书中所著录的铜器,靖康之乱时为金人辇载北上,但其中十之一二,曾流散江南,见于张抡《绍兴内府古器评》中。此书流传版本很多,以明嘉靖七年(1528)蒋旸翻刻元至大重修本为佳,通行较广的则是清乾隆十七年(1752)黄晟的亦政堂重修宝古堂本和《四库全书》本。

游酢卒(1053—)。酢字定夫,学者称廌山先生,建州建阳人。元丰六年进士,历知汉阳、和、舒、濠三州,晚年曾任监察御史。就业程颐,与杨时、吕大临、谢良佐并称程门四大弟子。著有《易说》1卷、《诗二南义》1卷、《中庸义》1卷、《论语杂解》1卷、《孟子杂解》1卷、文集10卷,现存《游廌山先生集》4卷。《宋元学案》为列《廌山学案》。事迹见《宋史》卷四二八本传、杨时《御史游公墓志铭》(《龟山集》卷三三)。清游智开编有《游定夫先生年谱》。

按:游酢早年学禅,后受二程启导,深研"治气养心行己接物"之学,晚年又转向禅学,所以胡宏有"定夫为程门罪人"之评(《宋元学案》卷二六《廌山学案》)。游酢所创立的廌山学派,弟子不振,著名者有吕本中、曾开、江琦、曾集、陈少方、陈长方等。

郑居中卒(1059—)。居中字达夫,祥符人。举进士,任给事中,迁翰林学士,同知枢密院事。封崇宿燕三国公,进位太保。卒赠太师,谥文正。著有《政和五礼新仪》220卷、《御制冠礼》10卷、《崇宁圣政》255册、《政和新修学法》130卷、《学制书》130卷。事迹见《宋史》卷三五一本传。

苏过卒(1072—)。过字叔党,号斜川居士,眉山人。苏轼幼子,人称小苏。元祐七年,以父荫任右承务郎。官中山府通判。苏轼连年贬谪,苏过均随行。著有《斜川集》20卷,今存6卷。《宋元学案》列其入《苏氏蜀学略》。事迹见《宋史》卷三三八《苏轼传》附传。舒大刚、曾枣庄编有《苏过年谱》。

马钰(—1183)、谭处端(—1185)、程大昌(—1195)、洪迈(—1202)生。

波斯莪默·伽亚谟卒(1027—)。诗人、数学家、物理学家、天文学家。

波斯奥玛开伊卒(约1050—)。诗人、学者。

宋宣和六年 辽保大四年 金天会二年
夏元德六年 甲辰 1124年

正月二十日,以翰林学士承旨兼侍讲修国史宇文粹中知贡举,尚书吏部侍郎史玉、尚书吏部侍郎同修国史王时雍、中书舍人沈思、何栗、左司谏高伯震并同知贡举。

是月,宋置书艺所。

二月丙午,诏自今非历台阁、寺监、监司、开封府曹官者,不得为郎官、卿、监。著为令。

拜占廷帝约翰二世败匈牙利人。

十字军借威尼斯之助,占领地中海沿岸推罗城。威尼斯人得占城中三分之一地区,以为酬报,并获得贸易特权。

四月癸丑,赐礼部奏名进士沈晦、周执羔等及第、出身805人。

九月十九日,诏减罢校正御前文籍官吏,校勘官、校正官、对读官各减一年磨勘。

按:中书省请并补完校正御前文籍并归秘书省,只用馆职校勘,少监充校勘官,校书郎正字充初校正官,丞、郎、著作佐郎充复校正官。详定官十员、管勾一员并依旧。对读官于校正对读官内通留十员。其余合留人数:取押绫纸带使臣四人,点检文字一人,手分五人,楷书六人,专副二人,对算二人,通引官二人,库子库司八人,兵士五十人,和雇人据合用数逐旋和雇。从之。

十月庚午,诏有收藏习用苏轼、黄庭坚之文者,并令焚毁,犯者以大不恭论。

按:《宋史·梁师成传》:"师成实不能文,而高自标榜,自言苏轼出子。是时,天下禁诵轼文,其尺牍在人间者皆毁去,师成诉于帝曰:'先臣何罪?'自是,轼之文乃稍出。以翰墨为己任,四方俊秀名士必招致门下,往往遭点污。"何薳《春渚纪闻》卷六曰:"先生(苏轼)翰墨之妙,既经崇宁、大观焚毁之余,人间所藏盖一二也。至宣和间,内府复加搜访,一纸定直万钱,而梁师成以三百千取吾族人莫州石桥铭。"

十二月,宋诏百官遵行元丰法制。

张元幹离京回闽,途中访李纲于无锡梁溪,畅谈国事,纵论古今,遂成莫逆。

福建福清龙江书院创立,林光朝、林亦之、陈藻三相继讲学于此。

吕本中起为大名路抚干,又召为枢秘院编修。

陈与义因王黼罢相受牵连,谪监陈留酒税。

许景衡召为监察御史,迁殿中侍御史。

樊汝霖、方深道、黄彻成进士。

按:樊汝霖有《韩集谱注》45卷、《韩文公志》5卷,为宋人注韩之最早者;方深道有《诸家老杜诗评》5卷。

徐兢为国信所提辖礼物官,随使臣出使高丽,船上始用指南针辨别方向;归国后撰《宣和奉使高丽图经》40卷上之朝廷,宋徽宗召对,赐同进士出身,擢知大宗正丞事兼掌书学。

曹粹中举进士,释褐,为黄州教授。

按:曹粹中字纯老,号放斋,定海人。李光女婿。长于治《诗经》。著有《诗说》30卷,已佚。全祖望曰:"深宁王氏(即王应麟),四明七观,其于经学,首推先生(指曹粹中)之《诗》。自先生《诗说》出,而舒广平、杨献子出而继之,为吾乡诗学之大宗。慈湖之诗传相继而起。咸淳而后,庆源辅氏之传,始至甬上。则论吾乡诗学者,得不推先生为首座欤!"(《宋元学案》卷二〇《元城学案》)

连南夫著《宣和使金录》1卷。

徐兢著《宣和奉使高丽图经》40卷。

按:此书是一部关于高丽地理、社会的著作,论叙高丽山川、风俗、典章、制度、器物、社会、礼仪,及北宋高丽海上交通、外交关系,使当时和后来的人们对朝鲜的自然环境和社会状况有了一个全面的了解。作者的目的就是想让朝廷"周知天下"。

陈瓘卒(1057—)。瓘字莹中,号了翁,又号了斋、了堂,学者称了斋先生,南剑州沙县人。元丰二年进士,调湖州掌书记。徽宗时,官右司谏,权给事中。崇宁中,以元祐党籍除名,编隶台州。靖康初,追赠右谏议大夫。绍兴时,赐谥忠肃。师事丰稷,又为二程和邵雍私淑弟子。主要弟子有吕本中、曾恬、詹勉、廖刚、林宋、李郁、蒋璿、蒋玠、张琪等。学徒甚盛,对理学传播起到一定作用。著有《陈瓘集》40卷、《四明尊尧集》5卷、《了斋亲笔》1卷、《责沈》1卷、《谏垣集》3卷、《尊尧余言》1卷。今存《了斋易说》1卷。《宋元学案》为列《陈邹诸儒学案》。事迹见《宋史》卷三四五本传。元陈宣子编有《陈了翁年谱》、明陈载兴编有《陈忠肃公年谱》。

　　按:全祖望曰:"了翁最宗元城,则以为涑水私淑弟子可也;每得明道之文,衣冠读之,以为二程私淑弟子可也;精于皇极之学,以为康节私淑弟子可也。然而其渊源则出于丰氏,而丰氏出于楼氏。当安定、泰山、古灵倡学时,四明五先生隐约里巷,讲学独善耳,远非诸公比也。一传而丰氏,其传已光大于世;再传而遂得了翁、先之二人。然则椎轮为大辂之始,其功不可诬也。了翁弟子遍东南,其后多归龟山之门。"(《宋元学案》卷三五《陈邹诸儒学案》)

周行己约卒(1067—)。行己字恭叔,永嘉人。学者称浮沚先生。元祐六年进士。元丰间与许景衡、沈躬行、刘安节、刘安上、戴述、赵霄、张辉、蒋元中同游太学,号称"元丰太学九先生"或"永嘉九先生"。崇宁中官至太学博士,寻教授齐州,发明中庸之旨,邑人始知有伊洛之学。大观三年,御史毛氏劾其师事程颐,遂罢归,筑浮沚书院以讲学。宣和中,除秘书省正字。著有《浮沚先生集》16卷、后集3卷,今存8卷。《宋元学案》为列《周许诸儒学案》。事迹见《宋史翼》卷二三。

　　按:黄百家曰:"伊洛之学,东南之士,龟山、定夫之外,惟许景衡、周行己亲见伊川,得其传以归。景衡之后不振,行己以躬行之学,得郑伯熊为之弟子(梓材案:郑先生为浮沚私淑弟子),其后叶适继兴,经术文章,质有其文,其徒甚盛。"(《宋元学案》卷三二《周许诸儒学案》)永嘉九先生都是伊川学派程颐门人,他们在家乡以传播师说为己任,聚众讲学,最早将洛学传入浙地,形成了以周行己、许景衡为代表的周许学派,或称周许诸儒学派,除永嘉九先生外,还包括谢天申、鲍若雨、潘闵、陈经正、陈经邦、陈经德、陈经郭等人。其一传数传弟子甚多,著名者有吴表臣、诸葛纯、周去非、王十朋、郑伯熊、陈傅良、叶适、陈亮、蔡幼学、林光朝、吕祖谦、方耒、胡一植、徐谊等。以后陈傅良、陈亮、叶适在此基础上创"止斋学派"、"龙川学派"、"水心学派",形成盛极一时的"永嘉学派"和"永康学派"。林光朝亦另创"艾轩学派",吕祖谦创"东莱学派",徐谊等创"徐陈诸儒学派"。

苏元老卒(1078—)。元老字子廷,号九峰,眉州眉山人。苏辙族孙。崇宁五年进士,为广都主簿,徙汉州教授。政和间,为国学博士,历秘书省正字、将作少监,迁比部考功员外郎。官至太常少卿。得罪权臣梁师成,罢为提点明道宫。著有《九峰集》40卷,今佚。事迹见《宋史》卷三三九《苏辙传》附、《东都事略》卷一一六。

按:《宋史·苏辙传》曰:"元老字子廷。幼孤力学,长于《春秋》,善属文。轼谪居海上,数以书往来。轼喜其为学有功,辙亦爱奖之。黄庭坚见而奇之,曰:'此苏氏之秀也。'举进士,调广都簿,历汉州教授、西京国子博士、通判彭州。……元老外和内劲,不妄与人交。梁师成方用事,自言为轼外子,因缘欲见之,且求其文,拒不答。言者遂论元老苏轼从孙,且为元祐邪说,其学术议论,颇仿轼、辙,不宜在中朝。罢为提点明道宫。元老叹曰:'昔颜子附骥尾而名显,吾今以家世坐累,荣矣。'未几卒,年四十七。有诗文行于时。"

王当约本年前后在世。生卒不详。当字子思,眉州眉山人。初举进士不第,退居田野。元祐中,苏辙荐为贤良方正,策入第四第,调龙游县尉。其后蔡京为相,遂不复仕。卒年七十二。于经学尤长于《易》与《春秋》,著有《春秋列国名臣传》50卷、《经旨》3卷、《史论》12卷、《兵书》12篇。事迹见《宋史》卷四三二本传。

按:《宋史》本传曰:"幼好学,博览古今,所取惟王佐大略。尝谓三公论道经邦,燮理阴阳,填抚四方,亲附百姓,皆出于一道,其言之虽大,其行之甚易。……当于经学尤邃《易》与《春秋》,皆为之传,得圣人之旨居多。又有《经旨》三卷,《史论》十二卷,《兵书》十二篇。"

郑伯熊(—1181)、施师点(—1192)生;陈言(—1190)约生。

宋宣和七年　辽保大五年　金天会三年　夏元德七年　西辽德宗耶律大石延庆元年　乙巳　1125年

德意志亨利五世帝卒,无嗣,法兰克尼亚王朝终。

二月壬戌,辽天祚帝行至应州新城东六十里,为金将洛索所执,辽亡。

辽宗室耶律大石西行,于今新疆及中亚一带,建立西辽。

三月辛巳,金始定制度,正官名,定服色,兴庠序,设选举。

四月初九日,秘书省取索到王阐、张宿家藏书籍,内有馆阁所缺者658部,计2417卷,诏王阐补承务郎,张宿补迪功郎。

按:《宋史·艺文志一》曰:宋徽宗时,"诏购求士民藏书,其有所秘未见之书足备观采者,仍命以官。且以三馆多遗逸,命建局……自熙宁以来,搜访补辑,至是为盛矣"。

七月庚午朔,诏:"士庶毋以天、王、君、圣为名字。"(《资治通鉴后编》卷一〇二)

十二月,宋徽宗禅位于太子赵恒,是为钦宗。尊徽宗为教主道君皇帝,继而又改称教主道君太上皇帝。诏改明年元曰靖康。

宋宣和七年　辽保大五年　金天会三年　夏元德七年　西辽德宗耶律大石延庆元年　乙巳　1125年

杨时迁著作郎,寻除迩英殿说书。胡宏此时入太学,师事杨时,得洛学之真传。

按:《宋史·胡宏传》曰:"幼事杨时、侯仲良,而卒传其父安国之学。"张栻在《知言》序中也说:"先生自幼志于大道,尝见杨中立先生于京师,又从侯师圣于荆门,而卒传文定公之学,优游南山之下余二十年,玩心神明,不舍昼夜;力行所知,亲切至到。"

李纲上御戎五策,除兵部侍郎。

陈东、高登等太学生12人因金人犯京师,伏阙上书,请杀蔡京、童贯、王黼、梁师成、李彦、朱勔等六贼。廷臣复建和议,夺种师道、李纲兵柄,高登、陈东再抱书诣阙,军民不期而会者数万。

张元幹任陈留县丞,与陈与义从游唱和。

黄裳除端明殿学士。

许翰召为给事中,论中书舍人孙傅不当黜,落职,提举江州太平观。

向子諲入为右司员外郎,不就,以直秘阁为京畿转运副使,寻兼发运副使。

吕广问登进士第,授宣州士曹掾。

费枢著《廉吏传》2卷成书。

洪兴祖是年夏著《韩子年谱》,又于是年前后著《杜工部年谱》。

王贶著《全生指迷方》3卷成书。

僧克勤著《佛果圆悟禅师碧岩录》10卷成书。

按:是书是禅宗评唱体著作的始祖,被禅界誉为"宗门第一书",在中国佛教史上对禅风转变有深远影响。模仿此书的作品甚多,如元代从伦评唱投子丈青的《颂古百则》,称为《空谷集》;元代行秀评唱天童正觉的《颂古百则》,称为《从容庵录》等。此书注疏亦很多,其中主要有妙超的《碧岩录古钞》10卷,大智的《碧岩录种电钞》12卷,周信的《碧岩录古版密参》2卷,海寿的《碧岩录钞》10卷,方秀的《碧岩录不二钞》10卷,玄虎的《碧岩录大空钞》3卷,高云的《碧岩录新钞》5卷,合山的《碧岩录首书》10卷,宗彭的《碧岩录九十一偈》1卷,英种的《碧岩录钞》10卷,北禅的《碧岩录钞》5卷,传尊的《碧岩录辨的》1卷等。

贾嵩著《华阳陶隐居内传》3卷约成书于本年前后。

按:是书为陶弘景的传记。对后世道教人物传记的撰写,有一定影响。

张择端约在徽宗时著《清明上河图》。

按:张择端字正道,密州诸城人。宋徽宗时供职翰林图画院。少年时到京城汴京游学,后习绘画,尤喜画舟车、市桥、郭径,自成一家。《清明上河图》是张择端的代表作,曾经为北宋宣和内府所收藏。绢本、淡设色,高24.8厘米,长528.7厘米,原作现藏北京故宫博物院。《清明上河图》以精致的工笔记录了北宋末叶、徽宗时代汴京郊区和城内汴河两岸的建筑和民生,不仅是我国古代绘画之巨构,而且在历史研究与绘画研究中都具有极高的价值。《清明上河图》自问世以来,历代都有临摹本,且大小繁简不同。

牧师拉姆普莱希特著成《亚历山大之歌》,是为德意志第一部大型世俗诗歌。

捷克的《主,矜怜我们!》(著者不详)问世,是为捷克最早的诗歌。

波希米亚历史学家科斯莫斯·冯·布拉格卒（1045— ）。著有《波希米亚编年史》，系波希米亚最古老的编年史。

法国著名学者，注释法学派代表人伊内留斯卒（约1055— ）。曾与神学法学发生激烈的辩论。

德国历史学家艾克哈德约是年卒，生年不详。著有《世界编年史》、《神圣罗马帝国史》等。

刘安世卒（1048— ）。安世字器之，号读易老人，大名人。学者称元城先生。中进士后，不就官，从司马光学习。后为司马光、吕公著推荐，历官左谏议大夫宝文阁待制。著有《通鉴音义》10卷及《元城先生语录》3卷、《尽言集》13卷。《宋元学案》为列《元城学案》。事迹见《宋史》卷三四五本传。

按：全祖望曰："涑水（指司马光）弟子，不传者多。其著者，刘忠定公（指刘安世）得其刚健，范正献公（指范祖禹）得其纯粹，景迂（指晁说之）得其数学，而刘、范尤为眉目。"（《宋元学案》卷二〇《元城学案》）刘安世所创立的学派，称元城学派，门人有吕本中、孙伟、李光、胡埕、马大年、韩瓘、刘勉之、曾恬、曾幾、张栻、李孟博、曹粹中、潘時、孙蒙正、刘芮等。《四库全书总目提要》评论《尽言集》曰："史称安世忠孝正直似司马光，而刚劲则过之。故弹击权贵，尽言不讳，当时有'殿上虎'之称。《集》中所论诸事，史不具载，颇足以考见时政。"

朱肱卒（1050— ）。肱字翼中，号无求子，又号大隐翁，湖州归安人。元祐三年进士。工医术，尤深于伤寒。后辞官居西湖，著书酿酒。徽宗时起授医学博士。坐书东坡诗，贬达州。后以宫祠还。所著尚有《内外二景图》3卷。事迹见《宋史翼》卷三八、《宋诗纪事》卷四〇。

按：《明史·礼志四》曰："嘉靖间，建三皇庙于太医院北，名景惠殿。中奉三皇及四配。其从祀，东庑则僦贷季、岐伯、伯高、鬼臾区、俞跗、少俞、少师、桐君、雷公、马师皇、伊尹、扁鹊、淳于意、张机十四人，西庑则华陀、王叔和、皇甫谧、葛洪、巢元方、孙思邈、韦慈藏、王冰、钱乙、朱肱、李杲、刘完素、张元素、朱彦修十四人。"

贺铸卒（1052— ）。铸字方回，号庆湖老人、庆湖遗老，卫州人。曾任泗州、太平通判，晚年退居苏州。藏书万卷，皆亲自校雠。工词，著有《东山词》及诗集《庆湖遗老集》9卷，今存。事迹见《宋史》卷四四三本传、程俱《宋故朝奉郎贺公墓志铭》（《庆湖遗老集》附）。今人王梦隐编有《贺铸年谱》，夏承焘编有《贺方回年谱》。

陈师锡卒（1057— ）。师锡字伯修，建阳人。熙宁九年进士，调昭庆军掌书记，得郡守苏轼赏识。历任监察御史、秘书省校书郎、工部员外郎、殿中侍御史等官。后坐党论，监衡州酒；又削官置郴州。著有奏疏1卷，今佚。事迹见《宋史》卷三四六本传。

倪涛卒（1087— ）。涛字巨济，广德军人。大观三年进士。调庐陵尉、信阳军教授。官至左司员外郎。因反对朝议攻辽，触怒王黼，贬监朝城县酒税。著有《玉溪集》22卷，已佚。事迹见《宋史》卷四四四本传。

蔡居厚卒，生年不详。居厚字宽夫，抚州临川人。绍圣元年进士。累官吏部员外郎。徽宗大观初，拜右正言，进右谏议大夫。尝论东南兵政七弊，请选实学多闻之士充实学官、书局。著有《诗史》2卷，或作《蔡宽夫诗话》，原本已佚。郭绍虞《宋诗话辑佚》辑得25则。又著有《蔡居厚集》12卷，今不存。事迹见《宋史》卷三五六本传。

吴儆（ —1183）、胡公武（ —1179）、陆游（ —1210）生。

宋钦宗靖康元年 金天会四年 夏元德八年
西辽延庆二年 丙午 1126年

正月,金军攻至南河北岸,宋徽宗南下江淮暂避,开封府居民纷纷南迁避乱。我国历史上第三次大规模北方人口南迁开始。

按:第一次在西晋末的"永嘉之乱"时期,第二次在唐代"安史之乱"时期。朱熹"言定靖康之祸,曰:'本朝全盛之时,如庆历元祐间,只是相共扶持这个天下,不敢做事,不敢动。被夷狄侮,也只忍受,不敢与较,亦不敢施设一事,方得天下稍宁。积而至於靖康,一旦所为如此,安得天下不乱!'"(《朱子语类》卷一二七)

初八、初九日,金兵围攻汴京。宋遣使议和,割太原、中山、河间三镇以退兵。二月初九,京师解围。

宋徽宗南逃,四月始还京师。

二月壬寅,追封范仲淹魏国公,赠司马光太师,张商英太保;除元祐学术党籍之禁。

戊申,诏谕士民自今庶事并遵用祖宗旧制,凡蠹国害民之事,一切寝罢。

三月,宋贬原主和议大臣李邦彦、李棁、郑望之等。

四月乙巳,置《春秋》博士。

癸丑,御史中丞陈过庭言蔡京、童贯造为乱阶,均犯大恶,可处罚轻于王黼,罪同罚异,乃诏蔡京移衡州安置,童贯责授昭化军节度副使,郴州安置。臣僚又言,朱勔父子皆于循州安置,典刑未正,于是诏朱勔移韶州羁管,子汝贤、侄汝楫等并各州居住。

己未,复以诗赋取士,禁用庄子、老子及王安石《字说》。

按:《宋史·职官志五》曰:"靖康元年,谏议大夫冯澥言:'朝廷罢元祐学术之禁,不专王氏之学,《六经》之旨,其说是者取之,今学校或主一偏之说,执一偏之见,愿诏有司考校,敢私好恶去取,重行黜责。'"

癸亥,诏:蔡京、童贯、朱勔、蔡攸等,久稽典宪,众议不容。京可移韶州,贯移英州,勔移循州,攸责授节度副使、永州安置,勔子孙分送湖南。

四月十三日,群僚上言略曰:"熙宁间王安石执政,改更祖宗之法,附会经典,号为新政,以爵禄招诱轻进冒利之人,使为奥援,挟持新政。期于必行,自比商鞅,天下始被其害矣,以至为士者非性命之说不谈,非庄老之书不读。上慕轩黄,下比尧舜,三代以汉唐为不足法,流弊至今,为害日久。晋以王衍溺于庄、老,遂至南渡。今天下之士操笔弄墨,朝诲夕谕,升孔子之堂,宗虚无之教,而欲风教不坏,朝廷义安,其可得乎?"(《靖康要录》卷四)

五月丁卯,国子祭酒杨时奏请追夺王安石王爵,罢其孔子配飨。

威尼斯人在拜占廷之商业特权得到恢复。

卡斯蒂利亚和莱昂女王乌尔拉卒,阿方索七世嗣位。他被西班牙各国君主尊奉为宗主,称"西班牙皇帝"。

按：《宋史·礼志八》曰："右谏议大夫杨时言王安石学术之谬，请追夺王爵，明诏中外，毁去配享之像，使邪说淫辞不为学者之惑。诏降安石从祀庙廷。"《续资治通鉴》卷九六曰："国子祭酒杨时上言：'蔡京用事二十年，以继述神宗为名，实挟王安石以图身利，故推尊安石，加以王爵，配享孔子庙庭。今日之祸，实安石有以启之。安石挟管、商之术，饰六艺以文奸言，变乱祖宗法度。当时司马光已言其为害当见于数十年之后，今日之事，若合符契。其著为邪说，以涂学者耳目而败坏其心术者，不可缕数。姑即一二事明之：昔神宗尝称美汉文不作露台，安石乃言：陛下若能以尧、舜之道治天下，虽竭天下以自奉不为过。曾不知尧、舜茅茨、土阶，则竭天下以自奉者，必非尧、舜之道。其后王黼、朱勔以应奉花石竭天下之力，实安石自奉之说启之也。其释《兔罝》之末章，则谓'以道守成者，役使群众，泰而不为骄；宰制万物，费而不为侈。'《诗》之所言，正谓能持盈，则神祇祖考安乐之而无后艰耳，安石独倡为此说，以启人主之侈心。后蔡京辈遂轻费妄用，以侈靡为事。安石邪说之害如此，伏望追夺王爵，毁去配享之像，使邪说淫词不为学者之惑。'疏奏，诏罢安石配享，降居从祀之列。"

己卯，开府仪同三司高俅卒，诏追削其官。

壬辰，诏天下举习武艺兵书者。

六月丙申朔，诏谏官极论得失。

按：右正言崔鶠上疏谓奸臣掌权，士无异论，皇上受蒙骗是当时最大的弊病。疏有云："王安石除异己之人，著《三经》之说以取士，天下靡然雷同，陵夷至于大乱，此无异论之效也。蔡京又以学校之法驭士人，如军法之驭卒伍，一有异论，累及学官，若苏轼、黄庭坚之文，范镇、沈括之杂说，悉以严刑重赏禁其收藏，其苛锢多士，亦以密矣。章惇、蔡京，倡为绍述之论以欺人主。绍述一道德而天下一于谄佞，绍述同风俗而天下同于欺罔，绍述理财而公私竭，绍述造士而人材衰，绍述开边而塞尘及阙矣。元符应诏上书者数千人，京遣腹心考定之，同己为正，异己为邪。京奸邪之计，大类王莽，而朋党之众，则又过之。愿斩之以谢天下！"（《续资治通鉴》卷九六）

七月乙丑朔，除元符上书邪等之禁。

八月，金军再次分东西两路大举攻宋。宋军在河东战事失利，河东民众纷纷渡河南迁，州县皆空。

九月乙亥，诏：编修敕令所取靖康以前蔡京所乞御笔手诏，参祖宗法及今所行者，删修成书。

十一月，钦宗任康王赵构为河北兵马大元帅。

闰十一月二十六日，金军攻陷汴京，徽、钦二宗沦为俘虏。

金始用汉官制度定官制。

杨时上言，元祐党籍中惟司马光一人独蒙褒显，而未及吕公著、范纯仁、韩维、吕大防、安焘辈；建中初言官陈瓘已褒赠，而未及邹浩。于是元祐诸臣皆次第牵复。

杨时时为国子祭酒，因五月上书辟王安石学说，遭太学生和谏官批评，被迫致仕。

胡安国致信杨时，申明《春秋》大义，主张抗金救国。又上书朝廷，期望钦宗革新朝政，整顿吏治，任用贤才，罢免奸佞，推行"新政"，如此"中兴"有望,"若不扫除旧迹,乘势更张,窃恐大势一倾,不可复正"(《宋史·胡安国传》)。钦宗任胡安国为中书舍人,赐三品服。后因不同意罢免李纲,又遭耿南仲、何栗等权臣的排斥,改任右文殿修撰知通州。

侯仲良避乱居荆门,胡宏兄弟从之问学。

按:胡宏《题吕与叔中庸解》自言:"靖康元年,河南门人河东侯仲良师圣自三山避乱来荆州,某兄弟从之游。议论圣学,必以《中庸》为至。"(《五峰集》卷三)胡安国《与杨大谏书》也曰:"侯仲良者,去春自荆门溃卒甲马之中脱身,相就于漳水之滨,今已两年。其安于羁苦,守节不移,固所未有。至于讲论经术,则通贯不群;商榷时事,则纤微皆察。"因遣子宏从之游。"(《伊洛渊源录》卷一二)

朱震被朝廷召为太学《春秋》博士。

胡寅召除秘书省校书郎。

李纲正月初五为亲征行营使,张元幹入为属官,上书却敌。

李纲二月复为右丞,充京城防御使,旋知枢密院事;六月遭投降派耿南仲等排挤,出朝为河北河东路宣抚使。九月罢宣抚使,以观文殿学士知扬州。李纲之贬,坐累者甚众,张元幹即其中之一。

吕好问任御史中丞,改兵部尚书。张邦昌称"楚帝",命其为事务官,他劝张氏取消帝号,还政赵宋。故南渡后,高宗除尚书右丞,以赏其忠心。

邹浩被追复承议郎。

太学生陈东等正月因金兵围汴京,再次上书论蔡京等六贼奸邪殃民。

蔡京七月乙亥移儋州安置,蔡攸移雷州安置。蔡京行至潭州而卒。其子孙23人,分窜远地者,遇赦不许量移。

胡舜陟时任监察御史,三月言朱勔虽放归田里,但未正典刑,士论籍籍。于是诏朱勔安置广南,籍没其财产。

陈公辅时任左司谏,三月奏乞窜逐蔡京以慰天下公议,制:"蔡京责授崇信军节度副使,德安府安置;子蔡攸前去省侍。"(《三朝北盟会编》卷四五)

孙觌时为侍御史,二月言蔡京四任宰相,前后二十年,挟继志述事之名,建蠹国害民之政,祖宗法度,废移几尽。愿陛下早正典刑,以为乱臣贼子之戒。于是诏贬谪蔡京,河南府居住,以慰天下公议。童贯致仕,池州居住,蔡攸太中大夫、提举亳州明道宫。

张元幹四月任详议司兵房检讨官,讨论旧法事宜。

宗泽知磁州,募集义勇抗金。

晁说之以著作郎召,迁秘书监,免试除中书舍人,兼太子詹事。

吕本中迁职方员外郎,以不答梁师成,大著名。

种师道荐尹焞德行可备劝讲,召至京师,不欲留,赐号和靖处士。

按:户部尚书梅执礼、御史中丞吕好问、户部侍郎邵溥、中书舍人胡安国合奏:"河南布衣尹焞学穷根本,德备中和,言动可以师法,器识可以任大,近世招延之士无出其右者。朝廷特召,而命处士以归。使焞韬藏国器,不为时用,未副陛下侧席求贤之意。望特加识擢,以慰士大夫之望。"不报(《宋史·尹焞传》)。

陈与义正月丧父,南下,二月至邓州,始以简斋名其居室。

李若水与高子文等结诗社唱和。

	欧阳澈与吴朝宗、陈钦若等在江西崇仁结诗社唱和。
	许翰三月因李纲荐，召为御史中丞同知枢密院事。八月罢知亳州。
	宇文虚中签书枢密院事，旋复使金军。
	赵明诚守淄州，与李清照共赏白居易书《楞严经》，赵明诚为作题跋。
	孙傅任兵部尚书，上章乞复祖宗法度，以为"祖宗法惠民，熙丰法惠国，崇观法惠奸"。时谓名言（《宋史·孙傅传》）。
	郭忠孝召为军器少监，人对，斥和议，陈追击之策，不用，改永兴军路提点刑狱。
	按：郭忠孝字玄之，学者称兼山先生，河南洛阳人。受《周易》《中庸》于程颐二十余年。以荫补官。金人犯永兴，城陷而卒。赠太中大夫。全祖望曰："兼山（即郭忠孝）以将家子，知慕程门，卒死王事，白云高蹈终身。和靖所记党锢后事，恐未然也。郭门之学虽孤，然自谢艮斋（谢谔）至黎立武，绵绵不绝。"（《宋元学案》卷二八《兼山学案》）郭氏所创的兼山学派，经门徒谢谔等人再传其说，发展到高峰，弟子常数百人，主要有欧阳朴、孟程、左揆、曾震、曾机、曾雩、曾克己、曾克允、曾克宽、曾克家、黎立武等。
	李弥逊召为卫尉少卿，出知瑞州。
	曹勋除武义大夫。
	冯忠恕是年前后从尹焞游。
	蔡京、朱勔、王黼、梁师成、李彦、童贯"六贼"及奸臣高俅均卒于本年。
法国学者克勒窝的伯尔拿著成《论对神的爱》。	罗从彦著《尊尧录》成。
	叶梦得《石林诗话》撰于本年以前。
	张涣著《小儿医方妙选》3卷，自为序。
	张继先著《三十代天师虚靖真君语录》7卷成书于本年前。
西班牙哲学家阿威罗伊（又名伊本·鲁什德）（—1198）生。	蔡京卒（1047—　）。京字元长，兴化仙游人。熙宁三年进士。元祐元年曾任开封知府，助司马光恢复旧法。绍圣元年，章惇执政，他任户部尚书，又助其重行新法，诏窜刘挚、范祖禹等人。崇宁元年为右仆射，后任太师。以恢复新法为名，贬斥元祐诸臣，称为"奸党"，立党人碑。又籍元符末上书涉及新政者为邪等，计309人，皆禁锢其子孙。后被钦宗放逐赴岭南，途中死于潭州。著有《哲宗前录》100卷、《哲宗后录》94卷，又有《杨贵妃传》1卷，今已佚。事迹见《宋史》卷四七二本传、《东都事略》卷一〇一。
	按：胡安国曰："本朝自嘉祐以来，西都有邵雍、程颢及弟颐，关中有张载。此四人者，皆道学德行，名于当世；会王安石当路，重以蔡京得政，曲加排抑，故有西山、东国之厄。其道不行，深可惜也。"（《伊洛渊源录》卷四）蔡京执政期间，大事兴学，力主学校改革，对宋朝的学校教育事业的发展起到了促进作用。蔡京又博通经史，擅长书法，工正、行书，尤精大字。或谓宋代四大书法家苏、黄、朱、蔡之蔡，原指蔡京，后人恶其奸邪，乃易以蔡襄。
	王淮（　—1189）、范成大（　—1193）、郑兴裔（　—1199）、周必大（　—1204）、孙调（　—1204）、徐梦莘（　—1207）生。

宋靖康二年　高宗建炎元年　金天会五年
夏正德元年　西辽延庆三年　丁未　1127年

二月丙寅，金主诏废帝（宋钦宗）及上皇（徽宗）为庶人。

三月丁酉，金人册张邦昌为皇帝，称大楚，都金陵。

四月初一日，金军掳宋徽、钦二宗和后妃、皇子、宗室、将臣、乐人、画师、工匠共10万余人，北撤，宋都礼器、图籍、文物、府库蓄积遭劫一空。北宋亡。

甲子，张邦昌迎元祐皇后入居延福宫，尊为宋太后，并迎奉康王。又请元祐皇后垂帘听政，张邦昌以太宰退处资善堂，自僭位至是共33日。元祐皇后手书至济州，劝康王赵构即帝位。

五月初一日，宋兵马大元帅康王赵构即皇帝位于南京（今河南商丘），改元建炎，是为高宗。是日，元祐皇后东京撤帘。

按：南宋始于此。

八月，宋宗室成员迁入江宁、镇江二府和扬州，隆祐太后（即元祐皇后）率后宫迁江宁，黄河流域的士大夫和吏民纷纷携家南迁。

金主以河北、河东各郡县职员多缺，应开贡举士以安新民。有司以辽、宋取士之制不同为请，乃令南北各以所习课业取宋辽文士，分南北榜，号称"南北选"。

九月壬子，诏赐张邦昌死。

十二月，因战乱道阻，举人难赴省试，命各路提刑司选官于转运司所在州府举行类省试，每十四人取一。

按：省试有额自此始。

是年，宋高宗诏：罢天下神霄宫，籍天下神霄宫钱谷充经费。

夏改元正德。

胡安国为避乱，率其子胡宏、胡寅及族人隐居湖南衡山之麓。

尹焞自商州奔蜀，至阆，得程颐《易传》十卦于其门人吕稽中，又得全本于其婿邢纯，拜而受之。

胡寅由秘书省校书郎迁司门员外郎，张邦昌僭立，弃官归。

杨时八月因吕好问荐，复召还朝，十二月擢为工部侍郎。

按：是时给事中许景衡、左司员外郎吴给、殿中侍御史马伸皆号得（程）颐之学。

黄潜善、汪伯彦为宰执，力主和议，排斥抵抗派。

张浚时为殿中侍御史，八月复论李纲虽负才气，有威望，但曾以私意杀侍从，典刑不当，不可居相位等。宋高宗遂罢李纲为观文殿大学士，提

西斯拉夫文德人迫于德王压力，重新信奉基督教。

举杭州洞霄宫。李纲居相位前后才 75 日。李纲罢相后，车驾遂东幸，两河郡县相续沦陷。

陈东至行在，上疏言不可任用黄潜善、汪伯彦，应留李纲，并力主高宗亲征；时欧阳澈亦上书指责任事官，黄潜善密奏高宗杀其二人，从之。

宗泽正月至开德府，时与金兵挑战，金兵不敢犯开德。宗泽六月知开封府。

王彦、岳飞等九月在新乡抗击金兵。

赵鼎奉命监修神宗、哲宗《实录》。

按：《宋史·赵鼎传》曰："建炎初，尝下诏以奸臣诬蔑宣仁保祐之功，命史院刊修，未及行。朱胜非为相，上谕之曰：'神宗、哲宗两朝史事多失实，非所以传信后世，宜召范冲刊定。'胜非言：'《神宗史》增多王安石《日录》，《哲宗史》经京、卞之手，议论多不正，命官删修，诚足以彰二帝盛美。'会胜非去位，鼎以宰相监修二史，是非各得其正。上亲书'忠正德文'四字赐鼎，又以御书《尚书》一帙赐之。"

王伦十一月为金国通问使，与朱弁见完颜宗翰议事。

汪藻迁中书舍人。

李弥逊以江东判运领郡事，协助李纲平定建康周德叛乱。

吕本中随父出守宣州。

孟元老出汴京南下，避地江左。

赵明诚三月奔母丧南下江宁，八月为江宁知府，仍兼江南东路经制使；随后李清照南下之建康。

邓肃时任右正言，七月辛丑与右司谏潘良贵奏请贬斥依附张邦昌者，应分三等定罪。

按：叛臣为伪执政者，有王时雍、徐秉哲、吴开、莫俦等，与写伪劝进文、撰伪赦书者颜博文、王绍等，均定为上等，置于岭外；称臣于伪楚者冯澥、曹辅、李会等，与伪奉使黎确、李健、陈戬等，均定为次等，于远小处编管。

张元幹著《建炎感事》诗，痛斥南宋王朝屈膝议和，开创南宋爱国诗词的先河。

日本源俊赖撰成《金叶和歌集》。

法国学者伯尔拿著成《论恩宠与自由意志》。

熊方著《补后汉书年表》10 卷约成书于是年前后。

李纲二月著《靖康传信录》3 卷。

曹勋随宋徽宗北迁，乘间南逃，七月至南京，著《北狩见闻录》1 卷奏进。

按：《北狩见闻录》所记内容与时人各书所载颇有出入，因系亲身经历，当属可信。《四库全书总目提要》曰："纪事大都近实，足以证《北狩日记》诸书之妄。且与高宗继统之事尤为有关，虽寥寥数页，实可资史家之考证也。"

李丙著《丁未录》200 卷成。

蔡兴宗编《杜工部年谱》成。

徐度著《却扫编》3 卷约成书于本年前后。

按：《四库全书总目提要》曰："度字敦立，谷熟人。南渡后官至吏部侍郎。书中屡称先公，盖其父处仁靖康中尝知政事。故家遗俗，俱有传闻。故此编所纪，皆国家典章、前贤逸事，深有裨于史学。陆游《渭南集》有是书跋曰：'此书之作，敦立犹少年，故大抵无绍兴以后事。'盖其书成于高宗初年也。王明清《挥麈后录》载'明清访度于雩川，度与考定创置右府，与搀路议政分合因革，笔于是书'。又载其论《哲宗实录》，及论秦桧刊削建炎航海以后《日历》、《起居注》、《时政记》诸书二事。则度之究心史学，可以概见。至谓《新唐书》载事倍于旧书，皆取小说，因欲史官博采异闻，则未免失之泛滥。此书上卷载'叶梦得所记俚语'一条，中卷载'王鼎嘲谑'一条，下卷载'翟巽诙谐'一条，为例不纯，自秽其书，是亦嗜博之一证矣。然大致纂述旧闻，足资掌故，与《挥麈》诸录、《石林燕语》可以鼎立。而文简于王，事核于叶，则似较二家为胜焉。"

孟要甫辑《诸家神品丹法》6卷。

按：是为宋代炼丹著作，保存了部分有价值的化学反应史料，在火药发明史上有一定的贡献。收入《道藏》之中。

陈东卒（1086—　）。东字少阳，丹阳人。徽宗时入太学，钦宗即位，先上书请诛蔡京等"六贼"，后高宗立，又上书斥责主和派黄潜善、汪彦伯的罪恶，请求重用李纲，被高宗所杀。著有《陈少阳集》、《靖炎两朝见闻录》。事迹见《宋史》卷四五五本传。

欧阳澈卒（1097—　）。澈字德明，抚州崇仁人。金兵南侵，因伏阙上书，斥责主和派黄潜善、汪彦伯的罪恶，与陈东一起被杀。后追赠秘阁修撰。著有《飘然集》6卷。事迹见《宋史》卷四五五本传。

李若水卒（1093—　）。若水字清卿，洺州曲周人。历任太学博士、吏部侍郎等职。靖康二年随钦宗至金营，金军逼钦宗更换服装，他抱持痛哭，大骂金帅，惨遭杀害。著有《李忠愍公集》12卷，今存3卷。事迹见《宋史》卷四四六本传。

魏衍卒，生年不详。衍字昌世，彭城人。尝从陈师道学。自以为不能为王安石新学，不习举业，唯以经籍自娱，家有藏书千卷。陈师道殁，将其诗文编为《后山集》，并作记。事迹见魏衍《后山集记跋》（《后山集》附录）、徐度《却扫编》卷下、《后村诗话》后集卷一。

尤袤（　—1194）、杨万里（　—1206）、丁明（　—1211）、王明清（　—约1214）生。

印度罗摩奴涉卒（约1017—　）。哲学家，属吠檀多派，毕生从事毗湿奴教传教活动。著有《梵经注》、《薄伽梵歌注》等。

法国沙特尔的菲尔谢约于是年卒（约1059—　）。编年史学家，著有《法兰克人耶路撒冷朝圣记》，记载首次十字军东征史事。

法国普瓦蒂埃伯爵威廉七世卒，生年不详。为法国首位行吟诗人。

宋建炎二年　金天会六年　夏正德二年
西辽延庆四年　戊申　1128年

正月甲午，刑部尚书兼侍读周武仲上言："前朝得罪党人，既已复官，宜还其恩数。"于是诏：系籍及上书人，令其家自陈，当与赠谥碑额，其致仕、遗表恩泽皆还之（《建炎以来系年要录》卷一二）。

法国琅城市民又酿暴动，国王路易六世被迫授予特许状，准其自治。

二月乙卯朔，言者请令群臣入对，具所得上语，除机密外，关治体者悉录付史官，从之。

三月甲午，诏经筵读《资治通鉴》，以司马光配飨哲宗庙庭。

五月丙戌，诏定殿试试策。又规定以诗赋和经义取士。诗赋进士，第一场，试诗赋各一首；第二场，论一道；第三场，策三道。经义进士，第一场，本经义三道，《论语》、《孟子》义各一道；第二、三场同诗赋进士。经义当用古注，不专取王安石《三经新义》。

按：《宋史·选举志二》曰："自绍圣后，举人不习诗赋，至是始复，遂除政和令，命官私相传习诗赋之禁。"

乙未，诏：苏轼追复端明殿学士，尽还合得恩数。

按：时苏轼孙司农寺丞苏符，以苏轼政和中复职未尽，诉于朝，乃有是命。

六月，金太宗命访祖宗旧事，使完颜勖等掌修国史。

八月己巳，诏：试学官并用诗赋，自来年始。

按：教官试制度创立于神宗朝，一直到北宋末年，都以经学为考试内容。南宋时因教育和科举皆恢复诗赋的内容，故教官试亦兼考经义和诗赋，由吏部在每年春秋两季举行铨试时附带进行。

丁丑，金封宋二帝徽宗赵佶为昏德公，钦宗赵桓为重昏侯。

庚寅，宋赐诸路类省试正奏名进士李易、王大宝等451人及第、出身、同出身，而川、陕、河北、京东正奏名进士104人，以道梗阻不能赴行在，皆就其家赐第。

十一月乙酉，诏：蔡京、童贯、王黼、朱勔坟上刹皆毁之，收其田充省计。

十二月，金兵至扬州；宋高宗会百官，吏部尚书吕颐浩上陈备御十策，中军统制官张俊以敌势方张，建议南渡。于是命张浚参赞军务，与吕颐浩共练河朔兵。

是年，金军自河南北撤时，强迫黄河以南和汉水流域十余州居民随其北迁，分布于黄河以北地区，中原雅音因之大规模传入河北和燕京。

杨时除龙图阁直学士，提举杭州洞霄宫，十一月还镛州。

叶梦得被召至扬州为翰林学士，拜户部尚书，上书陈"待敌之计"。

李纲十一月甲申责授单州团练副使，万安军安置，旋移澧州居住。

杜充七月为东京留守，无意恢复，尽反宗泽所为，由是宗泽所结两河忠义军民皆不为所用。是冬，"决黄河自泗入淮，以阻金兵"（《宋史·高宗本纪二》），黄河下游改道，从此又一大变。

赵鼎、吕好问建言，停止王安石配飨神宗庙庭，削其王封。

张浚以礼部侍郎兼御营参赞军事。

胡铨成进士，授抚州军事判官。

罗从彦辞太守抚慰使者聘，赴汀州连城冠豸山定居讲学。

吕颐浩为吏部尚书，上备御十策：收民心，定庙算，料彼此，选将帅，明斥候,训强弩,分甲器,备水战,控浮桥,审形势。

王绹为礼部侍郎兼权直学士院,上疏论经义不当专主王安石之说。

朱敦儒因淮西部使者荐,得召见,辞不就官。

鲍彪举进士。

江端友六月奏请从湖州取崔子方所著《春秋经解》藏于秘府。

宇文虚中为资政殿大学士,五月出使金廷。

朱弁使金,被拘留。

薛徽言举进士,授枢密院计议官。

王大宝廷试第二,差监登闻鼓院奉祠。

李纲著《建炎进退志》3卷。

叶栋编乃父叶梦得所著《石林燕语》10卷成书。

  按：是书为叶梦得归隐湖州时的随笔札记,因当时动乱资料缺乏,所记内容有所失实,故汪应辰有《石林燕语辨》、宇文绍奕有《石林燕语考异》予以勘误。《四库全书总目提要》曰："梦得为绍圣旧人,徽宗时尝司纶诰,于朝章国典,夙所究心。故是书纂述旧闻,皆有关当时掌故,于官制、科目,言之尤详,颇足以补史传之阙,与宋敏求《春明退朝录》、徐度《却扫编》可相表里。……应辰之书,陈振孙已称未见。盖宋末传本即稀,仅《儒学警悟》（案《儒学警悟》亦南宋之书,不著撰人姓氏）间自变量条,与绍奕《考异》同散见《永乐大典》中。然寥寥无几,难以成编。惟绍奕之书尚可裒集,谨搜采考校,各附梦得书本条之下。虽其间传闻年月之讹,缮写字画之误,一一毛举,或不免有意吹求,颇类刘炫之规杜预,吴缜之纠欧阳修。而援引旧文,辨驳详确者十之八九。是一朝故事,得梦得之书而梗概具存,得绍奕之书而考证益密。二书相辅而行,于史学弥为有裨矣。又梦得之书,宋椠罕睹。前明有大字刊本,摹印亦稀。世行毛晋《津逮秘书》所载脱误颇多,而商维浚《稗海》所载,踳驳尤甚。今并参验诸本,以《永乐大典》所载,详为勘校,订讹补阙,以归完善。凡所厘正,各附案语矣下方,用正俗刻之,庶几稍还旧观,不失其真焉。"叶梦得《石林燕语序》曰："宣和五年,余既卜别馆于卞山之石林谷,稍霓城市,不复更交世事,故人亲戚时时相过周旋,嵯严之下,无与为娱,纵谈所及,多故实旧闻,或古今嘉言善行,皆少日所传于长老名流,及出入中朝身所践更者；下至田夫野老之言,与夫滑稽谐谑之辞,时以抵掌一笑。穷谷无事,偶遇笔札,随辄书之。建炎二年,避乱缙云而归。兵火荡析之余,井闾湮废,前日之客死亡转从略相半,而余亦老矣。洊罹变故,志意销堕,平日更整齐。孔子论虞仲、夷逸曰：'隐居放言'；而公明贾论公叔文子曰：'夫子时然后言,人不厌其言。'子曰：'其然。'夫言不言,吾何敢议？抑谓初无意于言而言,则虽未免有言,以余为未尝言可也。八月望日,石林山人序。"（《石林燕语》卷首）

许顗著《许彦周诗话》成书,作自序。

  按：此书为宋人自述诗话撰写宗旨之始。

黄大舆编《梅苑》10卷。

  按：是书为我国第一部咏梅专集。

宗泽卒(1059—)。泽字汝霖,婺州义乌人。元祐六年进士,调大名

> 英国埃德默卒（约1060— ）。历史学家，著有《英国历史故事》、《安塞姆大主教传》等。

馆陶尉。靖康元年，知磁州兼河北义兵都总管，大败金军。高宗即位，以龙图阁学士知襄阳、青州。李纲为相，用他知开封府。为抗金名将，但受黄潜善等压制，忧愤成疾，发背疽而卒。谥忠简。著有《宗忠简公集》8卷。事迹见《宋史》卷三六〇本传。宋乔行简、清刘质惠分别编有《宗忠简公年谱》。

按：《四库全书总目提要》评《宗忠简集》曰："是编自一卷至六卷皆札子、状疏、诗文、杂体，七卷、八卷为遗事、附录，皆后人纪泽事实及诰敕、铭记之类也。泽孤忠耿耿，精贯三光，其奏札规画时势，详明恳切，当时狃于和议，不用其言，亦竟无收拾其文者。至宁宗嘉定间，四明楼昉乃缀辑散佚以成是集。陈振孙《书录解题》竟不著录，是宋末已不甚行。盖理宗以后，天下趋朝廷风旨，道学日兴，谈心性者谓之真儒，讲事功者谓之杂霸，人情所竞，在彼而不在此，其沈晦不彰，固其所也。明崇祯间，熊人霖始据旧本重刻，国朝义乌县知县王庭曾又重为编定，增入《谏止割地》一疏，而以楼昉原《序》及明初方孝孺《序》弁于篇首。考史称泽力请高宗还汴，疏凡二十八上，本传不尽录其文，今集中所载仅十八篇，犹佚其十，则其散亡已多矣。"

刘安上卒（1069— ）。安上字符礼，永嘉人。刘安节弟。兄弟同受业于程颐之门。绍圣四年进士，调杭州钱塘尉，升缙云县令。累迁至提举两浙学事，再迁侍御史。官终知舒州。著述甚富，今存《刘给事集》5卷。事迹见《宋史翼》卷七、薛嘉言《刘安上行状》（《给事集》卷五附）。

僧惠洪卒（1071— ）。惠洪俗姓喻（一说彭），号觉范，后改名德洪，筠州新昌人。戒律不严，人称"浪子和尚"。与苏轼、黄庭坚为方外交。著有《石门文字禅》30卷、《筠溪集》10卷、《物外集》3卷、《冷斋夜话》10卷、《禅林僧宝传》30卷、《林间录》2卷、《金刚法源论》1卷、《志林》10卷、《法华合论》7卷等。事迹见《五灯会元》卷一七《清凉慧洪禅师》、《宋诗纪事》卷九二。

许景衡卒（1072— ）。景衡字少伊，瑞安人。学者称横塘先生。程颐讲学，浙东之士从者，自景衡始。绍圣元年进士。历官监察御史、御史中丞、尚书右丞。赐谥忠简。著有《横塘集》30卷，今存20卷。《宋元学案》为列《周许诸儒学案》。事迹见《宋史》卷三六三本传、胡寅《许公墓志铭》（《斐然集》卷二六）。

按：许景衡与周行己、郑伯熊等并称"永嘉九先生"，是永嘉传程颢、程颐之学的最早学者，在理学发展史上占有一定地位。其主要弟子有林季仲、林叔豹、林仲熊、林季狸等。

何镐（ —1175）、吴翌（ —1177）、梁克家（ —1187）、王寂（ —1194）、李祥（ —1201）、陈骙（ —1203）生。

宋建炎三年　金天会七年　夏正德三年
西辽延庆五年　己酉　1129年

二月，宋高宗始诏士民从便避敌，官司毋得禁止。高宗自贬大号，致书金帅,请存赵氏宗社。高宗渡江南逃,官民数万随其南渡,此后数日,大批北方流民自长江各渡口迁入江南。

三月初五日,苗傅、刘正彦在杭州政变,废宋高宗,立皇子为皇帝,改元明受。请隆祐太后听政。吕颐浩、张浚等起兵"勤王"。

诏:有司月以钱米廪给司马光之后。

四月戊申朔,张浚等平定叛乱,宋高宗复辟,复纪年建炎。

乙卯,举行仁宗法度,废元祐党籍,碑上有名者均还给原官职及合得恩泽。

五月乙酉,高宗至江宁府,改府名曰建康。

六月,罢王安石配享神宗庙庭。

按:赵鼎上疏言:"自熙宁间王安石用事,变祖宗之法,而民始病。假辟国之谋,造生边患;兴理财之政,穷困民力;设虚无之学,败坏人才;至崇宁初,蔡京托绍述之名,尽祖安石之政。凡今日之患,始于安石,成于蔡京。今安石犹配飨庙廷,而京之党未除,时政之阙,无大于此。"上为罢安石配享(《宋史·赵鼎传》)。靖康初,廷臣有请罢王安石配享者,争论纷然,至是始决。

七月辛卯,宋升杭州为临安府。

是月,隆祐太后率六宫及部分臣民流徙江西,因之定居江西者甚多。

八月,金禁民穿汉服,且下令髡发,违者处死。

九月,金复试进士于蔚州,试辽人以词赋,试北人以经义。开始用契丹三年制,初乡荐,以次府解,次省试,始称及第。

十月,金兵大举南侵。宋高宗离临安去越州。

胡安国除给事中。

向子諲与胡安国相遇于熊湘之西。

胡寅因张浚荐,为驾部郎官,寻擢起居郎。金人南侵,上疏画七策抗金,吕颐浩恶其切直,除直龙图阁,主管江州太平观。

杨时还龟山故居。

叶梦得以户部尚书为尚书左丞。

李纲正月为许翰《春秋集传》作《书襄陵春秋集传后》,七月十五日再与吴元中书,索借许崧老所注《易经》;八月著《易传外篇》成;十一月丁未特许自便,行至琼州而返。

按:《建炎以来系年要录》曰卷二九:"勘会责授单州团练副使,昌化军安置,罪在不赦,更不放还,缘累经恩赦,特许自便。"

洪皓时任徽猷阁待制,三月初八日为礼部尚书,充金国通问使,出使金国后被拘留于太原,十五年后才返回。

张浚五月为川陕宣抚处置使,上疏请以汉中为恢复基地。

吕颐浩、杜充闰八月为左、右相,杜充十一月降金。

张邵时任直龙图阁,闰八月充大金军前通问使,出使金国,以武义大夫杨宪为副使。

按:张邵及此前出使金国之洪皓均被金扣留。张邵先被拘于燕山僧寺,后北徙上京会宁府。此时前后出使金国而被扣留并卒于金国之宋使尚有司马朴、滕茂实、崔纵、陈过庭、林冲之、魏行可、朱绩等。

杜时亮时任京东路转运判官，八月充任奉使大金军前使，进士宋汝为任副使，持高宗致金主书请和。金不答。

吕好问进封东莱郡侯。

按：吕好问学术上以能兼容博采而"誉望日尊，贤临一时"。吕祖谦《家传》曰："宣和之季，故老踵相下世，独公与杨公中立无恙，诸儒为之语曰：'南有杨中立，北有吕舜徒。'盖天下倚以任此道者，惟二公云。"（《东莱集》卷一四）

张澄时任中丞，二月己巳奏称黄潜善、汪伯彦大罪二十，应加罪斥。于是罢黄潜善知江宁府，汪伯彦知洪州。

韩世忠六月以平定苗傅、刘正彦功，得为检校少保，武胜、昭庆军节度使。

赵明诚移知湖州，未赴任而卒于建康。

张元幹避难湖州，著《石州慢》词。

陈东、欧阳澈被追赠承事郎，官有服亲一人，恤其家。

李纲著成《易传外篇》12卷，又始著《易传内篇》。

林勋八月献所著《本政书》13篇，授桂州节度掌书记。

按：林勋在书中提出恢复古代井田之制，内容脱离现实，但在当时却获得朝廷嘉许，即派他为桂州节度掌书记。《宋史·林勋传》载，林勋在桂州时，又献《比校书》2篇，朱熹甚爱其书，陈亮曰："勋为此书，考古验今，思虑周密，可谓勤矣。世之为井地之学者，孰有加于勋者乎？要必有英雄特起之君，用于一变之后。成顺致利，则民不骇而可以善其后矣。"

晁说之卒（1059—　）。说之字以道，一字伯以，自号景迂生，济州巨野人。元丰五年进士。历官著作郎、中书舍人，兼太子詹事。终于徽猷阁待制。工诗善画，精于《易》学。著有《易商瞿大传》、《易商瞿小传》、《商瞿易传》、《商瞿外传》、《京氏易式》、《晁氏诗传》、《晁氏书传》、《晁氏春秋传》、《中庸传》、《古论大传》、《论语讲义》、《五经小传》、《周易太极传》6卷及《晁氏客语》、《景迂生集》、《儒言》等，大多散佚。其孙晁子健于高宗绍兴间搜访遗文，编为《景迂生文集》12卷，后又补辑，成《嵩山景迂生文集》20卷，遂为定本。《宋元学案》为列《景迂学案》。事迹见晁子健《晁氏世谱节录》（《嵩山集》附）。

按：全祖望曰："昭德晁氏兄弟，大率以文词游坡、谷间，如补之、咏之、冲之，皆盛有名。独景迂湛深经术，亲得司马公（光）之传。又为康节私淑弟子。其攻新经之学，尤不遗余力，世但知推龟山（杨时）、了翁（魏了翁），而不知景迂更过之。《宋史》乃为补之、咏之作传，而景迂失焉，陋矣。"（《宋元学案》卷二二《景迂学案》）晁说之所创的景迂学派，师法司马光"涑水之学"，反对王安石"新学"，学问庞杂，于儒家经典、各家之言，无所不学，但"不苟同于前儒"，敢创新意。其主要弟子有朱弁、王安中、邵溥等。

耿南仲卒（1062—　）。南仲字希道，河南开封人。元丰五年进士，提举两浙常平,徙西路转运判官,提点广东东路及夔州刑狱。政和二年以礼部员外郎为太子右庶士,迁宝文阁直学士。在东宫10年,用象数之学诠释《易》理,著《周易新讲义》10卷和《易明蒙》。后以主和误国罪,屡遭罢官。事迹见《宋史》卷三五二本传。

赵明诚卒(1081—)。明诚字德甫(又作德父),密州诸城人。赵挺之子。长期访求古器、石刻,从事金石研究著述工作,仿欧阳修《集古录》体例,将所藏三代彝器及汉唐至五代石刻拓片2000件,编为《金石录》30卷,是为金石学名著之一。绍兴年间,其妻李清照上于朝。另有《古器物铭碑》15卷,已不传。

按:李慈铭曰:"赵氏跋碑刻以正史传,考据精慎,远出欧阳文公《集古录》之上,于唐代尤多订新、旧唐两书之失。当时新史方行,而德夫屡斥其谬误,悉心厘正,务得其平;于旧唐亦无所偏徇,其善读书者也。"(《越缦堂读书记》卷九)近代王国维说:"自宋人始为金石之学,欧(阳修)、赵(明诚)、黄(伯思)、洪(适)各据古代遗文以证经考史,咸有创获。"(《观堂集林》卷一八《齐鲁封泥集存序》)

黄潜善卒,生年不详。潜善字茂和,邵武人。康王赵构开大元帅府时,任副元帅。高宗即位,任右仆射,排挤李纲,杀害陈东、欧阳澈,力主与金和议。后遭贬逐而死。事迹见《宋史》卷四七三《奸臣传》。

赵雄(—1193)、陈居仁(—1197)、留正(—1206)、项安世(—1208)生。

宋建炎四年　金天会八年　夏正德四年　西辽延庆六年　伪齐刘豫阜昌元年　庚戌　1130年

四月辛丑,诏诸路曾经残破州军发解举人,以靖康元年就试终场人数为率,纽计取放。

五月,金人焚建康府北去;岳飞收复建康。

癸卯,金禁私度僧尼,又继父、继母子女不得互相婚配。

七月,金将立伪齐刘豫,乃徙宋徽宗、宋钦宗于五国城(今黑龙江依兰)。

丁巳,申命元祐党人子孙经所在自陈,尽还应得恩数。

九月乙巳,诏刘光世、岳飞、赵立、王林掎角逼逐金兵渡淮。

戊申,刘豫僭位于北京,国号大齐,改明年为阜昌元年。

十月,金纵秦桧南归。十一月,秦桧至越州见高宗,谓"欲天下无事,须是南自南,北自北"(《建炎以来系年要录》卷一五八),建议讲和;丁未,为礼部尚书。

十一月癸卯,宋高宗褒扬吕公著、吕大防、范纯仁等元祐大臣。

按:诏曰:"吕公著、吕大防、范纯仁,皆盛德元老,同居庙堂,国势尊安,四裔顺服;而遭雁摆弄斥,久历岁时,尚拘微文,未获昭雪。朕经此时巡之久,益知致治之难,念兹老臣,是宜褒称。三省可检举速行褒赠,并其余党籍臣僚,下有司责以近限,具名取旨施行。"初,帝既下诏褒录元祐忠贤,而朝廷多故,有司未暇检举。及是帝谕大臣曰:"此事议论已久,终是行遣未尽。内中收得《元祐党碑》,即降出,令录所司,一一契勘褒赠。"遂追封吕公著鲁国公,谥正献;吕大防宣国公,谥正愍;范纯仁许国公,谥忠宣;皆赠太师(《续资治通鉴》卷一〇八)。

十二月,金搜捕境内南人,在耳上刺字,立价发卖于夏、蒙古、高丽。

胡安国因侯仲良劝,为避乱再次迁居,举家南游至湘潭,遂在此开舍结庐,创办碧泉书堂,聚徒讲学,研究经史。

按:碧泉书院初名书堂、讲舍、精舍,称呼不一,绍兴间,胡安国子胡宏才正式定名为碧泉书院,并建有本亭以纪念其父。胡宏还在宁乡道山建道山书院,躬耕田野,自食其力;传播洛学,创建学派。当时湖湘学子前来求学者甚多,如谭知礼、韩璜、李椿、黎明、向沈、杨训、彪虎臣、乐洪等,还有胡寅、胡宏、胡宁、胡宪等子、侄也一同学习,"湖湘学派之盛"实肇端于此时。

胡寅应诏上言十事,曰修政事、备边陲、治军旅、用人才、除盗贼、信赏罚、理财用、核名实、屏谀佞、去奸慝。疏上不报,寻命知永州。

杨时请求告老,以龙图阁直学士致仕。

李纲七月恢复银青光禄大夫。

洪皓自太原徙云中,七月又自云中密遣人奏书于宋徽宗、钦宗,并献以桃、梨、粟、面,二帝始知高宗已即位。

李山民、吴云公、顾淡云、杜芳洲等在苏州结岁寒社,互相唱和。

李清照在战乱中曾至温州、越州,十二月往衢州。

赵鼎四月以御史中丞为翰林学士,固辞不拜;五月签书枢密院事。

陈与义五月奉召守尚书兵部员外郎,以病辞,不许。

吕本中居贺州,陈与义亦来,相互酬唱。

王铚权枢密院编修官,始纂《祖宗兵制》。

方畴上书言四宜忧、十宜行、一宜去,又请择宗室为储贰。

马定国游历下,以诗撼齐王刘豫,刘豫大悦,授监察御史,仕至翰林学士。

按:《金史·马定国传》曰:"《石鼓》自唐以来无定论,定国以字画考之,云是宇文周时所造,作辩万余言,出入传记,引据甚明,学者以比蔡正甫《燕王墓辩》。"

牧师康拉德译法语民族史诗《罗兰之歌》为德文诗。

德国菲利普·德塔翁著成《动物寓言集》。

李纲著《易传内篇》10卷成书,有自序。

按:《易传内篇序》云:"余以罪谪海上,端忧多暇,取《易》读之,屏去众说,独以心会,即象数之幽眇,究理义之精微,于以窥圣人之制作,灿然如据玑衡以观天,日月星辰,经纬昭回之文,吉凶妖祥之理,皆可历数而周知,喟然叹曰:'不学《易》而涉世,其蹈祸固宜。'罪大不死,乃得穷圣经于荒绝之乡,心醉神开,恍若有授之者,岂非幸耶?昔人作《易》于忧患者,非特智虑不用于时,欲有所表见于后,盖亦险阻艰难备尝之矣。人之情伪尽知之矣,然后思深虑危,足以发难言之妙蕴,以贻范于将来。虽未足以测圣人之意,然发明《易》学,必由象数以极义理之归,庶几或

宋建炎四年　金天会八年　夏正德四年　西辽延庆六年　伪齐刘豫阜昌元年　庚戌　1130年

自此书始也。"

米友仁著《云山图》。

黄裳卒(1044—　)。裳字冕仲,南平人。元丰五年进士。徽宗政和四年,以龙图阁学士知福州,累迁端明殿学士、礼部尚书。曾上书论三舍法宜近不宜远,宜少不宜老,宜富不宜贫,不如遵祖宗科举之制。卒谥忠文。著有《演山先生文集》、《黄裳集》60卷。事迹见《宋史》三九三本传。

　按:《宋史》本传曰:"裳为人简易端纯,每讲读,随事纳忠,上援古义,下揆人情,气平而辞切,事该而理尽。笃于孝友,与人言倾尽底蕴。耻一书不读,一物不知。推贤乐善,出乎天性。所为文,明白条达。有《王府春秋讲义》及《兼山集》,论天人之理,性命之源,皆足以发明伊、洛之旨。尝与其乡人陈平父兄弟讲学,平父,张栻之门人也,师友渊源,盖有自来云。"

李唐卒(1049—　)。唐字晞古,河阳三城人。徽宗时入画院,南渡后以成忠郎衔任画院待诏。为宋代画史承前启后的人物,与马远、刘松年、夏圭并称"南宋四大画家"。存世作品有《万壑松风》、《清溪渔隐》、《长夏江寺》等。

杨介卒(约1060—　)。介字吉老,泗州人。世代行医,著有《四时伤寒总病论》6卷;另有《存真图》1卷,是我国古代生理解剖图书之祖。

　按:《存真图》又名《存真环中图》。所谓"存真"指脏腑,"环中"指经络。北宋时,被处决的尸体会遣医剖视并画工绘图,杨介乃据此考订校正成书。是我国较早的人体解剖图谱,惜已亡佚。

萧楚卒(1064—　)。楚字子荆,泰和人。元符乡荐,治学以穷经为本,尤深于《春秋》之学。绍圣中游太学,贡礼部不第,因蔡京专权,禁《春秋》学,遂誓不再试。隐居三顾山下,自号三顾隐客,教授弟子百余人。赵旸、胡铨、冯獬等皆出其门下。卒后,门人私谥为清节先生。著有《春秋辨疑》4卷。《宋元学案》列其入《范许诸儒学案》。

　按:《四库全书总目提要》评《春秋辨疑》曰:"曾敏行《独醒杂志》称所著《春秋经辨》行于庐陵。《宋史》亦载其《春秋经解》十卷。朱彝尊《经义考》谓其已佚,仅摭录胡铨之《序》。此本所载铨《序》,与《经义考》合,惟题曰《春秋辨疑》为小异。或后来更定,史弗及详欤?《江西通志》及《万姓统谱》皆云是书四十九篇。今止四十四篇,盖有佚脱。《宋志》云十卷,今《永乐大典》所载止二卷,则明人编辑所合并也。书之大旨,主于以统制归天王,而深戒威福之移于下。虽多为权奸柄国而发,而持论正大,实有合尼山笔削之义,与胡安国之牵合时事,动乖《经》义者有殊,与孙复之名为尊王,而务为深文巧诋者用心亦别。陈振孙《书录解题》称胡铨以《春秋》登第,归拜床下。楚告之曰:'学者非但拾一第,身可杀,学不可辱,毋祸我《春秋》乃佳。'厥后铨以孤忠谠论,震耀千秋,则其师弟之于《春秋》,非徒以口讲耳受者矣。每篇各有注文,皆楚自作,亦间有胡铨及他弟子所附入。谨以原注及胡铨附注别题之,而以今所校正附其下,俾各不相淆焉。"

朱熹(　—1200)生。

叙利亚历史学家威廉(推罗)(　—1185)约于是年生。

宋高宗绍兴元年　金天会九年　夏正德五年
西辽延庆七年　伪齐阜昌二年　辛亥　1131年

<small>高丽禁诸生治老庄之学。</small>

正月己亥朔，宋高宗在越州，改元绍兴。

丙申，复诏诸路提刑司类省试。

二月癸巳，翰林学士汪藻上驭将三说：一曰示之以法，二曰运之以权，三曰别之以分，以抑武臣兵权。

按：汪藻之书既传，诸将皆怨，有令门下作论以诋文臣者，自此文武二途，若冰炭之不合矣（《续资治通鉴》卷一〇九）。

三月，自渡江以后，国史散佚，至是衢州布衣何克忠献《太祖实录》、《国朝宝训》，诏授下州文学。

按：后八九年而国书始备。

四月，宋始置所修日历，以秘书省长、贰通行修纂。

按：是为南宋官修史书之始。

七月壬寅，复置翰林天文局、太史局学生，太史局50人，天文局10人。

八月乙亥，高宗谕辅臣曰："党籍至今追赠未毕，卿等宜为朕留意。程颐、任伯雨、龚夬、张舜民，此四人名德尤著，宜即褒赠。"乃赠龚夬直龙图阁（《建炎以来系年要录》卷四六）。

庚辰，故追复端明殿学士、降授奉议郎苏轼特赠资政殿学士、朝奉大夫。

戊子，赠张舜民宝文阁直学士，程颐、任伯雨并直龙图阁。

壬辰，诏："夏国历日自今更不颁赐。"（《续资治通鉴》卷一〇九）

是年，宋高宗诏褒道学，谓"朕以为大率说经不可远三纲五常之道，若好立异便须穿凿，不足道也"（《宋会要辑稿·崇儒五》）。

诏秘阁书除供禁中外，并不许本省官及诸处关借，虽奉特旨，亦不许关借。

岳麓书院毁于兵火。

程颐、任伯雨八月戊子被朝廷追赠为直龙图阁。

按：制曰："朕惟周衰，圣人之道不得其传。世之学者，违道以趋利，舍己以为人，其欲闻仁义道德之说者，孰从而求之，亦孰从而听之？间有老师大儒，不事章句，不习训传，自得于正心诚意之妙，则曲学阿世者又从而排陷之，卒使流离颠仆，其祸于斯文甚矣。尔（程）颐潜心大业，无待而兴。方退居洛阳，子弟从之，孝弟忠信；及进侍帷幄，拂心逆旨，务引君以当道。由其内察其外，以所已为而逆所未为，则高明自得之学，可信不疑。而浮伪之徒，自知其学问文采不足表见于世，乃窃其名以自售,外示恬默,中实奔竞,外示朴鲁,中实奸猾,外示严正,中实回僻,遂使天下之士闻其风而疾之,是不幸焉尔。朕锡以赞书,宠以延阁,所以振耀褒显之者,以明上之所与,在此而不在彼也。"(《续资治通鉴》卷一〇九)自从宋徽宗崇宁以来,理学被贬黜,至此重新推崇二程学统,这是对理学的一大褒扬。

胡安国为中书舍人兼侍讲,献《时政论》21篇,积极主张抗金救国,收复失地。论入,复除给事中。寻除兼侍读,讲《春秋》。是年又筑文定书堂于南岳紫云峰下。

按：其论曰《定计》、《建都》、《设险》、《制国》、《恤民》、《立政》、《核实》、《尚志》、《正心》、《养气》、《宏度》、《宽隐》。《宋史·胡安国传》曰:"高宗曰:'闻卿深于《春秋》,方欲讲论。'遂以《左氏传》付安国点句正音。安国奏:'《春秋》经世大典,见诸行事,非空言比。今方思济艰难,《左氏》繁碎,不宜虚费光阴,耽玩文采,莫若潜心圣经。'高宗称善。寻除安国兼侍读,专讲《春秋》。时讲官四人,援例乞各专一经。高宗曰:'他人通经,岂胡安国比。'不许。"

叶梦得被起用知建康府兼江东安抚大使,十一月乙未始至建康上任,部署兵力击败刘豫入寇。

李纲三月提举杭州洞霄宫,九月复资政殿大学士。

秦桧二月辛巳以礼部尚书兼侍读为参知政事。八月丁亥,又守尚书右仆射、同中书门下平章事兼知枢密院事。

尹焞召为崇政殿说书,兼侍讲。

李光上疏极论朋党之害。

曾统时为侍御史,奏请取士只用词赋,未须兼经;高宗亦以古今治乱多载于史,经义登科者,类不同史,将从其议,但遭左仆射吕颐浩反对而罢。

赵子画请续编绍兴《太常因革礼》,次年成27卷。

张元幹以右朝奉郎致仕。

翟汝文为翰林学士兼侍讲。

曲端被怨家诬其作诗"指斥乘舆",为张浚所杀。

汪藻为翰林学士,建言抑制武臣兵权,以防不测,遭武将群起反对。

陈与义至行在,迁中书舍人,兼掌内制。

陆游7岁,已能赋诗。

陈自俯在江西丰城创建龙光书院。

按：是书院初为陈氏义学,宋高宗南巡至此,赐名"龙光书院"。后朱熹曾在此书院讲学一个月,并撰有《龙光书院心广堂记》,阐述其理学思想。

邓深在湖南湘阴与欧阳天聪、何仲敏等结诗社唱和。

李清照三月赴越,卜居土民钟氏宅。书画砚墨五簏被盗。

米友仁流寓溧阳,著《湖山烟雨图》卷。

林之奇从吕本中游。

程俱为秘书少监,上《麟台故事》,除中书舍人兼侍讲。

高閌以上舍选赐进士第。执政荐之,召为秘书省正字。

廖刚召为吏部员外郎。

阿拉伯人纳只卜·穆兹喜鲁丁在泉州城南建清净寺。

程俱上《麟台故事》5卷。

按：《四库全书总目提要》曰："《玉海》载元祐中宋匪躬作《馆阁录》，绍兴元年程俱上《麟台故事》，淳熙四年陈骙续为《馆阁录》。盖一代翰林故实，具是三书。今宋录已亡，陈录仅存，而亦稍诋阙。是书则自明以来惟《说郛》载有数条，别无传本。今考《永乐大典》，征引是书者特多。排比其文，犹可成帙。其书多记宋初之事，典章文物，灿然可观。盖绍兴元年初复秘书省，首以俱为少监。故俱为是书，得诸官府旧章，最为详备。"2000年，中华书局出版张富祥校证的《麟台故事校证》。

周紫芝辑《诗八珍》成。

按：所谓"八珍"，即杜甫、柳宗元、刘禹锡、杜牧、黄庭坚、张耒、陈与义、陈师道八家诗。

郑印著《杜少陵诗音义》成书，有自序。

吕好问卒（1064—　）。好问字舜徒，婺州人，祖籍为寿州。吕希哲子。以荫补官。徽宗崇宁初，以元祐党子弟坐废。钦宗即位，荐擢御史中丞，弹劾蔡京党徒。高宗时进封东莱郡侯，除尚书右丞。《宋元学案》列其入《荥阳学案》。事迹见《宋史》卷三六二本传。

按：吕氏自宋仁宗朝宰相吕夷简以来，吕公著、吕希哲、吕好问、吕本中、吕祖谦等后人世代为官，长期居住在京师开封，饱受京华文明陶冶，成为文史传家的大书香门第，学者层出不穷。吕氏载入《宋元学案》者就有七世17人之多。南渡以后，吕好问移居两浙婺州，吕氏家学在新的环境中继续流传，声势更大，所以有"中原文献之传独归吕氏，其余大儒弗及也"之说（《宋元学案》卷三六《紫微学案》）。

移剌履（　—1191）、黄铢（　—1199）、王厚之（　—1204）、袁枢（　—1205）、林大中（　—1208）生。

宋绍兴二年　金天会十年　夏正德六年　西辽延庆八年　伪齐阜昌三年　壬子　1132年

大越（李朝）主阳焕受封于宋，为交趾郡王。

正月癸巳朔，宋高宗在绍兴府。丙午，率百官迁入临安。

甲午，宋高宗命科场复置贤良方正能直言极谏科。

三月丙寅，高宗策试诸路类试奏名进士于讲殿，赐礼部进士张九成以下259人及第、出身，而川、陕类省试合格进士杨希仲等120人，皆即家赐第。

四月辛未，复置诸州学官43员。

庚寅，伪齐刘豫移都汴京。

是月，秘书省奏准将现存所有图书分定经、史、子、集四库及拨充秘阁，同时专置进帐、副帐及门牌、库经。

宋高宗无子，乃育太祖后朝奉大夫赵子偁之子伯琮于宫中，赐名瑗，即后之孝宗。

六月，金都元帅粘罕至白水泊避暑，考试举人词赋以取进士；令主司考试者勿取中原士子。

八月，宋高宗命直学士綦崈礼将秦桧罪状书于制辞，传告中外。

十一月壬午，湖州知府汪藻奏请编集元符庚辰至建炎乙酉三十年间诏旨，缮写进呈，以备修日历官采择，从之。

> 按：自军兴，史官记录，靡有存者。汪藻尝于经筵面奏，乞命中官纂述《三朝日历》，会朝廷多事，未克行。比出守湖州，而湖州未被寇，元符后所受御笔、手诏、赏功、罚罪等事皆全，藻因以为张本，又访诸故家士大夫以足之，凡六年乃成（《续资治通鉴》卷一一一）。

十二月甲辰，宋高宗谓大臣曰："近引对元祐臣僚子弟，多不逮前人，亦一时迁谪，道路失教。元祐人才，皆自仁宗朝涵养，燕及子孙。自行经义取士，往往登科后再须修学，所以人才大坏，不适时用。"（《续资治通鉴》卷一一一）

胡安国八月上书谏用故相朱胜非都督军务，谓朱胜非曾讨好金人，"今强敌凭陵，叛忠不忌，用人得失，系国安危，深恐胜非上误大计"。高宗改朱胜非为侍读，胡安国托病不出，遂落职奉祠，提举建昌军仙都观。

> 按：《宋史·胡安国传》曰："会除故相朱胜非同都督江、淮、荆、浙诸军事，安国奏：'胜非与黄潜善、汪伯彦同在政府，缄默附会，循致渡江。尊用张邦昌结好金国，沦灭三纲，天下愤郁。及正位冢司，苗、刘肆逆，贪生苟容，辱逮君父。今强敌凭陵，叛臣不忌，用人得失，系国安危，深恐胜非上误大计。'胜非改除侍读，安国持录黄不下，左相吕颐浩特令检正黄龟年书行。安国言：'"有官守者，不得其职则去"。臣今待罪无补，既失其职，当去甚明。况胜非系臣论列之人，今朝廷乃称胜非处苗、刘之变，能调护圣躬。昔公羊氏言祭仲废君为行权，先儒力排其说。盖权宜废置非所施于君父，《春秋》大法，尤谨于此。建炎之失节者，今虽特释而不问，又加选擢，习俗既成，大非君父之利。臣以《春秋》入侍，而与胜非为列，有违经训。'遂卧家不出。"

胡安国荐李纲可大用。

李纲二月庚午为观文殿内学士，荆湖、广南路宣抚使，兼知潭州。四月乙酉始拜命，置司福州。六月戊戌，自邵武引兵三千之江西。十二月甲午，李纲罢，提举西京嵩山崇福宫。

尹焞是年至绍兴六年九月在蜀地避乱，其门人范淑随侍入蜀，传《春秋》学于李石。

> 按：李石字知几，资阳人。著有《方舟易学》2卷。《四库全书总目提要》曰："是书专论互体，每卦标两互卦之名而以爻词证之。"

胡寅起知永州。

秦桧八月甲寅罢右相，为观文殿学士，提举江州太平观。

叶梦得四月罢镇归隐吴兴卞山，直至绍兴八年。

张元幹五月三十日与友人宇文师瑗、张世才、王时、张宇林、杨休、王传、苏籀、余良弼、黄丰、朱松、冯至游、吴叔虎、李议之等人在福唐祭奠邓肃。

吕颐浩使侍御史黄龟年弹劾秦桧专主和议，阻止国家恢复远图，植党专权。

张九成中进士第一，授镇东军签判。其廷对之策，得其师杨时赞赏。

翟汝文四月庚午自翰林学士承旨、左中大夫知制诰除参知政事。尝诟秦桧为"金人奸细"，故为参政两个月即致仕。

按：翟汝文"虽为桧所荐，然性刚，不为桧屈。至对案相诟，目桧为金人奸细。谏官方孟卿论汝文与桧不和，且不顾大体，不循故事，批状直送省部，不关其长，每宰执聚议，则目视云汉，未尝交谈，岂能共济？诏予郡，言者复请贬责，遂致仕"（《资治通鉴后编》卷一〇九）。

岳飞率部攻曹成至茶陵火田，邑人尹彦德"犒以牛酒"；岳飞以其为君长"当以一经教子"，乃书"一经堂"，并奏请国子生教其子弟。尹氏因建明经堂。

按：淳熙初，宋孝宗赐御书"明经书院"额。

李焘中眉州解魁。

朱松正月携家由长溪往福州，谒福州路抚谕使胡世将，胡氏归朝，荐朱松为泉州石井镇监税。五月就任。建鳌头精舍，为讲学之所。

晁公武、徐俯、张行成、许叔微成进士。

罗从彦以特科授广东惠州博罗县主簿。

杨万里叔祖杨邦乂得赠朝奉大夫，谥忠襄。

按：建炎三年（1129），杨邦乂为建康府通判，骂贼而死；四年（1130），得到朝廷表彰，诏建庙于建康；是年诏赠杨邦乂朝奉大夫，谥忠襄，庙曰褒忠。叶梦得曾撰写《褒忠庙记》和《改葬杨忠襄公祭文》，以示纪念。

李清照改嫁右承奉郎张汝舟，婚后百日即因张汝舟"凶横"而离异。

洪炎时为秘书少监，十一月上书请征求书籍。

王伦先前以朝奉郎充河东大金军前通问使被扣留，九月被放回，至行在，言金人情况甚确。

苏庠在丹阳与陈序等结诗社。

陈与义为中书舍人，兼侍讲。

高登廷对极意尽言，无所顾避，有司恶其直，授广西富川主簿，兼贺州学事。

潘致尧为大金奉表使兼军前通问，高公绘为副使。

陈规坚守德安时，用"竹管火枪"作战，世界上射击性火器以此为最早。

福建刊刻《六经疏义》。

按：叶德辉《书林清话》卷二曰："绍兴壬子福建庚司刻《六经疏义》，后载三山黄唐识语云：'《六经疏义》，自京监蜀本皆省正文及注，又篇章散乱，览者病焉。本司旧刊《易》、《书》、《周礼》，正经注疏，萃见一书，便于披绎，它经独阙。绍兴辛亥仲冬，唐备员司庚。遂取《毛诗》、《礼记》疏义,如前三经编汇,精加雠正,用锓诸木,庶广前人之所未备。乃若《春秋》一经,顾力未暇,姑以贻同志云。壬子秋八月三山黄唐谨识。'"

两浙东路茶盐司公使库刻印司马光《资治通鉴》294卷,《目录》30卷。

密州观察使王永从一家捐资于湖州思溪圆觉禅院刊刻佛藏《圆觉藏》5400卷完成。

邵伯温著《邵氏闻见录》20卷成书。

按:是书叙北宋建隆至南宋绍兴初年旧事,对熙宁变法期间主要人物如王安石等人的思想、言行、品质、琐事记述特详,可资参考。《四库全书总目提要》曰:"伯温藉邵子之绪,犹及见元祐诸耆旧,故于当时朝政,具悉端委。是书成于绍兴二年。前十六卷,记太祖以来故事,而于王安石新法始末及一时同异之论,载之尤详。其论洛、蜀、朔三党相攻,惜其各立门户,授小人以间;又引程子之言,以为变法由于激成,皆平心之论。其记镫笼锦事,出文彦博之妻,于事理较近。其记韩、富之隙,由辙帘不由定策,亦足以订强至家传之讹。"

许叔微著《伤寒九十论》1卷成书。

西夏义长重新修定并刊行西夏文字书《音同》。

按:该书收西夏大字六千多,传世有两个版本。西夏所编字书还有《文海》、《文海宝韵》、《五音切韵》。

刘珏卒(1078—)。珏字希范,湖州长兴人。崇宁五年进士。历官中书舍人、给事中,迁吏部侍郎、同修国史。后以朝散大夫分司西京。著有《两汉蒙求》10卷、《集议》5卷、《吴兴集》20卷,皆佚。事迹见《宋史》卷三七八本传。

滕康卒(1085—)。康字子济,应天府宋城人。崇宁五年进士,调通州司理参军。先后为兴元府学教授、秘书省正字、著作佐郎、国子司业,官至同签书枢密院事。著有文集20卷、《翰墨丛记》5卷、《韶武遗音》3卷,已佚。事迹见《宋史》卷三七五本传、汪藻《滕子济墓志铭》(《浮溪集》卷二六)。

邓肃卒(1091—)。肃初字志宏,后改字德恭,号栟榈,南剑州沙县人。宣和间在太学曾作诗讽刺花石纲,被黜出学;建炎初又极论劾伪命之臣。李纲罢相,又上书极言其不当罢,触怒执政而罢职归家。著有《栟榈居士集》25卷。事迹见《宋史》卷三七五本传、邓柞《栟榈先生墓表》(《栟榈先生文集》附)。今人王兆鹏、陈为民编有《邓肃年谱》。

张孝祥(—1169)、陆九龄(—1180)生。

宋绍兴三年　金天会十一年　夏正德七年　西辽延庆九年　伪齐阜昌四年　癸丑　1133年

五月,宋以向金求和,禁止攻击伪齐辖境。令李横等屯驻,非奉朝旨,不得进兵。

六月丁未,诏:即驻跸所在学置国子监,以学生随驾者36人为监生,置博士2员。

按:是为南宋首次任命中央学官,但系战争时期的权宜措施。

是月,追复元祐宰相吕大防官职、赠谥。

七月己未,工部侍郎李擢奏罢词学兼茂科,改置博学宏词科。

按:其法以制、诏、书、表、露布、檄、箴、铭、记、赞、颂、序十二件为题目,古今杂出六题,分三日考毕。命官除归明、流外、进纳及犯赃人外,愿试者以所业每题二篇纳交礼部,下两制考校。合试者,分三等给以官职:上等改京官,给馆职;中等减三年磨勘;下等减二年,并与堂除。奏补出身人,以赐进士及第、出身、同出身为三等之差,且著为令(《续资治通鉴》卷一一二)。

丁卯,诏录用太祖、太宗、真宗、仁宗、英宗、神宗六朝勋臣自曹彬至蓝元振320人子孙。其后得赵普、赵安仁、范质、钱若水诸孙,皆官之。

八月,诏即秘书省重建史馆,以修《神宗哲宗实录》、《正史》及《徽宗实录》。以从官充修撰,以左仆射吕颐浩提举国史,右仆射朱胜非监修国史。

九月癸丑,秘书少监孙近请命前宰执供具建炎四年二月以前时政记,仍令修注官补建炎以来起居注,命百司日以朝廷所施行事报秘书省、进奏院,月报亦如之。

十月癸未,朱胜非等上《吏部七司敕令格式》188卷。

戊申,诏:今后省试并赴行在。

十一月庚申,礼部员外郎虞某请铨试初出官人,以经义、诗赋、时义、断案、律义为五场,就试人十分取七,榜首循一资,从之。

乙亥,诏恢复司马光十科举士之制,令文武侍从官每年各举三人。

是年,僧茅子元在淀山湖创白莲教,该教为佛教净土宗支派。

按:白莲教也称白莲社。自摩尼教发展而来,以后成为混合有佛教、明教、弥勒教等内容的秘密宗教组织。宗鉴《释门正统》卷四《斥伪志》曰:"所谓白莲者,绍兴初吴郡延祥院沙门茅子元曾学于北禅梵法主会下,依仿天台出《圆融四土图》《晨朝礼忏文》,偈歌四句,念佛五声,劝诸男女同修净业,称白莲导师。其徒号白莲菜人,亦曰茹茅阇黎菜。有论于有司者,加以事魔之罪,蒙流江州。后有小茅阇黎复收余党,但其见解不及子元。又白衣辗转传授,不无讹谬,唯谨护生一戒耳。"

杨时有与胡安国往复书论《春秋》义。

按:胡安国著《春秋传》,其次子胡宁亦协助修纂检讨。胡宁字和仲,以荫补官,试馆职,除敕令所删定关,出为夔路安抚司参议官。学者称茅堂先生。

岳飞九月至临安见高宗,高宗赐岳飞"精忠岳飞"锦旗,所部改为神武后军。

李横、翟琮、董先、李道、牛皋等部十二月奉旨划归岳飞指挥。

贺铸子孙约是年鬻其藏书,命有司全部收买。

朱敦儒因广西宣谕使明橐、参知政事席益、吏部侍郎陈与义举荐,高宗诏以为右迪功郎。

宋绍兴三年　金天会十一年　夏正德七年　西辽延庆九年　伪齐阜昌四年　癸丑　1133年

常同时知柳州，二月被召还，上言论朋党之祸。

陈与义正月除试尚书吏部侍郎兼侍讲。

徐俯二月以翰林学士签书枢密院事。

谢克家时为泉州守，二月荐朱松；九月跋赵明诚旧藏蔡襄《进谢御赐诗卷》于海安法慧寺。

綦崇礼时为翰林学士兼侍读，四月荐朱松。

汪革举进士，授楚州教授。

韩肖胄六月以尚书吏部侍郎充任大金军前通问使，给事中胡松年任副使，赴金通问。

金使李永寿及王翊十二月至临安，要求宋与伪齐画江为界。宋以王伦为吏部侍郎，与金使计事。

吕祉知建康府，上《东南防守利便》，主张迁都。

徐俯著《春秋解义》成书。

杨时著《三经义辨》、《日录辨》、《辨字说》、《论春秋义》成。

按：杨时《三经义辨》乃针对王安石《三经新义》而作。《续资治通鉴》卷一一五曰：绍兴五年三月，龙图阁直学士致仕杨时卒，"起居郎兼侍讲朱震言：'时学有本原，行无玷缺，进必以正，晚始见知。其撰述皆有益于学者。'诏有司取时所著《三经义辨》，赐其家银帛二百匹两。后谥曰文靖。"可见杨时对王安石的批评，得到了朝廷的认可。

《孝宗圣政》12卷成。

赵彦励著《莆阳志》15卷。

郑克著《折狱龟鉴》20卷。

按：是书或名《决狱龟鉴》，《宋史·艺文志》作20卷，《四库全书》本析为8卷，为我国古代有代表性的案例故事名著，对历代司法审判实践有相当的影响。

吴若校刻《杜工部集》20卷，并著《杜工部集后记》。

杜绾著成《云林石谱》3卷。

按：《四库全书总目提要》曰："《云林石谱》三卷，宋杜绾撰。绾字季扬，号云林居士，山阴人，宰相衍之孙也。是书汇载石品凡一百一十有六，各具出产之地，采取之法，详其形状、色泽，而第其高下，然如端溪之类兼及砚材，浮光之类兼及器用之材，不但谱假山清玩也。前有绍兴癸丑阙里孔传序。"此书是我国古代最完整、最丰富的一部专门论述矿物岩石的著作，也是世界上最早的岩矿学专著。

庄绰著《鸡肋编》3卷成书。

张锐著《鸡峰备急方》1卷，自为序。

吕祉著《东南防守利便》3卷进呈朝廷。

米友仁为守道写《云江图》。

许翰卒，生年不详。翰字崧老，拱州襄邑人。元祐三年进士。宣和中，召为给事中，历官尚书右丞、资政殿学士等。以言事落职，绍兴元年召复端明殿学士。卒赠光禄大夫。著有《论语解》、《春秋传》及《襄陵集》12

法国经院哲学家、唯名论者彼德·阿伯拉尔所著《知你自己》、《我的不幸的历史》于是年问世。

冰岛学者阿里·索吉尔松约是年前后以本国语文撰成首部《冰岛史》。

卷、《太元音解》4卷等。《宋元学案》为列《范许诸儒学案》。事迹见《宋史》卷三六三本传。

按：许翰和范浚、许忻、萧楚等人创立了范许学派，或称范许诸儒学派。其著名弟子有范端臣、范处义、虞唐佐、柴喆、陈九言、邵恂、高梅、张龟年、陆九龄、胡铨、冯澥、高元之等。此派代表著作除许翰的著作外，尚有范浚的《香溪文集》、萧楚的《春秋辨疑》、范端臣的《蒙斋集》等，其学说对朱熹和陆九渊有一定影响。《四库全书总目提要》评《襄陵集》曰："蔡绦《铁围山丛谈》所载，绦与翰盖最相契。然史称翰于宣和间即奏记蔡京，为百姓困弊，起为盗贼，天下有危亡之忧，愿罢云中之师，修边保境，时不能用。其后燕山之役，卒以召衅，论者谓其有曲突徙薪之谋。其《谏种师道不当罢疏》至三四上，亦深得救时要领。至南渡后入践政府，极论黄潜善奸邪，而力言李纲忠义可用，致为宵小龃龉去位，生平正直之节，终始不挠。今所上章奏，具在集中，其劲气凛然，犹可想见。然则绦所记录，亦如其《西清诗话》依附苏、黄以求名耳，不足为翰累也。翰所著有《论语解》、《春秋传》诸书，盖颇究心于经术，故以为文章，具有源本。惟《论配享》札子一通，称扬雄与孟子异世同功，请以配食孔子庙廷，位次孟子，其说颇为诬谬耳。陈振孙《书录解题》称《襄陵集》二十四卷。其本久佚。今据《永乐大典》所载，采辑编次，厘为十二卷。其奏疏为《永乐大典》所原阙者，则别据《历代名臣奏议》补入。庶直言谠论，犹得以考见其什一云。"

又按：范浚生卒不详，其事迹载《宋元学案》卷四五《范许诸儒学案》，曰："范浚，字茂明，兰溪人也。世家膴仕，先生独不近荣利，笃志圣贤之学，以治心养气为本。绍兴中，以贤良荐，因秦氏当国不起。婺守延之入学主讲，亦辞不就。闭门讲道，危坐一室，尘几败帷，处之泰然。学者称为香溪先生。先生之文，世之所诵习者，朱子所取《心箴》而已(云濠案：《香溪集》有元吴师道跋，称朱子取其《心箴》注《孟子》)，他罕有知者。元之胡仲子始表章之，谓其多超然自得之语，不独《心箴》也。朱子谓先生不知从谁学。案先生《答潘默成书》云：'肤受末学，本无传承。所自喜者，徒以师心谋道，尚见古人自得之意，不孑孑为世俗趋慕耳！'然则先生之学，所谓得之遗经者也。顾当南北宋之交，关、洛之书盛行浙东，永嘉九先生而后，默成一辈多属杨、尹之徒。先生所为文集，若未尝见关、洛诸公书者，故绝口不及也。而其言则多与之合。先生又及与默成交，此事之不可解者。要之，是时学者如闽之支离先生陆亦颜、屏山先生刘彦冲以及先生，皆承伊洛之风而出者。虽不在见知、闻知之列，而同车合辙，可谓豪杰之士也。所著有《香溪集》三十二卷(云濠案：《香溪》集二十二卷，为其门人高梅所编，其侄端臣刊之，收入《四库集部》)。抑予读先生进策五卷，及《上李丞相书》，则甚有志于用世，特以其时之不可而自晦耳，固非石隐者流也。"

张栻（　—1180）、陈造（　—1203）、娄机（　—1211）生。

宋绍兴四年　金天会十二年　夏正德八年
西辽延庆十年　伪齐阜昌五年　甲寅　1134年

正月乙卯，金以韩企先为尚书左丞相，议定制度，损益旧章。
三月壬子，高宗与宰臣朱胜非论重修《哲宗实录》。

宋绍兴四年　金天会十二年　夏正德八年　西辽延庆十年　伪齐阜昌五年　甲寅　1134年

按：晁公武曰：绍兴四年三月壬子，太上皇帝顾谓宰臣朱胜非等曰："神宗、哲宗两朝史录，事多失实，非所以传信后世，当重别修定。著《唐鉴》范祖禹有子名冲者，有召命，可促来令兼史臣。"胜非奏曰："神宗史缘添入王安石《日录》，哲宗史经蔡京、蔡卞之手，议论多不公。今蒙圣谕，命官删定，以昭彰二帝盛美，天下幸甚。"十八日丙申，新除宗正少卿兼直史馆范冲辞免恩命，胜非奏曰："冲谓史馆专修神宗、哲宗史录，而其父祖禹元祐间任谏官，后坐章疏议论，责死岭表，而《神宗实录》又经祖禹之手，今既重修，则凡出京、卞之意及其增添者，不无删改。倘使冲预其事，恐其党未能厌服。"上曰："以私意增添，不知当否？"胜非曰："皆非公论。"上曰："然则删之何害？纷纷浮议，不足恤也。"臣胜非曰："范冲不得不以此为辞。今圣断不私，冲亦安敢有请？"上复愀然谓胜非等曰："此事岂朕敢私！顷岁昭慈圣献皇后诞辰，因置酒宫中，从容语及前朝事。昭慈谓朕曰：'吾老矣，幸相聚于此，他时身后，吾复何患？然有一事，当为官家言之。吾逮事宣仁圣烈皇后，求之古今母后之贤，未见其比。因奸臣快其私愤，肆加诬谤，有玷盛德。建炎初，虽尝下诏辨明，而史录所载，未经删改，岂足传信后世？吾意在天之灵不无望于官家也。'朕每念此，惕然于怀，朝夕降一书，明载昭慈遗旨，庶使中外知朕之本意。"臣胜非进曰："圣谕及此，天下幸甚！臣等仰惟神宗、哲宗两朝实录以太上皇帝圣意先定，爰命宰臣，悉令删修，故具载圣语于篇末"云（《郡斋读书志》卷二）。

六月辛丑，诏祖宗正史、实录、宝训、会要，令史馆各抄二本，一呈御览，一付秘阁。

八月，诏追毁王安石舒王告。

九月，宋高宗追赠陈东、欧阳澈以朝奉郎、秘阁修撰，赐官田十顷等，以示悔杀忠良。

是年，建炎时迁至江西之赵氏宗室，此时北迁绍兴府。

胡安国举荐朱震，参知政事赵鼎亦谓朱震"学术深博，廉正守道，士之冠冕"，于是召朱震为祠部员外郎兼川、陕、荆、襄都督府详议官。

按：《宋史·朱震传》曰："会江西制置使赵鼎入为参知政事，上谘以当世人才，鼎曰：'臣所知朱震，学术深博，廉正守道，士之冠冕，使位讲读，必有益于陛下。'上乃召之。既至，上问以《易》、《春秋》之旨，震具以所学对。上说，擢为祠部员外郎，兼川、陕、荆、襄都督府详议官。"

胡寅十二月复召为起居郎，迁中书舍人。

张浚三月贬提举洞霄宫，福州居住；十一月复知枢密院事。约李攸同入朝，李攸以家事辞。

按：李攸，字好德，蜀人。著有《宋朝事实》60卷，今存20卷。《四库全书总目提要》曰："《宋朝事实》二十卷（永乐大典本），宋李攸撰。《文献通考》作李侁。按攸字好德，义从《洪范》。若作侁字，与好德之义不符。《宋史·艺文志》亦作李攸，《通考》传写误也。陈振孙《书录解题》称其官为承议郎，而不详其里贯。《江阳谱》称政和初编辑《西山图经》、《九域志》等书，泸帅孙羲叟招（原注：'下有阙文'。）书上，转三官，张浚入朝，约与俱，以家事辞。考西山属成都府，泸州属潼川路，则攸当为蜀人。其曰张浚入朝，盖绍兴四年浚自川陕宣抚使召还时也。其书据《江阳谱》，盖上起建隆，下迄宣和，凡六十卷。其三十卷先闻于时，后以余三十卷上之，因语触秦桧，寝其书不报。故晁、陈二家书目俱作三十卷，与谱相合。而赵希弁《读书附志》、《宋史·艺文志》乃俱作三十五卷。今书中有高、孝两朝登极赦诏,及绍兴间南郊赦诏,而纪元亦迄于绍兴。殆又有所附益,兼及南宋之初欤?攸熟于掌故,经靖康兵燹之后,图籍散佚,独汲汲搜辑旧闻,使一代典章,粲然具备,其用力颇为勤挚。所载历朝登极、南郊、大赦诏令,太宗亲制《赵普碑铭》、《西京崇福宫记》、《景灵西宫记》、《大晟乐记》,往往为《宋文鉴》、《名臣碑传琬琰集》、《播芳大全》诸书所阙漏。他如宗室换官之制,不见于《宋史·职官志》。郊祀勘箭之仪,不详于《礼志》。太庙、崇宁庙图,紫宸殿、集英殿上寿、赐宴再坐、立班、起居诸图,宫架鼓吹十二案图,尤为记宋代掌故者所未备。至其事迹之异同,年月之先后,记载之详略,尤多可与《东都事略》、《续通鉴长编》及《宋史》互相参订。又如石晋赂契丹十六州,分代北、山前、山后,足订薛、欧《五代史》称山后十六州之误。周世宗兵下三关,并载淤口关,亦足补薛、欧二史祗载瓦桥、益津二关之阙。当时如江少虞《事实类苑》、《锦绣万花谷》多引用之,《宋史》亦多采用其文。第原本久佚,惟散见于《永乐大典》各韵下者,尚存梗概,而割裂琐碎,莫由考见其体例。惟赵希弁《读书附志》称'祖宗世次,登极纪元诏书、圣学、御制、郊庙、道释、玉牒、公主、官职、爵邑、勋臣配享、宰执拜罢、科目仪注、兵刑律历、籍田财用、削平僭伪、升降州县、经略幽燕之类,具载本末'云云,盖即当日之门目。今据以分类编次,厘为二十卷。虽未悉复原书之旧,而纲举目从,咸归条贯,亦得其十之七八矣。攸别有《通今集》二十卷,《宋史·艺文志》入故事类,今佚不传。又尝上书秦桧,戒以居宠思危,尤为侃侃不阿。则其人亦足重,不独以博洽见长云。"

赵鼎三月为参知政事,力荐岳飞收复襄阳;九月为尚书右仆射同中书门下平章事,兼知枢密院事。

范冲时为侍读,曾举尹焞自代,授左宣教郎,充崇政殿说书,以疾辞。范冲奏给五百金为行资,遣漕臣奉诏至涪州。

范冲四月为宗正少卿兼直史馆,八月奉命重修《神宗实录》和《哲宗实录》。

> 按:范冲是范祖禹之子,《宋史·范冲传》载:"冲父祖禹元祐中尝修《神宗实录》,尽书王安石之过,以明神宗之圣。其后安石婿蔡卞恶之,祖禹坐谪死岭表。至是复以命冲,上谓之曰:'两朝大典,皆无奸臣所坏,故以属卿。'冲因论熙宁创置,元祐复古,绍圣以降弛张不一,本末先后,各有所因。又极言王安石变法之非,蔡京误国之罪。上嘉纳之,迁起居郎。"

汪藻时为龙图阁直学士、知湖州,三月癸酉上所编《元符庚辰以来诏旨》200卷,诏送史馆。

岳飞五月破伪齐军,收复郢州、唐州和襄阳;次月又收复随州。七月为湖北荆襄潭州制置使,攻杨么。十二月败金兵于庐州。

徐俯二月兼权参知政事,与赵鼎不合,四月出知信州。

朱松三月召试馆职,对策纵论中兴事业难易后先,除为秘书省正字。八月十一日,知枢密院事赵鼎都督川、陕、荆、襄诸军事,朱松上书赵鼎献策,欲投诗文未果;九月丁母忧归尤溪。是年始教子朱熹读书。

吕本中因赵鼎等荐举,被朝廷任为祠部员外郎,卧病临川,未赴任。

陈与义在吏部侍郎任上,上疏言元祐党籍及元符上书人姓名事。八月出知湖州。

魏良臣九月为通问使,王绘为副使,赴金通问。

章谊时任龙图阁学士、枢密都承旨,正月乙卯为赴金通问使,给事中孙近为副使。

常同为起居郎、中书舍人、史馆修撰,同修《神宗实录》、《哲宗实录》。

按:《宋史·常同传》曰:"先是,同尝上疏论神、哲二史曰:'章惇、蔡京、蔡卞之徒积恶造谤,痛加诬诋,是非颠倒,循致乱危。在绍圣时,则章惇取王安石《日录》私书改修《神宗实录》;在崇宁后,则蔡京尽焚《时政记》、《日历》,以私意修定《哲宗实录》。其间所载,悉出一时奸人之论,不可信于后世。恭惟宣仁保祐之德,岂容异辞,而蔡确贪天之功,以为己力,厚诬圣后,收恩私门。陛下即位之初,尝下诏明宣仁安社稷大功,令国史院摭实刊修,又复悠悠。望精择史官,先修《哲宗实录》,候书成,取《神宗朱墨史》考证修定,庶毁誉是非皆得其实。'上深嘉纳。至是,命同修撰。"

李清照十月卜居金华陈氏第。

陆游始入乡校,从韩有功及从父彦远学。

朱震著《汉上易集传》13卷成书。

按:是书对研究《易》学发展历史,尤其是对研究宋代《易》学源流及"先天图"、"后天图"、"河图"、"洛书"诸图说有一定的参考价值。晁公武《郡斋读书志》卷一曰:"自谓其学以程颐为宗,和会邵雍、张载之论,合郑玄、王弼之学为一云。其书多采先儒之说以成,故曰《集传》,然颇舛误。"

胡安国著《春秋传》30卷初成。

按:是书写成以后,深为当世所重,入元,被奉为科举官方定本;明初定科举之制,要求士子宗法程颐、朱熹,但因程颐《春秋传》仅具二卷,缺略太多,朱子亦无成书,以安国学出于程子,遂用安国之书为定本,逐渐发展到弃经不读,惟以此书为准的地步。在宋儒所著《春秋》学著作中,此书地位最为显赫,影响了几百年的《春秋》学研究。楼钥在为陈傅良《春秋后传》所作的《序》中评价胡安国《春秋传》曰:"自王荆公安石之说盛行,此道(指《春秋》之学)几废,建炎、绍兴之初,高宗皇帝复振斯文,胡文定公安国承伊洛之余,推明师道,劝讲经筵,然后其学复传,学者以为标准。"(《春秋后传》卷首)《四库全书总目提要》曰:"案《玉海》载绍兴五年四月诏:'徽猷阁待制胡安国,经筵旧臣,令以所著《春秋传》纂述成书进入。十年三月书成,上之。诏奖谕,除宝文阁直学士,赐银币。'是安国此《传》,久已属稿,自奉敕撰进,又覆订五年而后成也。俞文豹《吹剑录》称其自草创至于成书,初稿不留一字,其用意亦勤矣。顾其书作于南渡之后,故感激时事,往往借《春秋》以寓意,不必一一悉合于《经》旨。《朱子语录》曰:'胡氏《春秋传》有牵强处,然议论有开合精神。'亦千古之定评也。明初定科举之制,大略承元旧式,宗法程、朱。而程子《春秋传》仅成二卷,阙略太甚。朱子亦无成书。以安国之学出程氏,张洽之学出朱氏,故《春秋》定用二家。盖重其渊源,不必定以其书也。后洽《传》渐不行用,遂独用安国书。渐乃弃《经》不读,惟以安国之《传》为主。当时所谓经义者,实安国之传义而已。故有明一代,《春秋》之学为最弊。冯梦龙《春秋大全凡例》有曰:'诸儒议论侭有胜胡氏者。然业已尊胡,自难并收以乱耳目。'则风尚可知矣。爰逮本朝,敦崇经术,钦定《春秋传说汇纂》,于安国旧说始多所驳正。弃瑕取瑜,撷其精粹,已足以综括原书。第其书行世已久,亦未可竟废。谨校而录之,以存一家之言。若其中纰漏之处,则钦定《汇纂》中业已抉摘无遗,昭示海内。兹不复论辨焉。"传本较多,宋刊本今较罕见,明代有湖广两地刻本、崇道堂刻本、正统十二年(1447)刊《六经》本,清《四库全书》本等。

邓名世进所著《春秋四谱》及《古今姓氏书辨证》，赐同进士出身，授史馆校勘，改秘书省正字。

按：邓名世字符亚，临川人。酷嗜《春秋》，屡以援《春秋》见黜。御史刘大中宣谕江南，得其所著《春秋四谱》等书，荐之，遂以布衣上殿，进《治人》、《务实》等说，高宗嘉纳，赐予官。所著尚有《春秋论说》、《春秋类史》、《春秋公子谱》、《列国诸臣图》、《左氏韵语》、《国朝宰相年谱》、《皇极大衍》等300余卷。

李焘著《两汉鉴》成。

李纲著《建炎时政记》3卷以进，诏付史馆。

王铚纂集《祖宗兵制》成书，改京官，赐名《枢庭备检》。

按：南宋学者重视研究兵制问题，以后陈傅良著有《历代兵制》8卷，《四库全书总目提要》曰："是书上溯成周乡遂之法，及春秋、秦、汉、唐以来历代兵制之得失，于宋代言之尤详。如太祖躬定军制，亲卫殿禁，戍守更迭，京师府畿，内外相维，发兵转饷捕盗之制，皆能撮举其大旨。其总论之中，谓'祖宗时兵虽少而至精。逮咸平后，边境之兵增至六十万。皇祐初，兵已一百四十一万，谓之兵而不知战。给漕挽，服工役，缮河防，供寝庙，养国马者，皆兵也，疲老而坐食。前世之兵，未有猥多如今日者。总户口岁入之数，而以百万之兵计之，无虑十户而资一厢兵，十万而给一散卒。其兵职卫士之给，又浮费数倍，何得而不大蹙'云云。其言至为深切。盖傅良当南宋之时，目睹主弱兵骄之害，故著为是书，追言致弊之本，可谓切于时务者矣。"钱文子亦著有《补汉兵志》1卷。《四库全书总目提要》曰："文子字文季，乐清人。绍熙三年由上舍释褐出身，以吏部员外郎兼国史院编修官，历宗正少卿。后退居白石山下，自号白石山人。宋初惩五代之弊，收天下甲兵，悉萃京师，谓之禁军。辗转增益至于八十余万。而虚名冒滥，实无可用之兵。南渡以后，仓皇补苴，招聚弥多，而冗费亦弥甚。文子以汉承三代之后，去古未远，犹有寓兵于农之意，而班史无志。因摭其本纪、列传及诸志之中载及兵制者，裒而编之，附以考证论断，以成此书。卷首有其门人陈元粹序，述其作书之意甚详。盖为宋事立议，非为《汉书》补亡也。朱彝尊跋，称'其言近而旨远，词约而义该，非低头拱手，高谈性命之学者所能'。然兵农既分以后，其势不可复合。必欲强复古制，不约以军律，则兵不足恃；必约以军律，则兵未练而农先扰。故三代以下，但可以屯种之法寓农于兵，不能以井田之制寓兵于农。文子所论，所谓言之则成理，而试之则不可行者。即以宋事而论，数十万之众，久已仰食于官。如一旦汰之归农，势不能靖，惟有聚为贼盗耳。如以渐而损之，则兵未能遽化为农，农又未能遽化为兵。仓卒有事，何以御之！此又明知其弊而不能骤革者也。以所论切中宋制之弊，而又可补《汉志》之阙，故仍录之，以备参考。《文献通考》载此书作《补汉兵制》，与此本不同。然文子明言班书无兵志，则作补兵志审矣，《通考》盖传写讹也。"

僧怀悟搜集僧契嵩遗文，编成《镡津文集》19卷。

李清照八月著《金石录后序》。

按：《金石录》30卷，为李清照之夫赵明诚所撰。《四库全书总目提要》曰："是书以所藏三代彝器及汉唐以来石刻，仿欧阳修《集古录》例，编排成帙。绍兴中，其妻李清照表上于朝。张端义《贵耳集》谓，清照亦笔削其间，理或然也。有明诚自序并清照后序。前十卷皆以时代为次，自第一至二千咸著于目。每题下注年月、撰书人名。后二十卷为辨证，凡跋尾五百二篇。中邢义、李证、义兴茶舍、般舟和尚四碑，目录中不列其名。或编次偶有疏舛，或所续得之本未及补入卷中欤？初锓版于龙舒。开禧元年,浚仪赵不谢又重刻之,其本今已罕传。故归有光、朱彝尊所见皆传抄之本,或遂指为未完之书。其实当时有所考证,乃为题识。故李清照跋称,二千卷中有题跋者五百二卷耳。原非卷卷有跋,未可以残阙疑也。清照跋,据洪迈《容斋四笔》,原为龙舒刻本所不载。迈于王顺伯家见原稿,乃撮述大概载之。此本所列,乃与迈所撮述者不同,则后人补入,非清照之全文矣。自明以来,转相抄录,各以意为更移。或删除其目内之次第,又或窜乱其目之年月。第十一卷以下,或并削每卷之细目,或竟佚卷末之后序,沿讹踵谬,弥失其真。顾炎武《日知录》载章邱刻本,至以后序'壮月朔'为'牡丹朔',其书之舛谬,可以概见。近日所传,惟焦竑从秘府抄出本、文嘉从宋刻影抄本、昆山叶氏本、闽中徐氏本、济南谢氏重刻本,又有长洲何焯、钱塘丁敬诸校本,差为完善。今扬州刻本,皆为采录。又于注中以《隶释》、《隶续》诸书增附案语,较为详核。别有范氏天一阁、惠氏红豆山房诸校本,皆稍不及。故今从扬州所刊著于录焉。"赵明诚《金石录序》曰:"窃尝以谓诗书以后,君臣行事之道悉载于史,虽定非褒贬处于秉笔者,私意或失其实,然至于善恶大节有不可湮而又传诸既久,理当依据,考无岁月、地理、官爵、世次,以金石考之,其抵牾十常三四。盖史牒出于后人之手,不能无失,而刻词当时所立可信不疑,则又考其异同,参以他书为《金石录》三十卷。"

李清照十二月著《打马图经》,有自序。

按:打马是宋代流行的博戏之一。

楼寿玉编绘《耕织图》2卷。

按:是书是我国第一部完整记载和描绘农桑生产全过程的诗画配合著作。

孔传著《东家杂记》2卷。

按:《四库全书总目提要》曰:"传字世文,至圣四十七代孙。建炎初,随孔端友南渡,遂流寓衢州。绍兴中官至右朝议大夫,知抚州军州事,兼管内劝农使,封仙源县开国男。是编成于绍兴甲寅。上卷分九类:曰姓谱、曰先圣诞辰讳日、曰母颜氏、曰娶亓官氏、曰追封谥号、曰历代崇封、曰嗣袭封爵沿改、曰改衍圣公、曰乡官;下卷分十二类:曰先圣庙、曰手植桧、曰杏坛、曰后殿、曰先圣小影、曰庙柏、曰庙中古碑、曰本朝御制碑、曰庙外古迹、曰齐国公墓、曰祖林古迹、曰林中古碑。其时去古未远,旧迹多存,传又生长仙源,事皆目睹,故所记特为简核。"

米友仁著《远岫晴云图》。

邵伯温卒(1057—)。伯温字子文,范阳人,迁居洛阳。邵雍子。初事司马光,绍圣时因反对新法,不愿为官。徽宗时著《辨诬论》,为元祐党人辩解。南渡后官至利州路转运副使。尝据其父邵雍《皇极经世图》,作《一元消长之数图》。所著尚有《易学辨惑》、《皇极经世序》、《皇极系述》、《观物内外篇解》、《辨诬》、《邵氏闻见录》、《河南集》等近百卷。今存《易学辨惑》1卷、《邵氏闻见录》20卷。《宋元学案》列其入《百源学案》。事迹见《宋史》卷四三三本传。

按:《宋史》本传曰:"邵伯温,字子文,洛阳人,康节处士雍之子也。雍名重一时,如司马光、韩维、吕公著、程颐兄弟皆交其门。伯温入闻父教,出则事司马光等,而光等亦屈名位辈行,与伯温为再世交,故所闻日博,而尤熟当世之务。光入相,尝欲荐伯温,未果而薨。……赵鼎少从伯温游,及当相,乞行追录,始赠秘阁修撰。尝表伯温之墓曰:'以学行起元祐,以名节居绍圣,以言废于崇宁。'世以此三语尽伯温出处云。"

赵令畤卒(1061—)。令畤字德邻,自号聊复翁,宋宗室。元祐中签书颍州公事,与苏轼交往,被罚金,入元祐党籍。著有《侯鲭录》8卷,书中以唐元稹《会真记》为题材,著《商调蝶恋花鼓子词》12首,对后来《西厢记》诸宫调及杂剧均有影响。又著有《微之年谱》,是最早问世的元稹年谱。事迹见《宋史》卷二四四《燕王德昭传》附传。

王安中卒(1076—)。安中字履道,号初寮,中山曲阳人。元符三年进士,调瀛州司理参军、大名县主簿。除御史中丞。以上疏弹劾蔡京,迁翰林学士。宣和元年,拜尚书右丞。后贬为单州团练副使,象州安置。著有《初寮集》40卷、《初寮后集》10卷、《内外集》26卷,已佚。《宋元学案》列其入《荆公新学略》。事迹见《宋史》卷三五二本传。

薛季宣(—1173)、刘清之(—1190)、党怀英(—1211)、俞亨宗(—1222)生。

宋绍兴五年　金熙宗天会十三年　夏大德元年
西辽康国元年　伪齐阜昌六年　乙卯　1135年

德意志内战止。

英国诺曼王朝终。

摩洛哥非斯卡拉韦因清真寺建成。

正月己巳,金太宗卒,阿骨打嫡长孙完颜亶即位,是为熙宗。

是月,言者谓教官试由本人提交作品之法不妥,诏命停止教官,各州教授由朝廷选派。

二月壬午,宋高宗自平江还临安,恢复经筵开讲,主讲者为杨时、尹焞、胡安国、范冲、朱震等。

四月甲子,宋徽宗赵佶卒于五国城。遗言归葬内地,金主不许。

五月初三日,宋高宗令婺州取索赵明诚家藏《哲宗实录》。

六月乙巳,陈德一制成新历曰《统元》。

九月乙亥,赐进士汪洋、黄中等220人及第、出身。

按:汪洋时年十八,高宗以其与王拱辰同岁,赐名汪应辰。考官为翰林学士孙近、给事中廖刚、中书舍人刘大中。

十月戊午,以道远举人赴殿试不便,诏:川、陕类省试合格第一名,依殿试第三名例推恩,余并赐同进士出身,特奏名人令宣抚司置院差官试时务策一道。

按:李心传《道命录》卷三《胡文定公乞封爵邵张二程先生列于从祀》载胡安国言:"绍兴五年,省试举人经都堂陈乞不用元祐人朱震等考试。盖从于新学者,耳目见闻,既已习熟,安于其说,不肯遽变。而传河洛之学者,又多失其本真,妄自尊大,无以屈服士人之心。故众论汹汹,深加诋诮。"

十一月乙亥,金初颁行《大明历》。

按:先是金天会五年(961),司天杨级始造历,其所用历元日法,不知所本,或曰因宋《纪元历》而增损之也。是日，初颁行，其后名之曰《大明历》(《续资治通鉴》卷一一六)。

是年，西辽耶律大石改元康国。

夏改元大德。

胡安国除徽猷阁待制、知永州，辞。诏以经筵旧臣，特从其请，提举江州太平观，令修改所著《春秋传》，"候书成进入，以副朕崇儒重道之志"(胡寅《斐然集》卷二五《先公行状》)。

按：胡安国撰写《春秋传》的时间很长，从属稿到初次成书，历时20年，"旧说之得存者寡"；从奉旨修撰所著书到最后定稿，又用了3年时间。《四库全书总目提要》说他"自草创至于成书，初稿不留一字"。《宋史·胡安国传》曰："五年，除徽猷阁待制、知永州，安国辞。诏以经筵旧臣，重闵劳之，特从其请，提举江州太平观，令纂修所著《春秋传》。书成，高宗谓深得圣人之旨，除提举万寿观兼侍读。未行，谏官陈公辅上疏诋假托程颐之学者。安国奏曰：'孔、孟之道不传久矣，自颐兄弟始发明之，然后知其可学而至。今使学者师孔、孟，而禁不得从颐学，是入室而不由户。本朝自嘉祐以来，西都有邵雍、程颢及其弟颐，关中有张载，皆以道德名世，公卿大夫所钦慕而师尊之。会王安石、蔡京等曲加排抑，故其道不行。望下礼官讨论故事，加之封爵，载在祀典，比于荀、杨、韩氏，仍诏馆阁裒其遗书，校正颁行，使邪说者不得作。'奏入，公辅与中丞周秘、侍御史石公揆承望宰相风旨，交章论安国学术颇僻。除知永州，辞，复提举太平观。"

尹焞因大臣荐举，朝廷依程颐自布衣除崇政殿说书之例，十一月以左宣教郎崇政殿说书召赴阙。

朱震二月至十月，由秘书少监、秘书少监兼侍讲、承议郎、起居郎、资善堂赞读、中书舍人兼资善堂翊善、朝散郎升至左朝请郎，一连擢升八次。

按：《宋史·胡安国传》曰："朱震被召，问出处之宜，安国曰：'子发学《易》二十年，此事当素定矣。世间惟讲学论政，不可不切切询究，至于行己大致，去就语默之几，如人饮食，其饥饱寒温，必自斟酌，不可决诸人，亦非人所能决也。吾平生出处皆内断于心，浮世利名如蠛蠓过前，何足道哉！'故渡江以来，儒者进退合义，以安国、尹焞为称首。侯仲良言必称二程先生，他无所许可。后见安国，叹曰：'吾以为志在天下，视不义富贵真如浮云者，二程先生而已，不意复有斯人也。'"

朱震因杨时病卒，上疏朝廷请予以表彰，于是高宗下诏取阅杨时所著《三经义辨》，并赐其家银帛二百两匹。

郑樵再举礼部奏赋第一，高宗诏授左从事郎泉州观察推官。

李纲十月乙卯为江南西路安抚制置大使，兼知洪州。

赵鼎、张浚二月为尚书左、右仆射，并同中书门下平章事，兼知枢密院事，都督诸路军马。

王居正时为尚书兵部侍郎兼史馆修撰，闰二月称："四库书籍多阙，乞下诸州县，将已刊刻书板，不拘经、史、子、集、小说、异书，各印三帙赴本省；系民间者，官给纸墨工价偿之。"(《续资治通鉴》卷一一五)从之。于是令诸路州县将已刊刻书板印刷书籍送尚书省。

岳飞二月为镇宁、崇信军节度使；六月擒杨么，平湖湘；九月加检校少保;十二月己亥朔为荆湖南北等路招讨使。

诸葛行仁时为大理评事,九月献书万卷,诏官其子一人。

汪应辰中进士第一,授秘书省正字。因上疏言"和议不谐非所患,和议谐矣,而因循无备之可畏;异议不息非所患,异议息矣,而上下相蒙之可畏"(《宋史·汪应辰传》),遭秦桧嫉恨,出通判建州,遂请祠以归。

陈与义二月奉召试给事中,六月除显谟阁直学士,提举江州太平观。

朱敦儒至朝廷,命对便殿,议论明畅,赐进士出身,为秘书省正字。

张元幹著《贺新郎》(寄李伯纪丞相)词,勉励李纲出山共谋恢复大业。

胡铨因兵部尚书吕祉以贤良方正荐,赐对,除枢密院编修官。

陈渊得给事中廖刚、中书舍人胡寅、朱震、权户部侍郎张致远荐,充枢密院编修官。

朱熹初见延平李侗,约在是年。

李清照约在本年离金华回临安。

计有功七月为右承议郎、知简州,提举两浙西路常平茶盐公事。

周葵四月为监察御史,十月为殿中侍御史,十二月罢为司农少卿。

张戒因赵鼎荐,召对,授国子监丞,改秘书郎。

按:张戒字定夫,或作定复,正平人,著有《岁寒堂诗话》,批评江西诗派以议论才学为诗。

赵敦临少入太学,得杨时指授,是年举进士,授萧山主簿。

按:赵敦临字庶民,鄞县人。后以郡守使者交荐,改湖州教授。著有《论语》、《孟子》等经解。事迹见《延祐四明志》卷四。

樊光远少从张九成学,是年南省奏名第一,除秘书省正字。

王铚以右承事郎守太府寺丞,曾撰补《七朝国史》,诏给札奉御。

胡沂举进士。

鲁訔举进士,授余杭县主簿。

陈良翰举进士,知温州瑞安县。

德国哲学家噩俄所著《独白篇》、《知识解明》、《论肉体与精神的统一》、《精神论》问世。

保义郎唐开进献《国朝会要》300卷,诏进一官。

赵鼎、范冲、常同上《重修神宗实录》50卷,及《神宗实录考异》。

按:范冲二月上《论修神宗实录及别撰考异疏》,其曰:"神宗皇帝实录,既经删改,议论不一,复虑他日无所质证,辄欲为《考异》一书,明示去取之意……臣记绍圣重修实录本,朱字系新修,黄字系删去,墨字系旧文,今所传本,其删去者,止用朱抹,又其上所题字,盖当时签帖,今考异依重修本书写,每条即著臣所见于后,庶几可考。"但南宋"国史凡几修,是非凡几易"(周密《齐东野语·自序》),都与政局有关。

朱绘著《历代帝王年运诠要》10卷成。

王居正三月献《辨学》7卷,攻击王安石及其新学。

按:《建炎以来系年要录》卷八七载:王居正"进言曰:'臣闻陛下深恶安石之学久矣,不识圣心灼见其弊安在?敢请。'上曰:'安石之学,杂以伯(霸)道,取商鞅富国强兵。今日之祸,人徒知蔡京、王黼之罪,而不知天下之乱,生于安石。'居正对曰:'祸乱之源,诚如圣训。然安石所学得罪于万世者,不止此。'因为上陈安石训释经义、无君无父者一二事。上作色曰：'是岂不害民教！孟子所谓邪说者，正谓是矣。'居正退，即序上语系于《辨学》书首上之"。

文安礼著《柳先生年谱》。

按：此为最早问世的柳宗元年谱。今中华书局1979年版《柳宗元集》附有此年谱。

马大年追录刘安世讲学之语成《元城语录》3卷。

按：马大年字永卿，一作名永卿，字大年，扬州高邮人。从学刘安世26年，《宋元学案》列其入《元城学案》。另著有《懒真人》。

杨时卒（1053— ）。时字中立，号龟山，世称龟山先生，南剑州将乐人。二程弟子。熙宁九年进士。曾为余杭、萧山知县，后召为秘书郎、著作郎，以龙图阁直学士致仕。以著书讲学为事，与游酢、吕大临、谢良佐，号为"程门四先生"；又与罗从彦、李侗被称为"南剑三先生"。谥文靖。南宋时，东南学者奉为"程氏正宗"、"闽学鼻祖"，前来求学者甚多，因而形成"龟山学派"，一传数传弟子有王蘋、吕本中、关治、陈渊、罗从彦、张九成、胡寅、胡宏、刘勉之、潘良贵、王居正、廖刚、赵敦临、宋之才、李郁、邹柄、曾恬、江琦、范浚、魏杞、汪大猷、汪应辰、尤袤、舒璘、陈居仁等。尚著有《二程粹言》、《龟山先生语录》、《龟山集》42卷。《宋元学案》为列《龟山学案》。事迹见《宋史》卷四二八本传、胡安国《杨文靖公墓志铭》（《伊洛渊源录》卷一〇）。宋黄去疾编有《龟山先生文靖杨公年谱》、清沈涵编有《杨龟山先生年谱》、今人毛念恃编《龟山先生年谱》。

按：杨时的学术活动主要集中在批判王安石新学、传播二程洛学和开创闽学三个方面。批判新学，目的是要摧毁新学在思想界的统治地位，以二程所创立的洛学取而代之。闽学是洛学的延伸和发展，由杨时首创，至朱熹始完成，杨时可谓沟通二程与朱熹的中介人物。故《宋史》本传曰："凡绍兴初崇尚元祐学术，而朱熹、张栻之学得程氏之正，其源委脉络皆出于时。其子迪，力学通经，亦尝师程颐。"朱熹曰："道丧千载，两程勃兴。有的其绪，龟山是承。龟山之南，道则与俱。有觉其徒，望门以趋。惟时豫章，传得其宗。猗欤先生，早自得师。迨其季年，德威道尊。熹也小生，卯角趋拜。恭惟先君，实共源派。从游十年，诱掖谆至。"（《延平问答·附录》）清代蒋垣《八闽理学源流》曰：二程之门受业最多，而杨时"成德尤著"。"杨时归闽，受业者多，东南推其程氏正宗，遂为八闽理学之始，门人胡宏、罗从彦尤著。宏传之张栻，从彦传之李侗，侗传之朱熹。朱门受业为多，最知名者黄榦、李燔、杨复、陈宏、何基、饶鲁皆其高第。基传之王柏，柏传之金履祥，履祥传之许谦，谦传之饶鲁，饶鲁传之吴中行，中行传之朱公迁。时与朱熹同任道学者，吕祖谦、张栻。祖谦受业于侯官林之奇。当时杨、胡、林、朱、黄、蔡之学，盛行于江南。张栻成都绵竹人。至宁宗间，魏了翁筑室白鹤山下，以所闻辅广、李燔之学教授生徒，由是蜀人尽知义理之学，则闽学传于西蜀矣。理宗时，杨惟中建周子祠，以二程、张、杨、游、朱六君子配，末又姚枢隐于苏门，以道自任，刊小学、《四书》及蔡氏《书传》，胡氏《春秋传》，而闽学至于河洛矣。此八闽理学源流之大概也。"

僧克勤卒（1063— ）。克勤俗姓骆，字无著，四川崇宁人。幼年于妙寂院依自省出家。受具足戒后，于成都依圆明学习经论。旋至五祖山参

高丽郑知常卒，生年不详。诗人、学者，通易学、佛典、老庄哲学，工诗文，善书画。著有《郑司谏集》。

法国威廉卒，生年不详。哲学家，著有《哲学的安慰》等，倾向于泛神论。

法国行吟诗人、作家克雷蒂安·德·特洛阿（—1183）约生。

西班牙犹太哲学家、神学家、医学家迈蒙尼德（—1204）生。

谒法演,得其印证。与佛鉴慧勤、佛眼清远齐名,世有"演门二勤一远"之称,被誉为丛林三杰。宋高宗赐号"圆悟",卒谥真觉禅师。著有《佛果圆悟禅师碧岩录》10卷及《圆悟佛果禅师语录》20卷。

罗从彦卒(1072—)。从彦字仲素,世称豫章先生,南剑州剑浦人。初从吴仪学经,后师事龟山杨时,又问学于程颐。与杨时、李侗并称"南剑三先生"。以特科恩授惠州博罗县主簿。赐谥文质。著有《毛诗解》、《论语解》、《孟子解》、《春秋语解》、《春秋指归》、《中庸说》、《圣宋尊尧录》等书,合刊《豫章文集》17卷。《宋元学案》为列《豫章学案》。事迹见《宋史》卷四二八本传。清毛念恃编有《豫章罗先生年谱》。

按:罗氏治学以"潜思力行"为主,深得龟山心法。朱熹《延平先生李公行状》曰:"龟山倡道东南,士之游其门者甚众,然潜思力行,任重诣极如罗公者,盖一人而已。"黄宗羲说他著作不少,"多湮没而无闻",而"传道卒赖之"(《宋元学案》卷三九《豫章学案》)。全祖望曰:"豫章之在杨门,所学虽醇,而所得实浅。当在善人、有恒之间,一传为延平则邃矣,再传为晦翁则大矣,豫章遂为别子。甚矣,弟子之有光于师也。"(《宋元学案》卷三九《豫章学案》)豫章学派一传数传弟子有李侗、朱松、朱熹、罗博文、刘嘉誉、刘世南、刘砥、刘砺等。以后朱熹在此基础上创"晦翁学派",集理学之大成。

韩驹卒(1080—)。驹字子苍,学者称陵阳先生,蜀仙井监人。因曾从苏轼、苏辙学,被谪,后召为著作郎。南宋初知江州。为江西诗派诗人。著有《陵阳先生集》4卷。事迹见《宋史》卷四四五本传。

辛炳卒,生年不详。炳字如晦,福州侯官县人。宋徽宗时以疏劾蔡京而得罪。绍兴中除御史中丞,因反对议和,与秦桧不谐,以疾请外,知漳州,未赴而卒。事迹见《宋史》卷三七二本传。

胡实(—1173)、周孚(—1177)、王质(—1189)、方崧卿(—1194)、程洵(—1196)、蔡元定(—1198)、孙逢吉(—1199)、丘崈(—1208)生。

宋绍兴六年　金天会十四年　夏大德二年
西辽康国二年　伪齐阜昌七年　丙辰　1136年

正月癸酉,金颁历于高丽。

癸未,尚书左仆射兼监修国史赵鼎上《重修神宗实录》200卷。

是春,伪齐刘豫开贡举,得邵世以下69人。

五月丙子,诏刘挚特赠太师。

六月甲子,诏自今诸州流寓举人,每十五名解一名;不及十五人,令本路漕司聚类附试,仍不拘路分。召文臣二员结除名罪委,所保不得过三人。

十二月,诏:"士大夫之学宜以孔、孟为师,庶几言行相称,可济时用。"

(《续资治通鉴》卷一一七)

孔子后裔南迁至衢州,是年诏权以州学为家庙。

是年,颁行《统元历》。

尹焞自涪州奉诏赴阙任职,作文祭程颐而后就道。

按:先是,崇宁以来,禁锢元祐学术,高宗渡江,始召杨时置从班,召胡安国居给舍,范冲、朱震俱在讲席,荐焞甚力。既召,而左司谏陈公辅上疏攻程氏之学,乞加屏绝。

陈公辅召为吏部员外郎,十二月上疏请禁止二程学说。从之。

按:宋高宗欲召用退居四川的程门高足尹焞,于是陈公辅上疏攻击尹焞,反对理学。同时又在上疏中反对王安石,谓:"安石学术之不善,尤甚于政事。政事害人才,学术害人心,《三经》、《字说》,诋诬圣人,破碎大道,非一端也。《春秋》正名分,定褒贬,俾乱臣贼子惧,安石使学者不治《春秋》;《史》、《汉》载成败安危、存亡理乱,为圣君贤相、忠臣义士之龟鉴,安石使学者不读《史》、《汉》。王莽之篡,扬雄不能死,又仕之,更为《剧秦美新》之文。安石乃曰:'雄之仕,合于孔子无可无不可之义。'五季之乱,冯道事四姓八君,安石乃曰:'道在五代时最善避难以存身。'使公卿大夫皆师安石之言,宜其无气节忠义也。"(《资治通鉴后编》卷一一一)李心传《道命录》卷三曰:"自崇宁后,伊川之学为世大禁者二十有五年。靖康初乃弛之。至是仅十年而复禁。"

赵鼎因与右相张浚论事不合,以观文殿大学士出知绍兴府。

按:初,赵鼎得政,首引张浚共事,其后二人稍有异议,宾客往来其间,不协(《续资治通鉴》卷一一七)。赵鼎"好伊洛之学",不仅极力攻击王安石之学,而且大量使用元祐党籍子孙;张浚独自为相后,为排挤赵鼎势力,对洛学予以打击,原先靠攻击王学而得势的陈公辅此时转阿张浚,上言攻击伊川,洛学遭禁。

朱震除给事中,转左朝奉大夫。时在经筵,针对陈公辅上疏反对理学宗师程颐之事,不能净,论者非之。

吕本中因范冲等荐举,召赴行在,特赐进士出身,擢起居舍人,兼权中书省。

陆游以荫补登仕郎。

陈与义十一月除翰林学士,知制诰;曾奉诏定《法帖》。

按:陈与义就刘次庄《法帖释文》,著《法帖释文刊误》1卷,《四库全书总目提要》云:"后附有淳熙七年周必大跋,其书凡七纸,然纠刘次庄《释文》之误,颇为精详。"

岳飞时任湖北襄阳路招讨使,二月戊申请复以襄阳府路为京西南路,唐州、邓州、随州、郢州、均州、房州及信阳军均隶属此路,从之。四月为湖北、京西宣抚使,措置边防,以备进兵渡江,不得辞免。

范直方正月建言甄别元祐党人。

按:李心传曰:"绍兴初,朝廷襃录元祐党人,且擢用其弟子。六年正月,枢密院检详文字范直方言:'自蔡京用事,凡妒贤嫉能,助成党论之人,偶乖迎合,遂致睚眦。京、卞欲终废之,故借党以报怨。如李清臣首唱异议,邢恕诬证太母,杨畏反复变诈,皆隶名石刻之人。今又推恩子孙,伤教败俗,莫此为甚,请命近臣审订而甄别之。'上纳其言,遂命结、舍甄别元祐党籍。它日,上谓赵忠简(赵鼎)曰:'一时甚有滥居党人之数者,范冲、任申先皆能辨之。'先是,渡江以来,党碑无复存者,凡自陈者,悉以胥吏私传之本为据。绍兴四年,陈去非在吏部以为言,始加搜访。后二年,乃命甄别焉。时朱子发(朱震)为给事中，董令升、任世初为中书舍人，元镇(赵鼎)以为贤，故付以此事，然亦不克竟也。直方盖忠宣公(范纯仁)孙云。"(《建炎以来朝野杂记》甲集卷五《褒录元祐党籍》)

胡宪九月以折彦质、范冲、朱震、刘子羽、吕祉、吕本中等荐，添差建州州学教授。

> 按：《朱子语类》卷一○一载："籍溪教诸生，于功课余暇，以片纸书古人懿行或诗文铭赞之有补于人者，粘置壁间，俾往来诵之，咸令精熟。"

程俱与赵子昼等在衢州结九老会，互相唱和。

朱震上所著《周易集传》9卷、《周易图》3卷及《周易丛说》1卷(后合称《汉上易集传》)，共13卷。

> 按：朱震进呈时，撰有《进周易表》，论述《周易》的流传，《河图》、《洛书》的授受，以及他本人的学术渊源。后人将这几部书合称为《汉上易集传》。其《汉上易传表》曰："国家龙兴，异人间出。濮上陈抟以《先天图》传种放，放传穆修，修传李之才，之才传邵雍。放以《河图》、《洛书》传李溉，溉传许坚，坚传范谔昌，谔昌传刘牧。修以《太极图》传周敦颐，敦颐传程颐、程颢。"

胡安国修订理学名著《春秋传》完成，宋高宗赞其"深得圣人之旨"。

> 按：胡安国对南宋理学的主要影响在《春秋》学方面。他一生潜心刻意，自壮年即服膺于此学，至年六十一而书始就，是书成为南宋《春秋》学的肇始奠基者。元朝仁宗延祐年间，正式规定以《四书》、《五经》取士。《四书》全用朱熹章句和集注；《书》用蔡沈集传，《春秋》用胡安国传。《四库全书总目提要》谓明代的《春秋》经义"实安国之传义而已"。

崔子方所著《春秋经解》12卷由其孙若乃上之朝廷。

> 按：崔氏撰此书时，王安石之说方盛行于当时，故书成以后未能表见于世。宋室南渡以后，此书方显。据王应麟《玉海》记载，建炎二年六月，江端友请下湖州取崔子方所著《春秋传》藏于秘府。是年八月，崔若乃上之朝廷。当时朱震为翰林学士，亦有札子上请，足见当时甚重其书。原本久佚，其文被《永乐大典》收载，清修《四库全书》，馆臣从《永乐大典》中辑出，流传于世。《四库全书总目提要》载："子方《自序》云：'圣人欲以绳当世之是非，著来世之惩劝，故辞之难明者，著例以见之。例不可尽，故有日月之例，有变例，慎思精考，若网在纲。'又《后序》一篇，具述其疏解之宗旨。大抵推本《经》义，后三《传》多所纠正，如以晋文围郑谓讨其不会翟泉，以郯伯来奔为见迫后齐，以齐侯灭莱不书名辨《礼记》诸侯灭同姓名之误，类皆诸家所未发。虽其中过泥日月之例，持论不无偏驳，而条其长义，实足自成一家。"

范冲九月上《修哲宗实录乞别作辨证疏》。

> 按：其疏曰："近重修神宗皇帝实录，于朱墨二本中有所刊定，依奉圣旨别为考异一书，明著的非去取之意，以垂天下后世。今来哲宗皇帝实录，考其议论多有诬谤，以当日时政记及诸处文字照据甚明，亦乞别为二书，志其事实，欲以辨诬为名。"(《建炎以来系年要录》卷一○五)

两浙东录茶盐司刊刻《唐书》200卷。

曾慥摘录汉代以来百家小说，编成《类说》60卷。

> 按：《四库全书总目提要》曰：是书"取自汉以来百家小说，采撷事实，编纂成书。……此乃其侨寓银峰时所作，成于绍兴六年……书初出时，麻沙书坊尝有刊本，

阿拉伯学者阿伯拉罕·巴尔·楚亚著成《计算书》。

德国哲学家嚣俄于是年始著《论基督教信仰的秘密》，至1141年完成。

法国经院哲学家、唯名论者彼德·阿伯拉尔著成《爱情故事》。

后其版亡佚。宝庆丙戌,叶时为建安守,为重锓置于郡斋。今亦不可复见。世所传本,则又明人所重刻也。其书体例略仿马总《意林》,每一书各删削原文,而取其奇丽之语,仍存原目于条首。但总所取者甚简,此所取者差宽,为稍不同耳。南宋之初,古籍多存,憨又精于裁鉴,故所甄录,大都遗文僻典,可以裨助多闻。又每书虽经节录,其存于今者以原本相较,未尝改窜一词。如李繁《邺侯家传》下有注云,每于泌皆称先公,今改作泌云云,即一字之际,犹详慎不苟如此。可见宋时风俗近古,非明人逞臆妄改者所可同日语矣"。

范冲根据司马光手稿编订司马光所著《涑水纪闻》16卷。

按：是书创设考异体例,在中国历史编纂学上有重要地位。《四库全书总目提要》称此书"闻见异词,即存其说,亦仍《通鉴》考异之义也"。

罗愿(—1184)、林亦之(—1185)、唐仲友(—1188)、舒璘(—1199)、李孟传(—1219)生。

英国编年史家纽堡的威廉(—1198)生。

宋绍兴七年　金天会十五年　夏大德三年 西辽康国三年　伪齐阜昌八年　丁巳　1137年

正月癸亥朔,金颁行《大明历》。

二月庚戌,吏部尚书孙近等请谥太上皇帝庙号徽宗。

三月丙子,徽猷阁待制、提举江州太平观胡安国上所撰《春秋传》,翰林学士朱震乞降诏嘉奖,于是召赴行在,置之讲筵。

五月甲戌,殿中侍御史石公揆言："今以词赋、经义取士,而考校者患不能兼通,升黜安能得实！今岁科场,望令诸路转运司取词赋、经义两等,各差考官。"从之(《续资治通鉴》卷一一八)。

八月戊申,权礼部侍郎吴表臣言："科举校艺,诗赋取其文,策论取其用,二者诚不可偏也。然比年科举,或诗赋稍优,不复计策论之精粗,以致老成实学之士,不能无遗落之叹。欲望特降谕旨,今年秋试及将来省闱,其程文并须三场参考,若诗赋虽平而策论精博,亦不可遗。庶几四方学者知所向慕,不徒事于空文,皆有可用之实。"疏入,高宗曰："文学、政事自是两科,诗赋止是文词,策论则须通知古今。所贵于学者,修身、齐家、治国以治天下,专取文词,亦复何用！"(《续资治通鉴》卷一一九)

乙卯,权礼部侍郎陈公辅请罢经筵、策士等事,以为三年之内,凡涉吉礼者,皆未宜讲,于是诏来年礼部奏名进士,依祖宗故事,更不临轩策试。

十月丁酉,宋高宗谓赵鼎,胡安国所撰《春秋传》,"朕置之座右,虽间用传注,能明经旨。朕喜《春秋》之学,率二十四日读一过"(《续资治通鉴》卷一一九)。

闰十月,恢复天庆观供奉圣祖旧制。

埃塞俄比亚阿古人约是年建立扎格维基督教王朝,遂与伊斯兰教长期斗争。

法王路易六世卒,子路易七世继位,继续加强王权。

十一月丙午,金人废刘豫为蜀王。

十二月,金诏改明年为天眷元年。命韩昉、耶律绍文等编修国史,以完颜勖为尚书左丞、同中书门下平章事。

胡安国正月上疏驳陈公辅,并乞封邵雍、张载、程颐、程颢,列于从祀。

按:二程死后,胡安国为上疏乞加封爵第一人。其疏曰:"孔、孟之道不传久矣,自颐兄弟始发明之,然后知其可学而至。今使学者师孔、孟,而禁不得从颐学,是入室而不由户。本朝自嘉祐以来,西都有邵雍、程颢及其弟颐,关中有张载,皆以道德名世,公卿大夫所钦慕而师尊之。会王安石、蔡京等曲加排抑,故其道不行。愿下礼官讨论故事,加之封爵,载在祀典比于荀、杨、韩氏,仍诏馆阁裒其遗书,校正颁行,使邪说者不得作。"(《宋史·胡安国传》)时张浚独相,排斥赵鼎一派,故此议未成。

尹焞奉命自蜀来京,至江西九江,因言者攻击程颐之学,上疏自言"实师颐垂二十年,学之既专,自信甚笃。使焞滥列经筵,其所敷绎,不过闻于师者。舍其所学,是欺君父,加以疾病衰耗,不能支持"(《宋史·尹焞传》),遂辞留不进。后被迫进京,除秘书郎。

朱震正月因理学遭到攻击,欲辞职,宰相张浚不许;友人胡安国对此颇为不满,其与长子胡寅信说:"子发求去,未免晚矣。当公辅之说才上,若据理力争,则进退之义明。今不发一言,默然而去,平生读《易》何为也?"于是他自己上疏反驳陈公辅,为程颐辩护。疏入,陈公辅与同官周祕、石公揆等交章论胡安国"学术颇僻",胡安国遂辞召命(《续资治通鉴》卷一一八)。

按:《宋史·胡安国传》载陈公辅等3人之所以交章攻击胡安国,是"承望宰相风旨"。当时的宰相是吕颐浩与朱胜非。

陈渊因胡安国荐,召对,赐进士出身。

张浚九月壬申罢相,为观文殿大学士,提举江州太平观。十月戊戌,责永州居住。

赵鼎九月为守尚书左仆射、同中书门下平章事,兼枢密使。

赵鼎推荐胡寅、吕本中等人,又言秦桧"可与共大事"。

朱松服除,以张浚荐,朝廷再召之,八月初七日除秘书省校书郎。

李纲由江南西路安抚制置大使兼知洪州降为提举临安洞霄宫。

岳飞二月以收复商州功,升宣抚使。时岳飞留行在,遂护卫高宗赴建康。

陈与义正月癸未为参知政事,二月奉诏撰徽宗谥册文;六月奉诏撰显恭皇后谥册文。十月乞罢,帝许之。

胡铨由兵部尚书吕祉荐举,出任枢密院编修官。

勾涛迁右司郎官兼校正。

邓名世除校书郎,迁著作佐郎。

陆游喜读陶诗。

计有功提举潼川府路刑狱公事。

王伦十二月丁亥充大金国奉迎梓宫使。

晁公迈著《历代纪年》10卷成书,自为序。

计有功献所著《晋鉴》。

《华夷图》《禹迹图》是年刻石。

按:两图分别刻于同一碑的正反两面,现存西安碑林。《华夷图》是宋代石刻地图,也是中国现存最早的一幅全国地图。此图的底本是唐代贾耽于贞元十七年(801)完成的《海内华夷图》,经过宋代的改动、省略和缩绘,图中既保存了一些唐代地名,但也有些已改用宋代地名。贾耽原图绘有少数民族政权和邻国"百余国",而《华夷图》中仅取其著闻者载之,若干远方的国家则略而不载。《禹迹图》上刻有"《禹贡》山川名"、"古今州郡名"、"古今山水名",实际成了一幅沿革地理图。这是目前所见最大的有画方的地图,代表了当时先进的地图制作技术。

王绹卒(1074—　)。绹字唐公,开封人。崇宁五年以上舍赐进士第。累迁博士,仕两学十余年。宣和中试中书舍人,迁给事中。建炎三年拜参知政事,议不合求去。绍兴三年,除知绍兴府兼浙东路安抚使。卒谥文恭。著有《论语解》30卷、《孝经解》5卷、《群史编》80卷、《内典略录》100卷、《进读事略》5卷等,皆佚。事迹见《南宋书》卷六三、张守《王公墓志铭》(《毗陵集》卷一三)。

赵子栎卒,生卒不详。子栎字梦授,宗室。元祐六年进士。靖康中知汝州,金人破荆湖诸州,独其能保境土。迁宝文阁直学士,寻提举万寿观。著有《杜工部年谱》。事迹见《宋史》卷二四七本传。

按:《四库全书总目提要》评其《杜工部年谱》曰:"子栎与鲁訔均绍兴中人,然子栎撰此谱时,似未见訔《谱》。故篇中惟辨吕大防谓甫生于先天元年之误。考宋人所作甫年谱,又有蔡兴中、黄鹤二家,皆以甫五十九岁为大历庚戌。独子栎持异议,以为卒于辛亥之冬。不知辛亥甫年六十矣。且子栎以《五年庚戌晚秋长河送李十二》为甫绝笔。甫生平著述不辍,若以六年冬暴疾卒,何至一年之内竟无一诗,此又其不确之证也。其所援引亦简略,不及鲁《谱》之详。以其旧本而存之,以备参考焉尔。"

吕祖谦(　—1181)、王信(　—1194)、陈傅良(　—1203)、僧道济(　—1209)、楼钥(　—1213)、王炎(　—1218)生。

英国历史学家蒙默思的杰弗里著成史书《英王列传》。

宋绍兴八年　金熙宗天眷元年　夏大德四年　西辽康国四年　戊午　1138年

正月,金颁行女真小字。

按:此次颁行的女真文字,至皇统五年(1145)才开始使用。

二月戊寅,宋高宗还临安。

五月乙亥，金定南北选各以经义、词赋两科考试进士。

六月壬申，赐礼部进士黄公度以下395人及第、出身。

八月，金设置三师、三公、三省、六曹、台、院、寺、监等官。

九月辛丑，温州州学教授叶琳上书请兴太学，右谏议大夫李谊以为目下军事方急，无暇兴建太学，建议暂缓。从之。

丁未，赵鼎等重修《哲宗实录》成。

按：李心传曰："神宗、哲宗《新实录》，赵元镇为相时所修也。《神录》有《考异》，《哲录》有《辨证》，皆出范元长侍读一手。与修者任世初、张子韶、尹彦明、高抑崇、胡德辉、范伯达、朱乔年、王信伯、李似之等，俱一时名人。始高宗在南都，以二录成于京、卞之手，事多矫诬，尝下诏更修而未果。己酉南渡，国史散佚，靡有孑遗。其后数下诏访求之。绍兴元年，才得布衣何克忠所藏《太祖实录》四册而已。上以书籍残缺之际，特命以官。已而戚里张懋家献太祖至神宗六朝《实录》、《会要》、《史志》等书。小校唐开亦献王珪所编《五朝会要》。最后，五年三月，始从故相赵挺之家，得蔡京所修《哲宗实录》，皆下之史官。六年正月，《新神录》成。八年九月，《哲录》成。时范元长已去官，而尹彦明以秘书少监典其事。元长所修《神录》，旧文以墨书，删去者以黄书，新修者以朱书，世号《朱墨史》。"（《建炎以来朝野杂记》甲集卷四《神宗哲宗新实录》）

十月丁丑，金以张通古、萧哲为江南诏谕使，与王伦偕来计议和事。举国上下，群情激愤。

十一月，宋文武官吏多反对和议，均遭贬谪。

十二月，始定都临安。庚辰，秦桧见金使于其馆，受国书以归。宋、金和议定。

按：宋代自北宋定都汴京至南宋定都临安，标志着中国政治、文化与学术中心的南移，即从以黄河流域为中心的北方向以长江流域为中心的南方转移，对南宋及其此后的中国学术文化发展产生了巨大而深远的影响。陈正祥《中国文化地理》指出，中国文化中心的转移经历了三次波澜，一是西晋末的"永嘉之乱"，二是唐代的"安史之乱"，三是北、南宋之交的"靖康之难"。而"靖康之难"又是最终奠定中国文化中心南移的关键。至此，肇于北宋的南北人才与学术优劣之争，完全向南方倾斜。

又按：宋代文化学术中心的转移以及南宋新的文化学术中心的确立，亦是"靖康之难"引发的大规模移民尤其是大批学人南迁的结果。宋徽宗靖康元年金军攻陷汴京，大量移民南迁开始，至宋高宗绍兴十一年宋金达成和约为止，凡15年，迁入南方的北方移民总数达500万之多。葛剑雄主编、吴松弟著《中国移民史》第四卷《辽宋金元时期》认为："我国的南北文化，自古以来有较大的差异。南北之间大规模的人口移民，往往是促进南文化交流以至融合的重要途径。在这个过程中，宋代占有重要的地位。""元明清时期在思想领域占统治地位的理学，就是在南宋时得到较大发展并最终成为官方的正统思想的。北宋中后期，南方思想界几种学派并立。主要有以王安石的思想为代表的新学，以苏氏父子思想为代表的蜀学，随着二程学生杨时的南归，理学也开始在福建等地流传。北宋理学代表人物集中于北方的洛阳和关中，程颢、程颐、邵雍、张载、司马光等人都是北方人，南方虽然是理学开山大师周敦颐的故乡，其地位远逊于北方，直到中兴以来，始盛于东南。南宋时期南方理学获得巨大发展并成为我国理学中心，主要应归功于靖康之乱以后北方思想家的南迁。"然后，全书又以黄宗羲原著、全祖望补修的《宋元学案》（中华书局1986年点校本）为例,统计出书中传主在南宋活动过的有1144名,其中北方籍思想家115人,占总数的10%,广泛分布在今江苏、浙江、江西、四川、湖南、湖北、福建、安徽、广东等9省30余市县(见下表)。北方思想家的南迁壮大了南方思想界的队伍,为南宋思想文化的发展作出了重要贡献。其中最为典型的莫过于南宋理学三大学派均崛起于南方,故有学者论道:"宋南渡而文公(朱熹)生。"南宋理学"缘北方而盛行于南国"。

《宋元学案》北方籍传主的迁移和分布

姓名	迁出地	迁入地	所列学案
邵伯温	河南府	犍为(四川今县)	百源
刘芮	东平	湘中	元城
朱弁	新郑	南方	景迂
吕好问	开封	婺州(浙江金华)	荥阳
魏杞	寿春	明州(浙江宁波)	龟山
高元之	开封	明州	龟山
曾开	河南府	南方	麈山
尹焞	河南	平江府(江苏苏州)	和靖
吕广问	开封	太平	和靖
吕坚中	开封	南方	和靖
冯忠恕	汝阳	南方	和靖
徐度	睢阳	南方	和靖
蔡迨	许昌	南方	和靖
林宪	山东	台州(浙江临海)	和靖
曾逮	河南府	信州	震泽
袁溉	汝阴	江陵府(湖北江陵)	刘李诸儒
邵溥	河南	犍为	刘李诸儒
胡安国	荆门	衡山	武夷
胡宪	荆门	衡山	武夷
韩璜	开封	衡山	武夷
程端中	河南	池州(安徽贵池)	伊川
晁说之	北方	南方	景迂
王安中	中山府	泉州	景迂
吕切问	开封	南方	荥阳
程迥	宁陵	余姚	龟山
张良臣	襄邑	明州	龟山
曾集①			麈山
吕和问	开封	太平	和靖
吕稽中	开封	蜀中	和靖
吕绷中	开封	婺州	和靖
倪宽	均州	江州(江西九江)	和靖
韩元吉	开封	信州(江西上饶)	和靖
罗靖	开封	扬州	和靖
郭雍	洛阳	长阳(湖北今县)	兼山
马伸	东平	龙游(浙江今县)	刘李诸儒

(续表)

姓名	迁出地	迁入地	所列学案
焦瑗	山东	明州	刘李诸儒
李迎	济源	德清（浙江今县）	周许诸儒
胡宁	荆门	衡山	武夷
曾幾	河南	信州	武夷
李椿	开封	衡州（湖南衡阳）	武夷
向沈	开封	衡州	武夷
吕本中	开封	婺州	紫微
吕大伦	开封	南方	紫微
吕大同	开封	南方	紫微
胡寅	荆门	衡山	衡麓
胡宏	荆门	衡山	五峰
胡大原①		南方	五峰
赵师孟	河南	衡山	五峰
许翰	襄邑	分宁（江西修水）	范许诸儒
赵汝愚①		余干（江西今县）	玉山
赵崇宪①		余干	玉山
赵崇模①		玉山	玉山
赵必愿①		玉山	玉山
赵汝靓	河南	南方	晦翁
赵毕升①		南方	晦翁
吕祖俭①		婺州	东莱
吕乔年①		南方	东莱
孟猷①		平江府	水心
孟导①		平江府	水心
孔元忠①		平江府	水心
赵蕃①		玉山	清江
韩虎①		信州	清江
赵希绾①		南方	徐陈诸儒
赵师恕①		南方	勉斋
辅万①		南方	潜庵
赵纶①		南方	沧州诸儒
韩居仁①		南方	沧州诸儒
赵师渊①		台州	沧州诸儒
邢世才	开封	绍兴府	丽泽诸儒
巩丰①		武义（浙江今县）	丽泽诸儒
赵恢①		余姚	慈湖
赵师雍①		黄岩	槐堂
晁百谈	北方	南方	槐堂
孔元龙①		衢州（浙江今市）	西山
赵孟頫①		湖州	双峰
王应凤①		明州	深宁
王昌世①		明州	深宁

宋绍兴八年　金熙宗天眷元年　夏大德四年　西辽康国四年　戊午　1138年

(续表)

姓名	迁出地	迁入地	所列学案
向浯	开封	衡山	武夷
吕大器	开封	婺州	紫微
吕大猷	开封	南方	紫微
朱震	荆门	临安	汉上
张孝祥	和州	芜湖(安徽今市)	衡麓
胡实①		南方	五峰
胡大本①		南方	五峰
向语①		南方	五峰
许忻	拱州	抚州(江西今市)	范许诸儒
赵焯	开封	福建	玉山
赵崇度①		玉山	玉山
赵崇实①		玉山	玉山
赵不息	河南	南方	晦翁
赵汝腾①		福州	晦翁
吕祖谦①		婺州	东莱
吕祖泰①		宜兴(江苏今市)	东莱
吴琚	开封	临安	止斋
赵汝当①		余杭	水心
宋驹①		绍兴府	水心
赵彦肃①		严州(浙江建德市境)	水心
韩冠卿①		南方	清江
韩沉①		南方	清江
丁黻①		石埭(安徽太平境)	徐陈诸儒
辅广①		崇德(浙江桐乡境)	潜庵
高耕①		南方	南湖
赵汝谈①		余杭	沧州诸儒
赵顺孙①		南方	沧州诸儒
赵善佐①		邵武军(福建邵武)	岳麓诸儒
赵善淡①		南方	丽泽诸儒
王扨①		明州	丽泽诸儒
张端义①		韶州(广东韶关)	慈湖
安刘①		明州	广平
孟浼	澶州	抚州	槐堂
王卿月①		台州	槐堂
赵良淳①		南方	双峰
王应麟①		明州	深宁
王良学①		明州	深宁

注：①代表移民后裔。此表引自《中国移民史》第四卷《辽宋金元时期》第485—486页。

胡宏著《与秦会之书》，表示宁愿处于甘苦贫贱，也不失儒者"大丈夫"精神(《五峰集》卷二)。

按：胡宏之父安国早年以游广平之荐误交秦桧，曾叹"知人之难"。胡安国死后，秦桧欲起用胡宏，胡宏致书谢绝。朱熹说："此老当国，却留意故家子弟，往往被他牢笼出去，多坠家声。独明仲兄弟却有树立，终不归附。"(《朱子语类》卷一三一)

朱震、张致远、勾龙如渊权知贡举。

朱震时任资善堂翊善，因病推荐尹焞自代。

尹焞除秘书少监，未几，力辞求去。高宗语参知政事刘大中曰："焞未论所学渊源，足为后进矜式，班列得老成人，亦是朝廷气象。"(《宋史·尹焞传》)乃以尹焞直徽猷阁，主管万寿观，留待经筵。寻除权礼部侍郎兼侍讲。又上疏反对议和，并与书秦桧申和议之非，为秦桧所不悦。

叶梦得六月被任命为江东安抚制置大使兼知建康府、行宫留守。

赵鼎正月乙巳言："士大夫多谓中原有可复之势，宜便进兵，恐他时不免议论，谓朝廷失此机会，乞召诸大将问计。"宋高宗曰："不须恤此。今日梓宫、太后、渊圣皇帝皆未还，不和则无可还之理。"参知政事陈与义曰："用兵须杀人，若因和议得遂我所欲，岂不贤于用兵。万一和议无可成之望，则用兵不免。"高宗以为然(《续资治通鉴》卷一二〇)。

秦桧力主屈己议和，赵鼎坚持不可。十月，赵鼎罢为两浙东路安抚制置大使兼知绍兴府。

秦桧三月为尚书右仆射、同中书门下平章事兼枢密使，自是专主与金和议。

按：初，张浚曾与赵鼎论人才，以秦桧为善。赵鼎称："此人得志，吾辈无所措手足矣！"赵鼎再为相，秦桧在枢密院，一惟赵鼎之言是从，乃深得信任。赵鼎对高宗言，秦桧可大任。于是秦桧乃为相，朝士尽贺，唯有吏部侍郎晏敦复有忧色，谓："奸人相矣！"(《宋史·秦桧传》)李心传曰："会之(秦桧字)再得政，复尚金陵(王学)，而洛学废矣。"(《建炎以来朝野杂记》甲集卷六)

李纲十二月上疏反对议和。

李焘进士及第，授成都府华阳县主簿，未赴任，在家乡龙鹤山读书，遂博极载籍，搜罗百氏，慨然以史自任。

王庶时为枢密使，六月戊辰上疏反对议和，疏入，不报。

陈与义三月甲午罢知湖州。

韩世忠为京东、淮东宣抚处置使，十月上疏反对议和。

句龙如渊向秦桧进言，将反对议和的大臣赶出朝廷，秦桧遂擢如渊为御史中丞。

胡铨时为枢密院编修，十一月丁亥上疏，力斥和议，请斩秦桧、王伦、孙近以谢天下。辛亥，被除名，编管昭州。次日，秦桧迫于公论，又改胡铨监广州盐仓。

按：广东、广西、海南是宋代安置流人的主要地区，流人及其家属多因不能北返而定居于此。

胡铨奏疏被宜兴进士吴师古锓木传之，金人募其书千金，吴师古被流放袁州。

陈刚中以启贺胡铨谪广州，被谪知虔州安远县，后死于此。

张浚在永州上疏，反对议和。

岳飞在鄂州上言："金人不可信，和好不可恃。"（《宋史·岳飞传》）极谏和议非是。

曾开时为礼部侍郎，因拒绝草写议和国书，被罢官。

吕本中为中书舍人兼史馆修撰兼直学士院，十月被侍御史萧振等弹劾而罢官。

李光十二月为参知政事。

张元幹闻朝中秦桧、孙近等奸臣策划与金议和，著《再次前韵即事》诗，痛斥秦桧、孙近等主和卖国之权奸为"群羊"。

张戒、常同、方庭实、辛次膺、梁汝嘉、苏符、楼照、张九成、李焘、晏敦复、魏矼、李弥逊、胡珵、朱松、张扩、凌景夏、刘大中、林季仲、范如圭、常明、许忻、潘良贵、薛徽言、赵雍、王时行、连南夫、汪应辰、樊光远等是年反对议和。

黄公度状元及第，授承事郎签书平海军节度判官。

勾涛除史馆修撰，参与重修《哲宗实录》。

按：《宋史·勾涛传》载，高宗谕勾涛曰："昭慈圣献皇后病革，朕流涕问所欲言，后怆然谓朕曰：'吾逮事宣仁圣烈皇后，见其仁贤使能，约己便民，忧勤宗社，疏远外家，古今母后无与为比。不幸奸邪罔上，史官蔡卞等同恶相济，造谤史以损圣德，谁不切齿！在天之灵亦或介介。其以笔属正臣，亟从删削，以信来世。'朕通念遗训，未尝一日辄忘，今以命卿。"涛奏："数十年来，宰相不学无术，邪正贸乱，所以奸臣子孙得逞私智，几乱裕陵成书。非赖陛下圣明，则任申必先有过岭之谪，臣亦恐复蹈媒蘖之祸。"帝慰勉之。

朱松三月除著作佐郎，四月除尚书度支员外郎兼史馆校勘。

陈俊卿登进士第，授泉州观察推官。

陈岩肖试博学宏词科，赐同进士出身。

按：陈岩肖字子象，金华人。著有《庚溪诗话》，评骘唐宋诗家，于宋诗重欧阳修、苏轼、黄庭坚，对江西诗派末流颇多不满。

冯时行时为奉礼郎，十一月以"言和议不可信"，被秦桧谪知万州（《宋史·秦桧传》）。

王之道通判滁州，上书立陈宋金和议辱国非便，大忤秦桧意，责监南雄盐税，沦废20年。

李弥远、曾开、吴表臣、张致远、勾涛、吕本中四月十二日奏荐刘勉之，召赴行在，试策不合而归。朱熹在京初见刘勉之。

吕好问自开封携家随宋室南迁，定居于婺州。

叶梦得始著《春秋考》。

尹焞著《论语解》成书。

关注、胡涤裒集胡瑗遗书，成《安定言行录》。汪藻作序。

按：是书久佚不传，清代丁宝书有辑本传世。全书分传志、规范、议乐、弟子、著述、杂文六门，集中反映了胡瑗的教育思想。

胡舜陟著《孔子编年序》。

吴元美于湖州刊行吴缜所著《新唐书纠谬》20卷。

按：《四库全书总目提要》曰："其著此书，专以驳正《新唐书》之讹误，凡二十门，四百余事。初名《纠谬》，后改为《辨证》。而绍兴间长乐吴元美刊行于湖州，仍题曰《纠谬》，故至今尚沿其旧名。王明清《挥麈录》称欧阳修重修《唐书》时，缜尝因范镇请预官属之末，修以其年少轻佻拒之，缜怏怏而去。及新书成，乃指摘瑕疵，为此书。晁公武尝引张九龄为相事，谓其误有诋诃。今观其书，实不免有意掊击。如第二十门字书非是一条，至历指偏旁点画之讹，以讥切修等，大都近于吹毛索瘢。然欧、宋之作新书，意主文章，而疏于考证，抵牾踳驳，本自不少。缜《自序》中所举八失，原亦深中其病，不可谓无裨史学也。"

唐庚口述、强行父记著《唐子西文录》1卷成。

按：强行父尝与唐庚同寓京师，日从之游，归记庚口述论诗文之语。庚卒，行父旧所记无存，乃追忆而成是书。唐庚口述于宣和元年（1119）九月至次年正月，强行父追记于绍兴八年（1138）三月。

米友仁著《大姚村图》。

阿拉伯阿芬帕斯·伊本·巴哲卒，生年不详。哲学家、教育家、天文学家、音乐家，出生于伊斯兰的西班牙萨拉戈萨。主要著作有《索居指南》等。

朱震卒（1072— ）。震字子发，世称汉上先生，荆门军人。政和进士。高宗时，胡安国、赵鼎荐为祠部员外郎，兼川、陕、荆、襄都督府详议官，官至翰林学士。曾偕其弟游学于谢良佐之门，精于《周易》，自称其承程颐《易传》。著有《汉上易集传》13卷，其中包括《周易集传》9卷、《周易卦图》3卷、《周易丛说》1卷。《宋元学案》为列《汉上学案》。事迹见《宋史》卷四三五本传。

按：朱震对南宋学术思想的主要贡献和影响在于他独具特色的《易》学思想。他一生精研《周易》，认为北宋《易》学俱源于道教陈抟之门，引起了南宋儒者的长期争论；他又提出了以象数为易学正宗的观点，并对易学象数理论作了具体发挥。其学术思想方法与二程、朱熹多有不同，故程朱学派一直视其为同道而非嫡传正宗。汉上学派的主要弟子有刘长福、徐畸、吴蔡、田时等。《宋史》本传曰："震经学深醇，有《汉上易解》云：'陈抟以《先天图》传种放，放传穆修，穆修传李之才，之才传邵雍。放以《河图》、《洛书》传李溉，溉传许坚，许坚传范谔昌，谔昌传刘牧。穆修以《太极图》传周敦颐，敦颐传程颢、程颐。是时，张载讲学于二程、邵雍之间。故雍著《皇极经世书》，牧陈天地五十有五之数，敦颐作《通书》，程颐著《易传》，载造《太和》、《参两》篇。臣今以《易传》为宗，和会雍、载之论，上采汉、魏、吴、晋，下逮有唐及今，包括异同，庶几道离而复合。'盖其学以王弼尽去旧说，杂以庄、老，专尚文辞为非是，故其于象数加详焉。其论《图》、《书》授受源委如此，盖莫知其所自云。"

胡安国卒（1074— ）。安国字康侯，建州崇安人。学者称武夷先生。入太学，以程颐之友朱长文及靳裁之为师。与程门高足谢良佐、杨时、游酢义兼师友，成为"私淑洛学而大成者"。绍圣四年中进士第。除荆南教授，提举湖南学事、成都学事。因忤蔡京，除名。高宗时官至宝文殿大学士，卒谥文定。以治《春秋》见长，所著尚有《春秋通旨》、《资治通鉴举要补遗》100卷，后人编为《胡氏家传录》。《宋元学案》为列《武夷学案》。事迹见《宋史》四三五本传、胡寅《先公行状》（《斐然集》卷二五）。

按：胡安国是湖湘学派的首创者，在理学史上有重要地位。全祖望说："私淑洛学而大成者，胡文定公其人也。南渡昌明洛学之功，文定几侔于龟山（即杨时）。盖晦翁、南轩、东莱皆其再传也。"（《宋元学案》卷三四《武夷学案》）胡安国有子胡寅、胡宁、胡宏和从子胡宪四人，全祖望说："四先生并以大儒树节南宋之初，盖当时伊洛世适，莫有过于文定一门者。"其中尤以胡宏及其创立的五峰学派影响最大，"卒开湖湘之学统"（《宋元学案》卷四二《五峰学案》）。此派一传数传弟子甚多，有江琦、曾几、范如圭、陆游、薛季宣、胡铨、杨万里、周必大、胡襄、方畴、刘芮、向浯、汪应辰、赵复等。张立文说："胡安国对'湖湘学'的开创之功，主要有三个方面：一是在任荆南教授和太学博士期间，与程门弟子杨时、游酢和谢良佐相识，'义兼师友'，从而成为'私淑洛学而大成者'，为南渡以后昌明'洛'学奠定了坚实的思想基础。二是在隐居衡岳期间筹建讲堂，为理学的研究和传播创建了稳定的教育基地。三是培养了一大批门人弟子，特别是季子胡宏，承传家学而发扬光大，'卒开湖湘之学统'。"（《中国学术通史》宋元明卷第八章）

沈与求卒（1086—　）。与求字必先，号龟溪，湖州德清人。政和五年进士。历明州通判、监察御史、殿中侍御史、御史中丞等。官至吏部尚书、翰林学士。卒谥忠敏。著有《龟溪集》12卷。事迹见《宋史》卷三七二本传、刘一止《知枢密院事沈公行状》（《苕溪集》卷三〇）。

陈与义卒（1090—　）。与义字去非，号简斋，洛阳人。政和三年上舍甲第，授开德府教授。官参知政事。江西诗派著名诗人。著有《简斋集》20卷。事迹见《宋史》卷四四五《文苑传》七、张嵲《陈公资政墓志铭》（《紫微集》卷三五）。今人白敦仁编有《陈与义年谱》。

按：《四库全书总目提要》评《简斋集》曰："是集第一卷为赋及杂文九篇，第十六卷为诗余十八首，中十四卷皆古今体诗。……与义之生，视元祐诸人稍晚，故吕本中《江西宗派图》中不列其名。然靖康以后，北宋诗人凋零殆尽，惟与义为文章宿老，岿然独存。其诗虽源出豫章，而天分绝高，工于变化，风格遒上，思力沈挚，能卓然自辟蹊径。《瀛奎律髓》以杜甫为一祖，以黄庭坚、陈师道及与义为三宗，是固一家门户之论。然就江西派中言之，则庭坚之下、师道之上，实高置一席无愧也。初，与义尝作《墨梅》诗见知于徽宗，其后又以'客子光阴诗卷里，杏花消息雨声中'句为高宗所赏，遂驯至执政，在南渡诗人之中最为显达，然皆非其杰构。至于湖南流落之余，汴京板荡以后，感时抚事，慷慨激越，寄托遥深，乃往往突过古人。故刘克庄《后村诗话》谓其造次不忘忧爱，以简严扫繁缛，以雄浑代尖巧，第其品格，当在诸家之上。其表侄张嵲为作墓志云：'公诗体物寓兴，清邃超特，纡余闳肆，高举横厉。'亦可谓善于形容。至以陶、谢、韦、柳拟之，则殊为不类，不及克庄所论为得其真矣。"

余大雅（　—1189）、京镗（　—1200）、黄度（　—1213）、游仲鸿（　—1215）生。

宋绍兴九年　金天眷二年　夏大德五年
西辽康国五年　己未　1139年

正月壬午朔，诏：大金已遣使通和，割还故地，应官司行移文字，务存

| 大越(李朝)主天祚受封于宋,为交趾郡王。

阿丰索一世于欧里基之役大败穆斯林军,建葡萄牙王国,称王,葡萄牙勃艮第王朝始此。

德国在莱茵河右岸埃贝尔巴赫建第一个西多会隐修院。

两国大体,不得辄加诋斥。布告中外,各令知悉。

按:宋对金称臣,年贡岁币银、绢各二十五万两、匹;金许还河南、陕西地及徽宗"梓宫"与高宗母韦太后。

二月,诏以实录院为名,专修神宗、哲宗、徽宗《三朝实录》。以未修正史,诏罢史馆归实录院。仍以宰臣提举,以从官充修撰。

按:是年又诏秘书省校雠《国朝会要》。

三月,诏国史日历所,编修《宰辅拜罢录》。

六月,夏主李乾顺卒,子仁孝立,称乾顺为崇宗。

金人定科举之制。

按:先于诸州分县赴试,县令为考官,号乡试,惟杂犯者黜,榜首曰乡元。次年春,分三路类试,自河以北至女真皆就燕,关西及河东就云中,河以南就汴,皆取旨选官知举,号府试,凡二人取一,榜首曰府元。至秋,尽集诸举于燕,号会试,凡六人取一,榜首曰状元。分三甲,上甲皆赐绯,虽下甲,率十三年而转奉直大夫。所试分词赋、经义二科,仍兼律义。亲戚不回避,有私者决沙袋。其后又有明经、明法、童子等科(《续资治通鉴》卷一二二)。

七月,金发生政变,熙宗杀太宗子宋国王完颜宗盘等;降完颜昌官,旋以"与宋朝交通"罪杀昌;以沈王完颜宗弼(女真名兀术,俗称金兀术)为都元帅、越国王。

八月己酉,复淮南诸州学官员。

九月,应尚书郎张彦实之请,取旧监本书籍,镂板颁赐。

按:李心传曰:"监本书籍者,绍兴末年所刊也。国家艰难以来,固未暇及。九年九月,张彦实待制为尚书郎,始请下诸道州学,取旧监本书籍,镂板颁行。从之。然所取诸书多残缺,故冑监刊《六经》无《礼记》,正史无《汉》、《唐》。二十一年五月,辅臣复以为言,上谓秦益公曰:'监中其它阙书,亦令次第镂板,虽重有所费,盖不惜也。'由是经籍复全。先是,王瞻叔为学官,尝请摹印诸经义疏及《经典释文》,许郡县以赡学或系省钱各市一本,置之于学。上许之。今士大夫仕于朝者,率费纸墨钱千余缗,而得书于监云。"(《建炎以来朝野杂记》甲集卷四《监本书籍》)

十二月,令续编《绍兴因革礼》,续修《元丰会要》。

尹焞正月除徽猷阁待制、提举万寿观,仍兼侍讲,以病辞,遂差提举江州太平观,待制如故。

按:尹焞自入经筵,即乞休致,朝廷以礼留之;张浚、赵鼎既去,秦桧当国,见尹焞议和疏及《与秦桧书》已不乐,至是,得求去之疏,遂不复留。

李纲二月知潭州。

赵鼎由绍兴徙知泉州。以反对和议,秦桧指使其党羽诬奏赵鼎曾受张邦昌伪命,治郡废弛,干没都督府钱十七万缗,于是赵鼎又谪居兴化军。

李光时为参知政事,十一月以与秦桧议事不合罢知绍兴府,改奉祠。

胡铨正月乙酉签书威武军节度判官厅公事。

张浚在永州闻朝廷因与金和议成而大赦江南新复军,乃上疏言:"一

宋绍兴九年　金天眷二年　夏大德五年　西辽康国五年　己未　1139年

旦北面事之,听其号令,小大将帅,孰不解体!盖自尧舜以来,人主奄有天下,非兵无以主国,未闻委质可以削平祸难者也。"(《宋史纪事本末》卷一七)凡五次上疏,反对和议。二月任福建路安抚大使兼知福州,张元幹九月有《张丞相生朝二十韵》诗贺其生日。

岳飞在鄂州闻和议成,乃上表反对,有言:"今日之事,可危而不可安,可忧而不可贺,可训兵饬士谨备不虞,而不可论功行赏取笑敌人。"(《宋史·岳飞传》)秦桧恶之,遂成仇隙。

王伦正月赐进士出身,除端明殿学士、同签书枢密院事,充迎奉梓宫、奉还两宫、交割地界使,蓝公佐为副使;二月以王伦为东京留守兼权开封府尹;三月丙申始交地界。六月赴金议事被拘留。

陆游年十五,为学颇慕吕本中。

鲍贻逊为瑞州知州,于县城之南建西涧书院,祀刘涣,以其号为院名。

韩紃时为澧州军事推官,因上书言金人叵测,讲和非计,送循州编管。

陈渊除监察御史,寻迁右正言。

按:《宋史·陈渊传》曰:"渊面对,因论程颐、王安石学术同异,上曰:'杨时之学能宗孔、孟,其《三经义辨》甚富当理。'渊曰:'杨时始宗安石,后得程颢师之,乃悟其非。'上曰:'以《三经义解》观之,具见安石穿凿。'渊曰:'穿凿之过尚小,至于道之大原,安石无一不差。推行其学,遂为大害。'上曰:'差者何谓?'渊曰:'圣学所传止有《论》、《孟》、《中庸》,《论语》主仁,《中庸》主诚,《孟子》主性,安石皆暗其原。仁道至大,《论语》随问随答,惟樊迟问,始对曰爱人。爱特仁之一端,而安石遂以爱为仁。其言《中庸》,则谓中庸所以接人,高明所以处己。《孟子》七篇,专发明性善,而安石取扬雄善恶混之言,至于无善无恶,又溺于佛,其失性远矣。'"

朱松八月初七日除尚书吏部员外郎,兼史馆校勘如故。

临安府学刻印贾昌朝《群经音辨》7卷。

按:此书为作者侍讲天章阁时所上,是考据中国经籍古义的一部重要参考著作。《四库全书总目提要》曰:是书"凡群经之中一字异训、音从而异者,汇集为四门。卷一至卷五曰《辨字同音异》,仿唐张守节《史记正义·发字例》,依许慎《说文解字》部目次之。卷六曰《辨字音清浊》,曰《辨彼此异音》,曰《辨字音疑混》,皆即《经典释文·序录》所举分立名目。卷七附《辨字训得失》一门,所辨论者仅九字。书中沿袭旧文,不免谬误者。……然《释文》散见各经,颇难检核。昌朝会集其音义,丝牵绳贯,同异粲然,俾学者易于寻省,不为无益。小学家至今不废,亦有以也"。有《四库全书》本及《粤雅堂丛书》本传世。

刘昉据刘允本重刻韩愈《昌黎先生集》。

赜藏主编《古尊宿语录》4卷约成书于本年前。

按:是书初名《古尊宿语要》,又名《古尊宿录》,原为4卷,后人增补成48卷,为禅宗的一部语录总集。初刊于福州鼓山寺,咸淳年间重刊于明州,始定为今名。后宋师明有《续古尊宿语要》6卷,为续此书之作。

汪伯彦六月上所著《中兴日历》。

吕颐浩卒（1071—　）。颐浩字符直，齐州人。绍圣元年进士，为密州司户参军。徽宗时累官河北都转运使。高宗即位，除知扬州，改江东安抚制置使。官至宰相。力倾秦桧，又排挤李纲、赵鼎等主战派。卒谥忠穆。著有《吕忠穆集》15卷，今存8卷。事迹见《宋史》卷三六二本传。宋人有《吕忠穆公遗事》、《吕忠穆公年谱》。

按：《四库全书总目提要》评《吕忠穆集》曰："颐浩集凡十五卷，见于陈振孙《书录解题》、《宋史·艺文志》者同。旧本久佚，惟《永乐大典》颇散见其遗篇。裒而辑之，尚得文一百三十七首，诗词五十八首。今重为排辑，勒成八卷。颐浩在相位时，颇肆自用，力排李纲、李光诸人，创立月桩钱贻东南患，深为公论所不与。然宣和伐燕之役，颐浩随转运，奏燕山、河北危急五事，请议长久之策，一时称其切直。至建炎中苗傅、刘正彦为逆，颐浩与张浚倡义勤王，卒平内难。又少长西北两边，于军旅颇为娴习，其应诏上战守诸策，载于徐梦莘《三朝北盟会编》者，大约皆谓和议之必不可成，而劝高宗为乘机进取之计，凡分兵策应机宜，条画颇备。虽都督江淮，迄未建恢复之绩，不能尽酬其所言，然较张浚之迂谬寡谋，媢嫉误国，富平诸役流毒苍生者，则固有闲矣。集中《上时政》一书，乃作于靖康初年，能预决金兵之必来，谆谆以迁避为说，亦复具有先见，而本传独未及此事，是亦足以补史阙也。《书录解题》又称集后三卷皆燕、魏杂记，盖颐浩在河北时所作。今祇存二十九条，于古迹颇有典据。又其集在孝宗时尝付两浙漕司镂版，详见其子摭所作谢表中，今与颐浩《配享省札》一通并附于末，以备稽核焉。"

黄彦平卒，生年不详。彦平一名次平，字季岑，又作次山，丰城人。黄庭坚侄。宣和元年试国学第一，因黄庭坚在党籍，降为第四。历信阳州学教授、太学博士、尚书员外郎等。著有《三余集》10卷，今存4卷。事迹见《宋史翼》卷二七、元危素《黄次山传》(《危太素集》卷八)。

崔敦诗（　—1182）、沈焕（　—1191）、陆九渊（　—1193）生。

西班牙摩西·伊本·埃兹拉卒（约1060—　）。诗人、评论家，撰有大量世俗诗和宗教诗。主要著作有《塔布什诗集》、《赛法迪姆祷词集》与诗论《谈话与回忆》。

宋绍兴十年　金天眷三年　夏李仁孝大庆元年
西辽康国六年　庚申　1140年

正月，夏改元大庆。

二月，罢史馆，以日历归秘书省，置监修国史官。

按：《宋史·职官志四》曰："（绍兴）十年，诏依旧制并归秘书省国史案，以著作郎佐修纂，旧史馆官罢归元官。"

五月丙子，金主诏元帅府复取河南、陕西地。

十一月癸丑，金以孔子四十九代孙孔璠袭封衍圣公。

尹焞正月以左通直郎、充徽猷阁待制、提举江州太平观迁一官，致仕，遂居绍兴。

赵鼎闰六月移漳州，旋又贬清远军节度副使，潮州安置。

德意志人是年始向易北河以东斯拉夫人地区大量移民，史称"东进运动"。

法国建立特拉伯隐修院，为1662年重整西多会运动的发源地。

宋绍兴十年　金天眷三年　夏李仁孝大庆元年　西辽康国六年　庚申　1140年

按：赵鼎谪居广东潮州时，海阳人王大宝日从其讲《论语》；赵鼎赞叹道："吾居此，平日所荐无一至者，君独肯从吾游，过人远矣。"（《宋史·王大宝传》）后王大宝知广东连州时，恰逢张浚亦谪居连州，张浚遂命其子张栻从王大宝讲学。

郑樵是时得到赵鼎的器重。

朱松时为吏部员外郎，以不附秦桧和议，三月出知饶州，请祠居家；朱熹受学于父。朱松七月往崇安访刘子翚，朱熹初见刘子翚约在此时。

按：明汪佃《环溪精舍记》曰："出先生（指朱松）知饶州，未赴，丐祠禄，乐建州城南溪山之胜，筑环溪精舍寓居，徜徉终焉。"朱熹从绍兴十年至十四年三月朱松逝世为止，均在此从父学。明正德十年，朱氏后裔曾重建精舍，祀朱松而以朱熹配，匾曰"朱韦斋先生祠"。《宋史·刘子翚传》曰："与籍溪胡宪、白水刘勉之交相得，每见，讲学外无杂言。它所与游，皆海内知名士，而期以任重致远者，惟新安朱熹而已。"

杨万里初从高守道受业。

张元幹正月赴李纲丧，著《挽少师相国李公五首》诗悼念。四月又著《祭李丞相文》。十二月再著《再祭李丞相文》。

岳飞七月己酉于郾城大败金帅完颜宗弼（兀术），并奏言"金人锐气已沮，将弃辎重渡河。豪杰向风，士卒用命，时不再来，机难尽失"。秦桧欲弃淮北，讽台臣请班师。是时岳飞又大败完颜宗弼于朱仙镇。壬戌，岳飞奉命班师，泣云："十年之功，废于一旦！"（《宋史·岳飞传》）

李弥逊归隐连江西山。

汪藻为吴园先生（张根）《春秋指南》作序。

陆游年十六，赴临安应试。

陈规坚守顺昌，读夏少曾所著《靖康朝野佥言》，痛心疾首，不觉涕零，遂作《靖康朝野佥言后序》，阐述御敌之策。

按：陈规此文与其追述防守德安的经历及战略战术的《德安守城录》一文，加上汤璹任德安府教授时所写的《守城机要》，三篇文章在宋宁宗以后被汇编成《守城录》一书，一直受到人们的重视。明清以来，被《守山阁丛书》、《墨海金壶》、《半田园丛书》、《四库全书》等丛书收入，流传广泛。

秦桧十月进封卫国公。

莫将时为工部侍郎，正月使金，任迎护梓宫奉迎两宫使；韩恕为宣州观察使任副使。

金道士一悟真人萧抱珍在天眷年间创立"太一教"，因传"太一三元法篆之术"，故名。

按：《元史·释老传》曰："太一教者，始金天眷中道士萧抱珍，传太一三元法篆之术，因名其教曰太一。四传而至萧辅道。世祖在潜邸闻其名，命史天泽召至和林，赐对称旨，留居宫邸。以老，请授弟子李居寿掌其教事。至元十一年，建太一宫于两京，命居寿居之，领祠事，且禋祀六丁，以继太保刘秉忠之术。十三年，赐太一掌教宗师印。十六年十月辛丑，月直元辰，敕居寿祠醮，奏赤章于天，凡五昼夜。事毕，居寿请间曰：'皇太子春秋鼎盛，宜参预国政。'且又因典瑞董文忠以为言，世祖喜曰：'行将及之。'其后诏太子参决朝政，庶事皆先启后闻者，盖居寿为之先也。"

王观国本年前后约在世，曾著有《学林》10卷。

按：《四库全书总目提要》曰："观国，长沙人。其事迹不见于《宋史》。《湖广通志》亦未之载。惟贾昌朝《群经音辨》载有观国所作后序一篇,结衔称'左承务郎知汀州宁化县主管劝农公事兼兵马监押',末题'绍兴壬戌秋九月中澣',则南渡以后人也。考晁公武、陈振孙两家书目及《宋史·艺文志》,是书俱未著录。吴曾《能改斋漫录》、赵与旹《宾退录》引之,均称曰《学林新编》,而今所传本但题《学林》,无'新编'二字。考袁文《瓮牖闲评》、王楙《野客丛书》亦祇称王观国《学林》,则当时已二名兼用矣。书中专以辨别字体、字义、字音为主,自六经、《史》、《汉》,旁及诸书,凡注疏笺释之家,莫不胪列异同,考求得失,多前人之所未发。《宾退录》尝摘其误,……然考证之文,递相掎摭,此疏彼密,利钝互形,原不能毫无此疵累。论其大致,则引据详洽、辨析精核者十之八九,以视孙奕《示儿编》,殆为过之。南宋诸儒讲考证者不过数家,若观国者,亦可谓卓然特出矣。"

西西里国王罗杰二世颁布《法律大全》。

博洛尼亚僧侣格拉提安努斯编撰成《格拉提安努斯教令》,为教会法发展成独立的法律体系奠定了基础。

海因里希·冯·梅尔克著成《马利亚之歌》,系赞美诗。

西班牙英雄史诗《熙德之歌》约是年撰成。

曾慥所著《类说》60卷由建阳麻沙书坊刻印。

詹大和校定王安石所著《临川集》100卷。

梅尧臣所著《宛陵集》60卷刊行。

按:《四库全书总目提要》曰:"宋初诗文,尚沿唐末五代之习。柳开、穆修欲变文体,王禹偁欲变诗体,皆力有未逮。欧阳修崛起为雄,力复古格。于时曾巩、苏洵、苏轼、苏辙、陈师道、黄庭坚等皆尚未显。其佐修以变文体者,尹洙;佐修以变诗体者,则尧臣也。"

谢晖著《切韵义》1卷、《纂要图例》1卷。

朱弁著《风月堂诗话》2卷成。

按:是编多记元祐中欧阳修、苏轼、黄庭坚、陈师道、梅尧臣及诸朝遗事。

汪藻著《胡先生言行录序》、《何氏书堂记》。

按:汪藻《胡先生言行录序》曰:"宋兴八十余年,至庆历、皇祐间,儒学无愧于古矣。当时学者以泰山孙明复、徂徕石守道、海陵胡先生为师,而先生(指胡瑗)之门为最盛。弟子各以其经相传授,常数百人。仁义礼乐之风,蔼然被乎东南。公卿伟人由先生之门而出者,接踵于时,盖数十年未已也。熙宁以来,学者非王氏不宗,而先生之学,不绝如线矣。然识者知其必兴。逮今天子一新斯文,力去党锢之弊,访先生之后,得其孙涤而官之,由是先生之学复振耀流通,人人读先生之书,如庆历、皇祐时。"(《浮溪集》卷一七)

西班牙哈列维卒(1083—)。犹太哲学家、诗人,著有《信仰论证》(即《哈扎尔人书》)等,所著的某些有关犹太民族命运的诗歌被收入犹太祈祷书中。

拜占廷历史学家科尼亚提斯(—1213)约于是年生。

李纲卒(1083—)。纲字伯纪,号梁溪居士,邵武人。政和二年进士,授镇江教授。高宗即位时为宰相,坚持抗金,遭黄潜善、汪彦伯排斥。卒赠少师,谥忠定。能诗文,好经学、史学。所著尚有《论语详说》10卷、《梁溪集》180卷等。现有《忠定公奏议》80卷。《宋元学案》列其入《龟山学案》。事迹见《宋史》卷三五八、三五九本传。今人李效宣编有《李纲年谱长编》。

按:《资治通鉴后编》卷一一四曰:"纲负天下之望,以一身用舍为社稷生民安危,虽身或不用,用且不久,而其忠诚义气,凛然动乎远迩。每使者至金,金人必问李纲、赵鼎安否?其为远人所畏服如此。"

完颜希尹卒,生年不详。本名谷神,号兀室,又号悟室,女真族完颜部人。熙宗时为尚书左丞相,封陈王。因受诬陷,被责令自杀。曾制作女真大字。事迹见《金史》卷七三本传。

按：《金史》本传曰："金人初无文字，国势日强，与邻国交好，乃用契丹字。太祖命希尹撰本国字，备制度。希尹乃依仿汉人楷字，因契丹字制度，合本国语，制女真字。天辅三年八月，字书成，太祖大悦，命颁行之。其后熙宗亦制女真字，与希尹所制字俱行用。希尹所撰谓之女真大字，熙宗所撰谓之小字。"

赵汝愚（　—1196）、王自中（　—1199）、袁说友（　—1204）、辛弃疾（　—1207）、郝大通（　—1212）、林师蒇（　—1214）生。

宋绍兴十一年　金熙宗皇统元年　夏大庆二年　西辽康国七年　辛酉　1141年

三月，金熙宗亲祭孔子庙，北面而拜，并谓侍臣言："朕幼年游佚，不知志学，岁月逾迈，深以为悔。孔子虽无位，其道可尊，使万世景仰。大凡为善，不可不勉。"自是颇读《尚书》、《论语》、《五代史》、《辽史》等书（《金史·熙宗本纪》）。

七月，秦桧使右谏议大夫万俟卨劾岳飞败挠国事，望免飞副枢职事，出之于外，以伸邦宪。

是月，秦桧上《徽宗实录》。

按：李心传曰："《徽宗实录》，绍兴未尝成书。始建炎兵火后，史院片纸不存。汪彦章内翰守湖，以湖州独不被兵，当时所颁赏功罚罪等事咸在，乃因以为张本。又访诸士大夫间，编集元符庚辰以来诏旨至宣和乙巳，上之，其书凡六百六十五卷。其后修《徽录》，史官皆仰之，然犹多脱略。淳熙中，李文简仁父在史院，奉诏增修之。《钦宗实录》，洪景卢因龚实之所补《日历》而修之，文直而事核。《高宗实录》，庆元、嘉泰间，京冀公仲远、谢鲁公子肃为丞相时所上。时史馆无专官，未知果谁笔也。《孝宗》、《光宗实录》，嘉泰二年，诏宝文阁学士傅伯寿、直华文阁陆游同修，盖专以委之。先是，和州布衣龚敦颐者，元祐党人原之曾孙也，尝著《符祐本末》、《党籍列传》等书数百卷。淳熙末，洪景卢领史院奏官之，后避光宗名，改颐正。朝廷以其有史学，嘉泰七年七月，赐出身，除实录院检讨官，盖付以史事。未几，而颐正卒，乃外召傅、陆还朝。《孝录》比它书尤疏驳。"（《建炎以来朝野杂记》甲集卷四《徽宗钦宗高宗孝宗光宗实录》）

八月，秦桧讽谕中丞何铸、侍御史罗汝檝依次上疏论岳飞"罪"，于是罢岳飞枢密副使，为万寿观使、奉朝请。

十月，秦桧矫诏下岳飞、张宪大理狱。十一月癸巳赐死，时年39，天下冤之。部将张宪及岳飞子岳云同时遇害。家属徙岭南。

十一月辛丑，金都元帅遣魏得良等还，许以淮水为界，岁币银、帛各二十五万两、匹；又欲割唐、邓二州。戊午，宋廷许割唐、邓二州，余以淮水中流为界。并诏令川陕宣抚司照会保守见存疆界，不得出兵生事，招纳叛亡。史称"绍兴和议"。

按：北方人民大规模南迁告一段落，在此前10余年中，约有500万北方移民定居南方。根据葛剑雄主编、吴松弟著《中国移民史》第四卷《辽宋金元时期》研究，北方移民大致东线、中线、西线三路向南迁徙的。东线主要自淮北进入淮南，尔后进入长江以南的今江苏和安徽南部、浙江、江西、福建和广东。靖康之乱期间成为最重要的迁移路线。建炎元年十月高宗即由此自应天府坐船南迁扬州。中线主要从河南平原进入今湖北、湖南，尔后再进入广东、广西。西线分别从北面翻越秦岭和自东溯汉水进入汉水谷地，再翻越大巴山进入今四川。其中江南、江西和福建吸引了最大量移民，为移民的主要分布区域。这与南宋学者分布与学术发展大体成正比，标明北方移民的数量与质量对迁入地的学术文化产生了直接而深刻的影响。

十二月，金尚书左丞完颜勖奉诏访求祖宗遗事，自始祖以来，十帝事迹，综为3卷。

宗杲禅师因与张九成交游，被秦桧毁衣牒，窜衡州。

按：宗杲乃临济宗门下杨岐方会派的著名禅师，与当时很多士大夫均有来往，与张九成尤为密切。《宋史·张九成传》曰："先是，径山僧宗杲善谈禅理，从游者众，九成时往来其间。桧恐其议己，令司谏詹大方论其与宗杲谤讪朝政，谪居南安军。在南安十四年。"《释氏稽古录》卷四曰："九成谓前辈缙绅所立过人，伊洛名儒所造精妙皆由悟心，因是参学究意。初谒大通之嗣宝印禅师楚明，见佛日杲禅师于径山。明悟心要，穷无尽性。至是辛酉年，佛日重其悟人，特为上堂。……右相秦桧以为讥议朝政。五月民佛日窜衡州，贬九成南安军。九成谪居十四年，寓横浦僧舍，谈经著书，皆学者之未闻。"

李光被秦桧党羽诬为"阴怀怨望"，责授建宁军节度副使，藤州安置。

郑樵著《上方礼部书》，表达修史志向，可见《通志》修撰始于此。

秦桧六月拜仆射同中书门下平章事兼枢密使，七月《徽宗实录》成，迁少保。

洪皓十一月在燕山密奏："敌已厌兵，势不能久。……朝廷不知虚实，卑词厚币，未有成约，不若乘胜追击，以复故疆，报世仇。"并问李纲、赵鼎安否，又言将帅中唯岳飞为金人所畏；胡铨封事，其地有之，彼亦知中国有人（《续资治通鉴》卷一二四）。

晁公武约从是年至绍兴十七年（1147）为四川转运使井度的属官，井度藏书极富，晁公武曾协其编书、校书、刻书，深得赏识，所以井度于晚年将50箧书籍赠予晁公武，去重复得24500余卷。晁公武后录其要旨成《郡斋读书志》。

叶梦得二月团结沿江民兵数万，分据江津，阻止金兵渡淮。

张浚三月癸卯复特进，张元幹著《贺张丞相浚复特进启》。

韩世忠、张浚四月并为枢密使，岳飞为副使。韩世忠十月癸巳罢为醴泉观使。张浚十一月罢福建安抚大使兼知福州。

岳飞部将王俊承秦桧意旨，诬告张宪谋据襄阳为变，以谋恢复岳飞兵权。张俊即捕张宪下狱。

薛仁辅时任大理卿，与寺丞李若朴、何彦猷均称岳飞无罪；韩世忠见秦桧问此事，秦桧称"飞子云与张宪书虽不明，其事莫须有"。韩世忠乃

言:"'莫须有'三字,何以服天下!"(《宋史·岳飞传》)

刘子羽遭秦桧指示之谏官论劾,罢官还乡。

邓名世以讥切时政忤秦桧,为言者论罢。

陆游从鲍季和学,喜读王维诗。

魏良臣十月为金国禀议使。

刘光远、曹勋九月使金议和。

吴曾献所著书,补右迪功郎。

按:吴曾字虎臣,抚州崇仁人。著有《毛诗辨疑》、《左传发挥》、《君臣论》、《负暄策》、《得闲文集》、《待试词学千一策》等,近200卷,已佚。

董琦从程韩溪受《春秋》学。

按:杨时《与秦丞相(桧)书》曾曰:"近世名儒,自安定而下,如欧公辈,无不学《春秋》者。熙宁更科,不用其学,遂废《六经》。惟此书出于圣人之笔,余皆述之而已。微辞奥旨,烂如日星,以为不可读,无是理也。今得公留意于此,斯文之幸也。"(《龟山集》卷二二)

朱翌因忤秦桧,责授将作少监,韶州安置;在韶州举行真率会。

黄启宗著《补礼部韵略》成。

完颜勖等修成《始祖以下十帝实录》(又名《金先朝实录》)。

胡宏著《皇王大纪》80卷成书。

按:《四库全书总目提要》曰:"所述上起盘古,下迄周末。前二卷皆粗存名号事迹,帝尧以后,始用《皇极经世》编年,博采经传,而附以论断。陈振孙《书录解题》尝讥其误取《庄子》寓言,及叙邃古之初,无征不信。然古帝王名号可考,统系斯存,典籍相传,岂得遽为删削。至其采摭浩繁,虽不免小有出入,较之罗泌《路史》,则切实多矣,未可以一眚掩也。"有宋绍兴、绍定间刻本,明万历间重刻本等。

周葵编乃师陈与义诗为《陈与义集》10卷,于湖州始刻。

按:是为陈与义诗集最早的刻本,今已失传。

吴曾著《能改斋漫录》18卷成书。

按:《四库全书总目提要》曰:"曾记诵渊博,故援据极为赅洽,辨析亦多精核,当时虽恶其人,而诸家考证之文,则不能不征引其说,几与洪迈《容斋随笔》相埒。置其人品而论其学问,弃其瑕颣而取其英华,在南宋说部之中,要称佳本,则亦未可竟废矣。"此书属笔记考证性著作,元初以来,传本极为罕见,今传本系明人自秘阁中抄出。主要有《丛书集成初编》本、《笔记小说大观》本及1960年中华书局标点本。

范冲卒(1067—)。冲字符长,成都华阳人。范祖禹子。绍圣元年进士。高宗即位,历两淮转运副使。绍兴四年,召为宗正少卿兼直史馆,命重修神宗、哲宗两朝实录。迁翰林侍读学士,旋以龙图阁直学士奉祠。《宋元学案》列其入《华阳学案》。事迹见《宋史》卷四三五本传。

汪伯彦卒(1069—)。伯彦字廷俊,徽州祁门人。崇宁二年进士。高宗即位,知枢密院事,寻进右仆射,与黄潜善同居相位。主谋南迁扬州,不作战守之计。建炎三年扬州失守后罢官。绍兴九年献所著《中兴日历》5卷,升任检校少傅、保信军节度使。著有《春秋大义》10卷、表章奏议杂

法国逻辑学家、经院哲学家、神学家彼德·阿伯拉尔撰成《哲学家、犹太人及基督教徒之间的对话》。

日本僧人荣西(—1225)生。临济宗之祖。著有《兴禅护国论》3卷。

波斯诗人和哲学家尼扎米(—1202)生。波斯文学中浪漫主义史诗的创始人。

德国圣维克多的嚣俄卒（1096— ）。著有《教说集成》、《宇宙的空虚》等。

法国雨格卒（1096— ）。经院哲学家、神秘主义神学家。

文数十卷等。事迹见《宋史》卷四七三《奸臣传》。

徐俯卒（1075— ）。俯字师川，自号东湖居士，洪州分宁人。黄庭坚外甥。以父荫授通直郎。官至端明殿学士、权参知政事。著有《东湖集》3卷，今存《东湖居士集》1卷。《宋元学案》列其入《龟山学案》。事迹见《宋史》卷三七二本传。

翟汝文卒（1076— ）。汝文字公巽，润州丹阳人。元符三年进士，侍亲10年不出仕。徽宗召对，拜秘书郎。绍兴初官至参知政事，秦桧劾其专权，罢官。私谥忠惠。工画，尤精篆籀。著有《翟忠惠集》30卷，至明时原本已佚，清四库馆臣据《永乐大典》重辑为10卷。事迹见《宋史》卷三七二本传、孙繁《翟氏公巽埋铭》（《忠惠集》附）。

翁彦深卒（1079— ）。彦深字养源，号钟离子，建州崇安人。绍圣元年进士。历右司员外郎、国子祭酒、秘书监，官至太常少卿。著有《唐史评》1卷、《忠义列传》2卷、《皇朝昭信录》15卷、《钟离子自叙》1卷及文集15卷，皆佚。事迹见胡寅《右朝奉大夫集英殿修撰翁公神道碑》（《斐然集》卷二六）。

勾涛卒（1083— ）。涛字景山，成都新繁人。崇宁二年登进士第，调嘉州法掾。累迁史馆修撰，参与修撰《哲宗实录》。著有《西掖制书》10卷、文集10卷、奏议10卷。事迹见《宋史》卷三八二本传。

岳飞卒（1103— ）。飞字鹏举，相州汤阴人。少学兵法，20岁起参加抗辽、抗金战争，屡败金兵。为南宋抗金名将。任清远军节度使，曾镇压杨么农民军。后被秦桧以"莫须有"罪名杀害。宁宗时昭雪后，追封为鄂王，谥武穆。亦能诗文。著有《岳武穆遗集》10卷。事迹见《宋史》卷三六五本传。其孙岳珂编有《岳鄂王行实编年》。

许升（ —1185）、吴汉英（ —1214）、章颖（ —1218）、杨简（ —1226）、蔡戡（ —?）生。

宋绍兴十二年　金皇统二年　夏大庆三年
西辽康国八年　壬戌　1142年

正月戊申，尚书省乞以岳飞狱案令刑部镂板，遍牒诸路。

按：有进士智浃者，汾州人，知书，通《春秋左氏传》，好直言，岳飞以宾客待之。飞初下吏，浃上书讼其冤，秦桧怒，并送大理；狱成，浃坐决杖，送袁州编管。

二十四日，以给事中程克俊知贡举，中书舍人王鈇、右谏议大夫罗汝楫同知贡举，秘书省正字张阐、范雩等并差充点检试卷官。

二月戊子，签枢密院何铸、知阁门事曹勋进誓表于金，称臣割地。

是月，诏诸州修学宫。

宋绍兴十二年　金皇统二年　夏大庆三年　西辽康国八年　壬戌　1142年

三月乙卯，高宗御前殿，引试南省举人何溥以下。是举，两浙转运司秋试举人，凡解208人，而温州所得42人，宰执子侄皆预焉。

丙辰，金使册封康王赵构为宋帝。

四月甲子朔，遣使奉迎徽宗梓宫及两宫。

庚午，高宗御射殿，引正奏名进士，唱名，有司定右通直郎、主管台州崇道观秦第一，举人陈诚之次之。秦桧引故事辞，乃降为第二人，特迁左朝奉郎、通判临安府，赐五品服。自诚之以下，赐第者253人。新科明法，得黄子淳1人而已。

辛未，高宗御射殿，放合格特奏名进士胡鼎才等248人，武举正奏名陈鄂等5人，特奏名潘璋等2人。

按：是岁，始依在京旧制，分两日唱名，自是以为例。

甲申，增修临安府学为太学，从起居舍人杨愿请。

按：《宋史·选举志三》曰："建炎初，即行在置国子监，立博士二员，以随幸之士三十六为监生。绍兴八年，叶𬭎上书请建学，而廷臣皆以兵兴馈运为辞。十二年兵事稍宁，始建太学，置司业祭酒各一员，博士三员，正录各一员，养士七百人，上舍生三十员，内舍生百员，外舍生五百七十员。"

五月乙卯，又恢复教官试。

按：教官试的基本程序有三项：一是科举出身或太学毕业的官员愿意担任学官者，向礼部提出申请，递交自己作的经义三道和诗赋各三首；二是礼部和刑部核实投考人是否有犯罪和严重错误的记录，国子监审核其经义和诗赋是否达到要求的水平，再经礼部复查，就准许应试；三是考经义和诗赋，合格人数不限。

六月癸未，有举子上书，乞用王安石《三经新义》，为言者所论。

十一月十一日，诏奖皇太后南归士人献赋颂之文理可采者。

十二月，宋礼部定太学生名额，以300人为限。

是年，始复玉牒所，于宗正寺置局，以宰臣一人提举，修玉牒官一人，以侍从兼修，宗正寺卿、少卿而下悉与修纂。

因上一年宋金达成和议，迁入淮南、荆襄、陕南的北方移民开始定居。

叶梦得数具状辞官，十二月受命移知福州，兼福建安抚使。

洪适中博学宏词科，除敕令所删定官。

洪遵中博学宏词科，擢为秘书省正字。

按：南宋词科中选即入馆，自洪遵开始。

李焘始赴华阳主簿任，从此在四川担任地方官长达20年之久。

罗汝楫为御史中丞，秉承秦桧旨意，弹劾胡铨"饰非横议"，胡铨被除名，七月由福州送新州（广东新县）编管。张元幹著《贺新郎》（送胡邦衡待制赴新州）词送行，被革职除名。王庭珪著《送胡邦衡之新州贬所》诗二首为之壮行，被流放夜郎。

按：胡铨在绍兴八年所上书中曾有"梓宫决不可还，太后决不可复"之语，是年宋金和议成，金人将宋徽宗梓宫及韦太后放还，于是秦桧遂指使罗汝楫弹劾胡铨"饰非横议"。

李椿年为两浙转运副使,创立"经界法",以纠赋役不均之弊。

李弥逊以阻议和罪,落职。

陆游始从曾幾游,致力学诗,有《别曾学士》诗。

秦桧九月被封为魏国公,十一月令殿中侍御史江邈论张俊之罪,于是罢张俊为奉宁军节度使,充醴泉观使,奉朝请进封清河郡王。

王庶原为枢密副使,六月被秦桧党羽诬为讥讪朝政,责建州居住。

林栗举进士,调崇仁尉,教授南安军。

杨邦弼举进士第三,释褐,为太学博士。

周紫芝进士及第。

胡宪时为建州州学教授,以母年迈请监南岳庙归崇安。

徐椿年举进士,官宜黄县主簿。

按:徐椿年字寿卿,永丰人。张九成弟子,著有《尚书本义》。

陈鹏飞举进士。

金僧法律奉命在燕京净垢寺普度僧尼十万余人。

日本藤原基俊著《新撰郎咏集》。

意大利博洛尼亚的革拉先编撰《教会法令集》。

法国哲学家彼德·阿伯拉尔撰成《赫洛伊丝书信集》。

法国康舒的基云撰写《哲学》、《关于诚实与效用之道德哲学》。

贾昌朝所著《群经音辨》7卷由汀州宁化县学刻印。

何铸著《奉使杂录》1卷。

樊汝霖著《韩文公年谱》。

曾巩所著《隆平集》20卷初刻。

周葵刻《陈与义诗》10卷成,葛胜仲作序。

成无己著《伤寒明理论》3卷、《方论》1卷。

翟耆年著《籀史》1卷。

按:翟耆年字伯寿,润州丹阳人。翟汝文子,号黄鹤山人。《四库全书总目提要》曰:"是书首载《宣和博古图》,有'绍兴十有二年二月帝命臣耆年'云云,盖南宋初所作。本上下二卷,岁久散佚。惟嘉兴曹溶家尚有钞本,然已仅存上卷。今藏弆家所著录,皆自曹本传写者也。王士禛尝载其目于《居易录》,欲以访求其下卷,卒未之获,知无完本久矣。其以籀名史,特因所载多金石款识,篆隶之体为多,实非专述籀文。所录各种之后,皆附论说,括其梗概。于岐阳石鼓,不深信为史籀之作,与唐代所传特异。亦各存所见,然未至如金马定国坚执宇文周所作也。所录不及薛尚功《钟鼎彝器款识》备载篆文,而所述原委则较薛为详。二书相辅而行,固未可以偏废。其中所云赵明诚古器物铭碑十五卷,称商器三卷,周器十卷,秦汉器二卷。河间刘跂序,洛阳王寿卿篆。据其所说,则十五卷皆古器物铭,而无石刻。当于《金石录》之外别为一书。而士禛以为即《金石录》者,其说殊误。岂士禛偶未检《金石录》欤?"

法国彼德·阿伯拉尔卒(1079—)。经院哲学家、唯名论代表人物之一。著有《赫洛伊丝书信集》、《知你自己》、《我的不幸的

尹焞卒(1071—)。焞字彦明,一字德充,号和靖,河南府人。程颐弟子,在河南聚徒,隐居教授,朝廷赠号和靖处士。南宋高宗时,召为秘书郎兼崇政殿说书,官至礼部侍郎兼侍讲。反对和议,不报,乃求致仕。著有《论语解》10卷、《孟子解》14卷、《门人问答》、《和靖集》8卷。今存《和靖先生文集》8卷。《宋元学案》为列《和靖学案》。事迹见《宋史》卷四二八本传、吕稽中《和靖先生墓志铭》(《和靖文集》附)。宋黄士毅、清李振纲

各编有《和靖先生年谱》。

> 按：尹焞是程颐后期弟子，创和靖学派，以严守师说和笃于践行著称，对于洛学在南宋的传播和发展起了一定作用。全祖望在《宋元学案·序录》中说，尹焞"于洛学最为晚出，而守其师说最醇，五峰以为程氏后起之龙象，东发以为不失其师传者，良非过矣"。《宋史》本传曰："当是时，学于程颐之门者固多君子，然求质直弘毅、实体力行若焞者盖鲜。颐尝以'鲁'许之，且曰：'我死，而不失其正者尹氏子也'。"朱熹《答王德修》曰："熹儿时侍先君子官中秘书，是时和静先生实为少监。熹尝于众中望见其道德之容，又得其书而抄之。……既长，从先生长者游，受《论语》之说，遍读河南门人之书，然后知和静先生之言，始有以粗得其味。"（《晦庵集》卷五五）黄震《黄氏日钞》曰："程门之传，惟先生最得其正，其余率染异论。"其门人有吕和问、吕广问、吕本中、吕稽中、吕坚中、冯忠恕、祁宽、王时敏、刘芮、徐度、陆景端、虞仲琳、高材、高选、韩元吉、邢纯、吕大同、程晖、蔡迨、蔡仍、沈晦、罗靖、罗棘、李缙、高公亮等。

陈公辅卒（1077— ）。公辅字国佐，自号定庵居士，台州临海人。政和三年上舍及第，调平江府教授。历应天府少尹、秘书郎、右司谏、左司员外郎、礼部侍郎等。著有文集20卷、奏议12卷，今佚。《宋元学案》列其入《元祐党案》。事迹见《宋史》卷三九七本传。

> 按：《宋史》本传曰："公辅论事剀切，疾恶如仇，惟不右程颐之学，士论惜之。"

綦崇礼卒（1083— ）。崇礼字叔厚，一字处厚，世称北海先生，高密人。高宗时为太学正，迁太学博士、秘书省正字、起居郎。曾为史馆修撰，与修神宗、哲宗两朝史。著有《北海集》60卷，原集已佚，清四库馆臣自《永乐大典》中辑出遗文，重编为46卷、附录3卷。事迹见《宋史》卷三七八本传。

> 按：《四库全书总目提要》评《北海集》曰："《艺文志》、《书录解题》俱载崇礼《北海集》十六卷，世久失传。厉鹗《宋诗纪事》仅从《天台胜记》中得所作《石梁瀑布》诗一首，而其它概未之见。今检《永乐大典》，载崇礼诗文颇多，中惟制诰最富，表启之类次之，散体古文较少，而诗什尤寥寥无几，盖其平生以骈体擅长故也。集中间有原注，称崇礼为先祖，则当时所据，犹其家刻之旧本矣。史称崇礼妙龄秀发，聪明绝人，覃心辞章，极润色论思之选。再入翰林凡五年，所撰诏命数百篇，文简意明，不私美，不寄怨，深得代言之体。今观是集所载内外诸制，大约明白晓畅，切中事情，颇与《浮溪集》体格相近。如《吕颐浩开督府制词》则楼钥赏其宏伟，《王仲嶷落职制词》则王应麟取其精切，《邹浩追复待制制词》则《宋史》采入本传，以为能推朝廷所以褒恤遗直之意。其草《秦桧罢政制》则直著其恶，致桧再相后奏索其稿，几蹈危祸，史所云盖非溢美矣。……又《兵筹类要》一书，乃其在翰苑时所撰进，皆援据兵法，参以史事，各加论断。虽纸上空谈，未必遽切实用，而采摭尚为博洽。今亦编为十卷，次之于后。其历官除授告词及吕颐浩书启、李邴祭文、秦桧乞追取御笔词头札子，原本皆载入集中，今并仍其旧，而益以《宋史》本传、《氏族言行录》诸条，别为附录三卷，系诸集末，以备考核焉。"

江琦卒（1085— ）。琦字全叔，建州建阳人。宣和三年进士，官至左宣教郎、徽猷阁学士。曾游杨时之门，又学于胡安国。深于《春秋》，尝以所学证于杨时，杨时抚书而叹曰："百年之绝学，留心者稀，吾老矣，之子勉旃。"（《经义考》卷一八四）著有《春秋经解》30卷、《辨疑》1卷、《论语说》5卷、《孟子说》5卷。《宋元学案》列其入《武夷学案》。

历史》、《论神的唯一性与三位一体性》、《基督教神学》、《爱情故事》、《是与否》、《伦理学》、《哲学家、犹太人、基督教徒之间的对话》等书。

英国马姆斯伯利之威廉卒（1090— ）。史学家，著有《英格兰国王史》、《近代史》等。

波斯诗人、思想家阿塔尔（ —约1220）约于是年生。

僧道询卒(1086—   )。道询俗姓周,扬州天长人。继师净如在灵岩寺弘法。著有《示众广语》、《游方勘辨》、《颂古唱赞》等。

赵子昼卒(1089—   )。子昼字叔问,宗室。大观元年进士。宣和初,充详定《九域图志》编修官。建炎中,试太常少卿,集《太常因革礼》80篇。累迁徽猷阁直学士、知秀州,奉祠归。著有《崇兰集》。事迹见《宋史》卷二四七本传。

吴激卒(1090—   )。激字彦高,号东山,瓯宁人。米芾女婿。宣和末出使金,被扣留,授翰林待制。字画得米芾笔意,长于乐府,与蔡松年合称"吴蔡体"。著有《东山集》10卷,已佚。事迹见《金史》卷一二五本传。

高元之(—1197)、游九言(—1206)、彭龟年(—1206)、王遇(—1211)、杨楫(—1213)、王处一(—1217)、刘光祖(—1222)生。

宋绍兴十三年　金皇统三年　夏大庆四年
西辽康国九年　癸亥　1143年

拜占廷帝约翰二世卒,子曼努埃尔一世继位。

葡萄牙王国独立。

正月癸卯,诏以钱塘县西岳飞宅作为国子监、太学。规定太学额外考中的学生,准许待阙,俟太学生出阙,即予填补。

时夏人立学校于国中,立小学于禁中。

二月己卯,国子司业高闶上言,太学者,教化之本,而最所当先者,经术也。士子应以经术为基础,建议进士不分经义与诗赋,均以三场定去留。第一场,试本经、《论语》、《孟子》义各一道;第二场,试诗赋各一首;第三场,试子、史、论各一道,时务策一道。高宗从之。

按:《宋史·高闶传》曰:"时兴太学,闶奏宜先经术,帝曰:'士习诗赋已久,遽能使之通经乎?'闶曰:'先王设太学,惟讲经术而已。国初犹循唐制用诗赋,神宗始以经术造士,遂罢诗赋,又虑不足以尽人才,乃设词学一科。今宜以经义为主,而加诗赋。'帝然之。闶于是条具以闻。中兴已后学制,多闶所建明。"

闰四月,命史馆编《靖康建炎忠义录》。

是月,诏诸路监司并州县官随侍本宗有服亲,并女及姊妹之夫、子免补试,许入所在学听读,若所随官替移,即许移籍通理。

五月壬申,诏国子监置博士,正、录各一员,学生权以80人为额。

甲申,金初立太庙、社稷。

六月,命教官试由国子监负责举行。

按:是次参加考试者仅16人,而诗赋考试无人及格,遂以经义考试成绩为准录用教官。

七月甲子,因初建秘阁,诏求遗书于天下,首命绍兴府借故直秘阁陆寘家书缮藏之。

癸未,宋高宗书写《六经》,刻石太学,自赐书阁名首善。又将至圣文宣王置于国子监,命太师秦桧行礼。

十一月,宋金互遣使贺正旦,自是以为常。

十二月癸巳,秘书丞严抑言:"本省藏祖宗国史、历代图籍,有右文殿、秘阁、石渠及三馆、四库。自渡江后,权寓法慧寺,与居民相接。深虑风火不虞,欲望重建,以副右文之意。"于是建省于天井巷之东,以故殿前司寨为之。帝自书右文殿、秘阁二榜,命将作监米友仁书道山堂榜。且令有司即直秘阁陆宰家录所藏书来上(《续资治通鉴》卷一二六)。

是月,命增太学弟子员200。

西辽耶律大石卒,感天皇后听政。

张九成五月被秦桧党羽诬为与僧宗杲谤讪朝政,谪南安军居住,宗杲已徙衡州。

按:张九成佛学思想的形成,与他和临济宗禅师宗杲的交往有关,而且他的佛学思想对当时学术界也有影响,陈亮《与应钟实》书说:"近世张给事学佛有见,晚从杨龟山学,自谓能悟其非、驾其说,以鼓天下之学者靡然从之。家置其书,人习其法,几缠缚胶固,虽世之所谓高明之士,往往溺于其中而不能以自出,其为人心之害何止于战国之杨墨也。"(《龙川集》卷一九)张九成的解经著作,糅进了比较多的佛家思想,因此曾遭到理学大家朱熹的抨击,其《杂学辨·张无垢中庸解》就是专门批驳张九成的。《宋史》本传评定张九成学术思想亦说:"九成研思经学,多有训解,然早与学佛者游,故其议论多偏。"《宋元学案》卷四〇《横浦学案》曰:"黄东发曰:横浦先生忱深恳切,坚苦特立,近世杰然之士也,惟交游杲老,浸淫佛学,于孔门正学,未必无似是之非。学者虽尊其人,而不可不审其说。其有所谓《心传录》者,首载杲老以'天命之谓性'为清净法身,'率性之谓道'为圆满报身,'修道之谓教'为千百亿化身,影傍虚喝,闻者惊喜。至《语》、《孟》等说,世亦多以其文虽说经,而喜谈乐道之。晦庵尝谓洪适刊此书于会稽,其患烈于洪水、夷狄、猛兽。岂非讲学之要,毫厘必察,其人既贤,则其书盛行,则其害未已,故不得不甚言之,以警世哉!盖上蔡言禅,每明言禅,尚为直情径行,杲老教横浦改头换面,借儒谈禅,而不复自认为禅,是为以伪易真,鲜不惑矣。""宗羲案:朱子言:'张公始学于龟山之门,而逃儒以归于释。宗杲语之曰:"左右既得把柄入手,开导之际,当改头换面,随宜说法,使殊途同归,则住世、出世间,两无遗憾矣。"用此之故,凡张氏所论著,皆阳儒而阴释。其离合出入之际,务在愚一世之耳目。'案横浦虽得力于宗门,然清苦诚笃,所守不移,亦未尝讳言其非禅也。若改头换面,便是自欺欺人,并亦失却宗门眼目也。"

朱松三月卒,朱熹年14,遵父命师事二程之信徒刘子翚、胡宪、刘勉之。与朱熹同时在刘氏家塾就读的,尚有魏掞之、刘玶、刘玶、刘懋、黄铢、黄子衡、李从礼、方士繇、欧阳光祖等。

按:《宋史·刘子翚传》曰:"初,熹父松且死,以熹托子翚。及熹请益,子翚告以《易》之'不远复'三言,俾佩之终身,熹后卒为儒宗。子翚少喜佛氏说,归而读《易》,即涣然有得。其说以为学《易》当先《复》,故以是告熹焉。"黄榦《朱子行状》曰:"先生自少历志圣贤之学,自韦斋得中原文献之传,问河洛之学,推明圣贤遗意,日诵《大学》、《中庸》,以用力于致知诚意之地。先生早岁已知其说而心好之。韦斋病且革,属曰:'籍溪胡元仲(即胡宪),白水刘致中,屏山刘彦冲,三人吾友也。学有渊源,吾所敬畏。吾即死,汝往事之,则吾死不恨矣!'先生既孤,则奉以告三子而禀学焉。时年十有四,慨然有求道之志,博求之经传,遍交当世有识之士。虽释老之学,亦必究其归趣,订其是非。"黄百家曰:"程太中能知周子,而使二子事之。二程之学,遂由濂溪而继孟氏。朱韦斋能友延平与刘、胡三子,而使其子师之,晦翁之学,遂能由三子而继程氏。卓哉二父,巨眼千古矣!"(《宋元学案》卷三九《豫章学案》)

张元幹在闽,与富直柔、叶份、叶梦得交游,互有诗词题跋。

陆游以应进士举来临安,败举。

喻樗时为秘书省正字,以曾与张九成"共言和议非便"(《宋史·喻樗传》),至是被诬为谤讪,出知舒州怀宁县,通判衡州。

李清照约在本年表上《金石录》。

洪皓自金归,言不可苟安钱塘,忤秦桧,谪官安置英州,其子洪适亦罢官。

朱弁拘留于金17年,本年始放归。

按:朱弁留金期间,著有《曲洧旧闻》。《四库全书总目提要》曰:"案弁以建炎丁未使金被留,越十七年乃归。而书中有腊月八日清凉山见佛光事,云岁在甲寅。又记秘魔岩事,其地在燕京。又记其友定光佛语云,停囚十年。则书当作于留金时。然皆追述北宋遗事,无一语及金,故曰旧闻。《通考》列之小说家。今考其书惟神怪谐谑数条不脱小说之体,其余则多记当时祖宗盛德及诸名臣言行,而于王安石之变法,蔡京之绍述,分朋角立之故,言之尤详。盖意在申明北宋一代兴衰治乱之由,深于史事有补,实非小说家流也。惟其中间及《诗话》、《文评》及诸考证,不名一格,不可目以杂史,故今改入之杂家类焉。"

张扩与顾景蕃、顾彦成、张子温、张元龄、张大年、张耆年等在吴县结诗社。

向子固十二月二十五日上言建议以《唐书·艺文志》和《崇文总目》为据搜访遗书,同时将所阙书注"阙"字于二目下,镂板降付诸州军,照应搜访。

按:这次所编之书,大概就是《秘书省四库阙书目》。原书已佚,书目见于陈振孙《直斋书录解题》。后又有《秘书省续编到四库阙书目》2卷,绍兴中改定。

杨万里至安福,从王庭珪学。同学有刘冀之子刘睞、刘昉,识刘立道、刘仲谦。

奥地利奥托·冯·法莱辛格始著《二国年代纪》。

王銍在湖南安抚司参议任上献《太玄经解义》。

按:王銍生卒不详,字性之,自号汝阴老民,汝阴人。世称雪溪先生。高宗建炎四年,权枢密院编修官。绍兴五年由右承事郎守太府寺丞。九年,为湖南安抚司参议官。晚年,遭受秦桧的排斥,避地剡溪山中。另著有《默记》1卷、《杂纂续》1卷、《侍儿小名录》1卷、《国老谈苑》2卷、《王公四六话》2卷、《雪溪集》8卷(今存5卷)等。事迹见《宋史翼》卷二七。

毕良史献所著《春秋正辞》20卷。

陈鹏飞著《陈博士书解》30卷。

洪迈上所著《国史列传》135卷。

赵明诚著《金石录》30卷刊行。

秦桧等上《绍兴监学法》26卷、《目录》25卷、《申明》7卷、《对修厘正条法》4卷。

金以本朝旧制为主，参以唐、宋、辽律，制定《皇统新律》。

按：《皇统新律》是为金第一部成文法典。

僧法云著《翻译名义集》7卷成书，此后仍有补订。

按：是书于绍兴二十一年（1151）才整理完毕。凡64篇，约收音译梵语2040余条。本书旧刻依原稿分为7卷，首有绍兴二十七年（1157）周敦义序及作者自勉短文。元代的刻本附入了大德五年（1301）普洽所作《苏州景德寺普润大师（法云）行业记》。明代万历十二年（1584）此书收入《北藏》流通，改为20卷。又更动篇目次序（如以《帝王篇》、《皇后篇》移在《长者篇》之前，又以《时分篇》移《鬼神篇》之前等），并以书末补订之文，散入各篇之内。至于文句之间亦偶有出入。《大正大藏》第五十四卷收入此书，并补注梵文。本书与《释氏要览》、《较乘法数》并重，称为"佛学三书"，广为初学者所用。

宇文虚中著《证类本草跋》。

廖刚卒（1070— ）。刚字用中，号高峰，南剑州顺昌人。少从陈瓘、杨时学。崇宁五年进士，官至工部尚书。因与秦桧不合而去。著有《高峰文集》12卷。《宋元学案》列其入《龟山学案》。事迹见《宋史》卷三七四本传、张栻《工部尚书廖公墓志》（《南轩集》卷三八）。

按：《四库全书总目提要》曰："《高峰文集》十二卷，宋廖刚撰。……考《朱子语类》论龟山门人，谓刚为助和议。今观其集，若《漳州被召上殿》、《乞约束边将》诸札，其说诚然。然《宋史》本传载：金人败盟，刚乃有责郑亿年'以百口保金人'之语，又欲起旧相有德望者，以是为桧所恶，致斥奉祠。而集中《与秦相公书》，亦以和议为失，前后如出两人。岂至是乃悟其谬欤？《宋史》以刚为杨时弟子，道学一脉，爱屋及乌，使与张九成、胡铨同传，固为不伦，然视怙过不悛者，则有间矣。其它奏议，指陈当时利弊，颇有可采。《答陈几叟书》，论知制诰之失，尤为切当。至其《乞设亲军札子》，舍大虑小，所见殊陋。又谏止高宗节序拜钦宗事，于君臣兄弟之义亦皆未协。本传乃独采之，去取未免失伦，亦足证《宋史》之疏谬，其是非不尽可据矣。其集久无刻本，传写多误，脱字或至数行，无从校补。今亦姑从旧本录之焉。"

胡舜陟卒（1083— ）。舜陟字汝明，号三山老人，徽州绩溪人。大观三年进士。历任州、县官。钦宗即位，由监察御史迁侍御史。高宗初，以集英殿修撰出知庐州。后为广西经略，被秦桧陷害至死。著有文集，久佚，清道光间其裔孙胡培翚辑有《胡少师总集》6卷。事迹见《宋史》卷三七八本传、罗愿《胡待制舜陟传》（《新安文献志》卷七八）。清胡培翚、胡培系编有《胡少师年谱》。

朱松卒（1097— ）。松字乔年，号韦斋，徽州婺源人。朱熹之父。师事杨时弟子罗从彦，为程门三传弟子。政和八年，同上舍出身，为建州政和县尉。历官秘书省正字、校书郎、吏部员外郎。因反对和议，触怒秦桧，被贬知饶州。后追赠通议大夫，谥献靖。著有《韦斋集》12卷、《外集》10卷。《外集》已佚。《宋元学案》列其入《豫章学案》。事迹见《宋史》卷四二九本传、朱熹《皇考朱公行状》（《晦庵集》卷九七）、周必大《朱公神道碑》（《文忠集》卷七〇）。

> 按：黄宗羲《宋元学案》卷三九《豫章学案》曰："豫章称韦斋才高而智明，其刚不屈于俗，故朱子之学，虽传自延平，而其立朝气概，刚毅绝俗，则依然父之风也。"

赵善誉（ —1189）、程端蒙（ —1191）、陈亮（ —1194）、詹体仁（ —1206）、袁文（ —1209）、吴猎（ —1213）、王柟（ —1217）、傅伯成（ —1226）、赵蕃（ —1229）生。

宋绍兴十四年　金皇统四年　夏人庆元年
西辽咸清元年　甲子　1144年

摩苏尔赞吉王朝统治者伊马·丁·赞吉灭十字军埃德萨伯国。

塞尔柱突厥人征服十字军埃德萨侯国。

巴黎于郊区建成圣丹尼教堂，为第一座真正的歌特式教堂。

西班牙开始造纸。

二月辛卯，宋复置教坊，有乐工460人。

臣僚请宗学生以100员为额，大学生50，小学生40，职事人各5人，从之。

三月庚辰，诏：诸军应有刻板书籍，并用黄纸印一帙，送秘书省。

是月，太学孔子庙成，司业高闶表请临视，帝从之，遂视太学。

四月丁亥，秦桧上疏请禁野史，以子秦熺领国史，毁弃与秦桧有关之诏书章疏。

> 按：《宋史·秦桧传》载："绍兴十四年，桧乞禁野史，又命子熺以秘书少监领国史，进建炎元年至绍兴十二年日历五百九十卷。自桧再相，凡前罢相以来诏书章疏稍及桧者，率更易禁弃，日历时改，亡失已多，是后记录皆熺笔，无复有公是非矣。"

将作监丞苏籀请取近世儒臣所著经说，集而成编，以补唐之《正义》阙遗。高宗谕秦桧曰："此论甚当，若取其说之善者颁诸学宫，使学者有所宗师，则为王安石、程颐之说者不致纷纭矣。"（《续资治通鉴》卷一二六）

五月，新建秘阁成，应秘书郎张阐请，复置补写所，专置缮写20名，书写校勘黄本书籍。

六月乙巳，命恢复因战争而关闭的国子监小学。

> 按：宋朝的地方公立小学一般设在州县学中，由州县学管理，从北宋初至哲宗时，各地官办小学都没有统一的制度；到徽宗时，蔡京大办教育以后，则基本模仿国子监小学的做法。

八月二十四日，殿中侍御史汪勃乞戒科场主司去专门曲学。

十月庚子，诏：州县文臣初至官，诣学祗谒先圣，乃许视事。

十七日，右正言何若再乞申戒内外师儒之官，黜程颐、张载之学，禁绝遗书，俾勿传诵。

> 按：《宋史·奸臣传三》曰："冬十月，右正言何若指程颐、张载遗书为专门曲学，力加禁绝，人无敢以为非。"自是设专门之禁者十余年，至秦桧死乃止。

是年，西辽感天皇后改元咸清。

宋绍兴十四年　金皇统四年　夏人庆元年　西辽咸清元年　甲子　1144年

夏令各州县立学，增弟子员3000人。

朱熹在刘子翚处初见密庵主僧、宗杲弟子道谦禅师，向其学禅，出入佛老十余年自此始。

　　按：《朱子语类》卷一○四曰："某年十五六时，亦尝留心于此（禅学）。一日，在病翁所会一僧，与之语。其僧只相应和了说，也不说是不是，却与刘说：'某也理会得个昭昭灵灵底禅。'刘后说与某，某遂疑此僧更有要妙处在，遂去扣问他，见说得也煞好。及去赴试时，便用他意思去胡说。是时文字不似而今细密，由人粗说，试官为某说动了，遂得举。"其《答江元适书一》又曰："熹天资鲁钝，自幼记问言语不能及人，以先君自之余诲，颇知有意于为己之学，而未得其处。盖出入于释、老者十余年。近岁以来，获亲有道，始知所向之大方。"（《晦庵集》卷三八）

万俟卨与秦桧互相倾轧，九月罢参政。

叶梦得授崇信军节度使致仕，返回吴兴卞山。

李光十一月癸酉由藤州移琼州安置，与赵鼎常有书信往来。

　　按：藤州守臣诬告李光赋诗"有讽刺及秦桧者"，而秦党御史中丞杨愿又附会其说："光纵横倾险，子弟宾客往来吴、越，诱人上书，动摇国是"（《宋史·杨愿传》）。于是李光被再贬。

詹大方秉承秦桧意旨，诬告赵鼎受贿，于是赵鼎九月壬申移吉阳军安置。

解潜坐党赵鼎，责授濠州团练副使，南安军安置。

陈康伯、曹勋四月奉遣赴金，贺金主生辰。

何若十月乞申戒师儒之官，黜程颐、张载之学。

陆游是年20岁，夏秋间娶唐琬为妻。并有击胡草檄之志。

　　按：陆游《观大散关图有感》诗曰："上马击狂胡，下马草军书，二十抱此志，五十犹癯儒。"（《剑南诗稿》卷四）可见其20岁就立下了抗金报国之志，而且老而弥坚，至死不移。

张元幹著《满庭芳·寿富枢密》词贺富直柔生日，著《叶少蕴生朝三首》诗贺叶梦得寿辰。

王十朋在浙江乐清建梅溪书院，受业者以百数，且多为知名人士。

李椿年为户部侍郎，于江西景德镇建新田书院。

史浩中进士，调绍兴余姚县尉。

眉州官方刊刻《宋书》100卷、《魏书》140卷、《梁书》56卷、《南齐书》59卷、《北齐书》50卷、《周书》50卷、《陈书》36卷，称为"眉山七史"。

薛尚功著《历代钟鼎彝器款识法帖》20卷初刻。

　　按：宋代集录彝器款识以此书为富，全书凡录夏器2、商器209、周器252、秦器5、汉器43，共511器。《四库全书总目提要》卷四十一曰："盖尚功嗜古好奇，又深通篆籀之学，能集诸家所长而比其同异，颇有订讹刊误之功，非抄撮蹈袭者比也。尚功所著，别有《钟鼎篆韵》七卷，盖即本此书而部分之。今其本不传，然梗概已具于此矣。"

成无己著《注解伤寒论》10卷。

　　按：是为最早注释《伤寒论》的医书。

蒙轩居士辑《庚道集》9卷。

按：是书辑选二十余种外丹黄白术著作及众多丹方，保存外丹术衰微前的实验成就，是古代化学和药物学的重要资料。收入于《正统道藏》。

法国诗人、作家克雷蒂安·德·特洛阿（—?）生。

葛胜仲卒（1072—　）。胜仲字鲁卿，常州江阴人，徙居丹阳。绍圣四年进士，调杭州司理参军。历任兖州教授、太学正、休宁知县等。政和中，召为礼部员外郎，权国子司业，迁太常少卿，续修《太常因革礼》。后以忤朱勔罢归。谥文康。著有《文康葛公丹阳集》80卷，原集已佚。清四库馆臣自《永乐大典》辑为《丹阳集》24卷。另有《考古通论》，亦不存。事迹见《宋史》卷四四五本传、章倧《宋左宣奉大夫显谟阁待制致仕赠特进谥文康葛公行状》（《丹阳集》附）、周麟之《葛文康公神道碑》（《海陵集》卷二三）。今人王兆鹏编有《葛胜仲葛立方年谱》。

按：《宋史》本传曰："宋自建隆至治平所行典礼，欧阳修尝裒集为书，凡百篇，号《太常因革礼》，诏胜仲续之，增为三百卷，诏藏太常。及建春宫，以胜仲兼谕德，胜仲为《仁》、《孝》、《学》三论献之太子，复采春秋、战国以来历代太子善恶成败之迹，日进数事。诏嘉之。"

程俱卒（1078—　）。俱字致道，号北山，衢州开化人。绍圣四年，以外祖邓润甫恩荫，补苏州吴江县主簿。历任编修国朝会要所检阅文字、秘书省著作佐郎、秘书少监等。平生与贺铸、叶梦得为友。晚年，秦桧荐领重修哲宗史事，力辞不受。著有《麟台故事》5卷、《北山小集》。事迹见《宋史》卷四四五本传、程瑀《程公行状》（《北山小集》附）。

朱弁卒（1085—　）。弁字少章，号观如居士，徽州婺源人。朱熹族叔祖。建炎初，以太学生擢任通问副使赴金，不屈于金人威胁利诱，被扣留17年方归。诗学李商隐，著有《书解》10卷、《风月堂诗话》2卷、《曲洧旧闻》3卷、《新郑旧诗》1卷、《南归诗文》1卷、《杂书》1卷、《聘游集》42卷等。今存《曲洧旧闻》3卷。《宋元学案》列其入《景迂学案》。事迹见《宋史》卷三七三本传。

按：朱熹《答吕东莱书》曰："某之族祖，奉使直阁，讳弁，早从中州士大夫游，文学甚高。建炎初，御命虏营，见留十七年，全节而归。又以忤时宰，不及用而死。"（《晦庵集》续集卷三）

徐谊（　—1208）、刘爚（　—1216）、袁燮（　—1224）生。

宋绍兴十五年　金皇统五年
夏人庆二年　西辽咸清二年　乙丑　1145年

欧洲大饥，至1147年止。

正月己未，分经义、诗赋为二科以取士。

辛未，诏律僧每岁输五千钱，禅僧、道士各输二千钱，寺院主持、长老、法师、紫衣、知事均依次增加至输十五千钱,共分九等纳免丁钱。

二月戊寅,增国学弟子员百人,连旧有共达700人,并以此为限。

按:《资治通鉴后编》载:"绍兴十五年二月戊寅,帝谓宰执曰:'朕观史册,见古之养士,有至二三千人,亦朝廷一盛事。'于是复增弟子员百人。通旧以七百人为额,寻命置上舍生三十人,内舍生百人。"

四月癸未,赐正奏名进士刘章、王刚中等300人及第、出身、同出身,正奏名张镃新科进士及第。甲申,特奏名林洵美等247人,武举正奏名应褒然等2人,特奏名3人,授官有差。

按:是科考官为右谏议大夫何若、吏部侍郎陈康伯、秘书少监游操。

诏仿唐十八学士之制,监、少、丞外,置著作郎、佐、秘书郎各2人;校书郎、正字通12人,立为定额。

五月,金正式使用女真小字。

七月初二日,两浙东路安抚司干办公事司马伋上言:"建州近刊行一书曰《司马温公记闻》,其间颇关前朝故事,缘曾祖平日论著,即无上件文字,显是妄借名字,售其私说。伏望降旨禁绝,庶几不惑群听。"命"建州守臣将不合开板文字,尽行毁弃"(《建炎以来系年要录》卷一五四)。

按:这种改署作者姓名而盗印的情况,在宋代尚有不少。如周必大号省斋,当时地位很高,于是就有人将廖行之所著的《省斋集》冠以周必大的名字刊行,因有廖氏家塾所刻的正本在,两相对照,盗版自然露馅。

八月辛丑,复增太学弟子员200人。

戊子,国子监丞文浩建言,教官试在《六经》中临时选两经,每经出两题,以经学知识渊博者为及格。从之。

时夏人重建太学,亲释奠,弟子员赐予有差。

十一月丁酉,太学博士王之望请仿端拱、咸平故事,悉取近郡所开《经典释文》,令国子监印千百帙,俾郡县各市一本,置之于学。

闰十一月乙卯,罢明法新科。

十二月十七日,诏禁止私刻书籍。

刘子翚为朱熹取字元晦;朱熹潜心研究二程理学。

按:朱熹曰:"某少时为学,十六岁便好理学,十七岁便有如今学者见识。"(《御纂朱子全书》卷五五)

李光家属因秦桧有"私史害正道"之进言,为避祸焚书万卷(《宋史·秦桧传》)。

洪迈中博学宏词科。

张元幹在永福,与县主簿李文中交游,李任期满,张作《送李文中主簿受代归庭闱》诗。又作《贺薛帅移闽启》,贺故人薛弼移知福州。

朱敦儒六月为浙东提刑,陆游受知于朱氏当在此时。

王灼客居于成都碧坊妙胜院,与王和先、张齐望时有往来,凡所闻见,并追思"平时论说,信笔以记",为撰写《碧鸡漫志》积累材料。

按:王灼字晦叔,号颐堂,遂宁人。绍兴中尝为幕职。《碧鸡漫志》辑录了从音乐方面研究词曲的资料。另著有《颐堂集》。事迹见《宋诗纪事》卷四四。

汤思退中博学宏词科，除秘书省正字。

王刚中举进士，任州推官，改左宣义郎。

秦伯阳提举秘书省，掌求遗书图画及先贤墨迹。

郑丙举进士，授平海军节度推官。

王淮举进士，为台州临海尉。

折彦质曾为枢密使，十一月以党赵鼎，为秦桧党羽所劾，郴州安置。

邵隆时知叙州，卒，传言系秦桧毒死。

袁去华、郑伯熊、汪大猷、叶仪凤、石同登进士第。

按：陈骙《中兴馆阁录》卷七："郑伯熊，刘章榜进士出身。治《诗》，兼经义。"

法国图尔的伯尔拿始著《宇宙论》（一名《大宇宙与小宇宙》）。

刘翔上所著《易解》6卷，授福州教授。

按：刘翔字图南，生卒年不详，福州人。通诸经，尤注意于《易》，以累举得官。后改任潭州教授，卒于官。事迹见《万姓统谱》卷五九。

齐安郡学刻印夏竦《集古文韵》成。

江少虞编《皇朝事实类苑》78卷成。

按：是书日本木活字本称《皇宋事实类苑》，省称《皇朝类苑》，又称《宋朝事实类苑》。全书24门，记宋太祖至神宗120年间事。书中所引宋代史书，如《两朝宝训》、《三朝训鉴》、《三朝圣政录》等已失传，赖此书保存不少资料。且引书多注明出处，是其长处。《四库全书总目提要》曰："北宋一代遗文逸事，略具于斯。王士禛《居易录》称为宋人说部之宏构，而有裨于史者，良非诬也。其间若《国朝事始》、《三朝圣政录》、《三朝训鉴》、《蓬山志》、《忠言说论》、《元丰圣训》、《傅商公佳话》、《两朝宝训》、《熙宁奏对》、《刘真之诗话》、《李学士丛谈》等书，今皆久佚，藉此尚考见一二，是尤说佳之总汇矣。"现有上海古籍出版社1981年铅印本。

洪迈著《词科进卷》6卷成，今佚。

意大利神学家约阿希姆（—1202）生。

洪拟卒（1071—　）。拟字成季，一字逸叟，镇江丹阳人。绍圣元年进士。历国子博士、监察御史，进侍御史。高宗时，累迁吏部尚书。著有《净智先生集》、《杜甫诗注》20卷，今佚。事迹见《宋史》卷三八一本传。

何去非卒（1077—　）。去非字正通，建州浦城人。元丰五年以特奏名廷试中第，授左班殿直、武学教授，校兵法七书。寻擢博士，以苏轼荐换文资，授承奉郎。官终通判庐州。著有《何博士备论》4卷及文集20卷，文集已佚。事迹见苏轼《进何去非备论状》（《东坡全集》卷三一）、王洋《隐士何君墓志铭》（《东牟集》卷一四）。

按：《何博士备论》是一部评论历代用兵得失的兵书，为当时积贫积弱而急于变法图强、重整军备的北宋王朝，提供了很好的历史借鉴和现实参议。所以苏轼《举何去非换文资状》称赞"其论历代所以废兴成败，皆出人意表，有补于世"（《东坡全集》卷五五）。日本万延元年（1860）曾翻刻印行，瑞典学者佛郎塞尔亦有英译本。今通行本有1990年解放军出版社出版的《何博士备论注译》。

吕本中卒（1084—　）。本中原名大中，字居仁，号紫微，学者称东莱先生，寿州人。吕公著曾孙。绍兴六年特赐进士出身，擢起居舍人兼权中书舍人。官至中书舍人兼侍讲,兼权直学士院。以忤秦桧罢官。诗学黄庭坚、陈师道,又从杨时、游酢游。《宋元学案》为列《紫微学案》。著有《春秋解》10卷、《童蒙训》3卷、《师友渊源录》5卷及《江西诗社宗派图》、《东莱先生诗集》、《紫微诗话》等。事迹见《宋史》卷三七六本传。

按:吕氏《春秋集解》,汇集了陆淳、孙复、孙觉、刘敞、苏辙、程颐、胡安国等数家治《春秋》之说,采择颇为精审,其间不掺杂自己的议论,亦不加任何评介之语,编撰自成特点。全祖望认为吕本中治学"不名一师,亦家风也。自元祐后诸名宿,如元城(刘安世)、龟山(杨时)、廌山(游酢)、了翁(陈瓘)、和靖(尹焞)以及王伯信(王蘋)之徒,皆尝从游,多识前言往行以蓄其德。而溺于禅,则又家门之流弊乎!"(《宋元学案》卷三六《紫微学案》)《四库全书总目提要》曰:《春秋集解》"旧刻题曰吕祖谦,误也。本中字居仁,好问之子。……学者称为'东莱先生',故赵希弁《读书附志》称是书为东莱先生撰。后人因祖谦与朱子游,其名最著,故亦称为东莱先生。而本中以诗擅名,诗家多称吕紫微,东莱之号稍隐,遂移是书于祖谦。不知陈振孙《书录解题》载是书,固明云本中撰也。朱彝尊《经义考》尝辨正之,惟以《宋志》作十二卷为疑。然卷帙分合,古今每异,不独此书为然。况振孙言:'是书自三《传》而下,集诸儒之说不过陆氏、两孙氏、两刘氏、苏氏、程氏、许氏、胡氏数家,而采择颇精,全无自己议论。'以此本考之亦合。知旧刻误题审矣。惟《宋志》此书之外,别出祖谦《春秋集解》三十卷,稍为抵牾。疑宋末刻本,已析其原卷,改题祖谦,故相沿讹异,史亦因之重出耳。祖谦《年谱》备载所著诸书,具有年月,而《春秋集解》独不载,固其确证,不必更以他说疑也。本中尝撰《江西宗派图》,又有《紫微诗话》,皆盛行于世。世多以文士目之,而经学深邃乃如此。林之奇从之受业,复以其学授祖谦,其渊源盖有自矣。"此书有《通志堂经解》本、《四库全书》本等。

邵隆卒(1095—)。隆初名兴,字晋卿,解州安邑人。在商州屡与金人战,有功,和议成,知叙州。尝撰《料理河南策成编》。

陈渊卒,生年不详。渊字知默,初名渐,字几叟,南剑州沙县人。早年从学"二程",后师杨时,学者称默堂先生,其所创学派称默堂学派。绍兴五年,以胡寅、廖刚等荐,充枢密院编修官。七年,赐进士出身,后除监察御史、右正言,因忤秦桧罢官。著有《默堂集》22卷。《宋元学案》为列《默堂学案》。事迹见《宋史》卷三七六本传。

按:《四库全书总目提要》评《默堂集》曰:"尝榜所居之室曰默堂,其门人沈度编次诗文,因以名集。凡文十二卷,诗十卷。渊为杨时弟子,传程氏之学,故《上殿札子》首辟王安石。又如诋秦桧,纠莫将,郑亿年,论宰执不职,皆侃侃不阿。其它议论时政,亦多切实。为诗不甚雕琢,然时露真趣,异乎宋儒之以诗谈理者。惟《与翁子静论陶渊明》,以不知义责之,未免讲学诸人好为高论之锢习。又力崇洛学,而于陈瓘之事佛独津津推奖,亦未免牵于私情,不为至公耳。《宋史·艺文志》载渊集二十六卷,词三卷,此本止二十二卷,未知为传写脱佚,或《宋史》字误。又别本十二卷,题曰《存诚斋集》,盖渊尝以《存诚斋铭》示学者,故后人以名其集。有文无诗,第一卷末较此本少启三篇,第九卷末较此本少书二篇,字亦多所讹阙,未若此本之完善也。"全祖望曰:"龟山弟子遍天下,默堂以爱婿为首座。其力排王氏之学,不愧于师门矣。惜其早侍了斋,禅学深入之,而龟山亦未能免于此也。所以不得输正统于豫章。"(《宋元学案》卷三八《默堂学案》)默堂学派弟子不多,著名者有沈度等。

宋绍兴十六年　金皇统六年　夏人庆三年
西辽咸清三年　丙寅　1146 年

正月戊子,增太学外舍生,定以千名为限。

按:《宋史·选举志三》载:"凡诸道住本州岛学满一年,三试中选,不犯第三等以上罚,或不住学而曾两预释奠及齿于乡饮酒者,听充弟子员。每岁春秋两试之,旋命一岁一补。于是多士云集,至分场试之。俄又诏三年一试,增至千员,中选者皆给绫纸赞词以宠之。"

三月庚子朔,宋高宗以文武之道不可偏废,遂命有司重建武学,沿至宋亡。

四月,宋兵部进呈武学条格。

七月壬辰,提举秘书省秦熺奉诏立定献遗书赏格,应有官人献秘阁所无善本书至 2000 卷,其人即可转官,士人免解,余比类增减推赏,愿给值者亦可。

按: 由是宋诸路监司守臣均纷纷访求晋、唐真迹及善本书。

诏罢明法科。

十一月庚午,言者论:"近来诗赋、经术,各以旧试人数分取,其间不无轻重。大抵习诗赋者多,故取人常广;治经术者鲜,故取人常少。今若专以就试之人立定所取分数,则诗赋人常占十之七八,而治经术者止得十之一二,但恐浸废经术之学矣。望命有司再加讨论,如通经之人有余,听参以策论,圆融通取,明立分数,庶几主司各有遵守。"高宗曰:"当日行诗赋,为士人不读史;今若专用诗赋,士人不读经。大抵读书当以经义为先,所论宜令礼部看详以闻。"(《续资治通鉴》卷一二七)

十二月,西夏尊孔子为文宣帝,令州郡立庙祭祀。

胡寅自衡山来访刘子翚、胡宪、刘勉之武夷三先生,朱熹侍坐见之。

朱熹十月有诗挽刘子羽卒。

胡宏约于本年以荫补右承务郎,因不满秦桧当政,辞不就。

叶梦得正月戊子以荣信军节度使致仕,居湖州。

张浚七月壬申上疏论时事,得罪秦桧,落节钺,贬连州居住。张栻随父居连州,从王大宝游学。

洪兴祖约于本年被召试,授秘书省正字。

陆游迫于母命,是年出唐琬。

杜天佛留二月告宇文虚中谋反,六月,宇文虚中与高士谈一同被害。

汪勃弹劾朱敦儒"专立异论",与主战派大臣李光相交通,朱敦儒被罢官(《宋史·朱敦儒传》)。

吕大器为江东提举司干官，吕祖谦随侍于池阳。

吴沆著《群经正论》4卷、《三坟训义》3卷。
按：吴沆字德远，抚州崇仁人。学通五经，尤长《周易》、《周礼》。所著尚有《易发微》、《论语发微》、《老子解》、《环溪大全集》。

吴淑所著《事类赋》30卷由两浙东路茶盐司刻行。
按：该书摘录古籍文字，按内容分类编排，是类似小百科全书的一部工具书。《四库全书总目提要》曰："是编乃所作类事之书。卷首结衔称博士，盖其进书时官也。前有淑《进书状》，称：'先进所著，一字题赋百首，退惟芜累，方积兢忧，遽奉训词，俾加注释。'又称：'前所进二十卷，加以批注，卷帙差大，今广为三十卷，目之曰《事类赋》'云云。是淑初进此赋二十卷，尚无书名。及奉敕自注，乃增益卷数，定著今称也。凡天部三卷，岁时部二卷，地部三卷，宝货部二卷，乐部一卷，服用部三卷，什物部二卷，饮食部一卷，禽部二卷，兽部四卷，草木部、果部、鳞介部各二卷，虫部一卷。分子目一百，与进状数合。类书始于《皇览》。六朝以前旧笈，据《隋书·经籍志》所载，有朱澹远《语对》十卷，又有《对要》三卷，《群书事对》三卷，是为偶句隶事之始。然今尽不传，不能知其体例。高士奇所刻《编珠》，称隋杜公瞻撰者，伪书也。今所见者，唐以来诸本骈青妃白、排比对偶者，自徐坚《初学记》始；镕铸故实，谐以声律者，自李峤《单题诗》始；其联而为赋者，则自淑始。峤诗一卷今尚存，然已佚其注。如桂诗中'侠客条为马，仙人叶作舟'之类，古书散亡，今皆不知为何语，故世不行用。淑赋既工雅，又注与赋出自一手，事无舛误，故传诵至今。观其《进书状》称：'凡谶纬之书及谢承《后汉书》，张璠《汉记》，《续汉书》，《帝系谱》，徐整《长历》，《元中记》，《物理论》，皆今所遗逸，而著述之家相承为用。不忍弃去，亦复存之'云云。则自此逸书数种外，皆采自本书，非辗转扦撦者比，其精审益为可贵，不得以习见忽之矣。"

曾慥著《乐府雅词》成。

方于宝著《风骚大全集》100卷成。

宇文虚中卒（1079— ）。虚中字叔通，别号龙溪老人，成都人。先仕宋，大观三年进士。建炎二年充祈请使，遂降金，官礼部尚书、翰林学士承旨。为金制定官制礼仪，金人称为国师。后被诬谋反，全家焚死。著有《春秋纪咏》30卷、《纶言集》31卷、《宇文肃愍公文集》等，原已佚，《中州集》录其诗50首。事迹见《宋史》卷三七一、《金史》卷七九本传。
按：苏天爵曰："金人入中原，宋臣死节者仅十数人。奉使不屈如洪皓、朱弁辈又数人。而宇文虚中者，既失身仕金，为显宦矣，金初一切制度皆虚中所裁定。如册宋高宗为帝，文亦虚中在翰林时所撰。第以讥讪慢侮权贵被杀。今《宋史》书曰，欲因虏主郊天举事，果可信乎？甚至比为苏武、颜真卿，而又录用其宗人，固曰激劝臣下，然亦何为饰诈矫诬之如是乎？"（《滋溪文稿》卷二五《三史质疑》）

胡松年卒（1087— ）。松年字茂老，海州怀仁人。政和二年，上舍释褐，补潍州教授。高宗时官吏部尚书，权参知政事。原有集，已佚。事迹见《宋史》卷三七九本传。

梁观国卒（1088— ）。观国字宾卿，番禺人。尝两预州荐，不中，遂弃举业。绍兴间曾与胡寅论学，其文得胡寅赞赏。著有《归正集》20卷、

主教奥托·冯·弗赖辛在亚里士多德和奥古斯丁作品的基础上撰写历史哲学编年史《世俗和宗教编年史》。

奥地利奥托·冯·法莱辛格于公元1143年始著的《二国年代纪》成书。

行吟诗人用普罗旺斯语创作和咏唱宫廷抒情诗。

英国历史学家吉拉尔杜斯（ —约1223）约于是年生。

《议苏文》5卷、《丧礼》5卷等,皆佚。《宋元学案》列其入《衡麓学案》。事迹见胡寅《进士梁君墓志铭》(《斐然集》卷二六)。

刘子羽卒(1097—)。子羽字彦修,崇安人。官至右朝议大夫、徽猷阁待制。曾受朱松之托,照顾朱熹。其死后32年,朱熹为作《少傅刘公神道碑铭》(《晦庵集》卷八八附)。

刘尧夫(—1189)、丁希亮(—1192)、黄裳(—1194)生。

宋绍兴十七年　金皇统七年　夏人庆四年
西辽咸清四年　丁卯　1147年

第二次十字军东侵。

奥地利创建维也纳圣司提反大教堂。

西班牙托莱多市的宗教短剧(147行)兴起。

莫斯科首次见载于罗斯史籍。

丝织技术传入西欧。

正月辛卯,左迪功郎陈介言:"国家颁降乡饮酒仪式,而诸郡所行,疏数不同。请令三岁科举之年,行之于庠序,即古者三年大比饮酒于序之意也。"国子监言:"唐人亦止行于贡士之岁,宜依介所请。如愿每岁举行者,听从其便。"从之(《续资治通鉴》卷一二七)。

三月,金兀术连年征讨蒙古未克,乃与之议和。蒙古自号大蒙古国。

四月己未,诏责授清远军节度副使、吉阳军安置赵鼎,遇赦永不检举。右修职郎石悆,追毁出身以来文字,除名勒停,特免真决,送浔州编管。

六月十九日,诏禁止私刻书籍。

十一月丁卯,权礼部侍郎周执羔请复赐新及第进士闻喜宴于礼部贡院,从之。

是年,于临安建万寿观,奉圣祖、长生帝及太祖以下神御,每逢帝、后生辰、圣节,并御驾于此作道场。

夏改元天盛。策举人,始立唱名法。

朱熹参加建州乡贡考试。十一月秋试归,刘子翚有诗勉之。

按:考官蔡兹曰:"吾取中一后生,三篇策皆欲为朝廷措置大事,他日必非常人。"(《闽中理学渊源考》卷一八)

陆九渊9岁,属文能自达。

袁枢入太学学习。

吕颐浩生前曾得罪秦桧,是年其子朝散郎吕摭被窜于藤州。

洪皓五月被秦桧党羽诬为"作欺世飞语",由饶州通判责濠州团练副使,英州安置。

张元幹三月在福州与叶梦得宴集,有《丁卯上巳燕集叶尚书蕊香堂赏海棠即席赋之》词。

周紫芝是春为右迪功郎、敕令所删定官。十二月为枢密院编修官。在临安与友人结诗社。

石恮曾为潮州录事参军,因以前"待遇赵鼎",至是除名,浔州编管。

辛弃疾在此年前后受学于亳州刘瞻。

按：元好问《中州集》卷二《刘内翰瞻小传》："瞻字岩老,亳州人。天德三年南榜登科,大定初召为史馆编修,卒官。党承旨世杰、郦著作元兴、魏内翰飞卿,皆尝从之学。岩老自号撄宁居士,有集行于世。作诗工于野逸。"

孟元老写定《东京梦华录》10卷。

按：《四库全书总目提要》曰："元老始末未详。盖北宋旧人,于南渡之后,追忆汴京繁盛而作此书也。自都城、坊市、节序、风俗及当时典礼、仪卫,靡不赅载。虽不过识小之流,而朝章国制,颇错出其间。核其所纪,与《宋志》颇有异同。如《宋志》南郊仪注,郊前三日,但云斋于大庆殿、太庙及青城斋宫;而是书载车驾宿大庆殿仪、驾宿太庙奉神主出室仪、驾诣青城斋宫仪,委曲详尽。又如郊毕解严,《宋志》但云御宣德门肆赦;而是书载下赦仪,亦极周至。又行礼仪注,《宋志》有皇帝初登坛,上香奠玉币仪,既降盥洗,再登坛然后初献;而是书奏请驾登坛即初献,无上香献玉帛仪。又太祝读册,《宋志》列在初献时;是书初献之后再登坛,始称读祝,亦小有参差。如此之类,皆可以互相考证,订史氏之讹舛。固不仅岁时宴赏,士女奢华,徒以怊怅旧游,流传佳话者矣。"

鲍彪著《战国策注》10卷成书。

按：鲍彪字文虎,浙江缙云人。官至尚书郎。著有《少陵诗谱论》等。《四库全书总目提要》曰："《战国策》一书,编自刘向,注自高诱。至宋而诱注残阙,曾巩始合诸家之本校之,而于注文无所增损。姚宏始稍补诱注之阙,而校正者多,训释者少。彪此注成于绍兴丁卯,其《序》中一字不及姚本。盖二人同时,宏又因忤秦桧死,其书尚未盛行于世,故彪未见也。彪书虽首载刘向、曾巩二《序》,而其篇次先后,则自以己意改移,非复向、巩之旧。是书窜乱古本,实自彪始。"

郑樵按颁行的《秘书省四库阙书目》,集为《求书阙记》7卷及《求书外记》10卷。

王禹偁所著《小畜集》由知黄州沈揆始刊,并为之《后序》。

按：《四库全书总目提要》曰："禹偁尝自次其文,以《易》筮之,得乾之小畜,因以名集。晁公武《读书志》、陈振孙《书录解题》皆作三十卷,与今本同。惟《宋志》作二十卷。然《宋志》荒谬最甚,不足据也。宋承五代之后,文体纤俪,禹偁始为古雅简淡之作。其奏疏尤极剀切,《宋史》采入本传者,议论皆英伟可观。在词垣时所为应制骈偶之文,亦多宏丽典赡,不愧一时作手。集凡赋二卷、诗十一卷、文十七卷,绍兴丁卯历阳沈虞卿尝刻之黄州,明代未有刊本,世多钞传其诗,而全集罕觏。故王士禛《池北偶谈》称仅见书贾以一本持售,后不可复得为憾。近时平阳赵氏始得宋本刊行。而陈振孙《书录解题》所载《外集》三百四十首,其曾孙汾所裒辑者,则久佚不传。此残本为河间纪氏阅微草堂所藏,仅存第七卷至第十三卷,而又七卷前阙数页,十三卷末《集贤钱侍郎知大名府序》惟有篇首二行,计亦当阙一两页。原帙签题,即曰《小畜外集残本》上、下二册,知所传止此矣。其中《次韵和朗公见赠》诗及题下自注,'朗'字皆阙笔,知犹从宋本影钞本。凡诗四十四篇、杂文八篇、论议五篇、传三篇、箴赞颂九篇、代拟二十篇、序十二篇,共一百一篇,较原帙仅三之一。然北宋遗集,流传渐少。我皇上稽古右文,凡零篇断简散见《永乐大典》中者,苟可编排,咸命儒臣辑录成帙,以示表章。此集原书七卷,岿然得存,是亦可宝之秘籍,不容以残阙废矣。"

福建转运司刻印《太平圣惠方》100卷。

黄伯思所著《东观余论》是年由其子黄扔刊行。

按：《四库全书总目提要》曰："《东观余论》二卷，宋黄伯思撰。……伯思殁时，年仅四十，而学问淹通。李纲志其墓，称经史百家之书，天官、地理、律历、卜筮之说，无不精诣。又好古文奇字，钟鼎彝器疑式体制，悉能了达辨正。所著有《法帖刊误》二卷，《古器说》四百二十六篇。绍兴丁卯，其子扔与其所著论辨题跋合而刊之，总名曰《东观余论》。然扔《跋》称共十卷，今本仅二卷，或后来传写所合并。所载古器亦不足四百二十六条，则疑扔于其未定之说有所去取，较务矜繁富、不辨美恶、徒夸祖父之长，而适暴所短者，其识特高。又《书录解题》载伯思《博古图说》十一卷，凡诸器五百二十七，印章四十五，无《古器说》之名。又称后来修《博古图》多采用之，疑为官书既行之后，其名适同，亦扔改题之，以避尊也。其书颇讥欧阳修不精考核，而楼钥《跋》中乃摘书中史籀书一条，异苑一条，王献之璇题一条，匆匆一条，甘蔗帖一条，纠其疏漏。盖考证之学，本无尽藏，递相掎摭，不能免也。要其精博，胜《集古录》多矣！"

苏庠卒（1065—　）。庠字养直，号后湖居士，泉州人，后徙丹阳。苏坚子。尝应进士试，以犯讳被黜，遂不复应试。绍兴间，居庐山，与徐俯同召，不赴。著有《后湖集》10卷、《后湖词》1卷，已佚，近人刘毓盘辑有《后湖词》1卷。事迹见曾慥《跋苏养直词翰》（明朱存理《赵氏铁网珊瑚》卷四）。

赵鼎卒（1085—　）。鼎字符镇，号得全居士，解州闻喜人。从学于邵雍之子邵伯温。南宋初曾两度为相，荐举岳飞收复重镇襄阳。后因与秦桧意见不合，被罢官。孝宗时谥忠简，赠封丰国公。绍兴中，曾监修神宗、哲宗《实录》。著有《忠正德文集》。《宋元学案》为列《赵张诸儒学案》。事迹见《宋史》卷三六〇本传。

按：赵鼎和张浚等人所创立的学派，称赵张学派，亦称赵张诸儒学派，其著名弟子有赵谧、赵纶、王大宣、张栻、王十朋、杨万里、张忠恕、宋晋之、吕陟、罗博文、张杰、陆游等。全祖望曾曰："中兴二相，丰国赵公尝从邵子文游，魏国张公尝从谯天授游，丰公所得浅，而魏公则惑于禅宗。然伊洛之学，从此得昌。"（《宋元学案》卷四四《赵张诸儒学案》）

刘子翚卒（1101—　）。子翚字彦冲，号屏山，一号病翁，崇安人。刘子羽弟。与胡宪、刘勉之为道义之交，人称"武夷三先生"。朱熹曾从之问学。以父荫授承务郎，除通判兴化军。后归武夷山讲学，学者称屏山先生。谥文靖。著有《屏山集》20卷。《宋元学案》列其入《刘胡诸儒学案》。事迹见《宋史》卷四三四本传、朱熹《屏山先生刘公墓表》（《晦庵集》卷九〇）。近人詹继良编有《屏山先生年谱》。

按：《四库全书总目提要》评《屏山集》曰："此集乃其嗣子坪所编，而朱子为之序。《序》末署门人朱某，盖早年尝以父命受业于子翚也。集中谈理之文，辨析明快，曲折尽意，无南宋人语录之习；论事之文，洞悉时势，亦无迂阔之见。如《圣传论》、《维民论》及《论时事札子》诸篇，皆明体达用之作，非坐谈三代、惟骛虚名者比。古诗风格高秀，不袭陈因。惟七言近体宗派颇杂江西，盖子翚尝与吕本中游，故格律时复似之也。王士禛《池北偶谈》曰：'屏山诸诗往往多禅语，如《牧牛颂》

云：'直绕牧得浑纯熟，痛处还应著一鞭'；《径山寄道服》云：'聊将佛日三端布，为造青州一领衫'；又云'此袍遍满三千界，要与寒儿共解颜'，此类是也。'又述子翚之言曰：'吾少官莆田，以疾病时接佛、老之徒，闻其所谓清净寂灭者而心悦之。比归读儒书，乃见吾道之大'云云，是子翚之学初从禅入，当时原不自讳，故见于吟咏者如此矣。"

刘处玄（ —1203）、倪思（ —1220）生。

宋绍兴十八年　金皇统八年　夏人庆五年　西辽咸清五年　戊辰　1148年

三月乙酉，诏：私擅渡淮及招纳叛亡之人，并行军法。

四月庚寅，策试正奏名进士于射殿，王佐、董德元以下330人赐及第、出身。考官为权吏部侍郎边知白、礼部侍郎周执羔、右正言玉彶。

乙巳，特奏名进士俞舜凯等457人，武举进士柯燕等7人，特奏名1人，赐第、授官有差。

甲寅，金修《辽史》成书。

五月甲子，绘配飨功臣像于景灵宫之壁，皇武殿赵普、曹彬，大定殿薛居正、石熙载、潘美，熙文殿李沆、王旦、李继隆，美成殿王曾、吕夷简、曹玮，治隆殿韩琦、曾公亮，大明殿富弼，重光殿司马光，承元殿韩忠彦，凡16人（《续资治通鉴》卷一二八）。

八月癸巳，权礼部侍郎沈该乞四川类省试合格不赴殿试人，第一等并赐进士出身，余人同出身，从之。

戊戌，金监修国史、太师完颜宗弼等进《太祖实录》。

癸丑，宋高宗谓秦桧曰："朕记卿自虏中归，尝对朕言：'如欲天下无事，须是南自南，北自北。'遂首建讲和之议，朕心固已判然。而梗于众议，久而方决。今南北罢兵六年矣，天下无事，果如卿言。"（《建炎以来系年要录》卷一五八）

按："绍兴和议"，有人谓秦桧是决策者，其实只是"建议"者，决策者乃宋高宗自己。

是月，命恢复各地县学，并参照徽宗朝法令，县学由士人任学长和学谕；知州、通判选科举出身或太学毕业的县官一人兼管县学。

闰八月戊辰，权礼部侍郎陈诚之请太学生入学五年不与荐及公试不入等者，除其籍，从之。

十二月，西夏复建内学，选名儒主教。增修律成，赐名曰《新律》。

宋药局改称"太平惠民局"，《和剂局方》也改称《太平惠民和剂局》，陆续增补。

十字军和耶路撒冷王国军，围攻大马士革败师。再攻阿什克伦，又败。

意大利佛罗伦萨始有丝织业。

朱熹正月娶刘勉之长女刘清四，四月入京会试，登王佐榜进士第五甲第九十名，赐同进士出身。

朱熹中进士后回闽途中，首次造访杨时门人徐存。

> 按：徐存字逸屏，号诚叟，浙江江山人。曾创建南塘书院。朱熹《跋徐诚叟赠杨伯起诗》曰："熹年十八九时，得拜徐公先生于清湖之上，便蒙告以克己归仁、知言养气之说。时盖未达其言，久而后知为不易之论也。"（《晦庵集》卷八一）明方豪《逸平书院记》曰："吾邦有先正曰逸平先生者，徐姓，存名，诚叟其字。受业龟山，得程氏之学，与朱子实相友善，尝讲道于南塘书院。逸平既殁，朱子往吊焉，书院已为毛氏墓田，因赋诗寄哀，有'徐子旧书址，毛公新墓田'之句。"

张棣知新州，奏劾胡铨与人唱和，谤讪怨望，胡铨十一月己亥由新州移吉阳军编管。王庭珪独以诗送行。

> 按：胡铨在新州著《好事近》词，秦桧党羽张棣见词中有"有豺狼当辙"语，以为是"讥讪"；又谓胡铨"万古嗟无尽，千生笑有穷"诗句，"无尽"指宰相张商英，号无尽居士；"有穷"则古所谓有穷后羿也。是为"谤讪怨望"，上奏秦桧，于是胡铨再次遭贬。

胡铨初到吉阳军，与被贬在琼州的李光同居一岛，两人时有诗赋唱和。

张元幹与赵端礼游，有《为赵端礼作》词。

郑刚中十一月由四川宣抚副使被秦桧责濠州团练副使，复州安置。

尤袤中进士。

葛立方为秘书省正字。

郭钦止在东阳建石洞书院，延名人主讲席，教族中子弟及乡里俊秀。

> 按：吕祖谦、魏了翁、陈傅良、陆九渊、陆游等名儒曾先后来此书院讲学、题词、作诗。宋宰相乔行简、名宦乔梦符等曾就读于此。

道教太一教教主萧抱珍奉金熙宗命赴阙，赐观额"太一万寿"。

金比丘尼崔法珍断臂发愿募资翻刻北宋官版《大藏经》，并加以补充，此为《金藏》刻印之始。

冰岛历史学家阿里著《冰岛书》，详载了冰岛的历史。

荆湖北路安抚司刻印唐许嵩《建康实录》20卷。

完颜宗弼等修成《太祖实录》。

萧永祺著成《辽史》。

夏乐官李元儒采汉人乐书，参照夏制，著成《新律》（又称《鼎新律》）。

赵崇祚所编《花间集》10卷刊行，晁谦之作跋。

> 按：《四库全书总目提要》曰："诗余体变自唐，而盛行于五代。自宋以后，体制益繁，选录弥众。而溯源星宿，当以此集为最古。唐末诸名家词曲，俱赖以仅存。"

胡仔著《苕溪渔隐丛话》前集成书。

> 按：阮阅撰《诗话总龟》时，因党禁未开，故元祐诸家作品都未收录，胡仔撰此书，党禁已被解除，遂取元祐以来诸公诗话，及史传、小说所载事实，可以发明诗句及增益见闻者，纂为一集。凡《诗总》所有，此不复纂集，庶免重复。今通行本是1962年人民文学出版社出版，1980年补正重印的廖德明校点本。

叶梦得卒(1077—)。梦得字少蕴,号石林居士,吴县人。绍圣四年进士。绍兴时任江东安抚制置大使,兼知建康府、行宫留守,颇致力于防务及军饷供应。晚年退居吴兴卞山,藏书数万卷。学问博洽,精熟掌故。著有《春秋传》20卷、《春秋考》16卷、《春秋谳》20卷及《石林词》、《石林燕语》、《石林诗话》、《建康集》、《避暑录话》等。事迹见《宋史》卷四四五本传。今人王兆鹏编有《叶梦得年谱》。

按:叶梦得出生于仕儒之家,一生著述繁富,见于历代著录的著述多达50余种,数百卷,广涉经、史、子、集四部,被公认为宋代著名学者,在宋代学术文化发展史上具有重要的地位和影响。潘殊闲的《叶梦得研究》(巴蜀书社2007年版)一书,对叶梦得的学术思想、文学成就作了全面系统的评价,可资参考。

陈鹏飞卒(1099—)。鹏飞字少南,浙江永嘉人。绍兴十二年进士。历太学博士、崇政殿说书,迁礼部员外郎。著有《陈博士书解》30卷、《诗传》20卷、《管见集》10卷、《罗浮集》2卷,皆佚。《宋元学案》为列《赵张诸儒学案》。事迹见叶适《陈少南墓志铭》(《水心集》卷一三)。

陈长方卒(1108—)。长方字齐之,号唯室,长乐人。绍兴八年进士,官江阴军学教授。学者称唯室先生。著有《尚书讲义》5卷、《礼记传》、《春秋私记》32篇、《两汉论》10卷、《唐论》、《上蔡语论辩正》及《唯室集》14卷等。今存《唯室集》4卷和《步里客谈》2卷。《宋元学案》列其入《震泽学案》。事迹见胡百能《陈唯室先生行状》(《唯室集》卷五附)。

按:《四库全书总目提要》曰:"《唯室集》四卷、《附录》一卷,宋陈长方撰。……是集诗文散入《永乐大典》各韵下。据胡百能《行状》,原本凡十四卷,又唐瑑原序,称其家所刊凡二百篇。今掇拾残阙,仅得文五十五首,诗三十九首,勒为四卷,而以他人所作铭、状、记、序附录于后,以备稽考。虽较原书篇数祇及其半,而菁华具在,亦可以观其大凡矣。长方父侁与游酢、杨时、邹浩、陈瓘等游,故长方之学以程氏为宗。《朱子语录》于同时学者多举其字,惟于长方则称曰唯室先生,盖颇引以为重也。冯时可《雨航杂录》谓宋儒论人喜核而务深,长方亦不免于是。然如谓刘先主灭刘璋取蜀为行不义,杀不辜,故不能有天下;谓张九龄与李林甫同辅政,不能发其奸而去之,以致天宝之乱,虽核以事势,均未必尽然,要其理则不为不正。至于《绍兴六年应诏札子》谆谆以严师律、备长江、讲漕运为急,又因朝廷罢赵鼎,任张浚,作《里医》一篇,以为国家起锢疾,必固元气,补当持重,攻当相机,盖其意不主于和,亦不主于遽战。富平、淮西、符离三败,躁妄偾事,若预睹之,固与迂阔者异矣。虽佚简残篇,仅存什一,要胜于虚谈高论,徒供覆瓿者也。"

方士繇(—1199)、巩丰(—1217)、丘处机(—1227)生。

拜占廷公主安娜·科穆宁娜卒(1083—)。历史学家,著有《阿列克塞皇帝政事纪》。

比利时圣蒂埃里的威廉卒(约1085—)。基督教士、神学家,著有《论爱的性质与尊严》、《论默念上帝》、《信心宝鉴》、《信心之谜》、《黄金书信》等。

法国梯利的基云卒(约1080—)。神秘主义经院哲学家、克勒窝的伯尔拿友人。著有《论肉体与精神的本性》、《论神的省察》、《论神的爱的本性与价值》。

宋绍兴十九年 金皇统九年 海陵炀王完颜亮天德元年 夏天盛元年 西辽咸清六年 己巳 1149年

正月,金以完颜亮兼都元帅,五月使亮出领行台尚书省事,九月召还为平章政事,十二月丁巳杀其主金熙宗完颜亶自立。

八月甲戌,诏以景灵宫绘像功臣之副藏于天章及秘阁。

九月,高宗命绘秦桧像,作赞赐之。

十一月甲辰,诏诸郡行乡饮酒之礼以取士。

十二月己未,金改皇统九年为天德元年。

是年,宋严禁私史,许人告发。

朱熹20岁方知读《孟子》之法。又得上蔡谢良佐《论语解》,刻苦研读。

> **按**:朱熹曰:"《孟子》若读得无统,也是费力。某从十七八岁读至二十岁,只逐句去理会,更不通透。二十岁已后,方知不可恁地读。元来许多长段都自首尾相照管,脉络相贯穿,只恁读,自见得意思。从此看《孟子》,觉得意思极通快,亦因悟作文之法。如《孟子》当时固不是要作文,只言语说出来首尾相应,脉络相贯,自是合著如此。"(《御纂朱子全书》卷五五)

郑樵将所著"经旨、礼乐、天文、地理、虫鱼、草木、方书"上于朝,诏藏秘府。

王庭珪六月坐前以诗送胡铨,被乡人告讦,以谤讪朝廷停官,送辰州编管。

郑刚中因此前作启送胡铨贬新州,遭秦桧嫉恨,移封州安置。至贬所,守臣赵成之希秦桧意,以后将郑刚中迫害致死。

张棣时知新州,十月再劾胡铨而升提举荆湖北路常平茶盐公事。知英州倪闻之,欲效法其时,即使兵马都监捕洪皓家奴置狱中,酿次其罪。邵州守臣石稽中知辛永宗为秦桧所恶,劾其罪。辛永宗被籍家,一簪不留。

朱敦儒以左朝散郎致仕,居住嘉兴城南。

张孝祥居建康,师同乡蔡清宇为学。

法国天主教徒、伯尔拿派创始人克勒窝的伯尔拿始著《论熟察》。

明州公使库刻印徐铉《骑省徐公集》30卷,徐琛有《明州重刊徐骑省文集后序》。

陈旉著《农书》3卷成书刊行。

> **按**:是书为现存最早的论述南方水稻区域农业技术的专著。

洪遵著《泉志》15卷成书。

> **按**:本书是我国现存最早的钱谱著作,具有很高的学术价值,被许多钱币学家奉为经典。《四库全书总目提要》曰:"是书汇辑历代钱图,分为九品,自皇王偏霸以及荒外之国,凡有文字可纪、形象可绘者,莫不毕载,颇为详博。然历代之钱不能尽传于后代。遵《自序》称尝得古泉百有余品,是遵所目验,宜为之图。他如周太公泉形圜函方,犹有《汉食货志》可据,若虞、夏、商泉,何由识而图之?且《汉志》云太公为圜函方形,则前无是形可知。遵乃使虞、夏、商尽作周泉形,不亦谬耶!至《道书》'天帝用泉'语,本俚妄,遵亦以意而绘形,则其诞弥甚矣。是又务求详博之过也。"清代嘉庆年间,瞿木夫著有《泉志补政》,以后又作《泉志续编》;又宋振誉著有《续泉志》,

其子宋庆凝著有《续泉志续补》,所录钱币至明代为止,共增达600余种。《泉志》有明清刻本多种,如《秘册汇函》本、《津逮秘书》本、《学津讨原》本、洪氏晦木斋本等。

王灼著《碧鸡漫志》5卷成书。

韩昉卒(1082—)。昉字公美,辽燕京人。辽天庆二年,中进士第一。补右拾遗,转史馆修撰。累迁少府少监、乾文阁待制。加卫尉卿,知制诰,充高丽国信使。金天会五年,加昭文馆直学士,兼堂后官。再加谏议大夫,迁翰林侍讲学士。改礼部尚书,迁翰林学士,兼太常卿,预修《金先朝实录》。金初礼制多出其手,对金初文治颇有贡献。事迹见《金史》卷一二五本传。

按:《金史》本传曰:"昉自天会十二年入礼部,在职凡七年。当是时,朝廷方议礼,制度或因或革,故昉在礼部兼太常甚久云。""昉虽贵,读书未尝去手,善属文,最长于诏册,作《太祖睿德神功碑》,当世称之。"

常同卒(1090—)。同字子正,晚号虚闲居士,四川临邛人。常安民子。尝从学于刘安世、张耒。政和八年,赐上舍及第。绍兴二年,知柳州,亲自编校柳宗元文集,刊于柳州,又尝校刻苏辙《古史》和张耒文集。著有《虚闲集》20卷、《乌台日记》3卷、《多闲录》1卷,皆佚。《宋元学案》列其入《范吕诸儒学案》。事迹见汪应辰《御史中丞常公墓志铭》(《文定集》卷二〇)。

刘勉之卒(1091—)。勉之字致中,号草堂,建州崇安内五夫里白水人,学者称白水先生。以乡荐举诣太学。师事谯定,尽得其学之本末。又见刘安世、杨时,皆请教学业。绍兴间召至,与秦桧不合,即谢病归。朱熹曾从其受学5年,对理学思想的形成有重要影响。著有《草堂文集》,已佚。《宋元学案》为列《刘胡诸儒学案》。事迹见《宋史》卷四五九《隐逸传下》、朱熹《聘士刘公先生墓表》(《晦庵集》卷九〇)。今人郭齐编有《刘勉之事迹考》。

按:朱熹《聘士刘公先生墓表》曰:"时蔡京用事,方禁士册得挟元祐书,制师生收司连坐法,犯者罪至流徙,名为一道德者,而实以钳天下之口。先生心独知其非是,阴访伊洛程氏之传,得书藏去,深夜同舍生皆熟寐,乃始探箧解,下帷燃膏,潜钞而默诵之。"(《晦庵集》卷九〇)刘勉之是从二程之学发展到朱子学的一个重要环节,在宋代理学发展史上占有重要地位。他和胡宪、刘子翚等人创立的刘胡学派,弟子甚多,著名者有朱熹、吕祖谦、魏掞之、刘懋、邵景之、方耒、刘珙、刘玶、黄铢、詹体仁、林之奇、李楠、李樗、刘燫、刘炳等。

宋绍兴二十年　金天德二年　夏天盛二年
西辽咸清七年　庚午　1150年

正月丙午,两浙转运判官曹泳言右承务郎李孟坚省记乃父李光所著

| 德意志勃兰登堡侯国始建。

造纸术经穆斯林传入西班牙。

波洛尼亚医科学院成立。

阿兹特克人、奇奇梅克人约于此前后摧毁托兰城，墨西哥托尔特克文化始为阿兹特克文化所取代。

《小史》，语涉讥谤，诏送大理寺。

二月丙寅，初作玉牒所。

三月丙申，秦桧以李光所写私史"语涉讥谤"，令李光遇赦永不检举，其子孟坚除名，编管于峡州。

按：凡与李光有书信往来"讥讪"朝政者，如胡寅、程瑀、潘良贵、宗颖、张焘、许忻、贺允中、吴元美等8人皆连坐，诏："寅落职，瑀、良贵、颖并降三官，焘、忻、允中、元美并降二官。"（《续资治通鉴》卷一二八）

四月，金主亮杀宗室完颜杲等50多人。

九月十二日，殿中侍御史曹筠上奏，禁以伊川程学取士。

按：《宋史·选举志二》载："自神宗朝程颢、程颐以道学倡于洛，四方师之，中兴盛于东南，科举之文，稍用颐说。谏官陈公辅上疏诋颐学，乞加禁绝。秦桧入相，甚至指颐为'专门'。侍御史汪勃请戒饬有司，凡专门曲说，必加黜落。中丞曹筠亦请选汰用程说者，并从之。"

十一月癸未，国子监李琳言本监经史未备，请下诸州有本处起发，从之。

十二月丙午，金主初定袭封衍圣公俸格。命外官去所属百里外者，不许参谒；百里内者，往还不得过三日。

是年，西辽仁宗即位，以次年为绍兴元年。

金始行殿试之制，且改定试期为三年。

朱熹回江西婺源，因识李缜。是年开始读史书。

按：《朱子语类》卷一〇四曰："某自十五六时至二十岁，史书都不要看，但觉得闲是闲非没要紧，不难理会。大率才看得此等文字有味，毕竟粗心了。"

胡寅三月丙申以李光、李孟坚私史案株连落职；壬寅，秦桧党羽又弹劾他"不持本生母服，不孝，谏通邻好，不忠"，责授果州团练副使，新州安置。

按：胡寅在谪所著有《读史管见》数十万言及《论语详说》。

张浚八月由连州移永州。张栻是年至绍兴三十年，随父居永州，从父学习儒家仁义之道。

袁枢试国子监，周必大、刘珙皆期以远器。

刘珙以荫补承务郎，是年登进士乙科，监绍兴府都税务，请祠归，杜门力学，召除诸王宫大小学教授。

印度B·婆什迦罗第二著《历算书》。该书分应用问题、代数、天球和行星数学等四篇。比较全面系统地介绍算术、代数和几何知识，是中世纪印度数学的代表作。

印度克伽身撰《谛如意珠论》书。

薛季宣从袁溉问学；袁溉尝从程颐学，尽以其学授之。

按：陈傅良《薛公行状》曰："有隐君子袁溉道洁，少学于河南程先生，湖湘学者皆仰道洁，公师事焉。"（《止斋集》卷五一）《宋史·薛季宣传》曰："年十七，起从荆南帅辟书写机宜文字，获事袁溉。溉尝从程颐学，尽以其学授之。季宣既得溉学，于古封建、井田、乡遂、司马法之制，靡不研究讲画，皆可行于时。"《宋元学案》卷三〇《刘李诸儒学案》曰："袁溉，字道洁，汝阴人。少尝学于河南二程先生。举进士，免贡，避地州西山中。建炎初，群盗劫山，先生又避于金、房山谷间。王彦卿即其庐就学李靖兵法，先生谢不告，转徙山南。时进士类试宣抚司，或劝就试求官，先生曰：'官不可苟求也！'移居富顺，邻家薛翁以卖香自给，邻里莫详其趋步，先生以刺调之，薛翁

宋绍兴二十年　金天德二年　夏天盛二年　西辽咸清七年　庚午　1150年

慢骂不应,先生固已疑之矣。积日屡造其门,薛翁喜而见之。先生与之纵论《六经》,薛翁曰:'子学已博,然寡要。夫经所以载道,而言所以明道,何以多为!'先生谨受教。薛翁喜,因以所学授之。自是先生所为益纯粹近古。由关至夏口,岳开府飞欲延致幕下,先生见面出,语所知曰:'岳公武人而泥古,难乎免矣!'因家于荆州,往来夷陵、秭归诸郡。与士大夫言,循循然,人知其厚德君子也。病作,殁于二圣寺,年七十,无子。先生学,自《六经》百氏,下至博弈小数,方术兵书,无所不通。于《易》、《礼》尤精邃,未尝轻以示人。乐善孜孜,盖天性然也。与王枢密庶故善,枢密家有伊洛遗书,先生欲传未能。俄而枢密死,先生不远千里,从其诸子传录,书毕遽行。靖康后,天下兵荒甫起,乡社义兵所在聚保,先生累以奇计破贼。盖先生当需才之际,文章智略皆足以资世用,乃百不施一,竟以穷死,是可哀已!薛艮斋季宣,其高弟也,尝为之传,且曰:'先生以所学纂一文字,凡四类,曰理,曰义,曰事,其一则忘之矣。'(参《薛浪语集》)。"

吴元美九月编管容州。

按:吴元美时为福建安抚司机宜,曾著《夏二子传》,其家立有"潜光亭"、"商隐亭",被人告发"讥毁大臣","有心于党李(光)","无意于事秦(桧)"。于是被贬,不久,谪死南雄州(《宋史·秦桧传》)。

秦桧正月丁亥入朝,殿前司军士施全道刺之,不中;壬辰,被磔于市。

安诚时为右迪功郎,十月戊辰坐文字谤讪,贬惠州编管。

史浩在临安与友人结诗社。

葛立方为校书郎。

李清照访敷文阁直学士、右朝议大夫、提举祐神观米友仁,为米芾帖求跋。

许叔微著《普济本事方》10卷成书。

按:是书又名《类证普济本事方》、《许学士类证普济本事方》,简称《本事方》,为方剂学著作,以精炼实用而受到后世医家的重视。

僧祖觉卒(1087—)。祖觉俗姓杨,号痴庵,嘉州人。出家参究华严宗旨,世称"觉华严"。曾修北宋僧史。著有《华严集解》、《金刚经注》、《水陆斋仪》等。

潘良贵卒(1094—)。良贵字子贱,一字义荣,号默成居士,婺州金华人。政和五年上舍登第,历太学博士、秘书郎、秘书省著作郎、中书舍人、侍讲等官。著有《默成文集》15卷,原集已佚。清康熙间其裔孙重辑为文集8卷。《宋元学案》列其入《龟山学案》。事迹见《宋史》卷三七六本传、明宋濂《潘舍人年谱》。

按:《四库全书总目提要》评《默成文集》曰:"良贵学术醇正,侃直不阿。首论何㮚等之不可为相,又与黄潜善、吕颐浩相忤,又面劾向子諲,屡坐屏斥而所守不移,故朱子亦称其刚毅近仁。其《论治体札子》等篇,悱恻沈痛,足以感人,尤足以觇其节概。其集见于史者十五卷,久佚不传。此本乃康熙中其裔孙所刊,仅文二十首,诗二十七首,词一首,皆掇拾于散亡之余,粗存梗概。"

毕良史卒,生年不详。良史字少董,一字伯瑞,号死斋,蔡州上蔡人。

着重论述了正理论的逻辑学说,在理论体系、注释概念、术语等逻辑思想比以往更严谨,是公认的新正理的经典专著。

伊德列西用阿拉伯语著《世界地志》,附有地图。

多美尼克著《哲学的区分》。

德国牧师康拉德著《皇帝列传》,记录凯撒大帝到康拉德三世的历史。

法国鲁班茨堡医院院长S·希尔德加德写成《医学》书,记录了对动物、植物和矿石的观察以及如何把它们当作药物来使用的方法。

法国天主教徒、伯尔拿派创始人克勒窝的伯尔拿于1149年始著的《论熟察》成书。

法国沙特尔的梯利卒(约1100—)。神学家、思想家、实在论者。其宇宙论企图将柏拉图学说等与圣经相调和,曾推动译介东方阿拉伯文化作品于西方的运动。有《自由七科教程》、《彼得·伦巴第》、《教说集成四卷》等著作。

罗马荷诺留斯卒,生年不详。著有《生的认识》、《世界像》、《自由意志论》等著作。

法国哲学家、神学威廉·奥塞尔（ —约1231）约于是年生。

丹麦历史学家萨克索·格拉马蒂库斯（ —1220）生。

绍兴初举进士。知东门县，改京秩，以直秘阁知盱眙军。精古器书画鉴别，号"逼骨董"。著有《春秋正辞》、《论语探古》、《缙经堂集》等，今佚。事迹见《宋史翼》卷二七、《图画宝鉴》卷六。

叶适（ —1223）、吕皓（ —1228）生；陈藻（ —1225）约生。

宋绍兴二十一年　金天德三年　夏天盛三年
西辽绍兴元年　辛未　1151年

高丽始置文谍所。

正月，金初设国子监，翰林学士院。

二月壬戌，宋遣签书枢密院事巫伋至金，请归还宗族。首请迎归钦宗，金主不许。

三月丁巳，时僧道度牒停售已久，僧道人数渐少，诏命司农寺丞钟世明赴福建路措置寺观绝产田宅，籍归于官。

四月丙午，金主诏迁都燕京，命张浩主持营建燕京都城，三年后竣工。

闰四月，宋高宗亲试南省举人，得赵逵、蒋芾等404人及第、出身，特奏名进士昌永等531人，武举进士汤莺等6人，授官有差。高宗并亲书《大学篇》以赐诸新及第进士。

按：是科考官为礼部侍郎陈诚之、殿中侍御史汤允恭、右正言章夏。《宋史·选举志二》曰："中兴以来，得人始盛。"

五月乙丑，秦桧请令国子监复刻《五经》、《三史》等书籍，以广流传。高宗称："其它阙书，亦令次第雕版刊印，虽重有所费，亦不惜也。"（《续资治通鉴》卷一二九）

九月戊戌朔，籍寺观庙产以赡学。

是年，西辽仁宗夷列，改元绍兴。

金将南北选合并为一，罢经义、策试及经童诸科，专以词赋及法律取士。举子云集会宁，海陵王完颜亮亲临殿试，取词赋状元杨建中以下进士多名。

按：是科进士尚有张莘卿、郑子聃、马惠迪、王寂、邓俨、边元鼎、刘瞻、王元节、刘玘、张大节、刘汲、刘渭、蔡珪、时元瑜、乔宸、陈克基、宋楫、贺扬庭、杨幡、任佖、王元德、王邦用、陈瑭、沈宜中、雷思、李曼、王翰等。

朱熹三月赴临安铨试中等，授左迪功郎，泉州同安主簿。

张元幹坐作词送胡铨追赴临安大理寺，削籍除名。

范成大与潘时叙、唐子寿等相唱酬。

程大昌、林之奇、萧德藻、陈居仁成进士。

周必大举进士，授徽州户曹。中博学宏词科，教授建康府。

晁公武在荣州太守任上，开始编撰《郡斋读书志》。

宋绍兴二十一年　金天德三年　夏天盛三年　西辽绍兴元年　辛未　1151年

刘夙进士及第,除著作佐郎。
按:刘夙字宾之,莆田人,为刘克庄祖父,陆游曾称其为"天下伟人"(《后村集》卷三二《跋放翁与曾原伯帖》)。《宋元学案》列其入《艾轩学案》。

周紫芝知兴国军。

乔大观时知郢州,因攻击朝政被罢官;州学教授徐维受牵连亦被撤职。

吴曾为敕令所审定官。

金华严宗名僧宝严时住上京兴正寺,曾两度开讲《华严经》,听受者五百余人。

海商刘文仲向日本权臣藤原赖长赠送《东坡先生指掌图》2帖、《五代史记》10帖、《唐书》9帖。

蹇忠进昌州大足(今属重庆)石门山雕凿摩崖造像,今崖壁"药师琉璃光佛"一龛造像,为其署名作品。

李焘刻《周易古经》。
按:《周易》12篇旧式在唐代失传,宋儒为恢复《周易》原貌,遂多方稽求,一时成为风气,自吕大防始著《周易古经》起,凡晁说之著《录古周易》、薛季宣著《古文周易》、程迥著《古周易考》、李焘著《周易古经》、吴仁杰著《古周易》等,而吕祖谦的《古周易》与吴仁杰的《古周易》最为晚出,故其内容较之其他同类著作,更为有据。况且宋儒此类著作今大都散佚,吕祖谦的《古周易》既为现存,对研究宋代《易》学流派及追述《周易》原貌都有相当高的参考价值。朱熹著《周易本义》,即用吕书。

绍兴年间,淮南路转运司刻印《史记集解》130卷;江南东路转运司刻印《后汉书注》90卷。

僧本悟、惟冲、了一等在福州开元寺募刻《大藏经》,历四十年,本年刻成。收佛经1429部,称福州开元寺版。

郑康佐刊行唐庚所著《唐子西集》24卷。

王安石《临川先生文集》100卷由两浙西路转运司刻印。
按:《四库全书总目提要》曰:"案《宋史·艺文志》载《王安石集》一百卷,陈振孙《书录解题》亦同,晁公武《读书志》则作一百三十卷,焦竑《国史·经籍志》亦作一百卷,而别出《后集》八十卷,并与史志参错不合。今世所行本实止一百卷,乃绍兴十年郡守桐庐詹大和校定重刻,而豫章黄次山为之序。次山谓集原有闽、浙二本,殆刊版不一,著录者各据所见,故卷数互异欤?……然此百卷之内,菁华具在。其波澜法度,实足自传不朽。朱子《楚辞后语》谓安石致位宰相,流毒四海,而其言与生平行事心术,略无毫发肖,夫子所以有于予改是之叹,斯诚千古之定评矣。"

裴宗元等编成《太平惠民和剂局方》。
按:是书为我国医学史上第一部配方手册,共记录方剂788个,是当时医家们临诊处方之主要依据,也是太医局"卖药所"制造成药的配方蓝本。

曾慥著《道枢》42卷成书。
按:是书为综合性道教类书,保存了南宋以前道教学说,是研究道教史、道教思想的重要材料。收入明《正统道藏》、《重刊道藏辑要》。

曾慥编纂《集神仙传》(简称《集仙传》)。

日本藤原显辅撰《词花和歌集》。

希尔得佳德·冯·宾根著关于先卜与劝悔的书,对同时代的人大有影响。

意大利格累喜埃那斯编成《教会法》,在波洛尼亚法律学派讲演。

尼瓦杜斯用拉丁文著关于狐狸的故事《伊森格里努斯》。

按：曾慥晚年学养生，潜心至道，相信道教神仙之说。继刘向《列仙传》、葛洪《神仙传》、沈汾《续仙传》之后，采前辈所录神仙事迹，并所闻见，于绍兴二十一年（1151）编成是书。

洪遵著《谱双》5卷。

高丽金富轼卒（1075— ）。学者，撰有史著《三国史记》及《睿宗实录》、《仁宗实录》等。

米友仁卒（1069— ）。友仁一名尹仁，字符晖，自号懒拙老人，祖籍太原，迁襄阳，定居润州。米芾长子，人称小米。宣和间，应选入掌书学。高宗时官至兵部侍郎、敷文阁直学士。工书善画，传世作品有《云山得意图》、《潇湘奇观图》等。著有《阳春集》。事迹见《画继》卷三、《书史会要》卷六。

王居正卒（1087— ）。居正字刚中，扬州人。学者称竹西先生。宣和三年进士。累迁起居郎，上疏数千言，论省费尤切。为秦桧所忌，夺职奉祠十年。其学根据《六经》，为杨时所器重。不满王安石经义，著《尚书辨学》13卷、《毛诗辨学》20卷、《周礼辨学》5卷、《三经辨学外集》1卷，另有《春秋本义》12卷、《竹西论语感发》10卷、《孟子疑难》14卷、《竹西集》10卷、《西垣集》5卷，皆佚。《宋元学案》列其入《龟山学案》。事迹见《宋史》卷三八一本传。

按：《宋史》本传曰："其学根据《六经》，杨时器之，出所著《三经义辨》示居正曰：'吾举其端，子成吾志。'居正感厉，首尾十载为《书辨学》十三卷，《诗辨学》二十卷，《周礼辨学》五卷，《辨学外集》一卷。居正既进其书七卷，而杨时《三经义辨》亦列秘府，二书既行，天下遂不复言王氏学。"

韩世忠卒（1089— ）。世忠字良臣，绥德人。18岁从军。高宗即位，授平寇左将军。力主抗金，多次打败金兵，成为一代名将。因疏言秦桧误国，罢为醴泉观使，自此杜门谢客，自号清凉居士，以吟咏自娱。卒后追封蕲王，谥忠武。事迹见《宋史》卷三六四本传、赵雄《韩忠武王世忠中兴佐命定国元勋之碑》（《名臣碑传琬琰集》上编卷一三）、孙觌《通议郡王韩公墓志铭》（《鸿庆居士集》卷三六）。今人邓恭三编有《宋韩忠武公世忠年谱》。

王庭筠（ —1202）、王楙（ —1213）、僧宗晓（ —1214）、陈孔硕（ —1228）、张元素（ —1234）生。

宋绍兴二十二年　金天德四年　夏天盛四年
西辽绍兴二年　壬申　1152年

真腊建成吴哥寺。

士瓦本公爵红胡子腓特烈一世被推选为德王，霍亨斯陶芬王朝始。

二月壬午，命临安府建祚德庙，奉祠程婴、公孙杵臼、韩厥。

是年，宋以士子习《周礼》、《礼记》，较他经十无一二，恐其学寝废，遂命州郡招延明于《二礼》者，俾立讲说以表学校，及令考官优加诱进（《宋史·选举志二》）。

宋绍兴二十二年　金天德四年　夏天盛四年　西辽绍兴二年　壬申　1152年

朱熹正月往武夷山冲祐观访道，斋心焚修，有诗记其事；九月道谦卒，有文往祭之。是年始得周敦颐《太极通书》而读之。

秦桧酬王俊诬告岳飞事，升王俊为浙东马步军副都总管。

李光在昌化军举行真率会。

王庶之子王之奇、王之荀戏书"秦桧可杀"四字，被人告发为谤毁朝政，三月皆被除名，王之奇送梅州编管，王之荀送容州编管。

胡宪出任福建路安抚司准备差遣，与帅守张宗元论盐事不合，请祠归。

薛季宣有志改写《五代史记》，郑伯英知其名。

按：郑伯英《祭薛常州文》曰："我之知公，越自少年。有友王子，数谓予言：'《五代史记》，公谓简略，掇拾旧闻，期于改作。'公于是时，年未弱冠，有志史笔，予用骇叹。"（《浪语集》卷三五附录）

直龙图阁叶三省、监都作院王远，以"通书于赵鼎、王庶，力诋和议，言涉谤讪"，三月叶三省落职，筠州居住；王远除名，高州编管（《宋史·高宗本纪七》）。

杨炜时为黄岩县令，十月"以登李光、萧振之门言时事"（《宋史·秦桧传》），被诬诽谤，追毁出身以来文字，除名勒停，永不收叙，送万安军编管。知台州萧振落职，贬池州居住。

按：《宋元学案》卷三二《周许诸儒学案》曰："萧振，字德起，平阳人也。横塘许忠简公（景衡）婿，故少受业于许氏。成重和进士，为婺州兵曹。忠简赴京，振祖道曰：'丈人至朝廷，幸勿见荐。今执政多私其亲，故丈人宜革之。'忠简肃然是之。高宗幸广陵，东南云扰。一日，婺卒数百挟刃倡乱，振安辑之。秩满数年不调，执政交荐，召对，除监察御史。久之，以亲老求去，章七上，不许，乃面奏曰：'臣事亲之日少，事陛下之日长，惟圣慈哀怜之！'遂外补。已而复召为秘书郎。当是时，伊洛之学盛行，其称程门再传弟子最有声者，上蔡之门则朱震，龟山之门则张九成、喻樗、高闶，横塘之门则振，而闽人刘子翬以私淑起（见李心传《道命录》）。未几，宰相赵鼎为秦桧所排，遂以专门之学被诋，凡宗伊洛者，指以为赵鼎、胡寅之学，贬斥无虚日，振始稍讳其传，与句龙如渊等附于桧，以此累迁至工部侍郎。既劾刘大中，罢其参政，鼎曰：'振意不在大中也。'而振亦私谓人曰：'丞相殆不待论，当自为去就矣。'未几，鼎罢，然振亦出知台州，又坐荐李光之党杨炜，再谪池州，君子薄之。晚年起知成都府，颇有惠政。以敷文阁学士卒官（云濠案：学士著有《文集》二十卷）。"

朱熹著《曾子固年谱》成。

瞿源蔡宅刊刻《管子》24卷。

向子諲卒（1085—　）。子諲字伯恭，号芗林居士，临江人。元符三年，以外戚恩荫补假承奉郎，迁雄州防御推官，徙镇南军节度推官。宣和六年，任淮南东路转运判官。南渡后，力主抗金，反对和议，因忤秦桧意，被排挤致仕。著有《酒边词》、《芗林集》、《芗林家规》。《宋元学案》列其入《武夷学案》。事迹见《宋史》卷三七七本传、胡宏《向侍郎行状》（《五峰集》

卷三)、汪应辰《向公墓志铭》(《文定集》卷二一)。

程瑀卒(1087—)。瑀字伯寓,号愚翁,饶州浮梁人。政和六年上舍试第一,授承事郎、太学博士。官至兵部侍郎兼侍读。与秦桧意见不合,出知信州。著有《周礼仪》10卷、《尚书说》1卷、《论语集解》10卷、《论语说》4卷、《经筵讲读》5卷、《谏垣论疏》5卷、《饱山集》60卷,以及《两汉索隐》、《唐传摘奇》等,皆佚。事迹见《宋史》卷三八一本传、胡铨《龙图阁学士广平郡侯程公墓志铭》(《澹庵集》卷二三)。

按:《宋史》本传曰:"瑀在朝无诡随,尝为《论语说》,至'弋不射宿',言孔子不欲阴中人。至'周公谓鲁公',则曰可为流涕。洪兴祖序述其意,(秦)桧以为讥己,逐兴祖。魏安行锓版京西漕司,亦夺安行官,籍其家,毁版。桧死,瑀子孙乃免锢云。"

何铸卒(1088—)。铸字伯寿,余杭人。政和五年进士。绍兴中,累拜监察御史,历右谏议大夫、御史中丞。依附秦桧,弹劾赵鼎、李光等人。又与罗汝楫交章论岳飞罪。后白岳飞冤,忤秦桧意,责授秘书少监、徽州居住。奉祠卒。事迹见《宋史》卷三八〇本传。

韩侂胄(—1207)、郑可学(—1212)、董铢(—1214)、黄榦(—1221)生。

宋绍兴二十三年　金天德五年　贞元元年
夏天盛五年　西辽绍兴三年　癸酉　1153年

拜占廷与匈牙利人媾和。诺曼人于君士坦丁堡附近登陆,攻拜占廷本土。

三月乙卯,金主亮徙都燕京,以迁都诏中外,改元贞元,改燕京为中都大兴府;以中京大定府为北京(今内蒙古宁城西南大明城);汴京开封府为南京;辽阳府为东京,大同府为西京,如旧。

按:因金统治中心内迁,汉人迁徙东北基本停止。

金定贡举程序条理格法。

六月戊申,宋以将作监主簿孙寿祖建言,禁南方民间杀人祭鬼,犯者乡保连坐,毁巫鬼淫祠,以绝永害。

十一月初九日,右正言郑仲熊奏禁程学,劾罢杨迥、胡襄。

是年,孔氏衢州家庙正式鼎建,成为仅次于曲阜孔庙的第二圣地。

按:陆游、杨万里、朱熹、张栻、陆九渊、吕祖谦、汪应辰等名流曾先后莅衢瞻谒。

朱熹六月将赴泉州同安县任主簿,途经南平,特往问学于李侗之门,得二程之传,为学始就"平实",并持之不懈,成为理学的集大成者。又经福州,访《诗》学名家李樗、《尚书》学名家林之奇、《礼》学名家刘藻、任文荐。

按:李侗为罗从彦门人,与朱熹之父朱松为同门友,二程三传弟子。朱熹之学,初无常师,出入于经传,或泛滥于释老。自谓见李侗以后,为学始就平实,乃知向日

宋绍兴二十三年　金天德五年　贞元元年　夏天盛五年　西辽绍兴三年　癸酉　1153年

从事于释老之说皆非。汪应辰称，朱熹师事李侗久益不懈。黄榦《朱子行状》谓朱熹跟随李侗"从游累年，精思实体，而学之所造益深矣"。朱熹亦自言："某少时未有知，亦曾学禅，只李先生极言其不是。后来考究，却是这边味长，才这边长得一寸，那边便缩了一寸。到今销铄无余矣。毕竟佛学无是处。"（《朱子语类》卷一〇四）

陆游八月应浙漕锁厅试，考试官为两浙转运使陈阜卿，擢陆游为第一；时秦桧孙秦埙来就试，直欲首送，适居其次，秦桧怒，至罪主司。

按：宋制有官人应试，谓之锁厅。陆游《剑南诗稿》卷四〇有曰："陈阜卿先生，为两浙转运司考试官，时秦丞相孙以右文殿修撰，来就试，直欲首送；阜卿得予文卷，擢置第一，秦氏大怒。予明年既显黜，先生亦几蹈危机，偶秦公薨，遂已。"

乐备在昆山结诗社，参加者有马先觉、范成大等人。

范成大是秋赴建康漕试。在金陵曾凭吊王安石墓，有诗《荆公墓》二首。

辛弃疾14岁，领金人乡举。

杨万里与曾霈始定交。

范彦辉三月以谤讪，除名，荆门军编管。

黄友龙坐谤讪，黥配岭南。

吴曾为奉常主簿、玉牒所检讨官。

孙仲鳌时为太学教官，因信奉理学而被撤职。

江少虞所编《新雕皇朝事实类苑》78卷由建阳麻沙书坊刻印。

鲁訔《编次杜工部集》18卷，有自序。

按：是书亦名《编注子美诗》或《编注少陵诗》。元姚桐寿《乐郊私语》曰："《杜少陵集》自《游龙门》至《过洞庭》，诗目次第，为此州先正鲁季卿编定。大都一循少陵生平行迹，亦可见其诗法升降，亦随其年月少而壮，而老，愈入于细而化也。注脚多所补益，极为后学借资。"

吴说选《古今绝句》3卷。

按：吴说为王安石甥，是书只选杜甫和王安石两家绝句，题曰"古今绝句"，殊为不伦。

王蘋卒（1082—　）。蘋字信伯，号震泽，福清人，后徙平江。师事程颐。绍兴四年，赐进士出身，除秘书省正字。兼史馆校勘，刊修《神宗实录》，迁著作佐郎。乞补外，通判常州，主管台州崇道观。著有《王著作集》4卷。《宋元学案》为列《震泽学案》。事迹见章宪《著作王先生墓志铭》（《王著作集》卷五附）、《宋史翼》卷二四。

按：黄宗羲《宋元学案》卷二九《震泽学案》曰："先生师事伊川，其于同门杨龟山辈为后进，而龟山最可许之，以为师门后来成就者，惟信伯也。（云濠案：叶绍翁《四朝闻见录》云：震泽少师事龟山，以布衣入中秘。制曰：'尔学有师承，亲闻道要。'又曰：'勉行尔志，毋负师言。'盖谓龟山也。）高宗亲征，驻跸平江，守臣孙祐荐其学行，召见，对曰：'民离而听之则愚，合而听之则圣。古语谓谋从众，则合天心，以众之所同，固有至公之理也。今亲征诏下，而四方民大和悦，以其当于人心耳。陛下诚推是心以见于用人，则用人必惬人望；推是心以见于政事，则政事不拂乎人情。'又曰：'人

法国图尔的伯尔拿于1145年始著的《宇宙论》（一名《大宇宙与小宇宙》）成书。

阿拉伯埃德里西完成《志愿环游世界者的乐趣》一书。纠正印度洋是封闭的及里海是属于世界大洋一支海湾的说法；并纠正了多瑙河、尼日尔等河的流程和几条山脉的位置；并把当时已知世界从赤道至远北高纬地区，分成7个气候带，每带又东西方向分成10个经向气候区。

法国克勒窝的伯尔拿卒（1091—　）。第一位天主教西多会修院院长，反对彼德·阿伯拉尔，鼓吹十字军运动，推崇基督神秘主义和对玛利亚的崇拜，著有《〈雅歌〉讲道集》。

主好恶如天,无用心于其间,爱而知其恶,憎而知其善,使朝廷不乏才,要道也。汲黯之戆,汉武帝每恶其妄发,及与严助论之,必以为社稷臣。宇文士及之佞,唐太宗每与语至夜分,至当群集,则以佞人目之。二君不蔽于好恶,所以能尽臣下之贤否。愿陛下察忠佞为取舍。'又曰:'陛下留意《春秋》,臣谓帝王之学当与世儒之学异。世儒之学,往往于经世大法莫之察也。帝王之学,在措诸事业。此其所以异也。'上语辅臣曰:'蓦起草茅,而议论若素宦于朝者,此通儒也。'赐进士出身,授秘书省正字。金师既退,应诏陈言,奏三事,一曰正心诚意,二曰辨君子小人,三曰消朋党,上嘉纳之。又奏曰:'尧、舜、禹、汤、文、武之道相传,若合符节。非传圣人之道,传其心也;非传圣人之心,传己之心也。己之心无异圣人之心,万善皆备。故欲传尧、舜以来之道,扩充是心焉耳!'与修《神宗实录》,兼史馆校勘。中书舍人朱震、宝文阁直学士胡安国、徽猷阁待制君烨皆举以自代,而安国言之尤力,谓其学有师承,识通世务,使司献纳,必有裨益。以著作佐郎通判常州,寻奉祠。秦桧恶之,以从子谊坐法株连夺官。久之,复主管台州崇道宫祠。先生朴实简默。頦然若与世相忘。未尝著书,垂老乃作《论语集解》,未成而卒。(云濠案:先生著又有《易传》,见尹和靖书,当时曾镂板于吾邑。)其于同门,盖亦和靖之亚,故和靖之寓虎丘,与先生最相得。其才气远不逮文定,然如范伯达、曾吉甫皆文定高弟,而请益于先生惟谨,可以知其所造之粹,较之汉上之夹杂,殆远过之。吕居仁于程门诸宿老从游殆遍,亦亟推先生。惟朱子谓其'不过一识伊川之面,而所记都差',得无太过邪?"

李弥逊卒(1089—)。弥逊字似之,号筠溪翁,苏州吴县人。大观三年上舍登第,历官起居郎、试中书舍人、户部侍郎。以反对议和而落职。晚年归隐福建连江西山。著有《议古》3卷、《奏议》3卷、《外制》2卷及《筠溪集》24卷。《宋元学案》列其入《庐陵学案》。事迹见《宋史》卷三八二本传。

徐兢卒(1091—)。兢字明叔,号自信居士,和州历阳人,迁居吴县。年十八入太学,政和四年,以荫补官,历通州司法参军。徽宗时赐进士出身,累官朝散大夫。善画山水人物,工书,尤精篆书。著有《宣和奉使高丽图经》40卷。事迹见张孝伯《徐公行状》(《高丽图经》附)。

王文卿卒(1093—)。文卿一名俊,字予道(一说字述道),号冲和子,建昌南丰人。道教神霄派创始人。宣和四年,经林灵素举荐入朝,主管教门公事,被赐太素大夫、凝神殿校籍、两府侍宸、冲虚妙道先生、视太中大夫等称号,后加同管辖九阳总真宫。著有《冲虚通妙侍宸王先生家语》1卷,另有《王侍宸祈祷八段锦》、《玄珠歌》等雷法要典。事迹见《历世真仙体道通鉴》卷五三。

高闶卒(1097—)。闶字抑崇,鄞县人。绍兴进士,历官礼部侍郎。学宗程颐,师从杨时。卒赠少师,谥宪敏。《宋元学案》列其入《龟山学案》。著有《春秋集注》40卷。事迹见《宋史》卷四三三。

按:《宋史》本传曰:"绍兴元年,以上舍选赐进士第。执政荐之,召为秘书省正字。时将赐新进士《儒行》、《中庸》篇,闶奏《儒行》词说不醇,请止赐《中庸》,庶几学者得知圣学渊源,而不惑于他说,从之。权礼部员外郎兼史馆校勘。……闶少宗程颐学。宣和末,杨时为祭酒,闶为诸生。胡安国至京师,访士于时,以闶为首称,由是知名。闶除礼部侍郎,帝因问闶张九成安否,明日,复以问秦桧,桧疑闶荐,中丞李文会承桧旨劾闿,出知筠州,不赴,卒。初,秦桲尝使姚孚请婚,闿辞之。其著述有《春秋集传》行于世。"《四库全书总目提要》谓《春秋集注》曰:"是书以程子《春秋传》为本,故仍冠以程子《原序》。其说则杂采唐宋诸家,镕以己意,不复标举其姓名。史称秦桧疑闿荐张九成,出知筠州,不赴卒。而楼钥序是书则云:'以直道忤时宰,一斥不复。家食累年,略不以事物自樱。日有定课,风雨不渝。'盖闿家居以后,历久始卒。晚年精力,尽在是书。史文言之未详也。闿大旨虽宗程《传》。然如程子据汉薄昭《与淮南王书》有齐桓杀弟之语,遂谓子纠为弟,齐桓为兄。闿则仍用三《传》、《史记》、《荀子》之文,云子纠、小白皆襄公弟。纠居长,为当立。绝不依阿牵就,务存门户之私。他如解'卫人立晋',解'夫人氏之丧至自齐',解'取济西田'诸条,皆深得圣人之微旨。其解'及向戍盟于刘'云:'凡因来聘而盟者,必在国内。刘,王畿采地。岂有来聘鲁而远盟于刘者?盖下文有刘夏,传者以为春夏之夏,与文四年夏逆妇姜于齐文同,故误增于刘二字。'又如以州蒲为州满之讹。亦皆足以备一解。惟隐公元年'会防'之'防'在琅邪华县东南,《十年》'取防'之'防'在高平昌邑县西南,《文公十二年》'城诸及郓'之'郓'在成阳姑幕南,《成公四年》'城郓'之'郓'在东郡廪邱县东,闿皆混为一地,未免于考据少疏耳。原书久佚,惟散见《永乐大典》中。谨按次排比,荟萃成编。其《永乐大典》原阙者,则采各书所引闿说补之。首尾完具,复为全帙。陈振孙《书录解题》称是书十四卷。今以篇页繁重,析为四十卷。又《宋史》本传称闿有《春秋集解》,而《永乐大典》实作《集注》,与《书录解题》同,当是宋本原题。今并从之。至所载《经》文,多从《左氏》而亦间有从《公》、《谷》者,盖宋代诸儒大都兼采三《传》,不尽如汉世专门之学也。"

杨子谟(　—1226)、陈文蔚(　—1247)生。

宋绍兴二十四年　金贞元二年　夏天盛六年　西辽绍兴四年　甲戌　1154年

正月癸酉,宋高宗下诏各州郡同以中秋日考试举人,不许随意选日,以防士子于数州就试。

三月初八日,御史中丞魏师逊、权礼部侍郎兼直学士院汤思退、右正言郑仲熊同知贡举。宋高宗策问"诸生以师友之渊源,志念所欣慕,行何修而无伪,心何治而克诚"(《建炎以来系年要录》卷一六六)。试后以张孝祥为首,曹冠第二,秦埙第三,并356人及第至同出身。

丙子,特奏命进士吕克成以下434人,武举进士郑玒等16人,特奏名2人,授官有差。

九月乙亥,诏建天章等六阁。

十二月,已故龙图阁学士程瑀之《论语讲解》一书被秦桧诬为诽谤,书板被毁。

按:《宋史·高宗本纪八》曰:"十二月丙戌,以故龙图阁学士程瑀有《论语讲解》,秦桧疑其讥己,知饶州洪兴祖尝为序,京西转运副使魏安行镂版,至是命毁之。

高丽更定科举法,改国学生积分应试法。

德王红胡子腓特烈一世首次远征意大利。

英王斯蒂芬卒,安茹伯爵亨利继位,是为亨利二世,开创英国金雀花(安茹)王朝,其版图横跨英吉利海峡两岸。

兴祖昭州、安行钦州编管，瑀子孙亦论罪。"

朱熹在同安整顿县学，颁布《谕学者》、《谕诸生》、《谕诸职事》等。五月，增修讲问之法，新作讲座，作《讲座铭》。更建同安县学四斋，作《四斋铭》、《鼓铭》。又亲为县学诸生讲《论语》二十篇，作《论语课会说》。请直学柯翰为诸生讲《礼记》，为作《讲礼记叙说》。

辛弃疾奉祖父辛赞之命，随计吏赴燕京参加进士考试。

张孝祥初登第，尚未得官，即上疏言岳飞忠勇，请亟复其爵，后恤其家，表其忠义，播告中外。由是遭秦桧所忌恨。十一月补承务郎，特差签书镇东军节度判官厅公事。

方畴时为左奉议郎通判武冈军，坐与胡铨通书，为守臣李若朴所告，被除名，永州编管。

徐梦莘进士及第，授洪州新建县尉；赴任之先，不幸遭父丧而止。

范成大、虞允文、陈桷、唐仲友、葛郯、何异、姚述尧、梁安世、杨辅世、马大同、黄钧、朱时敏、吴燠、王回、叶蓁、程如、李长庚、曹冠、万钟、赵不黯、赵不迂、刘靖之、孙懋等同进士及第。

陆游三月试礼部第一，以论恢复中原而语触秦桧，被黜落。

杨万里进士及第，初授赣州司户。

薛季宣返回老家永嘉，遍读家书，整理父亲遗书。

王趯因知雷州时与李光通书被除名，送辰州编管。

杨炬二月"坐其弟杨煜尝上书诽谤"，送邕州编管（《宋史·高宗本纪八》）。

梁安世举进士。

孔摅四月乙巳为右承奉郎，袭封衍圣公。

陈葆光著《三洞群仙录》20卷成书。

按：陈葆光是江阴道士。此书为神仙传汇集，采录起自盘古，下迄北宋，"采摭古来仙人事实，集为四句俪语，而自注之。盖王松年《仙苑编珠》之续。然所载但取怪异，不尽人事也"（《四库全书总目提要》）。现存明《道藏》本。

洪迈编诗为《野处类稿》2卷。

洪遵著《东阳志》10卷。

法国孔什的威廉卒（1100— ）。经院哲学家、唯实论者，著有《世界哲学》、《哲学原理》、《伦理哲学提要》。

汪藻卒（1079— ）。藻字彦章，号浮溪，又号龙溪，饶州德兴人。崇宁二年进士。累官著作佐郎。钦宗即位，入为太常少卿、起居舍人。高宗立，召试中书舍人，官至翰林学士。主张对金苟且退让，诋毁李纲。后坐尝为蔡京客而贬职。擅长四六文，著有《古今雅俗字》44篇、《浮溪集》60卷、《青唐录》3卷、《裔夷谋夏录》2卷等。今存《浮溪集》36卷。事迹见《宋史》卷四四五本传。

按：《宋史》本传曰："博极群书，老不释卷，尤喜读《春秋左氏传》及《西汉书》。工俪语，多著述，所为制词，人多传诵。"

宋绍兴二十四年　金贞元二年　夏天盛六年　西辽绍兴四年　甲戌　1154年

许叔微卒（1080—　）。叔微字知可，真州白沙人。绍兴二年进士。历任徽州、杭州教官，集贤院学士，人称"许学士"。长于医学，所著尚有《仲景脉法三十六图》、《普济本事方后集》10卷、《伤寒发微论》1卷、《伤寒九十论》1卷及《伤寒百证歌》等。事迹见《宋史翼》卷三八。

张俊卒（1086—　）。俊字伯英，成纪人。行伍出身。高宗即位，任御营前营统制。后守淮南，与岳飞、韩世忠并称三大将。绍兴十一年附和秦桧，首请解除兵权，授枢密使。又助秦桧制造伪证，陷害岳飞。晚年封清河郡王，拜太师。事迹见《宋史》卷三六九本传。

郑刚中卒（1088—　）。刚中字亨仲，一字汉章，号北山，又号观如，金华人。绍兴二年进士，累官至资政殿学士，出为四川宣抚副使。因忤秦桧落职，秦桧死后被追复原官，谥忠愍。著有《周易窥余》15卷、《经史专音》5卷及《北山集》30卷。事迹见《宋史》卷三七〇本传、何耕《资政殿学士郑公墓志铭》（《北山集》附）。

按：《四库全书总目提要》评《北山集》曰："是集一名《腹笑编》，凡初集十二卷，中集八卷，后集十卷。初集起宣和辛丑至绍兴乙卯，中集起绍兴乙卯至甲子，皆刚中所自编。后集起绍兴戊辰至甲戌，为乾道癸巳其子良嗣所编，始末具见刚中《自序》及良嗣《跋》中。此本题初集、二集、三集，而相连编为三十卷，盖康熙乙亥其里人曹定远重刻所改，非其旧也。史称刚中由秦桧以进，故于和议不敢有违。及充陕西分画地界使，又弃和尚原与金，后为宣抚使时，始以专擅忤秦桧意，至窜谪以死。今集中所载《谏和议》四疏及《议和不屈》一疏，大旨虽不以议和为非，而深以屈节求和为不可。又有《救曾开》一疏，《救胡铨》一疏，与史皆不合。徐梦莘《三朝北盟会编》于当时章奏事迹搜括无遗，独不及此七疏。曾敏行《独醒杂志》虽记刚中与李谊等六人共救胡铨事，然但云入对便坐，亦不云有疏。或者良嗣耻其父依附秦桧，伪撰以欺世欤？诸疏之后，多良嗣附记之语，若斤斤辨白心迹者，是必于公议有歉，故多方回护，如恐不及。李纲、胡铨诸集，亦何待如是哓哓哉！刚中《封州自序诗》有曰：'我昔贫时冬少裤，四壁亦无惟有柱。自从脚踏官职场，暖及奴骨妻子饫。线引针入敢忘针？入室古云当见妒。'是始终不忘秦桧，刚中且自道之矣，亦乌可掩也。至其诗文，则出于南、北宋间，犹及见前辈典型。方回作集《跋》，称其文简古，诗峭健，在封州诗尤佳，其品题则颇不谬云。"

吴棫卒（约1100—　）。棫字才老，建州建安人（一作舒州人）。政和八年进士，召试馆职不就。绍兴中为太常寺丞，因为孟忠厚草表触犯秦桧，被罢官。精通训诂，朱熹曾曰："近代训释之学，惟才老为优。"著有《韵补》5卷、《字学补韵》、《诗补音》、《楚辞释音》、《书稗传》、《论语指掌》等。《宋元学案》列其入《景迂学案》。

按：《韵补》是目前所能见到的第一部较系统研究古音学之著作。宋元以来之古音书，《韵补》实为创始，后来言古音者，皆从此而推阐加密。《四库全书总目提要》："然自宋以来，著一书以明古音者，实自棫始。而程迥之《音式》继之。迥书以三声通用、双声互转为说，所见较棫差的，今已不传。棫书虽抵牾百端，而后来言古音者，皆从此而推阐加密。故辟其谬而仍存之，以不没筚路蓝缕之功焉。"清代顾炎武曾为之作《韵补正》，逐一断其是非，正其过失。中华书局1987年曾据宋刻本缩印。

刘过（　—1206）、孙应时（　—1206）、蔡幼学（　—1217）、黄畴若

（　—1222）、吴柔胜（　—1224）、敖陶孙（　—1227）生。

宋绍兴二十五年　金贞元三年　夏天盛七年
西辽绍兴五年　乙亥　1155年

德王红胡子腓特烈一世由罗马教皇阿德里安第四正式于罗马加冕。

巴勒斯坦北部加尔默罗山的托钵修会加尔默修会建立。初为隐修士的修会，至1226年得到教皇的承认，1253年改为真正的托钵修会。

三月戊辰，高宗令如福建、四川多印私书，俱合禁止。

七月，宋封交趾郡王李天祚为南平王。

十月初一日，秘书省正字张震乞申敕天下学校禁二程之学。

丁酉，执政奏事，宋高宗曰："秦桧力赞和议，天下安宁。自中兴以来，百度废而复备，皆其辅相之力，诚有功于国。"（《中兴小纪》卷三六）秦桧姻党知临安府曹泳贬新州居住，台谏徐喜、张扶罢言职。

十二月，宋因秦桧已死，乃令以前编管人员可任便居住。

按：《宋史·选举志二》曰："二十五年，桧死，帝惩其弊，遂命贡院遵故事，凡合格举人有权要亲族，并令覆试。仍夺（秦）埙出身，改冠等七人阶官并带'右'字，余悉驳放。程、王之学，数年以来，宰相执论不一，赵鼎主程颐，秦桧主王安石。至是，诏自今毋拘一家之说，务求至当之论。道学之禁稍解矣。"

乙未，宋高宗谓魏良臣、沈该、汤思退曰："两国和议，秦桧中间主之甚坚，卿等皆与有力。今日尤宜协心一意，休兵息民。"（《宋史全文》卷二二上）

朱熹在同安立故丞相同安人苏颂祠于县学，以鼓励后学。有《苏丞相祠记》。

朱熹于莆田得吴任写本《上蔡先生语录》一篇。

吕大器任福建提刑司干官，吕祖谦随父来福州；朱熹在福州初识吕大器、吕祖谦父子。吕祖谦三月尊父命从林之奇游。

秦桧死后，程学解禁，朱熹多于县学《策问》中抨击秦桧，主倡程学。

按：《晦庵集》卷七四《策问》一四曰："问：汉世专门之学，如欧阳、大小夏侯、孔氏《书》，齐、鲁、韩、毛《诗》，后氏、戴氏《礼》，董氏《春秋》，梁丘、费氏《易》，今皆亡矣；其仅有存者，又已列于学官，其亦可以无恶于专门矣。而近世议者深斥之，将谓汉世之专门者耶？抑亦别有谓也？今百工曲艺莫不有师，至于学者尊其所闻，则斥以为'专门'而深恶之，不识其何说也。二三子陈之。"

汪应辰、张浚等推荐胡宏，胡宏以病为由谢辞朝廷召命。

张九成因秦桧死，被起用，出知温州。

范成大岁末赴徽州司户参军任。

张浚十二月甲戌朔移郴州居住，李光移郴州安置，旋命任便居住。

汤鹏举十月为御史中丞，将秦桧党羽王晌、王铸、郑侨年、郑震、方滋、张扶、徐宗说、曹筠等排击殆尽。

张孝祥转秘书省正字，得高宗召对，有《论总揽权纲以尽更化》、《乞改迁谪士大夫罪名》札子。

胡铨十二月丙申由吉阳军量移衡州。

秦桧病重期间，欲陷害赵汾、张祁、张浚、李光、胡寅等以谋大逆之罪，罗织一时贤士53人，狱方欲上，而秦桧已病不能书。

张元幹在临安与胡仔游。

洪皓谪居英州已9年，是年十一月始奉命主管台州崇道观，居住袁州。

陆升之等9人因告讦得官者被除名，广南编管。

陆游是年春与唐琬相遇于绍兴城南沈园，为赋《钗头凤》词。

周葵十二月复直秘阁、知绍兴府。

曾幾十一月起为提点两浙东路刑狱。

沈长卿时为常州通判，以曾"讥和议"，又与仁和县尉芮烨"作诗讥讪"，二月被除名，送化州编管；芮烨也送武冈军编管。

清渭何通直宅万卷堂刊刻《汉隽》7册。

任渊注释黄庭坚《山谷诗内集》成。

胡寅著《读史管见》30卷成书。

> 按：《四库全书总目提要》曰："是编乃其谪居之时读司马光《资治通鉴》而作。前有嘉定丙寅其幼子大壮序，称书成于绍兴乙亥。……寅作是书，因其父说，弥用严苛。大抵其论人也，人人责以孔、颜、思、孟；其论事也，事事绳以虞、夏、商、周。名为存天理、遏人欲、崇王道、贱霸功，而不近人情，不揆事势，卒至于窒碍而难行。王应麟《通鉴答问》谓但就一事诋斥，不究其事之始终，诚笃论也。又多假借论端，自申己说，凡所论是非，往往枝蔓于本事之外。"

杨甲所著《六经图》6卷刊印于本年前后。

> 按：书中《十五国风地理图》是中国现存第一张印刷地图，比欧洲现存最早的地图早300年。

周紫芝卒（1082—　）。紫芝字少隐，号竹坡居士，宣城人。绍兴十二年进士，历仕枢密院编修官，出知兴国军。早年曾学诗于张耒、吕本中，著有《太仓稊米集》70卷、《竹坡词》3卷、《竹坡诗话》1卷、续1卷。事迹见《宋史翼》卷二七。

洪皓卒（1088—　）。皓字光弼，鄱阳人。徽宗政和五年进士。高宗时出使金国，被扣留15年，艰苦备尝，终于回归。因得罪秦桧被贬，后徙袁州，至南雄州而卒。谥忠宣。学识渊博，工诗词。著有《帝王通要》5卷、《春秋纪咏》30卷、《姓氏指南》10卷，已佚，今存《鄱阳集》10卷、《松漠纪闻》2卷等。事迹见《宋史》卷三七三本传。清洪汝奎编有《洪忠宣公年谱》。

洪兴祖卒（1090—　）。兴祖字庆善，镇江丹阳人。政和进士，为湖州士曹，改宣教郎。高宗时授秘书省正字，迁太常博士。晚年忤秦桧，编管昭州。著有《楚辞补注》17卷，对汉王逸《楚辞章句》多所疏通发明。又有

日本藤原为经撰《后叶和歌集》。

英国索尔兹伯雷的约翰著《英特蒂克》（又名《哲学家的教义》）。

德国希尔德佳德·冯·宾根著《药物学》（为医学著作，提及18种有特殊疗效的矿物）和《病因及治疗》（根据古代四种体液学说写成）。

拉丁语话剧《假基督》问世。

法国彼得·维内拉比利斯卒（1092—　）。曾任克吕尼修道院院长，重建修道院院规，促进克吕尼修会的发展，保护了法国经院哲学家和神学家彼德·阿伯拉尔。

英国蒙默思的杰弗里卒，生年不详。编年史家、威尔士主教，著有《不列颠列王记》。

| 伊朗伊斯兰教神秘主义教义学家、哲学家苏哈拉瓦迪（—1191）约生。 | 《老庄本旨》、《周易通义》、《系辞要旨》、《古文孝经序赞》、《离骚楚辞考异》等。事迹见《宋史》卷四三三本传。

按：《楚辞补注》为补正王逸注之不足而作，故名"补注"。陈振孙《直斋书录解题》载成书过程，谓其得到苏轼手校《楚辞》10卷、古本《释文》、洪玉父、姚廷辉等十四五家本子，与王注对照校勘，并作《离骚楚辞考异》，后又得欧阳修、孙觉等本子校正，终于编定此书。《四库全书总目提要》评价道："汉人注书，大抵简质，又往往举其训诂，而不备列其考据。兴祖是编，列逸注于前，而一一疏通、证明、补注于后，于逸注多所阐发。又皆以'补曰'二字别之，使与原文不乱，亦异乎明代诸人妄改古书，恣情损益。于《楚辞》诸注之中，特为善本，故陈振孙称其用力之勤，而朱子作《集注》，亦多取其说云。"1981年中华书局出版排印本。

李清照约卒（1084—　）。清照号易安居士，济南人。丈夫赵明诚。南宋著名女词人。所著《词论》一篇，是北宋末期最早出现的词学专论。原有《易安居士文集》、《易安词》，已散佚。后人有《漱玉词》辑本。事迹见清俞正燮《癸巳类稿·易安居士事辑》、今人王仲闻《李清照事迹编年》（《李清照集校注》附录）。

曾慥卒，生年不详。慥字端伯，号至游居士，泉州晋江人。历任仓部员外郎、江西转运判官、湖北兼京西转运副使、知庐州等。编撰有《宋百家诗选》50卷、《类说》60卷、《高斋漫录》、《高斋诗话》、《乐府雅词》3卷、《通鉴补遗》100卷等。又从众多道书中，选录大量修道养生术资料，编成《道枢》42卷，共108篇。事迹见《宋诗纪事》卷四八。

姜夔（　—约1221）约生。 |

宋绍兴二十六年　金贞元四年　正隆元年
夏天盛八年　西辽绍兴六年　丙子　1156年

| 日本"保元之乱"。自此武士势力抬头，威胁公室。

德意志召开累根斯堡帝国会议，确立选侯制。

奥地利公国立，奥地利公爵亨利二世迁都维也纳。

克里姆林宫始建。 | 二月癸酉朔，金改元正隆。

三月丙寅，诏告中外，禁"妄议边事"，决策讲和乃"断自朕志，讲和之策，故相秦桧但赞朕而已。岂以其存亡而有渝定议耶？近者无知之辈，遂以为尽出于桧，不知悉由朕衷，朕实骇之。内外大小之臣，其咸体朕意，如敢妄议，当置重刑"（《中兴小纪》卷三七）。

按：自秦桧死，金人怀疑以前盟约不坚。秦桧余党参知政事沈该、万俟卨，签书枢密院事汤思退均坚其主张，故下此诏。

二十二日，诏令各级考试，并试刑法，令国子监印造《礼部韵略》、《刑统律文》、《绍兴敕令格式》，并从官给。

四月，宋规定武学生习《七书》兵法、步骑射，分上、内、外三舍学生额百人，置博士1员，以文臣有出身或武举高选人为之；学谕1员，以武举补官人为之。 |

宋绍兴二十六年　金贞元四年　正隆元年　夏天盛八年　西辽绍兴六年　丙子　1156年

戊戌，宋置六科举士法。

按：六科为：一、文章典雅，可备制诰；二、节操公正，可备台谏；三、法理皆通，可备刑谳；四、节用爱民，可备理财；五、刚方岂弟，劳绩著闻，可备监司、郡守；六、知机识变，知勇绝伦，可备将帅。命侍从每年举士，如元祐中司马光所请。

五月，金颁行正隆官制。

六月，宋钦宗卒于金。

诏恢复权要亲族中第复试法。

乙酉，诏取士毋拘程颐、王安石一家之说。

按：时秘书省正字兼实录院检讨官叶兼亨请求朝廷改变拘一家之说的取士标准，其曰："向者朝论专尚程颐之学，士有立说稍异者，皆不在选。前日大臣则阴右王安石，稍涉颐学，一切摈弃。程、王之学，时有所长，皆有所短，取其合于孔孟者，皆可以为学也。"高宗曰："赵鼎主程颐，秦桧尚安石，诚为偏曲，卿所言极当。"（《文献通考》卷三二）于是降旨行下。洛学因此解禁。南渡以后，王学之所以渐失人心，诚如范宗尹所说："安石学术本不至是，由蔡京兄弟以绍述之说敷衍被曼，浸失其意。"陆九渊于淳熙年间说，王学已不为世所讲，近世学者对王学的攻击，"雷同一律，发言盈庭"，"士心不明，随声是非，无所折衷"（《宾退录》卷七）。

辛卯，以秦桧既死，诏重修日历。

七月壬子，诏：故赠右谏议大夫陈瓘，赐谥忠肃。先是高宗谓辅臣曰："近览瓘所著《尊尧集》，无非明君臣之大分，深有足嘉。"（《续资治通鉴》卷一三一）

九月辛丑，宋高宗称："华侈之服，如销金之类，不可不禁。"（《建炎以来系年要录》卷一七四）

闰十月初四日，从太学录范成象言，诏见任官不得因生日受所属之札。

按：自秦桧擅权，四方皆以生日致馈，其后州郡监司率受此札，极其僭侈。从此遂废。

十二月，宋高宗手书所撰孔子及七十子像赞被刻石。

是年，定科举考试"流寓人"与土著士人一同录取，以一定比例增加名额，在再另立流寓试。

金命以《五经》、《三史》内出题，三年一辟。

朱熹七月同安主簿任期满。是年著《家藏石刻序》。

按：朱熹于《序》中曰："少好古金石文字，家贫不能有其书，独时时取欧阳子所集录，观其序跋辨正之辞以为乐。遇适意时，恍然若手摩挲其金石，而目了其文字也。既又怅然自恨身贫贱苦，处屏远，弗能尽致所欲得如公之为者，或寝食不怡竟日。来泉南，又得东武赵氏《金石录》观之，大略如欧阳子书。然铨序益条理，考证益精博，予心亦益好之。于是始胏其稿，得故先君子时所藏与熹后所增益者，凡数十种，虽不多要，皆奇古可玩，悉加标饰，因其刻石大小，施横轴悬之壁间，坐对循行卧起，恒不去目前，不待披筐簏卷书把玩而后为适也。盖汉魏以前，刻石制度简朴，或出奇诡，皆有可观存之，足以佐嗜古之癖，良非小助。其近世刻石本制小者，或为横卷若书帙，亦以意所便也。盖欧阳子书一千卷，赵氏书多倍之，而予欲以此数十种

者,追而与之并,则诚若不可冀,然安知积之久,则不若是其富也耶!"(《晦庵集》卷七五)

赵鼎、郑刚中、汪藻正月甲子追复官职。

张浚十月丁酉论用兵,议恢复中原,依旧谪永州居住。

张栻因祖母死,与乃父张浚护丧归葬四川绵竹故里,后又返回永州。

张孝祥正月除秘书省正字。

胡铨徙海南,绍兴二十八年始得内移衡州。

曾幾三月改知台州,陆游著《送曾学士赴行在》诗。

沈该、万俟卨五月壬寅为尚书左、右仆射并同中书、门下平章事。

秦埙、曹冠等9人八月被革去进士出身。

按:曹冠字宗臣,号双溪居士,东阳人。以乡贡入太学,居秦桧门下,教其诸孙,为秦氏十客之一,其人不足称。著有《经进杂论》、《帝范十赞》、《补正忠言》、《万言书》、《时政救弊》、《恢复秘略》、《裕民政要》、《双溪集》等,皆佚。

李稙十一月知徽州,范成大有《上李徽州》书,论"荐士而束于文法",则"草茅抱负挟持之才",将"无复当世之望","又况法已大弊"(《黄氏日钞》卷六七)。

王纶由起居舍人兼崇政殿说书试中书舍人,范成大有贺启。

秦桧姻党曹泳原为户部侍郎兼知临安府,秦桧死次日即被停官,新州安置,是年正月又移吉阳军编管。

陆升之为李光侄婿,因告发李光之子读私史事任删定官,是年被贬雷州。

林之奇十一月入京为秘书省正字,迁校书郎。吕祖谦随师至临安,年末返回福州。

周葵三月出知信州。

林东二月以"追谄秦桧,上书狂妄",被移英州编管(《宋史·高宗本纪八》)。

吕愿中因"贪虐附秦桧",二月责果州团练副使,封州安置。

按:吕愿中字叔恭,睢阳人。尝谄附秦桧,告讦李光与胡铨诗赋唱和,讥讪朝政。

王会因系秦桧亲党,十月移琼州安置。

杨万里随父见张九成、胡铨。

朱熹始著《孟子集解》。

万俟卨等上《绍兴贡举法》50卷。

张敦颐著《韩柳音释》2卷成书。

洪适校刊乃父洪皓遗著《松漠纪闻》行世。

按:《四库全书总目提要》曰:"此书乃其所纪金国杂事。始于留金时,随笔纂录,及归,惧为金人搜获,悉付诸火。既被谴谪,乃复追述一二,名曰《松漠纪闻》。寻有私史之禁,亦秘不传。绍兴末,其长子适始校刊为正、续二卷。乾道中,仲子遵又增补所遗十一事。明代吴管尝刻入《古今逸史》中,与此本字句间有异同,而大略相合。皓所居冷山去金上京会宁府才百里,又尝为陈王延教其子,故于金事言之颇详。虽其被囚日久,仅据传述者笔之于书,不若目击之亲切。中间所言金太祖、太宗诸子封号,及辽林牙达什北走之事,皆与史不合。又不晓音译,往往讹异失真。然如叙太祖起兵本末,则《辽史·天祚纪》颇用其说。其'熙州龙见'一条,《金史·五行志》亦全采之。盖以其身在金庭,故所纪虽真赝相参,究非凿空妄说者比也。"

范成大是年著《后催租行》。

按：此诗是范成大诗歌的代表作之一。

成无己卒(约1063—)。无己聊城人。所著《注解伤寒论》,为最早注释《伤寒论》的医书。又有《伤寒明理论》、《论方》。

陈旉约卒(1076—)。旉号西山隐居全真子,又号如是庵全真子,系当时道教全真派道徒。于六经、诸子、百家之书,释老氏、黄帝、神农氏之学,贯穿出入,往往成诵,下至术数,亦精其能,尤精于《易》。不求仕进,隐居淮海东路仪真郡的西山时,留心农事,撰成《农书》3卷。事迹见陈旉《农书跋》、洪兴祖《农书后序》(《农书》附)。

僧法宁卒(1081—)。法宁俗姓李,密州莒县人。初依天宁妙空和尚得度,尽得玄门宗旨。哲宗元符年间居华亭畲山昭庆禅院,为开山始祖。

胡寅卒(1098—)。寅字明仲,一字致堂,号仲冈,世称衡麓先生,建宁崇安人。胡安国弟之侄,养为己子。幼从家学,后师事杨时。与胡宁、胡宏、梁观国同学,与江琦、胡襄、韩璜、刘衡、张祁为友。宣和三年进士。靖康初,召除秘书省校书郎。官至徽猷阁直学士,因忤秦桧落职。卒谥文忠。是湖湘学派的代表人物。《宋元学案》为列《衡麓学案》。著有《论语详说》、《读史管见》30卷、《崇正辨》3卷、《斐然集》30卷。事迹见《宋史》卷四三五本传。

按：全祖望曰："武夷诸子,致堂、五峰最著。而其学又分为二,五峰不满其兄之学,故致堂之传不广。然当洛学陷入异端之日,致堂独卓然不染,亦已贤哉。故朱子亦多取焉。"(《宋元学案》卷四一《衡麓学案》)胡寅所创立的衡麓学派,从学子孙及弟子不多,主要有胡大原、胡大正、毛以谟、刘荀等。

黄公度卒(1109—)。公度字师宪,号知稼翁,兴化军莆田人。绍兴八年进士第一,除秘书省正字。时秦桧当政,坐讥切时政,罢归。绍兴十九年,起差肇庆府通判,摄知南恩州。官终考功员外郎。著有《知稼翁集》11卷及《汉书镌误》等。事迹见龚茂良《宋左朝散郎尚书考功员外郎黄公行状》、林大鼐《宋尚书员外郎黄公墓志铭》(《知稼翁集》附)。

时澜(—1222)、张从正(—1228)、蔡渊(—1236)、乔行简(—1241)生。

宋绍兴二十七年　金正隆二年　夏天盛九年
西辽绍兴七年　丁丑　1157年

大越定律令。

日本置漏刻。

意大利威尼斯银行创建。

瑞典国王埃里克九世远征芬兰，以迫其皈依基督教。

二月丁酉朔，宋诏自今国学及科举取士，均需兼习经义、诗赋，内第一场大、小经各一道，永为定制。

按：《宋史·选举志二》曰："自经、赋分科，声律日盛，帝尝曰：'向为士不读史，遂用诗赋。今则不读经，不出数年，经学废矣。'二十七年，诏复行兼经，如十三年之制。内第一场大小经义各减一道，如治《二礼》文义优长，许侵用诸经分数。时号为四科。"

三月丙戌，高宗御射殿，引正奏名进士唱名。

丁亥，特奏名进士李三英等392人，武举进士赵应熊带15人，特奏名1人，授官有差。

六月，自秦桧死，左司谏凌哲请追复大臣死于贬所者，朝论初指赵鼎、王庶等数人；沈该、汤思退为相，遂并取先得罪于朝廷者而追复之，凌哲力争，以为不可，乃止。

八月，金试进士于广乐园。

十一月丁卯，工部侍郎兼侍讲王纶等言："兴化郡进士郑樵，耽嗜坟籍，杜门著书，尝以所著书献之朝廷，降付东观。比闻撰述益多，当必有补治道，终老韦布，可谓遗才。望赐召对，验其所学，果有所取，即乞依王蘋、邓名世例施用，庶学者有所激劝。"乃命郑樵赴行在（《建炎以来系年要录》卷一七八）。

按：全祖望曰："洛学之入秦也，以三吕；其入楚也，以上蔡司教荆南；其入蜀也，以谢湜、马涓；其入浙也，以永嘉周、刘、许、鲍数君；而其入吴也，以王信伯也。信伯极为龟山所许，而晦翁最贬之，其后阳明又最称之。予读信伯集，颇启象山之萌芽。其贬之者以此，其称之者亦以此。象山之学，本无所承，东发以为遥出于上蔡，予以为兼出于信伯。盖程门已有此一种矣。"（《宋元学案》卷二九《震泽学案》）王蘋所创震泽学派的门人有陈长方、陈少方、杨邦弼、章宪、周宪、曾幾、范如圭、陆景端、施庭先、朱宜之、曾逮、方矞、林光朝、陆九渊等。

是年，重申秘阁藏书不准外借。

令礼院检视《道藏》及《圣祖记》，制圣祖服制、仪像、从祀等，颁下州军施行。

朱熹同安主簿四考满，罢归。是年始正式拜李侗为师。

按：朱熹所著《延平李先生师弟子答问》自本年始，直至隆兴元年李侗病逝，收入李侗7年间给朱熹的书信、语录共24篇64条，又收入朱熹质疑问难的话100余条。是书不仅对李侗的学问要旨作了详细记述，而且真实地反映了李侗对朱熹思想形成与转变的极大影响。这是二程洛学传衍过程中的一件大事，也是洛学闽学化后朱子学萌生的契机。李侗自感学有传人,心中甚为宽慰,曾在《与罗博文书》中说:"元晦进学甚力,乐善畏义,吾党鲜有。晚得此人,商量所疑,甚慰。"又说:"此人极颖悟,力行可畏。讲学极造其微处,某因追求有所省,渠所论难处,皆是操戈入室,俱从原头体认来,所以好说话。某昔于罗先生得入处,后无朋友,几放倒了,得渠如此,极有益。"(《闽中理学渊源考》卷五)钱穆《朱子新学案》认为:"盖朱子之所获于延平者有三大纲。一曰须于日用人生上融会。一曰须看古圣经议。又一曰理一分殊,所难不在理一处,乃在分殊处。朱子循此三番教言,自加寻究,而不自限于默坐澄心之一项工夫上,则诚可谓妙得师门之传矣。"《延平问答》除《四库全书》本外,今尚存明刻大字本,《朱子遗书》本及清代吕氏刻本。

郑樵十一月因侍讲王伦、贺允中推荐,得召对。

袁枢是年学满离开太学。

张孝祥二月己未由秘书省正字为校书郎,三月十六日特授秘书郎兼国史实录院校勘。

曾几夏四月以荐召赴行在,加直秘阁,仍知台州;十月守秘书监,陆游有启及诗贺之。

陆游十一月赴福州宁德县主簿任。

辛弃疾再次赴燕京参加进士考试。

汤思退六月戊申守尚书右仆射、同中书门下平章事。

葛立方六月乙卯权吏部侍郎。

吕祖谦尊父命向胡宪受学。是年春,应礼部试,不中;赴铨试,中宏词科第三人。四月,授迪功郎。十月拜汪应辰为师。

王十朋中进士第一,阎苍舒第二,梁介第三。同中进士者尚有刘清之、任诇、喻良能、谢谔、吴儆、京镗、刘仲尹、史尧弼等。

张元幹在嘉兴,自称"芦川老人"。

陈正同九月除刑部侍郎,张元幹著《贺陈都丞除刑部侍郎启》贺之。

叶义问时为殿中侍御史,十一月论汤鹏举效秦桧之所为,内则倚用刘天民、范成象、留观德以交通台谏,外则倚用李良臣、赵士鹏以贼害良善,乞将鹏举早行窜殛。汤鹏举是月被罢官。

叶义问十二月癸巳复乞将刘天民、范成象、留观德重行窜责,以为交通台谏之戒。

沈清臣少学于张九成,是年举进士,官国子录。

熊克举进士,知绍兴府诸暨县。

黄维之举进士,除太学录,迁国子监簿,进《太祖政要》。

按:黄维之,初名伟,字维之,后以字为名,更字叔张,号竹坡居士,福建永春人。尝与朱熹论学,后进以乡先生事之。著有《竹坡居士集》,已佚。

汤鹏时任御史中丞,正月初九日举知贡举,二月为参知政事,八月知枢密院事。

孙甫所著《唐史论断》3卷初刻。

按:《四库全书总目提要》曰:"陈振孙《书录解题》称:'甫以刘昫《唐书》烦冗,遗略多失体法,乃改用编年体。创始于康定元年,蒇事于嘉祐元年,勒成《唐纪》七十五卷。其间善恶分明可为龟鉴者,各系以论,凡九十二篇。甫没后,《唐纪》宣取留禁中。其从子察,尝录副本遗司马光,世亦罕见,惟《论断》独传。绍兴二十七年,尝锓版于剑州。后蜀版不存,端平乙未,黄淮复刻于东阳。'《宋史·艺文志》作二卷,《文献通考》作十卷,此本仅三卷。盖本从《唐纪》钞出别行,非其旧帙,故卷数多寡,随意分合,实无二本也。前为《自序》一篇,末附司马光《跋》。曾巩、欧阳修所作《墓志》、《行状》,苏轼《答李鷹书》,张敦颐《后序》,皆推重是书甚,至朱子亦称其议论胜《唐鉴》云。"

邵博著《邵氏闻见后录》30卷成书。

按:《四库全书总目提要》曰:"是编盖续其父书,故曰后录。然伯温所记多朝廷大政,可裨史传。是书兼及经义史论诗话,又参以神怪俳谐,较《前录》颇为琐杂。又伯温书盛推二程,博乃排二程而宗苏轼。观所记游酢、谢良佐之事,知康节没后,程氏之徒欲尊其师而抑邵,故博有激以报之。"

晁公武所著《郡斋读书志》4卷本约在本年由杜鹏举校刻行世;后姚应绩加以重编,成为20卷本。

按:《四库全书总目提要》曰:"《郡斋读书志》四卷、《后志》二卷、《考异》一卷、《附志》一卷。《郡斋读书志》四卷,宋晁公武撰。《后志》二卷,亦公武所撰,赵希弁重编。《附志》一卷,则希弁所续辑也。公武字子止,巨野人。冲之之子,官至敷文阁直学士,临安少尹。岳珂《桯史》记隆兴二年汤思退罢相,洪适草制作平语,侍御史晁公武击之,则亦骨鲠之士。希弁,袁州人,宋宗室子,自题称江西漕贡进士,秘书省校勘,以辈行推之,盖太祖之九世孙也。始,南阳井宪孟为四川转运使,家多藏书,悉举以赠公武,乃躬自雠校,疏其大略为此书。以时方守荣州,故名《郡斋读书志》。后书散佚,而志独存。淳祐己酉,鄱阳黎安朝守袁州,因令希弁即其家所藏书目参校,删其重复,摭所未有,益为《附志》一卷,而重刻之,是为袁本。时南充游钧守衢州,亦取公武门人姚应绩所编蜀本刊传,是为衢本。当时二书并行于世,惟衢本分析至二十卷,增加书目甚多,卷首公武《自序》一篇,文亦互有详略。希弁以衢本所增,乃公武晚年续裒之书,而非其所得井氏之旧,因别摘出为《后志》二卷。又以袁、衢二本异同,别为《考异》一卷附之末。盖原志四卷为井氏书,《后志》二卷为晁氏书,并至南渡而止。《附志》一卷则希弁家书,故兼及于庆元以后也。马端临作《经籍考》,全以是书及陈氏《书录解题》为据。然以此本与《经籍考》互校,往往乖迕不合,如京房《易传》,此本仅注三十余字,而马氏所引其文多至十倍。又如《宋太祖实录》、《太宗实录》、《建康实录》、《汲冢周书》之类,此志本仅述其撰人时代及卷数而止,而马氏所引,尚有考据议论,凡数十言。其余文之多寡,词之增损互异者,不可胜数。又希弁《考异》称:袁本《毗陵易传》,衢本作《东坡易传》;袁本《芸阁先生易解》,衢本作《吕氏章句》。今《经籍考》所题,并同衢本,似马端临原据衢本采摭。然如《晋公谈录》、《六祖坛经》之类,希弁《考异》称袁本所载而衢本所遗者,今《经籍考》实并引晁氏之说,则当时亦兼用袁本,疑此书已经后人删削,不特衢本不可复见,即袁本亦非尽旧文,故与马氏所引,不能一一符合欤。又前志《子部·序录》,称九曰小说类,十曰天文、历算类,十一曰兵家类,十二曰刑家类,十三曰杂艺类,十四曰医家类,十五曰神仙类,十六曰释家类。而志中所列小说类,《鸡跖集》后即为《群仙会真记》、王氏《神仙传》、葛洪《神仙传》三种。是天文历算等五类全佚,而神仙类亦脱其标目,则其它类之残阙,盖可例推矣。然书虽非旧,而梗概仍存,终为考证者所取资也。"是书既是宋代有名的提要目录,也是我国第一部附有提要的私家目录。南宋陈振孙的《直斋书目解题》、元马端临的《文献通考·经籍考》等解题目录,都是在仿效和发展晁公武的目录学思想和方法的基础上创作的。它和《直斋书录解题》一起,被后代目录学家称为"私撰目录的双璧"。此书版本甚多,1990年上海古籍出版社出版的以汪士钟所刊衢本,合校以《续古逸丛书》所收影印南宋淳祐九年所刊袁本,由孙猛校证的《郡斋读书志校证》,是目前最好的本子。

僧正觉卒(1091—　)。正觉俗姓李,隰州人。在浙江天童传法三十余年,因称"天童和尚",为禅宗曹洞宗名僧。著有《颂古百则》、《宏智禅师广录》。事迹见《大明高僧传》卷五。

曹彦约(　—1228)生。

宋绍兴二十八年　金正隆三年　夏天盛十年
西辽绍兴八年　戊寅　1158年

二月,金铸"正隆通宝"。

七月,宋高宗亲制郊庙乐章。

八月戊子朔,复置国史院。诏修神宗、哲宗、徽宗《三朝正史》。

诏国史日历所,编修《神宗皇帝宝训》事毕,接续修纂《哲宗皇帝宝训》。

丁卯,加封唐柳州刺史柳宗元为文惠昭灵侯。

十一月己丑,诏出御前钱修葺睦亲宅及重建学宫殿宇凡171区。

朱熹正月步行数百里之南平再访李侗。是冬,以养亲请祠,差监潭州南岳庙。

按:朱熹自言,在从师李侗以前,曾"泛滥诸家,无所适从",而且"数年前亦尝惑(苏学)焉";从师李侗后,"始知所向之大方"(《晦庵集·答江元适》)。

郑樵二月授右迪功郎、礼兵部架阁。旋遭御史弹劾,改监潭州南岳庙,奉命归抄《通志》。

按:《宋史》本传曰:"以侍讲王纶、贺允中荐,得召对,因言班固以来历代为史之非。帝曰:'闻卿名久矣,敷陈古学,自成一家,何相见之晚耶?'授右迪功郎、礼、兵部架阁,以御史叶义问劾之,改监潭州南岳庙,给札归抄所著《通志》。书成,入为枢密院编修官,寻兼摄检详诸房文字。"

陈亮16岁,从义乌何子刚读书。

李光十二月任便居住。

李公显等人在金坛结诗社。

张孝祥八月癸巳试起居舍人,九月辛巳兼权中书舍人。

张元幹与张孝祥在临安相识结交。

拜占廷帝曼努埃尔一世与西西里王国议和。

德意志腓特烈一世帝第二次远征意大利。是年,授予博洛尼亚大学特许状。

慕尼黑城始建。

英国牛津大教堂兴建。

曾幾七月权礼部侍郎，陆游有《贺礼部曾侍郎启》致贺。

陆游始任福州宁德县主簿。

周德友于三月和十二月分别请张孝祥、周必大题跋苏庠诗帖。

李稙四月十八日除荆湘北路转运判官，范成大有《送李徽州赴湖北漕》诗送行。

范成大有诗分别送李稙、胡宗伟、朱翌、林彦强、严焕等友人。

计有功二月任眉州知州。

杨万里赣州司户参军职任满，授零陵县丞。

张浚所著《紫岩易传》10卷由其曾孙张献之录成定稿。

程俱著《徽宗实录》250卷。

> **按**：晁公武《郡斋读书志》曰："先是汪藻编庚辰以来诏旨，颇繁杂，俱删辑成此书，且附以靖康、建炎事。"陈振孙《直斋书录解题》曰："《徽宗实录》二百五十卷，监修宰相汤思退等。绍兴七年诏修，十一年先上六十卷，至二十八年书成。修撰官历年既久，前后非一人。至乾道五年，秘书少监李焘言此书疏舛特甚，请重修。淳熙四年成，凡二百卷，《考异》百五十卷，《目录》二十五卷。今百五十卷者，前本也。"

曾幾等上《神宗宝训》100卷。

胡舜举等著《旴江志》10卷。

孔平仲所著《续世说》12卷由沅州公使库刻印。

黄彻著《巩溪诗话》成于本年以前。

奥地利奥托·冯·法莱辛格卒（1114— ）。历史学家、出身霍亨斯陶芬皇族。著有《编年史》、《双城史》、《皇帝腓特烈一世传》、《二国年代纪》。

僧法云卒（1088— ）。法云字天瑞，自号无机子，赐号普润，俗姓戈，长洲彩云里人，天台宗僧人。所著尚有《金刚经注解》、《心经疏钞》、《息阴集》等。

道士石泰卒（1091— ）。泰字得之，号杏林，一号翠玄子，人称"石杏林"，常州人。以缝纫为业，自称"素慕真宗，遍游胜境，参传正法，愿以济世为心"（《还元篇序》）。得张伯端所授金丹之道，成为南五祖第二代。传道于薛道光。著有《还元篇》。

邵博卒，生年不详。博字公济，洛阳人。邵雍之孙，邵伯温之子。绍兴八年，以赵鼎举荐召对，赐同进士出身，除秘书省校书郎兼实录院检讨官。著有《邵博文集》57卷，已佚；又著有《邵氏闻见后录》30卷，为继其父邵伯温《邵氏闻见录》之作。事迹见《宋史翼》卷一〇。

王介（ —1213）、萧贡（ —1223）、崔与之（ —1239）生；危稹（ —约1234）约生。

宋绍兴二十九年　金正隆四年　夏天盛十一年　西辽绍兴九年　己卯　1159年

正月丙辰朔，诏：庶人年九十、宗子女若贡士以上父母年八十者，皆授官封；文臣致仕官大夫以上，并赐三品服；僧、尼、道士八十以上者，赐紫衣及师号有差。

四月壬辰，国子司业黄中贺金主生辰还，言金主再修汴梁，役夫万计，此必欲徙居以见逼，不可不早为之计。

按：时约和久，中外松懈，无战守之备，黄中之言，宰相沈该、汤思退不听。

六月戊戌，名乌江县楚霸王项羽庙曰英惠。

七月戊戌，翰林学士、修国史周麟之言左宣教郎、知双流县李焘，尝著有《续皇朝公卿百官表》112卷，诏给札录付史馆。

按：李焘以司马光《百官表》未有继者，乃遍求正史、实录，旁采家集、野史，增广门类，起自建隆，迄于靖康，分新旧官制，踵而成书。其后周必大曰："《长编》之书，盖始于此。"

八月甲子，诏：左朝请郎、两浙东路提点刑狱公事徐度，左朝请郎、两浙西路提点刑狱公事吕广问，左迪功郎朱熹，并召赴行在；右通直郎、知建州建安县韩元吉，令任满日赴行在。朱熹未至。

十月，金大修战备，谋伐宋。

是年，诏玉牒所并入宗正寺，以本寺少卿及丞同领编修事，宰臣提举依旧。

朱熹时监潭州南岳庙，自胡宪处得胡安国家写本《谢子雅言》2篇，乃以胡家写本为主，并取泉州所获吴中板本《逍遥先生语录》1篇，三本相互参校，定为3篇，并参陈长方说，删订吴中板本内伪作55章，校定二程弟子谢良佐的《谢上蔡先生语录》，有《谢上蔡语录后序》。

按：朱熹《谢上蔡先生语录后序》曰："谢先生名良佐，字显道，学于程夫子昆弟之门。有《论语说》行于世，而此书传者盖鲜焉。熹初得括苍吴任写本一篇，后得吴中版本一篇，二家之书，皆温陵曾恬天隐所记，最后得胡文定公家写本二篇，凡书四篇以相参校。"朱熹《谢上蔡语录后记》曰："熹顷年校定《上蔡先生语录》三篇，未及脱稿，而或者传去，遂锓木于赣上，愚意每遗恨焉。此因闲暇，复为定著此本。然亦未敢自以为可传也。……旧传谢先生与胡文字公手柬，今并撮其精要之语附三篇后云。"此后朱熹对是书又做过几次考订，并于乾道七年（1171）五月，写成《记谢上蔡论语疑义》。

朱熹八月因参知政事陈康伯荐，与徐度、吕广问、韩元吉同召赴行在，以疾辞。

拜占廷帝曼努埃尔一世在安条克举行盛大入城仪式，帝国控制了整个东方基督教世界和拉丁人国家。

张栻开始辑录孔子弟子颜渊言行作《希颜录》上下篇,欲以颜渊为楷模,致知力行,求得孔子之道。又去信向在衡山传授程颢、程颐之学的胡宏求教质疑。

按:胡宏师事二程门人杨时及侯仲良,是二程的再传弟子,隐居湖南衡山20余年,是宋代理学中开湖湘之学统的人物。

陈亮读书于龙窟卧龙山中。

洪适九月十六日以左朝奉郎知徽州,范成大有书与诗上洪适,致仰慕之意。

张孝祥六月癸酉试中书舍人,八月为汪彻劾罢,提举江州太平兴国宫。

洪迈兼国史院编修。

胡宪六月以吏部尚书贺允中荐,除大理司直,旋在八月改除秘书省正字。

周葵七月撰《宏智禅师妙光塔碑》文,张孝祥书丹。

樊光远时为提刑,欲举陆游应"有声于时,不求闻达"科,陆游不应。

施宜生为金贺宋正旦使,以隐语向宋廷透露金主亮谋划南下,归后为副使告发,烹死。

朱熹编次谢良佐《谢上蔡先生语录》3卷初成,胡宪作跋。

按:是书既是研究谢良佐理学思想及其师承渊源的重要资料,亦是研究程朱理学发展不可或缺的原始文献。朱熹生平论著,此为最早。

朱熹始著《诗集解》,又《论语集解》初成。

李焘著《续皇朝公卿百官表》112卷成书。

张元幹应陈正同之邀,为乃父陈瑾校订《了堂先生文集》成。

王继先校定《政和本草》,改名《绍兴校定经史证类备急本草》(简称《绍兴本草》)。

李光卒(1078—)。光字泰发,浙江上虞人。师事刘安世。崇宁五年进士,官至参知政事。以忤秦桧而罢官。秦桧死后,复左朝奉大夫。卒谥庄简。著有《读易详说》10卷、《庄简集》30卷,今存18卷。《宋元学案》列其入《元城学案》。事迹见《宋史》卷三六三本传。

按:《四库全书总目提要》卷一曰:"汉儒言象数,去古未远也。一变而为京(房)、焦(延寿),入于禨祥;再变为陈(抟)、邵(雍),务穷造化,《易》遂不切于民用。王弼尽黜象数,说以老庄,一变而胡瑗、程子,始阐明儒理;再变而李光、杨万里,又参证史事,《易》遂日启其论端。此两派六宗,已互相攻驳。"又评《读易详说》曰:李光"自号读易老人。因摅其所得,以作是书。故于当世之治乱,一身之进退,观象玩辞,恒三致意。……其因事抒忠,依经立义,大旨往往类此。……光尝作胡铨《易解序》曰:'《易》之为书,凡以明人事。学者泥于象数,《易》几为无用之书。邦衡说《易》,真可与论天人之际。'……或不免间有牵合。然圣人作《易》以垂训,将使天下万世无不知所从违,非徒使上智数人矜谈妙悟,如佛家之传心印,道家之授丹诀。自好异者惟阐性命，钩稽奇偶，其言愈精愈妙，而于圣人立教牖民之旨，愈南辕北辙，转不若光作是书切实近理，为有益于学者矣"。

朱敦儒卒（1081— ）。敦儒字希真，号岩壑，又称伊水先生，洛阳人。绍兴五年，赐进士出身，历官秘书省正字、兵部郎中等。因与主战派李光"交通"被劾免职，晚年依附秦桧，任鸿胪少卿。著有《岩壑老人诗文》1卷、《樵歌》3卷。事迹见《宋史》卷四四五本传。今人邓子勉编有《朱敦儒年谱》。

张九成卒（1092— ）。九成字子韶，号横浦居士，又号无垢居士，浙江钱塘人。师事杨时。绍兴二年进士第一，历著作郎、礼部侍郎、刑部侍郎，以反对议和，被秦桧所贬。理宗时褒崇先贤，赠太师，封崇国公，赐谥文忠。著有《孟子传》29卷、《中庸说》3卷、《论语绝句》、《横浦心传录》3卷、《横浦集》20卷。另有《尚书说》、《论语说》、《孟子说》，已佚。《宋元学案》为列《横浦学案》。事迹见《宋史》卷三七四本传。今人尹波编有《张九成年谱》。

按：张九成发展了洛学"心学化"思想，是二程理学转向陆九渊心学的一个中间环节。对其学术思想，各派评价不一。朱熹《答石子重》抨击说："洪适在会稽尽取子韶经解板行，此祸甚酷，不在洪水、夷狄、猛兽之下，令人寒心。"（《朱子大全》卷四二）而陈振孙《直斋书录解题》则肯定其学说道："无垢诸经解，大抵援引详博，文意澜翻，似乎少简严，而务欲开广后学之见闻，使不堕于浅狭。"黄宗羲认为张九成在宋代儒学史上的承传地位是"龟山门人，二程再传"，"陆学之先"，"横浦之羽翼圣门者，正未可泯也"（《宋元学案》卷四〇《横浦学案》），大体符合事实。张九成所创立的学派，称横浦学派，其一传数传弟子甚多，著名者有韩元吉、凌景夏、樊光远、汪应辰、沈清臣、方畴、于恕、于宪、徐椿年、倪称、刘荀、郎煜、史浩、郭钦止、赵彦肃、史弥坚、史定之、张良臣等。

蔡松年卒（1107— ）。松年字伯坚，号萧闲老人，真定人。宣和末随父降金，官至左丞相，加仪同三司，封卫国公。谥文简。工乐府，善书画。著有《明秀集》6卷。事迹见《金史》卷一二五本传。

按：《金史》本传曰："文词清丽，尤工乐府，与吴激齐名，时号'吴蔡体'。"《中州集》小传曰："百年以来，乐府推伯坚与吴彦高，号吴蔡体。"《石州诗话》卷五曰："当日程学盛于南，苏学盛于北，如蔡松年、赵秉文之属，盖皆苏氏之支流余裔。"

李椿年卒，生年不详。椿年字仲永，饶州鄱阳人，一作浮梁人，号逍遥公。政和八年进士。历司农丞、户部侍郎、直学士院，后知婺州。潜心《易》学。著有《易解》及文集。事迹见《澹庵集》卷一五、《万姓统谱》卷七二。

周南（ —1213）、李壁（ —1222）、陈淳（ —1223）、赵秉文（ —1232）、胡谊（ —1232）、蔡沉（ —1237）生。

宋绍兴三十年　金正隆五年　夏天盛十二年
西辽绍兴十年　庚辰　1160年

正月,废御书院。

二月丙子,宋高宗无子,下诏立赵瑗为皇太子,更名玮,进封建王。

三月戊子,高宗策试礼部举人刘朔等于集英殿,既而得右迪功郎许克昌为首,用故事降为第二,遂赐晋江梁克家等412人及第、出身、同出身。

按:是科考官为御史中丞朱倬、右谏议大夫何溥、起居郎黄中。

甲辰,赐特奏名进士黄鹏举等53人同进士出身,宗子赵彦骖等31人,武举进士樊仁远等1人,特奏名1人,并授官有差。

丙午,诏建王府置直讲、赞读各一员,以郎官兼;小学教授一员,以馆职兼。

是月,加封梁昭明太子萧统为英济忠显王。

七月,加封伍子胥为忠壮英烈威显王。

朱熹五月研读《论语》、《孟子》与《太极通书》,搜集周敦颐遗文寄李侗,有与李侗论学答问书;七月又有与李侗论学答问书,讨论《论语》、《孟子》注解;十月第三次至南平,从李侗习性命义理之学。

按:朱熹《再题达观轩诗序》曰:"绍兴庚辰冬,予来谒陇西先生,退而寓于西林院惟可师之舍,以朝夕往来受教焉。阅数月而后去。"(《晦庵集》卷二)

朱熹是年有给内弟程洵书信三封,专门批评苏学,互相辩论。

按:朱熹认为程颐与苏轼"二家之学不可同日而语",并以"杂"、"邪"、"臭"等字眼直接指责苏学(《晦庵集》卷四一)。而程洵则终身"雅好苏学"(《晦庵集》卷七〇《读苏氏纪年》),后遂退出辩论,但却撰有《苏氏纪年》,并至死不愿告诉朱熹。程洵死后,朱熹读到其书,又写有《读苏氏纪年》一文,继续批评苏学。

胡宪至临安,在吕祖谦处访得江民表《辨道录》,证明其中五十五章曾误入《上蔡先生语录》之中,朱熹加以删除为是。

吕祖谦四月赴铨试,为上等第二人;其父吕大器授岳州通判。

胡宪十二月上书乞起用张浚、刘锜,罢正字,改左宣教郎、主管台州崇道观归。

杨万里时任零陵县丞,春,因张栻介绍,以书为请,谒张浚,浚勉以正心诚意之学,始号诚斋。

陈亮19岁,慨然有经略四方之志。

洪遵正月由中书舍人兼权尚书礼部侍郎。

陆游五月辛巳以荐除敕令所删定官。是年与周必大定交。前妻唐

埃及法蒂玛王朝哈里发阿迪德继位,被迫应允纳贡于耶路撒冷国王鲍德温三世。

穆瓦希德王朝军占取马赫迪亚,自此北非完全逐出诺曼人。

德意志腓特烈一世帝立敌对教皇维克托第四。罗马教皇亚里山大第三绝罚腓特烈一世。

罗斯弗拉基米尔圣母升天大教堂建成。

琬卒。

郑樵结识陆游，陆游谓郑樵"好识博古，诚佳士也"(《渭南文集》卷三一《跋石鼓文辨》)。

周必大二月为太学录，九月为秘书省正字。

张孝祥除知抚州，任职近一年即落职。

程大昌为秘书省正字。

梁克家廷试第一，授平江签判。

王质、王信、崔敦礼、崔敦诗、沈瀛、何茂恭、姜噩同登进士第。

计有功六月任利州路转运判官。

邵大受正月以尚书左司员外郎权户部侍郎，范成大代徽州知州洪适作贺启。

范成大岁末徽州司户参军秩满去任，洪适有诗送行。

刘清之四月向朱熹问学。

按：《宋史·刘清之传》曰："初，清之既举进士，欲应博学宏词科。及见朱熹，尽取所习焚之，慨然志于义理之学。吕伯恭、张栻皆神交心契，汪应辰、李焘亦敬慕之。"

冯时行与吕及之、施晋卿、于格、樊汉广、李流谦、张积、吕智父、杜少讷、房仕成、杨舜举、宇文德济、杨大光、吕商隐、吕宜之、吕凝之、僧宝印等17人在成都结诗社。

唐仲友中博学宏词科，为建康府通判。

陈俊卿时为侍御史，论汤思退挟巧诈之心，济倾邪之术，观其所为，多效秦桧。

陈正同三月辛巳平江知府任期满，提举太平兴国宫。

周葵八月进集英殿修撰，寻知婺州。

叶义问、贺允中五月使金还，言金必败盟南侵，宋高宗尚不深信。

高文虎举进士，调平江府吴兴县主簿。

按：高文虎字炳如，四明人。高闶之子。生卒不详。曾为国史院编修官，与修《四朝国史》、《高宗实录》、《神宗玉牒》、《徽宗玉牒》。韩侂胄禁道学，曾命其起草《禁伪学诏》。《宋史》本传谓其"以博洽自负，与胡纮合党，共攻道学，久司学校，专困过天下士，凡言性命道德者皆绌焉"。

林大中登进士第，调乌程县主簿。

诸葛说举进士，以禄不逮亲，无意于仕。

陈善举进士。

按：陈善字敬甫，一字子兼，号秋塘，又号潮溪先生，福建罗源人。反对和议。官终太学录。著有《扪虱新话》15卷、《雪蓬夜话》3卷。

刘朔举进士，为温州司户。

吴英举进士。

按：吴英字茂实，邵武人。从学朱熹。仕至泉州路教授。著有《论语问答略》。《宋元学案》列其入《沧州诸儒学案》。

| 奥地利骑士抒情诗人迪特玛尔·冯·艾斯特完成首部骑士文学作品《破晓歌》（黎明打破了情侣的幽会）。
海因里希·冯·梅尔克著《忆死》和伦理批判诗《牧师传》。
法国贝鲁特和托马斯据凯尔特人传说，约于此时撰成史诗《特里斯坦和绮瑟》。
古爱尔兰文学作品《伦斯特集》约写于此年前后（一说约1150年）。

李衡著《周易义海撮要》12卷成。

按：《四库全书总目提要》曰："先是，熙宁间蜀人房审权，病谈《易》诸家，或泥阴阳，或拘象数，乃斥去杂学异说，摘取专明人事者百家，上起郑玄，下迄王安石，编为一集，仍以孔颖达《正义》冠之。其有异同疑似，则各加评议，附之篇末，名曰《周易义海》，共一百卷。衡因其义意重复，文辞冗琐，删削厘定，以为此书，故名曰《撮要》。……然则采撷精华，使古书不没于后世，衡亦可谓有功矣。"

朱熹著《孟子集解》稿成。

提举国史进《徽宗哲宗宝训》。

麻沙刘宅刊刻《新唐书》225卷。

建安魏宅刊刻《新唐书》225卷。

毕万裔宅刊刻李焘《六朝通鉴博议》10卷。

按：《四库全书总目提要》曰："此书详载三国六朝胜负攻守之迹，而系以论断。案，焘本传载所著述，无此书之名，而有《南北攻守录》三十卷，其同异无可考见。核其义例，盖亦《江东十鉴》之类，专为南宋立言者。然《十鉴》徒侈地形，饰虚词以厉战气，可谓夸张无实。此则得失兼陈，法戒具备。主于修人事以自强，视李舜臣所论较为切实。史称焘尝奏孝宗以即位二十余年，志在富强，而兵弱财匮，与教民七年可以即戎者异。又孝宗有功业不足之叹，焘复言：'功业见于变通，人事既修，天应乃至。'盖其纳规进诲，惟拳拳以立国根本为先，而不侈陈恢复之计。是书之作，用意颇同。后其子壁，不能守其家学，附合韩侂胄之意，遂生开禧之兵端。然后知焘之所见，固非主和者所及，亦非主战者所及也。"

胡舜举、廖拱等著《延平志》10卷。

张敦颐著《六朝事迹类编》2卷成书，有自序。

按：《四库全书总目提要》曰："《六朝事迹编类》二卷，宋张敦颐撰。敦颐字养正，婺源人。绍兴八年进士，由南剑州教授历官知舒、衡二州，致仕。是编前有绍兴庚辰《自序》，结衔称'左奉议郎充江南东路安抚司干办公事'，盖登第后之二十二年也。其书为补《金陵图经》而作。首《总叙》，次《形势》，次《城阙》，次《楼台》，次《江河》，次《山冈》，次《宅舍》，次《谶记》，次《灵典》，次《神仙》，次《寺院》，次《庙宇》，次《坟陵》，次《碑刻》，凡十四门。引据颇为详核。而《碑刻》一门，尤有资于考据。惟书以六朝为名，而古迹之中，自南唐以逮于北宋，如丁谓、王安石所建，亦具载之，殊失断限。又《总叙》门内《六朝保守》一篇，历数自吴以来南朝不可北伐，北伐必败，即倖胜亦不能守，盖亦南渡之初力主和议之说者。其识见未免卑懦，然核诸情事，其说亦不为无因。固与《江东十鉴》之虚张形势者，较为切实矣。"

孙觌著《杜诗押韵》，并作序。

按：此书为杜诗韵编之最早者。

意大利格拉蒂安卒，生年不详。基督教法学家，编撰教会法典的首创人。汇编《格拉蒂安教令集》。
波兰历史学家文森特·卡德鲁贝克（—1223）约于是年生。

刘一止卒（1078— ）。一止字行简，号苕溪，湖州归安人。宣和三年进士。绍兴初为秘书省校书郎。以敷文阁待制致仕。著有《苕溪集》55卷。事迹见《宋史》卷三七八本传、韩元吉《敷文阁直学士左朝奉郎致仕刘公行状》（《南涧甲乙稿》卷二二）。

范如圭卒（1102— ）。如圭字伯达，建州建阳人。少从舅氏胡安国受《春秋》。建炎二年进士，授左从事郎。绍兴中召试秘书省正字，迁校书郎，兼史馆校勘。官终知泉州。著有文集10卷。事迹见《宋史》卷三八一本传、朱熹《直秘阁赠朝议大夫范公神道碑》（《晦庵集》卷八九）。

按：《宋史》本传曰："如圭忠孝诚实，得之于天。其学根于经术，不为无用之文。所草具屯田之目数千言，未及上，张浚视师日，奏下其家取之，浚罢，亦不果行。有集十卷，皆书疏议论之语，藏于家。"

沈长卿卒，生年不详。长卿字文伯，号审斋居士，归安人。靖康初为太学生，上书言陈东事，劾李邦焰误国。建炎二年进士，累官临安府观察推官、婺州州学教授，除秘书省正字。后以《牡丹》诗讽刺和议，得罪秦桧，被贬官。著有《春秋比事》20卷（一作沈棐著）、《两汉总类》26卷，皆佚。事迹见《宋史》卷四七三《秦桧传》、《宋史翼》卷一一。

折彦质卒，生年不详。彦质字仲古，号葆真居士，云中人。绍兴六年，累官签书枢密院事，寻罢。秦桧为相，以党赵鼎，安置柳州。著有《葆真居士集》。事迹见《宋宰辅编年录》卷一五。

吴之巽（　—1221）、徐侨（　—1237）生。

宋绍兴三十一年　金正隆六年　世宗大定元年　夏天盛十三年　西辽绍兴十一年　辛巳　1161年

正月癸巳，名通化军汉代相国萧何庙曰怀德。

二月乙丑，礼部侍郎金安节请复立经义、诗赋两科，永为成宪。宋高宗从其请，乃以两科取士。

按：《宋史·选举志二》曰："三十一年，礼部侍郎金安节言：'熙宁、元丰以来，经义诗赋，废兴离合，随时更革，初无定制。近合科以来，通经者苦赋体雕刻，习赋者病经旨渊微，心有弗精，智难兼济。又其甚者，论既并场，策问太寡，议论器识，无以尽人。士守传注，史学尽废，此后进往往得志，而老生宿儒多困也。请复立两科，永为成宪。'从之。于是士始有定向，而得专所习矣。既而建议者以为两科既分，解额未定，宜以国学及诸州解额三分为率，二取经义，一取诗赋。若省试，则以累举过省中数立为定额而分之。诏下其议，然竟不果行。"

是月，复鬻僧道度牒。

四月乙巳，言者论州郡之学，其间无进取之路，故士之去就甚轻，所养无素。

五月丙子，金使者高景山、王全至临安，声称欲以长江为界，并言宋钦宗赵桓已死。宋始议调兵守江淮。

六月，金海陵王率军进入河南，即将侵宋，宋开始接纳北方移民。

七月，金主完颜亮迁都于汴京。

九月己巳，金主分其军为三十二军，置都总管、副总管各一人，分属于左、右领军大都督。兵分四路，大举南侵。

十月辛丑,金人自涡口系桥渡淮,金主完颜亮率师渡淮侵宋,破扬州。十一月,至瓜洲渡,被部将耶律元直所杀。

丁卯,诏:蔡京、童贯、岳飞、张宪子孙家属见拘管州军,并放令逐便。

是月,宋高宗下诏暴露金帝罪恶,并以檄文通告契丹、西夏、高丽、渤海、鞑靼,及河东、陕西、京东、河南等路官吏军民。

金东京留守完颜褒杀副留守高存福,于宣政殿自立为帝,改元大定,褒改名雍,是为世宗。并数金主亮弑母,杀太宗、宗翰、宗弼子孙、宗本诸王,毁上京宫殿,杀辽豫王、宋天水郡公子孙等罪过数十。

十二月,契丹耶律斡罕称帝,改元天正。

是年,西夏设立翰林学士院,以王佥、焦景颜为学士。并命王佥等修实录。

按:该实录修成后称《李氏实录》或《西夏实录》,今已佚。

朱熹二月有与李侗论学答问书,讨论周敦颐《太极图说》等;五月又与李侗讨论《论语》等;十二月贻书同知枢密院事黄祖舜,论抗金恢复之重要,言词剀切,赤诚之心溢于言表。

陈亮考古人用兵成败之迹,著《酌古论》,遇周葵,周葵教以《中庸》、《大学》之旨。

按:《宋史·陈亮传》载,陈亮"生而目光有芒,为人才气超迈,喜谈兵,议论风生,下笔数千言立就。尝考古人用兵成败之迹,著《酌古论》。郡守周葵得之,相与论难,奇之,曰:'他日国士也。'请为上客。及葵为执政,朝士白事,必指令揖亮,因得交一时豪俊,尽其议论。因授以《中庸》、《大学》,曰:'读此可精性命之说。'遂受而尽心焉"。"鹅湖之会"以后,吕祖谦收到陈亮有关《酌古论》求修改意见的信,复信曰:"三国纪年序引及诸赞,乍归冗甚,未暇深考,亦有两三处先欲商量。纪年冠以甲子而并列三国之年,此例甚当。"(《东莱集》别集卷一〇)

张浚正月许于湖南路任便居住。迁居潭州,与子张栻创建城南书院,张浚书额。十一月,以张浚判建康府,杨万里作启贺之。

按:张栻在南宋思想界最突出的贡献,主要体现于主持城南书院、碧泉书院和岳麓书院讲学,推动湖湘学派的发展。

张栻就学文定书院,拜胡宏为师,深得其学问要旨。史称"衡麓之教"。后传其学于岳麓书院。

按:张栻拜胡宏为师不久,胡宏便去世了,时间虽然不长,但对于张栻理学思想的形成却有重要作用。张栻《答陈平甫》书、魏了翁《跋南轩与李季允帖》和朱熹所写《右文殿修撰张公神道碑》中,都有明言。以后张栻与朱熹曾围绕胡宏的著作《知言》展开讨论,朱熹对《知言》的许多观点不同意,而张栻在继承胡宏思想的同时,对其师说亦有所修正。胡宏晚年得张栻,也欣慰万分,他在《与孙正孺书》中谓:"敬夫访枉陋居,一见直如故友,言气契合,天下之英也。见其胸中甚正且大,日进不息,不可以浅局量也。河南之门,有人继起,幸甚,幸甚!"(《胡宏集·书》)

吕祖谦正月授严州桐庐县尉,主管学事。

薛季宣为鄂州武昌县令,曾奋力抵抗金兵入侵。

李浩二月因弹劾权幸,奉祠归临川,陆游以《送李德远寺丞奉祠归临差》诗送行。

李光三月复左中大夫,官其子孙2人。

胡铨正月己亥在衡州得诏任便居住,恢复自由。

杨万里师胡铨,铨为作《诚斋记》。

陆游四月著《上执政书》,论文章关于道术;七月迁大理司直,兼宗正簿;十二月入都为史官。

王十朋五月除大宗正丞,将赴会稽,陆游著《送王龟龄著作赴会稽大宗丞》诗。

辛弃疾聚众二千,与耿京抗击南犯之金兵,共图恢复。

洪遵五月到知平江任,始建瞻仪堂。

范成大春至临安谒内翰礼部洪迈,用举主升从仕郎;十月初九日为洪遵作《瞻仪堂记》。

虞允文以中书舍人参谋军事。十一月于东采石大胜金兵,张孝祥喜作《辛巳冬闻德音》诗二首,又作《水调歌头·和庞祐甫闻采石战胜》词,以周瑜、谢玄比拟虞允文。

胡宪正月罢秘书省正字,改左宣教郎、主管台州崇道观以归,汪应辰、周必大、王十朋等7人置酒饯别。

王普时任礼部郎中,五月甲申言取士分科之弊。

按:王普曰:"后生举子,竞习词章,而通经老儒,存者无几。恐自今以往,经义又当日销,而《二礼》、《春秋》必先废绝。窃惟国初至治平,虽以诗赋取士,又有明经、学究等诸科。当时惟明经略通大义,其它徒诵其书而不知其说,非今日经义比也。然犹且别立解额,多于诗赋,而不相侵紊。逮熙宁后,应举者莫不治经,故解额可以混而为一。今经义、诗赋既分为两科,而解额犹未分。夫取易舍难,人之常情。故此盛彼衰,势所不免。望诏有司追效旧制,将国学及诸州解额各以三分为率,其二以取经义,其一以取诗赋。若省试,即以累举过省,酌中人数,立为定额而分之,仍于经义之中,优取《二礼》、《春秋》,庶几两科可以永久并行,而无偏废之患矣。"诏礼部、国子监看详,申尚书省(《续资治通鉴》卷一三四)。

张震闰二月上《论修日历疏》。

吴猎从张栻受《易》。

按:魏了翁《鹤山文集》卷八九吴猎《行状》曰:"寻受《易》于陈善长元。会魏忠献张公寓长沙,太中公以《易》受知,因得交张宣公。于是年二十有三,遂从宣公卒业。宣公见猎弘裕疏畅,喜曰:'吾道其不孤矣。'"

杜莘老出守遂宁,陆游著《送杜起莘殿院出守遂宁》诗。

史浩迁宗正少卿。

陈伯康进《三朝史帝纪》30卷。

史照著《资治通鉴释文》30卷进献朝廷。

郑樵著《通志》200卷成书,携至临安,献给朝廷,授枢密院编修官。

按:是书采用纪传体通史体例,分为本纪、后妃传、年谱、氏族略、六书略、七言略、天文略、地理略、都邑略、礼略、谥略、器服略、乐略、职官略、选举略、刑法略、食货略、艺文略、校雠略、图谱略、金石略、灾祥略、昆虫草木略、周同姓世家、周异姓世家、宗室传、列传、外戚传、忠义传、孝友沾、独行传、循吏传、酷吏传、儒林传、文苑传、隐逸传、宦者传、游侠传、艺术传、佞幸传、列女传、载记、四夷传。古代学者将此书与《通典》、《文献通考》并称为"三通"。清代的《续通志》、《清通志》都是在此书基础上发展起来，为我国历史上通史类政书"九通"的组成部分。《四库全书总目提要》曰："通史之例，肇于司马迁，故刘知几《史通》述二体，则以《史记》、《汉书》共为一体；述六家，则以《史记》、《汉书》别为两家。以一述一代之事，一总历代之事也。其例综括千古，归一家言，非学问足以该通，文章足以熔铸，则难以成书。梁武帝作《通史》六百二十卷，不久即已散佚。故后有作者，率莫敢措意于斯。樵负其淹博，乃网罗旧籍，参以新意，撰为是编。……盖宋人以义理相高，于考证之学，罕能留意。樵恃其该洽，睥睨一世，谅无人起而难之，故高视阔步，不复详检，遂不能一一精密，致后人多所讥弹也。特其采摭既已浩博，议论亦多警辟，虽纯驳互见，而瑕不掩瑜，究非游谈无根者可及。至今资为考镜，与杜佑、马端临书并称'三通'，亦有以焉。"

洪迈著《夷坚甲志》20卷成书。

阮阅所著《诗话总龟》经人增改为50卷，刊于闽中。

张麟序《韵镜》。

按：《韵镜》著者不详。此书在宋代时可能已经传入日本。现通常见到的两个本子，皆从日本传回。一是《古逸丛书》本，二是日本景印宽永十八年（1641）刻本。中华书局1982年出版《韵镜校证》，由李新魁校证。

张元幹卒（1091— ）。元幹字仲宗，号芦川居士，又号真隐山人，福州永福人。早从徐俯学诗，与洪刍、洪炎、吕本中等结社唱和。靖康初，入李纲幕，后同被贬。以词著名，著有《芦川归来集》15卷、《芦川词》1卷。《宋史》无传，事迹见《宋诗纪事》卷四五、《宋史翼》卷七等。今人王兆鹏编有《张元幹年谱》。

胡宏卒（1105— ）。宏字仁仲，学者称五峰先生，福建崇安人。胡安国季子。曾师事二程弟子杨时、侯仲良，与胡宪、曾幾、李椿、彪虎臣为友，互相研讨理学。以父荫补右承务郎，主张抗金，拒绝与秦桧交往，隐居湖南衡山达二十余年。创建碧泉书院、文定书堂、道山书院，授徒讲学。张栻曾师事之。著有《知言》6卷、《皇王大纪》80卷、《五峰集》5卷等。《宋元学案》为列《五峰学案》。事迹见《宋史》卷四三五本传。今人姜亮夫著有《胡宏疑年考》。

按：胡宏是继杨时以后在南宋最早传播洛学的理学家之一，在宋代理学发展史上，是一位由开创、形成、发展到集大成阶段之间的承上启下的关键性人物，也是南宋"湖湘学统"的开创者。钱穆《朱子新学案》曰："南渡以来，湖湘之学称盛，而胡宏仁仲岿然为之宗师，学者称五峰先生。尝见杨龟山于京师，又侯师圣于荆门。优游衡山二十余年，作为《知言》，其书精深博大，程门诸大弟子盖莫能逮。"全祖望曰："中兴诸儒所造，莫出五峰之上。其所作《知言》，东莱以为过于《正蒙》。辛开湖湘之学统。"（《宋元学案》卷四二《五峰学案》）胡宏所创立的五峰学派，从学子孙及弟子甚多，著名者有胡实、胡大时、胡大原、胡大本、张栻、孙蒙正、吴翌、赵师孟、赵棠、向浯、杨大异、萧佐、司强学、赵方等。

郝天挺（　—1217）、叶秀发（　—1230）、张洽（　—1237）、李埴（　—1238）生。

宋绍兴三十二年　金大定二年　夏天盛十四年
西辽绍兴十二年　壬午　1162年

正月，宋高宗进驻建康。金新政府遣使南下。高宗谓："朕料此事终归于和"，"至如以小事大，朕所不耻"，遂称臣求和（《建炎以来系年要录》卷一九六）。

五月乙巳，诏：礼部奏名进士，依祖宗故事，更不临轩策试。

六月十一日，宋高宗禅位，称太上皇帝，嗣子赵昚即位，是为孝宗。诏求直言。

丁亥，诏集建炎、绍兴诏旨条例。命吏部侍郎徐度、刑部侍郎路彬裒集。

七月戊申，宋孝宗下诏追复岳飞原官，以礼改葬，访其后人，加以录用，官其孙6人。

十一月，金命布萨忠义南下攻宋。

朱熹正月至建安见主簿、李侗次子李信甫，两人同归南平会李侗，逗留数月。八月应诏赴临安上封事，谓"今日之计，不过乎修政事，攘夷狄而已矣"（《晦庵集》卷一一《壬午应诏封事》）；十月归崇安。

按：朱熹所上《封事》力陈三事：一是"帝王之学不可以不熟讲"，二是"修攘之计不可以不早定"，三是"本原之地不可以不如意"。期望孝宗"正朝廷"，"立纪纲"，"厉风俗"，"选守令"，数说和议之害，力主抗金救国，收复中原失地。朱熹草拟封事以后，先寄李侗审阅。李侗为之改正不妥之处，复信曰："封事熟读数过，立意甚佳，今日所以不振，立志不定，事功不成，正坐此以和议为名尔。书中论之甚善。"又说："吾侪虽在山野，忧世之心但无所伸尔，亦可早发去为佳。"（《延平问答》）

陈亮与吕祖谦同试漕台。

陆九渊秋试以《周礼》乡举。

薛季宣为湖北鄂州武昌县令，曾向湖北、京西宣谕使汪澈上书《论营田》，认为军队营田有弊无益。十二月作《余仲美墓志铭》，论及科举制度之弊端。

张浚七月初八日为江淮宣抚使，封魏国公。杨万里作启贺之。

贾瑞、辛弃疾正月奉耿京命，奉表南归。至建康，召见，耿京授天平军节度使、知东平府，兼节制京东、河北路忠义军马；贾瑞授敦武郎阁门祇候；辛弃疾授右承务郎、天平军节度掌书记。闰二月，耿京被张安国、邵进

大越定9年一考制。

等所杀，辛弃疾率兵50人突至金营，缚张安国献俘行在，将其斩首示众，改差江阴签判。

汤思退闰二月以观文殿大学士左金紫光禄大夫知绍兴。六月复召为醴泉观使兼侍讲。十二月丁丑，为尚书左仆射。

虞允文正月为江、淮、襄路宣抚副使，二月为兵部尚书，充川、陕宣谕使。九月，以论边事不合罢，知夔州。旋入吴璘军议事。

陆游、周必大因抗金名将刘锜病卒，同作挽词。

洪迈四月二十二日出使金国，求归河南地。范成大有诗送行。七月自金使还，范成大又有诗迓之。

李光八月戊子被追复官职。

洪遵五月除翰林学士。

汪应辰闰二月二十六日为户部侍郎，范成大有贺启；十月以左朝散大夫集英殿修撰知福州，范成大又有诗送行。

周必大十一月二十日访陆游，陆游约刘仪凤、尹穑、范成大共饭。

胡铨六月恢复原官，知饶州，九月与王十朋奉命赴行在。

陆游九月迁枢密院编修官，兼圣政所检讨官。十一月初四日因权知枢密院史浩推荐而被召对，赐同进士出身。十二月应诏为条对状上之。

范成大八月应洪遵之请，著《思贤堂记》；十二月应诏陈时弊十事。

宋卿十二月除秘书省正字，尝言官冗之弊。

张孝祥在建康张浚幕府作客，于宴席上作《六州歌头》词，抒发怀抱，渴望收复中原；歌阕，张浚为罢席而入。

杨万里为永州零陵丞，少作千余篇诗，至此均焚之，诗风初变。

> 按：杨万里《江湖集序》曰："予少作有诗千余篇，至绍兴壬午七月，皆焚之，大概江西体也。今所存曰《江湖集》者，盖学后山及半山及唐人者也。"（《诚斋集》卷八一）

周葵除兵部侍郎，兼侍讲，改同知贡举，兼权户部侍郎。

吕大器知黄州。

史浩因孝宗受禅，迁翰林学士、知制诰。八月为参知政事。杨万里代何佾作启贺之。

杨万里八月在长沙考试湖南漕司，取施渊然魁漕试。九月，为渊然作《蓬户甲稿后序》。

张五牛于绍兴年间在临安创"赚词"曲艺样式。

西班牙伊本·祖尔卒（约1090—）。穆斯林思想家、医学家，医学上注重临床实践，著有《治疗及饮食实用手册》。

朱熹著《论语纂训》，有自序。

薛季宣著《春秋经解》12卷、《春秋指要》2卷。又著《武昌土俗编》2卷。

胡宏著《知言》刊行。

> 按：《知言》是胡宏的代表作，它比较完整地反映了作者的思想体系，对于研究宋学流派的发展、演变有重要的参考价值。《四库全书总目提要》曰："是编乃其论学之语，随笔札记，屡经改订而后成。吕祖谦尝以为胜于《正蒙》。然宏之学本其父安

宋绍兴三十二年　金大定二年　夏天盛十四年　西辽绍兴十二年　壬午　1162年

国,安国之学虽出于杨时,而又兼出于东林常总。总尝谓本然之性,不与恶对言。安国沿习其说,遂以本然者与善恶相对者,分成两性。宏作此书,亦仍守其家传,其所谓:'性无善恶,心以成性;天理人欲,同体异用,同行异情,指名其体曰性,指名其用曰心;性不能不动,动则心矣'云云。朱子力证其非,至作《知言疑义》,与吕祖谦及宏门人张栻互相论辨,即栻亦不敢尽以其师说为然。其论治道,以井田、封建为必不可废,亦泥古而流于迂谬。然其它实多明白正大,足以阐正学而辟异端。朱子亦尝称其思索精到处殊不可及,固未以一二瑕疵尽废其书也。自元以来,其书不甚行于世。明程敏政始得旧本于吴中,后坊贾遂有刊版,然明人传刻古书,好意为窜乱。此本亦为妄人强立篇名,颠倒次序,字句舛谬,全失其真。惟《永乐大典》所载,尚属宋椠原本,首尾完备,条理厘然。谨据其章目详加刊正,以复其旧。其《朱子语录》各条,亦仍依原本,别为《附录》一卷,系之于末,以备考证焉。"

孔传于绍兴年间著《孔子编年》。

薛仲邕于绍兴年间编《李太白年谱》。

按：是为最早之李白年谱。

熊克于绍兴年间著《中兴小纪》、《诸子精华》。

洪迈著《接伴杂录》和《记绍兴以来所见》2卷,今佚。

严有翼著《柳文切正》成书。

胡宪卒(1086—　)。宪字原仲,号籍溪,建州崇安人。胡安国从子。从胡安国学。绍兴中,以乡贡入太学,时禁伊洛之学,与乡人刘勉之阴讲而窃诵。既而学《易》于谯定。绍兴六年赐进士出身,授左迪功郎,建州州学教授。秦桧死,召为秘书正字。卒谥简肃。著有《论语集解》20卷,已佚。《宋元学案》列其入《刘胡诸儒学案》。事迹见《宋史》卷四五九本传、朱熹《籍溪先生胡公行状》(《晦庵集》卷九七)、周必大《籍溪胡先生宪墓表》(《文忠集》卷三五)。今人郭齐编有《胡宪行实考》。

按：朱熹《籍溪先生胡公行状》曰："熹于三君子之门皆尝得供洒扫之役,而其事先生为最久。"周必大《籍溪胡先生宪墓表》曰："元晦以先大夫之命事原仲如父,既得其言行之美而又日进焉,今遂为世儒宗,岂无所自而然哉!"《宋史》本传曰："初,宪与刘勉之俱隐,后又与刘子翚、朱松交。松将没,属其子熹受学于宪与勉之、子翚。熹自谓从三君子游,而事籍溪先生为久。方宪之以馆职召也,适秦桧讳言之后,宪与王十朋、冯方、查钥、李浩相继论事,太学士为《五贤诗》以歌之。"

郑樵卒(1104—　)。樵字渔仲,世称夹漈先生,兴化军莆田人。不应科举,居夹漈山,刻苦力学,闭门著书,对天文、地理、草木、虫鱼、礼乐、文学等都有研究,尤精于史学。所著除《通志》外,尚有《夹漈遗稿》3卷、《尔雅注》3卷等。事迹见《宋史》卷四三六本传。今人顾颉刚、吴怀祺分别编有《郑樵年谱》。

按：《四库全书总目提要》评《尔雅注》曰："南宋诸儒,大抵崇义理而疏考证,故樵以博洽傲睨一时,遂至肆作聪明,诋諆毛、郑。其《诗辨妄》一书,开数百年杜撰说经之捷径,为通儒之所深非。惟作是书(《尔雅注》),乃通其所可通,阙其所不可通。文似简略,而绝无穿凿附会之失,于说《尔雅》家为善本。"

姚宽卒(1105—　)。宽字令威,号西溪,越州嵊县人。以父荫补官,权尚书户部员外郎、枢密院编修官。著有《战国策补注》、《史记注》130卷、《西溪居士集》5卷、《西溪丛语》3卷等。事迹见《宝庆会稽续志》卷五。

徐玑（ —1214）生。

宋孝宗隆兴元年　金大定三年　夏天盛十五年
西辽绍兴十三年　癸未　1163年

德意志腓特烈一世帝第三次远征意大利。

耶路撒冷王国以未履约纳贡，侵埃及。

法国巴黎圣母院动工兴建，至1235年建成。

正月初九日，命翰林学士承旨知制诰洪遵知贡举。试兵部侍郎周葵、试中书舍人张震同知贡举，范成大以监太平惠民和剂局点检试卷。

戊申，诏：礼部贡院试额增100人。

二月庚寅，逐秦桧党人，仍禁止辄至行在。

三月丁未，诏修太上皇帝（高宗）圣政。

四月壬申，赐礼部进士木待问、黄洽、丘崈以下538人及第、出身。

五月乙卯，下诏亲征。

七月戊午，给还岳飞田宅。

十月，金军反攻，进入淮南，数十万民众南渡避难。

十二月，宋金讲和，因金海陵王南侵引发之北人南迁结束。

是年，西辽仁宗卒，承天皇后萧氏听政。

是年前后，有数十万北方移民迁入四川。

朱熹三月以左仆射陈康伯荐，召赴行在；四月十二日，辞免召命；四月应汪应辰招至福州，讨论北伐用兵及盐法等闽中事宜；十一月初六日又应诏赴临安，奏事垂拱殿，提出大学之道在于明理、国家之计需顺理而行，而明理必须举贤才和行致知格物之道。是谓癸卯奏札。十二日命为武学博士，待阙，仍还崇安，韩元吉、刘珙送之。

按：朱熹《与魏元履书》曰："熹六日登对，初读第一奏，论致知格物之理，天颜温粹，酬酢如响；次读第二奏，论复仇之义；第三奏论言路壅塞，佞幸鸱张，则不复闻圣语矣。"（《晦庵集》卷二四）

朱熹寄罗从彦记《龟山语录》予汪应辰，讨论杨时之学与时事，批评龟山佛老之说，痛斥近习龙答渊、曾觌；开始与汪应辰进行"儒释邪正之辨"。七月初一日汪应辰除敷文阁待制，举朱熹自代。

按：汪应辰是朱熹从表叔，其师吕本中、张九成皆为宗杲禅师的世俗弟子，受其影响，汪应辰既好佛又好苏，朱熹对此甚不满，在与汪应辰辩论时，自然涉及苏学。朱熹认为汪应辰所谓"欧阳（修）、司马（光）同于苏氏"是对苏学的高誉，而所谓"两苏之学不可与王氏（安石）同科"的观点，则不足以言苏学之害。认为"今乃欲专贬王氏而曲贷二苏，道术所以不明，异端所以益炽，实由于此"（《晦庵集》卷三〇《答汪尚书》）。朱熹还在与汪应辰的论辩中，撰写了《辨苏氏易解》、《辨苏黄门老子解》二文，对苏学的性命理论作了非常严厉批评。

朱熹十月十九日至都下,有书致吕祖谦,二人学术往来自此始;又与张栻在京师首次相见。十二月,朱熹南归途经婺州,与吕祖谦相见,两人讲论学问之余,又同游金华名山。

按:《宋史·道学传》曰:"张栻之学,亦出程氏,既见朱熹,相与博约,又大进焉。"黄宗羲曰:"湖南一派,在当时为最盛,然大端发露,无从容不迫气象。自南轩出而与考亭相讲究,去短集长,其言语之过者裁之,归于平正。"(《宋元学案》卷五〇《南轩学案》)

张栻以荫补官,辟宣抚司都督府书写机宜文字,除直秘阁。

李侗赴江西铅山,途经崇安,同朱熹会面,建议朱熹"首论《大学》之道,次言今日非战无以复仇,非守无以制胜,三论古圣王制敌之道"(《宋名臣言行录》外集卷一二)。十月应汪应辰之邀赴福州讲学,疾发去世。

周葵以兵部侍郎为参知政事,陈亮从其受道德性命之学。

按:陈亮《钱叔因墓志铭》曰:"绍兴辛巳、壬午之间,余以极论兵事,为一时明公巨臣之所许,而反授以《中庸》、《大学》之旨,余不能识也,而以古文自诡。于时,道德性命之学,亦渐开矣。又四五年,广汉张栻敬夫,东莱吕祖谦伯恭,相与上下其议论,而皆有列于朝。新安朱熹元晦,讲之武夷,而强立不反,其说遂行而不可遏止。齿牙所至,嘘枯吹生。天下之学士大夫贤不肖,往往系其意之所向背。虽心诚不乐,而亦阳相应和。若余,非不愿附,而第其品级,不能高也。余亦自咎其有所不讲而未敢怨。"(《龙川集》卷二八)

陈亮向参知政事周葵推荐叶衡、胡权、王道、孙伯虎4人。

吕祖谦登进士第,改左迪功郎,又中博学宏词科,六月初七日特授左从政郎。

陈傅良授徒于永嘉城南茶院,从者数百人。

按:叶适记载陈傅良当时执教时的情形说:"初讲城南茶院时,诸老先生传科举旧学,摩荡鼓舞,受教者无异词。公未三十,心思挺出,陈编宿说,披剥溃败,奇意芽甲,新语懋长,士苏醒起立,骇未曾有,皆相号召,雷动从之,虽縻他师,亦藉名陈氏。由是其文擅于当世。"(《水心集》卷一六《宝谟阁待制中书舍人陈公墓志铭》)吴子良《荆溪林下偶谈》卷四曰:"止斋年近三十,聚徒于城南茶院,其徒数百人,文名大振。初赴补试,才抵浙江亭,未脱草屦,方外士及太学诸生迓而求见者如云。"

薛季宣上书给中书舍人胡铨,反对和议,指出妥协求和之害。

袁枢试礼部,词赋第一,登进士第,调温州判官,教授兴化军。

张浚正月进枢密使,都督江淮东西路军马;陆游有启贺之。

张浚、虞允文、胡铨等上疏力争,以为不可与金谈和。

史浩正月为尚书右仆射、同中书门下平章事兼枢密使,首言赵鼎、李光之无罪,岳飞之久冤,宜复其官爵,禄其子孙,悉从之;五月因御史王十朋论之,罢知绍兴府。

范成大四月为编类高宗圣政所检讨官,兼敕令所,与陆游、陈居仁同官;上疏论时弊。

胡铨迁秘书少监,擢起居郎,论史官失职。范成大有《次韵胡邦衡秘监》诗表赞佩、宽慰胡铨之意。

按：《宋史·胡铨传》曰："隆兴元年，迁秘书少监，擢起居郎，论史官失职者四：一谓记注不必进呈，庶人主有不观史之美；二谓唐制二史立螭头之下，今在殿东南隅，言动未尝得闻；三谓二史立后殿而前殿不立，乞于前后殿皆分目侍立；四谓史官欲其直前，而阁门以未尝预牒，以今日无班次为辞。乞自今直前言事，不必预牒阁门，及以有无班次为拘。诏从之。"

张孝祥复集英殿修撰，知平江府。

王十朋六月上疏论恢复大业不能因张浚北伐失利而动摇，改除吏部侍郎，力辞，出知饶州。

王十朋为饶州太守，与洪州太守陈阜卿、吉州太守洪迈、洪州通判王秬、饶州提点刑狱公事何麒结楚东诗社，互相唱和。

郑伯熊除秘书省正字，寻以奉祠去。

许及之与潘柽、翁常之、李若兄等在临安结诗社。

程迥举进士，知上饶县。

黄洽以太学生试春官第二，诏循故事临轩，赐第二人及第，授绍兴府观察判官。

黄度举进士，知嘉兴县，入监登闻鼓院。

林光朝以进士及第，调授袁州司户参军。

詹体仁举进士，调饶州浮梁尉。

郑伯英举进士第四，授秀州判官，以亲老乞养，奉祠，三十年不调。

傅伯成少从朱熹学，是年举进士，调连江尉，试中教官科，授明州教授。

王阮举进士。

按：《宋史·王阮传》曰："阮少好学，尚气节。尝谒袁州太守张栻，栻谓曰：'当今道在武夷，子盍往求之。'阮见朱熹于考亭，熹与语，大说之。……朱熹尝惜其才气术略过人，而留滞不偶云。嘉定元年卒。"

周必大三月二十九日以缴龙大渊、曾觌之命奉祠归庐陵，陆游、范成大、李端民、邹德章等以诗送行。

张震以反对龙大渊、曾觌招权植党，自中书舍人奉祠归蜀，范成大有诗送行。

陆游五月癸巳由枢密院编修官出通判镇江府，亦以不满龙大渊、曾觌招权植党之故。范成大有诗送行。

按：龙大渊、曾觌，《宋史》入《佞幸传》。时反对孝宗宠信龙、曾二人的尚有谏议大夫刘度、殿中侍御史胡沂、参政张焘等。

虞允文六月以敷文阁学士为兵部尚书兼湖北、京西宣谕使；七月为湖北、京西制置使。

姜噩知汉阳县，姜夔9岁，随父去汉阳。

陈俊卿除礼部侍郎参赞军事。

楼钥、袁说友、吴镒、张良臣、刘德秀、许及之、赵雄、李祥、孙逢吉、应孟明、张孝忠、李宗思同登进士第。

丘崈举进士，历除国子博士。

宋孝宗隆兴元年　金大定三年　夏天盛十五年　西辽绍兴十三年　癸未　1163年

陈葵举进士，知平阳县。
按：陈葵字叔向，处州青田人。师事魏益之。

范念德从朱熹问学。

赵方从张栻问学。
按：《宋史·赵方传》曰："父棠，少从胡宏学。尝见张浚于督府，累以策言兵事。浚奇之，命子栻与棠交，方遂从栻学。"

朱熹著《论语要义》、《论语训蒙口义》、《毛诗集解》成。
按：朱熹《论语要义序》曰："某年十三四时，受其说于先君，未通大义，而先君弃诸孤。中间历访师友，以为未足。于是遍求古今诸儒之说，合而编之。诵习既久，益以迷眩。晚亲有道（指李侗），窃有所闻，然后知其穿凿支离者，固无足取；至于其余，或引据精密，或解析通明，非无一辞一句之可观，顾其于圣人之微意，则非程氏之侔矣。"（《朱子全书》卷五六）

李焘知荣州，向朝廷进太祖一朝《续资治通鉴长编》17卷。是为第一次向朝廷进《续资治通鉴长编》。
按：李焘奏曰："臣尝尽力史学，于本朝故事，尤切欣慕，每恨学士大夫，各信所传，不考诸实录、正史，纷错难信。如建隆、开宝之禅授，涪陵、岐魏之迁殁，景德、庆历之盟誓，曩宵、谅祚之叛服，嘉祐之立子，治平之复辟，熙宁之更新，元祐之图旧，此最大事，家自为说。臣辄发愤讨论，使众说咸会于一，敢先具建隆迄开宝十有七年，为十有七卷上进。"（《蜀中广记》卷九二）

毛晃著《禹贡指南》4卷成书。
按：是为南宋诸儒治《禹贡》第一家，以后蔡沈《书集传》曾多引其说。《四库全书总目提要》曰："其书大抵引《尔雅》、《周礼》、《汉志》、《水经注》、《九域志》诸书，而旁引他说以证古今山水之原委，颇为简明。虽生于南渡之后，僻处一隅，无由睹中原西北之古迹，一一统核其真，而援据考证，独不泥诸儒附会之说，故后来蔡氏《集传》多用之。"

徐得之著《左氏国纪》30卷。

程大昌著《雍录》10卷。
按：《四库全书总目提要》曰："是编考订关中古迹，以《三辅黄图》、《唐六典》、宋敏求《长安志》、吕大防《长安图记》及《绍兴秘书省图》诸书互相考证，于宫殿、山水、都邑皆有图有说。谓《三辅黄图》由唐人增续，初非亲生汉时，目睹汉事，故随事立辨，不以其名古而不敢置议。《长安志》最为明晰，然亦时有驳复。吕大防图，凡唐世邑屋宫苑已自不存，特其山川地望，悉是亲见，今故本而言之，若与古记不合，亦复订正。其参校亦可谓勤矣。今考其书，如函谷关参都邑之中，太子宫序职官之次，地图之后忽列书目数条，都邑之前突出山名一处，骤然寻之，不得端绪，体例稍为丛杂。又集古诸录所列碑刻，自猎碣以外，罕登纪载。《考古图》有棐酌宫，亦不著其名。盖但凭图籍而未考金石之文，故未免于疏漏。然其搜罗既富，辨证亦详，在舆记之中，固为最善之本也。明代陕西诸志，皆号有法，其亦以是数书者在前欤？考大昌之时，关中已为金土，而隔越江表，为邻国著书，殊为无谓。盖孝宗锐意恢复，有志中原，大昌所作《北边备对》一书，即隐寓经略西北之意。此书犹此志焉耳。第五卷中，特创汉、唐用兵攻取守备要地一图，其图说多举由蜀入秦之路，与郭允蹈《蜀鉴》所谓由汉中取关陕者，大旨相合，其微意固可见矣。"

吴悞著《丹房须知》1卷成书。

葛立方著《韵语阳秋》成书。

僧宗杲卒(1089—)。宗杲本姓奚,字昙晦,宣州宁国人。2岁出家,号妙喜。绍兴七年居径山能仁寺。十一年因不满秦桧与金人的议和政策,被诬陷与张九成共同"谤讪朝政"而褫夺衣牒,充军湖南衡州、福建洋屿等地。二十六年始获赦,恢复僧服。孝宗立,召对,赐号大慧禅师。卒谥普觉。为南宗佛教禅宗高僧。朱熹等同时代学者,多次造访,与之交流思想。著有《大慧普觉禅师宗门武库》、《临济正宗记》、《正法眼藏》、《禅林宝训》等。其弟子释蕴闻编有《大慧普觉禅师语录》。事迹见张浚《大慧普觉禅师塔铭》(《径山志》卷六)。有宋释祖咏编、释宗演增订《大慧普觉禅师年谱》。

李侗卒(1093—)。侗字愿中,世号延平先生,剑浦人。从罗从彦学,得其《春秋》、《中庸》、《论语》、《孟子》之说。与杨时、罗从彦合称"南剑三先生"。朱熹曾游其门。终身未仕。著有《李延平先生文集》。《宋元学案》列其入《豫章学案》。事迹见《宋史》卷四二八本传、朱熹《延平先生李公行状》(《晦庵集》卷九七)。毛念恃编有《李侗年谱》。

按:朱熹《延平先生李公行状》自述道:"熹先君子吏部府君亦从罗公问学,与先生为同门友,雅敬重焉。尝与沙县邓迪天启语及先生,邓曰:愿中如冰壶秋月,莹彻无瑕,非吾曹所及。先君子深以为知言,亟称道之。其后熹获从先生游,每一去而复来,则所闻必益超绝。盖其上达不已,日新如此。呜呼!若先生之道德纯备,学术通明,求之当世,殆绝伦比。……不幸天丧斯文,而先生殁矣。龟山之所闻于程夫子而授之罗公者,至是而不得其传矣。诸孤方谋窆窀之事,谓熹承学之久,宜知先生之蕴,使具其事以请铭于作者,将勒诸幽堂,以告后世知德者有以考焉。熹愚不肖,蒙被教育不为不久,听其言,观其行,而服膺焉。不为不详,然未能有以得其远者大者,故悉取凡闻见所及一二书之词,若繁而不敢杀者,盖有待于笔削云。"

张浩卒,生年不详。浩字浩然,辽阳人。金天会八年,赐进士及第,授秘书郎。金太宗将幸东京,浩提点缮修大内,超迁卫尉卿,权签宣徽院事,管勾御前文字,初定朝仪。天眷二年,详定内外仪式,历户、工、礼三部侍郎,迁礼部尚书。天德三年,受命扩建燕京,营建汴京宫室。事迹见《金史》卷八三本传。

冯时行卒,生年不详。时行字当可,巴县人。宣和六年进士,调江原县丞。绍兴八年,召对,力言和议不可信,忤秦桧意,出知万州。寻罢职,在县北缙云山中聚徒讲学,学者称缙云先生。尝师事谯定,对其象学思想有所继承和发展。著有《缙云集》43卷,今存4卷。事迹见《宋史翼》卷一〇。

虞刚简(—1227)生。

宋隆兴二年　金大定四年　夏天盛十六年　西辽崇福元年　甲申　1164 年

八月壬午，宋遣魏杞入金议和。孝宗谓魏杞言：今遣使，一正名，二退师，三减岁币，四不发归附人（《续资治通鉴》卷一三八）。

是年，金设女真学，由诸路女真子弟中选 3000 人学女真字经书。

按：金建国初，女真无文字，与邻国交往文书用契丹文和汉文。建国后，太祖命希尹、叶鲁创制女真文字，天辅三年（1119）颁行，为女真大字。熙宗时，创制女真小字，天眷元年（1138）颁行。学校有国子学、太学、府州县学和女真学。太学由礼部掌管，州府设学官，教授经、史，由国子监统一印行教材。大定四年（1164），以女真大小字译经书颁行，择猛安谋克户子弟 3000 人入学。九年，取优秀者百人至京师。十三年，以策、诗取士，得徒单镒等 27 人。于是在京师开设女真国子学，诸路设女真府学，以新进士充教授。

朱熹正月专程至南平哭祭李侗，并作《祭延平先生》；二月至福州见汪应辰；四月有书致魏掞之，讨论时事与《孟子集解》。

按：朱熹又有《延平先生行状》，谓："初，龟山（杨时）先生，倡道东南，士之游其门者甚众，然语其潜思力行，任重诣极，如罗公（罗从彦），盖一人而已。"（《晦庵集》卷九七）从杨时到罗从彦，再到李侗、朱松，然后又传至朱熹，这就是闽学诞生和发展的大致过程。全祖望曰："朱子师有四，而其所推以为得统者，称延平，故因延平以推豫章，谓龟山门下千余，独豫章能任道。后世又以朱子故，共推之。然读豫章之书，醇正则有之，其精警则未见也，恐其所造，亦祗在善人、有恒之间。龟山之门，笃实自当推横浦，通才自当推湍石，多识前言往行当推紫微，知礼当推息斋。特横浦、紫微不能自拔于佛氏，为朱子所非，然其不背于圣人者，要不可没。而汪文定公所举豫章语录之失，则似亦未必能于佛氏竟脱然也，若因其有出蓝之弟子，而必并其自出而推之，是门户之见，非公论也。"（《宋元学案》卷三九《豫章学案》）

朱熹九月至丰城，自张栻处借得侯仲良《论语说》，十月返回崇安，手抄一本，校其误字。

叶适年 14，始与在瑞安林家授徒的陈傅良相见，从此开始交游。

按：叶适自谓"余陪公游四十年，教余勤矣"（《水心集》卷一六《宝谟阁待制中书舍人陈公墓志铭》）。黄震《读水心文集》论及叶适说："乾、淳间正国家一昌明之会，诸儒彬彬辈出，而说各不同。晦翁本《大学》格物致知，以极于治国平天下，工夫细密；而象山斥其支离，直谓'心即是道'；陈同甫修皇帝王霸之学，欲前承后续，力柱乾坤，成事业，而不问纯驳；至陈傅良则又精史学，欲专修汉唐制度吏治之功；其余亦各纷纷，而大要不出此四者，不归朱则归陆，不归陆则又二陈之归，虽精粗高下，难一律齐，而皆能自白其说，皆足以使人易知。独水心混然于四者之间，总言统绪，病学者之言心而不及性，似不满于陆；又以功利之说为卑，则似不满于二陈；至于朱，则忘言

大越（李朝）主天祚受封于宋，为安南国王。

德意志腓特烈一世帝立对立教皇帕斯卡尔第三。

英王亨利二世颁布《克拉伦登宪法》，维护国王对教会事务之传统控制权。

瑞典乌普萨拉大主教区约于此时建立，是为基督教在瑞典发展之标志。

矣。水心岂欲集诸儒之大成者乎?"(《黄氏日钞》卷六八)

张栻上疏反对罢兵言和,主张专务自强,虽折不挠,坚持抗战,恢复中原。疏入,不报。

张浚四月受谗去相位,朝廷遂决和议;八月,他犹上疏论尹穑等奸邪误国,不久得疾饮恨而卒。其子张栻护丧归潭州,乘舟至豫章,朱熹登舟哭丧,并送至丰城才下船,两人长谈三日。以后书信往来频繁,今收入两人文集的书信,达一百数十件之多。

薛季宣从武昌解任回永嘉,曾设帐授徒,陈傅良等从其学。

按:《宋史·陈傅良传》曰:"初患科举程文之弊,思出其说为文章,自成一家,人争传诵,从者云合,由是其文擅当世。当是时,永嘉郑伯熊、薛季宣皆以学行闻,而伯熊于古人经制治法,讨论尤精,傅良皆师事之,而得季宣之学为多。"

汪应辰五月除四川制置使,入都奏事;七月经崇安再见朱熹,垂询入对事宜,仍辨儒释之学,批判议和自治之说。

胡铨兼国子祭酒,寻除权兵部侍郎。杨万里有启贺之。

胡铨时为兵部侍郎,八月上书,以赈灾为急务,议和为阙政;十一月又著《上孝宗封事》,开陈和战的利害,指出和有"十可吊",不和有"十可贺"(《澹庵文集》卷二)。与右谏议大夫尹穑奉遣分诣两浙措置海道。

范成大二月除枢密院编修官,十二月除秘书省正字。

辛弃疾江阴签判任期满,去职。

洪适等十二月奉命使金,贺金主生辰,范成大有诗送行。

张孝祥二月以张浚荐,召赴行在,入对,劝孝宗辨邪正,审是非,崇根本,壮士气,痛陈国家委靡之弊(《于湖集》附录《又宣城张氏信谱传》)。孝宗嘉之,除中书舍人、直学士院兼都督府参赞军事,又兼领建康留守。十月因主和派汤思退、王之望等弹劾落职,归芜湖。

陆游因"鼓唱是非力说张浚用兵"(《宋史·陆游传》)上书抗金罪名遭贬逐,调任隆兴通判。

洪遵七月落职为端明殿学士。

周葵以参知政事行相事,出黄榜禁止诸生伏阙上书。孝宗大怒,欲加重罪,因王之望等谏而止。周葵十一月罢参知政事。

钱端礼十二月为参知政事,兼知枢密院事。虞允文同知枢密院事兼权参知政事。

杨万里因张浚荐举,为临安府教授,因父丧,未赴任。

张观等72名太学生十一月伏阙上书,论汤思退、王之望、尹穑怀奸误国,急于和议,自毁边备,使金兵长驱直入淮甸,乞斩三人以谢天下,并流窜其党洪适、晁公武等,而用陈康伯、胡铨、陈良翰、王十朋、金安节、虞允文、王大宝、陈俊卿、黄中、龚茂良、张栻等主国事。于是孝宗罢汤思退,责其居永州;行至信州,忧悸而死。

杨万里正月因父病,未赴临安府教授任。八月,父逝,胡铨为作《杨君之卿墓志铭》。

葛立方奉命知宣州,被论罢新任,旋卒。

宋隆兴二年　金大定四年　夏天盛十六年　西辽崇福元年　甲申　1164年

唐仲友任秘书省正字。

曾幾致仕。

吴楫从学于朱熹。

李宗思初识朱熹。

钱端礼著《诸史提要》15卷刊行。

朱熹著《困学恐闻》和《杂学辨》成书。

按：朱熹《困学恐闻序》曰："予尝以困学名予燕居之室，目其杂记曰《困学恐闻》，盖取子路'有闻，未之能行，惟恐有闻'之意。以为困而学者，其用力宜如是也。读是书者，以下民为忧，而以未能行其所闻为恐，则予将取一辅吾仁焉。"《杂学辨》由《辨苏氏易解》、《辨苏黄门老子解》、《辨张无垢中庸解》、《辨吕氏大学解》组成，是朱熹与程洵、汪应辰辩论苏氏之学、批判佛老说之产物。

田渭著《辰州风土纪》6卷。

稷尧佐著《隆兴奉使审议录》1卷。

僧祖琇著《隆兴佛教编年通论》29卷。

按：是书又名《隆兴编年通论》、《编年通论》，为现存最古的编年体佛教史。上始东汉明帝永平七年（64），下迄五代后周显德四年（957），凡893年。以后，僧本觉的《释氏通鉴》、元代熙仲的《历朝释氏资鉴》、念常的《佛祖历代通鉴》、宝洲的《释氏稽古略》相继发展了由此书开创的编年体佛教史的传统。

环溪书院刊刻《医学真金》1卷。

葛立方卒（1092—　）。立方字常之，号归愚，镇江丹阳人。葛胜仲子。绍兴八年进士。历官秘书省正字、校书郎、中书舍人、吏部侍郎等。著有《归愚集》20卷（今存10卷）、《归愚词》1卷、《韵语阳秋》（又称《葛立方诗话》或《葛常之诗话》）20卷、《西畴笔耕》、《方舆别志》等。事迹见《宋诗纪事》卷四五。今人王兆鹏编有《葛胜仲葛立方年谱》。

张浚卒（1097—　）。浚字德远，自号紫岩，汉州绵竹人。政和八年进士，调山南府士曹参军、恭州司录。靖康初，为太常寺主簿。高宗即位，除枢密院编修官。绍兴元年，大破金兵于和尚原，拜定国军节度使。力主抗金，被秦桧排斥在外近20年。孝宗时为相，封魏国公，以少师致仕。谥忠献。通经术，著有《易解》、《论语解》4卷、《杂说》10卷、《绍兴奏议》10卷、《隆兴奏议》10卷、文集10卷。今存《紫岩易传》10卷、《中兴备览》3卷，近人辑为《张魏公集》10卷。《宋元学案》为列《赵张诸儒学案》。事迹见《宋史》卷三六一本传、朱熹《张魏公行状》（《晦庵集》卷九五）、杨万里《张魏公传》（《诚斋集》卷一一五）。

王竞卒（1101—　）。竞字无竞，彰德人。入金，除大宁令，转河内令。累官礼部尚书，兼翰林学士承旨。参与修撰国史。工书画，善画墨竹；书法则长于草隶，尤工大字，士林推为第一。事迹见《金史》卷一二五本传。

程揆卒（1104—　）。揆字端卿，眉州武阳人，后徙四川犍为。建炎二年进士，为彭州司户参军。尝为潼川府教授、成都府学教授。曾与苏符、

法国彼得·伦巴第卒，生年不详。经院哲学家、神学家，彼得·阿伯拉尔的门徒。著有《教父名言集》，此书是重要的神学教本。

法国让·博德尔（—约1210）约于是年生。

苏籍、喻汝砺、邵博、李石等文士游。著有《尚书外传》5卷、《春秋外传》10卷、《通鉴发挥》10卷、《史评》2卷、《佛心印》3卷，皆佚。事迹见李石《资州程使君墓志铭》(《方舟集》卷一六)。

杜莘老卒(1106—　)。莘老字起莘，青神人。绍兴进士，授梁山军教授。官至殿中侍御史。著有《论语集解》10卷。事迹见《宋史》卷三八七本传。

史弥远(　—1233)、程珌(　—1242)生。

宋孝宗乾道元年　金大定五年　夏天盛十七年
西辽崇福二年　乙酉　1165年

锡兰国王波罗迦罗摩巴一世下令取缔其他佛教派别，奉佛教上座部大寺派为国教。

拜占廷结盟威尼斯，对抗腓特烈一世。

正月，宋使魏杞至金，"隆兴和议"成立。

按：宋孝宗遣国信所通事王抃出使金军，许割商、秦地，归被俘人，惟叛亡者不遣返。余则如绍兴时和议，世称叔侄之国，改岁贡为岁币，银绢各减五万。金人皆听许。史称"隆兴和议"。此后宋金战事稍息。

三月乙亥，诏举制科。

五月，宗正丞林邵言："祖宗《玉牒》，昨缘南渡，散失不存。前后修纂为太祖一朝事迹，已经安奉；《太宗玉牒》虽已成书，尚未进入；太上、今上《玉牒》，自今见修；自真宗至钦宗凡七世，并未下笔。缘近来体例，每修一朝《玉牒》，必取旨开局，方始修纂，十年方许一进，则是列圣之书，虽百年而未备。臣今自修《真宗玉牒》十年，计四十卷，望令玉牒馆安奉。"从之(《续资治通鉴》卷一三九)。

六月丙午，臣僚言："科举之制，州郡解，额狭而举子多；漕司解，其数颇宽。取应者往往舍乡贯而图漕牒，至于冒亲戚、诈注籍而不之恤。且牒试之法，川、广之士用此可也，福建密迩王都，亦复漕试；见任官用此可也，而待补阙得替官，一年内亦许牒试；本宗有服亲用此可也，而中表缌麻之亲亦牒试。或宛转请求，或通问属托，至有待阙得替官一人而牒十余名者，请申严诈冒之禁。其见行条法，付有司重详损益，立为中制。"从之(《续资治通鉴》卷一三九)。

九月，时有献书者，洪适等言系编类之书，举子所用，欲与免一解，叶容言献书者大率图侥幸，孝宗曰："亦无如之何。若不采纳，便塞献言之路。"(《续资治通鉴》卷一三九)

按：乾道初，孝宗主张平衡诸家学说，不可偏废一家之说，一些官僚士大夫对此也有共识，如员兴宗在《苏氏程氏王氏三家之学是非策》中说："昔者国家右文之盛，蜀学如苏氏，洛学如程氏，临川如王氏，皆以所长，经纬吾道，务鸣其善鸣者也。……考其渊源，皆有所长，不可废也。然学者好恶，入乎彼则出乎此，入者附之，出者污之，此好恶所以萌其心者。苏学长于经济，洛学长于性理，临川学长于名数，诚能通

宋孝宗乾道元年　金大定五年　夏天盛十七年　西辽崇福二年　乙酉　1165年

三而贯一,明性理以辩名数,充为经济,则孔氏之道满门矣,岂不休哉！今苏、程、王之学,未必尽善,未必尽非,执一而废一,是以坏易坏,置合三家之长,以出一道,使归于大公至正。"(《九华集》卷九)

朱熹四月至临安就武学博士,以时相方主和议,请监南岳庙以归。

张栻居父丧,时湖南郴州爆发李金农民起义,朝廷命湖南安抚使知潭州刘珙前往清剿,刘珙问策于张栻,张栻为之出谋,李金遂被镇压。

洪适六月以翰林学士签书枢密院事；十二月戊寅为尚书右仆射、同中书门下平章事兼枢密院使,复主和。

辛弃疾作《美芹十论》,分析宋金形势,反对因一败而议和。

范成大三月为校书郎,六月兼国史院编修官,十一月迁著作佐郎。

虞允文三月为参知政事兼同知枢密院事,权提举国史；八月罢相。

汪应辰在蜀地得张载文集刻本多种,寄朱熹校定。朱熹得本后,以仍多阙略,比勘写本,另予增辑,后又将吕祖谦编《周易系辞精义》中张载说补入。

陆游二月将与韩元吉唱和之诗编为《京口唱和集》,有序记其事。七月改通判隆兴军府事。

张孝祥六月复集英殿修撰,知静江府,广南西路经略安抚使。

陈俊卿入对,因极论朋党之弊,除吏部侍郎、同修国史。

胡沂召为宗正少卿,除吏部侍郎。

王大宝孝宗即位时为礼部侍郎,再除兵部侍郎,主张抗金；是年落致仕,召为礼部尚书。不久致仕而卒。

金翰林侍讲学士徒单子温进所译《贞观政要》、《白氏策林》等书。

叶颙十二月为参知政事兼同知枢密院事。

张栻序《胡子知言》。

魏掞之编成《戊午谠议》,朱熹为之序。

建宁黄三八郎书铺刻印《韩非子》20卷。

计有功约本年前后在世,以毕生之力,著成《唐诗纪事》81卷。

　　按：《四库全书总目提要》曰："是集乃留心风雅,采撷繁富,于唐一代诗人或录名篇,或纪本事,兼详其世系爵里,凡一千一百五十家。唐人诗集不传于世者,多赖是书以存。"此书还开创了断代诗话之体制,如清厉鹗《宋诗纪事》、王士禛《五代诗话》、陈衍《辽金元诗纪事》、今人钱仲联主编《清诗纪事》等,无不受其启迪。今通行本有中华书局1965年排印本。

侍其玮著《续千文》1卷,谢褒作跋。

　　按：侍其玮字良器,长洲人。曾官左朝散大夫,知池州军事。《四库全书总目提要》曰："是编皆撷周兴嗣《千字文》所遗之字,仍仿其体制,编为四言韵语,词采亦颇可观。其孙尝刻石浯溪,后有乾道乙酉乡贡进士谢褒《跋》。"

王大宝卒(1089—　)。大宝字符龟,广东海阳人。建炎二年廷试第

西班牙阿威罗伊(伊本·路西德)著《可能的理由》,阐述了亚里士多德的逻辑理论,对模态判断进行了分类,对西欧中世纪的逻辑思想颇具影响。

法国文学史上首位为后人所知的诗人华斯著《勃鲁特传奇》。

二,授南雄州教授。知袁州时,进所著《经筵讲义》、《周易正义》、《诗解》、《书解》等书,得高宗赞赏,遂除国子司业兼崇政殿说书。官至礼部尚书。《宋元学案》列其入《赵张诸儒学案》。事迹见《宋史》卷三八六本传。

陈康伯卒(1097—　)。康伯字长卿,信州弋阳人。宣和三年进士,授长洲主簿。历官太常博士、吏部侍郎、参知政事、左仆射兼枢密使,封鲁国公。谥文恭,改谥文正。著有《葛溪集》30卷,已佚。今存辑本《陈文正公集》2卷。事迹见《宋史》卷三八四本传。今人罗国威编有《陈康伯年谱》。

王刚中卒(1103—　)。刚中字时亨,饶州乐平人。绍兴十五年进士,授奉国军节度推官,为洪州州学教授。官至同知枢密院事。谥恭简。著有《易说》、《春秋通义》、《仙源圣记》、《经史辨》、《汉唐史要览》、《天人修应录》、《东溪集》、《应斋笔录》,凡百余卷,皆佚。事迹见《宋史》卷三八六本传。

按:《宋史》本传曰:"建炎间,诏阶、成、岷、凤四州刺壮丁为兵,众以为忧。刚中建言五害罢之,免符下,民欢呼,声震山谷。比去,蜀父老遮道,有追送数百里者。繇布衣至公卿,无他嗜好,公退惟读书著文为乐。"

宋乾道二年　金大定六年　夏天盛十八年　西辽崇福三年　丙戌　1166年

德意志腓特烈一世帝第四次远征意大利,入罗马,罗马教皇亚历山大第三出奔。

英王亨利二世制定第一部综合性法令《克拉伦登条例》,规定刑事审判程序,限制了教会的特权和宗教法庭的权利。

三月丁卯,赐礼部进士萧国梁以下493人及第、出身。榜首本为赵汝愚,以故事降居第二。考官为中书舍人蒋芾、权户部侍郎林安宅、起居舍人梁克家。

甲子,给事中魏杞等札言皇太子已讲授《孟子》彻章,帝曰:"可讲《尚书》。治国之道,莫先于北。君臣更相警戒,无非日所行事。朕每无事,必看数篇。"(《续资治通鉴》卷一三九)

四月甲戌朔,宰执言刘珙等措置李金事毕,宜推赏,帝曰:"近时儒者多高谈,无实用,珙能为朝廷了事,诚可赏也。"(《续资治通鉴》卷一三九)

己亥,臣僚言:"祖宗留意考课之法,王安石始罢之。望遵太宗故事,应监司、郡守朝辞日,别给御前印纸历子。至于兴某利,除某害,各为条目,每考令当职官吏从实批书,任满精核。"诏:"经筵官参祖宗法与见行条制,务要适中,可以久行。"(《续资治通鉴》卷一三九)

六月戊寅,诏制科权罢注疏出题;守臣、监司亦许解送。

九月己巳,魏杞等上神宗、哲宗、徽宗《三朝帝纪》、《高宗圣政》。

十一月,起居舍人洪迈言:"臣幸得以文字薄伎,待罪属车间,每侍清闲之燕,获闻玉音,凡所摘谕,莫非中的,徽言善道,可为世法。退而执笔,欲行编次,而考诸起居注,皆据诸处关报,始加修纂,虽有日历、时政记,亦莫得书,使洋洋圣谟,无所传信。伏睹今月五日给事中王㮣鸡进讲《春秋》莒人伐杞,言周室中微,诸侯以强凌弱,擅相攻讨,殊失先王征伐之意,上曰:'《春秋》无义战。'周执羔进读《三朝宝训》,论文章之弊,上又曰:'文章以理为主。'陈岩叟等奏刑部事,上曰:'宽则容奸,急则人无所措手足。'此数端,皆承学之臣,日夜探讨,累数百语所不能尽,而陛下蔽以一言,至明至当。然记言动之臣,弗能宣究。恐非所以命侍立本意。望令讲读官,自今各以日得圣语关送修注官,仍请因今所御殿,名曰《祥曦记注》。庶几百世之下,咸仰圣学,以迹聪明文思之懿。"从之(《续资治通鉴》卷一三九)。

十二月辛巳,诏免进《钦宗日历》,送国史院修纂《实录》。

是月,金始置国子太学。

是年,金再译女真文《史记》、《汉书》。

朱熹据胡宏所刻周敦颐《太极通书》本,校以舂陵本、零陵本、九江本,由刘珙刻于长沙。又致书林栗论辩周敦颐太极学。

朱熹九月作《观书有感》、《春日》诗,是宋代较著名的哲理诗。

蔡元定六月始向朱熹问学,讲论经义。

按:蔡元定的学术,先受教于其父蔡发,后受学于朱熹。《宋史·蔡元定传》曰:"父发,博览群书,号牧堂老人,以程氏《语录》、邵氏《经世》、张氏《正蒙》授元定,曰:'此孔、孟正脉也。'元定深涵其义。既长,辨析益精。……闻朱熹名,往师之。熹扣其学,大惊曰:'此吾老友也,不当在弟子列。'遂与对榻讲论诸经奥义,每至夜分。四方来学者,熹必俾先从元定质正焉。"

林用中始从学朱熹于崇安五夫屏山之下。

按:朱熹《答何叔京》书曰:"今年却得一林同人在此,名用中,字择之,相与讨论。其人操履甚谨,思索愈精,大有所益。"(《晦庵集》卷四〇)

何镐五月向朱熹问学,二人讲论学问自此始。

刘珙时为湖南安抚使,是年重建岳麓书院成,邀张栻主持书院教事,张栻作《潭州重修岳麓书院记》,从此往来湘江两岸的城南书院和岳麓书院,传道授业,阐扬其师胡宏之学,从学者甚众,史称"湖南一派,当时为最盛",湖湘学派规模由此奠定。

按:张栻在岳麓书院"以尧舜君民之心,振一世沉溺,以孔孟性理之学,起一世膏肓",传播道学之功,不亚于朱熹、吕祖谦。当时学者有"以不得卒业于湖湘为恨"。全祖望认为:"故厚斋谓岳麓、白鹿,以张宣公、朱子而盛;而东莱之丽泽,陆氏之象山,并起齐名,四家之徒遍天下,则又南宋之四大学院也。"《宋元学案》卷五〇《南轩学案》所列张栻门人有胡大时、彭龟年、吴猎、游九言、游九功、宇文绍节、陈概、杨知章、李修己、张仕佺、范仲黼、范子长、范子该、范荪、宋德之、曾集、陈孔硕、龚盖卿、吴必大、王遇、吕胜己、舒璘、曾梦泉、詹阜民、詹仪之、赵昱、虞刚简、程遇孙、薛绂、邓谏从、张方、魏了翁、李大有等。周密曰:"伊洛之学行于世,至乾道、淳熙间盛矣。其能发明先贤旨意,溯流徂源,论著讲解卓然自为一家者,惟广汉张氏敬夫,东莱吕氏伯恭,新安朱氏元晦而已。朱公尤渊洽精诣,盖以至高之才,至博之学,而一切收敛,归诸义理。其上极于性命天下之妙,而下至于训诂名数之末,未尝举一而废一。盖孔孟之道,至伊洛而始得其传,而伊洛之学,至诸公而始无余蕴。必若是,然后可以言

道学也已。"(《齐东野语》卷一一)

张栻与朱熹书,论校正二程集误字。

张栻、刘玶在长沙校勘程颢、程颐文集,朱熹协力参校。

陆九龄为太学学录,时沈焕、杨简、袁燮、舒璘亦入太学学习。

按:乾道初,"燮初入太学,陆九龄为学录。同里沈焕、杨简、舒璘亦皆在学,以道义相切磨。后见九龄之弟九渊,发明本心之指,乃师事焉。"(《钦定续通志》卷三九四)

吕祖谦守母丧于武义明招山侧,著述讲学,四方之士争趋之。

按:吕祖谦创办的明招书院,为吕学的创建奠定了基础。

薛季宣过城南书社,与陈傅良相见。

洪适三月辛未罢右仆射。

陆游二月因言者论其交结台谏,鼓唱是非,力说张浚用兵,被免职归家。

范成大二月除尚书吏部员外郎兼国史院编修官,三月初四日,以言者论其巧宦幸进物论不平之故,罢吏部员外郎;六月上论神宗、哲宗、徽宗三朝国史札子;九月主管台州崇道观。

按:范成大《论三朝国史札子》曰:"臣闻自古有国有家,虽盛衰不同,而未尝无一代之史策。以小喻之,譬如士庶之家,大则有家法,小则有日记,虽倥偬弗暇给之时,决不可一日而阙,非若其它,翰墨文词,空言无用之比也。恭惟国家五朝正史,久已大成,而神宗皇帝、哲宗皇帝、徽宗皇帝三朝史书,始于绍兴二十八年开院纂辑,糜费帑廪,九年于此,惟帝纪略备之外,其余邈然无涯。不惟旧闻失坠,无书可考,亦缘是非褒贬,易招悔吝。朝廷既不督课,有司幸于因循,加以席未及暖,迁徙而去。甚或提纲无官,秉笔全阙,动经旬月,无复谁何?人徒见馆宇遽严,吏胥旁午皆谓煌煌天朝,必备史策,而不知文具如此。臣窃检照景德中修太祖、太宗两史,十年而成;天圣中修真宗史,四年而成;熙宁中修仁宗、英宗两史,六年而成。今之三史,若只用目前规摹,更数十百年,亦恐汗青无日。何则?自熙宁初元至今,百年见闻所逮尚难追记,只更一二十年残编断简,渐就散逸,故家遗俗,无可询究,虽悔向来之因循,欲决意成之,亦不可复得。文谟武烈,恐遂湮晦,何以仰称陛下追孝清庙,羹墙祖宗之心。臣每念至此,震栗汗下。伏望特赐圣裁,亟命朝廷讨论史事,立之课程,克以期限。其熙宁以来旧事,本院无书可考者,许关取秘阁、四库所藏,及搜访士大夫家所存,干照文字,网罗参订,仍择儒馆优闲之臣数人,增兼编择,庶得并工分力,结局有期。"(《历代名臣奏议》卷二七七)

洪迈上言论实录院与国史院在秘书省主持下共同修史之关系。

张孝祥六月罢静江府,原广西提点刑狱公事张维代其职。

杨万里十月至长沙,谒张栻、张杓兄弟,见潭帅刘玶,献诗,有"寄身"之求。

郑伯熊是冬召为国子丞。

叶颙十二月为左仆射、同平章事兼枢密使,举荐汪应辰、王十朋、林光朝等可备执政、侍从、台谏,劾知阁门事龙大渊、权知阁门使曾觌窃弄威福。

魏杞十二月为右仆射,并平章事。

蒋沛十二月为参知政事、吏部尚书。

陈俊卿十二月为同知枢密院事,兼权参知政事。

茅子元应诏在德寿殿宣讲教义,受赐号"慈照宗主"。

李舜臣试进士时,策论与金无可和之义,宰辅大臣不当以奉行文字为职业;考官恶之,黜下等,调安仁县主簿。

按:李舜臣即李心传之父,曾任宗正主簿,参与重修《裕陵玉牒》,所著有《易本传》33篇,受朱熹称道。对李心传治学颇有影响。李心传《建炎以来朝野杂记·甲集自序》曰:"心传十四五时,侍先君子官行都,颇得窃窥玉牒所藏金匮石室之副;退而过庭,则获剽闻名卿才大夫之议论。"

蔡戡、罗愿、黄人杰、周孚、倪思、王厚之同中进士。

娄机举进士,授盐官尉。

陈琦举进士,从张栻游。

陈炳举进士,调太平县主簿。

按:陈炳字德先,义乌人。与喻良能、喻良弼、何恪并称义乌四君子。著有《易解注》5卷、《岩堂杂稿》20卷,皆佚。喻良弼字季直,婺州义乌人。喻良能弟。以特科补新喻尉。著有《杉堂集》10卷、《乐府》5卷。何恪字茂恭,号南湖,东河人。绍兴三十年进士,官永新县主簿。力主抗金,进恢复二十策,与朝论不合,归里。著有《南湖集》20卷。

杨甲中进士,对策言恢复之志不坚者二:一谓妃嫔满前,圣论几于溺惑;二谓策士之始,及兵者不过一言而已,是以谈兵革为讳为迂也。孝宗览对不悦,置之第五。

何澹举进士,累官至国子司业,迁祭酒,除兵部侍郎。

张行成表进其所著书,除直徽猷阁。

按:张行成字文饶,临邛人。绍兴二年进士。师事谯定。著有《述衍》18卷、《翼玄》12卷、《元包数义》3卷、《潜虚衍义》16卷、《皇极经世索隐》2卷等。张行成与祝泌等创立的张祝学派,著名弟子有吕凝之、廖应淮、彭复初、傅立、程直方等。此派在发展邵雍先天象数学方面起了积极作用。元世祖时求通先天象数学者,此派弟子傅立等以书奉上,使此派学说绵绵不断地传播下来。

沈度先前以考功郎中除直秘阁,知平江府,是年召赴行在,授中书门下省检正诸房公事。

徐安国举进士,从吕祖谦学。

赵彦肃举进士,三年不仕,周必大力荐,仕至海宁军节度推官。

刘砥、刘砺兄弟俱中童子科。

金翰林侍讲学士徒单子温进所译《史记》、《汉书》,诏颁行之。

太一教教主萧抱珍卒,弟子韩道熙嗣教,改姓萧。

张行成著《周易通变》40卷。

朱熹七月修订《孟子集解》。又编订《二程语录》和《张载集》。《论语要义》刻版于邵武府学。

朱熹所著《杂学辨》由何镐刻版行世。

张栻著《二程粹言序》和《潭川重修岳麓书院记》，又著《诸葛忠武侯传》成。

按：《二程粹言》，又名《河南程氏粹言》，为杨时所编。《四库全书总目提要》曰："时始以师礼见明道于颍昌，相得甚欢。明道没，又见伊川于洛。南渡以后，朱子及张栻等皆诵说程氏，屹然自辟一门户。其源委脉络，实出于时。是书乃其自洛归闽时以二程子门人所记师说，采撮编次，分为十篇。……程氏一家之学，观于此书，亦可云思过半矣。"这次由张栻重新编次。该书在宋代为单行本，明清两代人们将它与二程其他书合并刊行，称为《二程全书》。

刘珙刻《二程先生文集》于长沙，张栻校订。

宋修《高宗圣政》50卷成书。

陈亮编《英豪录》约成书于本年。

洪迈著《夷坚乙志》20卷成书。

洪适将所搜集之汉魏碑刻拓片189种及《水经注》、《集古录》、《金石录》、《天下碑录》中之汉魏碑目500余种编为一书，名《隶释》27卷。

按：此书首开具录金石全文之例，为现存年代最早的一部集录和考释汉魏晋石刻文字的专著。《四库全书总目提要》曰："是书成于乾道二年丙戌，适以观文殿学士知绍兴府，安抚浙东时也。明年正月，序而刻之。周必大志其墓道云'耽嗜隶古，为纂释二十七卷'者，即指此书。其弟迈序娄机《汉隶字原》云：'吾兄文惠公，区别汉隶为五种书：曰释，曰续，曰韵，曰图，曰续，四者备矣，惟韵书不成。'……乾道三年，洪迈《跋》云：'所藏碑一百八十九，译其文，又述其所以然，为二十七卷。'……凡汉魏碑十九卷，《水经注》碑目一卷，欧阳修《集古录》二卷，欧阳棐《集古目录》一卷，赵明诚《金石录》三卷，无名氏《天下碑录》一卷，与二十七卷之数合。每碑标目之下，具载郦、欧、赵三书之有无。欧、赵之书第撮其目，不录其文。而是书为考隶而作，故每篇皆依其文字写之。其以某字为某字，则具疏其下，兼核其关切史事者，为之论证。自有碑刻以来，推是书为最精博。"

沈括所著《梦溪笔谈》26卷由扬州州学刊刻。州学教授汤修年作跋。

按：是为《梦溪笔谈》最古的刻本，现已失传。现存的元大德九年（1305）陈仁子东山书院刻本，即来源于扬州刻本。《四库全书总目提要》曰："是书盖其闲居是地时作也。凡分十七门，曰故事，曰辨证，曰乐律，曰象数，曰人事，曰官政，曰权智，曰艺文，曰书画，曰技艺，曰器用，曰神奇，曰异事，曰谬误，曰讥谑，曰杂志，曰药议，共二十六卷。又有《补笔谈》二卷，《续笔谈》一卷，旧本别行。……括在北宋，学问最为博洽，于当代掌故及天文、算法、钟律尤所究心。赵与旹《宾退录》议其积罂一条，文字有误；王得臣《麈史》议其算古柏一条，议论太拘。小小疏失，要不足以为累。至月如银刃，粉涂其半之说，《朱子语录》取之。蒲卢即蒲苇之说，朱子《中庸章句》取之。其他亦多为诸书所援据。汤修年《跋》称其目见耳闻，皆有补于世，非他杂志之比。勘验斯编，知非溢美矣。"

孔传编《白孔六帖》100卷刊行。

按：《四库全书总目提要》曰："《白孔六帖》一百卷，案《文献通考》载《六帖》三十卷，唐白居易撰；《后六帖》三十卷，宋知抚州孔传撰。合两书计之，总为六十卷。此本编两书为一书，不知何人之所合。又作一百卷，亦不知何人之所分。考胡仔《苕溪渔隐丛话》，称《六帖新书》出于东鲁兵燹之余，南北隔绝，其本不传于江左，使学者弗获增益闻见。则南渡之初，尚无传本。王应麟《玉海》始称孔传亦有《六帖》，今合为一书,则并于南宋之末矣。黄朝英《靖康湘素杂记》载白氏《六帖》,有元祐五年博平王安世序,此本佚之。卷首所冠韩驹《序》,则专为孔传续书作也。……《复斋漫录》(案《复斋漫录》今已佚,此条见胡仔《苕溪渔隐丛话》所引)称东鲁孔传字圣传,先圣之裔,而中丞道辅之孙也。为人博学多闻,取唐以来至于吾宋诗颂铭赞,奇编奥录,穷力讨论,纤芥不遗,撮其枢要,区分汇聚有益于世者,续唐白居易《六帖》,谓之《六帖新书》。韩子苍为篇引,以为孔侯之书,如富家之储材,榱栋枅栱,云委山积,匠者得之,应手不穷,其用岂小云云,则宋人亦颇重其书矣。"

王明清著《挥麈前录》4卷。

葛立方著《韵语阳秋》刊行。

阿拉伯艾尔·伊德列西卒(1100—)。地理学家。

曾幾卒(1084—)。幾字吉甫、志甫,号茶山居士,赣州人,徙居河南洛阳。早从舅氏孔文仲、孔武仲讲学。又从胡安国游,其学益精。历任江西、浙西提刑,因主张抗金,为秦桧排斥。陆游曾从之学诗。著有《经说》20卷、《易释象》5卷、文集30卷。文集已散佚,清人辑有《茶山集》8卷。《宋元学案》列其入《武夷学案》。事迹见《宋史》卷三八二本传、陆游《曾文清公墓志铭》(《渭南文集》卷三二)。

度正(—1235)、刘宰(—1239)、李心传(—1243)、万松行秀(—1246)生。

宋乾道三年　金大定七年　夏天盛十九年
西辽崇福四年　丁亥　1167年

正月乙酉,以《武经龟鉴》、《孙子》赐镇江都统戚方、建康都统刘源,仍令选择兵官,各赐一本。

五月,安奉太宗、真宗《玉牒》及《三祖下仙源积庆图》、《哲宗宝训》。

八月癸丑,金尚书右丞相、监修国史纥石烈良弼进《太宗实录》。

九月丁丑,刘珙进读《三朝宝训》,至太宗谓《太祖实录》或云多漏落,当命官重修,因叹史官才难。苏易简曰:"大凡史官宜去爱憎。近者扈蒙修史,蒙为人怯懦,多疑忌,故其史传多有脱落。"孝宗曰:"善恶无遗,史臣之职。"刘珙曰:"史官以学识为先,文采次之。苟史官有学识,安得怯懦疑忌!"孝宗曰:"史官要识、要学、要才,三者兼之。"(《续资治通鉴》卷一四〇)

十一月己巳,诏戒士大夫因循苟且、诞谩奔竞之弊。

按:孝宗锐意进取,故不能不崇尚事功之学,不能不鄙弃性理之学,这是此诏发布的原因。

拜占廷帝国控制了达尔马提亚、克罗地亚、波斯尼亚和塞尔米乌姆。

北意大利米兰等16城结成伦巴第同盟,以对抗德意志的"神圣罗马帝国"。

德国书面语言逐步形成。

朱熹自崇安访岳麓书院主持者张栻于潭州,沿途讲学于丰城陈龙光书院、盛氏盛家洲书院。九月至十一月与张栻互相论学,并在岳麓书院和城南书院讲学,前后两个月。又同登南岳衡山,有诗歌唱和,后编成《南岳唱酬集》作为游南岳的纪念,张栻作序。

按:朱熹和张栻讨论了《中庸》的已发、未发和察识、涵养之序以及太极、仁等理学的重大理论问题,相互展开了激烈的争论,开创了书院自由讲学的新风,对于加强各学派之间的学术交流,促进学术思想的发展起到了重要作用。史称此会为"中和之辨"。

朱熹自长沙刘芮处借得程颢、程颐《河南程氏经说》本,经对校,辨刘本承胡安国家传本误改。

朱熹九月初八日用行书书写上年与张栻分别时所作《二诗奉敬夫赠言并以为别》,刻成四碑,立于长沙原岳麓书院遗址。

按:朱熹《与曹晋叔书》曰:"此月八日抵长沙,今半月矣。荷敬夫爱予甚笃,相与讲明其所未闻,日有问学之益,至幸至幸。敬夫学问愈高,所见卓然,议论出人意表。近读其《语说》,不觉胸中洒然,诚可叹服。岳麓学者渐多,其间亦有气质醇粹,志趣确实者,只是未知向方,往往骋空言而远实理,告语之责,敬夫不可辞也。"(《晦庵集》卷二四)

朱熹十一月为衡岳之游,邀请张孝祥晤于长沙,张孝祥有《酬朱元晦登定王台之作》诗;朱熹离长沙时,张孝祥又作《南乡子》(送朱元晦行张钦夫邢少连同集)词,朱熹有次韵一首。

张孝祥十月筑敬简堂,以为论道讲学之所,并自篆《颜渊问仁》于中屏;朱熹、张栻各为诗文以记之。

张栻与朱熹登南岳衡山,谒张浚墓,朱熹作有《拜张魏公墓》诗,表彰张氏父子。

按:朱熹曾曰:"中兴以来,庙堂之上,主恢复者,前者李伯纪(纲),后有张公(浚)而已。"(《朱子语类》卷一三一)

吕祖谦在明招山中,常与陈亮、张栻互究所学。

李焘因四川制置使汪应辰荐举,召赴临安,为敷文阁直学士、兼侍讲,同修国史。

按:李焘久修国史,曾撰神宗、哲宗、徽宗、钦宗《四朝史稿》50卷;与洪迈同撰《四朝国史》350卷,其中诸志200卷多出李焘之手;与吕祖谦重修《徽宗实录》200卷、《考异》25卷、《目录》25卷。

范成大十二月起知处州。

汪应辰于正月、二月两荐朱熹。

洪迈迁起居郎,拜中书舍人兼侍读、直学士院,仍参史事。

虞允文二月以端明殿学士知枢密院事,六月为资政殿大学士、四川宣抚使,十二月复知枢密院事,充宣抚使,孝宗亲书九事戒之。

张孝祥五月起知潭州,权荆湖南路提点刑狱公事;赴任至江州,与王质游庐山。

叶颙、魏杞十一月并罢相,陈俊卿为参知政事,翰林学士刘珙同知枢密院事。

郑伯熊六月除著作郎,寻兼太子侍读。

宋乾道三年　金大定七年　夏天盛十九年　西辽崇福四年　丁亥　1167年

陆游自名书室曰可斋,有《书室名可斋或问义作此告之》诗。
林用中、范念德八月至十月陪同朱熹往长沙访张栻。
林允中从学朱熹于崇安五夫。
杨万里春至临安,谒陈俊卿、虞允文,献《千虑策》30篇。
夏李师白使金国贺正旦。
　　按:李师白之前曾于天盛十六年使金,其两使金国,乃撰《奉使日记》3卷,记述金国风土民情,今佚。
大道教教主刘德仁奉金世宗命入居中都天长观,赐号"东岳真人"。
金道士王嚞在宁海州全真庵聚徒讲道,创立道教全真教。
　　按:入元后,全真教成为北方道教的主要派别。
日本僧侣重源入宋,朝拜天台山、育王山等,考察和研究宋朝寺院建筑样式。
　　按:于次年回国,带回《大藏经》一部以及净土五祖像等。

李焘上所著《四朝国史帝纪》。
宋校勘李焘《续资治通鉴长编》。
金纥石烈良弼等修成《太宗实录》。
张栻著《经世纪年》成。
洪迈著《同符贞观录》和《哲宗宝训》60卷,今佚。
洪适为《隶释》作序,并刊行此书。
潘纬著《柳文音义》。
胡仔著《苕溪渔隐丛话》后集40卷成,有序。
邓椿著《画继》10卷,有自序。
　　按:是书继唐代张彦远《历代名画记》与宋代郭若虚《图画见闻志》而作,故名《画继》,共收录宋画家219人,资料赅备,是研究宋代画史的重要著作。

朱翌卒(1098—　)。翌字新仲,自号潜山居士,又号省事老人,舒州怀宁人。政和八年进士。南渡后,为秘书少监、中书舍人。秦桧恶其不附己,谪居韶州19年。后官至敷文阁待制。著有《猗觉寮杂记》2卷、《潜山集》44卷,今存3卷。事迹见《宋史翼》卷二七。
　　按:《四库全书总目提要》评《猗觉寮杂记》曰:"此编上卷皆诗话,止于考证典据,而不评文字之工拙。下卷杂论文章,兼及史事。近时鲍氏知不足斋刻本割其下卷六十八条,移入上卷,以均篇页,殊失古人著书之意矣。前载《与丞相洪适求序书》一篇,鲍氏移之卷末,亦非其旧也。适未及作序而卒,其弟迈始为序之,称其穷经考古,上撑骚雅,旁弋史传。刘克庄《后村集》中亦极称其考证之功。……其引据精凿者,不可殚数,在宋人说部中,不失为《容斋随笔》之亚,宜迈序之相推重也。"
王葆卒(1098—　)。葆字彦光,平江府昆山人。宣和六年进士。高宗绍兴改元,上疏陈十弊,皆切中时病。为宜兴令,累迁司封员外郎,兼权考功。俄兼国子司业,拜监察御史兼崇政殿说书。卒谥文毅。著有《东宫春秋讲义》、《春秋集传》15卷、《春秋备论》2卷,今佚。事迹见周必大《左朝请大夫王公葆墓志铭》(《文忠集》卷九〇)。
蔡沈(　—1230)、戴复古(　—约1249)生。

法国玛丽·德弗郎斯著骑士短篇故事诗集《籁歌》。
尼德兰海因里希·冯·费尔德克著尼德兰诗歌《舍瓦提乌斯传奇》。

英国罗伯特·梅勒杜诺卒,生年不详。神学家、彼德·阿伯拉尔、嚣俄的弟子。著有《神学集成》、《保罗书信的问题》、《神子的问题》等著作。
西班牙亚伯拉罕·伊本·埃兹斯卒(1092—　)。犹太诗人、语法学家、旅行家、新柏拉图派哲学家、天文学家、犹太圣经注疏家,著述颇丰,评注有《圣经》。

宋乾道四年　金大定八年　夏天盛二十年
西辽崇福五年　戊子　1168 年

十字军耶路撒冷王国围攻埃及开罗,弗斯塔德毁于大火。

英国牛津大学约于此时创建。

三月癸亥朔,诏举制科。

四月甲寅,蒋芾、洪迈等上《钦宗实录》40 卷。

按：此书今佚。

七月,申禁异服异乐。

按：临安民众十余年来颇好北方异族服饰、音乐,至是以"伤风败俗"申禁。

八月,宋颁行刘孝荣编制的《乾道历》,使用至淳熙三年(1176)。

九月壬申,礼部员外郎李焘论科举等事,孝宗曰:"科举之文,不可用老、庄及佛语。若自修于山林何害！倘入科场,必坏政事。"(《续资治通鉴》卷一四〇)

十月乙未,金主谓宰臣曰:"海陵时修起居注,不任直臣,故所书多不实,可访求得实,详而书之。"孟浩曰:"良史直笔,君举必书,古帝王不自观史,意正在此。"(《续资治通鉴》卷一四〇)

诏修《四朝会要》。

是年,西辽直鲁古立,改元天禧。

法国宫廷诗人克雷蒂安·德特洛阿以不列颠王亚瑟的骑士伊文为创作题材。

朱熹四月初十日,再修订《谢上蔡先生语录》。五月二十二日,崇安县学建赵抃、胡安国祠,为作祠记。八月,与张栻、吴翌、蔡元定、林用中、林允中、王近思等讨论观过知仁之说,作《观过说》。

张栻讲学于城南书院,作《讲义发题》,作为书院学习的教材,后编入《孟子说》为序。是年为刘琪作《敬斋铭》,为魏掞之作《艮斋铭》,又作《郴州学记》。

吕祖谦是夏在住所附近创办丽泽书堂(后称丽泽书院),九月定丽泽学规,以孝弟忠信为本。

按：《吕氏学规》曰:凡预此集者,以孝第忠信为本。其不顺于父母,不友于兄弟,不睦于宗族,不诚于朋友,言行相反,文过遂非者,不在此位。既预集而或犯,同志者规之;规之不可,责之;责之不可,告于众而共勉之;终不悛者,除其籍(真德秀《西山读书记》卷二一)。

陈亮九月改原名汝能为亮,并参加乡试,被录取太学,与陈傅良同学于芮烨。

陈傅良屏居仙岩僧舍,师事郑伯熊、薛季宣,潜心《周易》、《论语》二书,求古圣贤所以穷理尽性之要。

按：蔡幼学曰:"宗正少卿郑公伯熊、大理正薛公季宣,皆以经学行义闻于天下。公每见二公,必孜孜求益,修弟子之礼。一日,与薛公语,恍然若有所失,乃独潜心

《易》《论语》二书，求古圣贤所以穷理尽性之要。近思深探，弗造其极致弗措也。"（《止斋集》附录《陈公行状》）《四库全书总目提要》曰："盖永嘉之学，自周行己倡于前，伯熊承于后，吕祖谦、陈傅良、叶适等皆奉以为宗。是书（《郑敷文书说》）虽为科举而作，而尚不汩于俗学。"

薛季宣在永嘉候阙，曾与何溥讨论经学，又与旭元德、潘友之、潘必胜、程时行、张人杰、龚秀才论学。

薛季宣是夏被召临安审察，经嘉兴拜访郑伯英。

赵鼎五月被谥曰忠简。

辛弃疾通判建康府。

范成大五月被召至行在，上疏论力之所及者三，即日力、国力、人力，今尽以虚文耗之；又论狱事，大旨在令囚自通情；又论州、军精简阅，立营伍。起知处州。

徐梦莘为南安军教授；得参政龚茂良荐举，改知潭州阴县。

张孝祥是春在长沙出郊劝农，与老稚会饮，有诗记其事；八月徙知荆湖北路安抚使。

晁公武三月以敷文阁待制为四川安抚制置使。

刘珙七月兼参知政事，八月罢。

蒋沛二月为右相，兼枢密使兼制国用使。六月以母丧去位。十月起复左相，陈俊卿为右相，并兼枢密使，十二月辞起复，许之。

陈俊卿荐虞允文才堪为相。

魏掞之因陈俊卿荐，以布衣陈当时之务，赐同进士出身，为太学录；遂请废王安石父子从祀，追爵程颢、程颐列祀典，不报；又请罢词赋空言，取人宜以德行经术为先，其次则通习世务，亦不报。罢为台州教授。

连嵩卿因何叔京之荐，初识朱熹。

汪应辰因治蜀政绩突出，应召入朝。

王自中伏阙三上书，言今内空无贤，外虚无兵。

沈度以直龙图阁知建宁府，时朱熹在崇安为属吏，创立社仓，均籴备贷，得沈度支持；朱熹为记其事。

日本僧侣明庵荣西入宋，朝拜天台山以及育王山等，考察和研究宋朝禅刹式样，于当年带回天台新章疏三十余部和茶籽，与重源同船回国。

朱熹著《论语集注》、《孟子集注》初成。

  按：《四库全书总目提要》曰："大抵朱子平生精力，殚于《四书》。其剖析疑似，辨别毫厘，实远在《易本义》、《诗集传》上。读其书者要当于大义微言求其根本。明以来攻朱子者务摭其名物度数之疏，尊朱子者又并此末节而回护之。是均门户之见，乌识朱子著书之意乎？"

朱熹四月编成《二程遗书》25卷，刻版于泉州。

  按：《四库全书总目提要》曰："《二程遗书》二十五卷、《附录》一卷，宋二程子门人所记，而朱子复次录之者也。自程子既殁以后，所传语录，有李籲、吕大临、谢良佐、游酢、苏昞、刘绚、刘安节、杨迪、周孚先、张绎、唐棣、鲍若雨、邹柄、畅大隐诸家，

西班牙神学家、哲学家、医生迈蒙尼德于是年撰成《犹太律法辅导》。

颇多散乱失次,且各随学者之意,其记录往往不同。观尹焞以朱光庭所钞伊川语质诸伊川,伊川有'若不得某之心,所记者徒彼意耳'之语,则程子在时,所传已颇失其真(案此事见朱子《后序》中)。故《朱子语录》谓游录语慢,上蔡语险,刘质夫语简,李端伯语宏肆,永嘉诸公语絮也。是编成于乾道四年戊子,乃因家藏旧本,复以类访求附益,略据所闻岁月先后,编第成为二十五卷。又以行状之属八篇为《附录》一卷。《语录》载:陈淳问:'第九卷介甫言律一条,何意?'曰:'伯恭以凡事皆具,惟律不说,偶有此条,遂漫载之。'又郑可学问:'《遗书》有古言乾坤不用六子一段如何?'曰:'此一段却主张是自然之理,又有一段却不取。'又《晦庵文集》内有《答吕伯恭书》曰:'《遗书》节本已写出。愚意所删去者,亦须用草纸钞出,逐条略著删去之意,方见不草草处。若暗地删却,久远却惑人'云云。今观书内如刘安节所录谨礼者不透,须看《庄子》一条,语涉偏矫,则注云别本所增。又畅大隐所记道岂可离而不可离一条,纯入于禅,则注云多非先生语。其去取亦深为不苟矣。考《文献通考》载《遗书》卷目,与此本同,而黄震《日钞》所载则至十七卷而止,与此互异。又震所载《遗书》卷目,吕与叔《东见录》及附《东见录》均次为第二卷,而此本则次附《东见录》为第三卷,殆传本有异同欤?至《附录》中《年谱》一篇,朱子自谓实录所书文集内、外书所载,与凡他书之可证者。震则谓朱子访其事于张绎、范棫、孟厚、尹焞而成。盖朱子举其引证之书,震则举其参考之人,各述一端,似矛盾而非矛盾也。"此书所记录的内容,皆为二程思想的核心部分,所以,研究二程理学思想体系,必从此编入手。书中所反映的二程思想,后来为朱熹所继承和发展,世称程朱学派。此书又名《河南程氏遗书》,单行本主要有《四库全书》本;各种版本的《二程全书》均收录此书,《二程全书》的主要版本有明成化十二年(1476)张瓒刻本,万历三十四年(1606)嘉兴徐氏刻本及《西京清麓丛书》本、《四部备要》本等。中华书局1981年出版的《二程集》,内收《遗书》,为今最佳版本。

朱熹应吕祖谦之请,校订尹焞家藏本程颐《周易程氏传》。

朱熹再校谢良佐《谢上蔡先生语录》,刊为定本。

按:《四库全书总目提要》曰:《上蔡语录》3卷,"宋曾恬、胡安国所录谢良佐语,朱子又为删定者也。……是书成于绍兴二十九年,朱子年三十岁,监潭州南岳庙时。生平论著,此为最早。……朱子于此书芟薙特严。后乾道戊子,重为编次,益以良佐与安国手简数条,定为今本。又作《后记》,称胡宪于吕祖谦家得江民表《辨道录》,见所删五十余章,首尾次序,无一字之差。然后知果为江氏所著,非谢氏之书。则去取亦为精审。观《语录》称某二十年前得《上蔡语录》观之,初用朱笔画出合处;及再观则不同,乃用粉笔;三观则又用墨笔。数过之后,全与原看时不同。则精思熟读,研究至深,非漫然而定也。良佐之学,以切问近思为要。其言论闳肆,足以启发后进。惟才高意广,不无过中之弊。故《语录》云:看道理不可不仔细。程门高弟如谢上蔡、游定夫、杨龟山,下梢皆入禅学去。又云:上蔡《观复斋记》中说道理皆是禅底意思。又云:程子诸门人,上蔡有上蔡之病,龟山有龟山之病,和靖有和靖之病,也是合下见得不周偏,差了。其论皆颇以良佐近禅为讥。然为良佐作《词记》,则又云以生意论仁,以实理论诚,以常惺惺论敬,以求是论穷理,其命意皆精当。而直指穷理居敬为入德之门,尤得明道教人之纲领。乃深相推重。盖良佐之学,醇疵相半,朱子于《语录》举其疵,于《词记》举其醇,似矛盾而非矛盾也。合而观之,良佐之短长可见矣。"

李焘时为礼部员外郎,四月向朝廷进太祖建隆元年至英宗治平四年五朝《长编》108卷。是为第二次向朝廷进《续资治通鉴长编》。

按：李焘上言："臣准朝旨，取臣所著《续资治通鉴》，自建隆迄元符，领有司缮写投进。今先次写到建隆元年至治平四年闰三月，五朝事迹，共一百八卷投进。治平以后，文字增多，容臣更加整齐，节次投进。臣窃闻司马光之作《资治通鉴》也，先使其僚采撷异闻，以年月日为丛目，丛目既成，乃修长编。唐三百年，范祖禹实掌之。光谓祖禹：长编宁失于繁，无失于略。今《唐纪》取祖禹之六百卷删为八十卷是也。臣今所纂集义例，悉用光所创立，错综诠次，皆有依凭。顾臣此书，讵可便谓《续资治通鉴》？姑谓《续资治通鉴长编》可也。旁采异闻，补实录、正史之阙略，参求真是，破巧说伪辨之纷纭，益以昭明祖宗之丰功盛德。区区小臣，或在可录。所有《续资治通鉴长编》一百八卷，随表上进。"（《蜀中广记》卷九二）

吕祖谦著《东莱先生左氏博议》25卷成书。

按：作者自谓此书"为诸生课试之作"。以后成为学塾中广泛采用的教材，至清代仍是初学作文的课本。吕氏门人张成招曾作注，名《详注东莱左氏博议》。清朱元英有《左氏博议拾遗》2卷。近代通行本有商务印书馆《丛书集成初编》据《金华丛书》排印本。《四库全书总目提要》曰："相传祖谦新娶，于一月之内成是书。今考《自序》称：'屏处东阳之武川，居半岁，里中稍稍披蓬藋从予游。谈余语隙，波及课试之文。乃取左氏书理乱得失之迹，疏其说于下。旬储月积，浸就篇帙。'又考祖谦《年谱》，其初娶韩元吉女，乃绍兴二十七年在信州，不在东阳。后乾道三年五月持母丧，居明招山，学子有来讲习者。四年已成《左氏博议》。五年二月除母服，五月乃继娶韩氏女弟。则是书之成，实在丧制之中，安有新娶之事？流俗所传误也。书凡一百六十八篇。《通考》载作二十卷，与此本不同。盖此本每题之下附载《左氏传》文，中间征引典故，亦略为注释，故析为二十五卷。其《注》不知何人作，观其标题版式，盖麻沙所刊。考《宋史·艺文志》，有祖谦门人张成招《标注左氏博议纲目》一卷，疑当时书肆以成招《标注》散入各篇也。杨士奇称别有一本十五卷，题曰《精选》。黄虞稷称明正德中有二十卷刊本，今皆未见。坊间所鬻之本仅十二卷，非惟篇目不完，并字句亦多妄削。世久不见全书。此本有董其昌名字二印，又有朱彝尊收藏印，亦旧帙之可宝者矣。"

洪适在《隶释》编成后，又将续得碑刻文字及画像、砖、镜铭文编成《隶续》21卷。

按：《四库全书总目提要》曰："适既为《隶释》，又辑录续得诸碑，依前例释之，以成是编。乾道戊子，始刻十卷于越，其弟迈跋之。淳熙丁酉，范成大又为刻四卷于蜀。其后二年己亥，德清李彦颖又为增刻五卷于越，喻良能跋之。其明年庚子，尤袤又为刻二卷于江东仓台，辇其版归之越。前后合为二十一卷，适自跋之。越明年辛丑，适复合前《隶释》为一书，属越帅刊行，适又自跋之。所谓'前后增加，律吕乖次，命掾史辑旧版，去留移易，首末整整一新'者是也。然辛丑所刻，世无传本。《隶释》尚有明万历戊子所刻，《隶续》遂几希散佚。"又于《隶释》下曰："适自跋《隶续》云：'《隶释》有续，凡汉隶碑碣二百八十有五。'"

陆游著《放翁家训》成。

何逢原卒（1106— ）。逢原字希深，永嘉人。绍兴五年进士，除敕令所删定官。十八年，除枢密院编修官。因忤秦桧意，出为两浙东路安抚司参议官。乾道二年，召为金部郎中，出为福建路提刑。长于理学。著有《论语集解》10卷、文集20卷、外制10卷，已佚。事迹见王十朋《何提刑墓

朝鲜文学家、诗人李奎极（ —1241）生。

志铭》(《梅溪后集》卷二九)。

罗博文卒(1116—)。博文字宗约，沙县人。以奏补福建司户参军，调静江府观察支使。知瑞金县。张浚都督江淮，辟为干办公事。累迁承议郎，自请奉祠。师事罗从彦。《宋元学案》列其入《豫章学案》。

按：黄宗羲《宋元学案》卷三九《豫章学案》曰："朱子与宗约，在延平门人，最为契合。然朱子之交宗约，在延平没后；宗约寻又入蜀，其相与不过一二年耳。宗约于蜀中得豫章议论要语，曰：归当以示友人朱元晦而审订之，则其所推服，朱子而外无人焉。乃宗约卒于途中，此言遂成虚语，可叹哉！"

宋乾道五年　金大定九年　夏天盛二十一年　西辽崇福六年　己丑　1169 年

叙利亚赞吉王朝统治者努尔丁驰援埃及，击败十字军攻势。

丹麦国王瓦尔德马一世攻占文德人要塞吕根岛，毁阿尔科纳文德人神庙。

三月丙子，赐礼部进士郑侨、石起宗、汪义端等 392 人及第、出身。考官为吏部尚书兼权翰林学士汪应辰、给事中兼侍读梁克家、右谏议大夫兼侍讲陈良祐。

癸未，臣僚言："国家置武学养士，皆月书、季考以作成之；而武臣登第，止许参选，入监当钱谷之任。铨部积压猥多，差遣艰得，后虽许通注沿边亲民巡尉，往往皆远恶去处，多不愿受。是故武臣及第之后，所用非所养，甚非朝廷教育作成之意。请将前后武举及第之人，其间有兵机练达，武艺绝伦，可为将佐者，许侍从荐举，即赐召对，量材擢用，或令注授屯驻诸军机幕干办，参赞军谋，庶几有以激劝。"诏令监司、帅臣、管军、侍从已上荐举(《续资治通鉴》卷一四一)。

四月戊子，秘书少监汪大猷言蔡攸所修自元丰至政和吉礼，妄有删改，欲再删定，以《续会要》为名，从之。

六月，赐孔子四十九世孙孔璨官。

宋令武举比试、发解、省试三场，依条以策义考定等第，具字号，会封弥所，以武艺并策义参考。

朱熹四月以所得明道先生遗文 9 篇寄张栻，刻于长沙府学；九月丁母忧，委托蔡元定与刘爚买山地以葬。

朱熹作与汪应辰书，指责他称赏苏文，希望他崇程反苏；同时又给刚任国子司业的芮烨两信，一曰"苏氏学术不正，其险谲慢易之习入人心，今乃大觉其害，亦望有以抑之，使归于正"；二曰"苏氏之学以其雄深敏妙之文煽其倾危变幻之习，以故被其毒者沦肌浃髓而不自知。今日正当拨本塞源，以一学者之听，庶乎其可以障狂澜而东之"(《晦庵集》卷三七)。詹体仁时在朝，因沦于苏学，朱熹也有数信予以批评。

按：朱熹《与芮国器书》曰："窃闻学政一新，多士风动。今日学制近出崇、观，专以月书季考为升黜,使学者屑屑然较计得失于毫厘间。而近岁之俗又专以文字新奇相高,不复根据经之本义。以故学者益骛于华靡,无复探索根原、敦励名检之志。大抵所以破坏其心术者,不一而足。……惟元祐间伊川程夫子在朝与修学制,独有意乎深革其弊,而当时咸谓之迂阔,无所施行。今其书具在,意者后之君子必有能举而行之。区区愿执事少加意焉,则学者之幸也。又苏氏学术不正,其险谲慢易之习,入人心深。今乃大觉其害,亦望有以抑之,使归于正,尤所幸愿。"(《晦庵集》卷三七)

张栻与朱熹继续就未发、已发和省察、涵养之序的问题展开讨论。朱熹对自己过去曾接受的张栻的观点加以修正,这就是后来理学家所看重的"己丑中和之悟"。

张栻因刘珙荐举,除知抚州,未上任,改知严州。

吕祖谦除太学博士,派遣严州书院教授。增订学规,整顿书院,四方之士从学者众。期间与陈傅良、薛士龙、徐元德、陈亮、叶适等常有来往,共同讨论学术。

吕祖谦与张栻在严州互相论学,吕祖谦从经传中辑录关于父子兄弟夫妇人伦之道的内容,编为《闺范》一书,张栻为之作序。

按:吕祖谦《与潘权度》书曰:"张守举挫详审,问学平正而又虚心从善,善类中甚难得也。如知言中有疑,往往适同,日夕相与讲论,甚可乐。"(《东莱集》别集卷一〇)陈淳《张吕合五贤祠说》曰:"南轩守严,东莱为郡文学。是时南轩学已远造,犹专门固滞。及晦翁痛与反复辩论,始翻然为之一变,无复异趣。东莱少年豪才,藐视斯世,何暇窥圣贤门户。及闻南轩一语之折,愕然屏去故习,道紫阳,沿濂洛,以达邹鲁,虽于南轩所造不齐,要不失为吾名教中人。视世之窃佛学以自高,屹立一家门户,且文圣贤之言以盖之,以为真有得乎千古心传之妙。误学者于诐淫邪遁之域,为吾道之贼者,岂不相万邪?"全祖望谨按:"朱、张、吕三贤,同德同业,未易轩轾。张、吕早卒,未见其止,故集大成者归朱耳。而北溪辈必欲谓张由朱而一变,吕则更由张以达朱,而尚不逮张。何尊其师之过邪!吕与叔谓横渠弃所学以从程子,程子以为几于无忌惮矣;而杨龟山必欲谓横渠无一事不求教于程子,至田诚伯则又曰,横渠先生其最也,正叔其次也。弟子各尊其师,皆非善尊其师者也。诋陆氏亦太过。"(《宋元学案》卷八六《东莱学案》)

吕祖谦续订丽泽学规,要求师生"以讲求经旨、明理躬行为本"(《东莱集》别集卷五《乾道五年规约》)。

陈亮应试未取,向宋孝宗连上五疏,总名《中兴五论》,第一次明确提出抗金主张及有关政治经济措施,未果。遂回乡著书讲学,"学者多归之"。

按:陈亮"退修于家"后,有感于英雄豪杰之士,"沉没于困穷,不能自奋以为世用,欲用而卒沮于疑忌",如龙可、赵九龄等"豪伟倜傥之士",决心编纂《中兴遗传》,像司马迁发愤写《史记》,列大臣、大将、死节、死事、能臣、能将、直士、侠士、辩士、义勇、群盗、贼臣等门类而"分传之","以备史氏之阙遗"(《龙川集》卷二二《中兴遗传序》)。

薛季宣是冬差知平江府常熟县,陈傅良往从卒学。

按:蔡幼学所写陈傅良《行状》曾说:"薛公客晋陵,公往从之。薛公与公语合,喜甚,益相与考论三代秦汉以还兴亡否泰之故,与礼乐政刑损益同异之际。盖于书无所不窥,亦无所不讲,经年而后别去。"(《止斋集》附录《陈公行状》)

叶适至婺州访薛季宣,从此两人书信不断。

陆九龄进士及第,官全州教授,学者称复斋先生。

按:《宋史·陆九龄传》曰:"稍长,补郡学弟子员。时秦桧当国,无道程氏学者,九龄独尊其说。久之,闻新博士学黄、老,不事礼法,慨然叹曰:'此非吾所愿学也。'遂归家,从父兄讲学益力。是时,吏部员外郎许忻有名中朝,退居临川,少所宾接,一见九龄,与语大说,尽以当代文献告之。自是九龄益大肆力于学,翻阅百家,昼夜不倦,悉通阴阳、星历、五行、卜筮之说。"

杨简中进士,授富阳主簿。

按:《宋史·杨简传》曰:"乾道五年举进士,授富阳主簿。会陆九渊道过富阳,问答有所契,遂定师弟子之礼。富阳民多服贾而不知学,简兴学养士,文风益振。"

范成大五月被召,除礼部员外郎兼崇政殿说书,又兼国史院编修官。十二月擢起居舍人兼侍讲,又兼实录院检讨官。

李焘为秘书监兼史院编修,十二月甲辰上《请重行刊修徽宗实录札子》,言修历朝《实录》。

按:其《札子》曰:"臣见太平兴国三年,初修《太祖实录》,命李等同修而沈伦监修,五年成书。及咸平元年,真宗谓伦所修事多漏略,乃诏钱若水等重加刊修,吕端及李沆监修,二年书成,视前录为稍详,而真宗犹谓未备。大中祥符九年,复诏赵安仁等同修,王旦监修,明年书成。《太宗实录》初修于至道,再修于大中祥符九年,《神宗实录》三次重修,《哲宗实录》亦两次重修。神宗、哲宗两朝所以屡修,则与太祖、太宗异,盖不独于事实有所漏略,而又辄以私意变乱是非,故绍兴初不得不为辨白也。其诬谤虽辨白,而漏略固在,然犹愈乎近所修《徽宗实录》。盖《徽宗实录》疏舛特甚。近诏修《四朝正史》,夫修《正史》当据《实录》,《实录》倘差误不可据,则史官无以准凭下笔。请用太祖、太宗故事,将《徽宗实录》重加刊修,并不别置司局,只委史院官取前所修《实录》仔细看详,是则存之,非则去之,阙则补之,误则改之。《实录》先具,《正史》便当趋成。"又言:"臣近进《续资治通鉴长编》,自建隆迄治平,自合依诏旨接续修进,乞许臣专意讨论徽宗一朝事迹纂述。《长编》既具,即可助成《正史》。"(《宋史全文》卷二五上)

张孝祥三月初三日进显谟阁直学士致仕,有《请说归休好》二首及《喜归作》。

汪大猷十月初三日使金贺正旦,范成大有送行诗勉其成功。

张浚二月追赠太师,谥忠献。

陆游十二月以左奉议郎差通判夔州军州事。

胡铨约于本年入为工部侍郎。

沈焕举进士,授余姚尉、扬州教授。

王炎、曾丰、廖德明、吴箕、江默、王迈、石起宗同中进士。

彭龟年举进士,授袁州宜春尉、吉州安福丞。

黄裳举进士,调巴州通江尉。

陈俊卿提举编修《国朝会要》。

方恬举进士,调荆门军教授。周必大、李焘、程大昌交荐,授太平州教授。

郑伯熊除福建路提举来建安,与朱熹见面论政事学问。

林光朝召试馆职入都,经考亭,与朱熹有论学书札往还。

詹体仁八月始以书向朱熹问学。

刘尧夫入太学,四试两优,遂释褐。

赵善誉试礼部第一,知临川县。

全真教教主王嚞率弟子刘处玄、谭处端、马钰、丘处机返陕西终南,抵开封。

吕祖谦在婺州刊行朱熹校订的程颐《周易程氏传》,是为《周易传》大本。

吕祖谦著《春秋讲义》。

朱熹以长沙本《河南程氏文集》多误,遂与蔡元定共同广辑校补,是年于建宁另行刊定《河南程氏文集》。

张栻二月著《衡州石鼓山诸葛忠武祠记》。

麻沙南斋刊刻《王先生十七史蒙求》16卷。

周淙著《临安志》10卷成书。

按:《四库全书总目提要》曰:"淙字彦广,湖州长兴人。乾道五年以右文殿修撰知临安府,创为此志。原本凡十五卷,见《宋史·艺文志》。其后淳祐间施锷、咸淳间潜说友历事编纂,皆有成书。今惟潜志尚存钞帙,周、施二志世已无传。此本为杭州孙仰曾家所藏宋椠本。卷首但题作《临安志》。而中间称高宗为光尧太上皇帝,称孝宗为今上,纪牧守至淙而止,其为乾道志无疑。惟自第四卷以下俱已阙佚,所存者仅什之一二,为可惜耳。第一卷纪宫阙官署,题曰'行在所',以别于郡志。体例最善,后潜志实遵用之。二卷分沿革、星野、风俗、州境、城社、户口、廨舍、学校、科举、军营、坊市、界分、桥梁、物产、土贡、税赋、仓场、馆驿等诸子目,而以亭台楼观、阁轩附其后。叙录简括,深有体要。三卷纪自吴至宋乾道中诸牧守,详略皆极得宜。淙尹京时,撩湖浚渠,颇留心于地利,故所著述亦具有条理。今其书虽残阙不完,而于南宋地志中为最古之本。考武林掌故者,要必以是书称首焉。"

史正志著《建康志》10卷。

按:史正志字志道,江都人。绍兴二十一年进士,累除司农丞。孝宗朝历守庐、扬、建康,官至吏部侍郎。归老姑苏,自号吴门老圃。所著有《清晖阁诗》、《建康志》、《菊圃集》诸书,今俱失传。另有《史氏菊谱》1卷,载入左圭《百川学海》中。

江文叔著《桂林志》1卷。

楼钥著《北行日录》1卷。

黄鼎、张津著《乾道四明图经》12卷成书。

按:是书以李茂诚所著《大观明州图经》为蓝本而著成,是现存最早的四明志乘。今有《宋元四明六志》本,1990年中华书局《宋元方志丛刊》据以影印。

西夏《天盛年改新定律令》20卷成书,并颁布于天盛年间。

按:《天盛年改新定律令》即《天盛律令》,又称《天盛改旧新定律令》。乃参照《唐律疏义》所订,参与修订者23人,其中17人为党项人。原文为西夏文,是中国历史上第一部用少数民族文字印行的法典。

洪迈著《钞节孝语录》1卷和《琼野录》成。

陈彭年奉敕所撰《大宋重修广韵》5卷由建宁黄三八郎书铺刻印。

张敦颐著《柳宗元先生历官记》。

王十朋据旧本校勘增益蔡襄的《蔡忠惠集》36卷，刊于泉州。

孙觌卒（1081—   ）。觌字仲益，号鸿庆居士，武进人。大观三年进士，历仕翰林学士、吏部尚书。孝宗时，洪迈修国史，命其编类蔡京、王补事迹，颇多曲笔。著有《鸿庆居士集》。事迹见《乾道临安志》卷三、《咸淳临安志》卷四七。

王之道卒（1093—   ）。之道字彦猷，庐州人。宣和六年进士。绍兴和议初成，方通判滁州，因忤秦桧，谪监南雄盐税。沦废二十余年，后官至湖南转运判官，以朝奉大夫致仕。著有《相山集》30卷、《相山诗》1卷。事迹见《宋史翼》卷一〇、尤袤《赠故太师王公神道碑》（《相山集》卷三〇）。

杨补之卒（1097—   ）。补之字无咎，号逃禅老人，又号清夷长者，临江军清江人。书画皆有名，尤擅画梅，为南宋前期文人画代表。传世作品有《四梅花图》、《雪梅图》、《墨梅图》等。

张孝祥卒（1132—   ）。孝祥字安国，号于湖居士，和州乌江人。绍兴二十四年进士，官荆南、湖北安抚使。力主抗金，所历皆有政绩。善诗工词，是豪放派重要作家。著有《于湖居士文集》40卷、《于湖居士乐府》。事迹见《宋史》卷三八九本传。今人李一飞编有《张孝祥事迹著作系年》。

杨泰之（   —1230）、尹志平（   —1251）生。

宋乾道六年　金大定十年　夏乾祐元年
西辽崇福七年　庚寅　1170年

拜占廷帝国与威尼斯开战。

开罗创办埃尔·阿扎尔大学。

法国沙特尔大教堂始建于此时。

巴黎大学约于此时建成。

五月己未，陈俊卿、虞允文等奏上神宗、哲宗、徽宗、钦宗《四朝会要》及《高宗玉牒》。

七月癸巳，宋诏于鄂州建岳飞祠，庙额书写忠烈，乃从州人所请而建。

八月，虞允文上《乾道敕令格式》。

九月壬辰，赐苏轼谥文忠。

按：宋孝宗赐赠三苏美谥，褒崇苏学，使苏氏蜀学"大显"一时。故在给苏轼赐谥的制词中有"人传元祐之学，家有眉山之书"的话（《建炎以来朝野杂记》甲集卷八《苏文忠赠官》）。朱熹此前也说："苏氏之说"，"流传四方，学者家传而人诵之"（朱熹《晦庵集》卷三三《答吕伯恭》）。

十月，宋从都大发运使史正志建议造《会计录》。

是年，诏修高宗、孝宗朝会要，秘书省上言称：所有照修文字，合用太

宋乾道六年　金大定十年　夏乾祐元年　西辽崇福七年　庚寅　1170年

上皇帝、今上皇帝《日历》，参照编修。又建议调集诏令，各级政府如不按要求抄送，将受处罚。

夏改元乾祐。

朱熹承门人蔡元定协助，于建阳筑寒泉精舍（或称云谷晦庵），读书授徒。

按：在此前后从学于朱熹的门人有许升、范念德、李宗思、吴楫、何镐、林用中、蔡元定、刘爚、刘炳等20多人。

朱熹校订婺州本杨时《中庸义》脱文，辨其不及严州本精善。

朱熹五月与吕祖谦讲论《中庸》首章之旨，作《中庸首章说》。

朱熹、张栻、吕祖谦三人共同论胡氏《知言》，作《知言疑义》。

按：朱熹《答刘子澄书》曰："《知言》之书，用意精切，但其气象终少和平，又数大节目皆误。如行无善恶、心为已发、先知后敬之类，皆失圣贤本指。顷与钦夫、伯恭论之甚详，亦皆有往复，虽有小未合，然大概略同矣。"（《晦庵集》卷三五）

张栻五月奉旨召为吏部员外郎兼权起居郎，后又兼侍讲除左司员外郎。曾上疏反对均输法。

刘爚与弟刘炳共学于朱熹。

李伯谏四月至寒泉精舍向朱熹问学，论辩儒释之学，遂弃佛说而从朱熹学。

蔡元定、何镐、杨方皆来朱熹寒泉精舍讲论，共游芦峰，有诗唱酬。

林光朝有书与朱熹论学。

魏应仲从学于朱熹。

吕祖谦任太学博士，兼国史院编修官、实录院检讨官。撰《上孝宗皇帝轮对札子二首》，建议恢复"圣学"，"亲贤远佞"，抗金复国（《东莱集》卷三）。

吕祖谦回家乡，与诸生会讲丽泽，并嗣订《丽泽书院规约》。

吕祖谦被召入朝，与朱熹进行苏学之辨。

按：朱熹仍然指责苏学为"异端邪说"，吕祖谦不同意，并希望朱熹不要锋芒太露，要"持养敛藏"。朱熹又写信给在京城与吕祖谦连巷而居的张栻曰："渠（指吕祖谦）又为留意科举文字之久，出入苏氏父子波澜，新巧之外更求新巧，坏了心路，遂一向不以苏学为非，左遮右拦，阳挤阴助，此尤使人不满。向虽以书极论之，亦未知果以为然否？"（《晦庵集》卷三一《答张敬夫》）又给范伯崇信曰："伯恭（吕祖谦）讲论甚好，但每事要鹘囵说作一块，又生怕人说异端俗学之非，护苏氏尤力，以为争校是非，不如敛藏持养。顷见子澄（刘清之）有此论，已作书力辨之，不知竟以为如何也？"（《御纂朱子全书》卷五九《答范伯崇》）

陈亮自上年举进士落第回家，至淳熙五年约十年间，在家乡创设类似书院的"保社"，授徒讲学，重点传播经世致用的"功利之学"。从学者有喻民献、喻侃、喻南强、吴深、林恺、孙贯、钱廓等，永康学派开始形成。

按：据《宋元学案》卷五六《龙川学案》载："当乾道、淳熙间，朱、张、吕、陆四君子皆谈性命而辟功利，学者各守其师说，截然不可犯。陈同甫崛起其旁，独以为不然。且谓：'性命之微，子贡不得而闻，吾夫子所罕言，后生小子与之谈之不置，殆多乎哉！

禹无功，何以成六府？乾无利，何以具四德？如之何其可废也！于是推寻孔、孟之志，《六经》之旨，诸子百家分析聚散之故，然后知圣贤经理世故，与三才并立而不废者，皆皇帝王霸之大略。明白简大，坦然易行。'"

陈傅良东过都城，与张栻、吕祖谦友善。秋入太学，国子祭酒芮晔欲命其为学谕，以非故事辞。

> 按：蔡幼学《陈公行状》曰："陈君举还过都城，始识公（指张栻）与吕伯公（祖谦），数请间扣以为学大指，互相发明。二公亦喜得友，恨相见之晚。"（《止斋集》附录）《宋史·儒林传四》：陈傅良"及入太学，与广汉张栻、东莱吕祖谦友善。祖谦为言本朝文献相承条序，而主敬集义之功得于栻为多。自是四方受业者愈众。"

范成大闰五月初九日奉旨使金，求陵寝地，无成。胡铨有序相送。十月返回临安，除中书舍人同兼修国史兼实录院同修撰。

晁公武正月在四川制置使任上调兵讨伐雅州沙平蛮。

辛弃疾五月召对延和殿，上《九议》并《应问》三篇、《美芹十论》，论奏"阻江为险，须藉两淮"，又上疏请练民兵以守淮。是年，迁司农寺主簿。

杨万里八月撰刘安世行状，作诗挽之；又作罗上达墓志铭。

杨万里时知隆兴府奉新县，十月与丘崈同除国子博士，范成大作告词。

陆游五月自里赴夔州通判任，十月二十七日抵夔州。

洪迈除知赣州，起学宫，造浮梁，士民安之。

李衡以御史守婺州。

党怀英擢金大定进士甲科。

韶州知州为祀周敦颐，于州治曲江县城建濂溪书院。

《列那狐》著成，为德国最早的以动物为题材的叙事诗。

朱熹将周敦颐的《太极图》与《通书》合为一篇，题为《太极通书》；张栻为之题跋，并将此书刻于严州学宫以教学者。

> 按：《通书》是周敦颐的理学名著，奠定了宋明理学的根基。朱熹《隆兴府学濂溪先生祠记》高度评价说："其高极乎无极太极之妙，而其实不离乎日用之间；其幽探乎阴阳五行之赜，而其实不离乎仁义礼智刚柔善恶之际；其体用之一源，显微之无间，秦汉以下，诚未有臻斯理者，而其实不外乎《六经》、《论语》、《中庸》、《大学》、《七篇》（指《孟子》）之所传也。"（《晦庵集》卷七八）此书以后收入明吕柟《宋四子抄释》，清张伯行《周濂溪先生全集》，清董榕、邓显鹤、贺瑞麟的三种版本的《周子全书》。1936年中华书局以《周子通书》为题收入《四部备要》。1990年中华书局"理学丛书"《周敦颐集》亦收入陈克明点校本。

朱熹著《太极图说解》初稿成，又始著《西铭解》。

> 按：《西铭》原为《正蒙》一书中《乾称》篇的一部分。张载曾于学堂双牖各录《乾称》篇的一部分，左书《砭愚》，右书《订顽》。后来由程颐将《砭愚》改称《东铭》，将《订顽》改称《西铭》。朱熹注解《正蒙》时，又将其分出，独立成篇。程颐对《西铭》评价甚高，其云："孟子而后，却只有《原道》一篇，其间语固多病，然要之大意尽近理。若《西铭》，则是《原道》之宗祖也。《原道》只说到道，元未到得《西铭》意思。……自孟子

后,盖未见此书。"(《二程遗书》卷二上)

朱熹校订程氏《遗书》、《文集》、《经说》,由郑伯熊刻版于建宁。

李衡著《周易义海撮要》12卷刊行。

张栻著《洙泗言仁录》成书。

按:《朱子语类》卷一一八曰:"南轩《洙泗言仁》编得亦未是。圣人说仁处固是仁,然不说处不成非仁,天下只有这个道理。圣人说许多话说都要理会,岂可只去理会说仁处,不说仁处便掉了不管。"

陈亮著《孟子提要》。

按:吕祖谦《答陈同甫书》曰:"今日早,在学中奉候,政剧延仁,伏蒙封示《孟子提要》,当细观深考,却得一二请教。年来甚苦共为此学者廖落,索居蔽蒙,日以自惧。今得兄坐进于此,遂有咨访切磨之益,喜不自胜。苟心有所未安未达,当往复论辨。盖彼此皆己事,不敢为膈上语也。"(《东莱集》别集卷一〇)

范成大著《石经始末记》。

罗泌著《路史》47卷成书。

按:此书共分《前纪》9卷、《后纪》14卷、《国名纪》8卷、《发挥》6卷、《余论》10卷,皆为辨难考证文章。《四库全书总目提要》一方面指出此书多采纬书、道家之类,"不免庞杂之讥",另一方面也肯定它"引据浩博,文采瑰丽","至其《国名纪》、《发挥》、《余论》,考证辨难,语多精核,亦颇有祛惑持正之论"。有明万历间乔可传刻本、吴宏基摹宋刊本等。比较通行的有《四部备要》和《丛书集成初编》本。

虞允文等上《乾道续四朝会要》300卷。

梁克家等上《中兴会要》200卷。

曾贲著《括苍志》7卷。

葛元鹗著《武阳志》10卷。

范成大著《揽辔录》1卷。

按:范成大是年五月,以资政殿大学士出使金国,对沿途所见所闻作了详细记载,著成此书。在南宋使金行记中,此书为翘楚之作,对于研究当时的北方社会文化,有重要价值。

洪遵所著《洪氏集验方》5卷由姑孰郡斋刻印。

平江府学刻印唐韦应物《韦苏州集》10卷、《韦苏州集拾遗》1卷。

零陵郡庠刻印《唐柳先生外集》1卷。

陈骙著《文则》2卷成书,自为序。

按:我国古代修辞理论在宋代以前,除《文心雕龙》外,大多缺乏系统性。此书涉及修辞的范围较广,且初具系统。明代陈哲称赞此书"真文字之准则也……中有卓见,文亦伟然灿然"(《文则·附录》)。清代宋世荦曾称赞此书是"操觚之定律,珥笔之初枕"(《文则·附录》)。周振甫《中国修辞学史》说:"《文则》是中国古代的修辞学,是中国修辞学成立的标帜。"

陆游著《入蜀记》6卷成书。

按:陆游由山阴赴夔州通判任,其行旅经历见闻,逐日有记,并将沿途所作诗,汇为一集,题作《入蜀记》。其集中存诗,亦从本年以后始多。

朱熹著《龙光书院心广堂记》。

| 威尔士海韦尔·艾布·欧文·格威内德卒，生年不详。抒情诗人，尚存 8 篇作品包括爱情诗、爱国诗篇，为威尔士文学之首见。

德国骑士出身的抒情诗人瓦尔特·冯·弗格尔魏德（—1230）生。

西班牙天主教传教士，托钵修会多明我会创始人多明尼克（—1221）生。

意大利数学家列奥纳多·斐波那契（—1240）约生。 | 周执羔卒（1094—　）。执羔字表卿，信州弋阳人。宣和六年进士，授湖州司士曹事，除太学博士。官至礼部尚书、侍读学士。天文学家，曾厘正《统元历》，撰有《历议》、《历书》、《五星测验》各 1 卷。事迹见《宋史》卷三八八本传。

金安节卒（1094—　）。安节字彦亨，歙州休宁人。宣和六年由太学擢进士第，调新建县主簿。官至权吏部尚书兼侍读。博览经史，尤精于《易》。著有《周易解》、《奏议表疏》、文集 30 卷，今佚。事迹见《宋史》卷三八六本传。

　　按：《宋史》本传曰："资颖悟，日记千言，博洽经史，尤精于《易》。……有文集三十卷、《奏议表疏》、《周易解》。"

金道士王嚞卒（1112—　）。嚞原名中孚，字允卿，咸阳人。早年习儒，善为文。金天眷初应武举，中甲科。学道后改名嚞，字知明，号重阳子，又自称害风，世称重阳真人。创立全真教，并制定出家制度。弟子有马钰、谭处端、刘处玄、丘处机、王处一、郝大通、孙不二，号为"北七真"。著有《重阳全真集》、《重阳教化集》、《立教十五论》、《分梨十化集》等，今均存于明《正统道藏》中。事迹见赵道一《历世真仙体道通鉴续编》卷一、王世贞《跋王重阳碑》（《少室山房笔丛》卷四二）、《终南山重阳祖师仙迹记》（《明正统道藏》卷一九）。

任续卒（1114—　）。续字似之，潼川郪县人。绍兴二十一年进士，选澧州州学教授。又为开州教授。迁夔州路转运司主管文字，知恭州。著有《春秋五始礼论》5 卷、《任氏春秋》15 卷、《仙云集》20 卷、《篆隶石刻谱》30 卷；皆佚。事迹见周必大《恭州太守任君续墓志铭》（《文忠集》卷三四）。

员兴宗卒，生年不详。兴宗字显道，号九华子，陵州人。绍兴二十七年进士，权差黎州教授。乾道中，召试，擢校书郎、国史编修，预修四朝国史。迁著作佐郎，实录院检讨官。著有《九华集》50 卷，今存 25 卷，其中《老子解略》、《论语解》、《西陲笔略》、《绍兴采石大战始末》各 1 卷。事迹见《南宋馆阁录》卷七。

李道传（—1217）、许奕（—1219）、赵师秀（—1219）、杨云翼（—1228）生。 |

宋乾道七年　金大定十一年　夏乾祐二年
西辽崇福八年　辛卯　1171 年

| 埃及宰相、库尔德人萨拉丁建阿 | 二月癸丑，诏立皇子赵惇为皇太子。

宋孝宗命增置皇太子宫讲读官。 |

宋乾道七年　金大定十一年　夏乾祐二年　西辽崇福八年　辛卯　1171年

三月辛巳，金命有司葬宋钦宗于巩、洛之原，用一品官礼仪。

十月丙寅，金左丞相纥石烈良弼进《睿宗实录》。

十一月甲戌，御集英殿，策试应贤良方正能直言极谏科。

按：《宋史·选举志二》载：孝宗乾道"七年，诏举制科以六论，增至五通为合格，始命官、糊名誊、录如故事。试院言：'文卷多不知题目所出，有仅及二通者。'帝命赐束帛罢之，举官皆放罪。旧试六题，一明一暗。时考官命题多暗僻，失求言之意，臣僚请遵天圣、元祐故事，以经题为第一篇，然后杂出《九经》、《语》、《孟》内注疏或子史正文，以见尊经之意。从之"。

是年，金设女真进士科，又称策论进士。

按：此科开始只试策，用女真大字，后增试论或诗，用女真小字，金代名士多由此科出身。

江东、江西、湖南等路饥荒，流民迁入淮南。另有两浙、福建等地移民先后迁入淮南。

朱熹在建宁崇安县五夫里设立社仓，作《建宁府崇安县五夫社仓记》。

按：五夫里社仓之创立，为中国民办救济事业之里程碑。

朱熹九月定《资治通鉴纲目凡例》，十一月致书吕祖谦，荐刘爚、刘炳往受其学。

朱熹从胡家后人访知胡宏遗稿，校正诸本《知言·汉文》篇衍字一处。

张栻因反对朝廷起用佞幸外戚张说任签书枢密院事，并严词责问虞允文，遭排挤，六月出知袁州。朱熹致书张栻、吕祖谦、林用中等，斥宰相与近习阴相附结。

按：《宋史·道学传》曰："知阁门事张说除签书枢密院事，栻草疏极谏其不可，旦诣朝堂质责宰相虞允文曰：'宦官执政，自京、黼始；近习执政，自相公始。'允文惭愤不堪。栻复奏文武诚不可偏，然今欲右武以均二柄，而所用乃得如此之人，不惟不足以服文吏之心，正恐反激武臣之怒。孝宗感悟，命得中寝。"

吕祖谦改左宣教郎，召试馆职，九月除秘书省正字。

薛季宣奉命视察淮西，修复合肥36处圩田，安置流民，参劾光州知州宋端友之罪，得孝宗赏识，遂进两官，除大理正，再调任湖州知州。

陆九渊以《易经》举于乡。

袁枢为礼部试官，除太学录，轮对三疏：一论开言路以养忠孝之气；二论规恢复，当图万全；三论士大夫多虚诞，侥荣利。又与张栻等奏劾张说。

按：吕祖谦《书袁机仲国录通鉴纪事本末后》曰："庚寅、辛卯之间，袁（枢）、杨（万里）风节，隐然在两学间。"（《东莱集》卷七）

范成大时为中书舍人，对张说的任命不肯作草词。八月初五日，以中书舍人兼侍讲同修国史、兼实录院同修撰，除集英殿修撰，知静江府。

按：《宋史·范成大传》曰："张说除签书枢密院事，成大当制，留词案头，七日不下，又上疏言之，说命竟寝。"

杨万里上疏请留张栻，并致书虞允文规以正理。事虽未果，"公论伟之"（《宋史·杨万里传》）。

尤布王朝。

威尼斯自拜占廷之手夺占达尔马提亚的拉古萨、希腊开俄斯岛。同年，威尼斯始由480人议事会任命其总督。

李处全时为殿中侍御史,乞遣张说按行边戍,以息众论。张说罢为安庆军节度使,提举万寿观。

陆游四月在夔州为考试官试士,入院月余乃出。曾访唐代诗人杜甫故居。

胡铨三月罢工部侍郎。虞允文乞留胡铨,乃以为宝文阁待制兼侍讲。

楼钥为温州教授,与陈傅良游。

晁公武除临安府少尹。

汪大猷正月奉祠归四明,范成大有诗送行。

虞允文正月复请建太子,孝宗命其拟诏以进。

日本僧觉阿渡宋。

中法兰克地区关于642年去世的诺森伯兰国王奥斯瓦尔德的传说《奥斯瓦尔德史诗》问世。

朱熹草成《大学章句》。

胡铨归庐陵,上所著《易解》、《春秋解》、《周礼解》、《礼记解》。

宋校写北宋哲宗前六朝《实录》。

蔡梦弼刊刻《史记》130卷。

建溪傅卿家塾刊刻《史记》130卷。

衢州军学刊刻《五代会要》30卷。

金纥石烈良弼等修成《睿宗实录》。

李丙是年进《丁未录》。

按:是书记治平四年(1067)至靖康元年(1126)史事甚详。丙,一作柄,字仲南,光泽人。另著有《丙申录》。

张栻著《泗洙言仁序》、《主一箴》。

按:以后朱熹曾根据《主一箴》作《敬斋箴》,阐发自己的持敬理论。

洪迈著《夷坚丙志》20卷成书。

汪澈卒(1109—)。澈字明远,饶州浮梁人。绍兴八年进士,为临江军新喻县主簿,徙军器少监。历秘书省正字兼实录院检讨官、校书郎、国史院编修官。官至枢密使。精研经术,尤长于《春秋》。著有文集20卷、奏议12卷,已佚。事迹见《宋史》卷三八四本传、周必大《汪公澈神道碑》(《文忠集》卷三〇)。

王十朋卒(1112—)。十朋字龟龄,号梅溪,温州乐清人。绍兴二十七年进士第一,授左承事郎、签书建康军节度判官厅公事,添差绍兴府签判。官至龙图阁学士。谥忠文。为学以孔、孟为正宗,以韩愈、欧阳修、司马光为师。著有《尚书解》、《春秋解》、《论语解》、《梅溪集》32卷、《梅溪续集》5卷、《东坡诗集注》等。《宋元学案》为列《赵张诸儒学案》。事迹见《宋史》卷三八七本传、汪应辰《龙图阁学士王公墓志铭》(《文定集》卷二三)。清徐炯文编有《梅溪王忠文公年谱》。

按:楼钥《祭王詹事文》曰:"惟公行出于诚,学根乎经。高见远识,特立独行。射策论事,伸舒贾生。面折廷争,汲黯王陵。功成羽翼,政如神明。人或一得,公集其成。公论之兴,公与主盟。事失其平,公为权衡。一有抑扬,人为辱荣。一有去

就,国以重轻。"(《攻媿集》卷八四)

陆持之(—1225)、陈宓(—1230)生。

宋乾道八年　金大定十二年　夏乾祐三年
西辽崇福九年　壬辰　1172年

正月庚午朔,颁行《乾道敕令格式》。

戊寅,金主诏有司曰:"凡陈言者,皆国政利害。自今言有可行,以其本封送秘书监,当行者录副付所司。"(《续资治通鉴》卷一四三)

二月乙巳,诏改尚书左、右仆射同中书门下平章事为左、右丞相。

三月丁丑,金遣使册封王晧为高丽国王。

四月庚子,赐礼部进士黄定、黄艾、刘卞等389人及第、出身。考官为翰林学士兼知制诰王严、中书舍人赵雄、侍御史李衡。

己未,宣示赐新进士御书《益稷篇》。

按:孝宗曰:"此篇首言民之粒食,则知务农为治之本。至于告臣邻之言,则曰'庶顽谗说,若不在时,侯以明之,挞以记之',又曰'格则承之,庸之,否则威之',是古圣人待天下之人,未尝不先之以教,及其不格,则必以刑威之,今为书生者,多事虚文而忽兹二事,是未究古圣人之用心也。"(《续资治通鉴》卷一四三)

五月丙申,立宗室铨试法。

十二月甲寅,命四川试武举。武举进士始依文举例唱名。

朱熹八月将自己过去与张栻讨论《中庸》已发、未发和察识、涵养之序的来往书信汇编为《中和旧说》,并为之作序。序中称张栻已接受朱熹"己丑之悟"后的新见解。十二月,所著《大学章句》和《中庸章句》草成,寄张栻、吕祖谦讨论。

张栻与吕祖谦等人讨论存养、省察之功,提出存养、省察相兼并进,与朱熹的思想基本倾向一致。张栻又与朱熹论在中之义。

朱熹以门人蔡元定定本《归藏》校己藏本异同。

朱熹五月与来访的湖湘学者彪居正论性说、仁说等,不合而罢;六月拟重修《通鉴纲目》,约与蔡元定、李宗思、詹体仁共撰;七月李宗思赴蕲州州学教授任,作序送之。八月初一日,编订《中和旧说》。

薛季宣知湖州,致书朱熹,朱熹有答书论湖州学。

吕祖谦任秘书省正字,点检试卷,参与主持礼部考试,选拔陆九渊。

按:吕祖谦为考官,读陆九渊《易》卷,十分叹赏。《宋史》本传载:"尝读陆九渊文喜之,而未识其人。考试礼部,得一卷,曰:'此必江西小陆之文也。'揭示,果九渊,人服其精鉴。"

吕祖谦父吕大器二月病逝,吕祖谦服丧,结庐于武义明招山侧,前来问学之士多达三百余人,刘子澄、陆九龄亦专访研讨义理。陆九龄致函劝

穆瓦希德王朝苏丹雅各布·优素福进占塞维利亚,重建对西班牙的统治。

塞尔维亚臣服于拜占廷。

他遣散学生，以尽"纯孝之心"。

  按：吕祖谦十月作《答朱侍讲》书，曰："抚州士人陆九龄子寿，笃实孝友，兄弟皆有立，旧所学稍偏，近过此相聚累日，亦甚有问道四方之意。"（《东莱集》别集卷八）朱熹《答吕伯恭》书曰："陆子寿闻其名甚久，恨未识之，子澄云其议论颇宗无垢，不知今竟如何也。"（《晦庵集》卷三三）江西陆学影响日大，吕祖谦、朱熹等学界宗师开始加以关注。

  陆九渊试南宫，中选，五月廷对，赐同进士出身。七月以进士归里，辟槐堂书屋聚徒讲学。

  按：陆九渊教学以"求放心"为依归，以"立志"为先。一时名流踵门，问道者甚众，遂成心学理论与陆学学派之开创基地。"槐堂诸儒"傅梦泉、邓约礼、黄裳、詹阜民、朱泰卿、李伯敏、严滋等师从陆氏兄弟，为江西陆学的传衍与发展作出了贡献。

  陈亮因家境困难，开门授徒，"欲托于讲授以为资身之策"；永康孙贯、浦江钱廓等从之学。

  按：陈亮《钱叔因墓志铭》曰："壬辰、癸巳之间，而贫日甚，欲托于讲授以为资身之策，乡里识其素而不之信，众亦疑其学之非也。"（《龙川集》卷二八）其《孙贯墓志铭》又曰："有宋中兴之四十六年，亮始取古今之书一二以读之，稍稍与其可者共学，而同邑孙氏之子懋实来。"（《龙川集》卷二七）

  陈傅良中进士，授迪功郎，泰州州学教授。

  按：叶绍翁《四朝闻见录》甲曰："止斋早以《春秋》应举，与门人蔡幼学行之太学，以蔡治《春秋》浸出己右，遂用词赋取科第。词赋与进士诗，为中兴冠。"《宋史·蔡幼学传》曰："是时，陈傅良有文名于太学，幼学从之游。月书上祭酒芮晔及吕祖谦，连选拔，辄出傅良右，皆谓幼学之文过其师。"

  叶适奉母命赴京师临安谋生。

  舒璘中进士，授信州教授。

  范成大十二月发吴郡赴广西帅任，途经湖州，与州守薛季宣同游叶梦得故居石林。

  虞允文二月为左丞相，梁克家为右丞相，并兼枢密使。

  杨万里正月轮对，论及人材。

  韩彦古为婺州知州，陈亮去信要求他严惩"老奸少猾"的吏胥；后韩彦古被参劾离任，陈亮又特为撰文送行。

  张说二月签书枢密院事，李衡、王希吕、周必大、莫济皆以反对获谴，都人作《四贤诗》以记之。

  陆游二月离夔州任所，赴权四川宣抚使司干办公事兼检法官职。十一月改除成都府安抚使司参议官。

  按：时四川宣抚使为王炎，陆游协助王炎谋划进兵长安之大计，在大散关一带与金兵接战。此年九月，王炎被调进京，大计落空。这段经历，陆游常既引以为豪，又引以为憾。晚年《书愤》诗曰："早岁那知世事艰，中原北望气如山。楼船夜雪瓜洲渡，铁马秋风大散关。塞上长城空自许，镜中衰鬓已先斑。《出师》一表真名世，千载谁堪伯仲间！"（《剑南诗稿》卷一七）

  辛弃疾春被解除司农寺主簿，出知滁州，宽征赋，招流散，教民兵，议屯田。创建奠枕楼、繁雄馆。周孚为作《奠枕楼记》。

宋乾道八年　金大定十二年　夏乾祐三年　西辽崇福九年　壬辰　1172年

唐仲友迁著作佐郎，八月出知信州。

刘珙复知潭州，再次整修岳麓书院，张栻复往来于长沙岳麓、城南两书院主持教事，教授学者。

崔敦诗召试馆职，授秘书省正字，除翰林权直。

陈谦举进士，授福州户曹，主管刑工部架阁文字，迁国子录。

按：陈谦字益之，陈傅良从弟。历官宝谟阁待制，江西、湖北副宣抚使。著有《毛诗解诂》、《周礼说》、《续周礼说》、《续毛诗解》、《续春秋后传》、《续左氏章指》、《易庵集》、《永宁编》、《雁山诗记》。

徐谊举进士，授池州教授。

刘爚举进士，调山阳主簿。

方士繇十二月始从学于朱熹，朱熹为其家藏胡安国帖作跋。

李宗思为蕲州教授，朱熹为之作《送李伯谏序》、《蕲州教授厅记》。

游九言始向朱熹问学。

赵师渊举进士。

俞庭椿进士及第，官南安簿。

按：俞庭椿，名或作廷椿，字寿翁，江西临川人。历官南安簿、古田令，秩满充金国礼物官，仕至新淦令。师事陆九渊。《宋元学案》列其入《槐堂诸儒学案》。其治学不受先儒经传疏释束缚，敢于抒发己见。《周礼》六官，冬官司空已亡佚，汉时采《考功记》补之。以后世守其说。俞庭椿则著《周礼复古编》，提出"《冬官》不亡"的新说（见《刻周礼全经释原跋》），对后世颇有影响。元代的邱葵、吴澄皆沿其说，直至明末而未已。其不囿于成见的精神，对促进理学的发展有一定影响。《四库全书总目提要》曰："然复古之说始于庭椿，厥后邱葵、吴澄皆袭其谬，说《周礼》者遂有《冬官》不亡之一派。分门别户，辗转蔓延，其弊至明末而未已。故特存其书，著窜乱圣经之始，为学者之炯戒焉。"另著有《北辕录》。

赵巩举进士，知夔州。

按：赵巩字子固，临安钱塘人。学者称西林先生。历知夔州、隆兴府，以秘阁修撰知扬州。尝出使金，金主叹服其文学。从游者众。庆元禁伪学，入党籍。事迹见《咸淳临安志》卷六七。

诸葛干能师事陆九渊；周伯熊向陆九渊问学。

丘处机、马钰、谭处端、刘处玄护送王嚞遗体回终南山刘蒋村安葬。

曾逮刊《仪礼郑氏注》17卷、陆氏《释文》1卷。

按：二书刊刻前，张淳为之校定，因举所改字句，汇为一编，成《仪礼识误》3卷。张淳字忠甫，永嘉人。《四库全书总目提要》曰："其（《仪礼识误》）所引据，有周广顺三年及显德六年刊行之监本，有汴京之巾箱本，有杭之细字本，严之重刊巾箱本，参以陆氏《释文》、贾氏《疏》，覆订异同，最为详审。……《朱子语录》有曰：'《仪礼》人所罕读，难得善本。而郑《注》、贾《疏》之外，先儒旧说多不复见，陆氏《释文》亦甚疏略。近世永嘉张淳忠甫校定印本，又为一书以识其误，号为精密，然亦不能无舛谬。'又曰：'张忠甫所校《仪礼》甚仔细，较他本为最胜。今视其书，株守《释文》，往往以习俗相沿之字转改六书正体。'则朱子所谓不能无舛误者，诚所未免。然是书存而古《经》汉《注》之讹文脱句藉以考识，旧椠诸本之不传于今者亦藉以得见崖略，其有功于《仪

诺曼人勃诺阿·德圣摩尔撰成据特洛伊传说改编的古法语著作《特洛伊的故事》。

礼》,诚非浅小。"

朱熹草成《中庸章句》和《论孟精义》34卷。又编订《中和旧说》,有《中和旧说序》;修订《西铭解义》成,作《西铭后记》。

按:朱熹有关《论语》、《孟子》的著作,以《论孟精义》成书时间最早。《四库全书总目提要》曰:"朱子初集是书,盖本程氏之学以发挥经旨;其后采摄菁华,撰成《集注》;中间异同疑似,当加剖析者,又别著之于《或问》。"可见《论孟精义》为朱熹研究《四书》的初笔,是其撰写《四书集注》和《四书或问》的基础。

朱熹编次《资治通鉴纲目》59卷成书。

按:朱熹的《资治通鉴纲目》,是和赵师渊等弟子共同修纂的,清代全祖望认为此书全出自赵师渊之手,本于朱熹的,只是《凡例》部分。此非确论。清初芮长恤著有《纲目分注补遗》4卷,《四库全书总目提要》评论说:"初,朱子因司马光《通鉴》作《纲目》,以分注浩繁,属其事于天台赵师渊。师渊《讷斋集》中载其往来书牍甚详。盖《分注》之属师渊,犹《通鉴》之佐以刘、范,在朱子原不讳言。因流传刊版未题师渊之名,后人遂误以为《分注》亦出朱子。间有舛漏,皆委屈强为之辞。长恤考究本原,知不出朱子之手。故凡《分注》之删削《通鉴》以至失其本事者,悉列原文某句某字之下。有某句某字于前,而推求事理为之考辨于后。使证佐分明,具有条理。……是亦可为《纲目》之功臣矣。"

朱熹著《八朝名臣言行录》24卷成书。

按:《四库全书总目提要》曰:"《名臣言行录前集》十卷、《后集》十四卷、《续集》八卷、《别集》二十六卷、《外集》十七卷。《前集》、《后集》并朱子撰。《续集》、《别集》、《外集》李幼武所补编。幼武字士英,庐陵人。据其《续集序》文,盖理宗时所作。其始末则未详。观其《外集》所录皆道学宗派,则亦讲学家矣。赵希弁《读书附志》载此书七十二卷,今合五集计之,实七十五卷,始传刻者误以五为二欤?朱子《自序》,谓:'读近代文集及纪传之书,多有裨于世教。于是掇取其要,聚为此书。'乃编中所录如赵普之阴险,王安石之坚僻,吕惠卿之奸诈,与韩、范诸人并列,莫详其旨。明杨以任序,谓'是书各胪其实,亦《春秋》劝惩之旨,非必专以取法。又解名臣之义,以为名以藏伪,有败有不败者。其置词颇巧。然刘安世气节凛然,争光日月,《尽言集》、《元城语录》今日尚传,当日不容不见,乃不登一字,则终非后人所能喻。'考吕祖谦《东莱集》,有《与汪尚书书》曰:'近建宁刻一书,名《五朝名臣言行录》(案祖谦所见乃《前集》,故但称五朝),云是朱元晦所编。其间当考订处颇多。近亦往问元晦,未报。不知曾过目否?'《晦庵集》中亦有《与祖谦书》曰:'《名臣言行录》一书,亦当时草草为之。其间自知尚多谬误,编次亦无法,初不成文字。因看得为订正,示及为幸'云云。则是书瑕瑜互见,朱子原不自讳,讲学家一字一句,尊若《春秋》,恐转非朱子之意矣。及叶盛《水东日记》曰:'今印行《宋名臣言行录前集》、《后集》、《续集》、《别集》、《外集》,有景定辛酉浚仪赵崇砼引云,其外孙李幼武所辑。且云朱子所编止八朝之前,士英所编则南渡中兴之后四朝诸名臣也。今观《后集》一卷有李纲,二卷有吕颐浩,三卷有张浚,皆另在卷前,不在《目录》中。又阙残脱版甚多,颇疑其非朱子手笔,为后人所增损必多,盖朱子纂辑本意,非为广闻见,期有补于世教,而深以虚浮怪诞之说为非。今其间吕夷简非正人,而记剪髭赐药之详;余襄公正人,而有杖臀怀金之耻;苏子瞻苏木私盐等事,亦无甚关系,若此者,盖不一也。李居安所谓剪截纂要,岂是之谓欤?尝见章副使绘有此书,巾箱小本,又闻叔简尚宝家有宋末庐陵钟尧俞所编《言行类编举要》十六卷《前后集》。尚俟借观,以袪所惑'云云。则盛于此书亦颇有所疑。顾就其所录观之，宋一代之嘉言懿行，略具于斯，旁资检阅，固亦无所不可矣。幼武所补，大抵亦步亦趋，无甚出入。其所去取，不足以为重轻。以原本附骥而行，今亦姑并存之，备考核焉。"

杨大雅所辑《两汉博闻》12卷由姑孰郡斋刻印。

王抚乾宅刊刻《颐堂先生文集》5卷。

刘完素著《黄帝素问宣明论方》15卷成书。冯惟敏作序。

按：是书原名《医方精要宣明论》，简称《宣明论方》，为医方学著作。

洪迈五月刻《夷坚志》于赣州。

按：《四库全书总目提要》曰："陈振孙讥迈为谬用其心，其说颇正。陈栎《勤有堂随录》则谓迈欲修国史，借此练习其笔，似乎曲为之词。然其中诗词之类，往往可资采录，而遗闻琐事，亦多足为劝戒，非尽无益于人心者。小说一家，历来著录，亦何必拘于方隅，独为迈书责欤？"

胡兆著《秋浦志》8卷。

姚宪著《乾道奉使录》1卷。

尤袤、唐仲友合编《乾道秘府群书新录》83卷约成于本年。

按：是书为后来陈骙《中兴馆阁书目》之蓝本。

江溥始刻刘敞《公是先生弟子记》。

王庭珪卒(1079—)。庭珪字民瞻，号卢溪先生，吉州安福人。政和八年进士，任衡州茶陵丞。宣和末年弃官归里，隐居数十年。绍兴十二年，因胡铨被贬时作诗送行，被流放辰州。遇赦后召为国子监主簿，终承奉郎。从师张汝明。著有《易解》20卷、《六经讲义》10卷、《论语讲义》5卷、《语录》5卷、《杂志》5卷、《卢溪集》50卷、《沧海遗珠》2卷、《方外书》10卷、《校字》1卷、《凤停山丛录》1卷，今大多已佚。事迹见《南宋书》卷六三、周必大《直敷文阁王公行状》(《文忠集》卷二九)、胡铨《王公墓志铭》(《澹庵集》卷二九)。今人萧东海编有《王庭珪年谱》。

按：《四库全书总目提要》评《卢溪集》曰："卷首载胡铨、周必大等序文、题跋、志状，叙述始末甚详。其生平著作颇富，有《六经论语讲义》、《易解语录》及《沧海遗珠》等书，今皆散佚，惟此集犹传。凡古、近体诗二十五卷，杂文二十五卷，其脱稿不全者，亦附于卷末。读其所作，矫然伉厉之气，时流露于笔墨间。刘澄评其文，在庐陵可继欧阳修后。杨万里尝从之游，亦谓其诗出自少陵、昌黎，大要主于雄刚浑大。虽推挹之词，未免涉于溢量，要亦得其近似矣。"

汤千(—1226)、赵与訔(—1228)、郑性之(—1255)生。

宋乾道九年　金大定十三年　夏乾祐四年
西辽崇福十年　癸巳　1173年

正月，起居舍人留正言："所修记注，自绍兴十五年以后，多有未修月高丽"庚癸之乱",此后武臣专权,直至1258年。

法国里昂的韦尔多传播圣经译本,从而形成韦尔多派。该派后受多明我会派的迫害,宗教法庭开始形成,是为宗教裁判所的开端。

分,久之文字散失,所得疏略,愈难编纂。请令二史将承受诸处关牒、施行政事并臣下所得圣语,随月编纂。仍将绍兴十五年以后未修月分,并修一月,并于次月上旬送付史官。"从之(《续资治通鉴》卷一四三)。

二月丁亥,特赠苏轼为太师。

五月戊戌,金世宗谕太子、诸王:"汝辈自幼惟习汉人风俗,不知女真纯实之风,至于文字语言,或不通晓,是忘本也。汝辈当体朕意,至于子孙,亦当遵朕教诫也。"(《金史·世宗本纪中》)令女真人不得译为汉姓。

九月丙申,梁克家等上《中兴会要》、《高宗玉牒》、《钦宗玉牒》。

十一月戊戌,宋祀天地于圜丘,大赦天下,宣布明年为淳熙元年。

是年,金设立女真国子学,地方设立女真州府学。考试方法同于汉人的"词赋"、"经义"二种。

朱熹二月为何镐作《味道堂记》,为刘清之作《刘氏墨庄记》,为范念德作《尽心堂记》;四月,为《尹和静言行录》作序,又序定《太极图说解》;五月二十八日改任为左宣教郎,主管台州崇道观,再辞;六月遣长子朱塾往吕祖谦席下受教;七月十九日,助刘玶编订《屏山先生文集》成,作文集后跋;二十一日为李宗思作《蕲州教授厅记》;九月,始与浙中学者吕祖俭、潘景宪、潘景愈书札论学;十月初一日,尤溪县修庙学成,为作县学记及五县学斋铭,为张栻《传心阁铭》作跋;十一月,作《六先生画像赞》;十二月,再校《程氏易传》,由吕祖谦刻于婺州,称小刻本。又修订《祭仪》。

朱熹《伊洛渊源录》14卷稿未成,即被邵武书商刻印流传,其《答吴斗南》书,对此事表示"心甚恨之"。

张栻与朱熹以书信往返辩论仁说大意,朱熹此时作《仁说》,张栻改定自撰之《仁说》。

薛季宣致书朱熹,朱熹有书答之,再论胡瑗之学。

陆九渊著《答陈正己书》,又和王铨《闹中诗》,十一月作《送毛原善序》。

陈傅良七月为薛季宣经营丧事。

按:叶适《宝谟阁待制中书舍人陈公墓志铭》谓陈傅良"独崇敬郑景望(伯熊)、薛士龙(季宣),师友事之。入太学,则张钦夫(栻)、吕伯恭(祖谦)相视遇兄弟也,四方受业愈众"(《水心集》卷一六)。

陈亮是春将所著《邓禹》、《耿弇》、《诸葛亮》、《曹植》等文寄吕祖谦评阅。夏天,又将所著《书欧阳文粹后》、《三先生论事录序》寄吕祖谦评阅,因观点不同,时有争论。七月薛季宣卒,作《祭薛士龙知府文》。

按:元代刘埙曰:"宋乾、淳间,浙学兴,推东莱吕氏为宗。然前是已有周恭叔、郑景望、薛士龙出矣,继是又有陈止斋出,有徐子宜、叶水心诸公出,而龙川陈同甫亮则出于其间者也。当是时,性命之说盛,鼓动一世,皆为微言高论,而以事功为不足道。独龙川俊豪开扩,务建实绩。其告孝宗有曰:'今世儒士自以为得正心诚意之学者,皆风痹而不知痛痒之人也。举一世安于君父之仇,而方低头拱手以谈性命,不知何者谓之性命。'孝宗极喜其说。然亦以是不得自附于道学之流,而人唯称其为功名之士。至其雄才壮志,横骛绝出,健论纵横,气盖一世,与朱文公往复辩论,每书辄倾竭浩荡,河奔海聚,而文公亦娓娓焉与之商论,盖一代人物也。惜中年后始中科举为状元,不及仕而死矣。予阅其文集,宏伟博辨,足以立懦,而又惜其于道不纯,故后之品藻人物者,不以厕之郑、薛、吕、叶之列云。乾、淳以来,诸贤互相阐究,理学大明,本领端正,榘度修饰,浑然端厚,作世模楷。惟陈同甫豪纵开扩,气盖一世,尝书与晦翁,其间数语,曲尽事理。"(《隐居通议》卷二)

叶适24岁,开始在京师临安寻求实现抱负的机遇。

陆游被命摄知嘉州事,遂自成都赴嘉州。

袁枢调严州教授。

按:《宋史·袁枢传》载:"张说自阁门以节钺签枢密,枢方与学省同僚共论之,上虽容纳而色不怡,即求外补,出为严州教授。"

范成大三月初十日到任静江府,将自起程日至此日所记所见所闻,名曰《骖鸾录》;自起程日至此日所作诗42首,名曰《南征小集》。

范成大游衡山,瞻仰石鼓书院。

按:范成大《衡山记》曰:"始诸郡未命教时,天下有书院四:徂徕、金山、石鼓、岳麓。"(《骖鸾录》)宋代四大书院之名,说法不一,范说是其中之一种。

陈概乾道间举进士,对策得魏掞之赏识。

按:陈概字平甫,普城人。魏掞之告以其乡张栻学说,遂以书请益,与兄陈栗专心于理学。蜀人重栻之学,概为最先。《宋元学案》为列《二江诸儒学案》。

李修己乾道间举进士,曾从张栻游。

按:李修己字思永,隆兴丰城人。参兴国军事。陆九龄为教授,尽告以躬行之说,遂知圣贤源流。从朱熹游,学益进。又因同年彭龟年介绍,从张栻游。历知宁乡、衡阳,皆有声。特召,以哭赵汝愚忤宰相,通判成都府。寻知成州。韩侂胄闻其名,使人讽其附己,其笑而不答,终不得召。著有《李成州集》10卷。《宋元学案》列其入《二江诸儒学案》。

廖德明、余隅、余范从学于朱熹。

林用中归古田,朱熹有诗送之,并呈蔡元定。

刘清之往浙中见吕祖谦,经崇安过访朱熹,朱熹有书论学。

张栻著《癸巳论语解》10卷和《癸巳孟子说》7卷成书。

按:《癸巳论语解》或称《南轩论语解》、《论语张宣公解》,《癸巳孟子说》或称《南轩孟子说》。张栻这两部书的写作延续多年,是年最后修改定稿,标志着其理学思想的最后确立和趋于成熟。

张栻辑录《论语》、《孟子》、《中庸》及后人书中有关颜渊言行的记载,成《希颜录》一书,本年全部改定。

石𡒊编订《中庸集解》成,朱熹为作序。

按:陈直孙《直斋书录解题》卷二曰:"《中庸集解》二卷,会稽石𡒊子重集录周敦颐、程颢、程颐、张载、吕大临、谢良佐、游酢、杨时、侯仲良、尹焞凡十家之说,晦翁为之序。"此书后更名为《中庸辑略》。

朱熹著《太极图说解》、《通书解》、《伊洛渊源录》14卷成书。

按:《伊洛渊源录》是一部记载宋代理学源流的著作,也是我国古代较早的一部叙述学术思想史的专著,确立了理学的道统,《宋史》依此而特立《道学传》,并开孙奇逢《理学宗传》一类理学史著作的先声。全书所记载的理学人物有周敦颐、程颢、程颐、邵雍、张载、张戬、吕希哲、范祖禹、杨国宝、朱光庭、刘绚、李吁、吕大忠、吕大钧、吕大临、苏昞、谢良佐、游酢、杨时、刘安节、尹焞、张绎、马伸、侯仲良、王蘋、胡安国等。《四库全书总目提要》曰:是书"记周子以下及程子交游门弟子言行,其身列程门而言行无所表见,甚若邢恕之反相挤害者,亦具录其名氏以备考。其后《宋史》道学、儒里诸传,多据此为之。盖宋人谈道学宗派,自此书始;而宋人分道学门户,亦自此书始。厥后声气攀援,转相依附,其君子各执意见,或酿为水火之争。其小人假借因缘,或无所不至"。张立文说:"经过南宋'湖湘学'和'闽学'的竭力尊奉,周敦颐在理学中的开山地位始被承认。特别是在朱熹仿效禅宗《景德传灯录》而编撰的《伊洛渊源录》里,周敦颐被列为开卷之首,其理学开创者的地位正式确定。后经魏了翁的两次上疏奏请,终于在南宋理宗淳祐元年(1241年)诏礼朝廷,不久追封汝南伯。元代仁宗延祐六年(1319年)加封道国公。明代英宗正统元年(1436年)诏修祠墓,优恤子孙。随着理学演变成为官方哲学和主流意识形态,周敦颐的地位越来越高。"(《中国学术通史》宋元明卷第七章)是书有元至正刻本,明成化九年张瓒刻书林叶氏印本,明嘉靖八年刻本等,后收入商务印书馆《诸子丛书集成》。

朱熹编《程氏外书》12卷成。

按:此书又名《二程外书》,为补《二程遗书》而编,书中采录朱光庭、陈渊、李参、冯忠恕、罗从彦、王蘋、时紫芝七家所录,并胡安国、游酢家本及《建阳大全集》印本三家等资料而成。是研究二程理学思想体系的补充参考材料。单行本主要有《四库全书》本;各种版本的《二程全书》均予收录,主要有明成化十二年张瓒刻本,万历三十四年嘉兴徐氏刻本及《西京清麓丛书》本、《四部备要》本等。中华书局1981年出版的《二程集》,内收此书,为现今最佳版本。

陈亮著《伊洛正源书》、《伊洛礼书补亡》、《三先生论事录》成。

按:陈亮《伊洛正源书序》曰:"濂溪周先生,奋乎百世之下,穷太极之蕴,以见圣人之心,盖天民之先觉也。手为《太极图》,以授二程先生。前辈以为二程之学,后更光大,而所从来不诬矣。横渠张先生崛起关西,究心于龙德正中之地,深思力行,而自得之。视二程为外兄弟之子,而相与讲切,无所不尽。世以孟子比横渠,而谓二程为颜子。其学问渊源,顾岂苟然者?《西铭》之书,明道以为某得此意,要非子厚笔力不能成也。伊川之序《易》、《春秋》,盖其晚岁立言以垂后者。间尝谓其学者张绎曰:'我昔状明道之行,我之道盖与明道同;异时欲知我者,求之于此文可也。'其源流之可考者如此。集为之书,以备日览。目曰《伊洛正源书》。"(《龙川集》卷一四)

袁枢著《通鉴纪事本末》42卷成书。

按:袁枢时任严州教授,以《资治通鉴》为蓝本,区别事目,分类编纂,每事自立标题,按年代顺序,辑成我国第一部纪事本末体史书。此书编成后,立即得到参知政事龚茂良的赏识,不仅其书被马上刊刻印行,而且袁枢也由严州教授升为大宗正簿。宋孝宗在"读而嘉叹"之余,又把此书分赐给皇太子和江上诸帅,"且令熟读,曰'治道尽在是矣'"(《宋史·袁枢传》)。当时著名学者朱熹、杨万里、吕祖谦等人亦相继为之撰序作跋,加以推崇。

宋修《乾道中兴会要》成书。

宋乾道九年　金大定十三年　夏乾祐四年　西辽崇福十年　癸巳　1173年

按：是书起建炎元年(1127)，迄绍兴三十二年(1162)。

金代天宁寺雕印的《金藏》本年全部完工。

按：该藏又称《平水藏》，因其刻工属全氏雕印中心天水系统。书已久佚。1933年在山西赵城广胜寺发展，故又称《赵城金藏》，也简称为《赵城藏》。

苏轼所著《东坡集》40卷在杭州刊刻。

按：此集为苏轼生前编定，人称"谬误绝少"。是书版心列有刻工姓名，如李宪、李师正、李师顺、李询、李时、张俊、周彦、王政、王璋、宋圭、宋昌、叶青、许昌、黄常、蔡中、高彦、徐高、卓允、陈昌、陈用、陈兴、周宣、朱富、朱贵等。序目之首，为宋孝宗所题《文忠苏轼赞并序》。

秦观所著《淮海集》40卷、《后集》6卷、《长短句》3卷由高邮军学刻印。

按：是为今存秦观集最古之本，乃王定国守高邮时所编刊。

刘玶编订《屏山先生文集》成。

朱熹著《南剑州尤溪县学记》。

按：朱熹文中有云："我宋文治应期，学校之官遍于郡县，其制度详密，规模宏远，盖已超轶汉唐，而娓娓乎唐、虞、三代之隆矣。"(《晦庵集》卷七七)

朱熹雠校《说文解字》，印刻于赣州。

按：对《说文解字》的研究，到清代达到大盛，清朝学者把研究《说文解字》作为考据对象之一，作注的就有几十家，其中以段玉裁的《说文解字注》，桂馥的《说文解字义证》，王筠的《说文句读》、《说文释例》和朱骏声的《说文通训定声》最有名。近代的丁福保比较研究了先前各家专著，参考甲骨文、金文的资料，汇编成《说文解字诂林》，后来又补充资料编为《补遗》，作为总注释。

王伯庠卒(1106—)。伯庠字伯礼，济南章丘人，南渡后居明州鄞县。王次翁子。绍兴二年进士，充明州教授，通判平江府。累擢侍御史。著有《资治编年》、《历山集》、《云安集》、《宏词集要》、《夔路图经》等，皆佚。事迹见楼钥《侍御史王公行状》(《攻媿集》卷九〇)。

魏掞之卒(1116—)。掞之原名挺之，字子实，后改今名，字符履，建州建阳人。乾道四年赐同进士出身，授左迪功郎、太学录。后出为台州州学教授。著有文章、论义、训说，凡数十卷，今已佚。《宋元学案》列其入《刘胡诸儒学案》。事迹见《宋史》卷四五九本传、朱熹《国录魏公墓志铭》(《晦庵集》卷九一)。

薛季宣卒(1134—)。季宣字士龙，号艮斋，学者称常州先生，浙江永嘉人。师从程颐弟子袁溉。官至大理正。于学反对空谈义理，注重研究田赋、兵制、地理、水利等世务，开永嘉学派先声，对叶适思想有影响。著有《古文周易》、《古诗说》、《书古文训》、《春秋经解》、《春秋指要》、《论语直解》、《论语小学》诸书，另有《汉兵制》、《校定风后握奇经》、《八阵图赞》、《十国纪年通谱》、《九州岛图志》等军事、史地之书，多不传。宝庆二年，其侄孙旦辑刻《浪语集》35卷。《宋元学案》为列《艮斋学案》。事迹见《宋史》卷四三四本传、吕祖谦《薛常州墓志铭》(《东莱集》卷七)、陈傅良《右奉议郎新权发遣常州借紫薛公行状》(《止斋集》卷五一)。清薛钟斗编有《薛常州

英国圣维克托·理查德卒，生年不详。神学家、神秘主义经院哲学家、嚣俄的弟子。在基督教和解经方面著述颇丰，主要有《三位一体论》、《论逻各斯的化身》、《论精神对于冥想的准备》、《论人的内部状态》等，对中世纪、近代宗教神秘主义思潮深有影响。

日本净土真宗开祖亲李(—1262)生。著有《教行信证》、《净土文类聚钞》、《愚秃钞》等著作。

年谱》,今人杨世文编有《薛季宣年谱》。

按:明代学者王祎《送顾仲明序》曰:"薛士龙之学更自成一家,其说详于古今之经制。"(《王忠文集》卷六)《四库全书总目提要》评论《浪语集》曰:"季宣少师事袁溉,晚复与朱子、吕祖谦等相往来,然朱子喜谈心性,而季宣兼重事功,其后陈傅良、叶适等递相祖述,而永嘉之学遂别为一家。盖周行己开其源,而季宣导其流也。其历官所至,调辑兵民,兴除利弊,皆灼有成绩,在讲学之家可称有体有用者矣。平生著书甚伙,有《古文周易》、《古诗说》、《书古文训》、《春秋经解》、《春秋指要》、《论语直解》、《小学》诸书,自《书古文训》以外,今多亡佚。其《中庸大学解》及《考正握奇经》则今尚载于集中。"全祖望也说:"永嘉之学统远矣,其以程门袁氏之传为别派者,自艮斋薛文宪公始。艮斋之父学于武夷,而艮斋又自成一家,亦入门之盛也。其学主礼乐制度,以求见之事功。"(《宋元学案》卷五二《艮斋学案》)艮斋学派的门人有陈傅良、徐元德、王楠、沈有开、楼钥、薛叔似、郭澄等。

胡实卒(1135—)。实字广仲,崇安人。胡宏之从弟。以门荫补将仕郎,不就铨选,以讲道为事。晚得钦州灵山主簿,亦未上任。与朱熹、张栻皆有辩论,未尝苟合,有《广仲答问》。《宋元学案》列其入《五峰学案》。

赵庚夫(—1219)、高崇(—1232)生。

宋孝宗淳熙元年　金大定十四年　夏乾祐五年
西辽崇福十一年　甲午　1174年

埃及统治者萨拉丁宣布独立,摆脱与努尔丁之臣属关系。同年攻叙利亚,陷大马士革、霍姆斯。

德意志腓特烈一世帝第五次远征意大利,以武力迫使伦巴第城市停战。

正月庚戌,交趾入贡,宋孝宗下诏赐国名安南,以南平王李天祚为安南国王。

三月甲辰,金主更名完颜雍。

四月,诏举制科。

九月乙未,知随州蔡戡奏论唐太宗《贞观谏录》,孝宗曰:"从谏正是太宗所长。此书置座右,可为规鉴。"(《续资治通鉴》卷一四四)

金禁卫士讲汉语,不善女真语者,勒令学习。

十月乙卯朔,金主思太祖、太宗创业维艰,乃求当时群臣勋业最著者21人,图绘于衍庆宫圣武殿左右廊庑。

十二月壬申,叶衡等上《真宗玉牒》。

是年,宋应武举得保官者或入状互保人,依前例放行比试,试中即赴解试,俟解试中仍召升朝保官一员赴省试。

朱熹正月有诗寄蔡元定,六月二十三日改宣教郎,奉祠。

朱熹以《中庸》校《孔子家语》之脱文。

朱熹与张栻、吴翌、吕祖俭等展开心说论辩,作《观心说》。

陆九渊三月赴部调官,授迪功郎、隆兴府靖安县主簿。

宋孝宗淳熙元年　金大定十四年　夏乾祐五年　西辽崇福十一年　甲午　1174年

按：吕祖谦《与汪端明》书曰："今因陆九渊主簿行，谨此附起居。陆君相聚五六日，淳笃劲直，流辈中少见其比，恐不可不收拾，惟开怀成就为望。"（《东莱集》别集卷七）朱熹《答吕子约》书则曰："近闻陆子静言论风旨之一二，全是禅学，但变其名号耳。竞相祖习，恐误后生，恨不识之，不得深扣其说，因献所疑也。然想其说方行，亦未必肯听此老生常谈，徒窃忧叹而已。"（《晦庵集》卷四七）"鹅湖之会"前，朱熹已有与陆九渊会面质疑问难之意。

吕祖谦六月除服，复官主管台州崇道观，时陆九渊自杭州来东阳，两人相聚五六日，相谈甚契。八月底至九月中旬，吕祖谦又与潘叔度为会稽之游，写有《人越记》。

按：李心传曰："东莱之学甚正，而优柔细察之中，似有和光同尘之弊；象山之学虽偏，而猛厉粗略之外，却无枉尺直寻之意。"（《困学纪闻》卷一五引）

陈亮因周葵正月卒，著《祭周参政文》；四月丧父，吕祖谦来慰问，遂得一款聚。

张栻除旧职，知静江府经略安抚广南西路。

张栻将《城南书院杂咏》及《城南图》寄朱熹，朱熹有次其韵。

陈傅良至金华访问吕祖谦。

叶适上书西府（枢密院），论现实政治、治国方略及学术见解，提出改革方案。

李焘自知泸州被召，除江西路转运副使。

按：李焘上言："臣先次投进《续资治通鉴长编》自建隆迄治平，今欲纂辑治平以后至中兴以前六十年事迹，庶几一祖八宗之丰功盛德，粲然具存，无所阙遗。顾此六十年事，于实录、正史外，颇多所增益，首尾略究端绪，合为《长编》。凡六十年，年为一卷，以字之繁略，又均分之，总为二百八十卷。然熙、丰、祐、圣、符、靖、崇、观、和、康之大废置、大征伐，关天下之大利害者，其事迹比治平以前特异。'宁失之繁，无失之略'，必须睿明称制临决，如两汉宣、章故事，无使各自为说，乃可传信无穷。"（《蜀中广记》卷九二）

杨简在富阳，尤朴茂来问学；是春丧妣去官。

辛弃疾辟江东安抚司参议官。因叶衡推荐，得召见，迁仓部郎官。

陆游秋末摄知荣州，自成都赴任。

范成大十月除敷文阁待制、四川制置使、知成都府。辞不允。吴儆有贺启。

杨万里知漳州，后又改知常州。

姜夔是秋应州试，报罢。

陈琦入张栻幕中。

吴文炳在婺州东阳创办义学，取名"东塾"，以教宗姻子弟，一时士大夫多往来其间。

丘处机隐居磻溪修道6年。

张栻是夏改正《论语解》。

按：张栻《与吴晦叔书》曰："今夏以来时时再看《语》、《孟说》，又多欲改处。缘医者见戒，未欲多作文字，近日方下笔改正《语说》，次当及《孟子》。"（《南轩集》

卷二八)

朱熹刊印新定本《大学》和《中庸》。

朱熹编成《古今家祭礼》20卷。又编订《弟子职》、《女诫》，刻于建安。

按：朱熹《古今家祭礼跋》曰："盖人之生，无不本乎祖者，故报本反始之心，凡有血气者之所不能无也。古之圣王因其所不能者，制为典礼，所以致其精神、笃其恩爱，有义有数，本末详焉。遭秦灭学，礼最先坏。由汉以来，诸儒继出，稍稍缀缉，仅存一二。以古今异便，风俗不同，虽有崇儒重道之君，知经好学之士，亦不得尽由古礼以复三代之盛。其因时述作，随事讨论，以为一国一家之制者，固未必皆得先王义起之意，然其存于今者，亦无几矣。惜其散脱残落，将遂泯没于无闻。因窃搜辑叙次，合为一编，以便观览，庶其可传于后。"是书在修撰过程中，朱熹的朋友如汪应辰、张栻、吕祖谦、周必大及弟子黄榦等，曾参与讨论。元代至正年间，武林应氏作《家礼辨》，疑此书非朱熹所作，于是有关此书作者的真伪问题，一直存在不同意见，参见陈来《朱子〈家礼〉真伪考议》（《北京大学学报》1989年第3期）、束景南《朱熹〈家礼〉真伪考辨》（载《朱熹佚文辑考》）、王燕均《〈家礼〉真伪考》（载《朱熹著作版本源流考》）。

吴仁杰著《两汉刊误补遗》10卷，曾绛作序。

按：《四库全书总目提要》曰："据其标题，当为刘敞《两汉书刊误》而作，而书中乃兼补正刘敞、刘奉世之说。……刘氏之书，于旧文多所改正，而随笔标记，率不暇剖析其所以然。仁杰是书，独引据赅洽，考证详晰，元元本本，务使明白无疑而后已，其淹通实胜于原书。……曾绛《序》述周必大之言，以博物洽闻称之，固不虚矣。"

黄茂材著《老子解》上下篇成。

陈亮著《类次文中子引》初稿成。

罗愿著《尔雅翼》32卷成书。

按：《四库全书总目提要》曰："其书考据精博，而体例谨严，在陆佃《埤雅》之上。（王）应麟《后序》称其即物精思，体用相涵，本末靡遗，殆非溢美。后陈栎删削其书，别为节本，谓其'好处可以广人之识见处尽多，可恨处牵引失其精当者不少。内引三百篇之《诗》处多不是'云云。案栎著作传于今者有《尚书集传纂疏》、《历朝通略》、《定宇集》三书。核所闻见，曾不能望愿之项背，遽纠其失，似不自量。"传本有《五雅》本，《格致丛书》本，《四库全书》本及《学津讨原》本。

杨万里为袁枢《通鉴纪事本末》作序。

按：杨万里《通鉴纪事本末序》曰："子袁子因出书一编，盖《通鉴》之本末也。予读之，大抵寨制之成以后于其萌，提事之微以先于其明。其情匿而泄，其故悉而约，其作窕而刿，其究遐而迩。其于治乱存亡，盖病之源、医之方也。予每读《通鉴》之书，见事之肇于斯，则惜其事之不竟于斯；盖事以年隔，年以事析，遭其初莫绎其终，揽其终莫志其初；如山之峨，如海之茫。盖编年系日，其体然也。今读子袁子此书，如生乎其时，亲见乎其事，使人喜，使人悲，使人鼓舞，未既而继之以叹且泣也。嗟乎！由周秦以来，曰诸侯，曰大盗，曰女主，曰外戚，曰宦官，曰权臣，曰夷狄，曰藩镇，国之病亦不一矣，而其源不一哉！盖安史之乱，则林甫之为也；藩镇之乱，则令孜之为也；其源不一哉！得其病之源，则得其医之方矣，此书是也。有国者不可以无此书，前有奸而不察，后有邪而不悟。学者不可无此书，进有行而无征，退有蓄而无宗。

宋孝宗淳熙元年　金大定十四年　夏乾祐五年　西辽崇福十一年　甲午　1174年

此书也,其入《通鉴》之户欤!"(《诚斋集》卷七九)

　　蒋芾著《逸史》20卷成。

　　陈言著《三因极一病证方论》18卷成书。

　　按：是书原名《三因极一病源论粹》,简称《三因方》,为综合性医书。后严用和据此书辑成《济生方》。

　　曹勋卒(1098—　)。勋字公显,号松隐,阳翟人。淳熙元年,恩补承务郎,特命赴廷试,赐进士甲科。靖康初为武义大夫,从徽宗北迁。绍兴五年除江西兵马副都督,累迁昭信军节度使,加太尉。著有《松隐集》40卷、《北狩见闻录》1卷。事迹见《宋史》卷三七九本传。

　　周葵卒(1098—　)。葵字立义,晚号惟心居士,宜兴人。宣和六年进士,历仕监察御史、殿中侍御史、参知政事、资政殿学士等。卒谥惠简。著有《圣传诗》20篇、文集30卷、奏议5卷,已佚。事迹见《宋史》卷三八五本传、周必大《资政殿大学士毗陵侯赠太保周简惠公神道碑》(《文忠集》卷六三)。清周湛霖编有《简惠公年谱》。

　　按：陈亮《祭周参政文》曰："亮昔童稚,纵观废兴,大放于辞,愿试于兵。狂言撼公,一见而惊。借之齿牙,爱及公卿。爱均骨肉,前辈典型。《中庸》、《大学》,朝暮以听。随事而诲,虽愚必灵。行或不力,敢忘其诚!"(《龙川集》卷二二)周葵是最早赏识陈亮才华的人,故陈亮对周葵的知遇之恩终生难忘。

　　胡沂卒(1107—　)。沂字周伯,余姚人。绍兴五年进士甲科,陆沉州县几三十载,至二十八年,始入为正字。孝宗受禅,除国子司业、邓王府直讲,寻擢殿中侍御史。迁校书郎兼实录院检讨官、吏部员外郎。官至礼部尚书。以龙图阁学士提举兴国宫。卒谥献肃。事迹见《宋史》卷三八八本传。

　　虞允文卒(1110—　)。允文字彬甫,隆州仁寿人。绍兴二十三年进士。官至宰相。主张抗金,曾在为相期间起用胡铨、周必大、王十朋、李焘、洪适、汪应辰、赵汝愚、晁公武等二十余人,一时盛称得人。著有《经筵春秋讲义》3卷、《奏议》22卷、《内外志》15卷,已佚；又尝注《唐书》和《五代史》。事迹见《宋史》卷三八三本传、杨万里《虞公神道碑》(《诚斋集》卷一二〇)。

　　洪遵卒(1120—　)。遵字景严,号小隐,饶州鄱阳人。洪皓次子。与兄洪适同试博学宏词科,中魁选,赐进士出身,擢为秘书省正字,官至资政殿学士。谥文安。著有《泉志》15卷、《订正史记真本凡例》1卷、《翰苑群书》2卷、《小隐集》80卷、《东阳志谱》10卷等。事迹见《宋史》卷三七三本传、周必大《同知枢密院事赠太师洪文安公遵神道碑》(《文忠集》卷七〇)。清洪汝奎编有《洪文安公年谱》。

　　蔡珪卒,生年不详。珪字正甫,真定人。蔡松年子。精通历代史志,金廷制度损益、礼乐制作,多取其议。天德三年进士,历官翰林修撰、同知制诰、礼部郎中等。著有《晋阳志》12卷、《古器类编》、《补正水经》、《南北史志》30卷、《续金石遗文跋尾》10卷及文集55卷等。事迹见《宋史》卷一

英国瓦斯卒(1100—　)。作家,用盎格鲁—诺曼语撰有诗体编年史《布鲁特传奇》和《鲁的传奇》。

二五《蔡松年传》附传。

王若虚（ —1243）、陈均（ —1244）生。

宋淳熙二年　金大定十五年　夏乾祐六年
西辽崇福十二年　乙未　1175年

萨拉丁受封于阿拔斯王朝哈里发，称苏丹。

法国琅城市民重金贿买法王路易七世，重获城市特许状，粉碎该城新主教取消城市自治权的企图。

英国坎伯雷大教堂始建。

三月乙巳，诏武举第一人补秉义郎，堂除诸军计议官。

夏四月己巳，宗正少卿程叔达上言："《玉牒》修书止以《实录》、《帝纪》为则，其旁见他书者，未敢广取，恐未详尽。乞下修书官属许参考诸书修入。"事下国史实录院议，认为"除《会要》、《圣政》、《政要》、《宝训》、《训典》系史馆藏书，合许参考修入外，其它传记碑刻，窃恐登载未实，难以照用"（《续资治通鉴》卷一四四）。

乙卯，赐礼部进士詹骙、邓驿以下436人及第、出身。考官为翰林学士知制诰王淮、给事中胡元质、侍御史范仲芑。

九月，追赠赵鼎为太傅，还其爵邑，追封丰国公。

是年，孝宗痛斥士大夫"清议"之弊。

按：诏曰："朝廷所行事，或是或非，自有公议，近来士大夫又好唱为清议之说……便以趣事赴功者为猥俗，以矫激沽誉者为清高，骎骎不已，如东汉激成党锢之风，殆皆由此，深害治体，岂可不痛为之戒！"（《续资治通鉴》卷一四四）

日本源空（又名法然上人）创立净土宗。

朱熹四月十三日考订《乡约》、《乡仪》作者，为作跋；八月，袁枢寄来《通鉴纪事本末》，为其作跋；十一月，何镐卒，往邵武哭吊，为作墓碣铭与圹志；十二月，为张栻作《静江府虞帝庙碑》和《虞帝庙迎送神乐歌词》。是年，在福建建阳县崇泰里云谷山芦峰之巅筑书室，自题为晦庵草堂，自称晦翁。

按：当时从朱熹在晦庵草堂讲学、著述的弟子有蔡元定、刘炳、廖德明、刘纯叟、吴公济等人。蔡元定还在崇泰里西山建西山精舍，与朱熹云谷晦庵草堂遥遥相对，有疑难则彼此悬灯，相约次日聚首，以解难释疑。晦庵草堂于元季倾废，明成化十七年（1481）由朱熹九世孙朱格重建，改名为云谷书院。

吕祖谦是年春从浙江东阳出发，四五月间至建阳访朱熹于寒泉精舍，互相切磋学问，研读周敦颐、程颢、程颐、张载之书，认为此四子之书"广大宏博，若无津涯，而惧初学者不知所入也"，两人遂编订《近思录》一书，汇辑周敦颐、程颢、程颐、张载诸语录。吕祖谦作跋。

按：朱熹《书近思录后》曰："淳熙乙未之夏，东莱吕伯恭来自东阳，过予寒泉精舍，留止旬日。相与读周子、程子、张子之书，叹其广大宏博，若无津涯，而惧初学者不知所入也。因共掇取其关于大体而切于日用者，以为此编，总六百一十二条，分十四卷。凡学者所以求端用力处己治人之要，与夫辨异端、观圣贤之大略，皆粗见其梗概。"(《群书会元截江网》卷三三)朱熹又曰："四子,《六经》之阶梯;《近思录》,四子之阶梯。"(《朱子语类》卷一〇五)《四库全书总目提要》曰："案《年谱》,是书成于淳熙二年,朱子年四十六矣。书前有朱子《题词》曰:淳熙乙未之夏,东莱吕伯恭来自东阳。过余寒泉精舍,留止旬日。相与读周子、程子、张子之书,叹其广大宏博,若无津涯,而惧夫初学者不知所入也,因共掇取其关于大体,而切于日用者,以为此编云云。是其书与吕祖谦同定,朱子固自著之,且并载祖谦题词。又《晦庵集》中有乙未八月与祖谦一书,又有丙申与祖谦一书,戊戌与祖谦一书,皆商榷改定《近思录》,灼然可证。《宋史·艺文志》尚并题朱熹、吕祖谦类编。后来讲学家力争门户,务黜众说而定一尊,遂没祖谦之名,但称《朱子近思录》,非其实也。书凡六百六十二条,分十四门,实为后来性理诸书之祖。然朱子之学,大旨主于格物穷理,由博反约,根株六经,而参观百氏,原未暧暧姝姝守一先生之言。故《题词》有曰:穷乡晚进,有志于学,诚得此而玩心焉,亦足以得其门而入矣。然后求诸四君子之全书,以致其博而返诸约焉,庶乎其有以尽得之。若惮烦劳,安简便,以为取足于此而止,则非纂集此书之意,然则四子之言且不以此十四卷为限,亦岂教人株守是编,而一切圣经贤传束之高阁哉! 又吕祖谦《题词》,论首列阴阳性命之故曰:后出晚进,于义理之本原虽未容骤语,苟茫然不识其梗概,则亦何所底。列之篇端,特使知其名义,有所向往而已。至于余卷所载讲学之方,日用躬行之实,自有科级。循是而进,自卑升高,自近及远,庶不失纂集之旨。若乃厌卑近而骛高远,躐等凌节,流于空虚,迄无所依据,则岂所谓近思者耶? 其言著明深切,尤足药连篇累牍,动谈未有天地以前者矣。"

　　吕祖谦结束建阳之行,朱熹亲自送他回浙江,途经江西上饶鹅湖时,吕祖谦事先邀请的陆九龄、陆九渊兄弟亦来会,史称"鹅湖之会"。吕祖谦的目的是调和理学派朱熹与心学派陆九渊、陆九龄之间的分歧,此举开讲学论辩之新风。由于朱熹之学与二陆分歧过大,不合而罢。

　　按:据参加鹅湖之会的陆学弟子朱亨道所记:"鹅湖之会,论及教人。元晦之意,欲令人泛观博览,而后归之约;二陆之意,欲先发明人之本心,而后使之博览。朱以陆之教人为太简,陆以朱之教人为支离,此颇不合。先生更欲与元晦辩,以为尧舜之前何书可读? 复斋止之。赵、刘诸公拱听而已。先生发明之说,未可厚诬,元晦见二诗不平,似不能无我。"(《陆九渊年谱》)《宋元学案》卷五一《东莱学案》曰:"黄东发《日钞》曰:东莱先生以理学辨朱、张,鼎立为世师,其精辞奥义,岂后学所能窥其万分之一。然尝观之,晦翁与先生同心者,先生辩诘之不少恕;象山与晦翁异论者,先生容下之不少忤。鹅湖之会,先生谓元晦英迈刚明,而工夫就实入细,殊未易量;谓子静亦坚实有力,但欠开阔。其后象山祭先生文,亦自悔鹅湖之会集粗心浮气。然则先生忠厚之至,一时调娱其间,有功于斯道何如邪! 若其讲学之要,尤有切于今日者,学者不可不亟自思也。盖理虽历万世而无变,讲之者每随世变而辄易,要当常以孔子为准的耳。孔子教人,以孝弟忠信躬行为本。至子思则言诚,至孟子则言性,已渐发其秘,视孔子之说为已深。至濂溪则言太极,至横渠则言太虚,又尽发其秘,视子思、孟子之说为益深。一议论出,一士习变。至晦庵先生出,始会萃濂、洛之说,以上达洙泗之传,取本朝诸儒议论之切于后学者为《近思录》,然犹以'无极太极'、'阴阳造化'冠之篇首,则亦以本朝之议论为本也。东莱先生乾道四年《规约》,以孝弟忠信为本。明年《规约》,以明理躬行为本。至其题《近思录》卷首,则谓:'阴阳性命,特使之知所向。讲学具有科级,若躐等陵节,流于空虚,岂所谓近思?'呜呼,学者可以观矣!"《宋元学案》卷五七《梭山复斋学案》:"百家谨案:鹅湖之会,此三诗乃三先生所论学旨者,其不合与论无极同。盖二陆诗有支离之词,疑紫阳为训诂;紫阳诗有无言之说,讥二陆为空门。两家门人,遂以成隙,至造作言语以相訾毁。然紫阳晚年,乃有见于学者支离之弊,屡见于所与朋友之书札,考全集内不啻七八九通。而陆子亦有'追维曩昔,粗心浮气,徒致参辰'之语,见于奠东莱之文。以是知盈科而后进,其始之流,不碍殊途,其究朝宗于海,同归一致矣。乃谓朱、陆终身不能相一,岂惟不知象山有克己之勇,亦不知紫阳有服善之诚,笃志于为己者,不可不深考也。"后信州守杨汝砺曾在鹅湖建四先生祠堂,纪念此会。

詹体仁、何镐、连崧、蔡元定、徐宋臣、潘景愈等五月参加朱熹、吕祖谦、陆九渊等人的鹅湖之会。

按:朱熹、陆九渊鹅湖之会,实有四方人士参会:浙吕一方有吕祖谦、潘景愈;闽朱一方有朱熹、何镐、蔡元定、连崧、范念德、詹体仁、徐宋臣;赣陆一方有陆九龄、陆九渊、朱梓、朱泰卿、邹斌、傅一飞等;尚有一方为江西当地士人临川守赵景明、其兄赵景昭、信州守詹仪之、清江刘清之、宜黄刘迂等。《宋元学案》卷七七《槐堂诸儒学案》曰:"朱泰卿,字亨道,金溪人,与其兄济道,偕事象山先生。尝从鹅湖之会,谓'朱子欲人先博览而后返之守约,象山欲先发明其本心而后使之博览,以此不合,然发明之说,未可诬也。元晦见二诗有不平语,似未能无我。'又曰:'伯恭虑陆与朱议论犹有异同,欲会归于一,其意甚善,然伯恭盖有志于此,谓自得,则未也。'先生之言,在象山弟子中,盖亦铮铮者,视济道当过之。然直言东莱未能自得,亦似乎易其言。先生之自得者,其已足与东莱角乎?象山弟子坐累在此。"又曰:"朱梓,字济道,金溪人,与其弟亨道泰卿,年皆长于象山,而师事之。先生言'象山所以诲人者,深切著明,大概是令人求放心,不复以言语文字为意。其有意作文者,令收拾精神,涵养德性,根本既正,不患不能作文矣。'一日,问'自见先生后,临事惟恐有失,反不能如前之勇决',象山曰:'子即今自立,正坐拱手,自作主宰,万物皆备于我,有何歉阙!'先生尝与象山、亨道同与鹅湖之会,亨道以元晦不能无我,不能如伯恭之虚中也。"又曰:"邹斌,字俊甫,临川人。博记敏识。初受学于李德章。陆氏门墙之盛,自德章师文达公复斋始,而先生为德章高弟。寻得邓名世《春秋学》,尝应省试,士多未省汶阳田所由失,先生曰:'阳虎居郓,入于讙以叛,遄以奔丧,经不书,讳之也。'一日,见象山问平日何学,以求放心对,一语契合。鹅湖之会,先生从行。登嘉定四年进士,授德安司户。黄榦守汉阳,贻书叩所学,答曰:'人能识《孟子》第一义,然后可以死见象山而不辱其门。'制使使经理三关,措置有方。初,开禧间,金犯应城,进士陆桂迎降之,邑免于屠,会宣司补官事觉,先生以《春秋》诛心之法定其罪。至决鱼湖讼,平汉阳狱,皆当人心。制使欲荐之,留于幕府,辞曰:'制使性刚,某亦性刚,恐不相容。'漕使吴柔胜命二子渊、潜往师之。丞耒阳武冈,有冤狱,辞连州县,先生勘契咸服,幸人称神明。袁蒙斋甫作象山书院,欲延先生主其事,以老病辞。端平更化,赵汝谈荐之,有旨都堂审察,不赴,除岳祠致仕。所居南堂,藏书万卷,陆子之门称多学者,只先生一人而已。有《南堂稿》,学者称南堂先生。"

张栻赴静江府任,发布《谕俗文》,欲以理学思想改变事社会风俗;又于静江学宫明伦堂旁立周敦颐、程颢、程颐"三先生祠",并为之作记,表彰三人在理学道统中的重要作用和功绩。范成大有诗寄张栻,张栻有次韵。

陈亮作《与叶丞相》书,劝勉叶衡坚定抗金信心,恢复中原。

宋淳熙二年　金大定十五年　夏乾祐六年　西辽崇福十二年　乙未　1175年

辛弃疾六月出为江西提点刑狱，节制诸军，进击赖文政领导的茶商军起义。九月诱杀赖文政于江州，起义被镇压。

范成大正月二十八日离桂林赴成都上任，祝元将、王光祖、游次公、林行甫、周去非等为之送行。六月初七日入成都府，将自广西入蜀所得诗135篇，名曰《西征小集》。

范成大任职成都府路制置使及四川制置使期间，悉力罗致人才，其中有陆游、胡晋臣、简世杰、杨光、周杰、郭明复、范谟、杨甲、杨辅、虞植等。

陆游仍为朝奉郎成都府路安抚司参议官，兼四川制置司参议官。

按：陆游爱好蜀中山水，作有诗歌多篇，后汇集编成《剑南诗稿》。

项安世举进士，召试，除秘书正字。

王淮除同知枢密院事、参知政事。

龚茂良入为参知政事，致书朱熹，朱熹有书答之。

黄东官吉州，黄榦从行，因得识庐陵名士刘清之。

陈造进士及第，调太平州繁昌尉。

林梦英登进士第，授祁阳主簿。

按：林梦英字叔虎，一字子应，临川人。陆九渊弟子。学者称山房先生。

傅梦泉第进士，分教衡阳，士人归之者众。

按：傅梦泉字子渊，号若水，建昌南城人。淳熙二年进士及第，分教衡阳。时陈傅良为漕使，与之讲学，傅良心折其言。从学于陆九渊；陆九渊论及门人，以傅梦泉为第一。张栻《与朱元晦书》亦谓"澧州教授傅梦泉来见，乃是陆子静上足。其人亦刚介有立，但所谈学，多类扬眉瞬目之机，子静此病曾磨切之否？亦殊可惧"（《南轩集》卷二四）。梦泉坚守师说甚力，从学者众多，与邓约礼、傅子云、黄叔丰、张商佐、熊鉴、黄裳、彭兴宗、詹阜民、刘尧夫等60多人创立槐堂学派，或称槐堂诸儒学派。一传数传弟子有傅道夫、傅正夫、陈苑、叶梦得、陆持之、喻仲可、顾平甫、高子亮、钟颖、史弥坚、胡衍、吴渊、罗必元、柴中守、欧阳镇、冯曾、罗晋君、石余亨、黄奇孙等。代表著作有傅梦泉的《石鼓文》，傅子云的《易传》《论语集传》《中庸大学解》，严滋的《守轩草录》，张孝直的《周易诗书语孟中庸口义》，邹斌的《南堂稿》，徐子石的《西铭章句杂著》，晁百谈的《带川集》等。

乔梦符举进士，知歙县。

按：乔梦符字世用，东阳人。官至监察御史。曾从吕祖谦学。

孟涣举进士，授徽州教授。

按：孟涣字济父，临川人。少学于临汀杨方，又学文于莆田刘凤兄弟，长师陆九渊。

刘尧夫举进士，除国子正。

游仲鸿举进士，知中江县。

饶干、陈孔硕、傅诚举进士。

金去伪从学于朱熹。

陈守至建阳寒泉精舍，为其弟陈定（字师德）求铭，朱熹为作《陈师德墓志铭》。

倪朴上书给知婺州郑伯熊，表示自己不为无用之学，批评当时盛行的高谈阔论学风。

朱熹、吕祖谦编成《近思录》14卷。

按：此书依据朱熹、吕祖谦的理学思想体系编排，全书选取周敦颐、程颢、程颐、张载关于大体而切于日用之言，按道体、为学、致知、存养、克治、家道、出处、治体、治法、政事、教学、警戒、辨异端、观圣贤14门分类编排，在理学史上具有重要的地位，影响中国学术界五六百年，且传播东亚朝鲜、日本诸国。此书行世后，注家甚多，宋代有陈埴的《近思录杂问》、杨伯岩的《近思录衍注》、叶采的《近思录集解》、熊刚大的《近思录集解》、饶鲁的《近思录注》、何基的《近思录发挥》、戴亨的《近思录补注》，元代有柳贯的《近思录广辑》，明代有周公恕的《分类经进近思录集解》、汪道昆的《近思录标题释义》，清代有王夫之的《近思录解》、张伯行的《近思录集解》、茅星来的《近思录集注》、李文炤的《近思录集解》、江永的《近思录集注》、施璜的《五子近思录发明》、陈沆的《近思录补注》、汪绂的《读近思录》、黄爽的《近思录集说》、黄叔璥的《近思录集注》、车鼎贲的《近思录注析微》。其中以江永的《近思录集注》为好。有叶采集解本，明正德十四年（1519）汪伟刊本，明稽古斋刊本、正谊堂本，清康熙中御儿吕氏宝诰堂刊《朱子遗书》本。1990年江苏广陵刻印社影印出版江永集注本。是书在韩国、日本也有多种注本。

李焘在江西转运副使任上向朝廷进神宗、哲宗两朝《长编》417卷，自治平四年三月至元符三年正月。是为第三次向朝廷进《续资治通鉴长编》。

镇江府学刻印聂崇义《新定三礼图集注》20卷。

按：以图释经，肇自汉代，抵宋乃渐盛，除聂书外，尚有程大昌的《禹贡山川地理图》、杨甲的《六经图》等。

袁枢所著《通鉴纪事本末》42卷由严陵郡学首次刻印，世称宋小字本。朱熹著《跋通鉴纪事本末》，吕祖谦著《书袁机仲国录通鉴纪事本末后》。

按：此书为我国第一部纪事本末体的历史著作，问世以后，深得历来史家的好评，清代章学诚称赞这种体裁"因事名篇，不为常格"，"文省于纪传，事豁于编年，决断去取，体圆用神"（《文史通义·书教中》）。《四库全书总目提要》说它"使纪传、编年贯通为一，实前古之所未见也"。1964年中华书局有标点本出版。

欧阳忞所著《舆地广记》38卷由九江郡斋刻印。

范成大著《桂海虞衡志》3卷成书。

按：本书是记述我国南方（主要是广西）的地理、特产、动植物及民情习俗的著作。

罗愿著《新安志》10卷，赵不悔作序。

按：是书系徽州地区的府县志书。清朱彝尊曰：罗愿"所撰《新安志》，简而有要，嗣程氏（敏政）取其材作《文献志》，此志之最善者"（《曝书亭集》卷八《书〈新安志〉后》）。章学诚曰："范氏（成大）之《吴郡志》，罗（愿）氏之《新安志》，其尤善也。"（《章氏遗书》卷一四《方志略例书吴郡志后》）《四库全书总目提要》曰：是书"叙述简括，引据亦极典核。于先达皆书其官，别于史传，较为有体。其物产一门，乃愿专门之学，征引尤为该备。其所志贡物，如干蕲药、腊芽茶、细布之类，皆史志所未载。所列先达小传，具有始末。如汪藻曾为符宝郎之类，亦多史传所遗。赵不悔序称其博物洽

意大利C·杰拉德将托勒密所著的《天文学大成》由阿拉伯文译成拉丁文。

《关于真哲学的书》成书（作者不详）。

女修院院长赫尔拉特·冯·兰茨贝格著成手写本儿童教科书《娱乐之园》，并附有羽毛笔素描，1870年在斯特拉斯堡焚于火灾。

法国民间寓言《列那狐的故事》诗篇约始撰于此时。

闻,故论载甚广。而其序事简括不繁又自得立言之法。愿自序亦自以为儒者之书,具有微旨,不同钞取记簿。皆不愧也。程敏政《新安文献志》记愿所作胡舜陟墓志后曰:'鄂州《新安志》于王黼之害王俞、秦桧之杀舜陟,皆略而不书,非否庭虚谷一白之,则其迹泯矣。然则是书精博虽未易及,至其义类取舍之间,疑有大可议者,姑记二事,以验观者'云云。案刘克庄《后村诗话》谓舜陟欲为秦桧父建祠,高登不可,因劾登以媚桧,会舜陟别以他事忤桧,下狱死,登乃得免。则舜陟之死,乃欲附于桧而反见挤耳。愿之不书,殆非无意,未可遽以为曲笔也"。

洪迈著《皇族登科题名》1卷,今佚。

陈亮著《三国纪年》成书。

鲁訔卒(1099—)。訔字季卿,号冷斋,嘉兴人,后徙海盐。绍兴五年进士。历任台州教授、江山知县、太常丞、太府少卿、福建路提刑等。著有《须江杂著》6卷、《会稽唱酬》2卷、《刍荛编》10卷、《刍狗集》10卷、《蒙溪巳矣集》45卷、后集20卷,已佚;今存《杜工部草堂诗笺》40卷、《杜工部诗年谱》1卷。事迹见周必大《直敷文阁致仕鲁公墓志铭》(《文忠集》卷三四)。

曾敏行卒(1118—)。敏行字达臣,自号浮云居士、独醒道人、归愚老人,吉水人。嗜经史,工书画。著有《独醒杂志》10卷、《应验方》3卷。事迹见樊仁远《浮云居士曾公行状》(《独醒杂志》附)。

按:《四库全书总目提要》评《独醒杂志》曰:"曾祖孝先、祖君彦,皆当熙宁之时,不肯以新学干科第,故敏行守其家法,多与正士游,胡铨、杨万里、谢谔皆其友也。年甫二十,以病废,不能仕进,遂专意学问,积所闻见成此书。其子三聘编为十卷,以樊仁远所作行状及铨所作哀词附后,万里序之,谔跋之。后赵汝愚、周必大、楼钥亦皆为之跋。书中多纪两宋轶闻,可补史传之阙,间及杂事,亦足广见闻。于南渡后刘、岳诸将,皆深相推挹,而于秦桧则惟记与翟汝文诟争一事,亦不甚置是非,于秦熺登第一事,亦仅借崔顗以寓之。考敏行卒于淳熙二年,去桧未远,殆犹有所避欤?"

赵彦端卒(1121—)。彦端字德庄,号介庵,宋宗室。绍兴八年进士。历官钱塘县主簿、江南东路转运副使、太常少卿等。官至朝奉大夫。工诗词。著有《介庵集》10卷、《介庵词》等。事迹见《宋诗纪事》卷八五、韩元吉《直宝文阁赵公墓志铭》(《南涧甲乙稿》卷二一)。

何镐卒(1128—)。镐字叔京,人称台溪先生,邵武人。以父何兑致仕恩补官,历任汀州上杭丞、善化县令。从朱熹学,曾随同朱熹参与朱、陆、吕江西鹅湖之会。著有《易说》、《论语说》、史论、诗文数十卷,今佚。《宋元学案》列其入《晦翁学案》。事迹见朱熹《何叔京墓碣铭》(《晦庵集》卷九一)。

赵崇度(—1230)、钱时(—1244)、罗必元(—1265)生。

英国研究亚里士多德的学者哈雷斯·亚历山大(—1245)生。

英国经院学派哲学家、牛津大学教授罗伯特·格罗斯特斯特(—1253)生。

宋淳熙三年　金大定十六年　夏乾祐七年
西辽崇福十三年　丙申　1176 年

塞尔柱突厥人大败拜占廷人于小亚迈里奥塞弗隆。

拜占廷帝国被迫与威尼斯订立条约，恢复其贸易特权，并付以大宗赔款。

莱尼亚诺战役，意大利伦巴底同盟联军大败德意志腓特烈一世帝。这是城市对骑士军队的第一次胜利。

英王亨利二世批准北安普敦条例。法令规定所有臣民必须宣誓效忠，否则即作为国王的敌人而予以逮捕。同年，设巡回法庭，受理地方司法诉讼。

基督教韦尔多派于此间在法国里昂开始创立，信徒遍于法、意、西、德、瑞士、佛兰德尔及波、匈等地。

正月甲子，金诏宗属未附玉牒者，并与编次。

四月丙戌，金京府设学养士，并定宗室、宰相子弟程试等第。

五月，金翰林学士图克坦子温进上以女真文所译《史记》、《汉书》、《贞观政要》、《白氏策林》等书，金主命颁行供学。遂选诸路学生 30 余人，令编修温特赫吉达教以古书，习作诗、策。

是年，参知政事龚茂良十一月将袁枢《通鉴纪事本末》上于朝廷，孝宗诏严州摹印十部，"以赐东宫及分赐江上诸帅，且令熟读，曰：'治道尽在是矣。'"（《宋史·袁枢传》）

金廷依宋制普试僧道，考试合格者发予度牒。

朱熹三月回婺源省亲扫墓，曾与表弟龚茂良同至李缯所创钟山书院，"徜徉其间，讲论道义，谈说古今，觞咏流行"（《晦庵集》卷八三《跋李参仲行状》），并读书其中。六月为婺源县学藏书阁作记，赠书县学。

朱熹屡诏不起，六月二十一日，以龚茂良、韩元吉荐，特命为秘书省秘书郎；七月初八日辞，不允。八月，再辞，并请祠。九月，差管武夷山冲祐观。

按：参政龚茂良以朱熹操行耿介，屡召不起，建议录用。诏除秘书郎，即有"群小乘间谗毁"，谓"虚名之士不可用"，于是孝宗乃差朱熹去管武夷山冲祐观（《续资治通鉴》卷一四五）。

朱熹先前曾从司马光家人范炳文处抄得司马光《潜虚》家传写本，是与张氏刻本和泉州刻本对校，辨识二本伪迹。十一月二十六日，考定全本《潜虚》为赝本，作《潜虚考异》，作《书张氏所刻潜虚图后》以发之。

吕祖谦三月二十八日与朱熹在浙江开化相会，讲论学问九日。两人就《诗经》、《尚书》、《周易》、《春秋》等经学与史学问题进行全面的讨论，还进行了儒释之辩，双方发表了不同的观点。

吕祖谦六月除秘书郎、国史院编修官，实录院检讨官，奉命重修《徽宗实录》。

按：因李焘荐举其重修《徽宗实录》，故有是命。

叶适是春因章用中至婺州，附书与吕祖谦；夏，又致书吕祖谦，推介陈傅良门人林大备。

陈傅良因参知政事龚茂良荐举，除太学录。

潘慈明知江州，与通判吕胜己修复已遭兵毁的濂溪书堂，更名为濂溪书院，以祀周敦颐，朱熹为之记。

黄榦往见刘清之，刘清之奇之，因命受业朱熹，从此始终跟随朱熹，是受业最久的弟子。

按：黄百家曰："黄勉斋榦得朱子之正统。其门人一传于金华何北山基，以递传之于王鲁斋柏，金仁山履祥，许白云谦，又于江右传饶双峰鲁，其后遂有吴草庐澄上接朱子经学。可谓盛矣！"(《宋元学案》卷八三《双峰学案》)此叙朱子学由宋而元的传授过程，路线非常分明。

黄榦自建安至金华，从学于吕祖谦，逾年始归。

王光祖时为昭州知州，根据张栻建议，重建邹公祠，以祀邹浩。

按：邹浩曾被蔡京贬谪到广西昭州，五年始得归。在昭州时，常与当地士人论学，鼓励他们以尧舜禹汤文武孔孟之道自勉自励，毋骄毋馁，奋发有为。由于邹浩博通经典，气节清亮，所以在桂东一带影响甚大。南宋绍兴间，知昭州陈廷杰建邹公祠，纪念邹浩。是年王光祖又加以重新修建。次年祠成，张栻为作《昭州新立吏部侍郎邹公祠堂碑》，称邹浩"忧国深切，重斥炎荒，凛不少沮"。"方其少时，道学行义，已有称于世，晚岁益为中外所尊仰。而公不居其成，讲究切磋，惟是之从。盖尝从伊川程先生论学，而上蔡谢公良佐、龟山杨公时，皆其所有友也。其任重道远，自强不息如此。所谓忠诚笃至，而进德终身者，若公非邪！"(《南轩集》卷一〇)明嘉靖九年(1530)，广西提学道黄佐又嘱乐平县知府龙大有重建乐平道乡书院，以祀邹浩。

杨简为绍兴府司理，任此职凡七载。

郑伯熊是秋召赴阙，寻除国子司业。

袁枢由严州教授调任大宗正簿。

李焘自乾道六年外放湖北、四川、江西等地充当路一级长官，至本年才召回京，以秘书监权同修国史，权实录院同修撰。

陆游春末因病解职闲居，始自号放翁。秋奉诏主管台州崇道观。三月为范成大《西征小集》作序。

辛弃疾由江西提点刑狱改为京西路转运判官，去襄阳就职。

李茆知雷州，重修学宫，张栻为之作记。因张栻曾祖张绂曾于至和元年以殿中丞知雷州。

郑鉴七月以"议论切直可取"除校书郎。

范成大在成都修学宫成，杨甲作《修学记》。是年为权吏部尚书。

姜夔十一月过维扬，作《扬州慢》词。

按：此词为姜夔早年的代表作。

任希夷举进士，调建宁府浦城簿。

按：《宋史·任希夷传》谓其曾"从朱熹学，笃信力行，熹器之曰：'伯起(任希夷字)，开济士也'。开禧初，主太常寺簿，奏：'绍熙以来，礼书未经编次，岁月滋久，恐或散亡，乞下本寺修纂。'从之。迁礼部尚书兼给事中。谓：'周敦颐、程颢、程颐为百代绝学之倡，乞定议赐谥。'其后敦颐谥元，颢谥纯，颐谥正，皆希夷发之"。

丁希亮从陈亮学。

岳侯霖知广西钦州，大力兴办学校。

按：张栻《钦州学记》曰："安阳岳侯霖为钦州之明年，政通人和，乃经理其州之学。""异时人才成就，风俗醇美，其必由侯今日之举有以发之。"(《南轩集》卷九)

罗点登进士第。

> **按**：《宋元学案》卷五八《象山学案》曰："罗点，字春伯，崇仁人。登淳熙三年进士第。累官至端明殿学士，签书枢密院事。光宗不过重华宫，先生同宰执引上裾而哭。与同列奏谏之，章凡三十五，又自谏者十六疏。宁宗嗣位而卒，赠太保，谥文恭。尝从学于象山，相聚甚久。晦翁与林黄中栗以争《西铭易》、《象》不相得，黄中劾晦翁偃蹇不就职，朝议不直黄中，于是两罢。先生致书象山，谓'朱、林皆自家屋里人，不宜自相矛盾'。象山答之曰：'天地开辟，本只一家。来书之云，不亦陋乎！古人但问是非邪正，不问自家他家。舜于四凶，孔子于少正卯，亦只治其家人耳！妄分倚党，此乃学不知至，自用其私者之通病也。'"

李季札、吴昶、黄仲本、吴英师从朱熹，朱熹为黄仲本作《复斋记》，有诗送吴英。

刘子翔新营别墅，刘韫将五里夫故居赠朱熹。

法国 G·戈弗雷著《哲学的源泉》。对中世纪的唯实论和唯名论在普遍概念问题上的争论加以研究。

舒州公使库刻印《礼记郑注》20卷、《礼记释文》4卷、《春秋经传集解》30卷。

张栻删改《孟子说》。又刊《三家昏丧祭礼》并作跋。

> **按**：张栻《答朱元晦书》曰："所寄《孟子》数义，无不精当，某近颇得暇，再删改旧说，方得十数段，候旋写去求教。"(《南轩集》卷二三)

朱熹著《杂书记疑》。

> **按**：朱熹所批之"杂书"，未明指名，实即周宪所记之《震泽记善录》，书中"先生"者为王蘋。

龚茂良等编《吏部条法总类》40卷成书。

洪迈著《夷坚丁志》20卷成书。

龙大渊等奉敕纂《古玉图谱》100卷约成于本年。

> **按**：《四库全书总目提要》曰："《古玉图谱》一百卷，旧本题宋龙大渊等奉敕撰。"又曰："《宋史·艺文志》不载，他家著录者皆未之及。尤袤《遂初堂书目》有《谱录》一门，自《博古》、《考古图》外，尚有李伯时《古器图》、晏氏《辨古图》、《八宝记》、《玉玺谱》诸目，亦无是书之名。……此必后人假托宋时官本，又伪造衔名以证之，而不加考据，妄为掇撷，遂致舛错乖互，不能自掩其迹，其亦不善作伪者矣。"

晁百揆著《浔阳志》12卷。

李焘进《四系录》20卷。

司马光所著《潜虚》淳熙本刻印。

> **按**：《四库全书总目提要》曰："《潜虚》一卷，附《潜虚发微论》一卷，宋司马光撰。是编乃拟《太元》而作。晁公武《读书志》曰：'此书以五行为本，五行相乘为二十五，两之为五十。首有气、体、性、名、行、变、解七图。然其辞有阙者，盖未成也。其手写草稿一通，今在子建侄房。'朱子跋张氏《潜虚图》亦曰：'范仲彪炳文家多藏司马文正公遗墨，尝示予《潜虚》别本，则其所阙之文甚多。问之，云温公晚著此书，未竟而薨，故所传止此。近见泉州所刻，乃无一字之阙，始复惊疑，读至数行，乃释然曰：此赝本也。'其说与公武合。此本首尾完具，当即朱子所谓泉州本，非光之旧。又公武言气、体、性、名、行、变、解七图，熊朋来则言《潜虚》有气图，其次体图，其次性图，其次名图，其次行图，其次命图，其目凡六。而张氏或言八图者，行图中有变图、解图也。是

命图为后人所补。公武言五行相乘为二十五,两之为五十,而今本实五十五行,是其中五行亦后人所补,不止增其文句已也。吴师道《礼部集》有此书《后序》,称初得《潜虚》全本,又得孙氏阙本,续又得许氏阙本,归以参校,用朱子法,非其旧者,悉以朱圈别之。然其本今亦不传。林希逸尝作《潜虚精语》一卷,今尚载《鬳斋十一稿》中。凡所存者,皆阙本之语,而续者不载,尚可略见大概。然于阙本中亦不全取,究无以知某条为赝本,盖世无原书久矣,姑以源出于光而存之耳。陈淳讥其所谓虚者,不免于老氏之归。要其吉臧平否凶之占,以气之过不及为断,亦不失乎圣贤之旨也。张敦实论凡十篇,据吴师道后序,则元时已附刻于后,今亦并存。敦实,婺源人。官左朝奉郎监察御史。其始末无考。考《太元经》末有右迪功郎充浙江提举监茶司干办公事张实校勘字,疑即一人。或南宋避宁宗讳,重刻《太元经》时删去敦字欤?是不可得而详矣。"

韩醇注《新刊训诂唐昌黎先生文集》50卷。

林之奇卒(1112—)。之奇字少颖,号拙斋,世称三山先生,福州侯官人。师从吕本中,而吕祖谦又从之学。绍兴二十一年进士。召为秘书省正字,转校书郎。朝廷欲令学者参用王安石《三经新义》,他以为邪说异端,不足为训。官至宗正丞。著有《尚书全解》40卷及《春秋周礼说》、《论语讲义》、《孟子讲义》、《扬子讲义》、《通鉴论断》、《道山纪闻》等,已佚;今存《拙斋集》20卷等。《宋元学案》列其入《紫微学案》。事迹见《宋史》卷四三三本传。

按:林之奇曰:"王氏三经,率为新法地。晋人以王、何清谈之罪,深于桀、纣。本朝靖康祸乱,考其端倪,王氏实负王、何之责。在孔、孟书,正所谓邪说、诐行、淫辞之不可训者。"(《宋史》本传)《四库全书总目提要》评《尚书全解》曰:"之奇辞禄家居,博考诸儒之说,以成是书。《宋志》作五十八卷,此本仅标题四十卷。考其孙畈《后序》,称:'脱稿之初,为门人吕祖谦持去,诸生传录,仅十得二三,书肆急于锓梓,遂以讹传讹。至淳祐辛丑,畈从陈元凤得宇文氏所传《书说拾遗》手稿一册,乃《康诰》至《君陈》之文,乙巳得建安余氏所刻完本,始知麻沙所刻,自《洛诰》以下皆伪续。又得叶真所藏《林李二先生书解》,参校证验,厘为四十卷。'然则《宋志》所载乃麻沙伪本之卷数,朱子所谓《洛诰》以后非林氏解者,此本则畈所重编,朱子所未见,夏僎作《尚书解》时亦未见,故所引之奇之说亦至《洛诰》止也。然畈既称之奇初稿为吕祖谦持去,则祖谦必见完书,何以《东莱书说》始于《洛诰》以下,云续之奇之书?毋乃畈又有所增修,托之乃祖欤?自宋迄明,流传既久,又佚其三十四卷。《多方》一篇,通志堂刊《九经解》,竭力购之,弗能补也。惟《永乐大典》修自明初,其时犹见旧刻,故所载之奇《书解》,此篇独存。今录而补之,乃得复还旧观。之奇是书颇多异说,如以阳鸟为地名,三俊为常伯、常任、准人,皆未尝依傍前人。至其辨析异同,贯穿史事,覃思积悟,实卓然成一家言。虽真赝错杂,不可废也。屡经散佚,而卒能完善,亦其精神刻挚,有足以自传者矣。前有自序一篇,述《尚书》始末甚详,然舛误特甚。《汉书·艺文志》已明云《古文尚书》孔安国献之,遭巫蛊不立于学官,而用伪孔《传序》'藏于家'之说,并谓刘歆未见。《儒林传》明言'伏生壁藏其书。汉兴,亡数十篇,独得二十九篇',而用卫宏《古文尚书序》'使女传言'之说,并谓齐语难晓,尤其致谬之大纲。阎若璩诸人已有明辨,兹不具论焉。"

汪应辰卒(1118—)。应辰初名洋,字圣锡,信州玉山人。学者称玉

阿拉伯伊本·尔撒基耳卒(1105—)。历史学家,著书50余种,以《大马士革志》为著。

山先生。少从吕居江、胡安国学,精于义理。绍兴五年进士第一。官至翰林学士兼侍读。卒谥文定。尝助朱熹编集杨时遗作为《龟山集》,又与朱熹商议编订张载文集事宜。著有《文定集》50卷,今存24卷;另著有《石林燕语辨》。《宋元学案》为列《玉山学案》。事迹见《宋史》卷三八七本传。

按:《四库全书总目提要》评《文定集》曰:"应辰少从喻樗、张九成、吕本中、胡安国诸人游,又与吕祖谦、张栻相善,于朱子为从表叔。朱子尝往来商榷,故《孝经刊误》援应辰之言以为据。应辰授敷文阁待制,亦举朱子以自代,契分特深。其学问具有渊源。又官秘书省正字时,以上书忤秦桧,困顿州郡者凡十七年。史称其言无隐,于吴芾、王十朋、陈良翰诸人中最为骨鲠。其立身亦具有本末。《宋史·艺文志》载其集五十卷,明初已罕流传。宏治中,程敏政于内阁得其本,以卷帙繁重,不能尽录,乃摘钞其要,编为廷试策一卷,奏议二卷,内制一卷,杂文八卷。嘉靖间,其乡人夏浚刻之,又附以遗事,志传等文凡二卷。今世所行,皆从程本传录,不见完帙者已二三百年。今考《永乐大典》所载,为程本不载者几十之四五。盖姚广孝等所据之本,即敏政所见之内阁本,而敏政取便钞录,所采太狭,故巨制鸿篇,多所挂漏。谨以浙江所购程本与《永乐大典》互相比较,除其重复,增所未备,勒为二十四卷,较五十卷之旧,业已得其大半,计其精华,亦约略具于是矣。"汪应辰所创立的学派,称玉山学派,著名弟子有汪伯时、汪逵、尤袤、吕祖谦、章颖、张杰、赵焯、郑侨、王介等。朱熹《祭汪尚书文》曰:"惟公学贯九流,而不自以为足;才高一世,而不自以为名;道高德备,而不自以为德;位高势重,而不自以为荣。盖玩心乎文武之未坠,抗志乎先民之所程,巍乎其若嵩岱之雄峙,浩乎其若沧海之涵渟。"(《晦庵集》卷八七)

施元之约卒,生年不详。元之字德初,湖州长兴人。绍兴二十四年进士,历官秘书省正字、秘书省著作佐郎、国史院编修、左正言等。淳熙三年为辛弃疾所劾,奉祠归吴兴。尝与吴郡顾禧同注苏轼诗集,陆游极称之。嘉泰间,其子施宿请陆游为序,后复为补注并著《东坡年谱》1卷,于嘉定六年刊行于淮东仓司。事迹见《宋史翼》卷二八。今人陈乃乾编有《宋长兴施氏父子事迹考》。

洪咨夔(—1236)、冯兴宗(—1237)、郑清之(—1251)、李俊民(—1260)生。

宋淳熙四年　金大定十七年　夏乾祐八年
西辽崇福十四年　丁酉　1177年

埃及苏丹萨拉丁与十字军耶路撒冷王国战,败于拉姆拉。

正月丁卯,宋颁行刘孝荣所修《淳熙历》,使用至绍熙元年(1190)。
二月,孝宗至太学,命国子监祭酒讲《中庸》。
三月己酉,龚茂良等上《仁宗玉牒》、《徽宗实录》、《钦宗玉牒》。
五月,孝宗指责士大夫耻言农事、讳言理财、讳言恢复。
六月,东宫官请增读范祖禹《唐鉴》,从之。
七月己酉,诏文宣王从祀,去王安石子王雱画像;武成王庙,升李晟于堂上，降李绩于李晟位次，仍以曹彬从祀。

按：李心传《元丰至嘉定圣配飨议》曰："自唐以来，学校以周公为先圣，孔子为先师，后以孔子为先圣，颜子为先师，至元丰间乃封孟子为邹国公，与颜子并配而荀、扬、韩子列于从祀，足以补前世之未及矣。蔡京得政，乃封王介甫为舒王，与颜、孟并，而王雱在扬、韩之次。其后，陈莹中诸公但改荆公坐像为僭，而不知三代之礼，大飨先王，功臣皆与飨焉，则尸像不必立受，今不论其学术乖戾，而第以坐视人主之拜为逆理，此学术不醇之过也。靖康间，杨文靖公为谏议大夫，首论荆公不当配飨，降于从祀。绍兴六年冬，张魏公独相，始用陈公辅言，禁临川学。明年，胡文定公以祠官上疏乞追爵二程、邵、张四贤，列于从祀，不报。乾道五年春，魏元履以布衣为太学录，复请去荆公父子，而以二程从祀，陈正献公为相，难之。淳熙三年冬，张叔达（粹中）为吏部侍郎，论王安石奸邪，乞削去从祀，上谓辅臣言：安石前后毁誉不同，其文章亦何可掩。时李仁父为礼部侍郎，上与共议，欲升范仲淹、欧阳修、司马光、苏轼，而黜王雱。仁父乞取光、轼而并去安石父子。上又欲升光、轼于堂，仁父上章称赞，且言若亲酌献，则暂迁其坐于他所。疏入，上命三省、密院议之，密院王季海依违其词，赵温叔言仲淹自以功业名，修当时亦有微玷，不若止用光、轼，而三省龚实之、李秀叔皆以为不可，事遂不行。久之，但除临川伯雱画像而已。"（《建炎以来朝野杂记》乙集卷四）

是月，立待补太学试法。

十月，秘书少监陈骙以"中兴馆阁藏书，前后搜访，部帙渐广，乞仿《崇文总目》类次"（《文献通考》卷一七四）。

宋太学建"光尧石经之阁"，以放置《宋高宗御书石经》。

按：该石经是南宋初高宗与吴皇后以正楷所书《易》、《诗》、《书》、《左传》、《论语》、《孟子》、《大学》、《中庸》等刻石。又称《南宋石经》、《绍兴御书石经》。

金颁行法律类编《大定重修制条》。

按：是书12卷，1190条，系综合增补《皇统制》、《续降制书》、《军前权宜条理》、《续行条理》而成。

是年，宋太学招生改行待补法，规定以后每遇科举年分，各州按未解发者百人取三人的比率，将解试时有两场或一场试卷文理优长者，报州备案，待太学补试，出给公据，赴补试一次。

朱熹根据《孟子》及赵岐注、《孔丛子》、《史记索隐》校勘《史记·孔子世家》和《孟子荀卿列传》误文、衍字及异同。

张栻在静江新修学府成，朱熹为作《静江府学记》；八月寄《癸巳论语说》予朱熹讨论，朱熹作《与张敬夫论癸巳论语说》。

张栻六月刻陈瓘《责沈》于桂林学宫。

张栻与吕季克、王居之书，论《原说》之弊。

袁枢、傅伯寿、梁瑑、吴英共访朱熹，同游武夷，泛舟九曲，有诗唱酬。

吕祖谦因重修《徽宗实录》成，升为著作郎兼编修官。

陈傅良二月改承奉郎。

陆九龄、陆九渊居母丧，有信问朱熹祔礼，朱熹有书答辩。

陈亮试礼部，不中。考官为唐仲友。

按：陈亮次年《上孝宗皇帝第三书》曰："去年一发其狂论于小试之间，满学之士，口语纷然，至腾谤以动朝路，数月而未已。而为之学官者，迄今进退未有据也。"（《龙川集》卷一）吕祖谦《与陈同甫书》曰："试闱得失，本无足论，但深察得考官却是无意，其间犹有误认监魁卷子为吾兄者，亦可一笑。"（《东莱集》外集卷六）

李焘是秋出知常德府，以史局自随。

宋敏求在秘阁任职，建议广罗古籍异本，令在馆供职者重复校正。

辛弃疾差知江陵府，兼荆湖北路安抚使。

范成大六月奉旨召对，离蜀还行在。陆游送之眉州之中崖，沿途迭有唱和。八月初五日至江陵，晤辛弃疾。十一月入对，除权礼部尚书。

郑伯熊七月兼国史院编修官。

胡晋臣以范成大荐，三月初十日赴召应试，言当今士俗、民力、边备、军政四弊；除秘书省校书郎。

陆游年底始得都下八月书报，起知叙州。

杨万里知常州，初识王蔺；十月作书与张栻，并识李焘、李壁父子；十二月，为尤袤《益斋藏书目录》作序，又为陈从古《和简斋诗集》作序。

龚茂良六月初八日因奏论曾觌、谢廓然而罢参知政事，王淮为参知政事。朱熹有书致慰龚茂良。

按：龚茂良在任内所荐之士，有袁枢、朱熹、叶适、陈傅良、刘清之等，皆当时名士。

郎景明从陈亮学。

沈焕调扬州学教授，未上；游明招山，与吕祖谦、吕祖俭辩论古今。

按：全祖望《竹洲三先生书院记》曰："方端宪（沈焕）游明招山中，忠公之兄成公尚无恙，相与极辨古今，以求周览博考之益。凡世变之推移，治道之体统，圣君贤相之经纶事业，孜孜讲论，日益深广，期于开物成务而后已。"（《宋元学案》卷七六）

石起宗为秘书省校书郎。

日本藤原清辅撰《续词花和歌集》。

朱熹在严州刊行程颢、程颐《河南程氏遗书》和《程氏外书》。

朱熹在建阳编写《周易本义》稿本，至淳熙十五年（1188）定稿12卷。

按：是书修改未妥，即被书坊盗印。其《答刘君房》书二首曰："《本义》未能成书而为人窃出，再行模印，有误观览。"（《晦庵集》卷六〇）是书成，朱熹的学术思想体系的规模大致奠定。

朱熹始著《诗集传》。

按：清皮锡瑞《经学历史》曰："汉学至郑（玄）君而集大成，于是郑学行数百年；宋学至朱子而集大成，于是宋学行数百年。"

朱熹著《论语集注》10卷、《论语或问》、《孟子集注》14卷、《孟子或问》成书。

按：朱熹《论语集注》写成后，又多有修改，但初稿为人借去传刻，流布在外，曾甚为遗憾。十二年后与弟子杨道夫谈及此书时说："《论语集注》盖某十年前本，为朋友传去，乡人遂不告而刊。及知觉则已分裂四处，而不可收矣。其间多所未稳，煞误看读。"（《朱子语类》卷一九）又对友人苏晋叟说："《论孟解》乃为建阳众人不相关白而辄刊行，方此追毁，然闻鬻书者已持其本四出矣。"（《晦庵集》卷五五《答苏晋叟》）

宋淳熙四年　金大定十七年　夏乾祐八年　西辽崇福十四年　丁酉　1177年

朱熹序定《大学章句》和《中庸章句》。

张栻继续改正《论语说》。

按：张栻《答朱元晦书》曰："《论语》日夕玩味，觉得消磨病痛，变移气质，须是潜心此书，久久愈见其味。旧说多所改正，他日首以求教。向来下十章癸巳解，望便中疏其缪见示。"（《南轩集》卷二三）

程大昌著《禹贡山川地理图》5卷成书。

按：是书为我国现存最早的沿革地图。《四库全书总目提要》曰："《禹贡论》五卷、《后论》一卷、《山川地理图》二卷，宋程大昌撰。《宋史·艺文志》载大昌《禹贡论》五卷、《后论》一卷，又《禹贡论图》五卷。陈振孙《书录解题》则谓《论》五十二篇、《后论》八篇、《图》三十一。王应麟《玉海》则谓淳熙四年七月大昌上《禹贡论》五十二篇、《后论》八篇，诏付秘阁，不及其图，盖偶遗也。今诸论皆存，其图据归有光《跋》，称吴纯甫家有淳熙辛丑泉州旧刻，则嘉靖中尚有传本。今已久佚，故通志堂《经解》惟刻其前、后《论》，而所谓《禹贡山川地理图》者，则仅刻其叙说。今以《永乐大典》所载校之，祗缺其《九州岛山水实证》及《禹河》、《汉河》二图耳，其余二十八图岿然并在，诚世所未觏之本。今依通志堂图叙原目并为二卷，而大昌之书复完。大昌喜谈地理之学，所著《雍录》及《北边备对》皆刻意冥搜，考寻旧迹，是书论辨尤详。周密《癸辛杂识》载：'大昌以天官兼经筵，进讲《禹贡》，阙文疑义，疏说甚详，且多引外国幽奥地理，阜陵颇厌之，宣谕宰执云：六经断简，阙疑可也，何必强为之说！且地理既非亲历，虽圣贤有所不知，朕殊不晓其说，想其治铨曹亦如此，既而补外'云云。与《自序》及陈应行《后序》所言殊相乖剌。夫帝王之学与儒者异，大昌讲《尚书》于经筵，不举唐虞三代之法以资启沃，而徒炫博奥，此诚不解事理。然以诘经而论，则考证不为无功。盖其失在不当于经筵讲《禹贡》，而不在辨定《禹贡》之山水也。其《前论》于江水、河水、淮水、汉水、济水、弱水、黑水皆纠旧传之误，《后论》则专论河水、汴水之患。陈振孙讥其身不亲历，乌保其皆无抵牾，亦如孝宗之论；归有光亦证其以鸟鼠同穴指为二山之非。要其援据厘订，实为博洽，至今注《禹贡》者终不能废其书也。"

范成大著《成都古今丙记》10卷成书。又为洪适刻《隶释》10卷于蜀。

李焘向朝廷进徽宗、钦宗两朝《长编》。是为第四次向朝廷进《续资治通鉴长编》。

按：全书进呈完毕。

陈骙始编《中兴馆阁书目》。

吕祖谦始编次《皇朝文海》。

按：先是，江钿编有有宋一代诗文总集《圣宋文海》130卷，由于"去取无法"，孝宗令临安府选派官员雠校讹误，刻板印行。时任翰林学士的周必大认为此书"殊无伦理"，"恐难传后"，建议"莫若委馆阁为别诠次，以成一代之书"，得孝宗同意，谕令宰执大臣推荐编辑人员，参知政事王淮认为担当此任"非秘书郎吕祖谦不可"。于是孝宗令吕祖谦"专一精加校正"。吕祖谦遂在《圣宋文海》的基础上，搜采公私藏书，所得文集凡800家，斟酌取舍，择精选粹，历时一年，至淳熙五年（1178）十月，成书150卷。

范成大自蜀至吴，行程数千里，为时四月余，随日记所阅历，成《吴船录》2卷。

孟元老所著《东京梦华录》10卷初刻。

按：此书所开创的体裁，对后来颇有影响，此后反映南宋都会市俗的几部书，如

《都城纪胜》、《繁胜录》、《梦梁录》、《武林旧事》等,可以说都是在不同程度上受到其影响而产生的。有明弘治刊本、《津逮秘书》本、《丛书集成初编》本等。1956年上海古典文学出版社出版了标点本。

德国赫尔莫尔德约于是年卒(约1120—)。历史学家,著有荷尔斯坦因的《斯拉夫编年史》。

吴翌卒(1128—)。翌字晦叔,建宁府人。游学衡山,师事五峰先生胡宏。弃科举之学。胡宏殁,又与张栻、胡实、胡大原游。筑室衡山下,榜曰澄斋。张氏门人在衡湘者甚众,无不从之,参决所疑。《宋元学案》列其入《五峰学案》。卒,朱熹为文祭之,并作行状。事迹见朱熹《祭吴晦叔文》(《晦庵集》卷八七)、《南岳处士吴公行状》(《晦庵集》卷九七)。

周孚卒(1135—)。孚字信道,号蠹斋,祖籍济南,徙居丹徒。乾道二年进士,10年后始为真州教授。著有《非诗辨妄》2卷、《蠹斋铅刀编》32卷。事迹见《宋史翼》卷二八。

柯翰卒,生年不详。翰字国材,泉州同安人。通经学,登门受学者常百余人。绍兴间朱熹为同安主簿,与翰交甚洽。尝取杨子"三年通一经"语,名居室"一经堂"。卒,朱熹为文祭之。事迹见朱熹《祭柯国材文》(《晦庵集》卷八七)

程迥本年前后在世,生卒不详。迥字可久,应天府宁陵人。学者称沙随先生。尝授经学于昆山王葆、嘉禾闻人茂德、严陵喻樗。隆兴元年进士。历仕扬州泰兴尉、饶州德兴丞、进贤知县、上饶知县。官终朝奉郎。著有《古易考》、《古易章句》10卷、《周易古占法》1卷、《易传外编》1卷、《春秋传》20卷、《春秋传显微例目》1卷及《论语传》、《孟子章句》、《文史评》、《经史说诸论辩》、《太玄补赞》、《户口田制贡赋书》、《乾道振济录》、《医经正本书》、《条具乾道新书》、《度量权三器图义》、《四声韵》、《淳熙杂志》、《南斋小集》。《宋元学案》列其入《龟山学案》。事迹见《宋史》卷四三七本传。

按:《宋史》本传曰:"朝奉郎朱熹以书告迥子绚曰:'敬惟先德,博闻至行,追配古人,释经订史,开悟后学,当世之务又所通该,非独章句之儒而已。曾不得一试,而奄弃盛时,此有志之士所为悼叹咨嗟而不能已者。然著书满家,足以传世,是亦足以不朽。'"

李纯甫(—1223)、高定子(—1247)生。

宋淳熙五年　金大定十八年　夏乾祐九年
西辽末主直鲁古天禧元年　戊戌　1178年

正月初九日,以权礼部尚书范成大知贡举,给事中程大昌、右谏议大夫萧燧同知贡举,太常少卿齐庆胄、司农少卿戴几先、太府少卿傅淇、尚书吏部员外郎阎苍舒、尚书兵部员外郎何伯谨、监察御史潘纬等并参详。

宋淳熙五年　金大定十八年　夏乾祐九年　西辽末主直鲁古天禧元年　戊戌　1178年

辛丑,侍御史谢廓然乞戒有司,毋以程颐、王安石之说取士。
按:谢氏言:"近来掌文衡者,主王安石之说,则专尚穿凿;主程颢之说,则务为虚诞。虚诞之说行,则日入于险怪;穿凿之说兴,则日趋于破碎。请诏有司公心考校,无得徇私,专尚王、程之末习。"从之(《续资治通鉴》卷一四六)。

庚戌,金修起居注,朝奏议论时事,回避众臣,不避记注官。

三月己酉,金禁止民间创兴寺观。

四月初七日,赐礼部进士姚颖、叶适、李寅仲以下417人及第、出身。

五月庚子,始置武学国子额,收补武臣亲属;其文臣亲属,愿附补者亦听。

九月戊寅,宋赐岳飞谥武穆。

是年,西辽承天皇后被部下杀死,仁宗子直鲁古即位,改元天禧。

朱熹春正月因侍御史谢廓然上书乞禁程学,致书吕祖谦深忧虑之;七月,作胡宪行状、刘子羽行状;是月二十九日,与廖德明、刘尧夫、方士繇游武夷,蔡元定、刘甫、刘子翔皆来会,多有诗吟留题;八月,以史浩荐,命为知江西南康军,辞不允,令速就任。

朱熹从门人杨方得周敦颐所著《太极通书》九江传写本,与延平本加以对勘是正。

朱熹应刘子羽之子刘珙、刘玶之请,撰并书《少府刘公神道碑》。

陆九龄、陆九渊致书朱熹,自讼鹅湖之会偏见之说。
按:朱熹《答吕伯恭书》七曰:"近两得子寿兄弟书,却自讼前日偏见之说,不知果如何?"(《晦庵集》卷三四)

张栻因治理静江有方,孝宗诏特转承事郎进直宝文阁,寻除秘阁修撰、荆湖北路转运副使,改知江陵府,安抚本路。

张栻弟张构知袁州,建袁州州学成,张栻为之作《袁州学记》。

陈亮一月之内连续三次向孝宗上书,要求朝廷改变苟安态度,改除弊政,进兵中原。其《上孝宗皇帝第一书》中有云:"人才以用而见其能否,安坐而能者,不足恃也;兵食以用而见其盈虚,安坐而盈者,不足恃也。"对朱熹"修德待时"、"安坐感动"之说提出公开批评。书奏,孝宗赫然震动,欲榜朝堂,以励群臣。用种放故事,召令上殿,将擢用之。陈亮谓"吾欲为社稷开数百年之基,宁用以博一官乎"?(《龙川集》卷一)遂渡江而归。

陈亮四月在永康作书《与吕伯恭正字》,向吕祖谦倾诉对朝政腐败的不满,批评朱熹置国家危亡于不顾。
按:清代颜元《朱子语类评》曰:"朱、陆、陈三子并起一时,皆非尧、舜、周、孔之道之学也。龙川之道行,犹使天下强。象山之学行,虽不免禅宗,还不全靠书本,即无修和、习行圣人成法以惠天下,犹省本来才力精神,做得几分事功,正妙在不以读书误人也。朱子更愚,全副力量用在读书,每章'读取三百遍',又要'读尽天下书',又言'不读一书,不知一书之理'。此学庸人易做,较陈学不犯手,无杀战之祸;较陆学不须上智超悟,但工之乎者也,口说笔做,易于欺人,而天下靡焉从之。但到三十上下,耗气劳心书房中,萎惰人精神,使筋骨皆疲软,天下无不弱之书生,无不病之书生,一事不能做。而人生本有之'三达德'尽无可用,尧、舜、周、孔之'三事'、'三物'无一不亡;千古儒道之祸,生民之祸,未有甚于此者也。"(《颜元集》卷六)

吕祖谦被任命为著作郎、两浙东路安抚司参议官等职,均以久病为由坚辞,不允,改除直秘阁主管建宁府武夷山冲祐观。

陈傅良因龚茂良罢参知政事,遭人妒忌,力求外补,吕祖谦时在三馆,劝留陈傅良,不可,遂于十月添差通判福州。

叶适中进士第二,授平江节度推官。丁母忧,改武昌军节度判官。陈亮以文来祭。是秋,访陈亮于永康。

史浩三月为右丞相兼枢密使,十一月甲戌罢为少傅,充醴泉观使兼侍读。

王淮三月为知枢密院事,赵雄参知政事;十一月十八日,以赵雄为右丞相,王淮为枢密使。

袁枢迁太府丞,上言朋党之事。

> 按:袁枢曰:"人主有偏党之心,则臣下有朋党之患,比年或谓陛下宠任武士,有厌薄儒生之心,猜疑大臣,亲信左右,内庭行庙堂之事,近侍参军国之谋,今虽总权纲,专听览,而或壅蔽聪明,潜移威福。愿可否惟听于国人,毁誉不私于左右。"(《宋史·袁枢传》)

范成大夏四月丙寅为参知政事,五月初七日与右丞相史浩、知枢密院事王淮、参知政事赵雄等奏论朋党事,六月十一日罢参知政事,提举临安府洞霄宫。旋回石湖,有《初归石湖》诗。

杨万里四月有启贺范成大为参知政事;冬至,范成大有诗寄杨万里,杨万里有次韵。

杨万里是秋为胡珵《苍梧集》作序,十月为陈渊《默堂集》作序。

尤袤自惠山访杨万里,万里作诗以谢。

辛弃疾召为大理少卿。又出为湖北转运副使。九月重九有寿诗寄朱熹。

陆游奉旨自成都东归行在,召对后,除提举福建路常平茶盐公事。

李焘时为礼部侍郎同修国史,四月上言今所修《四朝正史》,开院已十七年,乞降睿旨,责以近限,庶几大典早获备具。诏限一年完成。

> 按:李心传曰:"《四朝正史》,始于李仁父,而终于洪景卢。乾道中,仁父初入史院,上《四朝帝纪》。再还朝,乃修诸志,未及进书,而仁父去国。时史馆多以为侍从兼职,往往不能淹贯,则私假朝士之有文学者代为之。今《四朝艺文志》一书,实先君子笔也。淳熙中,赵卫公温叔为相,《史志》告成。仁父时守遂宁,大臣言仁父之力为多,特进秩一等。久之,《列传》犹未就绪,上遂召仁父,卒成之。书垂成而仁父卒。乃自婺州召景卢入领内祠,专典史事,又逾岁而始成书焉。凡列传八百七十,总一百三十五卷。"(《建炎以来朝野杂记》甲集卷四)

戴溪为别头省试第一,监潭州南岳庙。

胡铨夏天进端明殿学士。

赵彦中时任秘书郎,四月上疏,言科举之文不应祖性理之说,"洛学饰怪惊愚,外假诚敬之名,内济虚伪之实,士风日弊,人才日偷,望诏执事,使明知圣朝好恶所在,以变士风"。从之(《宋史全文》卷二六下)。

陈骙试中书舍人兼侍讲,同修国史。

陈俊卿四月判建康,过阙入对,极言曾觌、王抃、甘昇3人招权纳贿,荐进人才,而以中批行之等事。陈俊卿入对时,曾面荐朱熹。

尤袤知台州,放罢。

刘光祖除太学正,召试正字,兼吴益王府教授。

徐居厚、王道甫同登进士第。

章良能、范仲黼、王自中、余元一举进士。

周谟、江默从学于朱熹。

黄涣南省第二人,后守岳州。

按:黄涣字德亨,光泽人。曾从吕祖谦游;其兄黄谦,亦游朱熹、吕祖谦之门。

邓约礼登进士第,官德化丞。

按:邓约礼字文范,本旴江人,徙临川。学者称直斋先生。师事陆九渊,在槐堂中称为斋长。有求见陆九渊者,令先从约礼问学。为温州教授,与叶适相得甚欢。

傅芷举进士。

按:傅芷字升可,义乌人。傅寅弟子,精于经史之学,未仕而卒。著有《南园讲录》及《南园诗文集》20卷。

又按:傅寅字同叔,学者称杏溪先生,义乌人。《宋元学案》列其入《说斋学案》。著有《禹贡说断》4卷。《四库全书总目提要》曰:"(傅寅)尝从唐仲友游,仲友称其职方、舆地尽在腹中。……书中博引众说,断以己意,具有持解,不肯蹈袭前人。其论《孟子》'决汝汉排淮泗而注之江'为古沟洫之法,尤为诸儒所未及,洵卓然能自抒所见者。"

熊以宁举进士,授光泽簿。

邓林举进士,授泰和簿,与辛弃疾、周必大、陈傅良、戴溪、朱熹、吕祖谦为友。

按:邓林字楚材,福清人。凡三上书于朝,略曰:"今朝廷无元气,中国无生气,士大夫无英气,此夷狄气揣虚而入,阴阳沴气乘间而起。"大意皆议切朝政。时朝议欲授以中都干官,或曰:"邓林若在中都,此谤议之府也。"遂授石城县丞。有《虚斋文集》。事迹见《八闽通志》卷六二。

吕祖谦著《春秋左氏传说》20卷约成于是年前。

按:《四库全书总目提要》曰:"其(吕祖谦)生平研究《左传》,凡著三书:一曰《左传类编》,一曰《左传博议》,一即是编。其《类编》取《左氏》之文,分别为十九目,久无传本,惟散见《永乐大典》中,颇无可采。《博议》则随事立义,以评其得失。是编持论与《博议》略同,而推阐更为详尽。陈振孙《书录解题》称其于《左氏》一书多所发明而不为文,似一时讲说,门人所钞录者,其说良是。《朱子语录》亦称其极为详博。然遣辞命意,颇伤于巧。考祖谦所作《大事纪》,朱子亦谓有纤巧处,而称其'指公孙宏、张汤奸狡处,皆说得羞愧杀人'云云。然则朱子所谓巧者,乃指其笔锋颖利,凡所指摘,皆刻露不留余地耳。非谓巧于驰辨,至或颠倒是非也。《书录解题》载是书为三十卷。此本仅二十卷。考明张萱《内阁书目》所载《传说》四册外,尚有《续说》四册,知陈氏所谓三十卷者,实兼《续说》十卷计之。今《续说》别于《永乐大典》之中裒采成

瓦尔特·冯·查蒂龙用中古拉丁文著成诗史《亚历山大的故事》。

帙。以其体例自为起记,仍分著于录云。"

吕祖谦著《春秋左氏传续说》12卷约成书于本年前后。

按:《四库全书总目提要》曰:"是编继《左氏传说》而作,以补所未及,故谓之《续说》。久无传本,今见于《永乐大典》者,惟自僖公十四年秋八月至三十三年,襄公十六年夏至三十一年,旧本阙佚,无足采录。其余则首尾完具,以《传》文次第排比之,仍可成帙。其中如'史骈送狐射姑之帑'、'孟献子爱公孙敖二子'两条,俱以《博议》所云为非。是则是书当成于晚年矣。其体例主于随文解义,故议论稍不如前说之阔大。然于《传》文所载,阐发其蕴,并抉摘其疵。如所谓'《左氏》有三病,不明君臣大义,一也。好以人事附会灾祥,二也。记管、晏事则尽精神,说圣人事便无气象,三也'云云,虽亦沿宋儒好轧先儒之习,然实颇中其失。至于朝祭、军旅、官制、赋役诸大典及晋、楚兴衰,列国向背之事机,诠释尤为明畅。惟子服景伯系本桓公,而以为出自襄公,稍为讹舛耳。盖祖谦邃于史事,知空谈不可以说《经》,故研究《传》文,穷始末以核得失,而不倡废《传》之高论。视孙复诸人,其学为有据多矣。"

夏僎著《尚书详解》在淳熙间由麻沙刘氏书坊刻行。

按:夏僎字符肃,号柯山,龙游人。《四库全书总目提要》曰:"陈振孙《书录解题》称是书集二孔(安国、颖达)、王(雱)、苏(轼)、陈(鹏飞)、林(之奇)、程(颐)、张(九成)及诸儒之说。……然僎虽博采诸家,而取于林之奇(《尚书全解》)者实什之六七,盖其渊源在是矣。明洪武间,初定科举条式,诏习《尚书》者并用夏氏、蔡氏两《传》。后永乐中《书经大全》出,始独用蔡《传》,夏氏之书浸微。……今观其书,视蔡《传》固不免少冗。然其反复条畅,深究详绎,使唐、虞、三代之大经大法灿然明白,究不失为说《书》之善本。"宋人胡士行亦著有《尚书详解》13卷,《四库全书总目提要》曰:"其解经多以孔《传》为主,而存异于后。孔《传》有未善,则引杨时、林之奇、吕祖谦、夏僎诸说补之。诸说复有所未备,则以己意解之。"

张栻修改《孟子说》。

按:张栻《答朱元晦书》曰:"秋凉行大江,所至游历山川,复多濡滞,今日欲次鄂渚,更数日可解,舟中无事,却颇得读《论语》、《易传》、《遗书》,极觉向来偏处。取所解《孟子》观之,段段不可,意义之难精正,当深培其本耳。修改得养气数段,旧说略无存者。得所寄助长之论,甚合鄙意,俟到长沙录去求教。"(《南轩集》卷二四)

史浩等十月上《三祖下第六世仙源类谱》、《仁宗玉牒》。

陈骙等六月初九日上《中兴馆阁书目》70卷,《序例》1卷,凡52门,计见在书44486卷。

按:这是南宋最重要的一部官修目录,比《崇文总目》多出13817卷,是对南宋馆阁藏书的一次系统清理。李心传曰:"《中兴馆阁书目》者,孝宗淳熙中所修也。高宗始渡江,书籍散佚。绍兴初,有言贺方回子孙鬻其故书于道者,上命有司悉市之。时洪玉父为少蓬,建言芜湖县僧有蔡京所寄书籍,因取之以实三馆。刘季高为宰相掾,又请以重赏访求之。五年九月,大理评事诸葛行仁献书万卷于朝。诏官一子。十三年,初建秘阁,又命即绍兴府借故直秘阁陆寘家书缮藏之。寘,农师子也。十五年,遂以秦伯阳提举秘书省,掌求遗书、图画及先贤墨迹。时朝廷既右文,四方多来献者。至是数十年,秘府所藏益充牣,乃命馆职为《书目》,其纲例皆仿《崇文总目》焉。《书目》凡七十卷。"(《建炎以来朝野杂记》甲集卷四《中兴馆阁书目》)嘉定十三年(1220),秘书监张攀又主持编撰《中兴馆阁续书目》30卷,著录淳熙五年后馆阁收入的新书14943卷。《中兴馆阁书目》和《中兴馆阁续书目》在当时曾与《崇文总目》

宋淳熙五年　金大定十八年　夏乾祐九年　西辽末主直鲁古天禧元年　戊戌　1178年

并行,后皆散佚。1932年,赵士炜撰《中兴馆阁书目辑考》5卷、《中兴馆阁续书目辑考》1卷,是近数十年间查考这两部《馆阁书目》的通行辑本。

周去非著《岭外代答》10卷成书。

按:周去非字直夫,温州永嘉人。周行己族孙。隆兴元年进士。从学于张栻。历试桂林尉、州学教授等。仕至绍兴府通判。《宋元学案》列其入《岳麓诸儒学案》。是书记岭外制度、方物等颇详。

林桷著《姑孰志》5卷。

李焘著《说文解字五音韵谱》12卷。

袁采著《训俗》(即《袁氏世范》)3卷刊行,刘镇作序。

按:《四库全书总目提要》曰:是书"分《睦亲》、《处己》、《治家》三门,题曰《训俗》。府判刘镇为之序,始更名《世范》。其书于立身处世之道,反复详尽,所以砥砺末俗者,极为笃挚。虽家塾训蒙之书,意求通俗,词句不免于鄙浅,然大要明白切要,使览者易知易从,固不失为《颜氏家训》之亚也"。

韩彦直著《橘录》3卷成书。

按:是书又名《永嘉橘录》,为中国也是世界第一部论述柑橘的专著。《四库全书总目提要》曰:"彦直字子温,延安人,蕲忠武王世忠之长子。登绍兴十八年进士,官至龙图阁学士,提举寿观。以光禄大夫致仁,封蕲春郡公。事迹附见《宋史·世忠传》。此谱乃淳熙中知温州时所作。……彦直有才略,而文学亦优。尝辑宋朝故事名《水心镜》,凡一百六十余卷,为尤袤所称,今不传。是录亦颇见条理。"有《百川学海》、《山居杂志》、《说郛》、《丛书集成初编》等本。

梁安世在韶州刻刘安世《尽言集》13卷。

李衡卒(1100—)。衡字彦平,号乐庵,江都人。绍兴二年进士,授吴县主簿,徙知溧阳。官至秘阁修撰。家中藏书逾万卷。著有《周易义海撮要》12卷。另有《乐庵集》、《和寒山拾得诗》,已佚。其弟子龚昱辑有《乐庵语录》5卷。事迹见《宋史》卷三九〇本传。

林光朝卒(1114—)。光朝字谦之,号艾轩,兴化军莆田人。早年从程门尹焞弟子陆景端学习"圣贤践履"之学,后受程门弟子王蘋影响,接受其学说。南宋时,二程理学倡行东南,自光朝始,学者尊为"南夫子"。隆兴元年,以进士及第调袁州司户参军。历官秘书省正字兼国史编修、实录检讨官、国子祭酒等。著有《艾轩集》20卷,今存9卷。《宋元学案》为列《艾轩学案》。事迹见《宋史》卷四三三本传、周必大《林谦之神道碑》(《文忠集》卷六三)。

按:《宋史》本传曰:林光朝"再试礼部不第,闻吴中陆子正尝从尹学,因往从之游。自是专心圣贤践履之学,通《六经》,贯百氏,言动必以礼,四方来学者亡虑数百人。南渡后,以伊、洛之学倡东南者,自光朝始。然未尝著书,惟口授学者,使之心通理解。尝曰:'道之全体,全乎太虚。《六经》既发明之,后世注解固已支离,若复增加,道愈远矣。'"全祖望曰:"和靖高弟,如吕如王如祁,皆无门人可见。盐官陆氏独能传之艾轩,于是红泉、双井之间,学派兴焉。然愚读艾轩之书,似兼有得于王信伯,盖陆氏亦尝从信伯游也。且艾轩宗旨,本于和靖者反少,而本于信伯者反多,实先槐堂之三陆而起。特槐堂贬及伊川,而艾轩则否,故晦翁于艾轩无贬词。终宋之世,艾

冰岛诗人、历史学家、政治家斯诺里·斯图鲁逊(—1241)生。

轩之学,别为源流。"(《宋元学案》卷四七《艾轩学案》)林光朝所创立的学派,称艾轩学派,著名弟子有林亦之、刘夙、刘朔、陈士楚、黄㘅、林阿盅、陈叔盅、魏几、陈藻、林希逸、刘翼、刘弥臣、孟涣、邱葵、洪天锡等。

王逨卒(1117—)。逨字致君,陈州宛丘人。绍兴八年入太学。隆兴元年进士。历监察御史、右正言。淳熙四年为国子司业。精《史记》、《汉书》之学,工书画。著有《西汉决疑》3卷、《南北龟鉴》、《补注杜诗》3卷、《王司业集》30卷,皆佚。事迹见楼钥《国子司业王公行状》(《攻媿集》卷九〇)。

吴交如卒(1118—)。交如字亨会,润州丹徒人。绍兴十五年进士。再中法科,入为大理评事。历刑部郎中、大理少卿、直秘阁、提点两浙东路公事。曾奉命修订朝廷法令,书成,除大理卿。事迹见《至顺镇江志》卷一九。

纥石烈良弼卒(1119—)。良弼本名娄室,回怕川(今吉林辉发河)人。年14,为北京教授,学徒常二百人。其从学者,后皆成名。年17,补尚书省令史。除吏部主事。天德初,累官吏部郎中,改右司郎中,迁刑部尚书,赐今名。召拜尚书右丞。进拜平章政事,封宗国公。曾预修《太宗实录》、《睿宗实录》。事迹见《金史》卷八八本传。

钱俣卒(1119—)。俣字廷硕,一字惟人,苏州常熟人。绍兴二十一年进士,授泰州教授。乾道二年除太学正,历秘书丞、著作郎、将作少监,官至朝请郎、提举福建常平茶事。喜藏书,精于《易》学。著有《诸经讲解》、《易说》。

刘珙卒(1122—)。珙字共甫,一作恭父,崇安人。从季父刘子翚学。绍兴十二年进士,监绍兴府都税务。召除诸王宫大小学教授,迁礼部郎官。因忤秦桧,被逐;秦桧死,召为大宗正丞。官至同知枢密院事。谥忠肃。著有《刘珙集》90卷,今佚。《宋元学案》列其入《刘胡诸儒学案》。事迹见《宋史》卷三八六本传、朱熹《观文殿学士刘公神道碑》(《晦庵集》卷八八)。

薛师石(—1228)、魏了翁(—1237)、真德秀(—1235)、谢采伯(—1251)生。

宋淳熙六年　金大定十九年　夏乾祐十年
西辽天禧二年　己亥　1179年

罗马教皇亚历山大第三召开拉特兰宗教会议,制定

二月己丑朔,孝宗谓皇太子,曰:"近日知《通鉴》已熟,别读何书?"对曰:"经、史并读。"孝宗谓读书当"先以经为主,史亦不可废"(《续资治通鉴》卷一四六)。

宋淳熙六年　金大定十九年　夏乾祐十年　西辽天禧二年　己亥　1179年

癸卯,宋命敕令所将现行敕、令、格、式,仿《吏部七司条法总类》,随事分类修纂成书,名曰《淳熙条法事类》。

三月丙寅,录赵鼎、岳飞子孙,赐京秩。

七月甲戌,赵雄进《会要》158卷。

十二月丙戌,颁行《重修敕令格式》。

是年,宋孝宗赐余杭大涤山洞霄宫《道藏》。

新"教皇选举法",规定教皇须由红衣主教2/3多数选举产生。

朱熹赴南康军任,途中寓铅山崇寿僧舍,陆九龄偕刘尧夫来访,有讲论切磋之乐,神情意趣已大异于"鹅湖之会"。

按:杨开沅曰:"鹅湖之会,论及教人,朱子之意,欲令人泛观博览,而后归之约;二陆之意,欲先发明人之本心,而后使之博览。朱以陆之教人为太简,陆以朱之教人为支离。此两不相合之由也。然亦不过各欲明其道耳。考《朱子集》中,有《祭陆子寿教授文》云:'学非私说,惟道是求。苟诚心而择善,虽异序而同流。如我与兄,少不并游,盖一生而再见,遂倾倒以绸缪。念昔鹅湖之下,实云识面之初。兄命驾而鼎来,载季氏而与俱,出新篇以示我,意恳恳而无余,厌世学之支离,欣易简之规模。顾予闻之浅陋,中独疑而未安。始听荧于胸次,卒纷缴于谈端。徐度兄之不可遽以辩屈,又知兄必将返而深观,遂逡巡而旋返,怅犹豫而盘旋。别来几时,兄以书来,审前说之未定,曰予言之可怀。逮予辞官而未获,停骖道左之僧斋,兄乃枉车而来教,相与极论而无猜。自是以还,道合志同,何风流而云散,乃一西而一东,盖旷岁以索居,仅尺素之两通,期杖履之肯顾,或慰满乎予衷。属者乃闻兄病在床,亟函书而问讯,并裹药而携将。曾往使之未返,何来音之不祥。惊失声而陨涕,沾予袂以淋浪。呜呼哀哉!'观此可知朱、陆晚年合一,即是文不足为定据乎!"(《宋元学案》卷五七《梭山复斋学案》)

朱熹二月十一日因建阳县宰姚耆寅兴县学,聚藏书,为作县学藏书记;又因姚耆寅更立四贤堂于县学,为作堂记;三月三十日知南康军,即亲访白鹿洞遗址,十月即令军学教授杨大法和星子县令王仲杰主持兴复白鹿洞书院,并订立《白鹿洞书院揭示》(即《白鹿洞学规》),设立课程,招收学徒,亲自升堂讲授《中庸》,"遂为海内书院第一"。

按:朱熹三月到任后,即颁布《知南康榜文》、《劝谕救荒》等文,切实推行儒家先富后教的治国思想,办赈济,减赋税,行教化,敦风俗,期望将南康变成安居乐业之地。

朱熹知南康军,立周敦颐祠于学宫,以二程先生配,有信请张栻作记,张栻遂作《南康军新立濂溪祠记》,表彰周敦颐在道统中的重要地位。

按:周敦颐在北宋时社会地位不是很高,经南宋张栻、朱熹等人的推崇,俨然以理学开山祖的面目出现,从此才受到历代统治者和学者的尊崇。

吕祖谦与陆九龄相聚二十余日,陆九龄"幡然以鹅湖所见为非",开始赞同朱熹理学;十月朱熹修白鹿洞书院,吕祖谦受朱熹之请作《重建白鹿洞书院记》,详细记载朱熹修复书院之事。

按:吕祖谦《重建白鹿洞书院记》曰:"国初,斯民新脱五季锋镝之厄,学者尚寡,海内向平,文风日起,儒先往往依山林,即闲旷以讲授,大师多至数十百人。嵩阳、岳麓、睢阳及是洞为尤著,天下所谓四书院者也。""庆历、嘉祐之间,豪杰并出,讲治益精,至于河南程氏、横渠张氏,相与倡明正学,然后三代孔孟之教,始终条理,于是乎可考。熙宁初,明道先生在朝,建白学制,教养、考察、宾兴之法,纲条甚悉,不幸王氏之学方兴,其议遂格,有志之士未尝不叹息于斯也。"此谓四大书院,与范成大不同。以后王应麟《玉海》则谓白鹿洞、岳麓、应天府、嵩阳为四大书院。

吕祖谦诠释《圣宋文海》成编,奏上后,宋孝宗赐书名《皇朝文鉴》,命翰林学士周必大为之序,并赐吕祖谦银绢。

按:《宋史·吕祖谦传》曰:"先是,书肆有书曰《圣宋文海》,孝宗命临安府校正刊行。学士周必大言:《文海》去取差谬,恐难传后,盍委馆职铨择,以成一代之书?孝宗以命祖谦。遂断自中兴以前,崇雅黜浮,类为百五十卷,上之,赐名《皇朝文鉴》。"叶适《习学记言序目》卷五〇曰:"此书二千五百余篇,纲条大者十数,义类百数,其因文示义,不徒以文,余所谓必约而归于道者千余数,盖一代之统纪在焉。后有欲明吕氏之学者,宜于此求之矣。"

吕祖谦四月因病风痹,辞官归金华;陈亮曾前往探视。

按:朱熹认为,吕祖谦之学有兼取永嘉、永康学派之长的特点。陈亮亦在给朱熹的信中说:"亮平生不曾会与人讲论,独伯恭于空闲时,喜相往复,亮亦感其相知,不知其言语之尽。伯恭既事,此事尽废。"(《龙川集·丙午复朱元晦秘书书》)又说:"伯恭晚岁与亮尤好。盖亦无不尽,箴切诲戒,书尺具存。"(《龙川集·又甲辰答书》)

周敦颐曾孙周直卿自九江来访朱熹,以周敦颐《爱莲说》墨本及《拙赋》刻本见示,朱熹为作跋,建爱莲馆、拙斋藏之。

陆九渊服除,授建宁府崇安县主簿。

陆九渊弟子曹建十月向朱熹问学。

黄灏时任隆兴府学教授,立濂溪先生祠于府学,朱熹为作祠记。

张栻十一月十五日建成曲江楼,朱熹为作记。

陈傅良得丞相梁克家赏识,以政委之。

李焘知遂宁府。

李心传年十四,随父在临安官廨读书。

按:李心传《建炎以来朝野杂记》甲集《自叙》曰:"心传年十四五,侍先君子官行都,颇得窥窃玉牒所藏金匮石室之秘。退而过庭,则获剽名卿士大夫之议论。每念渡江以来,记载未备,使明君、良臣、名儒、猛将之行事,犹郁而未彰。至于七十年间兵戎财赋之源流、礼乐制度之因革,有司之传,往往失坠,甚可惜也。乃辑建炎之今朝野所闻之事,不涉一时之利害,与诸人之得失者,分门笔录之。"

辛弃疾三月改为湖南转运副使,是秋又改知潭州,兼湖南安抚使。

黄榦、丁克、朱在等人随朱熹之南康。

按:朱熹六月十七日与吕祖谦书曰:"此两月只看得两篇《论语》,亦自黄直卿(黄榦)先为看过,参考异同了,方为折中,尚且如此。"(《晦庵集》卷三四)

陆游九月奉命改提举江南西路常平茶盐公事。

杨万里正月除提举广东常平茶盐。

范成大三月十五日夜泛舟石湖,赋诗寄周必大,周必大有和韵。起知明州,兼沿海制置使,为端明殿学士。

胡铨召归经筵,引疾力辞。

唐仲友十二月受命知台州。

宋淳熙六年　金大定十九年　夏乾祐十年　西辽天禧二年　己亥　1179年

阎苍舒时任吏部侍郎，六月请下秘书省，录现有书目送四川制置司，参对四路州军官民书目录，如有所阙，令本司抄写送上。因蜀地未经兵火，所收藏官书最多。

徐昭然从学于朱熹。

胡晋臣出守汉州，过石湖，范成大有送行诗。

郑子聃迁侍讲学士，专责修《海陵实录》。

詹阜民师事陆九渊。

马定远在江西造马船100艘，船可拆卸，为战渡两用船，构思巧妙。

皇甫斌刻《程氏易传》于江州，朱熹为作跋。

李舜臣著《易本传》33卷，自为序。

按：是书发明甚多，朱熹晚年极称之。

朱熹在南康重新校正刊行周敦颐《太极通书》，是为南康本。

按：朱熹《周子太极通书后序》曰："右周子之书一编，今舂陵、零陵、九江皆有本，而互有同异。长沙本最后出，乃熹所编定，视他本最详密矣，然犹有所未尽也。盖先生之学，其妙具于《太极》一图，《通书》之言皆发此图之蕴。而程先生兄弟语及性命之际，亦未尝不因其说。观《通书》之《诚》、《动静》、《理》、《性命》等章，及程氏之《李仲通铭》、《程邵公志》、《颜子好学论》等篇，则可知矣。故潘清逸志先生之墓，叙所著书，特以作《太极图》为称首，然则此图当为书首不疑也。……故今特据潘志，置《图》篇端，以为先生之精意，则可以通乎书之说矣。至于书之分章定次，亦皆复其旧贯，而取公及蒲左丞、孔司封、黄太史所记先生行事之实，删去重复，合为一篇，以便观者。盖世所传先生之书，言行具此矣。"另可参见朱熹《再定太极通书后序》、《太极通书后序》（己丑）、《太极图说后记》（癸巳）、《通书后记》（丁未）、《书徽州婺源县周子通书板本后》（淳熙己亥）、《题太极西铭解后》（戊申）、《跋延平本太极通书后》等。

章颖著《舂陵图志》10卷。

浙西提刑司刻印《作邑自箴》10卷。

朱熹所校补张载《横渠集》，由黄灏刻版于隆兴。

按：张载的《张横渠文集》在南宋流传时，收文不全。汪应辰在乾道元年（1165）于蜀中搜得其文集多种，送给朱熹，朱熹遂开始校补，汪应辰据此刻板，是为蜀本，或称川本。此后，朱熹又陆续得到张载遗文，于是再作校订，交付隆兴府学教授黄灏刻印。

张靖刊刻乃父张元幹《芦川居士词》，福建莆田蔡戡为之作序。

姚孝锡卒（1097— ）。孝锡字仲纯，号醉轩，江苏丰县人。政和四年进士，调代州兵曹。后隐居五台山。著有《鸡肋集》5卷，已佚。事迹见元好问《中州集》卷一〇、《齐东野语》卷一一。

胡公武卒（1125— ）。公武字英彦，一作彦英，号学林居士，吉州庐陵人。胡铨从子。覃思经训，博究百家之言，以为求儒家之道，当自《论语》始。著有《论语集解》。事迹见杨万里《胡英彦墓志铭》（《诚斋集》卷一二八）

僧普济（ —1253）、陈韡（ —1261）生。

阿拉伯地理学家、历史学家雅库特卒（ —1229）。

德国希尔得佳·冯·宾根卒（1098— ）。德国第一位女医生、女修院院长、学者，反对教会的弊端，曾撰写过自然科学和医学著作。

宋淳熙七年　金大定二十年　夏乾祐十一年
西辽天禧三年　庚子　1180年

拜占廷帝曼努埃尔一世卒。其子阿莱克修斯二世继位。导致拜占廷国家内政开始崩溃。

法王路易七世卒，子腓力二世继位。

四月丙戌，丞相赵雄等上《仁宗哲宗玉牒》。

五月己卯，申令禁书坊擅自刻印书籍。

六月，秘书郎赵彦中上疏摈程学。

按：赵彦中曰："士风之盛衰，风俗之枢机系焉。且以科举之文言之：儒宗文师，成式具在，今乃祖性理之说，以浮言游词相高。士之信道自守，以《六经》、圣贤为师可矣，今乃别为洛学，饰怪惊愚，外假诚敬之名，内济虚伪之实。士风日弊，人材日偷。望诏执事，使明知圣朝好恶所在，以变士风。"从之（《续资治通鉴》卷一四七）。

十月壬寅，金主谓臣下言：近读《资治通鉴》，编次历代兴废，甚可鉴戒。司马光用心如此，古之良史，何能过此。

九日，秘书少监赵汝愚言《国朝会要》、《乾道续四朝会要》、《中兴会要》、《今上会要》，分为四书，去取不同，详略各异，请合而为一，俾辞简事备，势顺文贯。从之。命将作少监张从祖类辑《会要》。

十二月庚寅，赵雄等奏上《神宗、哲宗、徽宗、钦宗四朝国史志》180卷。

癸卯，金授衍圣公孔总曲阜令，封爵如故。

是年，试刑法官增试经义。

金颁行《重修大明历》。

按：该历乃赵知微在杨级《大明历》基础上重修而成，成于大定十五年（1175），第一次在历法中使用等间距三次内插法，内容与祖冲之《大明历》不同。后为元朝初沿用。

朱熹重修白鹿洞书院三月竣工，聘杨日新为堂长，并置建昌东源庄田，作为赡养学生等用。又奏请皇帝赐"白鹿洞书院"敕额，亲定《白鹿洞书院教条》，亲自教导生徒，质疑问难。又为书院向江西提举陆游求藏书，遍于江西、江东两路诸使乞书。

按：朱熹重修白鹿洞书院，是南宋书院由衰而兴的标志。《白鹿洞书院学规》的内容有："父子有亲，君臣有义，夫妇有别，长幼有序，朋友有信。右五教之目。尧舜使契为司徒，敬敷五教，即此是也，学者学此而已。而其所以学之之序，亦有五焉，其别如左：博学之，审问之，慎思之，明辨之，笃行之。右为学之序。学、问、思、辨四者，所以穷理也。若夫笃行之事，则自修身以至于处事接物，亦各有要，其别如左：言忠信，行笃敬，惩忿窒欲，迁善改过。右修身之要。正其谊不谋其利，明其道不计其功。右处事之要。己所不欲，勿施于人；行有不得，反求诸己。右接物之要。"其所订书院学规，不仅为以后书院所沿用，而且为官学所接受，如叶武子调彬州官学教授，"一以《白鹿洞学规》为诸生准绳"；刘爚"迁国子司业，请刊行所注《学》、《庸》、《论》、《孟》，以备劝讲，及白鹿洞规示太学"。元、明、清三代之书院，皆奉《白鹿洞学规》为主臬。

吕祖谦有《重建白鹿洞书院记》叙其始末,并始称其为四大书院之一。陆九渊也曾来讲"君子喻于义,小人喻于利"章,有《白鹿洞书堂讲义》传世。当时从学于书院的生员有曹彦约、曹彦纯、胡泳、周模、余宋杰、余锜、刘贲、李辉、周仲亨、周仿、吕炳、吕煮、吕炎、彭方、熊兆、冯椅、周颐、杨三益、蔡念成、吴唐卿、叶永卿、李深之、周得之等。朱熹以后,钱闻诗、朱端章、朱在、袁甫、陈炎酉、崔翼之等先后修葺,刘清之、黄榦、李燔、林用中、胡咏、林夔孙、陈文蔚、张洽、汤中、陆德舆、方岳、饶鲁等相继讲学。

朱熹三月始与沙随程迥讨论《易》学;又讨论田赋田制,作《开阡陌辨》。

按:《四库全书总目提要》曰:程迥著有《周易古占法》,"后朱子作《启蒙》(《易学启蒙》),多用其例。吴澄谓'迥于朱子为丈人行,朱子以师礼事之'云。"

朱熹五月刻和靖尹焞帖于白鹿洞书院;又始与峡州郭雍讨论《易》学。

朱熹以范镇《范蜀公集》引蜀人房庶所得《汉书·律历志》别本校通行本《汉书》异同。又校郑居中等《政和五礼新仪》鄂州印本的讹误。

按:《宋史·律历志一四》曰:"(程)迥博学好古,朱熹深礼敬之。其后江陵府学教授庐陵彭应龙,既注《汉·律历志》,设为问答,著《钟律辨疑》三卷,至为精密,发古人所未言者。"

朱熹九月十七日因铅山县令蒋亿新建县学,为作县学记。

朱熹因朝廷诏求直言,上奏要求孝宗"讲明义理之归,闭塞私邪之路","正心术以立纪纲",指责孝宗亲"近习之臣","悦于功利之卑说",触怒孝宗,赖有力者救之,方免于罪(《宋史·道学传三》)。

张栻二月初二日因病卒于江陵府舍,初六日诏以右文殿修撰提举武夷山冲祐观。

吕祖谦身患重病,仍亲自为张栻撰写祭文,"虽病中语言无次序,然却无一字装点做造"(《东莱别集》卷八《与朱侍讲》)。

按:吕祖谦《祭张荆州文》曰:"昔者某以郡文学事公于严陵,声同气合,莫逆无间,自是以来,一纪之间面讲书请,区区一得之虑,有时自以为过公矣,及闻公之论,纲举领挈,明白严正,无缴绕回互激发偏倚之病,然后释然心悦,爽然自失,邈然始知其不可及。此某所以愿终身事公而不去者也。"(《东莱集》卷八)

陆九渊十一月为乃兄陆九龄作行状,十二月己酉葬九龄于乡之万石塘。

陆九龄卒,陆九渊请吕祖谦写铭文,并请朱熹为之书,朱熹复信吕祖谦,谓"子静到此数日,所作子寿理铭已见之,叙述发明极有功"。又说:"子静近日讲论,比旧亦不同,但终有未尽合处。幸其却好商量,彼此有益。"(《晦庵集》卷三四《答吕伯恭》)朱熹有文祭陆九龄。

按:《宋元学案》卷五七《梭山复斋学案》曰:"黄东发曰:复斋之学,大抵与象山相上下。象山以自己之精神为主宰,复斋就天赋之形色为躬行,皆以讲不传之学为己任,皆谓当今之世,舍我其谁,掀动一时,听者多靡。所不同者,象山多怒骂,复斋觉和平耳。复斋之文,犹多精语,足警后学,而自誉其所得,则在性学,至谓穷天地,亘万古,无以易,而世无其学,难以语人。视孔子之言性,澹然一语而止者,几张皇矣。夫既不语,世莫得闻。他日又谓外形色言天性,外视听言动言仁,皆非知性者。复斋所明性学,傥在于是乎?然形色固天性也,而睟面盎背,亦必有其所以然者,视听言动之以礼，固所以为仁也，而勿视勿听勿言勿动，亦必有主宰乎其中者矣。复斋之言，视孔、孟似颇直截也。东莱志其墓，谓勇于求道，有不由阶序者。殆确论云。复斋分教兴国，才九月，弟子员才十五人，才志不获少见于世。宝庆二年，赐谥文达，遂与象山号二陆。"

陆氏兄弟弟子万人杰三月向朱熹问学，朱熹致书陆九渊论学。

陆游有信请朱熹为法杨所藏书帖作跋。

陈傅良任福州通判，执法公正，得罪豪绅，被右正言黄洽参劾罢官，回归瑞安故里。

范成大二月差知明州，辞不允。楼钥有贺启。

范成大就孝宗《原道辨》上札子，谓此文一出，儒术益明，释、老二氏不废。

胡铨四月加资政殿学士，致仕。

姜夔客长沙，从萧千岩学诗；时辛弃疾知潭州兼湖南安抚，深服姜夔之长短句。

辛弃疾在湖南创立"飞虎军"，以图恢复中原；是冬，从湖南调至江西，任隆兴府知府兼江南西路安抚使。与朱熹有书信往来。

周必大五月戊辰为参知政事。陆游有启贺之，并寄诗乞湖湘一州；陈亮有《与周参政必大书》；杨万里有《贺周子充参政启》。

杨万里三月至番禺任所，七月与广帅周自强、转运使蔡勘、提举市舶张靖游蒲涧；是冬自广东寄《西归集》与范成大，范成大赋诗以为谢，杨万里有和。

袁枢兼国史院编修官，分修国史。

按：《宋史·袁枢传》载："章惇家以其同里，宛转请文饰其传。枢曰：'子厚为相，负国欺君，吾为史官，书法不隐，宁负乡人，不可负天下后世公议。'时赵雄总史事，见之叹曰：'无愧古良史。'"

杨子谟省试，胡晋臣得其文，以为有格君气象，列优等。入对策问，擢置甲科第八。

徐梦莘为广西转运司主管文字。

敖陶孙举乡荐第一。

吴必大、王阮、蔡念成从学于朱熹。

丘处机隐居陇州龙门山修道七年。

大道教刘德仁卒，弟子陈师正嗣教。

朱熹在江西南康军任上，曾刊刻《周子通书遗事遗文》1卷、《玉澜集》1卷。

朱熹补定《论孟精义》，改名为《语孟要义》，刻版于隆兴。

金完颜守道、完颜思敬修成《熙宗实录》。

吕祖谦著《大事记》27卷成书；并始著《庚子辛丑日记》。

廉台田家刊刻《颜氏家训》7卷。

洪迈著《容斋随笔》16卷成书。

阿拉伯伊本·阿瓦姆在《耕作札记》一书中，描述了585种植物，并介绍了50余种果树的栽培方法及关于土壤、肥料、嫁接和病虫害等方面的知识。

法国行吟诗人、作家克雷蒂安·德·特洛阿著《圣杯传奇》。

法国G·戈弗雷著《小宇宙论》。强调人本身是一个小宇宙，包含真实的物质和精神的诸要素，同古典哲学与早期教父学的观点颇为一致。

艾尔哈特·冯·奥伯格著关于亚瑟王的故事《特利斯丹》。

亚历山大·德贝内和兰贝·托马斯用古法语合著关于亚历山大大帝的传说《亚历山大的故事》。

宋淳熙七年　金大定二十年　夏乾祐十一年　西辽天禧三年　庚子　1180年

洪迈重刻《夷坚志》。
陆游集《汉隶》14卷。
朱熹整理《韦斋集》，刻版于隆兴，傅自得为作序。
大理国张胜温是年前绘成《梵像卷》。

黄中卒（1096— ）。中字通老，邵武人。绍兴五年进士，授保宁军节度推官。历任绍兴府通判、秘书省校书郎、著作佐郎、权国子司业等，以龙图阁学士致仕。谥简肃。著有奏议10卷，已佚。事迹见《宋史》卷三八二本传、朱熹《端明殿学士黄公墓志铭》（《晦庵集》卷九一）。

胡铨卒（1102— ）。铨字邦衡，号澹庵，庐陵人。建炎二年进士，授抚州军事判官。始终主张抗金，反对和议。以资政殿学士致仕。卒谥忠简。曾从萧楚学《春秋》，注《易》、《春秋》、《周礼》、《礼记》等书上于朝。著有《经筵玉音问答》和《澹庵集》100卷。《宋元学案》列其入《武夷学案》。事迹见《宋史》卷三七四本传。

按：《四库全书总目提要》评《澹庵集》曰："铨师萧楚，明于《春秋》，故集中嘉言说论多本《春秋》义例，于南渡大政多所补救。……本传称铨集凡百卷，今所存者仅文五卷、诗一卷，盖得之散佚之余。然《书录解题》载铨集七十八卷，《宋志》载铨集七十卷，则在当时已非百卷之旧矣。"

晁公武卒（1105— ）。公武字子止，澶州清丰人。绍兴初进士，官至吏部侍郎。家富藏书，精校勘目录之学。著有《易诂训传》18卷、《尚书诂训传》46卷、《中庸大传》1卷、《毛诗诂训传》20卷、《春秋诂训传》30卷、《稽古后录》35卷、《昭德堂稿》60卷、《郡斋读书志》20卷等。事迹见《南宋馆阁录》卷八、《嘉庆四川通志》卷一六五。

曾觌卒（1109— ）。觌字纯甫，号海野老农，开封人。淳熙初，累迁至开府仪同三司，加少保、醴泉观使。执事20年，权震中外，颇为清论所薄。有《海野词》1卷传世。事迹见《宋史》卷四七〇本传。

金道士刘德仁卒（1112— ）。德仁号无忧子，沧州乐陵人。皇统二年创立大道教，制定戒律九条，倡导苦节危行，谦卑自守，立耕而食。大定七年，世宗召其居京城天长观，赐号为"东岳真人"。元代加封为"无忧普济开微洞明真君"，其教五传至郦希诚，改名为"真大真教"，元末衰落。事迹见《嘉庆重修一统志》卷二六。

按：《元史·释老传》曰："真大道教者，始自金季，道士刘德仁之所立也。其教以苦节危行为要，而不妄取于人、不苟侈于己者也。"

陆九龄卒（1132— ）。九龄字子寿，号复斋，抚州金溪县人。与弟陆九渊并称二陆。乾道五年进士，调桂阳军教授，改兴国军教授。卒赠朝奉郎，直秘阁，赐谥文达。著有《复斋集》。《宋元学案》为列《梭山复斋学案》。事迹见《宋史》卷四三四本传、陆九渊《全州教授陆先生行状》（《象山集》卷二七）。

按：黄震《黄氏日钞》卷四二曰："复斋之学，大抵与象山相上下。象山以自己之精神为主宰，复斋就天赋之形色为躬行，皆以讲不传之学为己任；皆谓当今之世，舍

据拉丁史料写成中法兰克地区诗歌《恩斯特大公》。

西班牙伊本·达乌德卒（约1110— ）。犹太人医学家、历史学家，在哲学方面率先系统运用亚里士多德著作，著有《振奋信仰》。另有史著《传统之书》。

英国约翰·索尔兹伯里卒（1120— ）。拉丁语学者、历史学家、经院哲学家，著有《伦理学》、《论理学》、《教廷史》、《伯克特的生平》、《机械逻辑学》（批判僵化的经院哲学逻辑）和《基督的国家哲学》等著作。

德国赫尔摩尔德卒（1125— ）。历史学家。

西班牙诗人、传教士贡萨洛·德·贝尔塞奥（ —1264）生。

我其谁。掀动一时,听者多靡。所不同者,象山多怒骂,复斋觉和平耳。复斋之文,犹多精语,足警后学,而自誉其所得,则在性学。""遂与象山号二陆"。《宋史》本传曰:"九龄尝继其父志,益修礼学,治家有法。阖门百口,男女以班各供其职,闺门之内严若朝廷。而忠敬乐易,乡人化之,皆逊弟焉。与弟九渊相为师友,和而不同,学者号'二陆'。有来问学者,九龄从容启告,人人自得。或未可与语,则不发。尝曰:'人之惑有难以口舌争者,言之激,适固其意;少需,未必不自悟也。'广汉张栻与九龄不相识,晚岁以书讲学,期以世道之重。吕祖谦常称之曰:'所志者大,所据者实。有肯綮之阻,虽积九仞之功不敢遂;有毫厘之偏,虽立万夫之表不敢安。公听并观,却立四顾,弗造于至平至粹之地,弗措也。'"

张栻卒(1133—)。栻字敬夫,又字乐斋,号南轩,又号钦夫,汉州绵竹人。官至吏部侍郎、右文殿修撰。其与朱熹、吕祖谦被称为"东南三贤"。朱熹称其"学之所就,足以名于一世",并述他受其深刻影响说:"余窃自悼其不敏,若穷人之无归。闻张钦夫得衡山胡氏学,则往而从问焉。钦夫告予以闻,余亦未之省也,退而沉思,殆忘寝食。"卒谥宣。主讲岳麓书院,创办城南书院,奠定湖湘学派规模。《宋元学案》为列《南轩学案》。著有《南轩易说》11卷、《洙泗言仁》、《经世纪年》2卷、《癸巳孟子说》7卷、《癸巳论语解》10卷、《通鉴笃论》4卷、《奏议》10卷、《南轩集》44卷等。事迹见《宋史》卷四二九本传、朱熹《右文殿修撰张公神道碑》(《晦庵集》卷八九)、杨万里《张左司传》(《诚斋集》卷一一六)。近人胡宗楙编有《张宣公年谱》。

按:清代陈钟祥曾作《南轩集序》,高度评价《南轩集》说:"其讲义、表疏"与富弼、范仲淹诸公相"揖让";"其学记、序说"与欧阳修、曾巩诸子相"颉颃";"其史论"综合"班、马之长";"至其论学"则又合周、程、张、邵"性道之渊源,天人之精髓,而独探其奥,抉其微,与诸子相发明"。黄宗羲《宋元学案》卷五〇《南轩学案》曰:"朱子生平相与切磋得力者,东莱(吕祖谦)、象山(陆九渊)、南轩数人而已。东莱则言其杂,象山则言其禅,惟于南轩,为所佩服。一则曰:敬夫见识卓然不可及,以游之久,反复开益为多;一则曰:敬夫学问愈高,所见卓然,议论出人表。"又谓"五峰(胡宏)之门,得南轩而有耀。从游南轩者甚众,乃无一人得其传"。张栻所创立的南轩学派,弟子甚多,著名者有胡大时、彭龟年、游九言、游九功、宇文绍节、陈概、范仲黼、范子长、宋德之、曾集、舒璘、曾梦泉、詹仪之、虞刚简、魏了翁、李大有等。张立文说:"由于张栻中年病逝,其学术思想处于尚未完全成熟的'未济'状态,加上身后又缺少一流弟子承继学业,因此,张栻之后的'湖湘学'逐渐由'当时为最盛'转向衰落,无法与朱子学、象山学鼎足三立。但是,作为理学展开和集成时期的重要学派,'湖湘学'对心性与义理关系的独特探讨,事实上对'闽学'的系统集成和'心学'的分道扬镳,起到积极的推进作用。"(《中国学术通史》宋元明卷第八章)

喻樗卒,生年不详。樗字子才,号湍石,其先南昌人,后徙延陵。建炎三年进士。得赵鼎赏识,荐为秘书省正字兼史馆校勘。以忤秦桧,出知怀宁县。少慕二程之学,受业于二程弟子杨时。为龟山学派的中坚,其知名门人有程迥、尤袤等。著有《中庸大学论语解》、《玉泉语录》。《宋元学案》列其入《龟山学案》。事迹见《宋史》卷四三三本传。

按:《宋史》本传曰:"少慕伊、洛之学,中建炎三年进士第,为人质直好议论。"

陈耆卿（　—1236）、李杲（　—1251）、冯志亨（　—1254）生。

宋淳熙八年　金大定二十一年　夏乾祐十二年　西辽天禧四年　辛丑　1181年

二月戊子，裁童子试法。

闰三月戊子，赐礼部进士黄由、王奭、张伯源等379人及第、出身。考官为吏部尚书兼侍读王希吕、礼部侍郎郑丙、侍御史黄洽。

四月癸酉，宋于郴州宜章、桂阳军临武县立县学，以教峒族子弟。

甲戌，诏经筵读真宗《正说》。

六月，诏录范质后。

十月，国子监主簿喻良能进《忠义传》25卷，乞颁之武学，授之将帅。上曰："忠臣义士，不顾一身，诚可以表励风俗。"（《宋史全文》卷二七上）

按：喻良能字叔奇，号香山，义乌人。著有《诸经讲义》5卷、《香山集》34卷、《家帚编》15卷，皆佚。事迹见《宋史翼》卷二八、《金华贤达传》卷八。

十一月，从朱熹之请，复白鹿书院。

朱熹二月邀请陆九渊至白鹿洞书院讲授《论语》"君子喻于义，小人喻于利"一章，批评世俗士人以利禄为心，岂能悉心力于国事民隐以无负于任使之者哉！朱熹在赞赏之余，将陆九渊的讲义勒刻于石。

按：陆九渊《白鹿洞讲义》曰："此章以义利判君子小人，辞旨晓白，然读之者苟不切己观省，亦恐未能有益也。某平日读此，不无所感，窃谓学者于此，当辨其志。人之所喻，由其所习，所习由其所志。志乎义，则所习者必在于义，所习在义，斯喻于义矣。志乎利，则所习者必在于利，所习在利，斯喻于利矣。故学者之志，不可不辨也。科举取士久矣，名儒巨公皆由此出。今为士者，固不能免此。然场屋之得失，顾其技与有司好恶如何耳，非所以为君子小人之辨也。而今世以此相尚，使汩没于此，而不能自拔，则终日从事者，虽曰圣贤之书，而要其志之所乡，则有与圣贤背而驰者矣。推而上之，则又惟官资崇卑、禄廪厚薄是计，岂能悉心力于国事民隐，以无负于任使之者哉？从事其间，更历之多，讲习之熟，安得不有所喻？顾恐不在于义耳。诚能深思是身，不可使之为小人之归，其于利欲之习，怛焉为之痛心疾首，专志乎义而日勉焉，博学、审问、慎思、明辨而笃行之。由是而进于场屋，其文必皆道其平日之学，胸中之蕴，而不诡于圣人。由是而仕，必皆供其职，勤其事，心乎国，心乎民，而不为身计，其得不谓之君子乎！"（《宋元学案》卷五八《象山学案》）朱熹《跋金溪陆主簿白鹿洞书院讲义后》曰：陆九渊之讲学，"发明敷畅，则又恳到明白，而皆有以切中学者隐微深痼之病，盖听者莫不竦然动心焉。某犹惧其久或忘之也，复请子静笔之于简，而受藏之。凡我同志，于此反身而深察之，则庶乎其可不迷于入德之方矣"（《朱子全书》卷六五）。《宋史·陆九渊传》曰："初，九渊尝与朱熹会鹅湖，论辨所学多不合。及熹守南康，九渊访之，熹与至白鹿洞，九渊为讲君子小人喻义利一章，听者至

英王亨利二世颁行《武备敕令》，规定任何一名自由人战时均须按收入状况承担兵役义务。

德意志沃尔姆斯大教堂建成。

有泣下。熹以为切中学者隐微深痼之病。至于无极而太极之辨,则贻书往来,论难不置焉。门人杨简、袁燮、舒璘、沈焕能传其学云。"

朱熹三月二十五日除提举江南西路常平茶盐公事,未就任;上章奏请朝廷恢复白鹿洞书院,并赐给白鹿洞书院监本《九经注疏》;闰三月二十八日,于白鹿洞书院说《西铭》义;六月十七日除直秘阁,先后三辞,不许。九月初三日以王淮荐,改除提举两浙东路常平茶盐公事,拜命,乞赴行在奏事。十一月先至临安,奏事延和殿,共七札,是谓辛丑奏札。十二月初六日到任。

按:是年,陆游有诗寄朱熹,促其速来赈济灾民。

朱熹知南康军任满,归家待次,四月初六日途经江州时,至九江濂溪书院讲学,随行者有刘清之、黄榦、王阮、张扬卿、周颐、林用中、赵希汉、陈祖永、祁真卿、吴兼善、许子春、胡莘、王朝、余隅、陈士直、张彦先等弟子。

朱熹七月游武夷山水帘洞,陪同者有刘甫、梁瑑、吴英、蔡元定、冯允中、饶干、任希夷、胡希圣、陈君谟等人。

吕祖谦是春赴永康访陈亮,在寿山石洞相与论学,展开辩论。

吕祖谦是年又为家族修定家规,云:"颓废先业,谓之不孝、不忠、不廉、不法之类,凡可以破坏门户者,皆为不孝。"(《东莱集》别集卷一)

吕祖谦七月二十九日卒,朱熹作《祭吕伯恭著作文》痛悼吕祖谦逝世。

按:朱熹曰:"呜呼哀哉!天降割于斯文,何其酷耶,往岁已夺吾敬夫,今者伯恭,胡为又至于不淑耶,道学将谁使之振,君德将谁使之复,后生将谁使之诲,斯民将谁使之福耶,经说将谁使之继,事记将谁使之续耶!若我之愚则病将孰之为箴,而过将谁为之督耶!"(《晦庵集》卷八七)

叶适七月初三日来建宁祭吊郑伯熊,与朱熹见面初识。

陈傅良至金华明招寺哭祭吕祖谦。

周师清时为婺源县令,八月初九日建周程三先生祠于县学,朱熹为作祠记。

陆九渊是春亲率门人陆麟之、周清叟、熊鉴、朱克家、胥训、路谦亨等赴南康,朱熹率同僚、门人迎接。

陆九渊被丞相少师史浩推荐为都堂审察,辞而不就。

陈亮著《祭吕东莱文》,有云"孝悌忠信,常不足以趋天下之变;而材术辩智,常不足以定天下之经。在人道无一事之可少,而人心有万变之难明"等(《龙川集》卷二四);朱熹不满说"若如此,则鸡鸣狗盗皆不可无"!又著《与陈同甫书之六》云:"向见祭伯恭文,亦疑二公何故相与聚头作如此议论。近见叔昌子约书中说话,乃知前此此话亦说成了。"(《晦庵集》卷三六)

按:岳柯《桯史》曰:"东莱死,同父以文祭之,朱晦翁见之,大不契意,遗婺人书曰:诸君子聚头磕额,理会何事,乃至有此等怪论。同父闻之,不乐。"

范成大二月二十三日除端明殿学士,两辞,不允。三月初四日除知建康府,两辞,不允。

辛弃疾十一月改除两浙西路提点刑狱公事,旋以谏官王蔺论列,中书舍人崔敦诗诬陷,落职罢新任,寓居上饶10年。是年自号稼轩居士。

按：时理学家陆九渊亦作《与辛幼安书》,攻击辛弃疾"自用之果,反害正理,正士见疑,忠言不入"(《象山集》卷五)。

史浩五月为少师,六月推荐薛叔似、杨简、陆九渊、石宗昭、陈谦、崔敦礼、叶适、袁燮、赵静之、张子智、胡撰、舒璘、舒烈、王恕、湛循、赵善誉等16人,诏并赴都堂审查。

陆游除提举淮南东路常平茶盐公事,又为臣僚以不自检饬,所为多越于规矩论罢。闲居山阴。

郑伯熊七月卒,陈亮著《祭郑景望龙图文》哭祭。

叶适有《祭郑景望龙图文》和《祭吕太史文》,分别祭郑伯熊、吕祖谦。

按：周学武《叶水心先生年谱》是条案："先生之于祖谦,盖在师友之间。《习学记言序目》卷五十(《文鉴》)云:'吕氏既葬明招山,(陈)亮与潘景愈使余嗣其学。余愿从游晚,吕氏贤俊众,辞不敢当。然不幸不死,后四十年,旧人皆尽,吕氏之学,未知孰传也。'《习学记言序目》成于先生晚年,则世儒谓先生实传祖谦之学者,非也。"

叶适十一月赴浙西提刑司干办公事任,陈傅良以诗送之。

按：《宋史》本传谓叶适在浙西,士多从之游。今据周学武《叶水心先生年谱》考证,其从游者有钱易直、王仲德、薛仲庚、孟猷、滕宬、孔元忠、周南、厉详、王大受等。

袁燮中进士。

倪朴致书陈亮,希望他能出而领袖群伦。

按：倪朴曰："近者郑(伯熊)、吕(祖谦)二公相继云亡,前辈风流几扫地矣。今之世以文章名天下,为时婴所推许者,足下一人而已。宜便自励,使道德日定,进为小子后生之矜式,以绍郑、吕二公后,是所愿望。"(《倪石陵书·与陈同甫上舍书》)

赵崇宪以取应对策第一。

尤袤为江西运判,除直秘阁。

林椿淳熙中为画院待诏。

按：林椿,钱塘人。工画花鸟、草虫、果品,传世作品有《果熟来禽图》、《梅竹寒禽图》、《杏实图》、《芍药图》等。

王淮拜右丞相,兼枢密使。旋迁左丞相。

沈焕除太学录。在职才80日,得高邮教授而去。

陈黼举进士,不汲汲进取,以恬静自守。

黄人杰至京师谒吕祖谦,吕祖谦待以国士礼。

吕凝之是年以知阆州入觐,奏陈经世之学,被周必大留为太府寺丞。

杨万里二月除广东提刑,四五月之交,有诗贺范成大官建康留守。

俞闻中登进士第,累官知黎州。

按：俞闻中字梦达,邵武人。朱熹弟子。

曹彦约、王宗传举进士。

按：王宗传字景孟,宁德人。官韶州教授。著有《童溪易传》30卷。《四库全书总目提要》曰："宗传之说,大概祧梁孟而宗王弼,故其书惟凭心悟,力斥象数之弊。……盖弼《易》祖尚玄虚以阐发义理,汉学至是而始变。宋儒扫除古法,实从是萌芽。然胡、程祖其义理,而归诸人事,故似浅近而醇实。宗传及(杨)简祖其玄虚,而索诸性天,故似高深而幻眇。考沈作喆作《寓简》,第一卷多谈《易》理,大抵以佛氏为宗。作喆为绍兴五年进士,其作《寓简》在淳熙元年,正与宗传同时。然则以禅言《易》,起于南宋之初。特作喆无成书,宗传及(杨)简则各有成编,显阐别径耳。《春秋》之书事,《檀弓》之记礼,必谨其变之所始,录存是编,俾学者知明万历以后,动以心学说《易》,流别于此二人。"

朱熹在浙东提举任上刻行《大学》、《中庸》各1卷。
吕祖谦定《古周易》12篇,有《周易古经序》。
吕凝之上《易书》40卷。
朱熹补定《古今家祭礼》,刻版于建安。
朱熹门人刘清之集录《曾子内外杂编》7篇,朱熹为之作校定。
陈应行为程大昌的《禹贡论图》作跋。
程大昌著《考古编》成,有自序。

按:《四库全书总目提要》曰:"是编乃杂论经义异同,及记传谬误,多所订证。……其持论虽颇新,而旁引曲证,亦能有所依据。虽亚于《容斋随笔》,要胜于郑樵辈横议也。"

王偁著《东都事略》130卷刊行。

按:《四库全书总目提要》曰:"宋人私史,卓然可传者,唯偁与李焘、李心传之书而三,固宜为考宋史者所宝贵矣。"叶德辉《书林清话》卷二曰:"书籍翻板,宋以来即有禁例。吾藏五松阁仿宋程舍人宅刻本王偁《东都事略》一百三十卷,目录后有长方牌记云:'眉山程舍人宅刊行。已申上司,不许覆板。'其申文格式不载本书,其详不可得知也。"余嘉锡《四库提要辨证》卷五认为《东都事略》的作者是王称,原作王偁实误。录以备考。

娄机著《班马字类》5卷成书。

按:是书采录司马迁《史记》、班固《汉书》所载古字、僻字及假借通用字编撰而成。卷首有作者《自序》两篇,以后淳熙壬寅年(1182)有楼钥的《序》,淳熙甲辰年(1184)有洪迈的《序》。宋理宗景定五年(1264),李曾伯又为此书改定,增补1239字。《四库全书总目提要》评论曰:"古今世异,往往训诂难通,有是一编,区区类聚,虽间有出入,固不失为考古之津梁也。"今存善本有明末仿宋刻本及仿宋钞本。胡玉缙《四库未收书目提要续编》谓李曾伯《班马字类补遗》5卷"其正俗本之误,订旧注之疏,均有裨于史学,允为读《史》、《汉》者不可少之书"。

郭知达编《九家集注杜诗》36卷成书。

按:《四库全书总目提要》曰:"宋人喜言杜诗,而注杜诗者无善本。此书集王洙、宋祁、王安石、黄庭坚、薛梦符、杜田、鲍彪、师尹、赵彦材之注,颇为简要。振孙称矗刊版五羊漕司,字大宜老,最为善本。此本即矗家所初印,字画端劲而清楷,宋版中之绝佳者。振孙所言,固不为虚云。"

尤袤池阳郡斋刻印《文选注》60卷。

按:是为我国现存《文选》中既完整又最早的刻本。以后清人胡克家曾在1809年据尤本复刻,并附《考异》10卷,颇为士林所重。

江西计台刊刻《荀子杨倞注》20卷。
唐仲友刊刻《荀子》、《扬子》、《文中子》书,有《荀子后序》、《扬子后序》和《文中子后序》。

宋淳熙八年　金大定二十一年　夏乾祐十二年　西辽天禧四年　辛丑　1181年

吕祖谦著成《庚子辛丑日记》。

按：是书保存了世界上最早的实测物候记录。

朱熹著《乞赐白鹿洞书院敕额》。

按：朱熹尝作有《招举人入书院状》《白鹿洞牒》《洞学榜》。

郑伯熊卒（1124—　）。伯熊字景望，永嘉人。绍兴十五年进士，历官宗正少卿，以直龙图阁知宁国府，卒谥文肃。邃于经学，与薛季宣并以学行知名。又与其弟郑伯英传播洛学，在永嘉学派形成过程中起承上启下的作用。《宋元学案》将陈傅良、陈亮、叶适、蔡幼学等均列入"郑氏门人"。著有《六经口义拾遗》《记闻》《蒙斋笔谈》2卷、文集30卷，皆佚。今存《书说》1卷。《宋元学案》列其入《周许诸儒学案》。《宋史》无传，事迹散见《南宋馆阁录》卷七、《宋史翼》卷一三。清孙衣言编有《大郑公行年小纪》。

阿拉伯神学家、诗人伊本·法里德（—1235）生。

按：黄宗羲《宋元学案》卷三二《周许诸儒学案》曰："永嘉诸先生从伊川者，其学多无传，独先生（周行己）尚有绪言。南渡之后，郑景望私淑之，遂以重光。故水心（叶适）谓永嘉之学'觇千载之已绝，退而自求，克兢省以御物欲者，周作于前，郑承于后'。然则先生之功不可没也。"又曰："绍兴末，伊洛之学几息，九先生之绪言，且将衰歇，吴湛然、沈元简，其晨星也。先生（郑伯熊）兄弟并起，推性命微眇，酌今古要会，师友警策，惟以统纪不接为惧，首雕程氏书于闽中，由是永嘉之学宗郑氏。大郑公臧否人物最矜慎，称为方峻。小郑公喜贤，借一介之善，虽辈行悬绝，必引进之。乾、淳之间，永嘉学者连袂成帷，然无不以先生兄弟为渠率。"

吕祖谦卒（1137—　）。祖谦字伯恭，浙江婺州人，学者称东莱先生。隆兴元年进士，官至著作郎兼国史院编修和实录院检讨。为学主张经世致用，反对空谈心性，为浙东学派开山。著有《东莱左氏博议》25卷、《吕氏家塾读诗记》32卷、《大事记》12卷、《近思录》（与朱熹合撰）14卷、《书说》35卷、《系辞精义》2卷、《古周易》1卷、《古易音训》2卷、《周易传义音训》8卷、《春秋左氏传说》20卷、《春秋左氏传续说》12卷、《通鉴详书》100卷、《唐鉴》24卷、《历代制度详说》12卷、《古文关键》2卷、《丽泽讲义》70卷、《东莱文集》40卷。《宋元学案》为列《东莱学案》。事迹见《宋史》卷四三四本传。吕祖俭、吕乔年编有《东莱吕太史年谱》。

按：吕祖谦与朱熹、张栻齐名，交往甚深，世称"东南三贤"。其为学既以理学思想为宗，又受永嘉学派经世致用的影响，内容博杂，兼收并蓄，自成一家，世称吕学，亦称婺学。吕学与朱熹、陆九渊之学的同异，全祖望在《同谷三先生书院记》中说："宋乾、淳以后，学派分而为三：朱学也，吕学也，陆学也。三家同时，皆不甚合。朱学以格物致知，陆学以明心，吕学则兼取其长，而复以中原文献之统润色之。门庭径略虽别，要其归宿于圣人则一也。"（《宋元学案》卷五一《东莱学案》）传陆派心学的"甬上四先生"中的袁燮、舒璘曾师事吕祖谦，传朱子之学的"金华四先生"中的王柏之父王瀚亦是吕祖谦弟子。《宋史》本传认为："祖谦之学本之家庭，有中原文献之传，长从林子奇、汪应辰、胡宪游，既又友张栻、朱熹，讲索益精。"又曰："祖谦学以关、洛为宗，而旁稽载籍，不见涯涘。心平气和，不立崖异，一时英伟卓荦之士皆归心焉。"东莱学派的主要弟子有吕祖俭、吕祖泰、叶邽、楼昉、葛洪、乔行简、辅广、朱塾、刘爚、吴必大、陈孔硕、沈有开、舒璘、倪千里、袁燮等。

程公许（　—1251）生。

宋淳熙九年　金大定二十二年　夏乾祐十三年
西辽天禧五年　壬寅　1182年

曼努埃尔一世的表弟安德罗尼库斯·科穆宁进兵君士坦丁堡，掌权。他积极铲除腐败，力图复兴帝国。

法王腓力二世驱逐境内犹太人。

东非摩加迪沙兴建第一座清真寺。

四月癸亥，孝宗览陆贽《奏议》，谕讲读官曰："今日之政，恐有如（唐）德宗之弊者，卿等言之，无有所隐。"（《续资治通鉴》卷一四八）

十一月戊辰朔，宋禁臣庶之家妇女服饰僭制。

朱熹正月十七日巡历至武义县，往明招山哭祭吕祖谦墓；跋吕祖谦病中《日记》与其所批抹《荆公目录》。时陈亮亦来访于明招堂，与朱熹讲论数日乃别。

按：明代归有光曰："而当其时，江西有易简之学，永嘉有经制之学，永康有事功之学，虽其为说不能有同，而要皆不诡于道者，岂不皆可谓圣贤之学矣乎！此与朱子并时而起，皆有得于道者也。"（《震川别集》卷二下《应制策浙省策问对二道》）

朱熹向朝廷推荐杨简。

朱熹在浙东提举任上，二月曾至东阳石洞书院讲学，并赠所著《大学章句》、《中庸章句》；上虞潘畤亦邀请朱熹至上虞月林书院讲性命之学，从学者有潘畤之子潘友文、潘友端、潘友恭及孙邦仁等。

朱熹七月初六日上奏状劾前知台州唐仲友贪污不法，为唐之姻亲宰相王淮所嫉，八月十八日改除为江西提刑，九月初四日巡历至遂昌县，除直徽猷阁，辞，并上劾唐仲友第六状；十二日巡历至常山，与吕祖俭等聚会，为吕祖谦《吕氏家塾读诗记》作序；于是离浙东回崇安，过上饶，与辛弃疾、韩元吉、徐安国相会于上饶县南南岩一滴泉。从此闲居5年。

按：唐仲友因被道学派学者所摒弃，死后其学术几近失传，元人修《宋史》亦不为之立传。

朱熹巡历至浙江缙云县，在城东之仙都留居讲学。又巡历至松阳县，王光祖来问学。

按：嘉定中，邑人叶嗣昌于仙都建独峰书院。

陈亮正月访朱熹于衢、婺间，朱熹亦至永康访陈亮。陈亮批评朱熹"安坐"之论是"腐儒之谈"（《龙川集》卷二〇《又癸卯通书》）；朱熹指责陈亮"怪论百出，骇人听闻，坏人心术"（《晦庵集》卷二七《答詹帅书》）。此后的癸卯、甲辰、乙巳、丙午年，两人书信往复，于王霸义利等学术问题互有辩难。

按：陈亮与朱熹的争论，前后持续了11年，基本上是围绕着天理人欲、王霸义利等重要问题展开的，反映了功利之学与心性理学之间的严重分歧。这是南宋有

宋淳熙九年　金大定二十二年　夏乾祐十三年　西辽天禧五年　壬寅　1182年

名的辨浙学。《宋元学案》卷五六《龙川学案》曰："谢山《陈同甫论》曰：自陈同甫有义利双行、王霸杂用之论，世之为建安之徒者，无不大声排之。吾以为是尚未足以贬同甫。盖如同甫所云：'是其学有未醇，而尚不失为汉以后人物。孔明有王佐之才，而学堕于刑名家，要之固汉时一人豪也。'若同甫，则当其壮时，原不过为大言以动众，苟用之，亦未必有成。迨一掷不中，而嗒焉以丧，遂有不克自持之势。嗟夫！同甫当上书时，敝屣一官，且有踰垣以拒曾觌之勇。而其暮年对策，遂阿光宗嫌忌重华之旨，谓不徒以一月四朝为京邑之美观，何其谬也。盖当其累困之余，急求一售，遂不惜诡遇而得之。吾友长兴王敬所尝语予：'以同甫之才气，何至以一大魁为惊喜。至于对弟感泣，相约以命服共见先人于地下，是盖其暮气已见之证。岂有浅衷如此，而力能成事者？'予应之曰：'同甫之将死，自其对策已征之矣，不特此数语也。故即令同甫不死，天子赫然用之，必不能掩其言。同甫论李赞皇之才，以为尚是积谷做米，把缆放船之人，盖尚有所未满。同甫之失，正坐亟于求春而不需谷，亟于求涉而不需缆，卒之米固不得，并其船而失之。水心于同甫，惜其初之疾呼纳说，以为其自处者有憾，而又谓使其终不一遇，不免有狼疾之叹，可谓微而婉者也。永嘉经制之学，其出入于唐、汉之间，大略与同甫等。然止斋进退出处之节，则渺渺不可及矣。即以争过宫言之，同甫不能无愧心，可谓一龙而一蛇者矣。吾故曰：论学之疏，不足以贬同甫也。至若反面事二姓之方回，亦深文以诋同甫，谓其登第后，以渔色死非命，是则不可信者。同甫虽可贬，然未许出方回之口，况摭流俗人之传闻以周内之哉！'"

唐仲友由台州知州擢江西提刑，因遭朱熹弹劾，遂奉祠不出，肆力于学。

按：全祖望《唐说斋文钞序》曰："唐台州说斋以经术史学负重名，于乾淳间自为朱子所纠，互相奏论，其力卒不胜朱子，而遂为世所訾。方乾淳之学起，说斋典礼经制本与东莱、止斋齐名，其后浙东儒者，绝口不及。盖以其公事得罪宪府，而要人为之左袒者，遂以伪学诋朱子，并其师友渊源而毁之，固宜诸公之割席。而要人之所以为说斋者，适以累之。可以为天下后世任爱憎者戒也。详考台州之案，其为朱子所纠，未必尽枉。说斋之不能检束子弟，固无以自解于君子。然弹文事状多端，而以牧守刻荀杨王韩四书，未为伤廉，其中或尚有可原者。况是时之官，非一跌不可复振者也。说斋既被放，杜门著书以老，则其人非求富贵者，不可以一偏遽废之。是吾长于善善之心也。予少时未见说斋之文，但从深宁（王应麟）《困学纪闻》得其所引之言，皆有关于经世之学。深宁私淑于朱子者也，而津津如此，则已见昔人之有同心。说斋著书，自六经解而下，共三百六十卷，文集又四十卷，今皆求之不可得。近于《永乐大典》中得其文若干首，诗若干首，钞而编之，以备南宋一家之言。因为论其人之本末。或谓说斋自矜其博，常诋朱子不识一字，故朱子劾之。或又言说斋不肯与同甫（陈亮）相下，同甫构之于朱子。此皆小人之言，最为可恶。要之，说斋之被纠，所当存而不论，而其言有可采者，即令朱子复起，或亦以予言为然也。"（《宋元学案》卷六〇《说斋学案》）周密《齐东野语》卷一七"朱唐交奏本末"曰："朱晦庵按唐仲友事，或言吕伯恭尝与仲友同书会有隙，朱主吕，故抑唐，是不然也。盖唐平时恃才轻晦庵，而陈同父颇为朱所进，与唐每不相下。同父游台，尝狎籍妓，嘱唐为脱籍，许之。偶郡集，唐语妓曰：'汝果欲从陈官人耶？'妓谢。唐云：'汝须能忍饥受冻仍可。'妓闻大恚。自是陈至妓家，无复前之奉承矣。陈知为唐所卖，亟往见朱。朱问：'近日小唐云何？'答曰：'唐谓公尚不识字，如何作监司？'朱衔之，遂以部内有冤案，乞再巡按。既至台，适唐出迎少稽，朱益以陈言为信。立索郡印，付以次官。乃摭唐罪具奏,而唐亦以奏驰上。时唐乡相王淮当轴。既进呈,上问王。王奏:'此秀才争闲气耳。'遂两平其事。详见周平园《王季海日记》。而朱门诸贤所作《年谱道统录》,乃以季海右唐而并斥之,非公论也。其说闻之陈伯玉式卿,盖亲得之婺之诸吕云。"

陆九渊除国子正,八月十七日讲《春秋》;九月享明堂,为分献官。

陆九渊是年与朱熹就"尊德性而道问学"的问题展开辩论。

> 按:黄宗羲《宋元学案》卷五八《象山学案》曰:"考二先生之生平自治,先生(陆九渊)之尊德性,何尝不加功于学古笃行,紫阳(朱熹)之道问学,何尝不致力于反身修德,特以示学者之入门各有先后,曰:'此其所以异耳'。然至晚年,二先生亦俱自悔其偏重。"又曰:"二先生同植纲常,同扶名教,同宗孔孟。即使意见终于不合,亦不过仁者见仁,智者见智,所谓'学焉而得其性之所近'。原无有背于圣人,矧夫晚年又志同道合乎?"

陈傅良主管台州崇道观。

袁枢权工部郎官,累迁兼吏部郎官;因两淮干旱,奉命视察真、扬、庐、和四郡。迁军器上监,除提举江东常平茶盐。

陆游五月除朝奉大夫,主管成都玉局观。

杨甲是春召对,献书万言,寻除太学录。

周必大六月知枢密院事。

杨万里二月以文祭吕祖谦,六月得范成大寄来孝宗御书"石湖"两字碑本,作《圣笔石湖大字歌》。七月因母丧去任,在家守制。自此停止写诗,至母服除始有诗。

辛弃疾九月在上饶家居,与友人朱熹相会。

王淮九月为左丞相,梁克家为右丞相。

范成大十一月初二日特授太中大夫。

楼钥约在是年向朱熹问学。

孙应时为黄岩县尉,七月与巡历黄岩的浙东提举朱熹相识,后尝问学于朱熹。

胡大时是冬来崇安问学于朱熹。

赵沨举进士,仕至礼部郎中。

> 按:《金史·赵沨传》曰:"赵沨,字文孺,东平人。性冲淡,学道有所得。尤工书,自号'黄山'。赵秉文云:'沨之正书体兼颜、苏,行草备诸家体,其超放又似杨凝式,当处苏、黄伯仲间。'党怀英小篆,李阳冰以来鲜有及者,时人以沨配之,号曰'党赵'。有《黄山集》行于世。"

郑锷淳熙中著《周礼解义》。

楼钥淳熙中刻夏休所著《周礼井田谱》20卷。

> 按:《四库全书总目提要》曰:"永嘉之学,虽颇涉事功,而能熟讲于成败,此亦一证矣。此书《宋志》著录。明唐枢作《周礼论》,力斥其谬,则枢尚及见之。朱彝尊《经义考》注曰'未见',盖无用之书,传之者少也。"

李如圭淳熙中著《仪礼集释》30卷。

> 按:《四库全书总目提要》曰:"《文献通考》引宋《中兴艺文志》曰:'《仪礼》既废,学者不复诵习。乾道间有张淳,始订其讹,为《仪礼识误》。淳熙中,李如圭为《集

释》,出入经传,又为《纲目》以别章句之旨,为《释宫》以论宫室之制。朱熹尝与之校定礼书,盖习于礼者'云云,则如圭当与朱子同时。……宋自熙宁中废罢《仪礼》,学者鲜治是经。如圭乃全录郑康成《注》,而旁征博引以为之释,多发贾公彦《疏》所未备。"

朱熹刻印吕祖谦所定《古周易》于婺州。

按:《四库全书总目提要》曰:"古《易》上、下经及《十翼》本十二篇,自费直、郑玄以至王弼,递有移掇。孔颖达因弼本作《正义》,行于唐代,古《易》遂不复存。宋吕大防始考验旧文,作《周易古经》二卷,晁说之作《录古周易》八卷,薛季宣作《古文周易》十二卷,程迥作《古周易考》一卷,李焘作《周易古经》八篇,吴仁杰作《古周易》十二卷,大致互相出入。祖谦此书与仁杰书最晚出,而较仕杰为有据,凡分《上经》、《下经》、《彖上传》、《彖下传》、《象上传》、《象下传》、《系辞上传》、《系辞下传》、《文言传》、《说卦传》、《序卦传》、《杂卦传》为十二篇。《宋志》作一卷,《书录解题》作十二卷,盖以一篇为一卷,其实一也。朱子尝为之《跋》,后作《本义》即用此本。其书与吕大防书相同,而不言本之大防,尤袤《与吴仁杰书》尝论之,然祖谦非窃据人书者。税与权《校正周易古经序》谓偶未见大防本,殆得其实矣。《书录解题》又载《音训》二卷,乃祖谦门人王莘叟所笔受,又称朱子尝刻是书于临漳、会稽,益以程氏是正文字及晁氏说,此本皆无之,殆传写者遗之欤?"

朱熹将《大学章句》、《中庸章句》、《论语集注》、《孟子集注》集为一编,刊刻于婺州,是为《四书集注》。

按:经学史上"四书"之名始于此。《四库全书总目提要》曰:"其编为《四书》,自宋淳熙始。其悬为令甲,则自元延祐复科举始。"张立文说:"《四书》的编成,作为新学术思潮的理学理论体系,便有了与以往学术理论体系相区别的解释文本,使理学学术理论有了经典文本的依据。如果说汉武帝采纳董仲舒建议,罢黜百家,独尊儒术,立《五经》于学官,成后世不刊的儒家经典,实现了第一次儒学的独尊,那么,汉后经儒释道三教的互动,宋明理学以《四书》为科试命题,而取代《五经》,实现了第二次儒学的独尊。虽然这两次儒学独尊的学术思潮的核心话题、依傍经典文本以及文化氛围均殊异,但亦在其独尊的内在意蕴、典章制度上有贯通之处。"(《中国学术通史》宋元明卷第六章)

廖德明在韶州刊刻《近思录》14卷。

江西漕台刻印《吕氏家塾读诗记》32卷。

按:吕祖谦著作宏富,部分著作在其卒后被陆续编定刊刻,如其侄吕乔年就编有《丽泽论说集录》10卷,内容包括《易说》2卷、《诗说拾遗》1卷、《周礼说》1卷、《礼记说》1卷、《论语说》1卷、《孟子说》1卷、《史说》1卷、《杂说》2卷。严粲曾以吕祖谦《读诗记》为主,著《诗缉》36卷。《四库全书总目提要》评此书曰:"……凡若此类,皆深得诗人本意。至于音训疑似,名物异同,考证尤为精核。宋代说《诗》之家,与吕祖谦书并称善本,其余莫得而鼎立,良不诬矣。"

朱熹在浙东刊定史游《急就篇》越州本,又以越州本校戴氏家藏本异同。

陈亮著《问答》12篇。

按:陈亮在文中批驳了道学家们及当时流行的一些论调。

洪迈著《夷坚戊志》20卷成书,今佚。

梁克家著《长乐志》40卷。

龚明之著《中吴纪闻》6卷成书。

梁克家著《三山志》(又名《淳熙三山志》)42卷成。

刘完素著《素问玄机原病式》1卷成书。

按：是为论述病因机理的中医学专著，在医学史上有广泛影响。

魏仲恭编辑朱淑真诗作为《断肠集》，并作序。

意大利方济各会创始人方济各·阿西西(又名法兰西斯·阿西西)(—1226)生。

僧可观卒(1092—)。可观俗姓戚，字宜翁，号解空，别号竹庵，华亭人。得法于本溪卿法师。高宗建炎初，主持寿圣寺。绍兴间，移主当湖德藏寺。乾道七年，主北禅寺。著有《圆觉手鉴》、《竹庵集》、《山家义苑》。事迹见《补续高僧传》卷三。

金道士孙不二卒(1119—)。不二宁海人。马钰妻。大定九年从王嚞出家学道，法名不二，号清净散人。为全真道"七真"之一。创立全真女丹，传有全真教清净派，主要以妇女为对象。著有《孙不二元君法语》、《孙不二元君传述丹道秘书》，均收入《道藏精华录》。事迹见《金莲正宗记》。

陈从古卒(1122—)。从古字晞颜，或作希颜，号敦复先生，金坛人。绍兴二十一年进士。乾道间，提点湖南刑狱，移本路转运判官，除直秘阁。后知襄阳府。著有《洮湖集》，已佚。事迹见周必大《朝散大夫直秘阁陈公从古墓志铭》(《文忠集》卷三四)。

崔敦诗卒(1139—)。敦诗字大雅，通州静海人。绍兴三十年进士，为秘书省正字，官至侍讲学士。曾受命更定吕祖谦《皇朝文鉴》所选奏议。著有《文集》30卷、《鉴韵》5卷、《制海》10卷、《奏议总要》5卷、《制稿》23卷，皆佚。今存《玉堂类稿》20卷、《西垣类稿》1卷。事迹见韩元吉《中书舍人兼侍讲直学士院崔公墓志铭》(《南涧甲乙稿》卷二一)。

李舜臣卒，生年不详。舜臣字子思，隆州井研人。乾道二年进士，调邛州安仁主簿。迁宗正寺主簿，参与重修《裕陵玉牒》。尤精于《易》，所著《易本传》33篇，朱熹晚岁，每为学者称之。另著有《群经义》8卷、《书小传》4卷、《家塾编次论语》5卷、《镂玉余功录》2卷、《晋书辨证》、文集30卷等。子心传、道传、性传，皆有名于世。《宋元学案》列其入《刘李诸儒学案》。事迹见《宋史》卷四〇四本传。

按：《宋史》本传曰："尤邃于《易》，尝曰：'《易》起于画，理事象数，皆因画以见，舍画而论，非《易》也。画从中起，乾坤中画为诚敬，坎离中画为诚明。'著《本传》三十三篇。朱熹晚岁，每为学者称之。所著书《群经义》八卷、《书小传》四卷、《文集》三十卷、《家塾编次论语》五卷、《镂玉余功录》二卷。"

杜范(—1245)、萨班·贡噶坚赞(—1251)、徐清叟(—1262)、包恢(—1268)生。

宋淳熙十年　金大定二十三年　夏乾祐十四年
西辽天禧六年　癸卯　1183 年

三月，诏举制科。

六月，王淮以唐仲友故而怨朱熹，欲阻其见用，遂使吏部尚书郑丙上疏，言近世士大夫有所谓道学者，欺世盗名，不宜信用。又使太府丞陈贾为监察御史面奏，首论近世所谓道学者，实为伪学，希令中外痛革此习。孝宗从其请，乃禁道学。

按：先是朱熹曾劾知台州唐仲友，仲友与宰相王淮同乡、亲戚，所以王淮指使郑丙、陈贾攻击道学。从此"道学"之名，贻祸于世。尤袤曾谓孝宗曰："道学者，尧、舜所以帝，禹、汤、文、武所以王，周公、孔子所以设教。近立此名诋訾士君子，故临财不苟得，所谓廉介；安贫守道，所谓恬退；择言顾行，所谓践履；行己有耻，所谓名节；皆目之为道学。此名一立，贤人君子鱼自见于世，一举足且入其中，俱无所免，岂盛世所宜有？愿循名责实，听言观行，人情庶不坏于疑似。"孝宗曰："道学岂不美之名？正恐假托为名，真伪相乱耳！"尤袤死数年，韩侂胄擅国，于是禁锢道学，贤士大夫皆受其祸，识者以袤为知言（《宋史·尤袤传》）。

八月乙未，金又以《孝经》女真文译本千部，分赐护卫亲军。

九月己巳，金译《易》、《书》、《论语》、《孟子》、《孝经》、《老子》、《杨子》、《文中子》及《新唐书》等为女真文成。金主言："朕所以令译五经者，正乃欲女真人知仁义道德所在耳。"（《金史·世宗纪下》）命颁行之。

朱熹二月差主管台州崇道观；是月修订《资治通鉴纲目》，有书致钟山李缯；四月十六日，于崇安南之武夷山五曲隐屏峰下建武夷精舍，遂迁居之，聚徒讲学，潜心著述，四方来学者众。建宁知府韩元吉为朱熹作《武夷精舍记》，陆游、袁枢有诗记之。

按：武夷精舍又称紫阳书院、武夷书院。朱熹曾在此校注孔孟经书，阐微补缺，写成《四书集注》等重要著作，同时又聚徒讲学，蔡元定、游九言、黄榦、潘植、潘柄、郑可学、江默、陈孔硕、杨至、余大雅、程端蒙、徐昭然、吴必大、万人杰、任希夷、包扬、陈文蔚、董铢、窦从周、杨楫、张洽、杨道夫、李闳祖等百数十人都受业于此。《武夷山志》载："袁枢与朱文公友善，武夷精舍，题咏最多。"

朱熹为曹立之作《曹立之墓表》，陆九渊以为意存讽刺，作《与朱元晦》书辨之。

按：曹立之原为陆门弟子，后转附朱熹门下，37岁早逝，朱熹为之所作的墓表有曰："博而不杂，约而不陋，使天假之天年以尽其力，则斯道之传其庶几乎！"（《晦庵集》卷九〇）陆九渊深为不悦，陆门弟子亦认为朱熹之文意在抬高朱门而羞辱陆门。朱陆之争由此染上门户对立色彩。

朱熹作《答沈叔晦书》，批评陈亮之学。

安德罗尼卡弑拜占廷帝阿莱克修斯二世。

德意志腓特烈一世帝与罗马教皇、伦巴第同盟诸城签订《康斯坦茨合约》。

按：其书曰："前日务为学而不观书，此固一偏之论。然近日又有一般学问，废经而治史，略王道而尊霸术。极论古今兴亡之变，而不察此心存亡之端。若只如此读书，又不若不读之为愈也。"（《晦庵集》卷五三）《又答沈叔晦书》曰："子约（吕祖俭）为人，固无可疑。但其门庭，近日少有变异。而流传已远，大为学者心术之害，故不得不苦口耳。近日一派，流入江西，蹴踏董仲舒，而推尊管仲、王猛。又闻有非陆贽而是德宗者，尤可骇异。"（同上）

陈亮作《又癸卯秋书》给朱熹，云"风不动则不入，蛇不动则不行，龙不动则不能变化；今之君子，欲以安坐感动者，是真腐儒之谈也"，批评朱熹"修德待时"、"安坐感动"之说（《龙川集》卷二八）。

按：明代徐学谟曰："朱紫阳经书训诂，多自注疏中来，而其诋毁注疏之儒特甚，此不胜其胸中拘挛之见，欲妄意上接乎孔孟不传之统，故于汉唐诸儒不得不阴攘其长而阳摘其短，以为孔孟而后惟予一人耳。陈同甫卓见之士，尝为书诋诃紫阳，其往来辨证，不一而足，可谓紫阳之忠臣。惜乎同甫之名，竟因紫阳而没没于世。甚矣，后儒之陋也！"（《明文海》卷四八〇《斋语》）

陈亮九月十五日作《水调歌头》（癸卯九月十五日寿朱元晦）词，贺朱熹54岁生日。

朱熹十月赴泉州吊友人傅自得之丧，归途馆于莆田陈俊卿宅，其子陈守正式师从朱熹。

廖德明时为韶州州学教授，新修濂溪先生祠，请朱熹为之作记。

陆九渊在国子学，二月初七日讲《春秋》九章；七月十五日讲《春秋》五章；十一月十三日讲《春秋》四章。冬，迁敕令所删定官。

辛弃疾时居上饶，与居东阳的陈亮时有书信往来；是春，陈亮寄书辛弃疾，约秋后来访，未果。

李焘十一月以敷文阁学士兼侍讲，奏宜察小人害政，兼修边备。又推荐尤袤、刘清之等10人为史官。

袁枢由提举江东茶盐改知处州。

郑丙时为吏部尚书，与监察御史陈贾迎合丞相王淮，借机发挥打击道学，开政治迫害学术的庆元党禁之先声。

按：《宋史·郑丙传》称"道学之目，丙倡贾和，其后为庆元学禁，善类被厄，丙罪为多"。全祖望《跋宋史郑丙列传》曰："庆元道学之禁，滥觞于郑丙，《宋史》诋之甚峻。予夷考之，则前此丙亦清流，一自倡攻道学，遂丧名节，而一跌不可复振矣。朱子尝言建宁自程、郑二公至今，圣节不许僧子升堂说法，其余无敢任之者。程公，即泰之也。程史丙初登西掖，力言赏功迁职之滥，奎札奖许。又力雪陈龟年之狱，韩子师以曾觊援，将召用，丙力争之。大臣多谮为卖直，上独重之，亟迁吏书。王公谦仲方丞宗正，因进对有爱莫能助之荐，如是虽古之名臣，何以加诸！水心亦称丙之风力。呜呼，朱、王、叶三老者，皆庆元党魁也。丙亦何心狼狈，晚节相背而驰乎？然《宋史》一概抹而不书，则亦非善恶不相掩之史法也。"（《宋元学案》卷三四《武夷学案》）

陈贾时为监察御史，六月戊戌请禁道学。

按：陈贾《论道学欺世盗名乞摈斥》奏曰："臣窃谓天下之士，所学于圣人之道者未始不同，既同矣，而谓己之学，独异于人，是必假其名以济其伪者也。……居之似忠信，行之似廉洁，孔子之恶乡原者，恶其伪也。行辟而坚，言伪而辩，孔子之诛少正卯者，诛其伪也。以夫人之饰伪，若此不有以抑之，则将欺世盗名，无所不至矣。臣伏见近世缙绅士大夫有所谓道学者，大率如此。其说以谨独为能，以践履为高，以正心诚意，克己复礼为事，若此之类，岂学者所当然，而其徒乃谓己独能之，夷考所为，则又大不然，不几于假其名以济其伪者邪？道先王之语，而行如市人，窃处士之名，而规取显位。轻视典宪，旁若无人，故上焉者得以遂其奸，次焉者得以护其短，下焉者得以掩其不能，相与造作语言，互为标榜。有善虽小，必多口称誉，以为他人所难办；有过虽大，必曲为辞说，以为其中实不然。故附之者常假其势以为梯，媒庇之者常获其助以为肘腋，植党分明，渐不可长。愿陛下明诏中外，痛革此习，于听纳除授之间，考察其人，摈斥勿用，以示好恶之所在。"（《道命录》卷五）

陆游九月为朱熹武夷精舍题诗，作《寄题朱元晦武夷精舍》。

范成大八月三十日除资政殿学士，提举临安府洞霄宫。王阮、赵蕃均有诗。

史浩八月为太保、魏国公，致仕。

颜师鲁为国子祭酒，请讲明理学，使士知廉耻。

徐梦莘移广西宾州知州，旋遭弹劾，罢官还乡闲居。

施师点正月以给事中兼权参知政事；八月，为参知政事兼同知枢密院事，御史中丞黄洽参知政事。

沈焕始讲学竹洲。

黄洽为御史中丞。

按：自乾道五年以后，不除中丞者14年，至此始复。

徐得之举进士。

按：徐得之字思叔，清江人。徐梦莘弟。曾著有《左氏国纪》、《史记年纪》、《鼓吹词》、《郴江志》、《丛笔略》等，已佚。

翁卷登乡荐，终身不仕。

王自中因中书舍人王蔺荐，召赴都堂，上二疏论时政。

陈和卿等7名铸工应邀赴日本改铸东大寺大佛。

李焘在遂宁知府任上将《续资治通鉴长编》修定本进上。奉命回朝，进敷文阁直学士，兼侍讲、同修国史。

按：其上言云："臣累次进所为《续资治通鉴长编》，今重别写进，共九百八十卷，计六百四册。其修换事总为目一十卷。又缘一百六十八年之事，分散为九百十八卷之间，其字繁文冗，本末颇难立见，略存梗概，庶易检寻。今创为建隆至靖康《举要》六十八卷，并卷总目共五卷。已上四种，通计一千六十三卷，六百八十七册。"（《蜀中广记》卷九二）李焘修《续资治通鉴长编》之起始时间无明确记载，据是年所上进书表言："臣网罗收拾，垂四十年"，可知他在30岁左右即开始编撰是书，一生精力，几尽于此书。叶适《巽岩集序》评论其《长编》成就曰："凡实录、正史、官文书，无不是正就一律也；而又家录、野记，旁互参审，毫发不使遁逸，邪正心迹，随卷较然。""李氏《续通鉴》，《春秋》之后，才有此书。"宋孝宗称"其书无愧司马迁"，并答应为之作序而未果。周必大曰："《长编》考证异同，罕见其比。"（《文忠集》附录卷四《文忠周公神道碑》)）汪应辰《荐李焘与宰执书》曰："凡经传、历代史书，以及本朝典故，皆究其本末，

海因里希·冯·费尔德克约于是年著音韵严格的骑士史诗《伊尼德》。

参考异同,归于至当。"清代朱彝尊《书李氏〈续通鉴长编〉后》亦曰:"宋儒史学,以文简(即李焘)为第一,盖自司马君实、欧阳永叔书成,犹有非之者,独文简免于讥驳。"(《曝书亭集》卷四五)但朱熹则批评《长编》"可信者,反为小字以疏其下,殊无统纪。"(《朱子语类》卷一三〇)《长编》原书多达980卷,卷帙过大,刻印不便,秘书省只有李焘进的写本,及秘书省奉诏依《资治通鉴》字样大小缮写之抄本,元明时期无足本流传。明修《永乐大典》,将太祖建隆至哲宗元符七朝《长编》采入;清修《四库全书》,馆臣从《永乐大典》抄出重新编为520卷,缺徽宗、钦宗两朝、英宗治平四年(1067)四月至神宗熙宁三年(1070)三月、哲宗元祐八年(1093)七月至绍圣四年(1097)三月、元符三年(1100)二月至十二月之史事。

象山县学刻印林钺《汉隽》10卷。

按:《四库全书总目提要》曰:"案陈振孙《书录解题》载此书,卷数与今相符,而注称'括苍林钺'。《处州府志》亦载林钺。此本则皆作林越,未详孰是也。其书取《汉书》中古雅之字,分类排纂为五十篇。每篇即以篇首二字为名,亦间附原注。前有绍兴壬午越《自序》,称'大可以详其事,次可以玩其词'。然割裂字句,漫无端绪,而曰可详其事,其说殊夸。后有延祐庚申袁桷重刻《跋》,称《汉隽》之作,盖为习宏博便利,斯为定论矣。"

僧悟明著成《联灯会要》30卷。

按:是书又称《禅宗联灯录》、《宗门联灯会要》,意在合北宋三灯《景德传灯录》、《天圣广灯录》、《建中靖国续灯录》为一书,而补八十余年来前代灯录未收的临济、云宗二家禅师语录。

刘宅刊刻《卢溪先生集》50卷。

婺州王宅刊刻《三苏文粹》70卷。

按:《四库全书总目提要》曰:"《三苏文粹》七十卷,不著编辑者名氏。前后亦无序跋。其曰文粹,盖仿陈亮《欧阳文粹》例也。凡苏洵文十一卷、苏轼文三十二卷、苏辙文二十七卷。所录皆议论之文,盖备场屋策论之用者也。"

王处一编著《西岳华山志》1卷。

朱熹著《武夷精舍杂咏诗并序》。

朱熹始编《小学》之书。

罗愿刊刻朱熹校订《急就篇》于鄂州。

西夏编成《圣立义海》。

按:是书为格言集,内容广泛,体例多仿汉籍类书。

朱抱一编《重阳教化集》3卷、《重阳分梨十化集》2卷成书,尹焞作《重阳教化集序》,马大辩作《重阳分梨十化集序》。

法国克雷蒂安·德·特洛阿卒(1135—)。行吟诗人、作家,著有故事诗《爱列克和爱尼德》、《伊文》《狮子骑士》)、《朗斯洛》《小车骑士》)等。

金道士马钰卒(1123—)。钰原名从义,字宜甫,宁海人。与妻孙不二从王嚞出家学道,更名钰,字玄宝,号丹阳子,世称丹阳真人。为全真道"七真"之一。著有《洞玄金玉集》、《渐悟集》、《丹阳神光灿》等。子弟另辑有《丹阳真人语录》,均收入明《正统道藏》。马钰亦精针灸,著有《十二穴歌》,世称"马丹阳十二穴",是总结针灸临床经验之诀。事迹见《新元史》卷二四三本传。

吴儆卒(1125—)。儆初名偁,字益恭,号竹洲先生,休宁人。绍兴二十七年进士。曾任鄞县尉,知泰州,后以朝散郎致仕。谥文肃。与朱熹、张栻、吕祖谦等友善,常与穷经论史。著有《竹洲集》20卷。《宋元学案》列其入《岳麓诸儒学案》。事迹见《宋史翼》卷一四、程卓《竹洲先生吴公行状》(《吴文肃公文集》附)。

按:《四库全书总目提要》评《竹洲集》曰:"其集《宋史·艺文志》、《书录解题》、《文献通考》皆不著录。集首有端平乙未敷文阁学士程珌《序》,称其文峭直而纡余,严洁而平澹,质而非俚,华而不雕。今观其诗文,皆意境劖削,于陈师道为近。虽深厚不逮,而模范略同,盖以元祐诸人为法者。其《上蒋枢密书》,论战、和、守之俱非,《与汪楚材书》,论伊川之徒,皆有卓识。其《刍言》中'豪民黠吏'一条,与'论邕州以互市劫制化外'一条,亦具有吏才,非但以文章重也。"

斡道冲卒,生年不详。道冲字宗圣,先世灵武人,从夏主迁兴州。世掌撰修西夏国史职。精通五经,为蕃汉教授。曾以西夏文译《论语注》,撰《论语小义》;又以西夏文作《周易卜筮断》。官至西夏中书宰相。卒后,夏仁宗图画其像,从祀于孔庙。事迹见虞集《西夏相斡公画像赞》(《道园学古录》卷四)

麻九畴(—1232)、岳珂(—1234)、吴昌裔(—1240)、方大琮(—1247)、陈振孙(—1249)生;宋九嘉(—1233)约生。

英国华斯约于是年卒(1100—)。曾为英国一诺曼官廷编著古法语押韵的编年史。

宋淳熙十一年 金大定二十四年 夏乾祐十五年 西辽天禧七年 甲辰 1184年

四月戊辰,赐礼部进士卫泾、陈梀、王公迈以下394人及第、出身。考官为户部尚书兼侍读王佐、中书舍人兼侍讲王蔺、右正言蒋继周。

丙子,定进士习射日分。

癸未,重颁《绍兴申明刑统》。

五月初五日端午节,金世宗亲至上京,依旧俗射猎、欢宴、起舞,倡导女真风习。

六月辛酉,敕令所上《编类宽恤诏令》,乞颁降。

十二月初四日,知台州熊克上《九朝通略》168卷。诏迁一官。

是年,金立《得胜陀颂碑》,纪念太祖起兵攻辽。撰文者赵可,书丹者孙吴,篆额者党怀英,皆一时名士。碑文用汉文与女真文对照。

朱熹二月致书陆九渊问政,并寄《曹立之墓表》;三月作《读吕氏诗记桑中篇》,系统论述黜《毛序》之《诗》学思想,批评吕祖谦、吕祖俭主《毛序》之《诗》说。

陈亮三月被诬在饭食中"置药杀人",入狱,备受拷掠,终无实据,经辛弃疾、罗点援救,五月二十五日方得释。

日本设文公所(掌领地年贡、财政)和问注所(掌领地诉讼审理)。

德意志诸侯召开美因茨大会,德意志腓特烈一世帝权势达于顶峰。同年,腓特烈一世开始第六次远征意大利。

按：《宋史·陈亮传》载："居无何，亮家僮杀人于境，适被杀者尝辱亮父次尹，其家疑事由亮。闻于亮，笞榜僮，死而复苏者数，不服。又囚亮父于州狱。而属台官论亮情重，下大理。时丞相淮知帝欲生亮，而辛弃疾、罗点素高亮才，援之尤力，复得不死。"

朱熹作《与陈同甫第四书》，说陈亮"平时自处于法度之外，不乐闻书生礼法之论"，以致招来这场灾难；劝陈亮"凡百亦宜痛自收敛"，"绌去义利双行、王霸并用之说，而从事于惩忿窒欲、迁善改过之事，粹然以醇儒之道自律"，则可"免于人道之祸"（《晦庵集》卷三六）。

陈亮作《甲辰秋书》，对朱熹之学问人品极为赞赏，其云："独秘书（即朱熹）杰特崇深，负孔融、李膺之气，有霍光、张昭之重，卓然有深会于亮心者，故不自知其心之惓惓，言之缕缕也。"（《龙川集》卷二〇）

按：陈亮与朱熹虽然学术观点不尽一致，但对朱熹的学业才干，则甚为欣赏。其《与辛幼安殿撰》曰："四海所系望者，东序唯元晦（即朱熹）、西序唯公（即辛弃疾）与学师（即韩彦古）耳。"（《龙川集》卷二一）《与张定叟侍郎》曰："乾道间，东莱吕伯恭（即吕祖谦）、新安朱元晦及荆州（即张栻），鼎立为一世学者宗师。亮亦获承教于诸公后，相与上下其论。今新安巍然独存，益缔晚岁之好。"（同上）《与林和叔侍郎》曰："朱元晦人中之龙也，屡书与朝士大夫，叹服高谊不容己。"（《龙川集》卷一九）

陈亮作《又甲辰秋书》，反复阐述自己关于王与霸、义与利的一元论观点，对朱熹所谓"义利双行、王霸并用"的二元论提出反驳，并表示不愿做所谓的"醇儒"，而要做一个"推倒一世之智勇，开拓万古之心胸"之"英雄"（《龙川集》卷二〇）。朱熹虽"意有不与而不能夺也"（叶适《水心集》卷一二《龙川集序》）。

按：陈亮批驳朱熹之论，从此展开了我国思想史上著名的"义利王霸"之辩。陈亮说："自孟、荀论义利王霸，汉唐诸儒，未能深明其说。本朝伊洛诸公，辨析天理人欲，而王霸义利之说于是大明。然谓三代以道治天下，汉唐以智力把持天下，其说固已不能使人心服。而近世诸儒遂谓三代专以天理行，汉唐专以人欲行，其间有与天理暗合者，是以亦能久长，信斯言也。千五百年之间，天地亦是架漏过时，而人心亦是牵补度日，万物何以阜蕃，而道何以常存乎？"（《龙川文集》卷二〇《甲辰答朱元晦》）朱熹回答说："千五百年之间正坐如此，所以只是架漏牵补，过了时日。其间虽或不无小康，而尧、舜、三王、周公、孔子所传之道，未尝一日得行于天地之间也。若论道之常有，却又初非人所能预，只是此个自是亘古亘今，常在不灭之物。虽千五百年被人作坏，终殄灭他不得耳。"（《晦庵集》卷三六《答陈同甫第六书》）陈亮又说："人之所以与天地并立而为三者，非天地常独运，而人为有息也。人不立，则天地不能以独运，舍天地则无以为道矣。……天地而可架漏过时，则块然一物也；人心而可牵补度日，则半死半活之虫也；道于何处而常不息哉？"（《龙川文集》卷二〇《甲辰答朱元晦书》）陈亮又说："故亮尝以为，得不传之绝学者，皆耳目不洪、见闻不惯之辞也。人只是这个人，气只是这个气，才只是这个才，譬之金银铜铁，只是金银铜铁，炼有多少，则器有精粗，岂其于本质之外换出一般，以为绝世之美器哉？故浩然之气，百炼之血气也。"（《龙川文集》卷二〇《与朱元晦秘书》）朱熹认为，陈亮的理论是"义利双行，王霸并用"。陈亮驳斥说："诸儒自处者，曰义，曰王；汉唐做得成者曰利，曰霸。一头自如此说，一头自如彼做，说得虽甚好，做得亦不恶。如此却是义利双行，王霸并用。如亮之说，却是直上直下，另有一个头颅做得成耳。"(《龙川文集》卷二〇《甲辰答朱元晦》)朱熹与陈亮的论战，虽然没有什么结果，可对朱熹学说的发展，却起了一定的推动作用。

陈亮九月十五日作《蝶恋花》(甲辰寿元晦)词，贺朱熹55岁生日。

朱熹是年谓门人潘景愈、吕祖俭、孙应时等，以为舍六经、《论语》、《孟子》而尊史迁，舍穷理尽性而谈世变，舍治心修身而幸事功，大为学者心术之害，旨在辨浙学之弊。

按：朱熹《答孙季和书》曰："子约(吕祖俭)汉唐之论，在渠非有私心。然亦未免程子所谓邪心者。却是教坏后生。此甚不便。近年以来，彼中学者，未曾理会读书修己，便先怀取一副当功利之心。未曾出门踏着正路，便先做取落草由径之计。相引去私语密传，以为奇特，直是不成模样。故不得不痛排斥之。不知子约还知外面气象如此否耳？"(《晦庵集》卷五四)

朱熹以南剑本杨时文集校汪应辰刻本、福州本、成都本所阙杨时奏疏；又在张枃所集乃兄张栻遗稿四编的基础上，益为访辑，雠正误字，勘繁削乱，校为定本44卷。

陆九渊改授承奉郎，与朱熹数有书信来往。

陆九渊三月上殿轮对，进五札。极言抗金复国之大义，批评朝廷集权过多，独断独行，致使"百事荒"。并提出治国之"四物汤"：任贤、使能、赏功、罚罪。

陆九渊《删定官轮对札子》谓王安石变法失败之因不在于"喜人同己"、"言利"及变祖宗之法诸方面，而在于变法的空想成分与急于求成。

黄榦、包定、吕道一师事朱熹于武夷精舍。

陈文蔚、余大雅来武夷向朱熹问学。

杨万里冬初服满，始作诗，召赴临安，除吏部员外郎。

杨万里与田清叔、颜师鲁、褚丈、沈揆、尤袤、王厚之、林宪等在临安结诗社。

周必大六月为枢密使。

李焘晋升敷文阁学士。

倪思建言科举考试重视史学。

按：倪思曰："举人轻视史学，今之论史者，独取汉唐混一之事，三国六朝五代为非盛世，而耻谈之。然其进取之得失，守御之当否，筹策之疏密，区处兵民之方，形势成败之迹，俾加讨究，有补国家。请谕春官，凡课试命题，杂出诸史，无所拘忌，考核之际，稍以论策为重，毋止以初场定去留。"从之(《资治通鉴后编》卷一二六)。

洪迈知婺州。

周明仲重修魏掞之建阳招贤里社仓，朱熹为作《建宁府建阳县长滩社仓记》。

倪朴被徙置筠州管制。

按：倪朴字文卿，浦江人。学者称石陵先生。耻为无用之学，长于军事、地理之学。与陈亮为学术同调。著有《舆地会元》40卷、《鉴辙录》5卷。今存《倪石陵书》1卷。《四库全书总目提要》曰："《倪石陵书》一卷，宋倪朴撰。朴字文卿，浦江人，居于石陵村，因以为号。尝应进士举。绍兴末为万言书，拟上高宗而不果。郑伯熊、陈亮皆极称之,后为里人所构,徙置筠州,以赦得还。吴师道、宋濂皆为作传。师道称其究悉用兵攻守险要,尤精地理。著《舆地会元志》四十卷,今不传。传者仅此集。前载吴、宋二传,次《拟上高宗书》,又书札八篇,书唐史诸传七篇,辨一篇,大抵皆古健有法。……此本则明嘉靖丙戌麻城毛凤韶所辑。其不曰集而曰书者,凤韶《自序》谓以上高宗书为主,举所重云。"

高似孙举进士,调会稽主簿。

赵汝谈举进士,得丞相周必大赏识,调汀州教授,改广德军。

林渊叔登进士第,后官至扬州司户。

金式举进士,以后官终右正言。

宋若水官福建提举常平,与朱熹交往密切,其子宋之源、宋之润、宋之汪兄弟皆从朱熹学。

赵善誉为荆湖路常平茶盐提举,朱熹尝与之议论其《易说》。

赵崇宪第进士甲科。

潘友端举进士。

叶时举进士,授奉国军节度推官。

按:叶时字秀发,自号竹野愚叟,钱塘人。著有《礼经会元》4卷。《四库全书总目提要》谓此书"其说与郑伯谦《太平经国之书》体例略同,议论亦多相出入。时于伯谦为前辈,然《竹野先生传》中称其晚居嘉兴,乃著此书,以授门人三山翁合。则二书之作,相去不远。或伯谦取时书而约之,或时因伯谦书而广之,均未可定。然伯谦所论或有驳杂,时则大体无疵。……以其大旨醇正,多能阐发'体国经野'之深意,故数百年来,讲礼者犹有取焉"。

朱熹著成《诗集传》20卷。

按:张文立认为:"朱熹的《诗集传》开启了以'宋学'解《诗》的时代,超越了郑玄《毛诗传笺》、孔颖达《毛诗正义》的'汉学'解《诗》的时代。以'宋学'代替'汉学',是创新性的学风的大转换、大改革;更有甚者,朱熹不仅提出了'以《诗》说《诗》'的新的《诗》文本解释学,而且对《诗》提出了贴近诗本质的'感物道情'的定义,开性情论《诗》、艺术论《诗》的新风,使《诗》由道德教化之经学回到艺术情感世界的文学。"(《中国学术通史》宋元明卷第五章)

詹仪之印刻《四书集注》于广东德庆,朱熹致书詹仪之毁版。

熊克著《九朝通略》168卷成。

按:《四库全书总目提要》评熊克《中兴小纪》曰:"《宋史·艺文志》载,克所著尚有《九朝通略》一百六十八卷,今《永乐大典》仅存十有一卷,首尾零落,已无端委,仅此书尚为完本。"

吕祖谦著《大事记》刻版于建阳。

司马伋刻司马光《资治通鉴举要历》,朱熹为作序。

洪迈著《唐书补过》,今佚。又序娄机《班马字类》书于金华松斋。

陆游始著《新修南唐书》。

按:陆游此书,有谓是胡恢所作,今人陈光崇、朱仲玉、齐治平诸先生曾为之辨证,陆游《剑南诗稿》卷一四《秋月出门观月》亦可印证。明代毛晋《新修南唐书跋》谓此书"得史迁家法",评价较高。

宋淳熙十一年　金大定二十四年　夏乾祐十五年　西辽天禧七年　甲辰　1184年

宋礼部太常寺著《中兴礼书》300卷成书。

朱熹为张栻编定《张南轩先生文集》44卷，并作序。

按：是书又称《南轩集》或《张宣公全集》。《四库全书总目提要》曰："栻殁之后，其弟构裒其故稿四巨编，属朱子论定。朱子又访得四方学者所传数十篇，益以平日往还书疏，编次缮写，未及蒇事，而已有刻其别本流传者。朱子以所刻之本多早年未定之论，而末年谈经论事、发明道要之语，反多所佚遗，乃取前所搜辑参互相校，断以栻晚岁之学，定为四十四卷。并详述所以改编之故，弁于书首，即今所传淳熙甲辰本也。栻与朱子交最善，集中《与朱子书》凡七十有三首，又有《答问》四篇。其间论辨斯斯，不少假借。如第二札则致疑于辞受之间，第三札辨墓祭、中元祭，第四札辨《太极图说注》，第五、六、七札辨《中庸注》，第八札辨游酢《祠记》，第十札规朱子言语少和平，第十一札论社仓之弊，责以偏袒王安石。第十五札辨胡氏所传《二程集》不必追改，戒以平心易气。第二十一札辨论仁之说有流弊，第四十四札论山中诸诗，语未和平。第四十九札论《易说》未安，是从来许多意思未能放下。第五十四札规以信阴阳家言，择葬地。与胡季随第五札，又论朱子所编《名臣言行录》未精细，朱子并录之集中，不以为忤。又栻学问渊源，本出胡宏，而与朱子第二十八札，谓胡寅《读史管见》病败不可言，其中有好处，亦无完篇。又第五十三札谓胡安国《春秋传》其间多有合商量处，朱子亦并录之集中，不以为嫌。足以见醇儒心术，光明洞达，无一毫党同伐异之私。后人执门户之见，一字一句，无不回护，殊失朱子之本意。至朱子作张浚墓志，本据栻所作行状，故多溢美，《语录》载之甚明。而编定是集，乃削去浚行状不载，亦足见不以朋友之私，害是非之公矣。论张浚者，往往遗议于朱子，盖未核是集也。刘昌诗《庐浦笔记》驳栻《尧庙歌》，指尧庙在桂林，失于附会。其歌今在集中，盖取其尊崇帝德，而略其事实。昌诗又录栻《愬斋铭》，称栻奉其父命为其弟构作，本集不载，检之良然。然栻集即构所辑，不应反漏。考高斯得《耻堂存稿》有《南轩永州诸诗跋》曰：'刘禹锡编《柳子厚集》，断至永州以后，少作不录一篇。南轩先生永州所题三亭、陆山诸诗，时方二十余岁，兴寄已落落穆穆如此，然求之集中，则咸无焉，岂编次者以柳集之法裁之乎？'然则栻集外诗文，皆朱子删其少作，非偶佚矣。"是年所刻的《南轩集》，为现存最早版本，另有元刻本、明缪氏刻本；清康熙间锡山华氏刊本最为精审。

洪刍著《豫章职方乘》3卷、《豫章职方后乘》12卷成书，程叔达作序。

程大昌刻《江西诗社宗派诗》于江西学舍，杨万里为序。

朱端章所著《卫生家宝产科备要》8卷由南康郡斋刻印。

按：是书系宋以前妇科临床治疗的一部重要文献。

李焘卒（1115——　）。焘字仁甫，又字子真，号巽岩，眉州丹棱人。绍兴八年进士，调华阳主簿，再调雅州推官，改秩知双流县。官终侍讲、同修国史。谥文简。著作宏富，约五十种，二千多卷，涉及范围甚广，对史学、文学、音韵学、方志学以及先秦典籍均有研究。所著尚有《续皇朝公卿百官表》、《历代宰相年表》、《江左方镇年表》、《唐宰相谱》、《五代将帅年表》、《四朝史稿》5卷、《通论》10卷、《并北攻守录》30卷、《七十二候图》3卷、《陶潜新传》并《诗谱》各3卷及《易学》5卷、《春秋学》10卷、《五经传授》1卷、《尚书百篇图》1卷、《大传杂说》1卷、《七十二子名籍》1卷、《六朝通鉴博议》10卷、《说文解字五音韵谱》30卷、《文集》50卷、《奏议》30卷等。

《宋元学案》列其入《涑水学案》。事迹见《宋史》卷三八八本传。今人王德毅编有《李焘父子年谱》、方壮猷编有《李焘年谱》。

按：李焘一生著述五十余种，而以《续资治通鉴长编》最享盛誉。张栻说他"平生生死文字间，《长编》一书用力四十年"（《蜀中广记》卷九二），概括甚准。《宋史》本传谓"高、孝之世，李焘耻读王氏书，掇拾礼文残缺之余，粲然有则，《长编》之作，咸称史才，然所掇拾，或出野史，《春秋》传疑传信之法欤！"

洪适卒（1117—　）。适字景伯，自称盘洲老人，鄱阳人。洪皓长子，与弟洪遵、洪迈并称"三洪"。绍兴十二年中博学宏词科。官至同中书门下平章事，兼枢密使。谥文惠。一生好收藏金石拓本，据以证史传之误，考核颇精。著有《隶释》27卷、《隶续》21卷、《隶纂》10卷、《隶韵》7卷及《盘洲集》等。事迹见《宋史》卷三七三本传、周必大《洪文惠公神道碑铭》（《文忠集》卷六七）。清钱大昕编有《洪文惠公年谱》，其后洪汝奎加以增订，刊入《四洪年谱》卷二。

罗愿卒（1136—　）。愿字端良，号存斋，徽州歙县人。乾道二年进士，历官赣州通判，知南剑州、鄂州。精博物之学，长于考证。为朱熹、杨万里、楼钥、马廷鸾等所推重。著有《新安志》、《尔雅翼》32卷、《罗鄂州小集》7卷等。事迹见《宋史》卷三八〇本传。

陈知柔卒，生年不详。知柔字体仁，号休斋，一号弱翁，泉州永春人。绍兴十二年进士，授台州判官。历知循州、贺州。解官归，主管冲祐观。著有《易本旨》、《易大传》、《易图》、《春秋义例》、《论语后传》、《诗声谱》等，皆佚。事迹见《乾隆永春州志》卷九。

雷渊（　—1231）、王迈（　—1248）、王撝（　—1252）生。

宋淳熙十二年　金大定二十五年　夏乾祐十六年　西辽天禧八年　乙巳　1185年

君士坦丁堡暴动，安德罗尼库斯被执杀，依沙克二世登基。拜占廷帝国科穆宁王朝亡，安茸利王朝始。自此，帝国的复兴彻底终结。

埃及苏丹萨拉丁平定美索不达米亚。

二月丁卯，宋孝宗语王淮等曰："自唐、虞而下，人君知道者少。唯汉文帝知道，专务安静，所以致富庶。自文帝之外，人君非唯不知道，亦不知学。"淮等曰："道从学中来。"帝曰："知学者未必尽知道，但知学者亦少。"（《续资治通鉴》卷一五〇）

三月辛卯，禁止习渤海音乐。

是春，诏制举免出注疏。

六月庚申，金皇太子完颜允恭卒，金主命太子妃及诸皇孙服丧，并用汉仪。

是年，宋孝宗命修内司以内府所藏《淳化阁帖》重刻于禁中，板式悉如《淳化阁帖》原本，世称《淳熙阁帖》或《淳熙修内司帖》。又以南渡后续得之晋唐人墨迹,摹刻成《淳熙秘阁续帖》10卷。

朱熹二月主管台州崇道观祠秩满。复请祠,四月改主管华州云台观。

朱熹辨谢绰中文集的阙佚、舛谬、脱落。

朱熹辨陆学与陈学之非。

按:朱熹曾曰:"海内学术之弊,不过两说,江西顿悟,永康事功。若不极力争辩,此道无由得明。"(《宋名臣言行录》外集卷一二)明代程敏政曰:"昔东陈亮,负才卓荦,俯视一世,虽遇考亭,亦不为窘,其后卒魁天下。而论者以亮经济之策迄未得施为深惜,士固不可知也。"(《篁墩文集》卷二五《北观序》)

陆九韶以居士应诏入都,经武夷与朱熹面论无极太极。朱、陆太极论辩始于此。陆九韶七月又有书予朱熹,论无极太极与《西铭》之说。

按:自南宋朱熹以来,周敦颐的《通书》和《太极图说》,得到理学家高度的评价。然而,与朱熹同时的陆九韶、陆九渊兄弟,却以为《太极图说》与《通书》不类,疑非周子所为,或是其学未成时所作,或是传他人之文,后人不辨也。因此对《太极图说》攻击不遗余力。于是引发了他们与朱熹之间连场辩论,成为宋代理学史上著名的公案之一。这场辩论,先在陆九韶与朱熹之间进行,朱熹为此曾回函答复,之后二人再次书信往返辩论,最后因陆九韶不愿再辩,双方才言罢。在朱陆鹅湖之会13年后(1188),陆九渊又主动去函与朱熹,要求接续其兄陆九韶与朱熹的无极太极之辨。两人书信来往次,观点针锋相对,各持己见,最后论辩沦为意气之争,无果而终。《宋元学案》卷五八《象山学案》:"顾諟谨案:以上共七书,所以辨无极者,可谓纤悉详尽矣。然究其大旨,象山第一书云:周子'若惧学者泥于形器而申释之,则宜如《诗》言上天之载,于下赞之曰无声无臭可也';紫阳答象山第一书云:'孔子赞《易》,自太极以下未尝言无极也,周子言之。'若于此,'宽见太极之真体,则知不言者不为少,而言之者不为多矣'。二先生之反复辨析不已者,不出此两端。然此皆二先生蚤岁之事。(梓材案:太极之辩,在淳熙十五年,时朱年五十九,陆年五十,不可云蚤岁之事。)考紫阳他日注《太极图说》,首曰'上天之载,无声无臭,而实造化之枢纽,品汇之根柢,曰无极而太极',实即象山之语意,其书现在,可考也。可见二先生虽有异,而晚则何尝不相合与!……杨开沅谨案:象山《与陶赞仲书》云:'梭山兄谓晦翁好胜,不肯与辩。某以为,人之所见,偶有未通处,其说固以己为是,以他人为非,且当与之辨白,未可便以好胜绝之。以晦翁之高明,犹不能无蔽,道听涂说之人,亦何足与言此哉!仁义忠信,乐善不倦,此夫妇之愚不肖可以与知能行;圣贤之所以为圣贤,亦不过充此而已。'其书上云:'《太极图说》,乃梭山兄辩其非是,大抵言无极而太极,与周子《通书》不类。《通书》言太极,不言无极,《易大传》亦只言太极,不言无极,若于太极上加无极二字,乃是蔽于老氏之学。又其《图说》本见于朱子发附录。朱子发明言陈希夷《太极图》传在周茂叔,遂以传二程,则其来历为老氏之学明矣。周子《通书》与二程言论,绝不见无极二字,此知三公盖已知无极之说为非矣。'此象山所以反复不已也。"

陆九渊四月寄奏章予朱熹,朱熹有书答之,谓其有葱岭禅气。

杨万里五月授吏部郎中,上轮对三札子:《论吏部恩泽之敝札子》、《论吏部酬赏之敝札子》、《论吏部差注之敝札子》,其谓:"南北和好,逾二十年,一旦绝使,敌情不测。或谓金主北归,可为中国之贺;臣以中国之忧,正在乎此。将欲南之,必固北之,或者以身填抚其北,而以其子与婿经营其南也。论者或谓缓急淮不可守,则弃淮而守江,是大不然。既弃淮矣,江岂可得而守!"(《续资治通鉴》卷一五〇)八月擢兼太子侍读,上《淳熙荐士录》,首荐朱熹,王淮不用。

> 按:杨万里为吏部郎中,宰相王淮问:宰相何事最急先务?万里答云:人才当先务。遂荐朱熹、袁枢等60人。其他尚有:石起宗、祝楶、郑侨、林祁、蔡戡、马大同、巩湘、京镗、王回、刘尧夫、萧德藻、章颖、霍篯、周必正、张贵谟、刘渍之、杨邦彦、王公衮、莫漳、张默、孙逢吉、吴鉴、王谦、谭惟寅、祖中庸、韩璧、李诵、余绍祖、叶元溇、廖德明、赵克夫、左昌时、胡思成、赵像之、孙逢辰、刘德秀、施渊然、祝禹圭、张泌、李大性、李大异、李大理、曾三复、曾三聘、徐彻、赵彦侚、王濆、虞公亮、陈谦、李沐、李耆俊、严昌裔、陈宇、卢宜之、苏渭、郑郧、赵善佐、胡瀞。

朱熹作《答刘子澄书》,批评陈亮王霸之学。

> 按:其书曰:"伯恭(吕祖谦)无恙时,爱说史学。身后为后生辈,糊涂说出一般恶口小家议论。贱王尊霸,谋利计功,更不可听。子约立脚不住,亦曰吾兄盖尝言之云尔。中间不免极力排之,今幸少定。然其强不可令者,犹未肯竖降幡也。"(《晦庵集》卷三五)其《又答刘子澄书》曰:"婺州自伯恭死后,百怪都出。至如子约,别说一般差异的话,全然不是。孔孟规模,却做管、商见识,令人骇叹!然亦是伯恭,有些拖泥带水,致得如此。又令人追恨也。"(《晦庵集》卷三五)

朱熹是春与陈亮书札往还论义利王霸之辨,陈亮作《又乙巳春书之一》,提出"心之用,有不尽而无常泯,法之文,有不备而无常废"之命题,以反驳朱熹把历史分"三代以上"和"三代以下"之论调。另有《又乙巳春书之二》。又作《又乙巳秋书》,认为"才有人心,便有许多不洁净,革道止于革面,亦有不尽概圣人之心者",以反驳朱熹所谓"三代专以天理行"之说。朱熹有书反驳。十二月,朱熹作《王氏续经说》,乃针对陈亮之作《类次文中子引》。

陈亮致书宰相王淮,论秦桧主和误国害民,激励王淮收复中原,并推荐叶适、薛叔似、陈谦、施迈4人。

叶适由姑苏入都,属稿四十余篇;作《上孝宗皇帝札子》,批评理学家只承认义理,否定功利的弊病。

> 按:《水心别集》卷一五《自跋》曰:"淳熙乙巳,余将自姑苏入都,私念明天子方早夜求治,而今日之治,其条目纤悉至多,非言之尽不能知,非知之尽不能行也。恐或有问质,辄稿属四十余篇。"叶适经世思想之规模,至此已定。

洪迈参与修撰《四朝国史》。

> 按:洪迈七月奏神宗至于钦宗传叙相授,阅六十五年,除纪志已进外,当立传者千三百人,其间妃嫔、亲王、公主、宗室,几当其半,乞效前代诸史体例,分类载述,不必人为一传。

戴复古在台州黄岩家乡师从徐似道学诗。

潘畤在潭州知州任上因旧址修复石鼓书院,朱熹有《衡州石鼓书院记》。

赵汝愚十二月以知福州为四川制置使。

赵秉文登金进士第,调安塞簿,以课最迁邯郸令。

郭浩官江山县令,八月请朱熹作《衢州江山县学景行堂记》,以祀乡人周颖、徐揆、徐存等人。

萧千岩权知复州。

林栗著《周易经传集解》36卷成书进呈。

> **按**：《四库全书总目提要》曰：林栗与朱熹的矛盾，"盖其衅始于论《易》，而其故不全由于论《易》，……后人以朱子之故，遂废栗书，似非朱子之意矣。《经义考》又曰：'福清林黄中（即林栗）、金华唐与政（即唐仲友）皆博通经学，而一纠朱子，一为朱子所纠。其所著《经说》，学者遂置而不问。与政之书无复存者。黄中虽有《易解》（即《周易经传集解》），而流传未广，恐终泯没。然当黄中既没，勉斋黄氏（即黄榦）为文祭之。其略曰："嗟哉我公，受天之气，为时直臣，玩羲经之爻象，究笔削于获麟。至其立朝正色，苟咈吾意，虽当世大儒，或见排斥。苟异吾趣，虽前贤笃论，亦不乐于因循。规公之过，而公之近仁者，抑可见矣。论者固不以一眚而掩其大醇也。"勉斋为文公高弟，而好恶之公，推许之至若是。然则黄中之《易》，其可不传抄乎？'持论颇为平允。昔刘安世与伊川程子各为一代伟人，其《元城语录》、《尽言集》亦不以尝劾程子而竟废。耿南仲媚敌误国，易被依附权奸，其所撰《易解》，今亦并行。栗虽不得比安世，视南仲与被则有间矣，故仍录其书而并存彝尊之论焉"。

程大昌著《易原》8卷成书。

> **按**：《四库全书总目提要》曰："大昌学术湛深，于诸经皆有论说。以《易》义自汉以来纠纷尤甚，因作是书以贯通之。苦思力索，四年而成。……虽排斥先儒，务申己说，不能脱南宋之风气，然其参互折衷，皆能根据《大传》，于《易》义亦有所阐明。与所作《诗议》，欲并《国风》之名而废之者，固有别矣。其书久无传本，惟程敏政《新安文献志》载有三篇，故朱彝尊《经义考》注曰'已佚'。今考《永乐大典》尚存百有余篇，皆首尾完整，可以编次。谨采掇厘订，勒为八卷，备宋人说《易》之一家焉。"

章冲著《春秋左氏传事类始末》5卷刊行。

> **按**：章冲字茂深，章惇之孙。其妻乃叶梦得女。淳熙中尝知台州。《四库全书总目提要》曰："梦得深于《春秋》，故冲亦颇究心于《左传》。取诸国事迹，排比年月，各以类从，使节目相承，首尾完具。前有冲《自序》及谢谔《序》。考冲与袁枢俱当孝宗之时。枢排纂《资治通鉴》，创纪事本末之例，使端绪分明，易于循览，其书刊于淳熙丙申。冲作是书亦同斯体。据《自序》刊于淳熙乙巳，在枢书之后九年。殆踵枢之义例而作，虽篇帙无多，不及枢书之渊博，其有裨学者则一也。惟《通鉴》本属史家，枢不过理其端绪。《春秋》一书，经则比事属词，义多互发。传文则或先经以始事，或后经以终义，或依经以辨理，或错经以合异。丝牵绳贯，脉络潜通。冲但以事类衰集，遂变经义为史裁，于笔削之文，渺不相涉。旧列经部，未见其然。今与枢书同隶史类，庶称其实焉。"

陈公亮、刘文富著《淳熙严州图经》3卷。

朱端章著《南康志》8卷。

洪迈著《史记法语》8卷、《经子法语》24卷、《左传法语》6卷成书。

陈亮先著《类次文中子引》，后又著《书类次文中子后》、《书文中子附录后》。

> **按**：朱熹称陈亮的功利之学与文中子王通有直接关系，吕祖谦则对陈亮说："《文中子序引》，此意久无人知之，第其间颇有抑扬过当处。"建议陈亮"更须斟酌"（《东莱集》别集卷一〇）。

伊朗伊斯兰神秘主义教义学家、哲学家苏哈拉瓦迪著《启明智慧》。集中研究有与无两种概念，指出质产于知，没有客观真实性或客观存在。其神秘主义理论中的泛神论倾向，引起正统派学者的反对。

韩彦古新刻《云笈七签》成。

赵崇祚所编《花间集》有鄂州册子纸印本。

金道士谭处端卒(1123—　)。处端原名玉,字伯玉,从王嘉学道后更名处端,字通正,号长真子,世称长真真人,宁海人。全真道"七真"之一。创全真道南无派。著有《云水集》,收于《道藏》太平部。事迹见《新元史》卷二四三本传。

林亦之卒(1136—　)。亦之字学可,号月渔,福清人。学者称网山先生。从学林光朝三十余年。林氏卒,学者请其继讲席。赵汝愚帅闽,荐于朝,未及用而卒。景定年间,追赠迪功郎,谥文介。著有《论语》、《毛诗》、《庄子》、《考工记》解,已佚;今存《网山集》8卷。《宋元学案》列其入《艾轩学案》。事迹见林希逸《网山集序》、《闽中理学渊源考》卷八。

许升卒(1141—　)。升字顺之,号存斋,泉州同安县人。朱熹官同安主簿时,即从朱熹学。其卒,朱熹作《祭许顺之文》,谓:"我官同安,诸生相从游者多矣。其恬淡靖退,无物欲之累,未有如顺之者也。逮于秩满,相与俱归,不以千里为远。"(《晦庵集》卷八七)

西班牙伊本·图菲勒卒(约1100—　)。阿拉伯作家、哲学家、医学家,著有哲学小说《哈伊·本·耶格赞的故事》。

印度跋斯伽罗卒(1114—　)。数学家、天文学家,首次充分而系统地使用十进位数系,使用字母表示未知数,解出一次、二次不定方程,认为用零作除数可以得到一个无穷大的值,并使用负数,认为不可能将负数开方。著有《历算书》。去世后印度数学的繁荣时期遂告结束。

叙利亚威廉(推罗)卒(约1130—　)。历史学家,著有《阿拉伯东方史》、《耶路撒冷拉丁诸王史》。

大越(李朝)主龙翰受封于宋,为安南国王。

十字军首领沙提翁劫掠穆斯林商队,引发萨拉丁发动"圣战"。

宋淳熙十三年　金大定二十六年　夏乾祐十七年　西辽天禧九年　丙午　1186年

七月,追赠胡铨谥曰忠简。

九月,秘书郎莫叔光乞诏诸路诸郡监司守臣,各以本路本郡书目解发至秘书省,听本省以《中兴馆阁书目》点对,如有未收之书,即移文本处取索。

十一月甲子,王淮等奏上《仁宗、英宗玉牒》、《神宗、哲宗、徽宗、钦宗四朝国史列传》及《皇帝会要》。

按:陈振孙《直斋书录解题》卷四曰:"绍兴二十八年,置修国史院修三朝正史。三十一年,提举陈康伯奏纪成,乞选日进呈。至乾道二年闰九月,始与《太上圣政》同上。淳熙五年,同修史李焘言修四朝正史开院已十七年,乞责以近限。七年十月,修史王希吕奏志成,十二月,进呈。至十三年,修史洪迈奏,昨得旨,限一年内修成列传,今已书成。十二月,与《会要》同进。盖首尾三十年,所历史官,不知其几矣。"《中兴艺文志》曰:"绍兴末始修神、哲、徽三朝正史,越三年纪成,乾道初进。时洪迈已出,李焘未入馆,史官迁易无常,莫知谁笔。后又进《钦宗本纪》,诏通为《四朝国史》。乃修诸志,未进而焘去国。淳熙初,志成,焘之力为多。召修列传,垂成而焘卒,上命洪迈专典之。"《四朝国史》自绍兴二十八年八月开馆,至本年十一月列传成书进御,前后历时29年,参与修撰的史官甚多,计有李焘、贺允中、周麟之、洪迈、叶义问、吕广问、汪澈、周必大、胡沂、叶谦亨、沈介、尤袤、刘清之、王希吕、郑丙、宇文子震、李爔、高文虎、袁枢、赵彦中、熊克、吕商隐、何耕、黄定、何澹、蒋继周、沈揆、范仲艺、罗点、王叔简等,其中以李焘和洪迈领修的时间最长,用功最多。

朱熹九月与陈亮恢复通信往还,陈亮是秋作寿朱熹词,又有《丙午复朱元晦秘书书》。

按:其书曰:"向来往还数书,非敢与门下争辩,聊以明不敢自屈其说,以自附和。以亮之畸穷不肖,本应得罪于一世之大贤君子;秘书独怜其穷,不忍弃绝之,亮亦不敢自外于门下耳。""亮平生不曾会与人讲论,独伯恭于空闲时,喜相往复;亮亦感其相知,不知其言语之尽。伯恭既死,此事尽废。子约、叔昌,卒岁一番相见,不过寒温常谈,而安得有所谓讲切者哉?来书问有何讲论者,犹以亮为喜与人语乎?兼之浙间议论,自始至末,亮并不晓一句。""秘书之学,至公而时行之学也。秘书之为人,扫尽情伪,而一于至公者也。世儒之论,皆有官不容针,私通车马之意,皆亮之所不晓。故独皈心于门下者,直以此耳。有公则无私,私则不复有公;王霸可以杂用,则天理人欲,可以并行矣。亮之所以缕缕者,不欲更添一条路。所以开拓大中,张皇幽眇,耳助秘书之正学也。岂好为异说,而求出于秘书之外乎?不深察其心,则今可止矣!"(《龙川集》卷二〇)

陈亮著《又丙午秋书》给朱熹,提出著名的"义利双行,王霸并用"的观点。

陈亮作《与辛幼安殿撰书》,谓欲与朱熹讲切,求一定论,恨无吕祖谦从中撷就。

按:全祖望曰:"小东莱之学,平心易气,不欲逞口舌以与诸公角,大约在陶铸同类,以渐化其偏,宰相之量也。惜其早卒。晦翁逐日与人苦争,并诋及婺学。"(《宋元学案》卷五一《东莱学案》)

朱熹十二月致书陆九韶,再论无极太极与《西铭》理一分殊之说。

陆九渊转宣义郎,除将作监丞,给事王信疏驳,十一月二十九日得旨,主管台州崇道观,遂还乡讲学,从游者甚多。有和杨万里《送行诗》。

按:杨简《象山先生行状》载:"先生既归,学者辐辏愈盛,虽乡曲长老亦俯首听诲,言称先生。先生悼时俗之通病,启人心之固有,咸惕然以惩,跃然以兴。每诣城邑,环坐率一二百人,至不能容,徙观寺。县大夫为设讲坐于学宫,听者贵贱老少,溢塞涂巷,从游之盛,未见于此。"(《慈湖遗书》卷五)

赵汝愚三月赴四川制置使任,经武夷与朱熹相见,面论闽中行钞盐事,朱熹有诗送之。

窦从周四月初五日来武夷向朱熹问学。

赵蕃十二月始向朱熹问学。

陆游连年闲居在家,是年正月作《书愤》诗。二月起知严州,赴任时,与在朝友人杨万里、尤袤、莫叔光、沈揆、沈瀛、周元吉等共为文酒之会。

杨万里正月迁枢密院检详官兼太子侍读,八月除右司郎中,十一月授左司郎中。

杨万里六月自序《南海诗集》,并寄集与沈涣。

洪迈八月十九日请修《九朝正史》,上许之。

史浩正月为太傅,陈俊卿为少师。

王遇始从朱熹学于武夷精舍。

梁克家十一月罢为观文殿大学士、醴泉观使兼侍读。

任希夷八月浦城主簿任满，至武夷精舍向朱熹问学。

丘处机还终南山刘蒋村，修葺王重阳旧居，取名"祖庭"。

吴寿昌携子吴浩来武夷精舍共事朱熹。

潘友端、潘友恭兄弟从朱熹学。

宋若水改任湖南提刑，其子宋之源从行，因与朱熹告别。

法国普罗旺斯的行吟诗人阿尔塔·达尼埃尔约于是年创作"阴暗派"风格的抒情诗，格调"低沉"，矫揉造作。他为法国的六行抒情诗体裁奠定了基础（诗歌分6段，短长格6行，结尾3节）。

朱熹著《易学启蒙》，又参阅胡寅、汪应辰、程迥之说，根据古文《孝经》作《孝经刊误》。又曾用南宋高宗赵构御书古文《孝经》拓本校正。

按：朱彝尊《经义考》曰："自汉以来，注疏家莫能删削经文只字者，删之自朱子《孝经刊误》始也。"

朱熹著《蓍卦考误》，驳郭雍《蓍卦辨疑》之谬。

朱熹五月修订《四书集注》，由广西安抚使詹仪之印刻于桂林，四川制置使赵汝愚印刻于成都。

朱熹十月著《诗集传》成，作《诗序辨说》附后，刻版于建安。

洪迈为翰林学士，上《四朝国史》350卷、《四朝史纪》30卷、《太祖太宗本纪》35卷、《四朝列传》135卷，均佚。

徐梦莘开始编著《三朝北盟会编》。

吴莘著《楚州图经》2卷。

李大性著《典故辩疑》20卷，有自序。

按：是书为纠私史之失而作，其《序》略曰："私史荐兴，说令蜂午，朱紫苗莠，混为一区，熙朝盛美，未免蒙翳。请略举数端言之：如梅尧臣《碧云》，非尧臣所撰；孔平仲《杂录》，非平仲所述。《建隆遗事》以王禹偁名，而实非禹偁；《志怪集》、《括异志》、《倦游录》以张师正名，而实非师正。《涑水记闻》虽出于司马光，而多所增益；《谈丛》虽出于陈师道，而多所误蠡。以至王安石《日录》、蔡绦《国史后补》，又皆不足以取信。儒者俱尝言之，而未之详辨也，矧其言者乎？臣大惧私史踳驳，或为正史之蠹，辄撷其事而正之。"其书"独取熙朝美事，及名卿才大夫之卓卓可称而其事为野史语录所翳者，辨而明之，参案岁月，质其名氏、爵位而考证焉。其或传闻异词，难以示信，以意逆志，虽知其非而未有晓然依据，则姑置弗辨。其所辨者，必得所证而后为之说焉"（《文献通考》卷二〇〇）。

范成大著《四时田园杂兴六十首》，知抚州赵和仲刻之于抚州学宫。

汤岩起著《诗海遗珠》9卷成。

按：此书专与胡仔《苕溪渔隐丛话》立异，且不录元祐诸人之诗，犹持党禁之见。

姜夔《白石道人诗说》约成书于本年。

刘完素著《素问病机气宜保命集》3卷成书。

张元素著《医学启源》3卷。

按：本书是作者为教门生而撰写的一部综合性医学入门书，书中进一步完善了脏腑辨证理论，对后世药物学、方剂学的发展作出了较大贡献，李杲、王好古、罗天益等人的理论都是在继承其脾胃学说的基础上确立的。

范成大著《范村菊谱》1卷、《范村梅谱》1卷成书。

按：《范村梅谱》是梅谱之始，对研究古代梅花品种及文人艺梅的风尚颇有价值。有《百川学海》、《说郛》、《香艳丛书》、《丛书集成初编》本。

赵汝砺著《北苑别录》成书。

廖行之著《石鼓书院田记》。

陈俊卿卒（1113— ）。俊卿字应求，莆田人。绍兴八年进士，授泉州观察推官。官至尚书右仆射、同中书门下平章事兼枢密使。以少师、魏国公致仕。谥正献。著有《陈正献集》10卷、《奏议》20卷、《表札》20卷，皆佚。《宋元学案》列其人《武夷学案》。事迹见《宋史》卷三八三本传、杨万里《丞相太保魏国正献陈公墓志铭》（《诚斋集》卷一二三）。

按：《宋史》本传谓陈俊卿"雅善汪应辰、李焘，尤敬朱熹，屡尝论荐。其薨也，熹不远千里往哭之，又状其行"。

宋慈（ —1249）、杨奂（ —1255）、张即之（ —1263）、赵葵（ —1266）、王梦松（ —1272）生。

宋淳熙十四年　金大定二十七年　夏乾祐十八年
西辽天禧十年　丁未　1187年

二月己卯，金改闵宗庙号曰熙宗。

三月庚申，陈居仁言："祖宗加意斯民，见于役法，尤为详备。其后臣僚州郡申明冲改，浸失法意。请下敕令所，取祖宗免役旧书，并于户部取括绍兴十八年以后续指挥，本所官精加考核，其有旧法抵牾，即行删去，修为一书，名曰《役法撮要》，候成，镂板颁天下。"从之（《续资治通鉴》卷一五一）。

四月戊子，赐礼部进士王容、陈元等435人及第、出身。

按：是科考官为权刑部尚书兼侍讲葛邲、翰林学士知制诰兼侍讲洪迈、右谏议大夫陈贾。洪迈言："《贡举令》赋限三百六十字，论限三百字。今经义、论策一道有至三千字，赋一篇几六百言。寸晷之下，唯务贪多，累牍连篇，何由精妙！宜俾各遵体格，以返浑淳。"（《宋史·选举志二》）

八月，王淮言："石万等所造历，与《淳熙戊申历》差两朔。又，《淳熙历》十一月下弦在二十四日，恐历法有差。"帝曰："朔岂可差！朔差，则所失多矣。可令礼部、太常寺、秘书省参定以闻。"（《续资治通鉴》卷一五一）

十月乙亥，太上皇高宗赵构卒。

十一月己亥，诏皇太子赵惇参决庶务。

十二月戊子，金再禁女真人改汉姓，并禁学南人衣装，违者治罪。

是年，修葺衡州炎帝陵庙。

朱熹三月云台观祠秩满，复请祠，四月改主管南京鸿庆宫。尤袤送差

西域佛僧入大越。

埃及苏丹萨拉丁大败十字军，收复耶路撒冷。

拜占廷帝依沙克二世唯恐西欧再兴十字军，结盟于萨拉丁。

罗马教皇格列高里第八登位，发动第三次十字军东侵，旋卒。

日本僧明庵荣西再入宋，于天台山万年寺受临济宗黄龙派禅法，返国后创立日本临济宗。

敕来，朱熹有诗感慨之；七月以右相周必大及杨万里荐，被任命为江南西路提点刑狱公事。

朱熹先后有《答陆子寿》书二、《答陆子美》书三、《答陆子静》书六，凡11书，专辨陆学。

> **按**：全祖望《淳熙四先生祠堂碑文》曰："予尝观朱子之学，出于龟山。其教人以穷理为始事，积集义理，久当自然有得，至其所闻所知，必能见诸施行，乃不为玩物丧志，是即陆子践履之说也。陆子之学，近于上蔡。其教人以发明本心为始事。此心有主，然后可以应天地万物之变。至其戒束书不观，游谈无根，是即朱子讲明之说也。斯盖其从入之途，各有所重。至于圣学之全，则未尝得其一而遗其一也。是故中原文献之传，聚于金华。而博杂之病，朱子尝以之戒大愚，则诋穷理为支离之末学者，陋矣。以读书为充塞仁义之阶，陆子辄咎显道之失言，则诋发明本心为顿悟之禅宗者，过矣。夫读书穷理，必其中有主宰，而后不惑。固非可徒以泛滥为事，故陆子教人以明其本心，在经则本于孟子扩充四端之教，同时则正与南轩察端倪之说相合。心明则本立，而涵养省察之功，于是施行之地，原非若言顿悟者所云百斤担子一齐放者也。"（《宋元学案》卷五八《象山学案》）

朱熹五月十三日致书僧志南，请其刊刻大字《寒山诗集》。

朱熹九月十六日应漳州守林元仲请，作东溪高登祠记；十八日，婺源滕璘、滕珙兄弟至武夷精舍来问学，为滕恺《溪堂集》作跋。

朱熹尝欲罢诗赋，而分诸经、子、史、时务之年。

> **按**：《宋史·选举志二》曰："时朱熹尝欲罢诗赋，而分诸经、子、史、时务之年。其《私议》曰：'古者大学之教，以格物致知为先，而其考校之法，又以九年知类通达、强立不反为大成。今《乐经》亡而《礼经》阙，二戴之《礼》已非正经，而又废其一。经之为教已不能备，而治经者类皆舍其所难而就其易，仅窥其一而不及其余。若诸子之学同出于圣人，诸史则该古今兴亡治乱得失之变，皆不可阙者。而学者一旦岂能尽通？若合所当读之书而分之以年，使之各以三年而共通其三四之一。凡《易》、《诗》、《书》为一科，而子年、午年试之；《周礼》、《仪礼》及二戴《记》为一科，而卯年试之；《春秋》及《三传》为一科，而酉年试之。义各二道，诸经皆兼《大学》、《论语》、《中庸》、《孟子》义一道。论则分诸子为四科，而分年以附焉。诸史则《左传》、《国语》、《史记》、《两汉》为一科，《三国》、《晋书》、《南北史》为一科，《新旧唐书》、《五代史》为一科。时务则律历、地理为一科，以次分年如经、子之法，试策各二道。又使治经者各守家法，答义者必通贯经文，条举众说而断以己意，有司命题必依章句，如是则士无不通之经、史，而皆可用于世矣。'其议虽未上，而天下诵之。"

程洄正月应赵汝愚之招，入蜀参编《名臣奏议》，经武夷见朱熹，讨论旬日。

宋若水四月初一日兴复石鼓书院，朱熹为作《衡阳石鼓书院记》。

任希夷七月初十日向朱熹问学，朱熹为其家藏二苏遗迹作跋。

陆九渊在江西贵溪应天山讲学，建应天山精舍。

陆九渊答江西程帅叔新刊江西诗派札子。

陈亮正月应礼部试，临考时因病回家。

陈亮是秋作《洞仙歌》（丁未寿朱元晦）词，贺朱熹58岁生日。

陈亮登镇江京口北固山多景楼，作《念奴娇》（登多景楼），鼓舞抗金斗志。

陈亮、辛弃疾十二月邀约鹅湖、紫溪之会，朱熹爽约未赴。

按：陈亮约朱熹、辛弃疾仿"鹅湖之会"故事，商谈国事与学问。朱熹未至，陈亮与辛弃疾则"长歌相答，极论世事，逗留弥旬"（《宋名臣言行录》外集卷一六）。此称为第二次"鹅湖之会"或"鹅湖之晤"。

叶适因参知政事龚茂良荐，召为太学正，又迁为博士，作《上殿札子》，请求把恢复故疆作为国家惟一大事，抨击秦桧、汤思退等"南自南北自北"的议和政策。

陈傅良赴桂阳军就任。

袁枢除吏部员外郎，迁大理少卿，弹劾御史冷世光。

按：《宋史》本传载：袁枢"迁大理少卿，通州民高氏以产业事下大理，殿中侍御史冷世光纳厚贿曲庇之，枢直其事以闻，人为危之，上怒，立罢世光。以朝臣劾御史，实自枢始"。

袁枢兼国子祭酒，贬秩罢归。

按：《福建通志·宋列传》载："初，枢与罗点、詹体仁、叶适、冯震武五人，皆主张朱熹，为监察御史陈贾所嫉。及发世光事，贾以台臣同僚，尤恶之，适、枢荐士章入，贾遂论枢多徇所私，贬两秩罢归。"

尤袤为中书门下省检正诸房公事、太常少卿。十月据典礼，定大行太上皇庙号高宗，翰林学士洪迈独请号世祖。诏群臣集议，尤袤上议如初，洪迈论遂屈，诏从其议。

周必大二月由枢密使为右丞相。陆游有《贺周丞相》。

陆游闻梁克家死，著《祭梁右相文》。

陆游闻韩元吉死，著《祭韩无咎尚书文》及《闻韩无咎下世》诗。

留正除同知枢密院事，陆游有《贺留枢密启》，切论恢复。

辛弃疾闲居上饶已10年，是年左丞相王淮荐其为安抚使，因丞相周必大反对，后改为主管建宁府武夷山冲祐观祠官。

王居安举进士，授徽州推官。

廖德明知广西浔州，有政声。

按：《宋史·廖德明传》载："德明初为浔州教授，为学者讲明圣贤心学之要。手植三柏于学，浔士爱敬之如甘棠。在南粤时，立师悟堂，刻朱熹《家礼》及程氏诸书。公余延僚属及诸生亲为讲说，远近化之。尝语人以仕学之要曰：'德明自始任，以至为郡，惟用三代直道而行一句而已。'"

罗点知枢密院。

杨万里正月为贡举参详官，六月跋廖仲谦所藏山谷先生为石周卿书《大戴礼践阼篇大公册书》，十月除秘书少监，上《光尧太上皇帝谥议》。

危稹举进士第，旧名科，孝宗更其名稹。调南康军教授。

姜夔三月因杨万里介绍拜访范成大，杨万里有《送姜尧章谒石湖先生》诗。

汪纲中铨试，调镇江府司户参军。

程端蒙与董铢从朱熹学于武夷精舍。时两人撰《程董二先生学则》

(简称《程董学则》),朱熹为之作《跋程董二先生学则》。

汤琦举进士,调德安府学教授,转三省枢密院架阁,迁国子博士。

按:《宋史·汤琦传》曰:"时召朱熹为侍讲,闻几辞归,朝廷从其请,予祠。执上疏言:'熹以正学为讲官,四方颙望其有启沃之益。曾未逾时,辄听其去,必骇物论。宜追召熹还,仍授讲职。'疏上,不报。"

徐侨举进士,调上饶主簿,始登朱熹之门;朱熹称其明白刚直,命以"毅"名斋。

按:《宋史·徐侨传》曰:"侨尝言:'比年熹之书满天下,不过割裂掇拾,以为进取之资,求其专精笃实,能得其所言者盖鲜。'故其学一以真践实履为尚。奏对之言,剖析理欲,因致劝惩,弘益为多。"

赵师雍登进士第,师事陆九渊,兼学于朱熹。

郎晔受学于张九成,是年特奏得官。

按:郎晔字晦之,钱塘人。以儒学知名。著有《唐陆宣公奏议注》及注《老泉先生文集》、《嘉祐文集事略》、《东坡文集事略》、《栾城文集事略》,辑有《横浦日新录》、《横浦先生集》等书。

陈岘以博学宏辞科赐第,历迁秘书郎。

方壬举进士,为长泰主簿。

张巽至武夷精舍向朱熹问学。

赵师夏约在本年从朱熹问学。

郑可学始师事朱熹。

杨道夫、汪季良从学朱熹于武夷精舍。

郑昭先举进士,官浦城主簿。自叹"侥幸一第,问学未悉",遂游朱子之门。

石起宗迁吏部员外郎,奏乞取仁宗《洪范政鉴》与《敬天图》列置座右,孝宗嘉叹之。

日本僧侣明庵荣西第二次入宋,师从天台山万年寺虚庵怀敞学禅。

日本藤原俊成撰《千载和歌集》。

罗斯英雄史诗《伊戈尔远征记》于此间成书。

朱熹著《诗集传》8卷刊行于建安,以后仍有修订。

朱熹九月著《通书解》(或曰《通书注》)成,有《周子通书后记》。

按:朱熹《周子通书后记》曰:"《通书》者,濂溪夫子之所作也。……熹自蚤岁即幸得其遗编而伏读之,初盖茫然不知其所谓,而甚或不能以句。壮岁获游延平先生之门,然后始得闻其说之一二。比年以来,潜玩既久,乃若粗有得焉。虽其宏纲大用,所不敢知,然于其章句文字之间,则有以实见其条理之愈密,意味之愈深,而不我欺也。顾自始读以至于今,岁月几何,倏焉三纪。慨前哲之益远,惧妙旨之无传,窃不自量,辄为注释。"(《晦庵集》卷八一)

朱熹著《小学集注》6卷书成,有《题小学书》。

按:是书为小学教本。朱熹在《题小学书》中曰:"古者小学教人以洒扫、应对、进退之节,爱亲、敬长、隆师、亲友之道,皆所以为修身、齐家、治国、平天下之本,而必使其讲而习之于幼稚之时,欲其习与智长,化与心成,而无扞格不胜之患也。今颇搜辑为此书,授之童蒙,资其讲习,庶几有补于风化之万一云尔。"(《晦庵集》卷七六)元明清时期,是书为通行的小学教科书。主要传本有《四库全书》本,

《摛藻堂四库全书荟要》本及《四部丛刊》本。又，朱熹著作中，用作启蒙读物者尚有《童蒙须知》1卷、《训子帖》1卷、《白鹿洞揭示》1卷、《敬斋箴》1卷、《训蒙诗百首》1卷、《读书法》等。

洪迈著《见闻事实》，今佚。

龚端敦著《元祐建中列传谱述》100卷。

蔡元定著《律吕新书》成，朱熹为作序。

按：《四库全书总目提要》曰："朱子称其律书法度甚精，近世诸儒皆莫能及。又云：'季通（元定字）理会乐律，大段有心力，看得许多书。'……盖是书实朱、蔡师弟子相与共成之者，故独见许如此。"《宋史·律历志》曰："淳熙间，建安布衣蔡元定著《律吕新书》，朱熹称其超然远览，奋其独见，爬梳别抉，参互考寻，推原本根，比次条理，管括机要，阐究精微。其言虽多出于近世之所未讲，而实无一字不本于古人之成法。"

陆游刻所著《新刊剑南诗稿》20卷，门人郑师尹为序。

杨万里六月汇编《朝天集》，序《西归集》。

郭雍卒（1091— ）。雍字子和，号白云先生，洛阳人。父忠孝，师事程颐，著《兼山易说》。雍传父学，隐居陕州长阳山中。孝宗时，被封为颐正先生。淳熙初，学者集其父子与程颢、程颐、张载、游酢、杨时七家为《大易粹言》。又著有《郭氏传家易说》11卷、《伤寒补亡论》20卷。《宋元学案》列其入《兼山学案》。事迹见《宋史》卷四五九本传。

按：《大易粹言》为南宋方闻一所辑，系宋代第一部辑录众家说《易》的、具有丛书性质的《易》学著作，资料价值很高。今郭忠孝之书已不传，唯赖此书以存。陆游《跋兼山易说》谓"程氏《易》学，立之父子实传之"。立之，忠孝的字。《四库全书总目提要》认为《郭氏传家易说》"剖析义理，犹守程门之规范"。

韩元吉卒（1118— ）。元吉字无咎，号南涧，开封雍丘人，徙信州上饶。吕祖谦外舅。师事尹焞。累官至吏部尚书、龙图阁学士，封颍川郡公。与朱熹友善，曾举以自代。著有《桐荫旧话》1卷、《南涧甲乙稿》22卷、《焦尾集》1卷等。《宋元学案》列其入《和靖学案》。事迹见《宋史翼》卷一四。

按：《四库全书总目提要》评《南涧甲乙稿》曰："元吉本文献世家，据其《跋》尹焞手迹，自称门人，则距程子仅再传。又与朱子最善，尝举以自代，其状今载集中，故其学问渊源颇为醇正。其它以诗文倡和者如叶梦得、张浚、曾几、曾丰、陈严肖、龚颐正、章甫、陈亮、陆游、赵蕃诸人，皆当代胜流，故文章矩矱亦具有师承。其婿吕祖谦为世名儒，其子名淲字仲止者，亦清苦自持，以诗名于宋季，盖有由矣。《朱子语类》云：'无咎诗做著者尽和平，有中原之旧，无南方啁哳之音。'诚定评也。集本七十卷，又自编其词为《焦尾集》一卷，《文献通考》并著录。岁久散佚，今从《永乐大典》所载，总裒为诗七卷，词一卷，文十四卷。统观全集，诗体、文格均有欧、苏之遗，不在南宋诸人下，而湮没不传，殆不可解。然沈晦数百年，忽出于世，炳然发翰墨之光，岂非精神光采终有不可磨灭者，故灵物扶诃，得以复显于今欤？"

梁克家卒（1128— ）。克家字叔子，泉州晋江人。绍兴三十年进士第一，授平江签判。历官给事中、端明殿学士、右丞相兼枢密使。封

意大利格哈德卒（1114— ）。克雷莫纳的学者、翻译家。传曾将约80种阿拉伯文著作译为拉丁文，包括古代学者亚里士多德、欧几里得、盖仑、托勒密著作及伊本·西纳的《医典》等。

仪国公,卒谥文靖。著有《淳熙三山志》40卷等。事迹见《宋史》卷三八四本传。

阳枋(　—1267)、何基(　—1269)、刘克庄(　—1269)生。

宋淳熙十五年　金大定二十八年　夏乾祐十九年
西辽天禧十一年　戊申　1188年

正月辛丑,复置左、右补阙拾遗。

三月癸丑,用翰林学士洪迈议,以吕颐浩、赵鼎、韩世忠、张浚配飨高宗庙廷。时论有以张浚大类汉诸葛亮,亦宜预例,洪迈反对。孝宗是其议。

四月癸未,金建女真太学。

按：上谕宰臣曰："女真进士惟试以策,行之既久,人能预备,今若试以经义可乎?"宰臣对曰："《五经》中《书》、《易》、《春秋》已译之矣,俟译《诗》、《礼》毕,试之可也。"上曰："大经义理深奥,不加岁月不能贯通。今宜于经内姑试以论题,后当徐试经义也。"(《金史·选举志一》)

五月丙午,金制：诸教授必以宿儒高才者担任,给俸与县丞、主簿相等。

丁巳,诏修《高宗实录》。

礼部言：国学进士石万并杨忠辅指淳熙十五年太史局所造历日差忒。今据石万等造成历,与见行历法不同,请以其年六月二日、十日晦日月不应见而见为验。诏尤袤、宋之端监视测验。

十月,置焕章阁,藏《高宗御集》。

是年,金世宗召丘处机赴京,为世宗剖析全真道教理。世宗命塑纯阳(吕洞宾)、重阳(王嚞)、丹阳(马钰)三师像。

朱熹三月十八日启程入都奏事,道经铅山,徐昭然来受学;三十日到信州,与尹焞弟子论学,又与辛弃疾相晤。五月至兰溪,金华学者吕祖俭来会;下旬至临安,与入都上恢复书之陈亮相见。六月初一日,兵部侍郎林栗来访,论《易》、《西铭》不合;初七日奏事延和殿,共五札,是谓戊申奏札;初八日,命为兵部郎官,以足疾辞;初九日,林栗上章劾其欺慢,不赴部供职;即日上札请祠;十一日,诏依旧职名江西提刑,立即放行;十二日,离临安归。七月二十六日除知宝文阁,主管西京嵩山崇福宫。八月十四日,辞职名,辞转官,皆不允,遂拜命;回崇安。九月二十六日,以谏议大夫谢谔荐,复召,辞。十月,趣赴行在,袁枢、叶适、詹体仁相继上章荐举道学名士与清望名流,被冷世光、陈贾疏驳。十一月初七日,复辞,并上封事,是谓戊申封事;十七日除主管西太乙宫,兼崇政殿说书。十二月上旬,辞崇

宋淳熙十五年　金大定二十八年　夏乾祐十九年　西辽天禧十一年　戊申　1188年

政殿说书。

朱熹二月初三日始出所著《太极图说解》和《西铭解义》以授学者,并作后跋。

刘光祖拜访朱熹,从此开始十余年的交往。

按：刘光祖以后以维护"道学"和朱熹地位而闻名于朝野,朱熹曾将自己所著之书赠与刘光祖,传播入蜀。

林栗为兵部侍郎,与兵部郎官朱熹论学不合,遂弹劾朱熹。

按：林栗著有《周易经传集解》,寄给朱熹,朱熹批评此书"大纲领处有可疑者",辩论于是展开。《宋史·林栗传》曰："朱熹以江西提刑召为兵部郎官,熹既入国门,未就职。栗与熹相见,论《易》与《西铭》不合。至是,栗遣吏部趣之,熹以脚疾请告。栗遂论：'熹本无学术,徒窃张载、程颐之绪余,为浮诞宗主,谓之道学,妄自推尊。所至辄携门生十数人,习为春秋、战国之态,妄希孔、孟历聘之风,绳以治世之法,则乱人之首也。今采其虚名,俾之入奏,将置朝列,以次收用。而熹闻命之初,迁延道途,邀索高价,门生迭为游说,政府许以风闻,然后入门。既经陛对,得旨除郎,而辄怀不满,傲睨累日,不肯供职,是岂张载、程颐之学教之然也？缘熹既除兵部郎官,在臣合有统摄,若不举劾,厥罪惟均。望将熹停罢,姑领祠省,以为事君无礼者之戒。'"

叶适时为太常博士,在《辩兵部郎官朱元晦状》中,谓：林栗弹劾朱熹之辞,始末参验,无一实者。至于其中"谓之道学"一语,则无实最甚。利害所系,不独朱熹,臣不可不力辩。盖自昔小人残害忠良,率有指名,或以为好名,或以为立异,或以为植党。近忽创为"道学"之目,见士大夫有稍慕洁修,粗能操守,辄以道学之名归之,使"善良受祸,何所不有"（《水心集》卷二）。

按：明代王谅《刻水心文集序》谓叶适"其论林栗一书,有功于斯道甚大。时栗唱道学之说,欲窜逐文公,善人君子皆惴惧,先生独上书天子,论栗奸邪,请加摧折,以扶善类。国家之本,莫大于是。先生正直刚明,严于善恶之辨如此。今去已远而其言存,是亦可以不朽矣"。

叶适任太常博士兼实录院检讨官,作《上执政荐士书》,向朝廷推荐陈傅良、句昌泰、祝环、陆九渊、王谦丰、陈损之、吕祖俭、杨简、潘景宪、徐元德、戴溪、蔡戡、岳甫、项安世、林鼐、袁謇、廖德明等34人。

按：叶适所荐之人,大部分是南宋时期濂、洛、关诸学的传人,如江西陆学领袖陆九渊及其门人杨简、舒璘、沈焕等,永嘉学派的中坚人物陈傅良、郑伯英、徐元德、王枏等,金华吕学中坚吕祖俭、刘熽、石斗文等,汪应辰的门人章颖,湖湘学派健将游九言、范仲黼,朱熹门人廖德明,此外还有"东南三贤"的"同调"刘清之,"永嘉、金溪同调"徐谊,陈傅良"同调"戴溪,朱熹的学侣项安世。以后《庆元党案表》所列的名单,竟有叶适这次所荐的陈傅良、吕祖俭、徐谊、项安世、范仲黼、章颖、杨简等主要人物,叶适自己也与朱熹被列入其中。可见朝廷当时的议论,不仅将陆学、朱子学、吕学、湖湘学派视为"伪学",连"永嘉学派"也属于"伪学"。

胡晋臣时为侍御史,弹劾林栗喜同恶异,无事而指学者为党。七月二十五日林栗出知泉州,又改明州。奉祠以卒。

按：《宋史·林栗传》曰："栗为人强介有才,而性狷急,欲快其私忿,遂至攻讦名儒,废绝师教,殆与郑丙、陈贾、何澹、刘德秀、刘三杰、胡纮辈党邪害正者同科。虽畴昔论事,雄辩可观,不足以盖晚节之谬也。"

朱熹六月至玉山遇洪迈,得见其所著《四朝国史》,辨其中周敦颐传所载《太极图说》衍字。又辨苏颂所著《新仪象法要》一书误字。又辨杨迪文集的阙佚及伪作。

按:《四库全书总目提要》评《新仪象法要》曰:"是书为重修浑仪而作,事在元祐间。而尤袤《遂初堂书目》称为《绍圣仪象法要》。《宋艺文志》有《仪象法要》一卷,亦注云绍圣中编。盖其书成于绍圣初也。案本传称:'时别制浑仪,命颂提举。颂既邃于律算,以吏部令史韩公廉有巧思,奏用之,授以古法,为台三层。上设浑仪,中设浑象,下设司辰,贯以一机。激水转轮,不假人力。时至刻临,则司辰出告星辰躔度所次。占候测验,不差晷刻。昼夜晦明,皆可推见。前此未有也。'叶梦得《石林燕语》亦谓颂所修制之精,远出前古,其学略授冬官正袁惟几,今其法苏氏子孙亦不传云云。案书中有官局生袁惟几之名,与《燕语》所记相合。其说可信,知宋时固甚重之矣。书首列《进状》一首。上卷自浑仪至水趺共十七图。中卷自浑象至冬至晓中星图共十八图。下卷自仪象台至浑仪圭表共二十五图,图后各有说。盖当时奉敕撰进者。其列玑衡制度、候视法式甚为详悉。南宋以后,流传甚稀。此本为明钱曾所藏,后有'乾道壬辰九月九日吴兴施元之刻本于三衢坐啸斋'字两行。盖从宋椠影摹者。元之字德初,官至司谏,尝注苏诗行世。此书卷末天运轮等四图,及各条所附一本云云,皆元之据别本补入,校核殊精。而曾所钞尤极工致。其撰《读书敏求记》,载入是书,自称'图样界画,不爽毫发,凡数月而后成。楮墨精妙绝伦,不数宋本'。良非夸语也。我朝仪器精密,夐绝千古。颂所创造,宜无足轻重,而一时讲求制作之意,颇有足备参考者。且流传秘册,阅数百年而摹绘如新,是固宜为宝贵矣。"

陆九渊夏四月望日与朱熹书,辩《太极图说》;十一月初八日,朱熹复书陆九渊,论无极太极;十二月十四日又作答朱熹书,继续论《太极图说》。朱熹与陆九渊无极太极论辩从此开始。又改应天山为象山,学生结庐而居。

按:朱熹与陆九渊的学术观点分歧很大,"鹅湖之会"时讨论了三天,仍然无法取得一致;这次围绕周敦颐《太极图说》问题而展开的"无极"、"太极"之辩,也以各持己见而终。黄宗羲在《宋元学案》卷五八《象山学案》中评论朱、陆之争说:"先生(指陆九渊)之学,以尊德性为宗,谓'先立乎其大,而后天之所以与我者,不为小者所夺。夫苟本体不明,而徒致功于外索,是无源之水也'。同时,紫阳(指朱熹)之学,则以道问学为主,谓'格物穷理,及吾人入圣之阶梯。夫苟信心自是,而惟从事于覃思,是师心之用也'。两家之意见既不同,逮后论《太极图说》,先生之兄棱山谓'不当加无极二字于太极之前,此明背孔子,且并非周子之言'。紫阳谓'孔子不言无极,而周子言之。盖实有见太极之真体,不言者不为少,言者不为多'。先生为棱山反复致辩,而朱、陆之异遂显。"

陆九渊著《荆国王文公祠堂记》,盛赞王安石人品高尚:"英特迈往,不屑于流俗声色利达之习,介然无毫毛得以入于其心,洁白之操,寒于冰霜:公之质也;扫俗学之凡陋,振弊法之因循,道术必为孔孟,勋业必为伊周:公之志也。"陆九渊还认为反对新法之"排公者大抵极诋毁之言"(《象山集》卷一九)。此文激化了朱、陆矛盾。朱熹致书刘孟容斥《祠堂记》。

按：当时洛学与旧党都在反对王安石，陆九渊此文是南宋初年以来第一篇公开为王安石鸣不平的传世之作，文章一出，朱熹即在《答刘公度》的信中加以攻击："临川近说愈肆，《荆舒祠记》曾见之否？此等议论皆学问偏枯、见识昏昧之故，而私意又从而鼓之。"并声言对此事绝不能"无人管"而使之"恣意横流"（《晦庵集》卷五三）。于是朱门弟子群起而攻。陆九渊在《与胡季随》信中对此不以为然，认为不过是"未尝学问，妄肆指议"，自信"圣人复起不易吾言"（《象山集》卷一）。

赵崇宪二月十三日在蜀摹刻伊川程颐帖，朱熹为作跋。

陈亮考察金陵、京口，还，向孝宗上书，要求抗金。不报。

按：明代方孝孺曰："予始读陈同甫论史诸文，见其驰骋为惊人可喜之谈，以为同甫特尚气狂生耳，未必足用也。既观其上孝宗四书，不觉慨然而叹，毛发森然上竖。呜呼！同甫岂狂者哉！盖俊杰丈夫也。宋之不兴，天实弃之。使孝宗之志不伸者，史浩沮之于前，汤思退败之于后。及同甫上书之时，孝宗之初志已衰矣。当隆兴间，孝宗苟闻此言，将不逾时而召用之？宁使同甫至四上而不报，死于布衣而不用哉！设用同甫，听其言，从其设施，则未必无成功，而卒不用者，天也；宋之不复兴者，亦孝宗也。兴亡天命，非予所知，予所憾者，以同甫之才，而不得一展以死，又岂非天哉！展勿展不足以论同甫，予所深悲者，世愈下而俗愈变，士大夫厌厌无气，有言责者不敢吐一词，况若同甫一布衣乎！人不以为狂，则以为狂，得全身进退以死于牖下若同甫者，幸矣，尚何不用之怪乎！"（《逊志斋集》卷一二《张彦辉文集序》）

杨万里三月上《驳配飨不当疏》，力争故相张浚当配飨高宗庙廷，指责翰林学士洪迈不俟集议，专辄独断，以吕颐浩等姓名上，无异是"指鹿为马"。孝宗怒，乃放杨万里出知筠州。

杨万里四月自秘书少监出知筠州，尤袤、袁说友、张镃作诗送行；路经严州，陆游为之送行；经玉山，与朱熹相见。是春，尤袤与杨万里联疏荐蔡元定于朝。

洪迈三月十一日请开实录院修撰《高宗实录》。

周必大荐举朱熹为江西提刑。

陈傅良至岳麓书院讲学。

按：据《宋元学案》卷五三《止斋学案》载，曾从陈傅良学者有蔡幼学、蔡范、周端朝、李元白、曹叔远、吕声之、吕冲之、章用中、陈端己、林颐叔、林渊叔、沈昌、洪霖、朱黼、胡时、高松、倪千里、徐云、黄章、袁申儒、林子燕、吴汉英、吴琚、沈体仁、胡大时、沈有开等。

杨简由宣教郎改知嵊县。

范成大十一月起知福州。

王淮五月罢左丞相。

陆游七月离任严州，冬除军器少监。

尤袤为礼部侍郎、直学士院。

魏丙、魏椿、李闳祖、李壮祖、黄子功、吴南师事朱熹于武夷精舍。

按：《宋元学案》卷六九《沧州诸儒学案》曰："李闳祖，字守约，光泽人，滨老吕之子。先生早受学家庭。已而与其二弟从朱子讲学，笃志学问，强力精思，论议切实，朱子置之西塾训诸孙，为编《中庸章句或问辑略》。第嘉定辛未进士，调静江府临桂簿，提刑方信孺、漕使陈孔硕成咨以台事。暇日诣学与诸生讲解，士习不变。辟古田令,改广西帅乾,勤慎明恕,诸司论荐改秩,未赴卒。黄勉斋、李宏斋、张主一、陈北溪皆敬重之。勉斋尝祭以文,极痛悼焉。自号纲斋。有《问答》十卷。"

英国兰努尔夫·德·格兰维尔编成首部普通法教科书《英王国法律与习惯论文集》。

朱熹著《周易本义》12卷成书。

按:《四库全书总目提要》曰:"是书以上、下《经》为二卷,《十翼》自为十卷。顾炎武《日知录》曰:'洪武初,颁五经天下儒学,而《易》兼用程、朱,二氏亦各自为书。永乐中修《大全》,乃取朱子卷次,割裂附程《传》之后,而朱子所定之古文,仍复淆乱。……后来士子厌程《传》繁多,弃去不读,专用《本义》,而《大全》之本乃朝廷所颁,不敢辄改,遂即监版传、义之本,刊去程《传》,而以程之次序为朱之次序。'……故我圣祖仁皇帝《御纂周易折中》即用此本之次序,复先圣之旧文,破俗儒之陋见,洵读《易》之家所宜奉为彝训者矣。至成矩重刻之本,自明代以来,士子童而习之,历年已久,骤令改易,虑烦扰难行。且其本虽因永乐《大全》,实亦王、韩之旧本,唐用之以作《正义》者。是以国朝试士,惟除其爻象之合题,而命题次序则仍其旧。内府所刊《袖珍五经》,亦复因仍。考汉代《论语》凡有三本,梁皇侃《论语义疏序》称:'《古论》分《尧曰》下章《子张问》更为一篇,合二十一篇。篇次以《乡党》为第二篇,《雍也》为第三篇,《齐论》题目长《问王》、《知道》二篇,合二十二篇。《鲁论》有二十篇,即今所讲是也'云云。是自古以来,经师授受,不妨各有异同,即秘府储藏,亦各兼存众本。苟其微言大义,本不相乖,则篇章分合,未为大害于宏旨。故今但著其割裂《本义》之失,而仍附原本之后,以备参考焉。"

杨万里八月作《易外传序》,始著《诚斋易传》。

按:全祖望《跋杨诚斋易传》曰:"《易》至南宋,康节之学盛行,鲜有不眩惑其说。其卓然不惑者,则诚斋之《易传》乎!其于《图》、《书》九十之妄,方位南北之讹,未尝有一语及者。得意忘象,得象忘言,清谈娓娓,醇乎其醇,真'潦水尽而寒潭清'之会也!中以史事证经学,尤为洞邃。予尝谓明辅嗣之传,当以伊川为正脉,诚斋为小宗。胡安定、苏眉山诸家不如也。"(《宋元学案》卷四四《赵张诸儒学案》)

洪迈著《高宗实录》500卷、《三洪制稿》62卷,今佚。

洪迈著《夷坚己志》20卷,今佚。

唐锜著《合肥志》4卷。

辛弃疾门人范开正月编刊其《稼轩词甲集》成,辛弃疾自为序。

杨万里作《庐溪先生文集序》、《西溪先生和陶诗序》、《诚斋江湖集序》。

刘处玄等刊行《重阳全真集》。

陈傅良著《潭州重修岳麓书院记》。

唐仲友卒(1136—)。仲友字与政,号说斋,学者称说斋先生,婺州金华人。绍兴二十一年进士,官终台州知州。以博学穷理闻名于时,鄙视朱子之学,因而受到朱熹弹劾。著有《诸史精义》100卷、《六经解》150卷、《说斋文集》40卷、《孝经解》1卷、《九经发题》1卷、《经史难答》1卷、《乾道秘府群书新录》83卷、《天文详辩》3卷、《帝王经世图谱》10卷、《诗解抄》、《陆宣公奏议解》10卷、《故事备要》4卷、《地理详辩》3卷、《愚史》1卷、《唐史义》15卷等。大多已佚。《宋元学案》为列《说斋学案》。事迹见《金华先民传》卷三、《宋史翼》卷一三。今人周学武编有《唐仲友年谱》。

按：全祖望将唐仲友所为经制之学与吕祖谦兄弟的性命之学、陈亮的事功之学相提并论，其曰："乾、淳之际，婺学最盛。东莱兄弟以性命之学起，同甫（陈亮）以事功之学起，而说斋则为经制之学。考当时之为经制者，无若永嘉诸子，其于东莱、同甫，皆互相讨论，臭味契合。东莱尤能并包一切，而说斋独不与诸子接，孤行其教。试以艮斋、止斋、水心诸集考之，皆无往复文字，水心仅一及其姓名耳。至于东莱，既同里，又皆讲学于东阳，绝口不及之，可怪也。"（《宋元学案》卷六〇《说斋学案》）所谓"经制之学"，就是经世致用之学。唐仲友因被朱熹弹劾，后世遂多不言其学术之贡献。说斋学派的门人有傅寅、吴葵、叶秀发、朱质、金式、张端义、傅定、傅芷等。

蔡模（　—1246）、冯去非（　—1265）生。

宋淳熙十六年　金大定二十九年　夏乾祐二十年　西辽天禧十二年　己酉　1189年

正月癸巳，金世宗完颜雍卒，皇太孙完颜璟即位，是为章宗。

二月初二日，宋孝宗禅位于太子赵惇，是为光宗。称孝宗为寿皇圣帝。

己丑，诏国史日历所编修《寿皇圣帝圣政》。

三月己未，罢拾遗补阙官。

按：自是近臣罕进言者。

六月己丑朔，金有司言："律科举人止知读律，不知教化之源；必使通治《论语》、《孟子》，涵养气度。请遇府会试，委经义试官出题别试，与本科通定去留。"从之（《金史·章宗本纪一》）。

七月初九日，臣僚言："去岁诏修《高宗实录》，权停修国史，并力此书，兼纂《高宗皇帝御集》，以严焕章之奉，实我中兴之盛事。窃见向来《四朝国史列传》，久不成书，专置修史，立以年限，始克进御。今此事大体重，非《四朝列传》之比，欲乞命官专修，勿兼冗职，稍增员属，而处以洽识博闻之士，量立年限，而使无玩岁愒日之图，则建炎绍兴之编，与尧典而并传矣。"（《宋会要辑稿·职官一八》）从之。

八月壬辰，金左司谏郭暗民上疏论三事，曰崇节俭，去嗜欲，广学问。

十一月十四日，诏改明年为绍熙元年。

乙亥，金命参知政事移剌履、党怀英等重修《辽史》。

按：党怀英致仕后，又诏陈大任继修。

是年，金上封事者乞兴学校，推行三舍法，及乡以八行贡春官，以设制举宏词。

按：户部尚书邓俨等谓："三舍之法起于宋熙宁间，王安石罢诗赋，专尚经术。太学生初补外舍，无定员。由外升内舍，限二百人。由内升上舍，限百人。各治一

英王亨利二世卒，次子狮心理查一世继位，是年大戮犹太人。

第三次十字军东侵。

融意大利、拜占廷、诺曼和阿拉伯风格于一体的西西里蒙德阿莱大教堂建成。

经,每月考试,或特免解,或保举补官。其法虽行,而多席势力、尚趋走之弊,故苏轼有'三舍既兴,货赂公行'之语,是以元祐间罢之,后虽复,而宣和三年竟废。臣等谓立法贵乎可久,彼三舍之法委之学官选试,启侥幸之门,不可为法。唐文皇养士至八千人,亡宋两学五千人,今策论、词赋、经义三科取士,而太学所养止百六十人,外京府或至十人,天下仅及千人。今若每州设学,专除教授,月加考试,每举所取数多者赏其学官。月试定为三等籍之,一岁中频在上等者优复之,不率教、行恶者黜之,庶几得人之道也。又成周乡举里选法卒不可复,设科取士各随其时。八行者乃亡宋取《周礼》之六行孝、友、睦、姻、任、恤,加之中、和为八也。凡人之行莫大于孝廉,今已有举孝廉之法,及民有才能德行者令县官荐之。今制,犯十恶奸盗者不得应试,亦六德六行之遗意也。夫制举宏词,盖天子待非常之士,若设此科,不限进士,并选人试之,中选擢之台阁,则人自勉矣。"上从其议(《金史·选举志一》)遂置节镇学39处,防御州学21处,初立经童科。

夏仁宗延请律宗、净戒、大乘、密宗国师、禅法师等于大度民寺作盛大法会凡十昼夜,颂藏、西夏、汉文佛经,散施夏、汉文佛经15万卷。

行吟诗人赖蒙·米拉瓦尔约于是年创作官廷风格诗。

周敦颐、程珦、程颢、程颐四先生祠在广西平南县建成,廖德明为作《四先生祠堂碑》,盛赞二程"倡明绝学,实继孟氏不传之统学者"。

按:廖德明在两广任所,兴办学校,执卷临坛,亲为讲说。又刊刻程朱著作,使之广为流传。他在岭南传播程朱理学,颇有功。

朱熹正月二十三日除秘阁修撰,依旧主管西京嵩山崇福宫;二月中旬,辞职名;五月,依旧直宝文阁,降诏奖谕;八月为江南东路转运副使,罢祠。十一月改知漳州,再辞,不允。

朱熹著《己酉拟上封事》,拟向皇帝提出十大主张。

按:其曰:"深为陛下筹之,则若讲学以正心,若修身以齐家,若远便嬖以近忠直,若抑私恩以抗公道,若明义理以绝神奸,若择师傅以辅皇储,若精选任以明体统,若振纲纪以厉风俗,若节财用以固邦本,若修政事以攘夷狄,凡是十者,皆陛下所当警动自新而不可一有阙焉者也。"(《晦庵集》卷一二)

朱熹本年谓"圣贤千言万语,只是教人明天理,灭人欲"(《朱子语类》卷一二)。

朱熹与弟子杨道夫论所著《论孟集注》为未加修改完善就传刻流传而遗憾。

陆九渊知荆门军,转宣教郎;正月朱熹有书来,论无极太极,七八月有两信致朱熹,相互论学。

周必大三月为少保,五月丙申罢相,为观文殿大学士,判潭州;后二日,罢周必大判潭州之命,许以旧官为醴泉观使。朱熹致书监察御史李信甫、太常丞詹体仁、知枢密院事王蔺,鼓动其清除台谏"祸根"何澹、黄抡、范处义。

按:范处义,金华人,曾著有《诗补传》30卷。《四库全书总目提要》曰:"旧本题曰'逸斋撰',不著名氏。朱彝尊《经义考》云:'《宋史·艺文志》有范处义《诗补传》三十卷。卷数与逸斋本相符。明朱睦㮮《聚乐堂书目》直书处义名,当有证据。处义,金华人,绍兴中登张孝祥榜进士'云云。则此书为处义所作,逸斋盖其自号也。大旨病诸儒说《诗》,好废《序》以就己说,故《自序》称'以《序》为据,兼取诸家之长,揆之性

宋淳熙十六年　金大定二十九年　夏乾祐二十年　西辽天禧十二年　己酉　1189年

情,参之物理,以平易求古诗人之意';又称'文义有阙,补以《六经》史传;诂训有阙,补以《说文》、《篇》韵'。盖南宋之初,最攻《序》者郑樵,最尊《序》者则处义矣。考先儒学问,大抵淳实谨严,不敢放言高论,宋人学不逮古,而欲以识胜之,遂各以新意说《诗》。其间别抉疏通,亦未尝无所阐发;而末流所极,至于王柏《诗疑》乃并举二《南》而删改之。儒者不肯信传,其弊至于诬《经》,其究乃至于非圣,所由来者渐矣。处义笃信旧文,务求实证,可不谓古之学者欤? 至《诗序》本经师之传,而学者又有所附益,中间得失,盖亦相参。处义必以为尼山之笔,引据《孔丛子》,既属伪书,牵合《春秋》,尤为旁义。矫枉过直,是亦一瑕,取其补偏救弊之心可也。"

孙应时四月以书向朱熹问学,并为先人求墓铭,朱熹有书答之。

陈亮初夏至金陵,晤章德茂;五月自金陵归,与叶适相会一日;六月往哭石天民。是年上《光宗皇帝鉴成箴》,不报。

叶适五月除秘书郎,仍兼实录院检讨官。又命为湖北参议官。

陈傅良除提举荆湖南路常平茶盐事。

范成大二月奉命陈天下事,言当世要务。九月封吴郡开国侯。

尤袤正月权中书舍人,复诏兼直学士院,力辞,并荐陆游自代,不许;六月以论事忤权贵,被指为周必大党去职,陆游以诗奉送。

杨万里自序《江西道院集》,光宗即位,召为秘书监,陆游有《喜杨廷秀秘监再入馆》诗,勉以高追屈原、宋玉,振起文风。

杨万里奉命为接伴使、兼实录院检讨官,去迎接金国使者,因著《初入淮河四绝句》,过苏州,有诗寄范成大、尤袤。

袁枢叙复原官,即工部侍郎及国子祭酒。

罗点时为中书舍人,奉诏推荐叶适、吴镒、孙逢吉、詹体仁、冯震武、郑湜、刘崇之、沈清臣8人为台谏。

叶贺孙正月于建阳崇泰里后山建溪山精舍,四方求学者甚众。

陆游录旧作长短句,自为序。

翟杰为东莞桂华书院山长。

杨骧、刘炎、游开从学于朱熹。

徐自明为淳熙间进士。

按：徐自明字诚甫,温州永嘉人。著有《宋宰辅编年录》。

朱熹《大学章句》、《中庸章句》修订成书,序而行之。其微言大义,具见二书之序。

按：朱熹《大学章句序》曰:《大学》之书,古之大学所以教人之法也。但自孟子殁后,其书虽存而知者鲜矣。"宋德隆盛,治教休明,于是河南程氏两夫子出,而有以接乎孟氏之传,实始尊信此篇而表彰之,既又为之次其简编,发其归趣,然后古者大学教人之法,圣经贤传之指,粲然复明于世。虽以熹之不敏,亦幸私淑而与有闻焉。顾其为书犹颇放失,是以忘其固陋,采而辑之,间亦窃附己意,补其阙略,以俟后之君子。极知僭逾无所逃罪,然于国家化民成俗之意,学者修己治人之方,则未必无小补云。"

朱熹删定石𡼖所编《中庸集解》2卷,更名为《中庸辑略》。

按：《四库全书总目提要》曰:"《中庸辑略》二卷,宋石𡼖编,朱子删定。𡼖字子重,号克斋,新昌人。绍兴十五年进士,官至太常主簿,出知南康军。《中庸》为《礼记》第三十一篇,孔颖达《疏》引郑玄《目录》云:'此书于《别录》属通论。'《汉书·艺文志》有《中庸传》二篇,颜师古注曰:'今《礼记》中有《中庸》一篇,亦非本礼经,盖子思之作。'是书本以阐天人之奥,汉儒以无所附丽,编之《礼记》,实于五礼无所属,故刘向谓之'通论',师古以为'非本礼经'也。梁武帝尝作《义疏》,见于《隋志》,然其书不传。迨有宋诸儒研求性道,始定为心传之要,而论说亦遂日详。故辑是编,断自周子、二程子、张子,而益以吕大临、谢良佐、游酢、杨时、侯仲良、尹焞之说,初名《集解》。乾道癸巳,朱子为作《序》,极称其谨密详审。越十有六年,淳熙己酉,朱子作《中庸章句》,因重为删定,更名《辑略》,而仍以《集解》原序冠其首。观朱子《中庸章句·自序》,称'既定著《章句》一篇,以俟后之君子,而一二同志复取石氏书删其繁乱,名以《辑略》,且别为《或问》以附其后'云云。据此,则是编及《或问》皆当与《中庸章句》合为一书。其后《章句》孤行,而是编渐晦。明嘉靖中,御史新昌吕信卿始从唐顺之得宋椠旧本,刻之毗陵。凡先儒论说见于《或问》所驳者,多所芟节。如第九章游氏以舜为绝学无为之说、杨氏有能斯有为之说,第十一章游氏离人立于独未发有念之说,多竟从删薙,不复存其说于此书。至如第一章内所引程子答苏季明之次章,《或问》中亦力斥其纪录失真,而原文乃仍载书中。或为失于刊削,或为别有取义,则其故不可得详矣。"

史浩著《尚书讲义》20卷成书。

按:朱熹曾在《朱子语类》中说此书甚有好处,后来蔡沈著《书经集传》,即从史浩之说。《四库全书总目提要》曰:"其说大抵以注疏为主,参考诸儒而以己意融贯之。……《朱子语类》尝称'史丞相说《书》亦有好处,如"命公后",众说皆云命伯禽为周公之后,史云成王既归,周公在后,看"公定予往矣"一言,便见得周公且在后之意'云云,其后命蔡沈订正《书传》,实从浩说。则朱子固于此书有所取。孙应时《烛湖集》有《上史越王书》云:'《书传》多所发明帝王君臣精微正大之蕴,剖抉古今异同偏见,开悟后学心目,使人沛然饱满者,无虑数十百条。'又云:'欲以疑义请教者一一疏诸下方。'则浩此书实与应时商榷之,亦非率而苟作矣。"

宋修《至尊寿皇圣帝日历》2000卷成。

黄齐贤著《通鉴韵语》成,朱熹作跋。

洪迈著《夷坚庚志》20卷,今佚。

郑俨著《奉使执礼录》1卷。

黄裳绘著《地理图》一幅。

按:是为宋代政区地图,不仅制作精确,而且设计出多种符号表示地名等级,使复杂的内容在层次上有所区别,这在宋代舆图制作中居于领先地位。

锦溪张宅刊刻《盐铁论》10卷。

方崧卿所著《韩集举正》刊于南安。

按:宋人校勘韩愈集,初以穆修、欧阳修为著,方崧卿参考各本,重为校订,其后朱熹即据此书作《韩文考异》。

张杲著《医说》10卷成书。

按:《四库全书总目提要》曰:是书"取材既富,奇疾险证,颇足以资触发,而古之专门禁方,亦往往在焉。盖三世之医,渊源有自,固与道听涂说者殊矣"。

崔嘉彦著《崔氏脉诀》1卷。

按:是书又称《崔真人脉诀》或《紫虚脉诀》。明人李言闻将其补订,改称《四言举要》,李时珍又将其辑入《濒湖脉学》。有《古今医统正脉全书》本等。

金于大定年间刊刻北宋医学巨著《圣济总录》。

宋淳熙十六年　金大定二十九年　夏乾祐二十年　西辽天禧十二年　己酉　1189年

王淮卒（1126— ）。淮字季海，婺州金华人。绍兴十五年进士，为台州临海尉。以荐除监察御史，寻迁右正言。淳熙八年，拜右丞相兼枢密使，旋迁左丞相。尝荐郑伯熊、李焘、程叔达，皆擢用。为相时，曾擢迁陈贾、郑丙官，使两人协力攻击道学，开庆元党禁之先声。《宋元学案》列其入《庆元党案》。事迹见《宋史》卷三九六本传。

按：《宋史》本传曰："初，朱熹为浙东提举，劾知台州唐仲友。淮素善仲友，不喜熹，乃擢陈贾为监察御史，俾上疏言：'近日道学假名济伪之弊，请诏痛革之。'郑丙为吏部尚书，相与叶力攻道学，熹由此得祠。其后庆元伪学之禁始于此。"

王质卒（1135— ）。质字景文，号雪山，郓州人，寓居兴国军。绍兴三十年进士。曾从张孝祥父子游，甚见器重。历仕太学正、右正言、枢密院编修官等。著有《雪山集》16卷、《诗总闻》20卷及《绍陶录》2卷等。事迹见《宋史》卷三九五本传。

按：《诗总闻》至淳祐三年（1243）始由吴兴陈日强刊刻于富川。南宋初年，废《毛诗序》者有郑樵、朱熹、王质三家，他们突破毛《传》、郑《笺》的束缚，为《诗经》研究开辟了一条全新的途径，为宋学最终代替汉学作出了贡献。《宋史·王质传》："质博通经史，善属文。游太学，与九江王阮齐名。阮每云：'听景文论古，如读郦道元《水经》，名川支川，贯穿周匝，无有间断，咳唾皆成珠玑。'"清朱彝尊曰："自汉以来，说《诗》者率依《小序》，莫之敢违，废《序》言《诗》，实自王氏始，既而朱子《集传》出，尽删《诗序》，盖本孟子以意逆志之旨，而畅所欲言。后之儒者咸宗之。"（《曝书亭集·雪山王氏质诗总闻序》）

余大雅卒（1138— ）。大雅字正叔，信州上饶人。朱熹讲道闽中时，曾登门求学，勤奋为朱熹所嘉。编有《朱子语录》。《宋元学案》列其入《沧州诸儒学案》。

赵善誉卒（1143— ）。善誉字静之，一字德广，号恕斋。宋宗室。乾道五年试礼部第一。知临川县，累迁大理寺丞、荆湖路常平茶盐提举，移潼川路提刑、转运判官。著有《易说》4卷。事迹见《宋史》卷二四七本传、楼钥《朝奉郎主管云台观赵公墓志铭》（《攻媿集》卷一〇二）。

刘尧夫卒（1146— ）。尧夫字纯叟，或作淳叟，又作醇叟，抚州金溪县人。淳熙二年进士，除国子正，迁太学博士，历官隆兴府通判。后出家为僧。曾分别师从陆九韶、陆九渊、陆九龄兄弟。淳熙间，从学于朱熹。著有《井蕖斋集》，今佚。《宋元学案》列其入《槐堂诸儒学案》。事迹见吴澄《金溪刘太博文集序》（《吴文正集》卷一三）。

按：谢山《奉临川帖子二》曰："《抚州府志》言：'淳叟以隆兴通判卒官。而或传其晚年尝为僧。观陆子与止斋书，言其冒暑归自临江，病痢踰旬不起，可哀。此即年来避远师友，倒行逆施，极可悼念。'春夏之间，某近抵城闉，见其卧病，方将俟其有瘳，大振拔之，不谓遂成长往。然则《府志》卒官之说，似讳其事而为之辞者，不然，何以有归病城闉之语也？朱子谓：'淳叟不意变常至此。某向往奏事时，来相见，极口说陆子静之学大谬，某因诘之云："若子静学术，自当付之公论，公何得如此说他？"此亦见他质薄。然其初间深信之，毕竟自家不知人。'然则淳叟先已叛陆子之学，后乃归佛乘耳。考淳叟年十七即为陆子弟子，始师庸斋，继师复斋，其于槐堂讲席之谊最深，故朱子责之以薄也。朱子又言：'向年过江西与子寿对语，淳叟独去后面角头坐，都不管,学道家打坐,某斥之曰:"便是某与陆丈言不足听,亦有数年之长,何故作怪?"愚尝谓陆子之教学者,谆谆以亲师取友为事,且令人从事于九容,而弟子辈多反之,虽以高足,若傅子渊,俱有未免。'斯所以累与朱子相左,要不可谓非弟子之失传也。陆子尝论门下之士,以为淳叟知过最早。今观草庐所作《井蘩斋集序》,称淳叟天资超特,人物伟然,而深悲其早达,不得久于亲师,有微词焉,则其叛教亦早也。淳叟之判隆兴,事迹不著,而朱子论治三吏事云:'淳叟太掀揭,故生事。'是即陆子所云:'淳叟事殊骇听,以为后生客气者也。'淳叟与陈教授正己为莫逆交,正己初学于陆子,已而学于同甫,已而又学于东莱,最后亦与淳叟同学佛,然朱子谓:'当淳叟用功时,过于正己,故及其狼狈也,甚于正己。'则以淳叟直为僧,而正己不过学其学也。淳叟初为诚斋所荐,得预于六十人之列,称其立朝敢言,风节固非苟然,孰意其末造之迁乔入谷,一至于此。是又与石应之、曹立之诸君之以意见不同而更学于他人者,不可同年而语。"(《宋元学案》卷七七)

徐鹿卿(—1251)生。

宋光宗绍熙元年　金章宗明昌元年　夏乾祐二十一年
西辽天禧十三年　庚戌　1190年

德意志腓特烈二世帝在十字军东侵途中溺死,其子亨利六世继德王位,旋远征意大利。

正月丙辰,金改元明昌。

戊辰,金主诏禁民披剃为僧道,敕僧道三年一试。

三月乙亥,金初置制举,有贤良方正,能言极谏,博学弘材,达于从政等科。

辛巳,金主诏修曲阜孔子庙学。

四月戊申,赐礼部进士余复、曾渐、王介以下537人及第、出身。考官为吏部尚书兼侍讲郑侨、右谏议大夫兼侍讲何澹、权尚书吏部侍郎陈骙。

八月己亥,光宗率群臣上寿皇《至尊寿皇圣帝日历》于重华宫。

己酉,诏造新历。

是年,诏令建宁府"将书坊日前违禁雕卖策试文字,日下尽毁版"。同时悬赏鼓励人们告发,"其余州郡无得妄用公帑,刊行私书,疑误后学,犯考必罚,无赦"(《宋会要辑稿·刑法》)。

按:南宋时,朝廷曾三令五申,书籍必须审查后方可刊行。宁宗时颁布的《庆元条法事类》卷一七曾具体规定:"诸私雕文书,先纳所属申转运司,选官详定,有益于学者,听印行,仍以印本具详定官姓名,送秘书省、国子监"。如果不按规定办,"不纳所属详定,辄印卖者,杖一百。印而未卖,减三等"。

朱熹四月二十四日至漳州任职,曾制定颁行《谕俗文》、《晓谕词讼榜》、《劝女道还俗榜》等,淳化风俗。

朱熹以沈括《梦溪笔谈》所引校《后汉书·朱浮传》印本阙文。又根据宣和年间陕右出土东汉木简,校《资治通鉴目录》卷六《长历》日辰异同。

朱熹著《答张元德书一》，云《论孟集注》、《论孟或问》二书，甚恨其出之早也（《晦庵集》卷六二）。

陈淳十一月从朱熹受业。朱熹尝称其善问，以"吾道得人为喜"。

按：《宋史·陈淳传》曰："及朱熹来守其乡，淳请受教，熹曰：'凡阅义理，必穷其原，如为人父何故止于慈，为人子何故止于孝，其它可类推也。'淳闻而为学益力，日求其所未至。熹数语人以'南来，吾道喜得陈淳'，门人有疑问不合者，则称淳善问。后十年，淳复往见熹，陈其所得，时熹已寝疾，语之曰：'如公所学，已见本原，所阙者下学之功尔。'自是所闻皆要切语，凡三月而熹卒。"

潘畤卒，朱熹为作《祭潘左司文》祭奠。

吴仁杰二月将所定《古易》与《汉书刊误》寄朱熹，朱熹有答书论辩。

陈亮作《跋朱晦庵送写照郭秀才序后》，论朱熹、张栻、吕祖谦之学术。

按：《跋》曰："往时广汉张敬夫，东莱吕伯恭，于天下之义理，自谓极其精微，而世亦以是推之，虽前一辈，亦心知其莫能先。余犹及见二人者，听其讲论，亦稍详其精深纤馀，若于物情无所不至其尽。而世所谓阴阳卜筮，书画技术，及凡世间可动心娱目之事，皆斥去弗顾，若将浼我者。晚从新安朱元晦游，见其论古圣贤之用心，平易简直，欲尽摆后世讲师相授，流俗相传，既已入于人心而未易解之说，以径趋圣贤心地，而发挥其妙，以与世人共之。其不得见于世，则圣贤之命脉犹在，而人心终有时而开明也。其于经文，稍不平易简直，则置而不论，以为是非圣贤之本旨，若欲刊而去之者。"（《龙川集》卷一六）

陈亮作《送王仲德序》和《送吴允成运乾序》，专辨道学之弊。

按：其《送王仲德序》曰："至渡江以来，天下之士，始各出其所能；虽更秦氏之尚同，能同其谀，而不能同其说也。二十年之间，道德性命之说一兴，迭相唱和，不知其所从来。后生小子，读书未成句读，执笔未免手颤者，已能拾其遗说，高自誉道，非议前辈，以为不足学矣。"《送吴允成运乾序》亦曰："自道德性命之说一兴，而寻常烂熟无所能解之人，自托于其间，以端悫静深为体，以徐行缓语为用，务为不可穷测，以盖其所无；一艺一能，皆以为不足自通于圣人之道也：于是天下之士，始丧其所有，而不知适从矣。为士者耻言文章行义，而曰尽心知性；居官者耻言政事书判，而曰学道爱人；相蒙相欺，以尽废天下之实，则亦终于百事不理而已。及其徒既衰，而异时熟视不平者，合力共攻之，无须之祸，滥及平人，固其所自取，而出反之惨，乃至此乎！"（《龙川集》卷一五）

陈亮十二月因五年前"置药杀人"案再起，再度系狱，年余方得释。

陈傅良正月由浙西提点刑狱为吏部员外郎。

叶适在湖北参议官任，读佛书尽千卷，以告朱熹。十月出知蕲州。

按：刘埙《隐居通议》卷一《水心论佛学》曰："先生以荆州读佛书有见告之文公，文公答曰：'此殊可骇，不谓正则乃作如此语。'"

叶适门人周南在进士策中为"道学"正名，谓"道学"是"名之至美者"，劝光宗改变视"道学"为"恶名"之看法（《水心集》卷二〇《文林郎前秘书省正字周君南仲墓志铭》）。登进士第，为池州教授。

按：周南于嘉定六年（1213）去世，叶适在次年所著《文林郎前秘书省正字周君南仲墓志铭》中，认为周南"最切于世论者"，就是此策辨道学、朋党、皇极问题的论述。

刘光祖时任殿中侍御史，二月辛亥上言：道学非程氏私言，乞定是非，别邪正;乞禁讥道学者。

按：刘光祖奏曰："本朝士大夫学术最为近古,足以愧汉、唐,追三代……不幸而坏于熙、丰之邪说,疏弃正士,招来小人。幸而元祐君子起而救之,而末流太分,事故反复。绍圣、元符之际,群凶得志,绝灭纲常。其论既胜,其势既成,嗟乎,崇、观而下,尚忍言乎！臣始至时,虽间亦有讥贬道学之说,而实未睹朋党之分。中更外艰,去国六载,已忧两议之各甚,每恐一旦之交攻。逮臣复来,其事果见。因恶道学,乃生朋党;因恶朋党,乃罪忠谏。臣谓人言岂可因疾其人,而并攻其党,因攻其党,而并弃其言,得毋甚邪？方今道学,伊、洛为宗,实非程氏之私言,出于《大学》之记载。《大学》之教民,明德为先,其间举诗人之言,遂有道学之目。曰'如切如磋'者,道学也,然则臣所谓以居仁由义为道,以正心诚意为学者,又在于切磋之,琢磨之。今之道学,其得之有浅深,其行之有诚伪。得之深者,固已合《大学》之明德矣;得之浅者,又可不切磋而琢磨之。……臣欲熄将来之祸,故不惮反复以陈,伏几圣心廓然,永为皇极之主,使是非由此而定,邪正由此而别,公论由此而明,私情由此而熄,道学之讥由此而消,朋党之迹由此而泯,和平之福由此而集,国家之事由此而理。"（《宋史纪事本末》卷二一）

刘光祖又劾户部尚书叶翥、中书舍人沈揆结近习以图进取。四月罢官。杨万里上疏乞留。

按：刘光祖曰："户部尚书叶翥、中书舍人沈揆结近习以图进取。比年以来,士大夫不慕廉静而慕奔竞,不尊名节而尊爵位,不乐公正而喜软美,习以成风。良由老成零落殆尽,晚进议论无所据依,正论益衰,士风不竞。幸诏大臣,妙求人物,必朝野所共属,贤愚所同敬者一二十人,参错立朝,国势自壮。今日之患,在于不封植人才,台谏但有摧残,庙堂无所长养。臣处当言之地,岂以排击为能哉！"（《续资治通鉴》卷一五二）

李燔进士及第,授岳州教授,未上任,往建阳从朱熹学。

杨万里伴金使北归,十月除特授直龙图阁、江东转运副使。巩丰追送于舟次,楼钥、彭龟年有诗送行;过苏州访范成大。倪思上疏谏留,谓杨万里"刚毅狷介之守,尤为难得"（《癸辛杂识》前集《荐杨诚斋》）。

杨万里四月作《诚斋朝天续集序》,并以《朝天续集》、《江西道院集》、《朝天集》遗刘光祖。七月序萧德藻《千岩摘稿》,谓："余尝论近世之诗人,若范石湖之清新,尤梁溪之平淡,陆放翁之敷腴,萧千岩之工致,皆余之所畏者云。"是年,得京镗寄来《通鉴》、《唐书》。

袁枢提举太平兴国宫。

徐梦莘因同乡、同年杨万里荐举,出任荆湖北路安抚使参议官。

陆游迁礼部郎中,兼实录院检讨官,修《高宗实录》;后被谏官何澹所劾,以作诗"嘲咏风月"罢官,归山阴闲居,戴复古从其学诗。

赵师秀年21中进士,时人有"早登科目"之羡。

尤袤起知婺州,改太平州。

赵秉文充南京路转运司都句判官。

党怀英迁直学士,再迁国子祭酒。

洪迈进焕章阁学士、知绍兴府。

王寂先前以户部侍郎出守蔡州,是年召还。

宋光宗绍熙元年　金章宗明昌元年　夏乾祐二十一年　西辽天禧十三年　庚戌　1190年

孙应时被蜀帅丘崇辟入制幕，言吴曦将为乱，人服其先见。

度正举进士，历官国子监丞。

王介举进士，廷对，陈时弊，光宗嘉其直，擢居第三人。

按：王介字符石，金华人，曾从朱熹、吕祖谦游。

柴中行举进士，授抚州军事推官。

赵师夏举进士，历官朝奉大夫。

陈樵、刘宰举进士。

刘砥、朱飞卿、徐㝢、徐容、陈易师、杨履正、杨至从朱熹学于漳州。

朱熹在漳州刊刻《周易》、《诗经》、《尚书》、《春秋》四经和《大学》、《中庸》、《论语》、《孟子》四子书。

朱熹编《礼记解》成，刊于临漳。又刊《近思录》、《小学》、《家仪》、《献寿仪》等于临漳学宫。

黄裳进献所著《地理图》。

金王寂编《辽东行部志》1卷成。

郑少魏、姚一谦著《广陵志》12卷。

周之瑞等著《都梁志》8卷。

洪迈、郑湜编《会稽和买事宜录》7卷。

孙道明奉命修订《道藏》，题为《大金玄都宝藏》6455卷。

洪迈编《万首唐人绝句》101卷成书。

按：《四库全书总目提要》曰："迈于淳熙间，录唐五七言绝句五千四百首进御，后复补辑得满万首为百卷，绍熙三年上之。是时隆敕褒嘉，有'选择甚精，备见博洽'之谕。"

胡稚笺注陈与义所著《简斋诗集》30卷刊行。

曹耜编乃父曹勋的《松隐文集》40卷成，楼钥作序。

魏齐贤、叶棻编《五百家播芳大全文粹》110卷。

按：《四库全书总目提要》曰："是编皆录宋代之文，骈体居十之六七。虽题曰五百家，而卷首所列姓氏实五百二十家，网罗可云极富。宋人专集不传于今者，实赖是书略存梗概。"

夏党项人骨勒茂才编成《番汉合时掌中珠》。

按：此为西夏文、汉文双解通俗词典，是研究西夏汉语文字及社会历史的重要资料，对解读西夏语有重要作用。

朱熹著《琴律说》一篇。

按：朱熹此文的问世，是琴律学正式成为一门独立学科的标志。

王师愈卒（1122—　）。师愈字与正，一字齐贤，婺州金华人。为潘良贵门人，又从杨时、吕祖谦、张栻游。历崇政殿说书、知饶州，迁浙西提点刑狱。以直焕章阁致仕。《宋元学案》列其入《龟山学案》。

陈言卒（约1124—　）。言字无择，号鹤溪，浙江青田人。精医学，所著《三因方论》为古代病因学专著。

西班牙神学家、哲学家、医生迈蒙尼德于是年著成《迷途指津》，并始著《漂泊者的带路人》。

德国哈特曼·冯·奥埃模仿法国克雷蒂安·德·特洛阿风格的押韵诗，约于是年著中古高地德语骑士诗《爱列克》。

波斯哈加尼卒（约1106—　）。诗人，擅长宫廷诗、讽刺诗。撰有《两个伊拉克人的礼物》、《狱中谣曲》。

日本西行卒（约1118—）。画家，著有《山家集》。

法国学者、神学家、多明我会会士博韦·文森特（—1264）约于是年生。

刘清之卒（1134— ）。清之字子澄，世称静春先生，临江军人。绍兴二十七年进士。欲应博学宏词科，及见朱熹，尽取所习焚之，慨然有志于义理之学。历袁州宜春县主簿，改建德县主簿、万安县丞、太常寺主簿、袁州知州等。平生致力于讲学，生徒多偏于东南，其主要弟子有刘孟容、赵蕃、韩冠卿、韩宜卿、韩度、韩滉、宋之源、李埴、黄榦、曾祖道、刘黼、周端朝、郑梦协、许子春等，对儒学的传播起有重要作用。著有《曾子内外杂编》、《农书》、《戒子通录》、《训蒙新书外书》、《墨庄总录》、《祭仪》、《时令书》、《续说苑》等，已佚。《宋元学案》列其入《清江学案》。事迹见《宋史》卷四三七本传。

按：全祖望曰："朱、张、吕三先生讲学时最同调者，清江刘氏（刘靖之、刘清之）兄弟也。敦笃和平，其生徒亦遍东南。近有妄以子澄为朱门弟子者，谬矣。"（《宋元学案》卷五九《清江学案》）《宋史》本传曰："念士风未振，每因月讲，复具酒肴以燕诸生，相与输情论学，设为疑问，以观其所向，然后从容示以先后本末之序。来者日众，则增筑临蒸精舍居之。其所讲，先正经，次训诂音释，次疏先儒议论，次述今所绅绎之说，然后各指其所宜用，人君治天下，诸侯治一国，学者治心治身治家治人，确然皆有可举而措之之实。……归，筑槐阴精舍以处来学者。胡晋臣、郑侨、尤袤、罗点皆力荐清之于上。……吕伯恭、张栻皆神交心契，汪应辰、李焘亦敬慕之。……尝序范仲淹《义庄规矩》，劝大家族众者随力行之。本之家法，参取先儒礼书，定为祭礼行之。高安李好古以族人有以财为讼，见清之豫章，清之为说《讼》、《家人》二卦，好古惕然，遽舍所讼，市程氏《易》以归，卒为善士。"

耶律楚材（ —1244）、元好问（ —1257）、吴渊（ —1257）、朱鉴（ —1258）、王鹗（ —1273）生。

宋绍熙二年　金明昌二年　夏乾祐二十二年
西辽天禧十四年　辛亥　1191年

日本禅宗始建。

德王亨利六世于罗马加冕。

二月癸未，宋颁行刘孝荣所修新历《会元历》，使用至庆元四年（1198）。

壬辰，金制：进士程文，但合格者，有司即取之，毋限人数。

三月癸亥，金敕有司：国号犯汉、唐、辽、宋等名者，不得封臣下。

四月戊寅朔，金以百姓与女真屯田户不睦，许双方通婚。

癸巳，金令自今女真字直接译为汉字，罢国史院专写契丹字者。

按：契丹文字在金朝长期沿用，至此渐废。

是月，金学士院新进唐杜甫、韩愈、刘禹锡、杜牧、贾岛、王建，宋王禹偁、欧阳修、王安石、苏轼、张耒、秦观等诗文集26部。

十一月丙午朔，禁女真人不得以姓氏译为汉字。

甲寅，金令伶人不得以历代帝王为戏，不得称万岁，犯者以不应为重法科。

十二月乙酉,金诏罢契丹字。

朱熹正月初二日出公牒延郡士黄樵、施允寿、石洪庆、李唐咨、林易简、杨士训、陈淳、徐寓8人入学,整顿郡学;二月二十四日,长子朱塾卒于婺州,以嗣子丧请祠,去郡;三月恢复秘阁修撰职,主管南京鸿庆宫,任便居住。经福州,见赵汝愚,黄榦从侍归武夷,五月二十四日抵建阳;九月,命为荆湖南路转运副使,辞不就。

朱熹校勘《仪礼》,时张淳校本号称最精,朱熹辨其犹多舛误,又辨蜀中石经本尤其多误,纂《仪礼经传通解》,集校多本。又辨《三国志·蜀书·诸葛亮传》及《董允传》所载《出师表》文字与《文选》所载,多见不同,互有得失。又校《老子》"道可道"章句读,又据相书引文及音韵校"古之善为士者"章误字。又辨《吕祖谦文集》麻沙刻本中非吕氏所作者多达半数。又辨《伊洛渊源录》中《邵雍传》为书坊妄增。

陈傅良以奏事赴阙,留为吏部员外郎。朱熹有书来论学,陈傅良批评朱熹之前同林栗、陆九渊、陈亮辩难,"刻画太精,颇伤易简;矜持已甚,反涉吝骄"(《朱子语类》卷一二三)。

陈傅良弟子曹叔远访问朱熹,朱熹致书陈傅良论学。

朱熹著《答叶正则书》,指责叶适"草率苟简","全是含胡影响之言"。

朱熹托门人孙应时将自己在漳州刊印的"四经"(指《易经》、《尚书》、《诗经》、《春秋》)和"四子书"(指《大学》、《中庸》、《论语》、《孟子》)转送知夔州的刘光祖。

叶适在荆州耽读佛书,朱熹致书批评其好佛。

黄卓、李唐咨、周舜弼、冯德贞、叶贺孙、程永奇、梁谦、江畴、叶武子、游敬仲、石洪庆、赵蕃、曹叔远、林子渊、黄升卿、符叙、李周翰、孙自修、陈址、黄景申、周季俨、陈厚之从学于朱熹。

刘炳时任应城县令,修县学,建上蔡良佐祠,朱熹为作《德安府应城县上蔡谢先生祠记》。

程端蒙十一月初一日卒,朱熹为作《墓表》。蔡镐卒,朱熹有诗挽之。

陆九渊离象山精舍,赴荆门军任职,嘱其高弟傅季鲁"居山讲学"。

按:《宋元学案》卷五八《象山学案》所列象山门人有杨简、袁燮、舒璘、舒琪、舒琥、傅梦泉、傅子云、邓约礼、黄叔丰、严松、胡大时、蒋元夫、李耆寿、曹建、万人杰、刘孟容、刘定夫、曾祖道、符叙、沈炳等。"黄东发《日钞》曰:'象山之学,虽谓此心自灵,此理自明,不必他求,空为言议,然亦未尝不读书,未尝不讲授,未尝不援经析理。凡其所业,未尝不与诸儒同。至其于诸儒之读书,之讲授,之援经析理,则指为戕贼,为陷溺,为缪妄,为欺诬,为异端邪说,甚至袭取间阎贱妇人秽骂语,斥之为蛆虫。得非恃才之高,信己之笃,疾人之已甚,必欲以明道自任为然邪?吾夫子生于春秋大乱之世,斯道之不明亦甚矣,而循循然善诱人,未尝有忿嫉之心。甚至宰我欲行期月之丧,不过曰女安则为之;阙党童子将命,亦必明言其与先生并行,与先生并坐,为欲速成,未闻不言其所以然,徒望而斥之也。孟子生于战国,斯道之不明尤甚。孟子之与杨、墨辩,与告子、许行、墨者夷之辩,皆一一引之而尽其情,然后徐而折其非。至今去之千载之下,人人昭然如见此斯道之所以复明,亦未尝望而斥之,不究其所言之为是为非也。我朝圣世也,亦异于春秋、战国之世矣。诸儒之所讲者,理学也,亦异于春秋、战国处士横议之纷纷矣。所读皆孔子之书,所讲皆孔、孟之学,前后诸儒,彬彬辈出,岂无一言之几乎道者? 至其趣向虽正,而讲明有差,则宜明言其所差者果何说;讲明虽是,而躬行或背,则宜明指其所背者果何事,庶乎孔子之所以教人,孟子之所以明道者矣。今略不一言其故,而概以读书讲学者,自孟子既没千五百年间,凡名世之士,皆为戕贼,为陷溺,为缪妄,为欺诞,为异端邪说,则后学其将安考?此象山之言虽甚愤激,今未百年,其说已泯然无闻,而诸儒之说,家藏而人诵者,皆自若,终无以易之也,此亦无以议为矣。独惜其身自讲学,而乃以当世之凡讲学者为伪习,未几,韩侂胄、何澹诸人,竟就为伪学之目,以祸诸儒,一时之善类几歼焉。呜呼! 家必自毁,而后人毁之,悲夫!'"(《宋元学案》卷五八《象山学案》)

陈亮在狱中,陈傅良、叶适等为之奔走营救。

辛弃疾起为提点福建刑狱。

陆游春以中奉大夫提举建宁武夷山冲祐观。

杨万里五月奏荐刘起晦、章燮充馆学之任。

陈骙二月上疏三十条,皆切中时病。光宗怒,始拟编管,言者救之,乃送筠州学听读。

赵汝愚九月由知福州奉召为吏部尚书,经建阳与朱熹相见,面论政事,十月入都。

倪思由中书舍人兼侍讲。

黄裳由嘉王府翊善迁起居舍人。

洪迈进龙图阁学士。

沈焕四月卒,袁燮为撰《行状》和《言行编》,周必大为撰《墓碣》,史浩、朱熹、杨简为文祭之,孙应时哭之以诗;舒璘致书吕祖俭,孙应时致书朱熹,均惜沈焕去世。

王信建修绍兴府学成,陆游为著《绍兴府修学记》。

丘处机自京师返归山东栖霞,建太虚观以居。

日本僧荣西带茶种回国,著《吃茶养生记》,促进日本茶道;并在镰仓修建寿福寺,宣传禅风,成为日本临济宗的始祖。

孙谦益三月校正欧阳修《欧阳文忠公集》毕。

按:《宋史·欧阳修传》曰:"论曰:三代而降,薄乎秦、汉,文章虽与时盛衰,而蔼如其言,晔如其光,皦如其音,盖均有先王之遗烈。涉晋、魏而弊,至唐韩愈氏振起之。唐之文,涉五季而弊,至宋欧阳修又振起之。挽百川之颓波,息千古之邪说,使斯文之正气,可以羽翼大道,扶持人心,此两人之力也。愈不获用,修用矣,亦弗克究其所为,可为世道惜也哉!"

郎晔选注《经进东坡文集事略》60卷成书。

范成大初著《吴郡志》。

关良臣著《义阳志》8卷。

赵善俊、褚孝锡等著《长沙志》52卷。

王寂著《鸭江行部志》。

尤袤著《资暇集》刊行,陆游为著《跋资暇集》。

洪迈刻《万首唐人绝句》成。

道士薛道光卒(1078—)。道光名式,一名道原,字太源,阆州人。初为僧,法号紫贤,人称毗陵禅师,后为道士。南五祖第三代。尝注解《悟真篇》。著有《还丹复命篇》、《丹髓歌》等。

移剌履卒(1131—)。履字履道,契丹人。初举进士。荫补为承奉班祇候、国史院书写。世宗方兴儒术,诏译经史,擢国史院编修官,兼笔砚直长。曾奉命以契丹小字译《唐史》;章宗时负责刊修《辽史》。事迹见《金史》卷九五本传。

沈焕卒(1139—)。焕字叔晦,原籍定海,鄞县人。学者称定川先生。青年时入太学,师事陆九龄。与杨简、袁燮、舒璘合称"甬上四先生"。乾道五年进士,历官太学录、高邮教授、舒州通判。卒追赠直华文阁,特谥端宪。今有《定川遗书》2卷存世。《宋元学案》列其入《广平定川学案》。事迹见《宋史》卷四一〇本传、袁燮《通判沈公行状》(《絜斋集》卷一四)。近人张寿镛编有《定川言行汇考》。

按:袁燮《通判沈公行状》曰:"始与临川陆公子寿(即陆九龄)为友,一日尽舍所学,以师礼事焉。陆公极称君志气挺然,有任道之质。"沈焕与舒璘思想接近,在家乡授徒讲学,形成广平定川学派,其一传数传弟子甚多,主要有舒钘、李元白、袁肃、罗子有、邓梦真、汪行简、戴泳、诸葛生、沈传曾、舒衍、竺大年、吕乔年、王良学等。谢山《竹洲三先生书院记》曰:"竹洲在鄞西湖之南,盖十洲之一。三先生,沈端宪公暨其弟征君季文(沈炳)参之以金华吕忠公也。……方端宪游明招山中,忠公之兄成公尚无恙,相与极辩古今,以求周览博考之益,凡世变之推移,治道之体统,圣君贤相之经纶事业,孜孜讲论,日益深广,期于开物成务而后已,则夫忠公之来,所以商量旧学而证明新得,当不知其若何也。端宪之父签判,故程门私淑弟子,端宪则受陆文达公之传,而征君师文安,其兄弟分宗二陆,《宋史》竟以端宪系之文安门下,误也。端宪尤睦于成公,及其家居,忠公又宦于鄞,切磋倍笃,故沈氏之学,实兼得明招一派,而世罕知之者。"(《宋元学案》卷七六《广平定川学案》)

程端蒙卒(1143—)。端蒙字正思,号蒙斋,江西鄱阳人。先师事江介,后受业于朱熹,领悟理学要旨。淳熙七年乡贡,补太学生。著有《性理字训》1卷、《毓蒙明训》、《程董二先生学则》等,深受朱熹赞赏。《宋元学案》列其入《沧州诸儒学案》。事迹见朱熹《程君正思墓表》(《晦庵集》卷九〇)。

按:《性理字训》又名《小学字训》,朱熹曰:"《小学字训》甚佳,言语虽不多,却是一部《大尔雅》。"(《晦庵集》卷五〇《答程正思》)此书自南宋以后,一直是童蒙的必读书。

张特立(—1266)生。

法国克雷蒂安·德·特洛阿卒(1144—)。法国宫廷传奇作家、骑士故事诗人。著有骑士传奇《蓓斯华》、《郎斯洛》、《英格兰的威廉》、《爱列克和爱尼德》以及《伊文》(《狮子骑士》)。

伊朗苏哈拉瓦迪卒(约1155—)。伊斯兰教神秘主义教义学家、哲学家,力图调和传统哲学和神秘主义,亦被尊为努尔巴克赫希派祖师。著述共50余种,代表作为《启明智慧》。

宋绍熙三年　金明昌三年　夏乾祐二十三年
西辽天禧十五年　壬子　1192年

日本镰仓幕府设。自此幕府执掌实权，天皇徒具虚名，日本幕府政治始此。

第三次十字军东侵以失败告终。

闰二月丙午，宋禁郡县新作寺观。

六月辛丑朔，诏戒饬风俗，禁民奢侈与士为文浮靡、吏苟且饰伪者。

十月壬寅，修大禹陵庙。

壬子，金有司奏增修曲阜宣圣庙毕，敕："党怀英撰碑文，朕将亲行释典之礼，其检讨典故以闻。"（《续资治通鉴》卷一五二）

戊午，金主谕尚书省访求博物多闻之士。

十一月庚午朔，金翰林侍讲学士党怀英应诏举孔子四十八代孙孔端甫年德俱高，该通古学；后授孔端甫小学教授，以年老，食主簿半俸，致仕。

丙子，金诏：臣庶名犯古帝王而姓复同者禁之，周公、孔子之名亦令回避。

十二月癸卯，光宗率群臣上《寿皇玉牒》、《圣政会要》于重华宫。

朱熹二月复请补祠职，从之。始筑室于建阳之考亭，六月建成。托陈亮为朱塾作《墓志铭》，并邀亮会于考亭新居。十二月命为知静江府广南西路经略安抚使，辞不就。

按：是年由崇安武夷精舍迁居建阳考亭，住有9年之久。

朱熹与辛弃疾同游武夷山，辛弃疾赋九曲歌，朱熹亦书"克己复礼，夙兴夜寐"题其斋室。

朱熹著《黄州州学二程先生祠记》、《跋杨深父家藏东坡贴》，对苏轼的忠义气节有所赞扬。

陆九渊正月十三日在荆门会吏民讲《洪范五皇极》一章，盖针对朱熹之《皇极辨》。朱熹屡致书学者批评之。

陈亮二月脱狱，有《谢陈同知启》、《谢罗尚书启》、《谢郑侍郎启》、《谢何正言启》、《谢留丞相启》、《谢王丞相启》、《谢葛知院启》、《谢胡参政启》等，对相救之人表示感谢；朱熹有《答陈同甫书》、陈傅良有《与陈同甫第三书》深表慰问。

陈亮是年底至考亭访问朱熹，讲学论政，陈亮为朱熹作画像赞。

孙应时赴四川制幕，寄《易说》并书予朱熹论学，朱熹有书答之。

陈傅良六月以吏部郎中兼实录院检讨官，旋除秘书省少监，辞免不允。

杨简知乐平县。

范成大四月加资政殿大学士，五月知太平州。

陈骙六月以礼部尚书同知枢密院事。

周必大七月坐谬举监文思院常良孙，由益国公降为荥阳郡公。

陆游是冬取师旷"老而学如秉烛夜行"之语，名书室曰"老学庵"。

杨万里是秋由江东转运副使改知赣州，不赴，辞官而归，从此结束仕宦生活。是年自序《江东集》。

辛弃疾春赴福建提点刑狱任。

倪思时任礼部侍郎，请复混补法，命两省、台谏杂议可否。

按：吏部尚书赵汝愚等合奏曰："国家恢儒右文，京师、郡县皆有学，庆历以后，文物彬彬。中兴以来，建太学于行都，行贡举于诸郡，然奔竞之风胜，而忠信之俗微。亦惟荣辱升沉，不由学校；德行道艺，取决糊名；工雕篆之文，无进修之志；视庠序如传舍，目师儒如路人；季考月书，尽成文具。今请重教官之选，假守贰之权；仿舍法以育材，因大比以取士；考终场之数，定所贡之员；期以次年，试于太学。其诸州教养、课试、升贡之法，下有司条上。"于是倪思之议遂止（《宋史·选举志三》）。

周明作、李元翰、杨与立、杨若海、汪德辅、刘淮、陈芝、陈刚、潘时举师从朱熹。

黄裳试中书舍人。未几，除给事中。

党怀英迁翰林学士。

宋朝商人向高丽明宗王敬赠送《太平御览》。

朱熹修订《四书集注》，由曾集刻版于南康，称南康本。

按：是书为朱熹生前流传最广，也是庆元五年反道学时当朝所严令禁止的本子。朱熹《四书集注》晚年定本，庆元五年刻板于建阳，"四书"之名亦由此书之刊行而定。以后元朝、明朝科举考试，皆以此书为准，影响极大。《四库全书总目提要》曰："《大学章句》一卷、《论语集注》十卷、《孟子集注》七卷、《中庸章句》一卷，宋朱子撰。案《论语》自汉文帝时立博士；《孟子》据赵岐题词，文帝时亦尝立博士，以其旋罢，故史不载；《中庸说》二篇见《汉书·艺文志》，戴颙《中庸传》二卷、梁武帝《中庸讲疏》一卷见《隋书·经籍志》；惟《大学》自唐以前无别行之本。然《书录解题》载司马光有《大学广义》一卷、《中庸广义》一卷，已在二程以前。均不自洛闽诸儒始为表章。特其论说之详，自二程始，定著《四书》之名，则自朱子始耳。原本首《大学》，次《论语》，次《孟子》，次《中庸》。书肆刊本以《大学》、《中庸》篇页无多，并为一册，遂移《中庸》于《论语》前。明代科举命题，又以作者先后，移《中庸》于《孟子》前。然非宏旨所关，不必定复其旧也。《大学》古本为一篇，朱子则分别经传，颠倒其旧次，补缀其阙文，《中庸》亦不从郑注分节，故均谓之'章句'。《论语》、《孟子》融会诸家之说，故谓之'集注'，犹何晏注《论语》裒八家之说称'集解'也。惟晏注皆标其姓，朱子则或标或不标，例稍殊焉。《大学章句》，诸儒颇有异同，然所谓诚其意以下并用旧文，所特著者不过补传一章，要非增于八条目外。既于理无害，又于学者不为无裨，何必分门角逐欤？《中庸》虽不从郑注，而实较郑注为精密。盖考证之学，宋儒不及汉儒；义理之学，汉儒亦不及宋儒。言岂一端，要各有当。……是知镕铸群言，非出私见。苟不详考所出，固未可概目以师心矣。大抵朱子平生精力殚于《四书》。其剖析疑似，辨别毫厘，实远在《易本义》、《诗集传》上。读其书者要当于大义微言求其根本。明以来攻朱子者务摭其名物度数之讹，尊朱子者又并此末节而回护之。是均门户之见，乌识朱子著书之意乎？"有元至正二十二年（1362）武林沈氏尚德堂刻本，明成化

日本产生了武家法典，其代表性文献有《御成败目式》和《追加法》。它与律令制有所不同，主要由判例及习惯法构成，是一种属人法，在上下级关系上公开确认不平等的隶属关系。

关于特里尔《灰裙》故事吟游诗《奥廉德尔》约于是年在中法兰克地区问世。

十六年(1480)刻本、隆庆四年(1570)刻本、万历十年(1582)刻本等。1951年,中华书局有排印本。

朱熹著《孟子要略》成书。

曾集刻吕祖谦《书说》于南康,朱熹为作跋。

陈傅良进所著《周礼说》。

宋修《淳熙会要》成书。

宋修《孝宗圣政》50卷成书。

按：后《孝宗圣政》与《高宗圣政》合为一书,称《皇宋中兴两朝圣政》64卷,为南宋高宗、孝宗两朝编年史书。

李谦著《寿皇圣范》10卷。

李瞻著《旌川志》8卷,谢国昌为序。

孙道明编订《大金玄都宝藏》6455卷成书。

洪迈著《容斋续笔》16卷成书。

周辉著《清波杂志》12卷成。

按：周辉字昭礼,泰州人。该书为宋人笔记中较为著名的一种。另著有《清波别志》3卷、《北辕录》1卷等。

魏了翁年15,著《韩愈论》。

高邮军学教授谢雩重修乾道本《淮海集》成。

施师点卒(1124—)。师点字圣与,上饶人。弱冠游太学,司业高宏称其文深醇有古风。寻授以学职,以舍选奉廷对,调复州教授。曾权提举国史院,权提举《国朝会要》。卒赠金紫光禄大夫。著有《东宫讲义》5卷、《易说》4卷、《史识》5卷、奏议7卷、制稿8卷、文集8卷,皆佚。事迹见《宋史》卷三八五本传、叶适《知枢密院事施公墓志铭》(《水心集》卷二四)

按：《宋史》本传曰："十岁通《六经》,十二能文。弱冠游太学,试每在前列,司业高宏称其文深醇有古风。寻授以学职,以舍选奉廷对,调复州教授。未上,丁内艰。服除,为临安府教授。……有奏议七卷、制稿八卷、《东宫讲义》五卷、《易说》四卷、《史识》五卷、文集八卷。"

丁希亮卒(1146—)。希亮字少詹,号梅岩,台州黄岩人。少年羡慕豪杰,喜作惊人之举。31岁始奋志读书,受业于永嘉叶适。卒业后,寻师访儒,与朱熹常有诗文往来。好游名山大川,随感随录,成《梅岩文集》数十卷。《宋元学案》列其入《水心学案》。

按：黄宗羲曰："丁希亮,字少詹,黄岩人也。负奇气,枘躬誓志,自以为不至于所至不止。三十一岁从叶水心学于乐清,同门之士以其议论夸大,相与背笑之,而水心亦以其读书有数,年已长,微砭厉之。然先生虽俯视一切,而颇自悔少学不力,竭昼夜读书为文,不啻如严父师在旁程督之。又明年,变名字,从陈同甫于永康。同甫惊曰：'是人目荦荦,神谔谔,非妥帖为学徒者,且吾乡里不素识,得非岩穴挺出之士邪？'又未几,从东莱于明招。则一时硕师良友,名言奥义,贯穿殆尽。尝服补褐而食蔬薄,手钞成屋。于是纵笔所就,词雅意确,论事深眇,皆有方幅。水心亦叹曰：'不图少詹学倏博,文倏工,淹识练智,粗细并入,非人力所及也。'率以岁日二三留治其家,余辄骑山航海,一夕竟去。僧坊民舍,随所栖止,虽在千里外,家事伸缩不失尺

寸。不幸四十七岁遽卒。有《丁少詹集》。"(《宋元学案》卷五六《水心学案》)

费衮约于本年前后在世,生卒不详。衮字补之,常州无锡人。国子监免解进士。著有《梁溪漫志》10卷、《续志》3卷、《文章正派》10卷、《文选李善五臣注异同》若干卷,今仅存《梁溪漫志》。事迹见《梁溪漫志自序》。

按:《四库全书总目提要》评《梁溪漫志》曰:"其书《宋志》作一卷,今本实作十卷,与《牒文》卷数相符。末有嘉泰元年施济《跋》,亦作十卷,则《宋志》由传写误也。《牒文》称编修高宗、孝宗、光宗三朝正史,取是书以备参考。然是书惟首二卷及第三卷首入阁一条,言朝廷典故。自元祐党人一条以下,则多说杂事。而卷末王巩一条,及第四卷,则全述苏轼事。五卷以下多考证史传,品定诗文。末卷乃颇涉神怪。盖杂家者流,不尽为史事作也。惟其持论具有根柢,旧典遗文往往而在。如不试而授知制诰始梁周翰,不始杨亿,则纠欧阳修《归田录》之讹。薛映、梁鼎与杨亿同命,不与梁周翰同命,则纠叶梦得《避暑录话》之失。苏轼《乌台诗案》在元丰二年,上距熙宁变法仅十年,无二三十年之久,则纠王巩《甲申杂记》之谬。朱胜非起复制乃綦崇礼贴麻,非陈与义自贴,谢显道崇宁元年入党籍、崇宁四年未入党碑,则纠谢伋《四六谈麈》之失。欧阳修为程文简作碑志,隐其进武氏七庙图事,实未受帛五千端,则纠邵博《闻见后录》之诬。皆考据凿凿,不同他小说之剽袭。当时以一不第举子之作,至录之以入史馆,其亦有由矣。他如苏舜钦与欧阳修辨谤书为本集所不收,陈东《茶录跋》为今本所未载,苏轼乞校正陆贽奏议上进札子,猎鬼章告裕陵文,具录其涂注增删之稿,尤论苏文者所未及,皆足以广异闻。至于和凝、范质衣钵相传,本第十三名而讹为第五。汉太上皇名耑,本见《后汉书注》,而误以为《后汉书》。小小疵累,亦时有之。然其可采者最多,不以一二小节掩也。"

冀禹锡(—1233)、徐经孙(—1273)、李冶(—1279)生。

宋绍熙四年　金明昌四年　夏乾祐二十四年　西辽天禧十六年　癸丑　1193年

三月甲午,金敕:御史台奏事,修起居注并令回避。

四月丁巳,金敕:女真进士及第后,仍试以骑射,中选者升擢之。

五月己巳,赐礼部进士陈亮、朱质、黄中以下396人及第、出身。考官为吏部尚书兼侍读赵汝愚、给事中黄棠、左司谏胡琮。

六月癸丑,金赐有司所举德行才能之士安州崔秉仁等同进士出身。

八月丁未,金主尊孔,至孔庙北向再拜。

九月癸未,夏国主李仁孝卒,子李纯祐立,是为桓宗,改元天庆。

宋诏国子监试中、上等小学生,比类诸州待补中选之额,放补一次。

十二月甲寅,金册长白山之神为开天弘圣帝。

朱熹与陈亮自淳熙九年开始就王霸、义利、理欲等问题展开辩论,至本年结束,前后历时11年,双方现存书信,朱熹15封,陈亮8封。

大越试士人。
萨拉丁卒于大马士革,王朝分裂。

按：朱熹与陈亮长期辩论，使陈亮的思想传播更广，以至朱熹都叹曰："陈同甫学已行到江西，浙人信向已多，家家谈王霸，不说萧何、张良，只说王猛；不说孔孟，只谈文中子，可畏，可畏！"（《朱子语类》卷一二三）

朱熹二月差主管南京鸿庆宫，十一月以留正、赵汝愚荐，命为知潭州，兼荆湖南路安抚使。三辞不允。

按：《朱子年谱》卷四载："是冬使人自虏（金）中回，虏问南朝朱先生安在？答以见已擢用，归白庙堂，遂有是除。"周必大有书劝朱熹赴潭州任。

朱熹校《史记·老子韩非列传》句读。

朱熹将刻于南康军的《大学章句》、《论语集注》寄送给知夔州刘光祖。

朱熹再言洪迈《四朝国史》之误。

辛弃疾正月被召赴行在，途经建阳考亭，访朱熹；又于浙东晤陈亮。孝宗召见便殿，奏论荆襄上流为东南重地，应妥为备御。迁太府少卿。秋，又加集英殿修撰，知福州，兼福建安抚使。

陈亮始中进士第一名，任签书建康军节度判官厅公事，未赴任，次年突然病逝。

按：《宋史》本传载："光宗策进士，问以礼乐刑政之要，亮以君道师道对，且曰：'臣窃叹陛下之于寿皇莅政二十有八年之间，宁有一政一事之不在圣怀？而问安视寝之余，所以察辞而观色，因此而得彼者其端甚众，亦既得其机要而见诸施行矣。岂徒一月四朝而以为京邑之美观也哉！'时光宗不朝重华宫，群臣更进迭谏，皆不听，得亮策乃大喜，以为善处父子之间。奏名第三，御笔擢第一。"

陈亮作《告先圣文》、《告先师文》、《告邹国公文》、《告高曾祖文》、《告祖考文》。

陈傅良正月兼权中书舍人，十二月迁起居郎，皆辞免不允。

郑汝谐约在是年前后任吏部侍郎。

按：郑汝谐字舜举，号东谷，处州人。著有《东谷易翼传》2卷、《论语意原》2卷。《四库全书总目提要》评《东谷易翼传》曰："其言《易》宗程子之说，所谓'翼传'者，翼程子之《传》也。然亦时有异同。……盖圣贤精义，愈阐愈深。沉潜先儒之说，其有合者疏通之，其未合于心者，别抒所见以发明之，于先儒乃为有功。是固不必守一先生之言，徒为门户之见也。"评《论语意原》曰："是编前有《自序》，称：'二程、横渠、杨、谢诸公互相发明，然后《论语》之义显。谓诸公有功于《论语》则可，谓《论语》之义备见于诸公之书则不可。予于此书少而诵，长而辨，研精覃思，以求其指归。既断以己说，复附以诸公之说，期归于当而已。'又称：'初镌版于赣、于洪。始意欲以诱掖晚学，失之太详。辄掇其简要者，复镌于池阳。'则汝谐此书凡再易稿，亦可谓刻意研求矣。陈振孙《书录解题》载《论语意原》一卷，不著撰人。《宋志》因之，似乎尚别有一书适与同名。然振孙载《诗总闻》为三卷，亦云不知撰人，及核其解题，则确为王质之书。疑所载者即汝谐此书，偶未考其名也。真德秀《序》称：'其学出于伊、洛，然所说颇与朱子《集注》异。如以卫灵公问陈，非不可对，乃有托而行；以子贱为人沈厚简默，非鲁多君子，不能取其君子，皆足以备一解。至以"使民战栗"为鲁哀公之语，以"见善如不及"二节连下"齐景公"、"伯夷叔齐"为一章，则大奇矣。'（案钱时《四书管见》亦以'见善如不及'章与下章联合为一。）然综其大致，则精密者居多。故德秀称其言虽异于先儒，而未尝不合义理之正。朱子亦曰：'赣州所刊《论语解》，乃是郑舜举侍郎者，中间略看，亦有好处。'是朱子亦不以其异己为嫌矣。"

陆九渊十二月卒，杨简、袁燮、傅子云、周清叟、詹阜民、包逊等作有祭文。

葛邲三月辛巳为右丞相，陈骙参知政事，胡晋臣知枢密院事，吏部尚书赵汝愚同知枢密院事。

范成大因病致仕，临终前嘱其子范莘求杨万里序其集。

刘过是春访陆游，陆游以诗赠之。有"李广不生楚汉间，封侯万户宜其难"（《剑南诗稿》卷二七《赠刘改之秀才》）之句，惜刘过不能见用于时。

陆游、姜夔、陈造等著挽词哀悼范成大，姜夔并往吊丧。龚颐正著《行状》，周必大著《神道碑铭》。陈造著《祭石湖先生文》。

王大有建陆象山、复斋二先生祠，杨简六月癸丑为记。

赵师秀赴金陵入郑侨幕为从事，翁卷有《送赵紫芝为江东从事》诗送行。

董铢、林恪、黄义刚、潘时举、游倪、郑南升、潘植、杨至问学于朱熹。

潘焘十月二十七日在邵州建濂溪先生祠，朱熹为撰《邵州州学濂溪先生祠记》。

乔行简、俞灏、楼昉、程珌同登进士第。

朱质举进士。

按：朱质字仲文，义乌人。受学于吕祖谦和唐仲友。官至权吏部侍郎。著有《易说举要》。

冯椅举进士。

按：冯椅字仪之，一字奇之，号厚斋，南康都昌人。受业于朱熹。充江西运司干办公事，摄上高县令。后家居授徒。尝注解《易》、《书》、《诗》、《论语》、《孟子》、《太极图》，又著有《西铭辑说》、《孝经章句》、《丧礼小学》、《孔门弟子传》、《读史记》等。《四库全书总目提要》评其《厚斋易学》25卷曰："考胡一桂《启蒙翼传》引《宋中兴艺文志》云：'宁宗时冯椅为《易辑注》、《辑传》、《外传》，犹以程迥、朱熹未及尽正孔传名义，乃改《象》曰、《象》曰为赞。'……《辑传》各卦，皆分《卦序》、《卦义》、《象义》、《爻义》、《象占》诸目，缕析条分，至为详悉，其搜采亦颇博洽，如王安石、张汝明、张弼、李椿年、李元量、李舜臣、间邱昕、毛朴、冯时行、兰廷瑞诸家，其全书今皆不传，尚藉是以存梗概。《外传》荟粹群言，亦多所阐发。其以《系辞》为《说卦》，宗吴仁杰之本，董真卿《周易会通》驳之，良允。明杨时乔《周易古今文》乃以合于《隋志》取之，斯好奇之过矣。然合观三书，大抵元元本本，淹贯宏通，要不以一二微瑕掩也。《启蒙翼传》又云：'鄱阳汪标手编诸家《易》解为一宏，名《经传通解》，以椅《易》解为底本，求古今解增入。'盖宋元之际，甚重其书。今标书亦不传，则此书弥可宝贵矣。"

金夹谷清、党怀英等修《世宗实录》成。

范成大著《吴郡志》50卷成书。

按：《吴郡志》是我国最早的规模完整的地方志之一，颇受史家推重。《四库全书总目提要》称其"征引浩博，而叙述简核，为地方志之善本"。绍定初，广德李寿朋始为锓板，赵汝谈为之序，称此书"条章粲然，成一郡钜典，辞与事称"。

潘廷立著《富川志》6卷。

杨潜、朱端常、林至、胡林卿著《云间志》3卷。

西班牙神学家、哲学家、医生迈蒙尼德于1190年始著的《漂泊者的带路人》成书。

按：此书又称《绍熙云间志》，是一部专门记载南宋及较早时期今上海松南地区的地方志。林至字德久，松江人。淳熙中登进士第。官至秘书省正字。著有《易裨传》2卷。《四库全书总目提要》曰："今观其书，虽未免有主持稍过之处，而所论多中说《易》之弊。其谓《易》道变化不穷，得其一端，皆足以为说，尤至论也。"

周必大著《玉堂杂记》刊行。

按：此书是用胶泥铜板印刷的著作，作者在给程元成的信中曾说："近用沈存中（即沈括）法，以胶泥铜板移换摹印，今日偶成《玉堂杂记》二十八事，首恩台览。尚有十数事，俟追记补缀续纳，窃计过目念旧，未免太息岁月之沄沄也。"（《文忠集》卷一九八）毕昇所发明的活字印刷术，记载在沈括的《梦溪笔谈》中，用这种方法印刷的书，目前所知道的最早、也是最可靠的，就是周必大的《玉堂杂记》。

谢守灏著《太上老君混元圣纪》9卷成书，陈傅良作序。

洪迈著《夷坚壬志》20卷成。

德国经院哲学家、自然科学家、神学家M·S·大阿尔伯特（—1280）约于是年生。

李绩卒（1117— ）。绩字参仲，徽州婺源人。绝意科举，筑室钟山，人称"钟山先生"。朱熹极称其文。著有《西铭解义》等。《宋元学案》列其入《和靖学案》。事迹见《尊德性斋小集》卷三。

范成大卒（1126— ）。成大字致能，号石湖居士，苏州吴县人。绍兴二十四年进士，历任四川制置使、参知政事等职。赠太师，谥文穆。诗与陆游、杨万里、尤袤合称"南宋四大家"。著有《石湖居士诗集》34卷、《桂海虞衡志》3卷、《吴郡志》50卷、《吴船录》2卷、《揽辔录》1卷、《骖鸾录》1卷等。事迹见《宋史》卷三八六本传、周必大《资政殿大学士赠银青光禄大夫范公成大神道碑》（《文忠集》卷六一）。今人王德毅编有《范石湖先生年谱》、于北山编有《范成大年谱》、孔凡礼编有《范成大年谱》。

赵雄卒（1129— ）。雄字温叔，资州人。为隆兴元年类省试第一。虞允文宣抚四蜀，辟干办公事，入相，荐于朝。乾道五年，召见便殿，孝宗手诏除正字。淳熙二年，召为礼部侍郎，除端明殿学士，签书枢密院事。五年，参知政事，拜右丞相。谥文定。著有《赵雄奏议》20卷，今佚。事迹见《宋史》卷三九六本传。

陆九渊卒（1139— ）。九渊字子静，自号存斋，抚州金溪县人。曾结茅讲学于象山，世称象山先生。乾道八年进士，官至奉议郎知荆门军。卒谥文安。其学与兄九韶、九龄并称"三陆子之学"。提出"心即理"说，认为"心"和"理"是永久不变的。在"太极"、"无极"问题和治学方法上，与朱熹进行长期的辩论。因不喜著述，仅有论学书札、讲学语录及少量诗文，由其长子陆持之辑成《象山集》34卷。事迹见《宋史》卷四三四本传、杨简《象山先生行狀》（《象山集》卷三三）。有宋袁燮、傅子云初稿，李子愿汇编，清李绂增订《象山先生年谱》。现有中华书局1981年点校本《陆九渊集》。

按：《宋史》本传曰："生三四岁，问其父天地何所穷际，父笑而不答。遂深思，至忘寝食。及总角，举止异凡儿，见者敬之。谓人曰：'闻人诵伊川语，自觉若伤我者。'又曰：'伊川之言，奚为与孔子、孟子之言不类？近见其间多有不是处。'初读《论语》，即疑有子之言支离。他日读古书，至'宇宙'二字，解者曰'四方上下曰宇，往古来今曰宙'，忽大省曰：'宇宙内事乃己分内事，己分内事乃宇宙内事。'又尝曰：'东海有圣人出焉，此心同也，此理同也。至西海、南海、北海有圣人出，亦莫不然。千百世之上有圣人出焉，此心同也，此理同也。至于千百世之下有圣人出，此心此理，亦无不同也。'……还乡，学者辐凑，每开讲席，户外屦满，耆老扶杖观听。自号象山翁，学者称象山先生。尝谓学者曰：'汝耳自聪，目自明，事父自能孝，事兄自能弟，本无欠阙，不必它求，在乎自立而已。'又曰：'此道与溺于利欲之人言犹易，与溺于意见之人言却难。'或劝九渊著书，曰：'《六经》注我，我注《六经》。'又曰：'学苟知道，《六经》皆我注脚。'……初，九渊尝与朱熹会鹅湖，论辨所学多不合。及熹守南康，九渊访之，熹与至白鹿洞，九渊为讲君子小人喻义利一章，听者至有泣下。熹以为切中学者隐微深痼之病。至于无极而太极之辨，则贻书往来，论难不置焉。门人杨简、袁燮、舒璘、沈焕能传其学云。"《宋史》以朱熹为道学正宗，陆九渊为"异学"，不把陆九渊列入《道学传》，而载于《儒林传》，失之偏见。全祖望说："象山之学，先立乎其大者，本乎孟子，足以砭末俗口耳支离之学。但象山天分高，出语惊人，或失之偏面而不自知，是则其病也。程门自谢上蔡以后，王信伯、林竹轩、张无垢至于林艾轩，皆其前矛，及象山而大成，而其宗传亦最广。或因其偏而更甚之，若世之耳食雷同，固自以为能羽翼紫阳者，竟诋象山为异学，则吾未之敢信。""宗羲案：先生之学，以尊德性为宗，谓'先立乎其大，而后天之所以与我者，不为小者所夺。夫苟本体不明，而徒致功于外索，是无源之水也'。同时紫阳之学，则以道问学为主，谓'格物穷理，乃吾入入圣之阶梯。夫苟信心自是，而惟从事于覃思，是师心之用也'。两家之意见既不同，逮后论《太极图说》，先生之兄梭山谓'不当加无极二字于太极之前，此明背孔子，且并非周子之言'。紫阳谓'孔子不言无极，而周子言之。盖实有见太极之真体，不言者不为少，言之者不为多'。先生为梭山反复致辨，而朱、陆之异遂显。继先生与兄复斋会紫阳于鹅湖，复斋倡诗，有'留情传注翻榛塞，着意精微转陆沈'之句，先生和诗，亦云'易简工夫终久大，支离事业竟浮沉'。紫阳以为讥己，不怿，而朱、陆之异益甚。（梓材案：鹅湖之会在淳熙二年，鹿洞之讲在八年，已在其后。太极之辨在十五年，又在其后。梨洲说未免倒置。）于是宗朱者诋陆为狂禅，宗陆者以朱为俗学，两家之学各成门户，几如冰炭矣。嗟乎！圣道之难明，濂洛之后，正赖两先生继起，共扶持其废堕，胡乃自相龃龉，以致蔓延今日，犹然借此辨同辨异以为口实，宁非吾道之不幸哉！虽然，二先生之不苟同，正将以求夫至当之归，以明其道于天下后世，非有嫌隙于其间也。道本大公，各求其是，不敢轻易唯诺以随人，此尹氏所谓'有疑于心，辨之弗明弗措'，岂若后世口耳之学，不复求之心得，而苟焉以自欺，泛然以应人者乎！况考二先生之生平自治，先生之尊德性，何尝不加功于学古笃行，紫阳之道问学，何尝不致力于反身修德，特以示学者之入门各有先后，曰'此其所以异耳'。然至晚年，二先生亦俱自悔其偏重。稽先生之祭东莱文，有曰：'此年以来，观省加细。追维曩昔，粗心浮气，徒致参辰，岂足酬义！'盖自述其过于鹅湖之会也。《与诸弟子书》尝云：'道外无事，事外无道。'而紫阳之亲与先生书则自云：'迩来日用工夫颇觉有力，无复向来支离之病。'其别《与吕子约书》云：'孟子言，学问之道，惟在求其放心。而程子亦言，心要在腔子里。今一向耽著文字，令此心全体都奔在册子上，更不知有己，便是个无知觉、不识痛痒之人，虽读得书，亦何益于我事邪！'《与何叔京书》云：'但因其良心发见之微，猛省提撕，使此心不昧，则是做工夫底本领。本领既立，自然下学而上达矣！若不见于良心发见处，渺渺茫茫，恐无下手处也。'又谓：'多识前言往行，固君子所急，近因反求，未得个安稳处。却始知此，未免支离。'《与吴伯丰书》自谓：'欠却涵养本原工夫。'《与周叔谨书》：'某近日亦觉向来说话有太支离处，反身以求，正坐自己用功亦未切耳。因此减去文字工夫,觉得间中气象甚适。每功学者亦且看《孟子》道性善、求放心两章,着实体察,收拾此心为要。'又《答吕子约》云:'觉得此心存亡,只在反掌之间,向来诚是太涉支离。若无本以自立,则事事皆病耳,岂可一向汩溺于故纸堆中,使精神昏蔽,而可谓之学!'又书'年来觉得日前为学不得要领,自身做主不起,反为文字夺却精神,不为小病。每一念之,惕然自惧,且为朋友忧之。若只如此支离,漫无统纪,展转迷惑,无出头处。'观此可见二先生之虚怀从善,始虽有意见之参差,终归于一致而无间,更何烦有余论之纷纷乎!且夫讲学者,所以明道也。道在撙节退让,大公无我,用不得好勇斗狠于其间,以先自居于悻戾。二先生同植纲常,同扶名教,同宗孔、孟。即使意见终于不合,亦不过仁者见仁,知者见知,所谓'学焉而得其性之所近'。原无有背于圣人,矧夫晚年又志同道合乎!奈何独不睹二先生之全书,从未究二先生之本末,糠秕眯目,强附高门,浅不自量,妄相诋毁!彼则曰"我以助陆子也",此则曰'我以助朱子也',在二先生岂屑有此等庸妄无谓之助己乎!昔先子尝与一友人书:'子自负能助朱子排陆子与?亦曾知朱子之学何如?陆子之学何如也?假令当日鹅湖之会,朱、陆辩难之时,忽有苍头仆子历阶升堂,捽陆子而殴之曰:"我以助朱子也。"将谓朱子喜乎?不喜乎?定知朱子必且挞而逐之矣。子之助朱子也,得无类是。'"(《宋元学案》卷五八《象山学案》)象山学派弟子众多,著名者有杨简、袁燮、舒璘、傅梦泉、傅子云、邓约礼、黄叔丰、胡大时、李耆寿、沈炳、汤中、程绍开、胡长孺、吴澄、陈苑、叶元老、喻仲可等。此派继承者大多集中在江西与浙江两地,江西以傅梦泉、傅子云、邓约礼、黄叔丰等为代表,创"槐堂诸儒学派";浙东以杨简、袁燮、舒璘、沈焕为代表,杨简创"慈湖学派",袁燮创"絜斋学派",舒璘、沈焕创"广平定川学派"。此外,其弟子汤中又创"存斋晦静息庵学派",吴澄创"草庐学派",陈苑创"静明宝峰学派"。明代陈献章、湛若水等对此派思想有进一步发展,至王守仁则集其大成,与陆九渊"象山学派"合称为"陆王学派",或称"陆王心学学派"。

李志常(—1256)、蔡杭(—1259)、饶鲁(—1264)生。

宋绍熙五年　金明昌五年　夏天庆元年
西辽天禧十七年　甲寅　1194年

正月丁酉,金诏购求《崇文总目》中所缺书籍。
三月壬申,金初定钱禁。
戊子,金初置弘文院,译汉文经书成女真文。
六月戊戌,宋寿皇(孝宗)卒,光宗以疾不问丧事。
七月,赵汝愚以太皇太后旨,立太子扩,是为宁宗,尊光宗为太上皇帝。以赵汝愚为右丞相、枢密使。

戊辰,诏求直言。校书郎蔡幼学奏:"陛下欲尽为君之道,其要有三:事亲,任贤,宽民。而其本莫先于讲学。"帝称善(《宋史·蔡幼学传》)。

按:《宋史·蔡幼学传》曰:"幼学既论列时政,其极归之圣学。帝称善,将进用之。时韩侂胄方用事,指正人为'伪学',异论者立黜。幼学遂力求外补,特除提举福

宋绍熙五年　金明昌五年　夏天庆元年　西辽天禧十七年　甲寅　1194 年

建常平。陛辞,言：'今除授命令径从中出,而大臣之责始轻;谏省、经筵无故罢黜,而多士之心始惑。或者有以误陛下至此耶！'侂胄闻之不悦。既至官,日讲荒政。时朱熹居建阳,幼学每事咨访,遂为御史刘德秀劾罢,奉祠者凡八年。"

八月壬寅,诏经筵讲官开陈经旨,救正阙失。

十月乙巳,上大行皇帝谥,庙号孝宗。

壬午,诏改明年为庆元元年。

十一月,韩侂胄以宜州观察使兼枢密都承旨,与赵汝愚嫌隙日深。

按：《宋史·赵汝愚传》载："侂胄恃功,为汝愚所抑,日夜谋引其党为台谏,以屏汝愚,汝愚为人疏,不虞其奸。"韩侂胄因拥立宁宗,欲谋大将军之职,为赵汝愚所阻,遂怀恨于心,赵党与韩党之争由此始。

十二月丁巳朔,宋禁民间妄言宫禁事。

戊辰,以陈康伯配享孝宗庙庭。

是年,宋命依旧例允许武举人试换文资。

朱熹正月三十日致书福州州学教授常浚孙,助辛弃疾、常浚孙修建整顿郡学；五月初五日到潭州任湖南安抚使,赴任途中,讲学于怀玉、龙山等书院；七月,发布《潭州委教授措置岳麓书院牒》,在潭州复办岳麓书院,颁《朱子书院教条》(即《白鹿洞书院揭示》),作为岳麓书院院规,置学田 5000 亩,讲学授徒。并请赐得九经御书。

按：朱熹鉴于"比年以来,师道陵夷,讲论废息,士气不振,议者惜之"的状况,于"本州岛州学之外,复置岳麓"(《晦庵集》卷一〇〇《潭州委教授措置岳麓书院牒》)。明代陈凤悟《岳麓书院序》曰："晦庵寻安抚湖南,更建爽垲,以待四方学者。规模宏阔,教条详明,一时湖南道化之盛,至比邹鲁。所谓学徒千余人,食田五十顷,庙合至百余间。"

朱熹七月十一日奉旨自潭州赴行在,八月因宰相赵汝愚荐,为焕章阁待制兼侍讲,多次向宁宗进言,谓韩侂胄干预朝政；宁宗不听,闰十月罢朱熹讲筵之职。赵汝愚力谏,台谏及给舍交章留朱熹,俱不听。

按：朱熹入朝后,便上《行宫便殿奏札》、《经筵留身而陈四事札子》等,向宁宗直陈政见,抨击时弊,并直言韩侂胄谋权将危及朝政,宁宗反以为朱熹干预朝政而罢职。赵汝愚、陈傅良、刘光祖、邓驿、吴猎、孙逢吉、游仲鸿、楼钥等上章力谏,皆不报。朱熹任侍讲仅 46 天,即被排挤出朝廷。《宋史·朱熹传》载："庆元元年初,赵汝愚既相,收召四方知名之士,中外引领望治,熹独惕然以侂胄用事为虑。既屡为上言,又数以手书启汝愚,当用厚赏酬其劳,勿使得预朝政,有'防微杜渐,谨不可忽'之语。汝愚方谓其易制,不以为意。及是,汝愚亦以诬逐,而朝廷大权悉归侂胄矣。"朱熹被罢以后,韩、赵两党之争达到高潮,赵汝愚被贬,韩侂胄掌权,庆元党禁愈演愈厉,朱熹等大批学者遭到迫害。《宋史》谓此事发生在"庆元元年初",有误。

朱熹八月以冯允中官道州宁远县尉之便,遣其致祭于道州周敦颐、程颢、程颐三先生祠。

朱熹十月任实录院同修撰,戊辰始入值史馆,丙子即御批除宫观,戊寅辞职。

按：根据《朱子语类》载,朱熹曾对搜集史料、史官职位的设置、史书修成的史料保存方法等，都提出过建议；并对史馆修史之弊提出批评。时叶适任实录院检讨，主持修纂《高宗实录》，据朱熹自言，其建议"唯叶正则不从"，故未被采纳。

朱熹十一月十三日至玉山，讲学于县庠，有《玉山讲义》；二十二日回到建阳。十二月，因生员日多，竹林精舍扩建后更名为沧州精舍，并自号沧州病叟。

  按：朱熹竹林精舍建成后，先后来从学者有106人，他们是陈希真、游倪、林恪、郑南升、郭叔云、欧阳谦之、严世文、谭君、袁子节、蔡沈、黄义刚、甘节、李伯谏、苏实、苏宜久、张仁叟、林恭甫、廖晋卿、邵汉臣、萧景昭、周李卿、陆深甫、陈希周、方毅父、任忠厚、周良、黄有开、杜斿、吴仁甫、汪正甫、陶安国、周偁、戴智老、余宋杰、龚郊伯、杨复、包约、包逊、朱季绎、王过、余正甫、辅广、林学蒙、李约之、董拱寿、黄显子、陈敬之、蒋叔蒙、周朴、汤泳、李辉、黄士毅、周介、吴振、林赐、吴知先、陈仲卿、林仲参、胡安之、李儒用、刘砺、沈僩、林夔孙、傅定、钱木之、曾祖道、郑师孟、吴伯游、度正、曾极、李梦先、辅万、陈萃、陈华、郭友仁、祝穆、祝癸、胡泳、周震亨、林补、王岘、张以道、辛适正、周庄仲、吕焘、吕焕、范元裕、吴雉、赵唐卿、李维申、刘源、林学履、刘子寰、陈日善、傅修、周标、王壬、萧增光、黄柟、林宪卿、詹淳、方伯起、刘成道、赵唯夫、俞闻中等，形成了中国理学史上著名的"考亭学派"。淳祐四年，宋理宗御书"考亭书院"四大字以赐额。

朱熹离开朝廷，寓居西湖灵芝寺，送者渐少，惟李杞独从，扣请得穷理之学。

  按：李杞字良仲，平江人。著有《甲寅问答》。另有一李杞，字子才，号谦斋，眉山人。官大理寺丞，与苏轼相唱和。著有《用易详解》116卷。

朱熹托枢密使王仲谦转请漕台重修潭州湘西书院。

朱熹于长沙得司马光《稽古录》正本，经比勘，较越中本为胜，乃使邵困负责刊行。

朱熹校正《阵法》上卷阵图脱衍，及中卷误字。

赵汝愚任丞相，赏功将及叶适，叶适不受。

韩侂胄恃功，以迁秩不满望怨赵汝愚；朱熹曾向赵汝愚建议，"当以厚赏酬侂胄之劳，勿使预政"（《宋史·赵汝愚传》）；叶适亦建议，"韩侂胄所望不过节钺，宜与之"，赵汝愚不听。叶适感叹道："祸自此始"（《宋史·叶适传》）。遂力求补外。

袭梦锡从师朱熹于长沙，归与张栻弟子王习隐在常宁修建芹东书院。

陈傅良乞守本官致仕，不允；十一月兼实录院，除同修撰，荐朱熹、叶适自代，不允；十二月提举江州太平兴国宫，遂归瑞安。

陈亮卒，乔行简奏请朝廷为陈亮赐谥。

  按：乔氏《奏请谥陈龙川札子》曰："乾道、淳熙之间，名儒辈出，其所植立，虽有不同，要皆有以垂后。如朱熹、张栻、吕祖谦、陆九渊，既蒙国家锡以美谥，或录其子孙。而并时奋兴，其才学迥出前古，而乃有未经褒衅者焉。臣伏见承事郎签书建康军节度判官厅公事陈亮，以特出之才，卓绝之识，而究皇帝王霸之略，期于开物成务，酌古理今，其说盖近世儒者之所未讲。平生所交，如熹、栻、祖谦、九渊，皆称之曰：'是实有经济之学'。所为文号《龙川集》，行于世。当淳熙之戊戌，三上书，极论社稷大计。孝宗皇帝览之感悌，召赴都堂审察，将以种放故事不次擢用。左右用事巫来谒亮,欲掠美市恩,而亮不出见之,故为所谮沮而止。晚际光宗皇帝,亲擢进士第一,曾未及小用而不录。其遗文为世所珍重。其渊微英特之论,雄迈超脱之气,由晋、宋、隋、唐以后自成一家,惜不究其所蕴,而仅见诸空言也。臣窃谓亮之学,有遗文具存,学者尚知所宗。至若当渡江积安之后,首劝孝宗以修艺祖法度,为恢复中原之本,将以伸大义而雪仇耻,其忠与汉诸葛亮、本朝张浚相望于后先,尤不可磨灭。当今国家多事,所少者忠义之士,苟褒其人,亦足以激昂人心。其人生长于婺,臣少壮接闻,取为模范。今独后死,遭时窃位,倘不引义一陈于上,使表见于明时,非惟有愧于前贤,抑亦无以垂示于后学。况如亮者,非所谓一乡一国之士,乃天下之士,臣故敢冒昧以言。"(吴师道《敬乡录》卷一三)乔行简为吕祖谦门人,其论对陈亮的学术特色阐析得比较具体、准确。

　　龚盖卿从师朱熹,明义理之学。

　　杨简召为国子监博士,未几遭斥,主管台州崇道观;又为陆九渊作《行状》。

　　胡纮以京镗荐,监都进奏院,迁司农寺主簿、秘书郎。

　　谢深甫时为御史中丞,因弹劾陈傅良,罢之。

　　辛弃疾七月以谏官黄艾论列,罢帅任,主管建宁府武夷山冲祐观。九月,以御史中丞谢深甫论列,降充秘阁修撰。

　　袁枢起知常德府。

　　王蔺七月由荆湖北路安抚使移调荆湖南路,新任荆湖北路安抚使为袁枢,袁枢到任之前,徐梦莘曾权代帅事三个月;袁枢到任后不久,即遭台臣弹劾罢官;继任者乃徐梦莘从母子、表弟彭龟年,于是徐梦莘借避亲嫌之名,于次年辞官归里。

　　魏了翁从章寅臣学义理之学。

　　杨万里六月十一日为范成大著《石湖先生大资参政范公文集序》。

　　彭龟年十二月以吏部侍郎上疏,言韩侂胄假托声势,窃弄权柄,乞黜之以解天下之疑。诏罢彭龟年,进韩侂胄一官。赵汝愚请留彭龟年,不听。

　　程大昌以龙图阁学士致仕。

　　刘光祖十二月罢起居舍人。

　　彭子寿十二月罢吏部侍郎。

　　杨云翼登进士第。

　　张洽赴朱熹处求学。

　　按:《宋史·张洽传》曰:"洽少颖异,从朱熹学,自《六经》传注而下,皆究其指归,至于诸子百家、山经地志、老子浮屠之说,无所不读。尝取管子所谓'思之思之,又重思之,思之不通,鬼神将通之'之语,以为穷理之要。熹嘉其笃志,谓黄榦曰:'所望以永斯道之传,如二三君者不数人也。'"

　　詹体仁知福州。

　　许古、陈规同中词赋进士。

　　刘中举词赋经义第,以省掾从军南下,改授应奉翰林文字。

　　庞铸举进士。

黄唐编刊《十三经注疏》416卷约成于本年。

按：汉武帝时，以《诗》、《书》、《易》、《礼》、《春秋》为五经，东汉在五经之外，又增《孝经》和《论语》，合称七经。唐初以《易》、《诗》、《书》、《仪礼》、《周礼》、《礼记》、《左传》、《公羊传》、《谷梁传》合称九经；唐文宗太和年间，九经之外，又加《论语》、《孝经》、《尔雅》成十二经，并将其勒石，立于国学。宋代理学家把《孟子》的地位抬高，故于北宋中叶将《孟子》升为一经，加唐代的十二经，足成十三经之数。十三经的注疏甚多，在黄唐以前，经与注疏各为单行，黄氏则将十三部经典的经文与注疏合在一起，刊行于世。计有：《周易正义》10卷，魏王弼、晋韩康伯注，唐孔颖达等正义；《尚书正义》20卷，汉孔安国传，唐孔颖达等正义；《毛诗正义》70卷，汉毛亨传，郑玄注，唐孔颖达等正义；《周礼注疏》42卷，汉郑玄注，唐贾公彦疏；《仪礼注疏》50卷，汉郑玄注，唐贾公彦疏；《礼记正义》70卷，汉郑玄注，唐孔颖达等正义；《春秋左传正义》36卷，晋杜预注，唐孔颖达等正义；《春秋公羊传注疏》28卷，汉何休注，唐徐彦疏；《春秋谷梁传注疏》20卷，晋范宁注，唐杨士勋疏；《论语注疏》20卷，魏何晏等注，宋邢昺疏；《孝经注疏》9卷，唐玄宗注，旧题宋邢昺疏；《尔雅注疏》10卷，晋郭璞注，宋邢昺疏；《孟子注疏》14卷，汉赵岐注，宋孙奭疏。此书传本极多，今存有宋十行本，明嘉靖中的闽刻本，乃据宋十行本覆刊，崇祯年间又有汲古阁毛氏本，上述各本今皆为善本。入清，除武英殿聚珍本外，嘉庆时有阮元刻本，书后附有《校勘记》，被世人目为善本，为有清一代最佳版本。今通行本中最善者，为中华书局1957年排印本。

徐梦莘著《三朝北盟会编》250卷成书。

按：《四库全书总目提要》曰："梦莘嗜学博闻，生平多所著述，史称其'恬于荣进。每念生靖康之乱，思究见颠末，乃网罗旧闻，荟萃同异，为《三朝北盟会编》。自政和七年海上之盟，迄绍兴三十一年，上下四十五年，凡敕制、诰诏、国书、书疏、奏议、记序、碑志，登载靡遗。帝闻而嘉之，擢直秘省'云云。今其书钞本尚存，凡分上、中、下三帙。上为政、宣，二十五卷；中为靖康，七十五卷；下为炎、兴，一百五十卷。其起讫年月，与史所言合。所引书一百二种，杂考、私书八十四种，金国诸录十种，共一百九十六种，而文集之类尚不数焉。史所言者，殊未尽也。凡宋、金通和用兵之事，悉为诠次本末，年经月纬，案日胪载。惟靖康中帙之末有《诸录杂记》五卷，则以无年月可系者，别加编次，附之于末。其征引皆全录原文，无所去取，亦无所论断，盖是非并见，同异互存，以备史家之采择，故以'会编'为名。然自汴都丧败，及南渡立国之始，其治乱得失，循文考证，比事推求，已皆可具见其所以然，非徒饾饤琐碎已也。虽其时说部糅杂，所记金人事迹，往往传闻失实，不尽可凭。又当日臣僚札奏，亦多夸张无据之词。梦莘概录全文，均未能持择。要其博赡淹通，南宋诸野史中，自李心传《系年要录》以外，未有能过之者，固不以繁芜病矣。考梦莘成书后，又以前载不尽者五家，续编次于中、下二帙，以补其阙。靖康、炎、兴各为二十五卷，名曰《北盟集补》。今此本无之，殆当时二本各行，故久而亡佚欤？"是书长期以抄本流传，最早的刊本是光绪四年(1878)袁祖安越东活字排印本。现有上海古籍出版社1987年影印本等。

朱熹在潭州刻印司马光《稽古录》20卷。

朱熹著《绍熙州县释奠仪图》1卷。

按：《四库全书总目提要》曰："考《朱子年谱》，绍兴二十五年乙亥，官同安主簿。以县学释奠旧例，止以人吏行事，求《政和五礼新仪》于县，无之。乃取《周礼》、《仪礼》、《唐开元礼》、《绍兴祀令》，更相参考，画成礼仪、器用、衣服等图。训释辨明，纤微必备。此《释奠礼》之初稿也。淳熙六年己亥,差知南康军,奏请颁降礼书,又请增修礼书,事未施行。绍熙元年庚戌,改知漳州。复列上释奠礼仪数事,且移书礼官,乃得颇为讨究。时淳熙所镂之版已不复存,后乃得于老吏之家。又以议论不一,越再岁始能定议,而主其事者适徙他官,遂格不下。此《释奠礼》之再修也。绍熙五年甲寅,除知潭州。会前太常博士詹元善还为太常少卿,始复取往年所被敕命,下之本郡。吏文繁复,几不可读。且曰属有大典礼,未遑遍下诸州。时朱子方召还奏事,又适病目,乃力疾钩校,删别猥杂,定为四条,以附州案,俾移学官。是为最后之定稿,即此本也。书首载淳熙六年《礼部指挥》一通,《尚书省指挥》一通,次《绍熙五年牒潭州州学备准指挥》一通,皆具录原文。次《州县释奠文宣王仪》,次《礼器十九图》。其所行仪节,大抵采自杜氏《通典》及《五礼新仪》,而折衷之。后来二丁行事,虽仪注少有损益,而所据率本是书。惟所列两庑从祀位次,有吕祖谦、张栻,则其事在理宗以后。又有咸淳三年改定位次之文。检勘《宋史·礼志》,载咸淳诏书,其先儒名数及东西次序,与此书一一吻合,与朱子益不相及。盖后人随时附益,又非其原本矣。"

彭龟年著《内治圣鉴》20卷成。

杜大珪编《名臣碑传琬琰集》107卷成书。

按:此为宋代碑传资料汇编,是宋史研究的可贵资料。这种体裁对后世也有很大影响,如元代苏天爵的《元朝名臣事略》,明代徐纮的《明名臣琬琰集》、焦竑的《国史献征录》,以及清代的《碑传集》、《续碑传集》,都是采用这种方法编辑的。《四库全书总目提要》曰:"大珪,眉州人。其仕履不可考,自署称进士,而《序》作于绍熙甲寅,则光宗时人矣。墓碑最盛于东汉,别传则盛于汉、魏之间。张晏注《史记》,据墓碑知伏生名胜。司马贞作《史记索隐》,据班固泗上亭长碑知昭灵夫人姓温。裴松之注《三国志》,亦多引别传。其遗文佚事,往往补正史所不及,故讲史学者恒资考证焉。由唐及宋,撰述弥繁。虽其间韩愈载笔,不乏谀言;李繁摛词,亦多诬说。而其议论之同异,迁转之次序,拜罢之岁月,则较史家为得真。故李焘作《续通鉴长编》、李心传作《系年要录》往往采用,盖以此也。顾石本不尽拓摹,文集又皆散见,互考为难。大珪乃搜合诸篇,共为三集。上集凡二十七卷,中集凡五十五卷,下集凡二十五卷,起自建隆、乾德,讫于建炎、绍兴,大约随得随编,不甚拘时代体制。要其梗概,则上集神道碑,中集志铭、行状,下集别传为多。多采诸家别集,而亦间及于实录、国史。一代巨公之始末,亦约略具是矣。中如丁谓、王钦若、吕惠卿、章惇、曾布之类,皆当时所谓奸邪,而并得预于名臣,其去取殊为未当。然朱子《名臣言行录》、赵汝愚《名臣奏议》亦滥及于丁谓、王安石、吕惠卿诸人,盖时代既近,恩怨犹存,其所甄别,自不及后世之公,此亦事理之恒,贤者有所不免,固不能独为大珪责矣。"

陆游著《老学庵笔记》10卷成于此前。

王明清著《挥麈后录》11卷。

王正德著《馀师录》4卷。

按:《四库全书总目提要》曰:"其书辑前代论文之语,自北齐下迄宋。虽习见者较多,而当时遗籍今不尽传者,亦往往而在。宋人论文,多区分门户,务为溢美溢恶之辞。是录采集众说,不参论断,而去取之间,颇为不苟,尤足尚也。"

洪迈著《夷坚支甲志》成。

黄伯思著《燕几图》1卷约成书于本年前。

杨万里《诚斋诗话》约著于光宗、宁宗年间。

廖行之著《省斋集》成,郭应祥作跋。

张镃著《梅品》1卷。

拜占廷帖萨洛尼卡的优斯塔修斯卒,生年不详。学者,希腊正教都主教。著有《诺曼人攻略帖帖萨洛尼卡》及《论伪善》、《隐修生活探》等。

史浩卒(1106—)。浩字直翁,自号真隐居士,鄞县人。绍兴十五年进士,调余姚县尉。官至丞相。卒谥文惠。嘉定十四年,追封越王,配享孝宗庙廷,改谥忠定。著有《尚书讲义》、《鄮峰真隐漫录》50卷。《宋元学案》列其入《横浦学案》。事迹见《宋史》卷三九六本传、楼钥《纯诚厚德元老之碑》(《攻愧集》卷九三)。

按：全祖望《题忠定鄮峰真隐漫录》曰："忠定最受横浦先生(张九成)之知,故其渊源不谬。其为相自属贤者,特以阻规恢之议,遂与张魏公参辰。然忠定蓄力而动,不欲浪举,不特非汤思退、沈该之徒,亦与赵雄之妒南轩者不同,而梅溪劾之,其言稍过者。不然,忠定首请褒录中兴将相之为秦氏所陷者,而乃自蹈之乎？至其有昌明理学之功,实为南宋培国脉,而惜乎旧史不能阐也。忠定再相,谓此行本非素志,但以朱元晦未见用,故勉强一出耳。既出而力荐之,并东莱、象山、止斋、慈湖一辈,尽入启事。乾淳诸老,其连茹而起者,皆忠定力也。其于文人,则荐放翁；其家居,则遣其诸子从慈湖、絜斋讲学。又延定川之弟季文于家,以课诸子,故其诸子率多有学行可观者。吾考嗣是而后,宰辅之能下士者,留公正、赵公汝愚、周公必大、王公蔺,皆称知人,而忠定实开其首。忠定之功大矣。彼夫王淮之徒,以私昵阻正人,并为学禁,贻庆元以后之祸,等量而观,岂不相去悬绝欤！"(《宋元学案》卷四〇)

谢谔卒(1121—)。谔字昌国,人称艮斋先生,临江军新喻人。绍兴二十七年进士。历吉州录事参军、国子监簿、右谏议大夫、权工部尚书。师事郭雍,终身发挥其简易说。著有《艮斋集》40卷、《自嬉集》、《楚塞丛稿》、《云根丛稿》、《樵林机鉴》、《南坡学林》、《天上诗稿》、《江行杂著》、《景符堂文稿》等,皆佚。《宋元学案》列其入《兼山学案》。事迹见《宋史》卷三八九本传、周必大《朝议大夫工部尚书赠通议大夫谢公神道碑》(《文忠集》卷六八)。

郑丙卒(1121—)。丙字少融,福州长乐人。绍兴十五年进士,授平海军节度推官。充建州州学教授,入为太学录。累迁吏部尚书、浙东提举,官至端明殿学士。著有家集、外制、奏议、讲义等,已佚。《宋元学案》列其入《武夷学案》。事迹见《宋史》卷三九四本传。

按：《宋史》本传曰："朱熹行部至台州,奏台守唐仲友不法事,宰相王淮庇之。熹章十上。丙雅厚仲友,且迎合宰相意,奏：'近世士大夫有所谓道学者,欺世盗名,不宜信用。'盖指熹也。于是监察御史陈贾奏：'道学之徒,假名以济其伪,乞摈斥勿用。'道学之目,丙倡贾和,其后为庆元学禁,善类被厄,丙罪为多。"

尤袤卒(1127—)。袤字延之,号梁溪,因爱好东晋孙焯《遂初赋》,于是自号遂初居士,无锡人。绍兴十八年进士,官至礼部尚书兼侍读。诗与杨万里、范成大、陆游齐名,称"南宋四大家"。又为宋著名藏书家,手录、校刊古籍甚富,所著《遂初堂书目》,为我国最早之版本目录著作之一。又著有《梁溪集》50卷、《遂初小稿》60卷、《内外制》30卷,均佚。今存辑本,有尤侗刊《梁溪遗稿》。《宋元学案》列其入《龟山学案》。事迹见《宋史》卷三八九本传、《梁溪遗稿》卷首《家谱本传》。今人吴洪泽编有《尤袤年谱》。

按：尤袤颇重版本校勘，叶德辉在《书林清话》中曾说："自南宋镂版兴，于是兼言版本，其例创于宋尤袤《遂初堂书目》。"《四库全书总目提要》曰："陈振孙《书录解题》称其遂初堂藏书为近世冠。杨万里《诚斋集》有为袤作《益斋书目序》，其名与此不同。然《通考》引万里序列《遂初堂书目》条下，知即一书。今此本无此序，而有毛开一序，魏了翁、陆友仁二跋。其书分经为九门：曰《经总类》、《周易类》、《尚书类》、《诗类》、《礼类》、《乐类》、《春秋类》、《论语》、《孝经》、《孟子类》、《小学类》。分史为十八门：曰《正史类》、《编年类》、《杂史类》、《故事类》、《杂传类》、《伪史类》、《国史类》、《本朝杂史类》、《本朝故事类》、《本朝杂传类》、《实录类》、《职官类》、《仪注类》、《刑法类》、《姓氏类》、《史学类》、《目录类》、《地理类》。分子为十二门：曰《儒家类》、《杂家类》、《道家类》、《释家类》、《农家类》、《兵家类》、《数术家类》、《小说家类》、《杂艺类》、《谱录类》、《类书类》、《医书类》。分集为五门：曰《别集类》、《章奏类》、《总集类》、《文史类》、《乐典类》。其例略与史志同。惟一书而兼载数本，以资互考，则与史志小异耳。诸书解题，检马氏《经籍考》无一条引及袤说，知原本如是。惟不载卷数及撰人，则疑传写者所删削，非其原书耳。其《子部》别立《谱录》一门，以收香谱、石谱、蟹录之无类可附者，为例最善。间有分类未安者，如《元经》本史，而入《儒家》；《锦带》本类书，而入《农家》；《琵琶录》本杂艺，而入《乐》之类。亦有一书偶然复见者，如《大历浙东联句》一入《别集》，一入《总集》之类。又有姓名讹异者，如《玉澜集》本朱槔作，而称朱乔年之类。然宋人目录存于今者，《崇文总目》已无完书，惟此与晁公武志为最古，固考证家之所必稽矣。"

王寂卒（1128— ）。寂字符老，蓟州人。金大德三年进士。累官太原祁县令，真定少尹。后由户部侍郎出守蔡州。终于中都路转运使。著有《拙轩集》、《拙轩词》、《北迁录》。

方崧卿卒（1135— ）。崧卿字季申，莆田人。隆兴元年进士。官至京西转运判官。平生精于校勘，家藏书四万余卷，皆亲自校雠。曾校刊《韩昌黎文集》，并著有《韩诗编年》、《韩集举正》等。事迹见周必大《京西转运判官方君崧卿墓志铭》（《文忠集》卷七一）、叶适《京西运判方公神道碑》（《水心集》卷一九）。

王信卒（1137— ）。信字诚之，处州丽水人。绍兴三十年进士，授建康府学教授。历权考功郎、太常少卿、中书舍人、焕章阁待制。以通议大夫致仕。著有《是斋集》，今佚。事迹见《宋史》卷四〇〇本传。

陈亮卒（1143— ）。亮字同甫，婺州永康人，学者称龙川先生。曾多次上书，主张抗金，反对议和，痛斥秦桧之流是"国之贼"，提出"任贤使能"、"简法重令"等主张，遭到当权者的嫉恨。光宗策进士，擢第一。授签书建康军判官厅公事，未赴任卒。他倡导经世致用的事功之学，对朱子理学展开了多方面批评，为浙东学派的中坚。著有《龙川文集》30卷、《龙川词》1卷。《宋元学案》为列《龙川学案》。事迹见《宋史》卷四三六本传、叶适《陈同甫墓志铭》（《水心集》卷二四）。近人颜虚心编有《陈龙川先生年谱长编》、童振福编有《陈亮年谱》。

按：黄宗羲《宋元学案》卷五六《龙川学案》曰："永嘉之学，薛、郑俱出自程子。是时，陈同甫亮又崛起于永康，无所承接，然其为学，俱以读书经济为事，嗤黜空疏随人牙后谈性命者，以为灰埃，亦遂为世所忌，以为此近于功利，俱目之为浙学。"陈亮专言事功，独树一帜，该派一传数传弟子有喻民献、喻侃、喻南强、吴深、陈颐、钱廓、方坦、郎景明、陈猛、凌坚、何大猷、刘范、章浞、楼应元、章椿、厉仲方、丁希亮、陈刚、黄景昌、谢翱、黄潜、吴莱等。

黄裳卒（1146—　）。裳字文叔，号兼山，隆庆普成人。学识丰富，于诸子百家、天文地理无所不通。乾道五年进士，调阆州新井尉。历官嘉王邸翊善、国子博士、太学博士、给事中，而至礼部尚书兼侍读。卒赠资政殿学士，谥忠文。所著尚有《王府春秋讲义》、《兼山集》40卷等，已佚。《宋元学案》列其入《二江诸儒学案》。事迹见《宋史》卷三九三本传、楼钥《黄公墓志铭》（《攻媿集》卷九九）。

按：《宋史》本传曰："迁嘉王府翊善，讲《春秋》'王正月'曰：'周之王，即今之帝也。王不能号令诸侯，则王不足为王；帝不能统御郡镇，则帝不足为帝。今之郡县，即古诸侯也。周之王惟不能号令诸侯，故《春秋》必书王正月，所以一诸侯之正朔。今天下境土，比祖宗时不能十之四，然犹跨吴、蜀、荆、广、闽、越二百州，任吾民者，二百州守也，任吾兵者，九都统也，苟不能统御，则何以服之？'王曰：'何谓九都统？'裳曰：'唐太宗年十八起义兵，平祸乱。今大王年过之，而国家九都统之说犹有未知，其可不汲汲于学乎？'他日，王擢用东宫旧人吴端，端诣王谢，王接之中节。裳因讲《左氏》'礼有等衰'，问王：'比待吴端得重轻之节，有之乎？'王曰：'有之。'裳曰：'王者之学，正当见诸行事。今王临事有区别，是得等衰之义矣。'王意益向学。于是作八图以献：曰太极，曰三才本性，曰皇帝王伯学术，曰九流学术，曰天文，曰地理，曰帝王绍运，以百官终焉，各述大旨陈之。每进言曰：'为学之道，当体之以心。王宜以心为严师，于心有一毫不安者，不可为也。'且引前代危亡之事以为儆戒。王谓人曰：'黄翊善之言，人所难堪，惟我能受之。'他日，王过重华宫，寿皇问所读书，王举以对，寿皇曰：'数不太多乎？'王曰：'讲官训说明白，忱心乐之，不知其多也。'寿皇曰：'黄翊善至诚，所讲须谛听之。'裳久侍王邸，每岁诞节，则陈诗以寓讽。初尝制浑天仪、舆地图，佐以诗章，欲王观象则知进学，如天运之不息，披图则思祖宗境土半陷于异域而未归。其后又以王所讲三经为诗三章以进。王喜，为置酒，手书其诗以赐之。王尝侍宴宫中，从容为光宗诵《酒诰》，曰：'此黄翊善所教也。'光宗诏劳裳，裳曰：'臣不及朱熹，熹学问四十年，若召置府僚，宜有裨益。'光宗嘉纳。裳每劝讲，必援古证今，即事明理，凡可以开导王心者，无不言也。……裳为人简易端纯，每讲读，随事纳忠，上援古义，下揆人情，气平而辞切，事该而理尽。笃于孝友，与人言倾尽底蕴。耻一书不读，一物不知。推贤乐善，出乎天性。所为文，明白条达。有《王府春秋讲义》及《兼山集》，论天人之理，性命之源，皆足以发明伊、洛之旨。尝与其乡人陈平父兄弟讲学，平父，张栻之门人也，师友渊源，盖有自来云。"

白玉蟾（　—1229）生。

宋宁宗庆元元年　金明昌六年　夏天庆二年
西辽天禧十八年　乙卯　1195年

二月戊寅，韩侂胄使右正言李沐奏赵汝愚以同姓居相位，将不利于社

宋宁宗庆元元年　金明昌六年　夏天庆二年　西辽天禧十八年　乙卯　1195年

稷。遂罢赵汝愚相,知福州。

按：赵汝愚被罢相以后,韩侂胄开始弄权,数贬斥朝官,使为外任。"庆元党禁"从此始。

四月庚申,太学生杨宏中、周端朝、张道、林仲麟、蒋傅、徐范6人上书请留赵汝愚、章颖、李祥、杨简,请出李沐,诏宏中等各送五百里外编管。时称"六君子"。

按："六君子"奏曰："自古国家患乱之由,初非一端,唯小人中伤君子,其祸尤惨。党锢弊汉,朋党乱唐,大率如此。元祐以来,邪正交攻,卒成靖康之变。近者谏官李沐论罢赵汝愚,中外咨愤,而沐以为父老欢呼;蒙蔽天听,一至于此。陛下独不念去岁之事乎?人情惊疑,变在朝夕,假非汝愚出死力,定大议,虽有百李沐,罔知攸济。当国家多难,汝愚位枢府,本兵柄,指挥操纵,何向不可!不以此时为利,今上下安妥,乃有异意乎?章颖、李祥、杨简,发于中激,力辩其非,即遭逐斥,六馆之士,拂膺愤怨。李沐自知邪正不两立,思欲尽覆正人以便其私,于是托朋党以罔陛下之听。臣恐君子小人消长之机,于此一判,则靖康已然之验,何堪再见于今日耶?愿陛下念汝愚之忠勤,察祥、简之非党,灼李沐之回邪,窜沐以谢天下,还祥等以收士心。"(《续资治通鉴》卷一五四)

癸亥,金敕有司以增修曲阜宣圣王庙毕,赐衍圣公以下三献法服及登歌乐一部,仍送太常旧工往教孔氏子弟,以备祭礼。

五月戊戌,诏戒百官朋比。

六月,韩侂胄用事,斥"道学"为"伪学",借以排斥异己。博士孙元卿、袁燮,国子正陈武均被罢官,汪逵入札辩解,亦被斥。

按：韩侂胄用事,士大夫素为清议所摈者,教以凡与为异者皆道学之人,疏姓名授之,俾以次斥革。或又言道学何罪,当名曰"伪学",善类自皆不安。由是有"伪学"之目。《宋史·韩侂胄传》曰："侂胄拜保宁军节度使、提举祐神观。又设伪学之目,以网括汝愚、朱熹门下知名之士。用何澹、胡纮为言官。澹言伪学宜加风厉,或指汝愚为伪学罪首。纮条奏汝愚有十不逊,且及徐谊。汝愚谪永州,谊谪南安军。虑他日汝愚复用,密谕衡守钱鍪图之,汝愚抵衡暴薨。留正旧在都堂众辱侂胄,至是,刘德秀论正引用伪党,正坐罢斥。吏部尚书叶翥要侍郎倪思列疏论伪学,思不从,侂胄乃擢翥执政而免思官。侂胄加开府仪同三司。时台谏迎合侂胄意,以攻伪学为言,然惮清议,不欲显斥熹。侂胄意未快,以陈贾尝攻熹,召除贾兵部侍郎。未至,亟除沈继祖台察。继祖诬熹十罪,落职罢祠。三年,刘三杰入对,言前日伪党,今变而为逆党。侂胄大喜,即日除三杰为右正言,而坐伪学逆党得罪者五十有九人。王沇献言令省部籍记伪学姓名,姚愈请降诏严伪学之禁,二人皆得迁官。施康年、陈谠、邓友龙、林采皆以攻伪学久居言路,而张釜、张岩、程松率由此秉政。"

又按：《宋元学案》卷四六《玉山学案》曰："汪逵,字季路,玉山子。乾道进士,官国子司业。韩侂胄用事,斥伪学,善类皆不自安,刘德秀因乞考核邪正真伪,所逐多名士。先生入札子辩之,德秀以先生为妄言,并斥之,闲居七年。参政李壁力言于朝,嘉定初,召为太常卿。迁至吏部尚书、端明殿学士。"

七月,宋攻击道学者渐起。

按：根据《宋元学案》载,当时先后攻击道学为伪学者,除韩侂胄外,尚有右丞相京镗,枢密何澹,谏议大夫刘德秀,御史胡纮,正言李沐、刘三杰、施康年,大谏姚愈,兵部侍郎陈贾,侍御杨大法,大谏张釜,参政钱象祖,尚书叶翥,枢密许及之,侍御张

马来半岛单马令国遣使于宋。

拜占廷帝依沙克二世被废,阿莱克修斯三世继位,朝政日益废弛。

欧洲人在航海中开始使用指南针。

严、陈谠、傅伯寿，中书舍人汪义端，直院高文虎，察院张伯垓，吏部侍郎糜师旦，婺州签判赵善坚，监察御史林采、沈继祖，川秦都大丁逢，司直邵褒，衡州守王沈、钱鍪，新州教授余哲，迪功郎赵师召、张贵谟，右正言黄抡，以及淳熙间吏部尚书郑丙、右丞相王淮、资政殿大学士赵彦逾等。

朱熹作《学校贡举私议》，将苏轼所著《书传》、《论语说》和苏辙《诗集传》等列为科举习读内容。

按：朱熹在《私议》中提出，第一，科举中应该加入史学与时务两类内容；第二，分年考试，以经为主，附以诸子、史学、时务，如此"则士无不通之经，无不习之史，皆可为当世之用矣"；第三，事先告知某年科举具体内容，以便应试士人准备。文中有云："近年以来，习俗苟偷，学无宗主；治经者不复读其经之本文与先儒之传注……今欲正之，莫若讨论诸经之说，各立家法，而皆以注疏为主，如《易》则兼取胡瑗、石介、欧阳修、王安石、邵雍、程颐、张载、吕大临、杨时；《书》则兼取刘敞、王安石、苏轼、程颐、杨时、晁说之、叶梦得、吴棫、薛季宣、吕祖谦；《诗》则兼取欧阳修、苏轼、程颐、张载、吕大临、杨时、吕祖谦；《周礼》则刘敞、王安石、杨时；《仪礼》则刘敞、张载；《礼记》则刘敞、程颐、张载、吕大临；《春秋》则啖助、赵正、陆淳、孙明复、刘敞、程颐、胡安国；《大学》、《论语》《中庸》、《孟子》则又皆有集解等书，而苏轼、王雱、吴棫、胡寅等说亦可采。"（《晦庵集》卷六九）

朱熹十二月诏依旧秘阁修撰、提举南京鸿庆宫。

赵汝愚二月罢为观文殿大学士，知福州；十一月责授宁远军节度副使，永州安置。

赵汝愚罢相，朱熹拟疏进谏，为门人蔡元定所阻，朱熹焚其稿，改号为"遁翁"。

吕祖俭时为太府寺丞，四月丁巳上疏极谏赵汝愚不当罢相，朱熹、彭龟年等不当黜，又言"权臣"（指韩侂胄）"假人主之声势以渐窃威权"，被贬韶州安置。五月改送吉州，后又移高安。

按：吕祖俭曰："陛下初政清明，登用忠良。然曾未逾时，朱熹，老儒也，彭龟年，旧学也，有所论列，则亟许之去。至于李祥，老成笃实，非有偏比，盖众听所共孚者，今又终于斥逐。臣恐自是天下有当言之事，必将相视以为戒，钳口结舌之风一成而未易反，是岂国家之利耶？"朱熹为吕祖俭仗义直谏的精神所感动，写信给吕祖俭说："熹以官则高于子约，以上之顾遇恩礼则深于子约，然坐视群小之为，不能一言以报效，乃令子约独舒愤懑，触群小而蹈祸机，其愧叹深矣。"吕祖俭复信说："在朝行闻时事，如在水火中，不可一朝居。使处乡间，理乱不知，又何以多言为哉。"（《宋史·吕祖俭传》）

朱熹门人杨道夫闻乡曲射利者多捏造事迹攻击朱熹，以投合当政者之意，亟以告朱熹，朱熹答以"死生祸福，久已置之度外，不烦过虑"（《宋史全文》卷二九上）。有门人劝朱熹离开考亭避难，朱熹不听。

按：庆元党禁，朱熹因被目为伪学之首，当时处境极其艰难，生命安全没有保障。其门人黄榦所作《朱子行状》谓朱熹始终在建阳考亭"日与诸生讲学竹林精舍"，撰述不停。其他门人劝其离考亭避难，朱熹也一概不理。清人王懋竑所编《朱子年谱》卷四详细记载了朱熹及其门人的这类言论。后世遂为定论。其实，朱熹在庆元党禁期间，曾"避迹无定所"，多次离开考亭逃到福建各地避难，先后到过古田、顺昌、泰宁、长乐、闽县等地，这些地方的方志都有所记录，可见朱熹自己以及门人所说之言,有不确切之处(参见高令印《朱熹事迹考》)。

朱熹门人,以闽籍最多,且敢于献身朱子学。

按:时朝廷宣布朱学为"伪学",为避祸而离去者甚众,惟闽籍门人很少离去。如董铢对欲避祸离去者喻以义理,使诸生翕然以定;傅伯成为太常侍,在朝廷力言朱子学不可视为伪学,公开表示抗议;门人蔡元定被牵连贬徙道州,同门刘砥、刘砺兄弟馈赠特厚,同门詹体仁调护之(参见高令印《朱熹事迹考》)。

章颖时为兵部侍郎,与知临安府徐谊等请留赵汝愚,均被罢去。

杨简上书言赵汝愚不当斥,遭贬官,主管崇道宫。

叶适因曾写《辩兵部郎官朱元晦状》,被目为朱熹一派,御史胡纮上书弹劾叶适,叶适降两官罢,主管冲祐观,差知衢州,辞不就。

陈傅良以潜邸讲堂官转朝散大夫。

李心传与弟李道传同举乡荐。

陈骙知枢密院事兼参知政事,与权臣韩侂胄不合,奉祠。

杨万里以韩侂胄执政,朝廷先后两次召他进京赴任,均不从命。

袁枢擢右文殿修撰。

周必大应范成大两子范莘、范兹兄弟之请,撰写《资政殿大学士赠银青光禄大夫范成大神道碑》。

刘德秀时为右正言,五月十三日请考核道学真伪,以辨邪正。

按:刘德秀曰:"邪正之辨,无过真与伪而已。彼口道先生之言,而行如市人所不为,在兴王之所必斥也。昔孝宗锐意恢复,首务核实,凡言行相违者,未尝不深知其奸。臣愿陛下以孝宗为法,考核真伪,以辨邪正。"诏下其章。于是博士孙元卿、袁燮、国子正陈武皆罢。司业汪逵入札子辨之,刘德秀以汪逵为狂言,亦被斥(《续资治通鉴》卷一五四)。李心传曰:"自熙宁、元丰间,河南二程先生始以道学为天下倡。二先生少学于汝南周茂叔,其后学者翕然宗之。二先生死,其高弟门人,前有河南朱公掞、刘质夫、李端伯,京兆吕与叔、苏季明,上蔡谢显道,延平杨中立,建安游定夫,河东侯师圣。伊川门人,后有河南尹彦明、张思叔,东平马时中,福清王信伯,涪陵谯天授。中立、彦明遭遇靖康,建炎、绍兴之间,致位通显。天授入朝于靖康而不合,绍兴中,再召不起,后隐青神山中。建安胡康侯学《春秋》于伊川而不及见,以杨、谢为师友。绍兴初,秦桧之为亚相,引康侯侍经席。一时善类,多聚于朝,俄为吕元直、朱藏一所逐。朱、吕罢,赵元镇相,彦明以布衣入侍讲,经生、学士多召用焉。元镇罢,张德远独相,陈司谏公辅首上章力排程氏之学,以为狂言怪语,淫说鄙论,镂榜下郡国切禁之。康侯疏言:'今使学者师孔、孟而禁不得从颐,是入室而闭其户也。'其后,会之再得政,复尚金陵,而洛学废矣。中立传郡人罗仲素,仲素传郡人李愿中,愿中传新安朱元晦。康侯传其子仁仲,仁仲传广汉张敬夫。乾道、淳熙间,二人相往来,复以道学为己任,学者号曰晦庵先生、南轩先生。东莱吕伯恭,其同志也。南轩侍经筵不久而去,晦庵屡召不起,上贤之。久之,王丞相淮当国,不喜晦翁,郑尚书丙始创为'道学'之目。王丞相又擢太府陈寺丞贾为监察御史,俾上疏言:'近日缙绅有所谓道学者,大率假其名以济其伪,望明诏中外,痛革此习。每于除授听纳之际,考察其人,摈斥勿用。'晦翁遂得祠。又数年,周洪道为集贤相,四方学者稍立于朝。会晦翁除郎,以疾未拜,而林侍郎栗劾其欺慢,且诋道学之士,乃乱臣之首,宜加禁绝。林虽罢去,而士大夫讥贬道学之说,迄不可解,甚至以朋党诋之,而邪正几莫能辨。至绍熙末,赵子直当国,遂起晦翁侍经筵,而其学者益进矣。晦翁侍经筵,数十日而去位。

子直贬永州。何参政澹为中执法,复上击道学之章,刘枢密德秀在谏列,又申言之,于是始有伪学之禁矣。先是,光宗登极,刘德秀为殿中侍御史,上疏极言两议交攻之祸。诏下其章。后五年,伪学乃禁。"(《建炎以来朝野杂记》甲集卷六《道学兴废》)

何澹时为御史中丞,七月十三日上疏言学者当以孔、孟为师,攻击道学为伪学;十月再次弹劾辛弃疾"酷虐裒敛,掩帑藏为私家之物",辛弃疾被削职。

按:何澹奏曰:"顷岁有为专门之学者,以私淑诸人为己任,非不善也。及其久也,有从而附和之者,有从而诋毁之者,有畏而无敢窃议者。附之者则曰:此致知格物、精义入神之学,而古圣贤之功用在是也。一人倡之,千百人和之,幸其学之显行,则不问其人之贤否,兼收而并蓄之,以为此皆贤人也,皆善类也,皆知趋向者也。诋毁之者则曰:其说空虚,而无补于实用;其行矫伪,而不近于人情。一入其门,而假借其声势,小可以得名誉,大可以得爵禄,今日官学之捷径,无以易此。畏之而无敢窃议者则曰:利其学者实繁,而护其局者甚众,言出一口,祸且及身,独不见某人乎,因言其学而弃置矣;又不见某人乎,因论其人而摈斥矣。彼欲以此钳人之口,莫若置而不问。臣尝平心而论,以为附和者或流而为伪,诋毁者或失其为真,或畏之而无敢窃议,则真伪举无所别矣。是非何自而定乎?"(《续资治通鉴》卷一五四)

张贵谟上书指论《太极图说》为非,朱熹有书致蔡元定斥其说。

邓驿时为中书舍人,上言不当贬黜"六君子",出知泉州。

倪思应诏上言十二事,曰兢畏、敬天、法祖、奉先、安亲、正心、勤政、任外廷、亲贤、纳谏、节用、谨终;除知泉州。

赵秉文为应封翰林文字同知制诰,因直谏贬外官。

宋慈受业于同邑吴雉,吴雉是朱熹高足。

郑侨四月为参知政事,余端礼为右丞相。

赵师秀为上元县主簿。

詹体仁罢知福州。

汪大猷在四明与楼钥等举行真率会。

李壁除著作佐郎。

王象之中进士。

杨泰之召试,授泸州尉。

金礼部尚书张暐等修成《大金仪礼》40卷成书。

按:是书系金代礼制之总汇。元修《金史》礼志、仪卫志、舆服志即以此为本。

程九万、黄宜著《历阳志》10卷。

洪迈著《夷坚支乙志》10卷、《夷坚支景志》10卷成。

王明清著《挥麈第三录》3卷。

程大昌卒(1123—)。大昌字泰之,徽州休宁人。绍兴二十一年进士,历官著作佐郎、权吏部尚书,出知泉州,徙知建宁府。以龙图阁直学士致仕。谥文简。长于考订名物典故,尤精地理之学。著有《演繁露》16卷、《续演繁露》6卷、《禹贡论图》5卷、《禹贡后论》1卷、《禹贡山川地理图》2卷、《诗论》1卷、《易原》8卷、《易老通言》、《考古编》10卷、《雍录》10卷、《北边备对》6卷、《程文简集》20卷等。事迹见《宋史》卷四三三本传、周必大《程公神道碑》(《文忠集》卷六二)。

按：周晓光说："新安理学是'朱子学'的重要分支之一,主要流传于徽州(古称新安)一带。该学派崛起于南宋,发展于元代,全盛于明初,衰落于明季,终结于清初,对十二世纪以后中国哲学史和学术思想史的发展演变,产生了巨大的影响。程大昌是新安理学南宋时期的代表人物,他的学术思想及学术活动,对新安学派的形成,起了极其重要的作用。第一,修建书院,讲学授徒,壮大新安理学家阵容。……第二,研讨理学,著书立说,丰富了新安理学的思想。"(《论新安理学家程大昌》,《安徽师范大学学报》1994年第3期)

李献甫（ —1234）、蔡权（ —1257）、杨果（ —1269）生。

宋庆元二年　金章宗承安元年　夏天庆三年
西辽天禧十九年　丙辰　1196年

正月丁亥,金国子学斋长张守愚上《平边议》,特授国子学教授,以其议付史馆。

甲辰,右谏议大夫刘德秀劾前丞相留正有大罪,首言引用伪学之党以危社稷。诏留正落职,罢宫观。

二月,以端明殿学士叶翥知贡举,倪思、刘德秀同知贡举。

按：知贡举吏部尚书叶翥上言："士狃于伪学,专习语录诡诞之说、《中庸》《大学》之书,以文其非。有叶适《进卷》、陈傅良《待遇集》,士人传诵其文,每用辄效。请令太学及州军学,各以月试合格前三名程文,上御史台考察,太学以月,诸路以季。其有旧习不改,则坐学官、提学司之罪。"(《宋史·选举志二》)同知贡举、右正言刘德秀奏言："伪学之魁,以匹夫窃人主之柄,鼓动天下,故文风未能丕变。乞将语录之类,尽行除毁。"故是科取士,稍涉义理者,悉皆黜落;《六经》、《论语》、《孟子》、《中庸》、《大学》之书,亦为世大禁。淮西总领张釜上言："迩者伪学盛行,赖陛下圣明斥罢,天下皆洗心涤虑,不敢为前日之习。愿陛下明诏在位之臣,上下坚守勿变,毋使伪言伪行乘间而入,以坏既定之规模。"乃除张釜左司郎官(《续资治通鉴》卷一五四)。

三月丙午,有司上《庆元会计录》。

十一日,叶翥等再上奏攻伪学,乞考察太学、州学。

五月辛卯,赐礼部进士邹应龙、莫子纯、夏明承以下449人及第、出身。

甲午,建华文阁,藏《孝宗御集》。

六月丁卯,金定僧、道、女冠剃度之制。金章宗从尚书省奏,降僧道空名度牒紫褐师号以助军饷。

按：金主尝问谏议大夫张暐曰："僧道三年一试,八十取一,不已少乎?"暐曰："此辈浮食,无益有损,不宜滋益也。"金主曰："周武帝、唐武宗、后周世宗皆贤君,其

高丽崔氏专权至1258年。

寿不永,虽曰偶然,似亦有因也。"对曰:"三君矫枉太过。今不崇奉,不毁除,是谓得中矣。"(《续资治通鉴》卷一五四)

十五日,国子监上奏乞毁理学之书,朱熹《四书集注》与《语录》在毁禁之列。

八月丙辰,太常少卿胡纮请勿用伪学之党,诏宰执暂停推荐伪学之党。自此伪学之禁愈严。

> 按:时中书舍人汪义端引唐李林甫故事,以伪学之党皆名士,欲尽除之。胡纮上言:"比年以来,伪学猖獗,图为不轨,动摇上皇,诋诬圣德,几至大乱。赖二三大臣、台谏,出死力而排之,故元恶殒命,群邪屏迹。自御笔有救偏建中之说,或者误认天意,急于奉承,倡为调停之议,取前日伪学之奸党次第用之,以冀幸其它日不相报复。往者建中靖国之事,可以为戒。"遂诏伪学之党,宰执权住进拟。大理司直邵褒然亦言:"三十年来,伪学显行,场屋之权,尽归其党。乞诏大臣审察其所学。"诏:"伪学之党,勿除在内差遣。"(《续资治通鉴》卷一五四)

十一月壬辰,京镗等上《孝宗皇帝宽恤诏令》。

十二月戊申,以知宁国府陈贾尝攻击朱熹,召为兵部侍郎。

是月,以监察御史沈继祖言,落朱熹秘阁修撰,罢祠,窜其徒蔡元定于道州。

> 按:时台谏欲论朱熹,无敢先发者。胡纮未达时,尝谒朱熹于建安,朱熹待学子惟脱粟饭,对胡纮也不例外,胡纮不悦,及为监察御史,乃锐然以攻击朱熹自任,会改太常少卿,不果,遂将疏章给沈继祖,继祖谓立可致富贵,于是论朱熹大罪有六:不孝其亲,不敬其君,不忠于国,玩侮朝廷,赵氏死党,为害风教;恶行有五:不廉、不恕、不修身、不齐家、不治国;且曰:"熹为大奸大憝,请加少正卯之诛,以为欺君罔世、污行盗名者戒。其徒蔡元定,佐熹为妖,亦请编管别州。"(《续资治通鉴》卷一五四)朱熹因此落职。

朱熹是春约方士繇共作《韩文考异》,有《修韩文举正例》;十二月削秘阁修撰,罢宫观。

朱熹为建阳溪山精舍亲书"溪山"匾,为陆游"老学庵"作铭。

朱熹校《史记·律书》误字、句读,又辨魏刘炳《大成乐》之失。

陈傅良是夏降三官,罢宫观,屏居杜门,榜所居室曰止斋。

李心传进士落第,遂"绝意不复应举,闭户著书"。其弟李道传中进士,调利州司户参军,徙蓬州教授。

> 按:李心传《建炎以来系年要录》和《建炎以来朝野杂记》两书,约此时开始修撰。李心传晚年因崔与之等23人荐举,为史馆校勘,赐进士出身。

赵汝愚正月行至永州得病,为守臣钱鍪所凌辱,"一夕而死"。时湖南帅王蔺请归葬赵汝愚,朱熹高之。

> 按:赵汝愚被害,朱熹曾"率其徒百余人,哭之于野"(《四朝闻见录》卷四)。

京镗正月为右丞相,专唯韩侂胄之命是听。

陆九渊弟子彭世昌时为象山书院主持,是年下山购书,来见朱熹家。朱熹有诗赠之。

辛弃疾九月以言者论列,罢宫观。

辛弃疾至江西铅山瓢泉书院讲学,有《瓢泉秋月课稿》传世。

宋庆元二年　金章宗承安元年　夏天庆三年　西辽天禧十九年　丙辰　1196年

　　徐梦莘奉命将《三朝北盟会编》中有关高宗部分抄写进呈，以供实录院修撰《高宗实录》参考。十一月，史官杨辅等奏其书多有补于史笔，特除徐梦莘直秘阁。

　　袁枢知江宁府，接替彭龟年；寻为台臣劾罢，提举太平兴国宫。自是闲居十载，专心著述。

　　刘建翁立陆九渊祠于象山方丈之址。自立祠以后，春秋致祭惟谨。临江章颖为记。

　　蔡元定十二月以属庆元党人被捕，谪道州。

　　按：《宋史·蔡元定传》曰："时韩侂胄擅政，设伪学之禁，以空善类。台谏承风，专肆排击，然犹未敢诵言攻朱熹。至沈继祖、刘三杰为言官，始连疏诋熹，并及元定。元定简学者刘砺曰：'化性起伪，乌得无罪！'未几，果谪道州。州县捕元定甚急，元定闻命，不辞家即就道。熹与从游者数百人饯别萧寺中，坐客兴叹，有泣下者。熹微视元定，不异平时。"

　　蔡沈从父蔡元定谪道州，跋涉数千里，道楚、粤穷僻处，父子相对，常以理义自怡悦。

　　按：《宋史·蔡沈传》曰："沈字仲默，少从朱熹游。熹晚欲著《书传》，未及为，遂以属沈。《洪范》之数，学者久失其传，元定独心得之，然未及论著，曰：'成吾书者沈也。'沈受父师之托，沈潜反复者数十年，然后成书，发明先儒之所未及。……元定没，徒步护丧以还。有遗之金而义不可受者，辄谢却，之曰：'吾不忍累先人也。'年仅三十，屏去举子业，一以圣贤为师。隐居九峰，当世名卿物色将荐用之，沈不屑就。"

　　黄榦建草堂于建阳潭溪，以作讲道著述之地。

　　余哲上书，乞斩朱熹以绝伪学，且指蔡元定为伪党；谢深甫掷其书于地，语同列曰："朱元晦、蔡季通，不过自相与讲明其学耳，果有何罪乎！余哲虮虱臣，乃敢狂妄如此，当相与奏知行遣，以厉其余！"（《宋史·谢深甫传》）

　　陆游序《吕居仁集》。

　　刘德秀二月以右谏议大夫劾留正引用"伪学"之党。

　　元好问入小学就读，并州名士王中立曾称其为神童。

　　叶味道试礼部第一，因对策时"率本程颐无所避"，被知举胡纮以"伪学"之徒而黜之，复从朱熹学于武夷山中。

　　按：《宋史·叶味道传》曰："叶味道，初讳贺孙，以字行，更字知道，温州人。少刻志好古学，师事朱熹。试礼部第一。时伪学禁行，味道对学制策，率本程颐无所避。知举胡纮见而黜之，曰：'此必伪徒也。'既下第，复从熹于武夷山中。"叶味道为朱门高弟，永嘉学派的先声，全祖望称"永嘉为朱子之学者，自叶文修（味道）与潜室（陈埴）始。文修之书不可考，《木钟集》犹有存焉。自是而永嘉学者渐祧艮斋（薛季宣）一派矣"（《宋元学案》卷六五《木钟学案》）。著有《四书说》、《礼解》、《大学讲义》、《祭法宗庙庙享郊社外传》、《经筵口奏》、《故事讲义》，辑有《朱子语录》。

　　傅伯成庆元初言于御史，朱熹大儒，不可以伪学目之。又言朋党之敝，起于人主好恶之偏。坐是不合，出知漳州。

　　赵秉文同知岢岚军州事。

　　倪思五月召除吏部侍郎、直学士院，同知贡举。御史姚愈以韩侂胄意劾之，出知太平州；刘德秀又劾之，遂奉祠。俄起知泉州，御史朱钦劾之，罢官；已而知建宁府，御史徐楠劾之，再罢官。

廖德明时为莆田令。

赵善湘举进士，以近属转秉义郎，换承事郎，调金坛县丞。

楼钥力争朱熹宜留内筵，罢归。

程洵九月被以"伪学之流"劾归婺源，六日有书致朱熹，朱熹有书答之。八日即卒，朱熹为文祭之。

陈模举进士，除秘书省正字。

按：陈模字中行，福建泉州人。著有《东宫备览》6卷。此书为其任正字时所上，取经史典籍中有关课训皇储之旧文整理而成，故以东宫为书名。它是宋儒课训储君的惟一一部专门著作。

汤千登进士第，调黄陂尉。

按：汤千字升伯，饶之安仁人。与弟汤巾、汤中合称鄱阳汤氏三先生。全祖望曰："鄱阳汤氏三先生，导源于南溪（柴中行），传宗于西山（真德秀），而晦静（汤巾）由朱（子）而入陆（九渊），传之东涧（汤汉）；晦静又传之径畈（徐霖）。杨（时）、袁（燮）之后，陆学之一盛也。"（《宋元学案》卷八四《存斋晦静息庵学案》）

夏明诚登进士第三人。

按：夏明诚字敬仲，金华人。其学本自吕祖谦。

李大有举进士，官至太常博士。

按：黄宗羲曰："李大有，字谦仲，东阳人也。大同之兄。私淑三先生之学。尝以轮对上疏，略曰：'国朝自周敦颐、张载、程颢、程颐，本于正心修身，至于致君行道。近世张栻、朱熹、吕祖谦阐而大之，而义理益明。自庆元权臣创道学名以排之，而士始有以其说为不足学者。其能者又求之于科举，而幸中于剽窃。愿召宿儒，推明儒先之训，扶植治本。而师儒之官亦以此意风厉作成，毋徒为袭取利禄计。'闻者是之。"（《宋元学案》卷五一《东莱学案》）

张虙举进士，官至国子监祭酒。

按：张虙，兰溪人。著有《月令解》12卷。

宋德之试外省第一，为山南道掌书记，召除国子正，迁武学博士。

按：宋德之学于张栻之门，少与范仲黼等人讲道，为"二江九先生"之一。

郑域随张贵谟使金，归后著有《燕谷剽闻》2卷，记金国事甚详。

董铢再至考亭向朱熹问学。

葛天民、俞灏、张鉴、姜夔等乘雪出游，各得诗词若干，天民手书为《载雪录》。

尤台应童子科，中书试以说赋，片刻立成，辞藻精绝。

关于俄罗斯的英雄传说《伊戈尔远征记》（著者不详）约于是年问世。

朱熹始修礼书，名曰《仪礼集传集注》（后名《仪礼经传通解》）。

按：《宋史·黄榦传》曰：朱熹"及编《礼书》，独以《丧》、《祭》二编属榦，稿成，熹见而喜曰：'所立规模次第，缜密有条理，它日当取所编家乡、邦国、王朝礼，悉仿此更定之。'"

朱熹始著《周易参同契考异》，门人蔡元定助校。

孙应时纂修、鲍廉增补《琴川志》15卷。

吉安周必大刻印宋代欧阳修《欧阳文忠公集》153卷，附录5卷。

按：《四库全书总目提要》曰："《宋史·艺文志》载修所著《文集》五十卷、《别集》

二十卷、《六一集》七卷、《奏议》十八卷、《内外制集》十一卷、《从谏集》八卷。诸集之中,惟《居士集》为修晚年所自编,其余皆出后人裒辑,各自流传。如衢州刻《奏议》、韶州刻《从谏集》、浙西刻《四六集》之类,又有庐陵本、京师旧本、绵州本、宣和吉本、苏州本、闽本诸名,分合不一。陈振孙《书录解题》谓修集遍行海内而无善本,盖以是也。此本为周必大所编定,自《居士集》至《书简集》,凡分十种,前有必大所作《序》。振孙以为益公解相印归,用诸本编校,刊之家塾,其子纶又以所得欧阳氏传家本、欧阳棐所编次者,属益公旧客曾三异校正,益完善无遗恨。然必大原《序》又称'郡人孙谦益、承直郎丁朝佐遍搜旧本,与乡贡进士曾三异等互相编校,起绍熙辛亥,迄庆元庚辰'。据此,则是非三异独校,亦非必大自辑,与振孙所言俱不合。检书中旧存编校人姓名,有题绍熙三年十月丁朝佐编次、孙谦益校正者;有题绍熙五年十月孙廉益、王伯刍校正者;又有题郡人罗泌校正者,亦无曾三异之名。惟卷末考异中多有云'公家定本作某'者,似即周纶所得之欧阳氏本。疑此书编次义例本出必大,特意存让善,故《序》中不自居其名,而振孙书所云纶得欧阳氏本付三异校正者,乃在朝佐等校定之后添入刊行,故《序》亦未之及欤?其书以诸本参校同异,见于所纪者,曰《文纂》、曰《薛齐谊编年庆历文粹》、曰《熙宁时文》、曰《文海》、曰《文薮》、曰《京本英辞类稿》、曰《缄启新范》、曰《仕途必用》、曰《京师名贤简启》,皆广为搜讨,一字一句,必加考核。又有两本重见而删其复出者,如《濮王典礼奏》之类。有他本所无而旁采附入者,如《诗解统序》之类。有别本所载而据理不取者,如钱镠等传之类。其鉴别亦最为详允。观楼钥《攻媿集》有《濮议跋》,称庐陵所刊《文忠集》,列于一百二十卷以后,首尾俱同。又第四卷《札子》注云:'是岁十月撰,不曾进呈。'检勘所云,即指此本。以钥之博洽,而必引以为据,则其编订精密,亦概可见矣。"

建安陈彦甫家塾刊刻《圣宗名贤四六丛珠》100卷。

洪迈著《夷坚支丁志》、《夷坚支戊志》、《夷坚支己志》、《夷坚支庚志》各10卷及《容斋三笔》16卷。

游九言著《明道书院记》。

按:朱熹也曾著有《明道先生书院记》。

程洵卒(1135—)。洵字钦国,后更字允夫,号克庵,晚号翠林逸民,婺源人。朱熹内弟。从朱熹学,将道问学斋更名为尊德性斋。累举进士不第,后以特恩授信州文学。著有《尊德性斋集》10卷,已佚。明嘉靖九年,其裔孙程资将其遗稿编为3卷。《宋元学案》列其入《沧州诸儒学案》。事迹见程瞳《程克庵传》(《尊德性斋集》附)。

赵汝愚卒(1140—)。汝愚字子直,饶州余干人。宋宗室。乾道二年进士第一。官至右丞相,与韩侂胄倾轧,贬官遇害。卒后,韩侂胄立伪学逆党籍,他被立为首位。韩侂胄被杀,他被追封沂国公,谥忠定,配享宁宗庙廷。著有《太祖实录举要》、《国朝诸臣奏议》150卷等书。另有《赵忠定集》15卷、《奏议》15卷,已佚。《宋元学案》列其入《玉山学案》。事迹见《宋史》卷三九二本传。

蒋继周卒,生年不详。继周字世修,处州青田人。绍兴二十四年进士,官至御史中丞、礼部尚书。卒赠太师,谥文恭。著有《礼记大义》7卷、《中丞奏书》10卷、《经筵讲义》5卷。事迹见《渭南文集》卷三五。

段克己(—1254)、吴潜(—1262)、窦默(—1280)生。

宋庆元三年　金承安二年　夏天庆四年
西辽天禧二十年　丁巳　1197年

_{廓尔王朝军侵入印度,征服比哈尔,尽毁佛寺,大戮佛僧。}

_{德意志亨利六世帝暴卒。}

_{罗斯弗拉基米尔圣德米特里大教堂建成。}

二月己酉,右丞相京镗、实录修撰傅伯寿等上《神宗玉牒》、《高宗实录》280卷。

十三日,大理司直邵褒然奏请自今"伪学之党"勿除在内差遣。

是月,金命袭封衍圣公孔元措世袭兼曲阜令。

四月癸酉,金令开始使用女真字。

六月初一日,宗正寺主簿杨寅奏论廷省魁、两优释褐皆"伪徒",不可轻召。

按：李心传《道命录》曰："臣僚上言：'臣伏见近日伪学荒诞迂阔之说遍天下,高官要职无非此徒。陛下灼见其奸,特诏非廷试,省试与两优释褐第一人,不除职事官,可谓公选矣。三十年来,伪学显行,场屋之权,尽归三温(指陈傅良、叶适、徐谊),预说试题,隐通私号,所谓状元、省元与两优释褐者,若非私其亲故,即是其徒。若专守此格,恐伪学之徒展转滋甚。伏望明诏大臣,审察其所学,而后除授。'六月一日,奉圣旨依。"

闰六月初六日,朝散大夫刘三杰论"伪党"变而为"逆党",指朱熹为党魁。

八月庚辰,金敕计议官进所奏帖可直言利害,勿用浮词。

九月辛酉,诏："监司、帅守荐举改官,勿用伪学之人。"(《续资治通鉴》卷一五四)

二十七日,朝臣再奏"伪学"之祸,罢"调停"之议。

按：《庆元党禁》曰："秋九月二十七日丁卯,言者论伪学之祸,望申饬大臣,鉴元祐调停之说,杜其根源。时有诏：'监司、帅守荐举改官,并于奏牍前声说非伪学之人,且结朝典之罪。'秋当大比,漕司前期取家状,必欲书'委不是伪学'五字于后。时有柴中行者,为抚州推官,独移文漕司,称'自幼习《易》,读程氏《易传》,未谓是与不是伪学。如以为伪,不愿考校。'士论壮之。"

十二月丁酉,以知绵州王沅奏,颁布《伪学逆党籍》,诏省部籍伪学姓名。

按：党籍名单中有宰执4人：赵汝愚、留正、王蔺、周必大。待制以上13人：朱熹、徐谊、彭龟年、陈傅良、薛叔似、章颖、郑湜、楼钥、林大中、黄由、黄黼、何异、孙逢吉。余官31人：刘光祖、吕祖俭、叶适、杨方、项安世、李埴、沈有开、曾三聘、游仲鸿、吴猎、李祥、杨简、赵汝谈、赵汝说、陈岘、范仲黼、汪逵、孙元卿、袁燮、陈武、田澹、黄度、詹体仁、蔡幼学、黄灏、周南、吴柔胜、王厚之、孟浩、赵巩、白炎震。武臣3人：皇甫斌、范仲任、张致远。士人8人：杨宏中、周端朝、张道、林仲麟、蒋傅、徐范、蔡元定、吕祖泰。凡59人。或被罢黜,或被禁锢,或被流窜而死。史称"庆元党禁"(《续

宋庆元三年　金承安二年　夏天庆四年　西辽天禧二十年　丁巳　1197年

资治通鉴》卷一五四）

朱熹正月与蔡元定等弟子饯别于净安寺,次日又独与蔡元定会宿寒泉精舍,相与订正《周易参同契》,终夕不寐。

朱熹因阁皂山道士甘叔怀归,刻《河图》、《洛书》、《先天图》于阁皂山摩崖。

朱熹以门人张洽所藏孔平仲《谈苑》手稿对校印本,辨印本失校多误;又考辨孔平仲的《珩璜新论》,辨书中的附记非孔氏原作。又以门人汪逵所藏苏轼手书乃父苏洵《嘉祐集》诗卷,辨《嘉祐集》阙收苏洵诗一首。又辨司马光诗印本多有错误。

朱熹落职罢祠,沧州精舍从学者均回,刘砥、刘砺来学;林子武、傅定在朱熹处。

袁枢致力研究《易》学,校勘《参同契》,朱熹为著《题袁机仲所校参同契后》。

刘三杰时为朝散大夫,六月甲午免丧入见,论"今日之忧有二:有边境之忧,有伪学之忧"。

按：刘三杰曰："若夫伪学之忧,姑未论其远,请以三十余年以来而论之:其始有张栻者,谈性理之学,言一出口,嘘枯吹生,人争趋之,可以获利,栻虽欲为义,而学之者已为利矣。又有朱熹者,专于为利,借《大学》、《中庸》以文其奸而行其计,下一拜则以为颜、闵,得一语即为孔、孟,获利愈广,而肆无忌惮,然犹未有在上有势者为之主盟。已而周必大为右相,欲与左丞相王淮相倾而夺之柄,知此曹敢为无顾忌大言而能变乱黑白也,遂诱而置之朝列,卒藉其力倾去王淮,而此曹愈得志矣。其后留正之来,虽明知此曹之非,顾势已成,无可奈何,反藉其党与心腹。至赵汝愚,则素怀不轨之心,非此曹莫与共事,而此曹亦知汝愚之心也,垂涎利禄,甘为鹰犬以觊幸非望,故或驾姗笑君父之说于邻国,或为三女一鱼之符以惑众庶,扇妖造怪,不可胜数,盖前日为伪学,至此变而为逆党矣。赖陛下圣明,去之之早,此宗庙社稷无疆之福。然今此曹潜形匿影,日夜伺隙。雨旸稍愆,则喜见颜色;闻敌国侵扰之报,则移过于吾之君父。如此鬼蜮,百方害之,防之不至,必受其祸。臣谓今日之策,惟当销之而已。其习伪深而附逆固者,自知罪不容诛,终不肯为国家用;其它能革心易虑,则勿遽废斥,使之去伪从正,以销今日之忧。"疏入,韩侂胄大喜,即日除刘三杰右正言(《续资治通鉴》卷一五四)。

叶贺孙试礼部名列第一,因曾师事朱熹而被指为"伪徒",不予录用。

陈淳上书漳州知府,请禁民间演出"淫戏"。

按：所谓"淫戏",是指漳州一带农村秋收后乞冬的酬神戏。乞冬是由唐民间参军戏发展而成的竹马戏,与南宋温州戏也密切关系。

韩侂胄禁道学,校文,转运司移檄,令自言非伪学,柴中行奋笔曰："自幼读程颐书以收科第,如以为伪,不愿考校。"(《宋史·韩侂胄传》)士论壮之,调江州州学教授。

黄由尚为吏部尚书,言人主不可待天下以党与,不必置籍以示不广。殿中侍御史张岩劾其附阿,罢之;擢王沇为利州路转运判官。

姜夔四月上书论雅乐。

陆游十一月为毛仲益所藏《兰亭帖》作跋。

王若虚擢经义进士第，中乙科。

冯璧第经义进士。

赵秉文、李纯甫、冯延登同登进士第。

按：《金史·李纯甫传》曰："纯甫幼颖悟异常，初业词赋，及读《左氏春秋》，大爱之，遂更为经义学。擢承安二年经义进士。为文法庄周、列御寇、左氏、《战国策》，后进多宗之。又喜谈兵，慨然有经世心。"

雷渊年14，以胄子入国子学，在太学十余年，与李纯甫、冯璧、高献臣、孙伯英、刘从益、宋九嘉、申万全、梁洵谊、王启等交游。

徐谊在庆元中始移婺州后，诏许自便。

李齐愈在江西浮梁创建长芗书院。

全真教道士王处一获金章宗所赐"体元大师"号，及修真观一所。又召刘处玄待诏长天观。

朱熹《周易参同契考异》修订成，由蔡渊刊刻于建阳。

按：时袁枢亦成《周易参同契》一书，朱熹遂使蔡渊以袁本参校，刻《考异》于建阳。

朱熹著《仪礼集传集注》草成，即后来之《仪礼经传通解》。

按：朱在《仪礼经传通解目录跋》曰："先君所著《家礼》五卷，《乡礼》三卷，《学礼》十一卷，《邦国礼》四卷，《王朝礼》十四卷。其曰《经传通解》者，凡二十三卷。盖先君晚岁之所新定，是为绝笔之书。唯《书数》一篇，缺而未补，而《大射礼》、《聘礼》、《公侯大夫礼》、《诸侯相朝礼》八篇，则犹未脱稿也。其曰'集传集注'者，此书之旧名也，凡十四卷。为《王朝礼》而下《卜筮》篇亦缺，余则先君所草定而未暇删改也。至于丧、祭二礼，则尝以规模次第属之门人黄榦，俾之类次。他日书成，亦当相从于此，庶几此书本末具备。"《四库全书总目提要》曰：《仪礼经传通解》"初名《仪礼集传集注》。朱子《乞修三礼札子》所云'以《仪礼》为经，而取《礼记》及诸经史杂书所载有及于礼者，皆以附本经之下，具列注疏诸儒之说，略有端绪'，即是书也。其札子竟不果上。晚年修葺，乃更定今名。朱子没后，嘉定丁丑始刊版于南康。……盖未成之本也。所载《仪礼》诸篇，咸非旧次，亦颇有所厘析。……虽不免割裂古经，然自王安石废罢《仪礼》，独存《礼记》，朱子纠其弃经任传、遗本宗末，因撰是书以存先圣之遗制。分章表目，开卷了然，亦考礼者所不废也。其丧、祭二门则成于朱子门人黄榦，盖朱子以创稿属之。杨复原《序》述榦之言有曰'始余创二《礼》粗就，奉而质之先师，喜谓余曰：君所立丧祭礼，规模甚善，他日取吾所编《家乡》、《邦国》、《王朝礼》，其悉用此更定'云云，则榦之所编，尚不失朱子之意。然榦仅修《丧礼》十五卷，成于嘉定己卯。其《祭礼》则尚未订定而榦又殁。越四年壬午，张虑刊之南康，亦未完之本也。其后杨复重修《祭礼》，郑逢辰进之于朝。……虽编纂不出一手，而端绪相因，规模不异。古礼之梗概节目，亦略备于是矣"。

又按：李如圭另著有《仪礼释宫》1卷，《四库全书总目提要》谓"考《朱子大全集》亦载其文，与此大略相同，惟无序引。宋《中兴艺文志》称朱子尝与之校定礼书。疑朱子固尝录如圭是篇，而集朱子之文者遂疑为朱子所撰，取以入集，犹苏轼书刘禹锡语题姜秀才课册，遂误编入轼集耳。……是编之作，诚治《仪礼》者之圭臬也。宋陈汶尝序《集释》，刻之桂林郡学舍，兼刻是编"。

蒲叔献刻《太平御览》。

高承所编《事物纪原》是年有建安余氏刊本。

洪迈著《夷坚支辛志》、《夷坚支壬志》、《夷坚支癸志》、《夷坚三甲志》、《夷坚三乙志》、《夷坚三景志》、《夷坚三丁志》各10卷；《容斋四笔》16卷、《赘稿》30卷。

吴仁杰著《离骚草木疏》4卷成书。

按：《四库全书总目提要》曰：是书"以其征引宏富，考辨典核，实能补忘逸训诂所未及。以视陆玑之疏《毛诗》、罗愿之翼《尔雅》，可以方轨并驾，争骛后先，故博物者恒资焉。迹其赅洽，固亦考证之林也"。

周必大著《二老堂诗话》约成于本年。

娄机著《汉隶字源》6卷初成，洪迈为作序。

按：《四库全书总目提要》曰："其书前列考碑、分韵、辨字三例，次《碑目》一卷，凡汉碑三百有九，魏晋碑三十有一，各纪其年月、地里、书人姓名，以次编列，即以其所编之数注卷中碑字之下，以省繁文。次以《礼部韵略》二百六部分为五卷，皆以真书标目，而以隶文排比其下。韵不能载者十四字，附五卷之末终焉。其文字异同，亦随字附注。如后汉《修孔子庙礼器碑》内，韩明府名敕，字叔节。欧阳修谓前世见于史传，未有名敕者。而此书引《繁阳令杨君碑阴》亦有程敕，以证《集古录》考核之疏。又若曲江之为曲红，引《周憬碑》；'遭罹'之为'遭离'，引《马江碑》；'陂障'之为'波障'，引《孙叔敖碑》；'委蛇'之为'祎隋'，引《衡方碑》，于古音古字，亦多存梗概，皆足为考证之资。不但以点画波磔为书家模范已也。"

王明清著《挥麈录余话》2卷。

按：至此，《挥麈录》20卷全书成。

姜夔四月进《大乐议》1卷、《琴瑟考古图》1卷。

陈居仁卒（1129— ）。居仁字安行，兴化军人。学者称菊坡先生。绍兴二十一年进士。曾随魏杞使金，后官至华文阁直学士，提举太平兴国宫。喜读《左传》、《汉书》，曾撷精要，编为《撷芳》一书。著有奏议制稿20卷、诗文杂著10卷，皆佚。《宋元学案》列其入《龟山学案》。事迹见《宋史》卷四〇六本传、楼钥《陈公行状》（《攻愧集》卷八三）、周必大《华文阁直学士赠金紫光禄大夫陈公居仁神道碑》（《文忠集》卷六四）。

高元之卒（1142— ）。元之字端叔，号万竹，鄞县人。从程迥学《易》、《春秋》。曾集《春秋》说三百家，号《春秋义宗》150卷；博学能诗，尝作《变离骚》，又著《易论》、《诗说》、《论语传》、《后汉历志解》各1卷，《扬子发挥》3卷，皆佚。《宋元学案》列其入《龟山学案》。事迹见楼钥《高端叔墓志铭》（《攻愧集》卷一〇三）、周必大《高端叔变离骚序》（《文忠集》卷五三）。

陈埙（ —1241）、方采（ —1256）、吴子良（ —1256）、王柏（ —1274）生。

宋庆元四年　金承安三年　夏天庆五年
西辽天禧二十一年　戊午　1198年

以奥古斯丁为代表的天主教国家学说约于是年形成，它将世俗权力置于神权之下。

罗马教皇英诺森第三登位，在位时教廷权力达于极盛。

几百年来受基督教排斥的迷信活动约于是年复又流行。教会把迷信活动分为"神术"（允许存在）和"巫术"（被禁止）。

条顿骑士团建立。

正月癸卯，金谕有司：凡馆接伴并奉使者，毋以语言相胜，务存大体，奉使者务得其人。

二月辛未，诏：两省、侍从、台谏各举所知一二人，毋举宰执子弟、亲党。

四月二十二日，右谏议大夫姚愈论"伪徒"欺世盗名，乞定"国是"。五月十三日，下诏如所请。

按：姚愈上言："臣窃见近世行险侥幸之徒，创为道学之名，窃取程颢、张载之说，张而大之，聋瞽愚俗，权臣力主其说，结为死党。陛下取其罪魁之显然者，止从窜免，余悉不问，所以存全之意，可谓至矣。奈何习之深者，怙恶不悛，日怀怨望，反以元祐党籍自比。如近日徐谊令弟芸援韩维谪筠州日，诸子纳官赎罪，以求归侍，此皆假借元祐大贤之名，以欺天下后世。当元祐时，宰辅如司马光辈，其肯阴蓄邪谋，窥伺神器，自谓梦寿皇授鼎，白龙登天，如汝愚之无君者乎？侍从如苏轼辈，其肯阿附权臣，妄谓风雷之变，为今天动威，以彰周公之德，如刘光祖者乎？其肯当揖逊之际，有但得赵家肉一块足矣，以助汝愚之为奸，如徐谊者乎？其余百职事如秦观辈，其肯推寻宗派，以为汝愚乃楚王之裔，宜承大统，如游仲鸿者乎？其肯献佞汝愚，以为外间军民，推戴相公，如沈清臣谓汝愚为寿皇养子；张致远阴授汝愚指教，图兼兵柄，如此之类，见于论疏，不一而足。此天下之所共知，安可诬也！夫元祐之党如彼，而今伪党如彼，臣愿特降明诏，播告天下，使中外晓然知邪正之实，庶奸伪之徒，不至假借疑似，以盗名欺世。"（《道命录》卷七下）于是宋宁宗令直学士院高文虎写诏文，有云："窃附元祐之众贤，实类绍圣之奸党。"韩侂胄大喜，迁高文虎于要职。

五月己酉，以右谏议大夫张釜等请，诏申伪学之禁。

七月己未，四川都大茶马丁逢入对，极论元祐、建中调停之害，且引苏辙、任伯雨之言为证。

按：时薛叔似、叶适坐赵汝愚党久斥，皆起为郡，故丁逢有是言。京镗、何澹深悦之，荐为军器监。

九月丁未，京镗上《重修敕令格式》，诏颁天下。

朱熹以苏轼手定本校《赤壁赋》误字，校碑本《后赤壁赋》误字；四月初一日又于病中再读苏轼《昆阳赋》，感叹苏轼"笔力豪壮"，并著《跋韦斋书昆阳赋》，"以示儿辈"。

按：清代陈澧《东塾读书记》认为朱熹在淳熙八年（1181）以前曾"深恶苏氏之学"，此后则"推重东坡"，"与昔时大不同"，并主张"宜以晚年为定论"，从而否定朱熹一生致力批评苏学的基本态度和诸多内容，这不足为定论。

朱熹七月初七日致书杨万里，请问其《易外传》；杨万里有书答之。

朱熹十月十六日有书致度正，再嘱其寻访周敦颐遗文。

林退思、丘仲高等少量朱熹门人是年仍从朱熹学习。

祝丙、祝癸十二月十六日向朱熹受学于家塾，朱熹作《外大父祝公遗事》以赠之。

朱熹是冬分委李方子、李相祖、谢承之、黄榦、林夔孙、陈埴诸生修撰《尚书》集注，全面集《书传》始于此。

蔡沈受朱熹命，开始编写《书经集传》。

按：《宋史·蔡沈传》曰："少从朱熹游。熹晚欲著《书传》，未及为，遂以属沈。"

辛弃疾复集英殿修撰，主管建宁府武夷山冲祐观。尝去武夷山拜访朱熹。

魏了翁应省试，以《易经》冠同经生，并受知于吏部郎赵大全。

赵师秀去职返乡，日与诗友唱和为乐。

陆游是春著《题夷坚志后》，赞扬洪迈此书堪补史籍，足擅文豪。

杨万里正月特授太中大夫，获进封开国子、食邑，上表谢，周必大有贺文。九月得朱熹去冬及今年七夕两书，答以尺牍。十月，序段昌世《龙湖遗稿》。

叶适是夏差知衢州，辞。

党怀英为翰林学士承旨。

谢深甫八月知枢密。

刘睿为江西万安龙溪书院山长。

按：龙溪书院原为濂溪祠，为纪念周敦颐、赵汴嘉祐年间同游赣县龙溪香林寺而建。

陈亮门人喻南强庆元中入太学，为富阳尉，转缙云丞。

按：喻南强初名宽，字伯强，号梅隐，婺州义乌人。喻侃从弟。少从陈亮游。亮以非罪下大理，门生皆喋不敢言，南强见叶适诉冤状。任富阳尉时，礼部侍郎真德秀反对和议被贬，舟过富春江，南强赋诗为之饯。著有《梅隐笔谈》14卷，早佚。《宋元学案》列其入《龙川学案》。事迹见《金华先民传》卷一〇、《宋史翼》卷三三。

陈文蔚尝师事朱熹，是年馆于朱熹家，课其诸孙。

李过著《西溪易说》12卷。

按：李过字季辨，兴化人。《四库全书总目提要》曰："冯椅《易学》称其多所发明，而议其以毛渐《三坟》为信，又多割裂经文。……盖过晚而丧明，冥心默索，不能与师友相订正，意所独造，或不免毅然自为。而收视返听，用心刻挚，亦往往发先儒所未发。其乱经之罪与诘经之功，固约略可以相当也。"

洪迈著《夷坚三戊志》、《夷坚三己志》、《夷坚三庚志》、《夷坚三辛志》、《夷坚三壬志》、《夷坚三癸志》各10卷。

傅岩著《郑城志》12卷。

林光著《建安志》24卷。

陈晔、李皋著《鄞江志》8卷。

董解元《西厢记诸宫调》约创著于此时。

阿拉伯旅行家雅库特所著《地理学》成书。

在艾希施泰特教堂任职的康拉德·冯·海梅斯富特约于是年创作诗歌《玛利亚升天》和《复活》（耶稣受难与复活）。

按：董解元生平事迹无可考，主要活动于金章宗时，解元是金元时文人的通称。《西厢记诸宫调》取材于唐元稹《莺莺传》，又称《弦索西厢》或《西厢搊弹词》，通称《董西厢》。

叶适著《石洞书院记》。

蔡元定卒（1135— ）。元定字季通，世称西山先生，建州建阳人。朱熹弟子。朱熹疏释"四书"，为《易传》、《诗传》、《通鉴纲目》，皆与之往复参订；其平生学问多寓于朱熹书集中。著有《律吕新书》2卷、《大衍详说》、《皇极经世》、《太玄潜虚指要》、《洪范解》、《燕乐》、《原辩》、《八阵图说》、《西山公集》等。《宋元学案》为列《西山蔡氏学案》。事迹见《宋史》卷四三四本传、刘爚《西山先生蔡公墓志铭》（《云庄集》卷一一）、杜范《蔡元定传》（《杜清献集》卷一九）。清袁应兆编有《蔡元定年表》。

按：蔡元定因伪学之禁而贬死道州，朱熹《又祭蔡季通文》曰："呜呼季通，而至此耶！精诣之才，不可屈之志，不可穷之辩，不复可得而见矣！"（《晦庵集》卷八七）又在《与刘孟容书》中说："交游四十年，于学无所不讲，所赖以祛蒙蔽者为多。不谓晚年乃以无状之迹，株连及祸，遂至于此。闻之痛悼，不知涕泗之流落也。"（《晦庵集》别集卷一）由此可见朱熹与蔡元定的深厚感情，以及蔡元定在朱子学派中的作用。故全祖望誉他为"领袖朱门"（《宋元学案》卷八一《西山蔡氏学案》）。蔡元定所创立的学派，称西山学派，一传数传子孙及弟子有蔡渊、蔡沆、蔡沈、朱塾、朱垫、杨至、陈光祖、翁泳、熊刚大、叶采、熊庆胄、徐几、熊酉、何云源等。时人唐某评论此派曰："濂溪（周敦颐）、明道（程颢）、伊川（程颐）讲道盛矣，因数明理，复有一邵康节（邵雍）出焉。晦庵（朱熹）、南轩（张栻）、东莱（吕祖谦）讲道盛矣，因数明理，复有一蔡西山出焉。孔孟数人，言理不言数，邵、蔡二子欲发诸子之所未发，而使理与数灿然于天地之间，其功亦不细矣。"（《宋元学案》卷八一《西山蔡氏学案》）蔡元定之子蔡沈在此基础上另创"九峰学派"。

吕祖俭卒，生年不详。祖俭字子约，号大愚，金华人。吕祖谦之弟。继承父、兄之学，讲学明招山。曾官明州、任台州通判，宁宗即位，任大府丞。后因上疏极论不当罢赵汝愚和黜朱熹、彭龟年等，忤韩侂胄，贬韶州安置。与明州学者杨简、袁燮、沈焕共称"明州四先生"。《宋元学案》列其入《东莱学案》。著有《大愚叟集》11卷，今佚。事迹见《宋史》卷四五五本传。

按：全祖望《吕忠公祠堂碑文》曰："忠公以明招山中父兄中原文献之传，左右其间，其功无所见于官守，而见之讲学。"又说："明招学者，自成公下世，忠公继之，由是递传不替。其与岳麓之泽，并称克世。长沙之陷，岳麓诸生荷戈登陴，死者十九，惜乎姓名无考，而明招诸生，历元至明未绝，四百年文献之所寄也。"（《宋元学案》卷七三《丽泽诸儒学案》）吕祖俭讲学明招山之时，杨简"开讲于碧沚"，沈焕"讲于竹洲"，袁燮"讲于城南之精氏精舍"，陆学传衍，盛极一时。只有舒璘宦游于外，甬上学者遂以讲学明招山之吕祖俭代之，合称"四先生"。吕学在浙东之传播，吕祖俭有力焉。

余玠（ —1253）、江万里（ —1275）生。

（边注）意大利瓦卡里乌斯卒（约1115/1120— ）。罗马法和教会法学家，执教于牛津大学，首次将罗马法研究引入英国。著有民法论集《穷人之书》。

西班牙阿威罗伊（伊本·鲁什德）卒（1126— ）。阿拉伯哲学家、医学家，主张"双重真理论"。著有《破坏的破坏》、《论灵魂的幸福》、《论世界的实体》、《矛盾的矛盾》和医著《医学通则》等。

宋庆元五年　金承安四年　夏天庆六年
西辽天禧二十二年　己未　1199年

三月戊申，金尚书省奏减亲军武卫军额及太学女真、汉人生员，罢小学官及外路教授。诏学校仍旧，武卫军额再议，余报可。

五月壬辰朔，宋颁行《统天历》，使用至开禧三年（1207）。

按：先是诏造新历，以冯履参定。御史张岩言冯履倡为陂辞，摇撼国是，遂罢去，诏诸道有通晓天文、历算者，所在具其名来上。至是历成，赐名《统天》。议者谓自渡江以来，历法屡改，《统天》尤为疏谬。

戊戌，赐礼部进士曾从龙、许奕、魏了翁以下411人及第、出身。考官为礼部尚书黄由、吏部侍郎胡纮、侍御史刘三杰。

壬子，命诸州学置武士斋舍，选州郡武官教养本地学武之人。

八月戊子，宋立沿边诸州武举取士法。

十二月辛酉，金右补阙杨廷秀请类集太祖、太宗、世宗三朝圣训，以时观览，从之。

庚午，京镗、何澹等令言者上疏：向来伪学之人，其大者已屏斥禁锢，用惩首恶；次者亦投闲散置，使省愆咎。盖为天下后世计，使已往者得以悔过，方来者可以远罪，今此类苟有洗濯自新者，亦应稍给祠禄，使知小惩大戒之福，以为皇极至正之归。韩侂胄亦用此言，于是学禁渐弛。

癸未，金主谓宰臣曰："科举一场而分二榜，非也。自今廷试，令词赋、经义通试时务策，止选一人为首。"有司言："自宋王安石为相，作新经，始以经义取人。且词赋、经义，人所素习之本业，策论则兼习者也。今舍本业，取兼习，恐不副陛下公选之意。"遂定御试同日各试本业，词赋居首，经义次之（《续资治通鉴》卷一五五）。

朱熹作书给辛弃疾，以"克己复礼"相勉。

按：此书《晦庵集》中失收。袁桷《清容居士集》卷四六《跋朱文公与辛稼轩手书》有"晦翁尝以'卓荦奇才股肱王室'期辛公，此帖复以'克己复礼'相勉，朋友琢磨之道备矣"云云。

朱熹著《跋东坡贴》、《跋张以道家藏东坡枯木怪石》，对苏轼有所赞扬。

朱熹校《史记·屈原贾生列传》所载《怀沙赋》误字、重文。又以吕颐浩奏议印本、写本相参，校其脱漏、删改。又以柳宗元说，校正《山海经》卷十六《大荒西经》的误字。又辨黄庭坚文集缺佚。又以闽刻本《陈与义诗集》为底本，参校各本，细加雠正。

王岘编辑《晦庵先生文集》，刊刻于广南，朱熹致书王岘止之。

德意志诸侯通过《施佩耶尔宣言》，确定选举国王的权利。初（1197年），亨利六世卒后，其弟士瓦本公爵腓利被推选为德王，而其子腓特烈二世于1198年继任西西里国王。

英王狮心理查一世卒，弟无地王约翰继立，兼领诺曼第公爵。

印度伊斯兰教建筑库特布尖塔（在今新德里之南）始建。

伊斯兰教约于此时传至东非索法拉（今莫桑比克境内）和马达加斯加岛沿岸。

按：朱熹《答刘季章书》曰："王晋辅来，求其尊人铭文。久已龃舌，何敢为此，以其再来，不免题其行状之后，少答其意。又虑其便欲刊刻流布，则大不便，已作书力戒之矣。渠又说欲得鄙文，编次锓木。此虽未必果然，亦不可有此声。……不知此是大祸之机，或致脱疏，书中又不敢深说，恐欲盖而愈章。敢烦为痛说此利害。……只如今所题跋，亦切不可便将出与人看，又刻石镂板二事，并望痛为止之。"（《晦庵集》卷五三）

张釜时任谏议大夫，二月乙酉劾主管玉虚观刘光祖佐逆不臣、蓄愤、怀奸、欺世、慢上五罪，刘光祖被落职，房州居住。

按：去年刘光祖曾撰《涪州学记》，谓："学者明圣人之道以修其身，而世方以道为伪，而以学为弃物。好恶出于一时，是非定于万世。学者盍谨其所先入以待豪杰之兴！"语闻于朝，张釜因劾之。

刘光祖谪房州，朱熹有书致问，并将新著《周易参同契考异》送之。

朱熹是年谓弟子郭友仁曰："某要见复中原。今老矣，不及见矣。"（《朱子语类》卷一三三）

吕焕、吕焘曾来考亭见朱熹。

杨楫来考亭访朱熹。

黄榦是年底至朱熹处，次年春离开。

陈淳与其岳父李唐咨同抵建阳考亭，向朱熹问学，次年正月初五日拜别而归。

按：全祖望曰："沧州诸子，以北溪陈文安公为晚出，其卫师门甚力，多所发明。然亦有操异同之见而失之过者。"（《宋元学案》卷六八《北溪学案》）

袁枢与杨万里、朱熹论《易》。

按：袁枢晚而好《易》，闲居所著有《学易索隐》1卷、《易传解》、《周易辩异》、《易童子问》等书。常以所著诸书示杨万里、朱熹等，邮书往还，颇有论辩，而朱熹《答机仲论易》之书，多至11封。杨万里也有《答袁机仲寄示易解书》。

杨万里三月特授通议大夫、宝文阁待制致仕。

蔡珪正月追告赵汝愚定策时有异谋，事牵叶适、项安世等。

彭龟年正月因蔡珪弹劾，被捕入狱。

姜夔上书乞正太常雅乐。诏免解，与试礼部，不第。

陆游五月初七日以中大夫致仕，支半俸。

敖陶孙、真德秀、魏了翁中进士。真德秀为南剑州判官，魏了翁授签书剑南西川节度判官。

黄汝嘉教授豫章，校刊江西诗社宗派诗，刊吕本中《外集》、黄庭坚《别集》。

高似孙除秘书省校书郎。上韩侂胄生日诗9首，皆暗用"锡"字，寓九锡之意，为清议不齿。

许奕举进士第一，授签书剑南东川节度判官。未期年，召为秘书省正字，迁校书郎兼吴兴郡王府教授。

赵善湘知余姚县。

刘德修二月罢官，房州居住。

陈亮门人喻侃登进士第,授宣城尉。

  按：喻侃初名宏,字伯经,号芦隐,婺州义乌人。受经于陈亮。历迁隆兴观察推官、签书镇南节度判官,请祠归。著有《随见类录》200卷、《芦隐类稿》50卷。《宋元学案》列其入《龙川学案》。事迹见《金华先民传》卷六。

高颐、卢祖皋、陈孔夙举进士。

  按：高颐字符龄,号拙斋,福建宁德人。其学以《大学》、《中庸》为宗,从学者众。著有《诗集传》30卷、《诗集解》30卷、《鸡窗丛览》150卷,皆佚。

方实孙举进士。

  按：方实孙字端卿,一字端仲,号淙山,兴化军莆田人。曾以所著《易说》上于朝,以布衣入史局。著有《淙山读周易记》21卷、《读诗》、《经说》、《太极说》、《西铭说》等。

张方举进士,官简州教授,为诸生痛陈佛老之妄。

日本僧侣不可弃法师俊芿入宋,先后至天台山、明州、杭州、秀州等地求法,兼学天台宗、禅宗、律宗。

  按：嘉定四年(1211)回国,从宋朝带回律宗大小部文317卷、天台教观文字716卷、华严章疏175卷、儒学典籍256卷、杂书463卷、法帖等76卷。回国后创建涌泉寺。

朱熹从曾极处得一《周易参同契》旧本,乃使蔡渊加以点校,附刻于所著《周易参同契考异》之后,是朱熹生前的最后定本。

朱熹著《阴符经考异》1卷成。

朱熹著《楚辞集注》8卷、《楚辞辨证》2卷、《楚辞后语》6卷。

  按：《四库全书总目提要》曰："《楚辞集注》八卷、《辨证》二卷、《后语》六卷,宋朱子撰。以后汉王逸《章句》及洪兴祖《补注》二书详于训诂,未得意旨,乃隐括旧编,定为此本。以屈原所著二十五篇为《离骚》,宋玉以下十六篇为《续离骚》,随文诠释,每章各系以兴、比、赋字,如《毛诗》传例。其订正旧注之谬误者,别为《辨证》二卷附焉,自为之序。又刊定晁补之《续楚辞》、《变离骚》二书,录荀卿至吕大临凡五十二篇为《楚辞后语》,亦自为之序。《楚辞》旧本有东方朔《七谏》、王褒《九怀》、刘向《九叹》、王逸《九思》。晁本删《九思》一篇,是编并削《七谏》、《九怀》、《九叹》三篇,益以贾谊二赋。陈振孙《书录解题》谓以《七谏》以下,词意平缓,意不深切,如无病而呻吟者也。晁氏《续离骚》凡二十卷,《变楚辞》亦二十卷,《后语》删为六卷,去取特严,而扬雄《反骚》为旧录所不取者,乃反收入。《自序》谓欲因《反骚》而著苏氏、洪氏之贬词,有明天下之大戒也。周密《齐东野语》记绍熙内禅事曰:'赵汝愚永州安置,至衡州而卒,朱熹为之注《离骚》以寄意焉。'然则是书大旨在以灵均放逐寓宗臣之贬,以宋玉《招魂》抒故旧之悲耳,固不必于笺释音叶之间,规规争其得失矣。"

朱熹是年开始编撰《楚辞音考》。

  按：朱熹曾有信给巩丰(字仲至)曰："《楚辞》板既漫灭,虽修得亦不济事。然欲重刊,又不可整理。使其可以就加雠校,若修得了,可就彼中先校一番,却以一净本见示。当为参订、改定、商量。若别刊得一本,亦佳事也。近得古田一士人所著《补音》一卷,亦甚有功,异时当并以奉寄也。"(《晦庵集》卷六四)

朱熹著《韩文考异》成书,撰写期间曾校《新唐书·韩愈传》所载韩愈表奏文字异同。

哈特曼·冯·奥埃约于是年前后著史诗《伊文》,书中描写有内部分工的手工作坊。

按：朱熹治韩文四十余年，撰写此书长达四年以上，旧说都谓成书于庆元三年，但证据不足，最后完成应在本年(详见莫砺锋《朱熹文学研究》第一章)。这是朱熹校勘学之代表作，萃集了唐本、嘉祐杭本、嘉祐小杭本、嘉蜀本、潮本、古潮本、泉州本、秘阁本、国子监本、崇文院馆本、范仲淹写本，以及欧阳修、王安石、吕大防、张耒、晁说之、赵令畤、沈晦、洪兴祖、方崧卿、李邴、樊汝霖、谢克家、曾氏某等13家本共24种版本，参考了宋庠、宋祁、欧阳修、苏颂、沈括、程颐、苏轼、张耒、洪炎、洪兴祖、赵明诚、姚宽、陈长方、程迥、方崧卿、朱翌、樊汝霖、马永卿、李涪、葛胜仲、汪逵、汪藻、刘烨、吕夏卿、吴源明等28家说和97种图书文献。不仅在校勘体例和方法上都可称典型，而且表现了朱熹的校勘学思想。韩愈《昌黎先生集》刊行后，为其作校勘或补注的很多。仅宋代就有洪兴祖的《韩文辨证》、樊汝霖的《谱注韩文》、方崧卿的《韩集举正》、祝充的《韩文音义》、韩醇的《韩文全解》、魏怀忠的《韩文音辨》、王伯大的《韩文音释》等，但影响最大的还是朱熹的《韩文考异》。《韩文考异》的版本很多。宋代有宝庆三年(1227)南剑州郡斋刻本、山西祁县图书馆藏绍定二年(1229)池州张洽刻本，元代有至元十八年(1281)刘氏日新堂刻本、建阳麻沙书坊刻本。此外，明代有洪武十五年(1382)余氏勤有堂刻本、万历间徐时泰东雅堂刻本，清代有康熙四十七年(1708)李光地以吕留良家藏的仿宋刻本、乾隆十一年(1746)洞庭山鳌舟园云津堂递修本，民国以后的版本就更多了。

吕昭问、厉居正重修《齐安志》20卷。

戴溪著《清源志》7卷。

袁说友等编《成都文类》50卷成书。

按：宋代编辑文选者甚多，主要有吕祖谦的《古文关键》、楼昉的《崇古文诀》、真德秀的《文章正宗》、谢枋得的《文章轨范》等。《四库全书总目提要》谓《古文关键》曰："取韩愈、柳宗元、欧阳修、曾巩、苏洵、苏轼、张耒之文，凡六十余篇，各标举其命意布局之处，示学者以门径，故谓之'关键'。……叶盛《水东日记》曰：宋儒批选文章，前有吕东莱，次则楼迂斋、周应龙，又其次则谢叠山也。朱子尝以拘于腔子议东莱也。要之，批选议论，不为无益，亦讲学之一端耳云云。然祖谦此书，实为论文而作，不关讲学。盛之所云，乃文章正宗之批，非此书之评也。"

洪迈著《夷坚四甲》、《夷坚四乙》各10卷，《容斋五笔》10卷。

按：洪迈《容斋随笔》至此基本成书，《四库全书总目提要》称其辨证考据，"颇为精确，南宋说部，终当以此为首焉"，而且认为《容斋随笔》在南宋杂考类书籍中具有示范作用，故往往将其与其他笔记著作作比较评论。如评吴曾《能改斋漫录》曰："是书于考证颇详，而当时殊为众论所不满，然曾记诵渊博，故援据极为赅洽，辨析亦多精核，当时虽恶其人，而诸家考证之文则不能不征引其说，几与洪迈《容斋随笔》相埒。"评张淏《云谷杂记》曰："宋人说部著录纷繁，大都搜异矜新，无关典据，惟洪迈《容斋随笔》，辨析名义，极称精核，为稽古者所资。淏此书实踵迈书而作，盖能专为考据之学者。其大旨见于自跋中，故其折衷精审考订详明，于诸名家著述流传皆能析其疑而纠其谬。"评《考古编》曰："典确明晰，非泛为征摭，虽亚于《容斋随笔》，要胜于郑樵辈之横议也。"评《坦斋通编》曰："其书多考证经史，略如程大昌《演繁录》、洪迈《容斋随笔》之体。"评《颍川小语》曰："其考究典籍异同朝廷掌故酷似洪迈《容斋随笔》。"评赵与旹《宾退录》曰："考证经史，辨析典故，则精核者十之六七，可为《梦溪笔谈》、《容斋随笔》之续。"

陈淳著启蒙读物《启蒙初诵》和《训蒙雅言》成。

陈旸所著《乐书》200卷首次刊刻。
钱讽著《回溪史韵》23卷。

郑兴裔卒（1126— ）。兴裔字光锡，初名兴宗，开封人。曾任镇江府提辖，秀州、宣州、平江等地兵马钤辖，福建路提刑司使、江州观察使、枢密院副都承旨等。卒谥忠肃。著有《退庵集》30卷、《四朝奏议》30卷，不传。后人辑其文为《郑忠肃公奏议遗集》。事迹见《宋史》卷四六五本传、周必大《武泰军节度使赠太尉郑公兴裔神道碑》（《文忠集》卷七〇）。其孙郑竦编有《郑忠肃公年谱》。

黄铢卒（1131— ）。铢字子厚，号谷城，瓯宁人，徙居崇安。少与朱熹同师刘子翚。以后科举失意，遂杜门读书。著有《谷城翁诗》5卷，刘克庄为刻于建阳县斋，今佚。《宋元学案》列其入《刘胡诸儒学案》。事迹见朱熹《黄子厚诗序》（《晦庵集》卷七六）、《祭黄子厚文》（《晦庵集》卷八七）、《闽中理学渊源考》卷六。

按：《宋元学案》卷四三《刘胡诸儒学案》曰："黄铢，字子厚，建安人也。隐居不仕，从刘屏山游。屏山门下，朱子最为大儒，而先生亦其眉目也。屏山殁，遗文散落，晦翁与先生雠校以传。固穷而卒，所著有《谷城集》五卷，朱子序之，谓其文学太史公，诗学屈、宋、曹、刘、隶、古皆得魏晋以前笔意。而西山《后序》述其诗曰：'先生有遗训，忧道不忧贫。'又曰：'私意苟未克，放心何由驯！'此不愧为屏山之徒矣。有高弟曰陈以庄，字敬叟，其甥也，亦工诗。"

孙逢吉卒（1135— ）。逢吉字从之，龙泉人。隆兴元年进士，调郴州司户参军。历常德府教授、国子博士、秘书郎、国子司业、权尚书吏部侍郎。庆元元年，忤韩侂胄，出知太平州。谥献简。著有文集70卷、外集30卷，今佚。《宋元学案》列其入《庆元党案》。事迹见《宋史》卷四〇四本传、楼钥《宝谟阁待制献简孙公神道碑》（《攻媿集》卷九六）。

按：《宋史》本传曰："朱熹在经筵持论切直，小人共不便，潜激上怒，中批与祠。刘光祖与逢吉同在讲筵，吏请曰：'今日某侍郎轮讲，以疾告，孙侍郎居次，请代之。'逢吉曰：'常所讲《论语》，今安得即有讲义？'已而问某侍郎讲义安在，取观之，则讲《诗权舆篇》刺康公与贤者有始而无终，与逐朱熹事相类，逢吉欣然代之讲。因于上前争论甚苦。上曰：'朱熹言多不可用。'逢吉曰：'熹议祧庙与臣不合，他所言皆正，未见其不可用。'浸失上意。会彭龟年论韩侂胄专僭，出补郡。逢吉入疏曰：'道德崇重，陛下所敬礼者无若朱熹，志节端亮，陛下所委信者无若彭龟年。熹既以论侂胄去，龟年复以论侂胄绌，臣恐贤者皆无固志。陛下所用皆庸鄙恔薄之徒，何以立国？'侂胄见而恶之。"

舒璘卒（1136— ）。璘字符质，一字符宾，号广平，奉化人。学者称广平先生。与杨简、沈焕、袁燮合称"甬上四先生"，均为陆九龄、陆九渊的弟子。乾道八年进士。官至宜州通判。谥文靖。《宋元学案》列其入《广平定川学案》。著有《广平类稿》（又名《舒文靖类稿》）、《诗学发微》、《诗礼讲解》，后两种已佚。《宋元学案》为列《广平定川学案》。事迹见《宋史》卷四一〇本传、杨简《舒元质墓志铭》（《慈湖遗书补编》）。

按：袁燮《舒元质祠堂记》曰：舒璘"游太学，结交皆良友，时张宣公（即张栻）官

印度教哲学家摩陀伐（ —约1278）约于是年生。

中都,元质请益焉,有所开警。又与其兄西美(舒琥)、弟元英(舒琪),同亲炙象山先生(即陆九渊),西美、元英皆顿有省悟"(《挈斋集》卷九)。朱熹与吕祖谦在婺源讲学,舒璘亦曾徒步往从之。故全祖望《广平先生类稿序》曰:"四先生之中,莫若文靖之渊源为最博,其行亦最尊。其生平所著《诗说》、《礼说》,皆为经学之种。"(《宋元学案》卷七六《广平定川学案》)《宋史》本传曰:"璘乐于教人,尝曰:'师道尊严,璘不如叔晦,若启迪后进,则璘不敢多逊。'袁燮谓璘笃实不欺,无豪发矫伪。杨简谓璘孝友忠实,道心融明。楼钥谓璘之于人,如熙然之阳春。"

王自中卒(1140—　)。自中字道甫,又作道夫,自号厚轩居士,温州平阳人。乾道三年,朝廷议遣归正人,他连上三书表示反对,被斥之徽州。淳熙五年进士。历任郢州通判、知兴化军、知信州等职。著有《孙子注》、《历代年纪》12卷、《王政纪原》3卷、《厚轩集》5卷等。《宋元学案》列其入《龙川学案》。事迹见《宋史》卷三九〇本传、魏了翁《宋故籍田令知信州王公墓志铭》(《鹤山集》卷七六)。

按:叶适《陈同甫、王道甫墓志铭》称赞王自中与陈亮"志复君之仇,大义也;欲挈诸夏合南北,大虑也;必行其所知,不以得丧壮老二其守,大节也。春秋战国之材无是也"。又曰:"道甫晚年,抑才为学,去智为恬,假之以年,何造不深。""吾得二人焉:永康陈亮、平阳王自中。"(《水心集》卷二四)

方士繇卒(1148—　)。士繇一名伯休,字伯谟,号远庵,兴化军莆田人。从学于朱熹,称高弟。六经皆通,尤长于《易》。著有《远庵类稿》,今佚。《宋元学案》列其入《沧州诸儒学案》。事迹见陆游《方伯谟墓志铭》(《渭南文集》卷三六)。

吴仁杰约本年前后在世。仁杰字斗南,一字南英,号蠹隐,又号蠹豪,祖籍河南洛阳,流寓昆山。淳熙间举进士,曾任罗田县令,迁国子学录。博学洽闻,精于汉史,讲学于朱熹之门。以《三刘汉书标注》未臻尽善,博考订正成《两汉刊误补遗》10卷,号称精确。又集编年、纪传之长而去其短,撰《汉通鉴》,与《补遗》相表里。另著《易图说》3卷、《离骚草木疏》4卷、《乐舞新书》2卷、《陶靖节先生年谱》等。事迹见《吴中人物志》卷六、《宋史翼》卷二九。

方岳(　—1262)、孙锐(　—1277)、段成己(　—1279)、赵孟坚(　—1295)生。

宋庆元六年　金承安五年　夏天庆七年
西辽天禧二十三年　庚申　1200年

印度巴特那的那烂陀佛寺约于此前后毁于兵燹。

正月乙未,金限进士名额为600人,若合格者不及其数则缺之。

按:凡会试之数,大定二十五年,词赋进士不得过500人。二十八年,以不限人数,遂至586人。章宗令合格则取,故承安二年至925人。时以复加四举终场者,数

宋庆元六年　金承安五年　夏天庆七年　西辽天禧二十三年　庚申　1200年

太滥,遂命取不得过600人。泰和二年,上命定会试诸科取人之数,司空襄言:"试词赋、经义者多,可五取一。策论绝少,可四取一。恩榜本以优老于场屋者。四举受恩则太优,限以年则碍异材。可五举则授恩。"平章徒单镒等言:"大定二十五年至明昌初,率三四人取一。"平章张汝霖亦言:"五人取一,府试百人中才得五耳。"遂定制,策论三人取一,词赋、经义五人取一,五举终场年四十五以上、四举终场年五十以上者受恩(《金史·选举志一》)。

二月戊寅,上《太上皇玉牒》、《圣政》、《日历》、《会要》于寿康宫。

丁未,金右补阙杨廷秀言:"请令尚书省及左右官一人,应入史事编次日历,或一月或一季封送史院。"金主是其言,仍令送著作局润色付之(《续资治通鉴》卷一五五)。

三月庚申,金大睦亲府进《重修玉牒》。

戊辰,金定妻亡服内婚娶听离制。

四月,金尚书省进《律义》。

辛亥,监都进奏院邓友龙请明诏大臣,用舍从违,谨所决择,无用伪党。邓友龙擢监察御史。

七月癸亥,金定居祖父母丧婚娶听离法。

八月辛卯,宋太上皇光宗卒。

十二月癸未朔,金诏改明年为泰和元年。

癸卯,诏改明年为嘉泰元年。

德意志人远征波罗的海东岸。

法王腓力二世正式承认巴黎大学有不受宗教法庭干预之特权。

英国林肯大教堂约于此时建成。

完全靠帆推动的船(此前大多数船是帆桨并用)开始出现。

朱熹闰二月致书胡泳、黄灏、巩丰、王介,邀胡泳来参订《丧礼》,加紧整顿《礼书》;三月辛酉修改《大学·诚意章》。

按:《宋史·黄灏传》曰:"灏性行端饬,以孝友称。朱熹守南康,灏执弟子礼,质疑问难。熹之没,党禁方厉,灏单车往赴,徘徊不忍去者久之。"

包扬正月携子包恢及生徒来考亭向朱熹问学。

吴伸、吴伦兄弟二月初八日建社仓书楼,为朱熹作画像;朱熹有诗题咏。

黄榦二月十二日自考亭归,朱熹命其编西山蔡元定《家书》。

胡安之二月二十五日向朱熹问学,朱熹为钟咏《袁州萍乡县社仓记》作跋。

朱熹临终前作三书,一命其子朱在收拾遗文;一命黄榦了断《礼书》,有"吾道之托在此者,吾无憾矣"之句,并嘱咐黄榦"参考条例",以次修成《礼书》;三托范念德写《礼书》。

按:全祖望曰:"嘉定而后,足以光其师傅,为有体有用之儒者,勉斋黄文肃公其人,与玉峰(车若水)、东发(黄震)论道统,三先生之后,勉斋一人而已。"(《宋元学案》卷六三《勉斋学案》)

朱熹三月甲子卒,将葬,右正言施康年上言:"四方伪徒聚于信州,欲为伪师朱熹送葬,会聚之间,非妄谈世人之短长,则谬议时政之得失,望令守臣约束。"宋廷从其议,于是门生故旧不敢送葬,惟李燔等数人前往送葬。

法国奥恩库尔首先提出永动机设计方案。

按：《宋史·李燔传》曰："改襄阳府教授。复往见熹，熹嘉之，凡诸生未达者先令访燔，俟有所发，乃从熹折衷，诸生畏服。熹谓人曰：'燔交友有益，而进学可畏，且直谅朴实，处事不苟，它日任斯道者必燔也。'熹没，学禁严，燔率同门往会葬，视封窆，不少悚。"

辛弃疾为文往哭朱熹，曰："所不朽者，垂万世名；孰谓公死？憼憼犹生！"（《宋史·辛弃疾传》）

按：《宋史·朱熹传》曰："熹既没，将葬，言者谓：四方伪徒期会，送伪师之葬，会聚之间，非妄谈时人短长，则缪议时政得失，望令守臣约束。从之。"钱穆《朱子学提纲》说："在中国历史上，前古有孔子，近古有朱子，此两人，皆在中国学术思想史及中国文化史上发出莫大声光，留下莫大影响。旷观全史，想无第三人堪与伦比。孔子集前古学术思想之大成，开创儒学，成为中国和传统中的主要骨干。北宋理学兴起，乃儒学之重光。朱子崛起南宋，不仅能集北宋以来理学之大成，并亦可谓其乃集孔子以下学术思想之大成。此两人，先后矗立，皆能汇纳群流，归之一趋。自有朱子，而后孔子以下之儒学，乃重获生机，发挥新精神，直迄于今。……孔子、朱子矗立中道，乃成为其它百家众流共同批评之对象与共同抨击之目标。故此两人，实不仅为儒学传统之中心，乃亦为中国学术思想史上正反两面所共同集向之中心。"

朱熹卒时，弟子蔡沈、林夔孙、陈埴、叶味道、徐寓、方伯起、刘择之、赵唯夫、范益之等陪伴在旁。

按：陈埴字器之，永嘉人，学者称潜室先生。初师叶适，后拜朱熹为师。他与叶味道皆授徒讲学，形成"木钟学派"，其一传数传弟子有翁敏之、翁岩寿、车安行、董楷、徐霆、赵复斋、缪主一、王梦松、赵景纬、王柏、胡一桂、车若水、余学古、胡长孺、陈刚、谢晖、章仕尧、徐兴祖、黄淮等。此派代表著作有陈埴的《木钟集》《禹贡辩》《洪范解》，叶味道的《四书说》《大学讲义》《祭法宗庙庙享郊社外传》，车安行的《镂冰集》，董楷的《克斋集》，缪主一的《无隐集》，胡一桂的《古周礼补正》，胡长孺的《石塘文集》等。其弟子王柏等另创"北山四先生学派"。

又按：有关陈埴的事迹，《宋元学案》卷六五《木钟学案》曰："其言'善问者如攻坚木，善待问者如撞钟。朋友讲习，不可以无问也，问则不可以无复。今之不善问者，徒先其所难，后其所易，取其节目之坚，乃欲一斧而薪之；不少徐徐以待其自解，则匠石从旁而窃笑之矣。至其待人之问者，或小叩之而大鸣，或大叩之而小鸣，不待其再至而亟尽其余声，或余之未尽而恣其人之更端焉。然则是钟也，其必州鸠氏之所弃者乎？'故集其答门弟子之问者，名之曰《木钟集》。其四端说，即文公之答其所问者，而转以之答其弟子之问，盖能墨守师说者也。江、淮制使赵善湘建明道书院，辟先生为干官兼山长，从游者甚盛。后以通直郎致仕。所著有《禹贡辩》《洪范解》《王制章句》。学者称为潜室先生。"

陆游致仕居家，是年进职直华文阁。著祭朱熹文。

袁枢有《易赞》寄杨万里，杨万里有《答袁机仲侍郎书》。

赵秉文转北京转运司度支判官。

韩侂胄加太傅。

吕祖泰九月甲子上书请诛韩侂胄、苏师旦、周筠，逐陈自强等；书下三省，朝论杂起。御史施康年以为是周必大指使，遂露章奏劾周必大；林采亦谓："伪学之成，造端自周必大。宜加贬削。"（《续资治通鉴》卷一五五）诏杖吕祖泰一百，发配钦州牢城。

京镗闰二月任左相。

章良能为枢密院编修官，兼实录院检讨官，除著作佐郎。

王良臣、刘祖谦、刘铎举进士。

易祓八月除著作郎，九月知江州。

按：易祓字彦章，潭州宁乡人。谄苏师旦，师旦败后，被贬死。著有《周易总义》20卷。《四库全书总目提要》曰："祓人不足重，其书世亦不甚传。故朱彝尊《经义考》注曰'未见'。然其说《易》，兼通理数，折衷众论。每卦先括为《总论》，复于六爻之下各为诠解，于经义实多所发明。与耿南仲之《新讲义》，均未可以人废言也。"

京镗等上《役法撮要》189卷、《太上会要》100卷。

吴琚以朱舜庸所编诠次《续建康志》10卷。

浔阳郡斋刻印晋郭璞《輶轩使者绝代语释别国方言解》13卷。

朱熹著《楚辞音考》成书，刊刻于古田。

魏仲举刊《新刊五百家注音辨昌黎先生文集》40卷、《唐柳先生文集》。

按：《四库全书总目提要》曰：是书只三百六十八家，不足五百之数，"然其间如洪兴祖、朱子、程敦厚、朱廷玉、樊汝霖、蒋璨、任渊、孙汝听、韩醇、刘崧、祝充、张敦颐、严有翼、方崧卿、李樗、郑耕老、陈汝义、刘安世、谢无逸、李朴、周行己、蔡梦弼、高元之、陆九渊、陆九龄、郭忠孝、郭雍、程至道、许开、周必大、史深大等有考证音训者，凡数十家，原书世多失传，犹赖此书以获见一二，亦不可谓非仲举之功也。"

僧宗晓编《乐邦文类》5卷成书。

按：本书是佛教净土类文献的总集，为研究自东晋至宋代净土宗的历史、人物、述作、教说、仪式、文学、艺术等，提供了极为丰富的资料。

俞成著《萤雪丛说》2卷。

刘完素卒（1110—　）。完素字守真，号玄通处士、宗真子、河间处士、锦溪野老，河间人，世称刘河间。嗜医好学，经三十余年理论研究与临床实践，终成一家之说，开创寒凉学派，又称河间学派。为金元四大医家之一。所著尚有《素问病机气宜保命集》、《伤寒直格》等十余种医书。事迹见《金史》卷一三一本传。

按：明初宋濂在为朱震亨《格致余论》题辞时说："金以善医名凡三家，曰刘宋真（刘完素）、曰张子和（张从正）、李明之（李杲），虽其人年之有先后，术之有救补，至于推阴阳五行升降生成之理，皆以《黄帝内经》为宗，而莫之异也。"又说：元朱震亨《格致余论》"有功于生民者甚大，宜与三家所著并传于世"。自此而后，"金元四大家"之称，则流行于世。

汪大猷卒（1120—　）。大猷字仲嘉，鄞县人。绍兴十五年进士。乾道二年，迁秘书少监，续编《国朝会要》、《高宗圣政》诸书。官终敷文阁学士。著有《适斋存稿》20卷、《备忘》17篇、《唐宋名公诗韵》40编、《训鉴》等，今佚。《宋元学案》列其入《龟山学案》。事迹见《宋史》卷四〇〇本传、周必大《汪大猷神道碑》（《平园续稿》卷二七）。

朱熹卒（1130—　）。熹字元晦，一字仲晦，号晦庵，别称紫阳，徽州婺源人，侨寓建阳。一生从政时间仅十余年，曾任秘阁修撰等职。主张抗

英国作家奥姆约于此时创作中古早期英语韵文说教文集《奥姆卢姆》，形成正字法体系。

法国行吟诗人、剧作家让·博德尔约于此时著法国第一部话剧体裁的圣徒传记《圣尼古拉之戏》。

罗贝尔·德博龙约于此时著关于盎格鲁诺曼—法兰西的亚瑟王圆桌武士团的魔术师和预言家麦林的传奇长诗《麦林传奇》。不久被改写成散文，成为中世纪德语大量的改写作品的范本。

法国最早用法语写成的无拉丁文台词的宗教剧本《亚当》约于是年问世。

丹麦萨克索于此前后用拉丁文撰成丹麦史《丹麦人的业绩》。

金,并强调准备。被韩侂胄派目为"伪学"。在哲学上发展程颢、程颐关于理气关系的学说,集理学之大成,世称程朱学派。弟子甚多,其《文集》中与朱熹有书信往还的门人有200多人,称其学为闽学。卒赠太师,追封信国公,改徽国公。身后被学者称为"夫子",尊为"万世宗师",仅次于孔子。其影响还及于海外,如日本、朝鲜等国都曾流行"朱子学"。后人编纂有《朱子语类大全》140卷、《朱文公文集》100卷、《朱文公续集》11卷、《朱文公别集》10卷。《宋元学案》为列《晦翁学案》。事迹见《宋史》卷四二九本传、黄榦《朝奉大夫华文阁待制赠宝谟阁直学士通议大夫谥文朱先生行状》(《勉斋集》卷三六)。自宋至今,其年谱有近六十种,今人束景南的《朱熹年谱长编》最为详备。

按:宋明理学对后代的影响,主要是朱熹理学思想的影响。朱熹的门人主要有:黄榦、李燔、李方、陈淳、刘爚、蔡元定、蔡沈、吴必大、廖德明、余大雅、陈文蔚、李闳、叶贺孙、潘时举、窦从周、万人杰、杨道夫、徐寓、石洪庆、甘节、黄义刚、龚盖卿、汤泳、曾祖道、程端蒙、周谟、魏椿、章伯雨、郑可学、王力行、滕璘、周明作、杨与立、郑南、杨至、胡泳、吴寿昌、杨方、包扬、刘砥、刘砺、李辉、陈芝、黄灏、张洽、林用中、辅广、叶味道、李方子、陈埴、李季札、陈宓、彭龟年、冯椅、潘柄、赵师渊、杨复、陈可学、童伯羽、徐侨、郑彤制、王遇、郑文遹、程先、何镐、江默、陈孔硕、傅伯成、黄士毅、陈骏、林夔孙、陈易、程洵、程楫、度正、周端朝、吴昶、郑昭先、程永奇、潘友恭、林允中、高禾、方士繇、曾兴宗、黄义勇、郑师孟、余隅、林学蒙、汪莘、龚郯、林浞、赵咏道、李闳祖、李相祖、杨骧、潘植、袁盖卿、潘子善、林学履、万正淳、徐容、林恪、李儒用、廖谦、孙自修、王过等。陈荣捷先生的《朱子门人》一书,列有朱子门人629人。皮锡瑞曰:"汉学至郑君而集大成,于是郑学行数百年;宋学至朱子而集大成,于是朱学行数百年。懿彼两贤,师法百祀。其巍然为一代大宗者,非特以学术之阃通,实由制行之高卓也。以经学论,郑学、朱学皆可谓小统一时代。郑学统一,惟北学为然;所谓宁道孔、孟误,讳言郑、服非;若南学,则兼用伪孔、王、杜,而不尽宗郑、服;是犹未得为统一也。朱学统一,惟南方最早。金、元时,程学盛于南,苏学盛于北。北人虽知有朱夫子,未能尽见其书。元兵下江、汉,得赵复,朱子之书始传于北。姚枢、许衡、窦默、刘因辈翕然从之。于是元仁宗延祐,定科举法,《易》用朱子《本义》,《书》用蔡沈《集传》,《诗》用朱子《集传》,《春秋》用胡安国《传》,惟《礼记》犹用郑《注》,是则可谓小统一矣。尤可异者,隋平陈而南并于北,经学乃北反并于南;元平宋而南并于北,经学亦北反并于南。论兵力之强,北常胜南;论学力之盛,南乃胜北。"(《经学历史·经学积衰时代》)

京镗卒(1138—)。镗字仲远,号松坡居士,豫章人。绍兴二十七年进士。官至左丞相,追随韩侂胄,开伪学之禁。后以年老免相。谥文忠。著有《经学讲义》5卷、《松坡集》7卷,今佚。《宋元学案》列其入《庆元党案》。事迹见《宋史》卷三九四本传。

按:《宋史》本传曰:"宁宗即位,甚见尊礼,由政府累迁为左丞相。当是时,韩侂胄权势震天下,其亲幸者由禁从不一二岁至宰辅;而不附侂胄者,往往沉滞不偶。镗既得位,一变其素守,于国事谩无所可否,但奉行侂胄风旨而已。又荐引刘德秀排击善类,于是有伪学之禁。"

王好古(—约1264)、程元凤(—1269)生。

宋宁宗嘉泰元年　金章宗泰和元年　夏天庆八年 西辽天禧二十四年　辛酉　1201年

二月戊子，诏诸州访求明晓天文历法之士。

癸巳，修《光宗实录》。

言者称："四川制置司遇类省试年分，仿礼部附试学官，许有出身人具所业赴制置司陈乞，委有出身通判或教授看详。"(《续资治通鉴》卷一五六)

按：蜀人试教官自此始。

三月戊辰，颁行《庆元宽恤诏令》、《役法撮要》。

六月己亥，金敕尚书省举行奢僭之禁。

七月，金禁庙讳同音字。

按：金主尝问孙即康曰："太宗庙讳同音字有读作'成'字者，既非同音，便不当阙点画。睿宗庙讳改作'崈'字，其下却有本字全体，若将'示'字依《兰亭帖》写作'未'字。'允'字合阙点画，如'统'傍之'允'，似不合缺。"自此不胜曲避矣(《金史·孙即康传》)。

九月戊申朔，金改定赡学养士法，生员每人给民佃官田六十亩，每年支粟三十石；国子监生每人百八亩，岁给以所入，官为掌管其数。

甲戌，令礼部集孝宗朝典礼。

十月丙戌，起居郎王容请以韩侂胄定策事迹付史馆，从之。

壬寅，金命高价收购遗书。凡藏书家，有珍本，官可借来，誊写毕，仍复还原书，且量给其值半价。

甲申，编《光宗御集》。

叶适起为湖南转运判官，迁知泉州，召入对。

周必大二月因监察御史施康年弹劾"首唱伪徒，私植党羽"，降为少保。

按：《宋史·周必大传》曰："自庆元以后，(韩)侂胄之党立伪学之名，以禁锢君子，而必大与赵汝愚、留正实指为罪首。"

娄机二月以秘书郎兼小学教授。

张镃五月为史达祖《梅溪词》作序。

按：史达祖字邦卿，号梅溪，河南开封人。以词著称，尤长于咏物，其生平事迹记载很少，此序是了解其生平及词作的重要资料。

杨万里二月得虞公亮兄弟请撰虞允文墓铭书，十月作虞允文《神道碑》文成，又作京镗《墓志铭》，且以文祭之。

龚颐正以学问该博，赐进士出身，兼实录院检讨官，预修孝宗、光宗实录。

日本后鸟羽设和歌所。

真腊吴哥窟约于此间建成。

教皇英诺森第三号召再组十字军，欧洲王公遂召开阿格诺会议。

按：龚颐正字养正，号芥隐，初名敦颐，光宗受禅，改今名。祖籍历阳，徙居吴中。曾为洪适门客。著有《符祐本末》30卷、《元祐党籍三百九人列传》、《续稽古录》、《中兴忠义录》3卷等，今存《续释常谈》3卷、《芥隐笔记》1卷。

留正封为魏国公，进少师，观文殿学士。

蔡戡知静江府，期间著有《静江府图志》10卷，今佚。

章良能为起居舍人。出为江南西路转运判官。

按：《宋史·选举志二》曰："嘉泰元年，起居舍人章良能陈主司三弊：一曰沮抑词赋太甚，既暗削分数，又多置下陈。二曰假借《春秋》太过，诸处解榜，多寘首选。三曰国史、实录等书禁民私藏，惟公卿子弟因父兄得以窃窥，冒禁传写，而有司乃取本朝故事，藏匿本末，发为策问，寒士无由尽知。命自今诗赋纯正者寘之前例，《春秋》唯卓异者寘高等，余当杂定，策题则必明白指问。"

徒单镒病时文之弊，言："诸生不穷经史，唯事末学，以致志行浮薄。可令进士试策日，自时务策外，更以疑难经旨相参为问，使发圣贤之微旨、古今之事变。"(《金史·选举志一》)

宋修《嘉泰孝宗会要》200卷成书。

唐仲友所著《帝王经世图谱》10卷刊行，周必大作序。

按：唐仲友有关"经制之学"的著作宏富，可惜大都已经失传。今可见者，以此书最为完整，藉此略可窥见唐氏学术之一斑。周必大《序》曰：是书"凡天文、地志、礼乐、刑政、阴阳、度数、兵农、王霸，皆本之经典，兼采传注，类聚群分，旁通午贯，使事时相参，形声相配。或推消长之象，或列休咎之证，而于郊庙学校畿疆井野尤致详焉。各为总说附其后，始终条理如指诸掌"。《四库全书总目提要》曰："是书分类纂言，大要以《周礼》为纲，而诸经史传以类相附。于先圣大经大法，咸纵横贯串，曲畅旁通，故以'帝王经世'为目。其所绘画州居部次，经纬分明，具有条理；其所辨订，不甚主注疏旧说，而引据博赡，亦非杜撰空谈。""盖考证之学，议论易而图谱难；图谱之学，阴阳奇偶推无形之理易，名物制度考有据之典难。仲友此编，可证其学有根底矣。"

张季樗著《濠梁志》3卷。

谈钥著《嘉泰吴兴志》20卷。

沈作宾、施宿等著《嘉泰会稽志》20卷，陆游作序。

按：是书初名《会稽志》。其后25年，又有张淏重修，作成续编。在地方志中有一定影响。

金《泰和律义》12篇，563条修成。

按：是书又名《新定律令敕条格式》，以唐律为基础增删而成，主要内容有：一曰名例，二曰卫禁，三曰职制，四曰户婚，五曰厩库，六曰擅兴，七曰贼盗，八曰斗讼，九曰诈伪，十曰杂律，十一曰捕亡，十二曰断狱，实唐律也。司空襄具以进，诏以明年五月颁行之。

筠阳郡斋刻印宋代米芾《宝晋山林集拾遗》8卷。

张孝祥所著《于湖居士文集》由王大成校辑刊于南昌。

按：《四库全书总目提要》曰："《书录解题》载《于湖集》四十卷，此本卷数相合。前有门人谢尧仁及其弟华文阁直学士孝伯《序》，尧仁《序》称孝祥每作诗文，辄问门人视东坡何如,而尧仁谓其《水东》诗活脱似东坡,然较苏氏《画佛入灭》、《次韵水官韩乾画马》等数篇,尚有一二分劣。又谓'以先生笔势,读书不十年,吞东坡有余矣'。今观集中诸作,大抵规摹苏诗,颇具一体,而根柢稍薄,时露竭蹶之状。尧仁所谓读书不十年者,隐寓微词,实定论也。然其纵横兀傲,亦自不凡,故《桯史》载王阮之语,称其平日气吐虹霓,陈振孙亦称其天才超逸云。"

俞鼎孙、俞经编辑、校刻《儒学警悟》40卷成。

按:是为我国编辑年代最早的综合性丛书。收宋人著作6种,计《石林燕语》10卷、《演繁露》6卷、《懒真子》5卷、《考古编》10卷、《扪虱新话》8卷、《萤雪丛说》1卷。

陈淳著《竹林精舍录后序》。

李昉等所编《文苑英华》开始雕刻。

李祥卒(1128—　)。祥字符德,常州无锡人。隆兴元年进士。为钱塘主簿,历太学博士,累迁国子祭酒。丞相赵汝愚以言去国,祥上疏争之。后以直龙图阁致仕。谥肃简。著有《李祭酒奏议》1卷。《宋元学案》列其入《庆元党案》。事迹见《宋史》卷四〇〇本传。

李昴英(　—1257)生。

宋嘉泰二年　金泰和二年　夏天庆九年　西辽天禧二十五年　壬戌　1202年

正月丁卯,陈自强等上《高宗实录》。

按:《高宗实录》,庆元三年(1197)初进280卷,记事止绍兴十六年(1146);是年又进22卷,记事止绍兴三十二年(1162),合计302卷。

二月甲申,渐弛伪学、伪党之禁。

按:张孝伯知韩侂胄已厌前事,因谓之曰:"不弛党禁,恐后不免报复之祸。"籍田令陈景思系韩侂胄姻戚,亦谓韩侂胄勿为已甚,韩侂胄亦从此议。于是赵汝愚追复资政殿学士。党人尚在者如徐谊、刘光祖、陈傅良、章颖、薛叔似、叶适、曾三聘、项安世、范仲黼、黄颢、詹体仁、游仲鸿等均先后复官自便(《宋史·韩侂胄传》)。

丁亥,修《高宗正史》及《宝训》;戊子,颁行《治县十二事》,以风厉县令。

癸巳,宋以商贾私贩起居郎熊克《中兴小记》及《九朝通略》等史籍入金为借口,禁行私史。

三月,宋恢复太学混补法。

按:先是太学补弟子员,每三岁科举后,差官锁院,凡四方举人皆得就试,取合格者补入之,谓之混补。淳熙后,朝议以就试者多,欲为之限制,乃立待补之法。诸路漕司及州军皆以解试终场人数为准,每百人取六人,许赴补试,率以开院后十日揭榜。然远方士人多不就试,则为它人取其公据代之,冒滥兹甚;庆元中,罢之。至是

第四次十字军东侵始。

复行混补,就试者至三万七千余人,分六场十八日引试(《续资治通鉴》卷一五六)。

五月己巳,赐礼部进士傅行简、乔嘉、谢汲古以下497人及第、出身。考官为礼部侍郎木待问、起居郎王容、右正言施康年。

七月,严令不符合规定的"所有版本,日下并行毁劈,不得稍有隐漏及凭借骚扰",并要追究"不觉察官吏"之责任(《宋会要辑稿·刑法二》)。

八月癸未,建宝谟阁以藏《光宗御集》。

九月甲寅,修《皇帝会要》。

朱熹十月追复焕章阁待制致仕。

赵汝愚二月追复资政殿学士。

陈傅良因伪学之禁稍弛,恢复原官,提举太平兴国宫。

叶适十二月除右文殿修撰,知泉州。

周必大闰十二月恢复少傅、观文殿大学士。

韩侂胄十二月加太师。多擢用主张恢复之士,意在开边。

赵秉文为户部主事,迁翰林院修撰。

陆游六月起为提举祐神观,权同修国史,实录院同修撰,参与修孝宗、光宗两朝实录及三朝国史。十二月除兼秘书监。

按：实录院检讨官龚顾正病逝,史局缺人,朝廷遂召陆游与宝文阁学士傅伯寿同修实录。

陆游正月为施元之所注东坡诗作序；夏作赠曾温伯邢德允诗,述受教于曾幾事。

按：陆游《注东坡诗序》曰:"某顷与范公至能会于蜀,因相与论东坡诗,慨然谓予:'足下当作一书,发明东坡之意,以遗学者。'某谢不能。后二十五六年,某告老居山阴泽中,吴兴施宿武子出其先人司谏公所注数十大编,属某作序。司谏以绝识博学名天下,且功深历年久,又助之以顾君景蕃之该洽,则于东坡之意亦几可以无憾矣。某虽不能如至能所托,而得序斯文,岂非幸哉!"

赵像之卒,杨万里为文以祭,应其子赵公恬之请,作行状。

林采时任侍御史,正月与右正言施康年上疏,谓"苟有人焉,方伪习之炽则从之,及伪习之衰则攻之",故请诏示群臣,"专事忠恪,毋肆欺谩,不惟可以昭圣朝公正之心,抑亦可以杜伪习淆乱之患"(《续资治通鉴》卷一五六)。

按：时禁学之祸,虽本韩侂胄欲去异己以快所私,然实京镗创谋。及京镗卒,韩侂胄亦厌前事之纷纭,欲稍更张以消中外之议,且欲开边,而往时废退之人,又有以复仇之说进者,故言官遂有此疏。

王居安为司农寺丞。

高定子举进士,调郪县主簿。

曹豳登进士第,授安吉教授。

郑清之少受楼钥称赞,是年入太学。

赵汝鐩举进士,授馆职。

按：赵汝鐩字明翁,号野谷,宋太宗八世孙,居袁州。博学工诗,为江湖诗派重

宋嘉泰二年　金泰和二年　夏天庆九年　西辽天禧二十五年　壬戌　1202年

要诗人。著有《野谷集》，刘克庄为序。

阳枋受业于朱熹门人度正。

刘镇举进士。

王遂举进士，调富阳主簿。

项安世著《周易玩辞》16卷成。

按：《四库全书总目提要》曰："《自述》曰：'安世之所学，盖伊川程子之书也。今以其所得于《易传》者，述为此书，而其文无与《易传》合者，合则无用述此书矣。'盖伊川《易传》惟阐义理，安世则兼象数而求之。其意欲于程传之外，补所不及，所谓各明一义者也。马端临、虞集作《序》，皆盛相推挹。而近时王懋竑《白田杂著》中有是书《跋》，独排斥甚力，至谓端临等未观其书。……合观两书，安世之经学深矣，何可轻诋也。"

傅伯寿等撰进《孝宗实录》500卷。

按：《中兴国史志》曰："高宗命范冲重修《神录》，已进而冲去国。尹继之，又进《哲宗》、《徽宗实录》，绍兴未尝成书。建炎后，史牍不存，皆仰搜讨，故犹多脱略，孝宗命李焘增修之。《钦宗实录》，洪迈用龚茂良所补日历，文直事核。《高宗实录》，庆元、嘉泰间所上。时史无专官，莫知谁笔。《孝宗光宗实录》，初以付龚敦颐，卒专委傅伯寿、陆游。《孝录》比诸录为疏。"

李心传著《建炎以来朝野杂记》甲集20卷成书，自为序。

按：是书分《上德》、《郊庙》、《典礼》、《制作》、《朝事》、《时事》、《杂事》、《故事》、《官制》、《取士》、《财赋》、《兵马》、《边防》共13类，类下各分子目。陈振孙《直斋书录解题》卷五曰："南渡以来，野史之最详者。"

梅山蔡建侯行父家塾刊刻《百家注通鉴详节》120卷。

建安黄善夫家塾刊刻《史记正义》130卷、《汉书》120卷。

按：南宋黄善夫本《史记》，是现存《史记》古本中三注合刻本之最早者，也是最完整的，不仅正文可靠，而且三注文字，亦较后来各家刻本为完备。

刘元起家塾刊刻《后汉书》120卷。

钱塘王叔边家塾刊刻《汉书》120卷、《后汉书》120卷。

陈岘、林瀛著《清湘志》6卷。

刘棠著《高凉志》7卷。

谢深甫监修《庆元条法事类》437卷成书。

按：此书汇集北宋初年至庆元间生效的敕、令、格、式及申明者，按《职制》、《选举》、《文书》、《榷禁》、《财用》、《库务》、《赋役》、《道释》、《公吏》、《刑狱》、《当赎》、《服制》、《畜产》、《杂门》和《蛮夷》等十六门编次，每门下分若干子目，分别列以敕、令、格、式及申明中的相关规定。"条法事类"是宋代创制的一种法律形式。它产生的目的是为了避免司法混乱。现通行本为燕京大学图书馆1948年据常熟瞿氏本印行的版本。

姜夔著《白石道人歌曲》4卷成书。

楼钥著《乐书正误》成书。

按：是书为纠正北宋陈旸《乐书》之误而作。

杨万里著《秀溪书院记》。

意大利数学家列奥纳多·比萨著《计算书》，为意大利文算术书，系统地介绍了印度—阿拉伯数字与记数制度，以及整数、分数的各种计算方法。提出斐波那契数列。

周必大著《太和县龙洲书院记》。

洪迈卒(1123—)。迈字景庐,号容斋,鄱阳人。洪皓季子。绍兴十五年进士,官至端明殿学士。曾使金,几被拘留。卒谥文敏。学识渊博,论述宏富,与兄洪适、洪遵皆有文名,时称"三洪"。所著尚有《野处猥稿》104卷、《节资治通鉴》150卷、《次李翰蒙求》3卷、《容斋诗话》6卷等。事迹见《宋史》卷三七三本传。清钱大昕编有《洪文敏公年谱》,今人王德毅编有《洪容斋先生年谱》。

按:《宋史》本传曰:"迈兄弟皆以文章取盛名,跻贵显,迈尤以博洽受知孝宗,谓其文备众体。迈考阅典故,渔猎经史,极鬼神事物之变,手书《资治通鉴》凡三。有《容斋五笔》、《夷坚志》行于世,其他著述尤多。所修《钦宗纪》多本之孙觌,附耿南仲,恶李纲,所纪多失实,故朱熹举王允之论,言佞臣不可使执笔,以为不当取觌所纪云。"

王庭筠卒(1151—)。庭筠字子端,号黄华山主,又号黄华老人,辰州熊岳人。金大定十六年进士,调恩州军事判官。明昌三年,召为应奉翰林文字,命与秘书郎张汝方品第法书、名画,遂分入品者为550卷。官至翰林修撰。精书画,亦能诗。存世作品有《幽州枯槎图卷》。著有《黄华集》40卷。事迹见《金史》卷一二六本传。

按:《金史》本传曰:"从游者如韩温甫,路元亨、张进卿,李公度,其荐引者如赵秉文、冯璧、李纯甫,皆一时名士,世以知人许之。为文能道所欲言,暮年诗律深严,七言长篇尤工险韵。有《藂辨》十卷,文集四十卷。书法学米元章,与赵沨、赵秉文俱以名家,庭筠尤善山水墨竹云。"

僧印简(—1257)、秦九韶(—1261)、汤汉(—1272)、李昶(—1289)、王磐(—1293)生。

波斯尼扎米约于是年卒(1141—)。神学家,波斯文学浪漫主义史诗的创始人,著有《五诗集》,即《秘密的宝库》(宗教伦理诗)、《霍斯罗夫和希琳》(爱情史诗)、《莱利和梅季侬》(爱情诗史)、《七美人》(七篇中篇小说,包括中篇小说图兰多特)和《亚历山大王纪》,对近东各国文学颇具影响。

意大利约阿希姆卒(1145—)。神学家,著有《新旧约圣经的一致》、《约翰启示解明》。

宋嘉泰三年　金泰和三年　夏天庆十年
西辽天禧二十六年　癸亥　1203年

正月戊戌,宋宁宗至太学,谒大成殿,命国子祭酒李寅仲讲《尚书·周官》篇。

二月甲子,金定诸职官省亲拜墓给假例。

四月乙卯,陈自强等上《徽宗玉牒》及《孝宗、光宗实录》。

己未,金命吏部侍郎李炳等再详定礼仪。

辛酉,诏:宰执、台谏子孙毋就试。

五月癸未,命有司搜访旧闻,修高宗、孝宗、光宗三朝正史,以书来上者赏之。

六月,金命选聪明方正之士修起居注。

十字军转攻拜占廷。

宋嘉泰三年　金泰和三年　夏天庆十年　西辽天禧二十六年　癸亥　1203年

七月，颁《庆元条法事类》。

八月丙辰，陈自强等上《皇帝会要》115卷。

十月庚子，宽宥吕祖泰，许其任便居住。

庚申，金左丞完颜匡等进《世宗实录》。

叶适九月赴召，有《上宁宗皇帝札子》，期望宁宗"远追文、武，近法仁宗，以无愧于《卷阿》之诗"；宁宗嘉纳之，十一月除权兵部侍郎，以父忧去。服除，召至。

陈傅良授宝谟阁待制，卒于家，谥文节。叶适作《祭陈君举中书文》。

魏了翁被召为国子正。

傅伯寿上言，建议修《三朝正史》宜发明诏，广加访求各类资料。

陆游正月为李兼所辑梅尧臣集作序。是月进职宝谟阁待制。

陆游为韩侂胄著《阅古泉南园记》，见讥清议。

辛弃疾夏天起知绍兴府兼浙东安抚使。是年，招刘过、赵明翁至幕府。又欲为友人陆游筑舍，陆游辞之，遂止。十二月二十八日，辛弃疾奉召赴临安，陆游著《送辛幼安殿撰造朝》长诗送行。

杨万里进为宝谟阁直学士。四月，应雷溪之嘱，作《江西续派二曾居士诗集序》。

按：《江西续派二曾居士诗集序》曰："南丰先生（曾巩）之族子有二诗人焉，曰临汉居士伯容者，……曰怀岘居士显道者，伯容之子也……今日，忽得故人尚书郎江西漕使雷公朝宗书，寄予以二曾诗集二编，属予序之……因命之曰江西续派而书其右，以补吕居仁（吕本中）之遗云。伯容名纮，显道名思。……二居士之诗，朝宗得之于德曜，德曜得之于怀岘，怀岘得之于临汉。"

赵秉文自宁边州刺史改平定州。

吕祖泰得任便居住。

元好问从父格官陵川，受业于郝天挺。

高宪登进士乙科，为博州防御判官。

按：高宪字仲常，辽东人。王庭筠外甥。工诗善画，慕苏学，曾自称"于世殊淡无所好，唯生死文字意而已。使世有东坡，虽相去万里，亦当往拜之"（元好问《中州集》卷五）。

王特起举进士，调真定府录事参军。

按：王特起字正之，代州崞县人。音乐技艺，无所不能，尤长于辞赋。累官司竹监使辛。元好问《中州集》卷五有小传。

丘处机任全真掌教。

陈傅良著《春秋后传》12卷成于晚年。楼钥作序。

按：是书成后，多得后人好评。元代赵汸《春秋集传·自序》就说宋人治《春秋》者，最推傅良。《四库全书总目提要》曰："是编有其门人周勉《跋》，称傅良为此书，将脱稿而病，学者欲速得其书，俾佣书传写。其已削者或留其帖于编，增入是正者或揭去弗存。是今所传，已非傅良完本矣。赵汸《春秋集传·自序》，于宋人说《春秋》者，最推傅良。称其'以《公》、《谷》之说参之《左氏》,以其所不书实其所书,以其所书推见其所不书,得学《春秋》之要,在三《传》后卓然名家。而惜其误以左氏所录为鲁史旧文,而不知策书有体,夫子所据以加笔削者,左氏亦未之见。左氏书首所载不书之例,皆史法也,非笔削之旨。《公羊》、《谷梁》每难疑以不书发义,实与左氏异师。陈氏合而求之,殊失其本。故于左氏所录而《经》不书者,皆以为夫子所笔削,则其不合于圣人者亦多'云云。考左氏为《春秋》作《传》,非为策书作《传》。其所云某故不书者,不得《经》意或有之,必以为别发史例,似非事实。况不修《春秋》二条,《公羊传》尚有传闻,不应左氏反不见。恐均不足为傅良病。惟以《公》、《谷》合《左氏》为切中其失耳。自王弼废象数,而谈《易》者日增。自啖助废三《传》,而谈《春秋》者日盛。故解五经者惟《易》与《春秋》二家著录独多。空言易骋,兹亦明效大验矣。傅良于臆说蜂起之日,独能根据旧文,研求圣人之微旨。楼钥《序》称其于诸生中择能熟诵三《传》者三人,曰蔡幼学,曰胡宗,曰周勉。游宦必以一人自随。遇有所问,其应如响。其考究可谓详至。又其书虽多出新意,而每《传》之下必注曰:'此据某说'、'此据某文'。其征引亦为至博。以是立制,世之枵腹而谈褒贬者,庶有豸乎?傅良别有《左氏章旨》三十卷,楼钥所《序》盖兼二书言之。朱彝尊《经义考》注曰:'未见。'今《永乐大典》中尚存梗概,然已残阙,不能成帙,故不复裒录焉。"有《通志堂经解》本、《四库全书》本传世。

  陈傅良一生著作,由其门人曹叔远编辑为《止斋文集》51卷。

  按:曹叔远编辑此书时,所取断自乾道丁亥(1167),迄于嘉泰癸亥(1203),凡乾道以前少年之作,尽削不存,故全书剪裁颇为精审。书后附有楼钥所撰《神道碑》、叶适所撰《墓志铭》、蔡幼学所撰《行状》。有《四库全书》本、《永嘉丛书》本等。

  李壁编《国朝中兴诸臣奏议》450卷。

  范莘、范兹十二月刻乃父范成大《石湖集》130卷于寿栎堂。

  蔡梦弼著《草堂诗笺跋》。

法国阿拉纳斯卒。生年不详。教师,号称万学的教师,著有《驳异教徒论加特力的信仰》、《规则》(又名《规范》)。

  陈骙卒(1128—)。骙字叔进,临海人。绍兴二十四年进士。宁宗时知枢密院事,兼参知政事。以忤韩侂胄,提举洞霄宫。谥文简。著有《南宋馆阁录》10卷、《南宋馆阁续录》10卷、《中兴馆阁书目》70卷、《文则》2卷。事迹见《宋史》卷三九三本传。

  按:《四库全书总目提要》谓《南宋馆阁录》曰:"典故条格,纤悉毕备,亦以代文献之薮也。世所传本,讹阙殊不可读。惟《永乐大典》所载,差为完具。"

  陈造卒(1133—)。造字唐卿,自号江湖长翁,高邮人。淳熙二年进士,调太平州繁昌尉,改平江府教授,撰《芹宫讲古》,阐明经义,人称"淮南夫子"。官至淮南西路安抚司参议。著有《江湖长翁集》40卷。事迹见《宋史翼》卷二九、陆游《陈长翁文集序》(《渭南文集》卷一五)。

  按:《四库全书总目提要》曰:"遭宋不竞,事多龃龉,自以为无补于世,置江湖乃宜,遂号江湖长翁。既不竟其用,故无所表见,而《宋史》亦不为立传。惟元申屠駉为作墓志,称其于诲诱则良师,于抚字则循吏,车笃操修,道兼体用。虽金石之文称述例多溢量,亦未必纯构虚词也。集中《罪言》一篇,盖仿杜牧而作,不免纸上谈兵,徒为豪语。其文则恢奇排奡,要亦陈亮、刘过之流。其它札子诸篇,多剀切敷陈,当于事理。记序各体,锤字炼词,稍伤真气,而皆谨严有法,不失规程。在南宋诸作者中,亦铁中铮铮者矣。至《易说》一卷,始于《无妄》,终于《比》,凡十五篇,疑其未完之书。

中多以史证经,与杨万里《诚斋易说》、李光《读易详说》相类,殆为时事而发,托之诂经欤?其集久无刻本,明崇祯中,李之藻以淮南自秦观而后,惟造有名于时,始与观集同刻之于高邮云。"

陈傅良卒(1137—)。傅良字君举,号止斋,温州瑞安人。薛季宣学生。乾道八年进士,官至宝谟阁待制。卒谥文节。著有《止斋文集》51卷、《周礼说》3卷、《春秋后传》12卷、《左氏章指》30卷、《历代兵制》8卷、《读书谱》1卷、《建隆编》1卷、《西汉史钞》17卷等,是永嘉学派承前启后的人物,对叶适思想有影响。《宋元学案》为列《止斋学案》。事迹见《宋史》卷四三四本传、楼钥《陈公神道碑》(《攻媿集》卷九五)、叶适《宝谟阁待制中书舍人陈公墓志铭》(《水心集》卷一六)。清人孙锵鸣编有《陈文节公年谱》。

按:陈傅良所创立的止斋学派,弟子众多,主要有蔡幼学、曹叔远、陈说、章用中、陈端己、林颐叔、林渊叔、沈昌、朱黼、胡时、林子燕、沈体仁、钱文子、陈严、林大备、林居实、林载、胡宗、周勉、王绰、吕声之、吕冲之、洪霖、高松、倪千里、徐筠、黄章、袁申儒、吴汉英、吴琚、胡大时、沈有开、薛仲庚、贾端老、张端士等。全祖望曰:"永嘉诸子,皆在艮斋(薛季宣)师友之间,其学从之出,而各有不同。止斋最称醇恪,观其所得,似较艮斋更平实占得地步也。"(《宋元学案》卷五三《止斋学案》)

金道士刘处玄卒(1147—)。处玄字通妙,号长生子,莱州人。为"北七真"之一,创立全真道随山派。著有《黄帝阴符经注》1卷、《黄庭内景玉经注》1卷、《仙乐集》、《无为清静真人至真语录》5卷等,均收入于《正统道藏》。事迹见《长生真人刘宗师行碑》(《甘水仙源录》卷二)。

傅伯寿卒,生年不详。伯寿字景仁,晋江人。隆兴元年进士。历任著作佐郎、著作郎、礼部郎中兼实录院检讨官。以韩侂胄荐,召除中书舍人,直学士院,草朱熹罢侍讲制词,有"大逊如慢,小逊如伪"之语,为士论所薄。后朱熹卒,又不以奏闻。其弟傅伯成辑其文为《傅枢密文集》38卷,真德秀为序,今已佚。《宋元学案》列其入《庆元党案》。事迹见《宋史翼》卷四〇、真德秀《傅枢密文集序》(《西山文集》卷二七)。

刘祁(—1250)、陈宗礼(—1271)、姚枢(—1280)生。

宋嘉泰四年 金泰和四年 夏天庆十一年 西辽天禧二十七年 甲子 1204年

二月丁酉,置庄文太子府小学教授。

庚戌,金始祭三皇、五帝、四王。

癸丑,诏:刺史州郡无宣圣庙学者,并增修之。

按:金制有学亦有庙,而所重在庙,影响及于元朝。

三月乙亥,诏百官疏陈时政阙失。

十字军攻入君士坦丁堡,大掠三日。这座最伟大的文明中心被征服者以绝对野蛮的方式摧毁了,十字军在此建立起拉丁帝国。拜占廷帝国安苴利王朝终,帝国中绝。在此后的半个世纪,拜占廷人不得不在帝国偏远省区从事重建工作。

英国金雀花王朝法国领地于此间大部被法王占夺。英王约翰遁返英国。

四月甲午朔,立韩世忠庙于镇江。

丙申,金定县令以下考课法。

丙午,金定衣服制。

丙辰,诏严禁科举请属奔竞之弊,如有私自写信及接受私人信件而不上闻者,均重置于法。

五月癸亥,追封岳飞为鄂王。

按:岳飞先已赐谥,至是韩侂胄欲风厉诸将,乃追封之。寻追封刘光世为鄜王,赠宇文虚中少保。

八月己亥,陈自强等上《皇帝玉牒》。

十月丙申,金命亲军三十五岁以下者习《孝经》、《论语》。

十二月己亥,诏改明年为开禧元年。

魏了翁改武学博士。

辛弃疾正月被召见,言盐法及金国必乱必亡,愿属元老大臣预为应变计。加宝谟阁待制,提举祐神观,奉朝请。三月又差知镇江府,赐金带。

陆游春以太中大夫充宝谟阁待制致仕,进爵山阴县开国子,食邑五百户。又著文祭周必大。

韩侂胄正月定议北伐,欲建盖世功名。郑挺、郑友龙等附和其说,韩侂胄用师之意益锐。

娄机时为秘书省著作郎,三月应诏上封事,指责朝臣不称职,不报。十一月又劝阻韩侂胄用兵,谓:"恢复之名非不美,今士卒骄逸,遽驱于锋镝之下,人才难得,财用未裕,万一兵连祸结,久而不解,奈何?"韩侂胄不悦(《宋史·娄机传》)。

李壁以宗正少卿兼权同修国史、实录院同修撰。

以中古高地德语撰写德意志英雄史诗《尼贝龙根之歌》约于是年最终在奥地利形成。

杨万里著《诚斋易传》20卷成书,又著《易外传后序》。

按:是书初名《易外传》。宋代书肆曾将此书与程颐的《伊川易传》合刻刊行,称《程杨易传》。《四库全书总目提要》认为此书以人事说《易》,无后儒"舍人事而谈天道"之弊,"其书究不可磨灭"。

杨万里七月序刘文郁《周易宏纲》。

按:《周易宏纲序》:"《易》之八卦,其画各三。说者曰:此卦也。予曰:卦者其名,而画者非卦也,此伏羲氏初制之字也。闻者愕焉,曰:嘻,甚矣其好异也!予亦疑之。淳熙戊申,予与亡友尤延之同寮,因语及之。延之大喜,曰:此古人未尝言,平生未尝闻也。予犹疑之。今年三月,吾乡之士西昌刘文郁从周示予以其所著《周易宏纲》之书,亦曰八卦者,古之字也。予然后释然不疑。夫予之说,从周未尝闻也,而从周之说,予同焉,从周之说,予未尝闻也,而予之说,从周同焉,不曰古有是事乎?"

李道传著《江东十考》。

新安郡斋刻印《皇朝文鉴》150卷、《目录》30卷。

吕乔年刻印吕祖谦《东莱吕太史文集》15卷、《别集》16卷、《外集》5卷、《附录》3卷、《附录拾遗》1卷,有跋。

宋嘉泰四年　金泰和四年　夏天庆十一年　西辽天禧二十七年　甲子　1204年

按：吕乔年在《跋》中曰："自太史公（即吕祖谦）之没，不知何人刻所谓《东莱先生集》者，真赝错糅，殆不可读，而又假托门人名氏，以实其传，流布尔日广，疑信相伴。先君病之，乃始与一二友收拾整比，将付之锓木者，以易旧本之失。会言事贬，不果就。乔年追惟先绪之不可坠，因遂堪补是正，以定此本。虽或年月之失次，访求之未备，未可谓无遗恨；至于绝旧传之谬，以终先君之志，则不敢缓，且不敢隐焉。"吕氏刊刻正版的目的，是为了抵制盗版书。

李昉等所编《文苑英华》雕刻成书。

周必大著《文苑英华辨证》成书，彭叔夏作序。

按：周必大于庆元元年退休后，即专力从事《文苑英华》的校勘工作，彭叔夏参与其事。

陈沆整理乃父陈亮遗著为《龙川文集》40卷，叶适作序。

按：此书又称《陈亮集》，是陈亮一生著述的总汇。《四库全书总目提要》曰："亮与朱子友善，故构陷唐仲友于朱子，朱子不疑，然才气雄毅，有志事功，持论乃与朱子相左。罗大经《鹤林玉露》记朱子告亮之言曰：'凡真正大英雄，须是战战兢兢，从薄冰上履过去。'盖戒其气之锐也。岳珂《桯史》又记：'吕祖谦殁，亮为文祭之，有孝弟忠信，常不足以趋天下之变，而材术辨智，常不足以定天下之经语，朱子见之大不契，遗书婺人，诋为怪论。亮闻之亦不乐，他日上孝宗书曰：今世之儒士，自谓得正心诚意之学者，皆风痹不知痛痒之人也。盖以微讽晦翁，晦翁不讶也'云云。足见其负气傲睨，虽以朱子之盛名，天下莫不攀附，亦未尝委曲附和矣。今观集中所载，大抵议论之文为多，其才辨纵横，不可控勒，似天下无足当其意者。使其得志，未必不如赵括、马谡，狂躁偾辕。但就其文而论，则所谓开拓万古之心胸，推倒一时之豪杰者，殆非尽妄，与朱子各行其志，而始终爱重其人，知当时必有取也。《宋名臣言行录》谓其在孝宗朝六达帝廷，上书论大计，今集中独有上孝宗四书及《中兴论》。考《宋史》所载亦同。又《言行录》谓垂拱殿成，进赋以颂德，又进《郊祀庆成赋》。今集中均不载。叶适《序》谓亮集凡四十卷，今是集仅存三十卷，盖流传既久，已多佚阙，非复当时之旧帙。以世所行者祇有此本，故仍其卷目著之于录焉。"有明成化年间刻本、万历四十四年（1616）刻本、清代《四库全书》本、《金华丛书》本等。1974年中华书局出版点校本《陈亮集》，1987年又出版邓广铭点校增补之《陈亮集》。

叶适自编《水心别集》16卷。

蔡梦弼会笺成《杜工部草堂诗笺》50卷、《外集》1卷。又著《草堂诗话》2卷成书。

按：《四库全书总目提要》评《草堂诗话》曰："梦弼，建安人。其始末未详。尝著《杜工部草堂诗笺》及此书。今《诗笺》久佚，惟此书仅存，皆论说杜甫之诗。曰草堂者，甫客蜀时所居也。凡二百余条，皆采自宋人诗话、语录、文集、说部，而所取惟《韵语阳秋》为多。《宋史·艺文志》载方道醇集诸家《老杜诗评》五卷，方铨《续老杜诗评》五卷，陈振孙《书录解题》载莆田方道深续集诸家《老杜诗评》一卷，又载《杜诗发挥》一卷，今惟方道深书见于《永乐大典》中，余皆不传。然道深书琐碎冗杂，无可采录，不及此书之详赡。近代注杜诗者，征引此书，多者不过十余则，皆似未见其全帙。此本为吴县惠栋所藏，盖亦希觏之笈矣。旧本与鲁訔、赵子栎所撰《杜工部年谱》合为一册，而以鲁訔一序冠于此书之前。盖以篇中有王士祯跋语，先訔而后梦弼，故编次从之。今鲁、赵二谱别入传记类中，故仍移訔序冠于谱前，以复其旧，不更载于此书焉。"

谯令宪重编谢灵运、谢惠连、谢朓《三谢诗》成书。

僧正受著《嘉泰普灯录》30卷。陆游作序。

僧宗晓编《乐邦遗稿》2卷。

金刊刻《证类本草》。

董煟著《救荒活民书》3卷约成书于本年前后。

按：本书是现存荒政类典籍中年代最早的一部政书。《四库全书简明目录》曰："煟字季兴，鄱阳人。绍熙五年进士，尝知瑞安县。是书前有自序，谓上卷考古以证今，中卷条陈救荒之策，下卷备述本朝名臣贤士之所议论施行可为法戒者。书中所序，如以常平为始自隋，义仓为始自唐太宗，皆不能远考本原。然其载常平粟米之数，固《隋书》所未及志也。其宋代蠲免优恤之典，载在《宋史》纪志及《文献通考》、《续通鉴长编》者，此撮其大要，不过得十之二三。而当时利弊，言之颇悉，实足补《宋志》之阙。劝分亦宋之政令，史失载而此有焉。他若减租贷种，淳熙恤灾令格，皆可为史氏拾遗。而宋代名臣救荒善政，亦多堪与本传相参证。犹古书中之有裨实用者也。"宋宁宗称之为"南宋第一书"。主要版本有明南监本、清《四库全书》本、《墨海金壶》本、《珠海别录》本等。《丛书集成》据《墨海金壶》本排印。

周必大著《筠州乐善书院记》。

西班牙迈蒙尼德卒（1135— ）。神学家、哲学家、医生，出生于西班牙的犹太人，后来到巴勒斯坦和埃及，在埃及时任"大拉比"（犹太教中执行教规、律法和主持宗教仪式的人）。主张以亚里士多德哲学论证理性与宗教的并行不悖。著有《迷途指津》、《犹太律法辅导》、《毒药与解毒药》、《保护身体健康》等。用自由的哲学观点解释犹太教义。

周必大卒（1126— ）。必大字子充，一字洪道（或作弘道），晚年自号平园老叟，庐陵人。绍兴二十一年进士，授徽州司户参军。官至左丞相，封益国公。韩侂胄立伪学党禁，他与赵汝愚被指为罪首。卒赠太师，谥文忠。著有《省斋集》、《平园集》、《玉堂类稿》、《玉堂杂记》、《二老堂诗话》等八十余种，后人汇编为《文忠集》200卷传世。《宋元学案》列其入《陈邹诸儒学案》。事迹见《宋史》卷三九一本传、楼钥《宋故少傅观文殿大学士致仕益国公赠太师谥文忠周公神道碑》（《攻媿集》卷九四）。其子周纶编有《周益国文忠公年谱》，今人沈治洪编有《周必大年谱简编》。

按：《宋史》本传曰："自号平园老叟，著书八十一种，有《平园集》二百卷。尝建三忠堂于乡，谓欧阳文忠修、杨忠襄邦乂、胡忠简铨皆庐陵人，必大平生所敬慕，为文记之，盖绝笔也。"《四库全书总目提要》评《文忠集》曰："是集即史所称《平园集》者是也。开禧中，其子纶所手订，以其家尝刻《六一集》，故编次一遵其凡例，为《省斋文稿》四十卷，《平园续稿》四十卷，《省斋别稿》十卷，《词科旧稿》三卷，《掖垣类稿》七卷，《玉堂类稿》二十卷，《政府应制稿》一卷，《历官表奏》十二卷，《奏议》十二卷，《奉诏录》七卷，《承明集》十卷，《辛巳亲征录》一卷，《龙飞录》一卷，《归庐陵日记》一卷，《闲居录》一卷，《泛舟游山录》三卷，《乾道庚寅奏事录》一卷，《壬辰南归录》一卷，《思陵录》一卷，《玉堂杂记》三卷，《二老堂诗话》二卷，《二老堂杂志》五卷，《唐昌玉蕊辨证》一卷，《近体乐府》一卷，《书稿》三卷，《札子》十一卷，《小简》一卷。其《年谱》一卷，亦纶所编。又以祭文、行状、谥诰、神道碑等别为《附录》四卷终焉。陈振孙谓，初刻时以《奉诏录》、《亲征录》、《龙飞录》、《思陵录》十一卷所言，多及时事，托言未刊。郑子敬守吉时，募工人印得之，世始获见完书。今雕本久佚，止存钞帙，而《玉堂杂记》、《二老堂杂志》等编，世亦多有别本单行者，已各著于录。兹集所载，则依原书编次之例，仍为录入，以存其旧第焉。"

孙调卒（1126— ）。调字和卿，福州长溪人。学者称龙坡先生。著有《易诗书解》、《中庸发题》、《浩斋稿》等。《宋元学案》列其入《沧州诸儒学案》。

按：《宋元学案》卷六九《沧州诸儒学案》曰："孙调，字和卿，长溪人。其学得朱文公之传，以排摈佛、老，推明圣经为本。所著有《册府》一百卷，《易诗书解》、《中庸发题》共五十卷，《浩斋稿》三卷。学者称为龙坡先生。卒，祠于学。"

王厚之卒(1131—)。厚之字顺伯，号复斋，其先临川人，徙居越州诸暨。乾定二年进士。官至江东提刑、直宝文阁。长于碑碣之学，与尤袤俱以博古知名。著有《金石录》30卷、《考异》4卷、《考古印章》4卷。宋人言金石之学者，欧阳修、刘敞、赵明诚、洪适四家而外，首数王厚之。《宋元学案》列其入《象山学案》。事迹见《宋史翼》卷二八、《宝庆会稽续志》卷五。

按：全祖望《答临川杂问》曰："问：'临川王顺伯厚之往来朱、陆之间，有盛名于乾、淳间，未知是荆公之裔否？'曰：'顺伯乃魏公和甫之裔，见陈《直斋书录》。尤长碑碣之学。今传于世者，有《复斋碑目》。宋人言金石之学者，欧、刘、赵、洪四家而外，首数顺伯。'"(《宋元学案》卷五八《象山学案》)《康熙诸暨县志》赞其金石著作"精鉴绝识，刻画浅深，笺辨无遗"。

袁说友卒(1140—)。说友字起岩，自号东塘居士，本建安人，流寓湖州。隆兴元年进士。历官四川安抚使、同知枢密院参知政事。著有《成都文类》50卷、《东塘集》20卷。事迹见《宋史翼》卷一四、《东塘集》附《家传》。

按：《四库全书总目提要》评《东塘集》曰："说友学问淹博，留心典籍。官四川安抚使时，尝命属官程遇孙等八人辑蜀中诗文，自西汉迄于淳熙，为《成都文类》五十卷，深有表章文献之功。其集则《书录解题》、《宋史·艺文志》皆不载，故厉鹗《宋诗纪事》仅从杨慎《全蜀艺文志》采其《巫山十二峰》诗一首，从郁逢庆《书画题跋记》采其《题米敷文潇湘图》诗一首，而不言其有集，则非惟诗文散佚，并其集名亦湮没不传矣。今据《永乐大典》所载，搜罗排纂，得诗七卷，文十三卷。又家传一篇，不知谁作，后半文已残阙，而前半所叙仕履颇详，并存之，以备考证。集中题跋诸篇，于司马光、韩琦、欧阳修、苏舜钦、苏轼、黄庭坚、蔡襄、米芾诸人，皆慨想流连，服膺甚至，而《跋默堂帖》一篇，于王安石新学之失，辨之尤详。知其学渊源，实沿元祐之余派，故其论事之文，曲折畅达，究悉物情，具有欧、苏之体。其诗与杨万里倡和颇多，五言近体谨严而微伤局促；七言近体，警快而稍嫌率易。至于五七言古体，则格调清新，意境开拓，置之《石湖》、《剑南》集中，淄渑未易辨别矣。说友扬历中外凡三十年，其政绩虽不尽见于后，然章奏敷陈，多切时病。今集中尚见大凡。其《论守淮宜用武臣》一疏，谓文臣不谙兵事，不宜以边务委之，切中当时坐谈偾事之弊，非讲学家所肯言。又《蜀将当虑其变》一疏，引崔宁、刘辟、王建、孟知祥为戒。说友殁后，卒有开禧吴曦之变，若先事而预睹之，其识虑亦不可及。魏了翁《鹤山集》有《祭袁参政文》，以耆臣宿弼相推，惋悼颇深，当非无故。《宋史》不为立传，殊不可解。今收拾于散佚之余，剩简残篇，尚能成帙，俾其人、其文并藉以传，则是集之存，其足补史氏之阙者，又不仅在词翰间也。"

王蔺卒，生年不详。蔺字谦仲，自号轩山居士，庐江人。乾道五年进士，为信州上饶簿。淳熙六年，迁枢密院编修官，除宗正丞。绍熙元年，拜枢密使，以中丞何澹论罢去。著有《轩山集》10卷、《轩山奏议》2卷，皆佚。《宋元学案》列其入《庆元党案》。事迹见《宋史》卷三八六本传。

潘牥（　—1246）、杜瑛（　—1273）生。

宋宁宗开禧元年　金泰和五年　夏天庆十二年　西辽天禧二十八年　乙丑　1205年

二月癸卯，诏国用司立《考核财赋之法》。

三月，金章宗谕有司：进士名有犯孔子讳者避之，仍著为令。

四月甲寅，武学生华岳上书，谏朝廷不宜用兵启边衅，且乞斩韩侂胄、苏师旦、周筠以谢天下。韩侂胄大怒，送建宁府编管。

五月己巳，赐礼部进士毛自知、赵甲、求淳以下433人及第、出身。毛自知对策，言当乘机以定中原，韩侂胄大喜，遂擢为第一。

按：是科考官为礼部尚书萧逵、中书舍人陆俊、右谏议大夫李大异、礼部侍郎兼直学士院李壁。

六月辛卯，诏内外诸军密订行军计划；戊戌，令诸路安抚司教阅禁军，准备北伐。

七月庚申，以陈自强及侍御史邓友龙等请，诏韩侂胄为平章军国事，立班丞相上，三日一朝，赴都堂治事。并自置机速房，甚者假作御笔，升黜将帅，人莫敢言。

己卯，韩侂胄等上《高宗御集》。

八月戊寅，韩侂胄等上《钦宗玉牒》。

是年，成吉思汗征西夏。

真德秀中博学宏词科。

魏了翁正月召试馆职，极言权奸猾胥，债帅骄军，必取祸辱，宜急于内修，缓于外攘（《鹤山集》卷一九《被召除授礼部尚书内引奏事第四札》），大忤韩侂胄；改秘书省正字。

按：魏了翁《答朱择善》曰："某少时只喜记问词章，所以无书不记。甲子、乙丑年间，与辅汉卿、李公晦邂逅于都城，即招二公时时同看朱子诸书，只数月间，便觉记览词章皆不足以为学，于是取六经、《语》、《孟》，字字读过，胸次愈觉开豁。"（《鹤山集》卷三五）

辛弃疾三月初二日因所荐通直郎张瑛不法，坐谬举之责，连降两官。六月改知隆兴府，旋以言者论其有"好色、贪财、淫刑、聚敛"之罪，改授提举冲祐观。

徐天麟中进士，任抚州教授。

宋慈入太学，师事真德秀。

史达祖、高观国等在临安结诗社。

元好问赴试并州，与刘昂霄相识。

陈韡举进士第，从叶适学。

赵善湘添差通判婺州。

黄畴若应诏言急务，迁太府寺主簿。

李纯甫由史肃导引，潜研佛学，著书三十余万言。

按：万松行秀《湛然居士集序》曰："屏山（李纯甫）年二十九，阅《复性书》，知李习之（李翱）亦二十九参药山而退著书，大发感叹。日抵万松，深攻巫击。退而著书三十余万言。内稿心学，谆谆大半。"（《金文最》卷四六）《中州集》"史御史肃"小传曰："（李纯甫）三十岁后，遍观佛书，能悉其精微。既而取道学书读之，著一书，合三家为一，就伊川、横渠、晦庵诸人所得者而商略之，毫发不相贷。且恨不同时，与相诘难也。"李纯甫曾著有《司马温公不喜佛辨》、《程伊川异端害教论》，批评北宋理学。

范应铃举进士，调永新尉。

按：范应铃字旗叟，丰城人。生卒不详。喜《左氏春秋》，著有《西堂杂著》10卷、《对越集》49卷。徐鹿卿谓"应铃经术似倪宽，决狱似隽不疑，治民似龚遂，风采似范滂，理财似刘晏，而正大过之"（《宋史·范应铃传》）。

危和举进士。

按：《宋元学案》卷七七《槐堂诸儒学案》曰："危和，字应祥，临川人，骊塘（危稹）之弟。开禧乙丑进士，主上元簿，再调隆兴之南昌，未至官而卒，年六十四。先生与袁蒙斋（袁甫）善。其在上元也，簿舍为明道旧游，大辟祠宇，广养士员，真西山（真德秀）为记其事。始筑书堂于临川，取陶靖节语，自号闲静居士（参《袁蒙斋集》）。"

方大琮省试第三人及第，除右正言。

董梦程举进士。

按：董梦程字万里，号介轩，鄱阳人，董铢之从子。初学于董铢与程正思，其后学于黄榦。著《大尔雅通释》等。《宋元学案》卷八九《介轩学案》曰："祖望谨案：勉斋之传，尚有自鄱阳流入新安者，董介轩一派也。鄱阳之学，始于程蒙斋（程端蒙）、董盘涧（董铢）、王拙斋（王大受），而多卒业于董氏。然自许山屋外，渐流为训诂之学矣。述《介轩学案》。"此派弟子有董鼎、董真卿、胡方平、范启、许月卿、程正则、程时登、余季芳、余芑敬、王希旦、胡斗元、马端临、宋洪范、许瑶、胡炳文、程仲文、陈廷玉、张以思、曹泾、曹希文、赵谦等。

程公说著《春秋分纪》90卷成，有自序。

李心传续写《建炎以来朝野杂记》乙集，又修改甲集所记内容。

陆持之编辑乃父陆九渊遗文为《象山集》34卷，包括《象山文集》28卷、外集6卷。杨简为之序。

按：是书又称《陆九渊集》或《陆子全书》，为陆九渊著述和讲学语录的汇集，内容包括信札、奏表、记、序赠、杂著、讲义、策问、诗、祭文、行状、墓志铭、程文、拾遗、谥议、语录、年谱等。此书是研究陆九渊理学思想最重要的参考资料，也是研究宋学中心学一派及宋明理学中陆王学派学术思想的基本材料。明代成化年间陆和刻本为现存最早版本，中华书局1980年出版的标点本《陆九渊集》为今最佳版本。

赵不谫重刻赵明诚所著《金石录》30卷，始收入李清照所著《金石录后序》。

赵崇祚所编《花间集》有陆游两跋本。

日本藤原定家等撰《新古今和歌集》。

意大利L·斐波那契专门讨论二次丢番图方程的《四艺经》完成。书中许多是他本人发明和求出通解，并提出最有创造性的同余数。此书使斐波那契成为数论史上丢番图与费马之间的中介。

袁枢卒(1131—)。枢字机仲,建州建安人。隆兴元年进士,历官至工部侍郎兼国子祭酒,以右文殿修撰知江陵府。寻提举太平兴国宫。平生精研经学、史学,曾与朱熹、吕祖谦、杨万里等讨论学术。晚年闲居十年左右。其《通鉴纪事本末》创纪事本末的历史编纂体裁。所著尚有《易传解义》、《易辨异》、《易童子问》、《易学索隐》等,已佚。事迹见《宋史》卷三八九本传。近人郑鹤声编有《袁枢年谱》。

廖德明约卒,生卒不详。德明字子晦,号槎溪先生,南剑人。少学释氏,及得杨时书,读之大悟,遂受业朱熹。登乾道五年进士第。历知莆田县、浔州。除广西提点刑狱,移江西、广东,除吏部左选郎官。初除浔州教授,为学者讲明心学之要;在南粤立师悟堂,刻朱子《家礼》及程氏诸书。著有《春秋会要》、《文公语录》、《槎溪集》。《宋元学案》列其入《沧州诸儒学案》。事迹见《宋史》卷四三七本传。

按:廖德明为沧州诸儒学派的主要代表,其主要弟子有邵应博、陈沂等。《宋史》本传曰:"德明初为浔州教授,为学者讲明圣贤心学之要,手植三柏于学,浔士爱敬之如甘棠。在南粤时,立师悟堂,刻朱熹《家礼》及程氏诸书。公余,延僚属及诸生亲为讲说,远近化之。尝语人以仕学之要曰:'德明自始仕,以至为郡,惟用三代直道而行一句而已。'有《槎溪集》行于世。"

张道洽(—1268)生。

宋开禧二年　金泰和六年　夏李安全应天元年
西辽天禧二十九年　蒙古成吉思汗元年
丙寅　1206年

正月,因举人奸弊滋多,宋乃命诸道漕司、州、府、军、监,凡解举人,合格试卷姓名,均申报礼部。举人与考官,自缌麻以上亲及大功以上姻戚家,皆回避。惟临轩亲试,谓之天子门生,虽父兄为考官亦不避。

增太学丙舍生为120人。

夏镇夷郡王李安全废其主李纯祐而自立,是为襄宗。

三月乙巳,韩侂胄锐意用兵,参知政事钱象祖以为不可,遂以怀奸避事罢官,信州居住。

四月己巳,权礼部侍郎李壁奏言:"自秦桧首倡和议,使父兄百世之仇不复开于臣子之口。今庙谋未定,士气积衰,苟非激昂,曷克丕应。臣愚以为宜亟贬秦桧,示天下以仇耻必复之志,则宏纲举而国论明,流俗变而人心一,君臣上下奋励振作,拯溃民于残虐,湔祖宗之宿愤。在今日举而措之,无难矣。"(《宋史·李壁传》)

庚午,追夺秦桧爵谥,改谥缪丑。

是月,宋军渡淮河,发动北伐之战。史称"开禧北伐"。

五月丁亥,韩侂胄闻已得泗州、新息、褒信、虹县等,遂请宋宁宗下诏伐金。

> 按：伐金诏书为李壁所草。初，兵部侍郎叶适论对，尝曰："甘弱而幸安者衰，改弱而就强者盛。"(《宋史·叶适传》)韩侂胄闻而嘉之，以为直学士院，欲籍其草诏以动中外，而叶适以疾辞职，乃改命李壁。但诸路兵皆败。

六月甲寅，韩侂胄以师出无功，罢两淮宣抚使邓友龙，又怪创用兵之谋的苏师旦误事。

七月辛巳，罢苏师旦，籍其家，韶州安置。

丁亥，金命翰林直学士陈大任专修《辽史》，召张行简为礼部尚书，兼侍讲，同修国史。秘书监进《太一新历》，金主命张行简校之。

十月，金分兵九路大举南下攻宋，数十万江淮民众再次南渡长江避乱。

是年，蒙古铁木真统一蒙古各部，称成吉思汗，是为元太祖。

叶适三月服除，召对延和殿。时韩侂胄决定北伐，遂连上三札，认为北伐乃"至大至重"之事，主张"必备成而后动，守定而后战"(《宋史·叶适传》)。四月，除权工部侍郎，兼国用参计官；五月，首倡防江之议；七月，兼沿江制置使。

魏了翁迁校书郎，以亲老乞补外，改知四川嘉定府。

> 按：魏了翁离朝回蜀时，曾将朱熹之书带回刊布流传。其《眉州刊朱子语类序》曰："开禧中，予始识辅汉卿(广)于都城。汉卿从朱文公最久，尽得公平生语言文字，每过予，相与熟复诵味，辄移晷弗去。予既补外，汉卿悉举以相畀。"(《鹤山集》卷五三)又《朱文公五书问答序》曰："某之生也后，不及从游于朱文公先生之门，而获交其高弟，尽得其书以诒同志，凡今蜀本所传是也。"(《鹤山集》卷五五)而且魏了翁所带回的朱熹著作，大多是朱熹晚年改定之作，堪称善本。其《朱氏语孟集注序》曰："王师北伐之岁(开禧二年)，余请郡以归，辅汉卿广以《语孟集注》为赠，曰：此先生晚年所授也。余拜而授之，较以闽浙间书肆所刊，则十已易其二三；赵忠定(汝愚)帅蜀日成都所刊，则十易六七矣。"(《鹤山集》卷五三)

陆游为《曾幾奏议稿跋》。

杨万里升为宝谟阁学士；临终前闻韩侂胄用兵，亟呼纸，书曰："韩侂胄奸臣，专权无上，动兵残民，谋危社稷。吾头颅如许，报国无路，惟有孤愤！"笔落而逝(《宋史》本传)。

> 按：韩侂胄专权，欲网罗四方知名人士相羽翼，曾筑南园，请杨万里作"记"，并许以掖垣。杨万里严词拒绝，谓"官可弃，'记'不可作也"！韩侂胄无奈，只好改命他人(《宋史·杨万里传》)。

辛弃疾差知绍兴府、两浙东路安抚使，辞免。进宝文阁待制，又进龙图阁待制，知江陵府。令赴行在奏事。复为谏官所诬落职。

戴溪迁兵部侍郎、国子祭酒。

李纯甫入翰林。

彭龟年以待制宝谟阁致仕。

倪思因参知政事李壁荐，召为礼部侍郎兼直学士院。

陈大任奉金章宗之命专修《辽史》。

林正大为严州学官。

按：林正大字敬之，号随庵。著有《风雅遗音》2卷，其《风雅遗音序》曰："古者燕飨则歌诗章。今之歌曲，于宾主酬献之际，盖其遗意。乃若花朝月夕，贺筵祖帐，捧觞称寿，对景抒情，莫不有歌随寓而发。然风雅寥邈，郑卫纷纶，所谓声存而操变者，尤愈于声操俱亡矣。……余暇日阅古诗文，撷其华粹，律以乐府，时得一二，裒而录之，冠以本文，目曰《风雅遗音》。是作也，婉而成章，乐而不淫，视世俗之乐，固有间矣。岂无子云者出，与余同好，当一唱三叹而有遗味焉。"（金启华等《唐宋词集序跋汇编》）《四库全书总目》有载。

梁持胜举进士，对策优等，又中博学宏词科。

叶梦得所著《春秋传》20卷、《春秋考》16卷及《春秋谳》22卷由其孙叶筠刻于南剑州，真德秀为之跋。

按：叶氏因孙复《春秋尊王发微》主张废《传》以从《经》，苏辙《春秋集解》则力主尊崇《左传》而废《公羊传》、《谷梁传》，其主张皆不免偏颇，遂著《春秋传》以阐述己见。此书实际上对北宋诸儒之《春秋》学著述作了一次全面的评价。《四库全书总目提要》谓《春秋传》"参考三《传》以求《经》，不得于事则考于义，不得其于义则考其事，更相发明，颇为精核。开禧中，其孙筠刊于南剑州。真德秀跋之，称其辟邪说，黜异端，有补世教不浅"。又谓《春秋考》"于宁宗开禧中，与《春秋传》、《春秋谳》同刻于南剑州。元程端学作《春秋三传辨疑》，多引其说，则当时犹有传本。自明以来，藏书家皆不著录，故朱彝尊《经义考》注曰'已佚'。惟《永乐大典》颇载其文，以次检校，尚可得什之八九。今排比缀辑，复勒成编。其书大旨在申明所以攻排三《传》者，实本周之法度制作以为断，初非有所臆测于其间。故所言皆论次周典，以求合于《春秋》之法。其文辨博纵横，而语有本原，率皆典核。陈振孙《书录解题》称其辨定考究，无不精详，殆不诬也。……据梦得《自序》，称自其《谳》推之，知吾所正为不妄，而后可以观吾《考》。自其《考》推之，知吾所择为不诬，而后可以观吾《传》。然《书录解题》已先列《传》，次列《考》，次列《谳》。盖《传》其大纲，而《考》、《谳》其发明之义疏也。"

晏袤增续晏殊《类要》100卷成。

按：晏袤，晏殊四世孙，时知雅州。《四库全书总目提要》曰："《类要》一百卷，宋晏殊撰。……是编乃所作类事之书，体例略如《北堂书钞》、《白氏六帖》，而详赡则过之。叶梦得《避暑录话》称殊平生未尝弃一纸，虽封皮亦十百为沓，每读书得一故事，则批一封皮，后批门类，命书吏传写，即今《类要》也。故所载皆从原书采撷，不似他类书互相剽窃，辗转传讹。然自宋代所传名目，卷帙已多互异。欧阳修作殊《神道碑》，称类集古今为集选二百卷。曾巩作《序》，则称上中下帙七十四篇。惟《宋史》本传称一百卷，与今本合。据其四世孙知雅州（晏）袤进书原表，则南渡后已多阙佚，袤续加编录，于开禧二年上进。故今书中有于篇目下题'四世孙袤补阙'者，皆袤所增，非殊之旧矣。自明以来，传本甚罕。惟浙江范氏天一阁所藏尚从宋本钞存，而中间残阙至四十三卷。别有两淮所进本，仅存三十七卷，门类次序，尤多颠倒，且传写相沿，讹谬脱落，甚至不可句读。盖与《太平御览》同为宋代类书之善本，而其不可校正，则较《御览》为更甚，故今惟附存其目焉。"

陆遹十月编乃父陆游诗续稿，成《剑南诗续稿》48卷，每卷百篇。

何汶著《竹庄诗话》27卷约成书于本年。

宋开禧二年　金泰和六年　夏李安全应天元年　西辽天禧二十九年　蒙古成吉思汗元年　丙寅　1206年

赵彦卫著《云麓漫钞》成书。

杨万里卒（1127—　）。万里字廷秀，号诚斋，吉水人。绍兴二十四年进士，曾任太常博士、太子侍读、右司郎中、秘书监等职。因屡上疏论政，常被排斥出任外职。主张抗金。江西诗派领袖。与尤袤、范成大、陆游齐名，称南宋四大家。卒谥文节。著有《诚斋易传》20卷、《诚斋策问》2卷、《诚斋集》133卷。曾奉张浚为师，故《宋元学案》列其入《赵张诸儒学案》。事迹见《宋史》卷四三三本传、杨长孺《诚斋杨公墓志》(《诚斋集》附）。清邹树荣编有《杨文节公年谱》，今人萧东海编有《杨万里年谱》。

按：《宋史》本传曰："万里精于诗，尝著《易传》行于世。光宗尝为书'诚斋'二字，学者称诚斋先生，赐谥文节。"

留正卒（1129—　）。正字仲至，泉州永春人。绍兴三十年进士，授南恩州阳江尉、清海军节度判官。历任起居舍人、中书舍人兼侍讲、给事中等，官至左丞相。谥忠宣。著有诗文、奏议、外制共20卷，今皆佚。《宋元学案》列其入《庆元党案》。事迹见《宋史》卷三九一本传。

彭龟年卒（1142—　）。龟年字子寿，号止堂，临江军清江人。乾道五年进士。以待制宝谟阁致仕。曾从朱熹、张栻质疑，而学益明。《宋史》本传谓"自伪学有禁，士大夫鲜不变者，龟年于关、洛书益加涵泳，扁所居曰止堂，著《止堂训蒙》，盖始终特立者也"。卒赠龙图阁学士，谥忠肃。所著书有《经解》、《祭仪》、《五致录》、奏议、外制等，编为《止堂集》47卷，今本仅18卷。《宋元学案》列其入《岳麓诸儒学案》。事迹见《宋史》卷三九三本传、楼钥《宝谟阁待制致仕特赠龙图阁学士忠肃彭公神道碑》(《攻媿集》卷九六）。

按：真德秀曾为彭龟年《忠肃文集》作《跋》，称"忠肃以濂洛为师者也，故见诸著述，大抵鸣道之文，而非复文人之文"。彭龟年与胡大时、吴猎、游九言、蒋复、赵方、沈有开、苏权、李壁、李埴、周去非等30多人所创立的学派，称岳麓学派，或称岳麓诸儒学派。著名弟子有彭钦、彭法、刘宰、王遂、窦从周、郑节夫、黄复、黄震、赵范、赵葵、苏国台、周端朝、高崇、宋自适等。全祖望评论此派说："宣公（张栻）身后，湖湘弟子有从止斋岷隐游者。然如彭忠肃公（彭龟年）之节概，吴文定公（吴猎）之勋名，二游文清（游九言）庄简公（游九功）之德器，以至胡盘谷（胡大时）辈，岳麓之巨子也。再传而得漫塘（刘宰）、实斋（王遂）。谁谓张氏之后弱于朱乎？"(《宋元学案》卷七一《岳麓诸儒学案》)

游九言卒（1142—　）。九言初名九思，字诚之，建阳人。师事张栻与朱熹。学者称默斋先生。举江西漕司进士第。官至荆鄂宣抚参谋官。谥文靖。今存《默斋遗稿》2卷。《宋元学案》列其入《岳麓诸儒学案》。事迹见《宋史翼》卷二五、《闽中理学渊源考》卷二。

詹体仁卒（1143—　）。体仁字符善，浦城人。少从朱熹学。隆兴元年进士，为泉州晋江丞。宰相梁克家荐于朝，入为太常博士，摄金部郎官。后除太常少卿，直龙图阁。著有《象数总义》1卷、《历学启蒙》1卷、《庄子解》5卷，已佚。清朱秉鉴辑有《詹元善集》2卷。《宋元学案》列其入《沧州诸儒学案》。事迹见《宋史》卷三九三本传、真德秀《司农卿湖广总领詹公行状》(《西山文集》卷四七)。

按：《宋史》本传曰："体仁颖迈特立，博极群书。少从朱熹学，以存诚慎独为主。为文明畅，悉根诸理。周必大当国，体仁尝疏荐三十余人，皆当世知名士。郡人真德秀早从其游。"

孙应时卒(1154—)。应时字季和，号烛湖居士，又号竹隐，余姚人。师事陆九渊。淳熙二年进士。初为黄岩尉，有惠政，得常平使者朱熹赏识，与之订交。历知严州遂安县、常熟县。著有《烛湖集》20卷。《宋元学案》列其入《槐堂诸儒学案》。事迹见杨简《烛湖先生圹志》、张溟《孙应时传》、沈焕《承奉郎孙君行状》(《烛湖集》附)。

刘过卒(1154—)。过字改之，号龙洲道人，吉州太和(一作庐陵)人，晚年客居昆山。淳熙间与刘仙伦齐名，有"庐陵二刘"之称。曾从陆游、陈亮、辛弃疾游，词风豪放。著有《龙洲词》1卷、《龙洲集》14卷。事迹见吕大中《宋诗人刘君墓碑》(《吴下冢墓遗文》续集卷一)、杨维桢《宋龙洲先生刘公墓表》(《吴都文粹续集》卷四四)。今人刘宗彬编有《刘过年表》。

饶应子(—1262)、徐世隆(—1285)生；严用和(—1268)约生。

宋开禧三年　金泰和七年　夏应天二年
西辽天禧三十年　蒙古成吉思汗二年
丁卯　1207年

利物浦建城。

四月己未，宋以方信儒为国信所参议官，入金军议和。

八月，宋使方信儒至濠州，金将纥石烈子仁将方信儒下狱，要以五事。方信儒答：反俘、归币，可也；缚送首谋，于古无之；称藩、割地，则非臣子所忍言(《宋史·方信儒传》)。

九月壬午，方信儒出使返，以忤韩侂胄，坐用私觌物擅作大臣馈遗金将，夺三官，临江军居住。

十一月癸酉，金章宗明令削去薛居正《旧五代史》，学校只用欧阳修《新五代史》。

是月，韩侂胄久窃权柄，中外交愤，及妄开边衅，怨者益众。金人数索首谋，宋礼部侍郎史弥远遂与杨皇后谋，杀韩侂胄向金求和。论功，史弥远进礼部尚书。

按：开禧北伐失败，韩侂胄被杀，以他为首的反理学势力受到重创，朝中主战派也受到挫折。在学术上，事功之学从此开始消沉。史弥远诛杀韩侂胄，叶适门人王大受等亦参与其谋。全祖望曰："水心之门，有为性命之学者，有为经制之学者，有为文字之学者，先生(王大受)欲以事功见其门庭，盖又别为一家。惜乎未竟其用也。又案：先生亦预诛韩之谋。"(《宋元学案》卷五五《水心学案》)

十二月壬寅朔，金修《辽史》成。

宋开禧三年　金泰和七年　夏应天二年　西辽天禧三十年　蒙古成吉思汗二年　丁卯　1207年

按：是书世称陈大任《辽史》，因涉及"德运"之争，至金亡未得刊行。

丙午，金诏：策论进士，免试弓箭、击球。

金章宗元妃分赐王处一所居圣水玉虚观和丘处机所居栖霞太虚观道经各一藏。

乙丑，以礼部尚书史弥远同知枢密院事。

丙寅，赠吕祖俭朝奉郎、直秘阁，官其子一人。

丁卯，诏改明年为嘉定元年。

叶适二月以知建康府兼江淮制置使，十二月遭劾落职，结束政治生涯，从此返水心村著述讲学，从事学术和教育活动达16年之久，四方来学者众。

按：叶适思想体系的形成，是在从金陵回到永嘉城外的水心村以后。他在这里完成了宣扬事功之学的代表著作《习学记言序目》。

魏了翁力辞召命，居白鹤山授徒讲学。

李道传因抵制吴曦，抗节不挠，进官二等。

李心传修订《建炎以来朝野杂记》乙集，有旨给札上所著《高庙系年》（即《建炎以来系年要录》）。

辛弃疾试兵部侍郎，两次上章辞免，方遂所请。

黄榦著《与辛稼轩侍郎书》，对时事出处多所论列。

按：黄氏此书当写于辛弃疾已除兵部侍郎而辞免未获之际，故以侍郎见称。

陆游致仕居家，进爵渭南县开国伯，食邑八百户。又应诏荐举巩丰、王田。

陆游、项安世等闻辛弃疾死，有挽诗哀悼。

杨万里正月特赠光禄大夫。

赵师渊八月以太常丞兼国史编修、实录检讨。

高商老为抚州守，刊行陆九渊文集于郡庠。

倪思为兵部尚书兼侍读。

王居安六月除秘书丞，七月兼国史院编修官，并兼实录院检讨官；寻拜右司谏，建言当诛韩侂胄以谢天下。

韩侂胄党陈自强贬永州居住；苏师旦贬韶州安置，旋被杀；周筠被杖脊，刺配岭外。

程公说时为邛州教授，闻吴曦反，弃官逃归，奉其父入山，悒悒而终。

按：程公说字伯刚，号克斋，眉山人。宇文绍节门人。张栻再传弟子。全祖望《程氏春秋分记序》曰："南轩先生讲学湘中，蜀人多从之。而范文叔（范仲黼）、宇文正甫最著。眉人程克斋兄弟并游于宇文之门，而克斋之学最醇。所著《春秋分记》九十卷、《左氏始终》三十六卷、《通例》二十卷、《比事》十卷；又纂辑诸儒说为《春秋精义》，未成而卒。别有《诗古文词》二十卷、《语录》二卷、《士训》一卷、《程氏大宗谱》十二卷，弗尽传也。"（《宋元学案》卷七二《二江诸儒学案》）

杨子谟时为成都通判，誓以抗击吴曦之乱，乱平，以荐召入对，除吏部郎。

赵昱贻书成都守将杨辅，反对吴曦之乱，竟以不食而卒。

按：黄宗羲曰："赵昱，字希光，卫文定公雄子也，少苦学，以司马周程氏为师，尝谓存天性之谓良贵，充诸己庆谓内富，故漠然不以利禄动其心，当是时南轩之教盛行，蜀中，黄兼山（黄裳）、范文叔（范仲黼）皆导其绪，文定故尝与南轩不成，以是两家子弟，其初不甚往，还而先生独与其高弟议论多合，说者以为吕正献公（吕公著）之于范欧诸老为亲炙，而先生之于南轩为私叔，然其善于亲师取友则同也。……竟以不食而卒，俄而乱平，吴文定猎疏上其事，且乞以先生故，追予其父恩泽，以昭世臣之赏，诏卫公赐谥文定，而先生亦予赠恤如制，读鹤山魏公集，称沧江虞氏之向道审由先生，而岳倦翁言其兼治养生术，或先生少年之所为与，要其舍身取义，不愧先人，则真儒者也，《宋史》既不列之忠义，又不附之文定传末，可为太息。"（《宋元学案》卷五〇《南轩学案》）

周南召试馆职，因对策忤权要，为言者劾罢。

桂万荣任饶州余干县尉。

按：桂万荣字梦协，号石坡，慈溪人。庆元二年进士。尝问学杨简，取古人资于折狱之事，编为《棠阴比事》。《宋元学案》列其入《慈湖学案》，其曰："谢山《石坡书院记》曰：'慈湖（杨简）弟子遍于大江以南，《宋史》举其都讲为融堂钱氏。予尝考之，特以其著述耳。若其最能昌明师门之绪者，莫如鄞之正肃袁公蒙斋（袁甫）、侍郎陈公习庵（陈埙）及慈之桂公石坡。顾袁、陈以名位著，而桂稍晦。今慈湖东山之麓有石坡书院，即当年所讲学也。桂氏自石坡以后，世守慈湖家法，明初尚有如容斋之敦朴，长史之深醇，古香之精博，文修之伉直，声闻不坠，至今六百余年，犹有奉慈湖之祀者，香火可为远矣。石坡讲学之语，实本师说，曰明诚，曰孝弟，曰颜子四勿，曰曾子三省。其言朴质无华叶，盖以躬行为务，非徒从事于口耳，故其生平践履，大类慈湖。《宋史》言：'慈湖簿富阳，日讲《论语》、《孝经》，民遂无讼；石坡尉余干，民之闻教者耻为不善。慈湖守温州，力行《周官》任恤之教，豪富争劝勉；石坡在南康，感化骄军，知以卫民为务。慈湖，史氏累召不出；石坡方向用，力辞史氏之招，丐祠终老。'方石坡之官平江也，朱侍郎在知府事，征输盐课急迫，牵连拘系甚繁。石坡力言其无辜，为请宽不得，乃挟行床至狱中，愿与所拘系者同处。侍郎不得已，纵遣之。论者以为，石坡不愧其师，而侍郎有惭其父。其所请绝敌、选将诸奏，皆名言也。呜呼！慈湖之心学，苟非验之躬行，诚无以审其实得焉否。今观石坡之造诣，有为有守，岂非真儒也哉！石坡晚年，最为耆寿，东浙推为杨门硕果，并于蒙斋、习庵，盖其道之尊如此。"事迹亦可见《宋史翼》卷三二。

史克辅以《易》冠同经生，寻中乙科。

徐梦莘卒（1126— ）。 梦莘字商老，临江军清江人。绍兴二十四年进士。历任南安军教授、知湘阴县、广西转运司主管文字、知宾州，官至直秘阁。著有《三朝北盟会编》250卷、《北盟集补》50卷、《会录》、《读书记志》、《集医录》、《集仙后录》等，已佚。事迹见《宋史》卷四三八本传、楼钥《直秘阁徐公墓志铭》（《攻愧集》卷一〇八）。今人王德毅编有《徐梦莘年表》。

辛弃疾卒（1140— ）。 弃疾原字坦夫，后字幼安，号稼轩，济南历城人。绍兴三十一年，率众投耿京。次年擒叛徒张安国南下献俘，任江阴签判。历任建康通判、江西提刑、湖北转运使等。一生坚决主张抗金，提出不少恢复失地的建议。但遭到主和派的打击，自淳熙九年至嘉泰二年间，闲居上饶、铅山。词以豪放为主，与苏轼齐名。著有《稼轩长短句》4卷等。今人辑有《辛稼轩诗文钞存》。事迹见《宋史》卷四〇一本传。清辛启泰编有《稼轩先生年谱》、今人邓广铭编有《辛稼轩先生年谱》。

按：《四库全书总目提要》评《稼轩词》曰："其词慷慨纵横，有不可一世之慨，于倚声家为变调。而异军特起，能于翦红刻翠之外，屹然别立一宗，迄今不废。观其才气俊迈，虽似乎奋笔而成，然岳珂《桯史》记弃疾自诵《贺新凉》、《永遇乐》二词，使座客指摘其失，珂谓《贺新凉》词首尾二腔，语句相似，《永遇乐》词用事太多，弃疾乃自改其语，日数十易，累月犹未竟，其刻意如此云云，则未始不由苦思得矣。《书录解题》载《稼轩词》四卷，又云：信州本十二卷，视长沙本为多。此本为毛晋所刻，亦为四卷，而其总目又注原本十二卷，殆即就信州本而合并之欤？其集旧多讹异，如二卷内《丑奴儿近》一阕，前半是本调，残阕不全，自'飞流万壑'以下，则全首系《洞仙歌》。盖因《洞仙歌》五阕，即在此调之后，旧本遂误割第一首以补前词之阕，而五阕之《洞仙歌》，遂止存其四。近万树《词律》中，辨之甚明，此本尚未及订正。其中'叹轻衫帽几许红尘'句，据其文义，'帽'字上尚有一脱字，树亦未经勘及，斯足证'扫叶'之喻矣。今并详为勘定，其必不可通而无别本可证者，则姑从阙疑之义焉。"

韩侂胄卒（1152—　）。侂胄字节夫，相州安阳人。宁宗时以外戚执政13年，以枢密都承旨，加开府仪同三司，封平原郡王。他与宗室大臣赵汝愚争权，罢斥汝愚；指理学为伪学，打击朱熹等理学家，兴"庆元党禁"。嘉泰年间，他见金已衰落，力主乘机收复中原，因准备不足，兵败而归。开禧三年，金人欲罪伐金首谋，他遂被南宋杀害，函首送至金廷。《宋元学案》列其入《庆元党案》。事迹见《宋史》卷四七四本传。

宋嘉定元年　金泰和八年　夏应天三年　西辽天禧三十一年　蒙古成吉思汗三年　戊辰　1208年

正月丙戌，叶时复请枭韩侂胄首于两淮。

二月戊申，追复赵汝愚观文殿大学士，谥忠定。

以韩侂胄冒定策功，诏史官：自绍熙以来韩侂胄事迹，悉从改正（《资治通鉴后编》卷一三三）。

三月戊子，恢复秦桧爵谥。当时用事者亟欲反韩侂胄之政，而不顾公议如此。

辛卯，诏枭韩侂胄首，并函苏师旦首畀金，易淮陕侵地。金谥韩侂胄为忠谬侯。

是月，宋金嘉定和议成立，改称伯侄之国，岁币增为30万，另给"犒军钱"银300万两。史称"嘉定和议"。

五月辛酉，赐礼部进士郑性之、孙德舆、黄桂以下462人及第、出身。

罗马教皇英诺森第三下令停止英国宗教权。英王约翰没收服从教皇禁令之英教士财产，与之相抗。

按：是科考官为吏部尚书兼翰林学士楼钥、兵部尚书倪思、中书舍人蔡幼学、右谏议大夫叶时。《宋史·蔡幼学传》曰："嘉定初，同楼钥知贡举。时正学久锢，士专于声律度数，其学支离。幼学始取义理之文，士习渐复于正。"

七月辛丑，诏吕祖泰特补上州文学。

九月己未，诏以金和议成谕天下。

十月，诏朱熹特赐谥，令有司议奏，仍与遗表恩泽一名。又褒录庆元上书杨宏中等6人。

十一月丙辰，金章宗卒，皇叔卫王永济即位，是为卫绍王。

宋颁行鲍澣之所修《开禧历》，使用至淳祐十一年（1251）。

杨简授秘书郎，迁秘书省著作佐郎兼权兵部郎官。真德秀从之游。

真德秀四月著《戊辰四月上殿奏札》，认为"北伐之举，宗社安危所系"（《西山文集》卷二）；九月召为博士。上疏言自韩侂胄专政，以伪学斥忠良，今宜褒崇明节，以示好尚。召试学士院，除秘书省正字，充差御试编排官，兼玉牒检讨官。

辛弃疾卒后，朝廷特赠四官，是年摄给事中倪思劾辛弃疾迎合开边，请追削爵秩，夺从官恤典。

吕祖谦门人请官府重修金华丽泽书院，建吕祖谦祀室和收藏其生前著作的遗书阁，并始刻图书。

按：丽泽书院为著名学者吕祖谦兄弟讲学之所。吕祖谦曾邀请永嘉学派的薛季宣、陈傅良、叶适和永康学派的陈亮等来书院切磋、探讨学问。

钱象祖十月丙子为左丞相，雷孝友知枢密院事，楼钥同知枢密院事，娄机参知政事。

倪思时为权兵部尚书，正月求对，暗指史弥远不可用。

李道传召为太学博士，迁太常博士兼沂王府小学教授。

按：初，李道传为蓬州学教授，吴曦党以意胁道传，道传弃官去，且贻书安抚使杨辅，谓吴曦可坐而缚。至是吴曦平，诏以李道传抗节不挠，召入。

娄机召为吏部尚书，上言"至公始可以服天下"，指责权臣私意横生（《宋史·娄机传》）。

史弥远正月壬辰知枢密院事，六月辛卯兼参知政事，十月为右丞相。

毛当时时为同安知县，将县学改建为朱文公祠。

按：叶适于嘉定五年（1212）撰有《同安县朱文公祠堂记》。

彭龟年赠宝谟阁直学士。

楼钥八月以吏部尚书签书枢密院事。

杜范五月举进士，调金坛尉，再调婺州司法。

曹彦约提举湖北常平，权知鄂州兼湖广总领，改提点刑狱，迁湖南转运判官。

元好问于陵川学业成，随父之陇城令任所。

蔡沉举进士。

杜煜举进士。

宋嘉定元年　金泰和八年　夏应天三年　西辽天禧三十一年　蒙古成吉思汗三年　戊辰　1208年

按：杜煜被学者称作南湖先生,他与其弟杜知仁所创立的学派,故称南湖学派。兄弟两人初从学于石𡒉,石𡒉又将他们引荐给朱熹,师事朱熹达十余年之久,深得其传,因而形成自己的学派。其一传数传弟子甚多,主要有杜范、邱渐、车若水、胡常、王贲、沈可亨、蔡希点、戴良齐、方仪、盛象翁、潘希宗、金叔明、吴澄、戴亨等。此派的代表著作有杜煜的《南湖先生文集》,杜范的《清献集》、《经筵讲义》,邱渐的《四书衍义》,车若水的《玉峰脚气集》,方仪的《懋翁玩易》等。全祖望曰："南湖杜氏兄弟在沧州,亦其良也。再传而有立斋(杜范),为嘉定以后宰辅之最,声望几侔于涑水(司马光)矣。其学传之车氏(车若水),是时天台学者,皆袭筼窗荆溪之文统,车氏能正之"(《宋元学案》卷六六《南湖学案》)。

洪咨夔进士及第,授如皋主簿。

江垍举进士,授古田县尉。

按：江垍字叔文,崇安人。从真德秀游最久。

许应龙举进士,调汀州教授。

戴栩举进士,为太学博士。

辅广嘉定初上书言事,被言官所劾,奉祠而归,筑传贻书院,教授生徒,学者称传贻先生。

按：辅广字汉卿,号潜庵,其先赵州庆源人,后徙崇德。为朱熹、吕祖谦门人。著有《语孟学庸答问》、《四书纂疏》、《六经集解》、《诗童子问》、《通鉴义义》、《潜庵日新录》等。辅广所创立的潜庵学派,一传数传弟子甚多,著名者有董槐、朱鹏飞、余端臣、王文贯、汪元春、韩翼甫、刘敬堂、黄震、韩性、黄叔英、陈普、熊禾、韩信同、王冕等。全祖望谓："朱门弟子,潜庵其眉目也。然其遗书,今惟《诗童子问》尚传,而余皆未见。"黄宗羲曰："先生之学,入闽者熊勿轩(熊禾)、陈石堂(陈普)其尤也;入东浙者韩庄节(韩性)、黄东发(黄震)其尤也。逮至明初,而韩古遗及吾族祖黄菊东尚接其传。"黄百家亦曰："逮至有明,传其学者不绝。"(《宋元学案》卷六四《潜庵学案》)此派在发展过程中,黄震另创"东发学派"。

陈韡迁国子博士、著作郎。

陈耆卿著《论语纪蒙》6卷、《孟子纪蒙》14卷,叶适为之序。

按：陈振孙曰：陈耆卿"尝主丽水簿,当嘉定初年成此书"(《直斋书录解题》卷三)。

林椅著《周礼纲目》8卷、《摭说》1卷。

李心传进所著《建炎以来系年要录》200卷。

按：是书初名《高宗系年要录》。记事上起建炎元年(1127),下迄绍兴三十二年(1162),记载了南宋高宗一朝36年的历史。《四库全书总目提要》曰："其书以国史、日历为主,而参之以稗官、野史、家乘、志状、案牍奏议、百司题名,无不胪采异同,以待后来论定。故文虽繁而不病其冗,论虽歧而不病其杂。在宋人诸野史中,最足以资考证。《宋史》本传称其重川蜀而薄东南。然如宋人以张栻讲学之故,无不坚持门户,为其父张浚左袒。心传独于淮西富平之偾事、曲端之枉死、岳飞之见忌,一一据实直书。虽朱子行状亦不据以为信,初未尝以乡曲之私稍为回护。则《宋史》之病是书者,殆有不尽然矣。大抵李焘学司马光而或不及光,心传学李焘而无不及焘。其宏博而有典要,非熊克、陈均诸人所能追步也。"

建阳书铺刻印《汉书》120卷。

留元刚著《颜鲁公年谱》。

按：此谱为最早问世的颜真卿年谱，今有《四库全书》本。

韩道昭著《五音集韵》15卷成书。

按：《四库全书总目提要》曰："《五音集韵》十五卷，金韩道昭撰。道昭，字伯晖，真定松水人。世称以等韵颠倒字纽始于元熊忠《韵会举要》。然是书以三十六母各分四等，排比诸字之先后，已在其前。所收之字，大抵以《广韵》为蓝本，而增入之字则以《集韵》为蓝本。考《广韵》卷首云：'凡二万六千一百八十四言。'《集韵·条例》云：'凡五万三千五百二十五言，新增二万七千三百三十一言。'是书亦云'凡五万三千五百二十五言，新增二万七千三百三十言'。合计其数，较《集韵》仅少一字，殆传写偶脱。《广韵》注十九万一千六百九十二字，是书云'注三十三万五千八百四十言，新增十四万四千一百四十八言'。其增多之数，则适相符合。是其依据二书，足为明证。又《广韵》注独用、同用，实仍唐人之旧。封演《闻见记》言许敬宗奏定者是也。终唐之世，下迄宋景祐四年，功令之所遵用，未尝或改。及丁度编定《集韵》，始因贾昌朝请改并窄韵十有三处。今《广韵》各本，《俨》移《豏》、《槛》之前，《酽》移《陷》、《鉴》之前，独用、同用之注，如通《殷》于《文》，通《隐》于《吻》，皆因《集韵》颁行后窜改致舛。是书改二百六韵为百六十，……尤足订重刊《广韵》之讹。其等韵之学，亦深究要渺。虽用以颠倒音纽，有乖古例，然较诸不知而妄作者，则尚有间矣。"

史容注《山谷诗外集》成。

姜夔著《续书谱》，以继唐孙过庭《书谱》。天台谢采伯为之刊行。

按：《四库全书总目提要》曰："《续书谱》一卷，宋姜夔撰。夔有《绛帖平》，已著录。是编其论书之语，曰《续书谱》者，唐孙过庭先有《书谱》故也。前有嘉定戊辰天台谢采伯序，称略识夔于一友人处，不知其能书也，近阅其手墨数纸，笔力道劲，波澜老成，又得其所著《续书谱》一卷，议论精到，三读三叹，因为锓木。盖夔撰是书，至采伯始刊行也。此本为王氏《书苑补益》所载，凡二十则：一曰总论，二曰真书，三曰用笔，四曰草书，五曰用笔，六曰用墨，七曰行书，八曰临摹，九曰书丹，十曰情性，十一曰血脉，十二曰燥润，十三曰劲媚，十四曰方圆，十五曰向背，十六曰位置，十七曰疏密，十八曰风神，十九曰迟速，二十曰笔锋。其燥润、劲媚二则，均有录无书，燥润下注曰：'见用笔条'，'劲媚'下注曰：'见情性条。'然燥润之说，实在'用墨'条中，疑有舛误。又'真书'、'草书'之后，各有'用笔'一则，而'草书'后之论用笔，乃是八法，并非论草，疑亦有讹。敬考《钦定佩文斋书画谱》第七卷中，全收是编。'临摹'以前八则，次序相同，'临摹'以下则九曰方圆，十曰向背，十一曰位置，十二曰疏密，十三曰风神，十四曰迟速，十五曰笔势，十六曰情性，十七曰血脉，十八曰书丹，先后小殊，而燥润、劲媚二则，并无其目。盖所据之本稍有不同，而其文则无所增损也。《书史会要》曰：'赵必𤫊字伯晖，宗室也，官至奏院中丞，善隶楷，作《续书谱辨妄》，以规姜夔之失。'案必𤫊之书今已佚，不知其所规者何语，然夔此谱自来为书家所重，必𤫊独持异论，似恐未然。殆世以其立说乖谬，故弃而不传欤？"

陆游著《桥南书院记》。

项安世卒（1129— ）。安世字平父，号平庵，又号江陵病叟，江陵人。淳熙二年进士。历官秘书正字、校书郎、户部员外郎、湖广总领等。庆元党禁时上书请留朱熹，为言者劾罢。著有《周易玩辞》16卷、《项氏家说》10卷、《丙辰悔稿》47卷、《平庵悔稿》15卷、《悔稿后编》6卷。今存《平庵悔稿》14卷、《丙辰悔稿》1卷、《悔稿后编》6卷、《补遗》1卷。《宋元学案》列其入《晦翁学案》。事迹见《宋史》卷三九七本传。

按：《四库全书总目提要》曰："安世学有体用，通达治道，而说经不尚虚言，其订覆同异，考究是非，往往洞见本原，迥出同时诸家之上。"

林大中卒(1131—)。大中字和叔，婺州永康人。绍兴三十年进士。光宗即位，除监察御史。宁宗即位，召试中书舍人，迁给事中兼侍讲。因忤韩侂胄，出知庆元府。开禧三年，起为吏部尚书，签书枢密院事。谥正惠。著有奏议10卷、外制3卷、文集20卷，皆佚。《宋元学案》列其入《丘刘诸儒学案》。事迹见《宋史》卷三九三本传、楼钥《签书枢密院事致仕赠资政殿学士正惠林公神道碑》(《攻媿集》卷九八)。

丘崈卒(1135—)。崈字宗卿，江阴军人。隆兴元年进士。丞相虞允文奇其文，举以自代，除国子博士。光宗时，擢焕章阁直学士、四川安抚制置使兼知成都府。后以江淮制置大使兼知建康府，拜同知枢密院事。卒谥忠定。《宋元学案》为列《丘刘诸儒学案》。事迹见《宋史》卷三九八本传。

按：叶水心有祭先生文，曰："自古讲学，祖性宗命，克己复礼，始终笃敬，惟公本原，我则素知，授之尘尾，张、吕同归。"(《宋元学案》卷七九《丘刘诸儒学案》)。

徐谊卒(1144—)。谊字子宜，又字宏父，温州平阳人。乾道八年进士。宁宗时累官工部侍郎，知临安府。与韩侂胄不合，寻谪官。再起知建康府兼江淮制置使。移知隆兴府。卒谥忠文。学术上既承陈经邦、陈经正兄弟，又受陆九渊的影响。著作都已失传。弟子有丁黼、赵希绾、彭仲刚、黄中、钱文子等。《宋元学案》为列《徐陈诸儒学案》。事迹见《宋史》卷三九七本传、叶适《宝谟阁待制知隆兴府徐公墓志铭》(《水心集》卷二一)。

按：全祖望曰："三陆先生(陆九渊兄弟)讲学时，最为同调者，平阳徐先生子宜、青田陈先生叔向(陈葵)也。"(《宋元学案》卷六一《徐陈诸儒学案》)叶适《徐公墓志铭》曰："诸儒虽争为性命之学，然而固滞于语言，播流于篇末，多茫昧景响而已。及公以悟为宗，悬解昭彻，近取日用之内，为学者开示，修证所缘。"徐谊与陈葵、钱文子所创的徐陈学派，亦称徐陈诸儒学派，代表著作有钱文子的《白石诗传》、丁黼的《延溪集》、《六经辨正》等。

刘德秀卒，生年不详。德秀字仲洪，自号退轩，丰城人。隆兴元年进士。庆元元年，迁右正言。二年，迁右谏议大夫，上疏攻击留正引伪学之罪。官至签书枢密院事。著有《默轩词》1卷，今佚。《宋元学案》列其入《庆元党案》。事迹见《道命录》卷七。

洪天骥(—1274)生。

宋嘉定二年　金卫绍王大安元年　夏应天四年
西辽天禧三十二年　蒙古成吉思汗四年
己巳　1209 年

依汉字形声、会意、假借等法创制的越南古文字"字喃"至此已出现。

罗马教皇英诺森第三加冕德王奥托四世。德王腓利于上年（1208 年）遇刺身亡。

一些从牛津迁到剑桥的学者、僧侣创建成剑桥大学。

罗马教皇英诺森第三批准阿西西的圣·方济各创立天主教托钵修会方济各会。

正月壬戌，金改元大安。

二月丁亥，罢法科，试经义，复六场旧法。

五月，金试宏词科。

九月，增太学内舍生 10 员。

十二月乙巳，应太学博士章徕、尚书吏部员外郎刘弥之请，诏加朱熹谥号"文"，称朱文公。

是年，蒙古与金绝交。

杨简兼考功郎官，兼礼部郎官，授著作郎，将作少监。

真德秀十二月辞学士院权直，除校书郎。召充沂王府教授，兼学士院权直。

陈宓为南剑州知州，以剑浦为杨时、罗仲彦、李侗、朱熹四贤讲学之乡，乃于城南九峰山李侗祠旁建延平书院。有祠堂以祀四贤及周敦颐、张载、程颢、程颐、廖德明、黄榦诸人。

赵秉文为兵部郎中，兼翰林修撰，十月出为宁边州刺史。

刘克庄以荫补将仕郎。

许及之拜参知政事。

楼钥正月为参知政事。

倪思复官奉祠。

王若虚召为国史院编修；撰《行唐县重修学记》。

陆游是春被弹劾，落宝谟阁待制。

李道传召除太学博士。

按：黄榦《勉斋集·李兵部祠堂记》曰："自蜀来仕东南，以不及执经晦庵朱先生之门为恨。凡从先生游者，皆诹首原与之交；凡先生之遗书与其师生问答，皆手抄成诵，昼夜不倦，其天资敏悟，固已默而识之矣。其有疑未释者，必反复问辨，以求其正，由是通达该贯，而笃行力行，见之行事者，又皆卓然可敬，东南之士，敛衽推服。使贯之（道传字）及登先生之门，当不在诸子之下。先生殁，而私淑诸人以有得者，当以贯之为首。"

刘爚等奉命审定中外所陈会子利害，上于朝。

元好问以秋试留长安。

洪咨夔寻试为饶州教授。著《大治赋》，楼钥赏识之。

吴柔胜嘉定初为国子正，始以朱熹《四书集注》与诸生诵习，讲义策问，皆以是为先。又于生徒中得潘时举、吕乔年，擢为职事，使以文行表率，于是士知趋向，伊、洛之学，晦而复明。迁太学博士，又迁司农寺丞。

吴泳举进士，累迁著作郎，兼直舍人院。

按：吴泳字叔永，潼川人。魏了翁门人。累官权刑部尚书，出知宁国、温州、泉州。著有《鹤林集》，已佚。

刘从益举进士。

按：《宋元学案》卷一〇〇《屏山鸣道集说略》曰："刘从益，字云卿，浑源人也。以进士累官御史，坐言事去。金南渡后，寓居淮阳。最为滏水、屏山所重。工诗文，滏水寻荐之入翰林曰：'吾将老而得此公，有代兴之寄矣。'然尤喜其政事，曰：'官业当为本朝第一。'滏水颇欲挽先生学佛，先生不可，尝以诗谐屏山曰：'谈言正自伯阳孙，佞佛真成次律身。毕竟诸儒攀不去，可怜饶舌费精神。'屏山笑而不忤也。所著有《蓬门集》。"有子刘祁。

蔡沈治《尚书》十余年，是年著成《书集传》6卷。

按：是书元以后作为科举取士的标准注本。蔡沈《书经集传序》曰："庆元己未冬，先生文公令沈作《书集传》，明年，先生殁。又十年，始克成编。……《集传》本先生所命，故凡引用师说，不复识别。"黄震《黄氏日钞》曰："蔡九峰参合诸儒要说，尝经朱公订正，其释文义既视汉唐为精，其发指趣又视诸家为的。《书经》至是而大明，如揭日月。"

陈经约在是年前后著《尚书详解》50卷。

按：陈经字显之，一云字正甫，安福人。庆元中登进士第，官至奉议郎。著有《诗讲义》、《存斋语录》诸书，已佚不传。《四库全书总目提要》曰："宁宗之世，正蔡氏《传》初出之时，而此书（《尚书详解》）多取古注疏，或间参以新意，与蔡氏颇有异同。……然其句栉字比，疏证详明，往往发先儒所未发，实可与林之奇、夏僎诸家相为羽翼。固无庸拘蔡氏之学，执一格以相绳焉。"

叶适著《龟山杨先生祠堂记》。

按：叶适在文中说："龟山先生文靖杨公中立，力行二程之道，黜王氏邪说，节高而安，行峻而和，学者所师，当世所尊，可谓贤矣。"（《水心集》卷一〇）

陆游三月为陈造著《陈长翁文集序》。

袁文卒（1143— ）。文字质甫，自号逸叟，鄞县人。好读书，无意科名。考订经史，多所发明，尤精音韵学。著有《瓮牖闲评》8卷。事迹见袁燮《先公行状》（《絜斋集》卷一七）

僧道济卒（1148— ）。道济原名李心远，台州人。初出家于灵隐寺，后移住净慈寺。蔑视戒律，嗜酒吃肉，举止痴癫，被称作"济癫"。后世"济公"的原型。著有《道济诗》、《镌峰语录》10卷，已佚。后人辑有《济颠济禅师语录》1卷。事迹见《补续高僧传》卷一九。

欧阳守道（ —1273）、许衡（ —1281）、商挺（ —1288）生。

阿拉伯雅古特额著《地名词典》。该书按字母顺序综合排列了当时阿拉伯人的许多地理知识，是一部名副其实的地理百科全书。

奥托·冯·布拉辛继承了主教奥托·冯·弗赖辛的事业，在亚里士多德和奥古斯丁作品的基础上撰写历史哲学编年史《世俗和宗教编年史》。

比利时大卫·德南卒，生年不详。神学家，新柏拉图派泛神论者，阿马里克的弟子。著有《论分割》。

宋嘉定三年　金大安二年　夏皇建元年
西辽天蒙三十三年　蒙古成吉思汗五年
庚午　1210年

三月庚子，赐彭龟年谥曰忠肃。

是月，金命校《大金仪礼》。

五月，诏追赠朱熹中大夫、宝谟阁直学士；赠蔡元定迪功郎。

金完颜永济诏儒臣编《续资治通鉴》。

是年，蒙古侵金西北边境。

杨简面试对策，出知温州。

真德秀是夏特授秘书郎。

魏了翁所建鹤山书院落成，内设"尊经阁"，将家藏的十万卷图书珍藏其中；并创"师立斋"、"事心堂"，以表理学尊师重道之风和主敬立诚之功。是年差知汉州。

> 按：魏了翁以辅广、李方子教授其中，由是蜀人尽知义理之学。从学者甚众，成名者有王万、牟子才、吴泳、高斯得、史绳祖等。

刘爚于建阳崇泰里太平山建义宁精舍，作为讲学授徒之所。卒后，宋理宗敕赐"云庄书院"。

> 按：《宋史》本传载："伪学禁兴，爚从（朱）熹武夷山讲道读书，怡然自适。筑云庄山房，为终老隐居之计。"

赵秉文著《游悬泉赋》，改平定州。

陆持之试江西转运司，预选常平使，袁燮荐于朝，谓其议论不为空言，缓急有可依仗，不报。

王居安二月以工部侍郎知隆兴府，督捕峒寇。

李方子从朱熹嗣子朱在手中获朱熹《资治通鉴纲目》稿本，经真德秀阅读后刊行。

徐梦莘子徐简抄录《三朝北盟会编》一部，赠送给四明楼钥。

刘克庄为靖安主簿，入江西仓幕。

王若虚迁应奉翰林文字，预修《章宗实录》。

钱文子九月以吏部员外郎兼国史院编修官、实录院检讨官。

> 按：钱文子字文季，自号白石山人，浙江乐清人。著有《诗训诂》3卷、《论语传赞》20卷、《孟子传赞》14卷、《中庸集传》1卷、《白石诗集传》10卷，皆佚。

王万学于魏了翁，是年省试第一，历仕太常博士。

> 按：《宋元学案》卷八〇《鹤山学案》曰："王万，字万里，蒲江人也。于鹤山魏文靖公为寮婿。笃学通经术，尤善《戴氏礼》。鹤山每称之曰：'真吾徒也。'嘉定三年，省试第一。历仕太常博士。史弥远当国，应诏言三事。其一曰：厚风俗必本于明人

伦。……二曰：尊朝廷在于聚贤才。……三曰：崇学校在于养士气。士者，国之元气，而天下之精神也。故可杀可贫而不可辱者，谓之士。京师者，首善之地也，太学者，贤士之关也，士聚其间，岂徒诵说词章，攫取声利而已哉！盖将讲明义理，涵养气质，以成其材，而待国家之用也。上之人宜婴以廉耻，不可恐以戮辱；宜闲以礼义，不可绳以刑辟。今朝廷并建长贰，所当专其职任，勿烦以他职。博士正录，不徒以课试为事，日进诸生，相与讲论经术，陈说古今，以作其气。如有佻达不检，则成规具在长贰，以次举而行之，谁曰不然。今乃郡吏得以绳之，下走得以辱之，殆非以章好示俗风厉四方也。……时有济邸之狱，有蜀边之扰，有山阳之变，有郡吏卒系捕弟子员之辱，故先生及之。所引蜀郡山阳轻量大臣，尤切中时务，宰相已深恶之。其秋轮对，又上疏曰……理宗反复顾问，先生随事条析，理宗领之，而宰相益怒。于是朱端常疏劾魏鹤山有不食周粟语，并及真希元与先生，一时君子皆去国。先生既忤柄臣，又忤蜀之大吏，人皆危之，而先生浩然归里，逍遥若将终身焉。又二年而起用，然不得入朝。再分符知绍兴府。史弥远殁，始有赴阙奏事之命，而先生卒矣。所著有《心铭》、《淡斋规约》。"

胡寅所著《胡致堂崇正辩》由郑肇之刊行。

按：是为宋代批驳佛教之著作，作者认为佛教的祸害较之墨子学说更甚。

宋修《嘉定国朝会要》成书。

《宋大诏令集》初刻。

按：著者不详，王应麟《玉海》谓出于宋绶之家。吴玉缙《四库未收书目提要续编》曰：是书"海内殆无完本。然北宋典制，所存实多，非特为制诰之渊海，其足据以参校《宋史》者不胜枚举，可与《唐大诏令集》并传矣"。

宋编定《馆阁续录》。

按：淳熙四年已编有《馆阁录》。

高邮郡斋刊刻《农书》3卷。

胡寅著《斐然集》30卷由郑肇之刻于湘中，章颖作序。

陆游卒（1125— ）。游字务观，号放翁，越州山阴人。孝宗时特赐进士出身，历官隆兴、夔州通判等。诗与杨万里、尤袤、范成大并称"南宋四大家"。著有《剑南诗稿》、《渭南文集》、《南唐书》、《老学庵笔记》、《家世旧闻》、《入蜀记》等。《宋元学案》列其入《武夷学案》。事迹见《宋史》卷三九五本传。今人欧小牧编有《陆游年谱》、于北山编有《陆游年谱》、刁抱石编有《宋陆放翁先生年谱》。

按：《宋史》本传曰："游才气超逸，尤长于诗。晚年再出，为韩侂胄撰《南园阅古泉记》，见讥清议。朱熹尝言：'其能太高，迹太近，恐为有力者所牵挽，不得全其晚节。'盖有先见之明焉。"

车若水（ —1275）、砚弥坚（ —1289）生。

法国威廉著《礼拜仪式论文集》。批评柏拉图关于巨匠造物主即宇宙智慧理论，对于通过知识区分上帝与受造物的理论提出自己的看法，成为后世的典范。

德国沃尔夫拉姆·冯·埃申巴赫以法国诗人克雷蒂安·德·特洛阿的《圣杯》为范本，著中古高地德语史诗《帕尔齐伐尔》。

德国赫尔博特·冯·弗里茨拉尔约于是年著中古高地德语押韵诗《特洛伊之歌》，是德国首次改编特洛伊传说。

德国阿尔布雷希特·冯·哈尔贝斯塔特约于是年把奥维德的《变形记》改写成德语押韵诗。

法国让·博德尔约于是年卒（约1167— ）。著有法国首部话剧体裁的圣徒传记《圣尼古拉之剧》，诗歌《萨克逊之歌》等。

宋嘉定四年 金大安三年 夏李遵顼光定元年
西辽天禧三十四年 蒙古成吉思汗六年
辛未 1211年

意大利佛罗伦萨银行已用借贷复式记帐法记帐,时称此记帐法为"威尼斯薄记法",是世界上最早的复式记帐法。

五月乙亥,赐礼部进士赵建大、姚贵叔、孙望之以下465人及第、出身。考官为吏部侍郎汪逵、刘槃、礼部侍郎曾从龙、左司谏范之柔。

八月,夏国主李安全卒,族子大都督府主李遵顼立,改元光定。

是年,乃蛮屈出律汗废西辽主直鲁古自立。西辽亡国。

宋诏锁厅应举,省试第一名,殿试唱名授官日,于应得恩例外,更迁一秩。

真德秀除著作郎,八月兼礼部郎官。

魏了翁八月复原官,知眉州。

刘爚为国子司业,四月请开伪学之禁。建议以朱熹所著《论语》、《中庸》、《大学》、《孟子》之说以备劝讲,正君定国,慰天下学士大夫之心(《宋史·刘爚传》)。

李道传四月除秘书郎,六月又除著作佐郎,十月再迁著作郎,十二月乞下除伪学禁诏,颁布朱熹《四书集注》,定周、程、邵、张五先生从祀,未从。

按：李道传奏言："故侍讲朱熹有《论语孟子集注》、《大学中庸章句》、《或问》,学者传之,所谓择之精而语之详者。愿陛下诏有司取是四书,颁之太学,使诸生以次诵习,俟其通贯浃洽,然后次第以及诸经,务求所以教育人材,为国家用,且使四方之士,闻其风节,传其议论,得以慕而效之。"又言："绍兴中,从臣胡安国尝欲有请于朝,乞以邵雍、程颢、程颐、张载四人,春秋从祀孔子之庙。淳熙中,学官魏掞之亦言宜罢王安石父子勿祀,而祀颢、颐兄弟。厥后虽诏罢安石之子雱,而它未及行。儒者相与论说,谓宜推而上之,以及二程之师周敦颐。臣愿陛下诏有司,考安国、掞之所尝言者,议而行之,上以彰圣朝崇儒正学之意,下以示学者所宗,其所益甚大,其所关甚重,非特以补祀典之阙而已。"会西府中有不喜道学者,未及施行(《续资治通鉴》卷一五九)。

李心传弟李性传中进士。

朱在建石井书院于安海镇,祀乃祖朱松,乃父朱熹像于尊德堂。

按：安海镇官游绛、郡守邹应龙应镇民要求,决定将"鳌头精舍"扩建为石井书院,命时任安海镇监的朱在主持兴建工作,一年后建成,大成殿悬"朱文公祠"匾,尊德堂供祀二朱像。

陆持之为隆兴府东湖书院首任山长。

按：东湖书院继象山精舍成为陆学在江西传布之中心。

丰有俊为隆兴府通判,于李寅涵虚阁旧址建东湖书院。

刘刚中举进士，授汉阳主簿。

王霆中绝伦异等科。

程公许、程公硕、程公说三兄弟同时登进士第，名声大振。

陈元晋举进士，授雩都尉。

李琪著《春秋王霸列国世纪编》3卷。

按：李琪字开伯，吴郡人，官至国子司业。《四库全书总目提要》曰："其书成于嘉定辛未。以诸国为纲，而以《春秋》所载事迹类编为目。前有《序》，后有《论断》。第一卷为《王朝及霸国》。霸国之中黜秦穆、楚庄而存宋襄。又于晋文以下列自襄至定十君。而特附以《鲁》二卷，为周同姓之国。而特附以《三恪》三卷，皆周异姓之国。而列秦、楚、吴、越于诸小国后，所论多有为而发。如讥晋文借秦抗楚，晋悼结吴困楚，则为徽宗之通金灭辽而言。讥纪侯邻于雠敌而不能自强，则为高宗之和议而言。其意犹存乎鉴戒。至于称鲁已灭之后至秦、汉犹为礼义之国，则自解南渡之弱。霸国之中退楚庄、秦穆而进宋襄，则自解北辕之耻。置秦、楚、吴、越后诸小国后，则又隐示抑金尊宋之意。盖借《春秋》以寓时事，略与胡安国《传》同。而安国犹坚主复雠之义，琪则徒饰以空言矣。流传已久，姑录以备一家。且以见南宋积削之后，士大夫犹依《经》托《传》，务持浮议以自文。国势日颓，其来渐矣。存之亦足示炯戒也。"

江右计台刻印汉董仲舒所著《春秋繁露》17卷。

按：是刻本为现存最早的《春秋繁露》版本，以后注本较多，如清代惠栋、纪昀、卢文弨和凌曙等都做过校注，其中最详尽的是清人苏舆的《春秋繁露义证》。

林钺所著《汉隽》10卷由滁阳郡斋刻印。

徐天麟著《西汉会要》70卷成书，进于朝。

按：徐天麟是第一个从事补辑古代会要的学者，自他撰《西汉会要》、《东汉会要》开始，其后至清代补撰古代会要的甚多，计有姚彦渠《春秋会要》、孙楷《秦会要》、杨晨《三国会要》、朱铭盘《西晋会要》、《南朝会要》（包括《宋会要》、《齐会要》、《梁会要》、《陈会要》）、龙文彬《明会要》等。《四库全书总目提要》曰："天麟字仲祥，临江人。开禧元年进士，调抚州教授。历武学博士，通判惠、潭二州，权知英德府。事迹附见《宋史·徐梦莘传》。传称天麟为通直郎得之之子，梦莘之从子。晁公武《读书志》则称为梦莘之子。考楼钥《攻媿集》有《西汉会要序》，曰徐思叔为《左氏国纪》，其兄秘阁商老为《北盟录》。已而思叔之子孟坚，著《汉官考》；次子仲祥，又作《汉会要》。商老，梦莘之字。思叔，得之之字也。然则史不误而晁氏误矣。其书仿《唐会要》之体，取《汉书》所载制度典章见于纪、志、表、传者，以类相从，分门编载。其无可隶者，亦依苏冕旧例，以《杂录》附之。凡分十有五门，共三百六十七事。嘉定四年，具表进之于朝，有旨付尚书省，藏之秘阁。班固书最称博赡，于一代礼乐刑政，悉综括其大端。而理密文繁，骤难得其体要。天麟为之区分别白，经纬本末，一一犁然，其诠次极为精审。惟所采只据本史，故于汉制之见于他书者，概不采摭，未免失之于隘。又如《舆服门》中于司马相如、扬雄诸赋，铺张扬厉之语，一概摘入。殊非事实，亦为有乖义例。然其贯串详洽，实未有能过之者。昔人称颜师古为《汉书》功臣，若天麟者，固亦无愧斯目矣。"

杨楫刻印朱熹《楚辞集注》于同安郡斋。

桂万荣著《棠阴比事刑法志》1卷成书。

按：此书书名取自歌颂清官的"棠阴"和董仲舒的《春秋决事比》两者之义。所选古案均取自《疑狱集》和《折狱龟鉴》。此书流传甚广，日本亦有译本。

余嵘著《使燕录》1卷。

普罗旺斯的贝尔·维达尔卒（1175— ）。周游行吟诗人。

阿拉伯历史学家伊本·哈里康（ —1282）生。

丁明卒（1127— ）。明字子公，原名筹，字希闵，镇江金坛人。丁权子。淳熙十四年以特恩授迪功郎，监潭州南岳庙。手编事类及诸史通考等百余卷，著有《直说》50篇。

娄机卒（1133— ）。机字彦发，嘉兴人。乾道二年进士，官至礼部尚书兼给事中、参知政事。以资政殿学士致仕。卒谥忠简。为秘书郎时，曾请续编《中兴馆阁书目》。兼太子詹事时，著《历代帝王总要》以裨考订。家富碑版图籍，研精文字，精于书学。著有《班马字类》2卷、《汉隶字源》6卷、《广干禄字书》5卷。事迹见《宋史》卷四一〇本传、楼钥《资政殿大学士致仕赠特进娄公神道碑》（《攻媿集》卷九七）。

按：《宋史》本传曰："宁宗之为君，韩侂胄之为相，岂用兵之时乎？故娄机力止之。小学之废久矣，而机独知致力于此。"

党怀英卒（1134— ）。怀英字世杰，号竹溪，奉符人。早年与辛弃疾同师蔡松年，又同学于刘岩老门下。金大定十年进士，调莒州军事判官，累除汝阴县令、国史院编修官、应奉翰林文字、翰林待制、兼同修国史。大定二十九年，与凤翔府治中郝俣充《辽史》刊修官，应奉翰林文字移剌履、赵沨等7人为《世宗实录》编修官。明昌元年，再迁国子祭酒。二年，迁侍讲学士。三年，迁翰林学士。能诗文，兼工书法，尤精于篆籀。著有《竹溪集》10卷。事迹见《金史》卷一二五本传。

按：《金史》本传曰："怀英能属文，工篆籀，当时称为第一，学者宗之。……怀英致仕后，章宗诏直学士陈大任继成《辽史》云。"

王遇卒（1142— ）。遇字子正，一作子合，号东湖，漳州龙溪人。乾道五年进士。三调教官，十七年间，受学于朱熹、张栻、吕祖谦之门。韩侂胄诛后，擢为太学博士，除诸王宫教授。官终右曹侍郎。著有《论孟讲义》、《两汉博议》及文集。《宋元学案》列其入《沧州诸儒学案》。

徐照卒，生年不详。照字道晖，一字灵晖，号山民，永嘉人。布衣终身，与徐玑、翁卷、赵师秀并称"永嘉四灵"。著有《芳兰轩集》3卷。事迹见叶适《徐道晖墓志铭》（《水心集》卷一七）。

按：永嘉四灵当时名望不显，仅叶适《水心集》中有徐照、徐玑墓志，《后村集》中有挽赵师秀诗。

刘思敬（ —1291）生。

宋嘉定五年　金卫绍王崇庆元年　夏光定二年
蒙古成吉思汗七年　壬申　1212年

西西里国王腓

正月，金改元崇庆。

宋嘉定五年　金卫绍王崇庆元年　夏光定二年　蒙古成吉思汗七年　壬申　1212年

三月，金主遣使臣册封李遵顼为夏国王。

四月壬寅，诏自今告人从伪者，必指事实，诬告者坐之。

九月己酉，有司上《续编中兴礼书》。

十二月，蒙古攻克金东京。

宋应李道传、刘爚等人之请，命将朱熹《论语集注》、《孟子集注》立于学官，成为法定读本。

杨简改工部员外郎。

真德秀除军器少监，复升权直学士院。

陈淳仍在漳州"训童"以生。赵汝谠守漳州，招致陈淳，处以宾师之位。

赵秉文入为兵部郎中，兼翰林修撰，俄提点司天台。

倪思陈备边十事，御史石宗万劾之，降二官，永不用。

黄榦二月改宣教郎，知临江军。是年，始有"勉斋"之号。

按：初，朱熹与黄榦的诀别之书有"勉学"之语，黄榦故因以自号。

元好问约在本年赴试中都，不遇。

张季悦八月编辑陆九渊《象山遗文》成，傅子云序。

袁燮时为江西提举，九月刊行陆九渊《象山先生全集》36卷，自为序。

按：是书汇集陆九渊著作较全。有明嘉靖四十年(1561)刻本。1981年中华书局以此为原本，点校出版《陆九渊集》。明王阳明《象山文集序》曰："至宋周、程二子，始复追寻孔、颜之宗，而有无极而太极，定之以仁义，中正而主静之说；动亦定，静亦定，无内外，无将迎之论，庶几精一之旨矣。自是而后，有象山陆氏，虽其纯粹和平若不逮于二子，而简易直截，真有以接孟子之传。其议论开阖，时有异者，乃其气质意见之殊，而要其学之必求诸心，则一而已。故吾尝断以陆氏之学，孟氏之学也。而世之议者，以其尝与晦翁之有同异，而遂诋以为禅。夫禅之说，弃人伦，遗物理，而要其归极，不可以为天下国家。苟陆氏之学而果若是也，乃所以为禅也。今禅之说与陆氏之说，其书具存，学者苟取而观之，其是非同异，当有不待于辨说者。而顾一倡群和，剿说雷同，如矮人之观场，莫知悲笑之所自，岂非贵耳贱目，不得于言而勿求诸心者之过欤！夫是非同异，每起于人持胜心、便旧习而己见。故胜心旧习之为患，贤者不免焉。抚守李茂元氏将重刊象山之文集，而请一言为之序，予何所容言哉？惟读先生之文者，务求诸心而无以旧习己见先焉，则糠秕精凿之美恶，入口而知之矣。"(《王阳明集》卷七)

李心传所著《建炎以来系年要录》100卷五月付国史院。

按：是书由作者友人，潼川路安抚使、知泸州许奕上奏朝廷，王德毅《李秀岩先生年谱》载许奕奏文曰："臣伏见隆州乡贡进士李心传，博通群书，尤熟本朝故事，尝谓中兴以来明君良臣丰功盛烈，虽已见之《实录》等书，而南渡之初，一时私家记录，往往传闻失实，私意乱真，垂之方来，何所考信！于是纂辑科条，编年纪载，专以《日历》、《会要》为本，然后网罗天下放佚旧闻，可信者取之，可削者辨之，可疑者缺之，集众说之长，酌繁简之中，久而成篇，名曰《建炎以来系年要录》。故兵部尚书杨辅，前年蒙命召对，尝取其所录高宗皇帝一朝凡一百卷，缮写五十册，欲以进上，会中道改

特烈二世进征南德，并于是年末被推选为德意志国王。

法、德少年组儿童十字军，鼓噪东侵，旋告失败。

马里国王穆萨·阿拉科伊于此年起曾3次赴麦加朝觐。

西班牙基督教诸国联军大败穆瓦希德王朝60万大军于托洛萨的纳瓦斯。

威尼斯征服希腊克里特岛。

日本鸭长明写《方丈记》，主张佛教无常。

除不果。臣项蒙兼修玉牒,求得此书,观其所立凡例,类多暗合,纲目详备,此义严整,足以备史官采择。……仍宣付史馆。岂惟心传半生辛勤专一之功不遂泯没,其于一朝大典,实非小补。"

饶辉刊刻陈亮、叶适的选集,题名《圈点龙川水心二先生文粹》41卷。

范之柔编刊范纯仁的《范忠宣文集》20卷,楼钥作序。

洪迈所著《容斋随笔》74卷初刻。

娄机著《汉隶字源》6卷重修后刊行。

日本源空(又名法然上人)卒(1133—)。佛僧,日本净土宗创始人,著有《选择本愿念佛集》、《黑谷上人语灯录》。

金道士郝大通卒(1140—)。大通原名升,从王嚞学道后改名璘,号恬然子。西游岐山,自名大通,字太古,号广宁子,宁海人。人称"不语先生"。为全真教"北七真"之一,创立华山派。著有《三教入易论》、《示教直言》、《心经解》、《救苦经解》、《周易参同契简要释义》及《太古集》4卷等。事迹见《新元史》卷二四三本传。

郑可学卒(1152—)。可学字子上,号持斋,兴化军莆田人。从学朱熹之门,最得精要,四方来学者,朱熹多使其质正。及朱熹知漳州,延教其子弟。晚年以特科调衡州司户,授忠州文学。著有《春秋博议》、《三朝北盟举要》、《师说》。《宋元学案》列其入《沧州诸儒学案》。

按:《宋元学案》卷六九《沧州诸儒学案》曰:"郑可学,字子上,莆田人,自号持斋。受学于朱子,以禀性下急,力于惩忿上做工夫,久之,最得精要。面命问答。率前贤所未发,四方来学者,朱子多使质正焉。朱子知漳州,延至西塾。其后,删定《大学》一编,曰:'此书欲付托得人,惟子上足以当之。'前后三奉大对,晚以特科调衡州司户。著《春秋博议》十卷、《三朝北盟举要》一卷、《师说》十卷。初,先生在临安,欲往见陆子静,或云:'吾友方学,不可见,见之必归参禅。'先生以此遂止。"

柴望(—1280)生;吴文英(—约1272)约生。

宋嘉定六年　金崇庆二年　至宁元年　宣宗贞祐元年 夏光定三年　蒙古成吉思汗八年　癸酉　1213年

德王腓特烈二世被迫颁布埃格黄金诏书,保证支持罗马教廷。

英王约翰宣誓效忠教皇。

波洛尼亚在已有一所法律学校外又出现一个医学院。

二月乙未,诏宗室毋得与胥吏通姻。著为令。

春,耶律留哥自立为辽王,年号元统。

四月甲午,恢复法科试经义法,杂流进纳人不与。

五月,金改元至宁。

八月,金纥石烈执中杀绍王完颜永济,立章宗兄升王完颜珣,是为宣宗。

九月壬子,金改元贞祐,大赦。

甲午,史弥远等上《二祖下七世仙源类谱》、《高宗宝训》、《皇帝玉牒》、《皇帝会要》。

宋嘉定六年　金崇庆二年　至宁元年　宣宗贞祐元年　夏光定三年　蒙古成吉思汗八年　癸酉　1213年

十二月，蒙古军进攻金中都。

杨简迁军器监，兼工部郎官，转朝奉大夫。又迁将作监，兼国史院编修、实录院检讨官。

真德秀十月奉遣使金贺金主即位，会金国乱，未至金中都而还。

赵秉文迁翰林直学士。

雷渊登金词赋进士第，调泾州录事。

楼钥三月罢参知政事，旋卒。

黄榦六月除监尚书六部门，改差通判安丰军。始编《文公语录》。

元好问在太原学舍与吴庭秀兄弟讲习学问。

朱熹门人黄子耕时知台州，收养、教育谢良佐子孙并建谢良佐祠堂；叶适著《上蔡先生祠堂记》，表彰黄氏尊师重道之举。

曾从龙知贡举，上疏请正科举风气。

按：疏奏曰："国家以科目网罗天下之英隽，义以观其通经，赋以观其博古，论以观其识，策以观其才。异时谋王断国，皆由此其选。比来循习成风，文气不振，学不务根柢，辞不尚体要，涉猎未精，议论疏陋，缀缉虽繁，气象萎薾。愿下臣此章，风厉中外，澄源正本，莫甚于斯。"诏从之（《宋史·曾从龙传》）。

宋九嘉、冀禹锡举进士。

舂陵郡斋刊刻《易传》10卷。

朱熹所著《楚辞集注》8卷、附《楚辞辨证》2卷在江西刊行。

《嘉定编修吏部条法总类》50卷成书。

方杰著《清漳新志》10卷。

王叔永著《泾川志》13卷。

史弥坚、卢宪著《嘉定镇江志》22卷。

婺州太守邱真长刻陈亮《龙川文集》于州学，叶适为著《龙川文集序》、《书龙川文集后》。

按：叶适《龙川文集序》曰："同甫既修皇帝王霸之学，上下二千余年，考其合散，发其秘藏，见圣贤之精微，常流行于事物，儒者失其指，故不足以开物成务；其说皆今人所未讲。朱公元晦意有不与而不能夺也。"（《水心集》卷二九）

施元之、顾禧所编《注东坡先生诗》42卷刊于淮东。

按：陆游于嘉泰二年（1202）曾为此书作序。陈乃乾《宋长兴施氏父子事迹考·序》曰："宋椠《施注苏诗》，久为艺林称重，与世彩堂《韩》、《柳》二集媲美。自尚丘重刻，多所芟改，于是天水残卷，益为藏书家珍秘。……知元之以进士官司谏，及其子宿为淮东仓司，以刻《苏诗》被劾去官而已。……盖父子相继为江浙循吏逾二十年，其丰功伟绩，百世可祀，吾民之蒙其遗泽者深矣。即以刻书论，若《五代会要》、《五代通》、《新仪象法要》、《沧浪集》、《学易集》皆赖以刊布，不仅《苏诗》也。以收藏言，则墓田丙舍之石、定武《兰亭》之帖，震耀千古，令人想望于无穷。以交游言，则洪忠宣父子、赵昌父、孙烛湖、楼宣献、陆放翁以及党禁诸贤，皆为莫逆。世所盛传康伯可'郁孤台上立多时'、罗鄂州'秋宇凉如水'诸阕，皆与元之接席同赋。其客如此，主可知矣。"

日本源实朝著《金槐和歌集》。

意大利威尼托的托马辛·策尔克拉勒著骑士伦理诗《罗马的客人》。

拜占廷科尼亚提斯卒(约1140—)。历史学家，著有《历代史》。

阿拉伯诗人蒲绥里(—1296)生。

楼钥卒(1137—)。钥字大防，号攻媿主人，鄞县人。隆兴元年进士，试教官，调温州教授。官至参知政事。谥宣献。早年曾以随员身份使金，以见闻著《北行日录》。反对韩侂胄，推崇朱熹。著有《攻媿集》120卷及《范文正年谱》。《宋元学案》列其入《丘刘诸儒学案》。事迹见《宋史》卷三九五本传、袁燮《资政殿大学士赠少师楼公行状》(《絜斋集》卷一一)。

按：《宋史》本传曰："朱熹以论事忤韩侂胄，除职与郡。钥言：'熹鸿儒硕学，陛下闵其耆老，当此隆寒，立讲不便，何如俾之内祠，仍令修史，少俟春和，复还讲筵。'不报。赵汝愚谓人曰：'楼公当今人物也，直恐临事少刚决耳。'及见其持论坚正，叹曰：'吾于是大过所望矣。'"《四库全书总目提要》评《攻媿集》曰："重编为一百一十二卷，用聚珍版摹印，以广其传。钥居官持正有守，而学问赅博，文章渊雅，尤多为世所传述。本传称其代言坦明，得制诰体。叶绍翁《四朝闻见录》载钥草光宗内禅制词，有'虽丧纪自行于宫中，而礼文难示于天下'二语，为海内所称，此言其工于内外制也。本传又称钥试南宫，以犯讳请旨冠末等，投贽诸公，胡铨称为翰林才，今集中《谢省闱主文启》一首，即是时所作，此言其工于启札也。王应麟《困学纪闻》取其'门前莫约频来客，坐上同观未见书'二句，载入评诗类中，此言其工于声偶也。而袁桷《延祐四明志》称其'于中原师友传授，悉穷渊奥，经训小学，精据可传信'，尤能尽钥之实。盖宋自南渡而后，士大夫多求胜于空言，而不甚究心于实学。钥独综贯今古，折衷考较，凡所论辨，悉能洞澈源流，可谓有本之文，不同浮议。"

黄度卒(1138—)。度字文叔，号遂初，浙江新昌人。隆兴元年进士，历处州州学教授、国子监簿。累官至礼部尚书、龙图阁学士。卒赠通奉大夫，谥宣献。与朱熹、陈傅良、叶适友善。著有《尚书说》20卷，今存7卷。另有《周礼说》5卷、《诗说》30卷、《艺祖宪监》3卷、《历代边防》6卷、《仁皇从谏录》3卷、《屯田便宜》1卷，已佚。《宋元学案》列其入《止斋学案》。事迹见《宋史》卷三九三本传、叶适《故礼部尚书龙图阁学士黄公墓志铭》(《水心集》卷二〇)。

按：《宋史》本传曰："度志在经世，而以学为本。作《诗》、《书》、《周礼说》。著《史通》，抑僭窃，存大分，别为编年，不用前史法。至于天文、地理、井田、兵法，即近验远，可以据依，无迂陋牵合之病。又有《艺祖宪监》、《仁皇从谏录》、《屯田便宜》、《历代边防》行于世。"《四库全书总目提要》评《尚书说》曰："陈振孙《书录解题》称其笃学穷经，老而不倦，晚年制阃江淮，著述不辍，时得新意，往往晨夜叩书塾，为友朋道之，其勤挚如此。所注有《书说》、《诗说》、《周礼说》。《诗》与《周礼说》今佚，惟《书说》仅存。此本乃明吕光洵与唐顺之所校。前有光洵《序》，述度始末甚详。当度之时，吴棫《书裨传》始出，未为世所深信，尚不知孔安国《传》出于梅赜托名，故度作是编，其训诂一以孔《传》为主。然梅赜当东晋之初，去古未远，先儒旧义往往而存，注《尚书》者要于诸家为最古，度依据其文，究胜后来之臆解。至于推论三代兴衰治乱之由，与夫人心、道心，精一、执中，安止、惟几，绥猷、协一，建中、建极诸义，亦皆深切著明，以义理谈经者，固有取焉。"

杨楫卒(1142—)。楫字通老，人称悦堂先生，长溪人。历官司农寺簿、国子博士，后出任湖南提刑、江西运判。师从朱熹。著有《悦堂文集》。《宋元学案》列其入《沧州诸儒学案》。

吴猎卒(1143—)。猎字德夫，潭州醴陵人。学者称畏斋先生。淳熙二年进士，初授浔州平南主簿。时张栻经略广西，檄摄静江府教授。因陈傅良荐，召试，守秘书省正字、校书郎。官终四川宣抚使。卒谥文定。著有《畏斋文集》、奏议60卷，已佚。《宋元学案》列其入《岳麓诸儒学案》。事迹见《宋史》卷三九七本传、魏了翁《敷文阁直学士赠通议大夫吴公行状》（《鹤山集》卷八九）。

按：《宋史》本传曰："猎初从张栻学，乾道初，朱熹会栻于潭，猎又亲炙，湖湘之学一出于正，猎实表率之。"

王楙卒（1151— ）。楙字勉夫，号野客，长洲人。有志功名而不遂，乃弃举业，杜门著述。著有《野客丛书》30卷、《巢睫稿林》50卷，后者已佚。事迹见郭绍彭《宋王勉夫圹铭》（《吴都文粹续集》卷四〇）。

王介卒（1158— ）。介字符石，号浑尺居士，婺州金华人。从朱熹、吕祖谦游。绍熙元年进士。宁宗立，迁太学博士。以忤韩侂胄，坐劾奉祠。后除起居舍人，累徙知庆元府兼沿海制置使。卒谥忠简。《宋元学案》列其入《丽泽诸儒学案》。事迹见《宋史》卷四〇〇本传。

按：《宋史》本传曰："添差通判绍兴府，寻知邵武军。会学禁起，谏大夫姚愈劾介与袁燮皆伪学之党，且附会前相汝愚，主管台州崇道观。久之，差知广德军。侂胄之隶人苏师旦怨介不通谒，目为伪党，并及甲寅廷对之语，以告侂胄。有劝其自明者，介曰：'吾发已种种，岂为鼠辈所使邪！'侂胄亦畏公议不敢发。"

周南卒（1159— ）。南字南仲，平江人。黄度婿。曾从叶适讲学。绍熙元年进士，为池州教授。开禧三年，以叶适荐，召试职馆，授秘书省正字。后因对策诋权要，为言者劾罢。著有《周氏山房集》20卷、《后集》20卷，已佚。清四库馆臣自《永乐大典》辑为《山房集》8卷、《山房后稿》1卷。《宋元学案》列其入《水心学案》。事迹见《宋史》卷三九三《黄度传》、叶适《周君南仲墓志铭》（《水心集》卷二〇）。

施宿卒，生年不详。宿字武子，湖州长兴人。施元之子。绍熙四年进士。庆元间知余姚县，修海堤、兴学校，甚有治绩。累官绍兴府通判。嘉定六年，刻其父注东坡诗集于淮东，竟遭论罢。有《嘉泰会稽志》。事迹见《宋史翼》卷二九。今人陈乃乾编有《宋长兴施氏父子事迹考》。

宇文绍节卒，生年不详。绍节字挺臣，成都人。第进士，累迁宝谟阁待制，知庐州。召为兵部侍郎，兼中书舍人，直学士院。官至签书枢密院事。卒赠少师，谥忠惠。《宋元学案》列为张栻门人，并为其列《二江诸儒学案》。事迹见《宋史》卷三九八本传。

按：张栻居湖湘讲学，"其学未甚通于蜀"，宇文绍节与陈概最先拜张栻为师，"蜀人多从之"。既而，他们又授徒讲学于蜀中，因而形成"二江学派"，亦称"二江诸儒学派"，代表人物尚有杨知章、李修己、张仕俭、范仲黼、范子长、范子该、范荪、宋德之、虞刚简、程遇孙、薛绂、邓谏从、张方等。著名弟子有程公说、程公硕、程公许、杨子谟、李义山、苏在镕、张钧、师遇、高载、魏了翁、高崇、范大冶、彭泷等。此派将二程和张栻学说传播到蜀中，贡献颇大。全祖望评论说："宣公（张栻）居长沙之二水，而蜀中反疏。然自宇文挺臣（宇文绍节）、范文叔（范仲黼）、陈平甫（陈概）传之入蜀，二江之讲舍，不下长沙。黄兼山（黄裳）、杨浩斋（杨子谟）、程沧州（程公许）砥柱岷峨，

蜀学之盛,终出于宣公之绪。"(《宋元学案》卷七二《二江诸儒学案》)

贾似道(—1275)、黄震(—1280)、周应合(—1280)、家铉翁(—约1298)生。

宋嘉定七年　金贞祐二年　夏光定四年
蒙古成吉思汗九年　甲戌　1214年

布汶之役,法王腓利二世与德王腓特烈二世大败德意志奥托四世帝与英王约翰。自此役后,法国王室威势日兴,奠立其欧洲一流强国地位。

三月,蒙古军围金中都,金宣宗求和,献歧国公主和童男女500名及金帛等。

五月,金宣宗迁都南京(汴京开封)。

乙酉,赐礼部进士袁甫、汪介、李方子以下504人及第、出身。考官为刑部尚书曾从龙、礼部侍郎范之柔、左谏议大夫郑昭先、刑部侍郎刘爚。

七月庚寅,起居舍人真德秀上疏,请罢金岁币。从之。

八月,复建宗学,置博士、谕各一人,弟子员百人。

九月乙丑,史弥远上《高宗中兴经武要略》。

十一月辛丑朔,宋遣聂子述使金贺正旦,刑部侍郎刘爚等言不可;太学生上书反对遣使贺金正旦,宋廷均不顾。

十二月,金宣宗下诏"听民南渡",河北、山西等地民众大批迁入黄河以南。

杨简转朝散大夫。

陈苾在苏州知府任上,以学者尹和靖(尹焞)先前读书之旧址虎丘云严寺西,建祠以为纪念。

按:是祠以后改建为和靖书院。

袁甫中进士第一。签书建康军节度判官厅公事,授秘书省正字。

王伯大、吴渊、陈耆卿、王宾、赵与欢、李刘同登进士第。

元好问避兵乱于阳曲、秀容间山中。是夏至汴京,受赵秉文、杨云翼赏识,又与辛愿、雷渊、王渥、李献能、麻革等交游。

吴昌裔举进士,闻汉阳守黄榦得朱熹之学,往从之。

李方子廷对擢第三,调泉州观察推官。

麻九畴南渡,入河南遂平县西山读书,精研经义之学。

周良举进士。

按:周良字符忠,南城人。师事陆九渊最久,陆九渊谓其心志专诚。

叶武子举进士,调郴州教授,刻《大学章句》、《中庸章句》、《论语集注》、《孟子集注》以授诸生。

按:叶武子字成之,邵武人。受学朱熹,补太学生。为郴州教授时,曾以白鹿洞学规为诸生准程,刻《四书集注章句》以授之。历国子正,知处州,入为宗学博士。官

宋嘉定七年　金贞祐二年　夏光定四年　蒙古成吉思汗九年　甲戌　1214年

至秘阁修撰。

　　危和为上元主簿，立祠祀程颢，真德秀为之记。

　　赵师夏著《跋延平答问》。
　　按：赵师夏是朱熹孙婿，《延平答问》即朱熹所编《延平李先生师弟子答问》。赵氏于文中谓李侗对朱熹人格、学问之影响曰："文公幼孤，从屏山刘公学问。及壮，以父执事延平而已。至于论学，盖未之契，而文公每诵其所闻，延平亦莫之许也。文公领簿同安，反复延平之言，若有所得。于是尽弃所学而师事焉。则此篇所录，盖同安既归之后也。文公先生尝谓师夏曰：余之始学，亦务为龙侗宏阔之言，好同而恶异，喜大而耻于小。于延平之言，则以为何为多事若是，天下之理一而已，心疑而不服。同安官余，反复思之，始知其不我欺矣。盖延平之言曰：吾儒之学，所以异于异端者，理一分殊也。理不患其不一，所难者分殊耳。此其要也。"

　　《嘉定编修吏部条法总类》50卷颁行。
　　岳珂著《愧郯录》15卷成书。
　　张国均著《新吴志》2卷。
　　史安之、高似孙著《剡录》10卷刊行。
　　按：是书在体例上重视社会文化史料的著录，为宋代较好的地方志。今有《四库全书》本、道光刊本等。

　　胡柯编《欧阳文忠公年谱》刊行。
　　按：是为现存最早之欧阳修年谱。

　　王明清约卒（1127—　）。明清字仲言，颍州汝阴人。庆元间寓居嘉禾。官泰州卒。著有《挥麈录》20卷、《玉照新志》6卷、《投辖录》1卷及《清林诗话》。事迹见《宋史翼》卷二七。

　　林师蒧卒（1140—　）。师蒧字咏道，号竹邨居士，其先曲阜人，后迁居浙江临海。曾以布衣为州学学谕。博雅好古，家聚图书数千卷，收藏名帖逾千卷。每卷入手，即加以校雠。在李庚原本的基础上，辑唐以前天台题咏为《天台前集》、《天台续集》各3卷。以后其子林表民又增辑《前集别编》1卷、《续集别编》6卷。事迹见陈耆卿《四朝布衣竹邨林君墓碑》（林表民《赤城集》卷一六）。

　　吴汉英卒（1141—　）。汉英字长卿，江阴人。乾道五年进士。官湖南运幕。讲学岳麓书院，大为转运使陈傅良所重。官至权兵部郎。为史弥远所忌，罢官奉祠归。著有《归休集》19卷。《宋元学案》列其入《止斋学案》。

　　僧宗晓卒（1151—　）。宗晓字达先，自号石芝，四明人。俗姓王，为宋代天台宗知礼系僧人，月堂慧询的弟子。著述甚丰，见存的尚有《金光明经照解》、《宝云振祖集》、《三教出兴颂注》、《施食通览》、《法华经显应录》等。

　　董铢卒（1152—　）。铢字叔重，号盘涧，饶州德行人。嘉定进士。曾为婺州金华尉。少从程洵学，后师从朱熹，深得朱熹器重。著有《性理注

英国哲学家、反经验派的经验主义、自然科学家，实验科学的前驱者、方济各会修道士罗吉尔·培根（　—1294）生。

解》《易书注》，后佚。今存与程端蒙同撰的《程董二先生学则》。《宋元学案》列其入《沧州诸儒学案》。

徐玑卒（1162— ）。玑字文渊，一字致中，号灵渊，永嘉人。以荫入仕，除武当令，改长泰令，未至官。诗宗贾岛、姚合，与徐照、翁卷、赵师秀合称"永嘉四灵"。著有《泉山集》，已佚。今存《二薇亭诗集》1卷。事迹见叶适《徐文渊墓志铭》（《水心集》卷二一）。

徒单镒卒，生年不详。镒本名按出，上京人。通契丹大小字及汉字。大定四年，以女真字译书籍。举大定进士。官至左丞相，封广平郡王。著有《弘道集》6卷。事迹见《金史》卷九九本传。

按：《金史》本传曰："镒明敏方正，学问该贯，一时名士，皆出其门，多至卿相。尝叹文士委顿，虽巧拙不同，要以仁义道德为本，乃著《学之急》、《道之要》二篇。太学诸生刻之于石。有《弘道集》六卷。"

方蒙仲（ —1261）、王义山（ —1287）、陈著（ —1297）生。

宋嘉定八年　金贞祐三年　夏光定五年
蒙古成吉思汗十年　乙亥　1215年

英王约翰签署《自由大宪章》，对王权有所限制，并承认部分大贵族特权。

罗马教皇英诺森第三主持召开拉特兰宗教会议。是会规模空前，标示教权达于鼎盛。

意大利阿雷佐大学创立。

西班牙多明我于法国图卢兹创建天主教托钵修会多明我会。

二月，蒙古攻下金北京（今内蒙古宁城西南大明城）。

七月，蒙古骑兵袭攻南京。金向蒙古求和，蒙古要求称臣、去帝号、割河北地。金主不从，和议不成。

八月己丑，追赐张栻谥曰宣。

十月，金以衍圣公孔元措为太常博士。

金宣抚使蒲鲜万奴占据辽东，称天王，国号大真，年号天泰。

十二月，张致占据锦州等地，称瀛王（一作汉兴皇帝），年号兴隆，反蒙古。

是年，安庆府、光州等地流民渡江，迁入信州和饶州。

真德秀领江东计度转运副使。

魏了翁兼提举常平等事，摄转运判官；二月摄遂宁府事。

黄㮚为知州，在靖州建作新书院于州学西，取《尚书》之作"新义"，故名。

黄榦以汉阳郡治后凤栖山为书院，纳四方之士，立周敦颐、程颢、程颐、张载、朱熹五先生祠，作《五先生祠堂记》。

严滋等请为陆九渊赐谥。

倪思复官奉祠，请老，不听。

耶律楚材五月被成吉思汗在访辽旧族时发现，置之左右。

宋嘉定八年　金贞祐三年　夏光定五年　蒙古成吉思汗十年　乙亥　1215年

戴溪以宣奉大夫、龙图阁学士致仕。

李献能特赐词赋进士，授应奉翰林文字。

杨云翼迁礼部侍郎，兼提点司天台。与赵秉文同知贡举。

按：刘祁曰："金朝取士，止以辞赋为重，故士人往往不暇读书为他文。……南渡后，赵、杨诸公为有司，方于策论中取人，故士风稍变，颇加意策论。又于诗赋中亦辨别读书人才，以是文风稍振。然亦谤议纷纭。"（《归潜志》卷八）

林岊时为全州知州，于原全州刺史柳开读书讲学之故址，创建柳山书院，并常至书院"日偕诸生讲明道学，勉敦实行"。书院中祀奉柳开、周敦颐、程颢、程颐、张载、朱熹、张栻七先生，有七先生画像。

麻九畴应举，为省试策论魁，至御试不捷。

白华登进士第。

李明复大约是年前后为太学生。

按：李明复字伯勇，合阳人。著有《春秋集义》50卷、《纲领》3卷。《四库全书总目提要》评论《春秋集义》曰："明复亦名俞，字伯勇，始末无考。据魏了翁《序》，知为合阳人，嘉定中太学生耳。是书首行题'校正李上舍经进春秋集义'，次行又题'后学巴川王梦应'。案朱彝尊《经义考》云：'《宋艺文志》载李明复《春秋集义》五十卷，又载王梦应《春秋集义》五十卷。尝见宋季旧刻，即李氏原本，而王氏刊行之，非王氏别有《集义》也。'此本乃无锡邹仪蕉绿草堂藏本。核其题名，与彝尊所见本相合。知《经义考》所说有据，而《宋志》误分为二也。张萱《内阁书目》称其采周、程、张三子，或著书以明《春秋》，或讲他经以及《春秋》，或其说有合于《春秋》者，皆广收之。然所采如杨时、谢湜、胡安国、朱子、吕祖谦之说，不一而足，谢湜尤多。萱盖考之未审耳。《经义考》载是书前有《纲领》二卷，又有魏了翁《序》。此本乃皆不载，盖传写佚之。然'春王正月'条下自注曰：'余见《纲领》上、中二卷'，则《纲领》当有三卷，故有上、中、下之分。《经义考》作二卷，亦小误矣。今检《永乐大典》，明复所著《纲领》尚存，谨录而补之，仍厘为三卷，以还其旧焉。"

黄榦作《孟子讲义》20篇。

李道传刻《朱子语录》于池州。

按：是书于是盛行。

徐天麟著《西汉会要》70卷首刻。

邱寿隽重校刊吕本中《童蒙训》，楼昉跋。

按：《四库全书总目提要》曰："是书其家塾训课之本也。本中北宋故家，及见元祐遗老，师友传授，具有渊源。故其所记多正论格言，大抵皆根本经训，务切实用。于立身从政之道，深有所裨。中间如申颜、李潜、田腴、张琪、侯无可诸人，其事迹史多失传，赖此犹可以考见大略。固不仅为幼学启迪之资矣。考朱子《答吕祖谦书》，有舍人丈所著《童蒙训》极论诗文必以苏黄为法之语，此本无之。其它书所引论诗诸说，亦皆不见于书内。故何焯跋疑其但节录要语而成，已非原本。然删削旧文，不过简其精华，除其枝蔓，何以近语录者全存，近诗话者全汰？以意推求，殆洛、蜀之党既分，传是书者轻词章而重道学，不欲以眉山绪论错杂其间，遂刊除其论文之语，定为此本欤。其书初刊于长沙，又刊于龙溪，讹舛颇甚。嘉定乙亥，婺州守邱寿隽重校刊之，有楼昉所为跋。后绍定己丑，眉山李埴守郡，得本于提刑吕祖烈，复锓木于玉山堂。今所传本，即明人依宋椠翻雕。行款字画，一仍其旧，最为善本。今亦悉从

日本源显兼著《古事谈》。

海因里希·冯·图林尔著《金星王冠》。

之焉。"

王居仁著《刘忠肃救荒录》5卷刊行。

叶适著《温州新修学记》。

按：此文可谓永嘉学派诞生、发展与转进的简史，其云："昔周恭叔首倡程、吕氏微言，始放《新经》，黜旧疏，挈其侪伦，退而自求，视千载之已绝，俨然如醉忽醒，梦方觉也。颇益衰歇，而郑景望出，明见天理，神畅气怡，笃信固守，言与行应，而后知今人之心可即于古人之心矣。故永嘉之学，必兢省以御物欲者，周作于前而郑承于后也。薛士隆愤发昭旷，独究体统，兴王远大之制，叔末寡陋之术，不随毁誉，必撼故实，如有用我，疗复之方安在！至陈君举尤号精密，民病某政，国厌某法，铢称镒数，各到根穴，而后知古人之治可措于今人之治矣。故永嘉之学，必弥纶以通世变者，薛经其始而陈纬其终也。四人，邦之哲民也，诸生得无景行哉！"（《水心集》卷一〇）

日本荣西卒（1141— ）。佛僧，开创日本临济宗。著有《出家大纲》、《兴禅护国论》及《吃茶养身记》，引进茶种、饮茶方式。

德国哈特曼·冯·奥埃卒（1165— ）。德语官廷诗人，撰有长篇叙事诗《埃雷克》、《格列高里乌斯》、《可怜的亨里希》、《伊万因》及其他抒情诗，描写了苏醒的世俗欢乐与宗教思想之间的冲突。

刘愚卒（1133— ）。愚字必明，衢州龙游人。弱冠入太学，受业者甚众。侍御史柴瑾、祭酒颜师鲁、博士林光朝深器重之。上舍释褐，居第一。调江陵府教授，早晚为诸生讲说，同僚相率以听。愚益谦下，与叶适、项安世讲论不倦，每以隐居学道为乐。后致仕，以著书自娱，于《书》、《礼》、《论语》、《孟子》皆有解。《宋元学案》列其入《水心学案》。事迹见《宋史》卷四五九本传。

游仲鸿卒（1138— ）。仲鸿字子正，号果斋，又号鉴虚，南充人。淳熙二年进士。历中江县知县、军器主簿、嘉定知府等。著有《鉴虚集》。《宋元学案》列其入《丘刘诸儒学案》。事迹见《宋史》卷四〇〇本传。

按：《宋史》本传曰："会侍讲朱熹以论事去国，仲鸿闻之，即上疏曰：'陛下宅忧之时，御批数出，不由中书。前日宰相留正之去，去之不以礼；谏官黄度之去，去之不以正；近臣朱熹之去，复去之不以道。自古未有舍宰相、谏官、讲官而能自为聪明者也。愿亟还熹，毋使小人得志，以养成祸乱。'"

张行简卒，生年不详。行简字敬甫，日照人。金大定十九年中词赋科第一，除应奉翰林文字。章宗即位，转修撰，进读陈言文字，摄太常博士。累迁礼部郎中。官至太子太傅。谥文正。对金朝典章制度多所参与。著有《礼例纂》120卷，已佚。事迹见《金史》卷一〇六本传。

按：《金史》本传曰："行简端悫慎密，为人主所知。自初入翰林，至太常、礼部，典贡举终身，缙绅以为荣。与弟行信同居数十年，人无间言。所著文章十五卷，《礼例纂》一百二十卷，会同、朝献、禘袷、丧葬，皆有记录，及《清台》、《皇华》、《戒严》、《为善》、《自公》等记，藏于家。"

戴溪卒，生年不详。溪字肖望，学者称岷隐先生，温州永嘉人。累官太子詹事。卒赠特进端明殿学士，理宗赐谥文端。光宗时领石鼓书院山长。曾为景献太子赵询讲《中庸》、《大学》，又奉太子命类编《周易》、《诗经》、《尚书》、《春秋》、《论语》、《孟子》、《资治通鉴》等书，各为说以进。著作今存《石鼓论语问答》3卷、《春秋讲义》4卷、《续吕氏家塾读诗记》等。《宋元学案》列其入《止斋学案》。事迹见《宋史》卷四三四本传、《南宋馆阁续录》。

按：《四库全书总目提要》评论《春秋讲义》曰："开禧中，溪为资善堂说书，累转太子詹事。时景献太子命类《易》、《诗》、《书》、《春秋》、《论语》、《孟子》、《通鉴》,各为说以进。此即其《春秋》说也。书中如以齐襄迫纪侯去国为托复雠以欺诸侯,以秦与楚灭庸为由巴、蜀通道,以屡书'公如晋至河乃复'为晋人启季氏出君之渐,以定公戊辰即位为季氏有不立公之心,皆具有理解。而时当韩侂胄北伐败衄,和议再成,故于内修外攘、交邻经武之道,尤惓惓焉。至卒葬之类,并阙而不释。考宋代于丧服之制,避忌颇深。如'何居''居'字语出《檀弓》,《礼部韵略》即不载,其它可知。溪之不释此类,盖当时讲帷之体也。嘉定癸未五月,溪长子楠锓本金陵学舍,沈光序之。宝庆丙戌,牛大年复刻于泰州。其《序》称是书期于启沃君德,天下学士不可得而闻。盖非经生训诂家言,故流传未广。陈氏《书录解题》不著于录,殆以是欤?《宋史·艺文志》作四卷。王瓒《温州志》作三卷。朱彝尊《经义考》注曰'已佚'。今外间绝无传本,惟《永乐大典》所采,尚散见各条《经》文之下。今谨为裒辑校正,自僖公十四年秋至三十三年,襄公十六年三月至三十一年,《永乐大典》所阙,则取黄震《日钞》所引补之。仍从《宋史》厘为四卷,而每卷又各分上、下。其所释《经》文,多从《左氏》,故其间从《公》、《谷》者并附案语于下方焉。"

方汝一(　—1259)、赵顺孙(　—1277)、张文谦(　—1282)生;赵复(　—1306)约生。

宋嘉定九年　金贞祐四年　夏光定六年　蒙古成吉思汗十一年　丙子　1216年

正月,潼川府路提点刑狱魏了翁上奏,建议给周敦颐赐美谥,加以表彰。诏下太常定议。

按:魏了翁曾先后两次上疏,请宋宁宗为周敦颐、程颢和程颐三人赐谥。他认为这是关系到"学术之标准,风俗之枢机"的问题,主张应以周、程的思想来"风厉四方,示学士、大夫趋向之的"(《鹤山集》卷一五《奏乞早定程周三先生谥议》)。经魏了翁、真德秀等人的一再恳请,和一些朝臣的舆论支持,宋宁宗终于在嘉定十三年(1220)谥周敦颐为元公,程颢为纯公,程颐为正公,使三人的学术地位得到了官方的正式承认。这在理学发展史上是一个重大的转折点,它为理学成为南宋后期的官方哲学起了先导作用。

追赐吕祖谦谥曰成。

六月,耶厮不于澄州称帝,国号辽,旋为部将所杀。

十月,蒲鲜万奴降蒙古,旋又反蒙古,称东夏。十一月为蒙古木华黎所破,被俘杀。

十二月,宋宁宗更宫学为宗学,改教授为博士,又置宗学谕一员。

按:从此宫学与宗学合而为一,凡隶玉牒无间亲疏,咸得就学于此。

金宣宗遣使召丘处机,不应诏。

真德秀除右文殿修撰,知泉州。

英王约翰卒,子亨利三世继位,其在位56年,英格兰充满着国王和贵族的斗争。

德国埃贝哈

德·冯·甘德尔斯海姆创作编年体长诗,是为中古低地德语文学的开始。

魏了翁授转运判官;是年上疏乞与周敦颐、张载、程颢、程颐锡爵定谥,朝论韪之。

陈淳待试中都杭州,学徒"远及川蜀,争投贽谒";返回漳州时,途经严陵,郡守邀其讲学,他依次讲道学体统、师友渊源、用功节目、读书次第四个问题,严厉批判陆九渊学派的心学,维护朱子学说,是为《严陵讲义》。

按:陈淳在严陵讲学,当时都下的情况是:"年来象山之学甚旺,以杨慈湖、袁祭酒为陆门上足,显立要津,鼓簧其说,而士大夫颇为之风动。"(《北溪全集》第四门卷一一《与李公晦一》)严州的情况是:"江西禅学一派苗脉,颇张旺于此山峡之间,指人心为道心,使人终日默坐,以想象形气之虚灵知觉者,以为大本,而不复致道问学一段工夫,以求义理之实。"(同上卷一二《答赵司直季仁一》)时"无一人置得晦翁《大学解》,间或一有焉,亦只是久年未定之本"。于是陈淳为捍卫朱子之学,对陆学作了批判,《严陵讲义》正是陈淳这种思想的反映。陈淳攻击陆九渊学说的言论还见于其文集多处,如《与姚安道》云:"(陆九渊)从来只有尊德性的意思,而无道问学的功夫。盖厌繁就简,忽下趋高者。其所精要处,乃阴窃释氏之旨而阳托诸圣人之传……最是大病。"又于《字义·性》中说:"今世有种杜撰等人,爱高谈性命,大抵全用浮屠作用是性之意,而文以圣人之言,都不成模样。据此意,其实不过只是告子生之谓性之说。此等邪说,向来已为孟子扫却。今又再拈起来,做至珍至宝说。谓人之所以能饮食,能语能默,能知觉运动,一个活底灵底,便是性。"清代全祖望曾批评陈淳对陆九渊的批评太过分。

黄榦二月转通直郎,四月至考亭所居,诸生从学于朱熹竹林精舍。

按:《宋史·黄榦传》曰:"(朱)熹作竹林精舍成,遗榦书,有'它时便可请直卿代即讲席'之语。"

赵秉文为翰林侍讲学士。

元好问避乱南渡黄河。

李道传官江东提举,为虞允文建祠于太平府牛渚山广济寺侧,有文记其事。

危稹因新学成,改充博士,其教养之规,稹所论建。

刘汉弼举进士。

李心传著《丙子学易编》(简称《易学编》)15卷成书。

按:是书取王弼、张载、程颐、邵雍、朱熹五家之说,而以其父李舜臣《易本传》之说证之,间附己说,由门人高斯得刊刻。

兴国军学刻印晋杜预《春秋经传集解》30卷。

按:叶德辉《书林清话》卷二曰:"嘉定丙子兴国军学刻《五经》,闻人模书后云:'本学《五经》旧板,乃金枢郑公(仲熊)分教之日所刊,实绍兴壬申岁也。历时浸久,字画漫灭,且缺《春秋》一经。嘉定甲戌夏,有孙缉来贰郡,尝商略及此。但为费浩瀚,未易遽就。越明年,司直赵公(师夏),易符是邦。(模)因有请,慨然领略。即相与捐金出粟,(模)亦撙节廪士之余,督工锓木。书将成,奏院叶公(凯)下车观此,且惜《五经》旧板之不称。(模)于是并请于守贰,复得工费,更帅主学粮幕掾沈(景渊)同计置而更之。乃按监本及参诸路本而校勘其一二舛误,并考诸家字说而订正其偏旁点画。粗得大概,庶或有补于观者云。嘉定丙子年正月望日闻人(模)敬书。'"

宋嘉定九年　金贞祐四年　夏光定六年　蒙古成吉思汗十一年　丙子　1216年

李心传著成《建炎以来朝野杂记》乙集20卷,有自序。

按:《建炎以来朝野杂记》40卷至此完成,与《建炎以来系年要录》互为经纬,堪称姊妹篇。《四库全书总目提要》曰:"心传长于史学,凡朝章国典,多所谙悉。是书取南渡以后事迹,分门编类。甲集二十卷,分《上德》、《郊庙》、《典礼》、《制作》、《朝事》、《时事》、《故事》、《杂事》、《官制》、《取士》、《财赋》、《兵马》、《边防》十三门。乙集二十卷,少《郊庙》一门,而末卷别出《边事》,亦十三门。每门各分子目。虽以《杂记》为名,其体例实同《会要》。盖与《建炎以来系年要录》互相经纬者也。甲集成于嘉泰二年,乙集成于嘉定九年。书前各自有序。周密《齐东野语》尝论所载赵师睪犬吠,乃郑斗所造,以报挞武学生之愤。许及之屈膝、费士寅狗窦,亦皆不得志报私雠者撰造丑诋。所谓韩侂胄僭逆之类,悉无其实云云。盖掇拾群言,失真者固亦不免。然于高、孝、光、宁四朝礼乐刑政之大,以及职官科举、兵农食货,无不该具。首尾完赡,多有马端临《文献通考》、章俊卿《山堂考索》及《宋史》诸志所未载。故《通考》称为'南渡以来,野史之最详者'。王士禛《居易录》亦称其'大纲细目,粲然悉备,为史家之巨擘,言宋事者当必于是有征焉'。其书在宋有成都辛氏刊本,并冠以国史本传,暨宣取《系年要录》指挥数通。今惟写本仅存。案张端义《贵耳三集序》,称心传告以《朝野杂记》丁、戊二集将成,则是书尚不止于甲乙二集,而《书录解题》及《宋史》本传均未之及。殆以晚年所辑,书虽成而未出,故世不得见欤?"

李心传著《旧闻证误》约在本年前后成书。

按:《旧闻证误》15卷,今存5卷,为笔记体著作,是有宋一代考据学的代表作。《四库全书总目提要》评此书曰:"《要录》(指《建炎以来系年要录》)于诸书讹异,多随事辨正。故此书所论北宋之事为多,不复出也。或及于南宋之事,则《要录》之所未及,此补其遗也。凡所见私史小说,上自朝廷制度沿革,下及岁月之参差,名姓之错互,皆一一详征博引,以折衷其是非。大致如司马光之《通鉴考异》,而先列旧文,次为驳正,条分缕析,其体例则如孔丛之诘墨。其间决疑定谳,于史学深为有裨,非淹通一代掌故者不能为也。《宋史·艺文志》载此书作十五卷,自明代已无传本,故薛应旂、王宗沐等续修《通鉴》,商辂续修《纲目》,皆未见其书。今从《永乐大典》中所载,搜罗裒辑,尚得一百四十余条。谨略依时代先后,编次排纂,析为四卷。虽非心传之全帙,然就所存者观之,其资考证者已不少矣。原书于所辨诸条各注书名,《永乐大典》传写脱漏,仅存其十之三四。谨旁加搜讨,凡有可考者悉为补注,无可考者则仍其旧。心传所辨,间有脱文,今无别本可校,亦不敢意为增损焉。"

黄鹤补注《千家注杜工部诗史》36卷成。又编《杜工部年谱》1卷。

按:是谱先以按语叙谱主世系及父、母、子、弟、侄等,有《杜子世系表》。《四库全书总目提要》曰:"冠以年谱,辨疑为纲领,而诗题下各注其年月,未免多所穿凿。然钩稽辨证,具有苦心,亦非全无一当。"

真德秀著《明道先生书堂记》。

刘爚卒(1144—)。爚字晦伯,号云庄,建阳人。与弟炳皆师事朱熹、吕祖谦。乾道八年进士,授山阴主簿。为国子司业时,曾请以朱熹所著《四书》之说以备劝讲,乞罢伪学之诏,又请以朱熹《白鹿洞规》颁示太学,刊行《四书集注》。官至权工部尚书。著有《刘爚奏议》、《史稿》、《经筵故事》、《东宫诗解》、《礼记解》、《讲堂故事》、《云庄外稿》,已佚。今传《云庄集》20卷。《宋元学案》列其入《沧州诸儒学案》。事迹见《宋史》卷四〇

日本鸭长明卒(1155—)。歌人,和歌评论家。后遁入佛门。撰有《方丈记》、《无名抄》、《发心集》等。其和歌作品有收入《新古今集》。

一本传、真德秀《刘文简公神道碑》(《西山文集》卷四一)。宋人沈僩编有《云庄刘文简公年谱》,明人郑京校正。

按:《宋史》本传:"伪学禁兴,爚从(朱)熹武夷山讲道读书,怡然自适。""迁国子司业,言于丞相史弥远,请以熹所著《论语》、《中庸》、《大学》、《孟子》之说以备劝讲,正君定国,慰天下学士大夫之心。奏言:'宋兴,《六经》微旨,孔、孟遗言,发明于千载之后,以事父则孝,以事君则忠,而世之所谓道学也。庆元以来,权侫当国,恶人议己,指道为伪,屏其人,禁其书,学者无所依向,义利不明,趋向污下,人欲横流,廉耻日丧。追惟前日禁绝道学之事,不得不任其咎。望其既仕之后,职业修,名节立,不可得也。乞罢伪学之诏,息邪说,正人心,宗社之福。'又请以熹《白鹿洞规》颁示太学,取熹《四书集注》刊行之。""刘爚表彰朱熹《四书》以备劝讲,卫道之功莫大焉!"

刘秉忠(—1274)、许月卿(—1285)生。

格鲁吉亚肖塔·卢斯塔维里约于是年卒(约1172—)。诗人,倡导十六行诗,奠定近代格鲁吉亚标准语基础。撰有史诗《虎皮武士》。

宋嘉定十年 金贞祐五年 兴定元年 夏光定七年 蒙古成吉思汗十二年 丁丑 1217年

五月甲申,赐礼部奏名进士吴潜、孙挟、费西之以下523人及第、出身。

按:考官为兵部尚书黄畴若、工部尚书任希夷、右谏议大夫黄序、礼部侍郎袁燮。

六月,赵方请宋宁宗下诏伐金,以告天下。

按:自是宋金连年交兵。

八月,成吉思汗封木华黎为鲁国王,建行尚书省于燕云,负责太行以南军事。

九月壬午,金改元兴定。

十月甲寅,金命高汝砺等修《章宗实录》。

是年,宋从兵部侍郎赵汝述请,令武举出身不许再应文举。

陆九渊三月二十八日被赐谥文安,抚州州学教授林恢告祠堂赐谥文。

袁燮九月著《金溪邑庠止善堂记》,言陆九渊讲学之功。

魏了翁正月以状言谥法所以旌善而惩恶,节惠而尊名,指责当时谥法混乱,不足以风厉天下。再上疏乞早定周敦颐、二程等先生谥议(《鹤山集》卷一五《奏乞早定程周三先生谥议》)。是年迁直秘阁,知泸州,主管潼川路安抚司公事。

朱在为南康知军,承继父业,兴修白鹿洞书院,"缺者增之","已具而弊者新之"。黄榦有《南康军新修白鹿书院记》,称"其规模宏壮,皆它郡学所不及"(《勉斋集》卷二〇)。

按:朱在乃朱熹季子,曾随朱熹至南康军,留居白鹿洞书院。

匈牙利国王安德鲁二世偕德、奥、尼德兰诸侯率第五次十字军东侵。

挪威国王英格二世卒,哈康四世登位,是为中古挪威历史"黄金时代"之始。

宋嘉定十年　金贞祐五年　兴定元年　夏光定七年　蒙古成吉思汗十二年　丁丑　1217年

宋慈进士及第，被命为浙江鄞县县尉；未上任，因父丧而居家守制。

刘克庄调真州录事参军、潮州通判。

吴潜举进士第一，授承事郎，签镇东军节度判官，改签广德军判官。

赵秉文复为金礼部尚书，兼侍读学士，同修国史，知集贤院事。

倪思除华文阁学士，奉祠。

黄榦寓居城南法云僧舍，立《同志规约》以示学者，规定每日各读一经一子一史，而以《论语》、《周易》、《左传》为之首。

李道传以疾卒于九江之寓所，黄榦、真德秀、魏了翁为文祭之。

元好问在三乡，以诗文谒赵秉文，极受赏识。名动京师，人称"元才子"。

杨云翼六月升侍讲学士，兼修国史。

江万里入太学，从林夔孙学《易》。

按：林夔孙字子武，号蒙谷，古田人。从朱熹游。嘉定中特奏名，为县尉。著有《书本义》、《中庸章句》、《蒙谷集》。

范仲武为涪州知州，在四川涪州建北岩书院。

按：程颐贬谪涪州时，在江北岸普净寺辟堂注《易》，以后黄庭坚题匾"钩深"。范仲武就在此基础上建立书院。

陈埙登进士第，调黄州教授。不久即师事杨简。

王迈从真德秀游，是年举进士，以殿试第四人出佐长沙幕，刘克庄作诗送行。

姚镛进士及第，为吉州判官。

赵以夫、尹焕举进士。

按：赵以夫字用父，宗室，居于长乐。历官资政殿学士。著有《易通》6卷。《四库全书总目提要》曰："何乔远《闽书》曰：'以夫作《易通》，莆田黄绩相与上下其论。'据其所说，则是书实出黄绩参定。……于圣人作《易》之旨，可谓深切著明，至其真出于谁手，则传疑可矣。"

日本僧侣庆政自泉州回国，带回福州版《大藏经》和"南蕃文字"。

朱熹所著《四书章句集注》28卷由当涂郡斋刻印。

朱在刊刻乃父朱熹所著《楚辞后语》6卷，此本今已佚。

李心传著《丁丑三礼辨》23卷成书。

岳珂编《岳鄂王行实编年》刊行。

刘允济在嘉定中得罗从彦所著《尊尧录》8卷，且为刊行。

按：陈振孙《直斋书录解题》卷五曰："从彦师事杨时，而李侗又师从彦，所谓南剑三先生者也。从彦当靖康初，以为本朝之祸，起于熙、丰不遵祖宗故事，故采四朝事为此录，及李沆、寇凖、王旦、王曾、杜衍、韩琦、范仲淹、富弼、司马光、程颐名辅具儒十人言行，附于其后。末有《别录》一卷，载司马光论王安石、陈瓘论蔡京奏疏，欲上之朝，不果。嘉定中，太守刘允济得其书奏之，且为版行。"

金道士王处一卒（1142—　）。处一从王嚞学道，改名处一，字玉阳，称玉阳真人，宁海人。全真教"北七真"之一，创立全真教嵛山派。著有《云光集》、《清真集》、《西岳华山志》。事迹见《玉阳体玄广度真人王宗师道行碑铭》(《甘水仙源录》卷二)。

王柟卒(1143—)。柟字木叔，号合斋，温州永嘉人。乾道二年进士。历婺州、台州推官，教授黄州，丞义乌，知绩溪，累迁秘书少监。著有《合斋集》16卷，今佚。事迹见叶适《秘书少监王公墓志铭》(《水心集》卷二三)。

巩丰卒(1148—)。丰字仲至，号栗斋，其先郓州须城人，渡江为婺州武义人。少受学于吕祖谦。淳熙十一年以太学上舍对策及第。历知临安县，迁提辖左藏库卒。擅文辞，尤工于诗。著有《东平集》。《宋元学案》列其入《丽泽诸儒学案》。事迹见叶适《巩仲至墓志铭》(《水心集》卷二二)。

蔡幼学卒(1154—)。幼学字行之，温州瑞安人。少从陈傅良学，朝夕侍侧者10年，后与朱熹交往密切。乾道八年进士，授广德教授。历敕令所删定官、武学博士、秘书省正字、校书郎、著作佐郎。官至权兵部尚书兼太子詹事。著有《续司马公卿百官表》20卷、《国朝编年政要》40卷、《国朝实录列传举要》12卷等，多佚，今存《育德堂奏议》。《宋元学案》列其入《止斋学案》。事迹见《宋史》卷四三四本传、叶适《兵部尚书蔡公墓志铭》(《水心集》卷二三)。

按：《宋史》本传曰："幼学早以文鸣于时，而中年述作，益穷根本，非关教化之大、由情性之正者不道也。器质凝重，莫窥其际，终日危坐，一语不妄发。及辨论义理，纵横阖辟，沛然如决江河，虽辩士不及也。尝续司马光《公卿百官表》、《年历》、《大事记》、《备忘》、《辨疑》、《编年政要》、《列传举要》，凡百余篇，传于世。"谢山《奉临川帖子二》曰："阁下于徐忠文公而下，牵连书蔡文懿公幼学、吕太府祖俭、项龙图安世、戴文端公溪皆为陆子弟子，则愚不能无疑焉。浙学于南宋为极盛，然自东莱卒后，则大愚守其兄之学为一家，叶、蔡宗止斋以绍薛、郑之学为一家，遂与同甫之学鼎立，皆左袒非朱，右袒非陆，而自为门庭者。故大愚《与朱子书》且有'江西学术，全无根柢'之言，而朱子非之。蔡行之曾见陆子，有问答，见《年谱》。然行之为郑监岳婿，少即从监岳之兄敷文讲学，而止斋乃敷文高弟，故行之复从止斋。今观行之所著书，大率在古人经制治术讲求，终其身固未尝名他师也。肖望亦为其乡里之学。项平甫来往于朱、陆之间，然未尝偏有所师。要未有确然从陆子者。倪以陆子集中尝有切磋镞万之语，遂谓杨、袁之徒侣焉，则谱系紊，而宗传混，适所以为陆学之累也。"(《宋元学案》卷五三《止斋学案》)

郝天挺卒(1161—)。天挺字晋卿，泽州陵川人。举进士不第。元好问从之学。一生专事教学。事迹见《金史》卷一二七本传。

李道传卒(1170—)。道传字贯之，井研人。李舜臣子。庆元二年进士，调利州司户参军，徙蓬州教授。官终兵部郎官。著有《江东十考》1卷，已佚。编有《晦庵语录》46卷。《宋元学案》列其入《刘李诸儒学案》。事迹见《宋史》卷四三六本传、黄榦《知果州李兵部墓志铭》(《勉斋集》卷三八)。

按：《宋史》本传曰："道传自蜀来东南，虽不及登朱熹之门，而访求所尝从学者与讲习，尽得遗书读之。笃于践履，气节卓然。于经史未有论著，曰：'学未至，不敢。'于诗文未尝苟作,曰:'学未至,不暇。'一日以疾调告,真德秀造焉,卧榻屏间,大书'唤起截断'四字,知其用功慎独如此。居官以惠利为本,振荒遗爱江东,人久而思焉。"

庄夏卒,生年不详。夏字子礼,号藻斋,泉州永春人。淳熙八年进士。迁国子博士,召除吏部员外郎,迁军器监、太府少卿。出知漳州,为宗正少卿兼国史院编修官,寻权直学士院兼太子侍读。官至兵部侍郎、焕章阁待制。著有《礼记解》、《典故备记》、《国史大事记》等。事迹见《宋史》卷三九五本传。

刘黼（ —1276）、区仕衡（ —1277）、赵良弼（ —1286）、应伯震（ —1291）、舒岳祥（ —1301）生。

宋嘉定十一年　金兴定二年　夏光定八年　蒙古成吉思汗十三年　戊寅　1218年

七月乙酉,修《孝宗实录》。

是年,蒙古灭西辽。

高丽向蒙古称臣,并岁贡方物。

西班牙萨拉曼卡大学创立。

真德秀五月转朝散大夫。

黄榦四月入庐山访李燔、陈宓,并于白鹿洞书院讲乾、坤二卦,强调自强不息。九月归法云寓舍,四方生徒会聚讲学。

按：《勉斋先生黄文肃公年谱》引杨信斋曰:"先生日接乡党后进,讲明身心性情之德,修己治人之方,以开晓学者,始知向方。朋友自蜀、江、湖来者日众。"

赵秉文知贡举,坐取进士卢亚重用韵,削两阶,因请致仕。

按：《金史·赵秉文传》曰:"金自泰和、大安以来,科举之文其弊益甚。盖有司惟守格法,所取之文卑陋陈腐,苟合程度而已,稍涉奇峭,即遭绌落,于是文风大衰。贞祐初,秉文为省试,得李献能赋,虽格律稍疏而词藻颇丽,擢为第一。举人遂大喧噪,诉于台省,以为赵公大坏文格,且作诗谤之,久之方息。俄而献能复中宏词,入翰林,而秉文竟以是得罪。"

陈耆卿为青田县主簿。

杨云翼拜礼部尚书。

虞刚简知简州。

王渥登进士第。

李心传著《诵诗训》5卷。

按：高斯得《耻堂存稿》卷五《跋李秀岩先生学易编诵诗训》曰:"秀岩先生近世大儒也,世徒见其论著藏于明堂石室金匮渔版,遂以良史目之,不知先生中年以后,穷极道奥,经术之邃,有非近世学士大夫所能及者。又其天资强敏绝人,《三礼辨》二十余万言,二百日而成;《学易编》二百八十日而成;《诵诗训》亦逾年而成。考订郑、王、孔、贾之谬,折中张、程、吕、朱之说,精切的当,有功于学者为多。"

衡阳郡斋刻印胡寅《致堂读史管见》30卷。

孙德舆著《衡州图经》3卷。

元好问著《论诗绝句三十首》。

按：元徐明善《送黄景章序》云"中州士大夫文章翰墨颇宗苏、黄",元好问论诗,即以苏轼、黄庭坚正统自居(《芳谷集》卷上)。

王炎卒(1137—　)。炎字晦叔,一字晦仲,号双溪,婺源人。乾道五年进士。曾在张栻幕府任职,秩满授潭州教授,改知临湘县。官终军器少监。与朱熹交谊颇深,往还之作颇多。著有《读易笔记》、《尚书小传》、《礼记解》、《老子解》、《论语解》、《孝圣解》、《春秋衍义》、《象数稽疑》、《禹贡辨》等,皆佚。今存《双溪集》27卷。事迹见《宋史翼》卷二四、胡升《王少监传》(《新安文献志》卷六九)。

章颖卒(1141—　)。颖字茂献,临江军新喻人。汪应辰门人。以兼经中乡荐。淳熙二年进士,调道州教授,建周濂溪祠。召对,除太学录。以论赵汝愚事被劾,罢官家居。后为礼部尚书。卒赠光禄大夫,谥文肃。著有《文州古今记》12卷、《四将传》3卷,皆佚。《宋元学案》列其入《玉山学案》。事迹见《宋史》卷四〇四本传。

叶汝舟(　—1293)生。

宋嘉定十二年　金兴定三年　夏光定九年
蒙古成吉思汗十四年　己卯　1219年

罗姆苏丹阿拉丁·凯伊·库巴德一世继位,治下国势全盛。

十字军攻占埃及尼罗河口达米埃塔,拒绝阿尤布王朝苏丹以耶路撒冷与之交换的建议。

二月,金兵破宋兴元府,又入淮南。淮南和荆襄民众渡江避乱。

闰三月,秘书丞张攀奏准编撰淳熙五年以后续搜访书目,次年成《中兴馆阁续书目》30卷。

五月己亥,太学生何处恬等伏阙上书,因工部尚书胡榘欲与金言和,乃请杀胡榘以谢天下。

六月,因西域杀蒙古使者,成吉思汗发动第一次西征,历时5年,至1224年结束。

按：蒙古军开始第一次西征,数年间先后征服西辽、花剌子模等国,以及吉利吉思(在今俄罗斯叶尼塞河流域)、康里(在今乌拉尔河以东至咸海东北)等部落,上述地区的人民大批迁入中原和漠北。

宋宁宗遣使召丘处机,不应;元太祖成吉思汗派使者刘仲禄召请丘处机。

宋嘉定十二年　金兴定三年　夏光定九年　蒙古成吉思汗十四年　己卯　1219年

杨简除直宝文阁，主管明道宫。

真德秀除集英殿修撰，知隆兴府，安抚江西。

黄榦始通释朱熹《论语》。

按：《勉斋先生黄文肃公年谱》引门人陈宓《题叙通释》曰："先生合文公《集注》、《集义》、《或问》三书而通释之。盖《集注》之辞简而严，学者未能遽晓。于是作《或问》一书，设为问答，以尽其详，且明去取诸家之意。先生恐学者不暇旁究，故直取疏解《集注》之辞而列之于后，以便观览。然《集注》、《或问》间有去取之不同，发挥之未尽，先生追忆向日亲炙之语，附以己意，名曰《通释》，于是始无遗憾矣。呜呼！文公年七十一，自弱冠至于易箦，未尝一日不用其力于此书。先生弱冠从文公游者三十余年，未尝不执经在左右，其去取之论，无不与闻。先生年亦七十，从事是书亦五十年。晚岁得闲归三山，生徒云集，讲论余暇，率夜坐至四鼓，未晨而兴。手释二十篇，比成而逝。其用心坚苦如此，学者其可以易观哉！"

李心传作书与黄榦，垂询朱熹《周易本义》与《语录》不合之处，当若何适从。

按：书曰："心传旧作《学易编》，今考《语录》及他书，亦间有与本义不同者，恐学者不知所言先后，有误讲习，妄欲纂集入《本义》之下，仍加以音释训诂，谓之《本义笺》，不识可乎？虽不当以门耳受之语易先生手著之书，然本义在先，语录在后，其间十数条意义尤密。又《启蒙》所引沙随占法，不无差互，未经改正，恐学者以为疑，既非大义所关，不知可宜卷末作今案附见否？"黄榦答书曰："《占法易笺》，自为一书，以记其异，述其所见，以与学者共商榷，不为无补。大抵朱先生诸书，如《语》、《孟》、《中庸》、《大学》，乃四方学者所共读，因其质疑问难之际，多所修改，故其义为最精，若《易》之为书，学者未敢遽读，故未尝有所修改，窃恐其间亦有文义未甚安帖处。今若考订精密，亦先师之意，后学之幸也。"（《丙子学易编》卷首附）

秦九韶在四川参与平定张福等人的兵变。

赵秉文拜礼部尚书。

李义山举进士，授大宗正兼金部，罢出知吉州。

戴昺举进士，授赣州法曹参军。

朱熹弟子黄士毅编定《朱子语类》140卷，刊于眉州，是为"蜀本"。

按：是书分成26类问题，依次为理气（太极、天地）、鬼神、性理、学、《大学》、《论语》、《孟子》、《中庸》、《易》、《书》、《诗》、《孝经》、《春秋》、《礼》、《乐》、孔孟周程张邵朱子、吕伯恭、陈叶、陆氏、老氏、释氏、本朝、历代、战国汉唐诸子、杂类、作文。黄士毅字子洪，号壶山，莆田人，徙居吴。方庆元诋毁道学之际，他徒步趋闽，师事朱熹。

朱熹所著《资治通鉴纲目》59卷由李方子首刻行世，李方子有《后序》。

按：宋元以来，多有为此书作注或采用此体著书者。为之作注的主要有七家：南宋尹起莘的《发明》、刘友益的《书法》，元代汪克宽的《考异》、王幼学的《集览》、徐昭文的《考证》，明代陈济的《集览正误》、冯智舒的《质实》。明弘治年间黄仲昭校刊本，始以七家注文散入原书之内，仍为59卷，是为后世流传的形式。采用此体编写通俗史书的，有明代商辂奉敕编写的《资治通鉴纲目续编》、南轩的《资治通鉴纲目前编》。明末刻本多以三书合刻，而以陈仁锡评阅本最为流行。清代对此类更为重视，康熙帝以金履祥《资治通鉴前编》取代南轩之书，在陈仁锡评本基础上更加评定，编成《御批通鉴纲目》；乾隆时又敕撰《通鉴纲目三编》，专述有明一代史事，从而形成了

凯撒鲁斯·冯·海斯特巴赫约于是年著拉丁文故事集《神奇的故事》，共8卷，具有文学史料价值。

贯穿古今的"纲目体"史书。直到民国初,这种纲目体裁才被淘汰。

岳珂著成《金佗粹编》28卷。

按:是书为了解岳飞功绩及被诬昭雪情形,以及南宋初年和战两派之争,提供了重要史料。

卫玠著《信安志》16卷。

徐自明重修《零陵志》10卷。

叶适著《南安军三先生祠堂记》和《台州州学三先生祠堂记》。

按:前文表达了叶适对周敦颐、程颢、程颐创建道学之贡献的敬意。后文所谓的"三先生"指罗适、陈公辅、陈良翰。

张元幹孙张钦臣刻乃祖《芦川归来集》15卷。

李孟传卒(1136—)。孟传字文授,越州上虞人。李光之子。以父荫累官至太府丞,后出知江州。以朝请大夫直宝谟阁致仕。著有《盘溪诗》、《宏辞类稿》10卷、《左氏说》10卷、《读史》10卷、《杂志》10卷及《记善》5卷、《记异录》5卷等,皆佚。《宋元学案》列其入《元城学案》。事迹见《宋史》卷四〇一本传。

许奕卒(1170—)。奕字成子,简州人。庆元五年进士,签书剑南东川节度判官。除秘书省正字,迁校书郎。官至显谟阁直学士。著有《毛诗说》、《周易讲义》、《尚书讲义》、《周礼讲义》、《论语讲义》、《九经直音》、《九经正讹》、《诸经正典》等,皆佚。事迹见《宋史》卷四〇六本传、魏了翁《显谟阁直学士提举西京嵩山崇福宫许公奕神道碑》(《鹤山集》卷六九)。

赵师秀卒(1170—)。师秀字紫芝,一字灵秀,又称灵芝,号天乐,永嘉人。与徐照、徐玑、翁卷并称"永嘉四灵"。著有《天乐堂集》1卷,已佚,今存《清苑斋集》1卷。事迹见《弘治温州府志》卷一〇。

赵庚夫卒(1173—)。庚夫字仲白,号山中,寓居兴化军。尝两举进士,皆不第。后杜门苦学,精研《老子》和《周易》。曾与赵师秀、潘柽论诗,与刘克庄等唱和。著有《周易注》、《老子注》、《山中客语》、《青裳集》、《山中集》,皆佚。事迹见刘克庄《赵仲白墓志铭》(《后村集》卷一四八)。

李道谦(—1296)、李珏(—1306)生。

宋嘉定十三年　金兴定四年　夏光定十年
蒙古成吉思汗十五年　庚辰　1220年

德王腓特烈二世在法兰克福颁《教会公侯特权法》。同年加冕于罗马。

四月丙戌,史弥远等进《玉牒》及《三祖下第七世宗藩庆系录》。

六月癸酉,赐礼部进士刘渭、董洪、任友龙以下475人及第、出身。

按:是科考官为吏部侍郎宣缯、右谏议大夫俞应符、充监试礼部侍郎杨汝明、起居舍人李安行。

是月,应魏了翁、任希夷等人之请,追谥周敦颐曰"元"、程颢曰"纯"、程颐曰"正"、张载曰"明"。

叶适任宝文阁学士,通议大夫。

真德秀由集英殿修撰,抚江西,因丁母忧返梓。

魏了翁差知潼川府。游似、吴泳、牟子才皆来造门受业。

黄榦致仕不出,专从讲学。

耶律楚材是年告诫蒙古主:"为天下者,岂可不用'治天下匠'(儒者)耶!"(《元史·耶律楚材传》)

叶贺孙中进士,授鄂州教授。

邓若水举进士,对策时论史弥远之奸,请更命贤相,考官置之末甲;策语播行都,士争诵之。史弥远怒,谕府尹,使逆旅主人讥其出入,将置之罪,久之乃已。

包恢举进士,调金溪主簿。

王埜成进士。仕为潭属,真德秀延致幕下,遂执弟子礼。

杨云翼改吏部尚书,又改御史中丞。

陈耆卿为庆员府学教授。

赵秉文除翰林侍讲学士。

李纯甫复入翰林,喜佛学,玄谈号称独步。

按:《中州集》"刘昂霄"小传曰:"评者谓承平以来,王汤臣论人物,李之纯玄谈,号称独步。"刘祁曰:"李屏山平日喜佛学,尝曰:'中国之书不及也。'又曰:'西方之书',又曰:'学至于佛则无所学。'《释迦赞》云:'窃吾糟粕,贷吾秕糠,粉泽丘轲,刻画老庄。'尝论以为宋伊川诸儒,虽号深明性理,发扬六经圣人心学,然皆窃吾佛书者也。因此,大为诸儒所攻。兴定间,再入翰林。时赵闲闲为翰长,余先子为御史,李钦止、钦叔、刘光甫俱在朝,每相见,辄谈儒佛异同,相与折难。"(《归潜志》卷九)

胡卫九月论宋代文风三变。

按:胡卫曰:"臣闻河洛由文兴,六经由文起,皇朝承五季陵夷之后,士气卑弱,二三圣人作而新之,朝廷之上号大手笔如杨亿、王元之,虽尚拘昆体,而场屋间,王曾试有物混成赋,识者即以公辅期之,自后欧阳修、尹洙专以古文相尚,天下竞为模楷,于是文风一变,遂跨于唐矣。熙宁以来,凡典章号令若王安石之造意平雅,苏轼之发语纯明,体律之至,弗可及已,譬犹水,在扶质以立干,不止于垂苕而结叶也;程颢、程颐又以洙泗之源流,兴于伊洛间,士之所趋一归于正,于是文风再变,遂越于汉矣。南渡之后,视草代言之任,间有作者,大抵属对精密,加之温丽,而其弊至以颂上之辞为谄下之语。近在淳熙,惟文祖嘉尚正学,粤有洪儒,新传益粹,熏陶渐染,一时学者,皆根柢乎义理,发明乎章句,文风三变,几至于道。"(《宋会要辑稿·选举六》)

元好问八月至汴京,赴试中举。

叶味道中进士,调鄂州教授。

王若虚与李纯甫同知贡举。

杜范调婺州司法参军。

赵善湘进直宝文阁。

德国第一座灯塔建成(在特拉弗明德,1286年易北河入海口建起另一座灯塔)。

叶绍翁约是年前后在世，曾著《四朝闻见录》，对理学家颇多颂扬。

杨大异举进士，授衡阳主簿。

丘处机二月率随行弟子尹志平、李志常等18人，应成吉思汗诏，启程北上，到达燕京。时成吉思汗已率军西去，颁诏邀处机等西行会面。

意大利数学家L·斐波那契的著作《几何实用》、《平方数书》、《精华》和《通信录》发表。

奥地利行吟诗人斯特里克约于是年著有关亚瑟王传奇故事《繁花山谷中的达尼尔》。

斯诺里·斯图鲁逊约于是年著《海姆斯克林拉》和描写挪威国王在冰岛的故事《世界》。

黄榦修《丧礼》15卷成。

按：《勉斋先生黄文肃公年谱》引杨信斋语："《礼》莫重于《丧》、《祭》，文公以二书属之先生，其责盖不轻也。先生于是书也，推明文王、周公之典，辨正诸儒同异之论，剖击世俗蠹坏人心之邪说，以示天下后世。其正人心、扶世教之功至远也。先生之心，忧天下后世为心，夫岂以著述为一己之书哉？"

金高汝砺等修成《章宗实录》。

蒙古耶律楚材制成《庚午元历》。

按：蒙古初承用金《大明历》，时太祖西征，乃命耶律楚材重修，创《西征庚午元历》，虽未颁用，然创类似后来"时区"的里差法，引进了回历中地球经度的朴素概念，并可能参考过西方的《哲拉里历》。

黄榦始著《朱子行状》。

按：是文全面论述朱熹的学问、道德和在理学史上的地位。与苏轼《司马温公行状》、朱熹《张魏公行状》合称宋代三大行状。

魏了翁因眉州刊行《朱子语类》，为作序。

李方子著《朱文公年谱》（《紫阳年谱》）。

徐鹿卿分类编辑《汉唐纪传本末》。

秘书丞张攀四月奉命编成《中兴馆阁续书目》30卷，计续修新增图书14943卷。

陆游幼子陆遹十一月刻陆游《渭南文集》50卷于溧阳官舍；长子陆虞刻《剑南诗稿》85卷于江州。各有跋文。

按：《剑南诗稿》今存残帙，题为《放翁先生剑南诗稿》。

李从周著《字通》1卷，魏了翁作序。

周守忠著《历代名医蒙求》2卷成书。

波斯阿塔尔约于是年卒（约1142—）。诗人、思想家，撰有寓言诗《百鸟朝凤》和散文《长老传》等。

丹麦萨克索·格拉马蒂库斯卒（1150—）。历史学家，以拉丁文撰成史著《丹麦史》（或称《丹麦人的业绩》）。

高丽李仁老卒（1152—）。诗人，著有汉诗《续行路难》等。

倪思卒（1147—　）。思字正父（甫），号齐斋，归安人。倪称子。其父受业于张九成，他又传父之学。乾道二年进士，授阜陵知县。淳熙五年中博学宏词科，累迁至秘书郎。官终华文阁学士。卒谥文节。著有《易训》30卷、《易说》2卷、《班马异同》35卷、《经鉏堂杂志》8卷。另有《齐斋甲稿》20卷、《齐斋乙稿》15卷、《翰林前稿》20卷、《兼山小集》30卷、《兼山四六集》10卷、《南征南辕诗》2卷、《词科旧稿》5卷等，皆佚。《宋元学案》列其入《横浦学案》。事迹见《宋史》卷三九八本传、魏了翁《显谟阁学士特赠光禄大夫倪公墓志铭》（《鹤山集》卷八五）。

按：全祖望曰："横浦再传弟子，东莱而外，章公茂献（章颖）与齐斋，足称三杰矣。然齐斋之佞佛，明目张胆，不可收拾，是则横浦渊源之流极也。"（《宋元学案》卷四〇《横浦学案》）

史守道卒(1173—)。守道字孟传，眉州丹棱人。治学宗魏了翁。宁宗嘉定十三年，将入对，忽以疾卒，诏赐同进士出身，追授迪功郎。著有《传斋集》10卷、《传斋有用之学》20卷、《书略》10卷、《诗略》10卷、《周礼略》10卷、《春秋统会》12卷、《国朝名贤年谱》10卷。《宋元学案》列其入《鹤山学案》。事迹见魏了翁《故迪功郎致仕史君孟传墓志铭》(《鹤山集》卷八二)。

周允和(—1285)、罗天益(—1290)、何荣祖(—1299)生。

德国沃尔夫拉姆·冯·埃申巴赫卒(1170—)。中古高地德语诗人，撰有史诗《帕尔齐法尔》、《威廉》、《蒂图埃尔》及抒情诗《破晓歌》等。

宋嘉定十四年　金兴定五年　夏光定十一年
蒙古成吉思汗十六年　辛巳　1221年

正月甲午，金尚书省言：《章宗实录》已进呈，卫王事迹，亦宜依海陵庶人实录纂集成书，以示后世。诏可。

五月壬辰，史弥远等上《孝宗宝训》、《皇帝会要》。

七月丁未，修《光宗宝训》。

八月乙丑，追封史浩为越王，改谥忠定，配享孝宗庙廷。

宋宁宗无子，是年以皇侄赵贵和为皇子，更名赵竑。

真德秀筑西山精舍于福建蒲城长乐里仙阳镇，与詹体仁、黄叔通、徐凤等朋辈讲学其中，并建睦亭，自为之记。

按：是精舍到元代被赐名为西山书院，以祀真德秀。

赵秉文知贡举，坐为同官所累，夺一官致仕。应试举子有元好问、杨奂、麻九畴、杨宏道、刘祁等。

李纯甫同知贡举，以取人逾新格，出倅坊州。未赴，改京兆府判官。

杨简除秘阁修撰，主管千秋鸿禧观。

元好问三月进士及第，不就选。座主为赵秉文。

金宰相师仲安指责赵秉文与杨云翼、雷渊、李献能为"元氏党人"。

赵善湘进直龙图阁、知镇江府。

游似举进士。

按：游似字景仁，南充人。累官吏部尚书。淳祐中为右丞相兼枢密使。辛赠少师。刘光祖门人。

麻九畴初试、复试皆名列前茅，但误于廷试，遂隐居不出，教读为业，王磐等为其弟子。

熊刚大嘉定年间举进士。

按：熊刚大，福建建阳人。受业于蔡渊、黄榦。曾与熊节同编注《性理群书句解》23卷。《四库全书总目提要》曰："《性理群书句解》二十三卷，宋熊节编，熊刚大注。节字端操，建阳人，官至通直郎知闽清县事。刚大亦建阳人，受业于蔡渊、黄榦。嘉定中登进士，自称觉轩门人，掌建安书院朱文公诸贤从祀祠，其仕履则不可考。注

第五次十字军东侵终结。

西班牙布尔戈斯兴建哥特式大教堂。

中称'逮年皇上亲洒白鹿洞规,以赐南康',则理宗时人也。节受业于朱子。是书采摭有宋诸儒遗文,分类编次,首列濂溪、明道、伊川、横渠、康节、涑水、考亭遗像,并传道支派;次赞,次训,次戒,次箴,次规,次铭,次诗,次赋,次序,次记,次说,次录,次辨,次论,次图,次《正蒙》,次《皇极经世》,次《通书》,次文,而以《七贤行实》终焉。其列司马光一人,与后来讲学诸家持论迥异。考朱子于绍熙五年冬筑竹林精舍,率诸生行舍菜之礼于先圣先师,以周、程、邵、张、司马、延平七先生从祀。集中载其祝文,有曰邵曰张,爰及司马,学虽殊辙,道则同归之语,则朱子序列学统,本自有光,后来门户日分,讲学者乃排而去之。节亲受业于朱子,故犹不敢恣为高论也。所录之文,亦以七贤为主,而杨时、罗仲素、范浚、吕大临、蔡元定、黄榦、张栻、胡宏、真德秀所作,亦间及焉。其上及范质者,以朱子作《小学》尝录其诗。旁及苏轼者,则以司马光《行状》之故,非因轼也。明永乐中,诏修《性理大全》,其录诸儒之语,皆因《近思录》而广之,其录诸儒之文,则本此书而广之,并其'性理'之名似亦因此书之旧。是其文虽习见,固亦作乐者之苇钥,造车者之椎轮矣。刚大所注,盖为训课童蒙而设,浅近之甚,殊无可采。以其原附此书以行,姑并录之,以存其旧焉。"该书有元刻本、明代范氏天一阁刻本、《四库全书》本等。

古法语史诗故事《波尔多的胡翁》问世。

王若虚著《论语辨惑》。

按:王若虚《论语辨惑序》曰:"晦庵删取众说,最为简当,然尚有不安及未尽者,窃不自揆,尝以所见正其失而补其遗。凡若干章,非敢以传世也,姑为我家童蒙之训云。"

黄榦正月著《朱子行状》成,又有《告文公祠堂文》。

王象之著《舆地碑记目》4卷成书。又始著《舆地纪胜》。

李心传著《西陲泰定录》90卷。

按:是书记四川吴曦叛变及削平始末。

赵珙著《蒙鞑备录》1卷。

按:是年宋蒙互遣使通好,赵珙出使燕京,归后著有此书,是为最早记载蒙古事迹的历史著作。现存最早版本是《说郛》本,通行诸本中,以1926年刊行的王国维《蒙鞑备录笺注》较佳。

西班牙多明尼克卒(1170—)。天主教传教士,创立托钵修会多明我会。

意大利神学家、经院学派的神秘主义者、多明我会会士波拿文都拉(—1274)生。

黄榦卒(1152—)。榦字直卿,号勉斋,长乐人。朱熹高足、女婿。历官汉阳军、安庆府。谥文肃。以道学、政事知名,诸生从学者甚众。著有《书说》10卷、《六经讲义》30卷、《续仪礼经传通解》29卷、《论语通释》10卷、《孝经本旨》1卷。今存元刊本《勉斋先生黄文肃公集》40卷。《宋元学案》列其入《勉斋学案》。事迹见《宋史》卷四三〇本传、《勉斋黄先生行实》(《勉斋集》附)。宋人郑元肃、陈义和编有《勉斋先生黄文肃公年谱》。

按:金华朱子之学,系黄榦传授,全祖望曰:"勉斋之传,得金华而益昌。说者谓北山(何基)绝似和靖(尹焞),鲁斋(王柏)绝似上蔡(谢良佐),而金文(金履祥)、安公(许谦),尤为明体达用之儒。"又曰:"嘉定而后,足以光其师传,为有体有用之儒者,勉斋黄文肃公其人也","三先生(指朱熹、张栻、吕祖谦)之后,勉斋一人而已"(《宋元学案》卷六三《勉斋学案》)。"金华四先生"中,何基受学于黄榦,王柏受学于何基,金履祥受学于王柏,许谦又受学于金履祥。朱熹后学,支派林立,金华一支,绵延数世,号称嫡脉。《宋元学案》所列黄榦门人有何基、饶鲁、方暹、张元简、赵师恕、董介轩、蔡念诚、刘子玠、吴泳、吴昌裔、黄师雍、黄振龙、陈如晦、梁祖康、陈象祖、方来、郑鼎新、李鉴、薛师邵、叶士龙、陈伦、熊刚大等。

姜夔约卒(约1155—)。夔字尧章,号白石道人,又号石帚,饶州鄱阳人,后寓居武康。屡试不第,以布衣而结交杨万里、范成大、尤袤、朱熹、楼钥、叶适、京镗等名流。工诗词,擅书法,精通音律,能自度曲。著有《白石道人歌曲》4卷、《白石道人诗集》1卷、《白石道人诗说》1卷、《续书谱》、《绛帖平》等。事迹散见《齐东野语》、《宋史翼》等书。近人马维新编有《姜白石先生年谱》、今人夏承焘编有《白石道人行实考》。

按:《四库全书总目提要》评《绛帖平》曰:"按曹士冕《法帖谱系》云,绛本旧帖,尚书郎潘师旦以官帖私自摹刻者,世称'潘驸马帖'。又称潘氏析居,法帖石分而为二。其后绛州公库乃得其一,于是补刻余帖,是名东库本。逐卷各分字号,以'日月光天德'、'山河壮帝居'、'太平何以报'、'愿上登封书'为别。今夔所论,每卷字号与士冕所说相合。然则夔所得者,即东库本也。宋之论法帖者,米芾、黄长睿以下,互有疏密。夔欲折衷其论,故取汉官廷尉平之义,以名其书。首有嘉泰癸亥《自序》云:'帖虽小技,而上下千载,关陟史传为多。'观是书考据精博,可谓不负其言。惟第五卷内论智果书梁武帝评书语,武帝藏锺、张二王书,尝使虞龢、陶隐居订正。案,虞龢宋人,其《上法书表》在宋孝武帝之世,去梁武帝甚远。斯则考论之偶疏耳。据《墨庄漫录》,其书本二十卷。旧止抄本相传,未及雕刻。所载字号,止于'山'字。其'河'字以下亡佚十四卷,竟不可复得。然残珪断璧,终可宝也。"

吴之巽卒(1160—)。之巽字先之,潼川府中江人。从父受《小戴礼记》。教授于广汉王氏塾。曾多次校雠历代史书,尤精当代故实及天文、地理、字书。著有《诸经讲义》5卷、《中庸口义》3卷、《通鉴类》10卷、《国典》20卷。事迹见魏了翁《中江吴先之墓志铭》(《鹤山集》卷七二)。

薛叔似卒,生年不详。叔似字象先,其先河东人,后徙永嘉。薛季宣兄子。游太学,解褐国子录。对论称旨,迁太常博士。孝宗时为左补阙,论劾首相王淮去位。光宗即位,累除秘书监、权户部侍郎,提举太史局。宁宗开禧北伐,任兵部尚书、京湖宣抚使,因委任失当,以言者论,夺职罢祠。卒赠银青光禄大夫,谥恭翼,改谥文节。著有《薛文节公集》20卷。《宋元学案》列其入《艮斋学案》。事迹见《宋史》卷三九七本传。

朱晞颜(—1279)、李居寿(—1280)、耶律铸(—1285)、方逢辰(—1291)、樊志应(—1295)生。

宋嘉定十五年　金兴定六年　元光元年　夏光定十二年　蒙古成吉思汗十七年　壬午　1222年

二月,秘书郎何澹言:有司出题,强裂句读,专务断章,破碎经文。宜令革去旧习,使士子明纲领而识体要,考注疏而辨异同。从之。

埃及鲁斯君主国灭拉丁帝国附庸

帖萨洛尼卡王国。

意大利帕多瓦大学创立。

四月辛巳，金置大司农司，设置大司农卿、少卿、丞，京东、西、南三路置行司，并兼管采访事。

七月甲子，宋宁宗诏于江淮、荆襄、四川制置、监司计画营田。

八月甲申，金改元元光，并大赦。

是年，蒙古西征至回回国。

真德秀服阙，补复宝谟阁待制，知潭州；曾至岳麓书院讲学。

杨简特授朝请大夫、右文殿修撰，主管鸿庆宫。

魏了翁入为兵部郎中，改司封郎中兼国史院编修官。

赵秉文复起为礼部尚书，兼官如故。

周思诚为桂阳知县，以此县乃理学大师周敦颐"过化"之地，故于桂枝岭建濂溪书院，以祀周敦颐。

王居安为工部侍郎，甫两月，以集英殿修撰提举玉隆宫。未几，以宝谟阁待制出知温州。

岳珂为朝奉郎、守军器监、淮东总领。

徐鹿卿九月领乡举。

丘处机四月到达成吉思汗行宫，受到接待与嘉勉。八月再度应诏西行，九月抵达成吉思汗设于阿姆河南岸军营，多次与其长谈。至次年三月方始东返。

按：此后全真教大盛。此次西行，后李志常为著《长春真人西游记》。

傅起等编《道学发源》刊行，有赵秉文、王若虚所作的前、后序。

按：王若虚《道学发源后序》曰："自宋儒发扬秘奥，使千古之绝学一朝复续，开其致知格物之端，而力明乎天理人欲之辨。始于至粗，极于至精，皆前人之所未见，然后天下释然知所适从。……三数年来，其传乃始浸广，好事者往往闻风而悦之。今省庭诸君，尤为致力，慨然以兴起斯文为己任，且将与知者共之，此发源之书，所以汲汲乎锓木也。"据《直斋书录解题》，张九成著有《论语解》20卷、《孟子解》14卷、《中庸》6卷、《大学》2卷，赵秉文将诸书删节后合刻，名曰《道学发源》。

赵秉文著《扬子法言微旨》，王若虚作《扬子法言微旨序》。

楼昉编《东汉诏令》11卷成书，有自序。

真德秀著《文章正宗》40卷成。

按：《四库全书总目提要》曰："《文章正宗》二十卷、《续集》二十卷，宋真德秀编。是集分辞令、议论、叙事、诗歌四类。录《左传》、《国语》以下至于唐末之作（案总集之选录《左传》、《国语》，自是编始，遂为后来坊刻古文之例）。其持论甚严，大意主于论理而不论文。……所论至为平允，深中其失。故德秀虽号名儒，其说亦卓然成理，而四五百年以来，自讲学家以外，未有尊而用之者，岂非不近人情之事，终不能强行于天下欤？然专执其法以论文，固矫枉过直；兼存其理，以救浮华冶荡之弊，则亦未尝无裨。藏弆之家，至今著录，厥亦有由矣。《续集》二十卷，皆北宋之文。阙诗歌、辞命二门，仅有叙事、议论，而末一卷议论之文，又有录无书。盖未成之本，旧附前集以行，今亦仍并录焉。"

宋嘉定十五年　金兴定六年　元光元年　夏光定十二年　蒙古成吉思汗十七年　壬午　1222年

高似孙选《诗句图》1卷成。

俞亨宗卒(1134—　)。亨宗字兼善,越州山阴人。隆兴二年进士。从洪适、洪遵、洪迈游。历知漳州、吏部郎、大理少卿、秘书少监,官终秘阁修撰。著有《群经感发》10卷、《山林思古录》10卷、《垂轩稿》20卷、《宏词习业》5卷,已佚。事迹见《宝庆会稽续志》卷五。

刘光祖卒(1142—　)。光祖字德修,号后溪,一号山堂,简州阳安人。乾道五年进士。宁宗时为起居郎,韩侂胄专权,兴伪学之禁,他撰《涪州学记》,反对"以道为伪",被谪徙房州。后起知眉州,进直宝谟阁。谥文节。著有《诸经讲义》、《山堂疑问》及《后溪集》10卷,皆佚。《宋元学案》列其入《丘刘诸儒学案》。事迹见《宋史》卷三九七本传、真德秀《刘阁学墓志铭》(《西山文集》卷四三)。

按:《宋史》本传曰:"赵汝愚称光祖论谏激烈似苏轼,恳恻似范祖禹,世以为名言。所著《后溪集》十卷。"刘光祖与丘崈、楼钥、柴中行、崔与之、柴中守、柴元裕等人创立了丘刘学派,或称丘刘诸儒学派。其著名弟子有史宾之、游似、周端朝、孙枝、史守之、饶鲁、汤千、汤巾、汤中、汤汉、洪咨夔、程掌、罗晋君、李伯玉等。

黄畴若卒(1154—　)。畴若字伯庸,自号竹坡,江西丰城人。淳熙五年进士。历祁阳主簿、太府寺主簿、著作郎、监察御史、兵部尚书兼同修国史、礼部尚书等。著有《讲学》10卷、《进故事》12卷、《黄畴若奏议》30卷、《竹坡集》40卷,皆佚。事迹见《宋史》卷四一五本传、刘克庄《焕章学尚书黄公神道碑》(《后村集》卷一四二)。

时澜卒(1156—　)。澜字子澜,号南堂拙叟,婺州兰溪人。淳熙八年进士。官至朝散郎、通判台州。与兄时沄同师吕祖谦。祖谦辑《书说》,自《秦誓》溯《洛诰》,未毕而卒,澜补完之。著有《易讲义》、《左氏春秋讲义》10卷、《南堂集》。《宋元学案》列其入《丽泽诸儒学案》。事迹见《宋史翼》卷二五。

按:时沄字子云,尝著《尚书周官余论》,未成而卒。

李壁卒(1159—　)。壁字季章,号雁湖居士,又号石林,眉州丹棱人。李焘子。绍熙元年进士。历官秘书省正字、著作佐郎、参知政事、同知枢密院事。卒谥文懿。著有《中兴战功录》3卷、《皇宋十朝纲要》、《王荆公诗注》50卷、《雁湖集》100卷、《涓尘录》3卷、《援毫录》80卷、《临汝闲书》150卷、内外制20卷等,已佚。今存《中兴战功录》1卷。《宋元学案》列其入《岳麓诸儒学案》。事迹见《宋史》卷三九八本传、真德秀《故资政殿学士李公神道碑》(《西山文集》卷四一)。

按:《宋史》本传曰:"壁嗜学如饥渴,群经百氏搜抉靡遗,于典章制度尤综练。为文隽逸,所著有《雁湖集》一百卷、《涓尘录》三卷、《中兴战功录》三卷、《中兴奏议》若干卷、内外制二十卷、《援毫录》八十卷、《临汝闲书》百五十卷。壁父子与弟埴皆以文学知名,蜀人比之三苏云。"

车垓(　—1276)、魏初(　—1292)、赵秉温(　—1293)、龚开(　—1304)生。

日本佛僧、日莲宗开山祖日莲(　—1282)生。

宋嘉定十六年　金元光二年　夏光定十三年　李德旺乾定元年　蒙古成吉思汗十八年　癸未　1223年

拉丁皇帝罗伯特一世侵入尼西亚帝国，无功而退。该帝国以尼西亚为中心，统治着小亚细亚地区，被视为拜占廷帝国的传人和希腊东正教的中心，由拜占廷帝国安菖利王朝的阿莱克修斯三世之婿塞奥多利·拉斯卡利斯建立。

法王腓力二世卒，子路易八世嗣位。

三月，成吉思汗免全真道人税赋差发。

五月戊申，赐礼部进士蒋重珍、蔡仲龙、赵发以下549人及第、出身。

按：是科考官为吏部侍郎程珌、左谏议大夫朱端常、监试权刑侍朱著、起居舍人郑性之。

十二月庚寅，金宣宗卒，太子完颜守绪即位，是为哀宗。

蒙古进攻夏，夏神宗传位于子李德旺，是为献宗，改元乾定。李遵顼自立为上皇。

是年，宋追谥张载曰"献"。

杨简进宝谟阁待制，提举鸿庆宫。

叶适卒于家，吕皓、程珌、魏了翁、陈耆卿皆有文来祭，刘宰、刘克庄、吴子良等各有挽诗若干首。

真德秀擢起居舍人，兼宫讲。

魏了翁为省试参详官，得无锡蒋重珍为第一人；迁太常少卿兼侍立修注官。

按：蒋重珍字良贵，号实斋，又号一梅老人，无锡人。问学于魏了翁。以刑部侍郎致仕。

毛居正因国子监刊正经籍，被聘专司校雠之职。

按：毛居正字谊父，浙江衢州人。毛晃子。曾将奉命校正经籍时所校正的文字编成《六经正误》6卷，其为《六经》文字正本清源，审定字画之功，不可泯灭。有《通志堂经解》本及《四库全书》本传世。

高似孙除秘书郎。

陆持之特召赴秘书省读书，固辞不获；既至，又诏以迪功郎入省，乞归不许。

李汾游汴京，举进士不中，被荐入史馆。

牟子才举进士，对策诋丞相史弥远，调嘉定府洪雅县尉。

徐鹿卿二月试礼部中第三等；五月对策集英殿，赐进士及第，授迪功郎、南安军军学教授。

郑鼎新举进士，知晋江县。

谢梦生举进士，累官秘书丞。

雷渊为翰林应奉、国史院编修，仍兼英王府文学记室参军。

李纯甫卒于汴京，雷渊撰墓志铭，赵秉文撰墓表，撰挽诗、祭文者甚多。

宋嘉定十六年　金元光二年　夏光定十三年　李德旺乾定元年　蒙古成吉思汗十八年　癸未　1223年

童居易举进士。

按：《宋元学案》卷七四《慈湖学案》曰："童居易，字行简，慈溪人也。尝从乡先生李耸学古文，又学《小戴礼》于校书郎王休。一日参杨敬仲（杨简），与语，大奇之，遂舍所学学焉。……迁太学博士，以身为教，学者仰之。以言会子事忤上，出判吉州。未几，迁本州岛岛同知。升中奉大夫，知广东德庆府，蛮獠杂居，民悍难化，先生抚以恺悌，三载，民乐耕桑，门不夜阖，狱囚屡空。寻上章乞归，居杜洲之滨，学者从之，称杜洲先生。……谢山《杜洲六先生书院记》曰：'慈溪县鸣鹤乡者，杜洲童先生居易家焉。慈湖世嫡弟子，石坡（桂万荣）而外，即推童氏，累代不替，诸家学录中所未有也。书院则先生之孙副尉金始肇造之，而得朝命于其子桂。嘉兴顾嵩之、吾鄞孙元蒙俱来为山长。其时甬上书院多设长者，而以杜洲为最盛。有先圣碑亭，有礼殿，有讲堂，有六斋：曰志道，曰尚德，曰复礼，曰守约，曰慎独，曰养浩。其中为慈湖祠，旁为六先生祠。有书库，有祭器。门廊庖湢，纤悉毕备。有田租以资学者。盖仿佛四大书院规制而为之耳，意良厚矣。'又曰："六先生者，首杜洲；次松檐，盖杜洲子钟也；次懋山曹山长汉炎，则杜洲之徒，最称耆宿，曾掌慈湖书院者也；次东发黄提刑，及与杜洲讲道者也；次草堂严高士畏，亦杜洲之徒也；次声伯，松檐弟铉也。曹、黄、严三氏，其居在鸣鹤乡中，当日聚处于讲堂最多，故并祀之。"

朱元龙举进士。

按：朱元龙字景云，义乌人。历除宗正丞，兼权左司郎官。《宋元学案》列其入《沧州诸儒学案》。

王万举进士，调和州教授。

赵崇磻举进士，授石城令。

姚希得举进士，授小溪主簿，朝夕讨论六经、诸子、百家之说。

日本僧侣希玄道元随法兄明全入宋，师从天童山长翁如净受曹洞禅正脉。

按：宝庆三年（1227）回国，以后成为日本曹洞宗的始祖。

日本加藤四郎入宋学造瓷技术，后被日本尊为"陶祖"。

叶适所著《叶适集》45卷约编成于本年后不久。

按：明代王直曾作《黎刻水心文集序》，曰："昔宋盛时，以文章名家，有庐陵、南丰、眉山、临川数公者，穷圣贤之奥，究道德之微，故其为文足以继汉、唐之盛，天下皆师尊之。南渡以来，作者犹众，叶水心先生其一也。先生之学，浩乎沛然，盖无所不窥。而才气之卓越，又足以发之。然先生之心，思行道于当时而见之功业，不但为文而已也。观其议论谋猷，本于民彝物则之常，欲以正人心，明天理。至于求贤、审官、训兵、理财，一切施诸政事之间，可以隆国体，济时艰。然未至于大用而道不盛行，今之所见，惟其文而已，岂非可惜哉！"清代李春和所著《水心别集序》亦谓："宋乾、淳间，永嘉之学盛于东南，屹然与新安、金华鼎足而立。其诸儒撰述之传于世者，若薛文宪（季宣）之渊雅，陈文节（傅良）之醇粹，叶忠定（适）之阆博，可以想见一时之盛；而文章之工，尤以忠定为最，同时讲学诸儒，自东莱吕氏外，莫能及也。"

叶适《习学记言序目》十月成书刊刻，门人孙之宏作序，绍兴知府汪纲作跋。

按：叶适此书的编撰分两个阶段，先只是辑录经史百家的条目，未作评论，名《习学记言》；晚年免官回归故里，潜心学问，又撰写评论，乃成《习学记言序目》。是书记述了作者对经史子书的评论和研究心得，学术价值颇高，但评价有所分歧。孙氏《序》曰："初，先生辑录经史百氏条目，名《习学记言》，未有论述。自金陵归闲，研玩群书更十六寒暑，乃成《序目》五十卷。……盖学失其统久矣。汉、唐诸儒皆推宗孟轲氏，谓其能嗣孔子，至本朝关、洛骤兴，始称子思得之曾子，孟轲本之子思，是为孔门之要得。近世张、吕、朱氏二三巨公，益加探讨，名人秀士鲜不从风而靡。先生后出，异识超旷，不假梯级，谓洙泗所讲，前世帝王之与典籍赖以存，开物成务之纶纪赖以著。……呜呼！谁能知先生之苦心哉！"陈振孙《直斋书录解题》则说："自古经诸史子以及文鉴，皆有论述，大抵务为新奇，无所蹈袭，其文初削精义，而义理未得纯明正大也。"晚清黄体芳重刻此书的《序》中也说："水心之才之识，最长于论史事，以其论史之才之识而论诸子，而又论经，岂能无偏？然较之空言无实者，相去盖不啻万万焉。"是书既成，"天下学子争师诵之"，说明在当时就很有影响。明代有抄本传世，清有《四库全书》本。中华书局1976年出版的标点本，为目前最好的版本。

又按：黄宗羲曰："孙之宏，字伟夫，余姚人也。水心《习学记言》之作，传之者三人：其一曰林居安，瑞安人也；其一曰赵汝铎，乐清人也；而先生《序》其指曰：'学失其统久矣！本朝关、洛骤兴，近世张、吕、朱氏二三巨公益加探讨，名人秀士鲜不从风。先生后出，异识超旷，不假梯级，谓洙泗所讲，前世帝王之典籍赖以存，开物成务之伦纪赖以著。《易象》、《象》，仲尼亲笔也，《十翼》则讹矣。《诗》《书》义理所聚也，《中庸》、《大学》则后矣。曾子不在四科之目，曰参也鲁。孟子能嗣孔子，然舍孔宗孟，则本统离。故根柢《六经》，折衷诸子，剖析秦、汉，讫于五季，以《文鉴》终焉。其致道成德之要，如渴饮饥食之切于日用也；指治摘乱之几，如刺腧中肓之速于起疾也。推迹世道之升降，品目人才之短长，皆若绳准而铢称之。前圣之绪业可续，后儒之浮论尽废，稽合于孔子之本统者也。'先生之论如此，其于《记言》大旨，盖发明殆尽。又称水心以旧敌垂亡，边方数警，别有后总，秘而未传，则先生乃叶氏晚年入室弟子也。鹤山先生尝铭其母墓。居安，字德叟；汝铎，字振文。先生成进士不详，其官礼部侍郎，谥忠敏。嵘叟，其从孙也。"（《宋元学案》卷五五《水心学案》）

林表民、陈耆卿等著《嘉定赤城志》40卷。

按：林表民，字逢吉，号玉溪。林师蒇子。承家学，与陈耆卿、吴子良游，尝同陈耆卿修《赤城志》，又自修《续志》3卷；另辑《赤城集》28卷。事迹见《宋元学案补遗》卷五五。

赵秉文编所为文为《闲闲老人滏水文集》20卷。

按：刘祁曰："赵闲闲本喜佛学，然方之屏山，颇畏士论，又欲得扶教传道之名，晚年自择其文，凡主张佛、老二家者皆削去，号《滏水集》，首以《中》、《和》、《诚》诸说冠之，以拟退之《原道》、《性》。杨礼部之美（杨云翼）为序，直推其继韩、欧。然其为二家所作文，并其葛藤诗句另作一编，号《闲闲外集》，以书与少林寺从老英粹中，使刊之。故二集皆行于世。"（《归潜志》卷九）

林表民编《天台前集别编》成。

高似孙著《砚笺》4卷成。

按：《四库全书总目提要》曰："是书成于嘉定癸未。前有《自序》，序末数语隐涩，殆不可解，与所作《蟹略序》体格，仿佛相似。陈振孙称似孙之文好以怪僻为奇，殆指此类欤！其书第一卷为端砚，分子目十九，卷中'砚图'一类，列四十二式，注曰：'歙石亦如之'。然图已不具，意传写佚之也。第二卷为歙砚，分子目二十。第三卷为诸品砚，凡六十五种。第四卷则前人诗文，其诗文明题曰端砚、歙砚者，已附入前

宋嘉定十六年　金元光二年　夏光定十三年　李德旺乾定元年　蒙古成吉思汗十八年　癸未　1223年

二卷内。是卷所载，皆不标名品，故别附之诸品后耳。《宋志》所录砚谱，今存者尚有四五家，大抵详于材产质性，而罕及其典故。似孙此书独晚出，得备采诸家之说，又其学本淹博，能征群籍以为之佐证，故叙述颇有可观。"

叶适卒（1150—　）。适字正则，号水心居士，温州永嘉人。淳熙五年进士，历官太学正、太常博士、尚书左选郎、权兵部侍郎等。庆元元年因曾上书为朱熹和道学辩护，被劾罢官。卒谥文定。永嘉学派重要代表。反对当时理学家空谈性理，提倡"事功之学"。在哲学、史学、文学、政论等方面都有贡献。著有《水心集》28卷、《水心先生文集拾遗》1卷、《水心别集》16卷、《习学记言序目》50卷等。《宋元学案》为列《水心学案》。事迹见《宋史》卷四三四本传。今人周学武编有《叶水心先生年谱》。

按：叶适是永嘉学派集大成者，时与朱熹、陆九渊鼎足而立，影响甚巨。宋代理学经朱熹努力发展到了新的高度，当时与之抗衡的只有陈亮的永康学派和叶适的永嘉学派。陈亮与朱熹作了针锋相对的斗争，但争论始终围绕"王霸义理"而展开。叶适则从理论渊源上批判理学，对理学的批判更加全面而富有理论深度，可谓击中了理学之要害，动摇了理学之基础，其贡献超过陈亮。其《习学记言序目》是他批判理学的主要记实。全祖望尝称："乾、淳诸老既殁，学术之会，总为朱、陆二派，而水心断断其间，遂称鼎足。"（《宋元学案》卷五四《水心学案》上）该派一传数传弟子有陈耆卿、王象祖、王汶、丁希亮、方来、林居安、赵汝铎、王植、孙之宏、孟猷、邵持正、赵汝谠、邓传之、陈埴、赵汝谈、周端朝、吴子良、车若水、戴表元、林处恭等。由于叶适在世时，其学说即遭到朱熹、陆九渊及其门人的严厉攻讦，致使事功学派未能得到充分发展。张立文说："叶适既是永嘉学派的集大成者，又是浙东事功学的杰出代表，也是南宋最后的一位思想大家。因其对理学主流派'洛学'和'闽学'皆有批判，而且'所论喜为新奇，不屑掇拾陈语'，其学术成就往往受到尊奉程朱理学者的有意贬低。如果超越门户偏见和道统藩篱，就不难发现，叶适确实是承前启后的著名学者。其学术思想不仅能够与朱熹和陆九渊鼎足而三，而且对明清之际理学思潮的历史终结和经世致用学风的再度兴起，也产生了重要的历史影响。"（《中国学术通史》宋元明卷第八章）

萧贡卒（1158—　）。贡字真卿，京兆咸阳人。金大定二十二年进士。历官泾州观察判官、监察御史、右司郎中、刑部侍郎、御史中丞等。谥文简。曾预修《泰和律令》、《辽史》，著有《史记注》100卷、《萧氏公论》20卷、《五声姓谱》5卷等。事迹见《金史》卷一〇五本传。

按：刘祁曰："公博学，尝注《史记》，又著《萧氏公论》数万言，评古人成败得失，甚有理。"（《归潜志》小传）元好问曰："中州文明百年，有经学，有《史》《汉》之学、《通典》之学。而《通鉴》则不能如江左之盛，惟蔡内翰正甫珪、萧户部真卿贡、宗室密国公子瑀璹之数十公，号称专门而已。"（《遗山集》卷三六《陆氏通鉴详节序》）

陈淳卒（1159—　）。淳字安卿，一字功夫，号北溪，漳州龙溪人。朱熹晚年高弟。以阐述朱学，捍卫师门为己任，力排陆学，诋毁陈亮，全祖望谓其"卫师门甚力，多所发明，然亦有操异同之见而失之过者"。所创北溪学派，弟子甚多，著名者有陈榘、陈沂、杨昭复、王昭、苏思恭、黄必昌、郑思忱、梁集、郑思永、江与权、叶采等。嘉定十年，以特奏恩授迪功郎、泉州安

英国吉拉尔杜斯约于是年卒（约1146—　）。历史学家，著有《爱尔兰征服史》及《威尔士记述》等。

波兰文森特·卡德鲁贝克卒（约1160—　）。历史学家，著有《波兰编年史》4卷。

溪主簿。所著尚有《四书性理字义》2卷、《北溪全集》50卷、《字义详讲》2卷及《语孟大学中庸口义》等,门人录其语为《筠谷濑口金山所闻》,其子陈榘编辑著作为《北溪大全集》50卷、《外集》1卷。《宋元学案》为列《北溪学案》。事迹见《宋史》卷四三〇本传、陈宓《宋北溪先生主簿陈公墓志铭》(《北溪大全集》附)。

  按:《四书性理字义》原名《字义详讲》,又称《北溪字义》、《四书字义》,是陈淳晚年讲学的讲义,由弟子王隽记录,经陈淳改定。全书从《四书》中选取性、道、理、心、情、意、志、诚、敬、中庸等25个范畴,逐条加以讲解论述,是理解朱熹《四书集注》的重要参考书。陈宓《北溪字义序》曰:"临漳北溪陈君淳从文公先生二十余年,得于亲授,退家研咏,合周、程、张、朱之论而为此书,凡二十有五门,抉择精确,贯串浃洽。吾党'下学'功夫已到,得此书而玩味焉,则'上达'由斯而进矣。学者往往未见。"传本甚多,主要有明弘治三年刻本,清康熙五十三年戴氏刻本,《惜阴轩丛书》本等。中华书局1983年出版的标点本,为现今诸本中最好的版本。

  李纯甫卒(1177—)。纯甫字之纯,号屏山居士,弘州襄阴人。承安二年经义进士。历官翰林、京兆府判官。晚年信佛。著有《中庸集解》、《鸣道集解》、《老子解》、《庄子解》、《金刚别解》、《楞严外解》、《屏山翰墨佛事》等。事迹见《金史》卷一二六本传。

  按:李纯甫是金朝"文章大家",提倡儒、释、道合一,"濂、洛以来,无不遭其掊击"。《王尧峰文钞·鸣道集说序》论及李纯甫的学术思想时说:"其说根柢性命,而加之以变幻诡谲,大略以尧、舜、汤、文、武之后,道术将裂,故奉老聃、孔子、孟子、庄周洎佛如来为五圣人,而推老、庄、浮屠之言,以为能合于吾孔、孟。又推唐之李习之、宋之王介甫父子、苏子瞻兄弟,以为能阴引老、庄、浮屠之言,以证明吾孔、孟诸书。于是发为雄辞怪辩,委曲疏通其所见,而极其旨趣,则往往归之于佛。凡宋儒之辟佛者,大肆掊击,自司马文正公以下,讫于程、朱,无得免者。"李纯甫所创的屏山学派,弟子不多,著名者有雷渊、宋九嘉、李经、王权、雷膺等。全祖望曰:"关、洛陷于完颜,百年不闻学统,其亦可叹也!李屏山之雄文而溺于异端,敢为无忌惮之言,尽取涑水以来大儒之书,恣其狂舌,可为齿冷。然亦不必辩也,略举其大旨,使后世学者见而嗤之。其时河北之正学且起,不有狂风怪雾,无以见皎日之光明也。"(《宋元学案》卷一〇〇《屏山鸣道集说略》)

  程绍开(—1280)、马廷鸾(—1289)、王博文(—1288)、王应麟(—1296)、王幼孙(—1298)生。

宋嘉定十七年　金哀宗正大元年　夏乾定二年
蒙古成吉思汗十九年　甲申　1224年

尼西亚帝国败拉丁帝国军于波伊曼尼农。

  正月,诏云:"伊川程颐绍明道学,为世儒宗。虽屡褒崇,而世禄弗及,未足以称崇奖儒先之意,令尚书省求其后,特与录用。"当路知其孙程源居池州,故有是命(《四朝闻见录》卷三)。

戊戌，诏补先圣裔孔元用为通直郎。

是日，金改元正大。

六月，金向宋求和，派官至光州"榜谕"，更不南下。因宣宗南侵引起的北人南迁结束，北方移民多安置于陕西、荆襄及淮南等地。

八月壬辰，宋宁宗卒。权相史弥远拥立皇侄沂王赵昀为帝，是为理宗；以原定继承人侄赵竑为济王，出居湖州。

按：皇子竑因不满史弥远勾结杨后专权朝政，欲在即位后将史弥远决配琼崖。事泄，史弥远遂将他废为济王。

十月，夏与金议和。夏向进称弟而不称臣，各用本国年号，为兄弟之国。

十一月丁亥，宋诏改明年为宝庆元年。

是年，蒙古第一次西征结束。

德意志腓特烈二世帝创建意大利那不勒斯大学。

杨简九月为宝谟阁直学士，并提举南京鸿庆宫。

真德秀至潭州召还，入对，除兼侍读、工部侍郎；九月转升礼部侍郎、直学士院。

魏了翁迁秘书监起居舍人，理宗即位，九月迁为起居郎。是年著《道州宁远县新建濂溪周元公祠堂记》。

赵秉文改翰林学士，同修国史，兼益政院说书官。进《尚书无逸直解》和《贞观政要申鉴》，修《宣宗实录》。

元好问五月中博学宏词科，授儒林郎，充国史院编修。与陈规、雷渊、李献卿、王渥、王鹗、李汾交游。

王鹗中金进士一甲第一人，授应奉翰林文字。

王若虚召为左司谏，与雷渊等同修《宣宗实录》。

刘克庄改宣教郎，知建阳县。

高似孙为著作佐郎。

秦九韶"侍亲中都，因得访习于太史，又尝从隐君子受数学"（《数学九章序》）。

杨云翼复为礼部尚书，兼侍读。与修《宣宗实录》。

赵善湘拜大理少卿，进右文殿修撰、知镇江府。

李心传始编《道命录》。

按：李心传《道命录序》曰："嘉定十七年，诏尚书都省曰：'朕惟伊川先生绍明道学，为宋儒宗，虽屡被褒荣，而世禄弗及，未称崇奖儒先之意。可访求其后，特与录用。'德音传播，天下诵之。盖自伊川之被荐而入经筵，逮今百四十年矣。愚尝网罗中天以来，放失旧闻，编年著录，次第送官。因得窃考道学之废兴，乃天下安危、国家隆替之所关系，未尝不叹息痛恨于（章）惇、（蔡）京、（秦）桧、（韩）侂（胄）之际也。程子曰：周公没，圣人之道不行，孟轲死，圣人之学不传。夫道即学，学即道，而程子异言之，何也？盖行义以达其道者，圣贤在上者之事也；学以致其道者，圣贤在下者之事也。舍道则非学，舍学则非道，故学道爱人，圣师以为训；倡明道学，先贤以自任。

日本亲鸾著《教行信证》。

未尝歧为二焉。自数十年,不幸险邪谗谄之小人,立为道学之目,以废君子。而号为君子之徒者,亦未尝深知所谓道所谓学也,则往往从而自讳之,可不叹哉!子曰:'道之将行也与?命也。道之将废也与?命也。'故今参取百四十年之间道学废兴之故,萃为一书,谓之《道命录》。盖以为天下安危、国家隆替之所关系者,天实为之,而非惇、京、桧、侂之徒所能与也。虽然,抑又有感者:元祐道学之兴废,系乎司马文正之存亡;绍兴道学之兴废,系乎赵忠简之用舍;庆元道学之兴废,系乎赵忠定之去留。彼一时也,圣贤之道学,其为厄也已甚矣。而义理之在人心者,讫不可得而泯也。孟子曰:'圣人之于天道也,命也;有性焉,君子不谓命也。'故由孔子之言,则有天下国家者可以知所戒;由孟子之言,则修身守道者可以知所任。至若近世诸公,或先附后畔,或始疑终信。视其所以,则先附后畔皆出于一时利害之私,而始疑终信则由夫动心忍性,增益其所不能而致此也。又有或出或入之士,义利交战于中,而卒之依违俯仰,以求媚于世。盖所谓'焉能为有,焉能为无'者。必也,见善明,用心刚,而卓然不惑于生死祸福之际,于道学也,其庶几乎!"(《宋元学案》卷三〇《刘李诸儒学案》)

赵与峕著《宾退录》10卷成书。

蔡范甫著《黄岩志》16卷。

张杲著《医说》10卷成书。

严羽著《沧浪诗话》1卷刊行。

按:《四库全书总目提要》曰:"此书或称《沧浪吟卷》。盖闽中刊本。以诗话置诗集之前为第一卷,故袭其诗集之名,实非其本名也。首诗辨,次诗体,次诗法,次诗评,次诗证,凡五门。末附《与吴景仙论诗书》。大旨取盛唐为宗,主于妙悟,故以'如空中音,如象中色,如镜中花,如水中月,如羚羊挂角,无迹可寻',为诗家之极则。明胡应麟比之达摩西来,独辟禅宗。而冯班作《严氏纠缪》一卷,至诋为呓语。要其时,宋代之诗,竞涉论宗;又四灵之派方盛,世皆以晚唐相高,故为此一家之言,以救一时之弊。后人辗转承流,渐至于浮光掠影,初非羽之所及知。誉者太过,毁者亦太过也。钱曾《读书敏求记》又摘其《九章》不如《九歌》,《九歌·哀郢》尤妙之语,以为《九歌》之内无《哀郢》,诋羽未读《离骚》。然此或一时笔误,或传写有讹,均未可定。曾遽加轻诋,未免佻薄。如赵宦光于六书之学固为奔陋,然《说文长笺》引'虎兕出于柙'句误称孟子,其过当在钞胥。顾炎武作《日知录》,遽谓其未读《论语》,岂足以服其心乎?"是书现在较好的本子有郭绍虞的《沧浪诗话校释》,1961年由人民文学出版社出版。

计有功著《唐诗纪事》81卷始刻于怀安郡斋,刻者王禧有序,世称王禧刊本。

袁燮卒(1144—)。燮字和叔,号絜斋,浙江鄞县人。乾道初,入太学,师事陆九龄,与杨简、沈焕、舒璘称"甬上四先生"。淳熙八年进士,调江阴尉。官至礼部侍郎、宝文阁直学士。谥正献。编有《先秦古书》、《皇朝要录》、《兵略》若干卷,与修《宁宗玉牒》、《经武要略》、《孝宗宝训》等史书。著有《絜斋集》26卷、《后集》13卷及《絜斋家塾书钞》12卷、《絜斋毛诗经筵讲义》、《袁正献公遗文钞》等。《宋元学案》为列《絜斋学案》。事迹见《宋史》卷四〇〇本传、杨简《故龙图阁学士袁公墓志铭》(《慈湖遗书补编》)、真德秀《显谟阁学士致仕赠龙图阁学士开府袁公行状》(《西山文集》

卷四七)。

按：《宋史》本传曰："燮初入太学,陆九龄为学录,同里沈焕、杨简、舒璘亦皆在学,以道义相切磨。后见九龄之弟九渊发明本心之指,乃师事焉。"然袁燮的学术除师承陆九渊心学外,亦受到金华学派和永嘉学派的影响。真德秀《袁公行状》曾曰："公自少有志经济之业,每谓为学者,当以圣贤自期,为官当以将相自任。故其所讲明者,由体而用,莫不兼综。谓学不足以开物成务,则于儒者之职分为有缺。自六艺百家与史氏所记,莫不反复绅绎,而又求师取友,以切磋讲究之。东莱吕成公接中原文献之正传,公从之游,所得益富;永嘉陈公傅良,明旧章达世变,公与从容考订,细大靡遗。"(《西山文集》卷四七)谢山《城南书院记》曰："四先生之中,长庚晓日最光显于暮年者,文元(杨简)与正献(袁燮)也,而文元之教,不如正献之密。盖槐堂论学之宗旨,以发明本心为入门,而非其全力。正献之言有曰:'学贵自得,心明则本立,是其入门也。'又曰:'精思以得之,兢业以守之,是其全力也。'槐堂弟子多守前说,以为究竟,是其稍有所见,即以为道在是,而一往蹈空,流于狂禅。以文元之齐明盛服,非礼不动,岂谓于操持之功有阙,而其教多以明心为言?盖有见于当时学者陷溺功利,沈锢词章,极重难返之势,必以提醒为要,故其说偏重而不自知其疏,岂意诸弟子辈不善用之,反谓其师尝大悟几十,小悟几十,泛滥洋溢,直如异端,而并文元之学而诬之,可为浩叹者也!使其如正献之教,宁有是乎?正献之奉祠而归,日从事于著书。或请小闲,则曰:'吾以之为笙镛莞磬,不知其劳。'其《答文靖诸子书》,恳恳以多识前言往行,岂非与建安之教相吻合乎?且夫有宋以来,大儒林立,其子弟能守其绪言者甚多,而再世并为大儒则不概见。盖前惟武夷胡氏、籍溪、致堂、五峰、茅堂,连枝接叶,以大文定之传。其后惟袁氏实生正肃,以为晚宋无先之者,则书院之建也,微特非袁氏之学统所得而私,抑岂吾乡之学统所得私哉?"(《宋元学案》卷七五《絜斋学案》)絜斋学派的著名弟子有袁甫、朱元龙、史弥志、史弥坚、史守之、史定之、胡谊、朱震、徐愿、舒衍、孙枝、朱介、洪扬祖、傅正夫、郑节夫、邵叔谊、袁韶、真德秀、刘宰、真志道等。

又按：《四库全书总目提要》曰:"《絜斋家塾书钞》十二卷,宋袁燮撰。燮之学出陆九渊。是编大旨在于发明本心,反复引申,颇能畅其师说。而于帝王治迹,尤参酌古今,一一标举其要领。王应麟发明洛、闽之学,多与金溪殊轨,然于燮所解'儆诫无虞'诸条,特采入《困学纪闻》中,盖其理至足,则异趣者亦不能易也。其书《宋史·艺文志》作十卷,陈振孙《书录解题》称为燮子矫录其家庭所闻,至《君奭》而止,则当时本未竟之书,且非手著。绍定四年,其子甫刻置象山书院,盖重其家学,不以未成完轶而废之。明叶盛《菉竹堂书目》尚存其名,而诸家说《尚书》者罕闻引证,知传本亦稀,故朱彝尊作《经义考》注云'未见'。今圣代博采遗编,珍笈秘文,罔不毕出,而竟未睹是书之名,则其佚久矣。谨从《永乐大典》所载采辑编次,俾复还旧观。以篇帙稍繁,厘为十二卷。蠹残剩简,复显于湮没之余,亦可云燮之至幸矣。乔字崇谦,尝为溧阳令,与燮相继而卒,未显于世,故《宋史》但有其弟甫传,而不立乔传。据真德秀所作燮《行状》,称燮有子四人,乔其伯子,甫则其叔子云。"

吴柔胜卒(1154—)。柔胜字胜之,宁国宣城人。淳熙八年进士,差嘉兴教授。为御史劾救荒擅放田租,且主朱熹之学,由是闲居十余年。宁宗嘉定初迁国子正,始以朱熹《四书集注》教诸生。迁太学博士、司农寺丞。后以秘阁修撰奉祠。卒谥正肃。《宋元学案》列其入《晦翁学案》。事迹见《宋史》卷四〇〇本传。

按:《宋史》本传曰:"嘉定初,主管刑、工部架阁文字,迁国子正。柔胜始以朱熹《四书》与诸生诵习,讲义策问,皆以是为先。又于生徒中得潘时举、吕乔年,白于长,擢为职事,使以文行表率,于是士知趋向,伊、洛之学,晦而复明。"

孔元忠卒(1157—)。元忠字复君,号静乐,棣州商河人,徙长洲。以世赏入仕,锁厅举进士,知金坛县事。官至太常寺主簿。曾上疏言改润例外曲事。著有《论语说》、《论语钞》、《纬书类聚》、《编年通考》、《豫斋集》等。《宋元学案》列其入《水心学案》。

按:《宋元学案》卷五五《水心学案》曰:"先生少读《论语》,谓其父曰:'率而行之,可不愧教忠之训矣。'水心先生官吴门,见先生所著《论语说》而奇之。遂从受业,其见赏亚于周南仲。……既致其事,题其燕居之室曰静乐。其所著书曰:《豫斋集》二十卷,《论语钞》十卷,《祭编》五卷,《编年通考》七十三卷,《书纂》二卷,《考古类编》四卷,《纬书类聚》二卷。"

徐凤卒,生年不详。凤字子仪,浦城人。庆元二年进士。累得国子监书库官,官至朝散大夫、秘书少监、直显谟阁知赣州。其教授温州,多士为东南最。著有《内制》10卷、文集20卷。《宋元学案》列其入《慈湖学案》。事迹见真德秀《秘书少监直学士院徐公墓志铭》(《西山文集》卷四六)。

郝经(—1276)、张著(—1292)、曾子良(—1292)、梅应发(—1301)生。

宋理宗宝庆元年　金正大二年　夏乾定三年
蒙古成吉思汗二十年　乙酉　1225年

中国烟火及火药制法约于此间开始传入伊斯兰国家。

埃塞俄比亚扎格维朝国王拉利贝拉在位期间于首都罗哈建成11座巨石教堂——拉利贝拉大教堂。

爱尔兰司各脱·埃里金纳的著作被作为异端焚烧。

正月庚午,湖州人潘壬等起兵,谋拥立济王赵竑,败死。济王被迫自杀。

按:是年正月,湖州渔人、兵卒等在太学生潘壬、潘丙、潘甫领导下起义,谋立济王赵竑为帝,竑不从。事平以后,史弥远乘机遣门客秦天锡逼赵竑自缢而死,潘壬等亦被枭首。由于济王"不得其死",所以"识者群起而论之",把矛头直指史弥远。史弥远遂大肆打击言事者。

二月甲午,宋诏故太师、武胜、定国军节度使、鄂王岳飞,改谥忠武。

五月甲子,诏求直言。

八月癸卯,以傅伯成、杨简,先朝耆德,召赴行在,从真德秀之荐也。

甲寅,诏以程颐四世孙程源为籍田令。

乙卯,罢直学士院真德秀、考功员外郎洪咨夔。

是月,张九成赠太师,追封崇国公,谥文忠。

十月,金命赵秉文、杨云翼著《龟镜万年录》。

杨简转朝议大夫、慈湖县男,寻授华文阁直学士,提举祐神观。

宋理宗宝庆元年　金正大二年　夏乾定三年　蒙古成吉思汗二十年　乙酉　1225年

真德秀和大理评事胡季昭、起居郎魏了翁、考功员外郎洪咨夔相继言原太子赵竑被废之冤。胡季昭被流配象郡；魏了翁被劾降三官，居住靖州。至州以后，以故乡鹤山书院榜其纯福坡寓馆，读书其中，时"湖湘之士不远千里从学"，乃著《九经要义》百卷以示学者。

史弥远六月丁未加太师，依前右丞相兼枢密使，进封魏国公。

梁成大拜监察御史，上言"魏了翁已从追窜，人犹以为罪大罚轻。真德秀狂僭悖谬，不减了翁，相羊家食，宜削秩贬窜，一等施行"（《宋史·梁成大传》）。

李知孝八月上疏谓"士大夫汲汲好名，正救之力少而附和沽激之意多，扶持之意微而诋訾扇摇之意胜。既虑君上之或不能用，又恐召听之或不能容，姑为激怒之辞，退俟斥逐之命。始则慷慨而激烈，终则恳切而求去，将以树奇节而求令名，此臣之所未解"（《宋史·李知孝传》）。

按：是奏的目的是暗诋真德秀等人。

李知孝九月拜右正言，又上言谓"（真）德秀节改圣语，谬訾牒示，导信邪说，簧鼓同流，其或再有妄言，当追削流窜，以正典刑"。疏既上，遂镂榜播告天下（《宋史·李知孝传》）。

刘克庄时任县令，辟祠以祀朱熹。

曹彦约擢兵部侍郎兼国史院同修撰，荐李心传素精史学，乞官以初品，寘之史馆。

尤袤"遂初堂"藏书楼毁于大火。

按：此楼到明代，由尤袤十四世孙尤质重建，归有光为之作记。

傅伯成与杨简同召，寻加宝文阁学士，提举祐神观，奉朝请。

元好问权金国史编修，夏天还居嵩山，编纂杜诗资料1卷，称《杜诗学》，今已佚。

秦九韶随父至潼川府，专心研究天文数学。

程榆时为全州知州，奏请宋理宗为柳山书院赐额"清湘书院"。

赵汝适著《诸蕃志》2卷成书。

按：是书详细记载了作者任福建路市舶提举时的见闻及有关海外诸国事迹，是宋代中外交通史方面的重要资料。

高似孙著《史略》6卷。

按：《经籍访古志》曰："此书文词简约，而引据精核，多载逸书，实为读史家不可阙之书矣。"宋有刊本，后在中土失传。清光绪中，宜都杨守敬随使日本，于书肆中访得此书，携回刻入《古逸丛书》中。后又有《后知不足斋丛书》本、《四明丛书》本、《丛书集成初编》本等。

张淏著《宝庆会稽续志》8卷。

按：《四库全书总目提要》曰："其（《嘉泰会稽志》）后二十五年，（张）淏以事物沿革今昔不同，因汇次嘉泰辛酉后事，作为续编。复于前志内补其遗逸，广其疏略，正其讹误，厘为八卷。书成于宝庆元年，淏自为之《序》。所分门类，不用以纲统目之例，但各以细目标题。前志为目一百十七，续志为目五十。不漏不支，叙次有法。如

德国斯特里克约于是年著中古高地德语史诗《查理大帝》。

冰岛斯诺里·斯图鲁逊约于是年为吟唱诗人著古冰岛语教科书《埃达》，内容包括神话传说和诗歌理论。

姓氏、送迎、古第宅、古器物、求遗书、藏书诸条，皆他志所弗详。宿独能搜采辑比，使条理秩然。淏所续亦简核不苟。皆地志中之有体要者。其刊版岁久不传。明正德庚午，郡人王綖复访求旧本校刻，今又散佚。故藏书之家罕见著录，盖亦仅存之本矣。”

孟煦著《金华冲碧丹秘旨》2卷成书。

意大利神学家、经院哲学家、天主教多明我会会士托马斯·阿奎那（ —1274）生。

陈藻卒（约1150— ）。藻字符洁，号乐轩，福建长乐人。师林光朝弟林亦之，为光朝再传弟子，复传门人林希逸，共倡伊、洛之学于东南。屡举进士不第，布衣终身。景定四年，赠迪功郎，谥文远。著有《乐轩集》8卷，门人林希逸编，刘克庄为序。《宋元学案》列其入《艾轩学案》。事迹见刘克庄《乐轩集序》、《闽中理学渊源考》卷八。

陆持之卒（1171— ）。持之字伯微，抚州金溪人。陆九渊子。嘉定十六年，特诏秘书省读书，又诏以迪功郎入省。理宗即位，转修职郎，差干办浙西安抚司，以疾致仕。著有《易提纲》、《诸经杂说》。《宋元学案》列其入《象山学案》。事迹见《宋史》卷四二四本传。

按：《宋史》本传曰：“陆持之，字伯微，知荆门军九渊之子也。七岁能为文。九渊授徒象山之上，学者数百人，有未达，持之为敷绎之。”

柴中行约卒于本年后，生年不详。中行字与之，余干人，人称南溪先生。绍熙元年进士。历仕江州教授、太学博士、太常主簿等。兼国史编修、实录检讨。理宗即位，以右文殿修撰主管南京鸿庆宫。谥献肃。著有《易系集传》、《书集传》、《诗讲义》、《论语童蒙说》等。《宋元学案》列其入《丘刘诸儒学案》。事迹见《宋史》卷四〇一本传。

按：据《宋史》本传载，柴中行后调秘书监、崇政殿说书时，曾极论“往年以道学为伪学者，欲加远窜，杜绝言语，使忠义士箝口结舌，天下之气岂堪再沮坏如此耶？”

张照（ —1288）、杨恭懿（ —1294）、曾颖瑞（ —1300）、侯克中（ —1315）、潘祖清（ —1322）生。

宋宝庆二年　金正大三年　夏乾定四年　李昖宝义元年　蒙古成吉思汗二十一年　丙戌　1226年

德意志腓特烈二世帝颁布《里米尼黄金诏书》，确认条顿骑士团之组织形式及封建特权。同年，米兰等城重建伦巴第联盟，对抗腓特烈二世。

正月，成吉思汗领兵攻西夏，取黑水等城。

癸亥，诏赠沈焕、陆九龄官，仍赐沈焕谥端宪，陆九龄文达。录张九成、吕祖谦、张栻、陆九渊子孙官各有差。又诏以布衣李心传专心文学，令四川制置司津发赴阙。

二月丙戌，手谕知贡举、礼部尚书程珌等曰：“国家三岁取士，试于南宫，盖公卿大夫由此其选，事至重也。朕属在哀疚，未遑亲策，爰咨近列，往司衡鉴。卿等宜协心尽虑，精考切择。夫文辞浮靡者，必非伟厚之器；

宋宝庆二年　金正大三年　夏乾定四年　李睍宝义元年　蒙古成吉思汗二十一年　丙戌　1226年

议论诡激者，必无正平之用。去取之际，其务审此。"(《续资治通鉴》卷一六三)

是月，梁成大言"真德秀有大恶五，其奏济王事，乞追封以盖逆状，趣立嗣以召祸端，改节圣语，谤讪朝廷，无将之心，与魏了翁同罪。了翁已从窜削，德秀仅褫职罢祠，宜一等施行"。诏削秩二等(《续资治通鉴》卷一六三)。

三月戊寅，诏太常寺建功臣阁，绘赵普以下23人，以昭勋、崇德为名。

是春，夏主父李遵顼卒。夏献宗惊恐死，弟李睍立，是为末主，改元宝义。

五月丙申，赐礼部进士王会龙等998人及第、出身。

壬寅，以先圣五十二代孙孔万春袭封衍圣公。

十月甲申，程珌等奏《宁宗御集》阁请以宝章为名，诏置学士、待制。

杨简三月为敷文阁直学士、中大夫，提举南京鸿庆宫。寻以太中大夫致仕。

魏了翁谪居靖州，眉山李肩吾同行。

李心传因崔与之、魏了翁等前后23人推荐，正月自四川制置司奉诏至临安，以著作佐郎领史事。

按：《崔清献公言行录》曰："公身藩翰而心王室，务荐贤以报国，在蜀擢拔尤多。若游似、洪咨夔、魏了翁、李庭芝、家大酉、陈韡、刘克庄、李鼎、程公许、黎伯登、李性传、王辰应、王湀、魏文翁、高稼、丁焴、家抑、张禋、度正、王子申、程德降、郭正孙、苏植、黄申、高泰叔、李镠，各以道德文学功名表表于世。隆州进士李心传，累举不第，以文行闻于国中，诸经皆有论著，尤精史学，尝著《高宗系年录》，号详洽，国史院取其书备检讨。又纂集隆兴、乾道、淳熙典章，及著《泰定录》等书，以白衣召入史馆，亦公特荐。"

陈振孙为兴化军通判，先后收购传录当地藏书家郑寅、李馥、方渐、郑樵、林霆等人的藏书，使自己先后藏书达51480卷。

按：宋代私人藏书之风很盛，出现了许多著名的私人藏书家。如北宋初期的江正、李昉、宋绶、王诛等，后期又有叶梦得、晁公武、郑樵、尤袤、陈振孙等人。这些藏书家的收藏都达到万卷以上。

梁成大、李知孝为御史，依附权相史弥远，取刘克庄、敖陶孙诗笺释以上，朝廷遂兴《江湖集》狱，毁《江湖集》板。

按：《江湖集》案，与晚宋相始终，为政治一大关键。此书为临安书商陈起所刻，目的原为牟利与交友，因书中有些诗句犯忌讳，为言官李知孝所告讦，而兴大狱。陈起被流配，曾极、刘克庄及受株连的敖陶孙、周文璞、赵师秀"并行贬斥"。直至史弥远死后，"诗禁始开"。叶德辉《书林清话》卷二曰："南宋临安业书者，以陈姓为最著。诸家藏书志、目、记、跋，载睦亲坊棚北大街陈解元，或陈道人，或陈宅书籍铺刊行印行者，以唐宋人诗文小集为最多。元方回《瀛奎律髓》四十二寄赠类刘克庄《赠陈起》云：'陈侯生长繁华地，却似芸居自沐熏。炼句岂非林处士，鬻书莫是穆参军。雨檐兀坐忘春去，雪屋清谈至夜分。何日我闲君闭肆，扁舟同泛北山云。'注：'此所谓卖书陈彦才，亦曰陈道人。宝庆初，以"秋雨梧桐皇子府，春风杨柳相公桥"诗，为史弥

法王路易八世卒，子路易九世嗣位，路易九世被称为卡佩王朝最后一位"伟大的国王"。同年，法国设异端裁判所。

远所黜。诗祸之兴,捕教器之、刘潜夫等下大理狱。时郑清之在琐闼,止之。予及识此老,屡造其肆。别有小陈道人,亦为贾似道编管。'"

常平使董与几将澧阳书院迁建于城东白沙洲,改名"溪东"。

按:范仲淹曾随继父朱氏居澧州之安乡,读书于兴国观,寒暑不倦,学成而仕。后人慕其志行,筑堂祀之。原名范文正公读书堂,后为澧阳书院。

宋慈调任赣州信丰主簿。

赵善湘进集英殿修撰,拜大理卿兼权刑部侍郎,进宝章阁待制、沿江制置使兼知建康府。

刘克庄任建阳知县,在考亭书院内辟文公祠,以崇祀朱熹;并以黄榦配祀,真德秀为之记。

马光祖举进士,授新喻主簿。时见真德秀讲学,悦而从之学。

吴子良、赵孟坚、李昴英、孙梦观、赵汝腾同成进士。

麻九畴因侯挚、赵秉文荐,赐卢亚榜进士第,授太常寺太祝,以病,不拜。

徐经孙举进士,授浏阳主簿。

黄师雍举进士,调婺州教授。

洪天锡举进士,授广州司法。

江端友以荐赐同进士出身。

江万里登甲科,授池州教授。

赵汝楳举进士,官至户部侍郎。

按:赵汝楳,宋太宗八世孙,赵善湘之子,史弥远之婿。承宓学,精于《易》,著有《易雅》1卷、《周易辑闻》6卷、《筮宗》1卷、《易叙丛书》10卷,皆佚。《四库全书总目提要》评《周易辑闻》曰:"考《宋史·赵善湘传》,载其说《易》之书,有《约说》八卷,《或问》四卷,《指要》四卷,《续问》八卷,《补过》六卷。盖研究是经,用功最久,故汝楳承其家学,以作是编。"

罗大经举进士,以后曾著有《易解》10卷。

幸元龙两次上书,并致书宰相史弥远,为真德秀、魏了翁等鸣不平,史党劾其越位言事,被勒令致仕。

戴栩约本年前后在世,为叶适弟子,曾著有《五经说》、《诸子辩论》、《东都要略》等。

意大利天主教传教士方济各·阿西西(又名法兰西斯·阿西西)所著《太阳赞歌》成,被认为是意大利最早的诗作。

卫湜著《礼记集说》160卷成书,魏了翁作序。

按:卫湜字正叔,吴郡人。《四库全书总目提要》曰:"其书始作于开禧、嘉定间,《自序》言日编月削,几二十余载而后成。宝庆二年官武进令时,表上于朝,得擢直秘阁。后终于朝散大夫,直宝谟阁,知袁州。绍定辛卯,赵善湘为锓版于江东漕院。越九年,湜复加核订,定为此本。自作《前序》、《后序》,又自作《跋尾》,述其始末甚详。盖首尾阅三十余载,故采摭群言,最为赅博,去取亦最为精审。自郑《注》而下,所取凡一百四十四家。其它书之涉于《礼记》者,所采录不在此数焉。今自郑《注》、孔《疏》而外,原书无一存者。朱彝尊《经义考》采摭最为繁富,而不知其书与不知其人者,凡四十九家,皆赖此书以传,亦可云《礼》家之渊海矣。"

真德秀著《唐书考疑》成。

宋宝庆二年　金正大三年　夏乾定四年　李睍宝义元年　蒙古成吉思汗二十一年　丙戌　1226年

徐天麟著《东汉会要》40卷成书，由建宁郡斋刻印。

按：《四库全书总目提要》曰："天麟官抚州教授时，既奏进《西汉会要》。后官武学博士时，续成此书，于宝庆二年复奏进之。其体例皆与前书相合。所列亦十五门，分三百八十四事。惟《西汉会要》不加论断，而此书则间附以案语，及杂引他人论说。盖亦用苏冕《驳议》之例也。东汉自光武中兴，明章嗣轨，皆汲汲以修举废坠为事。典章文物，视西京为盛。而当时载笔之士，如《东观纪》及华峤、司马彪、袁宏之类，遗编断简，亦间有留传。他若《汉官仪》、《汉杂事》、《汉旧仪》诸书，为传注所征引者，亦颇犁然可考。故东汉一代故事，较西汉差为详备。天麟据范书为本，而旁贯诸家，悉加裒次。其分门区目，排比整齐，实深有裨于考证。中间如献帝子济阴王熙、山阳王懿、济北王邈、东海王敦，虽为曹氏所置，旋即降为列侯。然既以封建立国，自当著之帝系皇子条下，以表其实。乃因范书无传，遂削而不书，未免阙漏。又天麟《自序》中称刘昭因范氏遗绪，注补入志，而不知其为司马彪《续汉书志》，实非范书。晁公武已讥之，则亦偶然失检。然其大体详密，即稍有蹉驳，固不足以为累也。其书世所传者皆据宋本传抄，第三十七、三十八两卷全阙，三十六、三十九两卷亦各佚其半。无可考补，今亦并仍之焉。"1978年上海古籍出版社以清江苏书局翻刻的武英殿本为底本，校点整理出版。

叶大庆著《考古质疑》6卷约成于本年，有叶武子序。

按：《四库全书总目提要》曰："其书上自六经诸史，下逮宋世著述诸名家，各为抉摘其疑义，考证详明，类多前人所未发。其有征引古书及疏通互证之处，则各于本文之下用夹注以明之，体例尤为详悉，在南宋说部之中，可无愧渊通之目。昔程大昌作《考古编》，号称精审，大庆生于其后，复以为名，似隐然有接迹之意。今以两书并较，实亦未易低昂。"

薛季宣所著《浪语集》35卷由其侄孙薛旦编辑成书。

按：是书包括《中庸解》、《大学解》、《考正握奇经》等，是研究作者思想及永嘉学派思想理论的重要著作。是书《四库全书》据抄本著录，又有金陵书局刊本，《永嘉丛书》收录时书名题作《艮斋先生薛常州浪语集》。

陈淳著《北溪字义》由其弟子王隽整理刊刻，陈宓、戴嘉禧作序。

按：戴嘉禧《北溪字义序》曰："古今字书自《说文》至《玉篇》诸种，注释略备，亦大概注其点画、形象、音韵、平仄及字之本义止矣。先生此书，目止二十有五门，所言则太极理气之原头，性命道德之宗旨，心学一贯之会归，阴阳鬼神之通复，异端曲学之流弊，逐一分疏，既极亲切；合而会通之，又极其融洽。其间提用分合，源流本末，无不纲举目张，秩然条理，然非先生之创说也。……学者得是书而熟玩之，而后读周、程、张、朱之全书，则胸有绳约，而不患其浩瀚。于以合之《六经》、《四子》之章句、集注，其于圣门一贯之旨，殆庶几乎！"

李衎为宋祁所著《笔记》作跋，提出7个疑问。

按：《四库全书总目提要》评宋祁《笔记》曰："其书上卷曰释俗。中卷曰考订，多正名物音训，裨于小学者为多，亦间及文章史事。下卷曰杂说，则欲自为子书，造语奇隽，多似焦赣《易林》、谭峭《化书》，而终以《庭戒》、《治戒》、《左志》、《右铭》。未审为平日预作，为其后人附入也。末有宝庆二年上虞李衎《跋》，称其可疑者七事：如以骨朵为胍肫，不知朵为菜字之讹；以鲍照作昭为误，而不知唐避武后之讳；以牛耕如汉赵过，而不知冉耕字伯牛，古犁字文亦从牛；以栘为开而反合，而不知为郁李；以臣瓒为于瓒，而不知郦道元《水经注》称薛瓒；以朴无音，而祁所预修之《集韵》实有蒲候、匹角二切;以卯本柳字,而不知实古卿字。所撼多中其失。然大致考据精详,非他说部游谈者比。"

茅山道士萧应叟著成《元始无量度人上品妙经内义》5卷。

意大利方济各·阿西西(又名法兰西斯·阿西西)卒(1182—)。天主教传教士、托钵修会方济各会创始人,宣讲"清贫福音",著有意大利最早的诗作《太阳赞歌》。

杨简卒(1141—)。简字敬仲,慈溪人。学者称慈湖先生。乾道五年进士,授富阳主簿。官至宝谟阁学士,卒谥文元。与袁燮、舒璘、沈焕合称"甬上四先生",均为陆九龄、陆九渊兄弟的弟子。著有《杨氏易传》20卷、《五诰解》4卷、《慈湖遗书》18卷及《慈湖诗传》20卷、《孔子闲居讲义》1卷、《春秋解》10卷、《古文孝经解》1卷、《曾子注》10卷等。《宋元学案》为列《慈湖学案》。事迹见《宋史》卷四○七本传、钱时《宝谟阁学士正奉大夫慈湖先生行状》(《慈湖遗书》卷一八)。清冯可镛、叶意深编有《慈湖先生年谱》。

按:杨简在陆门中,属论著多产者,《宋史》本传和《艺文志》录有12种,《慈溪县志》录有24种,近人张寿镛《慈湖著述考》谓有30种。《宋史》本传:"简所著有《甲稿》、《乙稿》、《冠记》、《昏记》、《丧礼家记》、《家祭记》、《释菜礼记》、《石鱼家记》。又有《己易》、《启蔽》等书。"全祖望曰:"象山之门,必以甬上四先生为首。盖本乾、淳诸老一辈也。而坏其教者,实慈湖。然慈湖之言不可尽从,而行则可师。黄勉斋曰:杨敬仲集,皆德人之言也,而未闻道。"(《宋元学案》卷七四《慈湖学案》)又《杜洲六先生书院记》曰:"慈湖之学宗陆,东发(黄震)之学宗朱,门户截然,故《日钞》中颇不以心学为是。由今考之,则东发尝与杜洲之讲会,而其后别为一家者也。夫门户之病,最足锢人,圣贤所重在实践,不在词说,故东发虽诋心学,而所上史馆札子,未尝不服慈湖为己之功。然则杜洲祠祭,其仍推东发者,盖亦以为他山之石,是可以见前辈之异而同也。"(《宋元学案》卷八六《东发学案》)慈湖学派一传数传弟子众多,主要有袁甫、冯兴宗、史弥忠、钱时、洪梦炎、陈埙、桂万荣、童居易、叶之、舒铣、舒衍、郑节夫、顾平甫、傅大原、薛疑之、真德秀、刘宰、史蒙卿、郑玉、王㧑、赵汸、陈苑、桂彦良、黄震、赵偕等。此派与朱熹弟子和吕祖谦弟子所创学派并行于世,在江南一带比较盛行,成为陆九渊"心学"向明代王守仁"心学"发展的中间环节。至清代,桂万荣等后人,仍然世守慈湖家法,"六百余年,犹有奉慈湖之祀者,香火可为远矣"(《宋元学案》卷七四《慈湖学案》)。

又按:《四库全书总目提要》曰:"《慈湖诗传》二十卷,宋杨简撰。……是书大要,本孔子'无邪'之旨,反复发明;而据《后汉书》之说,以《小序》为出自卫宏,不足深信。篇中所论,如谓《左传》不可据,谓《尔雅》亦多误,谓陆德明多好异音,谓郑康成不善属文,甚至《自序》之中,以《大学》之释《淇澳》为多牵合,而诋子夏为小人儒。盖简之学出陆九渊,故高明之过,至于放言自恣,无所畏避。其它笺释文义,如以'聊乐我员'之'员'为姓,以'六驳'为'赤驳'之讹,以'天子葵之'之'葵'有向日之义,间有附会穿凿。然其于一名一物一字一句,必斟酌去取,旁征远引,曲畅其说。其考核六书,则自《说文》、《尔雅》、《释文》以及史传之音注,无不悉搜。其订正训诂,则自齐、鲁、毛、韩以下,以至方言杂说,无不博引。可谓折衷同异,自成一家之言,非其所作《易传》以禅诂经者比也。"

再按:《四库全书总目提要》曰:"《杨氏易传》二十卷,宋杨简撰。是书为明刘日升、陈道亨所刻。……简之学出陆九渊,故其解《易》惟以人心为主,而象数事物皆在所略,甚至谓《系辞》中'近取诸身'一节,为不知道者所伪作,非孔子之言。故明杨时乔作《传易考》，竟斥为异端，而元董真卿论林栗《易解》，亦引《朱子语录》称'杨敬仲文字可毁'云云，实简之务谈高远，有以致之也。考自汉以来，以老、庄说《易》，始魏王弼。以心性说《易》，始王宗传及简。宗传，淳熙中进士；简，乾道中进士，皆孝宗时人也。顾宗传人微言轻，其书仅存，不甚为学者所诵习。简则为象山弟子之冠，如朱门之有黄榦；又历官中外，政绩可观，在南宋为名臣，尤足以笼罩一世，故至于明季，其说大行。紫溪苏浚解《易》遂以《冥冥篇》为名，而《易》全入禅矣。夫《易》之为书，广大悉备，圣人之为教，精粗本末兼该，心性之理，未尝不蕴《易》中，特简等专明此义，遂流于恍惚虚无耳。昔朱子作《仪礼经传通解》，不删郑康成所引谶纬之说，谓存之正所以废之。盖其名既为后世所重，不存其说，人无由知其失也。"

　　傅伯成卒（1143—　）。伯成字景初，号竹隐，晋江人。隆兴元年进士，授福州连江尉。宝庆元年，与杨简同召，除宝文阁学士。谥忠肃。著有《竹隐居士集》30 卷、《奏议》10 卷，今不传。《宋元学案》列其入《沧州诸儒学案》。事迹见《宋史》卷四一五本传、刘克庄《龙学竹隐傅公行状》（《后村集》卷一六七）。

　　杨子谟卒（1153—　）。子谟字伯昌，号浩斋，潼川人。杨知章子。淳熙八年进士。累官通判成都府，以秘阁修撰致仕。讲学于云山书院，与诸生敷陈《四书》大义。平时不轻易著述，有遗文《浩斋退稿》40 卷。《宋元学案》列其入《二江诸儒学案》。事迹见魏了翁《中大夫秘阁修撰致仕杨公墓志铭》（《鹤山集》卷七四）。

　　按：《宋元学案》卷七二《二江诸儒学案》曰：杨知章，"号云山老人，举世不仕，而得张宣公之学于广汉，归而喜以授其子"。

　　汤千卒（1172—　）。千字升伯，初号随廷居士，晚更号存斋，饶州安仁人。庆元二年进士。崇尚朱熹之学。为武昌军节度推官，官终通直郎。著有《史汉杂考》、《楮币罪言》及文集等。《宋元学案》列其入《存斋晦静息庵学案》。

　　按：汤千与弟汤中、汤中所创立的学派，称存斋晦静息庵学派。三人先师事朱熹私淑弟子柴中行，继而又师事朱熹二传弟子、西山学派创始人真德秀。汤千任南剑、嘉兴二郡学，日与诸生讲论道义，"虽吏胥市人之子，有可教者，亦收置校序，亲授经史"（《宋元学案》卷八四《存斋晦静息庵学案》）。汤巾、汤中亦授徒讲学，汤巾弟子尤多，因形成自己的学派。一传数传弟子甚多，著名者有汤汉、徐霖、王应麟、危复之、谢枋得、徐直方、曾子良、程绍开、吴澄、胡一桂、李天勇、饶宗鲁、胡志仁、饶敬仲等。

　　谢枋得（　—1289）、鲍云龙（　—1296）、荣肇（　—1307）、白朴（　—约 1312）生。

宋宝庆三年　金正大四年　夏宝义二年
蒙古成吉思汗二十二年　丁亥　1227 年

　　正月己巳，宋理宗表彰朱熹及《四书集注》，追赠朱熹太师官位，追封信国公。

> **按**：诏曰："朕每观朱熹《论语》、《中庸》、《大学》、《孟子》注解，发挥圣贤之蕴奥，羽翼斯文，有补治道。朕方励志讲学，缅怀典刑，深用叹慕。可特赠太师，追封信国公。谥如故。"（程珌《洺水集》卷一《故华文阁待制朱熹赠太师追封信国公诏》）这是我国古代最高统治者首次如此褒崇朱熹及其《四书集注》，为确定理学的统治地位奠定了不可动摇的基础。《四书集注》也因理宗的推崇而取得了学术上的统治地位并成为儒生必读之书。

三月庚戌，朱熹之子工部侍郎朱在入对，言人主学问之要。理宗曰："先卿（即朱熹）《中庸序》言之甚详。"又曰："卿先卿《四书》注解，有补于治道，朕读之不忍释手，恨不与之同时。"（《续资治通鉴》卷一六四）

闰五月，金复与蒙古议和。

六月，夏主李睍降于蒙古，夏国灭亡。

七月己丑，成吉思汗卒。后被追尊为元太祖。幼子拖雷监国。

是年，《江湖集》文字案结案，书贾陈起与江湖诗人刘克庄、敖陶孙等并行贬逐。

> **按**：陈起所编《江湖小集》95卷，所录凡62家，他们是：洪迈、僧绍嵩、叶绍翁、严粲、毛珝、邓林、胡仲参、陈鉴之、徐集孙、陈允平、张至龙、杜旟、李龙、施枢、何应龙、沈说、王同祖、陈起、吴仲孚、刘翼、朱继芳、林尚仁、陈必复、斯植、刘过、叶茵、高似孙、敖陶孙、朱南杰、余观复、王琮、刘仙伦、黄文雷、姚镛、俞桂、薛嵎、姜夔、周文璞、危稹、罗与之、赵希路、黄大受、吴汝弋、许棐、赵崇鉘、葛天民、张弋、邹登龙、吴渊、宋伯仁、薛师石、高九万、戴复古、利登、李涛、乐雷发、张蕴、刘翰、张良臣、葛起耕、武衍、林同等。

是年前后，湖南衡山南岳书院创立。

福建建瓯为朱熹立文公祠。

> **按**：是为最早的朱熹祠。

福建松溪邑人为纪念朱熹所筑寓所"吟室"而创建湛庐书院于湛庐剑峰之麓。院内厅堂中祀朱熹像，两边配以黄震、蔡沈、刘子翚、真德秀四儒画像。

> **按**：《四库全书总目提要》曰："盖（黄）震之学朱，一如朱之学程，反复发明，务求其是，非中无所得而徒假借声价者也。"

真德秀是年名其堂曰"学易斋"。

李心传十一月特授从政郎，充秘阁校勘。

程珌为朱熹追封信国公草诏。

岳珂五月为户部侍郎，依前淮东总领兼制置使。

杨云翼三月知贡举，以考试劳心遘疾。

赵必愿时为全州知州，扩大清湘书院规模，于该地柳侯祠北建"率性堂"、"燕居楼"。魏了翁曾作《全州率性堂记》。

丘处机卒，尹志平嗣全真教。

元好问为内乡令。

杜范调安吉司理参军。

宋宝庆三年　金正大四年　夏宝义二年　蒙古成吉思汗二十二年　丁亥　1227年

徐鹿卿九月差充福建路安抚司干办公事。

王磐、赵孟坚、徐世隆举进士。

日本僧希玄道元归国。

真德秀著《四书集编》26卷成书。

按：《自序》曰："《大学》、《中庸》之书，至于朱子而理尽明，至予所编而说始备。虽从《或问》、《辑略》、《语录》中出，然铨择刊润之功亦多，间或附以己见，学者倘能潜心焉，则有余师矣。然又须先熟乎诸书，然后知予用功深，采取精。"此书是研究《四书章句集注》最重要、最直接的参考书，同时也开创了后儒羽翼朱子《四书章句集注》之先河，正如《四库全书总目提要》所言："自是以后，踵而作者汗牛充栋，然其学皆不及德秀，故其书亦终不及焉。"有《通志堂经解》本、《四库全书》本及《浦城遗书》本传世。

孔元措著《孔氏祖庭广记》12卷。

按：孔元措字梦得，为孔子五十一代孙。先是，孔子第四十七代裔孙宋人孔传于宣和六年撰成《祖庭广记》一书，宋室南渡后，孔传又重加编辑。书成以后，孔子第四十九代裔孔环证以旧闻，又重为其补定编次，而成《祖庭记》一书。元措归元以后，又寻访经史及有关典礼之书，复得302事，于是乃增益两书，合为一帙，书名题作《孔氏祖庭广记》。是书堪称孔氏家乘中之珍品，是研究宋元时期及其以前孔氏一家各方面情况的重要参考资料。元刻本为现存最早刻本，通行本为《琳琅秘书》本。

胡榘、方万里、罗浚始著《宝庆四明志》21卷。

王象之著《舆地纪胜》200卷。

按：是书为宋代地理学名著。《四库全书总目提要》曰：王氏"所著有《舆地纪胜》二百卷，今未见传本，此（《舆地碑记目》）即其中之四卷也。以天下碑刻地志之目，分郡编次，而各注其年月姓氏大略于下。起临安，讫龙州，皆南渡后疆域，其中颇有考订精确者。……然所采金石文字，与他书互有出入，可以订正异同。而图经与记亦较史志著录为详。虽残阙之本，要未尝无裨于考证也"。

吉州公使库刊刻韩愈《昌黎先生文集》40卷、《外集》10卷。

楼昉编《崇古文诀》35卷刊行，姚珞作序。

按：《四库全书总目提要》曰："是集乃所选古文凡二百余首。陈振孙《书录解题》称其大略如吕氏《关键》，而所录自秦、汉而下至于宋朝，篇目增多，发明尤精，学者便之。所言与今本相合。惟《书录解题》作五卷，《文献通考》亦同。篇帙多寡迥异，疑传写者脱误'三十'二字也。宋人多讲古文，而当时选本存于今者不过三四家，真德秀《文章正宗》以理为主，如饮食惟取御饥，菽粟之外，鼎俎烹和皆在其所弃。如衣服惟取御寒，布帛之外，黼黻章采皆在其所捐。持论不为不正，而其说终不能行于天下。世所传诵，惟吕祖谦《古文关键》、谢枋得《文章轨范》及昉此书而已。而此书篇目较备，繁简得中，尤有裨于学者。盖昉受业于吕祖谦，故因其师说，推阐加密，正未可以文皆习见而忽之矣。"

又按：《四库全书总目提要》曰："《文章轨范》七卷，宋谢枋得编。……是集所录汉、晋、唐、宋之文凡六十九篇，而韩愈之文居三十一，柳宗元、欧阳修之文各五，苏洵之文四，苏轼之文十二，其余诸葛亮、陶潜、杜牧、范仲淹、王安石、李觏、李格非、辛弃疾，人各一篇而已。前二卷题曰《放胆文》，后五卷题曰《小心文》，各有批注圈点。其六卷《岳阳楼记》一篇，七卷《祭田横文》、《上梅直讲书》、《三槐堂铭》、《表忠观碑》、

《后赤壁赋》、《阿房宫赋》、《送李愿归盘谷序》七篇,皆有圈点而无批注。盖偶无独见,即不填缀以塞白,犹古人淳实之意。其《前出师表》、《归去来辞》,乃并圈点亦无之,则似有所寓意。其门人王渊济《跋》,谓汉丞相、晋处士之大义清节,乃枋得所深致意,非附会也。前有王守仁《序》,称为当时举业而作。然凡所标举,动中窾会,要之古文之法亦不外此矣。旧本以'王侯将相有种乎'七字分标七卷,近刻以'九重春色醉仙桃'七字易之。观第三卷批有先熟'侯王'两集之语,则此本为枋得原题,近刻乃以意改窜之。虽无关大义,亦足见坊刻之好改古书,不可据为典要也。"

曹彦约著《白鹿书院重建书阁记》。

王栐著《燕翼诒谋录》5卷。

按:《四库全书总目提要》谓此书是"杂史中最有典据者"。有《百川学海》、《学津讨原》等本。1981年中华书局出版点校本。

英国拉尔夫卒。生年不详。编年史家,著有《英格兰编年史》。

金道士丘处机卒(1148—)。处机字通密,号长春子,后世称为"长春真人",登州栖霞人。19岁为道士,学于全真教创始人王重阳。后被成吉思汗封为国师,总领道教。为全真教"北七真"之一,创立全真教中最大派别龙门派。著有《大丹直指》2卷、《摄身消息记》1卷、《鸣道集》、《磻溪集》6卷等。事迹见《新元史》卷二四三本传。

敖陶孙卒(1154—)。陶孙字器之,号臞翁、臞庵,福州福清人。淳熙七年乡荐第一,省试下第。淳熙末,为太学生。宝庆元年,因江湖诗祸而奉祠归乡。"江湖派"诗人。著有《臞翁集》、《诗评》。事迹见刘克庄《臞庵敖先生墓志铭》(《后村集》卷一四八)。

虞刚简卒(1163—)。刚简字仲易,一字子韶,仁寿人。虞允文之孙。历知华阳县、永康军、知简州。官至朝请大夫、利州路提点刑狱。好读二程理学之书,曾与魏了翁等在成都沧江书院讲学,人称沧江先生。著有《易传》、《论语解》、《诗说》等,今不传。《宋元学案》列其入《二江诸儒学案》。事迹见《宋史翼》卷一六、魏了翁《朝请大夫利州路提点刑狱主管冲祐观虞公墓志铭》(《鹤山集》卷七六)。

按:虞集《魏氏请建鹤山书院序》对虞刚简推动理学在四川传播的贡献作了很高评价,说"吾蜀之士尽知伊洛之渊源,则我曾大父(刚简)与文靖公(魏了翁)实发挥之也"(《道园学古录》卷六)。

吕大圭(—1275)、胡祗遹(—1295)、王道(—1296)、王恽(—1304)、方回(—1307)、爱薛(—1308)、牟巘(—1311)生。

宋理宗绍定元年　金正大五年　蒙古拖雷监国
戊子　1228年

德意志腓特烈

正月庚辰,金遣知开封府事完颜麻斤出及杨居仁入蒙古吊慰成吉思

宋理宗绍定元年　金正大五年　蒙古拖雷监国　戊子　1228年

汗逝世。

真德秀复宝谟阁待制。

魏了翁在靖州建鹤山书院，来学者二三十人，著有《靖州鹤山书院记》。

按：魏了翁谪居靖州期间，是其学术思想又一次转变和升华的时期，其《答周监酒》自曰："比来山间温寻旧读，益觉今是昨非，安知数年后又不非今也？以此多惧，未暇轻有著述。又见得向来多看先儒解说，不如一一从圣经看来，盖不到地头亲自涉历一番，终是见得不真；又非一一精体实践，则徒为谈辩文乘之资耳。来书乃谓只须祖述朱文公诸书，文公诸书读之久矣，正缘不欲于卖花担上看桃李，须树头枝底方见活精神也。"(《鹤山集》卷三六)

陆遹在浙江桐庐建钓台书院。

按：桐庐钓台原为汉严子陵躬耕处，宋景祐中，知州范仲淹始建祠宇于桐庐城东严陵山下。

郑清之为端明殿学士、签书枢密院事。

程元凤登进士第，调江陵府教授。

汪纲召赴行在，权户部侍郎。越数月，上章致仕。

杨复著《仪礼图》17卷、《仪礼旁通图》1卷成。

按：《四库全书总目提要》曰："《序》称严陵赵彦肃作《特牲、少牢二礼图》，质于朱子。朱子以为更得《冠昏图》及堂室制度更考之乃佳。复因原本师意，录十七篇《经》文，节取旧说，疏通其意，各详其仪节陈设之方位，系之以图，凡二百有五。又分《宫庙门》《冕弁门》《牲鼎礼器门》，为图二十有五，名《仪礼旁通图》，附于后。其于是《经》，可谓用心勤挚。……于学者不为无裨。一二舛漏，谅其创始之难工可也。"

王若虚等修成《宣宗实录》。

赵秉文、杨云翼在正大年间著有《君臣政要》。

罗浚等著《宝庆四明志》21卷成书。

按：《四库全书总目提要》曰："先是乾道中知明州张津始纂辑《四明图经》，而搜采未备。宝庆三年，焕章阁学士、通议大夫、知庆元府兼沿海制置使庐陵胡榘复命校官方万里因《图经》旧本，重加增订。如唐刺史韩察之移州城、唐及五代郡守姓名多据碑刻史传补入。其事未竟，会万里赴调中辍。浚与榘同里，适游四明，遂属之编定。凡一百五十日而成书。前十一卷为郡志，分叙郡、叙山、叙水、叙产、叙赋、叙兵、叙人、叙祠、叙遗九门，各门又分立四十六子目。第十二卷以下，则为鄞、奉化、慈溪、定海、昌国、象山各县志，每县俱自为门目，不与郡志相混。盖当时明州虽建府号，而不置倚郭之县。州故与县各领疆土，如今直隶州之体，特与他郡不同也。《宋史·艺文志》仅有张津《图经》十二卷及《四明风俗赋》一卷，不载是书。惟陈振孙《书录解题》载之，其卷数与此本相合。盖犹从宋槧钞存者。志中所列职官、科第名姓及他事迹，或下及咸、淳，距宝庆三四十年，盖后人已有所增益，非尽罗浚之旧。然但逐条缀附，而体例未更，故叙述谨严，不失古法。元袁桷《延祐四明志》亦据为蓝本，多采用焉。"

岳珂著《金陀续编》30卷成书。

二世帝发起第六次十字军东侵。

德意志化学家A·马格努斯著《论炼金术》。认为只要改变金属的密度和颜色，就可以发生转变，因此要采用必需的化学品，并对贱金属进行相应的加工。

李志常著《长春真人西游记》2卷成书，孙锡作序。

按：是书又称《长春子西游记》、《丘真人西游记》、《长春子游记》、《西游记》。记载蒙古成吉思汗十五年(1220)至明年(1221)丘处机西行见成吉思汗始末，不仅是一部著名的游记地理著作，而且是重要的中西交通文献。孙锡的《序》作于本年，但书中所记事迹则至1230年长春之葬，故对本书的成书年代有不同意见。

陆游所著《老学庵笔记》10卷由其子陆通刻行。

张从正著《儒门事亲》15卷成书。

按：本书是中国医学史上"攻下派"的代表作，奠定了该派的理论基础，丰富了祖国医学中祛邪学说。《四库全书总目提要》曰："从正与麻知几、常仲明辈讲求医理，辑为此书。刘祁《归潜志》称：'麻知几九畴与之善，使子和论说其术，因为文之。'则此书实知几所记也。其例有说有辨，有记有解，有诫有笺，有诠有式，有断有论，有疏有述，有衍有诀，有十形三疗，有六门三法，名目颇烦碎，而大旨主于用攻。其曰《儒门事亲》者，以为惟儒者能明其理，而事亲者当知医也。从正宗河间刘守真，用药多寒凉，其汗、吐、下三法当时已多异议，故书中辨谤之处为多。丹溪朱震亨亦讥其偏，后人遂并其书置之。然病情万状，各有所宜，当攻不攻与当补不补，厥弊维均。偏执其法固非，竟斥其法亦非也。惟中间负气求胜，不免过激，欲矫庸医恃补之失，或至于过直。又传其学者不知察脉虚实，论病久暂，概以峻利施治，遂致为世所借口。要之未明从正本意耳。"

聂子述刻《郁孤台法帖》。

吕皓卒(1150—)。皓一作浩，字子阳，自号云溪遗叟，永康人。淳熙八年试礼部不中，遂绝意仕进。著有《老子通儒论》、《空土本末》、《三徙隶》、《事监韵语》、《遁思遗稿》、《西征唱酬》等，今佚。现存《云溪稿》1卷。事迹见《云溪遗叟自传》(《云溪稿》附)。

陈孔硕卒(1151—)。孔硕字肤仲，号北山，侯官人。早年从张栻、吕祖谦游，后师事朱熹于武夷。淳熙二年进士，调婺州司户参军。以秘阁修撰致仕。著有《中庸大学解》、《北山集》等，皆佚。《宋元学案》列其入《沧州诸儒学案》。事迹见《闽中理学渊源考》卷一七。

张从正卒(1156—)。从正字子和，号戴人，睢州考城人。兴定间曾任太医。金医学家，与刘完素、李杲、朱震亨并称"金元四家"，主去邪，后人称为攻下派。著有《儒门事亲》15卷、《伤寒心镜》1卷、《十形三疗》3卷、《治法杂论》1卷、《直言治病百法》2卷、《治病撮要》1卷、《张氏经验方》2卷等。事迹见《金史》卷一三一本传。

曹彦约卒(1157—)。彦约字简甫，号昌谷，南康军都昌人。淳熙八年进士。曾从朱熹讲学。官至兵部尚书、宝章阁学士。卒谥文简。著有《舆地纲目》15卷、《昌谷类稿》60卷，已佚；现存《经幄管见》4卷。《宋元学案》列其入《沧州诸儒学案》。事迹见《宋史》卷四一〇本传、魏了翁《宝谟阁学士通议大夫致仕赠宣奉大夫曹公墓志铭》(《鹤山集》卷八七)。

按：《四库全书总目提要》评《经幄管见》曰："是书盖彦约侍讲筵时所辑，皆取《三朝宝训》，反复阐明，以示效法。盖即范祖禹《帝学》多陈祖宗旧事之义。考仁宗天圣五年，允监修王曾之请，采太祖、太宗、真宗事迹不入正史者，命李敬等别为《三朝宝训》三十卷。宝元二年十二月，诏以进读。嗣是讲帷相沿，遂为故事。彦约是书，于进读《符瑞》诸篇，虽不免有所回护，要亦当时臣子之词，不得不尔。其余诸篇，则皆能旁证经史，而归之于法诫，亦可谓不失启沃之职者矣。旧刻散佚，久无传本。惟《永乐大典》尚载其全文，今详为校雠，厘成四卷。间有辨证，各依文附著焉。"

杨云翼卒（1170—　）。云翼字子美，平定乐平人。明昌五年经义进士第一，词赋亦中乙科。博览经传，至于天文、律历、医卜之学，无不精通。金南迁后二十年，与赵秉文同掌文坛，时称"杨赵"。官终翰林学士，谥文献。著有《勾股机要》、《象数类说》、《积年杂说》等。事迹见《金史》卷一一○本传。

按：《中州集》小传曰："天资颖悟，博通经传，至于天文、律历、医卜之学，无不臻极。"元好问《杨云翼神道碑》曰："典贡举三十年，门生半天下。而于奖借后进，初不以儒宗自居。"又曰："文章与闲闲公齐名，世号杨赵。高文大册，多出其手。"

赵与旹卒（1172—　）。与旹字行之，又字德行，宋太祖七世孙。宝庆二年进士。官丽水丞。所著《宾退录》10卷，考证经史，辨析典故，颇为精赅，《四库全书总目提要》称其"可为《梦溪笔谈》、《容斋随笔》之续"。

薛师石卒（1178—　）。师石字景石，号瓜庐，永嘉人。生平未仕，与赵师秀、徐玑、王汶等交游甚密。善楷法，尤工篆隶。著有《瓜庐集》。事迹见王纬《薛瓜庐墓志铭》（《瓜庐集》附）、赵汝回《瓜庐诗序》。

宋绍定二年　金正大六年　蒙古窝阔台汗元年
己丑　1229年

二月，宋臣僚言："请戒饬中外群臣，各守礼义廉耻之维，坚安靖恬退之节，有不安意者，奏劾以闻。"又言："今日士大夫学术之未纯，皆基于歧道、法为二致。宜明示意向以风在位，变易偏尚，即道以行法，遵法以为政，则学为有用之学，道为常行之道。"从之（《续资治通鉴》卷一六四）。

辛酉，因臣僚言，严禁书尺干请、苞苴之弊。

五月辛巳，赐礼部进士黄朴、杨栋以下577人及第、出身。

臣僚言："近年文气委苶，请申饬胄监师儒之官，专于训导，使之通习经传，考订义理，课试抡选，须合体格，去浮华穿凿之弊。"从之（《续资治通鉴》卷一六四）。

八月，蒙古贵族遵成吉思汗遗嘱，拥其第三子窝阔台为大汗，即元太宗。

九月，金遣使归还蒙古太祖之赙，蒙古主窝阔台却而不受，遂议伐金。

乙丑，诏礼部、国子监，上等上舍，必循旧法守年，不得用例径赴殿试。

十月丁卯，臣僚言："请下国子监、内外学校之官，令于士子程课之外，迪以义理之学，厉以行艺之实。"从之（《续资治通鉴》卷一六五）。

大越（陈朝）主煚受封于宋，为安南国王。陈朝始于1225年。

德意志腓特烈二世帝入巴勒斯坦，取得对耶路撒冷、拿撒勒、伯利恒、雅法控制权，并在圣墓教堂自行加冕为耶路撒冷国王。

法国图卢兹大学创建。

图卢兹宗教会议禁止俗人阅读圣经，决定正式成立天主教异端裁判所。

真德秀除提举玉隆观万寿宫。

魏了翁有答袁甫书。

李心传授承仕郎，依前秘阁校勘。

高斯得举进士，授利州路观察推官。

王若虚为翰林待制。

萧泰来举进士。

程掌举进士，授扬州观察推官。

按：程掌字叔运，丹棱人。学于魏了翁。

杨栋举进士，授签书西川节度判官。

蔡杭举进士，差主管刑工部架阁文字。

陈大猷举进士，从仕郎历六部架阁。

按：陈大猷，东阳人。著有《尚书集传》，今不传。《四库全书总目提要》曰："《自序》称既集《书》传，复因同志问难，记其去取曲折以成此编（指《尚书集传或问》2卷）。……又有都昌陈大猷者，号东斋，饶双峰弟子，著《书传会通》，仕为黄州军州判官，乃陈澔之父，与东阳陈氏实为两人。"

王郁举进士不中，西游洛阳。

按：《宋元学案》卷一〇〇《屏山鸣道集说略》曰："王郁，字飞伯，初名青雄，大兴府人也。少居钓台。家素富，赀累千金，遭乱，荡散无几，先生殊不以为意，发愤读书。是时，学者惟事科举时文，先生为文一扫积弊，专法古人。最早为麻征君九畴所赏，其后潜心述作，未尝轻求人知。去钓台，放游四方。又移隐陉山，覃思古学。正大五年，游京师。明年，以两科举进士不中，西游洛阳，放怀诗酒，尽山水之欢。先生平日好议论，尚气，自以为儒中侠。其论学孔氏能兼佛、老，佛、老为世害，然有从事于孔氏之心，学者徒能言，而不能行，纵欲行之，又皆执于一隅，不能周遍。故尝欲著书，推明孔氏之心学。又别言之，行之二者之不同，以去学者之郁。其论经学，以为宋儒见解最高，虽皆笑东汉之传注，今人惟知蹈袭前人，不敢谁何，使天然之智识不具，而经世实用不宏，视东汉传注尤为甚。亦欲著书，专与宋儒商订。其论为文，以为近代文章为习俗所蠹，不能遽洗其陋，非有绝世之人，奋然以古作者自任，不能唱起斯文。故尝欲为文，取韩、柳之辞，程、张之理，合而为一，方尽天下之妙。其论诗，以为世人皆知作诗，而未尝有知学诗者，故其诗皆不足观；诗学当自三百篇始，其次《离骚》、汉、魏、六朝、唐人，过此皆置之不论，盖以尖慢浮杂，无复古体。故先生之诗，必求尽古人之所长，削去后人之所短。其论出处，以为仕宦本求得志，行其所知，以济斯民，其或进而不能行，不若居高养蒙，行道自适，不为世网所羁，颇以李白为则。先生受知最深者，曰樗轩完颜璹、闲闲赵秉文、刘从益、李献能、王若虚、麻九畴、史学优、程震、宋九嘉；其游从最久者，李汾、元好问、杜仁杰、雷管、刘源、杨奂、刘郁诸公；至于心交者，惟李冶、刘祁二人而已。八年，先生复至京师。十二月，遇兵难，京城被围，先生上书言事，不报。明年四月，围稍解。五月，先生挺身独出，远隐名山，不知所终。"

钱时著《融堂四书管见》13卷成，有自序。

按：钱时所谓的"四书"，指《论语》、《孝经》、《大学》、《中庸》，而《孟子》不在其中，可见其学与程、朱不同。钱时之学源于陆九渊，故其说异于程、朱。《四库全书总目提要》曰："此编凡《论语》十卷，《孝经》一卷，《大学》一卷，《中庸》一卷，即嘉熙二年

宋绍定二年　金正大六年　蒙古窝阔台汗元年　己丑　1229年

乔行简奏下严州取时所著书之一也。俱先列经文，略加音训，而诠释其大旨于后。《孝经》用古文，《大学》但析为六章，不分经、传。盖时之学出于杨简，简之学出于陆九渊，门户迥殊，故不用程、朱之本。……卷首有绍兴己丑时《自序》，末有景定辛酉天台钱可则《刊书跋》。《宋史·艺文志》、马端临《经籍考》皆不著录，独张萱《内阁书目》有之，虽以《四书》为名，所解不及《孟子》，与朱子所称《四书》者异，故附列于《五经总义》类焉。"

　　陈均著《宋九朝编年备要》30卷成书，真德秀、郑性之等为序。
　　按：《四库全书总目提要》曰："其书取日历、实录及李焘《续通鉴长编》删繁撮要，勒成一帙，兼采司马光、徐度、赵汝愚等十数家之书，博考互订。始太祖至钦宗，凡九朝事迹。欲其篇帙省约，便于寻阅，故苟非大事，则略而不书。"

　　李寿朋主持刻《平江图碑》。
　　按：是我国现存最早的石刻城市地图。

　　汪泰亨补刊范成大《吴郡志》50卷。
　　按：《四库全书总目提要》载，李寿朋以范成大《吴郡志》"止绍兴三年，其后诸大建置，如百万仓、嘉定新邑、许浦水军、顾迳移屯，皆未及载。复令校官汪泰亨补之，自谓仿褚少孙补《史记》例"。

　　耶律楚材著《西游录》1卷成书，有自序。
　　按：其《序》曰："古君子南逾大岭，西出阳关，虽壮夫志士，不无销黯。予奉诏西行数万里，确乎不动心者，无他术焉，盖汪洋法海涵养之效也。故述《辨邪论》以斥糠，少答佛恩。戊子，驰传来京，里人问异域事，虑烦应对，遂著《西游录》以见予志。其间颇涉三圣人教正邪之辨。……西域九十六种，此方毗卢、糠、瓢、白莲、香会之徒，释氏之邪也。全真、大道、混元、太一、三张左道之术，老氏之邪也。至于黄白、金丹、导引、服饵之属，是皆方技之异端，亦非伯阳之正道。畴昔禁断，明著典常。第以国家创业，崇尚宽仁，是致伪妄滋彰，未及辨正耳。"

　　余洞真著《悟玄篇》1卷。
　　彭耜著《道德真经集注》18卷成书。
　　赵安国独资刻成《大般若》。

　　赵蕃卒（1143—　）。蕃字昌父，一字章泉，先为郑州人，后徙信州玉山。曾为太和主簿，受知于杨万里。官终直秘阁。始受学刘清之，年五十，犹向朱熹问学。谥文节。著有《乾道稿》1卷、《淳熙稿》20卷、《章泉稿》5卷。《宋元学案》列其入《清江学案》。事迹见《宋史》卷四四五本传、刘宰《章泉赵先生墓表》（《漫塘文集》卷三二）。

　　道士白玉蟾卒（1194—　）。玉蟾又名葛长庚，字如晦，又字白叟，号海琼子，琼州人。嘉定五年，师事陈楠，得受金丹秘诀。赐号紫清明道真人。为宋道教南五祖第五代。著有《海琼问道集》、《海琼白真人语录》、《海琼先生文集》、《上清集》、《玉隆集》、《武夷集》、《白先生金丹火候图》等。事迹见《历世真仙体道通鉴》卷四九。

　　汪纲约卒于本年前后，生年不详。纲字仲举，黟县人。签书枢密院汪勃之曾孙，以祖任入官，历桂阳军平阳县令、绍兴知府、主管浙东安抚司公事兼提点刑狱。理宗即位，诏为右文殿修撰，加集英殿修撰。《宋史》本传

波斯菲里德艾丁·阿塔尔卒（1119—　）。诗人，曾著《百鸟对话》《灵魂的神秘朝圣》和《玄书》。

阿拉伯雅库特卒（1179—　）。地理学家、历史学家，编有百科全书《地名辞典》及《文学家辞典》。

谓其"学有本原,多闻博记,兵农、医卜、阴阳、律历诸书,靡不研究;机神明锐,遇事立决"。著有《恕斋集》、《左帑志》、《漫存录》,今佚。事迹见《宋史》卷四〇八本传。

关汉卿(—约1279)、郭昂(—1289)、项天觉(—1299)、僧雄辩(—1301)、殷澄(—1305)、何梦桂(—?)生。

宋绍定三年　金正大七年　蒙古窝阔台汗二年
庚寅　1230年

大越(陈朝)定"国朝通制"、"国朝常礼"。

西班牙卡斯提尔与莱昂两王国实现永久性合并。

西班牙托莱多、莱昂大教堂约建于此时。

六月辛卯,时臣僚言请戒饬诸郡守,痛革税赋、刑狱、差役、版籍四弊。宋帝从此请。

七月,蒙古窝阔台自将攻金。此后,金放弃关中,关中民众迁向河南。

九月,诏改封朱熹为徽国公。

十一月,蒙古主从耶律楚材言,始选用汉、女真士人为十路征收课税使。

十二月庚申,录用孔子四十九代孙孔灿,补官。

宋理宗亲撰《道统十三赞》,以为伏牺、尧、舜、禹、汤、文、武、周公、孔子、颜回、曾子、子思、孟子十三人,道统一脉相传。

是年,臣僚请:"学校、场屋,并禁断章截句,破坏义理,及《春秋经》越年牵合。其程文,本古注、用先儒说者取之,穿凿撰说者黜落。"(《宋史·选举志二》)

杨简门人赵彦械任江东提刑,重修象山精舍,并作记。

真德秀八月除徽猷阁待制。

段成己登进士第。

耶律楚材谓天下虽以马上得之,但不能以马上治之。蒙古主窝阔台深以为然。

乔行简为端明殿学士,同签书枢密院事。

杜范主管户部架阁文字。

德国鲁道夫·冯·埃姆斯著《巴尔拉姆和约莎发特》,讲述一位印度王子由于隐士的开导改信基督教的故事。

魏了翁著《九经要义》263卷成。

按：此"九经"包括《周易》、《尚书》、《毛诗》、《春秋左氏》、《仪礼》、《礼记》、《周礼》、《论语》、《孟子》。《四库全书总目提要》论述了其中四书,其评《周易要义》10卷曰:"了翁以说经者但知诵习成言,不能求之详博,因取诸经注疏之文,据事别类而录之,谓之《九经要义》。此其中之第一部也。……王祎《杂说》云:'孔颖达作《九经正义》,往往援引纬书之说,欧阳公常欲删而去之,其言不果行。迨鹤山魏氏作《要义》,始加黜削,而其言绝焉。'则亦甚与以廓清之功矣。"评《尚书要义》17卷曰:"此其所摘《尚书》注疏也。孔安国《传》本出依托，循文衍义，无大发明，亦无大瑕。故宋儒说《诗》排《小序》，说《春秋》排三《传》，而说《书》则不甚排孔氏。孔颖达《正义》虽诠释《传》文，不肯稍立同异，而原原本本，考证粲然。故《朱子语录》亦谓《尚书》名物、典制当看疏文。然《尚书》文既聱牙，注疏又复浩汗，学者卒业为艰。了翁汰其冗文，使后人不病于芜杂，而一切考证之实学已精华毕撷，是亦读注疏者之津梁矣。"评《仪礼要义》50卷曰："《仪礼》一经，最为难读，诸儒训诂已稀。……了翁取而删剟之，分胪纲目，条理秩然，使品节度数之辨，展卷即知，不复以辞义謷牙为病。其梳爬别抉，于学者最为有功。虽所采不及他家，而《仪礼》之训诂备于郑、贾之所说，郑、贾之精华备于此书之所取。后来诠解虽多，大抵以《注》、《疏》为蓝本，则此书亦可云提其要矣。"评《春秋左传要义》31卷曰："其书节录《注》、《疏》之文，每条之前各为标题，而系以先后次第，与诸经《要义》体例并同。考了翁序李明复《春秋集义》云'余尝览诸儒之传，至本朝先正，谓此为经世之大法、传心之要典，余惧益深。乃裒萃以附于《经》，尚虑观书未广，择理未精，故未敢轻出。李君乃先得我心而为是书'云云，是了翁亦尝裒辑众说以注《春秋》，其书未就，而其所取于《注》、《疏》者则尚见于是编。凡《疏》中日月名氏之曲说烦重琐屑者，多刊除不录。而名物度数之间，则削繁举要，本末灿然。盖左氏之书，详于典制，三代之文章礼乐，犹可以考见其大凡。其远胜《公》、《谷》，实在于此。了翁所辑，亦可谓得其要领矣。原本六十卷，朱彝尊《经义》考注曰'未见'。此本仅存三十一卷。"

魏了翁著《周易集义》64卷。

按：方回《跋》曰："鹤山先生谪靖州，取诸经注疏摘为《要义》，又取濂、洛以来诸大儒《易》说，为《周易集义》六十四卷。仲子太府卿静斋先生克愚明己，壬子岁以军器监丞出知徽州，刊《要》、《集义》，置于紫阳书院。至丙子岁，书院以兵兴废，书版尽毁。寻草创新书院于城南门内，独《集义》仅有存者。今戊子岁，山长吴君梦炎首先补刊。会江东祥刑使者太原郝公良弼割资相工，得回所藏墨本，率总府郡颁，助两山长及书院职事生员，酿讫役，半年而毕。"（缪荃孙《魏文靖公年谱》引）

黄仲炎著《春秋通说》13卷成书。

按：《四库全书总目提要》曰："其进是书《表》称肄举业而困功。李鸣复奏《举状》，称科举之外，穷经笃古。盖老而不第之士也。书成于绍定三年，其奏进则在端平三年。《自序》谓《春秋》为圣人教戒天下之书，非褒贬之书。所书之法为教，所书之事为戒。自三《传》以褒贬立意，专门师授，仍陋袭讹。由汉以后，类例益歧，大义隐矣。故其大旨谓直书事迹，义理自明。于古来经师相传，王不称天，桓不称王之类，一切辟之。按《朱子语录》云：'圣人据实而书，是非得失，有言外之意。必于一字一辞间求褒贬所在，窃恐未然。'仲炎《表》中所云酌朱熹之论者，盖本于是。何梦申作吕大圭《春秋或问序》，谓传《春秋》者几百家，大抵以褒贬赏罚为主，惟《或问》本朱子而尽斥之。不知仲炎已先发之矣。"传本有《通志堂经解》本、《四库全书》本等。

罗叔韶、常棠著《澉水志》2卷。

蔡戡著《定斋集》40卷。

欧阳德隆著《押韵释疑》成。

浙江金华丽泽书院刻司马光《切韵指掌图》成。

叶秀发卒（1161— ）。秀发字茂叔，号南坡，婺州金华人。师事吕祖谦、唐仲友，精研性理之学。庆元二年进士，为庆元府教授。历知政和、休

法国希雷斯伍德的威廉约于是年写成《逻辑引论》一书。为欧洲最早的逻辑手册读物。

宁、扬子三县。绍定初,知高邮军。著有《易说》、《周礼说》、《论语讲义》,今佚。《宋元学案》列其入《丽泽诸儒学案》。事迹见《南宋书》卷六三、宋濂《叶秀发传》(《文宪集》卷一〇)。

蔡沈卒(1167—)。沈字仲默,号九峰,学者称九峰先生,建州建阳人。蔡元定第三子。师事朱熹。因伪学之禁,从元定谪道州。创九峰学派,主要弟子有陈兆祖、刘钦、何云源、刘泾、刘汉传、刘实翁、黄镇成、陈师凯、刘震、王充耘及其子蔡模、蔡杭、蔡权等。曾受朱熹之命,注《尚书》十余年,成《书集传》6卷,此书与朱熹的《周易本义》、《诗集传》及胡安国的《春秋传》并列为官书,为科举所依据,成为元、明、清三代士人的必读课本。又著有《洪范皇极》、《蔡九峰筮法》等。《宋元学案》为列《九峰学案》。事迹见《宋史》卷四三四本传、真德秀《九峰先生蔡君墓表》(《西山文集》卷四二)。清袁应兆编有《蔡沈年表》。

按:《宋元学案》卷六七《九峰学案》曰:"(蔡沈)隐居九峰,当世名卿物色求访,不就,学者称为九峰先生。先生自胜衣趋拜,入则服膺父教,出则师事文公。文公晚年训传诸经略备,独《书》未及为,环睹门下生,求可付者,遂以属先生。《洪范》之数,学者久失其传,西山独心得之,未及论著,亦曰:'成吾书者沈也。'先生沈潜反复者数十年,然后克就。其于《书》也,考序文之误,订诸儒之说,以发明二帝三王群圣贤用心之要。《洪范》、《洛诰》、《泰誓》诸篇,往往有先儒所未及者。……庆元初,伪学之论兴,西山远谪舂陵,先生徒步数千里,以从九疑之麓。道楚、粤穷僻处,山川风物,悲凉凄怆,居者率不能堪,先生父子相对,独以理义自怡悦,浩然无湘累之思,楚囚之泣也。西山不幸殁贬所,复徒步护柩以归。有遗以金而义不可受者,辄谢却之,曰:'吾宁随所止而殡,不忍累先人也。'先生年仅三十,即屏去举子业,一以圣贤为师。其文长于论辩。诗早慕太白,晚入陶、韦社中。至其吟咏性情,摹写造化,则又源流文公感兴诸作,非徒以诗自命而已。明正统初,追谥文正。"

杨泰之卒(1169—)。泰之字叔正,号克斋,眉州青神人。少受业于黄裳。庆元元年类试,调泸川尉。历知严道县、重庆府等。著有《克斋文集》100卷、《论语解》30卷、《老子解》2卷、《大易要言》20卷、《杂著》5卷及《春秋列国事目》、《公羊谷梁类》、《诗类》、《诗名物编》、《论孟类》、《东汉三国志南北史唐五代史类》、《历代通鉴本朝长编类》、《东汉名物编》、《诗事类》等,凡297卷。《宋元学案》列其入《二江诸儒学案》。事迹见《宋史》卷四三四本传、魏了翁《大理少卿直宝谟阁杨公墓志铭》(《鹤山集》卷八一)。

按:黄宗羲曰:"南轩私淑之传,以先生(杨泰之)为第一。《宋史》列之《儒林》,而不知其源流所自,且于其大节,亦尚未详,为可惜也。"(《宋元学案》卷七二《二江诸儒学案》)

陈宓卒(1171—)。宓字师复,称复斋先生,兴化军莆田人。陈俊卿之子。少尝及登朱熹之门,朱熹器异之。长从黄榦游。以荫任历泉州南安监税,主管南外睦宗院、再主管西外,知安溪县。知南剑军时,曾创建延平书院,仿白鹿洞规制定院规。著有《论语注义问答》、《春秋三传抄》、《读通鉴纲目》、《唐史赘疣》等,皆佚。《宋元学案》列其入《沧州诸儒学案》。事迹见《宋史》卷四〇八本传。

赵崇度卒(1175—)。崇度字履节,号履斋,饶州余干人。赵汝愚次子。朱熹门人。由承务郎为右曹郎中。曾知邵武军,建周、张、二程、朱子五先生祠。官终朝散大夫。著有《磬湖集》、《左氏常谈》、《史髓》、《节斋闻记》。《宋元学案》列其入《玉山学案》。

朱淑真约卒于本年前后。自号幽栖居士,钱塘人(一说海宁人)。生于官宦家庭,嫁于市井民家,抑郁不得志。工诗词,善画,通音律。著有《断肠集》2卷、《断肠词》1卷。事迹见魏仲恭《断肠诗集序》。

胡三省(—1302)、陈天祥(—1316)生。

宋绍定四年　金正大八年　蒙古窝阔台汗三年
辛卯　1231年

三月癸巳,以经筵进讲《论语》终篇,召辅臣听讲。

六月己未,宋诏魏了翁、真德秀、尤焴、尤爚,并叙复官职祠禄。

八月,蒙古始立中书省,以耶律楚材为中书令,粘合重山为右丞相,田镇海为左丞相。

蒙古军征讨高丽,高丽请降。

九月丙戌夜,临安大火,太庙、三省、六部、御史台、秘书省、玉牒所俱焚。

真德秀是冬除显谟阁待制。

魏了翁复职主管建宁府武夷山冲祐观。

魏了翁与李心传书,讨论"中和"二字义理。

李心传赐同进士出身,授国史院校勘官,参修高宗、孝宗、光宗、宁宗《中兴四朝帝纪》。

高斯得辟差四川茶马干办公事。

乔行简签书枢密院事。

袁甫为江东提刑兼提举,以山间交通不便,请于朝,将象山精舍迁建于县城外之三峰山徐岩。

按:此时"槐堂高足"只剩傅子云仍健在,遂被聘为书院上座。傅子云字季鲁,号琴山,金溪人。师从陆九渊,被陆九渊誉为"天下英才"。著有《易传》、《论语集传》、《中庸大学解》、《童子指义》、《离骚经解》等。

洪咨夔八月叙复原官祠禄。

吴潜迁尚右郎官。

幸元龙上书请戮史弥远以谢天下。

王若虚转翰林直学士。

法王路易九世之母、摄政布朗什镇压反叛诸侯。

条顿骑士团北迁于普鲁士—波兰边境。

德意志腓特烈二世帝颁沃尔姆斯特权,予德意志诸侯以司法、铸币等特权。

巴黎大学的神学系、法律系、医学系和稍后的自由艺术系得到承认,后来这些系逐渐排除了四大学院的影响。

李冶举进士。

元好问迁南阳令,擢尚书省令史,移家汴京。

江东漕院刊刻《礼记集说》160卷。

阳枋编类《文公语录》。

徐宅编次,黄鹤补注《集千家注分类杜工部诗》25卷由赵氏素心斋刻于婺州。

李杲著《内外伤辨惑论》3卷成书。

宋平江碛砂延圣禅院开始雕印《大藏经》。

按:是书先后由法忠、清圭等人主持其事,因受战乱影响,入元后于至治三年(1323)才告完成,共收集佛典1532部,6362卷。称碛砂藏。

法国威廉·奥塞尔约于是年卒(约1150—)。哲学家、神学家,主张以理性分析基督教义。著有《教父名言集四卷论文集》《黄金论文集》)、《礼拜仪式论文集》。

罗斯安东尼卒(1195—)。东正教士,诺夫哥罗德大主教、忏悔牧师。著有《朝圣者之书》及有关君士坦丁堡文化、建筑最早历史和东正教礼仪的著作。

雷渊卒(1184—)。渊字希颜,一字季默,应州浑源人。至宁元年登词赋进士甲科,调泾州录事。历官荆王府文学兼记室参军,转应奉翰林文字,同知制诰兼国史院编修官,曾预修《宣宗实录》。金文学家。著有《雷希颜集》,今不传。事迹见《金史》卷一一〇本传。

按:刘祁曰:"公博学有雄气,为文章专法韩昌黎,尤长于叙事。诗杂坡、谷,喜新奇。好收古人书画、碑刻藏于家,甚富。"(《归潜志》小传)

辛愿卒,生年不详。愿字敬之,自号女几野人,又号溪南诗老。福昌人。博通群书,尤精《春秋》三传。事迹见《金史》卷一二七本传。

按:《金史》本传曰:"年二十五始知读书,取《白氏讽谏集》自试,一日便能背诵。乃聚书环堵中读之,至《书·伊训》、《诗·河广》颇若有所省,欲罢不能,因更致力焉。由是博极书史,作文有绳尺,诗律精严有自得之趣。"

高似孙卒,生年不详。似孙字续古,号疏寮,绍兴余姚人。淳熙十一年进士,历官校书郎、处州守。著述甚富,今存者有《史略》6卷、《剡录》12卷、《子略》5卷、《纬略》12卷、《蟹略》4卷、《唐科名记》1卷、《选诗句图》1卷、《文苑英华纂要》80卷等。事迹见《宋史翼》卷二九。

按:《四库全书总目提要》评《子略》曰:"是书卷首冠以目录,始《汉志》所载,次《隋志》所载,次《唐志》所载,次庾仲容《子钞》、马总《意林》所载,次郑樵《通志·艺文略》所载,皆削其门类而存其书名。略注撰人卷数于下。其一书而有诸家注者,则惟列本书,而注家细字附录焉。其有题识者,凡《阴符经》、《握奇经》、《八阵图》、《鬻子》、《六韬》、《孔丛子》、《曾子》、《鲁仲连子》、《晏子》、《老子》、《庄子》、《列子》、《文子》、《战国策》、《管子》、《尹文子》、《韩非子》、《墨子》、《邓析子》、《亢桑子》、《鹖冠子》、《孙子》、《吴子》、《范子》、《鬼谷子》、《吕氏春秋》、《素书》、《淮南子》、贾谊《新书》、《盐铁论》、《论衡》、《太玄经》、《新序》、《说苑》、《抱朴子》、《文中子》、《元子》、《皮子》,隐书凡三十八家。其中《说苑》、《新序》合一篇,而《八阵图》附于《握奇经》,实共三十六篇。惟《阴符经》、《握奇经》录其原书于前,余皆不录。似乎后人删节之本,未必完书也。马端临《通考》多引之,亦颇有所考证发明。然似孙能知《亢仓子》之伪,而余《阴符经》、《握奇经》、《三略》、诸葛亮《将苑》、《十六策》之类,乃皆以为真,则鉴别亦未为甚确。其盛称《鬼谷子》,尤为好奇。以其荟萃诸家,且所见之本犹近古,终非焦竑《经籍志》之流辗转贩鬻,徒构虚词者比。"

廉希宪（ —1280）、董文忠（ —1281）、孟祺（ —1281）、黄仲元（ —1312）、郭守敬（ —1316）生。

宋绍定五年　金开兴元年　天兴元年
蒙古窝阔台汗四年　壬辰　1232年

正月庚子，金改元开兴，肆赦。
按：翰林学士赵秉文为赦文，宣布悔悟哀恸之意，指事陈义，情辞俱尽，闻者莫不感励。

二月癸丑，宋理宗谒太庙。

三月甲子，金改元天兴。

七月丁酉，蒙古遣唐庆使金，传谕欲和好，金主须亲至蒙古商议。金杀唐庆，和议遂绝。

八月乙丑，赐徐元杰等493人进士及第、出身有差。
按：徐元杰字仁伯，上饶人。朱熹门人陈文尉讲学江西铅山，元杰往师之，后又师从真德秀。著有《楳埜集》12卷。

甲戌，玉牒殿成，奉安宋累朝玉牒。

九月初八日，宋理宗为象山精舍赐额"象山书院"。

十二月，金哀宗出汴京，拟渡河北进。蒙古军再围汴京。北方民众大批迁入四川、荆襄及淮南。

真德秀八月乙卯起为徽猷阁待制，知泉州。

魏了翁四月为集英殿修撰、知遂宁府，辞不拜；八月己未以宝章阁待制、潼川路安抚使知泸州。筑城修武备，兴学校，复社仓，创义冢，建养济院。居数月，百废俱举。

李心传正月除秘书郎，兼史职如故。

李心传谓李燔"乃朱熹高弟，经术行义亚于黄榦，当今海内一人而已"（《宋史·李燔传》），建议理宗擢之经筵，未果。

邹伸之出使蒙古汗国，彭大雅、徐霆等随行。
按：归后，两人合著《黑鞑事略》，叙述蒙古风土人情及政治、经济、军事、文化状况，是记述蒙古汗国早期历史的重要著作。

郑清之、乔行简并复原官。

吴潜七月为太府少卿，总领淮西财赋。

元好问为尚书省掾、左司都事，被蒙古军困于围城。

元好问收养白华之子白朴。

方岳、陆壑同登进士第。

吴文英时在苏州，为仓台幕僚。

大越（陈朝）定朝义。

德意志腓特烈二世帝于意大利拉文那颁布《诸侯特权宪章》，允其在各自领地内拥有征税、铸币、司法全权。

史弥远乞归田里,不许。

陈耆卿为著作佐郎。

叶大有为省试第一。

按：叶大有字谦甫。《宋元学案》列其入《沧州诸儒学案》。

李宗勉知婺州。

刘秉忠弃官,隐武安山为僧。

孙子秀举进士。

按：孙子秀字符实,越州余姚人。调滁州教授,至官,改知金坛县。《宋史·孙子秀传》曰："崇学校,明教化,行乡饮酒礼。访国初茅山书院故址,新之,以待远方游学之士。……衢州寇作,水冒城郭,朝廷择守,属子秀行。……南渡后,孔子裔孙寓衢州,诏权以衢学奉祀,因循逾年,无专飨之庙。子秀撤废佛寺,奏立家庙如阙里。既成,行释菜礼。"

真德秀为王与之所著《周礼订义》作序。

刘克庄著《诗说》12卷,有自序。

赵子直著《桐汭新志》20卷。

元好问著《壬辰杂编》成。

袁燮所著《絜斋家塾书钞》12卷刻于象山书院。

赵秉文卒(1159——)。秉文字周臣,号闲闲老人,磁州滏阳人。金大定二十五年进士,调安塞簿,以课最迁邯郸令,再迁唐山。为兵部郎中,兼翰林修撰,俄转翰林直学士。兴定元年,转侍读学士。拜礼部尚书,兼侍读学士,同修国史,知集贤院事。又明年,知贡举,力矫当时卑陋陈腐文风。官至礼部尚书。生平精研《易》、《中庸》、《论语》、《孟子》诸经,提倡孔学,自称韩愈第二。著有《闲闲老人滏水文集》30卷、《易丛说》10卷、《中庸论》1卷、《论语解》10卷、《孟子解》10卷、《扬子发微》1卷、《太玄笺赞》6卷、《文中子类说》1卷、《南华略释》1卷、《列子补注》1卷、《资暇录》15卷等。事迹见《金史》卷一一〇本传。

按：赵秉文是金代中期以后的一代名儒,因"其学一归诸孔孟,而异端不杂焉",故被称为"儒之正理之主"。《金史》本传曰："秉文之文长于辨析,极所欲言而止,不以绳墨自拘。七言长诗笔势纵放,不拘一律,律诗壮丽,小诗精绝,多以近体为之,至五言古诗则沉郁顿挫。字画则草书尤道劲。朝使至自河、湟者,多言夏人问秉文及王庭筠起居状,其为四方所重如此。"全祖望曰："建炎南渡,学统与之俱迁。完颜一代,遂无人焉。元裕之曰:国初经术,祖金陵之余波,概可知已。垂晚始得滏水。予初读其论学诸篇,所得虽浅,然知所趋向。盖因文见道者,其亦韩、欧之徒欤！及读其论米芾临终事而疑之,则仍然佞佛人也。追取《归潜志》考之,乃知滏水本学佛,而袭以儒。其视李屏山(李纯甫),特五十步百步之差耳。虽然,犹知畏名教之闲,则终不可与屏山同例论也。"(《宋元学案》卷一〇〇《屏山鸣道集说略》)

胡谊卒(1159——)。谊字正之,号观省佚翁,庆元府奉化人。师事袁燮。著有《尚书释疑》、《观省杂著》。《宋元学案》列其入《絜斋学案》。

高崇卒(1173——)。崇字西叔,蒲江人。嘉定进士,官至管内安抚。

著有《周官解》12卷。《宋元学案》列其入《鹤山学案》。

按：黄宗羲曰："高崇，字西叔，蒲江人也，鹤山魏文靖公同产叔兄。与南叔同成进士。时真西山为人言：'二高不首列，是盲有司也。'会任伯起为详定官，伯起故尝从朱子，至丧其师传，言'政事与议论，自是两途，不必以人言摇国是'，于是先生兄弟皆以伊洛之说被抑置下等。释褐眉山尉，李雁湖方家居，宋正仲为太守，从之讲学。崔公与之荐于朝，知什邡县，有惠政。通判黎州，寻为守，兼管内安抚使。……先生兄弟自相师友，而渊源出自南轩。教人主于自得。尝因校士，谓'学者窜拾关、洛方言以入举文，绝无领会，此膏肓之病也'。其言深中南宋学者之谬。吴侍郎畏斋入蜀，先生劝以立周、程之祠，配以朱、张，昌明正学，以厉人心。其在黎，故有玉渊书院，前守薛仲章所建也，修复之以讲学。顾惜其与长兄东叔俱不永年以殁云。著有《周官解》十二卷。"（《宋元学案》卷八〇《鹤山学案》）

麻九畴卒（1183— ）。九畴字知几，初名文纯，易州人。兴定末，廷试不中，遂隐居不出。正大初，因侯挚、赵秉文荐，特赐进士第，累官应奉翰林文字。通五经，精于《周易》、《春秋》。事迹见《金史》卷一二六本传。

按：金元之际，在佛教、道教以及李纯甫等"三教归一"的思想流行于北方之时，濂、洛、关、闽之学未被引起重视，程氏洛学几乎成为绝响。麻九畴研治《易经》和《春秋》，较早传授邵雍之学，其门人、弟子多为金末元初的名儒。《金史》本传曰："九畴初因经义学《易》，后喜邵尧夫《皇极书》，因学算数，又喜卜筮、射覆之术。晚更喜医，与名医张子和游，尽传其学，且为润色其所著书。为文精密奇健，诗尤工致。后以避谤忌，持戒不作。明昌以来，称神童者五人，太原常添寿四岁能作诗，刘滋、刘微、张汉臣后皆无称，独知几能自树立，耆旧如赵秉文，以征君目之而不名。"

俞德邻（ —1293）、刘辰翁（ —1297）、周密（ —约1298）、陈思济（ —1301）、金履祥（ —1303）、董朴（ —1316）生。

宋绍定六年　金天兴二年　蒙古窝阔台汗五年　癸巳　1233年

正月，金哀宗弃军南逃归德。汴京发生政变，将领崔立拥立卫绍王太子从恪为梁王，监国；自任太师、都元帅、郑王，以汴京降蒙古。

四月，蒙古军攻入汴京，强迫工匠、儒、释、道、医、卜迁至黄河以北，窝阔台从耶律楚材言，始废"凡攻城不降，矢石一发即屠之"之制（《资治通鉴后编》卷一四〇）。

六月，蒙古耶律楚材请封孔子五十一代孙孔元措袭衍圣公，修孔庙。从之。

九月辛酉，经筵官请以御制敬天、法祖、事亲、齐家四十八条及缉熙殿榜殿记宣付史馆。

十一月丙午，宋改明年为端平元年。

蒙古改燕京故金枢密院为宣圣庙，崇祀孔子。立国子学，使侍臣子弟

条顿骑士团开始征服普鲁士的战争。

罗马教皇格列高里第九授权于多明我会修士，在法、德设立宗教裁判所，迫害异端。

犹太哲学家、神学家、医生迈蒙尼德的宗教和哲学著作在蒙彼利埃被焚，正统的犹太教徒与多明我教派联合起来反对迈蒙尼德。

| 英格兰首次于纽卡斯尔开采用煤。 | 入学汉文。
是年,蒙古诏令始见"也里可温"(基督教)之名。

真德秀四月除权户部尚书,九月入见,除翰林学士,知制诰,兼侍读,进献所著《大学衍义》。帝嘉曰:"《衍义》一书,备人君之轨范焉。"

魏了翁十一月进为华文殿待制、知泸州;应诏上章论十弊,请复旧典以彰新化。

按:魏了翁曰:"一、复三省之典以重六卿;二、复二府之典以集众议;三、复都堂之典以重省府;四、复侍从之典以来忠告;五、复经筵之典以熙圣学;六、复台谏之典以公黜陟;七、复制诰之典以谨命令;八、复听言之典以通下情;九、复三衙之典以强主威;十、复制阃之典以黜私意。"(《宋史·魏了翁传》)

洪咨夔十一月请召用崔与之、真德秀、魏了翁;十二月言提举洞霄宫袁韶,仇视善类,谄附史弥远,诏罢祠禄。

李心传修《中兴四朝帝纪》"甫成其三,因言者罢,添差通判成都府"(《宋史·李心传传》)。

元好问著《寄中书耶律公书》,请蒙古中书令耶律楚材保护并任用54位文士。

按:元好问所推荐的54位文士是:内翰冯叔献,都运梁斗南,户部高唐卿,延州王从之,平阳王纲,东明王鹗,滨人王贲,临淄李浩,秦人张徽、杨焕然、李庭训,河中李献卿,武安乐夔,固安李天翼,沛县刘汝翼,齐人谢良弼,郑人吕大鹏,山西魏璠,泽人李恒简、李禹翼,燕人张圣俞,太原张纬、李谦、冀致君、张耀卿、高鸣,孟津李蔚,真定李冶,相人胡德珪,易州敬铉,云中李微,中山杨果,东平李彦,西华徐世隆,济阳张辅之,燕人曹居一、王铸,浑源刘祁、刘郁、李全,平定贾庭扬、杨恕,济南杜仁杰,洛水张仲经,虞乡麻革,东明商挺,渔阳赵著,平阳赵维道,汝南杨鸿,河中张肃,河朔勾龙瀛,东胜程思温、程思忠。

汴京守将崔立以城降蒙古,刘祁等人被迫为崔立起草"功德碑"。

按:崔立功德碑出自谁之手,是金史上的一个疑案。据元好问为王若虚所写的《内翰王公墓表》,碑文乃太学生刘祁所作;据刘祁所著《归潜志·录崔立碑事》一文,则碑文出自元好问之手。清代翁方纲、凌廷堪所撰《遗山年谱考辨》认为"此碑为刘祁作则无疑矣";《四库全书总目提要》则谓元好问与刘祁"共以碑谄附逆贼";全祖望、施国祁等曲为元好问开脱,谓元好问在崔立碑事中委蛇其间,有名节之累,然元好问之所以如此,是欲有待而为。当代学者对此事的看法也颇有分歧,莫衷一是。

李宗勉五月拜监察御史。

黄榦赠朝奉郎,仍与一子恩泽。

按:告词曰:"洙泗之斯文未丧,得颜、曾数子羽翼而其教大明;伊洛之正学方兴,得尹、杨诸人发明而其传益广。今有倡道武夷,而门人之中,卓然以扶世立教自任,是国家之所当尊向也。以尔绍兴名御史璃之子,庆元诸侍讲熹之甥。密察精思,尽得师承之正;笃行力践,发为贤业之光。属熹于易箦之时,属尔以传道之托。讨论《三礼》,敷绎《四书》。朕今读其书,求其徒,思坚正弘毅如榦者,既不得与之同时矣。"(《勉斋先生黄文肃公年谱》) |

宋绍定六年　金天兴二年　蒙古窝阔台汗五年　癸巳　1233年

岳珂正月十五日于京口观灯，作诗及祐陵事，韩正伦以为讽己，遂构怨陷以他罪。

陈咏之为江西金溪知县，于县治偏西建槐堂书院，以祀陆九龄、陆九渊兄弟。

史弥远十月进太师、左丞相兼枢密使、鲁国公。旋卒。

乔行简为参知政事兼同知枢密院事。

杜范迁大理寺司直。

徐鹿卿正月改授奉议郎，知南剑州尤溪县；十月知泉州南安县。

王渥举进士，调管州司候，不赴。

王遂拜监察御史，疏奏极论进君子，退小人。

临江军学刻印《朱文公校昌黎先生集》40卷。

临安太一宫道士胡莹微刊印《太上感应篇》，并撰《进太上感应篇表》进于朝。

按：是书乃道教第一部劝善书，原文总1274字，出自北宋末年，作者不详，南宋时李昌龄曾注释为8卷，现存于《道藏》之中。由于作者把佛道宣扬的因果报应与传统纲常伦理紧密地结合为一体，所以备受封建帝王和士大夫的推崇。宋理宗亲为刊题"诸恶莫作，众善奉行"八字，以广推行。真德秀在《太上感应篇叙》中说："庶几家传此方，人挟此剂，足以起迷俗之膏肓，非小补也。"（《西山文集》卷二七）陈天昌序称是书"有功于辅教"，"愚夫愚妇皆知迁善远罪"。清代惠栋有《太上感应篇注》、俞樾有《太上感应篇缵义》。

赵时庚著《金漳兰谱》3卷成书。

按：是书为我国现存最早的兰科专著。

元好问始编《中州集》。

按：《四库全书总目提要》曰："是集录金一代之诗。……其选录诸诗，颇极精审，实在宋末江湖诸派之上。"

袁甫著《象山书院记》和《初建书院告陆象山先生文》、《祭陆象山先生文》。

陈元晋著《汀州卧龙书院记》。

按：卧龙书院是宋代最有特色的习武书院，地址在福州汀州。发起建造者为汀州知州李华，始创于绍定三年（1230）。

史弥远卒（1164—　）。弥远字同叔，明州鄞县人。淳熙十四年进士。宁宗时历任太师右丞相、枢密使等职。开禧三年，在杨皇后支持下，使人杀韩侂胄，向金求和。嘉定十七年又拥立理宗，专权多年。事迹见《宋史》卷四一四本传。

宋九嘉卒（约1183—　）。九嘉字飞卿，夏津人。曾从李纯甫读书，与雷渊、李经相伯仲。金卫绍王至宁元年进士。历蓝田、高陵、扶风、三水四县令。入为翰林应奉，因疾去职。《中州集》录存其诗10首。事迹见《金史》卷一二六本传。

阿拉伯伊本·阿西尔卒（1160—　）。历史学家，著有《历史大全》，详述十字军战争，有"十字军战史家"之称。

冀禹锡卒(1192—)。禹锡字京父,惠州龙山人。年十九,擢大兴魁,入太学,有声。金崇庆二年进士,时雷希颜、宋飞卿皆同榜,号为得人。官尚书省都事。工诗,善画,散文亦精致,尝作《余先子哀词》。事迹见刘祁《归潜志》小传。

吴龙翰(—1293)、曹泾(—1315)生。

宋理宗端平元年　金天兴三年　蒙古窝阔台汗六年　甲午　1234年

正月初九日,金哀宗传位于完颜承麟,次日即位,是为末帝。典礼未毕,宋、蒙两军即破城而入。哀宗自杀,末帝死于乱军中。金亡,共九帝,一百二十年。

五月丙寅,诏:黄榦、李燔、李道传、陈宓、楼昉、徐宣、胡梦昱等,皆厄于权奸,而各行其志,没齿无怨,其赐谥复官,优赠存恤,仍各录用其子,以旌忠义。

六月,太常少卿徐侨请从祀周敦颐、程颢、程颐、张载、朱熹,以赵汝愚侑食宁宗,理宗皆听纳。

按:《群书会元截江网》卷三五论理学兴起与发展曰:"本朝朱熹夫子大抵治无常盛崇极而圮从古固然,而道学之盛衰,亦犹之。天朝天圣、嘉祐以来,文化极矣,道学盛矣。未几,而王金陵以新经之似,乱儒学之真,人心失所师向,道统无与维持,上赖天相斯文,硕果不食,有若周濂溪者,独探无极、太极之妙,深得孔孟以来心传之学,倡道东南,而二程、横渠从而和之,自是道统传授,文教兴行。虽厄于崇观、厄于宣靖,而不能不复萌蘖于炎、绍,又不能不复枝干,华实于乾道、淳熙。吾观乾、淳之际,异人辈出,正学大明,张之教行于荆,吕之教行于浙,朱之教行于闽。如笙簧之并奏,无非雅乐之正条也。迄今朱子之学尤盛,上下之人表彰而至再、至三,下之人发出崇信而且敬、且慕者也,朝廷节惠之典,犹有所待,近年曰宣、曰诚、曰文之谥,以周、程、张、吕数先生皆以子见称矣。"

是年,宋理宗亲政,征辟道学,召还真德秀、魏了翁、崔与之、李埴、徐侨、赵汝谈、尤焴、游似、洪咨夔、李韶、王遂、李宗勉、杜范、徐清叟、袁甫等,时号"小元祐"。

按:自是年到淳祐十二年(1252)的近20年间,理宗在政治、经济、军事、文化等各方面采取了一系列改革措施,史称"端平更化"或"端平淳祐更化"。在文化上,理宗大力尊崇理学,提拔理学之士,使理学从民间学术一跃而成为官学,给以后中国社会带来巨大而深远的影响。

真德秀正月奉差知贡举,事竣,除参知政事;四月授资政殿大学士,提举万寿宫,兼侍读。

宋理宗端平元年　金天兴三年　蒙古窝阔台汗六年　甲午　1234年

真德秀帅闽时,刘克庄参与幕府,除将作监簿兼参议官,九月诏除宗正簿。

魏了翁五月召赴阙,九月补刊《通典》二千页;十月召权礼部尚书兼直学士院,入对,首乞明君子、小人之辨,以为进退人物之本,以杜奸邪窥伺之端。

李心传正月迁著作佐郎,兼四川制置司参议官,诏无入议幕,许辟官置局,踵修《十三朝会要》。遂荐举门人高斯得等为检阅文字,一同编修。

李性传十一月以起居郎兼国史院编修官、实录院检讨官。

辛弃疾被赠光禄大夫。

王若虚因金亡,微服北归,从此闲居乡里近十年。

许衡在河南开始聚徒讲学。

洪咨夔时为监察御史,与权直舍人院吴泳交章论提举嵩山崇福宫李知孝,镌秩罢祠。

按: 李知孝与梁成大、莫泽三人,在当时被目为"三凶",李知孝卒于贬死,天下快之。

吴渊、吴潜四月遭弹劾,吴渊落右文殿修撰,吴潜落秘阁修撰,并放罢。

崔立被金将李伯渊等所诛,"功德碑"被毁。

元好问被羁管于聊城。

杜范改授军器局监丞。

杜旟以布衣召,入馆阁校雠。

张洽著《春秋集注》11卷、《纲领》1卷。

按:《四库全书总目提要》曰:"书首有洽《进书状》,自言'于汉唐以来诸儒之议论,莫不考核研究,取其足以发明圣人之意者,附于每事之左,名曰《春秋集传》。既又因此书之粗备,复仿先师文公《语》、《孟》之书,会其精意,诠次其说,以为《集注》'云云。考《朱子语录》深驳胡安国夏时冠周月之说。洽此书以春为建子之月,与《左传》王周正月义合,足破支离轇轕之陋。车若水《脚气集》乃深以洽改从周正为非,门户之见,殊不足据。至若水谓'《春秋》一书,质实判断不得,除非起孔子出来,说当时之事,与所以褒贬去取之意方得。今作《集注》,便是质实判断,此照《语》、《孟》例不得。《语》、《孟》是说道理,《春秋》是纪事。且首先数句便难明。惠公仲子,不知惠公之仲子耶?或惠公同仲子耶?尹氏卒,一边道是妇人,一边道是天子之世卿。诸儒讥世卿之说,自是明训。恐是举烛尚明之论,理虽是而事则非也'云云,其论亦颇中洽之病。要其合者不可废也。明洪武中,以此书与胡安国《传》同立学官。迨永乐间,胡广等剽袭汪克宽《纂疏》为《大全》。其说专主胡《传》,科场用为程序,洽书遂废不行。今此书遗本仅存,而所谓《集传》则佚之久矣。"有《通志堂经解》本、《四库全书》本等。

真德秀著《大学衍义》43卷进上朝廷。

按: 根据作者《中书门下省时政记房申状》,是书早在绍定二年(1229)就已经完稿,至本年十月才进呈朝廷。《四库全书简明目录》曰:《大学衍义》"因《大学》之义,而敷演之,首以为治之要,为学之本二篇,次分四大纲,曰格物致知,曰诚意正心,曰修身,曰齐家,分子目四十有四,皆援引经训,旁征史事,参以先儒之论,以明法戒,大旨在正本清源,故治平之道,置而弗及焉"。此书在当时和后来产生过较大影响。宋理宗曾说《衍义》一书,备人君之轨范焉"。元武宗谓"治天下此一书足矣",命刊行以赐臣下。明代邱浚因其书未及讨论治国平天下的具体内容,故著《大学衍义补》以补其缺。

高丽约于此时首次创制金属活字印刷术,崔怡铸造铜活字,于江华岛刊印《古今详定礼文》50卷28本。

罗马教皇格列高里第九颁行由法学家莱蒙编撰的教会法典《教令集》。

颜若愚刊真德秀所著《心经》1卷于泉州府学。

按：端平二年，真德秀卒后两月，从臣洪咨夔在经筵，宋理宗赵昀出示《心经》曰："真某此书，朕已夜览而嘉之，卿宜为之序。"明代程敏政曾为此书作注。有《四库全书》本等。

宇文懋昭著《大金国志》40卷成书。

按：是书为记载完颜氏金朝始末的纪传体著作。本书现存最早的版本为三个明代钞本，即罗振玉藏读画斋本、海堂吴氏藏五砚楼本、傅增湘藏天一阁钞本，今有1984年中华书局铅印本《大金国志校证》。

袁枢所著《通鉴纪事本末》被重刊。

陈均所著《皇朝编年举要备要》、《中兴编年举要备要》两书，由郑性之推荐给朝廷。

元好问著《南冠录》。又编定《遗山新乐府》。

刘祁始著《归潜志》。

蒋祁著《陶记》1卷约成书于本年前后。

按：是书又名《陶记略》，全面记述宋代景德镇制瓷的情况，为我国历史上最早的一部有关瓷器生产的专著，对研究宋代景德镇制瓷工艺具有重要的史料价值。原书录入清程廷济《浮梁县志》，旧无单行本。

张元素卒（1151—　）。元素字洁古，易州人。27岁试经义进士，犯庙讳下第，乃去学医。尤善伤寒。著有《珍珠囊》、《医学启源》。事迹见《金史》卷一三一本传。

危稹约卒（约1158—　）。稹本名科，字逢吉，号巽斋，又号骊塘，抚州临川人。淳熙十四年进士，试文得洪迈赏识。曾与杨万里唱酬，得倪思推荐。曾游陆九渊之门。历仕武学博士、秘书郎、著作佐郎、知潮州等。著有《巽斋集》等，皆佚。事迹见《宋史》卷四一五本传。

岳珂卒（1183—　）。珂字肃之，号倦翁，相州汤阴人。岳飞之孙。嘉泰二年，以荫监镇江府户部大军仓。开禧元年，试南宫不第，与刘过、辛弃疾相善。宁宗时曾官至户部侍郎。著有《金陀粹编》28卷、《续编》30卷、《桯史》15卷、《愧郯录》15卷、《玉楮集》8卷、《宝真斋法书赞》28卷、《刊正九经三传沿革例》等。事迹见《宋史》卷三六五《岳飞传》附传。

按：岳珂所校的《九经三传》，以精密见称。凡一字一音一义，无不参订同异，正误辨疑，使读者有所依据。《四库全书总目提要》曾称赞他"实为有功于经学"。岳珂在校勘过程中，还制订《相台书塾刊正九经三传沿革例》，规定校勘必须广征副本、精审字画、详订音释、定句读，从而保证了校勘的质量。叶德辉《书林清话》卷二曰："刻本书之有圈点，始于宋中叶以后。岳珂《九经三传沿革例》有圈点必校之语，此其明证也。"

李献甫卒（1195—　）。献甫字钦用，河中人。博通书传，尤精《左氏》及地理学。金兴定五年进士，历咸阳簿，辟行台令史。后迁镇南军节度副使，兼右警巡使。著有《天倪集》。事迹见《金史》卷一一〇本传。

杨桓（　—1299）、刘庄孙（　—1302）生；王实甫（　—约1320）约生。

宋端平二年　蒙古窝阔台汗七年　乙未　1235 年

正月庚子，诏荣王府、皇后宅置教授各一员。皇后宅可依绍兴旧典，四姓小侯立《五经》师之遗意。

辛亥，诏曰："国家进士之科，得人为盛。比年场屋循习宽纵，易卷、假手、传义之弊，色色有之。深恐真才实能，无以自见。可令监试官严行觉察，犯者依贡举条制，取中人就尚书省复试，以副亲策之选。"（《续资治通鉴》卷一六八）

甲寅，礼部尚书兼侍讲李埴，奏胡瑗、孙复、邵雍、欧阳修、周敦颐、司马光、苏轼、张载、程颢、程颐十人，卓然为学者所宗，宜在从祀之列，又请将子思并与升祀，列在十哲之间。从之。

三月乙卯，诏吏部尚书兼给事中兼修国史、实录院修撰李直专提领《高宗正史》。

六月壬午，赐礼部进士吴叔告以下 454 人及第、出身。

蒙古命阔端、曲出等攻宋；又命拔都率速不台、蒙哥等进行第二次西征，至 1242 年结束。东欧人开始迁入中原。

八月乙卯，赵汝愚以太师配享宁宗庙庭，仍图像于昭勋崇德之阁。

是年，蒙古军分三路征四川、荆襄和淮南，民众纷纷迁入长江以南避乱。

真德秀时为参知政事，提出解除伪学之禁，大力提倡程朱理学。

魏了翁时为礼部尚书，七月上书十事，不报；闰七月进讲《大学》；十一月乙丑为端明殿学士、同签书枢密院事，督视京湖军马；十二月兼提举编修《武经要略》，进封临邛郡开国侯。

曹豳在苏州建和靖书院。

宋慈为魏了翁幕属。

刘克庄六月除枢密院编修官，兼权侍右郎官。后被吴昌裔疏罢，主管玉局观；寻知漳州。

元好问获得自由，由聊城移居冠氏，得县令赵天锡资助，提倡儒学，与赵复、杨宏道、曹之谦、段克己、段成己等文人交游、唱和。

吴潜为枢密都承旨，督府参谋官。

江万里三月除秘书省正字。

陈文蔚以所著《尚书解》有益治道，诏补迪功郎。

杜范八月升军器局监正，十月除秘书郎，十二月除监察御史。

赵椿龄、刘德渊、董瀛等向王若虚问学。

法国巴黎圣母院建成。

德国经院哲学家、自然科学家、神学家 M·S·大阿尔伯特提出了公平价格。认为公平价格是和成本相等的价格，市场价格不能长期低于成本。

林希逸、张道洽成进士。

李伯玉举进士第二,授观察推官,兼庄文府教授。

潘牥举进士,历太学正,通判潭州。

许月卿从魏了翁学。

日本僧侣圆尔辨圆等人入宋,历访天童、净慈、灵隐等寺。

按:至1241年回国,从宋朝带回佛教经论章疏以及语录和儒学著作、文集、《太平御览》等书数千卷。

陈文蔚著《尚书解》成。

朱鉴编《诗传遗说》6卷。

按:《四库全书总目提要》曰:"是编乃理宗端平乙未鉴以承议郎权知兴国军事时所成。盖因重椠朱子《集传》,而取《文集》、《语录》所载论《诗》之语足与《集传》相发明者,汇而编之,故曰《遗说》。其书首《纲领》,次《序辨》,次《六义》,继之以《风》、《雅》、《颂》之论断,终之以《逸诗》、《诗》谱、叶韵之义。以朱子之说,明朱子未竟之义,犹所编《易传》例也。鉴《自序》有曰:'先文公《诗集传》,豫章、长沙、后山皆有本,而后山校雠最精。第初脱稿时,音训间有未备,刻版已竟,不容增益。欲著补脱,终弗克就。仍用旧版,葺为全书,补缀趱那,久将漫漶。揭来富川,郡事余暇,辄取家本,新加是正,刻寘学宫'云云。国朝宁波史荣撰《风雅遗音》,据鉴此《序》,谓今本《集传》音叶,多鉴补苴,非朱子所手定。其说似非无因。然则以音叶之误议朱子,与以朱子之故而委曲回护吴棫书者,殆均失之矣。"

刘祁著《归潜志》14卷,自为序。

灌圃耐得翁著《都城纪胜》1卷成书。

按:《四库全书总目提要》称此书"可以见南渡以后土俗民风之大略"。

刘宰著《平江府虎丘书院记》。

朱鉴刊刻乃祖朱熹《楚辞集注》16卷。

按:朱鉴将朱熹所著《楚辞集注》8卷、《辨证》2卷、《后语》6卷汇为一集,删去其中的重复部分,成为朱熹《楚辞集注》今存的定本。因王逸《楚辞章句》和洪兴祖《楚辞补注》的宋刊本已失传,晁补之的《续楚辞》、《变离骚》亦不传,故朱熹是书成为现存《楚辞》中最古和最完整的刻本。

苏格兰迈克尔·斯科特约于是年卒(约1175—)。学者、数学家,有自然哲学、占星术方面著作。从希腊语、阿拉伯语译成亚里士多德《动物志》等多种作品。

阿拉伯伊本·法里德卒(1181—)。神秘主义者、诗人,传世诗作有《神秘

度正卒(1166—)。正字周卿,号性善,合州巴川人。少从族人度伯兼游,闻程颐嫡传郭忠孝、郭雍父子之学;继从刘光祖学;后不惧党论,于庆元三年远访朱熹。因造诣较高,有"朱门第一人"之誉。绍熙元年进士。历官为国子监丞,迁权礼部侍郎兼侍右郎官,兼同修国史、实录院同修撰。著有《性善堂文集》15卷及《周子年谱》1卷、《夷白斋诗话》等。《宋元学案》列其入《沧州诸儒学案》。事迹见《宋史》卷四二二本传。

真德秀卒(1178—)。德秀字景元,一字希元,号西山,建州浦城人。庆元五年进士,调南剑州判官。官至参知政事。与魏了翁齐名,时有"西山鹤山"之称。学宗朱熹,尝言"三纲五常,扶持宇宙之栋干,奠安生民之柱石"。曾修《大学衍义》43卷,自谓此书可以作《大学章句》之辅佐。庆元党禁后,理学复盛,多赖其力。另著有《四书集编》29卷、《西山仁政类

编》10卷、《清源文集》25卷、《经武要略》10卷、《西山文集》55卷、《文章正宗》40卷、《读书记》61卷等。《宋元学案》为列《西山真氏学案》。事迹见《宋史》卷四三七本传、刘克庄《西山真文忠公行状》(《后村集》卷一六八)、魏了翁《参知政事资政殿学士致仕真公神道碑》(《鹤山集》卷六九)。清人真采编有《西山真文忠公年谱》。

主义者的进程》、《酒颂》等。

按：《宋元学案》卷八一《西山真氏学案序录》曰："祖望谨案：西山之望，直继晦翁，然晚节何其委蛇也！东发(黄震)于朱学最尊信，而不满于西山，《理度两朝政要》言之详矣。《宋史》亦有微辞。""自韩侂胄立伪学之名以锢善类，凡近时大儒之书，皆显禁绝之。先生晚出，独立慨然以斯文自任，讲习而服行之。党禁既开，而正学遂明于天下后世，多其力也。"陈衍锟《闻过斋集序》曰："闽学之倡也始于龟山，其盛也集于朱子，其末也振于西山。"认为杨时、朱熹、真德秀是闽学诞生、发展过程中的关键人物。闽学经杨时、罗从彦、李侗传至朱熹，已衍为集理学、经学以至儒学之大成的朱子学，又经黄榦、何基、饶鲁、真德秀、魏了翁、姚枢、赵复、许衡等几代人传衍，成为遍及全国乃至东亚的大流派。真德秀所创的西山学派，一传数传弟子甚多，著名者有王埜、王应麟、马光祖、金文刚、孔元龙、吕良才、吕敬伯、江埙、刘炎、陈均、周天骏、徐元杰、刘克庄、程掌、徐几、汤千、刘汉传、王天与等。

王恂（ —1281)、张翌（ —1302)、钱选（ —约1303)、颜奎（ —1308)、卢挚（ —1334)、杜思敬（ —1320)生。

宋端平三年　蒙古窝阔台汗八年　丙申　1236年

三月，蒙古复修孔子庙及司天台。

八月，蒙古军破宋德安，学者杨惟中、姚枢从蒙古军南下，收集理学书籍，招致儒、释、道、医、卜等人。姚枢于德安得名儒赵复，送往燕京，程朱理学遂行于北方。

大越(陈朝)定百官官俸。

尼西亚帝国攻君士坦丁堡，不克。

按：蒙古统治者重视提倡程朱理学，使朱子学很快从福建发展到全国。清代皮锡瑞在《经学历史》中说："朱学统一，惟南方最早。金、元时，程学盛于南，苏学盛于北。北人虽知有朱夫子，未能尽见其书。元兵下江、汉，得赵复，朱子之书始传于北。姚枢、许衡、窦默、刘因辈翕然从之。"《宋元学案》卷九〇《鲁斋学案》曰："百家谨案：自石晋燕、云十六州之割，北方之为异域也久矣，虽有宋诸儒迭出，声教不通。自赵江汉以南冠之囚，吾道入北，而姚枢、窦默、许衡、刘因之徒，得闻程、朱之学以广其传，由是北方之学郁起，如吴澄之经学，姚燧之文学，指不胜屈，皆彬彬郁郁矣。"

九月至十一月，蒙古军攻破宋兴元、大安、会州、文州、成都、淮西、江陵等州县。

按：随着蒙古军的进攻四川，蜀学发展开始转入衰落。为避战乱，四川学者如井研李心传、李道传、牟子才，青神杨栋、杨文仲，蒲江魏了翁、高定子、高斯得，仁寿虞汲、虞集，潼川吴泳，绵阳文及翁，宜宾程公许等，都离寓东南。他们对于传播蜀学,发展东南学术起了极大作用。

十二月甲辰,诏改明年为嘉熙元年。

魏了翁二月召为签书枢密院事,力辞不拜;上备边十策;四月乞归田里,改资政殿学士,湖南安抚使,知潭州;力辞,诏提举临安府洞霄宫;十一月依旧资政殿学士,知绍兴府,浙东安抚使。

李心传因修《十三朝会要》成,召赴临安,为工部侍郎;于是上疏理宗,请求勤政恤民,进贤去谗。

元好问游泰山,旋返冠氏。

耶律楚材六月请立编修所于燕京,经籍所于平阳,编集经史,召儒士梁陟为长官,以王万庆、赵著为副。

彭芳为袁州知州,于宜春东湖滨创立南轩书院,以祀张栻。

方回入徽州州学,从诸葛泰学时文。

吴潜三月赴阙。

江万里二月为校书郎,十一月除秘书郎。

洪咨夔五月以提举万寿观依旧兼侍读。

杜范三月除秘书监兼崇政殿说书,十二月除殿中侍御史。

方大琮上疏论济王之冤,为御史所劾,与王迈、刘克庄同日离开朝廷。

按:"自是群臣无复敢言济王之冤者。"(《续资治通鉴》卷一六九)

李心传、高斯得修著《十三朝会要》588 卷成书。

按:两宋共修《会要》11 种,惟此种被《永乐大典》所收,今存《宋会要辑稿》即据此本。

赵升著《朝野类要》5 卷成书,有自序。

郭居仁著《蜀鉴》10 卷。

王伯大重修《秋浦新志》16 卷。

南宫靖著《小学史断》2 卷,有自序。

按:《四库全书总目提要》曰:"靖一字仲靖,自号坡山主人,南昌人。是书上起周平王,下迄五代,叙述史事而裒集宋儒论断,联络成文。所采《读史管见》、《说斋讲义》为多,《通鉴》及《程朱语录》、《吕祖谦集》次之。至邵子之诗,亦摘句缀入。其它苏洵父子之属,则寥寥数则而已。知为讲学家也。前有端平丙申自序。其中持论最悖者,如谓始皇当别为后秦,晋元帝当复姓牛氏,皆祖胡寅之说,不能纠正。盖其书全取旧文,有如集句。遇先儒之论则收之,不敢有所异同故也。"

王好古著《阴证略例》1 卷成书。

陈振孙著《直斋书录解题》成书。

元好问编《东坡乐府集选》。

郝大通著《太古集》成,刘祁作序。

蔡渊卒(1156—)。渊字伯静,号节斋,建阳人。蔡元定长子,朱熹门人。少承家学,深于《易》学。黄榦、廖德明、张洽、万人杰、陈孔硕等从之游,包扬、陈文蔚、潘柄、李方子皆执经以质其学。著有《古易协韵》、《大传易说》、《象数余论》、《太极通旨》、《化原闻辨》、《中庸通旨》、《大学思问》、《论孟思问》、《诗思问》、《节斋吟稿》等，已佚。今存《周易卦爻经传训解》2卷、《易象意言》1卷、《卦爻辞旨》、《论六十四卦大义》及辑本《节斋公集》1卷。《宋元学案》列其入《西山蔡氏学案》。事迹见王遂《节斋先生墓志铭》(《节斋公集》附)。

洪咨夔卒(1176—)。咨夔字舜俞，号平斋，临安于潜人。嘉泰二年进士，授如皋主簿；又应博学宏词科，荐历成都通判。官至刑部尚书、翰林学士。著有《春秋说》30卷、《平斋文集》32卷等。《宋元学案》列其入《丘刘诸儒学案》。事迹见《宋史》卷四〇六本传。

按：《四库全书总目提要》评其《春秋说》曰："是书有咨夔《自序》，称自考功罢归，杜门深省，作《春秋说》。按本传称理宗初咨夔为考功员外郎，以忤史弥远，又言李全必为国患，为李知孝、梁成大所劾，镌秩家居者七年。是书盖是时所作也。又本传第称咨夔所著有《两汉诏令揽钞》、《春秋说》等书，而皆不载其卷数。朱彝尊《经义考》引吴任臣之言云'止三卷'。《永乐大典》载吴潜所作咨夔《行状》，则谓《春秋说》实三十卷。今考是书，篇帙繁重，断非三卷所能尽。潜与咨夔同官相契，当亲见其手定之本。任臣所言，盖后来传闻之误耳。其书议论明鬯，而考据事势，推勘情伪，尤多前人所未发。如以书'公子友如陈'为著季氏专鲁之始，以晋侯执曹伯负刍而不为曹立君正为异日归之之地，以书'大昌间'为季氏示成于众以胁国人，皆得笔削微意。惟谓庆父出奔为季友故纵，谓刘子、单子以王猛入王城为不知有君，颇有纰缪。然弃短取长，其卓然可传者，不能没也。今《两汉诏令》等书久已散佚，此书亦无传本，惟《永乐大典》尚多载其文。谨裒辑编次，厘正讹舛，仍分为三十卷，以还旧观。至《春秋经》文，三《传》各有异同。今咨夔原本，《经》文已不可见，就其所说推之，知其大概多从《左氏》，而间亦参取于《公》、《谷》。今并加案语，附识其下。又自僖公十四年秋至三十三年、襄公十六年夏至三十一年，《永乐大典》原本已佚，而他家经解又绝无征引，无从葺补，今亦姑阙之焉。"

陈耆卿卒(1180—)。耆卿字寿老，号筼窗，临海人。嘉定七年进士。历官青田县主簿、庆元府府学教授、校书郎、著作佐郎、国子监司业等。曾受学于叶适。著有《筼窗初集》30卷、《筼窗续集》38卷及《论孟记蒙》、《嘉定赤城志》40卷等。《宋元学案》列其入《水心学案》。事迹见《宋史翼》卷二九。

文天祥(—1282)、阎复(—1312)、耶律有尚(—1320)生。

宋理宗嘉熙元年　蒙古窝阔台汗九年　丁酉　1237年

二月，蒙古诸府官府自为符印，耶律楚材请中书省依规定格式铸给符印。
癸卯，宋理宗诏经筵进讲朱熹《通鉴纲目》。
五月，宋理宗鉴于叶贺孙有功于理学，敕就溪山精舍原址建溪山书院。
八月，蒙古用耶律楚材议，始以经义、词赋、论三科试中原士子，士子

德意志腓特烈二世帝大破意大利城市联军，伦巴第联盟解体。同年，其立次子康拉德四

世为德王。初，腓特烈二世长子亨利为德王，以叛见废。

被俘为奴者，亦释放应试。其主匿不遣者论死。

按：此为蒙古科举之最初尝试，它为儒学在蒙古族中的传播铺垫了基础。

甲申，赵汝愚追封为福王。

十月，蒙古修缮曲阜孔庙成，命孔元措主祭祀事。

蒙古军征四川和襄阳，两地民众多迁至长江南岸避乱，数十万淮南民众迁入江南。

魏了翁正月改为福建安抚使知福州，累章乞骸骨，诏不允；三月十八日卒，后十日，诏以资政殿大学士、通奉大夫致仕。遗表闻，赠太师，谥文靖，累封秦国公。

袁甫迁中书舍人，权吏部侍郎。

按：袁甫字广微，号蒙斋，鄞县人。袁燮子。从杨简学。官至吏部侍郎兼国子祭酒，权兵部尚书，谥正肃，事迹具《宋史》本传。著有《孟子解》、《孝说》、《信安志》、《后省封驳》、《乐事录》、《江东荒政录》及文集若干卷，皆佚。今存《蒙斋中庸讲义》4卷、《蒙斋集》20卷。《四库全书总目提要》评《蒙斋中庸讲义》曰："其书备例经文，逐节训解，盖平日录以授门弟子者，中间委曲推阐，往往言之不足，而重言以申之。其学出于杨简，简之学则于陆九渊，故立说与九渊相合。"

刘克庄改知袁州；遭御史蒋岘弹劾，八月罢官归里，主云台观。

耶律楚材上陈《时务十策》：信赏罚、正名分、给俸禄、官功臣、考殿最、均科差、选工匠、务农桑、定土贡、制漕运，都为窝阔台所采纳。

杜范二月除浙东提刑，改浙西提刑，固辞。

江万里三月除著作佐郎，九月为著作郎。

李修时任福建尤溪县令，建南溪书院，内设二先生祠，以祀朱松、朱熹父子。

按：朱松于宣和间曾官尤溪尉，建炎四年五月，因避兵乱又至尤溪，馆于邑人郑安道家；是年九月十五日，朱熹即诞生于此，后又在此读小学。李修为纪念朱氏父子，特建书院。

徐鹿卿四月除国子监主簿，九月除枢密院编修官，十一月主管华州云台观。

曹豳召为左司谏，以直声与王万、郭磊卿、徐清叟号"嘉熙四谏"。

日本僧侣闻阳湛海入宋，游学于两浙。

按：至1244年回国，带回佛教经论数千卷。

法国诗人纪尧姆·德洛利斯约于是年始著平民寓意长诗《玫瑰传奇》，约于1287年由让·德墨恩完成。

陈埙刻《象山语录》。

赵汝腾为王与之所著《周礼订义》作序。

国子监刊印朱熹《通鉴纲目》。

钱时所著《融堂四书管见》13卷由丞相乔行简进献于朝。

陈自明著《妇人大全良方》24卷成书。

按：是书又名《妇人良方》、《妇人良方大全》，为古代内容比较完备的早期妇科学专著。

彭耜著《海琼玉蟾先生事实》。先前已纂辑《海琼玉蟾先生文集》。

湖州思溪资福禅院开始雕刻《大藏经》。

按：此书至淳祐十二年（1252）完成雕刻，共收佛典1459部。此版简称"思溪本"，现亦通称宋本。

元好问著《外家别业上梁文》。

按：是文专为自己参与撰写崔立"功德碑"作辩解。

蔡沉卒（1159— ）。沉字复之，号复斋居士，建阳人。蔡元定次子。从朱熹学，传元定《春秋》之学。嘉定二年进士，官至两浙运干。著有《春秋五论》、《春秋大义》、《春秋衍义》等，今已佚。《蔡氏九儒书》卷四辑存《复斋公集》1卷。《宋元学案》列其入《西山蔡氏学案》。事迹见徐梦发《复斋公墓志》（《复斋公集》附）。

按：《宋元学案》卷六二《西山蔡氏学案》曰："蔡沉，字复之，号复斋居士，西山先生之次子也。西山怜外表兄虞英无子，与之为嗣，更名知方。从母命归宗。入则受教家庭，出则从文公学。承父《春秋》之属，先生爰著《春秋五论》、《春秋大义》、《春秋衍义》等书。苏天爵称其有功于《春秋》，有补于后学者也。又作《敬义大旨》、《复卦大要》二篇。以敬为入德之门户，义为一身之主宰，发明敬义以示人。以《复》为学者迁善改过之几。与人讲明《复卦》，尝言人当以'不远复'为法，以'频复而厉'为戒，尤有功于世教云。"

徐侨卒（1160— ）。侨字崇甫，号毅斋，义乌人。淳熙十四年进士，调上饶主簿，受业于朱熹。历任秘书省正字、安庆知府、秘书少监、国史院编修官、实录院检讨官、国子祭酒等。谥文清。著有《读易记》3卷、《读诗记咏》1卷、《杂说》1卷、《毅斋文集》10卷，已佚。今存《徐文清公集》1卷。《宋元学案》列其入《沧州诸儒学案》。事迹见《宋史》卷四二二本传。

按：《宋史》本传曰："侨尝言：'比年熹之书满天下，不过割裂掇拾，以为进取之资，求其专精笃实，能得其所言者盖鲜。'故其学一以真践实履为尚。奏对之言，剖析理欲，因致劝惩。弘益为多。若其守官居家，清苦刻厉之操，人所难能也。"

张洽卒（1161— ）。洽字符德，临江清江人。少从朱熹学，自《六经》传注而下，皆究其指归，至于诸子百家、山经地志、老子浮屠之说，无所不读。嘉定进士，官至著作佐郎。谥文宪。著有《春秋集注》11卷、《春秋集传》19卷、《左氏蒙求》、《续通鉴长编事略》、《历代郡县地理沿革表》等。明洪武中，以其《春秋集注》与胡安国《传》同立学官。《宋元学案》列其入《沧州诸儒学案》。事迹见《宋史》卷四三○本传。

按：《宋史》本传曰：张洽"所交皆名士，如吕祖俭、黄榦、赵崇宪、蔡渊、吴必大、辅广、李道传、李燔、叶味道、李闳祖、李方子、柴中行、真德秀、魏了翁、李埴、赵汝谠、陈贵谊、杜孝严、度正、张嗣古，皆敬慕之"。张洽与李燔、廖德明、李方子、李文子、徐侨、刘爚、詹体仁、陈定、胡泳、李如圭、欧阳谦之、黄榦等150多名朱熹弟子所创立的沧州学派，亦称沧州诸儒学派，其一传数传弟子众多，著名者有饶鲁、赵葵、方暹、宋斌、许应庚、陈沂、牟子才、董铢、真德秀、黄梦程、程正则、江塤、黄辅、欧阳守道、孟涣、李鉴、王似、戴艮、刘钦、汪华、史蒙清等。

冯兴宗卒（1176— ）。兴宗字振甫，庆元府慈溪人。与从弟冯国寿皆师事杨简，时号二冯。袁甫持节江左，延为象山书院堂长。《宋元学案》列其入《慈湖学案》。

德国约丹努斯·尼莫拉里乌斯卒，生年不详。学者，研究了机械运动，此前大多只注意平衡研究。

按：《宋元学案》卷七四《慈湖学案》曰："冯兴宗，字振甫，慈溪人，慈湖高弟。于书无所不读。每聆诲言，辄心领神会。袁蒙斋甫持节江左，延为象山书院堂长，群士信向。盖先生忠信笃敬，毫发无伪，训警恳至，语自肺腑流出，故人之感悟者亦倍深切。慈湖诱掖后进，许与固多，至其称先生，谓于圣道独有启发，晚益融贯，表里洞然，殆知及而进于仁守者矣。其卒也，蒙斋为志其墓。从弟国寿，（梓材案：《慈湖遗书》有《为冯似宗寿楼文昌诗》，未知即国寿否。）亦师事慈湖，时号二冯，未竟其学，早卒。"

魏了翁卒（1178—　）。了翁字华父，号鹤山，邛州浦江人。庆元五年进士，历知汉州、眉州、泸州，官至吏部尚书、端明殿学士、同签枢密院事。卒赠太师，谥文靖。理学家，与真德秀齐名。著有《九经要义》263卷、《周易集义》64卷、《易举隅》、《周礼井田图说》、《经外杂钞》、《古今考》、《师友雅言》等，后人集为《鹤山全集》109卷。《宋元学案》为列《鹤山学案》。事迹见《宋史》卷四三七本传。清缪荃孙编有《魏文靖公年谱》。

按：《四库全书总目提要》评《鹤山全集》曰："南宋之衰，学派变为门户，诗派变为江湖。了翁容与其间，独以穷经学古自为一家。所著作诗文极富，……史称了翁年十五时为《韩愈论》，抑扬顿挫，已有作者之风。其天姿本自绝异，故自中年以后，覃思经术，造诣益深。所作醇正有法，而纡徐宕折，出乎自然，绝不染江湖游士叫嚣狂诞之风，亦不染讲学诸儒空疏拘腐之病，在南宋中叶可谓翛然于流俗外矣。"魏了翁所创的鹤山学派，一传数传弟子甚多，著名者有魏文翁、郭黄中、吴泳、游似、牟子才、王万、史守道、蒋公顺、滕处厚、蒋重珍、许月卿、史绳祖、叶元老、严植、张端义、赵范、赵葵、牟应龙等。《宋元学案》卷八〇《鹤山学案》曰："祖望谨案：嘉定而后，私淑朱、张之学者，曰鹤山魏文靖公。兼有永嘉经制之粹，而去其驳。世之称之者，以并之西山，有如温公、蜀公，不敢轩轾。梨洲则曰：'鹤山之卓荦，非西山之依门傍户所能及'，予以为知言。"

赵汝谈卒，生年不详。汝谈字履常，号南塘，宋宗室，居余杭。登淳熙十一年进士第。以参知政事李壁荐，以太社令召试馆职，擢正字。端平初，以礼部郎官召，改秘书少监兼权直学士院。迁宗正少卿，兼编修国史、检讨实录，兼崇政殿说书。尝从朱熹订疑义十数条，朱熹叹异之。于《易》、《书》、《诗》、《论语》、《孟子》、《周礼》、《礼记》、《荀子》、《庄子》、《通鉴》、《杜诗》皆有注。今不传。著有《介轩诗集》。《宋元学案》列其入《沧州诸儒学案》。事迹见《宋史》卷四一三本传。

范仲黼约活动在此时前后。仲黼字文叔，成都人。范祖禹之后。官至通直郎、国子博士。曾从张栻学，杜门十年，专心治学。魏了翁谓其"剖析精微，罗络隐遁"（《鹤山集》卷八六《苏和父墓志铭》），朱熹、吕祖谦皆推敬之。晚年讲学二江之上，张栻之学，遂大行于蜀。其时与范荪、范子长、范子该、薛绂、邓谏从、虞刚简、程遇孙、宋德之合称"二江九先生"。《宋元学案》列其入《二江诸儒学案》。

按：黄宗羲《宋元学案》卷七二《二江诸儒学案》曰："乾、淳以后，南轩之学盛于蜀中，范文叔为之魁，而范少才（名子长）、少约（范子该字）与先生（指范荪）并称嫡传。时人谓之四范。"

文璧（　—1298）、杜道坚（　—1318）生。

宋嘉熙二年　蒙古窝阔台汗十年　戊戌　1238年

三月己未,宋以著作郎兼权工部郎官李心传为秘书少监、史馆修撰,修撰高宗、孝宗、光宗、宁宗四朝国史、实录。

四月壬申,赐礼部进士周坦、邵泽、赵栗以下423人及第、出身。

五月乙酉,赐故太府寺丞吕祖俭、故承事郎陈亮谥。寻以太常寺议,谥祖俭曰忠亮,亮曰文达。

十月,蒙古姚枢建太极书院于燕京,以赵复为师,王粹佐之,选俊秀有识度者为学生,传播程朱理学。

按:时周敦颐之名未至河朔,杨惟中用师于蜀、湖、京、汉,得名士数十人,乃收集伊洛诸书,载送燕京。及还,与姚枢谋建太极书院及周子祠,以程颢、程颐、张载、杨时、游酢、朱熹配飨,请赵复为师,王粹佐之,选俊秀有识度者为道学生。由是河朔始知道学。太极书院又为元代第一座书院。此书院自筹建到建成,时间比较长。郝经著有《太极书院记》,其曰:"书院之名不以地,以太极云者,推本而谨始也。书院所以学道,道之端则著太极。……今建书院以明道,又伊洛之学传诸北方之始也。……庚子、辛丑间,中令杨公当国,议所以传继道学之绪。必求人而为之师,聚书以求其学,如岳麓、白鹿建为书院,以为天下标准,使学者归往,相与讲明,庶乎其可。乃于燕都筑院,贮江淮书,立周子祠,刻《太极图》及《通书》、《西铭》等于壁,请梦云赵复为师儒,右北平王粹佐之,选俊秀之有识度者为道学生。推本谨始,以太极为名,于是伊洛之学遍天下矣!"(《陵川集》卷二六)王圻曰:"自太宗八年,行中书省事杨惟中从皇子库春伐宋,收集伊洛诸书送燕京,立宋儒周敦颐祠,建太极书院,延儒士赵复、王粹等讲授其间,此元建书院之始。其后昌平有谏议书院,河间有毛公书院,景州有董子书院,京兆有鲁斋书院,开州有崇义书院,宣府有景贤书院,苏州有甫里书院、文正书院、文学书院,松江有石洞书院,常州有龟山书院,池州有齐山书院,婺源有明经书院,太原有冠山书院,济南有闵子书院,曲阜有洙泗书院、尼山书院,东阿有野斋书院,凤翔有岐山书院,鄠县有横渠书院,湖州有安定书院、东湖书院,慈溪有慈湖书院,宁波有鄞山书院,处州有美化书院,台州有上蔡书院,南昌有宗濂书院,丰城有贞文书院,余干有南溪书院,安仁有锦江书院,永丰有阳丰书院,武昌有南湖书院、龙川书院,长沙有东冈书院、乔冈书院,益阳有庆州书院,常德有沅阳书院,福州有勉斋书院,同安有大同书院,琼州有东坡书院。凡此盖约略举之,不能尽载也。"(《钦定续文献通考》卷五〇)王圻谓太极书院建于元太宗八年,有误。

十一月,金太宗诏知礼乐之士集于东平,自此宫中燕乐等场合遵汉礼乐而行。

按:《元史·礼乐志二》曰:"太宗十年十一月,宣圣五十一代孙衍圣公元措来朝,言于帝曰:'今礼乐散失,燕京、南京等处,亡金太常故臣及礼册、乐器多存者,乞降旨收录。'于是降旨,令各处管民官,如有亡金知礼乐旧人,可并其家属徙赴东平,

大越(陈朝)定王侯、公主、百官、宗室舟车之制。

教皇与威尼斯、热那亚结盟,共抗德意志神圣罗马帝国在北意大利的推进。

英国颁布《墨尔顿法案》,允准大领主侵吞公地。

令元措领之,于本路税课所给其食。十一年,元措奉旨至燕京,得金掌乐许政、掌礼王节及乐工瞿刚等九十二人。十二年夏四月,始命制登歌乐,肄习于曲阜宣圣庙。十六年,太常用许政所举大乐令苗兰诣东平,指授工人,造琴十张,一弦、三弦、五弦、七弦、九弦者各二。宪宗二年三月五日,命东平万户严忠济立局,制冠冕、法服、钟磬、笋虡、仪物肄习。五月十三日,召太常礼乐人赴日月山。八月七日,学士魏祥卿、徐世隆,郎中姚枢等,以乐工李明昌、许政、吴德、段楫、寇忠、杜延年、赵德等五十余人,见于行宫。帝问制作礼乐之始,世隆对曰:'尧、舜之世,礼乐兴焉。'时明昌等各执钟、磬、笛、箫、麓、埙、巢笙,于帝前奏之,曲终,复合奏之,凡三终。十一日,始用登歌乐祀昊天上帝于日月山。祭毕,命驿送乐工还东平。三年,时世祖居潜邸,命勾当东平府公事宋周臣兼领大乐礼官、乐工人等,常令肄习,仍令万户严忠济依已降旨存恤。……中统元年春正月,命宣抚廉希宪等,召太常礼乐人至燕京。夏六月,命许唐臣等制乐器、公服、法服,秋七月七日,工毕。十一日,用新制雅乐,享祖宗于中书省。礼毕,赐预祭官及礼乐人百四十九人钞有差。八月,命太常礼乐人复还东平。二年秋九月,敕太常少卿王镛领东平乐工,常加督视肄习,以备朝廷之用。"

十二月,宋两浙转运司和福建转运司分别发布榜文和牒文,维护著作版权。

按:两浙转运司录白曰:"据祝太傅宅干人吴吉状,本宅见雕诸郡志名曰《方舆胜览》、《四六宝苑》两书,并系本宅进士私自编辑,数载辛勤。今来雕版所费浩瀚,窃恐书市嗜利之徒辄将上件书版翻开,或改换名目,或以《节略舆地纪胜》等书为名,翻开搀夺,致本宅徒劳心力枉费钱本,委实切害。照得雕书合经使台申明,乞行约束,庶绝翻版之患,乞给榜下衢、婺州雕书籍处张挂晓示,如有此色,容本宅陈告,乞追人毁版断治施行,故榜。嘉熙贰年拾贰月日榜。……福建路转运司状乞给榜约束所属不得翻开上件书版并同前式,更不再录白。"(叶德辉《书林清话》卷二)朱熹门人祝穆是年在建阳麻沙编成《方舆胜览》和《四六宝苑》两部书,遭到书坊竞相翻刻后,他接受朱熹当年只是被动地追稿的教训,主动出击,借助当时政府的力量,颁布了具有法律效力的文告,四处张贴,还将文告印入《方舆胜览》卷首,用法律手段保护自己的著作权益。

李心传迁秘书少监,国史馆修撰,奉命修《中兴四朝帝纪》及《实录》,遂荐高斯得、杜范、王遂、牟子才、钱时等为史馆检阅,赵汝腾、刘汉弼、徐元杰为史馆属官。

按:《宋史·高斯得传》载:"心传方修四朝史,辟为史馆检阅,秩同秘阁校勘,盖创员也。斯得分修光、宁二帝纪。寻迁史馆校勘。"

王应麟从乡先生吴参倚受学。

王埜弹劾蘧潜知平江府不法厉民数事,诏王埜直华文阁、知建宁府。

杜范差知宁国府,辞不允。

郑清之封申国公,屡辞不已,拜太傅、保宁军节度使,进封齐国公。

刘南甫举进士。

按:《宋元学案》卷七〇《沧州诸儒学案》曰:"刘南甫,字山立,号月涧,吉水人。年十七,以治《尚书》擢嘉熙二年进士第。为县安远,能去淫祠,人称神明。警敏绝伦,最为江丞相万里所重。欧阳巽斋虽与为辈行,然师事之。"

吴如愚因乔行简荐,改授承信郎,差充秘阁校勘。

按：吴如愚字子发，钱塘人。精于经学，于《易》、《诗》、《书》、《大学》、《论语》、《中庸》、《孟子》等皆有说解，今皆不存。现有《准斋杂说》2卷，是研究宋末理学思想发展演变的参考材料。除《四库全书》本外，尚有《墨海金壶》本、《珠丛别录》本等。

刘祁因元朝诏试儒士，应试中选，充山西东路考试官。

按：刘祁《论科举取士与育材》曰："金朝取士，以词赋为重。故士人往往不暇读书、为他文。尝闻先进故老见子弟辈读苏、黄诗，辄怒斥。故学者止工于律赋。问之他文，则懵然不知。间有登第后，始读书为文者，诸名士是也。南渡以来，士人多为古学，以著文作诗相高。然旧日专为科举之学者，疾之为仇雠。苦分为两途，互相诋讥。其作诗文者，目举子为科举之学。为科举之学者，指文士为任子弟，笑其不工科举。殊不知国家敕设科举，用四篇文字，本取全才。盖赋以择制诰之才，诗以取风骚之旨，策以究经济之业，论以考识鉴之方。四者俱工，其人才复何如也！而学者不知，狃于习俗，止力为律赋。至于诗、策、论，俱不留心。其弊基于为有司者止考赋而不究诗、策、论也。"（《归潜志》卷八）

徐元杰召为秘书省正字。

吴叔告为秘书省正字，进校书郎，李心传举荐兼史馆校勘。

缪烈举进士，为福州教授，四方士子多从之游。

按：缪烈字允成，号仲山，福安人。著有《春秋讲义》10卷及《仲山集》，已佚。

王鎡举进士。

按：王鎡字时可，池州石埭人。官至中书舍人兼侍讲。著有《春秋门例通解》、《易象宝鉴》、《紫微集》、《戚里元龟》等。

木天骏举进士，教授永州，道出岳麓书院，心醉张栻之学，日与诸生讲明求仁之旨，课讲严整，士论允愜。

李性传刊刻《朱子语录续》于饶州，有《朱子语录续后序》。

王希先著《皇朝方域志》200卷。

按：陈振孙《直斋书录解题》卷八曰："凡前代谓之谱，十六谱为八十卷；本朝谓之志，为一百二十卷。谱叙当时事实，而注以今之郡县；志述今日疆理，而系于古之州国。古今参考，谱志互见，地理学之详明者，无以过此矣。"

钱时著《两汉笔记》12卷。

按：《四库全书总目提要》曰："此书皆评论汉史，嘉熙二年尝经奏进。前有尚书省札，称十二卷，与此本合。叶盛《水东日记》以为不完之本，非也。其例以两《汉书》旧文为纲，而各附论断于其下。前一二卷颇染胡寅《读史管见》之习，如萧何收秦图籍，则责其不收《六经》。又何劝高帝勿攻项羽归汉中，则责其出于诈术。以曹参、文帝为陷溺于邪说，而归其过于张良。于陆贾《新语》则责其不知仁义。皆故为苛论，以自矜高识。三卷以后，乃渐近情理，持论多得是非之平。其中如张良谏封六国后，论封建必不可复，郡县不能不置。于董仲舒请限民名田，论井田必不可行。于文帝除肉刑，亦不甚以为过。尤能涤讲学家胸无一物、高谈三代之窠白。至其论董仲舒对策，以道之大原不在天而在心，则金溪学派之宗旨。论元帝以客礼待呼韩邪，论光武帝闭关谢西域，皆极称其能忍善让。则南渡和议之饰词，所谓有为言之者，置而不论可矣。"

师明编《续古尊宿语要》6卷成书。

袁甫著《东莱书院竹轩记》。

英国H·帝普拉克顿著《论英国法律和习惯》一书。主要依据英国的司法判决和法官所要求的诉讼方法，用引自民法（罗马法）和教会法的原则将普通法加以扩充。是一部关于普通法的最早的系统的专题论著。

宋伯仁著《梅花喜神谱》上下卷刊行。

意大利炼金者、医学家阿尔纳杜斯·维拉诺瓦努斯（—1311）约于是年生。

李埴卒（1161— ）。埴字季允，号悦斋，眉州丹棱人。李焘子。从张栻游，求道甚锐。绍熙元年进士。历知潼川等府。理宗端平元年，奏请将周敦颐、程颢、程颐、张栻从祀。迁资政殿学士，出知眉州。谥文肃。著有《李文肃集》，已佚，今存《皇宋十朝纲要》25卷。《宋元学案》列其入《岳麓诸儒学案》。事迹见《宋史翼》卷三五。

按：《宋元学案》卷七一《岳麓诸儒学案》曰："李埴，字季允，丹棱人，文简第七子也，学者称为悦斋先生。文简以史学传家，七子俱有文名，而雁湖与先生最达。受业于楼迂斋、刘静春，遂从张南轩游。时先生求道甚锐，南轩戒以勿急于求成，自是循序而进。……淳祐元年，奏请以周、程、张子从祀。又言：'王安石虽罢享，而因循未黜，乞亟进三人者以易之。'诏可。（梓材案：先生以嘉熙二年卒，淳祐在嘉熙之后，当是端平元年，故其次年诏议胡、孙、邵、欧、周、马、苏、张、二程十人从祀孔子庙廷。）累迁资政殿学士，知眉州。卒，谥文肃。先生父子兄弟以文章著，眉人比之三苏。后溪刘文公为老泉请赐谥，雁湖助之，故得一字之典曰'文'。或谐先生曰：'吾子即他日之卯君也。'然先生立朝，始终一节，不肯诡随，所以终不登二府者，有得于伊洛之正传，而其所至，皆有吏声，要属有用之才，固不徒以文章，亦非迂谈道学者比也。所著有《李文肃集》。盖元祐有洛、蜀之争，二百年中，其学终莫能合，及后溪与先生兄弟出，鹤山继之，遂合其统焉。"

陆秀夫（ —1279）、张弘范（ —1280）、僧原妙（ —1295）、吴思齐（ —1301）、赵淇（ —1306）、姚燧（ —1312）、陈万里（ —1313）生。

宋嘉熙三年　蒙古窝阔台汗十一年　己亥　1239年

大越（陈朝）试太学生。

德意志腓特烈二世帝得阿拉伯之助，始置制糖工厂于西西里，是为欧洲制糖业之肇端。

罗马教皇再度绝罚腓特烈二世。

是秋，十余万北方流民南渡长江，迁入江西。

是年，宋理宗召见三十五代天师张可大，命提举三山符箓兼御前诸宫观教门公事，主领杭州龙翔宫。正一派正式成为江南诸派道教统领。

真德秀被诏配朱子祠。

王应麟随侍王埈入朝。

乔行简正月为少傅，平章军国重事，封益国公。

吴潜三月为敷文阁直学士，沿海制置使兼知庆元府；五月为兵部尚书、浙西制置使，知镇江府。

刘克庄被宰相李宗勉擢为江西提举，改广东提举。

刘中所创之樟塘书院被敕"瑞樟书院"匾额。

按：绍兴间，刘中为浮州太守，创建樟塘书院，与族兄刘子翚讲道其中，而朱熹亦从刘子翚讲学于此。其后人刘崇之、刘子寰等人均在此受业于朱熹。瑞樟书院之名亦为朱熹所改。

蔡模始著《孟子集疏》。

李心传著《道命录》5卷成书，有自序。

按：是书专门记述理学自程颐以来140年间的历史遭遇，认为理学在宋代经历了三次大的厄运，即哲宗元祐、高宗绍兴和宁宗庆元的"学禁"。

祝宅刊刻祝穆所著《方舆胜览》，吕午为之作序。

王埜刻唐李频《梨岳集》。

按：先是，真德秀得其遗稿195篇，欲以私钱刻梓于庙，未果，至是始刻。

湖州路思溪法宝寺雕刻《圆觉藏》、《资福藏》竣工。

崔与之卒（1158— ）。与之字正之，号菊坡，广州增城人。绍熙四年进士，授浔州司法参军、淮西检法官。官至右丞相兼枢密使。卒谥清献。著有文集若干卷，已佚。后人辑其遗文、言行为《崔清献公全录》10卷。《宋元学案》列其入《丘刘诸儒学案》。事迹见《宋史》卷四〇六本传、李昂英《崔清献公行状》（《文溪集》卷一一）。今人何忠礼编有《崔与之事迹系年》。

刘宰卒（1166— ）。宰字平国，号漫塘病叟，金坛人。绍熙元年进士，调江宁尉，历真州司法，授泰兴令。以直秘阁主管仙都观致仕。隐居30年，尝与朱熹门人游。著有《漫塘文集》36卷。《宋元学案》列其入《岳麓诸儒学案》。事迹见《宋史》卷四〇一本传。

按："祖望谨案：先生《宋史》有传，顾不详其学术之源流。《润州旧志》则曰：'先生与王正肃遂同受学勉斋。'予考之，乃默齐游氏弟子，非勉斋也。先生少志伊洛之学，其时丹阳有窦文卿兄弟、汤叔永皆尝从晦翁游，从之讲习，顾未尝称弟子。及与周南仲为同年，又从之问水心之学。至于慈湖，则虽未尝登门，而亦究心于其说。最后尉江宁，乃得默斋而师之。然则先生当为南轩再传也（先生文集序中俱是鹘突说过，不知何故）。观先生于默斋称夫子，于勉斋称丈，则可见矣。《宋史》又略其谏史、郑二相之大节，而序其在任恤之小事，不知何以草率至此。时朝臣乔行简等皆荐之，礼部侍郎袁燮又举先生自代，史弥坚奉祠家居，亦荐之。"（《宋元学案》卷七一《岳麓诸儒学案》）

八思巴（ —1279）、彭丝（ —1299）、洪岩虎（ —1307）、赵文（ —1315）、虞荐发（ —1316）生。

宋嘉熙四年　蒙古窝阔台汗十二年　庚子　1240年

二月丙申，诏礼部贡举，其务崇长学殖，嚅哜道真。

四月，先是蒙古主命衍圣公孔元措访求知礼乐旧人，元措奉命至燕

德意志腓特烈二世帝进逼罗马。

意大利创建锡耶纳大学，设法学、医学、数学、教育等系，接受欧洲各地的学者，颁发的学位受到普遍承认，是一所自治公立的男女合校高等教育机构。1859年成为国立大学。

卡斯提尔国王智者阿尔丰沙召请50名阿拉伯、犹太和基督教学者到托莱多参加天文会议。会议把对行星的最新观察和托勒密的周转理论统一起来，并把会议结果写进《阿尔丰沙星表》。

阿拉伯纳尔西丁·图西著《论四边形》，试图使三角学脱离天文学而成为独立学科。

尼德兰哲学家、阿威罗伊主义者布拉班特·西格尔（—1284）生。

英国方济各会会士、托马斯·阿奎那的反对者约翰·奥卡姆（—1292）生。

京，得金掌乐许政、掌礼王节及乐工瞿刚等92人，是月，始命制登歌乐，肄习于曲阜宣圣庙。

七月乙丑，下诏罪己，复求直言。

十月癸巳，宋以明年正月一日为淳祐元年。

王应麟试国子监中选。

李心传去官，奉祠，居湖州。

江万里十二月出知吉州兼提举江西常平茶盐。

刘克庄八月升转运使，兼提举市舶使。

元好问十月经蒿城，见王若虚。

吴潜十二月为福建安抚使。

杜范增建韩文公祠于宁国，五月入朝除权吏部侍郎兼侍讲，十一月除吏部侍郎兼中书舍人。

新定郡斋刻印卫湜《礼记集说》160卷。

蒙古官修《蒙古秘史》约成书于本年。

按：是书译名《元朝秘史》，亦称《元秘史》，为研究早期蒙古社会及成吉思汗、窝阔台时期历史的重要文献，也是蒙古民族第一部文学经典作品。原文乃用畏兀儿（维吾尔）字母写成的蒙古文，现仅存明初的汉字注音本。

吴昌裔卒（1183— ）。昌裔字季永，一字季允，号青莲山人，中江人。吴泳弟。师事黄榦。嘉定七年进士，调眉州教授，揭《白鹿洞学规》以教。以宝章阁待制致仕。卒谥忠肃。著有《储鉴》、《蜀鉴》。另有《四书讲义》、《乡约口义》、《容台议礼》、《诸老记闻》等，皆佚。《宋元学案》列其入《勉斋学案》。事迹见《宋史》卷四〇八本传。

按：《宋元学案》卷六三《勉斋学案》曰："早孤，与兄泳师事黄勉斋，得程、张、朱子书，研绎不倦。登嘉定进士。调闽县尉，又调眉州教授。眉士故尚苏学，先生取诸经为之讲说，揭《白鹿洞规》，放潭州释奠仪，祀周、程五贤，士习丕变。荐知华阳。改眉州通判，著《苦言》十篇，以虑蜀后患。……拜监察御史，与徐清叟、杜范并命，三人皆天下正士，四方想闻风采。为《至和三谏诗》以侈之，疏《凡挠政之害》，言皆激切。……先生刚正庄重，遇事敢言，兼习典章。尝辑至和至绍兴诸臣奏议本末，名《储鉴》，又会萃周、汉至宋蜀道得失兴师取财之所，名《蜀鉴》。有文集、奏议、《四书讲义》、《乡约口义》、《诸老记闻》、《容台议礼》行于世。"

王埜翁（ —1300）、刘埙（ —1319）、方凤（ —1321）生。

宋理宗淳祐元年　蒙古窝阔台汗十三年
辛丑　1241年

罗马教皇格列

正月甲辰，宋理宗亲临太学，诏将周敦颐、张载、程颢、程颐、朱熹进文庙,从祀孔子;黜王安石从祀。又追封周敦颐为汝南伯,张载为郿伯,程颢为河南伯,程颐为伊阳伯。理宗拜谒孔子,命祭酒曹豳讲《大学篇》,并以绍定三年御制伏羲、尧、舜、禹、汤、文王、武王、周公、孔子、颜子、曾子、子思、孟子《道统十三赞》宣示国子监学生。又亲书朱熹《白鹿洞学规》颁赐太学。

按：诏文曰："朕惟孔子之道,自孟轲后不得其传。至我朝周敦颐、张载、程颢、程颐,真见力践,深探圣域,千载绝学,始有指归。中兴以来,又得朱熹,精思明辨,表里浑融,使《中庸》、《大学》、《论》、《孟》之书,本末洞澈。孔子之道,益以大明于世。朕每观五臣论著,启沃良多。今视学有日,其令学宫列诸从祀,以副朕崇奖儒先之意。"程朱理学从此取得正式官学地位,标志着理学独尊地位的形成和儒学复兴运动的最终完成。又诏曰："王安石谓'天变不足畏,祖宗不足法,人言不足恤',为万世罪人,宜黜之,并削去从祀。"(《宋史纪事本末》卷二一)

二月丁亥,诏权礼部尚书高定子修《四朝国史》、《宁宗实录》。

四月丙寅,吏部侍郎杜范等,请省试考到取应宗子第一名崇袍附正奏名廷试,从之。

五月戊申,赐礼部进士徐俨夫、吴必达、焦炳炎以下 367 人及第、出身。

七月庚戌,诏以宗学博士、诸王宫大小学教授,轮日赴荣邸讲授。

八月丁巳,宋诏访求遗书。

己巳,诏玉牒所、国史实录院长官,会粹史稿,删润归一。秘书省长官点对日历、会要,并期以十一月终成书。

十一月辛卯,蒙古窝阔台汗卒。庙号太宗。乃马真后称制。

是年,蒙古分四路进攻欧洲,夺取斡罗思(即今俄罗斯)秃里思哥城,斡罗思人开始迁入中原。

王应麟中进士,七月侍其父赴婺州任所,从王埜受学,习宏辞科。
按：袁桷《清容集·陈志仲墓志》曰："宋季词科,吕成公、真文忠传诸徐凤,徐凤传诸王公应麟。"

江万里知吉州,于州治庐陵县城东白鹭洲,仿白鹿洞之例建白鹭洲书院,内有六君子祠,祀周敦颐、程颢、程颐、邵雍、张载、朱熹。又奏请宋理宗御书门额。
按：《庐陵县志》曰："白鹭洲书院,在郡城东白鹭洲上。宋淳祐元年辛丑,知吉州军江万里建。奏于朝,置山长;理宗御书白鹭洲书院,以赐。院内立文宣王庙、棂星门、云章阁、道心堂、万竹堂、风月楼、浴沂亭、斋舍。"后增建"六君子祠",祀程颐、程颢、周敦颐、张载、邵雍、朱熹等 6 人。江万里原为白鹿洞书院生徒,刘辰翁《鹭洲书院江文忠公祠堂记》曰："先生生庆元戊午,遭伪禁之世,父师窃传朱氏。处白鹿,游东湖,所交多考亭门人,出入端平诸老。其为吾州年四十有三,声名德业高迈前闻,故能创鹭洲如白鹿。"(《须溪集》卷三)以后陈伟器、文天祥、邓光荐、刘辰翁、赵介如等皆肄业其中。

程公许以直宝谟阁知袁州,任上曾更新周敦颐祠,修葺张栻书院,聘宿儒胡安之为诸生讲说。

高里第九宣布废黜德意志腓特烈二世帝,帝遂入教皇国,危及罗马。格列高里第九旋卒,塞勒廷斯第四登位 17 日。此后罗马教皇位空缺至 1243 年。格列高里第九曾下令审查亚里士多德的自然科学著作,并禁止在此之前研究亚里士多德。

元好问是年与张圣予、刘郁、孙德谦、崔俊卿、田仲德、张梦符、阎珍、宋文卿、句龙瀛、刘子新等交游。

冯去非进士及第,授滁州户曹。

杜范四月兼权兵部尚书,差知贡举;十一月除权礼部尚书兼中书舍人。

徐鹿卿劾知太平州岳珂在任不法。

欧阳守道第进士,授雩都主簿。

阳枋以蜀难免入对,赐同进士出身。

马廷鸾执教乡里。

按:《宋史·马廷鸾传》曰:"甘贫力学,既冠,里人聘为童子师。"

张端义著《贵耳集》上卷脱稿。

郑起潜著《声律关键》8卷。

施发绘《脉跳动图象》成。

张伯端著《金丹四百字》1卷。

按:是为道家内炼法要之丹经著作,被视为南宗派内炼金丹理论的奠基之作。

乔行简卒(1156—)。行简字寿朋,号孔山,东阳人。学于吕祖谦。绍熙四年进士。嘉定三年,为秘书省正字,除校书郎,出知通州。官至丞相,封鲁国公。卒谥文惠。著有《周礼总说》、《孔山文集》,今佚。《宋元学案》列其入《丽泽诸儒学案》。事迹见《宋史》卷四一七本传。

陈埙卒(1197—)。埙字和仲,号习庵,鄞县人。从刘著学《周礼》。又师事杨简。嘉定十年进士,调黄州教授。历处州教授、太学录、太学博士、枢密院编修官,除国子司业,兼玉牒检讨、国史编修、实录修撰。著有《习庵集》,已佚。《宋元学案》列其入《慈湖学案》。事迹见《宋史》卷四二三本传。

僧文才(—1302)、郑思肖(—1318)、萧斛(—1318)、梁曾(—1322)生。

高丽李奎极卒(1168—)。文学家、诗人,撰有长诗《东明王篇》、《三百零二韵诗》、《天宝咏史诗》近万首,稗说文学《白云小说》及《东国李相国集》。

冰岛斯诺里·斯图鲁逊卒(1178—)。诗人、历史学家、政治家,农村大贵族派的领袖。著有家族传奇《埃伊尔斯萨迦》,诗学手册《新埃达》,挪威诸王史《海姆斯克林拉》。

宋淳祐二年 蒙古乃马真皇后称制元年
壬寅 1242年

正月戊戌,史嵩之等进呈《四朝史》。

五月,蒙古乃马真后用奥都剌合蛮执政。

七月,蒙古万户张柔率军自五河口渡淮,攻扬、滁、和、巢等州县。

九月,敕旌陆氏义门。

十一月辛卯,诏实录院修孝宗、光宗、宁宗御集。

是年,蒙古第二次西征结束。

宋理宗为表彰刘子翚创办屏山书院的教育之功,钦命扩建屏山书院,赐名"屏山"。

按:刘子翚奉祠归隐后,在福建崇安五夫里屏山之下创建家塾,名"六经堂"。朱熹少时曾就读于此,后亦在此讲学。

宋建内小学,置教授二员,选宗子就学。

许衡从姚枢处得伊洛性理诸书,遂尽弃北方金儒的章句之学。

李心传修《四朝帝纪》成书,因在书中揭露已故权相史弥远的阴私,为当朝丞相史嵩之所不满,故去官。

按:《宋史·高斯得传》曰:"淳祐二年,四朝《帝纪》书成,上之。嵩之妄加毁誉于理宗、济王,改斯得所草《宁宗纪》末卷,斯得与史官杜范、王遂辨之。范报书亦有'奸人剿入邪说'之语,然书已登进矣。心传藏斯得所草,题其末曰'前史官高某撰'而已。"

江万里权知隆兴府,于府城创宗濂精舍,祀周敦颐,集学者讲论其中;又嘱知南安军林寿公于江西大余城创立周程书院,以祀周敦颐、程颢、程颐。

姚枢四月辞官,隐居辉县之苏门山。作家庙,别为室,奉孔子及周敦颐、程颐、张载、邵雍、司马光六君子像。刻小学、《四书》并诸经传注,行于国中。

杜范六月除端明殿学士、同签书枢密院事。

徐鹿卿五月主管绍兴府千州观,七月差知泉州,九月改知赣州。

徐玠主持制定《经理四蜀图》,确立择险筑城、以步制骑的抗蒙战略。

王与之所著《周礼订义》80卷成书。

按:是书采录旧说51家,唐以前为杜子春、郑兴、郑众、郑玄、崔灵恩、贾公彦等6家,余45家均为宋人。故宋人说《周礼》之书,多半赖此书得以流传,为后世学者全面认识与研究宋代《周礼》研究状况及经学发展史提供了大量材料。

宋修《宁宗会要》150卷成书。

按:是为南宋最后一次修本朝会要。

董史著《皇宋书录》成,自为序。

魏岘著《四明它山水利备览》2卷成书。

按:《四库全书总目提要》曰:"岘,鄞县人。官朝奉郎,提举福建路市舶。鄞故有它山一水,其始大溪与江通流,咸潮冲接,耕者弗利。唐太和七年,邑令王晫始筑堰以捍江潮。于是溪流灌注城邑,而鄞西七乡之田皆蒙其利。岁久废坏。宋嘉定间,岘言于府,请重修,且董兴作之役,因为是书记之。上卷杂志源流规制及修造始末,下卷则皆碑记与题咏诗也。案《新唐书·地理志》,载明州鄞县(案鄞县在唐为鄮县)南二里有小江湖,溉田八百顷。开元中,令王元纬置。东二十五里有西湖,溉田五百顷。天宝二年,令陆南金开广之。今此编称它山水入于南门,潴为日、月二湖。其日湖即小江湖,月湖即西湖。谓二湖皆王元纬所浚,而不言有天宝之陆南金,似有

英国哲学家、科学家罗吉尔·培根谈及火药。

阙略。至其以元晔为元纬、以开元中为太和七年,则此编所载诸碑记及唐僧元亮诗,证佐显然,足以纠正《唐志》之谬,不得以与史异文为疑矣。此书在地志之中,颇为近古。宋《四明郡志》尝采其说。然传本颇稀,几于泯没而无可考。明崇祯辛巳,郡人陈朝辅始得旧帙梓行,版亦散佚。首有岘及朝辅二序,而末以《四明志序》附焉,盖即从陈本录出者也。"

王若虚自编《滹南遗老集》成,王鹗为作序。

按:《四库全书总目提要》曰:"《滹南遗老集》四十五卷,金王若虚撰。史称若虚有《慵夫集》、《滹南遗老集》,均曰若干卷,不详其数。黄虞稷《千顷堂书目》载《滹南遗老集》四十五卷,与王鹗《序》合。《慵夫集》虞稷虽著录,而卷数则阙。考大德三年王复翁《序》,称以《中州集》所载诗二十首附卷末,则《慵夫集》元时已佚,惟此集存耳。此本凡《五经辨惑》二卷,《论语辨惑》五卷,《孟子辨惑》一卷,《史记辨惑》十一卷,《诸史辨惑》二卷,《新唐书辨》三卷,《君事实辨》二卷,《臣事实辨》三卷,《议论辨惑》一卷,《著述辨惑》一卷,《杂辨》一卷,《谬误杂辨》一卷,《文辨》四卷,《诗话》三卷,杂文及诗五卷,与四十五卷之数合。然第三卷惟《论语辨惑序》一篇、《总论》一篇,仅三页有奇,与他卷多寡悬殊,疑传写佚此一卷,后人割第四卷首三页,改其标题,以足原数也。苏天爵作安熙行状云:'国初有传朱氏《四书集注》至北方者,滹南王公雅以辨博自负,为说非之。'今考《论语》、《孟子辨惑》乃杂引先儒异同之说,断以己意,其间疑朱子者有之,而从朱子者亦不少,实非专为辨驳朱子而作。天爵所云,不知何据。观其称陈天祥宗若虚之说,撰《四书辨疑》,因熙斥之,遂焚其稿。今天祥之书具存,无焚稿事,则天爵是说,特欲虚张其师,表章朱子之功耳,均非实录也。其《五经辨惑》颇诘难郑学,于《周礼》、《礼记》及《春秋》三传,亦时有所疑,然所攻者皆汉儒附会之词,亦颇树伟观。其自称不深于《易》,即于《易》不置一词,所论实止四经,则亦非强所不知者矣。《史记辨惑》、《诸史辨惑》、《新唐书辨》,皆考证史文,掊击司马迁、宋祁,似未免过甚,或乃毛举故细,亦失之烦琐。然所摘迁之自相抵牾与祁之过于雕斲,中其病者亦十之七八。《杂辨》、《君事实辨》、《臣事实辨》皆所作史评,《议论辨惑》、《著述辨惑》皆品题先儒之是非,其间多持平之论,颇足破宋人之拘挛,《杂辨》二卷,于训诂亦多订正。《文辨》宗苏轼,而于韩愈集间有指摘。《诗话》尊杜甫,而于黄庭坚多所訾议。盖若虚诗文不尚劖削锻炼之格,故其论如是也。统观全集,偏驳之处诚有,然金、元之间,学有根柢者实无人出若虚右。吴澄称其博学卓识,见之所到,不苟同于众。亦可谓不虚美矣。"

史铸著《百菊集谱》6卷成书。

元好问编辑《元氏集验方》。

程珌卒(1164—)。珌字怀古,自号洺水遗民,徽州休宁人。绍熙四年进士,授昌化军主簿,调建康府教授,改知富阳县。迁国子司业兼国史编修、实录检讨,兼权直舍人院。以端明殿学士致仕。著有《洺水先生集》60卷、《内制类稿》10卷、《外制类稿》20卷,已佚。明嘉靖间程元昺辑刻为《洺水集》26卷。事迹见《宋史》卷四二二本传、吕午《宋端明殿学士程公行状》(《新安文献志》卷九四)。今人黄宽重编有《程珌年谱》。

赵善湘卒,生年不详。善湘字清臣,明州人。濮安懿王五世孙。庆元二年进士,官至观文殿学士。卒赠太师。著有《周易约说》8卷、《周易或问》4卷、《周易续问》8卷、《周易指要》4卷、《学易补过》6卷、《洪范统一》1

卷、《中庸约说》1卷、《大学解》10卷、《论语大意》10卷、《孟子解》14卷、《老子解》10卷、《春秋三传通义》30卷,诗词杂著35卷,皆佚。事迹见《宋史》卷四一三本传。

  按:《四库全书总目提要》评《洪范统一》曰:"据其子汝楳《周易辑闻序》,善湘于《易》学用力至深,而所著书五种皆不传。此书藏弆之家亦罕著录,故朱彝尊《经义考》注曰'未见'。今从《永乐大典》缮录,复为完编。书成于开禧时,《宋史》谓之《洪范统论》,《文渊阁书目》又作《统纪》。……考朱子与陆九渊论皇极之义,往复辨难,各持一说,此书以大中释皇极,本诸注疏,与陆氏合。复谓九畴皆运于君心,发为至治,又合于朱子建极之旨。盖能怀通彼我、兼取两家之说者。生当分朋讲学之时,而超然不预于门户,是难能也。"

  叶李(　—1292)、魏新之(　—1293)、滕安上(　—1295)、梁栋(　—1305)、赵秉正(　—1308)、林景熙(　—1310)、王和卿(　—1320)生。

宋淳祐三年　蒙古乃马真皇后称制二年
癸卯　1243年

  四月丁巳,诏以经筵进讲《尚书》终篇,讲读、说书、修注官各进一秩。

  五月,蒙古乃马真皇后宠信奥都剌合蛮,给以御宝空纸,使自行填写。耶律楚材谏称:"天下者,先帝之天下。朝廷自有宪章,今欲紊之,臣不敢奉诏。"事遂止(《元史·耶律楚材传》)

  六月庚戌,大理少卿蔡仲龙言:"创建小学,须早为权宜之计,以系天下之心。"(《续资治通鉴》卷一七〇)

  七月,蒙古军征四川,当地民众再次大举东迁。

  八月壬午,诏申严郡县社仓科配之禁。

  是年,宋理宗给福建崇安某书院赐额为"芦峰书院"。

  王应麟调任衢州西安主簿。

  王若虚与其子王忠、王恕以及刘郁等人东游泰山,四月至黄岘峰,死于山上。元好问撰碑铭,吴莱、曹之谦、金全、耶律铸、李庭有诗吊之。

  刘祁应军前行中书省事黏合南合之邀,为其幕宾。

  刘克庄为侍右郎官,再罢。

  王与之所著《周礼订义》80卷由郡守赵汝腾进献朝廷,授宾州文学。

  杜范三月上《乞归田里奏》,不许。

  徐鹿卿三月除浙西提刑,七月除江淮都大提刑。

  阳枋与宋寿卿、陈希舜、罗东父、向从道、黄叔高等讲明《吕氏乡约书》,行之于乡。

程公说所著《春秋分纪》90卷由其弟程公许刊行。

按：《四库全书总目提要》曰："是书前有开禧乙丑《自序》，淳祐三年，其弟公许刊于宜春。凡《年表》九卷、《世谱》七卷、《名谱》二卷、《书》二十六卷、《周天王事》二卷、《鲁事》六卷、《大国世本》二十六卷、《次国》二卷、《小国》七卷、《附录》三卷。其《年表》则冠以周及列国，而后夫人以下与执政之卿皆各为一篇。其《世谱》则王族、公族以及诸臣每国为一篇，鲁则增以妇人名、仲尼弟子。而燕则有录无书，盖原阙也。《名谱》则凡名著于《春秋》者分五类列焉。《书》则历法、天文、五行、疆理、礼乐、征伐、职官七门。其周、鲁及列国《世本》以及《次国》、《小国》、《附录》则各以《经》、《传》所载分隶之。条理分明，叙述典赡。所采诸儒之说与公说所附《序论》，亦皆醇正。诚读《春秋》者之总汇也。明以来其书罕传，故朱彝尊《经义考》注曰'未见'。顾栋高作《春秋大事表》，体例多与公说相同。栋高非剽窃著书之人，知其亦未见也。此本出自扬州马曰璐家，与《通考》所载卷数相合。内宋讳犹皆阙笔，盖从宋刻影钞者。刘光祖作公说《墓志》，称所作尚有《左氏始终》三十六卷、《通例》二十卷、《比事》十卷。是殆刻意于《左氏》之学者。宋自孙复以后，人人以臆见说《春秋》。恶旧说之害己也，则举三《传》义例而废。又恶《左氏》所载证据分明、不能纵横颠倒，惟所欲言也，则并举《左传》事迹而废之。譬诸治狱，务毁案牍之文，灭佐证之口，则是非曲直乃可惟所断而莫之争也。公说当异说坌兴之日，独能考核旧文，使本末源流犁然具见，以杜虚辨之口舌，于《春秋》可谓有功矣。"今有《四库全书》本传世。

杜杲著《重修张南轩先生祠堂记》。

按：杜杲是文论朱熹与张栻共同推进理学发展的贡献。其曰："中兴以来，文公朱先生以身任道，开明人心，南轩先生张氏，文公所敬，二先生相与发明，以续周、程之学，于是道学之升，如日之升，如江汉之沛。妇人孺子闻先生之名，皆知其为贤。"（《景定建康志》卷三一）

王质所著《诗总闻》20卷由陈日强始刻于富川。

按：《四库全书总目提要》曰："其书取《诗》三百篇，每篇说其大义，复有《闻音》、《闻训》、《闻章》、《闻句》、《闻字》、《闻物》、《闻用》、《闻迹》、《闻事》、《闻人》凡十门。每篇为《总闻》，又有《闻风》、《闻雅》、《闻颂》冠于四始之首。南宋之初，废《诗序》者三家，郑樵、朱子及质也。郑、朱之说最著，亦最与当代相辨难。质说不字字诋《小序》，故攻之者亦稀；然其毅然自用，别出新裁，坚锐之气，乃视二家为加倍。自称'覃精研思几三十年，始成是书'。淳祐癸卯，吴兴陈日强始为镂版于富川。日强《跋》称其'以意逆志，自成一家'，其品题最允；又称'删除《小序》，实与文公朱先生合'，则不尽然。质废《序》与朱子同，而其为说则各异。黄震《日钞》曰：'雪山王质，夹漈郑樵，始皆去《序》言《诗》，与诸家之说不同。晦庵先生因郑公之说，尽去美刺，探求古始，其说颇惊俗，虽东莱先生不能无疑'云云。言因郑而不言因王，知其趣有不同矣。然其冥思研索，务造幽深，穿凿者固多，悬解者亦复不少，故虽不可训，而终不可废焉。"

沈义父著《沈氏乐府指迷》1卷。

俞文豹著《吹剑录》成。

李心传卒（1166—　）。心传字微之，一字伯微，号秀岩，隆州井研人。庆元元年应乡试，下第后绝意科举，从此闭门读书30年，成为精通史学的著名学者。晚年，由魏了翁等荐为史馆校勘，赐进士出身，修《中兴四朝帝纪》及《十三朝会要》。所著尚有《旧闻证误》15卷、《诵诗训》5卷、《丙子学易编》15卷、《道命录》5卷、《春秋考》13卷、《礼辨》23卷、《读史考》12卷、《西陲泰定录》90卷、《辨南迁录》1卷、《建炎边防记》2卷及诗文100卷等。《宋元学案》列其入《刘李诸儒学案》。事迹见《宋史》卷四三八本传。今人王德毅编有《李秀岩先生年谱》、《李心传著述考》,来可泓编有《李心传事迹著作编年》。

按：《宋史》本传曰："心传有史才,通故实,然其作吴猎、项安世传,褒贬有愧秉笔之旨。盖其志常重川蜀,而薄东南之士云。"《四库全书总目提要》评《丙子学易编》曰："心传邃于史学,有《建炎以来系年要录》、《建炎以来朝野杂记》二书,为史家所重,而经术亦颇究心。高斯得《耻堂存稿》有《学易编》、《诵诗训》二书,跋曰：'秀岩先生,近世大儒也。世徒见其论著藏于明堂石室,金匮玉版,遂以良史目之,不知先生中年以后,穷极道奥,经术之邃,有非近世学士大夫所能及者。'虽弟子尊师之词,要非甚溢美也。"

王若虚卒(1174—)。若虚字从之,号慵夫、滹南遗老,真定藁城人。金承安二年经义进士,调鄜州录事,历管城、门山二县令。用荐入为国史院编修官,迁应奉翰林文字。奉使夏国,还授同知泗州军州事,留为著作佐郎。正大初,《宣宗实录》成,迁平凉府判官。未几,召为左司谏,后转延州刺史,入为直学士。官至翰林直学士,金亡不仕。所著《五经辨惑》、《论语辨惑》、《孟子辨惑》、《史记辨惑》、《谬误杂辨》等十余种,对汉、宋儒者解经之附会迂谬,及史书、古文的字句疵病,颇有批评。著有《滹南遗老集》45卷、《滹南诗话》。事迹见《金史》卷一二六本传。

张之翰(—1296)、**杨清一**(—1299)、**黎立武**(—1311)、**张伯淳**(—1303)、**高克恭**(—1310)、**刘敏中**(—1318)生。

宋淳祐四年　蒙古乃马真皇后称制三年
甲辰　1244年

正月,宋理宗作《训廉》、《谨刑》二铭,戒饬中外。

六月乙亥,赐礼部进士留梦炎以下424人及第、出身。

七月甲子,诏：项安世正学直节,先朝名儒,可特赠集英殿修撰。

宋诏立建阳考亭书院,御书"考亭书院"四大字匾额。

按：建阳书院由原先朱熹讲学之竹林精舍改建。

九月癸卯,宋右丞相史嵩之以父丧去官,诏以右丞相兼枢密使"起复",太学生黄伯恺、金九万、孙翼凤等144人,武学翁日善等67人,京学生刘时举、王元野等94人,宗学34人,及诸官上书论之,力言"起复"违礼及史氏三世(史浩、史弥远与史嵩之)执政专权误国,乃止。

按：《宋史·史嵩之传》载："四年,遭父丧,起复右丞相兼枢密使,累赐手诏,遣

大越(陈朝)以文臣知州府,定刑律。

埃及苏丹收复耶路撒冷。

柏林始见于记载。

中使趣行,于是太学生黄伯恺、金九万、孙翼凤等百四十四人,武学翁日善等六十七人,京学生刘时举、王元野、黄道等九十四人,宗学与寰三十四人,建昌军学校教授卢钺,皆上书论史嵩之不当起复,不报。将作监徐元杰奏对及刘镇上封事,帝意颇误。"

十二月,忽必烈礼聘王鄂,请讲《孝经》、《书》、《易》及治国之道。

陈振孙除国子监司业。

留梦炎进士及第。

黄榦弟子赵汝腾出守金华,对何基首加延聘,且荐于朝,何基坚辞不受。

刘克庄起为江东提举,补信州。

金渊同提举编修《经武要略》。

赵汝驭为惠州知州,于州治归善县城建聚贤堂,祀陈尧佐、陈偁、苏轼、唐庚、陈鹏飞、古成之、张宋卿、留正、许申、陈权、陈焕日等十二先生。

秦九韶以通直郎通判建康府,因母丧解职回湖州守孝家居。

洪勋以锁厅试进士第。

吴潜六月提举隆兴府玉隆万寿宫,任便居住。

杜范正月除同知枢密院事,不拜;三月初二日诏以杜范辞免新除,依旧职提举洞霄宫;十二拜右丞相兼枢密使,提举实录院兼提举编累圣政。

徐霖试礼部第一,授沅州教授。即上疏言史嵩之奸深之状,由是以直著称。

许月卿举进士,授濠州司户参军。率三学诸生伏阙言徐元杰冤死,理宗目为狂士。

朱熹季子朱在、孙朱鉴重修武夷精舍,时任建宁知府的王遂为撰《重修武夷精舍记》。

陈宗礼举进士。

张即之书《莲华经》七册。

舒岳祥以文见吴子良,子良称其文如汉贾谊、终军等。

按:吴子良为舒岳祥《阆风集》所作的《序》曰:"余自卝学文,谂游从于海内,欲求异禀灵识如汉贾谊、终军,唐李贺,本朝王令、邢居实辈,杳不可复得。……癸卯秋八月,乃始得舒生,首示余两编。余读《苏墅稿》,如登岱华,……余惊喜,恨得之晚。"(是序见《台州光绪志》)袁桷《戴先生(表元)墓志》曰:"方是时,礼部尚书王公应麟、天台舒公岳祥师表一代,先生独执弟子礼。"

朱貔孙举进士,授临江军学教授。

郝经著《唐宋近体诗选序》。

黄升序魏庆之《诗人玉屑》20卷。

按:黄氏《序》云:"诗话之编多矣,《总龟》最为疏驳,其可取者惟《苕溪丛话》,然贪多务得,不泛则冗,求其有益于诗者,如披沙拣金,闷闷而后得之,故观者或不能终卷。"而魏书自出新意,"博观约取,其格律之明,可准而式;其鉴裁之公,可研而核"。

《四库全书总目提要》曰："宋人喜为诗话，裒集成编者至多。传于今者，惟阮阅《诗话总龟》、蔡正孙《诗林广记》、胡仔《苕溪渔隐丛话》及庆之是编，卷帙为富。然《总龟》芜杂，《广记》挂漏，均不及胡、魏两家之书。仔书作于高宗时，所录北宋人语为多。庆之书作于度宗时，所录南宋人语较备。二书相辅，宋人论诗之概亦略具矣。庆之书以格法分类，与仔书体例稍殊。其兼采齐己《风骚旨格》伪本，诡立句律之名，颇失简择。……然采摭既繁，菁华斯寓。钟嵘所谓披沙简金、往往见宝者，亦庶几焉，固论诗者所必资也。"郭绍虞《宋诗话考》称此书承南宋之际诗话由轻松而严肃、由论事而论辞的新风气，所以能以更精严的态度从事专门的诗学，不涉考证与琐事，不落小说家言，兼有《诗话总龟》与《苕溪渔隐丛话》之长而无其弊。1961年中华书局上海编辑所以道光古松堂本为底本，校以日本宽永本印行，附有校勘记，在今流传各本中，当以此本为最善。

道士宋德方及弟子秦志安等历时8年，校刻成《大元玄都宝藏》7800卷。

按：此为蒙元时代刊刻的惟一道教全藏。

俞松著《兰亭续考》2卷。

按：《四库全书总目提要》曰："松字寿翁（案，俞庭椿亦字寿翁，二人同姓同字，同在宋末，而实非一人，谨附识于此），自署曰吴山，盖钱塘人。后有《自跋》称甲辰书于景欧堂，盖淳祐四年也。其仕履无考。惟高宗临本《跋》内有'承议郎臣松'之语。其终于是官与否，亦莫得而详焉。是书盖继桑世昌而作，故名曰《续考》。《跋》内所称'近岁士人作《兰亭考》，凡数万言，名流品题，登载略尽'者，即指世昌之书。然书中体例与世昌迥异。上卷兼载松所自藏与他家藏本，下卷则皆松所自藏。"

又按：桑世昌，乃陆游外甥，亦著有《兰亭考》（一名《兰亭博议》）12卷。《四库全书总目提要》曰："《兰亭考》十二卷，旧本题宋桑世昌撰。世昌，淮海人。世居天台，陆游之甥也。案陈振孙《书录解题》，载《兰亭博议》十五卷，注曰桑世昌撰。叶适《水心集》亦有《兰亭博议跋》曰：'字书自兰亭出，上下数千载，无复伦拟，而定武石刻遂为今世大议论。桑君此书，信足以垂名矣。君事事精习，诗尤工。'"

陈均卒（1174——　）。均字平甫，号云岩，又号纯斋，兴化军莆田人。著有纲目体北宋史《皇朝编年纲目备要》（亦名《宋九朝编年备要》）。《宋元学案》列其入《晦翁学案》。事迹见赵汝腾《陈平甫墓志铭》（《庸斋集》卷六）。

钱时卒（1175——　）。时字子是，淳安人。师事杨简。绝意科举，究明理学。曾被江东提刑袁甫招为象山书院讲席，又被太史李心传奏召史馆检阅。著有《周易释传》、《尚书演义》、《学诗管见》、《春秋大旨》、《蜀阜集》、《冠昏记》、《百行冠冕集》等，皆佚。今存《融堂四书管见》13卷、《融堂书解》20卷、《两汉笔记》12卷。《宋元学案》列其入《慈湖学案》。事迹见《宋史》卷四〇七本传。

按：钱时为陆九渊再传弟子，一生致力于心学的发展，在理学发展上占有重要地位，其主要弟子有洪杨祖、夏希贤、吕人龙等。《宋史》本传曰："幼奇伟不群，读书不为世儒之习。以《易》冠漕司，既而绝意科举，究明理学。江东提刑袁甫作象山书院，招主讲席，学者兴起，政事多所裨益。郡守及新安、绍兴守皆厚礼延请，开讲郡庠。其学大抵发明人心，论议宏伟，指擿痛决，闻者皆有得焉。丞相乔行简知其贤，特荐之朝,且曰:'时凤负才识,尤通世务,田里之休戚利病,当世之是非得失,莫不详究而熟知之,不但通诗书、守陈言而已。'授秘阁校勘。诏守臣以时所著书来上。"

耶律楚材卒(1190—)。楚材字晋卿,道号湛然居士,契丹族人。在蒙古成吉思汗、窝阔台两大汗时期任事近三十年,官至中书令,元代立国规模多由其奠定。卒后追封为广宁王,谥文正。曾从僧人万松行秀学佛,自起法名"从源"。著有《庚午元历》、《皇极经世义》、《五星秘语》、《先知大数》、《湛然居士集》。事迹见《元史》卷一四六本传。王国维编有《耶律文正公年谱》、张相文编有《湛然居士年谱》。

按:耶律楚材自幼饱览儒家经典、文史之学,旁通释、老、医卜、天文、地理、律历、术数之说,信服乃师万松行秀"以儒治国,以佛治心"之教,自谓"以吾夫子之道治天下,以吾佛之教治一心,天下之能事毕矣"。《元史》本传载:"楚材奏曰:'制器者必用良工,守成者必用儒臣,儒臣之事业,非积数十年,殆未易成也。'帝曰:'果尔,可官其人。'楚材曰:'请校试之。'乃命宣德州宣课使刘中随郡考试,以经义、词赋、论分三科。儒人被俘为奴者,亦令就试,其主匿弗遣者死。得士凡四千三十人,免为奴者四之一。"王国维论耶律楚材的思想归属说:"虽洞达佛理,而其性格实与儒家近。其毅然以天下生民为己任,古之士大夫学佛者,从未见有此种气象。"(《耶律文正公年谱·余记》,《王公遗书》内编)

金正韶(—1290)、安童(—1293)、刘应龟(—1307)、戴表元(—1310)、陈普(—1315)、丘葵(—1333)生。

宋淳祐五年　蒙古乃马真皇后称制四年
乙巳　1245年

日本幕府定诉讼法。

罗马教皇英诺森第四再度绝罚德意志腓特烈二世帝。

正月丁酉,诏曰:"国家以仁立国,其待士大夫尤过于厚。台谏乃因得言而释私憾,摭细微而遗巨奸,迁谪降黜,或出非辜。其令三省将见在谪籍人斟酌放令自便,追夺停罢,亦与酌情牵复。其贪酷害民,公议弗容者,不拘此旨。"(《续资治通鉴》卷一七一)

己酉,诏中外指陈缺失。

二月,有司上《孝宗光宗御集》、《经武要略》、《宁宗实录》。

三月壬子,禁淫祀。

八月戊辰,诏求通天文、历学之人。

蔡节在湖州知州任上扩建安定书院,礼请饶鲁讲学其中。

李性传十二月己卯同知枢密院事,癸未除职予郡。

元好问八月至曲阜拜谒孔林、孔庙。

游侣十二月为右丞相兼枢密使。

杜范四月因疾以观文殿学士致仕。

江万里五月拜监察御史。

徐鹿卿七月除兼崇政殿说书，辞免不允；八月戊寅进讲《尚书》，读《九朝通略》、《通鉴纲目》。

庄同孙进《洪范五事箴》。

郑清之七月进少傅，十一月乞归田，诏不许。

程元凤时为右补阙，论格心之学，谓格士大夫之风俗，当格士大夫之心术，人以为格言。

谢方叔时为左司谏，建言早定国本，仍录进司马光、范镇建议始末，帝嘉纳。

蔡杭召试馆职，迁秘书省正字。

天主教方济各会教士柏朗嘉宾奉教宗英诺森爵第四之命，4月16日从法国里昂出发，出使蒙古。7月22日到达和林，8月24日参加贵由大汗登极礼，不久即蒙召见，呈上教宗玺书，贵由汗有致教宗复书。11月返回。

　　按：柏氏回里昂后，将此次东行经历撰写《蒙古史》一书。该书先后出版了拉丁文、德文、英文、俄文和法文等文本，中华书局1985年出版了中文译本，称《柏朗嘉宾蒙古行纪》。

蔡节著《论语集说》10卷。

　　按：《四库全书总目提要》曰："节，永嘉人。始末未详。惟书首淳祐五年《进表》结衔称'朝散郎、试太府卿、兼枢密副都承旨'，末有淳祐丙午文学掾姜文龙《跋》，即进书之次年也。其例于全用一家者则独书姓名，于参用一两家者则各注本语之下，杂用众说者则叠书姓名于末，润色以己意者则曰本某氏，皆谓之曰'集'。或附己说于后，则别曰'节谓'。节自为说者，谓之曰'释'。其互相发明之说，则夹注于下。其推阐旁意之说，则低一字书之。是时朱子之说已行，故大旨率从《集注》。……盖朱子于注《易》、注《诗》，诚不免有所遗议。至于《论语集注》，则平生精力具在于斯，其说较他家为确，务与立异，反至于不中理也。然出入者不过此数条，其余则皆诠释简明，词约理该，终非胡文炳等所可及焉。"有《通志堂经解》本及《四库全书》本传世。

刘时举著《续宋编年资治通鉴》15卷约成书于本年左右。

曹士冕著《法帖谱系》2卷。

　　按：《四库全书总目提要》曰："按《书史会要》，士冕字端可，号陶斋，昌谷之后。昌谷为曹彦约别号，则都昌人也。其仕履无考。惟'三山木版帖'条下，自称'三山帅司库有历代帖版本，嘉熙庚子，备员帅幕，尚及见之'之语。'绛本旧帖'条下，有'淳祐甲辰雪川官满'之语，盖由幕僚而仕州郡者耳。其书序宋代法帖源流。……盖以《淳化阁帖》为大宗，而《绛帖》为别子，诸本皆其支派也。每条叙述摹刻始末，兼订其异同工拙，颇足以资考证。《书史会要》称士冕博参书法，服习兰亭，宜其鉴别不苟矣。古今法帖皆拓本，惟此书载有印本法帖，亦广异闻。书成于淳祐乙巳，前有自序，以书中自记考之，盖雪川官满之第二年也。"

陈仁玉著《菌谱》1卷成书。

　　按：是书为世界上第一部论述香菇的专著。《四库全书总目提要》曰："仁玉字碧栖，台州仙居人。擢进士第。开庆中官礼部郎中、浙东提刑，入直敷文阁。嘉定中

罗马P·西斯班约于是年著《逻辑学理论》一书。论述了判断、三段论、复杂推理等逻辑问题，最早研究了命题逻辑推理，并初步表述了后来的"德摩根定律"的思想。

意大利神学家、经验学派的神秘主义者波拿文都拉著《完全的镜子》、《圣法兰西斯的小花》。

德国经院哲学家、自然科学家、神学家M·S·大阿尔伯特在《亚里士多德哲学注释》一书中，认为逻辑是一种思辨的智慧，分为非联系的成分和相互联系的基础。

重刊《赵清献集》，其《序》即仁玉所作。其事迹则无考矣。是编成于淳祐乙巳。前有《自序》。"有《百川学海》、《山居杂志》、《说郛》、《墨海金壶》等本。

阳枋著《本草集方》成。

英国哈雷斯·亚历山大卒(1175—)。神学家、哲学家、研究亚里士多德、实在论的经验学者，号称不可反驳的学者。神学方面属奥古斯丁派，部分采纳亚里士多德关于心理学、物理学、形而上学之学说。著有《神学大全》、《一般神学综论》、《道德综论》。

杜范卒(1182—)。范字仪甫，改字成己，号立斋，黄岩人。嘉定元年进士，调金坛尉，再调婺州司法参军。官至右丞相。卒赠少傅，谥清献。著有《经筵讲义》3卷、《进故事》5卷、《古律诗歌词》5卷及杂文6卷、奏议10卷等，明嘉靖黄绾刻为《杜清献集》19卷。《宋元学案》列其入《南湖学案》。事迹见《宋史》卷四○七本传、黄震《戊辰修史丞相杜范传》(《杜清献集》卷首)。清人王棻编有《杜清献公年谱》。

严羽约卒(约1192—)。羽字仪卿、丹丘，号沧浪逋客，邵武人。少师包扬，与扬子包恢为师兄弟，不事科举。壮年后浪游江西、吴越、江汉、潇湘、四川等地。著有《沧浪集》、《沧浪诗话》。因以后诗多散佚，后人加以搜辑而合二为一，编成《沧浪法吟卷》3卷。今存《适园丛书》中。事迹见朱霞《严羽传》(《沧浪诗话校释》附)。

赵必豫(—1294)、郭贯(—1306)、阿尼哥(—1306)、王构(—1310)、杨奂(—1315)、李衎(—1320)、张留孙(—1321)生。

宋淳祐六年　蒙古乃马真皇后称制五年
贵由汗元年　丙午　1246年

大越(陈朝)定军制，定百官加职之制。

尼西亚帝国远征巴尔干。

四月戊寅，殿中侍御史谢方叔和左司谏汤中，请旌异朱熹门人胡安定、吕焘、蔡模，以劝后学，并诏补迪功郎，添差本州岛教授，仍令所属给札录其著述，并访以所欲言。

甲申，诏曰："朕临朝愿治，每念乏才，有意作成，既亲扁题，分赐诸学，并赐诸生束帛，以示激励。其令三学官于前廊长谕及斋生中，公举经明、行修、气节之士，别议旌赏。京学如之。"(《续资治通鉴》卷一七一)

七月，蒙古贵族推窝阔台长子贵由为大汗，是为元定宗。

八月，蒙古耶律楚材子耶律铸领中书省事，上言宜宽禁网，乃采前代德政合于时宜者有八十一章以奏进。

十一月庚申，诏：昨令三学各举经明、行修、气节之士，而诸生合辞控免，秉义甚高。其令在籍诸生并赴来年省试一次，临安府学长、谕亦如之，以称搜罗之意。

是年，宋理宗再赐"岳麓书院"额。又以许应龙奏请，为金华丽泽书院御赐匾额。

潭州湘西书院被重建，并恢复潭州州学、湘西书院、岳麓书院"潭州三学"体制。

刘克庄召赴行在,七月除太府少卿,八月特赐同进士出身,除秘书少监,寻兼国史院编修、实录院检讨官,御史兼崇政殿说书;十二月奏劾史嵩之,历数其无父之罪四,无君之罪七。

贾似道四月任京湖制置使、兼知江陵府,兼夔路策应使。

按:贾似道为宋理宗贾贵妃弟。

杨彦瞻为知州,于浙江西安建柯山书院。

陈垲为太平府知州,于安徽当涂建天门书院。

史嵩之以观文殿大学士致仕。

章炎时为殿中侍御史,与正言李昂英、监察御史黄师雍论史嵩之无父无君,丑声秽行,律以无将之法,罪有余诛;请寝宫祠,削官远窜。

韩补为徽州知州,奏请于歙县城南门外建紫阳书院,宋理宗赐额"紫阳书院"。

方回从吕午学诗,习张耒体。

柴望上所著《丙丁龟鉴》被下狱,寻放归。

蔡杭除校书郎,兼枢密院编修官。

马廷鸾与兄岩甫同举于乡荐。

僧道隆应日本入宋禅僧明观智镜的邀请,携弟子东渡日本弘法。

按:僧道隆以后成为日本建长寺的开山祖,传播禅宗。

林光世著《水村易镜》1卷。

按:《四库全书总目提要》曰:"光世字逢圣,莆田人。《馆阁续录》载其淳祐十一年以《易》学召赴阙,充秘书省检校文字。十二年,教授常州,文字职事如旧。宝祐二年,补迪功郎,添差江西提举司干办公事。《闽书》则谓淮东漕臣黄汉章上所著《易镜》,由布衣召为史馆检阅,迁校勘,改京秩,自将作出知潮州。开庆元年召为都官郎中,入为司农少卿,兼史馆。官阶颇有异同。又称其景定二年赐进士出身,在都官郎中后二年。均未详孰是也。是书《序》称丙午,盖成于理宗淳祐六年。大旨据《系辞》之语,谓诸儒诂《易》,独遗仰观俯察之义。因居海上,测验天文,悟天、泽、火、雷、风、水、山、地八宫之星皆自然有六十四卦,遂以星配卦。"

蔡模著《孟子集疏》14卷成书。

按:先是,其父蔡沈以《论语集注》、《孟子集注》气象涵蓄,语意精密,至引而未发,尤不易读为由,欲广集众说,为其作疏解,但未及编撰即卒。蔡模与其兄蔡杭乃相互商榷而撰成此书,以承其父未竟之业。此书为研究朱子《孟子集注》的重要参考资料,并开创为《四书章句集注》作疏之先河,在四书研究史上,占有比较重要的地位。《四库全书总目提要》曰:"据卷末抗《后序》,称:沈书以《论语》、《孟子集注》气象涵蓄,语意精密,至引而不发,尤未易读,欲取《集义》、《或问》及张吕诸贤门人高第往复问答语,如朱子所谓搜辑条流附益诸说者,类聚缕析,期于语脉分明,宗旨端的。未及编次而卒,模乃与抗商榷以成此书。皆备列朱子《集注》原文,而发明其义,故曰

《集疏》,言如注之有疏也。然贾、孔诸疏,循文阐衍,章句不遗。此则或左证注义,或旁推余意,不尽一一比附。又谨守一家之说,亦不似疏文之曲引博征,大抵于诸说有所去取,而罕所辨订。……盖他说与师说异,则舍他说从师说,师说与祖父说异,则又不得不舍师说以从祖父之说。此亦人情之至也。然抗《序》称始事于嘉熙己亥,至丙午尚未敢脱稿,其简汰颇为不苟。故所取甚约,而大义已皆赅括,迥异后来钞撮朱子之说,务以繁富相尚者。亦可知其渊源有自,知之确,故择之精矣。"

吴泳著《御书宗濂精舍跋记》。

意大利雅各布·达·连蒂尼卒,生年不详。"西西里诗派"诗人,首次采用十四行体诗。(按:一说卒于1250年。)

僧万松行秀卒(1166—)。行秀俗姓蔡,河内解人。少小出家,长好禅寂,勤于参访。被金章帝迎主中都万寿观。入元,任中书,收耶律楚材为俗家弟子。是曹洞宗宗匠之一,门徒甚多。著有《祖灯录》62卷、《请益录》、《辨宗说》、《心经凤鸣》、《禅悦法喜集》、《鸣道集》、《四会语录》、《释氏新闻》等。事迹见《补续高僧传》卷一八。

蔡模卒(1188—)。模字仲觉,号觉轩,福建建阳人。蔡沈子,蔡杭兄。嘉熙二年,王埜创建安书院,延为山长。淳祐六年,以谢方叔荐,诏补迪功郎,添差本府教授。著有《易传集解》、《大学衍说》、《河洛探赜》、《论语集疏》等,已佚。今存《孟子集疏》、《感兴诗注》及所辑《近思续录》。《蔡氏九儒书》录其诗文为《觉轩公集》1卷。事迹见翁合《蔡觉轩先生墓志》(《觉轩公集》附)、《闽中理学渊源考》卷二五。

潘牥卒(1204—)。牥字庭坚,以字行,初名公筠,号紫岩,闽县人。端平二年进士,历浙西提举常平司干官,迁太学正,通判潭州。著有《紫岩集》,已佚。事迹见《宋史》卷四二五本传、刘克庄《潘庭坚墓志铭》(《后村集》卷一五二)。

鲜于枢(—1302)、李罗(—1313)、熊朋来(—1323)生。

宋淳祐七年　蒙古贵由汗二年　丁未　1247年

大越(陈朝)试进士。

西班牙的阿拉贡王国颁布《韦斯卡法典》。该法典的主要目的是搜集和整理被称为"市镇特权"的权利和法律并划定王国的领土疆界。

正月,理宗诏"绌逐非才",要求"务举实政",若"辞浮于实,玩愒岁月"者,不复用(《宋史·理宗本纪三》)。

四月壬子,广西漕臣劾贵州守臣陈鉴,迫胁考试,私取士人,坏科举法;诏再镌一秩,勒致仕。

六月癸巳,赐礼部进士张渊微以下527人及第、出身。

是年,蒙古拖雷子忽必烈受邢州封地。忽必烈以僧子聪(刘侃,后更名为刘秉忠)为谋士,礼遇理学家姚枢、窦默,召用儒者张文谦、张德辉等。诸人劝以尊孔子,用儒生,重农桑。

按:《元史·张德辉传》曰:"世祖在潜邸,召见,问曰:'孔子殁已久,今其性安在?'对曰:'圣人与天地终始,无往不在。殿下能行圣人之道,性即在是矣。'又问:'或云,辽以释废,金以儒亡,有诸?'对曰:'辽事臣未周知,金季乃所亲睹。宰执中虽用一二儒臣,余皆武弁世爵,及论军国大事,又不使预闻,大抵以儒进者三十之一,国之存亡,自有任其责者,儒何咎焉!'世祖然之。"

蒙古贵由汗赐太一道第四祖萧辅道"中和仁靖真人"号。

吴潜四月签枢密院事,五月兼权参知政事,七月罢知福州。

林畊以州学教授兼石鼓书院山长凡3年,"补葺经创",鼎新书院,并刊大字本《尚书全解》40卷。

按:林之奇的《尚书全解》大约由建安余仁仲刊行,"是在宋时坊刻中犹为善本也"(《四库全书总目提要·尚书精义提要》)。余氏又曾刊刻黄伦的《尚书精义》50卷。

马廷鸾中省试第一,进士及第,调池州教授。

李冶等人经张德辉推荐给忽必烈。

王致远将黄裳根据元丰年间天文观测结果绘制的天文星图摹刻于石碑上,全图总高八尺,宽三尺半,绘有1440颗星星。此即著名的苏州石刻天文图,为世界当代著名的天文图。

徐鹿卿九月除兼国子监祭酒。

姚希得进秘书丞,寻迁著作郎。

吕中举进士。

按:吕中字时可,泉州晋江人。历国子监丞兼崇政殿说书。著有《演易十图》、《皇朝大事记》(又称《大事记讲义》)、《治迹要略》。《四库全书总目提要》评《大事记讲义》曰:"其书卷一论三篇,卷二纪宋太祖事,卷三至卷五纪太宗事,卷六至卷七纪真宗事,卷八至卷十二纪仁宗事,卷十三纪英宗事,卷十四至十七纪神宗事,卷十八至二十纪哲宗事,卷二十一至二十二记徽宗事,卷二十三记钦宗事。事以类叙,间加论断。凡政事制度及百官贤否,具载于编。论中所议选举资格及茶盐政制诸条,颇切宋时秕政。又所载铨选之罢常参,任子之多裁汰,三司之有二司,税茶之易刍粮,皆《宋史》各志及马端临《文献通考》所未备者。又所载朋党诸人事实,及议新法诸人辩论,皆与《宋史》列传多有异同,亦足资史学之参证。前有兴国军教授刘实甫《序》,谓'水心以其师讲贯之素,发明我朝圣君贤相之心',则是书乃中平日讲论稿本,叶适等为之编次云。"

丘富国举进士。

按:丘富国字行可,建宁府建安人。尝受学于朱熹门人。宋亡不仕。著有《周易辑解》、《经世补遗》、《易学说约》等,皆发明朱子宗旨。

翁易为其师蔡元定著《蔡氏诸儒行实》。

按:翁易在文中谓朱熹的《四书集注》和《易学启蒙》,蔡元定曾参与草定。

叶隆礼著《契丹国志》27卷。

按:此书在元修《辽史》之外,为现存仅有之纪传体辽史,可补元修《辽史》之缺误。《四库全书总目提要》曰:"钱曾《读书敏求记》称其书法谨严,笔力详赡,有良史风。而苏天爵《三史质疑》则谓隆礼不及国史,其说多得于传闻,讥其失实甚多。……苏天爵所论，深中其失。钱曾盖未之详核也。"叶隆礼号渔林，嘉兴人。淳祐七年进士，官建康府西厅通判，改国子监簿。此书为奉诏撰次。

宋慈著《洗冤集录》5 卷成书刊刻。

按：是书又名《洗冤录》、《宋提刑洗冤集录》，为世界上最早的法医学著作。欧洲最早的法医学著作，是福罗突乃飞代里氏 1602 年所著的《新编法医学》4 卷，比《洗冤录》出版迟 350 年。此书的出现，在中国和世界法医学史上具有划时代的意义，自元迄清的四十余种法医学著作无不以此为蓝本，并被译成日、朝、英、法、德、荷兰等国文字。《四库全书总目提要》谓"后来检验诸书，大抵以是书为蓝本。而递相考究，互有增损，则不及后来之密也"。现宋本已不可见，今藏于北京大学图书馆的元刻本，为现存之最古版本。1980 年群众出版社出版《洗冤集录校译》本。

《天文图》、《地理图》在平江刻石。

秦九韶数学著作《数学九章》18 卷成书。

按：是书又称《数术大略》、《数学大略》，有 9 卷本和 18 卷本两种。《四库全书总目提要》曰："宋代诸儒，尚虚谈而薄实用。数虽圣门六艺之一，亦鄙之不言，即有谈数学者，亦不过推衍河洛之奇偶，于人事无关。故乐屡争而不决，历亦每变而愈舛，岂非算术不明，惟凭臆断之故欤？数百年中，惟沈括究心是事，而自《梦溪笔谈》以外，未有成书。九韶当宋末造，独崛起而明绝学。"

徐光溥著《自号录》1 卷。

李杲著《内外伤辨惑论》3 卷刊刻。

尤焴、毛佃刻《澄清堂帖》。

娑愣伽提婆卒（1210— ）。音乐理论家，著有《乐艺渊海》。

陈文蔚卒（1154— ）。文蔚字才卿，号克斋，上饶人。淳熙十一年与同里余大雅师事朱熹。庆历初，回上饶教授子弟。端平初，讲学龙山书院、袁州书院。因进所著《尚书解》，诏补迪功郎。著有《克斋集》17 卷。《宋元学案》列其入《沧州诸儒学案》。事迹见《宋史翼》卷二五、张时雨《陈克斋先生记述》（明刻本《克斋集》附）。

高定子卒（1177— ）。定子字瞻叔，号著斋，邛州蒲江人。嘉泰二年进士。累官端明殿学士，签书枢密院事，兼参知政事。以资政殿学士致仕。著有《经说》、《绍熙讲义》、《历官表奏》、《存著斋文集》、《北门类稿》、《薇垣类稿》、《著斋文集》等，皆佚。《宋元学案》列其入《鹤山学案》。事迹见《宋史》卷四〇九本传。

方大琮卒（1183— ）。大琮字德润，号铁庵、壶山，兴化军莆田人。开禧元年进士。淳祐元年知广州兼广东经略安抚使，六年迁宝章阁直学士。改知隆兴府，命下而卒。谥忠惠。著有《铁庵集》。事迹见《宋史翼》卷一五、刘克庄《铁庵方阁学墓志铭》（《后村集》卷一五一）。

邓牧（ —1306）、史蒙卿（ —1306）、畅师文（ —1317）、僧一宁（ —1317）、牟应龙（ —1324）、仇远（ —1331）、胡一桂（ —约 1333）生。

宋淳祐八年　蒙古贵由汗三年
戊申　1248年

二月，蒙古释奠孔子庙，致胙于忽必烈。忽必烈问张德辉曰："孔子庙食之礼何如？"对曰："孔子为万代王者师，有国者尊之，则严其庙貌，修其时祀。其崇与否，于圣人无所损益，但以此见时君崇儒重道之意何如耳！"世祖曰："今而后，此礼勿废。"（《元史·张德辉传》）

三月，蒙古贵由汗卒，海迷失皇后听政。

四月辛卯，诏言学校规矩久弛，今当申严。

七月丁卯，赐洪咨夔谥忠文。

是年，修葺衡州茶陵炎帝陵。

刘克庄除秘阁修撰、福建提刑，丁母忧去职。

宋慈为广州经略安抚使，知广州，后卒于任。

徐鹿卿正月除兼同修国史兼实录院同修撰。

郑清之时为太傅、右丞相兼枢密使，十一月乞归，不许。

高斯得八月迁浙东提点刑狱，劾知处州赵善瀚等倚势厉民，不报。十月改江西转运判官，斯得辞免。

阳枋十月赴绍庆教官任。

税与权著《易学启蒙小传》1卷。

按：《四库全书总目提要》曰："与权始末未详，据其《自序》，知为魏了翁门人。据书末史子翚《跋》，知其字曰巽甫。据《书路解题》载其《周礼折衷》一条，知为临邛人尔。初，朱子作《易学启蒙》，多发邵氏《先天图》义，至与袁枢论《后天易》，则谓尝以卦画纵横，反复求之，竟不得文王所以安排之意。是以畏惧不敢妄为之说。与权从魏了翁讲明邵氏诸书，于《观物篇》得《后天易上下经序卦图》。盖阐邵子之说，以补《启蒙》之未备。所谓持之有故，而执之成理者也。史子翚《跋》称因是书悟《乾》、《坤》、《纳》、《甲》之义。……皆有说可通，愈推而愈各有理，此类是矣。谓非《易》之根本则可，谓非《易》中之一义则又不可也。"有《通志堂经解》本、《四库全书》本。

罗樾编刻段昌武的《丛桂毛诗集解》30卷刊行，国子监有禁止翻刻的公告。

按：此书前有行在国子监禁止翻版公据，其曰："行在国子监据迪功郎、新赣州会昌县段维清状，维清先叔朝奉昌武，以《诗经》而两魁秋贡，以累举而擢第春官，学者咸宗师之。仰山罗史君（樾）尝遣其子侄来学，先叔以《毛氏诗》口讲指画，笔以成编，本之东莱《诗纪》，参以晦庵《诗传》，以至近世诸儒，一话一言，苟足发明，率以录焉，名曰《丛桂毛诗集解》。独罗氏得其缮本，校雠最为精密。今

日本定庶民地头诉讼法。

法王路易九世重组第七次十字军东侵，曾抵达塞浦路斯。

西班牙基督教军攻取塞维利亚。

德国科隆教堂建成。

日本藤原家良撰《万代和歌集》。

德国经院哲学家、自然科学家、神学家M·S·大阿尔伯特《自然总论》一书问世。书中论述了多种植物的性能及治疗作用，成为当时的医学教材。

其侄漕贡（檖）锓梓以广其传。维清窃惟先叔刻志穷经，平生精力，毕于此书。倘或其它书肆嗜利翻版，则必窜易首尾，增损音义，非惟以辜罗贡士锓梓之意，亦重为先叔明经之玷。今状披陈，乞备牒两浙、福建路运司备词约束，乞给据付罗贡士为照。未敢自专，伏候台旨。呈奉台判牒，仍给本监，除已备牒两浙路、福建路运司，备词约束所属书肆取责知委文状回申外，如有不遵约束违戾之人，仰执此经所属陈乞，追板劈毁，断罪施行。须至给据者，（以下别起提行）右出给公据付锣贡士（檖）收执照应。"（叶德辉《书林清话》卷二）这是运用行政手段来保护版权的最初尝试。

林表民编《赤城集》18卷。

张端义著《贵耳集》共3集3卷成书。

按：《四库全书总目提要》曰："观其三集，大抵本江湖诗派中人，而负气好议论。故引据非其所长，往往颠舛如此。然所载颇有轶闻，足资考证。其论诗、论文、论时事皆往往可取，所长固亦不可没焉。"

李冶数学著作《测海圆镜》12卷成书。

按：是书又名《测圆海镜》，主要论述勾股容圆问题，同时在论述中系统地总结和介绍了当时的最新数学成就天元术。

曾宏父著《石刻铺叙》2卷。

按：《四库全书总目提要》曰："宏父字幼卿，自称凤墅逸客，庐陵人。是书虽远引石经及秘阁诸本，而自述其所集《凤墅帖》特详。凡所征摭，皆有典则，而藏书家见者颇希。国朝初年，朱彝尊得射渎抄本，自为之跋，有珊瑚木难之喻。"

王迈卒（1184— ）。迈字实之，一作贯之，自号臞轩居士，仙游人。嘉定十年进士，调潭州观察推官，改浙西安抚司干官。官至右司郎。敢于直言强谏，被宋理宗骂为"狂生"。著有《臞轩集》20卷，今佚。《宋元学案》列其入《西山真氏学案》。事迹见《宋史》卷四二三本传、刘克庄《臞轩王少卿墓志铭》（《后村集》卷一五二）。

叶林（ —1306）、张炎（ —1320）、白珽（ —1328）、刘友益（ —1332）生。

阿拉伯伊本·阿尔·基弗提卒（1172— ）。学者、传记作家，著有《医生年表》（包括414位医学家、天文学家和哲学家的生平）等著作。

阿拉伯伊本·阿尔·巴塔尔卒（1200— ）。学者，著有《简单药物》（阿拉伯药物学的总结）。

宋淳祐九年　蒙古海迷失后元年　己酉　1249年

法塞尔塔战役，北意城市大败德意志腓特烈二世帝。

正月庚申，诏周世宗八世孙柴彦颖，特授承务郎，袭封崇义公。

六月丙寅，诏边郡各立"褒忠庙"，祀殁于王事、忠节显著之人，郡官春秋致祭。

十一月丙申，诏都省风厉中外，应今后士庶上书，其言真有益于国者，必加精采；倘涉私邪，朋奸罔上，妄肆雌黄，当严加究问。

王应麟升任从事郎。

冯去疾为江西西路提举常平茶盐司，于抚州建南湖道院，后更名为南湖书院。

吴潜八月为资政殿学士，知绍兴府、浙东安抚使；十二月同知枢密院事兼参知政事。

徐鹿卿正月除礼部侍郎。

徐清叟由礼部尚书为端明殿学士、签书枢密院事。

贾似道三月癸未为宝文阁学士、京湖安抚制置大使、知江陵府。

郑清之二月辞免太师，许之。四月己巳，疏乞骸，因奏时事十难：曰重相权，曰凝国是，曰用人才，曰足兵食，曰守法度，曰革弊蠹，曰布公道，曰去贪赃，曰理财用，曰节冗费；诏奖留之。

黎朝安在袁州，命赵希弁对晁公武《郡斋读书志》4卷本进行翻刻，赵希弁将《郡斋读书志》未收的家藏图书编为《附志》1卷，共5卷刊于袁州，简称袁本，后收入《四库全书》，流传较广。

游均根据姚应绩重编本翻刻晁公武《郡斋读书志》20卷本刊于衢州，简称衢本。

按：衢州本内容比袁州本丰富，马端临《文献通考》尚多有引用，但后世罕见传本。直到清乾隆时，瞿中溶始得旧抄本；嘉庆二十四年（1819），汪士钟得此抄本，并聘请校勘家李富孙详校，然后刊行，衢本才得以广泛流传。清末，学者王先谦将袁本与衢本加以合校并刊行，成为现行的《郡斋读书志》善本。

蔡杭刊刻《朱子语后录》于饶州。

阳枋编《武泰志》成。

陈模著《怀古录》3卷约成书于本年。

按：陈模字子宏，庐陵人。是书上卷论诗，中卷论词，下卷论文，前有宝祐乙卯（1255）苍山曾原一太初子序文一篇，谓其成书于淳祐戊申（1248）之后。

元好问编《中州集》成书，张德辉作序，真定提举赵国宝刊刻。

黄升著《绝妙词选》成书，有自序。又著《花庵词选》20卷。

按：《四库全书总目提要》曰："《花庵词选》二十卷，宋黄升撰。其书成于淳祐乙酉。前十卷曰《唐宋诸贤绝妙词选》，始于唐李白，终于北宋王昴。方外、闺秀，各为一卷附焉。后十卷曰《中兴以来绝妙词》，始于康与之，终于洪茶。升所自作词三十八首，亦附录于末。前十卷内，颇有已入南宋者，盖宣和、靖康之旧人，过江犹在者也。然后十卷内、如康与之、陈与义、叶梦得、亦皆北宋旧人，又不知其以何断限矣。观升《自序》，其意盖欲以继赵崇祚《花间集》、曾慥《乐府雅词》之后，故搜罗颇广。其中如李后主《山花子》一首，本李璟之作，《南唐书》载冯延巳之对可证，亦未免小有疏舛。然升本工词，故精于持择。自序称：'暇日裒集，得数百家。'而所录止于此数，去取亦特为谨严，非《草堂诗余》之类参杂俗格者可比。又每人名之下，各注字号、里贯，每篇题之下，亦间附评语，俱足以资考核。在宋人词选，要不失为善本也。"

方颐孙著《大学黼藻文章百段锦》成。

按：方氏取唐宋名人之文，标其作法，分17格，每格缀文数段，每段缀评语于其下，为当时科举之学。

李杲著《脾胃论》3卷成书。元好问作序,罗天益作后序。

按:本书是一部杰出的脾胃理论专著。

戴复古约卒(1167—)。复古字式之,号石屏,台州黄岩人。曾从陆游学诗,为"江湖派"代表诗人。真德秀尝欲疏荐,力辞而止。绍定中,为邵武军学教授,与郡人严粲、严羽相善。著有《石屏集》、《石屏词》。事迹见楼钥《石屏诗集序》。

陈振孙卒(1183—)。振孙初名瑗,字伯玉,号直斋,湖州安吉人。宋宁宗、理宗之际,历溧水、绍兴、鄞县教授,兴化军通判,诸王宫大小学教授。官至侍郎,以宝章阁待制致仕。藏书五万一千余卷,仿晁公武《郡斋读书志》,撰《直斋书录解题》,原本56卷,今存辑本22卷。事迹见《成化湖州府志》卷一九、《嘉靖安吉州志》卷七。

按:《直斋书录解题》原本56卷,著录图书3096种,51180卷,比《中兴馆阁书目》及《中兴馆阁续目》的总数,只少8000余卷。由此可见当时私家藏书规模之大。此书明初已散失,现在通行本乃是从《永乐大典》中辑出的。陈振孙开创了直接用"解题"二字作解题目录名称的先例。《四库全书总目提要》曰:"古书之不传于今者,得藉是以求其崖略;其传于今者,得藉是以辨其真伪,核其异同,亦考证之所必资,不可废也。"主要版本有《四库全书》本、《丛书集成初编》本、《万有文库》本;上海古籍出版社1987年出版的点校本,后附书名索引,很便于使用。

宋慈卒(1186—)。慈字惠父,建阳人。嘉定十年进士。曾历任广东、江西、湖南提刑,不仅有丰富的司法经验,而且办案态度极为谨慎。因有感于当时各州县对法医检验敷衍塞责,所委官吏"更历未深,骤然尝试",加上仵作欺伪,吏胥奸巧,使案情"虚幻变化,茫不可诘",遂博采《内恕录》等近世所传诸书,增以己见,撰成《洗冤录》一书。事迹见刘克庄《宋经略墓志铭》(《后村集》卷一五九)。

王沂孙(—1290)、刘因(—1293)、谢翱(—1295)、岳铉(—1312)、程钜夫(—1318)、胡长孺(—1324)、吴澄(—1333)生。

法国奥弗的威廉卒(1180—)。哲学家、神学家,为西方最早结合古典希腊与阿拉伯哲学研究基督教教义的学者。著有《神的学问》、《精神论》、《灵魂不灭论》。

宋淳祐十年　蒙古海迷失后二年　庚戌　1250年

二月,言者论赵葵不由科举出身,非读书人,不能为相。赵葵力辞,罢相。

七月庚辰,诏殿试改用八月十五日。

九月己巳,赐礼部进士方梦魁等513人及第、出身。改赐方梦魁为方逢辰。

十月丙午,诏曰:国家以儒立国,士习嫩恶,世道所关。端平初,增诸

德意志腓特烈二世帝暴卒,帝国随之分裂。此后,德意志皇权江河日下,教皇和贵族取得了最后的胜利。

十字军为埃及所败。

郡解额,寝漕闱牒试,正欲四方之士,安乡井,修孝悌,以厚风俗,比岁殊失初意。可令逐州于每举待补人数内分额之半,先就郡庠校以课试,取分数及格者,同待补生给据赴上庠补试。其天府一体施行(《宋史全文》卷三四)。

叶梦得任抚州守,重建陆九韶、陆九龄、陆九渊三先生祠于金溪,包恢为之记。

按:陆九韶字子美,抚州金溪人,陆九龄、陆九渊之兄。隐居不仕,与学者讲学梭山,因号梭山先生。著有《梭山日记》。《宋元学案》所列陆九韶门人有严松、徐仲诚,陆九龄门人有沈焕、袁燮、曾滂、李缨、曹建、万杰、李修己、翁延年、刘尧叟等。全祖望曰:"三陆子之学,梭山启之,复斋(陆九龄)昌之,象山(陆九渊)成之。梭山是一朴实头地人,其言皆切近有补于日用;复斋却尝从襄陵许氏入手,喜为讨论之学。《宋史》但言复斋与象山和而不同,考之包恢之言,则梭山亦然。今不尽传,其可惜也。"(《宋元学案》卷五七《梭山复斋学案》)

王致远为浙西提刑,于永嘉建永嘉书院。知州赵师𫓹于书堂巷建渊源坊,以表彰王致远建书院培育人才之功。

郝经从元好问学。

蔡杭为江东提刑,请朝廷赐鹅湖四贤堂为文宗书院。

王中立请知州叶梦得扩建槐堂书院,重建陆九龄、陆九渊祠,增置田产,延李子愿为堂长以主教事。叶梦得亲撰记,勉励来学者"无负二先生之教"。

方逢辰原名梦魁,是年中进士第一,宋理宗赐改逢辰,故字君锡。授平江签判,讲学于和靖书院。

贾似道九月甲子朔知扬州,任两淮制置大使。

赵葵十月降观文殿大学士、判潭州、湖南安抚大使。

秦九韶至鄞县投靠吴潜幕府。

按:《中国通史》第七卷第六十一章《秦九韶》说:"秦九韶恶劣的个人品行,与杰出的数学才能是不相称的。因此有人因他的数学成就而为其个人品行辩护,如清代数学家焦循在《天元一释》卷下说:'秦九韶为周密所丑诋,至于不堪,而其书亦晦而复显。密以填词小说之才,实学非其所知。即所称与吴履斋交恶,为贾相窜于梅州,力政不辍,则秦之为人亦瑰奇有用之才也。'与此同时,也有人因他的恶劣人品而贬低其数学成就,如余嘉锡《南宋算学家秦九韶事迹考》中说他'虽能治天算,多技能,不过小人之才耳,何足道哉!'对秦九韶,也有较客观地评价:'有才有学的人未必有德,我们读《数书九章》,不能不表扬秦九韶在数学方面的贡献,但是论他的为人,也应符合当时的历史实际。'"

徐鹿卿以文华阁待制致仕。

王磐为刘祁撰墓志,王恽、杨宏道有诗吊刘祁。

陈杰、萧立之成进士。

戴表元7岁,知学古文。

黄大舆是年前著《韩柳文章谱》。

按:是为最早问世的韩愈、柳宗元合谱。

德国化学家A·马格纳斯以雄黄和皂一起加热,首次单质制出砷。

德国经院哲学家、自然科学家、神学家M·S·大阿尔伯特描述金属容器充水加热之后,能将木塞抛起,还记载了4种玫瑰花。

德国科隆修道院长弗兰克约于此时创立有量记谱法,沿用至16世纪末,并著有《有量的歌唱艺术》。

德国希蒂尔德·冯·哪格德堡著低地德语的神秘幻觉书《神灵之光》。

意大利医生罗兰撰写《外科学》教本,叙述了手术的止血、镇静药用法、肠管缝合术等,反映了罗马医学的发展水平。

法国学者、神学家、多明我会会士博韦·文森特约于是年著百科全书《自然、历史、学说大鉴》,共三部分,1473年出版时增加了第四部分《伦理》。

淮南东路转运司刻印《徐积节先生文集》30 卷。

上饶郡学刻印蔡沈《朱文公订正门人蔡九峰书集传》6 卷、《书信答问》1 卷。

林表民编《天台后集别编》成。

刘祁卒(1203—)。祁字京叔,号神川遯士,应州浑源人。为太学生,有文名。举进士不第,遂回乡隐居,潜心著述。入元,曾为山西东路考试官。著有《归潜志》14 卷及《神川遯士集》等。事迹见《金史》卷一二六《刘从益传》附传。

胡柄文(—1333)、胡琪(—1322)、马致远(—约 1323)生。

法国克雷莫纳·罗兰卒,生年不详。多米尼克派。著有《关于教说集成的结论》。

德国物理学家、多米尼克派的柏拉图主义者法莱伯格·狄特里希(—1310)生。

法国诗人、音乐家、法国市民剧创始人亚当·德·拉阿尔(—约 1306)约于是年生。

宋淳祐十一年　蒙古蒙哥汗元年　辛亥　1251 年

二曰乙未,左丞相郑清之等上光宗、宁宗《宝训》、《皇帝玉牒》、《日录》、《会要》。

六月,蒙古拖雷子蒙哥正式即位为大汗,是为元宪宗。

乙卯,诏访求民间遗书。山林之士有著述者,许上进。

七月,蒙哥使皇弟忽必烈总治漠南,开府于金莲川。

癸未,宋理宗谓辅臣曰:"去岁罢京学类申,欲令四方之士,各归乡校,以课试理校定,稍复乡举里选之意。近览土著士人投匦之书,谓犹有未还乡井者。科举在近,可令临安守臣晓谕士子,早还本乡。所有土著人,自依此制行岁校之法;其游士出学年久,不能赴乡举者,与赴浙漕试,令行考校,仍取待补以示优恤。"(《续资治通鉴》卷一七三)

八月,诏以故直龙图阁楼昉所著《中兴小传》百篇、《宋十朝纲目》并《撮要》二书,付史馆誊写,楼昉追赠龙图阁待制。

按:楼昉与叶邽、楼昹、葛洪、乔行简、李诚之、王介、乔梦符、王瀚、汪大度、时澜、戚如琥、王洽、石范、朱质、叶秀发、潘景宪等 60 多人创立的学派,称丽泽学派,或称丽泽诸儒学派。此派代表人物都是东莱学派吕祖谦的门人,二程四传弟子。他们以捍卫师门、传播师说为宗旨。一传数传弟子甚多,著名者有叶荣发、徐侨、李壁、李埴、郑清之、王扬、王应麟、王应凤、赵范、赵葵、王埜、王柏等。王梓材曰:"东莱学派二支最盛,一自徐文清(徐侨)再传而至黄文献、王忠义,一自王文宪(王柏)再传而至柳文肃、宋文宪,皆兼朱学,为有明开一代学绪之盛。"(《宋元学案》卷七三《丽泽诸儒学案》)

十月丁巳朔,侍御史陈垓言:"朱熹近世大儒,有功斯道。曾任浙东常平使者,适值旱歉,讲荒政,立义仓,流风善政,逮今未泯。帅臣马天骥,规创书堂,请广其未备,招延名儒,以重教育。"从之(《续资治通鉴》卷一七三)。

德王康拉德四世放弃德意志,转任西西里国王。

葡萄牙攻占穆斯林治下之阿尔加维。

意大利律培克教堂建成。

立陶宛大公明多夫格约于此时受洗皈依天主教。

十一月，蒙古以西域竺乾国僧那摩为国师，总天下释教。

蒙古主召西夏人高智耀入见。高智耀言："儒者所学，尧、舜、禹、汤、文、武之道。自古有国家者，用之则治，不用则否。养成其材，将以资其用也，宜蠲免徭役以教育之。"蒙古主问："儒家何如巫、医？"高智耀对曰："儒以纲常治天下，岂方技所得比？"于是诏复海内儒士徭役，无有所与（《元史·高智耀传》）。

吴潜三月由绍兴府入为参知政事，拜右丞相兼枢密使。

刘克庄服丧期满入朝，以秘书监兼太常少卿、兼直学士院；五月兼崇政殿说书，六月兼史馆同修撰，十月除起居舍人。

胡崇在明道书院讲《大学》。

史季温时为福建转运使，重建考亭书院内之燕居庙。

牟子才被召还朝，旋命兼崇政殿说书。

徐清叟为参知政事兼同知枢密院事。

董槐由知福州升为端明殿学士、签书枢密院事。

张即之书杜诗。

林光世以《易》学召赴阙，充秘书省检校文字。

全真教李志常等十月被蒙古主蒙哥召见，受命掌理天下道教事务。李志常派"金波王先生"、"道士温的罕"将《老子八十一化图》一书广为散发，于是引起释道大辩论。

朱申著《周礼句解》12卷成。

按：《四库全书总目提要》曰："虽循文诂义，无大发明，而较之窜乱古《经》、横生新义者，犹不失谨严之义。惟《序官》乃《经》文之纲领，申以其无假诠释，遂削而不载，颇乖体要，是则因陋就简之失矣。"

包恢三月著《三陆先生祠堂记》，肯定陆九渊等三陆之学。

李心传所著《道命录》刻梓于九江。

项公泽、凌万顷、边实著《淳祐玉峰志》3卷。

郑清之等四月进《淳祐条法事类》430卷。

谢显道、彭耜编《海琼白真人语录》4卷，彭耜作跋。

按：是书又名《海琼白真君语录》，是道士白玉蟾的语录、诗词、歌赋、杂文之总集。同时，洪知常亦编有《海琼问道集》1卷，留元长有《海琼问道集序》。

全真教教徒令狐獐、史志经等是年前后著成《老子八十一化图》。

道士尹志平卒（1169— ）。志平字大和，号清和子，世称清和真人，莱州人。先后师事马钰、丘处机、郝大通，兼有数人之长，继丘处机主全真教，令宋德方等修《道藏》，以示全真教继道教之正统。修缮道宫，进讲道性，使道教之风得以盛行。后传衣钵于李志常。著有《葆光集》3卷、《北游语录》4卷。事迹见《清和妙道广化真人尹宗师碑铭》（《甘水仙源录》卷三）。

日本藤原为家撰《续后撰和歌集》。

西班牙模仿印度寓言而成的寓言诗《卡里米和迪木乃》问世。

郑清之卒(1176—)。清之字德源,初名燮,字文叔,别号安晚,鄞县人。少从楼昉学,得楼钥称赏。嘉定十年进士。官至左丞相。谥忠定。著有《安晚集》60卷,今存卷六至卷一二。《宋元学案》列其入《丽泽诸儒学案》。事迹见《宋史》卷四一四本传、刘克庄《丞相忠定郑公行状》(《后村集》卷一七〇)。

谢采伯卒(1179—)。采伯字符若,临海人。嘉泰二年进士。曾知广德军、湖州、严州。著有《密斋笔记》5卷、《续记》1卷,原本佚,清四库馆臣自《永乐大典》中辑出,凡五万余言。事迹见《淳熙严州图经》卷一、《嘉定赤城志》卷三三。

李杲卒(1180—)。杲字明之,号东垣老人,真定人。与刘完素、张从正、朱震亨并称"金元四大家",后人称温补派。著有《用药法象》、《内外伤辨惑论》、《兰室秘藏》6卷、《伤寒会要》、《医学发明》等。事迹见《元史》卷二〇三本传。

按:"金元四大家"是指金元时期刘完素、张从正、李杲、朱震亨四位著名的医学家。在学术上,他们各有特点,代表了四个不同学派。刘完素主张"火热致病",善用寒凉药物,故称作"主火学派"或"寒凉学派";张从正主张"病由邪生",善用"汗"、"吐"、"下"攻邪法,故称作"攻下学派";李杲主张"内伤脾胃,百病由生",善用"益气升阳",故称作"脾胃学派"或"补土学派";朱震亨主张"阳有余阴不足论"和"相火论",善用养阴降火,故称作"养阴学派"。

程公许卒(1181—)。公许字季与,一字希颖,号沧州,叙州宣化人。嘉定四年进士,为华阳尉,调绵州教授。历任秘书丞、著作佐郎、国史编修、实录检讨、起居舍人、中书舍人等。著有《金华讲义》、《奉常拟谥》、《进故事》、《掖垣缴奏》等,皆佚。事迹见《宋史》卷四一五本传。

萨班·贡噶坚赞卒(1182—)。萨班原名贝丹敦珠,萨迦派创始人衮乔杰波之孙,萨迦派四祖。蒙古乃马真后三年曾应成吉思汗之孙阔端邀请赴凉州弘法,为西藏统一于中国版图作出了重要贡献。所著《正理藏论》为藏传因明的代表作之一。另著有《萨迦格言》。

徐鹿卿卒(1189—)。鹿卿字德夫,号泉谷樵友,隆兴丰城人。嘉定十六年进士,调南安军学教授,复申理义之学。入为枢密院编修官。时方大琮、刘克庄、王迈以言事黜,鹿卿赠以诗,遭言者弹劾。太学生作《四贤诗》赞之。卒谥清正。著有《泉谷文集》、《盐楮议政稿》、《历官对越集》,手编《汉唐文类》、《文苑菁华》,均佚。明万历中裔孙徐鉴辑为《清正存稿》6卷。事迹见《宋史》卷四二四本传、刘克庄《待制徐侍郎神道碑》(《后村集》卷一四四)。徐鉴编有《宋宗伯徐清正公年谱》。

按:《宋史》本传曰:徐鹿卿为南安军学教授时,因"张九成尝以直道谪居,鹿卿摭其言行,刻诸学以训。先是周敦颐、程颢与其弟颐皆讲学是邦,鹿卿申其教,由是理义之学复明"。

邹次陈(—1324)、程直方(—1325)生。

宋淳祐十二年　蒙古蒙哥汗二年　壬子　1252年

四月，蒙哥汗迁窝阔台子孙诸王往各边，赐海迷失后死，幽禁曾被海迷失后与诸王议立为帝的失烈门。

六月戊辰，宋理宗谕辅臣曰："迩年科举取士，鲜得实学。士风人才，关系气数，何策以救之？"吴潜请于省试额中辍一二十名，令有司公举海内行义文学之士，庶尚存乡举里选微意。曩时朱熹、真德秀亦有此请（《续资治通鉴》卷一七三）。

癸酉，帝曰："近日学校之士，本起于至微，不谓其相激乃尔。若纷纷不已，恐非美证。"先是三学诸生扣阍言临安尹余晦，相率出学，帝令学官勉入斋，故因辅臣奏事复及之。晦为天锡从子，以天锡旧恩见擢用（《续资治通鉴》卷一七三）。

八月丁丑，宋太史奏谭玉制新历成，赐名《会天历》，下诏颁行。

己未，诏明年省试仍用二月一日，以四月殿试。

按：先是淳祐九年，台臣陈垓奏省试用三月，殿试八月，远方之士留滞逆旅，至是复旧。

九月壬午，宋诏改明年为宝祐元年。

萧泰来十一月庚寅论吴潜奸诈十罪，如王安石而又过之，吴潜罢相。

王应麟差浙西提举常平茶盐司，其父王撝卒。

刘克庄正月除右文殿修撰，知建宁府；二月兼福建转运副使。因言事峻切，被劾免职。

徐霖时为右司郎中，言谏议大夫叶大有阴柔奸黠，不宜久长台谏。帝不悦，出知抚州。

按：徐霖字景说，西安人。汤巾门人。全祖望《序三汤学统源流札子》曰："晦静（汤巾）之学，传者其一为东涧（汤汉），其一为三衢。徐公径畈，当咸、淳之际，开讲尤大有名，而《宋史》本传亦不详其师友。大抵《宋史》排陆学，凡为陆学者，皆不详。故虚谷（黄翔凤）之力诋径畈，虽不足信，然非《虚谷集》亦莫知其所自出也。"（《宋元学案》卷八四《存斋晦静息庵学案》。）

高斯得因监察御史萧泰来弹劾，被罢官。

叶大有上疏弹劾赵汝腾，牟子才上疏为赵汝腾申辩，大有罢言职。

元好问与张雄飞北上见忽必烈，请其保护儒生。忽必烈接受他们奉上的"儒教大宗师"尊号，特准免除儒户兵赋。

徐清叟除参知政事。

董槐同知枢密院事。

佛罗伦萨始铸金币佛罗林，此后成为西欧通用货币。

魏克愚三月知徽州,方回以诗投之,遂入魏幕。

周密为义乌令。

林光世为常州教授。

汤汉充国史实录院检勘。因两上封事,授太学博士,迁秘书郎。

叶采著《近思录集解》成书刊行。

按：《近思录》为朱熹与吕祖谦合编,是学习道学的入门书。叶采在《序》中也称此书为"四子、六经之阶梯"。《四库全书总目提要》曰："其《集解》则朱子殁后叶采所补作。淳熙十二年,采官朝奉郎,监登闻鼓院,兼景献府教授时,尝赍进于朝。前有《进表》及《自序》。采字仲圭,号平岩,建安人。其《序》谓悉本朱子旧注,参以《升堂记闻》及诸儒辨论,有略阙者,乃出臆说。又举其大旨,著于各卷之下,凡阅三十年而后成云。"

王佖刊刻《朱子语类》于徽州。

阳枋编《文公进学善言》成。

施谔著《淳祐临安志》10卷成书。

祝穆著《古今事文类聚》237卷约成于本年前后。

宋湖州思溪资福禅院雕刻《大藏经》本年完工,共收佛经1459部,简称《思溪本》。

元好问著《续夷坚志》4卷约成书于本年左右。

按：是书记事上起宋仁宗时期,下讫蒙古宪宗蒙哥元年(1251),书名承洪迈《夷坚志》而来,但写作目的与洪迈不同。荣誉在《续夷坚志序》中说:金元好问先生"初尝以国史为己任,不幸未与纂修,乃筑野史亭于家,采撷故君臣遗言往行,以自论撰。为藏山传人计,又以其余绪作为此书。其名虽续洪氏,而所记皆中原陆沉时事,耳闻目见,纤细毕录。可使善者劝而恶者惩,非齐谐志怪比也"。

罗大经著《鹤林玉露》16卷成书。

按：是书一作18卷,为宋代著名笔记。《四库全书总目提要》曰："其书体例在诗话、语录之间,详于议论而略于考证。所引多朱子、张栻、真德秀、魏了翁、杨万里语,而又兼推陆九渊。极称欧阳修、苏轼之文,而又谓司马光《资治通鉴》且为虚费精力,何况吕祖谦《文鉴》。既引张栻之说谓词科不可习,又引真德秀之说谓词科当习。大抵本文章之士而兼慕道学之名,故每持两端,不能归一。然要其大旨,固不谬于圣贤也。陈耀文《学林就正》讥其载冯京《偷狗赋》乃挹撷滕元发事,伪托于京,今检侯鲭录所载滕赋,信然。盖是书多因事抒论,不甚以记事为主。偶据传闻,不复考核,其疏漏固不足异耳。"

王遂淳祐间著《重修武夷书院记》。

姚勉著《西涧书院换新梁文》。

刘渊编《壬子新刊礼部韵略》成书。

僧普济编《五灯会元》20卷成书。

按：本书是禅宗列传的集大成之作。普济将法眼宗道原的《景德传灯录》、临济宗李遵勖的《天圣广灯录》、云门宗惟白的《建中靖国续灯录》、临济宗悟明的《联灯会要》、云门宗正受的《嘉泰普灯录》删繁就简,合五为一,编成《五灯会元》20卷。此五种灯录,分别于北宋景德元年至南宋嘉泰二年的近二百年间成书。《四库全书总目

日本《保元物语》、《平治物语》约于此间成书。

意大利神学家、经院哲学家、巴黎大学博士托马斯·阿奎那是年始著《论存在与本质》。

西班牙国王阿方索十世召集许多阿拉伯和犹太天文学家编写《阿方索天文表》。

提要》谓"是书删撰精英,去其冗杂,叙录较为简要,其考论宗系,分篇胪列。于释氏之源流本末,指掌了然。固可与僧宝诸传同资释门之典故,非诸方语录掉弄口舌者比也"。版本在南宋灭亡时为元兵所毁,会稽韩庄节与大尉康里重刻。明净柱撰有《五灯会元续略》8卷,道容撰有《五灯严统》25卷,文琇撰有《五灯会元补遗》1卷等。1984年中华书局出版苏渊雷点校本。

孔元措约卒(1182—)。元措字梦得,孔子五十一代孙。金章宗明昌二年袭父衍圣公爵,补文林郎。历官中议大夫、曲阜县令等。迁光禄大夫、太常卿。著有《孔氏祖庭广记》12卷,是研究宋元时期及其以前孔氏一家情况的重要参考资料。事迹见《金史》卷一〇五《孔璠传》附传。

王撝卒(1184—)。撝字谦父,鄞县人。博学耿介,为楼钥高弟。登嘉定十六年进士第。历安吉丞、国子正、将作监主簿,通判婺州。迁吏部郎中兼崇政殿说书。参与修撰《四朝国史》。后直秘阁,知温州。著有《舆服志》6卷。有子应麟、应凤。事迹见《延祐四明志》卷四。

欧阳龙(—1308)、张仲寿(—约1323)、王炎午(—1324)、韩信同(—1332)、王约(—1333)、陈栎(—1334)、董守简(—1346)生。

乔万尼·达·皮安·卡波尼卒(1180—)。旅行家,方济各会修士。曾奉罗马教皇之谴,率欧洲第一个天主教使团经陆路行赴蒙古访问,著有《蒙古人和鞑靼人史》。

宋理宗宝祐元年　蒙古蒙哥汗三年　癸丑　1253年

正月,忽必烈闻陵川郝经馆于张柔家,博学多闻,乃召见,问以治国经邦之道。郝经条陈数十事,忽必烈遂留郝经于府。

二月壬子,诏臣僚久在迁谪者,合自便,惟误国殄民者弗赦。

四月甲寅,申严廷试挟书之禁。

五月己亥,赐礼部进士姚勉以下及第、出身。

六月,蒙古军第三次西征开始,以蒙哥汗弟旭烈兀为帅,至1260年结束,西南亚部分人民迁入中原。

按:此后,广大西域地区处于蒙古统辖之下,东西方交通空前畅通,西域人以经商、任官、传教来中原者渐多。

八月乙丑,诏铸宝祐新钱,以"皇宋元宝"为文。

十二月,蒙古忽必烈军入云南大理,以刘时中为云南宣抚使。

文天祥在庐陵县学肄业,参加考试,成绩名列第一。曾发誓以欧阳修、杨邦乂、胡铨、周必大、杨万里诸乡贤为榜样,立志报效国家。

金履祥始受业于王柏。

马廷鸾召赴都堂审察,辞。朱熹曾孙朱浚尝从廷鸾学。

姚勉以词赋擢第,廷对万言策第一。上疏请以让其师乐雷发,理宗诏

大越(陈朝)立国子院、讲武堂。

日本定新制十八条,定奴婢杂法。

亲试，对选举八事，赐乐雷发特科第一人。

方逢辰召为正字。

危昭德、程元岳同举进士。

杨文仲举进士，调复州学教授。

时少章举进士，初授丽水簿，以荐改婺州教授兼丽泽书院山长。未几改南康军教授兼白鹿书院山长。

按：时少章字天彝，号所性，婺州人。师事吕祖谦。著有《易》、《诗》、《书》、《论语》、《孟子》大义六十余卷，皆佚。

胡仲云举进士。

按：胡仲云字从甫，筠州高安人。官至枢密院编修。著有《六经蠡测》、《周易见一》、《四书管窥》、《历代遗论》、《宋朝政论》等。

张即之书《金刚经》。

李心传《建炎以来系年要录》200卷在扬州刊行。

按：李心传此书因卷帙颇大，流传不便，元末修《宋史》时已不能访到。

杨仲良以李焘《续资治通鉴长编》为本，撰成《续资治通鉴长编纪事本末》150卷。

僧祖咏编《大慧普觉禅师年谱》1卷刊行。

严用和著《济生方》10卷成书。

陈景沂著《全芳备祖》58卷成书。

按：是书为我国现存最早的植物类书，被誉为世界上最早的植物学辞典。《四库全书总目提要》曰："《全芳备祖前集》二十七卷、《后集》三十一卷，宋陈景沂撰。景沂号肥遯，天台人。仕履未详。是书前有宝祐元年韩境《序》。据《序》所言，此书于理宗时尝进于朝，其事亦无可考。凡《前集》二十七卷，所记皆花；《后集》第一卷至八卷为果部，十卷至十二卷为卉部，十三卷为草部，十四卷至十九卷为木部，二十卷至二十二卷为农桑部，二十三卷至二十七卷为蔬部，二十八卷至三十一卷为药部。其例每一物分事实祖、赋咏祖二类，盖仿《艺文类聚》之体。事实祖中分碎录、纪要、杂著三子目。赋咏祖中分五言散句、七言散句、五言散联、七言散联、五言古诗、七言古诗、五言八句、七言八句、五言绝句、七言绝句十子目，则条理较详。明王象晋《群芳谱》即以是书为蓝本也。虽唐以前事实、赋咏纪录寥寥，北宋以后则特为赅备，而南宋尤详，多有书不载，及其本集已佚者，皆可以资考证焉。"

王塈著《明道书院御书记》。

僧普济卒（1179— ）。普济字大川，俗姓张，四明奉化人。临济宗杨岐派僧人。嗣法于径山如琰。嘉定十年，住持妙胜禅院。寻又历住岳林大中寺、大慈报国寺、临安净慈光孝寺，最后住景德灵隐寺。著有《五灯会元》20卷、《灵隐大川济禅师语录》1卷。事迹见大观《灵隐大川禅师行状》（《灵隐大川济禅师语录》附）。

余玠卒（1198— ）。玠字义夫，号樵隐，衢州开化人。嘉定间游学白鹿书院，与陶桂一从黄榦游。绍定三年，率义军与金人转战淮安、兴化，补官武校尉。官终四川安抚制置大使。事迹见《宋史》卷四一六本传。今人

意大利神学家、经院哲学家、巴黎大学博士托马斯·阿奎那著《伦巴第教说集成注疏》，完成于1252年。

英国罗伯特·格罗斯泰斯特卒（1175— ）。学者、牛津大学校长。将古希腊、阿拉伯哲学与科学著作译介至西欧。著有《天球论》、《光学》、《万象的唯一形式》、《可能与现实》、《真理论》、《自由意志论》；译有亚里士多德《伦理学》等。

日本道元卒（1200— ）。佛僧，于1223年入宋习法，归国弘教，开创日本曹洞宗。著《正法眼藏》、《永平

王晓波编有《余玠年谱》。

任士林（ —1309）、熊禾（ —1312）、王炎泽（ —1332）、僧行端（ —1341）生。

广录》、《永平清规》、《学道用心集》，在日本哲学史上颇具地位。

宋宝祐二年　　蒙古蒙哥汗四年　　甲寅　　1254年

二月甲辰朔，太常厘正秦桧谥，宋理宗因谕辅臣曰："谥'缪很'可也。"（《续资治通鉴》卷一七四）

七月，蒙古兀良合台进至押赤城，擒大理国主段智兴，大理国亡。

八月癸巳，谢方属等上《七朝经武要略》、《中兴四朝志传》、《理宗玉牒》、《日历》、《会要》。

十月庚午朔，谢方属等进《宝祐编类吏部七司续降条令》。

十二月己巳朔，殿中侍御史吴燧言，州县财赋、版籍不明，经界亦中辍，请令州郡下属县排定保甲，以行自实法。令先于两浙、江东、西、湖南州军施行。

是年，元宪宗赐大道教改名"真大道"。

蒙古征高丽，掳众二十余万，多被迁入中国。

按：《续资治通鉴》卷一七四曰："蒙古皇弟呼必赉征河内许衡为京兆提学。衡从姚枢，得程颐、朱熹之书，慨然以道自任，尝语人曰：'纲常不可亡于天下，苟在上者无以任之，则在下之任也。'凡丧祭嫁娶，必征于礼，以倡其乡，学者浸盛。是时秦人新脱于兵，欲学无师，闻衡来，人人莫不喜幸，于是郡县皆建学。"

魏了翁子魏克愚为徽州郡守，重修紫阳书院。又改知温州，刻其父魏了翁遗稿，曰《魏了翁大全集》，令方回监刻。

李觏景祐、宝元间在江西南城讲学，是年郡守杨镇设"兴文堂"以祀李觏。

廉希宪奉忽必烈之命宣抚关西，下令释放被俘儒士，编入儒籍。

秦九韶为沿江制置司参议官。

许衡为京兆提学。

按：《续资治通鉴》卷一七四曰："蒙古皇弟呼必赉征河内许衡为京兆提学。衡从姚枢，得程颐、朱熹之书，慨然以道自任，尝语人曰：'纲常不可亡于天下，苟在上者无以任之，则在下之任也。'凡丧祭嫁娶，必征于礼，以倡其乡，学者浸盛。是时秦人新脱于兵，欲学无师，闻衡来，人人莫不喜幸，于是郡县皆建学。"

李性传依旧职提举万寿观兼侍读，以观文殿学士致仕。

包恢闰六月提点浙西刑狱，招捕获浦起义盐民。七月进直龙图阁。

王恽与元好问会于西山。

德王康拉德四世卒，霍亨斯陶芬王朝终。此后帝国群雄并起，争斗不止，帝位虚悬，史称"大空位时期"。

第七次十字军东侵终结。

西班牙塞维利亚大学约于此时建成。

马廷鸾调主管户部架阁。

刘尧刚为知州,将归善县聚贤堂改建为丰湖书院,堂祀孔子,别建十二先生祠于堂后。

吴燧为提刑,奏请朝廷,宋理宗为曲江县濂溪书院赐额"相江书院"。杨大异著《相江书院记》。

方逢辰任校书郎,因直言极谏遭忌,辞官杜门著述。

按:方逢辰"所著有《孝经解》一卷,《易外传》、《尚书释传》、《中庸大学注释》若干卷,《格物入门》一卷,《蛟峰集》六卷。先生之学,以格物为穷理之本,以笃行为修己之实,终身顾未尝有师承,盖淳安之学,皆宗陆氏,而先生独为别派也(梓材案:先生为奉直长子,自承家学,别无他师,故云尔)"(《宋元学案》卷八二《北山四先生学案》)。

王埜拜端明殿学士签书枢密院事,封吴郡侯,与宰相不合罢,主管洞霄宫。

朱貔孙在明道书院讲《周礼》。

天主教方济各会教士鲁布鲁克奉法兰西国王路易九世之命,携带国王御札,到达和林谒见蒙哥,欲在蒙古传教。

按:鲁布鲁克于1253年5月7日从君士坦丁出发,12月27日到达和林。次年1月4日,蒙哥接见之;5月24日,又召见,以蒙古文复法王国书,托他带回。8月离和林。归后,撰游记奉法王。此游记后以《鲁布鲁克的东行纪》之名出版,中华书局1985年出版有中译本。

日本橘成季撰《古今著闻集》。

陈文中撰《小儿病源方论》4卷成书。

赵孟坚著《自书诗卷》。

意大利探险家马可·波罗(—1324)生。

段克己卒(1196—)。克己字复之,号遯庵,绛州稷山人。金代文学家。后人汇集他与其兄段成己诗词为《二妙集》。

道士冯志亨卒(1180—)。志亨字伯通,号寂照,同州冯翊人。师从丘处机。曾辅助尹志平、李志常袭掌全真教,为教门都道录。

赵孟頫(—1322)、马端临(—1340)、徐瑞(—1324)、任仁发(—1327)、同恕(—1331)生。

宋宝祐三年　蒙古蒙哥汗五年　乙卯　1255年

二月乙亥,给事中王埜谓:"国家与蒙古本无深仇,而兵连祸结,皆源于入洛之师,轻启兵端。二三狂徒如赵楷、全子才、刘子澄辈,浅率寡谋,遂致只轮不返。全子才诞妄惨毒,乃援刘子澄例,自陈改正。宜寝二人之命,罢其祠禄,以为丧师误国之戒。"从之(《续资治通鉴》卷一七四)。

按：时人持此论者颇多。

庚辰,诏宗正少卿岁举宗学官选人一员。

五月甲辰,以监司、州郡辟书冗滥,申严禁止。

七月,释、道两派在元宪宗面前展开小辩论,道教败诉,烧毁伪经经板,退还佛寺37处。

按：少林长老福裕认为道教徒所编《老子八十一化图》一书对佛门有所谤讪,遂将其书呈送给蒙古亲王阿里不哥,力陈其伪妄。阿里不哥支持福裕,并把此事呈奏皇帝,于是蒙哥可汗决定举行释道辩论。辩论双方是全真教主李志常和少林长老福裕,基督徒、伊斯兰教徒、佛僧各一做裁判。辩论的结果,道教方面失利。

文天祥与弟文璧一起考中吉州贡士,取得进士考试资格。

马廷鸾迁太学录,召试馆职,因试策言强君德,重相权,收直臣,防近习等,忤董宋臣、丁大全,名重一时。迁秘书省正字。

王应麟调任扬州州学教授。

江万里聘欧阳守道为白鹭洲书院山长,守道时年34岁。

王埜六月罢签书枢密院事。

董宋臣干办祐圣观,逢迎帝意,起梅堂、芙蓉阁、香兰亭,豪夺民田,招权纳贿,人以"董阎罗"目之。

吴渊为观文殿学士、京湖制置大使、知江陵府。

洪天锡请严君子小人之辨。

赵汝腾除翰林学士、知制诰兼侍读。

丁大全由枢密院编修镇江为右司谏。

董槐八月为右丞相兼枢密使,程元凤为签书枢密院事兼权参知政事,蔡杭为端明殿学士、同签书枢密院事。

徐清叟为资政殿大学士,提举玉隆万寿宫。

陈郁、陈世崇父子在临安结诗社,参加者有吴石翁、杜汝能、刘彦朝、钱舜选、吕三余、柳桂孙、俞菊窗、黄力叙、张彝、周济川、吴大有等人。

赵汝训在明道书院讲《大学》。

张即之书"佛遗教经"。

郑性之卒(1172—　)。性之初名自诚,字信之,号毅斋,侯官人。师从朱熹。嘉定元年进士第一,签书平江军节度判官厅公事。历任秘书省正字、校书郎、著作佐郎、起居舍人等,官至参知政事。谥文定。著有对策、奏议、诗文等,已佚。事迹见《宋史》卷四一九本传。

杨奂卒(1186—　)。奂字焕然,陕西奉天人。金末应试不中,隐居为教授,学者称紫阳先生。蒙古窝阔台汗十年,参与戊戌选试,赋论第一,由耶律楚材荐,为河南路征收课税所长官兼廉访使。高才博学,留心经学,是金、元时期重要的理学家。谥文宪。著有《还山前集》81卷、《还山后集》20卷、《天兴近鉴》30卷、《韩子》10卷、《概言》25篇、《砚纂》8卷、《北

日本亲鸾著《三经往生文类》。

英国哲学家、科学家罗吉尔·培根著《炼金术反射镜》,亦称《炼金术原理》。模糊地描述了制造"哲人之石"和金属转变的操作方法,是试验化学的先导。

法国阿穆尔·圣威廉著《假基督及其臣宰》。指出多明我会的出现表明假基督主宰世界的大灾难时期即将到来。

西班牙彼得著《逻辑大全》一书,初步研究了非范畴词,并提出词项指代理论,是中世纪流传最广、影响最大的逻辑专著。

见记》3卷、《正统书》60卷。今仅存《还山遗稿》上下2卷。《宋元学案》列其入《鲁斋学案》。事迹见《元史》卷一五三本传、元好问《杨奂神道碑》(《还山遗稿》附录)。

按:《元史》本传曰:"奂博览强记,作文务去陈言,以蹈袭古人为耻。朝廷诸老,皆折行辈与之交。关中虽号多士,名未有出奂右者。奂不治生产,家无十金之业,而喜周人之急,虽力不赡,犹勉强为之。人有片善,则委曲称奖,唯恐其名不闻;或小过失,必尽言劝止,不计其怨也。所著有《还山集》六十卷、《天兴近鉴》三卷、《正统书》六十卷,行于世。"《四库全书总目提要》评《还山遗稿》曰:"奂诗文皆光明俊伟,有中原文献之遗,非南宋江湖诸人气含蔬笋者可及。其《汴故宫记》,述北宋大内遗迹。《与姚公茂书》,论朱子家礼神主之式,举所见唐杜衍家庙及汴京宋太庙为证。《东游记》,述孔林古迹尤悉。皆可以备文献之征也。陶宗仪《辍耕录》称,奂尝读《通鉴》,至论汉、魏正闰,大不平之。遂修《汉书》,驳正其事。因作诗云:'风烟惨澹控三巴,汉烬将燃蜀妇髽。欲起温公问书法,武侯入寇寇谁家?'后攻宋军回,始见《通鉴纲目》,其书乃寝云云。是郝经以外,又有斯人,亦具是卓识矣。"

陈义高(　—1299)、不忽木(　—1300)、李孟(　—1321)、曹伯启(　—1333)生。

宋宝祐四年　蒙古蒙哥汗六年　丙辰　1256年

罗马教皇亚历山大第四始创天主教托钵修会奥斯定会。

正月辛亥,宋理宗谕辅臣曰:试阁职止两名,立为定格,非武举前名,更不召试。

三月丙辰,御制《字民训》,引见改官人,令阁门宣示,仍批于印历之首。

五月甲午,孔子五十世孙孔元龙授初品官。

甲寅,赐礼部进士文天祥等569人及第、出身。考官太常博士王应麟得文天祥卷,奏曰:"是卷古谊若龟镜,忠肝如铁石,臣敢为得人贺。"(《续资治通鉴》卷一七四)

七月,太学诸生陈宜中、黄镛、林则祖、曾唯、刘黻、陈宗6人上书攻丁大全,号"六君子",十一月均被拘管江西、湖南州军。

十一月,诏开国以来勋臣之裔,有能世济其美不能世济其禄者,所在州军体访以闻。

是年,宋命在朝之臣,除宰执、侍从、台谏外,自卿监、郎官以下至厘务官,各具《三代宗支图》三本,结立罪状,申尚书省、御史台及礼部,所属各置簿籍,存留照应。遇子孙登科、发解、入学、奏补事故,并具申入凿。后由外任登朝,亦于供职日后,具图籍如上法。

宋宝祐四年　蒙古蒙哥汗六年　丙辰　1256年

　　黄震、谢枋得、陆秀夫、舒岳祥、柴随亨、柴元亨、陈著、陈经国、何梦桂、王应凤同登进士第，文天祥为状元。

　　文天祥父文仪五月客死临安，文天祥护送灵柩归故里，在家守孝服丧。

　　王应麟中博学鸿词科；五月为集英殿策士复考检点试卷官，取文天祥为第一名；迁主管三省枢密院架阁文字。

　　陆秀夫中二甲第二十七名进士，并受学官王应麟赏识。

　　胡三省进士及第，授泰和尉，因亲老未就，改任慈溪尉。

　　按：是年始搜集资料，仿《经典释文》之体，撰《资治通鉴广注》。至元代至元二十一年（1284）成书97卷。

　　刘黼因忤丁大全，送南安军安置。至南安，尽取濂（周敦颐）、洛（程颢、程颐）诸子之书，摘其精切之语，辑成书10卷，名曰《濂洛论语》。

　　马廷鸾为史馆校勘。旋因轮对忤丁大全，被劾罢归。

　　尤焴提举史事，辟马廷鸾为史馆校勘。

　　贾似道、程元凤四月为参知政事。

　　蔡杭拜参知政事，以劾丁大全，落职予祠。

　　程元凤八月陈正心、待臣、进贤、爱民、备边、守法、谨微、审令八事。

　　何时中进士，授庐陵县尉，改兴国知县。

　　姚燧始受学于许衡。

　　潘骧在明道书院讲《周易》。

　　董楷登进士第，官至吏部郎中。

　　黄岩孙举进士，授仙游尉。

　　吴子良以忤史嵩之罢官。

　　李志常等全真教教徒四月由和林返回燕京，当时权主全真教事务的张志敬不仅没有按照蒙古可汗的旨意将所侵占的寺院归还佛门，而且还不断上书朝廷，进行申辩。

　　法国阿穆尔·圣威廉与巴黎大学部分教师联合发表《论当前危险》，激烈抨击各托钵修会。

　　卡斯提尔国王智者阿尔丰沙十世观测天文时使用蜡烛记时器、水银记时器和滴漏记时器。

　　毛晃增注《礼部韵略》5卷由秀岩山堂刊刻。

　　按：《四库全书总目提要》曰：其书"辨正训诂，考正点画，亦颇有资于小学。故后来字书韵书多所征引，而《洪武正韵》之注，据是书者尤多焉"。此书刊行后，享誉一时，其注释为刘渊《壬子新刊礼部韵略》和明代《洪武正韵》所取资。今有日本翻元刻本及《四库全书》本。

　　谢维新、虞载编《古今合璧事类备要》366卷成书。

　　按：《四库全书总目提要》曰："《古今合璧事类备要前集》六十九卷、《后集》八十一卷、《续集》五十六卷、《别集》九十四卷、《外集》六十六卷，宋谢维新编。维新字去咎，建安人。其始末未详。自署曰胶庠进士，盖太学生也。是书成于宝祐丁巳，前有维新《自序》，后有莆田守黄叔度《跋》，称维新应友刘德亨之托，盖当时坊本。总目后又有《跋》云：'昨刻《古今备要》四集，盛行于世。但门目未备，再刻外集'云云。不署名氏，当即亨所题也。是书《前集》四十一门，子目四百九十一；《后集》四十八门，子目百一十六，其《致仕》一目，有录无书，注曰'已见《前集》'。《续集》分六门，子目五

　　意大利神学家、经院哲学家、巴黎大学博士托马斯·阿奎那著《真理论》、《驳人们对神的礼拜与崇敬的争论》。

百七十;《别集》分六门,子目四百一十;《外集》分十六门,子目四百三十。所引最为详悉。惟郡县山川名胜,以祝穆《方舆胜览》已备,不及更载。每目前为事类,后为诗集。所收皆兼及宋代。虽不及《太平御览》、《册府元龟》诸书皆根柢古籍,元元本本,而所采究皆宋以前书,多今日所未见。宋代遗事佚诗,如苏轼咏雪诗,以富贵势力分四首,为本集所不录者,亦往往见于此书。故厉鹗作《宋诗纪事》多采用之。又宋代官制至为冗杂,《宋史》不过仅存其名,当时诗文所称,今多有不知为何官者。惟此书《后集》,条列最明,尤可以资考证。在类事之家,尚为有所取材者矣。"

廖氏世采堂刊刻韩愈《韩昌黎集》40卷、《外集》10卷,柳宗元《柳河东集》44卷、《外集》2卷。

道士李志常卒(1193—)。志常字浩然,号真常子、真常道人,观城人。元太宗十年(1238),代尹志平主持全真道,为全真道教第七代掌教者。后曾执掌全国道教事。著有《又玄集》20卷、《长春真人西游记》2卷。事迹见王鹗《玄门掌教大宗师真常真人道行碑铭》(《甘水仙源录》卷三)。

方采卒(1197—)。采字采伯,号墨林居士,兴化军莆田人。喜蓄历代古物、金石书画,究极端绪,鉴定名目。曾编有《墨林帖》。事迹见刘克庄《方采伯墓志铭》(《后村集》卷一五七)。

吴子良卒(1197—)。子良字明辅,号荆溪,临海人。初从表兄陈耆卿学,后师事叶适。宝庆二年进士,历国子录、司农寺丞。官终司农少卿。著有《荆溪集》、《荆溪讲义》,今佚。又著有《荆溪林下偶谈》4卷。《宋元学案》列其入《水心学案》。事迹见《宋史翼》卷二九。

按:《宋元学案》卷五五《水心学案》:"幼从箕嵩学,亦曾登水心之门。箕嵩之统,传于先生,所著有《荆溪集》。其作《隆兴府学三贤堂记》有曰:'道公溥,不可以专门私;学深远,不可以方册既。贯群圣贤之旨,可以会一身心之妙。充一身心之妙,可以补群圣贤之遗。孰为异,孰为同哉!合朱、张、吕、陆之说,溯而约之于周、张、二程;合周、张、二程之说,溯而约之于颜、曾、思、孟;合颜、曾、思、孟之说于孔子,则孔子之道,即尧、舜、禹、汤、文、武之道,孔子之学,即皋、益、伊、仲、傅、箕、周、召之学。百圣而一人,万世而一时,尚何彼此户庭之别哉!'"

僧圆至(—1298)、范忠(—1325)、李伟(—1337)、陆文圭(—1338)生。

宋宝祐五年　蒙古蒙哥汗七年　丁巳　1257年

正月丙午,禁民作"白衣会",地方官失察者有罪。
闰四月己丑,程元凤等上《中兴四朝国史》、《皇帝玉牒》、《日历》。
戊戌,程元凤等又上编修《吏部七司条法》。

宋宝祐五年　蒙古蒙哥汗七年　丁巳　1257年

八月庚戌,申严诸路州县稽留敕书、奉行不谨及递兵违慢之弊。

是月,蒙哥汗统兵分道进攻宋地。

是年,宋诏改江西大余周程书院为道源书院,并令知军郭廷坚兼山长教授其中。

王应麟迁国子录,进武学博士。

文天祥九月葬父。

谢枋得为建康考官,摘贾似道政事为问,极言权奸擅国,天心怒,地气变,民心离,人才坏,国有亡证。漕使陆景思上其稿于贾似道,于是谢枋得谪居兴国军(《叠山集》卷五附李源道《文节先生谢公神道碑》)。

贾似道正月知枢密院事。

吴渊正月为参知政事。

赵葵正月为少保、宁远军节度使、京湖宣抚大使,进封卫国公。

林存十月为端明殿学士、签书枢密院事。

少林寺金灯长老八月再赴蒙古朝廷,欲与全真教辩论。

袁枢所著《通鉴纪事本末》重刻于湖州,世称宋大字本。

宋修《中兴四朝国史》成书。

徐自明著《宋宰辅编年录》20卷始刻。

赵与泌、黄岩孙著《仙溪志》15卷,刘克庄为之序。

刘克庄《后村诗话》约成于本年前。

德国乌尔里希·冯·利希腾施泰因著教诲诗《妇女书》,留恋骑士风尚。

法国阿穆尔·圣威廉发表著作为成书于1256年的《论当前危险》辩护,结果被逐出法兰西。

元好问卒(1190—)。好问字裕之,号遗山,秀容人。兴定五年进士,曾任行尚书省左司员外郎等职。金亡不仕。工诗文。著有《遗山集》40卷,编有金代诗词集《中州集》。另有《杜诗学》1卷、《东坡诗雅》3卷、《锦机》1卷、《诗文自警》10卷等。事迹见《金史》卷一二六本传、郝经《遗山先生墓志铭》(《遗山集》卷五三附录一)。清李光廷编有《广元遗山年谱》、翁方纲编有《元遗山年谱》,今人缪钺编有《元遗山年谱汇集》。

按:清代刘熙载《艺概·词曲概》曰:"金元遗山诗兼杜、韩、苏、黄之胜,俨有集大成之意。以词而论,疏快之中,自饶深婉,亦可谓集两宋之大成者矣。"《四库全书总目提要》曰:"好问才雄学赡,金元之际,屹然为文章大宗。所撰《中州集》,意在以诗存史,去取尚不尽精。至所自作,则兴象深邃,风格遒上,无宋南渡末江湖诸人之习,亦无江西流派生拗粗犷之失。至古文绳尺严密,众体悉备,而碑版志铭诸作,尤为具有法度。"

吴渊卒(1190—)。渊字道夫,号退庵,宣州宁国人。嘉定七年进士。官至兵部尚书、参知政事。卒赠少师。著有《易解》、《退庵文集》等,已佚。今存《退庵先生遗集》2卷。《宋元学案》列其入《槐堂诸儒学案》。事迹见《宋史》卷四一六本传。

蔡权卒(1195—)。权字仲平,号静轩,建阳人。蔡沈季子。以兄蔡杭恩授承务郎,为庐峰书院山长。明蔡有鹍辑《蔡氏九儒书》,录其诗文为

《静轩公集》1卷。事迹见陈元善《静轩公墓志》(《静轩公集》附)、《闽中理学渊源考》卷二五。

李昂英卒(1201—   )。昂英字俊明,号文溪,番禺人。宝庆二年进士,调汀州推官,历官太学正、校书郎、著作郎兼史馆校勘、吏部侍郎等。卒谥忠简。元至元年间,其门人李春叟辑其文集为《文溪存稿》27卷。事迹见李殿苞《忠简先公行状》(清康熙七年刊本《李忠简公文溪集》附)。清人李履中编有《忠简公年谱》。

僧印简卒(1202—   )。印简俗姓宋,号海云,岚谷宁远人。居广惠寺,金宣宗赐号通玄广惠大师。蒙古赐号寂照英悟大师,称小长老。累号祐圣安国大禅师,历主永庆、庆寿等寺。为临济宗第十六代祖师。著有《杂毒海》。事迹见《海云印简和尚塔铭》(元程文海《雪楼集》卷六)。

冯子振(—约1314)、熊召予(—1339)、吴存(—1339)、程复心(—1340)生。

宋宝祐六年　蒙古蒙哥汗八年　戊午　1258年

蒙古军灭阿拉伯帝国阿拔斯王朝。

英王亨利三世接受皇家委员会起草的改革纲领——《牛津条例》。该条例规定:政府由国王和贵族会议共同领导,一切重大事务都由贵族会议双方贵族宣誓。实际上是英格兰第一部宪法。

二月,蒙哥汗分路大举进攻宋。

十二月丙子朔,诏以明年为开庆元年。

是年,蒙古蒙哥汗委托忽必烈在开平召集僧徒三百余人,道士二百余人,儒生二百余人辩论佛道两派的优劣,全真道论败,部分全真教道士被勒令削发为僧,令焚毁伪经45部,归还佛寺237所。此后佛居道前成为元朝制度。

按:《元史·世祖纪八》曰:"张易等言:'参校道书,惟《道德经》系老子亲著,余皆后人伪撰,宜悉焚毁。'从之,仍诏谕天下。"《新元史·释老》曰:"都功德使司脱因小演赤奏:'曩者所毁道家伪经板本化图,多隐匿未毁,其书皆诋毁释教之言,宜甄别。'于是命前中书右丞张文廉等诣长春宫无极殿,著,余悉汉张道陵、后魏寇廉之等伪作。文廉等奏:'自《道德经》外,宜悉焚毁。'帝曰:'道家经文,传讹踵廖非一日矣。若焚之,其徒未必心服。彼言水火不能焚溺,可以是端试之。候不验,焚之未晚也。'遂谕宗演等,俾推择人入火试其术。宗演等奏:'此皆诞妄之说,臣等入火,必皆为灰烬,实不敢试。但乞焚去《道藏》伪书,庶几澡雪臣等。'帝可其奏。遂诏天下道家诸经,可留道德二施篇,其余一切焚毁,匿藏者罪之。十月,集百官于悯忠寺,焚毁《老子化胡经》、《犹龙传》等书。"

文天祥八月服丧期满,人劝其向丞相丁大全上书求官,不肯。

王应麟迁太常主簿,因与丁大全忤,被罢。

秦九韶以贾似道荐举,权知琼州。仅百余天即离任而去。

马光祖二月为端明殿学士、京湖制置使、知江陵府兼夔路策应使、湖南总领;三月,请以汪立言、吕文德、王鉴、王登等充制司参议官及辟制司准备差使等官,从之。

程元凤四月以观文殿大学士判福州。

赵葵四月充醴泉观使兼侍读。

丁大全四月丁未由签书枢密院事、参知政事,为右丞相兼枢密使。

牟子才十一月权工部侍郎。

刘辰翁贡于乡,廷对以"严君子小人朋党辨"为言,有司以为涉谤,摈斥之。

戴表元从里师始学词赋,不肯竟学,诸父强之。

李垄编《唐僧宏秀集》10卷。

僧志磐始著《佛祖统纪》。

按:据僧志磐咸淳五年(1269)《序》称,该书"自宝祐戊午首事笔削,十阅流年,五缮成稿"。

马光祖著《明道书院跋》。

朱鉴卒(1190—　)。鉴字子明,徽州婺源人。朱熹孙。以荫补迪功郎,官至奉直大夫、湖广总领。著有《朱文公易说》23卷、《诗传遗说》6卷。《宋元学案》列其入《晦翁学案》。事迹见《闽中理学渊源考》卷一五。

按:《四库全书总目提要》论《朱文公易说》曰:"朱子注《易》之书,为目有五:曰《易传》十一卷,曰《易本义》十二卷,曰《易学启蒙》三卷,曰《古易音训》二卷,曰《蓍卦考误》一卷,皆有成帙。其朋友论难与及门之辨说,则散见《语录》中。鉴汇而辑之,以成是编(《朱文公易说》)。……《易传》,《宋志》著录,今已散佚。当理宗以后,朱子之学大行,腾语残编,无不奉为球璧,不应手成巨帙,反至无传。殆以未定之说,自削其稿,故不复流布欤? 鉴是书全采《语录》之文,以补《本义》之阙。其中或门人记述,未必尽合师说,或偶然问答,未必勒为确论,安知无如《易传》之类为朱子所欲刊除者。然收拾放佚以备考证,亦可云能世其家学矣。"

俞琰(　—1314)、邓文原(　—1328)、陈恕可(　—1339)生。

波斯的萨迪约于是年前后著诗集《蔷薇园》,散文中插有短诗。

英国法学家普拉克顿约于是年著《论英国的法律与风习》。

宋理宗开庆元年　蒙古蒙哥汗九年　己未　1259年

五月乙丑,诏铸新钱,以"开庆通宝"为文。

辛未,赐礼部进士周应炎、林公一以下442人及第、出身。

七月癸亥,蒙哥汗卒,蒙古兵撤退,合州解围。

八月,忽必烈遣杨惟中、郝经宣抚京湖、江淮,自率军分道进攻宋,师

伊儿汗国始建马拉盖天文台。

英国颁布《威斯敏斯特条例》。主要内容为一些有

| 利于普通自由民的习惯法改革。 | 次黄陂。
十二月辛亥,诏改明年为景定元年。

文天祥五月任承事郎、签书宁海军节度判官厅公事,开始出仕;九月内侍董宋臣因蒙军南下而请求迁都四明,文天祥著《己未上皇帝书》,反对迁都,请斩董宋臣,建议"简文法以立事"、"仿方镇以建守"、"就团结以抽兵"、"破资格以用人"(《文山集》卷三)。
王应麟弟应凤中博学宏词科。
黄震是冬任吴县尉。
刘秉忠随忽必烈征宋。
秦九韶因吴潜荐,任司农丞。
郝经奉忽必烈之命宣抚江淮。
丁大全十月因隐匿军情而罢相,吴潜、贾似道为左、右丞相兼枢密使。
吴潜十月为左丞相兼枢密使,进封相国公,同月又改为庆国公。十二月再改为许国公。
马廷鸾由吴潜召为校书郎。
赵葵十一月为江东、西宣抚使,许便宜行事。
曾垈为知军,将江西南城兴文堂改建为思贤堂,重建盱江书院于其右。
方逢辰在家乡淳安建石峡书院,设居仁、由义、复礼、近知四斋,从游者众。
张显在明道书院讲《中庸》。
周应合在明道书院讲《论语》。 |

| 意大利神学家、经院哲学家、巴黎大学博士托马斯·阿奎那始著《驳异教徒的哲学综论》。 | 真德秀所著《读书记》61卷由门人汤汉刊行并作序。
按:此书所论比较注重实际,不尚空言论理,是宋代正宗理学思想体系中的一部重要著作,具有多方面的参考价值。单行本主要有《四库全书》本,各种版本的《真西山全集》均收录此书。
吴潜、梅应发、刘锡著《开庆四明续志》12卷成书。
李冶著《益古演段》3卷成书。
按:这是一部普及天元术的数学著作。砚坚尝为该书作《序》,称其为"学者之指南","披而览之,如登坦途,前无滞碍。旁蹊曲径,自可纵横而通,嘉惠后来"。
陈思著《海棠谱》3卷成书,有自序。
按:陈思,临安人。活动于宋理宗时。又著有《宝刻丛编》20卷、《书小史》10卷、《书苑菁华》20卷、《小字录》1卷,编有《两宋名贤小集》,《四库全书总目提要》皆有评论。

蔡杭卒(1193—)。一作蔡抗。杭字仲节,号久轩,建阳人。蔡元定孙,蔡沈子。师从朱熹。绍定二年进士。曾任著作佐郎、国史院编修官、侍立修注官、太常少卿、同知枢密院事、参知政事。谥文肃。其集已佚,明 |

蔡有鹍辑其诗文为《久轩公集》1 卷。《宋元学案》列其入《九峰学案》。事迹见《宋史》卷四二〇本传、叶采《文肃公墓志》(《久轩公集》附)。

方汝一卒(1215—)。汝一字清卿，兴化军莆田人。举进士不第，以考古著书自娱。著有《易论》、《江东将相论》、《评两汉史赞》、《范史新评》、《小园僻稿》。

纪君祥约本年前后在世。一作纪天祥，大都人。与郑廷玉、李寿卿同时。所作杂剧有 3 种，现存《赵氏孤儿》1 种。清代雍正时，传入西欧，得到歌德和伏尔泰等文学大师的赞赏。

尚仲贤约本年前后在世。真定人。曾任江浙行省务官。所作杂剧有 11 种，现存《柳毅传书》、《气英布》、《三夺槊》3 种。《王魁负桂英》仅剩曲词一折。《归去来兮》、《越娘背灯》各存残篇。另有《单鞭夺槊》、《张生煮海》、《诸葛论功》3 种，或谓亦出其手。

陈孚(—1309)、僧沙罗巴(—1314)、张思明(—1337)生。

宋理宗景定元年　蒙古世祖中统元年
庚申　1260 年

三月，贾似道隐瞒与蒙古议和及纳币事，而以所俘获蒙古兵上闻，称诸路大捷；宋理宗下诏褒美贾似道，并赏赐甚厚。

蒙古皇帝忽必烈还至开平，诸王劝进，遂即位于开平，是为元世祖。

按：蒙古从此不再由贵族会议推举嗣君。

四月，忽必烈令刘秉忠及许衡定内外官制。

五月丙戌，蒙古定年号中统，从此始用年号。又设置十路宣抚司。

七月，蒙古遣郝经使宋，贾似道恐郝经至则谋泄，乃命两淮制置使李庭芝拘郝经于真州忠勇军营。

按：郝经被扣留长达 16 年之久，后元兵压境，始放归。

十月癸丑，蒙古初行中统宝钞。

十二月，蒙古以八思巴为国师，统率释教。

是年，尼波罗(今尼泊尔)人阿尼哥率国人 80 人前往吐蕃修黄金塔。阿尼哥后留居中原，任元朝匠人总管。

文天祥二月改任签书镇南军节度判官厅公事，辞不就，改派主管建昌军仙都观。

王应麟九月转奉仪郎添差通判台州。

黄震知华亭县，兴修水利。

许衡应元世祖诏，至京师，授国子监祭酒。

法王路易九世设立巡回法庭，加强国王司法权。

经院哲学家、自然科学家、神学家 M·S·大阿尔伯特搞炼金术。

按：全祖望曰："道园《送李彦方诗序》曰：许文正公（衡）表彰程、朱之学，天下人心风俗之所系，不可诬也。近日晚学小子，不肯细心读书穷理，妄引陆子静之说以自欺自弃，至若移易《论语章句》，直斥程朱之说为非。此亦非有见于陆氏者也，特以文其猖狂不学以欺人而已。"（《宋元学案》卷九〇《鲁斋学案》）

贾似道加少师，封卫国公。

吴潜四月罢左丞相，以观文殿大学士提举临安府洞霄宫。七月，以上书反对立理宗之侄赵孟启为皇太子，被诬为"欺君、无君"，谪建昌军。

按：宋理宗无子，拟立其侄忠王赵孟启（即以后的宋度宗赵禥）为太子，吴潜上密书，表示反对。

沈炎四月弹劾吴潜欲立济王之子，反对立忠王，是"奸谋叵测"。七月，侍御史何梦杰亦诬告吴潜"欺君、无君之罪"（《宋史·理宗本纪五》）。于是吴潜被谪居建昌军。

刘克庄六月除秘书监，八月除起居郎，九月兼权中书舍人，十一月除兵部侍郎、兼中书舍人、兼直学士院；十二月兼史馆同修撰。

马廷鸾三月疏论董宋臣，贬之；兼沂靖惠王府教授。迁枢密院编修官兼权仓部郎官。

江万里迁权吏部尚书，兼国子祭酒，刘辰翁补太学生，为江万里门生。

江万里荐欧阳守道为史馆检阅。

饶鲁为饶州州学教授。

王磐召拜益都等路宣慰副使，以疾免。

秦九韶知临江军，未几，吴潜被罢相，秦九韶受牵连，窜之梅州。

郝经奉命为信国使，使宋，被贾似道幽禁。

王恽在姚枢宣抚东平时辟为详议官，旋即选至京师，在中书省任职。

包恢十二月叙复原官职，知常州。

丁大全七月谪居南安军。

胡立本在明道书院讲《大学》。

戴表元试郡校连优，补守六经谕。

赵孟坚迁翰林学士承旨。

程元岳为宗学博士，旋任监察御史。

提刑俞琰命石鼓书院山长李访增修书院，又置田350亩，以赡生徒。

按：《宋元学案》卷四九《晦翁学案》曰："俞琰，字玉吾，吴郡人。生宋宝祐间，以辞赋称。宋亡，隐居著书，自号林屋山人。精于《易》。世之言《图》、《书》者，类以马毛之旋、龟文之坼。独先生持论谓：《尚书·顾命》'天球、《河图》在东序'，《河图》、天球并列，则《河图》亦玉也，玉之有文者尔。昆仑产玉，河源出昆仑，故河亦有玉。洛水至今有白石，《洛书》盖石而白、有文者。其立说颇异。尝著《经传考证》、《读易须知》、《六十四卦图》、《古占法》、《卦爻象占分类》、《易图合璧连珠》等书，潜心三十余年，惜其书无存。惟《周易集说》十三卷，而以《易图纂要》、《易外别传》附焉，武宗至大二年门人王都中为之刊行。所居傍石涧，学者称为石涧先生。"

临济宗僧侣兀庵普宁应邀前往日本弘法，镰仓幕府将军北条时赖曾向他参禅问法，咸淳元年（1265）返回中国。

日本佛僧日莲著《立正安国论》。

意大利神学家、哲学家、巴黎大学博士托马斯·阿奎那著《论神力》、《精神论》、《论主的化身》、《论恶》（定期讨论集）。

英国哲学家、科学家罗吉尔·培根在《大著作》书中认为科学应该用归纳法而不是演绎法，只管形式不管内容的推理，不能保证可靠，推论和结论需经验证实，并提出逻辑学必须依赖于数学。

李俊民卒(1176—)。俊民字用章,号鹤鸣老人,泽州晋城人。少习二程理学,承安间以经义举进士第一,弃官教授乡里。金代文学家,著有《庄靖集》。《宋元学案》列其入《明道学案》。事迹见《元史》卷一五八《窦默传》附传。

王埜卒,生年不详。埜字子文,号潜斋,婺州金华人。王介子。嘉定十三年进士。仕潭州时,得真德秀赏识,招致幕下,遂执弟子礼。官至签书枢密院事。《宋元学案》列其入《西山真氏学案》。事迹见《宋史》卷四二○本传。

按:《宋史》本传谓其"因德秀知朱熹之学,凡熹门人高弟,必加敬礼。知建宁府,创建安书院,祠熹,以德秀配。有奏议、文集若干卷。埜工于诗,书法祖唐欧阳询,署书尤清劲"。

于清渊(—1335)、蒲道源(—1336)、宋无(—1340)、陈深(—1344)、王与(—1346)、黄泽(—1346)生;郑光祖(—约1320)、曾瑞(—1335)约生。

德国神秘主义哲学家、布道员迈斯特尔·爱克哈特(—1327)生。主要著作为《德语讲道集》。

法国外科医生和解剖学家亨利·德蒙德维尔(—1320)约生。

宋景定二年　蒙古中统二年　辛酉　1261年

正月丁丑,命皇太子谒拜孔子于太学。太子还奏曰:"朱熹、张栻、吕祖谦,志同道合,切偲讲磨,择精语详,开牖后学,圣道大明。今熹已秩从祀,而栻、祖谦尚未奉明诏,臣窃望焉。"从之。旋封张栻华阳伯,吕祖谦开封伯,并从祀(《续资治通鉴》卷一七六)。

二月癸卯,宋理宗下诏诸路监司申严伪造会子之禁令。

三月戊寅,贾似道等上《玉牒》、《日历》、《会要》及孝宗、光宗、宁宗《实录》。

四月,蒙古诏军中所俘儒士,听赎为民。

按:时淮、蜀之士遭俘虏者,皆没为奴。翰林学士高智耀言:"以儒为驱役,古无有也。陛下方以古道为治,宜除之以风天下。"蒙古主从之,命循行郡县区别之,得数千人(《元史·高智耀传》)。

六月己酉,蒙古以窦默为翰林侍读学士。蒙古主召默及姚枢入侍,论人才,因及王文统,默、枢皆曰:"此人学术不正,则祸天下,不宜处以相位。"蒙古主曰:"然则谁可相者?"默曰:"以臣观之,无如许衡。"蒙古主不悦(《续资治通鉴》卷一七六)。

乙卯,蒙古诏:"宣圣庙及管内书院,有司岁时致祭,月朔释典;禁诸官员、使臣军马无得侵扰亵渎,违者加罪。"(《续资治通鉴》卷一七六)

七月癸亥,蒙古初设翰林国史院,王鹗请修辽、金二史,并言以右丞相史天泽监修国史,左丞相耶律铸、平章政事王文统监修辽、金史,仍采访遗

尼西亚帝国米凯尔八世·巴列奥略光复君士坦丁堡,灭拉丁帝国,重建拜占廷帝国。盖此时为巴列奥略王朝始,尼西亚帝国已历拉斯卡利斯一朝。巴列奥略王朝是拜占廷历史上统治时间最长的王朝,它统治着拜占廷直至帝国的最后灭亡。

法王路易九世禁以私战与械斗之法裁定案件。

事。蒙古世祖从其请。

按：此为蒙古承汉制以宰相监修史书之始。

九月癸未，蒙古用王鹗言，设立各路提学校官，以王万庆、敬铉等30人充之。

是年，元世祖命李希安掌管大道教。

文天祥十月奉朝命除秘书省正字，诰词出自刘克庄之手，对文天祥多有赞扬。

姚枢五月为太子太师，窦默为太子太傅，许衡为太子太保，皆辞，不拜。

王恽转翰林修撰，同知制诰，兼国史院编修官，寻兼中书省左右司都事。

江万里十二月为马纯父所劾，依旧端明殿学士、提举临安府洞霄宫。

刘克庄三月兼侍读，八月再兼中书，数乞退闲。

马廷鸾进著作佐郎兼右司，迁将作少监。

方回以吕师夔荐，应浙漕试，中举。

丁大全七月贬贵州团练使。

周密为临安府幕僚。

按：周密寓居临安多年，对市井风俗、遗闻逸事比较了解，宋亡后，遂编有《武林旧事》10卷。仿北宋孟元老《东京梦华录》体例，于临安之山川景物、宫殿建置、物产饮食、岁时节俗、诸市作坊、瓦子勾栏、歌馆酒楼、教坊乐部等，皆备载详述。是研究南宋历史和社会生活、民间风俗的重要资料。

吴潜七月被责为化州团练使，循州安置。

杨果入拜参知政事。

林天瑞为知县，将福建崇安朱熹原先所建之武夷精舍改建为古心堂，由朝廷设山长主其事，官府拨给公田以供束修、膏火。

意大利神学家、哲学家、巴黎大学博士托马斯·阿奎那在罗马教皇乌尔班第四宫廷里从事亚里士多德著作的注解翻译，至1264年。并于是年著《驳希腊人的谬论》。

钱时所著《融堂四书管见》13卷由钱可则刊行，有书跋。

马光祖、周应合著《景定建康志》50卷成书。

胡颖等著《名公书判清明集》14卷刊行。

按：本书是宋代诉讼判词和官府文告的分类选编，书判原撰者现可考者有19人，如胡颖、翁同甫、吴势卿、刘克庄、范应铃、吴革、蔡杭、真德秀等，编辑者所署幔亭曾孙为名号，福建崇安人，余不可考。

杨辉著《详解九章算法》12卷成书。

按：此书是一部详细解释并深入研究《九章算术》及其历代注文的数学著作。杨辉字谦光，钱塘人，所著尚有《日用算法》2卷（已佚）、《乘除通变本末》3卷、《田亩比类乘除捷法》2卷、《续古摘奇算法》2卷。后三种为杨辉后期著作，又合称《杨辉算法》。

陈韡卒（1179— ）。韡字子华，号抑斋，福州侯官人。陈孔硕子。师从叶适。开禧元年进士。嘉定中为京东、河北干官,定策击退进攻安丰之金兵。后累拜参知政事兼同知枢密院事,提举祐神观致仕。卒谥忠肃。《宋元学案》列其入《水心学案》。事迹见《宋史》卷四一九本传、刘克庄《忠肃陈观文神道碑》(《后村集》卷一四六)

秦九韶卒(1202—)。九韶字道古,普州安岳人。理宗宝祐六年,以贾似道荐,权知琼州。又以蓬潜荐,授司农丞。精研律算、天文、营造、音律之学。因党争之故,时人对其评价毁誉参半,《宋史》无传。著有《数学九章》18卷。

方蒙仲卒(1214—)。蒙仲初名澄孙,字蒙仲,以字行,号乌山,兴化军莆田人。淳祐七年进士。历邵武军教授、泉州通判。知邵武军,表倡儒术,请立樵川书院,以广教学。官至秘书丞。著有《女教》、《通鉴表微》、《洞斋集》。事迹见刘克庄《方秘书蒙仲墓志铭》(《后村集》卷一六二)。

赵汝腾卒,生年不详。汝腾字茂实,号庸斋,晚号紫霞翁,宋太宗八世孙,居福州。宝庆二年进士。历官差主管礼、兵部架阁,迁籍田令,召试馆职,授秘书省正字,升校书郎,寻升秘书郎兼史馆校勘。迁起居舍人,兼权中书舍人,升起居郎,兼权吏部侍郎,兼国史编修、实录检讨,兼同修国史、实录院同修撰。著有《蓬莱集》、《紫霞洲集》、《庸斋表笺》、《庸斋闲集》,皆佚。《宋元学案》列其入《晦翁学案》。事迹见《宋史》卷四二四本传。

陆正(—1323)、许熙载(—1327)、汪炎昶(—1338)、陈澔(—1341)生。

宋景定三年　蒙古中统三年　壬戌　1262年

正月戊子朔,诏申饬百官尽言,命量移丁大全、吴潜党人,仍永不录用。

癸亥,蒙古修孔子庙成。

二月辛卯,蒙古主命大司农姚枢至中书省商议及讲定中外官俸条格,并与尚书刘肃商讨此事。

五月丁丑,赐礼部进士方山京、陈宜中以下637人及第、出身。

六月癸丑,诏应谪臣僚死于贬所者,许归葬。

七月,蒙古张文谦荐举郭守敬习熟水利,遂以郭守敬提举诸路河渠。

按:从此,元代颇重视兴修水利。

辛巳,诏重修《吏部七司法》。

十二月丁巳,蒙古设立十路宣慰司,以赵璸等为诸路宣慰使。

冰岛自此臣服于挪威国王,古代共和制终结。

文天祥、赵日起、常挺为殿试考官,方回被列于第一甲。

王应麟擢秘书郎,俄兼沂靖惠王府教授。

刘辰翁以进士廷对,大忤权相贾似道,被置丙等。

刘辰翁与同乡邓剡同榜及第,邓剡中第后即屏迹山中,江万里屡荐亦不就;刘辰翁以亲老,就赣州濂溪书院山长。

谢奕中为知州,请孔子五十世孙孔元龙为浙江西安柯山书院山长。

马廷鸾论贡举三事:严乡里之举,重台省之复试,访山林之遗逸。升权直学士院。

杨允恭为道州知州,奏请宋理宗赐御书"道州濂溪书院","以旌道学之源"。

按:道州是理学家周敦颐之故乡,后人因建书院,以其号"濂溪"为书院名。

丁大全十一月移置新州,旋移海南岛安置。

方回登进士第,为别院省元。

张文谦荐郭守敬于元世祖,授提举诸路河渠。

刘克庄三月除权工部尚书,八月上表乞退,特除宝章阁学士、知建宁府。

林希逸官司农少卿。

按:林希逸字肃翁,号竹溪、鬳斋,福清人。端平二年进士。历官翰林权直兼崇政殿说书,直秘书阁,知兴化军,终中书舍人。《宋元学案》列其入《艾轩学案》。著有《春秋正附编》、《易讲》、《老子口义》、《庄子口义》、《列子口义》、《考工记解》2卷、《鬳斋前集》60卷、《鬳斋续集》30卷等。《四库全书总目提要》评其《考工记解》曰:"自汉河间献王取《考工记》补《周官》,于是《经》与《记》合为一书,然后儒亦往往别释之。唐有杜牧注,宋有陈祥道、林亦之、王炎诸家解,今并不传,独希逸此注仅存。……希逸注明白浅显,初学易以寻求。且诸工之事非图不显,希逸以《三礼图》之有关于《记》者,采撷附入,亦颇便于省览。故读《周礼》者,至今犹传其书焉。"

程必贵在明道书院讲《大学》、《中庸》。

翁泳景定中为上元尉,兼明道书院山长。

按:翁泳字永叔,一字思斋,建阳人。受业于蔡渊,与蔡模、熊庆胄为学友。曾注释《河洛运行讲义》,学者称思斋先生。《宋元学案》列其入《西山蔡氏学案》。

包恢上《周礼六官辨》。

钱可则、郑瑶、方仁荣著《景定严州续志》10卷。

杨辉著《日用算法》2卷成书。

严忠杰刊刻元好问《遗山先生文集》。

范晞文《对床夜语》成于本年前。

徐清叟卒(1182—)。清叟字直翁,号意一,福建浦城人。嘉定七年进士。历任太常博士、崇政殿说书、著作佐郎、权工部侍郎兼同修国史、福建安抚使、礼部尚书等,官至知枢密院事兼参知政事。谥忠简。著有《四朝国史志传》40卷,已佚。事迹见《宋史》卷四二〇本传。

吴潜卒(1196—)。潜字毅夫，号履斋，宣州宁国人。嘉定十年进士第一，官至左丞相。主张抗金，遭贬谪。能诗词。著有《论语士说》、《履斋诗余》、《许国公奏稿》、《涂鸦集》。今存《履斋遗稿》4卷。《宋元学案》列其入《槐堂诸儒学案》。事迹见《宋史》卷四一八本传。今人宛敏灏编有《吴潜年谱》。

方岳卒(1199—)。岳字巨山，自号秋崖，祁门人。绍定五年进士，历滁州教授、淮东安抚司干官。官吏部侍郎。诗名与刘克庄相伯仲。曾力斥和议，屡忤权奸。著有《重修南北史》170卷、《宗维训录》10卷，今不传。著有《秋崖先生小稿》83卷，《四库全书》重编为《秋崖集》40卷。事迹见元洪焱祖《秋崖先生传》(《秋崖先生小稿》卷首)。今人秦效成编有《方岳年谱》。

饶应子卒(1206—)。应子字定夫，抚州崇仁人。绍定五年进士，授岳州教授。累官监察御史，兼崇政殿说书。曾数上书劾丁大全、董宋臣之罪。著有《南麓集》。

袁易(—1306)、管道升(—1319)生。

宋景定四年　蒙古中统四年　癸亥　1263年

二月，蒙古以王德素为国信使，刘公谅为副使，致书信于宋理宗，诘问羁留郝经已四年之故。

癸丑，诏吴潜、丁大全党人，迁谪已久，远者量移，近者还本贯，并不复用。

五月乙酉，蒙古始立枢密院。又以开平为上都。

丁酉，诏以婺州布衣何基、建宁府学布衣徐几并授本州岛府教授。

按：《宋史·理宗本纪五》曰："丁酉，婺州布衣何基，建宁府布衣徐几，皆得理学之传。诏各补迪功郎，何基婺州教授兼丽泽书院山长，徐几建宁府教授兼建安书院山长。"其时黄嘉为白鹭洲书院山长，查翔冯以文学荐授江州濂溪书院山长，邵珊甫授象山书院山长。

六月戊午，蒙古建帝尧庙于平阳。

庚午，宰执进《玉牒》、《日历》、《会要》、《经武要略》及《徽宗长编》、《宁宗日录》。

七月，蒙古令诸色人户下子弟读书策、通文字者，免本身杂役。

十二月丁未朔，诏皇太子宫讲官、詹事以下，日轮一员，辰入酉出，专讲读，备咨问，以称辅导之实。

是年，宋理宗为道源书院赐御书及院额，建云章阁藏之，置田租以赡学者。

文天祥正月升为著作佐郎，主管编修国史及编订历法之事；二月兼权刑部郎官；八月作《癸亥上皇帝书》，反对朝廷召回董宋臣，否则请求辞职；十一月出知瑞州。

黄震任浙西提举司主管帐司文字，旋改任两浙盐事司干办公事，辞不就。改差浙西提刑司同提领镇江府转般仓分司干办公事。

丁大全正月舟过藤州，被监送官毕迁挤落水中而死。

马廷鸾迁起居舍人兼太子右庶子兼国史院编修官、实录院检讨官，极言董宋臣不可再用。

徐直谅奏请宋理宗为福建莆田涵江书院赐额。

方回赴随州，任州学教授。

杨允恭请李挺祖为"濂溪书院掌御书臣"，"辟台门而摹揭"，并拓地扩建。既成，集诸生肄业其中，又作记告以兴学之旨。

郑汝翼著《永徽法经》30卷成书。

陈自明著《外科精要》成书。

按：是书载63个医方，被外科专家奉为圭臬。

薛景石著《梓人遗制》7卷成书。

按：薛景石字叔矩，河东万泉人，是具有较高技术和文化水平的木工。《梓人遗制》以介绍木器形状、结构特点、制造方法为主。唐朝以后多称木工为"梓人"，故以梓人遗制为书名。段成己尝为其作序。

杨允恭著《濂溪书院御书阁记》。

滕巽真著《判府提刑高峰先生寿祠之记》。

赵栉夫景定间著《濂溪小学记》。

董南一为司马光所撰《切韵指掌图》作序。

张即之卒（1186—— ）。即之字温夫，号樗寮，历阳人。以父荫授承务郎，铨中两浙转运使。举进士，历监平江府粮料院，累官司农寺丞。以直秘阁致仕。工书，学米芾而参用欧阳询、褚遂良的体势笔法，尤善写大字。存世书迹有《报本庵记》、《书杜诗卷》、《金刚经》、《李伯嘉墓志》及多种尺牍等。事迹见《宋史》卷四四五本传。

按：《宋史》本传曰："即之以能书闻天下，金人尤宝其翰墨。"

丁大全卒，生年不详。大全字子万，镇江人。嘉熙二年进士。以谄事宦官董宋臣等，由萧山尉升至右司谏。宝祐四年迫逐宰相董槐，任签书枢密院事。后官至右丞相。开庆元年蒙古兵逼鄂州，他隐瞒军情，引起群臣弹劾，始罢相贬逐。后从新州移徙海南岛，被押送将官推入水中溺死。事迹见《宋史》卷四七四本传。

僧明本（ ——1323）、齐履谦（ ——1329）、孙景真（ ——1339）、方澜（ ——1339）生。

宋景定五年　蒙古中统五年　至元元年
甲子　1264年

正月，理宗诏崇经术，考德行。

是月，蒙古命诸王位下工匠已籍为民者，并征差赋；儒、释、道、也里可温、达失蛮等户，旧免租税，今并征之；其蒙古、汉军站户所输租减半。

二月癸亥，蒙古敕选儒士编修国史，译写经书，起馆舍，给俸以赡之。

三月己亥，蒙古尚书宋子贞陈时事十条，言及请建国学，教胄子，敕州县提学课试诸生，三年一贡举等。诏奖谕，命中书省议行之。

七月己亥，蒙古定用御宝制，凡宣命，一品、二品用玉，三品至五品用金，其文曰"皇帝行宝"者，即位时所铸，惟用之诏诰；别铸宣命金宝行之。

八月乙巳，蒙古立诸路为行中书省，此后遂以行省为地方行政区域名称。

蒙古诏立新条格：省并州县，定官吏员数，分品从官职，给俸禄，颁公田，计月日以考殿最；均赋役，招流移；禁勿擅用官物，勿以官物进献，物借易官钱；勿擅科差役；凡军马不得停泊村坊，词讼不得隔越陈诉；恤鳏寡，劝农桑，验雨泽，平物价；具盗贼，囚徒起数，月申省部。

丁巳，元世祖用刘秉忠议，定都燕京，改称中都，改元至元。

九月壬申朔，蒙古设立翰林国史院。

十月丁卯，宋理宗卒。太子禥即位，是为度宗。

按：《宋史·理宗本纪五》赞曰："宋嘉定以来，正邪贸乱，国是靡定，自帝继统，首黜王安石孔庙从祀，升濂、洛九儒，表章朱熹《四书》，丕变士习，视前朝奸党之碑、伪学之禁，岂不大有径庭也哉！身当季运，弗获大效，后世有以理学复古帝王之治者，考论匡直辅翼之功，实自帝始焉。庙号曰'理'，其殆庶乎！"

十二月，蒙古开国以来一直沿用诸侯世守之制，元世祖用廉希宪议，罢此制。

文天祥十月召赴行在，为礼部郎官，诰词出自马廷鸾之手，对文天祥的人品和文章多有称赞；十一月改任江西提刑，辞免不允。

王应麟时为秘书郎，率同舍5人联名上书，极论执政、侍从、台谏之罪，积私财、行公田之害。迁著作佐郎，兼崇政殿说书。

黄震改命分司镇江府、常州、江阴军公田所干办公事，未就。

临安府学生叶李、萧规七月应诏上书，指责贾似道专权，误国害民，以致上天干谴。贾似道大怒，令刘良贵捃摭其罪，坐以僭用金饰斋扁下狱。

贾似道推行经界推排法，史称"江南地尺寸都有税"。

刘克庄以目眚谢事，除焕章阁学士守本官致仕。

何基被任命为史馆校勘,继诏崇政殿说书,后又准特补迪功郎添差婺州州学教授兼丽泽书院山长,皆以病老力辞。

江万里七月为福建安抚使,强起刘辰翁为其幕僚,同至福州。

丁文传时为婺源知州,请为朱熹立徽国文公庙,从之。

贡生刘某于安徽当涂建丹阳书院,知州朱祀孙奏于朝,宋理宗赐额"丹阳书院"。

杨赞、张枢、周密、施岳、李彭老、吴文英、徐理、张炎、王沂孙、毛敏仲、徐天民、王易简、仇远、冯应瑞、唐艺孙、吕同老、陈恕可、唐钰、赵汝钠、李居仁、陈允平、李莱老等在杭州西湖结西湖吟社,互相唱和,以创作词为主,杨赞为诗社盟主。

马廷鸾迁礼部侍郎;理宗遗诏、度宗登极诏,皆其所草;十一月奉命兼侍读,李伯玉兼侍讲。

刘秉忠任金光禄大夫,参预中书省事。

日本始编镰仓时期编年史《吾妻镜》(《东鉴》)。

意大利神学家、哲学家、巴黎大学博士托马斯·阿奎那完成于1259年始著的《驳异教徒的哲学综论》。另著《反异教大全》,反对1198年去世的阿拉伯学者阿威罗伊,提出改革天主教教义的"阿威罗伊主义"。又约于是年在《论模态判断》等逻辑著作中,研究了六种模态算子,区分了命题的模态与事物的模态。

王应麟辑失传汉鲁、齐、韩三家诗传而成《三家诗考》。

按:此书《四库全书》本题作《诗考》1卷,袁桷称《逸诗考》,《四明文献集》称《诗考语略》。《四库全书总目提要》曰:"古书散佚,搜采为难,后人踵事增修,较创始易于为力。筚路蓝缕,终当以应麟为首庸也。"

金履祥著《通鉴前编》18卷成书。

杨士瀛著《仁斋直指小儿方论》5卷成书。

按:杨士瀛字宗儒,新安人。又著有《仁斋直指方论医脉真经》2卷。吴玉缙《四库未收书目提要续编》曰:"是书(指《仁斋直指方论医脉真经》)以王叔和《脉经》为主,而参以百家之说,讲明指要,条析件画,颇为简赅。"

郭守正《增修校正押韵释疑》5卷成。

按:《四库全书总目提要》曰:"《增修校正押韵释疑》五卷。《押韵释疑》,宋绍定庚寅庐陵进士欧阳德隆撰,景定甲子郭守正增修。守正字正己,自号紫云山民。《永乐大典》所引《紫云韵》,即此书也。初,德隆以《礼部韵略》有字同义异、义同字异者,与其友易有开因监本各为互注,以便程试之用。辰阳袁文焴为之《序》。后书肆屡为刊刻,多所窜乱。守正因取德隆之书,参以诸本,为删削增益各十余条,以成此书。前载文焴《序》,次守正《自序》,次《重修条例》,次《绍兴新制》,次《韵字沿革》,次《前代名姓有无音释之疑》,次《韵略音释与经史子音释异同之疑》,次《韵略字义与经史子字义异同之疑》,次《经、史、子训释音义异同之疑》,次《本韵字异义经、史、子合而一之之疑》,次《两韵字同义异而无通押明文者》,次《出处连文两音之疑》,次《押韵经前史后之疑》,次《经史用古字今字之疑》,次《有司去取之疑》,次《世俗相传之误》,次《赋家用韵之疑》,次《疑字》,次《字同义异》,次《正误》,次《俗字》,皆列卷首。其每字之下,先列监注,次列补释,次列他韵、他纽互见之字,详其音义点画之同异,而辨其可以重押通用与否。多引当时程试诗赋,某年某人某篇曾押用某字,考官看详故事以证之。每韵之末,列绍兴中黄启宗、淳熙中张贵谟等奏添之字,或常用之字,而官韵不收者。如'㧿㦛'之'㦛'诸字,则注曰:'官韵不收,宜知。'考证颇为详密。但孰为德隆原注,孰为守正之所加,不复分别,未免体例混淆耳。别本《礼部韵略》注文甚简,与此不同,而亦载文焴、守正二《序》及《重修条例》十则。然其书与《条例》绝不相应,疑本佚其原《序》,而后人移掇此书以补之也。别本首载淳熙《文书式》数条,列当时避讳之例甚详,此本无之。然如庆元中议宏字、殷字已祧不讳,可押韵,不可命题;绍兴中指挥以威字代桓字,如齐威、鲁威之类,可用,不可押;丁丑福州补试士人押齐威字见黜诸条,又较淳熙诸式为详备,名曰《释疑》,可谓不悉其名矣。其书久无刊版,此本犹从宋椠钞出。曹寅所刻别本,《序》中阙六字,《条例》中阙二字。此本皆完,知寅未见此本也。"

饶鲁卒(1193—)。鲁字伯舆,又字仲元,号双峰,饶州余干人。少从学于黄榦,黄榦甚器之。尝赴试不遇,遂潜心经学。曾历主白鹿、濂溪、建安、东湖、西涧、临汝诸书院。及卒,门人私谥文元。著有《五经讲义》、《语孟纪闻》、《西铭图》、《春秋节传》、《学庸纂述》、《近思录注》、《太极十二图》、《庸学十二图》等。《宋元学案》为列《双峰学案》。事迹见《宋史翼》卷二五、《宋元学案》卷八三。

按:饶鲁所创立的双峰学派,一传数传弟子甚多,著名者有陈大猷、赵良淳、万镇、程若庸、汪华、吴迁、史泳、徐道隆、袁易、程钜夫、吴澄、汪克宽、林梦正、熊良辅、李仕鲁、徐一夔等。《宋元学案》卷八三《双峰学案序录》:"祖望谨案:双峰亦勉斋之一支也,累传而得草庐(吴澄)。说者谓双峰晚年多不同于朱子,以此诋之。予谓是未足以少双峰也,独惜其书之不传。"

王好古约卒(1200—)。好古字进之,号海藏老人,赵州人。以进士官本州岛教授,兼提举管内医学。先师从张元素,后受业于李杲,尽得其传。所著尚有《医垒元戎》、《汤液本草》、《此事难知》、《伊尹汤液仲景广为大法》、《活人节要歌括》等。

按:《此事难知》主要为编集其师李杲的医学论述,其中也反映了王好古的有关医学思想。全书分上卷、下卷、附录三部分,共载专题论述104篇。2004年中国中医药出版社出版的《王好古医学全书》,收集了王氏现存著述凡5种,依次为《汤液本草》3卷、《阴证略例》不分卷、《此事难知》2卷、《海藏癍论萃英》1卷、《医垒元戎》12卷。

张珪(—1327)、张希文(—1337)生。

宋度宗咸淳元年　蒙古至元二年
乙丑　1265年

二月癸亥,蒙古并六部为吏礼部、户部、兵刑部和工部。又以蒙古人充各路达鲁花赤,汉人充总管,回回人充同知,永为定制。

蒙古诏谕总统所:"僧人通五大部经者为中选,以有德业者为州郡僧录、判、正副都纲等官,仍于各路设三学讲、三禅会。"(《元史·世祖本纪三》)三学指禅、教、律。

七月,命迪功郎、韶州相江书院山长主祀先儒周敦颐。

法国博韦·文森特卒(1190—)。学者、神学家,多明我会会士,编有18世纪前最大百科全书《大镜》,包容已知的历史、科学、文化、经济、政治、法律、博物学知识。著有《自然、教义、历史及道德纲要》。

西班牙贡萨洛·德·贝尔塞奥卒(1180—)。诗人、传教士,首次用卡斯蒂利亚方言写作,著有四行韵诗体的宗教诗《马利亚的奇迹》,宗教著作《圣多明我传》、《圣奥里亚传》、《圣母神迹》等。

英国议会始于是年,由大贵族西门·孟德福召集,旨在限制王权。

八月己卯,蒙古罢诸宰职,以安童为中书右丞相,伯颜为中书左丞相。

九月壬子,宋诏命宰执寻访司马光、苏轼、朱熹后人之贤能者,各上其名录用。

庚申,吏部侍郎李常上陈七事,即崇廉耻、严乡学、择守令、黜贪污、谳疑狱、任儒帅、修役法。

宋以锁厅应举宗子两请,举人遇即位敕恩,并赴类试。其曾经覆试文理通者,照例升等;文理不通及未经覆试者则否;第五等人特与免铨出官。

文天祥四月被御史黄万石弹劾不称职,又遭人诬陷违反礼制,于是上书朝廷,请太常寺审议;时在秘书省任职的欧阳守道和衢州府学教授曾凤为文天祥辩解,一年后问题才得以澄清。

王应麟正月以著作佐郎暂摄学士院事,寻迁著作郎,守军器少监;闰五月迁将作监,兼礼部郎官,权直学士院。

许衡奉忽必烈命议事中书省,辅佐右丞相安童。衡即上书《时务五事》:一曰"北方之有中夏者,必行汉法乃可长久";二曰中书之务,"大要在用人、立法";三曰为君之道,在于"修德、用贤、爱民";四曰圣君之责,在于"优重农民,勿扰勿害","自都邑而至州县,皆设学校";五曰民志定则天下安定。书奏,忽必烈嘉纳之(《元史·许衡传》)。

汤汉时为太常少卿,与王应麟为邻居,朝夕讲道,言关、洛、濂、闽、江西之同异。

贾似道四月戊午加太师,封魏国公。

黄震差充行在点检赡军激赏酒库所检察官。

马廷鸾为端明殿学士,签书枢密院事兼同提举编修《经武要略》。

高斯得被召为起居舍人兼国史院编修官、实录院检讨官兼侍讲。

江万里五月为参知政事,刘辰翁随之入京,为临安教授;七月以忤贾似道,乞归田里,不允。

方回任国子监书库官,掌印经史诸书,以备朝廷宣索、赐予之用。

危昭德兼崇政殿说书,在经筵,以《易》、《春秋》、《大学衍义》进讲,反复规正者甚多。

按:危昭德字子恭,邵武人。著有《春山文集四六抄》。

阮登炳状元及第。

史蒙卿举进士,授景陵主簿。

按:史蒙卿字景正,号果斋,鄞县人。历江阴、平江教授。《宋元学案》卷八七《静清学案》谓:"四明之学,祖陆氏而宗杨(时)、袁(燮),其言朱子之学,自黄东发(震)与先生(史蒙卿)始。黄氏主于躬行,而先生务明体以达用,著书立言,一以朱子为法。宋亡,不复仕,自号静清处士。有《静清集》。"又曰:"谢山《静清书院记》曰:'有元儒林世系,鲁斋、白云专主朱学,静修颇祖康节,草庐兼主文安,其足以辅翼二许者,吾乡程敬叔兄弟最醇。鲁斋得之江汉赵氏,白云得之仁山,而敬叔兄弟得之静清史先生。先是,吾乡学者,杨、袁之徒极盛,史氏之贤哲,如忠宣公、文靖公、独善先生、和旨先生、鸿禧君、饶州君,皆杨、袁门下杰然者也。静清为独善孙,始由巴陵阳氏以溯朱学。当时只轮孤翼,莫之应和,而黄提刑东发出焉,遂稍稍盛。朱学之行于吾乡也,自静清始,其功大矣。江汉、仁山皆已俎豆泽宫,而静清莫有撷溪毛以问之者,后死之于斯文,能无愧色。清容作《静清墓志》,于其易代大节,言之已悉,而学统所在,不甚了了。清容文士,其于儒苑窔奥,宜其在所忽也。然清容言静清尝与深宁说经,每好奇,以是多与深宁不合,则又可知静清虽宗主朱学,而其独探微言,正非墨守《集传》《章句》《或问》诸书以为苟同者。正如东发亦宗朱学,而其于先、后天图说攻之甚力,盖必如是而始为硕儒。不善学者,但据一先生之言,穷老尽气,不敢少异,而未尝顾其心之安否。是为有信而无疑,学问之道,未之有也。清容以为好奇,是尤不知静清者也。'"史蒙卿所创的静清学派,一传数传弟子有程端礼、程端学、蒋宗简、乐良、咸秉肃、王楚鳌、徐仁、张信、陈韶等。

又按:《宋元学案》卷八七《静清学案》载程端礼事迹曰:"程端礼,字敬叔,鄞县人。学者称为畏斋先生。初用举者为建平、建德两县教谕。历稼轩、江东两书院山长,累考授铅山州学教谕,以台州教授致仕。先生受学于史静清,色庄而气夷,善诱学者,使之日改月化,而其弟端学刚明,动有师法,学者咸严惮之,人以比河南两程氏云。"

黄公绍举进士,官架阁。

按:黄公绍字直翁,邵武人。入元不仕,隐居樵溪。著有《古今韵会》1卷、《礼部韵略七音三十六母通考》1卷、《在轩集》1卷。

牟子才授翰林学士、知制诰,力辞不拜,请去不已。进端明殿学士,以资政殿学士致仕。

程元岳任殿中侍御史,继任工部侍郎。

李昶罢翰林侍讲学士。

按:《宋元学案》卷二《泰山学案》曰:"李昶,字士都,世弼之子。释褐,授孟州温县丞。蒙古兵下河南,奉亲还乡里。行台严实辟授都事,迁经历。亲老求罢,不许。寻以父忧去,杜门教授,一时名士李谦、马绍、吴衍辈皆出其门。世祖伐宋,次濮州,闻先生名,召见,问治国用兵之要。先生论治国则以用贤、立法、务本、清源为对,论用兵则以伐罪、救民、不嗜杀为对,深见嘉纳。及即位,召至开平,访以国事,先生知无不言。……所著有《春秋左氏遗意》《孟子权衡遗说》等书。"

吴坚刊刻《朱子语别录》于建州。

吴革刊刻朱熹所著《周易本义》。

高斯得进所著《高宗系年要录纲目》。

镇江府学刻印汉代刘向《说苑》20卷。

陈田夫著《南岳总胜集》3卷。

罗黄裳是年前后编《发蒙宏纲》3卷。

按:《四库全书总目提要》曰:"黄裳,池州人。咸淳中曾为番禺守。明《内阁书目》:'《发蒙宏纲》,宋咸淳间,罗黄裳撰五言诗十二篇,又择古文凡有关于蒙养者三十篇以训蒙。'"

欧阳守道著《韶州相江书院记》。

臧梦解著《重修宣成书院记》。

《宝刻类编》8卷约成书于本年前后。

日本撰成《续古今和歌集》。

意大利神学家、哲学家、巴黎大学博士托马斯·阿奎那始著《神学综论》,共三部分。

布卢奈图·拉蒂尼约于是年著古法文《百科词典》,包括世界年史、亚里士多德的美学和西塞罗的修辞学。

按：《四库全书总目提要》曰：是书"不著撰人名氏。《宋史·艺文志》不载其名，诸家书目亦未著录，惟《文渊阁书目》有之。然世无传本，仅见于《永乐大典》中。核其编写次第，断自周、秦，迄于五季，并记及宣和、靖康年号，知为南宋人所撰。又宋理宗宝庆初，始改筠州为瑞州，而是编多以瑞州标目，则理宗以后人矣。其书为类者八：曰《帝王》，曰《太子诸王》，曰《国主》，曰《名臣》，曰《释氏》，曰《道士》，曰《妇人》，曰《姓名残阙》。每类以人名为纲，而载所书碑目。其下各系以年月地名。且于《名臣类》取历官先后之见于石刻者，胪载姓氏下方，以备参考，诠次具有条理。其间如书碑篆额之出自二手者，即两系其人，近于重复。又如欧阳询终于唐，而系之隋。郭忠恕终于宋，而系之五季。只就所书最初一碑为定，时代岁月前后，未免混淆，于体例皆为未密。然金石目录自欧阳修、赵明诚、洪适三家以外，惟陈思《宝刻丛编》颇为该洽，而又多残佚不完。独此书搜采赡博，叙述详明，视郑樵《金石略》、王象之《舆地碑目》，增广殆至数倍。前代金石著录之富，未有过于此者。深足为考据审定之资，固嗜古者之所取证也。原本屡经传写，讹脱颇多。谨详加订证，厘次如左。其《名臣类》十三之三，《永乐大典》原阙，故自唐天宝迄肃、代两朝碑目未全，今亦仍其旧焉"。

意大利诗人、文艺复兴先驱但丁·阿利吉耶里（—1321年）生。

罗必元卒（1175— ）。必元一名叠，字亨父，号北谷，进贤人。师从危稹、危和。嘉定四年进士，授咸宁簿。淳祐中，起通判赣州，江万里等荐摄郡事，忤贾似道，免去。淳祐十二年，起知汀州，复为丁大全劾罢。著有《中庸说》2卷、《离骚大义》1卷、《杂说》5卷、《起敬录》1卷、诗文30卷，皆佚。事迹见《宋史》卷四一五本传、刘克庄《直宝章阁罗公墓志铭》（《后村集》卷一六二）。

冯去非卒（1188— ）。去非字可迁，号深居道人，南康军都昌人。嘉定间应聘为白鹿书院山长。淳祐元年进士。宝祐四年，召为宗学谕，以附丁大全而遭排挤。家富藏书，精研《易》学，著有《易象通议洪范补传》1卷。事迹见《宋史》卷四二五本传、孙德之《深居冯公墓铭》（《太白山斋遗稿》卷下）。

牟子才卒，生年不详。子才字存叟，号存斋，眉州井研人。学于魏了翁、杨子谟、虞刚简，又师从朱熹门人李方子。嘉定十六年进士。历四川提举茶马司准备差遣、总领四川财赋所干办公事，助李心传修纂《四朝会要》和《中兴四朝国史》，兼检阅文字、史馆检阅。以资政殿学士致仕。著有《春秋轮辐》、《易编》、《故事四尚》、《四朝史稿》、《存斋集》等，皆佚。《宋元学案》列其入《鹤山学案》。事迹见《宋史》卷四一一本传。

按：《宋史》本传曰："子才少从其父客陈咸，咸张乐大宴，子才闭户读书若不闻，见者咸异之。学于魏了翁、杨子谟、虞刚简，又从李方子，方子，朱熹门人也。……在吉州，文天祥以童子见，即期以远大。所荐士若李芾、赵卯发、刘黻、家铉翁，后皆为忠义士。平江守吴渊籍富民田以千余亩遗子才，皆却之。身后家无余赀，卖金带乃克葬。有《存斋集》、内制外制、《四朝史稿》、奏议、经筵讲义口义、《故事四尚》、《易编》、《春秋轮辐》。"

何中（ —1332）、无见先睹（ —1334）、倪渊（ —1345）生；杨朝英（ —约1352）约生。

宋咸淳二年　蒙古至元三年　丙寅　1266年

正月，宋度宗幸太学，谒先圣，礼成，推恩三学：前廊与免省试，内舍、上舍及已免省试者与升甲；起居学生与泛免一次，内该曾经两幸人与补上州文学，如愿在学者听。

七月壬寅，礼部侍郎李伯玉言："人才贵乎养，养不贵速成，请罢童子科，息奔竞，以保幼稚良心。"诏从之（《续资治通鉴》卷一七八）。

八月丁卯，蒙古遣兵部侍郎黑的、礼部侍郎殷弘往使日本，并赐书，约通问友好，以相亲睦。

十月丁丑，蒙古始建太庙，定烈祖、太祖、太宗、术赤、察合台、睿宗、定宗、宪宗为八室。

十一月辛亥，蒙古诏禁天文、图谶等书。

是年，蒙古诏省、院、台、部、宣慰司、廉访司及部府幕官之长均用蒙古、色目人。

宋立沈州（今沈阳），以安置高丽降民。

黄震为史馆检阅，轮对时言时弊：曰民穷、兵弱、财匮、士大夫无耻。

许衡以病告，蒙古主命其五日一赴省议事。

江万里因得罪贾似道而去官，归隐江西故里，刘辰翁亦被劾去教官。

范希文与叶李等上书劾贾似道，被窜琼州。

程元岳时为侍御史，上言清心、寡欲、崇俭为致寿之原。

留梦炎五月同知枢密院事。

包恢由刑部尚书为签书枢密院事。

安滔举为真定儒学正。

董楷著《周易传义附录》14卷成。

按：董楷字正叔，台州临海人。《四库全书总目提要》曰："其学出于陈器之，器之出于朱子。故其说《易》，惟以洛、闽为宗。是编成于咸淳丙辰（注：咸淳年无丙辰，只有丙寅），合程子《传》（《伊川易传》）、朱子《本义》（《周易本义》）为一书，而采二子之遗说附录其下，意在理数兼通。又引程、朱之语以羽翼程、朱，亦愈于逞臆凿空，务求奇于旧说之外者。惟程子《传》用王弼本，而朱子《本义》则用吕祖谦所定古本，楷以程子在前，遂割裂朱子之书，散附程《传》之后。沿及明永乐中，胡广等纂《周易大全》，亦仍其误。至成矩专刻《本义》，亦用程《传》之次序。乡塾之士，遂不复知有古经，则楷肇其端也。"涵芬楼有元刊本（精刻初印），收入纳兰性德《通志堂经解》、《四库易学丛刊》（1989年上海古籍出版社出版）等丛书中。

日本佛僧日莲著《法华题目钞》。

英国哲学家、科学家罗吉尔·培根始著《小著》、《第三者》。

王恽编《文府英华》。

朱佐著《类编朱氏集验医方》15卷。

方岳著《深雪偶谈》1卷刊行。

刘克庄著《后村诗话》续集成书。

英国经院哲学家、唯名论者邓斯·司各脱（ —1308）生。（按：一说生于1270年。）

赵葵卒（1186— ）。葵字南仲，号信庵，一号庸斋，潭州衡山人。赵范弟。少随父赵方抗金，于宁宗嘉定间与金军战于枣阳、邓州、蕲州等地，以功授承务郎、知枣阳军。理宗绍定间，击败李全，升兵部侍郎。官至右丞相兼枢密使。卒谥忠靖。能诗善画，以墨梅著称。存世作品有《杜甫诗意图》。著有《行营杂录》1卷。事迹见《宋史》卷四一七本传。

张特立卒（1191— ）。特立字文举，东明人。初名永，避金卫绍王讳，易今名。以进士为偃师主簿，拜监察御史。平章政事白撒犒军陕西，特立诀其掾不法。白撒诉于朝，特立遂弃官归。特立通程氏《易》，晚教授诸生。事迹见《新元史》卷二四一本传。

按：《新元史》本传曰："世祖在潜邸，使右丞赵宝臣谕特立曰：'前监察御史张特立，养素丘园，易代如一，今年几七十，研究圣经，宜锡嘉名，以光潜德，以特赐号曰中庸先生。'又谕曰：'先生年老目病，不道故令赵宝臣谕意，且名春读书之堂曰丽泽。'复降玺书谕特立曰：'白首穷经，诲人不倦，无过不及，学者宗之。昔已赐嘉名，今复谕意。'中统二年，诏曰：'中庸先生，学有渊源，行无瑕站，虽经坂乱，不改故常，未遂丘园之贲，俄兴窀穸之悲，可复赐前号，以彰宠数。'"

袁桷（ —1327）、龚璛（ —1331）、韩性（ —1341）生。

宋咸淳三年　蒙古至元四年　丁卯　1267年

大越（陈朝）定宗室子孙封爵之制，选举儒士任文吏，定军伍。

正月癸卯，蒙古敕修曲阜孔庙。

乙巳，蒙古禁僧官侵理民讼。

戊申，宋度宗诣太学谒孔子，行释菜礼。以颜渊、曾参、孔伋、孟轲配享，升颛孙师于十哲，列邵雍、司马光于从祀，邵雍封新安伯。

二月丁卯，蒙古改经籍所为弘文院，以马天昭为知院事。

三月己丑，蒙古改设二丞相。

丁巳，蒙古耶律铸制宫县乐成，赐名《大成》。

五月丁丑，蒙古敕上都重建孔子庙。

九月，蒙古申严西夏中兴等路僧尼、道士商税、酒醋之禁。

十月庚辰，蒙古定品官子孙荫叙格。

宋废除童子试，再未恢复。

是年，宋度宗敕建福建将乐龟山书院，并为之题额，以祀杨时。后改名"道南祠"。

蒙古迁都中都城(今北京市),中都开始成为北方周边和汉族移民的主要迁入地。

文天祥九月为吏部尚左郎官,辞免不允,十二月至临安上任。

王应麟迁将作监兼侍立修注官;十月迁秘书少监兼侍讲;十一月迁起居舍人兼权中书舍人。

谢枋得十二月放归田里。

胡三省差充寿春府府学教授,佐淮东幕府,旋改奉议郎,知江陵县。

贾似道为平章军国重事,赐第西湖葛岭。

刘秉忠奉命扩建燕京城。

刘黼拜监察御史。

马廷鸾丁母忧毕,同知枢密院事兼同提举编修《经武要略》。

方回任江东提举司干办公事。

马光祖拜参知政事。

徐直方以布衣进《易解》6卷,补迪功郎,授史馆编校。

谢翱试进士不第,著《宋铙歌鼓吹曲》12篇和《宋骑吹曲》10篇上太常。

阳枋卒(1187—)。枋字宗骥,一字正父,号字溪,合州巴川县人。淳祐元年赐进士出身,官至绍庆府学教授。著有《易说》、《图象》、讲义、诗词等,原稿已佚。清四库馆臣从《永乐大典》辑为《字溪集》12卷。事迹见《有宋朝散大夫字溪先生阳公行状》(《字溪集》附)。宋阳炎卯编有《字溪先生阳公纪年录》。

洪焱祖(—1329)生。

英国哲学家、科学家罗吉尔·培根设计了眼镜,阐述了反射、折射、球面光差的原理及机械推进船只和车辆的原理。

宋咸淳四年　蒙古至元五年　戊辰　1268年

正月庚子,蒙古上都建城隍庙。

三月丁丑,蒙古罢诸路女真、契丹、汉人为达鲁花赤者,其回回、畏吾儿、乃蛮、唐兀人仍旧供职。

五月壬申,赐礼部进士陈文龙以下664人及第、出身。

七月癸丑,蒙古设立御史台,以右丞相塔察儿为御史大夫。

十月己卯,蒙古敕中书省、枢密院,凡有事与御史台官同奏。

埃及苏丹克雅法、安条克城,十字军安条克公国亡。

庚寅,蒙古命从臣录《毛诗》《论语》《孟子》。

十一月,蒙古始定朝仪。

十二月,诏命建康府建南轩书院,祠先儒张栻。

是年,元世祖赐真大道六祖孙德福"通玄真人"号,命其统辖诸路真大道,赐铜章,后改赐银印二。

比通托的主教特奥多利科·博戈诺尼约于是年编写外科教科书(总结了波洛尼亚医科学校的经验)。

文天祥正月兼学士院权直、国史院编修官、实录院检讨官,寻遭台臣黄镛弹劾罢官。是冬,朝廷命其为福建提刑,未上任即遭台臣陈懋钦奏免。

黄震为史馆校阅,与修宁宗、理宗两朝国史实录;七月轮对时,极言时弊,出添差通判广德军。

江万里起知太平州兼提领江淮茶盐兼江东转运使,又以刘辰翁为幕僚。

马廷鸾四月权参知政事。

曹泾进士及第,马廷鸾曾召置西席,以教其子马端临兄弟。

按:《宋元学案》卷八九《介轩学案》曰:"曹泾字清浦,休宁人。八岁能通《五经》。咸淳戊辰丙科,授昌化簿。博学知名,马端临尝师事之。入元,为紫阳书院山长。卒年八十有二。著有《讲义》四卷、《书稿》、《文稿》、《韵稿》、《俪稿》各五卷。"

黎立武举进士第三,仕至军器少监、国子司业。

按:黎立武字以常,号寄翁,临江军新喻人。宋亡不仕,闲居30年以终。与文天祥、谢枋得相友善,学者称所寄先生,私谥元中子。《宋元学案》列其入《兼山学案》。著有《中庸指归》1卷、《中庸分章》1卷、《大学发微》1卷、《大学本旨》1卷。《四库全书总目提要》曰:"盖《中庸》之学传自程子,后诸弟子各述师说,门径遂岐。游酢、杨时之说为朱子所取,而郭忠孝《中庸说》以中为性,以庸为道,亦云程子晚年之定论。立武《中庸指归》,皆阐此旨。"事迹见吴澄《元中子碑》(《吴文正集》卷六五)、《宋史翼》卷三五。

包恢十二月罢签书枢密院事。

刘克庄五月特除龙图阁学士,仍旧致仕。

王恽为监察御史。

方回为江淮大司干办公事。

程若庸任武夷书院山长。

黄岩孙咸淳间知尤溪县,重建南溪书院,复作夫子燕居堂,录朱熹《太极》、《通书》、《西铭解》三篇,又撰三篇文章的《辑解》,刊于书院。

卢挚举进士。

梁栋举进士,辟宝应主簿。

英国哲学家、科学家罗吉尔·培根于1266年始著的《小著》、《第三者》成书。

郝经著《易外传》8卷、《太极演》20卷。

史能之著《咸淳毗陵志》30卷。

曹之格重行募刻米芾所刻晋帖,并增刻家藏其他晋帖及米芾书多种,题为《宝晋斋法帖》。

按：《宝晋斋法帖》，今上海博物馆珍藏有10卷本，是当今公认的传世唯一宋拓全本。拓本内容有：《乐毅论》、《黄庭经》、《曹娥碑》、《羲之临钟繇帖》、《褚遂良临本兰亭序》、《得示帖》、《快雪时晴帖》、《十七帖》、《破羌帖》等名帖。崇宁三年（1104），米芾在无为做地方官时，得到王羲之的《王略帖》墨迹、王献之的《十二月帖》墨迹和谢安的《八月五日帖》墨迹，遂将其斋命名为"宝晋斋"，并将这三帖刻石，置于其当官的府内。米芾所刻之帖，后毁于火。葛祐之任无为军时，据火前拓本重刻此3帖，为《宝晋斋法帖》第2代刻本，与原先残石同置官舍，后又毁。是年曹之格任无为军通判，他搜集旧石并重新摹刻，除原三石外又增加曹氏家藏的晋人法书和米氏父子墨迹，增补为10卷，首卷拓原三帖残石，是为《宝晋斋法帖》第3代刻本。

刘克庄著《后村诗话》新集成书。

包恢卒（1182—　）。恢字宏父，一字道夫，号宏斋，建昌人。庆元六年，尝见朱熹于武夷，后尊崇陆九渊之学。嘉定十三年进士，调金溪主簿。历知合州、平江府。以资政殿学士致仕。卒赠少保，谥文肃。著有《敝帚稿略》8卷及《周礼六官辩》等。《宋元学案》列其入《槐堂诸儒学案》。事迹见《宋史》卷四二一本传。

按：《宋史》本传谓包恢"经筵奏对，诚实恳恻，至身心之要，未尝不从容谆至。度宗至比恢为程颢、程颐"。

张道洽（1205—　）。道洽字泽民，号实斋，衢州开化人。端平二年进士。曾为池州签判，后辟襄阳府推官而卒。工诗，有咏梅诗300余首，据《开化县志》载，除《瀛奎律髓》存36首外，《宋百家诗》存150余首，有"梅花诗人"之称。方回尝为作诗集序。事迹见《桐江集》卷一、《宋诗纪事》卷六五。

严用和卒（约1206—　）。用和字子礼，庐山人。学医于刘开。宝祐元年，集三十余年临证经验，采有效古方，撰成《济生方》。后又撰《济生续方》，以补未备。

刘诜（　—1350）生。

意大利神学家、哲学家、巴黎大学博士托马斯·阿奎那著《论有精神的被造者》、《一般道德论》、《论爱》、《论希望》（定期讨论集）。

宋咸淳五年　蒙古至元六年　己巳　1269年

正月，蒙古诏命访前代知礼仪者，并稽古典、参时宜，修定朝仪，肄习之。宋诏赐婺源朱氏故居称文公阙里。

二月己丑，蒙古命国师八思巴创蒙古新字，颁行天下，其字凡千余，大要以谐声为宗。书写格式一般直行从右到左，主要用于官方公文，偶尔也用于钱币、碑刻、书籍。

按：元代曾用八思巴蒙文刻印《蒙古字孝经》、《大学衍义择文》、《忠经》、《蒙古字百家姓》《蒙古字训》等书籍。

七月癸酉,蒙古立诸路蒙古字学,招收生徒学习;生徒得免自身杂役。恢复国子学。

十月己卯,刘秉忠等奏朝仪已定,诏择蒙古宿卫士、可习容止者百余人肄之。复定朝仪服色。

是年,元世祖诏赠封王玄甫"东华紫府少阳帝君",钟离权、吕洞宾、刘海蟾、王重阳"真君"之名,马钰、谭处端、刘处玄、丘处机、王处一、郝大通、孙不二"真人"号。

蒙古再次出兵高丽,大批高丽人被掳入中国。

文天祥在白鹭书院时被江万里器重;四月被任命为知宁国府,辞职不允,遂于十一月赴任。一月后又奉命入朝,任军器监,兼任崇政殿上书、学士院权直、玉牒所检讨官。

江万里三月召为左丞相,刘辰翁亦随之入京,对政事有所咨询。

王应麟以秘阁修撰主管建康府崇禧观。

许衡奉命与徐世隆定朝仪,同刘秉忠、张文谦定官制。

戴表元入太学学习。

方回入为太学博士,与戴表元定交。

马廷鸾由参知政事进右相兼枢密使,因忤贾似道而罢政。

马光祖进知枢密院事。

杨果出为怀孟路总管。

吴龙翰举乡贡,以荐授编校国史院实录文字。

龚开与方回、刘澜等钱送钱纯父、陆秀夫等赴江陵。

日本仙觉著《万叶集抄》。

意大利神学家、哲学家、巴黎大学博士托马斯·阿奎那始著《自由讨论集》。

皮埃尔·马里古特著《马里古特磁学书信》,是为已知的对磁的物理性质的最早描述。

王柏著《大学严格论》及《大学严格后论》。

元修《宋史》刊刻行世。

按:刊刻官员有:行省提调官达世贴睦迩、忽都不花、韩淝、撒马笃、杨惟恭、岛刺沙、崔敬、赫德余、郑璠、徐盘、马黑麻、李琰、堵简;杭州路提调官赵琏;儒司提调官李祁;监督儒官钱惟演、应才、刘元、姚安道。

王应麟所著《玉海》200卷由庆元路儒学刊刻。

按:《四库全书总目提要》曰:"宋自绍圣置宏词科,大观改词学兼茂科,至绍兴而定为博学宏词之名,重立试格。于是南宋一代,通儒硕学多由是出,最号得人。而王应麟尤为博洽。其作此书,即为词科应用而设。故胪列条目,率巨典鸿章。其采录故实,亦皆吉祥善事,与他类书体例迥殊。然所引自经史子集,百家传记,无不赅具,而宋一代之掌故,率本诸实录、国史、日历,尤多后来史志所未详。其贯串奥博,唐宋诸大类书未有能过之者。"全祖望曰:"四明之学多陆氏。深宁(王应麟)之父,亦师史独善,以接陆学,而深宁绍其家训,又从王子文以接朱氏,从楼迂斋(楼钥)以接吕氏,又尝与汤东涧(汤汉)游。东涧亦兼治朱、吕、陆之学者也。和齐斟酌,不名一师。《宋史》但夸其辞业之盛,予之微嫌于深宁者,正以其辞科习气未尽耳。若区区以其《玉海》之少作为足尽其底蕴,陋矣。"(《宋元学案》卷八五《深宁学案》)

崇县县斋刻印张咏《乖崖先生文集》12卷。

僧志磐著成《佛祖统纪》54卷,奉天台宗为正统;有自序。

按:本书乃在南宋僧景迁《宗源录》、宗鉴《释门正统》两部天台史书基础上,仿照史书纪传体、编年体增补改编而成,是一部体例完备、内容丰富的百科全书式的佛教通史。有单刻本流行,现行流通本已经后人增补。《四库全书总目提要》曰:"志磐,咸淳中住四明东湖。是书详载天台一宗源流。其凡例称:政和中僧元颖作《宗元录》,庆元中吴克己作《释门正统》。嘉定间,僧景迁因克己之书作《宗源录》。嘉熙初,僧宗鉴又取《释门正统》重修之。志磐以其皆未尽善,乃参取诸书,撰为此编。以诸佛、诸祖为本纪八卷,以诸祖旁出为世家二卷,以诸师作列传十三卷。又作表二卷,志三十卷;全仿正史之例。大旨以教门为正脉,而莲社、净土及达摩、贤首、慈恩、灌顶、南山诸宗,仅附见于志。断断然分门别户,不减儒家朱、陆之争。至所称上稽释迦示生之日,下距法智息化之年,一佛二十九祖,通为本纪,以系正统,如帝王正宝位而传大业。如谓已超方外,则不宜袭国史之名;如谓仍在寰中,则不宜拟帝王之号。虽自尊其教,然僭已甚矣。"

林希逸著《潮州重修韩山书院记》和《潮州海阳县京山书舍记》。

刘克庄卒(1187—)。克庄字潜夫,号后村居士。莆田人。初名灼,嘉定二年以郊恩奏补将仕郎,改今名。官至工部尚书兼侍读,以龙图阁学士致仕。卒谥文定。江湖派最大的诗人。著有《后村先生大全集》200卷。又编有《分门纂类唐宋时贤千家诗选》22卷,为流行颇广的蒙学教材。事迹见宋林希逸《后村先生刘公行状》、洪天锡《后村先生墓志铭》(《后村集》卷一九四附)。今人李国庭编有《刘克庄年谱简编》。

何基卒(1187—)。基字子恭,号北山,学者称北山先生,金华人。青年时师事黄榦,得亲传朱熹之学,一生不应科举,不受俸禄,执教乡里,以布衣终身。与王柏、金履祥、许谦和称"金华四先生"。著有《大学发挥》14卷、《中庸发挥》8卷、《大传发挥》2卷、《易启蒙发挥》、《通书发挥》、《近思录发挥》、《北山集》40卷等。所著大多散佚,今存《何北山遗集》4卷。《宋元学案》为列《北山四先生学案》。事迹见《宋史》卷四三八本传、王柏《何北山先生行状》(《北山集》卷四)、元吴师道《何文定公实录》(《北山集》附录)。

按:《宋元学案》卷八二《北山四先生学案》曰:"宗羲案:北山之宗旨,熟读《四书》而已。北山晚年之论曰:'《集注》义理自足,若添入诸家语,反觉缓散。'盖自嘉定以来,党禁既开,人各以朱子之学为进取之具,天乐浅而世好深,所就日下,而剿掠见闻以欺世盗名者,尤不足数。北山介然独立,于同门宿学,犹不满意,曰'恨某早衰,不能如若人强健,遍应聘讲,第恐无益于人,而徒勤道路耳。然则,若人者,皆不熟读《四书》之故也。'北山确守师说,可谓有汉儒之风焉。"王柏《何北山先生行状》谓何基"平时不著述,惟研究考亭(即朱熹)之遗书,兀兀穷年而不知老之已"。《宋史》本传曰:"基淳固笃实,绝类汉儒。虽一本于熹,然就其言明,则精义新意愈出不穷。"何基忠于朱学,对理学在浙东的传播起到重要作用。

杨果卒(1195—)。果字正卿,号西庵,祁州蒲阴人。金哀宗正大元年进士,曾为偃师令。金亡,流寓河朔。元世祖中统二年拜参知政事。至

法国彼得·伯勒格林卒,生年不详。反对经院哲学的经验论者,著有《关于磁气的书简》。

元六年出为怀孟路总管。著有《西庵集》。事迹见《元史》卷一六四本传。

程元凤卒（1200— ）。元凤字申甫，号讷斋，徽州人。绍定元年进士，任江陵府教授。后迁太学博士、宗学博士，于荣王府讲授《诗经》、《周礼》。官至右丞相兼枢密使，进封新安郡公。以少保、观文殿大学士致仕。谥文清。著有《讷斋文集》，已佚。事迹见《宋史》卷四一八本传。

元明善（ —1322）、李伯瞻（ —1328）、刘文瑞（ —1329）、贡奎（ —1329）、唐元（ —1349）、吴全节（ —1350）、黄公望（ —1354）生。

宋咸淳六年　蒙古至元七年　庚午　1270年

法王路易九世组建第八次十字军东侵。同年卒，其子腓力三世继位。路易九世留下了一个精神威望与政治实力、经济繁荣相得益彰的王国。

正月，蒙古立尚书省，罢制国用使司；立司农司，设四道巡行劝农司；又建立村社制度，五十家为一社，设社长一人，以便统治。每社设义仓和学校，社学择通晓经书者为学师，农闲时令社众子弟入学，习《孝经》、《小学》、《四书》等。

辛酉，宋颁行《成天历》。

丁卯，宋度宗制《字民》、《牧民》二训，以戒百官。

二月丙子，蒙古帝御行宫，观刘秉忠、李罗、许衡及太常卿徐世隆所起朝仪，大悦。

三月庚子朔，蒙古改诸行中书省为行尚书省。

四月，蒙古设诸路蒙古字学教授。

六月庚午，诏《太极图说》、《西铭》、《易传序》、《春秋传序》，天下士子宜肄其文。

九月，蒙古敕僧、道、也里可温有家室不持戒律者，占籍为民。

文天祥四月戊寅兼崇政殿说书、直学士院，七月被台臣张志立弹劾，致仕。

黄震添差通判绍兴府。

王应麟以朝奉大夫、秘阁修撰知徽州，访方回，并刊罗愿《尔雅翼》于郡斋，为文序之。

许衡为中书佐丞，用程朱理学教育蒙古贵族子弟；因阿合马从中作梗，许衡辞职还乡。

意大利神学家、哲学家、巴黎大学托马斯·阿奎那著《驳阿威罗伊派论悟性的单一性》。

胡三省因丁母忧，离江陵知县任。丧服既满，改知怀宁县。

江万里辞左丞相，退居乡里。

陈宜中为相，曾荐举刘辰翁居史馆，又除太学博士，刘辰翁均固辞不就。

宋咸淳六年　蒙古至元七年　庚午　1270年

郑滁孙为乐清县令，将艺堂书院改建为宗晦书院，内祀朱熹像，因朱熹曾于乾道间在此讲学。

高斯得擢翰林学士、知制诰兼侍读，进端明殿学士、签书枢密院事兼参知政事，同提举编修《敕令》及《经武要略》。

戴表元试中太学秋举，岁终校外舍生，试优，升内舍生。

按：戴表元《李氏族谱后序》曾详言南宋取士之法曰："江南之取士有二途：其一曰进士甲科。其法以三岁之秋，举于乡、于漕、于国、于监，试用经义诗赋论策，明岁春，再试仪曹，中即进之大廷策之，第为五甲，而高下皆授之官。其二曰三舍法。其法仪曹于春秋进士毕，取去岁秋举之见遗而不忍弃者，单试之经义诗赋，中即升之成均，曰外舍生，以经义诗赋论策，月各一试，而学官自考之，曰私试。岁终较其优升内舍，曰外优。优成，又取内舍生月考之，岁终较其优，曰内优。优成，仪曹再岁取内舍生通试之，为优平二等，曰上舍试。内优成而再入优为上等上舍，授官比进士第二人。其次一优一平，为中等上舍。其次二平为下等上舍，与教授，而通名之曰释褐。外舍生之未升也，仪曹又每岁以经义诗赋论策一试之，亦分优平，曰公试。既升而试，如上舍法。"（《剡源文集》卷一〇）

陈宗礼十月兼权参知政事，依旧同提举编修敕令、《经武要略》。

方回任国子监国子正、太学博士。

僧本觉编《释氏通鉴》成书。

黎靖德根据李道传池州刊《朱子语录》43卷、黄士毅眉州刊《朱子语类》140卷、李性传饶州刊《朱子语续录》46卷、蔡杭饶州刊《朱子语后录》26卷、王佖徽州刊《朱子语续类》40卷、吴坚建安刊《朱子语别录》20卷等六种刊本，删繁补遗，相互参校，考定正误，重新分门编类，编成《朱子语类大全》140卷刊行，即通行本的《朱子语类》。

按：朱熹一生从事讲学，诸弟子对其讲话和答疑各有所记。朱熹卒后，诸弟子将这些记录加以整理汇辑，并逐渐刊行于世，致使朱子语录一时间多本并出，详略不一。其主要有嘉定八年（1215）蜀人李道传取三十三家，刻之于池州，曰"池录"；嘉熙二年（1238），李道传之弟李性传取四十二家语录，刻之于饶州，曰"饶录"；淳祐九年（1249），建安蔡杭取二十三家，刻于饶州，曰"饶后录"；咸淳初年，吴坚采三录未收者二十九家，又增入四家，刊于建安，曰"建录"。同时，又有诸弟子将朱子语录按类编排，名曰《语类》而刊行于世者，主要有嘉定十二年（1219）黄士毅取百家语录编成的100卷"蜀本"；淳祐十二年王佖续编"徽本"等。上述四种《语录》、两种《语类》，诸书并行，互有出入，未尽完善。黎靖德乃以黄士毅《语类》为本，参校诸书，去取重复者1151条，然后以类条列，名曰《朱子语类大全》，是为今本。

林希逸著《后村先生大全集序》。

王柏订《古中庸》。

胡三省在杭州著成《雠校通鉴凡例》。

安熙（　—1311）、黄元吉（　—1324）、张养浩（　—1329）、许谦（　—1337）、柳贯（　—1342）、潘音（　—1355）、张可久（　—？）生。

意大利F·阿库修斯将收集和整编的前辈注释汇编成完整著作《法令注释》，后被称为《大注释》。盛行约一个世纪，权威不亚于罗马法原本，为在欧洲研究罗马法奠定了基础。

法国霍利伍德著《天球论》问世，阐述了球面天文学，简明扼要，通俗易懂，再版多次，有多种译本。

阿拉伯A·海桑的光学著作《海桑光学理论》被译成拉丁文。书中阐述了关于折射、反射、透射聚焦，虹、抛物柱面镜和球面镜等理论。是为托勒密时代之后，第一个对光学理论做出了贡献。

西班牙奉国王阿方索十世之命编写的散文作品《世界编年史》约于是年问世，开创了西班牙编年史文学。

法国埃蒂内·布瓦洛约于是年著法国的职业学之书《职业知识》。

德国奈德哈特·冯·罗恩塔尔约于是年卒（约1205—　）。中古高地德语抒情诗人和南德地区流浪艺人，同时也是节奏明快的"宫廷格调的村歌"的代表人物。

宋咸淳七年　元至元八年　辛未　1271年

造纸术传入意大利。

二月，定民间婚聘礼币，贵贱有别。

三月，蒙古侍讲学士图克坦公履欲奏行科举，知蒙古主于释氏重教而轻禅，乃言儒亦有之；科举类教，道学类禅。蒙古主怒召姚枢、许衡与宰臣廷辨。董文忠自外入，蒙古主曰："汝日诵《四书》，亦道学者。"董文忠对曰："陛下每言士不治经讲孔孟之道而为诗赋，何关修身，何益治国！由是海内之士，稍知从事实学。臣今所诵皆孔孟之言，焉知所谓道学！而俗儒守亡国余习，欲行其说，故以是上惑圣听。恐非陛下教人修身治国之本也。"事遂止（《元史·董文忠传》）。

是月，蒙古在京师设立蒙古国子学，增置司业、博士、助教各一员，选随朝百官近侍蒙古、汉人祖孙及俊秀者充生徒。以翰林院所译蒙文《通鉴节要》为教材。

五月乙酉，赐礼部进士张镇孙以下502人及第、出身。

是月，命蒙古官子弟好学者兼习算术。

七月壬戌朔，蒙古设回回司天台官属。

十月，有司进《群经要略》。

十一月乙亥，蒙古世祖忽必烈用刘秉忠议，取《易》"大哉乾元"之意，改国号为大元。

> 按：国号前加"大"字，始于元朝，此前各朝的"大"字，均为臣下或属国所加尊称。

元禁止金旧地继续实行金章宗时制定的《泰和律义》。

十二月，元正式设立国子学，下诏全国兴办。

辛亥，置"士籍"，开具乡里、姓名、年甲、三代、妻室，令乡邻结勘，于科举条制无碍，方许纳卷。虚增人名、冒充举子者，同保皆要受罚。

文天祥冬至除湖南运判，台臣陈坚表寝新命。

金履祥至临安以布衣向朝廷"进牵制捣虚之策，请以重兵由海道直趋燕蓟，则襄樊之师将不攻而自解"，"闻者以为迂阔"（《续资治通鉴》卷一七九）。

黄震改知抚州。

许衡六月拜集贤大学士兼国子监祭酒，即燕京南城旧枢密院设学，因请征其弟子王梓、耶律有尚、姚燧等12人为斋长。

> 按：许衡确立了程朱理学在国子监及地方官学及书院的地位，继赵复之后，推动了理学在北方大范围推广，当时与吴澄为南、北学者之宗。黄百家曰："有元之学者，鲁斋（许衡）、静修（刘因）、草庐（吴澄）三人耳。草庐后至鲁斋、静修，盖元之所藉以立国者也。二子之中，鲁斋之功甚大，数十年彬彬号称名卿材大夫者，皆其门人，

于是国人始知有圣贤之学。"(《宋元学案》卷九一《静修学案》)

  王应麟七月召为秘书监兼权中书舍人,力辞不许;十月供职书行吏左户房兼国史院编修官、实录院检讨官兼侍讲,十一月迁起居郎,仍兼权中书舍人。
  戴表元以舍生高等,登进士乙科,授建康府教授。
  郝经作和陶诗百余首。
  刘因以宰相不忽木推荐,擢承德郎、右赞善大夫,继王恂之后,在学宫督教近侍子弟。
  刘黼为沿海制置使,于浙江余姚客星山建高节书院,延请严子陵四十世孙严士德主教事,授《孟子》、程朱学说。又奏请于慈溪县建慈湖书院,以纪念学者杨简(字慈湖)。
  林景熙以上舍释褐,授泉州教授。
  魏新之举进士,授庆元府教授。
  黄仲元举进士,授国子监簿,不就。
  按:黄仲元字善甫,号四如,福建莆田人。黄绩子。宋亡后,更名黄渊,字天叟,号韵乡老人,教授乡里以终。著有《四如讲稿》6卷及《经史辨疑》、《四如文集》等。

  《全唐诗话》6卷成书。
  按:此书旧题尤袤撰,其实此时尤袤已经谢世八十余年,后人疑其伪。《四库全书总目提要》以为"校验其文,皆与计有功《唐诗纪事》相同",又考《齐东野语》,载贾似道所著书中有此书,故断定此书乃贾似道门人廖莹中抄计有功之书而成。
  僧志磐著《佛祖统纪》54卷刊行。
  陈宜中著《学道书院记》。

  陈宗礼卒(1203—)。宗礼字立之,号千峰,建昌军南丰人。少时曾向袁甫问学。淳祐四年进士。由邵武军判官入为国子正,累迁秘书监。咸淳六年,兼参知政事。卒谥文定。著有《经史明辨》、《经史管见》、《人物论》、《两朝奏议》、《经筵讲义》、《寄怀斐稿》、《曲辕散木集》,皆佚。《宋元学案》列其入《挈斋学案》。事迹见《宋史》卷四二一本传。
  按:《宋元学案》卷七五《挈斋学案》曰:"理宗时,尝言星变在修德布政,以回天意。度宗即位,上疏言:'恭俭之德,自上躬始;清白之规,自宫禁始。'上曰:'孝宗家法,惟赏善罚恶为尤谨。'因言:'有功不赏,有罪不罚,虽尧、舜不能治天下,信不可不谨。'又言:'天命人心,因其警戒而加敬畏,天命未有不可回,因其未坠而加绥定,人心未尝不可回。'及卒,赠开府仪同三司,追封盱江郡侯,谥文定。"
  薛玄卒,生年不详。玄字微之,号庸斋,洛阳人。曾任应州教授,迁中储转运使。与学者姚枢、元好问等交游。卒追赠集贤直学士、亚中大夫,谥文靖。著有《皇极经世图说》、《圣经心学篇》、《易解》、《中庸注》、《道德经解》、《适意集》等。事迹见《新元史》卷二三四本传。
  杨载(—1323)、程端礼(—1345)、曹知白(—1355)生。

英国哲学家、科学家罗吉尔·培根始著《哲学研究纲要》。

宋咸淳八年　元至元九年　壬申　1272年

伊尔汗国建立马拉盖天文台（今伊朗西北部大不里士城南），并任命首相纳西尔·J·图西主持天文台工作。该台学者用12年时间，完成了一部《伊尔汗历数书》。

意大利波尔吉萨诺制成生丝纺车和捻丝机。

越南黎文休撰首部正史《大越史记》成书。

英国哲学家、科学家罗吉尔·培根于1271年始著的《哲学研究纲要》成书。

意大利神学家、哲学家、巴黎大学博士托马斯·阿奎那于1269年始著的《自由讨论集》成书；于1265年始著的《神学综论》第一、二部分完成。

由西班牙国王阿方索十世召集，耶胡达·本·摩西·柯亨与伊萨克·本·希德主持编写的《阿方索天文表》在托莱多编成。

正月甲子，元并尚书省入中书省。改北京、中兴、四川、河南四路行尚书省为行中书省。京兆复立行省。

二月壬辰，元改中都为大都（今北京）。

是月，元始置诸路医学提举司，统领各处医学，审查诸路医学生徒课义，考核太医教官，整理名医著述，辨验药材。

三月甲戌，元焚民间《四教经》。

七月，元禁私鬻《回回历》。

戊寅，元集都城僧诵《大藏经》九会。

壬午，和礼霍孙奏："蒙古字设国子学，而汉官子弟未有学者，及官府文移犹有畏吾字。"诏自今凡诏令并以蒙古字行，仍遣百官子弟入学（《元史·世祖本纪四》）。

十月癸卯，元初立会同馆，专居降附之入觐者。

黄震兼权提举江西常平茶盐。

王应麟因元兵久围襄樊，上疏极言边事，指陈成败逆顺之说，被贾似道斥逐，归居于鄞县。

刘因以母病为由，辞官归家。

家铉翁权知绍兴府、浙东安抚提举司事。

何时为江西兴国知县，建安湖书院。文天祥为书院作记。

按：元代吴澄著有《题安湖书院始末后》。

马廷鸾十一月力辞免相，以观文殿大学士知饶州。

马端临以荫补承事郎。

王恽授承直郎、平阳路总管府判官。

刘黼召为刑部侍郎。

朱元昇著《三易备遗》10卷是年由家铉翁进呈。

按：朱元昇字日华，平阳人。嘉定四年武举进士，官政和县巡检。弃官不仕，精研《易经》三十年，著成此书。《四库全书总目提要》曰："元昇学本邵子，其言《河图》、《洛书》，则祖刘牧。"

郝经著《续后汉书》。

谢公应、边实著《咸淳玉峰续志》1卷。

《桂州城图》约于是年编绘刻石。

王梦松卒(1186—　)。梦松字曼卿,处州青田人。学者称顺斋先生。叶味道弟子。著有《易解》、《书解》、《礼记解》、《论语解》、《孟子解》、《大学中庸解》等。《宋元学案》列其入《木钟学案》。

汤汉卒(1202—　)。汉字伯纪,号东涧,饶州安仁人。真德秀在潭州时,召为宾客。被江东提刑赵汝腾荐于朝,充象山书院堂长。淳祐四年进士,授上饶县主簿。淳祐十二年,充国史实录院校勘。官至权工部尚书兼侍读。卒谥文清。著有文集60卷,已佚。《宋元学案》列其入《存斋晦静息庵学案》。事迹见《宋史》卷四三八本传。

按：汤汉曾师从汤巾,传播陆学颇有贡献。全祖望《答临川序三汤学统源流札子》曰："陆文安弟子在江南西道中最大者,有鄱阳汤氏,而向来无知之者。案三汤子(即汤千、汤巾、汤中)并起,至东涧先生文清公而益著。东涧在《宋史》有传,而不详其学术师友。……三汤子之学,并出于柴宪敏公中行,固朱学也。其后又并师真文忠公(真德秀),亦朱学。乃晚年则息、存二老仍主朱学,称大、小汤,而晦静(汤巾)别主陆学。东涧之学,肩随三从父而出,师友皆同,而晚亦独得于晦静。是时朱、陆二家之学并行,而汤氏一门四魁儒,中分朱、陆,各得其二。方虚谷主张朱学,力诋东涧,以为见包恢入政府,方守陆学,遂为所胁,舍而从之,此乃门户党伐,入主出奴之说,不足信。晦静之以陆学名,乃在包氏未登宰执之时,不自东涧始也。案《袁清容集》亦言晦静始会同朱、陆之说,至东涧而益阐同之。是二汤之书,殆在赵东山之前,而先儒皆未之及,不可谓非一大罣漏也。"(《宋元学案》卷八四《存斋晦静息庵学案》)

吴文英约卒(约1212—　)。文英字君特,号梦窗、觉翁,四明人。往来江浙间,曾为吴潜浙东安抚使幕僚,复为宗室赵与芮门客。尝以词谄媚贾似道。知音律,能自度曲。著有《梦窗甲乙丙丁稿》4卷、《补遗》1卷。事迹见今人夏承焘《吴梦窗系年》。

洪天锡卒,生年不详。天锡字君畴,号阳岩,泉州晋江人。宝庆二年进士,授广州司法。官至华文阁直学士。卒赠正议大夫,谥文毅。著有《经筵讲义》、《进故事》、《通祀辑略》、《味言发墨》、《阳岩文集》,今佚。《宋元学案》列其入《艾轩学案》。事迹见《宋史》卷四二四本传。

吾丘衍(　—1311)、李直夫(　—约1321)、范梈(　—1330)、萨都剌(　—1340)、叶审言(　—1346)、虞集(　—1348)、僧清珙(　—1352)生。

法国圣阿穆尔的威廉卒(约1200—　)。基督教哲学家、神学家,反对托钵修会。著有《假基督及其臣宰》,有亚里士多德著作的注释。

宋咸淳九年　元至元十年　癸酉　1273年

正月,元世祖诏,自今并以蒙古字书宣命。

四月,元敕南儒被人掠卖者,官赎为民。

六月辛未,元敕翰林院纂修国史,采录累朝事实,以备编集。

十一月,元世祖命布只儿修起居注。

是年,元世祖召王志坦掌全真教,加号"真人"。

文天祥正月起为湖南提刑,辞免不允,四月遂起程赴任。

谢枋得十二月以家藏岳飞故物端州石砚寄赠文天祥,文天祥刻铭语以自策:"砚虽非铁磨难穿,心虽非石如其坚,守之弗失道自全。"

> **按**:谢枋得与文天祥同榜进士,亦以忠义自任。抗元失败后,励志自守,多次拒绝元朝官员的举荐,最后绝食殉国。他在《与李养吾书》中曾说:"儒者常谈所谓为天地立心,为生民立极,为去盛继绝学,为万世开太平,正在我辈人承当,不可使天下后世谓程、朱之事皆大言无当也。"(《叠山集》卷二)

许衡辞国子监祭酒。

刘秉忠、姚枢及王磐、窦默等请复以赞善王恂摄学事,许衡弟子耶律有尚、苏郁、白栋为助教,庶几许衡之规矩不至废坠。从之。

马端临漕试第一。以父辞相位,未试于京。

黄震差提点江西刑狱。闰六月,差主管华州云台观。

陈宜中时为刑部尚书兼给事中,六月上言襄、樊之失皆由范文虎怯懦逃遁,请斩之;贾似道不许,只降一官。

方回改任平江府通判。

戴表元在建康教授任,受业弟子数百人。

袁桷从戴表元游。

江万里为湖南安抚使,知潭州。

马廷鸾十二月为浙东安抚大使,知绍兴。

刘黻改朝奉郎,试吏部尚书,兼工部尚书,兼修玉牒。曾上疏请给王十朋祠堂田土。

魏槩等请郡守刘黻于浙江永嘉建岱山书院。

> **按**:黄震有《岱山书院记》,记述书院建造经过。

俞德邻举进士,宋亡不仕。

> **按**:俞德邻字宗大,自号太玉山人,原籍永嘉平阳,徙家丹徒。著有《佩韦斋辑闻》4卷、《佩韦斋文集》16卷。

意大利神学家、经院哲学家、巴黎大学博士托马斯·阿奎那于1265年始著的《神学综论》写至第三部分,未成。并于是年著《神学大全》,同年出版。论证了教会权力高于世俗权力。为基督教构造了一个完整的客观唯心主义神

王应麟辑《周易郑康成注》1卷成。

> **按**:此书亡于两宋间。王应麟为辑《三家诗考》与《周易郑注》,创立了一套具体的辑佚"成法",内容包括按录探求,广泛搜求;注明出处,相互校勘;作序录,叙本书流传经过及辑佚宗旨。王应麟非从事辑佚第一人,但辑佚学的方法则为他所奠定,故梁启超称他是中国辑佚史上的第一人。入清,惠栋有感于王氏所辑之书尚有不足,故在其基础上,又广为搜求,重新厘定体例,成《新本郑氏周易》3卷,考证精密,实胜原书。《四库全书总目提要》曰:"应麟固郑氏之功臣,栋之是编,亦可谓王氏之功臣矣。"

潜说友著《咸淳临安志》100卷成书。

> **按**:潜说友字君高,处州缙云人。淳祐四年进士,历任两浙转运使、司农少卿、权户部尚书、知临安军府事等。南宋亡后,在福州降元。《四库全书总目提要》曰:"其人殊不足道,而其书则颇有条理。前十五卷为行在所录,记宫禁曹司之事,自十

六卷以下,乃为府志。区画明晰,体例井然,可为都城纪载之法。……故明人作《西湖志》诸书,多采用之。朱彝尊谓宋人地志幸存者,若宋次道之志长安,梁叔子之志三山,范致能之志吴郡,施武子之志会稽,罗端良之志新安,陈寿老之志赤城。每患其太简,惟潜氏此志独详。然其书流传既久,往往阙佚不全。"

左圭编《百川学海》10集100种177卷成书。

按:是书为唐、宋野史杂说之汇集,为中国最早刻印的丛书。自左氏书流行,后代编印丛书者遂多。《四库全书总目提要》曰:"古无以数人之书合为一编而别题以总名者。惟《隋志》载《地理书》一百四十九卷,《录》一卷。注曰:'陆澄合《山海经》以来一百六十家,以为此书。澄本之外,其旧书并多零失。见存别部自行者,惟四十二家。'又载《地记》二百五十二卷。注曰:'梁任昉增陆澄之书八十四家,以为此《记》。其所增旧书,亦多零失。见存别部行者,惟十二家。'是为丛书之祖,然犹一家言也。左圭《百川学海》出,始兼裒诸家杂记,至明而卷帙益繁。《明史·艺文志》无类可归,附之类书,究非其宜。当入之杂家,于义为允。今虽离析其书,各著于录。而附存其目,以不没搜辑之功者,悉别为一门,谓之杂编。其一人之书合为总帙而不可名以一类者,既无所附丽,亦列之此门。"

司农司编纂《农桑辑要》7卷成书,翰林学士王磐撰序。

按:是书系中国古代现存最早的一部官方颁行的农书。《四库全书总目提要》称其"详而不芜,简而有要,于农家之中最为善本"。

文及翁著《慈湖书院记》。

王鹗卒(1190—)。鹗字百一,曹州东明人。金正大元年中进士一甲第一人,授应奉翰林文字。曾为忽必烈讲《孝经》《尚书》《周易》与治国之道。忽必烈即位,授翰林学士承旨,参与制定典章制度。著有《论语集议》《应物集》《汝南遗事》。事迹见《元史》卷一六〇本传。

徐经孙卒(1192—)。经孙初名子柔,字仲立,号矩山,丰城人。宝庆二年进士。历任国子博士兼资善堂直讲、监察御史、秘书监兼太子谕德、起居舍人、太子詹事、礼部尚书、翰林学士等。谥文惠。著述已佚,明徐鉴辑刻《宋学士徐文惠公存稿》5卷。事迹见《宋史》卷四一〇本传。

杜瑛卒(1204—)。瑛字文玉,霸州信安人。金亡,教授汾晋间。元世祖南伐,召见问计。中统初,诏征不就。卒追赠资政大夫、翰林学士,谥文献。著有《春秋地理原委》10卷、《语孟旁通》8卷、《皇极引用》8卷、《皇极疑事》4卷、《吕律历礼乐杂志》30卷、《律历志》10卷及《杜瑛集》10卷等。事迹见《元史》卷一九九本传、《新元史》卷二四一本传。

按:《新元史》本传曰:"中统初,诏征瑛。时王文统方用事,瑛固辞。左丞张文廉宣抚河北,奏为怀孟、彰德、大名等路提举学校官,又辞。遗执政书,其略曰:'先王之道,不明异端邪说害之也。横流奔放,天理不绝如线。今天子神圣,俊乂辐辏,言纳计用,先王之礼乐教化兴明修复,维其时矣。若夫簿书期会,文法末节,汉、唐犹不屑也,执事者因陋就简,此焉是务,良可惜哉!夫善始者未必善终,今不能溯流求源,明法正俗,育材兴化,以拯数百千年之祸,仆恐后日之弊,将有不可胜言者矣。'人或勉之仕,则曰:'后世去古虽远,而先王之所设施,本未行后,犹可考见,故为政者莫先于复古。苟因习旧弊,以求合乎先王之意,不亦难乎!吾又不能随时俯仰以赴机会,

学思想体系。在基督教史上是一部空前绝后的神学巨著。

波斯贾拉勒德·鲁米卒(1207—)。神秘主义诗人,创立伊斯兰教托钵僧团。著有《诗集》,撰有长诗《玛斯纳维》《训言诗》)、抒情诗集和哲学著作《物的本质》等。

将焉用仕！'于是杜门著书，优游道艺，以终其身。"

欧阳守道卒（1209— ）。守道初名巽，字公叔，后改今名，字迁父，晚号巽斋，吉州人。淳祐元年进士。后江万里建白鹭洲书院，首致守道为诸生讲说。湖南转运副使吴子良聘守道为岳麓书院副山长。历任秘书省正字、著作佐郎、崇政殿说书等官。著有《易故》，已佚。今存《巽斋先生文集》27卷、《巽斋先生四六》1卷。《宋元学案》为列《巽斋学案》。事迹见《宋史》卷四一一本传。

按：《宋元学案》卷八八《巽斋学案》载文文山《祭先生文》曰："先生之学，如布帛菽粟，求为有益于世用，而不为高谈虚语以自标榜于一时。先生之文，如水之有源，如木之有本，与人臣言依于忠，与人子言依于孝，不为蔓衍而支离。先生之心，其真如赤子，宁使人谓我迂，宁使人谓我可欺。先生之德，其慈如父母，常恐一人寒，常恐一人饥，而宁使我无卓锥。其与人也，如和风之著物，如醇醴之醉人，及其义形于色，如秋霜夏日，有不可犯之威。其为性也，如盘水之静，如佩玉之徐，及其赴人之急，如雷电风雨，互发而交驰。其持身也，如履冰，如奉盈，如处子之自洁，及其为人也，发于诚心，摧山岳，沮金石，虽谤兴毁来，而不悔其所为。天子以为贤，搢绅以为善类，海内以为名儒，而学者以为师。"欧阳守道所创学派为巽斋学派。一传数传弟子甚多，主要有文天祥、刘辰翁、邓光荐、罗开礼、张千载、王炎午、谢翱、刘尚友、张圭、刘省吾等。

朱思本（ —1333）、**汪泽民**（ —1355）生。

宋咸淳十年　元至元十一年　甲戌　1274年

挪威国王马格努斯六世制定国家法典，以取代各地方法。

六月庚申，元世祖下诏进攻宋朝，以伯颜为帅。

七月癸未，宋度宗卒，太子即位，年4岁，是为恭帝。太皇太后谢氏垂帘听政。

九月己亥，赐礼部进士王龙泽、路万里、胡幼黄以下及第、出身。

十月甲子，诏以明年为德祐元年。

十二月癸亥，诏贾似道都督诸路军马。又诏天下勤王。

是年，元建太一宫于两京，命太一道五祖萧居寿居之，领祠事。

元军结高丽军渡海东征日本，为第一次日元战争，史称"文永之役"，亦称"甲戌之役"。

文天祥请求回江西任职，朝廷命其为赣州知州。

胡三省差充主管沿江制置司机宜文字，升奉朝郎。

陆秀夫十一月为淮东参议官。

贾似道七月受诏依文彦博故事，独班起居。

谢翱尽倾家财,募乡兵数百人,投奔文天祥,遂署咨事参军。

唐震、李阳雷等人将江西铅山瓢泉书院改建为广信书院。

江万里正月以疾辞官,诏依旧观文殿大学士,提举洞霄宫。

周密为丰储仓检察。

刘敏中由中书掾擢兵部主事。

汪梦斗将乃祖汪晫所著《曾子》1卷、《子思子》1卷献于朝廷,得赠通直郎。

按：《曾子》一书汉本久佚,唐本今亦不传,故汪著为现今研究曾子最集中的资料。

方回为安吉州通判,友人尤冰寮刻其曾祖尤袤遗诗20卷,方回为之正讹,并作跋。

王构为翰林国史院编修。

何希之举进士,为零陵教授。

熊禾举进士,授宁武州司户参军。

熊朋来举进士。

按：《宋元学案》卷四九《晦翁学案》曰:"元世祖求宋遗士,而雅重进士,以状元王龙泽为南台御史。先生与龙泽同榜,声名不相下,然不肯表襮苟进,隐居州里,生徒受业者常百人。取朱子《小学》书提其要领,示之学者。与人谈经义,日益不倦。用治书侍御史王构荐,连为闽海、卢陵教授。所至考古篆籀文,调律吕,协歌诗,以兴雅乐,制器定辞,必则古式,远近师宗之。晚以福清州判官致仕。……初,先生以《周礼》首荐乡郡,而元制《周官》不与设科,治《戴记》者尤鲜,先生屡以为言。盖先生之学,诸经中《三礼》尤深,是以当世言《礼》学者咸推宗之。……有《经说》七卷。"

廖莹中刻印《昌黎先生集》40卷、《外集》10卷、《遗集》1卷,《河东先生集》45卷、《外集》2卷成。

车若水著《脚气集》2卷成书。

董声应著《诸史纂约》、《兵鉴》、《刑鉴》成书。

周密著《草窗韵语》成书。

吴自牧著《梦粱录》20卷,有自序。

按：本书仿《东京梦华录》,是一部记述南宋临安节序风俗、宫阙官廨、山川景物、商业市肆的笔记,有很高的史料价值。《四库全书总目提要》曰:"自牧,钱塘人,仕履未详。是书全仿《东京梦华录》之体,所纪南宋郊庙宫殿,下至百工杂戏之事。委曲琐屑,无不备载。然详于叙述,而拙于文采,俚词俗字,展笺纷如,又出《梦华录》之下。而观其《自序》,实非不解雅者,毋乃信刘知几之说,欲如宋李王《关东风俗传》,方言世语由此毕彰乎？(案语见《史通·言语》篇)要其措词质实,与《武林旧事》详略互见,均可稽考遗闻,亦不必责以词藻也。自牧《自序》云:'缅怀往事,殆犹梦也,故名《梦粱录》。'末署甲戌岁中秋日。考甲戌为宋度宗咸淳十年,其时宋尚未亡,不应先作是语,意甲戌字传写误欤？王士禛《渔洋文略》有是书《跋》,云《梦粱录》二十卷,不著名氏。盖士禛所见钞本,又脱此《序》,故不知为自牧耳。今检《永乐大典》所引,条条皆题自牧之名,与此本相合。知非影附古书、伪标撰人姓氏矣。"

杨辉著《乘除通变本末》3卷成书。

按：是书上卷称《算法通变本末》，中卷称《乘除通变算宝》，下卷称《法算取用本末》。为现存较早的系统总结简便算法的数学著作。

意大利波拿文都拉卒(1221—)。神学教师、奥古斯丁经院哲学中方济各会教派的主要代表人物和改革者，号称光的天使一般的学者。著有《让科学回到神学上来》、《教义概论》、《心向神的指示者》、《定期讨论集》、《神秘学小论集》。

意大利托马斯·阿奎那卒(1225—)。天主教神学家，经院哲学家，号称天使一般的学者，为万人敬仰的学者，把亚里士多德的哲学和基督教神学结合起来。被奉为天主教哲学之最高权威。

阿拉伯纳西尔丁·图西卒(1201—)。哲学家、数学家、天文学家。曾主持建造马拉盖天文台，研究球面三角几何学。编有《伊儿汗星表》，著有《论观念》，并译注古希腊数学著作。

阿拉伯纳索埃丁卒(1201—)。学者，曾促使蒙古王公旭烈兀在墨加拉建观象台。把他的观察结果编制成行星表和恒星目录。

王柏卒(1197—)。柏字会之，号鲁斋，金华人。祖父王师愈为杨时弟子，与朱熹、张栻、吕祖谦相交往。父王瀚为吕祖谦弟子，并曾向朱熹问学。其本人从学于何基。无功名官职，一生尽力于研讨性命之学。于《论语》、《大学》、《中庸》、《孟子》、《通鉴纲目》标注点校，尤为精密。曾受聘主丽泽、上蔡等书院，从学者众。为"金华四先生"之一。著作繁多，有《读易记》、《读春秋记》、《论语衍义》、《伊洛精义》、《濂洛文统》、《周子太极衍义》、《朱子指要》、《拟道学志》、《天文考》、《地理考》等，计800余卷，现存《书疑》、《诗疑》等。后人编有《鲁斋要语》。《宋元学案》列其入《北山四先生学案》。事迹见《宋史》卷四三八本传。

按：《宋史》本传曰："柏少慕诸葛亮为人，自号长啸。年逾三十，始知家学之原，捐去俗学，勇于求道。与其友汪开之著《论语通旨》，至'居处恭，执事敬'，惕然叹曰：'长啸非圣门持敬之道。'亟更以鲁斋。从熹门人游，或语以何基尝从黄榦得熹之传，即往从之，授以立志居敬之旨，且作《鲁斋箴》勉之。质实坚苦，有疑必从基质之。于《论语》、《大学》、《中庸》、《孟子》、《通鉴纲目》标注点校，尤为精密。作《敬斋箴图》。……来学者众，其教必先之以《大学》。蔡抗、杨栋相继守婺，赵景纬守台，聘为丽泽、上蔡两书院师，乡之耆德皆执弟子礼。……其卒，整衣冠端坐，挥妇人勿近。国子祭酒杨文仲请于朝，谥曰文宪。所著有《读易记》、《涵古易说》、《大象衍义》、《涵古图书》、《读书记》、《书疑》、《诗辨说》、《读春秋记》、《论语衍义》、《太极衍义》、《伊洛精义》、《研几图》、《鲁经章句》、《论语通旨》、《孟子通旨》、《书附传》、《左氏正传》、《续国语》、《闻学之书》、《文章复古》、《文章续古》、《濂洛文统》、《拟道学志》、《朱子指要》、《诗可言》、《天文考》、《地理考》、《墨林考》、《大尔雅》、《六义字原》、《正始之音》、《帝王历数》、《江左渊源》、《伊洛精义杂志》、《周子》、《发遣三昧》、《文章指南》、《朝华集》、《紫阳诗类》、《家乘》、文集。"王柏有弟子张翌，字达善，学者称导江先生，元初被延聘于江宁学宫，时中州士大夫皆遣子弟受学《四书集注》，后又讲学于维扬，学徒益盛，金华朱学始传向北方。黄宗羲《宋元学案》卷八二《北山四先生学案》曰："鲁斋以下，开门授徒，惟仁山(即金履祥)、导江为最盛。仁山在南，其门多隐逸。导江在北，其门多贵仕，亦地使之然也。"黄百家曰："吴正传言：导江学行于北方，故鲁斋之名因导江而益著。盖是时北方盛行朱子之学，然皆无师授。导江以四传世嫡起而乘之，宜乎其从风而应也。"(《宋元学案》卷八二《北山四先生学案》)

洪天骥卒(1208—)。天骥字逸仲，号东岩，泉州晋江人。洪天锡弟。淳祐七年进士，任建宁尉。历连州推官、知香山县，累迁知潮州。著有《东岩集》。

刘秉忠卒(1216—)。秉忠字仲敏，初名侃，少时为僧，名子聪，自号藏春散人，邢州人。忽必烈为亲王，召入藩邸，参与机密。中统五年还俗改名，拜太保，参领中书省书。卒谥文正。博学多艺，尤邃于《易》及邵雍《皇极经世》。一生在天文、卜筮、算术、文学上著述甚丰，计有《藏春集》6卷、《藏春乐府》1卷、《藏春散人集》32卷、《平沙玉尺》4卷、《玉尺新镜》2卷等。事迹见《元史》卷一五七本传。

按：元一代成宪，皆自刘秉忠发之。他向忽必烈倡导创建大元国号和皇帝年号，营建元大都作为国都，创建元朝的官制，制定朝廷礼仪、章服和俸禄制度，参与选拔官吏和推荐人才，使不少汉族士人进入到元政府中，对元朝政权的建设和巩固发挥了重要作用。

李洞（　—1332）、揭傒斯（　—1344）、欧阳玄（　—1357）生。

宋恭帝德祐元年　元至元十二年　乙亥　1275年

正月，贾似道至芜湖江上督师。

按：元军渡江，又有部分江南居民南迁避乱。

丁亥，元枢密院言宋边郡如嘉定、重庆、江陵、郢、涟、海皆阻兵自守，宜降玺书招谕，从之。

二月，贾似道兵败由芜湖逃回临安。

三月庚子，元从王磐、窦默请，分立蒙古翰林院，独立于翰林国史院，专掌蒙文字诏敕文书，兼领蒙古国子监。

是月，宋于中兴府增设怀远、灵武两县，以安置江南移民。

五月己卯，从祭酒杨文仲之请，赐处士何基谥文定，王柏赠承事郎。

辛卯，籍潜说友、吴益、吕文焕、孟子缙、陈奕、范文虎家。

六月辛丑，太皇太后诏削圣福尊号，以应天戒。命侍从官以上各举才堪文武者，虽在谪籍，亦听举之。

七月甲戌，三学生及台谏、侍从，皆上疏请诛贾似道，太皇太后不许。及贾似道上表自劾，且言为夏贵、孙虎臣所误，乞保余生，乃削贾似道三官，徙居婺州。三日后，改徙建宁府；九日后，又贬循州。

丙申，以开庆兵祸，追罪史嵩之，削其谥。

元下诏遣使江南，搜访儒、医、僧、道、阴阳人等。

九月，贾似道被押送官郑虎臣杀死于漳州木棉庵。

按：后陈宜中至福州，捕郑虎臣，毙于狱。

十一月，元改顺天府为保定府。

十二月，宋太皇太后与宰相陈宜中遣使向元军求和，为右丞相伯颜所拒。

是年，元兵进攻潭州，岳麓书院诸生据城共守，死者十之八九，书院亦被毁。

文天祥时为赣州知州，正月为江西提刑，奉命起兵勤王，二月领兵入卫临安。七月为兵部尚书，八月知平江府，十二月签枢密院事。

按：文天祥知平江府时，张庆之在弟子之列。宋亡，他集杜诗，述天祥平生太

日本北条（金泽）实时始设金泽文库，收藏日本、中国书籍。

英王爱德华一世颁布第1号威斯敏斯特法令，反对王室官员违法乱纪。重申"破船令"禁令。议会通过增税法案。

节,人多义之。张庆之,字子善,平江人。少有志操,通《春秋》为举子业。及长,乃弃之,出入经史、百氏,拟扬雄《太玄》作《测云》。又作《孔孟衍语》,绝意仕进,号海峰野逸。仿五柳先生,作《海峰逸民传》,以伯夷、蒋诩、陶潜、司空图自况(《新元史》卷二四一)。

陈宜中正月同知枢密院事兼参知政事,二月知枢密院事,三月为右丞相兼枢密使,开督府。

张世杰三月总都督府诸军,七月辛未率舟师与元军在镇江焦山会战,宋军大败。

王应麟授中书舍人兼直学士院,上疏陈十事,曰急征讨,明政刑,厉廉耻,通下情,求将才,练军实,备粮饷,举实才,择牧守,防海道;又陈备御十策,皆不及用;又上疏指斥丞相留梦炎任用私人误国,不报,遂东归故里。十二月,朝廷遣中使谭纯德以翰林学士宣召,力辞不赴。

按:王应麟宋亡后不仕,专心著述。《宋史·王应麟传》著录的著作有:"《深宁集》一百卷、《玉堂类稿》二十三卷、《掖垣类稿》二十二卷、《诗考》五卷、《诗地理考》五卷、《汉艺文艺志考证》十卷、《通鉴地理考》一百卷、《通鉴地理通释》十六卷、《通鉴答问》四卷、《困学纪闻》二十卷、《蒙训》七十卷、《集解践阼篇》、《补注急就篇》六卷、《补注王会篇》四十卷、《小学绀珠》十卷、《玉海》二百卷、《词学指南》四卷、《词学题苑》四十卷、《姓氏急就篇》六卷、《汉制考》四卷、《六经天文编》六卷、《小学讽咏》四卷。"黄百家曰:"清江贝琼言,自厚斋(王应麟)尚书倡学者以考亭朱子之说,一时从之而变,故今粹然皆出于正,无陆氏偏驳之弊。然则四明之学,以朱而变陆者,同时凡三人矣:史果斋(蒙卿)也,黄东发(震)也,王伯厚(应麟)也。三人学术既同归矣,而其倡和之言,不可得闻,何也?厚斋著书之法,则在西山真为肖子矣。"(《宋元学案》卷八五《深宁学案》)

戴表元从王应麟游,是年辞建康教授,旋迁临安府教授、行户部掌故,皆不就。

王应凤以文天祥荐,召为太常博士,甫入国门而卒。

谢枋得十一月以江东提刑为江西招谕使。

辛弃疾因谢枋得之请,加赠少师,谥忠敏。

金履祥授迪功郎、史馆编校,辞不受。

黄震召为宗正寺主簿。三月差提举浙东常平茶盐,六月除直宝章阁兼绍兴府长史,未就。十二月除侍左郎官。

胡三省为贾似道幕府,从军江上,言辄不用,既而军溃,间道归乡里。

郝经时尚留仪真,元主复使礼部尚书中都哈雅及经弟行枢密院事都事郝庸等来问执行人之罪;贾似道大恐,乃遣总管段祐以礼送郝经归。

方回六月十九日上书,乞诛贾似道,历数贾似道有幸、诈、贪、淫、褊、骄、吝、专、忍、谬十大罪行,可斩,以平民愤。书上当日,太皇太后即付三省宣谕,除方回太常寺簿,兼庄文府教授。

陆秀夫除司农寺丞,累擢至宗正邱卿,兼起居舍人。

陈宜中起复刘黻为端明殿学士,不起。

江万里因元军攻陷饶州,投水殉国;事闻,赠太师、益国公,谥文忠。

刘辰翁闻贾似道不战而溃逃，作《六州歌头》词痛斥之。

高斯得三月召为权兵部尚书，疏请诛奸臣以谢天下，开言路以回天心，聚人才以济国是，旌节义以厉懦夫，竭财力以收散亡。斯得痛国事之危，激烈言事无所避，擢翰林学士。四月壬子，签枢密院事兼权参知政事。七月罢官。

章鉴时为丞相，为王应麟所劾，削官，放归田里。

陈过时为侍御史，三月请窜贾似道，并治其党，翁应龙等不俟报而去，监察御史潘文卿、季可请从过所请。乃命捕翁应龙，下临安府狱，罢廖莹中、王庭、刘良贵、游汶、朱浚、陈伯大、董朴。

留梦炎时为左丞相，十一月乙未弃官遁逃。

何时助文天祥起兵抗元，兵败，剃发为僧，自号坚白代人。

贾似道党羽廖莹中除名贬昭州，王庭除名贬循州。

戴侗召授秘书郎，迁军器少监。

按：戴侗字仲达，永嘉人。理宗淳祐中登进士。著有文字学著作《六书故》32卷。是书一反传统文字学（包括《说文解字》的体例），别创新例，即不依部首而按类编排，以明了文字孳乳发展的情形，在中国文字学史上是个首创。

杨恭懿受元世祖召，入大都，上设科举奏。

意大利旅行家马可·波罗至元上都，谒见元世祖。

按：马可·波罗从此仕元17年，足迹遍中国大地，以后回国口述东方见闻，由鲁恩梯笔录成《马可·波罗行纪》（又称《东方见闻录》）。

赵鹏飞著《春秋经筌》约成书在此前后。

按：《四库全书总目提要》曰："鹏飞字企明，号木讷，绵州人。其意以说经者拘泥三《传》，各护师说，多失圣人本旨，故为此书，主于据《经》解《经》。其《自序》曰：'学者当以无《传》明《春秋》，不可以有《传》求《春秋》。无《传》以前，其旨安在，当默与心会矣。'又曰：'三《传》固不足据，然公吾心而评之，亦有时得圣意者。'夫三《传》去古未远，学有所受。其间经师衍说，渐失本意者，固亦有之。然必一举而刊除，则《春秋》所书之人，无以核其事；所书之事，无以核其人。即以开卷一两事论之。元年春王正月，不书即位，其失在夫妇嫡庶之间。苟无《传》文，虽有穷理格物之儒，殚毕生之力，据《经》文而沈思之，不能知声子、仲子事也。郑伯克段于鄢，不言段为何人，其失在母子兄弟之际。苟无《传》文，虽有穷理格物之儒，殚毕生之力，据《经》文而沈思之，亦不能知为武姜子、庄公弟也。然则舍《传》言《经》，谈何容易！啖助、赵匡攻驳三《传》，已开异说之萌。至孙复而全弃旧文，遂贻《春秋》家无穷之弊。蔡绦《铁围山丛谈》载鹿溪生黄沇之说曰'今时为《春秋》者，不探圣人之志，逐《传》则论鲁三桓、郑七穆，穷《经》则会计书甲子者若干、书侵书伐凡几'云云。沇从学于陈瓘、黄庭坚，其授受尚有渊源，而持论业已如此。盖皆沿复之说也。鹏飞此书，亦复之流派。其最陋者，至谓《经》书成风，不知为庄公之妾、僖公之妾，付之阙疑。张尚瑗《三传折诸》，讥其臆解谈经，不知《左氏》有成风事季友而属僖公之事，不值一噱。颇为切中其病。然复好持苛论，鹏飞则颇欲原情，其平允之处亦不可废。寸有所长，存备一说可矣。"

赵居信著《蜀汉本末》3卷成书。

意大利波洛尼亚大学教授W·萨利切托著《外科学》。该书第一次论述外科解剖学，主张内科与外科应为一体，描述了神经切断后的缝合方法，区分了动脉出血和静脉出血，并报导了以混充浊尿为特征的肾病性水肿。此书成为外科学经典。

日本于1264年始编的镰仓时期编年史《吾妻镜》（《东鉴》）前半部约编成于此间。

陈元靓著《事林广记》。

按：是为中国古代最早的民间日用百科全书型的类书。

杨辉著《田亩比类乘除捷法》2卷、《续古摘奇算法》2卷成书。

按：《田亩比类乘除捷法》所运用的"比类"方法，在中国数学史上是一个创造，以后的数学著作中经常出现有"比类"的内容（如明代吴敬的《九章算法比类大全》等），其渊源盖出于此。《续古摘奇算法》则是作者收集并汇编当时流传的一些"算法奇题"的数学著作。

王应麟著《广平书院记》。

波兰维泰洛约于是年卒（约1225— ）。科学家、哲学家。著有《透视》，最早对空间感觉加以分析，对光线折射的物理学方面作有创造性工作。

意大利解剖学家蒙丁诺·迪卢西（—1326）生。

意大利编年史家乔万尼·维拉尼（—1348）约于是年生。

江万里卒(1198—)。万里字子远，号古心，江西都昌人。宝庆二年进士。度宗时官至左丞相。以文章节义知名。卒谥文忠。文集散佚。《宋元学案》列其入《沧州诸儒学案》。事迹见《宋史》卷四一八本传。今人尹波编有《江万里年谱》。

车若水卒(1210—)。若水字清臣，号玉峰山民，黄岩人。弱冠从陈耆卿学古文，后从杜范学理学，又从王柏、陈文蔚游，刻意讲学。著有《宇宙略纪》、《玉峰冗稿》，今佚。《宋元学案》列其入《南湖学案》。事迹见《宋史翼》卷二五。

按：《宋元学案》卷六六《南湖学案》曰："车若水，字清臣，黄岩人。贾似道再聘入史馆，不赴。先生尝登簠簋陈耆卿之门。簠簋学古文于水心叶氏适而得其传者也。是时，吴子良先从簠簋，已登科，声誉甚震。先生以晚进，一旦簠簋于人前扬之过当，同门皆不平，久之乃服。已而事杜清献公范，乃自以为求道之晚。尝著《道统录》，自周子至勉斋，讲明性理。自号玉峰山民。有《宇宙略纪》、《世运录》、《道统录》、《玉峰冗稿》。"

贾似道卒(1213—)。似道字师宪，号秋壑，天台人。以姐为贵妃而获宠，累官至右丞相，授少师，加太傅。度宗即位，称"师臣"而不名。咸淳三年，除太师、平章军国重事。德祐元年，元兵破鄂州，被迫出督师，兵败后，罢平章、都督，谪为高州团练使，循州安置，籍其家。后在漳州木棉庵被郑虎臣所杀。著有《悦生随抄》1卷。事迹见《宋史》卷四七四本传。

吕大圭卒(1227—)。大圭字圭叔，号朴卿，泉州南安人。杨昭复弟子。淳祐七年进士。官至朝散大夫，行尚书吏部员外郎，兼国子编修、实录检讨官、崇政殿说书，出知兴化军。著有《易经集解》、《春秋或问》、《学易管见》等。《宋元学案》列其入《北溪学案》。

按：《四库全书总目提要》评论《春秋或问》曰："此《或问》二十卷，即申明《集传》之意也。大旨于三《传》之中多主《左氏》、《谷梁》，而深排《公羊》。于何休《解诂》，斥之尤力。考三《传》之中，事迹莫备于《左氏》，义理莫精于《谷梁》。惟《公羊》杂出众师，时多偏驳。何休《解诂》，牵合谶纬，穿凿尤多。大圭所论，于三家得失，实属不诬。视诸家之弃《传》谈《经》，固迥然有别。所著《五论》，一曰《论夫子作春秋》，二曰《辨日月褒贬之例》，三曰《特笔》，四曰《论三传所长所短》，五曰《世变》。程端学尝称《五论》明白正大，而所引《春秋》事，时与《经》意不合。今考《或问》之中，与《经》意亦颇有出入，大概长于持论而短于考实。然大圭后于德祐初由兴化迁知漳州，未行而元兵至。沿海都制置蒲寿庚举城降，大圭抗节遇害。其立身本末，皎然千古，可谓深知《春秋》之义。其书所谓明分义,正名实,著几微,为圣人之特笔者,侃侃推论,大义凛然,足以维纲常而卫名教,又不能以章句之学锱铢绳之矣。"

廖莹中卒,生年不详。莹中一名玉,字群玉,号药州,邵武人。登科后为贾似道馆客,参与决策政事。及似道败,被夺职后自尽。精目录版本之学,其世彩堂本精校细刻,纸墨字刻俱佳,为不可多得的珍本。先后刻有《福华编》《九经》《三礼节本》《左传节本》《诸史要略》《文选》《韩昌黎先生集》等。又翻刻《淳化阁帖》10卷、《绛帖》20卷;刻陈与义、姜夔等诸家遗墨13卷,即世所谓的《小帖》。著有《世彩堂集》3卷,今佚;存世的有《江行杂录》。事迹见《宋史翼》卷四〇。

王结(　—1336)生。

宋德祐二年　端宗景炎元年　元至元十三年　丙子　1276年

正月癸未,进封吉王昰为益王,判福州;信王昺为广王,判泉州。

按:先是召文天祥知临安府,文天祥辞不拜,请以福王、秀王判临安以系民望,身为少尹,以死卫宗庙;又请命吉王、信王镇闽、广以图兴复;俱不许。至是宗亲复以请,太皇太后从之。

乙酉,太皇太后以文天祥为右丞相兼枢密使、都督诸路军马。

戊子,命文天祥同吴坚、谢堂、贾余庆使元军。

二月丁酉朔,宋恭帝率文武百官诣祥曦殿,望阙上表,乞为藩辅。

是月,夏贵以淮西降元。

三月,伯颜入临安,虏宋恭帝、全太后、大臣以及三学诸生等北归大都城,留诸将平定南方。

闰三月,陆秀夫、张世杰、陈宜中于温州奉年仅9岁之益王赵昰为天下兵马都元帅,6岁之广王赵昺为副元帅。

五月,宋益王赵昰在福州即位,改元景炎,是为端宗。

全太后、宋恭帝至上都见元世祖;元封恭帝为瀛国公。

六月己巳,以孔子五十三世孙曲阜县尹孔治兼权主祀事。

戊寅,元世祖下诏作《平金》《平宋录》及《诸国臣服传记》,命耶律铸监修国史。

九月壬辰朔,元世祖命国师作佛事于太庙。

庚子,元世祖命姚枢、王磐选宋三学生之有实学者留京师,余听还家。

癸卯,元以平宋赦天下。

十一月,元兵入福建,陈宜中、张世杰等奉端宗乘海船南走泉州,又走潮州。南宋残部约50万人分海、陆两路进入广东。

十二月,宋端宗在惠州,遣使奉表请降。

高丽设通文馆习汉语。

文天祥正月以右丞相入元军谈判,被扣留。二月二十九日自镇江元营逃出,四月至温州。端宗即位后,授枢密使、都督诸路军马。七月开府南剑州,以枢密使、同都督诸路军马,开府聚兵,号召四方起兵。十月移兵汀州。

陆秀夫五月为签书枢密院事。

陈宜中五月为左丞相兼枢密使,都督诸路郡马,陈文龙、刘黼参知政事,张世杰为枢密副使,陆秀夫直学士院,苏刘义主管殿前司。

胡三省退居鄞县,隐居不仕,闭门著书。

按:是年胡三省携家避难新昌,全部书稿散失殆尽,乱后返乡,又重购《通鉴》,发愤重注。至元代至元二十一年(1284),《资治通鉴广注》初稿完成,寓居甬上袁桷家,日夜抄写。次年全稿抄毕,凡294卷。同年起,又撰《通鉴释文辨误》。

王应麟正月除礼部尚书;因国亡,从此闭门读书著述,其名著《困学纪闻》就完成于这个时期。

按:《困学纪闻》是作者考证性质的学术专著,《四库全书总目提要》称赞曰:"盖学问既深,意气自平。能知汉唐诸儒本本原原,具有根底,未可妄诋以空言。又能知洛、闽诸儒亦非全无心得,未可概视为弇陋。故能兼收并取,绝无党同伐异之私,所考率切实可据,良有由也。"翁元圻注此书序曰:"《纪闻》一书,盖晚年所著也。先生博极群书,入元后寓居甬上,足迹不下楼者凡三十年,益沈潜先儒之说而贯通之。于汉唐则取其核,于两宋则取其纯,不主一说,不名一家,而实集诸儒之大成。"书行以后,后世儒者均深以为重。入清,阎若璩、全祖望、程瑶田、何焯、钱大昕、屠继绪、万希槐七人为其作笺注,世称"七笺本"。后翁元圻更为作详注,称《翁注困学纪闻》。

家铉翁赐进士出身,拜端明殿学士、签书枢密院事。

谢枋得为江东制置使,进兵饶州。

留梦炎降元。

许衡奉召赴京师参与修订《大明历》。

王恽奉命试儒人于河南。

马端临因宋亡,以父疾为由,不复出仕,隐居教授,远近师之。

按:《顺治乐平县志》卷八《文学传》谓马端临隐居教授,"门弟甚众,有所论辨,吐言如涌泉,闻者必有得而返"。

马廷鸾整理《子才集》,作跋。

戴表元避乱天台,与王子兼、舒岳祥、刘庄孙、胡元鲁等常以诗相唱酬。

吴澄避乱居布水谷。

方回守严州,降元。

王约被翰林学士王磐荐为从事。

汪元量随六宫被掳往大都。

王义端被文天祥辟为幕府参议。

按:王义端字符刚,龙兴丰城人。绥宁令。宋亡,弃官归。著有《经疑》15篇、《史论》48篇、《经邦说论》24卷。

元国子生不忽木等上疏请于灭宋之后,遍立学校,尤须选蒙古子弟入学，使通习汉法。

郭守敬等进行大规模的恒星测量工作，并编制成星表，使记录的星数从 1464 颗增至 2500 颗。

道教太一教五祖萧居寿受封为太一掌教大宗师。

文天祥五月在福安编辑《指南录》，并著《指南录后序》。

按：《四库全书总目提要》评《文山集》时曰："《指南前录》一卷，《后录》二卷，则自德祐丙子天祥奉使入元营，间道浮海，誓师闽、粤，羁留燕邸，患难中手自编定者。"

李杲所著《兰室秘藏》3 卷医书刊行。

按：《四库全书总目提要》曰："《兰室秘藏》三卷，金李杲撰。其曰《兰室秘藏》者，盖取《黄帝素问》'藏诸灵兰之室'语。前有至元丙子罗天益《序》，在杲殁后二十五年，疑即砚坚所谓临终以付天益者也。"

刘黼卒（1217—　）。黼字声伯，号质翁，学者称蒙川先生，乐清人。淳祐十年入太学。景定三年进士，以对策忤贾似道，授昭庆军节度掌书记。官至吏部尚书。著有《蒙川集》10 卷，已佚。其弟刘应奎编其残稿为《蒙川先生遗稿》10 卷。《宋元学案》列其入《晦翁学案》。事迹见《宋史》卷四〇五本传。

车垓卒（1222—　）。垓初名若绾，字经臣，号双峰，黄岩人。车安行从子。咸淳中以特科授迪功郎、浦城尉，不赴。曾被聘为上蔡书院讲席。深于《礼》，与从兄车若水并传安行之学。著有《内外服制通释》9 卷。《宋元学案》列其入《木钟学案》。

郝经卒（1224—　）。经字伯常，泽州陵川人。幼时遭金末兵乱，金亡后迁河北，居张柔家，得读其藏书。后入忽必烈王府，甚得信任。中统元年，以翰林侍读学士充国信使赴宋，被贾似道扣留于真州 16 年。至元十二年获释北还，不久即死。著有《易春秋外传》、《续后汉书》90 卷、《原古录》、《陵川集》39 卷等。事迹见《元史》卷一五七本传、阎复《元故翰林侍读学士国信使郝公墓志铭》（《陵川集》附）。

按：《元史》本传曰："经为人尚气节，为学务有用。及被留，思托言垂后，撰《续后汉书》、《易春秋外传》、《太极演》、《原古录》、《通鉴书法》、《玉衡贞观》等书及文集，凡数百卷。其文丰蔚豪宕，善议论。诗多奇崛。拘宋十六年，从者皆通于学。"《四库全书总目提要》评其《续后汉书》时说："然经敦尚气节，学有本原，故所论说，多有裨于世教。且经以行人被执，困苦艰辛，不肯少屈其志。故于气节之士，低回往复，致意尤深。读其书者，可以想见其为人。"又评其《陵川集》说："其生平大节炳耀古今，而学问文章亦具有根柢。如《太极先天诸图说》、《辨微论数》十篇，及《论学》诸书，皆深切著明，洞见闻奥。《周易》、《春秋》诸传于经术尤深。故其文雅健雄深，无宋末肤廓之习。其诗亦神思深秀，天骨挺拔，与其师元好问可以雁行，不但以忠义著也。"

高斯得约卒于本年前后，生卒年不详。斯得字不妄，邛州蒲邱人。少从李坤臣学。绍定二年进士。官至参知政事。以论贾似道误国，被留梦炎乘间罢之。著有《诗肤说》、《仪礼合抄》、《增损刊正杜佑通典》、《徽宗长

布龙·冯·舍纳贝克把《雅歌》改编成所罗门求婚的寓意诗。

编》《孝宗系年要录》《耻堂文集》，皆佚。《宋元学案》列其入《鹤山学案》。事迹见《宋史》卷四〇九本传。

按：《四库全书总目提要》评《耻堂文集》曰："斯得父稼，端平间知沔州，与元兵战殁。斯得能以忠孝世其家，其立朝謇谔尽言，惟以培养国脉、搏击奸邪为志。本传载所论奏凡十余事，多当时切要。今集中仅存奏疏十篇，与本传相较，已不能无所遗脱。然于宋末废弛欺蔽之象，痛切敷陈，皆凛然足以为戒。至其生平遭遇，始沮于史嵩之，中厄于贾似道，晚挤于留梦炎，虽登政府，不得大行其志，悯时忧国之念，一概托之于诗。虽其抒写胸臆，间伤率易，押韵亦时有出入，而感怀书事，要自有白氏讽谕之遗。如《西湖竞渡》《三丽人行》诸首，俱拾《奸臣传》之所遗。《雷异》《鸡祸》诸篇，亦可增《五行志》之所未备。征宋末故事者，是亦足称诗史矣。"

僧玄鉴（—1312）、曾岩卿（—1328）、金志阳（—1336）、杜本（—1350）、干文传（—1353）生。

宋景炎二年　元至元十四年　丁丑　1277 年

罗马教皇尼古拉第三登位。举借巨款于佛罗伦萨银行家，以援助德王鲁道夫一世对波希米亚之战事。

正月，元世祖召天师张宗演至大都，赐号演道灵应冲和真人，领江西诸路道教。

二月，元以蕃僧杨琏真伽为江南释教总统。

八月，元始置江南行御史台于扬州。

九月，元遣兵海陆追击宋帝。

元设蒙古国子监专管蒙古国子学，悉依国子监制度置祭酒、司业、监丞等职。

是年，福建宁化、江西赣州客家人纷纷迁向梅州（今属广东）。

英国哲学家、科学家罗吉尔·培根始著《星学纲要》。

文天祥正月移军漳州，三月收复梅州，七月围赣州，八月兵败循州。

陆秀夫十月同签书枢密院事。

袁桷受父袁洪之命，拜王应麟为师，讲求典故制度之学，凡 10 年。

戴表元寓居鄞县，专意读书，授徒卖文，以活老稚。

陈著在鄞县结诗社。

王恽除翰林待制，拜朝列大夫、河南北道提刑按察副使。

张宏范为江东道宣慰使，与儒生赵必晁在安徽当涂建采石书院。

方回四月被元朝授予嘉议大夫、建德路总管兼府尹。

柴望授迪功郎、国史馆编校。

葡萄牙彼得·希斯班卒（约 1220

孙锐卒（1199—）。锐字颖叔，号耕闲居士，平江府吴江人。咸淳十年进士，授庐州金判。宋亡不仕。著有《耕闲集》。事迹见沈义甫《皇宋进士耕闲孙先生墓志铭》(《耕闲集》附)。

赵顺孙卒(1215—)。顺孙字和仲,浙江缙云人。学者称格斋先生。淳祐十年进士,自秘书郎五迁至侍御史,累官福建安抚使。著有《四书纂疏》26卷及《近思录精义》、《孝宗系年录》、《中兴名臣言行录》、《格斋集》等,今佚。《宋元学案》列其入《沧州诸儒学案》。事迹见《宋史翼》卷一七。

按：《黄缙集·顺孙阡录》载赵氏编《四书纂疏》原委曰："自考亭朱子合《四书》而为之说,其微词奥旨见于门人纪录者,莫克互见,公始采集以为《纂疏》。盖公父少傅魏公赵雷,师事考亭门人滕先生璋,授以《尊所闻集》,公以得于家庭者溯求考亭之原委,此即《纂疏》所由作也。"是书引述黄榦、辅广、陈淳、陈孔硕、蔡渊、蔡沈、叶味道、胡泳、陈埴、潘柄、黄士毅、真德秀、蔡模等13家之说,其中数家今已不存,赖此书得见一斑,故资料价值较高。有《通志堂经解》本及《四库全书》本传世。

区仕衡卒(1217—)。仕衡字邦铨,广州南海人。淳祐末,入太学为上舍生。尝上书论贾似道误国,又陈恢复之策,皆不为用。归而讲学九峰书院,人称九峰先生。著有《理学简言》,已佚,今存《九峰先生集》3卷。事迹见《家上舍公传》、《上舍公墓表》(《九峰先生集》附)。

谢汉章(—1309)、危亦林(—1347)、黄溍(—1357)、周德清(—1365)生。

宋景炎三年　帝赵昺祥兴元年　元至元十五年 戊寅　1278年

正月,元兵破重庆。

二月壬午,元置太史院,命太子赞善王恂掌院事,工部郎中郭守敬副之。

四月戊辰,宋端宗卒,左丞相陆秀夫等拥立年仅8岁的卫王赵昺。

庚辰,元从许衡言,遣官至杭州等处取在官书籍版刻于京师。

壬午,元立行中书省于建康府。

五月癸未朔,宋改元祥兴。

六月己未,宋帝迁驻新会之崖山。

七月,元诏虎符旧用畏吾字,今易以蒙古字。

八月壬子朔,追毁宋故官所受告身。

文天祥八月加少保,封信国公；十二月在广东海丰五坡岭被元军俘获。

陆秀夫四月为左丞相,与张世杰共同执政。

谢翱因文天祥兵败,遂隐姓埋名匿于民间,辗转而归于故乡浦城。

董文炳八月以中书左丞签书枢密院事。

—)。里斯本人,经验派学者,后就位罗马教皇约翰二十一。著有《逻辑泛论》。

日本《续拾遗集》撰成。

德国维也纳扬森·恩尼克尔编成一部《世界编年史》,并用中古高地德语韵诗体写成《奥地利诸侯书》。

德国康拉德·冯·维尔茨堡模仿法国文学作品用中古高地德语著叙事诗《帕托诺庇尔和梅莉乌尔》。

英国哲学家、科学家罗吉尔·培根于1277年始著的《星学纲要》成书。

印度摩陀伐约于是年卒（约1199— ）。印度教哲学家，倡神人异质论，创立摩陀伐派，主张知识不是绝对而是相对的。撰有梵文著作37部。

德国威特罗卒（1220/1230— ）。著有《远近法》、《论推论》(佚)、《论存在的秩序》(佚)。

姚良臣八月为右丞相，夏士林参知政事，王得同知枢密院事。

张世杰八月封越国公。

马廷鸾、章鉴召赴阙，不至。

曹泾受江东道按察使之邀，出任歙县紫阳山院山长，招生徒，创学宫，撰《谢徐则山增紫阳书院月廪启》，士林宗之。

僧大休赴云南传播禅宗。

郑思肖《古今正统大论》约作于本年。

阴时夫《韵府群玉》约成书于本年。

按：《四库全书总目提要》评论此书曰："昔颜真卿编《韵海镜源》，为以韵隶事之祖，然其书不传。南宋人类志至多，亦罕踵其例。……是押韵之书盛于元初，时夫是编，盖即作于是时。……然元代押韵之书，今皆不传，传者以此书最古。……世所通行之韵，亦即从此书录出。是《韵府》、《诗韵》皆以为大辂之椎轮。将有其末，必举其本，此书亦何可竟斥欤！"

僧兰溪道隆卒（1213— ）。西蜀涪江人，13岁于成都大觉寺落发，后参历浙江诸山。师事临济宗杨岐派的无准师范、无明慧性等。理宗淳祐六年东渡，至镰仓，开建长寺。日本弘安元年（1278）示寂，谥号大觉禅师，此为日本之有禅师号的创例。

方夔约卒于本年前后。夔一名一夔，字时佐，严州淳安人。方逢辰孙。曾从何梦桂游。屡试不第，以荐领教群庠。未几，退隐富山之麓，自号知非子，授徒讲学。门人称富山先生。著有《汉论》10卷、《富山懒稿》30卷。《宋元学案》列其入《北山四先生学案》。

程端学（ —1334）、项炯（ —1338）、胡助（ —1362）、钱良右（ —1344）、王艮（ —1348）、赡思（ —1351）、陈樵（ —1365）生。

宋祥兴二年　元世祖至元十六年　己卯　1279年

正月丙子，元禁中书省文册检奏检用畏吾字书。

二月戊寅朔，祭先农于籍田。

是月，元军将领张弘范率兵至崖山，宋、元海军在崖山决战，宋军大败。陆秀夫负幼帝投海死。宋朝灭亡。幸存十万将士大多隐匿广东各地或北归江南。

太史令王恂请建司天台于大都，又请于上都、洛阳等五处分置仪表，从之。

乙巳，元命同知太史院事郭守敬访求精天文历数者。

三月甲戌,元诏太常寺讲究州县社稷制度。礼官折中前代,定祭祀仪式及祭器制度,图写成书,名曰《至元州县社稷通礼》。

四月,同签书枢密院事赵良弼曰:"宋亡,江南士人多废学,宜设经史科,以育人材,定律令,以戢奸吏。"卒皆用其议。元世祖尝从容问曰:"高丽,小国也,匠工弈技,皆胜汉人,至于儒人,皆通经书,学孔、孟。汉人惟务课赋吟诗,将何用焉!"良弼对曰:"此非学者之病,在国家所尚何如耳。尚诗赋,则人必从之,尚经学,则人亦从之。"(《元史·赵良弼传》)

五月丙寅,元敕江南僧司文移毋辄入递。

丙子,元世祖命宗师张留孙即行宫作醮事,奏赤章于天,凡五昼夜。

七月,元世祖命御史中丞崔彧至江南访求艺术之人。

八月丁酉,元以江南所获玉爵及玷凡四十九事纳于太庙。

九月乙巳朔,范文虎荐可为守令者30人。诏:"今后所荐,朕自择之。凡有官守不勤于职者,勿问汉人、回回,皆论诛之,且没其家。"(《元史·世祖本纪七》)

十月己卯,飨于太庙。

辛丑,以月直元辰,元世祖命五祖真人李居寿作醮事,凡五昼夜。事毕,居寿请间言:"皇太子春秋鼎盛,宜预国政。"元世祖喜曰:"寻将及之。"明日,下诏:"皇太子燕王参决朝政,凡中书省、枢密院、御史台及百司之事,皆先启后闻。"(《元史·世祖本纪七》)

十二月丁酉,元敕自明年正月朔,建醮于长春宫,凡七日,岁以为例。

按:《元史·释老传》曰:"元兴,崇尚释氏,而帝师之盛,尤不可与古昔同语。"

文天祥正月作《过零丁洋》诗,拒张弘范欲其招降张世杰事。

郭守敬三月进所造司天浑仪等天文仪器,元世祖从其言,遣监候官四出测晷度,并在各地设测景所。

戴表元归剡源。

方回觐元世祖于上都。

廉希宪被赐钞万贯,诏复入中书。

按:希宪称疾笃,皇太子遣侍臣问疾,因问治道,希宪曰:"君天下在用人,用君子则治,用小人则乱。臣病虽剧,委之于天。所甚忧者,大奸专政,群小阿附,误国害民,病之大者。殿下宜开圣意,急为屏除,不然,日就沉疴,不可药矣。"(《元史·廉希宪传》)

杨恭懿复征至京,入太史院,与郭守敬、许衡等同预改历事。

董文用归田,筑茅茨数椽,读书其间。

魏新之宋亡不仕,隐居乡里,与同里孙潼发、袁易称三先生。

刘辰翁因白鹭洲书院建古新祠,祀江万里,遂为之作记。

按:又称鹭洲书院、白鹭书院。淳祐元年(1241),江西提举兼吉州知州江万里建于白鹭洲上。书院初建时江万里自任导师,教学授徒。欧阳守道《白鹭洲书院山长厅记》曰:"某昔曾侍古心先生(古心是江万里的号)于书院初建之岁,是时,山长未有人,先生亲为诸生讲授,载色载笑,与从容水竹间,忘其为今太守,古诸侯。盖有意于成就后进者,使之亲己如此,此所谓犹父兄之于子弟也。"继有郭公度、刘南甫、欧阳守道、胡敬文等先后主讲席。文天祥、邓光荐、刘辰翁等皆肄业其中。元置山长、直学等官,大德间曾裁撤山长,旋又复。至正十二年(1352)毁于兵火。十五年修复。元末复毁,自此荒废百数年。

僧无学祖元去日。

无名氏著《周礼集说》成。

按:《四库全书总目提要》曰:"《周礼集说》十卷,不著撰人名氏。前有元初陈友仁《序》,称其友'云山沈则正,近得此书于雲,编节条理与《东莱读诗记》、《东斋书传》相类,名氏则未闻也。癸未携以归,训诂未详者,益以贾氏、王氏之疏说。辨析未明者,附以前辈诸老之议论'云云。盖友仁因宋人旧本重辑也。友仁字君复,湖州人。《序》题'丙子后九岁',丙子为宋亡之岁,友仁不题至元年号而上溯丙子以系年,盖亦宋之遗民。故仿陶潜不书年号、但称甲子之例。然陶潜在晋诸诗,亦但题甲子,非以入宋之故。原集具存,友仁未之详考耳。卷首有《总纲领》一篇,《官制总论》一篇,又《凡例》一篇,分条阐说,极为赅洽。每官之前,又各为《总论》一篇,所引《注疏》及诸儒之说,俱能撷其精粹,而于王安石《新经义》采摘尤多。盖安石《三经新义》,虽为宋人所攻,而《周官新义》则王昭禹述之于前(见所作《周礼详解》),林之奇述之于后(案:之奇学出雲吕本中,本元祐一派,而作《周礼全解》亦用安石之说,见王与之《周礼订义》),故此书亦相承援引,不废其文也。《考工记》后附俞庭椿《周礼复古编》一卷,殊为疣赘,有失别裁。然不具变易古经,而兼存其说,以待后人之论定,较庭椿之妄诞则略有间矣。原佚《地官》二卷,其《春官总论》亦佚,黄虞稷《千顷堂书目》云'关中刘储秀尝补注以行',今未之见,亦姑仍其旧阙之焉。"以年月无考,姑列于南宋末。

中兴路儒学刊行沈棐《春秋比事》20卷。

按:《四库全书总目提要》曰:"旧本题宋沈棐撰。棐始末无可考。惟是书前有陈亮《序》,称其字文伯,湖州人,尝为婺之校官。陈振孙《书录解题》曰:'案湖有沈文伯,名长卿,号审斋居士,为常州倅。忤秦桧,贬化州,不名也。不知同父何以云然。岂别有名棐而字文伯者乎?然则非湖人也'云云,其说与亮迥异。都穆《听雨纪谈》,又据嘉定辛未庐陵谭月卿《序》,以为莆阳刘朔撰,并称月卿亲见刘氏家本。此本不载月卿《序》,亦未审穆何所据。疑以传疑,无从是正。以陈亮去世近,姑从所序,仍著棐名。其书前以诸国类次,后以朝聘、征伐、会盟事迹相近者,各比例而为之说,持论颇为平允。本名《春秋总论》,亮为更此名。元至正中尝刊于金华。其版久毁,世罕传本,故朱彝尊《经义考》注曰'已佚'。此本前有中兴路儒学教授王显仁《序》,盖犹从元刻传录者也。"

胡氏古林书堂刊行《新刊补注释文黄帝内经素问》12卷、《新刊黄帝灵枢经》12卷、《增广太平惠民和剂局方》10卷等书。

朱象先于是年后纂《终南山说经台历代真仙碑记》1卷成。

按:朱象先又纂有《古楼观紫云衍庆集》3卷。

陈致虚著《金丹大要》10卷成书。

按:是书全称为《上阳子金丹大要》,是道教内丹著作。《四库全书总目提要》曰:"《金丹大要》十卷,元陈致虚撰。致虚有《周易参同契分章注》,已著录。金丹二字,其源即出于《参同契》'巨胜尚延年、还丹可入口、金性不败朽、故为万物宝'之语。自唐人专以金石、炉火为丹药,服之反促其生,是循名而失其实也。致虚是书,犹不失魏氏之本旨。其牵合老、庄、佛氏之书,皆指为金丹之说,则未免附会。学术各有源流,非惟佛、道异涂,即道家不能概以一轨也。"

罗烨纂有《醉翁谈录》20 卷。

按：《醉翁谈录》为说话人之参考书,多系前人传奇、话本节录或转述,颇具史料价值。罗烨,生卒年不详,生平亦无可考。大约在宋末或元初。另有汴梁人金盈之亦著有《醉翁谈录》一书,记述唐代遗事、北宋人诗文和汴京风俗。

李冶卒(1192—　)。冶或作治,字仁卿,号敬斋,河北栾城人。登金正大末进士。师事杨文献、赵秉文,与元好问并称"小元李"。至元二年召为翰林学士。卒谥文正。数学家,主要贡献为天元术(代数)。著有《敬斋文集》40 卷、《壁书丛削》12 卷、《泛说》40 卷、《敬斋古今注》8 卷、《古今难》40 卷、《测圆镜海》12 卷、《益古演段》3 卷等。事迹见《新元史》卷一七一本传。

按：其《敬斋古今注》意在订正旧文,以考证佐其议论。《四库全书总目提要》评曰："词峰峻利,博辨不穷。虽间或横生别解,有意翻新,而大致皆有根据,不同于虚骋浮词。"另有李翀著有《日闻录》与《敬斋古今注》同类。其书多考究历代典章制度,亦偶记元代故事轶闻。《四库全书总目提要》云："略如独断古今注之体,亦间及元代杂事。"

段成己卒(1199—　)。成己字诚之,号菊轩,绛州稷山人。段克己之弟。金末正大七年登进士第,授宜阳主簿。元初,起为平阳府儒学提举,不赴,与兄避地龙门山,时人誉为"儒林标榜"。后人汇集其兄弟诗词为《二妙集》8 卷,成己另著有《药轩乐府》1 卷。

朱晞颜卒(1221—　)。晞颜字景渊,长兴人,以郡邑小吏终其身。与揭傒斯、杨载、鲜于枢诸人相酬唱,著有《瓢泉吟稿》5 卷。

按：元代还有一位朱晞颜,著有《鲸背吟稿》1 卷。

关汉卿约卒(1229—　)。汉卿号已斋叟,大都人。宋亡后卒。元杂剧奠基人。与马致远、郑光祖、白朴并称"元曲四大家"。其所创杂剧据《录鬼簿》记载约 60 余种,今存《窦娥冤》、《拜月亭》、《救风尘》、《调风月》、《望江亭》、《玉镜台》、《金线池》、《谢天香》、《绯衣梦》、《西蜀梦》、《哭存孝》、《单刀会》、《蝴蝶梦》等 13 种。其中《鲁斋郎》、《陈母教子》、《五侯宴》、《裴度还带》、《单鞭夺槊》、《西厢记》(第五本)六种尚有疑问。关汉卿另有散曲套数十余套、小令五十余首。

按：关汉卿之生卒年不甚详切,有说是金遗民。元末熊自得所纂《析津志》评价关汉卿曰："生而倜傥,博学能文,滑稽多智,蕴藉风流,为一时之冠。"

陆秀夫卒(1238—　)。秀夫字君实,楚州盐城人。宝祐四年进士。临安陷落时,他任礼部侍郎,和将领苏刘义等退温州,后在福州拥戴赵昰为帝,继续抗元。赵昰死,他又和张世杰等立赵昺为帝,任左丞相,在崖山坚持抵抗,最后兵败,背负赵昺投海死。著有《陆忠烈集》。事迹见《宋史》卷四五一本传。近人蒋逸雪编有《陆秀夫年谱》。

八思巴卒(1239—　)。八思巴即八思马,藏族人。吐蕃喇嘛僧,元语言文字学家。中统元年于开平见忽必烈,尊为国师,号大宝法王,授命统领佛教,根据藏文字创制蒙古新字。事迹见《新元史》卷二四三本传。

按:《元史·释老传》载:"中统元年,世祖即位,尊为国师,授以玉印。命制蒙古新字,字成上之。其字仅千余,其母凡四十有一。其相关纽而成字者,则有韵关之法;其以二合三合四合而成字者,则有语韵之法;而大要则以谐声为宗也。至元六年,诏颁行于天下。诏曰:'朕惟字以书言,言以纪事,此古今之通制。我国家肇基朔方,俗尚简古,未遑制作,凡施用文字,因用汉楷及畏吾字,以达本朝之言。考诸辽、金,以及遐方诸国,例各有字,今文治寖兴,而字书有阙,于一代制度,实为未备。故特命国师八思巴创为蒙古新字,译写一切文字,期于顺言达事而已。自今以往,凡有玺书颁降者,并用蒙古新字,仍各以其国字副之。'"今传元代圣旨碑上所刻汉字,有八思巴字母拼写对音,为研究当时音韵重要资料。

陈泰(—1320)、马祖常(—1338)、孛术鲁翀(—1338)、陈柏(—1339)、谢端(—1340)、顾信(—1353)、孟梦恂(—1353)、吴镇(—1354)、钟嗣成(—约 1360)生。

征引及主要参考文献

古代文献

《安阳集》	宋·韩琦	清文渊阁《四库全书》本
《八闽通志》	明·黄仲昭	清文渊阁《四库全书》本
《宝刻丛编》	宋·陈思	清文渊阁《四库全书》本
《北山小集》	宋·程俱	清文渊阁《四库全书》本
《北山集》	宋·何基	清文渊阁《四库全书》本
《北溪大全集》	宋·陈淳	清文渊阁《四库全书》本
《避暑录话》	宋·叶梦得	清文渊阁《四库全书》本
《避暑漫钞》	宋·叶梦得	清文渊阁《四库全书》本
《宾退录》	宋·赵与旹	清文渊阁《四库全书》本
《栟榈先生文集》	宋·邓肃	清文渊阁《四库全书》本
《丙子学易编》	宋·李心传	清文渊阁《四库全书》本
《骖鸾录》	宋·范成大	清文渊阁《四库全书》本
《沧浪诗话》	宋·严羽	清文渊阁《四库全书》本；人民文学出版社1961年郭绍虞校释本
《册府元龟》	宋·王钦若等编	中华书局1960年版
《成都文类》	宋·袁说友	清文渊阁《四库全书》本
《诚斋集》	宋·杨万里	清文渊阁《四库全书》本
《摛文堂集》	宋·慕容彦逢	清文渊阁《四库全书》本
《传家集》	宋·司马光	清文渊阁《四库全书》本
《慈湖遗书》	宋·杨简	清文渊阁《四库全书》本
《慈湖遗书补编》	宋·杨简	清文渊阁《四库全书》本
《大金国志校证》	宋·宇文懋昭撰，崔文印校证	中华书局1986年版
《大学衍义补》	明·邱浚	清文渊阁《四库全书》本
《丹阳集》	宋·葛胜仲	清文渊阁《四库全书》本
《丹渊集》	宋·文同	清文渊阁《四库全书》本
《澹庵集》	宋·胡铨	清文渊阁《四库全书》本
《道命录》	宋·李心传	清文渊阁《四库全书》本

《道乡集》	宋·邹浩	清文渊阁《四库全书》本
《帝学》	宋·范祖禹	清文渊阁《四库全书》本
《叠山集》	宋·谢枋得	清文渊阁《四库全书》本
《东都事略》	宋·王偁	清文渊阁《四库全书》本
《东莱别集》	宋·吕祖谦	清文渊阁《四库全书》本
《东莱集》	宋·吕祖谦	清文渊阁《四库全书》本
《东牟集》	宋·王洋	清文渊阁《四库全书》本
《东坡后集》	宋·苏轼	清文渊阁《四库全书》本
《东坡全集》	宋·苏轼	清文渊阁《四库全书》本
《都官集》	宋·陈舜俞	清文渊阁《四库全书》本
《独醒杂志》	宋·曾敏行	清文渊阁《四库全书》本
《杜清献集》	宋·杜范	清文渊阁《四库全书》本
《二程外书》	宋·朱熹编	清文渊阁《四库全书》本
《二程文集》	宋·程颐、程颢	清文渊阁《四库全书》本
《二程遗书》	宋·程颐、程颢	清文渊阁《四库全书》本
《范太史集》	宋·范祖禹	清文渊阁《四库全书》本
《范文正集》	宋·范仲淹	清文渊阁《四库全书》本
《范文正奏议》	宋·范仲淹	清文渊阁《四库全书》本
《范忠宣集》	宋·范纯仁	清文渊阁《四库全书》本
《方舟集》	宋·李石	清文渊阁《四库全书》本
《斐然集》	宋·胡寅	清文渊阁《四库全书》本
《风月堂诗话》	宋·朱弁	清文渊阁《四库全书》本
《浮溪集》	宋·汪藻	清文渊阁《四库全书》本
《复斋公集》	宋·蔡沆	《全宋文》本,巴蜀书社 1988 年版
《甘水仙源录》	元·李道谦	清文渊阁《四库全书》本
《给事集》	宋·刘安上	清文渊阁《四库全书》本
《耕闲集》	宋·孙锐	《续修四库全书》本,上海古籍出版社 2002 年版
《攻媿集》	宋·楼钥	清文渊阁《四库全书》本
《古今列女传》	明·解缙	清文渊阁《四库全书》本
《古灵集》	宋·陈襄	清文渊阁《四库全书》本
《瓜庐集》	宋·薛师石	清文渊阁《四库全书》本
《观堂集林》	清·王国维	中华书局 1959 年版
《广陵集》	宋·王令	清文渊阁《四库全书》本
《归潜志》	元·刘祁	清文渊阁《四库全书》本
《龟山集》	宋·杨时	清文渊阁《四库全书》本
《桂隐文集》	元·刘诜	清文渊阁《四库全书》本
《海陵集》	宋·周麟之	清文渊阁《四库全书》本
《和靖集》	宋·尹焞	清文渊阁《四库全书》本
《河南集》	宋·尹洙	清文渊阁《四库全书》本
《鹤山集》	宋·魏了翁	清文渊阁《四库全书》本
《鹤林玉露》	宋·罗大经	清文渊阁《四库全书》本
《鸿庆居士集》	宋·孙觌	清文渊阁《四库全书》本
《后村集》	宋·刘克庄	清文渊阁《四库全书》本

《后山集》	宋·陈师道	清文渊阁《四库全书》本
《厚斋易学》	宋·冯椅	清文渊阁《四库全书》本
《胡宏集》	宋·胡宏	中华书局1987年版
《华阳集》	宋·王珪	清文渊阁《四库全书》本
《淮海集》	宋·秦观	清文渊阁《四库全书》本
《黄氏日钞》	宋·黄震	清文渊阁《四库全书》本
《篁墩文集》	明·程敏政	清文渊阁《四库全书》本
《晦庵集》	宋·朱熹	清文渊阁《四库全书》本
《鸡肋集》	宋·晁补之	清文渊阁《四库全书》本
《建炎以来朝野杂记》	宋·李心传	清文渊阁《四库全书》本;中华书局2000年徐规点校本
《建炎以来系年要录》	宋·李心传	清文渊阁《四库全书》本;中华书局1988年版
《剑南诗稿》	宋·陆游	清文渊阁《四库全书》本
《节斋公集》	宋·蔡渊	《全宋文》本,巴蜀书社1988年版
《金史》	元·脱脱等	中华书局1975年版
《金史纪事本末》	清·李有棠	中华书局1980年版
《金文最》		清光绪八年粤雅堂刊本
《经济类编》	明·冯琦、冯瑗	清文渊阁《四库全书》本
《经学历史》	清·皮锡瑞,周予同注释	中华书局1959年版
《经义考》	清·朱彝尊	清文渊阁《四库全书》本
《景定建康志》	宋·马光祖、周应合	清文渊阁《四库全书》本
《景文集》	宋·宋祁	清文渊阁《四库全书》本
《景迂生集》	宋·晁说之	清文渊阁《四库全书》本
《径山志》	明·宋奎光	清文渊阁《四库全书》本
《静轩公集》	宋·蔡权	《全宋文》本,巴蜀书社1988年版
《九峰先生集》	宋·区仕衡	清道光南海伍氏诗雪轩刊《粤十三家集》本
《九华集》	宋·员兴宗	清文渊阁《四库全书》本
《久轩集》	明·陈宜	清文渊阁《四库全书》本
《觉轩公集》	宋·蔡模	《全宋文》本,巴蜀书社1988年版
《郡斋读书志》	宋·晁公武	清文渊阁《四库全书》本
《柯山集》	宋·张耒	清文渊阁《四库全书》本
《困学纪闻》	宋·王应麟	清文渊阁《四库全书》本
《浪语集》	宋·薛季宣	清文渊阁《四库全书》本
《乐静集》	宋·李昭玘	清文渊阁《四库全书》本
《乐圃馀稿》	宋·朱长文	清文渊阁《四库全书》本
《乐全集》	宋·张方平	清文渊阁《四库全书》本
《李清照集校注》	宋·李清照著,王仲闻校注	人民文学出版社1979年版
《历代名臣奏议》	明·杨士奇	清文渊阁《四库全书》本
《梁溪集》	宋·李纲	清文渊阁《四库全书》本
《辽史》	元·脱脱等	中华书局1974年版
《辽史纪事本末》	清·李有棠	中华书局1983年版
《临川文集》	宋·王安石	清文渊阁《四库全书》本

《麟台故事》	宋·程俱	清文渊阁《四库全书》本；中华书局2000年张富祥校证本
《陵川集》	元·郝经	清文渊阁《四库全书》本
《柳宗元集》	唐·柳宗元撰，吴文治等点校	中华书局1979年版
《六艺之一录》	清·倪涛	清文渊阁《四库全书》本
《龙川集》	宋·陈亮	清文渊阁《四库全书》本
《龙云集》	宋·刘弇	清文渊阁《四库全书》本
《陆九渊集》	宋·陆九渊著，钟哲点校	中华书局1980年1月出版
《栾城后集》	宋·苏辙	清文渊阁《四库全书》本
《栾城集》	宋·苏辙	清文渊阁《四库全书》本
《漫塘文集》	宋·刘宰	清文渊阁《四库全书》本
《梅溪后集》	宋·王十朋	清文渊阁《四库全书》本
《梦溪笔谈》	宋·沈括	清文渊阁《四库全书》本
《勉斋集》	宋·黄榦	清文渊阁《四库全书》本
《闽中理学渊源考》	清·李清馥	清文渊阁《四库全书》本
《名臣碑传琬琰集》	宋·杜大珪	清文渊阁《四库全书》本
《明道集》	宋·程颢	清文渊阁《四库全书》本
《明文海》	清·黄宗羲	清文渊阁《四库全书》本
《明正统道藏》		台湾新文丰出版公司1977年据涵芬楼影印本重印
《穆参军集》	宋·穆修	清文渊阁《四库全书》本
《南涧甲乙稿》	宋·韩元吉	清文渊阁《四库全书》本
《南阳集》	宋·赵湘	清文渊阁《四库全书》本
《南轩集》	宋·张栻	清文渊阁《四库全书》本
《倪石陵书》	宋·倪朴	清文渊阁《四库全书》本
《彭城集》	宋·刘攽	清文渊阁《四库全书》本
《毗陵集》	宋·张守	清文渊阁《四库全书》本
《平园续稿》	宋·周必大	清文渊阁《四库全书》本
《曝书亭集》	清·朱彝尊	清文渊阁《四库全书》本
《齐东野语》	宋·周密	清文渊阁《四库全书》本
《潜斋集》	宋·何梦桂	清文渊阁《四库全书》本
《钦定续通志》		清文渊阁《四库全书》本
《钦定续文献通考》		清文渊阁《四库全书》本
《清容居士集》	元·袁桷	清文渊阁《四库全书》本
《庆湖遗老集》	宋·贺铸	清文渊阁《四库全书》本
《秋崖先生小稿》	宋·方岳	明嘉靖五年方谦刻本
《曲阜集》	宋·曾肇	清文渊阁《四库全书》本
《群书会元截江网》		清文渊阁《四库全书》本
《群书考索》	宋·章如愚	清文渊阁《四库全书》本
《容斋随笔》	宋·洪迈	上海古籍出版社1978年版
《三朝北盟会编》	宋·徐梦莘	台湾商务印书馆1981年影印本
《山谷集》	宋·黄庭坚	清文渊阁《四库全书》本
《剡源文集》	元·戴表元	清文渊阁《四库全书》本

《苕溪集》	宋·刘一止	清文渊阁《四库全书》本
《少室山房笔丛》	明·胡应麟	清文渊阁《四库全书》本
《邵氏闻见后录》	宋·邵博	中华书局1983年校点本
《渑水燕谈录》	宋·王辟之	清文渊阁《四库全书》本
《石林燕语》	宋·叶梦得	清文渊阁《四库全书》本
《事实类苑》	宋·江少虞	清文渊阁《四库全书》本
《书录》	宋·董更	清文渊阁《四库全书》本
《蜀中广记》	明·曹学佺	清文渊阁《四库全书》本
《数学九章》	宋·秦九韶	清文渊阁《四库全书》本
《苏魏公文集》	宋·苏颂	清文渊阁《四库全书》本
《水心集》	宋·叶适	清文渊阁《四库全书》本
《说郛》	明·陶宗仪	清文渊阁《四库全书》本
《司马光奏议》	宋·司马光，王根林点校	山西人民出版社1986年版
《四朝闻见录》	宋·叶绍翁	清文渊阁《四库全书》本
《四库全书总目提要》	清·纪昀等	中华书局1965年影印本
《四书或问》	宋·朱熹	清文渊阁《四库全书》本
《嵩山集》	宋·晁公遡	清文渊阁《四库全书》本
《宋稗类钞》	清·潘永因	书目文献出版社点校本
《宋会要辑稿》	清·徐松辑	中华书局1957年影印本
《宋论》	清·王夫之	中华书局1964年版
《宋名臣言行录》	宋·朱熹	清文渊阁《四库全书》本
《宋名臣奏议》	宋·赵汝愚	清文渊阁《四库全书》本
《宋文鉴》	宋·吕祖谦	中华书局1992年版
《宋史》	元·脱脱等	中华书局1977年版
《宋史纪事本末》	清·陈邦瞻	中华书局1997年版
《宋史全文》		清文渊阁《四库全书》本
《宋史翼》	清·陆心源	中华书局1991年影印本
《宋元学案》	清·黄宗羲	商务印书馆1934年3月版
《宋宰辅编年录》	宋·徐自明	清文渊阁《四库全书》本
《宋周濂溪先生周敦颐年谱》	清·张伯行	台湾商务印书馆1970年版
《宋朱子年谱》	清·王懋竑	台湾商务印书馆1970年版
《苏学士集》	宋·苏舜钦	清文渊阁《四库全书》本
《太白山斋遗稿》	宋·孙德之	《全宋文》本，巴蜀书社1988年版
《太平广记》	宋·李昉等	台湾商务印书馆1981年影印本
《太平御览》	宋·李昉等	中华书局1985年版
《太平治迹统类》	宋·彭百川	清文渊阁《四库全书》本
《唐文粹》	宋·姚铉	清文渊阁《四库全书》本
《唐会要》	宋·王溥	上海古籍出版社1991年版
《通鉴纪事本末》	宋·袁枢撰	台湾商务印书馆1981年影印本
《王安石年谱三种》	宋·詹大和等撰，裴汝诚点校	中华书局1994年版

《王阳明集》	明·王守仁	清文渊阁《四库全书》本
《王忠文集》	明·王祎	清文渊阁《四库全书》本
《王著作集》	宋·王蘋	清文渊阁《四库全书》本
《危太素集》	元·危素	《元人文集珍本丛刊》本,台湾新文丰出版公司1985年版
《唯室集》	宋·陈长方	清文渊阁《四库全书》本
《渭南文集》	宋·陆游	清文渊阁《四库全书》本
《文定集》	宋·汪应辰	清文渊阁《四库全书》本
《文恭集》	宋·胡宿	清文渊阁《四库全书》本
《文山集》	宋·文天祥	清文渊阁《四库全书》本
《文史通义》	清·章学诚	岳麓书社1993年版
《文宪集》	明·宋濂	清文渊阁《四库全书》本
《文献通考》	元·马端临	中华书局1986年版
《文献通考·经籍考》	元·马端临	华东师范大学出版社1985年版
《文苑英华》	宋·李昉等	中华书局1996年版
《文则》	宋·陈骙	书目文献出版社1988版
《文忠集》	宋·周必大	清文渊阁《四库全书》本
《文忠集》	宋·欧阳修	清文渊阁《四库全书》本
《文庄集》	宋·夏竦	清文渊阁《四库全书》本
《无为集》	宋·杨杰	清文渊阁《四库全书》本
《吴都文粹续集》	明·钱穀	清文渊阁《四库全书》本
《吴文肃公文集》	宋·吴儆	明万历刊本
《吴文正集》	元·吴澄	清文渊阁《四库全书》本
《吴下冢墓遗文》	明·都穆	清文渊阁《四库全书》本
《五峰集》	宋·胡宏	清文渊阁《四库全书》本
《五礼通考》	清·秦蕙田	清文渊阁《四库全书》本
《武夷新集》	宋·杨亿	清文渊阁《四库全书》本
《西山文集》	宋·真德秀	清文渊阁《四库全书》本
《西台集》	宋·毕仲游	清文渊阁《四库全书》本
《咸平集》	宋·田锡	清文渊阁《四库全书》本
《象山集》	宋·陆九渊	清文渊阁《四库全书》本
《絜斋集》	宋·袁燮	清文渊阁《四库全书》本
《新安文献志》	明·程敏政	清文渊阁《四库全书》本
《新唐书》	宋·欧阳修	中华书局1975年标点本
《新唐书纠谬》	宋·吴缜	台湾商务印书馆1981年影印本
《新五代史》	宋·欧阳修	中华书局1974年标点本
《新元史》	柯劭忞	中华书局1988年版
《须溪集》	宋·刘辰翁	清文渊阁《四库全书》本
《续资治通鉴》	清·毕沅	岳麓书社1992年版
《续资治通鉴长编》	宋·李焘	中华书局1985年版
《续资治通鉴长编拾补》	清·黄以周等辑注	中华书局2004年版
《宣和奉使高丽图经》	宋·徐兢	清文渊阁《四库全书》本
《雪楼集》	元·程文海	清文渊阁《四库全书》本
《逊志斋集》	明·方孝孺	清文渊阁《四库全书》本

《延平问答》	宋·朱熹辑	清文渊阁《四库全书》本
《颜元集》	清·颜元	中华书局 1987 年版
《耶律文正公年谱》	清·王国维	《王公遗书》内编本
《伊洛渊源录》	宋·朱熹	清文渊阁《四库全书》本
《遗山集》	金·元好问	清文渊阁《四库全书》本
《隐居通议》	元·刘埙	清文渊阁《四库全书》本
《庸斋集》	宋·赵汝腾	清文渊阁《四库全书》本
《馀师录》	宋·王正德	清文渊阁《四库全书》本
《舆地碑记目》	宋·王象之	清文渊阁《四库全书》本
《玉海》	宋·王应麟	清文渊阁《四库全书》本
《御定渊鉴类函》		清文渊阁《四库全书》本
《御纂朱子全书》		清文渊阁《四库全书》本
《豫章文集》	宋·罗从彦	清文渊阁《四库全书》本
《元朝名臣事略》	元·苏天爵撰，姚景安点校	中华书局 1996 年版
《元丰类稿》	宋·曾巩	清文渊阁《四库全书》本
《元史》	明·宋濂	中华书局 1983 年版
《元史纪事本末》	清·陈邦瞻	台湾商务印书馆 1981 年影印本
《越缦堂读书记》	清·李慈铭	商务印书馆 1959 年版
《云巢编》	宋·沈辽	清文渊阁《四库全书》本
《云溪稿》	宋·吕皓	《续金华丛书》本
《云阳集》	元·李祁	清文渊阁《四库全书》本
《云庄集》	宋·刘爚	清文渊阁《四库全书》本
《郧溪集》	宋·郑獬	清文渊阁《四库全书》本
《张子全书》	宋·张载	清文渊阁《四库全书》本
《章氏遗书》	清·章学诚	刘氏嘉业堂刻本 1922 年版
《赵氏铁网珊瑚》	明·朱存理	清文渊阁《四库全书》本
《震川别集》	明·归有光	清文渊阁《四库全书》本
《郑樵文集》（附《郑樵年谱稿》）	宋·郑樵著，吴怀祺校补	书目文献出版社 1992 年版
《知稼翁集》	宋·黄公度	清文渊阁《四库全书》本
《直斋书录解题》	宋·陈振孙著，徐小蛮、顾美华点校	上海古籍出版社 1987 年 12 月版
《职官分纪》	宋·孙逢吉	清文渊阁《四库全书》本
《止斋集》	宋·陈傅良	清文渊阁《四库全书》本
《中兴小纪》	宋·熊克	福建人民出版社 1985 年版
《忠惠集》	宋·翟汝文	清文渊阁《四库全书》本
《忠肃集》	宋·刘挚	清文渊阁《四库全书》本
《周易辑闻》	宋·赵汝楳	清文渊阁《四库全书》本
《周元公集》	宋·周敦颐	清文渊阁《四库全书》本
《朱子语类》	宋·黎靖德	清文渊阁《四库全书》本
《烛湖集》	宋·孙应时	清文渊阁《四库全书》本
《资治通鉴》	宋·司马光	中华书局 1980 年版

《资治通鉴后编》	清·徐乾学	清文渊阁《四库全书》本
《滋溪文稿》	元·苏天爵	清文渊阁《四库全书》本
《紫微集》	宋·张嵲	清文渊阁《四库全书》本
《字溪集》	宋·阳枋	清文渊阁《四库全书》本
《尊德性斋集》	宋·程洵	《知不足斋丛书》本

近现代著作

《白鹿洞书院史略》	李才栋	教育科学出版社 1989 年版
《北京图书馆藏珍本年谱丛刊》第 13 册（《范文正公年谱》、《范文正公年谱》、《宛陵先生年谱》、《庐陵欧阳文忠公年谱》、《增订欧阳文忠公年谱》、《欧阳文忠公年谱》、《赵清献公年谱》、《直讲李先生年谱》）	北京图书馆编	北京图书馆出版社 1998 年版
《北京图书馆藏珍本年谱丛刊》第 14 册（《宋韩忠公年谱》、《道国元公濂溪周夫子年表》、《石室先生年谱》、《南丰年谱》、《曾文定公年谱》、《曾子固年谱稿》、《曾南丰先生年谱》、《温公年谱》卷一至卷四）	北京图书馆编	北京图书馆出版社 1998 年版
《北京图书馆藏珍本年谱丛刊》第 15 册（《温公年谱》卷五至卷六、《司马太师温国文正公年谱》）	北京图书馆编	北京图书馆出版社 1998 年版
《北京图书馆藏珍本年谱丛刊》第 16 册（《宋司马文正公年谱》、《张子年谱》、《王荆国文公年谱》、《王荆公年谱考略》卷首至杂录卷一）	北京图书馆编	北京图书馆出版社 1998 年版
《北京图书馆藏珍本年谱丛刊》第 17 册	北京图书馆编	北京图书馆出版社 1998 年版
《北京图书馆藏珍本年谱丛刊》第 18 册	北京图书馆编	北京图书馆出版社 1998 年版
《北京图书馆藏珍本年谱丛刊》第 19 册（《伊川先生年谱》、《伊川先生年谱》、《曾子宣年谱稿》、《东坡纪年录》、《东坡先生年谱》、《东坡先生年表》、《苏颍滨年表》）	北京图书馆编	北京图书馆出版社 1998 年版
《北京图书馆藏珍本年谱丛刊》第 20 册（《山谷先生年谱》、《黄文节公年谱》、《曾子开年谱稿》、《淮海先生年谱》、《米海岳年谱》、《游定夫先生年谱》、《杨龟山先生年谱》）	北京图书馆编	北京图书馆出版社 1998 年版
《北京图书馆藏珍本年谱丛刊》第 21 册（《宋儒龟山杨先生年谱》、《宋杨文靖公龟山先生年谱》、《张文潜先生年谱》、《陈了翁年谱》、《陈忠肃公年谱》、《清真居士年谱》、《忠简公年谱》、《宗忠简公年谱》、《邹道乡先生年谱》、《尹和靖先生年谱》、《豫章罗先生年谱》、《石林先生两镇建康纪年略》、《梁溪先生年谱》）	北京图书馆编	北京图书馆出版社 1998 年版
《北京图书馆藏珍本年谱丛刊》第 22 册（《李忠定公年谱》、《胡少师年谱》、《易安居	北京图书馆编	北京图书馆出版社 1998 年版

士年谱》、《洪忠宣公年谱》、《宣抚资政郑公年谱》、《大慧谱觉禅师年谱》、《简斋先生年谱》、《延平李先生年谱》、《简慧公年谱》、《屏山先生年谱》、《宋少保岳鄂王行实编年》、《岳武穆王年表》）

《北京图书馆藏珍本年谱丛刊》第 23 册	北京图书馆编	北京图书馆出版社 1998 年版
《北京图书馆藏珍本年谱丛刊》第 24 册	北京图书馆编	北京图书馆出版社 1998 年版
《北京图书馆藏珍本年谱丛刊》第 25 册	北京图书馆编	北京图书馆出版社 1998 年版
《北京图书馆藏珍本年谱丛刊》第 26 册	北京图书馆编	北京图书馆出版社 1998 年版
《北京图书馆藏珍本年谱丛刊》第 27 册（《紫阳朱先生年谱》、《朱夫子年谱》、《文公朱夫子年谱》、《朱子年谱》）	北京图书馆编	北京图书馆出版社 1998 年版
《北京图书馆藏珍本年谱丛刊》第 28 册（《朱子年谱》）	北京图书馆编	北京图书馆出版社 1998 年版
《北京图书馆藏珍本年谱丛刊》第 29 册（《朱子年谱考异》、《重订朱子年谱》、《朱子年谱》、《子朱子为学次第考》）	北京图书馆编	北京图书馆出版社 1998 年版
《北京图书馆藏珍本年谱丛刊》第 30 册（《朱子年谱纲目》）	北京图书馆编	北京图书馆出版社 1998 年版
《北京图书馆藏珍本年谱丛刊》第 31 册（《朱子年谱纲目》、《张宣公年谱》、《东莱吕成公年谱》、《陈文节公年谱》、《象山陆先生年谱》）	北京图书馆编	北京图书馆出版社 1998 年版
《北京图书馆藏珍本年谱丛刊》第 32 册（《象山先生年谱》、《象山先生年谱》、《陆象山先生年谱节要》、《陆文安公年谱》、《稼轩先生年谱》、《稼轩先生年谱》、《慈湖先生年谱》）	北京图书馆编	北京图书馆出版社 1998 年版
《北京图书馆藏珍本年谱丛刊》第 33 册（《慈湖先生年谱》、《白石道人年谱》、《西山真文忠公年谱》、《魏文靖公年谱》、《杜清献公年谱》、《徐清正公年谱》、《吴梦窗事迹考》、《深宁先生年谱》、《王深宁先生年谱》、《王深宁先生年谱》、《草窗年谱》）	北京图书馆编	北京图书馆出版社 1998 年版
《北京图书馆藏珍本年谱丛刊》第 34 册（《宋少保右丞相兼枢密使信国公文山先生纪年录》、《文文山年谱》、《陆忠烈公年谱》、《谢皋羽年谱》、《契丹国九先生年谱》、《王黄华先生年谱》、《闲闲老人年谱》、《杨文宪公考岁略》、《耶律文正公年谱》、《湛然居士年谱》、《元遗山先生年谱》、《元遗山全集年谱》）	北京图书馆编	北京图书馆出版社 1998 年版
《北京图书馆藏珍本年谱丛刊》第 35 册	北京图书馆编	北京图书馆出版社 1998 年版

(《元遗山先生年谱》、《元遗山先生年谱略》、《广元遗山年谱》、《遯庵先生年谱》、《菊轩先生年谱》、《许文正公考岁略续》、《许鲁斋先生年谱》、《宋舒阆风年谱》)

《北宋文人与党争》	沈松勤	人民出版社1998年版
《蔡襄年谱》	蒋维锬编	厦门大学出版社2000年12月版
《陈亮与南宋浙东学派研究》	方如金等	人民出版社1996年版
《程颢程颐理学思想研究》	潘富恩、徐余庆	复旦大学出版社1988年版
《春秋学史》	赵伯雄	山东教育出版社2004年版
《道教概说》	李养正	中华书局1989年版
《道教与中国文化》	卿希泰	福建人民出版社1990年版
《道教源流考》	陈国符	中华书局1985年版
《杜集书录》	周采泉	上海古籍出版社1986年版
《范成大年谱》	孔凡礼	齐鲁书社1985年版
《范成大年谱》	于北山	上海古籍出版社1987年版
《福建朱子学》	高令印、陈其芳	福建人民出版社1986年版
《功利主义儒家：陈亮对朱熹的挑战》	[美]田浩著，姜长苏译	江苏人民出版社1997年版
《古代教育思想论丛》	邱椿	北京师范大学出版社1985年版
《湖湘学派史论》	朱汉民	湖南大学出版社2004年版
《湖湘学派源流》	陈谷嘉、朱汉民	湖南教育出版社1992年版
《江西诗社宗派研究》	龚鹏程	台湾文史哲出版社1983年版
《江右思想家研究》	郑晓江主编	中国社会科学出版社2003年版
《金代科举》	薛瑞兆	中国社会科学出版社2004年版
《金代文学家年谱》	王庆生	凤凰出版社2005年版
《荆公新学研究》	刘成国	上海古籍出版社2006年版
《孔子与论语》	钱穆	台北联经出版事业公司1974年版
《李觏之生平及思想》	谢善元	中华书局1988年版
《李心传事迹著作编年》	来可泓	巴蜀书社1990年版
《历代名人年里碑传总表》	姜亮夫编	台湾商务印书馆1965年版
《两宋思想述评》	陈钟凡	东方出版社1996年版
《两宋文化史研究》	杨渭生等	杭州大学出版社1998年版
《两宋文学史》	程千帆、吴新雷	上海古籍出版社1991年版
《辽金元教育论著选》	张鸣岐主编	人民教育出版社1991年版
《陆游年谱》	欧小牧	人民文学出版社1981年版
《陆游年谱》	于北山	上海古籍出版社1985年版
《吕祖谦思想初探》	潘富恩、徐余庆	浙江人民出版社1984年版
《洛学及其中州后学》	卢广森、卢连章主编	河南大学出版社1999年版
《洛学源流》	徐远和	齐鲁书社1987年版
《南宋教育论著选》	熊承涤、邱汉生主编	人民教育出版社1992年版
《南宋陆学》	崔大华	中国社会科学出版社1984年版
《南宋儒学建构》	何俊	上海人民出版社2004年版
《南宋事功学派及其教育思想》	章柳泉	教育科学出版社1984年版

《欧阳修论稿》	刘德清	北京师范大学出版社 1991 年版
《欧阳修纪年录》	刘德清编	上海古籍出版社 2006 年版
《全宋文》	曾枣庄、刘琳主编	巴蜀书社 1988 年版
《人龙文虎——陈亮传》	卢敦基	浙江人民出版社 2006 年版
《儒学南传史》	何成轩	北京大学出版社 2000 年版
《山东古代科学家》	许义夫等主编	山东教育出版社 1992 年版
《善恶之上:胡宏·性学·理学》	向世陵	中国广播电视出版社 2000 年版
《沈括》	张家驹	上海人民出版社 1978 年版
《思想的转型——理学发生过程研究》	徐洪兴	上海人民出版社 1996 年版
《四库大辞典》	李学勤等	吉林大学出版社 1996 年版
《四库全书存目丛书》		齐鲁书社 1997 年版
《四库提要辨证》	余嘉锡	中华书局 1980 年版
《四库提要订误》	李裕民	中华书局 2005 年版
《宋朝典章制度》	张希清等	吉林文史出版社 2001 年 3 月版
《宋陈龙川先生亮年谱》	颜虚心编	台湾商务印书馆 1970 年版
《宋陈文节公傅良年谱》	孙蒉田	台湾商务印书馆 1970 年版
《宋代地域文化》	程民生	河南大学出版社 1997 年版
《宋代佛教史籍研究》	曹刚华	华东师范大学出版社 2006 年版
《宋代官员选任和管理制度》	苗书梅	河南大学出版社 1996 年版
《宋代教育》	袁征	广东高等教育出版社 1991 年版
《宋代教育》	苗春德主编	河南大学出版社 1992 年版
《宋代文化史》	姚瀛艇主编	河南大学出版社 1992 年版
《宋代文化史大辞典》	虞云国主编	汉语大词典出版社 2006 年版
《宋李天纪先生纲年谱》	赵效宣	台湾商务印书馆 1970 年版
《宋陆文安公九渊年谱》	杨希闵编	台湾商务印书馆 1970 年版
《宋明经学史》	章权才	广东人民出版社 1999 年版
《宋明理学》	陈来	华东师范大学出版社 2004 年版
《宋明理学史》	侯外庐等主编	人民出版社 1984 年版
《宋欧阳文忠公修年谱》	林逸编	台湾商务印书馆 1970 年版
《宋人年谱丛刊》	吴洪泽、尹波主编	四川大学出版社 2003 年版

第一册目录

  赵普年表简编(张其凡)

  徐铉行年事迹考(李文泽)

  《西昆酬唱集》诗人年谱简编(曾枣庄)

  张咏年谱(张其凡)

  柳开年谱(祝尚书)

  王禹偁年谱(黄启方)

  尊者年谱(宋·释宗晓)

  正惠公年谱(清·佚名)

  胡正惠公年谱(近·胡宗楙)

  许昌梅公年谱(宋·陈天麟)

  寇準年谱(王晓波)

  丁谓年谱(日本·池泽滋子)

钱惟演年谱(日本·池泽滋子)
　　柳永年谱稿(刘天文)
　　范文正公年谱(宋·楼钥)
第二册目录
　　安定先生年谱(近·胡鸣盛)
　　北宋奉使邈川唃厮啰政权使者刘涣事迹编年(顾吉辰)
　　包拯年谱(齐涛)
　　余靖年谱(易行广)
　　尹洙年谱(祝尚书)
　　宛陵先生年谱(元·张师曾)
　　石徂徕年谱(许毓峰)
　　富弼年谱(曹清华)
　　庐陵欧阳文忠公年谱(宋·胡柯)
　　欧阳修年谱(刘德清)
　　宋韩忠献公年谱(清·杨希闵)
　　苏舜钦年谱(傅平骧)
　　赵清献公年谱(清·罗以智)
　　赵清献公年谱(近·肖鲁)
　　直讲李先生年谱(宋·魏峙)
　　眉阳三苏先生年谱(宋·何抡)
第三册目录
　　苏洵年谱(曾枣庄)
　　蔡襄年谱(刘琳)
　　濂溪先生周元公年表(宋·度正)
　　周濂溪年谱(近·许毓峰)
　　古灵先生年谱(宋·陈晔)
　　石室先生年谱(宋·家诚之)
　　宋敏求事迹简录(张保见)
　　南丰年谱(清·姚范)
　　曾子固年谱稿(近·周明泰)
　　司马温公年谱(清·顾栋高)
　　王荆文公年谱(宋·詹太和)
　　王荆公年谱(清·顾栋高)
第四册目录
　　刘敞年谱(张尚英)
　　横渠先生年谱(清·归曾祁)
　　苏颂年表(颜中其)
　　吕陶年谱(王智勇)
　　章楶年谱(黄锦君)
　　宋孙莘老先生年谱(清·茆泮林)
　　宋徐节孝先生年谱(清·段朝端)
　　王令年谱(沈文倬)
　　沈括事迹年表(胡道静)

刘恕年谱(李裕民)
宋程纯公年谱(清·杨希闵)
伊川先生年谱(宋·朱熹)
二程子年谱(清·池生春、诸星杓)
曾子宣年谱稿(近·周明泰)
东坡先生年谱(宋·王宗稷)

第五册目录
东坡先生年谱(宋·施宿)
东坡纪年录(宋·傅藻)
三孔事迹编年(李春梅)
苏颖滨年表(宋·孙汝听)
山谷先生年谱(宋·黄)
李之仪年谱(曾枣庄)
曾子开年谱(近·周明泰)
淮海先生年谱(清·秦瀛)
张文潜先生年谱(近·邵祖寿)
米海岳年谱(清·翁方纲)
贺铸年谱(王梦隐)
后山诗注目录年谱(宋·任渊)
陈后山年谱(近·陈兆鼎)
游定夫先生年谱(清·游智开)
龟山先生文靖杨公年谱(宋·黄去疾)
清真居士年谱(近·陈思)

第六册目录
陈了翁年谱(元·陈宣子)
忠简公年谱(宋·乔行简)
宗忠简公年谱(清·宗嘉谟)
道乡先生年谱(清·李兆洛)
吕忠穆公年谱(宋·佚名)
和靖先生年谱(宋·黄士毅)
唐庚年谱(马德富)
苏过年谱(舒大刚)
豫章罗先生年谱(清·毛念恃)
葛胜忠葛立方年谱(王兆鹏)
叶梦得年谱(王兆鹏)
王庭珪年谱(萧东海)
胡少帅年谱(清·胡培翚)
梁溪先生年谱(宋·李纶)
李忠定公年谱(清·杨希闵)

第七册目录
胡宪行实考(郭齐)
洪腙宣公年谱(清·洪汝奎)
宣抚资政治郑公年谱(宋·郑良嗣)

太慧普觉禅师年谱(宋·释祖咏)
　　宋韩忠武公世忠年谱(邓恭三)
　　简斋先生年谱(宋·胡穉)
　　张元幹年谱(王兆鹏)
　　苏籀年谱(舒大刚)
第八册目录
　　刘勉之事迹考(郭齐)
　　张九成年谱(尹波)
　　延平李先生年谱(清·毛念恃)
　　陈康伯年谱(罗国威)
　　潘舍人年谱(明·宋濂)
　　简惠公年谱(清·周湛霖)
　　屏山先生年谱(近·詹继良)
　　宋长兴施氏父子事迹考(近·陈乃乾)
　　忠文王纪事实录(宋·谢起岩)
　　梅溪王忠文公年谱(清·徐炯文)
　　王十朋诗文系年(李文泽)
　　李焘父子年谱(王德毅)
　　洪文惠公年谱(清·钱大昕)
　　洪文安公年谱(清·洪汝奎)
第九册目录
　　洪文敏公年谱(清·洪汝奎)
　　洪容斋先生年谱(王德毅)
　　陆放翁年谱(清·赵翼)
　　徐梦莘年表(王德毅)
　　范石湖先生年谱(王德毅)
　　郑忠肃公年谱(宋·郑竦)
　　周益国文忠公年谱(宋·周纶)
　　大郑公行年小纪(清·孙衣言)
　　尤袤年谱(吴洪泽)
　　杨文节公年谱(清·邹树荣)
　　宋太师徽国文公朱先生年谱节略(元·都㮣)
　　朱子年谱(旧题宋·李方子)
　　袁枢年谱(近·郑鹤声)
　　张孝祥事迹著作系年(李一飞)
　　唐仲友年谱(周学武)
第十册目录
　　张宣公年谱(近·胡宗楙)
　　薛季宣年谱(杨世文)
　　东莱吕太史年谱(宋·吕祖俭)
　　陈文节公年谱(清·孙锵鸣)
　　定川言行汇考(近·张寿镛)
　　象山先生年谱(宋·李子原等)

稼轩先生年谱(清·辛启泰)
　　慈湖先生年谱(清·冯可镛、叶意深)
　　陈龙川先生年谱长编(近·颜虚心)
　　云庄刘文简公年谱(宋·沈僩)
第十一册目录
　　叶水心先生年谱(周学武)
　　勉斋先生黄文肃公年谱(宋·陈义和)
　　刘过年谱(刘宗彬)
　　姜白石先生年谱(近·马维新)
　　崔与之事迹系年(何忠礼)
　　程珌年谱(黄宽重)
　　李秀岩先生年谱(王德毅)
　　西山真文忠公年谱(清·真采)
　　魏文靖公年谱(近·缪荃孙)
　　杜清献公年谱(清·王棻)
　　刘克庄年谱简编(李国庭)
　　字溪先生阳公纪年录(宋·阳炎卯)
　　宋宗伯徐清正公年谱(明·徐鉴)
　　江万里年谱(尹波)
第十二册目录
　　余玠年谱新编(王晓波)
　　方岳年谱(秦效成)
　　忠简公年谱(清·李履中)
　　舒阆风年谱(近·乾人俊)
　　马廷鸾马端临父子合谱(舒大刚)
　　王深宁先生年谱(清·张大昌)
　　谢枋得年谱(近·崔骥)
　　草窗年谱(清·顾文彬)
　　刘辰翁年谱(刘宗彬)
　　宋少保右丞相兼枢密使信国公文山先生纪年录(宋·文天祥)
　　陆秀夫年谱(近·蒋逸雪)
　　谢皋羽年谱(近·徐沁)

《宋人文集编刻流传丛考》	王岚	江苏古籍出版社2003年版
《宋儒微言》	卢国龙	华夏出版社2001年4月版
《宋学的发展和演变》	漆侠	河北人民出版社2002年版
《宋元戴剡源先生表元年谱》	孙莼侯	台湾商务印书馆1970年版
《宋元诗社研究丛稿》	欧阳光	广东高等教育出版社1996年版
《宋袁机仲先生枢年谱》	郑鹤声编	台湾商务印书馆1970年版
《苏老泉年谱》	刘少泉编	四川省中心图书委员会(内部)
《苏轼年谱》	孔凡礼	中华书局1998年版
《苏轼评传》	曾枣庄	四川人民出版社1981年版
《苏辙年谱》	孔凡礼	学苑出版社2001年版
《唐宋词人年谱》	夏承焘	上海古籍出版社1979年版

《唐宋词集序跋汇编》	金启华等编	江苏教育出版社 1990 年版
《王安石诗文系年》	李德身编	陕西人民出版社 1987 年版
《王禹偁事迹著作编年》	徐规	中国社会科学出版社 1982 年版
《文天祥的生平和思想》	杨正典	齐鲁书社 1992 年版
《婺学之宗——吕祖谦传》	徐儒宗	浙江人民出版社 2005 年版
《辛稼轩年谱》	邓广铭	上海古籍出版社 1979 年版
《辛弃疾评传》	王严梯	陕西人民出版社 1981 年版
《杨万里年谱》	萧东海	上海三联书店 2007 年版
《一代学者宗师——张栻及其哲学》	蔡方鹿	巴蜀书社 1991 年版
《永嘉巨子——叶适传》	朱迎平	浙江人民出版社 2006 年版
《元好问研究论略》	李正民	社会科学文献出版社 1999 年版
《曾巩年谱》	李震	苏州大学出版社 1997 年 12 月版
《张元幹年谱》	王兆鹏	南京大学出版社 1989 年版
《浙东学术史》	管敏义主编	华东师范大学出版社 1993 年版
《中国传统学术史》	卢钟锋	河南人民出版社 1998 年版
《中国丛书综录》	上海图书馆编	上海古籍出版社 1982 年版
《中国地方志联合目录》	庄威凤、朱士嘉、冯宝琳编	中华书局 1985 年版
《中国佛教人名大辞典》	震华法师编	上海辞书出版社 1999 年版
《中国古代史》(下)	刘泽华等	人民出版社 1979 年版
《中国古代学校教育制度考略》	王志民、黄新宪	首都师范大学出版社 1996 年版
《中国古籍版本学》	曹之	武汉大学出版社 1992 年版
《中国古籍书名考释辞典》	张林川等编	河南人民出版社 1993 年版
《中国经学史》	吴雁南、秦学顺、李禹阶主编	福建人民出版社 2001 年 9 月版
《中国考试制度史资料选编》	杨学为等主编	黄山书社 1992 年版
《中国老学史》	熊铁基、马怀良、刘韶军	福建人民出版社 1997 年 7 月版
《中国历代科学家传》	张彤编	国际文化出版公司 1992 年版
《中国历代名医传》	陈梦赉编	科学普及出版社 1987 年版
《中国历代人名大辞典》	张之撝、沈起炜、刘德重主编	上海古籍出版社 1999 年版
《中国历代人物年谱考录》	谢巍	中华书局 1992 年版
《中国历代书院志》	赵所生等主编	江苏教育出版社 1994 年版
《中国历代著名文学家评传》(第 3 卷)	吕慧鹃等编	山东教育出版社 1984 年版
《中国历代著名文学家评传》(续编二)	吕慧鹃等编	山东教育出版社 1989 年版
《中国历史大辞典》(宋史)	邓广铭主编	上海辞书出版社 1984 年版
《中国历史大事编年》	张习孔、田钰主编	北京出版社 1987 年版
《中国历史大事年表》	沈起炜等编	上海辞书出版社 1983 年版
《中国历史人物生卒年表》	吴海林、李延沛编	黑龙江人民出版社 1981 年版
《中国流人史》	李兴盛	黑龙江人民出版社 1996 年版
《中国目录学家传略》	申畅	中州古籍出版社 1987 年版
《中国儒学史》	赵吉惠、郭厚安等	中州古籍出版社 1991 年版

		主编	
《中国儒学史》(宋元卷)	韩钟文	广东教育出版社 1998 年版
《中国史学家评传》	陈清泉等编	中州古籍出版社 1985 年版
《中国书院辞典》	季啸风主编	浙江教育出版社 1996 年版
《中国书院史资料》	陈谷嘉、邓洪波主编	浙江教育出版社 1998 年版
《中国通史》第五、六册	蔡美彪等	人民出版社 1978、1979 年版
《中国文化史年表》	虞云国等编	上海辞书出版社 1990 年版
《中国文学家大辞典》(宋代卷)	曾枣庄主编	中华书局 2004 年版
《中国文学史大事年表》	吴文治	黄山书社 1990 年
《中国学术流变》	冯天瑜、邓建华、彭池编	华东师范大学出版社 2003 年版
《中国学术名著大词典》(古代卷)	吴士余、刘凌主编	汉语大词典出版社 2000 年版
《中国学术名著提要》(教育卷)	张瑞幡、金一鸣主编	复旦大学出版社 1996 年版
《中国学术名著提要》(经济卷)	叶世昌主编	复旦大学出版社 1994 年版
《中国学术名著提要》(科技卷)	徐余麟主编	复旦大学出版社 1996 年版
《中国学术名著提要》(历史卷)	姜义华主编	复旦大学出版社 1994 年版
《中国学术名著提要》(文学卷)	章培恒主编	复旦大学出版社 1999 年版
《中国学术名著提要》(艺术卷)	蒋孔阳、高若海主编	复旦大学出版社 1996 年版
《中国学术名著提要》(语言文字卷)	胡裕树主编	复旦大学出版社 1992 年版
《中国学术名著提要》(哲学卷)	潘富恩主编	复旦大学出版社 1992 年版
《中国学术名著提要》(政治法律卷)	叶孝信主编	复旦大学出版社 1996 年版
《中国学术名著提要》(宗教卷)	陈士强主编	复旦大学出版社 1997 年版
《中国学术史》	张国刚等	东方出版中心 2002 年版
《中国学术思想编年》(宋元卷)	李似珍	陕西师范大学出版社 2006 年版
《中国医学通史》	李经纬、林昭庚主编	人民卫生出版社 2000 年版
《中国学术通史》(宋元明卷)	张立文主编	人民出版社 2004 年版
《中国移民史》	葛剑雄主编	福建人民出版社 1997 年 7 月版
《中国语文学家辞典》	陈高春编	河南人民出版社 1986 年 3 月版
《中国状元谱》	莫雁明、黄明编	广州出版社 1993 年版
《中国近三百年学术史》	钱穆	中华书局 1986 年 5 月版
《中国学术思想史论丛》	钱穆	台湾东大图书公司 1984 年版
《中华儒学通典》	吴枫、宋一夫主编	南海出版公司 1992 年 8 月版
《中华印刷史》	张秀民	浙江古籍出版社 2006 年版
《朱熹传》	郭齐	四川大学出版社 2000 年版
《朱熹的史学思想》	汤勤福	齐鲁书社 2000 年版
《朱熹评传》	陈正夫、何植靖	江西人民出版社 1984 年版
《朱熹事迹考》	高令印	上海人民出版社 1987 年版
《朱熹书院与门人考》	方彦寿	华东师范大学出版社 2000 年版
《朱熹思想研究》	张立文	中国社会科学出版社 1994 年版
《朱熹文学研究》	莫砺锋	南京大学出版社 2000 年版
《朱熹与宋代蜀学》	粟品孝	高等教育出版社 1998 年版
《朱子大传》	束景南	福建教育出版社 1992 年版
《朱子年谱长编》	束景南	华东师范大学出版社 2000 年 9 月版

《朱子门人》	陈荣捷	华东师范大学出版社 2007 年版
《朱子新探索》	陈荣捷	华东师范大学出版社 2007 版
《朱学论集》	陈荣捷	华东师范大学出版社 2007 年版
《朱子书信编年考证》	陈来	上海人民出版社 1989 年版
《朱子新学案》	钱穆	巴蜀书社 1986 年版
《朱子佚文辑考》	束景南	江苏古籍出版社 1991 年版
《朱熹著作版本源流考》	徐德明等	中国文联出版社 2000 年版

论 文 部 分

《北宋新学与理学为学次第的差异》	肖永明	《漳州师范学院学报》1999 年第 1 期
《参与创建朱子学的主将—理学家、乐律学家蔡元定》	杨慕震	《黄钟》1997 年第 1 期
《程颐易学的特点及其在中国易学史上的地位》	蔡方鹿	《周易研究》1994 年第 1 期
《程朱理学渊源考》	刘伯山	《探索与争鸣》2000 年第 3 期
《从范仲淹的交游看朋党之争》	方健	《苏州大学学报》1998 年第 4 期
《从庆历新政和王安石变法看韩琦》	郭文佳、彭学宝	《殷都学刊》2000 年第 1 期
《从四书章句集注看朱熹训诂学与义理学》	刘志刚	《广东教育学院学报》1996 年第 1 期
《从知言疑义的产生看胡宏对朱熹的影响》	王立新	《湘潭大学学报》1997 年第 6 期
《对程颐和苏轼争论的哲学分析》	何江南	《四川大学学报》2000 年第 2 期
《二程与王安石新法之离合》	萧庆伟	《漳州师范学院学报》1999 年第 1 期
《范仲淹文集编刻源流考》	王岚	《古籍整理研究学刊》1999 年第 5 期
《范仲淹与北宋中期的儒学复兴》	郭学信	《聊城师范学院学报》1997 年第 1 期
《范仲淹与宋代儒学的复兴》	李存山	《哲学研究》2003 年第 10 期
《范仲淹与宋学之勃兴》	杨渭生	《浙江大学学报》1999 年第 1 期
《关于吕惠卿与王安石关系的几点考辨》	高纪春	《河北大学学报》1997 年第 3 期
《河图、洛书与朱熹哲学》	陈超	《周易研究》1995 年第 4 期
《胡宏的经世致用思想》	方国根	《湖湘论坛》2000 年第 4 期
《简论王安石与宋代儒学之复兴》	杨天保	《华南理工大学学报》2003 年第 3 期
《金代理学发展初探》	魏崇武	《历史研究》2000 年第 3 期
《理学与经学》	李禹阶	《重庆师范学院学报》1995 年第 1 期
《理学与宋代考据学》	庞天祐	《湛江师范学院学报》1996 年第 4 期
《李昉的类书编纂思想及成就》	李乐民	《河南大学学报》2002 年第 5 期
《理学与宋代史学思想》	庞天祐	《湖北民族学院学报》1997 年第 5 期
《两宋史学批评的成就》	瞿林东	《河北学刊》1999 年第 2 期
《两宋书学研究文献述略》	丁国祥	《苏州铁道师范学院学报》2001 年第 4 期
《陆九渊易学的心学建构》	傅荣贤	《周易研究》1999 年第 3 期
《吕祖谦易说浅论》	李之鉴	《河南师范大学学报》1997 年第 1 期
《吕祖谦音注三种研究》	孙建元	《广西师范大学学报》1998 年第 4 期
《吕祖谦与宋文鉴》	陈广胜	《史学史研究》1996 年第 4 期
《略论两宋社会文明转型对史学发展的影响》	杨玮	《太原师范学院学报》2004 年第 3 期
《略论宋代眉山苏氏家学》	李希运、马斗成	《聊城师范学院学报》1999 年第 4 期
《略论宋代史家为学术事业奋斗不止的勤奋精神》	唐兆梅	《湘潭大学学报》1994 年第 4 期

《略论宋代士大夫的史学自觉精神》	郭学信	《山东师范大学学报》2000年第6期
《略论宋代文化的地域特征》	汪俊	《扬州大学学报》1998年第4期
《略论叶适思想的学术渊源和地位》	王伦信	《浙江学刊》1994年第3期
《略论朱熹与庆元党禁》	俞兆鹏	《南昌大学学报》1994年第4期
《论北宋理学义理之学的特点》	肖永明	《学术论坛》2000年第2期
《论变法中的司马光》	时保吉、李文杰等	《殷都学刊》2000年第3期
《论陈亮的学术风格》	陈国灿	《安徽大学学报》1998年第2期
《论黄震理学思想的时代特色及其历史地位》	张伟	《杭州大学学报》1996年第1期
《论陆九渊的易学思想》	杨月清	《东疆学刊》2001年第2期
《论南宋的永嘉事功学》	何隽	《浙江大学学报》1994年第4期
《论南宋后期科场中的朱子学和永嘉学》	王宇、陈安金	《哲学研究》2005年第2期
《论南宋理学极盛与宋诗中兴的关联》	许总	《社会科学战线》2000年第6期
《论南宋文学的东西部差异》	祝尚书	《四川大学学报》2000年第5期
《论南宋浙东事功学派的历史地位》	陈国灿	《浙江师范大学学报》1995年第6期
《论欧阳修与苏轼的师传相承关系》	汤岳辉	《惠州大学学报》2001年第1期
《论宋代的尔雅学成就》	胡锦贤	《湖北大学学报》1998年第5期
《论宋代理学理性精神的承继》	施炎平	《东方论坛》1994年第4期
《论宋代实学》	葛荣晋	《中华文化论坛》1994年第3期
《论宋学的产生和衰落》	何忠礼	《福建论坛》2001年第5期
《论宋学兴起的文化背景》	朱汉民	《湖南大学学报》1999年第1期
《论宋学兴起的原因》	郭学信	《山东师范大学学报》2002年第6期
《论新安理学家程大昌》	周晓光	《安徽师范大学学报》1994年第3期
《论叶适的学术批判精神》	郭淑新、臧宏	《孔子研究》2001年第4期
《论朱熹的考据学》	汤勤福	《北方论丛》1998年第6期
《论朱熹对王安石的批判》	高纪春	《晋阳学刊》1994年第5期
《论朱熹论语集注的特点及贡献》	姚徽	《安徽教育学院学报》1999年第4期
《南宋经学略说》	郝明工	《重庆师院学报》1997年第3期
《南宋理学官学化原因探析》	陈丽	《河北师范大学学报》1999年第3期
《南宋理学家对王安石新学的批判》	李华瑞、水潞	《河北大学学报》2002年第1期
《南宋陆学及其启示》	赵武倩	《山西师范大学学报》1998年第3期
《南宋石经考述》	陈光熙、陈进	《浙江学刊》1998年第1期
《南宋时期新学与理学的消长》	李华瑞	《史林》2002年第3期
《南宋四书学的经学文化述义》	陆建猷	《西安交通大学学报》2006年第2期
《南宋所编诗文选本在中国学术史上的地位》	张智华	《北京师范大学学报》2000年第5期
《南宋修四朝国史考》	凌郁之	《苏州铁道师范学院学报》2000年第2期
《南宋浙东学派对王安石变法的批判》	李华瑞	《史学月刊》2001年第2期
《欧阳修和王安石的经学特色》	乐文华	《江西教育学院学报》2004年第5期
《评王安石的字学理论及其它》	陈涛	《天津师范大学学报》1997年第5期

标题	作者	出处
《乾道、淳熙年间朝野对理学的批评》	范立舟	《暨南学报》2000年第4期
《试论禅学思想对宋明理学形成和发展的影响》	赵旗	《西安电子科技大学学报》2005年第1期
《试论以国子监为中心的宋代国家刻书业》	姚广宜	《河北大学学报》1990年第2期
《试论宋初"三先生"在儒学发展史上的历史地位》	杨朝亮	《中国社会科学院研究生院学报》2002年第3期
《试论宋学的时代精神》	郭学信	《山东师范大学学报》2005年第6期
《试析宋末学者黄震的义理史学》	卢萍、江梅	《新疆职业大学学报》2005年第2期
《宋代国子监刻书考论》	顾宏义	《古籍整理研究学刊》2003年第7期
《宋代佛教的转型及其学术史意义》	韩毅	《青海民族学院学报》2005年第2期
《宋代吕氏家族学术特点述略》	汪俊	《扬州大学学报》2001年第1期
《宋代山东金石学成就及其学术贡献》	仝晰纲	《山东师范大学学报》2004年第6期
《宋代书院的学术自由特色及其启示》	钟景迅	《现代教育科学》2006年第2期
《宋代书院及宋代学术文化的发展》	刘玲娣	《湖北师范学院学报》2002年第2期
《宋明理学的发展过程及其对中国哲学发展前景的启示》	程云冠、傅明	《云南社会科学》2005年第2期
《宋明理学对儒学精神的发展及其局限》	吴培显、刘长欣	《石油大学学报》2000年第3期
《宋学经典诠释的哲学意蕴》	蔡方鹿、蒋小云	《哲学研究》2005年第6期
《宋学南移和江南儒学》	汤仁泽	《史林》2002年第4期
《宋学溯源论要》	[日]楠本正继著,徐儒宗译	《船山学刊》2001年第2期
《宋元老学中的佛禅旨趣》	刘固盛	《人文杂志》2001年第6期
《宋元时期"婺学"的流变》	张晶	《中国文化研究》2003年秋之卷
《宋元时期江苏私学述论》	孙显军	《徐州师范大学学报》2004年第3期
《唐宋间儒学的转型及其提供的思考》	徐洪兴	《中华文化论坛》2005年第1期
《王安石的学术渊源考论》	刘成国	《四川大学学报》2003年第5期
《王安石新学和陆九渊心学的相近之处》	乐文华、戴文君	《江西教育学院学报》2005年第4期
《王安石与苏轼关系新论》	刘成国	《抚州师专学报》2001年第4期
《王学、洛学之消长与南宋理学的开始》	何俊	《浙江社会科学》2000年第6期
《中国宋明儒学研究的方法、视点和趋向》	陈来	《浙江学刊》2001年第3期
《中国宋学的历史贡献》	姜国柱	《抚州师专学报》2003年第2期
《周敦颐易学的宋学精神》	朱汉民	《北京大学学报》2006年第4期
《朱熹经学与宋学》	蔡方鹿	《社会科学研究》2003年第5期
《朱熹理学与经学》	蔡方鹿	《四川师范大学学报》2006年第2期

《朱熹论语集注探研》	唐明贵	《中华文化论坛》2006年第3期
《朱熹诗集传征引宋人诗说考论》	耿纪平	《河南教育学院学报》2006年第2期
《朱熹与白鹿洞书院复兴》	[美]贾志扬著,潘海桃译	《湖南大学学报》2005年第6期
《朱熹与福建书院文化》	方彦寿	《炎黄纵横》2006年第4期
《朱熹与刻书》	马刘凤、张加红	《山东图书馆季刊》2005年第4期
《朱熹与图书编撰学》	马刘凤	《江西图书馆学刊》2006年第1期
《尊经卑史——王安石的史学思想与北宋后期史学命运》	刘成国	《四川大学学报》2006年第1期

人物索引

(按笔画排)

二 画

丁大全(字子万) 865,866,867,
  870,871,872,874,876,877,878,
  879,880,886
丁文传 882
丁克 624
丁希亮(字少詹,号梅岩) 512,
  609,682,696,787
丁宝臣(字符珍) 97,220,251
丁昌期(字逢辰,号经行) 337
丁明(字子公,原名骞,字希闵)
  447,756
丁易东 46,380
丁度(字公雅) 51,98,111,140,
  146,148,150,151,153,154,158,
  159,160,161,163,171,175,178,
  182,186,187,195,199,202,233,
  250,296,748
丁逊 58,74
丁宽夫 120
丁逢 698
丁彬 407
丁谓(字谓之,更字公言) 14,
  51,54,76,81,84,86,88,89,90,
  91,92,93,94,96,97,100,102,
  103,104,107,108,113,114,115,
  117,118,119,121,123,124,154,
  185,307,548,693
丁焴 795
丁隙 215
丁鹭 214

丁黻 483
八思巴(又名八思马) 833,
  873,891,917,918
刁约 134,165,174,177,253
刁衎(字符宾) 28,34,58,62,66,
  72,80,84,86,92,94,103,104,110
刁璹 214

三 画

万人杰 628,641,677,722,824
万正淳 722
万杰 855
万松行秀 571,737,844,848
万镇 883
上官均(字彦衡) 157,261,266,
  283,318,327,328,338,345,356,
  357,358,394,412,419
上官恢(字闳中) 318
上官愔(字仲雍) 412
上官橙 318
于太古 334
于汤臣 334
于宪 545
于恕 545
于格 547
于清渊 875
于肇 394
卫朴 272
卫泾 645

卫玠 776
卫湜(字正叔) 796,834
干文传 912
马丁逢 710
马大同 530,652
马大年(字永卿) 405,440,473
马天昭 888
马天骥 856
马世安 279
马令 24
马传庆 348
马先觉 527
马光祖 796,823,871,876,889,
  892
马赫穆德·喀什噶里 279
马存(字子才) 337
马廷鸾 337,650,788,836,847,
  849,861,864,865,867,872,874,
  876,878,880,881,882,884,889,
  890,892,898,900,910,914
马伸(字时中) 370,445,481,
  596
马希孟 275,330,356
马应 16,28
马志 23,25
马纯父 876
马龟符 101,118,122
马国祥 46
马定远 625
马定国 454,498
马杰 242

马知节 100,102,124
马亮 122
马祖常 918
马绛 138
马适 7
马恭回 391
马涓 347,364,375,389,390,391,394,538
马致远 856,917
马钰（原名从义，字宜甫，更名钰，字玄宝，号丹阳子） 435,581,586,591,640,644,662,857,892
马随（字持正） 122,289
马惠迪 522
马琮 386
马黑麻 892
马端临 240,540,541,552,727,737,769,807,812,849,853,864,890,898,900,910
马遵 209
马镐 20
马默 250,309,367,370,386,394

四　画

不忽木 866,897,910
丰安常 338
丰有俊 754
丰敏清 201
丰稷 120,338,354,379,386,389,394,437
井亮采 357
仇远 850,882
元好问（字裕之，号遗山） 513,625,676,703,729,736,746,750,757,759,762,768,771,772,774,777,779,787,789,793,800,805,806,812,813,814,816,817,819,820,821,824,827,834,836,838,839,844,853,854,855,859,860,863,866,869,878,897,911,917
元妙宗 418

元居中 259
元明善 894
元绛（字厚之） 94,134,262,295,314
公孙觉 118,122,125,127
勾龙瀛 816
勾龙如渊 484
勾涛（字景山） 311,478,485,496
区仕衡（字邦铨） 773,913
孔万春 795
孔士基 29
孔元龙 482,823,866,878
孔元状 376
孔元忠（字复君，号静乐） 482,633,792
孔元措（字梦得） 706,764,801,815,826,833,861
孔文仲（字经父） 157,232,233,254,262,268,295,317,320,327,333,335,337,339,367,375,385,386,394,571
孔圣佑 87,116
孔平仲 243,265,334,337,339,349,372,385,386,387,394,542,656,707
孔传 463,469,570,571,685,801
孔延世 64,65
孔灿 808
孔奇 260
孔宜（字不疑） 13,44
孔承恭 109
孔武仲（字常父） 170,237,295,337,339,345,347,349,352,367,375,386,394,571
孔环 801
孔总 626
孔维（字为则） 52,57
孔谓 90
孔摺 530
孔端友 430,469
孔璠 490,861
孔璨 578
尤台 704

尤朴茂 599
尤袤（字延之，号梁溪） 43,447,473,577,582,593,610,612,614,618,619,621,630,633,634,641,642,647,654,655,657,659,662,664,665,669,674,676,679,686,694,695,735,741,753,781,793,795,897,903
尤焴 811,818,850,867
尤爌 811
尹少连 58
尹志平（字大和，号清和子） 582,778,800,857,864,868
尹材 394
尹拙 4,5,16,20,23
尹彦德 460
尹洙（字师鲁） 76,119,120,122,130,133,134,136,137,138,143,149,150,152,153,159,162,169,173,176,177,178,181,183,185,187,188,189,208,209,229,234,241,250,318,492,777
尹躬 425
尹清 334
尹焕 771
尹焞（字彦明，一字德充，号和靖） 269,271,276,319,330,353,368,391,401,402,404,443,444,445,457,459,466,470,471,475,478,481,484,485,488,490,499,509,576,595,596,621,627,644,661,662,670,762,780
尹稽 554,562
文及甫 371,373,379
文及翁 823,901
文天祥 825,835,861,865,866,867,869,870,872,873,876,878,880,881,884,886,889,890,892,894,896,898,900,902,903,905,906,907,909,910,911,912,913,915,916
文仪 867
文充 344
文同（字与可，自号笑笑先生、石室先生、锦江道人） 112,

192,195,222,264,300,352,563

文安礼 473

文彦博(字宽夫) 86,128,150, 167,185,187,189,191,193,194, 195,196,198,201,206,210,216, 218,219,224,243,250,253,258, 263,268,273,276,288,303,305, 307,310,315,316,317,318,319, 327,332,333,334,342,345,350, 358,359,363,365,369,370,373, 378,385,386,388,391,394,418, 461,902

文胜 14

文浩 37,507

文璧 828,865

方万里 801,803

方于宝 511

方勺 345

方士繇(一名伯休,字伯谟,号远庵) 501,517,591,617,702, 718,722

方大琮(字德润,号铁庵、壶山) 645,737,824,850,858

方子通 295

方山京 877

方仁荣 878

方凤 834

方壬 660

方天若 359,369

方回 440,620,637,795,802,809, 824,847,860,863,876,878,880, 884,889,890,891,892,894,895, 900,903,906,910,912,915

方汝一(字清卿) 767,873

方耒 437,519

方伯起 690,720

方龟年 142

方坦 696

方实孙(字端卿,一字端仲,号淙山) 715

方岳(字巨山,自号秋崖) 627, 718,813,879,888

方杰 759

方采(字采伯,号墨林居士)

709,868

方信孺 665,742

方庭实 485

方恬 580

方括 394

方适 380

方通 277,582

方逢辰 781,854,855,862,864, 872,914

方崧卿(字季申) 474,670,695, 716,721

方慤 275,330,356,412,425

方深道 436

方渐 425,795

方畴 454,530

方蒙仲(初名澄孙,字蒙仲,以字行,号乌山) 764,877

方颐孙 853

方翥 538

方遥 780,827

方毅父 690

方澜 880

方夔(字时佐) 914

无见先睹 886

木天骏 831

木华黎 767,770

木待问 556,726

毛友诚 393

毛以谟 537

毛朴 685

毛自知 736

毛居正(字谊父) 784

毛原善 594

毛晃 559,784,867

毛珝 800

毛敏仲 882

毛滂 377

牛皋 462

牛德师 330

王乙 150

王十朋(字龟龄,号梅溪) 413, 437,505,514,539,551,554,555, 557,558,562,568,577,582,588,

601,612,900

王力行 722

王万(字万里) 752,785,826, 828

王万庆 824,876

王义山 764

王大宝(字符龟) 343,448,449, 491,510,566

王大受 633,737,742

王大宣 515

王子申 795

王广廉 255

王与 814,826,837,839,875,916

王中正 94,281,355

王中立 703,855

王之奇 525

王之荀 525

王之道(字彦猷) 356,485,582

王之望 507,562

王介(字符石,号浑尺居士) 230,232,245,325,542,612,672, 675,719,761,856,875

王从之 816

王从善 19,42

王从蕴 23

王元节 522

王元规 257

王元野 841,842

王元德 522

王公迈 645

王公彦 391,394

王公衮 652

王化臣 394

王化基 43,49,52,73,75,394

王壬 690

王天与 823

王开祖 201,204,207,337

王文贯 747

王文举 312

王文统 875,901

王文卿(一名俊,字予道,一字述道,号冲和子) 356,433, 528

王无咎(字补之) 122,210,215,260,275
王长民 394
王世则 37,46,47,53
王仔昔 413,415,418,422
王令(初字钟美,改字逢原) 137,150,196,204,207,214,216,225,842
王古 386,387,394
王处一(字玉阳) 500,586,644,708,743,771,892
王处讷 4,8
王幼孙 788
王旦(字子明) 33,35,44,52,53,56,71,77,82,86,87,88,89,90,91,95,96,98,100,104,105,106,108,110,134,277,515,580,771
王正德 693
王永从 422,461
王玄甫 892
王用极 61
王龙泽 902,903
王交 394
王仲杰 623
王仲德 633,673
王任 276
王会 238,536
王会龙 795
王传 459
王伦 446,460,463,479,480,484,489,539
王充耘 282,810
王光祐 25
王光祖 605,609,636
王全 549
王刚 239
王刚中(字时亨) 393,508,566
王同祖 800
王回(字深父,一作深甫) 121,181,184,194,203,215,227,242,244,293,394,530,652
王好古(字进之,号海藏老人) 656,722,824,883

王存(字正仲) 121,245,250,262,290,291,295,303,306,307,308,316,327,329,333,334,341,352,363,384,385,386,394
王守 394
王安中(字履道,号初寮) 275,289,330,378,426,430,452,470,481
王安仁(字常甫) 108,191,197
王安石(字介甫,号半山) 107,117,132,134,136,146,150,153,156,157,158,159,160,166,169,173,178,181,184,187,188,189,191,194,195,196,197,198,199,200,201,203,204,206,207,209,210,213,214,215,218,222,225,226,227,228,229,230,231,232,235,236,237,238,241,242,244,247,249,250,251,252,253,254,255,256,257,258,259,260,261,262,263,264,265,266,267,268,269,270,271,272,273,274,275,276,277,278,279,280,281,282,283,284,285,286,287,288,289,291,293,294,295,296,298,302,303,304,306,307,308,310,311,312,314,315,316,317,318,319,320,321,323,324,325,327,328,329,330,331,333,336,337,338,339,340,343,346,348,354,355,356,357,359,361,363,364,365,366,370,371,372,373,375,379,381,382,384,386,387,388,392,393,397,399,402,408,409,410,412,413,416,423,424,427,428,432,441,442,444,446,447,448,449,451,452,461,463,465,466,467,471,472,473,475,476,478,480,487,502,504,509,523,524,527,532,535,548,566,575,592,611,612,613,617,634,647,649,656,664,665,667,676,685,693,698,708,713,716,735,754,771,777,801,832,834,835,859,881,916
王安礼(字和甫) 147,233,273,275,276,279,298,300,303,305,308,310,312,317,340,349,366
王安国(字平甫) 130,203,209,243,253,254,269,275,280,295,372
王尧臣(字伯庸) 79,126,128,141,154,165,166,168,170,173,179,180,182,184,194,196,210,219,226,228
王巩 270,299,322,385,386,387,394,411,683
王师愈(字与正,一字齐贤) 433,675,904
王师儒 320
王延德 44,68
王式 25,26,92,118,122,157
王当(字子思) 438
王有元 312
王权 788
王汝翼 255
王约 861,910
王老志 413,415,416
王自中(字道甫,又作道夫,自号厚轩居士) 493,575,619,643,718
王艮 914
王观国 418,491,492
王过 690,696,722
王迈(字实之,一作贯之,自号臞轩居士) 580,650,771,824,852,858
王邦用 522
王阮 558,628,632,643,671,725
王防 323,359
王阳 394
王严 589
王伯大 716,762,824
王伯庠(字伯礼) 400,597
王伸 17
王佐 273,438,515,516,637,645
王佖 827,860,895
王克贞 29,30,31
王启 708
王岘 690,713
王希旦 737

王希先 831
王希吕 590,631,654
王希逸 71,103
王应凤 482,856,867,906
王应麟 25,254,409,436,476,
 483,499,533,570,615,624,637,
 753,760,788,791,799,823,830,
 832,834,835,839,853,856,859,
 865,866,867,869,870,872,873,
 878,881,882,884,889,892,894,
 897,898,900,906,907,908,910,
 912
王志坦 900
王怀隐 28,31,54,66
王扶 41,50,70
王抃 564,619
王时 296,459
王时行 485
王时敏 499
王时雍 435,446
王极 394
王汶 787,805
王汾 245,253,367,394
王泐 207
王沂孙 854,882
王沆 697,698,706,707
王沔 32,37,41,46,51
王灼（字晦叔，号颐堂） 407,
 507,519
王纯 425
王纲 816
王良臣 721
王良学 483,679
王辰应 795
王近思 574
王远 525
王邻臣 335
王叔永 759
王叔边 727
王叔简 655
王和先 507
王和卿 839
王宗传（字景孟） 633,799
王实 342,425

王实甫 820
王审琦 4
王尚 424
王尚恭 307
王居 613
王居仁 766
王居正（字刚中） 161,335,471,
 472,473,524
王居安 659,726,743,752,782
王岩叟（字彦霖） 179,233,316,
 317,323,324,326,327,328,331,
 332,333,334,341,343,344,348,
 349,351,352,356,357,362,363,
 365,367,372,373,374,378,385,
 386,388,391,394
王忠 588,598,839
王忠义 856
王昂 423
王昌世 482
王明 41
王明清（字仲言） 42,326,361,
 447,486,571,693,700,709,763
王易简 882
王构 846,903
王林 453
王炎（字晦叔，一字晦仲，号双
 溪） 479,580,590,774,878
王炎午 861,902
王炎泽 863
王直方（字立之，号归叟） 261,
 335,352,406,409
王绂 394
王绍 446
王郁（初名青雄，字飞伯） 806
王若虚（字从之，号慵夫、滹南
 遗老） 602,708,750,752,777,
 780,782,789,803,806,811,816,
 819,821,834,838,839,841
王蘋（字信伯，号震泽） 309,
 319,473,509,527,596
王湅 473,527,538
王诜 15,299,328
王质（字景文，号雪山） 73,
 113,122,149,171,474,547,572,

 671,684,840
王贯 394
王举正 122,125,134,136,148,
 172,173,182,192
王俣 407
王俅 30
王俊 494,525
王俊民 230
王信（字诚之） 479,547,655,
 678,695
王俨 17
王勉 101,761
王厚之（字顺伯，号复斋） 458,
 569,647,706,735
王庭 450,907
王庭臣 394
王庭秀（字颖彦） 338,411,412
王庭珪（字民瞻，号卢溪先生）
 301,425,497,502,518,593
王庭筠（字子端，号黄华山主，
 又号黄华老人） 261,524,
 728,729,814
王彦深 210
王彦超 4
王恂 823,897,900,913,914
王恽 802,855,863,874,876,888,
 890,898,910,912
王拱寿 132
王拱辰（字君贶） 102,132,152,
 161,166,167,172,175,177,178,
 184,199,200,246,250,259,319,
 470
王政 597
王昭 8 王昭禹 275,285,330,
 356,916
王昭素 33,36,40
王柏（字会之，号鲁斋） 473,
 635,669,709,720,780,856,861,
 892,893,895,904,905,908
王楠（字木叔，号合斋） 504,
 663,772
王栋 242
王洙（字原叔） 67,122,128,
 130,140,141,144,146,147,150,

159,160,165,168,170,171,174,
175,177,178,193,196,197,199,
200,203,204,207,209,217,223,
241,247,250,251,412,634
王洞 20
王洽 856
王济 66
王炳 47,242
王畏 386
王祐(字景叔,一作叔子) 13,
23,25,31,35,44,45,55,66,72,
73,75
王祜 15
王禹偁(字符之) 33,36,38,40,
41,43,44,45,47,49,50,51,52,
54,55,56,57,59,62,63,65,67,
68,70,72,74,75,76,81,109,143,
260,492,513,656,676
王秬 558
王结 909
王说(字应求,号桃源) 97,
120,155,319
王贲 747,816
王觌 439
王贻永 180
王贻孙 11
王轸 150
王钦若(字定国) 8,54,63,71,
74,77,80,83,84,85,86,87,88,
90,95,98,99,100,103,104,105,
106,107,108,109,110,112,113,
115,117,118,120,121,122,123,
124,130,140,154,693
王陟 54
王陟臣 230,306
王革 386,419,420
王卿 394
王卿月 483
王嚞(原名中孚,字允卿,改名
嚞,字知明,号重阳子,又自称
害风,世称重阳真人) 573,
581,586,591,640,644,654,656,
662,758,771,802,892
王容 657,723,726
王宾 762

王恕 633,839
王晌 532
王晓 15
王晓波 121,863
王涉 69
王涣 47,71,215
王涤 345
王特起(字正之) 729
王珣 266
王珩 405
王珪(字禹玉) 114,168,169,
196,200,207,211,230,235,236,
237,238,242,243,244,246,247,
248,266,287,303,305,306,307,
308,310,312,319,370,372,378,
386,393,480
王琉 295,394
王益(字损之,改字舜良) 57,
107,117,132,133,134,153,157
王益柔 177,268,271
王竞(字无竞) 385,563
王素(字仲仪) 90,134,166,
170,171,172,173,277
王继先 544
王继恩 59,63,64,65,73
王致 155,319
王致远 56,849,855
王蚡 386
王袞 188
王赟(字至之) 60,190,260
王濆 652
王逢(字会之) 84,225,238
王陶(字乐道) 116,220,231,
233,269,293,304
王偁 386,634
王埜(字子文) 777,823,830,
833,835,848,856,862,864,865,
875
王埜翁 834
王寀(字符老) 450,522,674,
675,679,695
王崇古 11
王庶 484
王彬 53

王得同 914
王得臣(字彦辅,号凤台子)
151,215,223,260,412,418,421,
570
王惟一(或名惟德) 46,127,
132,251
王惟恭 52
王梦松(字曼卿) 657,720,899
王淮(字季海) 51,444,508,
602,605,614,615,618,632,633,
636,638,641,642,650,652,654,
657,659,665,671,694,698,707,
781
王渎 94
王绰 196,731
王翊 463
王著(字成象) 7,49,55,412
王象之 700,780,801,886
王象祖 787
王逑(字致君) 423,622
王逵 184
王鄂 842
王铨 594
王阐 438
王随(字子正) 24,97,122,132,
133,138,142,146,152,156,160
王隐 385
王博文(字仲明) 157,219,244,
788
王寔 168
王愉 273
王普 551
王晳 207
王曾(字孝先) 32,56,76,77,
83,84,87,88,91,95,101,103,
105,108,110,114,115,117,118,
119,123,124,125,126,127,128,
129,131,132,134,142,144,146,
152,157,167,515,771,777,804
王朝 632
王朝云 365
王棣 432,433
王渥 762,773,789,817
王湜 132,292

王豫 292

王琦 214,311

王琪 132,151,159,223

王琮 800

王畴(字景彝) 209,226,228,230,244

王登 871

王葆(字彦光) 375,573,616

王觌 262,325,326,328,332,333,336,340,341,348,356,367,379,380,386,387,389,394

王谦丰 663

王遂 727,741,817,818,825,830,837,842,860

王遇(字子正,一作子合,号东湖) 500,567,655,722,756

王道 394,557,802

王道坚 418

王道甫 718

王道真 26,28

王铸 532,816

王雱(字符泽) 179,250,253,260,266,268,270,275,276,279,281,282,284,288,289,330,413,613,698

王鼎(字虚中) 196,234,343,400,419,420,447

王嗣宗(字希阮) 25,26,92,117

王愈 413

王楸(字勉夫,号野客) 492,524,761

王楚 434

王楚鳌 885

王楠 598

王溥(字齐物) 2,6,10,11,15,17,28,36,50,94,185,260

王献可 386,394

王谨言 307

王鈌 496

王鉴 871

王靖 262

王察 394

王漙 795

王睿 162

王粹 829

王绚(字唐公) 449,479

王蔺(字谦仲,自号轩山居士) 614,632,643,645,668,691,702,706,735

王铚(字性之,自号汝阴老民) 219,454,468,472,502

王霆中 755

王韶(字子纯) 134,254,264,306,355

王鹗(字百一) 676,789,816,838,868,875,876,901

王奭 631

王履 394

王德素 879

王璋 597

王皞 128,129

王磐 801,855,874

王箴 394

王逷 37,312

王震 318

王整 112

王翰 522,635

王曙(字晦叔) 8,74,81,84,95,99,103,139,141,143

王镃(字时可) 831

王瞻叔 488

王撝(字谦父) 650,861

王瀚 856,904

王黼 419,425,429,433,434,436,439,440,441,442,444,448,472,607

王瑾 209

王趯 530

计有功 430,472,478,479,542,547,565,790,897

车安行 720,911

车若水(字清臣,号玉峰山民) 719,720,747,753,787,819,903,908,911

车垓(初名若绾,字经臣,号双峰) 783,911

邓允中 394

邓友龙 697,719,736,739

邓文原 871

邓世昌 394

邓光荐 835,902,916

邓名世(字符亚) 410,468,478,495,538,604

邓约礼(字文范) 590,605,619,677,688

邓孝甫 394

邓言 372

邓忠臣 394

邓林(字楚材) 619,800

邓牧 850

邓肃(初字志宏,改字德恭,号栟榈) 350,426,446,460,461

邓驿 602,689,700

邓保信 147,148

邓俨 522,667

邓洵仁 424

邓洵武(字子常) 217,366,386,395,425,431,432

邓祐甫 386

邓剡 878

邓晏 32

邓润甫(字温伯,别字圣求) 225,274,285,287,326,327,334,347,355,356,358,361,506

邓梦真 679

邓深 457

邓绾(字文约) 130,214,268,274,284,285,287,288,326,330,431,432

邓谏从 567,761,828

邓御夫(字从义,号海山子) 137,401

韦庄 3,6

五 画

丘处机(字通密,号长春子) 517,581,586,591,599,628,656,662,678,729,743,767,774,778,782,800,802,804,857,864,892

丘仲高 711

丘崈　556,558,675
丘富国（字行可）　849
丘葵　844
丘雍　89,91,92,103,110
乐文仲　342
乐史（字子正）　33,43,45,57,68,69,77,89,128
乐良　885
乐备　527
乐洪　454
乐黄目（字公礼）　22,54,77,84,89,97,128
乐雷发　800,861,862
乐夔　816
代渊（字仲颜，一字蕴之，晚号虚一子）　42,216
令狐颂　85
令狐獐　857
兰廷瑞　685
冯子振　870
冯允中　632,689
冯元（字道宗）　27,106,109,117,118,122,125,130,133,134,138,144,147,148,150,154
冯元和　126
冯文智　101
冯正符（字信道）　285,288
冯平　215
冯去非（字可迁，号深居道人）　667,836,886
冯立　148
冯兴宗（字振甫）　612,798,827,828
冯吉　3
冯延巳（又名延嗣，字正中）　3,219,853
冯延登　708
冯至游　460
冯行己　307
冯应瑞　882
冯志亨（字伯通，号寂照）　631,864
冯时行（字当可）　368,429,485,547,560,685

冯京（字当世）　117,190,192,201,227,242,244,262,264,272,285,288,305,316,361,860
冯叔向　8
冯叔献　816
冯忠恕　444,481,499,596
冯拯　31,50,59,64,67,68,73,85,90,91,115,117,122
冯柄　15
冯说　394
冯继升　18
冯继业　27
冯起　47,93,105
冯崇超　101
冯曾　605
冯椅（字仪之，一字奇之，号厚斋）　627,685,711,722
冯德贞　677
冯震武　659,669
冯瓒　14
包扬　641,719,722,824,846
包约　690
包恢（字宏父，一字道夫，号宏斋）　640,719,777,846,855,857,863,874,878,887,890,891
包拯（字希仁）　70,128,153,173,178,181,185,187,190,192,194,196,198,201,207,210,218,222,227,233,236,241,301
包逊　685,690
卢亚榜　796
卢多逊　4,12,14,16,17,19,21,23,24,27,35,36,37,38,42,73,410
卢宜之　652
卢秉　255
卢宪　759
卢祖皋　715
卢绛　17
卢挚　823,890
卢德岳　7
卢积（字叔微，一字淑微）　8,47,48
厉仲方　696

厉居正　716
厉详　633
古成之　842
古道耕　305
句中正（字坦然）　30,32,42,49,50,52,71,72,77,92
句龙瀛　836
句昌泰　663
史天泽　491,875
史正志（字志道）　581,582
史玉　435
史守之　783,791
史守道（字孟传）　779,828
史安之　763
史尧弼　539
史达祖（字邦卿，号梅溪）　723,736
史克忠　91
史克辅　744
史序（字正伦）　84,97
史志经　857
史季温　857
史定之　545,791
史弥坚　545,605,759,791,833
史弥志　791
史弥远（字同叔）　564,742,743,746,752,753,758,762,763,770,776,777,779,784,789,792,793,795,796,811,814,816,817,825,837,841
史弥忠　798
史泳　883
史肃　737
史照　551
史容　748
史宾之　783
史浩（字直翁，自号真隐居士）　400,505,521,545,551,554,557,617,618,620,632,633,643,655,665,670,678,694,779,841
史能之　890
史深大　721
史绳祖　752,828
史铸　838

史嵩之 836,837,841,842,847,867,905,912
史蒙卿（字景正，号果斋） 798,850,884,885
史蒙清 827
叶义问 539,541,547,654
叶士龙 781
叶大庆 797
叶大有 814,859
叶之 715
叶元老 688,828
叶元潾 652
叶世英 394
叶仪凤 508
叶永卿 627
叶仲 348
叶份 502
叶汝舟 774
叶伸 376,394
叶均 245
叶时（字秀发，自号竹野愚叟） 477,648,745,746
叶李 839,881,887
叶秀发（字茂叔，号南坡） 553,667,809,810,856
叶适（字正则，号水心居士） 172,221,437,517,522,557,561,575,579,580,590,594,595,597,598,599,608,614,617,618,619,624,632,633,635,643,646,652,659,663,669,673,677,678,682,690,695,699,701,706,710,711,712,714,718,720,723,725,726,729,730,731,733,737,739,742,743,746,747,749,751,756,758,759,760,761,764,766,772,776,777,781,784,785,787,796,825,849,869,877
叶味道（字知道） 703,720,722,777,827,899,913
叶审言 899
叶林 852
叶武子（字成之） 626,677,762,797
叶绍翁 527,590,760,778,800

叶邦 635,856
叶采 606,712,787,860,873
叶青 597
叶栋 449
叶祖洽 261,304,313,340,372,394
叶茵 800
叶荣发 856
叶贺孙 669,677,707,722,777,825
叶梦得（字少蕴，号石林居士） 7,29,162,169,215,219,266,270,281,282,293,369,386,388,391,392,395,401,403,410,413,418,425,428,430,433,444,447,448,449,451,457,459,460,484,485,494,497,502,505,506,510,512,517,590,605,653,661,664,683,698,740,795,853,855
叶菜 675
叶清臣（字道卿） 73,121,122,148,150,152,156,162,166,187,193,358
叶隆礼 849,850
叶温叟 214
叶琳 480
叶谦亨 654
叶鲁依 426
叶嗣昌 636
叶衡 557,598,599,604
司马扑 452
司马旦 214,310
司马伋 507,648
司马光（字君实，世称涑水先生） 25,46,60,79,101,114,155,181,184,187,191,192,194,195,196,198,203,204,206,207,210,214,218,222,226,228,230,231,232,234,235,236,237,238,239,240,242,243,244,245,246,247,248,249,250,251,252,253,255,256,257,258,259,262,263,266,267,268,269,271,272,273,278,281,283,284,285,286,287,290,291,292,295,296,299,300,304,306,307,308,309,310,312,313,314,315,316,318,319,320,321,322,323,324,325,326,327,328,329,330,332,334,335,336,338,343,347,351,357,358,359,360,364,365,367,368,369,370,371,372,374,378,379,380,384,385,386,387,388,391,392,394,397,407,410,434,440,441,442,444,448,451,452,461,462,469,477,480,515,533,535,540,543,577,588,592,608,610,613,626,648,656,681,690,692,707,710,735,747,769,771,772,780,807,809,821,837,845,860,880,884,888
司马池 155
司马浦 18
司马康（字公休） 195,266,273,316,323,327,342,347,362,374,386,394
司强学 553
左仲通 236
左圭 247,360,427,581,901
左昌时 652
左揆 444
布只儿 899
布萨忠义 553
玉伋 515
甘昇 619
甘节 690,722
田子谅 348
田仲德 836
田况（字符钧） 84,134,155,162,166,175,194,202,210,219,238
田述古 330
田敏 4,20,57
田清叔 647
田渭 563
田腴 293,375,765
田锡（字表圣） 31,34,40,45,49,54,66,72,78,79,101,260
田镇海 811
申万全 708

申颜　765

白玉蟾（又名葛长庚，字如晦，又字白叟，号海琼子）　286，309，696，807，857

白华　765，813

白朴　799，813，917

白利用　89

白时中　398，407，410，423，425

白炎震　706

白栋　900

白珽　852

石万　657，662

石中立　71，126，133，141，152，156，161

石介（字守道，一字公操）　84，116，120，133，141，142，145，146，152，161，162，163，164，168，171，172，174，176，177，180，182，183，184，186，199，216，217，224，242，250，282，289，343，346，414，698

石公揆　471，477，478

石斗文　663

石用中　51

石守信　4

石师中　343

石延年（字曼卿，一字安仁）　60，63，131，167，249

石汝砺　211

石余亨　605

石芳　394

石宗昭　633

石居简　125

石牧之（字圣咨）　108，355

石范　856

石谋　365

石豁　595，669

石待问　72，85，93，96

石恪　12

石恮　512，513

石洪庆　677，722

石泰（字得之，号杏林，一号翠玄子）　309，350，542

石起宗　578，580，614，652，660

石普　77

石道　242

石熙载　28，34，56，70，72，75，112，515

石稽中　518

石豫　388，391

艾晟　404

边元鼎　522

边实　857，898

边知白　515

龙大渊　558，568，610

龙昌期（字起之，号竹轩）　20，220，224

六　画

乔大观　523

乔世材　386

乔匡舜（字亚元）　3，22

乔执中（字希圣）　139，262，364

乔行简（字寿朋，号孔山）　450，516，537，635，685，690，691，807，808，811，813，817，826，830，832，833，836，843，856

乔宸　522

乔梦符（字世用）　516，605，856

乔嘉　726

任士林　863

任中正　101，115

任仁发　864

任友龙　776

任申先　270，475

任尽言　270

任汲　270

任伯雨（字德翁，号得得居士）　188，270，379，382，383，385，386，389，394，398，427，456，710

任孜　270

任希夷　609，632，641，656，658，770，777

任忠厚　690

任询　539

任偊　522

任渊　385，533，721

任续（字似之）　417，586

任象先　270

任随　58，71，72，74，80，92

任睿　394

伊淳　63

伍乔　17，26

全子才　864

关仝　8，15

关汉卿（号己斋叟）　808，917

关良臣　678

关治　337，410，448，473

关注　485

刘一止（字行简，号苕溪）　282，297，487，548

刘几（字伯寿）　92，303，307，338

刘三宜　93

刘三杰　664，697，703，706，707，713

刘士元　47，71

刘大中　468，470，484，485，525

刘子羽（字彦修）　371，476，495，510，512，514，617

刘子玠　781

刘子翔　610，617

刘子翚（字彦冲，号屏山，一号病翁）　385，491，501，505，507，510，512，514，519，525，555，622，717，800，832，833，837

刘子新　836

刘子澄　583，589，652，864

刘子寰　690，833

刘中　691，832，844

刘从益（字云卿）　708，751，806，856

刘从善　124

刘允济　771

刘元　226，366，892

刘元亨　16

刘元宾（字子仪）　119，330

刘元真　312

刘元起　727

刘元瑜　178，179

刘公谅　879

人物索引

刘卞 589
刘友益 775,852
刘天民 539
刘文仲 523
刘文富 653
刘文瑞 894
刘世南 474
刘仙伦 742,800
刘仪凤 554
刘发 225,365
刘处玄(字通妙,号长生子) 515,581,586,591
刘必 347
刘正彦 451,452,490
刘汉传 810,823
刘汉弼 768,830
刘仲尹 539
刘仲景 334
刘仲禄 774
刘光祖(字德修,号后溪,一号山堂) 500,619,663,673,674,677,684,689,691,706,710,714,717,725,779,783,822,840
刘吉甫 394
刘因 722,823,854,896,897,898
刘夙 523,605,622
刘安上(字符礼) 261,317,370,403,405,407,437,450
刘安世(字器之,号读易老人) 190,252,322,329,330,332,336,337,341,342,343,348,349,355,360,366,370,371,372,373,378,379,386,394,405,440,473,509,519,544,584,592,621,653,721
刘安节 317,337,378,380,437,450,575,576,596
刘尧夫(字纯叟,或作淳叟,又作醇叟) 330,512,581,605,617,623,652,671
刘尧刚 864
刘尧叟 855
刘师旦 280
刘师贞 136
刘师道(字损之,一字宗圣) 6,41,42,83,101,105
刘庄孙 820,910
刘延肇 394
刘廷让 27
刘式 17
刘当时 385,386
刘成道 690
刘汝翼 816
刘汲 522
刘玘 522
刘祁(字京叔,号神川遁士) 731,751,765,777,779,786,787,804,806,812,816,818,820,822,824,831,839,855,856
刘迁 604
刘过(字改之,号龙洲道人) 531,685,729,730,742,800,820
刘克庄(字潜夫,号后村居士) 132,229,409,487,523,573,607,662,717,727,750,752,771,776,783,784,789,793,794,795,796,799,800,802,814,819,821,823,824,826,832,834,839,842,847,848,850,851,852,854,857,858,859,868,869,874,876,877,878,879,881,886,888,890,891,893
刘孝孙 272
刘孝荣 574,612,676
刘完素(字守真,号玄通处士、宗直子、河间处士、锦溪野老) 408,593,640,656,721,804,858
刘沆 132,144,146,200,201,203,219
刘良贵 881,907
刘应龟 844
刘芮 440,481,487,499,572
刘辰翁 815,835,871,874,878,882,884,887,890,892,894,902,907,915,916
刘奉世(字仲冯) 164,262,306,307,343,344,352,367,370,386,387,394,414,600
刘孟容 664,676,677,712
刘定夫 677
刘实翁 810

刘尚友 902
刘岳 20
刘甫 617,632
刘弥之 750
刘弥臣 622
刘承圭 81,85,88,91,94,100,101,103,124
刘择之 720
刘攽(字贡父,号公非) 121,184,201,228,231,242,245,246,247,250,253,254,261,264,271,273,284,292,297,299,328,332,343,390,391,600
刘放 207,476
刘昉 489,502
刘昌言 33
刘泾(字巨济,一字济震,号前溪) 174,266,381,810
刘炎 669,823
刘牧(字先之,一作牧之,号长民) 99,161,163,199,216,238,241,292,486,898
刘秉 92
刘秉忠(初名侃,字仲敏) 491,770,814,848,872,873,881,882,889,892,894,896,900,904,905
刘经国 394
刘肃 877
刘若川 410
刘范 696
刘诜 891
刘述 258,279
刘郁 806,816,836,839
刘勃 394
刘勉之(字致中,号草堂) 350,368,409,440,473,485,491,501,510,514,516,519,555
刘南甫(字山立,号月涧) 830,916
刘庠 120,265
刘弇(字伟明) 190,300,389
刘彦朝 865
刘思敬 756
刘拯 356,357,359,360,390,395

刘昱 386
刘昺 398,418
刘洞 17,27
刘炳 519,583,587,602,677,702
刘玶 501,519,594,597,617
刘珏（字希范） 461
刘省吾 902
刘祖谦 721
刘绚（字质夫） 183,319,323,328,339,575,596
刘荀 537,545
刘荣超 127
刘贲 627
刘钦 810,827
刘兼 24,31
刘唐老 345,385,386,387,394
刘埙 594,673,834
刘宰（字平国,号漫塘病叟） 572,675,741,784,791,798,807,822,833
刘宵 278
刘恕（字道原） 137,191,237,245,246,250,256,263,268,269,287,291,295,296,324,374
刘挚（字莘老） 134,216,223,245,260,261,264,269,275,281,283,299,314,315,316,317,322,323,325,326,327,328,329,332,333,334,337,340,341,342,343,345,348,349,352,356,357,358,359,360,362,363,367,369,370,371,372,373,374,376,378,379,384,385,386,388,391,394,397,398,399,444,474
刘朔 547,548,622,916
刘海蟾 309,892
刘烨 122,716
刘琪（字共甫,一作恭父） 433,501,519,520,556,566,567,568,569,571,572,573,574,575,579,591,617,622
刘益 303
刘砥 474,570,675,699,707,722
刘砺 474,570,690,699,703,707,722

刘素 36
刘继元 32,138
刘载（字德舆） 39
刘钰 297
刘铎 721
刘寅 19,302
刘崇之 669,833
刘崇超 103,116,118
刘崧 721
刘敏中 841,903
刘淮 681
刘淮夫 224,304
刘混康 389,390,399
刘清之（字子澄,世称静春先生） 470,539,547,583,594,595,604,605,609,614,627,632,634,642,654,663,676,807
刘清四 516
刘渊 860,867
刘章 507,508
刘综 41,69,99
刘敞（字原父,号公是先生） 114,156,166,174,184,196,204,205,206,207,210,215,219,220,222,223,224,226,227,228,235,236,240,254,270,273,282,343,373,414,509,593,600,698,735
刘敬堂 747
刘棠 727
刘植 415,424
刘温叟 19,23,410
刘渭 522,776
刘湜 175
刘祺 24
刘翔（字图南） 508
刘辉 220,386
刘道醇 223
刘鹭 70,89,92
刘愚（字必明） 766
刘絜 754
刘源 571,690,806
刘筠（字子仪） 20,68,76,77,84,86,89,92,98,103,106,108,116,118,119,120,121,122,126,130,134,135,137,144,274,311
刘蒙 223,395
刘蒙叟 14,71
刘锡 28,872
刘韫 610
刘鹏 381
刘嘉誉 474
刘察 12
刘熙古（字义淳） 28
刘睿材 22
刘锴 71,77,78
刘德仁（号无忧子） 413,573,628,629
刘德秀（字仲洪,自号退轩） 558,652,664,689,697,699,700,701,703,722,749
刘德渊 821
刘颜（字子望） 120,155
刘潜 63
刘潜夫 796
刘澜 892
刘瑾 261
刘豫 453,454,457,458,474,478
刘镇 621,727,842
刘震 810
刘羲仲 291,296
刘羲叟（字仲更） 111,181,183,197,226,229
刘翰 23,25,429,800
刘懋 501,519
刘翼 622,800
刘彝（字执中） 119,224,255,259,350
刘瞻 513,522
刘黼（字声伯,号质翁） 676,773,866,867,889,897,898,900,906,910,911
刘爚（字晦伯,号云庄） 506,519,578,583,587,591,626,635,663,712,722,750,752,754,757,762,769,770,827
刘瓘 298
华岳 736
华直温 135

华镇(字安仁,号云溪) 300,
　401
危亦林 913
危和(字应祥) 737,763,886
危复之 799
危昭德 862,884
危稹(本名科,字逢吉,号巽斋,
　又号骊塘) 542,659,737,768,
　800,820,886
吉师雄 394
同恕 864
向子固 502
向子韶 380
向子諲(字伯恭,号芗林居士)
　319,380,409,439,451,521,525
向从道 839
向训 394
向沈 454,482
向拱 27
向语 483
向浯 487,553
向敏中(字常之) 33,56,66,68,
　72,74,77,83,86,91,95,97,98,
　100,102,108,110,113,115
向涪 483
吕三余 865
吕大伦 482
吕大同 482,499
吕大圭(字圭叔,号朴卿) 215,
　270,802,809,908
吕大防(字微仲) 128,192,242,
　244,245,246,250,287,290,299,
　309,313,316,322,327,333,337,
　338,340,341,342,343,345,348,
　349,351,352,353,354,357,358,
　359,360,363,364,366,367,369,
　370,371,373,375,378,384,385,
　386,388,391,394,396,442,453,
　454,462,479,523,559,639,716
吕大忠(字晋伯) 293,299,309,
　319,363,370,375,596
吕大临(字与叔,号芸阁) 30,
　164,282,293,299,309,319,352,
　353,375,393,401,435,473,575,
　595,596,670,698,715,780
吕大钧(字和叔) 136,215,288,
　293,299,309,319,375,596
吕大鹏 816
吕大猷 483
吕大器 483,511,532,546,554,
　589
吕广问 439,481,499,543,654
吕中(字时可) 849
吕公绰(字仲裕) 70,139,159,
　165,173,174,186,201,208
吕公著(字晦叔) 112,169,189,
　203,222,235,238,240,242,243,
　244,246,250,252,253,255,256,
　257,258,263,265,268,272,281,
　285,292,293,295,303,304,305,
　308,311,315,316,317,319,321,
　322,324,327,331,332,333,334,
　337,338,341,342,343,351,357,
　358,360,364,367,369,378,385,
　386,388,391,394,397,414,440,
　442,453,454,458,469,509,744
吕公弼(字宝臣) 90,159,243,
　249,264,277
吕公孺 294
吕切问 375,414,481
吕升卿 281,284,366,367,371
吕及之 547
吕文 71
吕文仲(字子藏) 28,29,31,44,
　51,61,85,89
吕文焕 905
吕文德 871
吕本中(原名大中,字居仁,号
　紫微,学者称东莱先生)
　215,265,270,305,314,337,342,
　359,360,383,388,409,410,411,
　414,418,427,434,435,436,437,
　440,443,446,454,457,458,466,
　473,475,476,478,482,485,487,
　489,499,509,514,533,552,556,
　611,612,714,729,765,916
吕乔年 482,635,639,679,732,
　733,750,792
吕仲甫 386
吕冲之 665,731
吕同老 882
吕夷简(字坦夫) 33,108,112,
　113,118,119,126,127,128,131,
　134,136,138,139,145,148,149,
　150,152,153,155,162,169,171,
　172,173,176,177,179,208,219,
　277,343,458,515,592
吕好问(字舜徒) 241,338,359,
　375,414,443,445,448,452,458,
　481,485
吕师夔 876
吕余庆 11,17
吕克成 529
吕坚中 481,499
吕声之 665,731
吕希哲(字原明,学者称荥阳先
　生) 147,173,199,216,224,
　273,275,319,330,338,343,354,
　359,367,374,379,383,385,386,
　387,388,394,414,458,596
吕希绩 367,386,394
吕良才 823
吕龟年 26,28
吕和问 481,499
吕季克 613
吕宜之 547
吕炎 627
吕祉 463,472,476,478
吕彦祖 394
吕洞宾 309,662,892
吕炳 627
吕祐之 28,52,53,85
吕祖俭(字子约,号大愚) 482,
　594,598,614,635,636,642,645,
　647,662,663,678,698,706,712,
　743,827,829
吕祖泰 483,635,706,720,729,
　746
吕祖谦(字伯恭,学者称东莱先
　生) 65,152,172,215,218,223,
　270,282,328,343,437,452,458,
　473,479,483,509,511,516,519,
　523,526,532,536,539,546,550,
　553,554,555,557,565,567,568,

569,572,573,574,575,576,577,
579,581,583,584,585,587,589,
590,592,594,595,596,597,598,
599,600,602,603,604,605,606,
608,609,611,612,613,614,615,
617,618,619,620,623,624,627,
628,630,632,633,634,635,636,
638,639,640,645,646,648,652,
653,655,661,667,673,675,677,
682,685,690,691,693,698,704,
712,716,718,732,733,738,746,
747,756,761,765,767,769,772,
780,783,794,798,801,804,809,
824,828,836,856,860,862,875,
887,904

吕胜己　567,608

吕海(字献可)　106,210,231,
242,244,245,246,247,250,256,
268,269,271,324

吕陟　514

吕夏卿　169,192,205,222,226,
227,228,237,716

吕益柔　335

吕谅卿　394,398

吕陶(字符钧,号静德)　128,
262,266,269,270,283,325,327,
328,332,334,345,352,355,360,
367,385,386,392,394

吕商隐　547,655

吕焘　627,690,714,846

吕绷中　481

吕惠卿(字吉甫)　137,213,215,
231,249,255,256,257,261,262,
263,264,265,270,274,275,276,
278,279,280,281,282,284,285,
288,289,302,307,313,315,317,
323,326,330,336,338,340,343,
348,354,355,358,359,379,401,
407,410,427,592,693

吕敬伯　823

吕景初　209

吕智父　547

吕琦　20

吕皓(字子阳,自号云溪遗叟)
522,784,804

吕溱　154,177,204,207,220

吕蒙正(字圣功)　28,29,35,37,
38,41,43,44,46,49,51,56,59,
61,72,73,74,75,76,77,99,179

吕蒙亨　41

吕颐浩(字符直)　271,360,448,
451,457,459,460,462,478,490,
499,512,521,592,662,665,713

吕嘉问　262,279,318,326,340,
373,383

吕愿中(字叔恭)　536

吕端(字易直)　61,63,64,67,
69,73,271,580

吕德懋　59

吕稽中　445,481,499

吕凝之　547,569,633,634

夹谷清　685

孙子秀(字符实)　814

孙不二(号清净散人)　428,
586,640,644,892

孙之宏　785,786,787

孙仅(字邻几)　17,67,68,74,
82,83,87,89,111,151

孙元卿　697,699,706

孙元宾　407

孙升　328,348,367,385,386,394

孙永　262,327

孙仲鳌　527

孙伟　440

孙兆　212,237

孙光宪(字孟文,号葆光子)　16

孙冲　150

孙朴　334,375

孙汝听　721

孙自修　677,722

孙伯英　708

孙伯虎　557

孙何(字汉公)　6,53,54,58,60,
62,66,76,81,86,111

孙寿祖　526

孙应时(字季和,号烛湖居士,
又号竹隐)　411,531,638,647,
669,670,675,677,678,680,704,
742

孙抃　121,132,183,206,209

孙甫(字之翰)　69,134,162,
169,171,173,175,176,177,178,
181,187,210,217,334,539

孙近　462,467,470,477,484,485

孙京　242

孙侔　275

孙固(字和父)　109,255,262,
305,316,343,346,367,385,386,
394

孙奇　212,596

孙宗　394

孙昌龄　258

孙杰　108

孙枝　783,791

孙虎臣　905

孙贯　583,590

孙复(字明复)　55,125,128,
129,141,145,146,162,163,166,
168,171,172,176,180,181,183,
186,199,206,207,209,210,213,
215,216,223,224,234,241,270,
273,277,289,293,304,318,334,
362,373,374,377,384,414,455,
509,620,740,821,840,907

孙思恭　242

孙挟　770

孙洙(字巨源)　136,220,231,
254,266,301

孙祖德　138,174

孙觉(字莘老)　130,187,189,
190,192,215,220,224,233,252,
253,258,259,261,263,265,269,
270,273,276,285,288,294,299,
304,313,315,316,317,321,325,
327,328,332,334,335,336,337,
346,347,367,376,386,394,414,
509,534

孙剧　270

孙调(字和卿)　444,734,735

孙逢吉(字从之)　12,13,352,
474,558,652,669,689,706,717

孙逢辰　652

孙冕　68,91

孙望之　754

孙梦观　796

孙谔　295,308,345,348,366,394
孙傅　439,444
孙景真　880
孙琛　91
孙确　26
孙觌（字仲益，号鸿庆居士）　143,306,405,416,422,443,524,548,582,728
孙锐（字颖叔，号耕闲居士）　718,912
孙寔　262
孙瑜　150,174
孙蒙正　440,552
孙路　348
孙锡（字昌龄）　53,254,804
孙暨　68,69,74
孙騆　270,385
孙奭（字宗古）　8,47,48,59,68,71,73,82,83,90,95,96,98,99,103,113,117,118,120,122,123,125,127,129,130,131,132,134,139,150,154,233,372,692
孙德谦　836
孙德舆　745,774
孙潼发　915
孙翼凤　841,842
孙潜　61
宇文子震　654
宇文之邵　253
宇文师瑗　459
宇文绍节（字挺臣）　567,630,743,761
宇文绍奕　449
宇文虚中（字叔通，别号龙溪老人）　192,301,401,418,419,420,444,449,503,510,511,732
宇文德济　547
宇文懋昭　820
安刘　483
安守亮　20
安忱　390
安诚　521
安信之　394
安惇　373,376,378,379,383,390,391

安焘　220,245,298,306,326,328,340,355,364,383,386,394,413,442
安童　844,884
安鼎　348
安滔　887
安熙　838,895
安德裕　16,17,47,54,71
巩丰（字仲至，号栗斋）　482,517,674,715,719,743,772
巩湘　652
师仲安　779
师明　489,831
师颃　5,69,72,76
师遇　761
庄同孙　845
庄夏（字子礼，号藻斋）　773
成无己　238,498,505,537
旭元德　575
旭烈兀　861,904
曲出　821
曲端　457,747
朱九龄　38
朱介　791
朱元龙　785,791
朱天申　312
朱天锡　311
朱长文（字伯原，号乐圃）　160,236,313,344,374,486
朱台符（字拱正）　13,53,54,67,70,104
朱弁（字少章，号观如居士）　319,446,449,452,481,492,502,506,511
朱申　857
朱光庭（字公掞）　154,214,215,216,315,316,317,323,325,326,328,331,332,333,341,348,349,351,361,365,367,372,373,374,385,386,394,576,596
朱光裔　376,387,394
朱在　624,627,708,719,752,754,770,771,800,842

朱廷玉　721
朱有章　212
朱自英　80,88
朱行中　386
朱严　67
朱佐　888
朱克家　632
朱初平　245,271
朱季绎　690
朱宜之　538
朱昂（字举之）　58,61,68,70,75,89,103
朱服（字行中）　276,277,309,312
朱松（字乔年，号韦斋）　330,371,420,425,434,460,463,466,474,478,485,489,491,501,503,512,526,555,561,754,826
朱炎　291
朱绂　391,394
朱肱（字翼中，号无求子，又号大隐翁）　195,337,343,388,404,410,416,418,420,425,440
朱质（字仲文）　667,683,685,856
朱贯　215
朱南杰　800
朱彦修　440
朱彧（字无惑）　399,427
朱思本　902
朱洞　28
朱胜非　446,459,462,464,465,478,683
朱贵　597
朱倬　546
朱晞颜（字景渊）　781,917
朱格　602
朱泰卿　590,604
朱浚　861,907
朱继芳　800
朱能　113,157
朱载　13
朱辂　370
朱勔　397,426,439,441,442,443,

444,448,506
朱埏 712
朱桴 604
朱淑真（自号幽栖居士） 640,811
朱翌（字新仲，自号潜山居士，又号省事老人） 375,425,495,542,573,716
朱著 784
朱谔 347,395,398,401
朱象先 916
朱富 597
朱巽 82,85,88,91,113,393
朱弼 17
朱敦儒（字希真，号岩壑，又称伊水先生） 306,449,462,472,507,510,518,545
朱遗直 410
朱绩 452
朱鉴（字子明） 676,822,842,871
朱鹏飞 747
朱塾 594,635,677,680,712
朱端常 685,753,784
朱端章 627,649,653
朱頔 63
朱震（字子发，世称汉上先生） 274,292,393,443,463,465,467,470,471,472,475,476,477,478,483,484,486,525,528,721,791,804,858
朱熹（字元晦，一字仲晦，号晦庵，别称紫阳） 46,79,81,142,145,148,172,176,183,198,206,213,216,223,228,232,264,270,272,275,277,279,282,288,293,298,305,311,317,319,323,326,329,330,336,342,353,368,380,393,397,401,402,409,420,422,430,441,452,455,457,464,466,467,472,473,474,476,481,484,485,486,491,499,501,503,505,506,507,510,512,514,516,518,519,520,522,523,525,526,527,530,531,532,535,536,538,539,541,543,544,545,546,547,548,549,550,553,554,555,556,557,558,559,560,561,562,563,565,567,568,569,571,572,573,574,575,576,578,579,581,582,583,584,585,587,588,589,590,591,592,594,595,596,597,598,599,600,602,603,604,605,606,607,608,609,610,612,613,614,615,616,617,618,619,622,623,624,625,626,627,628,629,630,631,632,633,634,635,636,637,638,639,640,641,642,643,644,645,646,647,648,649,650,651,652,653,654,655,656,657,658,659,660,661,662,663,664,665,666,667,668,669,670,671,672,673,674,675,676,677,678,679,680,681,682,683,684,685,686,687,689,690,691,692,694,696,697,698,699,700,702,703,704,705,706,707,708,710,711,712,713,714,715,716,717,718,719,720,721,722,726,727,728,731,738,739,741,742,745,746,747,748,750,752,753,754,755,756,757,758,759,760,761,762,763,764,765,766,768,769,770,771,772,774,775,778,780,781,787,788,791,792,793,796,798,799,800,804,807,808,809,810,811,813,818,822,823,824,825,826,827,828,829,830,832,833,834,835,837,840,841,842,846,849,850,856,859,860,861,863,865,871,872,875,876,881,882,884,885,886,890,891,893,895,904
朱巍孙 842,864
朱黼 665,731
毕士安（一名士元，字仁叟，又字舜举） 13,51,52,53,70,77,80,84,431
毕世长 215
毕仲衍 298,303
毕仲游（字公叔） 188,318,323,325,334,375,385,386,387,394,414,431

毕良史（字少董，一字伯瑞，号死斋） 502,521
毕昇 182,197,686
毕渐 356,376
毕道升 47
江万里（字子远，号古心） 712,771,796,821,824,826,834,835,837,845,865,874,876,878,882,884,886,887,890,892,894,900,902,903,906,908,915
江与权 787
江为 17
江公望 327,379,389,394
江少虞 466,508,527
江文叔 581
江文蔚 3
江休复（字邻几） 84,122,177,222,229
江垍（字叔文） 747,823,827
江海 394
江琦（字全叔） 319,431,435,473,487,499,537
江畴 677
江溥 593
江端友 409,449,476,796
江端本 409
江潮 391
江默 580,619,641,722
江邈 498
汤千（字升伯，初号随廷居士，晚更号存斋） 593,704,783,799,823,899
汤巾 688,704,783,799,859,899
汤允恭 522
汤汉（字伯纪，号东涧） 704,728,783,799,859,860,872,884,892,899
汤岩起 656
汤泳 690,722
汤修年 571
汤思退 508,529,532,534,538,539,540,542,543,547,554,562,659,665,694
汤悦 28,30,31,36,52

汤莺 522
汤鹏 539
汤鹏举 532,539
汤铖 385,386,394
汤璹 491
牟子才(字存叟,号存斋) 752, 777,784,823,827,828,830,857, 859,871,885,886
牟介 391
牟应龙 828,850
牟巘 802
祁宽 500
祁真卿 632
米友仁(一名尹仁,字符晖,自号懒拙老人) 261,455,457, 463,469,486,501,521,524
米芾(初名黻,字符章,号鹿门居士、无碍居士、襄阳漫士、海岳外史、家居道士) 197,252, 303,310,329,352,355,381,383, 384,392,395,398,401,402,404, 429,500,521,524,724,735,781, 814,880,890,891
米肱 415
纥石烈子仁 742
纥石烈良弼 428,571,573,587, 588,622
纪君祥(一作纪天祥) 873
西禅隆老 426
许子春 632,676
许亢宗 425
许允成 275,330,356
许升(字顺之,号存斋) 496, 583,654
许及之 207,558,697,750,769
许开 721
许月卿 737,770,822,828,842
许古 691
许仲宣 41
许安世 248
许安修 394
许尧辅 394
许克昌 546
许坚 17,292,476,486

许应龙 747,846
许应庚 827
许忻 464,483,520,580
许诉 485
许兖 71
许叔微(字知可) 304,460,461, 521,531
许奉世 386
许昌 167,182,192,425,597
许奕(字成子) 586,713,714, 757,776
许将 202,236,297,315,345,357, 358,365,388,390,395
许待问 41
许洞(字洞天,一作渊天) 22, 72,81,84,98,109
许景衡(字少伊) 274,317,319, 360,375,436,437,445,450
许棐 800
许瑶 737
许谦 473,780,895
许谦和 893
许熙载 877
许端卿 394
许遵 242
许翰(字崧老) 337,425,439, 444,451,463,464,482
许衡 722,751,819,823,837,863, 867,873,875,876,884,887,892, 894,896,900,910,913,915
许顗 449
许骧 60
达世贴睦迩 892
邢世才 482
邢纯 445,499
邢居实(字惇夫) 330,334,338, 842
邢抱朴 52
邢昺(字叔明) 27,29,33,37, 45,47,65,68,69,70,71,75,76, 77,82,83,85,89,91,92,95,96, 139,692
邢恕(字和叔) 137,259,293, 300,334,340,349,360,370,373,

379,383,388,475,596
邢祥 76,99,100
邢彭年 155
邢德允 726
阮昌龄 107
阮思道 29,58
阮逸 128,146,147,148,150,153, 163,170,174,201,202
阮登炳 884
阳枋(字宗骥,一字正父,号字溪) 662,727,812,836,839, 846,851,853,860,889
齐己 6,843
齐庆胄 616
齐履谦 880

七 画

严世文 690
严用和(字子礼) 601,742,862, 891
严有翼 555,721
严羽(字仪卿、丹丘,号沧浪逋客) 790,846,854
严抑 14,501
严忠杰 878
严昌裔 652
严松 677,855
严焕 542
严植 828
严滋 590,605,764
严粲 639,800,854
伯颜 884,902,905,909
祖中庸 652
何大正 394
何大受 394
何大猷 696
何中 886
何中立 179,181
何去非(字正通) 293,308,508
何云源 712,810
何处恬 774

何仲敏 457
何异 275,530,706
何执中 202,380,392,401,405,421
何自守 15
何伯谨 616
何克忠 456,480
何希之 903
何应龙 800
何志同 406
何时 867,898,907
何汝 740
何咏 133
何昌言 367,369
何若 504,505,507
何茂恭 547
何亮 74
何彦正 386
何昼 17
何洵直 248,295,308,327
何荣祖 779
何栗 418,435,443,521
何涉（字济川） 167,216
何涣 430
何耕 531,655
何凯 409
何逢原（字希深） 400,577
何郯 192,194,285
何基（字子恭，号北山） 473,606,662,780,823,842,879,882,893,904,905
何梦杰 874
何梦桂 808,867,914
何铸（字伯寿） 339,493,498,526
何溥 497,546,575
何群 182,285
何镐（字叔京，人称台溪先生） 450,567,569,583,594,602,604,607,722
何颧 409
何澹 569,655,664,668,672,674,678,697,700,710,713,735,781
何薳 436

何麒 559
余大雅（字正叔） 487,641,647,671,722,850
余中 275,276
余元一 619
余卞 386,387
余正甫 690
余庆 84
余苣敬 737
余观复 800
余季芳 737
余宋杰 627,690
余应求 418
余良弼 460
余学古 720
余玠（字义夫，号樵隐） 712,862
余绍祖 652
余范 595
余复 672
余洞真 807
余哲 698,703
余深 391,425
余焘 269
余爽 385,386
余隅 595,632,722
余嵘 756
余靖（字安道） 73,120,122,133,139,141,144,146,147,149,150,152,153,157,159,166,169,170,171,172,173,174,175,176,177,178,179,182,185,187,190,196,198,201,204,206,207,208,210,214,219,222,233,239,241,249
余端臣 747
余锜 627
冷世光 659,662
初锡 70
利完素 440
利登 800
吴大有 865
吴子上 214
吴子良（字明辅，号荆溪） 557,709,784,786,787,796,842,867,868,902,908
吴子野 376
吴中复 210,217,218,227
吴之巽（字先之） 549,781
吴云公 454
吴仁甫 690
吴仁杰（字斗南，一字南英，号蠢隐，又号蠹豪） 523,600,639,673,685,709,718
吴元美 361,486,520,521
吴及言 220
吴文英（字君特，号梦窗、觉翁） 758,813,882,899
吴文炳 599
吴世延 157
吴可儿 142
吴处厚 75,334,341,367,394
吴必大 567,628,635,636,641,722,827
吴必达 835
吴汉英（字长卿） 496,665,731,763
吴申 248
吴石翁 865
吴立礼 348
吴龙翰 818,892
吴交如（字亨会） 425,622
吴仲孚 800
吴休复 394
吴伦 719
吴充（字冲卿） 117,203,204,252,253,276,279,285,287,290,291,300,304,307
吴全节 894
吴如愚（字子发） 830,831
吴存 870
吴安诗 341,342,345,354,355,367,370,385,386,394
吴安持 394
吴安逊 394
吴师仁 155
吴师礼 120
吴开 446

吴汝弌 800
吴自牧 903
吴迁 883
吴伯举 380
吴伯游 690
吴伸 719
吴坚 885,895,909
吴寿昌 656,722
吴材 388
吴沆(字德远) 46,511
吴良辅 377
吴势卿 876
吴叔告 821,831
吴叔虎 460
吴居厚 336,340,391,395,413
吴昌裔(字季永,一字季允,号青莲山人) 645,762,781,821,834
吴朋 394
吴泳(字叔永) 751,752,777,781,819,823,828,834,848
吴炎 355
吴知几 142
吴知先 690
吴育(字春卿) 81,141,151,152,153,154,167,170,180,185,194,219,222,232,241,304
吴若 463
吴英(字茂实) 547,610,613,632
吴表臣 405,437,477,485
吴俦 357,376,386,394
吴南 665
吴复珪 25
吴奎 191,194,196,207,209,230,249,301
吴思齐 832
吴昶 610,722
吴柔胜(字胜之) 532,604,706,750,791
吴秘(字君谟) 142,216
吴说 225,527
吴革 876,885
吴兼善 632

吴唐卿 627
吴悮 560
吴振 690
吴浩 656
吴益 619,905
吴莘 656
吴莱 696,839
吴铉 38,49,77,92
吴敏 54
吴淑(字正仪) 28,29,31,44,47,58,59,63,65,75,78,89,94,511
吴深 583,696
吴渊(字道夫,号退庵) 605,676,762,800,819,865,869,886
吴猎(字德天) 504,551,567,689,706,741,760,841
吴翌(字晦叔) 450,552,574,598,616
吴曾(字虎臣) 165,409,492,495,523,527,716
吴朝宗 444
吴棫(字才老) 282,381,425,531,698,760,822
吴琚 483,665,721,731
吴琰 185
吴葵 667
吴楫 563,583
吴照邻 206,210
吴缜(字廷珍) 192,228,290,361,449,486
吴雉 690,700
吴儆(初名僩,字益恭,号竹洲先生) 440,539,599,644
吴箕 580
吴潜(字毅夫,号履斋) 394,705,770,771,811,813,819,821,824,825,832,834,842,849,853,855,857,859,872,874,876,877,879,899
吴澄 318,591,627,671,688,747,799,823,838,854,883,890,896,898,910
吴璋 295

吴遵路 166
吴镇 918
吴镒 558,669
吴激(字彦高,号东山) 347,500,545
吴燧 863,864
吴曦 293,675,735,743,744,746,780
吾丘衍 899
员兴宗(字显道,号九华子) 564,586
李术鲁翀 918
李罗 848,894
宋九嘉(字飞卿) 645,708,759,788,806,817
宋子贞 881
宋之才 473
宋之汪 648
宋之润 648
宋之源 648,656,676
宋之端 662
宋文卿 836
宋无 875
宋白(字太素,一作素臣) 5,9,20,29,30,31,32,33,36,37,38,39,43,44,46,47,52,57,60,62,63,66,67,68,71,74,75,83,101
宋乔年 424,429
宋圭 597
宋次道 296,901
宋汝为 452
宋祁(字子京) 69,112,121,125,131,132,136,138,140,141,142,144,146,148,150,156,157,158,159,161,173,175,177,179,180,181,186,187,188,189,190,191,192,194,195,196,202,210,218,219,222,226,227,228,233,244,247,305,634,716,797,838
宋自适 741
宋伯仁 800,832
宋寿岳 394
宋寿卿 839
宋昌 597

宋若水　648,656,658
宋郊　121,147,903
宋驹　483
宋保国　275,386,394
宋咸　122,206,216,885
宋庠（初名郊，字伯庠，改字公序）　64,122,138,140,142,150,165,166,173,180,181,185,187,189,192,193,194,195,196,198,207,219,233,234,247,271,716
宋度　277,883,886,888,894,902,903
宋炳　424
宋洪范　737
宋贻序　103
宋选　237
宋準（字子平）　22,26,28,32,37,38,41,48,49,73
宋匪躬　345,458
宋卿　554
宋晋之　514
宋皋　71,91
宋惟忠　26
宋敏求（字次道）　114,158,177,179,180,181,209,219,226,228,237,242,244,261,262,264,265,266,269,279,284,289,290,291,294,300,301,307,310,449,559,614
宋绩臣　377
宋绶（字公垂）　53,91,117,121,122,125,126,127,128,130,133,134,135,139,146,150,152,156,157,159,160,162,164,266,301,753
宋斌　827
宋温其　261
宋湜（字持正）　33,41,43,44,52,57,60,62,68,73
宋琪　38,39,40,49,50,61
宋程　93,319,615,634
宋慈（字惠父）　657,700,736,771,796,821,850,851,854
宋楫　523
宋德之　567,630,704,761,828

宋德方　843,857
完颜永济　752,758
完颜匡　729
完颜守道　628
完颜希尹（本名谷神，号兀室，又号悟室）　426,492
完颜宗弼　488,491,515,516
完颜昊　520
完颜思敬　628
完颜勖　448,478,494,495
完颜麻斤出　802
岑象求　345
岑穰　356,425
岛刺沙　892
应才　227,892
应伯震　773
应孟明　558
应褒然　507
张九成（字子韶，号横浦居士，又号无垢居士）　353,458,460,472,473,485,494,498,501,502,503,525,528,529,532,536,539,545,556,560,612,660,694,778,782,792,794,858
张千载　902
张士良　386,394
张士逊（字顺之）　12,54,124,138,155,159,179,193,219
张大节　522
张大年　502
张大亨（字嘉父）　215,318
张子智　633
张子温　502
张弋　800
张中　261
张之翰　841
张云卿　292,330
张仁叟　690
张仁赞　34
张从正（字子和）　537,721,804,858
张从信　19,39
张从祖　626

张元吉　86
张元素（字洁古）　440,524,656,820,883
张元幹（字仲宗，号芦川居士，又号真隐山人）　350,409,411,422,426,428,434,436,439,443,446,452,457,459,472,485,489,491,494,497,502,505,507,512,516,522,533,539,541,544,552,625,776
张元龄　502
张公裕　245,250
张升　107,232,243
张及　107
张友直　124
张天骥　312
张文谦　767,848,877,878,892
张方　567,715,761
张方平（字安道，号乐全居士）　90,114,141,155,156,166,169,174,175,176,177,178,179,180,183,184,186,199,201,204,206,210,216,219,222,223,226,228,232,237,246,249,250,260,264,266,284,291,298,299,305,322,349,350,352
张世才　459
张世杰　906,909,910,913,914,915,917
张仕佺　567
张令铎　4
张以道　690,713
张去华　3,5,40,43
张可久　895
张可大　832
张可封　80
张圣予　836
张圣俞　816
张巨　215
张巨源　33
张弘范　832,914,915
张正随　107
张永德　27
张用行　105

人物索引

张田 241
张仲寿 861
张仲连 312
张仲经 816
张仲举 115
张仲宣 334
张先（字子野） 51,122,130,133,135,162,166,194,196,199,222,228,259,265,273,276,279,294,296
张圭 902
张夙 394
张好问 62
张宇林 459
张守愚 701
张安国 553,554,744
张师德 98
张廷训 34
张成行 292
张成象 34
张扩 485,502
张扬卿 632
张汝舟 460
张汝明 593,685
张祁 533,537
张耒（字文潜，号柯山，人称宛丘先生） 205,246,270,273,276,284,288,300,305,318,321,325,327,328,334,335,336,345,349,351,354,359,367,379,381,382,385,386,387,390,391,394,397,398,408,417,458,519,533,676,716,847
张至龙 800
张行成（字文饶） 292,368,460,569
张行简（字敬甫） 739,766
张观 33,104,122,132,141,142,144,146,147,150,156,161,165,192,219,562
张邦光 407
张邦昌 7,443,445,446,459,488
张问 286,303,307,394,666
张齐贤（字师亮） 29,38,41,43,48,49,51,54,68,74,76,84,89,93,98,105
张齐望 507
张严 697,698
张伯垓 698
张伯淳 841
张伯源 631
张伯端（字平叔，一名用成，号紫阳山人） 45,260,286,308,309,542,836
张佖 58,59,66
张克公 405,407
张克恭 111
张即之（字温夫，号樗寮） 657,842,857,862,865,880
张君房 79,84,100,113
张孝忠 558
张孝杰 206
张孝直 605
张孝祥（字安国，号于湖居士） 461,483,518,529,530,532,536,539,541,542,544,547,551,554,558,562,565,568,572,575,580,582,668,671,724
张宋卿 842
张宏（字巨卿） 29,41,46,75
张宏武 225
张宏范 912
张希文 883
张志立 894
张志敬 867
张怀素 401
张戒（字定夫，或作定复） 472,485
张扶 62,532
张纬 816
张良臣 481,545,558,800
张邵 451
张龟年 464
张咏（字复之，自号乖崖） 33,56,59,69,70,92,100,107,893
张国均 763
张季悦 757
张季樗 724
张宗古 142
张宗演 912
张居 394
张岩 697,707,713
张择端（字正道） 439
张杰 514,612
张昊 670,790
张构 617,647
张枢 882
张洞 161
张洞 120,145,163,194,212,216,243
张泌 652
张炎 852,882
张环 142
张知白 77,83,95,108,123,127
张秉 83,90,93
张绎（字思叔） 271,368,370,378,391,401,404,416,575,576,596
张肃 816
张若谷 84
张茂则 385,394
张诚一 292,328,336
张俊（字伯英） 331,448,494,499,531,597
张保源 386,387,394
张俞 162
张信 885
张俭 63
张养浩 895
张咸 357
张复 85,90,105,107
张奎 120
张宥 129
张庭坚 338,347,379,385,386,389,394
张彦先 632
张彦实 488
张思训 14,32
张思明 873
张拱 18
张昭（本名昭远，字潜夫） 1,2,

4,5,8,9,10,20,21,44,95,646
张昱 123
张显 872
张忠恕 514
张柔 836,861,911
张洎(字师黯,一字偕仁) 24,
 28,29,30,31,32,36,41,49,56,
 58,59,60,62,64,66,67
张洽(字符德) 215,270,467,
 553,627,641,691,707,716,722,
 819,824,827
张津 581,803
张照 794
张祐 394
张美 27
张贵谟 652,698,700,704,882
张钦臣 776
张唐英(字次功,一作次公,自
 号黄松子) 132,240,271
张唐卿 140
张恕 394
张根(字知常,号吴园) 232,
 429,491
张栻(字敬夫,又字乐斋,号南
 轩,又号钦夫) 221,402,439,
 440,455,464,473,491,503,510,
 514,520,526,536,544,546,547,
 550,551,552,555,557,558,559,
 561,562,565,567,568,569,570,
 571,572,573,574,578,579,581,
 583,584,585,587,588,589,591,
 594,595,598,599,600,602,604,
 605,609,610,612,613,614,615,
 616,617,620,621,623,624,627,
 630,635,645,646,647,649,650,
 673,675,676,690,693,696,704,
 707,712,717,741,743,747,756,
 761,764,765,774,780,794,804,
 824,828,831,832,835,840,860,
 875,890,904
张浚(字德远,自号紫岩) 270,
 368,371,385,445,448,451,457,
 465,471,475,478,484,485,488,
 490,491,494,510,514,518,520,
 532,533,536,542,546,549,550,

553,554,558,559,560,562,563,
568,572,578,580,592,649,661,
662,665,691,741,747
张浩(字浩然) 522,560
张特立(字文举) 679,888
张珪 883
张留孙 846,915
张积 547
张素 23,25
张继元 396
张耆 123,127,138
张耆年 502
张致 764
张致远 472,484,485,706,710
张载(字子厚,世称横渠先生)
 116,161,172,199,213,221,253,
 256,260,264,270,282,287,290,
 291,292,293,299,302,309,317,
 329,330,353,371,373,375,414,
 444,467,471,478,480,486,504,
 505,565,584,595,596,602,606,
 612,625,661,663,698,704,710,
 750,754,764,765,768,777,784,
 818,821,829,834,835,837
张通古 480
张釜 697,701,710,714
张铎 391
张乾曜 132
张商佐 605
张商英(字天觉,号无尽居士)
 174,246,271,340,357,358,364,
 377,383,391,394,407,408,409,
 421,431,432,441,516
张宿 438
张崇 306
张崏 292,293
张康国 393,395
张揆 262
张梦符 836
张溪 235,716,724,793
张淙 407
张渊微 848
张渐 118
张绩 336

张续 161
张维 185,569
张维翰 118
张著 792
张虑 704
张虚白 422,424
张辅之 816
张逵 107
张阐 496,504
张巽 385,386,394,660
张弼 685
张揆 188,190
张敦礼 275,372
张敦颐(字养正) 536,540,548,
 582,721
张景(字晦之) 5,9,10,19,63,
 72,73,86,112,374
张景宪 262
张棣 516,518
张琪 437,765
张琳 386,394
张瑛 736
张舜民(字芸叟,自号浮休居
 士) 144,243,293,306,308,
 310,322,328,334,348,361,375,
 383,386,388,389,392,394,399,
 407,456
张裕 394
张覃 33
张道 107,697,706
张道洽 738,822,891
张道陵 132,870
张锐 463
张集 394
张嗣古 827
张嗣宗 203,206
张暐 700,701
张毂 321
张源 385
张溥 394
张福 775
张稚圭 271
张裨 795

人物索引

张鉴 31,704
张靖 625,628
张颐 434
张戬 263,264,265,596
张濙 419
张端 262,334
张端士 731
张端义 329,468,483,667,769,828,836,852
张德辉 848,849,851,853
张澄 452
张蕴 800
张镇孙 896
张震 532,551,556,558
张澹 23,24
张臻 245
张徽 816
张璪 298,300,303,308,312,326,328,340
张镃 507,665,694,723
张彝 865
张瞻 375
张攀 620,774,778
张耀卿 816
张麟 552
折彦质（字仲古，号葆真居士） 476,508,549
时元瑜 522
时少章（字天彝，号所性） 862
时彦 101,297
时澜（字子澜，号南堂拙叟） 537,783,856
李九龄 24
李万 100
李三英 538
李上交 211,216
李义山 761,775
李士真 65
李大异 652,736
李大有（字谦仲） 567,630,704
李大性 652,656
李大理 652
李之才（字挺之） 134,183,292,476,486
李子愿 686,855
李山民 454
李中 17,405
李之仪 250,270,354,358,382,384,385,388
李之议 394
李之纯 270,354,367,386,394,777
李从礼 501
李从周 778
李允则 70,72,74
李元白 665,679
李元弼 423
李元量 685
李元儒 516
李元翰 681
李公显 541
李公麟（字伯时，号龙眠居士） 193,313,337,380,382,399,434
李升 418
李天勇 799
李天祚 532,598
李天锡 76
李心传（字微之，一字伯微，号秀岩） 269,313,470,475,480,484,488,493,525,569,571,599,613,618,620,624,634,692,693,699,702,706,727,737,743,747,754,757,768,769,771,773,775,780,789,793,794,795,800,806,811,813,816,819,823,824,829,830,831,833,834,837,840,841,843,857,862,886
李文子 827
李文中 507
李文仲 69
李方 722,795
李方子 711,722,752,762,775,778,824,827,886
李丙 446,588
李东 434
李仕鲁 883
李全 816
李处全 588
李永 394
李永寿 463
李汉超 28
李田 271
李石（字知几） 269,325,401,459,564
李议之 460
李龙 800
李仲容 141,154,158,161
李会 446
李攸（字好德） 465
李伟 868
李光（字泰发） 297,399,436,440,457,485,488,490,494,505,507,510,516,519,520,525,526,530,532,533,536,541,544,545,551,554,557,731,776
李冲元 337
李刘 762
李吁（字端伯） 596
李壮祖 665
李夷行 394
李如圭 638,708,827
李安行 777
李师正 597
李师师 427
李师顺 597
李成（字咸熙） 8,15,57,381
李朴 338,360,721
李约之 690
李至（字言几） 30,37,38,41,43,44,46,47,49,50,51,54,57,58,59,61,64,65,68,69,71,72,73,75
李访 874
李过（字季辨） 711
李邦彦 54,407,441
李防 114
李阳雷 903
李阶 390
李齐愈 708
李伯玉 783,822,882,887
李伯诚 690

李伯敏 590
李伯渊 819
李伯谏 583,591
李伯瞻 894
李冶(字仁卿,号敬斋) 683,806,812,816,849,852,872,917
李君裕 309
李寿朋 685,807
李希安 876
李志常(字浩然,号真常子、真常道人) 688,778,782,804,857,864,865,867,868
李时 597
李杞(字良仲) 46,393,690
李杞(字子才,号谦斋) 690
李汾 784,789,806
李沆(字太初) 33,43,46,47,49,51,54,56,59,61,64,68,71,73,81,135,515,580,771
李沐 652,696,697
李纮 149
李纯甫(字之纯,号屏山居士) 270,616,708,728,737,739,777,779,784,788,814,815,817
李纲(字伯纪,号梁溪居士) 311,411,412,418,423,426,436,439,443,444,445,446,447,448,449,450,451,452,453,454,457,459,461,464,468,471,472,478,484,488,490,491,492,494,514,530,531,552,592,728
李良臣 539
李迎 482
李运 61
李邺 441
李闳祖(字守约) 641,665,722,827
李侗(字愿中,世号延平先生) 305,356,420,472,473,474,526,527,538,539,541,546,550,553,557,559,560,561,750,763,771,823
李参 200,596,608
李周 345,367,386,394
李周翰 677

李图南 404
李垂 101
李垄 871
李备 386,394
李孟 866
李孟传(字文授) 477,776
李孟坚 519,520
李孟博 440
李季札 610,722
李宗勉 814,816,818,832
李宗思 558,563,583,589,591,594
李宗谔(字昌武) 12,33,41,47,58,60,65,67,70,71,72,83,87,90,91,92,95,96,97,98,101,102,167
李定 185,265,298,299,300,326,328,336
李实 215,394
李居仁 882
李居寿 491,781,915
李居浣 20
李建中(字得中,号岩夫民伯) 30,38,103
李弥逊(字似之,号筠溪翁) 343,405,416,444,446,485,491,498,528
李性传 754,819,831,844,863,895
李性傅 795
李承之 262,263,279,280
李昉(字明远) 2,7,9,17,18,19,21,22,23,24,25,27,28,29,30,31,33,35,37,38,40,41,43,46,47,50,51,54,56,57,59,61,63,64,65,72,75,101,102,104,112,725,733
李昊(字穹佐) 14
李昌龄 31,54,64,65,817
李明复(字伯勇) 215,765,809
李易 448
李杰 394
李杲(字明之,号东垣老人) 440,631,656,721,804,812,850,854,858,883,911

李洞 905
李直专 821
李直夫 899
李直方 30
李知孝 793,795,819,825
李祉 386,394
李经 788,817
李肃 13,36
李肃之 262
李肩吾 795
李若水(字清卿) 356,443,447
李若兄 558
李若朴 494,530
李若谷 155,159,225
李若拙 15,21,43,67
李茂直 394
李范 37,44
李茆 609
李诚之 856
李询 247,597
李迪 63,82,83,110,115,117,118,138,146,166
李郁 338,410,437,473
李金 565,566
李俊民(字用章,号鹤鸣老人) 612,875
李信甫 553,668
李修 394,826
李修己(字思永) 567,595,761,855
李南公 328
李咨 97,113
李宥 132,174
李宪 597
李庭 839
李庭训 816
李庭芝 795,873
李彦 429,439,444,816,874
李彦括 428
李彦章 391,409
李彦弼 389
李恒简 816

李挺祖 880
李昭玘 345,375,379,394,414
李昭遘 123,125,163
李昴英(字俊明,号文溪) 725,796,833,847,870
李昶 216,728,885
李柬之 139,207
李炳 81,728
李珏 776
李畋 54,86,107,216
李相祖 711,722
李神佑 39
李禹翼 816
李绚 154
李美 14
李衎 797,846
李觉(字仲明) 34,43,46,47,50,52,57
李诫(字明仲) 229,349,370,381,392,408
李诵 652
李顺 57
李倬 394
李健 446
李唐(字晞古) 193,455
李唐咨 677,714
李格非(字文叔) 270,288,364,385,386,388,394,396,801
李流谦 547
李浩 551,555,816
李涛(字信臣,小字社公) 6,800
李皋 711
李祥(字符德) 450,558,697,698,706,725
李积中 386,391,394
李继迁 64,78
李耆俊 652
李莱老 882
李莹 22
李釜 380
李陶 285,330
李偁 394

李埴(字季允,号悦斋) 330,553,676,706,741,765,818,821,827,832,856
李基 394
李堂 161
李寅 17,754
李寅仲 617,728
李常(字公择) 128,161,222,233,245,250,261,263,265,279,285,299,316,323,327,334,338,342,346,414,884
李常宁 335
李惇 214
李曼 522
李梦先 690
李淑(字献臣,号邯郸) 78,122,125,130,134,136,139,140,141,142,146,147,150,151,153,155,156,158,159,160,161,163,167,173,193,202,205,220,224
李深 262,288,338,389,390,394,627
李清臣(字邦直) 137,242,243,245,264,279,292,295,299,300,301,303,306,307,308,310,318,326,327,349,355,356,358,365,370,378,379,386,388,394,413,419,475
李清照(号易安居士) 314,383,388,396,397,401,444,446,453,454,457,460,467,468,469,472,502,521,534,737
李焘(字仁甫,又字子真,号巽岩) 60,118,169,176,219,307,313,330,382,405,419,460,468,484,485,497,523,542,543,544,547,548,559,572,573,574,576,580,599,601,606,608,609,610,614,615,618,621,624,634,639,642,643,644,647,649,650,654,655,657,671,676,693,727,747,783,807,832,862
李焘朋 262
李续 17
李维(字仲方) 6,66,71,81,84,86,92,95,99,103,106,110,117,122,135,167
李维申 690
李虚己 38,109,154
李谘 82,146,150
李巽 38
李巽岩 285
李彭 409
李彭老 882
李景阳 11
李植 270,385
李溉 292,476,486
李琪(字开伯) 755
李琮 328
李琰 892
李琳 520
李舜 290
李舜臣(字子思) 548,569,625,640,685,768,772
李谦 682,816,885
李辉 627,690,722
李道 462
李道传(字贯之) 586,699,702,732,743,746,750,754,757,765,768,771,772,818,823,827,895
李道宗 121
李道谦 776
李闶 722
李雄 393
李鼎 795
李廌(字方叔,号济南先生、太华逸民) 225,270,354,355,374,385,405,540
李微 816
李愚 394
李椿 454,482,552
李椿年(字仲永) 498,505,545,685
李楠 519
李溥 61,94
李辉 627,690,722
李煜(字重光,初名从嘉,号钟隐) 3,4,6,9,11,15,16,18,19,23,26,27,29,31,32,66,138

李照　142,144,146,153,156
李献甫(字钦用)　701,820
李献卿　789,816
李献能　762,765,773,779,806
李稙　536,542
李筠　2
李遘　242
李鉴　781,827
李嘉亮　394
李慕清　47,71,96
李端民　558
李缨　855
李蔚　816
李蔼　14
李觏(字泰伯)　94,135,137,142,150,152,155,157,159,162,163,166,169,172,174,177,182,187,191,194,195,199,202,206,214,218,221,223,225,276,277,414,801,863
李韶　818
李德刍　271,280,291,303,345
李德明　78
李撰(字子约)　174,405
李樗　412,519,526,721
李横　461,462
李潜　338,765
李缊　120,145,163
李缯(字参仲)　423,499,520,608,641,686
李蕴　161
李遵勖　81,132,150,860
李儒用　690,722
李槪　14
李燔　473,627,674,719,720,722,773,813,818,827
李璟(本名景通,改名瑶,后名璟,字伯玉)　3,4,6,32,853
李禧　288
李穆(字孟雍)　21,23,24,29,30,31,33,36,37,38,40,44,47,72,75,394
李衡(字彦平,号乐庵)　380,381,548,583,585,589,590,621

李擢　462
李繁　477
李壁(字季章,号雁湖居士,又号石林)　545,614,697,700,730,732,736,738,739,741,783,828,856
李瞻　682
李馥　795
李錫　795
李巘　655
李颙　575
杜大珪　121,693
杜仁杰　806,816
杜天佛留　510
杜少讷　547
杜本　912
杜光庭　6
杜充　448,451
杜汝能　865
杜孝严　827
杜时亮　452
杜纮　348
杜纯　261,328,334,338,348,367,386,394
杜芳洲　454
杜杲　840
杜范(字仪甫,改字成己,号立斋)　640,712,746,747,777,800,808,817,818,819,821,824,826,830,834,835,836,837,839,842,844,846,908
杜思敬　823
杜斿　690
杜衍(字世昌)　32,146,150,169,172,177,180,186,194,215,216,217,250,771,866
杜旗　819
杜旃　800
杜莘老(字起莘)　400,551,564
杜绾(字季扬,号云林居士)　463
杜瑛(字文玉)　736,901
杜道坚　828
杜煜　746,747

杜醇　155,189
杜镐(字文周)　28,44,47,49,58,59,68,71,73,75,77,78,80,82,83,89,90,95,96,103,110,139
来之邵　354,355,357,358,410
杨万里(字廷秀,号诚斋)　214,447,460,487,491,502,514,526,527,530,536,542,544,546,550,551,553,554,562,563,568,573,584,587,590,593,596,599,600,601,607,614,618,624,625,628,630,633,638,647,649,650,651,652,655,657,658,659,661,665,666,669,674,678,681,685,686,691,693,694,695,699,710,711,714,720,723,726,727,729,731,732,735,738,739,741,743,753,781,807,820,860,861
杨三益　627
杨亿(字大年)　25,40,60,63,65,66,68,71,72,76,77,81,83,84,85,86,87,88,89,90,91,92,94,95,97,98,99,103,105,107,108,112,113,114,115,116,118,134,135,136,137,142,143,144,167,183,187,233,274,311,683,777
杨士训　677
杨士瀛(字宗儒)　882
杨大光　547
杨大异　553,778,864
杨大法　623,697
杨大雅(本名侃,字子正)　13,129,135,139,141,593
杨子谟(字伯昌,号浩斋)　529,628,743,761,799,886
杨与立　681,722
杨中和　125,132,150
杨云翼(字子美)　586,691,762,765,771,773,777,779,786,789,792,800,803,805
杨介(字吉老)　229,455
杨允恭　878,880
杨及　126
杨文立　68

杨文仲 823,862,904,905	杨纮 196	杨惟德 142
杨文举 49,77,92	杨补之（字无咎，号逃禅老人，又号清夷长者） 371,582	杨清一 841
杨文献 917		杨焕然 816
杨方 583,605,617,706,722	杨佶 85	杨辅 605,703,744,746,757
杨日新 626	杨宗立 424	杨辅世 530
杨仪 165	杨建中 522	杨惠明 369
杨可法 32	杨忠辅 662	杨景略（字康功） 164,331
杨甲 56,533,569,605,606,609,638	杨杰 296,303,306	杨朝英 886
	杨果（字正卿，号西庵） 701,816,876,892,893	杨舜举 547
杨训 454		杨辉 876,878,903,908
杨休 459	杨炜 525	杨道夫 614,641,660,668,698,722
杨伟 110,193,204,207	杨炬 530	
杨光 605	杨知章 567,761,799	杨寅 168,169
杨安国 125,140,176,199	杨若海 681	杨楫（字通老，人称悦堂先生） 500,641,714,755,760
杨安显 165	杨迥 526	
杨延庆 39	杨复 473,690,708,722,803	杨简（字敬仲） 496,568,580,599,609,632,633,636,655,663,665,677,678,679,680,685,686,687,688,691,697,699,706,712,717,718,737,742,744,746,750,752,757,759,762,771,775,779,782,784,785,789,790,791,792,793,795,798,799,807,808,826,827,836,843,897
杨廷秀 669,713,719	杨彦璋 394	
杨汝明 776	杨彦瞻 847	
杨至 641,675,685,712,722	杨昭俭 23,73	
杨邦乂 460,861	杨昭复 787,908	
杨邦弼 498,538	杨胐 394	
杨奂（字焕然） 657,779,806,846,865,866	杨栋 805,806,823,904	
	杨畋 227,230,296	
杨完 294,295,308	杨畏 348,349,354,355,356,366,367,374,394,475	杨察 140,142,179,204,207,208
杨宏中 697,706,746		杨履正 675
杨宏道 779,821,855	杨绘（字元素，自号无为子） 128,200,219,254,269,279,328,339	杨幡 522
杨希仲 458		杨潜 685
杨怀玉 115		杨褒 209
杨时（字中立，号龟山） 172,202,206,276,279,282,288,291,292,302,305,310,318,319,321,326,337,351,353,354,365,366,368,373,375,376,377,382,388,393,397,399,401,402,403,406,411,412,414,416,420,422,426,431,435,439,441,442,445,448,451,452,454,460,462,463,470,471,472,473,474,475,480,486,487,489,495,499,503,509,516,517,519,524,528,537,544,545,552,555,556,560,561,570,583,595,596,612,620,630,647,661,670,675,698,738,750,765,771,780,823,829,888,890,904	杨说 120	杨赞 882
	杨适 155,319	杨徽之（字仲猷） 2,17,21,44,51,61,69,70,72
	杨恕 816	
	杨恭懿 794,907,915	杨環宝 394
	杨桓 820	杨蟠 184,262
	杨泰之（字叔正，号克斋） 582,700,810	杨骧 669,722
		求淳 736
	杨砺（字汝砺） 1,28,37,44,67,68,70	汪义端 578,698,702
		汪大经 414
	杨称 394	汪大度 856
	杨载 897,917	汪大猷（字仲嘉） 120,429,473,508,578,580,588,700,721
	杨偕 138	
	杨寅 706	汪介 762
	杨得言 242	汪元春 747
	杨惟恭 892	汪元量（字大有，号水云） 910

汪正甫 690
汪立言 871
汪华 827,883
汪行简 679
汪伯时 612
汪伯彦(字廷俊) 261,445,446,452,459,489,495
汪克宽 775,819,883
汪应辰(初名洋,字圣锡) 228,425,449,470,472,473,485,487,519,526,527,532,539,545,547,551,554,556,557,561,562,563,565,568,572,575,578,588,600,601,611,612,625,635,643,647,656,657,663,676,774
汪纲(字仲举) 659,785,803,807
汪季良 660
汪泽民 902
汪炎昶 877
汪勃 504,510,520,807
汪衍 385,386,394
汪革 409,414,463
汪莘 414,722
汪梦斗 903
汪逵(字季路) 612,697,699,706,707,716,754
汪晫 903
汪德辅 681
汪澈(字明远) 406,588,654
汪藻(字彦章,号浮溪,又号龙溪) 282,301,392,409,446,456,457,459,461,466,485,491,492,530,536,542,606,716
汪瀚(字仲容) 275,318,407
沈义父 840
沈义伦 23
沈千 394
沈瀛 547,655
沈与求(字必先,号龟溪) 331,418,487
沈长卿(字文伯,号审斋居士) 533,549
沈立(字立之) 90,273,286,296,360
沈辽(字睿达) 137,319
沈传曾 679
沈伦 33,112,580
沈有开 598,636,665,706,731,741
沈体仁 665,731
沈作宾 724
沈季长 289,297,334
沈宜中 522
沈昌 665,731
沈炎 874
沈该 515,532,534,536,538,543,694
沈度 509,569,575
沈括(字存中) 5,14,25,42,56,94,136,164,197,204,207,232,235,237,246,253,269,272,276,279,280,283,284,286,287,291,295,299,302,303,307,316,334,337,340,355,364,442,570,672,686,716,850
沈说 800
沈振 259
沈继祖 697,698,702,703
沈起 325,355
沈躬行 275,304,317,330,375,437
沈彬(字子文) 6,317
沈晦 417,436,450,499,661,716
沈清臣 539,545,669,710
沈焕(字叔晦) 490,568,580,614,632,633,643,663,678,679,687,688,712,717,742,790,791,794,798,855
沈铢 367
沈揆 513,647,655,674
沈遘(字文通) 124,190,192,230,232,252,293,319
沈僴 690
狄青 162,201,210,213,214
芮烨 533,574,578,590
苏大璋 375
苏元老(字子廷,号九峰) 270,297,429,437
苏友龙 270,385
苏刘义 910,917
苏在镕 761
苏师旦 720,721,736,739,743,745,761
苏过(字叔党,号斜川居士) 270,274,349,358,364,369,399,411,420,425,430,434,435
苏迈 270,312,365,401
苏迟 270
苏京 342
苏国台 741
苏宜久 690
苏实 690
苏易简(字太简) 33,35,41,43,44,47,48,50,51,53,55,56,57,58,60,62,67,73,96,147,204,571
苏绅 133,135,141,142,156,159,162,169,185,219,383
苏迨 270,349,425
苏郁 900
苏思恭 787
苏晒 293,299,373,375,394,575,596
苏庠(字养直,号后湖居士) 244,409,434,460,514,542
苏洵(字明允,号老泉) 94,122,126,139,146,153,156,162,178,181,184,187,189,194,206,208,209,210,214,218,227,231,232,237,240,243,245,246,248,250,260,270,380,384,385,391,410,412,492,644,707,716,801,824
苏适 270
苏逊 270
苏晓 8
苏涣 122
苏耆(字国老) 45,96,147
苏轼(字子瞻,号东坡居士) 79,151,153,163,173,174,181,182,187,189,198,204,206,208,210,212,214,215,216,223,227,228,230,232,235,237,243,246,

247,248,250,251,254,257,258,
259,261,263,264,265,267,268,
269,270,272,273,274,276,277,
279,282,284,285,286,287,288,
291,294,295,298,299,300,302,
303,305,307,308,310,311,312,
314,316,318,320,323,324,325,
326,327,328,329,331,332,334,
335,336,337,338,341,342,343,
344,345,348,349,350,351,352,
353,354,355,358,359,360,363,
364,365,367,369,373,376,378,
379,380,381,382,383,384,385,
386,387,389,390,391,394,396,
398,399,402,405,406,408,412,
417,418,426,427,428,429,431,
432,433,434,435,436,438,440,
442,448,450,456,470,474,485,
492,508,534,540,546,582,594,
597,612,613,644,668,676,680,
683,690,698,707,708,710,713,
716,735,745,774,777,778,780,
783,801,821,838,842,860,868,
884

苏颂（字子容） 14,116,133,
135,142,153,156,162,169,174,
185,194,199,201,204,207,212,
214,217,220,222,227,229,232,
233,237,243,246,247,250,253,
257,259,265,269,273,276,279,
284,285,288,290,291,295,299,
301,303,304,305,306,307,310,
314,315,326,331,333,334,337,
338,339,342,344,345,346,350,
352,354,355,358,364,369,383,
410,532,664,716

苏梲 245
苏符 448,485,563
苏植 795
苏渭 652
苏湜 295
苏舜元（字叔才，改字才翁）
84,119,130,182,204
苏舜民 394
苏舜举 214
苏舜钦（字子美） 92,120,130,
132,133,137,142,146,147,150,
153,156,158,159,162,174,177,
178,182,187,190,202,204,209,
683,735
苏嘉 269,376,386,387,394
苏德祥 8
苏辙（字子由，一字同叔，号颖滨遗老） 160,181,182,187,
189,207,210,212,214,215,219,
223,227,230,232,235,243,246,
248,250,254,255,258,263,264,
265,266,268,270,273,275,276,
284,287,291,295,299,302,303,
305,306,310,312,316,317,325,
326,328,332,333,334,336,341,
342,343,344,345,348,349,351,
352,354,355,357,358,359,363,
364,365,366,367,369,373,377,
378,380,382,383,385,386,387,
391,394,397,403,411,412,427,
437,438,474,492,509,519,644,
698,710,740
苏籀 403,460,504
苏籍 564
贡奎 894
辛公祐 327
辛文悦 18
辛永宗 518
辛次膺 485
辛弃疾（原字坦夫，后字幼安，
号稼轩） 493,513,527,530,
539,551,553,554,562,565,575,
584,590,599,605,609,612,614,
618,619,624,628,632,633,636,
638,642,645,646,659,662,666,
678,680,681,684,689,691,700,
702,711,713,720,729,732,736,
739,742,743,744,746,756,801,
819,820,906
辛怡显 115
辛炳（字如晦） 474
辛适正 690
辛愿（字敬之，自号女几野人，
又号溪南诗老） 762,812
辛赞 530

连南夫 436,485
连嵩卿 575
邱寿隽 765
邱崈 474,749
邱真长 759
邵大受 548
邵亢 155
邵睦 292
邵世 474
邵世隆 47
邵必 179,181,207,238,242
邵汉臣 690
邵伯温（字子文） 46,137,187,
217,292,297,307,334,338,359,
373,378,380,461,469,481,514,
542
邵迎 214
邵进 553
邵叔谊 791
邵泽 829
邵彦明 293
邵恂 464
邵焕 69,70,110
邵博（字公济） 162,203,206,
232,269,364,540,542,564,683
邵景之 375,519
邵溥 292,401,443,452,481
邵雍（字尧夫，自号安乐先生、
伊川翁） 49,99,137,183,235,
247,264,272,279,282,292,329,
373,414,437,444,467,469,471,
476,478,480,486,514,542,569,
596,677,698,712,754,768,815,
821,835,837,888,904
邵靖 375
邵隆（初名兴，字晋卿） 508,
509
邵襃 698
邵襃然 702,706
邵整 375
邹次陈 858
邹应龙 701,754
邹括 360
邹柄 473,575

邹浩(字志完,自号道乡居士) 199,229,275,292,308,313,319, 330,337,338,342,352,355,364, 372,373,376,378,383,386,388, 389,391,392,394,395,397,410, 429,442,443,499,517,609

邹斌 411,604,605

邹登龙 800

邹德章 558

闵从先 135

阿尼哥 846,873

阿合马 894

陆九渊(字子静,自号存斋) 60,172,221,293,330,393,464, 490,512,516,526,535,538,545, 553,580,587,589,590,591,594, 598,599,603,604,605,613,617, 619,624,625,627,628,629,630, 631,632,633,635,638,641,642, 645,647,651,655,658,660,663, 664,665,668,671,677,680,685, 686,687,688,690,691,702,703, 717,718,721,737,742,743,749, 757,762,764,768,770,787,791, 794,798,806,807,811,817,820, 826,839,843,855,857,860, 891

陆九龄(字子寿,号复斋) 330, 461,464,569,580,588,590,595, 603,604,613,617,623,627,629, 671,679,717,721,790,791,794, 798,817,855

陆九韶(字子美) 330,651,655, 671,855

陆文圭 868

陆正 877

陆佃(字农师,号陶山) 75, 170,247,261,262,263,266,269, 270,275,289,294,300,306,307, 308,315,320,322,326,327,330, 340,345,347,355,356,357,381, 383,386,388,394,414,423,600

陆秀夫(字君实) 832,867,892, 902,906,909,910,912,913,914, 917

陆参 63

陆经 165

陆表民 394

陆俊 736

陆持之(字伯微) 589,605,686, 737,752,754,784,794

陆宰 275,414,501

陆深甫 690

陆景端 499,538,621

陆游(字务观,号放翁) 3,22, 24,27,38,164,173,275,288,380, 430,440,447,457,467,475,478, 487,489,491,493,495,498,502, 505,507,510,514,516,523,526, 527,530,533,536,539,542,544, 546,547,551,554,557,558,562, 565,568,571,573,577,580,584, 585,588,590,595,599,605,609, 612,614,618,624,626,628,629, 632,633,638,641,643,648,655, 659,661,665,669,674,678,679, 681,685,686,693,694,702,703, 708,711,714,718,720,724,726, 727,729,730,732,734,737,739, 740,741,742,743,748,750,751, 753,759,778,804,843,854

陆寅 500,620

陆虞 778

陆德先 423

陆德舆 627

陆遹 740,778,803,804

陆壑 813

陆麟之 632

陈九言 464

陈万里 832

陈义高 866

陈士直 632

陈士楚 622

陈大任 667,739,740,743,756

陈大猷 806,883

陈与义(字去非,号简斋) 295, 347,401,405,413,420,422,425, 430,433,434,436,439,443,454, 457,458,460,462,463,466,472, 475,478,484,487,495,498,675, 683,713,853,909

陈井 394

陈仁玉(字碧栖) 845

陈介 512

陈从古(字晞颜,或作希颜,号敦复先生) 433,614,640

陈从易(字简夫) 14,103,113, 123,129,135,151

陈允平 800,882

陈元 468,657

陈元晋 755,817

陈元靓 908

陈公辅(字国佐,自号定庵居士) 282,293,413,443,471, 475,477,478,499,520,613,776

陈公弼 237,302

陈升之 249,255,258,259,261, 265,271

陈天昌 817

陈天祥 811,838

陈孔夙 715

陈孔硕(字肤仲,号北山) 524, 567,605,636,641,665,722,804, 824,876,913

陈少方 435,538

陈文中 864

陈文龙 889,910

陈文莹 297

陈文蔚(字才卿,号克斋) 529, 627,641,647,711,722,821,822, 824,850,908

陈日善 690

陈长方(字齐之,号唯室) 404, 435,517,538,543,716

陈世修 3,219

陈世崇 865

陈世儒 299

陈东(字少阳) 331,439,443, 446,447,452,453,465,549,683

陈可学 722

陈弁 418

陈必复 800

陈正 410,544,594

陈用 356,597

陈田夫 885

陈禾(字秀实) 380,405
陈仲卿 690
陈伟器 835
陈伦 781
陈充 50,58,71,82
陈兆祖 810
陈光乂 8
陈兴 597
陈华 690
陈如晦 781
陈字 652
陈守 605,642
陈尧佐(字希元,号知余子)
　10,58,80,97,117,121,122,126,
　130,131,134,138,139,152,156,
　178,842
陈尧咨 71,83,103,111,113
陈尧叟(字唐夫) 6,48,53,54,
　73,80,85,87,90,95,96,99,100,
　102,105,107,108,111,178
陈师中 312
陈师文 407
陈师正 628
陈师凯 810
陈师道(字履常、无己,号后山
　居士) 188,202,254,273,279,
　305,310,312,325,327,332,334,
　335,341,344,345,352,354,359,
　363,370,379,383,385,386,398,
　406,409,447,458,487,492,509,
　645,656
陈师锡(字伯修) 217,259,379,
　387,389,394,432,440
陈执中 136,177,187,201,203,
　206
陈廷玉 737
陈旭 194,196,212,218
陈权 842
陈次升 366,379,382,385,386,
　389,394,432
陈汝义 721
陈自明 826,880
陈自俯 457
陈自强 720,725,728,729,732,
　736,743
陈芝 681,722
陈观 20
陈过 907
陈过庭 441,452
陈伯大 907
陈佑 386
陈克基 522
陈君谟 632
陈址 677
陈均(字平甫,号云岩,又号纯
　斋) 602,747,807,820,823,843
陈坚 896
陈孚 394,873
陈宏 473
陈岘 660,706,727
陈希周 690
陈希真 690
陈希舜 839
陈应行 308,615,634
陈抟(字图南,自号扶摇子) 1,
　30,40,49,137,292,476,486
陈旸 354,356,357,383,392,717,
　727
陈沂 738,787,827
陈沆 606,733
陈良祐 578
陈良翰 472,562,612,776
陈苐 762
陈诂 122
陈轩 236,349
陈侗 245,271
陈叔盥 622
陈和卿 643
陈咏之 817
陈宓(字师复) 0589,722,750,
　773,775,788,797,810,818
陈宗 866
陈宗礼(字立之,号千峰) 731,
　842,895,897
陈宗纪 93
陈定 605,827
陈宜中 866,877,894,897,900,
　905,906,909,910
陈居仁(字安行) 453,473,522,
　557,657,709
陈岩肖(字子象) 485
陈承 404,407
陈昉(字叔方,号节斋) 254
陈昌 597
陈易 722
陈易师 675
陈杰 855
陈武 357,697,699,706
陈炎酉 627
陈直 293,318
陈直孙 270,595
陈知柔(字体仁,号休斋,一号
　弱翁) 650
陈知微 76,77,97
陈绎(字和叔) 117,220,231,
　259,262,275,339
陈经(字显之,一字正甫) 633
陈经正 437,749
陈经邦 437,749
陈经国 867
陈经郛 437
陈经德 437
陈苑 605,688,798
陈规 460,491,691,789
陈诚之 497,515,522
陈询 386
陈贯 85
陈郁 865
陈阜卿 527,558
陈亮(字同甫,学者称龙川先
　生) 172,437,452,501,504,
　541,544,546,550,553,557,570,
　572,574,579,583,585,590,594,
　596,599,600,601,604,607,609,
　613,614,617,618,624,628,632,
　633,635,636,637,639,641,642,
　644,645,646,647,651,652,653,
　655,658,659,661,662,665,667,
　669,673,677,678,680,683,684,
　690,691,695,711,715,718,730,
　733,742,746,758,759,787,829,

916

陈俊卿（字应求） 415,485,547, 558,562,565,569,573,574,575, 580,582,619,642,655,657,810

陈厚之 677

陈垓 856,859

陈恺 847

陈奕 905

陈彦 386

陈彦甫 705

陈思济 815

陈恂 394

陈恬 342

陈昭遇 23,25,31,54,55,66

陈柏 918

陈栎 593,600,861

陈洙（字师道，一字思道） 104, 234

陈洪进 30

陈炳（字德先） 569

陈祖永 632

陈绛 85

陈荐 248,257,262

陈衍 394,565

陈贵谊 827

陈贻范 304,364

陈郛 376,386,387

陈钦若 444

陈倩 233

陈唐 394

陈埙（字和仲，号习庵） 709, 744,771,798,826,836

陈宽 98,112,128

陈恕 49,51,70,76

陈恕可 871,882

陈振孙（初名瑗，字伯玉，号直斋） 130,143,159,178,210, 211,226,234,247,318,343,354, 355,370,412,423,432,434,449, 450,455,464,465,490,492,495, 502,509,513,523,529,534,539, 540,542,545,593,615,619,620, 644,645,654,684,695,705,715, 725,727,733,734,740,747,760, 771,786,791,795,801,803,824, 831,842,843,854,916

陈损 113

陈损之 663

陈晔 304,711

陈泰 918

陈烈 210,304,352,353

陈祥道（字用之，一字祐之） 205,275,330,354,356,878

陈耆卿（字寿老，号筼窗） 631, 747,762,763,773,777,784,786, 787,814,825,868,908

陈致雍 16

陈贾 434,641,642,657,659,662, 664,671,694,697,702

陈起 795,800

陈造（字唐卿，自号江湖长翁） 464,605,685,730,751

陈骏 722

陈高 85

陈俣 842

陈埴 606,703,711,720,722,787, 913

陈康伯（字长卿） 371,505,507, 543,556,562,566,654,689

陈勇（号西山隐居全真子，又号如是庵全真子） 289,518,537

陈深 875

陈淳（字安卿，一字功夫，号北溪） 545,576,579,611,673, 677,707,714,716,722,725,757, 768,787,788,797,913

陈渊（字知默，初名渐，字几叟） 319,410,411,472,473,478,489, 509,596,618

陈渐 85

陈焕日 842

陈猛 696

陈萃 690

陈著 764,867,912

陈谞 47

陈象祖 781

陈象舆 47

陈鄂 21,23,29,33,497

陈傅良（字君举，号止斋） 44, 101,148,172,198,215,223,437, 467,468,479,516,520,557,561, 562,568,574,579,584,588,590, 591,594,597,598,599,605,608, 613,614,618,619,624,628,632, 633,635,638,659,663,665,666, 669,673,677,678,680,682,684, 686,689,690,691,699,701,702, 706,725,726,729,730,731,746, 760,761,763,772

陈善（字敬甫，一字子兼，号秋塘，又号潮溪先生） 547,551

陈彭年（字永年） 6,23,41,42, 74,80,85,86,88,89,90,91,92, 93,94,95,96,100,101,102,103, 104,106,107,108,110,111,124, 159,582

陈敬之 690

陈普 747,844

陈景元（字太初，自称碧虚子） 147,266,273,361

陈景沂 862

陈朝老 405

陈棣 645

陈琦 569,599

陈舜俞（字令举，自号白牛居士） 185,233,266,273,274, 279,286

陈葆光 530

陈葵（字叔向） 559,749

陈谦（字益之） 207,591,633, 652

陈越（字损之） 24,74,84,86, 92,97,98,102,103

陈骙（字叔进） 450,458,508, 530,585,593,613,615,619,620, 672,678,681,685,699,730

陈鼎 65

陈愭 269,302,305

陈楠（字南木，号翠虚） 309, 418,807

陈概（字平甫） 567,595,630, 761

陈榘 787,788

陈睦 230,245,306
陈鉴 848
陈鉴之 800
陈鹏飞(字少南) 377,498,502,517,842
陈察 375
陈戬 446
陈模(字中行) 704,853
陈瑭 522
陈端己 665,731
陈鬵(字凤翔,一作子翔,号虚斋、咸聱子) 37,193,223,233
陈韶 885
陈槶 675
陈潚 806,877
陈樵 914
陈衡有 363
陈懋钦 890
陈襄(字述古,学者称古灵先生) 111,196,220,234,246,259,265,266,273,276,284,294,295,299,304,308,352,353,355
陈藻(字符洁,号乐轩) 522,622,794
陈藻三 436
陈鞾(字子华,号抑斋) 625,737,795,876
陈瓘(字莹中,号了翁,又号了斋、了堂) 217,292,300,319,330,338,357,369,378,379,382,383,386,388,389,390,392,394,395,399,408,409,410,418,421,428,437,442,503,509,517,535,544,613,771,907

八 画

京镗(字仲远,号松坡居士) 487,539,652,674,691,697,702,706,710,713,721,722,723,726,781
卓允 597
单父 7
单锡 214
单锷(字季隐) 136,338,341,407
单骧 237
参寥子 288
周之瑞 675
周介 690
周允和 779
周元吉 655
周天骏 823
周文璞 795,800
周日严 334
周去非 437,605,621,741
周必大(字子充,一字洪道,或作弘道,晚年自号平园老叟) 93,131,212,282,389,411,433,475,487,503,507,520,522,542,543,546,547,551,554,555,558,569,570,573,580,586,588,590,593,600,601,607,615,619,621,624,628,633,638,640,643,647,648,650,654,658,659,665,668,669,678,681,684,685,686,694,695,699,701,704,705,706,707,709,711,717,720,721,723,724,726,728,732,733,734,742,861
周必正 652
周永徽 394
周仲亨 627
周仿 627
周守中 185
周守忠 778
周安世 242
周尧卿(字子俞) 62,122,182
周师厚 120,308
周师望 90
周庄仲 690
周延让 177
周延隽 177
周式 101,106
周执羔(字表卿) 362,436,512,515,567,586
周朴 690
周行己(字恭叔) 252,310,317,319,333,349,375,405,433,437,450,575,598,621,635,721
周邦彦(字美成) 211,300,305,311,313,328,334,360,397,407,418,420,429,431
周孚(字信道,号蠹斋) 223,474,569,590,616
周孚先 575
周应合 762,872,876
周应炎 871
周应祥 242
周李卿 690
周沆(字子真) 70,251
周纯明 292
周良(字符忠) 690,762
周叔良 90,91
周坦 829
周季俨 677
周明仲 647
周明作 681,722
周杰 605
周武仲 447
周直卿 624
周直孺 262
周述 29,30
周勉 729,730,731
周南(字南仲) 545,633,673,706,744,761,792,833
周宣 597
周彦 597
周标 690
周济川 865
周秩 327,356,357,358,364
周谊 394
周起 58,90,93
周密 98,213,472,567,615,637,715,769,815,855,860,876,882,903
周得之 627
周惟简 21,26
周淙(字彦广) 581
周清叟 632,685
周绰 394
周谔 394

周辅 275
周敦颐（字茂叔，人称濂溪先生） 49,111,137,150,157,161,177,184,194,199,204,209,213,227,228,231,237,240,242,250,253,264,268,272,277,292,293,315,329,377,401,476,480,486,525,546,550,567,584,595,596,602,604,606,608,609,617,623,624,625,651,664,668,689,704,711,712,750,754,764,765,767,768,770,776,777,782,818,821,829,832,834,835,837,858,867,878,883
周琮 120,202,242
周越 134,150
周紫芝（字少隐，号竹坡居士） 298,309,360,458,498,512,523,533
周舜弼 677
周葵（字立义，晚号惟心居士） 375,472,495,498,533,536,544,547,550,554,556,557,562,599,601
周谟 619,722
周辉（字昭礼） 682
周筠 720,736,743
周颐 627,632
周偁 690
周模 627
周端朝 665,676,697,706,722,741,783,787
周德友 542
周德清 913
周震亨 690
周穜 336
周麟之 276,506,543,654
和礼霍孙 898
和岘（字晦仁） 2,12,13,16,23,62,144
和凝 11,28,45,62,683
和嵘（字显仁） 45,62
图克坦子温 608
图克坦公履 896
孟子绮 905

孟元老 392,446,513,615,876
孟归唐 17
孟导 482
孟贯 17
孟厚 275,330,378,401,576
孟恂 220
孟要甫 447
孟浩 574,706
孟涣（字济父） 483,605,622,827
孟梦恂 918
孟揆 422
孟琪 159
孟祺 813
孟程 444
孟煦 794
孟猷 482,633,787
孟瑜 34
季可 907
宗泽（字汝霖） 225,349,433,443,446,448,449
宗度 65
宗弼 550
尚仲贤 873
岳义方 17
岳飞（字鹏举） 393,433,446,453,460,462,466,471,475,478,485,489,491,493,494,495,496,500,514,525,526,530,531,550,553,556,557,582,617,623,732,747,776,792,820,900
岳云 493
岳甫 663
岳珂（字肃之，号倦翁） 402,496,540,645,733,745,763,771,776,782,800,803,817,820,836
岳铉 854
岳侯霖 609
幸元龙 796,811
庞元英 318
庞安时（字安常） 170,307,381
庞铸 691
庞籍（字醇之） 48,159,167,169,170,180,191,198,201,204,206,219,238

忽都不花 892
房仕成 547
房庶 194,627
拔都率速不台 821
拖雷 800,802,848,856
昌永 522
明起 33
易祓（字彦章） 653,721
林亿 212,260
林之奇（字少颖，号拙斋，世称三山先生） 509,519,522,526,532,536,611,620,751,916
林大中（字和叔） 458,547,706,749
林子渊 677
林子燕 665,731
林允中 573,722
林元仲 658
林公一 871
林天瑞 876
林东 536
林正大（字敬之，号随庵） 740
林旦 214,321,345
林用中 567,574,583,587,595,627,632,722
林亦之（字学可，号月渔） 436,477,622,654,794,878
林仲参 690
林仲熊 450
林仲麟 697,706
林光 711
林光世 847,857,860
林光朝（字谦之，号艾轩） 5,417,436,437,538,558,568,581,583,621,622,654,766,794
林冲之 452
林则祖 866
林同 567,800
林存 869
林安宅 566
林自 369
林至 685,686
林师蒧（字咏道，号竹村居士）

493,763,786
林行甫 605
林孚 698
林宋 437
林岊 47,765
林希（字子中，号醒老） 147,214,271,275,284,290,291,307,310,322,326,330,347,358,360,367,368,380,384
林希逸（字肃翁，号竹溪） 276,611,622,654,794,822,878,893,895
林灵素 418,419,420,421,422,424,426,429,528
林补 690
林邵 564
林阿盬 622
林叔豹 450
林季仲 450,485
林季狸 450
林学蒙 690,722
林学履 690,722
林宗卿 410
林尚仁 800
林居安 786,787
林易简 677
林松 26
林表民 763,786,852,856
林采 697,720,726
林勋 452
林宪 481,647
林宪卿 690
林彦强 542
林恪 685,690,722
林洞美 507
林畊 849
林退思 711
林恭甫 690
林栗 498,567,653,662,663,677,799
林特 94,100,108,124
林虙 405
林逋（字君复） 16,100,119,124,129,130

林钺 644,755
林陶 71
林敏功 409
林敏修 409
林桷 621
林梦正 883
林梦英（字叔虎，一字子应） 605
林渊叔 648,665,731
林景熙 839,897
林湜 722
林赐 690
林愭 583
林霆 795
林肅 663
林震 409
林瀛 727
林夔孙（字子武，号蒙谷） 627,690,711,720,722,771
欧阳中立 329,386
欧阳天聪 457
欧阳发 212,219,224,273,306
欧阳玄 905
欧阳龙 861
欧阳光祖 501
欧阳守道（初名巽，字公叔，后改今名，字迂父，晚号巽斋） 751,827,836,865,874,884,885,902,915,916
欧阳朴 444
欧阳观 89,96
欧阳忞 422,606
欧阳修（字永叔，号醉翁、六一居士） 3,5,9,10,24,45,62,89,90,96,101,108,110,113,118,119,120,125,128,129,130,131,133,134,135,136,137,138,139,141,143,145,146,149,150,151,152,153,154,155,156,157,158,159,160,161,162,163,165,166,167,168,169,170,171,172,173,175,176,177,178,180,181,182,183,184,185,186,187,188,189,

190,191,192,193,194,196,198,199,201,202,203,204,205,206,207,208,209,210,211,213,214,215,216,217,218,219,220,221,222,223,224,226,227,228,229,231,232,233,234,235,236,237,239,241,242,243,244,245,246,247,248,249,250,251,252,253,254,256,259,260,264,266,268,269,270,271,272,273,274,276,279,282,284,286,290,293,301,302,305,306,311,316,331,333,352,361,365,368,374,388,395,407,412,413,414,433,449,453,468,485,486,492,506,514,534,540,570,588,593,613,630,670,676,678,683,698,704,709,716,735,740,742,763,777,801,821,860,861,886
欧阳炯 4,12,20
欧阳棐（字叔弼） 188,235,249,260,334,337,385,386,387,394,414,570,705
欧阳谦之 690,827
欧阳德隆 809,882
欧阳澈（字德明） 371,444,446,447,452,453,465
欧阳镇 605
武允成 62
武济川 21,22
武衍 800
武珪 233
畅大隐 575,576
畅师文 850
易元吉 240
直鲁古 84,574,616,617,754
竺大年 679
罗大经 733,796,860
罗子有 679
罗与之 800
罗从彦（字仲素，世称豫章先生） 274,319,322,378,411,420,422,425,444,448,460,473,474,503,526,556,560,561,578,596,771,823

罗公适 201
罗天益 656,779,854,911
罗开礼 902
罗东父 839
罗处(字思纯) 3,38,40,44,47,49,55
罗必元(一名叠,字亨父,号北谷) 605,607,886
罗汝楫 497,496,526
罗汝檝 493
罗宏 425
罗贡士 852
罗叔韶 809
罗泌 495,585,705
罗点(字春伯) 610,645,646,655,659,669,676
罗适 120,776
罗晋君 605,783
罗浚 801,803
罗烨 917
罗崇勋 134
罗黄裳 885
罗博文(字宗约) 421,474,514,539,578
罗竦 499
罗鼎臣 394
罗畸 364,397,399,403
罗靖 481,499
罗颖 17
罗愿(字端良,号存斋) 75,477,503,569,600,606,644,650,709,894
耶律大石 418,438,471,501
耶律元直 550
耶律有尚 825,896,900
耶律良 229
耶律俨(字若思) 335,390,415
耶律重元 236
耶律庶成 147,148,176,185
耶律铸 781,839,846,875,888,909
耶律楚材(字晋卿,道号湛然居士) 676,764,777,778,807,808,811,815,816,824,825,826,839,844,846,848,865
耶律德 37
苗傅 451,452,490
苗景 334
范大冶 761
范子长 374,567,630,761,828
范子该 374,567,761,828
范之柔 754,758,762
范元裕 690
范开 666
范文虎 900,905,915
范处义 464,668
范正平 394
范仲艺 655
范仲任 706
范仲苣 602
范仲淹(字希文) 50,65,73,79,98,107,113,116,120,123,125,127,128,129,130,131,133,136,138,139,141,142,143,145,146,147,148,149,150,152,155,158,160,161,162,164,165,167,168,169,170,171,172,173,174,175,176,177,179,180,182,184,186,187,188,189,190,191,194,196,198,199,202,208,209,216,219,225,238,241,250,260,310,338,352,375,384,441,613,630,676,716,771,796,801,803
范仲黼(字文叔) 374,567,619,630,663,704,706,725,743,744,761,828
范冲(字符长) 252,374,446,465,466,470,472,475,476,477,495,727
范如圭(字伯达) 389,485,487,538,548
范师道 209,231
范成大(字致能,号石湖居士) 444,522,527,530,532,536,537,542,544,547,551,554,556,557,558,562,565,568,572,575,577,580,584,585,587,588,590,595,599,604,605,606,609,614,615,616,618,624,625,628,632,633,638,643,656,659,665,669,674,678,680,685,686,691,694,699,730,741,753,781,807
范成象 535,539
范百禄(字子功) 134,232,242,301,323,327,328,338,342,347,349,352,355,361,367,386,388,391,394
范柠 899
范希文 887
范启 737
范应铃 737,876
范纯仁(字尧夫) 128,145,192,202,203,216,224,242,244,245,246,250,258,268,309,310,311,314,315,316,317,323,326,327,328,332,333,337,338,340,341,342,355,357,358,359,364,367,369,370,378,382,384,385,386,387,388,391,394,442,453,454,476,758
范纯祐(字天成) 145
范纯粹 367,385,386,394
范念德 559,573,583,594,604,719
范杲 39,41,44,58,59,73,94
范直方 475
范育 293,375
范质(字文素) 1,2,11,24,94,260,462,631,683,780
范兹 699,730
范彦辉 527
范昭 82
范柔中(字符翼) 377,386,394
范炳文 608
范祖述 338
范祖禹(字梦得,一字淳甫) 164,237,263,296,297,299,312,316,317,320,322,323,327,328,329,330,334,338,341,344,345,346,347,348,351,352,353,354,355,356,357,358,359,360,361,362,366,370,372,373,374,379,386,389,390,391,394,440,444,

465,466,495,577,596,612,783,
804,828
范荪 567,761,828
范贻孙 71
范宽 8,15
范晞文 878
范浚(字茂明) 464,473,780
范益之 720
范祥 190,192,219
范致虚 390,391,434
范莘 685,699,730
范淑 459
范雱 496 范景仁 194,307,338
范谟 605
范锐 185
范雍(字伯纯) 35,131,156,185
范寥 429
范端臣 464
范镇(字景仁) 94,154,155,
　179,180,181,191,194,198,202,
　203,209,210,211,213,226,228,
　230,232,234,236,237,242,246,
　251,261,262,265,266,268,269,
　298,299,301,303,329,334,336,
　337,338,341,361,390,391,442,
　486,627,845
范镗 292,298,303
贯休 6
郎晔(字晦之) 660,678
郎景明 614,696
郎煜 545
郎简 185
郑宣(字正夫) 157,392
郑久中 407
郑子聃 522,625
郑云从 50
郑印 458
郑少魏 675
郑文宝(字仲贤) 30,38,96,
　104,151
郑文通 722
郑丙(字少融) 432,434,508,
　631,641,642,654,664,671,694,
　698

郑可学(字子上,号持斋) 526,
　576,641,660,722,758
郑史 216
郑节夫 741,791,798
郑仲熊 526,529
郑光祖 875,917
郑兴裔(初名兴宗,字光锡)
　444,717
郑刚中(字亨仲,一字汉章,号
　北山,又号观如) 339,517,
　519,532,537
郑向 138,140,146
郑师尹 661
郑师孟 690,722
郑汝谐(字舜举,号东谷) 684
郑汝翼 880
郑伯英 525,558,575,635,663
郑伯熊(字景望) 224,437,438,
　450,508,558,562,568,572,574,
　581,585,605,609,614,632,633,
　635,647,671
郑何 90
郑克 463
郑奂 307
郑形制 722
郑侠(字介夫,号大庆居士,又
　号一拂居士、西塘先生)
　167,275,278,285,360,372,385,
　386,387,394,407,426,427
郑侨 578,612,652,672,676,685,
　700
郑侨年 532
郑叔豹 195
郑奇 31,54,55,66
郑宗颜 275,330,356
郑居中(字达夫) 225,401,410,
　421,423,425,435,627
郑居简 394
郑性之(初名自诚,字信之,号
　毅斋) 593,745,784,807,820,
　865
郑矼 529
郑虎臣 905,908
郑南 722

郑南升 685,690
郑厚 427
郑思永 787
郑思忱 787
郑思肖 836,914
郑昭先 660,722,762
郑郧 652
郑宰 265
郑耕老 721
郑起潜 836
郑域 704
郑寅 795
郑康佐 524
郑望之 441
郑梦协 676
郑清之(字德源,初名燮,字文
　叔,别号安晚) 612,726,796,
　803,813,830,845,851,853,856,
　857,858
郑绾 276,287
郑滁孙 895
郑鼎新 781,784
郑榖 393
郑鉴 609
郑雍(字公肃) 136,214,344,
　348,349,352,374,385,386,391,
　394
郑戬 121,140,159,166,219
郑瑶 878
郑锷 638
郑震 532
郑樵(字渔仲,世称夹漈先生)
　32,75,223,241,247,265,396,
　427,471,491,494,513,518,538,
　539,541,547,551,555,634,669,
　671,716,795,812,840,886
郑獬(字毅夫) 119,200,201,
　246,250,251,259,265,274,421
郑璠 892
郑穆(字闳中) 220,304,344,
　352,353
金九万 841,842
金兀术 488,512
金文刚 823

金去伪 605	俞灏 685,704	634,648,709,723,732,746,756, 758
金正韶 844	南承保 71	
金全 839	南宫靖（字仲靖，自号坡山主人） 824	宣缯 776
金安节（字彦亨） 362,549,562,586		室昉（字梦奇） 32,51,52,60
	姚一谦 675	封觉民 394
金式 648,667	姚安道 768,892	度正（字周卿，号性善） 571, 675,690,711,722,727,795,822, 827
金志阳 912	姚孝锡（字仲纯，号醉轩） 371, 625	
金极 394		
金渊 842	姚希得 785,849	彪虎臣 454,552
金履祥 473,775,780,815,861, 882,893,896,904,906	姚应绩 540,853	战贻庆 41,44
	姚良臣 914	施允寿 677
鱼周询 170,178	姚坦 37,59	施元之（字德初） 185,612,664, 726,759,761
侍其玮（字良器） 565	姚枢 473,722,731,823,829,830, 837,848,863,874,875,876,877, 896,897,900,909	
		施发 836
九 画		施全道 521
	姚述尧 530	施师点（字圣与） 438,643,682
侯无可 765	姚勉 860,861	施迈 652
侯永和 334	姚宪 593	施宜生 544
侯仲良 353,439,443,454,471, 544,552,561,595,596,670	姚祐 407	施岳 882
	姚贵叔 754	施枢 800
侯克中 794	姚晔 90	施庭先 538
侯叔献（字景仁） 121,255,289	姚铉（字宝之） 16,38,40,98, 101,115,159	施晋卿 547
侯陟 22,28,33,49		施宿 385,612,724,726,761
侯顾道 394	姚勔 355,367,386,394	施康年 697,719,720,723,726
侯蒙 398	姚揆 48	施渊然 554,652
俞允 355	姚舜辅 399	施谔 860
俞文豹 467,840	姚雄 394	昭敏 24
俞充 262	姚愈 697,703,710,761	查道（字湛然） 47,74,91,95, 103,109,112,154
俞亨宗（字兼善） 470,783	姚宽（字令威，号西溪） 398, 555	
俞应符 776		柯燕 515
俞经 725	姚辟 232,243,246,410	柯翰（字国材） 530,616
俞庭椿（名或作廷椿，字寿翁） 591,843,916	姚颖 617	柳开（初名肩愈，字绍先，号东郊野夫，后更名开，字仲涂，号补亡先生） 5,7,9,10,11,12, 14,15,18,21,23,28,32,34,39, 40,41,43,45,47,50,54,57,60, 62,63,68,72,73,94,99,112,119, 137,152,167,183,188,234,274, 311,492,765
	姚燧 823,832,867,896	
俞闻中（字梦达） 633,690	姚镛 771,800	
俞松（字寿翁） 843	姜屿 103	
俞桂 800	姜唐佐 376	
俞菊窗 865	姜潜 161,163,216	
俞琰（字玉吾） 871,874	姜噩 547,558	
俞皓 33	姜融 21,47	柳永（原名三变，字耆卿，世称柳七） 46,142,195
俞舜凯 515	姜夔（字尧章，号白石道人，又号石帚） 534,558,599,609, 628,656,659,685,704,707,709, 714,727,748,781,800,909	
俞鼎孙 725		柳承翰 11,12
俞德邻 815,900		柳贯 606,895
	娄机（字彦发） 464,569,570,	柳桂孙 865

柳曜 120
段少连 138
段处信 407
段成己(字诚之,号菊轩) 718,808,821,864,880,917
段克己(字复之,号遯庵) 705,821,864,917
段颢 20
洪天锡(字君畴,号阳岩) 622,796,865,893,899,904
洪天骥(字逸仲,号东岩) 749,904
洪文抚 65
洪刍(字驹父) 360,394,409,552,649
洪兴祖(字庆善) 347,439,510,526,529,533,537,715,716,721,822
洪扬祖 791
洪迈(字景庐,号容斋) 9,25,38,134,207,250,290,391,434,435,469,495,502,507,508,530,544,551,552,554,555,558,566,568,570,573,574,582,584,588,593,607,610,628,629,634,639,647,648,650,652,653,654,655,656,657,659,661,662,664,665,666,670,674,675,678,679,682,684,686,693,700,705,709,711,716,727,728,758,783,800,820,860
洪拟(字成季,一字逸叟) 271,508
洪岩虎 833
洪炎 409,460,552,716
洪勋 842
洪咨夔(字舜俞,号平斋) 612,747,750,783,792,793,795,811,816,818,819,820,824,825,851
洪适(字景伯,自称盘洲老人) 423,497,501,502,536,540,544,545,547,562,564,565,568,570,573,577,601,615,650,724,728,735,783,886
洪梦炎 798
洪湛 41

洪焱祖 879,889
洪皓(字光弼) 339,433,451,454,494,502,512,518,533,536,601,650,728
洪遵(字景严,号小隐) 429,497,518,524,530,546,551,554,556,562,585,601,650,728,783
洪霖 665,731
皇甫自收 424
皇甫斌 625,706
祖士衡(字平叔) 45,90,124
祖无择(字择之) 97,153,154,161,166,205,213,216,240,250,259,318
祖可 409
祝元将 605
祝丙 711
祝充 716,721
祝泌 292,569
祝环 663
祝癸 690,711
祝禹圭 652
祝穆 690,830,833,860,868
种世衡 162
种师极 394
种师道 293,375,439,443,464
种放(字名逸,一作明逸,自号云溪醉侯) 63,77,78,107,178,292,476,486,617,690
胡一桂 4,685,720,799,850
胡一植 437
胡三省 25,811,867,889,894,895,902,906,910
胡卫 777
胡士行 620
胡大本 483,552
胡大正 537
胡大时 552,567,630,638,665,677,688,731,741
胡大原 482,537,552,616
胡元质 602
胡公武(字英彦,一作彦英,号学林居士) 440,625
胡长孺 688,720,854

胡斗元 737
胡方平 737
胡世将 460
胡仔 409,516,533,570,571,573,656,843
胡宁 454,462,482,487,537
胡幼黄 902
胡旦(字周父) 31,37,38,44,45,47,53,64,65,101,125,128,142
胡田 386,387,394
胡立本 874
胡仲云(字从甫) 862
胡仲参 800
胡兆 593
胡安之 690,719,835
胡安定 162,176,666,846
胡安国(字康侯,学者称武夷先生) 172,215,216,270,280,282,284,318,319,337,344,369,393,397,406,408,415,416,424,426,431,442,443,444,445,451,454,455,457,459,462,465,467,470,471,473,475,476,477,478,481,484,486,487,499,509,528,529,537,543,548,552,555,571,572,574,576,591,596,612,649,698,722,754,755,765,810,819,827
胡权 557
胡伸 407
胡克顺 110
胡助 914
胡希圣 632
胡志仁 799
胡时 665,731
胡宏(字仁仲,学者称五峰先生) 172,398,435,439,443,445,454,473,482,483,487,495,510,525,532,537,544,550,552,554,559,567,587,598,616,630,649,780
胡沂(字周伯) 402,472,558,565,601,654
胡良 394
胡咏 627,719,913

胡季昭 793
胡宗伋 410
胡宗伟 542
胡宗愈 159,215,220,245,250,
316,327,328,332,333,334,342,
346,367,376,386,394
胡实（字广仲） 474,483,552,
598,616
胡松年（字茂老） 335,413,463,
511
胡林卿 685
胡泳 627,690,722,827
胡迪 47
胡俛（字公谨） 209,280
胡宪（字原仲，号籍溪） 331,
368,397,409,454,476,481,487,
491,498,501,510,514,519,525,
539,543,544,546,551,552,555,
576,617,635
胡炳文 737
胡思成 652
胡柄文 856
胡柯 93,273,763
胡祗遹 802
胡衍 605
胡适道 342
胡垤 440
胡晋臣 605,614,625,628,663,
676,685
胡涤 141,226,485
胡珙 411,856
胡纮 547,664,691,697,699,702,
703,713
胡莘 632
胡莹微 817
胡谊（字正之，号观省佚翁）
545,791,814
胡宿（字武平） 33,47,62,122,
145,193,200,204,207,219,220,
230,251,293
胡寅（字明仲，一字致堂，号仲
冈，世称衡麓先生） 282,344,
369,375,433,443,445,450,451,
454,459,465,471,472,473,478,

482,486,487,496,509,510,511,
512,520,525,533,537,649,656,
698,753,774,824,831
胡崇 857
胡梦昱 818
胡渊 424
胡珵 485,618
胡铨（字邦衡，号澹庵） 389,
448,455,464,472,478,484,487,
488,494,497,503,516,518,522,
526,530,531,533,536,544,551,
554,557,558,562,580,584,588,
593,601,607,618,624,625,628,
629,654,760,861
胡敬文 916
胡琢 683
胡琥 214
胡舜举 542,548
胡舜陟（字汝明，号三山老人）
311,443,486,503,607
胡榘 774,801,803
胡瑗（字翼之） 57,141,145,
146,147,148,150,152,153,157,
161,162,168,171,172,175,176,
183,185,187,194,198,199,201,
202,209,210,213,215,216,221,
224,226,229,238,240,247,259,
273,282,286,304,306,318,334,
346,350,362,384,392,414,421,
485,492,544,594,698,821
胡稚 675
胡颖 876
胡端修 394
胡德珪 816
胡撰 633
胡瀚 652
胥训 632
胥述之 342
胥偃（字安道） 37,129,130,
131,134,148,149,154,160
荣肇 799
费西之 770
费枢 439
费衮（字补之） 683
贺允中 520,539,541,544,547,

654
贺扬庭 522
贺铸（字方回，号庆湖老人、庆
湖遗老） 199,308,312,337,
349,352,364,366,383,388,405,
413,416,425,440,462,506
赵士鹏 539
赵子画 457
赵子昼（字叔问） 343,476,500
赵子栎（字梦授） 479,733
赵子樟 427
赵不息 483
赵不悔 606
赵不谫 469,737
赵与訔（字行之，又字德行）
492,570
赵与泌 869
赵与欢 762
赵介如 835
赵元杰（初名德和，字明哲）
22,79
赵元振 15
赵壬 424
赵天锡 821
赵文 833
赵方 553,559,741,770,888
赵日起 878
赵世长 102
赵丙 307
赵令铄 309,389
赵令畤（字德邻，自号聊复翁）
234,394,470
赵以夫（字用父） 771
赵发 784
赵必愿 482,800
赵必豫 846
赵正 282,698
赵甲 736
赵立 453
赵克夫 652
赵光义 11,22,27
赵安仁（字乐道） 41,42,58,68,
71,72,82,83,86,87,90,91,97,
99,100,102,103,104,106,107,

108,112,462,580
赵安世 67
赵安国 807
赵巩(字子固) 591,706
赵师召 698
赵师秀(字紫芝,一字灵秀,又称灵芝,号天乐) 586,674,685,700,711,756,764,776,795,805
赵师孟 482,552
赵师夏 660,675,763
赵师恕 482,780
赵师渊 482,591,592,722,743
赵师雍 482,660
赵廷美 35,42
赵廷睦 262
赵成之 518
赵毕升 482
赵汝训 865
赵汝驭 842
赵汝当 483
赵汝述 770
赵汝适 793
赵汝钠 882
赵汝谈(字履常,号南塘) 483,604,648,685,706,787,818,828
赵汝铎 786,787
赵汝谠 706,757
赵汝靓 482
赵汝愚(字子直) 482,493,566,595,601,607,626,652,654,655,656,658,677,678,681,683,684,685,688,689,690,691,693,696,697,698,699,702,705,706,707,710,712,714,715,723,725,726,734,745,760,774,783,807,811,818,821,826
赵汝楳 796
赵汝腾(字茂实,号庸斋,晚号紫霞翁) 483,796,826,830,839,842,843,859,865,877,899
赵汝谲 827
赵汝鐩(字明翁,号野谷) 726

赵约 386,394
赵至忠 216
赵况 58
赵孚 21
赵孝岩 320
赵邻幾(字亚之) 21,29,30,33,37,60
赵希弁 465,466,509,540,592,853
赵希汉 632
赵希夷 394
赵希言 125,140
赵希绾 482,749
赵希路 800
赵希德 394
赵应熊 538
赵抃(字阅道,号知非子) 54,92,142,192,195,196,199,204,206,209,210,212,214,219,228,231,233,235,237,243,249,250,259,263,265,267,273,279,292,300,314,574
赵君锡 245,269,316,327,344,348,367,386,394
赵克继 197,231
赵时庚 817
赵汾 533
赵渢(字文孺) 638,728,756
赵纶 482,514
赵良淳 483,883
赵良弼 773,915
赵咏道 722
赵孟坚 718,796,801,864,874
赵孟頫 55,482,864
赵宗古 85
赵宗谔 202,204
赵居信 907
赵庚夫(字仲白,号山中) 598,776
赵建大 754
赵昌言 31,41,43,44,45,47,54,56,60,72,77
赵明诚(字德甫,又作德父) 306,383,397,401,416,430,444,446,452,

453,463,468,469,470,498,502,534,570,716,735,737,886
赵秉文(字周臣,号闲闲老人) 237,545,638,652,674,700,703,708,720,726,728,729,750,752,757,759,762,765,768,771,773,775,777,779,782,784,786,789,792,796,803,805,806,813,814,815,917
赵肃 207
赵范 741,828,856,888
赵复 487,722,767,821,823,829,896
赵复斋 720
赵彦卫 5,409,429,741
赵彦中 618,626,655
赵彦励 463
赵彦肃 483,545,569,803
赵彦若 200,201,220,257,270,277,300,306,307,313,316,322,327,328,347,348,351,354,357,359,363,386,394
赵彦恦 652
赵彦通 407
赵彦械 808
赵彦逾 698
赵彦髣 546
赵彦端(字德庄,号介庵) 432,607
赵拱 125
赵挺之 310,332,335,337,340,341,348,354,380,388,391,395,397,399,401,453,480
赵昱(字希光) 567,744
赵栉夫 880
赵狩 120
赵顺孙(字和仲) 483,767,913
赵高 367,385,386,394
赵唐卿 690
赵悈 482
赵栗 829
赵桢 117,146
赵珙 780
赵珣 167,394

赵逢 16
赵唯夫 690,720
赵崇实 483
赵崇宪 482,633,648,665,827
赵崇度(字履节,号履斋) 483,607,811
赵崇祚 516,654,737,853
赵崇鉌 800
赵崇模 482
赵崇磻 785
赵惟夫 720
赵淇 832
赵琏 892
赵维道 816
赵著 816,824
赵逵 522
赵野 423,425,430
赵善佐 483,652
赵善坚 698
赵善俊 678
赵善湘(字清臣) 704,714,720,737,777,779,789,796,838
赵善誉(字静之,一字德广,号恕斋) 504,581,633,648,671
赵敦临 472,473
赵普(字则平) 2,3,4,7,8,9,11,12,14,15,17,23,26,27,29,34,35,36,38,43,44,45,46,47,50,54,55,112,462,466,515,592,795
赵景纬 720,904
赵景明 604
赵棠 552
赵湘 54
赵滋 233
赵焯 483,612
赵葵(字南仲,号信庵,一号庸斋) 657,741,827,828,854,855,856,869,871,872,888
赵谧 514
赵越 386,394
赵雄(字温叔) 453,524,558,589,618,623,626,628,686,694
赵鼎(字符镇,号得全居士) 244,246,247,250,282,292,319,399,446,448,451,454,465,466,469,471,472,474,475,476,477,478,480,484,486,488,490,491,492,494,505,508,512,513,514,517,525,526,532,535,536,538,542,549,557,575,602,623,630,662
赵像之 652,726
赵椿龄 821
赵楷 423,864
赵概(初名禋,字叔平) 69,179,181,190,199,204,206,207,245,246,310
赵雍 485
赵演 414
赵睿 375
赵静之 633
赵积 219
赵蕃(字昌父,一字章泉) 482,504,643,655,661,676,677,807
赵蕴 262
赵霄 317,437
赵徽 148
赵瞻(字大观) 114,244,246,247,250,264,327,346,367,385,386,391,394
郝大通(原名升,改名璘,号恬然子) 493,586,758,824,857,892
郝天挺(字晋卿) 553,729,772
郝经(字伯常) 792,829,842,855,861,866,869,871,872,873,874,879,890,897,898,906,911
郝庸 906
钟世美 386
钟正甫 394
钟过 292
钟离权 892
钟棐 270,385
钟嗣成 918
钟概 270
钟颖 605
闾丘孝终 295
闾邱昕 685

项公泽 857
项天觉 808
项安世(字平父,号平庵,又号江陵病叟) 453,605,663,706,714,725,727,743,748,766,841
项炯 914
饶干 605,632
饶节 360,409,414
饶应子(字定夫) 742,879
饶宗鲁 799
饶洞天 60
饶敬仲 799
饶辉 758
饶鲁(字伯舆,又字仲元,号双峰) 473,606,627,688,780,783,823,827,844,874,883

十 画

倪千里 636,665,731
倪在儒 394
倪朴(字文卿,学者称石陵先生) 605,633,647
倪思(字正父(甫),号齐斋) 515,569,647,674,678,681,697,700,701,703,739,743,746,750,757,764,771,778,820
倪闻之 518
倪宽 481,737
倪涛(字巨济) 335,405,422,440
倪称 545,778
倪渊 886
党怀英(字世杰,号竹溪) 470,584,638,645,667,674,680,681,685,711,756
凌万顷 857
凌坚 696
凌哲 538
凌景阳 132,173
凌景夏 485,545
唐子寿 522
唐广仁 330,338,410

唐介(字子方) 97,134,196,
    231,255,259,260
唐元 894
唐开进 11,472
唐艺孙 882
唐仲友(字与政,号说斋) 477,
    530,547,563,591,593,613,619,
    624,634,636,637,641,653,666,
    667,671,685,694,724,733,809
唐庚(字子西) 226,271,409,
    432,486,523,842
唐询(字彦猷) 84,241,247
唐恕 410
唐积 247
唐钰 882
唐淑问 316,317
唐耜 308,330
唐琬 505,510,533,546
唐慎微(字审元) 164,308,310,
    373,404,429
唐福 72
唐震 903
夏士林 914
夏有章 173
夏宝松 17,27
夏明承 701
夏明诚(字敬仲) 704
夏侯峤 28,69,72
夏侯庞 410
夏侯嘉正 33,47,49
夏侯麟 82
夏贵 905,909
夏倚 245
夏倪 409
夏竦(字子乔) 42,89,103,105,
    108,124,125,126,127,128,131,
    134,138,139,156,157,159,171,
    172,173,174,176,177,178,180,
    184,186,195,196,197,199,202,
    219,238,250,508
夏僎(字符肃,号柯山) 611,
    620,751
夏峄 8,11
家大西 795

家安国 189,270
家抑 795
家定国 189,214,270
家铉翁 270,762,886,898,910
家勤国 189,270,385
家愿 270
席汝言 307,310
徐一夔 883
徐几 712,823,879
徐士廉 22
徐云 665
徐仁 885
徐元杰(字仁伯) 813,823,830,
    831,842
徐元德 579,598,663
徐凤(字子仪) 779,792,835
徐天民 882
徐天麟 736,755,765,797
徐无党 201,204,290,331
徐世隆 742,801,816,830,892,
    894
徐用宾 29
徐仲诚 855
徐先 273
徐光溥 850
徐兴祖 720
徐存(字逸屏,号诚叟) 516,
    653
徐宅 812
徐安国 569,636
徐师闵 295
徐玑(字文渊,一字致中,号灵
    渊) 557,756,764,776,805
徐自明(字诚甫) 669,776,869
徐君平 345
徐宋臣 604
徐侨(字崇甫,号毅斋) 549,
    660,722,818,827,856
徐宗说 532
徐直方 799,889
徐直谅 880
徐秉哲 446
徐经孙(初名子柔,字仲立,号

矩山) 683,796,901
徐范 697,706
徐俨夫 835
徐宣 818
徐度(字敦立) 446,447,449,
    481,499,543,553,623,807
徐昭然 625,641,662
徐俯(字师川,自号东湖居士)
    286,305,386,409,460,463,466,
    496,514,552
徐容 675,722
徐积(字仲车) 130,224,337,
    392,420
徐谊(字子宜,又字宏父) 437,
    506,591,663,697,699,706,708,
    710,725,749
徐铉(字鼎臣) 3,11,16,17,18,
    19,22,25,26,28,29,30,31,32,
    36,38,39,41,42,43,44,45,48,
    50,51,52,66,75,77,104,109,
    110,236,518
徐铎 287,345,367,368,380
徐高 597
徐得之(字思叔) 559,643
徐梦莘(字商老) 444,490,530,
    531,575,628,643,656,674,691,
    692,703,744,752,755
徐清叟(字直翁,号意一) 640,
    818,826,834,853,857,859,865,
    878
徐理 882
徐维 523
徐绶 140,177
徐鹿卿(字德夫,号泉谷樵友)
    672,737,778,782,784,801,817,
    826,836,837,839,845,849,851,
    853,855,858
徐喜 532
徐寓 675,677,720,722
徐游 16
徐遁 161
徐道隆 883
徐集孙 800
徐椿年 498,545

徐瑞 864

徐筠 731

徐简 752

徐照(字道晖,一字灵晖,号山民) 756,764,776

徐兢(字明叔,号自信居士) 350,436,528

徐愿 791

徐戭 334

徐盘 892

徐锴(字楚金) 19,22,23,25

徐霆 720,813

徐彻 652

徐霖(字景说) 704,799,842,859

徒单子温 565,569

徒单镒 561,719,724,764

敖陶孙(字器之,号臞翁、臞庵) 532,628,714,795,800,802

晁公迈 479

晁公武(字子止) 125,134,192,197,226,240,252,254,273,276,281,290,306,308,309,322,347,349,354,355,360,361,377,381,398,434,460,465,467,486,492,494,513,522,523,540,541,542,562,575,584,588,601,610,629,695,755,795,797,853,854

晁冲之 409

晁百谈 482,605

晁百揆 610

晁补之(字无咎,号归来子) 202,243,270,273,276,280,288,300,303,305,308,318,325,327,328,334,335,336,338,345,349,351,352,359,363,367,376,379,381,383,385,386,387,388,390,391,394,398,401,407,408,417,715,822

晁宗悫 122,125

晁迥(字明远) 33,58,66,74,82,84,85,87,88,89,90,91,92,95,98,99,102,105,108,111,112,134,143

晁将之 425

晁说之(字以道,一字伯以,自号景迂生) 216,217,225,246,282,292,308,322,329,330,337,373,406,407,412,414,418,425,440,443,452,481,523,639,698,716

晁端友 201,276

晁端礼(字次膺) 186,414

晁端彦 214

晏幾道(字叔原,号小山) 157,407

晏防 275

晏知止 316

晏殊(字同叔) 53,56,83,86,91,93,95,96,105,107,108,110,112,115,117,118,120,121,122,123,127,128,129,131,132,133,134,136,138,139,146,156,162,165,169,170,171,172,173,177,187,189,192,194,201,204,207,208,217,219,306,407,740

晏崇让 192

晏敦复 484,485

柴中守 605,783

柴中行(字与之) 675,704,706,707,783,794,799,827

柴元亨 867

柴元裕 783

柴成务(字宝臣) 15,45,47,51,65,68,81

柴彦颖 852

柴望 758,847,912

柴随亨 867

柴喆 464

桂万荣(字梦协,号石坡) 744,755,785,798

殷弘 887

殷鹄 17

殷澄 808

涉弼 13

爱薛 802

留元刚 748

留正(字仲至) 453,593,659,684,697,701,703,706,707,723,724,741,749,766,842

留观德 539

留梦炎 841,842,887,906,907,910,911,912

真志道 791

真德秀(字景元,一字希元,号西山) 574,622,684,704,711,714,716,731,736,737,740,741,742,746,747,750,752,754,757,759,762,763,764,767,769,770,771,773,775,777,779,780,782,783,784,789,790,791,792,793,795,796,798,799,800,801,803,806,807,808,810,811,813,814,816,817,818,819,820,821,822,823,827,828,832,833,854,859,860,872,875,876,899,913

秦九韶(字道古) 728,775,789,793,842,850,855,863,870,872,874,877

秦天锡 792

秦观(字少游、太虚,号淮海居士) 193,248,270,273,279,288,295,298,302,305,307,310,312,313,316,325,326,332,334,335,337,342,345,349,350,352,354,359,360,365,367,369,373,376,378,380,381,385,386,389,390,391,394,397,398,597,676,710,731

秦伯阳 508,620

秦希甫 394

秦志安 843

秦宗古 212

秦埙 527,529,536

秦桧 434,447,453,457,459,460,465,466,472,474,478,480,484,485,488,489,490,491,493,494,495,496,497,498,499,501,502,503,504,505,506,507,508,509,510,512,513,514,515,516,518,519,520,521,522,524,525,526,527,528,529,530,531,532,533,534,535,536,537,538,539,544,545,547,549,552,555,556,560,563,571,573,577,580,582,607,

612,622,630,652,659,695,699,
738,745,863,916
秦熺 504,510,607
秦辨 95
索湘 70
翁延年 855
翁应龙 907
翁谷(字子静) 414
翁卷 643,685,756,764,776
翁岩寿 720
翁易 849
翁泳(字永叔) 712,878
翁彦深(字养源,号钟离子)
301,496
翁常之 559
翁敏之 720
耿从古 157
耿京 551,553,744
耿南仲(字希道) 236,275,285,
330,356,443,452,653,721,728
耿毅 386
聂子述 762,804
聂冠卿(字长孺) 48,123,144,
150,165,167,169
聂崇义 4,5,8,23,355,606
莫子纯 701
莫叔光 654,655
莫君陈 214
莫表深 216
莫俦 391,411,446
莫将 491,509 莫说 216
莫漳 652
袁子节 690
袁文(字质甫,自号逸叟) 492,
504,751,882
袁申儒 665,731
袁甫(字广微,号蒙斋) 627,
737,744,762,791,798,806,
811,817,818,826,827,831,
843,897
袁易 879,883,915
袁枢(字机仲) 458,512,520,
539,557,587,595,596,600,
602,606,608,609,613,614,

618,628,638,641,642,652,
653,655,659,662,669,674,
691,699,703,707,708,714,
720,738,820,851,869
袁肃 679
袁采 621
袁说友(字起岩,自号东塘居
士) 493,558,665,716,735
袁陟 184
袁惟几 334,664
袁桷 385,644,713,760,803,835,
842,882,888,900,910,912
袁溉 481,520,597,598
袁縠 201
袁韶 791,816
袁燮(字和叔,号絜斋) 74,
120,506,568,632,633,635,636,
677,678,679,685,686,687,688,
697,699,706,712,717,718,751,
752,757,760,761,770,790,791,
798,814,826,833,855
袁謇 663
诸葛干能 591
诸葛生 679
诸葛行仁 472,620
诸葛纯 437
诸葛说 547
诸葛涛 17
谈钥 724
贾边 53,82
贾同 63,120
贾安宅 404
贾似道(字师宪,号秋壑) 7,
762,796,847,853,855,867,869,
870,872,873,874,875,877,878,
881,884,886,887,889,892,897,
898,899,900,902,905,906,907,
908,909,911,912,913
贾余庆 909
贾君文 347
贾纬 17
贾昌朝(字子明) 69,110,118,
140,144,147,153,158,160,165,
166,167,168,170,171,172,174,
175,177,178,179,180,202,210,

218,219,243,244,250,489,492,
498,748
贾易 332,344,345,348,349,351,
367,379,386,394
贾详 407
贾奕 427
贾宪 195
贾庭扬 816
贾黄中(字娲民) 23,26,28,34,
37,38,39,41,44,45,47,49,51,
54,56,63,64,72
贾嵩 439
贾瑞 553
贾端老 731
贾黯(字直儒) 119,184,199,
206,207,237,239,244
逄纯熙 394
郭三益 430
郭子奇 394
郭公度 916
郭友仁 690,714
郭仪 248
郭正孙 795
郭守正 882
郭守敬 813,877,878,911,913,
914,915
郭延泽 51
郭廷坚 869
郭执中 394
郭孝友 418
郭应祥 693
郭玘 1
郭叔云 690
郭固 230,272
郭忠孝(字玄之,学者称兼山先
生) 319,353,444,661,721,
822,890
郭忠恕(字恕先,又字国宝) 5,
30,104,886
郭昂 808
郭明复 605
郭知达 634
郭知章 359,394
郭若虚 279,573

郭茂倩（字德粲） 313
郭思 381,423
郭昭 407
郭钦止 516,545
郭浩 652
郭祥正 91,388
郭黄中 828
郭贽（字仲仪，一作少仪） 30,31,32,33,34,36,38,91,95,97
郭遵 305
郭陲 846
郭雍（字子和，号白云先生） 350,481,627,656,661,694,721,822
郭熙（字淳夫） 381
郭澄 598
郭稹 165
都贶 394
钱乙（字仲阳） 144,355,419,427,440
钱公辅（字君倚） 117,190,224,240,274
钱文子（字文季，自号白石山人） 468,731,749,752
钱木之 690
钱长卿 261,262,313
钱世荣 348
钱可则 807,876,878
钱讽 717
钱时（字子是） 607,684,798,806,826,830,831,843,876
钱纯父 892
钱良右 914
钱昆 54
钱明逸 168,180,250
钱易（字希白） 16,67,68,69,85,123,126,130
钱易直 633
钱若水（字澹成，一字长卿） 3,41,50,51,52,53,65,67,68,69,79,81,462,580
钱俣（字廷硕，一字惟人） 622
钱俨（字诚允，本名信，号贵溪叟） 21,79

钱彦远 184
钱选 823
钱闻诗 627
钱俶 2,18,26,27,31,38,40,44,79,99,143
钱惟治（字和世） 105
钱惟演（字希圣）30,71,84,89,91,92,98,103,112,113,114,115,116,119,126,133,134,135,136,139,143,892
钱盛 394
钱象祖 697,738,746
钱景祥 394
钱舜选 865
钱熙（字太雅） 50,60,73
钱廓 583,590,696
钱鍪 697,698,702
钱藻 220,224,252,299
钱顗 255,258
陶安国 690
陶邴 15
陶岳 41,101
陶弼（字商翁） 108,296
陶戬 11
陶榖（字秀实） 9,11,19
顾平甫 605,798
顾闳中 6,34
顾临 262,321,327,334,347,352,354,367,371,386,394
顾信 918
顾彦成 502
顾淡云 454
顾景蕃 502
顾禧 612,759
高九万 800
高士权 394
高士育 394
高士谈 510
高子文 443
高元之（字端叔，号万竹） 464,481,500,709,721
高公应 394
高公亮 499,605

高公绘 460
高文虎（字炳如） 548,655,698,710
高弁 63,120
高永昌 419
高禾 722
高存福 550
高延绪 15
高汝砺 770,778
高观国 736
高伯震 435
高似孙（字续古，号疏寮） 648,714,763,783,784,786,789,793,800,812
高克恭 841
高怀德 4,27
高材 499
高远 3,52
高闶（字抑崇） 215,270,457,500,504,525,528,547
高定子（字瞻叔，号著斋） 616,726,823,835,850
高承颜 98
高松 665,731
高肃 157
高若讷（字敏之） 67,122,142,148,149,156,161,167,183,186,187,192,193,195,201,206,208,219
高茂华 360,394
高鸣 816
高宪（字仲常） 729
高侁 442,444
高保衡 212,260
高彦 597
高选 499
高泰叔 795
高耕 483
高荷 409
高载 761
高商老 743
高崇（字西叔） 598,741,761,814,815
高梅 464

高清 108
高渐 394
高辅尧 67,68,69
高斯得(字不妄) 649,752,768,773,806,811,819,823,824,830,837,841,851,859,884,885,895,907,911
高景山 549
高智耀 857,875
高琼 84
高登 439,460,607,658
高赋(字正臣) 94,352
高越 3
高献臣 708
高锡(字天福) 8,39,94
高颐(字符龄,号拙斋) 715
高稼 795
高遵裕 306,308,394

十一画

商挺 751,816
商倚 385,386,394
堵简 892
寇约 425
寇宗奭 420,425
寇宗颜 394
寇定 312
寇昌朝 312
寇準(字平仲) 6,32,33,49,50,51,56,59,60,61,63,64,65,72,73,77,78,80,83,85,86,91,103,105,106,107,110,112,113,115,118,119,120,121,139,144,185,193,224,307,771
寇尊文 351
崔子方(字彦直,一字伯直,号西畴居士) 215,270,275,369,370,449,476
崔与之(字正之,号菊坡) 542,702,783,795,816,818,833
崔立 94,815,816,819,827
崔吕符 394

崔纵 452
崔罕 53
崔法珍 516
崔秉仁 683
崔范 41
崔俊卿 836
崔彧 915
崔颂(字敦美) 3,6,7,16
崔偓佺 59,69,71,72,96
崔敦礼 547,633
崔敦诗(字大雅) 490,547,591,633,640
崔敬 892
崔遐绍 342
崔颐正 47,59,68,72,73,154
崔嘉彦 670
崔端 84
崔遵度(字坚白) 38,80,89,91,92,97,105,115,140,313
崔翼之 627
崔鶠 342,380,405
常立 385,386,394
常同(字子正,晚号虚闲居士) 338,347,463,467,472,485,519
常安民 338,360,363,364,385,386,387,389,394,519
常明 485
常挺为 878
常秩(字夷甫) 114,279,293
常象求 394
常棠 809
常浚孙 689
康文昭 100
康渊 393
戚伦 93,103
戚同文 92,93,94,117,209
戚如琥 856
戚纶(字仲言) 38,70,71,74,77,78,80,82,85,88,89,91,93,96,113,115,117
戚秉肃 885
戚舜宾 92,94
扈允 394

扈蒙(字日用) 1,6,9,18,19,20,21,23,24,25,28,29,30,31,33,35,36,39,44,47,58,104,240,410,571
曹之格 890,891
曹之谦 821,839
曹士冕(字端可,号陶斋) 781,845
曹兴宗 386,394
曹伯启 866
曹孝忠 420
曹叔远 665,677,730,731
曹居一 816
曹建 624,677,855
曹泳 519,532,536
曹泾 737,818,890,914
曹知白 897
曹诚 92,93,94
曹冠(字宗臣,号双溪居士) 529,530,536
曹勋(字公显,号松隐) 375,434,444,446,495,496,505,601,675
曹彦约(字简甫,号昌谷) 541,627,633,746,793,802,804,845
曹彦纯 627
曹起 120
曹彬 24,26,27,36,43,70,462,515,613
曹辅 446
曹粹中(字纯老,号放斋) 436,440
曹盟 394
曹豳 726,821,826
梁士能 394
梁子美 401
梁斗南 816
梁安世 530,621
梁师成 405,429,436,437,438,439,443,444
梁成大 793,795,819,825
梁汝嘉 485
梁观国(字宾卿) 339,511,537
梁克家(字叔子) 450,546,547,

566,578,585,590,594,624,638,639,640,656,659,661,741
梁周翰（字符褒） 2,9,16,18,20,25,39,51,54,58,60,64,66,75,88,91,94,683
梁固（字仲坚） 45,91,93,114
梁知新 394
梁持胜 740
梁栋 215,839,890
梁洵谊 708
梁祖康 781
梁适 165,168,200,201,219
梁宽 386,394
梁浚民 394
梁惟亮 394
梁焘（字况之） 144,216,284,306,316,317,327,332,340,341,348,349,352,357,358,361,367,371,373,378,379,385,386,388,391,394
梁弼 394
梁援 221
梁曾 836
梁谦 677
梁集 787
梁鼎（字凝正） 38,55,86,683
梁璹 613,632
梁颢（字太素） 10,41,47,67,74,81,114
梅尧臣（字圣俞） 78,130,133,135,136,137,138,139,142,146,150,157,159,162,163,166,182,185,187,189,190,194,196,199,201,207,209,210,211,213,214,218,219,222,228,229,233,324,492,656,729
梅执礼 443
梅君俞 394
梅应发 792,872
梅询（字昌言） 12,49,71,167
梅挚（字公仪） 62,175,211,224
梅鼎臣 84,92,122
梅灏 375
盛玄 97

盛次仲 345
盛侨 299,345
盛度（字公量） 16,83,106,107,139,141,144,146,152,159,161,167,219
盛陶 342,348,376
盛梁 78
移剌履（字履道） 458,679,756
章友直（字伯羁） 86,236
章仕尧 720
章冲（字茂深） 653
章伯雨 722
章甫 388,661
章岵 295
章岷 177
章炎 847
章良能 619,721,724
章夏 522
章徕 750
章谊 467
章得象（字希贤，一作希言） 32,133,138,140,141,144,147,161,169,171,175,177,180,181,190
章惇（字子厚） 147,214,245,255,273,279,284,293,298,302,305,314,315,317,322,323,326,327,328,340,349,355,357,358,359,360,363,364,366,367,368,369,371,373,376,379,380,382,384,388,392,393,394,397,398,399,410,427,442,444,467,628,653,693
章湜 696
章椿 696
章颖（字茂献） 496,612,625,652,663,697,699,703,706,725,753,774,778
章德茂 669
章衡（字子平） 124,212,214,279,304,377
符叙 677
粘合重山 811
粘罕 459

萧千岩 628,653,674
萧世京 214
萧永祺 516
萧立之 855
萧刓 394
萧佐 553
萧应叟 798
萧贡（字真卿） 542,787
萧国梁 566
萧定谟 152
萧居寿 902,911
萧抱珍 491,516,569
萧规 881
萧贯 106
萧革 236
萧哲 480
萧振（字德起） 485,525
萧泰来 806,859
萧辅道 491,849
萧迯 736
萧景昭 690
萧韩家奴（字休坚） 27,154,176,185
萧楚（字子荆） 241,455,464,629
萧增光 690
萧齭 836
萧燧 616
萨班·贡噶坚赞（原名贝丹敦珠） 640
萨都剌 899
袭盖卿 722
谋宁克任 411
辅万 482,690
辅广（字汉卿，号潜庵） 473,483,635,690,722,747,752,827,913
野利仁荣 148,158,169
阎丕 20
阎守勤 394
阎苍舒 539,616,625
阎季忠 419,427
阎复 825,911

人物索引

阎珍 836
鹿敏求 394
麻九畴（初名文纯，字知几） 645,762,765,779,796,806,815
麻革 762,816
麻温舒 93
黄人杰 569,633
黄力叙 865
黄万石 884
黄义刚 685,690,722
黄义勇 722
黄士毅 498,690,722,775,895,913
黄大受 800
黄大舆 449,855
黄子功 665
黄子耕 759
黄子淳 497
黄子衡 501
黄才 394
黄中（字通老） 366,470,543,546,562,610,629,653,683,749
黄丰 460
黄元吉 895
黄公绍 885
黄公度（字师宪，号知稼翁） 406,480,485,537
黄公望 894
黄升卿 677
黄友龙 527
黄文雷 800
黄东 605
黄东发 501,603,627,677,747,884,906
黄刍 622
黄去疾 473
黄必昌 787
黄由 631,706,707,713
黄申 795
黄艾 588,691
黄仲元 813,897
黄仲本 610
黄仲炎 215,809

黄休复 13,86
黄夷简（字明举） 71,80,99
黄好谦 214
黄安期 394
黄师雍 781,796,847
黄庆基 354,355
黄异 113
黄有开 690
黄朴 805
黄次公 424
黄汝嘉 714
黄迁 394
黄齐 430
黄齐贤 670
黄伯思（字长睿，别字霄宾，号云林子） 277,378,380,404,412,434,514,693
黄伯恺 841,842
黄佐 609
黄克俊 386
黄启宗 495,882
黄序 770
黄彻 436,542
黄抡 668,698
黄龟年 459,460
黄卓 677
黄叔丰 605,677,688
黄叔英 747
黄叔高 839
黄奇孙 605
黄宗旦 67
黄定 390,588,655
黄宜 700
黄岩孙 867,869,890
黄升 842,853
黄泽 875
黄冠 414
黄度（字文叔，号遂初） 487,558,706,760,761,766
黄庭坚（字鲁直，号山谷道人、涪翁） 183,196,219,222,233,237,240,247,250,251,254,269,270,273,288,294,296,299,302,

305,310,312,316,318,319,320,321,322,325,326,333,334,335,336,337,338,342,347,349,354,357,359,360,363,369,373,374,379,381,383,384,385,386,387,389,390,391,394,395,397,400,402,406,409,417,436,438,442,450,458,485,487,490,492,496,509,533,634,713,714,735,771,774,838,907
黄彦平（一名次平，字季岑，又作次山） 490
黄挟正 394
黄显子 690
黄柟 690
黄洽 556,558,628,631,643
黄祖舜（字继道） 430,550
黄唐 460,461,692
黄振龙 781
黄晞（字景微，自号聋隅子） 217
黄涣（字德亨） 619
黄载 17
黄常 597
黄庶（字亚父） 169,219
黄梦程 827
黄章 665,731
黄维之（初名伟，字维之，更字叔张，号竹坡居士） 539
黄辅 827
黄铢（字子厚，号谷城） 458,501,519,717
黄隐 283,327,330,334,386,387,394
黄善夫 727
黄景申 677
黄景昌 696
黄棠 683
黄榮 764
黄畴若（字伯庸，自号竹坡） 531,737,770,783
黄筌（字要叔） 12,13
黄策 394
黄鼎 581

黄廉 303
黄潽 696,913
黄鉴(字唐卿) 118,127,134,135,324
黄鹏举 546
黄榦(字直卿,号勉斋) 473,501,526,527,600,604,605,609,624,627,632,641,647,653,676,677,691,698,703,704,708,711,714,719,722,737,743,750,757,759,762,764,765,768,770,771,772,773,775,777,778,779,780,796,799,810,813,816,818,823,824,827,834,842,862,883,893,904,913
黄裳(字冕仲) 56,179,300,306,345,368,417,439,455
黄裳(字文叔,号兼山) 512,580,590,605,670,675,678,681,696,744,761,810,849
黄履(字安中) 144,245,290,291,295,307,308,320,340,357,358,360,363,384,394,413
黄畿 292
黄潜善(字茂和) 412,445,447,450,452,453,459,464,492,495,521
黄镇成 810
黄震 152,183,216,499,561,576,629,719,741,747,751,762,767,798,800,823,840,846,867,872,873,880,881,884,887,890,894,896,898,900,906
黄鹤 479,769,812
黄儒 286
黄樵 677
黄镛 866,890
黄灏 624,625,706,719,722
龚大壮 338
龚夬(字彦和) 217,338,379,386,389,394,410,456
龚开 783,892
龚史 335
龚况 399
龚秀才 575

龚茂良 537,562,575,596,605,608,610,612,614,618,659,727
龚昱 621
龚原(字深之,一作深父) 237,275,330,348,357,363,365,387,394
龚郊 722
龚郊伯 690
龚顾正 726
龚盖卿 567,691,722
龚鼎臣(字辅之) 97,142,180,186,253,295,329
龚颖 45
龚颐正(字养正,号芥隐) 661,685,723
龚端敦 661
龚璛 888
龚璧 424

十二画

傅一飞 604
傅大原 798
傅子云 605,677,685,686,688,757,811
傅才元 214
傅卞 220,250
傅正夫 605,791
傅立 293,569
傅尧俞(字钦之) 122,244,246,247,250,262,316,327,331,332,334,341,342,350,367,376,385,386,394
傅自得 629,642
傅行简 726
傅伯成(字景初,号竹隐) 504,558,699,703,722,731,792,793,799
傅伯寿(字景仁) 493,613,698,705,726,727,729,731
傅芷(字升可) 619,667
傅定 667,690,707
傅岩 711

傅肱 223
傅诚 605
傅修 690
傅寅(字同叔,学者称杏溪先生) 619,667
傅梦泉(字子渊,号若水) 590,605,677,688
傅淇 616
傅道夫 605
傅楫 224,304
傅霖 10
傅翼(字翼之,号甘圃) 225,276
善权 409
喻民献 583,696
喻仲可 605,688
喻汝砺 564
喻良能(字叔奇,号香山) 539,569,577,631
喻侃 583,696
喻南强(初名宽,字伯强,号梅隐) 583,696,711
喻偘 711,715
喻皓 49,350
喻樗(字子才,号湍石) 502,525,612,616,630
塔察儿 889
奥都剌合蛮 836,839
富直柔 502,505
富弼(字彦国) 81,120,128,131,133,139,142,151,160,162,166,168,169,170,171,172,173,176,177,178,180,186,199,203,205,206,208,210,212,214,216,218,219,227,232,237,243,250,253,254,258,268,269,272,286,292,299,307,310,311,318,327,352,515,630,771
强至(字几圣) 119,289,461
强行父 486
强渊明 386,410,423
彭干 13
彭方 627
彭丝 833

彭会 17

彭兴宗 605

彭汝砺 241,242,243,336,340,342,352

彭汸 741,761

彭芳 824

彭龟年(字子寿,号止堂) 500,567,580,595,630,674,691,693,698,703,706,712,714,717,722,739,741,746,752

彭叔夏 93,733

彭复初 569

彭思永 249

彭乘(字利建) 42,110,122,193

彭耜 266,807,826,857

彭醇 394

掌禹锡(字唐卿) 51,196,204,212,229,233,247,251,429

揭傒斯 905,917

敬铉 816,876

斯植 800

景泰 163

曾几(字吉甫、志甫,号茶山居士) 314,440,482,487,498,533,536,538,539,542,552,563,571,661,726,739

曾三复 652

曾三聘 652,706,725

曾子良 792,799

曾丰 580,661

曾从龙 713,754,759,762

曾公亮(字明仲) 70,122,163,165,166,171,174,175,178,179,181,186,192,200,206,212,218,226,227,228,231,232,245,246,249,252,255,256,259,263,265,267,272,296,381,515

曾凤 884

曾开 435,481,485,531

曾令文 86

曾布(字子宣) 151,210,214,218,255,258,261,263,264,265,268,269,274,276,279,288,291,295,303,305,315,316,322,328,340,357,359,363,365,369,371,376,378,379,380,383,387,388,394,398,399,402,410,413,429,693

曾伉 255,304

曾会 48

曾兴宗 722

曾巩(字子固) 101,114,150,156,166,169,173,178,181,184,187,188,190,191,201,203,210,212,214,217,218,220,222,227,228,230,231,233,237,238,241,245,252,253,254,259,273,274,275,276,279,288,289,291,295,299,300,302,304,305,306,307,310,311,312,318,359,402,405,492,498,513,540,630,716,729,740

曾机 444

曾牟 210,214

曾克己 444

曾克允 444

曾克家 444

曾克宽 444

曾极 690,715,795

曾岩卿 912

曾易占(字不疑) 50,188,191

曾诚 425

曾庠 223

曾思 409

曾恬 393,410,437,440,473,543,576

曾祖道 676,677,690,722

曾纤 394

曾统 457

曾觉 243

曾贡 585

曾宰 210,233

曾纮 409

曾致尧(字正屋) 38,101,184,201

曾唯 866

曾埜 872

曾敏行(字达臣,自号浮云居士、独醒道人、归愚老人) 425,455,531,607

曾梦泉 567,630

曾渐 672

曾逮 481,538,591

曾雯 444

曾觌(字纯甫,号海野老农) 406,556,558,568,614,619,629,637,642

曾集 435,481,567,630,681,682

曾溁 855

曾慥(字端伯,号至游居士) 511,514,523,524

曾瑞 875

曾颖瑞 794

曾肇(字子开) 188,250,273,280,296,303,307,311,322,326,328,340,347,348,352,379,383,384,386,392,394,402,429

曾震 444,527

温仲舒 47,49,51,56,69

温庭筠 3

温益 388

游九功 567,630,741

游九言(初名九思,字诚之) 500,567,591,630,641,663,705,741

游开 669

游仲鸿(字子正,号果斋,又号鉴虚) 487,605,689,706,710,725,766

游师雄(字景叔) 157,293,371,375

游次公 605

游似 777,779,783,795,818,828

游均 853

游汶 907

游侣 844

游倪 685,690

游陶 28

游敬仲 677

游酢(字定夫,学者称廌山先生) 202,273,294,317,319,351,353,354,373,375,393,397,

401,402,428,435,473,486,487,
509,517,540,575,595,596,649,
661,670,829,890
游操 507
湛循 633
焦千之 209,414
焦炳炎 835
焦瑗 482
焦蹈 315
程九万 700
程大昌（字泰之） 412,435,522,
547,559,580,606,615,616,634,
649,653,691,700,701,716,797
程元凤（字申甫，号讷斋） 722,
803,845,865,867,868,871,894
程元岳 862,874,885,887
程公许（字季与，一字希颖，号
沧州） 636,755,761,795,823,
835,840,858
程公说（字伯刚，号克斋） 215,
270,737,743,755,761,840
程公硕 755,761
程必贵 878
程正则 737,827
程永奇 677,722
程先 722
程仲文 737
程尧佐 261
程师孟 295
程羽权 33
程至道 721
程克斋 743
程时行 575
程时登 737
程叔达 602,649,671
程松 697
程直方 569,858
程绍开 688,788,799
程若庸 883,890
程若清 418
程迥（字可久，学者称沙随先
生） 481,523,531,558,616,
627,630,639,656,658,685,709,
716

程复心 870
程思忠 816
程思温 816
程洵（字钦国，更字允夫，号克
庵，晚号翠林逸民） 474,546,
563,704,705,722,763
程珌（字怀古，自号洺水遗民）
564,645,685,784,794,795,800,
838
程钜夫 854,883
程俱（字致道，号北山） 297,
413,429,440,457,458,476,506,
542
程珦 177,184,209,310,668
程资 705
程掌（字叔运） 783,806,823
程㩦（字端卿） 396,563
程敦厚 721
程琳（字天球） 48,125,150,
152,159,211
程遇孙 567,735,761,828
程韩溪 495
程暐 499
程楫 722
程榆 793
程瑀（字伯寓，号愚翁） 335,
506,520,526,529
程筠 214
程颐（字正叔，人称伊川先生）
46,139,152,183,184,191,194,
209,213,216,221,224,228,240,
242,246,250,253,265,268,269,
273,275,277,279,282,291,292,
293,294,299,302,307,309,310,
315,316,319,321,324,325,329,
330,332,333,334,336,339,344,
351,353,354,359,361,362,365,
367,368,370,374,377,378,385,
386,387,390,391,392,394,399,
401,404,405,409,410,414,435,
437,444,445,450,456,467,469,
471,473,474,475,476,478,480,
486,489,498,499,504,505,509,
520,527,528,532,535,544,546,
568,572,575,576,581,584,595,

596,597,602,604,606,609,614,
617,661,663,665,668,689,698,
703,704,707,712,716,722,732,
750,754,764,765,767,768,771,
776,777,788,792,818,821,822,
829,832,833,834,835,837,863,
867,891
程端礼 885,897
程端学 740,885,908,914
程端彦 390
程端蒙（字正思，号蒙斋） 504,
641,659,677,679,722,737,764
程德降 795
程曈 705
程颢（字伯淳，人称明道先生）
137,184,209,213,221,228,253,
255,256,257,258,263,264,265,
268,272,274,275,277,284,285,
288,291,292,293,294,299,302,
309,310,315,319,329,339,374,
388,401,414,444,450,471,476,
478,480,486,489,520,544,568,
572,575,595,596,602,604,606,
609,614,617,661,668,689,704,
710,712,722,750,754,763,764,
765,767,768,776,777,818,821,
829,832,834,835,837,858,867,
891
童伯羽 722
童居易（字行简） 785,798
童贯 382,383,396,397,403,405,
425,433,439,441,443,444,448,
550
舒岳祥 773,842,867,910
舒易简 242
舒衍 679,791,798
舒烈 633
舒铣 798
舒钘 679
舒雅（字子正） 11,28,29,44,
47,58,59,62,68,71,72,75,89,
92,94,96,167
舒亶 120,243,285,298,299,306,
340,427
舒璘（字符质，一字符宾，号广

平）473,477,567,568,590,
630,632,633,635,636,663,677,
678,679,687,688,712,717,718,
790,791,798
葛元鹭 585
葛天民 704,800
葛立方（字常之，号归愚） 353,
506,516,521,539,560,562,563,
571
葛次仲 370
葛邲 657,685
葛茂宗 394
葛洪 440,524,540,635,856
葛胜仲（字鲁卿） 274,370,373,
380,392,401,403,416,417,433,
498,506,563,716
葛起耕 800
葛郯 530
葛湍 42,52
葛辉 394
董与几 796
董介轩 737,780
董元亨 51,71
董文用 915
董文忠 491,813,896
董文炳 913
董史 837
董必 367,371,373
董先 462
董守简 861
董朴 815,907
董汲 329,355
董初尝 312
董声应 903
董宋臣 865,872,874,879,880
董龟玉 69
董俨 31,34,47
董南一 880
董拱寿 690
董梦程（字万里，号介轩） 737
董洪 776
董荣 288
董祥 394
董逌 429

董淳 29,30,31,33
董铢（字叔重，号盘涧） 526,
641,659,685,699,704,737,763,
827
董敦逸 351,354,364,394
董琦 495
董楷 46,720,867,887
董槐 747,857,859,865,880
董真卿 380,685,737,799
董源（字叔达） 8
董煟 734
董鼎 737
董解元 711,712
董德元 515
董瀛 821
蒋亿 627
蒋之奇（字颖叔） 136,214,215,
249,250,378,379,383,394,395
蒋元中 317,437
蒋公顺 828
蒋在诚 434
蒋至 103
蒋芾 522,566,574,601
蒋叔蒙 690
蒋宗简 885
蒋津 394
蒋重珍（字良贵，号实斋，又号
一梅老人） 784,828
蒋玜 437
蒋继周（字世修） 645,655,705
蒋堂（字希鲁，号遂翁） 34,
138,204
蒋傅 697,706
蒋璨 721
蒋夔 297
覃庆元 233
覃恩 237,249
谢公应 898
谢天申 375,437
谢文瓘 386,387,389,394
谢方叔 845,846,848
谢汉章 913
谢仲弓 184

谢守灏 686
谢汲古 726
谢克家 463,716
谢良佐（字显道） 195,294,317,
319,323,353,375,386,392,393,
397,401,402,435,473,486,487,
518,540,543,544,575,576,595,
596,670,759,780
谢良弼 816
谢承之 711
谢枋得 716,799,801,867,869,
889,890,900,906,910
谢泌 50,76
谢炎 47
谢采伯（字符若） 622,748,858
谢奕中 878
谢绛（字希深） 62,107,134,
136,137,156,159,160,241,
314
谢卿材 255
谢晖 492,720
谢涛 40,54
谢堂 909
谢逸（字无逸，学者称溪堂先
生） 409,414,721
谢梦生 784
谢深甫 691,703,711,727
谢维新 867
谢袭 393
谢谔（字昌国） 432,444,539,
607,653,662,694
谢景平（字师宰） 137,241
谢景初（初字师厚，自号今是
翁） 116,185,233,314
谢景温 265,327,334,340
谢混 538,765
谢廓然 614,617
谢端 918
谢蕴 409
谢潜 394
谢翱 696,854,889,902,903,913
阔端 821,858
雄辩 274,664,808
韩亿 126,146,152,154,156,338

韩川 343,344,348,349,367,385,386,394
韩元吉(字无咎,号南涧) 338,425,481,499,543,545,548,556,565,577,607,608,636,640,641,659,661
韩公廉 326,333,337,664
韩丕 31,37,41,51
韩世忠(字良臣) 343,452,484,494,524,531,662,732
韩企先 464
韩守英 134
韩均 418
韩沆 483
韩肖胄 463
韩补 847
韩侂胄(字节夫) 526,547,548,595,641,689,690,691,696,697,698,699,702,703,705,707,710,712,713,714,717,720,722,723,725,726,729,730,731,732,734,736,738,739,742,743,745,746,749,753,756,760,761,767,769,783,817
韩宗古 313
韩宗武 425
韩宗质 425
韩宜卿 676
韩居仁 482
韩忠彦 253,327,343,352,371,373,377,378,379,380,383,386,388,394,413,515
韩性 747,888
韩拙 431
韩昉(字公美) 309,411,478,519
韩治 345,394
韩绍芳 127
韩虎 482
韩驹(字子苍,学者称陵阳先生) 304,360,409,474,571
韩信同 747,861
韩冠卿 483,676
韩度 676

韩彦 209
韩彦古 590,646,654
韩彦直 223,621
韩彦恭 50
韩拱辰 63
韩显符 14,96
韩祗和 329
韩绁 489
韩绛(字子华) 102,168,169,207,211,253,254,256,262,263,265,278,284,304,324,338,374
韩栾 123
韩涣 892
韩滤 676
韩维(字持国) 111,150,156,207,237,242,247,248,252,253,255,257,262,276,279,285,304,311,315,316,319,323,327,328,334,338,339,344,357,363,367,368,374,385,386,394,402,403,442,469,710
韩跋 385
韩琦(字稚圭,号赣叟) 92,96,128,133,136,141,146,148,149,150,152,153,156,157,158,159,161,162,164,169,170,171,172,173,174,177,180,186,187,188,189,191,194,195,199,201,202,203,206,208,209,210,212,213,217,218,231,232,235,237,238,242,243,245,246,248,249,252,253,255,263,269,271,273,276,284,286,289,292,301,346,352,418,515,735,771
韩跂 386
韩道昭(字伯晖) 748
韩道熙 569
韩溥(又作韩浦) 18
韩熙载(字叔言) 2,6,11,15,16,18,19,34,52,94
韩瑨 425
韩德让 34
韩璜 338,454,481,537
韩醇 611,716,721
韩翼甫 747

韩璧 652
韩瑾 338,440
鲁君贶 386
鲁宗道(字贯之) 14,110,118,119,132
鲁訔(字季卿,号冷斋) 377,472,479,527,607,733
鲁峜 386
黑的 887

十三画

廉希宪 813,830,863,881,915
楚建中 307
楚衍 120
楼寿玉 469
楼应元 696
楼昉 450,635,685,716,765,782,801,818,856,858
楼郁 155,201
楼晒 856
楼照 485
楼钥(字大防,号攻媿主人) 120,317,404,467,479,499,514,529,558,581,588,597,598,607,622,628,634,638,650,671,674,675,689,694,696,700,704,705,706,709,717,718,726,727,729,730,731,734,741,744,746,749,750,752,755,756,758,759,760,781,783,854,858,861,892
满中行 302,306
窦从周 641,655,722,741
窦仪(字可象) 1,2,3,4,8,10,11,14,17,44
窦俨(字望之) 2,8,17,62
窦钺 394
窦默 705,722,823,848,875,876,900,905
简世杰 605
蒙轩居士 506
蒙哥 821,856,857,859,861,863,864,865,866,868,869,870,871

蒯鳌 17
蒲叔献 709
蒲宗闵 328
蒲宗孟 245,287,297,303,306, 307,326,340
蒲道源 875
蒲鲜万奴 764,767
蓝元用 134
蓝继宗 91
虞允文(字彬甫) 408,531, 551,554,557,558,562,565, 572,573,575,582,585,587, 588,590,601,686,723,749, 768,802
虞公亮 652,723
虞仲琳 499
虞刚简(字仲易,一字子韶) 560,567,630,761,773,802,828, 886
虞汲 823
虞防 394
虞荐发 833
虞唐佐 464
虞载 867
虞植 605
虞策 358
虞集 288,385,645,727,802,823, 899
虞蕃 295
褚丈 647
褚孝锡 678
解潜 505
詹大方 494,505
詹大和 492,523
詹文 357
詹仪之 567,604,630,648,656
詹体仁(字符善) 504,519,558, 578,581,589,604,659,662,668, 669,691,699,700,706,725,741, 779,827
詹范 365
詹阜民 567,590,605,625,685
詹勉 393,410,437
詹庠 159

詹适 348
詹淳 690
詹骙 602
路万里 902
路纶 240
路昌衡 383
路振(字子发) 105,240
路航 20
路谦亨 632
雷思 522
雷说 26,71
雷渊(字希颜,一字季默) 650, 708,759,762,779,784,788,789, 812,817
雷简夫 187,206,210,218,228
雷德源 32
雷德骧 25
雷膺 788
颖贽 11
鲍云龙 799
鲍季和 495
鲍若雨 437,575
鲍彪(字文虎) 449,513,634
鲍贻逊 489
鲍澣之 746

十四画

僧一宁 850
僧了一 523
僧子聪 848
僧允堪 86,234
僧元净(俗姓徐,字无象) 99, 350
僧元照(俗姓唐,字湛然,号安忍子) 190,421
僧文才 836
僧文莹 390,391
僧可玄 127
僧可观(俗姓戚,字宜翁,号解空,别号竹庵) 353,640
僧归晓 31

僧本如 37,169,196
僧本明 412
僧本悟 412,523
僧正受 81,734
僧玄鉴 912
僧冲真 295,392
僧印简(俗姓宋,号海云) 728, 870
僧如可 48
僧如净 785
僧延一 229
僧延寿(字仲玄) 2,26
僧行均 66
僧行崇 412
僧行勤 13
僧行端 863
僧克勤(俗姓骆,字无著) 238, 439,473
僧杨琏真伽 912
僧沙罗巴 873
僧净源 76,303,338
僧宗杲(本姓奚,字昙晦) 494, 501,560
僧宗晓(字达先,自号石芝) 524,721,734,763
僧宝印 547
僧宝严 523
僧明本 880
僧法宁 306,537
僧法云(俗姓戈,字天瑞,自号无机子,赐号普润) 339,422, 427,503,542
僧法进 8
僧法演 395
僧知礼(俗姓金,字约言) 3, 130
僧绍嵩 800
僧茅子元 462
僧金灯 869
僧契嵩(俗姓李,字仲灵,自号潜子) 90,196,211,274,468
僧祖咏 862
僧祖觉(俗姓杨,号痴庵) 335,

521
僧重显(俗姓李,字隐之) 34,199
僧原妙 832
僧圆至 868
僧悟明 81,644
僧秘演 114,131
僧继从 31
僧继业 11
僧通理 355,422
僧常谨 36
僧惟白 81,383
僧惟冲 523
僧惟净 38,124,128
僧清诏 36
僧清觉 174,420,431
僧清珙 899
僧虚中 6
僧善定 355,422
僧善锐 422
僧惠洪(俗姓喻,号觉范,改名德洪) 271,401,407,450
僧惠崇 111
僧惠勤 272
僧普济(俗姓张,字大川) 81,625,860,862
僧智圆(俗姓徐,字无外,自号中庸子,或名潜夫) 28,109,119
僧道诚 113
僧道济(原名李心远) 479,751
僧道原 81,94,99
僧道隆 847
僧道谦 505,525
僧道潜(俗姓何,本名昙潜,字参军) 174,389
僧遵式(俗姓叶,字知白) 12,137
僧福裕 865
僧德韶 21
僧慧南 78,260
廖正一 288,332,334,394
廖刚(字用中,号高峰) 266,

399,437,457,470,472,473,503,509
廖行之 507,657,693
廖应淮 293,569
廖拱 548
廖晋卿 690
廖莹中(一名玉,字群玉,号药州) 897,903,907,909
廖谦 722
廖德明(字子晦,号槎溪先生) 516,580,595,602,617,639,642,652,659,663,668,704,722,738,750,824,827
慕容彦逢(字淑遇) 252,404,407,409,410,411,418,419,423
斡道冲(字宗圣) 645
熊方 446
熊召予 870
熊禾 747,863,903
熊兆 627
熊刚大(字端操) 606,712,779,781
熊庆胄 712
熊克 539,555,645,648,655,725,747
熊良辅 883
熊西 712
熊朋来 610,848,903
熊鉴 605,632
熊蕃 431
管道升 879
綦崇礼(字叔厚,一字处厚,世称北海先生) 311,425,463,499,683
缪主一 720
缪烈(字允成,号仲山) 831
翟汝义 289,418
翟汝文(字公巽) 457,460,496,498,607
翟杰 669
翟思 312,322,356,357,358,360
翟栖筠 424
翟琮 462
翟耆年(字伯寿) 498

翟煦 23,25
臧梦解 885
蔡子文 247
蔡中 597
蔡仍 499
蔡元导 214
蔡元定(字季通,世称西山先生) 474,567,574,578,581,583,589,595,598,602,604,617,632,641,661,665,698,699,700,702,703,704,706,707,712,719,722,752,780,810,824,827,849,872
蔡卞(字符度) 219,275,307,310,312,330,340,356,357,358,359,361,363,368,369,373,376,379,383,389,397,398,399,409,410,423,427,432,465,466,467,485
蔡天球(字粹夫) 124,261
蔡发 292,567
蔡幼学(字行之) 437,531,574,579,584,590,635,665,688,706,730,731,746,772
蔡正孙 843
蔡节 844,845
蔡仲龙 784,839
蔡兴宗 446
蔡延庆 245,258
蔡权(字仲平,号静轩) 701,810,869
蔡齐 106,125,139,146,150,152,154
蔡克明 388,394
蔡攸 401,419,421,422,425,427,430,441,443,578
蔡沆(字复之,号复斋居士) 545,712,746,827
蔡沈(字仲默,号九峰) 476,559,573,670,690,703,711,712,720,722,751,800,810,847,848,856,869,872,913
蔡京(字符长) 7,176,188,275,283,298,303,306,323,325,330,340,358,363,364,365,366,367,

368,371,372,373,377,378,379,
383,385,386,387,388,389,390,
392,394,395,397,399,401,402,
403,404,405,406,407,408,409,
410,411,416,418,419,421,423,
425,426,428,429,431,432,434,
438,439,441,442,443,444,447,
448,451,455,458,464,465,466,
467,470,471,472,474,475,478,
480,486,502,504,519,530,535,
550,582,609,613,620,771

蔡念成 627,628

蔡念诚 781

蔡承禧（字景繁） 147,214,215,
284,314

蔡杭（字仲节，号久轩） 688,
806,810,845,847,848,853,855,
865,867,869,872,876,895

蔡松年（字伯坚，号萧闲老人）
402,500,545,601,602,756

蔡范甫 790

蔡居厚（字宽夫） 440

蔡迨 481,499

蔡兹 512

蔡珪（字正甫） 522,601

蔡高 132

蔡梦弼 159,588,721,730,733

蔡渊（字伯静，号节斋） 46,
428,537,708,712,715,779,824,
827,878,913

蔡琰 714

蔡戡 496,569,598,625,652,663,
724,809

蔡确（字持正） 154,291,295,
300,304,308,312,314,315,322,
323,326,327,328,334,336,340,
341,342,346,349,355,357,360,
363,373,378,392,419,467

蔡模（字仲觉，号觉轩） 667,
810,833,846,847,848,878,913

蔡肇（字天启） 270,275,300,
385,428

蔡薿 398,407,411

蔡襄（字君谟） 13,102,132,
134,135,149,159,162,166,170,

171,172,173,176,177,178,182,
185,189,196,199,200,205,207,
214,223,226,228,230,240,241,
243,251,252,384,398,402,444,
463,582,735

蔡蹈 365,368

裴元感 99,100

裴仲孺 342

裴如晦 209

裴宗元 407,523

裴彦臣 364,386,394

裴滋候 165

裴愈 58,61,66

裴煜 241

谭处端（原名玉，字伯玉，更名
处端，字通正，号长真子）
435,581,586,591,654,892

谭君 690

谭纯德 906

谭知礼 454

谭辰 394

谭惟寅 652

谭裔 386

谯定（字天授） 368,409,519,
555,560,569

赫德余 892

鲜于侁（字子骏） 114,327,332,
334,367,386,394

鲜于枢 848,917

鲜于茂昭 102

鲜于绰 342,394

鲜于群 342

十五画

撒马笃 892

樊仁远 546,607

樊汉广 547

樊光远 472,485,544,545

樊汝霖 436,716,721

樊汝霜 498

樊志应 781

滕友 394

滕处厚 828

滕安上 839

滕甫 200

滕宗谅（字子京） 53,142,159,
168,173,178,188,251

滕茂实 452

滕戭 633

滕琪 658

滕康（字子济） 319,461

滕恺 658

潘大观 409

潘大临 305,409

潘子善 722

潘友之 575

潘友文 636

潘友恭 636,656

潘友端 636,648,656

潘壬 792

潘文卿 907

潘丙 792

潘必胜 575

潘廷立 685

潘佑 3,16,24

潘时举 681,685,722,750,792

潘时叙 522

潘甫 792

潘纬 573,616

潘鲠（字昌言） 151,304,374

潘襄 867

潘良贵（字子贱，一字义荣，号
默成居士） 362,418,446,473,
485,520,521,675

潘闵 437

潘牥（字庭坚，以字行，初名公
筠，号紫岩） 736,822,848

潘拯 293,375

潘柄 641,722,824,913

潘桱 558,776

潘祖清 794

潘美 24,70,515

潘音 895

潘致尧 460

潘阆（字逍遥，自号逍遥子）

32,45,61,94
潘時 440,636,652,673
潘景宪 594,663,856
潘景愈 594,604,633,647
潘植 641,685,722
潘滋 394
潘慈明 608
潘慎修 58,66,74,75,80,110
滕巽真 880
滕璘 658,722
潜说友 581,900,905
稷尧佐 563
赜藏主 489
遵式 12,137
颜太初 181
颜师鲁 643,647,766
颜岐 360,414
颜明远 33
颜若愚 820
颜复 327
颜奎 823
颜博文 446
黎立武 444,841,890
黎龙廷 87
黎至忠 87
黎伯登 795
黎明 454
黎朝安 853
黎确 414,446
黎靖德 895

十六画

冀禹锡(字京父) 683,759,818
冀致君 816
燕文贵(一名文季) 15,179
燕肃(字穆之,一作仲穆) 6,109,122,124,127,128,135,142,144,164
穆修(字伯长) 33,94,99,101,119,120,130,137,152,183,188,234,274,292,311,318,417,476,486,492,670
薛士龙 579,594,598
薛升 398
薛玄(字微之,号庸斋) 897
薛仲庚 633,731
薛仲邕 555
薛向 241,349
薛师石(字景石,号瓜庐) 622,800,805
薛师邵 781
薛叔似(字象先) 598,633,652,706,710,725,781
薛季宣(字士龙,号艮斋,学者称常州先生) 172,282,470,487,520,523,525,530,550,553,554,557,562,568,574,575,579,580,587,589,590,594,597,598,635,639,698,703,731,746,781,797
薛尚功 30,498,505
薛居正(字子平) 7,8,9,11,14,15,17,21,22,23,24,27,29,32,35,70,101,159,273,290,515,742
薛昂 369,397,404,424,425
薛昌朝 293,375
薛绂 567,761,828
薛绍彭 349,401
薛奎(字宿艺) 15,131,139,143,152
薛映 92,93,94,98,115,683
薛惟吉 51
薛嵎 800
薛弼 507
薛景石 880
薛道光(一名道原,字太源) 297,309,542
薛嗣昌 424
薛疑之 798
薛徽言 449,485
赞宁 27,31,36,47,48,50,52,57,62,64,68,70,72,75
霍端友 390,404
霍篯 652

十七画

戴几先 616
戴艮 827
戴侗 907
戴泳 679
戴表元 787,844,855,871,874,892,895,897,900,906,910,912,915
戴述 317,437
戴复古(字式之,号石屏) 573,652,674,800,854
戴昺 775
戴栩 747,796
戴智老 690
戴溪(字肖望) 618,619,663,716,739,765,766
戴颙 130,681
檀固 394
糜师旦 698
赡思 914
塞序辰 275,330,367,368,376,379,383
鞠咏 133
鞠常 21
魏了翁(字华父,号鹤山) 173,215,227,292,452,473,516,550,551,567,596,622,630,682,691,695,711,713,714,718,729,732,735,736,739,743,751,752,754,761,764,765,767,768,770,771,776,777,778,779,781,782,784,789,793,795,796,799,802,803,804,806,808,809,810,811,813,816,818,819,821,822,823,824,826,827,828,840,851,860,863,886
魏几 622
魏元履 556,613
魏文翁 795,828
魏丕 61
魏仲举 721
魏仲恭 640,811

魏安行 526,529
魏师逊 529
魏庆之 842
魏廷坚 173
魏羽 17
魏艮斋 574
魏行可 452
魏齐贤 675
魏克愚 860,863
魏初 783
魏岘 837
魏应仲 583
魏杞 473,481,561,564,566,568,572,709
魏矼 485
魏衍(字昌世) 447
魏泰 89,120,129,219,281,307,361
魏掞之(原名挺之,字子实,一字符履) 421,501,519,561,565,574,575,595,597,647,754
魏野(字仲先,号草堂居士) 3,114,115
魏新之 839,897,915
魏椿 665,722
魏槩 900

十八画

瞿刚 834

十九画

蘧潜 830,877

著 作 索 引

（按拼音排）

A

艾轩集　621
安定言行录　485
安陆集　296
安南献议文字　306,371
安晚集　858
安阳集　96,188,273,286
聱隅子歔欷琐微论　217
鳌山集　44

B

八朝名臣言行录　592
八阵图说　712
巴东集　121
白孔六帖　570
白石道人歌曲　727,781
白石道人诗集　781
白石道人诗说　781
白石诗传　749
白石诗集传　752
白氏策林　565,608
白氏文集　153
白先生金丹火候图　807
白云集　352
百川学海　223,247,360,427,
　581,621,657,802,846,901
百官公卿年表　306
百家注通鉴译节　727
百菊集谱　838

百行冠冕集　843
班马异同　778
班马字类　634
般若心经疏　119
斑疹备急方论　355
邦计汇编　135
包孝肃奏议　194
褒题集　301
褒恤杂录　301
宝晋山林集拾遗　402,724
宝晋英光集　402
宝刻丛章　301
宝庆会稽续志　556
宝庆四明志　801
宝文统录　74
宝云振祖集　763
宝章待访录　329,402
宝真斋法书赞　820
饱山集　526
葆光集　857
葆真居士集　549
报本庵记　880
北边备对　559,615
北扉集　395
北海集　499
北见记　865
北门类稿　850
北盟集补　692,744
北梦琐言　16
北迁录　695
北山集　531,804,893
北山酒经　418
北山小集　408,506

北狩见闻录　446,601
北溪全集　768,788
北行日录　581,760
北游语录　857
北辕录（周辉）　682
北辕录（俞庭椿）　591
北苑别录　657
备急灸法　132
备史遗事　79
本草补遗　381
本草集方　846
本草图经　233,383
本草衍义　420,425
本朝时令　243
本说　72,104
笔录遗逸　157
笔佣集　16
敝帚　124
敝帚稿略　891
碧鸡漫志　507,519
碧虚子亲传直指　361
碧云騢　219
壁书丛削　917
避暑录话　266,270,517,683,740
边臣要略　163
边防奏议　384
编敕格　7
编次杜工部集　527
编年通考　792
编年通载　279,377
编年总录　202
编修南郊增损式　303
辨南迁录　841

辨诬 380,469,480	沧浪集 759,846	朝散集 339
辨疑 431,499,772	沧浪诗话 790,846	朝野类要 824
辨字说 463	藏春乐府 904	潮阳编 178
表孟子 108	藏春集 904	郴江志 643
表章奏议杂文 495	草窗韵语 903	辰州风土纪 563
宾退录 492,535,570,716,790,805	草堂集(傅尧俞) 350	陈博士书解 502,517
	草堂集(魏野) 114	陈殿院集 234
兵鉴 405,903	草堂诗话 733	陈瓘集 437
兵略 790	草堂文集 519	陈少阳集 447
兵民总论 207	册府应言 135	陈文惠愚丘集 178
兵书 438	册府元龟 64,80,84,87,91,92,102,103,104,110,112,114,116,117,122,124,135,144,151,234,353,375,868	陈文正公集 566
栟榈居士集 461		陈与义集 495
丙辰悔稿 748,749		宸章集 96
丙丁龟鉴 847		成都古今丙记 615
丙子学易编 768,775,841	测海圆镜 852	成都古今记 279
并北攻守录 649	茶法条贯 94	成都文类 107,716,735
磻溪集 802	茶法易览 296	承明集 75,76,734
泊宅编 345	茶录 115,196,241,252	诚德集 309
补后汉书年表 446	槎溪集 738	诚斋集 554,563,601,625,630,657,695,741
补礼部韵略 495	柴成务集 81	
补正水经 601	禅林宝训 560	诚斋诗话 214,693
补正忠言 536	禅林僧宝传 260,450	诚斋易传 666,732,741
补注杜诗 622	镡津文集 274,468	诚斋策问 741
补注后汉志 118,122	忏仪 137	乘除通变本末 876,903
补注急就篇 906	昌谷类稿 804	乘桴集 427
补注王会篇 906	长安志 289,559	乘轺录 92,105
补注王叔和脉诀 330	长春真人西游记 782,804,868	乘异记 79
补注庄子 22	长定格 7,23	程氏大宗谱 743
	长乐志 639	程氏外书 596,614
	长沙志 678	程文简集 701
C	长兴集 364	程杨易传 732
	常山道札 164	摛文堂集 407,423
蔡九峰筮法 810	常山秘殿集 164	耻堂文集 912
蔡居厚集 440	常语 202	赤城集 763,786,852
蔡宽夫诗话 440	唱和诗集 213	充御试官日记 314
蔡氏九儒书 827,848,869	钞节孝语录 582	冲虚至德真宗释文 361
蔡氏诸儒行实 849	晁氏春秋传 452	春陵图志 625
蔡忠惠集 240,252,582	晁氏客语 452	崇古文诀 716,801
参寥集 389	晁氏琴趣外篇 408	崇宁圣政 435
参同契 286,309,707,916	晁氏诗传 452	崇祀录 139,150
骖鸾录 595,686	晁氏书传 452	崇文总目 5,35,141,150,162,165,166,217,219,406,422,502,613,620,688,695
蚕书 16,310	巢睫稿林 761	
沧海遗珠 593	巢氏病源候论 128	

重详定刑统 10	春秋传(崔子方) 476	春秋经解(薛季宣) 554,597
重修南北史 879	春秋传(胡安国) 215,397,462,	春秋经筌 215,907
重修神宗实录 472,474	467,471,473,476,477,649,810	春秋指要 554,597,598
重阳教化集 586,644	春秋传(刘敞) 215,254	春秋经社要义 190,346
重阳全真集 586,666	春秋传(王岩叟) 362	春秋精义 743
雠校通鉴凡例 895	春秋传(叶梦得) 215,517,740	春秋考(李心传) 841
初寮集 470	春秋传说例 215,254	春秋考(叶梦得) 215,485,517,
初学记 116,123,175,431,511	春秋传显微例目 616	740
刍狗集 607	春秋大义 495,827	春秋口义 224,346
刍荛编 607	春秋大旨 843	春秋类史 468
储鉴 834	春秋得法志例论 285	春秋例要 369
楮币罪言 799	春秋地理原委 901	春秋列国名臣传 438
楚辞辨证 715,759	春秋断义 374	春秋列国事目 810
楚辞补注 533,534,822	春秋发微 377	春秋轮辐 886
楚辞后语 523,715,771	春秋分记 215,743	春秋论 125,346
楚辞集注 715,755,759,822	春秋公子谱 468	春秋论说 468
楚辞释音 531	春秋诂训传 629	春秋门例通解 831
楚辞音考 715,721	春秋后传(陈傅良) 215,467,	春秋权衡 215,254
楚塞丛稿 694	729,731	春秋三传抄 810
楚州图经 656	春秋后传(陆佃) 276,389	春秋三传通义 839
传灯玉英集 142,146	春秋皇纲论 207,215	春秋世论 229
传法正宗定祖图 274	春秋会要 738,755	春秋释幽 109
传法正宗记 274	春秋或问 908	春秋说 182,825
传讲杂记 414	春秋机括 364	春秋私记 517
传斋集 779	春秋集传 215,306,377,412,	春秋四谱 468
传斋有用之学 779	451,529,573,819,827	春秋索隐论 234
吹剑录 467,840	春秋集解 215,373,412,509,	春秋通说 215,809
垂轩稿 783	529,740	春秋通训 215,318
春坊集 193	春秋集义 215,765,809	春秋通义(王刚中) 566
春明退朝录 178,266,301,449	春秋集注 215,528,529,819,827	春秋通义(王沇) 207
春卿遗稿 204	春秋纪咏 511,533	春秋通义(王晢) 207
春卿遗稿续编 204	春秋讲义 374,581,766,831	春秋通义异义 207
春秋备论 573	春秋节传 883	春秋通旨 486
春秋本例 215,369,370	春秋节解 202	春秋通志 374
春秋本义 524	春秋解(龚原) 276	春秋统会 779
春秋本旨 167	春秋解(胡铨) 588	春秋外传 564
春秋比事 549,916	春秋解(王十朋) 588	春秋王霸列国世纪编 755
春秋辨要 219	春秋解(杨简) 798	春秋文权 254
春秋辨疑 215,455,464	春秋解义 463	春秋五礼例宗 215,318
春秋博议 758	春秋经解(崔子方) 215,369,	春秋五论(蔡沆) 827
春秋传(陈禾) 380	370,449,476	春秋五论(吕大圭) 215
春秋传(程迥) 616	春秋经解(江琦) 499	春秋五始礼论 586
春秋传(程颐) 392,467	春秋经解(孙觉) 346,347	春秋学 649

春秋学纂 346	次李翰蒙求 728	大学讲义 703,720
春秋衍义 774,827	次续翰林志 147	大学解 353,768,797,839
春秋谳 517,740	丛笔略 643	大学思问 825
春秋要论 243	丛桂毛诗集解 851	大学严格后论 892
春秋要言 109	崇兰集 500	大学严格论 892
春秋要义 224	淙山读周易记 715	大学衍说 848
春秋义例 650	蘂辨 728	大学衍义 816,819,822,884
春秋义宗 709	徂莱先生集 174,183	大学章句 588,589,615,636,
春秋绎圣新传 427	崔氏脉诀 670	639,669,681,684,762,822
春秋意 81	崔清献公全录 833	大学中庸解 899
春秋意林 215,254,373	存斋集 886	大学中庸义 329
春秋语解 474	存斋语录 751	大衍详说 712
春秋灾异 229	存著斋文集 850	大易粹言 661
春秋正辞 502,522		大易要言 810
春秋正附编 878		大隐集 139
春秋正义 52,57	**D**	大愚叟集 712
春秋指归 474		大元玄都宝藏 843
春秋指南 429,491	大藏经随函索引 14	大政要录 43
春秋周礼说 611	大传发挥 893	大中祥符法宝录 99,103,153
春秋尊王发微 163,206,215,	大传易说 825	大中祥符法宝总录 107
216,373,740	大传杂说 649	大中祥符封禅汾阴记 102
春秋左氏传事类始末 653	大丹直指 802	大中祥符封禅记 96
春秋左氏传说 215,619,635	大观经史证类备急本草 404	大中祥符降圣记 110,114,135
春秋左氏传续说 620,635	大慧普觉禅师年谱 560,862	大周通礼 17
春山文集四六抄 884	大慧普觉禅师语录 560	带川集 605
淳化编敕 62	大慧普觉禅师宗门武库 560	待试词学千一策 495
淳熙稿 807	大金国志 820	戴斗怀柔录 112
淳熙会要 682	大金玄都宝藏 675,682	丹房须知 560
淳熙三山志 640,662	大金仪礼 700,752	丹髓歌 679
淳熙条法事类 623	大乐图义 146	丹阳集 416,428,507
淳熙严州图经 653,858	大乐议 709	丹阳神光灿 644
淳熙杂志 616	大名集 362	丹渊集 301
淳祐临安志 860	大任后集 157	澹庵集 526,545,593,629
淳祐条法事类 857	大事记 628,635,648	刀笔集 334
淳祐玉峰志 857	大宋高僧传 36,48,75	道藏 49,50,93,100,101,113,
词科进卷 508	大宋僧史略 70,75	124,266,399,417,430,447,
词科旧稿 734,778	大宋天宫宝藏 101	538,623,654,675,817,857,
词学题苑 906	大宋重修广韵 92,582	870
词学指南 906	大唐史略 202	道场斋醮式 275
祠部集 289	大学本旨 890	道德经解 412,897
慈湖诗传 798	大学发挥 893	道德经疏 54
慈湖遗书 655,798,828	大学发微 890	道德真经藏室纂微篇 273
此事难知 883	大学黼藻文章百段锦 853	道济诗 751

道命录 470,475,525,643,706,710,749,789,790,833,841,857	东汉会要 755	读诗 715
道山集 397	东汉刊误 247	读诗记咏 827
道山纪闻 611	东汉名物编 810	读史 776
道史 425,430	东汉三国志南北史唐五代史类 810	读史管见 520,533,537,649,824,831
道乡集 199,410	东汉诏令 782	读史记 685
道学发源 782	东湖集 496	读史考 841
道院集 143	东京记 301	读书记 823,872,904
得闲文集 495	东京梦华录 513,615,876,903	读书记志 744
德隅斋画品 374,405	东莱标注老泉先生文集 355	读书谱 731
登科记 31,43	东莱文集 635	读通鉴纲目 810
地理考 904	东莱先生诗集 509	读易笔记 774
地理详辩 666	东莱先生左氏博议 577	读易记 827,904
地水记 296	东莱左氏博议 577,635	读易详说 544,731
弟子职 600	东平公集 410	独醒杂志 455,531,607
帝范十赞 536	东平集 772	杜甫诗注 508
帝王经世图谱 666	东坡乐府 384	杜工部草堂诗笺 607,733
帝王通要 533	东坡乐府集选 824	杜工部草堂诗年谱 427
典故备记 773	东坡七集 384	杜工部集 151,159,223,241,412,463
典故辩疑 656	东坡诗集注 369,588	杜工部年谱 313,439,446,479,733,769
典说 334	东坡书传 384	杜工部诗 401
典懿集 144	东坡文集事略 660	杜工部诗后集 199
钓潭集 50	东坡易传 302,303,380,384,540	杜工部诗年谱 607
丁丑三礼辨 771	东山词 440	杜少陵集 527
丁普公谈录 154	东山集 500	杜少陵诗 527
丁少詹集 683	东塘集 735	杜少陵诗音义 458
丁未录 446,588	东溪集 566	杜诗六帖 308
丁谓集 154	东轩笔录 120,129,281,361	杜诗学 793,869
订正史记真本凡例 601	东岩集 904	杜诗押韵 548
定川遗书 679	东阳志 530	杜瑛集 901
定居集 19	东阳志谱 601	杜子美别集 150
定斋集 809	东原集 329	度量权三器图义 616
东都事略 35,164,257,341,423,428,438,444,466,634	东原录 329	蠹斋铅刀编 616
东宫备览 704	东斋记事 338,390,391	断肠词 811
东宫春秋讲义 573	洞微志 126	断肠集 640,811
东宫讲义 682	洞霄录 397	对床夜语 878
东宫诗解 769	洞玄金玉集 644	对修厘正条法 503
东谷易翼传 684	洞斋集 877	对越集 737
东观集 55	都城纪胜 616,822	遁思遗稿 804
东观绝笔 301	都官集 274,286	多闲录 519
东观余论 412,514	都梁志 675	
	都水记 286	
	读春秋记 904	

E

尔雅新义　75,389
尔雅义疏　96
尔雅翼　75,600,650,894
尔雅注　75,555
迩英进故事　402
迩英圣览　202
迩英要览　342,383
二程粹言　473,570
二程全书　319,377,570,576,596
二程遗书　191,194,272,274,275,575,585,596
二程语录　569
二老堂诗话　709,734
二李唱和集　57
二妙集　864,917
二薇亭诗集　764

F

发蒙宏纲　885
发明义理　414
法宝录　295
法藏碎金录　143
法华合论　450
法华经显应录　763
法门赞序　234
法帖刊误　404,412,514
法言集注　306
法音指要　108
翻译名义集　113,427,503
樊川别集　277
蕃夷朝贡录　279
泛说　917
范村菊谱　656
范村梅谱　656
范公鄱阳遗事录　364
范史新评　873
范蜀公集　338,627
范太史文集　374

范文正公集　79,199
范文正年谱　760
范忠宣公集　338,384
方论　498
方外书　593
方舆记　25
方舆胜览　830,833,868
方舟易学　459
芳兰轩集　756
放翁家训　577
飞白书叙录　126,144
非诗辨妄　616
斐然集　344,431,450,471,486,496,512,537,753
分梨十化集　586
分门礼选　45
分门纂类唐宋时贤千家诗选　893
汾阴奉祀记　105
焚椒录　343,400
风骚大全集　511
风雅遗音　740,822
风月堂诗话　390,492,506
封禅记　91
凤台子和杜诗　421
凤停山丛录　593
奉常集　62
奉常拟谥　858
奉藩书事　144
奉使句丽丛抄　331
奉使杂录　498
奉使执礼录　670
奉祀记　110
佛果圆悟禅师碧岩录　439,474
佛经义解　260
佛书义　280
佛心印　564
佛祖统纪　2,871,893,897
敷阳子　306
扶宗释难　130
浮溪集　461,492,499,530
浮沚先生集　437
符祐本末　493,724

辅弼名对　120
辅教篇　211
妇人大全良方　826
负暄策　495
复古编　308
复书　238
复斋公集　827
复斋集　629
傅献简公奏议　350
傅献简集　350
富川志　685
富山懒稿　914
富文忠公集　311
富文忠公札子　311
赋选　25
赋苑　25

G

该闻录　54
概言　865
甘圃集　276
甘棠文集　111
感兴诗注　848
㵺水志　809
高峰文集　503
高赋奏议　352
高丽女真风土朝贡事仪　112
高凉志　727
高阳集　50
高斋漫录　534
高斋诗话　534
高宗圣政　566,570,682,721
高宗实录　493,547,662,665,666,667,674,690,703,706,725,727
高宗系年要录　747
高宗系年要录纲目　885
高宗御集　662,736
高祖实录　14
阁门仪制　111,225,279
格言　19
格言后述　19

格斋集 913	韩集谱注 436	合斋集 772
葛溪集 566	韩绛文集 338	何北山遗集 893
艮斋集 694	韩绛奏议 338	何博士备论 508
庚辰外制集 402	韩柳文章谱 855	和寒山拾得诗 621
龟溪集 487	韩柳音释 536	和剂局方 407,515
癸巳论语解 595,630	韩诗编年 695	和靖集 130,498
癸巳孟子说 595,630	韩文公年谱 313,498	河北奏议 286
贵耳集 329,468,836,852	韩文公志 436	河东集 5,7,8,10,12,14,15,18,
贵溪叟自叙传 79	韩文考异 670,702,715,716	169
桂海虞衡志 606,686	韩文年谱 370,427	河东先生集 73,903
桂林志 581	韩子 865	河防通议 296
郭氏传家易说 661	韩子年谱 439	河洛探赜 848
国朝编年政要 772	汉春秋 128	河洛运行讲义 878
国朝会要 139,160,162,190,	汉官仪 343,797	河南程氏文集 581
217,225,306,378,472,488,580,	汉隶 629	河南二程全书 401
626,682,721	汉隶字源 709,756	河南集 143,362,469
国朝名贤年谱 779	汉论 914	河南先生集 187
国朝时令 153	汉上集 144	河南志 310
国朝实录列传举要 772	汉上易集传 467,476,486	鹤林集 751
国朝译经音义 124,126	汉书镌误 537	鹤林玉露 733,860
国朝韵对 338	汉书刊误 144,146,343,673	珩璜新论 339,707
国朝宰相年谱 468	汉唐纪传本末 778	横浦日新录 660
国朝中兴诸臣奏议 730	汉唐史要览 566	横浦集 545
国朝诸臣奏议 705	汉唐文类 858	横渠集 625
国典 781	汉通鉴 718	横塘集 450
国老谈苑 502	汉艺文艺志考证 906	衡州图经 774
国纪要目 13	汉制考 906	弘道集 764
国史大事记 773	汗简 30	宏词集要 597
国史列传 502	翰林词稿 339	宏词习业 783
国语补音 247	翰林词章 329	宏辞类稿 776
国语韦昭注 132	翰林集 143	洪范皇极 810
	翰林前稿 778	洪范解(蔡元定) 712
	翰林杂记 98,102	洪范解(陈埴) 720
H	翰林制集 331	洪范口义 224
	翰墨丛记 461	洪范统论 839
海琼白真人语录 807,857	翰苑群书 601	洪氏集验方 585
海琼问道集 807,857	翰苑制草集 94	鸿庆居士集 524,582
海琼先生文集 807	濠梁志 724	侯鲭录 470
海琼玉蟾先生事实 826	浩斋稿 735	后村诗话 229,447,487,607,
海琼玉蟾先生文集 826	浩斋退稿 799	869,888,891
海野词 629	合肥志 666	后村先生大全集 893
邯郸集 225	合浦尊尧集 392,399	后汉历志解 709
韩集举正 670,695,716	合朔图 414	后湖词 514

后湖集 514	皇朝事实类苑 508	挥麈录 42,361,486,709,763
后集诗 75	皇朝文海 615	挥麈录余话 709
后山集 188,310,447	皇朝文鉴 624,640,732	挥麈前录 571
后山诗话 385	皇朝要录 790	徽宗长编 879,911
后山谈丛 385	皇朝昭信录 496	徽宗实录 462,493,494,542,
后山先生集 385	皇帝会要 654,726,729,758,779	572,580,608,612,613,727
后省封驳 826	皇帝玉牒 159,732,758,856,868	徽宗玉牒 547,728
后魏书 230,250	皇极大衍 468	徽宗哲宗宝训 548
后溪集 783	皇极经世 292,495,712,780,904	回溪史韵 717
后主实录 14	皇极经世索隐 292,569	悔稿后编 748,749
厚轩集 718	皇极经世图说 897	会昌以来日录 37
潨南诗话 841	皇极经世序（邵伯温） 469	会稽唱酬 607
潨南遗老集 838,841	皇极经世序（朱光庭） 362	会稽和买事宜录 675
胡少师总集 503	皇极系述 469	会稽录 300
胡宿集 251	皇极系述辩 362	会灵志 113
胡致堂崇正辩 753	皇极疑事 901	会录 744
胡子知言 565	皇极引用 901	会正记 234
虎钤经 81,84,109	皇宋十朝纲要（李壁） 783	讳行后录 301
虎丘录 154	皇宋十朝纲要（李埴） 832	晦庵语录 772
户口田制贡赋书 616	皇宋书录 837	惠崇集 111
花庵词选 853	皇宋玉牒 102	浑仪总要 195
花间集 16,20,516,654,737,853	皇宋中兴两朝圣政 682	活人节要歌括 883
华戎鲁卫信录 310,383	皇太后仪制 135	
华严集解 521	皇王大纪 495,552	
华严经解 395	皇祐方域图志 196,247	**J**
华阳集 196,243,244,247,310, 319	皇祐新乐图记 202	
	皇祐续稿 199,225	机要文字 231
华阳陶隐居内传 439	皇子籍 159	鸡窗丛览 715
化原闻辨 825	皇族登科题名 607	鸡峰备急方 463
画继 524,573	黄畴若奏议 783	鸡肋编 463
画墁集 407	黄庭内景玉经注 731	积年杂说 805
画史 383,402	黄帝内经素问 125,127,128	稽古后录 629
淮海集 248,334,381,597,682	黄帝素问宣明论方 593	稽古录 328,329,690,692
淮海闲居集 313	黄帝阴符经注 731	稽神录 52
还丹复命篇 679	黄帝针经 353	急就篇 639,644
还山前集 865	黄华集 728	集古录 5,189,227,233,404,453, 468,514,570
还山遗稿 866	黄梅东山演和尚语录 395	
还元篇 542	黄裳集 455	集古录跋尾 126,156,270
环溪大全集 511	黄岩志 790	集古录目 222,235,260,414
皇朝编年纲目备要 843	黄壮定集 430	集解践阼篇 906
皇朝编年举要备要 820	恢复秘略 536	集千家注分类杜工部诗 812
皇朝大事记 849	挥麈第三录 700	集仙后录 744
皇朝方域志 831	挥麈后录 447,693	集验方 111

集医录 744
集韵 153,159,160,174,202,217,233,250,251,254,748,797
集注黄帝八十一难经 251
计录 147
记善 776
记绍兴以来所见 555
记闻 635
记异录 776
纪年录 21
纪年通谱 185
济颠济禅师语录 751
济南集 405
济生方 601,862,891
济生续方 891
寄怀斐稿 897
祭法宗庙庙享效社外传 720
祭服制度 406
祭仪 594,676,741
夹漈遗稿 555
家世旧闻 753
家塾编次论语 640
家王故事 144
家帚编 631
嘉定编修吏部条法总类 759,763
嘉定赤城志 786,825,858
嘉定国朝会要 753
嘉定镇江志 759
嘉善集 22
嘉泰会稽志 724,761,793
嘉泰普灯录 81,734,860
嘉泰吴兴志 724
嘉泰孝宗会要 724
嘉祐编敕 235
嘉祐补注神农本草 229,383
嘉祐集 156,227,248,707
嘉祐禄令 216
嘉祐文集事略 660
嘉祐驿令 223
甲寅问答 690
稼轩长短句 745
稼轩词甲集 666

兼山集 455,696
兼山四六集 778
兼山小集 778
兼山易说 661
笺注释教御集 117
简要济众方 195
简斋集 487
简斋诗集 675
见闻事实 661
建安志 711
建康集 517
建康实录 516,540
建康志 581
建隆编 731
建隆编敕 10,14
建隆龙飞日历 3,8
建炎边防记 841
建炎进退志 449
建炎时政记 468
建炎以来朝野杂记 269,476,480,484,488,493,582,613,618,620,624,700,702,727,737,743,769,841
建炎以来系年要录 313,447,451,453,456,472,476,507,515,529,535,538,553,702,743,747,757,769,841,862
建中靖国续灯录 81,383,644,860
剑南诗稿 505,527,590,605,648,685,753,778
剑南诗续稿 740
渐悟集 644
谏草 329
谏林 310
谏疏 339
谏垣存稿 157
谏垣集 437
谏垣论疏 526
谏垣奏稿 334
鉴虚集 766
鉴韵 640
鉴辙录 647
江表事迹 30

江表志 96,104
江东荒政录 826
江东集 681
江东将相论 873
江东十考 732,772
江湖长翁集 730
江淮异人录 78
江岭集 193
江南别录 111
江南录 52
江南小集 108
江西道院集 669,674
江西诗社宗派图 509
江夏辨疑 421
江夏古今纪咏集 421
江行杂著 694
江左方镇年表 649
将官救书 344
将帅要略 128
讲堂故事 769
讲学 783
郊祀总仪 208
焦尾集 661
脚气集 819,903
接伴送语录 289
接伴杂录 555
节孝集 392
节孝语录 392
节斋闻记 811
节斋吟稿 825
节资治通鉴 728
解经训传 355
介庵词 607
介庵集 607
介轩诗集 828
戒子通录 676
芥隐笔记 724
金丹四百字 309,836
金刚别解 788
金刚法源论 450
金刚经注 521
金刚经注解 542
金光明经 364

金光明经文句记 130	经典徽言 139	荆溪前集 395
金光明经照解 763	经济集 337	旌川志 682
金光明文句索隐记 119	经济枢言 120	精骑集 310
金光明玄义表征记 119	经进东坡文集事略 163,678	鲸背吟稿 917
金闺集 126	经进杂论 536	井蒉斋集 671
金华冲碧丹秘旨 794	经史辨疑 897	景德朝陵地里记 92
金华讲义(孔武仲) 375	经史辨 566	景德传灯录 81,94,99,142,277,
金华讲义(程公许) 858	经史管见 897	383,596,644,860
金坡遗事录 144	经史明辨 897	景德农田敕 84
金师子章云间类解 303	经史难答 666	景德重修十道图 110
金石录(王厚之) 735	经史说诸论辩 616	景定建康志 840,876
金石录(赵明诚) 453,469,498,	经史新义 343	景定严州续志 878
502,535,570,737	经史证类备急本草 308,310,	景符堂文稿 694
金陀粹编 820	373,404,429	景灵宫供奉敕令格式 308
金陀续编 803	经史专音 531	景祐大乐图 144,169
金岩集 238	经世补遗 849	景祐广乐记 150,154,169,180,
金园集 137	经世纪年 573,630	222
金漳兰谱 817	经说(方实孙) 715	景祐乐髓新经 144,146
锦谱 296	经说(高定子) 850	景祐卤簿图记 157
尽言集 440,592,621,653	经说(曾几) 571	景祐乾象新书 141,142
近事会元 211	经外杂钞 828	景祐新修法宝录 150,153
近思录 213,602,603,606,635,	经纬略 14	景迁生集 406,414,452
639,675,780,860	经幄管见 804	景迁生文集 452
近思录发挥 606,893	经武要略 255,262,280,350,	净德集 392
近思录集解 606,860	790,823,842,844,879,884,889,	净智先生集 508
近思录精义 913	895	敬斋古今注 917
近思录注 606,883	经学讲义 722	敬斋文集 917
近思续录 848	经学理窟 293	靖康传信录 446
进读事略 479	经筵春秋讲义 601	靖康建炎忠义录 500
进故事(程公许) 858	经筵故事 769	靖炎两朝见闻录 447
进故事(杜范) 846	经筵讲读 526	静江府图志 724
进故事(洪天锡) 899	经筵讲义(陈宗礼) 897	静轩公集 870
进故事(黄畴若) 783	经筵讲义(杜范) 747,846	九朝史略 414
晋鉴 479	经筵讲义(洪天锡) 899	九朝通略 645,648,725,845
晋书辨证 640	经筵讲义(王大宝) 565	九峰先生集 913
晋阳志 601	经筵玉音问答 629	九国志 105,240
缙云集 560	经旨 438	九华集 565,586
禁林 135	经子法语 653	九华拾遗 207
京口唱和集 565	荆台集 16	九家集注杜诗 634
京氏易式 452	荆溪后集 395	九经发题 666
京兆金石录 308	荆溪集 868	九经要义 793,808,828
泾川志 759	荆溪讲义 868	九经正讹 776
经鉏堂杂志 778	荆溪林下偶谈 557,868	九经直音 776

酒边词 525
旧闻证误 769,841
旧五代史 24,35,290,742
旧寻集 193
救荒活民书 734
鹫岭圣贤录 57
居阳集 350
菊谱 223,395
橘录 223,621
橘斋集 16
巨鹿东观集 114
涓尘录 783
镌峰语录 751
绝妙词选 853
军中占 202
君臣赓载集 103
君臣龟鉴 159
君臣论 495
君臣政要 803
菌谱 845
筼谷濑口金山所闻 788
筼溪集（僧惠洪） 450
筼溪集（李弥逊） 528
郡国手鉴 247
郡斋读书志 6,94,125,134,
　143,197,226,240,252,254,
　273,276,281,300,306,308,
　309,322,349,377,419,465,
　467,494,522,540,542,629,
　853,854

K

开宝藏 19,123,309
开宝通礼 23,320,347,410
开宝新定尚书释文 21
开宝新详定本草 23,25
开宝诸道图经 19
开庆四明续志 872
开元礼 3,19,22,23,347,410
刊误文字 80
刊正九经三传沿革例 820

康定行军赏罚阁 225
考工记解 878
考古编 634,701,716,725,797
考古通论 506
考古图 30,352
考古图释文 353
考古印章 735
考古质疑 797
考试进士新格 88,89
柯山集（潘大临） 305
柯山集（张耒） 408
克斋集 720,850
克斋文集 810
客省条例 163
空土本末 804
孔山文集 836
孔氏杂说 339
孔氏祖庭广记 801,861
孔子弟子传赞 54
孔子闲居讲义 798
寇忠愍公诗集 121
夔路图经 597
愧郯录 763,820
困学纪闻 254,599,637,760,
　791,906,910
困学恐闻 563
括苍志 585

L

兰室秘藏 858,911
揽辔录 585,686
懒真子 725
浪语集 525,597,598,797
老佛杂说 216
老泉先生文集 660
老学庵笔记 693,753,804
老庄本旨 534
老子八十一化图 857,865
老子道德论注 329
老子解（黄茂材） 600
老子解（李纯甫） 788

老子解（王炎） 774
老子解（吴沆） 511
老子解（杨泰之） 810
老子解（赵善湘） 839
老子口义 878
老子通儒论 804
老子注（吕大临） 353
老子注（王安石） 330
老子注（王雱） 266,289
老子注（赵庚夫） 776
乐庵语录 621
乐邦文类 721
乐邦遗稿 734
乐事录 826
雷希颜集 812
类编朱氏集验医方 888
类次文中子引 600,652,653
类篇 246,247,250,251,338
类说 476,492,534
类证活人书 343,425
棱山日记 855
楞严外解 788
冷斋夜话 407,450
梨岳集 833
离骚草木疏 709,718
离骚楚辞考异 534
离骚大义 886
离骚经解 811
礼辨 841
礼部韵略 151,153,202,372,
　534,709,767,867,882
礼部韵略七音三十六母通考
　885
礼房条例 280
礼阁新编 128,290
礼记传（陈长方） 517
礼记传（吕大临） 353
礼记大义 705
礼记集说 796,812,834
礼记解（方悫） 412
礼记解（胡铨） 588
礼记解（刘烨） 769
礼记解（王梦松） 899

礼记解（王炎） 774	历官表奏 734,850	辽史 60,84,185,400,415,493, 515,516,667,679,739,740,742, 743,756,787,849
礼记解（朱熹） 675	历官对越集 858	
礼记解（庄夏） 773	历年图 240	
礼记解义 279	历山集 597	了堂先生文集 544
礼记释文 3,6,610	历学启蒙 741	了斋亲笔 437
礼记说（黄祖舜） 430	历阳志 700	了斋易说 437
礼记说（李格非） 396	立教十五论 586	列代史议 430
礼记新义 414	吏部七司敕令格式 462	列国诸臣图 468
礼解 703	吏部条法总类 610	列子补注 814
礼经会元 648	丽泽讲义 635	列子解 292
礼例纂 766	丽泽论说集录 639	列子口义 878
礼论 137,163,191	隶释 469,570,573,577,615,650	列子旨归 143
礼书 354,356,383	隶续 469,577,650	林间录 401,450
礼象 355,389	隶韵 650	林泉高致 381,423
礼序 361	隶纂 650	临安志 581
李白别集 68,89	荔枝谱 223,252	临川集 492
李北海集 301	联灯会要 81,644,860	临汉隐居诗话 89
李成州集 595	廉吏传 439	临济正宗记 560
李太白年谱 555	濂洛论语 867	临汝闲书 276,783
李卫公别集 301	濂洛文统 904	麟台故事 50,54,87,88,124, 144,180,457,458,506
李文肃集 832	濂溪小学记 880	
李延平先生文集 560	良史事证 339	灵隐大川济禅师语录 862
李忠愍公集 447	梁溪集 412,492,694	岭外代答 621
李仲方集 135	梁溪漫志 394,683	陵川集 829,911
理学简言 913	梁溪遗稿 694	陵阳先生集 474
历代边防 760	两朝宝训 310,384,402,508	零陵志 776
历代兵制 468,731	两朝国史 80,86,89,105,108, 110,301,303,319,388	刘宾客外集 301
历代帝王集 96		刘给事集 450
历代帝王年运诠要 472	两朝正史 307,308	刘珙集 622
历代帝王总要 756	两朝奏议 897	刘氏辑历 229
历代纪年 479	两汉笔记 831,843	刘爚奏议 769
历代纪要 28	两汉博闻 139,593	刘忠肃救荒录 766
历代君臣事迹 80,85,87,89, 94,95,103,245,246	两汉博议 756	柳河东集 417,868
	两汉鉴 468	柳文切正 555
历代郡县地理沿革表 827	两汉刊误补遗 600,718	柳文音义 573
历代名医蒙求 778	两汉论 517	柳先生年谱 473
历代年表 414	两汉蒙求 461	柳宗元先生历官记 582
历代年纪 718	两汉索隐 526	六博经 408
历代年系谱 280	两汉诏议 143	六朝通鉴博议 548,649
历代通鉴本朝长编类 810	两汉总类 549	六朝事迹类编 548
历代遗论 862	两制杂著 157	六帝年略 37
历代宰相年表 649	辽地图 216	六经辨正 749
历代制度详说 635	辽东行部志 675	六经集解 747

著作索引

六经讲义 593,780
六经解 666
六经口义拾遗 635
六经蠡测 862
六经天文编 906
六经图 56,533,606
六经正误 784
六壬释卦序例 28
六书故 907
六一词 273
六一诗话 89,151,266,270
六义集 185
龙昌期集 224
龙川别志 373,377
龙川词 695
龙川略志 373,377
龙川文集 646,647,695,733,759
龙龛手镜 66
龙云集 389
龙洲词 742
龙洲集 742
隆平集 35,498
隆兴奉使审议录 563
隆兴奏议 563
隆兴佛教编年通论 563
镂冰集 720
镂玉余功录 640
卢溪集 593
庐江集 167
芦川词 428,552
芦川归来集 428,553,776
芦川居士词 625
芦隐类稿 715
卤簿记 84,124,130
卤簿图记 164
庐庭须知 254
陆宣公奏议解 666
陆忠烈集 917
录古周易 523,639
路史 495,585
潞公集 370
吕海集 271
吕居仁集 703

吕氏家塾读诗记 635,636,639
吕氏乡约 288,289,309
吕氏杂记 173,414
吕文穆集 99
吕献可章奏 271
吕忠穆集 490
旅舍备要方 329
履斋诗余 879
履斋遗稿 879
律吕新书 661,712
律文音义 131,132
律宗十二部经解经传 234
绿珠传 89
栾城集 246,299,341,412
栾城文集事略 660
纶言集 511
论春秋义 463
论方 537
论古根源 303
论六十四卦大义 825
论孟记蒙 825
论孟讲义 756
论孟精义 592,628
论孟类 810
论孟思问 825
论孟杂解 373
论诗绝句三十首 774
论思集 117
论西铭 366
论语辨惑 780,838,841
论语钞 792
论语传 616,709
论语传赞 752
论语大意 839
论语发微 511
论语后传 650
论语或问 614
论语集传 605,811
论语集解(程瑀) 526
论语集解(杜莘老) 564
论语集解(何逢原) 577
论语集解(胡公武) 625
论语集解(胡宪) 555

论语集解(王蘋) 528
论语集解(朱熹) 544
论语集说 845
论语集议 901
论语集注(蔡沈) 847
论语集注(朱熹) 575,614,639,
  681,684,757
论语纪蒙 747
论语讲义 430,452,593,611,
  776,810
论语解(陈禾) 380
论语解(龚原) 357
论语解(吕大临) 353
论语解(罗从彦) 474
论语解(王安石) 260,330
论语解(王令) 216,225
论语解(王梦松) 899
论语解(王十朋) 588
论语解(王绚) 479
论语解(王无咎) 260
论语解(王炎) 774
论语解(谢良佐) 518
论语解(许翰) 463,464
论语解(杨泰之) 810
论语解(尹焞) 485,498
论语解(虞刚简) 802
论语解(员兴宗) 586
论语解(张九成) 782
论语解(张浚) 563
论语解(赵秉文) 814
论语解义 364,410
论语绝句 545
论语孟子略解 412
论语全解 356
论语拾遗 303,305,412
论语士说 879
论语说(程瑀) 526
论语说(何镐) 607
论语说(侯仲良) 561
论语说(胡瑗) 224
论语说(江琦) 499
论语说(孔武仲) 375

论语说(孔元忠) 792	毛诗本义 223,268,273,412	孟子集解 536,548,561,569
论语说(吕祖谦) 639	毛诗辨学 524	孟子集疏 833,847,848
论语说(苏轼) 303,305,376,698	毛诗辨疑 495	孟子集注 575,614,639,681,757,762,847
论语说(谢良佐) 393,543	毛诗诂训传 629	孟子纪蒙 747
论语说(张九成) 545	毛诗集解 559	孟子讲义 216,225,353,405,611,765
论语说(张栻) 613,615	毛诗解 474	孟子解(陈禾) 380
论语探古 522	毛诗解诂 591	孟子解(龚原) 357
论语通释 780	毛诗名物解 423	孟子解(罗从彦) 474
论语童蒙说 794	毛诗释文 13,17	孟子解(沈括) 364
论语问答略 547	毛诗说 776	孟子解(苏辙) 412
论语详说 492,520,537	毛诗小传 229	孟子解(王令) 216
论语小学 597	毛诗训解 405	孟子解(王梦松) 899
论语小义 645	茅山记 233	孟子解(王雱) 288,289
论语训蒙口义 559	耄智余书 143	孟子解(尹焞) 498
论语衍义 904	鄮峰真隐漫录 694	孟子解(袁甫) 826
论语要义 559,569	懋翁玩易 747	孟子解(张九成) 782
论语杂解 435	梅花喜神谱 832	孟子解(赵秉文) 814
论语正义 96	梅谏议集 224	孟子解(赵善湘) 839
论语直解 597,598	梅圣俞诗稿 137	孟子解义 364,410
论语指归 314	梅圣俞诗集 185,233	孟子句解 318
论语指掌 531	梅圣俞外集 377	孟子说 431,499,545,574,610,620,639
论语注义问答 810	梅溪集 588	孟子提要 585
论语纂训 554	梅隐笔谈 711	孟子要略 682
罗鄂州小集 650	楳埜集 813	孟子疑难 524
罗浮集 517	门人问答 499	孟子音义 139,372
罗天醮仪 109	扪虱新话 547,725	孟子杂解 435
洛阳花木记 308	蒙川集 911	孟子章句 616
洛阳缙绅旧闻记 84,105	蒙川先生遗稿 911	孟子正义疏 139
洛阳九老祖龙学文集 318	蒙鞑备录 780	梦窗甲乙丙丁稿 899
洛阳名园记 364,396	蒙古秘史 834	梦溪笔谈 5,42,94,164,197,337,364,399,570,672,686,716,805,850
洛阳牡丹记 143,223	蒙谷集 771	
洛阳议论 291	蒙书 108	
	蒙溪巳矣集 607	
	蒙训 906	
M	蒙斋笔谈 635	
	蒙斋集 464,826	弥纶集 186
	蒙斋中庸讲义 826	秘阁集 62
马经 408	孟东野集 301	秘阁秘录 397
脉诀机要 330	孟子辨惑 838,841	秘阁闲谈 78
脉书训解 330	孟子传 545	秘书总目 422
漫存录 808	孟子传赞 752	密斋笔记 858
漫塘文集 807,833	孟子或问 614	勉斋先生黄文肃公集 780

妙觉秘诠 108
灭邪集 14
名臣碑传琬琰集 121,190,234,
　295,296,301,319,334,466,524,
　693
名臣事迹 10,21
名二子说 187
名公书判清明集 876
名山记 286,296
明道集 186,292
明道杂志 417
明善集 350
明堂大享记 195
明堂通议 195
明秀集 545
鸣道集 802,848
鸣道集解 788
洺水先生集 838
谬误杂辨 838,841
磨衲集 412
墨池编 374
墨庄总录 676
默成文集 521
默堂集 509,618
默记 502
默轩词 749
默斋遗稿 741
木钟集 703,720
穆参军集 137

N

内藏库须知 101
内传国语 343
内典集 75
内典略录 479
内外二景图 440
内外服制通释 911
内外伤辨惑论 812,850,858
内外制集 338,705
内制类稿 838
内治圣鉴 693

南北龟鉴 622
南北史志 601
南部新书 126
南丰先生文集 318
南朝会要 755
南冠录 820
南归诗文 506
南湖集 569
南湖先生文集 747
南华略释 814
南华真经新传 270,289
南华真宗章句音义 361
南涧甲乙稿 548,607,640,661
南郊式 253
南康志 653
南麓集 879
南坡学林 694
南山律宗祖承图录 421
南宋馆阁录 348,586,629,635,
　730
南宋馆阁续录 730,766
南台谏垣集 314
南唐二主词 6,32
南唐近事 30,104
南唐书(陆游) 3,22,24,27,94,
　753,853
南唐书(马令) 24,27
南堂稿 604,605
南堂集 783
南行集 223
南轩集 503,599,605,609,610,
　615,620,630,649
南轩易说 630
南阳集 54,311,374
南岳唱酬集 572
南岳总胜集 885
南斋小集 616
南征南辕诗 778
南征小集 595
难经解义 381
讷斋文集 894
能改斋漫录 165,409,492,495,
　716

倪石陵书 647
拟道学志 904
拟议集 19
宁宗会要 837
宁宗日录 879
农桑辑要 901
农书 401,518,537,676,753
女教 877
女诫 600

O

欧阳氏族谱 260
欧阳文忠公集 273,678,704
欧阳文忠六一居士集 433

P

盘洲集 650
盘溪诗 776
佩韦斋辑闻 900
佩韦斋文集 900
佩觿 30
彭城集 254,343
蓬莱集 877
蓬山志 397,508
毗卢藏 412
埤雅 75,381,389,423,600
琵琶录 408,695
脾胃论 854
片玉词 431
飘然集 447
瓢泉秋月课稿 702
瓢泉吟稿 917
频那夜伽经 109
品茶要录 286
聘游集 506
平庵悔稿 748,749
平棘集 225
平南事鉴 388

平斋文集 825	乾道稿 807	清漳新志 759
评两汉史赞 873	乾道秘府群书新录 593,666	清真集 772
屏山翰墨佛事 788	乾道四明图经 581	清真居士集 431
屏山集 514	乾道续四朝会要 585,626	请盟录 111
萍洲可谈 399,427	乾道振济录 616	庆湖遗老集 416,440
鄱阳集 533	乾道中兴会要 596	庆湖遗老前集 366
莆阳志 463	乾德指说 238	庆历编敕 186
普济本事方 521	乾坤宝典 84	庆历兵录 202
普济本事方后集 531	乾生归一图 211	庆历国朝会要 133,175
普贤行法经疏 196	乾兴 124	庆历民言 174,177
	潜庵日新录 747	庆历祀仪 174
	潜山集 573	庆历正旦国信语录 174
Q	潜书 135	庆元会计录 701
	潜虚 318,330,608,610,611	庆元条法事类 363,672,727,729
七朝国史 472	潜虚考异 608	磬湖集 811
七帝实录 315,318	潜虚衍义 569	秋浦新志 824
七经小传 254	遣兴集 178	秋浦志 593
七经中义 350	樵歌 545	秋崖先生小稿 879
七十二候图 649	樵林机鉴 694	求书阙记 513
七十二子名籍 649	切韵拾玉 28	求书外记 513
戚里元龟 831	切韵义 492	曲阜集 311,383,384,402
齐安志 716	钦宗实录 250,493,574,727	曲礼讲义 419
齐斋甲稿 778	琴川志 704	曲洧旧闻 502,506
齐斋乙稿 778	琴瑟考古图 709	曲辕散木集 897
岐梁唱和诗集 243	琴史 313,374	臞翁集 802
骑省集 52	青裳集 776	臞轩集 852
棋经图义例 52	青唐录 530	圈点龙川水心二先生文粹 758
棋势 52	青箱杂记 75	全芳备祖 862
蕲春集 169	青云新录 126	全生指迷方 439
启蒙初诵 716	青云总录 126	全唐诗话 897
起敬录 886	清边前要 101	泉谷文集 858
起居院记 124	清波别志 682	泉山集 135,764
起请条 23	清波杂志 682	泉志 518,519,601
契丹国志 849	清风集 238	铨曹格敕 247
千家注杜工部诗史 769	清林诗话 763	群经感发 783
千姓编 142	清宁集 229	群经索蕴 339
前后汉书版本刊正 62	清献集 209,747	群经义 640
前史精要 195	清献尽言集 314	群经音辨 166,243,489,492,498
前蜀书 14	清湘志 727	
前溪集 381	清异录 19	群经正论 511
钱氏小儿方 419	清源文集 823	群牧故事 84,143
钱文僖集 144	清源志 716	群史编 479
乾道奉使录 593	清苑斋集 776	群书考索 76,77,83,88,91,93,

98,123,218,327

R

人物论 897
仁皇从谏录 760
仁皇训典 355
仁皇政典 374
仁王忏法 196
仁斋直指方论医脉真经 882
仁斋直指小儿方论 882
仁宗实录 232,237,238,242,244,248,255,301,338,339,524
仁宗英宗纪草 290
仁宗玉牒 612,620
仁宗政要 271
壬辰杂编 814
壬子新刊礼部韵略 860
任氏春秋 586
日录辨 463
日用算法 876,878
荣国集 361
荣遇 135
容台议礼 834
容斋三笔 290
容斋诗话 728
容斋四笔 391,469,709
容斋随笔 434,495,573,628,634,716,758,805
容斋五笔 716,728
容斋续笔 9,134,682
融堂四书管见 806,826,843,876
儒门事亲 804
儒术通要 120
儒学警悟 449,725
儒言 412,452
孺子问 48
汝南遗事 901
入蜀记 585,753
睿宗实录 432,524,587,588,622

S

塞垣近事 204
三才定位图 431
三朝宝训 135,136,158,315,340,567,571,804,805
三朝北盟会编 443,490,531,656,692,703,744,752
三朝北盟举要 758
三朝帝纪 566
三朝史帝纪 551
三朝训鉴图 193,225
三朝正论 402
三朝政要 178
三洞群仙录 530
三坟训义 511
三峰寓言 50
三国纪年 607
三国杂事 432
三洪制稿 666
三家老子音义 52
三家诗考 882,900
三教编 431
三教出兴颂注 763
三教入易论 758
三经辨学外集 524
三经新义 256,275,281,282,283,284,285,289,302,318,323,327,330,331,333,337,372,448,463,498,611,916
三经义辨 321,463,471,489,524
三礼图集注 4,5,8
三刘汉书标注 343,718
三入玉堂 135
三十代天师虚靖真君语录 444
三十国年纪 414
三史刊误 149,150,222,241,301
三司编敕 70,102
三司敕式 278
三司新编敕 84
三苏文粹 644
三徒隶 804

三先生论事录 596
三谢诗 734
三因方论 675
三因极一病证方论 601
三余集 490
三祖下第六世仙源类谱 620
丧礼小学 685
山谷集 321,369,398
山谷诗内集 533
山谷诗外集 748
山海经图 94
山家义苑 640
山林集 402
山林思古录 783
山水纯全集 431
山堂疑问 783
山中集 776
山中客语 776
杉堂集 569
删定贡举条例 205
陕西聚米图经 167
陕西奏议 286
剡录 763,812
伤寒百问 404
伤寒补亡论 661
伤寒发微论 531
伤寒会要 858
伤寒九十论 461,531
伤寒括要 330
伤寒明理论 498,537
伤寒微旨论 329
伤寒心镜 804
伤寒直格 721
伤寒指微 419
伤寒总病论 381
商瞿外传 452
商瞿易传 452
商颜杂录 89
上蔡先生语录 393,532,543,546
上蔡语论辩正 517
上清大洞真经玉诀音义 361
上清集 807

上清文苑 69	绍兴奏议 563	师友渊源录 509
尚书百篇图 649	舍利塔记 3	诗八珍 458
尚书辨学 524	舍人集 339	诗补音 531
尚书二典义 370	射书 52	诗传(鲜于侁) 334
尚书诂训传 629	申明 503	诗传(李常) 346
尚书集传 806	呻吟集 335	诗传(范百禄) 361
尚书集传或问 806	深宁集 906	诗传(王岩叟) 362
尚书讲义 402,517,670,694,776	深雪偶谈 888	诗传(陈鹏飞) 517
尚书解(陈文蔚) 821,822,850	神川遯士集 856	诗传补注 342
尚书解(王十朋) 588	神巧万全方 330	诗传遗说 822,871
尚书解(文彦博) 370	神武秘略 151	诗地理考 906
尚书解义 328	神医普济方 64	诗二南义 435
尚书精义 849	神应针经要诀 132	诗肤说 911
尚书全解 224,611,620,849	神正典 431	诗古文词 743
尚书释疑 814	神宗、哲宗、徽宗、钦宗四朝国史志 626	诗国风小雅说 430
尚书说(程瑀) 526	神宗宝训 348,542	诗海遗珠 656
尚书说(黄度) 760	神宗皇帝实录 322,340,342,347	诗话总龟 434,516,552,843
尚书说(张九成) 545	神宗皇帝正史纪 371	诗集传(高颐) 715
尚书外传 564	神宗实录考异 472	诗集传(苏辙) 412,698
尚书详解 620,751	神宗史 432,446	诗集传(朱熹) 575,614,648,656,660,712,810,851
尚书小传 412,774	神宗御制集 342	诗集解(高颐) 715
尚书新义 275,276,285	神宗正史 153,357,359,366,378,395	诗集解(朱熹) 544
尚书演义 843	沈彬集 6	诗讲义(柴中行) 794
芍药谱 277	沈氏乐府指迷 840	诗讲义(陈经) 751
苕溪集 487,548	审官西院敕 273	诗讲义(陆佃) 389
苕溪渔隐丛话 409,516,570,571,573,656,843	声律关键 836	诗解 566
韶武遗音 461	声韵图 196	诗解抄 666
少林居士闻见录 331	渑水燕谈录 303,364	诗经新义 276,285,330
少陵诗谱论 513	省斋集 507,693,734	诗句图 783
邵博文集 542	圣朝郡国志 128	诗考 882,906
邵氏闻见后录 162,203,206,213,232,364,540,542	圣传诗 601	诗类 695,810
邵氏闻见录 152,187,259,272,338,461,469,542	圣济总录 422,670	诗礼讲解 717
绍圣甲戌日录 402	圣经心学篇 897	诗略 779
绍陶录 671	圣立义海 644	诗论 701
绍熙讲义 850	圣宋尊尧录 474	诗名物编 810
绍兴采石大战始末 586	圣贤事迹 57	诗品 185
绍兴贡举法 536	圣宗名贤四六丛珠 705	诗评 802
绍兴监学法 503	圣祖事迹 107,124	诗谱 177,649
绍兴校定经史证类备急本草 544	圣祖天源录 107	诗人玉屑 842
	师友谈纪 405	诗声谱 650
		诗史 440

诗事类 810	石塘文集 720	书稗传 531
诗说（曹粹中） 436	时令书 676	书本义 771
诗说（高元之） 709	时议 188	书传 285,376,698
诗说（黄度） 760	时政记 37,58,85,99,114,127,	书传会通 806
诗说（刘克庄） 814	230,231,291,292,357,447,467	书殿集 225
诗说（孔武仲） 375	时政救弊 536	书杜诗卷 880
诗说（舒璘） 718	食货策 414	书古文训 597,598
诗说（王陶） 304	史汉杂考 799	书集传（蔡沈） 559,751,810
诗说（虞刚简） 802	史记辨惑 838	书集传（柴中行） 794
诗说（周尧卿） 182	史记抵牾论 346	书解（王大宝） 566
诗思问 825	史记法语 653	书解（王梦松） 899
诗童子问 747	史记集注 301	书解（朱弁） 506
诗戏 339	史记年纪 643	书经集传 670,711
诗学发微 717	史记注（萧贡） 787	书略 779
诗训诂 752	史记注（姚宽） 556	书史 402
诗疑 669,904	史略 793,812	书说（华镇） 300
诗语录 343	史评 564	书说（孔武仲） 375
诗总闻 671,684,840	史识 682	书说（吕祖谦） 635,682
施食通览 763	史氏懋官志 37	书说（郑伯熊） 635
十不二门正义 119	史髓 811	书闱前后集 301
十地歌 431	使燕录 756	书小传 640
十国纪年 296	始祖以下十帝实录 495	书信答问 856
十国纪年通谱 597	士训 743	书仪 20,306
十九代史目 94	世宗实录 685,729,756	书疑 904
十七史蒙求 225	示教直言 758	枢机应用集 14
十三朝会要 819,824,841	事监韵语 804	枢密院时政记 48,304
十三代史志 229	事类赋 78,511	枢廷集 144
十三经注疏 692	事林广记 908	枢庭备检 468
十形三疗 804	事物纪原 709	枢中集 167
石鼓论语问答 766	是芳集 114	舒州白云山海会演和尚语录
石湖居士诗集 686	是斋集 695	395
石经始末记 585	是正文字 259	蜀阜集 843
石林词 517	适意集 897	蜀汉本末 907
石林诗话 444,517	适斋存稿 721	蜀鉴 559,824,834
石林燕语 29,162,169,281,391,	侍儿小名录 502	蜀梼杌 271
410,447,449,517,664,725	谥法 240,248	述衍 569
石林燕语辨 449,612	释褝 339	述煮茶小品 193
石林燕语考异 449	释经诋诬道教议 424	恕斋集 808
石曼卿诗集 167	释氏要览 113,503	数学九章 850,877
石门文字禅 450	筮宗 796	漱玉词 534
石屏词 854	守轩草录 605	双溪集 536,774
石屏集 854	寿皇圣范 682	水村易镜 847
	受诏修定诸道图经 26	水陆斋仪 521

水心别集 652,733,787
水心先生文集拾遗 787
说文解字五音韵谱 621,649
说文解字系传 25
说文解字篆韵谱 25
说文五义 78
说斋文集 666
司辰星漏历 120
司马穰苴兵法 295
四朝国史 547,572,652,654,656,664,684,835,861
四朝国史帝纪 573
四朝国史志传 878
四朝列传 656,667
四朝史稿(李焘) 572,649
四朝史稿(牟子才) 886
四朝史纪 656
四朝闻见录 527,590,702,760,778,788
四朝正史 580,618
四朝奏议 717
四方馆条例 163
四将传 774
四六 75
四明十义书 130
四明它山水利备览 837
四明尊尧集 399,437
四如讲稿 897
四如文集 897
四声韵(程迥) 616
四声韵(曾致尧) 101
四时伤寒总病论 455
四书管见 684
四书管窥 862
四书集编 801,822
四书集注 368,592,639,641,648,656,681,702,750,754,769,770,788,791,799,800,838,849,904
四书讲义 834
四书说 703,720
四书性理字义 788
四书衍义 747

四书纂疏(辅广) 747
四书纂疏(赵顺孙) 913
四系录 610
嗣禹说 108
松漠纪闻 533,536
松坡集 722
松隐集 601
崧坪小稿 135
嵩山景迂生文集 452
宋朝政论 862
宋朝事实 413,465
宋高僧传 27,48
宋会要 31,755
宋景文笔记 233
宋景文集 233
宋景文杂说 233
宋九朝编年备要 807,843
宋开宝刊蜀本大藏经 39
宋名臣传 271
宋铙歌鼓吹曲 889
宋齐丘文传 89
宋骑吹曲 889
宋文鉴 65,273,466
宋刑统 10,14,132
宋元宪集 247
宋宰辅编年录 341,382,549,669,869
诵诗训 773,774,841
颂古百则 199,439,541
苏沈良方 286,364
苏氏族谱 178
苏舜元奏议 204
苏魏公文集 217,247,273,301,314,331,339,346,355,383
苏学士文集 190
苏易简表章 67
涑水纪闻 60,128,181,249,329,477
素问病机气宜保命集 656,721
素问玄机原病式 640
算经十书 313,314
随见类录 715
随因纪述 143

岁寒堂诗话 472
岁时广记 25
遂初堂书目 43,610,664,694,695
遂初小稿 694
孙不二元君传述丹道秘书 640
孙不二元君法语 640
孙莘老先生奏议事略 346
孙子十三篇 229
孙子注(梅尧臣) 157,159
孙子注(王自中) 718
笋谱 64

T

台谏论事 384
台章 339
太仓稊米集 533
太常寺卿论 217
太常新礼 174
太常因革礼 242,243,248,311,410,457,500,506
太古集 758,824
太极说 715
太极通书 525,546,567,584,617,625
太极通旨 825
太极图说 213,228,277,550,651,664,687,700,894
太极图说解 584,594,595,663
太极演 890,911
太康平吴录 22
太平广记 29,30,31,32,34,35,64,78,89
太平寰宇记 33,45,89
太平惠民和剂局方 523
太平圣惠方 54,66,108,514
太平兴国编敕 32
太平御览 29,32,38,64,75,78,89,320,681,709,740,822,868
太平总类 29,30,38
太上会要 721

太上老君混元圣纪 686	唐论 517	天倪集 820
太玄补赞 616	唐眉山先生文集 432	天人修应录 566
太玄集解 188	唐僧宏秀集 871	天上诗稿 694
太玄笺赞 814	唐诗纪事 565,790,897	天圣编敕 136,170
太玄经解义 502	唐史 20,210,211,217,234,679	天圣广灯录 81,132,150,644,860
太玄经注 329	唐史发潜 271	
太玄潜虚指要 712	唐史记 217	天圣卤簿记 130
太乙祠录 108	唐史论断 162,210,217,539	天书仪制 124
太元音解 464	唐史评 496	天台后集别编 856
太宗藩邸圣制 163	唐史义 666	天台前集别编 786
太宗皇帝南宫事迹 68	唐史赘疣 810	天文考 904
太宗妙觉集 106	唐氏字说解 308	天文详辩 666
太宗史 89	唐书 21,71,77,125,139,144,151,168,178,179,181,186,189,191,192,195,196,197,202,203,205,209,210,218,219,222,226,227,228,229,244,290,305,338,361,476,486,523,539,601,674	天禧大礼记 112
太宗御集 71,96,97,100		天下州县图 56,287,334
太祖纪 60,97,98		天象法要 338
太祖实录 30,33,44,64,67,68,79,81,101,103,112,456,480,515,516,571,580		天竺别集 137
		天竺灵苑集 137
		天竺字源 147,277
太祖实录举要 705	唐书补过 648	田亩比类乘除捷法 876,908
太祖史 89	唐书考疑 796	条具乾道新书 616
太祖太宗本纪 656	唐宋名公诗韵 721	桯史 540,632,725,733,745,820
太祖政要 539	唐文粹 98,115,159	通纪 243
泰和律义 724,896	唐孝悌录 43	通鉴表微 877
谈录 102	唐宜鉴 229	通鉴答问 533,906
谈苑(孔平仲) 339,707	唐音备问 143	通鉴地理考 906
谈苑(郑文宝) 104	唐余录 159	通鉴地理通释 906
汤液本草 883	唐宰相谱 649	通鉴笃论 630
唐百家诗选 229,330	唐载记 229	通鉴发挥 564
唐朝君臣正论 21	唐职林 418	通鉴集义 747
唐乘 128	唐子西集 432,523	通鉴纪事本末 596,600,602,606,608,738,820,869
唐传摘奇 526	唐子西文录 486	
唐春秋 346	棠阴比事刑法志 755	通鉴类 781
唐大诏令集 266,301,753	糖霜谱 407	通鉴论断 611
唐登科文选 43	洮湖集 640	通鉴前编 882
唐会要 6,10,36,420,755	陶靖节先生年谱 718	通鉴释文辨误 910
唐纪 111,540,577	陶潜新传 649	通鉴书法 911
唐鉴(范祖禹) 328,329,374,390,391,409,465,612	陶山集 247,275,289,355,389	通鉴外纪 291,295,296
	陶邕州小集 296	通鉴问疑 296
唐鉴(吕祖谦) 635	天保正名论 224	通鉴译书 635
唐鉴(石介) 183	天和殿御览 118,122	通鉴音义 440
唐科名记 812	天集宗派图 280	通鉴韵语 670
唐柳先生外集 585	天乐堂集 776	通论 75,649
唐陆宣公奏议注 660	天兴近鉴 865,866	通书发挥 893

通书解　595,660
通祀辑略　899
通志　494,541,551,555
同符贞观录　573
同光实录　21
彤管懿范　107,124
桐谱　193,223,233
桐汭新志　814
桐荫旧话　661
铜人腧穴针灸图经　127,132
童蒙训　375,509,765
童溪易传　633
童子指义　811
统和实录　52,60
投壶新格　273
投辖录　763
突厥语大词典　279
图画见闻志　48,111,279,573
图经　84,247,803
图经本草　233,366
图书歌　364
图象　889
涂鸦集　879
退庵集　717
退庵文集　869
退庵先生遗集　869
退居类稿　174,225
屯田便宜　760
托居集　164

W

外科精要　880
外学集　75
外制类稿　838
宛陵集　162,190,214,314,492
宛陵先生文集　163,229
万善同归集　26
万首唐人绝句　675,679
万言书　536
王府春秋讲义　455,696
王公四六话　502

王后仪范　139
王黄州小畜集　75
王黄州小畜外集　75
王荆公诗注　783
王临川集　330
王平甫文集　295
王氏博济方医方书　188
王氏日录　330
王氏谈录　217
王司业集　622
王随集　160
王堂类稿　906
王魏公集　366
王文正公集　157
王无咎集　260
王先生十七史蒙求　581
王校理集　280
王政纪原　718
网山集　654
辋川集　375
微之年谱　470
薇垣类稿　850
为臣要纪　101
韦苏州集　585
韦苏州集拾遗　585
韦斋集　503,629
唯室集　517
唯心诀　26
维摩垂裕记　119
纬略　812
纬书类聚　792
卫生家宝产科备要　649
味言发墨　899
畏斋文集　761
渭南文集　38,164,288,380,547,571,705,718,730,753,778
文昌杂录　318
文定集　519,526,588,612
文房四谱　43,67
文府英华　888
文公进学善言　860
文公语录　738,759,812
文馆集　164

文海　397,461,624,705
文惠集　35
文康葛公丹阳集　506
文史评　616
文溪存稿　870
文选类林　343
文选李善五臣注异同　683
文苑菁华　858
文苑英华　35,36,43,44,64,72,78,85,87,89,93,94,101,110,127,167,320,725,733
文苑英华辨证　733
文苑英华纂要　812
文则　585,730
文章轨范　716,801
文章正派　683
文章正宗　716,782,801,823
文中子类说　814
文州古今记　774
闻见录　292,297,362
闻见杂录　190
问目二十条答释　130
瓮牖闲评　492,751
乌台日记　519
诬辨惑　362
无极图　49
无为编　339
无为清静真人至真语录　731
无隐集　720
吴船录　615,686
吴郡图经续记　313,374
吴郡志　606,678,685,686,807
吴录　3,52
吴门集　204
吴门水利书　392
吴兴集　461
吴兴诗集　273
吴园易解　429
吴越备史　79
吴越备史遗事　21
吴志　72
吴中水利书　338,341,407
五百家播芳大全文粹　675

五朝春秋 150	武夷集 807	西厢记诸宫调 711,712
五朝实录 21	武夷新集 81,89,116	西掖 124
五代春秋(刘敞) 343	戊午谠议 565	西掖草 331
五代春秋(尹洙) 188	物外集 450	西掖制书 496
五代会要 10,36,185,588,759	悟玄篇 807	西游录 807
五代纪 150	悟真篇 260,286,679	西垣集(王居正) 525
五代将帅年表 649		西垣集(杨大雅) 139
五代名画补遗 223		西垣集(杨绘) 339
五代史(欧阳修) 10,158,201, 203,228,259,273,290,466	**X**	西垣类稿 640
五代史(薛居正) 22,23,24,101		西垣制词 301
五代史(杨及) 126	西庵集 894	西垣制集(邓绾) 331
五代史补 101	西陲笔略 586	西垣制集(钱易) 126
五代史记注 331	西陲泰定录 780,841	西岳华山志 644,772
五代史略 128	西陲要纪 101	西斋话记 124
五代史阙文 57,75	西汉会要 755,765,797	西征唱酬 804
五代史记纂误 290	西汉决疑 622	西征小集 605,609
五代通录 11,24	西汉史钞 731	西州使程记 44
五灯会元 81,450,860,862	西汉诏令 405	希颜录 544,595
五帝皇极志 48	西湖纪逸 130	息阴集 542
五峰集 443,483,525,552	西昆酬唱集 84,89,92,94,102, 116	溪堂集 415,658
五服制度 139	西铭集解 353	熙河阵法 306
五诰解 798	西铭辑说 685	熙宁正旦国信录 285
五经辨惑 838,841	西铭解 270,584,890	熙宗实录 628
五经传授 649	西铭解义 592,663,686	歙州砚谱 247
五经发源 319	西铭说 715	习庵集 836
五经讲义 883	西铭图 883	习学记言序目 624,633,743, 785,787
五经节解 139	西铭章句杂著 605	洗冤集录 850
五经说 796	西清奏议 135	系辞精义 635
五经小传 452	西山别录 346	系辞要旨 534
五声姓谱 787	西山公集 712	夏文庄集 196
五星测验 586	西山仁政类编 822	仙凫羽翼 101
五音会元图 280	西山文集 731,742,746,770, 783,790,791,792,810,817,823	仙乐集 731
五音集韵 748	西升经集注 361	仙溪志 869
五岳广闻记 113,124	西枢集 395	仙源圣记 566
五致录 741	西台集 414,431	仙云集 586
武昌土俗编 554	西堂杂著 737	先秦古书 790
武皇以来功臣列传 21	西塘先生文集 427	先天图 49,137,292,476,486, 707,851
武经总要 163,178,202,296	西溪丛语 556	闲居编 109,119
武泰志 853	西溪集 252	闲居集 6
武溪集 196,241	西溪居士集 556	闲适集 414
武学规矩 176,224	西溪易说 711	闲谈录 147
武阳志 585		

闲闲老人滏水文集 786,814	孝经刊误 612,656	新修国史 134
贤牧传稽正辨讹 296	孝经章句 685	新修南唐书 648
咸淳临安志 94,421,582,591,900	孝经正义 96	新仪象法要 315,383,664,759
咸淳毗陵志 890	孝圣解 774	新郑旧诗 506
咸淳玉峰续志 898	孝说 826	新注华严经 334
咸平编敕 81	孝宗宝训 779,790	新注周易 241
咸平集 79	孝宗圣政 463,682	信安志 776,826
县务纲目 381	孝宗实录 727,773	刑法叙略 135
乡约口义 834	孝宗系年录 913	刑鉴 903
芗林集 525	孝宗系年要录 912	刑统赋 10
芗林家规 525	斜川集 435	行营杂录 888
相山集 582	絜斋集 74,679,751,760,790	杏园集 89
香谱 296,360	絜斋家塾书钞 790,791,814	姓氏急就篇 906
香山集 631	絜斋毛诗经筵讲义 790	姓氏指南 533
香溪文集 464	撷芳 709	性理群书句解 779
襄陵集 463,464	谢上蔡先生语录 543,544,574,576	性理字训 679
襄录 414	蟹略 812	性善堂文集 822
详定删修军马司敕例 371	蟹谱 223	盱江志 542
详解九章算法 876	心传录 501	须江杂著 607
祥符九域图 103	心经 820	虚闲集 519
祥符州县图经 96,97	心经解 758	徐常侍集 52
项氏家说 748	心经疏钞 542	徐积节先生文集 856
象山文集 737	新安志 606,607,650	徐骑省文集 110
象山先生全集 757	新编赐东宫御制 115	许昌唱和集 425
象山遗文 757	新定编敕 68	许昌集 167
象数稽疑 774	新定淳化编敕 52	许国公奏稿 879
象数类说 805	新经周礼义 330	许洛集 193
象数余论 825	新刊剑南诗稿 661	许彦周诗话 449
象数总义 741	新刊五百家注音辨昌黎先生文集 721	续古摘奇算法 876,908
萧氏公论 787		续古尊宿语要 489,831
小儿病源方论 864	新刊训诂唐昌黎先生文集 611	续后汉书 898,911
小儿药证直诀 355,419,427	新律 515,516	续宋编年资治通鉴 845
小儿医方妙选 444	新唐书 177,192,202,226,227,228,230,233,301,361,447,486,548,641	续编中兴礼书 757
小山词 407		续高士传 361
小畜集 47,51,62,72,76,514		续翰林志 51,67
小学讽咏 906	新唐书纠谬 228,290,361,486	续皇朝公卿百官表 543,544,649
小学绀珠 409,906	新吴志 763	
小学集注 660	新五代史 24,26,101,228,290,742	续稽古录 724
小隐集 601		续记 858
小园僻稿 873	新校史记前后汉书 150	续建康志 721
孝经本旨 780	新校正黄帝针灸甲乙经 260	续解易义 357
孝经解 479,666,864	新修祠汾阴记 103	续金石遗文跋尾 601
		续吕氏家塾读诗记 766

续千文 565
续山海经 408
续世说 339,542
续释常谈 724
续书谱 748,781
续说苑 676
续司马公卿百官表 772
续唐录 182
续通典 72,75,102,135,158,167
续通鉴长编事略 827
续通历 16
续同姓名录 408
续文房四谱 147
续演繁露 700
续演圣论 142
续仪礼经传通释 780
续因话录 94
续聿斯歌 28
续元丰类稿 311
续注脉赋 330
续卓异记 43
续资治通鉴长编 12,23,25,26,
　37,38,48,49,56,60,76,80,85,
　88,95,97,107,109,113,125,129,
　149,168,169,170,171,176,178,
　179,180,196,197,199,205,213,
　218,220,222,226,230,244,264,
　268,280,281,291,292,295,307,
　312,321,323,326,342,344,345,
　349,358,368,375,376,382,559,
　573,576,577,580,599,615,643,
　650,862
续资治通鉴长编纪事本末 862
轩山集 735
轩山奏议 735
宣和北苑贡茶录 431
宣和博古图 434,498
宣和奉使高丽图经 436,528
宣和画谱 429
宣和使金录 436
宣献公诏敕 164
宣宗实录 789,803,812,841
选诗句图 812
学海搜奇录 128

学林 491,492
学诗管见 843
学易补过 838
学易管见 908
学易索隐 714
学庸纂述 883
学政条约 224
学制书 435
雪窦开堂录 199
雪蓬夜话 547
雪山集 671
雪溪集 502
薛文节公集 781
浔阳志 610
循资格 7,23
训蒙新书外书 676
训蒙雅言 716
训俗（即袁氏世范） 621
训俗书 109
巽斋集 820
巽斋先生四六 902
巽斋先生文集 902

Y

押韵释疑 809,882
鸭江行部志 679
延平答问 305,763
延平志 548
延溪集 749
严陵讲义 768
岩壑老人诗文 545
岩堂杂稿 569
盐楮议政稿 858
盐铁论 670,812
颜鲁公年谱 748
演繁露 700,725
演山先生文集 455
演圣通论 125,128
演玄 109
演易十图 849
砚笺 786

砚录 241
砚谱 247
砚纂 865
晏元献遗文 208
雁湖集 783
谳狱集 314
燕北杂记 233
燕谷剽闻 704
燕几图 693
燕乐 712
燕肃集 164
扬庭新论 217
扬子发挥 709
扬子发微 814
扬子法言微旨 782
扬子法言训解 300
扬子讲义 611
扬子注 329
阳春集 3,219,524
阳岩文集 899
杨贵妃传 444
杨辉算法 876
杨氏易传 798
杨太真外传 89
杨文公谈苑 116,136
养老奉亲书 318
尧历 414
姚铉文集 115
药轩乐府 917
野处类稿 530
野处猥稿 728
野谷集 727
野记 157
野客丛书 492,761
野庐编 178
野史 18,34
叶适集 785
掖垣缴奏 858
掖垣类稿 734,906
一州一县新编敕 115
伊川击壤集 292
伊川集 144
伊川易传 368,377,416,732,887

伊洛精义 904	夷坚戊志 639	易传外编 451
伊洛礼书补亡 596	夷坚乙志 570	易春秋外传 911
伊洛渊源录 81,272,273,333,	夷坚支丁志 705	易丛说 814
375,443,444,473,594,595,596,	夷坚支庚志 705	易大传 221,650,651
677	夷坚支癸志 709	易发微 511
伊洛正源书 596	夷坚支己志 705	易诂训传 629
伊尹汤液仲景广为大法 883	夷坚支甲志 693	易故 902
医经正本书 616	夷坚支景志 700	易或问三首 153
医经纂义 280	夷坚支壬志 709	易讲 878
医垒元戎 883	夷坚支戊志 705	易解(胡铨) 588
医说 670,790	夷坚支辛志 709	易解(黄中) 653
医学发明 858	夷坚支乙志 700	易解(林栗) 799
医学启源 656,820	遗山先生文集 878	易解(刘翔) 508
医学真金 563	遗山新乐府 820	易解(罗大经) 796
猗觉寮杂记 573	颐堂先生文集 593	易解(沈括) 364
仪礼合抄 911	疑年谱 296	易解(王梦松) 899
仪礼集释 638	疑狱集 45,62,756	易解(王庭珪) 593
仪礼经传通解 677,704,708,	义阳志 678	易解(吴渊) 869
799	义勇保甲制敕 292	易解(徐直方) 889
仪礼旁通图 803	艺祖宪监 760	易解(薛玄) 897
仪礼识误 591,638	议古 528	易解(易袚) 653
仪礼释宫 708	议苏文 512	易解(张浚) 563
仪礼图 803	役法撮要 657,721,723	易解(邹浩) 395
仪天历 74,97	易安词 534	易解口义 163,183
夷白斋诗话 822	易安居士文集 534	易解注 569
夷坚丙志 588	易本传 569,625,640,768	易经集解 908
夷坚丁志 610	易本旨 650	易经解 374
夷坚庚志 670	易裨传 686	易举隅 828
夷坚己志 666	易编 886	易老通言 701
夷坚甲志 552	易辨异 738	易明蒙 453
夷坚壬志 686	易传(陈禾) 380	易启蒙发挥 893
夷坚三丁志 709	易传(傅子云) 605	易商瞿大传 452
夷坚三庚志 711	易传(龚原) 357	易商瞿小传 452
夷坚三癸志 711	易传(谯定) 368	易释象 571
夷坚三己志 711	易传(苏洵) 227,246,380	易书 634
夷坚三甲志 709	易传(王逢) 238	易数钩隐图 238,241
夷坚三景志 709	易传(王洙) 217	易说(陈瓘) 395
夷坚三壬志 711	易传(虞刚简) 802	易说(方实孙) 715
夷坚三戊志 711	易传(朱熹) 712	易说(何镐) 607
夷坚三辛志 711	易传集解 848	易说(黄祖舜) 430
夷坚三乙志 709	易传解 714	易说(吕祖谦) 639
夷坚四甲 716	易传解义 738	易说(倪思) 778
夷坚四乙 716	易传内篇 452,454	易说(钱侁) 622

易说(乔执中) 365	翼玄 569	舆地碑记目 780,801
易说(施师点) 682	阴符经考异 715	舆地纲目 804
易说(赵善举) 46,329	阴证略例 824,883	舆地广记 422,606
易说(孙复) 163,216	银台集 167	舆地会元 647
易说(孙应时) 680	鄞江志 711	舆地纪胜 780,801
易说(王刚中) 566	隐书 86	舆服志 861
易说(阳枋) 889	应物集 901	宇文肃愍公文集 511
易说(叶秀发) 810	应验方 607	宇宙略纪 908
易说(游酢) 435	应斋笔录 566	禹贡辨 774
易说(张载) 293	应制集 193,310	禹贡后论 700
易说(赵善誉) 648,671	英豪录 570	禹贡论 615
易说举要 685	英宗实录 252,253,255,259,344	禹贡论图 615,634,700
易提纲 794	婴孺论 419	禹贡指南 559
易通 46,277,771	迎奉圣像记 110	禹贡山川地理图 606,615,700
易童子问 274,714,738	萤雪丛说 721,725	语孟大学中庸口义 788
易图 650	营造法式 349,350,370,381,	语孟纪闻 883
易图说 718	392,408	语孟旁通 901
易外传 710,732,864,890	瀛洲集 126	语孟学庸答问 747
易系集传 794	颍川唱和诗 357	语孟要义 628
易象宝鉴 831	颍川小语 254	玉楮集 820
易象通议洪范补传 886	颍皋集 225	玉峰脚气集 747
易象意言 46,825	邕管记 11	玉峰冗稿 908
易叙丛书 796	庸斋表笺 877	玉海 31,34,59,80,85,88,100,
易学 649,711	庸斋阃集 877	103,109,125,131,141,159,166,
易学辨惑 46,469	雍录 559,615,701	220,259,458,467,476,570,615,
易学启蒙 627,656,849,851,871	雍熙广韵 49,77,92	624,753,892,906
易学说约 849	永徽法经 880	玉衡贞观 911
易学索隐 738	永熙政范 163	玉澜集 628,695
易训 778	用药法象 858	玉隆集 807
易雅 796	用易详解 690	玉清金笥青华秘文金室内炼丹
易义 304	游艺集 102	诀 309
易原 653,701	游鹰山先生集 435	玉泉语录 630
易章句 353	輶轩使者绝代语释别国方言解	玉山讲义 690
益部方物略记 233	721	玉堂集 314,350
益古演段 872,917	有声无字 77	玉堂类稿 640,734
益州名画录 13,86	又玄集 868	玉堂诗 314
翊圣保德真君传(一作翊圣真	于湖居士乐府 582	玉堂杂记 686,734
君传) 109,124	于湖居士文集 582,724	玉溪集 353,440
逸史 601	馀师录 693	玉照新志 763
裔夷谋夏录 530	余襄公奏议 241	育德堂奏议 772
毅斋文集 827	渔樵问对 292	御史奏疏 234
翼骚 412	愚谷集 167	御制冠礼 435
翼圣书 48	愚史 666	御注道德经 422,424,425

裕陵玉牒 569,640	乐圃文集 374	杂书记疑 610
裕民政要 536	乐圃余稿 374	杂说(张浚) 563
豫斋集 792	乐器图 364	杂说(吕祖谦) 639
豫章文集 422,474	乐全集 114,179,206,210,237, 260,350	杂说(徐侨) 827
豫章西山记 216		杂说(罗必元) 886
豫章职方乘 649	乐书(陈旸) 354,383,392,717,727	杂学辨 380,563,569
豫章职方后乘 649		杂奏议 286
元包数义 569	乐书(吴良辅) 377	杂纂续 502
元城先生语录 440	乐书补亡 194	载雪录 704
元城语录 252,473,592,653	乐书正误 727	在京及三司编敕 109
元丰九域志 303,315,329,384	乐舞新书 718	在京诸司库务条式 242
元丰郡县志 303	乐轩集 794	在轩集 885
元丰类稿 156,184,187,217, 233,289,302,311	乐章集 195	簪履编 39
	乐纂 83,102	责沈 437,613
元丰司农敕令式 298	岳鄂王行实编年 496,771	曾布集 402
元丰以来详定郊庙礼文 308	岳武穆遗集 496	曾子 903
元符庚辰日录 402	悦生随抄 908	曾子固年谱 525
元符庚辰以来诏旨 466	悦堂文集 760	曾子内外杂编 634,676
元始无量度人上品妙经 361	阅世录 412	曾子注 798
元始无量度人上品妙经内义 798	云安集 597	增损刊正杜佑通典 911
	云巢编 319	增注杜工部诗 414
元氏集验方 838	云根丛稿 694	郑敷文书说 575
元祐党籍三百九人列传 724	云光集 772	翟忠惠集 496
元祐会计录 346	云笈七签 113,654	战国策补注 556
元祐建中列传谱述 661	云间志 685	战国策注 513
元祐九域志 329	云林石谱 463	湛然居士集 844
元祐外制集 402	云麓漫钞 5,409,429,741	张浮休使辽录 361
元祐详定编敕令式 334,383	云水集 654	张乖崖语录 54
元泽先生文集 289	云溪稿 804	张晦之集 112
原辩 712	云溪居士集 300	张南轩先生文集 649
原古录 911	云庄集 712,769	张氏经验方 804
袁正献公遗文钞 790	云庄外稿 769	张氏杂义 174
圆觉藏 461,833	郧溪集 251,274	张右史文集 417
圆觉手鉴 640	筼窗初集 825	张载集 293,569
圆悟佛果禅师语录 474	筼窗续集 825	张子全书 293
援毫录 783	运历图 45	张子野词 296
远庵类稿 718	韵补 531	章泉稿 807
月令解 704	韵次宗室名 301	章宗实录 752,770,778,779
乐府诗集 313	韵语阳秋 560,563,571,733	昭德堂稿 629
乐府新解 34		昭德新编 143
乐府雅词 511,534,853	**Z**	赵清献公文集 314
乐府奏议 224		
乐记图 139	杂毒海 870	赵雄奏议 686
乐律 364		

赵忠定集 705
折狱龟鉴 45,463,756
哲宗宝训 571,573
哲宗后录 444
哲宗前录 444
哲宗实录 378,383,389,405,406,432,447,464,466,467,470,480,485,496,580
针灸书 84
针灸资生经 132
珍珠囊 820
真宗实录 117,118,122,135,139,164,211,224
真宗玉牒 564,598
正法眼藏 560,862
正理藏论 858
正蒙 270,552,554,567,584,780
正统书 866
正献公集 343
正行集 431
证宗论 420,431
证宗要略 266
郑城志 711
郑忠肃公奏议遗集 717
政范 183
政和圣济经 415
政和万寿道藏 413
政和五礼新仪 410,413,423,435,627,692
政和新修经史证类备用本草 420
政和新修学法 435
政和续因革礼 417
政和重修国朝会要 425
支赐式 275
知稼翁集 537
知言 439,550,552,554,583
知言疑义 555,583
执政年表 331
直讲李先生文集 225
直说 756
直言治病百法 804
直斋书录解题 130,159,178,210,226,270,318,343,370,412,502,534,541,542,545,595,654,727,747,771,782,786,824,831,854
职官分纪 90,352
职林 70,139
止堂训蒙 741
止斋文集 730,731
指南录 911
指玄篇 49
至道云南录 115
至尊寿皇圣帝日历 670,672
志林 450
制海 640
制旨兵法 21
治病撮要 804
治道中术 167,216
治法杂论 804
治迹要略 849
治平改鉴 319
治平文集 331
治世谠言 334
治原 202
致堂读史管见 774
致知在格物论 310
中和旧说 589,592
中陵子 117
中山诗话 271,343
中书备对 303
中书集 167
中书制稿 135
中书总例 146
中说注 329
中吴纪闻 349,640
中兴备览 563
中兴编年举要备要 820
中兴馆阁书目 593,615,620,654,730,756,854
中兴馆阁书目辑考 621
中兴馆阁续书目 620,774,778
中兴会要 585,594,626
中兴礼书 649
中兴名臣言行录 913
中兴日历 489,495
中兴四朝帝纪 811,816,830,840
中兴四朝国史 868,869,886
中兴小纪 532,534,555,648
中兴战功录 783
中兴忠义录 724
中庸大传 629
中庸大学解 804
中庸大学论语解 630
中庸发挥 893
中庸发题 735
中庸分章 890
中庸集传 752
中庸集解(李纯甫) 788
中庸集解(石𡓗) 595
中庸解 353,797
中庸解义 416
中庸口义 781
中庸论 814
中庸说(郭忠孝) 890
中庸说(罗必元) 886
中庸说(罗从彦) 474
中庸说(张九成) 545
中庸通旨 825
中庸义(陈襄) 304
中庸义(胡瑗) 224
中庸义(乔执中) 365
中庸义(杨时) 583
中庸义(游酢) 373,435
中庸约说 839
中庸章句(林夔孙) 771
中庸章句(朱熹) 589,592,615,636,639,669
中庸指归 890
中庸注 649,897
中庸传 418,452,670,681
中州集 511,513,545,625,729,737,777,805,817,838,853,869
忠定公奏议 492
忠肃集 260,261,329,371
忠义传 631
忠义列传 496

忠懿王勋业 79	周易参同契简要释义 758	周易郑康成注 900
忠正德文集 514	周易参同契考异 704,708,714,	周易旨要 216
终南山说经台历代真仙碑记 916	715	周易指要 838
钟鼎篆韵 505	周易程氏传 377,576,581	周易注(刘彝) 350
钟离子自叙 496	周易传义附录 887	周易注(赵庚夫) 776
钟律制议 163	周易传义音训 635	周易总义 721
种放集 108	周易丛说 476,486	周益国文忠公年谱 734
仲景脉法三十六图 531	周易古经 523,639	周正乐 17
仲山集 831	周易古占法 616,627	周子年谱 822
州县提纲 304	周易卦爻经传训解 825	周子通书遗事遗文 628
周官解 815	周易宏纲 732	周祖实录 20,21
周礼辨学 524	周易或问 838	朱文公别集 722
周礼订义 814,826,837,839,916	周易集传 476,486	朱文公订正门人蔡九峰书集传 856
周礼纲目 747	周易集解 247	
周礼集说 916	周易集义 809,828	朱文公年谱 778
周礼讲义 776	周易辑解 849	朱文公文集 722
周礼解义 638	周易辑闻 796	朱文公校昌黎先生集 817
周礼井田谱 638	周易见一 862	朱文公易说 871
周礼井田图说 828	周易讲义 776	朱子语别录 885,895
周礼句解 857	周易解(何执中) 421	朱子语类 145,148,176,189,
周礼六官辩 891	周易解(金安节) 586	206,223,232,264,279,298,305,
周礼略 779	周易解义 373	311,317,326,342,393,441,476,
周礼说(陈傅良) 682,731	周易经传集解 46,653,663	484,503,505,520,527,572,585,
周礼说(陈谦) 591	周易口义 224	603,614,644,661,668,670,677,
周礼说(黄度) 760	周易窥余 531	684,689,714,775,778,860,895
周礼说(吕祖谦) 639	周易圣断 334	朱子语类大全 722,895
周礼说(叶秀发) 810	周易诗书语孟中庸口义 605	朱子语录 329,467,517,555,
周礼图 357	周易释传 843	570,576,591,619,671,703,765,
周礼新义 285	周易太极传 452	799,809,819,895
周礼仪 526	周易通变 569	朱子语录续 831
周礼致太平论 174,199,225	周易通神 142	朱子指要 904
周礼总说 836	周易通义 534	洙泗言仁 585,630
周濂溪集 277	周易图 476	洙泗言仁录 585
周氏山房集 761	周易玩辞 46,727,748	珠玉词 208
周世宗实录 6,36	周易王氏义 117	诸蕃志 793
周书音训 143	周易新讲义(耿南仲) 453	诸家老杜诗评 436
周易本义 46,523,614,666,775, 810,885,887	周易新讲义(龚原) 357	诸家神品丹法 447
	周易续问 838	诸经讲解 622
周易辩异 714	周易要义 46,374,808	诸经讲义(刘光祖) 783
周易卜筮断 645	周易义海撮要 380,548,585, 621	诸经讲义(吴之巽) 781
周易补注 329		诸经讲义(喻良能) 631
周易参同契 708	周易约说 838	诸经杂说 794
	周易正义 47,566,692	诸经正典 776
		诸老记闻 834

著作索引　　1033

诸史精义 666	资福藏 833	自书诗卷 864
诸史纂约 903	资理论 75,89	自嬉集 694
诸司敕令格式 290	资圣集 224	宗伯集 339
诸仙传 89	资暇集 679	宗镜录 26
诸子辩论 796	资暇录 814	宗室世表 306
诸子精华 555	资治编年 597	宗祀书 195
竹庵集 640	资治通鉴 245,246,249,252,	宗维训录 879
竹坡词 533	263,287,295,296,299,312,313,	宗忠简公集 450
竹坡集 783	320,323,324,328,329,343,347,	总记传 89
竹坡居士集 539	349,351,369,374,375,409,448,	总戎集 371
竹坡诗话 533	461,533,577,596,626,644,653,	总仙记 57
竹西集 524	728,766,860	鲰子 37
竹西论语感发 524	资治通鉴纲目 592,641,752,	奏议总要 640
竹溪集 756	775	奏御集 204
竹隐居士集 799	资治通鉴广注 867,910	族谱后录 208
竹洲集 645	资治通鉴举要补遗 486	祖英集 199
竹庄诗话 740	资治通鉴举要历 648	祖宗故事 171,217
烛湖集 670,742	资治通鉴考异 313	祖宗玉牒 160
主对集 381	资治通鉴目录 313,672	纂要图例 492
属籍 75	资治通鉴释文 551	醉翁谈录 917
麈史 215,260,418,421,570	子才集 337,910	尊德性斋集 705
注解伤寒论 505,537	子略 812	尊儒教仪 81
注释武成王庙赞 62	子美诗年谱 370	尊尧录 322,444,771
著斋文集 850	子思子 903	尊尧余言 437
铸钱故事 103	梓人遗制 880	左氏比事 743,840
篆隶石刻谱 586	紫微集 487,831	左氏常谈 811
庄简集 544	紫微诗话 509	左氏春秋讲义 783
庄靖集 875	紫霞洲集 877	左氏国纪 559,643,755
庄子解（李纯甫） 788	紫岩集 848	左氏记传 364
庄子解（吕惠卿） 410	紫岩易传 542,563	左氏蒙求 827
庄子解（杨时） 310	字说 281,282,283,285,308,321,	左氏始终 743,840
庄子解（詹体仁） 741	323,327,330,331,333,356,357,	左氏说 776
庄子口义 878	365,379,381,394,412,420,423,	左氏通例 743,840
庄子义 313	424,441,475	左氏韵语 468
庄子旨归 143	字说偏旁音释 308	左氏章指 731
庄宗实录 21	字通 778	左帑志 808
赘稿 709	字学补韵 531	左传发挥 495
准斋杂说 831	字训 364	左传法语 653
拙轩词 695	字义详讲 788	左传节义 273
拙轩集 695	自号录 850	作邑自箴 423,625
资持记 421	自省集 414	坐知天下记 89

后　　记

宋学是继汉学以后的又一个高峰。对宋学的研究，是中国学术史研究的一个重点。清代黄宗羲的《宋元学案》首开宋代学术史研究之先河，当代学者以此为基础，在宋学流派与个体学者的研究上取得了显著成就，而于宋代学术编年却依然缺如。本卷采用编年的形式叙述宋学的发展历程，是一部系统反映宋代学术发展演变轨迹的大型著作，也是一部全面吸收和综合已有学术成果而又具有自己鲜明特色的集成之作。它的编纂出版，对于推动中国学术文化研究的深入开展，尤其是宋代学术文化的研究，具有非常重要的意义。

本卷的学术追求主要表现在：一是注重宋代学术史的宏观发展演变历程，揭示学术盛衰的规律；二是注重学术流派的源起、形成、鼎盛及至解体历程，以见学术流派的兴替规律；三是注重学术群体的区域流向、移位、承变历程，以见学术中心的迁移规律；四是注重宋代学术的冲突、交流与融合历程，以见跨文化的学术发展规律。

在本卷编撰过程中，已充分吸收、借鉴和参考了学术界诸多已有相关研究成果，具体参见卷中正文按语和文后主要参考文献，在此深表感谢。若有遗漏或引用不当之处，敬请谅解。本书还得到了北京大学安平秋教授、杨忠教授，浙江大学束景南教授的热情关心和悉心指导；我的学生俞波恩、刘燕飞、钟晨音、许菁频、董文明、林尔、阮小波、林怡、潘德宝、陈艳等，或提供文献资料，或帮助核对文字，提出修改意见，或编制人物索引和专著索引，使本书得以顺利完成。谨此一并致以诚挚的谢意。

尽管作者付出了极大的努力，历经十载，反复修改，数易其稿，但是书中的疏漏及不当之处仍会存在，敬请读者朋友们批评指正。

俞樟华

二〇一二年春

图书在版编目(CIP)数据

中国学术编年·宋代卷/俞樟华撰;梅新林,俞樟华主编.
——上海:华东师范大学出版社,2010.2
ISBN 978-7-5617-7577-6

I.①中… II.①俞…②梅…③俞… III.①学术思想—思想史—中国—宋代 IV.①B2

中国版本图书馆 CIP 数据核字(2010)第 024926 号

华东师范大学出版社六点分社

企划人 倪为国

本书著作权、版式和装帧设计受世界版权公约和中华人民共和国著作权法保护

中国学术编年·宋代卷

撰　者	俞樟华
主　编	梅新林　俞樟华
责任编辑	欧雪勤
封面设计	吴正亚
出版发行	华东师范大学出版社
社　址	上海市中山北路 3663 号　邮编　200062
网　址	www.ecnupress.com.cn
电　话	021—60821666　　行政传真　021—62572105
客服电话	021—62865537
门市(邮购)电话	021—62869887
地　址	上海市中山北路 3663 号华东师范大学校内先锋路口
网　店	http://hdsdcbs.tmall.com
印刷者	上海印刷(集团)有限公司
开　本	890×1240　1/16
插　页	4
印　张	68.25
字　数	1120 千字
版　次	2013 年 7 月第 2 版
印　次	2013 年 7 月第 1 次
书　号	ISBN 978-7-5617-7577-6/G·4392
定　价	380.00 元
出 版 人	朱杰人

(如发现本版图书有印订质量问题,请寄回本社客服中心调换或者电话 021-62865537 联系)